浙江省
标准地名志

第二卷

浙江省民政厅 编

ZHEJIANG SHENG
BIAOZHUNDIMING ZHI

上海辞书出版社

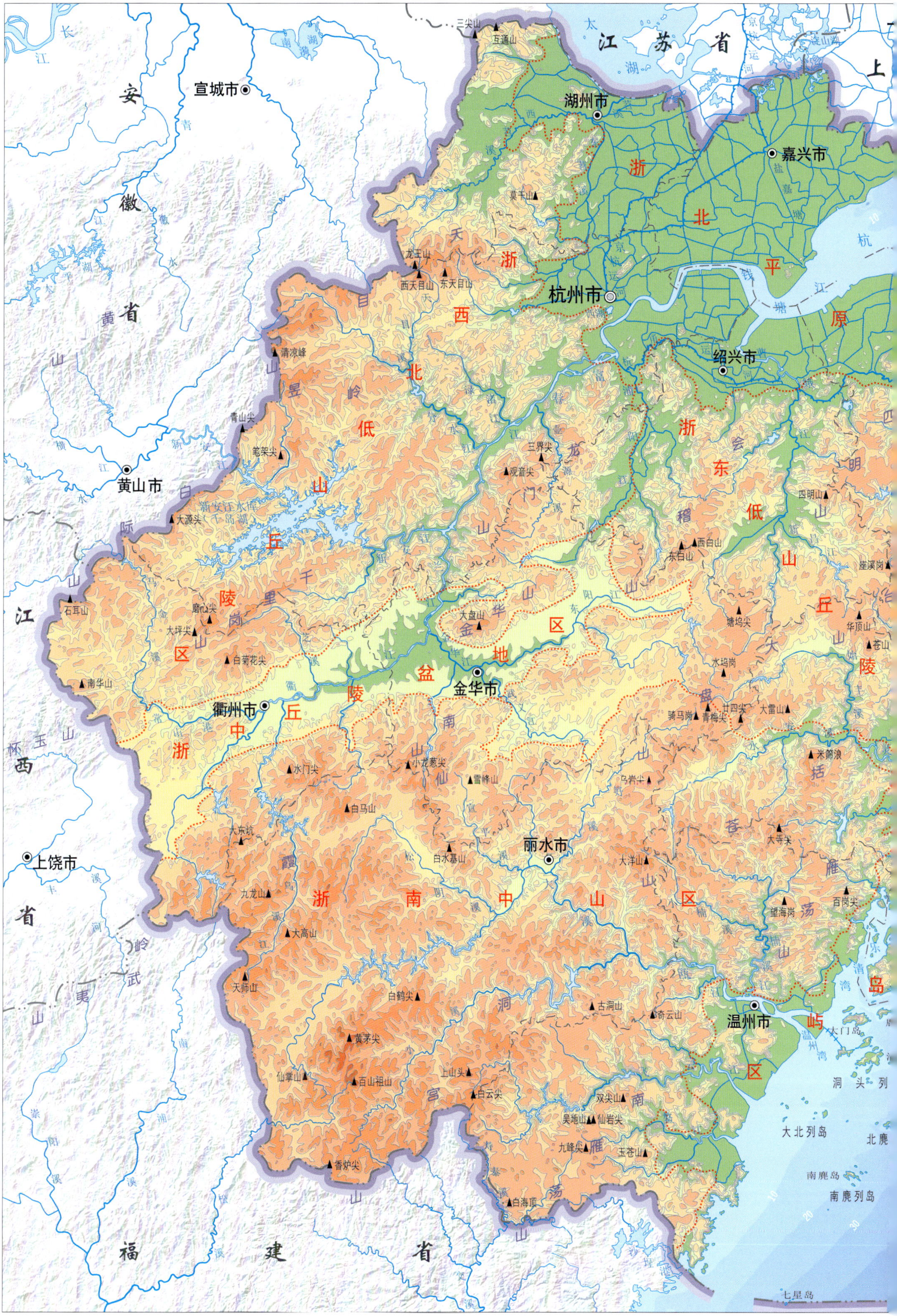

江苏省
安徽省
江西省
福建省
宣城市
湖州市
嘉兴市
杭州市
绍兴市
黄山市
金华市
衢州市
丽水市
温州市
上饶市
三尖山
莫干山
龙王山
西天目山
东天目山
清凉峰
青山尖
笔架尖
大源头
新安江水库
石耳山
磨心尖
大坪尖
白菊花尖
南华山
三界尖
观音尖
四明山
西白山
东白山
座溪岗
大盘山
塘坞尖
华顶山
苍山
水竹岗
骑马岗
青梅尖
廿四尖
大雷山
米筛浪
水门尖
小龙葱尖
雷峰山
乌岩尖
白马山
大东坑
白水基山
大洋山
大寺尖
九龙山
望海岗
百岗尖
大高山
天师山
白鹤尖
古洞山
奇云山
黄茅尖
仙掌山
百山祖山
上山头
白云尖
双尖山
吴地山
仙岩尖
九峰尖
玉苍山
香炉尖
白海顶
大门岛
大北列岛
北麂
南麂岛
南麂列岛
七星岛

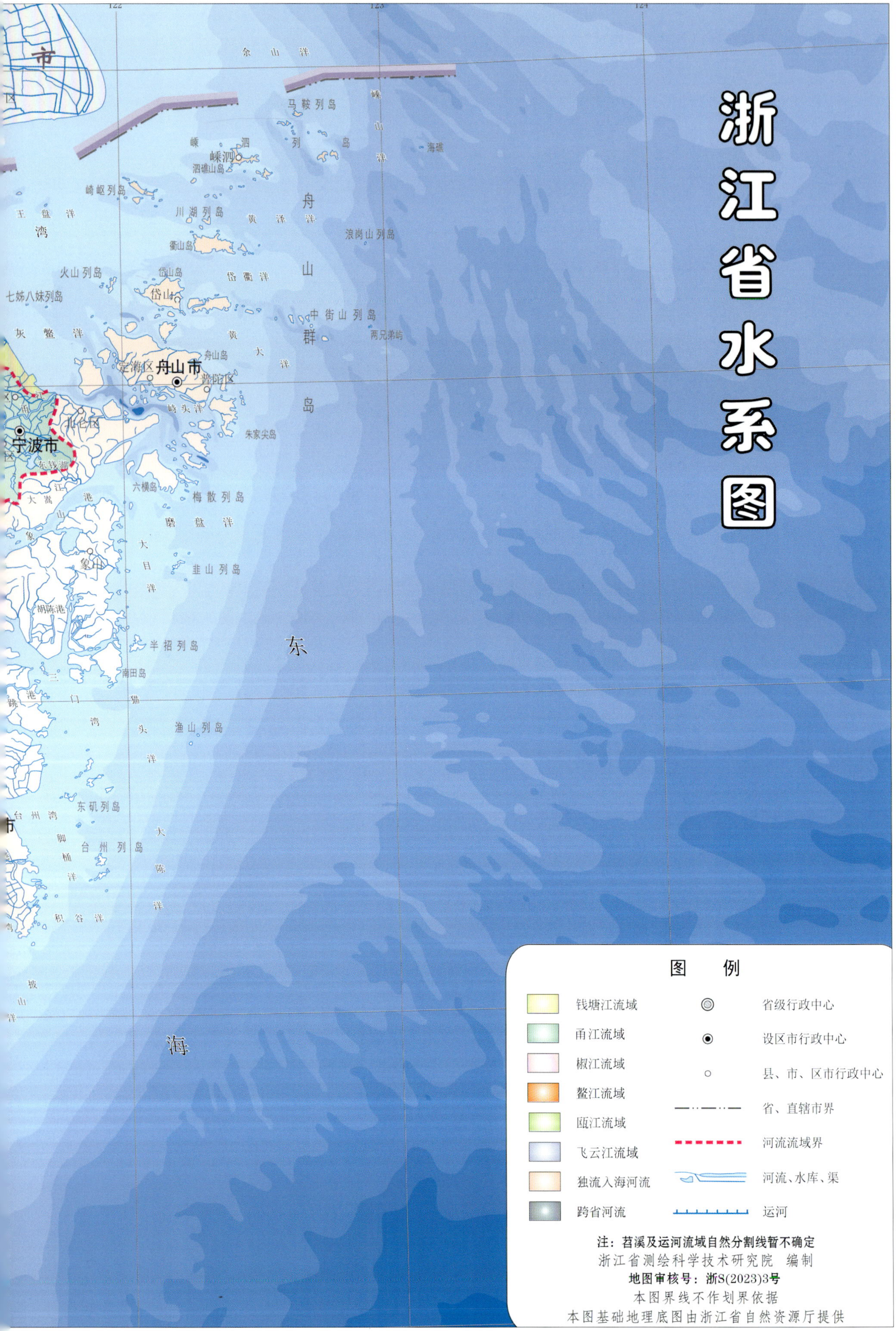

浙江省水系图
余山洋
马鞍列岛
嵊泗
嵊泗列岛
泗礁山岛
崎岖列岛
王盘洋
湾
川湖列岛
黄泽洋
衢山岛
火山列岛
岱山岛
岱山
岱衢洋
七姊八妹列岛
浪岗山列岛
舟山群岛
中街山列岛
两兄弟屿
灰鳖洋
黄大洋
舟山岛
定海区
舟山市
普陀区
北仑区
宁波市
东钱湖
朱家尖岛
六横岛
梅散列岛
磨盘洋
大目洋
韭山列岛
象山
象山港
胡陈港
半招列岛
南田岛
三门湾
猫头洋
渔山列岛
东矶列岛
台州湾
台州列岛
大陈洋
积谷洋
东海
图例
钱塘江流域
甬江流域
椒江流域
鳌江流域
瓯江流域
飞云江流域
独流入海河流
跨省河流
省级行政中心
设区市行政中心
县、市、区市行政中心
省、直辖市界
河流流域界
河流、水库、渠
运河
注：苕溪及运河流域自然分割线暂不确定
浙江省测绘科学技术研究院 编制
地图审核号：浙S(2023)3号
本图界线不作划界依据
本图基础地理底图由浙江省自然资源厅提供

上海市
芜湖
三山区
繁昌
郎溪
宣城市
南陵
广德
泾县
宁国市
旌德
黄山区
绩溪
歙县
徽州区
休宁
黄山市
长兴
湖州市
嘉兴市
安吉
德清
海盐
杭州市
临安市
余杭区
富阳区
绍兴市
柯桥区
上虞区
越城区
余姚市
慈溪市
桐庐
诸暨市
建德市
淳安
新安江水库
（千岛湖）
浦江
义乌市
东阳市
嵊州市
新昌
奉化市
宁海
兰溪市
开化
金华市
婺城区
金东区
磐安
天台
衢州市
柯城区
衢江区
龙游
常山
武义
永康市
仙居
临海市
江山市
缙云
台州市
黄岩区
路桥区
遂昌
松阳
丽水市
莲都区
温岭市
上饶市
玉山
广丰
云和
青田
永嘉
乐清市
玉环
龙泉市
景宁畲族
自治县
温州市
龙湾区
洞头
浦城
文成
瑞安市
平阳
武夷山市
庆元
泰顺
苍南
寿宁
政和
福鼎市
柘荣
建阳市
周宁
福安市
建瓯市
江苏省
太湖
安徽省
杭州湾
钱塘江
江西省
福建省
上海
大北列岛
北麂列岛
南麂列岛
七星岛
洞头列岛

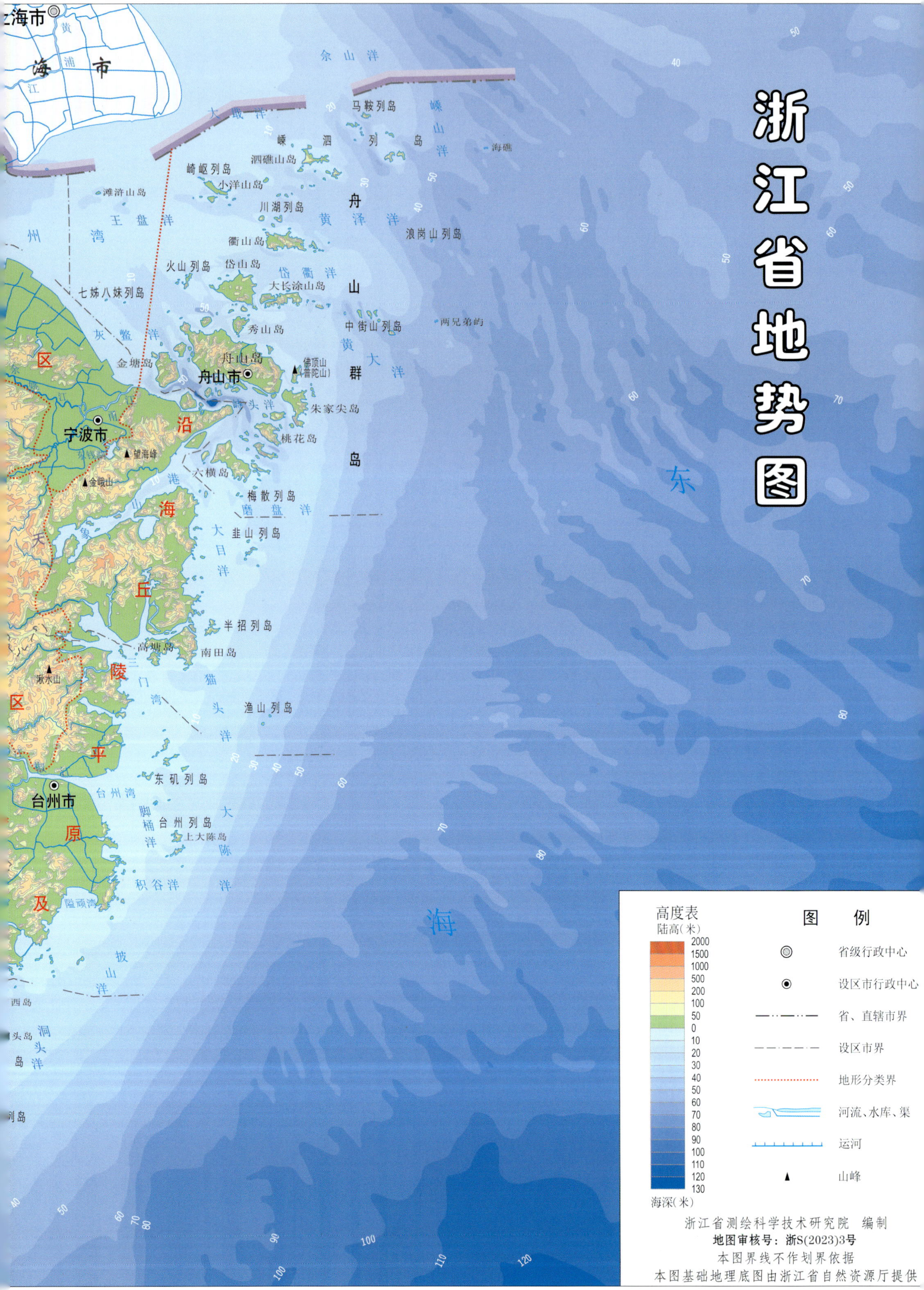
浙江省地势图
上海市
海
浦
市
江
黄
余山洋
大戢洋
马鞍列岛
嵊山洋
嵊
泗
列
岛
海礁
泗礁山岛
崎岖列岛
小洋山岛
滩浒山岛
王盘洋
州
湾
川湖列岛
黄泽洋
舟
衢山岛
浪岗山列岛
火山列岛
岱山岛
岱衢洋
大长涂山岛
山
七姊八妹列岛
秀山岛
中街山列岛
两兄弟屿
灰鳖洋
黄大洋
金塘岛
舟山岛
舟山市
佛顶山
(普陀山)
群
区
宁波市
望海峰
沿
朱家尖岛
桃花岛
金峨山
港
六横岛
岛
东
海
梅散列岛
磨盘洋
象
大目洋
韭山列岛
天
丘
半招列岛
高塘岛
南田岛
三门湾
湫水山
陵
猫头洋
渔山列岛
区
平
东矶列岛
台州市
台州湾
头门岛
原
脚桶洋
台州列岛
上大陈岛
大陈洋
积谷洋
及
隘顽湾
披山洋
洞头洋
海
高度表
陆高(米)
2000
1500
1000
500
200
100
50
0
10
20
30
40
50
60
70
80
90
100
110
120
130
海深(米)
图 例
省级行政中心
设区市行政中心
省、直辖市界
设区市界
地形分类界
河流、水库、渠
运河
山峰
浙江省测绘科学技术研究院 编制
地图审核号：浙S(2023)3号
本图界线不作划界依据
本图基础地理底图由浙江省自然资源厅提供

杭州西湖和宝石山（孙小明 摄）

钱塘江（杭州市西湖区区划地名服务中心 供）

杭州湾跨海大桥（慈溪市民政局 供）

楠溪江狮子岩（滕宏鸥 摄）

雁荡山远景（乐清市民政局 供）

嘉兴市南湖 （孙蔚 摄）

西苕溪（湖州市民政局 供）

柯桥区瓜渚湖（绍兴市柯桥区民政局 供）

浦江仙华山峰林（金文生 摄）

武义牛头山风光（徐文荣 摄）

江郎山（吴日忠 摄）

定海南部岛屿（王建富 摄）

鸟瞰岱山（何仁岳 摄）

椒江大陈岛（中共台州市椒江区委宣传部 供）

天台石梁飞瀑 （邱锐钧 摄）

百山祖 （杨青 摄）

《浙江省标准地名志　第二卷》

编纂委员会

主任兼主编：沈铭权　陈　斌

副主任兼副主编：李　洁

委　　员：周　龙　曾福明　丁导民　朱　翼　宋永明　莫建新　尤　嘉　郑永峰　潘光敬　陶慧芳　陈　亮　刘杰伟

编辑部

主　　任：李　洁

副 主 任：周　龙　王建富　徐志清

执行副主任：王建富

成　　员：朱世彪　柯笑寒　陈济云　韩　宇　孙　焘　陈雨希　张小荷　杨　娴　顾静芳　朱智奇　朱　瀛　姚煜章　余　涛　杨晓君　孙叶琴　徐金波　邓永新　王巧荣　徐　磊　於志南　曾　慰　王伟聪　应建斌　谢小倩　张　健

撰　稿

自然实体名称：王建富

经济文化实体名称：徐　磊　於志南　曾　慰　王伟聪

交通设施名称：应建斌　王建富

凡 例

一、《浙江省标准地名志　第二卷》(以下简称“本志”)选收自然实体地名、经济文化实体地名和交通设施地名3类地名。

二、本志收录的地名均为经各级人民政府批准或审定的标准地名。

三、本志按以下标准收录词目：① 陆地地形：平原、盆地、山脉、山地、丘陵类地名全收，但不收小面积不连续的河谷平原、海岛小平原、小盆地地名。山体山峰峡谷、山口、洞穴、瀑布、泉水地名以文化内涵丰厚、当地知名度较高为选收标准。② 水系实体：除海岛区域外，河流以大于长度50千米为采收标准，湖泊以面积大于0.5平方千米为采收标准，具有特殊地名文化内涵的河流和湖泊，作为特例增补。陆岛、瀑布和泉水，结合规模和知名度选收。③ 海域实体：海区、海湾、水道地名结合知名度和文化内涵选收，但不收海沟、海盆、海底平原、海底高地、海底山地、大陆架等海底地理实体地名。半岛地名全收。海岛地名选收设有行政区、村(居)民委员会的有居民海岛和有名胜古迹或建有重要工业设施的海岛。领海基点及附近、建有重要航标设施的无居民海岛地名，作为特例增收。岬角地名结合知名度及岬角对航行的影响等因素选收。滩涂地名采收长度大于500米的沙滩、砾滩和面积大于5平方千米的泥涂。④ 经济区域：国家级新区、开发区和保税区地名全收。省级经济技术开发区、产业集聚区、工业园区地名选收。⑤ 农业设施：选收较大型农场、林场、常用渔场地名。⑥ 自然保护区：省级及以上自然保护区、海洋特别保护区等自然保护区地名全收。国家级森林公园、湿地公园地名全收，省级及以下不收。⑦ 风景旅游区和纪念地：省级及以上风景名胜区、旅游度假区地名全收。5A级旅游景区全收，4A级旅游景区以记忆红色根脉、具有较深历史文化底蕴为采收标准，但不重复采收同名的风景名胜区和旅游景区。独立景区、景点地名不收。国家级爱国主义教育基地全收，省级爱国主义教育基地选收，省级以上红色爱国主义教育基地全收。⑧ 文物保护单位：全国重点文物保护单位、浙江省文物保护单位依据其地名语词特征、知名度及地理方位意义选收，但不重复采收文物保护单位中的纪念地地名。⑨ 水利设施：水利枢纽全收。水库选收正常库容1亿立方米以上水库。引水渠道选收长度1万米以上的干线渠道。河岸和海岸堤防采收长度1万米以上或保护人口5万人以上大型堤防。未采收碶闸、水坝、防波堤和排灌站等。⑩ 电力设施：选收装机容量大于25万千瓦的核电站、水电站、热电厂，以及装机容量大于2.5万千瓦的风力电场。⑪ 科教文卫体设施：科研单位采收国家级和省级科研单位。教育单位采收国家教委直属的高等院校和省属高等院校，有特色的、知名度较高的中等专业学校和中小学等地名。文化设施采收地市级及以上大型的或有特色的图书馆、博物馆、展览馆、科技馆、文化宫、少年宫、剧场，以及大型游乐场等。医疗设施采收三级或有特色的医院、疗养院，体育设施仅采收地级市内的大型体育场(馆)。⑫ 航空航运设施：采收所有民用航空港、海港和年吞吐量20万吨以上的内河港口、年吞吐量在50万吨以上的海港港区，以及重要的车客运码头、车客运渡口。未采收内河航道、海运航线、民用航空线、运输管道等。⑬ 铁路和公路线路：采收所有省内高速铁路、普通铁路、高速公路、国道、省道。⑭ 人工运河：采收所有长度大于50千米的运河地名。⑮ 交通附属设施：采收跨七大水系且建造技艺具有较大影响力的桥梁、重要跨海大桥；特长隧道；所有铁路客运车站、地级市城区长途客运中心站；所有船闸、民用灯塔地名，但未采收灯柱、灯浮、航道等。

四、本志按以下方式排序：① 本志分自然实体名称、经济文化实体名称和交通设施名称3个篇章，其下按类别分章节。② 同一小类地名按跨省级政区—跨地市级政区—跨县级政区—跨乡级政区顺序，并结合行政区划代码顺序排列(县级政区按市辖区—县级市—县顺序排列)，同一乡级政区内，按自北向南、自西向东或习惯顺序排列。但河流地名先排省七大水系，再排其他水系和独流入海河流。同一水系内，按自上游至下游顺序排列。

五、本志区分不同地名类别分类确定释文的基本要素与释文记述顺序。重点突出地名书写、读音、位置、来历、含义、沿革和文化内涵等内容，在保证基本要素齐全的前提下，以"有事则详，无事则略"的原则记述，对词条字数不作限制。

六、本志乡级及以上政区地名用字以2013年6月5日公布的《通用规范汉字表》为准，其他地名中具有独特语词含义，无法用规范汉字代替的地方自造字，仍沿用当地的地名用字。

七、本志地名汉语拼音拼写方法，以《中国地名汉语拼音字母拼写规则》(汉语地名部分)的规定为准。县及县以上行政区划地名出现特殊读音时，按照特殊读音进行拼写。其他地名出现特殊读音时，词目仍按普通话进行拼音，仅在本条释文中注明当地的特殊读音。

八、本志所涉纪年，1912年以前采用中国历史纪年，并括注对应的公元纪年，不加"公元"。如"唐开元二十六年(738年)""秦始皇帝二十六年(前221年)"。1912年以后(含)采用公元纪年，不加"公元"二字。

九、本志所涉数字按《出版物上数字用法》(GB/T15835—2011)执行。

十、本志所涉计量单位均以《中华人民共和国法定计量单位》为准。本志所载地物长、宽皆指最长和最宽。长、宽度大于1千米，以"千米"为单位，小于1千米，以"米"为单位。面积大于0.5平方千米，以"平方千米"为单位，小于0.5平方千米，以"平方米"为单位。

十一、本志使用的统计资料以当地的统计年鉴为准。统计年鉴没有记载的数据，由当地民政部门提供。本志使用的海岛数量，采用国家908专项海岛调查成果数据。

十二、本志主要河流、主要湖泊数据源自《浙江省测绘与地理信息局关于启用浙江省主要河流长度、流域面积、主要湖泊面积数据的公告》(浙测[2010]83号)。

十三、本志使用的海域地理实体统计数据，参照了《中国海岛志》《中国海域地名志》和《中国海域海岛地名志》等文献。对各文献中存疑的数据，通过电子地图和卫星影像量测后修订。

十四、本志采词和叙述资料下限时间为2014年12月31日。

十五、本志附词目笔画索引。

目录

第二编　经济文化实体名称

第三编　交通设施名称

第一编

自然实体名称

浙江省自然实体名称概述

浙江省地处中国东南沿海，长江三角洲南翼。省境地形以丘陵和山地为主，具有西南高，东北低；山地多，平原少；海岸曲，岛屿多 3 个基本特征。西南部山地高峻，谷涧幽深，主要山峰海拔在 1 500 米以上，最高点为龙泉市凤阳山主峰黄茅尖，海拔 1 929 米。庆元县境内的百山祖山，海拔 1 856 米，为浙江省第二高峰。中部多为海拔 100～500 米的丘陵盆地，错落于低山之间，地形低矮而破碎。东北部和滨海区域多为冲积和堆积平原，地势低平，水网密布。"七山一水二分田"，山多地少，耕地有限是浙江地形的总特征。其中，山地和丘陵占总面积的 74.6%，平原占 20.3%，河流和湖泊等陆域水体占 5.1%，并呈浙西、浙南以山地和丘陵为主，平原集中在浙北、沿海、河谷和盆地内部的态势。海域广阔、海岸曲折、海岛众多是浙江地形又一特征。全省领海与内水总面积 4.44 万平方千米，连同可管辖的毗连区、专属经济区和大陆架，面积达 26 万平方千米。有大小海岛 4 350 个，海岛数量约占全国海岛总数的五分之二。其中，有居民海岛 222 个，占浙江海岛总数的 5.1%。陆域面积 1 平方千米以上海岛 123 个，占海岛总数的 2.83%、海岛总面积的 94.07%。全省海岸线总长 6 700 千米。海岛岸线长 4 496 千米，其中人工岸线 914 千米，占 20.3%。舟山群岛为全国最大的群岛。复杂多变的自然形态和种类繁多的地貌单元，为浙江自然实体名称的复杂和多样性创造了广阔的沃土。第二次全国地名普查成果数据显示，浙江省有自然实体地名 5.15 万条，包括山地、丘陵、平原、盆地、山峰、山谷、山口、洞穴、河流、峡谷、湖泊、陆岛、瀑布、泉水、海区、海湾、海岛、半岛、岬角、滩涂 20 多个类别。其中以山峰数量最多，约 1.18 万条，占总数的 23%。

一

上古时期，浙江省为於越（於，音 wū，於越也作于越）民族繁衍地。成书于先秦时期的《竹书纪年》记载，周成王二十四年（前 1032 年）"於越来宾"。《越绝书》卷二："乌程、余杭、黝、歙、无湖、石城县以南，皆故大越徙民也。秦始皇帝刻石徙之。"《吴越春秋》卷四："禹以下六世而得帝少康。少康恐禹祭之绝祀，乃封其庶子于越，号曰'无余'。余始受封，人民山居，虽有鸟田之利，租贡才给宗庙祭祀之费。乃复随陵陆而耕种，或逐禽鹿而给食。""於越"由此成为今浙江省境内有历史记载的第一个地名。於越民族随山逐水的生产、生活方式造就浙江山水名称多古越语遗存地名的特色。自然实体名称中的古越语地名遗存，影响最为广泛的为"浙江""钱塘江"等。《山海经·海内东经》："浙江出三天子都，在蛮东，在闽西北，入海，余暨南。"唐乾元元年（758 年），以"浙江"之名置浙江西道、浙江东道，自此"浙江"一名由河流名称移借为省级政区名称。元至正二十六年（1366 年），朱元璋置浙江行省，"浙江"之名自此成为浙江省范围内使用频率最高、影响范围最大的地名。"钱塘江"

本作“钱唐江”，古为浙江中下游的别称，也是古越语地名遗存。秦置钱唐县，唐代为避国号讳改钱唐县为钱塘县。后来，“钱塘江”逐渐替代“浙江”而成为浙江省境内最大河流的主名。会稽山、四明山的古称句余山，太湖的古称具区等，也源自古越语，《周礼·夏官司马》：“东南曰扬州，其山镇曰会稽，其泽薮曰具区，其川三江，其浸五湖，其利金、锡、竹箭，其民二男五女，其畜宜鸟、兽，其谷宜稻。”《山海经·南山经》：“又东五百里曰浮玉之山。北望具区，东望诸毗。有兽焉，其状如虎而牛尾，其音如吠犬，其名曰彘，是食人。”“句余之山，无草木，多金玉。”晋代训诂学家郭璞注句余山：“今在会稽余姚县南、句章县北，二县以此为名。”汉代以后，“句余山”逐渐被汉语地名“四明山”所替代。此外，瓯江、若耶溪、会稽山、剡溪、余不溪(编者注：今苕溪局部河段)、句无山、勾嵊山(勾，古作句)等自然实体名称，也都是古越语地名。但是，古越语只有语言，没有文字，除《越绝书》将“余”字含义解释为“盐”之外，多数古越语地名含义无考。由于历史的变迁，大部分古越语地名，今或失传或原址无考。

春秋、战国以降，历史文献对浙江自然实体名称的记载逐渐增多。《山海经》《史记》《汉书》《吴越春秋》《越绝书》等历史文献都记载了大量的浙江省内地名。其中，成书于三国时期的《越绝书》卷二《吴地传》记载地名 169 个，解释地名渊源 16 处；卷八《地传》涉及地名 86 个，解释地名渊源 27 处，这其中占比最大的为山水等自然实体名称，并大部分在今浙江省境内。从上述文献记载的地名渊源解释中，大致可以看出魏晋时期之前记载的浙江山水自然实体名称主要以人物、动物、历史事件、军事、物产等命名。如，秦伊山、陈音山、种山、巫山、独妇山、涂山等以人物命名。《越绝书》卷八：“民西大冢者，句践客秦伊善照龟者冢也，因名冢为秦伊山。”“射卒陈音死，葬民西，故曰陈音山。”“种山者，句践所葬大夫种也。”“巫山者，越魈，神巫之官也，死葬其上，去县十三里许。”“独妇山者，句践将伐吴，徙寡妇致独山上，以为死士示，得专一也。”“涂山者，禹所取妻之山也。”龟山、犬山、鸡山、豕山等以动物命名。《越绝书》卷八：“龟山者，句践起怪游台也。东南司马门，因以照龟。”“犬山者，句践罢吴，畜犬猎南山白鹿，欲得献吴，神不可得，故曰犬山。”“鸡山、豕山者，句践以畜鸡豕，将伐吴，以食士也。”会稽山、乐野山、炭渎、杭坞、浦阳江等以历史事件命名。《越绝书》卷八：“昔者，越之先君无余，乃禹之世，别封於越，以守禹冢……曰：禹始也，忧民救水，到大越，上茅山，大会计，爵有德，封有功，更名茅山曰会稽。”“乐野者，越之弋猎处，大乐，故谓乐野。其山上石室，句践所休谋也”“练塘者，句践时采锡山为炭，称‘炭聚’，载从炭渎至练塘，各因事名之。”“杭坞者，句践杭也。二百石长买卒七士人，度之会夷。”射浦、固陵等以军事设施得名。《越绝书》卷八：“射浦者，句践教习兵处也。”“浙江南路西城者，范蠡敦兵城也。其陵固可守，故谓之固陵。所以然者，以其大船军所置也。”姑中山、葛山、麻林山等则以物产命名。《越绝书》卷八：“姑中山者，越铜官之山也，越人谓之‘铜姑渎’。”“葛山者，句践罢吴，种葛，使越女织治葛布，献于吴王夫差。”“麻林山，一名多山。句践欲伐吴，种麻以为弓弦，使齐人守之，越谓齐人‘多’，故曰麻林多，以防吴。”

两汉时期，人口随国家的强盛而逐渐稳定增长，民多田少矛盾开始显现。平原区域或筑塘立湖，以改善水利设施，或围湖垦田以解决民多地少矛盾。东汉永和五年(140 年)，会稽郡太守马臻以越池为基础，围堤、建闸纳山阴、会稽 2 县 36 源之水，形成了后来著名的鉴湖(镜湖)。唐《元和郡县图志》卷二十六：“镜湖，后汉永和五年太守马臻创立。在会稽、山阴两县界筑塘蓄水，水高丈余，田又高海丈余，若水少则泄湖灌田，若水多则闭湖泄田中水入海，所以无凶年。堤塘周回三百一十里，溉田九千顷。”南宋嘉泰《会稽志》卷十：“镜湖在(会稽)县东二里，故南湖也。一名长湖，别称大湖。《通典》云:‘东汉永和五年,太守马臻始筑塘立湖。周三百十里,溉田九千余顷,人获其利。’王逸少有云‘山阴路上行,如在镜中游。’镜湖之得名以此。《舆地志》: 山阴南湖萦带郊郭,白水翠岩,互相映发,若镜若图。任昉《述异记》云: 轩辕氏铸镜湖边,因得名。或又云黄帝获宝镜于此也。”两晋之间,中原和北方的人口陆续南迁,特别是在“永嘉南渡”期间,大量人口迁入今浙江省境内,人田矛盾更加突显,筑堤围田成为平原区域拓展田地的大趋势。《宋书》卷五十四:“山阴县土境褊狭,民多田少,(孔)灵符表徙无资之家于余姚、鄞、鄮三县界,垦起湖田。”由此,也带来了天然小型湖泊的缩小与湮废,古史籍记载的大量的平原湖泊地名,或指代范围缩小,或因地理实体的消失而失传。余杭临平湖、北湖、南下湖,富阳阳陂湖和苋浦、萧山湘湖、绍兴鉴湖、上虞夏盖湖、宁波广德湖等,都在此后各代的围垦中逐渐或缩小或湮废。

魏晋南北朝时期,全国性地理学专著记载的浙江自然实体地名已逾百个。其中,北魏郦道元《水经注》卷四十记载了浙江水(浙江)、乌山、桐溪水、天目山、西溪、紫溪(赤濑)、百丈山、潜山、白山、楼林、桐溪(桐庐溪)、严陵濑、湖浦、亭山、余杭大溪、谷水、定阳溪水、苏姥布、悬室坂、云黄山、吴宁溪水、乌伤溪水、灵隐山、明圣湖、武林山、定山、包山、胥山、重山、诏息湖(阼湖)、临平湖、浦阳江、东江、柤渎、西陵湖(西城湖)、湖城山、夏架山、妖皋溪、兰溪、天柱山、长湖、覆斗山、鼓吹山、长溪、秦望山、嶕岘、南山、会稽山(防山、茅山、栋山)、覆釜山、石匮山、射的山、石帆山、若邪溪、麻溪、麻潭、寒溪、大湖、郑公泉、白鹿山、铜牛山、铜穴、炭渎、侯山、鹿野山、陈音山、震泽、怪山(龟山)、朱室坞、柴辟(辟塞)、溱山、泄溪、带乌山、句无、白石山、查浦、青溪、余洪溪、大发溪、小发溪、箪山、黄山、嵊山、崿山、成功峤、坛宴山、崿浦、琵琶圻、小江、龇山、龇浦、荿山、渔浦湖、大独山、小独山、覆舟山、青山、黄山、泽兰山、诸坞、白马潭、龙头山、马目山、吴渎、胥江、上虞江、柯水、萧山、潘水至少 108 个山水地名。

唐代,《元和郡县图志》在卷二十五、二十六记载了浙江境内灵隐山、界石山、由拳山、湖洑山、天目山、顾山、封山、封嵎山、严子陵钓台、白石山、雉山、会稽山、兰亭山、乌带山、四明山、萧山、天姥山、金华山、双溪山、三衢山、常山、龙丘山、括苍山、缙云山、龙泉洞、华盖山、安固山、横阳山、天台山、赤城山、黄岩山、冯溪山、赤苋山、象山 34 个陆地地形类自然实体名称,当湖、浙江、天目池、临平湖、震泽、霅溪水、大溪水、苕溪水、余不溪、吴兴塘、苎溪、太湖、若溪水、东阳江、七里濑、桐溪、桐庐江、新安江、镜湖、浦阳江、上虞江、剡溪、兰溪、须江溪、榖水江、丽水、恶溪、青田溪、永嘉江、安固江、横阳江、临海江、始丰溪、乐安溪、孟溪、浃口、慈溪 37 个陆地水系自然实体名称,王洲 1 个河岛名称,翁洲 1 个海岛名称。这 73 个地名构成了今浙江省境内唐代自然实体名称体系的主体。其中,由拳山、会稽山、四明山、萧山、三衢山、常山、括苍山、龙丘山、缙云山、龙泉洞、安固山、天台山、黄岩山、象山、浙江、浦阳江、兰溪、须江溪、慈溪分别为古由拳县、会稽郡、明州、萧山县、衢州、常山县、括苍县、括州、龙丘县、缙云县、龙泉县、天台县、黄岩县、象山县、浙江省、浦江县、兰溪县、须江县、慈溪县等古政区名称的来源,东阳江、吴兴塘、桐庐江、桐溪、新安江、上虞江、剡溪、永嘉江、青田溪、安固江(安固山)、横阳江、临海江、始丰溪、乐安溪等名称,则源自东阳郡、吴兴县、桐庐县、新安郡、上虞县、剡县、永嘉郡、青田县、安固县、横阳县、临海县、始丰县、乐安县等政区名称。

自宋代开始,《太平御览》《太平寰宇记》《舆地纪胜》《方舆胜览》等各种全国性的地理学著作记载的地名逐渐增多。其中,仅《方舆胜览》就记载了浙江省范围内陆地地形名称 140 多个、陆地水系名称 60 多个。与此同时,浙江省境内各地陆续出现了乾道《临安志》、咸淳《临安志》、嘉泰《吴兴志》、嘉泰《会稽志》、乾道《四明图经》、宝庆《四明志》、嘉定《赤城志》、《临海记》、《钱塘记》等多种以州、县为单位的地方志，甚至出现了《澉水志》等以县域局部区域为记述单位的地方志和地理著作。这些志书，少则记载数十条自然实体名称，多则记载了数百条自然实体名称，极大地丰富了浙江山水、海岛等地名，较全面地展现了浙江山川的璀璨，为后人研究浙江自然实体名称的产生渊源、命名取向和演变规律提供了宝贵的史料。

明末清初，玉米、番薯等适宜在山区种植的粮食作物的引种，促进了丘陵和山地人口增长，这些区域的各类大小自然实体以及地貌单元名称由此得到细化。清末，浙江省境内自然实体名称体系基本形成，并多数沿用至今。

秦始皇二十五年(前222年)，秦国灭楚，于浙东沿海设置了一个县级政权——鄮县。鄮从贸，从邑，意为因贸易而兴盛的城邑。南宋宝庆《四明志》卷一："古鄮县乃取贸易之义，居民喜游贩鱼盐……南通闽广，东接倭人，北距高丽，商舶往来，物货丰溢。"随着贸易影响的扩大，悬居大海的舟山群岛也因丰饶的物产和危岩嶙峋、云遮雾绕的地理环境而被沿海百姓认为是海上的仙山。东晋葛洪《抱朴子・内篇》卷四："海中大岛屿，亦可合药。若会稽之东翁洲、亶洲、纻屿。"于是，安期生、徐福、葛玄等许多著名的方士纷纷慕名搭商船而来，留下了寻仙采药的足迹，由此产生了浙江首批海岛地名。在此背景下，最初的舟山群岛大岛屿名称，多与仙道人物有关。如，翁洲(也称翁山，今舟山岛)传因被称为葛仙翁的葛玄于此采药炼丹得名。南宋乾道《四明图经》卷七："翁山，一名翁洲。"明天启《舟山志》卷二："翁洲，舟山内境之概名也。山外原隰，皆面海，民又为田。名由葛仙翁而肇。"又如，桃花山(编者注：今桃花岛)，传因秦代方士安期生于此炼丹，泼墨成桃花纹得名，蓬莱山(编者注：今岱山岛和衢山岛合称)和东霍山(编者注：今东福山岛)皆以传徐福曾经此求神仙灵药得名，梅岑山(编者注：今普陀山岛)传以梅福于此炼丹得名。南宋乾道《四明图经》卷七："耆老相传，安期先生学道炼丹于此，尝以醉墨洒于山石上，遂成桃花纹，奇形异状，宛若天然，人多取之，以为珍玩，故山号'桃花'。""蓬莱山，在县东北四百五十里，四面大洋。耆旧相传，秦始皇遣方士徐福入海求神仙灵药，尝至此。"宝庆《四明志》卷二十："东霍山，在东北，环以大海。世传徐福至此。""补陀洛迦山，在东海中。佛书所谓海岸孤绝处也。一名梅岑山，或谓梅福炼丹于此，山因以名。"

隋代以后，京杭大运河的开凿沟通了中国南北的水上运输，地处甬江口的鄮县发展成为河海联运的枢纽港，浙江经济得到快速发展。特别是唐宋时期，朝廷高度重视海上贸易的发展，与东洋的高丽、日本和西洋的东南亚、南亚、中东各国都建立了空前的贸易联系。由此，带动了沿海经济的发展和人口快速增长。南宋定都临安以后，这个增长速度又因全国政治中心的迁入而按下快进键。此时，海岛名称数量也因此迅速增加。南宋乾道《四明图经》是以古明州(编者注：今宁波市和舟山市)为记述区域的地方志，此志记载了在今宁波境内的东门山和今舟山市境内的梅岑山、蓬莱山、东霍山、桃花山、石弄山、翁洲(翁山)、小茆山、小竿山、回峰山、西良山、长涂山、兰山、昆斗山、三姑山、良港山、深水山、莆岙山、大七山、东勾曲山、砂罗山、大茆山、大竿山、麻岙山、洋山、蛟山、长白山、登部山、东乳山、西兰山、茅山、西岱山、东岱山、大若山、正策山、吴农山、如岸山、横子山、东兰山、元雀山、柽岸山、浡涂山、巉石山、滕岙山、黄公山、西朐山、马秦山、黄沙山、册子山、西枯山、徐公山、西桑山、桑子山、东晓山、东枯山、石蜀山、东朐山、川石山、北壁山、西须山、马迹山、须皓山、大洋山、落华山、藿山、黄石山、鸡鸣山、壁下山、神前山、东豸山、西豸山、碓砧山、石马山、青閪(音 dàng)山、大板山、洋横山、秀山、马乳山、海西山、稠江山、宜山、马碁山、汐岙山、烈表山、五屿、虎头山、三山、螺头山、门鹿山、盘屿山、方横山、窄额山、白踏山、大颡山、云屿、岙山、沈家门山、青屯山、黄屯山、北砂山、顺母山、双屿、龙屿、龟鳖山、丁兴山、泗洲堂山、黄隆山、杨岸画山、栲门山、吊屿山、小七山、滩山、黄母山、罗门山、大枝山、小枝山、绿狮山、石牛山、大镯山、小镯山、庙址山 121 个海岛名称。但是，由于今藏乾道《四明图经》为清徐时栋校刊的烟屿楼版，此书卷三奉化县和卷四定海县均散佚严重，此志所载海岛数量也因此难以得到完整统计。但成书于此后不久的宝庆《四明志》记载了定海县的鲛门山、乌崎山、游山、竹屿山、乐家屿山、鬼屿山、算屿山 7 个海岛名称，象山县的东门山、道士岩、瓯(音 tōng)瓦山、版场坑山、师娘奥山、三䔉山、于缩山、东涛山、西涛山、担子山、阳大屿山、秋卢门山、大门山、石坛山、佛头岩、锯门山、面现山、大睦山、秋闬(音 hàn)山、韭山、大薤山、台明屿、台山、明山、马鞍山、双泉山、东殊山、西殊山、金鸡岭、新罗岙山 30 个海岛名称，这也可视为与乾道《四明图经》记载同时代的海岛地名，是对此散佚内容的填补，二者相加，可见在宋代的明州至少已有 158 个海岛地名。南宋嘉定《赤城志》是以古台州为记述对象的地方志，此志记载了今台州市境内的堀门山、大雄山、熨头扣山、石灶山、鹅鼻山、轻盈山、石佛山、峧巉山、苍郭山、小门山、大门山、寿昌山、莆门山、东麂山、西麂山、主山、鹿头山、虎头山、泽青山、桎澳山、伯达山、屿山、泽山、彭公屿、樊续屿、新罗屿、腾屿、龟屿、严屿、独屿、行屿、马屿、东镇山、松门岛、三女山、盘马山、赏头山、悟空山、岩头山、寿门山、赤礁山、饭閟(音 bì)山、鹜屿、夹屿、小屿、撮屿、卢屿、桐屿、九屿、钱屿、龚屿、茶屿、褊屿、杉屿、洋屿、关屿、横屿、虾蟆屿、张家屿、腰屿、建平屿、箅屿、长屿、罗屿、谢屿、瓦屿、叶家屿、林家屿、金华屿 69 个海岛、河口岛屿或由原海岛、河口岛屿淤积围垦入陆的孤丘。南宋嘉泰《会稽志》是以古越州(以今绍兴市为主，包括今杭州市萧山区、滨江区等)为记述对象的地方志，也记载了悬泥山、䨦山、翁洲等数个海岛名称。通过这些文献，我们可以看到，古代海上丝绸之路的交通与贸易行为，或直接影响了岛名的产生和变迁，或在相关的地名记载中留下了深深的烙印。南宋宝庆《四明志》卷二十一："东门山……蕃舶商船必经从之，潮未平或有风涛，则蚁聚泊舟山下，此海道之冲要也。""珠岩山，(象山)县东北三十里。世传番舶自海中见此山有宝气，因至寻之不获而去。""新罗岙山，象山县北七里。耆旧相传新罗国人尝泊舟于此。"南宋嘉定《赤城志》卷十九："东镇山，在(临海)县东二百四十里。《临海记》云：'洋山东百里有东镇大山，去岸二百七十里，生昆布、海藻、甲、香矾等物。又有金漆、木用涂器物与黄金不殊。'永昌元年，(台)州司马孟诜以闻中有四墺，极险峻，山上望海中突出一石，舟之往高丽者必视以为准焉。""高丽头山，在(临海)县东南二百八十里，自此山下分路入高丽国。其峰突立，宛如人首，故名。""新罗屿，在(临海)县东南三十里。昔有新罗贾人舣舟于此，故名。"此时，原以梅福炼丹得名的梅岑山因日僧慧锷于唐末留观音像于潮音洞上而逐渐产生"补陀洛迦山""普陀洛迦山"等称谓。南宋宝庆《四明志》卷二十："补陀洛迦山，在东海中，佛书所谓海岸孤绝处也"，后于元明时期简化为"普陀山"。这些地名，都生动记忆古代海上丝绸之路的贸易历史。与此同时，由于古波斯人称中国为马秦、桃花石，有学者据海上丝绸之路的贸易方式、航线节点和进港前的报关、候泊位置，提出了马秦山(编者注：今朱家尖岛)和桃花山(编者注：今桃花岛)疑与古波斯人对中国的代称相关的观点，这从另一个角度开拓了唐宋时期浙江海岛地名来源的新视野。

唐宋以降，随着国家加大长江上游区域的农耕业开发，长江携带的泥沙量不断增加，浙东沿海海涂逐渐上涨，向大海要地，变沧海为桑田成为浙东沿海农业发展的新趋势。其间，新围垦区域的地域名称，由人类顺应自然、因势利导形成的河道名称等地名不断在沿海平原区域产生，而原淹没在浅海中的近岸小岛也因围垦而由海岛转变为大陆岸线之内的小山。原在杭州湾北岸的滩浒山、王盘山、大金山(现属上海市)等小山丘又因海潮的不断冲刷而沦陷入海成为岛屿。曹娥江、浦阳江等河流的下游因钱塘江口和杭州湾南岸的不断淤涨而改道,钱塘江口、椒江口等不断向海延伸,地名指代的范围由此扩大。钱塘江口的赭山、狮子山等原在钱塘江北岸的孤丘,因河道的改变而在明清时期变为钱塘江南岸的山丘,其行政归属由此发生改变。到了近代以后,随着新的地理学名称的出现,由旧时浅海淤涨围垦而成的较大沿海平原产生了宁绍平原、温黄平原、温瑞平原等名称。

明洪武十九年(1386 年),朱元璋为防倭御寇而实施"海禁"政策,强迁海岛及濒海居民入内地,"不许片板入海"。受"海禁"政策影响,部分海域、海岛自然实体名称逐渐失传。以舟山群岛为例,明天启《舟山志》中记载海岛名称 80 个左右,比乾道《四明图经·昌国县》记载的少了约 1/3。其间,也在偏远海域出现了地名误指、误写的现象。清康熙二十三年(1684 年),朝廷颁布"展海令",沿海及海岛富饶的土地和丰富的物产吸引了大量移民迁入,各地逐渐恢复生机,海域自然实体名称也随之逐渐增多。至清末,各类大小岛屿,甚至是与生产、生活密切的明礁、暗礁等都有了相应的名称。这些地名,除少量延续明前的海岛名称外,多数属于重新命名。其中,主要以形象和位置命名,并有以景观、颜色、传说、物产等命名的方法,但在总体上保持了一种比较原始的命名方式,具有原生性及富有人文气息的特征。

二

浙江陆地地形类自然实体名称通名主要有平原、盆地、山脉、山地、丘陵、山、峰、岗(冈)、尖、岭、谷、洞、峡、岩等,与相关的自然实体类别基本一致。平原,即指广阔平坦的大地。原,古作"邍"(音 yuán)。北宋《太平御览》卷五十七:"《释名》曰:原,元也,如元气广大也。《公羊传》曰:'上平曰原。'……《尔雅》曰:'广平曰原。'"盆地,即四面由山地或高地包围的平地;山脉,即成行列的群山;丘陵,即地势起伏不平、连接成大片的小山群。北宋《太平御览》卷五十三:"《说文》曰:'丘,土之高也,非人所为也。从北,从一。一,地也。人居在丘南,故从北。中邦之居,在昆仑东南。一曰,四方高,中央下为丘,象形。'……又曰:'为高必因丘陵,为下必因川泽。'《周礼》曰:'丘陵,其动物宜羽物,其植物宜核物,其民专而长。'……《广雅》曰:'小陵曰丘。'""《释名》曰:'陵,隆也,体隆高也。'《易》曰:'天险不可升,地险山川丘陵。'……《春秋说题辞》曰:'陵之为言棱也,辅山成其广,层棱扶推,益厥长也。'"山,即由土石构成的高耸地形单元。峰指山突出的尖顶。岗(冈),即原指山和山脊,现也多指山顶。《说文解字》:"山,宣也。宣气散,生万物。有石而高,象形。凡山之属皆从山。""峰,山耑也。"北宋《太平御览》卷五十三:"《释名》曰:'岗,亢也,在上言之。'……又曰:'谓山盖高,为冈为陵。'……《尔雅》曰:'山脊曰岗。'"在浙江地名中,"尖"多指山顶尖锐的山峰。《广韵》:"尖,锐也。"岭,原指山间的古道,现也用于有古道的山的通名。《说文解字》:"岭,山道也。"谷,原指两山间有水流的低洼地,现泛指两山间低洼地。北宋《太平御览》卷五十四:"《说文》曰:'泉通川曰谷。'……《尔雅》曰:'水注溪曰谷。'"峡,原指山间狭窄的地方。《说文解字》:"峡,隘也。"在浙江地名中,"峡"指两山夹水的狭长谷地。岩,多指悬崖或巨大的独立岩石。北宋《太平御览》卷五十四:"《说文》曰:'岩者,崖也,山边谓之崖。'"早在周朝,我国已有山师、川师、邍师分别执掌山名、河名和地名(邍名)。《周礼·夏官》:"山师,掌山林之名。川师,掌川泽之名,辨其物与其利害,而颁之于邦国,使致其珍异之物。邍(yuán)师掌四方之地名,辨其丘、陵、坟、衍、邍、隰之名,物之可以封邑者。"

浙南和浙东等地还存在垟(音 gàng)、垵、塆、堀、硐、磹等地方特色通名。其中,垟,指陡峭的山峰,垵(音 ān)指山地间的小凹地,塆指山沟里的小平地,堀(音 kū)指土穴,硐指山洞、矿洞,磹(音 tán、dǎn)指表面平坦的独立岩石。

平原、盆地、山地的专名,多以政区名称、政区合称或者是地理位置命名。如杭嘉湖平原、宁绍平原、温瑞平原、温黄平原、碧湖平原、松古平原、金衢盆地、新嵊盆地、武义盆地、浦江盆地、江山盆地、仙居盆地、丽水盆地、浙南山地、浙西低山丘陵等,个别以著名的相邻地理实体命名,如西湖群山等。山脉的命名多以主峰、主山、山脉形态、著名关隘或者是主峰、主山的典型景观等命名,也有以星宿、物产、地理位置、古越语音译等得名的。如,龙门山脉、洞宫山脉等以主山、主峰得名;千里岗山脉以其延绵较长的形态得名;天目山脉、四明山、雁荡山等以主峰、主山的典型景观得名;括苍山以山产栝木得名,南山以山处金华以南得名,怀玉山脉以星宿名称得名,会稽山脉源自古越语音译。山、山峰、孤丘名称来历多样,有的以形状得名,如象山、方山、方岩山、天马山、凤凰山、饭甑山等;有的以山体形态得名,如华盖山、积谷山、半天山、三魁山、百丈山、齐云岗、八面山、它山、横山等;有的以土岩颜色得名,如紫高尖、黄岩山、乌岩山、赤山、赭山等;有的以地理位置得名,如东门山、东山、三州山、巽山等;有的以历史典故、传说及相关人物得名,如烂柯山、越王城山、胜归山、吏隐山、蠡山、秦望山、莫干山、栖贤山、覆卮山、刻石山、吴山、岘山、八素山、新妇坛山、烂柯山、缙云山、梁皇山、委羽山等;有的以物产命名,如茗岭、铜山、蕺山、锡山、兰芎山、万松山、黄茅尖等;有的以地标性建筑或寺庙得名,如皋亭山、亭山、塔山、玉皇山、阿育王山、观音山、化安山等;有的以气象和水文特征得名,如清凉峰、白云山、蒙顶山、大寒尖、雪窦山、瀑布山、湫水山等;有的以山上的独立岩石、突出岩石形态得名,如石新妇山、棋盘山、穿岩山、老虎山、楼旗山、大佛岩山等;有的以地质基础或土石与周边山体的差异性特征得名,如飞来峰、怪山等。这些名称,多反映了山和山峰的典型地理特征。其中,也有少量以祥瑞、希冀的词语命名的,如福应山、安洲山、龙祈山、招宝山、安国山、安固山等。个别则为古越语地名的遗存,如勾嵊山等,其来历含义不详,但这类地名所占比例极小。另一方面,由于浙江省各区域方言差异较大,现存山、山峰地名多源自近现代的各类地形图,普遍存在谐音歧化现象,同音、同义的山和山峰往往以不同的文字书写。多谐音字、错别字,这也是浙江陆域地形自然实体名称体系的一个重要特征。

浙江省的河流自北向南分苕溪、钱塘江、甬江、灵江、瓯江、飞云江、鳌江七大水系。有学者将曹娥江与上述水系并列,将浙江省的河流分为八大水系,但考虑到曹娥江口在钱塘江入海口之内,本志仍将之作为钱塘江的支流对待。受地势影响,除苕溪水系注入太湖外,其余水系均自西向东流注东海。河流的通名主要有"江""河""溪""港""坑""浜""溇""浦""塘""源"等。"江""河"多指流域面积、河水流量较大的河流或较大河流的某个河段,如钱塘江、富春江、姚江、金华江等。"港"多指较大河流的支流,如江山港、云源港分别为衢江、新安江支流,也指水网平原区域顺应自然走向开凿、疏浚并可通航的河道,如长兴港、金清港等。"溪"多指流淌于山丘间、河床比降较大的河流。北宋《太平御览》卷六十七:"《春秋说题辞》曰:溪者,隐也。深虚绕山,令得博也。宋均曰:'无水曰谷,有水曰溪。'《尔雅》曰:水注川曰溪。"如寿昌溪、仕阳溪等,但东苕溪、西苕溪则为其中的例外。"坑"多指流经沟壑、深谷的小型溪流,主要分布于天台山脉、大盘山脉、洞宫山脉、南雁荡山等山区。"浜"多用于小河沟,主要分布在今嘉兴市内。北宋朱长文《吴郡图经续记》卷上:"众流贯州,吐吸震泽,小浜别派,旁夹路衢。""溇"多指古代太湖流域先民为蓄水、排涝、通航而环湖岸开辟的有闸水沟。“溇”字通名，今主要在湖州市和嘉兴市。元代黄公绍《古今韵会》载：“溇……通水沟也。”古代环太湖有三十六溇，多数在乌程县（编者注：今湖州市吴兴区和南浔区）。南宋嘉泰《吴兴记》卷五：“旧沿湖之堤多为溇，溇有斗门，制以巨木，甚固。门各有闸版，遇旱则闭之以防溪水之走泻。有东北风亦闭之，以防湖水之暴涨。舟行且有所舣泊，官主其事为利浩博，不详事始，今旧闸有刻元丰年号者，则知其来远矣……今以《乌程县图》考之，自外组村至太湖村一带有二十六溇，皆有名。曰：诸溇、比溇、上水溇、罗溇、张港溇、新泾溇、幻湖溇、金溇、赵溇、潘溇、许溇、王溇、谢溇、义高溇、陈溇、薄溇、五浦溇、蒋溇、钱溇、新浦溇、石桥溇、汤溇、成溇、宋溇、乔溇、胡溇。绍熙中，《修湖溇记》云：‘湖溇三十六，其九属吴江，其二十七属乌程者，兼纪家港而言也。’此溇沂溪而阔，独不置闸。”“浦”为浙江沿海对平原区域入海小型河流的通称，清道光《乍浦备志》卷二：“凡内河通海处为浦……”“塘”多指人工挖掘的河流，主要分布在杭嘉湖平原。“源”一般指河流的源头或山区小河流，主要分布在浙西、浙南山区，如十四都源、清水源，分别为松阴溪、濂溪的源头，淳安县以“源”为通名的河流现多汇入新安江水库。河流的急流浅滩段，则多以“滩”为通名，如七里滩、苏姥滩等。平原水乡另有“泾”“漕”“漾”“荡”“泓”“汇”等地域性地名通名，浙南地区有“浹”“沥”“渎”“井”等地域性通名，但使用范围皆较小。

河流专名多富有人文特色，较大河多以流经的古政区名和古地域名命名，如钱塘江、余姚江、奉化江、金华江、新安江、瓯江、义乌江、临城河等，分别以古钱塘县、余姚县、奉化县、金华府、古新安郡、古东瓯国、临城镇命名，少数也有以河岸自然实体，以及神话传说等命名的，如甬江、曹娥江、灵江等。中小型河流则多以相关自然实体，或典型的地理特征命名。如天目溪、马金溪、横阳支江等，分别以天目山、马金岭、横阳江命名；乌溪江、芝溪、大溪、白沙溪、苕溪等，分别以典型的水色、形状、规模、沙石和植物景观命名。平原村落密集区域的小型河流得名情况比较复杂，或以附近的人工建筑命名，或以地理位置命名。河岸村落，如金清港、庄观塘、八字桥港、安昌街河等，分别以碶闸、庙宇、桥梁、道路命名；西小江、松阴溪等以地理位置命名。此外，也有以顺序、功能、风俗、祈愿等命名的现象，但在数量上相对较少。

湖泊多地处杭嘉湖平原和宁绍平原等水乡平原或山间盆地，常以“湖”“荡”“漾”“洋”“塘”“潭”等作为通名。“湖”多指面积较大的湖泊，也常作大型水库的别称。北宋《太平御览》卷六十六：“《广雅》曰：湖，池也。《说文》曰：湖，大陂也。”如西湖、东钱湖、南北湖、下渚湖、鉴湖、千岛湖、飞云湖等。“荡”多指水深较小，多湿地的湖泊。“漾”“塘”“潭”多指面积较小的湖泊。以“洋”作通名的湖泊，一般旧时面积相对较大。湖泊的专名，多以地理位置、湖泊规模、湖泊形状、所处地域、邻近山水、湖泊特征、湖岸村落或大族姓氏等命名。如西湖、南湖、东湖等以地理位置得名，太湖等以湖泊规模得名，迪荡湖以湖泊形状得名，祥符荡以古属祥符乡得名，东钱湖、牟山湖等以邻近的山水得名，湘湖、鉴湖、天花荡、渔浦湖、白塔湖等以湖泊特征得名，洛舍漾、梅家荡、皂李湖等以湖岸村落或大族姓氏得名。同时，也存在以民间传说或历史事件命名的现象，如白马湖、贺家湖等。

浙江沿海海域广阔、海岸曲折、岛屿众多，海岛数量约占全国的2/5。海区和海湾的通名，多以洋、湾、港为通名。洋，多指比较开阔的海域；湾，则多用于海域伸入大陆、半岛或较大海岛的海域；港，一般用于狭长形，其内可锚泊船舶的海域。海区和海湾的专名，多以海域内关乎航行定位的岛屿名称命名，如大戢洋、王盘洋、灰鳖洋、磨盘洋、猫头洋、大陈洋、披山洋、大目洋、黄泽洋、积谷洋、岱衢洋、嵊山洋、黄大洋、三门湾、北关港、健跳港等皆以本海区内的岛屿或岛屿合称得名。部分以与之关系密切的政区、岬角命名，如杭州湾、象山港、温州湾、乐清湾、洞头洋、台州湾等，或以邻近的政区，或因政区归属得名；崻头洋、崎头洋则以邻近的岬角（或岬角处的山体）得名。少数以海区的地理特征、邻近的古代海防设施、邻近村落、跨湾航渡得名，如横水洋、乱礁洋、脚桶洋分别以水文特征、形态特征等得名，隘顽湾、大渔湾分别以隘顽千户所和大渔村得名，浦坝湾则以铺坝渡谐音得名，唯莲花洋以与宗教相关的民间传说得名。

水道名称多以水道、港、门为通名，个别的也有以“峡”作通名的。“港”与“门”，多为传统的民间原生水道通名，港，古也作“江”，一般用于大陆、半岛、较大海岛与小岛间的水道，因其间有锚泊的港湾而得名；门，一般指两岛或多岛之间的水道，因航行至此，水域变窄，远观如门得名。峡，专指水道口较狭窄，两侧岛岸陡峭的水道。后来，随着近现代地理名词的传播，逐渐出现将“港”与“门”专名化，而新增“水道”“航门”作通名的现象。水道的专名多以与水道相邻的海岛、岬角、村镇或其古称、合称得名，如螺头水道、金塘水道、佛渡水道、牛鼻山水道、黄大峡、小板门、白节峡、蟹崻门、长白水道、菰茨航门、普沈水道、沈家门港、乌沙门水道、虾崻门、条帚门、双屿门、蛇移门、蛇蟠水道、猫头水道等，少数以邻近的古代海防设施得名。如石浦港、西堠门等。也存在个别以位置或水文特征得名的，如北水道、南水道、灌门等。

《太平御览》卷七十四：“岛，《释名》曰：‘海中可居曰岛。到也，人所奔到。’《汉书》曰：田横惧诛，入居海岛中。孟康曰：海中山曰岛。”但是，由于浙江海岛皆为基岩岛，其离大陆岸线较近，景观大抵与陆地的山丘相同，因此古代的浙江海岛名称，多以山、屿（崻）、礁等作为通名。“山”一般用于面积较大、山体较高的海岛，随着近现代海图出现，后多将之专名化，并新加“岛”字通名。“屿”，多用于地处较大海岛周边，面积较小，山体较矮，但有植被的海岛。由于“屿”在浙江及中国东南部和南部沿海方言中多读作“qí”，近现代地图常谐音讹为“崻”“岐”“崎”，并逐渐出现将“崻”字专名化，于其后新加“岛”字通名的现象。从“崻”字通名的分布范围及读音特点来看，“屿”字通名的方言“qí”音，疑为古越语音的遗存。“礁”原多指面积小于数千平方米，岩石裸露、没有植被的海岛，并也用于干出礁和适淹礁的通名。在沿海渔民的传统观念中，有没有植被是区分礁与屿的本质特征。以上山、屿（崻）、礁 3 种通名，占据了旧时浙江海岛通名的绝大部分。此外，在局部区域，也存在“砖碶”“崻螺”“时罗”“沙”“涂”等通名。以“沙”“涂”为通名的海岛，一般出现河口和近岸，指河水、潮水冲积而成的岛屿或浅滩、暗沙。“砖碶”是渔民自造字，一般出现于偏远的海域，指体量较小，岸壁直立的明礁。在第一、第二次海域海岛普查过程中，多将“砖碶”谐音写作“崻螺”“时罗”，并将上述通名专名化，在其后新增“岛”字通名。现今的浙江省海岛名称，除少部分保留了屿、礁等通名外，多以“岛”为通名。其中，第一次海域海岛地名普查多在“山”和“屿”“崻”后加“岛”字通名，第二次海域海岛地名普查则普遍在“礁”“砖碶”“崻螺”“沙”“涂”等后新增“岛”字通名。

浙江海岛名称的专名，主要有形象、景观、位置、颜色、物产、传说、派生等命名方法。形象命名法就是从岛屿的总体或主体的形状出发，以象形的方法命名岛名，约占海岛总数的一半左右。这类命名方法源自旧时渔民的海上定位需求，多以动物、植物、昆虫、水产、日常生活用品、果蔬、食品、几何形状等形象命名，如蛇蟠岛、大鹿岛、老鼠山、兔耳岛、虎啸蛇岛、牛山、羊崻山、丫鹊（意为喜鹊）山、脸豕（意为猪头）礁等以动物命名；蚂蚁岛、蝴蝶岛、蚊虫山、蜘蛛山等以昆虫命名；虎鱼礁、鲨鱼礁、鱼腥脑屿、鳗局岛、田螺礁、和尚蟹山、蚶山、蛤蜊山等以水产命名；半屏岛、鸡笼山、磨盘山、铜钱礁、花鼓山、镬盖档岛、酱油碟礁、箬箕岛、奔波（方言意为畚箕）山、料勺山、楝槌岛（楝槌，为练槌谐音，意为捣衣槌）、枕头山、蓑衣山、绍兴髻山、草鞋盘礁、饭桶山、饭匙岛、讨饭提篓礁、花轿礁等以日常生活用品命名；梨子山、枣子心屿、糯米饭礁、粽子山、鸭蛋山、积谷山等以果蔬和食品命名；板方礁、大圆山、对面圆山等以几何形状命名。个别的，甚至有以人体器官和排泄物命名的，但其中的不雅地名多在地名普查和地名管理过程中逐渐得以雅化。景观命名法就是根据某些岛屿所反映出的具有典型意义的人文特点、气象特征、植被状况、特殊地貌（如，山洞、天然桥、沙滩、奇岩、怪石）等地理景观命名岛屿的方法。如舟山岛因“舟之所聚”得名，玉环岛以“晨雾绕岛，形状如环，上有流水，洁白如玉”得名，秀山岛因山清水秀得名，霓屿岛以岛上山脉相连成弧形，远望状似霓虹挂空得名，六横岛因岛上有 6 条山岭蜿蜒横亘得名，癞头峙因植被稀疏似癞头得名，赤膊山因岩石裸露无植被得名，洞头岛、洞石山岛、壁下山岛等分别以海蚀穴、海蚀崖得名，皆反映了海岛的独特景观。以位置命名就是根据岛屿所处的方位取名，主要以东、西、南、北和上、下方位词命名，也有为区分相邻岛屿而在原以其他方式命名岛名基础上加方位词的现象。如东块岛、西块岛、江南山、上海山、下海山、半洋礁等直接以方位词命名，南麂岛、北麂岛、东垦山、西垦山、里鸡娘、外鸡娘、里洋鞍、外洋鞍等则是在原岛名基础上加方位词命名。浙江的“上”“下”方位词有两种用法，一种是与全国多数区域一致的以北为“上”，一种是与之相反的以南为“上”。以南为“上”的方位词用法，其根源在于南宋皇城建在临安城（编者注：今杭州）以南带来的影响。颜色命名法就是根据某些岛屿岩石所具有的独特颜色取名，也包括直接以颜色命名和在原以其他方式命名岛名基础上加表示颜色用词命名的现象。如白礁、黑礁、红山、青屿等直接以颜色用词命名，乌盆礁、野黄盘岛、黄老虎礁、戴黄帽礁等则是在原岛名基础上加颜色用词。以物产命名的海岛，多以岛上优势动植物及岛周海域优势水产命名，如缸爿礁以岛上多海鸥得名（缸爿为方言音，意为海鸥），鳓鱼山以岛周盛产鳓鱼得名，大芦杆屿以岛上多芦苇得名等。传说命名法就是依据此海岛的特有民间传说命名，或者是在原仅有语音传承但含义不详的岛名谐音之上附会相应的民间传说，并以此改变岛名书写方式的命名方法。由于这种命名方法产生的名称指位性较弱，同以物产命名等方法一样，所占比例较小。派生命名法则多出现在海岛密集海域，以政区、村落、海湾、岛屿、岬角、岛礁群等名称，结合大小、方位等用词派生新的岛名；个别的则以系列化方式命名，如海礁所包括的泰礁、华礁、南岳礁、恒礁、嵩礁等。由于较小的海岛多缺乏文献记载，谐音异写、谐音误写也是海岛地名的一个重要特征。

综上所述，浙江省的自然实体名称，反映了浙江大地山川、海岛的璀璨和人们对自然的认知方式，记忆着浙江人民生活和生产的印迹，镌刻着浙江人民千百年来沧海桑田、筚路蓝缕、踔厉奋发的历程，并在一定程度上体现了人们的希冀和信仰。这些地名，多数对当地的政区名称、村落名称或者是交通设施、水利设施等名称产生了较大影响，是影响浙江丘陵山地、山间盆地、水网平原、沿海平原、河谷平原以及海岛丘陵等不同地形区域内人文自然实体名称地域性差异的主要因素，也是各地人文地理实体名称命名的源泉之一，由此铸就了浙江地名的“根”与“魂”。

第一章　陆域自然实体名称

第一节　平 原 名 称

浙北平原(Zhèběi Píngyuán)　浙江省主要地形区之一。为钱塘江河口段—杭州湾南北两侧河积平原和沿海平原的总称,主要包括杭嘉湖平原、宁绍平原。因在浙江省北部得名。见“杭嘉湖平原”“宁绍平原”。

杭嘉湖平原(Háng-Jiā-Hú Píngyuán)　浙江省最大平原,属浙北平原和长江三角洲的一部分。跨杭州、嘉兴、湖州 3 个地级市。西起天目山脉余脉,东至上海市,北接太湖和苏南平原,南濒杭州湾。东西走向,长约 135 千米,宽约 75 千米,面积约 7 620 平方千米。以杭州、嘉兴、湖州三地首字合称得名。杭州、嘉兴、湖州三府合称为“杭嘉湖”,在明代即已出现。清《钦定古今图书集成·方舆汇编·职方典》卷九百五十八:“正统八年,命侍郎焦宏、参政俞士悦、勘议令杭嘉湖三府,备料重修(海盐县城池)。”“正统八年,侍郎焦宏勘议令杭嘉湖,备料协同修葺(乍浦城)。”明代于此置杭嘉湖分守道和嘉湖分巡道。《明史》卷七十五:“布政司参政、参议分司诸道……分守道:浙江杭嘉湖道,宁绍台道,金衢严道,温处道。”“分巡道:浙江杭严道,宁绍道,嘉湖道,金衢道。”清康熙六年(1667年)裁嘉湖分巡道。康熙九年,复设杭嘉湖分守道公署。雍正四年(1726 年)于此置杭嘉湖道,治嘉兴府,乾隆十九年(1754 年)移治驻杭州府。1914 年改置钱塘道。1927 年废道。由长江、钱塘江和海潮回淤的泥沙堆积而成。地势低平,海拔多在 10 米以下,平均海拔 3 米左右,西北部接近丘陵和太湖区域的低洼处,海拔仅 1.5～2.5 米;东部和南部临杭州湾—钱塘江一带地形较高,海拔 3.5～5.5 米;仅在西侧及南缘零星分布数十至百余米高的孤丘。湖荡河渠密布,人工运河南北纵贯,以西侧和东北隅河网最为集中,河网密度平均为 12.7 千米/平方千米,居全国之首。属北亚热带季风气候。温暖湿润,雨热同季,降水季节分配不均匀。年均气温 15℃～16℃。1 月平均气温 2℃～4℃,7 月平均气温 27℃～28℃。年均无霜期 225～250 天,≥10℃活动积温 4 500℃～5 200℃。年均降水量 1 000～1 400 毫米。土壤肥沃,以水稻土为主,另有沼泽土、草甸土、滨海盐土等。天然植被皆已无存,现有植被以农作物和次生林、次生灌木丛为主。人口稠密,耕地集中。其中,西部以平水田为主,东南部沿江滨海地带,多为水旱轮作地。自唐宋以来即为重要的漕粮产地,明清时期为重要的丝绸产地,近代以来工业迅速发展。盛产稻米、蚕茧、棉花、小麦、油菜籽、花生、菱、藕、慈姑、芡实等农产品,鱼、虾、蟹等水产品和柑橘、枇杷、杨梅等亚热带水果,为著名“鱼米之乡”。

工商贸及服务业发达，为长江三角洲城市群的重要板块、全国科学发展、和谐发展先行区和浙江省创业创新核心区。风景优美，名胜古迹众多。有杭州西湖、富春江—新安江 2 个国家级风景名胜区，杭州之江、太湖 2 个国家级旅游度假区。有杭州丝绸、龙井茶叶、塘栖枇杷、湖州蚕丝、嘉兴粽子、安吉白茶、湖羊、湖笔等特产。水陆交通方便。宁杭、沪昆、杭甬 3 条高速铁路，沪昆、宣杭、新长 3 条铁路，申嘉湖（S32）、长深（G25）、杭瑞（G56）、沪昆（G60）、杭州湾环线（G92）、苏绍（S9）、沈海（G15）、常台（G15W）、沪渝（G50）、杭甬（G92）、乍嘉苏（S11）、杭长（S14）12 条高速公路纵横交错。水路有钱塘江、东苕溪、京杭大运河等天然和人工航道，并有嘉兴港 1 个海运港口。

宁绍平原（Níng-Shào Píngyuán）　浙江省第二大平原，属浙北平原的一部分。在浙江省东北部。跨宁波、绍兴 2 个地级市。西起钱塘江，东至东海，南接四明山、会稽山，北濒杭州湾。东西走向，中部呈驼峰状突入杭州湾。长约 150 千米，宽 20～40 千米。面积 4 800 平方千米。以宁波、绍兴二地首字合称得名。明代于此设宁绍分巡道。《明史》卷七十五："分巡道：浙江杭严道，宁绍道，嘉湖道，金衢道。"此为"宁绍"一词的最早史书记载。清乾隆三十二年（1767 年），宁波、绍兴商人于江苏吴江县西肠圩建立宁绍会馆。此后，衢州、杭州、嘉善等地的宁波、绍兴商人陆续兴建了宁绍会馆，衢州也因此留下宁绍巷等地名。近代著名教育家蔡元培曾被嘉善宁绍会馆聘为董事。《蔡元培自述》："那时候，留居嘉善县的宁波、绍兴两府同乡建立宁绍会馆，聘我为馆中董事……宁绍会馆的设立，一方面用以调解地主与佃户，或农人与农人间的纠纷；一方面用以改良旧日停柩的公所。"由钱塘江、曹娥江、甬江和海潮回淤的泥沙堆积而成。地势平坦，自东向西、自南向北逐渐升高。北部成陆较晚，海拔 5～6 米，多平行、垂直堤岸的河渠，耕地以旱地为主。南部成陆较早，海拔 2～3 米，河湖密布，素有"水乡"之称，耕地以水田为主。属北亚热带季风气候。年均气温 16℃，1 月平均气温 2℃，7 月平均气温 26℃～28℃。年均降水量 1 200～1 400 毫米。开发历史悠久，为越文化的发祥地之一，浙江省重要的粮、棉、麻和淡水鱼产区。农业主产稻米、小麦、玉米、油菜籽、棉花等，淡水鱼养殖业较发达。工业有纺织、丝织、印染、食品、家电和机械制造等产业。杭甬高速铁路、杭甬铁路和杭州湾环线（G92）高速公路横贯东西，常台（G15W）、苏绍（S2）和沈海（G15）高速公路分别纵贯西部、中部和东部，有钱塘江隧道、嘉绍大桥和杭州湾大桥通往钱塘江和杭州湾北岸。水路有甬江、姚江、曹娥江、浙东运河、杭甬运河等天然和人工航道，并有全球货物吞吐量第一大港宁波—舟山港 1 个海运港口。建有杭州萧山、宁波栎社 2 个国际机场。

温瑞平原（Wēn-Ruì Píngyuán）　在温州市。跨雁荡山以南，瓯江和飞云江两岸的鹿城、瓯海、龙湾 3 区和乐清、瑞安、平阳 2 市 1 县。大致呈角尺状分布。南北长 55 千米，东西宽 31 千米，面积 543.2 平方千米。以温州、瑞安二地首字合称得名。由瓯江、飞云江等河流和海潮回淤的泥沙堆积而成。成陆时间较晚，并仍在向海域快速生长。地势低平，海拔多在 7 米以下，间有少量海拔 50～500 米的低山和孤丘。沿海有标准海塘环绕。分属瓯江、飞云江两大水系，温瑞塘河纵贯其中。河渠众多，灌溉与航运方便，易出现洪涝灾害。土壤肥沃，多为水稻土，滨海有水旱轮作地，海岸外侧有成片海涂资源。属中亚热带季风气候。温和湿润，降水丰沛，光照充足，为浙江省热量最丰富的区域之一。夏秋有台风和热带气旋影响。年均气温 19℃。年均降水量 1 113～2 494 毫米。年均无霜期 258 天以上。为浙江省商品粮和柑橘生产基地，温州市的政治、经济和文化中心所在地，工商业集聚区。现有耕地 52.89 万亩，其中，水田 44.39 万亩。植被以农作物和果木为主，盛产稻米、油菜籽、柑橘等，有瓯塑、瓯绣、黄杨木雕等工艺品和瓯柑等特产。有仙岩 1 个浙江省风景名胜区。温福高速铁路、甬台温高速铁路、金丽温铁路和沈海(G15)、温丽(G1513)、诸永(S26)、温州绕城(S10)高速公路，京福(G104)、温寿(G330)国道纵横交错。有温州(龙湾)1 个国际机场、温瑞塘河 1 条人工运河、温州 1 个海港。

温黄平原(Wēn-Huáng Píngyuán)　在台州市。跨温峤岭以北，椒江两岸的黄岩、椒江、路桥 3 区和温岭 1 市，沿海岸线和椒江两岸大致呈长块状分布。南北走向。长 62 千米，宽 52 千米，面积约 2 361 平方千米。取温岭和黄岩二地首字合称得名。别称椒黄平原，取椒江、黄岩二地首字合称得名。由椒江、金清江等河流和海潮回淤的泥沙堆积而成。地势低平，海拔多在 3 米左右，间有残丘分布，沿海有标准海塘围绕。属椒江、金清江 2 个水系，水网密集，易出现洪涝灾害。土壤肥沃，多为水稻土。属中亚热带季风气候。温和湿润，降水丰沛。年均气温 18.4℃。年均降水量 1 467 毫米。年均无霜期 280 天。夏秋有台风和热带气旋影响。为浙江省商品粮和柑橘生产基地，台州市的政治、经济和文化中心，工商业集聚区。现有耕地 101.4 万亩，其中，水田 87 万亩。植被以农作物和果木为主。盛产稻米、油菜籽、柑橘，并有黄岩蜜橘、临海涌泉蜜橘、临海杨梅、黄岩枇杷等特产。有方山—长屿硐天 1 个浙江省风景名胜区。甬台温高速铁路，沈海(G15)、常台(G15W)、诸永(S26)、台金(S28)高速公路和京福(G104)国道纵横交错。有台州(路桥)1 个机场和台州 1 个海港。

碧湖平原(Bìhú Píngyuán)　在丽水市莲都区。东北—西南走向，大致呈长条形。长 18 千米，宽 3～10 千米，面积约 60 平方千米。因有碧湖古镇而得名。属河谷平原，主要由大溪、松阴溪泥沙冲积而成。地势平坦，沿溪流两岸分布，平均海拔 50 米左右。河流属瓯江水系，中部有古老的通济堰水利工程，灌溉设施良好。属中亚热带季风气候。温和湿润，降水丰沛，光照充足。年均气温 17.9℃。年均降水量 1 474 毫米。年均无霜期 255 天。土壤肥沃，多为水稻土。现有耕地 6 万亩，其中，水田 5.4 万亩。植被以农作物和果木为主。盛产稻米、烟叶、柑橘等农产品，白莲、椪柑、有机茶等特产。区域内有丽水 1 个国家级经济技术开发区、古堰画乡 1 个国家 AAAA 级旅游景区。温丽(G1513)、龙丽(S33)高速公路和龙丽(S222)省道等经此。

松古平原(Sōng-Gǔ Píngyuán)　在丽水市松阳县。浙南山区著名河谷平原之一。西北—东南走向，大致呈长条形。长 25 千米，宽 5～7 千米，面积 116 平方千米。因松阳、古市二镇首字合称得名。属河谷平原，主要由松阴溪泥沙冲积而成。地势平坦，高丘、低丘、冲积扇等交错分布。河流属瓯江水系，灌溉条件与设施较好。属中亚热带季风气候。温和湿润，降水丰沛，光照充足。年均气温 17.7℃。年均降水量 1 700 毫米。年均无霜期 250 天。土壤肥沃，土质疏松，有机质含量高，多为水稻土。现有耕地 3.67 万亩，其中，水田 2.46 万亩。植被以农作物、茶树和果木为主，盛产稻米、烟叶、茶叶、油茶、食用菌、甘蔗，有松阳银猴茶叶、松阳晒红烟、油茶、香菇等特产。为松阳县政治、经济、文化中心所在地。有松阳 1 个浙江省历史文化名城、西屏镇(编者注：今西屏街道)1 个中国历史文化名镇。有阴岗山、营盘背、占安山等新石器时代遗址，并有全国重点文物保护单位延庆寺塔。松阳浙南茶叶市场为浙江省规模最大的茶叶交易市场。龙丽(S33)高速公路和上松(S220)、龙丽(S222)省道经此。

第二节　盆地名称

金衢盆地(Jīn-Qú Péndì)　浙江省最大的盆地。中国南方著名的红色盆地之一。在浙江省中西部，跨金华、衢州2个地级市。西起金华山脉，东至大盘山脉，北起千里岗山脉、龙门山脉，南至仙霞岭山脉。大致呈东北—西南走向。长220千米，宽15～30千米。面积约3 700平方千米。以盆地中有金华、衢州二城得名。属浙西台凹的一部分，白垩纪后断裂为地堑，后再度断陷和上升，发育2级内叠型阶地。四周被海拔500～1 000米的山地所包围，底部为高程50米左右的河谷平原和高程50～250米的红砂岩低丘。钱塘江南源兰江，以及金华江等流贯其间。河床两旁有近代冲积层。从河流沿岸到盆地边缘，地势逐级增高，有河谷平原、岗地、低丘、高丘等地貌形态，土地类型丰富多样。属北亚热带季风气候。光热资源充足，夏季为全省高温中心，伏旱现象明显。年均气温16℃，1月平均气温2～4℃，7月平均气温26～28℃。年均降水量1 200毫米左右。土壤以水稻土和红壤为主。植被以亚热带针叶林、常绿阔叶林和农作物为主，为浙江省粮、棉、蔗、橘重要产地。主产稻米、小麦、油菜籽、玉米等农产品，鱼、虾、蟹、珍珠等水产品，生猪、奶牛等畜产品和柑橘、枇杷、杨梅等亚热带水果。有金华火腿、衢州椪柑等特产。工业有化工、机械、五金、建材、电力、纺织、造纸、食品和汽车装备制造等产业。第三产业以商贸业和服务业为主。中国义乌小商品市场和永康五金城是国内最大同类专业市场。沪昆、金丽温高速铁路，浙赣、沪昆、金丽温、金千4条铁路，沪昆(G60)、长深(G25)、京台(G3)、龙丽温(S33)、甬金(G1512)、诸永(S26)、台金(S28)7条高速公路纵横交错。水运有衢江、兰江等天然航道。建有义乌、衢州2个机场。

诸暨盆地(Zhūjì Péndì)　通道式断陷盆地。在浙江省中部偏北，跨绍兴市和金华市。西起龙门山，东至会稽山，北起诸暨市店口镇，南至勾嵊山—义乌苏溪镇一带。南北走向，南北长约50千米，东西宽约19千米，面积约543平方千米。因大部在诸暨境内得名。海拔50～70米。浦阳江中游及其支流五泄溪、大陈江、枫桥江流贯其间。东南部为红岩低丘，西北部为红土低丘。北部地势低洼，海拔多在5.5～5.6米，最低处仅3.1米，水网、湖田密集，部分田地低于河床，易成洪涝。属北亚热带季风气候，四季分明，降水丰沛。年均气温为16.3℃。年均降水量1 374毫米。年均无霜期236天。盆地边缘以红壤为主，中部以水稻土和湖相沉积物为主。植被以亚热带针叶林、常绿阔叶林和农作物为主。盛产稻米、珍珠、茶叶等。有枫桥香榧、山下湖珍珠、同山秧秫烧、东白湖茶叶等特产。为诸暨市政治、经济和文化中心，全国最大的袜业生产基地。有斯氏古民居建筑群、东化成寺塔2处全国重点文物保护单位。有浣江—五泄1个国家级风景名胜区，五泄、西施故里、华东国际珠宝城等3个国家AAAA级旅游景区。五泄、诸暨香榧2处国家森林公园。沪昆、杭长高速铁路，浙赣铁路，沪昆(G60)、诸永(S26)、绍诸(S24)高速公路和杭金(S103)、诸东(S211)、绍大(S308)省道纵横交错。

新嵊盆地(Xīn-Shèng Péndì)　断陷盆地。在绍兴市。西起东白山，东至天台山，南起南山，北至会稽山、四明山。略呈箭簇形。长约40千米，宽约23千米，面积约400平方千米。因地跨新昌和嵊州得名。地势东南高西北低。四周山坡陡峭，自海拔1 000米左右急落至盆缘100米左右。黄泽江、新昌江、澄潭江和长乐江贯穿其间，自东、南、西三面汇流向北注入曹娥江。沿江两岸海拔 50 米左右，冲积平原宽阔，地势平坦。属北亚热带季风气候，温和湿润，降水丰沛。年均气温 16.5℃。年均降水量 1 474 毫米。年均无霜期 240 天。植被以常绿阔叶林、落叶阔叶林、亚热带针叶林和农作物为主。西部和北部红砂岩丘陵和玄武岩台地广泛分布，有硅藻土、萤石等矿产资源。人口稠密，耕地集中，为新昌县和嵊州市粮食和经济作物的主要产区。有茶叶、花生等特产。昔为“浙东唐诗之路”的重要节点，民间有“一座天姥山，半部全唐诗”之说。工业有医药制品、纺织机械、领带服饰、电机等产业，有新昌 1 个省级高新技术产业园区，设有新昌(中国)茶市、嵊州(中国)领带城等专业市场。常台(G15W)、甬金(G1512)高速公路，京福(G104)国道，江拔(S309)、象西(S311)、绍甘(S212)、嵊义(S310)省道纵横交错。

武义盆地(Wǔyì Péndì)　河谷盆地。在金华市武义县。东北—西南走向，长约 50 千米，宽 5～10 千米。面积约 364 平方千米。以武义县得名。以樊岭为界分南、北两部分。南部也称柳城盆地，属瓯江水系，宣平溪上源桃溪南北流贯，广布红岩高丘，两岸为河谷平原。北部属钱塘江水系，武义江纵贯，广布红岩高丘、红岩低丘和河谷平原。有萤石、地热、温泉等矿产资源。属中亚热带气候。温暖湿润，降水丰沛，四季分明。年均气温 17.1℃，年均降水量 1 474 毫米。年均无霜期 242 天。土壤以红壤和水稻土为主。植被以常绿阔叶林、落叶阔叶林、亚热带针叶林和农作物为主。盛产稻米、番薯、蚕茧和油菜籽。有茶叶、宣莲、山茶油等特产。为武义县政治、经济和文化中心。有延福寺、俞源古建筑群、吕祖谦及家族墓 3 处全国重点文物保护单位，俞源、郭洞 2 个中国历史文化名村。金丽温高速铁路、金温铁路、长深(G25)高速公路、温寿(G330)国道和上松(S220)、永武(S312)省道纵横交错。

浦江盆地(Pǔjiāng Péndì)　断陷盆地。在金华市浦江县。东西走向。长 18 千米，宽 10 千米，面积约 140 平方千米。以浦江县得名。四周为海拔 500～800 米山地，浦阳江自西向东流贯南部，并在黄宅附近急转北流。浦阳江北为红土低丘、红岩低丘和冲积扇平原，江南为河谷平原。属北亚热带季风气候，温暖湿润，四季分明。年均气温 16.6℃。年均降水量 1 412 毫米。年均无霜期 238 天。土壤以红壤和水稻土为主，土质肥沃。植被以常绿阔叶林、落叶阔叶林、亚热带针叶林和农作物为主。盛产稻米、油菜籽和果蔬。有金华火腿、竹叶熏腿、桃形李、葡萄、水晶玻璃制品等特产。为浦江县政治、经济和文化中心，人口主要聚居区。有龙德寺塔、上山遗址、郑氏义门古建筑群 3 处全国重点文物保护单位，并有仙华山风景区 1 个浙江省风景名胜区。其中，上山新石器时代遗址，为早期人类稻作文明遗址之一。设有中国水晶玻璃城 1 个专业市场。沪昆(G60)高速公路和杭金(S103)、桐义(S210)、浦兰(S314)省道交错。

墩头盆地(Dūntóu Péndì)　断陷盆地。在兰溪市东北部。西南—东北走向，长约 18 千米，宽约 6 千米。面积约 80 平方千米。以中部有梅江镇墩头村得名。东南为金华山余脉，西北为龙门山脉余脉。河流属钱塘江水系，兰江支流梅溪自东北向西南流贯，沿溪为狭长河谷平原。属中亚热带季风气候，温暖湿润，四季分明。年均气温 17.6℃。年均降水量 1 477 毫米。年均无霜期 265 天。土壤以紫色土和水稻土为主，土质肥沃。植被以常绿阔叶林、落叶阔叶林、亚热带针叶林和农作物为主。盛产稻米、豆类、马铃薯等。有转轮岩风肉、高粱烧酒等特产。为兰溪通往浦江、义乌的交通要道，兰溪市梅江镇政治、经济和文化中心。有通州桥、祝氏宗祠 2 处浙江省文物保护单位。东部横溪村为元代儒林四杰之一柳贯故里。浦兰(S314)省道经此。

南马盆地(Nánmǎ Péndì)　串珠形断陷盆地。在东阳市南部。东北—西南走向，长约 34 千米，宽约 10 千米。面积 250 余平方千米。因西部有南马镇而得名。四周为海拔 500～700 米山地，山麓有红岩低丘分布。横店镇东北部有八面山新生代火山通道，并建有八面山省级森林公园。河流属钱塘江水系，东阳江支流南江自磐安县向北进入东阳市境，经南江水库后，自东北向西南流贯，并在南马镇附近急转向西北。海拔 70～150 米。属中亚热带季风气候，温暖湿润，阳光充足。年均气温 17℃。年均降水量 1 351 毫米。年均无霜期 250 天。土壤以红壤和水稻土为主，土质肥沃。植被以常绿阔叶林、落叶阔叶林、亚热带针叶林和农作物为主。有湖溪、横店、南马、画水 4 个镇，为东阳市粮食和油菜、糖蔗、蚕桑等经济作物的主产地，影视文化产业中心所在地。盛产稻米、油菜籽、糖蔗和香榧、草席、竹席、红木家具等特产。有马上桥花厅 1 处全国重点文物保护单位，横店影视城 1 个国家 AAAAA 级旅游风景区。诸永(S26)高速公路和东永(S217)、东仙(S218)省道交错。有东阳 1 个通用机场。

永康盆地(Yǒngkāng Péndì)　断陷盆地。在永康市中部。东北—西南走向，长约 34 千米，宽约 14 千米，面积约 400 平方千米。以永康市得名。南依括仓山脉余脉，北靠仙霞岭山脉余脉，北、东、南三面为海拔 200～500 米丘陵和山地，西南与武义盆地相接。海拔 80～150 米。河流属钱塘江水系。武义江支流永康江自东北向西南流贯。属中亚热带季风气候，光照充足，雨量充沛，无霜期长。年均气温 17.5℃。年均降水量 1 387 毫米。年均无霜期 245 天。土壤以红壤、黄红壤和水稻土为主。植被以常绿阔叶林、落叶阔叶林、亚热带针叶林和农作物为主。盛产稻米、番薯和油菜籽。有灰鹅、肉麦饼、方山柿等特产。为永康市的政治、经济、文化中心，五金工业基地。有永康 1 个省级经济技术开发区、永康科技五金城 1 个五金交易市场。南宋著名豪放派词人陈亮于此创立“永康学派”。有西津桥、五峰书院、徐震二公祠等 15 处浙江省文物保护单位，方岩 1 个国家风景名胜区。金丽温高速铁路，金温铁路，长深(G25)、台金(S28)高速公路，温寿(G330)国道，东永线(S217)、永武(S312)、临石(S322)省道纵横交错。

常山盆地(Chángshān Péndì)　断陷盆地。在衢州市常山县。东北—西南走向。北起狮子口水库以东，西南至浙赣交界处，长 26 千米，宽 130 千米，面积约 338 平方千米。以常山县得名。西北、东南两侧分别为千里岗山脉和怀玉山脉，海拔 700～900 米。地貌与岩性多样。河流属钱塘江水系。常山港自西向东流贯盆地，两岸形成宽约 2 千米的冲积平原，自西南向东北有虹桥溪、龙绕溪和南门溪 3 条二级支流，顺溪谷有狭窄冲积平原。西南部有 1 条东北—西南走向的陡峻狭长高丘，将盆地分成两部分，西北部为红色盆地，有红岩低丘和红土低丘，最厚红土砾石层达 10 米，胡村水库一带有海拔 200～300 米的泥岩高丘；东南部为石灰岩、泥岩和粉砂组成的丘陵，海拔 200 米以下。属中亚热带季风气候。温暖湿润，光照充足。年均气温 17.7℃。年均降水量 1 760 毫米。年均无霜期 279 天。土壤以紫色土、红壤和水稻土为主，土质黏重。植被以落叶阔叶林、亚热带针叶林和农作物为主。盛产稻米、柑橘和油茶等，为浙江省重点油茶产区，有山茶油、胡柚等特产。为常山县政治、经济与文化中心。沪昆高速铁路，京台(G3)高速公路和山深(G205)、沪瑞(G320)国道经此。

江山盆地(Jiāngshān Péndì)　红色盆地，浙西台凹的一部分。在江山市。东北—西南走向，长 55.9 千米，宽 18.5 千米，面积 596.9 平方千米。以江山市得名。西北和东南两侧分别为怀玉山和仙霞岭支脉，海拔多在 500～800 米。河流属钱塘江水系。江山港自西南向东北流贯。红岩岗地，低丘广布。中部有1条海拔200～300米的东北—西南走向高丘，将盆地分成两大部分，西北部以红岩低丘和冲积平原为主；东南部以冲积平原和海拔近千米的低山为主。盆缘多新老冲积扇组成的红土低丘。贺村镇一带有玄武岩低台地。属中亚热带季风气候，温暖湿润，光照充足。年均气温17.0℃。年均降水量1 648毫米。年均无霜期250天。土壤以红壤、紫色土和水稻土为主。植被以常绿阔叶林、落叶阔叶林、亚热带针叶林和农作物为主。盛产稻米、白菇、茶叶、油菜籽等。有白菇、猕猴桃、白鹅、蜂蜜等特产。为江山市的政治、经济和文化中心。有三卿口古瓷村、杨氏宗祠2处全国重点文物保护单位，江郎山1个国家级风景名胜区和清漾村、仙霞关等5个国家AAAA级旅游景区。沪昆高速铁路，沪昆铁路，京台(G3)高速公路，山深(G205)国道和兰贺(S315)、江溪(S221)省道交错。

仙居盆地(Xiānjū Péndì)　红色盆地。在浙江省东部，跨台州市仙居县和临海市。东北—西南走向，长63千米，宽6千米，面积约190平方千米。因主体在仙居县得名。西北和东南两侧有大盘山、括苍山等中低山地夹峙，海拔在1 000米左右。盆地内有红岩高丘、红岩低丘、谷底平原、冲积扇、堆积阶地等地貌类型。丹霞地貌形式多样。盆底海拔10～120米。河流属椒江水系，永安溪自西南向东北流贯。属中亚热带季风气候。四季分明，降水丰沛，夏秋有台风和热带气旋影响。年均气温18.3℃。年均降水量2 000毫米。年均无霜期240天。土壤以红壤、紫色土和水稻土为主。植被以常绿阔叶林、落叶阔叶林、亚热带针叶林和农作物为主。盛产稻米、小麦。有仙居杨梅、仙居鸡、绿色稻米、油茶、中药材等特产。为仙居县的政治、经济和文化中心。有仙居古越族岩画群、南峰塔和福应塔3处全国重点文物保护单位，神仙居1个国家级风景名胜区，响石山1个浙江省风景名胜区，皤滩古镇1个中国历史文化名镇，高迁1个中国历史文化名村。诸永(S26)、台金(S28)高速公路和东仙(S218)、仙清(S223)、临石(S322)省道交错。

天台盆地(Tiāntái Péndì)　断陷盆地。在台州市天台县。呈三角形，西北边长22千米，东北边长30千米，南部边长36千米，面积约200平方千米。因在天台县得名。三面被海拔400～1 000米的大盘山、天台山、大雷山环绕，封闭性较好。盆地内部地貌类型较多，有红岩低丘、高丘和河谷平原。河流属椒江水系。始丰溪自西向东流经盆地南部，两岸平原地势低平。属北亚热带季风气候，温和湿润，降水丰沛，夏秋有台风和热带气旋影响。年均气温17.1℃。年均降水量1 351毫米。年均无霜期232天。土壤以红壤、紫色土和水稻土为主。植被以常绿阔叶林、落叶阔叶林、亚热带针叶林和农作物为主。土层较厚，耕地集中，为天台县主要粮食产区。盆周丘陵山地出产云雾茶、苎麻和畜产品。盆中盛产稻米、小麦、茶叶和果蔬。有天台山云雾茶、小狗牛、红朱柿、铁皮石斛、乌药、香米、香鱼等特产。为台州县的政治、经济和文化中心。昔为"浙东唐诗之路"重要节点，天台山为佛教天台宗、道教南宗的发源地，也是古代海上丝绸之路佛教天台宗外传的源头。赤城山玉京洞为中华道教第六洞天。今有国清寺1处全国重点文物保护单位、天台1个省级历史文化名城、天台山1个国家级风景名胜区。有常台(G15W)高速公路、京福(G104)国道和科大(S323)、天高(S326)2条省道交错。

丽水盆地(Lìshuǐ Péndì)　河谷盆地。在丽水市莲都区。东北—西南走向，北宽南窄。长约34千米，宽约12千米，面积192.2平方千米。以在丽水市得名。北侧为丽阳山，东侧为天堂山，山势较高，海拔500～1 000米。西侧为一片丘陵低山，海拔250～500米。河流属瓯江水系，瓯江上游大溪自西南向东北流贯盆地，好溪于东北部与大溪汇流。地貌类型多样，红岩低丘，高丘广布，地面切割比较破碎，有典型的丹霞地貌。沿大溪两岸为带状冲积平原，较大的有碧湖平原和皇天畈平原，地势平坦，海拔在 100 米以下。属中亚热带季风气候，温暖湿润，四季分明，光照充足。年均气温 17.9℃。年均降水量 1 474 毫米。年均无霜期 260 天。土壤以红壤、紫色土和水稻土为主。植被以常绿阔叶林、落叶阔叶林、亚热带针叶林和农作物为主。盆地内人口稠密，耕地集中，为丽水市的政治、经济、文化中心，浙南山区的主要粮食产区。有莲都白莲、丽水椪柑、梅峰有机茶、九坑桃等特产。工业有通用设备、电气机械、生物科技、服装服饰、智能科技、农林产品等产业，设有丽水 1 个国家级经济技术开发区。有通济堰、南明山摩崖题刻 2 处全国重点文物保护单位。灵鹫寺石塔、谭宅、碧湖沈家邸、花门楼、梁村河桥、西溪村乡土建筑等 11 处浙江省文物保护单位。有东西岩风景区和古堰画乡 2 个国家 AAAA 级旅游景区。金丽温高速铁路，金丽温铁路，丽龙(G25)、温丽(G1513)、龙丽(S33)、台金(S28)高速公路，温丽(G330)国道和龙丽(S222)省道纵横交错。

松古盆地(Sōng-Gǔ Péndì)　断陷盆地。在丽水市松阳县。西北—东南走向。长约 28 千米，宽 10 千米，面积约 175.5 平方千米。因松阳、古市二城镇得名。东北和西南分别有海拔 500～600 米的山地夹峙，封闭性好，为浙南典型的山间盆地。高丘、低丘和冲积扇等交错分布。盆缘海拔 200 米，盆底海拔 150 米。盆内为松古平原，地势较平。河流属瓯江水系，松阴溪自西北向东南流贯，灌溉条件与灌溉设施较好。属中亚热带季风气候。温和湿润，降水丰沛，光照充足。年均气温 17.7℃。年均降水量 1 700 毫米。年均无霜期 250 天。土壤以红壤和水稻土为主。土质肥沃、疏松，有机质含量高。植被以常绿阔叶林、落叶阔叶林、亚热带针叶林和农作物为主。盛产稻米、烟叶、茶叶、油茶、食用菌、甘蔗。有松阳银猴、松阳晒红烟、油茶、香菇等特产。为松阳县政治、经济、文化中心。有松阳 1 个浙江省历史文化名城，西屏镇(编者注：今西屏街道)1 个中国历史文化名镇。有阴岗山、营盘背、占安山新石器时代遗址，并有延庆寺塔 1 处全国重点文物保护单位。唐代诗人王维在《送缙云苗太守》一诗留下“按节下松阳，清江响铙吹”之句，北宋诗人沈晦在《初至松阳》诗中留下“惟此桃花源，四塞无他虞”之句。南宋诗人项安世也留下过《自武义入松阳道中》三首等描写松阳的诗歌。松阳浙南茶叶市场为浙江省规模最大的茶叶交易市场。龙丽(S33)高速公路和上松(S220)、龙丽(S222)省道交错。

云和盆地(Yúnhé Péndì)　断陷盆地。在丽水市云和县中部。东北—西南走向。长 12 千米，宽 5.5 千米，面积 26 平方千米。以盆地中有云和县城得名。四周为海拔 500～800 米山地，封闭性较好。盆缘山麓有连片低丘、高丘，并有单面山地貌景观。盆中为冲积平原，盆底海拔 130 米左右。河流属瓯江水系，浮云溪自西南向东北流贯。属中亚热带季风气候。温和湿润，降水丰沛。夏秋有台风和热带气旋影响。年均气温 17.7℃。年均降水量 1 604 毫米。年均无霜期 271 天。土壤以红黄壤和水稻土为主。植被以常绿阔叶林、亚热带针叶林和农作物为主。盛产稻米、食用菌、茶叶和果蔬。有雪梨、黑木耳、茶叶、板栗、甜橘柚、葡萄等特产。为云和县政治、经济、文化中心。木制玩具为特色产业，为国内木制玩具生产、出口基地之一，浙江省木制玩具商品集散地。有石门桥、黄绍竑公馆、王家祠堂 3 处浙江省文物保护单位，云和畲族民歌、包山花鼓戏等浙江省非物质文化遗产，以及畲族“三月三”等民间节庆活动。长深(G25)、丽温(S34)高速公路，云寿(S228)、丽浦(S328)省道交错。

方山盆地(Fāngshān Péndì)　断陷盆地。在丽水市青田县东南部。南北走向。长 10 千米，宽 4 千米，面积约 30 平方千米。以青田县方山乡得名。四周为海拔 1 000 米左右的山地。相对高差

400～500 米。盆缘山麓有连片高丘和低山，盆内缓丘连绵，多梯田。河流属瓯江水系，方山源自南向北流贯。属中亚热带季风气候，温暖湿润，气候垂直变化明显。年均气温 16.0℃。年均降水量 1 744 毫米。年均无霜期 250 天。土壤以黄红壤和水稻土为主。植被以亚热带针叶林、竹林和农作物为主。盛产稻米和田鱼。有龙现村 1 个省历史文化保护村落和龙现吴氏旧宅 1 处浙江省文物保护单位。青田田鱼共生系统被联合国列为全球农业文化遗产。山方线县道经此。

阜山盆地(Fùshān Péndì)　断陷盆地。在丽水市青田县南部。西北—东南走向，长 7.9 千米，宽 6.2 千米，面积约 48.7 平方千米。以青田县阜山乡得名。四周为海拔 1 000 米左右的山地。盆缘山麓有连片高丘和低山，盆内丘陵连绵。西北部多山，东南部低平。盆底海拔 465～520 米。河流属瓯江水系，阜山溪自西南向东北并转西北流贯。属中亚热带季风气候，温暖湿润，气候垂直变化明显。年均气温 16.0℃。年均降水量 1 744 毫米。年均无霜期 250 天。土壤以黄红壤和水稻土为主。植被以亚热带针叶林、竹林和农作物为主。盛产稻米和田鱼。有毓秀桥 1 处全国重点文物保护单位和裕堂别墅、陈宅古桥群 2 处浙江省文物保护单位。青田田鱼共生系统被联合国列为全球农业文化遗产。瓯双线县道经此。

海溪盆地(Hǎixī Péndì)　断陷盆地。在丽水市青田县南部。西北—东南走向。长 9 千米，宽 3.5 千米，面积 31.5 平方千米。以青田县海溪乡得名。四周为海拔千米左右的山地。盆缘山麓有连片高丘和低山，盆内缓丘连绵，多梯田。盆底海拔 150～410 米。河流属瓯江水系，海溪自西北向东南并转向南流贯。属中亚热带季风气候，温暖湿润，雨量充沛，气候垂直变化明显。年均气温 16.0℃。年均降水量 1 744 毫米。年均无霜期 250 天。土壤以黄红壤和水稻土为主。植被以亚热带针叶林、竹林和农作物为主。盛产稻米、番薯、玉米和田鱼。有粉干等特产。青田鱼灯被列入国家级非物质文化遗产。青田田鱼共生系统被联合国列为全球农业文化遗产。舒海线县道经此。

第三节　山脉名称

天目山脉(Tiānmù Shānmài)　跨浙江省西北缘和安徽省东南缘。东北—西南走向。西起皖南，东至杭嘉湖平原西缘，南北分别以杭昱公路和西苕溪为界。长约 200 千米，宽约 60 千米。古称浮玉山。《山海经·南山经》：“又东五百里，曰浮玉之山。北望具区，东望诸毗。有兽焉，其状如虎而牛尾，其音如吠犬，其名曰彘，是食人。”东汉改名天目山。唐《元和郡县图志》卷二十五：“有两峰，峰顶各一池，左右相对，故曰天目。”北宋《太平寰宇记》卷九十三：“水缘山曲折，东西巨源若两目，故曰天目。”为长江、太湖水系和钱塘江水系分水岭。主体部分海拔 1 000 米以上，高峻挺拔，多奇峰异石。1 500 米以上山峰 10 余座，著名的有清凉峰(1 787 米)、龙王山(1 587 米)、西天目山(1 507 米)及东天目山(1 479 米)。清凉峰最高，海拔 1 787 米。两翼为低山和丘陵，地势低缓，支脉众多，海拔 200～400 米。河流多为山溪性，水流湍急，坡降大。属北亚热带季风气候。气候和植被垂直分带明显。土壤以红壤、黄红壤为主。森林覆盖率 50%～60%，800～1 000 米以亚热带常绿阔叶、落叶阔叶混交林为主，以下多为常绿阔叶林，以上多为落叶阔叶林。分别建有清凉峰、西天目国家级自然保护区和龙王山、龙塘山省级自然保护区。有天目铁木、香果树、银杏、红豆杉、金钱松等珍稀植物，并有天目金粟兰、天目朴、天目蝎子草、天目蓟、天目凤毛角、天目贝母、天目凤仙花等 37 种以“天目”命名的植物。有安吉小鲵、云豹、金钱豹、梅花鹿等珍稀动物。西天目山、莫干山、天荒坪等是重要旅游和避暑胜地。有茶叶、笋干、山核桃、中药材和鸡血石等特产。五代吴越王钱镠曾撰《西天目山祭》，历代文人如萧统、李白、苏东坡、刘基、徐渭、郁达夫等都曾吟咏。其中，李白《送温处士归黄山白鹅峰旧居》诗中有：“伊昔升绝顶，下窥天目松”之句，苏轼《游径山》云：“众峰来自天目山，势若骏马奔平川。”苏轼《表忠观碑》又言：“天目之山，苕水出焉。龙飞凤舞，萃于临安。”明代文学家刘基《苕溪皇甫秀才幽居》二首，其二云：“天目山前苕水流，野华啼鸟自春秋。沧浪清浊吾何预，坐听松风笑许由。”近代作家郁达夫作有《游西天目山》《游东天目山》2 篇日记和《宿西天目禅源寺》等 4 首诗。抗战时期曾为中共浙西特委驻地。1939 年 3 月，周恩来曾于西天目山作抗日演讲。东麓通京福高速铁路、杭宣铁路和京福(G104)、杭长(S14)高速公路，南麓通杭瑞(G56)高速公路。公路可达西天目山半山。

昱岭山脉(Yùlǐng Shānmài)　跨浙江省西北部和安徽省东南部。东北—西南走向。东北起临安市潜川镇天目溪河谷，西南至歙县南源口乡新安江河谷。长约 87 千米，宽约 30～47 千米。以浙皖交界处的昱岭关得名。万历《杭州府志》卷二十五：“昱岭……其岭为徽杭之交，山势险阻，尝置关御寇，故又曰‘昱岭关’。”清顾祖禹《读史方舆纪要》卷九十：“昱岭山，县西七十里。高七十五丈。山势险阻，介于徽、杭两郡间。其水南流为顺溪，北流为蘧溪，会于柳溪。岭上置关，元至正中，徽饶寇入犯处也。”一般海拔 1 000 米以上，最高峰大明山 1 489.9 米。地质基础以石灰岩、变质砂页岩、变质火山岩、凝灰岩和燕山期花岗岩为主。山势险峻，北坡陡于南坡。河流分属钱塘江水系和太湖水系。河流多为山溪性，水流湍急，坡降大，峡谷幽深，水力资源丰富。属北亚热带季风气候，四季分明，降水丰沛，气候和植被垂直分带明显。土壤以红壤、黄红壤为主。800～1 000 米以亚热带常绿阔叶、落叶阔叶混交林为主，以下多为常绿阔叶林和竹林，以上多为落叶阔叶林。大明山主峰有山地草甸。有香果树、银杏、红豆杉、金钱松等珍稀植物和安吉小鲵、云豹、金钱豹、梅花鹿等珍稀动物。南宋诗人范成大《昱岭》诗：“竹舆摇兀走婆娑，石滑泥融侧足过。昱岭不高人已困，晚登新岭奈君何！”元至正十七年(1357 年)朱元璋遣胡大海等率军克徽州(编者注：今安徽歙县)，经昱岭关进取建德路。《明史》卷一百三十三：“(胡大海)……遂拔徽州，略定其境内。元将杨完者，以十万众来攻，大海战城下，大破走之。遂与邓愈、李文忠自昱岭关攻建德。败元师于淳安，遂克建德。”有大明山、瑞晶洞和湍口温泉等景区和度假胜地。有茶叶、笋干、山核桃、中药材等特产。杭瑞(G56)高速公路和杭昱(S102)省道穿越西北麓，桐千(S208)省道穿越东麓，新淳(S302)省道穿越东南麓。

白际山脉(Báijì Shānmài)　跨浙江省西北缘、安徽省东南缘和江西省东缘。东北—西南走向。东北起新安江河谷，西南至白沙关。长约 100 千米，宽 10～50 千米。南宋淳熙《新安志》卷四：“白际山，在(休宁)县南八十五里。高五十二仞，周八里，东连歙县及严州遂安界。”清顾祖禹《读史方舆纪要》卷二十八：“白际山，(休宁)县南八十五里。高百五十仞。其山繇婺源五岭而来，连起大峰，相续不断，东接歙县之危峰、方吴诸岭，以界于睦之遂安，衢之开化，盖群山之纲领也。”一说因山体高耸，如接云天之际而得名。一说白际为白漈的谐音，因山中有旧称为白漈的百丈冲瀑布得名。白际，旧也作“百际”。清顾祖禹《读史方舆纪要》卷八十九：“浙江之源有三……一曰信安江，或谓之衢港，亦曰縠水。源出衢州府开化县东北六十里之百际岭。”一般海拔 800 米左右，1 000 米以上山峰连绵不断。相对高差 300～500 米。最高峰为浙江省淳安县与安徽省歙县交界处的搁船尖，海拔

1 481 米。海拔千米以上高峰还有歙岭顶(1 265 米)、啸天龙峰(1 395 米)、白际岭(1 208 米)、青山尖(1 063 米)、大源头(1 395 米)等 10 余座。地质基础以流纹岩、砂岩和石灰岩等为主,局部有花岗岩。山势险峻,北坡陡于南坡,南段近 1 000 米处有夷平面。河流分属钱塘江、鄱江等水系。河流多为山溪性,水流湍急,坡降大,峡谷幽深,水力资源丰富。沿溪流有串珠状河谷盆地。属中至北亚热带季风气候,四季分明,降水丰沛,气候和植被垂直分带明显。土壤以红壤、黄红壤为主。800～1 000 米以亚热带常绿阔叶、落叶阔叶混交林为主,以下多为常绿阔叶林和竹林,以上多为落叶阔叶林。搁船尖等山峰有山地草甸。有红豆杉、银杏、香果树、野大豆、榧树、榉树、长序榆等珍稀植物和云豹、豹、黑麂、白颈长尾雉等珍稀动物。有黄铁矿、多金属矿等矿产。浙江省境内有钱江源国家森林公园和钱江源、搁船尖、新安江山水画廊、古田山等风景旅游区,并有茶叶、笋干、山核桃、山茶油、开化清水鱼、开化青蛳等特产。宋代于休宁县方山置白际岭寨。元代于休宁县临溪村设白际岭巡司。杭瑞(G56)高速公路和杭昱(S102)省道穿越西北麓,杭长(G60)高速公路穿越东南麓。

怀玉山脉(Huáiyù Shānmài)　跨浙江省西缘和江西省东缘。东北—西南走向。东北起常山港河谷,西南至信江河谷。长 155 千米,宽 50～70 千米。古称干越山。干越,即古代於(音 wū)越民族和於越民族聚居地。《荀子·劝学》:“干越,夷貉之子,生而同声,长而异俗,教使之然也。”杨倞注:“干越,犹言吴越也。”《汉书》卷九十一:“……虽见奇丽纷华,非其所习,譬犹戎狄之于干越,不相入矣。”韦昭注:“干越,今余干县,越之别名也。”唐代诗人刘长卿《送李侍御贬鄱阳》诗:“干越知何处,云山只向东。”唐代称玉斗山,宋代称怀玉山,皆以玉斗星得名,即北斗星。北宋《太平御览》卷八十二:“怀玉斗。怀璇玑玉衡之道,或以为有黑子如玉斗也。”后因“山有异光如夜烛”的传说改称辉山。《江西水道考》卷四:“怀玉山即古之干越山,怀玉之名,乃后起也。”别称玉山。同治《玉山县志》卷一:“《方舆志》云:天帝赐玉,山神藏焉,故名。”一般海拔 1 000～1 200 米。江西省内有玉京峰(1 817 米)、玉虚峰(1 771.6 米)、玉华峰(1 752.8 米)、四角坪(1 480 米)、灵山(1 474 米)、大茅山(海拔 1 393 米)、美屏尖(1 367 米)、云盖峰、玉琊峰、坪林尖(1 287 米)、银矿坳峰(1 325 米)等千米以上山峰,浙江省内有南华山(1 166.2 米)、菜刀岗(1 048.0 米)、大东源岗(1 138.5 米)、凉帽尖(1 092.0 米)、虎头岗(1 027.0 米)等千米以上山峰。最高峰三清山玉京峰,海拔 1 817 米。地质基地以花岗岩、变质岩和沉积岩为主。地势自浙赣交界向东北和西南两侧降低,东北部较高,西南部较低。地形以中山、低山和丘陵为主。山体破碎,谷地发育,多山间小盆地。花岗岩山体有锯齿状峰林地貌景观。分属鄱阳湖水系和钱塘江水系,并为信江之源。北宋《太平寰宇记》卷一〇七:“怀玉山在(玉山)县东北三十里。玉山溪流发源于此。西流,上干、沦溪、沙溪三水合流,名曰上饶江。”“上饶江,出怀玉山。分流两道,一东入衢州常山县,入浙江;一西南流,从玉山县过,合沦溪。”河流多为山溪性,水流湍急。属中亚热带季风气候,四季分明,降水丰沛,年均降水量 1 600 毫米左右。土壤以红壤和黄红壤为主。植被以常绿阔叶林、落叶阔叶林、亚热带针叶林和竹林为主。有红豆杉、福建柏、华东黄杉、黄山松、南方铁杉、白豆杉、银杏、香果树、长序榆等珍稀植物和云豹、豹、黑麂、梅花鹿、獐、白颈长尾雉等珍稀动物。有铜、铅、锌、金、银、铀、煤、石灰石、大理石、石棉、蛇纹石等矿产。其中,德兴市、铅山县有大型铜矿床,为中国重要的铜矿开采和冶炼基地。有世界自然遗产、国家地质公园、国家级风景名胜区三清山等旅游胜地和怀玉书院、杨亿精舍等古迹。古于余干县境内建有干越亭,并设干越渡。唐施肩吾有《宿干越亭》诗:“琵琶洲上人行绝,干越亭中客思多。月满秋江山冷落,不知谁问夜如何。”宋代诗人汪应辰《怀玉山》诗云:“莲宫高耸月峰坳,自与红尘绝世交。万顷田畴天外种，数声钟磬日边敲。地寒春尽花方绽，寺僻僧闲疏不抄。禅月满堂诗句在，恨无砖玉可相抛。”南华山曾为方志敏领导的中国工农红军北上抗日先遣队活动区域，江西省玉山县建有清贫碑和方志敏清贫事迹陈列馆。玉山县以此山得名。北宋《太平寰宇记》卷一〇七：“以有怀玉山，故为称。”沪昆高速铁路，沪昆铁路，沪昆(G60)、德上(S19)、德昌(S36)高速公路和沪瑞(G320)国道纵横穿越。

仙霞岭山脉(Xiānxiálǐng Shānmài) 跨浙江省西南部、江西省东缘和福建省北缘。东北—西南走向。东北起武义县，西南终至福建省浦田县。长约 180 千米，宽 50～110 千米。古称泉山、保泉山、泉岭山。北宋《太平御览》卷四十七：“《泉山记》曰：‘山顶有泉，分为两派。一入处州，一入建溪，即《汉书》朱买臣所谓东越王居保泉山。’一人守险，千人不得上，即此。”清顾祖禹《读史方舆纪要》卷八十九：“仙霞关，在衢州府江山县南百里仙霞岭上，又南至福建浦城县一百二十里，为浙闽往来之冲要。或曰仙霞岭即古泉山也。杜佑曰：泉岭山在衢州信安县西南二百里。汉朱买臣云：‘东越王居保泉山，一人守险，千人不能上。’今其山周围百里，皆高山深谷，登之者凡三百六十级，历二十四曲，长二十里。”疑以山多烟霞得名。南宋诗人马子严《仙霞岭》诗有“明朝直向烟霞去，身在亨衢天地宽”，清代诗人梁运昌《仙霞岭》有诗“未及翠微际，已惊登顿频。天高瓯越小，地僻烟霞新”之句。为武夷山脉余脉，浙江西南部主要山脉。平均海拔 1 200 米左右。有九华山(1 724 米)、天师山(1 675 米)、南尖岩(1 626 米)、白马山(1 621 米)、大岗尖(1 560 米)、箬寮岘(1 502 米)、大高山(1 555 米)、大龙岗(1 500 米)等千米以上山峰。最高峰遂昌县九华山，海拔 1 724 米。地质基础以火山熔灰岩、凝灰岩、流纹岩、花岗岩为主。浙赣交界有一条东西走向正长斑岩和石英二长岩出露。山岭走向复杂多变，地势高峻，地形破碎，坡陡谷深，多山间盆地。其中，九华山切割深度达 1 000 米以上。为钱塘江、瓯江、信江水系的分水岭，河流切割密度大，水流湍急，富水力资源。属中亚热带季风气候，四季分明，降水量大。土壤以红壤、黄红壤和黄壤为主。植被以常绿阔叶林、亚热带针叶林和竹林为主。气候和植被垂直分带明显。有水杉、银杏、红豆杉、伯乐树、香果树、猪血木、长序榆、长叶榧、短梗大参等珍稀植物，金钱豹、云豹、黑麂、金猫、白颈长尾雉、黄腹角雉、中华秋沙鸭等珍稀动物和金、银、钨、钼、萤石等矿产。仙霞古道和仙霞关历为浙闽交通要冲，素有“东南锁钥”之称。唐乾符五年(878 年)黄巢起义军于此开山辟路由浙东趋建州。南宋祝穆《方舆胜览》卷七：“仙霞岭，在江山县。《黄巢传》云：‘巢破饶、信、衢等州，刊山开道’，即此。”清顾祖禹《读史方舆纪要》卷八十九：“唐乾符五年，黄巢破饶、信、歙等州，转略浙东，因刊山开道七百余里，直趋建州，即此岭也。宋绍兴中，史浩帅闽过此，募人以石甃路，自是镌除铲削，旧时险厄，稍就宽平。”历代文人多有吟咏。南宋诗人陆游《宿仙霞岭下》：“吾生真是一枯蓬，行遍人间路未穷。暂听朝鸡双阙下，又骑羸马万山中。重裘不敌晨霜力，老木争号夜谷风。切勿重寻散关梦，朱颜改尽壮图空。”南宋诗人黄公度《仙霞道中阻雨》诗：“薄暮雨霏霏，归心恨不飞。客程三日阻，家舍半年违。涧涩水争道，山空云触衣。凭谁洗光手，取出太阳辉。”南宋理学家朱熹《仙霞岭》诗云：“道出夷山乡思生，霞峰重叠面前迎。岭头云散丹梯耸，步到天衢眼更明。”明代文学家徐渭作有《早发仙霞岭》：“披衣陟崇冈，日中下未已。雄伟奠两都，喷薄走千里。百折翠随人，一望寒生眦。高卑互无穷，参差错难理。蔓草结层冰，乔木秀县薽。昼餐就村肆，小结依崖址。去壑知几重，刳竿引涧水。回视高峡巅，鸟飞不得比。”清代大臣李元直作有《奉使台湾过仙霞岭》，清代诗人黄子云作《度仙霞岭》等诗。明代叶宗留领导的矿工起义和清代刘家福为首的农民起义，曾转战于此。明崇祯三年(1630 年)，地理学家徐霞客曾于此游历。土地革命时期闽浙赣游击队曾以此为根据地。有世界自然遗产江郎山、围棋胜地烂柯山、遂昌金矿国家矿山公园、南尖岩景区、箬寮岘原始森林和九龙山国家自然保护区等旅游胜地，有猕猴桃、白鹅、香菇、白菇、蜂蜜、竹炭、菊米、茶叶、晒红烟、山茶油等特产。沪昆高速铁路，沪昆铁路和京台(G3)、长深(G25)、龙丽(S33)等高速公路于山麓和山间穿越。

洞宫山脉(Dònggōng Shānmài)　跨浙江省南部和福建省北部。东北—西南走向。东北起大溪河谷，西南至福建省政和县，长约160千米，宽约70～100千米。山脉以福建省政和县洞宫山得名。洞宫山，以山中有道教洞天得名。北宋《太平寰宇记》卷一百："洞宫山，在(永贞)县东北六里。自武夷岩前连岗接阜。晋祚中兴，以王气生于东南，乃诏掘断山脊，皆有血流于罗浮山，移老群圣像镇于洞宫之下。"清顾祖禹《读史方舆纪要》卷九十七："洞宫山，在(政和)县东南，重叠九峰，状如莲叶，亦名九莲峰。《道书》以为第三十七福地。"又传以山中有岩似"宫"字，岩下有洞窟得名。为武夷山脉余脉，浙闽边界的主要山脉。一般海拔1 000～1 500米。有黄茅尖(1 929米)、百山祖山(1 856.7米)、烧香岩山(1 832米)、大南坑头(1 757米)、黄凤垟尖(1 851米)、石古崖背顶(1 576米)、白鹤尖(1 593米)、大天堂尖(1 822米)、小天堂尖(1 746米)、双苗尖(1 626米)、白鹤仙岩顶(1 525米)、山垟尖(1 649米)、白云尖(1 611米)、湖岩尖(1 547米)、上山头(1 689米)、赤木山(1 519米)、大仰湖岗(1 557米)、箬坑坳尖(1 527米)等1 500米以上山峰。最高峰为浙江省内的凤阳山黄茅尖，海拔1 929米，系浙江省第一高峰。福建省内最高峰为山垟尖，海拔1 649米。地质基础以火山岩为主。山岭走向复杂，分多条支脉。地势高峻，地形破碎，坡陡谷深，多山间小盆地，1 400～1 700米有夷平面，山坡和缓。为瓯江、飞云江、交溪水系分水岭。河流多为山溪性，水流湍急，多瀑布，水力资源丰富，浙江省内已建青田滩坑、云和紧水滩等大中型水电站。属中亚热带季风气候。四季分明，降水丰沛，夏秋有台风和热带气旋影响。气候和植被垂直分带明显。土壤以红壤、黄红壤和黄壤为主。植被以常绿阔叶林、亚热带针叶林和竹林为主。有百山祖冷杉、红豆杉、伯乐树、钟萼木、福建柏、白豆杉等珍稀植物，云豹、苏门羚、黑麂、黄腹角雉、白鹳、金雕等珍稀动物和铅、锌、铜、银、叶蜡石、稀土等矿产。南宋诗人陆游《雨晴游洞宫山天庆观坐间复雨》："近水松篁锁翠微，洞天宫殿对清晖。快晴似为酴醿计，急雨还妨燕子飞。道士昼闲丹灶冷，山童晓出药苗肥。拂床不用勤留客，我困文书自怕归。"土地革命时期，中国工农红军于此开辟红色根据地。1936年1月30日，黄立贵率领的闽北红军独立师与叶飞率领的闽东红军独立师于地处洞宫山的政和县禾坪村会师。今浙江省内建有凤阳山—百山祖国家级自然保护区、庆元国家森林公园、铜铃山国家森林公园、石门洞国家森林公园、云和梯田国家湿地公园等自然保护区。有百丈漈—飞云湖、石门洞、云中大漈、云和梯田、洞宫山等旅游景区。有龙泉宝剑、龙泉瓷、香菇、木耳、茶叶、高山蔬菜等特产。长深(G25)、宁上(G1514)、溧宁(G4012)、金丽温(S34)等高速公路于山麓穿越。简易公路通凤阳山、百山祖山巅。

雁荡山脉(Yàndàng Shānmài)　跨浙江省东南部和福建省北缘。东北—西南走向。东北起温黄平原西南缘，西南至寿泰溪河谷，长约190千米，宽约20～30千米。为洞宫山脉分支。南宋祝穆《方舆胜览》卷七："此山水尽处龙雁所居，岂非《西域书》所谓'诺矩罗居震旦雁荡龙湫者耶？'……按《西域书·阿罗汉诺矩罗赞》有'雁荡经行云漠漠，龙湫宴坐雨濛濛'之句。"清顾祖禹《读史方舆纪要》卷九十四："绝顶有湖，方十余里，水常不涸，雁之春归者留宿焉，故曰雁荡。"明《徐霞客游记》中作"雁宕山"。以瓯江为界，分南雁荡山和北雁荡山。一般海拔500～600米，千米以上高峰有百岗尖(1 108 米)、望海岗(1 127 米)、大寺尖(1 257 米)、东垟尖(1 085 米)、吴地山(1 124 米)、仙岩尖(1 123 米)、仙乌岩尖(1 133 米)、牛栏湾岗(1 056 米)、朝天马岗(1 120 米)、双尖山(1 077 米)、龙潭山(1 099 米)、九峰尖(1 237 米)等。最高峰为苍南县九峰尖,海拔 1 237 米。其中,北雁荡山主峰为乐清市的百岗尖,海拔 1 108 米。地质基础以白垩系流纹岩、凝灰岩、熔结凝灰岩为主,局部有花岗岩、石英正长岩。地貌以低山和丘陵为主。地势由西北向东南降低。山峰挺拔,节理发育,多锐峰、柱峰、象形山、嶂谷、方岩、石门、天生桥等地貌景观。河流分属瓯江、飞云江、鳌江、交溪水系,多为山溪性河流,呈放射状、树枝状展布,落差大,多飞瀑,流量季节差异大。属中亚热带季风气候,气候温暖,冬无严寒,雨量充沛,年均降水量达 1 900 毫米以上。夏秋有台风和热带气旋影响。土壤以黄红壤和黄壤为主,土层较薄。植被以常绿阔叶林和亚热带针叶林为主。有南方红豆杉、香果树、厚朴、沉水樟、全缘冬青、银钟花、金钱松、福建柏、长叶榧树等珍稀植物,黑麂、金钱豹、猕猴、白鹳、黑鹳、朱鹮等珍稀动物,明矾石、黄铁矿、铅、锌、锰、铜、钼、高岭土等矿产资源。苍南县有“世界矾都”之誉。泰顺县有温泉资源。有温郁金、高楼杨梅、陶山甘蔗、清明早茶、马蹄笋、董夏橄榄、四季柚、香菇等特产。历代文人多有吟咏,其中宋代苏东坡有《次韵周邠寄雁荡山图》二首,宋代诗人范宗尹、林景熙、王十朋分别作有《题雁荡山》《过北雁荡山下》和《出雁山》等诗。明代地理学家徐霞客撰有《游雁宕山日记》和《游雁宕山日记后》。其中,林景熙《过北雁荡山下》诗云:“驿路入芙蓉,秋高见早鸿。荡云飞作雨,海日射成虹。一水通龙穴,诸峰尽佛宫。如何灵运屐,不到此山中。”王十朋《出雁山》诗云:“三宿山中始出山,出山心尚在山间。浮名夺我林泉趣,不及高僧一味闲。”现建有雁荡山、龙湾潭、玉苍山 3 个国家森林公园和雁荡山、楠溪江 2 个国家级风景名胜区。北雁荡山素有“海上名山、寰中绝胜”“东南第一山”之誉。温福、甬台温、金丽温高速铁路,金丽温铁路和沈海(G15)、温丽(G1513)、诸永(S26)、温州绕城(S10)等高速公路于山麓和山间穿越。温州龙湾建有国际机场。

南雁荡山(Nányàndàng Shān)　跨浙江省东南部和福建省北缘。东北—西南走向。东北起瓯江河谷,西南至寿泰溪河谷,长约 130 千米,宽约 20～30 千米。为雁荡山脉的南支。南宋祝穆《方舆胜览》卷七:“南雁荡……此山水尽处龙雁所居,岂非《西域书》所谓‘诺矩罗居震旦雁荡龙湫者耶?’……按《西域书・阿罗汉诺矩罗赞》有‘雁荡经行云漠漠,龙湫宴坐雨濛濛’之句。”一说因与北雁荡山隔瓯江相对,由北雁荡山派生得名。一般 500～600 米,千米以上高峰主要有东垟尖(1 085 米)、吴地山(1 124 米)、仙岩尖(1 123 米)、仙乌岩尖(1 133 米)、牛栏湾岗(1 056 米)、朝天马岗(1 120 米)、双尖山(1 077 米)、龙潭山(1 099 米)、九峰尖(1 237 米)等。最高峰为苍南县九峰尖,海拔 1 237 米。地质基础以流纹岩、凝灰岩、熔结凝灰岩为主。地貌以低山和丘陵为主。地势由西北向东南降低。山峰挺拔,节理发育,多锐峰、柱峰、象形山、嶂谷、方岩、天生桥等地貌景观,溪壑交错,岩洞密布。清乾隆《温州府志》卷四:“南雁荡山……凡四十五里,内有石室二,夹涧东西曰‘东洞’‘西洞’,又有道士峰、峨冠峰、天柱峰、踞虎峰、卓笔峰、石门楼、石华表、钓矶、鳌头峰、蟾蜍峰、朝阳谷、天聪洞、龙隐岩、晓云峰、龙角岩、夜明洞、天马峰、群雁峰、仙官峰、三台峰、乘鸾峰、石梁竹坡、月牖虹涧、杜鹃林、采药径,奇峰峭壁所在,环拱灵秀与北雁荡埒……”河流分属瓯江、飞云江、鳌江、交溪水系,多为山溪性河流,呈放射状、树枝状展布,落差大,多飞瀑,流量季节差异大。属中亚热带季风气候,气候温暖,冬无严寒,雨量充沛,年均降水量 1 900 毫米以上。土壤以黄红壤和黄壤为主,土层较薄。植被以常绿阔叶林和亚热带针叶林为主。有南方红豆杉、香果树、厚朴、沉水樟、全缘冬青、银钟花、金钱松、福建柏、长叶榧树等珍稀植物，黑麂、金钱豹、猕猴、白鹳、黑鹳、朱鹮等珍稀动物，明矾石、黄铁矿、锰、铜、钼等矿产资源。苍南县有“世界矾都”之誉。泰顺县有温泉资源。有温郁金、高楼杨梅、陶山甘蔗、清明早茶、马蹄笋、董夏橄榄、四季柚、香菇等特产。唐李皋《游南雁》诗：“雁荡诸奇不可穷，石梁华表远凌空。乾坤谁道洞中小，日月曾从牖里通。词客墨苔观照耀，飞仙环佩听玲珑。何当偕得缑山鹤，驾入嶙峋翠几重。”北宋永嘉籍诗人陈经正《游南雁》：“雨晴华表插无孤，雾散丹霞落雁湖。洞窈不知红日过，峰危倩得白云扶。人间谁道无蓬岛，天地分明有画图。山鸟罔知人未醒，隔林款款唤提壶。”北宋温州籍诗人周行己也作有《游南雁》。明代地理学家王士性作有《南雁宕山游记》。清代平阳文人刘眉锡作有《南雁荡山志》。现建有龙湾潭、玉苍山 2 个国家森林公园。温福、甬台温、金丽温高速铁路，金丽温铁路，沈海(G15)、温丽(G1513)、温州绕城(S10)等高速公路于山麓和山间穿越。温州龙湾建有国际机场。

龙门山脉(Lóngmén Shānmài)　在浙江省中部。跨杭州、金华二地级市。东北—西南走向。东北起浦阳江，西南至寿昌溪，西北起富春江，东南至浦阳江。长约 130 千米，宽 25～45 千米。一说以山中有多处形似龙门的陡崖得名。一说以杭州市富阳区龙门山得名。一般海拔 500～800 米。有梅杏尖(1 067.6 米)、三界尖(1 015.2 米)、观音尖(1 246.5 米)等 1 000 米以上山峰 10 余座。主峰为桐庐县境内的观音尖(原名大头湾山)，海拔 1 246.5 米。地质基础以中生界火山熔岩、火山凝灰岩为主。中段山势较高，往南北逐渐降低，主峰附近有山巅夷平面。两侧山坡陡峻，地形崎岖，多峡谷、陡崖。河流属钱塘江水系，为富春江和浦阳江分水岭。多为山溪性河流，呈放射状、树枝状展布，河源短，坡降大。属中亚热带至北亚热带季风气候，温和湿润，降水丰沛。土壤以黄红壤、黄壤为主。植被以亚热带针叶林、常绿阔叶林、落叶阔叶林和灌丛为主。有南方红豆杉、银杏、七指蕨、长叶榧、羊角槭等珍稀植物和云豹、梅花鹿、黑麂、白颈长尾雉、猕猴、鬣羚、白鹇等珍稀动物。建有大奇山、五泄 2 个国家森林公园和长叶榧、南方红豆杉、猕猴等自然保护小区。周思备《游龙门山》：“为爱深山好息机，重攀绝壁鸟声微。双岩秀出红霞断，一水虚悬白练飞。谷静溪生晴作雨，春明竹色晚含晖。高眠幽石松花积，拂落余香满地归。”陈钟英《游龙门山观瀑》诗：“……著作千秋事，风去万里心。由来招隐地，抱膝独长吟。”郁达夫《龙门山题壁》：“天外银河一道斜，四山飞瀑尽鸣蛙。明朝我欲扶桑去，可许矶边泛钓槎。”今富春江沿岸为富春江—新安江国家级风景名胜区的组成部分，并有五泄—浣江、仙华山等国家级、浙江省风景名胜区。富阳龙门镇为中国历史文化名镇。有元书纸、金华火腿、蜂蜜、豆腐皮、蜜梨、桃形李、葡萄、茶叶、高山蔬菜等特产。沪昆高速铁路，沪昆铁路，长深(G25)、沪昆(G60)等高速公路和沪瑞(G320)国道于山麓穿越。

千里岗山脉(Qiānlǐgǎng Shānmài)　在浙江省西部，金衢盆地西北缘。跨杭州、衢州二地级市。东北—西南走向。东北起新安江河谷和新安江水库(千岛湖)，西南至常山港河谷。长 100 千米，宽约 20～40 千米。因岗脊绵延不绝，以“千里”喻其绵长。一般海拔 1 000 米左右。千米以上主要山峰有磨心尖(1 523 米)、白石尖(1 453.7 米)、树坞尖(1 404.3 米)、青龙尖(1 243.8 米)、松坞尖(1 224 米)、大岗尖(1 144 米)、大坪尖(1 041.3 米)、金竹坞尖(1 045.5 米)、湾坞尖(1 090.8 米)、坪尖湾岗(1 315.9 米)等。最高峰为淳安县磨心尖，海拔 1 523 米。地层出露齐全，从震旦系至二叠系均有分布。地质基础以石英砂岩、石英砂砾岩、砂页岩和石灰岩为主。中心部分为典型的泥盆系石英砂岩地层，岩性坚硬，称为“千里岗砂岩”。两侧为浙江省石灰岩主要出露地带，岩溶地貌发育，并有上方、李家等较大的溶蚀洼地。岗脊陡峻，1 000 米以上的山峰连绵，有中山、低山、丘陵、盆地等多种地貌类型。河流属钱塘江水系，并为衢江、兰江与新安江的分水岭。多为山溪性河流，呈放射状、树枝状展布，坡降大，多暗河。属中亚热带季风气候，温暖湿润，降水丰沛，春季有龙卷风。土壤以红壤、黄红壤、黄壤为主。植被以常绿阔叶林、亚热带针叶林、竹林和常绿阔叶落叶阔叶混交林为主。有红豆杉、伯乐树、银杏、黄杨木、香果树、野大豆、榧树等珍稀植物，云豹、豹、黑麂、白颈长尾雉、白獾、灵猫、猕猴、穿山甲等珍稀动物，铜、铅、锌、石灰石、白云石、大理石等矿产资源。有千岛湖、灵栖洞等旅游胜地和千岛湖有机鱼、开化清水鱼、柑橘、茶叶、枇杷、山核桃、山茶油等特产。金千铁路，京台(G3)、杭长(S14)高速公路和沪瑞(G320)、山深(G205)国道于周边山麓穿越。

会稽山脉(Kuàijī Shānmài)　在浙江省东北部。跨绍兴、金华二地级市。东北—西南走向。东北起曹娥江，西南至东阳江。长 100 千米，宽约 50 千米。会稽山地名记载在先秦时期即已出现。《周礼·夏官司马》："东南曰扬州，其山镇曰会稽。"《山海经·南山经》："又东五百里曰会稽之山，四方。其上多金玉，其下多砆石。勺水出焉，而南流注于湨。"一说"会稽者，会计也"。《史记》卷二《夏本纪》："禹会诸侯江南，计功而崩，因葬焉，命曰会稽。会稽者，会计也。"北宋《太平御览》卷四十一："《吴越春秋》曰：'禹巡天下归，还越会稽，修国之道，以会计名山。'又曰：'巡天下归，还大越，登茅山，以朝四方群臣，观中州诸侯。防风后至，斩以徇众，示天下悉以臣属也。乃大会计治国之道，更名茅山曰会稽。'"一说为古越语地名，其义不详。简称稽山。地势自南向北倾斜。一般海拔 500 米。有东白山(1 194 米)、西白山(1 095 米)、东立尖(1 028 米)等千米以上山峰。最高峰为东白山，海拔 1 194 米。地质基础以中生界火山熔岩、碎屑岩为主，局部有砂岩、页岩分布。中段有新生界玄武岩出露，并形成条带状台地，坡缓谷宽。河流属钱塘江水系，并为曹娥江和浦阳江分水岭，多为山溪性河流。属北亚热带季风气候，四季分明，气候温湿，光照充足，雨量充沛。土壤以黄红壤、红壤和黄壤为主，土层深厚。植被以常绿和落叶阔叶林为主。有南方红豆杉、银杏、香榧、浙江楠等珍稀植物，云豹、豹、白鹳、白颈长尾雉、白尾海雕等珍稀动物，金、银、铁、铜、萤石、石灰石、石煤、硅藻土、麦饭石等矿产资源。古为中国九大名山之一，文化积淀深厚，为中国山水诗的重要发源地之一，浙东唐诗之路的重要节点。春秋时越王句践为夫差所败，曾以甲楯五千退保会稽山。《越绝书》卷五："昔者，越王句践与吴王夫差战，大败，保栖于会稽山上，乃使大夫种求行成于吴。"卷八："会稽山上城者，句践与吴战，大败，栖其中。因以下为目鱼池，其利不租。会稽山北城者，子胥浮兵以守城是也。"历代文人多有吟咏。其中，唐代诗人李白《送友人寻越中山水》诗："闻道稽山去，偏宜谢客才。千岩泉洒落，万壑树萦回。东海横秦望，西陵绕越台。湖清霜镜晓，涛白雪山来。八月枚乘笔，三吴张翰杯。此中多逸兴，早晚向天台。"南宋诗人陆游《稽山行》云："稽山何巍巍，浙江水汤汤。千里亘大野，勾践之所荒。春雨桑柘绿，秋风粳稻香。村村作蟹椵，处处起鱼梁。"南宋词人周密《会稽山》诗："职方犹记禹南巡，窆石梅梁尚有神。地接蓬莱云意古，潮来溟渤水痕春。刻碑颂德秦丞相，探穴求书汉史臣。玉室金堂今在否，余粮仙草属闲人。"南宋诗人周弼《会稽山》诗："夜冠从昔化文身，峻岳当天自有神。秦帝刻碑三十载，越王栖甲五千人。江连云气分南纪，海接星河近北辰。必竟兴亡谁可料，但闻陵谷变飞尘。"唐代史学家孙逖《和登会稽山》有"稽山碧湖上，势入东溟尽。烟景昼清明，九峰争隐嶙"之句。现建有兰亭 1 个国家森林公园和东白山 1 个省级自然保护区。有大禹陵、兰亭大佛寺、千佛岩、阳明洞等名胜古迹，有绍兴黄酒、桃形李、香榧、茶叶、杨梅等特产。杭甬铁路，甬金(G1512)、常台(G15W)、诸永(S26)等高速公路和京福(G104)国道于山麓穿越。

四明山(Sìmíng Shān)　在浙江省东北部。跨宁波、绍兴二地级市。方形块状山地。北起姚江，南至剡溪，西起上虞市丁宅乡至嵊州市下王镇一带，东至宁波市鄞州区横街镇至鄞江镇一带。长、宽约为 50 千米。古称句(gōu)余山。《山海经·南山经》：“句余之山，无草木，多金玉。”晋代训诂学家郭璞注：“今在会稽余姚县南句章县北，二县以此为名。”《晋书》卷十五：“余姚有句余山在南。”为古越语地名，其义不详。汉代出现四明山之名，以山顶洞穴有四窗得名。西汉梅福《四明山记》：“四明山周围八百余里，内八百余家居之。其山四面形胜，各有区分。中通一溪，曰簟溪。东面七十峰号惊浪山。其境接句章，东为句章之地。西南山状如奔牛，山中有五峰形如芙蓉，号芙蓉峰。正是四明山之心……骞凤岩之右为石窗，四面玲珑，每天地澄霁，望之如牖户，中通日月之光，亦名‘四窗’，是称‘四明’。”南宋祝穆《方舆胜览》卷七：“陆龟蒙云：‘山有峰，最高四穴在峰上，每天色晴霁，望之如户牖相依。’……《福地记》云：‘……上有四门，通日月星辰之光，故曰四明山。’”乾道《四明图经》卷二：“有峰最高，四穴在峰上，每天地澄霁，望之如户牖，相传谓之石窗，即四明之目也。”南宋嘉泰《会稽志》卷九：“四傍皆虚明，玲珑如牖，故名。”又因秦时乡民为避劳役而入山不出，别称鬼藏山。李思聪《洞渊集》卷二：“四明山，二百八十峰，洞周回一百八十里，名丹山赤水之天。山有四门，通日月星辰之光，故曰四明，秦皇驱山塞海，鬼神劳役奔入四明洞不出，因名‘鬼藏山’。”一般海拔在 600～800 米，有 800 米以上山峰 6 座。最高峰为嵊州市境内的金钟山，海拔 1 012 米。地质基础以中生界流纹岩、碎屑岩为主，局部为红色粉砂岩、泥岩和玄武岩覆盖。地貌以丘陵、低山为主，间有深溪广谷，顶部和缓，四周边缘陡峻，多断崖。地形起伏较大。河流分属钱塘江和甬江水系，为曹娥江与余姚江、奉化江分水岭。河流源短、坡降大，多瀑布。土壤以黄红壤和红壤为主。植被以针阔混交林为主，以松、杉、竹等居多。平缓坡地多辟为茶园、果园、桑园。溪谷梯田广布。有南方红豆杉、银杏、香榧、浙江楠等珍稀植物和金钱豹、白颈长尾雉、白鹤、黑脸琵鹭等珍稀动物，以及叶蜡石等矿产资源。唐代以此山为名置明州。《旧唐书》卷四十：“明州，开元二十六年，于越州鄮县置明州。天宝元年，改为余姚郡。乾元元年，复为明州，取四明山为名。”南宋淳熙年间(1174—1189年)，有“明州淳熙四先生”之誉的明州学者杨简、袁燮、沈焕等人以研究、师承陆九渊的以“心即理”为核心的“心学”学说为主，形成以尊德性为目的的学术派别，史称“四明学派”。历代文人多有吟咏。东晋孙绰《游天台山赋》：“涉海则有方丈、蓬莱，登陆则有四明、天台，皆玄圣之所游化，灵仙之所窟宅。”唐代诗人刘长卿《游四窗》：“四明山绝奇，自古说登陆。苍崖倚天立，覆石如覆屋。玲珑开户牖，落落明四日。箕星分南野，有斗挂檐北。日月居东西，朝昏互出没……”明代诗人张瓒《四明山》：“七十峰峦起碧空，巍然石顶四窗通。光分日月玲珑处，气吐烟云远近中……”唐代诗人陆龟蒙作有《四明山九题诗》，皮日休作《奉和鲁望四明山九题·石窗》诗，施肩吾作有《同诸隐者夜登四明山》《宿四明山》《忆四明山泉》等诗 4 首。元代诗人戴表元作有《四明山十绝句》，明代诗人沈明臣作有《四明山游记》，清初浙东学派者代表人物全祖望作有《东四明山脉说》，清代学者黄宗羲编纂有《四明山志》，清学者徐兆昺编纂有《四明谈助》。现建有四明山、溪口 2 个国家森林公园，雪窦山 1 个国家级风景名胜区。革命战争时期曾为全国十九个革命根据地、南方七大游击区之一，有中共浙东区委旧址、新四军浙东游击纵队司令部旧址等革命胜迹。杭州湾环线(G92)、甬金(G1512)等高速公路于山麓穿越。

天台山脉(Tiāntāi Shānmài)　在浙江省东北部。跨宁波、绍兴、台州三地级市。东北—西南走向。东北起剡江，西南至始丰溪。长约 65 千米，宽 10～40 千米。以天台县境内的天台山得名。天台山，以上应三台星得名。南宋嘉定《赤城志》卷二十一：“或曰当牛、女之分，上应台宿，故曰天台。”别称桐柏山、大小台山。清顾祖禹《读史方舆纪要》卷九十二：“桐柏山……天台之支山也，故天台亦兼桐柏之名。”“天台山……亦名大小台山，以石桥大小得名。”一般海拔 500 米以上。有华顶峰、苍山等千米以上山峰。最高峰苍山，海拔 1 113 米。次高峰华顶，海拔 1 098 米。地质基础以白垩系火山岩为主，局部出露花岗岩，形成悬崖、峭壁、奇岩等地貌，并有石梁飞瀑、赤城山等自然景观。北宋《太平御览》卷四十一：“《临海记》曰：天台山超然秀出，山有八重，视之如一帆。”为甬江、曹娥江、灵江的分水岭。河流多为山溪性河流，源短流急，多飞瀑。属北亚热带季风气候，温和湿润、四季分明。春夏有云海景观。夏秋有台风和热带气旋影响。土壤以黄红壤和黄壤为主，土层深厚。植被以针阔混交林为主，以松、杉、竹等居多。夷平面和缓坡地多梯田和茶园、果园、桑园。有南方红豆杉、银杏、香榧、铁皮石斛、乌药、夏蜡梅、浙江七子花等珍稀植物，华顶杜鹃、云锦杜鹃等特有植物，云豹、豹、白颈长尾雉、大灵猫、苏门羚、穿山甲等珍稀动物。宁海县境内有温泉资源。历有“黄山之秀，天台之奇”之说。历史文化深厚，为古代东亚海上丝绸之路、浙东唐诗之路的重要节点，日本茶文化之源。隋代名刹国清寺为佛教圣地，中国和日本佛教天台宗的发源地。历代文人多有吟咏，有“一座天台山，半部全唐诗”之誉。东晋文人孙绰的《游天台山赋》写尽了天台、四明等山的峻美与神奇：“天台山者，盖山岳之神秀者也。涉海则有方丈、蓬莱，登陆则有四明、天台，皆玄圣之所游化，灵仙之所窟宅。夫其峻极之状、嘉祥之美，穷山海之瑰富，尽人情之壮丽矣。”南朝谢灵运《山居赋》也云：“远东则天台、桐柏，方石、太平，二韭、四明，五奥、三菁。表神异于纬牒，验感应于庆灵。凌石桥之莓苔，超楢溪之纡萦。”唐代诗人李白的《梦游天姥吟留别》留下了“天姥连天向天横，势拔五岳掩赤城。天台四万八千丈，对此欲倒东南倾”等千古名句。白居易的《缭绫》和孟浩然《舟中晓望》诗分别有“缭绫缭绫何所似？不似罗绡与纨绮。应似天台山上明月前，四十五尺瀑布泉”“问我今何去，天台访石桥。坐看霞色晓，疑是赤城标”等名句，明代地理学家徐霞客先后撰写了《游天台山日记》和《游天台山日记后》。皮日休《寄题天台山国清寺齐梁体》：“十里松门国清路，饭猿台上菩提树。怪来烟雨落晴天，元是海风吹瀑布。”现有华顶、双峰 2 个国家森林公园和天台山 1 个国家级风景名胜区。有云雾茶、小狗牛、红朱柿、水蜜桃、杨梅、香梨、香榧等特产。甬台温高速铁路于东麓穿越，沈海（G15）、甬金（G1512）、常台（G1522）等高速公路环绕四周山麓。县乡公路可达华顶峰、苍山等山巅。

大盘山脉（Dàpán Shānmài）　在浙江省中东部。跨金华、台州、丽水三地级市。东北—西南走向。东北起嵊州澄潭江，西南至缙云县双溪口乡至大源镇一带。主干长 120 千米，宽 30～50 千米。因磐安县境内大盘山得名。大盘山，古称大盆山。南宋嘉定《赤城志》卷二十一：“大盆山，在（天台）县西一百八十里。西接东阳，南界仙居，以遥望形如覆盆，故名。”清顾祖禹《读史方舆纪要》卷九十三：“大盆山，（东阳）县东南百三十里，接台州府天台县界。其南为画溪水所出，其北则东阳江之源也。《志》云：山高五百丈，周百三十里，形如覆盆。其傍有小盆山，东阳江别源出于此。”后谐音雅化为今名。一般海拔 500～1 000 米。青梅尖（1 314 米）、高二山（1 220 米）、廿四尖（1 218 米）、直棚尖（1 010 米）、水坞岗（1 003 米）、长圩尖（1 010 米）、双溪尖（1 010 米）、棋架尖（1 073 米）、骑马岗（1 102 米）、大前圩（1 130 米）、马鞍山（1 006 米）、白水山（1 000 米）等 1 000 米以上山峰，连绵不绝，峰顶整齐划一。最高峰为青梅尖，海拔 1 314 米。地质基础以火山凝灰岩和花岗岩为主。缙云县马鞍山一带出露有火山角砾岩和流纹岩。山脉分东西两支，呈“丫”形相接。支脉间有玄武岩台地。山巅平缓，四周陡峻。磐安县内有疑似第四纪冰川地貌。历有“群山之祖”“诸水之源”之誉。河流分属钱塘江、灵江和瓯江水系，为东阳江、曹娥江、始丰溪、永安溪、好溪等河流发源地。溪深流急，峡谷幽深，瀑潭成群，雨季多山洪。气候属中亚热带至北亚热带季风气候。四季分明，温和湿润，降水丰沛。夏秋有台风和热带气旋影响。土壤和植被垂直分带明显。土壤以黄壤为主。植被以针阔混交林、常绿阔叶林和落叶阔叶林为主，并以松、杉、竹居多。缓坡地多辟为茶园、果园。野生动植物区系起源古老，兼具南北特点，多稀有种、古残遗种和孑遗种。有南方红豆杉、银杏、白豆杉、金钱松、香果树、浙江七子花等珍稀植物，大盘山蔷薇、大盘山苔草、大盘樱、大盘山榧等特有植物，并有野生药用植物 1 219 种，有白颈长尾雉、云豹、金钱豹、黑麂等珍稀动物，沸石、萤石、珍珠岩等矿产资源。南宋诗人陆游于此写下了"山重水复疑无路，柳暗花明又一村"的诗句。现建有大盘山 1 个国家级自然保护区，方岩、仙都 2 个国家级风景名胜区，穿岩十九峰、花溪—夹溪 2 个浙江省风景名胜区。有茶叶、食用菌、高山蔬菜和"浙八味"中药材等特产。常台(G1522)、诸永(S26)、台金(S28)等高速公路自山麓或山间穿越。

浙南山地(Zhènán Shāndì)　在浙江省南部。西起金衢盆地西南缘，东至东海沿岸，南起浙闽交界，北至永康盆地—灵江一线。东北—西南走向。长约 260 千米，宽约 220 千米，面积约 3 万平方千米。因地处浙江省南部得名。主要有仙霞岭、洞宫山、雁荡山、括苍山等山脉，为全省海拔最高的区域，1 000 米以上的山峰连绵不绝。最高点龙泉市凤阳山黄茅尖，海拔 1 929 米，为浙江省最高山峰。地面起伏较大，相对高度多在 700～800 米。山岭之间分布着小型山间盆地和河谷平原，主要有温瑞平原和壶镇、碧湖、松古、云和、丽水、海溪等盆地，山地中还有数级成片的残留夷平面，起伏平缓。为浙南主要农耕区。地质基础以中生界火山岩为主，经新构造断裂和侵蚀破坏，形成造型奇特的地貌，尤以雁荡山最为著名。河流分属钱塘江、瓯江、飞云江、鳌江、交溪等水系。植被以常绿阔叶林、亚热带针叶林和竹林为主，为全省最大的林业产地。属中亚热带季风气候。气候和植被垂直分带明显。降水丰沛，水量充足，溪流比降大，水流湍急，水力资源丰富。建有紧水滩、滩坑等大中型水电站。有凤阳山—百山祖、九龙山、乌岩岭 3 个国家级自然保护区，雁荡山、楠溪江、仙都、江郎山—廿八都、百丈漈—飞云湖、大红岩 6 个国家级风景名胜区。有百山祖冷杉、鹅掌楸、九龙山紫宛、九龙山榧等珍稀植物，黑麂、黄腹角雉、白颈长尾雉、苏门羚、金斑喙凤蝶等珍稀动物。有龙泉青瓷、龙泉宝剑、青田石雕、木耳、香菇、茶叶等特产。金丽温高速铁路、金丽温铁路穿过本区域。高速公路、国道纵横交织形成网络。

括苍山脉(Kuòcāng Shānmài)　在浙江省东部。跨台州、温州、丽水三地级市。东北—西南走向。东北起台州灵江，西南至丽水大溪。长约 120 千米，宽 40～90 千米。以仙居县境内括苍山得名。括苍山，别称天鼻山、真隐山、栝苍山等。《隋书》卷三十一作"栝仓山"。《新唐书》卷四十一作"栝苍山"。北宋《太平寰宇记》卷九十八："括苍山，在(台)州西四十里。高一万六千丈。《神仙传》：'王方平居昆仑，往来罗浮、括苍山相连。'"南宋嘉定《赤城志》卷二十二："栝苍山在(仙居)县东南五十里。高一千五百丈，周回三百里……今临海真隐山本号栝苍。"南宋嘉定《赤城志》卷十九："真隐山……本名栝苍，别称天鼻，唐天宝中改今名。"清顾祖禹《读史方舆纪要》卷九十四："括本作栝，即椤木也。松身柏叶，山多此木，故名。"为洞宫山脉余脉。一般海拔 800 米。有米筛浪峰等 10 多座千米以上山峰。最高峰为缙云县境内的大洋山，海拔 1 500 米。仙居县米筛浪峰，海拔 1 382 米，为浙东第一高峰。地质基础以流纹岩、火山凝灰岩和花岗岩为主。山势磅礴，层峦叠嶂，峡谷幽深。海拔 1 000 米左右有夷平面，缓坡延绵。主脉在永嘉县界坑一带遭到 2 条 V 形断裂谷深切，南北向断裂谷长 50 千米，西北—东南向断裂谷长 65 千米，山坡陡峻，多崩塌岩堆和石流。主峰大洋山北坡多断崖。河流分属灵江、瓯江水系，为大溪、永安溪、永宁江、楠溪江等分水岭。多为山溪性河流，呈放射状散开，坡大流急，富水力资源。属中亚热带季风气候。四季分明，温暖湿润，降水丰沛，雨季多山洪。春夏湿大雾频，多云海景观。夏秋有台风和热带气旋影响。北宋《太平御览》卷四十七："《五岳图序》曰：'括苍山，东岳之佐命。'《登真隐诀注》及《吴录》云：'括苍山，登之俯视雷雨也。'"气候和植被垂直分带明显。土壤以黄壤、黄红壤、红壤和粗骨土为主。植被以常绿阔叶林、落叶阔叶林和针阔混交林为主。700 米以下多松、杉、竹等林木，山巅有山地草甸。有南方红豆杉、银杏、香果树、白豆杉、金钱松、福建柏、长叶榧树、闽楠、黄山木兰等珍稀植物，黑麂、金钱豹、猕猴、穿山甲、大灵猫等珍稀动物，萤石、铅、锌、钼等矿产资源。传山上有蝌蚪文石刻。南宋嘉定《赤城志》卷十九："栝苍山石壁上有科斗字，高不可识。宋元嘉中遣名(师)画图于团扇焉。"唐代诗人刘昭禹《括苍山》诗云："尽日行方半，诸山直下看。白云随步起，危径极天盘。瀑顶桥形小，溪边店影寒。往来空太息，玄鬓改非难。"北宋诗人李熙辅《题真空阁》："栝苍山上云，山好云亦好。可怜山下僧，看云不知老。"现建有龙湾潭 1 个国家级森林公园，四海山 1 个省级森林公园，仙居、楠溪江 2 个国家级风景名胜区。有杨梅、柑橘、香柚、麻鸭、田鱼、山茶油等特产，并为苍术、玄参等药材产地之一。金丽温高速铁路和金丽温铁路从南麓和西麓穿越，温丽(G1513)、台金(S28)、诸永(S26)等高速公路于山麓或山间穿越。

金华山(Jīnhuá Shān)　在金华市境内。东北—西南走向。东北起浦阳江和大陈江，西南至兰江。长约 55 千米，宽 7～15 千米。古称长山、常山。北宋《太平寰宇记》卷九十七："长山，在(金华)县南(南，为'北'之误)二十里，一名金华山……《吴录·地理志》云：'常山，仙人采药处，谓之长山。'"南宋祝穆《方舆览胜》卷七："《玉台新咏序》：'金星与婺女争华'，故曰金华。""金华山，在(金华)县北二十里。亦曰金盆山，一名长山，有赤松观。"另说以古时有金花瓣落此而得名。光绪《金华县志》卷四："石顶有湖，生莲花，尝有一瓣飘落至东阳境，于是山名金华。"又因山处古金华县以北，俗称北山。属龙门山脉分支。地质基础以中生界火山熔岩和火山凝灰岩为主。自兰溪市至金东区，伸展着一条长 25 千米、宽约 1 千米的石灰岩带。一般海拔 500～800 米。有大盘山、九顶山等千米以上山峰，最高峰为大盘山，海拔 1 312 米。次高峰九顶山，海拔 1 245 米。地貌以低山和丘陵为主。山势陡峻，多 V 形山谷。石灰岩带有大小溶洞 50 多个。南麓为金衢盆地，北麓为墩头盆地和浦江盆地。河流属钱塘江水系，为浦阳江和东阳江的分水岭。多为山溪性河流，源短流急，并偶见地下河。属中亚热带季风气候，四季分明，雨量充沛。土壤以红壤、黄壤为主。植被多为次生林，以针阔混交林为主，间以松、杉等针叶林和灌丛、草坡。森林覆盖率为 80%以上。有红豆杉、银杏、杜仲、金钱松等珍稀植物，金钱豹、黑麂、白颈长尾雉、白鹳、黑鹳等珍稀动物，萤石矿、石灰石、黄铁矿等矿产。旧有宝积观(赤松观)、太清殿、崇道观、山桥书堂、第一轩、望西亭、智者寺、清修寺、栖云轩、玉壶寺等古迹，并有朝真洞、仙瀑洞、冰壶洞等洞穴。奇岩怪石林立，有山峻、水秀、石奇、洞幽等特征。明初"金华十景"中，有"芙蓉晴翠""赤松羊石""紫岩夕照""玉壶看云"等景分布于此山。"叱石成羊"传说源于此。南宋祝穆《方舆览胜》卷七："《神仙传》：'黄初平，兰陵人。年十五，家使牧羊，遇道士爱其良谨，将至金华山石室中四十余年。兄初起寻之，遇道士引山中相见。兄问羊安？在但见白石。初平叱之，石皆起，成羊数万首。初起遂弃妻孥，食松柏茯苓，五万日后神仙。'"东汉初平三年(192 年)以此山古称为名设长山县。北宋《太平寰宇记》卷九十七："隋改长山(县)为金华

(县)。按,金华即长山别名,今为金华县焉。”历代文人多有吟咏。唐代诗人袁吉《金华山》:“金华山色与天齐,一径盘纡尽石梯。步步前登清汉近,时时回道白云低。风偷药气名何限,水泛花光路即迷。洞口数声化犬吠,始知羽客此真栖。”宋代诗人易士达《金华山》:“岩室嵌空古洞天,初平曾此学升仙。至今犹有为羊石,散在苍松夹道边。”明代诗人王渐逵《金华山》:“忆昔初平子,蚤龄弃人间。草木自为侣,烟霞驻容颜。珠宫上丹书,玄阁跻仙班。兄弟顾不违,灵踪杳难攀。至今山上石,犹似牧羊还。”南宋诗人杨万里《晓泊兰溪》:“金华山高九天半,夜雪装成珠玉案”之句。现建有双龙洞国家森林公园,有双龙洞 1 个国家级风景名胜区,六洞山 1 个浙江省风景名胜区。其中,双龙、冰壶、朝真等洞穴为著名的溶洞景观。沪昆高速铁路、沪昆铁路和沪昆(G60)高速公路于山麓穿越。

南山(Nán Shān)　属仙霞岭山脉余脉。在金华市婺城区南部和东南部,绵亘于塔石、沙畈、箬阳、莘畈、岭上、安地等乡镇。为金华城以南诸山的合称,以地理位置得名,并与金华山的俗称“北山”相呼应。清顾祖禹《读史方舆纪要》卷九十三:“南山,(金华)府南四十里。高数千仞,周四百余里。脉自括苍山来,南则遂昌、松阳、宣平,东则永康、武义,西则龙游、汤溪诸山,皆相联络。深邃幽远,千峰层矗,高入云表,阴崖积雪,经春不消。其最高之巘,曰箬阳,去郡城百里,上有龙湫,名三断水。三断之东,有大溪、小溪,流出为上干、下干,南合于梅溪。”西南—东北走向,长约 55 千米,有千米以上山峰 50 余座。主峰小龙葱尖,海拔 1 324 米,为金华市婺城区第一高峰。地质基础以白垩系火山凝灰岩为主。土壤和植被垂直分带明显。土壤以红壤、黄壤、紫色土为主。植被有亚热带针叶林、常绿阔叶林、落叶阔叶林和针阔混交林,局部竹林茂密。800 米以上多为灌丛和山地草甸。西南段为钱塘江水系与瓯江水系分水岭。有九峰山、玉笋山、石人峰等胜景。元代东阳诗人陈樵于此作《石蹬》诗:“磴平如席草茸香,盛夏宜人石气凉。杜宇血销宜碧燐,山鸡食罢化余粮。赤松有约吾将老,白发无愁不解长。醉则枕流眠枕石,看云不复据胡床。”长深(G25)高速公路于东侧穿越。县乡公路通山麓。

第四节　丘 陵 名 称

界岭(Jiè Lǐng)　跨浙江省西北缘、安徽省东南缘和江苏省南缘。属天目山脉余脉。呈南北走向转东西走向角尺形。起自江苏省溧阳市,终至太湖西岸。主体在宜兴市、溧阳市南部。因横亘于苏、皖、浙三省交界处得名。别称宜溧山地。总长约 100 千米,宽 10～20 千米。一般海拔 300 米左右。海拔 500 米以上的高峰有黄塔顶(别称葡萄岭)、锅底山、太华山、黄龙头、凤凰山、横岭、三州山等山峰。最高峰黄塔顶,海拔 611 米。为太湖上源荆溪水系与苕溪水系分水岭。地质基础以石灰岩为主。长兴灰岩代表了晚二叠纪的最高层位,是全球二叠系至三叠系界线层型标准剖面,煤山的牙形石化石为划分古生界和中生界的标准化石。坡陡谷深,多天然溶洞。属北亚热带季风气候,温和湿润,四季分明,降水丰沛。土壤以红壤、黄红壤为主。植被以落叶阔叶林、亚热带针叶林和竹林为主。有金钱松、银杏等国家保护野生植物和扬子鳄、穿山甲、金钱豹等国家重点保护野生动物,并有煤、泥炭、石灰石、硅灰石、石英石等矿产。江苏省内有宜兴 1 个国家森林公园,龙池山 1 个省级自然保护区和天目湖、龙池山、云湖等旅游景区。浙江省内有长兴灰岩地质遗迹 1 个国家级自然保护区，尹家边扬子鳄 1 个省级自然保护区，长兴金钉子 1 个国家地质公园，有新四军苏浙军区旧址群、中国扬子鳄村等纪念地和旅游景区。有竹笋、茶叶、宜兴紫砂壶、吊瓜子等特产。宁杭高速铁路，宣杭、新长铁路，长深(G25)、杭长(S14)高速公路和京福(G104)国道穿越其间。

浙西低山丘陵(Zhèxī Dīshān Qiūlíng)　在浙江省西部。西起天目山—白际山，东至浦阳江—东阳江一线，南起金衢盆地，北至杭嘉湖平原南缘和宁绍平原西南缘。以地处浙江省西部得名。西南—东北走向。长约 270 千米，宽约 130 千米，面积 2 万多平方千米。主要有天目山、白际山、昱岭、千里岗、龙门山等山脉。西部、北部地势较高，1 000 米以上山峰连绵不绝，最高点为天目山脉的清凉峰，海拔 1 787 米。东部、南部地势渐缓，丘陵为主，仅少量千米以上山峰。地质基础以石灰岩为主，岩溶地貌发育。有桐庐瑶琳洞、金华双龙洞、建德灵栖洞、杭州灵山洞、临安瑞晶洞等石灰岩溶洞。属北亚热带季风气候，温和湿润，四季分明，降水丰沛。河流分属苕溪水系和钱塘江水系。山区水流湍急，水力资源丰富，建有新安江、富春江水电站。钱塘江两岸谷地宽阔，为主要农业区。土壤以红壤和黄壤为主。植被以常绿阔叶林、亚热带针叶林和竹林为主。有西湖、富春江—新安江、莫干山、双龙 4 个国家级风景名胜区。建有清凉峰、西天目、古田山和长兴灰岩地质遗迹 4 个国家级自然保护区。有香果树、银杏、红豆杉、金钱松等珍稀植物和安吉小鲵、云豹、金钱豹、梅花鹿、白颈长尾雉等珍稀动物。有茶叶、笋干、山核桃、中药材、鸡血石、鲥鱼等特产。沪昆高速铁路、沪昆铁路，沪昆(G60)、长深(G25)、杭瑞(G56)高速公路，沪瑞(G320)、山深(G205)国道等交织形成网络。

浙东丘陵(Zhèdōng Qiūlíng)　在浙江省东部。西起浦阳江—东阳江一线，东至东海沿岸，南起大盘山脉—括苍山脉北缘，北至宁绍平原南缘。西南—东北走向。长宽各约 170 千米，面积约 2.4 万平方千米。以地处浙江省东部得名。主要有会稽山、四明山、天台山、大盘山等山脉。一般海拔 200～800 米，仅有四明山、华顶山、太白尖、大雷山等少数山峰海拔超过 1 000 米。最高点为大盘山脉主峰青梅尖，海拔 1 314 米。地质基础以花岗岩、火山凝灰岩为主，局部有玄武岩覆盖，多奇峰、怪石和岩洞。其中，低丘多砂岩、变质岩，山地多为火山凝灰岩和花岗岩。属北亚热带季风气候，温和湿润，四季分明，降水丰沛。河流分属曹娥江、甬江、灵江水系。土壤以红壤、黄红壤和黄壤为主。植被以常绿阔叶林、亚热带针叶林和竹林为主。山地坡陡土薄，山间有新嵊、天台、仙居等盆地，坡缓土厚、大部辟为农田或茶园。有天台山、天姥山、雪窦山、大盘山、神仙居、方岩、浣江—五泄 7 个国家级风景名胜区，大盘山 1 个国家级自然保护区。有大盘山蔷薇、大盘山苔草、大盘樱、大盘山榧、华顶杜鹃、云锦杜鹃等特有植物，云豹、白颈长尾雉等国家一级保护野生动物。有越窑青瓷、茶叶、笋干、香榧等特产。甬台温高速铁路，杭甬铁路，甬金(G1512)、常台(G15W)、诸永(S26)高速公路，京岚(G104)国道等交织形成网络。

西湖群山(Xīhú Qúnshān)　在杭州市，跨上城、西湖二区。属天目山脉余脉。东北—西南走向，呈开口向东北的马蹄形环绕西湖。古称虎林山、武林山、灵隐山等。《汉书》卷二十八上："武林山，武林水所出，入东海。"北魏郦道元《水经注》卷四十："(钱唐)县有武林山，武林水所出也。阚骃云：'山出钱水，东入海。'《吴地记》言：'县惟浙江，今无此水。'"南宋咸淳《临安志》卷二十三："武林山……《祥符图经》云：'在(钱塘)县西十五里，高九十二丈，周回一十二里。又曰灵隐山，曰灵苑，曰仙居。'"唐《元和郡县图志》卷二十五："灵隐山，在(杭)州西北十七里。"陈桥驿《〈水经·浙江水注〉补注》："武林山或灵隐山，可能是西湖群山的总称。"后以环西湖而改今名。明田汝成《西湖游览志》卷一："西湖诸山之脉，皆宗天目。天目西去府治一百七十里，高三千九百丈，周广五百五十里，蜿蟺东来，凌深拔峭，舒冈布麓，若翔若舞，萃于钱唐，而崷萃于天竺。从此而南而东，则为龙井，为大慈，为玉岑，为积庆，为南屏，为龙，为凤，为吴，皆谓之南山；从此而北而东，则为灵隐，为仙姑，为履泰，为宝云，为巨石，皆谓之北山。南山之脉分为数道，贯于城中则巡台、藩垣、帅阃、府治、运司、黉舍诸署，清河、文锦、寿安、弼教、东园、盐桥、褚塘诸市，在宋则为大内德寿、宗阳、佑圣诸宫，隐隐赈赈，皆王气所钟。"长 12.4 千米，宽 7.4 千米，面积约 60 平方千米。主要有吴山、老和山、北高峰、美人峰、飞来峰、玉皇山、狮子山、宝石山等山峰，一般海拔 100～300 米，最高点天竺山，海拔 412.5 米。按岩石性质、地貌形态，分为内、外两圈。外圈由泥盆系石英砂岩、石英砂砾岩构成，岩石坚硬，山势挺拔；内圈由石炭系、二叠系石灰岩构成，山势较低矮，山形浑圆。属北亚热带季风气候，温和湿润，四季分明，降水丰沛。河流属钱塘江、太湖水系，北部溪流与苕溪、大运河沟通，注入太湖，南部溪流注入钱塘江。因地下水多处出露地表而成为泉水，著名的有虎跑泉、龙井、玉泉等。土壤以红壤为主，植被以常绿阔叶林、落叶阔叶林和常绿阔叶落叶阔叶混交林为主。谷地和缓坡地多茶园。有西湖 1 个国家级风景名胜区，灵隐寺、天竺寺、岳庙、飞来峰、保俶塔、六和塔、城隍阁等名胜古迹和双峰插云、雷峰夕照、南屏晚钟、吴山天风、岳墓栖霞等著名景点。历代文人多有吟咏。其中，北宋诗人梅询作有《武林山十咏》，南宋诗人楼钥作有《题太乙宫武林山赠易高士》，北宋僧人释智圆作有《游灵隐山》，南宋诗人葛天民作有《西湖泛舟入灵隐山》。有西湖龙井茶等特产。杭州绕城高速公路(G2501)环绕西麓。

第五节 山体山峰名称

互通山(Hùtōng Shān) 属界岭丘陵。跨浙江省北缘和江苏省南缘，为长兴县与江苏省宜兴市界山。清嘉庆《长兴县志》卷八："其山最高大，有四十八陇，四通八达，故名。"俗称五通山。清同治《长兴县志》卷十："长兴之山从西北来者，自宜兴天元峰入境为水口诸山，而互通山为之领袖。"海拔 577 米。地质基础由泥盆系砂岩、页岩构成。山巅宽大平坦，东坡陡峭，西南坡平缓，为长兴县境最宽大山体，誉称"长兴县屋脊"。植被以竹林、落叶阔叶林和灌丛为主，山巅有茶园。有银杏等珍稀植物，黑麂、狼、穿山甲、竹鸡等国家重点保护野生动物。有茶叶、笋干等特产。明万历《湖州府志》卷二："互通山……有罗岕(音 kǎ)，产茶甚珍之。"明代茶学家周高起《洞山岕茶系》："罗岕，去宜兴而南，逾八九十里。浙直分界，只一山冈，冈南即长兴。山两峰相阻，介就夷旷者，人呼为'岕'。履其地，始知古人制字有意，今字书'岕'字，但注云：'山名耳'。"清同治《湖州府志》卷十九："诸山皆产茶，而罗岕为最。"西北麓有宜兴竹海风景区。长兴境内有仙人洞、东龙池、西龙池等名胜。杭长高速(S14)公路、长牛(S301)省道穿过山麓。有公路通山巅。

茗岭(Míng Lǐng) 属界岭丘陵。跨浙江省北缘和江苏省南缘，为长兴县与江苏省宜兴市界山。本名象山，后因盛产茶叶改今名。别称闵岭、茗岭山。光绪《长兴县志》卷十："茗岭。按《湖州志余》云：'劳府志有闵岭，栗程志因之。然，查县志有茗岭，无闵岭，或即茗岭同声之讹耳。'"海拔 611 米。地质基础由泥盆系砂岩、页岩构成。植被以松、杉等亚热带针叶林和竹林为主。有银杏等珍稀植物，黑麂、狼、穿山甲、竹鸡等国家重点保护野生动物，高岭土、煤等矿产资源。明代诗人朱升曾于山麓建茗岭楼。并作诗曰:“不知茗岭何年始,今日方开茗岭楼。露浥舌根真味出,花生鼻观异香流。纤柔不取旗枪败,藻绘徒增龙凤愁。名理无穷非一茗,著经空白古人头。”抗日战争时期,为新四军苏浙军区根据地的组成部分。今山下有茗岭茶场和茗岭白泥矿、煤矿。有罗岕茶、阳羡茶、笋干等特产。明冯可宾《界茶笺》:“阳羡茶,其产地在茗岭。”明代茶学家周高起《洞山岕茶系》又记载:“而厥产伊始,则自卢仝隐居洞山,种于阴岭,遂有茗岭之目。相传古有汉王者,栖迟茗岭之阳,课童艺茶,踵卢仝幽致。阳山所产,香味倍胜茗岭,所以老庙后一带茶,犹唐、宋根株也。贡山茶今已绝种。”唐代诗人卢仝《七碗茶歌》云:“闻道新年入山里,蛰虫惊动春风起。天子须尝阳羡茶,百草不敢先开花。”山麓通县乡公路。

三州山(Sānzhōu Shān)　属界岭丘陵。跨浙江省北缘、安徽省东南缘和江苏省南缘,为长兴县与江苏省宜兴市、安徽省广德县界山。因古歙、湖、常三州交界于山下,故名。海拔 521.9 米。地质基础由泥盆系砂岩、页岩构成。植被以毛竹为主。有黑麂、穿山甲、狼、獐、野猪、竹鸡等国家重点保护野生动物。抗日战争时期,为新四军苏浙军区根据地的组成部分。山巅建有浙、苏、皖三交点界桩。山麓有长兴县白岘乡三洲山村。有笋干等特产。杭长(S14)高速公路和宜兴—广德公路过山麓。

马鞍山(Mǎ'ān Shān)　属天目山脉。跨浙江省西北缘、安徽省东南缘,为安吉县与安徽省广德县界山。因形似马鞍得名。海拔 863.3 米。地质基础以燕山晚期侵入的花岗岩为主。山脊和缓,山坡陡峻,西坡陡于东坡。东南坡多竹林,西北坡有果园。有银杏、红豆杉、水杉、香果树等珍稀植物和安吉小鲵、梅花鹿、金钱豹、中华秋沙鸭等国家重点保护野生动物。有笋干、茶叶、山核桃等特产。山麓通公路。

龙王山(Lóngwáng Shān)　属天目山脉。跨浙江省西北缘、安徽省东南缘,为安吉县、临安市与安徽省广德县界山。一说因昔为天旱群众祈雨之地得名。一说以“龙生九子”神话传说得名。海拔 1 587.4 米,为湖州市、安吉县及安徽省宁国市最高峰。地质基础由侏罗系凝灰岩、流纹岩构成。地势险峻,多悬崖峭壁。为西苕溪发源地,并为黄浦江源。植被和土壤垂直分带明显。以落叶阔叶林、竹林为主,植被茂密。山巅有山地草甸。生物多样性显著。有银缕梅、鹅掌楸、银杏、香果树、杜仲、天目兰花、银鹊树等珍稀植物和安吉小鲵、东方蝾螈、云豹、豹、黑麂、白颈长尾雉、猕猴、穿山甲等珍稀动物。建有安吉小鲵国家级自然保护区和龙王山省级自然保护区。有笋干、茶叶、山核桃等特产。山麓通公路。

清凉峰(Qīngliáng Fēng)　属天目山脉。跨浙江省西北缘、安徽省东南缘,为临安市与安徽省绩溪县、歙县界山。龙塘山主峰,并为天目山脉和浙西低山丘陵最高峰。古称龙塘山,以山有龙潭,土人以为龙栖之地得名。清道光《昌化县志》卷一:“龙塘山,在县西七十里,高一千丈,延袤五十里。山多怪石,峙立如门,林谷幽夐,不类尘世。由十八曲岭而上,有龙池二。一在山岭,广二百余亩,一在距上池十里,广十余亩,岁旱人祷辄应。山后有龙洞,近岁有祷旱者偕十数人持火入其中,行可半里。初闻泉声涓涓,少顷声渐大,阴气中出,火为之灭,众惧而还,始信为龙物所栖也。《嘉靖县志》:‘石蹬萦纡而下如曲房,有石状肖罗汉,若雕镂者,然故又曰罗汉洞。’”后因主峰海拔较高,夏季凉爽而称之为清凉峰。海拔 1 787.4 米。地质基础以火山凝灰岩、石灰岩、花岗岩为主。层峦叠嶂,群峰争奇,沟谷深邃。有峰林、石林、天生桥、溶沟、孤峰残丘、溶蚀漏斗、洞穴、地下河等地貌。植被和土壤垂直分带明显。有常绿阔叶林、落叶阔叶林、针阔混交林、亚热带针叶林等。海拔 1 600～1 787 米。有山巅草甸。生物多样性显著。有银杏、银缕梅、南方红豆杉、华东黄杉、珍珠黄杨、香果树、莲香树、鹅掌楸、金钱松、黄山梅、天女花、鹿角杜鹃、天目木兰等珍稀植物和梅花鹿、云豹、黑麂、豹、白颈长尾雉、中华秋沙鸭、穿山甲、大鲵、白鹇等国家重点保护野生动物。存全国最大的野生华南梅花鹿种群。建有清凉峰国家级自然保护区。有笋干、茶叶、山核桃等特产。杭瑞(G56)高速公路，杭昱(S102)省道过南麓。县乡公路通至半山。

歙岭(Shè Lǐng)　属白际山脉。跨浙江省西缘和安徽省东南缘，为淳安县与安徽省歙县界山。因有歙岭古道经山口通歙县得名。别称歙岭顶。海拔 1 266 米。地质基础由震旦系凝灰质砂岩构成。植被和土壤垂直分带明显。植被以常绿阔叶林、常绿阔叶落叶混交林和竹林为主。有红豆杉、银杏、香果树、野大豆、榧树、榉树、长序榆等珍稀植物和云豹、豹、黑麂、白颈长尾雉等珍稀动物。有茶叶、笋干、山核桃等特产。山麓通公路。

大连岭(Dàlián Lǐng)　属白际山脉。跨浙江省西缘和安徽省东南缘，为淳安县与安徽省歙县界山。因山口有大连岭古道连接淳安和歙县得名。民国《遂安县志》卷一："连岭，县西北六十里。相传明太祖略地过此。有啸天龙、躲风石遗迹。"清光绪十七年(1891 年)，邑人募资修岭 30 里(15 千米)。主峰大源头，海拔 1 395.7 米，地质基础以震旦系砂岩为主。山巅夷平面广阔。植被和土壤垂直分带明显。植被以常绿阔叶林、针阔混交林和竹林为主。有红豆杉、银杏、香果树、野大豆、香榧、长序榆等珍稀植物和云豹、豹、黑麂、白颈长尾雉等珍稀动物。有茶叶、笋干、山核桃等特产。公路通至连岭村。

莲花尖(Liánhuā Jiān)　属白际山脉。跨浙江省西缘、安徽省东南缘和江西省东缘，为淳安县、开化县与安徽省黄山市徽州区、江西省婺源县界山。伞老尖、高楼尖、莲花塘等诸峰的合称。因山巅巨石劈裂似莲花得名。别称莲花山。主峰海拔 1 151.7 米。地质基础由震旦系白云岩、泥岩和前寒武系花岗斑岩构成。为钱塘江水系与长江水系分水岭，钱塘江第一大支流兰江的发源地，曾被定为钱塘江源。山势陡峻，谷狭坡陡，岩崖嶙峋，多飞泉瀑布。植被以常绿阔叶林、针阔混交林和竹林为主，并多黄山松。有红豆杉、银杏、香果树、香榧、长序榆等珍稀植物和云豹、豹、黑麂、白颈长尾雉等珍稀动物。建有钱江源国家森林公园和浙江省风景名胜区。有茶叶、笋干等特产。京台高速公路过山麓。公路通至半山。

石耳山(Shí'ěr Shān)　属白际山脉。跨浙江省西缘和江西省东缘，为开化县与江西省婺源县界山。清穆彰阿《大清一统志・衢州府》："石壁耸立，嵌空如耳，故名。石岩旁有泉及池，四时不竭。"清光绪《浙江通志》卷十八："弘治《衢州府志》：'在(开化)县西八十里，周回三百里。与婺源德兴交界。岩旁有井及池，四明不竭。'《开化县志》：'石壁耸立，嵌空如耳。望彭蠡、观日出尤为奇观，盖南龙祖也。'"海拔 1 261.5 米。地质基础由前寒武系花岗斑岩构成。海拔 1 193.3 米处有石耳岩，石岩旁有泉及池。山势陡峻，谷狭坡陡，岩崖嶙峋，多飞泉瀑布。植被以常绿阔叶林、针阔混交林和竹林为主。海拔 1 100 米附近有大片黄山松林。1 200 米以上有山地草甸。有红豆杉、银杏、香果树、香榧、长序榆等珍稀植物和云豹、豹、黑麂、白颈长尾雉等珍稀动物。山巅及山腰分别有龙泉庵和栖霞禅寺。南宋婺源籍诗人汪炎昶《送斗山兄隐居石耳山》诗："遥望石耳山嶙峋，咆哮虎豹林涧深。山屏倚翠障残日，石剑攒锋镂太阴。岂有渔人可问讯，苦怜木客长衰吟。似闻更欲住绝顶，他日瘦筇何处寻。"有茶叶、笋干等特产。公路通半山。

嵩峰山(Sōngfēng Shān)　属仙霞岭山脉。跨浙江省西南缘和江西省东缘，为江山市与江西省上饶市广丰区界山。因山势高峻得名。双峰型顶。主峰海拔 1 052.1 米。为钱塘江支流江山港和信江支流十都港的分水岭。地质基础由侏罗系火山凝灰岩构成。上部陡峻，下部略缓。清同治《江山县志》卷一："嵩峰山，在县南九十里。盘旋而上，凡十八曲。极难登陟。峰顶有龙井，其水盛夏如冰。"植被以常绿阔叶林、针阔混交林、竹林和灌丛为主。有红豆杉、银杏、香果树、长叶榧、长序榆等珍稀植物和云豹、豹、黑麂、金猫、白颈长尾雉等珍稀动物。有茶叶、笋干等特产。山巅有嵩峰寺。山深(G205)国道过山麓。简易公路通嵩峰寺。

枫岭(Fēng Lǐng)　属仙霞岭山脉。跨浙江省西南缘和福建省北缘，为江山市与福建省浦城县界山。以昔多当地俗称为"塘枫"的乌桕树得名。相传旧时植竿其上，故别称大竿岭。清顾祖禹《读史方舆纪要》卷八十九："枫岭即小竿南麓之异名，其实止一岭耳。枫岭去小竿岭五里，岭势相接也。俗传旧植竿于岭上，故有大竿、小竿之称。"清同治《江山县志》卷一："小竿岭南，复有一峰杰出，谓之'枫岭'。此为浙闽分疆之处。相距不过数武，而物候荣落顿觉不同。沿岭而趋，长松曲涧夹道相属，其险窄处伐木为栏，以便通行者，盖亦要隘之地矣。居人曰：'枫岭即小竿岭南麓之别名，其实止一岭耳。'"清代诗人朱圭《枫岭》诗云："大竿与枫岭，名异实不殊。川原甫夷旷，再束尤嵚岖。攀登二百级，天半郁以舒。复上狃橡栾，历历摩星榆。岩疆划闽浙，居保从无诸。"主峰海拔 1 240 米。地质基础由燕山早期花岗岩构成。山势险要，两峰夹一山口，多悬崖和裸岩。植被以常绿阔叶林、亚热带针叶林和竹林为主。有银杏、红豆杉、伯乐树、香果树等珍稀植物，金钱豹、云豹、黑麂、金猫、白颈长尾雉等珍稀动物和灵芝草、七叶一枝花、八角莲、麦冬、鹿含草等中药材。山口开敞宽平，清顺治年间(1644—1661 年)于此置枫岭关，原属处州镇枫岭营，雍正十三年(1735 年)改属衢州枫岭营。清嵇曾筠《浙江通志》卷九十三："浙闽枫岭营，旧隶处镇。雍正十三年改隶衢镇枫岭营。经制额设游击一员，驻扎江山县廿八都，千总一员、把总二员。外有守备一员、千总一员、把总二员，属福建管辖。"卷九十一："衢州镇标，镇守衢州总兵官一员驻扎衢州。府标下，中、左、右三营管辖衢州城守营，严协城守营、浙闽枫岭营、金协兰溪汛。"山上有古关隘和兵营遗址，为浙江省文物保护单位仙霞古道的组成部分。《徐霞客游记·闽游日记后》：崇祯三年(1630 年)八月："初二日　登仙霞，越小竿岭……枫岭西垂，毕岭东障，梨岭则其南案也；怪石拿云，飞霞削翠。余每南过小竿，北逾梨岭，遥瞻丰采，辄为神往。既饭，兴不能遏止，遍询登山道。一牧人言：'由丹枫岭而止，为大道而远；由二十八都溪桥之左越岭，经白花岩上，道小而近。'"清代诗人郑沄《枫岭》诗："诘旦辞霞关，薄暮越枫岭。危途极蜿蜒，深谷转荒梗。时当积雨后，行冲湿云冷。斜景无停晖，回飙有虚警。远从双峰罅，稍辨只堠影。巉巉欲崩石，兀兀最高顶。"清代诗人徐葆光也作有《枫岭山行至梨岭》诗。今有猕猴桃、茶叶、笋干等特产。山深(G205)国道穿过山麓。有盘山公路穿过山口。

浮盖山(Fúgài Shān)　属仙霞岭山脉。跨浙江省西南缘和福建省北缘，为江山市与福建省浦城县界山。因山巅岩石层叠，下者如盘，上者似盖得名。明《徐霞客游记·闽游日记后》："其地东南有浮盖山，跨浙、闽、江西三省衢、处、信、宁四府之境，危峙仙霞、犁岭间，为诸峰冠。""又西越两峰，为浮盖中顶，皆盘石累叠而成，下者为盘，上者为盖，或数石共肩一石，或一石复平列数石，上下俱成叠台双阙，浮盖仙坛，洵不诬称矣。"别称浮盖亭山、浮盖仙山、盖仙山。清顾祖禹《读史方舆纪要》卷九十三："又浮盖仙山，在(江山)县南百里，有岩洞泉石之胜。"海拔 1 146.4 米。地质基础由燕山晚期侵入的花岗岩构成。山势险要，有典型的花岗岩风化地貌，峰峦环列，多奇峰怪石。植被以亚热带针叶林和竹林为主。有银杏、红豆杉、红楠等珍稀植物，金钱豹、云豹、黑麂、金猫、白颈长尾雉等珍稀动物和灵芝草、七叶一枝花、八角莲、麦冬、鹿含草等中药材。仙霞古道穿山而过。宋代诗人汪藻《浮盖山》诗："作镇东南削岳灵，峭崖绝壁欲奔星。浮空高展神仙盖，列障长开水墨屏。春瀑练飞千丈白，晓林蓝染万株青。寻真自喜扳云级，洞府由来不掩扃。”现建有浮盖山浙江省风景名胜区，为国家AAAA级旅游景区。有双笋石、牛牯石、一线天、仙人峰、龙洞、攀天石、蛙石岩、仙人谷等景观。山顶有叠石寺，山麓有大云寺。有猕猴桃、茶叶、笋干等特产。京台(G3)高速公路和山深(G205)国道分别过东西两麓。盘山公路至半山。西侧有枫岭关。

苏州岭(Sūzhōu Lǐng)　属仙霞岭山脉。跨浙江省西南缘和福建省北缘，为江山市与福建省浦城县界山。原名柘岭，因山上多生柘树得名。后因山下建有苏州亭而改今名。海拔1 169米。地质基础以侏罗系火山凝灰岩为主。属闽江水系，为南浦溪之源。植被和土壤垂直分带明显。土壤以红壤、黄壤为主。植被以常绿阔叶林、亚热带针叶林和竹林为主。有银杏、红豆杉、红楠等珍稀植物，金钱豹、云豹、黑麂、金猫、野猪、白颈长尾雉等珍稀动物。有猕猴桃、茶叶、笋干等特产。山麓通公路。

披云山(Pīyún Shān)　属仙霞岭山脉。跨浙江省西南缘和福建省北缘，为江山市、遂昌县与福建省浦城县界山。因湿度高，降水量大，山巅常有云雾缭绕，难见真容得名。有披云、圣泉双峰顶。海拔1 680米。地质基础以侏罗系火山凝灰岩为主。奇峰叠起，怪石林立，植被茂密。为钱塘江水系的住溪、闽江水系的宝溪、瓯江水系的八都溪发源地和分水岭。植被和土壤垂直分带明显。土壤以红壤、黄壤为主。植被以常绿阔叶林、亚热带针叶林和竹林为主。有银杏、红豆杉、红楠等珍稀植物，金钱豹、云豹、黑麂、金猫、野猪、白颈长尾雉等珍稀动物。有猕猴桃、茶叶、笋干等特产。山麓通公路。

九龙山(Jiǔlóng Shān)　属仙霞岭山脉。跨浙江省西南缘和福建省北缘，为遂昌县与福建省浦城县界山。因峰峦起伏、沟壑纵横，似九龙腾飞得名。主峰大九龙山海拔1 724.4米，在遂昌县境内，为浙江省第四高峰。周围有海拔1 500米以上的山峰28座。地质基础由燕山晚期侵入的花岗岩和侏罗系流纹岩构成。为钱塘江水系乌溪江和闽江水系南浦溪的发源地和分水岭。土壤和植被垂直分带明显。土壤以红壤、黄壤为主。植被以常绿阔叶林、亚热带针叶林、针阔混交林、落叶阔叶林为主。主峰海拔千米以上有约600公顷原始天然林，为中亚热带东部地区大面积原生植被保存最好的地区之一。有南方红豆杉、伯乐树、福建柏等珍稀植物和猕猴、金钱豹、云豹、金猫、大鲵、髭蟾等珍稀动物。有茶叶、竹炭等特产。1983年建立九龙山国家级自然保护区。山麓通公路。

百丈山(Bǎizhàng Shān)　属洞宫山脉。跨浙江省南缘和福建省北缘，为庆元县和福建省松溪县界山。因悬崖孤峭，高逾百丈得名。清顾祖禹《读史方舆纪要》卷九十四：“悬崖孤峭，下有龙湫。”海拔1 243米。地质基础以侏罗系火山凝灰岩为主。河流属闽江水系。土壤和植被垂直分带明显。土壤以红壤、黄壤为主。植被以常绿阔叶林、亚热带针叶林、针阔混交林、落叶阔叶林和竹林为主。有伯乐树、南方红豆杉、江南油杉、华南樟、深山含笑、少叶黄杞等珍稀植物和白颈长尾雉、黄腹角雉、云豹、黑麂等珍稀动物。有脱身岩、龙湫等名胜。百丈龙湫昔为“濛洲八景”之一。有茶叶、香菇、笋干等特产。盘山公路通半山。

香炉尖(Xiānglú Jiān)　属洞宫山脉。跨浙江省南缘和福建省北缘，为庆元县和福建省政和县界山。因山顶形似香炉得名。海拔1 597米。地质基础由侏罗系火山凝灰岩构成。河流属闽江水系。土壤和植被垂直分带明显。土壤以红壤、黄壤为主。植被以常绿阔叶林、亚热带针叶林、针阔混交林、落叶阔叶林和山地草甸为主。上部为草坡，中下部多杂树疏林。有伯乐树、南方红豆杉等珍稀植物和白颈长尾雉、黄腹角雉、云豹、黑麂等珍稀动物。有茶叶、香菇、笋干等特产。县乡公路通山麓。

山垟尖(Shānyáng Jiān)　属洞宫山脉。跨浙江省南缘和福建省北缘，为景宁畲族自治县、泰顺县和福建省寿宁县界山。垟，即平地、田地。名称来历不详。别称苦人尖。海拔 1 637 米。地质基础由侏罗系火山凝灰岩构成。为瓯江、飞云江和交溪水系分水岭。土壤和植被垂直分带明显。土壤以红壤、黄壤为主。植被有常绿阔叶林、亚热带针叶林、针阔混交林、落叶阔叶林和山地草甸等，以亚热带针叶林为主。有伯乐树、南方红豆杉等珍稀植物和白颈长尾雉、黄腹角雉、云豹、黑麂、猕猴等珍稀动物。平缓谷坡有梯田。有茶叶、香菇、笋干等特产。东北侧建有望东垟高山湿地省级自然保护区。山麓有公路通福建省。

龙头山(Lóngtóu Shān)　属洞宫山脉。跨浙江省南缘和福建省北缘，为龙泉市、庆元县与福建省浦城县界山。古称峦头山，因山体自浙入闽，此为诸山之首得名。光绪《处州府志》卷三："峦头山，山峰峭立，为浙闽诸山之源。"别称峦峰山、鸾凤山。后谐音改为今名。海拔 1 349 米。地质基础由前震旦系变质岩构成。气候、土壤与植被垂直分带明显。土壤有红壤、黄壤、山地黄壤等。植被以亚热带针叶林、常绿阔叶落叶阔叶混交林和竹林为主，1 100 米以上以亚热带针叶林和灌丛为主。山口旧为庆元、龙泉、松溪、浦城四县交通要津。1934 年，中国工农红军北上抗日先遣队经此山麓，并在亭中留下标语。县乡公路通山麓。

双苗尖(Shuāngmiáo Jiān)　属洞宫山脉。跨浙江省南缘和福建省北缘，为庆元县和福建省寿宁县界山。因主次两峰对峙相望，高耸于群山之中得名。古称榧子尖山、白鹤仙岩顶。清康熙《寿宁县志》卷一："榧子尖山在城西三十里，山巅有铁香炉，俗谓白鹤仙遗迹。"光绪《庆元县志》卷一："白鹤仙岩在冈根(编者注：今作江根)最高顶。怪石磊叠其上，有铁香炉，风雨久侵，愈见光润，系万历年间飞来，求雨辄应。"主峰海拔 1 626 米，次峰海拔 1 525.1 米。地质基础以侏罗系火山碎屑岩构成，局部有砂石出露。山岗、缓坡多裸岩，奇石星罗棋布。河流属交溪水系。土壤和植被垂直分带明显。土壤以红壤、黄壤为主。植被以常绿阔叶林、亚热带针叶林、针阔混交林、落叶阔叶林、山地草甸和竹林为主。主次峰之间及周围山坡均为草坡和灌木丛。有伯乐树、南方红豆杉等珍稀植物和白颈长尾雉、黄腹角雉、云豹、黑麂、猕猴等珍稀动物。春季有杜鹃花海。平缓谷坡有梯田。有香菇、高山蔬菜等特产。菊寿(S329)省道过山麓。

分水山(Fēnshuǐ Shān)　属南雁荡山脉。跨浙江省东南缘和福建省北缘，为苍南县、泰顺县与福建省福鼎县界山。以浙闽分水于此得名。嘉靖《温州府志》卷二："泉发岭上，东西分派，界为闽、浙。"海拔 362 米。地质基础由侏罗系火山凝灰岩和白垩系紫红色粉砂岩构成。山呈马鞍形，东西两侧较高，中间稍低。土壤以红壤、黄红壤为主。植被以亚热带针叶林、针阔混交林和灌木林为主。北坡、东坡多梯田、果园。分水岭古道过山。历为浙闽间重要交通隘口，五代吴越曾设分水关。清顾祖禹《读史方舆纪要》卷九十四："分水山，(泰顺)县南二百里，与平阳县西南之松山相接。泉发陇上，东西分流，以限闽浙。山下地名平水，达前仓江，可通舟楫。吴越尝守此，以与闽人相拒。《海防考》：分水岭隘当浙闽之交。自闽而来，必由此至平水，过牛皮岭，一路由萧家渡至县东，自县抵瑞安道二百五十里；一路由莒冈至县西，自县抵青田道二百余里，又由县东北达桐岭，可竟至府城。此控扼之要也。"沈海(G15)高速公路、京福(G104)国道过山口。

三界尖(Sānjiè Jiān)　属龙门山脉。在浙江省中北部，为杭州市富阳区、桐庐县和诸暨市界山。因山跨富阳、桐庐、诸暨三地得名。海拔 1 015.2 米。地质基础由侏罗系火山熔岩和火山碎屑岩构成。为富春江与浦阳江的分水岭。山势陡峻。土壤以黄红壤和黄壤为主。植被以落叶阔叶林、针阔叶混交林和灌木丛为主。峰顶设有三县（市、区）界桩。县乡公路通山麓。

大和山(Dàhé Shān)　孤丘。在浙江省东部，为杭州市萧山区党山镇与绍兴市柯桥区安昌镇界山。古称乌风山、乌凤山、白洋山、龟山。乌风山以有乌风洞得名。白洋山以明初建白洋海口巡司于山南得名。南宋嘉泰《会稽志》卷九："乌风山，在（山阴）县西北四十九里。"清康熙《山阴县志》卷五："乌风山，去县西北五十一里，一名龟山，滨于海，有洞出乌风，当潮生时，远望之，宛然如龟出没水中。今名白洋。"清顾祖禹《读史方舆纪要》卷九十二："又白洋山，旧名乌风山，在（绍兴）府西北五十里滨海，亦名龟山。"原山形如龟，自 20 世纪 50 年代后期始，因萧山县于此开宕采石以建堤、围垦，现山北部已被采空，惟余南部半座山。海拔 124.9 米。地质基础由白垩系朝川组青灰色流纹质晶屑玻晶熔结凝灰岩构成，岩石坚硬，柱状节理较发育。土壤以黄红土为主。植被以亚热带针叶林为主。新石器时代已有先民于山麓繁衍。山南曾出土石犁、石刀及原始瓷豆、夹砂红陶等。明初建白洋海口巡司于山南。清顾祖禹《读史方舆纪要》卷九十二："缘山筑城，设白洋海口巡司戍守。""白洋巡司，在（绍兴）府西北，白洋山上。"清乾隆年间(1736—1796 年)，移白洋巡司驻柯桥镇。山顶建有真武殿，传明洪武间(1368—1398 年)，刘基登山，见山形如龟，特建真武殿以镇之。明末文学家张岱曾于此驻足，并作《白洋潮》："庚辰八月，吊朱恒岳少师至白洋，陈章侯、祁世培同席……潮到塘，尽力一礴，水击射，溅起数丈，著面皆湿。旋卷而右，龟山一挡，轰怒非常，炝碎龙湫，半空雪舞。看之惊眩，坐半日，颜始定。先辈言：浙江潮头，自龛、赭两山漱激而起。白洋在两山外，潮头更大，何耶?"近代诗人盛配《大和山》："蕞尔大和最枕形，晨昏孤影落前庭。野风怪叫穿山甲，暖日繁华紫地丁。"东邻杭甬(S5)高速公路，县乡公路环山。

白石尖(Báishí Jiān)　属千里岗山脉。在浙江省西部，为杭州市淳安县枫树岭镇与衢州市开化县林山乡、大溪边乡界山。因山顶白石如马得名。古称白马山。清顾祖禹《读史方舆纪要》卷九十三："马尪溪在县东。发源（开化）县东十五里白马山下。"清《开化县志》卷二："白马山，县东五十里，亦名白石尖，下有凹如马状，故名。"海拔 1 453.7 米，为千里岗山脉主峰之一，开化县最高峰。地质基础由寒武系砂岩构成。土壤和植被垂直分带明显。土壤以红壤、黄壤和粗骨土为主。植被以常绿阔叶落叶阔叶混交林、针阔混交林为主，山脊和岩壁间多生杜鹃。800 米以上以杜鹃灌丛为主。山顶设有衢州、杭州二市双交点界桩。县乡公路通山麓。

畏岭(Wèi Lǐng)　属千里岗山脉。在浙江省西部，为衢州市衢江区与杭州市淳安县界山。古称灰岭，别称徽岭、灰坪岭、猥岭。因有灰岭古道过山口得名。清顾祖禹《读史方舆纪要》卷九十三："灰岭，在（衢州）府北九十五里，与严州府遂安县接界。又北至寿昌县百里。或曰即遂安县之猥岭也，去县五十里。"民国《衢县志》卷二："灰岭……一作徽岭，以通徽州名。一名灰坪，其地今名灰坑源。"后谐音更为今名。另说，因山高岭峻、令人生畏得名。海拔 1 154 米。地质基础由泥盆系石英砂岩构成。土壤和植被垂直分带明显。土壤以黄泥土、黄红泥土为主。植被有竹林、常绿阔叶林、针阔混交林、落叶阔叶林等，800 米以上多为灌木丛。畏岭古道旧为浙西南通往皖南的交通要冲，今存古驿道和驿亭。北宋诗人梅尧臣《送宁国军辛崔寺丞移临安》诗云："六月畏岭险，乃陟川程迂。遥看云中雁，不乱江上凫。鱼网离飞鸿，我邑望何殊。"北麓有畏岭脚村，南麓有畏坑村。县乡公路通南北两麓。

镇亭山(Zhèntíng Shān)　属四明山。在浙江省东部，为宁波市宁海县、奉化市与绍兴市新昌县界山。以山麓古有镇亭村得名。《汉书》卷二十八上:“鄞,有镇亭,有鲒埼亭。”《说文解字》:“镇,博压也。”《广雅》:“镇,安也。”《广雅·释诂》:“镇,重也。”南宋乾道《四明图经》卷三:“望奉化县,本会稽郡鄞县之地。西汉志谓:‘鄞有镇亭、鲒埼亭’,皆在焉。”南宋宝庆《四明志》卷十四:“镇亭山,(奉化)县西南一百里。汉《地理志》云:‘鄞有镇亭。’其原(源)来自四明山,由西北而南逾剡诸山而至镇亭。西界于于越,南入于天台,故其乡为连山,其颠(巅)盘结数峰,高入苍穹,旁有龙潭。即显济龙王庙也。”又因山势高峻,山顶尖锐,高出众山之上,主峰别称第一尖山。清光绪《奉化县志》卷四:“其最高峰曰第一尖……高出众山之上,四明诸山之祖也。又次曰黄柏尖……峰如削成,高耸异常。”海拔 948 米。地质基础由中生界流纹岩、碎屑岩构成。有深溪狭谷,多断崖,并有瀑布、龙潭和石门洞。清黄宗羲《四明山志》卷一:“有石井,其潭类釜,岩壁二十余仞,飞瀑如练。有石门洞,亦名天师洞。唐叶天师讲《度人经》,有庞眉梨杖者日至。诘之,镇亭龙王也。时值久旱,天师属其为计。是夕,平地忽涌清渠。其灵验若此。有龙窝,石龙所经由,尝显迹象。”河流分属钱塘江和甬江水系,并为曹娥江与奉化江分水岭。古称东北麓之水为镇亭水,并曾以此为奉化江正源。南宋宝庆《四明志》卷十四:“镇亭水,(奉化)县东南三里。其泉源来自越之诸山绝顶,汇为镇亭潭。径三丈,上圆下广,不以暵旱而枯,莫测其深。”宝庆《四明志》卷四:“奉化江源于四明之镇亭山,出县之惠政桥下。”土壤以黄红壤和红壤为主。上部以落叶阔叶林和针阔混交林为主,下部多竹林,山麓缓坡地多果园。有南方红豆杉、银杏、香榧、浙江楠等珍稀植物和金钱豹、白颈长尾雉、白鹤、黑脸琵鹭等珍稀动物,为四明山国家森林公园的组成部分。2012 年冬于主峰建成第一尖滑雪场。宋代曾于山麓设镇亭里。南宋宝庆《四明志》卷十五:“奉化乡,县北,管里二村四:广平管、镇亭里。”甬金(G1512)高速公路过东南麓。简易公路通山顶。

奇云山(Qíyún Shān)　属洞宫山脉。在浙江省南部,跨温州、丽水二市,为温州市瓯海区、瑞安市和丽水市青田县界山。山上多云雾,色彩、形状变幻莫测,故名。海拔 1 164 米。地质基础主要由白垩系火山碎屑岩构成,局部有流纹斑岩等潜火山岩及燕山晚期侵入的花岗岩。土壤和植被呈垂直地带性分布。土壤以红壤、黄红壤、黄壤为主。上部植被以荒山草坡为主,中下部以亚热带针叶林、落叶阔叶林和常绿阔叶林为主。缓坡有旱地和果园。北坡多梯田,有龙潭、娘娘宫等古迹。山麓通公路。

凌云山(Língyún Shān)　属南雁荡山脉。在浙江省东南部,跨温州、丽水二市,为温州市瓯海区和丽水市青田县界山。因山峰耸入云霄得名。别名顶天脑。海拔 1 009.3 米。地质基础以白垩系火山碎屑为主,局部有英安玢岩等潜火山岩及燕山晚期侵入的花岗岩。有叶蜡石矿。顶部较平缓,多裸岩,侧坡陡峻。土壤以黄红壤、黄壤和粗骨土为主。植被以亚热带针叶林和常绿阔叶林为主。近山巅有茶园。北坡有宋代古刹凌云寺等古迹。民国《青田县志》卷一:“凌云山,县东二十里,高出众山,与永嘉接境。旧有僧筑精舍于绝顶,邑令欲伐其巨松。僧贻以诗曰:‘窗前无复龙蛇影,槛外不闻风雨哮。堪叹早间飞云鹤,晚来失却旧时巢。’令遂止。”县乡公路通山麓。简易公路通凌云寺。

金鸡山(Jīnjī Shān)　属洞宫山脉。在浙江省东南部,跨温州、丽水二市,为瑞安市湖岭镇和丽水市青田县汤垟乡界山。古称巾子山。北宋文学家孙光宪《北梦琐言》:“雾是山巾子。雾起,如帽罩山巅。”清穆彰阿《大清一统志·处州府》:“巾子山在青田县南六十里。卓立如巾,为(青田)县境第一高峰。盘绕青田、瑞安二县界。”民国《青田县志》卷一:“绝顶可望海,瓯、闽、台、括诸郡皆在目前。上有龙湫，祈雨多应。”后谐音改为今名。海拔 1 320.7 米。地质基础由白垩系火山碎屑岩构成，局部有燕山晚期侵入的花岗岩。土壤和植被垂直地带性分布明显。土壤以黄红壤、黄壤和粗骨土为主。上部为荒山草坡，中下部以亚热带针叶林、落叶阔叶林和常绿阔叶林为主，现建有瑞安市金鸡山森林公园。清代诗人韩锡胙《巾子山》：“巾子岂如巾，青影天半得。瓯闽控其南，吴越枕其北。长年隐云雾，虚无濛屴崱。吾乡百岁翁，跻攀向谁哉。”清代学者齐召南《登巾子山》：“水气连天白，人烟扑地浮。巾子山上望，一览小东瓯。”当地牧歌云：“巾子山呀尖对尖哎，巾子山下佛坐禅唧。巾子山背牧牛坦呢，白坑流水透龙潭嗳！”1947 年 5 月 1 日，《温州日报》前身《浙南周报》于山中诞生。1948 年 11 月 25 日，中国人民解放军浙南游击纵队于山麓桂峰板寮（编者注：今属湖岭镇）成立。板寮村今建有浙南游击纵队纪念馆、纪念亭、纪念碑，《浙南周报》纪念碑，龙跃陵园等纪念设施。山中有铁矿。山巅有百灵寺和“东瓯第一山”题刻。东南坡有梯田。县乡公路通山麓。简易路至百灵寺。

南田山（Nántián Shān）　属洞宫山脉。在浙江省东南部，跨温州、丽水二市，为温州瑞安市、文成县和丽水市青田县界山。因山处青田县之南，山上有沃土，多稻田，故名。清顾祖禹《读史方舆纪要》卷九十四：“上有沃土，多稻田，岁旱亦稔。”民国《青田县志》卷一：“南田山，县南一百五十里。万山之巅独开平壤数十里，号‘南田福地’，下有黄庄楼、百丈漈，右有吴埠桥，山周回广袤二百里，多田。”海拔 1 362 米。地质基础由白垩系火山碎屑岩和火山碎屑—沉积岩构成，局部有燕山晚期侵入的花岗岩。土壤和植被垂直地带性分布明显。土壤以红壤、黄红壤、黄壤为主。上部植被以荒山草坡为主，中下部以亚热带针叶林、落叶阔叶林和常绿阔叶林为主。半山有夷平面，建有水田、旱地和村镇。《道书》以为“天下第六福地”。有元末明初政治家、文学家刘基（字伯温，谥文成）故居、刘基庙等古迹，蔡元培为刘基故居撰联：“时势造英雄，帷幄奇谋，功冠有明一代；庙堂馨俎豆，枌榆故里，群瞻遗像千秋。”刘基曾于此作《立春夜闻蛙鸣作》：“轻轻细雪点枯池，袅袅东风拂树枝。春到草根人未觉，夜来先有蛰蛙知。”《浣溪沙》：“半亩荒园自看锄，雨中时复撷新蔬，不须弹铗叹无鱼。早息机心劳役少，懒闻世事往来疏，清风明月总赢余。”清代青田县令吴捧日《刘文成故里》：“一岭摩上天，风云拥古村。高疑通上界，俯可数中原。地峻群山小，林疏老树尊。我怀诚意伯，犹有典型存。”韩锡胙《游诚意伯故里》：“小溪百里巨涛翻，信宿轻舟溯岭根。飞鸟悬崖疑蜀道，鸣鸡深树有桃源。陇头水漱云千叠，雾脚风生雨一村。祠屋武侯嗟异代，空山何处听微言。”清代青田县教谕章楹作有《游南田记》。民国刘耀东编有《南田山志》。清宣统元年（1909 年）以此山为名置青田县南田乡，1948 年划归文成县，1985 年改称南田镇。公路通半山。

天师台山（Tiānshītái Shān）　属洞宫山脉。在浙江省东南部，跨温州、丽水二市，为丽水市青田县、景宁畲族自治县与温州市文成县界山。相传以古建有道教天师台而得名。海拔 1 010 米。地质基础由上侏罗系火山岩构成。土壤与植被垂直分带明显。土壤以红壤、黄壤和山地黄壤为主。植被有亚热带针叶林、常绿阔叶林、落叶阔叶林、针阔混交林和竹林。东、西麓分别有小吾坑和炉西坑汇入滩坑水库（别称千峡湖）。县乡公路通东麓和东南麓。

白云尖（Báiyún Jiān）　属洞宫山脉。在浙江省南部，跨温州、丽水二市，为温州市泰顺县司前畲族镇和丽水市景宁畲族自治县景南乡界山。因峰顶常见白云环绕得名。海拔 1 611 米，为温州市最高峰，飞云江之源。地质基础主要由白垩系火山碎屑—沉积岩和火山碎屑岩构成，局部出露燕山晚期侵入的花岗岩。山势高峻，东部较陡，西部较缓。土壤和植被垂直地带性分布明显。土壤以黄红壤、黄壤和粗骨土为主。上部以荒山草坡、灌木林为主，中下部以落叶阔叶林、亚热带针叶林、针阔混交林和常绿阔叶林为主。有香果树等珍稀植物和黄腹角雉等珍稀动物。东坡局部属乌岩岭国家级自然保护区。有白云尖云海、白云瀑、龙潭瀑景观。县乡公路通山麓。

勾乘山(Gōushèng Shān)　属会稽山脉余脉。在浙江省中部偏北，跨绍兴、金华二市，为诸暨市南部牌头镇、安华镇与义乌市大陈镇界山。古称句(音 gōu)无山、句乘山、九乘山。《国语・越语上》："句践之地，南至于句无。"南宋嘉泰《会稽志》卷九："在(诸暨)县南五十里，旧《经》云：'句践所都也。'《国语》云：'越臣于吴，吴更封越南至句乘，即此地。其山九层，亦名九乘山。南有句乘亭。'"为古越语音译，其义不详。谐音别称勾嵊山。海拔 660 米，面积约 10 平方千米。地质基础由侏罗系玄武岩构成。土壤以灰黄泥土、红壤土为主。植被以亚热带针叶林、针阔混交林和竹林为主。山麓、缓坡有果园和茶园。1941 年浙东会战期间，国民革命军曾于此大败侵华日军。今存越王墓、越王殿等古迹。县乡公路通山麓。

东白山(Dōngbái Shān)　属会稽山脉。在浙江省中部偏北，跨绍兴、金华二市，为诸暨市东南部与东阳市东部界山。因常年白雾弥漫，故名。古称白石山、太白山、大白山、太白峰等。北宋《太平御览》卷四十七："孔晔《会稽记》曰：'剡县西七十里有白石山，上有瀑布，水悬下三十丈，岩际有蜜房。采蜜以葛藤连结，然后得至。'"北宋《太平寰宇记》卷九十六："太白山。夏侯曾先《地志》云：'(剡)县西六十里有太白山，连岩崔嵬，吐云合景。又有小白山相连，即赵广信炼九华丹登仙之所也。'"南宋嘉泰《会稽志》卷九："东白山在(诸暨)县东九十里，一名太白峰。连跨三邑。其在剡曰西白，在东阳曰北白。"别称瀑布山、瀑布岭。南宋嘉泰《会稽志》卷九："大白山……瀑布山之在剡，即此。"海拔 1 194.6 米，为会稽山脉最高峰，浦阳江水系与金华江水系的分水岭。地质基础由前寒武系片麻岩构成。土壤以红壤红松泥土为主。植被以亚热带针叶林、针阔混交林和竹林为主。有国家一级保护野生植物南方红豆杉等。据传南朝刘宋时褚伯玉曾在山上建啸猿亭、疏山轩。元时陈樵入居东白山闾谷涧太霞洞著书。清道光《东阳县志》卷二十三："刘宋褚伯玉在东白立啸猿亭、疏山轩。""世传山有金属声，顶汇天地，产龙子，有玉女泉。元高士陈樵，自号鹿皮子，入东白山太霞洞著书""世传山有仙解石，在东白山东，石高一数丈，大六围，横列孔道中，相传一旦忽开如锯，中间五尺许，行人便之，两壁有锯纹，云是仙人所锯，故名。"抗日战争和解放战争时期为新四军三五支队活动地区之一。主要景观有太白尖日出、东白云海、东白雾凇、峡谷瀑布群、高山草甸等。山顶、缓坡有茶园，产"东白茶"。山顶建有风力电场。诸永(S2)、甬金(G1512)高速公路分别过西麓和南麓。风力电场专用公路通山顶。

天姥山(Tiānmǔ Shān)　属天台山脉。在浙江省东部，跨绍兴、台州二市，为绍兴市新昌县儒岙镇与天台县白鹤镇界山。以山形如髻女得名。北宋《太平御览》卷四十七："《郡国志》曰：天姥山，与括苍山相连，石壁上有刊字，科斗形，高不可识。春月樵者，闻箫鼓笳吹之声聒耳。元嘉中，遣名(师)画写状于扇，即此山也。"北宋《太平寰宇记》卷九十六引《后吴录》："剡县有天姥山，传云登者闻天姥歌谣之响。"南宋嘉泰《会稽志》卷九："天姥山在(新昌)县东南五十里，东接天台华顶峰，西北联沃洲山。"民国《新昌县志》卷二引《天台县志》："山状如髻女，因名。"海拔 801 米。地质基础由火山凝灰岩、玄武岩、玄武玢岩等构成。土壤以砂黏质红泥土为主。植被以亚热带针叶林和针阔混交林为主，并多杜鹃灌丛。昔为"浙东唐诗之路"重要节点，民间有"一座天姥山，半部全唐诗"之说。南朝诗人谢灵运曾作《游名山志・天姥山》游记和"暝投剡中宿，明登天姥岑。高高入云霓，还期那可寻”等诗句，唐天宝元年(742 年)李白偕吴筠欲循谢灵运旧径上天姥，因唐玄宗召吴筠入京而未成行。李白为此作《梦游天姥吟留别》诗，留下“海客谈瀛洲，烟涛微茫信难求；越人语天姥，云霞明灭或可睹。天姥连天向天横，势拔五岳掩赤城”等千古名句。李白《别储邕之剡中》诗也有“辞君向天姥，拂石卧秋霜”之句。杜甫《壮游》诗有“剡溪蕴秀异，欲罢不能忘。归帆拂天姥，中岁贡旧乡”等名句。西北麓有始建于五代后周的天姥寺。西侧有松关和关岭。天姥古道历为绍兴至温台交通要道，宋代设天姥驿，沿途有刘阮庙、惆怅溪、迎仙桥、司马悔桥、斑竹古街、会墅岭、太白庙、天姥寺、普济桥、万马渡等古迹，今为天姥山国家级风景名胜区的组成部分。京台(G104)国道过西侧。

菩提峰(Pútí Fēng)　属天台山脉。在浙江省东部，跨绍兴、台州二市，为绍兴市新昌县小将镇与天台县石梁镇界山。“菩提”为佛教用语，梵语“Bodhi”的音译，意为觉悟、智慧。传因山上有石似佛，故名。明万历《新昌县志》卷三：“与天台山相接，上有石似佛。”民国《新昌县志》卷二：“菩提峰，发脉华顶山。《天台县志》：‘华顶山，峰峦重叠如千叶莲花，此山为华心之顶，故名。’”“菩提峰，县东八十里与天台山接，有石似佛，故名。”海拔 996 米，为新昌县最高峰。地质基础由玄武岩、玄武玢岩等组成。土壤以砂黏质红泥土为主。700 米以下以亚热带针叶、针阔混交林和竹林为主，并多杜鹃灌丛。850 米以上以灌木丛为主。山麓多梯田和茶园。县乡公路通山麓。

鞍顶山(Āndǐng Shān)　属大盘山脉。在浙江省中部磐安县尖山镇东缘，跨绍兴、金华、台州三市，为金华、绍兴、台州三市界山。因山顶形似马鞍得名。又因昔山跨越、婺、台三州，别称三州山。旧有“一脚踏三州”之说。海拔 834.3 米。地质基础由白垩系火山凝灰岩构成。土壤和植被垂直分带明显。土壤以黄泥土、粗骨土为主。植被以马尾松林等亚热带针叶林和乌饭树灌丛为主。山顶以稀树灌丛为主。缓坡多茶园。山顶设有绍兴、金华、台州三市界桩。“鞍顶观日出”为著名景观。1992 年，天台县合岭上、石岭 2 乡置三州乡，以其别称命名。县乡公路过南北两侧鞍部。

方山(Fāng Shān)　属仙霞岭山脉。在浙江省中部偏西，跨金华、衢州二市，为衢州市龙游县社阳乡与金华市婺城区莘畈乡界山。以山顶平坦方正得名。又因传说昔有凤鸟栖于此，别称凤山尖。明李贤《大明一统志》卷四十三：“方山，在龙游县东四十里，山形方正如冠，产茶味绝胜。”海拔 479.3 米。地质基础由白垩系流纹质晶屑熔结凝灰岩构成。土壤以红壤为主。林木茂密，以亚热带针叶林和针阔混交林为主。今山麓有茶园，历产名茶。明万历《龙游县志》卷四：“茶，方山最佳，额贡四觔。”西南麓有社阳乡政府驻地，西北麓有方山下村。县乡公路通山麓。

青梅尖(Qīngméi Jiān)　大盘山脉主峰。在浙江省中部，跨金华、台州二市，为金华市磐安县仁川镇南缘与台州市仙居县界山。名称来历不详。别称清明尖。因顶峰景色优美，并以清明时节山花遍野为最佳，故名。海拔 1 314 米。为磐安县最高峰，钱塘江、瓯江、灵江水系分水岭。地质基础由白垩系火山凝灰岩、流纹岩和燕山晚期侵入的花岗岩构成。土壤与植被垂直分布明显。土壤有红壤、黄壤和粗骨土等。植被有常绿阔叶林、落叶阔叶林、针阔混交林和杜鹃灌丛等，局部竹林茂密。山顶有茶园和风力发电场。简易公路通山顶。有县乡公路过东侧鞍部。

历山(Lì Shān)　属仙霞岭山脉余脉。在浙江省中部，跨金华、丽水二市，为永康市南部与丽水市缙云县界山。历，古通“鬲”，以山形似“釜鬲”得名。明万历《金华府志》卷四：“历山，(永康)县南三十五里。一曰釜沥山。高峰圆耸，状若覆釜。”清顾祖禹《读史方舆纪要》卷九十三：“釜沥山，在县南三十五里，高峰圆耸，状如覆釜，一名历山。”主峰俗称大岗山，海拔 854.8 米，为永康市第三高峰。地质基础由白垩系西山头组流纹质晶屑玻屑凝灰岩、流纹岩构成。山巅圆耸，三峰峭立。土壤有黄壤、红壤等，半山以上土层瘠薄，多陡坡和裸岩。植被有常绿阔叶林、针阔混交林、亚热带针叶林、竹林和灌木丛等，植物种类繁多。近山巅有古夷平面，有田有井有村落，因与“舜耕历山”传说相类，旧也附会为舜耕之山，并建大舜庙。西北坡海拔约 750 米处有水潭曰“舜潭”，俗称龙王潭，为旧时岁旱祈雨之地。万历《金华府志》卷四：“山顶有潭，岁旱祷雨多验。有田有井，有祠庙以舜名。按：舜所耕历山在冀州，人因其名附会之。”清顾祖禹《读史方舆纪要》卷九十三：“《志》云：‘山周四十余里，其巅有田、有井、有潭，皆以舜名，以其名同于冀州之历山也。’”南坡半山有西青头村，村周多梯田。盘山公路通半山。

牛头山(Niútóu Shān)　属仙霞岭山脉。在浙江省中部偏南，跨金华、丽水二市，为金华市武义县西联乡与丽水市遂昌县云峰街道、濂竹乡界山。以山形似牛头得名。别称九云峰、长松山。清光绪《遂昌县志》卷二：“牛头山在邑东三十五里，峰峦层叠有九，别称九云峰。”海拔 1 560 米，为金华市最高峰。地质基础由白垩系流纹斑岩、流纹岩、熔结凝灰岩构成，多断崖、峭壁、险壑。土壤和植被垂直分带明显。土壤以红壤、黄壤和粗骨土为主。植被以常绿阔叶林、落叶阔叶林、针阔混交林为主，近峰顶以灌木丛和裸岩为主。建有牛头山国家森林公园。西南麓建有遂昌金矿国家矿山公园。县乡公路至森林公园入口。

黄寮尖(Huángliáo Jiān)　属大盘山脉。在浙江省中部，跨金华、丽水二市，为永康市、磐安县与丽水市缙云县界山。“寮”即茅屋。以旧时曾有人于山上搭黄寮居住得名。海拔 930 米，为永康市最高峰。地质基础由白垩系火山凝灰岩构成。土壤以红壤和含碎石粉质砂土为主。植被以亚热带针叶林、针阔混交林、竹林和灌木丛为主。山顶有茶园。县乡公路通山麓。

桃源尖(Táoyuán Jiān)　属仙霞岭山脉。在浙江省中西部，跨金华、丽水二市，为衢州市衢江区大洲镇、龙游县庙下乡、丽水市遂昌县高坪乡界山。以南麓有遂昌县高坪镇桃源村得名。地质基础由侏罗系流纹斑岩、凝灰岩构成。土壤与植被垂直分带明显，土壤以红壤、黄壤为主。植被以亚热带针叶林、针阔混交林、常绿阔叶落叶阔叶混交林为主，局部竹林茂密，为浙西大竹海省级森林公园的组成部分。800 米以上以杜鹃灌丛为主，并有山地草甸。山巅设有“三衢在望”石碑和衢江、龙游、遂昌三交点界桩。今辟为风景区，为龙游县、衢江区等地春季赏映山红胜地。县乡公路通山麓。

皋亭山(Gāotíng Shān)　孤丘。在杭州市，为拱墅区、江干区和余杭区界山。山麓旧有古亭，以亭名山。《新唐书》卷四十一：“钱塘……有皋亭山。”又因南坡半山昔有俗名为崇善灵惠王祠的半山庙，俗称半山。南宋咸淳《临安志》卷二十四：“皋亭山，《唐书·地理志》：‘钱塘县有皋亭山。’《祥符志》云：‘今属仁和县，在县之东北二十里。高百余丈，云出则雨。宁宗皇帝御书三字为匾。有崇善灵惠王祠，名半山庙。旁有水瓮及桃花坞。’”海拔 361.1 米。地质基础由泥盆系西湖组石英砂岩构成。众峰环峙，层峦叠嶂，为杭城北部屏障。植被以常绿阔叶林和落叶阔叶林为主。有银杏、水杉、野荞麦、野大豆等国家保护野生植物，赤腹鹰、红隼、凤头鹰、普通鵟、穿山甲、雀鹰、雕鸮、红角鸮等珍稀动物。桃花坞一带自古多植桃花。历为兵家必争之地，杭州城北部文化地标。唐白居易曾作《祝皋亭神文》。清时，皋亭之桃、西溪之梅、河渚之芦同为杭城三胜迹。“皋亭积雪”昔为湖墅八景之一。清康熙《仁和县志》卷三：“前有半山掩其脊，故冬月常积雪，湖墅望之，宛如玉柱，名曰‘皋亭积雪’。”南宋诗人敖陶孙《皋亭山》诗：“樵路萦连入翠微，清泉白石可忘机。云中犬吠刘安过，树杪春深望帝归。白鹤肯留华表语，苍官合受锦衣围。珠襦玉柙今何许，一笑人间万事非。”南宋学者项安世《皋亭山》诗：“西湖南北宝峰环，塔寺园亭碎点斑。不似北关门外看，更无一物涴青山。”清代诗人李锴《皋亭山》诗："大江夜兵下，秋满皋亭山。炎精谢金气，形胜余江关。国步一以移，天地皆拘挛。君子匪异人，忠义任我肩。"现建有皋亭山国家AAAA级旅游景区。2010年建成总面积约1.72平方千米的半山森林公园。有桃子、杨梅等特产。城市道路环山。

如意尖(Rúyì Jiān)　属天目山脉余脉。在杭州市，为西湖区和富阳区界山。原名茱萸尖，因山石呈茱萸色得名。后谐音改为今名。海拔537.2米。地质基础以志留系上统唐家坞组砂岩、泥盆系石英砂岩和石炭系石灰岩为主。山势陡峻。土壤以黄红壤为主。植被以常绿阔叶林、落叶阔叶林、针阔混交林为主。东麓有西山森林公园和灵山景区。南麓有黄公望森林公园。临沪瑞(G320)国道经此。县乡公路通山麓。

越王城山(Yuèwángchéng Shān)　孤丘。属会稽山余脉。在杭州市，为滨江区东缘和萧山区界山。原名湖城山。北魏郦道元《水经注》卷四十："有西陵湖，亦谓之西城湖。湖西有湖城山，东有夏架山。"因地处西陵湖畔，山形似城堞得名。后因越王于此拒吴故事更今名。南宋嘉泰《会稽志》卷一："萧山越王城在县西九里。夏侯曾先《地志》云：'吴王伐越次查浦。越立城以守查。吴作城于浦东以守越，以越在山绝水，乃赠之以盐，越山顶有井，深不可测，广二丈余，中多鱼，乃取鲤一双以报吴，吴知城中有水，遂解军而去。'"清康熙《萧山县志》卷五："其山中卑四高，宛如城堞，吴伐越次查浦，句践保此拒吴，名越王城，别称越王台。"别称城山。东北—西南走向。长2.5千米，宽1.4千米，主峰海拔152.8米。地质基础由泥盆系砂岩构成。山形破碎，中有小盆地。土壤以黄红壤为主。植被茂密，以常绿阔叶落叶阔叶混交林为主。山上有越王城遗址、句践祠。"城山怀古"是古湘湖八景之一。唐代诗人李白《送友人寻越中山水》有"东海横秦望，西陵绕越台。湖清霜镜晓，涛白雪山来"之句。宋之问《登越王台》云"江上粤王台，登高望几回。南溟天外合，北户日边开。地湿烟尝起，山晴雨半来。冬花采卢橘，夏果摘杨梅。迹类虞翻枉，人非贾谊才。"宋代诗人华镇《城山》诗："兵家制胜旧多门，赠答雍容亦解纷。缓报一双文锦鲤，坐归十万水犀军。"明代诗人梁以樟《晚宿越城》诗："停轺问土俗，踯躅越王城。古月移前垒，荒风宿鬼兵。燎衣残灶火，击柝远河声。午夜看星气，晨鸡或肯鸣。"明萧山籍诗人孙学思《越王城吊古》诗云："越峤迢迢旧有城，越王曾此驻行兵。当年霸气全消歇，此日龛灯复更明。敌国谩论尝胆事，野台还著卧薪名。至今月黑千峰夜，似有排空战马声。"来集之《赋得西陵绕越台》："虎林刚问渡，系艇到西陵。兵燹遗民在，沧江堡戍增。石桥新客路，古岸倚鱼罾。欲访前王事，荒台上几层。"山麓多别墅式住宅区。东麓有湘湖，湖岸环有城市道路。

雪环山(Xuěhuán Shān)　属会稽山余脉。在杭州市，为萧山区楼塔镇和富阳区次坞镇界山。原名雪湾大山，以东麓有雪湾村得名。1999年以古称雪环大山改为今名。民国《萧山县志稿》卷二："众峰环峙，雪时四望皆白，居其地者，如处水晶宫焉。"海拔740米。地质基础由白垩系火山凝灰岩构成。山势陡峻，奇峰突起，危岩裸露，形似苍鹰。土壤以黄红壤为主。植被茂密，以亚热带针叶林、常绿阔叶落叶阔叶混交林和针阔混交林为主。有茶叶等特产。公路通至雪湾村。

径山(Jìng Shān)　属天目山脉。在杭州市，为余杭区径山镇与临安区横畈镇界山。南宋咸淳《临安志》卷二十五："《径山事状》云：山乃天目之东北峰，有径路通天目，故谓之径山。"有晏坐、朝阳、鹏博、凌霄、御爱、天显、堆珠7峰，以凌霄峰为最高。海拔769.2米。地质基础由侏罗系凝灰质熔岩构成。奇胜特异，五峰周抱，中有平地。土壤以黄红壤为主。植被茂密，以亚热带针叶林、竹林和针阔混交林为主。山巅和缓坡有茶园。半山有始建于唐天宝年间(742—756年)，昔为江南五大禅寺之一的径山寺，为中日文化交流的重要节点。有古井、御碑、古塔等古迹。宋陆游作有《赠径山铦书记》《寄径山印禅师》《送佛照光老赴径山》，苏东坡作有《游径山》《再游径山》，范成大作有《径山倾盖亭》《题径山凌霄庵》等诗文。其中，苏轼《游径山》诗云："众峰来自天目山，势若骏马奔平川。中途勒破千里足，金鞭玉镫相回旋。人言山住水亦住，下有万古蛟龙渊。道人天眼识王气，结茅宴坐荒山巅。精诚贯山石为裂，天女下试颜如莲。"建有径山山沟沟国家森林公园。有径山茶叶、笋干等特产。明田汝成《西湖游览志余》卷二十四："盖西湖南北诸山及诸旁邑产茶，而龙井、径山尤驰誉也。"双洞线等线县道过山麓。

大涤山(Dàdí Shān)　属天目山脉。在杭州市，为余杭区西南缘和临安市东缘界山。原名大辟山、余杭山。唐以后易今名。北宋《太平御览》卷四十六："《郡国志》曰：'余杭大辟山，本名余杭山。一名由拳，高峻为最。'旁有由拳村，出藤纸。"咸淳《临安志》卷二十四："或言此山清幽，大可以洗涤尘心，故名。""由拳山，在(余杭)县南二十六里，高一百八十丈九尺，周回一十五里。按《搜神记》云：'由拳即嘉兴县。'吴大帝时，县人郭暨猷与由拳山人隐此，因以为名。"海拔 299 米。地质基础由震旦系碎屑岩、碳酸盐岩构成。土壤以黄红壤为主。植被以亚热带针叶林、常绿阔叶落叶阔叶混交林和竹林为主。传晋名士郭文曾隐居山中。《晋书》卷九十四："洛阳陷，乃步担入吴兴余杭大辟山中穷谷无人之地，倚木于树，苫覆其上而居焉，亦无壁障。时猛兽为暴，入屋害人，而文独宿十余年，卒无患害。"传汉元封三年(前 108 年)建洞霄宫于此。宋理宗曾为山门书"洞天福地"四字。南宋咸淳《临安志》卷七十五："洞霄宫，互见大涤山。在(余杭)县西南一十八里。汉武帝元封三年创，宫坛于大涤洞前，为投龙祈福之所。唐高宗时迁于前谷为天柱观。光化二年钱王更建……绍兴二十五年旨赐钱重建。乾道二年太上皇帝、太上皇后乘舆临幸，御书《度人》经一卷以赐。又明年太上皇后复来游。淳熙六年道藏成，八年赐藏经。孝宗皇帝尝赐道士俞延禧画古涧松诗。光宗皇帝又御书'怡然'二字赐延禧为斋匾。宁宗皇帝御书'演教堂'。理宗皇帝赐内帑铸钟，御书《清净经》一卷及'洞天福地'四大字以赐。"中峰白鹿山，上有许迈丹灶遗迹。有大涤、栖真、石室、白茹、归云、鸣凤、龙蜕诸洞，丹泉、翠蛟、抚掌、桃花、洗药、飞玉诸泉，《道书》以为第三十四洞天，名曰"大涤元盖之天"。唐、宋以来为游览胜地。唐代道士白元鉴、南宋诗人叶绍翁和王宗贤均作有《大涤山》诗，清代诗人李雯作有《大涤山行上黄石斋先生》诗。叶绍翁《大涤山》诗云："倦身只欲卧林丘，羽客知心解款留。泉溜涓涓中夜雨，天风凛凛四时秋。虎岩月澹迷仙路，龙洞云深透别州。"王宗贤作有《大涤山》："穹崇千尺压群峦，终日登临兴未阑。佳趣清幽尘自涤，升天犹有许君坛。"北麓临杭瑞(G56)高速公路。县乡公路通山麓。

玉皇山(Yùhuáng Shān)　属西湖群山。在杭州市，西湖之南，钱江之北，为上城区和西湖区界山。古称龙山。别称玉龙山、卧龙山、龙华山、玉柱山等。南宋祝穆《方舆胜览》卷一："龙山，在城南十里。郭璞所谓'龙飞凤舞'。"咸淳《临安志》卷二十三："龙山，在嘉会门外。去城十里。一名卧龙山。"明田汝成《西湖游览志》卷六："(慈云)岭之南，为龙山。龙山一名卧龙山，别称龙华山，与上、下石龙相接，去城南可十里许。"民国《玉皇山志》卷四载："玉皇山，唐时名玉柱峰，供奉三清教主。"后因相传吴越王曾迎明州(编者注：今宁波)阿育王寺舍利置于此山而改称阿育王山、育王山。又因山上曾建天真寺，别称天真山。后因明建福星观供祀玉皇大帝，改称玉皇山。海拔 237 米。地质基础由石炭系石灰岩构成，多奇峰异岩等岩溶地貌景观，山腰有慈云洞、紫来洞等石灰岩溶洞。土壤以红壤为主。植被以常绿阔叶林和落叶阔叶林为主。南坡有成片杜英林。山麓曾为南宋皇帝阅兵处。山巅有白玉蟾井、天一池等古迹，并建有福星观等建筑，为道教全真派圣地之一。东南坡有吴越郊坛遗迹。东南麓有八卦田。慈云岭南坡有刻凿于五代的石窟造像，为杭州最有代表性之石窟艺术之一。"玉皇飞云"为新西湖十景之一。公路通山巅。

紫高尖(Zǐgāo Jiān)　属千里岗山脉余脉。在杭州市中西部，为建德市西北缘与淳安县东缘界山。因山石呈紫红色得名。清顾祖禹《读史方舆纪要》等载为紫盖峰。《读史方舆纪要》卷九十："《志》云：铜官相接者有灵岩山，与淳安县紫盖峰相连，岩泉不竭。"清光绪《淳安县志》卷一："紫盖峰，在县东南七十里，山腰微瘦，上乃旁拓，形如擁盖，其麓有法照寺。"海拔1 018米。地质基础以紫红色砂岩为主。山高坡陡，多断崖。土壤以黄红壤和黄壤为主。植被以亚热带针叶林为主。近峰顶为稀疏灌木林。明代诗人项文曜《紫盖峰》诗："老去投闲紫盖峰，此身应与白云同。九霄已遂从龙愿，千里曾施泽物功。去就有时依石壁，飞扬无意逐天风。于今谢却功名事，拄杖遥看兴不穷。"清代方士颖均《紫盖峰》诗："领作诸村镇，他山未许连。孤根青拔地，峭顶碧支天。窟饮飞流注，岩空倒石悬。禅栖僧结宇，记历五朝前。"山麓旧有法照寺。山巅可一览千岛湖全景。县乡公路通山麓。

吴山(Wú Shān)　属西湖群山。在杭州市上城区中南部，西湖东南。清顾祖禹《读史方舆纪要》卷九十："《图经》云：春秋时为吴南界，故名。或曰以子胥名，讹伍为吴也。亦名胥山。"别称胥山。南宋咸淳《临安志》卷二十二："吴人祠子胥山上，因命曰'胥山'。"唐卢元辅作有《胥山铭》。又因五代时建城隍庙，俗称城隍山。包括宝丹、峨眉、紫阳、七宝、云居等小山，绵亘数里，高度均在百米以下。主峰为吴山，海拔67米。由石炭系、二叠系石灰岩构成，怪石嶙峋，多洞穴、泉水和池塘。北宋《太平寰宇记》卷九十三："吴山泉。在吴山北。寒泉迸溢，清而且甘，汲之不竭。"土壤以红壤为主。植被以常绿阔叶林为主，并有多株树龄达700余年的宋樟。宋建炎三年(1129年)，兀术陷临安。将还，敛兵于吴山、七宝山，焚掠而去。南宋于此设太史局、左右金吾街仗司。左带钱江，右瞰西湖，北观杭城。北宋词人苏轼曾作《卜算子·感旧》："蜀客到江南，长忆吴山好。吴蜀风流自古同，归去应须早。还与去年人，共藉西湖草。莫惜尊前仔细看，应是容颜老。"并于熙宁四年(1071年)登山作《有美堂暴雨》："游人脚底一声雷，满座顽云拨不开。天外黑风吹海立，浙东飞雨过江来。十分潋滟金樽凸，千杖敲铿羯鼓催。唤起谪仙泉洒面，倒倾鲛室泻琼瑰。"元代戏剧家关汉卿《一枝花·杭州景》："一陀儿一句诗题，一步儿一扇屏帏。西盐场便似一带琼瑶，吴山色千叠翡翠。兀良，望钱塘江万顷玻璃。更有清溪绿水，画船儿来往闲游戏。"清康熙帝玄烨曾登山作《登吴山》诗："重经层巘暂停銮，天日晴和览眺宽。城市万家烟火近，念兹莫遣有饥寒。"又作《行宫雨中望吴山诗》："槛外青山纵目收，繁花初落叶新稠。更教点染烟云色，添得窗前翠欲流。"北麓旧有吴山井。南宋咸淳《临安志》卷三十七："吴山井，在吴山之北。钱氏时有韶国师者始开此井，品其水味为钱塘第一。盖山脉融液独源所钟，不杂江湖之味，故泓深莹洁异于众泉。淳祐丁未大旱，城中诸井皆涸，独此日下万绠如常。""吴山大观"为清代西湖十八景之一，"吴山天风"为新西湖十景之一。今有城隍阁、药王庙、伍公庙、十二生肖石、江湖汇观亭等景点。今南麓有杭州历史博物馆，东麓有太庙公园。

凤凰山(Fènghuáng Shān)　属西湖群山。在杭州市上城区西南部，北近西湖，南接钱塘江滨。北宋《太平寰宇记》卷九十三："有凤凰欲飞之象。"明田汝成《西湖游览志》卷七："两翅轩翥，左薄湖浒，右掠江滨，形若飞凤。"山以形得名。别名客山。《梦粱录》卷十一："大内坐山，名凤凰，即杭客山也。"南宋咸淳《临安志》卷二十二："《祥符图经》云：在城中钱塘旧治正南一十里，下瞰大江，直望海门。山下有凤凰门，有雁池。赵清献公抃云：'老来重守凤凰城'是也。其右山巅石笋林立，最为怪奇。旧传钱武肃王凿山，见怪石排列两行，如从卫拱立趋向，因名排衙石，及刻诗石上。第二峰有白塔，塔西有小径，青石崔嵬夹道，皆峭壁中穿，一衢人可往来，名曰'石衢'，好事者多题名其间。熙宁中，郡守祖无择对排衙石作介亭，亭今在殿前司。天风泠然，有缥缈凭虚之意。山上有圣果院，今徙。侧有梵天院。"海拔178米。地质基础由石炭系石灰岩构成。有月岩、排衙石等奇峰怪石。土壤以红壤为主。植被以针阔叶混交林为主。隋唐以来，于山麓建杭州州治。吴越国时，钱镠将州治扩建为宫殿。北宋又改建为州治。苏轼两度仕杭，均于此治事。南宋高宗将州治扩建为皇城。祝穆《方舆胜览》卷一："大内在凤凰山东，以临安旧子城增筑。"元明以后，南宋故宫移作寺院。明张岱《西湖梦寻》："唐宋以来，州治皆在凤凰山麓。南渡驻跸，遂为行宫。东坡云：'龙飞凤舞入钱塘'，兹盖其右翅也。自吴越以逮南宋，俱于此建都，佳气扶舆，萃于一脉。元时惑于杨髡之说，即故宫建立五寺，筑镇南塔以厌之，而兹山到今落寞。今之州治，即宋之开元故宫，乃凤凰之左翅也。明朝因之，而官司藩臬皆列左方，为东南雄会。岂非王气移易，发泄有时也。故山川坛、八卦田、御教场、万松书院、天真书院，皆在凤凰山之左右焉。"北宋词人苏轼《江城子·江景》云："凤凰山下雨初晴，水风清，晚霞明。一朵芙蕖，开过尚盈盈。何处飞来双白鹭，如有意，慕娉婷。"宋高宗赵构《中和堂》诗："六龙转淮海，万骑临吴津。王者本无外，驾言苏远民。瞻彼草木秀，感此疮痍新。登堂望稽山，怀哉夏禹勤，神功既盛大，后世蒙其仁。愿同越句践，焦思先吾身。艰难务遵养，圣贤有屈伸。高风动君子，属意种蠡臣。"北宋名臣赵抃《中和堂》诗："老来重守凤凰城，千里人心岂易平。乐职古贤形颂叹，中和诗不为虚名。"今存三佛岩、梵天寺经幢、报国寺、圣果寺、凤凰池、郭公泉、皇宫墙等遗迹。南宋临安城遗址为全国重点文物保护单位。南麓一带古称柳浦，为钱塘江下游南北交通要津。现山麓有城市道路，并建有登山步道。

将台山(Jiàngtái Shān)　属西湖群山。在杭州市上城区西南部南星街道，东北接凤凰山，西南临八卦田。原为凤凰山的组成部分，后因山顶平坦，并有石台隆起若点将台而命名为今名。海拔203米。地质基础由石炭系、二叠系石灰岩构成。山顶平坦，南宋曾设御教场于此。侧坡较陡，奇岩怪石崔嵬。土壤以红壤为主。植被以针阔叶混交林为主。北坡有排衙石，高3～5米不等，石侧旧有介亭。南宋咸淳《临安志》卷二十二："凤凰山……下瞰大江，直望海门。山下有凤凰门，有雁池。赵清献公抃诗云'老来重守凤凰城'是也。其右山巅石笋林立，最为怪奇。旧传钱武肃王凿山，见怪石排列两行，如从卫拱立趋向，因名排衙石，及刻诗石上。第二峰有白塔，塔西有小径，青石崔嵬夹道，皆峭壁中穿，一衢人可往来，名曰'石衢'，好事者多题名其间。熙宁中，郡守祖无择对排衙石作介亭。"南宋杜绾《云林石谱》云："山巅险峻处，两边各有列石数十块，从地生出者。峰峦巉岩，穿眼委曲，翠润而坚，谓之排衙石。"石上多历代诗文题刻，为杭州市文物保护单位。其中"东南一剑定长鲸"等句为五代吴越王钱镠所题。北宋蒋之奇《排衙石》诗云："怪石如排衙，罗列亭两畔。森森整旌纛，岌岌峨冠弁。"清袁枚《湖上杂诗》云："凤岭高登演武台，排衙石上大风来。钱王英武康王弱，一样江山两样才。"西南坡存有慈云岭造像(别称石龙洞造像)，为五代后晋天福七年(942年)吴越王钱弘创建资贤寺时所雕凿，2006年与飞来峰造像、烟霞洞造像等合称为西湖南山造像，被公布为第六批全国重点文物保护单位。现山麓有城市道路，并建有登山步道。

宝石山(Bǎoshí Shān)　属西湖群山。在杭州市西湖区东北部、西湖北岸。古称石甑山、巨石山等。《隋书》卷三十一："钱唐……有粟山、石甑山、临平湖。"咸淳《临安志》卷二十三："巨石山，一名石甑山。《隋书·地理志》:‘钱塘有石甑山。’巍石如甑然……上有七层古塔,妙绝人工。北有落星二石,吴越王钱氏号‘寿星宝石山’,后改为巨石山。罗隐《封石记》云:‘或耸秀而层排巨石,或岧峣而朝揖众山。’”宋后改称今名。一说因裸岩中含有俗称为红碧玉的二氧化硅矿物,在日光映照下,似翡翠玛瑙一般,熠熠闪光,故名。一说为寿星宝石山简称得名。后因吴越国于山上建保俶塔,故别称保俶山、宝郎山、古塔山。地质基础由白垩系流纹岩和熔结凝灰岩构成,崎岖不平,多裸岩。土壤以黄红壤为主。植被以针阔叶混交林为主,北坡有竹林。山上有保俶塔、抱朴道院、初阳台、寿星石、狮子石等景点,北麓有黄龙洞,南麓有北山街、断桥残雪、望湖楼、秦始皇缆船石等景点。明代文学家张岱的《西湖梦寻》:“宝石山高六十三丈,周一十三里。钱武肃王封‘寿星宝石山’,罗隐为之记。其绝顶为宝峰,有保俶塔,一名宝所塔,盖保俶塔也。”山巅为观西湖全景之胜地。南宋诗人赵友直《甑山》:“湖心一凸起金峦,举目浑如甑底看。偃月苍松多少树,敲风翠竹两三竿。石头苔藓痕常湿,叶底杨梅味带酸。谁学林君来结屋,风光应不让孤山。”明代金石学家都穆曾游山作《月夜游宝石山记》。清代钱塘人奚冈《游宝石山》诗云:“我登宝石山,山瘦削寒碧。巍然窣堵坡,天半卓孤立。”清代诗人黄景仁《登石甑山》:“草间寻得径,绝顶豁云烟。漠漠风寒石,冥冥雁没天。塔标银汉外,寺圮劫灰前。只隔西湖水,歌钟万户喧。”“宝石流霞”为新“西湖十景”之一。山麓通公交车,多条步道通山巅。

北高峰(Běigāo Fēng)　属西湖群山。在杭州市西湖区东北部、灵隐寺后。西湖群山诸高峰之一。古与天竺山、飞来峰、美人峰等合称虎林山、武林山、稽留山、灵隐山。《汉书·地理志》:“武林山,武林水所出,入东海。”咸淳《临安志》卷二十三:“《祥符图经》云:在(钱塘)县西十五里,高九十二丈,周回一十二里。又曰‘灵隐山’,曰‘灵苑’,曰‘仙居’。”北宋《太平寰宇记》卷九十三:“灵隐山,在(钱塘)县西十五里。许由、葛洪皆隐此山,入去忘归。本号稽留山,今立寺焉。山南有一石,状如人形,两髻分明,俗谓之‘女儿山’。”后因与南高峰遥相对峙而改今名。海拔314米。地质基础由泥盆系石英砂岩构成。山势挺拔。北坡和南坡分属钱塘江和苕溪水系。土壤以黄红壤为主。植被马尾松林为主,林下多灌木。明张岱《西湖梦寻》:“此地群山屏绕,湖水镜涵,由上视下,歌舫渔舟,若鸥凫出没烟波,远而益微,仅规其影。西望罗刹江,若匹练新濯,遥接海色,茫茫无际。”南麓有灵隐寺,旧有唐代僧人无着禅师塔。宋苏轼作有《游灵隐高峰塔》诗:“言游高峰塔,蓐食始野装。火云秋未衰,及此初旦凉。雾霏岩谷暗,日出草木香。嘉我同来人,又便云水乡。相劝小举足,前路高且长。古松攀龙蛇,怪石坐牛羊。渐闻钟磬音,飞鸟皆下翔。入门空无有,云海浩茫茫。”宋元时,北高峰与南高峰合称“两峰插云”,为西湖十景之一。南宋诗人王洧《两峰插云》诗:“浮图对立晓崔嵬,积翠浮空霁霭迷。试向凤凰山上望,南高天近北烟低。”清康熙皇帝改为“双峰插云”,并题“双峰插云”额。1955年,毛泽东登北高峰远眺,作《五律·看山》:“三上北高峰,杭州一望空。飞凤亭边树,桃花岭上风。热来寻扇子,冷去对佳人。一片飘飖下,欢迎有晚鹰。”东南侧有缆车通山巅。

飞来峰(Fēilái Fēng)　属西湖群山。在杭州市西湖区东北部、灵隐寺前。因山体由石灰岩构成,与周边的石英砂岩山体景观迥异,古人疑之为天竺飞来,故名。南宋咸淳《临安志》卷二十三:“晏元献公《舆地志》云:晋咸和元年,西天僧慧理登兹山,叹曰:‘此是中天竺国灵鹫山之小岭,不知何年飞来’……因挂锡造灵隐寺,号其峰曰‘飞来’。”别称灵鹫峰。海拔176米。地质基础由石炭系石灰岩构成,有典型的岩溶地貌。怪石嵯峨,洞壑遍布。有玉乳、龙泓、射旭等溶洞。土壤以黄红壤为主,土层瘠薄。植被以落叶阔叶林为主,有化香、黄连木和麻栎等树木。明代文学家袁宏道《飞来峰小记》:“湖上诸峰,当以‘飞来’为第一。峰石逾数十丈,而苍翠玉立。渴虎奔猊,不足为其怒也;神呼鬼立,不足为其怪也;秋水暮烟,不足为其色也;颠书吴画,不足为其变幻诘曲也。石上多异木,不假土壤,根生石外。前后大小洞四五,窈窕通明,溜乳作花,若刻若镂。”明代文学家张代《西湖梦寻》:“飞来峰,棱层剔透,嵌空玲珑,是米颠袖中一块奇石。使有石癖者见之,必具袍笏下拜,不敢以称谓简亵,只以石丈呼之也。”峰下有冷泉。宋孝宗赵昚《冷泉堂》诗有“山中秀色何佳哉,一峰独立名飞来。参差翠麓俨如画,石骨苍润神所开”之句。历代文人多有吟咏。北宋诗人杨蟠《飞来峰》诗:“飞来天竺远,山秀已含春。不遇名僧识,千年岂有神。”南宋诗人林景熙《飞来峰》:“何年移竺国,秀色发棱层。清极不知夏,虚中欲悟僧。树幽岚气重,泉落乳花凝。犹忆烹茶处,闲来话葛藤。”南宋诗人胡仲弓《飞来峰》:“山染西湖水漾青,孤高长对冷泉亭。飞来何不飞将去,空与山僧作画屏。”南宋诗人周麟之《飞来峰》有云:“西域崭崱群玉峰,悬崖万丈穿玲珑。世人不识真鬼工,夜半跃起随雷风。天与西湖作奇观,巍然飞堕群山中。”崖壁及洞穴内有五代和宋元时期的石刻造像 470 多尊,飞来峰造像为全国重点文物保护单位。山麓通公交车。

莲花峰(Liánhuā Fēng)　属西湖群山。在杭州市西湖区东北部、西湖街道飞来峰西。古作莲华峰。“华”通“花”,以山顶有石似莲花得名。南宋咸淳《临安志》卷二十三:“莲华峰,《钱塘记》云:峰顶有孤石,可四十围,顶上四开,状似千叶莲花。”明田汝成《西湖游览志》卷十一:“莲花峰,在山顶,孤石可四十围,开瓣若千叶莲花。”海拔 125 米。地质基础由石炭系石灰岩构成。有比较典型的岩溶地貌。土壤以黄红壤为主。植被以落叶阔叶林为主。旧有隋代神尼塔和唐卢元辅《游天竺寺》诗题刻:“水田十里学袈裟,秋殿千金俨释迦。远客偏求月桂子,老人不记石莲花。武林山价悬隋日,天竺经文隶汉家。苔壁娲皇炼来处,泐中修竹扫云霞。”今石刻仍存。宋代诗人梅询《武林山十咏・莲花峰》诗云:“巨石如芙蕖,天然匪雕饰。盘薄峰顶邉,婵娟秋江侧。涉川试谁采,作砺当自惜。坐与荣落同,正心未尝易。”南麓有天竺三寺和浙江省佛教协会。山麓通公交车。

天竺山(Tiānzhú Shān)　西湖群山的主峰。在杭州市西湖区东北部。古与北高峰、飞来峰、美人峰等合称虎林山、武林山、稽留山、灵隐山。《汉书・地理志》:“武林山,武林水所出,入东海。”咸淳《临安志》卷二十三:“《祥符图经》云:在(钱塘)县西十五里,高九十二丈,周回一十二里。又曰灵隐山,曰灵苑,曰仙居。”北宋《太平寰宇记》卷九十三:“灵隐山,在(钱塘)县西十五里。许由、葛洪皆隐此山,入去忘归。本号稽留山,今立寺焉。山南有一石,状如人形,两髻分明,俗谓之‘女儿山’。”后因北麓有天竺寺改今名。天竺寺,即法喜寺、法净寺和法镜寺的合称,也称天竺三寺。天竺,为古代对今印度和巴基斯坦等南亚国家的统称。其中,法净寺建于隋开皇十七年(597 年),初称南天竺,“天竺”之名源于此。海拔 412.5 米。地质基础由泥盆系石英砂岩构成。土壤以黄红壤为主。植被以马尾松林和常绿阔叶林为主,林下多灌木。山有呼猿、龙泓二洞,并有理公岩、葛仙翁炼丹井等胜迹。《梦粱录》卷十一:“天竺山有二洞:名‘呼猿’‘龙泓’。”南宋咸淳《临安志》卷二十三:“理公岩,在天竺山灵鹫院之右。陆羽记云:‘昔慧理宴息于下,后有僧于岩上周回镌小罗汉佛、菩萨像。’慈云法师所谓访慧理之禅岩,吊客儿之山馆是也。近主僧行果殆作阁道属之岩中以祠理公。”“炼丹井、烹茗井,晏元献公《舆地志》:‘天竺山下有葛仙翁炼丹井。’今在下天竺寺藏院。又云:‘灵隐山有白少傅烹茗井。’”山中历多桂花树,并有“西湖龙井”茶叶等特产。南宋咸淳《临安志》卷五十八:“木犀,有黄、红、白三色。旧天竺山多有之。”北宋词人苏轼作有《八月十七日天竺山送桂花分赠元素》诗:“月缺霜浓细蕊干,此花元属玉堂仙。鹫峰子落惊前夜,蟾窟枝空记昔年。破裓山僧怜耿介，练裙溪女斗清妍。愿公采撷纫幽佩，莫遣孤芳老涧边。"又作《赠上天竺辨才禅师》诗："南北一山门，上下两天竺。中有老法师，瘦长如鹳鹄。不知修何行，碧眼照山谷。见之自清凉，洗尽烦恼毒……乃知戒律中，妙用谢羁束。何必言法华，佯狂啖鱼肉。"有公路通至山麓。雪峰梅灵隧道经山中穿越。

三台山(Sāntái Shān)　属西湖群山。在杭州市西湖区东北部、西湖西岸。以三峰俨峙得名。明万历《钱塘县志·纪胜》："三峰俨峙，中尊旁翼，圆秀如画。"山势低缓浑圆。中峰海拔 156 米，俗称中台山；北峰海拔 86 米，俗称左台山；南峰海拔 87 米，俗称右台山。地质基础由二叠系石灰岩构成。土壤以黄红壤为主。植被以落叶阔叶林和常绿阔叶林为主。山麓有全国重点文物保护单位明兵部尚书于谦墓和浙江省文物保护单位大麦岭摩崖题记。其中苏东坡题记为杭州现存唯一的苏东坡题记原物。明田汝成《西湖游览志》卷四："赤山之北，为三台山、于肃愍公墓。"南宋咸淳《临安志》卷二十八："大麦岭，《祥符志》云：'在钱塘旧治西南，到县一十五里。'今与步司右军寨相连，路通放马场。旧多种麦，因以名岭。之巅有观音阁，对山有东坡同王瀹、杨杰、张璹，元祐五年三月二日游三竺、过麦岭题名刻石。""三台云水"为三评西湖十景之一。有浙江宾馆等旅游接待设施。附近有西湖龙井茶叶等特产。山麓通公交车。

狮峰(Shī Fēng)　属西湖群山。在杭州市西湖区东北部。因山形似狮子得名。别称狮峰山或狮子峰。明田汝成《西湖游览志》卷四："狮子峰，高出群岫，可瞰江浒。北望天竺诸峰，叠秀如画。"海拔 361 米。地质基础由泥盆系西湖组石英砂岩、粉砂岩和粉砂质泥岩构成。气候温和湿润，年均温度为 16.1℃，年均降雨量 1 500 毫米，年均湿度在 80%以上。土壤以黄红壤和白砂土为主。植被以常绿阔叶、落叶阔叶和混交林为主，缓坡多茶园，为"西湖龙井"茶叶原产地一级保护区。传清乾隆皇帝南巡曾于此封"十八棵御茶"。山巅昔为览胜之地。清顾祖禹《读史方舆纪要》卷九十："狮子峰……元伯颜入临安，观潮于浙江，登狮子峰，览临安形胜，即此。"元代诗人杨维桢《狮子峰观潮》诗："海国梅清瘴雨收，胡床高踞碧狮头。三韩水接天无尽，百越山穷地欲浮。楼阁刚风吹碧蜃，旌旗落日照红鳅。行人莫问驱潮事，潮落山西浅十洲。""狮子拿云涌翠峦，我来亲拂顶花看。随潮月上楼台湿，度海云生钟磬寒。蓬岛未应三万隔，桑田今有几回干。大千不究恒沙界，细问弥天释道安。"东麓有龙井和中国茶叶博物馆。南麓有九溪十八涧等景点。

南屏山(Nánpíng Shān)　属西湖群山。在杭州市西湖区东北部、西湖南岸。因地处杭城之南，有石壁如屏障得名。南宋咸淳《临安志》卷二十三："怪石耸秀，中穿一洞，上有石壁若屏障然。"又因旧时山麓多佛寺，一名佛国山、净慈山。海拔 101 米。地质基础由二叠系石灰岩构成。怪石耸秀，多石壁高崖。壁上有宋司马光所书《家人卦》等题刻。南宋咸淳《临安志》卷二十三："刻司马温公所书《家人卦》，《乐记》'礼乐不可斯，须去身'，《中庸》'道不远人'各一章。"土壤以黄红壤为主。植被有常绿阔叶林、落叶阔叶林和马尾松林。北麓有净慈寺。明田汝成《西湖游览志》卷三："净慈禅寺，周显德元年，钱王俶建，号'慧日永明院'，迎衢州道潜禅师居……太宗改赐'寿宁院'……绍兴九年，改赐'净慈报恩光孝寺'额，既而复毁。孝宗赐金成之，御书'慧日阁'。嘉泰四年复毁，嘉定十三年复建，闳胜甲于湖山。故程翰林珌记文。"南宋咸淳《临安志》卷七十八："报恩光孝禅寺，即净慈。显德元年建，号'慧日永明院'，太宗皇帝赐'寿宁院'额，绍兴十九年改今额。中毁。孝宗皇帝赐金讫成之，既而翠华临幸。嘉泰四年又毁，朝廷仍给钱重建。嘉定十三年始成闳胜甲湖山……理宗皇帝御书'华严法界''正遍之阁'八大字。"北宋诗人陈尧佐作有《游永明寺》诗。北宋词人苏轼《送南屏谦师》："道人晓出南屏山，来试点茶三昧手。忽惊午盏兔毛斑，打作春瓮鹅儿酒。天台乳花世不见，玉川风腋今安有。先生有意续茶经，会使老谦名不朽。"又作《病中独游净慈谒本长老周长官以诗见寄仍邀游》："卧闻禅老入南山，净扫清风五百间。我与世疏宜独往，君缘诗好不容攀。"南宋诗人杨万里《晓出净慈寺送林子方》诗："毕竟西湖六月中，风光不与四时同。接天莲叶无穷碧，映日荷花别样红。"南宋名臣程珌作有《净慈山重建报恩光孝禅寺记》。"南屏晚钟"为西湖十景之一。南宋诗人王洧《南屏晚钟》云："涑水崖碑半绿苔，春游谁向此山来。晚烟深处蒲牢响，僧自城中应供回。"隔南屏路与夕照山对峙，"雷峰夕照"同为西湖十景之一。明田汝成《西湖游览志》卷三："雷峰者，南屏山之支脉也，穹窿回映，旧名'中峰'，亦曰'回峰'。宋有道士徐立之居此，号回峰先生。或云有雷就者居之，故又名'雷峰'。吴越王妃于此建塔，始以千尺十三层为率，寻以财力未充，姑建七级后，复以风水家言，止存五级。俗称'王妃塔'，以地产黄皮木，遂讹'黄皮塔'。俗传湖中有白蛇、青鱼两怪，镇压塔下。其傍旧有显严院、雷峰庵、通玄亭、望湖楼，并废。林逋诗：'中峰一径分，盘折上幽云。夕照前村见，秋涛隔岸闻。长松标古翠，疏竹动微熏。自爱苏门啸，怀贤事不群。'又《中峰望北山》诗：'拂石玩林壑，旷然空色秋。归云带层巘，疏苇际沧洲。固自堪长往，何为难久留。庶将濠上想，聊作剡中游。'"西南麓有太子湾。明田汝成《西湖游览志》卷三："太子湾，宋时庄文、景献二太子攒园。"清顾祖禹《读史方舆纪要》卷九十："山西南为太子湾，以宋庄文、景献二太子攒园而名。"今山麓建有太子湾公园，为杭城赏郁金香之地。通多路公交车。

赤山（Chì Shān）　属西湖群山。在杭州市西湖区东北部、西湖西南岸。以土石呈赤色得名。南宋咸淳《临安志》卷二十三："赤山在钱湖门外，厥土赤埴。上有惠因院，俗呼'高丽寺'。"明田汝成《西湖游览志》卷四："赤山其土赤埴，故名。"今也与古花家山合称为花家山。南宋咸《临安志》卷二十三："花家山，三贤堂后，相对在大麦岭山后。一名蛇山。"明田汝成《西湖游览志》："花家山，一名蛇山，濒湖而登，为茅家埠。"山势低缓浑圆。海拔 42 米。地质基础由二叠系石灰岩构成。土壤以黄红壤为主。植被以落叶阔叶林和常绿阔叶林为主。清顾祖禹《读史方舆纪要》卷九十："自西湖出江干，往往取途于此。宋建炎中，金人犯临安，兀术突至赤山，即此。"南宋曾于山麓设造会纸局、御膳及涤宫、左军马军三寨教场、城西巡检司寨、状元坊、赤山库、赤山瓦、赤山市等，山上建有俗称'高丽寺'的惠因院。咸淳《临安志》卷九："造会纸局，在赤山之湖滨……始，局在九曲池，后徙今处。"明张岱《西湖梦寻》："高丽寺，本名'慧因寺'。后唐天成二年，吴越钱武肃王建也。宋元丰八年，高丽国王子僧统义天入贡，因请净源法师学贤首教。元祐二年，以金书汉译《华严经》三百部入寺，施金建华严大阁藏塔以尊崇之。元祐四年，统义天以祭奠净源为名，兼进金塔二座。杭州刺史苏轼疏言：'外夷不可使屡入中国，以疏边防，金塔宜却弗受。'神宗从之。元延祐四年，高丽沈王奉诏进香幡经于此。至正末毁。洪武初重葺。俗称'高丽寺'。"山北麓旧有筲箕泉、赤山埠，元代画家黄公望曾居筲箕泉上。明田汝成《西湖游览志》卷四："筲箕泉，出赤山之阴，合于惠因涧。元时有黄子久公望者，号大痴，卜居泉上，子久善画，有山水诀传于世。"山麓湖畔旧有赤山埠。《西湖游览志》卷四："由湖而陟此者，近定香桥为赤山埠，其水曲为浴鹄湾，张伯雨构水轩于此。刘邦彦诗：'浴鹄湾头春水，呼猿洞口晴云。渔歌款款互答，樵唱悠悠独闻。'又诗：'春水初生浴鹄湾，蔑楼高枕对青山。鸟声啼足忽飞去，门掩绿阴清昼闲。'自此而南过大慈山，出江干，商旅不绝。宋有牛羊涤宫在焉。张舆诗：'急雨斜风吹客衣，赤山埠头人渡稀，欲行不行徒步迟，六桥新水涨平堤。云松冥冥曲径迷，采莲舟傍绿荷归。欸乃一声天欲暝，隔花惊起鹭鸶飞。'"元代文学家仇远曾以《蛇山》为名作诗："闲循石涧列云扉，树影生凉怯苎衣。静碧轩窗聊寄傲，软红尘土竟忘归。满倾竹叶春霞滑，轻摘蕉花晓露稀。禅意法乘俱莫问，且谈旧事更依依。”今山麓有花家山庄等旅游宾馆。地处西山路、南山路、虎跑路连接处，通多路公交车。

灵石山（Língshí Shān）　属西湖群山。在杭州市西湖街道茅家埠西南。以山有灵石得名。别称积庆山、灵石坞山。南宋咸淳《临安志》卷二十三“灵石山，一名‘积庆山’，一名‘灵石坞’。在西山放马场侧。石尝见光怪，故名。《古迹事实》云：‘灵石山在南山栖真院之上。’”卷三十：“灵石，在放马场侧。《祥符志》：有灵石，在崇因报德院，山旧尝有祥光现。又《古迹事实》：灵石山在南山栖真院之上。晋开运二年建院，号‘兴福’。山水环列，松竹扶疏。有灵石西庵，后为左丞薛昂功德院，半山有庵，泉石尤美，皆以灵名。”明田汝成《西湖游览志》卷四：“灵石山亦名‘积庆山’，林壑中时有景光，蜿蜒扶舆，状若异物。山畔有平鼎、永清、马鞍、延寿等山。”古灵石山含今棋盘山、天马山、积庆山（也曾谐音作吉庆山）三峰。民国《杭州府志》卷二十二：“山有三大峦，中一峦最高，旧呼‘马鞍山’，今呼‘天马山’，实灵石主山也。”海拔 97 米。地质基础由泥盆系石英砂岩构成。山势低缓浑圆。土壤以黄红壤为主。植被以常绿阔叶落叶阔叶混交林为主。南宋咸淳《临安志》卷八十七记载，山上旧有薛正显墓：“吴越太尉开府仪同三司正显薛公墓在灵石山。冢前生紫藤，遍绕三峰之上。”北宋诗人郭祥正《和杨公济钱塘西湖百题灵石山》：“灵石山前路，山深寺更深。不知明月去，空惜白云沉。”山麓小麦岭旧有积庆教忠寺。宋理宗赵昀曾御书“积庆山”额赐之。南宋咸淳《临安志》卷七十八：“积庆教忠寺在小麦岭，端平元年金枢密渊刱建，理宗皇帝御书‘积庆山’及‘藏书阁’六字以赐。又赐寺额曰：‘积庆教忠寺’。有君子泉在寺之前，曩以岁旱，居民乏水父老因凿泉得古碑曰‘君子泉’。天一泉在寺之左，陇下清泠而甘。平鼎山，在外门之左。”北麓临梅灵北路，南麓有中国茶叶博物馆。满觉陇路、吉庆山隧道过山。

五云山（Wǔyún Shān）　属西湖群山。在杭州市西湖区东北部、钱塘江西北岸。民国《杭州府志》卷二十一：“山之巅有五色瑞云盘旋其上，因名。”海拔 334 米。地质基础由泥盆系石英砂岩构成。冈阜深秀，林壑蔚起。土壤以黄红壤为主。植被有亚热带针叶林、常绿阔叶林、常绿阔叶落叶阔叶混交林。五代周显德三年（956 年）志逢禅师结茅开山，大将凌超创华严道场。宋乾道间（963—968 年），吴越王赐额真际院。南宋咸淳《临安志》卷二十三：“五云山，在钱塘县。约高百丈，周回一十五里。有真际院。岭上有天井，大旱不竭。”明田汝成《西湖游览志》卷二十四：“五云山，去城南二十里，高数百丈，周十五里，五峰森列，驾轶云霞，盘曲而上，凡七十二湾。俯视南北两峰，若双锥朋立，长江带绕，西湖鉴开，帆樯扰扰，烟雾间若鸥凫出没。上有天井，大旱不枯。宋时每岁腊前，寺僧必捧雪表进，黎明入城中，霰犹未集，盖其地特高寒云。”明张岱《西湖梦寻》卷五：“五云山，去城南二十里。冈阜深秀，林峦蔚起，高千丈，周回十五里。沿江自徐村进路，绕山盘曲而上，凡六里，有七十二湾，石磴千级。山中有伏虎亭，梯以石城，以便往来。至顶半，冈名‘月轮山’，上有天井，大旱不竭。东为大湾，北为马鞍，西为云坞，南为高丽，又东为排山。五峰森列，驾轶云霞，俯视南北两峰，若锥朋立。长江带绕，西湖镜开，江上帆樯，小若鸥凫，出没烟波，真奇观也。宋时每岁腊前，僧必捧雪表进，黎明入城中，霰犹未集，盖其地高寒，见雪独早也。山顶有真际寺，供五福神，贸易者必到神前借本，持其所挂楮镪去，获利则加倍还之。借乞甚多，楮镪恒缺。即尊神放债，亦未免穷愁。为之掀髯一笑。”元人钱思复作有《登五云山》和《五云赏雪》诗，《登五云山》诗云：“普觉遗衣久不传，五云故色尚苍然。断崖萝薜三千丈，乔木风霜四百年。龙井雨深泉独响，渔村潮上月初圆。

宝坊金碧红尘聚，何似兹山更绝缘。”毛泽东《五云山》诗：“五云山上五云飞，远接群峰近拂堤。若问杭州何处好，此中听得野莺啼。”缓坡多茶园，为“西湖龙井”一级保护区之一。山麓有九溪十八涧等景点。西麓有云栖溪和竹林。“云栖竹径”为新西湖十景之一。山麓通公交车。有步道达山巅。

定山(Dìng Shān)　孤丘。在杭州市西湖区南部转塘街道。因昔峙于江中，有定涛之功用得名。北魏郦道元《水经注》卷四十：“(钱唐)县东有定、包诸山，皆西临浙江，水流于两山之间，江水急浚，兼涛水昼夜再来。来应时刻，常以月晦及望尤大，至二月、八月最高，峨峨二丈有余。”北宋《太平御览》卷四十六：“《吴地记》曰：‘突出浙江中，波涛所冲，行侣为阻。’谢灵运诗曰：‘朝发渔浦南，暮宿富春郭。定山杳云雾，赤亭无淹泊。’此山是也。”因原处古称浙江的钱塘江正中，别称浙山。北宋《太平寰宇记》卷九十六：“虞喜《志林》云：‘钱塘江有浙山，亦曰定山。正居江中，潮水冲山，即回入海，故曰浙山，亦曰定山。’”又因西部有裸岩若蹲狮，俗称狮子山。东北—西南走向，长 1 250 米，宽 615 米，海拔 151.2 米。地质基础由石炭系石灰岩构成。宋前为江心屿，元后因钱塘江泥沙淤积，江道东移，遂成陆上孤丘。东北部巉岩壁立，逶迤起伏，西南部有两峰壁立名曰“龙门”，上有龙潭，下有定山浦和定山桥。土壤以黄红壤为主。植被以常绿阔叶、落叶阔叶混交林为主。南朝宋泰始初，沈思仁等于此破东军。唐光启二年(886 年)钱镠遣将于此出海门讨薛朗于润州。西麓有定山寺和帅台遗迹。南北朝诗人沈约《早发定山》：“夙龄爱远壑，晚莅见奇山。标峰彩虹外，置岭白云间。倾壁忽斜竖，绝顶复孤圆。归海流漫漫，出浦水溅溅。野棠开未落，山樱发欲然。忘归属兰杜，怀禄寄芳荃。眷言采三秀，徘徊望九仙。”唐代诗人崔国辅《宿范浦》云：“月暗潮又落，西陵渡暂停。村烟和海雾，舟火乱江星。路转定山绕，塘连范浦横。鸱夷近何去，空山临沧溟。”元代诗人钱惟善也作有《定山早行》诗。宋代曾以此山为名设钱塘县定山南乡和定山北乡。南宋咸淳《临安志》卷二十：“定山南乡，管里四：沙荡、胡步、滕村、分金。定山北乡，管里四：排山、徐村、牛坊、南荡。”卷八十七又载唐代诗人罗隐墓、北宋词人周邦彦在定山乡：“吴越给事罗隐墓，在钱唐县定山乡，居山里。”“周都尉邠墓、周待制邦彦墓，并在南荡山，子孙今居定山之北乡。”元明时期，将定山南乡和定山北乡的著名景观归纳为“定山十景”：“定山晓行”“朱梁夜泊”“六和观月”“五云赏雪”“龙门晓雨”“渔浦春潮”“风水二洞”“凤凰双髻”“浮屿藏鱼”“浙江耀武”，明成化《杭州府志》卷十八对此予以记载。元代诗人钱惟善作有《定山十咏》诗。杭州绕城(G2501)高速公路和沪瑞(G320)国道分别过东北麓和西北麓。

浮山(Fú Shān)　孤丘。在杭州市西湖区南部转塘街道、定山东南。因昔峙于江中，远望如浮在水面得名。古称包山、浮屿。又与西南面的狐狸山、蜈蚣山合称三山。北魏郦道元《水经注》卷四十：“(钱唐)县东有定、包诸山，皆西临浙江，水流于两山之间，江水急浚，兼涛水昼夜再来。来应时刻，常以月晦及望尤大，至二月、八月最高，峨峨二丈有余。”东北—西南走向，长 680 米，宽 455 米。海拔 62 米。地质基础由石炭系石灰岩构成。宋前为江心屿，元后因钱塘江泥沙淤积，江道东移，遂成陆上孤丘。山势低缓，山巅平坦。土壤以黄红壤为主。植被以常绿阔叶、落叶阔叶混交林为主。缓坡地多茶园。昔为钱塘江道最险处。《苏东坡奏议集》卷九《乞相度开石门河状》：“潮自海门东来，势若雷霆，而浮山峙立江中，与渔浦诸山相望，犬牙错入，以乱潮水，洄濼激射，其怒百倍，沙碛转移，状若鬼神，往往于渊潭中涌出陵阜十数里，旦夕之间又复失去，虽舟师渔人，不能前知其浅深，坐视舟船覆溺，无如之何……因古河稍加浚治，东南行四里有奇，以达于今龙山之运河，以避浮山之崄，则浙民幸甚。”南宋于山麓设钱塘场。南宋咸淳《临安志》卷五十五：“钱塘场，在钱塘县界浮山。”

今有“西湖龙井”茶叶等特产。长深（G25）和杭州绕城（G2501）高速公路分别过东北麓和西南麓。东南侧有高速公路杭州南枢纽。

冠山（Guān Shān）　孤丘。属会稽山余脉。在杭州市滨江区，跨浦沿、长河2街道，为滨江区主山。以山形似冠得名。来集之《倘湖樵书》：“其山势似眠牛，正面望之，前一层低，后一层高，似乎乌纱帽之形，故曰‘冠山’。”清顾祖禹《读史方舆纪要》卷九十二：“冠山，在（萧山）县西十七里，山形如冠。”清康熙《萧山县志》卷五：“冠山，在县西二十里，山形如冠，有泉甚甘。”又因山势如眠牛，别称金牛山。传原为钱塘江中岛屿，隋前山南为渔浦、山北为钱塘江。唐代以来，因钱塘江泥沙冲积，渔浦渐淤，钱塘江改道，遂成江东岸的山丘。东北—西南走向，长1.33千米，宽1.2千米，海拔161米。地质基础由白垩系朝川组紫红色、灰褐色凝灰质砂砾岩、凝灰质砂岩构成。山势和缓，山麓多坞。土壤为黄泥土。植被以亚热带针叶林和针阔混交林为主，山麓有杨梅林和茶园。东北坡有始建于南宋的冠山寺等古迹，并有三友轩、雪心亭、涵虚亭、蓬莱阁、乳泉、摩崖石刻等名胜，旧有“冠山八景”：“松风水月”“洞天洗心”“雨雾兼胜”“燕窝天风”“春云环山”“凉涧并鸣”“石峰迎潮”“冠顶四望”。传秦观曾登蓬莱阁，并作《次韵公辟会蓬莱阁》：“林声摵摵动秋风，共蹑丹梯上卧龙。路隔西陵三两水，门临南镇一千峰。”清末乡贤来裕恂《乳泉》诗云：“清泉出幽谷，下绕冠山麓。甘以充茗饮，清可沁心目。”西侧有古称连山的回龙山，传秦始皇曾驻跸。清顾祖禹《读史方舆纪要》卷九十二：“又西三里为连山，长冈九里。旧《经》：秦始皇欲置石桥渡浙江，今山下有石柱数十，沿列江际。”时代大道隧道自北向南穿山而过。

北干山（Běigàn Shān）　孤丘。属会稽山余脉。在杭州市萧山区中部，为城厢、北干街道界山。南宋嘉泰《会稽志》卷九：“旧经云，晋许询家于此山之阳，其诗云‘萧条北干园’”，故名。或云旧地处余暨县城之北，钱塘江岸得名。干，意为江岸、水畔。主峰也称玉顶峰或四望台。东北—西南走向，长204米，宽350米，海拔115米。地质基础由泥盆系砂岩构成。山势和缓。土壤以黄红壤为主。植被茂密，以常绿和落叶阔叶林为主。山上曾出土商周青铜宝剑、春秋战国青铜鉴和秦半两、汉代五铢、宋代的香糕砖等文物。古有北岭将军庙。明刘基《诚意伯文集》卷九《北岭将军庙碑》：“诸暨东北百里为萧山县，其山曰北干之山，浙水带其阴，湘湖汇其阳。东望会稽至于大海……故立庙于其山，尊其神曰‘北岭将军’，岁时祠焉。宋徽宗时方腊反睦州。自睦入杭，具舟将渡江，吏民大怖，相率祷于神。比寇至，即有风逆其舟，且见甲士列岸上甚众，乃止不敢渡。寇平，知越州刘韐上其事于朝，赐额曰‘武佑庙’。”山巅旧有吴越两山亭。清嵇曾筠《浙江通志》卷四十五：“吴越两山亭，《名胜志》：萧山北干山其巅曰玉顶峰，有吴越两山亭……贝琼《吴越两山亭记》：萧山尹侯本中筑亭于北干山巅，题曰‘吴越两山亭’。盖岸江之山，凡属于吴者，飞舞阑楯之外，岸海之山凡属于越者，环绕窗户之间。攒峰叠嶂，或起而伏不可具状。”明代诗人刘绩《吴越两山亭》：“危亭面势瞰雄都，词客登临兴倍孤。地拱会稽开古越，江吞罗刹限全吴。黄金谩铸功臣像，红袖终隳霸国图。不为千年独悲怆，眼前人事几樗蒲。”旧时山上多松，“北干松涛”为萧山八景之一。明末清初诗人毛奇龄《春行自东城迤北郭到北干山脚怅然有述》诗云：“登临怅惘违时俗，诗句萧条念昔贤。长愿栖迟归十亩，不虞兵革历多年。新经无复听松地，故老犹传伐木篇。但得闲行余我在，那知春色向谁边。”今辟为北干公园，有萧山革命烈士纪念碑、贺知章纪念亭、玉顶阁和瑞丰寺等古迹和纪念地。山麓有萧山革命纪念馆、石雕艺术馆、萧山区档案馆和北干泉。永久路、育才北路和通惠中路自山中穿越。环山有城市道路，有步道至山巅。

航坞山(Hángwù Shān)　孤丘。属会稽山余脉。在杭州市萧山区东部,为衙前、坎山和瓜沥三镇界山。原名杭坞山。杭,古同“航”。《越绝书》卷八:“杭坞者,句践杭也。二百石长买卒七士人,度之会夷。去县四十里。”南宋嘉泰《会稽志》卷九作“航乌山”。民国《萧山县志稿》卷二:“航坞山,旧志有吹楼山,今不详其所在,或云即航坞山。旧经云:‘句践之航也。’山巅有湫,曰‘白龙井’。《越绝》云:三百石长于此山下负卒而渡,故名。”别称龛山、王步山。海拔 299.2 米,为萧山区东部最高峰。清乾隆以前,钱塘江水在航坞山、赭山之间入海,为钱塘江口门户,称“海门”,又称“鳖子门”。地质基础由白垩系火山凝灰岩、玄武岩构成。山峦起伏,群峰峥嵘。土壤以黄红壤为主。植被茂密,以常绿阔叶和落叶阔叶林为主。历来为兵家必争之地。吴越时曾屯兵于此。明嘉靖三十二年至三十五年间(1553—1556 年)汤克宽、胡宗宪等曾于此构筑炮台,驻兵建寨。嘉靖三十四年于此大破倭寇,史称“龛山之捷”。直浙总督胡宗宪的幕僚徐渭为此写下《龛山之捷》一文,并作《龛山凯歌》5 首,其二云:“短剑随枪暮合围,寒风吹血着人飞。朝来道上看归骑,一片红冰冷铁衣。”元代诗人萨都剌《航坞山》:“拂衣登绝顶,石磴积苔纹。鸟道悬青壁,龙池浸白云。树深猿抱子,花暖鹿成群。更爱禅房宿,泉声彻夜闻。”山巅有白龙寺,山麓有接龙寺、地藏寺和清末画家任伯年纪念馆。东北、西北、东南三麓有石宕遗迹。杭州湾环线(G9211)邻北麓。环山有城镇道路。公路通至半山。

洛思山(Luòsī Shān)　孤丘。属会稽山余脉。在杭州市萧山区航坞山西南,为衙前、坎山二镇的界山。一说因东汉名将朱儁(一名朱隽)的冢师北望洛阳得名。一说因朱儁葬于此,洛人送葬,登山望洛一叹而绝得名。北宋《太平御览》卷四十七:“孔晔《会稽记》曰:‘永兴县东五十里有洛思山。汉太尉朱伟为光禄大夫时,遭母哀,欲卜墓此山,将洛下冢师归,登山相地。师去乡既远,归思常深,忽极目千里,北望京洛,遂萦咽而死,葬山顶,故以为名。’”南宋嘉泰《会稽志》卷九:“洛思山在(萧山)县东四十三里。《舆地志》云:‘永兴县洛思山,先是洛下人随朱隽来会稽,三年不得返,乃登山北顾而叹。或云:隽遭母丧,止葬此山,请洛下图墓师相地,师去乡既久,目极千里北望京洛,号呼而绝,因葬山顶,故以为名。’”海拔 218.5 米。地质基础由白垩系朝川组青灰色流纹质晶屑玻屑熔结凝灰岩构成,岩石坚硬,柱状节理较发育。山脊平缓,侧坡较陡。土壤以黄红壤为主。植被以亚热带针叶林为主。传山麓旧有朱儁墓。南宋嘉泰《会稽志》卷六:“朱隽墓在萧山县东洛思山。《郡国志》云:‘隽葬于此,洛人送葬,登山望洛一叹而绝也。’孔晔记又称,隽为光禄大夫时遭母哀,将洛下冢师归登山相望,冢师去乡既远,目极千里北望京洛,遂萦咽而死,因葬山顶。然则洛思山者,又为冢师墓也。今两存之。”南宋诗人徐天佑《洛思山》:“归去蹉跎岁月深,羁愁无奈故乡心。人生毕竟俱怀土,庄舄当时自越吟。”清顾祖禹《读史方舆纪要》卷九十二载:“洛思山,在县东四十三里。下有朱室坞,《水经注》:‘句践百里之地,西至朱室,即此地云。’”然,嘉泰《会稽志》卷十八又载:“朱室坞,《水经》云:‘句践百里之封,西至朱室’,谓此。然又以为浙江西岸,未详。”北麓现存始建于北宋熙宁六年(1073 年)的地藏寺,寺内香积厨中有洛思泉和立于清乾隆二十五年(1760 年)桂月的“洛思泉”石碑。1927 年,为纪念孙中山逝世三周年,于山鞍部立“中山林纪念碑”。

青化山(Qīnghuà Shān)　属会稽山余脉。在杭州市萧山区中东部,为进化、所前二镇界山。原名清化山。一说因旧有清化西塔院得名。南宋嘉泰《会稽志》卷七:“广利院,在(山阴)县西一百二十里清化山,开宝九年柳公训舍宅建,吴越给‘清化西塔院’额。大中祥符元年七月改赐今额。”一说以山上松柏常青得名。主峰海拔 462 米。地质基础由白垩系火山碎屑岩构成。土壤以黄红壤为主，植被茂密，以亚热带针叶林、常绿阔叶林和常绿阔叶落叶阔叶混交林为主。山上有石如屋曰“石屋”。有瀑布和水潭曰“龙湫”。北宋诗人许安世《题清化山》诗云：“霜钟清彻隔村闻，南渡横塘晓色分。浅浅溪流涵白石，微微山路入青云。劳生已负林泉约，薄宦空增世俗纷。见说定香无受想，为祛尘惑借余熏。”东坡设有萧山区林场。西北麓有抗英将领葛云飞墓。沪昆（G60）高速公路过西麓。

西山（Xī Shān）　属会稽山余脉。在杭州市萧山区中部、城厢街道西部。原名萧山、萧然山。《汉书》卷二十八上：“萧山，潘水所出，东入海。”南宋嘉泰《会稽志》卷九：“旧经云：‘许询尝登其山，凭林筑室，萧然自致，乃名萧山。’”明万历《萧山县志》卷一：“句践与夫差战，败。以余兵栖此，四顾萧然。”当代历史地理学家陈桥驿认为是越语地名。后因其坐落在萧山县城以西，改名为西山。海拔 154.3 米。地质基础由泥盆、志留系砂质砾岩构成。山脊和缓，侧坡较陡。土壤以黄红壤为主。植被茂密，以常绿阔叶、落叶阔叶混交林为主。传旧产黄竹。宝庆《会稽续志》卷四：“黄竹出萧山。《越绝书》云：‘范蠡遗鞭于此。’生笋为林，竹色皆黄。”唐代以此山为名改永兴县为萧山县。清顾祖禹《读史方舆纪要》卷九十二：“唐以此山名县，一名西山。”历代诗人多有吟咏。其中，唐代诗人丘丹作《萧山祇园寺》：“东晋许徵君，西方彦上人。生时犹定见，悟后了前因。灵塔多年古，高僧苦行频。碑存才记日，藤老岂知春。车骑归萧督，云林识许询。千秋不相见，悟定是吾身。”温庭筠《题萧山庙》：“故道木阴浓，荒祠山影东。杉松一庭雨，幡盖满堂风。客奠晓莎湿，马嘶秋庙空。夜深池上歇，龙入古潭中。”“西山梅雨”旧为萧山八景之一。今东北部建有西山公园。西麓有湘湖景区。环山麓有城市道路。步道通山巅。

赭山（Zhě Shān）　孤丘。在杭州市萧山区东北部南阳街道。为美女山、红山和狮子山三孤丘的统称。南宋咸淳《临安志》卷二十四：“赭山，旧《图志》云：‘在仁和旧治东北六十五里。’滨海产盐，有盐场。”卷二十七：“赭山，在（盐官）县西南四十五里。”清顾祖禹《读史方舆纪要》卷九十：“土石皆赤，因名。”其中，美女山以山下有美女井得名。狮子山以山岩形似狮子得名。主峰海拔 118.4 米。原在钱塘江北岸，与航坞山隔江而峙，山间为钱塘江入海口，并为仁和、盐官、萧山的分界地标。南宋咸淳《临安志》卷三十一：“海门，在仁和县东北六十五里，有山曰赭山与龛山，对势潮水出其间。郭璞《地记》所谓‘海门一点巽山小’。又曰‘海门笔架峰峦起’，指此也。”卷十七：“仁和县……东南至盐官县，以赭山石桥为界六十里。”“盐官县……西南至绍兴府萧山县，自赭山入浙江中流为界，五十四里二百步。”元代水利学家裴伯宣《浙江潮候图说》也说：“浙江之口有两山焉，其南曰龛山，其北曰赭山，并峙于江海之会，谓之海门。”后因钱塘江改道而隔在钱塘江南岸。清嘉庆十六年（1811年）改属萧山。地质基础由白垩系玻质酸性火山喷出岩构成。土壤以粗骨土为主。植被以常绿阔叶和落叶阔叶林为主。昔山产浮石。山麓古产盐。隋开皇九年（589 年），南朝陈国尚书左仆射徐陵之子徐仪隐居于此山。宋代于山麓设有赭山巡检司寨。南宋咸淳《临安志》卷五十七：“赭山巡检司寨，在仁和、盐官两县界，额管一百二十人。”宋乾道四年（1168 年）赵慎曾射猎于此。南宋有“南峰云插”“笠岫秋红”“陆井留香”“西院松琴”“岩狮吐烟”“北坝潮平”“月湖添碧”等“赭山十景”。明代为防倭戍守重地。今有禅机庵、清净庵、包公殿、白马庙等古迹。临杭州萧山国际机场。山麓通公路。

峙山（Zhì Shān）　孤丘。属会稽山余脉。在杭州市萧山区中东部临浦镇，浦阳江北岸。古称牛头山、临江山。分别以形似牛头和临浦阳江得名。南宋嘉泰《会稽志》卷九：“临江山，在（萧山）县东南二十里，旧牛头山。天宝中改此名。谚云：'牛头苎罗一日三过。'谓舟行信宿犹经旧处也。山南有石室。"民国萧山县名胜管理委员会《萧山县名胜记略》："因其形似伏牛故也。"后山上有始建于唐会昌元年（841 年）的觉海寺而改今名。"峙"为"寺"方言谐音异化。别称觉海山。海拔 59 米，山形浑圆，山势和缓。地质基础由泥盆系岩石构成。土壤以黄红壤为主，植被茂密，以常绿阔叶林和常绿阔叶落叶阔叶混交林为主。山麓旧有临浦市。唐代诗人元稹《生春》诗有"雨移临浦市，晴候过湖风"之句，唐代诗人施肩吾作有《旅次临浦市》诗。1915 年 4 月 18 日《民国日报》："临浦商务繁盛，年交易额不下数百万金。"旧有"临浦米行跺一跺，浙江米价抖一抖"之谚。现山上建有峙山公园，山巅有峙山塔，半山有峙山寺。山麓存山阴直街、山阴横街、扇面街、萧山中街、萧山直街、西市街等老街巷，并存部分清末至民国时期传统商铺和传统民居。环山有城镇道路，步道通山巅。

岩山（Yán Shān）　属会稽山余脉。在杭州市萧山区南部楼塔镇。因山巅附近多裸岩得名。古称仙岩山。海拔 298 米。民国《萧山县志稿》卷二："百药山之南为仙岩山，壁立千仞，玲珑瑰异，状类踞狮。山后有道冠石、棋盘石，石高十余丈，广四、五丈，可缘崖以登。相与弈棋。"地质基础由白垩系火山凝灰岩构成。土壤以黄红壤为主。植被茂密，以亚热带针叶林，常绿阔叶林和常绿阔叶落叶阔叶混交林为主。山麓有仙岩潭，传黄巢尝弃剑于此。相传吴越国钱镠设镇于山下，屯兵镇守。民国《萧山县志稿》卷二："山下有古汤团庙。相传黄巢杀掠太过，有老妪当道设灶，于釜盖上留一洞，以反手抟团投之，无不中。巢怪，问之。曰：妪之投团如若杀人，相习使然，不自检故耳。巢悟，杀机顿止，即剑于仙岩潭中。天雨阴晦，犹隐隐见潭中剑影云。岩坞口有旗会冈，相传吴越王设镇于仙岩山下，建旗于山之冈，故名。"附近有铁、铜、明矾、叶蜡石等矿产和茶叶等特产。中樟（S307）省道过山麓。

蜀山（Shǔ Shān）　孤丘。在杭州市萧山区河庄街道。南宋前为钱塘江北岸之山丘。《尔雅・释山》："小山岌，大山峘，属者峄，独者蜀。"南宋嘉泰《会稽志》卷九："《尔雅》曰：'独山谓之蜀山，郡境多此名，古语也。'"以山体孤峙，周无他山得名。《隋书》卷三十一《地理下》："盐官，有蜀山。"咸淳《临安志》卷二十七："蜀山，在（盐官）县西南二十七里。《隋书・地理志》云：'盐官县有蜀山。'"南宋嘉定年间（1208—1224 年），钱塘江向西冲激后，沦陷为河口的岛屿，后又因山周淤积、围垦而成为钱塘江东岸的山丘。《宋史》卷九十七《河渠七》："嘉定十二年，臣僚言：'盐官去海三十余里，旧无海患，县以盐灶颇盛，课利易登。去岁海水泛涨，湍激横冲，沙岸每一溃裂，尝数十丈。日复一日，浸入卤地，芦州港渎，荡为一壑。'"东北—西南走向，长 390 米，宽 120 米，海拔 44.8 米。地质基础由白垩系玻质酸性火山喷出岩构成。山体细长，山势平缓。土壤以红壤土为主。传旧时山上山下多杏树，有"十里杏花村"之誉。民国《萧山县志稿》卷二："赭山东十里有雷山，一名'鼓山'，南麓有驼砑缝，水颇美，可缫丝。又北十里有蜀山。两山相对，皆甚小。嘉庆前，自雷山至蜀山，俱种杏花，号'十里杏花村'。今其地有杏花桥。"现山上多辟为陵园，植被以柏树为主。山上有蜀山洞，南宋绍兴二年（1132 年），慈元禅师于洞中结庵。清《钦定古今图书集成・方舆汇编・职方典》卷九百三十七："山有洞，宋绍兴癸丑，慈元禅师结庵，后废。"南麓有谷口称"盐灶镬肚"，传为五代吴越王钱镠煎盐处。民国《萧山县志稿》卷二："蜀山之阳有盐盘洞。相传钱武肃王曾煎盐于此。"1956 年和 1982 年考古工作者于此山发现新石器时代和商周时期遗址，出土有青铜矛、石钺、玉璧，以及大量的印纹陶碎片、鹿角等。蜀山遗址 2009 年被列为杭州市文物保护单位。西北麓建有蜀山庙。县乡公路环山。

临平山(Línpíng Shān)　孤丘。在杭州市余杭区东部临平街道。因旧邻临平湖得名。南宋咸淳《临安志》卷二十四:“临平山,祥符志云:‘去仁和县旧治五十四里。’山高五十三丈,周回十八里。”因相传为唐道士邱丹隐居之所,别称邱山。又因旧为湖畔渔民晾网之地,俗称晾网山。东北—西南走向,长 3 千米,最宽 1.3 千米,海拔 217.6 米。地质基础由泥盆系石英砂岩构成。山巅平坦,西南二坡较险峻,有断岭之称。山巅有天井,山中有砺、龙二洞,其中砺洞产细砺石。南宋咸淳《临安志》卷二十四:“上有塔,有龙洞、砺洞。有天井在山之顶,旧志云:方阔约二丈,积水深八尺,虽旱未尝涸。下有东岳庙、景星观峙立两旁,又有藕花洲即鼎湖也。”明万历《杭州府志》卷二十:“细砺洞,在临平山。出砺石。深十余丈,阔二丈五尺,高一丈五尺。”“磨剑池,在临平山。下有片石,俗传钱王磨剑于此。”土壤以黄红壤为主。植被茂密,以针阔混交林为主。山上有塔,山下有安隐寺、景星观。唐置临平监于山下。历代文人多有吟咏。唐代诗人韦应物作有《送丘员外还山》《重送丘二十二还临平山居》等,苏东坡《舟过临平次杭人裴维甫韵》:“余杭门外叶飞秋,尚记居人挽去舟。一别临平山上路,五年云梦泽南州。凄凉楚些缘吾发,邂逅秦淮为子留。寄谢西湖旧风月,故应时许梦中游。”北宋诗僧道潜《临平道中》:“风蒲猎猎弄轻柔,欲立蜻蜓不自由。五月临平山下路,藕花无数满汀洲。”北宋诗人沈汝谐《临平山》:“沈金部汝谐诗云:‘山势分明饮水鼍,孤峰西转郁嵯峨。不须探问山童药,且揖朝来爽气多。’”郁达夫曾作《临平登山记》。现东北麓建有临平公园。城市道路环山。有步道通山巅。

桐扣山(Tóngkòu Shān)　孤丘。属天目山脉余脉。在杭州市余杭区星桥街道。北魏郦道元《水经注》卷四十:“《异苑》曰:晋武时,吴郡临平岸崩,出一石鼓,打之无声,以问张华。华云:可取蜀中桐材,刻作鱼形,扣之则鸣矣。于是如言,声闻数十里。刘道民诗曰:‘事有远而合,蜀桐鸣吴石。’”南宋咸淳《临安志》卷二十四:“桐扣山在仁和临平山之西,晋武帝时,岸坏,出石鼓,击之无声,张华取蜀桐木刻作鱼形而扣之,声闻数里,故名。”《晋书》卷三十六:“吴郡临平岸崩,出一石鼓,槌之无声,帝以问华,华曰:‘可取蜀中桐材,刻为鱼形,扣之则鸣矣。’于是如其言,果声闻数里。”海拔 39 米。山势低缓。土壤以红壤为主。植被有常绿阔叶林、常绿阔叶落叶阔叶混交林、灌丛等。山麓旧有石鼓湖(临平湖)、施何村河和净信院。《水经注》卷四十:“浙江又东合临平湖……传言此湖草壅塞,天下乱,是湖开,天下平。孙皓天玺元年,吴郡上言,临平湖自汉末秽塞,今更开通。又于湖边得石函,函中有小石,青白色,长四寸,广二寸余,刻作皇帝字。于是改天册为天玺元年。孙盛以为元皇中兴之符征,五湖之石瑞也。《钱唐记》曰:‘桓玄之难,湖水色赤,荧荧如丹。’”南宋咸淳《临安志》卷三十四:“石鼓湖,在仁和桐扣山下。晋时石鼓出于岸,故名。”卷三十五:“施何村河在桐扣山水洑堰东。自运河入,通里外沙河。地有姓施姓何人居,故名。”卷八十一:“净信院在桐扣山,天福六年邑人周琏舍宅为寺。旧名‘恩平’,治平二年改今额。”城市道路环山麓。

东明山(Dōngmíng Shān)　属天目山脉余脉。在杭州市余杭区北部良渚街道。古称大遮山。南宋咸淳《临安志》卷二十四:“大遮山、乌尖山,在钱塘县孝女北乡,接连余杭县及武康县界,高三百丈。”卷三十六:“安溪,在钱塘县,去北关五十里。溪上大遮山有龙王祠,舟人相传风雨之夕,龙吐珠有光。”明万历《杭州府志》卷二十:“大遮山,高三百丈。稍前为乌尖山,高百丈。又西三里为中和山,高二百五十丈。又西一里为东明山,高二百五十丈。旧建东明寺,在焉。”后合称为东明山。东明,一说为僧慧昱名字,一说为建文帝题词。明万历《杭州府志》卷九十九:“东明寺,在安溪后,大遮山之前。去县治西北五十九里。洪武初,僧通结茅于此,曰‘深隐庵’。永乐戊子,僧慧昱请小隐寺旧额，易庵为寺。昱，字东明，有禅誉。宣德乙卯，朝廷以昱之字赐寺额曰‘东明’。未几，寺毁，嗣僧觉明重建。”民国《杭县志稿》卷八：“相传建文帝遁迹至此，时旭始旦，题曰‘东明’。自归国后，方知为帝。今范其遗像，有手植牡丹，色白如银。”有东髻、西髻二峰。东髻峰海拔 332 米，西髻峰海拔 291 米。地质基础由白垩系黄尖组熔结凝灰岩，燕山晚期石英二长斑岩、花岗斑岩侵入岩体构成。土壤以红壤为主。植被有常绿阔叶林、常绿阔叶落叶阔叶混交林、针阔叶混交林、竹林和灌丛等，森林覆盖率约 95%。1997 年于此建成东明山森林公园。山上存东明古寺遗址、孤云禅师墓、群仙道观遗址和九洞岭古道。南麓濒东苕溪，溪岸有安溪古镇。县乡公路通山麓。

超山(Chāo Shān)　孤丘。在杭州市余杭区东部塘栖镇。南宋咸淳《临安志》卷二十四：“超山，在仁和县之东北六十里永和乡。高三十七丈，周二十里。”传原名超然山，后简称为今名。万历《仁和县志》卷二：“其山超出皋亭、黄鹤之上，故名。”东西走向，长 2.5 千米，最宽 1.5 千米。海拔 265 米。地质基础由泥盆系石英砂岩构成。土壤以黄红壤为主。植被以落叶阔叶林为主。历有海云洞等名胜和黑龙王祠等古迹。《梦粱录》卷十一：“仁和界超山有洞，名海云洞，倏时干湿，建黑龙王祠祀之。”卷十四：“通灵庙，即黑龙王祠，在超山，赵忠献为邑宰时，祷雨有感，累申朝省封加美号曰‘通灵惠应宣济昭惠侯’。”两宋以来其地遍植梅树，尤以清代以后为盛，有“十里梅花香雪海”之誉。清王同《超山志》引清宋咸熙《耐冷续潭》云：“山多梅花，中无杂树，尚有南宋古梅数十本。花时游人极盛。”清初释源润作有《超峰十二景》诗，清代诗人朱麟作有《超峰雪霁》。1925 年，康有为曾游超山，并作《题超山梅花》诗。清代诗人张应昌《超山古梅歌》云：“超山山下万重雪，雪径幽寻到山窟。四山盘纡抱一寺，寺前老梅尤奇绝。”清代作家吴世昌作有《游超山记》，近代文学家林纾作有散文《记超山梅花》：“由溪上易小舟，循浅濑至超山之北，沿岸已见梅花。里许，遵陆至香海楼，观宋梅。梅身半枯，侧立水次；古干诘屈，苔蟠其身，齿齿作鳞甲。年久，苔色幻为铜青。旁列十余树，容伯言皆明产也。”今尚存唐梅、宋梅各一株。为江南三大探梅胜地之一、浙江省风景名胜区。山麓有近代画家吴昌硕墓。有青梅等特产。公路环山麓。多条步道通山巅。

龙门山(Lóngmén Shān)　属龙门山脉。在杭州市富阳区东部，为龙门、常安二镇界山。一说以山中有龙潭瀑布得名。一说汉隐士严子陵尝游此，赞叹曰“此地山清水秀，胜似吕梁龙门”得名。海拔 861 米。地质基础由侏罗系上统黄尖组酸性熔岩、酸性火山碎屑岩构成。山势陡峭。土壤以黄红壤为主。植被以亚热带针叶林、常绿阔叶林、落叶阔叶林和针阔混交林为主。西南山谷有古称砵盂潭，今名为龙潭的三叠瀑布。清光绪《富阳县志》卷九：“在县南四十里庆善村。山势壁立，牵萝附筱攀跻莫及。有泉自山顶悬流石崖，泻作瀑布，飞漱喷溅，非遇暑炎冬涸，殆不近。近山腹有上中下三潭，天然石泓，名曰‘龙潭’。其中下二潭，纵迹可至。其上潭邈然无津可问云。”南宋诗人杨简《富春龙门》：“桑麻迤逦入高原，级级差差水落田。树色自分深浅绿，山光都在淡浓烟。竹舆渐近钟鸣处，诗句来从鸟语边。又是一番新样致，如何写得十分全。”明代诗人周思备《游龙门山》：“为爱深山好息机，重攀绝壁鸟声微。双岩秀出红霞断，一水虚悬白练飞。谷静溪生晴作雨，春明竹色晚含晖。高眠幽石松花积，拂落余香满地归。”近代作家郁达夫《龙门山题壁》：“天外银河一道斜，四山飞瀑尽鸣蛙。明朝我欲扶桑去，可许矶边泛钓槎。”今建有龙门山森林公园。有茶叶、笋干等特产。临中樟(S307)省道，县乡公路至山麓。

杏梅尖(Xìngméi Jiān)　属龙门山脉，龙门山主峰。在杭州市富阳区东部，为龙门、常安二镇界山。因山间多俗称“樱梅”的野樱得名。“杏”为“樱”的方言谐音。海拔 1 068 米，为杭州市富阳区最高峰。地质基础由侏罗系上统沉积岩构成。土壤以黄红壤为主。植被以亚热带针叶林、常绿阔叶林、落叶阔叶林和针阔混交林为主。县乡公路通山麓。

镬子山(Huòzǐ Shān)　孤丘。在杭州市富阳区东北部富春街道。古称小隐山。因北宋文学家谢绛曾小隐居于此得名。谢绛《答梅圣俞问隐》:“圣俞一幅书,间我小隐居。小隐讵有异,筑室数亩余。”咸淳《临安志》卷二十七:“小隐山在(富阳)县之北一里三十步。为县治主山。阳夏公谢绛迁居于此,(其)子景初、景温筑书室于山之半,今故基双松尚存。”清光绪《富阳县志》卷九:“县治主山也。《一统志》:为县治镇山。故不甚峻奥而地脉隐隆。孕奇胎秀,青崖翠发,遥同黛抹云。”后因山形似镬而改今名。海拔48米。地质基础由侏罗系火山碎屑岩构成。山体和缓。土壤以黄红壤为主。植被以常绿、落叶混交林为主。范仲淹游小隐山,曾留下《留题小隐山书室》诗:“小径小桃深,红光隐翠阴。是非不到耳,名利本无心。笋迸饶当户,云归半在林。何须听丝竹,山水有清音。”谢绛《小隐园诗》:“仆本尘外士,功名若毫末。因寻小园隐,忽见群芳发。昔梦宛可记,灵契方兹达。会须挂朝缨,归弄岩前月。”山上有富阳区气象局和气象科普公园。城市道路环山。

鹳山(Guàn Shān)　孤丘。在杭州市富阳区东北部富春街道。古称观山。南宋咸淳《临安志》卷二十七:“孙氏尝于山巅建道观,因得名。”又因旧多裸岩,别称石头山。《隋书》卷三十一:“富阳有石头山、鸡笼山。”北宋《太平寰宇记》卷九十三:“石头山,山有观涛所。”南宋咸淳《临安志》卷二十七:“观山,在(富阳)县治之东百余步。一峰高耸横截大江,孙氏尝于山顶建道观,因得名。又号‘石头山’。”后因山形似临江俯立的鹳鸟,谐音改为今名。东北—西南走向。长440米,最宽110米。海拔43.5米。地质基础由侏罗系上统碎屑岩构成。一峰高耸横截富春江。土壤以黄红壤为主。植被以常绿阔叶、落叶阔叶混交林为主。鹳山矶头相传为东汉隐士严子陵垂钓处,岩石上镌有苏东坡书“登云钓月”4字。宋淳祐间(1241—1252年)成为富阳县(编者注:今富阳区)形胜。山上有览胜亭、春江第一楼、双郁亭、松筠别墅、古城墙等古迹。南宋咸淳《临安志》卷二十七:“有亭曰‘胜览’。县东以水口荡漭无际,以此山为青龙,襟抱环合,邑赖以立第。地属居民病于樵采,会真觉僧贸得之,邑令曾治凤出公帑钱六万易而属之官,竹木茂蔚,自是邑之形胜改观焉。山有严君祠。淳祐间县令李迪更创祠宇,下有三亭曰‘耕春’、曰‘逸云’、曰‘虚全’。山下又立小庵置僧以供洒扫。”历代文人多有吟咏。其中宋末元初诗人陈观《鹳山》诗:“一山横出大江头,禹凿当年到此留。地耸石根迎碧落,天移砥柱立中流。社坛夜半风云合,城郭春深紫翠浮。几度拂衣登绝顶,海门东去是杭州。”近代作家郁达夫作有《癸丑夏夜登东鹳山》:“夜发游山兴,扶筇涉翠微。虫声摇绝壁,花影护禅扉。远岸渔灯聚,危窠宿鸟稀。更残万籁寂,踏月一僧归。”现为富春江—新安江国家级风景名胜区的一级景点,建有鹳山公园。东邻富春江第一大桥,城市道路通山麓,步道至山巅。东南侧有新沙渡,西侧有郁达夫旅游码头。

天钟山(Tiānzhōng Shān)　天目山脉余脉。在杭州市富阳区东部、春江街道西南部。以山上有天钟禅院得名。清《钦定古今图书集成·方舆汇编·职方典》卷九百三十七:“天钟山在(富阳)县南十五里太平村。巨石轩举,欲坠未坠,形态万状,石泉奔流,喷泻悬崖,瀑有数道,若匹练然,飞雪溅沫,响若辊雷,中有潭,清澈见底,峭石环立,上有天钟庵,称小天竺。”清康熙《富阳县志》卷四:“天钟山,在县南十五里太平村,巨石蹲峙,轩举欹悬,欲坠未墜,形态万状。石泉奔泻,瀑有数道,若匹练然,飞雪溅沫响若辊雷,中间澄潭渟泓见底,故俗名潭上……上有天中庵,四山迂回似列屏,又称小天竺。”主峰棠梨尖,海拔534米。地质基础由侏罗系上统黄尖组流纹质含砾晶屑凝灰岩和晶屑熔结凝灰岩、上泥盆统西湖组石英砂砾岩、志留系上统唐家坞组石英砂岩、侏罗系上统劳村组紫红色砂岩和紫色凝灰质砂岩、粉砂岩等构成。上部土壤为红壤类黄泥土，下部为红壤类红泥土。植被为针阔混交林，阔叶林较多。主要树种有青冈、木荷、檫、松、杉等，局部有毛竹林，并有国家二级保护植物花榈木等珍稀植物。天钟禅寺坐落在群峰之中，原称天中禅院，始建于元至正年间(1341—1368年)，清代改称天钟禅院。每年农历十月二十七是天中寺香会日。明代富阳籍诗人王之献《游天钟山》："富阳秋色晚，高枕壮江门。县僻山围屋，霜清水长村。支流源带歙，浙岭细分源。此日探禹穴，应知岳渎尊。"西麓濒富春江岸，长深(G25)高速公路环西麓。

大岭山(Dàlǐng Shān)　属天目山脉余脉。在杭州市富阳区东北部富春街道。古称胡鼻山，别称鹤岭。或云山嘴入江似胡鼻，或云山嘴似鹤顶，故名。后因县令陆柟于乾道年间(1165—1173年)凿路栏石，建成大岭古道，改称今名。南宋咸淳《临安志》卷二十七："胡鼻山在县东五里。山峭峻，下瞰大江。路狭而险，行者患之。乾道中，令陆柟因邑士谢安颐之请，凿路栏石以护。自此往来者以为便。"清光绪《富阳县志》卷九："湖鼻山，在县东北五里，一名大岭山。山势峻峭，俯瞰大江，道狭且险，行者苦之……万历四十年，张一鹗重修岭路，上建石亭，俾行者得稍憩息。久之，亭圮，路欹仄。国朝康熙二十二年，县令钱晋锡重建新亭。命工铲平径道如坦途。《一统志》作哭鼻山。"卷十六："鹤岭，即大岭也。"海拔205.9米。地质基础由侏罗系上统碎屑岩构成。山势陡峭，下瞰富春江。土壤以黄红壤为主。植被以常绿阔叶、落叶阔叶混交林为主。山嘴入江，多摩崖石刻。元画家黄公望以此山作《富春大岭图》，清画家董邦达作有《大岭图》。明代祝枝山《富春大岭图》诗云："趾山盘盘徐而曲，顶山巉巉危乃复。回蹊折径几茅庐，尽傍羊肠浅中宿。黄公手比愚公强，富春移来只尺长。子陵之居在何处，千载烟云长渺茫。"清富阳县令钱晋锡重修岭道后，县尉陈震为之作《重修石栏记》。"鹤岭晴云"为富阳八景之一。山麓江滨通公路。

鸡笼山(Jīlóng Shān)　属天目山脉余脉。在杭州市富阳区东北部东洲街道。古称赤松子山。别称赤松山、赤亭山、华盖山。南宋咸淳《临安志》卷二十七："赤松子山，在(富阳)县东九里。高一百五十丈，周回四十里一百步。赤松子驾鹤时憩此，因得名。其形孤圆，望之如华盖，别称'华盖山'，一曰'赤亭山'，又曰'鸡笼山'。"海拔176米，地质基础由石炭系石灰岩构成。山势陡峭，下瞰富春江。土壤以黄红壤为主。植被以常绿阔叶、落叶阔叶混交林为主。南临富春江，江中有东洲岛，历为滩险流急处。南朝诗人谢灵运《富春渚》诗有"宵济渔浦潭，旦及富春郭。定山缅云雾，赤亭无淹泊"之句，南朝诗人丘迟《旦发渔浦潭》诗有"渔潭雾未开，赤亭风已飏"之句。南北朝诗人江淹也作有《赤亭渚》诗。传汉严子陵曾垂钓于此。唐宋时期于山麓设赤亭里。北宋《太平寰宇记》卷九十三："赤亭里，即严子陵钓于此。有台基在。"清光绪《富阳县志》卷九："《隋书》卷三十一：'富阳有……鸡笼山'，沿俗名也……《太平寰宇记》云：'严光钓于赤亭，缘海四县有台基存。'"旧产赤亭纸。南宋咸淳《临安志》卷五十八："富阳有小井纸，赤亭山有赤亭纸。"山麓旧有赤松子庙、赤松斥堠等古迹。今存赤松自然村。赤松村道通山麓。

西岩山(Xīyán Shān)　属天目山脉余脉。在杭州市富阳区东北部、银湖街道北部。山名始于唐前。以山上有巨岩，当筱岭大路之西得名。清光绪《富阳县志》卷九："当筱岭大路之西，故名。"海拔219.4米。南部出露奥陶系下统印渚埠组页岩，北部出露寒武系上统西阳山组碳质页岩。土壤以红壤性土油红泥为主。植被以针阔混交林为主，山麓有茶园，并多苦竹林。历是富阳名胜。传三国吴方士葛玄曾于此山炼丹。南宋咸淳《临安志》卷二十七："西岩山，在(富阳)县之北三十里。岩有洞，洞口有池，早晚与潮应。石有葛仙翁足指，前有炼丹鼎。山下有石，扣之铿然，人号‘石鼓’，世传有僧坐于岩前，一日葛仙翁求其地炼丹，僧遂退西岩。仙翁丹成上升，僧亦仙去，今号日升里。”光绪《富阳县志》卷九载有西岩十八景：“西岩峭壁屹峙，瀑布飞流，其间石室幽奇，岩峰虚朗。吴葛仙翁修道炼丹，白日飞升处，地名白升乡是也。今丹井及炼丹鼎迹犹存。为景不一，一曰迎曦洞，朝暾射洞，初旭方升，日映洞波，波光滉漾，有如迎曦然。二曰毗卢岩，峭石特耸，倾侧若俯，庄严色相，类毗卢。三曰缀萝壁，石壁如屏，藤萝倒垂，置身恍在壁萝间也。四曰应潮池，大似覆盆从地涌起，早晚与江潮相应。五曰狮子座，有石贝空浑如兀坐狮首突出欲吼状。六曰八卦台，平石二四排立左右，虽帝台之石、武侯之阵不是过也。七曰甘露泉……十八曰丫髻峰，前面芙蓉双削，吞云吐雾，望之似并髻焉。唐白居易守杭州，常游此山。自左右而下，则地平如掌，峰环水绕，苍松翠竹，映带参差不绝，足称洞天福地。”唐代于山中建西岩寺。清康熙《富阳县志》卷四：“西岩寺，在县北三十八里四仙庄，唐乾宁元年建。岩洞中有十八罗汉，外有石掩覆，冬温夏凉。世传葛仙翁炼丹于此。又有灵应池与潮汐应候。有石鼓，叩之则鸣。”唐代诗人白居易曾作《西岩山》诗：“千古仙居物象饶，道成丹熟昼升霄。岩前宝磬转松韵，洞口灵池应海潮。崖折百花迟日晚，鹤归清夜唳声遥。登临渐到希夷境，手拂行云度石桥。”旧时山麓村民曾采苦竹为制笔、制笛、制箫原料。县乡公路通山麓。

青牛岭(Qīngniú Lǐng)　属天目山脉余脉。在杭州市富阳区西北部万市镇。古称宝福山，以山中有宝福寺得名。后因山中有青牛岭古道而更今名。传岭墩石道有牛蹄印，为太上老君青牛所留，故名。别称青牛山。清顾祖禹《读史方舆纪要》卷九十：“青牛山，县西北七十里。一名‘宝福山’，山分三支，逶迤而南。有青牛岭，通於潜大路。”海拔 485 米。地质基础由侏罗系劳村组火山凝灰岩构成。为绿渚江与东苕溪分水岭。土壤以黄红壤为主。植被以亚热带针叶林、常绿阔叶林和针阔混交林为主。北宋熙宁七年(1074 年)，苏东坡题《青牛岭高绝处有小寺人迹罕到》诗于宝福寺方丈壁：“暮归走马沙河塘，炉烟袅袅十里香。朝行曳杖青牛岭，崖泉咽咽千山静。君勿笑老僧，耳聋唤不闻，百年俱是可怜人。明朝且复城中去，白云却在题诗处。”有县乡公路通山麓。

亭山(Tíng Shān)　属龙门山脉。在杭州市富阳区东部大源镇。因晋隐士孙晷曾建亭于山上得名。南宋咸淳《临安志》卷二十七：“亭山在(富阳)县南一十八里，高二百丈，广一百五十里，晋处士孙文度建亭。”清光绪《富阳县志》卷九：“亭山……晋处士孙文度建亭于此，因名。”又载：“按，亭山为南乡重镇，是山八面皆见，若亭翼然，故名。”海拔 707 米。地质基础由侏罗系火山凝灰岩构成。山势险峻，高霞翼岭，腾云冠峰。土壤以黄红壤为主。植被以亚热带针叶林、常绿阔叶林和针阔混交林为主。《富阳县志》卷九：“山势亭亭直上轩霞，翼岭腾云冠峰，真胜境也。山顶有石穴，涌出白泉，泻下百丈，至左肩流注一湾，名‘龙门湾’。峰峦回合，水分数派，悬流飞瀑，泉石奇胜，岩壑悠然。”明代富阳籍诗人王之献曾作《游亭山》诗。多产药材。《富阳县志》卷九：“山中多药品，最珍为白术，服之可愈百病。土人掘得一枚，价值兼金。‘富春白术名天下’即指此。”北麓邻长深(G25)高速公路。

莲花尖(Liánhuā Jiān)　属昱岭山脉余脉。在浙江省建德市，为莲花镇、洋溪街道、下涯镇界山。原名莲花山，以山形似莲花得名。明万历《严州府志》卷二：“莲花山，在(建德)县西五十里，与杨溪峰相连，状若莲花。”清道光《建德县志》卷二：“《严陵志》：‘在城西五十里，与洋溪峰相连，状若莲花，故名。’万历《府志》：‘山下有资福寺。’”后因主峰峰顶尖锐而改今名。海拔 651.6 米。地质基础由奥陶系夹硅质石灰岩构成。山势高峻，山坡陡峭。土壤以黄红壤为主，植被以马尾松林、杉木林等亚热带针叶林为主。山麓旧有资福院。南宋淳熙《严州图经》卷二:“资福院在慈顺乡沙坑,距城五十里。”县乡公路通山麓。杭黄高速铁路江珠隧道过山西北部。

马目山(Mǎmù Shān)　属千里山脉。在建德市中部,为下涯、大洋二镇界山。南宋淳熙《严州图经》卷二:“山有峰出马首状,中有小峰,如马首之目。”清道光《建德县志》卷二:“《名胜志》:‘在城西南二十五里,有峰状若马首,中有小峰如目。’万历《府志》:‘上有神庙,宋陆游有《望马目山》诗。’”海拔 934.4 米。地质基础由晚侏罗系酸性熔岩和酸性火山碎屑岩构成。山脊和缓,山势高峻,侧坡陡峭。土壤有垂直分带,以黄壤为主。植被以马尾松林、杉木林等亚热带针叶林为主,局部有竹林,山顶以灌丛为主。历代文人多有吟咏。唐代睦州刺史吕述曾作《马目山新庙记》,宋代诗人陆游作有《听事望马目山》诗:“官身早暮不容闲,尘土堆胸愧满颜。也有向人夸说处,坐衙常对水南山。”山顶旧有高慧庵,民国《建德县志》卷二:“高慧庵,亦作灵慧,在城南二十五里马目山高岩。”旧时山麓设有马目渡。县乡公路通山麓。

铜山(Tóng Shān)　属千里岗山脉余脉。在建德市新安江街道。因山中产铜得名。古称铜官山。南宋淳熙《严州图经》卷二:“秦时于此置官采铜,因以为名。”海拔 440.8 米。地质基础由岩浆岩构成。山体和缓,下临千岛湖(新安江水库)。土壤以黄红壤为主。植被以常绿阔叶落叶阔叶混交林为主。树木葱茏,湖光山色,风景甚佳。昔新安江流经山麓形成铜官峡,并设有铜关渡。1957 年起在峡口建新安江水电站,蓄水形成千岛湖。山麓岭后村南有建德铜矿。金千铁路至南麓。

乌龙山(Wūlóng Shān)　属昱岭山脉余脉。在建德市东部梅城镇。因山色苍翠,山脊蜿蜒似乌龙得名。宋宣和三年(1121 年)为避讳“龙”字讳而改称仁安山。南宋淳熙《严州图经》卷二:“宣和初,臣寮建言谓龙为君象,应州县山水地名有龙字者当避。”明洪武年间(1368—1398 年)复旧名。海拔 909.7 米。地质基础由侏罗系砂岩、砾岩构成。土壤以黄红壤为主。植被以亚热带针叶林、落叶阔叶林和针阔混交林为主。西侧有乌龙岭。清顾祖禹《读史方舆纪要》卷九十:“乌龙山,(建德)城北三里。《图经》云:山高六百丈,周百六十里,郡之镇山也。巅有二池,傍有乌龙岭。其水东注,曰玉泉。流为余浦,至城东三里,入于新安江。宋宣和初,尝改名仁安山。明初克严州,苗帅屯乌龙岭,李文忠击败之,即此。”山上有玉泉寺、栖龙庵、雷公庵、祖师殿等古迹。宋睦州知州赵抃《乌龙山》诗云:“泉石淙淙泻百寻,群峰环翠起春林。危巅召雨云先作,不失苍生望岁心。”明代诗人郑善夫《岁晏行》诗:“乌龙山头鸦乱飞,客子迫岁忧蒸藜。桃源余孽几反覆,玉山一路方涂泥。黄云阨关鼯狖啼,前有戈鋋后鼓鼙。十年通籍何辛苦,犹自飘蓬负老妻。”半山建有建德林场。县乡公路通山麓。

龙门山(Lóngmén Shān)　属昱岭山脉余脉。在建德市东部梅城镇。因山当誉称为龙门的新安江与兰江交汇口得名。又因在山梅城正东方,属卯位,别称卯峰、东山。海拔 903.2 米。地质基础由侏罗系火山凝灰岩构成。山体和缓。土壤以黄红壤为主。植被以亚热带针叶林和针阔混交林为主。山巅有建于明嘉靖二十七年(1548 年)的浙江省文物保护单位北峰塔。清顾祖禹《读史方舆纪要》卷九十:“顶有浮图,下临江渚,石壁上有瀑布泉。”唐代诗人方干《东山瀑布》诗云:“挂岩远树穿松岛,落地残声注稻畦。素色喷成三伏雪,余波流作万年溪。”南麓通公路。

九峰山(Jiǔfēng Shān)　属昱岭山脉余脉。在建德市东部梅城镇。因相邻有九峰排列得名。南宋淳熙《严州图经》卷二:“九峰庵……环庵皆山,山列九峰,故以名。”清嵇曾筠《浙江通志》卷十九和清光绪《严州府志》卷三引宋睦州知州赵抃《九峰山诗》:“龙丘石室人难继,安正书堂世莫登。但见烟萝最高处,九峰排列一层层。”又因山处梅城以西,别称西山。海拔 163 米。地质基础由白垩系火山凝灰岩、砂岩构成。土壤以黄红壤为主。植被以亚热带针叶林为主,局部有竹林。山麓有北宋宝元二年(1039 年)建的九峰寺。县乡公路通山麓。

大慈岩山(Dàcíyán Shān)　属千里岗山脉余脉。在建德市西南部大慈岩镇。民国《寿昌县志》卷二:“岩缝穹窿,有石笋从地涌出。元大德年间,临安人莫之渊弃家于此,琢石笋为佛,号曰大慈。”清穆彰阿《大清一统志·严州府》载为大悲岩。海拔 582 米。地质基础由侏罗系流纹岩、凝灰岩构成。土壤以黄红壤为主。植被以亚热带针叶林和针阔混交林为主。近山巅处有大慈寺。附近石壁上有“洞天一览”“别有蓬莱”等摩崖题刻。明万历《金华府志》卷三:“大慈岩,(兰溪)县西北五十里,与寿昌接境。自山麓至岩约十余里,中有佛像。岩左有观音洞,高数十丈,洞门石刻‘洞天一览’。岩佛灵应。”清顾祖禹《读史方舆纪要》卷九十:“登之可览金、衢二郡之胜。”明代诗人胡应麟《秋日游大慈岩》诗:“薄暮肩舆到,归樵处处逢。万寻开峭壁,千级上危峰。树杪禅关出,萝阴梵刹重。何当专一壑,绝顶卧长松。”现辟为国家 AAAA 级旅游景区。温寿(G330)国道过山麓。

安国山(Ānguó Shān)　孤丘。属天目山脉余脉。在临安市东部锦城街道。古称朗山。后因五代梁开平二年(908 年)吴越国改临安县为安国县,遂改为安国山。宋咸淳《临安志》卷二十五:“在(临安)县北二里,高七十丈,周二十五里。本名朗山。按《梁孝元帝研神记》云:《吴兴山墟名》曰:‘临安朗瞻山,青松盖岭,余无杂木。望之可爱,时人呼为安国山。’”别称太庙山。因山麓旧有吴越国太庙得名。清穆彰阿《大清一统志·杭州府》:“一名‘太庙山’。为县治主山。钱镠建城于此。”清康熙《临安县志》卷一:“安国山。县治坐山。钱王墓在焉,一名‘太庙山’。”海拔 92 米。地质基础由石灰岩构成。土壤以黄红壤为主。植被以常绿阔叶林和针阔混交林为主。南麓有钱镠墓、钱王祠。《吴越备史》卷二:“应顺元年甲午春正月壬午,敕葬王于安国县衣锦乡茅山之原。”南宋诗人孙嵩作有《临安钱武肃庙》诗:“吴越归旗纛,风云助鼓鼙。锦蒙山树遍,弩射海潮低。龙凤城葱郁,牛羊墓惨悽。古祠存故里,秋草庑东西。”现山上建有太庙山公园,有安国楼、望锦亭等古迹。城市道路环山麓。

功臣山(Gōngchén Shān)　属天目山脉余脉。在临安市东部锦城街道。原名大官山、太官山,唐昭宗李晔以钱镠招讨董昌、王坛等有功而改称功臣山。《新五代史》卷六十七:“昭宗诏镠图形凌烟阁,升衣锦营为衣锦城,石鉴山曰衣锦山,大官山曰功臣山。”《吴越备史》卷一:“天复元年……五月,敕授王守侍中,进封实王,加食邑一千户,实封一百户,仍升王所居衣锦营为衣锦城,封石镜山为衣锦山,大官山为功臣山。”南宋咸淳《临安志》卷二十五:“功臣山,在(临安)县南一里。本名大官山,唐昭宗诏改钱镠所居大官山为功臣山。”清顾祖禹《读史方舆纪要》卷九十:“(衣锦山)其相接者有功臣山,上有功臣塔,本名大官山,昭宗改名以宠钱镠。”又因山顶有功臣塔,俗称宝塔山。海拔 157.7 米。地质基础由震旦系板桥山组白云岩构成。山势低缓浑圆。土壤以黄壤为主。植被有落叶阔叶林、亚热带针叶林和竹林等。传山南麓钱坞垄为钱镠出生地。山上有始建于五代后梁贞明元年(915 年)的功臣塔,山下有功臣寺遗址、婆留井、锁井等。清康熙《临安县志》卷一:“功臣山,吴越王应诞之地。旧名大官山,唐昭宗以王有大功,诏改今名。下有婆留井,王生时有异相,弃井中,婆惊留之,故乳名婆留,后以‘镠’代‘留’。又有锁井,王既封,置盔甲井中锁之,示不复用。后地舍为功臣寺,今名开化寺。山半有环山亭,今废。巅有功臣塔,为儒学巽峰,吴越王建。”功臣塔、功臣寺遗址和婆留井现为全国重点文物保护单位。北宋词人苏轼《径山道中次韵答周长官兼赠苏寺丞》诗中有“幽寻自兹始，归路微月映。南望功臣山，云外盘飞磴。三更渡锦水，再宿留石镜”之句。清代诗人黄与坚《功臣山》诗云：“郁盘松径偃青苍，甃石犹看废苑墙。雅噪断桥骡袅绝，草埋眢井辘轳荒。王宫灭没余抔土，霸业销沈付夕阳。争似普光遗塔在，路人指点客徬徨。”元代诗人张昱《临安访古·功臣塔》云：“峰头石塔表功臣，五百年前是佛身。莫问蓬莱水清浅，野藤犹蔓劫余春。”北麓临锦溪。城市道路环山，吴越街功臣隧道在南麓穿山而过。

衣锦山(Yījǐn Shān)　属天目山脉余脉。在临安市东部锦城街道。原名石镜山、石鉴山。以山有石壁如镜得名。《唐书》卷四十一：“临安……有石镜山。”北宋《太平寰宇记》卷九十三：“按《山川记》云：‘临安县有石镜，在山之东峰。’又《郡国志》云：‘径二尺七寸，其光照如镜之照物，分毫不差。’”唐后期，昭宗李晔以钱镠招讨董昌、王坛等有功而诏升衣锦营为衣锦城，并诏改石镜山为衣锦山。《新五代史》卷六十七：“昭宗诏镠图形凌烟阁，升衣锦营为衣锦城，石鉴山曰‘衣锦山’，大官山曰‘功臣山’。”《吴越备史》卷一：“天复元年……五月，敕授王守侍中，进封实王，加食邑一千户，实封一百户，仍升王所居衣锦营为衣锦城，封石镜山为衣锦山，大官山为功臣山。”清顾祖禹《读史方舆纪要》卷九十：“钱镠为邑人，既贵，昭宗名其所居营为衣锦营，又升为衣锦城。山亦曰衣锦山。”海拔71米。地质基础由寒武纪荷塘组硅质岩构成。土壤以黄红壤为主。植被以常绿阔叶林为主。北宋苏东坡《临安三绝·石镜》诗：“山鸡舞破半岩云，菱叶开残野水春。应笑武都山下土，枉教明月殉佳人。”元代诗人张昱作有《临安访古·衣锦山》诗：“还乡满山都覆锦，富贵应须白昼归。设宴九龙堂上日，沛中歌后似王稀。”北麓临锦溪。城市道路通西麓。

玲珑山(Línglóng Shān)　属天目山脉余脉。在临安市东部玲珑街道。以山形精巧得名。南宋咸淳《临安志》卷二十五：“玲珑山，在(临安)县西十二里，两山屹起盘屈凡九折，上通绝顶，名曰‘九折岩’。南行百许步有亭，下瞰百里山，名曰‘三休亭’。”清康熙《临安县志》卷一：“山两峰屹峙，盘空而上，故曰‘玲珑’。”海拔358米。地质基础由白垩系黄尖组火山凝灰岩构成。土壤以黄壤为主，植被以马尾松等亚热带针叶林为主。北宋诗人苏轼等曾至此驻足，并留下诗文，明代临安县令褚栋立碑记之。清康熙《临安县志》卷一：“玲珑山，即苏子瞻、黄山谷、佛印游胜处。僧尝于寺基下得三人遗像，明令褚栋立碑记之。”山上旧三休亭。苏轼《登玲珑山》诗：“何年僵立两苍龙，瘦脊盘盘尚倚空。翠浪舞翻红罷稏，白云穿破碧玲珑。三休亭上工延月，九折岩前巧贮风。脚力尽时山更好，莫将有限趁无穷。”南宋诗人洪咨夔《中春望后一日登铃珑》诗：“出郭暄欲暑，涉林清自秋。步随目力高，身与山气浮……几人记曾来，老苔蚀琱镂。玲珑听我歌，歌彻玲珑愁。有酒且湑我，羲娥雪人头。”

东天目山(Dōngtiānmù Shān)　属天目山脉。在临安市东北部太湖源镇。西与西天目山并峙，北与龙王山相望。古称浮玉山。东汉改名天目山。唐《元和郡县图志》卷二十五：“有两峰，峰顶各一池，左右相对，故曰‘天目’。”北宋《太平寰宇记》卷九十三：“水缘山曲折，东西巨源若两目，故曰‘天目’。”此山在东，故称东天目山。主峰大仙峰，海拔1 479米。地质基础由流纹岩等火山岩构成。山势挺拔，多悬崖陡壁，东有瀑布。土壤和植被垂直分布明显。土壤以黄红壤和黄壤为主。海拔1 000米以下植被以亚热带针叶林、常绿阔叶林和竹林为主，1 000～1 400米为落叶阔叶林和针阔混交林。近峰顶为稀疏灌木林。南宋诗人施枢《东天目》：“不谓山行得此晴，有名胜处必须经。玉田草满春无极，石室人稀夜不扃。自料俗情应厌倦，谁知幽意在空冥。碧桃却似传消息，一曲琼歌月满庭。"现半山有昭明大禅院和东天目药场。有山核桃、笋干等特产。县乡公路通山麓。

西天目山(Xītiānmù Shān) 属天目山脉。在临安市东北部西天目乡。东与东天目山并峙,北与龙王山相望。古称浮玉山。《山海经·南山经》:"又东五百里曰浮玉之山。北望具区,东望诸毗。有兽焉,其状如虎而牛尾,其音如吠犬,其名曰彘,是食人。苕水出于其阴,北流至于具区,其中多鮆鱼。"东汉改名天目山。唐《元和郡县图志》卷二十五:"有两峰,峰顶各一池,左右相对,故曰'天目'。"北宋《太平寰宇记》卷九十三:"水缘山曲折,东西巨源若两目,故曰'天目'。"此山在西,故称西天目山。主峰仙人顶,海拔1 507米。地质基础由流纹岩、粗面岩等构成。山势挺拔巍峨,多危岩峭壁。土壤和植被垂直分布明显。土壤以黄红壤和黄壤为主。植被茂密,种类繁多,海拔1 000米以下为常绿阔叶林,1 000～1 400米为落叶阔叶林和针阔混交林,1 400米以上为稀疏灌木林。有银杏、华东黄杉、天目铁木等珍稀植物。历代诗人多有吟咏。其中,李白《送温处士归黄山白鹅峰旧居》诗中有"伊昔升绝顶,下窥天目松"之句,唐代诗僧皎然《对陆迅饮天目山茶因寄元居士晟》诗有"知君在天目,此意日无涯"之句。北宋苏轼《游径山》云:"众峰来自天目山,势若骏马奔平川。"苏轼《表忠观碑》又言:"天目之山,苕水出焉。龙飞凤舞,萃于临安。"唐代诗人张万顷《登天目山下》:"去岁离秦望,今冬使楚关。泪添天目水,发变海头山。别母乌南逝,辞兄雁北还。宦游偏不乐,长为忆慈颜。"晚唐诗人李频《送供奉喻炼师归天目山》:"承恩虽内殿,得道本深山。举世相看老,孤峰独自还。溪来青壁里,路在白云间。绝顶无人住,双峰是旧关。"明代文学家刘基《苕溪皇甫秀才幽居》二首,其二云:"天目山前苕水流,野华啼鸟自春秋。沧浪清浊吾何预,坐听松风笑许由。"明代文学家袁宏道作有《天目》散文。近代作家郁达夫作有《游西天目山》《游东天目山》两篇日记和《宿西天目禅源寺》等四首诗。抗日战争时期曾为中共浙西特委驻地。1939年3月,周恩来曾于西天目山作抗日演讲。山巅建有天目气象站,山麓有禅源寺、太子庵等古迹。南坡建有天目山国家级自然保护区和天目山国家AAAA级旅游景区。东麓通京福高速铁路、杭宣铁路和京福(G104)、杭长(S14)高速公路,南麓通杭瑞(G56)高速公路。公路通半山。

大明山(Dàmíng Shān) 属昱岭山脉。在临安市西部清凉峰镇。南宋咸淳《临安志》卷二十七:"大明山在(昌化)县西九十里,南接严州。昔悟空禅师所隐,今山下立慧照院。"来历含义不详。别称千亩田山、大鸣山。清顾祖禹《读史方舆纪要》卷九十:"大明山……山巅平旷,三千余亩。"海拔1 280米。地质基础由花岗岩、流纹岩构成。花岗石峰林拔地而起,危岩耸立,峥嵘突兀。有匕峰尖、昆仑岩、白蛇岩等32峰13涧8瀑。土壤和植被垂直分布明显。土壤以黄红壤和黄壤为主。植被茂密,种类繁多,海拔1 000米以下以亚热带针叶林、常绿阔叶林和竹林为主,1 000米以上为落叶阔叶林和针阔混交林。山巅有千亩草甸。相传元末朱元璋曾屯垦练兵于山巅,并留下天子石、点将台、惊马岗、饮马轩、藏兵洞、磨刀坑、伯温石阵等古迹。又传唐宣宗登基前曾隐于此山。清道光《昌化县志》卷一:"大鸣山在县西八十里,高一千一百丈。山巅高三千余亩如平地,中有龙池。相传唐宣宗微时尝隐于此。大中初建寺,其上山半有瀑布泉、白蛇岩,又有鹞子峰、神鸾峰、昆仑岩在其下,登绝顶俯视之,则犹培塿耳。其南严州界。"现辟为浙江省风景名胜区,国家AAAA级旅游景区。临杭瑞(G56)高速公路。县乡公路通山麓。

天柱山(Tiānzhù Shān) 属天目山脉。在临安市东缘、大涤山西南。以山顶有石柱得名。南宋咸淳《临安志》卷二十四:"天有八柱,在中国者三,此其一也。"清宣统《临安县志》卷一:"天柱山,凡三峰,与大涤对峙,高尤相敌。顶有石柱,高丈余,围二合。"海拔302米。地质基础由石灰岩构成。四隅陡绝，耸翠参天。土壤以黄红壤为主。植被以亚热带针叶林、落叶林和竹林为主。旧有茶叶等特产。南宋咸淳《临安志》卷二十四："（道家）五十七福地……山出佳茗，为浙右最。"南宋诗人王宗贤《天柱山》诗："擎天一柱出群峰，时见真仙隐化中。瑞应中都成福地，伯元主宰有神功。"县乡公路通山麓。

观音尖（Guānyīn Jiān）　龙门山脉主峰。在杭州市桐庐县东南部，为桐君街道、富春江镇、凤川街道界山。因峰顶形似莲台观音得名。又称大头湾山、白云原山、白云源山、芦茨原山。清顾祖禹《读史方舆纪要》卷九十："其与钓台相对者，曰'白云原'，一名'芦茨原'。重崖蔽天，林麓茂盛，居民采薪为炭，供数州灶爨之用。"海拔 1 246.5 米，为桐庐县最高峰。地质基础由侏罗系流纹岩、火山凝灰岩构成。高耸入云，雄峙诸山。土壤和植被垂直分带明显。土壤以黄红壤、黄壤为主。海拔 1 000 米以下以亚热带针叶林、常绿阔叶林为主，1 000 米以上以落叶阔叶林和稀疏灌木林为主。东北坡连大奇山国家森林公园。南坡建有白云源省级森林公园。公路通至白云源。

桐君山（Tóngjūn Shān）　属天目山脉余脉。在杭州市桐庐县桐君街道，分水江汇入富春江处。《舆地纪胜》卷八："桐君山在桐庐。有人采药结庐桐木下，人问其姓，指木示之，因名山曰'桐君山'。"别称桐庐山、浮玉山、小金山。海拔 60 米。地质基础由砂岩、泥岩构成。土壤以黄红壤为主。植被以常绿阔叶落叶阔叶混交林为主。历为游览胜地，历代文人多有吟咏。北宋文学家杨时《登桐君山》："翠崖千尺峙云高，楼殿翚飞压巨涛。槛外回峰自连首，只因潭下有灵鳌。"宋代诗人李仲骧《桐君山》："水尽露嵌嵚，红尘杂市音。西来天日远，东望白云深。塔□中流见，渔灯半夜沉。烟波竞名利，应负指桐心。"明代诗人徐舫《桐君山》："仙驭乘鸾去不停，青山依旧抱荒城。风香药草春云暖，露冷桐花夜月明。县近故庐堪认姓，鹤归华表自呼名。千年往事俱尘土，时听樵林吹笛声。"今为富春江—新安江国家级风景名胜区一级景点。山巅有桐君塔、桐君庙、睢阳公庙、四望亭、凤凰亭、竞秀阁，山下有桐君潭，临江绝壁有唐、宋、元三代摩崖石刻。富衢（S305）省道过山麓，并有人行桥跨分水江与桐庐县城相连。

大奇山（Dàqí Shān）　属龙门山脉。在杭州市桐庐县城南街道。原名寨基山。清顾祖禹《读史方舆纪要》卷九十："寨基山，在县南十四里。相传昔有避难者立寨其上，因名。"民国《桐庐县志》卷一："大奇山，一名'寨基山'，山顶有泉，山高径曲，相传为昔人避乱立寨之处，故名。"后因明天启七年（1627 年），桐庐县令陈景璐书"大奇禅院"额，改云栖精舍为大奇禅院得名。主峰雾泥岗，海拔 607 米。地质基础由侏罗系流纹岩，火山凝灰岩构成。山势巍峨，沟壑纵横，怪石嶙峋、茂林修竹。土壤以红壤、黄壤土为主。植被有常绿阔叶林、落叶阔叶林、针阔混交林、亚热带针叶林、竹林和灌丛等，并有国家保护植物 13 种。山中有金牛潭、龙潭瀑布、玉屏飞瀑等胜迹。清代诗人戴雪舫《游大奇》诗："村南十里大奇山，地僻林深景物间。石壁倚天猿叫绝，风藤挂月鹤飞还。苔封荫磴樵无路，云散阳崖衲闭关。最是晚秋红叶好，一樽可许其开颜。"1992 年于此建大奇山国家森林公园。西北麓邻长深（G25）高速公路。

富春山（Fùchūn Shān）　属昱岭山脉余脉。在杭州市桐庐县东南部富春江镇，下临富春江。《后汉书·严光传》已有名称记载："（严子陵）除为谏议大夫，不屈，乃耕于富春山，后人名其钓处为严陵濑焉。"因夹岸锦峰绣岭得名。后因严子陵隐居故事别称为严陵山。北宋《太平寰宇记》卷九十五："《舆地志》云：桐庐有严陵山，境尤胜丽，夹岸是锦峰绣岭，即子陵所隐之地，因名。"主峰海拔 310.6 米。地质基础由奥陶系泥岩、砂岩构成。土壤以黄红壤为主。植被以亚热带针叶林和针阔混交林为主。东南坡上有严子陵钓台。钓台之西有谢翱台，相传为谢翱哭奠文天祥兵败处。两台上各有石亭1座。临江有严子陵祠，内有历代碑记。元代画家黄公望依此作有《富春山居图》。清顾祖禹《读史方舆纪要》卷九十："上有子陵钓台，孤峰特起，耸立千仞。下有泉，陆羽品为第十九泉。"李白、范仲淹、朱熹、郁达夫等历代文人多有吟咏。唐诗人李白《古风·松柏本孤直》诗云："松柏本孤直，难为桃李颜。昭昭严子陵，垂钓沧波间。身将客星隐，心与浮云闲。长揖万乘君，还归富春山。"李白《酬崔侍御》有"严陵不从万乘游，归卧空山钓碧流。自是客星辞帝座，元非太白醉扬州"句，《送王屋山人魏万还王屋》诗又有"乱流新安口，北指严光濑。钓台碧云中，邈与苍岭对"等描写富春山和钓鱼台的诗句。北宋文学家范仲淹所作《严先生祠堂记》留下千古名句"云山苍苍，江水泱泱，先生之风，山高水长！"南宋诗人张浚《题严子陵钓台》："古木烟笼半锁空，高台隐隐翠微中，长间不羡三公贵，宁与渔樵卒岁同。"南宋理学家朱熹《水调歌头·不见严夫子》："不见严夫子，寂寞富春山。空余千丈危石，高插暮云端。"元代诗人方回《泛浙江二首·海门山到富春山》："海门山到富春山，碍石冲沙水几湾。不是此江故盘屈，雪涛何得诧吴蛮。"明代诗人李东阳《严陵山》诗有"君不见，严陵山水高复深，谁哉更识先生心"等句。七芝线县道过西北麓，并有山径通严子陵钓台。东南麓严子陵祠侧有游船码头。

天堂山(Tiāntáng Shān)　属昱岭山脉。在杭州市淳安县中部，为文昌镇与左口乡界山。原名堂山。以峦嶂层叠若堂陛得名。光绪《淳安县志》卷一："峦嶂层叠若堂陛。"海拔530米。地质基础由震旦系砂岩构成。土壤以黄红壤为主。植被以灌木林和常绿阔叶落叶阔叶混交林为主。南坡有俗称为天堂庵的汉峰院。山麓有始建于唐贞观年间(627—649年)的上贵寺，南宋状元方逢辰曾立碑为纪。有淳木瓜、山核桃等特产。县乡公路通山麓。

金紫尖(Jīnzǐ Jiān)　属昱岭山脉。在杭州市淳安县中北部，为王阜、左口乡界山。别称金紫峰。以旭日照耀下有金紫闪烁之色得名。明嘉靖《淳安县志》卷二："金紫峰，在县东北八十里。高二千余丈。中峰有圆石，起数十丈，光莹无草木，其旁两峰若俯，每旭日照灼，则有金紫闪烁之色。上有九陇瀑。"一说原称重八尖，因在淳安上八都得名。朱元璋谋士刘伯温改今名。海拔1 451米，为淳安县第二高峰。地质基础由侏罗系上统碎屑岩、流纹岩、凝灰岩等组成山体。山势陡峻，多断崖，有九陇瀑布。土壤和植被垂直分带明显。土壤以黄红壤、黄壤为主。海拔1 000米以下植被以亚热带针叶林和常绿阔叶林为主，1 000～1 400米为落叶阔叶林和针阔混交林，1 400米以上为稀疏灌木林。多松、杉、柏和杜鹃。有石耳、石斛、灵芝、天麻、白术等珍稀药材和黑麂、石羊、猕猴、长尾雉、苍鹰、红隼等国家重点保护野生动物。有菊花、山核桃等特产。县乡公路通山麓。

羡山(Xiàn Shān)　属昱岭山脉。在杭州市淳安县东部，千岛湖镇羡山半岛西南端。因山形峭拔，危岩壁立，洞穴相连，受人喜爱得名。海拔594.5米。地质基础，西北部和东南部由志留系唐家坞组岩屑石英砂岩构成，中部由泥盆系上统石英砂砾岩构成。悬岩异石，龙潭跌水，湖光山色，风景秀丽。清穆彰阿《大清一统志·严州府》："形极峭拔。其麓有仙居洞。"明嘉靖《淳安县志》卷二："羡山，在县东三十五里。南面安福乡，北面太平乡，又西为龙山乡主山。形甚峭拔，其数洞相连，接外一洞有石龙。水自龙口下注石盆，常满不溢。盆前有石果甚异。遇旱请水于池，辄雨。昔有入者，越三四洞，见巨人足印沙上，乃出。"海拔500米有残留夷平面。土壤以黄红壤为主。植被以常绿阔叶林和落叶阔叶林为主。山麓多果林。山麓旧有羡山庵，清朝名臣陈世倌题"万德圆明"额。附近岛屿环绕，港汊曲折，湖水澄清，为千岛湖东南湖区重要景点。有柑橘、油茶等特产。东北麓和西南麓有滨湖公路。

磨心尖(Móxīn Jiān)　千里岗山脉主峰。淳安县第一高峰。在杭州市淳安县南部枫树岭镇。因峰顶形似磨心得名。海拔1 523米。地质基础以志留系唐家坞组砂岩为主。山势陡峻,为衢江与新安江分水岭。土壤和植被垂直分带明显。土壤以黄红壤、黄壤为主。海拔1 050米以下以常绿阔叶林和亚热带针叶林为主,1 050米以上分布大面积以马尾松、黄山松为主的次生林。有南方红豆杉等珍稀植物。有山核桃等特产。县乡公路通山麓。

大坞山(Dàwù Shān)　属白际山脉。在杭州市淳安县西南部中洲镇。原名武强山。以唐末乡兵拒破黄巢得名。明万历年间(1573—1620年)曾改名靖武山。清顾祖禹《读史方舆纪要》卷九十:"武强山……与歙之白滁诸岭相错,峰峦险阻。唐末乡兵保聚于此,拒破黄巢,今山麓有黄巢坪。"清乾隆《淳安县志》卷一:"武强山,唐末乡民保聚于此,破黄巢兵,因名。后改名靖武山,麓有黄巢坪。"后因邻大坞村改今名。海拔511.3米。地质基础由冰川泥砾堆积岩构成。土壤以黄红壤为主。植被以亚热带针叶林和针阔混交林为主。山麓有茶园、梯田。有山核桃、茶叶等特产。山麓通公路。

蔗山(Zhè Shān)　属昱岭山脉。在杭州市淳安县中部左口乡。南宋淳熙《严州图经》卷三:"蔗山,在(淳安)县东四十二里。中间平地二顷。故老相传云:昔人于此种蔗,因以名山。"明嘉靖《淳安县志》卷二:"蔗山,在县东北四十二里。山分八,水注十派,上有平地二顷。昔有人植蔗于此,故名。"海拔779.6米。地质基础由中生界砂岩构成。土壤以黄红壤为主。植被以针阔混交林为主。山上有五代南唐宋齐丘读书石室遗迹。清光绪《淳安县志》卷一:"中有宋齐丘读书石室。"明朝名臣淳安人商辂曾以此山为名作《蔗山笔麈》。南坡半山有夷平面。有耕地、茶园和丰坪村。有茶叶、笋干等特产。山麓通公路。

马鞍山(Mǎ'ān Shān)　属四明山余脉。在宁波市,为江北区与镇海区界山。原称古灵山、骠骑山。清穆彰阿《大清一统志·宁波府》:"骠骑山,在慈谿县十五里。《会稽典录》:'汉世祖时,张意为骠骑将军,其子齐方,历中书郎,尝隐于此山。'旧名古灵山。人名马鞍山。"明李贤、彭时等《大明一统志》卷四十六:"旧名灵山,因东汉骠骑将军张意之子齐方隐于此,故名。"后因西峰形似马鞍而更今名。光绪《慈谿县志》卷六:"骠骑山,县东南二十里,旧名'灵山'。《正德志》作旧名'古灵山'。山之西峰联耸如马鞍,《一统志》又名'马鞍山'。乃府治后镇山也……张意为骠骑将军,其子齐方……尝隐于此。人本其父之官以名山。上有骠骑将军庙。其西峰亦曰'望海尖',顶峻锐而卓立……按:荪湖之东,黄杨桥之西,山皆连属,昔人概曰'骠骑山',今则以西峰连耸者为马鞍山,建庙者为灵山,西有小山亦曰'小灵山',而'骠骑'之名反隐矣。"海拔250.5米。地质基础由白垩系火山碎屑岩构成。山势和缓。土壤以黄红壤为主。植被以常绿阔叶林、针阔混交林和竹林为主。东南麓有全国重点文物保护单位保国寺。元末明初诗人丁鹤年《慈溪度夏报国寺寄甬东椿上人》诗云:"一径野云深,僧关閟绿阴。雨腥龙出洞,风劲虎过林。澹泊资禅味,清凉养道心。三生如不昧,石上一来寻。"现辟为国家AAAA级旅游景区。山巅建有电视差转台。有竹笋、杨梅等特产。山上辟有健身步道。县乡公路通山麓。

阿育王山(Āyùwáng Shān)　属天台山脉。在宁波市,为鄞州区与北仑区界山。古称鄮山。因山麓有鄮县县治得名。鄮,即因贸易而生的城镇。南宋乾道《四明图经》卷二:"鄮山,以海人持货贸易于此,故名。"晋太康三年(282年)改今名,因僧慧达(编者注:即刘萨诃)结茅于山麓,得阿育王塔得名。明李贤、彭时等《大明一统志》卷四十六："阿育王山，在(宁波)府城东五十里。旧名鄮山。晋太康中，并州人刘萨诃得阿育王塔于此，因名。"清穆彰阿《大清一统志・宁波府》："阿育王山……旧名鄮山。晋太康中，并州人刘萨诃得阿育王舍利，建塔于此，因名。其前横陈如儿者，名'玉儿山'，其南曰'白云山'。"海拔261.4米。地质基础以白垩系火山流纹岩和燕山晚期侵入的花岗岩为主。土壤以黄红壤为主。植被以常绿阔叶落叶阔叶混交林、亚热带针叶林和竹林为主。先秦时期即有海外贸易基础，为中国古代海上丝绸之路的发源地之一。秦代以此山为名置鄮县。清穆彰阿《大清一统志・宁波府》："昔海人贸易于此，复加邑从鄮。因以名县。"明嘉靖中，倭寇曾侵犯此地。山麓建有阿育王寺。北宋文学家王安石曾作《奉使道中寄育王山长老常坦》诗："道人少贾海上游，海舶破散身沉浮。抱金满箧人所寄，吹簸偶得还中州。裸身归金不受报，祇取斗酒相献酬……寄声万里心绸缪，莫道异趣无相求。"南宋诗人范成大《育王方丈》诗云："窗纸悲嘶万壑风，石梁飞涧倒枯松。因勤昨夜三更雨，添作投渊雪色龙。"北宋诗人舒亶作有《和楼试可游育王山》，南宋诗人谢翱、元代月鲁不花、明代周翰等均作有《游育王山》诗。杭朱(G329)国道过山麓。

太白山(Tàibái Shān)　属天台山脉。在宁波市，为鄞州、北仑二区界山。《隋书》卷三十一："句章……有太白山。"南宋宝庆《四明志》卷十二："或曰，山以太白星得名。"别称天童山。南宋宝庆《四明志》卷十二："晋永康中，僧义兴结庐山间，有童子来给薪水，久乃辞去。曰：'吾太白一辰，上帝遣侍左右。'言讫不见，太白天童之名昉于此。"海拔656.9米。地质基础由白垩系流纹岩、火山凝灰岩等构成。高峻挺拔，峰峦奇秀。土壤以黄红壤为主。植被以常绿阔叶落叶阔叶混交林和亚热带针叶林为主。有玲珑岩、龙隐潭等胜景，山麓有中国佛教五大丛林之一的天童寺，为中国古代中日、中韩文化交流的重要节点。宋王安石作有《天童山溪上》《忆鄞县东吴太白山水》和《游太白山》，舒亶、黄龟年等都作有诗文。王安石《游太白山》诗云："太白巃嵸东南驰，众岭环合青纷披。烟云厚薄皆可爱，树石疏密自相宜。阳春已归鸟语乐，溪水不断鱼行迟。生民何以得处所，与兹鱼鸟相谐熙。"《忆鄞县东吴太白山水》诗："孤城回首距几何，忆得好处长经过。最思东山春树霭，更忆东湖秋水波。三年飘忽如梦寐，万事感激徒悲歌。应须饮酒不复道，今夜江头明月多。"北宋诗人舒亶《太白峰》诗："千峰下视尽儿孙，仙事寥寥不可闻。长作人闲三月雨，请看肤寸岭头云。"南宋诗人谢翱《雨宿太白山》诗："城中家斧冰，此地绝炎蒸。天食青童捧，龙居白气升。暗灯犹宿火，寝服尚衷缯。客话从前事，书传入内僧。风流今独尽，云物老相仍。净榻搜凉卧，危阑入醉凭。雨师行下界，鸟梦识中乘。明发甬南去，他山逢智弘。"现建有天童山国家森林公园和天童—五龙潭浙江省风景名胜区。有公路通山巅。

达蓬山(Dápéng Shān)　属四明山余脉。在宁波市，为镇海区与慈溪市界山。原名香山。南宋宝庆《四明志》卷十六："或云上多香草，故以为名。又云：'秦始皇至此，欲自此入蓬山，故号达蓬。'"别称大蓬山。清徐兆昺《四明谈助》卷四十五："大蓬山，(慈谿县)东北三十五里，又名'达蓬山'。山上有岩，高五六丈。有石穴，深四丈余。岸上有佛迹，多香草。秦始皇至此，欲自此入蓬莱，故号'达蓬山'。"主峰海拔422米。地质基础由白垩系火山碎屑岩构成。山势陡峻，岩石耸立。土壤以黄红壤为主。植被以亚热带针叶林和针阔混交林为主。有佛迹洞摩崖题刻、秦渡庵画像石刻等古迹。南宋诗人范成大《香山》诗："采香径里木兰舟，嚼蕊吹芳烂熳游。落日青山都好在，桑间荞麦满芳洲。"北宋诗人周锷《游香山佛迹》诗："灵山名达蓬，香水霭瞻卜。龙只久覆获，云物翳深谷。拂衣向劫中，神斧断苍玉。至今天人尊，灵迹印金粟。颇闻开士识，飞锡隐岩麓。坐令湖海客，香供走川陆……更觉梦中身，悠然百无欲。”南宋范成大《登达蓬山》诗又云：“抖擞轩裳一哄尘，任教空翠滴乌巾。老身已到篮舆上，处处青山是故人。”明代慈溪籍诗人冯志也作有《游香山》诗。今辟为达蓬山 AAAA 旅游景区和徐福文化园。北麓有窖湖水库，南麓有十字路水库。有蜂蜜等特产。有公路通半山。

奶部山(Nǎibù Shān)　属四明山。在宁波市，为鄞州、余姚、奉化三市(区)界山。奶部为当地对乳房的俗称。因峰顶形似乳房得名。主峰别称商量岗、相量岗。海拔 915.4 米，为鄞州区最高峰。地质基础以白垩系流纹岩、火山凝灰岩为主。山势陡峻。土壤以黄红壤、黄壤为主。植被上部以松、杉等亚热带针叶林为主，下部多竹林。1935 年，蒋介石偕夫人宋美龄至此避暑，并拟于此建辟武岭学堂林场。山顶建有电视发射塔。西南侧建有相量岗林场和商量岗滑雪场。浒溪(S213)省道过山麓，有简易公路至山顶。

赤堇山(Chìjǐn Shān)　属天台山脉。在宁波市鄞州区塘溪镇与奉化市裘村镇交界处。一说因山中有赤堇草得名。一说因古有堇子国，其土为赤色得名。其位置说法不一。南宋宝庆《四明志》卷十四：“鄞城山，(奉化)县东五十里。古鄞城在其下故名。”《旧志》载：“赤堇山在鄞县东四十里。云山有草曰‘赤堇’。《会稽记》云，昔欧冶造剑于此山，云：‘涸若邪而采铜，破赤堇而取锡。’今考鄞境内无此山，本以山名县，则鄞城山即赤堇山也。旧志以今鄞为古鄞，故载之于鄞县。”别称赤鄞山。清顾祖禹《读史方舆纪要》卷九十二：“赤鄞山，(奉化)县东五十里。亦曰鄞城山，古鄞县治其下。相传欧冶子造剑处。《国策》破赤堇而取锡，即此。”清光绪《奉化县志》卷四否定“鄞城山”即“赤堇山”之说，并称银山即古赤堇山：“银山……有峰曰‘银峰’，冈曰‘银山’。以产赤堇，又名‘赤堇山’……云鄞东四十里，与今银山之距里合……又山下有开银矿旧迹，足为破赤堇而出锡之证。”2006 年版《宁波市鄞州区地名志》以古“银山”为赤堇山：“又名堇山，山之北属塘溪镇……为鄞奉界山。”主峰海拔 549 米。地质基础由白垩系火山凝灰岩构成。北坡陡峭，南坡较缓。土壤以红壤、黄红壤为主。植被以常绿阔叶林、针阔混交林、竹林为主，北坡多茶园。山顶建有风力发电站。山麓有古银矿洞遗迹。《舆地纪胜》卷十一：“银山，在鄞县西南四十五里，地名小溪。尝产银，故名。”县乡公路通山麓。

赭山(Zhě Shān)　孤丘。属四明山余脉。在宁波市江北区慈城镇。赭，即红褐色。以山上土石呈红褐色得名。南宋宝庆《四明志》卷十六：“赭山，(慈溪)县西八里，土色正赤，故曰‘赭山’。”别称紫蟾山、丹山。清光绪《慈谿县志》卷六：“赭山，土色正赤，故曰‘赭山’。一名‘紫蟾山’，一名‘丹山’，绝顶有龙湫。其最高峰曰‘离卦尖’，下有玉蟾井、祇树井、枇杷潭，泉皆甘洌，远近取汲，旱不干涸。”民间曾谐音误作“乍山”。东北—西南走向。长 1.55 千米，宽 680 米。海拔 123.6 米。地质基础由下白垩统高坞组晶屑玻屑熔结凝灰岩和第三系嵊县组玄武岩构成。土壤以红壤土为主。植被以落叶阔叶林和竹林为主，缓坡有茶园。元代诗人曹汉炎曾作《赭山》诗：“千仞冈头四望赊，衰年脚力尚堪夸。江流曲似阳冰篆，山色丹于句漏砂。往古桃源疑此路，故侯瓜圃几何家。吾生悔不知几早，来伴羊裘坐钓槎。”明代诗人桂彦良《怀旧》诗：“县南十里有丹山，与客遨游古寺间。记得春岩雷雨后，泉流红玉映酡颜。”西濒余姚江，旧于山西麓江岸设赭山渡，东北麓有始建于后周显德六年(959 年)的赭山寺。南宋宝庆《四明志》卷十六：“赭山渡，(慈溪)县南西屿乡，去县一十五里。”“赭山清果院，(慈溪)县西南十里，周显德六年置，名‘赭山’，皇朝治平二年改赐今额。常住田二百二十五亩，山四十二亩。”清顾祖禹《读史方舆纪要》卷九十二：“前江……至丈亭渡分为二：一由车厩渡历县南十五里之赭山渡。”1950年以此山设赭山乡，1956年改称乍山乡，1992年乍山乡与半浦乡合为乍浦乡，2001年并入慈城镇。东麓邻沈海（G15）高速公路，县乡公路通山麓。东北麓有赭山老街。

招宝山（Zhāobǎo Shān）　孤丘。属天台山脉余脉。在宁波市镇海区东南部，下临甬江口。原称候涛山。因旧时潮汐自此分流，为候潮出海之处得名。招宝山地名由来有二：宋宝庆《四明志》卷十八：“耆旧相传，山下有蚌，生明珠，往来波涛之间，渔人或得之，即光耀逼人。骇浪继作，舟不可行，投之乃止。”清顾祖禹《读史方舆纪要》卷九十二：“本名候潮山，以诸番入贡停舶于此，因改今名。”又因山巅建有插天鳌柱塔，别称鳌柱山。东北—西南走向，长600米，宽320米。海拔81.7米。地质基础由白垩系火山碎屑岩构成。土壤以黄红壤为主。植被以常绿阔叶落叶阔叶混交林和针阔混交林为主。隔甬江与金鸡山对峙。南吞甬江，北临东海，历为浙东门户、海防要地，古代海上丝绸之路的重要节点。宋淳化元年（990年），两浙市舶司自杭州迁至招宝山下。南宋宝祐六年（1258年）于山巅建烽铺，为“海上十二烽铺”警讯的终点。明嘉靖三十九年（1560年）建威远城于山巅。明抗倭战争期间，山下设有明军的指挥中枢。明代文学家张岱《陶庵梦忆》卷七：“定海演武场在招宝山海岸，水操用大战船、哨船、蒙冲、斗舰数千艘，杂以鱼艓轻艖，来往如织。舳舻相隔，呼吸难通，以表语目，以鼓语耳，截击要遮，尺寸不爽。健儿瞭望，猿蹲桅斗，哨见敌船，从斗上掷身腾空溺水，破浪冲涛，顷刻到岸，走报中军，又趵跃入水，轻如鱼凫。水操尤奇在夜战，旌旗干橹皆挂一小镫，青布幕之，画角一声，万蜡齐举，火光映射，影又倍之。招宝山凭槛俯视，如烹斗煮星，釜汤正沸。火炮轰裂，如风雨晦冥中电光翕焱，使人不敢正视；又如雷斧断崖石，下坠不测之渊，观者褫魄。”清光绪三年（1877年）建威远炮台，十年建平远炮台，十三年建安远炮台。中法战争时炮台守备吴杰于此重创入侵法军。元代文学家吴莱《次定海候涛山》诗：“悲歌忽无奈，天海何渺茫。放舟桃花渡，回首不可量。南条山断脉，北界水画疆。居然清泠渊，枕彼黄茅冈。朝渗日星黑，夜凄金碧光。蹲虎岩倚伏，斗鸡石乖张。磨砻越湛卢，荡泊吴馀皇。幽波视若亩，巨壑深扶桑。招徕或外域，贸易从兹乡。嘔呷燕国语，颠倒龙文裳。方物抽所宝，水犀警非常。驱鳅作旗帜，驾鳌为桥梁。似予万里眼，徒倚千尺樯。稍疑性命轻，终觉意气强。寄言漆园叟，此去真望洋。便拟学仙子，被发穷大荒。”明代抗倭名将俞大猷、明代文学家屠隆均作有《招宝山》诗，明代文学家徐渭作有《与客登招宝山观海遂有击楫岑港》诗，清代诗人、书画家姚燮作有《登招宝山》诗。山上多海防遗迹，今辟为国家AAAA级旅游景区。连接招宝山大桥的招宝山隧道自山中穿越。

大梅山（Dàméi Shān）　属天台山脉余脉。在宁波市鄞州区东南部，为横溪镇、塘溪镇界山。因传为汉梅福炼丹处得名。《舆地纪胜》卷十一：“汉梅子真旧隐山顶。”明李贤、彭时等《大明一统志》卷四十六：“大梅山，在（宁波）府城东南七十里。相传汉梅子真隐于此。石洞、仙井、药炉、丹灶遗迹犹存。山顶有大梅木，唐时伐为禹庙及它山堰梁。”海拔380.45米。地质基础以白垩系火山凝灰岩、沉积岩为主。五峰耸立，山势挺拔，峰峦叠翠，多奇岩怪石、溪涧跌水。土壤以黄红壤为主。植被以常绿阔叶落叶阔叶混交林和竹林为主。旧有石洞、仙井、药炉、丹灶等遗迹。明李贤《大明一统志》卷四十六：“石洞、仙井、药炉、丹灶遗迹犹存。山顶有大梅木，唐时伐为禹庙及它山堰梁。”山麓有护圣禅寺，为古代中日、中韩文化交流的节点。历代文人多有吟咏。其中，南宋诗人楼钥作有《大梅山》《游大梅山护圣寺》和《游大梅山梅仙岩》等诗。其中，《大梅山》诗云：“此山名大梅，驱车入山麓。试问山中人，山名竟谁属。禅家开道场，为说梅子熟。仙家指为岩，曾此隐梅福。或云古有梅，其大蔽山谷。至今二梅梁，灵响皆其族。”《游大梅山护圣寺》诗云：“江东东畔更东山，又过东山数里间。试问招提在何处，万山深处白云环。”清全祖望《句余土音》录有《赋大梅山梅》。附近有梅福、梅山、梅岭、梅溪等地名。有公路至半山。

锡山（Xī Shān）　属四明山。在宁波市鄞州区西南部，为横街镇和鄞江镇界山。海拔 573.6 米。《舆地纪胜》卷十一：“以尝产锡，故名。”宝庆《四明志》卷十二：“锡山，（鄞）县西南五十里。尝产锡，故名。”一说即古赤堇山。清徐兆昺《四明谈助》卷三十五：“《会稽记》云：‘欧冶造剑，赤堇之山破锡而出。’黄南山《简要志》云：‘赤堇山东有甬江，盖即鄞之锡山。以其破而出锡，故称锡山。’”海拔 537.7 米。地质基础以白垩系沉积岩、火山凝灰岩为主。土壤以黄红壤为主。植被以常绿阔叶落叶阔叶混交林为主，北坡多竹林，山巅多茶园。有公路通茶园。

岐山（Qí Shān）　属四明山。在宁波市鄞州区西北部。以相传有异鸟集此得名。别称旗山，传以抗金将领张俊于此陈兵得名。清乾隆《鄞县志》卷三：“岐山，县西三十里。相传尝有异鸟集此。又名‘旗山’。以张循王陈兵于此。”清顾祖禹《读史方舆纪要》卷九十二：“岐山，在（宁波）府西三十里，亦曰旗山。宋建炎中，金人犯境，张俊尝屯兵于此。”海拔 20 米。地质基础以白垩系火山凝灰岩为主。土壤以黄红壤为主。植被以常绿阔叶落叶阔叶混交林为主。山麓有岐山村。邻宁波绕城（G1501）高速公路，甬梁（S318）省道过山麓。

它山（Tā Shān）　孤丘。属四明山余脉。在宁波市鄞州区西南部鄞江镇。它，当地音作“Tuō”。南宋宝庆《四明志》卷十二：“以其无山相接，故谓之它山。”清黄宗羲《四明山志》卷一：“以其不与众山为侣，故名它山。”海拔 20 米。地质基础以白垩系沉积岩为主。土壤以黄红壤为主。植被以常绿阔叶落叶阔叶混交林为主。唐太和七年（833 年）鄮县令王元暐于此山麓筑它山堰。唐释元亮《它山歌》诗：“它山堰，堰在四明之鄞县。一条水出四明山，昼昼长流如白练。”又作《它山堰》：“截断寒流叠石基，海潮从此作回期。行人自老青山路，涧急水声无绝时。”北宋诗人舒亶有《题它山善政侯兼简鄞令》诗：“呜呼王封君，心事鬼出没。驱山截长江，化作云水窟。”南宋文学家楼钥作《它山堰》诗：“它山堰头足奇观，百万雷霆声不断。谁把并州快剪刀，平剪波澜成两段。四明山深水源远，众壑会溪长漫汗。滔天狂潦不少留，泻入长江势奔窜。”宋代诗人应枢《游它山》诗有：“登陆由来说四明，它山胜地久驰名。龙眠巨堰两岸下，鳄吼奔流一水清。”宋代应焻、陈坰、薛叔振等均作《它山堰》诗，魏岘、魏岘分别作《它山堰和应焻韵》《它山堰次永嘉薛叔振韵》等诗，魏岘并著《四明它山水利备览》两卷。山麓有它山堰、它山庙等古迹。其中，它山堰为全国重点文物保护单位，被誉为中国古代四大水利工程之一。县乡公路通山麓。

龙泉山（Lóngquán Shān）　孤丘。属四明山余脉。在余姚市中部阳明街道。因山腰有龙泉得名。别称灵绪山、屿山。清顾祖禹《读史方舆纪要》卷九十二：“一名‘灵绪山’，一名‘屿山’。三峰挺秀，南俯姚江，泉虽微而不竭，谓之龙泉。”宋嘉泰《会稽志》卷九：“灵绪山，在（余姚）县西一里。一名‘屿山’。孔晔记云：山有三足白鹿。昔虞翻尝登此山望四郭……山巅有葛仙翁井，及山腰有微泉，未尝竭，名‘龙泉’。”海拔 67 米。地质基础由白垩系火山凝灰岩构成。山势和缓，山体浑圆。土壤以黄红壤为主。植被以常绿阔叶林、针阔混交林为主。林木葱郁，花草芬芳。南麓有龙泉寺，唐代诗人方干曾于此作《题龙泉寺顶》诗：“未明先见海底日，良久远鸡方报晨。古树含风长带雨，寒岩四月始知春。中天气爽星河近，下界时丰雷雨匀。前后登临思无尽，年年改换去来人。”有王阳明讲学处、祭忠台和严子陵、黄梨洲、王阳明、朱舜水四先贤故里碑等古迹，并有梨洲文献馆、余姚博物馆等设施。晚唐诗人张祜作有《题余姚龙泉观》诗："四明山一面，台殿倚嵯峨。中路见江远，上方行石多。山晴花气漫，地暖鸟声和。待漱葛仙井，此生真奈何。"北宋文学家王安石作有《龙泉寺石井》二首，其一："山腰石有千年润，海眼泉无一日干。天下苍生待霖雨，不知龙向此中蟠。"其二："人传湫水未尝枯，满底苍苔乱发粗。四海旱多霖雨少，此中端有卧龙无。"明代学者王阳明《忆龙泉山》诗："我爱龙泉山，山僧颇疏野。尽日坐井栏，有时卧松下。一夕别云山，三年走车马。愧煞岩下泉，朝夕自清泻。"南宋余姚知县孟点也作有《龙泉山》诗。旧有山蔓菁等特产。现辟为龙山公园。城市道路环山麓。

胜归山(Shènguī Shān)　孤丘。属四明山余脉。在余姚市中部阳明街道。原称圣龟山。因山形似龟得名。据传，因晋刘牢之败孙恩，胜归至此，遂改今名。清顾祖禹《读史方舆纪要》卷九十二："相传晋刘牢之败孙恩，还屯于此。"又因南麓旧有石宕，民间俗称打石山。海拔 147 米。地质基础由白垩系火山凝灰岩构成。山势和缓，多裸岩。土壤以黄红壤和酸性粗骨土为主。林木稀疏，以针阔混交林和灌木丛为主。明代余姚籍学者孙鑛《胜归山》诗："爽气朝来胜，相偕但阿咸。幽林寻鹿豕，古庙看松杉。刘守曾无碣，胡公尚有岩。人生几两屐，山路自巉巉。"清代诗人李维瓒《游胜归山岩洞》诗云："径问秋山去，不知山路深。洞门晴有雨，岩壑昼长阴。怪石悬崖挂，游鱼带石沉。会须风雨夕，来此听龙吟。"现辟为胜归山公园。南麓有革命烈士陵园和古采石场遗迹，并以采石场遗迹建俗称为"胡公岩"的石雕像群。城镇道路环山麓。

化安山(Huà'ān Shān)　属四明山余脉。在余姚陆埠镇西南。古称瀑布岭、剡中山。北宋《太平寰宇记》卷九十六："瀑布岭，《茶经》云：越州余姚茶生瀑布岭者，号曰'仙茗'。"后因山麓有南平清泰元年(934 年)创建的化安寺而改今名。南宋嘉泰《会稽志》卷九："化安山，在(余姚)县东南二十里。"清黄宗羲《四明山志》卷一："化安山，古谓之剡中。《宋史·陈橐列传》：'谢事归剡中，侨寓僧寺。'初以为剡县，及考城冢，方知是此山，以其有剡湖故也。"海拔 150 米。地质基础由白垩系火山凝灰岩构成。土壤以粉质黏土为主。植被有亚热带针叶林、落叶阔叶林、针阔混交林等。山麓有化安瀑布、剡湖、化安泉(别称江井，今称龙眼井)、开口岩等胜迹，旧有南宋循吏陈橐墓和化安讲寺等古迹。南宋嘉泰《会稽志》卷六："陈侍郎橐墓在化安寺。"黄宗羲《四明山志》卷一："橐卒即葬于此。其僧寺即化安寺也。余祖元州判茂卿府君，读书寺中，乃吴草庐之了弟。寺多名僧，其见之诸家文集者，明初宋元僖有《怀化安真净源》诗，南洲洽有《送坦达中住姚江化安》诗(诗皆见《伽蓝记》)。有撺水，宋《会稽志》所谓化安瀑布也……有鳌峰，俗名'开口岩'。有道岩，在山顶，如石塔……有化安泉，昔云间徐长谷(献忠)作《水品》，以四明山之水雪窦上岩为第一，盖由不知化安泉也。雪窦飞流岂能与化安源泉争胜？……有剡湖，谢文正公尝读书于此。其言曰：'山水所汇，以其景物之胜似剡溪也。'"卷二："化安讲寺在剡湖岙，后唐清泰元年建，号化安院。大中祥符元年改赐普圆院。"明代思想家王阳明曾与陆相一起讲学于开口岩。明末清初史学家黄宗羲曾隐居于此著述《明夷待访录》《易学象数论》《明文海》，后又归葬于此，文学家全祖望为之撰神道碑，毛奇龄撰墓志铭。2006 年，黄宗羲墓作为浙东学派史迹的组成部分被公布为第六批全国重点文物保护单位。历有茶叶等特产。唐陆羽《茶经·八之出》："浙东：以越州上。余姚县生瀑布泉岭，曰'仙茗'，大者殊异，小者与襄州同。"黄宗羲《四明山志》卷一："产茶，为名品。宋孙因《越问》云：'若余姚之瀑布兮，尤《茶经》之所夸。嗟陆羽之不逢兮，宜鉴味之绝少。'"县乡公路环山东麓至南麓。

五磊山(Wǔlěi Shān)　属四明山余脉。在慈溪市南部，为观海卫、掌起二镇界山。南宋宝庆

《四明志》卷十六:“上有五峰磊磊,相比如聚米所成,人谓五磊。”清顾祖禹《读史方舆纪要》卷九十二:“五磊山,在(慈谿)县西北四十五里,五峰磊磊,若聚米所成,南有崖如门,以通出入。”海拔 424 米。地质基础由白垩系火山碎屑岩构成。土壤以黄红壤为主。植被以亚热带针叶林为主。北宋诗人舒亶作有《登五磊山》诗:“五磊峰高笔插天,长松合抱几千年。尘氛洒落非人世,风露清明近月边。枕上数声敲夜磬,山前百亩起春田。我来欲步苍苔色,不著篮舆两两肩。”山顶有五磊讲寺、史祥寺等古迹和莲花园、藏云溪等景点。南宋宝庆《四明志》卷十七:“五磊普济院,县西北三十里。旧名‘灵山禅院’,唐文德中,令颙禅师建。皇朝大中祥符初改赐今额。”明永乐年间(1403—1424 年)改称“五磊禅寺”。明代慈溪籍学者周旋《五磊寺》诗:“空林闻叶落,峭壁看云生。白石如人立,清溪似玉鸣。”宝庆《四明志》卷九记载,宋代割肉孝母的孙之翰葬于山中:“孙之翰,字文举,慈溪金川乡之鸡鸣山人。少志乎学,母疾,革刲体取肝为粥以进。越夕,母如醉自醒……年六十六卒于嘉泰二年,葬五磊山。”山巅云雾旧为附近民众观察天气的标志物。元延祐《四明志》卷七:“上有五峰磊磊相比,人谓‘五磊’,云兴则雨,常以为候。”现为国家 AAA 级旅游景区。有简易公路至五磊讲寺。

栲栳山(Kǎolǎo Shān)　属四明山余脉。在慈溪市东南部,为桥头、匡堰二镇界山。古称仙居山。后以远望山形似柳条编成斗状容器“栲栳”而改今名。南宋嘉泰《会稽志》卷九:“仙居山,在(余姚)县东北六十里。一名栲栳山。”两峰对峙,东峰海拔 424 米,西峰海拔 356 米。地质基础由白垩系火山碎屑岩构成。山势陡峻,顶部平坦,上有巨石。土壤以黄红壤为主。植被以亚热带针叶林和针阔混交林为主。缓坡地多杨梅树林。山顶旧有盘罗石,并有瀑布。北宋谢景初作有《观仙居山瀑布》诗:“落泉下峭壁,斗绝千万丈。溅急雪片飞,望若匹练广。曲岭隔青林,三里已闻响。其旁有巨石,平润可俯仰。愚俗所不道,我辈偶来赏。须期秋色清,攀萝将尔上。”现为鸣鹤—上林湖浙江省风景名胜区的组成部分。北麓一带有上林湖青瓷窑遗址和上林湖青瓷文化传承园。县乡公路通山麓。

眉山(Méi Shān)　孤丘。属四明山余脉。在慈溪市中西部浒山街道。以山形似眉得名。南宋嘉泰《会稽志》卷九:“在(余姚)县北三十五里,海中望之如修眉,故名。”海拔 48 米。地质基础由白垩系火山碎屑岩构成。土壤为黄红壤。植被以针阔混交林为主。清道光《浒山志》卷一记载,眉山古临大海,北宋庆历七年(1047 年)冬,余姚县令谢景率民于眉山北麓一带筑东西向海堤,方与大陆相连。元、明曾于山麓设眉山巡检司,并有眉山镇集市。清顾祖禹《读史方舆纪要》卷九十二:“眉山,(慈谿)县北三十五里。海中望之,如修眉然。其北五里有巡司。”“眉山镇,(慈谿)县西北四十里,地名湖海头。《志》云:‘元置眉山巡司,在县北四十里,司南五里即眉山也。前朝洪武二十年,改置今所,仍以眉山为名。’”城市道路环山麓。

教场山(Jiàochǎng Shān)　孤丘。属四明山余脉。在慈溪市中西部古塘街道。古称浒山。因昔为杭州湾南岸边的小岛,以地处山缘水边得名。清道光《浒山志》卷一:“浒山自周秦以上,悉以海堧,旷无人居。元以前,山在海中,后成陆,以滨海故名。”2008 年改称教场山。因此地为明代三山所明军排阵演兵之处,故名。海拔 45 米。地质基础由白垩系火山碎屑岩构成。土壤为黄红壤。植被以常绿阔叶落叶阔叶混交林为主。明洪武二十年(1387 年)于附近设置三山所(三山,即浒山、眉山和乌山),并建所城,开东、南、西、北四城门。清撤卫所,浒山一带成为集市。民国以此山为名置浒山镇。现辟为教场山公园。城市道路环山麓。

伏龙山(Fúlóng Shān)　孤丘。属四明山余脉。在慈溪市东南部龙山镇。以山形似伏龙得名。

别称箬山。南宋宝庆《四明志》卷十八:“伏龙山,(定海)县西北八十里。一名‘箬山’。其山跨东海西海之门,宛若龙头龙尾之形,又若龙赴海之状,因名‘伏龙山’。”海拔282米。地质基础由白垩系混合花岗岩构成。土壤以黄红壤、酸性粗骨土为主。植被以常绿阔叶落叶阔叶混交林和针阔混交林为主。旧为海防要地。清顾祖禹《读史方舆纪要》卷九十二:“屹临水漈,为番舶必由之道,盖临、观两卫之咽喉也。嘉靖三十五年,官军败倭于此。”旧有竹、坞、烟、云、管、江、潮、汐八景之说。现存伏龙禅寺、莲花池、刺史桥、观蜃楼、摩崖石刻群等古迹和千丈岩、巨型石坛、自满仓、海眼泉、龙脊柱等景观。旧盛产无患子、紫菜。南宋宝庆《四明志》卷十六:“伏龙山内有刺史门、石坛乳井,产槵子木。水产紫菜,独胜他所,著名‘伏龙菜饼’。”邻杭朱(G329)国道。山麓通公路。

胜山(Shèng Shān) 孤丘。属四明山余脉。在慈溪市中部胜山镇。原称悬泥山,为杭州湾海中小岛。南宋嘉泰《会稽志》卷九:“悬泥山,在(余姚)县北六十里,孤峙海中,其上多橘,下有涌泉,冬夏不竭。”因形如泥墩得名。后因戚继光于此破倭屡胜而改称今名。海拔54米。地质基础由白垩系火山碎屑岩构成。山势低平。土壤以黄红壤为主。植被以常绿阔叶落叶阔叶混交林为主。山麓旧有胜山港。清顾祖禹《读史方舆纪要》卷九十二:“嘉靖中,屯营于此以备倭。”“嘉靖三十四年,官军败倭于胜山,又败之于龟鳖洋。”清道光二十年(1840年),由商船改装的英舰风鸢号闯入胜山港,搁浅沉没,当地军民俘获英军和随行20多人。山上有清光绪十九年(1893年)所立的《勒石示禁》碑、胜山禅寺等古迹。《勒石示禁》碑载:“伊等上祖巨川公、文僖公遗大、小胜山两座,即古名悬泥山,山上立庙装塑祖像,并安葬祖坟,该山柴息历为祭祀之需,向禁盗斫,并不准纵放牛羊,呈蒙前县给示勒石永禁在案。”山麓环有城镇街巷。

陈山(Chén Shān) 属四明山余脉。在慈溪市南部横河镇。以陈氏聚居得名。清光绪《余姚县志》卷二:“其谓之陈山者,宋古灵先生陈襄子孙散处此山之下也。”又因乾道七年(1171年)绍兴知府史浩建纪念严子陵的客星庙于山上,别称客星山。清顾祖禹《读史方舆纪要》卷九十二:“陈山,(余姚)县东北十里。高千余仞,少石饶草木,远望卓削,至其巅则正平,相传子陵尝居此,一名‘客星山’。”海拔159米。地质基础由白垩系火山碎屑岩构成。山坡陡峻,山巅平坦。土壤以黄红壤为主。植被稀疏,以亚热带针叶林、灌木林和杨梅林为主。山腰有华清泉。民国《沪杭甬铁路沿线名胜》一书载:“山半有泉,名‘华清泉’,也称‘旋井’。宋元丰中杨景谟顾临同游,酌泉赋诗于此。”山麓严陵坞为严子陵故里,有严子陵墓。山北东横河上有客星桥。清咸丰二年(1852年)于严陵坞出土东汉建武年间(25—56年)所刻汉三老讳字忌日碑,今藏西泠印社,被誉为“浙东第一古碑”。历代文人多有吟咏。宋代余姚籍学者孙应时撰有《客星桥记》,南宋丞相史浩《吊严先生墓》:“玉匣蛟龙已草莱,一丘马鬣尚封培。云台若也表名姓,千古谁知有钓台。”清代余姚诗人吕迪《客星山怀古》:“光武故人埋玉骨,高山长水不无灵。先生浪迹惟严濑,故老流传此客星。祠墓尚留唐树木,雨风已蚀汉碑铭。欲知亮节清风在,华井泉留万古馨。”清代诗人邵以发《咏华清泉》有“客星山高刺天上,可观海下有清泉,泉中星月如联珠,珠光倒影高人居”之句。山上盛产杨梅,附近区域为慈溪杨梅节举办地。杭甬高速铁路过山麓,沿山线县道通北麓。

奉化山(Fènghuà Shān) 孤丘。属天台山脉余脉。在奉化市中北部,为岳林街道与尚田镇界山。南宋宝庆《四明志》卷十四载为南山。因地处古奉化县治东南得名。后因邻近奉化城而改今名。奉化山之名的史料记载出现在明代。一说此山原名奉化山,奉化县即以此得名。明嘉靖《奉化县图志》卷一:“去县东南五里有山特起曰‘奉化’,唐开元二十六年,析鄮县地置奉化县于此,因以名焉。”又因山上有瑞峰塔，别称瑞峰山。明郭子章《郡县释名·浙江下》说：“唐析为县而名‘奉化’者，以邑有奉化山。一名‘瑞峰’。山特起，周回三十里。《元史》载：‘奉化州，山石裂’，即此也。……宋名郡，元名州，我明仍唐名邑。”清顾祖禹《读史方舆纪要》卷九十二：“奉化山四面各异名，亦谓之瑞峰山。”海拔 266 米。地质基础由白垩系火山凝灰岩构成。土壤以黄红壤为主。植被以针阔混交林为主。昔奉化学子曾以此山之鸣音预测科举考试的成绩。南宋宝庆《四明志》卷十四：“南山，(奉化)县东五里。东为栲栳山，西为龙潭山，其山四断，邑之举子尝以此山之鸣，验科甲之高下。初一鸣，而王国定为武举之鼎魁，再一鸣而何大圭以两优解褐，里语所传不可谓之无验。其上为南山寺，临其巅有轩曰‘广莫’。登临眺望山川、城邑，千里之外了然在目。”南宋诗人楼钥《南山广莫轩》诗云：“广莫乘风隘九州，乱山无数点平畴。一千里外在吾目，三十年来无此游。地下天高俱历历，鸢飞鱼跃两悠悠。昌黎费尽南山句，旷望还能似此不。”元代于此发生山崩事件。《元史》卷五十一：元至元六年(1340 年)农历五月，“庆元奉化州山崩，水涌出平地，溺死人甚众”。清顾祖禹《读史方舆纪要》卷九十二记载明军曾于此山麓败倭：“奉化山……山之东麓有桃花岭，去县十五里。嘉靖中，官军击倭贼于鄞县，倭由桃花岭南遁，即此。”但清光绪《奉化县志》卷四否定此说：“倭寇实渡慈谿之桃花岭，非奉化之桃花岭也。”北坡有始建于唐咸通五年(864 年)的南山寺。东南麓有古采石场遗址。沈海(G15)高速公路过东麓，县乡公路环山。

大雷山(Dàléi Shān)　属天台山脉。在奉化市中部，为萧王庙街道、溪口镇、尚田镇界山。清顾祖禹《读史方舆纪要》卷九十二：“大雷山，(奉化)县西四十里，四明支山也。山极高，眺百里外，下瞰鄞江。”明嘉靖《奉化县图志》卷十二：“大雷山，县西南四十五里，广连雪窦，山高一千丈。”名称来历及含义不详。一说别称南雷山，南宋宝庆《四明志》卷四：“雷峰山大雷山，即谢遗尘所隐(南雷山)。”一说此山非谢遗尘隐居的南雷山。清黄宗羲《四明山志》卷一：“戴表元云：‘剡源有两大雷，东西相望百里，大雷之下皆有石门。’然以为唐谢遗尘所居，非也。”海拔 809 米。地质基础由白垩系火山凝灰岩构成。东南坡和缓，西北坡较陡。土壤以黄红壤、水稻土为主。植被以竹林和针阔混交林为主。东南坡多梯田、果园。有水蜜桃、笋干、茶叶等特产。简易公路通山巅。

城山(Chéng Shān)　属天台山脉。在奉化市东北部西坞街道。因自秦至隋开皇九年(前 222—589 年)山麓有鄞县县城得名。古称赤堇山、鄞城山、城山、鄞山、堇山、赤鄞山等。《越绝书》卷十一：“赤堇之山，破而出锡。若耶之溪，涸而出铜。”南宋宝庆《四明志》卷十四：“鄞城山，(奉化)县东五十里。古鄞城在其下故名。”《旧志》载：“赤堇山在鄞县东四十里。云山有草曰‘赤堇’。《会稽记》云，昔欧冶造剑于此山，云：‘涸若邪而采铜，破赤堇而取锡。’今考鄞境内无此山，本以山名县，则鄞城山即赤堇山也。旧志以今鄞为古鄞，故载之于鄞县。”清顾祖禹《读史方舆纪要》卷九十二：“赤鄞山，(奉化)县东五十里。亦曰‘鄞城山’，古鄞县治其下。相传欧冶子造剑处。《国策》：‘破赤堇而取锡，即此。’”清光绪《奉化县志》卷四否定“鄞城山”即“赤堇山”之说，并称银山即古赤堇山：“银山……有峰曰‘银峰’，冈曰‘银山’。以产赤堇，又名‘赤堇山’……云鄞东四十里，与今银山之距里合……又山下有开银矿旧迹，足为破赤堇而出锡之证。”1985 年版《奉化县地名志》以“城山”为标准名称：“城山……又堇山、鄞城山。”主峰海拔 47 米。地质基础由白垩系火山凝灰岩构成。土壤以红壤为主。植被以针阔混交林为主。秦代以此山为名置鄞县。山下旧有鄞县故城、鄞城院(广福院)。西北麓有古墓葬群，为县级文物保护单位。山麓通公路。

雪窦山(Xuědòu Shān)　属四明山。在奉化市西北部溪口镇。一说以千丈岩悬崖壁立，瀑布直泻喷薄如雪而得名。宋沈辽《雪窦山》有"千寻飞雪下岩窦，落日洗耳前溪头"之句。一说因山有石窦，泉出如雪得名。清黄宗羲《四明山志》卷一："有石窦出泉若乳，上有之乳峰。"清嵇曾筠《浙江通志》卷十四："《雪窦寺志》：'按舆图，自天台摘星峰历华顶至四明山心东来，过二十里云起为雪窦山，又名乳峰。正峰耸峙，四山攒拱，两涧出水交会于前。又东折而下，逶迤六七里，始抵山麓。'《舆地纪胜》：'丹碧照烂，飞檐鳞鳞，蔚在青嶂间。晨霞暮霭，遮露万状，尤为胜概。'"别称雪头山、应梦山、瀑布山。传宋仁宗梦八极之表应雪窦奇景，宋理宗赐"应梦名山"额。清顾祖禹《读史方舆纪要》卷九十二："宋理宗梦游此，赐名应梦山。"清光绪《奉化县志》卷四："宋仁宗曾梦其处，故理宗书'应梦名山'四字赐之。"海拔 800 米。地质基础由白垩系火山凝灰岩构成。土壤以黄红壤、黄壤为主。植被以亚热带针叶林、常绿阔叶林和常绿阔叶落叶阔叶混交林为主，多桃林。半山有始建于唐代的雪窦寺，为中国佛教禅宗十刹之一、弥勒道场。有妙高台、千丈岩、三隐潭、御书亭及宋理宗书"应梦名山"石碑等名胜古迹。清黄宗羲《四明山志》卷一："自麓至颠，高可十里，四山环合，中有平田数百亩，至者忘其为山也。左右各出一水，至西南山缺处，合流为瀑布。其岩绝壁千仞，故名千丈岩。水至半壁，有石突出隔之，洒若飞雪，而后复为瀑布，亦名瀑布山，宋真宗敕曰'东浙瀑布'也。作飞雪亭于其上，俯之以纳奇观。曾子固有'凭槛未穷千丈势'之句，则亭之来亦久矣。其后亭废。嘉靖间，郡守沈恺重建，置碑刻于其中。未几，又废。游人以残碣投之岩下，其声激射，良久乃已。于是，碑刻柱础亦尽。有妙高台，峰顶若台，截出万山之表，下临无际。东西约四十尺，南北倍之。"历代文人多有吟咏。北宋文学家王安石《千丈岩瀑布》："拔地万重清嶂立，悬空千丈素流分。共看玉女机丝挂，映日还成五色文。"南宋诗人楼钥《妙峰亭》："一峰高出白云端，俯瞰天涯千万山。试向冈头转圆石，不知何日到人间。"南宋僧人释文珦《雪窦山》诗："寺在诸峰顶，寥寥远世纷。岩飞千丈雪，门掩万重云。地冷春疑晚，松深日易曛。孤猿清叫月，僧向定中闻。"南宋诗人郑清之《妙高台》诗云："陆地芳洲拥翠翘，巨灵穿石滚云涛。搏空苍凤欲飞舞，奔海玉龙争怒号。万象横陈坤轴富，一亭平挹月轮高。独醒未觉孤清境，笑酌寒泉读楚骚。"南宋诗人陈著《游雪窦杖锡七首·妙高台》："不到兹台四十年，临风独立意悠然。胸中多少难言事，便欲凭高叩九天。"南宋诗人谢翱《夜宿雪窦下方》："眠山枕斧柯，独客爱盘阿。畏日生尘梦，寻仙到鸟窠。下方闻夕磬，南斗挂秋河。寝服侵云卷，颓泉通瀑和。窦分沧海月，禅入沃洲歌。此地精灵聚，中宵弄薜萝。"明代思想家王守仁《雪窦山》诗："穷山路断独来难，过尽千溪见石坛。高阁鸣钟僧睡起，深林无暑葛衣寒。壑雷隐隐连岩瀑，山雨森森映竹竿，莫讶诸峰俱眼熟，当年曾向画图看。"宋代于奉化县禽孝乡下设雪窦村。1937 年，蒋介石将张学良幽禁于雪窦山原上海中国旅行社雪窦山招待所。东麓有属全国重点文物单位"蒋氏故居"范围内的蒋母墓。有香榧、水蜜桃、芋艿头、千层饼、羊尾笋等特产。南宋宝庆《四明志》卷四："榧，翠山、香山、雪窦皆有之，惟雪窦榧著名。"浒溪(S213)省道过半山。

鲒埼山(Jiéqí Shān)　孤丘。属天台山脉余脉。在奉化市东南部莼湖镇。因汉代于此设鲒埼亭得名。《汉书》卷二十八上："鄞，有镇亭，有鲒埼亭。"唐颜师古《汉书注》卷二十八："鲒，音结，蚌也。长一寸，广二分，有一小蟹在其腹中。埼，曲岸也。其中多鲒，故以名亭。"清顾祖禹《读史方舆纪要》卷九十二写作鲒崎山："(奉化)县南五十里。《汉志》鄞县有鲒崎亭。颜师古曰：'鲒，蚌属，曲岸为崎，即此矣。'"别称埼山。清光绪《奉化县志》卷四："一名'埼山'。《汉书·地理志》'鲒埼亭'盖在此。有鲒埼炮台。"海拔 280 米。地质基础由白垩系火山凝灰岩构成。山势和缓，地形破碎。土壤以黄红壤为主。植被以常绿阔叶落叶阔叶混交林为主。历为海防要地。南宋宝庆《四明志》记载，宋代于山麓设有鲒埼镇、鲒埼寨和鲒埼坊。明初于山麓置巡检司。明嘉靖四十年(1561年)明军败倭寇于山麓。现存瞭望台等遗迹。明代诗人张瓒《鲒埼亭观海》诗："振衣千仞恣遨游，举目俄掠近斗牛。云锁赤岩低雁宕，天浮沧海小瀛洲。谢安自得闲中趣，徐市何须海外求。瑶草碧桃如旧日，独悲秦辇覆沙丘。"清代鄞县诗人忻灏《鲒埼亭》诗："小鲒依埼一寸长，亭名终古说吾乡。当时地属明州旧，厥贡人传汉使忙。曲岸迷离浮蟹舍，前村指点认渔庄。海邦自昔饶珍错，佳味真堪配酒觞。"清代浙江学派重要代表人物全祖望曾自署"鲒埼亭长"，并将其著作称为《鲒埼亭集》。县乡级公路过山麓。

象山(Xiàng Shān)　属天台山脉余脉。在宁波市象山县北部，为丹东、丹西街道与大徐镇界山。以山形如象得名。别称凤跃峰、圆峰山。南宋宝庆《四明志》卷二十一："唐乾符二年凤皇翔于山之巅，故别称'凤跃峰'。"清顾祖禹《读史方舆纪要》卷九十二："象山在县治北。形如伏象，县以此名，亦名圆峰山。"相传徐福为秦始皇求不死之药留此筑庐凿井，梁陶弘景曾于此炼丹，又称蓬莱山、炼丹山。南宋宝庆《四明志》卷二十一："炼丹山别称'蓬莱山'。(象山)县西一里。众山隐映圆秀，其巅平夷，有丹灶及炼丹亭址，陶隐居尝炼丹于此。更上有峰巍然，号'大炼丹'，海上望之层峦杰嶂如画，邑人逢春登览号为胜概。其侧有仙掌。岩掌迹隐然。"海拔380米。地质基础由白垩系火山凝灰岩和花岗闪长岩构成。土壤以粗骨土为主。平坡谷地有红壤。植被以常绿阔叶落叶阔叶混交林和竹林为主。有千丈岩、蓑衣岩、巨人迹、棋枰痕，古石屋等名胜古迹，山麓有丹井。南宋诗人宋伯仁作有《题象山县栖霞观应真亭简住持张弱士》2首。元代诗人郑觉民作有《送王叔载教谕象山》5首，其五云："象山海中居，象泉何洌清。泉以鉴妍丑，山以见亏盈。相望五十年，羔雁各逢迎。送别固有礼，怡悦尤多情。春深照花溪，烂烂云物晴。"唐代以此山为名置象山县。山巅旧有望海楼，今建有电视转播台。盛宁(S215)省道过山麓。

珠山(Zhū Shān)　属天台山脉余脉。在宁波市象山县北部，为贤庠、涂茨二镇界山。古称珠岩山。南宋宝庆《四明志》卷二十一："珠岩山，(象山)县东北三十里。世传番舶自海中见此山有宝气，因至，寻之不获而去。半岩有古桧奇怪，人莫能取，或传常出白垩。"明清时期简称为珠山。清徐兆昺《四明谈助》卷四十四："山顶一石，圆耸如珠，海上望之，时现宝气，因名。"海拔541.5米。地质基础由白垩系火山凝灰岩和花岗闪长岩构成。山顶有巨岩，高百余米。土壤以石砂土、黄泥土为主。缓坡和谷地有红壤。植被以常绿阔叶落叶阔叶混交林和灌木林为主。山上有潭称金蛤潭。南宋宝庆《四明志》卷二十一："金蛤潭，县东北三十五里珠岩之巅。其潭晴雨皆涸，特沙碛耳，上有石壁，遇旱祷之则有水如珠从石壁中迸出，须臾盈潭，游鳞蜿蜒中。有金蛤，呼之有声应则雨。山东南之潭为大金蛤。"山顶建有风力发电场。东南麓有涂茨镇珠山村，西麓有贤庠珠山岙村，村中皆建有珠山庙。县乡公路通山麓，简易公路通山巅，为登山望海之胜境。

鼓吹山(Gǔchuī Shān)　属天台山脉余脉。在宁波市象山县中北部丹东街道。南宋宝庆《四明志》卷二十一："天将雨，云雾先起，有声轰轰如鼓吹焉，故名。"清顾祖禹《读史方舆纪要》卷九十二："岩壁空虚，天将雨，洞中有声如鼓吹。"海拔102.4米。地质基础由白垩系火山凝灰岩和花岗闪长岩构成。土壤以粗骨土为主。平坡谷地有红壤。植被以常绿阔叶落叶阔叶混交林和灌木林为主。东北麓有采石场遗迹。西北、西南、东南三面环城市道路。

乌龙山(Wūlóng Shān)　属天台山脉余脉。在宁波市象山县中北部丹东街道。以盘屈如伏龙得名。明嘉靖《宁波府志》卷六："瑞龙山，在(象山)县东南十里，又名'乌龙山'。周回盘屈如伏龙，故名。”又因山麓有瑞龙寺，别称瑞龙山。海拔 233 米。地质基础由白垩系火山凝灰岩和花岗闪长岩构成。土壤以石砂土、粗骨土为主。平坡谷地有红壤。东南坡以常绿阔叶落叶阔叶混交林，西北坡以针阔混交林和灌木林为主。山麓有山田庵、瑞龙寺等古迹。南宋宝庆《四明志》卷二十一：“瑞龙广福院，(象山)县东十五里。皇朝乾德四年置，熙宁元年加赐‘寿圣’二字。绍兴三十二年改赐今额。”县乡公路通山麓。

蒙顶山(Méngdǐng Shān)　属于天台山脉余脉。在宁波市象山县西部西周镇。因春夏山巅常有云雾蒙顶得名。别称化气岩山。宝庆《四明图经》卷二十一：“化气岩，(象山)县西三十里。又号蒙顶山。夏旱验之，有少云气自岩窦出，必雨。”海拔 584 米，为象山县最高峰。地质基础由白垩系火山岩凝灰岩构成。盘郁耸拔，三峰鼎立。土壤以黄红壤为主。植被以常绿阔叶落叶阔叶混交林和针阔混交林为主。山巅平缓，有水田、茶园、山塘。山上有仰天池、花气岩、上马石等名胜，并有日月并出景观。民国《象山县志》卷二：“游人于十月朔，鸡初鸣，观扶桑日月并出。须臾，日光如丹砂，月隐不可见，海天璀璨一色，光芒万道，闪闪刺目不能视，奇观也。”清代象山籍诗人朱梧《蒙顶晴岚》诗云：“满嶂岚浮晓日边，横空非雾亦非烟。飞禽上下云迷路，远树朦胧雨过天。高绕山峰浓复淡，低垂金谷断还连。王维对此难图画，人在纱笼自邈然。”县乡公路通山麓，有简易公路通山巅茶园。

乌岩山(Wūyán Shān)　属于天台山脉余脉。在宁波市象山县南部，高塘岛乡高塘岛。因山上岩石呈黑色得名。古称林门山。以东侧蜊门港旧称林门得名。清顾祖禹《读史方舆纪要》卷九十二：“又有林门山，在朱门之东，山为金齿、朱门之喉舌，岛岙亦多。”海拔 282.2 米。地质基础由白垩系火山凝灰岩构成。山体破碎多裸岩。土壤以酸性粗骨土为主。植被以常绿阔叶落叶阔叶混交林和灌木林为主。历为海防要地。县乡公路过山麓。

大佛头山(Dàfótóu Shān)　属天台山脉余脉。在宁波市象山县南部，高塘岛乡花岙岛。因山上有巨石形如佛头得名。南宋宝庆《四明志》卷二十一：“佛头岩，岩高十余丈，上如佛首，中断如蜂腰，岌然欲摇动，又谓摇岩。环岩远近皆薝卜花，遇夏花开弥望如雪，香闻十余里。”鸦片战争期间，英国侵略者称之为“不尔得峰”，并在《八省沿海总图・自黑山列岛至扬子江口》中予以标注。海拔 308.5 米。地质基础由白垩系火山凝灰岩构成。土壤以黄红壤为主。植被以常绿阔叶落叶阔叶混交林和灌木林为主。山顶大佛头岩为附近海域的天然航标。清雍正《浙江通志》卷十四：“大佛头山，《名胜志》：‘高出海中诸山数百丈。周一百余里，日本人入贡以此山为向道。内平旷膏腴，耕种甚利。’《事林广记》：‘有东仙源，为海中福地即此。’”明末清初，抗清将领张苍水(名煌言，字玄著，号苍水)曾散兵于此屯垦。山麓有张苍水抗清兵营遗址，为全国重点文物保护单位。有公路过山中隧道。

茶山(Chá Shān)　属天台山脉余脉。在宁波市宁海县东北部，为桥头胡街道、大佳何镇、力洋镇、茶院乡、胡陈乡的界山。以盛产茶叶得名。别称盖苍山、盖仓山。南宋嘉定《赤城志》卷二十二：“盖苍山，在(宁海)县东北九十里。一名‘茶山’。濒大海，绝顶睇诸岛屿，纷若棋布，以其地产茶，故名。”明崇祯《宁海县志》卷一：“地产茶，别称‘茶山’。”清顾祖禹《读史方舆纪要》卷九十二：“盖仓山，濒大海。一名‘茶山’，亦曰‘茶岩’，下有柴溪，引流注海。”东北—西南走向。主峰也称磨注峰，光绪《宁海县志》卷二：“春夏间雷雨倾注，上仍白日，但闻足下如旋磨声。”海拔 872.6 米。地质基础由侏罗系火山岩构成。山势陡峻，近山巅有夷平面。土壤以黄红壤、黄壤为主。植被以亚热带针叶林、针阔混交林、常绿阔叶落叶阔叶混交林和竹林为主。缓坡多茶园，盛产“云雾茶”。有仙人洞、石船、石室、水帘洞、观音岩等景点。现建有宁海县茶山林场。临象西(S311)和盛宁(S215)省道。有公路通茶园。

跃龙山(Yuèlóng Shān)　孤丘。属天台山脉余脉。在宁波市宁海县中部跃龙街道。古称应家山、映霞山、卧龙山。南宋嘉定《赤城志》卷二十二：“卧龙山，在(宁海)县东南一里。一名应家山。以其冈势蜿蜒，如龙偃卧更今名。”明万历十年(1582年)县令黄淳建文峰塔，并改称跃龙山。民间俗称塔山。明崇祯《宁海县志》卷一：“跃龙山，县东南一里。先名‘卧龙山’，邑令黄淳易今名。又名‘应家山’，上有鹤林庵。”海拔80米。地质基础以白垩系沉积岩为主。山势缓和，下临大溪。土壤以黄红壤为主。植被以常绿阔叶落叶阔叶混交林和针阔混交林为主。山上旧有文峰塔、鹤林庵、方正学(孝孺)祠、望海楼、朱子祠等古迹，历为宁海览胜之地。清代宁海籍诗人黄士涛作有《初夏跃龙山即景》诗：“雨后晴岚入几清，钩帘翠影夕阳横。云穿绿竹含新箨，烟锁垂杨织老莺。山色有无双塔破，水光浓淡一溪平。天然佳趣开图画，不羡王维笔墨精。”今辟为公园。山麓环城市道路，通公交线路。

白峤山(Báiqiáo Shān)　属天台山脉余脉。在宁波市宁海县中部跃龙街道。传因山顶常蒙白色云雾得名。别称云峤山、白峤岭。南宋嘉定《赤城志》卷二十二：“白峤山，在(宁海)县东五里，下有岭焉。晋武帝初置县于此。今或于沙碛中得断甓云。”清顾祖禹《读史方舆纪要》卷九十二：“亦曰‘白峤岭’。《志》云：‘晋置宁海县，初治此，今有白峤驿，路出奉化县。’”海拔200米。地质基础由白垩系火山凝灰岩、沉积岩构成。土壤以黄红壤为主。山麓旧有古宁海县治。宋代曾于山麓建白峤桥，东北麓白峤岭上旧置有白峤驿。盛宁(S215)省道过山麓。

雁苍山(Yàncāng Shān)　属天台山脉余脉。在宁波市宁海县西北部、梅林街道西北部。南宋嘉定《赤城志》卷二十二：“上有石如雁齿，且色苍，故名。”别称雁仓山、雁门山。《雁苍山志》卷首崔秉镜《序》：“此山环抱如仓，矗石似雁，故名雁仓。亦多鸿雁去来，归宿于此，又曰‘雁门’。山色苍苍，又呼‘雁苍’。”海拔598米。地质基础以白垩系火山凝灰岩为主。山体嶙峋，岩石裸露，多洞穴。土壤以黄红壤、黄壤为主。植被以针阔混交林和常绿阔叶落叶阔叶混交林为主。有叶蜡石矿和地热资源。南麓有始建于南朝梁天监二年(503年)的吉祥寺、罗赤城先生祠(罗适祠)、赤城书堂等古迹。山上有五山林场和御屏峰、龙井、瀑布泉、透锡泉、仙人洞、灵龟石等景点。南宋宁海籍诗人舒岳祥《题雁苍山》：“此山吾旧隐，石洞锁嶙峋。竹有四时笋，松生千岁鳞。鼠偷猿藏粟，僧拾雀巢薪。吾友前峰住，重来不厌频。”清代诗人王乘千作有《游雁苍山吉祥寺》2首。象西(S311)省道过山麓。

梁皇山(Liánghuáng Shān)　属天台山脉。在宁波市南部、宁海县中西部前童镇。古称梁王山。南宋嘉定《赤城志》卷二十二：“梁王山，在(宁海)县西二十五里。旧传梁太清末侯景作乱，陈霸先兵起，有一王子避地于此。史失其名，后人但称梁王，因以名山，或以为梁宣帝詧也。”后谐音为今名。海拔768.2米。地质基础以白垩系火山凝灰岩为主。山势陡峻，木秀石奇。土壤以黄红壤、黄壤为主。植被以常绿阔叶落叶阔叶混交林和针阔混交林为主。山巅为稀疏灌木林。山口历为交通要道。明代旅行家徐霞客于万历四十一年(1613年)曾经此山，并载为梁隍山。徐霞客《游天台山日记》：“癸丑之三月晦，自宁海出西门。云散日朗，人意山光，俱有喜态。三十里，至梁隍山。闻此於菟即老虎夹道，月伤数十人，遂止宿。”南麓有始建于唐武德年间(618—626年)的梁皇寺、洪忠宣公祠等古迹和梁源潭、拜经台、石镬等景点。现辟为国家 AAA 级旅游风景区。邻沈海(G15)高速公路和甬临(S214)省道。

景山(Jǐng Shān)　属南雁荡山余脉。在温州市中部,为鹿城、瓯海二区界山。以景山公园得名。原名西岑、西山。因昔地处温州城西门外得名。南朝诗人谢灵运《晚出西射堂》云:“步出西城门,遥望城西岑。连鄣叠巘崿,青翠杳深沉。”别称欧浦山。清顾祖禹《读史方舆纪要》卷九十四:“西山,(温州)府西三里。一名欧浦山。《志》云:山有十二峰,冈峦相属,耸秀奇胜。城西里许曰金丹山,亦有三峰并峙,即西山之东麓也。”欧浦,疑为瓯浦之谐音异写。民国《永嘉县志》卷二:“瓯浦其地,即东瓯王故城。”明嘉靖《温州府志》卷二:“有紫芝峰、赤松洞、桃花涧、虎跑泉、藏春坞、龙珠坞,若护国、瓯浦、檀竹、甸洋、瑞鹿等山,皆其支也。”20 世纪 50 年代改今名。主峰海拔 173 米。地质基础由白垩系花岗岩构成。奇岩嶙峋,林木苍翠。土壤以黄红壤为主。植被以亚热带针叶林和针阔混交林为主。北宋诗人杨蟠《西山》诗:“云引踏青客,寻山西出城。始知图画上,今日有人行。”南宋文学家叶适《西山》诗:“对面吴桥港,西山第一家。有林皆橘树,无水不荷花。竹下晴垂钓,松间雨试茶。更瞻东挂彩,空翠杂朝霞。”清康熙十四年(1675 年)清军与耿精忠战,双方都曾扎营驻兵于此。今山上有护国寺、太清宫、五龙寺、玉鹿寺等古迹和温州动物园等景点,山麓有唐宋青瓷窑址遗迹。雪山隧道、景山隧道自山中穿越,环山麓有城市道路。

大罗山(Dàluó Shān)　属南雁荡山余脉。在温州市东部,为瓯海区、龙湾区和瑞安市界山。传以自成方圆,不与他山接壤,高大宽广得名。别称罗峰、张罗山。因山上有泉,又称泉山。清顾祖禹《读史方舆纪要》卷九十四转引《永嘉记》:“泉山东北枕海,顶有大湖,北有泉,虽旱不竭,山因以名。”民国《永嘉县志》卷二:“有泉大旱不涸,故名‘泉山’。”有哨子墩、李王尖、霹雳尖、百岗尖、田螺背等山峰。主峰海拔 707 米。地质基础由燕山晚期侵入的花岗岩和白垩系火山碎屑岩构成。巉岩峭壁,岩洞密布。山间多洼地、水库。西谷之水经杜岙溪、卧龙溪、虎溪注入温瑞塘河。土壤以黄红壤、红壤为主。上部植被以亚热带针叶林为主,下部植被以常绿阔叶林为主,缓坡地多果园。唐代诗人张又新作有《大罗山》诗:“越王曾保此山巅,杨仆楼船几控弦。犹有旧时悬冰在,鲛绡千尺玉潺湲。”存有香山寺、天柱寺等古迹。西南部和东麓分别有仙岩、瑶溪浙江省风景名胜区。现代散文家朱自清 1924 年于仙岩写下散文《绿》。旧有龙牙竹笋等特产。西麓邻沈海(G15)高速公路,有公路通山巅。

棋盘山(Qípán Shān)　属南雁荡山脉。在温州市,为平阳县顺溪镇和苍南县桥墩镇界山。因峰顶有山石如棋盘得名。海拔 1 231 米,为平阳县最高峰。地质基础复杂,由火山岩、陆相沉积岩及花岗岩构成。山势雄伟,山石嶙峋。土壤和植被垂直地带性分布明显。土壤以黄红壤、黄壤和酸性粗骨土为主。上部植被以灌木林为主。中下部植被以亚热带针叶林、落叶阔叶林和常绿阔叶林为主,为平阳、苍南两县主要林区。半山有梯田、茶园。县乡公路通山麓。

玉苍山(Yùcāng Shān)　属南雁荡山脉。在温州市,为苍南县桥墩镇、平阳县闹村乡界山。原名玉仓。因传说山中有玉得名。清乾隆三十年(1765 年)平阳知县何子祥撰文的《奉宪勒禁》碑:“乃平邑之名山,其山有玉,故称玉仓。”后谐音改为今名。别称八面山。清顾祖禹《读史方舆纪要》卷九十四:“玉苍山,在(平阳)县西南八十里,亦名八面山,山周百余里,跨峙八乡。稍北,岩岫四围,只通一门。”清乾隆《温州府志》卷四:“玉苍山,在(平阳)县西南八十里,一名八面山,周回百余里,跨八乡,有华盖峰、华表峰。稍北石壁四围,仅通一门,有石室。又十五里为茗溪(编者注:此处茗溪当为莒溪之笔误)。山凡三十六面。旧传为仙鬼所宅。土人闻山中锯声,以为雨候。其上有沐龙潭、朝天洞、玉须洞、登云石。金灯照洞岩,有古题刻,莓苔剥蚀,岁久莫辨。"主峰也称大玉苍山,海拔 921.5 米。地质基础由燕山晚期侵入的花岗岩和侏罗系火山凝灰岩构成。山势雄伟,峰峦叠嶂。山石嶙峋,多裸岩。半山有湖,山巅平缓。土壤以红壤、黄红壤、黄壤为主。植被以亚热带针叶林、常绿阔叶林、针阔混交林和灌木林为主。缓坡有茶园和旱地。山上有法云寺等古迹。清代诗人嵇宗孟《游玉苍山》诗:"悬崖曲径古萧寺,密竹疏藤大玉苍。林下僧归云满袖,花开泉泻水生香。虎眠白昼禅关静,人到青山屐齿凉。万斛尘思冰雪净,恍疑身世在羲皇。"清代平阳籍诗人刘眉锡《玉苍山》诗:"雁荡峰千叠,苍山第一高。崖阴常积雪,溪浅亦生毛。响应僧呼石,狂吟客醉醪。可怜斤斧入,无处听松涛。"清代诗人林堂、卢镐、苏鸿旭分别作有《游玉苍山》《晓见玉苍山雪》和《玉苍山遇雨》。有黄山松、青钱柳等珍稀植物。现建有玉苍山国家级森林公园。玉苍山景区为滨海—玉苍山浙江省风景名胜区的主体。有公路通山巅。

九峰尖(Jiǔfēng Jiān)　南雁荡山主峰。在温州市,为苍南县桥墩镇与泰顺县泗溪镇界山。因相邻有九峰连绵得名。海拔 1 237 米。地质基础由白垩系火山碎屑岩和火山碎屑—沉积岩构成。土壤和植被垂直地带性分布明显。土壤以黄红壤、黄壤和酸性粗骨土为主。上部植被以疏树灌木林为主,中下部植被以亚热带针叶林、针阔混交林和常绿阔叶林为主。山麓旧为平阳至泰顺的交通要道,设有九峰隘。清顾祖禹《读史方舆纪要》卷九十四:"九峰隘,在(平阳)县东南百六十里,平、泰二邑往来之咽喉也。"1936 年,粟裕、刘英曾率红军挺进师于此斗争。西南坡九峰村一带多梯田。山巅有泥塘沼泽,秋冬有大雁栖息。为泰顺氡泉—九峰浙江省风景名胜区的组成部分,泰顺境内建有中国工农红军挺进师纪念馆。五九线县道、九湾线县道公路通九峰村。

吹台山(Chuītái Shān)　属南雁荡山余脉。在温州市瓯海区东南部,为梧田街道、娄桥街道、丽岙街道界山。相传为王子晋吹箫之所,故名。又传南朝梁邱迟为太守时,常采此山琴朴寄吴兴柳文畅。唐张又新《吹台山》诗:"吹台山上彩烟凝,日落云收叠翠屏。应谓焦桐堪采斫,不知谁是柳吴兴。"北宋《太平寰宇记》卷九十九:"吹台山,其山状如楼台,下有飞泉石池。生椅梧及笙箫之竹。梁邱迟为太守,常采琴朴寄吴兴柳文畅。"海拔 687.8 米。地质基础由白垩系凝灰岩构成。土壤以红壤、黄红壤为主。植被以亚热带针叶林和常绿阔叶林为主。有吹笙台、饮鹤泉、无量梵音寺、密印寺、东华寺、法通寺、证圣寺、伴云道观、孙诒让墓、赵氏侯王庙等古迹。现山上有电视发射塔。东南麓有吹台山休闲农业示范园。县乡公路通山麓,建有上山客运索道。

杨府山(Yángfǔ Shān)　孤丘。属南雁荡山余脉。在温州市鹿城区东部滨江街道。原名瞿屿山。清穆彰阿《大清一统志·温州府》:"瞿屿山,在永嘉县东二十里。独峙江渍。相传吴贞女瞿素所居。"后因北麓建杨府殿而更今名。明万历《温州府志》卷四:"杨府庙　在瞿屿山趾,临海。神杨氏,失其名,相传兄弟七人,修炼入山不见,后每着灵异,今祀非一处。"海拔 139.8 米。地质基础由燕山晚期侵入的花岗岩构成。土壤以黄红壤为主。植被以常绿阔叶林和针阔混交林为主,并有黑荆树林。植被稀疏。山麓有宋代碶闸——下陡门遗址,山上有襄先亭等揽胜处,现辟为杨府山公园。城市道路环山麓。

翠微山(Cuìwēi Shān)　孤丘。属南雁荡山余脉。在温州市鹿城区西北部松台街道。以山色青翠得名。原分称翠微山和太平山。清光绪《永嘉县志》卷二:"翠微山,在城西五里,有石壁刻'翠微'二字。""太平山,在城西八里,其背即翠微山。北麓临江,有太平岭通处州。案:康熙间,贝子王统兵驻此岭府耿逆。”后合称为翠微山。又因南麓有泉和池，久旱不涸，昔为附近居民主要饮用水源，俗称担水山。海拔 57 米。地质基础由燕山晚期侵入的花岗岩和白垩系火山碎屑岩构成。山岩嶙峋，林木苍翠。土壤以黄红壤为主。植被以常绿阔叶林和针阔混交林为主。南麓有玉眉泉，为温州三大名泉之一。清光绪《永嘉县志》卷二：“山麓临江，上有玉眉泉。陈舜咨《孤屿志》：瓯中泉味以翠微山玉眉泉、松台山金沙井、孤屿海眼泉为最。”山上有文昌阁、玉皇楼、观音寮、天后宫等古迹名胜，山巅有温州革命烈士墓。东瓯大桥自山中穿越，城市道路环山麓。

松台山(Sōngtái Shān)　孤丘。属南雁荡山余脉。在温州市鹿城区西北部松台街道。因昔山上松树成荫，顶平如台得名。又因旧处温州城西北部，别称西岩山。山巅有净光塔，又称净光山。唐僧人永嘉禅师(别名宿觉禅师)卜葬南麓，宋太宗赵光义赐名“宿觉名山”。清顾祖禹《读史方舆纪要》卷九十四：“《图经》：‘松台山一名西岩，巅有浮图，为(永嘉)郡城之表。’”清穆彰阿《大清一统志・温州府》：“松台山，府治西。一名净光山，人名‘宿觉名山’。”海拔 36.6 米。地质基础由燕山晚期侵入的花岗岩构成。山岩嶙峋，林木苍翠。土壤以黄红壤为主。植被以常绿阔叶林和针阔混交林为主。东晋郭璞所筑永嘉城城垣跨其上。上有净光塔等古迹。清诗人朱彝尊《松台山》诗：“苍苍山上松，飒飒松根雨，松子落空山，朝来不知处。”西北麓有落霞潭和九山河。山麓金沙井，为温州三大名泉之一。清光绪《永嘉县志》卷二：“山麓临江，上有玉眉泉。陈舜咨《孤屿志》：‘瓯中泉味以翠微山玉眉泉、松台山金沙井、孤屿海眼泉为最。’”现为九山公园的组成部分。城市道路环山。

海坛山(Hǎitán Shān)　孤丘。属南雁荡山余脉。在温州市鹿城区东部五马街道。古为瓯江口海岛。以形得名。明嘉靖《温州府志》卷二：“海坛山在郡治东。旧童谣云：‘海坛沙涨，温州出相’，即此。”别称东山。清光绪《永嘉县志》卷二：“海坛山，在县治东北，亦名‘东山’。城跨其上，坐镇海门内外，最关郡治来龙。去子城二里。麓有白鹿庵。”又因在古温州城东濠河西岸，别称护岸山。海拔 54 米。地质基础由燕山晚期侵入的花岗岩构成。土壤以黄红壤为主。植被以常绿阔叶林为主。东晋郭璞所筑永嘉城城垣跨踞其上。有南宋思想家、永嘉学派集大成者叶适墓和白鹿庵井等古迹。清代诗人朱彝尊作有《东山》诗：“判向花前醉，何难典缊袍。江南春可乐，策马自兰皋。”现辟为海坛公园。北麓濒瓯江，东南麓有海坛广场。环山麓有城市道路。

华盖山(Huágài Shān)　孤丘。属南雁荡山余脉。在温州市鹿城区东部五马街道。因远望山形似华盖得名。北宋《太平寰宇记》卷九十九：“华盖山，去子城一里。其山周回九里，遥望如华盖。有涌泉，旱则水不减，雨则水不加。谢公《与从弟子书》云：‘地无佳井，赖有佳泉。’”又因山处古温州城正东缘，别称东山。海拔 57 米。地质基础由燕山晚期侵入的花岗岩构成。土壤以黄红壤为主。植被以常绿阔叶林为主。昔城垣过山。有容成洞、炼丹井、三生石、资福寺、华盖亭、夕照亭、大观亭等胜迹和涌泉、一清泉、蒙泉等名泉。清光绪《永嘉县志》卷二：“华盖山，在县治正东，一名东山。城跨其上。郡城九斗山，此山锁其口。有容成大玉洞，《道书》谓天下第十八洞天。有三生石、五米松、青牛坞、丹井、蒙泉诸胜。”历代文人多有吟咏。南朝诗人谢灵运《郡东山望溟海》：“开春献初岁，白日出悠悠。荡志将愉乐，瞰海庶忘忧。策马步兰皋，绁控息椒丘。采蕙遵大薄，搴若履长洲。白花皓阳林，紫虈晔春流。非徒不弭忘，览物情弥遒。萱苏始无慰，寂寞终可求。”唐代诗人张又新《华盖山》诗：“一岫坡陀凝绿草，千重虚翠透红霞。愁来始上消归思，见尽江城数百家。”现辟为华盖山公园。西麓有东瓯王庙。环城东路等城市道路环山麓。

积谷山(Jīgǔ Shān)　孤丘。属南雁荡山余脉。在温州市鹿城区东部五马街道。北宋《太平寰宇记》卷九十九:“积谷山,西北去州子城二里。其山独出一峰,有飞霞洞,南有谢公岩。”相传,东晋郭璞督造永嘉城(编者注:即温州城)时曾说:内有“积谷”,虽荒不饥;外有“卧旗”,虽兵不凶。又因山石呈赭红色,山有飞霞洞,别称飞霞山、小赤壁山。相传东汉刘根于此成道,乘飞霞飞往天台。清乾隆《温州府志》卷四:“积谷山,在府治东南隅。《名胜志》:‘形圆正如高廪,故名。’《万历志》:‘又名飞霞山。’城沿其上,麓有谢客岩,又有春草池在岩之麓。谢灵运尝憩此。池水澄湛,俗称灵池……山有飞霞洞,即汉刘根隐处,俗呼‘小赤壁山’。上有留云亭,后改东柄亭。”海拔 39.9 米。地质基础由燕山晚期侵入的花岗岩构成。孤峰独峙,圆锥形。土壤以黄红壤为主。植被以常绿阔叶林为主。历代文人多有吟咏,其中唐代诗人张又新和清代诗人朱彝尊均作有《春草池》,南宋诗人徐玑作有《初夏游谢客岩》,清代郑炜曾作《积谷山赋》。有积谷山摩崖题刻等古迹。北麓有中山公园和中山纪念堂。环城东路、人民东路等城市道路环山麓。

巽山(Xùn Shān)　孤丘。属南雁荡山余脉。在温州市鹿城区东部五马街道。巽,即东南方。以地处古温州城东南方得名。嘉靖《温州府志》卷二:“当郡城之异位。”故名。别称巽吉山。民国《永嘉县志》卷二:“巽吉山,在城东南二里,当郡治巽位。山顶有塔,世传白玉蟾控鹤于此。”海拔 41.9 米。地质基础由燕山晚期侵入的花岗岩构成。土壤以黄红壤为主。植被以常绿阔叶林和针阔混交林为主。元代诗人陈高作有《送陆有章分题得巽山》诗:“巽山如层台,积翠俯城郭。古木秀松槠,玄鸟隐楼阁。”有巽山塔、法严寺、观音楼等古迹。巽山塔始建于宋代,明嘉靖三年(1524 年)和 2003 年重建,别称雁塔、文笔塔。清代永嘉学者周衣德《永嘉杂诗》云:“巽吉山头文笔峰,巽吉山下倒青松。丹崖自是仙云窟,日食松钗炼玉容。”清代诗人郭钟岳《东瓯百咏・巽吉山》有“巽吉山头塔影尖,疏林斜挂月纤纤”之句。现山上辟为巽山公园。山前街、锦绣路、飞霞南路等城市道路环山麓。

集云山(Jíyún Shān)　属南雁荡山余脉。在瑞安市东部锦湖街道。为驮山、龙潭山、三都岭、黄岩炮诸山之总称。以旧时山麓有集云阁得名。《十国春秋》卷一百十二:“唐天复三年四月,有白乌栖县之集云阁上。”别称横山。主峰龙潭山。海拔 482.6 米。地质基础由侏罗系火山凝灰岩构成。土壤以红壤、黄红壤为主。植被以亚热带针叶林和针阔混交林为主。历为瑞安县治主山。清顾祖禹《读史方舆纪要》卷九十四:“县治东北曰‘集云山’,峰峦绵亘,县之主山也。”清代孙锵鸣《集云山志序》:“吾邑集云山者,一城之主山也,虽无奇峰怪石、诡异惊骇之观,而冈峦回互、林壑深秀、襟江带湖、屏蔽北郭、嵬然特出于诸山之上。”历代文人多有吟咏、题写、作画。清代瑞安籍诗人林齐鋐、项霁、项瓒、鲍维城分别作有《集云山中觅泉(二首)》《集云山行》《集云山春日即事》《集云山房诗》,金兆珍等编纂有《集云山志》,并作有《龙潭观瀑》《马岙停车》《朱溪印月》《锦湖咏风》《米刻古石》《寂寺晚钟》《陶峰夕照》《云碓春声》等《集云八景》诗。明代瑞安籍书画家任道逊作有《集云山樵诗画》。现南麓存北宋书法家米芾所题“第一山”石刻,并有始建于唐垂拱四年(688 年)的本寂寺,原中国佛教协会会长赵朴初为之题“集云院”额。北部建有集云山省级森林公园,北麓有集云山水库。唐天复三年(903 年),以有白乌栖于集云阁而改安固县为瑞安县。《郡县释名・浙江下》:“唐天宝初,县奏曰白乌之瑞,改今名。江亦改曰瑞安。”清乾隆《瑞安县志》卷一:“因获双白乌之瑞,改安固为瑞安。”沈海(G15)高速公路过东南麓,瑞枫线县道过南麓,盘山公路通半山。

福泉山(Fúquán Shān)　属南雁荡山余脉。在瑞安市中部陶山镇。原名陶山、福全山。传因陶弘景曾隐此,为道教洞天福地得名。明嘉靖《温州府志》卷二:“亦陶弘景隐居之地,为天下第三十三福地。”又因山上泉水清澈，后谐音为今名。海拔 668.5 米。土壤以红壤、黄红壤为主。植被以亚热带针叶林和常绿阔叶林为主。抗日战争期间，刘英、粟裕率红军挺进师驻此。刘英于此手书抗日标语。有福全潭（古称花岩潭）、福全寺等古迹和滴水岩、巾子岩、香炉峰、青坭峰、桃花涧、仙居涧、石马、石龟、五老石、种玉畦等景观。有银杏、南方红豆杉、金钱松、杜仲等珍稀植物和猕猴、穿山甲、短尾猴、小灵猫等珍稀动物。历代文人多有吟咏。唐代诗人张又新于此作《青障峰》：“一派远光澄碧月，万株耸翠猎金飚。陶仙谩学长生术，暑往寒来更寂寥。”北宋学者刘安上《福全道中》：“群峰耸拔更回环，鹤驾分明缥渺间。金鼎丹成人不见，但留名氏镇空山。”北宋诗人王奕《重游福全山》诗：“崎岖缘鸟道，再上福全游。拄杖看残照，横琴枕细流。白云空霭霭，青嶂自悠悠。更待黄昏后，听松月满楼。”清代诗人黄绍第《陶山怀古》：“梵宇岧嶤势盛昌，仙坛塔影隔萧墙。平湖十里游闲赵，古洞千年迹著杨。草蔓荒园花寂寞，烟疏仄径市凄凉。空留卅六山边井，今昔兴衰问夕阳。”山麓旧有陶山湖，宋赵抃作有《游陶山湖》诗：“十里平湖一画船，短篙慢桨恰相宜。风随雨意来无定，云伴山容出自然。煮茗得泉资味永，弹琴流水觉声玄。兹游自信俱清绝，留与陶峰野老传。”今建有福泉山林场和福泉山森林公园。县乡公路通山麓。

百冈尖（Bǎigāng Jiān）　北雁荡山主峰。在乐清市西部，跨雁荡、芙蓉二镇。因高居北雁荡山诸峰之上得名。别称百岗尖、百冈山。民国《乐清县志》卷二：“百冈山，东接北屏山，南去雁湖六里许。峭蒨峻绝，常有云雾冠顶。至夕，或有赤光绕林间。居人惊以为神。”三峰型顶，最高点海拔 1 057 米。地质基础由侏罗系流纹岩、凝灰岩、石英正长斑岩等构成。上部植被以灌木林为主，中下部植被以亚热带针叶林为主。为雁荡山国家级风景名胜区的核心景区之一，雁荡山国家森林公园的重要组成部分。“百岗云海”为著名景观。盘山公路至山巅。

中雁荡山（Zhōngyàndàng Shān）　属北雁荡山。在乐清市西南部白石街道。原名白石山、白石岩。因山崖壁立，白石嶙嶙得名。民国《乐清县志》卷二：“白石山……石色多白，故名。”别称五色山。后因地处北雁荡山与南雁荡山之间而改今名。清施元孚《游白石山记》：“石色白，故为白石山，居南北雁中，故又为中雁。”清顾祖禹《读史方舆纪要》卷九十四：“白石山，（乐清）县西三十里。一名白石岩，高千丈，周二百三十里。唐天宝中，尝改名‘五色山’，洞壑出泉，东西流五六里，合而为湖。其西十里有玉甑峰，即白石之别峰也。”民国《乐清县志》卷二：“甑言其状，玉言其质也。”地质基础由侏罗系火山凝灰岩构成。主峰玉甑峰海拔 450 米。山势陡峻，多奇峰异洞。土壤以黄红壤为主。植被以亚热带针叶林和针阔混交林为主。北宋太平兴国间（976—984 年）真华观道士李少和居此山下，太宗曾御书“第一山”以赐。山下有白石径等古迹。南朝谢灵运曾作《白石岩下径行田》诗，北宋沈绅作有《白石山记》，清代学者施元孚作有《白石山志》。唐代诗人张又新《行田》诗：“白石岩前湖水春，湖边旧境有清尘。欲追谢守行田意，今古同忧是长人。”现为雁荡山国家级风景名胜区的重要景区，有玉甑峰、西漈、东漈、玉虹洞等主景。县乡公路至山麓，建有客运索道。

九牛山（Jiǔniú Shān）　属北雁荡山。在乐清市南部乐成街道。清穆彰阿《大清一统志·温州府》：“上有九大石横列，远望如九牛然。”别称谢公山、大尖山等。清顾祖禹《读史方舆纪要》卷九十四：“（翔云山）左有九牛山，在县治东，亦名‘谢公山’，以灵运所游息也。”清乾隆《温州府志》卷四：“九牛山在（乐清）县治东。有九石横列山脊，遥望若牛。以灵运尝游，又名‘谢公山’。有打钟岩，两岩相叠，击之铿然。”清光绪《乐清县志》卷二：“绝顶又名‘大尖山’‘雕鹰嘴’。”海拔 539 米。地质基础由侏罗系火山凝灰岩构成。土壤以黄红壤为主。植被以亚热带针叶林和常绿阔叶林为主。旧时有塔。宋代县令葛逢迁至东塔山。有曾侯殿、九牛殿等古迹。县乡公路通山麓。

东塔山(Dōngtǎ Shān)　属北雁荡山。在乐清市南部乐成街道。因旧处乐清县治东，山巅有砖塔得名。别称东皋山、文峰。清乾隆《温州府志》卷四："东塔山在(乐清)县治东，为县来龙。形如卓笔，又名'文峰'。宋邑令葛逢以大尖山石塔改建于此。绍兴二十六年九月，五色云见其上，明年王十朋廷对第一。"清光绪《乐清县志》卷二："一名'东皋山'。九牛山过峡而南，崚嶒特起，望如卓笔，又名'文峰'。"海拔160米。地质基础由侏罗系火山凝灰岩构成。土壤以黄红壤为主。植被以针阔混交林为主。上有文峰塔和始建于宋熙宁间(1068—1077年)的东塔。南宋诗人刘蒙川作有《东皋山》诗，明代乐清籍诗人侯一元作有《东塔山限韵寄舜昭》。"东塔云烟"为乐成八景之一。元代诗人李孝光《东塔云烟》诗云："海月四更多塔去，天风万里擘松开。烟消日出无人到，独自看云山上来。"城市道路通南麓。

雁湖冈(Yànhú Gāng)　属北雁荡山。在乐清市西部芙蓉镇。因近峰顶昔有北、中、东三湖，春雁栖之，故名。别称雁湖岗、雁湖山。为雁荡山地名之源。清顾祖禹《读史方舆纪要》卷九十四："绝顶有湖，方十余里，水常不涸，雁之春归者留宿焉，故曰'雁荡'。"徐霞客《游雁宕山日记后》："四支之脊，隐隐隆起，其夹处汇而成洼者三，每洼中复有脊，南北横贯，中分为两，总计之，不止六洼矣。洼中积水成芜草生之地，青青弥望满眼，视野所及处，所称雁湖也。"海拔896米。地质基础由侏罗系流纹岩、凝灰岩、石英正长斑岩构成。上部植被以灌木林为主，中下部植被以亚热带针叶林、针阔混交林为主。北坡有梯田。历代文人多有吟咏，其中，清人方尚惠《咏雁湖》诗云："一望连天海，湖寒长似秋。空山归宿雁，乱荻映苍洲。"雁湖淤于清代。清人程浩《雁湖》："人间此景应无二，欲请山灵觅水源。"清光绪《乐清县志》卷二载为雁湖山："雁湖，在雁荡山顶，一名'平湖'。自石门北上连霄岭二十余里，历层峦八，始至雁湖。湖纵横各三里。《省志》作十里。周遭高起如田塍畦埒，界而为三：曰'北湖'、曰'中湖'、曰'东湖'，湖水涸而不燥，丛生芦荻、萱草，无异江渚。雁多集焉。也曰'上湖''中湖''下湖'。上湖旁有龙潭二。下湖东南崖有麻糍岩，名俚而形逼肖。群山合沓如儿孙绕膝，而此山为大父。相传古有寺，一夕陷为湖。湖旁石础、石磨今尚在。"民国初期，邑人潘耀庭等人曾于雁湖植茶2万株。1956年于湖上建立茶场。1986年复开挖北湖面积约10余亩。雁湖风景区为雁荡山国家级风景名胜区的主要景区之一。县乡公路通山麓。

罗浮山(Luófú Shān)　孤丘。属括苍山脉余脉。在永嘉县南部江北街道。北宋《太平寰宇记》卷九十九引《永嘉记》："此山秦时从海中浮来。"因以为名。别称密罗山。清顾祖禹《读史方舆纪要》卷九十四："又罗浮山，在江北岸，与孤屿山相望，去(温州)府城五里，一名'密罗山'。"由南北2座孤丘组成。北山细长，俗称蛇山。南山呈龟状，俗称龟山。南山海拔66.4米，北山海拔51米。地质基础由白垩系凝灰岩构成。土壤以黄红壤为主。植被以常绿阔叶林和针阔混交林为主。山石细腻，可制砚。两山各有1座始建于西晋元康五年(295年)、明重建的古塔(罗浮双塔)。另有罗浮道院、龟山宫等古迹。历代文人多吟咏。其中，唐代诗人张又新《罗浮山》诗："江北重峦积翠浓，绮霞遥映碧芙蓉。不知末后沧溟上，减却瀛洲第几峰。"宋代诗人叶适《自罗浮行田宿华严寺》："浮山昔飞至，与罗合其巅。严冬树色改，青松耀红鹃。不种自生植，屡伐常苍然。我病不暇耕，行复观我田。呼扶偃蹇后，倩护龙钟先。僮客四面集，畦畽相勾连。敢云岁晏休，翻犁趁晴暄。民政今古殊，忧乐岂异源。收身卧荒刹，朗月前夜圆。鹊懒附枝静，鼯饥嗅床空。为农悔不早，时发棹歌旋。"城市道路环山麓。

十二峰(Shí'èr Fēng) 属括苍山脉。在永嘉县中西部大若岩镇。因群峰如柱，拔地而起，环列有犀角、童子、天柱、香炉、石笋、宝冠、石碑、展旗、莲花、横琴、卓笔、仙掌12座山峰得名。最高峰为宝冠峰，海拔517米。地质基础由白垩系流纹岩构成。巍峨挺拔，错落参差，姿态万千。其中，天柱峰柱石如峰，耸立云天；展旗峰“战旗”舒展，随风飘扬。土壤以红壤、黄红壤为主。植被以针阔叶混交林为主。清人金简庵曾缀峰名成诗曰：“天然童子住岩巅，宝冠香炉娱目前。仙掌易攀天柱屈，莲花香送展旗边。虽贪石笋何知味，静听横琴不奏弦。卓笔漫题犀角赋，石碑苔绿记名贤。”今为楠溪江国家级风景名胜区的重要景区之一，附近有百丈瀑等景点。县乡公路通山麓。

四海山(Sìhǎi Shān) 属括苍山脉。在永嘉县北部岩坦镇。因山势较高，林木茂密，林如海、花如海、雾如海、雪如海得名。一说因清晨朝雾弥漫，四麓皆雾海得名。别称四海尖。海拔1 093米。地质基础由侏罗系火山熔岩和火山碎屑岩构成，局部有燕山晚期侵入的花岗岩。土壤和植被呈垂直地带性分布。土壤以黄红壤、黄壤为主。中下部植被以亚热带针叶林、针阔混交林为主，上部以疏林灌丛为主。建有四海林场，有浙江水青冈、香果树、金钱松、黄山木兰、紫茎等珍稀植物和黑麂、金钱豹、猕猴、穿山甲、獐、虎纹蛙等珍稀动物。除松、杉林外，还植有华西枫杨和华东野胡桃等稀有树种林，为浙江省重要的林业基地之一，楠溪江国家风景名胜区的组成部分。邻诸永(S26)高速公路和福大(S223)省道，盘山公路通林场。

半天山(Bàntiān Shān) 属南雁荡山余脉。在温州市平阳县东部，为鳌江、万全二镇界山。古称阳屿、仙口山、神山。仙口山，以山处仙坛山以东的海口得名。清顾祖禹《读史方舆纪要》卷九十四：“仙口山，在(平阳)县东二十五里，本名‘阳屿’，晋初因以名县。东枕大海，亦名‘神山’。上有风门岭。”后因山势陡峻，孤矗海边而改今名。海拔602米。地质基础由侏罗系火山岩构成。土壤以黄红壤为主。植被以常绿阔叶林和针阔混交林为主。西晋太康元年(280年)以此山古称阳屿为名，置始阳县。明初置仙口巡司于此，并置仙口寨于山北。《读史方舆纪要》卷九十四：“仙口寨，在沙园所南，近平阳县之仙口山。其相接者又有宋埠寨，亦为防御处。”“又仙口巡司，明初置于县东仙口山，洪武二十年，徙置于县南十里麦城山。”有瀑布、龙潭等景观。山上建有风力发电场。缓坡多茶园、桃园。县乡公路通山麓，简易路通风力发电场。

东门山(Dōngmén Shān) 属南雁荡山余脉。在温州市平阳县东部昆阳镇。古称横岙、横屿、仙坛山。清顾祖禹《读史方舆纪要》卷九十四：“仙坛山，在(平阳)县治东。上有平石，号仙坛。本名‘横岙’，亦曰‘横屿’。三国吴置横岙船屯，盖以山名。上有九盘岭。”清穆彰阿《大清一统志·温州府》：“《明一统志》：‘上有平石，方十余丈，号仙坛。其旁有竹林，风来成韵，垂扫坛上，名扫坛竹，殊无尘搀。’”后因山处平阳县城东门外改今名。海拔237米。地质基础由侏罗系火山岩构成。土壤以黄红壤为主。植被以常绿阔叶林和针阔混交林为主。三国时孙吴置横屿船屯于此，为东吴三大船屯之一。晋以此山古称横屿为名，改始阳县为横阳县。山麓有仙坛寺等古迹。宋代诗人陈植作有《仙坛瑞安院》诗。陈容、叶适、陈则翁、林景熙，夏若水、刘康祉、刘永申、吕弘诰等都有吟咏。清张綦毋著有《船屯渔唱》103首。南宋平阳县令陈容《登仙坛山》诗：“作尹已三月，何曾事登临？青山似两翼，环我诗书林。松厅鸾鹤姿，暇日来搜寻。福仙共徘徊，梯磴东山岑。”南宋平阳籍诗人林景熙《葛坛即事》诗：“半壑松声识稚川，携琴曾此写风泉。日乌月兔神丹古，春蚓秋蛇醉墨鲜。世事荣枯成一笑，人生好丑在千年。下方城郭尘如海，输与山中枕石眠。”南宋诗人叶适《仙坛》诗：“堂堂人物地行仙，句漏丹砂信有缘。弹压松篁知暂尔，未应谢屐久林泉。”清代平阳籍诗人张綦毋《船屯渔唱》:“仙坛寺下水潺潺,黄叶疏林向夕熏。杯酒欲谈王道父,后山何处是荒坟?”西麓今建有仙坛公园。邻沈海(G15)高速公路、京福(G104)国道。县乡公路通山麓。

望州山(Wàngzhōu Shān)　属南雁荡山脉。在温州市苍南县东部钱库镇。相传,天晴登顶可望温州和福州,故名。别称望山。海拔753.3米,地质基础由燕山早期流纹斑岩和印支期侵入的花岗岩构成。地形破碎,山势陡峻,山岩裸露。上有瀑布、水潭。土壤以黄红壤和酸性粗骨土为主。植被以亚热带针叶林、常绿阔叶林和灌木林为主。缓坡多旱地、果园。清代平阳诗人张綦毋《船屯渔唱·望州山》:“山中无数药苗生,半日游人药径行。识得菖蒲与荪草,莫将钩吻误黄精。”今为燕窠硐景区的组成部分。县乡公路通山麓。

鹤顶山(Hèdǐng Shān)　属南雁荡山脉。在温州市苍南县东南部,为矾山镇、马站镇、赤溪镇、凤阳畲族乡界山。以峰顶形似鹤冠得名。海拔998.5米。地质基础由侏罗系火山碎屑岩构成。800米以上山势陡峻,岩石嶙峋。下部比较平缓,西部海拔700米左右有古夷平面。土壤以黄红壤、黄壤为主。植被以亚热带针叶林和针阔混交林为主。北坡有大片茶园。建有坑门岭林场和鹤顶山森林公园。县乡公路通山麓。山巅有风力发电场。简易公路通达山麓和风力发电场。

杨顶垟(Yángdǐng Gāng)　属洞宫山脉。在温州市文成县西部西坑畲族镇。因山中多杨树得名。“垟”为浙南地名用字,音gāng,意为陡峻的山峰。海拔1 362米,为文成县最高峰,温州市第二高峰。地质基础主要由侏罗系火山凝灰岩构成。山势陡峻,林木茂密。土壤和植被垂直地带性分布明显。土壤以黄壤和酸性粗骨土为主。上部植被以稀树灌木林和落叶阔叶林为主,中下部植被以亚热带针叶林、针阔混交林、常绿阔叶林和竹林为主。建有石垟林场吴垟林区和石垟省级森林公园。有银钟花、莲香树、福建柏等珍稀植物,建有高山花卉基地和厚朴、红豆杉等药材基地。邻瑞东(S330)省道。县乡公路通山麓。

白海顶(Báihǎi Dǐng)　属南雁荡山脉。在温州市泰顺县南部,为仕阳镇与三魁镇界山。古称白嶰顶,嶰即山涧。相传,峰顶有湖,大旱不涸;久晴,湖上白雾茫茫似海一般,故得名。最高点海拔1 203米。地质基础以侏罗系火山凝灰岩构成。北坡陡峻,南坡平缓。河流属交溪水系。土壤和植被垂直分带明显。土壤以红壤、黄壤为主。植被有常绿阔叶林、亚热带针叶林、针阔混交林、落叶阔叶林和山地草甸等,上部多为荒山草坡,中下部有针叶林、常绿阔叶林。有伯乐树、南方红豆杉等珍稀植物和白颈长尾雉、黄腹角雉、云豹、黑麂、猕猴等珍稀动物。有茶叶、香菇、笋干等特产。有公路通半山。

天关山(Tiānguān Shān)　属洞宫山脉。在温州市泰顺县西部罗阳镇。古称天阙山,后改今名。因山势高耸得名。清穆彰阿《大清一统志·温州府》:“天关山,在泰顺县治北一里。下有龙湫。”海拔1 269米,为泰顺县城西北天然屏障。清乾隆《温州府志》卷四:“云蒸即雨,乡人以此占晴雨焉。城南里许有地轴山,横锁水口;城东有飞龙山,蜿蜒陵谷,若龙嘘气而飞;城西有舞凤山,起伏殊态,皆城之拱卫也。”地质基础由流纹岩、砂岩、页岩等构成。东南坡陡,西北坡缓。土壤和植被垂直地带性分布明显。土壤以黄壤、黄红壤、酸性粗骨土为主。上部植被以灌木林、山地草甸为主,中下部植被以亚热带针叶林、常绿落叶混交林和常绿阔叶林为主。缓坡有茶园和旱地。南宋徐履(号少初)、明末徐柏林曾隐居于此。有天关古道、龙湫飞雪等景点。北麓有同乐廊桥。明代诗人林鹗《望天关山感赋》诗:“雄关孤耸一方宗,衡霍西来此附庸。赤县分疆开下邑,青天虚左让高峰。荒城谁守先民世,落日犹留太古容。一代清风人不见,南山回望白云封。”清代泰顺籍诗人董正扬也作有

《天关山》诗。现建有天关山省级森林公园和罗阳林场。县乡公路通山麓。

三魁山(Sānkuí Shān) 属洞宫山脉。在温州市泰顺县东南部三魁镇。清顾祖禹《读史方舆纪要》卷九十四:"有东山、西章、中龟三峰,谓之三魁。"海拔820米,地质基础由白垩系火山凝灰岩构成。土壤以黄红壤为主。植被以常绿阔叶林和亚热带针叶林为主。明洪武初(1368年),于山麓设三魁镇和洋望巡司。二十四年,改为三魁巡司。《读史方舆纪要》卷九十四:"三魁镇在县南三魁山。洪武初,置洋望巡司,属平阳县。二十四年,改置三魁巡司。景泰三年,改今属。"山麓有薛宅桥等古迹,附近建有三魁省级森林公园。县乡公路通山麓。

高阳山(Gāoyáng Shān) 孤丘。在嘉兴市,跨海宁市黄湾镇与海盐县澉浦镇,东濒南北湖。古称南阳山、鹰窠顶山。清光绪《海盐县志》卷五:"层峦叠嶂、高耸云表者,昔名'南阳',今称'高阳',实为诸山之祖。"清穆彰阿《大清一统志·嘉兴府》:"石帆山……山之东有鹰窠顶山,一名'南阳山'。绝顶可望日出。"清光绪《浙江通志》卷十一:"鹰窠顶山,《海盐县图经》:'在治南三十里。'《明一统志》:'石帆山之东有鹰窠顶山,一名'南阳山'。'贝琼《游鹰窠顶山记》:'距黄湾二十里,大山崭然,中高旁杀,巨海汇其阳,秦驻亘其阴。'"又因山上有云岫庵,别称云岫山。海拔251.6米,为海宁市、海盐县最高峰。地质基础由白垩系火山凝灰岩构成。土壤以黄红壤为主。植被以针阔混交林和落叶阔叶林为主。山上有老虎洞、鹰嘴石、蝉石等石景和明代抗倭烽堠遗址。十月朔日,登山巅可观海中日月并出。南麓有望夫石。清沈季友《檇李诗系》:"山地接澉浦,有天咫峰、星晶石、弄月台、枕流岩诸胜。"清代诗人朱彝尊《鸳鸯湖棹歌·七二》:"鹰窠绝顶海风晴,乌免秋残夜并生。铁锁石塘三百里,惊涛啮尽寄奴城。"并自注:"鹰窠顶在澉浦山椒。每十月朔,日月并出海中。晋隆安帝隆安五年,孙思犯海盐,刘裕拒之,筑城于海盐故治。"元代诗人贝琼作有《游鹰窠顶山记》和《九日游鹰窠山》诗。县乡公路通山麓。

殳山(Shū Shān) 孤丘。在海宁市东北部海昌街道。南宋王象之《舆地纪胜》卷三:"昔道士殳基隐居学道,后尸解焉。"元至元《嘉禾志》卷十四:"殳山,在(崇德)县东。昔道士殳基尸解于此。上有铜棺冢。"又载:"殳山在(嘉兴)县西南五十七里,高二丈,周回七里。"山分东北、西南两座,俗合称双山,分称为西殳山和东殳山,东殳山别称史山。清顾祖禹《读史方舆纪要》卷九十一:"殳山,(桐乡)县东南三十五里,与嘉兴县接界。昔有殳基隐此而名。山有两峰,其东峰一名'史山'。"清光绪《浙江通志》卷十一:"《嘉兴县志》:'在县西南嘉会都千金圩。'半属本县半属桐乡。"东殳山海拔19.5米,西殳山海拔28.7米。地质基础由白垩系熔结凝灰岩构成。土壤以黄红壤为主。植被以针阔混交林为主。旧有贝琼读书台、殳仙石、铜棺冢、洗药池、炼丹台、藏兵坞、小赤壁,一滴泉、公主坟等遗迹。山麓为元末明初文学家贝琼故里。宋代秀水诗人张尧同《嘉兴百咏·殳山》诗:"丹灶功成后,寥寥掩竹扉。但闻蝉已蜕,不见鹤来归。"清代诗人仲弘道《殳山》诗:"无复仙翁在,谁同云往还。月明千里白,长祇望殳山。"明初,贝琼、朱以贞于此结"殳山诗社"。今东殳山麓存史山寺,西殳山建有殳山公墓。邻沪昆铁路、嘉海公路和长水塘(河),县乡公路通山麓。

硖石山(Xiáshí Shān) 孤丘。在海宁市东北部硖石街道。为东山、西山合称。明万历《杭州府志》卷二十三:"两山相峙,中通河流,因名硖石山。"其中,东山别称沈山。元至元《嘉禾志》卷四:"沈山,即盐官县峡石镇之东山。"清穆彰阿《大清一统志·杭州府》:"土人俗呼'东山'。旧志:宋时临海、南阳二郡太守沈景葬此。因名。或以为审食其葬处,故名审山,误也。"西山别称紫微山。因白居易曾登临此山,以其原书舍人之职别称紫微郎得名。宋咸淳《临安志》卷二十七:"《旧志》云:唐紫微舍人刘禹锡作刺史，行(盐官)县至是山望峡石湖，因名。今半山有碑镌'紫微山'三字。按：禹锡未尝为杭州刺史，惟白居易、裴夷直自中书舍人出守。旧志误也。”一说，以取高洁之义得名。元范椁《宋宣抚使沈正传》云：“紫薇俗称'西山'，盖取夷齐之义。”东峰较高，海拔88.9米。地质基础由侏罗系熔结凝灰岩构成。土壤以黄红壤为主。植被以针阔混交林为主。山西麓为硖石镇。明嘉靖三十四年(1555年)，倭寇两次犯硖石镇。清顾祖禹《读史方舆纪要》卷九十：“山之西为硖石镇，

元置税务于此。明初改税课局，兼置河泊所。嘉靖三十四年，倭犯硖石。明年复犯硖石，盖登泊为易也。”西山有惠力寺、惠力寺经幢、广福寺紫微阁等名胜古迹，东山建有森林公园，山麓有海宁博物馆。唐代诗人白居易《登西山望硖石湖》诗云：“菱歌清唱棹舟回，树里南湖似鉴开。平障烟浮低落日，出溪路细长新苔。居民地僻常无事，太守官闲好独来。犹忆长安论诗句，至今惆怅独书台。”宋代诗人杨璇作有《咏西山广福院》诗2首。邻沪昆铁路，长水塘(河)自两山间通过，城市道路环山山麓，步道通山巅。

石墩山(Shídūn Shān)　孤丘。在海宁市东南部黄湾镇，濒钱塘江。古称石堆山。南宋咸淳《临安志》卷二十七：“石堆山，在(盐官)县东南五十里。”后谐音为今名。海拔39.3米。地质基础由侏罗系熔结凝灰岩构成。土壤以黄红壤为主。植被以针阔混交林为主。明代曾为抗倭要地，并筑石墩山寨。清顾祖禹《读史方舆纪要》卷九十：“石墩山(海宁)县东五十里。稍东一里曰小尖山，上有烽堠。嘉靖三十五年，倭据石墩为巢，犯嘉兴府境内。参将卢镗击之，久而后克。下有小港，外通大洋，贼舟每泊此。今有石墩山寨，西去县四十里，皆筑土城戍守。”历为钱塘江口的重要地标。清《钦定古今图书集成·方舆汇编·职方典》卷九百三十七：“东五十里有山，名石墩，与赭山相望而峙，若两拳然，潮东返为此山所障，复怒而西，东西荡击数十里，间一再往来，狂澜驾风若万马驰骤，即金石为塘，不能保其终古不敝，矧木石芦灰安所恃，以能久耶。”西部、西北部有采石场遗迹。山上多橘园。西北麓有石墩村。常海公路过西麓。

凤凰山(Fènghuáng Shān)　孤丘。在海宁市东南部黄湾镇。以山形似翠凤展翅得名。清《钦定古今图书集成·方舆汇编·职方典》卷九百三十七：“凤凰山，按《县志》：'高三十二丈，周五里，去金牛山西二里，下有烽堠山寨，山形如翠凤之展翅，故名。'”别称黄湾山、盈山。清顾祖禹《读史方舆纪要》卷九十：“一名盈山，周九里，旁近大海，有黄湾浦，与海盐县澉浦接界。”后谐音改为今名。海拔121.6米。地质基础由侏罗系熔结凝灰岩构成。土壤以黄红壤为主。植被以落叶阔叶林为主。南宋于山麓黄湾村设黄湾巡检司寨，亦黄湾盐场所在。南宋乾道《临安志》卷二：“黄湾巡检司寨在盐官县界。元额管土军一百二十人。”明时于山麓设黄湾山寨、石墩巡司，并筑土城御倭。《读史方舆纪要》卷九十：“嘉靖中，倭贼往往出没于此。设黄湾山寨，并筑土城戍守。”“石墩镇，(盐官)县东南六十里。有巡司，洪武二年，置于硖石镇。二十年，徙近石墩山。嘉靖中，筑土城御倭，为戍守重地。”南宋诗人施枢《夜泊黄湾》诗：“移近黄湾泊短篷，野云垂地一溪风。渚香吹散荷花雨，几点流萤出苇丛。”南宋盐官籍诗人杨璿作有《寓馆黄湾》。山上多橘园。东南部原有采石场遗迹，现建为高尔夫球场。有公路过山麓。

黄山(Huáng Shān)　孤丘。在海宁市黄湾镇黄山村。为东黄山、西黄山的合称。因山土呈黄色得名。别称越城山。南宋咸淳《临安志》卷二十七：“黄山，在(盐官)县西南四十里。一名越城山，高五十丈，周回六里二百步，其色黄，故名。”清《钦定古今图书集成·方舆汇编·职方典》卷九百三十七：“黄山，在(海宁)县东五十二里，上有灵泉井。按《县志》：高六十丈，周七里，巉岩峭拔，其植

多杨梅、山茶。许太守令典治东西两垞，为名流觞咏处。”西黄山海拔 98.2 米，东黄山海拔 71.3 米。山势低缓，林木茂密。地质基础由侏罗系熔结凝灰岩构成。土壤以黄红壤为主。植被以亚热带针叶林和针阔混交林为主。20 世纪 80 年代后于此开山采石。今东黄山北半部已采空并蓄水成池，西黄山西南半部劈山为平地，并已沿崖壁复绿。东黄山西南坡建有殳山公墓马坟湾分墓。常台(G1522)高速公路自东、西黄山间穿越，硖尖公路穿越西黄山西麓。

九龙山(Jiǔlóng Shān) 孤丘。在平湖市南部乍浦镇，濒杭州湾。为陈山、高公山、黄山、汤山等诸山峰的总称。清顾广誉《乍浦九山辨》：“可知九峰云者，特以形容其山之多，而非实有九峰之可指。”民间有“九龙打盹化石为山”的传说。最高点海拔 161 米。山坡和缓，南坡陡于北坡，民谚云：“十山九无头，北坡缓、南坡陡。”地质基础由侏罗系熔结凝灰岩构成。土壤以黄红壤为主。植被以亚热带针叶林和针阔混交林为主。有全国重点文物保护单位乍浦炮台(含南湾、天妃宫 2 座炮台)，并有弘一法师纪念亭、文涛亭等名胜古迹，为平湖市观海胜境。旧时有“乍浦八景”“雅山十景”“陈山八景”。现建有九龙山国家森林公园，并辟为九龙山旅游度假区。县乡公路通山麓。西南麓为嘉兴港乍浦港区。

雅山(Yǎ Shān) 孤丘。在平湖市南部乍浦镇，濒杭州湾。原名惹山，后以方言谐音作今名。元至元《嘉禾志》卷四：“山多怪石俗呼为惹山。地中得砖记云‘雅山’。”清《钦定古今图书集成·方舆汇编·职方典》卷九百五十七：“雅山……又呼为瓦山，地中得砖记，知是雅山，云石黑产铁，冶者伤凿童，无草木，而远望苍翠，意会气使然。”清光绪《浙江通志》卷十一：“雅山，《海盐图经》：‘在县东北三十六里。’今析属平湖。”别称瓦山，为谐音异写。海拔 43 米。地质基础由寒武系硅质白云质石灰岩构成。土壤以黄红壤为主。植被以针阔混交林为主。旧曾设惹山铺于山麓。明嘉靖三十五年(1556 年)明军败倭寇于潘港，又追击，败之于此，取得乍浦之捷。明郑若曾《筹海图编》卷九：“适上海之贼由吴淞而西南出，复万余人。(胡)公恐(徐)海或中变，与之连衡……至期，(南直隶总兵徐)珏等移营瓦山，(徐)海果挈妻走海上艘，群倭争逐之，大乱。城上举火，我兵四合竞进，大败之。烧贼巢、厂二十里余。”清顾祖禹《读史方舆纪要》卷九十一：“雅山，(平湖)县东南十七里。或讹为瓦山。嘉靖三十五年，官军败倭于潘港，又追败之瓦山，即雅山也。山多怪石，俗呼‘惹山’。有惹山铺，南泾塘绕其下。”有天马峰、梁石峡、游仙洞、头陀石、一脉泉、南极峰、望仙岭、万岁岩、龟石、端石等景观。明代平湖籍诗人孙植《游雅山》：“层峦力叠削芙蓉，东望沧溟渺未穷。睥睨孤城横海戍，艨艟巨舰壮军容。飞来一鹤平芜下，坐对三山烟雨中。四十余年违宦履，故乡尊酒此还同。”清代诗人陆锡永《春初登雅山》：“百尺荒荒伏海限，西陲孤处亦崔嵬，雷当怪石峰头住，水趁田家屋角来。万灶鹾烟春雨霁，一桴鱼浪夕阳回。穷崖不似秦游胜，却少前朝战伐灾。”旧有“雅山十景”。山麓有化工工业区。城镇道路环山麓。

汤山(Tāng Shān) 孤丘。在平湖市南部乍浦镇，濒杭州湾。据传，因纪念明开国名将汤和于明洪武十九年(1386 年)莅临乍浦视察沿海防备而得名。然，南宋平湖县令李直养《汤山义冢记》和元至元《嘉禾志》已有“汤山”地名记载，以纪念汤和得名当为后人附会之说。名称来历待考。俗称龟山，以山形似龟得名。清《钦定古今图书集成·方舆汇编·职方典》卷九百五十七：“汤山，在(平湖)县东北三十五里，俗名‘龟山’。”明李确(原名李天植)《九龙山补志》卷二：“首向城而尾海，有龟之形。”海拔 66.7 米。地质基础由侏罗系熔结凝灰岩构成。土壤以黄红壤为主。植被以针阔混交林为主。南宋海盐县令李直养曾于此置义冢并作《汤山丛冢记》。元至元《嘉禾志》卷十三：“丛冢在县东南三十六里汤山。考证：宋绍熙间县令李直养以溺海之尸随潮而上遂至沙迹尽为犬乌所啮，因置丛冢收瘗焉。"《钦定古今图书集成·方舆汇编·职方典》卷九百五十七："上有瑞祥寺，宋令李直养置丛冢于此。"清光绪《浙江通志》卷十一："嘉靖《浙江通志》：'在县东北三十里。宋海盐令李直养置业冢于山。'"明代于山上置烽火台，与乍浦所相接。明参将汤克宽曾率师御倭于此。清顾祖禹《读史方舆纪要》卷九十一："汤山……上有烽堠。与乍浦所相接。嘉靖三十二年，参将汤克宽破倭贼于此。"山顶原建有奎星阁(文昌阁)，现圮废。山麓有瑞祥寺和汤山公园。

陈山(Chén Shān)　孤丘。在平湖市南部乍浦镇，濒杭州湾。元至元《嘉禾志》卷四："陈山，在(海盐)县东北四十里。高八十一丈，周回一十五里。考证按：《旧经》云：有龙潭显济龙王庙是也……郡中每遇旱暵，取水祠之，雨即霶霈。宋建炎初加封是名。"别称龙湫山。清顾祖禹《读史方舆纪要》卷九十一："山有龙湫，一名'龙湫山'。"清《钦定古今图书集成·方舆汇编·职方典》卷九百五十七："龙湫山，一名'陈山'，在(平湖)县东南三十里，《一统志》：'山半有灵湫，是白龙所窟。'又有龙母冢，相传白龙以三月十八日生于吴之阳山，归藏其母于此。故每岁是日，阳山及此山，多云雾晦暝雷雨之变。宋大观中，建祠，赐额'显济'。"海拔161米，为九龙山主峰。地质基础由侏罗系熔结凝灰岩构成。土壤为黄红壤。植被以亚热带针叶林和针阔混交林为主。明置烽火台于山巅，山腰有龙湫泉，北麓有清浙巡抚阮元所题"龙湫"摩崖石刻。有盘陀石、洗心泉等胜迹。佚名诗人《九日登陈山》："灵湫万木锁烟鬟，绝壁扪萝上石关。大海众流环积气，苍龙一雨过前山。清秋摇落三年怨，野菊参差满鬓斑。不为凭高多涕泗，白衣双泪久潺湲。"明末李天植曾隐居于此，并作有《陈山八咏》诗和《陈山观合璧记》。清代书画家王瑞也曾作《登陈山》诗。西南麓唐家湾，古称唐船湾，今为上海石化总厂陈山原油站。县乡公路通山麓。

独山(Dú Shān)　孤丘。在平湖市南部独山港镇，濒杭州湾。以孤立不与诸山接得名。清顾祖禹《读史方舆纪要》卷九十一："孤立不与诸山接。"清嵇曾筠《浙江通志》卷十一："孤峰峭崒，若遗世而独立。"清《钦定古今图书集成·方舆汇编·职方典》卷九百五十七："独山，在(平湖)县东北五十里，孤峰峭崒，不与诸山相接，故名独山。其上置烽堠，以防海寇，又置盐场于此。"海拔88.7米。地质基础由侏罗系熔结凝灰岩构成。土壤以黄红壤为主。植被以针阔混交林为主。明代于山上置烽火台。山麓旧设有独山盐场。《读史方舆纪要》卷九十一："上置烽堠，以防海寇。旧置盐场于此。下有独山塘，经平湖县东南二十三里，流合于乍浦。"清代诗人王梅《游独山》："何处宜常往，言寻独有山。浮云将水逝，幽鸟与人闲。一径通深谷，经年掩旧关。春风吹蕙帐，高卧若为攀。"山下有嘉兴港独山港区。县乡公路通山麓。

秦山(Qín Shān)　孤丘。在嘉兴市海盐县东南部秦山街道，濒杭州湾。原名秦驻山、秦望山，别称秦径山、秦住山。北魏郦道元《水经注》卷二十九："(海盐)县南有秦望山，秦始皇所登以望东海，故山得其名焉。谷水于县出为澉浦，以通巨海。"元至元《嘉禾志》卷四："《舆地志》云：秦始皇游登此山，因以名之。后魏郦道元《注水经》云：县南有秦望山，秦始皇所登以望东海，故得名焉。晋乐资《九州志》曰：县有秦径山，秦始皇径此美人死，葬于山下。有美人庙。考旧《图经》则为秦住。今会稽则有'秦望'，始皇刻石纪功之所。"清顾祖禹《读史方舆纪要》卷九十一："秦驻山……下有秦驻坞。相传始皇东游登此，一名秦径山。"清《钦定古今图书集成·方舆汇编·职方典》卷九百五十七："秦驻山在(海盐)县南一十八里。晋《九州志》：县有秦径山，秦始皇经此，美人死，葬于此山下，有美人庙，故名。魏郦道元《水经注》：海盐县南有秦望山，秦始皇登以望海。《吴地记》：秦驻山，有五百童女避秦于此，后并得仙。山之东海口，有巫子山云。”五峰并峙，海拔 181 米。地质基础由侏罗系火山凝灰岩构成。土壤以黄红壤为主。植被以针阔混交林为主。山麓有茶园、桃园和毛竹园。明设秦驻山寨。嘉靖三十四年（1555 年），官军败倭寇于此。《读史方舆纪要》卷九十一：“澉浦镇，（海盐）县东南十八里。有巡司，本宋置。明初因之，置于县南澉浦上。十九年，改为所，移司于秦驻山，仍曰‘澉浦镇巡司’。置堡于此，为戍守处。”明代诗僧大持《秦驻山》：“山灵曾受始皇鞭，松至而今不仆颠。天为涛吞无北限，地因沙涌有东边。下滩黑剩先秦石，对岸青高旧越烟。非此云牙撑海角，稻畦或恐作盐田。”清代海盐籍诗人彭绍贤《秦驻山》诗：“水浅蓬莱岁几更，凡夫那解驭风行。空教海外留徐福，一片荒山浪得名。”“翠盖金文想象间，昔时流水尚潺湲。美人似念今祠庙，死作山花不肯还。”清代诗人李念慈、彭孙贻分别作有《秦驻山观海》《秦驻山望海》。有秦兰、沙虎和沙里根等特产。山麓建有中国第一座核电站——秦山核电站。公路环山麓。

泊橹山（Bólǔ Shān）　孤丘。在嘉兴市海盐县南部澉浦镇。南宋常棠《海盐澉水志》卷一：“在镇西三里，高冠诸山。《舆地志》云：始皇渡海泊橹此山，因名。旧传昔海舟泊此山下，后沙涨接镇境。”俗称阁老山。海拔 129.6 米。地质基础由燕山期花岗岩构成。土壤以黄红壤为主。植被以针阔混交林为主。清方溶《澉水新志》卷一：“山巅有磨刀石，俗称吴越王钱镠习武艺曾磨刀于此。”清代诗人程煦元《泊橹山》诗：“始皇泊橹气何豪，石上曾磨武肃刀。千古英雄皆过客，月明长照一峰高。”东北麓临长山河。县乡公路通山麓。

茶磨山（Chámó Shān）　孤丘。在嘉兴市海盐县南部澉浦镇。因山形似茶磨得名。海拔 33.7 米。地质基础由侏罗系火山凝灰岩构成。土壤以黄红壤为主。植被以亚热带针叶林为主。南宋常棠《海盐澉水志》卷上：“茶磨山在黄巢弄侧，周回山下有港，港外周回有城堑。旧传唐末黄巢伏兵处。”清顾祖禹《读史方舆纪要》卷九十一：“相接者曰石屋山，上有石垒成屋，相传唐末居民避兵处。”清《钦定古今图书集成・方舆汇编・职方典》卷九百五十七：“茶磨山……周回有港，港外周回有堑，昔人避兵结寨处。《澉水志》：山在独汇泾前，落星浜上，下有石，相传陨星所化，因谓之落星浜。”明嘉靖间（1522—1566 年）兵科给事中许相卿隐居于此。山上有明代摩崖石刻 7 处。清潘曾莹作有《茶磨山》诗。东北麓有人工湖和公园。西南麓有茶磨山村。县乡公路通山麓。

观音山（Guānyīn Shān）　孤丘。在嘉兴市海盐县南部澉浦镇，濒南北湖。古称金牛山、会骸山、会稽山。唐陆广微《吴地记》：“县西五里有会稽山，是陆华兄弟寻金牛之处。”南宋王象之《舆地纪胜》卷三：“《吴地志》云：昔有金牛粪金，村民皋伯与弟随之，牛穴此山而入，二人凿山取之，入不止，山颓，兄弟皆死，遂以名之。亦曰‘金牛洞’。”北宋《太平寰宇记》卷九十五：“《九州要记》：古有金牛入此山，皋伯通兄弟凿山取牛。山崩，二人同死此穴中，因曰会骸山。”宋咸淳《临安志》卷二十七：“吴楚间金牛自毗陵奔此山而没，因名山。”清《钦定古今图书集成・方舆汇编・职方典》卷九百五十七：“金牛山……唐陆广微《吴地记》言：海盐西五十里。会骸山是陆华兄弟寻金牛处，其说不同。”后因山麓惠泉寺主奉观音菩萨而改称今名。海拔 156 米。地质基础由侏罗系火山凝灰岩构成。土壤以黄红壤为主。植被以亚热带针叶林和落叶阔叶林为主。南坡有洞，相传建炎初黄湾居民多避乱于洞中。县乡公路环山麓。

凤凰山（Fènghuáng Shān）　孤丘。在嘉兴市海盐县南部澉浦镇，濒杭州湾。以山形似凤凰得名。南宋常棠《海盐澉水志》卷上：“凤凰山在（澉浦）镇西南二里。”清《钦定古今图书集成・方舆汇编・职方典》卷九百五十七：“凤凰山在（海盐县）治西南三十九里，《澉水志》：在吴家山。侧形似凤之展翅。《明一统志》云：‘凤凰与窦家山、小山、泽山、飏山相近，俱列峙于澉浦镇之西南。’”四峰并峙，海拔 73.5 米。地质基础由侏罗系火山凝灰岩构成。土壤以黄红壤为主。植被以针阔混交林为主。山上多宋元古墓。明代于山麓置凤凰山寨。清顾祖禹《读史方舆纪要》卷九十一：“凤凰山，在县西南三十九里，澉浦镇西南二里，高四十丈，周五里。《海防志》：山南临大海，倭每犯此，最为冲要，有凤凰山寨。其与凤凰山环列于海滨为郡堤障者，凡数十计。俱错峙于澉浦所之四旁，而凤凰山为之冠。”东麓徐匠村曾有“十姑娘种棉”故事。县乡公路通山麓。

长墙山(Chángqiáng Shān)　孤丘。在嘉兴市海盐县南部澉浦镇，濒杭州湾。南宋常棠《海盐澉水志》卷二：“秦始皇东游登山望海，以其孤耸，遥望如堵墙，因名。”清顾祖禹《读史方舆纪要》卷九十一：“横截海涛，若堵墙然。”又因山形狭长，别称长山。山有两峰，东峰名长山，高 83.9 米。地质基础由侏罗系火山凝灰岩构成。土壤以黄红壤为主。植被以针阔混交林为主。《读史方舆纪要》卷九十一：“下有石岩临海，名穿山洞。嘉靖中，设东、西诸寨于山上，以防倭寇。南有黄道山，宋有水军寨、造船场，立烽燧于山巅。”山上有民国年间建立的水文站和“东方大港”测量标志。山麓有长山闸和嘉兴港澉浦港区。部分山体因建港区而开掘。县乡公路通山麓。

南木山(Nánmù Shān)　孤丘。在嘉兴市海盐县南部澉浦镇，濒南北湖。名称来历不详。南宋常棠《海盐澉水志》卷二载为谭家岭山，以山上有谭仙庙得名：“谭家岭山在镇西南十里，与临安府盐官县黄湾交界。上有谭仙庙。”海拔 148.9 米。地质基础由侏罗系火山凝灰岩构成。南与高阳山相连，北以谭仙岭为界，与北木山对峙。土壤以黄红壤为主。植被以亚热带针叶、落叶阔叶林和竹林为主。半山有茶园、果园。清吴颖辅作有《南木山登高》诗：“南木山连北木山，山间溪涧水潺潺。古来驿道谭仙岭，旧垒犹存锁往还。顶号鹰窠未见窠，遥看银杏树摩诃。停舆云岫山头寺，雪窦泉甘煮碧螺。”1944 年，新四军海北支队曾驻此，并在附近一带活动，现建有新四军海北支队驻地旧址纪念馆。山上有谭仙庙等古迹和“独松石”景观。县乡公路通山麓。

葫芦山(Húlú Shān)　孤丘。在嘉兴市海盐县南部澉浦镇，濒杭州湾。以山形似葫芦得名。南宋常棠《海盐澉水志》卷二：“葫芦山，在镇西南四里。四望绝在海中，如葫芦出没之状。潮生潮退，葫芦自若。”清顾祖禹《读史方舆纪要》卷九十一：“葫芦山，在县西南三十五里海中，东北去澉浦镇四里。潮汐消长，如葫芦出没，故名。语曰：潮生潮落，葫芦自若。”海拔 118 米。地质基础由侏罗系火山凝灰岩构成。土壤以黄红壤为主。植被以亚热带针叶和落叶阔叶林为主。历为兵家要地。明代置葫芦寨，并近西山寨。《读史方舆纪要》卷九十一：“下有葫芦寨，西有西山寨。”东北麓有海水养殖塘。县乡公路通山麓。

弁山(Biàn Shān)　孤丘。属天目山脉余脉。在湖州市，濒太湖，为吴兴区和长兴县界山。古称卞山。南宋嘉泰《吴兴志》卷四：“张元之《吴兴山墟名》曰‘卞山’。峻极，非清秋爽月不见其顶。顾长生《三吴地记》按：卞和于荆山采玉。今山中有似玉之石，土人谓之‘瑶琨’，故以卞名之耳。《吴都赋》曰：其琛赂则瑶琨之阜是也。”北宋《太平寰宇记》卷九十四：“周处《风土记》云：卞山当作冠弁之弁。徐陵《孝义寺碑》云：高弁苍苍，遥闻天语。”明万历《湖州府志》卷二：“山势如冠弁，相看四面同。”主峰云峰顶，海拔 521.6 米。为湖州市区的主山，有“吴兴富山水，弁为众峰尊”之誉。清《钦定古今图书集成・方舆汇编・职方典》卷九百六十七：“弁山，在县北十八里。一名‘卞山’，其高六千尺，其广百里。”地质基础以泥盆纪石英砂岩为主，周围有花岗斑岩、石灰岩和石炭系地层出露。土壤以黄红壤、棕红壤为主。植被以针阔混交林和落叶阔叶林为主。北宋尚书左丞、词人叶梦得晚年隐居于山中大阳坞，并葬于山中。宋嘉泰《吴兴志》卷十三："尚书左丞相叶梦得墓，在乌程县卞山。"元代书法家赵孟頫《游弁山》："我欲到斯境，岁月良已深。今晨为兹游，酬我夙昔心。悠悠冈坂长，惨惨风云阴。微雨迫短日，飘然洒衣襟。娄欲还吾驾，去意复难任。逍遥得所止，林竹自萧森。素琴不须弹，山水有清音。邈在樊笼外，尘想何由侵。况怀冥绝理，去此将焉寻。他山岂不好，聊尔非所钦。"元末明初诗人张羽《弁山》诗："吴兴富山水，弁为众峰尊。岧峣压南岭，杳渺连北门。岩岫互奇绝，溪壑欲崩奔。上有千丈瀑，飞流骇心魂。下有万顷湖，波涛荡其根。"有法华寺、碧岩寺、饮马寺、弁山土墩墓等古迹和玉涧、黄龙洞、碧岩、秀岩、龙岩等名胜。北部多石灰岩溶洞。产太湖石、无烟煤等矿产和鸡脚黄连、鲜石斛、仙茅等药材。沪渝(G50)高速公路穿山而过，邻长深(G25)高速公路和沪聂(G318)国道。

栖贤山(Qīxián Shān)　属天目山脉余脉。在湖州市吴兴区西北部龙溪街道。旧分西塞、栖贤二山。清顾祖禹《读史方舆纪要》卷九十一："西塞山，在(湖州)府西二十五里。唐张志和游钓处也。"清《钦定古今图书集成·方舆汇编·职方典》卷九百六十七："栖贤山，在(吴兴)县西二十二里。旧传管敬仲曾栖此。""西塞山，在(吴兴)县西南二十五里。"清光绪《浙江通志》卷十二："西塞山，《经锄堂杂志》：'吴兴南门二十余里下菰、菁山之间一带远山为西塞山，山明水秀，真是绝境。'""栖贤山，万历《湖州府志》：'在县西二十二里。旧传有高士曾隐此。'"后以栖贤山为西塞山的组成部分。海拔 280.6 米。地质基础由泥盆系石英砂岩构成。土壤以黄红壤为主。植被以亚热带针叶林和竹林为主。有始建于宋绍兴初(1131 年)的仙顶寺，寺内有一株树龄达 1 500 年古银杏树，据传是昭明太子所植。南宋毗陵(现常州)太守、画家李结曾卜居于此。光绪《浙江通志》卷十二引唐代诗人皮日休《西塞山泊渔家》诗："白纶巾下发如丝，静倚枫根坐钓矶。中妇桑村挑叶去，小儿沙市买蓑归。雨来莼菜流船滑，春后鲈鱼坠钓肥。西塞山前终日客，隔波相羡尽依依。"山上有峰曰仙人顶，清《钦定古今图书集成·方舆汇编·职方典》卷九百六十七："仙人顶，栖贤山之上有石洞，旧传有仙人居之，故名。顶上有寺。"明初张羽作有《游仙人顶诗》："盘云陟危磴，十步五回坐。道旁无虎迹，曾有仙人过。"清代湖州知府吴绮《游栖贤山》诗："我闻管仲父，栖迟在此久。古迹不复寻，飞英落金斗。""西塞渔晚"为吴兴八景之一。北坡有明代尚书严震直墓等古迹。西北麓濒西苕溪，有采石场遗迹。宣杭铁路过山麓，并设湖州站，邻长深(G25)高速公路，县乡公路通山麓。

毗山(Pí Shān)　孤丘。属天目山脉余脉。在湖州市吴兴区中北部八里店镇。北宋《太平寰宇记》卷九十四："毗山，(乌程)县东北九里。《山海经》云：'浮玉之山，东望诸毗。'郭璞注云：'诸毗，水名也。'按：'浮玉山在安吉，则霅水之发源也。'言东望溪浦，槎牙相毗，并汇于太湖，因名之。"南宋嘉泰《吴兴志》卷四："山最近城，或与城相毗而得名。"清顾祖禹《读史方舆纪要》卷九十一："毗，近也。以近(湖州)府城而名。"海拔 55.9 米。地质基础由泥盆纪石英砂岩构成。土壤以黄红壤为主。植被以落叶阔叶林为主。南朝梁柳恽曾建亭其上，南朝梁文学家吴均《和柳恽毗山亭》："平湖旷复远，高树峻而危。"明初，徐达、常遇春伐张士诚，败吴军于此。《读史方舆纪要》卷九十一："明初，徐达等攻湖州，自太湖次洞庭，进至毗山。张士信时军何山，望风遁。进至州东三里桥，败其兵，是也。"元代诗人黄溍《重游毗山》："十载重来思惘然，胜游邂逅一开颜。高林有色烟云净，曲径无香草树闲。漫遣金樽催白日，绝怜红粉涴青山。南朝旧迹今谁记，肠断风流不可攀。"明代诗人潘季驯《济上有怀毗山》诗云："溪盘苕水曲如龙，溪上山亭一径通。苍弁嵯峨春雨后，洞庭缥缈夕阳中。栽花已拟寻潘令，载酒谁当似柳公。太白楼前明月夜，不堪徙倚对秋风。"山巅有慈云寺。南麓有浙江省文物保护单位毗山商周文化遗址。邻沪聂(G318)国道，县乡公路通山麓。

乌山(Wū Shān)　属天目山脉余脉。在湖州市吴兴区中北部八里店镇。相传以古乌巾氏所居得名。别称升山、欧亭山。升，登也。北宋《太平寰宇记》卷九十四："吴均《入东记》云：王羲之为太守，常游践，因升此山，顾谓宾客曰：百年之后谁知王逸少与诸卿游此乎？因有升山之号，立乌亭于山上。"清顾祖禹《读史方舆纪要》卷九十一："一名'欧余山'……《汉志》注：乌程有欧阳亭，是也。亦曰'欧亭山'。"清《钦定古今图书集成·方舆汇编·职方典》卷九百六十七："升山，在县东二十一里。一名'乌山'。《旧编》云：'古乌巾氏所居，一名欧余山。'晋王羲之尝与宾从升此山，曰：'百年之后，谁知王逸少与诸卿至此乎？'因名升山。"海拔43.2米。地质基础由泥盆纪石英砂岩构成。土壤以黄红壤为主。植被以亚热带针叶林、落叶阔叶林和竹林为主。旧为兵家要地。《读史方舆纪要》卷九十一："明初，张士诚屯兵于此，为湖州声援。徐达等攻乌镇，败之。追至升山，破其六寨，既而复破其升山水寨，敌势益窘，即此。"元末明初诗人张羽《升山》诗："升山横道傍，秀色佳有余。虽微千仞冈，层峦自萦纡。右军晋高士，曾此眺郊墟。苔径存遗迹，千载没荒芜。想当登临日，俯仰凌八区。放浪形骸外，游目多所娱。惜无登高作，俪彼兰亭书。我思见其人，临风一踌躇。"西北麓有采石场遗迹，西南麓有龙泉寺。邻沪聂(G318)国道，县乡公路通山麓。

杼山(Zhù Shān)　孤丘。属天目山脉余脉。在湖州市吴兴区西部妙西镇。以传为夏后杼巡狩之所得名。北宋《太平寰宇记》卷九十四："《山墟名》云：昔夏后杼巡狩之所。"别称东张墟、稽留山、宝积山。晋张立之《吴兴山墟名》载为东张墟。《颜真卿杼山碑》载："游者忘归，号稽留山。"又因山上妙喜寺于宋治平二年(1065年)改为"宝积禅寺"，别称宝积山。海拔43.7米。地质基础由燕山晚期侵入的花岗岩构成。土壤以黄红壤为主。植被以亚热带针叶林、针阔混交林和竹林为主，并有茶园。唐、宋间有避蛇城及黄浦桥、黄浦亭、何楷钓台、招隐院、草堂、温阁、三癸亭、桂棚、御史径等胜景。唐时，颜真卿、陆羽、皎然等于此活动，《太平寰宇记》卷九十四："今山上有古城避蛇城。唐大历八年，刺史颜真卿于山上起桂棚、三癸亭、谢临川写真堂。"颜真卿于此修《韶海镜源》，皎然于此作《杼山禅居寄赠东溪吴处士冯》《春日杼山寄赠李员外纵》《杼山上峰和颜使君真卿、袁侍御五韵赋得印字》，其诗作《昼上人集》也称《杼山集》。其中《杼山禅居寄赠东溪吴处士冯》诗云："青云何润泽，下有贤人隐。路入菱湖深，迹与黄鹤近。野风吹白芷，山月摇清轸。诗祖吴叔庠，致君名不尽。身当青山秀，文体多郢声。澄澈湘水碧，泬寥楚山青。时人格不同，至今罕知名。昔贤敦师友，此道君独行。"宣杭铁路、鹿唐(S306)省道过山麓。

东林山(Dōnglín Shān)　孤丘。属天目山脉余脉。在湖州市吴兴区西南部东林镇。唐代已有名称记载。南宋嘉泰《吴兴志》卷十三："有《东林土地庙记》，系是唐人所作。"以峰峦蓊秀得名。南宋嘉泰《吴兴志》卷四："东林山在(归安)县西南五十四里。突兀于菰蒲溪泊之中，峰峦蓊秀，上有祇园寺，顶有浮图。"又因峰峦如锦，别称锦峰山、锦屏山。山麓有贝公墓，俗称贝锦峰、贝公山。东北—西南走向，椭圆形，长620米，宽460米。有二峰，东峰海拔75.31米，西峰海拔71.21米。地质基础由志留系砂页岩构成。山体浑圆，山坡和缓，植被茂盛。土壤以砂性土为主。植被以常绿阔叶落叶阔叶混交林为主。传东晋炼丹家葛洪曾于此炼丹。山有火炉顶、夕照岭、炼丹井、琵琶岭、温石坡等名胜，山巅有始建于宋宣和年间(1119—1125年)、万历十年(1582年)重建的锦峰塔，东南麓有祇园寺、东林土地庙、东岳宫等古迹。南宋嘉泰《吴兴志》卷十八："火炉顶，《旧编》云：在东林山上。《回仙录》云：葛洪尝炼丹于此，昔人曾开岩顶得莩炭数斛，内有双陶合牢不可启，击破视之无物。

山下有炼丹九井尚存，山之东有溪曰‘仙溪’，溪口有龟泽、凤泽。”卷十三：“祇园寺在(归安)县西南东林。齐永明三年建，号大乘寺。本朝治平二年，寺东廊有吕仙像在薜荔中，有塔在山顶。”“东岳行祠三：一在射村，一在东林，一在琏市。”“东林土地庙在归安县，旧志不载其详。”旧有天申介福宫。南宋嘉泰《吴兴志》卷六：“天申介福宫在归安县东林。乾道中，神霄道士蔡大象建，高宗皇帝御书额赐。”宋前已于山麓形成名为东林镇的集市，并建有东林买扑酒坊。明清改称东林市。南宋嘉泰《吴兴志》卷十：“《统记》云：管镇二十四，八所已废，名不复存。见存而可纪者：施渚、大钱、东林、乌墩、东迁。”卷八：“东林坊、长寿坊。据县《图经》皆系置扑坊。”传北宋东林沈东老能酿十八仙白酒，有回道人远来相访，愿求一醉。清嘉庆年间吴玉树曾纂《东林山志》24 卷。1984 年 8 月，锦峰塔被公布为湖州市文物保护单位。1935 年以此山为名设归安县东林乡，后几经变更，于 1995 年改设东林镇，2003 年改属吴兴区。山麓四面环溪，并有县乡公路环山。

岘山(Xiàn Shān) 属天目山脉余脉。在湖州市吴兴区中部道场乡。南宋嘉泰《吴兴志》卷四：“本名‘显山’，晋太守殷康筑亭其上，名‘显亭’。唐以庙讳改也。天宝刺史韦景先创五花亭，又有李适之石樽。山顶有塔。”明宋雷《西吴里语》：“傍郡城，若襄阳大岘。”清乾隆《乌程县志》卷二：“本名‘显山’，以唐庙讳改今名。”三峰并峙。主峰海拔 50.7 米。地质基础由燕山晚期侵入的花岗岩构成。土壤以黄红壤为主。植被以亚热带针叶林和竹林为主，山坡有茶园。唐湖州刺史韦景先曾建五花亭于山巅。有洼樽亭、显亭、五花亭旧址，洼樽石、浮玉泉等古迹和名胜。南宋嘉泰《吴兴志》卷十一：“显亭、五花亭，颜真卿《石柱记》云：显岘山上有显亭、五花亭。显亭晋殷康造，五花亭唐韦景先造。”“显化禅寺在县南二里岘山。崇宁四年，以澄悟禅师塔祈求有验，始赐今额，其塔号‘定应’。”唐颜真卿《登岘山观李左相石樽联句》：“李公登饮处，因石为洼樽。人事岁年改，岘山今古存。”宋代诗人李含章《岘山》诗：“更无百尺俯层巅，扶杖来寻曲曲泉。台榭大都唐以后，觞诗最盛宋中年。云昏乔木遮僧院，风约飞花堕钓船。日暮洼樽亭畔望，眼前谁是酒中仙。”北宋书画家米芾《和林公岘山之作》：“皎皎中天月，团团径千里。震泽乃一水，所占已过二。娑罗即岘山，谬云形大地。地惟东吴偏，山水古佳丽。中有皎皎人，琼衣玉为饵。”元末明初政治家刘基《岘山晚眺》：“湖上清溪溪上山，山亭结构俯人寰。窗中树色宜晴雨，门外滩声自往还。吸月樽深浮玉近，采莲舟去碧波闲。春兰秋桂年年好，憔悴风尘满厚颜。”明代文学家郑明选、谢肇淛作有《游岘山记》。清初李之粹手书“窪樽亭”三字刻碑勒名。民国湖州诗人朱谓深登岘山作《窪樽亭》一诗：“窪樽亭圮余横柱，大字苏书剩仆碑。几度登临一留恋，共谁携酒赋新诗?”山麓旧有岘山桥。南宋嘉泰《吴兴志》卷十九：“岘山桥在乌程县定安桥南。初郡人甃南塘，既毕工而西山水暴涨，建是桥。”山巅今有革命烈士陵园。中峰北麓有全国重点文物保护单位陈英士墓。邻二环南路和杭长桥南路等城市道路。

道场山(Dàochǎng Shān) 属天目山脉余脉。在湖州市吴兴区中部道场乡。以山有佛教寺院得名。南宋嘉泰《吴兴志》卷四：“道场山，昔讷和尚辞师出巡礼，师曰：‘逢道即止。’讷经此山遂留，后建寺。”清乾隆《乌程县志》卷二：“道场山，县十二里。旧名云峰，后人建寺奉佛，谓之道场山。麓有百步砧。从松阴而上，曲径盘旋。数折而至。其巅为一郡之望山，与何山相接。”海拔 210.7 米。峰峦秀郁，山石林立。地质基础由燕山晚期侵入的花岗岩构成。土壤以黄红壤为主。植被以亚热带针叶林和针阔混交林为主。有万寿寺、多宝塔、笑月亭、爱山亭、宋代教育家胡瑗墓等古迹。南宋嘉泰《吴兴志》卷十三：“护圣万寿禅院，在(乌程)县南十二里道场山。唐中和间，有如讷禅师出巡礼，师曰：‘好去，逢道即止’。讷经此山，问何名？父老曰：古传号‘道场’，因欲留止。父老曰：‘此山多虎。'讷策杖直上坐盘石，虎伏其侧经三宿无所伤，因结庵使居之。今号其处曰'伏虎岩'。后起廊庑、佛殿，塑千罗汉于中。吴越王与额为'吴兴正真禅院'，续改为寺。郡守钱信、王洞皆有《游道场山诗》。本朝改'妙觉寺'，《祥符图经》尚曰'正真禅院'。元丰三年知州事陈侗奏改赐今额。寺旁有笑月亭、爱月亭。"清光绪《浙江通志》卷十二："山顶有塔，下有伏虎岩、瑶席池。其山峰峦秀郁，水石森爽，殊为吴兴绝佳。今游览者皆萃也。"北宋词人苏轼《游道场山何山》诗："道场山顶何山麓，上彻云峰下幽谷。我从山水窟中来，尚爱此山看不足。陂湖行尽白漫漫，青山忽作龙蛇盘。山高无风松自响，误认石齿号惊湍。山僧不放山泉出，屋底清池照瑶席……高人读书夜达旦，至今山鹤鸣夜半。我今废学不归山，山中对酒空三叹。"南宋诗人施德操、杨冠卿、沈清臣，明代诗人孙一元等均作有《游道场山》诗。元代诗人仇远《道场山》诗："山行龟背路羊肠，伏虎禅师古道场。老木阴中安御座，白云堆里抚僧床。勺泉清澈涵秋味，尖塔孤撑界夕阳。笑月亭空人影散，松风和雨动天簧。"孙一元《游道场山》诗："伏虎昔年寺，塔留雷半焚。我来白日静，钟落青山闻。乱石开云气，晴池散鸟群。迟回兴不尽，林叶落纷纷。"明代藏书家都穆作有《游道场山记》。万寿寺内旧有安德军安抚使知湖州钱信于太平兴国三年(978年)所撰《宋道场山千圣殿碑记》。山麓旧产编布。南宋嘉泰《吴兴志》卷二十："《旧编》云：生纻出思溪，编布出道场山。今充贡。张文规诗'纻布直胜罗纨轻'。"登顶可远眺太湖。"道场晓霁"为"吴兴八景"之首。赵孟頫书苏轼《游道场山何山》诗今藏北京故宫博物院。1951年以此山为名设道场乡。邻长深(G25)、申嘉湖(S12)高速公路和京福(G104)国道。

金盖山(Jīngài Shān)　属天目山脉余脉。在湖州市吴兴区中部道场乡。清光绪《乌程县志》卷三："形势盘旋，宛同华盖，故名。"别称何山、何口山、云巢山。北宋《太平寰宇记》卷九十四："何口山，在(乌程)县南十里。山下当何山等路。昔曰'何山'，亦曰'金盖山'。晋何楷居之，修儒业。楷后为吴兴太守，改金盖山为何山。山口有次山，曰'金口山'，今曰'何口山'。"清《钦定古今图书集成·方舆汇编·职方典》卷九百六十七："金盖山在(乌程)县南十五里。晋太守何楷居此读书，因即其址为何山岭。"海拔292.6米。地质基础由泥盆系石英砂岩构成。土壤以黄红壤为主。植被以亚热带针叶林和针阔混交林为主。旧为兵家要地、吴兴名胜。清光绪《浙江通志》卷十二："弘治《湖州府志》：'山与道场相接，最为郡中诸山之胜。游者必以二山为甲。然道场之胜在山巅，何山之胜在山下。'"南朝梁文学家吴均作有《同柳吴兴何山集送刘余杭》诗："王孙重离别，置酒峰之畿。逶迤川上草，参差涧里薇。轻云纫远岫，细雨沐山衣。檐端水禽患，窗上野萤飞。君随绿波远，我逐清风归。"北宋词人苏轼作有《游道场山何山》诗。南宋文学家仇远《何山》诗："溪转峰回一径平，田头白水照人清。寺因何氏封山姓，客把坡诗证地名。萝月长随行道影，杉风犹带读书声。云津桥下潺湲急，僧濯袈裟客濯缨。"元代书法家赵孟頫书苏轼《游道场山何山》诗今藏北京故宫博物院。北宋诗人苏舜钦作有《游雪上何山》诗，元代诗人宇文公谅作有《何山赋》。有"金盖出云""菰城晚烟""吕谭子尤"等景观。明初张士信尝屯兵于山。南麓有下菰城遗址。山巅有电视转播塔。半山有梅花山庄。申嘉湖(S12)高速公路过北麓有简易路至山巅。

横山(Héng Shān)　孤丘。属天目山脉余脉。在湖州市南浔区西北部和孚镇。原名衡山。《说文解字》："衡，牛触，横大木。"以形状得名。北宋《太平寰宇记》卷九十四："衡山，在(乌程)县南一十八里。《左传·襄公三年》：'楚子重伐吴，克鸠兹，至于衡山。'杜注云：'衡山在吴兴乌程县。'山谦之《吴兴记》：'衡山，一名横山。'"东北—西南走向。原长1.6千米，宽335米，海拔85米。后因

21世纪初于此开山采石，西南半部被削平，现仅存东北半部。今长690米，宽255米，海拔47.3米。地质基础由石灰岩构成。山势和缓狭长。土壤以黄土为主。植被茂密，以常绿阔叶落叶阔叶混交林为主。传古有五帝之一的颛顼之冢。南宋嘉泰《吴兴志》卷四："衡山……今俗亦呼'横山'。颜真卿《石柱记》云：'上有颛顼冢。'春秋《鸠兹城统记》云：'《吴兴记》云：晋初衡山崩，见颛顼冢，中有营丘图，九首鸠兹。杜注云：吴邑在丹阳芜湖县东，今皋夷也。颜公所书或恐有据。'""横山暮岚"为元、明时期"吴兴八景"之一。元末明初诗人张羽《衡山暮岚》："衡山山顶岚光生，翠雾直与山俱横。轻云低拂北流水，落日半隐鸠兹城。一片松花忽吹起，反覆阴晴生眼底。挥毫安得米元晖，坐对高春写诗意。"东麓濒老龙溪。西麓濒东苕溪导流港，导流港流经金盖山与横山间的水道俗称"横山门"。南麓濒倪家溪，溪岸有倪家溪自然村。申嘉湖(S12)高速公路过北麓。

含山(Hán Shān)　孤丘。属天目山脉余脉。在湖州市南浔区南部善琏镇。南宋嘉泰《吴兴志》卷四："含山，在(归安)县东南一百八里。张元之《山墟名》云：'震泽东望苍然，茭苇烟蔚之中，高丘卓绝，因以名焉山。'"另说以山在嘉、湖两府界中，若含物然得名。又因四水涵之，别称涵山。清顾祖禹《读史方舆纪要》卷九十一："涵山，(崇德)县西北三十六里。为嘉湖两府分界处，县境之水绕其下，顶有浮图。"海拔60米。地质基础由泥盆系石英砂岩构成。土壤以黄红壤为主。植被以常绿阔叶落叶阔叶混交林为主。有始建于北宋元祐年间(1086—1074年)的含山塔和蚕花殿、净慈寺等古迹，蚕丝博物馆、仙人谭等景点。为蚕文化发祥地之一，"蚕花节"举办地。京杭运河过西麓。县乡公路通山麓。

石城山(Shíchéng Shān)　属天目山脉。在湖州市德清县中部武康镇。以旧时山有石城得名。北宋《太平寰宇记》卷九十四："在(武康)县西南三里。汉末赤眉之乱，邑人于山上累石为城，因以为名。"海拔406米。地质基础由燕山晚期侵入的花岗岩等构成。土壤以黄红壤为主。植被以针阔混交林和竹林为主。南朝宋沈道虔曾隐居于山。《宋书》卷九十三："沈道虔，吴兴武康人也。少仁爱，好《老》《易》，居(武康)县北石山下。孙恩乱后饥荒，县令庾肃之迎出县南废头里，为立小宅，临溪，有山水之玩。时复还石山精庐，与诸孤兄子共釜庾之资，困不改节。受琴于戴逵，王敬弘深敬之。郡州府凡十二命，皆不就。"山巅平坦，有洗马池等古迹。南宋嘉泰《吴兴志》卷四记载，山中有汉青州刺史姚恢墓。邻宣杭铁路和京福(G104)国道，县乡公路通山麓。

百凉山(Bǎiliáng Shān)　属天目山脉余脉。在湖州市德清县乾元镇。古称东主山。因南朝陈将领沈恪因功封东兴县侯得名。《陈书》卷十二："侯景围台城，恪率所领入台，随例加右军将军……恪为东土山主，昼夜拒战。以功封东兴县侯，邑五百户。"南宋嘉泰《吴兴志》卷四："东主山，在(德清)县东北三里。《陈书》云：'侯景围台城，右军将军沈恪为东主山主，昼夜拒战，以功封东兴侯而名之。'今呼为'百寮山'。山之东有五子石，故老相传有仙人尝弄石于此。"清顾祖禹《读史方舆纪要》卷九十一："东主山，在(德清)县东北四里。梁沈恪居此，侯景围台城，恪以力战功，封东兴侯。里人因名此山曰'东主'。一名'百寮山'。"后由百寮山谐音作今名。一作'百良山'。海拔121米。地质基础由第三系火成岩构成。山势低缓。土壤以红壤土为主。植被以松、杉等亚热带针叶林、竹林和灌丛为主。山麓旧有慈相寺和半月泉。南宋嘉泰《吴兴志》卷十三："慈相寺，在(德清)县北三里。唐元和中建，号'石壁院'。本朝治平二年改今额院。有泉出石罅，状如半月，号灵泉。"《读史方舆纪要》卷九十一："稍北有石壁山，山有灵泉，亦名半月泉。"北宋元祐六年(1091年)三月，词人苏东坡曾与曹辅、刘季孙、鲍朝懋、郑嘉会、苏坚同游于此，并作《半月泉》诗："请得一日假，来游半月泉。何人施大手，擘破水中天。”南宋理学家吕祖谦曾寓居慈相寺，并作《甃月泉疏》：“断崖吐月，才出半规；古甃涵星，尚怀金壁。久矣宝奁之发，时哉玉斧之修。”明代学者王直作有《慈相寺记》，清康熙年间(1661—1722年)德清县令侯元棐作有《半月泉铭》。清改半月泉为东主泉。明代诗人张羽《登德清百寮山》：“湖乡风景三秋后，佛界轩亭四望开。碧水翻从城里过，青山直到县门来。鱼商酒市晴偏集，钓艇莲舟晚共回。自古登高能作赋，坐中谁是大贤才。”东麓濒老龙溪，其余三麓有乾元镇城镇道路环绕。

乾元山(Qiányuán Shān)　孤丘。属天目山脉余脉。在湖州市德清县中部乾元镇。原名吴羌山。南宋嘉泰《吴兴志》卷四：“吴均《入东记》云：‘昔汉高士吴羌避王莽之乱隐居此山，后人名焉。’”后因山上建有乾元寺而改今名。海拔137米。地质基础由白垩系火山凝灰岩等构成。土壤以黄红壤为主。植被以针阔混交林为主。人称“织帘先生”的南朝宋麟士曾于此山讲学，形成“吴羌山中有贤士，开门教授居成市”之说。南宋嘉泰《吴兴志》卷四：“宋沈麟士居于此讲经教授，从学者数千百人。”有乾元寺遗址、宋代墓葬等古迹。清代学者俞樾《右台仙馆笔记》卷十：“吾邑乾元寺，在吴羌山之麓，背山而面河，隔河则县城环峙若屏幛然。”历代文人多有吟咏。南宋词人张侃《春日览古四绝》其二云：“游人拾翠蹋青归，叠叠楼台映绿漪。行到桥西多野色，吴羌山下织帘祠。”清代诗人陈斌《吴羌山》诗：“天目之阳苕水出，吴羌独枕一溪流。由来地接防风国，自此山穷槜李州。石屋已知空大隐，神色何日铸通侯。清秋几度看樵牧，高士亭边老亦休。”清代学者厉鹗《登吴羌山谒织帘先生祠》：“言寻吴羌山，孤峰拔云起。齐书名吴差，定复传讹耳。并邑俯鳞鳞，石路蹑齿齿。下有织帘居，清风被闾里。”近代书画家吴昌硕《藐翁先生命题乡先辈严修能先生自写文稿》诗也有“一卷娱亲真性在，吴羌山色对舒眉”之句。东苕溪、老龙溪和龟溪三面绕山。乾元镇城镇道路环山麓。

蠡山(Lǐ Shān)　孤丘。属天目山脉余脉。在湖州市德清县中部，钟管镇西部。传以范蠡曾于此寓居得名。南宋嘉泰《吴兴志》卷四：“蠡山，在(德清)县东北十五里，旧传范蠡之旧居。”清康熙《德清县志》卷一：“昔范蠡扁舟五湖，寓居此地，属三致千金之一。”海拔56米。地质基础由白垩系火山凝灰岩等构成。土壤以黄红壤为主。植被以落叶阔叶林和常绿阔叶落叶阔叶混交林为主。有蠡山新石器文化遗址、蠡山庙等古迹。旧有“翠冷马回”“石池剑跃”“西施画桥”“陶朱古井”“枷浪浮珠”“松峤天梯”“碧山风翥”“竹林云屋”八景。南宋嘉泰《吴兴志》卷十三记载，积谷山北麓旧建有望蠡亭与蠡山相对。清代诗人吕留良《游蠡山》诗云：“峰峦平远水微茫，曲折撩人短棹忙。璎珞结成山骨瘦，胭脂流出洞泥香。”又作《再游蠡山语徐方虎》：“山灵拍手笑重来，断壁阴湫特地开。波底神龙终自合，尘间凡马尽教回。村名附会凭僧撰，碑记荒唐费客猜。消得英雄归道院，陶朱遥对计然台。”清代诗人吴绮《蠡山题壁》诗：“千桃万柳上嶙峋，石室犹传霸越臣。不是五湖归较晚，此中应少苎萝人。”今建有蠡山儒商文化园。东麓有蠡山村。周多沼泽。县乡公路通山麓。

莫干山(Mògān Shān)　属天目山脉。在湖州市德清县西北部莫干山镇。相传春秋末年，莫邪、干将夫妇为吴王阖闾铸剑于此，剑成身亡。后人以莫邪、干将夫妇名山。别称莫邪山。南宋嘉泰《吴兴志》卷四：“世传吴王铸剑所也。按《吴越春秋》：‘干将吴人，吴王阖闾使造二剑。一曰干将，一曰镆耶。镆耶干将之妻也。今铁工造刀剑，磨以山之石，淬以(剑)池之水，则铦利倍常。’”清顾祖禹《读史方舆纪要》卷九十一：“亦曰莫邪山。”清光绪《浙江通志》卷十二：“莫干山，在(乌程)县西南一百五十里。上有铸剑池，水常清澈，旁有磨剑石，相传吴王铸剑于此。取‘莫邪、干将’之义以名。”海拔719米。地质基础由侏罗系流纹岩、凝灰岩等构成。土壤以黄红壤和红壤为主。植被以竹林和针阔混交林为主，并有茶园。有剑池、龙潭、滴翠潭等名胜，云岫寺、天池寺等古迹，山巅多民国时期别墅，为浙江省著名的避暑胜地，建有莫干山国家级风景名胜区。南宋诗人白玉蟾《题莫干山》："封到半天烟霭间，一卷仙书一粒丹。城南城北无老树，又吹竹笛过前山。"毛泽东主席《七绝·莫干山》："翻身复进七人房，回首峰峦入莽苍。四十八盘才走过，风驰又已到钱塘。"现代作家郭沫若《游莫干山》："盛暑来兹颇若秋，紫薇花静翠篁幽。晨登塔岭亲吴越，夜看银河贯斗牛。射击稚儿欣获鸟，校雠旧集听鸣蜩。山居最好劳盘骨，蹬道千寻赴上游。"清代武康知县吴康侯作有《莫干山记》。有笋干、茶叶、竹器等特产。临莫(S304)省道至山麓，景区专用公路至山巅。

铜官山(Tóngguān Shān) 属天目山脉。在湖州市德清县西北部莫干山镇。原名武康山。后以世传汉吴王濞采铜于此而改今名。南宋嘉泰《吴兴志》卷四："武康山，在县西十五里。名铜官山，唐天宝六年敕改焉。《舆地志》云：'铜官山下有两礴，深数丈，方圆百丈，古采铜所。'"清嵇曾筠《浙江通志》卷十二："昔吴王濞采铜于此。"海拔 252 米。地质基础由燕山早期花岗闪长岩及寒武系下统石灰岩等构成。土壤以黄红壤为主。植被以竹林为主。旧以之为余英溪源。清光绪《浙江通志》卷十二："余英溪之水出焉。旁有石燕洞，其燕也视春秋分隐见，与巢燕相同。"有铜山寺、铜井、炼铜滩等古迹。清代诗人吕留良《舟次看武康山溪》诗："霸先国破孟郊死，寂莫篷船到武康。峰黛未消千载绿，柳丝犹带六朝黄。英雄不出溪山静，风雅无归草树荒。叫起古人杯酒在，夕阳岭畔话兴亡。"北宋高僧释智圆《代书寄奉蟾上人》诗云："君居武康山，昔年我曾游。"南宋武康知县董嗣杲作有《甲戌八月初九夜武康山中洪水骤发越十日漕司》诗。西晋永康元年(300 年)，为避年号讳以此山为名改永康县为武康县。清《钦定古今图书集成·方舆汇编·职方典》卷九百六十八："晋以此名县。"清道光《武康县志》卷二："铜官山，本名武康山，昔以之名县。"临莫(S304)省道过南麓。

计筹山(Jìchóu Shān) 属天目山脉。在湖州市德清县南部三合乡。以越大夫计然于此筹算得名。别称界头山。北宋《太平寰宇记》卷九十四："《吴兴记》云：计筹山，昔越大夫计然多才智，筹算于此山。按：其地与余杭县分界，今俗谓之界头山。盖'筹''头'声相应也。"清顾祖禹《读史方舆纪要》卷九十一："亦以计然而名。其东南与钱塘县接界，亦名'界头山'。"清《钦定古今图书集成·方舆汇编·职方典》卷九百六十八："计筹山在(武康)县东南三十五里。越大夫计然尝筹于此，与临安县接界。又名界头山，有匾口'白云洞天'。"海拔 258 米。地质基础由白垩系火山凝灰岩等构成。土壤以黄红壤为主。植被以落叶阔叶林和竹林为主。有赵孟頫摩崖题记、杨坟、升玄观等古迹。赵孟頫题记俗称子昂碑，上书："吴兴武康计筹山，越大夫计然隐此成道。后千年，葛仙翁炼丹在此。又千年，当涂杜君道坚来登白石崖。二仙游侠，为四大域中建万古福地。大梁赵孟頫书。"元代诗人黄石翁《暮春计筹山中寄句曲山人》诗："松花落粉啼子规，山人燕坐春昼迟。石泉岂非《大韶》乐，日色犹是鸿荒时。�篮竹杖烟中语，青纸丹书林下诗。应谢钱塘旧知识，白云独往无还期。"北坡有采石场。邻宣杭铁路和长深(G25)高速公路，县乡公路通南北麓。

防风山(Fángfēng Shān) 属天目山脉余脉。在湖州市德清县南部三合乡。古分称封山和嵎山(禺山)，别称风公山、风渚山。北宋《太平御览》卷四十六："封山，《吴兴记》曰：风渚在武康县东十八里，古防风国，有风公庙。水即风渚，山即封山也。"北宋《太平寰宇记》卷九十四："防风山，在(武康)县东一十八里。先名'封嵎山'。唐天宝六年敕改焉。其一名'风公山'，一名'风渚山'。古防风氏之国。风公者，以其山上有风公祠。风渚者，以山下有风渚水。封山者，以其禁采樵渔猎也。山东南二里有嵎山，禹十二代孙帝嵎所居也。吴伐越，堕会稽，得骨节专车。使问仲尼，仲尼曰：'禹致群臣于会稽，防风氏后至，禹杀而戮之，其节专车，此为大矣。'客曰：'防风氏何守？'仲尼曰：'汪芒氏之君守封嵎山。'言防风氏治此二山也。""嵎山，在(武康)县东南三十里。《舆地志》：'盖古防风氏之都也。'"南宋嘉泰《吴兴志》卷四："封山，《家语》载：'防风氏之守曰守封、禺之山。'《余英志》云：'汪芒氏守封嵎两山之间。'禺山，《余英志》云：'按《史记》：禹十二世帝廑立。'而旧《图经》云：'帝禺居此山。'当是帝廑之兄弟分封此。《邦统记》：'防风山东南二里曰禺山。'"清光绪《浙江通志》卷十二："封山，《吴兴掌故》：'在(武康)县东十八里。防风氏所封之地。又名风渚山。'吴康侯《封山记》：'唐天宝六载更名防风山。'""禺山，嘉靖《湖州府志》：'在(武康)县东南三十里。防风氏所都也。'一云夏帝禺常南巡狩至此。"海拔125米。地质基础由白垩系火山凝灰岩等构成。土壤以黄红壤为主。植被以针阔混交林和竹林为主。明代画家吴康侯作有《封山记略》。明武康诗人姚亨作有《自封山绝顶至姜家岭》诗。现有蝙蝠禅寺、封公洞等古迹，山巅可眺下渚湖。山麓建有防风古国文化园。长深(G25)高速公路过西麓，县乡公路环山麓。

王母山(Wángmǔ Shān)　属天目山脉余脉。在湖州市德清县中部武康镇。原名黄陇山，别称皇岭、皇母山、仙台山。或分称为黄陇山和仙台山。南宋嘉泰《吴兴志》卷四："黄陇山，在(武康)县东北二十五里。《山墟名》云：'昔黄初平得道之所。'《统记》作皇岭，云岭下有紫华庙。《旧编》云：'今俗呼皇母山，山上有仙台。'""仙台山，在(武康)县东北十八里。世传黄初平炼丹处，山顶有台。台北有逍遥堂旧址，望湖杭境具在目前。"明万历《湖州府志》卷二："仙台山，即'黄陇山'，黄初平炼丹之所，顶有台。"清光绪《浙江通志》卷十二："谨按：《列仙传》，初平叱石成羊事在金华羊没坞云云。恐非实也。但记载相沿，录之存疑可耳。"清道光《武康县志》卷二："仙台山……黄陇山……按，郡志、府志，俱云仙台山即'黄陇山'。旧志分为二山，里至也异，今从之。"海拔113米。地质基础由志留系下统粉砂岩构成。土壤以红壤为主。植被以针阔混交林和茶园为主。元代诗人仇远《言怀其四》诗云："白岭溪上野田平，黄陇山前竹树清。已许数椽容小住，余英爱我爱余英。"有王母庙等古迹。北坡有采石场。有公路过山麓。

方山(Fāng Shān)　属天目山脉余脉。在湖州市长兴县西南部林城镇。南宋嘉泰《吴兴志》卷四："以其顶方名之。"清同治《长兴县志》卷十："方山，在县西四十里。高四百丈，周三十里，其顶方，故名……方山有大云寺，寺后小池，清可见底。因以清泉号其乡云(《吴兴掌故集》)。方山最为雄高，尽见阳羡诸山。涌出如层波叠浪，而东北望太湖如镜，隐隐见姑苏之台。"海拔576.4米，为长兴县第二高峰。地质基础由泥盆系砂岩、页岩构成。土壤以黄红壤、黄壤为主。上部以稀树灌木林和荒山为主，中下部以落叶阔叶林、针阔混交林和竹林为主。南宋嘉泰《吴兴志》卷四："《梁典》云：陈文帝为信武将军，自长兴县遣二千人投京师，夜下方山津，即此地也。"元末明初诗人张羽《游方山观梅》："寻芳正及上春时，涧道萦纡恨到迟。花似西湖先得暖，人如东阁总能诗。酒中瘦影依依见，席上寒香淡淡垂。日莫醉归簪满帽，从教人笑鬓如丝。"山巅有龙潭和乌龙寺等古迹。龙潭昔为民众祈雨之地。清同治《长兴县志》卷十："顶有龙潭不盈尺。大旱不竭，祷雨辄应。"宋元等时期，曾以此山为名设方山乡。县乡公路至山麓。

仙山(Xiān Shān)　属天目山脉余脉。在湖州市长兴县西南部泗安镇。古称四安山。南宋嘉泰《吴兴志》卷四："《山墟名》云：'以其山四面平广也。'"一说以隋代于山下建四安城得名。又因山顶呈圆锥形，别称南方山、尖山。清嘉庆《长兴县志》卷八："四安山……以其四方平广，故名。或称'南方山'。遥望如卓笔，又谓'尖山'。"后因建显圣禅寺而改今名。海拔162米，为四安溪之源。南宋王象之《舆地纪胜》卷四:“四安溪源出四安山。”清顾祖禹《读史方舆纪要》卷九十二:“四安山县西南八十里。四面平广。水流会于苕溪,亦名‘四安溪’,又名‘周渎’。”地质基础由白垩系火山凝灰岩构成。土壤以黄红壤为主。植被以亚热带针叶林为主。隋代以此古称为名设四安府。宋代曾以此山古称为名设四安镇、四安管界巡检寨。宋前曾以此山古称为名设四安乡,宋代并乡改为四安里。山巅有地藏宝塔。山上有显圣禅寺、白云寺等古迹。明代诗人魏学洢作有《送唐污父入四安山》诗:“污父先生久作邻,未知污父是何人。茶垆时畜长生火,药裹常随不病身。短裤独锄三尺圃,角巾留挂十年尘。刺船忽向千峰去,何处烟波着钓纶。”1912年,以其古称“四安”谐音设泗安乡,1949年改为泗安镇。山麓有泗安水库和仙山湖旅游景区。邻沪渝(G50)高速公路和沪聂(G318)国道及孝泗(S204)省道,县乡公路环山麓。

吴山(Wú Shān) 孤丘。属天目山脉余脉。在湖州市长兴县南部和平镇。南宋嘉泰《吴兴志》卷四:“《山墟名》云:‘吴王送女至此。’(南朝)梁吴均卜宅,唐吴筠复居之。”清嘉庆《长兴县志》卷八:“相传吴王送女于此,故名。”又因山岩呈红褐色,俗称红山。海拔295米。地质基础由石炭系石灰岩构成。山脊和缓,侧坡陡峻,切割明显。土壤以黄红壤为主。植被以茶树为主。古有吴王送女至吴山形成苕溪潮水传说。清嘉庆《长兴县志》卷八:“俗传山湾有潮,高三尺,倒流七十里,名吴王送女潮。”唐代高僧皎然作有《赋得吴王送女潮歌,送李判官之河中府》:“见说吴王送女时,行宫直到荆溪口。溪上千年送女潮,为感吴王至今有。乃知昔人繇志诚,流水无情翻有情。”明代长兴籍诗人顾应祥作有《吴山八景》诗:《玉楼浮碧》《普门胜览》《双履空坟》《双条旧砌》《庭际仙池》《溪濆巨石》《丝螺无尾》《鱼鸟有信》。山麓有吴山寺、杨府庙等古迹。东西两坡多采石场。红山港汇西苕溪于西北麓。鹿唐(S306)省道过南麓。

城山(Chéng Shān) 孤丘。属天目山脉余脉。在湖州市长兴县东南部和平镇。原称石城山。北宋《太平寰宇记》卷九十四:“《山墟名》云:‘昔乌程豪族严白虎于山下垒石为城,与吕蒙战所。’今山上有弩台,烽火楼之迹犹存焉。”后简称为城山。清《钦定古今图书集成·方舆汇编·职方典》卷九百六十八:“石城山一名‘城山’,在(长兴)县南五十里,高九十丈,回五里,山上有故城。吴时乌程严白虎据此筑城,与吕蒙相拒,犹有弩台、烽楼、走马埒遗址。”后简称为今名。海拔265.5米。地质基础由泥盆系砂岩构成。山势和缓,山顶平衍。清同治《长兴县志》卷十:“山顶平环,顶有土城。由北入城,城门则有田三数亩,阡陌横斜,高低相错,后有石壁,泉出于下,汇为方池,大旱不涸。”土壤以黄红壤为主。植被以竹林、桃园、茶园为主。明代诗人丁元荐作有《结夏城山李用父见访》。有全国重点文物保护单位城山古城遗址及元朝石刻造像。有城山寺等名胜。明代诗人冯梦祯撰有《城山寺记》,状元朱国祚作有《石城山毗卢佛像记略》。东麓建有城山沟风景区。北坡和东北坡有采石场。南北麓分别邻申嘉湖(S12)高速公路和鹿唐(S306)省道。

乌瞻山(Wūzhān Shān) 属天目山脉余脉。在湖州市长兴县西北部小浦镇。南宋嘉泰《吴兴志》卷四:“乌瞻山,在(长兴)县北五十里,高四百尺。《山墟名》云:‘昔有青乌子瞻望此山曰:此山可以避难养道,隐者所居’,故名。”清顾祖禹《读史方舆纪要》卷九十一:“乌瞻山,在(长兴)县北五十里。《志》云:‘其地迥绝,五峰突出,若群乌之瞻视于云表,故名。’”海拔514米。地质基础由泥盆系砂岩、页岩构成。土壤以黄红壤、黄壤为主。上部植被以竹林、稀树灌木林为主,半山及以下以果园、茶园为主。古为隐修之地。宋淳祐年间(1241—1252年)成都杨仲庚隐于此山。清同治《长兴县志》卷十:“乌瞻山有二岭,在县西三十里,高八十丈,周二十里。峰峦秀拔,最为陡峻……又一岭,相去数里，瞻望太湖晓日处，故名'青乌子'，杨仲庚别号也，讹乌子瞻。上有八角井、炼丹所，是谓南乌瞻。下有竹浪、妙清、迎翠、隐云、天成诸庵，皆旧时遗迹。"南宋诗人邵缉《乌瞻山》诗："向堕每弧青夜月，乌瞻于对旧时山。上有八角井炼丹，所是谓南乌瞻山。有竹浪妙迎翠隐，云天成诸庵皆旧。"传南朝陈陈霸先幼年曾居此。清《钦定古今图书集成・方舆汇编・职方典》卷九百六十八："陈武帝微时，常于此飞弹投石。"山产茶，旧称"云雾茶"。清同治《长兴县志》卷十："茶之属。顾渚、罗岕、向岘岕、岩山、桨浦、乌瞻云雾。"今北麓建有合溪水库，南麓建有八都岕古银杏省级森林公园。长牛铁路过北麓，县乡公路分别过南北二麓。

顾渚山（Gùzhǔ Shān）　属天目山脉余脉。在湖州市长兴县西北部水口乡。南宋嘉泰《吴兴志》卷四："顾渚……《山墟名》云：'昔吴夫概，顾其渚次，原隰平衍可为都邑之地。'"古别称顾山。唐《元和郡县图志》卷二十五："顾山，在（长城）县西北四十二里。贞元以后，每岁以进奉顾山紫笋茶，役工三万，累月方毕。"清顾祖禹《读史方舆纪要》卷九十一："西顾山，（长兴）县西北四十七里。《志》云：'山一名吴望山，吴王阖闾尝登姑苏台，望见此山。一名顾渚山，吴夫概顾赡渚次，以其原隰平衍，可为都邑，因名。'傍又有二山相对，号明月峡。绝壁峭立，大涧中流，产茶绝佳，唐时以顾渚茶供贡。其南为大官山、小官山。山北十余里有啄木岭，唐时吴兴、毗陵二郡守造茶宴会于此。"清代将顾渚山、西顾山载为两座山。嘉庆《长兴县志》卷八："顾渚山，去县西北四十七里。高一百八十丈，周十二里，多产紫笋茶""西顾山，一名'吴望山'，在县北四十九里。高一千尺……今土人名'北石山'。"又因其山产茶，别称茶山。清光绪《浙江通志》卷十二："顾渚山，一名'茶山'。"海拔 355 米。地质基础由志留系页岩构成。土壤以黄红壤、黄壤为主。植被以针阔混交林和竹林为主。石壁峭立，云雾缭绕。以产紫笋茶著称，唐贞元年间（785—805 年）以来，列为贡茶。陆羽《茶经》列为天下第二。唐代于东南麓金沙泉侧置贡茶院，颜真卿、杜牧、袁高等均曾于此监制贡茶，并留题刻多处。唐代茶圣陆羽曾于此撰写《茶经》，被誉为"中国茶文化的发源地"。山麓有大唐贡茶院、明月峡、尧氏庙等名胜。历代文人多有吟咏。唐代诗人杜牧于此作《题茶山》诗："山实东吴秀，茶称瑞草魁。剖符虽俗吏，修贡亦仙才。溪尽停蛮棹，旗张卓翠苔。柳村穿窈窕，松涧渡喧豗。等级云峰峻，宽平洞府开。拂天闻笑语，特地见楼台。泉嫩黄金涌，牙香紫璧裁。"皮日休《茶中杂咏・茶人》有"生在顾渚山，老在漫石坞。语气为茶荈，衣香是烟雾"之句。陆羽作有《顾渚山记》。县乡公路通山麓。

吕山（Lǚ Shān）　孤丘。属天目山脉余脉。在湖州市长兴县东部吕山乡。南宋嘉泰《吴兴志》卷四："旧名'程山'。《山墟名》云：'吴将吕蒙筑营于此山，因名。'"别称蒙山、吕蒙山、吕将山、甘泉山。海拔 93.7 米。地质基础由石炭系石灰岩构成。土壤以黄红壤为主。植被以针阔混交林为主。明代长兴诗人吴琉曾作《吕山十二景》诗：《蒙山峙翠》《葛阜遗丹》《平冈走马》《古渎舣舟》《龟山烟雨》《董坞松涛》《茶磨晚岚》《姑岭晴雪》《星墩竹墅》《掌峰朝雪》《黄公石屋》《白鹤仙坛》。明末清初归安诗人吴景旭、清代长兴诗人朱紫贵等分别作有《过吕山》《吕山》诗。东北、东南坡有采石场遗迹。邻沪聂（G318）国道，县乡公路环山麓。

南天目山（Nántiānmù Shān）　属天目山脉。在湖州市安吉县南部，为报福镇和上墅乡界山。因地处北天目山（编者注：即灵峰山）之南得名。别称芙蓉山。海拔 1 086 米。地质基础由白垩系火山碎屑岩、火山熔岩构成。土壤以黄红壤、黄壤为主。上部以灌木林、山地草甸为主。700 米以下以竹林和人工杉木林为主。山麓有统里寺、彭真寺、圆通寺等古迹和棋盘石、红石崖、龙潭瀑等名胜。县乡公路过山麓。

南屿山(Nányǔ Shān) 孤丘。属天目山脉。在湖州市安吉县南部,为天荒坪镇与上墅乡界山。名称来历含义不详,别称白水山、泉石山。北宋《太平寰宇记》卷九十四:"《括地志》云:'南屿山,一名白水山,上有湖,其水色白,因名之。'"清顾祖禹《读史方舆纪要》卷九十一:南屿山……一名'白水山',一名'泉石山'。《志》云:"山高三百六十丈,上有湖,下有南屿水,流合于苕溪。"海拔1 048.3米。地质基础由白垩系火山碎屑岩、熔岩构成。土壤以黄红壤、黄壤为主。植被以竹林和落叶阔叶林为主。山巅为灌木林和山地草甸。据传旧有西施种香之处。南宋嘉泰《吴兴志》卷四:"《山墟名》云:'西施种香之所。'上有兰茝畹。"清代孝丰诗人章汝耀《南屿山》诗:"岧峣南屿拂青霓,壁削云浮万仞梯。石室含风依渚静,瀑泉鸣雨杂猿啼。玉峰近接重峦秀,白水遥分万壑低。何用别寻武陵曲,桃花洞口使人迷。"现东南建有天荒坪抽水蓄能电站和天荒坪浙江省风景名胜区。青临(S206)省道过东麓和南麓。公路通至天荒坪抽水蓄能电站。

灵峰山(Língfēng Shān) 属天目山脉。在湖州市安吉县中部灵峰街道。因有始建于后梁开平元年(907年)的灵峰寺得名。别称灵岩山、北天目山。清光绪《孝丰县志》卷一:"灵岩山,县东北十五里,古称'北天目',亦曰'灵峰'。灵岩多竹,上有龙池泉水,一线穿篠而下,滴沥葱蒨可掬。"海拔337.8米。地质基础由白垩系火山碎屑岩、熔岩构成。土壤以黄红壤为主。植被以常绿阔叶林和竹林为主。山麓建有古称百福院的灵峰寺,寺中有千年银杏树。南宋嘉泰《吴兴志》卷十三:"百福院,在(安吉)县西南三十里灵峰山。梁开平元年建,号'灵峰院'。本朝治平二年改今额。有熙宁元年知怀州孔叔瞻撰《重修大殿记》。"明代诗人诸光禄作有《灵岩滴翠》诗,清代词人吴绮《灵岩》诗:"秋尽珠宫冷薜萝,偶将车马暂经过。清霜叶上丹黄半,斜日峰头紫翠多。山叟乞诗争笔墨,野人遮道看笙歌。不知鹊尾薰香处,把似髯苏且奈何。"现建有竹乡国家森林公园和灵峰山景区。东南麓有中国竹子博物馆。县乡公路环山麓。

仓山(Cāng Shān) 孤丘。属天目山脉余脉。在湖州市安吉县东北部灵溪镇。古称廪山、邸阁山。北宋《太平寰宇记》卷九十四:"邸阁山……《吴志》云:'吴帝遣从弟孙庆修故鄣邸阁粮谷。'"清顾祖禹《读史方舆纪要》卷九十一:"邸阁山,(安吉)州东北二十五里。山东南二里即为廪山。《郡志》:'吴大帝遣从弟奐修故鄣邸阁,即此。'下有邸阁池。唐圣历初,县令钳耳知命开以溉田。"南宋嘉泰《吴兴志》卷四:"廪山……《江表传》云:'吴长沙桓王攻刘繇之,尽得邸阁粮谷贮于此山。'《舆地志》云:'吴大帝于此山起仓,因以为名。'"海拔90米。地质基础由志留系砂岩构成。土壤以黄红壤为主。植被以常绿阔叶落叶阔叶混交林为主。传山中有南宋政治家、文学家程大昌墓。清《钦定古今图书集成·方舆汇编·职方典》卷九百七十三:"太师程大昌墓在邸阁山。"山麓为南宋著名藏书家陈振孙出生地。山麓旧有邸阁水,今南临西苕溪。县乡公路通山麓。

玉华山(Yùhuá Shān) 属天目山脉余脉。在湖州市安吉县西北部鄣吴镇,与金曜山相对。清《钦定古今图书集成·方舆汇编·职方典》卷九百六十八:"玉华山,在县西北六十里。""金曜山,与玉华山相对。"因月夜望此山银光闪闪,故名。海拔347米。地质基础由志留系砂岩构成。土壤以黄红壤为主。植被以竹林为主。有吴氏宗祠、玉华寺遗迹。县乡公路环三麓。

秦望山(Qínwàng Shān) 属会稽山脉。在绍兴市,为越城区南端鉴湖镇与柯桥区界山。北魏郦道元《水经注》卷四十:"在州城正南,为众峰之杰,涉境便见。《史记》云:'秦始皇登之以望南海。自平地以取山顶,七里,悬隥孤危,径路险绝。'《记》云:'扳萝扪葛,然后能升。山上无甚高木,当由地迥多风所致。山南有嶕岘,岘里有大城,越王无余之旧都也。'"一说别称天柱峰、刻石山。但嘉泰

《会稽志》卷九否定这种说法："然则秦望亦可以会稽名之。自秦始皇登此山以望南海，又陟天柱之高峰以望秦中，始有秦望、望秦之名，而秦望最著。《十道志》：'秦始皇登秦望山使李斯刻石，其碑尚存。'姚令威《丛语》云：'予尝上会稽东山，自秦望山之巅，并黄茅无树木，山侧有三石笋，有水一泓，别无它石笋，上并无字。以此订之始皇所刻石不在此山明矣。'旧《经》：'会稽之别峰曰茅岘，此山之南亦有樵岘，"茅""樵"音近，似疑传之讹也。'"海拔 543.6 米。地质基础由侏罗系流纹质凝灰岩、流纹斑岩构成。土壤以红泥土为主。植被以亚热带针叶林和针阔混交林为主。唐代诗人李白《送友人寻越中山水》："闻道稽山去，偏宜谢客才。千岩泉洒落，万壑树萦回。东海横秦望，西陵绕越台。湖清霜镜晓，涛白雪山来。八月枚乘笔，三吴张翰杯。此中多逸兴，早晚向天台。"唐代诗人薛据《登秦望山》："南登秦望山，目极大海空。朝阳半荡漾，晃朗天水红。溪壑争喷薄，江湖递交通。而多渔商客，不悟岁月穷。振缗迎早潮，弭棹候长风。"唐代诗人刘禹锡《酬浙东李侍郎越州春晚即事长句》："越中蔼蔼繁华地，秦望峰前禹穴西。湖草初生边雁去，山花半谢杜鹃啼。青油昼卷临高阁，红旆晴翻绕古堤。明日汉庭征旧德，老人争出若耶溪。"南宋诗人陆游《余得木杖于秦望山中今三十年矣陇蜀万里未尝》："提携到处觉身轻，楚泽秦关不计程。只道维摩无侍者，谁知上座是同行。青鞋白拂真相称，湘竹溪藤误得名。珍重从今常倚壁，住庵吾欲过浮生。"南宋词人辛弃疾《汉宫春·会稽蓬莱阁怀古》："秦望山头，看乱云急雨，倒立江湖。不知云者为雨，雨者云乎。"南宋诗人王炎《贺监宅》诗："惟有青青秦望山，曾识湖边老狂客。""秦望观海"旧为"越中十景"之一。今存苦竹泉、白乳泉、钱公岩等胜迹。绍诸(S24)高速公路过北麓，县乡公路环山麓。

香炉峰(Xiānglú Fēng)　属会稽山脉。在绍兴市，为越城区东南缘与柯桥区界山。古称宛委山、石篑山、天柱山、玉笥山等。《吴越春秋·越王无余外传第六》："乃案黄帝中经历，盖圣人所记曰：在于九山东南天柱，号曰宛委，赤帝在阙。其岩之巅，承以文玉，覆以磐石，其书金简，青玉为字，编以白银，皆瑑其文。禹乃东巡，登衡岳，血白马以祭，不幸所求。禹乃登山仰天而啸，因梦见赤绣衣男子，自称玄夷苍水使者，闻帝使文命于斯，故来候之。非厥岁月，将告以期，无为戏吟。故倚歌覆釜之山，东顾谓禹曰：'欲得我山神书者，斋于黄帝岩岳之下三月，庚子登山发石，金简之书存矣。'禹退又斋三月，庚子登宛委山，发金简之书。案金简玉字，得通水之理。"北宋《太平御览》卷四十七："《贺循记》曰：'石篑山，其形似篑。在宛委山上。'……《开山图》曰：'禹开宛委山，得赤珪如日，碧珪如月，长一尺二寸也。'"南宋嘉泰《会稽志》卷九："宛委山，在(会稽)县东南一十五里。旧《经》云：'山上有石篑壁立千云，升者累梯而至。'《十道志》：'石匮山，一名宛委，一名玉笥，有悬崖之险亦名天柱山。昔禹治水歌功未成，乃斋，于此得金简玉字，因知山河体势……上说不经姑录之。'"后因远望峰顶形似香炉而改今名。海拔 354 米。地质基础由侏罗系火山凝灰岩构成。土壤以黄泥土为主。植被以亚热带针叶林和针阔混交林为主。元代理学家韩性《宛委山》诗："秦山几千仞，翠入蓬莱城。城中望山色，明暗分阴晴。老夫散策山前路，为爱看云不归去。仰看惊怪鹭飞来，回头忽见云生处。崦中孤起如炊烟，乘风腾上苍厓巅。……老夫作诗一笑领，举袖收云散空迥。倚松绝叫山下人，仰看云峰起山顶。"明代万历十七年(1589 年)，会稽籍会元、翰林院编修陶望龄，以此山为名自号"石篑"。明代诗人袁宏道曾作《别陶编修石篑》六首。清代诗人阮元作有《游山阴陶石篑读书处水石洞》。现为会稽山旅游度假区的主景之一。山巅有炉峰禅寺和万寿塔。每逢云雨天气，山顶雨雾迷蒙，烟霭缭绕，"炉峰烟雨"旧为"越中十二胜景"之一。北麓临大禹陵景区，东麓有宛委山樱花林景区。县乡公路通山顶。

覆卮山（Fùzhī Shān） 属四明山。在绍兴市，为上虞区、嵊州、余姚三区（市）界山。传以南朝诗人谢灵运覆卮于此得名。清顾祖禹《读史方舆纪要》卷九十二："相传谢灵运尝覆卮于此，绝顶四望，东大海，西会稽，仿佛可见。上有石窍，泉流不竭。"《大清一统志·绍兴府》："覆卮山在上虞县南五十里，与太平山相连。（南朝）宋谢灵运尝登此山，饮罢覆卮山上。今存一石窍，大旱不涸，呼为龙眠窟。"海拔861米，为上虞区最高峰。地质基础由侏罗系火山凝灰岩构成。土壤以红黏泥土为主。植被稀疏，以稀松林和灌丛为主。山顶有"覆卮"题刻，并有石浪、石泉、台阁岩、洗卮泉、望天亭、圣香潭、鸡啼岩、石屋等名胜。南宋诗人张越《卮山草舍野语》诗："覆卮山前溪水绿，覆卮山后雨满谷。溪南溪北数椽屋，屋里有书书可读。"西南侧山谷有砾石河。东、南、西三面山坡及山麓多梯田和茶园。有公路通西南坡半山的东澄村。

刻石山（Kèshí Shān） 属会稽山脉。在绍兴市，诸暨市枫桥镇东北部与绍兴市柯桥区交界处。传以秦始皇东巡会稽，命李斯撰文刻石立于山巅得名。别称石碑山、娥避山、龙头冈、会稽大山。《越绝书》卷八："以其三十七年，东游之会稽……道度诸暨、大越。以正月甲戌到大越，留舍都亭。取钱塘浙江岑石，石长丈四尺，南北面广六尺，东面广四尺，西面广尺六寸，刻文立于越栋山上，其道九曲，去县二十一里。"又因山形似鹅鼻而别称鹅鼻山、峨眉山。因山顶有孤立巨岩，俗称大岩头岗。海拔763.8米。地质基础由侏罗系玄武岩构成。土壤以黄红壤黄泥砂土为主。植被以亚热带针叶林和针阔混交林为主。陆游《登鹅鼻山至绝顶访秦刻石且北望大海山路危甚》诗："秦皇马迹散莓苔，如镌非镌凿非凿。残碑不禁野火燎，造物似报焚书虐。人民城郭俱已非，烟海浮天独如昨。"秦《会稽刻石》失之于宋，元至正元年（1341年）绍兴路总管府推官申屠駉以旧藏拓本摹勒于石，置于郡庠之稽古阁。清康熙间碑石文字为石工磨去。乾隆五十七年（1792年）绍兴知府李亨特仍用申屠駉原拓本重刻于原石。现藏大禹陵碑廊内。县乡公路通山麓。

塔山（Tǎ Shān） 孤丘。属会稽山脉余脉。在绍兴市越城区中部塔山街道。与府山、蕺山鼎足而立，合称绍兴城区三大名山。古称怪山、龟山。《吴越春秋·句践归国外传第八》："于是范蠡乃观天文，拟法于紫宫，筑作小城。周千一百二十二步，一圆三方……城既成，而怪山自生者，琅玡东武海中山也。一夕自来，故名怪山。"《越绝书》卷八："龟山者，句践起怪游台也。东南司马门，因以照龟。又仰望天气，观天怪也。高四十六丈五尺二寸，周五百三十二步，今东武里。一曰怪山。怪山者，往古一夜自来，民怪之，故谓怪山。"《水经注》卷四十："浙江又北径山阴县西。西门外百余步有怪山。本琅邪郡之东武县山也，飞来徙此，压杀数百家。《吴越春秋》称怪山者，东武海中山也，一名'自来山'，百姓怪之，号曰'怪山'。亦曰：'越王无疆为楚所伐，去琅邪，还浙东，东武人随居山下。远望此山，其形似龟，故亦有龟山之称也。'越起灵台于山上，又作三层楼以望云物。川土明秀，亦为胜地。"北宋《太平御览》卷四十七："龟山，《吴越春秋》曰怪山者，琅邪东武海中山也，一夕自来，百姓怪之，故曰'怪山'。形似龟体，故谓'龟山'。"后因山巅有建于晋末的应天塔而改称今名。别称飞来山、宝林山。南宋嘉泰《会稽志》卷七："报恩光孝禅寺在府南二里二百二十二步……僧遗教等与法师惠基于宝林山下，即'龟山'，亦名'飞来山'。"《越中杂识》上卷："山麓有宝林寺，今名报恩光孝禅寺，故山别称'宝林山'。"《大清一统志·绍兴府》："龟山……上有应天塔，今呼'塔山'。"海拔32米。地质基础由侏罗系火山凝灰岩构成。土壤为黄泥土、黄泥砂土。植被以亚热带针叶林为主，林木葱郁。北宋文学家王安石《登飞来峰》诗："飞来山上千寻塔，闻说鸡鸣见日升。不畏浮云遮望眼，自缘身在最高层。"唐代书法家徐浩《宝林寺作》："兹山昔飞来，远自琅琊台。孤岫龟形在，深泉鳗井开。

越王屡登陟，何相传词才。塔庙崇其巅，规模称壮哉。禅堂清潺润，高阁无恢臭。”旧有越王句践建的游台，以及巨人迹、锡杖痕、宝林寺、圣母阁等古迹，今均废，仅余南麓的灵鳗井和山巅的应天塔。现辟为塔山公园。北麓有清代史学家章学诚故居，南麓有全国重点文物保护单位秋瑾故居。城市道路环山麓，通多条公交线路。

府山(Fǔ Shān)　孤丘。属会稽山脉余脉。在绍兴市越城区中部府山街道。与塔山、蕺山鼎足而立，合称绍兴城区三大名山。古称重山、种山、卧龙山。南宋嘉泰《会稽志》卷六：“大夫文种墓在种山。越既霸，范蠡去之，种未能去，或谗于王，乃赐种剑以死，葬于是山，故名。”北宋《太平御览》卷四十七：“孔晔《会稽记》曰：重山，大夫种墓语讹成‘重’。汉江夏太守宋辅于山南立孝教授，今白楼亭处是也。”南宋祝穆《方舆胜览》卷六：“卧龙山，府治据其东麓，越大夫种所葬处，一名‘种山’。元稹《州宅诗序》：‘子城因种山之势，盘绕回扼，若卧龙形，故名。’苏子瞻诗：‘卧龙盘屈绕东州，万室鳞鳞枕其股。’”南宋嘉泰《会稽志》卷九：“卧龙山，府治据其东麓。隶山阴。旧经云：‘种山，一名重山，越大夫种所葬处。’……《寰宇记》：‘隋开皇十一年，越国公杨素于种山筑城，自隋讫唐，即山为州宅。’《吴越备史》云：‘逊王倧于卧龙山西寝，后置园亭栽植花竹，周遍高下，旦暮登临，汔于四时。倧能为歌诗，亭榭间纪录皆满。’卧龙山名始见于此。”后因东麓有绍兴府治而更今名。清顾祖禹《读史方舆纪要》卷九十二：“卧龙山，府治西北。盘绕回抱，形如卧龙……今府治踞其东麓，山阴县治踞其南麓。”海拔 78 米。地质基础由侏罗系火山凝灰岩构成。土壤为黄泥土、黄泥砂土。植被以亚热带针叶林为主，局部有竹林。南宋诗人王十朋《种山》诗：“决策平吴霸业成，青山长占大夫名。子胥忠义无生死，怒气随潮到越城。”五代吴越国王钱弘倧被废后，在此山筑园居住。近处有唐、宋、明摩崖题刻，为绍兴市文物保护单位。古有吴越肃王所建蓬莱阁，宋于故址建西园飞盖堂，元代为杨廉夫织庐所在。今辟为府山公园，为绍兴市重要的游览地。东麓有越王台、越王殿。嘉泰《会稽志》卷十八：“越王台，旧经云：‘种山东北。’李公垂诗云：‘伍相庙前多白浪，越王台上少晴烟。’窦巩诗云：‘鹧鸪飞上越王台。’观台一名‘游台’，《越绝书》云：‘句践伐吴，徙琅邪起观台，周七里以望东海。《水经》云：‘越起灵台于山上，作三层楼以望云物川土明秀，号胜地。’”唐代诗人李绅《遥和元九送王行周游越》：“江湖随月盈还宿，沙渚依潮断更连。伍相庙前多白浪，越王台畔少晴烟。低头绿草羞枚乘，刺眼红花笑杜鹃。莫倚西施旧苔石，由来破国是神仙。”唐代诗人窦巩《南游感兴》：“伤心欲问前朝事，惟见江流去不回。日暮东风春草绿，鹧鸪飞上越王台。”南峰有风雨亭，1930 年为纪念秋瑾而建。南坡有解放战争革命烈士墓及纪念碑，南麓有绍兴博物馆、范大夫祠。西南麓有庞公池。北麓有范文澜故居。城市道路环山麓，通多条公交线路。

亭山(Tíng Shān)　孤丘。属会稽山脉余脉。在绍兴市越城区中部府山街道南部。北宋《太平御览》卷四十七：“孔晔《会稽记》曰：‘晋司空何无忌临郡起亭，山椒极望岩阜，基址犹存，因号亭山。’”南宋嘉泰《会稽志》卷九：“亭山，在(山阴)县西南一十二里，旧《经》云：‘晋司空何无忌为郡置亭于山上。’”海拔 121.9 米。地质基础由侏罗系火山凝灰岩构成。土壤以黄泥土和黄泥砂土为主。植被以常绿阔叶落叶阔叶混交林为主，局部有竹林。晚唐叛将董昌于山上置亭山寨，明初越国公胡大海攻绍兴城，曾驻兵于此。清顾祖禹《读史方舆纪要》卷九十二：“唐乾宁中，钱镠攻董昌，克其亭山寨。又明初胡大海攻郡城，驻兵其上。”东坡有明末文学家祁彪佳墓等古迹。城市道路环山麓，通多条公交线路。

蕺山(Jì Shān)　孤丘。属会稽山脉余脉。在绍兴市越城区中部蕺山街道北部。与府山、塔山鼎足而立，合称绍兴城区三大名山。以山中多蕺草得名。南宋嘉泰《会稽志》卷九："蕺山，在(绍兴)府西北六里一百七步，隶山阴。旧《经》云：'越王嗜蕺，采于此山，故名。'"清顾祖禹《读史方舆纪要》卷九十二："山多蕺，越王尝采食之。《宝林事实》云：'越城之山，能与秦望为主客者，卧龙、宝林、蕺山是也。'"别称王家山，因东晋王羲之建别业于南麓而得名。后王羲之舍宅为戒珠寺，故别称戒珠山。海拔52.5米。地质基础由侏罗系火山凝灰岩构成。土壤以黄泥砂土为主。植被以亚热带针叶林为主，局部有竹林。南宋诗人楼钥有《登蕺山》、高翥有《蕺山登高》、张伯玉有《九日蕺山戒珠寺戏呈僚友》等诗文。楼钥《登蕺山》云："晚步蕺山上，休辞脚力穷。八松不碍眼，万里欲乘风。逸兴浮沧海，高歌彻太空。羲之不可见，犹得想胸中。"人称"蕺山先生"的明末山阴籍(编者注：今绍兴市)儒学家刘宗周于南麓宋相韩私塾旧址开蕺山书院讲学，创立蕺山学派和"慎独""诚意"学说，并培育了黄宗羲、陈确、张履祥等著名学者。清代文学家蒋士铨作《蕺山书院》诗："采蕺人何在，当年内史家。桥存题扇迹，池剩浴鹅洼。万井当楼见，群山抱郭遮。地从人境别，心到上方遐。讲席依峰拓，名贤接踵夸。吾怀本空旷，此座实高华。"清光绪二十七年(1901年)，蕺山书院改称山阴县学堂，徐锡麟于此授课，范文澜、陈建功、许钦文等先后在此就读。今辟为蕺山公园，复建有戒珠禅寺、蕺山书院、文笔塔、蕺山亭、泠然池、墨池等古迹和名胜，东坡石壁上有唐、宋、明多处摩崖题刻，其中较为著名的是唐代《董昌生祠题记》。北麓邻萧曹运河和杭甬铁路。山麓有蕺山社区、蕺山中心小学等单位。城市道路环山麓，通多条公交线路。

云门山(Yúnmén Shān)　属会稽山脉。在绍兴市柯桥区东南部、平水镇西部。因山中有始建于东晋义熙二年(406年)的云门寺得名。别称东山。南宋嘉泰《会稽志》卷九："云门山在(会稽)县南三十里。旧《经》云：'晋义熙二年，中书令王子敬居此，有五色祥云见，诏建寺，号云门。'"清顾祖禹《读史方舆纪要》卷九十二："亦谓之东山。齐永明中，何胤去国子祭酒，还东山隐居教授。梁天监四年，选学生往云门从胤受业，是也。"海拔161米。地质基础由侏罗系火山凝灰岩构成。土壤以黄泥土为主。植被以亚热带针叶林为主。南朝陈高僧智永曾居云门寺30年。旧有谢敷宅、何公井、好泉亭、王子敬山亭、永禅师临书阁、王献之故居、陆游故居等古迹。唐代诗人王勃作有《修禊云门献之山亭叙》，南宋诗人陆游作有《云门寺寿圣院记》，元代诗人虞集作有《云门寺记》，元末明初政治家刘基作有《游云门山记》。南朝梁诗人释洪偃，唐代诗人崔颢、张渭，北宋文学家范仲淹，元末明初政治家刘基，明代诗人汪应轸均作有《云门山》诗。唐代诗人宋之问作有《游云门寺》，唐代诗人王维作有《宿云门上方道一上人院》诗。孟浩然《游云门寺寄越府包户曹徐起居》："我行适诸越，梦寐怀所欢。久负独往愿，今来恣游盘。台岭践磴石，耶溪溯林湍。舍舟入香界，登阁憩旃檀。晴山秦望近，春水镜湖宽……故国眇天末，良朋在朝端。迟尔同携手，何时方挂冠？"唐代诗人僧皎然《寄题云门寺梵月无侧房》诗云："越山千万云门绝，西僧貌古还名月。清朝扫石行道归，林下眠禅看松雪。"县乡公路通山麓。

兰芎山(Lánxiōng Shān)　属四明山。在绍兴市上虞区中部，为百官街道与梁湖镇界山。古称兰风山。相传此山多兰芎，故名。北魏郦道元《水经注》卷四十："(上虞)县南有兰风山，山少木多石，驿路带山，傍江路边皆作栏干。"南宋嘉泰《会稽志》载为兰穹山。南宋嘉泰《会稽志》卷九："兰穹山，在(上虞)县西北二十五里。一名兰风。"海拔326米。地质基础由侏罗系火山凝灰岩构成。土壤多为红黏泥土。植被以亚热带针叶林和针阔混交林为主。晋方士葛洪曾隐此。有石鼎、丹灶、丹井等遗迹。山顶建有福仙寺。嘉泰《会稽志》卷十五："《舆地志》云：'上虞县兰芎山，葛稚川所栖隐也。’”历代文人多有吟咏。宋代诗人赵友直《瞻兰芎山》:“兰芎围绝嶂,图画望中悬。几度令人慕,登临学葛仙。”陈尧佐《题上虞兰芎山》:“岩岩一峰千万寻,微茫楼阁寒云深。巡州佐吏倚栏久,泠泠天籁清尘心。”明代诗人谢肃作有《游兰芎山》,清代商盘有《兰风山访宋隐士王方平垂钓处》等诗文。县乡公路通山麓。

萝岩山(Luóyán Shān)　属四明山余脉。在绍兴市上虞区东部,为丰惠、驿亭二镇界山。古称罗岩山,宋嘉泰《会稽志》卷九:“罗岩山在(上虞)县东北七里。”清顾祖禹《读史方舆纪要》卷九十二:“罗岩山,(上虞)县东北七里。丹崖翠壑,泉石甚胜,其旁数山环列,而罗岩为之冠。”清代谐音改今名。海拔 349 米。地质基础由凝灰岩夹流纹岩构成。土壤以红黏泥为主。植被以亚热带针叶林和针阔混交林为主,局部有竹林、果园和茶园,近峰顶植被稀疏,多裸岩和灌丛。明洪武十一年(1378年),李成等人于山上镌“罗岩”二字题刻。清光绪《上虞县志校续》卷二十二:“西南半山,镌‘萝岩’二篆。”今山顶有清隐寺,并有棋盘石、石抽屉、玉女峰等景观。有简易公路通山顶。

夏盖山(Xiàgài Shān)　孤丘。属四明山余脉。在绍兴市上虞区北部,为盖北、谢塘二镇界山。别称夏驾山。南宋嘉泰《会稽志》卷九:“夏盖山,在(上虞)县北五十里。旧《经》云:‘山琪如盖,因以为名。’引《舆地志》云:‘上虞县北有夏驾山,在湖中,湖即名夏驾。出仙草,土人织以为席,甚细密,多接者为精。’《谶书》云:‘夏驾山浮可避甲申水灾。’湖北去海数里,山北对海盐岸。‘盖’一作‘驾’,‘盖’‘驾’音近传之讹耳。”又因其地旧濒湖,渔民常于山上晾网,别称晾网山。又传,大禹曾驻于此,民间也称大禹山。海拔 168 米。地质基础由凝灰岩、流纹岩构成。土壤以红黏泥土为主。植被稀疏,以稀松林和灌丛为主。历为军事要地。嘉靖三十五年(1556 年)明军败倭寇于此。1939 年,上虞爱国青年曾凿刻“卧薪尝胆”“湔雪国耻”“还我河山”等题刻,至今犹存。明代诗人张宪《夏盖山石鼓谣》:“临平石鼓不自鸣,直待蜀桐鱼作形。陈仓石鼓载文字,徒有鼓形无鼓声。夏盖之石或自鸣,盖石一鸣三吴兵。鸣呼!三吴十年厌干橹,不缘夏盖鸣石鼓。”山顶有高山庙,东、北、西三麓分别有主祀大禹的净众寺、主祀大禹妃子涂山氏的夏盖夫人庙,以及光明寺。东坡、西坡有采石场遗迹。县乡公路环山。

称山(Chēng Shān)　孤丘。属会稽山脉余脉。在绍兴市上虞区西部,道墟镇北部。古称锡山。《越绝书》卷八:“练塘者,句践时采锡山为炭,称‘炭聚’,载从炭渎至练塘,各因事名之。去(山阴)县五十里。”后因句践称炭传说而改今名。别称称心山。南宋嘉泰《会稽志》卷九:“旧《经》云:‘越王称炭铸剑于此。’《越绝书》云:‘……各因事名之。俗呼称心山。’”海拔 194.5 米。地质基础由花岗岩构成。土壤以红黏泥为主。植被以亚热带针叶林和灌丛为主。今辟为称山风景区,有称山石亭、跑马井、称心寺等古迹,建有越王史迹陈列室和越王塑像。历代文人多有吟咏。唐代诗人骆宾王《称心寺》诗:“征帆恣远寻,逶迤过称心。凝滞蘅芜岸,沿洄楂柚林。穿溆不厌曲,舣潭惟爱深。为乐凡几许,听取舟中琴。”宋之问《游称心寺》诗:“步陟招提宫,北极山海观。千岩递萦绕,万壑殊悠漫。乔木转夕阳,文轩划清涣。泄云多表里,惊潮每昏旦。问予金门客,何事沧洲畔。谬以三署资,来刺百城半。人隐尚未弭,岁华岂兼玩。东山桂枝芳,明发坐盈叹。”清代文学家全祖望作有《道墟舟中望称山》《追次宋考功游称山诗韵》等诗。杭深高铁穿越南部,北麓和东麓分别邻杭州湾环线(G90)、常台(G15W)高速公路,公路环山。

东山(Dōng Shān)　属四明山。在绍兴市上虞区西南部,上浦镇东北部。以山处曹娥江东岸得名。又因东晋名士谢安曾隐居于山麓,别称谢安山。南宋嘉泰《会稽志》卷九:“东山在(上虞)县西南四十五里。晋太傅谢安所居也。一名‘谢安山’。”海拔 153 米。地质基础由侏罗系火山岩构成。土壤以黄红壤为主。植被有亚热带针叶林、常绿阔叶落叶阔叶混交林等。为“东山再起”成语起源地。李白《梁园吟》有“东山高卧时起来，欲济苍生未应晚”之句，并曾作《忆东山》二首：“不向东山久，蔷薇几度花。白云还自散，明月落谁家。”“我今携谢妓，长啸绝人群。欲报东山客，开关扫白云。”西北麓设有东山村委会，并有太傅祠和国庆寺。然，清初学者黄宗羲认为谢安隐居的东山在余姚四明山。黄宗羲《四明山志》卷一：“东山，此谢文靖所居东山也。今以上虞东山为文靖所居者，非。盖在上虞者，谢玄之所考卜，在此地者，文靖之所栖迟。”常台(G15W)高速公路和京福(G104)国道自江对岸穿越，县乡公路通国庆寺。

凤鸣山(Fèngmíng Shān) 属四明山。在绍兴市上虞区东部，丰惠镇东南部。以山上有凤鸣洞得名。南宋嘉泰《会稽志》卷十一：“仙姑洞在(上虞)县东南，一名凤鸣洞。昔有仙女乘鸾鹤来下，后人立庙祠之，号凤鸣洞。主洞阔丈余，周数十步，高十余丈，双崖峭立，悬石如磬，飞瀑溅沫，常若风雨，岁祈祷有验。”清光绪《上虞县志》卷十九：“凤鸣山，在县东南十余里。昔有仙女跨鸾作凤，鸣至山后，土人立祠祀之。祠左有洞曰凤鸣洞。”海拔 558 米。地质基础由凝灰岩夹流纹岩构成。土壤以红黏泥土为主。植被以亚热带针叶和竹林为主，局部有针阔混交林。传为魏伯阳炼丹修道之所。旧有灵惠庙。今存凤鸣真人祠、仙姑庙、魏伯阳炼丹遗址、凤鸣洞、悬石飞瀑等古迹和景观。清初学者黄宗羲《凤鸣山》诗云：“古虞十里城南路，柳绽梅开到凤鸣。洞泻流云河汉远，山藏古庙雪霜清。”凤鸣山真人祠楹联曰：“石砳磊基础坚，木林森柱梁固。”县乡公路通西麓。

陶朱山(Táozhū Shān) 属会稽山脉余脉。在诸暨市中部，为陶朱街道东南部与暨阳街道界山。原称长山。以山形狭长得名。南宋嘉泰《会稽志》卷九：“长山在(诸暨)县西一里。夏侯曾先《地志》云：‘山高五十余丈，其顶平博，有石室，可坐百人。’南范蠡坛、陶公庙，东法乐寺。”后因传春秋末越国政治家范蠡曾居此，以其别称陶朱公改今名。清顾祖禹《读史方舆纪要》卷九十二：“相传范蠡居此。亦名陶朱山。”清乾隆《诸暨县志》卷三：“长山，一名陶朱山，在县西一里……有峰特秀曰‘文笔峰’，俗呼‘白杨尖’。北有戚家岭，亦曰‘七冈’，南有范蠡岩，下有五湖鸱夷井。旧有陶朱公庙，相传范蠡居其下。”别称陶山，俗称县龙山。海拔 261 米。地质基础由侏罗系玄武岩构成。土壤多为黄红壤黄泥砂土。植被以亚热带针叶林和针阔混交林为主。旧依山而筑诸暨县城。清顾祖禹《读史方舆纪要》卷九十二：“吴越筑诸暨城，右倚长山是也。”明代诸暨诗人张世昌《长山》：“陶朱山头枫叶殷，山人一去何时还。阖闾坟荒白虎逝，欧冶剑古青蛇蟠。鸱囊有智帷筹决，鸟喙多忧泪成血。封存大禹拓遗疆，力扫夫差殄余孽。功成自古抽身难，五湖烟浪秋漫漫。风吹故宅智井黑，漆灯夜照藤盘寒。”清代诸暨诗人胡学《陶朱山》：“会稽伯业如飞烟，陶朱山色秋依然。层岩日落枫叶赤，古井泉洌幽篁妍。”姑苏诗人陈述《陶朱山》：“草迷故宅空秋雨，树抱幽岩自夕阳。”旧有翠峰寺，寺侧有范仲淹《题翠峰院》诗石刻：“翠峰高与白云闲，吾祖曾居水石间。千载家风应未坠，子孙还解爱青山”。1985 年辟为陶朱山公园。山顶有元末朱元璋部将胡大海所筑烽火台——胡公台遗址和电视转播台，东北麓有诸暨革命烈士纪念馆和革命烈士纪念碑。耀江隧道和五纹岭隧道穿山而过，山周环城市道路，通多条公交线路。

杭坞山(Hángwù Shān) 属龙门山脉余脉。在诸暨市，为店口镇西南部与次坞镇界山。南宋嘉泰《会稽志》卷九：“杭乌山在(诸暨)县七十五里。旧《经》云：‘叠嶂七十二，有石冢，大石为门，其平如削。旁有杭乌刺史庙。一峰独高，风雨晦冥，常闻乐声，号鼓吹峰。又有池或时龙见。’”清顾祖禹《读史方舆纪要》卷九十二："又杭乌山，在(诸暨)县北五十里，叠嶂七十有二，其中一峰特高，曰'鼓吹峰'。"别称杭乌山、坑坞山、抗坞山、柯坞山、可恶山等。清乾隆《诸暨县志》卷三："《万历绍兴府志》：'有玉台石。'又石冢可容数十人。大石如门，其平如削，又有池名'黄巢抗剑池'。相传时有龙见。《隆庆骆志》'俗呼抗乌山。在花山乡北'，有石室，有蟾蜍石，有龙湫，有双井。在山路旁石罅中流出两泉，其甘如醴。"海拔583.8米。地质基础由侏罗系玄武岩构成。土壤多为黄红壤黄泥砂土。植被以常绿阔叶落叶阔叶混交林和针阔混交林为主，局部有竹林。明代诸暨诗人张世昌《鼓吹峰》："清心广乐开瑶京，鼓吹自作天机鸣。八龙逶迤九凤舞，珠楼贝阙秋冥冥。杭乌之山起寥廓，天人启阍泄关钥。风箫雨瑟烟雾寒，天上时闻鼓天乐。凤凰一去三千秋，唐虞世远夔龙愁。杭乌山头跨白鹤，我欲与尔钧天游。"清代诸暨诗人周起华《过杭乌山》："突兀长澜路，岧峣势转赊。招提隐翠嶂，樵径杂山花。雨过沙抽石，云深人采茶。何当凌绝顶，御气一餐霞。"2008年建杭坞省级森林公园。山顶建有三德寺，并通简易公路。沪昆(G60)高速公路过西麓。

苎萝山(Zhùluó Shān)　属会稽山脉余脉。在诸暨市中部暨阳街道。《越绝书》《太平寰宇记》《方舆胜览》和嘉泰《会稽志》等载为苎罗山。《越绝书》卷八："女出于苎罗山，欲献于吴，自谓东垂僻陋，恐女朴鄙，故近大道居。"《吴越春秋》《读史方舆纪要》《大清一统志》等记载为"苎萝山"。《吴越春秋·勾践阴谋外传第九》："乃使相者国中得苎萝山鬻薪之女，曰西施、郑旦。饰以罗縠，教以容步，习于土城，临于都巷。"北宋《太平御览》卷四十七载为罗山和苎罗山："孔晔《会稽记》曰：'诸暨县北界有罗山，越时西施、郑旦所居。所在有方石，是西施晒纱处，今名苎罗山。'"海拔52米。地质基础由侏罗系玄武岩构成。土壤以黄红壤黄泥砂土为主。植被以常绿阔叶落叶阔叶混交林为主。南宋嘉泰《会稽志》卷九："山足有王羲之墓、孙兴公文王献之书碑。今不存。"西麓旧有苎萝村，传为西施出生地。东麓有浣纱溪、浣纱石等名胜。唐代诗人李白《咏苎萝山》诗："西施越溪女，出自苎萝山。秀色掩今古，荷花羞玉颜。浣纱弄碧水，自与清波闲。皓齿信难开，沉吟碧云间。句践徵绝艳，扬蛾入吴关。提携馆娃宫，杳渺讵可攀。一破夫差国，千秋竟不还。"北宋诗人姚宽《苎萝山》诗："娉婷初出苎萝春，一笑当年国自倾。丝网珠玑迷去路，鸱夷风月倍多情。"现为浣江—五泄国家级风景名胜区的核心，有西施殿、古越台、碑廊、苎萝亭、夷光阁、浣纱亭等景点。城市道路环山麓，通公交线路。

嵊山(Tū Shān)　属会稽山脉。在嵊州市北部，为三界镇南缘与仙岩镇界山。南宋嘉泰《会稽志》卷九："在(嵊)县北四十四里。旧《经》引《舆地志》云：'自上虞七十里至溪口，从溪口溯江上数十里，两岸峻壁，乘高临水，深林茂竹，表里辉映，名为嵊、嵊。奔濑迅湍，以至剡也。'"海拔749.2米。地质基础由侏罗系玄武岩构成。土壤以红黏泥土为主。植被以马尾松林和杜鹃灌丛为主。东麓有剡溪。清顾祖禹《读史方舆纪要》卷九十二："下为剡溪口，水深而清，谓之嵊浦。嵊浦之水，皆源自会稽，经山峡中，由此入剡，故有水口之名，江潮亦至此而返。嵊、嵊二山，参差相对，为绝胜处。"西南麓古有始宁墅。北魏郦道元《水经注》卷四十："浦阳江(编者注：《水经注》误将浦阳江与曹娥江认作同一条河流)又东北径始宁县嵊山之成功峤。峤壁立临江，欹路峻狭，不得并行。行者牵木稍进，不敢俯视。峤西有山，孤峰特上，飞禽罕至……峤北有嵊浦，浦口有庙，庙甚灵验，行人及樵伐者皆先敬焉。若相侵窃，必为蛇虎所伤。北则嵊山与嵊山接，二山虽曰异县，而峰岭相连，其间倾涧怀烟，泉溪引雾，吹畦风馨，触岫延赏。是以王元琳谓之神明境，事备谢康乐《山居记》。浦阳江自嵊山东北，径太康湖，车骑将军谢玄田居所在。"南朝宋诗人谢灵运《过始宁墅》诗："束发怀耿介，逐物遂推迁。违志似如昨，二纪及兹年。淄磷谢清旷，疲薾惭贞坚。拙疾相倚薄，还得静者便。剖竹守沧海，枉帆过旧山。山行穷登顿，水涉尽洄沿。岩峭岭稠叠，洲萦渚连绵。白云抱幽石，绿筿媚清涟。葺宇临洄江，筑观基曾巅。挥手告乡曲，三载期归旋。且为树枌槚，无令孤愿言。"东坡有舜皇村，西南麓有谢家庄。京台(G104)国道过西麓，常台(G15W)高速公路过剡溪对岸。

西白山(Xībái Shān)　属会稽山脉。绍兴市最高峰。在嵊州市西南部，为长乐镇西北缘与通源乡界山。古为东白山的组成部分，别称白石山、太白山、大白山、太白峰等。北宋《太平御览》卷四十七："孔晔《会稽记》曰：'剡县西七十里有白石山，上有瀑布，水悬下三十丈，岩际有蜜房。采蜜以葛藤连结，然后得至。'"北宋《太平寰宇记》卷九十六："太白山。夏侯曾先《地志》云：'(剡)县西六十里有太白山，连岩崔嵬，吐云合景。'又有小白山相连，即赵广信炼九华丹登仙之所也。"南宋嘉泰《会稽志》卷九："东白山在(诸暨)县东九十里，一名'太白峰'。连跨三邑。其在剡曰西白，在东阳曰北白。""大白山在(嵊)县西六十里……土人亦称'西白山'。"嵇曾筠《浙江通志》卷十五："在(嵊)县西七十里，绝高者为太白，次为小白，面东者为西白，面西者为东白，在东阳者为北白。"海拔 1 095.7 米。东西长约 20 千米，南北宽约 15 千米。地质基础由侏罗系玄武岩构成。土壤和植被垂直分带明显。土壤以红黏泥土为主。植被以马尾松等亚热带针叶林和竹林为主，间有常绿阔叶落叶阔叶混交林。山坡、山麓多茶园。传南朝褚伯玉曾隐居山中。旧时山中有葛仙翁祠。《南史》卷七十五："宋孝建二年，散骑常侍乐询行风俗，表荐伯玉，加征聘本州议曹从事，不就。齐高帝即位，手诏吴、会二郡以礼迎遣，又辞疾。上不欲违其志，敕于剡白石山立太平馆居之。建元元年卒，年八十六。伯玉常居一楼上，仍葬楼所。孔珪从其受道法，为于馆侧立碑。"清同治《嵊县志》卷一："《南史》：褚伯玉居剡中。齐高帝敕立太平馆以居之。山中有葛仙翁祠。山中二小石穴，泉涌至山半有石瓮二，曰'仙瓮石'，亦称'丹灶泉'，传为葛仙遗迹。复自甕中出流一里许，石崖壁立，遂为瀑布。"历有茶叶等特产。嘉泰《会稽志》卷九："华初平《瀑布岭诗序》云：'在嵊县西六十里。福善所集，蔚有灵气，昔产仙茗。'"县乡公路环山麓。

城隍山(Chénghuáng Shān)　属会稽山脉余脉。在嵊州市剡湖街道西北隅。为鹿胎山和剡山的合称。南宋嘉泰《会稽志》卷九："剡山，在县北一里县治处……俗传秦始皇东游使人斸此山以泄气，今土坑深千余丈，号剡坑。山北有戴颙墓。"鹿胎山，以猎士陈惠度射鹿于此得名。清同治《嵊县志》卷一："鹿胎山，在城西北隅，城络其巅，县治跨其麓。山以陈惠度得名。惠度者，猎士也。射鹿此山……山有惠安寺，即惠度悔罪诵经处也。西为学宫明伦堂，前石蹬曰'梯云岭'，旧名'桂岭'。"南宋嘉泰《会稽志》卷八："惠安寺……于剡山立般若台寺。猎士陈惠度射鹿此山，鹿孕而伤，既产以舌舐子身干而后母死。惠度弃弓矢投寺出家，后为名僧。鹿死之处生草，号鹿胎草。"后因山麓有城隍庙而合称今名。有南北两峰，南高北低，俗以北为剡山，南为鹿胎山。海拔 146.8 米。地质基础由侏罗系火山凝灰岩构成。土壤以红黏泥土为主。植被以亚热带针叶林和针阔混交林为主。白居易《沃洲山禅院记》："东南山水，越为首，剡为面，沃洲、天姥为眉目。"唐朱放《剡山夜月》诗："月在沃洲山上，人归剡县溪边。漠漠黄花覆水，时时白鹭惊船。"南坡现建为鹿山森林公园，南麓有嵊州市烈士陵园和党史陈列馆。东麓有上、下剡坑村。有公路通山顶。

嵊山(Shèng Shān)　属四明山。在嵊州市仙岩镇东北部，与嵜山隔剡溪对峙。北魏郦道元《水经注》卷四十："江水北径嵊山，山下有亭，亭带山临江，松岭森蔚，沙渚平静……北则嵜山与嵊山接，二山虽曰异县，而峰岭相连，其间倾涧怀烟，泉溪引雾，吹畦风馨，触岫延赏。"南宋嘉泰《会稽志》卷十二："望嵊县，本汉剡县……《水经注》：'嶀山与嵊山峰岭相连。'又云：'东有簟山、南有黄山、西有西白山，为县之秀峰。'嵊山在北，乃'四山为嵊'之义。"《大清一统志·绍兴府》："嵊之为字，盖取'四山相合如乘马乘雁'之义。"海拔 148 米。地质基础由侏罗系玄武岩构成。土壤以红黏泥土为主。植被茂密，以马尾松林和杜鹃灌丛为主。南麓的十四都江古称'嵊溪'。《南史》记载，南朝梁大臣张稷之子嵊生于嵊亭，故名"嵊"，字"四山"。《南史》卷三十一："稷子嵊。""嵊，字'四山'。稷初为剡令，至嵊亭生之，因名'嵊'，字'四山'。"北宋《太平御览》卷四十七："《宋书》曰：'张稷子嵊，字四山，稷初为剡令，至嵊亭生之，因名嵊，字四山。'"北宋宣和三年(1121 年)，以此山为名改剡县为嵊县。常台(G15W)高速公路过西麓，县乡公路通山麓。

水帘尖(Shuǐlián Jiān)　属天台山脉。在绍兴市新昌县，为大市聚镇东缘与小将镇界山。古称东岇山，因山处沃洲山以东，山峰高峻得名。后因西南坡有水帘洞、水帘禅院(东岇寺)而改今名。民国《新昌县志》卷二："东岇山，县东四十里。一名'望远尖'，俗名'水帘尖'。"海拔 655 米。地质基础由侏罗系流纹岩及粗碎屑岩、凝灰岩等构成。土壤以沙质土为主。植被以亚热带针叶林和针阔混交林为主，局部有竹林。南朝高僧法深、支遁曾隐居于此，并建东岇寺。唐代诗人罗邺《题水帘洞》诗："乱泉飞下翠屏中，名共真珠巧缀同。一片长垂今与古，半山遥听水兼风。虽无舒卷随人意，自有潺湲济物功。每向暑天来往见，疑将仙子隔房栊。"明代诗人宋濂《题水帘洞》诗："石泉飞雨乱淋漓，翠泊银丝万缕齐。云屋含润珠网密，月钩凉沁玉绳低。鲛人夜织啼痕湿，湘女晨妆望眼迷。恍如水晶宫殿里，四檐花雨早莺啼。"清代学者闻性道、吕爚作有《东岇志略》。象西(S311)省道过西南麓。

穿岩山(Chuānyán Shān)　属大盘山脉。在绍兴市新昌县，为镜岭镇东北缘与东茗乡界山。南宋嘉泰《会稽志》卷九："在(新昌)县西南五十里。有十九峰排列如图画。中峰有一圆窍，东西通，故名穿岩。岩有石室，广二十余丈。"山有 19 座山峰，俗称穿岩十九峰。十九峰名为：鹅鼻、缆船、狮子、旸出岫、泗洲、文珠、普贤、幞头、蒸饼、香炉、笔架、望海、覆钟、卓剑、棋盘、新妇、摆旗、磬、马鞍。以望海峰最高，海拔 317 米。地质基础由紫红色含钙质砂岩、砾岩与泥质粉砂岩构成。土壤以紫砂土为主。植被以亚热带针叶林和常绿阔叶林为主。南宋诗人王爚《穿岩》诗："穿岩之峰高苍苍，峰峦十九摩天光。晨曦烜赫旸出岫，下望沧海何茫茫。有峰俛伏如鹅鼻，世说任公钓鱼地。缆舟凿石宛然存，海变桑田几千岁。泗洲俨然坐其中，右顾蒸饼香炉峰。普贤狮子出云来，笔架磬峰应覆钟。峰头有石平如席，仙子下棋有仙迹。云收帐暖见文殊，新妇蛾眉弄空碧。好似将军战胜归，摆旗卓剑逞雄威。又若子卿持汉节，幞头高耸立丹墀。或如骤马朝天阙，鼻孔撩天通日月。中有神人来隐居，老墨题诗犹未灭。断崖苍碧一线悬，崎岖有路如登天。松关竹坞杂秋色，稻田麦垄凝春烟。危楼杰阁建庵宇，石空神僧开山祖。八载跏趺不下山，冷眼死生犹旦暮。游人到此若登瀛，徙倚阑干鬼神惊。当年泻出天池水，犹是寻常瀑布声。山猿夜啼明月薄，听雪眠云犹未觉。五百真人应共归，天香桂子纷纷落。居民多在此山前，强寇陆梁宣和年。流毒数州民受苦，老稚登山获保全。谁知草莽英雄起，管领乡民皆效死。山上分为西南界，十万魔军犹睥睨。儒生谈笑觅封侯，胸中好算皆戈矛。深入贼巢谕恩信，渠魁乞伏如罪俘。上功幕府献天子，显立军功曳朱紫。生灵不作犬羊羞，民到于今受其赐。人心有感自不忘，从兹筑庵山之岗。千春万载奉祀事，愿祝生民长乐康。"有典型的丹霞地貌，2015 年被列为浙江省风景名胜区，今为天姥山国家级风景名胜区的组成部分，国家 AAAA 级旅游景区。有十九峰、千丈幽谷、台头山、倒脱靴等自然景观 84 处、人文景观 13 处。山麓有雅庄村，山明水秀，风景优美。有公路至山麓。

南明山（Nánmíng Shān）　属天台山脉。在绍兴市新昌县西北部，南明街道西部。古称隐岳山，以晋高僧昙光于此结庐得名。南宋嘉泰《会稽志》卷九："一名'隐岳'，初晋僧昙光栖迹于此，自号'隐岩'。"古别称石城山，以石壁环布如城得名。五代后梁开平二年（908 年）吴越王钱镠拨款修寺，赐山名曰"南明"。清顾祖禹《读史方舆纪要》卷九十二："南明山，县治南二里，本名'石城山'，吴越时改今名。嵬岩攒簇，石壁千仞，天台之西门也。"海拔 156.5 米。地质基础由白垩系玄武岩构成。土壤以红粉泥土为主。植被以亚热带针叶林和针阔混交林为主。山巅建有棋盘阁、朝阳亭等，西麓有千佛岩，南麓有开凿于南朝梁的大佛，并建有大佛寺，东麓有东晋佛教学家支道林墓。历代文人多有吟咏，其中，唐代诗人孟浩然《腊月八日于剡县石城寺礼拜》诗："石壁开金像，香山倚铁围。下生弥勒见，回向一心归。竹柏禅庭古，楼台世界稀。夕岚增气色，余照发光辉。讲席邀谈柄，泉堂施浴衣。愿承功德水，从此濯尘机。"南宋诗人王十朋《宿石佛》诗："修径入幽壑，梵宫摩碧霄。仰头惊突兀，跬步怯岩峣。宝相石间涌，钟声云外飘。明朝路南北，身世各尘嚣。"今为天姥山国家级风景名胜区的组成部分。北麓与东麓环城市道路，西麓和南麓环常台（G15W）高速公路和京福（G104）国道。

沃洲山（Wòzhōu Shān）　属天台山脉。在绍兴市新昌县中部，大市聚镇中部长诏水库北侧，与天姥山相对。民国《新昌县志》卷二："沃洲山，县东三十里，高百余丈，围十里。与天姥山相对峙。"因山麓有名为"沃洲"的冲积沙洲，土质肥沃得名。民国《新昌县志》卷十六："沃洲，县东二十五里。自桑园分派，石笋汇流，中蓥沙潭，长里许者，曰'沃洲'，平坦幽闲，丛生兰芷。相传白道猷尝卓锡于此。"海拔 150 米。地质基础由流纹岩及粗碎屑岩、凝灰质砂岩等构成。土壤以沙质土为主。植被以亚热带针叶林和针阔混交林为主。相传晋时支遁栖居其间。南朝宋名僧白道猷建沃洲禅院于此，唐西域僧白寂然重建，白居易为之作《沃洲山禅院记》："沃洲山在剡县南三十里，禅院在沃洲山之阳，天姥山岑之阴。南对天台，而华顶、赤城列焉；南对四明，而金庭、石鼓介焉；西北有支遁岭，而养马坡、放鹤峰次焉；东南有石桥溪，西出天台石桥，因名焉……东南山水，越为首，剡为面，沃洲、天姥为眉目。夫有非常之境，然后有非常之人栖焉。"唐裘甫曾于山中筑沃洲寨。有鹅鼻峰、石封门、题字岩等胜景。民国《新昌县志》卷二："有鹅鼻峰、放鹤峰、养马坡，皆以支遁得名。"南麓长诏水库岸边有建于清代的真君殿，主祀北宋名将宗泽。宋治平三年（1066 年），沃洲禅院改称真觉院，现已没入长沼水库。旧多名士隐此。南宋嘉泰《会稽志》卷九："在（新昌）县东三十二里。晋白道猷、法深、支遁皆居之。戴、许、王、谢十八人与之游，号为胜会，亦白莲社之比也。唐白乐天《山院记》云：'东南山水，剡为面，沃洲、天姥为震目。'唐韦应物、权德舆送灵澈归沃洲，有诗序传焉。山有灵澈杖锡泉、西南养马坡、放鹤峰，皆因支道林得名。吴虎臣《漫录》云：'沃洲、天姥，号山水奇绝处，自异僧白道猷来自西天竺……晋宋之世隐逸为多。'"历代文人多有吟咏。晋代白道猷《招道壹归隐沃洲》："连峰数十里，修竹带平津。云过远山翳，风至梗荒榛。茅茨隐不见。鸡鸣知有人。闲步践其径，处处见遗薪。始知百代下，故有上皇民。"唐代朱放《剡山夜月》："月在沃洲山上，人归剡县溪边。漠漠黄花覆水，时时白鹭惊船。"明代诗人何鉴《沃洲山》："沃洲山势连天姥，放鹤鹅鼻峰相伍。千岩万壑总烟霞，到今只说支遁坞。昔人隐逸非沽名，屠肆鱼盐俱真情。莫道缁流可轻弃，残碑须把文章评。"象西（S311）省道过山麓。

九龙山（Jiǔlóng Shān）　属金华山。在金华市，为金华市婺城区罗店镇北缘与兰溪市马涧镇界山。古称鹿田山。相传因宋玉女于此驯鹿耕田得名。清嵇曾筠《浙江通志》卷十七："鹿田山，万历《金华府志》：'在县北二十五里，上有沃野可耕，此山多生奇石。'《金华杂识》：'刘宋时有玉女驯鹿耕山中，常入城贸易，以物置角。间，刻期而归，遂名其地为鹿田。'"后以西麓有九龙村而改今名。海拔1 245米。地质基础由侏罗系火山熔岩、火山凝灰岩和石灰岩构成。土壤与植被垂直分带明显。土壤以紫色土、红壤、黄壤为主。植被以亚热带针叶林为主，并有常绿阔叶林、落叶阔叶林、针阔混交林和竹林。旧建有鹿田书院，南宋诗人方凤、谢翱，明代学者宋濂、徐霞客等曾到此游览、读书。方凤《西鹿田寺听雨》："禅栖投倦客，山雨起更阑。窗叶散幽响，石林生峭寒。洞深犹暗瀑，江远忽飞湍。想象云萝外，应宜晓色看。"谢翱《鹿田听雨记》："乡余见南岳僧言：'岳顶望日出海，看云生树，石与岩屋听风雨，敻异人世。尝疑其言之过。比游金华之北山，宿东西鹿田，夜闻风雨声。滃郁浥隘，琤琮澎湃，淅淅浮浮，泠泠翏翏，或散或衰，或赴或休，或激或射，或凌或沥，或沉或淫，或溜或溢。其过虚若乘，其击实若盈，其举朽若胜，而振于叶也。'"上有夷平面，有田可耕。所产茶称"举岩茶"，五代毛文锡《茶谱》："婺州有举岩茶，斤片方细，所出虽少，味极甘芳，煎如碧乳也。"明清时曾为贡品。西南麓有双龙洞，为国家级风景名胜区，并建有双龙国家森林公园。现代作家叶圣陶作有散文《记金华的双龙洞》。盘山公路至半山夷平面。

太阳岭（Tàiyáng Lǐng）　属金华山。在金华市，为金华市金东区曹宅镇与兰溪市梅江镇界山。因"岭与太阳齐"得名。明万历《金华府志》卷三："太阳岭，（金华）县东北五十里。逾岭入浦江县界。俗传岭与太阳齐，因名。"清顾祖禹《读史方舆纪要》卷九十三："太阳岭，（金华）府东北五十五里。高峻若与太阳齐，逾岭即浦江县界。"海拔326米。地质基础由白垩系紫红色砂岩和凝灰质砂岩构成，土壤以紫砂土、紫泥土为主。植被以亚热带针叶林、针阔叶混交林为主。西南麓有太阳岭古道，旧为金华通往严州（编者注：今建德）、歙州（编者注：今安徽省黄山市）的古驿道，山口设有馄饨铺、面铺、茶铺等商铺。南宋钱垄《太阳岭》诗："健步升霄汉，草披纤路分。一筇支落日，两屐踏层云。鸟影空中度，雷声涧底闻。凭高窥下界，锦绣绚晴雯。"今存部分古道，沿古道有界云亭、飞云亭、永济桥、平头桥、金浦庵、洞泉等古迹。潘石线县道过山口。

齐云岗（Qíyún Gǎng）　属大盘山脉余脉。在金华市，为金华市金东区澧浦镇与义乌市、永康市界山。古称齐云冈，为金华东山主峰。清顾祖禹《读史方舆纪要》卷九十三："东山，（金华）府东五十里。高千余丈，周三百里。东接东阳县之大盆山，南为武义县之八素山，山之高巘，曰'齐云冈'。"海拔900米，由白垩系火山凝灰岩、凝灰质砂岩构成。土壤以红壤、黄壤和紫色土为主。植被以亚热带针叶林和针阔混交林为主。山上及周边多胜景，东北有灵岳山、葛仙峰，西南有慧明岩、坡阳岭，西北有积道山，山麓有齐云寺和"晋会之塔"遗迹。清康熙《金华府志》卷三：东山"其高巘曰齐云冈，中有齐云寺。南宋商梦鹤父子避世于此。"1942年，浙江省立金华中学百余名师生曾赴齐云寺避难。商梦鹤于此作诗云："野云迷石蹬，山果与猿分，睡足蓑衣雨，不知晨与昏。"元代东阳诗人金信于此作《东山》诗："东山秋色净，处处樵歌起。凉风早催霜，落叶下如雨。"县乡公路通山麓。

大寒尖（Dàhán Jiān）　属仙霞岭北部支脉。在金华市，为义乌市与永康市界山。因山高气候寒冷得名。原名大寒山，别称大安山。明嘉靖《浙江通志》卷六："大寒山，在县南六十里。山顶有池，四时不竭，春夏溢出为瀑布泉。"海拔925.6米，为义乌市最高峰。地质基础由侏罗系流纹岩、砂岩构成。土壤以黄泥土为主。植被以松林、杉林等亚热带针叶林为主，近峰顶多为灌丛。唐李白《半夜青溪闻笛》诗有"羌笛梅花引，吴溪陇水情。寒山秋浦月，肠断玉关声"之句。山谷有涧，坡度较大。北麓有天龙寺。山麓通公路。

鹅毛尖(Émáo Jiān)　属金华山脉。在金华市，为义乌市上溪镇马岭村与兰溪市横溪镇界山。原名河姆尖。“河姆”为方言音，指乳房，以峰顶形似乳房得名。后谐音讹为鹅毛尖。别称黄毛尖。海拔840.7米。地质基础由侏罗系流纹斑岩、流纹质凝灰岩与安山玢岩相间构成。土壤以红松泥为主。植被以亚热带针叶林和针阔混交林为主，近峰顶为稀树灌丛。杨横线县道过马岭。

九峰山(Jiǔfēng Shān)　属仙霞岭山脉余脉。在金华市婺城区西部、汤溪镇南部。古称龙丘山、龙邱山。后以山有九岩峰，而更名为九峰山。别称九岩山、九峰岩、芙蓉山。北宋《太平寰宇记》卷九十七：“龙邱山，《东阳记》云：‘山有九石，晴明远望，尽如芙蓉。有龙邱苌隐处，因名龙邱山。’……俗呼为新妇岩。《齐书》云：‘太末徐伯珍宅南九里的高山，班固谓之九岩山。’”明万历《金华府志》卷四：“九峰山，(汤溪)县南十里，高数百丈，峰峦秀拔，岩洞玲珑，望之似蜂窠焉。昔葛洪来游，丹灶犹存。唐徐安贞肄业于此，石榻尚在。先贤龙丘苌，仙人酆去奢俱家于山下。”一说龙丘山为龙游县湖镇镇的三叠岩山。清顾祖禹《读史方舆纪要》卷九十三：“龙丘山，(龙游)县东四十里。有九石特秀，亦曰‘九峰’。以状若芙蓉，亦名‘芙蓉山’。中有三叠岩，其相近者有方山，产茶。”海拔162米。地质基础由白垩系火山岩、沉积砂砾岩构成。土壤以红色黏土和红色砂砾岩土为主。植被以亚热带针叶林和针阔混交林为主。古龙丘(邱)县，以此山为名。山腰有仙洞、仙椅、仙床、仙水等景，并有“列仙洞天”石刻。唐吏部尚书徐安贞、五代名僧贯休曾读书于此。传晋葛洪曾于此炼丹。南朝梁天监年间(502—519年)，明鸿胪寺卿胡森建墓于山麓，并建九峰禅寺。明时移寺至上仙洞，形成洞寺一体，今寺宇已大部不存。宋代诗人赵抃《九峰岩诗》：“龙丘石室人难继，安正书堂世莫登。但见烟萝最高处，九峰排列一层层。”明汤溪县令宋约诗云：“亭亭九瓣拥青莲，中有飞来一道泉。瑶草不知春几度，碧桃已老岁三千。岩前月冷猿空啸，洞里云深鹿自眠。莫道葛洪仙去远，至今丹灶尚依然。”明代汤溪籍南京太常寺少卿胡森以此山为名自号“九峰”。胡森殁后，其子文宋将其作品编辑为《九峰先生文集》。1998年与大佛寺合建九峰山—大佛寺浙江省风景名胜区。东南麓有九峰水库。县乡公路通山麓。

铜山(Tóng Shān)　属仙霞岭山脉余脉。在金华市婺城区东部、雅畈镇西部。以山下有铜泉得名。北宋《太平御览》卷四十七：“《东阳记》曰：‘铜山下有泉，水色鲜白，号曰“铜泉”。’又按《异苑》曰：‘吴时，有军士五百人，破洞得一铜釜，将欲破之，水从中暴发，遂成湖以溺，人皆死于此。’”另说以旧产铜得名。别称白沙山。明万历《金华府志》卷三：“铜山，(金华)县南二十里，阻南港上。山下有泉水色白，号‘铜山泉’。旧经云：‘是山出铜，因名。’”清顾祖禹《读史方舆纪要》卷九十三：“(金华)府南二十里，下临南溪。一名‘白沙山’，旧产铜，下有铜山泉。”清康熙《金华府志》卷三：“因石似铜，故名。原无铜也。”原海拔166米，现因开山采石而不详。地质基础由侏罗系火山凝灰岩构成。土壤以红壤、黄壤为主。植被以亚热带针叶林为主，并有常绿阔叶林、落叶阔叶林、针阔混交林和竹林。明景泰年间(1450—1456年)，叶宗留等矿工起义，曾战于此。东麓濒武义江，北麓有铜山寺。今主峰与南、北坡皆建有采石场，多数山体已被开采。桥岭线县道过北麓。

赤松山(Chìsōng Shān)　属金华山。在金华市金东区西北部，赤松镇北部。别称卧羊山。明万历《金华府志》卷三：“赤松山，(金华)县北十五里。一名‘卧羊山’，即黄初平叱石处。其山往往白石错落，如群羊散牧。初平号赤松子，故山以是名。后人为之立祠，名‘赤松宫’。”清穆彰阿《大清一统志·金华府》：“赤松山……有赤松宫，祠黄初平。初平号赤松子，山名当由此。”为金华山主体之一。南宋祝穆《方舆览胜》卷七："金华山，在(金华)县北二十里。亦曰'金盆山'，一名'长山'，有赤松观。"海拔1 068.4米，地质基础以白垩系火山熔岩和火山凝灰岩为主，并有石灰岩带。土壤与植被垂直分带明显。土壤以紫色土、红壤、黄壤为主，植被有常绿阔叶林、落叶阔叶林、针阔混交林和灌丛，局部竹林茂密。元末，朱元璋初下婺州，曾驻跸于此。旧有宝积观(赤松观)、太清殿、崇道观、山桥书堂、第一轩、望西亭、智者寺、清修寺、栖云轩、玉壶寺等古迹，并有朝真洞、仙瀑洞、冰壶洞等洞穴。奇岩怪石林立，有山峻、水秀、石奇、洞幽等特征。明初"金华十景"中，有"芙蓉晴翠""赤松羊石""紫岩夕照""玉壶看云"等景分布于此山。"叱石成羊"传说源于此。南宋祝穆《方舆览胜》卷七："《神仙传》：'黄初平，兰陵(注：此处兰陵为兰溪之误)人。年十五，家使牧羊，遇道士爱其良谨，将至金华山石室中四十余年。兄初起寻之，遇道士引山中相见。兄问羊安在？但见白石。初平叱之，石皆起，成羊数万首。初起遂弃妻孥，食松柏茯苓五万，日后成仙。'"元末明初诗人戴良《游赤松山分韵得弟字》诗："早发东郭门，晚憩北山址。乍离城市喧，益羡丘壑美。舍车陟岖嵚，停策玩清沘。游目苍崖颠，放情白云里。攀林感落英，涉涧悲逝水。冀凭栖遁踪，往遇冥寂士……牧羊事已乖，炼石情徒止。长揖谢荒祠，永愧尔兄弟。"南宋诗人谢翱作有《赤松观羊石记》。宋倪守约著《赤松山志》一卷。有蜂蜜、香榧、举岩茶等特产。今为双龙国家级风景名胜区的组成部分。县乡公路通山麓。

白露山(Báilù Shān)　属金华山。在兰溪市中部，为女埠街道与黄店镇界山。古称白鹭山，因山麓古有湖沼湿地，多白鹭觅食栖息得名。后谐音讹为今名。又因山腰有白岩如带，别称玉带山。明万历《金华府志》卷三："白露山，(兰溪)县西北三十里。山半有白石岩如带，又号'玉带山'。有佛庐及神祠在上。"又因山下有镜潭泉，澄澈可鉴，也称玉泉山。海拔445米。地质基础由侏罗系砂砾岩、粉砂岩夹凝灰岩构成。土壤以紫砂土、紫泥土和红壤为主。植被以亚热带针叶林和针阔混交林为主，局部有竹林。山麓有桑园、茶园。传南宋绍兴十一年(1141年)南宋大理寺少卿周三畏拒附秦桧陷害岳飞，弃官隐居此山。山上有周三畏墓、慧教禅寺等古迹和仙人石等名胜。明代兰溪籍学者徐袍《白露山》诗："惯说兹山好，今方一度来。水兼群籁静，云抱数峰回。客到莺初啭，春深花遍开。天门如可步，咫尺有蓬莱。"明代兰溪籍进士章适《登白露峰》诗云："古刹无人到，山门为客开。三春自芳草，二月落残梅。檐矮云低俯，松高鹤远来。乾坤足生意，深绿漫苍苔。"又云："日华朝淡薄，云气晚虚无。岩拔遮高鸟，江空净浴凫。秋声上木叶，暝色下樵苏。清听危泉细，澄心片月孤。"明代监察御史黄傅，自号白露山人，著《白露山人遗稿》二卷。今为芝堰—白露山浙江省风景名胜区的组成部分。县乡公路通山麓。

兰阴山(Lányīn Shān)　属金华山。别称兰荫山。在兰溪市兰江街道东部。以山上多兰茝得名。又因山呈东西走向长条形横截兰江而俗称横山。明万历《金华府志》卷三："兰荫山，(兰溪)县南十五里。其山多兰，故名'兰阴'。以其横大溪，又名'横山'。"清穆彰阿《大清一统志·金华府》："兰溪……岸多兰茝，故名。"其中，"多兰茝"之岸即指此山。北宋《太平寰宇记》卷九十七："兰阴山在(兰溪)县西五里，一名'横山'，临截三江。"清顾祖禹《读史方舆纪要》卷九十三："又兰阴山，在(兰溪)县西南七里，一名'横山'，横截大溪，周十二里，山顶有塔，下有龙潭，亦名'横山潭'，即兰溪所汇也。"又因山顶曾于古代建烽火台(瞭望哨)，别称烟台山。海拔140米。地质基础由白垩系紫红色砂岩构成。土壤以紫砂土为主。植被以亚热带针叶林和针阔混交林为主。今辟为横山公园。山顶有革命烈士纪念馆，东南坡有兰阴寺、聚利塔和横山殿(灵源积庆侯庙)，兰阴寺侧并有"兰阴深处"

摩崖题刻，传为明武宗御笔。西坡有山洞，元时居民多于此避乱。明万历《金华府志》卷三："其上多灵祠古刹，绝顶为横山塔，常有云气出入，居民以占晴雨。山之西坞有洞，与北山小三洞相通，高广如屋。元季兵乱，女妇多避兵其中，今已塞矣。古今名胜，来游者甚矣。"南宋诗人杨万里《横山塔》诗："相识横山塔，于今十五年。孤标立绝顶，秃影照清川。寂寞无香火，将迎几舫船。吾襄岂重过，珍重塔中仙。"明代名臣唐龙《兰溪八景·兰阴春馥》诗云："丹嶂阴茫长谷雪，翠岚光滴大江流。兰花十里照春水，山鸟无声香自幽。"明代兰溪籍诗人胡应麟《秋日独游兰阴山》："午风吹芒鞋，独往忘日夕。指点山阿人，衡门在萝薜。"城市道路环山麓，有步道通山顶。

大云山（Dàyún Shān）　属金华山。在兰溪市云山街道南部，金华江与兰江交汇口。以裸岩色白如云得名。别称大寺山、挂榜山。清顾祖禹《读史方舆纪要》卷九十三："大云山在（兰溪）县治东南。俗名'大寺山'，以下有佛刹也。山不甚高，而延袤数里，名亦不一。"明万历《金华府志》卷三："山麓有二佛刹，一曰'圣寿寺'，一曰'经藏院'。以其横列学宫之南，又谓之'挂榜山'。"海拔114米。地质基础由白垩系石灰岩构成。土壤以黄泥土和粗骨土为主。植被以常绿阔叶林和针阔混交林为主。山顶有东峰亭、能仁塔及塔院等古迹，今辟为大云山公园。万历《金华府志》卷三："山巅有大浮屠，曰'能仁塔'。旧有塔院，久废。嘉靖间，塔亦自倒。塔山南为东风亭故址。"北麓旧有始建于五代的圣寿寺、藏经院。今改建为兰溪二中。1946年，兰溪城关镇改名为云山镇，即以此山命名。城市道路环山麓，云山隧道穿山而过。

六洞山（Liùdòng Shān）　属金华山。在兰溪市东南部灵洞乡中部。古称洞岩山、洞源山、灵洞山。明万历《金华府志》卷三："洞岩山，上名灵洞。县东二十里。山石巉岩郁纡，山半旧有半山亭，今废。"清顾祖禹《读史方舆纪要》卷九十三："洞岩山，（兰溪）县东二十里。一名'灵洞山'。高百余丈。灵洞凡六，而著者三，曰白云，曰涌雪，曰紫霞，余为上中下三灵洞，亦曰小山洞。"后因山有涌雪、紫霞、白云、呵呵、无底、漏斗6个洞穴而改称今名。海拔370米。地质基础由石炭系砂岩、石炭系泥岩、二叠系硅质岩、二叠系灰岩、侏罗系砂砾岩、白垩系石灰岩等构成。土壤以红壤和粗骨土为主。植被以亚热带针叶林和针阔混交林为主，并有竹林。山巅旧有始建于北宋太平兴国八年（983年）的栖真寺，并藏有明英宗钦定《北藏经》，现大部已散失，尚存者多移藏浙江图书馆。岩溶地貌发育，多溶洞，西部有地下长河，山顶有小飞来峰。万历《金华府志》卷三："有二小洞相环如贯珠，其东北又有怪石屹立，人称为'小飞来峰'。峰中有泉曰'天池'，泉清可鉴毫发，沿流由洞桥而出，则曰'洞溪'。"元代诗人于石一起此作《半山亭》："万叠岚光冰滴衣，清泉白石锁烟扉。半山落日樵相语，一径寒松僧独归。叶坠误惊幽鸟去，林空不碍断云飞。层崖峭壁疑无路，忽有钟声出翠微。"近代作家郁达夫于1933年11月游览六洞山和栖真寺，并作《六洞山栖真寺》题壁诗："红叶清溪水急流，兰江风物最宜秋。月明洲畔琵琶响，绝似浔阳夜泊舟。"今全山辟为六洞山浙江省风景名胜区、省级森林公园。县乡公路环山麓。

龙祈山（Lóngqí Shān）　属会稽山余脉。在义乌市，为苏溪镇东北部与大陈镇界山。以旧时为大旱祈雨之处得名。清顾祖禹《读史方舆纪要》卷九十三："深溪，在（义乌）县北五十里，（源）出县北四十八里之龙祈山。"明万历《金华府志》卷三："龙祈山，（义乌）县北四十八里。山之西有深溪，西北流入浦江。岁旱居民，祈祷，故名。"海拔820.6米。地质基础由侏罗系火山凝灰岩构成。土壤以黄泥土、灰黄泥土、粗骨土为主。植被以针阔混交林为主，近山顶为稀树灌丛。山麓多水库，为义乌城区主要水源地。明清时期，于山麓形成龙祈镇，并驻兵。《明史》卷四十四："义乌……北有龙祈镇三巡检司，废。”《清史稿》卷六十五：“义乌……镇四：龙祈、酥溪、佛堂、廿三里溪。有汛。”抗日战争时期，中共金萧支队二大队曾于此山及附近作为革命根据地。县乡公路通山麓。

萧皇岩山（Xiāohuángyán Shān）　属金华山。在义乌市西部上溪镇。原名覆釜岩。明万历《金华府志》卷三：“覆釜岩，（义乌）县西六十里，形如覆釜，故名。”后因山上有昭明太子庙，传五代梁武帝萧皇太子曾至此游历而于民国时期改今名。海拔 568.7 米。地质基础由侏罗系玻屑熔结凝灰岩、夹凝灰角砾岩、安山岩、沉积岩构成。土壤以黄壤土为主。植被以亚热带针叶林、针阔混交林和竹林为主。山势险峻峭拔，多悬崖和裸岩。万历《金华府志》卷三：“岩顶四隅孤绝，石芒峭发，行人患其险，凿穴步蹑，攀缘而上，非勇猛者不能往。上有平壤三十余亩，土美可耕。中有废池甚广，山邃地回，竹栢幽茂。”“覆釜列翠”为古“乌伤八景”之一。半山有萧皇太子庙，即古昭明太子庙。有简易公路通半山萧皇太子庙。

德胜岩山（Déshèngyán Shān）　属金华山余脉。在义乌市后宅街道西部。取“以德取胜”义得名。明万历《义乌县志》卷二：“德胜岩，在县西北稠山之顶。”古称绸岩、绸山。其中，绸岩因峰峦绸叠得名。明万历《金华府志》卷三：“稠岩，（义乌）县西北二十五里。岩峦稠叠，故名。山腰有石屋，中为石室，深十数丈，广数丈，或云晋咸康中，丹阳人葛洪隐于此。稍南曰‘东山’，两大石当山之半度，石峡有石窗。”清顾祖禹《读史方舆纪要》卷九十三：“黄蘖山……其北五里曰绸山，峰峦绸叠，即绸岩矣。”海拔 381.7 米。地质基础由硕岩、粗砂岩、细砂岩等构成。土壤以红壤和粗骨土为主。植被以亚热带针叶林、针阔混交林和灌丛为主。唐代于义乌县置绸州，即以此山得名。《新唐书》卷四十：“武德四年以（义乌）县置绸州，因绸岩为名，并析置华川县。”岩上建有胡公殿。历为重阳登高胜地。南宋义乌籍诗人喻良能《绸岩》诗：“奔走尘埃老未休，每思上下两岩稠。关心簿领三书考，回首家山两换秋。支腹自怜鷦鼲小，江湖谁计雁凫留。又遮西日长安去，惭愧平生马少游。”宋代诗僧释了赟，因其居山麓寺院，遂号“绸岩”。浙赣铁路、沪昆（杭长）高速铁路、沪昆（G60）高速公路于东麓穿越。

鸡鸣山（Jīmíng Shān）　孤丘。属大盘山脉余脉。在义乌市江东街道西北部。明万历《金华府志》卷三：“鸡鸣山，（义乌）县东五里。昔人闻金鸡鸣上，群鸡皆应，故名。”清刘元震《游鸡鸣山记》：“或曰昔山有金鸡鸣而群鸡皆鸣焉。或曰唐代崔智韬逐化虎之妇，至此闻鸡鸣，故名焉。”别称登高台山。万历《金华府志》卷三：“前瞰县郭，旁临大溪，众山萦回，上有小亭，九月九日于此为登高之会，又名‘登高台’。”海拔 123.6 米。地质基础由白垩纪紫红色砂砾岩构成。土壤以红紫砂土、紫泥土为主。植被以针阔混交林为主。刘元震作有《游鸡鸣山诗》：“隔断尘喧事，寻幽每一过。峰围天觉小，径险石偏多。白日间麋鹿，清风老薜萝。欲移李子架，高卧万山窝。”今辟为鸡鸣山公园。城市道路环山麓，有步道至山顶。

云黄山（Yúnhuáng Shān）　属仙霞岭山脉余脉。在义乌市南部佛堂镇东部。北魏郦道元《水经注》卷四十：“（縠水）又东径乌伤县之云黄山，山下临溪水，水际石壁杰立，高一百许丈。”明万历《金华府志》卷三：“云黄山，（义乌）县南二十五里。一名松山。周三十里二百步。梁传翕大士于此行道，黄云盘旋其上，状如车盖，故名。”别称松山、云横山。清顾祖禹《读史方舆纪要》卷九十三：“云黄山……亦曰‘云横山’，一名‘松山’。周二十里，高百四十丈，俯临画溪。”又因山顶建有慧傅和尚舍利塔，故别称塔山。海拔 371 米。地质基础由片麻岩、角闪岩、云母岩、石英岩等组成。万历《金华府志》卷三：“有峭壁高百丈，广三十五及，下临画溪，五色交映。山有穿身岩，因大士穿山壁而名。

有喂虎岩，因大士以余饭喂虎而名。《十道志》云：'山多玄熊赤豹，大士化之，后不复出。'是也。又有饭石，乃大士喂虎余饭化为石，青白而紫。又有七佛峰、行道塔、漩狮池灵异之迹。"土壤以黄砾泥土和山地黄泥土为主。植被以常绿阔叶林、落叶阔叶林和亚热带针叶林为主。山麓有茶园和桑林。存云黄寺、双林寺等古迹。元代义乌诗人黄溍《宿云黄山》诗："束发弄文史，挂席去瀛壖。邂逅乖良会，摈落迨兹年。息景念生理，洗心宾象筵。恭惟上皇代，异人秘灵诠。宗师既逾海，兹山亦栖贤。金棺灭双树，宝箧缄红莲。仰窥摄诱功，信知愿力坚。内愧实菲薄，冥通未精专。褰裳碧峰雨，焚香石林烟。彩翠何纷纠，苔涧窅洄沿。寻幽匪外适，栖真冀重宣。二边离有无，五浊空腥膻。岂伊俄顷用，庶谢平生缘。"县乡公路通山麓。

岘山(Xiàn Shān)　属大盘山脉余脉。在东阳市西北部，为吴宁、白云与南市街道界山。古称三丘山、三邱山。因从东阳城南望，山有东岘、西岘和勒马三丘得名。宋代为避孔丘讳，改称三邱山。清顾祖禹《读史方舆纪要》卷九十三："三丘山，(东阳)县南八里。高三百六十丈，周二十里。晋义熙间，殷仲堪为守，尝登此，郡人比之羊叔子，因名'岘山'，有东西两岘峰。"南宋祝穆《方舆胜览》卷四："东阳岘山，去东阳县亦三里。旧名三邱山，宋殷仲文，素有时望，自谓必登台辅，忽除东阳太守，意甚不乐。尝登此山，怅然流涕，郡人爱之如襄阳之于叔子，因名。二峰相峙，有东岘、西岘。"又因东、西两峰相对，别称双岘山。西岘峰海拔 618 米，东岘峰海拔 538 米。地质基础由白垩系火山凝灰岩构成。土壤以红壤为主。植被以亚热带针叶林和针阔混交林为主，并建有林场。旧时东岘峰有天然碑、龙潭、浩然台、宝轮寺，寺前有天生井；西岘峰上有微云洞、水乐亭、法轮寺等胜迹。明万历《金华府志》卷三："勒马峰，(东阳)县南四里，东西两岘拱其旁，为县治案山。东岘峰，县南八里。峰旧有寺，相传洪水漂后，神钟飞入大溪。昔有人见在因果湖中，其追可扪也。近污于沙。旧址复建宝轮寺。西岘峰，其峰峭拔，顶宽平。法轮禅寺居其中。"南宋东阳诗人乔行简《三丘山》："疑是乘风到九天，不知身在此山巅。万家攒簇炊烟底，一水萦纡去鸟边。便学尘缘轻似羽，何妨诗意涌如泉。停杯更待林梢月，归去家僮相未眠。"侵华日军侵占期间，曾于东岘山巅设炮台。东阳市城南东路过北麓。东永线(S217)、台小线(S218)省道分别过西麓和东麓。

歌山(Gē Shān)　属大盘山脉余脉。在东阳市歌山镇东部。《隋书》《新唐书》均有"歌山"地名记载。其中，《隋书》卷三十一："乌伤有香山、歌山。"北宋《太平寰宇记》卷九十七："《郡国志》云：'东阳歌山，山下水通临海，昔有人乘船从下望见女子于山下汲水，登峰而歌，姿态端美，船人挑之，神怒因坠三大石塞水源，遂不通舟船。'"海拔 376 米。地质基础以白垩系紫红色块状砾岩及砂砾岩为主，另有夹砂岩、粉砂岩。土壤以沙质土为主。植被以亚热带针叶林和针阔混交林为主。旧有石步庙(俗称玉女祠)。清光绪《浙江通志》卷十七："歌山，在(东阳)县东南七十里。上有石室，可容百人。山下水通临海，有玉女祠。"北麓濒北江，江岸有歌山村。嵊义(S310)省道、里歌线县道过北麓。

八面山(Bāmiàn Shān)　孤丘。属大盘山脉余脉。在东阳市东南部横店镇。古称夏山、禹山，因山有夏禹庙得名。明万历《金华府志》卷三："夏山，(东阳)县东南四十五里。四面峭绝，山顶有池，广二丈，深二尺，冬夏泠然，不盈不涸。侧有禹庙，故山以'夏'名。"清顾祖禹《读史方舆纪要》卷九十三："夏山，在(东阳)县东南四十里，上有禹庙，因名。"后因孤峰拔起，略呈八棱台体，八面凌空，面面相似而改今名。清康熙《金华府志》卷三："夏山……其体具五星，亦名八面看。"海拔 523.3 米，周长 10 千米。为第四纪全新统喷发的火山锥，并多橄榄岩砾石。据航测，有磁异常现象，有磁铁矿、磷灰石、萤石等矿物。土壤以红壤为主。植被以亚热带针叶林和针阔混交林为主，今辟为八面山森林公园。山顶有火山湖、禹庙和大智寺遗迹，并建有电视差转台。西麓建有高尔夫球场。城市道路和县乡公路环山麓。

方岩山(Fāngyán Shān)　属大盘山脉。在永康市东部，为芝英镇与方岩镇界山。以巅平形方，四壁如削得名。明万历《金华府志》卷四："方岩山，(永康)县东二十里。岩平地拔起，四面如削。"明黄绾《游永康山水记》："循青玉右行至一冈，坐望方岩如方城。"海拔384米。地质基础由白垩系紫砂岩构成，有典型的丹霞地貌。土壤以紫砂土为主。植被以常绿阔叶林、落叶阔叶林和针阔混交林为主。山上有五峰书院、广慈寺、胡公祠、透关亭、石砚井等古迹和罗汉洞、飞桥、天门等名胜。北宋名臣胡则曾读书于此。万历《金华府志》卷四："架飞桥石梯而登绝顶，两岩相对峙为关。上有亭，自亭而入，地更平衍，约数百亩，中有池，水清莹不竭。临池侧有井，曰'石砚井'，井后有岩，高数仞，岩下石深二丈，广数丈，僧因构室居之。前有坑，广二三尺，深二百余丈，曰'千人坑'。坑侧有石谷，泉出罅间，涓涓有声。下有小石岩，宋侍郎胡则读书于此。迨仕，奏免衢婺二州丁身钱，人德之，遂因其迹立庙祀焉。"清顾祖禹《读史方舆纪要》卷九十三："上有亭，曰'透关亭'。自亭而入，地皆平衍，约数百亩，中有池，池侧又有井，岩石泉涧，争奇竞胜。"胡则《别方岩》诗："寓居峰顶寺，不觉度炎天。山叟频为约，林僧每出禅。虚怀思往事，宴坐息诸缘。照像龛镫暗，通宵磬韵传。宴心资寂寞，琢句极幽玄。拾菌寒云外，烹茶翠竹前。远阴临岳树，清响落岩泉。僻道无来客，深秋足乱蝉。松风生井浪，溪雨长苔钱。自省浮尘世，终难住永年。遍游曾宛转，欲别重留连。明日东西路，依依独黯然。"明代金华知县郑东白作有《游方岩山记》，近代作家郁达夫著有《方岩纪静》。今建为方岩国家级风景名胜区。东麓建有石鼓寮影视城。东永(S27)高速公路过西麓，县乡公路通山麓。

石城山(Shíchéng Shān)　属仙霞岭山脉余脉。在永康市西南部，为石柱镇、江南街道和前仓镇界山。北宋《太平御览》卷四十七："《吴录》曰：'永康有石城山。'《海内南经》云：'三天子都在闽西，海北。'郭璞《注》云：'在新安歙县东。'又引张氏《土地记》云：'东阳永康县南四里有石城山，上有小石城，云黄帝曾游于此山，即三天子都也。'"别称天马山。明万历《金华府志》卷四："石城山，(永康)县南十四里。遥望山际，四围山岭岈，如雉堞然。堪舆家因其罗列学前，称为天马山，而石城之名遂隐。"清顾祖禹《读史方舆纪要》卷九十三："《地记》云：'昔黄帝曾游此，所谓三天子都，此其一也，俗名天马山。'"海拔401米。地质基础由白垩系火山凝灰岩构成。土壤以含碎石粉质砂土为主。植被以亚热带针叶林和针阔混交林为主。今与白云山合建为白云山长城风景区。长深(G25)高速公路石城山隧道穿山而过，县乡公路通山麓。

金胜山(Jīnshèng Shān)　属仙霞岭山脉余脉。在永康市江南街道北部。清光绪《浙江通志》卷十七："金胜山，在县南五里，高二十丈，横列县治前，若几案然。"金胜，古代指似花状天然金首饰，古人以之为祥瑞之物。《宋书》卷二十九《符瑞志下》："金胜，国平盗贼，四夷宾服则出。"北宋《太平御览》卷四十七："《郡国志》曰：'金胜山，昔有人于此拾得金胜，因以名之。'山有赵炳祠、炳善方术，庙至今无蚊虫。《异苑》曰：'孙权时，永康人入山还得大龟，烹之不烂，即此山也。'"别称金豚山。《金豚阁纪略》碑："据传，东汉时有猎者得金豚于此。"明万历《金华府志》卷四："金胜山，(永康)县南五里。一曰'金豚山'。北宋《太平寰宇记》云：'昔有人得金豚于此。'俗讹'胜'为'豚'。山少竹木，惟产天门冬。"海拔157米。地质基础由白垩系砂砾岩构成。土壤以含碎石粉砂质黏土为主。植被以常绿阔叶落叶阔叶混交林和针阔混交林为主，并产天门冬。山顶有金豚阁，传东麓旧有明代工部侍郎徐复斋墓。今辟为金胜山公园，登顶可眺望永康江景。

龙峰山(Lóngfēng Shān)　孤丘。属金华山余脉。在金华市浦江县浦阳街道东南部。明万历《金华府志》卷四："龙峰山在(浦江)县东一里。环峙县左，地势回旋，而灵冲之气不泄，盖县治之辅山也。其巅有塔七成(层)"又因山巅有北宋天禧元年(1017年)所建龙德寺塔，俗称塔山。清光绪《浙江通志》卷十七："崇祯《浦江县志》：'在县东二里，高三十丈，周二十里。其支陇自仙华山一带逶迤而来，环于县左，其巅有塔，曰龙德塔，之后曰东峰，峰之后复有山曰寿峰，三山相属，盖县治之辅山也。'"海拔60余米。地质基础由白垩系泥岩、砂砾岩、粉砂岩构成。土壤以酸性紫砾土为主。植被以常绿阔叶落叶阔叶混交林为主。"龙峰孤塔"历为"浦阳十景"之一。元代浦江籍文学家柳贯《龙峰孤塔》诗："玉函舍利朝光现，珠斗阑干午影过。浩劫浮云开万象，宝华杂遝散芬陀。"元代文学家吴莱《龙峰孤塔》诗："老眼前头尺五天，真龙角上正攀缘。规模白马驮经过，想象元鳗护塔眠。梵呗将回知磬绝，神珠欲陨见灯悬。何妨晏坐初禅界，蠓蠛纷飞即大千。"民国时曾辟为景濂公园，后为侵华日军所毁。1949年后辟为塔山公园。山巅有全国重点文物保护单位龙德寺塔。城市街巷环山麓，有步道至山顶。

仙华山(Xiānhuá Shān)　属金华山。在金华市浦江县仙华街道西北部。以轩辕少女于此上升得名，别称仙姑山、少女峰。明万历《金华府志》卷四："仙华山，在(浦江)县北八里，一名'仙姑山'，又名'少女峰'，《东阳志》谓轩辕少女于此上升，故名。"清顾祖禹《读史方舆纪要》卷九十三："又仙华山，在(浦江)县北八里，一名'仙姑山'，别称'少女峰'。岩岫层叠，绮绣妍丽，为县主山。"海拔716米。地质基础由侏罗系流纹岩构成。土壤以黏质土为主。植被以常绿阔叶落叶阔叶混交林和针阔混交林为主。山顶有耸峭石峰21座，并有"清虚洞""第一仙峰""一览天宇空"等石刻。元代文学家吴莱以"如芙蓉翠莲、如彩凤腾霄"喻之。万历《金华府志》卷四："山有数岫若屏障，中有风穴飕飕然。峰巅丹光闪闪，如芙蓉如翠莲绮绣艳丽，又如彩凤腾霄晕采掩映，又如万马西来峰耸峦止，争献奇艳不可攀缘。诚一邑之胜概，乃县治之主山也。宋景濂有门人曰：'浦阳江上有仙华山焉，其拔起如旌旗，人迹之所罕至。其上多名药，绿纷绛叠可采，泉有鯈鱼时出没于中可钓。沃壤十亩，白云冉冉恒覆其上可耕。山多巨石，面正平可坐，可弈可列觞豆而饮。'"南宋诗人方凤有《仙华八景》和《仙华山采茶》诗。元末明初名士宋濂曾隐此为道，并著成《浦阳人物记》《龙门子凝道记》《孝经新说》《周礼集说》等。入山时，其友戴良为之作《送宋景濂入仙华山为道士序》，阐释了宋濂隐退的原因。元末明初文学家刘基《青萝山房歌寄宋景濂》云："若有人兮乃在大江之南，浙河之东。连山犄拔瀛海上，上与河鼓天津通。忆昔四女下天来，遗鬟堕髢根庞鸿。仙华杰出最怪异，望之如云浮太空。嵚崟岣嵝啮不可上，荟蔚杂树昏朣胧。虎龙咆号猿鹤叫，山鬼呵欻生悲风。"今建有仙华山浙江省风景名胜区。盘山公路通半山。

宝掌山(Bǎozhǎng Shān)　属龙门山脉。在金华市浦江县中部，仙华街道寺口村以北。因唐代僧人宝掌禅师曾于此驻锡得名。明万历《金华府志》卷四："宝掌山，(浦江)县北八里，与仙华山相近。唐僧宝掌大师栖禅处。"别称里浦山、浦岩山。海拔568.5米。地质基础由侏罗统寿昌组凝灰质砂岩为主。土壤以黏质土为主。植被以针阔混交林为主。山势巍峨，巉岩林立，有宝灵岩、狮子岩、冷泉等名胜。万历《金华府志》卷四："山前双峰对峙，沿涧奇石若虎豹狻猊，钟鼎刀戟，上下错列。前有高岩涌石类翩跹习舞之状，亦号'飞来峰'。下有泉甘洌，折而北有石离立，浦阳山水惟此与仙华为最胜云。"南宋诗人方凤《与皋羽子善游宝掌山》诗："宝掌一山何胜绝，老龙千载事已别。

巉岩怪石峭森列，矫首三洞蹇奇崛。不知何年风雷烈，凿开混沌此瞥裂。高洞攀缘与天接，栖鹘所巢势嵂嵲。隙泉漏滴清且澈，薜萝为衣俨陈设。中之洞兮巧融结，四达坦明如我闼。低山一洞尤寒泬，铿然谷应合音节。”“宝掌冷泉”为浦阳十景之一。元代文学家吴莱《浦阳十景·宝掌冷泉》：“乍拨山亭木叶堆，老僧千岁喝岩开。天从白石云根出，地带青泥雪髓来。竹影自深斜映月，鱼腥不到半凝苔。世间梦渴知多少，可待金茎露一杯。”县乡公路通山麓。

八素山(Bāsù Shān)　属仙霞岭山脉。在金华市武义县茭道镇西北部。《元丰九域志》卷五：“武义……有八素山。”明嘉靖《武义县志》卷一：“在(武义)县北四十里，周二十里。《东阳山水记》：‘秦末有八士从洛阳来，逋栖于此，皆青素冠履，因名。唐泰和八年廉察使牒县附之《图经》，而姓名则竟不传也。’”别称八仙山。清嘉庆《武义县志》卷二：“又称八仙山。”海拔 434 米。地质基础由侏罗系玻屑熔结凝灰岩和玻屑熔结凝灰岩夹沉凝灰质泥岩构成。土壤以红壤和粗骨土为主。植被以常绿阔叶落叶阔叶混交林和针阔混交林为主。北宋武义县令韦骧、清代武义县令江留篇、清代顾庚等均作有《八素山》诗。其中，韦骧《八素山》诗云：“秦世有君子，隐逸家云泉。惟蕲德行粹，不使名字传。太素八先生，服履皆皎然。至今图籍中，以素名其山。萧然丛祠在，冷屋只数间。”江留篇《八素山》：“当日避秦地，于今更若何。山前游屐少，洞口落花多。人去空泉石，林深长薜萝。烟霞寻旧侣，日月到岩阿。”清倪成萱《武阳十景》诗将“八素栖霞”列为第四景。东麓和东南麓分别有内八仙、外八仙村和八仙寺。温寿(G330)国道过南麓，义武公路过东南麓。

白革山(Báigé Shān)　属仙霞岭山脉。在金华市武义县东部，为泉溪、桐琴二镇界山。古称白华山，华，古通“花”，以山中有石如莲座得名。明万历《金华府志》卷四：“白革山，在县南四十里，近山半里间有二石夹道若门，历此曲折险径始至山岩，中有一石突出若莲座，昔异人支大士居之，名大士庵。”清嘉庆《武义县志》卷二：“白华山，今讹‘白革山’。”主峰俗称大元尖、状元峰，海拔 796 米。地质基础由侏罗系安山玢岩构成。土壤有黄壤、红壤等。植被有亚热带针叶林、针阔混交林、竹林等。山势陡峻，半山有二石夹道若门，山中多清泉。清顾祖禹《读史方舆纪要》卷九十三：“白革山，在县南四十里，曲折险峻，泉石颇胜。”南坡半山有白革古村落，村前有大士岩，并有大士庵遗迹，村周多梯田和竹林。盘山公路至半山。

大岗岩山(Dàgǎngyán Shān)　属仙霞岭山脉。在金华市武义县中部，王宅镇北部与白姆乡交界处。古称大家山。“大家”方言音“diàguá”，指“婆婆”。因与新妇山相对，传为晋永康令张彦卿的亲家母化身而成。北宋《太平寰宇记》卷九十七：“大家山，在(武义)县西二十里。大家山起云，新妇山即雨。因以为候。新妇山，解在大家山，山上有小石扶立如妇人，因名之。”明嘉靖《武义县志》卷一：“世传晋时张彦卿女出，适累月，姑妇并亡，神灵各主一山，每大家山起云，新妇山即雨。”后因山上悬崖、岩石林立而改今名。海拔 645 米。地质基础由白垩系紫砂岩构成。土壤以紫砂土为主。植被以亚热带针叶林和针阔混交林为主，局部有竹林，缓坡多茶园。丹霞地貌发育，悬崖壁立如削。清代举人徐俟召《望大家山》：“千年古刹耸危峦，遥望徘徊兴作阑。石笋插天晴蔽日，飞泉挂壁夏生寒。欲随鸾鹤寻仙迹，无奈藤萝碍客冠。闻道大家风景别，莫将胜地座中看。”并作《大家山歌》：“大家之山高插天，悬崖斗上生云烟。我家违山无十里，蹉跎不往空华颠。昨者访友至岩坞，谢家青蜨山前胡。蜨飞青青松柏郁，成围年年寒食飘。花侯犹有行人酬酒归。”今辟为大岗岩风景区。履王线县道过东南麓。

新妇坛山(Xīnfùtán Shān)　属仙霞岭山脉。在金华市武义县中部，为白姆乡东部与王宅镇、俞源乡界山。古称新妇山。因山上有石如妇人得名。北宋《太平寰宇记》卷九十七:“新妇山,解在大家山,山上有小石扶立如妇人,因名之。”明嘉靖《武义县志》卷一:“世传晋时张彦卿女出,适累月,姑妇并亡,神灵各主一山,每大家山起云,新妇山即雨。”海拔 400 米。与大岗岩山相对而立。丹霞地貌发育,悬崖壁立如削。地质基础由白垩系紫砂岩构成。土壤以紫砂土为主。植被以亚热带针叶林和针阔混交林为主,局部有竹林。今建有大红岩国家级风景名胜区。北麓白姆村内有新妇祠,清代武义县庠生董洹著有《新妇祠》诗:“行行入西山,一湾溪水绿。岸上百余家,灵祠森古木。新妇谁家妇,明妆俨在目。下马刷残碑,字漶难卒读。似云晋时人,少小性幽淑。嫁为里中妇,弥月尚未足。一朝失所天,夫也竟不禄。上有寡处姑,守节志贞笃。艰难养一子,冀以延嗣续。”并作《白姆道中》诗云:“白石龙潭路,红墙新妇祠。山风欲作雨,吹我鬓丝丝。”东北麓有源口水库,为武义县最大水源地。上松(S220)省道过东麓。

壶山(Hú Shān) 孤丘。属仙霞岭山脉余脉。在金华市武义县东北部壶山街道。古称湖山。明嘉靖《武义县志》卷一:“湖山,在县西二里,山有潭水,故名。”清改今名。以山形似壶得名。清嘉庆《武义县志》卷二:“壶山,府志、通志作湖山,在县西二里,耸然为县主山。其状如壶,故名。”清何德润《武川备考》卷二:“壶山潭,二里。按:潭有二,一在山上,志所谓状如壶者;一在山下,志所谓引长安堰水者。”海拔 280 米。地质基础由白垩系流纹岩构成。土壤以红壤红黏泥土为主。植被以亚热带针叶林为主,并有针阔混交林。古人以之预测气象。清光绪《浙江通志》卷十七:“乡人视山为候,凌晨有云气,是日必雨。”清代武义诗人叶永堪《壶山》诗:“万松俨车盖,撑空袅翠烟。寒涛落天半,孤亭踞其巅。兰若傍山麓,慈云接蕙櫋。两道夹修竹,苍阴一色圆。”“壶山春霁”为武阳十景之一。清代武义诗人倪成萱《武阳十景·壶山春霁》:“孤亭临喷薄,驿树出城来。落影阴犹合,连山望忽开。禅枝宿众鸟,石柱仄青苔。兜率知名寺,气酣歌吹台。”1927 年 6 月,中共武义县支部于此召开会议,并组建中共武义县临时委员会,推选王子如为临时县委书记。有壶山寺、慈云庵和城隍庙等古迹和名胜,今辟为壶山省级森林公园。壶山镇、壶山街道地名均源于此。城市街路环山麓,南坡有简易公路通山顶。

明招山(Míngzhāo Shān) 属仙霞岭山脉。在金华市武义县白洋街道东部,下陈村以北。因山麓有明招寺得名。“明招”,即“明智聪察”。又传晋阮孚失明,一僧挖己目治之,阮以此山相赠,并舍宅建寺。海拔 177 米。地质基础由白垩系火山凝灰岩构成。土壤以红壤红黏泥土为主。植被以亚热带针叶林为主,并有针阔混交林。南宋时期,著名理学家吕祖谦、朱熹、陈亮等人于此讲学,为金华婺学发源地。清代曾先后修建吕东莱(吕祖谦)和太师吕好问的讲堂,碑刻皆存。《东莱吕太史文集·处士徐意元先生墓志铭》载吕祖谦自述:“明招,婺之名山,予家三代葬焉。”明万历《金华府志》卷四:“明招山,(武义)县东十五里,望山也。宋东莱吕成公讲学于此。公与其祖好问及弟祖俭之墓皆在焉。正德十三年,县丞林有年立碑以昭先贤遗迹。”南宋淳熙二年(1175 年),叶适赴此访吕祖谦、陈亮,并作《月谷》诗云:“昔从东莱吕太史,秋夜共住明招山。正见谷中孤月出,倒影摇碎长林间。”宋代金华籍诗人王柏作有《拜明招二先生墓有感》10 首。其一云:“忆昔龙门续断弦,荥阳一脉浚家传。谁知丽泽收声蚤,梦奠于今八十年。”山麓明招寺东侧有晋朝南将军阮孚墓葬,西南有全国重点文物保护单位吕祖谦家族墓。金温铁路过西南麓,县乡公路环山麓。

高姥山(Gāomǔ Shān) 属大盘山脉。在金华市磐安县南部,为盘峰乡南缘与高二乡西部界山。旧属仙居县,称八宝山。清光绪《仙居县志》卷二:“八宝山,在县西北五十五里。郭坦山之上,西通柘溪岙，北接东阳之大盘界。”海拔 1 220 米。地质基础由侏罗系辉绿岩构成。土壤与植被垂直分带明显。土壤有红壤、黄红壤和粗骨土等。植被有常绿阔叶林、落叶阔叶林、亚热带针叶林、针阔混交林和杜鹃灌丛等，局部竹林茂密。近峰顶以稀树杜鹃灌丛为主，为磐安县映山红节举办地。主峰东侧海拔 930 米的大湖山村附近，有东北—西南走向断裂带，形成链状高山断层湖泊群，并有高山草甸景观和七子花等国家重点保护植物。2002 年辟为省级生态旅游区。磐安县高二乡由其谐音得名。有公路通至大湖山村。

烂柯山(Lànkē Shān)　属仙霞岭山脉。在衢州市，为柯城、衢江二区界山。古称石室山，因山中有石室得名。又因石室上有天生桥，别称悬室坂、石桥山、空石山。后因晋人王质入山遇仙烂柯传说而改今名。北魏郦道元《水经注》卷四十：“《东阳记》云：‘信安县有悬室坂。晋中朝时，有民王质，伐木至石室中，见童子四人，弹琴而歌。质因留，倚柯听之。童子以一物如枣核与质，质含之，便不复饥。俄顷，童子曰：其归。承声而去，斧柯漼然烂尽。既归，质去家已数十年，亲情凋落，无复向时比矣。’”北宋《太平御览》卷四十七：“《郡国志》曰：‘石室山，一名石桥山，一名空石山。’晋中朝时，有王质者，尝入山伐木，至石室，见有童子数四，弹琴而歌，质因放斧柯而听之……亦谓俄顷，童子语曰：‘汝来已久，何不速去。’质应声而起，柯已烂尽。”南宋祝穆《方舆胜览》卷七：“一名石室，别称石桥山。在西安，乃青霞第八洞天。晋樵者王质入此山，忽见桥下二童子对弈，以所持斧置坐而观，童子指示曰：‘汝斧柯烂矣。’质归见乡间，已及百岁云。”唐《通典》卷一百八十二：“晋改名石桥山。晋王质烂柯处。”海拔 176.9 米。地质基础由白垩系砂砾岩、泥岩构成。土壤以红紫砂土为主。植被有亚热带针叶林、常绿阔叶林、针阔混交林等。历代文人多吟咏。唐代诗人孟郊《烂柯石》：“仙界一日内，人间千载穷。双棋未遍局，万物皆为空。樵客返归路，斧柯烂从风。唯余石桥在，犹自凌丹虹。”唐代诗人刘迥《烂柯山》四首：“白云引策杖，苔径谁往还。渐见松树偃，时闻鸟声闲。豁然喧氛静，独对万重山。”“石桥架绝壑，苍翠横鸟道。凭槛云脚下，颓阳日犹蚤。霓裳倘一遇，千载长不老。”“灵境偶一寻，洞天碧云上。烂柯有遗踪，羽客何由访。日暮怅欲还，晴烟满千嶂。”“绳床宴坐久，石窟绝行迹。能在人代中，遂将人代隔。白云风飏飞，非欲待归客。”南宋诗人朱熹、赵湘、钱顗等均作有《游烂柯山》诗。北宋诗人赵湘《游烂柯山》：“仙人与王质，相会偶多时。落日千年事，空山一局棋。树高明月在，风动白云移。未得酬身计，闲来学采芝。”南宋理学家朱熹诗云：“局上闲争战，人间任是非。空叫禾樵客，烂柯不知归。”北宋宣和年间(1119—1125 年)于山右建梅岩精舍，淳祐四年(1244 年)，改称柯山书院。元代文学家柳贯作有《送陈彦正山长奉亲赴柯山》。今为烂柯山—乌溪江浙江省风景名胜区的核心，有石梁、青霞洞、一线天、雁塔等景点和宝岩寺、忠烈祠等古迹，被誉为“围棋圣地”。县乡公路至山麓。

铜山(Tóng Shān)　属千里岗山脉。在衢州市，衢江区与柯城区、常山县界山。因旧产铜得名。《明史》卷四十四：“铜山，旧出铜、锡、铅。”明天启《衢州府志》卷一：“铜山，在(西安)县西北百里。宋时山出铜、铅、锡。”又因明代为衢州府北山银矿所在地。别称银坑源、银洞尖。海拔 822 米。地质基础由泥盆系石英砂岩构成。土壤以油黄泥土为主。植被以亚热带针叶林和针阔交林为主。万历《衢州府志》卷一：“今出矿。前此徽处二州人群聚取矿，其后官兵荡平。今设兵防守。”清顾祖禹《读史方舆纪要》卷九十三：“宋时山出铜、锡、铅。明朝产矿，徽、处二郡民，群聚取矿于此。嘉靖中，官兵荡平之，因设兵戍守。”万历三十二年(1604 年)，诏停采矿，立碑永禁。东麓有银坑村，通县乡公路。

湖山(Hú Shān)　属怀玉山脉。在浙江省西部，为衢州市衢江区与江山市、常山县界山。以山顶有天然小湖得名。别称长山、常山。明天启《衢州府志》卷一："湖山。(江山)县北二十五里。高百丈，周回五十里。上有石窟龙居，旱祷必雨。""常山，(常山)县东三十里。顶有湖，可数亩，又名湖山。巨石环绕如城。"清顾祖禹《读史方舆纪要》卷九十三："常山……一名'长山'。绝顶有湖，广数亩，亦曰'湖山'。巨石环绕，俨如城郭。王象之曰：'即信安岭也。'""湖山，在(江山)县北二十五里。《志》云：山高百丈，周五十里，山半有石城，内有腴田。"又因从东麓西望，山势巍然，盘旋似龙，俗称石龙岗。海拔 895.4 米。地质基础由燕山晚期侵入的花岗岩构成。土壤以红黄泥土为主。植被以亚热带针叶林和针阔混交林为主。唐代建常山县城于西北麓。《郡县释名·浙江下》："唐析置县，名'常山'，以邑东有常山。"清光绪《浙江通志》卷十八："常山，一名'湖山'。万历《常山县志》：'在县东三十里……有石环绕如城，故县以此名。'按：《东阳记》云：'常山，仙采药处，高且神。'"南侧山口旧为衢州经常山至江西的信安岭古驿道。北麓濒江处渔溪口，古为衢江上游之要津。山顶建有气象雷达站。县乡公路通山麓，专用公路通山顶。

绿葱湖山(Lùcōnghú Shān)　属仙霞岭山脉。在衢州市，为龙游县庙下乡与衢江区大洲镇界山。以山顶沼泽草甸如湖得名。民国《衢县志》卷二："绿葱湖山……山顶不长大树，只生杂草，土质常如湖泥，掘尺许即见涌泉，故以山称湖。"谐音讹称六春湖、六冲和。海拔 1 390.5 米。地质基础由侏罗系流纹斑岩、凝灰岩构成。土壤与植被垂直分带明显，土壤有红壤、黄红壤、黄壤、山地草甸黄泥土等。植被以亚热带针叶林、针阔混交林、常绿阔叶落叶阔叶混交林为主，局部竹林茂密，为浙西大竹海省级森林公园的组成部分。800 米以上多杜鹃灌丛，并有面积约 3 平方千米的沼泽化草甸。峰峦叠嶂，终年绿草如茵。清代衢州籍诗人姜美琮作有《绿葱草堂诗抄》，并有《游绿葱湖》诗："闻说潜龙有边天，同济来访绿葱湖，山如壁立缘藤上，人似禽飞籍翼扶。万里遥看皆豁渺，片时少坐尽欢娱。名山夙慕游偏晚，今日方欣到此区。"明清板固巡检司曾于此设寨。有老鹰峰、龟石、石将军等景观。县乡公路通山麓。

乌石山(Wūshí Shān)　属千里岗山脉。在衢州市，为柯城区西南部与常山县界山。以岩石色黑得名。别称乌漆山。清顾祖禹《读史方舆纪要》卷九十三："乌石山，在(衢州)府西四十里。"明天启《衢州府志》卷一："乌石山，在湖山东，距县四十里。巨石周匝若城，上有石门可入，俗号'寨门'。相传，人避黄巢贼时所设。中有水田，岁未尝旱。"海拔 606 米。地质基础由志留系沉积碎屑岩构成。土壤以黄红泥土为主。植被以亚热带针叶林和竹林为主，并有针阔混交林。山多胜迹。有建于唐龙纪元年(889 年)的福应院遗址，旧有张浚、岳飞题名石等古迹。清嘉庆《西安县志》卷五："《旧志》：'宋岳飞题名于此。'"今山顶建有玉皇金顶，半山有乌石山庙、福慧寺等胜迹。京台(G3)高速公路过东侧，简易公路通至玉皇金顶。

黄冈山(Huánggāng Shān)　属千里岗山脉。在衢州市，为常山、开化二县界山。以山上土壤呈黄色得名。清光绪《常山县志》卷五："黄冈山，在县北三十里，与容车山相连。"别称黄岗山。海拔 716.8 米。地质基础由燕山晚期侵入的花岗岩构成，土壤以红壤为主。植被有亚热带针叶林、常绿阔叶落叶阔叶混交林，并多植油茶。北宋名臣赵鼎曾与范冲、魏矼同隐于此。后人建三贤堂以纪之。清穆彰阿《大清一统志·衢州府》："宋时，赵鼎、范冲、魏矼同隐于此。"光绪《常山县志》卷五："宋赵公鼎、范公冲，魏公矼同隐于此。后人为建三贤堂。岁久，圮。"东南坡有始建于唐大中十年(856 年)的万寿寺(俗称黄冈寺)。东南麓下有黄冈村。村道通至山麓。

府山(Fǔ Shān) 孤丘。属仙霞岭山脉。在衢州市柯城区东部府山街道。古分称峥嵘山(峥嵘岭)和龟峰山。峥嵘山。一说因山势峥嵘得名。唐孟郊《峥嵘岭》:"始见峥嵘状,仰止逾可嘉。"另说因西汉柴宏于此屯兵得名。明天启《衢州府志》卷一:"峥嵘山,龟峰西北,吴遣征虏将军郑平以千人守峥嵘镇,即此。"清顾祖禹《读史方舆纪要》卷九十三:"峥嵘山,(衢州)府治西北。三国吴遣征虏将军郑平以千人守峥嵘镇,即此。王象之曰:'昔柴宏者,屯兵于此。'后讹为峥嵘。其东南相连者,曰龟峰山,府治枕其麓。《宋史》:'方腊陷衢州,州守高至临于龟峰筑城。'是也。"龟峰山以形似龟得名。南宋祝穆《方舆胜览》卷七:"龟峰,其形如龟,昂首伸足。《毛樵记》:'守居跨龟峰之上,环境诸山,宜若可以周览而坐致。'孟郊、罗隐有诗。"后因山麓设有衢州府治而合称为今名。地质基础由白垩系流纹质晶屑熔结凝灰岩构成,土壤以棕黏土为主。植被以常绿阔叶林为主。宋代江山籍诗人毛友《从山阁诗》:"龟峰峰上直星魁,一阁峥嵘绝顶开。天势远从空处落,山围地傍掖间来。禅师杖外挥谈拂,童子棋中属此杯。惭愧君王怜老病,得将霜鬓寄衰颓。"清代衢州诗人吴启秀《九月六日步峥嵘岭》:"偶而登山径,穿林过小桥。秋花多野色,石磴远尘嚣。宾馆生藤蔓,官畦种菜苗。况逢重九近,红叶渐萧萧。"今辟为府山公园。北麓有孔氏南宗家庙、城隍庙、弥陀寺和衢州市博物馆。城市道路环山麓,步道通山顶。

鹿鸣山(Lùmíng Shān) 属千里岗山脉余脉。在衢州市柯城区白云街道。相传,旧常闻鹿鸣于山间,故名。清穆彰阿《大清一统志・衢州府》:"鹿鸣山在西安县西三里。"最高处海拔 88 米。地质基础由白垩系流纹质晶屑熔结凝灰岩构成。土壤以棕黏土为主。植被以常绿阔叶落叶阔叶混交林为主。旧有项王庙、东岳庙、鹿鸣寺、钟灵阁、登高亭、岑川泉等古迹和景观,明清为城郊游宴眺览之所。清嘉庆《西安县志》卷五:"城西一里为鹿鸣山。山有项王庙。冈峦秀涤,修竹苍松掩映禅刹,为郡人游宴眺览之所。山脊旧有登高亭。久圮。今僧妙玄重建。望城中雉堞烟火,如列几案。有泉清洌,人争汲取之。"今存明衢州太守瞿溥妾赵姬墓遗迹,俗称"梅花冢"。明代以来,文人雅士多于此吟咏。明代诗人徐应秋有《鹿鸣山宴集》诗,袁甫有《三衢效周雅作鹿鸣宴诗三章》:"鹿鸣鹿鸣,食苹与蒿。我有嘉宾,柯山之翘。岁逢丑矣,喜见斗杓。我有旨酒,嘉宾是邀。"清代诗人朱彝尊《鹿鸣山晚眺》二首:"一篑山平远,双林径暗通。不愁筋力倦,且喜笑言同。藉草荒冈上,疏泉碎石中。新晴尤可恋,移席愤王宫。""近郭兹山好,禅扉镇日扃。江光寒转白,峰色远逾青。亟种千松树,宜添一草亭。他时放归棹,歌鸟试重听。"清代诗人申甫有《登鹿鸣山》、汪致高有《鹿鸣山题项王庙》、龚士范有《鹿鸣山访赵姬墓》等诗篇。现建有鹿鸣公园,东麓有鹿鸣山新村。城市道路环山麓,步道通山顶。

白云山(Báiyún Shān) 属千里岗山脉余脉。在衢州市柯城区石梁镇南部。孤峰峭削,下瞰平畴,林木葱郁,白云缭绕,故名。别称佛住坪、塔石山和白云庄山。清康熙《西安县志》卷三:"城西十五里白云山,亦名'佛住坪'。"海拔 208 米。地质基础由侏罗系砂岩、粉砂岩构成。土壤以黄泥沙土为主。植被以亚热带针叶林为主,山麓多柑橘林。为柯城区名山之一,儒、释、道三教圣地,建有白云书院、白云禅寺、东岳殿、八角殿、龙头殿、明石碑坊等古迹。宋赵抃曾作《又白云庵偶题》:"红尘无迹到山家,留待诗人大笔夸。坐石与僧谈翠竹,开樽邀客醉榴花。鸥随钓叟孤舟远,牛载村童一笠斜。占尽神仙潇洒地,清风明月有谁遮。"东麓辟有垂钓园。抗日战争期间,浙江省立八中迁此。石梁镇人民政府驻西北麓。有公路环山麓。

营盘山(Yíngpán Shān) 属千里岗山脉。在衢州市柯城区石梁镇中部。相传因黄巢扎营屯兵于此得名。别称灭巢山。古称岩山，因四周岩石壁立得名。明天启《衢州府志》卷一："岩山，距(西安)县十里。四面峭壁，绝顶平旷略数十亩。中有石井，夏泉不竭。旧传黄巢余党阻兵其上，山下耕夫时得箭簇。"清顾祖禹《读史方舆纪要》卷九十三："岩山，(衢州)府西十里。四面壁立，绝顶平旷，可数十亩。中有石井，冬夏不竭。相传黄巢尝屯兵于此。"海拔392米。地质基础由志留系沉积碎屑岩构成，土壤以红壤、黄红壤为主，植被以亚热带针叶林为主。山麓多橘林。山上有将军殿和相传为黄巢起义军所建的古寨门。山巅平旷，有旱地、池塘、水井和农点，并有点将台、烽火台等遗迹。北麓有大岭背古道，为仙霞古道的起点。县道过北麓，步道至山顶。

九华山(Jiǔhuá Shān)　属千里岗山脉。在衢州市柯城区九华乡北部。古分称大猴岭、梧桐峰等。明天启《衢州府志》卷一："梧桐峰，(西安)县北七十里，与紫薇峰相望，号'南北高峰'，或谓'南北银峰'。盖南北银场，实二峰支麓故也。"清嘉庆《西安县志》卷五："小九华山，在县西三十五里。一名大猴岭。古有灵鹫庵，今建地藏殿。秋七八月间，远近进香者云集。"清程国玺《九华山记》："九华山去郡城四十里，即大猴岭。"后因相邻有青峒峰、凉爽峰、梧桐峰、百丹峰、蛟池峰、杨花峰、梓绶峰、天台峰、大猴峰九峰，建有九华寺而更今名。为区别于安徽九华山，别称小九华山。清《钦定古今图书集成·方舆汇编·职方典》卷一千十二："小九华山寺，在城北四十五里，康熙二十五年建。"海拔1 292米。地质基础由志留系沉积碎屑岩构成。土壤和植被垂直分带明显。土壤以山地黄泥土为主。植被以亚热带针叶林为主，并有常绿阔叶林、落叶阔叶林和针阔混交林等，局部竹林葱郁。古有灵鹫庵，今存有地藏殿、梧桐殿、三王殿等古迹和九华瀑布、玉玲珑、蛟池瀑布等名胜。清乾隆三十一年(1766年)，金衢严道台、观察使程国玺于此作《九华山记》，郑万年、周召等有诗。郑万年《九华山》："百盘高似七盘关，上下琳宫湾对湾。小雨潜来先竹响，断云飞过不遮山。厌看香市纷然哄，翻笑袈裟少得闲。灵鹫定知蟾宫近，桂珠如豆落尘寰。"清末英国传教士曾于此建避暑山庄。有步道及简易公路通山麓。

仙岩山(Xiānyán Shān)　属仙霞岭山脉。在衢州市衢江区樟潭街道南部。因山中有仙岩洞得名。俗称金仙岩。传说古为神仙穴居。明天启《衢州府志》卷一："仙岩，(西安)县东二十里。中空可坐数十人。"清顾祖禹《读史方舆纪要》卷九十三："(西安)县东二十余里有翠微山，高十余里，上有平田可数十亩，旁为仙岩，中空可坐数十人"海拔95.5米。地质基础由红砂岩构成。土壤以含砾石黏性土及碎石土为主。植被以亚热带针叶林、常绿阔叶林、针阔混交林为主。仙岩洞洞门宽大，上刻明太祖朱元璋御书"仙岩洞天"四字。明天启《衢州府志》卷一："太祖兵下江西，凯旋过此，御书'仙岩洞天'四字。"洞壁多宋元时代题刻。山麓有童家山水库。沪昆高速铁路、沪昆铁路和兰贺(S315)省道过山麓。

塘台山(Tángtái Shān)　属千里岗山脉。在衢州市，为衢江区莲花镇与峡川镇界山。因山顶有池塘得名。别称唐台山、塘山。又因山上有始建于五代后汉大乘寺，亦称大乘山。明天启《衢州府志》卷一："塘台山，(西安)县东三十里盈川乡。高可数里，上有后汉大乘寺。寺有池，深不可测，中有石，岩鱼绝大。"清顾祖禹《读史方舆纪要》卷九十三："塘山(衢州)府东三十里。高百仞，顶有塘，深不可测，亦曰'塘台山'。"清嘉庆《西安县志》卷五："一名'塘山'。"民国《衢县志》卷二："本名'塘山'，即大乘山……高百丈，顶有塘，深不可测。亦曰'塘台山'。塘亦省作唐。"海拔550米。地质基础由泥盆系石英砂岩构成。土壤以山地黄泥土为主。植被以亚热带针叶林和针阔混交林为主。北宋赵抃《题衢州唐台山》诗云："唐台压郡东北陲，势旋力转奔而驰。伟哉造物谁其尸，一山中起高峨巍。群峰环辅拱以立，背面肘腋相倚毗。怪石差差少媚色，长松落落无邪姿。岩限有路数百仞，直登不悔形神疲。中间轩豁浮图舍，栋宇彩错金璧辉。寒泉一亩清可鉴，优游鳣鲔扬鳞鬐。猿闲鸟暇两呼笑，老僧矍铄趋且嬉。天风烈烈骨毛竦，更云六月无炎曦。攀缘绝顶下四顾，溪山百里如掌窥。我思宜有隐君子，放心不与时安危。巢由之行已高世，白云卧此逃尧妫。”清代衢州籍诗人叶闻性《游大乘山》诗：“登临春已暮，十里杜鹃花。磴道盘云上，苍松倚石斜。村畴浑似锦，山气半成霞。独坐空亭里，翛然一望赊。千盘来绝顶，象外有花宫。地僻多栽竹，山高时吼风。僧居元气表，田在白云中。不觉尘心净，钟声澈远空。”今存清康熙二十年（1681 年）叶淑衍所作《重建大乘寺暨集庆庵碑记》残碑。有简易公路至大乘寺。

饭甑山（Fànzèng Shān）　属仙霞岭余脉。在衢州市衢江区全旺镇南部。古称鹅笼山、绣峰山。明天启《衢州府志》卷一：“鹅笼山，（西安）县东五十里，一名‘绣峰’。上有三坞一池，直州之丙位。徐嘉号绣峰，毛宪号丙峰，皆以此。”清顾祖禹《读史方舆纪要》卷九十三：“绣峰山，在（衢州）府东五十里。一名‘鹅笼山’。有三坞一池，称为奥区。”后因山顶有巨岩似饭甑而改今名。清嘉庆《西安县志》卷五：“俗又名‘饭甑山’。”民国《衢县志》卷二：“于众山之杪拔起一峰，石色正赤，四周圆净如削，故名‘绣峰’。《嘉庆县志》：‘俗又名饭甑山。’山形似甑，故名。”海拔 528 米。地质基础以流纹质晶屑熔结凝灰岩和侏罗系火山凝灰岩为主。地貌复杂，有丹霞、岩溶和火山岩等多种景观。土壤以红壤及粗骨土为主。植被以亚热带针叶林和针阔混交林为主。东北侧有和尚山（九仙岩）、尼姑山。清代诗人陈圣泽《饭甑山》诗：“一柱干云上，高高不可攀，孤根拔万壑，倒影蔽千山。”现辟为风景区，东北麓有红岩水库和九仙岩寺。东麓通公路。

乌巨山（Wūjù Shān）　属仙霞岭余脉。在衢州市衢江区大洲镇中部。名称来历不详。明天启《衢州府志》卷一：“（西安）县东三十五里。东西两山连亘，西山盘郁雄秀，高可六七里，竹树荟蔚。夏亡蚊暑，冬稍雨即雪。东山次之。”清顾祖禹《读史方舆纪要》卷九十三：“塘山……又东五里曰‘乌巨山’，有东西两山连亘。其西山尤雄秀，高可六七里。”又因峰顶尖锐，别称大尖山。海拔 990.2 米。地质基础由白垩系流纹质晶屑熔结凝灰岩构成。土壤以黄壤为主。植被以竹林、亚热带针叶林和针阔混交林为主。山上有西山乾明寺，为衢州市名刹。南宋祝穆《方舆胜览》卷七：“乌巨山，在西安东三十五里。竹木荟蔚，乃信安精蓝第一山。”北宋诗人赵抃《望南山》诗：“乌巨东西气候秋，子湖冈陇暮云浮。欲观古佛丛林地，只用凭栏一举头。”宋葛立方《游衢州乌巨山乾明寺》诗：“乌巨山前谈实谛，江郎岩畔逗真机。白虹示灭知何处，去采山桃又不归。”有公路至山麓，山道通西山乾明寺。

叠石山（Diéshí Shān）　属仙霞岭余脉。在衢州市衢江区湖南镇中部乌溪江岸。以山石叠如累棋得名。明天启《衢州府志》卷一：“叠石山，（西安）县南四十里。有岩穴名‘仙游洞’，可容十客。”清顾祖禹《读史方舆纪要》卷九十三：“叠石山，在（衢州）府南四十里，以层岩累叠而名。”《大明一统志》卷二：“其石层出若叠累状。中有岩穴，名‘仙游洞’。”清《钦定古今图书集成・方舆汇编・职方典》卷一千十二：“叠石山，在（衢州）城南四十里，有岩穴名‘仙游洞’，可容十许客。洞后有穴通山顶，山石叠如累棋，石顶皆砥平，光润错杂。”海拔 470 米。地质基础由白垩系流纹质晶屑熔结凝灰岩构成，土壤以红壤、黄红壤为主。植被以竹林、亚热带针叶林和针阔混交林为主。南宋衢州籍诗人徐霖《叠石山》：“叠石捎云起，真如塔一支。叱来形具白，鞭处血凝脂。虫蚀周宣鼓，苔封汉武碑。清灵难久闼，频产五光芝。”山麓有叠石村和上、下叠石村。廿项线县道过山麓乌溪江岸。

爵豆山(Juédòu Shān)　属仙霞岭山脉。在衢州市衢江区湖南镇南部项家村。因山形如爵似豆得名。又因山旧时多银坑洞，别称千洞山。海拔 287 米。地质基础以白垩系流纹质晶屑熔结凝灰岩为主。土壤以红壤为主。植被以常绿落叶混交林和灌木为主。旧有银、煤、铝等矿产。宋《元丰九域志》卷五所载的西安县南银场，即处此山。明天启《衢州府志》卷一："(西安)县七十五里。山出银矿。唐元和四年废，至钱氏复开，今无闻。"清嘉庆《西安县志》卷五："爵豆山，《嘉靖通志》：'在县南七十五里。'《一统志》：'山出银矿。'唐元和四年闭塞。五代钱氏时复开。仍闭。"民国《衢县志》卷二："其地有山险阑，一名三仙阑。本山前峦峦，长十里，绝称险峻，故有山险之名。濒周公源，河边尚有前朝银矿遗迹。"东侧有湖南镇水库和水电站。廿项线县道环山而过。

紫微山(Zǐwēi Shān)　属仙霞岭山脉。在衢州市衢江区黄坛口乡中部。古称紫薇山，别称迷茨山、水门尖。明天启《衢州府志》卷一："紫薇山，(西安)县东五十里，一名'迷茨'。中有悬崖，泉滴不休，旱则祷之。《东阳记》云：'峦峰际天，邈绝众岭，千岩万谷，状皆同侣。'"清顾祖禹《读史方舆纪要》卷九十三："又紫微山，在(衢州)府东南五十里，与鹅笼相接，一名'迷茨山'，峰峦际天，邈绝群岭。"又因山有龙门瀑布，别称水门尖。海拔 1 451.8 米，为衢江区最高峰。地质基础由侏罗系流纹斑岩构成。土壤、植被垂直分带明显。土壤以黄泥土、红黄泥土、粗骨土为主。植被以亚热带针叶林为主，并有常绿阔叶林、落叶阔叶林、针阔混交林，西南部有 267 公顷白豆杉灌木群落，多国家重点保护植被。建有紫微山国家森林公园。石呈线县道通至山麓下东案村。

大龙岗(Dàlóng Gǎng)　属仙霞岭山脉。在江山市南部，为廿八都镇与张村乡界山。因山势巍然，山脊如巨龙蜿蜒得名。海拔 1 500 米，为江山市最高峰，仙霞岭山脉主峰之一。地质基础由燕山晚期侵入的花岗岩构成。土壤、植被垂直分带明显。土壤以红壤、黄壤为主。植被有亚热带针叶林、常绿阔叶林、落叶阔叶林、针阔混交林，局部竹林茂密。800 米以上以灌丛为主。国家重点保护野生动植物资源丰富。附近有仙霞国家森林公园。东西麓通县乡公路。

大头山(Dàtóu Shān)　属怀玉山余脉。在江山市双塔街道莲塘村北侧。因山形似人头得名，谐音讹为塘头山。海拔 213 米。地质基础由寒武—奥陶系石灰岩构成。土壤以黄红壤为主。植被以亚热带针叶林为主。山体具有典型的寒武—奥陶系石灰岩剖面。1983 年浙江省人民政府于此设立《寒武—奥陶系界线剖面保护碑》："寒武—奥陶系界线剖面，禁止采石和破坏地质标志。"2011 年 8 月，国际地科联执委会将此确立为江山阶"金钉子"，为中国确立的第十枚"金钉子"。县乡公路环山麓。

西山(Xī Shān)　属怀玉山山脉余脉。在江山市虎山街道东部。因山处古江山城大西门外得名。海拔 275 米。地质基础由震旦系泥灰质砂岩构成。土壤以红壤为主。植被以常绿阔叶林为主，多香樟树，局部有针阔混交林。东麓有雪泉和须女泉。清顾祖禹《读史方舆纪要》卷九十三："西山，在(江山)县治西。峰峦秀拔，下有须泉，一名'梅花泉'。"宋代建江山奇观寺，明代建枕园于东麓。明天启《衢州府志》卷一："(江山)县西一里，林木荟蔚，与县治相映，带有泉曰'清泠'，邑人多择胜为亭榭。"清同治《江山县志》卷一："在县治西，邑人尝择胜为亭榭。宋县令黄汝嘉题曰'江山奇观'……《名胜志》云：'下有须泉，又名梅花泉。'宋徐复殷家于此。汪浩《志》：'须泉、梅花泉，泉源各异，《名胜志》误。'宋成绥注：'西山下系雪泉。旧有王朴枕园引雪泉于屋窦，景颇幽折，今因兵燹无存。'"现辟为西山森林公园，有西山亭、西山烈士墓等。东北麓有浙江省文物保护单位县前粮仓群。浙赣铁路旧从东麓穿越，现移至西麓，东西两麓均有城市道路。

鸡公山(Jīgōng Shān)　属怀玉山脉余脉。在江山市虎山街道东部。因山巅有岩似公鸡得名。俗称公鸡石尖。古称骑石山、步鳌山。北宋《太平御览》卷四十七:“《郡国志》曰:‘骑石山,如人骑马而无头。昔有神巫以印指马,马头即落,则此山也。’”北宋《太平寰宇记》卷九十七:“骑石山,山下有石,如人骑马。”清同治《江山县志》卷一:“与景星山相向,状若人骑石,故名。知县余一龙改名‘步鳌山’。又名‘骑石岭’。上有五雷坛。”明清曾发生山石崩落事件。清同治《江山县志》卷十二:“明崇祯十五年,步鳌山石崩,声如雷。”“清康熙四十七年四月初七日,雷震步鳌山,石笋折。”海拔261米。地质基础由震旦系泥灰质砂岩构成。土壤以红壤为主。植被以亚热带针叶林和针阔混交林为主。东麓有板栗、麻栎林。山麓有目连洞和梅泉,洞内存有多处明清题刻。传元代学者周丙吉于此设馆讲学,明改建为正学书院。此山与老虎山相对峙,为江山城天然地标。历代文人多有吟咏。北宋诗人蒋之奇《骑石山》诗:“突星如落星,骑石如骑马。风雪满征衣,匆匆过山下。”南宋江山知县黄汝嘉《登骑石山》:“一亭平倚此山巅,展尽郊原极目天。高下楼台微带雨,参差树木远含烟。品题物象诗联轴,管领江山酒满船。官冗不妨登览兴,尘襟到眩自悠然。”明代江山诗人琚一桂《登步鳌山》:“闲心久与白云期,结伴寻幽景自奇。山饷晴光天外至,花分新馥座中移。平畴禾色青如染,高树蝉声度如知。寂寞枯禅谁独醒,清樽共泛已离波。”清代姜亨肇《步鳌烹茶》:“登高凭远眺,入画一江城。塔峙千峰锁,烟饮万井横。苍松迟鹤影,落日冷泉声。兀坐烹新茗,清风两腋生。”清代诗人王嘉捷、宋俊分别作《登骑石山》和《登步鳌山》。浙赣铁路旧从东麓穿越,现移至西麓,东西两麓均有城市道路,南门隧道自山体南部穿越。

老虎山(Lǎohǔ Shān)　孤丘。属怀玉山脉余脉。在江山市虎山街道东部。古称突星山、景星山。景星,为古代三瑞星之一。《晋书·天文志·瑞星》:“景星,如半月,生于晦朔,助月为明。或曰,星大而中空。或曰,有三星,在赤方气,与青方气相连,黄星在赤方气中,亦名‘德星’。”南宋祝穆《方舆胜览》卷七:“景星山,在江山县南五里,县治面之。本名‘突星’,蒋之奇诗:‘突星如落星,后塔其上,邑人始多登第。’”明天启《衢州府志》卷一:“(江山)县南五里。高四十五丈,同回五里。本名‘突星’,绍兴中,令杨雯易今名。”清顾祖禹《读史方舆纪要》卷九十三:“(江山)县南五里又有景星山,与骑石相对,本名‘突星山’。宋绍兴间,改今名。”清同治《江山县志》卷一:“《文思博要》云:‘山有三石峰,后汉方士赵炳过山下,以鞭指之,西峰随坠,其石犹存。’明知县易仿之凿‘中天一壁’于石巅。山系县治文星。邑者屡禁居民采石,以防火患。”后因巅有岩石形似老虎而更今。又因山下昔有东岳庙,别称东岳山。海拔278米,地质基础由白垩系砂岩、泥岩构成。土壤以油红泥土为主。植被以针阔混交林为主,多松、樟、桂等。山上有烟萝洞、宾旸洞等石灰岩溶洞。烟萝洞岩壁有北宋赵抃题刻。山巅有明代景星塔,西南麓有东岳庙、黄鹤仙殿。此山与鸡公山相对峙,为江山城天然地标。南宋诗人杨万里《过景星山山顶一石孤立又名突星山》诗:“山头孤立玉伶俜,天上何年坠景星。四面万峰非不峻,如何只是一峰青。”南宋理学家刘子翚《江山突星石士将易为独醒次韵》:“群石翠参错,兹峰峙云林。突星名固夸,流传经古今。幽姿俨向背,异态生晴阴。怒若抽翠笋,端如立瑶簪。”明末清初诗人许节、清代诗人宋俊分别作有《九日登景星山》和《登景星山》。清江山知县德豫曾于山上立禁碑。城市道路环山麓。

江郎山(Jiānglánɡ Shān)　属仙霞岭山脉。在江山市石门镇南部。以传有江氏兄弟神化于此得名。北宋《太平御览》卷四十七:“江郎山有三峰,峰上各有一巨石,高数十丈,岁渐长。昔有江家在山下居,兄弟三人神化于此,故有三石峰在焉。”北宋《太平寰宇记》卷九十七:“山上有五色石,日照炫曜。又《郡国志》云：'山上有三峰，峰上各有一巨石，高数十丈，岁渐长。昔有江家在山下居，兄弟三人神化于此，故有三石峰在焉。又有湛满者，亦居山下，其子仕洛，永嘉之乱，不得归。满乃使祝宗言于三石之灵，能致其子，靡爱斯牲。旬日中，湛子出洛水边，见三少年，使闭目入车栏中，但闻去如疾风。俄顷间，从空坠，怳然不知所以，良久乃觉是家园中也。'"明天启《衢州府志》卷一："（江山）县南五十里。按，《文思博要》：'山有锦文三石峰，有江姓三昆弟登其巅化为石，因名。'"南宋祝穆《方舆胜览》卷七："江郎山，在江山。周云叟诗：'巨灵一夜擘山开，三石推从天外来。仙客斫开修月路，化工筑作挽河台。'"别称江山、金纯山、玉郎山、须郎山。俗称三爿石。《隋书》卷三十一："信安有江山。"清顾祖禹《读史方舆纪要》卷九十三："江郎山……一名'金纯山'，一名'须郎山'。有石峰耸秀，俗呼江郎三爿石。山顶有池，人迹罕至。"清同治《江山县志》卷一："江郎山，山在江山县南五十里。高六百寻。一名'金纯山'，又名'须郎山'。《方舆胜略》：'又名玉郎山。'《东阳记》云：'金纯山有三峰，悉数百尺，色丹夺目，不可仰视。'杜佑《通典》云：'须郎发地如笋，有三峰。'"海拔 824 米。地质基础由白垩系紫砂岩构成。土壤以红壤、黄壤为主。植被以亚热带针叶林、针阔混交林和竹林为主。有典型的丹霞地貌，山势雄奇，三爿巨石峰俨如天柱巍峨矗立。有一线天、树抄飞泉、洞岩钟鼓、一磴盘空、烟霞楼台、古寺春云、山村暮雪、树梢挂月"江郎八景"。同治《江山县志》卷一："山有池，产碧莲、金鲫。山半有岩危空悬，中可结庐，下有虎跑泉，清甘不涸。山有三峰皆耸秀，俗呼江郎三片石。顶有池，人迹罕至。"自晋以来，历为游览胜地，有"雄奇冠天下，秀丽甲东南"之誉。历代文人多有吟咏。其中，唐代诗人白居易《江郎山》诗："林虑双童长不食，江郎三子梦还家。安得此身生羽翼，与君来往共烟霞。"南宋词人辛弃疾《江郎山和韵》："三峰一一青如削，卓立千寻不可干。正直相扶无倚傍，撑持天地与人看。"南宋诗人杨万里《江郎峰三石山在江山县南三十五里礼贤镇，望之极正，里人又呼为郎峰》："走遍名山脚不停，见渠令我眼偏明。郎峰好处端何似，笋剥三竿紫水精。"陆游也作有《过灵石三峰》："奇峰迎马骇衰翁，蜀岭吴山一洗空。拔地青苍五千仞，劳渠蟠屈小诗中。"五代唐长兴二年（931 年），吴越国以此山为名，改须江县为江山县。明李贤《大明一统志》卷四十三："以其地有江郎山，故名。"《郡县释名·浙江下》："五代时吴越改今名，以邑有江郎山也。"现辟为国家级风景名胜区，并列入世界自然遗产名录。产"江山第一品"茶及药材等。京台（G3）高速公路过西麓，景区公路至半山，步道通山顶。

太阳山（Tàiyáng Shān）　属仙霞岭余脉。在江山市张村乡东部。原名泰阳山。以山上建有岱岳祠得名。清同治《江山县志》卷一："泰阳山，县东南，去张村十里许。特出群峰之上，有泉石之胜。里人建岱岳祠，极壮伟。"后谐音为今名。别称云梯岭、天梯岭，以岭路盘旋陡绝得名。海拔 1 345 米。地质基础以白垩系流纹质晶屑熔结凝灰岩为主。土壤、植被垂直分布带明显。土壤以红壤、黄红壤为主。植被有亚热带针叶林、常绿阔叶林、落叶阔叶林、针阔混交林和灌丛等，局部竹林茂密，并建有江山市林垦场。山上有建于明代的岱岳祠等古迹。县乡公路至山麓，山道通山顶。

八面山（Bāmiàn Shān）　属千里岗山脉。在衢州市常山县东北部，为芳村镇和新昌乡界山。古名轩山，因山体高大宽广得名。后因山体呈八面棱锥形而更今名。光绪《常山县志》卷五："轩山在县东五十里。高耸千仞，其色如墨，周围三十余里。巅有石井，泉水四时不竭。别称'八面山'。"海拔 1 014.2 米。地质基础由志留系沉积碎屑岩构成。土壤和植被垂直分带明显。土壤以山地黄泥沙土为主。植被以针阔混交林、常绿阔叶落叶阔叶混交林为主。近山顶多杜鹃灌丛，西坡台地有茶园。西北部有钨、锌矿。山体陡峻多悬崖，雨季多飞瀑。现辟为风景区。东麓有芙蓉峡，北麓有芙蓉水库。县乡公路环山。

白马山(Báimǎ Shān)　在衢州市常山县东部，东案乡南缘，为东案乡与招贤镇界山。以山形如白马得名。海拔 421 米。地质基础以燕山晚期侵入的花岗岩为主，土壤以红壤为主。植被以亚热带针叶林和针阔混交林为主，山麓有油茶林。奇石林立，山顶有石如盘。清穆彰阿《大清一统志・衢州府》："上有石，如掌擎一盘。"清光绪《常山县志》卷五："白马山，在县东四十里。上有立石如仙掌擎盘，水流不息。"京台(G3)高速公路自山中穿越，建有白马山隧道。

展衣山(Zhǎnyī Shān)　属怀玉山脉余脉。在衢州市常山县中部天马街道。古称屏山。明天启《衢州府志》卷一："屏山，县左。壁立如屏。"清光绪《常山县志》卷五："屏山，在县署左，其形如屏旁列。"后因形似展衣而改今名。又因故县署建于山前，俗称县后山。海拔 262.2 米。地质基础由寒武系石灰岩构成。土壤以黄泥土、黄红泥土为主。植被以亚热带针叶林为主。明代诗人孙宏轼《屏山》诗云："雨霁上层峦，风光画里看。双流青镜合，一抹紫烟攒。野涧花光艳，天空鹭影乾。四周苍翠霭，对此已忘餐。"建有常山县林场。山顶有通信卫星地面接收站。1990 年辟为展衣山公园。有八角翘檐凉亭和游览步道。城镇道路三面环山麓。

天马山(Tiānmǎ Shān)　属怀玉山脉余脉。在衢州市常山县中部天马街道。清光绪《常山县志》卷五："天马山，在县东南一里。其形如渴马饮泉，城环其颈，若缰绳然。"海拔 270 米。地质基础由燕山晚期侵入的花岗岩构成。土壤以黄红壤为主。植被以亚热带针叶林、常绿阔叶落叶阔叶混交林和杜鹃灌丛为主。建有常山县林场。东濒南门溪，东北与塔山相对，西麓建有别墅区，西南与石崆山相连。北麓有"白龙双洞"，为古代常山名胜。城镇道路三面环山麓。

塔山(Tǎ Shān)　孤丘。属怀玉山脉余脉。在衢州市常山县中部天马街道。古称文笔峰。俗称塔山。以宋代于山巅建文峰塔得名。明天启《衢州府志》卷一："文笔峰，县治左六十五步。令苏玭建塔其上，又名'塔山'。"海拔 109.3 米。地质基础由燕山晚期侵入的花岗岩构成。土壤以红壤为主。植被以常绿阔叶林为主。山上有文峰塔、集真观、半闲亭、魁星阁、元关门等古迹，魁星阁前有坛，为旧时祷雨处。清光绪《常山县志》卷五："文笔峰，在县治东南百余步。宋县令苏玭建浮图于其上，又名'塔山'。上有集真观、半闲亭、奎星阁。阁前有坛，为祷雨处。"元代诗人鲁贞《题塔山》诗："天低云有影，日午塔无阴。极目三秋望，登高万里心。"明代诗人汪应轸《塔山》："山风满袖江上来，江山如画白云开。帆樯回荡随飞鸟，楼馆峥嵘接上台。弄月清箫回紫凤，栖霞古洞没苍苔。等闲误认桃源路，何处秦人尚未回。"曾为常山县第一中学校园，2003 年辟为塔山公园。南麓建有文峰广场。城镇道路环山麓。

石崆山(Shíkōng Shān)　属怀玉山脉余脉。在衢州市常山县中部天马街道。以山石内空得名。清嘉庆《常山县志》卷一："石崆山：在县西南二里。山多怪石，倚伏参差，巅有石洞二，其一通白龙洞，其一不可入，投以石，声响甚远，或谓山石皆空，故名。"别称石硿山。清袁枚《续子不语》卷八："浙江衢州常山县有山名石硿山，山麓有寺，曰石硿寺，山下溪水汇注，民田皆枕山开陌。"海拔 281 米。地质基础由燕山晚期侵入的花岗岩构成。土壤以黄红壤为主。植被以油茶、松柏等针阔混交林为主，并有百年古樟群。东麓有常山县文物保护单位石崆寺。南坡有观音洞，传为理学家朱熹讲学处。旧有华严寺、赤雨楼、漱石亭、闲庄亭、拱绿亭和沐鹿泉等名胜，现部分修复。清光绪《常山县志》卷五："山下有华严寺、赤雨楼、漱石亭、问庄亭、拱绿亭、沐鹿泉诸胜。"清代诗人陈圣泽《石硿寺》诗："旧说硿山寺，清幽与世偏。蹑云从此日，入梦已多年。石露山容瘦，林深鸟语圆。欲寻支许意，来借竹房眠。”清代诗人汤贻汾作有《重游石崆山留题时量移杭州》《偕同官至石崆华岩寺》《同内子石崆山看牡丹》《独坐石崆》《偕垂石郭外观荷归憩石崆》等诗。清代文学家杭世骏作有《游定阳石崆寺周觉沐鹿泉、问庄亭、赤雨楼诸胜，即赠住持僧心成并寄白岳友人许铖》诗，清代遂安人方顾于此作《三石丈传》。清代钱塘诗人许钺作《拱绿亭》：“绿暗连天碧，亭临空翠间。云流千竹逸，风静万松闲。春爱溪边水，秋怜寺外山。清襟时对此，忘却鬓毛斑。”《赤雨楼》：“秋杪凭栏望，霜林古寺间。一行征雁急，数点白鸥闲。偶读登楼赋，时看落帽山。支公共茶话，香齗鹧鸪斑。”城镇道路通山麓。

虎山(Hǔ Shān) 属怀玉山脉余脉。在衢州市常山县中部天马街道。以山形似虎得名。古称东明山。传说明月东升时，此山独明。海拔 149 米。地质基础由燕山晚期侵入的花岗岩构成，土壤以红壤为主。植被以针阔混交林为主。北麓昔有慕仙亭，据传为浮空羽化处。另有仙床、仙泉诸胜。清光绪《常山县志》卷五：“东明山，在县东南一里。为浮空羽化处，上有慕仙亭，旁有仙床、仙泉诸胜。”四周高中间低，中建虎山弄水库，别称为东明湖。山顶建有革命烈士纪念碑。1934 年 9 月上旬，中国工农红军北上抗日先遣队(红十军团)500 余人，由江山大陈越木棉岭入境，经虎山进入常山县城。现辟为东明湖公园，并重建慕仙亭。城镇道路环山麓。

三衢山(Sānqú Shān) 属千里岗山脉。在衢州市常山县辉埠镇北部。北宋《太平寰宇记》卷九十七：“《东阳记》云：‘山上有石，周回三百步。’”南宋祝穆《方舆胜览》卷七：“《图经》：‘昔有洪水暴出，派兹山为三道，因名。’”海拔 368 米。地质基础由奥陶系石灰岩构成。土壤以黄红壤为主。植被以亚热带针叶林、针阔混交林和乌饭树灌丛为主，并多植油茶林。岩溶地貌发育，多石林、峰丛和溶洞，以石林为著。明李贤《大明一统志》卷四十三：“三衢山，在常山县北二十五里……峭峰奇石，玲珑绀碧，夭矫槎牙，不可名状。上有岩洞曰‘碧玉’，中有石室，旁通二门，榜曰‘玉龙’。”西坡赵公岩洞，传为北宋名臣赵抃避难读书处。今建有三衢石林浙江省风景名胜区和三衢国家森林公园。唐代以此山为名置衢州。衢州以此别称三衢。明天启《衢州府志》卷一：“州名以此。”南宋诗人曾几《三衢道中》诗：“梅子黄时日日晴，小溪泛尽却山行。绿阴不减来时路，添得黄鹂四五声。”南宋名臣赵鼎《趋三衢别故人时车驾幸杭州》：“伧父何由习楚风？家山俱在古河东。相逢憔悴干戈后，追数悲欢梦寐中。摻袂又成千里别，放歌空念一尊同。他年倘有加餐字，试问渔舟鹤发翁。”明代诗人樊阜《三衢山》：“析坎灵蛟鬐怒撑，层峦迸裂魑魅惊。封姨迅扫阴霾净，三瓣芙蓉金翠明。山人睡起双瞳碧，镂刻琉璃不堪易。一帘香雾滴松林，拄杖微吟延月夕。”清代诗人吴士晋《清献书岩》：“先生化鹤不归来，遗迹荒芜处处哀。故宅尚闻依水曲，书岩今喜傍山隈。三冬文史余丘垄，半世勋名没草莱。留得清风起后学，瀫江还有告天台。”清代常山知县李瑞钟作有《过三衢山望容车山怪石歌》，并作《石林漫步》：“曲径攀崖兴，风光眉睫明。野花名不识，怪石趣空灵。岩壑浮云出，丛林幽鸟嘤。层峰安太古，步履自轻清。”县乡公路通山麓。

圭山(Guī Shān) 属千里岗山脉。在衢州市常山县辉埠镇中部。传因山形如古代天文仪器圭表得名。俗作灰山，“灰”为“圭”之讹。海拔 374 米。地质基础由震旦系石灰岩构成。土壤多以红壤为主。植被以油茶等常绿阔叶林、乌饭树灌丛为主。山麓旧多石灰窑，后改为建材厂，今已停产。西南侧有灰山底自然村。公路环山麓。

石门山(Shímén Shān) 属怀玉山脉。在衢州市常山县何家乡西北部。以山上有石如门得名。明天启《衢州府志》卷一：“石门山，(常山)县北二十五里，石径仅容一人，下临大溪，其巅有窍，每旦有云出其中，东驰则雨，西则晴，验之颇应。”清穆彰阿《大清一统志·衢州府》：“下临金川，石径如门，仅容一人。山巅有窍，每旦出云东驰则雨、西驰则晴，验之多应。”海拔 439 米。地质基础由燕山晚期侵入的花岗岩构成。土壤以红壤为主。植被茂密，有常绿阔叶林、针阔混交林和竹林等，多油茶林和杜鹃灌丛，为常山县林场的组成部分。南宋“常山四贤”之一的赵鼎葬于东麓。“石门佳气”为旧时常山十大名胜之一。明常山知县李溥作有《定阳八景·石门佳气》诗：“石门凿凿依山巅，佳气腾腾欲上天。缥缈有时迷翠霭，氤氲几度杂苍烟。每占晴雨时多验，晚罩园林景最妍。远望宛然图画里，令人清兴一飘然。”清代常山县令李瑞钟作有《石门佳气歌》。北麓、西北麓有石门和石门坑村。山深(G205)国道过东麓。

王母尖(Wángmǔ Jiān)　属千里岗山脉。在衢州市开化县，为林山乡与华埠镇、金田乡界山。古称王母山。以山上旧有王母庙得名。又因峰顶尖锐如笠帽，别称笠帽尖。海拔 849.9 米。地质基础由白垩系流纹质晶屑熔结凝灰岩构成，土壤以红壤、黄壤为主。植被以亚热带针叶林、针阔混交林和竹林为主，台地和缓丘多茶园。半山有灵湫瀑布和水潭。明天启《衢州府志》卷一：“王母山　(开化)县东五里。山高而锐，中有灵湫，俗谓之天井。”清顾祖禹《读史方舆纪要》卷九十三：“(蟠桃山)其南曰‘王母山’，在县东五里，山高而锐，中有灵湫。”近峰顶有古亭和大禹治水碑。相邻又有蟠桃山，天启《衢州府志》卷一：“蟠桃山，(开化)县东五里，崖壁峻立，上平广，山径萦纡，处处种桃花，望之如蒸霞状。”东西两麓通县乡公路。

南华山(Nánhuà Shān)　属白际山脉。在衢州市开化县西南部，为杨林镇与桐村镇界山。古称少华山。华，古通“花”，因层峦叠嶂，山形似花得名。后以地处安徽九华山之南而改今名。主峰海拔 1 166.2 米。地质基础由震旦系花岗岩构成。土壤和植被有垂直分带。土壤有红壤、黄壤等，以黄壤土为主。植被有常绿阔叶林、落叶阔叶林、针阔混交林、亚热带针叶林和竹林等，近山巅多为灌丛。山势巍峨，山坡陡峭，沟壑纵横，林木茂盛。历为道教名山。传宋代有道士于此修道。明宣德年间(1426—1435 年)，于山上建道观。清乾隆徐崇启《重兴南华山庙记》：“邑之二十五都，有山曰‘南华’，层峦叠嶂，上出重霄。与芹岭遥对，山之巅别开洞天，后枕玉屏，前列炉峰。左抱右拱，如狮如象。山上出泉，一规清澈，九曲纡盘，中有坪建庙宇焉。”清代开化诗人李安澜曾作《华岳钟灵》诗云：“岧峣华岳俯村庄，天外三峰镇一方。秀毓英才能拔谷，钟灵胜地永留芳。翠屏彩霞常为护，丹嶂仙踪隐此乡。吐出祥云徵瑞气，崧高恒对读书堂。”1935 年 1 月中旬，方志敏率中国工农红军北上抗日先遣队(红十军团)冒雪经此进入开化县境，并作《咏竹》诗：“雪压竹低头，低下欲沾泥。一轮红日起，依旧与天齐。”北麓的杨林镇霞光村为南宋绍兴甲戌科(1154 年)进士程如故里，诗人杨万里曾至访程，并作《题程如自娱堂》：“万夫掉臂权门热，一室潜心古道寒……雁鹜争前问钱谷，了然泾渭不相干。”华白线(S17)省道过北麓。

蟠桃山(Pántáo Shān)　属千里岗山脉。在衢州市开化县华埠镇北部。以山径多桃花得名。清穆彰阿《大清一统志·衢州府》：“蟠桃山……岩壁峻立，其上平广数里。山径萦纡，处处种桃，花时望之如蒸霞然。”海拔 487 米。地质基础由震旦系灰岩、白云岩构成。土壤以红壤、黄红壤为主。植被以亚热带针叶林和针阔混交林为主。历为开化县游览胜地，有南岭春耕、密坑仙洞、蟠桃流水、长潭凝烟、高岭插云、石牙奇峰、庙下蟠桃、岗头晚照八景。元代衢州知府蔚彦明《题蟠桃山》诗：“朝来烟雾深，亭午始见天。远近桃杏村，高下山坡田。飞湍激雷雨，老树藏云烟。相逢荷锄翁，疑是武陵仙。”明代开化籍诗人方祝寿《蟠桃山》诗云：“闻说山中气自清，数声鸡犬引于徵。昔栽桃杏千株烂，今写云岚一片英。丹水灌田园圃趣，苍烟迷岫巻阳深。兹游淡宕欢谁过，欲往西昆第一程。”南麓有蟠桃山村，产生姜，名曰“蟠姜”。京台(G3)高速公路自东侧石崖坞隧道穿越。

钟山(Zhōng Shān)　属白际山脉。在衢州市开化县华埠镇北部。因山形似钟得名。又因山形如覆釜，别称覆釜山。明天启《衢州府志》卷一：“钟山　一名‘覆釜山’，在(开化)县北二里，周回八里，迤逦隆厚，县之主山。”清顾祖禹《读史方舆纪要》卷九十三：“钟山(开化)县治北二里。金溪经其下，一名‘覆釜山’，县之主山也。”海拔 434 米。地质基础由寒武系泥岩构成。土壤以红壤、黄红壤为主。植被以亚热带针叶林和竹林为主，为开化林场的组成部分。北麓多奇石。清乾隆《开化县志》卷二：“周八里，上多白石英，北麓有龙潭，中产青石，明润坚洁，可刻碑文。但系邑镇，似宜禁止。”历为开化县佛教、道教圣地，南宋初建铁佛寺和颐真宫，明代建菩提庵，清代康熙年间(1662—1722 年)建钟峰书院，今存铁佛寺。明末清初戏曲家李渔曾寓居颐真宫，作《寓颐真宫》二首。东麓濒马金溪，山顶为开化县观云海胜地之一。南麓有城镇道路。

金钱山(Jīnqián Shān)　属千里岗山脉。在衢州市开化县华埠镇北部。明天启《衢州府志》卷一：“金钱山，(开化)县东百步，世传金钱二道人炼丹于此。”清穆彰阿《大清一统志・衢州府》：“金钱山在开化县治东百步。世传有金、钱二仙于此炼丹，故名。”又因山处开化县城前，与县城隔马金溪相望，别称前山。海拔 340.5 米。地质基础以白垩系流纹质晶屑熔结凝灰岩为主，土壤以黄泥土为主。植被以亚热带针叶林为主，为开化林场的组成部分。宋代南山书院山长江天然寓居于此，并于北麓建月波亭。南宋淳熙年间(1174—1189 年)，朱熹造访江氏，作《晚饮月波台》诗：“潺潺流水注回塘，中作平台受晚凉。四面不通车马迹，一樽聊引芰荷香。韩公无复吟花岛，楚客何妨赋药房。少待须臾更清澈，月华零落洗匡床。”明万历十六年(1588 年)，于南麓溪畔建永安塔，后圮于清代。元代衢州知府蔚彦明《金钱山》诗：“亭亭金钱山，地僻境愈静，不见炼丹人，空遗石坛井。风劲鹤唳清，露重丹光冷。长啸振枯木，天风吹鬓影。”西濒马金溪，京台(G3)高速公路过东麓，其余三面环城镇道路。

花山(Huā Shān)　属白际山脉。在衢州市开化县华埠镇北部。古分称卧佛山、酒务山。卧佛山，以山形似卧佛得名。明天启《衢州府志》卷一：“卧佛山，距县四百步，山形似卧佛状。昔有二僧，名役鬼禅师、卧蛇大德结茅于此，即今灵山寺。”又因此山为开化古县治西侧之屏障，别称‘玉屏山’。清乾隆《开化县志》卷二：“卧佛山，县西四十步。上有翼然亭。宋皇祐间，建寺山麓。一名‘玉屏’，为‘八景’之一。”酒务山，以山麓旧设有负责榷酒事务机构得名。天启《衢州府志》卷一：“酒务山。(开化)县后。其脉来自钟山，坦夷盘秀。县治镇之。今名‘花山’。”后因林木葱郁，山花烂漫而合称为花山。清乾隆《开化县志》卷二：“花山，在县后。坦夷盘秀。县治奠之。旧名‘酒务山’。”海拔 266.8 米。地质基础由震旦系和寒武系白云岩、泥岩、页岩构成，土壤以黄红壤为主。地形破碎，多沟壑。植被以亚热带针叶林为主，为开化林场的组成部分。历为开化县城的游览休闲胜地。旧有建于唐代的高山阁、建于南宋的灵山寺、建于明清的王公亭和锡赉庵等古迹。东麓五马岩下有云隐洞。传南麓相坞为唐朝同中书门下平章事魏谟隐居和归葬地。1946 年辟为中山公园，1958 年改为花山公园，1985 年拓建后称玉屏公园。城镇道路环山麓。

凤凰山(Fènghuáng Shān)　属千里岗山脉。在衢州市开化县华埠镇北部。以山形如凤得名。清穆彰阿《大清一统志・衢州府》：“凤凰山在开化县南一里。如凤展翅。旧有置麻车其下而去者，故西南一带一名‘麻车山’。”元泰定年间(1324—1328 年)进士方森曾建塔于凤凰山嘴，北部山嘴因此别称文塔山、文笔峰。清乾隆《开化县志》卷二："文塔山，在县南一里。亦名'文笔峰'，即凤凰山嘴。'文塔凌霄'为'八景'之一。"海拔387.2米。地质基础由白垩系流纹质晶屑熔结凝灰岩构成，土壤以红壤、黄壤为主。植被以马尾松林等亚热带针叶林为主，缓坡多茶园，局部有竹林，为开化林场的组成部分。"文塔凌霄"为旧时县城八景之一。元代诗人鲁贞《文塔凌霄》诗："天低云有影，日午塔无阴。极目三秋望，登高万里心。"山麓有宋代赵氏宗王郡马徐庭学墓。西麓濒马金溪，西、北二面环城镇道路，东麓通县乡公路。

包山(Bāo Shān)　孤丘。属白际山脉余脉。在衢州市开化县西北部马金镇。以山东南麓旧有包山书院得名。海拔379米。地质基础由震旦系石灰岩构成。土壤以红壤为主。植被以亚热带针叶林为主。东南麓有包山书院和包山塔等遗迹。南宋淳熙元年(1174年)汪国观致仕回故里，于故居之左建"逍遥堂"义塾，翼之以听雨轩。淳熙三年三月，理学家朱熹应邀于此讲学，吕祖谦、张拭、陆九渊等也至此聚会、讲学。元元统元年(1333年)，书院迁建于包山东南麓(现马金中学内)。至正十六年(1356年)，汪国观之孙汪继荣复请于朝，赐"包山书院"额。乾隆《开化县志》卷三："包山书院，在县北三十五里，地名马金。宋淳熙间，汪观国，字廷光，致仕而归，乃于居左建逍遥堂，翼以轩，匾曰'听雨'。日与弟杞论道游燕，复遣子浤游吕东莱之门。时，晦庵先生自建安过东莱讲学，见其颖悟，甚加称奖。后二先生暨南轩、象山等各赋诗以美之。庆元间，浤擢武举进士，历官武翼大夫。年老乞归，乃立书院于包山之阳，以祠朱吕二先生。后孙继荣请于朝，赐额'包山书院'。"清嘉庆十九年(1814年)又建崇化书院于南麓。南宋诗人张道洽《包山书院》诗云："衔命龙荒万里余，归寻水竹与同居。早从洙泗传心学，晚辟包山教子书。细草幽花香笔砚，清风明月满庭除。一生宇宙皆春意，此乐颜鲁亦自如。"朱熹《汪端彦听雨轩》诗："诗问池堂春草梦，何如风雨对床诗。三薰三沐事斯语，难弟难兄此一时。为母静弹琴几曲，遣杯同举酒千卮。苏公感寓多游宦，岂不临风尚尔思。"清初开化籍进士张宗元曾撰《包山书院记》。马金溪与何田溪环东麓与南麓，山深(G205)国道过西麓，京台(G3)高速公路邻西南麓，并设马金互通口至西南麓。

天童山(Tiāntóng Shān)　属千里岗山脉。在衢州市开化县马金镇东南部。古称天童八仙山。明天启《衢州府志》卷一："天童八仙山，(开化)县北四十里，周围五里。唐乾符间，有仙人酆去奢于山中修炼，感天童八仙降。后得飞升，丹井犹在。"清穆彰阿《大清一统志·衢州府》："天童八仙山……周五里。相传唐时有酆去奢修炼于此，丹井犹存。"海拔451米。地质基础由震旦系石灰岩构成。土壤以红壤为主。植被以亚热带针叶林为主。北宋道士王复初曾修炼于此，并建玉霄宫。西坡有天童山寺，存天童山二仙祠碑记等古迹。明开化籍诗人吾谨《天童山》诗："秋山万点纡嶙峋，空青冻合浮乾坤。登高送此千里目，落霞远水明孤村。鹘没苍冥杳无际，日月东西相吐吞。烟梦郁翠闷虚窟，俯视下土空尘氛。"开化籍诗人徐銮《天童山》诗云："春风乘兴到仙坛，羽客相迎出远关。磴道险临苍树杪，楼台高起彩云间。天童灵迹今犹在，海岛仙人去不还。我欲借骑松下鹤，凌云飞佩上三山。"东南麓建有石灰石矿和天童水泥厂。淳开公路过西麓。

古田山(Gǔtián Shān)　属白际山脉。在衢州市开化县苏庄镇北部。以山顶旧有田地得名。明天启《衢州府志》卷一："(开化)县西百里外云台乡。高十五里。山中虎不啮，蛇不螫。旧有田可百亩，田畔有泉，泉出雨窦，潴其下为池，深博尺，未尝干溢，是为龙湫。"清顾祖禹《读史方舆纪要》卷九十三："古田山，在县西百里，与石耳相峙，高十五里，中有田百亩，田畔亦有龙湫。"清光绪《浙江通志》卷十八："《名胜志》：在(开化)县西百里外。高十五里，中有田可百亩，田畔有龙湫，侵晨有云一缕浮空而出，所向辄雨。”海拔 1 257.4 米。地质基础由震旦系和寒武系白云岩，泥岩、花岗岩构成。土壤以红壤、黄壤为主。植被有常绿阔叶林、落叶阔叶林、针阔混交林等。800 米以上多为灌丛。有香果树、野含笑、紫茎、栓翅爬山虎、福建石楠、婺源安息香等珍稀植物，并有唐柏、元杉和吴越古樟等古树名木。有豹、云豹、黑麂、白颈长尾雉、白鹇、黑熊、小灵猫、黑麂等国家重点保护动物，为浙江省最大的白鹇、黑熊等动物栖息地。2001 年辟为古田山国家级自然保护区。怪石嶙峋，悬崖遍布，并有大小瀑布十余处。1935 年方志敏率中国工农红军北上抗日先遣队（红十军团）于此开展活动。有朱元璋点将台，方志敏红军洞等名胜，山顶有古田庙。县乡公路通山麓。

铜钵山(Tóngbō Shān)　属仙霞岭山脉。在衢州市龙游县南部，为罗家乡与大街乡、社阳乡界山。以山形状似铜钵得名。民国《龙游县志》卷二：“铜钵山，去治南六十五里。有石如剑，酷肖锋锷，俗呼‘黄巢剑’。山杪有漱玉泉，西南流为桐溪，东北流为桃源，均注于灏溪。”海拔 1 099 米。地质基础由燕山晚期侵入的花岗岩构成。土壤和植被垂直分带明显。土壤以山地黄泥砂土为主。800 米以下植被以亚热带针叶林、针阔混交林和竹林为主，并有千亩杜鹃花及藤梨、山楂、毛栗等野果。800 米以上以灌丛为主。山上有两处寺庙遗址，石砌护墙尚存。明天启《衢州府志》卷十五：“龙华禅院，(在)铜钵山。”衢江支流罗家溪源此。南麓有大街乡铜坑表村。县乡公路通山麓。

岑山(Cén Shān)　属仙霞岭山脉。在衢州市龙游县中部，为龙洲街道与詹家镇界山。以旧有岑山寺得名。《新唐书》卷四十一：衢州龙丘县“有岑山”。明天启《衢州府志》卷十五：“岑山寺，(在龙游县)亲仁乡，梁天监三年建。”别称婺女照台山、笔架山。明李贤《大明一统志》卷四十三：“岑山，在龙游县南一十五里，其山自金华望之正当其面，故号‘婺女照台山’。邑中视之如笔架，又呼为‘笔架山’。”民国《龙游县志》卷二：“岑山，去治西二十五里。山有五峰如笔格，名笔架山。自金华望之，正当其面，故又名‘婺女照山’。”海拔 447.1 米。地质基础由白垩系砾岩、砂砾岩构成。土壤以红壤为主。植被以亚热带针叶林、针阔混交林和竹林为主。南宋诗人赵公豫《岑山》：“山踞浙流顶，波声耸独尊。帆樯移野浦，钟磬出烟村。修竹凉风咽，巨鱼暑气吞。层巅一矫首，海面见云根。”明末清初诗人施闰章《再过岑山寺忆程山尊旧同此游》：“重来新涨急，小艇乱中流。树叶春藏寺，溪声夜满楼。哺儿喧渚鹭，报雨听林鸠。不共狂歌客，登临起暮愁。”山麓有茶园。东北麓有岑山、岑山头和岑山脚等村落。溧宁(G4012)高速公路过东麓。

杜山(Dù Shān)　属千里岗山脉余脉。在衢州市龙游县西北部，为石佛乡与塔石镇界山。传唐初名相杜如晦曾隐此得名。清《钦定古今图书集成·方舆汇编·职方典》卷一千〇十一：“杜山，在(龙游)县南十里。相传唐杜如晦隐此。有白马岭、鼓角楼、下马磡、洗马池。”清穆彰阿《大清一统志·衢州府》：“杜山在龙游县西北三十里。上有白马岭、下马磡、洗马池。其东为双岩山，西为石佛山，西北为大乘山，接西安县界。”民国《龙游县志》卷二：“杜山，去治北三十里。以唐杜如晦隐此得名。风景殊胜。”别称泽山。海拔 296.2 米。地质基础由志留系沉积碎屑岩构成。土壤以红壤为主。植被以常绿阔叶落叶阔叶混交林、针阔混交林为主。山上有白马岭、下马磡、洗马池等古迹。明代龙游籍诗人童珮《春日登杜山》诗云：“杜公曾托迹，芳姓只今留。一自乘箕去，何人策杖游。”山麓有杜山坞、杜山徐等村落。南麓有石灰石矿和杜山水泥厂。溧宁(G4012)高速公路过东麓，县乡公路环山麓。

灵山(Líng Shān)　属仙霞岭山脉。在衢州市龙游县溪口镇中部。古称徐山，以有徐偃王庙得名。南宋祝穆《方舆胜览》卷七：“灵山，在西安县南七十里。有徐偃王庙。”清顾祖禹《读史方舆纪要》卷九十三："灵山，(龙游)县南四十里。其下为灵溪，有灵山市，路通遂昌。一名'徐山'，相传以徐偃王名。"清光绪《浙江通志》卷十八："徐山，宏治《衢州府志》：'在(龙游)县西南四十里，今名灵山。山有徐偃王庙。'《龙游县志》：'山东一石卓立曰香炉峰，山下有溪曰灵山港。杂树交映，云垂烟接。'"后以祷雨得验更今名。清穆彰阿《大清一统志·衢州府》："灵山……后以祷雨得验更今名。"部分衢州徐氏别称为薄里山、泊鲤山，原因不详。海拔425米。地质基础由白垩系流纹质晶屑熔结凝灰岩构成。土壤以红壤为主。植被以亚热带针叶林、针阔混交林为主。山下灵山村有徐偃王祠，祠内旧有韩愈撰《徐偃王庙碑》，今藏衢州博物馆。徐偃王祠，原称仁惠王庙。明天启《衢州府志》卷十五："仁惠王庙，在(龙游)县南四十里。灵山本名'徐山'，昔徐之宫人娠而生卵，弃之水滨，有犬衔归，伏得一儿，有筋无骨，弱冠为徐君嗣，周穆王西游，诸侯以其能行仁义归之者三十六国，乃称偃王。"东麓濒灵山港，溪中有塔山和塔山寺。南宋文学家汪藻于此作《偃王庙》诗："石马金舆识故宫，断碑磨灭覆杉松。谁怜邠国干戈地，空有涂山玉帛踪。芳草满庭留晚色，断云连野敛春容。中原逐鹿归狙诈，此意悠悠委暮钟。"南宋诗人刘克庄《徐偃王庙》云："仁暴由来各异施，秦徐至今谁雄雌？君看骊岫今无墓，得似柯山尚有祠。"县乡公路通山麓。

圣堂山(Shèngtáng Shān) 属仙霞岭山脉。在衢州市龙游县罗家乡南部。因山上旧有石幢圣灯得名。古称圣坛山、万罗山。民国《龙游县志》卷二："圣坛山，去治南三十五里，高五里，旧名'万罗山'……又有石幢圣灯。"海拔750米。地质基础由侏罗系流纹斑岩、凝灰岩构成。土壤以红壤、黄壤为主。植被以亚热带针叶林、针阔混交林和竹林为主。近山顶植被稀疏，以灌丛为主。山上有天然水潭。明天启《衢州府志》卷一："圣坛山，(龙游)县南三十里，山势耸拔，高五里，登其巅可见数百里，鸟道盘旋，名'十八曲'。上有天生池。"四周群峦绵延，历为登顶望远胜地。现辟为风景区。县乡公路通山麓，有盘旋山道至山顶。

鸡鸣山(Jīmíng Shān) 孤丘。属仙霞岭山脉余脉。在衢州市龙游县东华街道西北部、灵山江东岸。明李贤《大明一统志》卷四十三："鸡鸣山，在龙游县南三里，宋嘉祐末邑人吕防讲学于此，时登山，见鸡鸣丛棘中，罗得白金数十镒，输之官。后防三子皆高科，人以为祥。"别称鸡鸣岩山。海拔68米。地质基础由白垩系流纹质晶屑熔结凝灰岩构成。土壤以红壤为主。植被以常绿阔叶林为主。元代科学家赵友钦曾于山上建观象台。山巅有明知县陈鈇主建的鸡鸣塔，为浙江省文物保护单位龙游风水塔的组成部分。山下鸡鸣山民居苑，于2013年被公布为第七批全国重点文物保护单位。鸡鸣山文化遗址曾出土石锛、穿孔石镰、石镞、石网坠等石器和席纹、条纹、羽毛纹、方格纹、云雷纹、回字纹、绳纹等印纹陶片。清代龙游籍进士余恂《鸡鸣岩》诗："傍岩开佛舍，岩下碧流深。坐进松花酿，行寻枫叶林。云山遥入画，水石自成吟。濠濮心同远，无劳丝竹音。"清代诗人余际熙《鸡鸣岩》诗："千家负郭带溪流，寥泬天高已素秋。山寺一钟催晓月，寒泉数道净灵湫。畈田晚熟禾多穗，石磴云封露未收。为问张罗丛棘事，鸡鸣风雨有书楼。"南麓有革命烈士陵园。西濒灵山江，城市道路过东麓。

东华山(Dōnghuá Shān) 孤丘。属仙霞岭山脉余脉。在衢州市龙游县东华街道北部。以山处城东，峰峦似莲花得名。明李贤《大明一统志》卷四十三："东华山，在龙游县东二里，下有姑蔑子墓。"俗称龙丘祖山。海拔73.9米。地质基础由白垩系流纹质晶屑熔结凝灰岩构成。土壤以红壤为主。植被以常绿阔叶林为主。南宋西安籍进士陆律《东华春眺》诗云："出郊时复眺东华，云树深藏十万家。石塔昼擎遥汉月，岑山暮接近城霞。团沙白鹭停还去，穿树黄鹂绕复斜。傲吏闲情随去住，未须长铗向人嗟。”传山麓有姑蔑子墓。元盛如梓《庶斋老学丛谈》卷一：“姑蔑故城，即今之龙游县。姑蔑墓在东华山偃王庙后。庆元间为人所发，其间古物充牣，随即灰散，惟数瓦缶不坏。水满其中，又并其埋铭碎而弃之。惜哉，衢州人以砖为砚。”清穆彰阿《大清一统志・衢州府》：“周姑蔑子墓，在龙游县东，东华山下。宋庆元间，为人所发，古物充牣。”明代龙游知县万廷谦《姑蔑墓》诗：“侯封原是越西垂，鞭弭曾随勾践师。去里旌旗出姑妹，江边壁垒泣吴儿。千年世事归三尺，百种培嵝类九嶷。霸业稽山尚消灭，一邱何用冢累累?”1992 年于山麓发掘出东华山石塔头汉墓群，并出土有铜镜（日光镜）、青瓷器和汉会稽太守“鲁伯之印”等铜印。南麓有县气象局。东华街道以此得名。城镇道路环山麓。

黄杨尖山（Huángyángjiān Shān）　属天台山脉余脉。在舟山市，为定海区东缘与普陀区界山。古称黄杨山，以山产黄杨得名。后因远望山峰突显而改今名。元大德《昌国州图志》卷四：“黄杨山，在（昌国）州东北通陆之处，极巉岩崄峻，一峰杰出人目，曰‘黄杨尖’。”清康熙《定海县志》卷三：“黄杨尖山，县东北六十里，多产黄杨，故名。”海拔 503.6 米，为舟山岛和定海区最高峰，舟山群岛次高峰。地质基础由白垩系火山凝灰岩构成。双峰型顶，山势陡峻，多裸岩和悬崖。清康熙《定海县志》卷三：“有两尖，一曰‘大尖’，一曰‘小尖’。其高相距数百丈，东海群山可望而望也。大尖，岭平广，可亩许，旁有崖壁立万仞，而下临无地。两岩间横一大石，长可二丈，阔一丈余，方平如几，传仙人弈处，俗名‘石道地’。”土壤以红壤、黄红壤和山地黄壤为主。植被以常绿阔叶落叶阔叶混交林和落叶阔叶林为主，近山顶多灌丛，缓坡植有茶园，产黄杨尖芽茶。传三国时方士葛玄曾于山中炼丹。清代定海籍诗人曹伟皆《定海山谣・黄杨尖》：“黄杨尖上白云浓，谷雨芽茶细如松。村女踏歌莲步稳，负筐直到最高峰。”山麓有慧云寺，近山顶有仙台寺。两高线县道至南麓，临螺线县道自山中穿越，并建有黄杨尖隧道。

蚂蟥山（Mǎhuáng Shān）　在舟山市定海区盐仓街道西北缘与双桥街道交界处。古称马横山、紫微尖山、紫皮山。明天启《舟山志》卷二：“右曰晓峰山……引而为茅岭山、马横山、里岙山、野岙山。”清康熙《定海县志》卷二《紫微岙图说》：“自岑港狭门岭过峡，由凤凰山、獭洞岭、王家岭而突起高峰，则紫微尖也。”卷三：“紫微尖山，县西北十五里。一名‘宋家尖山’。盘纡幽秀，居民所聚。或曰古名‘紫’皮。因宋高宗避金人航海至此，遂更名‘紫微’。”南宋李正民《己酉航海记》：“（建炎三年十二月）十九日，车驾至昌国县。”赵鼎《建炎笔录》卷一：“二十六日，出江口，泛海洋趋昌国……二十七日早，至昌国，同宗尹入见舟中。是日食时，御舟发昌国。”民国时期多载为马王山。1949 年以后多作蚂蟥山、马蝗山。传山上潮湿，多山蚂蟥，故名。又因山巅尖锐突显，主峰别称尖峰山、大尖峰。海拔 478 米。地质基础由白垩系火山凝灰岩构成。土壤以红壤、黄红壤和山地黄壤为主。植被以常绿阔叶落叶阔叶混交林和落叶阔叶林为主，近山顶多灌丛。山坡陡峻。清代学者朱绪曾《紫微岙》诗：“康王曾驻紫皮云，浦水今犹两派分。玉牒赵坟无麦饭，纸钱罗拜夏参军。”山麓有果园和茶园。山上旧有蚂蟥山村，20 世纪 90 年代迁至山麓。山顶建有电视转播塔。专用公路通山顶。

竹山（Zhú Shān）　属天台山脉余脉。在舟山市定海区环南街道与盐仓街道交界处。古称曙峰山。传以可观日出得名。南宋乾道《四明图经》卷七：“晓峰山，在（昌国）县西二十里。”清康熙《定海县志》卷三：“晓峰山，县西南六里，高一里许。峰峦突起，可观日出。有晓峰台。”北宋为避宋英宗赵曙讳而改山麓的曙峰盐场为晓峰盐场，山名随之更改。南宋宝庆《四明志》卷二十：“东江盐场，（昌国）县东八里。又有子场曰‘晓峰’，在县西十二里。‘晓’字本避英宗皇帝庙讳更名。”后以山中有淡竹林而改今名。别称晓峰岭、竹山岭。因山有南北二峰，也称南峰为竹山，北峰为晓峰山。海拔93.4米。地质基础由白垩系火山凝灰岩构成。土壤以红壤为主。植被以落叶阔叶林为主。清道光二十一年八月十一日至十七日(1841年9月26日至10月1日)葛云飞、王锡朋、郑国鸿率清军于此至东岳宫山一带与英国侵略者激战六昼夜，处州镇总兵郑国鸿、寿春镇总兵王锡朋等于此殉国。清朱绪曾《昌国典咏》："道头至竹山门五里。道光辛丑三月，建筑土城，设久安、长治二门。八月十七日，舟山复陷，定海镇总兵提督衔葛云飞、寿春镇总兵王公锡朋、处州镇总兵郑公国鸿死之。自十二日，英夷驾船欲驶进竹山门，被炮轰击，桅断窜去，复据五奎山支搭帐房，亦被炮轰，复驶入吉祥门，攻东江浦，俱被击退。会天连雨，转战泥淖，士气益振。夷船知不能拢岸，至十七日遂由陆路攻打晓峰岭，蜂拥直突。三镇激励将士，自辰至未，杀敌相当。夷复迭进夹攻，我军寡不敌众，兼枪炮红透，不能装打，三镇相继同殁于阵，盖拒敌已六昼夜，可谓使士用命，誓死报国者也。朱绪曾至舟山，父老指其地曰：'此廿里墩，乃葛镇殉难处也！此竹山门，乃郑镇与副将托安泰殉难处也！此晓峰岭，乃王镇殉难处也！'"朱绪曾《竹山门》诗："记曾海水涨红烟，惨淡阴云雨血天。六昼夜军酣战斗，旌旗犹绕土城边。"今建有舟山鸦片战争遗址公园，并有鸦片战争纪念馆、三忠祠、抗英阵亡将士墓群、三总兵雕塑、傲骨亭、百将题碑等纪念设施。东麓建有柳永广场。宋代曾以此山古称为名设晓峰盐场，明清曾以古称为名建晓峰堠(晓峰台)。兴舟山大道晓峰岭隧道和翁洲大道竹山隧道穿山而过，鸦片战争纪念馆有专用公路通山顶。

龙峰山(Lóngfēng Shān)　属天台山脉余脉。在舟山市定海区昌国街道西南部。以山冈蜿蜒如游龙得名。宋代已见地名记载。南宋宝庆《四明志》卷二十："县厅，镇鳌山下。山自北来，为龙峰蜿蜒南走，屹为一小峰。"又因清乾隆年间(1736—1796年)于山顶西侧建万峰庵，别称万峰庵岗。有南北二峰，北峰海拔159.9米，南峰海拔154.7米。地质基础由燕山晚期侵入的钾长花岗岩构成。土壤以红壤为主。植被以落叶阔叶林、常绿阔叶林和竹林为主，山麓有北美红松林。山顶有舟山革命烈士纪念碑。南麓有舟山革命烈士陵园、海山公园和浙江省文物保护单位同归域。清代定海诗人陈庆槐《舟山竹枝词》："双碧峰前桧柏香，普慈寺外月如霜。老僧指点同归域，夜夜忠魂哭鲁王。"清代学者朱绪曾《同归域》诗："飓风掀浪覆崖门，一旅孤城死报恩。无数青磷藏碧血，峨峨坯土并乾坤。"清康熙定海知县缪燧作有《同归大域碑记》和《同归域放歌序》。南麓旧有舟山历史上第一座寺院——普慈寺(毁于侵华日军占领时期)。明代舟山籍诗人陶恭《普慈寺》诗云："出郭阴阴数里松，白云堆里见龙峰。禅房修竹青无限，石谷飞泉落百重。"清代何辅时《晚游普慈寺》诗云："寺辟龙峰小洞天，上荣城北此流连。"环城北路通山麓，有步道通山顶。

双髻山(Shuāngjì Shān)　属天台山脉余脉。在舟山市定海区昌国街道与盐仓街道交界处。地名记载始于元代，以南望山顶形似双髻得名。别称双髻尖。元大德《昌国州志》卷四："双髻山，(昌国)州之最高者，距州治仅十里。层峦耸结，宛如双髻。"清康熙《定海县志》卷三："双髻山，县北十里。有二峰如髻，矗立天表，诸山环绕，为县治之主山。相传葛稚川炼丹处。有棋枰、石磴。"双峰型顶。东峰海拔300米，西峰海拔301.4米。地质基础由白垩系火山凝灰岩构成。土壤以红壤、黄红壤为主。植被以常绿阔叶落叶阔叶混交林和落叶阔叶林为主。山势陡峭，山麓有果园和竹林。历代文人多有吟咏。清代定海诗人徐溶《游双髻山》诗："取道峰峦顶上行，风生两腋葛衣轻。香凝远峤花呈态，翠拥修篁鸟弄声。潮激海中红日起。山临堞际庆云生。豪吟自觉幽怀爽，顿息尘机天宇清。"清代学者朱绪曾《双髻山》诗："天边高耸髻丫双，咫尺仙都建宝幢。山似舟形樯对矗，北门锁钥截惊泷。”清代定海籍诗人陈庆槐作有《雨后同曹澹斋刘午桥印池兄弟登双髻尖》：“山势欲压城，朝天插双髻。侧闻樵者言，绝少游人至。”清代诗人范章鼎作有《郊行至普慈寺望双髻尖》，曹伟皆作有《登双髻尖》。杭朱(G329)国道过南麓。

镇鳌山(Zhèn'áo Shān)　属天台山脉余脉。在舟山市定海区昌国街道西南部。原称锁山，宋代改今名。元《大德昌国州图志》卷一：“州治坐镇鳌山下。山自北来，为龙峰蜿蜒南走，突而小峰。州治据其麓。”清康熙《定海县志》卷三：“镇鳌山，城西北隅。雉堞跨其上，平峦蜿蜒，苍翠可挹。宋、元县治俱在山之麓。明改建中中、中左二所，今为总镇府。一名锁山。宋淳熙间赐名镇鳌。”海拔59.4米。地质基础由燕山晚期侵入的钾长花岗岩构成。土壤以红壤为主。植被以亚热带针叶林和针阔混交林为主。山麓历为翁山、昌国和定海县治所在地。南宋宝庆《四明志》卷二十：“县厅，镇鳌山下。”“颂河古城，去(昌国)县七八里。世传始于此筑城建邑，以土轻移就镇鳌。今城基尚存。”元大德《昌国州图志》卷四：“镇鳌山在海中，屹然有大鳌背负之势，州治据其趾而坐镇焉。”宋、元曾以此山为名命名州厅后中堂为镇鳌堂。元《大德昌国州图志》卷一：“镇鳌堂，厅后中堂。敬简斋，厅事后，西偏……蓬莱道院，厅东偏。爱莲堂，州治东偏，前有莲池。拂云亭，州治后山。海光亭，拂云亭之上。”清康熙《定海县志》卷五：“镇鳌堂，宋端平三年，县令方晖建。”清代鄞县诗人陆鋆《镇鳌山登望》：“六鳌背负此崇山，雄峙东南第一关。兴废多时天转换，往来万里海回环。传闻避世行堪隐，叹息求仙去不还。同是扶桑生长地，几多名姓满尘寰。”清代学者朱绪曾《镇鳌山》：“名溯淳熙锡宠褒，海光亭拂海云高。寄声龙伯休抛饵，万古灵峰稳戴鳌。”南麓曾为舟山中学校址，今为田家炳中学校址。东、南、西三面环城市道路，环城北路镇鳌山隧道于山中穿越。

鳌山(Áo Shān)　孤丘。属天台山脉余脉。在舟山市定海区昌国街道东南部。古称州衙山、衙山。明天启《舟山志》卷二：“山判而为二支脉，左曰‘州衙山’，巉岩多怪石，巅平可构屋。”清康熙《定海县志》卷三：“州衙山，城东南隅。平阜突起，城抱其麓。唐宋间，簿尉分治于此，因名。或云元时欲设州治，术者谓其土轻，不果，上有文昌阁，今圮。改建关圣庙于其下。或作霞山，非。”今考证：州，即洲谐音误写，以山麓古有芙蓉洲，北宋于山麓设县主簿和县尉衙门得名。南宋宝庆《四明志》卷二十：“主簿，初置县，以簿兼尉。隆兴元年，守臣韩仲通请置武尉，乃诏卫闳中专主簿事，听事在县东，乃尉厅为之。”“尉，熙宁六年先令而置，凡三乡斗讼盗贼之事得专焉。惟情状隐伏，始以属邑，已而置令，诏正兼簿。隆兴元年五月一日，易以西班，簿与之并置，而廨舍、圭租皆与簿分之。”又因其为定海城东南部的制高点，是朝霞最先照耀的地方，清中后期谐音别称为霞山。光绪《定海厅志》卷十四：“州衙山……今名‘霞山’。”后因形似巨鳌而改今名。海拔10米。地质基础由白垩系火山凝灰岩构成。尽覆建筑物，几无土壤和植被。南麓古有芙蓉洲，南宋淳熙十六年(1189年)昌国令王阮迁昌国县儒学于洲畔。咸淳年间(1265—1274年)又学宫侧的建文昌祠。明洪武二十年(1387年)，县学随昌国县撤销。永乐初，移文昌祠于道隆山。清乾隆二十一年(1756年)于山顶建文笔塔。道光十年(1830年)于北麓开凿砚池，池畔有墨井和纸田。道光十六年于山顶文笔塔以西建奎光阁。奎光阁和文笔塔，后分别毁于1968年和1973年，今仍存砚池和墨井。清代学者朱绪曾《州衙山》诗：“州南山色尚排衙，一塔凌空笔有花。绘出海天真景象，问谁五色浣云霞?”东大街、东门左城根、芙蓉弄和染店弄等城镇街巷环山麓。

东岳宫山(Dōngyuègōng Shān)　孤丘。属天台山脉余脉。在舟山市定海区环南街道东北部。一说宋称大颡山，元明称大椎山。清朱绪曾《昌国典咏》卷一：“绪曾按：‘大椎山即关山。’”一说大颡山和大椎山指今东岠岛，“椎”为“岠”的方言谐音。元大德《昌国州图志》卷四：“大椎山，即州治照山，俨若屏障。在前四望，其形如一州（舟）。民卜居者，面此山为风水。”后因明初于山上设舟山关，隆庆元年（1567 年）把总李诚于山麓立“东南第一关”坊，遂称关山。明天启《舟山志》卷二：“关山，圆峰耸矗，为城之内案，上有洋山庙、关山烽堠。”又因山处晓峰岭、竹山以东，别称东山、东江山。后为避与观山同音而改为今名。以旧时山上建有东岳宫得名。清光绪《定海厅志》卷十四：“考东江山，也即关山也。前此，道头未设，舟直泊观山之麓。后乃人烟稠密，增筑堤岸，渐次加广。今昔殊形，无容致疑。查城南只有二山，‘观山’以道隆观得名，‘关山’以李诚立坊得名。舟山、东江山，又以山临江岸，舟所屯聚而名也。今则东江山径称‘东山’，亦称‘东岳山’，山上有东岳宫。”清代学者朱绪曾《大椎山》诗：“四面屏风九磊环，当门颜色爱烟鬟。道头几日占风脚，此是东南第一关。”20 世纪 60—70 年代改称东风山。1981 年复名东岳宫山。海拔 32.5 米。南北长 330 米，东西宽 130 米。地质基础由白垩系火山凝灰岩构成。土壤以红壤为主。植被以常绿阔叶落叶阔叶林混交林为主。鸦片战争期间，于山顶建震远城及炮台。清道光二十一年八月十一日至十七日（1841 年 9 月 26 日至 10 月 1 日）葛云飞、王锡朋、郑国鸿率清军于此至竹山一带与英国侵略者激战六昼夜。山顶建有电视转播塔。西南麓镌有“海邦灵岳”“万山罗拜”等题刻，东麓旧有“英军合葬墓”，后迁至北坡。南侧濒宁波—舟山港定海港区，人民南路、沿港东路等城镇道路环山。

鼓吹山（Gǔchuī Shān）　属天台山脉余脉。在舟山市定海区临城街道北部。古称鼓吹峰。一说西周徐偃王曾避战渡海至黄杨尖山麓建徐城，此山为徐城瞭望哨址，以擂鼓吹号传递讯息，故名。南宋宝庆《四明志》卷二十：“鼓吹峰，在翁浦中。其山之阴曰‘战洋’、曰‘马岙’，其对即偃王祠也。”“徐偃王居处，城基犹存。”一说因风雨天有鼓吹声得名。清康熙《定海县志》卷三：“值风雨晦暝，隐隐若有鼓吹声，故居人以此名之。”海拔 165.9 米。地质基础由白垩系火山凝灰岩构成。土壤以红壤、黄红壤为主。植被以落叶阔叶林、常绿阔叶落叶阔叶混交林和灌丛为主。山巅平坦，山坡陡峭。自唐开元二十六年（738 年）置翁山县以来，宋、元、明历代以此山为名设鼓吹里，为富都乡二里之一。元代文学家吴莱作有《过翁浦问徐偃王旧城》八首，其七云：“箬篙回我舟，沙岙晚烟起。苍茫鱼盐场，寂历鼓吹里。”清代学者朱绪曾《鼓吹峰》诗：“雄争海若控提封，鼓吹喧阗震一峰。雨雨风风排队仗，波臣趋拜领鱼龙。”杭朱（G329）国道过北麓，千岛路、怡岛路等环山麓，港岛路港岛隧道穿山而过。

翁山（Wēng Shān）　孤丘。在舟山市定海区临城街道东部。一说，“翁”即葛仙翁。因传三国吴方士葛玄曾于此采药炼丹得名。南宋乾道《四明图经》卷七：“翁山，一名翁洲。在（昌国）县东二十五里。”清康熙《定海县志》卷三：“又云葛仙翁炼丹药于此。宋乾道中，有耕者得一铜鼎，无足有耳，中可容斗，而底之煤黔未泯。识者谓：‘即炼丹器也。’”清光绪《定海厅志》卷十四：“曹伟皆云：‘翁洲，因葛仙翁得名。’”一说以西麓旧有翁家墩村得名。别称翁浦山。以翁浦河流经东麓得名。清康熙《定海县志》卷三：“翁浦山，县东三十里。又名‘翁洲山’。”海拔 68.2 米。地质基础由白垩系火山凝灰岩构成。土壤以红壤为主。植被以落叶阔叶林为主。一说唐翁山县以此山得名，清康熙《定海县志》卷三：“唐置翁山县，以此命名。”清定海知县缪燧《翁浦山》诗：“耕者得铜鼎，无足而有耳。知是还丹具，葛翁炼于此。置县名翁山，浦也以为氏。自古荒僻地，多容隐君子。五斗讵不荣，视之如脱屣。予宦且十年，道远未尝至。何时芦花湾，涉江采兰芷。”实为以舟山岛古称“翁山”“翁洲”得名。南宋宝庆《四明志》卷二十：“翁山，一名‘翁洲’……《抱朴子》论古仙者之药：‘以登名山为上，而以海中大岛屿，若会稽之东翁洲之类者次之。'"今辟为翁山公园，建有亭廊阁等建筑，并绘有"塌东京，涨崇明"传说壁画。城市道路环山，游山步道通山顶。

岑港山(Céngǎng Shān) 属天台山脉余脉。在舟山市定海区岑港街道南部。清康熙《定海县志·岑港岙图说》："以两碶夹山，故名岑，以海尾冲入，故名港。"又因当地习以"江"通"港"，古别称岑江山。海拔 108.7 米。地质基础由白垩系火山凝灰岩构成。土壤以红壤为主。植被以落叶阔叶林和灌丛为主。南宽北狭，山脊和缓，侧坡陡峻。山麓之岑港历为浙江沿海海防要地，古代海上丝绸之路的重要节点。元大德《昌国州图志》卷四："岑江港，去(昌国)州西北三十里。旧谓之'六国港口'，南北舟船辐辏于此，亦海州之一镇云。"宋设三姑都巡检寨岑港子寨，并于山麓设岑江买朴酒坊。宋开庆《四明续志》卷四："岑江坊，月纳一千六十五贯二十四文。"元、明设巡检司。明嘉靖三十六年至三十七年(1557—1558 年)，倭寇曾据岑港为巢与明军对峙。其间，倭寇曾于山巅架设佛朗机炮射击明军，俞大猷、卢镗、戚继光等率明军于此大败倭寇。清顾祖禹《读史方舆纪要》卷九十二："岑港在舟山所西北。有巡司戍守，海口卫要处也。嘉靖中，屡为倭贼所登劫，后遂倚险列栅，据守其地。三十七年，胡宗宪督兵讨之，分军泊其南北，又遣兵分路进剿，中路由小河岭，右路由碇齿，左路由小岭，并趋贼巢，败之。贼恃援力守，复出奇破之，贼遂遁去。"清康熙《定海县志》卷三："岑港山，县西三十里。明嘉靖时，为倭奴巢穴。上有天妃宫，有旧司基。展复初筑城，取石于此。堪舆家言：'系邑之来龙，不可凿。'寻禁止。"清代曾于山上设岑港烽火台与岑港炮台。定岑(S321)省道过南麓，环岛公路鸭东线过西麓。

仙人山(Xiānrén Shān) 属天台山脉余脉。在舟山市定海区西部，金塘岛东岸。古称葛仙峰、三仙山、三仙峰等。元《大德昌州图志》卷四："葛仙峰在州之金塘乡，一潮可至。葛仙翁、陈禅师、金信郎同憩此山。山之巅产桃一株，花而不实。旧有三仙堂，遗址犹存。仙翁炼丹井亢旱亦不枯。"清康熙《定海县志》卷三："金塘山……支山五，曰'长沙'，曰'蛤蜊'，曰'伏龙'，曰'枋花'，曰'三仙'，相传葛稚川、陈禅师、金信郎讲道处。"民国年间改为今名。海拔 455.9 米，为金塘岛主峰。地质基础由白垩系火山凝灰岩构成。土壤以红壤、黄红壤和山地黄壤为主。植被以落叶阔叶林、常绿阔叶落叶阔叶混交林为主。山麓多植金塘李和浙贝母。今辟为旅游景区，近峰顶建有直升机坪、鹤鸣寺和观景台，为远眺舟山跨海大桥、欣赏山海美景的胜地。清代学者朱绪曾《葛仙峰》诗："花开峰顶剩仙堂，抱朴禅师金信郎。莫讶蟠桃无结实，三千年后有人尝。"盘山公路至观景平台。

岭舵山(Lǐngduò Shān) 属天台山脉余脉。在舟山市普陀区沈家门街道与东港街道交界处。清康熙《定海县志·舵岙图》载为五雷峰。清光绪《定海厅志·舵岙庄图》载为五垒峰。来历含义不详。一说后因与舵岙相邻而改称邻舵山，谐音为今名。一说以东麓有鹤龄泉，东北麓有舵岙，二者合称并谐音为今名。别称邻陀山。海拔 232.6 米。地质基础由白垩系火山凝灰岩构成。土壤以红壤、黄壤为主。植被以落叶阔叶林和灌丛为主。山麓有鹤龄泉等古迹。南麓有沈家门街区，并濒沈家门港。城镇道路环南北两麓，岭陀隧道穿山而过。

青龙山(Qīnglóng Shān) 属天台山脉余脉。在舟山市普陀区沈家门街道东北部，南濒沈家门港。古与周边诸山合称为沈家门山。因山麓有沈家门渔村和沈家门港得名。北宋徐兢《宣和奉使高丽图经》卷三十四："沈家门……其上渔人樵客丛居十数家，就其中以大姓名之。"后因地处沈家门镇区东侧，山脊和缓苍翠似青龙而改今名。海拔 122.4 米。地质基础由白垩系火山凝灰岩构成。土壤以红壤、黄红壤为主。植被以常绿阔叶落叶阔叶混交林和落叶阔叶林为主。山顶平坦，林木葱郁。历为海防要地，古代海上丝绸之路的重要节点。北宋宣和六年（1124年），以路允迪、傅墨卿为首的宋使团奉使高丽，曾途经山麓暂泊。明、清均设烽火台于山顶。明代设沈家门水寨于山麓，清代并设炮台于山顶。明郑若曾《筹海图编》卷五："沈家门寨。原系水操之地，有军防守，近皆取回。番船去来皆于此内。"明天启《舟山志》卷二："沈家门山，正兵哨驻此。"清康熙《定海县志》卷三："沈家门……明季备倭此处，为第一险要。"清康熙《定海县志》："沈家门山……内障芦花等数大岙，外通莲花洋，最为要地。嘉靖间，指挥刘恩至伏兵于此，以败普陀之倭。明设木寨，今置汛防。"明嘉靖三十六年（1557年），明军于山麓歼倭53人。《筹海图编》卷五："贼舟漂至沈家门，副使王询、总兵俞大猷令把总张四维诱降贼五十三人。至定海关，适别艅贼杀（俞）宪章，恐其中变，悉斩之。"今建为青龙山公园。有建于清光绪元年（1875年）的天主堂、建于1936年的浙江省文物保护单位定海测候所等古迹及青龙山革命烈士纪念碑等纪念设施。城镇街巷通山麓，有步道至山顶。

大青山（Dàqīng Shān）　属天台山脉余脉。在舟山市普陀区朱家尖岛南部。古称马秦山，为悬水小岛。南宋乾道《四明图经》卷七："马秦山，在（昌国）县东南四百里。"名称来历不详。因山处海上航道之要冲，或疑与古代波斯商人称中国为"马秦"有关。后因马秦山与石马山、顺母山等相连为朱家尖岛，古马秦山主峰逐渐改称今名。以山体高峻，多有云雾缭绕，山峰在白雾映衬下尤显苍翠得名。海拔378.6米。地质基础由燕山晚期侵入的钾长花岗岩构成。土壤以红壤和粗骨土为主。多裸岩、悬崖和奇石。植被以落叶阔叶林、常绿阔叶落叶阔叶混交林和灌丛为主，并多杜鹃、黄杨和野生水仙。旧有莲花峰、碧云庵、箭岩、安期先生洞等名胜。黄龟年、黄岳年兄弟曾与马耆禅师、张光于此联句刻石。元大德《昌国州图志》卷四："马秦山在海之东南。昔有碧云庵。马耆禅师修道于此，与黄给事龟年等联句刻诸石，有曰：'团团深锁碧烟笼（马），安隐禅居瑞气中（黄）。万顷沧浪终夜月（张居士光），更于何处觅天宫（黄承事岳年）。'""莲花峰，与马秦山碧云庵对峙，三石层出如莲花，上有佛脚迹、拄杖印、马迹痕。山之四隅各有小浮图。地产草一种，名'长生不死'云。""箭岩在马秦后砂上。有箭孔，故名。""响岩，在马秦。去（昌国）州隔一潮，岩石玲珑，遇阴晦则空洞有声。""歇轿岸，在马秦。上有石，平阔五丈许，昔黄给事结庵山侧，往来停车于此。"历为海防要地、古代海上丝绸之路的重要节点。宋代曾于山麓设马秦买扑酒坊。宋开庆《四明续志》卷四："马秦坊，月纳三百五十五贯八文。"元代曾设马秦海船千户所城山麓。清代学者朱绪曾《马秦山》诗："空岩阴洞响淙淙，射石何年饮箭锋？十丈藕船移太华，俨然天外削三峰。"今为普陀山国家级风景名胜区的组成部分。景区公路环山麓，并通山顶。

顺母山（Shùnmǔ Shān）　属天台山脉余脉。在舟山市普陀区朱家尖岛西北部。古称石牛山，为悬水小岛，南宋乾道《四明图经》卷七和宝庆《四明志》卷二十已有名称记载。因山麓有石似牛得名。元大德《昌国州图志》卷四："顺母山，在海之东。山侧有石形如牛，方外人谓石牛之口。"又传因南宋曾有白牛于海中食铁莲花而得名。清许琰《普陀山志》卷一："石牛山在莲花洋。南宋中官王贵等诣山礼佛未虔。辞归，满海铁莲花阻舟。贵望山叩祷，随有白牛浮来食尽其花。舟始行，牛返水际化为一白石如牛形，故名。而港亦曰石牛港云。"元代始逐渐改为今名，以山麓有顺母涂得名。别称顺母涂山。清康熙《定海县志》卷三："顺母涂山，离县约百十里。渔民网捕之处。"清代学者朱绪曾《顺母山》诗："涂荡成围特产饶，里人生计自乘潮。不知蚁斗何人听，万古洪波卧郭椒。"1958年因围垦与朱家尖岛相连。主峰炮台岗，海拔125米。地质基础由白垩系紫红色含砾粉砂岩、熔结凝灰岩构成。土壤以红壤和粗骨土为主。植被以落叶阔叶林和针阔混交林为主。石牛港（编者注：

今围填为舟山普陀山机场和曙光农场等)昔为中日、中韩海上丝绸之路航线的重要节点。明、清于山上设顺母涂堠。1950—1992 年,曾以此山为名设顺母乡(人民公社)。今为省级普陀国际旅游度假区的组成部分。东麓建有舟山(普陀山)机场,杭朱(G329)国道过东北麓,县乡公路环山麓。

对峙山(Duìzhì Shān) 属天台山脉余脉。在舟山市普陀区桃花岛东南部。古与岛上周边诸山合称桃花山。南宋乾道《四明图经》卷七:"桃花山,在(昌国)县东南一百二十里。耆老相传,安期先生学道炼丹于此,尝以醉墨洒于山石上,遂成桃花纹。奇形异状,宛若天然,人多取之以为珍玩,故山号桃花而乡名安期,实出于此云。"一说或与马秦山相类,因古代波斯商人别称中国为"桃花石"得名。后因其与虾峙岛隔港相望,山峰对峙而改今名。主峰安期峰,海拔 539.7 米,为舟山群岛最高峰。地质基础由燕山晚期侵入的钾长花岗岩构成。土壤以红壤、黄红壤和粗骨土为主。植被以常绿阔叶落叶阔叶混交林、落叶阔叶林和灌丛为主。西南麓山坡极陡,磨盘村至米鱼洋村一带山谷植被丰茂,种类繁多,有"海岛植物园"之誉。旧为舟山的茶叶主产地。清康熙《定海县志》卷六:"茶……桃花山者佳,普陀山者可愈肺痈、血痢,然亦堪多得。"近山顶有圣岩寺和炼丹洞,传为秦方士安期生采药炼丹处。东麓有龙潭和塔湾金沙等景观。清康熙《定海县志》卷三:"桃花山龙潭,居桃花山之腰。洞口瀑布,冬夏不竭。欲雨先布,云雾遍罩山顶。"今为桃花岛浙江省风景名胜区安期峰景区主体。盘山公路环山。

大佛岩山(Dàfóyán Shān) 属天台山脉余脉。在舟山市普陀区桃花岛西北部。民国《定海县志》册一"桃花岛……西面有一危峰",即指此山。以顶部有形似佛头的巨型岩石得名。别称大佛头山、大石头山。又因东北麓有别称散花湖的泥螺岙水库,别称散花峰。海拔 257 米。地质基础由白垩系熔结凝灰岩、凝灰质砂岩构成。土壤以红壤、黄红壤和粗骨土为主。植被以落叶阔叶林和灌丛为主。山麓植橘子和普陀水仙。历为宁波至普陀山航道的天然航标。今为桃花岛浙江省风景名胜区的组成部分。东北麓有《射雕英雄传》影视城。县乡公路通山麓。

佛顶山(Fódǐng Shān) 属天台山脉余脉。在舟山市普陀区普陀山岛北部。古称白华顶、菩萨顶,简称华顶。因普陀山岛别称白华山得名。清许琰《普陀山志》卷一:"白华顶,一名'菩萨顶'。"后因山顶慧济寺主奉释迦牟尼佛而改称今名。海拔 291.2 米。地质基础由燕山晚期侵入的钾长花岗石构成。土壤以红壤为主。植被以落叶阔叶林和亚热带针叶林为主,间有野生茶树。清康熙《定海县志》卷六:"茶……桃花山者佳,普陀山者可愈肺痈、血痢,然亦堪多得。"山顶有国家一级保护植物普陀鹅耳枥。历为普陀山名胜。清康熙《定海县志·普陀山图说》:"其最高者为白华顶。以白华顶为主,东阔西狭,南深北浅,外多平岗、幽洞,内多崇岩曲涧。此,山之形胜也。"历代文人多有吟咏。明代诗人丁继嗣作有《登白华顶曲径静憩》,清代诗人张煌言《登菩萨顶》:"绝磴凌虚嵌佛龛,扪天拄笏恣豪探。苍茫远水横空碧,历乱群峰倒蔚蓝。双屐俄从银汉落,一拳几为石梁参。如来肉髻应非幻,最上何须驾鹤骖。"传山顶慧济寺有佛像为荷兰侵略者劫掠后寻回之物。清朱绪曾《昌国典咏》卷二:"庵中有楼,僧夸龛像曰:'此像与龛乃一藤结成,来自荷兰国。'"清陈伦炯《海国闻见录·大西洋记》:"昔荷兰失台湾,边海界禁未复,因金、厦二岛平,荷兰掠普陀,毁铜像、铜钟。万历间,宫塑脱纱佛像,刀刃不能伤,驾火炮坏之,取里所实金银财宝。见像必剖,以取藏宝,悉收而去。至昆仑,意欲居之……雍正丁未岁夏,噶喇吧海面立一中国妇人,群相棹舟往视;惟浮一铜钟,共获而归,上镌'普陀白华庵',知为昔荷兰掠沉。回浙洋艘,互相争载,以藉神庇,公议求筶。余戚末黄姓彦者,本船柁师,得筶载回。通港之艘,惟此舟小而旧敝,顺帆不及月,抵普陀。"清代学者朱绪曾《白华顶》

诗："海天佛国纵奇观，顶上圆光肉盘髻。石佛无言天远大，僧夸藤像自荷兰。"山顶多云雾，"华顶云涛"为普陀十二景之一。清代诗人陈辰海《华顶云涛》："普陀最高处，厥名白华顶。已证上上乘，无上无等等。"1916 年，孙中山于此见海市蜃楼。传 1962 年郭沫若曾于此即景出"佛顶山顶佛"联。今为普陀山国家级风景名胜区的组成部分，有天灯台、慧济寺、"海天佛国"题刻、云扶石、朝阙玉柱等古迹和景点。其中，"海天佛国"系明代浙江总兵侯继高题。环岛公路至山麓，并有步道、索道通山顶。

锦屏山(Jǐnpíng Shān)　属天台山脉余脉。在舟山市普陀区普陀山岛中北部法雨寺后。以环若列屏掩映如锦得名。清许琰《普陀山志》卷一："锦屏山，在光熙峰左，法雨寺之坐山也。环若列屏，峦石晶莹，林木青碧，加以白葩丹蕊，四明开放，掩映如锦，故名。"主峰为光熙峰，海拔 210 米。地质基础由燕山晚期侵入的钾长花岗岩构成。土壤以红壤、粗骨土为主。植被以亚热带针叶林、针阔混交林和落叶阔叶林为主。历为普陀山名胜，"光熙雪霁"为普陀十二景之一。历代文人多有吟咏。其中，清代诗人王大捷《锦屏山》诗："入山忘凡想，云水自幽静。孤嶂有余好，回峦互掩映。上是大士堂，下是芳草径。树深扬奇采，洞古发清磬。疑非人世间，客心与禅定。"清代诗人冯天贵《光熙雪霁》诗云："千仞冰雪皎，晴光豁两眸。琉璃疑宝地，寒焰动珠楼。玉累孤峰顶，花开万树头。独传梅信早，岭外暗香浮。"清代诗人祝德风《锦屏山》诗："列屏环抱翠玲珑，花木葳蕤路路通。海外烟岚皆锦绣，琳宫不比蜃楼空。"南麓有法雨禅寺，西南侧山谷有香云路古道通往佛顶山。今为普陀山国家级风景名胜区的组成部分。环岛公路通南麓。

雪浪山(Xuělàng Shān)　属天台山脉余脉。在舟山市普陀区普陀山岛中北部。一说山上岩石裸露，白石嶙嶙，远望似积雪涌浪得名。一说以下望海潮如雪得名。清许琰《普陀山志》卷一："雪浪山。在白华顶右。上多白石，鹰岩出焉。朗朗然辉映林木，如积雪如涌浪也。或云下望海潮，故名。双峰叠峙，亦称大小雪浪云。"1950 年后，谐音别称水浪山。双峰型顶。海拔 189.7 米。地质基础由燕山晚期侵入的钾长花岗岩构成。土壤以红壤、粗骨土为主。植被以亚热带针叶林和落叶阔叶林为主。山顶有巨岩似鹰又似蛙，古称鹰岩，今称蛤蟆石。历为普陀山名胜。历代文人多有吟咏。其中，清代诗人沈让德《雪浪山》诗："吾杭有西湖，双峰高插云。峰尖一色螺，初无大小分。兹山诡万状，如雪复如浪。下瞰海之潮，山势殊奔放。蜿蜒白华巅，涧底喷飞泉。朗如玉山行，步步生金莲。"清代诗人祝德风《雪浪山》诗："雪花高逐浪花狂，万道清辉决眦望。缥缈虚无工变幻，电光石火怕思量。"清代诗人李林《雪浪山》诗又云："满山皆雪浪，望气欲濡衣。纵步升巅顶，茫茫失翠微。"今为普陀山国家级风景名胜区的组成部分。盘山公路环西坡。

梅岑山(Méicén Shān)　属天台山脉余脉。在舟山市普陀区普陀山岛西南部。为梅岑、达摩、观音、灵鹫、炼丹诸峰的合称。因普陀山古称梅岑山得名。"梅"，即指汉代方士梅福。南宋宝庆《四明志》卷二十："或谓梅福炼丹于此，山因以名。"又因山处普济寺西，俗称西山。海拔 124.1 米。地质基础由燕山晚期侵入的钾长花岗岩构成。土壤以红壤、粗骨土为主。植被以落叶阔叶林、亚热带针叶林和针阔混交林为主。山脊和缓，侧坡陡峻。山上有磐陀山、说法台、二龟听法石、观音洞、心字石、西天门、灵佑洞、梅福庵、灵石庵等名胜和古迹，历代文人多有吟咏。其中，明代舟山籍状元张信《游梅岑》："浮生寄丹壑，感慨兴我情。文章岂足恃，所贵矢坚贞。拂之蘅窦下，浩渺驾长鲸。和风洒玉宇，清奏来瑶笙。眷言梅子真，千古留其名。愿共游仙侣，趣趾上蓬瀛。"清定海知县缪燧《梅岑》诗："子真隐吴市，胡为在海涯。岂慕岩谷幽，与佛成一家。梅岑留遗迹，高迥凌青霞。我来当三月，林满杜鹃花。”清代诗人庐贤《梅岑》诗云：“吴市何年来越峤，丹成转在法王前。清风万古梅生岭，却入维摩普济篇。”清代诗人释通树《梅岑山》诗：“相传仙尉迹，千载只孤岑。自得圆通指，枯壤尽布金。”今为普陀山国家级风景名胜区的主景区之一。简易公路通山顶，游山步道环南坡而行。

达摩峰(Dámó Fēng)　属天台山脉余脉。在舟山市普陀区普陀山岛西南部。古称达磨山。“达磨”“达摩”均为梵语音译，即指南北朝天竺高僧菩提达摩。因山巅有石形似罗汉而得名。明周应宾《普陀山志》卷二：“达摩峰，在西天门山，一名罗汉石。”清康熙许琰《普陀山志》卷一：“达磨峰，在鹫峰之右。大石矗峙十余丈，锐首丰背，肤离中合，远望之如人荷物而立，面西将行也，从妙(庄严)路望之尤肖。”海拔 109.3 米。地质基础由燕山晚期侵入的钾长花岗岩构成。土壤以红壤和粗骨土为主。植被以亚热带针叶林和落叶阔叶林为主。山巅巨石有题刻。清许琰《普陀山志》卷一：“其北面刻曰：‘瀛洲界石’，元翰林承旨赵孟頫所书题也。西面刻曰‘罗汉石’，姓名漫灭不可识。”历代文人多有吟咏。清代诗人释通树《达摩峰》诗：“嵩山人似壁，补洛壁如人。独立孤峰上，谁逢葱岭身。”清代诗人祝德风《达摩峰》诗：“一苇游行不可羁，西来大意个中知。本来面目无文字，何事登峰又赋诗。”清代诗人姚燮《达摩峰》诗：“东十二峰西九峰，独来髡顶听天钟。十年风雨云魂倦，谁问匡庐挂壁龙。”“瀛洲界石”题刻今为浙江省文物保护单位普陀山文化景观的组成部分。西南坡有圆通庵和梅福庵。简易公路通山顶。

白华山(Báihuá Shān)　属天台山脉余脉。在舟山市普陀区普陀山岛南部。古称白华峰。因明太监张随曾题“白华峰”得名。“白华”为梵语“potalaka”的音译，普陀山的别称。明周应宾《普陀山志》卷二：“白华峰，在三官堂左。督造张随题，复承上命。”后因妙庄严路侧山石上有明宁绍参将侯继高所题“白华山”而改今名。包括雨华、正趣、东炮台、西炮台等山峰。主峰雨华峰，海拔 97.1 米。地质基础由燕山晚期侵入的钾长花岗岩构成。土壤以红壤和粗骨土为主。植被以亚热带针叶林、落叶阔叶林和针阔混交林为主。历为普陀山名胜。山麓有白华庵。明代舟山镇副总兵张可大《赠白华庵昱光师》：“不识青莲界，山花白几重。松关窥淡月，竹径逗微风。人语龙天外，僧归蜃市中。支工谈小品，趺坐任从容。”清代诗人释德立《登白华山赠闻先禅师》诗云：“高怀人不识，知喜对沙鸥。蜃气浮金钵，潮声吼石牛。云开山洞晓，月出海门秋。时立梅岑上，乾坤双眼收。”今为普陀山国家级风景名胜区的组成部分。山口建有正趣亭。妙庄严路古道于山中穿越。

正趣峰(Zhèngqù Fēng)　属天台山脉余脉。在舟山市普陀区普陀山岛南部。古称玉趣峰。明周应宾《普陀山志》卷二：“玉趣峰，在太子塔右。”清康熙年间(1661—1722 年)由普济寺住持释潮音通旭改今名。清许琰《普陀山志》卷一：“正趣峰，在梵山右。向离，兀峙。其巅平正，如覆釜盂而稍长细，白石磷磷然如嵌球壁。寺外之，山亘西南而濒海者，皆此峰之支属也。旧称‘玉趣峰’。潮公至，谓曰：‘此地为大士说法道场，善财二十八参中，正趣菩萨从他方来，示现说法，《经》载甚明，奈何讹正为玉耶？’遂改今名。”海拔 97.1 米。地质基础由燕山晚期侵入的钾长花岗岩构成。土壤以红壤和粗骨土为主。植被以落叶阔叶林、亚热带针叶林和针阔混交林为主。历为普陀山名胜。历代文人多有吟咏。其中，清代学者袁枚《正趣峰》诗：“善财童子洛伽来，正趣参明笑口开。难得慈悲亲指点，会心不远莫须猜。”清代诗人祝德风《正趣峰》诗：“大士当年告善财，欲明正趣此间来。现成公案无人会，独自拈花口不开。”山口处建有正趣亭。今为普陀山国家级风景名胜区的组成部分。妙庄严路古道自东侧山口穿越，环岛公路过东麓、南麓。

磨心山(Móxīn Shān)　属天台山脉余脉。在舟山市岱山县岱山岛东南部，高亭镇与岱东镇交界处。古为蓬莱山的组成部分。南宋乾道《四明图经》卷七："蓬莱山，在(昌国)县东北四百五十里，四面大洋。耆旧相传：秦始皇遣方士徐福入海求神仙灵药，尝至此。"清代因四山圆形环绕，中有山峰突起似石磨心而得名。清康熙《定海县志》卷三："(岱山)支山十五，曰'凤凰'，曰'磨心'。"别称磨心岗、磨心冈、磨心岭。清代藏书家孙振麟《岱山游记》："东望磨心岭，大小高亭岙，群峰屏列，岱山最高处也。"又因此山为岱山岛最高峰，山顶有慈云庵，别称摩星山以喻其高，别称摩心山(摩心岭)以寓修心。清光绪《定海厅志》卷十七："摩心岭有水，北流。"海拔 257 米。地质基础由白垩系熔结凝灰岩构成。土壤以红壤和粗骨土为主。植被以落叶阔叶林、亚热带针叶林和灌丛为主。山顶有大片茶园，为岱山名茶"蓬莱仙芝"主产地。历为岱山名胜，登高揽海山风光之胜境。旧时冬季山顶偶有积雪，"白峰积雪"为岱山岛著名景观。清代诗人王希程《白峰积雪》诗："最高峰顶最清寒，积雪深时望渺漫。中有玉梅花万树，开来如雪遍层峦。"清代诗人陈文汾《白峰积雪》诗："磨心岭上白如银，云里人家绝俗尘。路为峰高皆曲折，山因积雪失嶙峋。可能铺絮怜寒士，惯把堆盐误细民。戏海飞鸿留爪印，丰年有兆卜三春。"清代诗人沈廉《过磨心岭途中即事》："乱石叠成屋，沿溪四五家。门前无数树，流水映桃花。"今为岱山岛浙江省风景名胜区的主景之一，有慈云庵、慈云极乐寺、蓬莱玉佛宝塔、望海亭、碧波亭、千亩茶园等古迹和名胜，并建有广播电视转播塔。景区专用公路通山顶慈云极乐寺。

高鳌山(Gāo'áo Shān)　在舟山市岱山县长涂镇小长涂山岛西北部。古称高敖山，以山势高峻、岩石裸露得名。后谐音作今名。另说以山形似巨鳌得名。又因山顶形似渔民栲胶用的锅盖，当地称栲胶为"栲淘"，俗称栲淘山、栲鳌山。清康熙《定海县志》卷三："栲鳌山，离县约二百六十里。""高鳌山潭。岱山东南。《藏经》云：'东海有山名曰高敖，乃娑竭龙王所居之地。'一作'栲鳌山'。"海拔 299 米。地质基础由白垩系流纹斑岩构成。土壤以红壤和粗骨土为主。植被以落叶阔叶林和灌丛为主。山顶植被稀疏，岩石裸露。山上有高敖山潭。元大德《昌国州图志》卷四："高敖山潭，在(昌国)州之岱山东南，《藏经》云：'东海有山名曰高敖，乃娑竭龙王所居之地。'上有亭宇。遇旱，乡人祷之。"清代学者朱绪曾《高敖山》诗："目穷修蛰赴高敖，旭日蒸红策六鳌。娑竭老龙鳞爪舞，怒对五虎半雄豪。"南麓濒小长涂港，旧为著名的大黄鱼集散地。西麓和北麓有船舶修造厂，建有 50 万吨级船坞。乡级公路通山麓，金海湾北区隧道穿山而过。

观音山(Guānyīn Shān)　属天台山脉余脉。在舟山市岱山县衢山岛西南部。古为蓬莱山、西朐山的组成部分。南宋乾道《四明图经》卷七："蓬莱山……耆旧相传：'秦始皇遣方士徐福入海求神仙灵药，尝至此。'""西朐山，在(昌国)县北四百里。耆旧相传为仙人所居。""观音山"地名始见于民国年间。传因山上有建于清乾隆四十九年(1784 年)的观音殿(编者注：今广济寺前身)得名。最高点海拔 314.4 米，为岱山县最高峰。地质基础由白垩系玻屑熔结凝灰岩构成。土壤以红壤和粗骨土为主。植被以落叶阔叶林和灌丛为主。清康熙四十四年(1705 年)，曾于山顶设瞭望台。今山顶有天灯台等古迹，为古代导航灯塔的遗存。旧有洪福、普庆、洪因三寺，后合并为广济禅寺。清末洪因寺僧广达禅师《衢山路引歌》云："腊月梅花水成冰，观音山下造闸门。百个山头百个峰，观音山峰高诸峰。如真要知哪峰高，天灯山峰称英雄。"历为岱山县名胜，岱山岛省级风景名胜区的主景之一。登高揽海山风光之胜境，春夏多云雾绕顶，"观音驾雾"为著名景观。盘山公路环山麓，并通山顶。

大悲山(Dàbēi Shān)　属天台山脉余脉。在舟山市嵊泗县泗礁山岛中部，菜园镇东部与五龙乡交界处。地名记载始见民国初期地形图。因山上建有灵音寺，以佛教用语命名。1949 年版《奋进中的嵊泗列岛》载为阿雄山。1966—1976 年曾更名为红卫山。海拔 155.1 米。地质基础由燕山晚期钾长花岗岩构成。土壤以红壤和粗骨土为主。植被以落叶阔叶林、灌丛和白茅草丛为主。山麓历为海防要地。明嘉靖三十四年(1555 年)六月，总兵俞大猷曾率明军歼倭于山麓一带。今为嵊泗列岛国家级风景名胜区的主景之一，山顶建有观景平台，为登高览海山风光之胜境。半山建有灵音禅寺。县乡公路环山，并通山顶。

插旗岗(Chāqí Gǎng) 在舟山市嵊泗县泗礁山岛西南部。因山顶旧为明清巡哨水军瞭望哨驻地，以旗语传递警情得名。1936 年出版的程梯云《江苏外海山岛志》:“西宫山之西有大山曰‘插旗山’，俗呼‘插旗岗’。古传山顶有乱石堆，为古行军插旗处云。”因泗礁山岛别名马迹山，别称马迹中峰。又因山顶岩石裸露，乱石丛生，俗称石峰堂。海拔 217.9 米。地质基础以白垩系流纹质晶屑玻屑熔结凝灰岩为主。土壤以红壤和粗骨土为主。植被以落叶阔叶林、灌丛和白茅草丛为主，间有黑松林。东南麓至南麓一带，为宋、元巡哨水军驻地和明、清江浙两省会哨之地。山顶有水源，北坡建有集水渠道。县乡公路环山。

小梅山(Xiǎoméi Shān) 在舟山市嵊泗县大洋山岛西北部。一说因古称三姑山的今大洋山岛，以岛由大妹山、小妹山、大山三块构成，形如相互扶持的三姐妹得名。此山大小最小，故名小妹山。后谐音别称小梅山、小煤山。一说因山体小于大煤山，由之派生为小煤山。2011 年确定“小梅山”为标准名称。海拔 62.2 米。地质基础由燕山晚期侵入的钾长花岗岩构成。土壤以红壤和粗骨土为主。植被稀疏，以落叶阔叶林、灌丛和白茅草丛为主。山麓历为海防要地，江浙两省巡洋会哨之地。宋代设三姑巡检寨于山麓。南宋宝庆《四明志》卷二十:“三姑山系北洋冲要之地，凡海舟自山东放洋而南欲趋浙之东西，必自此分道。绍兴间置都巡检寨，又于岑江、洌港置两指使子寨，以为犄角。”卷七又载:“神前、石衕、三姑、宜山、马迹、关岙、海驴礁及海南北中间，其昼夜巡徼者，三日一报枢密院及尚书省。平江府许浦水军与定海水军，月差将官巡海互至书。”山脊平缓，侧坡陡峭，悬崖壁立，石景秀美，并有“海若波恬”题刻。昔树有 3 根清代江浙两省外洋水师巡哨分界石柱。南麓为洋山镇区，东南麓有洋山天后宫、净土寺等古迹。今为嵊泗列岛国家级风景名胜区的组成部分。城镇道路三面环山麓，并有栈道通山顶。

大雷山(Dàléi Shān) 属大盘山脉余脉。在台州市，为临海市与天台县、仙居县界山。民国《台州府志》卷四十:“大雷山，在前岭西少北五里许。案，此山为临、天、仙三县共界之山。在天台为西南，仙居为东北，临海为西北。据天台诸志稿，在县西南九十里。蟠结甚大，与仙居接境。数十里无人烟，游踪罕到。近岁采药者始知其详。五里方圆，东自泉山，北自前岭，南自芦田山。”卷四十四:“一名‘南高山’。(天台)县西南九十里。蟠结甚大，与仙居接境。”名称来历不详。有仰天坪、祝大坪岗、廿四尖背、盘龙岗、骑马岗等千米以上山峰，主峰海拔 1 229.4 米，为天台县最高峰，永安溪与始丰溪分水岭。地质基础由侏罗系火山凝灰岩等构成。土壤和植被垂直分带明显。土壤有红壤、黄壤、粗骨土和香灰土等。植被有亚热带针叶林、常绿阔叶林、落叶阔叶林和针阔混交林，1 000 米以上以灌丛为主，近峰顶多裸岩，并有山地草甸。旧有葛玄丹室、清虚宫、月照堂、龙湫瀑、雷峰积翠、十八曲、曲岭松风等胜迹。现建有大雷山林场。台地和缓坡有茶园，山麓有果园。北麓的天台县雷峰乡以此山得名。县乡公路通山麓。

米筛浪峰(Mǐshāilàng Fēng) 括苍山脉主峰。在台州市，为临海市西缘与仙居县界山。古称括苍山、栝苍山、真隐山、天鼻山等。《隋书》卷三十一载为括仓山。北宋《太平寰宇记》卷九十八："括苍山，在（台）州西四十里。高一万六千丈。《神仙传》：'王方平居昆仑，往来罗浮、括苍山相连。'"南宋嘉定《赤城志》卷二十二："栝苍山在（仙居）县东南五十里。高一千五百丈，周回三百里……今临海真隐山本号'栝苍'。"南宋嘉定《赤城志》卷十九："真隐山……本名'栝苍'，别称'天鼻'，唐天宝中改今名。"清顾祖禹《读史方舆纪要》卷九十四："括本作'栝'，即'椤木'也。松身柏叶，山多此木，故名。"后因传说下雪时雪粒如米筛一样筛下来而改主峰为今名。民国《台州府志》卷四十载为米筛浪山："括苍山西北为米筛浪山，其东北为石塘山。""米筛浪山，在括苍山北二里强。"海拔 1 382 米，为浙东最高峰。地质基础由侏罗系火山凝灰岩构成，并有燕山晚期侵入的花岗岩侵入体。土壤、植被垂直分带明显。土壤有红壤、黄壤、山地黄壤、香灰土等。植被有亚热带针叶林、常绿阔叶林、落叶阔叶林和针阔混交林等。1 000 米以上以稀树灌丛和山地草甸为主。山势高峻险绝，多悬崖、裸岩和石峰。自唐以来历为江南道教名山，今为仙居国家级风景名胜区的组成部分，有跑马坪、道场基、九台沟等景点。峰顶建有风力发电场、二十一世纪曙光纪念碑、国家气象自动观测站及电视调频差转台。盘山公路通山顶。

金鳌山（Jīn'áo Shān）　孤丘。属天台山脉余脉。在台州市椒江区章安街道东南部，椒江北岸。一说以山似巨鳌得名。一说因山下灵江中旧见金鳌得名。明李贤《大明一统志》卷四十七："昔有人夜舣舟山下，见波间光彩，近视之，乃一金色巨鳌，因名。"海拔 56 米。地质基础由白亚系火山凝灰岩构成。土壤以红壤为主。植被以常绿阔叶落叶阔叶混交林为主。古为海防、造船和航运基地，古代海上丝绸之路的重要节点。三国吴黄龙二年（230 年），孙权遣将军卫温、诸葛直将甲士万自章安浮海求夷洲及亶洲。南宋建炎七年（1133 年），宋高宗赵构避金兵南逃，曾驻泊于此山麓，并作《金鳌阻潮》诗。赵鼎《建炎笔录》卷一："建炎四年庚戌岁，正月初一日，车驾在海道。初二日，御舟早发，过石佛洋。初三日，御舟入台州港口章安镇。"清光绪《浙江通志》卷十六："建炎庚戌正月三日，帝航海次章安落帆福济寺前。"赵构《金鳌阻潮》诗："碧天低处浪滔滔，万里无云见玉毫。不是长亭多一宿，海神留我看金鳌。"南宋文天祥作《入浙东》诗："厄运一百日，危机九十遭。孤踪落虎口，薄命付鸿毛。漠漠长淮路，茫茫巨海涛。惊魂犹未定，消息问金鳌。"并自序曰："金鳌山在台州界。高宗皇帝曾舣舟于此。寺藏御书。四明既陷，不知天台存亡。忧心如梼，见于此诗。"元末黄岩籍诗人刘仁本《中秋夜舟泊海门金鳌山玩月》诗："秋律平分夜气清，潮来月向海门生。眼明玉兔空中下，人在金鳌背上行。一色水田逾万顷，九天风露欲三更。恍然坐我蓬瀛底，何处有人吹风笙。"清代诗人石岭《金鳌怀古》又云："銮驾当年到此山，村姬麦饭待君餐。题诗壁上今何在？唯听潮声渡海关。"山上旧有祥符塔院，高宗改称善济院。南宋嘉定《赤城志》卷二十七："善济院，在（临海）县东南一百二十里金鳌山。本祥符塔院，建炎四年巡幸，赐今额。洎金三十两，度僧三人，有御座尚存。西有如画轩下瞰长江，前挹海门诸峰。寺壁旧有诗云：'牡蛎滩头一艇横，夕阳多处待潮生。与君不负登临约，同向金鳌背上行。'"南宋诗人潘朝英作有《题金鳌山如画轩》四首。金鳌山宋高宗行在遗址于 1992 年公布为文物保护点。现建有东岳宫、康王庙、观音阁、鳌峰殿等。山北麓附近有古回浦县治、章安县治、临海郡治遗址。章安街道办事处驻东、西二丘间。临前（S327）省道过北麓。

太和山（Tàihé Shān）　孤丘。属北雁荡山脉余脉。在台州市椒江区海门街道西部。古称翠环山。南宋嘉定《赤城志》卷十九："翠环山，在（临海）县东南一百三十里。峰峦回合，有若环翠，故名。"清顾祖禹《读史方舆纪要》卷九十二："（海门山）又四里曰'赤山'，又东曰'翠环山'，与海中诸山相望。”民国《临海县志》卷三:“翠环山,在县东南一百三十里。今测当作一百里。峰峦回合,有若翠环,故名。今案:‘山在前所城东北,西为凤凰山,东曰画眉山,南为小圆山,实一山而三面环绕,故名。’”清末《黄岩县新定县境总图》载为太湖山。后谐音作今名。海拔145.6米。地质基础由侏罗系火山凝灰岩构成。土壤以红壤为主。植被以针阔混交林和常绿阔叶落叶阔叶混交林为主。缓坡和山麓有茶园和旱地,所产番薯以脆、香、甜闻名。城镇道路环山麓。

枫山(Fēng Shān) 孤丘。属北雁荡山脉余脉。在台州市椒江区海门街道西部。古称白枫山。南宋嘉定《赤城志》卷十九:“白枫山在(临海)县东南一百二十五里。”相传山顶清修寺外白枫树上有孔积水,饮之可治病,故名。海拔162米。地质基础由侏罗系火山凝灰岩构成。南坡陡,北坡缓。土壤以红壤为主。植被以针阔混交林和常绿阔叶落叶阔叶混交林为主,林木葱郁。清代诗人张浩《白枫山寺》诗:“寺在碧云里,人从天上来。龙飞虚古井,月到独空台。蓬岛当窗见,沧溟入晓开。风流谢安石,千古共徘徊。”北坡建有全国重点烈士纪念建筑物保护单位解放一江山岛烈士陵园和烈士纪念塔。山顶建有电视发射台。城镇道路环山麓。

灵石山(Língshí Shān) 属括苍山脉。在台州市黄岩区北洋镇与头陀镇交界处。北宋《太平御览》卷四十七:“《临海记》曰:灵石山者,山有寺。当孙恩作叛,毁林木以为船舸,山石即于空中自然而落,贼每有所伤,故曰‘灵石山’。”清光绪《黄岩县志》卷二:“或云,此石自西北飞至,故名。”又因山降甘露而别称甘露山。南宋嘉定《赤城志》二十:“灵石山……以甘露降,名‘甘露山’。”卷二十八:“教忠崇报寺……建旧传有僧诵仁王经而甘露降,遂名‘甘露山’。后以寇孙恩屯兵其处,忽有飞石击之退,遂改名‘灵石’。”海拔532米。地质基础由侏罗系火山凝灰岩构成。土壤以红壤为主。植被以亚热带针叶林、针阔混交林和竹林为主。山麓有柑橘林和茶园。旧有隋僧智顗翻经台、唐李义山著书堂和飞来石等古迹和名胜。山顶有灵石篷,东北麓有崇法寺,南麓有灵石寺和宋乾德二年(964年)始建的灵石寺塔。清光绪《黄岩县志》卷二记载,南宋政治家谢伋晚年辞官隐居灵石寺,并作有《送司马季思通守沿檄天台》二首,其二:“灵石山头路,君应访药寮。竹阴千个密,松色数章乔。季弟方从政,孤僧伴采樵。为言心已往,不待楚词招。”清同治年间(1862—1874年),黄岩知县孙憙将灵石寺改为灵石书院。县乡公路通山麓,山道通灵石篷。

松岩山(Sōngyán Shān) 属北雁荡山脉。在台州市黄岩区澄江街道南部,为澄江街道与沙埠镇界山。以山巅有悬崖和古松得名。南宋嘉定《赤城志》卷二十:“松岩,在(黄岩)县西一十五里。沿崖而上,凡七里始登石梯,梯数百级,劲直如削,名曰:‘古仙百步街’。其上平广,荫以古松。下有碧龙潭,出没能为云雨。东南一土庵特异,有石棋盘、仙人迹焉。岩上又有翦刀痕,或云王仙姑轻举之地。”清光绪《黄岩县志》卷二:“亦作嵩岩。在县西七里。”海拔653.5米。地质基础由侏罗系火山凝灰岩构成。土壤以红壤为主。植被以亚热带针叶林、针阔混交林和竹林为主,林木茂密。山多奇岩怪石,有石大人峰、石林、天梯、石峰洞等名胜及“潮溪第一山”“天峰胜景”“乐性仙化处”等摩崖石刻。沿松岩古道登山,石阶傍松岩溪盘曲而上,景色秀丽,石梯奇险。峰顶平坦,可俯瞰永宁江两岸橘园风光。明代黄岩籍诗人黄绾《松岩山》诗:“扪葛黄昏上翠微,天风松影正交飞。石坛坐处闻秋叶,鸟道行时见古扉。”东麓有始建于南北朝的岱石庙。县乡公路通山麓。

三童山(Sāntóng Shān) 属北雁荡山。在台州市黄岩区高桥街道与澄江街道交界处。以山有三石峰,远望似童子得名。南宋嘉定《赤城志》卷二十:“三童山在(黄岩)县西南一十七里。旧《志》云:‘山有三峰,各高十余丈,远望似童子。’《香积寺记》云:‘昔有三童子出没其侧,迹之皆化为石,故以名山。’”《舆地纪胜》卷十二：“上有三峰，各高数丈，状童子，因以为名。”海拔 348 米。地质基础由侏罗系火山凝灰岩构成。土壤以红壤为主。植被以亚热带针叶林、针阔混交林和竹林为主。山顶有三讲岩。南麓有始建于东晋元兴二年(403 年)的三童寺，南宋谢伋曾归隐于此。朱熹访谢伋，作《题谢少卿药园》二首，并留“天然”二字题刻。其一云：“谢公种药地，窈窕青山阿。青山固不群，花药亦婆娑。一掇召冲气，三掇散沉疴。先生澹无事，端居味天和。老木百年姿，对立方嵯峨。持此供日夕，不乐复如何。”县乡公路通山麓。

翠屏山(Cuìpíng Shān)　属括苍山脉。在台州市黄岩区、北城街道新宅村北部。翠屏、灵岩、六潭、紫霄 4 座山峰的合称。古称灵岩、鹫峰。南宋嘉定《赤城志》卷二十：“灵岩在(黄岩)县北一十里，别称‘鹫峰’。后有飞瀑垂崖而下，石根插水，潴为一潭。樵人续藤系石测之无极。庆元四年，令常濬孙(建)亭其上曰‘擘翠’。又一石洞在嵚崎间，号‘天风门’，别称‘小空明’。左纬诗有‘怪岩摩足力，空谷答人声’之句。”明万历《黄岩县志》卷一：“翠屏山，在灵岩之右，如屏障，俗呼为翠屏。朱文公尝云：‘黄岩秀气在江北，江北秀气在翠屏。’紫霄山，在翠屏峰之东。”“六潭山　在县北一十五里，朱文公尝著书于此，名为‘小樊川’，题曰‘溪山第一。’”后以四峰相近而合称今名。海拔 223 米。地质基础由白垩罗系火山凝灰岩构成。土壤以红壤为主。植被以亚热带针叶林和针阔混交林为主。山多奇岩、峭壁、清溪、飞瀑和幽洞，历与九峰、松岩、委羽诸山并称为黄岩四大名胜。南宋理学家朱熹、南宋右丞相杜范、明礼部尚书黄绾曾驻足于此并留下《与继之紫霄夜坐》《赠少谷出山》等诗文、题刻。六潭峰半山腰有樊川书院遗址。南麓新宅村有黄绾故里，东南麓杜家村有杜范故里。其中，樊川书院为朱熹与赵师渊同修《资治通鉴纲目》处。沈海(G15)高速公路和京福(G104)国道自西部黄土岭隧道穿越，县乡公路至山麓。

瑞岩山(Ruìyán Shān)　属括苍山脉。在台州市黄岩区北洋镇瑞岩村。因山石皆紫色得名。《舆地纪胜》卷十二：“其山石皆紫色。”南宋嘉定《赤城志》卷二十八：“瑞岩净土寺……其山石皆紫色，乾宁二年赐名‘瑞岩’。”海拔 495 米。地质基础由白垩系砂页岩构成。土壤以红壤为主。植被以亚热带针叶林和针阔混交林为主，并有茶园。为浙东佛教名山。东南麓有瑞岩村和瑞岩寺，宋高僧怀玉、智顗曾皆驻锡瑞岩寺。寺中有惺惺石，寺前有大泽塘，寺后有滴滴泉。明天启《黄岩县志》卷一：“山有寺，寺有惺惺石。始，僧师彦披荆榛入，得一磐石以宴坐。自唤曰‘主人翁惺惺着’，故名。”南宋景定五年(1264 年)日本皇子寒岩义尹曾至寺参访，并请寺僧无外义远为其校正《永平广录》。南宋理学家朱熹《奉陪彦集充父同游瑞岩谨次莆田使君留题之韵》：“踏破千林黄叶堆，林间台殿郁崔嵬。谷泉喷薄秋逾响，山翠空蒙昼不开。一壑只今藏胜概，三生畴昔记曾来。解衣正作留连计，未许山灵便却回。”北宋诗人杨杰《滴滴泉》：“岩谷连天岭，杉松彻象山。路从云外入，人自海边还。禅榻红尘断，经窗白昼闲。玉莲生有处，香满翠微间。”瑞岩净土寺塔为浙江省文物保护单位。县乡公路通瑞岩村，简易路通茶园。

九峰山(Jiǔfēng Shān)　属北雁荡山余脉。在台州市黄岩区东城街道。为灵台、华盖(紫云)、文笔(阜云)、接引、宝鼎、灵鹫、双阙、卧龙、翠屏九座山峰的合称。以九峰环立得名。南宋嘉定《赤城志》卷二十：“九峰山，在(黄岩)县东南三里，中有庵焉。庵前九峰环立。”明万历《黄岩县志》卷一：“九峰山，永宁支山也。峰峦有九。旧结屋山麓，曰‘九峰庵’。至庵，则九峰环立。稍下，溪曲则不见。中二峰峭拔，朱文公(熹)题曰‘紫云’‘阜云’，堪舆家以为邑之文笔。旧有二塔，弘治间圮于飓风。至嘉靖辛亥，张御史科，檄有司重建。”海拔 529 米。地质基础由侏罗系火山凝灰岩、流纹岩构成。土壤以红壤为主。植被以亚热带针叶林和针阔混交林为主，山麓有柑橘林。历与松岩、委羽、翠屏诸山并称为黄岩四大名胜。宋代建九峰书院，传朱熹曾于此讲学。西北麓有全国重点文物保护单位，始建于北宋建隆四年(963 年)的瑞隆感应砖塔。紫云、阜云二峰顶，各有一塔(俗称方山双塔)。历代文人多有吟咏。其中，北宋诗人左纬作有《次盛元叙游九峰韵》《宿半山庵》，南宋诗人王居安作有《游九峰》，章雄飞作有《游九峰寺》。《次盛元叙游九峰韵》诗云："恰恰莺啼欲晓天，唤人担酒入林泉。沿崖觅路僧先引，选胜看山席屡迁。心静掉头嫌鼓吹，酒狂挥手弄云烟。日斜数点残红下，芳草菲菲索醉眠。"《游九峰》诗云："爱山何须驻归鞍，九点峰前着意看。水色岚光高索价，凭谁收拾到骚坛。"1957 年建九峰公园，有九峰夕照、九疑积雨、马尾悬流、响泉听松、桃潭夜月、平林塔影等景点。灵台峰山坡建有九峰革命烈士墓。城镇道路环西麓、北麓。

委羽山(Wěiyǔ Shān) 孤丘。属北雁荡山余脉。在台州市黄岩区西城街道南部。传仙人刘奉林于此控鹤轻举，尝坠羽得名。别称俱依山、龟兹山、龟山。南宋嘉定《赤城志》卷二十："委羽山，在(黄岩)县南五里。俗号'俱依山'。东北有洞，世传仙人刘奉林于此控鹤轻举，尝坠翮焉，故以为名。按《登真隐诀》《真诰》皆云，委羽山'天下第二洞'，号'大有空明之天'。"明万历《黄岩县志》卷一："委羽山，在县南五里。俗号'俱依山'。东北有洞，世传仙人刘奉林于此控鹤轻举，尝坠翮焉，故名……又《十大洞记》：'委羽山大有空明洞，在黄岩县南数里，即大有真人所治焉，一云青童君主之。'又《云笈七签》载：'司马季主携子女隐兹山。鲍叔阳、段季正亦于此得解化之道。'则其为仙窟旧矣。"清光绪《黄岩县志》卷二："一名'龟兹山'，亦曰'龟山'，四无依属，山脊圆椭，苍秀特异，邑治案山也。"海拔 87 米。地质基础由侏罗系火山碎屑凝灰岩构成。土壤以红壤为主。植被以针阔混交林为主，山麓有柑橘林。历与嵩岩、九峰、翠屏诸山并称黄岩四大名胜。东北麓有大有空明洞。三国时曾建委羽寺于洞前，后改为观。清康熙十五年(1676 年)改为大有宫，为浙东南道教全真龙门派的祖庭。山上产"方石"。万历《黄岩县志》卷一："地所产石，无大小百碎，皆方正有棱，煮之水可瘳疾。"今存宋代的丹井和瑞井。宋高士徐中行与子徐庭筠曾隐居委羽山。南宋诗人戴复古晚年亦居于山下。历代文人多有吟咏。南北朝诗人谢灵运《题委羽山》："山头方石静，洞口花自开。鹤背人不见，满地空绿苔。"唐代诗人顾况《委羽山》诗："昔人乘鹤玉京游，翮遗仙洞何悠悠。我来寻觅空彝犹，烟霞万壑明清秋。何当骑麟翳凤登瀛洲，倏忽能消万古愁。"南宋诗人王十朋《委羽山》诗："龟山软翠日开屏，羽客逍遥此闭扃。早起留云闲放鹤，夜来伴月静看经。岩前方石有多好，灶里丹砂且是灵。应有赤城鸾凤过，一声长啸入青冥。"元代诗人吴当《委羽山潘氏隐居》又云："天台几千仞，秀色浮苍穹。下有委羽山，迢迢赤城东。晴湍激飞瀑，灵鹊巢长松。眷彼遗世士，诛茅白云通。筑室倚飞霞，开轩待清风。种菊充粻粮，插槿当垣墉。孤高性所玩，夷旷思无穷。"邻近有羽山等村。城镇道路环山麓。

黄岩山(Huángyán Shān) 属括苍山脉。在台州市黄岩区上郑乡东南部。以山顶有黄色岩石得名。别称仙石山。南宋嘉定《赤城志》卷二十："黄岩山在(黄岩)县西一百二十里。一名'仙石山'……按《临海记》：'山上有石驿三面壁立，俗传仙人王方平居焉，号王公客堂。南有石步廊。又云山顶有黄石，故名。'"清光绪《黄岩县志》卷二："今案：'黄石在溪水中，非山顶也。'"海拔 1 059 米。地质基础由侏罗系凝灰岩构成。土壤、植被垂直分带明显。土壤有红壤、黄壤土和水稻土等。植被有亚热带针叶林、针阔混交林、常绿阔叶落叶阔叶混交林等。1 000 米以上多杜鹃灌丛。山上旧有黄公客堂。北宋《太平寰宇记》卷九十八："仙石山，山有馆，土人谓之黄公客堂。两边有石步廊，触石云起，崇朝必雨……即王方平所游之地。”周天授元年（690 年），以此山有黄岩而改永宁县为黄岩县。北麓为黄岩溪之源。南宋嘉定《赤城志》卷二十四：“黄岩溪，在县西一百里，源出黄岩山。”县乡公路通山麓。

丹崖山（Dānyá Shān）　孤丘。属北雁荡山脉余脉。在温岭市泽国镇北部。南宋嘉定《赤城志》卷二十：“丹崖山在（黄岩）县南四十五里。岩石俱赤，有金银星焉。世传仙人炼丹于此，故名。”别称担牙山。明嘉靖《太平县志》卷一：“丹崖山……一名‘担牙’。厓石俱赤，有金银星。世传葛洪炼丹于此，故名。”海拔 134 米。地质基础由侏罗系流纹岩构成。山体呈圆锥形。土壤以红壤为主。植被以针阔混交林为主。缓坡有橘园。旧有丹崖寺、丹崖塔、半山亭、啸轩、龙楼、炼丹井等古迹。嘉靖《太平县志》卷一：“有池深可尺许，群鸟浴其上，俗名‘老鸦井’，或即曰‘葛洪炼丹井’。宋胡融《葛洪井》诗：‘荒巅有野井，古意豁冥搜。藓石已摧剥，云萝秘清幽。忆昔抱朴翁，炼液楼高丘。丹成已蝉蜕，岩花几春秋。’”南宋黄岩诗人郑瀛作有《丹崖古迹》《碧沼遗踪》《双桥秋月》《四泽晓罾》《南野暮镕》《西崖伏虎》《官塘竞渡》《葛井涵秋》“丹崖八景”诗。其中，《丹崖古迹》云：“丹崖之山丹气浮，葛洪老仙居上头。丹成一去几千载，至今猿鹤生清愁。丹井有泉石有拇，流芳直与天地久。我来问山山不知，坐费山僧一杯酒。”清代太平县诗人戚学标《丹崖题壁》诗：“何必仙径到，此山从古名。灵胜分雁宕，光气似霞城。虎伏山风静，鸦归井水清。异时闻谷口，曾此谢尘缨。”清末于此建文炳书院，民国间曾为台州农校校址，今辟为丹崖公园，麓旧建有丹崖桥。城镇道路环山。

方山（Fāng Shān）　属雁荡山脉支脉。在温岭市大溪镇南部。古称方城山。唐天宝六载（747 年）改称王城山。俗称方岩山、方山。1949 年以后，多以方山为正名。方城山、方山，因山顶平坦，四崖壁立，碟叠如城得名。清光绪《太平县志》卷一：“绝巘壁立如城。方言形城，言状如天台之赤城矣。”王城山，传以越王失国，尝保此山得名。南宋嘉定《赤城志》卷二十：“王城山，在（黄岩）县南七十五里。碟叠如城，本名方城山。王羲之《游四郡记》云：‘临海南界有方城山，绝巘壁立。’越王失国，尝保此山。天宝六年改今名，俗又呼‘方岩’。”海拔 450 米。地质基础由白垩系流纹岩、熔结凝灰岩等构成。地貌为典型的火山台地。山顶平坦开阔，面积约 46.7 万平方米，有溪流、瀑布、耕地、水潭和房屋，四崖壁立如削，有石柱、石球、石穴等景观。土壤以黄红壤和黄壤为主，土层较薄。植被以常绿阔叶林、亚热带针叶林和灌丛为主。南宋嘉定《赤城志》卷二十：“中有渔翁岩、石柱峰、仙人濯足滩、鸡母石、石棋盘、平霞嶂、露台石、仙棺岩、牛脊陇、水帘谷。至平旷处可百余亩，有力者垦之，号‘仙人田’。”明嘉靖《太平县志》卷一：“王城山，在（太平）县西北三十三里，邑之镇山也……中有渔翁岩、石柱峰、仙人濯足滩、烂柯石、鸡母石、平霞嶂、石棋盘、露台石、仙棺岩、牛脊陇、水帘天窗，诸境皆绝胜。山顶平旷，可百余亩。人垦而耕之，号‘仙人田’。”清光绪《太平县志》卷一：“戴参军（戴昺）《景明寄诗》有‘果然绝粒能轻举，底事仙人尚有田’之句。此山层岩峭拔，壁岸无阶，惟由石柱峰侧梯而上，新建有云霄寺。《叶志》：‘白龙潭在方岩山上，春夏晴明，远望有白练布于岩上，上下二潭，下潭在岩脚上，上潭在岩顶。’”明谢省《登方岩记》：“触石之泉，悬岩之溜，倚天之柱，出云之岫，猝不可穷尽。”东北麓水汇为迂江之源桃溪。南宋嘉定《赤城志》卷二十四：“溪口湖，在（黄岩）县南一百一十里。源出王城山，东北流入浦。”清顾祖禹《读史方舆纪要》卷九十二：“山下有溪曰‘桃溪’，相近者曰‘玉山’，两崖对峙，亦曰‘古塘门’。”“迂江在（太平）县东。源出王城山之桃溪，一名‘月河’，东流合诸山水，为新建河，经县北三十里，为官塘河。河西南达温岭，东南抵县城，北通黄岩，为舟楫交会之冲。”东晋书圣王羲之曾于此游历，明代地理学家徐霞客经此往雁荡山。《徐霞客游记·游雁宕山日记后》：明崇祯五年(1632 年)“至四月二十八日，达黄岩，再访雁山。觅骑出南门，循方山十里，折而西南行三十里，逾秀岭，饭于岩前铺。”明代文学家谢铎于此建方岩书院。明代诗人李东阳《方岩书院记》云：“山之旁有狮子、虎头诸岩，文笔诸峰，仙人迹、月岭、桃溪诸境，其外则环以大海，浩森无际，其后则天台、雁宕诸山，竦立乎霄汉之表，委灵毓秀，至是而极，则结为方岩，巉耸峭拔，为一方之胜，故院以是名。”明代文学家谢铎以“方山”为号，诗人谢绩自号“王城山人”。今为方山—长屿硐天国家级风景名胜区的组成部分，并为方山—南嵩岩世界地质公园的组成部分，有方岩书院、云霄寺等古迹。沈海(G15)高速公路、京岚(G104)国道过西麓。

峤山(Qiáo Shān)　属北雁荡山脉。在温岭市温峤镇西南部。古称温峤岭、峤岭山、温岭、大小岭、中峤山、峤岭等。北宋《太平寰宇记》卷九十九载：“晋明帝以温峤岭以南，分永宁等四县置永嘉郡。”南宋嘉定《赤城志》卷二十：“峤岭山，在(黄岩)县南九十里。俗称‘温岭’，有东西两峰，东大西小，故有大小岭之名，与乐清分界。”南宋祝穆《方舆胜览》卷九：“温岭，去永嘉县一百六十里。其地常燠少寒。”明嘉靖《太平县志》卷一：“峤山，一名‘温岭’。在县西十里，有东西两峰，东大西小，故有大岭、小岭。”清顾祖禹《读史方舆纪要》卷九十二：“温岭，(太平)县西十里。一名‘中峤山’，亦名‘温峤岭’，亦曰‘峤岭’。”海拔 90.2 米。地质基础由晚侏罗系凝灰岩构成。土壤以红壤为主。植被以亚热带针叶林和针阔混交林为主。东晋孙恩曾于岭上筑城。唐代以此山为名置温州。旧为台州至温州的交通要道。宋代以此山为名设峤岭镇、温岭驿。《元丰九域志》卷五：“黄岩……(有)一十二乡。峤岭、于浦、新安、青额、盐监五镇。”南宋嘉定《赤城志》卷七又载：“峤岭镇，在(黄岩)县南一百二十里，后省罢。”明代改峤岭镇为温岭街。明嘉靖《太平县志》卷二：“温岭街在十八都峤岭，南通江下水路入海，西陆路通乐清、温州，北水路通路桥官河，东陆路通本县、黄岩。贾舶交会，人烟辏集，实一大市镇云。”清顾祖禹《读史方舆纪要》卷九十二：“宋置温岭驿于此。”北宋诗人赵抃《过温岭驿》诗：“昨朝初泛临海舟，今暮已登温岭驿。秋风阁雨波不扬，风伯江神俱有力。”1914 年，为避太平县重名，以此山为名改太平县为温岭县。县乡公路过山口。

楼旗山(Lóuqí Shān)　属北雁荡山脉。在温岭市温峤镇北部。古称楼崎山、娄崎山、天马山。别称楼旗尖。因山顶有巨岩如楼，海舶以此为天然航标得名。南宋嘉定《赤城志》卷二十：“楼崎山，在(黄岩)县南七十里。极雄峙，海舶视为向背。下有石米，通明如雪，相传有异人尝饮啄焉。”明嘉靖《太平县志》卷一：“楼旗山，在县西北二十里，一曰‘娄崎’，又呼‘大马山’，极雄峙，海舶率视为向背，故称‘楼上旗’。”《大清一统志·台州府》：“娄崎山，在太平县西北二十里，亦曰‘楼旗山’，雄峙霄汉，海舶每视为向道。一名‘天马山’。”明代礼部右侍郎谢铎曾作《旗山》诗：“参差石外峰，仿佛楼上旗。空怜太守帻，不作摩崖碑。”海拔 359.8 米，地质基础由白垩系火山凝灰岩构成。土壤以红壤为主。植被以亚热带针叶林为主。山麓有桃、李、橘等果林。山势陡峭，顶有巨岩和楼旗潭。嘉靖《太平县志》卷一：“顶有龙湫，每云雾罩，则多雨。旗下出石米，通明如雪，世称‘仙米’。晋王氏尝居焉，种菊蒲。山有王氏墓。赵宋时，复有王氏来居，亦衣冠大族。其西有惠众寺。旧传八景诗，不知谁氏作。”有狮岩观雨、悬崖飞瀑、天然云碓、灵犀蹄迹、巾峰望海、龟潭印月、峭壁虬藤、石鼓传声等景观。明代太平县诗人叶良佩《登高和杜诗》云：“仙坪寂寂酒杯宽，世路悠悠常鲜欢。百世轮回同过客，十年奔走误儒冠。振衣晓触云涛壮，望斗夜禁风露寒。”山麓旧有晋琅琊王氏墓，曾出土“晋永和十二年”“琅琊国”等字墓砖。南麓曾出土新石器晚期的石斧、石犁头和石箭镞，东侧之马望山西坡，于 1984 年出土西周青铜夔纹蟠龙大盘。宋代于西麓建惠众禅寺。今辟为旅游景区，山巅建有旗峰宫和天波府。县乡公路通山麓。

大固山(Dàgù Shān)　属天台山脉。在临海市古城街道。以东晋刺史辛景于此凿堑御孙恩，固若金汤得名。又因逶迤如龙，别称龙顾山。南宋嘉定《赤城志》卷十九："大固山，一名'龙顾山'。在州西北三百步，高八十丈，周回五里。按旧《经》：'晋隆安末，孙恩为寇，刺史辛景于此凿堑守之，恩不能犯，遂以大固、小固名山。'《听壁记序》云：'隋平陈，并临海镇于大固山，以千人护其城。'则得名旧矣。而《道史属词》乃云：'茅盈得道于临海镇东龙顾山，驾鹤上升。又绍兴十年，道士费德泓卓庵北山，斸地得晋永和九年断碑，亦有龙顾山字。'盖本名'大固'，后别称'龙顾'焉。山势逶迤，抱州治如屏障。自州治后而北，则曰'北山'，自北山稍东接白云寺，则曰'白云山'，其实一山也。"海拔109米。地质基础由白垩系流纹岩构成。土壤以红壤为主。植被以常绿阔叶林、落叶阔叶林和针阔混交林为主。历为临海郡、台州和临海县治的靠山，全国重点文物保护单位台州府城墙逶迤跨建其上。南麓有城隍庙、戚公祠。唐、宋代曾以此山为名设大固乡。京岚(G104)国道过北麓，城市道路环山。

巾子山(Jīnzǐ Shān)　属天台山脉。在临海市古城街道。以形如巾帻得名。别称帢帻峰、巾山。南宋嘉定《赤城志》卷十九："巾子山在(台)州东南一里一百步，连小固山。两峰如帢帻，一号'帢帻峰'。"海拔93.5米。地质基础由侏罗系沉积岩构成。土壤以红壤为主。植被以常绿阔叶落叶阔叶混交林为主，间有针阔混交林。两峰耸峙，其巅各有一塔，名为东大塔和南山殿塔，为浙江省文物保护单位。历为台州名胜。南宋嘉定《赤城志》卷十九："其顶双塔差肩屹立。有明庆塔院，院之南有翠微阁，北有广轩，轩下瞰阛阓。南眺郊薮廛市，山川之盛，一目俱尽，故其胜概名天下，登临者必至焉。又有曲肱斋，斋侧有碍云轩，又其巅有息庵。元祐中，僧愿鸿所建，今废。"清顾祖禹《读史方舆纪要》卷九十二："顶有双塔，下瞰城郭，郊薮山水，尽在目前。"唐任翻作有《宿帢帻精舍》《再游巾子山寺》《三游巾子山寺感述》等诗，南宋诗人曾几作有《题巾山广轩次韩无咎韵》，戴复古作有《巾子山翠微阁》，舒岳祥作有《题巾山翠微阁》《再题巾山二绝贻王如山监簿》，朱熹作有《题巾峰精舍分咏任翻帢帻》诗，陈棠作有《登帢帻峰》诗，明代抗倭名将戚继光作有《登巾山》。任翻《宿帢帻精舍》诗云："绝顶新秋生夜凉，鹤翻松露滴衣裳。前峰月映半江水，僧在翠微开竹房。"《三游巾子山寺感述》云："清秋绝顶竹房开，松鹤何年去不回。惟有前峰明月在，夜深犹过半江来。"戴复古《巾子山翠微阁》云："双峰直上与天参，僧共白云栖一庵。今古诗人吟不尽，好山无数在江南。"朱熹《题巾子山》云："恰帻峰头三蘸岩，梧桐井上叶飘横。诗脾悟得凉如水，云满书窗月满房。"舒岳祥《赠冯法师》诗又云："我昔登巾山，曾题翠微阁。清诗照江月，月落诗不落。踏露沐长松，辽东一只鹤。千载还归来，塔杪栖寥廓。过我沧海东，复作羽衣客。问客何处来，乃是巾山郭。"方孝孺的《逊志斋集》收有《巾山草堂记》。现辟为巾山公园，有天宁寺、巾山塔群、华胥洞、三元宫、兜率寺、南山殿等古迹和名胜，西麓有台州府城墙博物馆。城市道路环山麓，通多条公交线路。

盖竹山(Gàizhú Shān)　属括苍山脉。在临海市汛桥镇东南部。以有竹如盖得名，别称竹叶山。南宋嘉定《赤城志》卷十九："盖竹山，在(临海)县南三十里。按《舆地志》：'一名竹叶山。'中有洞，名'长耀宝光之天'。周回八十里，洞渊集所谓第十九洞天也。《云笈七签》云：'仙人商邱子治之。'《道藏洞天记》及《名山记》皆云：'盖竹山福地观、坛各一所，有竹如盖，故以为名。'"海拔528米。地质基础由侏罗系火山凝灰岩构成。土壤以红壤为主。植被以亚热带针叶林、针阔混交林、常绿阔叶落叶阔叶混交林和竹林为主。历为道教名山、临海名胜。上有石室，并有香炉、天门二峰。

南宋嘉定《赤城志》卷十九："有仙翁茶园，旧传葛元植茗于此。又有礼斗坛、石窗、石几、石床、石臼、石砚。《尘外记》云：'中有石井，桥北小道直人有杉六丛，左右有石室，晋许迈尝居之。'旧传，汉末有陈仲林等四人入此山得道，真灵区也。或云，绍兴间有二女郎出入洞中，一老妪家其侧，疑以为魅秽其处，遂不复见。又有丹凤楼，香垆、天门二峰，诡异竦特，为游览之胜。"南宋台州知州唐仲友《游盖竹山》诗："篮舆东出雨初收，众山卷雾奔苍虬。麦田濛濛连千畴，去年见种今见秋。农家碗大即快活，使君不去能无羞。春光欲尽谁挽留，千林薿薿新绿柔。桐花远近淡无色，自开自落那关愁。洞天为我暂晴霁，使我蜡屐穷冥搜。天门发秀万马下，水口离立群峰稠。瀑泉对面泻绝壁，宝剑却倚丹凤楼。溪声喷薄雷震动，石色古怪神剜锼。洞门谽谺风飕飕，香炉峰下蛟龙湫。"南宋永嘉籍进士林一龙作有《盖竹洞天记》，清代天台籍地理学家齐召南作有《盖竹山长耀宝光道院记》。县乡公路通山麓。

石新妇山（Shíxīnfù Shān）　孤丘。属括苍山脉余脉。在临海市沿江镇红光村北。以山麓有石似妇人得名。北宋《太平寰宇记》卷九十八："石新妇山，在（临海）县东一百一里。山旁多有奇石，如妇人之状，石悉绀色。宋文帝遣画工摹写山状，时人盛图于白团扇焉。"南宋嘉定《赤城志》卷十九："石新妇山，在（临海）县东南七十里，东濒江。"别称石仙妇山、似人山。北宋《太平御览》卷四十七："《临海记》曰：'新妇山亦名似人山。土石悉绀色，列石参差似人形，远望如鸟之俯仰。'"又因山麓有石新妇庙，俗称庙山。海拔 65 米。地质基础由侏罗系火山岩构成。土壤以红壤为主。植被以亚热带针叶林和针阔混交林为主。唐代于山麓建石新妇庙，后迁址。庙前有九井。南宋嘉定《赤城志》卷三十一："石新妇庙，在（临海）县东南七十里。以庙山有石，妇人状，故沿袭祠之。旧在山下。唐武德二年建，嘉定十三年徙今地，其前面江，山有连理木、九井焉。"宋代于山麓设石新妇酒坊。北宋诗人左纬《石新妇》诗："烟萝为髻雾为巾，独立江边经月春。无故被人呼作妇，不知谁是画眉人。"宋代诗人林小山《新妇石》："瘦骨崚嶒立海湄，绿苔曾是嫁时衣。江郎去作三衢客，目断天涯竟未归。"明代诗人应昆《石新妇》诗："石新妇旁翠微间，春草春花双髻鬟。何日送郎骑马去，望郎长对马鞍山。"东濒灵江。县乡公路通山麓。

韦羌山（Wéiqiāng Shān）　属括苍山脉。在台州市仙居县淡竹乡。北宋《太平御览》卷四十七载为天姥山："《郡国志》曰：天姥山，与括苍山相连，石壁上有刊字，科斗形，高不可识。春月樵者闻箫鼓笳吹之声聒耳。元嘉中，遣名（师）画写状于扇，即此山也。"南宋嘉定《赤城志》卷二十二载为韦羌山："韦羌山，在（仙居）县四十里。绝险不可升。按《临海记》云：'此众山之最高者，上有石壁刊字如蝌蚪。晋义熙中，周廷尉为郡造飞梯，以蜡摹之，然莫识其义。俗传夏帝践历，故刻此石。'"清光绪《仙居县志》卷二："上有石室户，至春深雾重，樵者隐隐闻箫鼓声，盖神仙所宅也。案：'韦羌又名王姥。'《名胜志》云：'王姥所居。'"海拔 1 110 米。地质基础由侏罗系流纹岩构成。土壤以红壤为主。植被以亚热带针叶林为主。山势险峻奇绝。悬崖壁立，多裸岩和石峰，以岩奇、瀑雄、谷幽、洞密、水清、雾美为胜，千峰林立，气象恢宏。北宋仙居县令陈襄作有《题仙居韦羌山六绝》，其一云："去年曾揽韦羌图，云有仙人古篆书。千尺石岩无路到，不知科斗字何如。"北宋仙居县令郭三益《题韦羌山绿筠庵》云："道人栖碧山，云居在空曲。十年海潮音，利物缘已熟。更寻妙高顶，超然具幽筑。古木插空青，寒筠抱岩绿。时携贝叶书，步入深林读。云衣冷萧条，静对含烟玉。客来境非喧，客去境自足。宵眠护禅虎，昼引衔花鹿。庵中三昧语，药我贪瞋毒。何当脱双凫，藜杖追高躅。"今为仙居国家级风景名胜区的主体。县乡公路通山麓，并建有上山索道。

福应山(Fúyīng Shān)　属大盘山脉余脉。在台州市仙居县福应街道东部。以其居县城龙首,得地之胜,可取青绶、紫绶不绝得名。又因山上旧有尽美亭,别称尽美山。南宋嘉定《赤城志》卷二十二:“福应山,在(仙居)县东二里。阴阳家谓其居邑龙首,得地之胜居,人建浮图其上,自是取青紫不乏焉。上有尽美亭,其下枕溪,岩壑俱秀。张景修《记》云:‘仙居邑之美者也,而一山尽焉;福应山之美者也,而一亭尽焉,尽美亭者非尽一山之谓,尽一邑之谓也。’”海拔 96 米。地质基础由紫红色砂砾岩构成。土壤以红壤为主。植被以针阔混交林为主。山巅有建于北宋庆历八年至皇祐三年(1048—1051 年)的全国重点文物保护单位福应塔。历为仙居县名胜。宋代诗人张景脩《福应山》诗:“南亭不减北邙高,美景因公见一朝。已看溪山如在画,更传风雅似闻韶。栽桃定有仙家在,种竹宁无隐者招。秀气当为多士福,未应都放与渔樵。”南麓有宋代上蔡书院遗址。西濒盂溪,余环福应路,福应隧道自南部穿越。

安洲山(Ānzhōu Shān)　孤丘。属北雁荡山脉余脉。在台州市仙居县南峰街道东北部。古称管山、九旬山。后因唐武德间(618—626 年)沙涌成洲,故以此喻沙洲坦夷,民众安泰。南宋嘉定《赤城志》卷二十二:“安洲山,在(仙居)县东南五里。旧名‘管山’,别称‘九旬’。上有潭。按旧《志》:‘唐武德中,僧灌顶讲经于此。时渔者甚众,顶劝止之。忽一夕风雨,旦视之,则为洲矣,故更今名。’又,按罗提刑适《灌顶行业记》云:‘师卜居安洲,以波澜四绝人,迹不通,乃誓曰:若使此地坦夷,来此讲经。未浃旬,白沙涌出,地平如砥,乃讲金光、法华二经以答嘉贶。’此与旧志语微异,今两存之。”清顾祖禹《读史方舆纪要》卷九十二:“一名‘管山’,别称‘九旬山’。山本在水中,唐武德间,风雨大作,沙涌成洲。”后因明代建塔于山巅,别称塔山、新塔山。海拔 100 米。地质基础由侏罗系凝灰岩构成。土壤以红壤为主。植被稀疏,以常绿阔叶林和针阔混交林为主。山上有建于明万历二十六年至三十年间(1598—1602 年)的石塔,为浙江省文物保护单位。唐天台宗高僧释慈云灌顶曾于此驻锡,留下《灌顶说法》传说。宋嘉泰二年(1202 年)以此山为名,改栝苍驿为安洲驿。《赤城志》卷三:“安洲驿,在(仙居)县西三百步。旧名‘栝苍’。绍兴二十六年,令梅克明建,后废。嘉泰二年,令林岳重建,以近安洲山更今名。”南宋大臣楼钥曾作《安洲驿记》,元代学者陈孚作《安洲乡学记》,明代诗人应世南作有《安洲诗集》,清代诗人朱之鹏、王魏胜分别辑有《安洲诗遗》和《安洲诗录》。1949 年曾以此山为名置安洲镇。1954—1956 年,曾以此山古称置管山乡,南麓今有管山村。北濒永安溪,县乡公路通山麓。

湫水山(Qiūshuǐ Shān)　属天台山脉。在台州市三门县,为亭旁镇与横渡镇、海游镇界山。古称屈母山、龙母山。南宋嘉定《赤城志》卷二十二:“屈母山,在(宁海)县南九十里,即‘龙母山’。旧传屈氏母子徙居,此其母死且葬焉。”嘉定《赤城志》卷二十五:“旧传吴尚书屈晃生子坦,坦偕其母隐于此,寻化为龙,母亦尸解,葬其处,世所谓龙母山也。”后因山上有湫水潭,传说为“湫水龙”隐居处而改今名。海拔 882 米,为三门县最高峰。地质基础由侏罗系火山岩构成。土壤以黄壤为主。植被有亚热带针叶林、常绿阔叶林、落叶阔叶林和针阔混交林,林木茂密,为省级森林公园,并建有湫水山林场。山上有龙潭 3 个。西麓有始建于唐元和五年(810 年)的湫水玉溪寺。山顶建有风力发电场。简易公路通山顶。

桐柏山(Tóngbǎi Shān)　属天台山脉。在台州市天台县,为赤城街道与石梁镇界山。玉女、卧龙、紫霄、翠微、玉泉、莲华、华琳、香琳、玉霄九座山峰的合称。原为天台山的别称,后演变为山名。北宋《太平寰宇记》卷九十八:“桐柏山,在(宁海)县西五十里。《登真隐诀》云:其山八重,四面视之如一，金庭不死之乡。方四十里。”清顾祖禹《读史方舆纪要》卷九十二：“天台山，（天台）县北十里。一名‘桐柏山’。”“桐柏山……天台之支山也，故天台亦兼桐柏之名，周围有紫霄……九峰，亦即天台诸峰矣。”一说以山多桐树、柏树得名。一说以山上有桐柏观得名。桐柏观建于唐景云二年（711年），由司马承祯建。五代后梁开平年间（907—910年）升观为宫。宋祥符元年（1008年）改名桐柏崇道观。清顾祖禹《读史方舆纪要》卷九十二：“上有桐柏观。唐懿宗初，浙东贼裘甫作乱，官军与战于桐柏观前，败绩。宋改名‘崇道观’。”又因山有九峰，别称九峰山。海拔512米。地质基础由侏罗系火山凝灰岩构成。土壤以黄泥土、砂黏质黄泥土、粗骨土为主。植被以亚热带针叶林和针阔混交林为主。地形和缓，缓坡处有茶园、旱地和梯田。传葛玄曾于此炼丹。宋张伯端于此著《悟真篇》，创道教南宗，遂成为道教南宗祖庭，历代珍赐翰墨、文物及碑刻甚多。又有元明宫、妙乐院、玉霄宫等道院散布于各峰。唐代诗人孟浩然《宿天台桐柏观》：“海行信风帆，夕宿逗云岛。缅寻沧海趣，近爱赤城好。扪萝亦践苔，辍棹恣探讨。息阴憩桐柏，采秀弄芝草。鹤唳清露垂，鸡鸣信潮早。愿言解缨络，从此去烦恼。高步陵四明，玄踪得二老。纷吾远游意，乐彼长生道。日夕望三山，云涛空浩浩。”唐代诗人钱起《过桐柏山》：“秋风过楚山，山静秋声晚。赏心无定极，仙步亦情远。返照云窦空，寒流石苔浅。羽人昔已生，灵迹忻方践。投宿谢归途，世缘从此遣。”1973年建桐柏山水库，桐柏观址淹于库下，部分观宇移于鸣鹤观（妙乐院）。今为天台山国家级风景名胜区的组成部分。盘山公路环山腰而行。

紫凝山（Zǐníng Shān）　属括苍山脉。在台州市天台县，为雷峰乡与平桥镇界山。古分称紫凝峰、瀑布山。南宋嘉定《赤城志》卷二十一：“紫凝峰，在（天台）县西南二十五里，无相院侧。旧传僧智顗诵经，感紫云之异，故名。盖与瑞龙、天柱、香垆、应泽四峰相望，均为胜概。”“瀑布山在（天台）县西四十里。山有瀑布垂流千丈，遥望如布。盖与福圣观、国清寺二瀑为三，其山出奇茗。”北宋《太平寰宇记》卷九十八：“瀑布山，亦天台之别岫也。西南瀑布悬流，千丈飞泻，远望如布。”清顾祖禹《读史方舆纪要》卷九十二：“瀑布山，一名‘紫凝山’，有瀑布千丈。”海拔450米。地质基础由侏罗系火山碎屑岩、流纹岩和白垩系玄武岩等构成。土壤以红黏泥土、红泥土为主。植被以亚热带针叶林为主。历为天台县名山。重峦叠嶂，秀岩林立，谷幽洞奇，有紫凝瀑布、五彩珠、双舟棹影、碧琼潭、龙珠舌、钟鼓岩、鲤鱼朝天、神女洗发、开岩古岙等景点，附近有昭明太子庙、紫凝寺、陆羽殿、法华演经堂和北宋古窑址等古迹。其中，紫凝瀑布旧与福圣瀑（编者注：即百丈崖瀑布）、石梁飞瀑合称天台瀑布“三绝”。唐陆羽品瀑布山潭水为天下第十七。产紫凝茶、珍珠岩、褐煤和红柿。古有虞洪入山采茗传说。北宋《太平寰宇记》卷九十八：又按《神异记》云：“余姚人虞洪入山采茗，遇一道士牵三青羊，引洪至瀑布山，曰：‘吾丹丘子也，闻子善具饮，常思见惠。山中有大茗，可以相给，祈子他日有瓯蚁之余，不相遗也。’因立奠祀。后常与家人入山，获大茗也。”县乡公路通山麓。

苍山（Cāng Shān）　天台山脉最高峰。在台州市天台县坦头镇与泳溪乡交界处。以苍秀凌霄得名。《舆地纪胜》卷十二：“苍山，在天台县东四十里……以其苍苍接汉，故名。”南宋嘉定《赤城志》卷二十一：“绝顶睇沧海。以其苍苍接汉，故名。”清顾祖禹《读史方舆纪要》卷九十二：“（东横山）又东三十里有苍山，以苍秀凌霄而名，接宁海县界。”海拔1 113米。地质基础由侏罗系火山凝灰岩构成。土壤与植被垂直分带明显。土壤有山黄泥土、黄泥土等。植被有亚热带针叶林、常绿阔叶林、落叶阔叶林、针阔混交林等，建有天台林场欢岙林区。东坡台地建有茶园，为天台山云雾茶的主产区之一。山顶建有风力发电场，山麓多梯田。

东横山(Dōnghéng Shān)　属天台山脉。在台州市天台县赤城街道东南部。因横踞县城以东，状如屏障而得名。又以远望状如覆船，别称覆船山。南宋嘉定《赤城志》卷二十一："覆船山在(天台)县东一十里。状如覆船，故名。按《神邕山图》此(天)台山脚也。其上夷坦可三十顷，中有三泉，冬温夏洌，以其横据县东，旧呼为'东横'。侧有古净池云。"清顾祖禹《读史方舆纪要》卷九十二："东横山，在县东十里，天台山足也，俗名'覆船山'，其上坦夷，可三十顷，中有三溪。"海拔 241 米。地质基础由白垩系玄武岩构成。土壤以红紫砂土为主。植被以亚热带针叶林和针阔混交林为主，东坡有茶园。南宋邑人徐大受建竹溪书院于山麓。明嘉靖间(1522—1566 年)邑令钟纽于其上筑丹丘台。唐代诗人许浑《宿东横山濑》诗："孤舟路渐赊，时见碧桃花。溪雨滩声急，岩风树势斜。猕猴悬弱柳，鸂鶒睡横楂。谩向仙林宿，无人识阮家。"东南麓有东横山村。南濒始丰溪，常台(G15W)高速公路过北麓，京岚(G104)国道过南麓。

琼台山(Qióngtái Shān)　属天台山脉。在台州市天台县赤城街道北部。因与双阙山相对，翠壁万仞如宫楼得名。东晋孙绰《游天台山赋》："双阙云竦以夹路，琼台中天而悬居。"南宋嘉定《赤城志》卷二十一："琼台、双阙两山。自崇道观西北行二里，至元应真人祠，由真人祠取道仙人迹经龙潭侧，凡五里至琼台，转南三里至双阙，皆翠壁万仞，森倚相向……《夏英公竦铭》云：'琼台巀嶭，左右如阙。直上相等，萝交蔓结，启闭云气，出入日月。千里若线，群峰如屑。凌霄压海，吞吴跨越。'"明徐霞客《徐霞客游记·游天台山日记后》："琼台之奇，在中悬绝壑，积翠四绕。双阙亦其外绕，中对峙之岩。"海拔 350 米。地质基础由侏罗系流纹岩、凝灰岩构成。土壤以砂黏质黄泥土、粗骨土为主。植被以亚热带针叶林、针阔混交林和常绿阔叶落叶阔叶混交林为主。唐代诗人柳泌《琼台》诗："崖壁盘空天路回，白云行尽见琼台。洞门黯黯阴云闭，金阙曈曈日殿开。"唐代诗人方干《因话天台胜异仍送罗道士》诗云："积翠千层一径开，遥盘山腹到琼台。藕花飘落前岩去，桂子流从别洞来。石上丛林碍星斗，窗边瀑布走风雷。纵云孤鹤无留滞，定恐烟萝不放回。"旧有百丈崖瀑布，1958 年因建水库而断流。李白《求崔山人百丈崖瀑布图》诗："百丈素崖裂，四山丹壁开。龙潭中喷射，昼夜生风雷。但见瀑泉落，如漈云汉来。闻君写真图，岛屿备萦回。石黛刷幽草，曾青泽古苔。幽缄倘相传，何必向天台。"今为天台山国家级风景名胜区的组成部分，辟有琼台仙谷景区，有仙人座、金炉峰、黄帝祭坛、李白题诗岩、仙人聚会、双女峰、元宝石、佛手峰等景点。公路自山腰盘旋而过，并有栈道连接各景点。

赤城山(Chìchéng Shān)　属天台山脉。在台州市天台县赤城街道中部。以土石皆赤得名。别称烧山、消山。北宋《太平寰宇记》卷九十八："孔灵符《会稽记》云：'赤城山，土色皆赤，状如云霞，悬溜千仞，谓之瀑布。'《登真隐诀》云：'此山下有洞，在三十六小洞天数，其山是赤城丹洞，周回三百里，上有玉清平天也。'"南宋嘉定《赤城志》卷二十一："一名'烧山'，别称'消山'。石皆霞色，望之如雉堞，因以为名。"北宋《太平御览》卷四十七："《郡国志》云：消山有夫人祠。山北湖阴又有消御史庙。孤石耸出，似妇人艳妆而坐。"海拔 339 米。地质基础由白垩系紫红色砂砾岩构成，间夹火山碎屑岩。土壤以紫砂土为主。植被以亚热带针林和针阔混交林为主。山顶较平缓，侧坡陡峻，山色紫红，为天台山脉唯一的丹霞地貌景观。历为浙东名山，历代文人墨客多题咏。东晋文学家孙绰《游天台山赋》："赤城霞起而建标，瀑布飞流以界道。"唐代诗人李白《梦游天姥吟留别》："天姥连天向天横，势拔五岳掩赤城。"孟浩然《舟中晓望》："挂席东南望，青山水国遥。舳舻争利涉，来往接风潮。问我今何去，天台访石桥。坐看霞色晓，疑是赤城标。"项斯《病中怀王展先辈在天台》："枕上用心静，唯应改旧诗。强行休去早，暂卧起还迟。因说来归处，却愁初病时。赤城山下寺，无计得相随。”今为天台山国家级风景名胜区的组成部分。有紫云洞、玉京洞、梁妃塔（赤城塔）、济公院、金钱池、穿剑岩等名胜和古迹。“赤城栖霞”为天台山八景之一。南朝梁以此山为名改临海郡为赤城郡，“赤城”也因此成为台州的别称。宋代于天台县城置赤城驿，元废。明代改临海县丹邱驿为赤城驿，清康熙三十九年（1700 年）裁。南宋陈耆卿编纂有嘉定《赤城志》四十卷。2003 年析城关镇置赤城街道。常台（G15W）高速公路过南麓，天大线县道于东麓环绕。

始丰山（Shǐfēng Shān）　孤丘。属天台山脉余脉。在台州市天台县始丰街道中部。古称龙山，以山形似蟠龙得名。唐代以山在始丰县而更今名。南宋嘉定《赤城志》卷二十一：“始丰山，在（天台）县东南（西南）一十五里，旧以状类盘龙名‘龙山’，唐天宝中更今名。”清穆彰阿《大清一统志・台州府》：“始丰山在天台县西南十五里，状似盘龙，旧名‘龙山’。天宝中改今名。”海拔 271 米。地质基础由侏罗系火山碎屑岩系沉积岩构成。植被以亚热带针叶林、常绿阔叶林和针阔叶混交林为主。有龙山顶庙、如来古洞、文陆庙和天湖景区（龙山顶水库）等胜迹。2003 年以此山为名，析城关镇建始丰街道。始丰溪流经东南麓。京岚（G104）国道于东麓穿越，县乡公路环山。

华顶山（Huādǐng Shān）　天台山脉主峰。在台州市天台县石梁镇中部。古称天台山、大小台山、桐柏山。南宋嘉定《赤城志》卷二十一：“或曰当牛女之分，上应台宿，故曰天台。”清顾祖禹《读史方舆纪要》卷九十二：“桐柏山……天台之支山也，故天台亦兼桐柏之名。”“天台山……亦名‘大小台山’，以石桥大小得名。”后因自下而望，山顶如莲花之萼而称为华顶峰。又因山顶可望沧海，别称望海尖。嘉定《赤志》卷二十一：“华顶峰，在（天台）县东北六十里，盖天台第八重最高处。旧传高一万丈，少晴多晦，夏有积雪，可观日之出入，中有黄金洞。绝顶东望，沧海弥漫无际，俗号‘望海尖’。”清顾祖禹《读史方舆纪要》卷八十九：“华顶峰绝顶东望沧海，俗称‘望海尖’。少晴多晦，夏犹积雪，自下望之，若莲花之萼，亭亭独秀，因名。”清《钦定古今图书集成・方舆汇编・职方典》卷九百九十五：“天台山　在县北三里，山自神迹石延袤国清、赤城、桐柏至于华顶皆名天台，实一邑诸山之总名也。”海拔 1 110 米。地质基础由侏罗系火山凝灰岩构成，局部出露燕山晚期花岗岩侵入体。土壤和植被垂直分带明显。土壤以红壤、山黄泥土、香灰土等为主。植被有亚热带阔叶林、常绿阔叶林、落叶阔叶林和针阔混交林等，山顶多浙江省特有植物华顶杜鹃，并有香果树、金钱松、浙江七叶一枝花等珍稀植物，建有华顶国家森林公园，天台县林场和华顶林场。传佛教天台宗创始人释智顗曾于此参佛习经。有始建于五代晋天福元年（936 年）的华顶讲寺和太白读书堂、王羲之墨池等古迹。唐代诗人孟浩然《天台山》诗云：“吾爱太乙子，餐霞卧赤城。欲寻华顶去，不惮恶溪名。歇马凭云宿，扬帆截海行。高高翠微里，遥见石梁横。”唐代诗人李绅《题华顶峰》诗：“欲向仙峰炼九丹，独瞻华顶礼真坛。石标琪树凌空碧，水挂银河映月寒。天外鹤声随绛节，洞中云气隐琅玕。浮生未有从师地，空诵仙经想羽翰。”北宋诗人罗隐《题万年妙莲阁》：“华顶西边天姥东，妙莲开阁对群峰。清含银汉三千界，香透金庭第八重。画栋有声啼海燕，澄波无影睡天龙。夜深讲罢何人见，云在青天月在松。”宋代诗人《登华顶峰》：“偶因华顶宿，抬手摘星辰。不敢高声语，恐惊天上人。”山多云雾，崔嵬秀丽，历有“天台山第一峰”之誉，“华顶归云”为天台八景之一。今为天台山国家级风景名胜区的组成部分。华顶寺附近有茶园，盛产天台山云雾茶。唐代日本高僧释最澄来天台山取经归国时，随带天台山云雾茶种植于比睿山日吉茶园，成为日本茶树之祖。南宋时日僧释千光荣西禅师也将其带回种植于佐贺脊振山。县乡公路至山顶，通公交线路。

田螺山(Tiánluó Shān)　属雁荡山脉余脉。在台州市玉环县玉城街道西部。以峰顶形似田螺尖而得名。别称螺峰尖山。海拔357.5米，为玉环岛最高峰。地质基础由侏罗系火山凝灰岩构成。土壤以黄泥砂土为主。植被以亚热带针叶林、针阔混交林为主。历为玉环名胜。有九厅基、大岩头、仙迹亭、枫树坑、出水窟等胜迹。光绪《玉环厅志》卷一："雄镇海上，西南诸山胚胎于此。劈流分支，联络不绝。北下为九厅基；东下为大岩头，上有仙迹亭；南绕为枫树坑；西南为出水窟。冬时，山顶积雪，望若瑶峰。黄维诰拟为'海外峨嵋'。"山顶建有电视差转台。简易专用道路到山顶。

青山(Qīng Shān)　属雁荡山脉余脉。在台州市玉环县玉城街道中部。中青山、东青山、西青山的合称。因林木茂密、常年苍翠得名。海拔175米。地质基础由侏罗系火山凝灰岩构成。土壤以黄泥砂土为主。植被以亚热带针叶林、针阔混交林、常绿阔叶落叶阔叶混交林为主。历为玉环县名胜，可远眺海天，并俯瞰玉环城。光绪《玉环厅志》卷一："中青山在厅治后，一名'北门山'。由峦岩山发脉，跨山为城。厅署建于山麓，松舞千里，浓青如沐。""东青山，半在城内，半在东隅瑶岙。""西青山在西隅城外，西有西青岭，半岭有花粉宫，林泉幽胜，夏日多凉，最西为千仞冈、双尾溪、天鹅沼……等胜景。"建有玉环革命烈士纪念碑、烈士墓、玉环抗战阵亡将士纪念碑及墓等纪念设施，并有城隍庙、孔庙、清福寺、兴福寺、万神庙、西溪护国寺等古迹，辟有中青岭公园和瑶岙公园。城乡道路环山，狮城线县道西青岭隧道于西部穿越山体。

五釜尖(Wǔfǔ Jiān)　属括苍山脉。在丽水市，为莲都、缙云、青田三县(区)界山。传因山顶见五色瓷釜得名。清光绪《丽水县志》卷三："五釜尖，在县东六十五里。壁立霞峙，径路始绝。初莫晓其命名之由，近有采药者扪葛攀萝仅乃得至，见五瓷釜覆土中。力举之不能动，盖古压胜之具也。"别称五釜山、五府山、五府尖，皆为谐音异写。海拔1 045米。地质基础由侏罗系花岗斑岩构成。土壤和植被垂直分带明显。土壤以红壤、黄壤为主。700米以上以黄壤为主，以下以红壤为主。植被茂密，有亚热带针叶林、常绿阔叶林、落叶阔叶林、针阔叶混交林等，1 000米以上以稀树灌丛为主。800米附近有台地和梯田。简易公路至半山之莲都区黄村乡上郑村。

大母山(Dàmǔ Shān)　属仙霞岭余脉。在丽水市，为莲都区与缙云县界山。古称大姥山。清光绪《丽水县志》卷三："大姥山，在县东北七十里。为丽缙接壤处。高二十余里，丽山率其分支也。"光绪《缙云县志》卷一："大姥山高可万仞，周回六十里，为东南五府群山之祖。正尖常有云气，中有鲤鱼塘、石竹寨、西坳寨、大小岩、寒谷、阴坑、龙井、灵湫，下有石屋，为天师祠，旁有试剑岩，相传为叶法善修炼试剑处。""大姥"即"太姥"，也称"天姥"，指传说中的老年女性神仙。盖因山势高峻，古人以之为太姥居住之地得名。后谐音改为今名。别称大茅山。海拔989.5米。地质基础由白垩系火山凝灰岩构成。土壤与植被有垂直分带。土壤有红壤、黄壤等。植被有亚热带针叶林、针阔混交林、常绿阔叶林、落叶阔叶林等。800米以上以稀树灌丛为主。建有大茅山林场，为缙云县的杉木基地之一。500米附近有台地。台地与缓坡多辟为茶园。旧有寨塘寨、四六寨，曾为屯兵之处。清顾祖禹《读史方舆纪要》卷九十四："大姥山，在(缙云)县西南三十五里，上有巉岩，下有石室，可容数百人。《志》云：'山有寨塘寨，广容二三万，中有井七，盖昔人屯营处。又有四六寨在山下，相近者曰三岭山，接丽水县界，高峻人莫能入。明初，耿再成既屯黄龙，复率兵至此，垒石成寨，为攻守之所。'"县乡公路通山麓。

大连云山(Dàliányún Shān)　属洞宫山脉。在丽水市，为莲都区南明山街道、碧湖镇与青田县章村乡界山。以山体高峻接云得名。又因其为沙溪之源，别称沙溪尖。清穆彰阿《大清一统志·处州府》:"大连云山,在丽水县东南四十里。一名'沙溪尖'。巉岩陡绝,上插云霄,与青田小连云山相接。"清光绪《处州府志》卷二:"山高出云,故名。"海拔926米。地质基础由侏罗系火山凝灰岩构成。土壤与植被有垂直分带。土壤以红壤和黄壤为主。植被有亚热带针叶林、针阔混交林、常绿阔叶落叶阔叶混交林和竹林等。近峰顶以灌丛为主。西南侧有陈滦瀑布。清同治《丽水县志》卷三:"孤标秀出,霞合烟开;四五冈阜,环络周带。山腰灌木寿藤丛生交合,二石嶙峋,笋峙如岈游踪。西南为绿岩洞,悬流削壁,飞练飘珠,凡数十丈,曰'陈滦',祷雨辄应。"县乡公路通山麓。

大梁山尖(Dàliángshān Jiān)　属洞宫山脉。在丽水市,为莲都区南明山街道与青田县腊口镇界山。古称大梁山。清顾祖禹《读史方舆纪要》卷九十四:"大梁山,(处州)府南二十里。《志》云:山北跨丽水,南接青田,登其巅,城郭村落尽在目前。"又因山处丽水城以南,别称南屏山。清光绪《丽水县志》卷三:"大梁山,在县南二十里。又名'南屏山'。"海拔868.8米。地质基础由侏罗系火山凝灰岩构成。土壤以红壤和黄壤为主。植被有亚热带针叶林、针阔混交林、常绿阔叶林、常绿阔叶落叶阔叶混交林和竹林等。山中有龙洞,山下有大梁溪。清光绪《丽水县志》卷三:"其南为青田界,大梁之水出焉。山径曲屈,逶迤幽胜相引。山半有亭,下临清泉,下荫秀木,行人所经,徘徊忘返。左右五峰交峙,迢递相望。中峰有南北二龙洞。北洞有龙井,渊素澄渟,祷雨则应。其傍岩壁陡立如削,顶衔五色石,望之斑斓眩目。"县乡公路通山麓。

八面湖山(Bāmiànhú Shān)　属洞宫山脉。在丽水市,为莲都区东南部与青田县西部界山。原称八面山。以山有八面,上有沼泽得名。海拔1 389米,为青田县最高峰。地质基础由侏罗系流纹岩、熔结凝灰岩构成。土壤与植被垂直分带明显。土壤有红壤、黄壤、山地黄壤等。植被茂密,以亚热带针叶林、常绿阔叶林、针阔混交林和竹林为主,并有黑麂、猕猴等国家重点保护野生动物。建有八面湖林场。县乡公路通山麓。

牛头山(Niútóu Shān)　属仙霞岭山脉。在丽水市,为云和县西北部与松阳县南部界山。以峰顶形似牛头得名。又因旧有"牛头八面可见处州十县"之说,别称牛头八面山。清顾祖禹《读史方舆纪要》卷九十四:"牛头山,(云和)县北四十里。以形似名,下为深渊。"清同治《云和县志》卷三:"牛头山,在县北四十里与松阳县接界。耸峙霄汉,状如牛头。陟其巅,窥见处属诸境。上多古松生石缝中,虬枝偃盖,苍奇独绝。有石笋广数寻,高百仞,左右卓立如塔。中有泉,悬流下注至山腰,开巨渊,径三亩,深不可测,有鱼长二寸,碧首绀尾,或曰'龙种',常浮波面。祷之,甘霖立霈。"海拔1 297米。地质基础由燕山晚期花岗岩和侏罗系流纹岩构成。土壤和植被垂直分带明显。土壤以红壤和黄壤为主。植被有亚热带针叶林、常绿阔叶林、落叶阔叶林、针阔叶混交林等,1 000米以上以稀树灌丛和山地草甸为主。清云和文人柳凤翔作有《牛头山古松歌》。地形起伏大。800米左右有台地和梯田,南坡有八仙洞、八仙殿等名胜。明景泰元年(1450年)曾为王景参矿民起义根据地。县乡公路通南麓和北麓。

葑垟湖山(Fēngyánghú Shān)　属洞宫山脉。在丽水市,为莲都区峰源乡北部与青田县章村乡南部界山。以山麓有葑垟湖得名。谐音别作葑洋河山、葑墙湖山等。海拔1 325米。地质基础由侏罗系火山凝灰岩、流纹岩构成。土壤和植被垂直分带明显。土壤有红壤、黄壤、山地黄壤等,以红黏泥土、黄泥土、黄红泥土等为主。植被以亚热带针叶林、针阔混交林、落叶阔叶林和竹林为主。1 000米以上以灌丛和草甸为主。县乡公路通山麓。

东西岩山(Dōngxīyán Shān)　属仙霞岭山脉余脉。在丽水市莲都区西北部,老竹畲族镇西部与丽新畲族乡交界处。古称玉岩山。以山岩似玉得名。清穆彰阿《大清一统志·处州府》："玉岩山，在宣平县南六十里。其东为东岩，四面陡绝，惟一径扪萝可入。一名'赤石楼'。相传昔时每兵起，乡人辄避于此。少西为西岩，两岩对峙中，有清风峡、桃花洞。"后因以山顶有东、西岩二胜迹而改今名。清《钦定古今图书集成·方舆汇编·职方典》卷一千〇二十七："东岩，在县西五十里，四面陡绝，惟一径扪萝可入，一名'赤石楼'。西岩，又西四十步，与东岩对峙。丽水何镗记：'海内称十大洞天，括苍居其一。环括苍千里内，名山川以什数，惟青田之石门为最胜，缙云之仙都为最奇。穹窿崛起，中嵌洞穴，怪伟环峙，莫过于宣平之东西两岩。'"海拔197米。地质基础由白亚系紫红色砂砾岩构成。土壤以紫色土为主。植被以亚热带针叶林、常绿阔叶林和针阔混交林为主。山势险峻，有东明洞、桃花洞、赤石楼、清风峡、卓笔峰、十字峡、金交椅、试剑石、夫妻岩、僧尼峡、石梁、玉甑等胜景。民国《宣平县志》卷一："东岩，在县南五十里，四面陡绝，止一径扪萝可上。《九域志》误作'玉岩'。一名'赤石楼'。唐黄巢、宋方腊、明陶得义历代寇乱，乡人避乱于此。两岩东西相对，中有清风峡，桃花洞。上有日月两池，旁有幞头岩、玉甑岩、拄锡泉、卓笔峰、石梁牛鼻洞、求儿洞。""西岩，在县南五十里，与东岩相距四五百步，高亚之。旁为试剑石、将军石、穿身洞。"今为南明山—东西岩省级风景区的组成部分，国家AAAA级旅游景区。县乡公路至景区入口，通公交线路。

天堂山(Tiāntáng Shān)　属括苍山脉。在丽水市莲都区黄村乡西南部。古称天堂洞山。以半山有天堂坪和天堂村而得名。清穆彰阿《大清一统志·处州府》："天堂洞山在丽水县东三十五里，下有蛰龙洞，为东境诸山之最高者。"海拔1 010米。地质基础由侏罗系火山岩构成。土壤和植被垂直分带明显。土壤有红壤、黄壤和山地黄壤，以黄泥土和石砂土为主。植被有亚热带针叶林、常绿阔叶林、落叶阔叶林、针阔叶混交林等，1 000米以上以稀树灌丛为主。植被稀疏，多裸岩。山势陡峭，有蛰龙洞等名胜。800米附近有台地和梯田。清雍正《处州府志》卷一："上有天堂坪，下有蛰龙洞。祈雨多于此。"清光绪《浙江通志》卷二十一："天堂洞，崇祯《处州府志》：'距城三十五里，上有迎天堂，下有蛰龙洞，祈雨辄应。县东山之最高者。'"别称玉峰山。清同治《丽水县志》卷三："天堂山，在县东三十五里。亦名'玉峰山'。山高数百丈，山上为天堂坪，有葑泥数亩，践之则陷。山下为蛰龙洞，洞左有穴，风自中出，洞右有田驮古庙，祷雨辄应。"县乡公路通半山天堂村，有公交线路。

大山峰(Dàshān Fēng)　属洞宫山脉。在丽水市莲都区，为大港头镇与峰源乡界山。古称大杉源山、大杉葑山。以山顶有名为"大杉"的易陷牲畜沼泽得名。清雍正《处州府志》卷一："大杉源山，跨丽水、云和之间，山下有大杉、孤梯二潭。"道光《丽水县志》卷三："大杉源山，在县南七十里。山西为云和，东为丽水。峰连岫接，翼障西南。其左崿路入云，名'半天峰'。其右如旌展盖，名'旗织山'。下有大杉、孤梯二潭，箬溪之水出焉。宋县令刘恺之祷雨于此。有赤蛇自潭出，雨遂沾足。山上平广数亩，践之倾侧欲陷，牧人相戒远其牲畜，俗呼'大杉葑'，意故为潭而填淤者也。"后谐音改今名。海拔1 218米。地质基础由白垩系火山岩构成。土壤与植被垂直分带明显。土壤有黄壤、红壤等。植被茂密，有亚热带针叶林、常绿阔叶林、落叶阔叶林、针阔叶混交林等，1 000米以上以稀树灌丛为主。建有峰源林场大山峰林区和大山峰森林公园。近峰顶较平坦，有山地草甸和始建于明代的天师殿，并建有双龙湖水库。1 000米左右有台地。东坡和南坡多梯田。柿大线县道至山顶天师殿。

南明山(Nánmíng Shān)　属洞宫山脉。在丽水市莲都区南明山街道。以山处古括州(处州)城以南，山势高旷得名。清顾祖禹《读史方舆纪要》卷九十四："南明山，在(处州)府南七里。泉石甚胜，山巅旧有千里亭，以高旷得名。”海拔 239.5 米。地质基础由白垩系紫砂岩构成。土壤以紫色土为主。植被以亚热带针叶林和针阔混交林为主。历为括州(处州)名胜。山上有晋至民国时期摩崖石刻 58 处，并有石梁、印月池、弥勒龛、仁寿寺、高阳洞、云阁崖等胜迹。其中，“南明山”题刻为北宋书画家米芾所题，云阁崖“灵崇”题刻传为晋道士葛洪所书。清光绪《浙江通志》卷二十一：“南明山，在府城南七里。上有印月池、献花岩、高阳洞、石梁。米芾书‘南明山’三字崖刻，‘灵崇’二字乃葛洪隶书。”南明山摩崖题刻于 2013 年被公布为全国重点文物保护单位。旧时半山建有漉雪亭、爽气亭和千里亭等。清同治《丽水县志》卷三：“山半与雨池之交，筑亭曰‘流觞’，更进则峭壁飞泉，溅襟漉面，有亭面壁，即宋漉雪亭也。循蹬道而上，为爽气亭，今俗呼‘半山亭’矣。再上有巨石横空，径十余丈，曰‘石梁’。前有老树，铁干虬枝，皮可疗病，曰‘将军树’，侯一元诗所谓‘大树近将军者’也。其下曰‘映月池’，有宋张康国磨崖池。北曰幽光亭，西为献花岩，又西为弥勒龛，就山凿石而屋之。南转度石峡如门，古佛曰‘仁寿寺’也。前临方池，蔚蓝澈底，后有葛井，相传为葛洪炼丹处，再上石壁窅窱，多宋人题字。西转为高阳洞，刻宋孙沔、沈适纪游。拾级屈曲，至最高处曰‘千里亭’，凭虚阁閰阁，城市历然星布，崖间有葛洪‘灵崇’二字，米芾‘南明山’三字。此山大概。殆昔人所云，目不周玩情不给赏，仰瞩俯映，弥习弥佳者，正无容一名状也。”明代诗人边贡《登南明山》：“石磴抱云回，高高积翠开。苍藤昏古殿，碧树隐仙台。钟鼓三天下，风烟万壑来。不知千载后，谁忆此衔杯。”明代诗人皇甫汸《始登南明山》：“名山终日俯南郊，出郭才闻十里遥。直向千峰探化阁，暂依双树息尘镳。梁横断壑云常覆，涧落疏泉雪未消。莫讶使君非好静，桓伊今受远公招。”乔因阜《南明山》：“夙慕南明胜，招邀况有君。讵知经夜雨，不奈满空云。高馆藏幽渚，仙梁隔世氛。尘踪原未到，莫拟北山文。”王明汲《游南明山》：“地僻红尘远，山明霁色开。翠微连野岸，苍水映城隈。曲径缘莎入，轻舆绕涧来……石梁回首处，疑是小天台。”夏浚《南明山》诗：“括苍南明山，天造颇奇绝。瀑布洒晴雨，石梁度夜月。洞引高阳侣，亭表灵崇碣。兴来一振衣，清风生两腋。”明代文学家屠隆以此励志云：“栝苍之胜推南明 秋后木落天气清。使君夙耽林壑趣，折简邀我同山行……好借南明一片石，同垂名字照千春。”今为南明山—东西岩浙江省风景名胜区的组成部分，建有南明山公园。2014 年以此山为名，合水阁、富岭 2 街道设立南明山街道。临瓯江上游大溪。县乡公路环北麓和西麓，有步道通山顶。

万象山(Wànxiàng Shān) 孤丘。属括苍山脉余脉。在丽水市莲都区万象街道南部。清同治《丽水县志》卷三：“宋参政何澹建万象楼于其上，山因以名。”海拔 124 米。地质基础由白垩系紫砂岩构成。土壤以紫色土为主。植被以亚热带针叶林、常绿阔叶林和针阔混交林为主。历为括州(处州)胜迹。唐宋时期于山麓建南园。清穆彰阿《大清一统志・处州府》：“万象山在丽水县治西南，俯临城邑，下瞰溪光，城中之凡十，此其最高者。”范成大、孙仪等建莲城堂、照水堂、莺花亭、点易亭、少微阁、回溪阁、翔峰阁、凝霜阁。元时改万象楼为崇福寺。明万历时又于寺前建莲城一览亭，清代改建为烟雨楼，后又改为大观亭。北宋词人秦观于此作《千秋岁》：“水边沙外。城郭春寒退。花影乱，莺声碎。飘零疏酒盏，离别宽衣带。人不见，碧云暮合空相对。忆昔西池会。鹓鹭同飞盖。携手处，今谁在。日边清梦断，镜里朱颜改。春去也，飞红万点愁如海。”《好事近》：“春路雨添花，花动一山春色。行到小溪深处，有黄鹂千百。飞云当面化龙蛇，夭矫转空碧。醉卧古藤阴下，了不知南北。”南宋诗人陆游《南园》：“安用移封向酒泉，醉乡只拟乞南园。更添小阁临滩石，一洗人间歌吹喧。”《莺花亭》：“沙外春风柳十围，绿阴依旧语黄鹂。故应留与行人恨，不见秦郎半醉时。”明代诗人王明汲《万象山秋望》："一山高峙对斜晖，万象森罗应少微。云绕雉城依翠巘，天开鹫岭见禅扉。楼前烟树秋声远，郭外寒江月影辉。约客振衣还载酒，忽闻南浦雁初飞。"明代诗人皇甫汸《登万象山崇福寺》诗："莲城最高处，兰若此中开。水见东溪去，僧闻西域来。啼乌喧梵座，花雨净经台。观万俱空境，何须得象回。"今辟为万象山公园，有灵鹫寺石塔、南宋墓仪石刻、大观亭、小括苍亭、烟雨楼等胜迹，东南坡建有革命烈士陵园。山麓有平政桥和处州府小水门遗址。其中，灵鹫寺石塔为浙江省文物保护单位。2001年，以此山为名，析莲都区城关镇西部设万象街道。西南濒大溪，其余三面环城市道路，通多条公交线路。

白云山（Báiyún Shān）　属括苍山脉余脉。在丽水市莲都区白云街道北部。因晨昏山顶时有白云缭绕，农夫观山顶白云以预知天气得名。清光绪《丽水县志》卷三："白云山，在县北十里。高六百余丈。练水出焉。丛篁老树，蔽日摇风。盛夏登临，清凉沁骨。山阿时有白云涌出，可占晴雨。"海拔1 073.2米。地质基础由白垩系凝灰岩构成。土壤与植被垂直分带明显。土壤有红壤和黄壤等。植被茂密，有亚热带针叶林、常绿阔叶林、落叶阔叶林、针阔叶混交林等，900米以上以稀树灌丛为主。山体雄峨，山谷幽深，历为括州（处州）名胜。有镜心池、福林寺（现称白云寺）、借闲堂等名胜。半山有冰泉、半山、归云诸亭。光绪《丽水县志》卷三："中有福林寺，寺前曰'镜心池'。池左曰'借闲堂'，为明光禄大卿王一中读书处。寺西一峰孤峙，曰'仰天甑'，山下雷雨交作，峰巅犹烈日也。山半有冷泉、半山、归云诸亭，大旱祈祷辄应。《礼》所云：'能出云为风雨者也。'"元代诗人孟淳《白云山》诗："万叠巉岩一径开，中间空洞白云堆。阳坡草软人稀到，惟有青猿曝背来。"1992年建为省级森林公园。2001年以此山为名析莲都区城关镇北部设白云街道。县乡道路至山麓，简易公路通白云寺。

丽阳山（Líyáng Shān）　属括苍山脉。在丽水市莲都区白云街道。名称来历不详。清光绪《丽水县志》卷三："丽阳山，在县北十里，寿元山右。丽水出焉。山南为丽阳庙。"海拔720米。地质基础由侏罗系火山凝灰岩构成。土壤以红壤类的黄泥土、石砂土为主。植被有亚热带针叶林、针阔叶混交林、落叶阔叶林和竹林等，建有丽阳坑林场。历为括州（处州）名胜。清穆彰阿《大清一统志·处州府》："丽阳山在丽水县北十里。上有龙潭、石室、天井，下环青溪。"传山麓的青溪（丽阳溪），为丽水地名之源。县乡公路通山麓。

陈寮山（Chénliáo Shān）　属仙霞岭山脉。在丽水市莲都区岩泉街道北部。古称寿元山。名称来历不详。清穆彰阿《大清一统志·处州府》："寿元山在（丽水）县北十里，山势崔巍，为郡之镇山。"又因北麓有陈寮村，别称陈寮山。清同治《丽水县志》卷三："寿元山……山北为陈寮，又名'陈寮山'。"海拔1 051米。地质基础由侏罗系溶结凝灰岩构成。土壤与植被垂直分带明显。土壤有红壤和黄壤等。植被以亚热针叶林、针阔混交林、常绿阔叶林、落叶阔叶林等，并有红豆杉群。山顶建有电视发射塔。县乡公路通山麓。

琉华山（Liúhuá Shān）　属洞宫山脉。在龙泉市，为小梅镇与屏南镇界山。"琉"即釉，"琉华"即釉花。以西麓有琉田，因为古代著名的烧制瓷基地而得名。又因相传山顶有仙人炼丹遗迹，别称仙山。清乾隆《龙泉县志》卷一："亦名'仙山'。山顶有仙人遗迹，铁香炉在焉。山下即琉田，居民业陶。"清《钦定古今图书集成·方舆汇编·职方典》卷一千〇二十七："琉华山，在（龙泉）县南七十里。高出境内诸山，其巅平广，有长湖，深不可测。相传旧有古刹，龙兴云雨，没而为湖。下为琉田窑，久废。"海拔1 543米。地质基础由侏罗系流纹斑岩、流纹岩、熔结凝灰岩构成。土壤与植被垂直分带明显。土壤有红壤、黄壤等。植被以亚热带针叶林、常绿阔叶林、针阔混交林和竹林为主，并有南方红豆杉等珍稀植物。西麓为青瓷哥窑发源地。清顾祖禹《读史方舆纪要》卷九十四："昔有章氏兄弟主琉田窑，其兄所造甚佳，所谓哥窑是也。"1962 年，从高际头至坪庵头沿溪山坡发现宋至明青瓷古窑址 53 处。旧有琉华含璋、三龟献瑞、石溪云碓、金巷流芳、琉田种玉、碧涧渔矶、溪源清隐、龟山古庙"琉田八景"。1988 年大窑龙泉窑遗址被公布为全国重点文物保护单位。2013 年，龙泉窑遗址被列为省级考古遗址公园。县乡公路通山麓。

黄茅尖（Huángmáo Jiān）　洞宫山脉凤阳山主峰，浙江省第一高峰。在龙泉市东南部，为兰巨乡与龙南乡界山。民国前未见"黄茅尖"名称。此前的地方志以石马山文笔峰、秀才峰为龙泉县最高峰。清光绪《龙泉县志》卷一："石马山，在北十九都，距县一十五里。峰峦秀耸，为一邑群山之祖。山顶有石如马，鬃尾皆具，因名。上有文笔、秀才三峰。"与今黄茅尖位置及地理景观均相差甚远，所指不是同一座山峰。"黄茅尖"地名记载始见于 1928 年 5 月 26 日《民国日报 · 龙泉黄茅尖为全省最高山》："浙江全省各大名山，近由陆军测量局根据极精密之测验所得结果，以龙泉县黄茅尖（在粗川村大田坪附近）为最高，其次为庆元县百山祖。"因峰顶尖耸，遍生茅草得名。海拔 1 929 米。地质基础由中生界流纹岩构成。山脊和缓起伏，海拔 1 100～1 400 米有古夷平面残遗缓坡。土壤与植被垂直分带明显。土壤有红壤、黄红壤、黄壤、香灰土、山地草甸土和粗骨土等。植被有常绿阔叶林、常绿阔叶落叶阔叶混交林、落叶阔叶林、针阔混交林、针叶林、竹林、灌丛和山地草甸等。有种子植物 1 448 种、蕨类 160 种、真菌 242 种。并有红豆杉、南方红豆杉、伯乐树、白豆杉、香果树、华东黄杉、长柄双花木、波叶红果树、云锦杜鹃、猴头杜鹃、鹿角杜鹃、黄山松等珍稀或特有植物。有兽类 38 种、鸟类 89 种、两栖类 26 种，并有大灵猫、小灵猫、短尾猕猴、苏门羚、云豹、黄腹角雉、赤腹鹰、白鹳、金雕等国家重点保护野生动物。1992 年与庆元县百山祖山合建为凤阳山—百山祖国家级自然保护区。西坡建有龙泉山旅游度假区，为国家 AAAA 级旅游景区，分江浙顶峰、十里笼翠、瓯江之源、绝壁奇松等景区。峰顶面积约 150 平方米，竖有"江浙第一高峰"地名标志碑，西南坡的龙渊峡为瓯江之源。南坡海拔 1 540 米处，有被称为凤阳湖的人工湖，为浙江省最高的人工湖。西坡的凤阳庙，始建于清乾隆年间（1736—1796 年）为香菇文化的荟萃地。县乡级公路通四麓，旅游专用道路通龙泉山旅游度假区。

越王山（Yuèwáng Shān）　属括苍山脉余脉。在丽水市缙云县，为大源镇与双溪口乡界山。清穆彰阿《大清一统志 · 处州府》："越王山，在缙云县东南七十里。上有十八洞。"清光绪《缙云县志》卷一："越王山，在栝苍山西南，为南乡诸山之祖。"一说相传因五代吴越王钱镠曾率部经此得名。一说以南坡半山有越王庙得名。主峰海拔 1 171.9 米。地质基础由侏罗系火山凝灰岩构成。土壤与植被垂直分带明显。土壤有黄壤土和红壤等。植被有亚热带针叶林、针阔叶混交林、落叶阔叶林等。600 米以上以灌丛为主。山麓缓坡处有茶园和梯田。山上有十八洞等景观。北麓有越王山村。县乡公路通山麓。

古方山（Gǔfāng Shān）　属括苍山脉。在丽水市缙云县，为胡源乡与大源镇界山。清光绪《缙云县志》卷一："古方山，在越王山西，县南六十里，界永嘉跨玉岭，逾西枫为最高处，上有青云洞。"以西麓昔有古方塘（水池）得名。海拔 1 216 米，为瓯江水系好溪与灵江水系永安溪分水岭之一。地质基础由白垩系火山凝灰岩和燕山晚期侵入的花岗岩构成。土壤与植被垂直分带明显。土壤有红壤和黄壤等。植被有亚热带针叶林、常绿阔叶林、针阔叶混交林等。900 米以上以灌丛和山地草甸为主。建有缙云县林场古方山林区。古方塘始建于三国吴赤乌二年(239 年),永乐八年(1410 年)重修,塘岸有题刻,现改建为古方塘水库。800 米附近有台地和缓坡,建有茶园和梯田。简易公路通大峰村。

吏隐山(Lìyǐn Shān)　孤丘。属括苍山脉余脉。在丽水市缙云县五云街道中部。因唐书法家李阳冰致仕后隐此得名。又因李阳冰常于山中饮酒,称洼樽山、洼尊山。清顾祖禹《读史方舆纪要》卷九十四:"吏隐山,(缙云)县治东北。一名洼尊山,以唐县令李阳冰名。"南宋祝穆《方舆胜览》卷九:"山南有唐李阳冰为缙云令,秩满退居于此,为洼樽。瀑布飞泉,洒落三百余尺。上有四井,周回四丈,因名'吏隐山'。留题篆刻,至今人宝之。"海拔 224 米。地质基础由侏罗系火山凝灰岩构成。土壤以红壤为主。植被以常绿阔叶落叶阔叶混交林为主。旧有李阳冰题写的"吏隐山"石刻,以及李季卿作,李阳冰篆书的《吏隐山记》碑、《洼尊铭》碑、《恶溪铭》碑、《谢公石》碑以及吏隐亭、霏翠亭等。清光绪《缙云县志》卷一:"石壁间,刻'吏隐山'三字,阳冰所书也。阳冰又刻《洼尊铭》《忘归台铭》,并撰《忘归台记》。"其中,《忘归台铭》:"叠嶂回抱,中心翠微。隔山见川,沟塍如棋。环溪石林,春迷四时。曲成吏隐,可以忘归。"清《钦定古今图书集成·方舆汇编·职方典》卷一千〇二十七:"吏隐亭　在吏隐山上。""霏翠亭　在吏隐山南麓。"北宋诗人詹迥曾作《吏隐山》诗:"五云古色邑,维东有崇山。群峰几罗列,一水相回环。李侯筑崇台,吏隐于其间。斯人不可见,篆蚀苔文斑。我来访遗迹,临风发长叹。洗尊挹醽醁,落日犹忘还。"明代遂昌诗人黄中《吏隐亭》诗:"拂袖登临处,天风散客愁。亭虚青嶂合,溪近白云流。篆迹迷荒径,洼尊识旧游。独怜千载后,明月映松楸。"清代诗人朱彝尊《吏隐山》诗:"吏隐昔山栖,留题有真迹。将寻好奇人,结茅看赤壁。"今辟为吏隐山公园,存阳冰洞、洼尊石穴、阳冰房舍遗址等古迹。城镇道路环山麓。

黄龙山(Huánglóng Shān)　属括苍山脉。在丽水市缙云县五云街道北部。以山有池,相传曾有黄龙潜此得名。清顾祖禹《读史方舆纪要》卷九十四:"黄龙山,(缙云)县西十二里。四围陡绝,旁有池,甚清冽,相传黄龙潜焉。"海拔 276 米。地质基础由白垩系火山流纹岩构成。土壤以红壤为主。植被以亚热带针叶林、针阔混交林为主。山势陡峭,地形破碎。山麓多水库、山塘。古为屯兵之地。有猕猴捧桃、飞来舟、八窗洞、蝙蝠洞、一线天等名胜。唐乾宁三年(896 年)建黄龙寺于山麓。古为军事要地。清顾祖禹《读史方舆纪要》卷九十四:"唐末卢约据处州,有施使君者,结寨山上,以御之。今山上有石如楼台,又有寨门遗址。明初,耿再成规取处州,驻兵黄龙山,山高险,再成树栅于其上,以遏敌冲,是也。"清光绪《浙江通志》卷二十一:"盖(缙云)县北之扼控也。"清代散文家袁枚作有《游黄龙山记》,开篇云:"壬寅四月,余游天台、雁宕毕,游处州之黄龙山。山皆磥磥大圆石,坻伏郁堙,各相跆籍,类东鲁峄山,与台、宕绝异。人疑造物矜奇乃尔,予晓之曰:'此岂造物者之有意为哉!使有意为之,必不能成如是形,就如是形,亦不能有此奇变。惟其气化推迁,偶然而生,适然而成,正恐造物者有意不为之而反有所不能。'"南麓有黄龙村。温寿(G330)国道自山麓穿越。

仙都山(Xiāndū Shān)　属括苍山脉。在丽水市缙云县仙都街道。古称缙云山。一说以传黄帝炼丹于此,现彩云仙乐得名。唐《元和郡县图志》卷二十六:"缙云山,一名'仙都',一曰'缙云',黄帝炼丹于此。"一说缙,赤白色也,因旧有赤白云出于湖得名。《郡县释名·浙江下》:"山巅有湖,相传为鼎湖,即黄帝乘龙上升处。帝乘龙时,五色云现,故名'缙云'……此皆误也……今所谓鼎湖及石门洞、轩辕丘者皆后人因其山水之胜托言之耳。《政和志》云:'古有缙云氏,盖以官名。'《路史》亦云:'今处州缙云郡有缙云山,是为缙云堂缙云氏之墟。'《永初山川记》:'永宁县有缙云堂,是矣。然则,缙云以官名,而不系于黄帝可知。'或曰:'缙,赤白色也,昔尝有赤白云出于塘,故云。'"又因山顶有巨石和数十峰,旧称三天子都。北宋《太平御览》卷四十七:"缙云山,黄帝游仙之处……谓之'三天子都'。"南宋祝穆《方舆胜览》卷九分载为缙云山和仙都山。清顾祖禹《读史方舆纪要》卷九十四载,仙都山即缙云山,并载别称丹峰山。海拔365米。地质基础由白垩系火山凝灰岩构成。土壤以红壤为主,植被以亚热带针叶林和针阔混交林为主。好溪环绕,峰岩奇绝,山水神秀,有七十二奇峰、二十九名洞。历为名胜之地。南北朝旅行家谢灵运曾登此山,并在《归途赋》云:"停余舟而淹留,搜缙云之遗迹。漾百里之清潭,见千仞之孤石。"在《游名山志》又说:"缙云山,旁有孤石,屹然干云,高二百丈,三面临水,周围一百六十丈。顶有湖,生莲花。有岩相近,名'步虚',远而视之,步虚居其下……中岩上有峰,高数十丈,或如莲花,或如羊角。"宋建独峰书院于山麓,朱熹先后两次讲学于独峰书院。历代文人多有吟咏。宋代两浙转运副使、书法家李建中《题仙都山》:"岩岩仙都山,肃肃黄帝宫。巨石临广泽,千仞凌高穹。肇当融结初,全得造化功。深可蟠厚壤,峭疑接冥鸿。云軿去路存,丹鼎遗迹空。抽润草心碧,敷香莲叶红。"北宋科学家沈括《仙都山》诗云:"苔封辇路上青山,鹤驭辽天去不还。惟有银河秋月夜,鼎湖烟浪到人间。"南宋诗人王十朋《游仙都》诗:"皇都归客过仙都,厌看西湖看鼎湖。洞接龙泓片云近,山分雁荡一峰孤。"山中有唐至近代摩崖题刻125处,仙都摩崖题记为全国重点文物保护单位。1994年公布为国家级风景名胜区,辟有仙都、黄龙、岩门、大洋4个景区,有鼎湖峰、倪翁洞、姑妇岩、小赤壁、芙蓉峡,仙水洞、凌虚洞等景点。磐缙(S219)省道过山麓。

大洋山(Dàyáng Shān) 属括苍山脉。在丽水市缙云县大洋镇东南部。原名大垟山。清雍正《处州府志》卷一:"大垟山,十四都。上有七十二洞。青田界。"因山中有平广台地得名,谐音作大洋山。清穆彰阿《大清一统志・处州府》:"大洋山在缙云县南六十里,上有七十二洞。"清光绪《缙云县志》卷一:"《汇纪》:'在县南一百四十里,界青田。中有七十二洞。峻绝幽邃。又为黄寮寨、为石人溪、为雾坑、为松树湖。'汤志案:'越王山有越陈寨,大垟山有黄寮寨,皆古人设险处守土者所宜留意也。'"海拔1 500.6米,为缙云县最高峰,瓯江、灵江水系分水岭之一。地质基础由侏罗系火山凝灰岩构成。山中有磁石洞。光绪《缙云县志》卷一:"磁石洞,在大洋山。县南八十里,两岩夹峙,高丈余,中有磁石。"土壤与植被垂直分带明显。土壤有黄壤和红壤,700米以上以黄壤为主,700米以下以红壤为主。上部植被以灌丛和草甸为主,中部以针阔叶混交林为主,下部以亚热带针叶林和竹林为主。800米附近有台地,缓坡和台地有茶园与旱地。有国家保护的珍稀植物30余种。现建有缙云林场大洋山林区和大洋山省级森林公园。县乡公路通山麓。

塘山(Táng Shān) 属仙霞岭山脉。在丽水市遂昌县,为妙高街道与新路湾镇界山。古称唐山,因唐代遂昌县主簿张轲尝率义兵驻此以御黄巢得名。清顾祖禹《读史方舆纪要》卷九十四:"唐山,(遂昌)县北十八里。山北有二峰相向,如卓笔,别称'罗汉峰'。五代时,僧贯休所居。又北有金石岩,其巅可容万马。唐乾符中,邑簿张轲尝率义兵驻此,以御黄巢。"后谐音为今名。海拔789.5米。地质基础由侏罗系流纹质晶屑熔结凝灰岩构成。土壤以红壤和黄壤为主,局部有沙质土。植被以亚热带针叶林和常绿阔叶落叶阔叶混交林为主。五代时僧贯休,于此创建翠峰院以居。传贯休于此画十六罗汉。清光绪《遂昌县志》卷二:"五代时,僧山僧贯休望气登山,即其地创翠院以居。院北有涧,广五亩。虎跑出泉,澄澈甘洌,岁旱不竭,号'虎跑'。邱东有山盘陀而下,景物幽胜。休居十四年,旋入蜀不返。后院圮基存。有温州僧惠宰梦神人导至一所,既觉,景象宛在目中,乃西游抵遂至峰顶，皆梦中所见也。乃募捐创建堂宇，庄严佛像，竖山门，辟池亭，名胜为一邑冠。山北二峰卓峙，一名‘观音峰’，一史‘罗汉峰’。”明代戏剧家汤显祖《唐山寺序》：“唐季禅月大师贯休，居平昌唐山十四年，梦异人授以写梵相十八尊者像。一像未就，异人教以临水为之，意师乃此像后身也。”宋僧释仲一《唐山》诗：“路入唐山见碧峰，古来香火即今同。虎丘云暖千岩雪，神塔光回万壑风。禅月有心曾照水，应真无念肯谈空。七人煮茗团栾坐，插座酬机作梵宫。”元代遂昌诗人尹廷高《题翠峰贯休旧隐》：“乘风长啸翠峰头，唤醒当年老贯休。境界高寒多得月，松筠潇洒密藏秋。蜀尼曾礼空中刹，吴越难添句里州。劫外有家人不识，白云千古意悠悠。”明代遂昌诗人包万有作有《唐山记》。明景泰年间(1450—1457 年)，陈鉴湖起义军曾屯此。县乡公路通山麓。

白马山(Báimǎ Shān)　属仙霞岭山脉。在丽水市遂昌县，为三仁畲族乡与新路湾镇界山。一说以丁公白马化山传说得名。别称丁公山。相传昔有丁公，家于山下，喜跨白马，殁为神，因名白马山，别称丁公山。岭曰丁岭，村曰丁村，水下流曰丁口。上有丛祠，曾著灵异。今祠圮基存。清顾祖禹《读史方舆纪要》卷九十四：“丁公山，在(遂昌)县西十六里，高千仞，双溪经其下。《通志》云：‘即白马山也。’”一说以山中有石似白马得名。海拔 1 621 米。地质基础由侏罗系流纹质晶屑凝灰岩构成。土壤与植被垂直分带明显。土壤以红壤、黄壤和山地黄壤为主，局部有沼泽土。植被有亚热带针叶林、常绿阔叶林、落叶阔叶林、针阔叶混交林和竹林等。1 500 米以上以灌丛和山地草甸为主。山势巍峨，峰峦叠嶂，可远望衢州、金华。有白马石、木鱼石、神龟岩、百丈瀑、三井、神仙洞等胜迹，半山有大平殿湖和小平殿湖。清光绪《遂昌县志》卷二：“自仙霞关发脉，蜿蜒至此。登山顶远见衢、婺，为县之镇山，亦绍、婺之祖龙。山半有两湖，上曰‘大平田’，下曰‘小平田’。大湖广百余亩，来无源而流不竭，视之深不过数尺，探之又不得其底。湖面细竹丛生，往来者皆从竹根上行。其笋曰‘羊尾笋’，遂邑羊尾笋，惟白马山最佳。首夏，山下居民采笋入市，颇获利。左峰矗耸天半，有上中下三井，龙潜其中，云常不散，谓之‘三井龙湫’，遇大旱祷雨辄验。若误落铁器，则风雹立至，掀栋拔木。近村落必遭其害。”明代文学家屠隆《登白马山》诗：“青冥万丈接丹梯，山气高寒鸟不啼。隐隐空中落钟磬，茫茫霞外拥昭提。上方只讶星河近，下岭才知雷电低。太白胡僧长耳相，好于此处结龛栖。”革命战争时期为中共遂昌县委的主要活动区域之一。新汀线县道通大平殿。

妙高山(Miàogāo Shān)　属仙霞岭山脉。在丽水市遂昌县妙高街道。以山体秀丽峻拔，为县城周边诸山之尊者得名。清光绪《处州府志》卷三：“妙高山，(遂昌县)治西。秀丽峻拔，山之近而尊者。”又因清乾隆二十八年(1763 年)，知县王憕于此建文昌阁，并作《文昌山记》，别称文昌山。清光绪《遂昌县志》卷二：“乾隆二十八年，知县王憕建文昌阁、魁星楼及望远亭、朝晖亭、留憩亭，今圮。于山半者曰‘半山亭’，亦圮。改名曰‘文昌山’。”遂昌知县王憕《文昌山记》：“昔之妙高者，山之形，今之文昌者，山之神。”海拔 462.7 米。地质基础由前震旦系黑云斜长片麻岩等构成。土壤以红壤为主。植被以亚热带针叶林、针阔混交林为主。旧有松隐禅院、文昌阁、魁星楼、望远亭、朝晖亭、留憩亭、妙高书院等胜迹。清遂昌知县柳滋浦《妙高山》：“月淡山空露未晞，个中何物不禅机。松涛隐隐传天籁，引得钟声至翠微。”清代文人朱楷《妙高山》：“在麓但言高处妙，登高众妙一齐收。半天墨泼孤城雨，群树红添万壑秋。山势西从姑蔑起，溪声东绕栝苍流。北辰非远何由觐，安得青云载梦游。”清遂昌知县王憕《妙高山》诗：“山中万景集，胜处在兹巘，我从东坡言。于此著亭稳。凭高揽众妙，如室得关键。千岩竞奔赴，不复愁偃蹇。脚健身更轻，眼宽心益远。浮岚划开豁，元气含虚浑。劲松立森林，何必苍盖偃。好风飒然至，清籁叶琴阮。平生林壑志，对此增缱绻。徒倚翠阴中，长吟不知返。”1985 年辟为妙高山公园，今有中国工农红军挺进师烈士纪念碑(亭)、遗爱亭、揽秀亭、长乐亭、妙高山禅院等。城镇道路环山。

五雷山(Wǔléi Shān) 属仙霞岭山脉。在丽水市遂昌县石练镇西北部。以有五座山峰并峙得名。清光绪《遂昌县志》卷二:“五雷山在邑西五十里。五峰耸峙如列屏，穹窿雄峻，中峰绝顶平旷，远见数十里，为练溪之镇山。”海拔 875.6 米。地质基础以前寒武系片麻岩、花岗片麻岩、斜长角闪岩为主。土壤以红壤为主。植被以亚热带针叶林和针阔混交林为主。有洗头岩等胜迹。清光绪《遂昌县志》卷二:“左有洗头岩，昔有仙女洗头于此。旧有寺，今圮，石香炉柱址犹存。”清遂昌文人吴国贤《洗头岩》诗:“五雷山峻入云天，绝顶遥飞瀑布泉。试问何时来玉妇，洗头空自说当年。”北坡多梯田。县乡公路通山麓。

平昌山(Píngchāng Shān) 属仙霞岭山脉。在丽水市遂昌县妙高街道东部。古称孟山头。后因山有两峰，形如“昌”字而改今名。别称昌山，分称大君子山、小君子山。《郡县释名・浙江下》:“邑有孟山头，两山前后如‘昌’字，名‘平昌山’。”清顾祖禹《读史方舆纪要》卷九十四:“平昌山在县东十五里，与孟山前后相叠，形如‘昌’字。”清光绪《遂昌县志》卷二:“平昌山，在邑东十五里孟山头庄。两山前后如‘昌’字，因以名县。又宋王象之所著《舆地纪胜》谓‘昌山’。一名‘大君子’‘小君子’山。”海拔 385.8 米。地质基础由白垩系安山玢岩构成。土壤以红壤为主。植被以亚热带针叶林和针阔混交林为主。三国吴赤乌二年(239 年)，孙权以此山为名置平昌县。《郡县释名・浙江下》:“吴赤乌二年置平昌县，从山名也。晋改名‘遂昌’。”清顾祖禹《读史方舆纪要》卷九十四:“孙吴以此名县。”山麓有解放遂昌县城之战场遗址。东南麓有平昌村、孟山头村。东临平昌源，南濒松阴溪，龙丽(S33)高速公路于南麓松阴溪对岸穿越，龙丽(S222)省道环西麓和南麓穿越，小金线县道于东麓穿越。

东马鞍山(Dōngmǎ'ān Shān) 属仙霞岭山脉。在丽水市松阳县东南部，象溪镇与三都乡交界处。清穆彰阿《大清一统志・处州府》:“东马鞍山，在松阳县东四十八里，状如马鞍。”海拔 1 234.4 米。地质基础由白垩系火山凝灰岩构成。土壤与植被垂直分带明显。土壤以黄泥土为主。植被有常绿阔叶林、落叶阔叶林、针阔混交林等。缓坡处有茶园。建有林村林场和马鞍山森林公园。山有大龙湫、小龙湫、蓑衣潭、龙岩洞、石龛诸胜景。山上素有紫衣大德仙传说，旧立有紫衣大德仙塑像。清光绪《松阳县志》卷一:“中有石龛，昔有僧人禅化于此，屡显灵异。后失其名，常见其身衣紫衣，俗呼为‘紫衣大德仙’。塑像立庙，有蓑衣潭、大龙湫、小龙湫、龙岩洞，遇旱祈祷，每有灵应焉。”县乡公路通山麓，简易山道通茶园。

箬寮山(Ruòliáo Shān) 属仙霞岭山脉。在丽水市松阳县，为安民乡与枫坪乡界山。山顶箬竹丛生，人居其下，如入草寮，故名。后因山峰高峻而改今名。海拔 1 502.3 米，为松阳县最高峰。地质基础以侏罗系火山凝灰岩为主，山势起伏较大。土壤和植被垂直分带明显。土壤以红松泥土、山地黄泥土、石砂土为主。植被有亚热带针叶林、常绿阔叶林、落叶阔叶林、针阔叶混交林等，局部有竹林和灌丛。有南方红豆杉、钟萼木、香果树、长叶榧等国家重点保护植物，并有大面积猴头杜鹃树林。有黄腹角雉、金猫、猕猴等珍稀动物。建有县级自然保护区。旧有矿产。清光绪《松阳县志》卷一:“箬寮山，在县西南一百四十里，高五六千丈，上出矿冶。嘉靖间封闭。”明末，清军入关，明军曾在山上扎寨抵抗。1935 年，粟裕、刘英等率领的中国工农红军挺进师于此建立游击根据地。今辟为箬寮原始林景区，为国家 AAAA 级旅游景区。县乡公路至山麓，简易公路至半山梨树下村。

上方山(Shàngfāng Shān)　孤丘。属仙霞岭山脉余脉。在丽水市松阳县西屏街道西部。以地处松阳县城西北,俗以北为"上"南为"下",故名。海拔 129 米。地质基础由白垩系陆相碎屑岩构成。山体低缓、破碎,缓坡多梯田。土壤以黄壤土为主。植被以亚热带针叶林、针阔混交林为主。传唐代毛云龙曾隐居山中炼丹,并有炼丹泉等胜迹。清光绪《处州府志》卷二:"唐进士毛云龙炼丹于此。泉出岩中,大旱不竭,相传为炼丹泉。中有福安寺,前有见山亭。行六七十步,有群山亭、梅花墩、垂石岩、明月台。山之顶有凌风台、西望台,今俱废。"北宋宣和甲辰科(1124 年)状元沈晦致仕后曾隐居于此,并作《上方山居》诗:"古寺长廊人寂寂,风高云起影沉沉。一径通幽人不到,野鹤时下青松根。月斜树影穿窗入,雨过山泉绕舍鸣。野寺中宵人不睡,蒲团布衲悟前生。山木萧萧阴欲雨,溪云冉冉夜多风。松州万叠千寻碧,都在先生醉眼中。"又作《上方山炼丹泉》诗:"学道空山岁月深,丹成初试马蹄金。犹余一勺丹泉水,洗尽人间名利心。"南麓有始建于南朝梁的延庆寺和建于北宋咸平二年(999 年)的延庆寺塔,塔侧岩壁有"放生潭""黄公堰"摩崖题刻。2006 年,延庆祝寺塔被公布为全国重点文物保护单位。松阴溪环山西麓和南麓。今为松阴溪景区组成部分。城市道路和县乡公路环山麓,通多条公交线路。

云岩山(Yúnyán Shān)　孤丘。属仙霞岭山脉余脉。在丽水市松阳县西屏街道西北部,南与西屏山相邻。清顾祖禹《读史方舆纪要》卷九十四:"西屏山,在县西一里……其相近者为云岩山。"以峭壁巉岩,云雾溟蒙得名。清光绪《处州府志》卷二:"邑令吴凤章《重葺云岩胜境记》:'城北二里许有云岩山,林壑幽邃,云雾溟蒙,殊为佳境。'"西北—东南走向,长 1.4 千米,宽 500 米,海拔 226 米。地质基础由白垩系陆相碎屑岩构成。土壤以黄壤土为主。植被以亚热带针叶林、针阔混交林为主。峰峦峻耸,林木秀美,山中有悬崖、岩洞、石屋和胡公寺,历为松阳名胜。清顺治《松阳县志》卷一:"云岩山,去县西三里,高百余丈。有龙岩石,上下石洞深广十丈。潘自然筑雷院,于此修炼,至今雷霆每击其树。前有洞穴如釜,冬夏常清,传曰'丹泉'。"清松阳县令吴凤章《重葺云岩胜境记》:"延袤而上,行径屈曲,草磴迂回,上下两岩洞,增凿深广各三五寻,中奉胡公之神。前构殿宇,高敞清旷。俯瞰原隰,昀昀城市,鳞列环松。"释性满《上云岩》诗:"石似云堆遂以名,数楹精舍傍岩成。一泓水注金鹫乳,几树风翻贝叶声。刹有仙踪供异赏,还留佛偈伴经行。此中若肯容吾老,不纪昔阶箕荚生。"清代诗人周焕《云岩》诗:"十里苍松撼翠涛,偶随野鹤度东皋。丹崖春暖生瑶草,石洞花开有碧桃。""云岩石屋"为旧时松阳十景之一。2014 年于此建云岩山公园。城市道路环山,通多条公交线路。

西屏山(Xīpíng Shān)　属仙霞岭山脉。在丽水市松阳县西屏街道西部。因山处古松阳县城以西,岩石壁立如屏得名。清穆彰阿《大清一统志・处州府》:"西屏山在松阳县西一里。壁立如屏,山顶平广。上有凌霄台、偃月池,泉甚清,大旱不涸。"清雍正《处州府志》卷二:"西屏山,形若屏障。"海拔 181 米。地质基础由白垩系陆相碎屑岩构成。土壤以黄红壤为主。植被以亚热带针叶林和针阔混交林为主。历有凌霄台、偃月池等名胜。清穆彰阿《大清一统志・处州府》:"上有凌霄台、偃月池。泉甚清,大旱不涸。""凌霄岚翠"旧为松阳十景之一。岩壁间有"醴泉""凌霄台"等题刻。清光绪《松阳县志》卷一:"宋米元章书'凌霄台'于石壁间。上有白鹤庙、偃月池、龙鳞石,下有治平寺、天王庙,真元道院。"新安诗人王应兰《西屏山》诗:"微云片片坞云闲,偃月波开图画间。花暗小桥通幽径,屏依孤寺出南山。鹃声忽过春晴去,松影频移夕照还。知是扶筇谁有意,吟风觅石可相攀。"明代松阳籍诗人叶永华《西屏山》:"环眺凌霄阁,开樽对紫薇。片云依寺静,双鸟拂檐飞。野树供幽座，闲花点薄衣。豪吟发天籁，日暮每忘归。”明代处州知府许国忠《西屏山》诗：“层台千尺欲凌霄，秋日登临兴转豪。城郭晓燕窗外尽，风岚夕照望中娇。松阳花似河阳好，宓子琴看周子调。盛会满拌今日醉，西屏山月不须邀。”松阳县令王琨也作有《西屏山》，清代松阳籍诗人周圣教、高焕然分别作有《西屏怀古》和《凌霄岚翠》诗。1944 年以此山为名，置西屏镇。今辟为西屏山公园和西屏山森林公园。西麓有革命烈士陵园。城镇道路环东、南、西三面，通公交线路。

石笋山(Shísǔn Shān)　孤丘。属仙霞岭山脉余脉。在丽水市松阳县西屏街道西部。双峰对峙，耸立如笋，故名。清顾祖禹《读史方舆纪要》卷九十四：“又西四里为紫金山、石笋山，以山泥紫赤、石峰如笋也。”清光绪《处州府志》卷二：“(松阳)县西五里。双峰对峙，石磴千寻，峭拔如笋，下临大溪。”海拔 184 米。地质基础由白垩系陆相碎屑岩构成。主峰陡峭，并有石笋峭立。土壤以黄壤土为主。植被以亚热带针叶林、针阔混交林和竹林为主。山崖有“小赤壁”等题刻。清雍正《处州府志》卷二：“双峰对峙，石磴千寻。宋状元黄公度游此，刻‘小赤壁’三字于石。”清光绪《处州府志》卷二：“石壁中有仙人赤脚迹。宋状元黄公度刻石曰‘小赤壁’。又有‘小峨嵋’‘小桃源’。”“石笋仙踪”旧为松阳十景之一。西南麓有秀峰寺，附近崖壁有“野鹤归来”“壶天”等题刻。西南麓和南麓濒松阴溪中有白龙堰。明代松阳诗人王景《石笋山》：“何人醉卧木兰船，杨柳风高浪欲颠。溪上棹回无贺老，江东鹤化有坡仙。烟消古寺山横野，露落苍梧月满天。谁谓胜游非昔日，太平原是旧山川。”今为松阴溪景区组成部分。城市道路通山麓，有多条公交线路。

独山(Dú Shān)　孤丘。属仙霞岭山脉余脉。在丽水市松阳县水南街道北部。以孤峰独峙松溪南岸得名。清顾祖禹《读史方舆纪要》卷九十四：“百仞山，(松阳)县西南五里。有峰独立，傍无依倚，高二百余丈，旧名‘独山’。唐天宝中，改今名。”清雍正《处州府志》卷二：“独山，孤峙县南。”因远望形似巨蟾，别称蟾峰、蜀峰。又因量日影有百仞而别称百仞山。清光绪《处州府志》卷二：“又曰‘蜀峰’。唐天宝中，量日影有百仞，更名曰‘百仞’。”海拔 274.8 米。地质基础由白垩系陆相碎屑岩构成，山坡陡峻。土壤以黄壤为主。植被以亚热带针叶林、针阔混交林和竹林为主。五代吴越国曾于此山麓建大慈寺。旧有潜斋、毛煇书院、蟾峰阁、广福院等名胜，今已不存。北濒松阴溪，溪岸旧有白龙津，后晋天福四年(939 年)吴越国以白龙津为名，改称长松县为白龙县。“百仞云峰”旧为松阳十景之一。北宋松阳县主簿艾丑《百仞山》：“孤峰蟾依仙人阁，古庙龙游圣母池。岚气吐吞新雨后，烟光浓淡夕阳时。”北宋处州知州沈晦《游松阳百仞山》诗：“山头白云如擘絮，竹鸡无声鸠唤妇。团团朝日在林梢，寒日梨花溪口路。一峰独秀横溪阴，青林倒影千丈深。上有白龙蛰幽洞，岁旱往往能为霖。如今寂寞空山里，古屋荒坛冷红紫。会看前度种花人，他年来作巢居子。”明代松阳县令杨谷《九日登百仞山》：“九月霜风试浅寒，肩舆半里出郊关。微官自笑三年梦，佳节刚投一日闲。乌纱萧萧笼短发，云屏四面看秋山。登临不用伤今昔，满折黄花共醉还。”明代松阳县令高彭元《题蟾峰阁》：“独凭栏槛思悠然，百仞峰头挹老仙，此景令人看不厌，重游更待月婵娟。”山麓松阴溪上旧建有百仞堰。清光绪《松阳县志》卷四：“百仞堰，在县南三里，十九都。灌田一十七顷五十亩。”明代文学家屠隆、缙云籍进士李鋕等作有《百仞堰记》。松阴溪上建有独山大桥。今辟为独山公园，山顶有重建的蟾峰阁，山麓有瑞现夫人庙。城镇道路和县乡公路环山麓。

双童峰(Shuāngtóng Fēng)　属仙霞岭山脉。在丽水市松阳县水南街道东南部。清乾隆《松阳县志》卷一：“在县南二十里，名曰‘双童讲书’。左有状元峰，右有三台峰、玉屏峰、天马峰，罗列耸秀，为县治之名山。”海拔 326 米。地质基础由白垩系粉砂岩、页岩构成。土壤以红壤为主。山巅多裸岩，有石林。山坡植被茂密，以亚热带针叶林、针阔混交林和竹林为主。有骆驼峰、石笋、石天桥、八仙坛、卧云岩、马蹄泉等名胜，旧有“小峨嵋”之誉。清光绪《处州府志》卷二：“四明张即之题曰‘小峨嵋’。”山顶有双童寺，西麓有南岩寺。“双童积雪”为松阳十景之一。清乾隆松阳知县曹立身《双童积雪》诗：“柳絮梨花一夜吹，寒鸦寂寂宿林枝。双童兀坐谈经处，笑尔功深雪映帷。”今辟为国家AAA级旅游景区。县乡公路环山麓。

卯山(Mǎo Shān)　孤丘。属仙霞岭山脉余脉。在丽水市松阳县古市镇。因唐贞元年间(785—805年)前以古市为县治，故以此山相对于县城的位置得名。清顾祖禹《读史方舆纪要》卷九十四：“与县西南三十里之酉山相对。山以卯酉名者，以旧市言之，正在东、西。今县治既徙于东，则卯山亦在西矣。”海拔430米。地质基础由白垩系砂岩、页岩等构成。土壤以黄黏土为主。植被以亚热带针阔叶混交林、脐橙林为主。历为松阳县名山。有通天宫、点易亭、御碑亭、试剑石、浴丹池、天师渠、白鹤洞、俭公祠、天师殿等名胜古迹。“卯峰屏翠”旧为古市八景之一。宋代诗人吴天泽《卯山》诗：“丁字碑残惊梦笔，卯山丹就建元坛。犹余抛下仙棋子，留于人间作石看。”清代遂昌诗人吴世涵《卯山》诗：“真人楼阁郁崔嵬，缥缈灵坛绝壁开。一室烟霞鸡犬去，三更镫火鬼神来。箫声空渡天边月，剑迹难寻石上苔。羽客不还丹灶冷，秋风林下独徘徊。”山麓为唐代道教符箓派茅山宗道学家叶法善故里。清光绪《浙江通志》卷十一：“唐叶法善家于此。”现建有卯山国家级森林公园。山麓有同心椭圆形梯田，并建有卯山农业观光园。龙丽(S222)省道过南麓。

万寿山(Wànshòu Shān)　属仙霞岭山脉。在丽水市松阳县赤寿乡西北部。别称晓翠山、晚翠山、万岁山。清雍正《处州府志》卷二：“万岁山，即‘晚翠山’。赵康王避金骑栖此。”清光绪《处州府志》卷二：“万岁山，即‘晓翠山’。宋高宗避金骑栖于此。”又传明朱元璋之孙建文皇帝出亡，曾随当地名贤叶希贤逃至此山，然后入川，故名万岁山，后谐音为今名。海拔321米。地质基础白垩系砂岩、页岩、凝灰岩等构成。土壤以黄沙秃土为主。植被以亚热带针叶林、常绿阔叶林和针阔混交林为主。旧有石莲屏、飞佛洞、石杖峰、响石廊、落霞亭、五松岭、放生池、双鱼滩、滴玉岩、德馨阁十景。清光绪《松阳县志》卷一：“万寿山，即‘晚翠山’。在县西四十里，有十景。”明代戏剧家汤显祖曾作《遂昌松阳界万岁山口号》诗：“来去山前朝暮霞，金光片片石莲花。如今万岁山朝北，不似南巡望翠华。”西南麓濒松阴溪，龙丽(S222)省道沿溪岸穿越。

鹿角尖(Lùjiǎo Jiān)　属洞宫山脉。在丽水市云和县，为凤凰山街道、紧水滩镇、赤石乡界山。古称娄狗山，以形似卧犬得名。光绪《处州府志》卷三：“娄狗山，形似卧犬，为(云和)县镇山。上微作剑脊，形宛如鹿角，故又呼‘鹿角尖’。”海拔1 166.9米。地质基础由侏罗系火山凝灰岩构成。土壤与植被垂直分带明显。土壤以红壤和黄壤为主。植被茂密，有亚热带针叶林、落叶阔叶林、针阔混交林和竹林。1 000米以上以稀树灌丛为主。清穆彰阿《大清一统志・处州府》：“上有石室、石笋，旁出清泉，旱祷多应。黄溪之源出焉。”清光绪《云和县志》卷三：“传有白鹤仙翁蜕于此，石床、丹灶之迹尚存。稍偏一峰卓如笔尖，寿藤灌木联络其上，幽险异常，下有井泉不竭，旱祷响应。山之麓为阴岩，旧有银治。黄溪之水出焉。”清代诗人林日芳《娄狗山》诗：“仙人何处去，万仞仰层山。丹灶依然在，天梯尚未攀。老松撑雪劲，怪石逗云斑。不尽迟回意，知应薄暮还。”东坡800米附近有茶园。西麓有紧水滩水库。长深(G25)高速公路和丽浦(S328)省道过南麓，县乡公路环东、西两麓。

狮山(Shī Shān)　属洞宫山脉。在丽水市云和县元和街道西部。一说以形似张口蹲狮得名。一说以与象山对峙得名。清康熙《云和县志》卷一：“狮山，在县东南七里许。与象山对峙。上有普仁寺。”清光绪《云和县志》卷三：“在县东五里，与狮山对峙。为县治之下关。居民夹道种竹，蓊郁翢猥如阴如屋。”海拔215米。地质基础由白垩系沉积岩构成。土壤以红壤为主。植被以亚热带针叶林、落叶阔叶林为主。历为云和县名胜。有魁星楼、夫人庙、揽翠亭、溪雨松风亭、狮乳泉、登云梯、望翠峰、快哉亭等胜迹。清光绪《云和县志》卷三：“旧有苏轼‘喷雪’二字。”元末明初文学家刘基曾游此，并作《晚同方舟上人登狮子岩作》：“落日下前峰，轻烟生远林。云霞媚余姿，松柏澹清阴。振策纵幽步，披榛陟层岑。槿花篱上明，莎鸡草间吟。凉风自西来，飀飀吹我襟。荣华龙儿时，摇落方自冷。逝川无停波，急弦有哀音。顾瞻望四方，怅焉愁思深。”清代云和诗人王树英有《游狮山记》，清代诗人魏文瀛有《登狮山》、沈灿有《游狮山登培峰亭》、陈治策有《游狮山怀刘青田》、王武锡有《深秋游狮山》、孙澹泉有《九日同及门诸子登狮山》等诗。清末民初云和籍革命家魏兰作有《寄读狮山》《登狮山放歌》《狮山杂咏》等诗，其中，《狮山杂咏》云：“狮岩秀丽本超然，峻岑盘旋别有天。倚槛几疑青入户，登楼惟见绿平田。兴来最爱烹泉饮，倦去何妨枕石眠。此处昔年曾寄读，人人道我不殊仙。”今辟为狮山公园。有普仁寺、文殊塔等明清仿古建筑。丽浦(S328)省道过东麓。

凤凰山(Fènghuáng Shān)　属洞宫山脉。在丽水市云和县凤凰山街道东南部。因山脊两翼张开，形似凤凰得名。别称眠犬山、凤山。清顾祖禹《读史方舆纪要》卷九十四：“凤凰山，(云和)县西北五里。秀拔数百丈，陟其巅，可尽一邑之胜。”清光绪《处州府志》卷三：“凤凰山，两翼开张。前有小山，如凤雏，俗呼‘眠犬山’。”清康熙《云和县志》卷一载为凤山：“凤山，在县西北五里。甚秀拔，陟巅，则一邑形胜可尽。”清光绪《云和县志》卷三：“凤凰山，在县治北。两翼开张，秀拔天表，群山列峙，蚁聚峰屯。当风日晴明，振策凭高，一境形胜可举目而尽。其下旧有云谷轩，为明王海澄别业。又，山前有小山，宛如凤雏。俗呼‘眠犬山’。今县署据其麓。”海拔289米。地质基础由白垩系沉积岩构成。土壤以红壤为主。植被有亚热带针叶林、常绿阔叶林和落叶阔叶林。历为云和县名胜。西麓旧有通往松阳县的驿道。20世纪80年代建为凤凰山城市森林公园。2011年以此山为名析云和镇西北部设凤凰山街道。城北路于南麓穿越，云龙线县道于西麓穿越，有步道通山顶。

白龙山(Báilóng Shān)　属洞宫山脉。在丽水市云和县白龙山街道东部。一说因传有龙潜山顶冷泉下得名。清穆彰阿《大清一统志·处州府》：“白龙山，在云和县东南五里，环拱县治。山顶有泉出石硿中，相传有龙潜其下，云出必雨。”清《钦定古今图书集成·方舆汇编·职方典》卷一千〇二十七：“白龙山，环拱县治，屹如屏嶂。顶有冷泉出石窍中，又有龙潭白云从山顶起，云出辄雨。”一说山形似龙，雨天有白云绕顶得名。海拔627米。地质基础由白垩系砾岩、砂砾岩、页岩和粉砂岩构成。土壤以红壤、岩性土等为主。植被以亚热带针叶林、针阔混交林、常绿阔叶林和落叶阔叶林，局部有竹林，为云和县林场的组成部分。山间有白鹤仙庙。其左有石室，外窄中宽，相传系“栖霞真人”丹房所在。山顶有乘龙台和冷泉。东麓有龙潭。明云和知县张可仕《白龙山》诗：“既有龟山与凤山，龙山应得峙其间。碧霄蟠影云阴合，丹穴流涎石髓环。高卧犹疑诸葛里，登龙初见老聃颜。从来积土兴云雨，况汝为霖志未闲。”2011年以此山为名，析云和镇东南部设白龙山街道。长深(G25)高速公路过西北麓。

白鹤尖(Báihè Jiān)　属洞宫山脉。在丽水市云和县崇头镇中部。传以古有白鹤于此停宿得名。古称白鹤峰，别称梅九尖。清光绪《云和县志》卷三：“白鹤峰，在县西三三十五里，俗呼‘梅九尖’。西山之最高者，上有井泉，祷雨辄应。”海拔1 593米，为云和县最高峰，瓯江上游龙泉溪与瓯江支流小溪分水岭。地质基础由侏罗系花岗岩构成。土壤与植被垂直分带明显。土壤有黄壤、红壤等。植被茂密，有亚热带针叶林、落叶阔叶林、针阔混交林和竹林。1 000 米以上以灌丛和草甸为主。山顶建有丽水市首个风电项目——云和县黄源风电场。简易专用公路通山顶。

巾子峰(Jīnzǐ Fēng)　属洞宫山脉。在丽水市庆元县，为松源街道与屏都镇界山。古称巾子山，别称锦山。清康熙《庆元县志》卷一："巾子山，又名'锦山'。去县北十里。两峰对峙，佳气浮空若彩桥然。昔传有宝伞仙杖径来其上，遥接薰山，应刘知新状元及第。"传以远望如古代巾冠得名。清光绪《处州府志》卷二："锦山，(庆元)县北十里，上有巾子峰，两峰对峙，高不可攀，下有石洪洞。"光绪《庆元县志》卷一："锦山，县北十里，即'巾子山'。"光绪《浙江通志》卷二十一："《庆元县志》：'一名锦山，在县北十里。两峰对峙，佳气浮空，若彩桥然。学宫在其下。'"海拔 1 563.2 米。地质基础由侏罗系流纹斑岩、流纹岩、熔凝灰岩构成。土壤与植被垂直分带明显。土壤有红壤、黄壤等。植被茂密，有亚热带针叶林、落叶阔叶林、针阔混交林和竹林等，1 100 米以上以针叶林和灌丛为主。有钟萼木、南方红豆杉等国家级和省级濒危植物 13 种，白颈长尾雉、黄腹角雉、云豹、黑麂等国家一、二级国家重点保护野生动物 11 种。山顶多云雾。"巾子祥云"为濛洲八景之一。清代诗人周培《巾子祥云》："一望祥云吐，巾峰瑞气涵。乍疑张翠盖，旋觉驻仙骖。秋雨缨还濯，春花髻并簪。个中有佳兆，妙谛可谁参。"清代诗人徐应亨《巾子祥云》又云："巾子峰头架彩虹，熏山一道往来通。霓旌冉冉飞青嶂，云盖亭亭拥碧空。仙杖依稀群玉馆，帝阍咫尺太微宫。先朝盛世谁当继，多士应收万卷功。"清代诗人吴纶彰作有《巾子峰》，吴小才作有《在巾子峰》等诗。今建为省级森林公园和国家 AAA 级旅游景区。菊寿(S329)省道过南麓。

薰山(Xūn Shān)　属洞宫山脉。在丽水市庆元县，为松源街道西部与屏都街道、淤上乡界山。因山巅雾气缭绕，云蒸霞蔚，状如薰蒸得名。清光绪《浙江通志》卷二十一："薰山，旧《浙江通志》：'在(庆元)县西十二里。'嘉靖《浙江通志》：'吐气若虹，与锦山相对。芸溪之水出焉。'"海拔 1 129 米。地质基础由侏罗系流纹斑岩、流纹岩、凝灰岩构成。土壤与植被垂直分带明显。土壤有红壤、黄壤等。植被以亚热带针叶林、针阔混交林、常绿阔叶落叶阔叶混交林和竹林为主，1 100 米以上以针叶林和灌丛为主。西麓有茶园。山势陡峻，壁立千仞。清穆彰阿《大清一统志·处州府》："薰山，在庆元县西十里。峭壁千仞，势若凌空。"山麓的五都反岙为宋代大观四年(1110 年)上舍及第刘知新故里。明代庆元训导王勉曾作《刘状元坊》诗："谁卜薰山兆，文章第一流。英声蜚大学，芳荫护绵州。轨范传多士，科名许状头。蓝田遗璧在，虹彩耀千秋。"县乡公路通山麓。

百山祖山(Bǎishānzǔ Shān)　洞宫山脉主峰之一。在丽水市庆元县百山祖镇中部。古称万里林山。清嘉庆《庆元县志》卷一："万里林山，二都。逶迤深广，林木森翳，居其麓者数十村。"后因山势峻拔雄伟，号称"百山之祖"，故名。海拔 1 856.7 米，为庆元县最高峰、浙江省第二高峰。1928 年 5 月 26 日《民国日报·龙泉黄茅尖为全省最高山》："浙江全省各大名山，近由陆军测量局根据极精密之测验所得结果，以龙泉县黄茅尖(在粗川村大田坪附近)为最高，其次为庆元县百山祖。"地质基础由中生界火山岩构成。土壤与植被垂直分带明显。土壤有红壤、黄壤、山地草甸糊泥土等。植被茂密，有亚热带针叶林、落叶阔叶林、针阔混交林、竹林和寒温带针叶林，并有百山祖冷杉、南方红豆杉、钟萼木等国家一级保护植物和云豹、黄腹角雉、猕猴、藏酋猴等珍稀动物。其中百山祖冷杉为第四世纪冰川时期的孑遗植物，素有"活化石"之称，被国际物种保护委员会列为全球十二种最濒危的植物之一。1992 年与龙泉凤阳山合建为凤阳山—百山祖国家级自然保护区，为国家 AAAA 级旅游景区。县乡公路于东、南、西三面环山麓。

石龙山（Shílóng Shān）　属洞宫山脉。在丽水市庆元县松源街道西部。以山体蜿蜒如龙得名。清顾祖禹《读史方舆纪要》卷九十四："石龙山，（庆元）县治西，蜿蜒如龙。"清穆彰阿《大清一统志·处州府》："蜿蜒如龙，伏而再起。环治皆山，耸秀可观，石尤为胜。"清嘉庆《庆元县志》卷一："石龙山，县西北数百武。蟠据若龙，伏而复起，登临眺望，一邑之胜在目。其下为球山。"海拔597米。地质基础由侏罗系流纹岩构成。土壤以黄泥土为主。植被以亚热带针叶林和针阔混交林为主。历为庆元县名胜。"石龙烟净"为"濛洲八景"之一。明天启四年（1624年），知县樊鉴于此建大士阁和三官庙。清代知县李肇勋作有《石龙山记》。清庆元诗人季时芳《石龙山》诗："石龙山色何笼葱，芙蓉片片开晴空。蜿蜒迤逦下林麓，怪石壁立倚长松。长松声闻元帝阙，石龙昂首如端笏。梵宫林树锁昏霞，清磐疏钟坠晓月。"今山顶建电视差转塔，东麓建有石龙山革命烈士陵园。西南麓有石龙寺和陈夫人庙。菊寿（S329）省道过南麓。

太鹤山（Tàihè Shān）　属括苍山脉。在丽水市青田县鹤城街道中部。古称青田山、青山。以田产青芝得名。后因有白鹤栖此而改今名。又因传叶法善炼丹于此，别称丹山。清光绪《处州府志》卷二："田产青芝，故名。"北宋《太平寰宇记》卷九十九："青田县，本松阳、括苍二邑之地，景云中析置。因青山以为名。按《浮丘公相鹤经》云：'青田之鹤，即此邑之地。'"清顾祖禹《读史方舆纪要》卷九十四："青田山，（青田）县治西北一里。有泉石之胜，故县以名。旧《经》云：'唐叶法善修道于此，曰庭青芝。'"民国《青田县志》卷一："青田山。在县治北。旧经云：'山下有田产青芝，故名。'《永嘉记》：'青田有草，叶似竹，染碧名为竹青。此地所丰，故名。'青田有双鹤，年年生子，长便飞去，故又名太鹤山。道书以为第三十六洞天。青牛道士得道处，又曰'元鹤洞天'。周回四十里。叶法善居之。"海拔144.1米。地质基础由白垩系花岗岩构成。土壤以红黏泥土为主。植被以亚热带常绿阔叶林、常绿阔叶落叶阔叶混交林和针阔混交林为主。历有泉石之胜。有混元峰、试剑石、白鹤洞、点易亭、丹井、环翠寺及摩崖石刻等古迹和名胜。明代诗人皇甫汸《青芝田》："采秀凌丹壑，攀萝践白云。仙源那可测，巨石已中分。剑化灵犹在，炉寒火自焚。今宵看斗气，一为问天君。"明代郑怀魁作有《太鹤山歌》。太鹤山摩崖题记为浙江省文物保护单位。1981年辟为太鹤山公园。城镇道路环山麓，有步道至山顶。

石帆山（Shífān Shān）　属括苍山脉。在丽水市青田县腊口镇。以山有巨石如帆得名。别称石樯洞山。北宋《太平寰宇记》卷九十九："石帆山。《永嘉记》云：'昔有神人破永嘉江北山石为此帆，将入恶溪，道次弃之。'"穆彰阿《大清一统志·处州府》："石帆山，在青田县西一百里。高百余丈，横截溪中，溪水环流。状如帆樯。《舆地纪胜》一名'石樯洞'。"清顾祖禹《读史方舆纪要》卷九十四："《纪胜》云：'石帆山一名石樯洞，东北去石楼山二十里，高岩屹立如樯，中有三潭，危石耸峙，潭中如张帆然。'"海拔96.7米。地质基础由白垩系泥岩、粉砂岩构成。土壤以黄砾黏土为主。植被以亚热带针叶林和竹林为主。明代诗人刘廷玑作有《石帆道上》诗。北麓有石帆村，南麓设有温丽（G1513）高速公路石帆互通。1950—2002年曾以此山为名置石帆乡（人民公社）。温丽（G1513）高速公路过南麓，温寿（G330）国道过东麓。

石门洞山（Shíméndòng Shān）　属洞宫山脉。在丽水市青田县高市乡西部。古称石门山。以山有两石对峙如门得名。《元丰九域志》卷五：青田县"有石门山、青田溪"。南宋祝穆《方舆胜览》卷九："石门洞，在青田县西北七十五里，两峰壁立，高数十丈，相对如门，因名。"海拔90.7米。地质基础由白垩系流纹岩、熔结凝灰岩构成。土壤以黄泥土、黄泥砂土为主。植被有亚热带针叶林、针阔混交林、常绿阔叶林等。历为处州名胜和道教名山。山麓有石门洞。清光绪《青田县志》卷一："石门山，县西七十里。道书为'石门洞天'。临大溪，两峰壁立，高数百丈，对峙如门。深入为洞，可容数千人。六月生寒，飞瀑千仞。中断，滃濛作雨状，临风飘洒里许。近视如烟，散聚有气无质。冬夏不竭，积瀑回激，为潭数十丈。《永嘉记》：'城门山，瀑布水值风散为雨，遇日化为青虹。'即指此也。瀑次有亭曰'喷雪'，曰'飞泉'，曰'银河万古亭'，左有石门洞天楼，顶有轩辕邱在榛莽。晋永嘉太守谢灵运蹑屐来游，始开此洞。岩壁镌刻及碑勒题咏甚多。元廉访副使王侯于洞西建石门书院、谢客堂，今废。"南朝永嘉郡太守谢灵运曾作《夜宿石门》《石门新营所住四面高山回溪石濑茂林修竹》《登石门最高顶》等诗。《石门新营所住四面高山回溪石濑茂林修竹》："跻险筑幽居，披云卧石门。苔滑谁能步，葛弱岂可扪。袅袅秋风过，萋萋春草繁。美人游不还，佳期何由敦。芳尘凝瑶席，清醑满金罇。洞庭空波澜，桂枝徒攀翻。结念属霄汉，孤景莫与谖。俯濯石下潭，俯看条上猿。早闻夕飚急，晚见朝日暾。崖倾光难留，林深响易奔。感往虑有复，理来情无存。庶持乘日车，得以慰营魂。匪为众人说，冀与智者论。"《登石门最高顶》诗云："晨策寻绝壁，夕息在山栖。疏峰抗高馆，对岭临回溪。长林罗户穴，积石拥阶基。连岩觉路塞，密竹使径迷。来人忘新术，去子惑故蹊。活活夕流驶，噭噭夜猿啼。沉冥岂别理，守道自不携。心契九秋干，目玩三春荑。居常以待终，处顺故安排。惜无同怀客，共登青云梯。"元末明初军事家、文学家刘基曾于此读书。山中有历代碑碣 78 通。石门洞摩崖题刻于 2013 年被公布为全国重点文物保护单位。今建有石门洞国家森林公园和石门洞浙江省风景名胜区。有刘文成公祠、石门书院、石门洞瀑布、浣纱桥、木鱼岩、刘基读书处、藏书石、乌龟岩、国师床、仙姑洞、白猿洞、道士冠等名胜。东北麓濒大溪，金温铁路自山中石门洞隧道穿越，温丽(G1513)高速公路于溪对岸穿越。

石盖山(Shígài Shān)　属洞宫山脉。在丽水市青田县船寮镇中部。清穆彰阿《大清一统志·处州府》："石盖山，在青田县西六十里，二山峙立，中有大石横覆其上，下容数十人。旁有龙湫，岁旱祷雨辄应。"清光绪《浙江通志》卷二十一："石盖山，《青田县志》：'在县西六十里，二山峙立，中有大石横覆其上，可容数十人，因名。'"海拔 46.8 米。地质基础由白垩系熔结凝灰岩构成。土壤以黄泥土、黄泥砂土为主。植被以亚热带针叶林、针阔混交林和竹林为主，缓坡有大片茶园。东南麓有石盖村。1952—2002 年以此山为名于此置石盖乡。石盖源从东麓穿越，县乡公路通山麓。

敕木山(Chìmù Shān)　属洞宫山脉。在丽水市景宁畲族自治县鹤溪街道东南部。相传此山之树曾是南宋建都时所用的木材，故赐今名。清光绪《处州府志》卷三："敕木山高接云霄，为邑镇山。积雪经旬不消。相传宋时山神献大木于朝，故锡是名。按《汤仙传》：宋高宗南渡时，女仙显灵异，运木于朝。高宗大喜，降敕褒封，则山神或即汤女仙也。上有石乳洞，石如乳，中有岩穴常吐云雾。旱祷者以香薰石，乳流辄雨，题曰'灵液'，曰'香泉'。"别称香山。海拔 1 519.1 米。地质基础以上侏罗系火山岩和燕山晚期侵入的花岗岩构成。土壤与植被垂直分带明显。土壤以红壤和黄壤为主。植被有亚热带针叶林、常绿阔叶林、落叶阔叶林、针阔混交林和竹林，并有珍稀柏树林和云豹、黄腹角雉等国家重点保护野生动物，建有敕木山林场。山顶云雾缭绕，景色秀丽，有石乳洞、石井、石龛、小石碣、三跌涧、杜鹃坡、汤夫人庙等名胜，尤其以冬季雪景为胜。"敕峦霁雪"为鹤溪八景之一。清代景宁诗人陈孟素《敕峦霁雪》："同云黯黯风怒号，六花片片飞寒瑶。忽见青山变原色，玉屏万丈摩天高。夕阳漏影光皎洁，宝树奇葩尽清绝。我来策杖寻梅花，恍若身登广寒阙。"北坡半山有敕木山村和敕木山茶园。南麓建有草鱼塘省级森林公园。盘山公路通半山敕木山村。

第六节 山口关隘名称

虎岭关(Hǔlǐng Guān) 在浙江省西北缘,湖州市安吉县人民政府驻地以西24.2千米,浙皖交界处。一说"虎岭"原名苦岭,后谐音为今名。《明史》卷四十:"广德州……又东南有苦岭关,路通浙江安吉州。"清顾祖禹《读史方舆纪要》卷九十一:"(安吉)北四十里有苦岭,西北五十里有五岭关,皆接广德州。"一说因双峰夹峙,相对如虎踞得名。海拔190米。据传南宋岳飞讨戚方,曾于此守险,后人建庙祀之。《宋史》卷三百六十五:建炎四年(1130年)"诏讨戚方,飞以三千人营于苦岭。方遁,俄益兵来,飞自领兵千人,战数十合,皆捷。会张俊兵至,方遂降"。1943年10月3日,侵华日军自苦岭关进入广德县南部山区"扫荡"。1945年6月19日,国民党第52师第155团进驻虎岭关至小白店一线向新四军守备部队发难,后被新四军全歼。缫舍至苦岭乡道过山口。

千秋关(Qiānqiū Guān) 在浙江省西北缘,临安市人民政府驻地西北42千米,浙皖交界处。以关居千秋岭上得名。清嘉庆《余杭县志》卷九:"千秋岭……当以古千秋堰得名。"千秋岭则以岭下有千秋堰得名,以千秋寓"千秋万代,永久不毁"之义。清嘉庆《余杭县志》卷十一:"千秋堰,在县东南二里,汉熹平年间置,唐会昌五年坍坏,钱武肃王复置,宋咸平中又毁,景德四年县令章得一复置,以其屡兴屡毁,欲其悠久,故号千秋堰。"海拔398米。扼千秋岭古道之咽喉,为浙皖门户。五代置关隘戍守,南宋复置关隘。历为关防要地。五代吴越国曾于吴国战于此。《资治通鉴》卷二百六十八:后梁乾化三年(913年)"吴行营招讨使李涛帅众二万出千秋岭,攻吴越衣锦军。吴越王镠以其子湖州刺史传瓘为北面应援都指挥使以救之……千秋岭险狭,钱传瓘使人伐木以断吴军之后而击之,吴军大败,虏李涛及士卒三千余人以归"。清《钦定古今图书集成·方舆汇编·职方典》卷九百四十九:"五代钱氏时,称'临安',曰:'衣锦军其故里也。千秋关即淮南杨氏地。常谋袭衣锦军,故守御严也。'"清顾祖禹《读史方舆纪要》卷九十:"宋南渡后,亦置戍守于此。有千秋关。元至正十二年,董搏霄败徐寿辉将项普略之兵,遂复於潜而守之。贼犯千秋关,引而南,搏霄击却之,遂扼关以拒贼,今亦为要隘。"今存关址,为清咸丰三年(1853年)重建,块石叠砌,残墙高3.82米、长25.25米、厚7.17米,关门高2.42米、宽2.05米,为县级文物保护单位。於潜—宁国公路和千秋渡槽从关址西侧通过。

昱岭关(Yùlǐng Guān) 在浙江省西北缘,临安市人民政府驻地以西84千米,浙皖交界处。因雄踞昱岭上得名。万历《杭州府志》卷二十五:"昱岭……其巅为徽杭之交,山势险阻,尝置关御寇,故又曰昱岭关。"昱,即日光,光明,以岭处古徽州之东得名。清顾祖禹《读史方舆纪要》卷八十九:"昱岭关,在杭州府昌化县西七十里,西去南直徽州府百二十里。岭高七十五丈,地势险阻,右当歙郡之口,东瞰临安之郊,南出建德之背。置关于此,盖三郡之要会也。"海拔508米,两山夹峙,地势险阻。南宋置关隘。元末,明军曾与元军战于此。清顾祖禹《读史方舆纪要》卷八十九:"元至正十二年,徐寿辉遣项普略等掠徽、饶、信诸州,遂陷昱岭关,攻杭州,董搏霄击却之。已而群贼复自昱岭关寇於潜,搏霄复击之。自临安而西,败贼于於潜,复其县。又败贼于昌化,复收昱岭关。十七年,徽州为贼所破,元将李克鲁会军昱岭关。败贼兵于关西,遂复徽州。既而太祖自金陵南下宁国,克徽州，道昱岭，败克鲁之军，取建德路，于是两浙版图，以渐平定。昱岭信为西面之咽喉矣。”原有箭楼，于1933年拆毁。关址由块石叠砌，墙高3.45米、阔9米、深5米，关门高6米、宽5.95米，为县级文物保护单位。元代诗人吴讷《战昱岭关》诗云：“鼓角声雄队伍齐，扬兵晓战昱关西。黄金匣动双龙出，赤羽旗开万马嘶。露布不烦诸将草，诗篇还效古人题。沙溪春酒甜如蜜，醉卧花阴听鸟啼。”近代作家郁达夫作有《昱岭关记》，并作《出昱岭关》诗。杭徽高速公路自昱岭关隧道通过，为杭昱公路终点。

白沙关(Báishā Guān)　在浙江省西缘，衢州市开化县人民政府驻地以西36千米，浙赣交界处。清顾祖禹《读史方舆纪要》卷九十三：“白沙关，(开化)县西八十里。路出德兴县，自岭而西七十里，即县治也。”因其地沙白如雪得名。海拔97.4米。宋元丰三年(1080年)置寨戍守，元末毁。明洪武年间(1368—1398年)重建，并设巡检司于德兴白沙。清同治元年(1862年)太平军李侍贤部与清军曾国藩部于此对峙。1935年2月，方志敏率红十军一部经此进入浙江。关隘故址今属江西德兴市新岗山镇白沙村。东侧有开化县小关村。华白(S317)省道至此接江西省景白公路，杭长(G6021)高速公路于关下隧道通过。

壕岭关(Háolǐng Guān)　在浙江省西南缘，衢州市开化县人民政府驻地西南35千米，浙赣交界处。因关处壕岭得名。俗称号岭关。海拔397米。旧为开化县通往江西省德兴县(编者注：今德兴市)的交通要道。建关于清咸丰七年(1857年)，有粗石砌石城一道，前门券顶刻“壕岭关”额及建造年月。1932年建壕东、壕西、子午、东屏4座碉堡，今遗址尚存。明正德三年至八年(1508—1513年)江西姚源洞王浩八农民起义军曾三度攻占此关。清末太平军于此与清兵激战。1931年3月，方志敏率红十军第二团经此攻克华埠镇，建立红色革命的贸易线路。号坂线县道过岭下。

枫岭关(Fēnglǐng Guān)　在浙江省西南缘，江山市人民政府驻地南56千米，浙闽交界处。因关处枫岭上得名。海拔372米。两峰夹峙，地势险要，历为浙闽要道。有“东方剑阁”之誉。清顾祖禹《读史方舆纪要》卷八十九：“(小竿岭)引而南，复有一峰杰出，谓之枫岭，枫岭北为浙、闽分疆之处。《舆程纪》：浙、闽分界处，地名南楼。相距不过数里，而物候荣落，顿觉不同。沿岭而趣，长松曲涧，夹道相属。其险窄处，伐木为阑，以便行者。盖亦要隘之地矣。旧制设营于此，为戍守处。居人曰：枫岭即小竿南麓之异名，其实止一岭耳。”因枫岭别称丹枫岭，又称丹枫岭关。《徐霞客游记·闽游日记前》：“十二日二十里，登仙霞岭。三十五里，登丹枫岭，岭南即福建界。”清顺治年间(1638—1661年)置关隘戍守。现存块石砌关门，顶高3米，宽2.4米，残垣15米。右侧山上有清浙闽枫岭营遗址，为浙江省文物保护单位仙霞古道的组成部分。枫岭营原属处州镇枫岭营，清雍正十三年(1735年)改属衢州枫岭营。清嵇曾筠《浙江通志》卷九十三：“浙闽枫岭营，旧隶处镇。雍正十三年改隶衢镇枫岭营。经制额设游击一员，驻扎江山县廿八都，千总一员，把总二员。外有守备一员、千总一员、把总二员，属福建管辖。”卷九十一：“衢州镇标，镇守衢州总兵官一员驻扎衢州。府标下，中、左、右三营管辖衢州城守营，严协城守营、浙闽枫岭营、金协兰溪汛。”山深(G205)国道于关西1千米处通过，景区专用道盘旋过山口至浮盖山风景区。

箬坑岔关(Ruòkēngchà Guān)　在浙江省南缘，丽水市庆元县人民政府驻地东南39千米，浙闽交界处。以关北有江根乡箬坑坳得名。箬坑坳，以箬竹丛生得名。海拔约1 300米，关口与两侧山峰相对高差160～230米。旧为庆元县东南部通往福建省寿宁县的交通要道。附近有仙岩下林场。简易公路盘旋过山口。

分水关(Fēnshuǐ Guān)　在浙江省东南缘，温州市苍南县人民政府驻地西南 11 千米。因关处浙闽两省分水岭(分水山)上，故名。清顾祖禹《读史方舆纪要》卷九十四："分水山，(平阳)县南二百里，与平阳县西南之松山相接。泉发陇上，东西分流，以限闽浙。山下地名平水，达前仓江，可通舟楫。吴越尝守此，以与闽人相拒。《海防考》：分水岭隘当浙闽之交。自闽而来，必由此至平水，过牛皮岭，一路由萧家渡至县东，自县抵瑞安道二百五十里；一路由莒冈至县西，自县抵青田道二百余里，又由县东北达桐岭，可竟至府城。此控扼之要也。"海拔 340 米，与东、西两侧山峰高差 100～200 米。五代吴越国设关隘戍守，以与闽人相拒。元至元十二年(1275 年)宋大都督行军司马陈自中于此阻击元军，护送秀王赵与择入闽。宋代诗人葛绍体《分水岭》诗："歧路东西分，闽浙自兹异。平波翼丛筱，荒丘带深隧。渐闻新蛮音，不见旧朋类。凄然独含情，谁与话幽意。"明代诗人陈诚《分水关》诗云："名关控东南，屹立翠微表。远吞吴越雄，俯视瓯闽小。绿萝翳关门，洞口彻昏晓。大道抗浮云，征车出飞鸟。行行望故山，苍翠犹未了。试问出关者，弃繻今多少。"清学者俞樾过此留题："岭上严严分水关，令人回首故乡山。归途倘践山灵约，雁荡天台咫尺间。"关门遗址残墙高 5 米、宽 15 米，为县级文物保护单位。1979 年，苍南、泰顺、福鼎三县市于关址合建友谊亭。2001 年公布为福建省文物保护单位。沈海(G15)高速公路于关下隧道通过，京福(G104)国道、分泰(S331)省道交会于此。

独松关(Dúsōng Guān)　在浙江省西北部，湖州市安吉县人民政府驻地南 8 千米，杭州市余杭区与安吉县交界处。传关旁原有独立古松，故名。始建于宋建炎年间(1127—1130 年)。同治《安吉县志》卷六："独松关，宋建炎年间兵起，垒石为关，名曰独松关。"为南宋都城临安(编者注：今杭州)抵御北方敌兵的重要关隘。南宋咸淳《临安志》卷十七："(余杭县)西北至安吉州安吉县，以独松岭为界九十里。"海拔 350 米。关路狭窄险要，历为争战要地，与幽岭关、百丈关并称"天目三关""独松三关"。清顾祖禹《读史方舆纪要》卷八十九："独松关在杭州府余杭县西北九十里独松岭上。自天目山而北，重冈结涧，回环数百里，独松岭杰峙其中。岭路险狭，东南则直走临安，西北则道安吉趋广德，为南、浙二境步骑争逐之交。东南有事此亦必争之地也。唐武德四年，时李子通据余杭……杜伏威将王雄诞击之。子通以精兵守独松岭，雄诞遣别将将千人乘高据险逼之，多设疑兵，子通遁走。宋建炎三年，兀术自广德过独松关，见无戍者，谓其下曰：南朝若以羸兵数百守关，吾岂得渡哉？德祐元年，以元兵渐迫，遣将列戍要害，命罗琳戍独松关，元将阿剌罕自建康分兵出广德四安镇见湖州府长兴县，犯独松关，遂陷之，临安震惧。"民国重刊清嘉庆《余杭县志》卷九："为浙、江二境要隘。宋文天祥守隘于此。只容一人一骑……岭高四十二丈，长五里。去岭二里为关。其关属安吉州。"宋置关隘和驿铺，分内外两层，有箭楼和营房。明洪武六年(1373 年)置巡司，隆庆四年(1570 年)裁。清咸丰年间(1851—1861 年)毁于战火。今关门尚存，为独松关和古驿道全国重点文物保护单位的组成部分。南有独松亭。杭宣古道过山口。

幽岭关(Yōulǐng Guān)　在浙江省西北部，湖州市安吉县人民政府驻地南 12 千米，杭州市余杭区与安吉县交界处。以关处幽岭得名。清穆彰阿《大清一统志·湖州府》："在孝丰县东南幽岭上，接余杭界。"清嘉庆《余杭县志》卷九："幽岭关在安吉州孝丰县东南三十里幽岭上。东南与余杭县分界。""幽岭"意为岭峻谷深，竹茂林密。清光绪《孝丰县志》卷一："其岭峻绝，修竹苍翠，拂人衣裾。"海拔 200 米。清西通宣歙，南卫杭州，历为军事要地，与独松关、百丈关并称"天目三关""独松三关"。清顾祖禹《读史方舆纪要》卷九十一："幽岭关县东南三十里，与余杭县接界，'独松三关'之一也。有幽岭水，流为碧溪，东北入于苕溪。”南宋，金兵经此犯临安（编者注：今杭州）。元末明初，明军与元军战于此。《读史方舆纪要》卷八十九：“元至正十二年，徐寿辉将项普略等屡犯杭州，攻蜀松、百丈、幽岭三关，董抟霄击之，以兵先守双溪，在余杭县西北三十里，俗本讹为多溪。双溪者，三关要路也。既又分为三军，一军出独松，一军出百丈，一军出幽岭。然后会兵捣贼巢，遂乘胜复安吉，又进克广德，平徽州。盖自昔为险要之地矣。”清代山阴（编者注：今绍兴市）诗人许庆霄《过幽岭》诗：“幽岭幽岭何其幽，蔽天松竹无人游。东西天目环四周，独松一关居上头。危蹬千级云气浮，罡风八面声飕飕。吹落红日天亦愁，眼前星斗森悬球。上有古殿倚严丘，唐垩隋圬丹青留。灵君一去三千秋，空空留于行人休。我闻兀术兵相投，衔枚疾走令若流。过此天险河山收，南朝无人夫何忧。又闻粤贼下杭州，潜兵夜渡来貔貅。我军踢踢无一筹，生民百万悲蜉蝣。圣人首出宣庙猷，一清四海复神州。春耕秋获民气稠，山神永奠垂珠旒。我来只为口食谋，半生尘缚鹰在鞲。扳藤长啸惊鸾虬，何时身入青云楼。”今关墙已圮。新海（G235）国道过关下幽岭隧道。

百丈关（Bǎizhàng Guān）　在浙江省西北部，湖州市安吉县人民政府驻地南15千米，杭州市余杭区与安吉县交界处。以关处百丈岭得名。清顾祖禹《读史方舆纪要》卷八十九：“在（余杭）县西北八十里百丈岭上，北与湖州府安吉州分界。今其地有百丈镇。”海拔130米。西通宣、歙，南卫杭州，历为军事要地，与独松关、幽岭关并称“天目三关”“独松三关”。清顾祖禹《读史方舆纪要》卷八十九：“元至正十二年，徐寿辉将项普略等屡犯杭州，攻蜀松、百丈、幽岭三关，董抟霄击之，以兵先守双溪，在余杭县西北三十里，俗本讹为多溪。双溪者，三关要路也。既又分为三军，一军出独松，一军出百丈，一军出幽岭。然后会兵捣贼巢，遂乘胜复安吉，又进克广德，平徽州。盖自昔为险要之地矣。”今关墙已圮。杭长（S14）高速公路过关下百丈隧道。

杜湖关（Dùhú Guān）　在浙江省东部，慈溪市人民政府驻地东南15千米，宁波市江北区与慈溪市交界处。以关在杜湖岭得名。杜湖岭以北麓古有杜湖得名。清顾祖禹《读史方舆纪要》卷九十二：“杜湖县西北五十里。湖南为杜湖岭。”“杜湖关，在（慈溪）县西北四十里，杜湖岭上。俱路达观海卫。”海拔124米。旧为慈溪县治慈城至观海卫的交通要道。明代建关墙。关址尚存。三黄线县道过关口。

长溪关（Chángxī Guān）　在浙江省东部，慈溪市人民政府驻地东南21千米，为宁波市江北区与慈溪市交界处。以关在长溪岭得名。海拔165米。旧为慈溪县治慈城至观海卫的交通要道。清顾祖禹《读史方舆纪要》卷九十二：“长溪关在（慈谿）县西北长溪岭，溪流其下……俱路达观海卫。”明代建关墙。关址尚存。掌二线县道过关口。

仙霞关（Xiānxiá Guān）　在浙江省西部，江山市人民政府驻地南42.5千米的保安乡。以关在仙霞岭上得名。清顾祖禹《读史方舆纪要》卷九十三：“仙霞关，在仙霞岭上，有巡司戍守。旧名东山巡司，初置岭下。成化间，徙于岭上。”最高点海拔591米。唐乾符五年（878年）黄巢起义军自衢州直趋建州，首开仙霞岭。南宋建关隘。因险而布，北控浙江，南扼闽、赣，号称“东南锁钥”“两浙锁钥，入闽咽喉”。《读史方舆纪要》卷八十九：“仙霞关……为浙闽往来之冲要……唐乾符五年，黄巢破饶、信、歙等州，转略浙东，因刊山开道七百余里，直趋建州，即此岭也。宋绍兴中，史浩帅闽过此，募人以石甃路，自是镌除铲削，旧时险厄，稍就宽平。凡自浙入闽者，由清湖渡舍舟登陆……连延曲折，逾岭而南，至浦城县城西，复舍陆登舟，以达于闽海。中间二百余里，皆谓之仙霞岭路，诚两浙之衿束、八闽之咽喉也。《南行记》：‘仙霞之为岭一，而南北有名之岭凡五。仙霞之为关一，而东西有名之关亦五。'"抗日战争时期,国民革命军四十九师于此设伏阻击企图由此入闽的侵华日军。有关门4道,建于两山夹峙的危岩陡壁中,皆以条石叠砌,高3.4米,宽2.7米,中置一拱形石门,仙霞岭古道穿关而过。南宋诗人陆游《宿仙霞岭下》诗:"吾生真是一枯蓬,行遍人间路未穷。暂听朝鸡双阙下,又骑羸马万山中。重裘不敌晨霜力,老木争号夜谷风。切勿重寻散关梦,朱颜改尽壮图空。"明代诗人张贵《自仙霞关至枫岭》:"仙霞高岭万峰巅,万丈丹梯鸟道悬。太息无诸凭绝隘,那教汉使下楼船。空山啼鴂穿林出,野店莺花向晚妍。瘴疠久恬烽火息,闲登石顶酌清泉。"明末清初文学家周亮工的《寄野鹤》将仙霞关比作穆陵关:"仙霞岭外鹤飞还,著尽奇书但看山。不识尘沙何自至,劳劳客度穆陵关。"清代诗人查慎行在关下天雨庵题《度仙霞关题天雨庵壁》:"虎啸猿啼万壑哀,北风吹雨过山来。人从井底盘旋上,天向关门豁达开。地险昔曾资剧贼,时平谁敢说雄才?一茶好领闲僧意,知是芒鞋到几回。"仙霞关和仙霞古道今为浙江省文物保护单位,国家AAAA级旅游景区。京台(G3)高速公路于关下隧道通过,山深(G205)国道于关下仙霞岭脚绕行。

虎狼关(Hǔláng Guān) 在浙江省东部,台州市天台县人民政府驻地北19千米,天台县与绍兴市新昌县交界处。因山口两侧有虎头山和狼山得名。古称关岭。南宋嘉定《赤城志》卷二十一:"关岭,在(天台)县西北四十里与新昌分界。"海拔422米。旧为温州、台州至绍兴的交通要道,椒江水系与曹娥江水系的分水岭。唐代始置关戍守。元末方国珍起义军也曾结寨于此。清顾祖禹《读史方舆纪要》卷九十二:"关岭山寨,(新昌)县东南七十里。又四十里即天台县。明初朱亮祖讨方国珍,至新昌,克其关岭山寨,至天台,进攻台州。"山口有关岭驿铺、侯王庙等古迹和关岭头村。附近山坡较缓多梯田。京岚(G104)国道过山下关岭隧道,元大线公路过山口。

龙首关(Lóngshǒu Guān) 在浙江省南部,丽水市景宁畲族自治县人民政府驻地东南8千米。因关口附近有龙脑桥得名。清顾祖禹《读史方舆纪要》卷九十四:"龙首关,在(景宁)县东二十里,地名黄木坑。悬崖绝壑,最为险要。《志》云:'关即龙脑桥,水流峡中,两岸陡绝,架桥其上。嘉靖中,以倭乱设关于此以备之。'"海拔638米。关墙已圮。有盘山公路过关口。

第七节 洞穴名称

紫云洞(Zǐyún Dòng) 火山凝灰岩崩塌洞穴。在浙江省北部,杭州市西湖风景区内栖霞岭巅。因洞壁岩石呈赭紫色,有云纹,阳光照射其间,灿若晚霞,故名。分前后两厅,前厅宽10米、长60多米,巨石斜倚,宽广如履。前后厅接合部仅一径,入则豁然若廊。后厅宽70米、长80米。南宋贾似道命人于此疏剔建庵,刻观音石像。洞底有"七宝泉",味甘甜。明田汝成《西湖游览志》卷九:"紫云洞,在(栖霞)岭巅,去妙智庵数百步许,倚空如悬,阴凉彻骨。"张岱《西湖梦寻》卷一:"紫云洞在烟霞岭右。其地怪石苍翠,劈空开裂,山顶层层,如厦屋天构。贾似道命工疏剔建庵,刻大士像于其上。双石相倚为门,清风时来,谽谺透出,久坐使人寒栗。又有一磡突出洞中,蓄水澄洁,莫测其底。洞下有懒云窝,四山围合,竹木掩映,结庵其中。名贤游览至此,每有遗世之思。洞旁一壑幽深,昔人凿石,闻金鼓声而止,遂名'金鼓洞'。洞下有泉,曰'白沙'。好事者取以瀹茗,与虎跑齐名。"北宋诗人章甫《紫云洞》诗:"洞里幽泉澈底清,流澌总在石中行。潺潺不泻人间去,尽日闲吟世外声。"清乾隆皇帝弘历《题董邦达西湖画册十四幅·紫云洞》:“窈窕紫云洞,闻在葛岭西。琤琮乳窦水,流出是桃溪。”附近有岳坟、牛皋墓、黄龙洞、保俶塔等名胜和古迹。步道至洞口。

石屋洞(Shíwū Dòng)　石灰岩溶洞。在浙江省北部,杭州市西湖风景区内,石屋岭南麓。以其高廊轩敞如屋,故名。洞中有洞,洞洞相连。主洞高约5.6米、深约7.8米、宽约10米,洞后另有二小洞。左称石别院,右称浮螺洞,上宽下窄,状如浮螺,有“沧海浮螺”题额。洞顶有擒云亭。传宋高宗赵构曾避难于此,后封为“南山第一洞天”。南宋咸淳《临安志》卷二十九:“石屋洞,在烟霞石坞南山大仁院。洞极高,状似屋,周回镌罗汉五百十六身,中关凿释迦佛、诸菩萨像。直下入洞极底,有泉。”南宋吴自牧《梦粱录》卷十一:“烟霞石坞路大仁院有石屋洞,极高大,状如屋,周围镌刻诸佛、菩萨、罗汉之像,其寺正为佛殿,朝香夕灯之供。”明张岱《西湖梦寻》卷四:“由太子湾南折而上为石屋岭。过岭为大仁禅寺,寺左为烟霞、石屋。屋高厂虚明,行迤二丈六尺,状如轩榭,可布几筵。洞上周镌罗汉五百十六身。其底邃窄通幽,阴翳杳霭。”洞内旧有罗汉516尊,为五代后晋天福年间(936—944年)至北宋初期所镌造,后毁于1968年,现有部分修复。洞前建有桂花厅,庭院内遍植桂花,历为杭城赏桂胜地之一。明张京元《石屋小记》:“出石屋西,上下山坡夹道皆丛桂,秋时着花,香闻数十里,堪称金粟世界。”元代诗人仇远、明代文学家王世贞、清代诗人姚燮和缪荃孙等均作有《石屋洞》诗。仇远《石屋洞》诗:“谁擘空青露石坳,游龙伸臂下南高。鬼神穿凿地脉碎,风雨支撑天柱牢。峭壁苍苔侵佛髻,悬崖滴乳湿僧袍。伽蓝闻是香山叟,灯暗荒池没野蒿。”姚燮《石屋洞》诗云:“积磴风箨堆,涩壁水藓痕。道士已仙去,但守青鹤魂。雕光不能闭,凿劫先乾坤。削作匏壶圆,穹盖如覆盆。”附近有满觉陇、虎跑、龙井等景点。景区公路至洞口。

灵山洞(Língshān Dòng)　竖井式石灰岩分层溶洞。在浙江省北部,杭州市西湖区双浦镇灵山村。唐代称恩德洞,以邻近恩德院(北宋改称慈严院)得名。宋代称风水洞,以立夏清风自生,立秋则止得名。南宋咸淳《临安志》卷二十九:“风水洞,在杨村慈严院,院旧名‘恩德’。有洞极大,流水不竭,顶上又一洞,立夏清风自生,立秋则止,故名。多石子,红点如丹,持出即隐置于内如故。”南宋吴自牧《梦粱录》卷十一:“杨村山慈严寺之后,名‘风水洞’。”古别称云泉灵洞,以洞内清泉飞泻得名。现崖壁上仍存北宋熙宁二年(1069年)杭州太守祖无择篆书的“云泉灵洞”题刻。1982年第一次全国地名普查时重新发现并开发为旅游景区。1985年以地近灵山村改称今名。又因洞景绚丽多彩,变幻多姿,别称灵山幻境。长约400米,总面积4 000多平方米。分上下两个洞体、5个洞厅。其中,主洞厅高109米。洞内石笋高耸,石瀑飞泻,以“高大、雄伟、开阔、壮观”著称。下洞中有名为“天柱峰”的大石笋,高24.5米,直径5～8米,为浙江省已发现溶洞中的最大石笋。洞底多天然钟乳石云盆。南朝宋大明六年(462年)已开发,唐、宋文人白居易、范仲淹、苏东坡、朱熹等曾游此。南宋咸淳《临安志》卷七十七:曾旼《(慈严)院记》:“余杭郡南走四十里,有山曰‘云泉’,其寺曰‘恩德’。考之于传,则是山者,晋葛稚川之旧居也。考之于诗,则是寺者,唐白杭州之旧游也。稚川翁弃尘俗如弊屣,而与仙圣俪游;杭州君以文章有时名,而以俗人自愧,则是山之所以为闻山者,二子发之也。元丰建元之仲夏,予与昭武虞君用晦、暨阳刘君季朴,自郡联镳来访是山,依半坠之朽崖以行,盘垂圮之峻岭而下,蹈落潮之沙,涉溢涧之水,步枯彴,憩荒馆,凡经日而后至焉,则其来之勤也可知矣。及瞻其山,则虽苍翠孱颜,然无与他山异也。行其寺,则虽栋宇轮奂,然亦与他寺等也。而山有二穴焉,一破山骨,面天如突,习习清风孰嘘而出;一在山麓,下芘如屋,泠泠清泉源源相续,则是山之胜在此二穴而已。方是时也,火云流空,炎辉方酷,居以烦愠,行以暍毒,而予三人方披襟乎风岩，颓面乎水谷，侧耳以聆风之清声，拭鼻以纳风之芳馥，玩水之清浅而濯缨，激水之潺湲而置足，盖不知夫天地之有时燠也。”唐代诗人白居易《游恩德寺诗并序》云：“予到郡周岁方来入寺，半日复去，俯视朱绶，仰睇白云，有愧于心，遂留绝句：‘云水埋藏恩德洞，簪裾束缚使君身。暂来不宿归州去，应被山呼作俗人。’”北宋诗人林逋《风水洞》：“平昔尝闻风水洞，重山复水去无穷。因缘偶入云泉路，林下先闻接客钟。”北宋文学家范仲淹《风水洞》：“神仙一去几千年，自遣秦人不得还。春尽桃花无处觅，空余流水到人间。”北宋词人苏轼《往富阳新城李节推先行三日留风水洞见待》：“春山磔磔鸣春禽，此间不可无我吟。路长漫漫傍江浦，此间不可无君语。金鱼池边不见君，追君直过定山村。路人皆言君未远，骑马少年清且婉。风岩水穴旧闻名，只隔山溪夜不行。溪桥晓溜浮梅萼，知君系马岩花落。出城三日尚逶迟，妻孥怪骂归何时。世上小儿夸疾走，如君相待今安有。”《风水洞二首和李节推》：“风转鸣空穴，泉幽泻石门。虚心闻地籁，妄意觅桃源。过客诗难好，居僧语不繁。归瓶得冰雪，清冷慰文园。”“山前雨水隔尘凡，山上仙风舞桧杉。细细龙鳞生乱石，团团羊角转空岩。冯夷窟宅非梁栋，御寇车舆谢辔衔。世事渐艰吾欲去，永随二子脱讥谗。”北宋文学家苏辙《和子瞻题风水洞》：“风送江湖满洞天，洞门可听入无缘。土囊郁怒声初散，石齿聱牙势未前。乐奏洞庭真跌宕，歌传帝所亦清便。”北宋诗人许元佑《风水洞》：“野寺依山立，松桥避石斜。坏梁飞白蚁，枯木挂青蛇。道露悲蓬转，功名惜鬓华。聊将洞中水，试洗眼前花。”北宋诗人赵抃《初赴杭州游风水洞》：“风穴有声连水洞，听风观水暂闲身。杭州未入从容甚，且与南山作主人。”“风水二洞”为古“定山十景”第一景。周边区域为“九曲红梅”茶叶产地。杭新景（G6021）高速公路和沪瑞（G320）国道于附近通过，杭富沿江公路抵洞口。

碧云洞（Bìyún Dòng）　石灰岩溶洞。在浙江省北部，杭州市富阳区胥口镇上练村。因洞中最大的钟乳石高 20 多米，如“擎天玉柱”撑起洞顶的“蓝天白云”，故名。别称九霄碧云洞。总面积 2.8 万余平方米。主洞略呈长方形，洞底平整，洞顶穹拱，洞高 24 米，面积 2.33 万平方米，号称“亚太地区单厅面积最大的洞厅”。洞内有石笋、钟乳石等各种景石 23 组。1997 年开发开放，为富春桃源风景区的主景。附近有碧岭湖等景点。胥高线县道经过洞下。

灵栖洞（Língqī Dòng）　石灰岩溶洞。在浙江省西部，建德市西南航头镇灵栖村。民国《寿昌县志》卷二：“灵栖洞，在县西北四十里。极幽邃，盛夏寒不可御。泉水澄清，时见鱼跃。”为灵泉、清风、霭云 3 个溶洞的总称。取“洞景奇异，仙灵栖止”之义命名。总面积约 2 万平方米。其中，灵泉洞以水见长，清风洞以风取胜，霭云洞以云雾称奇。开发历史已逾千年。唐代寿昌县令穆君曾偕诗人游此。民国《寿昌县志》卷二：“唐大中初，县令穆君游此，爱其幽胜，微吟云：‘一径入双崖，初疑有几家。行穷人不见，坐久日空斜。’得此二联，思颇迟涩。时李频从行，即续云：‘石上生灵笋，泉中落异花。终须结茅屋，到此学餐霞。’穆深加叹赏，频自此知名。”灵泉洞岩壁有宋进士郑文杓的祈雨题记，洞外有灵栖石林等景观。现辟为国家 AAAA 级旅游景区。寿李线县道至洞口。

瑞晶洞（Ruìjīng Dòng）　石灰岩溶洞。在浙江省西部，临安市河桥镇蒲村。原俗称老石洞。后因洞属石瑞人民公社，洞壁生长有数万朵石花，晶莹绚丽，遂改今名。别称瑞晶石花洞。洞长 460 米、高 124.6 米、面积约 2.8 万平方米。分为 7 个洞厅，现开放 4 个洞厅。其中，第一洞厅垂直高度 82 米，有石幔、石瀑、石笋等景观；第二洞厅石笋、石柱、石塔林立，千姿百态。1999 年被浙江大学列为地质科普教育基地。洞临河白线县道，简易公路至洞口。

阆仙洞（Lángxiān Dòng）　石灰岩溶洞。在浙江省西部偏北，杭州市桐庐县桐君街道阆苑村。

因洞口有石关，相传为神仙居地，故名。别称阆苑洞。长 137 米，宽平均 8～10 米，面积 1 300 平方米。明万历《严州府志》卷二："阆仙洞，在（桐庐）县东北十五里。昔有仙居之洞，有石关，入十步许，曲折而东，其北乃洞也。回环平坦，可坐百余人。岩间石乳滴漏，中有天池、石鼓、禅床，跨空有桥，真为仙境。宋时，黄裳游此，作诗十绝以记之。"清穆彰阿《大清一统志・严州府》："高山，在桐庐县东北二十里。壁立巉岩，中有阆仙洞。洞口有石关。入关十步许，曲折而东，忽旷然空明，其北乃洞室也。回环二十余丈，有基坦平，可坐百人。"洞壁有摩崖石刻多处，以南宋文人题字居多。相传北宋黄裳居此苦读。北宋崇宁年间（1102—1106 年）于洞侧建仙洞寺。元代诗人徐舫《阆仙洞》诗："天龙古洞几年时，时雨流酥润石衣。流水桃花春不老，乱山云树翠相依。碧鸡叫月神魂杳，白鹤凌空仙驭飞。昨夜大风环佩响，洞宾何处浪吟归？"明代诗人汪九龄《阆仙洞》："仙家构屋最高峰，策马登昭兴更浓。洞口流泉鸣佩玉，空中神语弄天风。危桥影落三山外，石鼓声闻六合中。坐久顿忘天地老，此身浑在方寒宫。"今为县级文物保护单位，并被辟为风景旅游景区。附近的白峰岭，为旧时杭州至睦州的交通要道，传北宋方腊起义军曾于此与宋军作战。晚清，太平天国将领李世贤部于此与清军及民团作战，现军事遗迹残存。洞临浮里线县道，简易公路至洞口。

垂云洞（Chuíyún Dòng）　石灰岩溶洞。在浙江省西部偏北，杭州市桐庐县瑶琳镇东琳村。原称石佛洞，以洞处石佛岭得名。唐贞元年间（785—805 年）改名"垂云"。因洞内石棱万片，状如晴云乱垂得名。长 4.5 千米，总面积为 8 万余平方米。洞内有地下河，自然落差 380 米。明万历《严州府志》卷二："垂云洞　在（桐庐）县西北五十里。旧名'石佛岭'。中有石门，上瞰晴空，又有石堂可坐百余人，旁有石数万片，状如晴云乱坠。唐县令刘天会因改为'垂云洞'。"清《钦定古今图书集成・方舆汇编・职方典》卷一千十七："垂云洞　在（桐庐）县西北五十里。旧名'石佛岭'。初入洞口，藤萝交加，怪石垂下，行数步有石门，上瞰晴空，又有石堂可坐百余人，旁有石数万片，状如晴云乱坠。夏月极冷，阴气袭人，冬则如汤可浴，唐县令刘文会因改为'垂云洞'。"清穆彰阿《大清一统志・严州府》："垂云洞，在桐庐县西北五十里。洞口藤萝交加，怪石垂下。行数步入石门，则旷然开朗。石堂可容百人……有泉灌田数顷。"洞口有唐贞元年间桐庐县令刘文会所题"垂云古迹"额。山上建有瑶琳国家森林公园，现辟为国家 AAAA 级风景旅游景区。临桐千（S208）省道。

瑶琳洞（Yáolín Dòng）　石灰岩溶洞，华东亚热带湿润区石灰岩溶洞的典型代表。在浙江省西部偏北，杭州市桐庐县瑶琳镇桃源村。旧作瑶林洞。清乾隆《桐庐县志》卷二："瑶林洞……壁有五彩，状若云霞锦绮。泉有八音，声若多鼓琴笙。人语犬声，可惊可怪。盖神仙游集之所也。"洞以景得名。明万历《严州府志》卷二："瑶林洞，在（桐庐）县西北四十五里，天境殊绝。唐宋以来题墨尚存。元末乡人徐舫避居于此。有瑶林杂咏一卷。"清光绪年间（1875—1908 年）知县杨宝彝题洞额为"瑶琳仙境"，故别称瑶琳仙境。旧别称瑶林洞。现有"天下奇观""林海雪原"等 7 个洞厅。长 1 千米，面积 2.8 万平方米。洞内石笋、钟乳石晶莹玉润，并有崖、池、潭及地下河等。今第三厅石壁尚留有木炭书写的"隋开皇十八年""贞观十七年十月三日天师"等题记。元末诗人徐舫曾避居于此，著有《瑶琳杂咏》。徐舫《瑶琳洞》："洞传缑岭似，仿佛玉笙清。石或藏鱼鼓，云从隔犬声。乍居人颇怪，异听耳初惊。子晋壶天有，莫疑彩凤鸣。"洞内曾发现中国犀牛齿化石和西周用火遗迹、东汉印纹陶、五代至北宋的古钱，元代青瓷碎片等文物。1979 年整修，1981 年开放。今为富春江—新安江国家级风景名胜区组成部分，国家 AAAA 级旅游景区。临桐千（S208）、新淳（S302）省道。

天子洞（Tiānzǐ Dòng）　竖井式石灰岩溶洞。在浙江省西部偏北，杭州市桐庐县百江镇罗山村。传因南朝宋开国皇帝刘裕曾于此游憩、读书而得名。总面积1.6万平方米，分3个洞厅，最高洞厅108米。第一洞厅石笋、石柱、石幔千姿百态，长16米、宽2米的钟乳石梁飞架东西两端，形如拱桥；第二洞厅以瀑布、流水见长，高15米、宽8米的瀑布飞泻而下；第三洞厅地形起伏，钟乳纵横，仪态万千。现为天子地国家AAAA级风景旅游景区的组成部分。县乡公路至洞口。

仙姑洞(Xiāngū Dòng)　石灰岩溶洞。在浙江省西部，杭州市淳安县石林镇仙洞村。原名霖岩洞。因洞中有泉得名。清顾祖禹《读史方舆纪要》卷九十："霖岩洞，(淳安)县东五十里。峰峦千仞，下多源泉，引流溉田，岁旱不涸。"旧也谐音为灵岩洞。明嘉靖《淳安县志》卷二："灵岩洞，在县东五十里，青溪乡千仞里。里东诸山，一峰特高，号千仞峰，因以名里。有两水源，东曰'聪明'，西曰'龙门'。聪明源口有洞深邃，其腹可穿，自东而西以出。昔邑人邵晃尝读书于此，其子炳兄弟复建书屋于洞侧隐居焉，元祐中通判殿中丞杨备，因行县访之，为名其洞曰'灵岩'。"后因洞口有仙姑庙而改今名。长130米，洞口宽8米。往里洞体逐渐变小，直至人不能直立行走。宋桐庐诗人邵炳《酬通判杨殿丞名霖岩洞》诗："云峰千仞对吾庐，洞古名新郡守书。须信神灵知受赐，先兴霖雨远随车。"洞临富西线县道，简易公路至洞口。

方腊洞(Fānglà Dòng)　石灰岩溶洞。在浙江省西缘，杭州市淳安县威坪镇洞源村。原名青溪洞(峒)、帮源洞(峒)、威平洞。《宋史》卷四百六十八："(青溪)县境梓桐、帮源诸峒皆落山谷幽险处，民物繁夥，有漆楮、杉材之饶，富商巨贾多往来。"北宋宣和三年(1121年)，农民起义军首领方腊于洞内被俘，宋朝廷更名为威平洞。清顾祖禹《读史方舆纪要》卷九十："威平洞，(淳安)县西七十里。一名'青溪洞'，一名'帮源洞'。宋宣和二年，贼方腊据此作乱，连陷州郡。三年，韩世忠击败之。贼深据岩屋为三窟，诸将莫知所入。世忠潜行溪洞间，挺身捣其穴，擒腊以出。贼平，改今名。"中华人民共和国成立以后，为纪念方腊义举而改今名。洞深22米，内分上中下三层，可容五六十人。洞口竖有石碑一方，上书"方腊洞"三字，现为浙江省文物保护单位。县乡公路通洞下村庄。

双龙洞(Shuānglóng Dòng)　砂岩风化洞穴。在浙江省西部，杭州市淳安县汾口镇陆乡村。以洞中有石龙附壁得名。明万历《遂安县志》卷一："双龙洞在(遂安)县西五十里。洞门高五六丈，仰视碧石如覆釜，中有两石龙，附壁而起。洞泉极旱不竭，祈祷辄应。"高8～30米，宽2～4.5米，深63.5米。洞泉极旱不涸。县乡公路通洞口附近。

岩山珠洞(Yánshānzhū Dòng)　石灰岩溶洞。在浙江省西部，杭州市淳安县中洲镇叶村。因洞处岩山，洞内负石累累如贯珠得名。长约80米，宽约30米，面积约2 400平方米，可容千余人。内有垂云、垂柳状钟乳石和石笋。洞底有地下河。叩两壁悬石，铿若钟鼓声。洞内风声、水声澎湃如海潮。县乡公路通洞口附近。

白马乳洞(Báimǎrǔ Dòng)　石灰岩溶洞。在浙江省西部，杭州市淳安县枫树岭镇白马村。原名乳洞。以洞中多钟乳石得名。后因洞在白马村而改今名。明《遂安县志》卷一："乳洞，县南八十里。洞门广三丈许，中产异石，若桥梁、仙掌、龙鸟、僧佛、荔子之状，又有石龟悬在中，上有泉滴沥，岁旱梯而取之，祷焉辄应。"清穆彰阿《大清一统志·严州府》："又有乳洞，在遂安县南八十里。洞门广三丈许，中产异石，瑰怪不一，有泉不竭。"面积约0.2平方千米。洞口似半月形，洞长数千米，洞中有洞，洞中有水。有门厅、龙厅、南天门、天灵洞、雪山厅、小西天、水帘洞、瑶池等十余景。清代淳安文人周上治《乳洞记》："由南村向源行可八里许，得洪家泉水，根从下上，波文若花，浮游鱼数头出石间可玩。其上则乾壑，有桥，过乳洞庵，庵前后皆艺竹，有桃烨然。房宇几榻，洁幽可憩，而僧偶出，俏无人声。因启旁扉，外二十余步，即乳洞在焉。片石横亘，缕缕作青玉色，水乳垂滴人衣，凉透肌骨。此洞所由名也。"萧彦立《遂安八景·乳洞仙踪》："洞门深锁碧云间，石蹬崎岖藓路斑。仙鹤盘空何日下，神龙带雨有时还。层峦黛色供图画，暗窦泉源响佩环。借必荆州寻乳屈，从来此处异人间。"元代遂安县令朱倬《游乳洞》："云气空蒙乳洞开，松风吹雨石崔嵬。龙公昨夜应相主，明是题诗远客来。"明代遂昌县令胡子澄《乳洞》："古洞幽深处，萦回路几重。门开空寂寂，泉溜暗淙淙。断壑云连屋，奔流水激舂。桥横千丈石，岩挂万年松。鹤驾应重到，龟田必再逢。碧沙还错落，密篠自迷蒙。乳结银为树，浆凝雪作峰。仙人何处去，应想子乔踪。"枫常线县道至洞口附近。

神仙洞(Shénxiān Dòng)　砂岩风化洞穴。在浙江省西部，杭州市淳安县左口乡塘边村。相传为神仙居地，故名。别称仙洞。长 100 米，宽 25 米，高 10.5 米，面积 2 500 平方米。清光绪《淳安县志》卷一："四面壁立，有园窦可蛇行，故分三座，光滑平整，容四五十人坐。内竖。二、三层上则渐次内仰出，高数百尺如天井，故日月可入，而雨露不侵。"洞合线县道至洞口附近。

四窗岩洞(Sìchuāngyán Dòng)　流纹岩、碎屑岩崩塌洞穴。在浙江省东部，余姚市大岚镇大俞村。旧名石窗。南宋宝庆《四明志》卷四："唐末有高士谢遗尘隐于是山之南雷，尝至吴中，谓陆龟蒙曰：'吾山有峰最高，四穴在峰上，每天宇晴霁，望之如户牖，相传谓之石窗，故兹山名曰四明山。'"后因四面如窗而改今名，并为四明山和古明州地名之源。清黄宗羲《四明山志》卷一："石窗，土名'大俞'。从此而上，鸟道万丈，度索空行。山南有石室，高五尺，深倍之，广如深而六之，中界一石，分一室为四。其谓之窗者，俯临无际，自下望之，犹楼之有窗也。谢遗尘云：'有峰最高，四穴在峰上，每天地澄霁，望之如户牖，相传谓之石窗，即四明之目也。'危素云：'中峰最高，上有四穴，若开户牖，以通日月之光。'皆是也。"清嵇曾筠《浙江通志》卷十："上有方石，四面如窗，中通日月星宿之光，故曰'四明山'。"高 2 米，深 4 米，宽约 20 米，面积约 80 平方米。中隔三石，分为四室。中有一室，悬石如鼓，题有"悬鼓"二字。洞口悬石如磬，题有"悬罄"二字。洞口峭壁题"片云"。誉称四明山第一名胜。唐代诗人刘长卿《游四窗》："四明山绝奇，自古说登陆。苍崖倚天立，覆石如覆屋。玲珑开户牖，落落明四目。箕星分南野，有斗挂檐北。日月居东西，朝昏互出没。我来游其间，寄傲巾半幅。"明代诗人张瓒《四明山》诗："七十峰峦起碧空，巍然石顶四窗通。光分日月玲珑处，气吐烟云远近中。"唐代诗人皮日休《奉和鲁望四明山九题·石窗》诗："窗开自真宰，四达见苍涯。苔染浑成绮，云漫便当纱。棂中空吐月，扉际不扃霞。未会通何处，应怜玉女家。"明代奉化籍进士戴洵作有《石窗辨》。细北线县道过至洞口附近大俞村。

观音洞(Guānyīn Dòng)　流纹岩崩塌洞穴。在浙江省东南部，乐清市雁荡镇雁荡山风景名胜区内灵峰下。原名灵峰洞。《徐霞客游记·游雁宕山日记后》："(灵峰)寺后一峰独耸，中裂一璺，上透其顶，是名'灵峰洞'。"后改称罗汉洞，清代改称观音洞。因洞内供奉有观音菩萨像得名。清梁章钜《浪迹续谈》卷三："遥望罗汉洞，横矗空际，未易攀跻，复舍舆而步，蹑飞磴数百级，磴尽为台，台上穹窿周覆，方广可容千人，本名'灵峰洞'，以中有应真像，故群称为'罗汉洞'。洞口两石相倚，为一线天，飞泉从空喷下，散为珠帘。"清袁枚《随园诗话》卷十二："雁宕观音洞最高敞，可容千人。"高 113 米，宽 14 米，深 76 米。洞内依岩构筑九层楼阁，始建于宋崇宁五年(1106 年)，1982—1984 年修缮、重建。洞中有一线天等景观，并有"洗心""漱玉""一缕"三泉。明代诗人林大春《雁荡冬游四首聊纪其大者·灵峰洞》："仙子何年辟洞天，手持双斧下苍烟。檐前时许金茎滴，为种华山玉井莲。"现代诗人邓拓《雁荡山观音洞》诗："两峰合掌即仙乡，九叠危楼洞里藏，玉液一泓天一线，此中莫问甚炎凉。”洞口山门“观音洞”三字系赵朴初题。县乡公路至景区入口处。

仙姑洞(Xiāngū Dòng)　火山凝灰岩崩塌洞穴。在浙江省东南部，温州市平阳县南雁镇南雁村。以传说古有村姑朱婵媛于此修道成仙得名。清乾隆《平阳县志》卷十七：“朱氏女，崇宁中，年十余遁居雁荡西洞中，辟谷二十年，晚能言人祸福，终脱迹，不知所在。”因与东洞隔溪相对，别称西洞。又因洞内有三层重楼叠阁的道院，也称石楼洞。高 9.4 米，深 24 米，宽 14 米，依岩而筑三层七间道院。宋人林巽《仙姑洞》诗曰：“神女何年入此山，遗踪幻化异人寰。春风不醒还疑梦，流水行云昼夜间。”南宋诗人叶群《南雁西洞》：“石门深窅锁丹霞，倚马西风日欲斜。幽境已无尘俗气，白云尚有翠微家。林间摘句书红叶，涧底烹泉带落花。向晚且从西洞息，碧山明月正堪赊。”今为南雁荡风景区的组成部分。县乡公路至洞口。

白塔洞(Báitǎ Dòng)　石灰岩溶洞。在浙江省西部，衢州市衢江区灰坪乡白塔新村西侧。因洞内有 3 支塔形石笋得名。明天启《衢州府志》卷一：“白塔洞，在芝溪源。去(西安)县九十里。口狭内宽，入时先以足。第二层有龙潭，深不可测，日夜水滴凝成白鹅，管石似塔形，故名。土人采石疗痰疾。风清月白时，闻仙乐声。”主洞总长 6 000 米、支洞总长 3 000 余米，总面积约 2 万平方米。洞口狭窄。洞分上下两厅，曲折深邃。洞内石笋、石钟乳密布，洞底有地下河，并有仙桥、天窗、观厅、真龙潭、金银山、石钟、石鼓等景观。洞内多支洞。明余敷中《太末先生集》：“微平(编者注：今名灰坪)，四面峻峭，上有平田几千亩，山皆空洞，八洞环到；山麓北为十八洞，南为太真洞、白塔、凉棚、灵龟洞，前为朝阳、葱口诸洞。此胜当甲于东南，不特一邑已也。”洞下白塔新村有灰坪千里岗游击区革命旧址和中共衢遂寿中心县第二区委旧址陈列馆。县乡公路至洞下。

太真洞(Tàizhēn Dòng)　石灰岩溶洞。在浙江省西部，衢州市衢江区太真乡上槽村东北。古称玉泉洞，以洞内有名为玉泉的地下河得名。明代称太真洞。一说以洞通太乙泉得名。明天启《衢州府志》卷一：“太真洞，(西安)县北六十里。洞门广五尺，深百尺余。内有玉泉，或传洞穴通太乙泉。”一说俗称塌井洞，以洞上有岩溶漏斗得名。“太真”为“塌井”的方言谐音雅化。一说以传唐明皇贵妃杨太真(杨玉环)曾于此避暑得名。总长 1 147.2 米，总面积约 1.8 万平方米，可供游览面积 8 474 平方米。洞口有明万历三十二年(1604 年)题刻的“第一洞天”。洞分三厅，并有通天洞、龙潭、龙溪等。石笋如林，钟乳倒垂，玲珑剔透，形象惟肖，主要有一线天、仙人石床、狮子滚球、玉泉银瀑、仙人田舍、灵龟巧石、寿星仙岩等景观。附近多洞穴，并有灵龟、朝阳、碧云三洞与之相通。清《御定渊鉴类函》卷二十五：“太真洞，在衢州府西安县，内有玉泉，亦名玉泉洞，与之相通者，又有三洞，一曰‘灵龟’，一曰‘朝阳’，一曰‘碧云’。”古西安县玉泉乡由此洞古称玉泉洞得名。1984 年以此洞为名，改洞口乡称太真乡。1991 年起辟为旅游景区。县乡公路至洞下。

神仙洞(Shénxiān Dòng)　石灰岩溶洞。在浙江省西部，江山市双塔街道达岭村东南。古称大岭洞。以洞邻古称大岭的达岭得名。明天启《衢州府志》卷一：“大岭洞，(江山)县西二十里。悬石如屋，有石盘屈状如龙，下有石田。炬而后入，杳不可穷。”后因传为神仙居处而改今名。清穆彰阿《大清一统志・衢州府》：“大岭洞在江山县西二十里，悬石如屋，愈入愈深，杳不可穷。”长 20 米，宽 2 米，高 3.8 米。南宋江山知县张贵谟《游大岭洞》：“石屋结藻井，石龙生玉鳞。石田如可种，愿作洞中人。”县乡公路至洞下达岭村。

目连洞(Mùlián Dòng)　泥灰质砂岩侵蚀崩塌洞穴。在浙江省西部，江山市虎山街道鸡公山东南麓。以佛陀弟子目连修行于此的传说得名。明天启《衢州府志》卷一：“目连洞，(江山)县西二里。

明净幽旷，如覆石室，线泉常滴，声响不绝。旧传阿目捷连修行于此。政和间，掘得青提夫人碑，乃目连母也。”清穆彰阿《大清一统志·衢州府》：“目连洞在江山县西二里。明净幽旷，瀑布声响。旧传阿目捷连修行于此。政和间掘得青提夫人碑，乃目连母也。”清同治《江山县志》卷一：“目连，《徐东溪集》本作‘木连’。《宋俊丛谈》辨：‘目连未尝入中国，当是土人是也。’”洞深4.5米、宽3.8米，面积约17平方米。洞口旧有目连庵。明改建为逸平书院（后易名正学书院）。洞内有明代江山知县易做之题刻的“别有人间”“源头活水”“碧洞生春”“小洞天”等。清代诗人丁百川作有《游目连洞》诗：“飞锡何时驻洞天，青提遗碣漫流传。尘缘未尽休言佛，乐处同寻胜学禅。活水琤琮鸣日夜，空山迢递入云烟。临泉跂石忘归去，城郭苍苍暮霭边。”明代诗人田赋《目连庵》诗：“石古洞亦邃，雪消云欲蒸。山门不须闭，遮莫夜归僧。”城市道路通洞下。

烟萝洞（Yānluó Dòng）　石灰岩溶洞。在浙江省西部，江山市虎山街道老虎山西北麓。南宋祝穆《方舆胜览》卷七：“烟萝洞，在江山县南五里。旧传烟萝子隐焉。”《大明一统志》卷四十三：“相传昔有烟萝子者于此修道，故名。”明天启《衢州府志》卷一：“烟萝洞，（江山）县南五里，景星山之西。下为壑谷。容十人。怪石崛奇绀碧。旧传有烟萝子隐焉。”洞口有“古烟萝洞”四字题刻。洞高约4米，面积20余平方米。原有北宋至南宋题刻七方。今存“庆历五年孟冬十八日，赵阅道同宗□叔及郎诚之谒此洞”“李及之□慕溶丘、章俞、赵师旦，庆历乙酉孟秋廿七日同游”“毛季中、姚令声同远游，己巳正月八日”三方，为江山市内发现的最早书法遗址。烟萝洞摩崖石刻现为江山市文物保护单位。明代江山知县吴仲《烟萝洞》：“石上白云深，洞口桃花碧。丹成人不来，千载空余迹。”清代诗人钟定《烟萝洞》：“山骨何年斫，云根此地裁。相传大隐宅，宛似小飞来。洞古荒烟合，泉流荇藻开。昔贤题识处，指拭剔残莓。”清代诗人郑瑞麟《烟萝洞》：“石溜涓涓出，源头活水长。残阳斜照处，明镜一奁张。对影须眉古，迴波荇藻香。老僧能煮茗，饮罢腋生凉。”城市道路至洞口附近。

宾旸洞（Bīnyáng Dòng）　石灰岩溶洞。在浙江省西部，江山市虎山街道老虎山东南部山巅。名称来历无考。清穆彰阿《大清一统志·衢州府》：“景星山……有三石峰，烟萝、宾旸二洞。”洞深100余米，宽2米，面积200平方米。有内、外二洞，外洞顶呈窟窿形，宽敞明亮，可容纳数百人；内洞洞口颇窄，入内宽敞，凡五六层，有石栏横界，深邃莫测。清同治《江山县志》卷一：“宾旸洞，在景星山下。洞口颇窄，中极宽敞，凡五六层，内有石栏横界。杳黑不可测。以石投入，铿然有声。秉炬照之，积水成泓，亦甚异。”明代书法家周瑛《游宾旸洞》诗：“揽葛徐登最上巅，山山凝翠夕阳边。一江帆影横秋水，十里松涛带暮烟。啼鸟似怜游客倦，残花偏堕酒盅妍。闲来放眼宾旸顶，心逐飞鸿没远天。”清代诗人王溥《游宾旸洞》诗：“南望凌虚爱景星，攀跻频觉逼青冥。午逢僧舍评茶味，更觅樵踪度石屏。远岸轻浮舟叶叶，深岩寒积水泠泠。山花掩映尘容净，晞发朝阳洞不扃。”江电路至洞下山麓。

水帘岩洞（Shuǐliányán Dòng）　石灰岩溶洞。在浙江省西部，江山市石门镇灵岗口村狮背山。以洞顶有瀑布飞泻，似水帘覆洞得名。明清同治《江山县志》卷一：“水帘泉在仙居寺前。石岩高敞，有水错落如珠帘。”又因洞形如大门，别称石大门。洞长3米、宽2.3米，面积约7平方米。北宋诗人梅尧臣《游水帘岩》诗：“春山时独往，榛秽旋芟斸。飞泉蔽幽岩，杳蔼疏朝旭。光垂白龙髯，鸣漱寒潭玉。半壁生昼寒，阴草润秋绿。穿藤出溪口，流沫萦山足。莫遣吏人来，方歌白云曲。”洞下有水帘泉、仙居寺。天启《衢州府志》卷十五：“仙居寺　（江山）县东南四十里，旧名‘灵冈’。有水帘洞。”县乡公路通至洞下灵岗口村。

左坑洞(Zuǒkēng Dòng)　石灰岩溶洞。在浙江省西部，江山市大陈乡大唐村方家自然村。以洞处左坑溪岸得名。明弘治《衢州府志》卷三："(江山)县北二十里。初有岩窦，时闻乐声，民扶土，得嵌空处伛而入，洞六七所，有石佛、石乳、石田。至者如听龙吟虎啸，辙怖欲出。岁旱则祈，安定郡王赵令矜名其洞以显应。"别称左窝洞。清康熙《江山县志》卷十二载，康熙五十二年(1713年)知县汪浩以洞所处的翁岩山"不峻不矗，状类餺饦，中敞豁如箕，康节所为，以安乐名窝也"为由易"坑"为"窝"。洞高1.8米、宽约3米、长约35米，面积约100平方米，西宽东窄，首尾相通。明代旅行家徐霞客曾欲游之，未成行。《徐霞客游记·闽游日记后》：明崇祯三年(1630年)七月"三十日　过江山，抵青湖，乃舍舟登陆……余踞坐石上，有刘对予者，一见如故，因为余言：'江山北二十里有左坑，岩石奇诡，探幽之屐，不可不一过。'余欣然返寓，已下午，不成行"。清江山知县汪浩作有《左窝记》。县乡公路至洞下，步道通山洞。

紫云洞(Zǐyún Dòng)　石灰岩溶洞。在浙江省西部，江山市大陈乡大唐村北侧。原名大唐洞。清江山知县汪浩作有《大唐洞记》："左窝南有洞曰'大唐'。唐者，何诗曰：中唐有甓。孔颖达曰：唐，堂下之门之径也。大唐者，何广大，无畔也。然则，是洞果亦以此名乎。"后因洞口云雾缭绕，阳光映照下呈紫色得名。洞长50米、宽1.5米，面积约75平方米。洞口狭小，内多支洞，石笋如林，钟乳倒垂，有石灶、饭篮、龙嘴等景观。洞底有地下河及名为龙井的深潭。清同治《江山县志》卷一："大唐洞，去左坑洞二里。历石蹬下，可坐数百余人。石床、丹灶具在。旁开一窦，执炬而入，有石佛、石狮、石象、石伞、石田。田上有仙迹。至深杳处，石塞其门，人不敢入。"今尚未开发利用。县乡公路通洞下大唐村。

湖山坑洞(Húshānkēng Dòng)　石灰岩溶洞。在浙江省西部，江山市大陈乡大唐村东侧。以洞处湖山得名。洞口高约2米，宽约0.5米，深为2米，面积约1平方米。洞内有石笋和石钟乳。1981年5月于此发现第四纪晚更新世大熊猫、剑齿象等动物沉积，出土大熊猫、中国犀、熊、鹿、豹、羊、水牛、巨貘等12种动物牙齿116颗。现为江山市文物保护单位。县乡公路通洞下大唐村。

龙嘴洞(Lóngzuǐ Dòng)　石灰岩溶洞。在浙江省西部，江山市大陈乡旱田坂村龙嘴山。古称龙骨洞，因洞内有俗称为龙骨的古代哺乳动物骨骼化石得名。后以洞处龙嘴山改今名。另说以洞室弯曲如龙，洞口如龙张嘴得名。洞高约2米，宽1.1米，深20米，至14米处分左右支洞，左洞下伸，右洞上展。1929年，国立中央研究院地质研究所王恭睦先生进洞考察，于洞底获牛、鹿、熊、象、犀牛等化石数百件。现为江山市文物保护单位。县乡公路通洞下旱田坂村。

白龙洞(Báilóng Dòng)　石灰岩溶洞。在浙江省西部，衢州市常山县天马街道天马山。明万历《常山县志》卷五："白龙洞在县西城门外。昔时草木丛密。忽有白龙乘大风雨凌虚而翔。风休雨息，视前茂处，乃二洞也。"别称白龙双洞。清光绪《常山县志》卷五："一夕，大风雨，有白龙而翔。旦视之，见有二洞。一当山腹，若巨室然；一在山址，洞溜潺潺不绝。旧有四贤祠及环清、仰止二亭，今圮。"洞分上下两穴。上洞长70多米、宽20多米，下洞深7米、宽2米。有白龙洞泉从中潺潺而出，长年不绝。现为石崆寺景区的组成部分。白龙路通洞下山麓，并以此洞得名。

西岩洞(Xīyán Dòng)　石灰岩溶洞。在浙江省西部，衢州市开化县大溪边乡阳坑口村。因洞西侧有岩壁得名。明天启《衢州府志》卷一："西岩，(开化)县北六十里，广五丈，中有三窍，怪古万状。"清光绪《开化县志》卷二："西岩，县北六十里，广五丈，深不可量，中有三窍，怪古万状。洞顶有清泉一线，溅滴不绝，右侧有小口，光自内出，屈身可进数十步，别有一境，深五丈余，举首有天可窥，宋程俱致仕曾隐此。”清同治年间(1862—1875 年)于岩前建崇文书院。崇文书院遗址为开化县文物保护单位。县乡公路通洞下阳坑口村。

十八洞(Shíbā Dòng)　石灰岩溶洞。在浙江省西部，衢州市开化县华埠镇宋村。原称宋村岩，以洞邻宋村得名。后因洞内有大小 18 个支洞而改为今名。洞口宽约 2 米、高近 4 米。今内存两洞，高约 20 米，面积数十平方米，余均淤塞。洞内石笋如林，钟乳倒垂，洞顶有一缕清泉临空而下，铿锵成韵。洞底有地下河。光绪《开化县志》卷二:“其洞深入，寒气逼人。”旧时岩洞口有石人、石龙，水出龙口不绝，下有石盘承之。明天启《衢州府志》卷一:“宋村岩，(开化)县北四十五里。有石佛及石龙首，水自龙口出不绝。下有石台承之。”明正德十一年(1516 年)，刑部主事方豪曾游此，并于洞壁上题摩崖石刻二方。元代诗人徐元定《游宋村岩》诗云:“含砑紫云洞，铿鍧神鼓石。机杼有时鸣，雷电常虩虩。下方久旱暵，斯民亦孔亟。何当作霖雨，枯槁回春碧。”清代诗人张名达《游十八洞》:“九涂重出启山灵，十八开通月未扃。磊磊堆山坚石骨，门门有路辟棂星。镌镂沌浑神仙窟，刻画乾坤格眼屏。试柏洪肩探大宅，摩崖招隐反移铭。”十八洞摩崖今为开化县文物保护单位。十八洞腊肉为宋村传统特产。县乡公路通洞下宋村。

梵音洞(Fànyīn Dòng)　海蚀穴。在浙江省东北部，舟山市普陀区普陀山岛青鼓山东南麓海岸。波涛入洞，声若惊雷，又如晨钟暮鼓，因佛教有“妙音观世音，梵音海潮音，胜彼世间音”之说，故将之喻为佛教之梵音。清许琰《普陀山志》卷一:“海潮入洞，激宕有声，如龙吟虎吼，雷霆怒兴，听者悚栗。”洞深约 50 米、高约 80 米、宽约 6 米。洞顶有瞻圣阁。洞外镌清康熙皇帝御题之“梵音洞”额。历为普陀山名胜，传为观音显现处之一。清释性统《梵音洞建阁记》:“洞口向东南，阁门向西北。当乎皓月虚悬，水光荡漾，大士之颜如朱也。烟霏则翠鬓如云，雾涌则缟衣映雪。”历代文人多有吟咏。清代诗人施世骠《梵音洞》诗:“佛法由来空色相，现身何必巉岩上。因只苦海欲慈航，幻出灵光千百样。”清代诗人孙渭《梵音洞》:“普陀山左涧壑深，悬崖拍浪峰崯嶔。历级下上四五折，手扪足躩时惊心。水石搏激无昼夜，不断轰雷成古今。何年斧劈两壁分，日暮风雨蛟龙吟。洞门直下百千尺，望之杳冥生寒阴。霞光倏眼照石壁，俯首瞥见观世音。石栏匍伏叹灵异，仪容端静披红襟。有时鹦鹉鸣洞口，视之未久无追寻。”今为普陀山国家级风景名胜区的主景之一，洞上有始建于明崇祯二年(1629 年)的梵音洞庵。环岛公路通青鼓山南麓。

潮音洞(Cháoyīn Dòng)　海蚀穴。在浙江省东北部，舟山市普陀区普陀山岛东南部紫竹林前。因潮水奔腾入洞，声如轰雷得名。洞处海岸线上，开口向东，深 30 米，高 10 米，宽 2～10 米。洞壁镌清康熙皇帝御题“潮音洞”额。洞顶有“天窗”，大风浪时，潮水从天窗喷出，势若喷泉。洞上有大士桥和澹澹亭。西侧有不肯去观音院，西南侧有明嘉靖三十二年(1553 年)的抗倭题刻。历为普陀名胜，古代中日、中韩航线上的重要标志物。唐咸通四年(863 年)日僧慧锷于五台山请观音像归国途中，过此遇风涛。元大德《昌国州图志》卷七:“潮音洞，东大洋海西，西大洋海南，有洞在焉，嵌岩下瞰，回顾无畔岸。去寺三里，由寺至洞下，地皆黄沙，《佛书》所谓‘金砂铺地者’是也。向有大士桥亘乎洞前，为潮所啮。”“古洞潮音”为普陀十二景之一。历传为观音显现处之一，历代文人多有吟咏。其中，明代文学家屠隆《古洞潮音》:“海涛飞雪复春云，宝殿疏钟入夜分。潮自砰訇僧自定，悟来原不是声闻。”明代诗人卢元选《题潮音洞》诗:“灵窍何年著化工，嶙峋倒插水云中。浪花漂瀑晴飞雪，海月浮空夜现虹。石壁雨余泉出窦，栴檀秋老树吟风。虔诚欲叩如来面，双鹤盘旋下碧空。”明代诗人丁鸿阳《古洞潮音》诗:“卷雪春云自古今，澎湃洞口澹禅心。听来悟入无生处，始信潮音即梵音。”今为普陀山国家级风景名胜区的主景之一。环岛公路通洞上紫竹林庵附近，有步道至洞前。

仙岩洞（Xiānyán Dòng）　火山凝灰岩洞穴。在浙江省东部，台州市三门县浦坝港镇石笋山东坡。民国《台州府志》卷四十：“仙岩洞，在仙岩岭之东北。”南宋嘉定《赤城志》卷二十二：“仙岩山在县南一百里，以绝顶二石如仙人偶坐，故名。有石，地多奇草灵药云。”洞深 50 米、宽 50 米、高 25 米，面积 2 500 平方米。五代后晋开运四年（947 年）于洞内建仙岩院，宋大中祥符元年（1008 年）改称法云院，并改洞额为“百花清洞”。传南宋文天祥曾于此募兵。洞前叠石为垣。洞内有嘉靖四十二年（1563 年）始建的文信国公大忠祠，并有栖云、望月二阁和吴天殿、洗眼泉、半月宫等建筑，树有明代《临海仙岩洞新建宋文信国公碑记》、清乾隆《重修仙岩洞大忠祠碑记》、清宣统《重修仙岩洞大忠祠碑记》三通石碑。洞壁有明代至民国时期留下的八仙、三世尊、刘海戏金蟾等石造像以及“仙境”“海天胜景”“海角仙涯”“卫乡保国”等题刻，1981 年被公布为三门县文物保护单位。县乡公路至山麓，有步道至洞口。

玉京洞（Yùjīng Dòng）　紫色砂岩崩塌风化洞穴。在浙江省东部，台州市天台县赤城街道赤城山半山。因道家以之为元始天尊住所，并于洞内建有玉京观得名。南宋嘉定《赤城志》卷二十一：“玉京洞在（天台）县北七里，赤城山右。盖第六洞天，茅司命所治。或号‘太上玉清天’，或号‘玉真清平天’，或号‘上清玉平天’。按，《道书》云：‘天尊在元都玉京山说法，令众仙居此。’”洞深 7 米、宽 20 余米、高 10 余米，面积 140 平方米。洞内供奉道教三清——元始天尊、灵宝天尊和道德天尊像。三国葛玄、晋代华存、葛洪、许迈等都曾于此修道炼丹。洞前有炼丹井。唐、宋以来，历代帝王屡有遣使至玉京洞投龙简，御赐沉香、斗真、钟磬，御书观额。历为赤城山名胜，夏竦、余爽、洪适、王十朋、韩元吉、杨维祯、曹文晦、范理、许君微、徐霞客、潘耒、齐周华、康有为等文人墨客曾留下诸多诗文。北宋诗人余爽《玉京洞》：“半山松柏散天声，芝盖当年憩赤城。我是上皇灵阁吏，玉京应有旧题名。”南宋词人韩元吉《登玉京洞遇雨》：“俗物只散意，市朝那复清。未能蓬岛去，且上玉京行。古洞深无底，幽泉细有声。山灵知我意，賸乞片时晴。”元末明初诗人杨维祯《玉京洞》：“上界繇来足宫府，玉京移得在人间。赤城飞动霞当户，银汉下垂星满坛。响石忽闻人语答，凤笙时逐鹤声还。宰官喜在神仙窟，何必更寻勾漏丹。”现为天台山国家级风景名胜区的组成部分。宋代以此洞为名，改天台城内祥鸾坊为玉京坊。南宋嘉定《赤城志》卷二：“玉京坊在（天台）县西北一百四十八步。以其通玉京洞，故名。旧名‘祥鸾’。”县乡公路至洞下山麓，有步道至洞口。

桃源洞（Táoyuán Dòng）　火山沉积岩崩塌洞穴。在浙江省东部，台州市天台县白鹤镇桃源山。原称刘阮洞。南宋嘉定《赤城志》卷二十一：“刘阮洞，在（天台）县西北二十里。先是汉永平中有刘晨、阮肇入山采药，失道见桃实，食之觉身轻。行数里至溪浒，有二女方笄，笑迎以归，留半载谢去，至家子孙已七世矣。”后因宋僧明照采药遇仙植桃传说而改今名。南宋嘉定《赤城志》卷二十一：“国朝景佑中，僧明照亦因采药见金桥跨水，有二女戏水上，恍然如故事焉。乃疏凿为亭，植桃纷拥。令郑至道为即景物之胜，随处命名，时人争为赋诗。”宽约 4.5 米、深 5.5 米、高 4 米，面积约 22.5 平方米。洞畔有双女峰。桃源春晓为天台山八景之一。历代文人多有吟咏。北宋诗人郑至道《刘阮洞》：“采药归来世代赊，洞门方此扫烟霞。碧潭清泚弄明月，翠巘高低飘落花。芳草已迷当日路，白云空想旧人家。自惭不是浮觞侣，谩向山前醉帽斜。”县乡公路至洞下山麓。

寒岩洞（Hányán Dòng）　火山流纹岩天然裂隙洞穴。在浙江省东部，台州市天台县龙溪乡寒山村。原称拊石洞，以洞口外有石抚崖得名。后因洞在寒石山，唐代天台宗诗僧寒山曾长住于此而更今名。南宋嘉定《赤城志》卷二十一："寒石山在（天台）县西北七十里，寒山子尝居之，今呼为寒岩。前有盘石曰'宴坐峰'，上有拊石洞，世传赤城山神避昙猷徙居此。"《太平广记》卷五十五："寒山子者，不知其姓氏。大历中，隐居天台翠屏山。其山深邃，当暑有雪，亦名'寒岩'，因自号为寒山子。"又因宋书法家米芾题"潜真"二字于洞中，别称潜真洞。洞宽 30 米、深 52 米、高 15 米，面积约 1 500 平方米。寒岩夕照为"天台十景"之一，文人墨客多有题咏。清代地理学家齐召南于洞壁书"寒岩洞天"。洞中有寒岩古井，洞前有寒岩寺遗址，洞口有宴坐石、龟石和蛇石。齐召南《天台十景・寒岩夕照》："眼中都作紫金山，山洞崆岈容易攀。溪映余霞翻石壁，人占佳气满函关。桥边鸡鹊栖何稳，岩际骊驹去不还。朗咏卜居聊徙倚，徐闻欸乃起渔歌。"县乡公路至洞下寒山村。

括苍洞（Kuòcāng Dòng）　熔结凝灰岩裂隙洞。在浙江省东部，台州市仙居县括苍山主峰米筛浪峰北麓。洞以山得名。因括苍山古也作栝苍山，别称栝苍洞。洞高 12 米、宽 15 米、深 40 米，面积 600 平方米。自东汉始，历为道教圣地，有诸多修仙传说。南宋嘉定《赤城志》卷二十二："栝苍洞在（仙居）县东南三十里栝苍山之间。按，《尘外记》：'栝苍成德隐元之天，盖第十洞天，列仙所居。在台之乐安，即仙居旧邑也。'又《宝藏名山记》云：'栝苍洞，周回三百里，徐真人所治。真人名来勒，尝得道上升。至东汉为太极法师，莅职洞天总司水旱罪福之籍。'唐天宝七年，有庆云覆洞，太史奏：'有真气见于台宿。'诏建洞宫，榜曰'成德隐元'。旧传此洞与处（州）之玉虚宫通。自栝苍岭而言，东则属台，西则属处，是谓天门地户，故不特处名栝苍。而台之栝苍门，与此邑之栝苍驿亦皆以是得名焉。"清光绪《仙居县志》卷二："洞口有小洞，曰'紫云'，可占晴雨。石色若紫云，湿则雨，燥则晴。后汉葛元炼丹其上，丹井犹存。"北宋真宗皇帝赐名为"凝真宫"，南宋光宗皇帝赐"琼章宝藏"额，洞内有宋碑、明碑各一通。历代文人多有吟咏。宋代仙居县令刘光《题栝苍洞宫》："古洞藏真不记年，翠崖苍壁故依然。怪来一夜清无梦，身在仙家第十天。"宋代诗人张望《括苍洞》："地占仙居胜，名参洞府高。夜坛留鹤驭，春水泛溪桃。路转迷南北，岩空冷骨毛。我来惊误入，回首叹尘劳。"元代书法家赵孟頫《题括苍山成德隐玄洞天》："洞天在何许，乃近在人间。神仙亦人耳，仙成厌尘寰。冥冥隐玄洞，峨峨括苍山。卿云时蓊勃，赤乌昔飞翻。缅怀葛玄翁，一往不复还。餐霞弄明月，解缨濯潺湲。青芝伺时生，绿萝共谁攀。服食去道远，孤坐亦非丹。清歌极幼眇，朱书勒孱颜。千年有白鹤，飞来启玄关。"现为仙居国家级风景名胜区的组成部分。县乡公路通洞下，有步道至洞口。

第八节　河 流 名 称

钱塘江（Qiántáng Jiāng）　浙江省第一大河。跨安徽省东南部和浙江省西部、中部、西北部。古称浙江。《山海经・海内东经》："浙江出三天子都。在蛮东，在闽西北，入海，余暨南。"也作浙河、浙水、浙江水、渐江、渐江水、制河、淛河等。北魏郦道元《水经注》卷四十："渐江水出三天子都。《山海经》谓之'浙江'也。《地理志》云：'水出丹阳黟县，南蛮中。'"北宋《太平御览》卷六十五："《山海经》曰：'浙江出三天子都，在蛮东，西北入海，余暨南。'郭璞注云：按，《地理志》：'浙江出黟县南率中，东入南海。'今之浙江是也。率，即歙耳，余暨，县名。虞喜《志林》注曰：'今钱塘江口，折山正居江中，潮投山下，折而曲。'一云江有反涛，水势所归，故云'浙江'。《史记》云：'江水至会稽山阴，为浙江。'是也。"南宋祝穆《方舆胜览》卷一:"浙江,在钱塘。《庄子》云:'浙河即浙江,取其曲折以为名。'"后因下游流经钱唐县境而改称钱唐江。唐代为避国号讳改钱唐县为钱塘县,从此改为钱塘江。北宋《太平寰宇记》卷九十三:"钱塘,古泉亭有紫水如霞,为潮所冲。乡人华信将私钱召有能致土石一斛与钱一千。旬日之间,来者云集。塘未成,谲不复取,皆弃土石而去,故作成此堤以捍海潮,后因号为'钱塘'。"南宋祝穆《方舆胜览》卷一:"《九域志》:钱塘,初为潮水所损,州人华信以私钱作塘捍潮,因号'钱塘'。"当代地理学家陈桥驿认为,以上各名皆属古越语地名,其义不详。别称曲江、罗刹江等。曲江,以下游江水曲折得名。罗刹江,一说以杭州秦望山附近江上有罗刹石得名。南宋咸淳《临安志》卷二十三:"秦望山……近东南有罗刹石,大石崔嵬横截江涛,商船海舶经此多为风浪倾覆,因呼为'罗刹'。每岁仲秋既望,必迎潮设祭,乐工鼓舞其上。"一说以风涛险恶得名。清顾祖禹《读史方舆纪要》卷八十九:"《地理志》:'浙江水出黟县南,蛮中。'亦曰'罗刹江'。《志》云:'取风涛险恶之意',然而浙江之名尚矣。"钱塘江源历有多种说法,《读史方舆纪要》卷八十九:"浙江之源有三:一曰'新安江',或谓之'徽港',《班志》谓之'浙江水'。源出徽州府西北百二十里之黟山,今名黄山……一曰'东阳江',或谓之'婺港',《水经》谓之'吴宁溪'。源出金华府东阳县东南百三十里之大盆山……一曰'信安江',或谓之'衢港',亦曰'縠水'。源出衢州府开化县东北六十里之百际岭。"现代地理学确认为南北二源。北源源出安徽省休宁县西南部,白际山脉六股尖东坡,流经安徽省休宁、祁门、黄山、歙县等地,在街口入浙江省后,于建德市梅城镇西南纳兰江。南源源出安徽省休宁县西南部白际山脉青芝埭尖北坡,入浙江省后,经开化、常山、衢州、龙游、兰溪,于建德市梅城镇西南汇新安江。此后,江水折东北流经桐庐、富阳、杭州等地,于海盐县澉浦镇长山东南嘴与余姚市西三闸连线入杭州湾。以北源起计,全长588.73千米,流域面积4.88万平方千米,其中浙江省境内长347.64千米,流域面积4.4万平方千米。以南源起计,全长522.22千米,其中浙江省境内长497.45千米。年径流量431.4亿立方米。径流以降水补给为主,集中在4—9月,洪峰出现在5—6月,洪、枯水流量相差悬殊。年平均含沙量0.1～0.4千克/立方米。在建德市梅城镇以上的新安江段,河流穿行山地,属山溪性河流,河谷多呈"V"字型。梅城以下约7千米入七里泷峡谷,峡谷长20余千米。富春江电站以下,河宽水缓,多沙洲。钱塘江流经杭州市区南侧以后,江面展宽,连接杭州湾形成典型的漏斗状河口,海潮倒灌成涌潮,形成著名的"钱塘潮",尤以农历八月望日最为壮观,最大潮差达8.9米。唐代诗人罗隐《钱塘江潮》诗云:"怒声汹汹势悠悠,罗刹江边地欲浮。漫道往来存大信,也知反覆向平流。任抛巨浸疑无底,猛过西陵只有头。至竟朝昏谁主掌,好骑赪鲤问阳侯。"唐代诗人徐凝《观浙江涛》云:"浙江悠悠海西绿,惊涛日夜两翻覆。钱塘郭里看潮人,直至白头看不足。"北宋词人苏轼《催试官考较戏作》云:"八月十八潮,壮观天下无。鲲鹏水击三千里,组练长驱十万夫。红旗青盖互明灭,黑沙白浪相吞屠。"流域水力资源丰富。干流建有新安江、富春江水电站。支流乌溪江建有黄坛口和湖南镇水电站。以上大、中型水电站以发电为主,兼有防洪、灌溉、航运和水产养殖效益。全流域小型电站和水库星罗棋布。流域内人口稠密,经济发达,为浙江省政治、经济和文化中心所在地。两岸风光秀丽,古迹众多,西湖风景区、富春江—新安江风景区均为国家级重点风景名胜区和国家AAAAA级旅游景区。2011年"中国杭州西湖文化景观"被列入《世界遗产名录》。历代文人多有吟咏,为名副其实的诗路文化带。唐代诗人孟浩然《渡浙江问舟中人》诗:"潮落江平未有风,扁舟共济与君同。时时引领望天末,何处青山是越中。"唐末诗人贯休《秋过钱塘江》云:"巨浸东隅极,山吞大野平。因知吴相恨,不尽海涛声。黑气腾蛟窟,秋云入战城。游人千万里，过此白髭生。”王昌龄《浣纱女》诗：“钱塘江畔是谁家，江上女儿全胜花。吴王在时不得出，今日公然来浣纱。”韦庄《桐庐县作》诗：“钱塘江尽到桐庐，水碧山青画不如。白羽鸟飞严子濑，绿蓑人钓季鹰鱼。潭心倒影时开合，谷口闲云自卷舒。此境只应词客爱，投文空吊木玄虚。”北宋诗人李觏《忆钱塘江》诗：“昔年乘醉举归帆，隐隐山前日半衔。好是满江涵返照，水仙齐着淡红衫。”明代文学家宋濂《予奉诏总裁元史故人操公琬实与纂修寻以病归》诗云：“盈盈罗刹江，颜色绿胜酒。忽然潮汐生，龙虎共吟吼。买舟踏澎湃，共折江头柳。”与沪昆(G60)、杭州湾环线(G92)、杭甬(S2)、苏绍(S9)、长深(G25)、杭新景(S31)、杭州绕城(G2501)等多条高速公路相交。其中，长深(G25)和杭新景(S31)高速公路部分路段顺江而行。干流上大型桥梁众多，下游建有富春江大桥、袁浦大桥、之江大桥、钱塘江大桥、彭埠大桥、复兴大桥、西兴大桥、下沙大桥、九堡大桥、江东大桥、嘉绍大桥等特大型桥梁，建有庆春路隧道、钱江隧道等过江隧道。主要支流有横江、练江、富强江、分水江、渌渚江、寿昌溪、壶源江、浦阳江、曹娥江等。

新安江(Xīn'ān Jiāng)　钱塘江北源。跨浙江省西部和安徽省东南部。因流经古新安郡境得名。又因流经徽州、歙县，别称徽江、歙江、歙港。清顾祖禹《读史方舆纪要》卷八十九：“浙江之源有三：一曰‘新安江’，或谓之‘徽港’。《班志》谓之‘浙江水’。源出徽州府西北百二十里之黟山。”建德段古称建德江。唐代诗人孟浩然作有《宿建德江》诗。源出安徽省休宁县西南部，怀玉山脉主峰六股尖东坡，经安徽省休宁、祁门、黄山、歙县等地，在街口入浙江省淳安县后，于建德市梅城镇西南纳兰江汇为富春江。河长 373 千米，流域面积 1.19 万平方千米。其中浙江境内河段长 128 千米，流域面积为 5 718 平方千米。最大年径流量 247.3 亿立方米，最小年径流量 55.7 亿立方米。年均含沙量约 0.1～0.15 千克/立方米。上游流经皖南山地，河床比降大，流速急。有发电、通航、灌溉、供水等多种经济价值，为钱塘江水系中水力资源理论蕴藏量最多的河流，占总蕴藏量的 31.1%。现已建装机容量 66.25 万千瓦的新安江水力发电站和库容 178 亿的新安江水库(别称千岛湖)，兼有防洪、灌溉、航运和水产养殖效益。两岸为安徽省和浙江省重要的生态涵养区，风光秀丽，古迹众多，富春江—新安江风景区为国家级重点风景名胜区和国家 AAAAA 级旅游景区。历代文人多有吟咏。南北朝诗人沈约《渡新安江诒京邑游好》云：“眷言访舟客，兹川信可珍。洞澈随深浅，皎镜无冬春。十仞泻乔树，万丈见游鳞。沧浪有时浊，清济涸无津。岂若乘斯去，俯映石磷磷。”唐代诗人孟云卿《新安江上寄处士》云：“深潭与浅滩，万转出新安。人远禽鱼静，山空水木寒。啸起青苹末，吟瞩白云端。即事遂幽赏，何必挂儒冠。”唐代诗人孟浩然《宿建德江》云：“移舟泊烟渚，日暮客愁新。野旷天低树，江清月近人。”新安江水库(千岛湖)为浙江省最大人工湖。新安江至屯溪可通行 100 吨级船舶，新安江水库内开通有游船航线。主要支流有横江、练江、桐溪、武强溪、富强溪、寿昌溪等。

云源港(Yúnyuán Gǎng)　新安江一级支流。在杭州市淳安县西北部。古称云溪。清《钦定古今图书集成・方舆汇编・职方典》卷一〇一七：“云溪　在(淳安)县西北四十里，梓桐、常乐乡之界。”光绪《淳安县志》卷一：“云溪，在县西四十五里，源出老竹岭，至双溪口受九龙山支流，西流百余里南注新安江。”后因流经云源自然村而改称今名。别称云屯溪。源出浙皖交界的白际山脉搁船尖南麓，经安徽省歙县三阳镇入淳安县王阜乡，于宋村乡常锦里村汇入新安江水库(千岛湖)。长 62 千米，宽 30～100 米，流域面积 251.8 平方千米。年径流量 2.42 亿立方米。属山溪性河流，自然落差 742 米，平均坡降 11.97‰。滩多流急，潭深谷峻，水力资源丰富。现建有严家 1 个中型水库和 4 个小型水电站。流域为新安江水库水源涵养地，林木茂密，生态优良。盛产茶叶。全程不通航。支流源短河小。

寿昌溪(Shòuchāng Xī) 新安江一级支流。在建德市西南部。《元丰九域志》卷五:“寿昌……有天井山、寿昌溪。”一说“寿昌”一词出自秦始皇“受天之命,皇帝寿昌”玉玺。《晋书》卷二十五:“又有秦始皇蓝田玉玺,螭兽钮,在六玺之外,文曰‘受天之命,皇帝寿昌’。”一说以流经故寿昌县境得名。清顾祖禹《读史方舆纪要》卷九十:“(寿昌)县境之水,悉汇入焉。”旧志认为,其源出鹅笼山。《舆地纪胜》卷八:“寿昌溪发源鹅笼山。”《读史方舆纪要》卷九十:“寿昌溪,在(寿昌)县西。源出县西南六十里之鹅笼山,流至县西二十里,与交溪会,曰‘大同溪’。又绕流至县治西一里,曰‘艾溪’。历郭南至县东七里,曰‘淤堨溪’。又经县东北十五里之湖神坂,曰‘湖神溪’。流长九十里,出寿昌港口。又东北绕苍山,入新安江。(寿昌)县境之水,悉汇入焉。”其源出衢州市衢江区、建德市和淳安县交界的千里岗山脉三井尖东麓。自西南向东北经李家镇、大同镇、航头镇、寿昌镇和更楼街道,于新安江街道罗桐埠汇入新安江。全长57千米。流域面积693平方千米。年径流量3亿立方米。属山溪性河流。坡陡流急,溪水易暴涨暴落。流域为建德市主要产粮区和工业基地。主要支流有交溪、西溪、曹溪、周溪等。

兰江(Lán Jiāng) 钱塘江南源及最大支流。跨安徽省东南部和浙江省西部、中部。古称兰溪,别称瀔水、縠江。唐《元和郡县图志》卷二十六:“兰溪在(兰溪)县南七里,东北入东阳江。”清穆彰阿《大清一统志·金华府》:“兰溪,亦曰‘大溪’,别称‘瀔水’,以水纹类罗縠。岸多兰茝,故名。”北宋《太平御览》卷六十五:“縠江,《舆地志》曰:縠江,其水波澜交错,状似罗縠之文,因以为名。”北魏郦道元《水经注》:“浙江又东北流至钱塘县,縠水入焉。水源西出太末县,县是越之西鄙,姑蔑之地也……縠水又东,定阳溪水注之。水上承信安县之苏姥布……溪水又东入于縠水,縠水又东径乌伤县之云黄山,山下临溪水,水际石壁杰立,高百许丈。又与吴宁溪水合。水出吴宁县下,径乌伤县入谷,谓之乌伤溪水……縠水又东入钱唐县,而左入浙江。故《地理志》曰:‘縠水自太末东北至钱唐入浙江。’是也。”一般指钱塘江支流兰溪至建德梅城河段。水文上指钱塘江南源。源出安徽省休宁县南部青芝埭尖北坡,流经开化县、常山县、衢州市衢江区、龙游县、兰溪市,于建德市梅城镇东关汇新安江入富春江。河长300千米,流域面积1.9万平方千米。年径流量172.8亿立方米。上游马金溪、常山港为山溪性河流,谷窄、滩多、流急,洪、枯流量相差悬殊。衢江及以下段落差小,水流平缓,多沙洲,汛期易潴水。通航里程45.1千米,航道等级为四级,通100吨级船舶。流域为浙西主要粮食产区,浙江省重要的生态涵养区,有古田山、九龙山、大盘山3个国家级自然保护区,江郎山、双龙、大红岩、方岩4个国家级风景名胜区。有金华火腿、江山金针菇、衢江椪柑、常山胡柚、永康麻鸭等特产。历代诗人多有吟咏。其中,唐代诗人戴叔伦《兰溪棹歌》诗:“凉月如眉挂柳湾,越中山色镜中看。兰溪三日桃花雨,半夜鲤鱼来上滩。”宋代常均《兰江》诗:“波翻雪浪养云涛,亭压兰江意气高。楚国兴亡何处问,佩兰人去有《离骚》。”北宋诗人汪泌《瀔水》诗:“波纹端与縠纹同,正倚阑干想象中。更被轻舟横截去,斜阳染出半江红。”明代诗人邵伯宣《题徐景颜教谕縠江渔者卷》诗:“柯山青浸縠江波,有客长年被绿蓑。钓泽偶膺多士选,讲帷仍赋散人歌。桃花白鹭忘机久,莼菜鲈鱼入梦多。迟子束书归旧隐,水云深处一经过。”明代诗人胡应麟也作有《兰江竹枝词》12首。主要支流有江山港、乌溪江、金华江等。

马金溪(Mǎjīn Xī) 钱塘江南源兰江上源。跨浙江省开化县和安徽省休宁县。古称金溪、金川。清嵇曾筠《浙江通志》卷十八:“昔有仙人饮此水而吐金,故名。”后因古人以之源出马金岭而改今名。清顾祖禹《读史方舆纪要》卷九十三："金川，（开化）县北半里。一名'马金溪'，源出开化县东北马金岭。"源出安徽省休宁县龙田乡板仓附近的青芝埭尖北坡，东流入开化县后，流经齐溪、马金、音坑、华埠等乡镇，于华埠汇池淮溪为常山港。明天启《衢州府志》卷一："金溪，（开化）县东五十步。凡两源：一出马金岭下，经九里，峦环石柱源；一出际岭下，经嵩阳源，俱达马金，合流曰'马金溪'。西南注四十里，经钟山下环县治，复东南流达华埠，始容舟。入常山境而溪渐大。"清顾祖禹《读史方舆纪要》卷八十九："源出衢州府开化县东北六十里之百际岭。经县城东，谓之'金溪'。又东南入常山县境而为金川，至（开化）县城东，则江山县文溪之水流合焉。"长 104 千米。流域面积 2 092.1 平方千米。山溪性河流。两岸山地耸立，多峡谷。滩多流急，溪流澄清。明万历《开化县志・旧序》载："水性湍悍疾驶，滩高流浅，两山夹之以行，暴雨骤涨，则冲激奔腾，跳梁叫吼，如怒如射。"水力理论蕴藏量约 4.9 万千瓦。原水位变幅较大，遇暴雨，常决堤为患。1958 年以来，沿溪建拦河大坝 10 余条，开渠引水，发电灌溉。比降大，水流急，现不通航。流域内野生动植物资源丰富，建有古田山国家级自然保护区、钱江源国家森林公园和钱江源浙江省风景名胜区。有开化龙顶茶叶、开化清水鱼等特产。主要支流有何田溪。

常山港（Chángshān Gǎng）　钱塘江南源上游河段。在衢州市西北部。古称金川、马金溪。《明史》卷四十四等称金川："北有金川，一名'马金溪'，自开化县流入。东有文溪，自江山县流入，合于金川，为信安溪上源。"清齐召南《水道提纲》卷十六称金川溪。清顾祖禹《读史方舆纪要》卷九十三："金川，（常山）县北半里。一名'马金溪'，源出开化县东北马金岭……又东南流五十里，入西安县界，即信安溪之上流也。"嵇曾筠《浙江通志》卷十八："昔有仙人饮此水而吐金，故名。"后因流经常山县城而改今名。上起开化县华埠，下至衢州市柯城区双港街道双港口，与江山港汇流为衢江。流经开化县、常山县和衢州市柯城区。长 70 千米，流域面积 3 176 平方千米。年径流量 35.6 亿立方米。常山县招贤以上段流经丘陵山地，滩多流急；招贤以下段入金衢盆地，河宽水缓。洪枯水位相差悬殊。水力资源丰富。丰水期通船筏。沿线为常山县的政治、经济和文化中心所在地，浙、赣、闽三省边区货物集散地，并建有三衢国家森林公园和三衢石林浙江省风景名胜区。支流上已建小型水库多座。其中何家乡长风水利枢纽工程为经国务院批准的第二批农村电气化试点工程，兼具发电灌溉通航等功能。流域盛产衢红橘、椪柑和常山胡柚等。主要支流有池淮溪、龙山溪、马尪溪、龙绕溪、芳村溪、大俱源等。

池淮溪（Chíhuái Xī）　钱塘江南源马金溪支流。在衢州市开化县中部。古分称声溪（声口溪）和池淮溪。北宋《太平寰宇记》卷九十七于"常山县"下载有"声溪"之名。以瀑泉所集，水声常如风雨得名。清乾隆《开化县志》卷二："声口溪，县西二十里。乃池淮溪之下流。旧志云：瀑泉所集，因以成溪。声常如风雨。"清顾祖禹《读史方舆纪要》卷九十三："声口溪，在（开化）县西二十里。其上流为池淮溪，有两源，一出歇岭，一出县西百里大榕岭，合流至县西三十里滕岩下之池淮畈，曰'池淮溪'。又东为声口溪，复东南流十五里，注于金溪。"后以全域称池淮溪，以流经池淮畈得名。源出江西省婺源县江湾镇东头村大鳙岭头东麓，南入开化县，经长虹、池淮等乡镇，在华埠北汇马金溪为常山港。在开化县境长 53.8 千米，流域面积 413 平方千米。年径流量 4.69 亿立方米。山溪性河流。流域内多山地，林木茂密，溪流澄清。长虹乡虹桥村以上，谷窄坡陡流急；虹桥村以下水流较缓。动植物资源丰富，建有古田山国家级自然保护区。流域为开化县主要农产区之一，其中池淮畈为开化最大的产粮区。有开化龙顶茶叶、开化清水鱼等特产。主要支流有张湾溪。

马尪溪(Mǎwāng Xī)　钱塘江南源常山港支流。在衢州市开化县境内。古称马尪溪、马虺溪。清穆彰阿《大清一统志·衢州府》:"马尪溪,源出开化县东十五里白马山下,合大驶、小驶二涧,西南流三十五里,至常山县界。"清顾祖禹《读史方舆纪要》卷九十三载为"马虺溪":"马虺溪在(常山)县东……至常山县境,注于金溪。"清乾隆《开化县志》卷二:"马尪溪,县东十五里。源出白马山下。合大驶、小驶二涧,西南流三十五里,至常山境,注于金溪。"清光绪《常山县志》卷五:"马尪溪,在县北四十里。其源出自开化,东南流至石门与金川会,名曰'双溪'。"一说以汇入常山港的溪口处有马鞍山得名,后由"马鞍"方言谐音为今名。一说"马尪""马虺""马尪"为"马王"谐音,因源出白马山,溪以山得名。上源有二:东源出开化、淳安两县边境白石尖(别称白马山)西麓;西源出白石尖西北海拔1 055米的无名山峰北麓,两源在林山乡田后村合流,于华埠镇下界首村以东开化县与常山县交界处汇入常山港。长57.4千米,流域面积275平方千米。年径流量2.96亿立方米。山溪性河流,两岸山地耸立,多峡谷。坡陡流急,溪流澄清。有开化龙顶茶叶、开化清水鱼等特产。

芳村溪(Fāncūn Xī)　钱塘江南源上游常山港支流。在衢州市常山县东部。因流经芳村镇得名。古称浮河溪。清《钦定古今图书集成·方舆汇编·职方典》卷一〇一一:"浮河溪　在县东北二十里,凡两源至将坑溪,汇南流三十里,曰'浮河',至浦口达金川。"清光绪《常山县志》卷五分别载为浮河溪和芳村溪:"浮河溪,在县东四十里,源发于灯盏坑,历芙蓉,过岩前,南流三十里至浦口入金川。""芳村溪,在县东北四十里,源一发灯盏坑,历芙蓉;一发源头,过横山路,回龙桥,至猷阁入炉山东桥;一发对坞岩,前至塘下;一发猷路,绕岭葛坂、西山至炉山西桥,合流历洁湖、濛淤出浮河,会长源水由浦口入金川。"上源为东源溪,源出常山、淳安交界处的昌湾尖南麓。流经新桥、芳村、大桥头等乡镇后,于招贤镇浦口村汇入常山港。长50.6千米,流域面积356.8平方千米。年径流量4.12亿立方米。为山溪性河流。滩多流急。河床多卵石,两岸山地林木葱茏,雨量充沛,水力资源丰富。1965年以来已建水库和梯级电站多座。其中芙蓉水库总库容9 580万立方米,兼具防洪、发电和养殖等功能。沿线为生态涵养区和农作区。建有芙蓉峡等景区。有常山胡柚等特产。主要支流有芙蓉溪、上源溪、前溪等。

衢江(Qú Jiāng)　钱塘江南源兰江中上游段。在浙江省西部,跨衢州、金华二市。古称榖(瀔)水、榖(瀔)江、榖(瀔)溪,为今江山港、常山港、衢江、兰江等江道在汉晋时期的统称。《汉书·地理志》:"榖水东北至钱塘入江。"《水经注》卷四十:"水源西出太末县,县是越之西鄙,姑蔑之地也。"北宋《太平御览》卷六十五:"《舆地志》曰:'榖江其水波澜交错,状似罗榖之纹。因以为名。'"南宋祝穆《方舆胜览》:"瀔溪出西安,合江山、常山之水。顾野王《舆地志》:'瀔溪之水,交织如罗纹。'"西晋太康元年(280年)改新安县为信安县后,因流经信安县而别称信安江、信安溪。唐武德四年(621年)于信安置衢州后,因流经衢州城而改今名,别称衢港。清穆彰阿《大清一统志·衢州府》:"衢江,源出江山县仙霞岭,流经西安、龙游二县,北又东北入金华府汤溪、兰溪二县界,即古榖水也。"清顾祖禹《读史方舆纪要》卷九十三:"衢江,在(衢州)城西。源出仙霞岭曰'大溪',经江山县东,又北流至城西南,而信安溪流合焉,曰'双港口'。经城西,又绕出城北,东流至城东十五里鸡鸣山下,而定阳溪流合焉。亦曰'衢港',亦曰'信安江'。《唐志》:'元和十一年,衢州山水害稼,深三丈,毁州郭。'即此水也。又东北流,经龙游县界,亦曰'盈川溪',又东入金华府兰溪县界,与婺江合。胡氏曰:'浙江有三源,此其一也。'""信安溪,在(衢州)城西南二里。《汉志》:'大末县有榖水,即此。'一名'西溪',源出开化县东北百际岭,经常山县东南流,至府城西南,合于衢江。"上起衢州市柯城区双港街道双港口，下至兰溪市兰江街道横山下金华江口。流经衢州市柯城区、衢州市衢江区、龙游县、兰溪市和金华市婺城区，长82.9千米，平均河宽200米，流域面积1.11万平方千米。年径流量121.8亿立方米。水源充沛，水流平缓，含沙量小，江中多沙洲，汛期易潴水。流域为金衢盆地西部的政治和经济中心所在地，有衢州中国历史文化名城和衢州省级高新技术产业园区。1949年以来，沿江筑堤护岸，并于乌溪江、铜山源等支流上建设黄坛口、湖南镇、铜山源等兼具防洪、发电、灌溉、航运、水产养殖等效益的水库和水电站。通航里程57千米，航道等级为四级，通1 000吨级内河船。有衢红橘、椪柑、莹白瓷、衢江竹炭等特产。唐代诗人韦庄《衢州江上别李秀才》诗："千山红树万山云，把酒相看日又曛。一曲离歌两行泪，更知何地再逢君。"元代诗人吴炳《从衢江舟中怀江实夫》诗云："仰止烂柯山，故人渺何许。行舟不可舣，回首重延伫。凉风吹客衣，秋树湿残雨。多情双鹭鸶，翩翩向洲渚。"南宋诗人赵鼎《将至三衢杨村道中小饮》诗："衢江波上半帆风，散发篷窗笑傲中。晚境但深耽酒癖，穷途犹愧作诗工。"主要支流有江山港、大头源、乌溪江、铜山源、芝溪等。

江山港(Jiāngshān Gǎng)　钱塘江南源一级支流。衢江支流。在衢州市中南部。以主要流经原江山县(编者注：今江山市)境得名。古称须江，以流域上应须女星得名。又因传古有猎人逐鹿到溪边，鹿投水而没，别称鹿溪、鹿头溪等。俗称大溪、文溪等。清顾祖禹《读史方舆纪要》卷九十三："大溪在县城东。一名'鹿溪'，亦曰'鹿头溪'。仙霞诸岭之水，至清湖渡，始通舟楫，北流经城下。又东北十八里而为大溪滩，旧有浮桥，一名'渡江头'，为县境之冲要，又东北入西安县境，是曰'衢江'，即浙江之南源也。""文溪，(江山)县西三十五里。出县南九十里石鼓山，又合四境群山之水，汇为一溪，北流入常山县，与金川会，复折而东南入西安县界。"雍正《浙江通志》卷十八："大溪，一名'鹿溪'，亦曰'鹿头溪'，即'古瀔水'，别称'须江'。"《清史稿·地理志》："衢港二源，南源文溪，即'江山港'。"源出浙、闽边境的仙霞岭山脉苏州岭东坡，自南向北纵贯江山市后，东北经衢州市衢江区，于柯城区双港口汇常山港为衢江。长134千米，流域面积1 970平方千米。年径流量19.11亿立方米。属山溪性河流，坡陡流急，洪枯水位相差悬殊，水力资源丰富，已建水库、水电站数百座，其中峡口水库具灌溉、发电、防洪效益。旧通木排、竹筏，今不通航。流域为浙、闽、赣三省交界的要地，江山市的政治、经济和文化中心所在地，地方文化兼容浙、闽、赣三省风俗。有世界自然遗产——江郎山国家级风景名胜区，仙霞国家森林公园和廿八都、清漾村、仙霞关、浮盖山等6个国家AAAA级旅游景区。有建材、精细化工、输配电器、照明电器、门业、消防器材等产业和产品，并有猕猴桃、白鹅、白羽乌骨鸡、白菇、西砚、江山绿牡丹茶、蜂产品、廿八都铜锣糕等特产。唐武德四年(621年)以此江古称为名，分信安县南境置须江县。南宋诗人辛弃疾作《鹿溪渡》诗二首。其一："草梢出水已无多，村落弥漫奈雨何！水底有桥桥有月，只今平地怕风波。"其二："断崖老树互撑柱，白水绿畦相灌输。嫣得溪南一丘壑，放船画作归来图。"陆游作《大溪滩折桅》二首："溪流乱石似牛毛，雨过狂澜势转豪。寄语河公莫作戏，从来忠信任风涛。""暮江初涨浪翻狂，一叶轻舟泛渺茫。我愧人非跛男子，安能与世作津梁？"南宋文学家周紫芝作《须江暮春杂题》三首。其一云："三月阴晴江上天，江花落尽水平川。红蚕老去桑垂椹，黄鸟飞来柳扑绵。千里心常悬梦里，十分春总在愁边。时时更谢苏司业，乞与杖头沽酒钱。"明代诗人王思任《须江道中》云："百里皆庐橘，三家亦水湄。溪喧春日接，屋险树交支。鸟语深林碎，鱼行浅濑迟。游山不及老，灵运许心知。"主要支流有周村溪、广渡溪、横渡溪、长台溪、石达河溪等。

乌溪江(Wūxī Jiāng)　钱塘江南源一级支流。衢江支流。在浙江省西部，跨衢州、丽水二市。

古称定阳溪、东溪。定阳溪，因东汉建安二十三年（218年）孙权分新安县（编者注：今衢州市衢江区）置定阳县得名。北魏郦道元《水经注》卷四十："縠水又东，定阳溪水注之。水上承信安县之苏姥布……水悬百余丈，濑势飞注，状如瀑布。"清顾祖禹《读史方舆纪要》卷九十三："定阳溪，（衢州）府东十五里。一名'东溪'。源出遂昌县周公岭，入府境东北流，至鸡鸣山下，合于衢江。《志》云：'东溪出紫薇山，沿周公源，过相思源口，循县南二十里之九龙山下，又缘响谷、石室诸山麓而东北出。'"清光绪《遂昌县志》称柘上源，清齐召南《水道提纲》卷十六称为柘上溪。光绪《遂昌县志》卷二："柘上源，在邑西八十里。上接浦城罟网源，西流会蔡源至蔡口，于洋溪会于周公源，西行龙鼻头至衢。"后以江水深处呈墨绿色而改称乌溪江。旧志以之源出遂昌。民国《衢县志》卷二："乌溪，即'周公源''乌溪港'。发源于遂昌县之柱溪，流入县境龙鼻头岩剥，经洋潭，出洋口厦埠、榉埠、榉口雨潭，入破石区湖钟潭，直流至樟树潭，长三百余里。"源出龙泉市住龙镇青井村，流经遂昌县和衢州市衢江区，于鸡鸣渡附近汇入衢江。长161.5千米，流域面积2 632平方千米。年径流量30.76亿立方米。其中，衢州市境内63千米，流域面积610平方千米。上游滩多流急，中下游河宽水缓。江水昔为遂昌、衢县的水运要道，行舟放排繁忙。现通航里程80千米，仅通竹木船筏。上中游沿线为仙霞岭山脉生态涵养区，动植物资源丰富，建有九龙山国家级森林公园和遂昌省级森林公园，并建有湖南镇、黄坛口水电站。下游清代以前即筑堰灌溉。清顾祖禹《读史方舆纪要》卷九十三："昔人于此横溪筑堰，分派导流，迤逦而北，灌田五万六千余亩。"流域今为衢州市区的工农业生产基地所在地，建有衢州省级高新技术产业园区、烂柯山—乌溪江浙江省风景名胜区。有衢红橘、椪柑、竹炭、菊米、香菇、木耳等特产。主要支流有周公源、金竹溪、湖山源、航埠溪、举埠溪、上埠溪等。

芝溪（Zhī Xī）　钱塘江南源上游衢江支流。在衢州市衢江区东北部。传以此溪形状曲折如"之"字得名，并谐音为今名。古人以之源出凤山。清顾祖禹《读史方舆纪要》卷九十三："（项山）又北四十里有凤山，上极平旷，可治田圃，芝溪出焉，南流合于衢港。"清穆彰阿《大清一统志・衢州府》："在西安县北，源出凤山南，流入衢江。"又因流经上方村，别称上方源。民国《衢县志》卷二："芝溪，一名'上方源'。在县北，出凤山，南流入江。上有四源，极北者出灰岭，为灰坑源；少西为仙洞源，自大木源山东流经仙洞村，会西来之芝溪源，出灰坑口与灰坑源汇流入上方市；又有大利源自南来，同出上方桥头与芝溪汇流至玳堰头，分支入银坑溪，其下汇峡口者，又有石屏溪。石屏溪上流有二源，一出寿昌界之石鼓岭，南流至峡口并入芝溪，又一支出塘台山下，小涧经金英殿后上庄桥头至彭家村后山，会石屏溪为双溪口，合流至峡口下金桥，其下出莲花者又为莲溪。莲溪自莲花市经篁墩出盈川入大河。"源出衢江区与淳安、常山交界处梅树湾尖东北麓，经灰坪、上方、峡川、莲花、高家等乡镇后，于航墩村附近汇入衢江。长63.8千米，流域面积350平方千米。年径流量3.78亿立方米。峡川镇以上经丘陵山地，坡陡流急，下段入衢江谷地，河宽约80米，水流平缓，多滩地。流域广布石灰岩地貌，多溶洞，局部有地下河。流域为金衢盆地的典型农作区。有衢红橘、椪柑等特产。清代西安县诗人叶闻性作有《莲溪竹枝词》八首。

灵山港（Língshān Gǎng）　衢江支流。在浙江省西部，跨衢州、丽水二市。古称灵溪、桃溪。以流经灵山之麓得名。《明史》卷四十四："龙游……又南有灵溪，自遂昌县流经县南灵山下，又东北入焉。"清顾祖禹《读史方舆纪要》卷九十三："灵溪，经（龙游）县南灵山下，曰'灵山港'。"清《钦定古今图书集成・方舆汇编・职方典》卷一〇一二："灵山港　在县东南一百步，发源自处州遂昌，入邑境，逶迤北注九十余里，经灵山下，绕县郭南而东入于縠溪。"民国《龙游县志》卷二："灵溪，一名灵山港。

源出遂昌县北，至县境马戍口，潘滨水自东南来注之……北径长生堰、坑口，楼坞水自西南来注之……又北径山阜、摇车，小坑水自西南来注之……又北径航头堰、肥堰、平连至坑头，梓山水自东南来注之……又东北径官村、杨侯潭至木瓜山北折，绕县志经泊鲤滩，凡行九十余里而入于縠。”又因源于桃源尖南麓，别称桃溪。清齐召南《水道提纲》卷十六：“桃溪即‘灵溪’。”源出遂昌县高坪乡桃源尖南麓和尚岭，自西南向东北流经遂昌县高坪、应村 2 乡后，于北界镇折北流入龙游县，经沐尘畲族、溪口、东华、龙洲等乡镇、街道后，于龙游街道驿前村和东华街道湖底叶村间汇入衢江。长 90.6 千米，流域面积 726.9 平方千米。年径流量 6.99 亿立方米。山溪性河流。河床坡度大，水流湍急，水量和水力资源均丰富。旧通船筏，今不通航。主支流已建总库容 1.26 亿立方米的沐尘水库及多座小型水库、水电站。流域为龙游、遂昌两县的生态涵养和农耕区，畲乡风情浓郁。建有浙西大竹海省级森林公园。有竹炭、菌菇、菊米等特产。主要支流有桃源、庙下溪等。

金华江(Jīnhuá Jiāng)　钱塘江南源中游兰江支流。在金华市境内。以流经金华城得名。古称东阳江。唐《元和郡县图志》卷二十六：“东阳江有二源：一南自永康县境入，一东自义乌县界流入，至(金华)县界南合为一，谓之‘东阳江’。”以金华市古称东阳郡得名。又因金华市古称婺州，别称婺港、婺江，又因江有二源，别称双溪。清顾祖禹《读史方舆纪要》卷九十三：“东阳江，在(金华)府城南，即婺港也。亦曰‘双溪’。双溪者，一为东溪，亦名‘东港’；一为南溪，亦名‘南港’。”明万历《金华府志》卷三：“双溪，一源为东派，亦曰东港，自东阳县大盆山过义乌合众流，西行入(金华)县境，曰义乌港会，又合慈航溪、白溪、东溪、西溪、坦溪、玉泉、赤松溪之水，经马铺岭石崎岩下与南港会。一源为南派，亦曰‘南港’，出缙云黄碧山，过永康、武义县境，曰‘武义港’，又会杨溪、松溪、梅溪之水，经屏山西北行，与东港会于城下，故曰‘双溪’。西行，受白沙溪、桐溪、盘溪之水，入于兰溪，会衢水北折为桐江，受徽水东流为浙江，放于海。”金华市区古曾属乌伤县、吴宁县，故又称乌伤溪、吴宁溪。北魏郦道元《水经注》卷四十：“(縠水)又与吴宁溪水合。水出吴宁县下，径乌伤县入縠，谓之乌伤溪水。”上源干流为东阳江，源出磐安县大盘山，经东阳、义乌两市后，于婺城区燕尾洲与武义江汇流后，向西穿通济桥下，再向西北至兰溪市兰阴山下与衢江合流为兰江。通常将燕尾洲至通济桥间称双溪，通济桥至兰溪市区间称金华江或婺江、婺港，后以金华江泛指全河。长 181 千米，流域面积 6 840 平方千米。年径流量 56.2 亿立方米。干支流建有大量水库，具灌溉、防洪、发电和养殖效益。其中，横锦水库总库容 2.74 亿立方米，南江水库总库容 1.17 亿立方米。由于长期淤积，河床变浅，航运作用下降，现仅通木筏、小船。流域为浙中经济中心所在地，工农和商贸服务业发达，并建有义乌国际商贸城和横店影视城。有方岩、双龙、大红岩 3 个国家级风景名胜区，大盘山 1 个国家级自然保护区，双龙洞、牛头山 2 个国家森林公园。有金华火腿、金华酥饼、金华佛手、义乌红糖、婺州举岩茶等特产。南宋诗人梁安世作有《双溪》二首，其一：“春霖涨合两溪平，雪浪中浮桑柘青。南市唤船撑未到，一番蓑笠满津亭。”其二：“岸高平步远汀沙，落木梢头点乱鸦。舞动双龙金锁甲，兰皋影外晚红斜。”浮桑清代诗人查慎行《由兰溪县坐茭白船晚至金华》诗云：“疏林野岸开平远，漠漠江天秋向晚。陆龟蒙鸭戴嵩牛，一带村家供画本。赤松门外问长年，指似金华小洞天。偶然走入羊群里，去作人间狡狯仙。我与初平称莫逆，重来已是千年别。可惜岩头乏主人，乱山依旧堆顽石。”主要支流武义江。

东阳江(Dōngyáng Jiāng)　钱塘江一级支流。金华江主干上源。在金华市境内。原为金华江的古称。因流域范围古属东阳郡而得名。唐《元和郡县图志》卷二十六：“东阳江有二源：一南自永康县境入，一东自义乌县界流入，至(金华)县界南合为一，谓之东阳江。”南宋祝穆《方舆胜览》卷七：“东阳江，永康、东阳合流为一，又名‘双溪’。一源出东阳之大盆山，一源出缙云。”后以金华江主源上中游称东阳江。别称东阳溪，又义乌、东阳区域，古属乌伤县、吴宁县，故又别称乌伤溪、吴宁溪。北魏郦道元《水经注》卷四十：“(縠水)又与吴宁溪水合。水出吴宁县下，径乌伤县入縠，谓之‘乌伤溪水’。”《读史方舆纪要》卷九十三：“东阳溪，在(东阳)县北五里。旧曰‘吴宁溪’。出大盆山，屈曲流二百里殆然，此俗谓之河埠。又西入义乌县界，亦谓之‘乌伤溪’。《水经注》：吴宁溪出吴宁县，下经乌伤县，谓之‘乌伤溪’。胡氏曰：‘浙江有三源，其发于乌伤者，《水经注》谓之吴宁溪，即今之婺港也。’按：‘吴宁县旧分诸暨县置，在东阳县之东界，大盆山旧盖属之，故《水经注》云然。《志》以吴宁溪为出义乌县南之杳岭者，非也。’”又因流经古东阳郡东部，别称东江、东港。《读史方舆纪要》卷九十三：“东江，(义乌)县南五里，即东阳溪也。自东阳县流入境，县境诸山溪之水悉流合焉。至县东三里始有东江之名，稍折而南，经县西南九里，亦有‘九里江’之名。又西南四十五里经金山之麓。其山屹立江中，又西入金华县境，而曰‘东港’。其在县境者，亦谓之‘縠江水’，亦谓之‘大溪’。而出于杳岭者，则谓之‘吴溪’，亦西北流，合于大溪。或遂以为吴宁溪，谬矣。”又因河流古自义乌县流至金华，故也称义乌江、义乌港等。明万历《金华府志》卷三：“东江，源出东阳大盆山，《汉史》所谓乌伤溪，更名义乌溪，皆因县以名。”源出磐安县大盘山脉龙头岭西麓，经东阳市、义乌市、金东区后，于婺城区燕尾洲与武义江汇流。长约 168 千米，流域面积 3 407 平方千米。年径流量 25.7 亿立方米。属山溪性河流。自然落差 1 317 米，平均比降 1.0‰。上游坡陡流急，下游坡小流缓。昔因泥沙淤塞，水流不畅，常泛滥成灾。1949 年后修建水库，疏浚河道，筑堤束河，洪患得到控制。其中，横锦水库总库容 2.74 亿立方米，南江水库总库容 1.17 亿立方米。流域为全国家庭工业最发达的区域之一，世界上最大的小商品生产和商贸集散地，中国最大的影视拍摄基地，建有义乌国际商贸城和横店影视城。有花溪—夹溪、九峰山—大佛寺浙江省风景名胜区，以及大盘山国家级自然保护区和八面山、花台山、南山等省级森林公园。有义乌小商品、金华火腿、义乌红糖、金丝琥珀蜜枣、东阳木雕、东阳竹编、南枣、青枣、香榧、东白春茶叶、金华佛手、源东大白桃、藤稔葡萄等特产。南北朝诗人谢灵运作有《东阳溪中赠答》诗二首，其二：“可怜谁家妇？缘流洒素足。明月在云间，迢迢不可得。”主要支流有南江、北江、白溪江等。

南江(Nán Jiāng)　钱塘江一级支流。东阳江支流。在金华市境内。因流经东阳、义乌两市南部得名。古称画溪、洋滩江等。画溪，以两岸草木如画得名。洋滩江以流经洋滩渡得名。明万历《金华府志》卷三：“画溪，(东阳)县西南三十五里，一名‘东阳江’。源出邑之东南大、小盆山，流经甘溪、安文，北至清潭，西至荆浦，西南至磁窑，西至横溪，又西北至逍遥山，北过黄塴头而至斗潭石壁，又西至义乌培垒与东阳溪合港而西，此县之南溪也。”清顾祖禹《读史方舆纪要》卷九十三：“画溪，在(东阳)县西南三十五里。亦出大、小盆山，环绕县南境，合诸溪水而西北出，群山萦回，草木如画，因名。入义乌县境，合于东阳溪。”“画溪，(义乌)县南十五里。自东阳县西流至此，为洋滩渡，又西合东阳江入金华县境。”源出磐安县大盘山主峰西麓，向北入东阳市境，过南江水库、横店镇、南马镇、画水镇后，转西北入义乌市，经稠江街道、江东街道与佛堂镇交界处汇入东阳江。长 110 千米，流域面积 780.4 平方千米。年径流量 7.45 亿立方米。属山溪性河流。从磐安大盘山麓至东阳出义乌界自然落差 928 米，南江水库以上河段平均比降 8.6‰，南江水库至东阳与义乌界平均比降 1.33‰，入义乌界至佛堂入东阳江处的平均比降在 1.5‰左右。坡陡流急，水位暴涨暴落，易泛滥成灾。20 世纪70年代初建总库容1.17亿立方米的南江水库，具有防洪，灌溉、发电效益。流域有中国影视拍摄基地横店影视城、花溪—夹溪浙江省风景名胜区、大盘山国家级自然保护区和八面山、花台山、南山等省级森林公园。有义乌小商品、金华火腿、义乌红糖、金丝琥珀蜜枣、东阳木雕、东阳竹编、南枣、青枣、香榧、东白春茶叶等特产。主要支流有柽溪等。

武义江(Wǔyì Jiāng)　钱塘江二级支流，金华江一级支流(南源)。在金华市境内。以流经武义县得名。别称南港、南溪、永康溪、永康港、永康江、武义港。南港(南溪)因其为金华江南源得名。永康溪、永康港等则以流经永康城得名。清顾祖禹《读史方舆纪要》卷九十三："南溪在(永康)城南。亦曰'永康溪'。源出缙云山中。""永康溪，(武义)县东二十五里。自永康县流入。县本永康地，因名。东流合熟溪，绕流经县东北五里，又北入金华县界而为南溪。"源出缙云县西北部雪峰山东麓，经永康、武义后，入金华市婺城区燕尾洲与东阳江汇流。长129.2千米，流域面积2 520.4平方千米。年径流量22.8亿立方米。属山溪性河流。自然落差1 286米，平均比降1.2‰。上游坡陡流急，水位暴涨暴落，经永康盆地、金衢盆地时，河宽水缓，引江溉田。旧通舟楫至永康县城。流域有方岩、大红岩2个国家级风景名胜区，龙潭—郭洞1个浙江省风景名胜区，并有牛头山国家森林公园和壶山、千金山省级森林公园。工农业发达，并建有永康五金交易市场。有金华火腿、宣平莲子、武义萤石、武义大曲、桐琴蜜梨、方山柿、五指岩生姜、永康灰鹅、肉麦饼等特产。主要支流有华溪、李溪、仙溪、熟溪、白溪、白鹭溪等。其中，熟溪沿线多温泉。

富春江(Fùchūn Jiāng)　钱塘江中游河段。在杭州市西南部。因流经地杭州市富阳区古称富春县，故名。明万历《杭州府志》卷二十三："富春江，自桐庐经富春入钱塘。昔桑钦《水经》谓：浙江之源。西自严滩，东通海道。"清顾祖禹《读史方舆纪要》卷八十九："(浙江)又东北入杭州府富阳县界，而为富春江。"卷九十："富春江在县城东南，即钱塘江之上流也。江中有洲，曰'孙洲'，在县西南四十二里，以孙坚名。西南五十里有桐洲，以上接桐江而名。尾入孙洲，周二十三里。"别称会江。清光绪《杭州府志》卷二十五："会江……以新安、衢、婺、桐庐之水至富阳而悉会。"起自建德市梅城新安江与兰江交汇口，终至杭州市萧山区闻家堰浦阳江口。其中，梅城至桐庐段古称桐江、睦江。《读史方舆纪要》卷八十九："(浙江)三源同流，东过桐庐县，或谓之'桐江'。"卷九十："桐江在(桐庐)县治南，即浙江上源也。经桐君山下，因曰'桐江'。合衢、婺、歙三州之水，东北流九十里而至此。又东流入杭州府富阳县界，亦曰'睦江'。"长110千米，宽500～1 000米，流域面积约6 000平方千米，年径流量336亿立方米，年均含沙量0.2～0.3千克/立方米。3—7月为汛期。河宽水缓，多河洲，并受海潮顶托影响。水力资源丰富，建有富春江水库和富春江水电站。全程通航，为四至六级航道，通150～500吨级船舶，建有富春江船闸。七里泷峡谷为浙江省最大的峡谷，出峡谷后沿岸河谷平原为农耕区。沿江风景秀丽，为富春江—新安江国家级风景名胜区的重要组成部分。传秦始皇东巡会稽，即从富春江渡。《读史方舆纪要》卷九十："王氏云：'县西南旧有狭中渡。'《史记》：'秦始皇临浙江，水波恶，乃西百二十里，从狭中渡。'水波恶处，今由钱塘渡西陵是也。狭中渡则在富阳分水之间。"历代文人多有吟咏。唐代诗人孟浩然《宿桐庐江寄广陵旧游》诗云："山暝听猿愁，沧江急夜流。风鸣两岸叶，月照一孤舟。建德非吾土，维扬忆旧游。还将两行泪，遥寄海西头。"唐代诗人权德舆《早发杭州泛富春江寄陆三十一公佐》："候晓起徒驭，春江多好风。白波连青云，荡漾晨光中。四望浩无际，沉忧将此同。未离奔走途，但恐成悲翁。俯见触饵鳞，仰目凌霄鸿。缨尘日已厚，心累何时空。区区此人世，所向皆樊笼。唯应杯中物，醒醉为穷通。故人悬圃姿，琼树纷青葱。终当此山去，共结兰桂丛。”唐代诗人罗隐《秋日富春江行》：“远岸平如剪，澄江静似铺。紫鳞仙客驭，金颗李衡奴。冷叠群山阔，清涵万象殊。严陵亦高见，归卧是良图。”南宋诗人陆游《泛富春江》云：“双橹摇江叠鼓催，伯符故国喜重来。秋山断处望渔浦，晓日升时离钓台。官路已悲捐岁月，客衣仍悔犯风埃。还家正及鸡豚社，剩伴邻翁笑口开。”唐诗人韦庄《桐庐县作》诗也云：“钱塘江尽到桐庐，水碧山青画不如。白羽鸟飞严子濑，绿蓑人钓季鹰鱼。”清代诗人李桓在《富春舟中》赞曰：“天下佳山水，古今推富春。”元代画家黄公望于此创作传世名画《富春山居图》。唐罗隐有《秋日富春江行》。主要支流有分水江、渌渚江、壶源江、大源溪。

分水江(Fènshuǐ Jiāng)　钱塘江一级支流，富春江最大支流。在杭州市境内。古称桐庐江、桐溪、紫溪、天目溪，别称分水港、潢港、学溪等。以江水在桐君山下汇入富春江得名。唐《元和郡县图志》卷二十五：“桐庐江，源于杭州於潜县界天目山，南流至(桐庐)县东一里入浙江。”北魏郦道元《水经注》卷四十：“浙江又北径新城县，桐溪水注之。水出吴兴郡於潜县北天目山。山极高峻，崖岭竦叠，西临峻涧。山上有霜木，皆是数百年树，谓之翔凤林。东面有瀑布，下注数亩深沼，名曰‘浣龙池’。他水南流径县西，为县之西溪。溪水又东南与紫溪合。水出(於潜)县西百丈山，即潜山也。山水东南流，名为‘紫溪’，中道夹水，有紫色磐石，石长百余丈，望之如朝霞。又名此水为‘赤濑’，盖以倒影在水故也。紫溪又东南流，径白石山之阴。山甚峻极，北临紫溪。又东南连山夹水，两峰交峙，反项对石，往往相捍。十余里中，积石磊砢，相挟而上，涧下白沙细石，状若霜雪。水木相映，泉石争晖，名曰‘楼林’。紫溪东南流，径桐庐县东为桐溪……自县至於潜，凡十有六濑，第二是严陵濑。濑带山，山下有一石室。汉光武帝时，严子陵之所居也。故山及濑，皆即人姓名之。山下有磐石，周回十数丈，交枕潭际，盖陵所游也。桐溪又东北，径新城县入浙江。”北宋《太平御览》卷六十五：“紫溪，《吴兴记》曰：‘邑有文山，水东南流为紫溪。’《舆地志》云：‘以为水紫色也。’又云：‘紫溪中央水有赤色磐石，长百余丈，望之如霞，名曰赤濑水。’”北宋《太平寰宇记》卷九十五：“桐溪，一名‘紫溪’。水木泉石相映，名‘栖林’。自桐庐至於潜，有九十六濑。”清顾祖禹《读史方舆纪要》卷九十：“桐溪，(桐庐)县东北三里。其上流即於潜县之紫溪也。自分水县南流入县界，亦曰‘天目溪’。入县境为桐溪，绕郭而东南，出桐君山下入桐江……或谓之学溪，一名‘潢港’，一名‘分水港’。俗谓此为桐江，误也。”后因流经故分水县(编者注：今属桐庐县)而更今名。上源有二：东源天目溪，源出西天目山麓；西源昌化溪，源出安徽省绩溪县前州乡笔架山，于临安市潜川镇紫溪村附近会天目溪后，向东南流至桐庐县桐君山下汇入富春江。以昌化溪为正源。长 174 千米，流域面积 3 430 平方千米。年径流量 31.3 亿立方米。自然落差 1 142 米。属山溪性河流，坡陡流急，河道弯曲，河床多卵石滩地，水位暴涨暴落。今不通航。流域为临安市和桐庐县主要农业区、旅游区。有天目山、清凉峰 2 个国家森林公园和西天目山、大明山、浙西大峡谷、瑶琳仙境、桐君山等旅游胜地。旧易发水患。今建有以防洪为主，兼具灌溉、供水、旅游之利的五里亭水利枢纽工程，水患基本消除。历代文人多有吟咏。南宋诗人陆游《自东津泛舟至桐溪》：“潮生东西津，雨暗上下塔。萧萧乱菰蒲，拍拍起凫鸭。吾船虽褊小，尚可著一榻。溪风吹醉颊，高枕堕纱陷。南山浮湿翠，偃蹇呼不答。安得青莲公，杰句为弹压。”南宋诗人释文珦和明代诗人程本立《桐溪》诗分别云：“修梧散瑶碧，溪水涵清漪。凡翼毋饮栖，凤鸟当来仪。山人以自鸣，俗士安能知。陵谷可变迁，此志当勿移。”“梧桐荫清溪，溪水波粼粼。上有五色鸟，下有黄金鳞。秋雨洗白石，春风生绿蘋。愿学羊裘子，时来垂钓缗。”清王元勋也作有《桐溪即目》等诗作。一说汉代以此溪为名置富春县桐溪乡，三国吴以此溪为名置桐庐县。郦道元《水经注》卷四十："紫溪东南流，径桐庐县东为桐溪。孙权藉溪之名以为县目，割富春之地，立桐庐县。"唐《元和郡县图志》卷二十五："桐庐县……本汉富春县之桐溪乡，黄武四年分置桐庐县。以居桐溪地，因名。"主要支流有天目溪、后溪、前溪等。

昌化溪(Chānghuà Xī)　钱塘江二级支流，分水江上游。在临安市西部。古称紫溪、赤濑。以溪中有紫色(赤色)磐石，与水交映如朝霞得名。北魏郦道元《水经注》卷四十："(百丈)山水东南流，名为'紫溪'。中道夹水，有紫色磐石，石长百余丈，望之如朝霞。别称此水为赤濑，盖以倒影在水故也。"北宋《太平御览》卷六十五："紫溪，《吴兴记》曰：'邑有文山，水东南流为紫溪。'《舆地志》云：'以为水紫色也。'又云：'紫溪中央水有赤色磐石，长百余丈，望之如霞，名曰赤濑水。'"后因流经旧昌化县(编者注：今属临安市)而改今名。别称昌化江、昌化港。源出安徽省绩溪县前州乡笔架山，于岛石镇桥川村西舍坞自然村入临安市境。自西南向东北流经岛石、大峡谷、龙岗、昌化、河桥等镇后，于潜川镇紫溪村附近汇天目溪为分水江。长 97.9 千米，其中临安市境内长 93 千米，流域面积 1 440.2 平方千米。年径流量 14.5 亿立方米。属山溪性河流，滩多流急，洪枯流量相差悬殊，自然落差 600 米，比降 8.6‰。现建有青山殿水库。流域为临安市的重要农作区。有清凉峰国家级自然保护区和大明山景区。有山核桃等特产。唐垂拱二年(686 年)至大历二年(767 年)以此溪为名，析於潜县置紫溪县。南宋咸淳《临安志》卷十六："中宗，置紫溪县，析於潜县置。垂拱二年。""代宗，省武隆、紫溪二县。大历二年。"卷十八："紫溪废城，在(於潜)县南三十里潜川乡城后村。"清顾祖禹《读史方舆纪要》卷九十："昌化县……本於潜县地。唐垂拱二年，为紫溪县地。万岁通天元年，析置武隆县。圣历三年，省入紫溪。"历代文人多有吟咏。其中，唐代诗人徐凝《忆紫溪》诗："长忆紫溪春欲尽，千岩交映水回斜。岩空水满溪自紫，水态更笼南烛花。"主要支流有昌西溪、蒲溪、昌南溪等。

天目溪(Tiānmù Xī)　钱塘江二级支流，分水江上游支流。在临安市中部。古称西溪。因在古临安县治以西得名。北魏郦道元《水经注》卷四十："(天目山)东面有瀑布，下注数亩深沼，名曰'浣龙池'。池水南流径县西，为县之西溪。溪水又东南与紫溪合。"古别称浮溪、锦江。南宋咸淳《临安志》卷三十五："浮溪，在(於潜)县西二里。阔五十二丈，深五尺。源自天目山，至县郭七十里，下入桐庐县。溉田五十三顷二十五亩。父老相传，大历中，俱眡道者过此，适溪流泛溢，以净巾浮渡，故曰'浮溪'。"明万历《杭州府志》卷二十五："浮溪，(於潜)县治西二里，又名'锦江'。阔五十二丈，深五尺。源自天目山。至县七十里入桐庐县。知县汪烨建石桥在焉。"清顾祖禹《读史方舆纪要》卷九十："浮溪，(於潜)县治西二里。源出天目山，一名'锦江'。阔五十二丈，深五尺，经县南，合众流而为紫溪。《志》云：'紫溪在县南三十里。'天目上源有蛟龙池，又有上、中、下三池。池之上有潭，形如仰箕，谓之'箕潭'。箕潭溢入上池，悬崖五十仞，出石壁间，环流而注中池，复垂崖三十余仞，喷溢而注下池。其深莫测，溢于大径口、小径口，西南流过县界，分流为紫溪。"后以源出天目山麓改今名。源出临安市西天目山与安吉县交界处的桐坑岗，纵贯西天目、於潜、潜川等乡镇后，于潜川镇紫溪村与昌化溪汇为分水江。长 58 千米，流域面积 761.5 平方千米。年径流量 7.1 亿立方米。属山溪性河流，坡陡流急，洪枯流量相差悬殊，自然落差 1 010 米，比降 21.8‰。昔为於潜一带的漕运河道。景定《严州续志》卷九："天目溪，源出天目山，绕(分水)县境而南，达于浙江，可胜百斛舟。若於潜，若昌化，旧航粟浙江，胥此焉入，故客艘辐凑于县。"唐、宋已有建设水利设施、疏浚河道的记录。《读史方舆纪要》卷九十："唐贞元十八年，县令杜咏开浚，溉田四千余顷。又凿渠三十余里，以通舟楫。溪下旧有燕尾滩，最险恶。宋绍兴间，县令邵文炳凿平之。"流域现为临安市的重要农作区，并有天目山国家级自然保护区和西天目山景区。有山核桃等特产。南宋诗人洪咨夔《浮溪周居士挽诗》："野水岗头屋，春行竹裹厨。所安仁者静，其乐道之腴。遗逸盍徽诏，耆英空画图。诗书根气远，丛桂蔚相扶。"元代诗人赵汸《游浮溪》："剪刀峰下浮溪路，昔隐仙成谩不开。树古根柯皆铁石，水清沙砾尽琼瑰。坛空代远鹤时至，地僻山深人鲜来。远外旌旗犹满目，结茅无分又须回。"溪上旧有浮溪桥，南宋进士李廷忠作有《浮溪桥记》。主要支流有虞溪、藻溪、交溪等。

渌渚江(Lùzhǔ Jiāng)　富春江一级支流。在杭州市，跨杭州市临安市和富阳区西部。古称葛溪，传以三国吴方士葛玄曾于此炼丹得名。南宋咸淳《临安志》卷三十六："葛溪，在(新城)县西七里折桂乡，葛仙翁于此炼丹，有井。"卷三十八："县人名其溪曰'葛溪'，以谓吴方士葛生仙翁曾炼丹于此。"北宋新城县进士许广渊《葛溪》诗："稚川仙化后，溪以葛为名。水激翻空白，潭澄到底清。山多晴倒影，雨过夜添声。月满寒光入，鱼龙患太明。"清顾祖禹《读史方舆纪要》卷九十："葛溪，(新城)县西七里。其源有三：一出县西六十五里之渔洲山，曰'西溪'。一出县西七十里之回源池，曰'釜源溪'。一出县西六十里之灵隐洞，曰'盘石溪'。至南新城而三水合流，谓之'三溪口'。至县西三十五里之里仁桥，合分水县之佘源水，又东经县南合松溪，至县东南十里，为渌渚。又南二十里，至岘口，入于(富春)江。《志》云：'自渌渚埠达江，始通舟楫。由渌渚而上至各溪港，惟竹筏往来而已。'"后因下游段称渌渚而改为今名。源自临安市天目山镇九里村皇天坪南麓，自西北向东南流经富阳区万市、洞桥、胥口、新登等镇后，于渌渚镇新浦村以东汇入富春江。长 63.3 千米，流域面积 746.9 平方千米。年径流量 13.96 亿立方米。属山溪性河流，坡陡流急，河道狭窄曲折。中游建有岩石岭水库。渌渚镇官亭下始通航，为 6 级航道，通航里程 4.41 千米，通行 100 吨级以下船舶。元末明初张士诚农民起义军曾据此。《读史方舆纪要》卷九十："明初张士诚侵严州，李文忠遣将何世明败之于分水。既而复据分水新城间之三溪，世明击败之，即此三溪口也。"流域现主要为富阳区的农业区。宋末元初诗人方一夔《游渌渚》诗："朝游伍胥渡，暮投杜主祠。绿芜高犊背，红雨瘦花枝。夹道鸣腰鼓，轻舟飐彩旗。蹇驴寒服客，未许看腰肢。"主要支流有葛溪、松溪等。

浦阳江(Pǔyáng Jiāng)　钱塘江一级支流。在浙江省中北部，跨杭州、金华二市。《越绝书》卷八："浦阳者，句践军败失众，懑于此。"北魏郦道元《水经注》卷四十："韦昭以松江、浙江、浦阳江为三江。""(柯水)又东北径永兴县东与浙江合，谓之'浦阳江'。《地理志》又云：'县有萧山，潘水所出，东入海。'又疑是浦阳江之别名也，自外无水以应之。""(浦阳)江水导源乌伤县，东径诸暨县，与泄溪合。"唐《元和郡县图志》卷二十六："浦阳江，在(萧山)县南一十五里。""浦阳江，在(浦阳县)西北四十里。出双溪山岭，东入越州诸暨县。"清顾祖禹《读史方舆纪要》卷八十九："浦阳江，源出金华府浦江县西六十里深袅山。谢惠连云：'朝发浦阳汭，暮宿浙江湄。'言相近也。《说文》：'水北曰阳。'又水相入为汭。此指江边之地而言。或云浦阳江亦名浦阳汭，误矣。《水经注》：'浦阳江导源乌伤。'浦江县亦古乌伤地，东连诸暨，与泄溪合。今江水经浦江县南，东流入绍兴府诸暨县界。自源徂流，凡百二十里，始通舟楫。经县南，折而北流，县境诸水皆流入焉。"源出金华市浦江县花桥乡岭脚村。流经浦江县、诸暨市，于杭州市萧山区闻堰附近汇入钱塘江。长 151 千米，流域面积 3 452 平方千米。年径流量 24.6 亿立方米。自然落差 446 米，平均坡降 3.0‰。上游坡陡流急，水土流失严重。中下游流经诸暨盆地，安华镇以下河道弯曲，牛轭湖连串，江水泻泄不畅。诸暨市区以下湖泊众多，地势低洼，下游河段并受海潮顶托。通航里程 70.6 千米，航道等级为四级至七级。下游河段在历史上有大变迁：一说故河道自今临浦镇东经绍兴市柯桥区钱清镇，至越城区斗门街道三江村汇曹娥江入钱塘江，明代凿通碛堰山始成今河道。一说故河道经古临浦、古渔浦北出钱塘江，至北宋始以碛堰山口为主要通道，并认为南宋初碛堰山口筑堰后，浦阳江不时借道钱清江从三江出海。《读史方舆纪要》卷八十九："北经山阴县南，分为二支。一西北经萧山县东南三十里之临浦，又北折而东，经府西五十里之钱清镇，名'钱清江'。又东入于海，是钱清江即'浦阳江'也，亦名'西小江'。今江口为潮沙所遏，其内则为运河。亦与钱塘江相隔。一自山阴县东南，分为小舜江今名'东小江'。又东与嵊县剡溪之下流合，经府东九十二里之曹娥庙，而为曹娥江。又北至上虞县西北五里之龙山下而西北折，以入于海，是曹娥江亦浦阳江分流所汇也。"明成化年间（1465—1487年）修筑麻溪坝，浦阳江始稳定从今河道入钱塘江。清《钦定古今图书集成·方舆汇编·职方典》卷九百八十三："浦阳江　又名'小江'，在（萧山）县东南十五里。其源出金华府浦江县，北流一百余里入诸暨县，与东江合流。至官浦浮于纪家汇东北过峡山，又北至临浦，注山阴之麻溪，北过乌石山，为乌石江，又北而东至钱清镇，则名'钱清江'，又东入于海。今开堰以通上流，塞麻溪以防泛溢，而江分为二。郡旧志注云：'浦江一源分为二派。'其说实非，乃是二源二派也。谓曹娥未溺之先，其江亦名浦阳，得之矣。按今嵊县之西南，与义乌接界。义乌之西与浦江接界，两接界处，其山自东而西，驰水分八字。山阳之水入嵊，为曹娥；山背之水入诸暨为浣江。浣又分而为二：一达山阴之钱清，由白洋入海；一达萧山之临浦，由钱塘入海，此实迹也。"旧多水患。1949年以后建安华、青山、石壁等中小型水库1 037座，并建高湖分洪闸，以及白塔湖等56座电力排涝站，洪涝得到治理。流域为越文化富集地，历有西施沉鱼传说。浦江上山文化遗址曾出土距今9 000多年前的人工栽培水稻。现为浙江省重要的产粮和珍珠养殖基地，建有全国最大的珍珠商贸市场。有浣江—五泄国家级风景名胜区，并有诸暨珍珠、浦江水晶制品和浦江葡萄等特产。南宋浦江籍诗人方凤《冒雨渡浦阳江》诗："痴云千顷压江壖，寂寂篮舆破午烟。树杪楼台看近郭，渡头波浪忽滔天。舟依曲港难回楫，径转高陵每得筌。谁向龙山夸海国，一声铁笛女墙边。"元代文学家吴莱《浦阳十景·深袅江源》："半绕山根但一洼，真源凿破杳无涯。清澄灌或于陵圃，窈窕寻犹博望槎。积雨冲堤蜗自国，微烟幂渚鹭专沙。欲行复坐皆云水，只属骚人与钓家。"诗人柳贯《浦阳十咏·深袅江源》诗："滥觞初不满瓶盆，百谷浑浑一壑吞。自此安流输渤澥，放渠高浪蹴昆仑。出山未适帆樯便，竭泽毋庸罔罟繁。谢客题诗曾宿处，孤云落日是何村。"主要支流有大陈江、开化江、五泄溪、永兴河等。

曹娥江（Cáo'é Jiāng）　钱塘江一级支流。在浙江省东部，跨绍兴、金华二市。古称柯水、上虞江、东小江、剡溪。《汉书·地理志》："（会稽郡上虞县）柯水东入海。"《水经注》卷四十："（浦阳）江水东径上虞县南，王莽之会稽也……亦谓是水为上虞江。""上虞江东径周市而注永兴。《地理志》云：'县有仇亭，柯水东入海。'仇亭在县之东北十里（上虞）江北，柯水疑即（上虞）江也。又东北径永兴县东与浙江合，谓之'浦阳江'。"唐《元和郡县图志》卷二十六："上虞江，在（上虞）县西二十八里。""剡溪，出（剡）县西南，北流入上虞界为上虞江。"后因曹娥投江寻父传而改今名。北魏郦道元《水经注》卷四十："（浦阳）江之道南有《曹娥碑》。娥父盱，迎涛溺死，娥时年十四，哀父尸不得，乃号踊江介，因解衣投水，祝曰：若值父尸，衣当沉。若不值，衣当浮。裁落便沉，娥遂于沉处赴水而死。县令度尚，使外甥邯郸子礼为碑文，以彰孝烈。"北宋《太平寰宇记》卷九十六："剡溪，在（剡）县南一百五十步。一源出台州天台县，一源出婺州武义县，即王子猷雪夜访戴逵之所也。亦名'戴溪'。"南宋嘉泰《会稽志》卷十："曹娥江，在（上虞）县东南七十里。源出上虞县，经县界四十里，北入海。《会稽典录》云：'曹娥，上虞人。父盱，汉安二年迎伍君神溯涛而上，为水所溺。娥年十四，自投江而死，江因娥得名也。’”“剡溪，在(剡)县南一百五十步。溪有二源：一出天台，一出婺之武义。西南流至东阳入县一百四十里，东北流入上虞县界以达于江。晋王子猷居山阴，夜雪初霁，四望皓然，独酌酒，咏左思招隐诗，忽忆戴逵时在剡，便乘小舟诣之，造门不前而返，曰：‘本乘兴而行，兴尽而返，何必见安道耶?’今人称为‘戴溪’，又曰‘雪溪’，皆以此。邑中亦有戴溪亭云。李太白诗云：‘试问剡溪道，东南指越乡。舟从广陵去，水入会稽长。’杜子美昔游，云‘剡溪蕴秀异’，又曰：‘归帆拂天姥’，皆谓此地也。”初指上虞县境内曹娥庙至龙山山麓一段江道，后泛指全河。源出磐安县尚湖镇大王村长坞，自南而北流经新昌、嵊州、上虞、柯桥等县(市、区)，于绍兴市柯桥区马鞍镇与上虞区沥海镇间的曹娥江大闸注入钱塘江。长197.2千米，流域面积5 099.2平方千米。年径流量31.1亿立方米。上游比降大，水流湍急，具有山溪性河流特征。中游江面开阔，水流平缓，并受潮汐影响。下游受潮汐顶托，水流滞缓，泄洪不畅。流量季节性变动大，江水暴涨暴落。年最高水位与年最低水位差大于9米。流域内水土流失严重，为浙江省内含沙量最大、水患严重的河流之一。年平均含沙量0.29千克/立方米，年平均输沙量66.37万吨。干流通航里程101千米。三界下市头至大库段通航等级为四级，大库至常台高速公路曹娥江大桥段为三级，常台高速公路曹娥江大桥至袍江大桥段通航1 000吨级海轮。流域历为著名的鱼米之乡，浙江省经济发达区域之一，轻纺、化工、建筑等产业影响较大，有中国轻纺城、中国领带城等专业性市场。历为浙东要道，唐、宋、明皆于此发生军事战争。清顾祖禹《读史方舆纪要》卷九十二：“唐咸通初，裘甫作乱，观察使郑祗德征兵邻道，屯郭门及东小江，寻复台还府中自卫。宋建炎二年，兀术陷临安，遣阿里蒲卢浑度浙江，陷越州，遂渡曹娥江，至明州。明初，吴祯讨方国珍于庆元，夜入曹娥江，夷坝通道，出不意拔车厩，遂入庆元。盖江为东走宁波之要道矣。二江皆谓之小者，对浙江而言也。”沿岸风光秀丽，为浙东唐诗之路的核心区域之一。唐代诗人李白《别储邕之剡中》云：“借问剡中道，东南指越乡。舟从广陵去，水入会稽长。竹色溪下绿，荷花镜里香。辞君向天姥，拂石卧秋霜。”其《梦游天姥吟留别》诗也有“我欲因之梦吴越，一夜飞度镜湖月。湖月照我影，送我至剡溪”等千古名句，杜甫《壮游》诗有“剡溪蕴秀异，欲罢不能忘。归帆拂天姥，中岁贡旧乡”等名句。罗隐《送裴饶归会稽》诗云：“金庭路指剡川隈，珍重良朋自此来……笑杀山阴雪中客，等闲乘兴又须回。”南宋诗人王十朋也写有《剡溪杂咏》和《剡溪春色赋》等名篇。宋代诗人石林《曹娥江》云：“一点冥通未兆前，乾坤虚鉴已昭然。烂银宫里擎尸出，万古传声浪拍天。”南宋诗人苏泂《曹娥江》云：“月下倾残酒，风前读断碑。采江那有意，陟岵不无悲。树影经船疾，滩声到枕迟。重来更何日，放棹欲何之。”明代学者方孝孺《题曹娥江》云：“娥以孝而死，江因娥得名。至今潮上落，犹带哭爷声。”明代诗人陈鹤《曹娥江寄京口诸友人》云：“曹娥江上浪如花，数幅蒲帆过浦斜。烟际乱山明落日，树中古庙带残霞。乾坤故旧劳魂梦，客路星霜换岁华。鸣雁满天无信息，相思一夜遍天涯。”流域有绍兴1座中国历史文化名城和新昌天姥山国家级风景名胜区。有黄酒、香榧、茶叶等特产。主要支流有长乐江、新昌江、黄泽江、小舜江等。

小舜江(Xiǎoshùn Jiāng) 钱塘江二级支流。曹娥江一级支流。在绍兴市中部。因曹娥江中游段古称舜江，其为支流，故名。别称东小江。南宋嘉泰《会稽志》卷十：“小舜江，在(会稽)县东南九十里。源出浦阳江，东北流至锡浦以至于(曹娥)江。”清顾祖禹《读史方舆纪要》卷八十九：“(曹娥江)北经山阴县南，分为二支。一西北经萧山县东南三十里之临浦，又北折而东，经府西五十里之钱清镇，名‘钱清江’。又东入于海，是钱清江即‘浦阳江’也，亦名‘西小江’。今江口为潮沙所遏，其内则为运河。亦与钱塘江相隔。一自山阴县东南，分为小舜江今名‘东小江’。”卷九十二：“曹娥江……自嵊县流入界，东折而北，至曹娥庙前，又北至上虞县龙山下，名‘舜江’。亦谓之‘东小江’。《志》云：‘(绍兴)府东南九十里有小舜江，一名“东小江”。’源出浦阳江，东北流而汇于曹娥江，曹娥江上承浦阳之支流，故亦蒙东小江之称。”源出嵊州市西北部竹溪乡赤藤岗，向东北经嵊州市、柯桥区后入上虞区境，在上浦镇浦下村东入曹娥江。全长73千米，平均宽40米，流域面积544平方千米。年径流量2.65亿立方米。上游坡陡流急，已建小型电站多座。中游建有库容量2.35亿立方米的汤浦水库。汤浦水库以下河面渐宽，库区平均宽1 657米。南宋诗人陆游《仗锡平老具舟车迎前天衣印老印悉遣还策杖》诗云：“画舫篮舆不许前，白头行脚意超然。舜江禹穴千山水，尽在高人拄杖边。”陆游《小江》诗又云：“细霭斜阳一片秋，数家茅屋小江头。橹声远入菰芦夹，鸟阵斜飞兰杜洲。暂佳便成闲啸咏，欲归更复小迟留。老翁脚力犹能健，明日重来倚寺楼。”平水镇小舜江村作有《小舜江村歌》：“日出舜江湖，清泉天际来。平水小舜江，中国长寿乡。”柯桥区王坛镇肇湖村江岸建有舜王庙和隘将庙。常台(G15W)高速公路和京福(G104)国道自下游江口附近穿越，绍甘(S212)省道于王坛镇区过江，沿江岸通县乡公路。主要支流有谷来江、双溪、青坛江等。

平水江(Píngshuǐ Jiāng)　钱塘江三级支流，曹娥江二级支流。在绍兴市西北部。上游古称若耶溪、若邪溪。以若耶山得名。“若耶”别作“若邪”，为古越语音译，其义不详。《吴越春秋・阖闾内传第四》：“赤堇之山已令无云，若耶之溪深而莫测，群臣上天，欧冶死矣。”因“耶”与“爷”音同，唐吏部侍郎徐浩为避讳而改称五云溪。北宋《太平寰宇记》卷九十六：“唐吏部侍郎徐浩游之云：‘曾子不居胜母之里，吾岂游若耶之溪。’遂改为五云溪。”南宋嘉泰《会稽志》卷十：“若邪溪……后汉刘宠为会稽太守，去郡，若邪父老人赍百钱相送，为受一大钱。《十道志》云：‘后人因此名刘宠溪。’唐徐季海尝游溪，因叹曰：‘曾子不居胜母之闾，吾岂游若邪之溪。’遂改为五云溪。”后以下游有平水市(编者注：今平水镇)，而改全河为今名。南宋嘉泰《会稽志》卷十：“元唐微之撰《长庆集序》云：‘尝出游平水市中，见村校诸童竞习诗，召问之，曰先生教我乐天微之诗也。’水南有村市，桥渡皆以平水名。”上源有三：一为若耶溪，源出若耶山(编者注：今名化山)；一为横溪，源出龙头岗；一为尧郭溪，源出平水镇上眉岙茅园岭。以横溪为主源。三源北流入平水江水库，出水库后自南向北纵贯柯桥区平水镇、越城区稽山街道后分为二：西支入鉴湖，东支北上入杭甬运河。全长约29千米，流域面积135平方千米。年径流量0.8亿立方米。上游坡陡流急，中下游入萧绍平原，河宽流缓，有航运、灌溉之利。河畔产铜，传春越时越王句践令欧冶子于此铸剑，并留欧冶等遗迹。《越绝书》卷十一：“当造此剑之时，赤堇之山，破而出锡；若耶之溪，涸而出铜。”江岸旧曾建平水铜矿。又传江上旧有西施石。南宋嘉泰《会稽志》卷十一：“西施石，在若耶溪。一名西子浣沙石。”流域旧为军事要地。清顾祖禹《读史方舆纪要》卷九十二：“齐明帝末，何胤隐居若耶山。梁大宝初，张彪起兵若耶，讨侯景，攻破浙东诸县。绍泰初，彪为东扬州刺史，不附陈霸先，霸先遣陈茜等袭会稽，彪败走若耶，茜遣章昭达追斩之。”“唐懿宗初，浙东贼裘甫败官军于剡西，游骑至平水东小江。光启二年，董昌将钱镠讨刘汉宏，自诸暨趋平水，凿山开道五百里，出曹娥埭，屡败浙东兵，进屯丰山。即此处也。”历代诗人多有吟咏。南朝梁诗人王籍《入若耶溪》云：“艅艎何泛泛，空水共悠悠。阴霞生远岫，阳景逐回流。蝉噪林逾静，鸟鸣山更幽。此地动归念，长年悲倦游。”唐代诗人綦毋潜《春泛若耶溪》云：“幽意无断绝，此去随所偶。晚风吹行舟，花路入溪口。际夜转西壑，隔山望南斗。潭烟飞溶溶，林月低向后。生事且弥漫，愿为持竿叟。”唐诗人李白《采莲曲》云：“若邪溪边采莲女，笑隔荷花共人语。日照新妆水底明，风飘香袂空中举。岸上谁家游冶郎，三三五五映垂杨。紫骝嘶入落花去，见此踟蹰空断肠。”唐代诗人崔颢《入若耶溪》云：“轻舟去何疾，已到云林境。起坐鱼鸟间，动摇山水影。岩中响自答，溪里言弥静。事事令人幽，停桡向余景。”唐代诗人刘禹锡《酬浙东李侍郎越州春晚即事长句》云：“越中蔼蔼繁华地，秦望峰前禹穴西。湖草初生边雁去，山花半谢杜鹃啼。青油昼卷临高阁，红旆晴翻绕古堤。明日汉庭征旧德，老人争出若耶溪。”南宋词人辛弃疾《汉宫春・会稽蓬莱阁怀古》云：“谁向若耶溪上，倩美人西去，麋鹿姑苏。至今故国人望，一舸归欤。岁去暮矣，问何不，鼓瑟吹竽。君不见，王亭谢馆，冷烟寒树啼乌。”唐末范摅（shū）曾居于河畔，自号五云溪人，并作有笔记体小说集《云溪友议》。平水镇一带以盛产珠茶闻名。绍甘（S212）省道于平水镇过江，沿江岸通县乡公路。

苕溪（Tiáo Xī）　浙江省七大水系之一、太湖主要水源之一。在浙江省北部，跨杭州、湖州二市。古称苕水。以两岸多生芦苇得名。《山海经・南山经》：“浮玉之山……苕水出于其阴，北流注于具区。其中多鮆鱼。”北宋《太平寰宇记》卷九十四：“苕溪，在（乌程）县南五十步，大溪是也。西从浮玉山，东至兴国寺。以其两岸多生芦苇，故名苕溪。”别称大溪水、苕溪水、霅溪水、霅水、若下水、洺水、霅乌水等。唐《元和郡县图志》卷二十五：“霅溪水，一名‘大溪水’，一名‘苕溪水’。西南自长城、安吉两县东北流，至东南与余不溪水、苎溪水合。又流入于太湖。”《太平寰宇记》卷九十四：“霅溪，在（乌程）县南一里。凡四水合一为溪。自浮玉山曰‘苕溪’，自铜岘山曰‘前溪’，自天目山曰‘余不溪’，自德清县前北流至（湖）州南兴国寺前曰‘霅溪’……顾长生《三吴土地记》云：‘有霅溪，水至深者。’徐陵孝义寺碑云：‘清霅弥弥，深穷其根。’按字书云：‘霅者，四水激射之声也。’”南宋嘉泰《吴兴志》卷五：“以其合四水为一溪故曰‘霅’。”北宋《太平御览》卷六十五：“若下水，《舆地志》曰：‘南岸曰上若，北岸曰下若，乃村名也。’”“《舆地志》曰：霅水，亦若水之异名也，水深不可测，俗谓之‘洺水’。又《山海经》云：‘浮玉之山，茗（苕）水出其阴，中有鮆鱼。今亦谓之霅乌水是也。’”有西苕溪、东苕溪两脉。西苕溪源出湖州市安吉县和安徽省宁国县交界的狮子山大沿坑。东苕溪源出临安市太湖源镇东天目山南麓马尖岗。以东苕溪为正源，流经临安、余杭、德清等县（市、区），于吴兴区凤凰街道白雀塘桥汇西苕溪后，向北注入太湖。干流长 160.68 千米。流域面积 4 576 平方千米，年径流量 34.6 亿立方米。自然落差 779 米，平均坡降 4.9‰。上游经浙西丘陵山地，坡陡流急。下游入杭嘉湖平原，河宽流缓，并散作千港万湖，形成密集的河网湖群，为浙北地区重要的航运、灌溉河流。其中，西苕溪干流通航里程 28.58 千米，通航等级为四级，通 500 吨级内河船；东苕溪干流通航里程 108.9 千米，航道等级为四至六级。流域为著名的水网平原、鱼米之乡。自唐宋以来即为重要的漕粮产地，明清为重要的丝绸产地，近代以来工业迅速发展。今为长三角经济区的重要组成部分。有莫干山国家级风景名胜区、太湖国家级旅游度假区和天目山国家级自然保护区。有湖州丝绸、临安山核桃、安吉笋干、塘栖枇杷、太湖大闸蟹等特产。古产若下酒。《太平御览》卷六十五：“村人取若下水以酿酒，醇美胜于云阳。《吴录》曰：‘长城若下酒。’张协《七命》云：‘荆南乌程，即此酒也。’”历代文人多有吟咏。南宋诗人杜耒《苕溪》云：“晚立苕溪溪上头，往来无数采菱舟。采菱归去明朝卖，安识人间乐与愁。”南宋诗人朱继芳《苕溪》云：“维舟古祠下，野饭就鱼羹。坐听篙人说，行逢牵路平。居民难问姓，溪鸭自呼名。天目无由到，沿洄更几程。”宋末元初文学家戴表元《苕溪》诗：“六月苕溪路，人看似若耶。渔罾挂棕树，酒舫出荷花。碧水千塍共，青山一道斜。人间无限事，不厌是桑麻。”元代书法家赵孟頫《题苕溪》云：“自有天地有此溪，泓渟百折净无泥。我居溪上尘不到，只疑家在青玻瓈。”唐代诗人张籍《霅溪西亭晚望》云：“霅水碧悠悠，西亭柳岸头。夕阴生远岫，斜照逐回流。此地动归思，逢人方倦游。吴兴耆旧尽，空见白苹洲。”南宋诗人杨万里《霅溪》云：“道场山背是吴兴，只不教人到德清。霅水相留别无计，却将溪曲暗添程。”唐代诗人孟郊《湖州取解述情》云：“霅水徒清深，照影不照心。白鹤未轻举，众鸟争浮沉。因兹挂帆去，遂作归山吟。”北宋词人苏轼《赠孙莘老七绝》其六云：“乌程霜稻袭人香，酿作春风霅水光。时复中之徐邈圣，无多酌我次公狂。”北宋书法家米芾创作的《将之苕溪戏作呈诸友诗卷》（简称《苕溪诗》）书法作品，与《蜀素帖》并称米书“双璧”，现藏北京故宫博物院。昔流域内灾害频生。1949 年以来建成青山、对河口、赋石、老石坎等水库，先后完成东苕溪导流工程和东、西苕溪分流入湖工程，并沿河岸建设标准堤坝，基本控制了水患。主要支流有中苕溪、北苕溪、余英溪等。

东苕溪（Dōngtiáo Xī）　苕溪正源。在浙江省北部，跨杭州、湖州二市。古称苕水、苕溪。以两岸多生芦苇得名。《山海经·南山经》：“浮玉之山……苕水出于其阴，北流注于具区。”北宋《太平寰宇记》卷九十四：“苕溪，在（乌程）县南五十步，大溪是也。西从浮玉山，东至兴国寺。以其两岸多生芦苇，故名‘苕溪’。”别称大溪水、余不溪、霅溪、龙溪、苕溪水、霅溪水、霅水、若下水、洺水、霅乌水等。唐《元和郡县图志》卷二十五：“德清县……景云二年改为临溪县，以临余不溪也。”《太平寰宇记》卷九十四又载：“余不溪者，其水清，与余杭溪不类也。”“霅溪，在（乌程）县南一里。凡四水合一为溪。自浮玉山曰‘苕溪’，自铜岘山曰‘前溪’，自天目山曰‘余不溪’，自德清县前北流至（湖）州南兴国寺前曰‘霅溪’……顾长生《三吴土地记》云：‘有霅溪，水至深者。’徐陵孝义寺碑云：‘清霅弥弥，深穷其根。’按字书云：‘霅者，四水激射之声也。’”南宋嘉泰《吴兴志》卷五：“以其合四水为一溪故曰‘霅’。”北宋《太平御览》卷六十五：“若下水，《舆地志》曰：‘南岸曰上若，北岸曰下若，乃村名也。’”“《舆地志》曰：‘霅水，亦若水之异名也，水深不可测，俗谓之洺水。’又《山海经》云：‘浮玉之山，茗（苕）水出其阴，中有鮆鱼。’今亦谓之霅乌水是也。”清同治《湖州府志》卷二十一：“苕溪即龙溪。”源出临安市东天目山北部平顶山南麓，经余杭、德清等县（市、区），于吴兴区凤凰街道白雀塘桥与西苕溪汇为苕溪，并向北流向太湖。长 160.68 千米，流域面积 2 267 平方千米。年径流量 15.4 亿立方米。自南而北蜿蜒于杭嘉湖地区的西部，左依崇山峻岭，右接平原低地。上游流经山地，坡陡流急；下游进入杭嘉湖平原，水流缓慢。自然落差 524 米。水位季节性变化明显，为杭嘉湖平原主要的通航河道之一，航道等级三至六级，通航里程 108.9 千米。流域自古为鱼米之乡，浙江省人口最密集的区域之一。现为浙江主要商品粮基地之一，工业与科技集聚地。昔水灾频生。1949 年后建成青山、对河口等 2 座大型水库和红旗等 7 座中小型水库，并整修西险大塘，完成东、西苕溪分流入湖工程、东苕溪导流工程及配套翻水站，基本控制了水患。青山水库为杭州城区西部的重要饮用水源。有湖州丝绸、太湖大闸蟹等特产。南宋诗人杨万里《霅溪》云：“道场山背是吴兴，只不教人到德清。霅水相留别无计，却将溪曲暗添程。”主要支流有中苕溪、北苕溪、余英溪、湘溪、禹溪、埭溪等。

南苕溪（Nántiáo Xī）　东苕溪干流上游。在临安市东部。古称南溪。南宋咸淳《临安志》卷三十六：“南溪，在（临安）县西三里，阔四十丈。发源于於潜县天目山东，入本县界四十五里至县郭东南二里五十步。又东二十八里入余杭界，凡经过县界者七十三里。”后因其为东苕溪上游而改今名。《山海经·南山经》：“浮玉之山……苕水出于其阴，北流注于具区。其中多鮆鱼。”北宋《太平寰宇记》卷九十四：“以其两岸多生芦苇，故名‘苕溪’。”别称新溪等。清顾祖禹《读史方舆纪要》卷九十：“南溪在（临安）县西。即‘苕溪’也。从天目发源，流四十五里，至县东独山下，合于锦溪。”“新溪，（临安）县西十二里。即南溪之别名也。有新溪渡。”源出临安市东天目山北部平顶山南麓，经临安市太湖源镇、锦城街道、青山湖街道、余杭区余杭街道，于瓶窑街道汇北苕溪入东苕溪。长81.5千米，流域面积1 424.4平方千米。年径流量4.57亿立方米。旧通航木船。南宋咸淳《临安志》卷三十六："溪多滩碛，遇水涨可胜二十斛舟。"1997年开辟青山航道，自青山街道大园里经余杭、瓶窑，连通大运河，可通60吨级船舶。旧多水患。1964年建成以防洪为主，兼有灌溉、供水、发电等效益的青山湖水库，又于余杭街道南整修南湖滞洪区，洪涝得以控制。元至正十二年(1352年)红巾军将领项普略于此与元将董搏霄于此交战。《读史方舆纪要》卷九十："元至正十二年，徐寿辉将项普略之党，自昱岭关而东寇於潜，董搏霄击之，军于临安新溪，是为入杭要路。既分兵守之，乃进兵至叫口及虎槛遇贼，皆大破之。遂复於潜，逐贼出境。"流域今为杭州市重要的农业基地和科技产业园区，有天目山国家级自然保护区和青山湖国家森林公园。青山湖为杭州城区西部重要的饮用水源地。主要支流有锦溪等。

西苕溪(Xītiáo Xī)　苕溪二源之一。在湖州市境内。古称苕水。《山海经·南山经》："浮玉之山……苕水出于其阴，北流注于具区(编者注：即今'太湖')。其中多鮆鱼。"北宋《太平寰宇记》卷九十四："苕溪，在(乌程)县南五十步，大溪是也。西从浮玉山，东至兴国寺。以其两岸多生芦苇，故名'苕溪'。"别称大溪水、苕溪水、霅溪水、霅水、若下水、洺水、霅乌水等。唐《元和郡县图志》卷二十五："霅溪水，一名'大溪水'，一名'苕溪水'。西南自长城、安吉两县东北流，至东南与余不溪水、苎溪水合。又流入于太湖。"《太平寰宇记》卷九十四："霅溪，在(乌程)县南一里。凡四水合一为溪。自浮玉山曰'苕溪'，自铜岘山曰'前溪'，自天目山曰'余不溪'，自德清县前北流至(湖)州南兴国寺前曰'霅溪'……顾长生《三吴土地记》云：'有霅溪，水至深者。'徐陵孝义寺碑云：'清霅弥弥，深穷其根。'按字书云：'霅者，四水激射之声也。'"南宋嘉泰《吴兴志》卷五："以其合四水为一溪故曰'霅'。"北宋《太平御览》卷六十五："若下水，《舆地志》曰：'南岸曰上若，北岸曰下若，乃村名也。'""《舆地志》曰：'霅水，亦若水之异名也，水深不可测，俗谓之洺水。'又《山海经》云：'浮玉之山，苕水出其阴，中有鮆鱼。'今亦谓之霅乌水是也。"后因其为苕溪两大水源之居西者而改今名。有二源：一源出安吉县西部与安徽省宁国县交界的狮子山，称西溪；一源出湖州市安吉县和安徽省宁国县交界的狮子山大沿坑，称南溪。以南溪为正源。流经安吉县、长兴县后，于吴兴区凤凰街道白雀塘桥汇东苕溪，并向北注入太湖。长145千米，流域面积2 274平方千米。年径流量平均10亿立方米。上游流经浙西丘陵山地，源短流急，溪水暴涨暴落。下游入杭嘉湖平原，河宽水缓。旧多水患。1949年以后在西溪建赋石水库，在南溪建老石坎水库，又完成东、西苕溪分流入湖工程，有效地控制了内涝和洪灾。旧为浙北重要的航道之一。今通航里程28.58千米，通航等级为四级，通500吨级内河船。流域为浙江重要的生态涵养区，浙江省著名的竹产区。有莫干山国家级风景名胜区和竹乡国家森林公园。有安吉白茶、笋干等特产。古产若下酒。《太平御览》卷六十五："村人取若下水以酿酒，醇美胜于云阳。《吴录》曰：'长城若下酒。'"主要支流有西溪、郭吴溪、大溪等。

泗安塘(Sì'ān Táng)　苕溪二级支流。西苕溪支流。在湖州市北部。古称四安山溪、四安溪。因源出四安山得名。别称周渎。南宋嘉泰《吴兴志》卷五："四安山溪，在(长兴)县南四十三里，一名'周渎'。源出四安山，过清泉乡又过维新乡，经本山下会苕溪。"清穆彰阿《大清一统志·湖州府》："四安溪，在长兴县西南三十里，一名'周渎'……抵四安镇，始为四安溪，俗呼'四安塘'。"清嘉庆《长兴县志》："四安溪，在县南四十三里。旧志作西三十里。源出四安山、方山乡二都。其源一发于石涧诸山，流为盘涧、善岸塘；一发于广德诸山，流入本县为荆塘，为塔水塘，经管埭、新塘、周渎、林城、午山，会何家港、三叉港、隔塘，又分受南溪诸水……至横塘口，又分为二：东历永隆、钮店入乌程县界，并入苕溪；北历吕山、跨塘为吕山塘，又二十里达陆汇港，受方家港下太湖。”后因四安更名为泗安，其下游又经过人工改造而改今名。源出安徽省广德县杭村附近。自北向南流至朱湾入浙江省境后，自西向东流经泗安、林城、虹星桥等镇，于吕山乡横塘渡分为二脉：向东入吴兴区汇入西苕溪，向北经吕山塘分别汇入长兴港和杨家浦港。长 72 千米，流域面积 348 平方千米。年径流量 1.1 亿立方米。河宽 30～50 米。水流平缓。清代长兴县令鲍鈖《四安道中》：“溪回山色叠，归棹翠微中。一水蒹葭白，连村穲稏红，搔头吟最苦，脱手画难工。记取挐舟处，重来落晚枫。”今上游建有泗安水库。为长兴县中部、南部灌溉和内河航运的主要河道，通航里程 48.5 千米，航道等级为四级，通 500 吨内河船。流域河网密布，为长兴县的粮食主产区，重要的丝绸、茶叶和淡水鱼产区。有扬子鳄等珍稀动物。1982 年建尹家边扬子鳄保护区。主要支流有青东涧、长潮涧、陈桥港等。

长兴港(Chángxīng Gǎng)　属太湖水系。在湖州市北部。古称罨画溪。罨画，即色彩鲜明的绘画。明杨慎《丹铅总录·订讹·罨画》：“画家有罨画，杂彩色画也。”南宋嘉泰《吴兴志》卷五：“罨画溪，在长兴县西八里。广二十五弓。古木夹岸，丛筱翳其下，朱藤施其上，如是者十里。花时游人竞集。溪半有罨画亭。唐郑谷诗云：‘顾渚山边郡，溪将罨画通。’崇观间刘焘诗云：‘欲识人间罨画处，朱藤倒影入清溪。’”别称西溪、合溪、箬溪、若下水。清顾祖禹《读史方舆纪要》卷九十一：“一名‘西溪’。县西北诸山之水，汇流为杨店、梓方二涧。经县西北二十里合流，谓之‘合溪’。又东南为罨画溪，经城西，谓之‘箬溪’。”北宋《太平御览》卷六十五：“若下水，《舆地志》曰：南岸曰‘上若’，北岸曰‘下若’，乃村名也。”清齐召南《水道提纲》卷十五：“(长兴)西境水曰‘合溪’，即‘箬溪’也。”《明史》卷四十四：“(长兴)西有箬溪，下流入太湖。”后因流经长兴县治而更今名。上源有二：北源出长兴县西北浙苏交界襄王岭东麓，南源出长兴县西部、浙皖交界的青岘岭南麓，两源于槐坎乡草纸槽村汇为合溪。自西北向东南经小浦镇至画溪街道转向东，再经雉城街道、太湖街道，于新塘口入太湖。长 50 千米，流域面积 311 平方千米。年径流量 2.07 亿立方米。上游属山溪性河流，滩多流急。自小浦镇合溪村以下属平原性河流，昔河道弯曲，排泄不畅。1949 年以来，上游建水库，下游拓宽、疏浚河道，砌石筑堤，水患得以控制。今为长兴县中部农田灌溉和内河航运的重要河流，通航里程 19 千米，航道等级为五级，通 200 吨级内河船。溪水宜酿，为古代箬下酒产地。《太平御览》卷六十五：“村人取若下水以酿酒，醇美胜于云阳。《吴录》曰：‘长城若下酒。’张协《七命》云：‘荆南乌程，即此酒也。’”《吴兴志》卷十二：“上下箬，在(湖)州西溪。上生箭箬，南岸曰‘上箬’，北岸曰‘下箬’。二箬皆村名，土人取下箬水酿酒，醇美胜于云阳，俗称‘下箬酒’。韦昭《吴录》云：‘箬下酒有名。’又《吴兴记》云：‘上箬、下箬并出美酒。’白乐天诗云：‘劳将下箬忘忧物，寄与江城爱酒翁。’又刘梦得诗云：‘鹦鹉杯中箬下春。’”明代书画家董其昌《铜官山色图》诗云：“罨画溪头渔渡，铜官山下寻僧。水树汀桥曲曲，风林云磴层层。”清代诗人陈维崧《望江南·岁暮杂忆》云：“江南忆，罨画最风流。白屋山腰烟内市，红阑水面雨中楼。楼上漾帘钩。”清代诗人谢渭英也作有《罨画溪泛舟》诗：“淡淡远峰山，冥冥丝雨晴。碧烟幂双浆，人在花间行。”流域为长兴的主要农产区和经济中心。主要支流有合溪、杨林涧等。

甬江(Yǒng Jiāng)　浙江省七大水系之一。在宁波市境内。一说以流经甬山山麓得名；一说为越语地名，其义不详。原指鄞江。西汉梅福《四明山记》：“(四明山)其地宛转，吐出清涧。有七峰甚奇，一涧出南，过一百二十里，其水归鄞江。”清顾祖禹《读史方舆纪要》卷九十二：“鄞江，(宁波)府东北二里。一名‘甬江’。其上流自四明诸山汇溪涧之水，引流东北，势盛流驶……至府东南四十里之坊桥，而会于奉化江。奉化江自奉化县北流，经坊桥，合于鄞江。”南宋祝穆《方舆胜览》卷七：“鄞江，亦曰‘鄞水’。”后改指宁波三江口至镇海口段河道。今指由奉化江、姚江等构成的甬江水系。别称浃江、大浃江。南宋宝庆《四明志》卷十七：“姚江，源出太平山，东至浃江入海，别称‘余姚江’。”《读史方舆纪要》卷九十二：“慈溪江承上虞、余姚之水，东南流，至府西二十五里西江渡，又经府西北七里王家湾，又东经北门外，至桃花渡，合于鄞江，又东北为定海之大浃江，其地亦谓之‘三江口’，亦曰‘三港口’，府境诸水悉汇入焉。”“大浃江在（定海）县城南。有大浃渡，亦曰‘大浃口’。舟师屯泊于此，谓之‘定海关’，汛守要冲也。《邑志》：‘鄞江会上流诸水入县境，其支流为小浃江，皆东注于海。’”有南北两源。北源姚江，源出四明山西北麓余姚市大岚镇夏家岭村眠岗山；南源奉化江，源出奉化、余姚、嵊州交界处的秀尖山。以姚江为正源。流经余姚、江北、海曙、奉化、鄞州、镇海等6个市（区），出镇海口入东海。长130.96千米。流域面积4 572平方千米。年径流量37.1亿立方米。源头为山溪性河流，出四明山后转为平原性河流。自余姚新江口与杭甬运河合流后，河床平坦，流速缓慢，河宽50～150米，平均水深5米。奉化江方桥以下河段，河宽130～220米，平均水深5米。三江口以下河段长25.6千米，平均江宽408米，平均水深5.7米，受潮流影响明显。三江口以下航道等级为三级。姚江杭甬运河段航道等级为四级。自古历为浙东对外贸易主航道，海上丝绸之路的枢纽港。晋代孙恩起义军于此与刘裕作战。南宋建炎三年（1129年），宋高宗赵构于此入海前往舟山群岛避难。清道光二十一年（1841年），清军于此抗击入侵的英国侵略者，钦差大臣裕谦在镇海城破后投水殉节。光绪十一年（1885年），清军与入侵的法国侵略者展开炮战，并重创法军，取得镇海之战的胜利。历代文人多有吟咏。清代浙江巡抚阮元《甬江夜泊》诗云：“风雨暮潇潇，荒江正起潮。远帆连海气，短烛接寒宵。人静怯闻角，衣轻欲试貂。遥怜荷戈者，孤岛夜萧寥。”清代诗人方劬《甬江夜发》云：“风细一帆悬，潮平坐放船。乡心上村雨，客梦接江天。迢递川程远，苍茫夜色连。家山长入望，太白最高巅。”清代诗人姚燮《大浃江楼》云：“苍黄万叶一川浮，俯以危阑百尺楼。孤绝吾怀寻住境，纷来群象纳空秋。鬓丝欲入中年感，行客难为日暮愁。莫藉屏山遮雨气，入城风势劲谁留？”清代诗人吴瞻泰《五月二日自大浃江出海》云：“威远城边出，苍茫烽火台。鱼真挟浪起，人自御风来。万里孤帆远，三山一夕开。平生怀壮志，击楫兴悠哉。”沿线有河姆渡文化遗址、它山堰水利工程等著名古迹和溪口—雪窦山国家级风景名胜区。沿岸为浙东粮仓、工商业发达区域。河口及两侧建有宁波—舟山港镇海港区和北仑港区。主要支流有剡江、鄞江等。

姚江（Yáo Jiāng）　甬江干流上、中游河段。在宁波市境内。因流经余姚市而得名。古别称余姚江、慈溪江、蕙江、舜江、前江。南宋宝庆《四明志》卷十七：“姚江，源出太平山，东至浃江入海，别称‘余姚江’。”卷十六：“慈溪江，源于绍兴余姚之太平山，至丈亭而分：一贯邑中，一环邑前。其西北诸山之水，未至县五里汇于彭山堰，有斗门以泄于江。二江皆东来，至西渡复合亘（庆元）府城之北，入于海，随潮上下。”清顾祖禹《读史方舆纪要》卷九十二：“姚江……乃东入慈谿县，而为前江。境内曲折流，凡二百里，一名‘舜江’，亦曰‘蕙江’，县境诸水悉流入焉。”源出四明山西北麓余姚市大岚镇夏家岭村眠岗。流经余姚市和宁波市江北区、海曙区，在宁波市三江口汇奉化江为甬江。长106千米，流域面积2 440平方千米。年径流量15.6亿立方米。源头为山溪性河流，出四明山后转为平原性河流。自余姚新江口与杭甬运河合流，河床平坦，流速缓慢，河宽50～150米，平均水深5米。其中，余姚三江口以西到菁江渡段，河道平直，河面为50米左右。三江口以东，江面开阔，河道多曲折，宽度一般为 100～150 米。奉化市方桥以下河段，河宽 130～220 米，平均水深 5 米。通航河段 45 千米，航道等级为四级，通 500 吨级船舶。原为感潮河，海水可抵丈亭、通明。1959 年在宁波市区建成姚江大闸，捍卤蓄淡，姚江水质发生根本变化。1962—1964 年相继建成舜江、皇山、竹山、郁浪浦等节制闸，灌溉、工业和生活用水得到改善，但也存在排涝困难问题。与杭甬运河合流河段，自古历为海上丝绸之路中转的重要河段。流域历为鱼米之乡，浙东重要粮、棉产区，工业基地。旧有姜家渡、蜀山渡、丈亭渡、车厩渡、河姆渡、城山渡、鹳浦渡、洪陈渡、西江渡、西洪渡、邵家渡、青林渡、李碶渡、桃花渡等古渡口。流域文化深厚，有河姆渡等新石器文化遗址。明代儒学家王守仁(号阳明)筑室于余姚阳明洞，创立了"知行合一""心即理""致良知"为核心的学说，形成别称姚江学派的阳明学派，后分化为浙中王学、江右王学和泰州王学等七派，并传于日本，对日本及东亚产生较大影响。北宋文学家王安石作有《泊姚江》二首。其一："轧轧橹声急，苍苍江日低。吾行有定止，潮汐自东西。"其二："山如碧浪翻江去，水似青天照眼明。唤取仙人来住此，莫教辛苦上层城。"宋代诗人释昙莹《姚江》云："沙尾鳞鳞水退潮，柳行出没见渔樵。客船自载钟声去，落日残僧立寺桥。"主要支流有大隐溪、陆埠溪、菁江等。

奉化江(Fènghuà Jiāng)　甬江最大支流。在宁波市境内。古称鄞江。南宋宝庆《四明志》卷十八："大浃江，(定海)县南一里，与鄞江通。"以流经古鄞县县城(故址在今奉化市西坞街道白杜村)附近得名。后因流经奉化县(编者注：今奉化市)而改今名。别称北渡江、剡溪、剡源溪。南宋宝庆《四明志》卷十六："奉化江，源于四明之镇亭山。出(奉化)县之惠政桥下与诸溪水会而南来，亘府城之东，然后北与慈溪江会而入海，随潮上下。"《明史》卷四十四："(奉化县)北有奉化亦曰'北渡江'，又谓之'剡溪'。"清顾祖禹《读史方舆纪要》卷九十二："奉化江，(奉化)县北二十里。其上源自嵊县六诏诸岭，引流入界，亦谓之'剡溪'，亦曰'剡源溪'。……又北至县北四十里之坊桥，而合鄞江，亦曰'北渡江'。"黄宗羲在《四明山志》卷一："剡源九曲，奉化之西六十里，有山夹溪而出，蓊然深茂者，剡源山也。谓之剡源者，以其近越之剡县名之也。剡源之溪，以曲者数凡九。"源出奉化、余姚、嵊州交界处的秀尖山。流经奉化市、宁波市鄞州区后，于宁波三江口汇姚江入甬江。长 106 千米，流域面积 2 223 平方千米。年径流量 16.3 亿立方米。平均比降为 8.1‰。宋、元时，溪口镇公棠村以下剡江直至宁波三江口均可行船。下游东渡门一带，曾是海上丝绸之路的重要始发港和枢纽港。通航里程 37 千米，航道等级四级。流域为浙东重要粮食和水果产地，重要工业基地。有溪口—雪窦山国家级风景名胜区。有奉化芋艿头、奉化水蜜桃、香榧、杨梅等特产。南宋宝庆《四明志》卷四："越之杨梅著名天下，而奉化所产不减于越。""香榧，翠山、香山、雪窦皆有之，惟雪窦榧著名。"主要支流有东江、县江和鄞江。

鄞江(Yín Jiāng)　甬江二级支流，奉化江支流。在宁波市海曙区南部。因流经鄞县(编者注：今宁波市鄞州区)得名。古别称大溪、它山水。南宋宝庆《四明志》卷十二："庆元三面皆江，潮汐上下。一郡七乡以饮以溉者，它山之水而已。其源自越之姚、虞、剡，历分水岭、石坛、龚村、大小皎至它山，号'大溪'。"宋魏岘《它山水利备览》卷上："它山之水，源自越山。"别称鄞水、甬江。清顾祖禹《读史方舆纪要》卷九十二："(宁波)府东北二里。一名'甬江'。其上流自四明诸山汇溪涧之水，引流东北，势盛流驶，至它山下，堰而为渠……至府东南四十里之坊桥，而会于奉化江。"源出余姚市四明山白肚肠岗北麓。流经宁波市鄞州区章水、龙观、鄞江等乡镇后，于它山堰分一支入南塘河，另一支东流过洞桥镇至石碶街道横涨村入奉化江。长 71 千米，流域面积 446 平方千米。年径流量 4.9

亿立方米。自然落差768米,平均比降为5.2‰。唐代于鄞江镇建成被誉为中国古代四大水利工程之一的它山堰。它山堰以上属山溪性河流,以下属感潮河段。南宋吏部尚书汪大猷为士周师厚《承宣集》作序时,别称《承宣集》为《鄞江先生文集》。南宋诗人陈造《次韵答陈梦锡》诗云:"冰檗未肯执名卿,搔头自剔书窗灯。君家老人如椽笔,浙江鄞水倒泓澄。"宋末元初诗人舒岳祥《将为鄞江之游先寄正仲》诗云:"相思不在远,道地一来难。残月中峰见,疏星半夜看。江湖青草远,风雨小窗寒。鄞水饶鱼米,何由得共餐。"南宋大臣楼钥《它山堰》诗云:"它山堰头足奇观,百万雷霆声不断。谁把并州快剪刀,平剪波澜成两段。四明山深水源远,众壑会豁长漫汗。滔天狂潦不少留,泻入长江势奔窜。贤哉唐家王长官,欲图永利输长算。"南宋诗人薛叔振《它山堰》诗云:"官为唐令尹,心切禹蒸民。叠石流川水,分波及稼云。万涛惊不夜,千古见如新。更有朝宗脉,声容匪独鄞。"全段不能航。流域为宁波市重要的生态涵养区。古有梅园石等特产。主要支流有小皎溪、龙王溪等。

县江(Xiàn Jiāng) 甬江二级支流,奉化江一级支流。在宁波市境内。古称奉化江,别称大溪、县溪、镇亭水。奉化江,以其流经原奉化县城,并因古以此为奉化江正源得名。南宋宝庆《四明志》卷四:"奉化江,源于四明之镇亭山,出县之惠政桥下。"县江,则以其流经县城得名。又因源出镇亭山麓,别称镇亭水。南宋宝庆《四明志》卷十四:"镇亭水,县东南三里,其泉源来自越之诸山绝顶,汇为镇亭潭。(潭)径三丈,上圆下广,不以暵旱而枯,莫测其深,去县九十里,世传与海相通。其流过柏溪经牢岩出西溪,由绿荷滩入惠政桥下,绕连山、松林、奉化、长寿四乡,凡七十二堰,溉田甚博,接大江之流,北至鄞入于海。"县溪以其上游源自山区,比降较大得名,大溪则以中下游河宽水丰得名。《大清一统志·宁波府》:"县溪,在奉化县西南三十五里。源出镇亭山之龙潭……至县西南十五里,会诸溪涧水,名'西溪'。歧为二:一名'龙溪',一名'市河',俱绕县东南,流入奉化江。"清光绪《奉化县志》卷五:"县溪旧通名'大溪'。"源出奉化市大堰镇与宁海县深甽镇交界处镇亭山主峰第一尖山北麓,自南向北流经大堰镇、尚田镇、岳林街道、锦屏街道,于江口街道陡门桥村汇东江,再北流转西北流至龙潭墩合剡江为奉化江。长77千米,流域面积230平方千米。年径流量1.8亿立方米。平均比降9.8‰。上游经山地,滩多流急,旧多洪灾。1966年于上游建成横山水库,水患遂遏。下游入平原,河宽水丰,自奉化市区以下全年通航。航道等级为四级。流域为奉化市的重要农产区之一,政治、经济和文化中心所在地。主要支流为东江。

剡江(Shàn Jiāng) 奉化江干流上游。在宁波市境内。因古人认为其发源于剡源山(别称剡界岭)得名。清黄宗羲《四明山志》卷一:"奉化之西六十里,有山夹溪而出,蓊然深茂者,剡源山也。谓之剡源者,以其近越之剡县名之也。"别称剡溪、剡源溪。清顾祖禹《读史方舆纪要》卷九十二:"奉化江,(奉化)县北二十里。其上源自嵊县六诏诸岭,引流入界,亦谓之'剡溪',亦曰'剡源溪'。"清光绪《奉化县志》卷五:"剡溪发源于剡界岭之大湖山。"源出奉化、余姚、嵊州交界处的秀尖山东麓。自西南向东北流经溪口镇、萧王庙街道后,于江口街道下王渡附近汇县江为奉化江。长70千米,集雨面积454平方千米。年径流量3.2亿立方米。属山溪性河流。自然落差494.5米,平均比降7.8‰。在萧王庙街道以上流经山地,滩多流急。萧王庙街道以下为平原河段,水宽流缓。沿途有众多山溪汇入,水量充沛。旧时溪口镇以下通竹筏,萧王庙镇以下全年通航。1985年在上游建兼具防洪、灌溉、发电效益的亭下水库,由此成为奉化市主要饮用水源。宋代曾以剡溪为名置剡源驿。南宋宝庆《四明志》卷十八:"剡源驿,(奉化)县东北五里,驿前即航船埠也。温台步来者,即此而登舟,明越舟来者，至此而出陆。”南宋诗人戴栩作有《捕蝗回奉化泊剡源有感》，宋末元初诗人戴表元作有《剡源集》三十卷。其中，《醉歌赠袁茂才》诗云：“明日酒醒应绝倒，剡源溪上看芳草。”元末明初诗人陈基《剡源九曲》诗云：“海上云山罨画青，剡源曲曲有仙灵。四时笙鹤闻空际，仿佛曾孙宴幔亭。”陈基《八曲》又云：“八曲东流水入鄞，茫茫沧海浩无津。云收雪窦高千仞，涌出扶桑日一轮。”元代诗人陈子翚《八曲》诗云：“八曲潴为法喜溪，懒堂遗墨在招提。乳峰瀑布飞千丈，何日登临策杖藜。”清代文学家全祖望《剡溪九曲辞》云：“溪流泻碧玉，蜿蜒出山麓。山溪雨蒙蒙，遗音在山谷。”清代奉化籍诗人孙达《剡源九曲》又云：“群峰绕屋水临门，第一名山六诏村。典午流风追晋代，右军遗庙拜荒原。茂林修竹鹅谁换，白石清泉砚尚存。胜境适为生长地，武陵何用觅桃源。”沿途山清水秀，风景秀丽。流域为奉化生态涵养区，重要的粮食、水果产地。有溪口—雪窦山国家级风景名胜区和奉化芋艿头、奉化水蜜桃、香榧、杨梅等特产。南宋宝庆《四明志》卷四：“越之杨梅著名天下，而奉化所产不减于越。有邵家、乌有、金家乌、许家乌、韩家晚大荔支、小荔支。鄞之小溪亦有之，色红不逮奉化之紫黑。产东湖者，色白，名‘酪密脚’又其次也。”“香榧，翠山、香山、雪窦皆有之，惟雪窦榧著名。”主要支流有剡源溪、班溪、泉溪等。

瓯江(Ōu Jiāng)　浙江省第二大河流。在浙江省南部，跨温州、金华、丽水三市。古称永宁江、永嘉江、永安江、温江、蜃江、慎江。明清时始称瓯江。唐《元和郡县图志》卷二十六：“永嘉江，一名‘永宁江’，在(温)州东三里。”北宋《太平寰宇记》卷九十九：“永嘉江，一名‘温江’。东自大海，西通处州青田溪。”清顾祖禹《读史方舆纪要》卷九十三：“永宁江在(温州)府城北，一名‘瓯江’，一名‘蜃江’，古名‘慎江’，亦曰‘永嘉江’。源自括苍诸溪，汇流入境，又东合大小溪流，以输于海。”清穆彰阿《大清一统志·温州府》“永安江，在永嘉县北……旧《志》：在(永嘉)县北门外。今名‘瓯江’，又名‘蜃江’。源自括苍诸溪，汇流入境，东至盘石安村，汇于海洋，茫无际涯，是为瓯海。”因其地古为瓯越民族聚居地，汉初曾建东瓯国得名。源出龙泉市与庆元县交界的百山祖西北麓锅帽尖。流经龙泉、云和、丽水、青田、永嘉、瓯海、鹿城、龙湾8个县(市、区)，入温州湾。干流全长379.93千米，流域面积1.82万平方千米。年均径流量186.9亿立方米。流域干支流呈树枝状分布，大多与山脉走向平行，河谷两岸地形陡峻，降水汇流快，滩多弯多，洪水暴涨暴落。平均含沙量0.16千克/立方米。水力资源丰富，可开发装机容量170万千瓦。已建有云和紧水滩、青田滩坑等大中型水电站。下游段属强潮河流，河口处含沙量高，多拱门沙、江心洲和江心滩。温溪以下为感潮河段，平时通航10～200吨船，候潮可通500吨海船。温州至岐头角14.9千米为河口段，候潮可进出3 000吨海轮。上游为重要的水电开发地区，下游为东瓯古文化中心区域，自古为海上丝绸之路的重要节点。明代诗人侯一元《夜渡瓯江》诗：“暝色度归桡，长风动泬寥。渐藏江岫月，正落海门潮。委运同飘瓦，全生学纬萧。江湖易成梦，顿欲谢清朝。”清代女诗人赵景淑《瓯江》诗：“瓯江烟定浪初回，饮趁西风一棹开。十尺布帆悬未稳，青山斜压短篷来。”唐代诗人孟浩然《宿永嘉江寄山阴崔少府国辅》云：“我行穷水国，君使入京华。相去日千里，孤帆天一涯。卧闻海潮至，起视江月斜。借问同舟客，何时到永嘉？”唐代诗人张子容《泛永嘉江日暮回舟》云：“无云天欲暮，轻鹢大江清。归路烟中远，回舟月上行。傍潭窥竹暗，出屿见沙明。更值微风起，乘流丝管声。”南宋诗人戴栩《前休处士余君挽词》云：“蜃江才一苇，恨阻送车尘。”流域为浙江省重要的工农业基地，民营企业集聚区。有电力、造船、机械、纺织、化工、食品、建材、鞋类、服装等产业。有雁荡山、楠溪江、仙都、方岩4个国家级风景名胜区，凤阳山—百山祖1个国家级自然保护区和龙泉青瓷、龙泉宝剑、青田石雕、香菇、木耳等特产。

瓯江口内外的温州港为中国著名的海港之一。主要支流有大溪、好溪、松阴溪、龙泉溪、楠溪江等。

松阴溪(Sōngyīn Xī) 瓯江上游一级支流。在丽水市西北部。古称松溪。以流经松阳县得名。清顾祖禹《读史方舆纪要》卷九十四:“松溪,(松阳)县西南二十里。源出遂昌县,东南流入境,经卯、酉二山之下,曰‘合湖溪’。又东南至丽水县,入大溪。”上游遂昌段古别称双溪。南宋祝穆《方舆胜览》卷九:“双溪,在遂昌。”《读史方舆纪要》卷九十四:“双溪,在(遂昌)县治南,其源一出县西北之大楼岩,引流而东,谓之‘金溪’;一出县西北七十里之湖山,亦谓之‘湖溪’。群山之水,皆汇入焉,萦回荡漾,恍若江湖,经县东南一里碧澜桥,始合为一,亦谓之‘大溪’。又经西明山南,分流为东溪,其正流南入龙泉县界之大溪。”后因松阳县城处溪北岸而改今名。清光绪《松阳县志》:“松阴溪,在县西三十五里,上有界首桥及渡,下有观口上、下二桥及观口渡、金梁渡,有响岩桥至堰首会龙泉水,经郡城至青田,入于海。”别称松阳溪、松阳港、松川、清溪。源出遂昌县东南部垵口乡桂洋村以南,向北流经遂昌县城折东又转东南斜贯松阳县,于丽水市莲都区大港头镇汇入大溪。全长120千米,松阳县境内河宽120～160米,流域面积2 055平方千米。年径流量18.3亿立方米。上游成屏溪与襟溪段为山溪性河流,坡大流急,水位暴涨暴落。流经松阳县松古平原河段,河面较宽,水深流缓,旧通木船。1949年以后沿途建有成屏、梧桐源、东坞等水库,并建拦水坝、防洪堤和水电站多处,根治水患,实现灌溉之利。史料记载,明初明军于此破元军。《读史方舆纪要》卷九十四:“明初胡大海取兰溪,进攻婺州,处州守将石抹宜孙遣其将胡深率车师为援,自帅众出缙云以应之,(胡)深至松溪,观望不敢进。明祖曰:‘婺恃处州之援,故未即下,闻彼以车战出松溪,松溪山多路狭,车不可行,以精兵破走之,婺城且不劳而下矣。’”流域为生态涵养和农耕区,遂昌、松阳二县的政治、经济和文化中心所在地,建有遂昌、卯山2个国家森林公园,并有通济堰、青龙堰、白龙堰、观口堰、金梁堰、响石堰等古代水利设施和古堰画乡等旅游景区。主要支流有小港、濂溪等。

大溪(Dà Xī) 瓯江主干上中游河段。在丽水市境内。以溪水弘大得名。名称始于南朝前。谢灵运《答从弟书》:“出恶江,至大溪,水清如镜。”又因溪流曲折回环,流经石门洞侧,别称洄溪、洞溪。南宋祝穆《方舆胜览》卷九:“洄溪,大溪之源。”清顾祖禹《读史方舆纪要》卷九十四:“大溪,(处州府)城南二里。一名‘洄溪’,别称‘洞溪’。”其中,青田段别称青溪、南溪。《明史》卷四十四:“(青田)南溪,即‘大溪’也,亦曰‘青溪’,自丽水县流入。”起自丽水市莲都区大港头镇龙泉溪与松阴溪汇流处,至青田县石溪乡湖边村汇小溪后始称瓯江。习惯上将瓯江上游均称为大溪。《读史方舆纪要》卷九十四:“大溪,在(龙泉)县治南。自仙霞以东南及遂昌以西南之水皆汇焉。县西五里有秦溪,又西一里有蒋溪,又西有浆溪,其上源皆一二百里,汇流而东,合于大溪。又东经云和县,入丽水县界。《志》云:‘县有灵溪,即大溪之上流,经县治前,亦曰留槎溪。’中阻一洲,约长一二里,形如槎,溪因分而为二,有济川桥跨其上,亦曰‘留槎洲’,一名‘仙洲’。祝穆云:‘灵溪在县治东,夹长洲而为两派。’是也。”长290千米,宽200～400米,流域面积9 920平方千米。年径流量140.8亿立方米。宣平溪汇流口以上段滩多流急,水力资源丰富,以下段河宽流缓,河中多沙洲,为丽水市莲都区和青田县的水运干线,通500吨级船舶。全段水流清澈,含沙量小。沿线流经碧湖盆地和丽水盆地,为丽水市的政治、经济和文化中心所在地。两岸风光秀丽,历为处州名胜。北宋《太平寰宇记》卷九十九:“《永嘉记》云:‘大溪南岸有西山,名为城门。壁立,水流从门中出,高百余丈,飞流如瀑布,日映风动则洒散生云虹,水激铿响清泠若丝竹。’”今建有凤阳山—百山祖国家级自然保护区、石门洞国家森林公园、青田鼋省级森林公园和南明山—东西岩、石门洞2个浙江省风景名胜区。有龙泉青瓷、龙泉剑、香菇、木耳、竹笋等特产。主要支流有松阴溪、宣平溪、好溪等。

龙泉溪(Lóngquán Xī)　瓯江上游。在丽水市境内。古称大溪。别称洄溪、灵溪、留槎溪。南宋祝穆《方舆胜览》卷九:"洄溪,大溪之源。"清顾祖禹《读史方舆纪要》卷九十四:"大溪,在(龙泉)县治南。自仙霞以东南及遂昌以西南之水皆汇焉。县西五里有秦溪,又西一里有蒋溪,又西有浆溪,其上源皆一二百里,汇流而东,合于大溪。又东经云和县,入丽水县界。《志》云:'(龙泉)县有灵溪,即大溪之上流,经县治前,亦曰留槎溪。'中阻一洲,约长一二里,形如槎,溪因分而为二,有济川桥跨其上,亦曰'留槎洲',一名'仙洲'。"清乾隆《龙泉县志》卷一:"此溪昔传有仙乘槎泛水,因留于洲,故洲名'仙洲',溪名'灵溪'。"南宋祝穆《方舆胜览》卷九:"灵溪,在龙泉东一里,崇因荐福院北。其溪夹长洲为两派,里谶云:'沙洲到寺上,龙泉出宰相;沙洲到寺前,龙泉出状元。'后何执中拜相,刘知新释褐为首,盖符其谶云。"1982年将丽水县(编者注:今莲都区)大港头镇以上大溪河段改为今名,以流经龙泉县(编者注:今龙泉市)得名。源出龙泉、庆元交界处的洞宫山脉锅帽尖西北麓,北流至龙泉市合青溪后向东北横贯龙泉、云和两县(市),于莲都区大港头镇汇松阴溪为大溪。长196.9千米,宽40～200米,流域面积3 438平方千米。年径流量18.25亿立方米。为山溪性河流,坡大流急,水量宏大,水流清澈,水力资源丰富。先后建成紧水滩、石塘和玉溪水利枢纽工程,现大部分河段被水库覆盖,紧水滩水库有以渡运为主的内河航运,可通100吨级船舶。流域为浙西南山地生态涵养区。两岸山高林密,建有凤阳山—百山祖国家级自然保护区。有龙泉青瓷、龙泉剑、香菇、木耳、竹笋等特产。主要支流有标溪、英川溪等。

好溪(Hǎo Xī)　瓯江一级支流。在浙江省中部偏南,跨金华、丽水二市。古称恶溪、恶江、丽水、东溪等。因多水患得名。名称始于南朝前。谢灵运《答从弟书》:"出恶江至大溪,水清如镜。"唐《元和郡县图志》卷二十六:"丽水本名'恶溪'。以其湍流阻险,九十里间五十六濑,名为大恶。隋开皇中改为丽水。"北宋《太平寰宇记》卷九十九:"恶溪,出(丽水)县东北大甕山,西南二百一十五里至括州城下……《舆地志》云:'恶江道间九十里,而有五十九濑,两岸连云,高岩壁立。'"后因兴水利、治水患而改称好溪。《新唐书》卷四十一:"(丽水县)东十里有恶溪,多水怪。宣宗时刺史段成式有善政,水怪潜去,民谓之'好溪'。"清顾祖禹《读史方舆纪要》卷九十四:"好溪,(处州)府城东五里。源出缙云县之大盆山,西南流至府东,为东渡。又东南达于洞溪,今亦曰'东溪'。本名'恶溪'……有七十余滩,水石喷薄,三十里至箭溪,王羲之游此题突星濑处也。唐文明初,溪水暴涨,溺死百余人。大中间,段成式为刺史,有善政,百姓因呼为好溪。"清《钦定古今图书集成·方舆汇编·职方典》卷一〇二七:"好溪　在县治前,源出大盘山,山横亘缙云、东阳、永康、仙居四县,源深流长,历丽水,达温州。《一统志》云:'旧名恶溪。刺史李邕改今名。'又云段成式所改。"源出磐安县南部大盘山西南麓,向西南流经缙云县、莲都区,于莲都区紫金街道古城村汇入大溪。全长129千米,流域面积1 340平方千米。年径流量21.44亿立方米。上游为山溪性河流,河床比降大,水流迂回湍急,暴涨暴落,水力资源丰富,建有多处小水电站。中游流经仙都风景区,水清如镜。下游河宽水缓,具灌溉作用。东晋书法家王羲之曾游好溪,并题"突星濑"三字于溪岸岩石。唐大中九年(855年),处州刺史段成式于溪上筑好溪堰。唐代诗人张子容《永嘉作》云:"拙宦从江左,投荒更海边。山将孤屿近,水共恶溪连。地湿梅多雨,潭蒸竹起烟。未应悲晚发,炎瘴苦华年。"唐代诗人李白《送王屋山人魏万还王屋》诗云:"缙云川谷难,石门最可观。瀑布挂北斗,莫穷此水端。喷壁洒素雪,空濛生昼寒。却思恶溪去,宁惧恶溪恶。咆哮七十滩,水石相喷薄。路创李北海,岩开谢康乐。松风和猿声,搜索连洞壑。径出梅花桥，双溪纳归潮。”清代诗人朱彝尊《恶溪》云：“恶溪无行舟，高下惟乱石。溪中玳瑁鱼，可以荐嘉客。”明代诗人来复《好溪渔歌》云：“少微山下万松青，铁笛携将过水亭。吟得竹枝新有谱，秋风吹与老龙听。”明代诗人陈镒《好溪堰为吴明府作》诗云：“县公筑堰东九里，大堤横截长溪水。引流下注万顷田，禾稻翻风翠云起。去年陂堰未曾开，况值亢旱天为灾。城中乱罢正萧索，兼无秋实人民哀。今年争看决渠雨，龙骨长闲挂梁梠。老农仰卧歌南风，但知欢乐无所苦。君侯事业如白公，流芳千载无终穷。愿公更展作霖手，均此德泽四海同。”流域以生态涵养和农业区为主。有缙云烧饼、缙云麻鸭等特产，并建有仙都国家级风景名胜区。支流多短小。

小溪（Xiǎo Xī）　瓯江最大支流。在丽水市东部和南部。以水流与河长均小于大溪得名。又因流经古青田县沐鹤乡（编者注：今属景宁畲族自治县），景宁段古别称沐鹤溪、沐鹤浦、卢栖溪、笋溪等。清穆彰阿《大清一统志・处州府》：“沐鹤溪，在景宁县西南。其上流接庆元县东北山涧诸水，东流七里汇龙泉支流，经景宁县西五十里，谓‘滮溪’，亦曰‘六源溪’。东流经石耳山西南，名‘沐鹤溪’。复东流绕县南接尘溪水，环西隅曲流而经县六十里，别称‘卢栖溪’。相传昔有道士卢敖栖其中，因名溪。旁多笋，亦曰‘卢溪’‘笋溪’。溪水至此蓄而复流，又谓之‘潴溪’。又东北流入青田界，至县西南四十里，为‘浣纱溪’。又东北流二十里，曰‘双溪’。至（青田）县西南二十里入于大溪。亦曰‘小溪’，以别于大溪也。”源出庆元县岭头乡大毛峰东麓。流经庆元县东部后，自西南向东北斜穿景宁畲族自治县，于青田县石溪乡湖边村汇大溪为瓯江。长 223 千米，流域面积 3 556 平方千米。平均年径流量为 39.8 亿立方米。河流穿行于浙南山地，河床比降大，河谷深邃，滩多水急，单位面积水力资源居浙江省首位。2009 年于青田县境内建成总库容 41.6 亿立方米的滩坑水库和装机 60 万千瓦的滩坑电站。流域为生态涵养区和农耕区，畲乡风情浓郁，建有云中大漈浙江省风景名胜区。有香菇、木耳、青田石雕等特产。自景宁畲族自治县沙湾镇以下河段通小船。支流多短小。明代诗人钟夏嵩《沐鹤溪》云：“万里长空月，清波漾素辉。苍茫红蓼岸，潋滟碧苔矶。影入孤城霁，光涵远树微。一声瑶笛响，仙鹤伴云飞。”

宣平溪（Xuānpíng Xī）　瓯江中游大溪支流。在浙江省中部，跨金华、丽水二市。古称双溪，因上源有东溪、西溪二源合于古宣平县城得名。别称大溪。清顾祖禹《读史方舆纪要》卷九十四：“双溪，（宣平）县南一里。源出竹峪诸岭，引流而东，至县东二十二里，亦曰‘坦溪’，一名‘大溪’。境内诸溪水多汇入焉，绕流而南，入丽水县之大溪。”后因主要流经宣平县域（编者注：今分属武义县和丽水市莲都区）而改今名。别称宣平港。源出武义县西联乡西北部顶头岗，向东南经武义县南部后，南流入丽水市莲都区，再往东南经丽新畲族乡后，于联城镇港口村以东汇入大溪。长 80 千米，流域面积 834 平方千米。年径流量 8.2 亿立方米。属山溪性河流。河床比降大，河谷深邃，溪窄流急，水力资源丰富。已建有内庵、三港等多座水库和小型水电站。流域以生态涵养和农耕区为主，多畲族聚居乡镇。主要支流有东溪、桃溪等。

小港（Xiǎo Gǎng）　瓯江二级支流。松阴溪支流。在丽水市境内。古称蛤湖溪。以流经蛤湖村得名。清光绪《处州府志》卷二：“蛤湖溪，（松阳）县南四十里。”后因源短流小而改今名。源出松阳县西南部枫坪乡西南部小双岘西北麓，向东横贯枫坪、玉岩、大东坝等乡镇后转向北，于大东坝镇港口村汇入松阴溪。长 63 千米，中游宽 50～150 米，流域面积 500.3 平方千米。年径流量 1.1 亿立方米。属山溪性河流，河床比降大，河谷深邃，溪窄流急，水力资源丰富，建有多个小水电站。流域多为生态涵养和农作区，传统风貌保存良好，多中国传统村落。支流多短小。

楠溪江(Nánxī Jiāng)　瓯江下游最大支流。在温州市境内。古称楠溪。北宋《太平寰宇记》卷九十九:“楠溪,在(温)州西南一十五里,水入温江。”以溪岸多梗楠得名。明弘治《温州府志》卷三:“梗楠森植于溪旁,号‘楠溪’。”清顾祖禹《读史方舆纪要》卷九十四:“又有楠溪,在(温州)府北十里。《志》云:自天台、仙居发源,流入境,合诸山溪之水,南入瓯江。”清光绪《永嘉县志》卷二:“楠溪,在城北十五里。源出天台、仙居诸山。有大源、小源,从东南流入界,与本邑仙居乡之李、樟、蓬三溪,清通乡之小、藤、珍、樘四溪,贤宰乡之罗溪,共八水合流,而南至潮漈,迤逦三百余里入永宁江为楠溪港。盖合北境四乡诸水,源远流长,下通潮汐,俗称‘北港’。此即《永嘉记》所云‘瓯水出永宁山,去郡城五里入江’也。”上源大楠溪,源出永嘉县西北隅括苍山南麓,自西北向东南流经溪下、潘坑等乡,于溪口乡转向南,经岩头、枫林、沙头、东城、南城、黄田等乡镇(街道)后,于三江街道瓯北大桥下汇入瓯江。长 145 千米,流域面积 2 489.97 平方千米。年径流量约 30 亿立方米。上、中游属山溪性河流,水流湍急,多瀑布、浅滩,水量季节变化大,水力蕴藏量 24.8 万千瓦。水流清澈,含沙量低,符合国家一级水标准。沙头镇以下为感潮河段,可通航,候潮可通 20～100 吨级船舶,其中清水埠至上塘段可通 100 吨级船舶。南朝陶弘景曾隐居于此。明、清曾于溪岸设楠溪(南溪)税课司。清《钦定古今图书集成・方舆汇编・职方典》卷一千二十三:“楠溪税课司　在三十四都。”南宋诗人戴蒙《楠溪暮春》云:“家住楠溪欲尽头,茂林修竹几清幽。菰蒲涨绿蛙专夜,树叶吹寒麦半秋。修禊从教非节物,舞雩元自有风流。明朝酒醒春犹在,更向长潭上小舟。”清韩则愈《楠溪》云:“楠溪十日游,村村皆图画。修竹带长松,奇石俱堪拜。溪水绕屋流,石罅自飞洒。静坐如太古,时进父老话。鸡犬亦相闻,民力亦何惫?长跪前致辞,民穷因寇坏。赋役不能供,负罪良足喟!闻之长叹息,暮云暗山柴。”清代诗人朱彝尊《雨渡永嘉江夜入楠溪》云:“落日下崦嵫,飞雨自崇墉。驾言出北郭,泛舟横东江。近岫既凌缅,遥岑亦濛笼。葱青水竹交,乃有樵径通。潜虬寒载蛰,海鸥夕来双。顾望云叶开,张星昏已中。荒冈响哀狖,枉渚遵轻鸿。故乡日以远,川路靡克终。寄言薜萝客,岁宴期来同。”陈遇春《楠溪道中》云:“澄碧浓蓝夹路回,崎岖迢递入岩隈。人家隔树参差见,野径当山次第开。乱鸟林间饶舌过,好峰天外掉头来。莫嫌此地成萧瑟,一緉茅鞋去复回。”流域为温州市重要的生态涵养区,著名的旅游地。沿河风景秀丽,具有水美、岩奇、瀑多等特色。有楠溪江、雁荡山国家级风景名胜区和龙湾潭国家森林公园。主要支流为小楠溪。

飞云江(Fēiyún Jiāng)　浙江省七大水系之一。在浙江省东南部,跨温州、丽水二市。古称罗阳河、安固江、安阳江、瑞安江等,均因所在县域的设置和变更而命名、更名。唐《元和郡县图志》卷二十六:“安固江,在(安固)县南一里。”清顾祖禹《读史方舆纪要》卷九十四:“安阳江在(瑞安县)城南。《志》云:‘其上源有二,一出福建政和县东北之温洋,谓之“大溪”。一出青田县东南之木凳岭,谓之“小溪”。’合诸山溪之水,流入县境,至陶山南口而合流,又东至县南,水阔百余丈,亦曰‘罗阳江’,亦曰‘安固江’,亦曰‘瑞安江’。唐天祐末,钱传瓘舍舟安固,径袭州城,克之,是也。”后因南门外有飞云关(渡)而改今名。《明史》卷四十四:“飞云江,渡处有飞云关。”《读史方舆纪要》卷九十四:“飞云渡,(瑞安)县南七里。安阳江津济处也。波流汹涌,横截南北,有飞云关,往来者必出于此。渡西有中洲,东出为飞云水寨。”源出丽水市景宁畲族自治县洞宫山脉白云尖。自西向东流经泰顺县、文成县,在瑞安市东山街道和飞云街道间入东海。干流长 194.62 千米,流域面积 3 729.10 平方千米。平均年径流量为 43.4 亿立方米。干流中上游坡降较大,滩多水急,落差 1 200 米,平均坡降 5.7‰,水力资源丰富。已建有珊溪水利枢纽工程等水利、水电设施。下游流经冲积平原,受潮汐影响大。河口平均潮差4.5米，最大6.2米。河口外滩涂发育，并逐年围垦外推。通航河段56.8千米，其中河口段9.2千米，通3 000吨等级海轮。南宋诗人陆游《泛瑞安江风涛贴然》诗："俯仰两青空，舟行明镜中。蓬莱定不远，正要一帆风。"南宋诗人林景熙《飞云渡》诗："人烟荒县少，澹澹隔秋阴。帆影分南北，潮声变古今。断峰僧塔远，初日海门深。小立芦风起，乘槎动客心。"南宋诗人戴栩《林节推挽词》诗云："权量无私堪宰物，诗书有泽合销兵。峨峨工部新铭出，安固江流分外清。"清末诗人洪炳文作有《飞云江》两首，其二云："泛棹渡云江，江水凄以绿。孤塔耸层云，停舟环林麓。吹沫江豚浮，贴波沙鸟浴。渔火深宵明，渡江征帆续。忽听棹歌声，歌言试三复。潮退江水清，潮至江水浊。水清可濯缨，水浊可濯足。此即座右箴，岂徒沧潮曲。"流域为温州市重要的农业产区和制造业基地，民营企业发达。有汽配、机械、化工、服装、鞋袜、眼镜、箱包等产业。有百丈漈—飞云湖1个国家级风景名胜区、乌岩岭1个国家级自然保护区。有香菇、木耳、茶叶等特产。主要支流有洪口溪、泗溪、玉泉溪等。

鳌江（Áo Jiāng）　浙江省七大水系之一。在温州市境内。古称始阳江、横阳江，均因所在县域的设置和变更而命名、更名。唐《元和郡县图志》卷二十六："横阳江，在（横阳）县南一百里。"又因流经前仓山（钱仓山）麓，别称前仓江、钱仓江。清顾祖禹《读史方舆纪要》卷九十四："横阳江，（平阳）县西二十五里。一名'始阳江'，又名'前仓江'。"后因江口潮水汹涌，鳌屿拦门，沿岸屡遭潮患，居民在鳌屿建鳌镇堂，期以镇鳌锁江而改为今名。清顾祖禹《读史方舆纪要》卷九十四："县西境南北诸乡之水，汇为顺溪，经罗源山下，曰'横源江'。又东南流出县南二十五里径江口，又东南注于海。《志》云：'横阳江上流有四港，其一为顺溪，其一为梅溪，出盖竹山，绕罗源山北，而东注于前仓江。其一为平水，合涧谷诸水，经县西南八十里松山下，接泰顺县界，合于前仓江。其一为燥溪，其上流为宋兰洋，亦县西南诸溪水汇流处也，经县西南七十里燥溪山下，分为东西二溪，又经县南五十里，并注于江。'"清乾隆《温州府志》卷四："横阳江，在（平阳）县西南二十五里。旧名'始阳江'，又曰'钱仓江'。江又东南流至江口，入于海……《县志》：'南则亲仁、招顺、金舟诸水入焉；北侧归仁、崇政、宰清、凤林诸水入焉。其四港：一自顺溪分派东流，合睦村、固岙，又东南流合于横浦三桥，出径口；一自梅溪出汇海浦；一自闽峤诸山涧，出松山平水；一自兰松洋分东西，源出燥溪。'"源出文成县桂山，自西向东横贯平阳县后，于鳌屿山注入东海。长81.52千米，流域面积1 544.92平方千米。年径流量18.1亿立方米。上游经浙南山地，滩多流急，水位暴涨暴落。下游过滨海平原，河宽水缓，受潮汐影响大，为中国三大涌潮江之一。水头镇以下可通航，通航里程30.7千米，航道等级为五级，其中鳌江五桥至入海口可通1 000～3 000吨级海轮。流域昔为抗倭重地、革命老区。《读史方舆纪要》卷九十四："嘉靖三十四年，倭自南麂山流入金乡，犯平阳、三港，官军御之，败绩。三港，或曰即燥溪合横阳江之口。"1936年，粟裕、刘英曾率中国工农红军挺进师于此流域创建根据地，开展对敌斗争。清代平阳籍诗人董沄作有《中秋鳌江观潮》："大地之机张与翕，海水茫茫恣扬激。夕名为汐朝为潮，至信从来无一失。自入中秋夜，声势倍速亟。驾山山欲摇，拍岸岸为啮。宛若天上轰狂雷，来向海门恣抨击。又如赴敌之精兵，千骑万骑衔枚走甚疾。是时月出天无云，云中皎皎如悬璧。大星离离小星藏，沧海万里同一色。"清代平阳籍诗人陈乙《游鳌江遇雨过王氏别业》云："春晚鳌江路，萧萧水拍空。地临江岸北，乡有江北岸。天接海门东。人语乘潮沸，村花映酒红。平生贪胜概，徒倚夕阳中。"清末诗人黄式苏《平阳鳌江至桐山道中作》云："潮痕处处啮沙堤，烟树江南一望迷。夜雨孤舟村外路，疏疏灯影认灵溪。"现为温州市重要的民营经济集聚区，印刷、塑料、纺织、机械、机电、皮革皮件等产业和商贸服务发达，其中，苍南为全国最大的商标、标牌生产地。平阳港区为温州港的组成部分，并建有霞关对台贸易作业区。主要支流有横阳支江、带溪等。

横阳支江(Héngyáng Zhījiāng) 鳌江支流。在温州市境内。以鳌江原称横阳江，其为横阳江最大支流，故名。横阳，以流经古横阳县(编者注：今平阳和苍南县)得名。别称平水、平水溪。以旧在平阳县境域得名。清顾祖禹《读史方舆纪要》卷九十四："横阳江……横阳江上流有四港，其一为顺溪，其一为梅溪，出盖竹山，绕罗源山北，而东注于前仓江。其一为平水，合涧谷诸水，经县西南八十里松山下，接泰顺县界，合于前仓江。其一为燥溪，其上流为宋兰洋，亦县西南诸溪水汇流处也，经县西南七十里燥溪山下，分为东西二溪，又经县南五十里，并注于江。"清乾隆《温州府志》卷四："平水溪，在(平阳)县西南归仁乡三十六都。《方舆纪要》：'合涧谷诸溪，经县西南八十里松山下，接泰顺与闽界之分水岭水东北流，合于钱仓江。'一港自闽峤诸山涧出松山平水。"当地俗以灵溪镇以上称莒溪，灵溪镇以下称横阳支江。又因其为鳌江南源，别称南港。源出泰顺县与苍南县交界的九峰尖东北麓，自西北向经苍南县莒溪、桥墩、观美、灵溪等镇后，江分三支：西支为沪山内河，出平阳县萧江镇夏桥水闸入鳌江；中支为萧江塘河，出平阳县萧江镇萧江水闸入鳌江；东支为横阳支江主干，出平阳县萧江镇朱家站水闸汇入鳌江。长 56 千米，流域面积 450 平方千米。年径流量 1.2 亿立方米。上游莒溪段流经山地，坡陡流急；灵溪镇以下流入平原，水流平缓，且受潮汐影响。水量季节变化大，旧多水患。1949 年后建水库、筑水闸、修堤坝、拓河道。其中，桥墩水库总库容 8 433 万立方米。通航河段 27 千米，航道等级为七级。传燥溪汇入横阳支江的藻溪镇流石村一带旧称三港。嘉靖三十四年(1555 年)明军曾于此抗倭。《读史方舆纪要》卷九十四："嘉靖三十四年，倭自南麂山流入金乡，犯平阳、三港，官军御之，败绩。三港，或曰即燥溪合横阳江之口。"清代平阳诗人刘眉锡《莒溪》云："水流千丈曲，桑梓地云深。士逸诗书气，商闻闽广音。淘沙山露骨，铸铁树无林。柳氏人何往，回思感在今。"并将其个人诗集称为《莒溪诗文集》。流域为苍南县经济、文化核心区所在地，浙南著名的民营企业集聚区之一。主要支流有藻溪、平水溪等。

灵江(Líng Jiāng) 浙江省七大水系之一。在浙江省东部，跨台州、金华二市。因流域内的天台山旧传为"灵仙之所窟宅"得名，晋孙绰《游天台山赋》有"过灵溪而一濯，疏烦不想于心胸"之句。南北朝孙诜《临海记》记载为临海溪。北宋《太平御览》卷四十七："《临海记》曰：'临海山，山有二水，合成溪曰临海。一水是始丰溪，一水是东女溪。至州北相合，即名临海溪。山因溪名。'"唐《元和郡县图志》卷二十六载为临海江："临海江，有二水合一水。一自始丰溪，一自乐安溪，至(台)州城西北一十三里合。"唐诗人任翻《再游巾山寺》和嘉定《赤城志》均载为灵江。南宋嘉定《赤城志》卷二十三："灵江，在(台)州城外。其水自三江合流，环绕郛郭。旧传，有'赤城地、灵江水、丹邱井'之谣。又，《延庆院记》云：'济灵江而西'盖指此也。中有一所，名'陈婆坳'，泓水极清，巨潮澎湃不为动，州旧以此水酿酒焉。嘉定中，尝以'灵江风月'名郡酝。自朝天门外而渡则曰'西江'，自兴善门外而渡则曰'南江'，自靖越门外而渡则曰'东江'，其实一水也。"清顾祖禹《读史方舆纪要》卷九十二记载为澄江等："澄江，在府城南，一名'灵江'。其上流为三江，三江者，一自天台始丰溪，一自仙居永安溪，至府西十里而合为澄江，故曰'三江'。环绕郛郭，潮至此而止，故曰'澄江'。""海，(黄岩)县东百里。其入海之口曰'椒江'，由椒江而西，直接永宁江，抵城下不过七十里，故县之海防，视他所为切。"别称椒江、台州河、海门河。《大清一统志·台州》："灵江……又名椒江，入海。"其中，椒江以明代别称海门卫城为椒城得名。源出丽水市缙云县与台州市仙居县交界处天堂尖山和水湖岗间的石长坑，流经缙云县东缘和仙居、临海、黄岩、椒江县(市、区),于台州湾入东海。长 202 千米,流域面积 6 590.71 平方千米。年径流量 63.9 亿立方米。上游永安溪流经仙居盆地,坡陡水急,河道多卵石急滩。自临海始丰溪口以下,宽 300～800 米,水流缓慢,河床淤积,又受潮汐影响,洪涝频生。三江口至牛头颈为纳潮河口段,河面宽 950～2 000 米,航道顺直。出海口两山夹峙,形似天然关隘,俗称'海门',历为浙东海防要地。通航里程 65.15 千米,航道等级为三至六级。流域为浙江省商品粮、柑橘生产基地,台州市的政治、经济和文化中心所在地,工商业集聚区。有汽车制造、汽摩及配件、医药化工、塑料模具、家用电器等产业,为日用商品、塑料制品、汽摩配件等商品集散地。有天台山、仙居 2 个国家级风景名胜区,华顶、大盘山 2 个国家级自然保护区。有黄岩蜜橘、临海涌泉蜜橘、仙居杨梅等特产。古产"灵江风月"酒。南宋嘉定《赤城志》卷二十三:"《延庆院记》云:济灵江而西,盖指此也。中有一所名'陈婆坳',泓水极清,巨潮澎湃不为动,州旧以此水酿酒焉。嘉定中尝以'灵江风月'名郡酝。"台州港为浙江重要的海港。南宋诗人释了惠《灵江》诗:"水底乌龟无卦兆,岸头神树不相关。要知祸福流行处,只在波心月一湾。"主要支流有始丰溪、永宁江等。

始丰溪(Shǐfēng Xī)　灵江最大支流。在浙江省东部,跨金华、台州二市。唐《元和郡县图志》卷二十六:"临海江,有二水合成一水,一自始丰溪,一自乐安溪,至(台)州城西北一十三里合。"北宋《太平寰宇记》卷九十八:"临海山,在(临海)县北二百四十里。山有水合成,溪自临海,一水是始丰溪,一水是乐安溪,至州北两相合,即名'临海溪'。"以流经古始丰县境得名。别称大溪。南宋嘉定《赤城志》卷二十四:"始丰溪,在(天台)县西南百步。源出大盆山,东流一百八十里与天台、桐柏二水合,始入大溪。"清顾祖禹《读史方舆纪要》卷九十二:"大溪,(天台)在县城西南。《志》云:'始丰溪源出大盆山,引而东,天台、桐柏二水入焉,故曰大溪。'流经县南,又东南流入临海县界,合仙居县之永安溪,即澄江上源也。"其流经临海市河头镇百步村以下河段,古也称百步溪、恶溪。嘉定《赤城志》卷二十三:"百步溪,在(临海)县西北六十里。前后二滩,石险湍激,俗号大、小恶,舟者病之。唐孟浩然《寻天台山》诗所谓'欲寻华顶去,不惮恶溪名'是也。淳熙中,令陈居安命工淬凿,始无患。"《读史方舆纪要》卷九十二:"百步溪,(台州)府西北六十里。源出天台诸山,流入县界。有二滩湍急,俗名大、小恶溪,经清潭山东注于澄江。"源出磐安县大盘山主峰盘山尖南麓,向东北经磐安县大盘、方前两镇后,入天台县里石门水库,并横贯天台县中部,再折南入临海市,于永丰镇三江村与永安溪汇流为灵江。全长 119 千米,流域面积 1 610 平方千米。年径流量 6.47 亿立方米。属山溪性河流。多急流瀑布,水力资源丰富。洪枯水位相差悬殊。平均流量 35.2 立方米/秒。平均含沙量 0.8 千克/立方米。天台县街头镇山头下村以上河道流经群山峡谷之中,水流湍急;以下河道入天台盆地,江宽水丰。1978 年建成里石门水库,库容近 2 亿立方米,为浙江省大型水库之一。流域为生态涵养和农作区,有大盘山国家级自然保护区、天台山国家森林公园和大盘山、天台山国家级风景名胜区。沿岸有东横山、灵溪等古落,旧有灵溪馆等古驿站。唐代诗人《宿东横山》诗云:"孤舟路渐赊,时见碧桃花。溪雨滩声急,岩风树势斜。猕猴垂弱蔓,鹳鹤睡横槎。谩向仙林宿,无人识阮家。"又作《发灵溪馆》:"山多水不穷,一叶似渔翁。鸟浴寒潭雨,猿吟暮岭风。杂英垂锦绣,众籁合丝桐。应有曹溪路,千岩万壑中。"今全线不通航。有天台山云雾茶、天台小狗牛、红朱柿、香榧、香米、香鱼、铁皮枫斗精、乌药精等特产。主要支流有三茅溪、苍山溪、螺溪等。

永宁江(Yǒngníng Jiāng)　灵江下游一级支流。在台州市境内。因以流域范围古属永宁县得名。南宋嘉定《赤城志》卷一:"黄岩县,本汉永宁县,唐上元析临海置,属台州。"《舆地纪胜》卷十二:

“永宁江，源出黄岩县西北三百四十里。按，旧《志》‘有大小两源：大源出尘山，小源出县山东北，至大海与大源合。’”南宋嘉定《赤城志》卷二十四：“永宁江，源出（黄岩）县西北三百四十里。按：旧《志》有大小二源：大源出尘山。东南流，广一十五步，二百一十里至左溪村；小源出黄岩山。东北流，广五步，一百里至大溪，与大源合。然，平浅不通舟。又东流三十里至官奥村，无滩碛。直下永宁江，广逾百步。又东流一百里，从县北过三十五里会临海县海口，入于海。从源至海，水程四百八十里。”别称黄岩溪。又因传说宋杜范出生时，江水澄清三日，别称澄江。明万历《黄岩县志》卷一：“永宁江，旧传宋杜清献公生时，澄清三日，因名‘澄江’。”源出黄岩、仙居、永嘉交界的括苍山脉大寺尖北麓。自西向东贯穿黄岩区中西部和北部，于黄岩区东北部三江口出永宁江闸，与灵江汇为椒江。全长 77 千米，流域面积 889.8 平方千米。平均年径流量 10.5 亿立方米。上游大横溪为山溪性河流，坡大流急，洪枯水位相差悬殊。中游于 1964 年建成总库容为 7.32 亿立方米的长潭水库，并于水库坝下起建 15 千米的江南渠道引流灌溉。水库建成后，下游河道缩窄淤浅。自王西村折北转南起为下游，平均河宽 92 米，水清流缓。流域为黄岩区的主要工农业基地，台州市的粮食主产区之一，并有黄岩省级经济开发区、划岩山浙江省风景名胜区和方山省级森林公园。有黄岩蜜橘、东魁杨梅、枇杷、紫莳药等特产。北宋黄岩尉孙应时《题黄岩溪》诗云：“得雨溪声壮，无风云气多。山花依翠竹，滩石乱寒莎。樵父谷中出，牧儿牛背歌。逢人问尘世，扰扰意如何?”北宋末南宋初诗人陈与义《自黄岩县舟行入台州》云：“宴坐峰前冲雨急，黄岩县里借舟迟。百年痴黠不相补，万事悲欢岂可期。莽莽沧波兼宿雾，纷纷白鹭落山陂。只应江海凄凉地，欠我临风一赋诗。”主要支流有九溪、元同溪、西江等。

白溪（Bái Xī）　外流河。在浙江省东部，跨宁波、台州二市。西汉梅福《四明山记》：“（四明山）其地宛转，吐出清涧。有七峰甚奇，一涧出南过一百二十里，其水归鄞江。南源是四明山南门也。号‘白溪’。”传因旧时主流无灌溉之利得名。宁海县岔路镇白溪村《王氏宗谱》载：“白溪者，我先人以溪低田高而不可灌溉也，若白有一条溪者，故名。”古别称上白溪、狐啸溪、白渚溪。南宋嘉定《赤城志》卷二十五：“上白溪，在（宁海）县南四十五里，俗呼‘狐啸溪’。源出天台山华顶，东北流八十里入余鱼溪，又东流三十里入海。”清顾祖禹《读史方舆纪要》卷九十二：“上白溪，（宁海）县西南四十里。源出天台华顶峰，东北流八十里，合大溪，由双港渡东流以入于海。”清光绪《宁海县志》卷二：“白溪，一名‘白渚溪’。会大溪趋双港及白峤港入海，其一百十四里。源出天台华顶山，东北流折而南三十三里，入县西境之坐字岩……东流八里经十素洲北，新昌、天台界，榧坑水自东北来注。……折而南迤东南十二里，经上白溪村北，俗呼‘狐啸溪’，始可通筏，又东八里经大娄村东，至上金庄、南湖渎，溪水自此东分。……又东北一里半，有干坑水自西北来注，又东北十五里，出广济桥，经塔山庄南，过柘湖桥，有梁王坑水自西来注。……折而东三里，经庙山南，有下庵岭水经板苍山自北来注。又东八里，经洞潭、石舌庄，出双港桥与大溪会。以上水夏秋盛涨，深二丈，阔百四五十丈；冬春水退，深三四尺，阔六十丈。二溪既合，东流四里经岩下渡，出上明桥，有海潮始可通舟。又东北七里经水车庄南，过岩斗渡，曰‘白峤港’，白峤埠水自西北来注。……又东六里经雪坡村南，越溪山村北，曰‘亭头渡’，为商船出入门户。又东八里经梅岙、石墙头、道士塘东入于海。”源出天台山华顶学堂岗北麓，经天台县石梁镇东部，宁海县岔路镇、前童镇后，于越溪乡梅岙村附近入三门湾力洋港。长 100 千米，流域面积 625 平方千米。年径流量 6.86 亿立方米。属山溪性河流，坡陡流急，水量季节变化大。自然落差 1 097 米，平均比降 3.84‰。干流建有总库容量 1.68 亿立方米，以供水、防洪为主，兼顾发电、灌溉等综合效益的白溪水库，为宁波市区的主要饮用水源之一。流域为《徐霞客游记》的开篇地，江南佛教和道教文化圣地，宁波市重要的生态涵养区，有天台山国家级风景名胜区和华顶、双峰国家森林公园，并有前童古镇、浙东大峡谷、梁皇山等旅游胜地。宋代于溪上设上白溪渡。南宋嘉定《赤城志》卷三："上白溪渡，在（宁海）县西四十五里，即'狐啸溪渡'。"南宋诗人王十朋《过白溪》云："朝离黄塘憩乌石，莫宿青江过白溪。岭上回头观赤水，山川五色望中迷。"主要支流有大溪、大松溪（旧称榧坑溪）、梁皇溪等。

金清港（Jīnqīng Gǎng）　外流河。在台州市境内。古称迂江、于浦。以下游河道曲折得名。南宋嘉定《赤城志》卷二十六："于浦，濒于海，为河泾宣泄之处。"清顾祖禹《读史方舆纪要》卷九十二："迂江，在（太平）县东。源出王城山之桃溪，一名'月河'，东流合诸山水，为新建河，经县北三十里，为官塘河。河西南达温岭，东南抵县城，北通黄岩，为舟楫交会之冲。又东至新河所城，乃为迂江，阔二里，东入海。迂江，盖即黄岩县官河之下流矣。"后因南宋朱熹于入海口筑金清闸而改今名。清嘉庆《太平县志》卷二："金清港，朱子筑闸，因海潮泛浊，镇以金鳌，始名'金清'。"别称金清江。源出温岭、黄岩交界处的太湖山东南麓，流经温岭市北部后，于路桥区金清镇西门口入海，全长50.7千米，流域面积1 172.6平方千米。年径流量4.65亿立方米。大溪镇区以上段山溪性河道，坡陡流急，水位暴涨暴落；以下段为平原河道，水流缓慢，易潴水成涝；入海口以上10千米则为泄洪港道。民国《台州府志》卷四十六："金清闸前后，水深二丈二尺，面阔十七丈。"河道北接南官河、三才泾、二湾河、三湾河、四湾河、五湾河、车路横河，结成平原水网，河渠纵横密布，北通椒江，南达松门，为温岭、路桥两地航运、排涝的重要河流，并养殖淡水鱼和珍珠蚌。宋代曾以此河为名设于浦市和于浦盐场，并于河上建回浦桥。于浦盐场为《元丰九域志》所载黄岩县五镇两盐场之一。南宋嘉定《赤城志》卷二："于浦市在（黄岩）县东南六十里。"卷七："于浦盐场在（黄岩）县东南七十里，咸平三年建。今盐额隶温州。"流域以温黄平原为主体，为台州市的主要粮食生产基地、工业基地，建有路桥金属再生园区、吉利沃尔沃小镇汽车产业园区等省级经济开发区和方山—长屿硐天国家级风景名胜区，有新河闸桥群1处全国重点文物保护单位。有果蔗、葡萄、西瓜等特产。主要支流有江厦大港溪等。

松源溪（Sōngyuán Xī）　闽江支流松溪上游。跨浙、闽两省。因其为松溪之源，故名。别称松源川、松源水和大溪。清顾祖禹《读史方舆纪要》卷九十四："松源水……南流入闽，为松溪之上源。"清嘉庆《庆元县志》卷一："松源川，县南十里。又名济川源。出松源山，流入大溪。"源出洞宫山主峰，浙江省第二高峰百山祖西南麓，经百山祖镇南流至兰溪桥水库后折西，过松源、濛洲街道，于屏都街道出马蹄岙入福建松溪。浙江省境内长59千米，宽80～150米，流域面积454平方千米。年径流量8.9亿立方米。上游比降大，水流湍急，折西后河面展宽，水渐缓。清代龙泉诗人吴王宾《松源川》："川势百千曲，涛呼万古清。松老云气结，龙吟不断声。谁作济川手，渡予一叶轻。岸远水同阔，风恬浪正平。竹里人家小，晴峰插天明。沙边鸥鸟宿，朝暮谁与盟。"水力资源蕴藏丰富，已建兰溪桥、马蹄岙2个小水电站。流域为重要的生态涵养区，源头建有凤阳山—百山祖国家级自然保护区。盛产香菇、木耳。河谷地带为庆元县主要粮食产地。平均水深0.6～1.2米，不适宜通航。主要支流有杨楼溪、安溪等。

寿泰溪（Shòu-Tài Xī）　交溪上游河流，为浙江省唯一沿省界流淌的河流。跨浙、闽两省。因流经寿宁、泰顺两地得名。源出福建省寿宁县飞龙岩山东麓，于罗阳镇溪底寮村西北侧入浙，沿浙、闽界自西北向东南流至仕阳镇与仕阳溪汇为交溪，于湖头村以北出浙江省。浙江省境内全长50.5千米，其中浙闽边界段27.5千米，省内流域面积193平方千米。年径流量8亿立方米。比降大，水流急，不通航。流域为生态涵养区，两岸山高谷陡，经济薄弱。盛产香菇、木耳和茶叶。主要支流有罗阳溪、横溪和仕阳溪。

仕阳溪(Shìyáng Xī)　交溪上游支流。在温州市西南部。古称泗溪、泗水。清顾祖禹《读史方舆纪要》卷九十四："泗溪，在(泰顺)县南，源出泗溪西山，合县南诸溪水，抵(福建省)福安县界入于海。"后谐音为仕溪、仕水，并因流经仕阳镇而改称今名。上源有东、南、西、北4条溪流，以东溪为正源。源出泰顺、苍南两县交界的九峰尖西南麓。自东北向西南流经九峰、泗溪、东溪、雪溪等乡镇后，于仕阳镇岭头楼村以南，与流淌于浙闽边界的寿泰溪汇为交溪，并于湖头村以北出浙江省。长62.5千米，流域面积511平方千米。年径流量4.98亿立方米。属山溪性河流，自然落差911.6米，平均坡降14.59‰，坡陡流急，水量季节变化大，水力资源丰富。全程不通航。流域为泰顺县主要农业区之一，河谷地带多梯田。多廊桥、碇步等古代浙南山区特色交通、水利设施。仕水碇步为全国重点文物保护单位。有茶叶、香菇、木耳等特产。主要支流有南溪、北溪、西溪、三魁溪、双涧溪等。

临城河(Línchéng Hé)　外流河。在舟山市境内。古称翁浦、滃浦。南宋宝庆《四明志》卷二十："徐偃王庙在县东。地名翁浦，俗呼为'城隍头'。"清康熙《定海县志》卷三："滃浦，县东三十里。吴榭岙。"卷二："俗传葛仙翁修真伏龙庵而羽化，遂以翁名浦，县因浦名山。"后因流经原临城镇，于1992年更今名，为其时临城镇内水网的合称。源出黄杨尖山南麓，南流入洞岙水库后，折西至鼓吹山东北麓转南，流经新碶头、后半浦后分两支：主支为翁浦，蜿蜒向南至田螺峙闸入海；次支向东为茶山浦于双阳碶入海，并有分支与两眼碶河相连，再经荷花浦，于双阳闸入海。全长55.1千米，宽10～20米，深2～3米。集雨面积42.81平方千米，总蓄水量17.5万立方米。年径流量2 666万立方米。河道曲折，水清流缓，台风季节易涝。宋元曾以此河为名，称流域为翁浦(岙)。元代文学家吴莱作有《过翁浦问徐偃王旧城》八首，其二云："箸篙回我舟，沙岙晚烟起。苍茫鱼盐场，寂历鼓吹里。人民悲旧王，岁月祀遗址。终捐玉几研，不救朱弓矢。"20世纪90年代曾于河上养殖珍珠蚌。今为城市景观河道，并有蓄水、排涝等功能。流域为2001年始建的舟山市政治、经济、文化与教育中心所在地，海岛花园城市。主要支流有茶山浦、荷花浦和鳌头浦。

白泉河(Báiquán Hé)　外流河。在舟山市境内。古称河溪。清康熙《定海县志》卷三："河溪，县东北二十五里。发源于东皋后岙。入于河，会獭洞、沈公二岭，茅洋、泄岙、东湖、炭山前后岙、白泉山诸水，出王家桥、柯梅浦，注于海。灌溉高下田七百余顷。"后以流贯白泉镇而改今名。源出竺家尖东麓弄堂岭，自东北向西南流到毛竹山村后折向西北，并于东宫桥折北，经柯梅、老碶头等地，于白泉大闸入于海。主干长14.3千米，下游宽25米，深2米。集雨面积68.1平方千米，蓄水量43万立方米。年径流量4 232万立方米。东宫桥以上段流经丘陵山谷，坡降大，水流急，水位季节差明显，暴涨暴落。东宫桥以下流经海积平原，河宽水缓，河水清澈，台风季节易涝。以灌溉、蓄水、排涝等功能为主。流域为白泉镇政治、经济和文化中心所在地。下游段东侧有舟山港综合保税区。入海口西侧建有浪熹电厂。支流多短小。

紫微河(Zǐwēi Hé)　外流河。在舟山市境内。古称黄马溪。名称来历不详。传与宋高宗赵构曾于溪岸山谷避难相关。元大德《昌国州图志》卷四："黄马溪，在(昌国)州西北十五里南埠。水从茶岭发源，流注于海，民田赖以灌溉。"后因流贯紫微岙而改为今名。1970年整修下游段后，下游曾称共青河。源出蚂蟥山尖峰岗北麓，经狭门水库、侯家、南善桥后，分为两支：南支为前门畈河（旧称濂溪），经黄泥碶、增产碶、濂溪碶，于野鸭山碶入海；西支为八横河，经后门畈河和大浦新河，于联勤中闸和联勤新闸入海。总长15.9千米。经1970年、2007年、2013年3次整治、拓宽后，主干全长8.8千米，下游宽40米，深1.5米，流域面积49.7平方千米，蓄水量24万立方米。年径流量300万立方米。侯家以上段即古黄马溪，流经丘陵山谷，坡降大，水流急，水位季节差明显，暴涨暴落。下游流经海积平原，河宽水缓，河水清澈，台风季节易涝。以灌溉、蓄水、排涝等功能为主，并为舟山市的水源地之一。两岸以农作区为主，为定海区主要果蔬基地之一。八横河（天童浦）一带建有宁波—舟山港老塘山港区和舟山国际粮油产业园区，为中国重要的粮油进口与仓储基地。主要支流为八横河，旧称天童浦，为南宋高宗赵构登岸处。清康熙《定海县志》卷二《紫微岙图说》："天童浦面颇阔。相传宋高宗航海时舣舟于此。"

第九节　峡谷名称

七里泷峡谷（Qīlǐlóng Xiágǔ）　在浙江省中西部，钱塘江中游富春江段。北起建德市梅城镇乌石滩，南至桐庐县富春江镇北泷口富春江水电站。古称七里滩、七里濑。昔行舟赖风力，因民谚"有风七里，无风七十里"得名。唐《元和郡县图志》卷二十五："七里濑，在（建德）县东北一十里。"南宋祝穆《方舆胜览》卷五："七里滩，距（建德）州四十里。与严陵濑相接。谚云：'有风七里，无风七十里。'"又因汉名士严子陵曾隐居富春江西岸的富春山而称严陵濑。《后汉书》卷八十三："严光，字子陵，一名遵，会稽余姚人也……除为谏议大夫，不屈，乃耕于富春山……后人名其钓处为严陵濑焉。"又因峡谷内有富春山，别称富春渚。北宋《太平寰宇记》卷九十五："七里濑，即富春渚是也。"长约22千米，宽400～800米。相对高差约300米，河床落差约10米。平均流量864立方米/秒。两岸山体由白垩系火山岩和奥陶系泥岩、砂岩等构成，经流水切割后形成危岩深谷。原水流湍急多浅滩，有"小三峡"之誉。1968年在北泷口筑坝，建成富春江水库，江面由400米左右展宽至600～800米，水深由3米左右增至18～20米，原浅滩没入水中，急流已成平湖。西岸的富春山风景秀丽，号称"锦峰绣岭"。沿岸有严子陵钓台、葫芦瀑布、"七里扬帆"等名胜，为富春江—新安江国家级风景名胜区的组成部分。南朝诗人谢灵运《七里濑》诗云："羁心积秋晨，晨积展游眺。孤客伤逝湍，徒旅苦奔峭。石浅水潺湲，日落山照曜。荒林纷沃若，哀禽相叫啸。遭物悼迁斥，存期得要妙。既秉上皇心，岂屑末代诮。目睹严子濑，想属任公钓。谁谓古今殊，异代可同调。"南朝梁新安太守任昉《望严陵濑》诗："群峰此峻极，参差百重嶂。清浅既涟漪，激石复奔壮。神物徒有造，终然莫能状。"唐代诗人孟浩然《经七里滩》诗："湖经洞庭阔，江入新安清。复闻严陵濑，乃在兹湍路。叠障数百里，沿洄非一趣。彩翠相氛氲，别流乱奔注。钓矶平可坐，苔磴滑难步。猿饮石下潭，鸟还日边树。观奇恨来晚，倚棹惜将暮。挥手弄潺湲，从兹洗尘虑。"唐代诗人刘长卿《七里滩重送》诗云："秋江渺渺水空波，越客孤舟欲榜歌。手折衰杨悲老大，故人零落已无多。"唐代诗人胡曾《咏史诗・七里滩》诗："七里青滩映碧层，九天星象感严陵。钓鱼台上无丝竹，不是高人谁解登。"北宋诗人张伯玉《七里滩》诗云："漱玉鸣珠七里滩，到今犹照客星寒。卢奴有水徒千顷。未得高贤一瞬看。"北宋词人苏轼游富春江，作《行香子·过七里濑》：“一叶舟轻，双桨鸿惊。水天清，影湛波平。鱼翻藻鉴，鹭点烟汀。过沙溪急，霜溪冷，月溪明。重重似画，曲曲如屏。算当年、虚老严陵。君臣一梦，今古空名。但远山长，云山乱，晓山青。”南宋诗人陆游经七里滩时也作《予欲自严买船下七里滩谒严光祠而归会滩浅陆行至桐庐始能泛江因得》：“客星祠下渺烟波，欠我扁舟舞短蓑。不为穷冬怕滩恶，正愁此老笑人多。”清代诗人查慎行《七里泷》诗云：“泷中乱峰高插天，泷中急水折复旋，泷中竹树青如烟。白龙倒垂尾蜿蜒，泄云喷雾为飞泉。晴光一线忽射穿，雨点白昼打客船。船行无风七十里，一日看山舵楼底。”临长深(G25)高速公路和沪瑞(G320)国道、桐义(S210)省道自北泷口经过。

铜官峡(Tóngguān Xiá)　在浙江省西部，钱塘江上游新安江段，建德市新安江街道。起自塘坞，终至紫金滩。因南岸铜山古称铜官山得名。南宋淳熙《严州图经》卷十二：“铜官山……秦时于此置官采铜，因以为名。”长650米，宽约500米。相对高差约300米，河床落差2米。平均流量357立方米/秒。河床高程20～22米，宽180～200米。1959年于北峡口建新安江水力发电站。上游为新安江水库(千岛湖)，树木葱茏，湖光山色，风景绝佳，为富春江—新安江国家级风景名胜区的核心景区。两岸有公路。金千铁路经过西岸。

浙西大峡谷(Zhèxī Dàxiágǔ)　在浙江省西部，临安市龙岗镇。起自龙岗镇山田村，终至龙岗镇上坪村。原俗称昌北坞，以处故昌化县北部得名。1999年命名为今名，因地处浙江省西部得名。长约83千米，宽30～150米。分龙井峡、上溪峡、浙门峡3段。相对高差1 200余米，河床落差220米。平均流量12.8立方米/秒。地处清凉峰国家级自然保护区，沿岸地貌奇特，悬崖壁立，峰奇石秀，滩险瀑飞，并有水碓群等古迹。1999年辟为旅游景区，已开发利用龙井峡18千米。主要有狮象湾、白马崖、碓溪、社门湾、剑门关、巨鼎石、百丈涧、银河瀑等景观。临杭瑞(G56)高速公路和杭昱(S02)、龙苦(S209)省道穿越峡谷。

浙东大峡谷(Zhèdōng Dàxiágǔ)　在浙江省东部，跨宁波市宁海县岔路镇与黄坛镇。起自黄坛镇榧坑村，终至岔路镇白溪水库。2000年命名。因地处浙江省东部得名。长约45千米，宽20～380米。相对高差约210米，河床落差180米。平均流量8.18立方米/秒。地处天台山腹地，邻双峰山国家森林公园。两岸重峦叠嶂，峡幽谷深，奇峰林立，飞瀑多姿，林木葱郁。谷口有白溪水库，为宁波市重要的饮用水源。公路通谷口。

莒溪大峡谷(Jǔxī Dàxiágǔ)　在浙江省南部，温州市苍南县莒溪镇。起自九峰山，终至莒溪镇区。因其为莒溪上源得名。莒，槠的方言谐音异写。传以地多槠树得名。长约15千米，宽约6～7米。相对高差约为150米，河床落差约为4～20米。平均流量0.001立方米/秒。两岸重峦叠嶂，悬崖壁立，林木葱郁。谷内瀑布飞泻，溪潭密布，涧幽石奇，为滨海—玉苍山省级风景名胜区的重要组成部分。1936年，粟裕、刘英曾率中国工农红军挺进师于此斗争。沿岸通盘山公路。

明月峡(Míngyuè Xiá)　在浙江省北部，湖州市长兴县水口镇。起自黄龙头，终至霸王湖。长约4千米，宽20～100米。相对高差约400米，河床落差200米。平均流量0.001立方米/秒。绝壁峭立，大涧中流，巨石飞走，两岸产著名的顾渚紫笋茶。谷中溪石上多唐人题刻。南宋嘉泰《吴兴志》卷四：“明月峡，在长兴县顾渚侧，二山相对，壁立峻峭，大涧中流，巨石飞走。断崖乱石之间，茶茗丛生，最为绝品。张文规诗曰‘明月峡中茶始生’，石上多唐人刻字。颜真卿所书，但存‘髣佛’。”明月峡所产顾渚紫笋茶在唐代被誉为“吴兴三绝”之一。唐代诗人张文规《吴兴三绝》：“蘋洲须觉池沼俗，苎布直胜罗纨轻。清风楼下草初出，明月峡中茶始生。吴兴三绝不可舍，劝子强为吴会行。”

沿岸通公路。

十八涡峡(Shíbāwō Xiá)　在浙江省中部，金华市磐安县尖山镇。起自夹溪桥，终至三曲里电站。2002年命名，因谷中夹溪河床底部密布圆形石涡得名。又因地处浙江省中部，别称浙中大峡谷。长2.1千米，平均海拔500多米，相对高差200米以上，河床落差30米。溪涧蜿蜒，悬崖壁立，水流湍急，多瀑布和深潭。溪底石涡疑为第四纪冰川遗迹。谷口有明嘉靖三十四年(1555年)建造的夹溪寨抗倭兵寨遗址和始建于嘉靖十七年(1538年)的夹溪桥。清顾祖禹《读史方舆纪要》卷九十三："夹溪寨，在(东阳)县东百里，有夹溪桥。群山中断，两崖壁立，其水悬流而下，汇为十八涡，桥亘其间，如缀绝绠。嘉靖三十四年设寨于此，居然天险。"现为花溪—夹溪浙江省风景名胜区的组成部分。公路通谷口。

龙穿峡(Lóngchuān Xiá)　在浙江省东部，台州市天台县白鹤镇。2004年命名。因俯瞰峡谷内桐坑溪水库宛如巨龙得名。长3千米。相对高差约320米，河床落差约20米。正常水流量约1立方米/秒。山峰险峻，峡谷幽深，怪石嶙峋，春季多平流雾。景区专用公路通峡口。

富山大裂谷(Fùshān Dàliègǔ)　在浙江省东部，台州市黄岩区富山乡，跨半山村和双坑村。以谷中有斧劈刀削的天然裂隙得名。长3.5千米。平均海拔800米，相对高差260米，河床落差30米。平均流量12立方米/秒。谷中天然裂隙长30余米，宽约2米，最窄处宽不及1米，裂面光滑犹如洗，有专家认为属冰川地貌遗迹。谷内有三叠石、鹰嘴岩、头梳岩、大崖壁、三叠瀑、蓬莱三岛、董枝坑岩墙、风洞、石瀑等景观。现已辟为旅游景区。盘山公路通谷口。

湫水大峡谷(Qiūshuǐ Dàxiágǔ)　在浙江省东部，台州市三门县横渡镇。2004年命名，以地处湫水山腹地得名。长约10千米。平均海拔400米，相对高差550米，河床落差460米。平均流量约0.33立方米/秒。谷内有龙游涧、含珠潭、九叠泉、玉溪潭、湫水白帘瀑等景观。山岩险峻，林木茂密。现已辟为旅游景区。东屏村道通谷口。

第十节　湖泊名称

太湖(Tài Hú)　海迹湖。中国第三大淡水湖。跨浙江省湖州市与江苏省苏州市、无锡市。由长江、钱塘江下游泥沙堰塞古海湾而成。古名震泽、具区、笠泽、雷泽、五湖等。《尚书·禹贡》："彭蠡既猪，阳鸟攸居。三江既入，震泽底定。"《周礼·夏官司马》："东南曰'扬州'，其山镇曰'会稽'，其泽薮曰'具区'，其川三江，其浸五湖，其利金锡竹箭，其民二男五女，其畜宜鸟兽，其谷宜稻。"《山海经·南山经》："又东五百里曰'浮玉之山'。北望具区，东望诸毗。有兽焉，其状如虎而牛尾，其音如吠犬，其名曰彘，是食人。苕水出于其阴，北流至于具区，其中多鮆鱼。"《尔雅·释地》："吴越之间有具区。"《汉书》卷二十八上："东南曰'扬州'，其山曰'会稽'，薮曰'具区'，川曰'三江'，浸曰'五湖'。其利金、锡、竹箭，民二男五女，畜宜鸟兽，谷宜稻。""具区泽在西。扬州薮，古文以为震泽。"《越绝书》卷二："太湖，周三万六千顷。其千顷，乌程也。去县五十里。"唐《元和郡县图志》卷二十五："太湖，在(吴)县西南五十里。《禹贡》谓之'震泽'，《周礼》谓之'具区'。"北宋《太平寰宇记》卷九十四："一名'震泽'，亦名'笠泽'，亦名'雷泽'。名'太湖'者，以其广名之也。别称'五湖'。"北宋《太平御览》卷七十二："薮，《说文》曰：'薮，大泽也。'《周礼》：'扬州之泽曰具区。'""泽，《释名》曰：'下水曰泽，言润泽也。'"北宋朱长文《吴郡图经续记》卷中："太湖，在吴县南。《禹贡》谓之'震泽'，《周官》《尔雅》谓之'具区'，《史记》《国语》谓之'五湖'，其实一也。吐吸江海，包络丹阳、义兴、吴郡、吴兴之境，其所容者大，故以'太'称焉。《书》云：'三江既入，震泽底定。'三江者，北江、中江、南江也。历丹阳、毗陵者，为北江，即今之大江也。首受芜湖，东至阳羡者，为中江。分于石城，过宛陵，至于具区者，为南江。三江在震泽上下，而皆入于海，震泽之流有所泄，是以底定。今二江故道中绝，故震泽有泛滥之患，理势然也。所谓五湖者，盖所纳之湖有五也，郭景纯《江赋》云：'包五湖以漫漭。'言江水经纬五湖，而包注震泽也。旧传五湖之名各不同。《图经》以谓一曰'贡湖'，二曰'游湖'，三曰'胥湖'，四曰'梅梁湖'，五曰'金鼎湖'，又曰'菱湖'。郦善长以谓长塘湖、贵湖、上湖、滆湖，与太湖而五。韦昭云：'胥湖、蠡湖、洮湖、滆湖，就太湖而五。'虞仲翔云：'太湖，东通长洲松江水，南通乌程霅溪水，西通义兴荆溪水，北通晋陵滆湖水，东连嘉兴韭溪水，凡五道，谓之五湖。'陆鲁望以谓太湖上禀咸池之气，故一水五名。"南宋嘉泰《吴兴志》："震泽者，水常震动之象，或曰震东方泽，在东也。具区者，大为之防。五湖者，张勃《吴录》云：'太湖之别名，以其舟行五百余里也。'《吴郡图经》有小五湖悉属太湖，贡湖、游湖、胥湖、梅湖(梁湖)、金鼎湖也。旧编谓：'固湖、游湖、胥湖、菱湖、太湖，纵横数百里，苕、霅众水入焉。'《越绝书》云：'周三万三千顷。其二万顷，为乌程。'《颜公石柱》云：'四万八千顷。'《统记》云：'纵广二百八十三里。兼接苏、宣、常州之界，临安、广德之水亦入焉。'"明代童时明《三吴水利便览》："宣、歙、嘉、湖、杭诸郡邑诸山源之水，冲决震荡，因名'震泽'。是为东南巨薮，吐纳众流。然又藉以滋泄诸郡农田，国赋攸赖，故曰'具区'。"面积 2 292 平方千米。平均水深 2.12 米，最大水深 3.3 米。蓄水量 48.6 亿立方米。集水面积 3.65 万平方千米。年出湖径流量 75 亿立方米。湖内有岛屿 48 个，其中 18 个岛屿有人居住。具供水、灌溉和养殖之利，年供水总量 340.5 亿立方米。湖内产鱼、虾、蟹、菱、藕、茭白、慈姑、蒲草、芦苇等。有太湖蟹、银鱼、白壳虾、鲚鱼、莼菜等特产。沿岸为著名的"鱼米之乡"，产稻米、丝绸、茶叶和枇杷等。历代文人多有吟咏。唐代诗人王昌龄《太湖秋夕》诗："水宿烟雨寒，洞庭霜落微。月明移舟去，夜静魂梦归。暗觉海风度，萧萧闻雁飞。"唐代诗人白居易《宿湖中》云："水天向晚碧沉沉，树影霞光重叠深。漫月冷波千顷练，苞霜新橘万株金。幸无案牍何妨醉，纵有笙歌不废吟。十只画船何处宿？洞庭山脚太湖心。"唐代诗人皮日休《初入太湖》云："闻有太湖名，十年未曾识。今朝得游泛，大笑称平昔。一舍行胥塘，尽日到震泽。三万六千顷，千顷颇黎色。连空淡无颣，照野平绝隙。好放青翰舟，堪弄白玉笛。疏岑七十二，山双露矛戟。悠然啸傲去，天上摇画艋。西风乍猎猎，惊波罨涵碧。倏忽雷阵吼，须臾玉崖坼。树动为蜃尾，山浮似鳌脊。"南宋诗人杨万里作有《过太湖石塘》3 首，《月夜阻风泊舟太湖石塘南头》3 首。《过太湖石塘》其一云："兀坐船中只欲眠，不如船外看山川。松江是物皆诗料，兰桨穿湖即水仙。将取垂虹亭上景，都皈却月观中篇。正缘王事游方外，凿齿弥天未当贤。"《月夜阻风泊舟太湖石塘南头》云："万里青天一轮月，三更雪浪太湖春。若教白日来经此，不见新熔万顷银。"皮日休《初夏即事寄鲁望》云："具区包地髓，震泽含天英。粤从三让来，俊造纷然生。顾予客兹地，薄我皆为伧。唯有陆夫子，尽力提客卿。各负出俗才，俱怀超世情。驻我一栈车，啜君数藜羹。敲门若我访，倒屣欣逢迎。胡饼蒸甚熟，貊盘举尤轻。茗脆不禁炙，酒肥或难倾。扫除就藤下，移榻寻虚明。唯共陆夫子，醉与天壤并。"北宋诗人钱昭度《忆具区》云："平生爱具区，岛屿夹陂湖。竹雨笼鸂鶒，花烟湿鹧鸪。神仙疑有宅，鱼鳖自为都。何事劳长想，机云本是吴。"南宋诗人韩淲《震泽》云："春风吹震泽，欲雪未多晴。转柁何忙去，停篙且缓行。柳摇田漠漠，草软岸平平。四十年前梦，心惊热眼生。”元末明初诗人张羽《震泽》云：“具区维南泽，洪潴奠吴会。并包潢污聚，涵育鱼龙大。崩浪撼坤枢，水气积阴晦。苍茫神灵遇，极目光炯碎。中有两洞庭，秀色迥相对。峭立根虚无，接影浸淡濑。飞鸟去何穷，长垣亘天外。风波多险阻，舟樯易倾坏。缅思怀襄初，洪涛渺无界。赖兹神禹功，底定永无害。吴越何区区，向此角成败。贤哉鸱夷翁，临风发长慨。”明末清初学者顾炎武《路舍人客居太湖东山三十年寄此代柬》以“翡翠年深伴侣稀，清霜憔悴减毛衣。自从一上南枝宿，更不回身向北飞”抒发其雄心不灭、抗清到底的决心。周敬王四十二年（前478年），越军于此一带击败吴军，史称“笠泽之战”。建有太湖国家级旅游度假区。东、西、北三岸有高速铁路，环湖有高速公路。

汾湖（Fén Hú）　海迹湖。跨浙江省嘉兴市嘉善县陶庄镇与江苏省苏州市吴江区汾湖镇。原名分湖，传因湖分江、浙得名。清穆彰阿《大清一统志·嘉兴府》：“汾湖亦名分湖，以其半入江苏吴江县界，故名。”后谐音作今名。清顾祖禹《读史方舆纪要》卷九十一：“（鹤湖）西北六里即分湖也，亦曰‘汾湖’。汾湖之水，上承平望、莺脰湖诸流，汇为巨浸。分而北，入吴江县界；分而南，入县境；东入华亭县之淀山湖。俗讹‘分’曰‘汾’。”元杨维桢《游分湖记》：“湖东西广袤八里，南北如之。湖分两半：一属嘉禾，一属姑苏，故名‘分湖’云。”明弘治《吴江志》卷二：“汾湖在二十九都芦墟村。上承嘉兴之水，北流入三白荡。旧名‘分湖’，以其半属吴江半属嘉兴故也，后人加以水旁云。”清光绪《嘉善县志》卷一：“汾湖，在县西北三十六里，亦名‘分湖’。以其半入吴江，故名。中产巨蟹，味佳。地当江、浙之交。陶庄一带尤为濒湖。”面积6.5平方千米，其中浙江省内面积3.9平方千米。平均水深3.4米，最大水深不详。蓄水量1 330万立方米。东西与太浦河相连。南面与诸多小湖荡相接，具防洪、排涝、灌溉之利。南岸建有长2 951米的标准堤。水质优良，盛产汾湖蟹。湖周地势低平、河湖交织，公路交错，历为“鱼米之乡”。南宋诗人张尧同（一说北宋诗人陈尧佐作）《分湖诗》云：“我是沧浪叟，闲来系钓艭。如何一湖水，丰秀半吴江？”元代诗人顾逊《游汾湖》云：“武陵溪上花如锦，花气熏人如酒浓。箫声时倚镆铘铁，云影忽落琉璃钟。小娃传令覆莲掌，游子掀篷照玉容。汾湖归来夜何许，明月近挂青螺峰。”杨维桢《游汾湖分得武字》云：“荡舟武陵溪，朝出五子浦。还过西陆家，仙童启岩户。棠树大十围，桃花灿欲语。遗我古铁枝，色比修月斧。为作古江调，江鸟凌乱舞。携之谒龙君，湖水吹暮雨。晚饮花石冈，亭台已无主。瀛桥步月归，竹枝和铜鼓。道人早归来，脱冠挂玄武。”清代诗人陈育奇《游汾湖》云：“汾湖名声古，碧水映吴天。九月观禾熟，双螯入手鲜。诗樽邀皎月，高廪颂丰年。自惬田家乐，储王句有传。”近代嘉善文人周芷畦《柳溪竹枝词》有“浙水吴山入画无，诗人今古属分湖”等句。杨维桢并作有《游汾湖记》，清沈刚中纂有《分湖志》，柳树芳著有《分湖小识》，现代诗人柳亚子编有《分湖诗钞》。清代书画家郭麐作有《分湖秋泛图》。

沈庄漾（Shěnzhuāng Yàng）　海迹湖。跨浙江省湖州市南浔区南浔镇与江苏省吴江区桃源镇。传说因沈庄等村落地陷成湖而得名。沈庄以沈氏聚居得名，传为元末巨商沈万三故里。别称沈张湖、沈张漾。清乾隆《震泽县志》卷二：“沈张湖，一作漾。去县治西南一百二十里。属十四都。按：此湖亦大，在荻塘之南，南浔之东。其水之从北行者，亦入荻塘；从东行者，则入于后练等湖。西南受湖州诸水，东播为白花漾，为八字漾，为白洋荡，为桃溪……内有茶花巷、清隐寺港、卖香港、秀才港、吴桥港、横泾、新桥港、长萌港，俱属十四都；蒋家港、八棚港，属十五都。”面积1.4平方千米。平均水深3.5米，最大水深5米。蓄水量157万立方米。河湖相通，具防洪、灌溉、航运、养殖之利。湖周地势低平、河湖交织，历为“鱼米之乡”。县乡公路临通湖岸。

西湖(Xī Hú)　海迹湖。在杭州市西湖区西湖街道。古为钱塘江口小海湾,因泥沙自然淤积成坝形成潟湖,后经历代疏浚、筑堤及建人工岛而成今貌。古称钱唐湖。因湖在钱唐县得名。《晋书》卷九十五:“时钱唐湖开,或言天下当太平,青盖入洛阳。”唐代改钱唐县为钱塘县,钱唐湖随之改称钱塘湖。北宋《太平寰宇记》卷九十三:“西湖,在(钱塘)县西。周回三十里,源出武林源,郡人仰汲于此,为钱塘之巨泽。山川秀丽,自唐以来,为胜赏之处。”南宋咸淳《临安志》卷三十三:“西湖,在郡西。旧名‘钱塘湖’。”古别称金牛湖、明圣湖、上湖等。西湖名称记载最早出现于唐代,白居易的《西湖晚归回望孤山寺赠诸客》和《杭州回舫》诗,都出现了“西湖”之名。因湖在杭州城西而得名。北魏郦道元《水经注》卷四十:“(钱唐)县南江侧有明圣湖。父老传言,湖有金牛,古见之。神化不测,湖取名焉。”明田汝成《西湖游览志》卷一:“西湖故明圣湖也。周绕三十里,三面环山,溪谷缕注。下有渊泉百道,潴而为湖。汉时金牛见,湖中人言明圣之瑞,遂称‘明圣湖’;以其介于钱唐也,又称‘钱唐湖’;以其输委于下湖也,又称‘上湖’;以其负郭而西也,故称‘西湖’云。”清顾祖禹《读史方舆纪要》卷九十:“西湖在城西。周回三十里。三面环山,溪谷缕注,泻而为湖。汉时金牛见湖中,以为明圣之瑞,曰‘明圣湖’。一名‘钱塘湖’,以介于钱塘也。一名‘上湖’,以委输于下湖也。然其地负郭而西,故其称为‘西湖’。”北宋苏轼《饮湖上初晴后雨》诗云:“欲把西湖比西子,淡妆浓抹总相宜。”故又有西子湖之称。三面环山。南北长约3.2千米,东西宽约2.8千米,周长约15千米。面积约6.39平方千米。湖面高程4.5米。平均水深2.7米,最大水深大于5米,蓄水量0.1亿立方米。湖水原由西湖群山溪涧注入,集雨面积约21平方千米。1985年起引钱塘江水入湖,日引水量为30万立方米,彻底改善了水质。全湖由苏堤、白堤、赵公堤等堤坝分成外湖、北里湖、西里湖、岳湖和小南湖5个湖区。湖中有小瀛洲、湖心亭、阮公墩、孤山4个湖岛以及苏堤、白堤、杨公堤、集贤亭等景点,湖周有北高峰、宝石山、灵隐寺、飞来峰、岳庙、保俶塔、虎跑、龙井等古迹和名胜。自宋代即已形成平湖秋月、苏堤春晓、断桥残雪、雷峰夕照、南屏晚钟、曲院风荷、花港观鱼、柳浪闻莺、三潭印月、双峰插云景点名,誉称“西湖十景”。晴雨风雪,晨昏晦朔,各有妙趣,为中国最著名的湖泊之一。自唐以来历为文人雅士驻足、吟咏之地,白居易、苏轼、柳永、林逋、杨万里、林升、徐志摩、胡适等诗人留下了无数佳句。唐代诗人白居易《钱塘湖春行》云:“孤山寺北贾亭西,水面初平云脚低。几处早莺争暖树,谁家新燕啄春泥。乱花渐欲迷人眼,浅草才能没马蹄。最爱湖东行不足,绿杨阴里白沙堤。”《春题湖上》云:“湖上春来似画图,乱峰围绕水平铺。松排山面千重翠,月点波心一颗珠。碧毯线头抽早稻,青罗裙带展新蒲。未能抛得杭州去,一半勾留是此湖。”《忆江南》云:“江南忆,最忆是杭州。山寺月中寻桂子,郡亭枕上看潮头。何日更重游。”北宋文学家苏轼《饮湖上初晴后雨》云:“水光潋滟晴方好,山色空蒙雨亦奇。欲把西湖比西子,淡妆浓抹总相宜。”北宋文学家欧阳修《采桑子》云:“何人解赏西湖好,佳景无时。飞盖相追,贪向花间醉玉卮。谁知闲凭阑干处,芳草斜晖。水远烟微,一点沧洲白鹭飞。”北宋诗人林逋《西湖》云:“混元神巧本无形,匠出西湖作画屏。春水净于僧眼碧,晚山浓似佛头青。栾栌粉堵摇鱼影,兰杜烟丛阁鹭翎。往往鸣榔与横笛,细风斜雨不堪听。”北宋词人柳永《望海潮》云:“东南形胜,三吴都会,钱塘自古繁华。烟柳画桥,风帘翠幕,参差十万家。云树绕堤沙,怒涛卷霜雪,天堑无涯。市列珠玑,户盈罗绮,竞豪奢。重湖叠巘清嘉,有三秋桂子,十里荷花。羌管弄晴,菱歌泛夜,嬉嬉钓叟莲娃。千骑拥高牙,乘醉听箫鼓,吟赏烟霞。异日图将好景,归去凤池夸。”南宋诗人杨万里《晓出净慈寺送林子方》云:“毕竟西湖六月中,风光不与四时同。接天莲叶无穷碧,映日荷花别样红。”南宋诗人林升《题临安邸》云:“山外青山楼外楼,西湖歌舞几时休？暖风熏得游人醉，直把杭州作汴州。”近代诗人徐志摩《西湖记》：“拿一支轻如秋叶的小舟，悄悄滑上夜湖的柔胸。拿一支轻如芦梗的小桨，幽幽的拍着她光润、蜜糯的芳容，挑破她雾縠似的梦壳。扁着身子偷偷地挨了进去，也好分尝她贪饮月光醉了的妙趣。”1953 年 12 月 27 日至 3 月 14 日，毛泽东主席率领宪法起草小组在湖畔北山街 84 号完成了中国第一部宪法草案起草工作。1982 年被列入首批国家级风景名胜区，1985 年入选中国十大风景名胜。2011 年，杭州西湖文化景观被联合国教科文组织列入《世界文化遗产名录》。城市道路环湖，通多条公交线路。

白马湖（Báimǎ Hú） 海迹湖。在杭州市滨江区长河街道。一说因湖形似马，阳光下湖水白光渺渺得名。一说原称“排马湖”，相传春秋末期吴王夫差于此排马布阵，并与越王句践战斗于傅家峙附近而得名，后谐音改作白马湖。别称石姥湖。南宋嘉泰《会稽志》卷十：“白马湖，在（萧山）县西一十四里，周二十五里，溉田百余顷。一名‘石姥湖’。”东北—西南走向，长 2.37 千米，宽 1.1 千米，周长 10 千米。面积 0.67 平方千米。平均水深 3 米，最大水深 4 米。蓄水量 140 万立方米。湖中有马湖桥，将湖水一分为二，桥东称“东白马湖”，桥西称“西白马湖”。南宋曾有乡民欲以此湖湖田献入寺院。宋嘉泰《会稽志》卷十：“绍兴中，民沈琮以湖田三千亩献入宁寿观。有旨两浙漕臣验视，不可，田议遂寝。”明代萧山籍诗人来三聘《登越王城城在山椒下有排马湖》诗云：“片云斜日带芜城，枯木寒藤野鸟鸣。句践霸图余马迹，子胥遗恨入江声。溪花无主西风急，岩寺稀僧晓月明。百战英雄真似弈，即今山水作空枰。”昔为淡水鱼和河蚌育珠基地，现为城市景观湖，湖中现有大小绿洲 12 个，以旅游休闲度假功能为主。周边有越王城、固陵港、西陵渡、冠山寺等史迹和白马湖国际会展中心、白马湖文化创意产业园、华数数字电视产业园等设施。通多条公交线路。

湘湖（Xiāng Hú） 河流堰塞湖。在杭州市萧山区城厢街道。古为山间河谷洼地，后与钱塘江汇流处淤塞而积水成湖，并逐渐开垦为湖田。宋政和二年（1112 年）围塘筑堤恢复为湖。明万历《绍兴府志》卷七：“湘湖，在（萧山）县西二里。本民田，低洼受浸。神宗时，居民吴姓者奏乞为湖，而政和二年，杨龟山先生来知县，事遂成之。四面距山缺处，筑堤障水，水利所及者九乡。”古称西陵湖和西城湖，以湖畔有西（固）陵城得名。北魏郦道元《水经注》卷四十《渐江水》：“浙江又径固陵城北，昔范蠡筑城于浙江之滨，言可以固守，谓之‘固陵’，今之西陵也……有西陵湖，亦谓之‘西城湖’。湖西有湖城山，东有夏架山。湖水上承妖皋溪而下注浙江。”湘湖之名始于唐宋。南宋嘉泰《会稽志》卷十：“湘湖，在（萧山）县西二里。周八十里，溉田数千顷。湖生莼丝最美。水利所及者九乡，以畋渔为生业，不可数计。初，崇化、由化、夏孝、昭明、长兴、赡养、新义、来苏八乡皆仰食湖利。乾道中，知县顾冲以许贤一乡距湖水虽差邈，亦可溉及，乃合旧约，益以许贤为九乡，均其利，刻石示众曰‘均水约束’云。”明钱宰《湘湖草堂记》：“山秀而疏，水澄而深，邑之人谓境胜若潇湘然，因而名之。”东北—西南走向，现长 6.5 千米，宽 2.1 千米，周长约 30 千米。面积 6.1 平方千米。平均水深 4.5 米，最大水深 27 米，蓄水量 1 800 万立方米。集水面积 15.74 平方千米。以跨湖桥为界分上下两湖。湖中旧有莼菜、鲫鱼等特产。嘉泰《会稽志》卷十七：“萧山湘湖之莼特珍，柔滑而腴。方春，小舟采莼者满湖中。山阴故多莼，然莫及湘湖者。”“萧山湘湖之鲫，珍美为越中之冠。”南宋诗人陆游《渔父》诗：“湘湖烟雨长菁丝，菰米新炊滑上匙。云散后，月斜时，潮落舟横醉不知。”明初军事家、文学家刘基《题湘湖图》诗云：“君山洞庭隔江水，彭蠡无风波浪起。明窗晓晴图画开，兴入湘湖三百里。浙江两岸山纵横，湘湖碧绕越王城。越王城荒陵谷在，古树落日长烟平。游子天寒孤棹远，七十二溪飞雪满。浩歌不见濯缨人，沙鹤野猿相对晚。湖东云气通蓬莱，我欲从之归去来。蛟鼍塞川陆有虎，两臂无翼令心哀。”明张岱《陶庵梦忆》卷五：“西湖，田也而湖之，成湖焉；湘湖，亦田也而湖之，不成湖焉。湖西湖者，坡公也，有意于湖而湖之者也；湖湘湖者，任长者也，不愿湖而湖之者也。任长者有湘湖田数百顷，称巨富。有术者相其一夜而贫，不信。县官请湖湘湖，灌萧山田，诏湖之，而长者之田一夜失，遂赤贫如术者言。今虽湖，尚田也，不下插板，不筑堰，则水立涸；是以湖中水道，非熟于湖者不能行咫尺。游湖者坚欲去，必寻湖中小船与湖中识水道之人，溯十阏三，鲠咽不之畅焉。湖里外锁以桥，里湖愈佳。盖西湖止一湖心亭为眼中黑子，湘湖皆小阜、小墩、小山乱插水面，四围山趾，棱棱砺砺，濡足入水，尤为奇峭。”昔为小砾山至钱塘江灌区的输水干线和水运航道。今湖畔建有跨湖桥博物馆、杭州乐园、极地海洋公园等文化和娱乐设施。2007 年被列为国家 AAAA 级旅游景区。环湖建有城市道路，湘湖路自湖中穿越，通多条公交线路。

三白潭（Sānbái Tán）　海迹湖。在杭州市余杭区仁和街道。因头白、二白、三白三潭相连，阳光下湖水白光渺渺得名。面积 0.97 平方千米。平均水深 2.7 米，最大水深 3.5 米。蓄水量 201 万立方米。以养殖、灌溉和调蓄洪之利为主。有青、鳙、鲢、鳊、鲤、鳜等多种淡水鱼。三白潭青鱼干为当地特产。公路通湖区。

月湖（Yuè Hú）　海迹湖。在宁波市海曙区月湖街道。原为海迹湖，后因湮废而于唐代重新疏浚、开凿。清全祖望《湖语》：“溯湖之始，盖自有唐。”以湖形似新月，中有二桥绝湖而过似“月”字得名。又因湖处古明州西门附近，别称西湖。南宋宝庆《四明志》卷四：“日、月二湖皆源于四明山。一自它山堰经仲夏堰入南门，一自大雷经广德湖入西门，潴为二湖。在城西南隅、南隅曰‘日湖’，又曰‘细湖’，又曰‘小江湖’，又曰‘竞渡湖’，昔有黄、锺二公竞渡于此，因以为名。久湮仅如污泽，独西隅存焉，曰‘月湖’，又曰‘西湖’。”北宋元祐八年（1093 年）后，明州知州刘淑、刘埕再次先后疏浚，积土为十洲，遍植松柳。南宋绍兴年间（1131—1162 年），广筑亭台楼阁，遍植四时花树，形成月湖上十洲胜景。南宋宝庆《四明志》卷四：“其纵三百五十丈，其衡四十丈，周回七百三十丈有奇，中有桥二绝湖而过。汀、洲岛屿凡十：曰‘柳汀’，曰‘雪汀’，曰‘芳草洲’，曰‘芙蓉洲’，曰‘菊花洲’，曰‘月岛’，曰‘松岛’，曰‘花屿’，曰‘竹屿’，曰‘烟屿’。十洲、三岛、大家多变置，不可尽考而景象犹存。亭、台、院、阁随方面势，四时之景不同，而士女游赏特盛于春夏，飞盖成阴，画船漾影，殆无虚日。湖之支派缭绕城市，往往家映修渠，人酌清泚，又引之于城北隅凿两池，以渟之淫潦泛溢，则城之东北隅有食喉、气喉二碶以泄于江，亦不胜也。”现呈近南北走向新月形。长 1.15 千米，最宽处 200 米，面积约 20 万平方米，其中水域面积 9 万平方米。现存柳汀、芳草洲、月岛、花屿、竹屿 5 个湖岛。菊花洲、芙蓉洲、烟屿、雪汀等名称虽存，但已与湖岸相连，不复岛屿特征。宋元以来，历为浙东学术中心，是文人墨客憩息荟萃之地。唐代诗人贺知章、北宋名臣王安石、南宋宰相史浩、宋代学者杨简、明末清初史学家万斯同，都于此留下印迹。北宋治平元年（1064 年）于湖中花屿建湖心寺。北宋政和七年（1117 年）明州太守楼异于菊花洲建高丽使行馆。绍兴十三年（1143 年）明州太守莫将于湖中为唐代诗人贺知章立像建祠，以李白称贺知章为“四明逸老”义，取名隐德堂（今名贺秘监祠）。南宋淳熙七年（1180 年）高丽使行馆改建为南宋名臣史浩住宅，后又改建为宝奎精舍。元代于湖中贺秘监祠以东建四明驿，元代移庆元府总管府于四明驿。清嵇曾筠《浙江通志》卷八十八：“四明驿，《嘉靖宁波府志》：‘在府治西南月湖中，贺监祠之东。故在府治内即宋通判防址，元徙建于月湖。以宋涵虚馆为驿，设水马站，分南、北二馆，中通桥路。洪武元年，罢马站，设水站定今名。’”元延祐《四明志》卷八：“总管府，旧以宋府治为之。大德七年，元帅府迁于庆元，乃移治四明驿，即宋通判厅故址也。四明驿元有厅事、廊庑、后堂，有楼外，有重门，悉皆草创，中门毁于至大二年之火。延祐五年，同知张伯延重建，如帅府制。”元至元二十一年（1284 年）于湖中建佛教居士林。明嘉靖四十至四十五年（1561—1566 年）著名藏书家范钦于湖西岸建天一阁藏书楼。清道光年间（1821—1850 年），藏书家徐时栋于烟屿建烟屿楼藏书楼。1922 年于湖中建成中国第一所女子中学——甬江女中学校。历代文人多有吟咏。北宋文人舒亶作有《西湖记略》。北宋明州知州刘埕作有《月湖十咏》诗，明代诗人陆铨《月湖行》云：“我家住在湖之西，中有岛屿湖之湄。东风三月桃花水，清阴百丈杨柳堤。宝塔浮云耸高汉，石桥流水飞双凫。高汉双霓西复东，往来人影绿光中。狂客祠前朝酹酒，梦公堂里夜闻钟。风起沙惊凫鹲乱，雨来声满荻蒲丛。何家公子好游侠，木兰为船桂为楫。轻篷细桨荡中流，翠钿宝髻娇双颊。清歌一曲白云飞，朱颜百媚红蕖落。湖前湖后何缤纷，桥上人看湖上人。行人但识湖船乐，游人更羡湖光新。夹岸人家门第改，惟余明月湖心在。露华晓候渔舟出，星光暮入水亭待。亭上主人久不归，湖光月影徒辉辉。”清代史学家、文学家全祖望作有《西湖十洲志》《日月湖竹枝词》《再叠双湖竹枝词》和《湖语》。湖上旧有十洲之一亭。南宋诗人林元晋《登十洲之一亭》诗云：“师帅勤民众务修，挟晴领客过仙洲。不缘感召丰年好，安得从容暇日游。人在湖山皆自得，政先仓廪百无忧。老农不解君王意，却要朝辀为少留。”今存甬江女中学校、贺秘监祠、佛教居士林、银台第、则水碑等古迹。湖岸多传统建筑遗存。偃月路、镇明路、迎凤街等城市街路环湖，柳汀街穿湖而过。

东钱湖（Dōngqián Hú）　浙江省第一大淡水湖，海迹湖。在宁波市鄞州区东钱湖镇。约形成于晋代。古称西湖、万金湖。南宋宝庆《四明志》卷十二：“万金湖，以其为利重也。在唐曰‘西湖’，盖鄮县未徙时，湖在县治之西也。”后因地处鄞县县治以东，上承钱埭水而改今名。简称钱湖。南宋乾道《四明图经》卷二：“夏侯曾先《地志》云：‘其湖承钱埭水，故号钱湖。’”有谷子湖、梅湖和外湖 3 个湖区。南北长 8.5 千米，东西宽 6.5 千米，面积 19.14 平方千米，周长 45 千米。平均水深 2.2 米，最大水深 2.7 米，总蓄水量 4 429 万立方米。集水面积 79.1 平方千米。唐天宝二年（743 年），鄮县县令陆南金筑堤、浚治、拓宽。《新唐书》卷四十一：“鄮……东二十五里有西湖，溉田五百顷，天宝二年令陆南金开广之。”北宋天禧元年（1017 年），明州知州李夷庚重修。北宋庆历八年（1048 年）鄞县县令王安石重建湖界，置界石、除葑草、浚湖泥，湖区逐步稳定。治平元年（1064 年）重修六堤。南宋淳熙四年（1177 年），开茭葑 21 000 亩。宝庆二年（1226 年），庆元知府胡榘复疏浚。此后，历代多有淤浅、疏浚。湖周岸线曲折，青山环抱，湖光山色，交相辉映，向以山水佳丽而闻名。具灌溉、旅游、供水、养殖等之利。民国王荣商《东钱志》卷一：“光绪十八年，鄞人张祖衔建议挑浚是湖，与就地绅耆接洽，未及兴办而祖衔卒，其弟子忻锦崖，志师之志，历二十余年之久，不惮勤劳，俾鄞、奉、镇三县八乡得沾水利。顾自古相传，湖水溉三县七乡之田，锦崖沿流溯源，询于奉化绅耆，知湖水所沾，共计一百三十二图，而奉化所属者为金溪乡，故谓三县八乡。”湖内及边有小普陀、陶公矶、芦汀、南宋石刻公园等景点，现建为浙江省风景名胜区。南宋诗人史浩《咏东钱湖》诗：“行李萧萧一担秋，浪头始得见渔舟。晚烟笼树鸦还集，碧水连天鸥自浮。十字港通霞屿寺，二灵山到月波楼。于今幸遂归湖愿，长忆当年贺监游。”其《东湖游山》诗又云：“四明山水天下异，东湖景物尤佳致。古来奇处芜没多，极目空余老苍翠。最称险奥唯福泉，崒嵂万仞摩青天。屹起精蓝名寿圣，松风飒飒泉涓涓。一径崎岖通下水，风物人情更淳美。两椽茅屋何萧然，是即吾庐靠山起。吾尝终日倚阑干，眼界峨峨碧玉攒。有时出户一乘兴，枯筇蜡屐随清湍。”元代诗人袁士元《寒食过东钱湖》：“尽说西湖足胜游，东湖谁信更清幽。一百五日客舟过，七十二溪春水流。白鸟影边霞屿寺，翠微深处月波楼。天然景物谁能状，千古诗人咏不休。”县乡公路环湖。

牟山湖(Móushān Hú)　海迹湖。在余姚市牟山镇。南宋嘉泰《会稽志》卷十：“牟山湖，在(余姚)县西北三十五里，周三十里。东北有土门。”以湖岸有牟山得名。别称新湖。清顾祖禹《读史方舆纪要》卷九十二：“牟山湖，一名新湖，在(余姚)县西三十五里，三面距山，北面为塘，周五百顷。”1949 年有水面 6.7 平方千米，后因逐年围垦湖岸而缩小。东北—西南走向，东北窄，西南宽。长约 3.7 千米，宽 1.4 千米，现存湖面面积 3.4 平方千米。平均水深 3 米，最大水深不详。蓄水量 420 万立方米。集水面积 18.5 平方千米。明代余姚籍诗人谢丕《游新湖》：“人道新湖第一观，新湖还是汝湖宽。漫道叠嶂云鬟迴，独爱回溪玉髓寒。春鲤浪花时泼泼，晓鸥沙草自团团。尔曹家与荒庄近，肯过姜山学炼丹?”具有灌溉、排涝、养殖之利。水质达国家一级饮用水标准。有湖蟹等特产。杭州湾环线高速公路牟山湖大桥穿湖而过，县乡公路环湖。

南湖(Nán Hú)　海迹湖。在嘉兴市南湖区南湖街道。以地处嘉兴城南得名。古称滮湖、彪湖、马肠湖、马场湖。清顾祖禹《读史方舆纪要》卷九十一：“鸳湖之水与其支流至城东南二里会于彪湖，亦名‘马肠河’。”明崇祯《嘉兴县志》卷一：“滮湖，在县南二里，一名‘马场湖’，俗称‘南湖’。《宋志》云：‘阔五十丈，深三丈。’西则灯涵濠刹，东则虹饮放生，远市千家，背城百雉，蒹葭杨柳，菱叶荷花，绿漫波光，碧邀天影，雕舷笙瑟，靡间凉燠，此一方最胜处也。”清《钦定古今图书集成・方舆汇编・职方典》卷九百五十七：“滮湖……西有濠股塔，东接放生池，远市千家，背城百雉，擅一邑之胜。宋有柳园会景亭，并尚书潘师旦园地。”西北—东南走向，略呈梯形。长 1.2 千米，宽 1.0 千米，面积 1.12 平方千米。平均深度 3 米，最大深度 4 米。蓄水量 166 万立方米。自古历为嘉兴市境内各主要河流蓄泄的枢纽。唐代诗人刘长卿《南湖送徐二十七西上》云：“家在横塘曲，那能万里违。门临秋水掩，帆带夕阳飞。傲俗宜纱帽，干时倚布衣。独将湖上月，相逐去还归。”南宋诗人张尧同《嘉禾百咏・滮湖》云：“四境由相接，烟澜自渺弥。客来吟此景，无或比滮池。”元代钱塘人陈世昌作有《南湖赋》。湖中有 7 个岛屿，以湖心岛最大，于明嘉靖二十七年(1548 年)浚市河垒土成岛。嘉靖二十八年，移建烟屿楼于岛上。清代诗人项廷纪作《点绛唇・烟雨楼》词曰：“白鹭飞回，绿杨丝外轻风转。水平村远，一镜菱花滴。赋别江淹，已是登临倦。无人管，夕阳帘卷，风里渔歌断。”清代建清晖堂、孤云楼、小蓬莱、来许亭、鉴亭、宝梅亭、御碑亭等园林建筑。1921 年，中国共产党第一次全国代表大会于湖中画舫完成最后议程，宣告中国共产党成立，南湖也由此成为中国共产党的启航地。1959 年，于湖心岛上烟雨楼建成南湖革命纪念馆。2006 年于南岸建立南湖革命纪念馆新馆。“南湖烟雨”为当地著名胜景。城镇道路环湖。

湘家荡(Xiāngjiā Dàng)　海迹湖。在嘉兴市南湖区七星镇。原名相家湖、相湖、相家荡。明崇祯《嘉兴县志》卷一：“相家湖，地县东北九里。昔有相氏居此湖之滨，故名。”别称相家荡。后谐音异写为今名。面积 1.2 平方千米。平均深度 2 米，最大深度 3.8 米。蓄水量 456 万立方米。明代诗人怀悦家居相湖之南，自号柳溪小隐，又号相湖渔隐，其《游相湖》诗云：“云满银壶酒色浓，寻春不让瀼西东。波添鸭绿今朝雨，花落猩红此夜风。一段好怀凝野望，万家生意荷天工。平沙浅渚都经遍，吹笛沧浪月满空。”其《过相湖》诗又云：“扁舟飞出相湖东，花片红穿树底风。才听前村鸠唤雨，斜阳又在莫云中。”清朱彝尊《鸳鸯湖棹歌》赞之：“怀家亭馆相家湖，雪艇风阑近已芜。犹有白蘋香十里，生来黄蚬蛤蜊粗”。湖岸有住宅小区。湖周地势平衍、河湖交织，历为“鱼米之乡”。具防洪、灌溉、航运之利。湖水肥腴，盛产鱼虾和贝类。明崇祯《嘉兴县志》卷一："周遭灌溉，农享其利，菱荡鱼丛，铺波压浪，惯家泽国，尺水皆腴。受西南之流，东入嘉善，北通吴江。"沪杭铁路和沪瑞（G320）国道分别过南岸、北岸，东岸、西岸有城镇道路。

连四荡（Liánsì Dàng） 海迹湖。在嘉兴市秀洲区北部，跨王江泾镇与油车港镇。古称思贤荡，因旧时地属思贤乡得名。元至元《嘉禾志》卷三："思贤乡，在（嘉兴）县北三十里。"后因相邻的陶家荡、文泉荡、庙前荡、桥北荡 4 个小湖相连而更为今名。别称连泗荡、莲泗荡。面积 3.6 平方千米。平均水深 2.4 米，最大水深 3.5 米。蓄水量 876.94 万立方米。元代江淮指挥使刘承忠于江淮间为民驱蝗。元亡，刘承忠自沉于河，民间尊称为"刘猛将军"。明代，乡民于湖岸建刘王庙以祀之。1986 年，当地于刘王庙原址建刘公园、刘承忠纪念馆及望湖楼、九曲长廊、湖心亭、石拱桥等建筑。1998 年于刘公园东小洲上建七层刘公塔。湖水水质优良，产鱼虾蟹，并具防洪、排涝、灌溉之利。湖上多鸟类栖息。湖周地势低平、河湖交织，荡荡相通，公路交错，历为"鱼米之乡"。湖上为国家级非物质文化遗产网船会举办地。每年除夕、清明、中秋前后，江浙沪一带渔民、船民纷纷驾船前来，船只汇集荡面，不下数千艘，蔚为壮观，是国内罕见的水上庙会。

田北荡（Tiánběi Dàng） 海迹湖。在嘉兴市秀洲区王江泾镇。因湖处田乐村东北得名。面积 1.1 平方千米。平均水深 2.3 米，最大水深 4 米。蓄水量 443.8 万立方米。湖水肥腴，盛产鱼、虾、蟹。湖上多鸟类栖息。南接梅家荡，北连北海荡，具防洪、排涝、灌溉、航运之利。湖周地势低平、河湖交织，荡荡相通，公路交错，历为"鱼米之乡"。

梅家荡（Méijiā Dàng） 海迹湖。在嘉兴市秀洲区王江泾镇。古称闻湖、闻家湖。明万历《秀水县志》卷一："（王江泾）东三里为闻家湖，东北界于吴江，渠之东为官荡。"清顾祖禹《读史方舆纪要》卷九十一："闻家湖，（嘉兴）府东北三十三里。湖周千顷。《志》云：鸳湖以北诸水，汇流于府东北一十里间，有天荒、许家、毛头、菜花及祥符诸荡。回环连绕，闻家湖又其委流处也。合于运河，注于吴江。"后因方言谐音而歧化为今名。别称梅湖。清光绪《嘉兴府志》卷十二："宋闻人氏家焉。相传闻人尚书而佚其名。距嘉禾郡北三十里，市泾运河之东，有千顷之陂，曰'闻湖'，今通呼'梅家荡'。"面积 3.6 平方千米。平均水深 2 米，最大水深 5.5 米。蓄水量 1 864 万立方米。湖水肥腴，盛产鱼虾。以淡水养殖为主，兼具防洪、排涝、灌溉之利。明诗人朱国祚《梅家荡棹歌》云："梅家荡口蚬子黄，瓜皮罾船七尺长。剪取东园白头韭，蛤蜊风味胜横塘。"清代诗人孟彬诗云："家住闻湖西，分明入画图。云山南绕越，烟水北通吴。机杼村中月，鱼虾市外湖。由来吟赏地，往往恋枌榆。"湖周地势低平、河湖交织，公路交错，历为"鱼米之乡"。

天花荡（Tiānhuā Dàng） 海迹湖。在嘉兴市秀洲区王江泾镇。原称天荒荡。因湖周荒凉得名。明万历《秀水县志》卷一："为天荒荡，南通许家荡、九斤潭，西通毛头、菜花诸荡。俱在思贤乡。"清《钦定古今图书集成·方舆汇编·职方典》卷九百五十七："天荒荡　在治东北思贤乡，南接许荡，西接毛头、菜花等荡，皆有菱芡之利。"清顾祖禹《读史方舆纪要》卷九十一："鸳湖以北诸水，汇流于（嘉兴）府东北一十里间，有天荒、许家、毛头、菜花及祥符诸荡。回环连绕，闻家湖又其委流处也。"后谐音异写为今名。别称尖墩角荡。面积 1.1 平方千米。平均水深 2.3 米，最大水深 4 米。蓄水量 457 万立方米。水质优良，产鱼、虾、蟹。北接西雁荡，南连钱家溪，河湖交织，荡荡相通，具防洪、排涝、灌溉、航运之利。湖周公路交错。

东湖（Dōng Hú） 沉陷湖。在平湖市当湖街道。原名当湖。李贤注《后汉书·郡国四》："（海盐)县之故治,顺帝时陷而为湖,今谓为'当湖',大旱湖竭,城郭之处可识。"清顾祖禹《读史方舆纪要》卷九十一:"当湖,(平湖)县治东,周四十余里。《吴地记》:'王莽改海盐为展武县,陷为柘湖,今华亭柘湖也。因徙治武原乡。后汉永建二年,又陷为当湖。'《宋志》:'当湖之水,自月河南浦口、澉浦口以达于海。'"后因处县治以东而改今名。别称鹦鹉湖、东武湖。清《钦定古今图书集成·方舆汇编·职方典》卷九百五十七:"当湖　又名'东湖',在县治东三百步。《旧志》云:'周四十余里。'《括异志》云:'南北十二里,东西六里。今湖日狭,土日广矣。'《吴地记》:'武原县陷为当湖。晋隆安五年,改名东武洲,或曰鹦鹉。'《后汉志》云:'大旱湖竭,城郭之处犹可识。初陷之时,有妇人产蛟,遂陷为湖。'《一统志》云:'有白沃使君跃马,走不及,以马策指湖,留东南一角不没。其事尤异,民至今祀之。又闻渔人于湖中获一铁链,长不可计,及舟满,几覆,惧而弃之。或曰即系蛟者。'《括异志》又云:'庚子岁夏旱,湖竭,可以通轨。有于湖中得石刻,乃唐陆府君墓铭,葬于苏州海盐县齐景乡。当湖则其名,旧矣。'今按:'水自海盐塘北入陶泾,又自郡城双溪桥东过汉塘,各十里,并会于兹,分为九派。北自鱼骑塘,由新带抵华亭东北;一自北小港,由白沃庙抵广陈;一自庙港,由石柱头抵新仓镇东;一自倪庄港,由蒹葭围抵钱公亭;一自运港塘,由徐家带抵独山塘东南;一自面杖港,由圣塘关抵乍浦南;一自广行桥,由转塘抵海盐西南;一自平家港,由朱车桥抵海盐界;一自新桥港,由汉塘抵嘉兴县界,合得九焉。至西北一支为北城河,西南一支为南城河,中两支,一为大东水门,一为小东水门,此湖流之大概也。'"面积 0.48 平方千米。平均水深 3～4 米,最大水深 6.27 米。蓄水量 192 万立方米。湖河相通,上海塘、广陈塘、黄姑塘、乍浦塘、盐平塘、平湖塘、新桥港及南、北城河九水汇此,誉称"九龙港",具旅游、防洪、排涝、养殖、航运之利。湖中有三岛。景色秀丽,现辟为东湖景区。湖岸建有叔同公园和案山昴翠公园。元代诗人金玉《当湖秋霁》诗:"海风吹雨过船头,云静波光映素秋。百里秦山当落日,千年霍庙立孤洲。蒹葭霜后依渔屋,鸿雁风高起棹讴。相送使君人载酒,醉歌白苧不胜愁。"明代诗人潘之恒作有《当湖记》,明代诗人李东阳作有《平湖十咏》。环湖有城市道路。

祥符荡(Xiángfú Dàng)　海迹湖。在嘉兴市嘉善县东北部,跨西塘镇与姚庄镇。清顾祖禹《读史方舆纪要》卷九十一:"祥符荡,在(嘉兴)府东北二十四里。周二十余里,与嘉善县接境。"一说以古属祥符乡得名,一说以湖畔旧有祥符寺得名。明李贤《大明一统志》卷三十九:"(湖)产荷、菱、鸡鹄、巨虾,民食其利,旧为祥符之地,故名。"清光绪《嘉善县志》卷一:"旧有祥符寺,今土人犹能指基址,或水因寺名。"南北走向。长 2.6 千米,宽 1.15 千米,面积 2.3 平方千米。平均水深 2.8 米,最大水深 3.5 米。蓄水量 480 万立方米。明代诗人吕屏《皂林古驿》云:"万顷祥符荡,今朝载酒过。日熏人易醉,风静水无波。客路争摇桨,渔舟漫晒蓑。到家明月上,舞袖正婆娑。"清光绪二十二年(1896 年)至 1982 年,多次在天字圩与金字圩间筑坝。1983 年开展围垦和养殖。具防洪、排涝、灌溉之利,并有荷、菱、鸡鹄等特产。湖周地势低平、河湖交织,荡荡相通,公路交错,历为"鱼米之乡"。

夏墓荡(Xiàmù Dàng)　海迹湖。在嘉兴市嘉善县西北缘,跨天凝、西塘、陶庄三镇。别称夏湖。清光绪《嘉善县志》卷一:"昔大姓夏氏筑墓于此,故名。亦曰'夏湖'。"面积 2.15 平方千米。分南、北 2 个湖区,其中南夏墓荡面积 0.82 平方千米,北夏墓荡面积 1.33 平方千米。平均深度 3.54 米,最大水深 4.5 米。蓄水量 770 万立方米。明代诗人吕憼《夏墓荡》诗:"村远湖深爱此方,有鲈即是季鹰乡。秋风入梦未能去,空使忧添白发长。"明代诗人周忱《夏湖泛月》云:"泰宇天光淡欲流,水风摇荡夏湖秋。银河直拟乘槎到,赤壁聊同载酒游。倾尽玉杯霞彩散,团成宝盖月华浮。此生此夜穷奇兴，错上年年庾老楼。”清代诗人朱彝尊作有《夏墓荡二首》，其一云：“夏墓荡前停钓艑，荒沟极浦易迷津。夕阳满地北风起，飞遍芦花不见人。”其二云：“干戈静处见渔师，羡尔花源信所之。岂意叉鱼艇子集，杀机不异锐头儿。”清光绪《嘉善县志》卷一：“郡人吕嵩有《夏湖八景诗》曰：‘西园菜味、橘圃霜余、环碧清流、迎曦古色、春轩听雨、秋阁观蟾、梅岩竞秀、霁雪寻诗。’”1951 年 4 月拆嘉善县城墙砖修筑堤岸 200 余米。具防洪、排涝、灌溉之利。湖周地势低平、河湖交织，荡荡相通，公路交错，历为“鱼米之乡”。

马斜湖（Mǎxié Hú）　海迹湖。在嘉兴市嘉善县西塘镇。古称马荡。一说因湖形得名。一说因漕官放粮济民，携马投湖的传说得名。原为江、浙、沪界湖。清光绪《嘉善县志》卷一：“马荡，在迁北区，西接黄荡。北半属青浦。”后因北部淤积而皆属浙江省。面积 0.8 平方千米。平均深度 2.8 米，最大水深 3.5 米。蓄水量 216 万立方米。北侧临太浦河。具防洪、排涝、灌溉、航运之利。湖周地势低平、河湖交织，荡荡相通，公路交错，历为“鱼米之乡”。

蒋家漾（Jiǎngjiā Yàng）　海迹湖。在嘉兴市嘉善县天凝镇。清光绪《嘉善县志》卷一：“蒋家漾，在迁西区。北入长荡。昔蒋姓居此，故名。”西北—东南走向。长 2.36 千米，宽 1.13 千米，面积 1.2 平方千米。平均水深 3.5 米，最大水深 4.6 米。蓄水量 412 万立方米。具防洪、排涝、灌溉之利。湖周地势低平、河湖交织，荡荡相通，公路交错，历为“鱼米之乡”。

长白荡（Chángbái Dàng）　海迹湖。在嘉兴市嘉善县姚庄镇。清光绪《嘉善县志》卷一：“长白荡，在八北区。西接马荡，南即溇门村，北接青浦界，东即银师庙村。”因湖长而宽，常年白浪滔天得名。东西走向，长 1.5 千米，宽 1.06 千米，面积 1.2 平方千米。平均水深 2.5 米，最大水深 3.3 米。蓄水量 292 万立方米。北通太浦河，为嘉善和平湖市的饮用水水源，也是上海市金泽水库取水口所在地，具供水、防洪、排涝之利。湖周地势低平、河湖交织，公路交错，历为“鱼米之乡”。

南北湖（Nánběi Hú）　海迹湖。在嘉兴市海盐县澉浦镇。古称永安湖。因湖畔旧有永安寺得名。南宋常棠《澉水志》卷上：“永安湖，在镇西南五里，周围一十二里。元以民田为湖，储水灌溉，均其税于湖侧田，上税虽重，而田少旱。四围皆山，中间小堤，春时游人竞渡行乐，号为‘小西湖’。”别称高士湖、小西湖、姊妹湖。又因湖在澉浦区域，别称澉湖。后因湖中建堤，分南、北湖区而更今名。三面环山，南面濒海。清光绪《嘉兴府志》卷十三：“永安湖，在（海盐）县南四十五里。周回一十二里。此本是田，后浚为湖，潴水以资灌溉。雨久瀰漫，则入于海。湖上四周皆山，中间小堤，春时游人竞渡，号为‘小西湖’。中有长堤分为二湖。群山环之，独缺其南之十二。海外越中诸山罗列湖，则南面全受之。”西北—东南走向。长 1.64 千米，宽 1.46 千米，面积 1.1 平方千米，其中南湖 0.4 平方千米，北湖 0.7 平方千米。平均水深 1.5 米，最大水深 4.5 米。蓄水量 168 万立方米。集雨面积 10.32 平方千米。昔得灌溉之利。清顾祖禹《读史方舆纪要》卷九十一：“永安湖，在（海盐）县西南四十五里。湖周十二里，溉田甚博。湖中之税，均之于田，田税颇重，而无旱患。久雨弥漫，则东南泄入于海。湖旁有鹿山、荆山等数山，皆临湖为胜。”元代诗人顾瑛作有《次韵刘季章治中邀夏仲信郎中游永安湖二首》：“金粟寺中公廨静，白昼事闲如治蒲。沙棠为舟稳可泛，郎官之湖今岂无？啄花莺坐水杨柳，雪藕人歌山鹧鸪。日西上马踏归路，小队大呼惊道吾。”“湖上筵开张水戏，卷幔凉风吹短蒲。大鱼听乐浪头出，小艇卖花城内无。丙鼎庚庚识饕餮，甲煎斑斑炙鹧鸪。酒酣赋诗动海色，茧纸楷书能寄吾。”明代海盐籍诗人张宁《澉川图》云：“澉湖新涨碧潺湲，秦驻高峰紫翠间。拂暑烟云苍压水，过春桑柘绿弥山。海门桴客浮何在，石屋棋翁去不还。欲趁兰舟一登望，杏林深处草堂闲。"今以旅游功能为主,已建为浙江省风景名胜区。农历十月初一,湖畔云岫山可赏"日月并升"奇景。明代诗人徐泰于此赏月,作《秋夜澉湖望月》诗赞曰:"澉湖湖上桂花秋,海月当年满画楼,仿佛钱塘六桥夜,至今人说小杭州。"县乡公路环湖。

西山漾(Xīshān Yàng)　海迹湖。在湖州市吴兴区八里店镇。古称西余漾。因南岸有西余山得名。北宋《太平寰宇记》卷九十四:"西余山……《舆地志》云:'汉文帝封东海王摇之子期视为顾余侯,至孙,坐酎金失国,即此地也。'"明弘治《湖州府志》卷二:"娜儿漾、西余山漾,并在(乌程)县东十八里。"清同治《湖州府志》卷二十一:"西余漾,在府城东十二里。"后以西余山俗称西山而改今名。东西走向。长 2.5 千米,宽 0.7 千米,面积约 1.14 平方千米。平均水深 1.3 米,最大水深 2.5 米。蓄水量 153 万立方米。地处镇区之中,河湖相连,具防洪、灌溉、航运之利,兼有观光、休闲功能,现建为城市湿地公园。湖周地势低平、河湖交织,历为"鱼米之乡"。元末明初诗人张羽《舟过西余漾》诗云:"扁舟泛长溪,遥川旷清曙。微雨夜来晴,千山乱秋树。田舍蔼孤烟,菰蒲隐洲屿。萦纡水流泽,绵延稼盈墅。赏心与谁同,时物欣相遇。且复驻归程,悠然散幽虑。"城镇道路环湖。

南商林漾(Nánshānglín Yàng)　海迹湖。在湖州市东北部,跨吴兴区东林镇与南浔区菱湖镇。原称商林漾。清《归安县志》卷五:"商林漾,在县西南六十里。"以湖岸商林村为宋南渡时商家聚集地得名。后以东岸有南商林古镇改今名。面积 1.27 平方千米。平均水深 2 米,最大水深 2.6 米。蓄水量 254 万立方米。明嘉靖中,倭寇曾犯此村。与多条河港相连,具防洪、灌溉、航运、养殖之利。产淡水鱼、菱和淡水珍珠。湖周地势低平、河湖交织,历为"鱼米之乡"。公路通湖岸。

洛舍漾(Luòshè Yàng)　海迹湖。在湖州市中部,跨吴兴区东林镇与德清县洛舍镇。因西南岸有洛舍村得名。南宋嘉泰《吴兴志》卷五:"洛舍漾,在(归安)县南八十里。产金莲子。"清康熙《德清县志》卷一:"洛舍漾,此清邑北流之巨浸,与归安接壤。"清同治《湖州府志》卷二十一:"洛舍漾,在府城南八十里。按:'此与德清接界,亦从余不溪来,北流合于碧浪湖。'"东西长 2.22 千米,南北长 1.9 千米,面积 1.48 平方千米。平均水深 3 米,最大水深 7 米。蓄水量 445 万立方米。以淡水养殖为主,兼有灌溉、排洪、航运水利。盛产淡水鱼、菱等。清代德清籍诗人戴望《洛舍漾》诗云:"洛舍漾南风浪喧,大通桥北雨飞翻。榜人苦劝公无渡,遥指金鹅山气昏。"当代作家张抗抗著有散文《洛舍漾》。湖周平原沃野,河湖成网,公路交错,历为"鱼米之乡"。

和孚漾(Héfú Yàng)　海迹湖。在湖州市南浔区和孚镇。原称湖趺漾。因北岸湖趺山(编者注:今称龙头山)得名。南宋嘉泰《吴兴志》卷五:"湖趺漾,在归安县西南二十五里。《统记》云:'蓟子训卒葬湖趺山,即其旁山也。'"清顾祖禹《读史方舆纪要》卷九十一:"湖趺山……一名'长超山'。山侧有湖,广二百顷,名'湖趺漾'。"后以方言谐音而异写作今名。清同治《湖州府志》卷二十一:"广二百顷。"清同治三年(1864 年),清军曾于此与太平军作战。《清史稿》卷四百八:"(同治三年)七月,作浮桥通元吉营,出湖趺漾袭贼后。降贼谭侍友。出太湖攻袁家汇,贼弃城走,邀击之,解散数万。浙境肃清,晋骑都尉世职。"现呈西北—东南走向,长 2.4 千米,宽 1.1 千米,面积 1.29 平方千米。平均水深 2 米,最大水深 3.5 米。蓄水量 259 万立方米。北承老龙溪水,南入菱湖塘,东通双林塘,河湖相连,具防洪、灌溉、航运之利,兼有观光功能。湖中有长堤分隔航道。湖周地势低平、河湖交织,历为"鱼米之乡"。北岸有城市道路。

苎溪漾(Zhùxī Yàng)　海迹湖。在湖州市德清县东北部,跨钟管镇与新市镇。古称苎溪。以溪岸村落产贡苎得名。北宋《太平寰宇记》卷九十四:"苎溪,在(德清)县东二十五里。《山墟名》云:

‘苎溪，以贡苎为名。’南岸蔺相如庙，北岸有青州刺史姚恢囚女城。”后因溪湾潴为湖而改今名。南宋嘉泰《吴兴志》卷五：“苎溪漾，在德清县东二十五里，阔数百顷，《山墟名》云：‘以贡苎得名。’南岸有蔺相如庙，北岸有青州刺史姚恢囚女城。”清康熙《德清县志》卷一：“苎溪漾，村多植苎，故名。南岸有蔺相如庙。”略呈星形。东西长 1.96 千米，南北宽 1.76 千米，面积 1.71 平方千米。平均水深 3 米，最大水深 4 米。蓄水量 522 万立方米。四周与多条河港相连，具防洪、灌溉、航运、养殖之利。产淡水鱼和淡水珍珠。湖周地势低平、水网密布，历为“鱼米之乡”。公路通湖岸。

西葑漾(Xīfēng Yàng)　海迹湖。在湖州市德清县新安镇。以沿湖岸多水生植物得名。清同治《湖州府志》卷二十一：“西葑漾，在(德清)县东三十五里。蒲莲杂生，苇柳相映，湖乡一胜处也。”南北长 1.41 千米，东西宽 1.04 千米，面积 1.24 平方千米，平均水深 2 米，最大水深 3.5 米。蓄水量 245 万立方米。清康熙《德清县志》卷一：“西葑漾，水甚清澈。”湖西北岸有西葑漾村，乡贤嵇慕陶曾于民国初期回村创办利农丝厂，并开办讲习所传授先进的植桑、育种、缫丝技术。湖中有小岛数个，并有高葑圩村，高葑圩村有桥梁与湖西岸相连。河湖相通，具防洪、灌溉、养殖之利，产淡水鱼。湖周地势低平、水网密布，历为“鱼米之乡”。

下渚湖(Xiàzhǔ Hú)　海迹湖。在湖州市德清县三合乡。古称风渚湖、巽渚、封渚、九里湖。南宋嘉泰《吴兴志》卷五：“风渚湖，在武康县东南一十七里。一名‘巽渚’，一名‘封渚’，一名‘九里湖’，一名‘下渚湖’。《余英志》云：‘以防风氏得名，故名“风渚”。在封、禺之两(山)间，故曰“封渚”。在东南隅，故曰“巽渚”。其广九里，故曰“九里湖”。湖左有上渚，故曰“下渚”。’《统记》云：‘封渚者，前代禁采捕也。’《旧编》载：‘九里渚云，亦号鄱阳汀。’按：‘图经诸书别出鄱阳汀，不当合为一。’”又因湖处余英溪畔，别称英渚。清同治《湖州府志》卷二十一：“下渚湖，在县东南十七里，一名‘英渚’。”为湖、港、汊、岛相间的湿地型浅湖，面积 36.1 平方千米，其中水域面积 0.89 平方千米。平均水深 1.5 米，最大水深 2.5 米。蓄水量 277 万立方米。湖中有岛屿 600 多个，岛上芦荻密布。四周与多条河港相连，具防洪、灌溉、养殖之利，产淡水鱼和淡水珍珠。湖周地势低平、水网密布，历为“鱼米之乡”。湖岸旧为产陶胜地。南宋嘉泰《吴兴志》卷五：“渚旁土黏，埴陶户皆居之，浙右陶器多出于此。”明代曾于湖岸置河泊所。清顾祖禹《读史方舆纪要》卷九十一：“风渚湖……湖中多菱莼，湖旁土黏埴。浙右陶器，多出于此。《志》云：‘湖即古防风氏所居之地。洪武中，设河泊所，景泰中废。’”北宋武康知县毛滂作《下渚湖》诗：“春渚连天阔，春风夹岸香。飞花渡水急，垂柳向人长。远岫分苍紫，澄波寄渺茫。此身萍梗尔，泊处即吾乡。”又作《清明过下渚湖》：“湿云堆雨未全轻，啄鹊翻枝已唤晴。含雨落花空泪眼，袭衣香草欲知名。细泉入竹通幽意，孤策侵苔记独行。不醉河阳芳树底，乱山携酒过清明。”现建为下渚湖浙江省风景名胜区和国家湿地公园。西岸建有防风古国文化园。公路通西岸，湖中辟有游船航线。

盛家漾(Shèngjiā Yàng)　沉陷湖。在湖州市长兴县东北部，跨太湖街道与夹浦镇。原名盛家抖漾。传因盛家抖等村落地陷成湖而得名，后简为今名。清同治《湖州府志》卷二十一：“盛家抖漾，在县北二十里。周围三十七顷。分包洋湖。水出夹浦，入太湖。”西北—东南走向。长 1.5 千米，宽 1.44 千米，面积 1.25 平方千米。平均水深 1.5 米，最大水深 3 米。蓄水量 184 万立方米。湖中有多个岛屿。元代诗人杨维祯《苕山水歌》云：“苕山如画云，苕水如篆文。使君画船山水里，荡漾朝晖与夕曛。中流棹歌惊水鸭，捷如竞渡千人军。渡头刘阮郎，清唱烟中闻。为设胡麻饭，招手越罗蚡。既到车山口，还过溘水濆。东盛抖前折杨柳，西庄漾下纫香芹。东村击鼓送将醉，西村吹笛迎余醮。”四周与沉渎港等多条河港相连，旧曾为长兴北乡村民避贼之处。清同治《长兴县志》卷十一：“盛家坍漾……案：‘长兴潴水之区以此漾为最巨，大荡漾虽亦相埒，而弁峰西峙，一览靡遗，且无支港以通出入，故遇贼殉难者独多，惟此漾南连后漾，北接环沈，汊港纷歧，四通八达。’咸丰庚申四月，粤逆再陷长兴，贼目四出掠虏，北乡人各驾小舠，蚁聚于此，虽曰天幸，亦由地险云。”今具防洪、灌溉、养殖之利，产淡水鱼和淡水珍珠。湖周地势低平、水网密布，历为“鱼米之乡”。东临长深（G25）高速公路，西临京福（G104）国道。公路通湖岸。

大荡漾(Dàdàng Yàng)　海迹湖。在湖州市长兴县洪桥镇。清光绪《长兴县志》卷十一：“大荡漾，在县东南四十里。受四安、梅溪诸水，东过七坍漾入太湖（张志）。至德乡二都弁山发源，又分为鸭蓝漾，俱入横塘出太湖（谭志）。”因曾是附近区域最大的湖泊之一而得名。清同治《长兴县志》卷十一：“盛家坍漾……案：‘长兴潴水之区以此漾为最巨，大荡漾虽亦相埒，而弁峰西峙，一览靡遗，且无支港以通出入，故遇贼殉难者独多。’”南北走向。长 1.64 千米，宽 1.47 千米，面积 1.72 平方千米。平均水深 1.6 米，最大水深 3 米。蓄水量 281 万立方米。与多条河港相连。湖中多岛屿，具防洪、灌溉、养殖之利。产淡水鱼和菱。南岸弁山麓的碧岩风景区，为长兴县名胜之一。湖周地势低平、水网密布，历为“鱼米之乡”。公路环湖。

鉴湖(Jiàn Hú)　海迹湖。古鉴湖湮废后的遗存。在绍兴市西北部，跨越城区府山街道和柯桥区柯岩街道、湖塘街道。古为海湾。东汉永和五年（140 年），会稽太守马臻以越池为基础，纳山阴、会稽 2 县 36 源之水围堤、建闸而成，为绍兴最早、最大的水利工程，也是中国东南地区最古老的著名水利工程。古称长湖、镜湖、南湖、大湖等。北魏郦道元《水经注》卷四十：“浙江又东北得长湖口，湖广五里，东西百三十里，沿湖开水门六十九所，下溉田万顷，北泻长江。湖南有覆斗山，周五百里，北连鼓吹山，山西枕长溪，溪水下注长湖。”唐《元和郡县图志》卷二十六：“镜湖，后汉永和五年太守马臻创立。在会稽、山阴两县界筑塘蓄水，水高丈余，田又高海丈余，若水少则泄湖灌田，若水多则闭湖泄田中水入海，所以无凶年。堤塘周回三百一十里，溉田九千顷。”鉴，即镜。一说以水清如镜得名，一说以轩辕氏铸镜湖边得名，一说以庆湖传讹得名。南宋嘉泰《会稽志》卷十：“镜湖，在（会稽）县东二里，故南湖也。一名‘长湖’，别称‘大湖’。《通典》云：‘东汉永和五年，太守马臻始筑塘立湖。周三百十里，溉田九千余顷，人获其利。’王逸少（编者注：王羲之，字逸少）有云：‘山阴路上行，如在镜中游。’镜湖之得名以此。《舆地志》：‘山阴南湖萦带郊郭，白水翠岩，互相映发，若镜若图。’任昉《述异记》云：‘轩辕氏铸镜湖边，因得名。’或又云：‘黄帝获宝镜于此也。’”三国吴谢承《会稽先贤传》：“贺，本庆氏，后稷之裔。太伯始居吴，至王僚，遇公子光之祸。王子庆忌挺身奔卫，妻子并渡浙水，隐居会稽上。越人哀之，予湖泊之田，俾擅其利，表其族曰‘庆氏’，名其湖曰‘庆湖’。”宋初为避赵匡胤祖父赵敬讳，改镜湖为鉴湖。宋吴曾《能改斋漫录》：“会稽鉴湖，今避庙讳，本谓镜湖耳。”又因唐代诗人贺知章辞官归乡之时，唐玄宗诏赐镜湖剡川一曲予之，并赐诗，故也称贺监湖、贺鉴湖。《新唐书》卷一百九十六：“天宝初，病，梦游帝居，数日寤，乃请为道士，还乡里，诏许之，以宅为千秋观而居。又求周宫湖数顷为放生池，有诏赐镜湖剡川一曲。既行，帝赐诗，皇太子百官饯送。”北宋《太平寰宇记》卷九十六：“唐玄宗朝秘书监贺知章乞为道士，还乡，敕赐镜湖一曲。”原湖周长约 179 千米，面积 206 平方千米。具排洪、捍卤和蓄水、灌溉之利。旧以会稽郡城（编者注：今绍兴城区）东南稽山门至禹陵驿路为界，分成东、西两湖：东湖面积 107 平方千米，西湖面积 99 平方千米。唐中叶之后，湖面历经围垦而渐淤，尤以北宋末围湖最盛，大部垦为农田。南宋初期，基本湮废。今鉴湖、湖塘、容山湖、贤石湖、白塔洋、芝塘湖、百家湖、百塔湖、洋牌湖等均为古鉴湖残迹。现为河曲状湖泊，水面面积3平方千米，周长15千米，平均水深2.77米。蓄水量831万立方米，集水面积610平方千米。水质极佳，著名绍兴黄酒即以鉴湖水酿制。历代文人多有吟咏。唐代诗人李白《子夜吴歌·夏歌》："镜湖三百里，菡萏发荷花。五月西施采，人看隘若耶。回舟不待月，归去越王家。"其《梦游天姥吟留别》有"我欲因之梦吴越，一夜飞度镜湖月"等名句。唐代诗人孟浩然《与崔十二游镜湖寄包贺二公》："试览镜湖物，中游到底清。不知鲈鱼味，但识鸥鸟情。"杜甫《壮游》有"越女天下白，鉴湖五月凉"等名句，并作《酬微之夸镜湖》："我嗟身老岁方徂，君更官高兴转孤。军门郡阁曾闲否，禹穴耶溪得到无。酒盏省陪波卷白，骰盆思共彩呼卢。一泓镜水谁能羡，自有胸中万顷湖。"南宋诗人陆游《渔父·镜湖俯仰两青天》云："镜湖俯仰两青天。万顷玻璃一叶船。拈棹舞，拥蓑眠。不作天仙作水仙。"明代诗人徐渭作有《镜湖竹枝词》。唐代诗人朱庆余以其古别称南湖作《南湖》诗。南宋诗人楼钥作有《贺监湖上》："万顷平湖一苇杭，此归喜似贺知章。上恩赐与西湖曲，遂老吾家归照堂。"南宋诗人姜夔《次韵诚斋送仆往见石湖长句》云："只今击节乌栖曲，不愧当年贺鉴湖。"贺知章归乡时，于此作《回乡偶书》二首："少小离家老大回，乡音无改鬓毛衰。儿童相见不相识，笑问客从何处来。""离别家乡岁月多，近来人事半消磨。惟有门前镜湖水，春风不改旧时波。"辛亥革命时期，绍兴籍中国女权和女学思想的倡导者、近代民主革命志士秋瑾于此开展革命活动，筹划起义，后被捕就义于轩亭口，孙中山先生为之题："鉴湖女侠千古巾帼英雄。"今湖畔有柯岩景区及马臻墓、陆游故里等古迹。临杭甬铁路、京福(G104)高速公路，通多条公交线路。

贺家池(Hèjiā Chí)　海迹湖。在绍兴市北部，跨柯桥区孙端镇与上虞区道墟镇。古为曹娥江上的潟湖，又称贺知章放生池、贺家湖。《新唐书》卷一百九十六："天宝初，病，梦游帝居，数日寤，乃请为道士，还乡里，诏许之，以宅为千秋观而居。又求周宫湖数顷为放生池，有诏赐镜湖剡川一曲。既行，帝赐诗，皇太子百官饯送。"南宋嘉泰《会稽志》卷十三："知章始求周宫湖数顷，诏赐镜湖剡川一曲，耆旧谓今东城南望为贺家湖，疑即剡川也。其极目浩渺，光景澄澈，实东州佳观云。"清顾祖禹《读史方舆纪要》卷九十二："(绍兴)府东二十里，曰贺家池，周四十七里，南通鉴湖，北抵海塘，即知章放生池也。"略呈椭圆形。东北—西南走向。长1.91千米，宽1.66千米，面积约2.7平方千米。平均水深1米，最大水深2.5米。蓄水量270万立方米。河道南通杭甬运河、萧绍运河和鉴湖，北通曹娥江。旧时湖面广阔，湖畔有六兼园、天华院等古迹。北宋诗人邹浩《题仁老所画枕屏》其二："万顷红蕖照落晖，五云门外贺家池。别来无复当时兴，二十四年空自知。"明代文学家袁宏道《贺家池》诗："昔闻八百里，今来八百亩。为问袁阿宏，可如贺监不。"湖西有皇甫庄村，村内有包殿，昔村民每年于包殿前演出社戏，戏台半个在岸上，半个在湖里。兼具水产养殖、灌溉和旅游休闲功能。杭朱(G329)国道、群贤路穿湖而过。

迪荡湖(Dídàng Hú)　海迹湖。在绍兴市越城区迪荡街道。原名"蝶荡"。传因形似张翅的蝴蝶得名，沈家庄护龙庵石碑有"东南蝶荡"四字题刻，后谐音改为今名。略呈西北—东南走向，葫芦形。长2.2千米，宽1千米，水面面积1.1平方千米。平均水深2.5米，最大水深4.5米，蓄水量358万立方米。湖处绍兴城区东北隅，湖周有河道与其他小湖泊相连，河湖、岛屿密布。南岸和西岸与城区相连。东岸和北岸为城郊，有农田和村落。西南邻蕺山景区。兼具蓄洪、排涝、养殖和观光功能，今辟为城市公园。杭甬运河过东侧，杭甬铁路和京福(G104)国道过南侧，平江路自南向北跨湖而过。

白塔洋(Báitǎ Yáng)　海迹湖。古鉴湖的遗存之一。在绍兴市越城区陶堰镇。湖东岸白塔村有孤丘,丘上旧有白塔,湖以塔得名。湖名记载始见于明代。明万历《会稽县志》卷二:“富盛溪北流入官河,为茅洋,为白塔洋。”清顾祖禹《读史方舆纪要》卷九十二:“今鉴湖所存者,长仅十五里,俗呼‘白塔洋’。”一说白塔洋即古贺监湖的一部分。清嵇曾筠《浙江通志》卷十五:“唐玄宗赐秘书监贺知章鉴湖一曲,又名贺监湖。自宋熙宁以后湖渐废为田,今俗呼‘白塔洋’,仅长十五里,即镜湖处也。”略呈东西走向,星形。长 1.88 千米,宽 1.07 千米,面积 0.5 平方千米,平均水深 2.2 米,最大水深 4.5 米,蓄水量 114 万立方米。湖东、西皆通萧曹运河,并与大百家湖及洋湖泊相连,河湖、岛屿密布。湖水清澈,旧为绍兴四大湖泊之一,兼具航运、蓄洪、排涝等功能。湖东有白塔头村。南宋嘉泰《会稽志》卷十八:“白塔在会稽县东,俗号‘八仙冢’。《华氏考古》云:‘嵇叔夜过越宿传舍,遇古伶官之魄,得《广陵散》曲,终自指其葬处,穴今犹存。’”绍诸(S24)高速公路过湖东,并设有绍兴高新区互通,京福(G104)国道过北岸,南岸与西岸环县乡公路。

狭猔湖(Ángsāng Hú)　海迹湖。在绍兴市柯桥区灵芝镇。因湖中盛产黄颡鱼,当地方言称黄颡鱼为“狭猔”得名。南宋嘉泰《会稽志》卷十八:“狭猔湖,镜湖之别派,字书有狭,无猔。或云‘猔’本‘徐’字传之讹也。”亦作黄颡湖、黄鲦湖。略呈东西走向,扇形。长 2.4 千米,宽 1.4 千米,面积约 2.4 平方千米。平均水深 1 米,最大水深 5 米,蓄水量 247 万立方米,为绍兴平原最大的天然淡水湖之一。旧有航运之便。清顾祖禹《读史方舆纪要》卷九十二:“狭猔湖亦在府北十里,周广十余里。俗呼‘黄颡湖’。舟楫往来之道也。”《闸务全书》:“狭猔湖屡遭覆舟之患,崇祯十五年,邑人张贤臣捐资六千两,于湖西一带建塘六里,舟行塘内,以避风涛。”清嘉庆《山阴县志》卷二十:“湖周回四十里,傍湖居者二十余村。湖西尤子午之冲,舟楫往来遇风辄遭覆溺。明天启中,有石工覆舟,遇救得免。遂为僧,发愿誓筑石塘。十余年不成,抑郁以死。会稽张贤臣闻而悯之,于崇祯十五年建塘六里,为桥者三,名曰‘天济’,盖罄资产为之,五年而工始竣。塘内舟行既可避风涛之险,兼以捍卫沿湖田囿。”今为绍兴镜湖国家城市湿地公园的组成部分,兼具涵蓄水源、排涝、观光等功能,湖中有石砌古纤道和湖心亭,北岸建有游船码头。环湖有县乡公路。

瓜渚湖(Guāzhǔ Hú)　海迹湖。在绍兴市柯桥区柯桥街道。以湖形似瓜得名。别称瓜子湖。湖名记载始见于明嘉靖《山阴县志》卷二:“瓜渚湖,去县西三十里。湖有二,有前瓜渚湖、后瓜渚湖。广十余里,浅不能蓄水,遇旱则涸。”略呈南北走向,椭圆形。长 1.82 千米,宽 1.07 千米,面积 1.5 平方千米,平均水深 2.5 米,最大水深 4.3 米。蓄水量 417.4 万立方米。集水面积约 15 平方千米,湖水质优,盛产鲢、草、鳊等淡水鱼,并宜酿酒。湖与周围河渠相通,具有旅游休闲、灌溉、航运等效益。四岸分别建有东岸、南岸、西岸和北岸公园,北岸并建有游船码头。南濒萧绍运河和杭甬铁路,环湖有城市道路。

皂李湖(Zàolǐ Hú)　在绍兴市上虞区梁湖镇。成湖于唐代,县令金尧恭所开。南宋嘉泰《会稽志》卷十:“皂李湖,在(上虞)县西北五里,周一十五里。”明万历《新修上虞县志》卷三:“咸称此湖本曹黎二大姓,倡民割田而为之。湖成,民请即以曹黎名,图永其传,辞让恳至再四不已,民乃体其姓音之近似者呼之,故曰‘皂李’。”别称黎湖。清顾祖禹《读史方舆纪要》卷九十二:“黎湖,亦尧恭置以溉田。”《清一统志・绍兴府》:“县《志》:今皂李湖即黎湖之讹。”明万历年间(1573—1620 年),绍兴知府朱芹勘清皂李湖,濒湖居民德之,在虞河大道旁立朱公祠。近南北走向。长 2.78 千米,宽 910 米,面积 1 平方千米。平均水深 1.8 米,最大水深 6 米,蓄水量 225 万立方米。集水面积约 10 平方千米。三面环山，西南与曹娥江河谷平原相连，并经皂李湖大闸和新河江与杭甬运河贯通。历有灌溉、养殖之利。《大清一统志·绍兴府》："受众山之水，有东西二斗门，置闸，随时启闭，溉田万顷有奇。"湖中有大小岛屿 8 个。旧有杜墩夜雨、郭墓春云、东阪朝耕、西塘晚眺、马湾雨牧、姜岙雪樵、陡门水势、澜岭泉声八景，誉称"皂李湖八景"。元代诗人莫嗛甫作有《皂李湖八景》诗。明代上虞诗人陈继畴《泛皂李湖》云："寻芳莲艳浦，弱水和香浮。画艇轻轻棹，烟波处处收。日须横赤鲤，风片落苍鸥。晚气侵楼远，忘机付碧流。"明代上虞诗人谢肃《同朱伯贤先生刘茂之处士王廷玉氏游皂李湖山观赵府判墓》云："皂李湖东杖屦游，青山碧水共夷犹。菱荷风急归舟晚，松柏云深古墓秋。已得穷源书白石，更应垂钓坐沧洲。闲身随处堪行乐，莫问谁封万户侯。"县乡公路环湖。

白马湖(Báimǎ Hú)　海迹湖。在绍兴市上虞区驿亭镇。北魏郦道元《水经注》卷四十："泽兰山头有深潭，山影临水，水色青绿。山中有诸坞，有石楗一所，右临白马潭。潭之深无底，传云创湖之始，边塘屡崩，百姓以白马祭之，因以名水。湖之南，即'江津'也。"南宋嘉泰《会稽志》卷十："白马湖，在(上虞)县西南四十里，在夏盖湖南。《水经》云：'白马潭深无底，创湖之始边塘娄崩，百姓以白马祭之，因以名其湖焉。'白马湖有三：一在萧山，或名'石姥湖'；一在余姚或名'渔浦湖'，惟此湖无别名。"清顾祖禹《读史方舆纪要》卷九十二载为渔浦湖："(夏盖湖)其南又有白马湖，创自东汉，周四十五里，三面皆壁大山，三十六涧之水会焉，中有三山，曰'癸巳山'，曰'羊山'，曰'月山'，亦名'渔浦湖'。"《大清一统志·绍兴府》："一名'鱼浦湖'。"清光绪《上虞县志》卷十九："白马湖，在县西北，旧作西南，四十里。夏盖湖南。今名'午湖'，取'午马'之义。"湖呈西北——东南走向长弧形。长 3.47 千米，宽 380 米，面积 0.8 平方千米。平均水深 1.7 米，最大水深 8 米，蓄水量 137 万立方米。三面环山，西北与宁绍平原相接。湖岸与湖中淤积严重，呈"湖中有岛，岛上有田，田中有湖"景观。湖畔有全国重点文物保护单位春晖中学旧址，夏丏尊、朱自清、丰子恺等著名学者曾于此执教，并有弘一法师故居晚晴山房等古迹。元代诗人王冕《白马湖》诗云："十八里河船不行，江头日日问潮生。未同待诏沈金马，却异看花在锦城。万里春风归思好，四更寒雨客灯明。故人湖海襟怀古，能话旧时鸥鹭盟。"杭甬铁路过北岸，环湖有公路。

白塔湖(Báitǎ Hú)　浦阳江、枫桥江洪积湖。在绍兴市诸暨市北部，跨山下湖镇与店口镇。传即古必浦湖、泌浦湖。南宋嘉泰《会稽志》卷十："必浦湖，在(诸暨)县北七十里，周四十里。俗讹为'秘浦'，其傍横港曲湾以百数，多采捕者。"清顾祖禹《读史方舆纪要》卷九十二："泌浦湖在(诸暨)县东北五十里，旧湖周八十里，今大半为豪民所佃。"后因内涝频繁，湖荡相连，水汽蒸腾，方言称白塔塔(意为"白茫茫")一片，故名。清嵇曾筠《浙江通志》卷五十六："白塔湖　在东江下六十里。通沥山湖。"清乾隆《诸暨县志》卷四："白塔湖，乾隆《骆志》：'紫岩乡北六十里。受詹家山、黄阔诸水，周三十余里。'"但嵇曾筠《浙江通志》和乾隆《诸暨县志》皆同时记载了白塔湖和泌湖。《浙江通志》卷五十六："泌湖，在(诸暨)县北五十里。万历《绍兴府志》：'旧以蓄水不田，故不升科后，沿湖居民渐据为田。'"清乾隆《诸暨县志》卷四："泌湖，万历《绍兴府志》：'在县东北五十里。周围八十余里，最大。近年召佃之议，兴豪右乘之，大半废。'"或疑之为古泌浦湖的西北半部残迹。为湖、港、汊、岛相间的湿地型浅湖，东北—西南走向。长 7.6 千米，宽 2.57 千米，面积 8.6 平方千米，平均水深 3 米，最大水深 7 米，集雨面积 13.86 平方千米，蓄水量 2 580 万立方米，集水面积 6 375 平方千米。湖内有岛屿 78 个，并呈"湖中有田、田中有湖、人湖共居"景观。湖内建有堵头闸、斗门旱闸、斗门船闸、双孔闸、大顾家旱闸及电排出水闸 6 座闸门、电排站 5 座。湖水清澈，宜缫丝、酿造、养鱼、育珠蚌，

2009 年设为国家湿地公园。环湖有公路。

鉴洋湖(Jiànyáng Hú)　海迹湖。在台州市黄岩区院桥镇。名称来历含义不详。简称鉴湖。旧为大湖，后因淤积、围垦逐渐缩小。明万历《黄岩县志》卷一:“鉴湖，在五十六都鸡笼山下，修广二千亩许。溉田甚广。”现东西长 2.5 千米，南北宽 0.5 千米。面积 1.3 平方千米，平均深度 2.2 米，最大深度 3.5 米，蓄水量 212.5 万立方米。湖中有岛，岛上开池养殖水产。多芦荻和水禽，旧盛产银鱼。清光绪《黄岩县志》卷三:“中有沙洲芦荻，鸡鹊鸂鶒，翔舞其际。水多银鱼，长寸许，小如薤叶，色白如银，味最美。击楫中流，恍如剡中风味。”湖上有镇锁桥、泽洋桥等清代古桥。清光绪三十一年(1905 年)，御史杨晨于湖中沙洲建宅归隐。2009 年，鉴洋湖及周边 6 平方千米被列为鉴洋湖国家城市湿地公园。县乡公路环湖，通公交线路。

第十一节　陆地岛屿名称

中沙岛(Zhōngshā Dǎo)　河岛。冲积岛。在杭州市富阳区富春街道，富春江中。以旧时地处富春江中流得名。形成年代不详。明宣德《富阳县志》已有“中沙”名称记载。清光绪《富阳县志》卷九:“中沙，在南门外江中，隶太平、能仁二庄。旧志属春明庄，误。”“按：中沙前代为官荒游牧地。至国朝顺治间，令牛奂始勘丈地亩，设立义渡，立碑垂禁。后有坍涨，概归渡中，不准民间分佃。濒东者曰‘中沙’，濒西者为‘洋波沙’。”略呈不规则长弧形。东北—西南走向。长约 3.3 千米，最宽处约 1.18 千米，面积约 2.5 平方千米。旧多大雁栖息，并多植柏树、桃树，为“富春八景”之一。光绪《富阳县志》卷九:“‘富春八景’有‘中沙落雁’，即其地也。钱志云:‘沙民多栽柏树，秋叶绀红，映江瑟瑟，道旁麦陇、竹外桃花与豌豆点染，颇称佳境。’”牛奂《中沙看桃花调寄踏沙行》词:“喜得官闲，兼逢昼永，偶携琴鹤寻芳径。江边日暖杜鹃啼，枝头春老黄鹂静。杯似琉璃，舟如蚱蜢，兴来还欲烹香茗。今朝曾共踏青游，满身乱拂桃花影。”清代富阳文人邵士庄作有《中沙桃花赋并引》:“富春诸沙，抱江为堠，村落依稀，鸡犬桑麻，别有天地。中沙更多种桃树，每岁仲春，花放不异武陵。舣舟踏沙行，水光花影，余霞成绮，几令游子迷，不得路爰。”今岛上农田齐整，有自然村 9 个，住宅小区 3 个，并设有中沙村委会，建有富阳区春江中学，驻有富阳区地方海事处。人口约 1 300。东侧隔洋浦江与春江村、临江村等相邻。东北端与鹳山间，为富春江狭窄处。东北、西南和中部各建有一座大桥跨洋浦江与东岸相连，富春江第一大桥跨东北端穿越。环岛建有公路。西侧为富春江主航道，并有一细长小沙洲与岛并行相邻。

东洲岛(Dōngzhōu Dǎo)　河岛。冲积岛。在杭州市富阳区东洲街道，富春江中。因地处富阳城区以东得名。别称东洲沙、长沙。约形成于宋元之后，原称天兴沙、老沙，后又涨起长沙、后江沙、小沙、华士沙、和尚沙、烂沙、紫沙、铜钿沙、浮沙、青果沙、笠帽沙、鹰沙等沙洲，并逐渐冲积相连为东洲岛。清光绪《富阳县志》卷九:“长沙，在县东南，隶望仙、江阴、丽景、砥柱等庄。”“按:‘长沙延长数十里，与钱塘沙毗连，隶富阳治者，东西径十五里，南北横五六里不等。村民分段而居，有小沙、老沙、烂沙和让沙、学校沙等别称，总之皆长沙也。’”旧时岛上多桑树、李树和桃树，并为富阳蚕丝主产地。光绪《富阳县志》卷九:“钱志云:‘其地李花成行，延袤里许，每当春风烂漫，花飞片片着地，皆如积玉云。'""通沙遍植麻,居民以养蚕为务。富阳蚕丝惟此为最。"清代富阳县令牛奂《长沙看桃花》诗云:"江流绵淼曲围沙,村落纷纷聚水涯。荷锸翠移雪后竹,携筐青摘雨前茶。谁家客泛三春酿?无数莺啼十里花。本是太平饶气象,桃源久与种桑麻。"陈天麟《过长沙》:"北风归雁数行斜,老去疏狂不忆家。万壑烟云迓鸟履,一川风雨浸桑麻。何年江国吟芳杜,别有幽岩种玉花。自分芙蓉城里客,未烦车马渡龙沙。"略呈扁舟形。东西走向。长 10.9 千米,最宽处为 3.7 千米,面积 26.8 平方千米,为富春江中最大的沙洲。农田齐整,林桑成荫。植被以农作物为主。有自然村 50 个,设村委会 11 个,并建有工业区。人口 3.13 万。邻黄公望故居等名胜,有桑果等特产和桑果节、葡萄节、黄公望火柿节等特色节庆。1939 年 3 月于此发生抵抗侵华日军进攻的东洲保卫战。东南侧为富春江主航道,建有杭州港东洲综合码头。有 6 座大桥连接江岸。岛内有公路网。长深(G25)高速公路穿岛而过,并设互通口。

新沙岛(Xīnshā Dǎo)　河岛。冲积岛。在杭州市富阳区东洲街道,富春江中。约初成清代中后期,因晚于东洲岛形成而得名。清光绪《富阳县志》卷九:"新沙,在安吴川口,道光间始升佃,今惟植桑柏,尚无民居。"一种说法认为,新沙即旧时的小沙,但光绪《富阳县志》认为小沙与新沙相异。光绪《富阳县志》卷九:"小沙,钱令旧志又曰'新沙',在望仙庄及江阴界。江绕水环,中间植桃十余里,春时花放,一望堆锦,错绣不啻桃源。按:'小沙与长沙毗连,非今之新沙也。昔闻沙之上尖与中沙下尖相错,频年坍没,今则相距已有三里许。居民多移至春茗里者,沧桑之变后,更不可逆料也。'"略呈纺锤形。东西走向。长 4 千米,宽 1.5 千米,面积 4.1 平方千米。农田齐整,林桑成荫。植被以农作物为主。有新沙 1 个自然村,人口 1 004。现为富春江上重要的旅游地之一。有沙滩 3 万余平方米,辟有天然游泳场、露营地等休闲设施。有桑果、玫瑰花等特产和桑果节等特色节庆。西北侧为富春江主航道。西北岸和西端建有码头和渡口。

王洲(Wáng Zhōu)　河岛。冲积岛。在杭州市富阳区场口镇,富春江中。初成于三国之前。后由王洲、孙洲淤涨相连而成今岛。唐《元和郡县图志》卷二十五:"富阳县……吴孙坚父子即此(富阳)县人,具有王洲。"北宋《太平寰宇记》卷九十三:"孙洲。《吴录》:'浙江经(富春)县前过,江中有沙涨。吴武烈帝为郡吏赴府,乡人饯之,会于洲上。父老云:此沙狭而长,君其为长沙太守乎?后果如父老之言,因于长沙起兵,为吴始祖,遂名此沙为孙洲。'"咸淳《临安志》卷三十六:"又,《吴兴地理志》:'西南八十里有长洲。孙氏数百家居之因以名。'"别称杨涨沙、洋涨沙。南宋咸淳《临安志》卷三十六:"王洲,在(富阳)县南五十里,周回五百步。王姓居之。其地宜橘,今杨涨是也。"清光绪《富阳县志》卷九:"孙洲,《杭州府志》:'在县西南四十二里,周二十二里。今名洋涨沙。一名瓜桥村。相传汉孙钟尝种瓜于此。'"略呈弓形。东北—西南走向。长 5.8 千米,宽 1.9 千米,面积 7.9 平方千米。今农田齐整,林桑成荫。植被以农作物为主。有 26 个自然村,设村委会 8 个,人口 1.24 万。土肥水足,旧产贡橘,《元和郡县图志》卷二十五:"出橘,为江东之最,今见进贡。"《新唐书》卷四十一:"王洲有橘,以供贡。"今盛产稻米、西瓜等。岛上有端午竞渡习俗。宋代诗人朱清《瓜桥竞渡》:"东吴霸业已成然,渡口瓜畦泽未干。为问囊时仙在否,何堪云树鹤蹁跹。"旧曾于此设王洲乡,1992 年并入场口镇。西北侧为富春江主航道,南侧为瓜桥江,有 4 座大桥与富春江东南岸相连。岛内有公路网。

大桐洲(Dàtóng Zhōu)　河岛。冲积岛。在杭州市富阳区新桐乡,富春江中。原名桐洲,以别称桐江的富春江桐庐段江水东注得名。南宋咸淳《临安志》卷三十六:"桐洲,桐江水东注,过孝子许或故庐。"清顾祖禹《读史方舆纪要》卷九十："西南五十里有桐洲，以上接桐江而名。"清嵇曾筠《浙江通志》卷十九："桐洲，《严陵志》：'在(桐庐)县东三十五里，袤二十里。南临大江，北有后港。以富阳赵家滩为界。相传桐君种药于此，故名。'"又因旧时北侧有小桐洲(现已与北岸相连)，故称大桐洲。别称桐洲岛。略呈橄榄形。东北—西南走向。长 3.5 千米，宽 1.2 千米，面积 2.75 平方千米。农田齐整，植被以农作物为主。有自然村 5 个，人口 3 918。大桐洲石濑屹立南岸，相传是严子陵垂钓处。《浙江通志》卷十："桐洲，《富阳县志》：'在县西南五十里。'有石濑，世传为子陵垂钓处。"今岛上土肥水足，产稻米。有 1 座大桥与西北岸相连。岛内有公路网。

放马洲(Fàngmǎ Zhōu)　河岛。冲积岛。在杭州市桐庐县桐君街道，富春江中。原名县埠洲。因原邻近县城主渡口得名。明万历《严州府志》卷二："在(桐庐)县南七十步水中。旧有江心寺，今冲废。"清《钦定古今图书集成·方舆汇编·职方典》卷一〇一七："县埠洲……今冲而卑下，遇潮则没矣。"传后因岛上水草丰美，有人曾于岛中放马而改今名。又因形似长木瓜，别称木瓜洲。略呈长条形。东北—西南走向。长 740 米，宽 160 米，面积 4.0 万平方米。原以草地为主，1982 年始遍植落叶阔叶林。现为滨江公园的重要景观。西北侧与富春江岸距仅约 10 米。东南侧为富春江主航道。

漏港滩(Lòugǎng Tān)　河岛。冲积岛。在杭州市桐庐县富春江镇，富春江中。初成洲于汉代。以富春江经此，江水下泻，如水之漏注得名。旧分上、下二滩。明万历《严州府志》卷二："上漏港滩，在清渚滩之下。""下漏港滩，在河湾之上。"清嵇曾筠《浙江通志》卷十九："漏港滩，《严陵志》：'在县西，有上漏港、下漏港二滩。'"略呈帽形。南北走向。长 1.4 千米，宽 695 米，面积 0.97 平方千米。农田齐整，环岛树木葱茏。植被以农作物和落叶阔叶林为主。三国吴黄武四年(225 年)桐庐始置县时，设县治于岛附近。旧为重要津渡，附近江岸商铺林立，商人云集。元代诗人鲜于枢曾作《过桐庐漏港滩示舟人》诗："惊流激长滩，百折怒未已。篙师与水争，退尺进才咫。技穷解衣下，力排过乃止。维时春冬交，冰雪寒堕指。我时卧舟中，起视颡有泚。迂疏一何补，辛苦愧舟子。"昔有村落，后因上游建富春江大坝而迁至上四村。1970 年曾于岛上建农场，大部分滩地被垦殖。西端有码头通上四村。富春江主航道从东侧穿越。

唐家洲(Tángjiā Zhōu)　河岛。冲积岛。在杭州市桐庐县富春江镇，富春江中。形成年代不详。以洲上多唐氏聚居得名。呈长条形。南北走向。长 2.4 千米，宽 360 米，面积 0.5 平方千米。树木葱茏，并有小片耕地。植被以落叶阔叶林为主。昔有村落，以唐、方二姓为主。后因上游建富春江大坝而迁至富春江西岸沙湾村。南临富春江船闸，东侧为主航道。长深(G25)高速公路和沪瑞(G320)国道自岛上穿越。

江心屿(Jiāngxīn Yǔ)　河岛。以基岩为基础的冲积岛。在温州市鹿城区松台街道，瓯江中。呈长蛇形。东西走向。古称孤屿、孤屿山。因孤悬江中得名。谢灵运《登江中孤屿》诗云："乱流趋正绝，孤屿媚中川。"古分东、西 2 个小岛。南宋绍兴七年(1137 年)蜀僧清了填塞中川，遂成一岛。北宋《太平寰宇记》卷九十九："孤屿，在(温)州南四里，永嘉江中。渚长三百丈、阔七十步。屿有二峰。"清光绪《永嘉县志》卷二："宋时蜀僧清了以土窒龙潭，联两山成今址。"后因岛居江中，上有江心寺而改今名。东西走向。长 2.8 千米，最宽处 410 米，面积约 70 万平方米。岛中有湖，湖中有岛。植被以常绿阔叶林为主。历为温州城戍守重地、游览胜地，海上丝绸之路的重要节点。唐咸通七年(866 年)，于西屿建净信禅寺，北宋开宝二年(969 年)，又于东屿麓建普寂禅院，并先后建西塔和东塔以为往来船只导航。清顾祖禹《读史方舆纪要》卷九十四："孤屿山，在城北江中，与城相对，东西有二峰，上各有塔，山麓有江心寺，唐咸通中建。"南宋诗人徐照《江心寺》诗云："两寺今为一，僧多外国人。"南宋建炎四年(1130年)金兵南下，宋高宗赵构曾避居岛上普寂院(编者注：今江心寺)。德祐二年(1276年)金兵南下，宋室益、卫二王走温州，陆秀夫、张世杰等共会于此。其后，文天祥泛海抵瓯，留居江心寺。唐代诗人孟浩然、南宋诗人陆游等都曾登岛游历。元至正年间(1341—1368年)，日僧大拙祖能(广园明鉴禅师)，与同伴数十人入元，从福州长乐县至温州江心屿见龙翔禅院的无言宣禅师。清光绪二十年(1894年)，英国于岛上建一幢3层楼房作为英国驻温州领事馆驻地。旧时岛上无淡水，南宋僧人清了掘井7口以解决饮水问题。今存江心寺、东西二塔、宋文信国公墓和祠、浩然楼、澄鲜阁等古迹，并建有温州博物馆、温州革命烈士纪念馆和温州近代史陈列室。历代文人多有吟咏。南朝谢灵运《登江中孤屿》诗云："江南倦历览，江北旷周旋。怀新道转迥，寻异景不延。乱流趋正绝，孤屿媚中川。云日相辉映，空水共澄鲜。表灵物莫赏，蕴真谁为传。想象昆山姿，缅邈区中缘。始信安期术，得尽养生年。"唐代诗人孟浩然《登江中孤屿赠白云先生王迥》云："悠悠清江水，水落沙屿出。回潭石下深，绿筱岸傍密。鲛人潜不见，渔父歌自逸。忆与君别时，泛舟如昨日。夕阳开返照，中坐兴非一。南望鹿门山，归来恨如失。"杜甫《送裴二虬作尉永嘉》云："孤屿亭何处，天涯水气中。故人官就此，绝境兴谁同。隐吏逢梅福，游山忆谢公。扁舟吾已就，把钓待秋风。"唐代诗人张又新《孤屿》："碧水逶迤浮翠巘，绿萝蒙密媚晴江。不知谁与名孤屿，其实中川是一双。"北宋诗人张扩有《宿温州江心寺》："出城何所诣，孤屿海云中。寺影一拳石，潮声四面风。断烟迷过鸟，密叶坠丹枫。咄咄劳生梦，真成一洗空。"南宋诗人陆游《同永嘉守宿江心寺》："使君千骑驻霜天，主簿孤舟夜不眠。好与使君同惬意，卧听鼓角大江边。"南岸有码头3个。岛上有游人步道。

七都岛(Qīdū Dǎo)　河岛。冲积岛。在温州市鹿城区七都街道，瓯江中。初成于清康熙年间(1662—1722年)，后不断淤涨。原名七都涂，因清属永嘉县第七都得名。清光绪《永嘉县志·县境分图》有"七都涂"名称标注。鸦片战争期间，英国侵略者称为大洲，曾对此详细测绘。《八省沿海图·自温州湾至黑山列岛》即载为"大洲"。呈卵形。西北—东南走向。长6.5千米，宽3.1千米。面积12.7平方千米。地势平坦，海拔不足3米。有人口1.3万，并有1.5万人旅居港澳台及海外。岛上有村落、住宅区、河流和水库，并设有七都街道办事处此。岛上多良田沃壤，岛周有标准海塘捍卤。原属永嘉县，2001年划归鹿城区。植被以农作物为主，产稻米、油菜籽和蔬菜等。岛上有公路，经七都大桥与温州城区相连。

五百滩(Wǔbǎi Tān)　河岛。冲积岛。在金华市婺城区江南街道，金华江中。约形成于唐前。清顾祖禹《读史方舆纪要》卷九十三："《郡志》云：双溪经(金华)府西五里，中有五百滩，盘亘甚大，舟行牵挽，须五百人，然后可渡，故名。"呈长条形。东西走向。长1.7千米，宽280米，面积38万平方米。地势平坦，海拔39米。原为荒滩。植被以人工栽培的针阔混交林为主。1996年于西端建成黄宾虹公园。2014年于东部建成五百滩公园，并建有金华名人雕塑园。2013年于中部始建瑞城国际商业广场。唐代诗人李白《见京兆韦参军量移东阳》诗，其二云："闻说金华渡，东连五百滩。全胜若耶好，莫道此行难。猿啸千溪合，松风五月寒。他年一携手，摇艇入新安。"双龙大桥和通济桥分别于西部、东部跨岛而过，并有连接线入岛。中部有人行天桥入岛。

中洲(Zhōng Zhōu)　河岛。冲积岛。在兰溪市云山街道西南端，兰江中。宋时为西市，县尉柳叙筑"柳氏大院"于此，曾作《柳氏大园八咏》。明代河道变迁，湮为沙洲，因在兰江中心得名。俗称中洲背。略呈琵琶状长条形。南北走向。长1.8千米，宽900米，面积约0.63平方千米。地势平坦，海拔31米。原为渔船停泊地。植被以人工栽培的针阔混交林为主。"中洲渔火"为兰溪八景之一。1978年全岛辟为中洲公园。北侧有兰江大桥，并有引桥入岛。中部有人行桥入岛。

灵羊岛(Língyáng Dǎo)　河岛。冲积岛。在兰溪市云山街道西端，兰江中。原名雁屿洲，因岛南端有成片沙滩和草地，有凫雁于此栖息得名。别称外圩洲。后因传该地为晋朝道家人物黄初平(黄大仙)牧羊之处而改今名。呈梭子状长条形。南北走向。长2千米，宽约500米。面积约0.53平方千米。地势平坦，海拔27米。植被以人工栽培的针阔混交林为主。原为荒滩。"平沙落雁"为兰溪八景之一。1995年曾开发为雁屿洲公园，现改为灵羊岛旅游度假区，有度假村、灵羊祠、三清宫等景点。黄溢大桥跨岛而过，并有引桥入岛。

凤翔洲(Fèngxiáng Zhōu)　河岛。冲积岛。在衢州市龙游县湖镇镇西北端，衢江中。因形似凤鸟展翅得名。别称高淤、浮排圩。又因岛上古有进士登科者，又称锦衣里。岛上有张家埠村，俗称张家埠洲。由相邻的1个大岛和1个小岛组成。东北—西南走向。长6.3千米，宽1.6千米，面积10.08平方千米。成洲于宋前，初由张氏始居，后有何、叶、尹、金等姓氏迁入。今田畴广布，阡陌纵横，中有故河道横贯，并分布有朱家、杨家、盛莫、张家埠、下埠叶、碓舂头、范家7个自然村，1 671户，设有张家埠、范家、杨家3个村民委员会。有耕地面积3 970亩，林地面积859亩。有浮杯塔、湖岩塔、皇宫殿、翊秀亭、尹氏厅、大宇殿、新泽殿、斗潭殿、永寿寺、铜佛殿等古迹。其中，浮杯塔始建于明万历四十年(1612年)，由知县万廷谦所建，并以家藏古玉杯镇之，今为浙江省文物保护单位"龙游风水塔"的组成部分。东北岸建有游船埠头，东南岸建有货运码头。龙葛(S316)省道跨岛而过，并有张家埠大桥与北岸相连。

浮牌洲(Fúpái Zhōu)　河岛。冲积岛。在衢州市龙游县湖镇镇北部，衢江中。以形似令牌得名。又因东端有下童村，别称下童洲。东西走向。长6.3千米，宽1.5千米，面积5.82平方千米。成洲于宋前，并有童氏于宋末元初自兰溪孟塘迁居于此。今田畴广布，阡陌纵横，并分布有马家、塘马、上溪头、沙园、新园、前陈、夏家、塘边、后陈、上童、下童11个自然村，有3座桥梁与南岸相连。2006年，西端因建小溪滩水电站而与衢江南岸相连。岛上密布村道。衢江主航道过北侧。

翁家滩(Wēngjiā Tān)　河岛。冲积岛。在衢州市龙游县小南海镇南部，衢江中。成洲于明前。因原有翁氏定居得名。东西走向，由上下两滩组成。上滩呈橄榄形。长1.5千米，宽545米，面积0.5平方千米，下滩呈蝌蚪形，长1.25千米，宽370米，面积0.32万平方米。二滩间江面宽120米。田畴广布，阡陌纵横，并有翁家滩、上滩、下滩3个自然村，183户。因洪水期易内涝，拟整体迁建。东北岸建有埠头，有渡船与北岸渡船头自然村相通。衢江主航道过南侧。

船厂洲(Chuánchǎng Zhōu)　河岛。冲积岛。在衢州市龙游县小南海镇东南部，衢江中。成洲于明前。因旧建船厂于岛上而得名。呈水滴形。东北—西南走向。长2千米，宽1.5千米，面积3平方千米。西南部林木葱郁，东北部田畴广布。耕地面积352亩，林地面积412亩，滩地面积300亩。有上山头、船厂2个自然村，111户。因洪水期易内涝，拟整体迁建。秋季多灰天鹅等候鸟栖息。旧有渡船通衢江北岸中埠村，1995年筑堤与北岸相连。衢江主航道过南侧。

江心屿(Jiāngxīn Yǔ)　河岛。冲积岛。在台州市黄岩区江口街道，永宁江与灵江、椒江交汇口。约形成于明代。古称江口渚。民国《黄岩县志》卷二："永宁江……复东北流四里许与灵江会合，东为椒江，其会合处江中有三角洲曰'江口渚'。"后因岛在江中心而改今名。略呈三角形。东北—西南走向。长边 1.2 千米，短边 0.8 千米，面积约 27.6 万平方米。岛上建有江心屿苗圃公园，东侧建有永宁江闸，西侧建有永宁江船闸。县乡公路经两闸过岛。

琵琶洲(Pípá Zhōu)　河岛。冲积岛。在丽水市莲都区万象街道南部，大溪中。成洲于宋前。因原形似琵琶得名。清顾祖禹《读史方舆纪要》卷九十四："溪上又有琵琶洲，平沙满望，碧水环绕，以形似名。"别称琵琶圩。呈长椭圆形。近东西走向。长 920 米，宽 300 米，面积 0.17 平方千米。旧时曾于洲上设丽水县校场。清嵇曾筠《浙江通志》卷九十四："丽水县教场，在栝苍门外琵琶洲。"陆游《南园》四首，其一："春来归路阅三州，是处蹁跹懒出游。一到南园便忘返，亭边绿浸琵琶洲。"今全岛辟为冒险岛游乐场。有 3 座大桥与南岸相连。

孤山(Gū Shān)　湖岛。西湖唯一的天然岛屿。在杭州市西湖区西湖街道，西湖北部。因孤悬西湖里湖和外湖之间，独立不群得名。北魏郦道元《水经注》卷十一："世以山不连陵，名之曰'孤山'。"南宋咸淳《临安志》卷二十三："孤山，在西湖中稍西。一屿耸立，旁无联附，为湖山胜绝处。"明田汝成《西湖游览志》卷二："孤山，峙介湖中，碧波环绕，胜绝诸山。"明张岱《西湖梦寻》卷三："梅花屿介于两湖之间，四面岩峦，一无所丽，故曰孤也。"又因东北麓为北宋诗人林逋隐居处，植梅养鹤，有"梅妻鹤子"之说，并留有"疏影横斜水清浅，暗香浮动月黄昏"的咏梅诗，别称梅屿。略呈合掌形。长 660 米，宽 350 米，面积 20 万平方米。海拔 38 米。地质基础由白垩系流纹岩构成。土壤以黄红壤为主。植被以常绿阔叶林和落叶阔叶林为主。岛上旧多寺院，宋理宗于此建西太乙宫，清康熙、乾隆皇帝曾建行宫，湖边多植柳和桃。东接白堤，西连西泠桥，历为西湖文物荟萃处和观景的绝佳之地。咸淳《临安志》卷二十三："旧有智果观音院、玛瑙宝胜院、报恩院、广化寺。中兴，诏它徙而即其地建延祥观，淳祐十二年，又分建西太一宫。"明张岱《西湖梦寻》："是地水望澄明，皦焉冲照，亭观绣峙，两湖反景，若三山之倒水下。山麓多梅，为林和靖放鹤之地。林逋隐居孤山，宋真宗征之不就，赐号和靖处士。常畜双鹤，豢之樊中。逋每泛小艇，游湖中诸寺，有客来，童子开樊放鹤，纵入云霄，盘旋良久，逋必棹艇遄归，盖以鹤起为客至之验也。临终留绝句曰：'湖外青山对结庐，坟前修竹亦萧疏。茂陵他日求遗稿，犹喜曾无封禅书。'"历代文人多有吟咏。唐代诗人白居易曾于此作《西湖春望》《西湖晚归回望孤山寺赠诸客》，并作《钱塘湖春行》云："孤山寺北贾亭西，水面初平云脚低。几处早莺争暖树，谁家新燕啄春泥。乱花渐欲迷人眼，浅草才能没马蹄。最爱湖东行不足，绿杨阴里白沙堤。"唐代诗人张祜《题杭州孤山寺》诗云："楼台耸碧岑，一径入湖心。不雨山常润，无云水自阴。断桥荒藓合，空院落花深。犹忆西窗月，钟声出北林。"宋代诗人林逋作有《孤山寺》《孤山雪中写望》《孤山隐居书壁》，苏轼作有《腊日游孤山访惠勤惠思二僧》《书林逋诗后》，明代文学家徐渭作有《孤山玩月》，明代书法家张京元作有《孤山小记》，诗人沈守正作有《孤山种梅疏》。苏轼《腊日游孤山访惠勤惠思二僧》云："天欲雪，云满湖，楼台明灭山有无。水清出石鱼可数，林深无人鸟相呼。腊日不归对妻孥，名寻道人实自娱。道人之居在何许？宝云山前路盘纡。孤山孤绝谁肯庐？道人有道山不孤。纸窗竹屋深自暖，拥褐坐睡依团蒲。"今存文澜阁、放鹤亭、清代学者俞樾故居俞楼及六一泉、林和靖墓、秋瑾墓、苏曼殊墓园、半壁亭等古迹，并有浙江省博物馆、浙江省图书馆古籍部、西泠印社、楼外楼等著名单位和平湖秋月、中山公园等著名景点。其中，创建于清光绪三十年(1904年)的西泠印社是海内外研究金石篆刻历史最悠久、成就最高、影响最广的国际性民间艺术团体，有"天下第一名社"之誉。岛上有孤山路与白堤和北山街相连。咸淳《临安志》卷三十二："孤山路，在孤山之下。北有断桥，南有西林桥。其西为里湖。"南宋诗人俞灏《湖堤晚行》："暝色才从草色生，管弦罗绮尽归城。不应闲却孤山路，我自扶藜月下行。”公交线路通浙江省博物馆。

阮公墩(Ruǎngōng Dūn)　湖岛。人工岛。在杭州市西湖区西湖街道，西湖中部。西湖湖心三岛之一，由历代疏浚西湖之湖泥堆积而成。清嘉庆五年(1800年)浙江巡抚阮元复浚西湖，以湖泥扩展之，为纪念阮公疏浚西湖之功而命名。民国《西湖新志》卷一：“清阮元抚浙时，浚湖所掘之土堆于此，故名。”略呈圆形，直径约90米，面积5 700平方米。昔杂树荒草丛生，为候鸟栖息地。今岛上树木葱郁，植被以常绿阔叶、落叶阔叶混交林为主。1982年于岛上建忆芸亭、云水居、环碧小筑等园林建筑，合称“环碧山庄”。“阮墩环碧”为新西湖十景之一。东南缘建有码头，可靠泊游船。

湖心亭岛(Húxīntíng Dǎo)　湖岛。人工岛。在杭州市西湖区西湖街道，西湖中。西湖湖心三岛之一，由历代疏浚西湖之湖泥堆积而成。因岛上有中国四大名亭之一的湖心亭而得名。略呈方形，长86米，宽81米，面积约5 000平方米。旧有湖心寺，后以寺址建湖心亭。明孝宗时，寺与塔俱毁。嘉靖三十一年(1552年)知府孙孟循遗址建振鹭亭。万历四年(1576年)又重建，始称湖心亭。清雍正《西湖志》卷九：“亭在全湖中心，旧有湖心寺，寺外三塔，明孝宗时，寺与塔俱毁。”明万历《钱塘县志·纪胜》：“湖心寺外三塔，其中塔、南塔并废，乃即北塔基建亭，名湖心亭。复于旧寺基重建德生堂，以放生之所。据此，则旧湖心寺乃今放生池，而今之湖心亭，乃三塔中北塔之基地。”清翟灏、翟瀚《湖山便览》卷三：“万历四年按察佥事徐廷祼重建，额曰‘太虚一点’，司礼监孙隆叠石四周，广其址，建喜清阁，但统称曰‘湖心亭’。”明田汝成《西湖游览志》卷二：“湖心亭，旧为湖心寺，鹄立湖中，三塔鼎峙。相传湖中有三潭，深不可测，所谓三潭印月是也，故建三塔镇之。国朝弘治间按察司佥事阴子淑，秉宪甚厉，时寺僧倚怙镇守中官，杜门不容官长以酒肴入。阴大怒，廉其奸事，立毁之，并去其塔。嘉靖三十一年，知府孙孟寻遗址，建亭其上，周树石栏，湖山胜概，悉可揽结，未几，圮。万历四年，按察司佥事徐廷祼，知县姜召重建。”明张岱《西湖梦寻》卷三：“湖心亭旧为湖心寺，湖中三塔，此其一也……万历四年，佥事徐廷祼重建。二十八年，司礼监孙东瀛改为清喜阁，金碧辉煌，规模壮丽，游人望之如海市蜃楼。烟云吞吐，恐滕王阁、岳阳楼俱无甚伟观也。春时，山景、睺罗、书画、古董盈砌盈阶，喧阗扰嚷，声息不辨。夜月登此，阒寂凄凉，如入鲛宫海藏。月光晶沁，水气滃之，人稀地僻，不可久留。”清乾隆二十七年(1762年)乾隆皇帝御书“光澈中边”额。今亭于1953年重建。1980年于岛上树“虫二”石碑，意指“风月无边”。明代文人张京元作有《湖心亭小记》：“湖心亭雄丽空阔。时晚照在山，倒射水面，新月挂东，所不满者半规，金盘玉饼，与夕阳彩翠重轮交网，不觉狂叫欲绝。恨亭中四字匾，隔句对联，填楣盈栋，安得借咸阳一炬，了此业障。”明代文学家张岱《湖心亭看雪》：“崇祯五年十二月，余住西湖。大雪三日，湖中人鸟声俱绝。是日更定矣，余拿一小舟，拥毳衣炉火，独往湖心亭看雪。雾凇沆砀，天与云与山与水，上下一白。湖上影子，惟长堤一痕、湖心亭一点与余舟一芥，舟中人两三粒而已。”许叔夏《湖心亭》诗：“孤山突兀敞高秋，风起青苹紫翠浮。一送归鸿何处去，碧天明月夜悠悠。”今岛上树木葱郁，植被以常绿阔叶落叶阔叶混交林为主。南缘建有码头，可靠泊游船。

小瀛洲(Xiǎoyíng Zhōu)　湖岛。人工岛。在杭州市西湖区西湖街道，西湖中部。西湖湖心三岛之一。明万历三十五年(1607年)钱塘令聂心汤取葑泥作埂围成湖中湖。因树阴凝秀，园林精雅，湖中有岛，岛中有湖，故以“瀛洲”誉喻其景。略呈梯形。上边长187米，下边长290米，高305米，面积7万平方米。东西以土堤相连，南北以曲桥相接，内分4个小湖。岛上有先贤祠、九曲桥、开网亭、迎翠亭、花架亭、御碑亭、康熙御碑亭、我心相印亭等园林建筑。岛西南侧为西湖最深处，俗称三潭，建有3座瓶形石塔。石塔原为北宋元祐四年(1089年)苏轼开浚西湖建立的禁止植菱芡标志。原塔在今湖心亭岛附近。南宋咸淳《临安志》卷三十六："西湖三潭，土人相传云，在湖中。"清雍正《西湖志》卷三："东坡留意西湖，极力浚复，在湖中立塔以为标表，着令塔以内不许侵为菱荡。旧有石塔三，土人呼为三塔基。南宋旧图，从南数，湖中对第三桥之左为一塔，第四桥之左为一塔，第五桥之右为一塔。"明田汝成《西湖游览志》卷二："湖心亭，旧为湖心寺，鹄立湖中，三塔鼎峙。相传湖中有三潭，深不可测，所谓三潭印月是也，故建三塔镇之。国朝弘治间按察司佥事阴子淑，秉宪甚厉，时寺僧倚怙镇守中官，杜门不容官长以酒肴入。阴大怒，廉其奸事，立毁之，并去其塔。"明万历三十五年(1607年)至四十八年于此重建三潭石塔。清翟灏、翟瀚《湖山便览》卷三："三塔，旧在湖中……《两湖麈谈》云：'三塔基，余童时犹见之。'正德时，杨公开湖，始尽掘去。""三潭……故建浮屠镇之。按，塔于明宏正时废。潭则自咸淳已不知定所。故但述土人之口传。旧塔所在，不可谓即潭所在也。万历时，辟放生池，池外仍置三塔，以仍旧迹。俗指新塔为三潭。相沿既久，不可复正。""放生池，明嘉靖间既建湖心亭于北塔遗址，其中塔、南塔久为荒滩。万历三十五年，钱塘令聂心汤请于水利道王道显，用苏公法卷取葑泥，绕滩筑埂，成湖中之湖，以为放生之所，又于旧寺基建德生堂，择僧守之，禁绝渔人越界捕捉。三十九年，令杨万里继筑外埂，至四十八年，而规制尽善，遂以德生堂增葺为寺，复旧湖心寺额。池外造小石塔三座，谓之三潭。"清代重建放生池。《湖山便览》卷三："国朝雍正五年重建。前接三潭印月亭，后为曲桥，三折而入，为轩三楹，又接平桥，为敞堂，进为层楼，环池植木芙蓉，花时烂若锦绣。增修十八景所称'鱼沼秋蓉'谓此。"塔高2米，中空，似香炉之巨足形，球形处有五圆孔，每当皓月临空，塔内点烛，蒙以白纸，圆孔倒映水面，宛如多个月亮与天空、湖中之明月相映，景曰"三潭印月"，为"西湖十景"之一。南宋诗人《湖山十景·三潭印月》诗："塔边分占宿湖船，宝鉴开奁水接天。横玉叫云何处起，波心惊觉老龙眠。"南宋诗人王镃《三潭印月》诗："草满咸平古屋基，梅花几度换横枝。黄昏若看一潭月，不出林逋两句诗。"清代诗人蒋士铨《三潭印月》诗："满月宁分体，三潭各印心。浮波排瓦塔，鉴影悟蹄涔。曲直平桥接，萧疏碧树深。携琴倚虚籁，一操水龙吟。"南宋画家陈清波作有《三潭印月图》，明代书画家李流芳作有《三潭采莼图》。20世纪70年代发行的1元面额外汇兑换券和1999年发行的第五套人民币的1元纸币，分别于正面和反面印制了三潭石塔图案。今岛上"小瀛洲"额，由当代书画家赵朴初题，沙孟海书"天赐湖上名园，绿野初开，十亩荷花三径竹；人在瀛洲仙镜，红尘不到，四围潭水一房山"楹联，并有康有为所撰长联："岛中有岛，湖外有湖，通以卅折画桥，览沿堤老柳，十顷荷花，食莼菜香，如此园林，四洲游遍未尝见；霸业销烟，禅心止水，阅尽千年陈迹，当朝晖暮霭，春煦秋阴，饮山水渌，坐忘人世，万方同慨更何之。"岛四周建有码头6个，均可靠泊游船。

进贤列岛(Jìnxián Lièdǎo)　湖岛群。在杭州市淳安县中部，新安江水库(千岛湖)北部。原为新安江畔的山丘。1959年新安江水库蓄水后，水淹成岛群。以主岛进贤岛得名。进贤岛，以山麓旧有进贤里、进贤溪等得名。明嘉靖《淳安县志》卷二："进贤溪，在县东北二十五里进贤里。汉有尚书令储昆季、晋尚书公操、唐诗隐公干、宋校理公恪，最为显著，故乡里、市、渡，皆曰'进贤'，溪因以贤名。"清嵇曾筠《浙江通志》卷十九："进贤溪，《名胜志》：'在(淳安)县东北二十五里。汉尚书令方储、晋尚书方操、唐隐士方干、宋校理方恪、最为显著，故乡里、市、渡皆曰'进贤'，溪因以名。'"东北—西南走向。由36个岛屿组成，总面积3平方千米。主岛海拔259.6米。岛屿密集，港汊深邃，湖水澄碧，林木葱郁。有千岛湖大桥，县道连通部分岛屿。

小金山列岛(Xiǎojīnshān Lièdǎo)　湖岛群。在杭州市淳安县中部,新安江水库(千岛湖)中部。原为新安江畔的山丘。1959年新安江水库蓄水后,水淹成岛群。以主岛小金山得名。明嘉靖《淳安县志》卷二:"小金山,在县一十里。屹立大溪中,上有佛宇,有似镇海之金山而小,故名。"清顾祖禹《读史方舆纪要》卷九十:"小金山,在县西十里。屹立青溪中,拟于京口之金山。"南宋诗人胡朝颖《小金山》诗:"天光云影碧相涵,百顷玻璃一望间。绿水绕门迷客渡,白云终日伴僧闲。疏钟破晓潜虬动,老木成阴倦鸟还。唤取送陀靡石壁,为渠题作小金山。"元代文人郑玉《小金山记》:"新安江东流三百里,为淳安县。未至县,十里江心,兹山在焉。古树萧然出,烟苍水黄间,石色崚嶒,苔藓如绣,上有佛寺,岁久颓圮。傍一石出滩濑中,如龟形溯流而上,号'龟石滩'。去锦沙村才一二里,燕石崖相对峙,若楼阁飞帘出临水上,盖一县山川之胜聚防于此。"东北—西南走向。由41个岛屿组成,总面积2.6平方千米。主岛海拔220米。植被以亚热带针叶林和针阔混交林为主。岛屿密集,港汊交错,林木葱郁,为千岛湖主景之一。岛上无公路、码头。

界首列岛(Jièshǒu Lièdǎo)　湖岛群。在杭州市淳安县中部,新安江水库(千岛湖)中部。原为新安江畔的山丘。1959年新安江水库蓄水后,水淹成岛群。以主岛首界岛得名。界首,即昔淳安、遂安二县交界处。旧时于此设界首铺。清《钦定古今图书集成·方舆汇编·职方典》卷一二〇〇:"界首铺　在(遂安)县东四十里。自十里至界首四铺,东北达淳安县界。"东西走向。由142岛屿组成,总面积78平方千米。主岛海拔298.5米。植被以亚热带针叶林和针阔混交林为主。岛上多野生动物,界首岛曾发现白头蝰蛇等珍稀动物。岛屿密集,港汊交错,林木葱郁,为千岛湖主景之一。岛上无公路、码头。

龙山岛(Lóngshān Dǎo)　湖岛。在杭州市淳安县中部,新安江水库(千岛湖)中北部。原为新安江畔的山丘。明嘉靖《淳安县志》卷二:"龙山一说因山形似蜿蜒的苍龙得名。一说因三国时期见黄龙而得名。一名灵岩,在县北六里。发脉金紫,百里而来,宛若游龙,而新安一江逶迤,环抱南山,凤雉蹲立,前屏赤岸小金,左右映带。"别称灵岩山。南宋教育家方逢辰更名为蛟峰,并以此山为名,自号蛟峰。清顾祖禹《读史方舆纪要》卷九十:"灵岩山,在县东北六里。山周十二里。吴永安中有黄龙见,名曰'龙山'。唐元和中,改今名。俯瞰清溪,与雉山对峙。"清光绪《淳安县志》卷一:"宋儒方逢辰舍其下,更名'蛟峰'。"1959年新安江水库蓄水后,水淹成岛。呈长条形。东北—西南走向。长1.2千米,宽380米,面积35万平方米。海拔207.8米。植被覆盖率为80%,以亚热带针叶林为主。其麓旧有始建于宋淳熙元年(1174年)的石硖书院(现淹没于水库下),为南宋著名教育家方逢辰讲学之所。咸淳七年(1271年)宋度宗御书赐"石硖书院"额。清《钦定古今图书集成·方舆汇编·职方典》卷一〇一九:"石硖书院,在(淳安)县东北五里龙山之麓,为方蛟峰讲学处。咸淳中,蛟峰复入侍讲,度宗御书'石硖书院'四字额以赐。"1986年于岛上复建原在县治南的海瑞祠。岛上无公路,西北、东南岸有客轮码头。

五龙岛(Wǔlóng Dǎo)　湖岛。在杭州市淳安县中部,新安江水库(千岛湖)中北部。原为新安江畔的山丘。因山麓有五龙桥得名。明嘉靖《淳安县志》卷五:"五龙桥,在县东北五里。桥傍有五龙庙,故名。"1959年新安江水库蓄水后,水淹成岛。呈椭圆形。东北—西南走向。长200米,宽142米,面积约2万平方米。海拔126米,植被以针阔混交林为主。岛上无公路,西南端有游船码头,西端有浮桥与奇石岛、鸟岛、月光岛等相连。

姥山岛(Mǔshān Dǎo)　湖岛。在杭州市淳安县东部,新安江水库(千岛湖)东部。原为新安江畔的山丘。古称倒湾山。因新安江水于此折向西流得名。后因山口建有圣姥庙而改名为圣姥山、姥山。明嘉靖《淳安县志》卷二："圣姥山，在县东南二十五里。山巅平地余一顷，洞泉冬夏不竭，祈祷辄应。"1959年新安江水库蓄水后，水淹成岛。呈长条形。西北—东南走向。长5.7千米，宽2.2千米，面积8.8平方千米。海拔405.2米。植被以亚热带针叶林、竹林和果林为主。建有姥山林场，辟有杉木良种园、国外松树引种园、茶叶良种园、柑橘园等。旧有淳安县城通往寿昌、兰溪等县的驿道过此。今岛上无公路，西岸有客轮码头。

桂花岛(Guìhuā Dǎo) 湖岛。在杭州市淳安县东部，新安江水库(千岛湖)东部。原为新安江畔的山丘。1959年新安江水库蓄水后，水淹成岛。因岛上多野生桂花树得名。又因相传为龙女牧羊之地，别称龙羊山。2013年于岛上建立猴戏表演场，故又别称天宫岛。呈三角形。东北—西南走向。长477米，宽225米，面积约8万平方米。海拔136米。植被以亚热带针叶林为主。有典型的岩溶地貌。岩石嶙峋，奇峰林立，有"犀牛啸天""清波印月""石门通天"等天然石景和通江洞等洞穴。岛上无公路，西北岸建有游船码头。

五狮岛(Wǔshī Dǎo) 湖岛。在杭州市淳安县西南部，新安江水库(千岛湖)西南部。原为陆上的山丘。以山上有石似五狮得名。有五狮争珠的传说。明万历《遂安县志》卷一："五狮山，在县治后。五山联属如狮，故名。"唐代迁遂安县治于山麓，故遂安县城也称狮城。清嵇曾筠《浙江通志》卷三十二："遂安县治，在县市北，坐五狮山。《遂安县志》：'县治旧在木连村溪北，唐武德四年迁五狮山之麓。'"卷二十四："遂安县城池，《严陵志》：'县城在木连村溪北，唐武德四年徙于五狮山之南，是为今治。周二里二步，而溪北之城遂废。'"1959年新安江水库蓄水后，水淹成岛。略呈梯形。西北—东南走向。底边长470米，上边长230米，宽270米，面积15万平方米。海拔150米。岛上遍植马尾松。"狮山毓秀"旧为"狮城八景"之一。清代诗人童季荣诗云："古树重重拥翠微，五山排峙势如狮。绿沙风动鬣疑奋，修竹烟笼毳欲垂。"岛侧水下有故遂安县治狮城遗址，为我国少见的水下古城之一。2001年以来，曾数次于岛侧开展水下考古。岛周小岛棋布。南北有大桥连姜家镇区和狮石村，公路贯穿南北。

南湖湖心岛(Nánhú Húxīn Dǎo) 湖岛。人工岛。在嘉兴市南湖区南湖街道，南湖中。明嘉靖二十七年(1548年)知府赵瀛浚嘉兴市河，垒土成岛。以处南湖中央得名。长130米，宽120米，面积约1万平方米。植被以针阔混交林为主。嘉靖二十八年，移建烟雨楼于岛上。清嵇曾筠《浙江通志》卷一百五十："赵瀛……嘉靖中，知嘉兴府，禁赌博，逐娼妓，疏浚城河，以其土运之南湖建烟雨楼。"清代建清晖堂、孤云楼、小蓬莱、来许亭、鉴亭、宝梅亭、御碑亭等园林建筑。烟雨楼旁，存清乾隆御碑2块。"南湖烟雨"为当地著名胜景。清《钦定古今图书集成·方舆汇编·职方典》卷九百六十四："烟雨楼，在南湖之滨。五代时，中吴节度使景陵王钱元璙建楼，曰'烟雨'，以为登眺之所。宋建炎中废。嘉定间王希吕因旧址重建。元季杨苗之乱，楼毁。明嘉靖间，守赵瀛修浚内隍，令民运土增筑，建楼于上，仍旧名。隆庆中，兵备沈奎垒石台于后。万历中，守龚勉又起层台，名钓鳌矶，后以湖为放生河，立碑楼前，曰'鱼乐国'。崇祯末，楼毁，守郑瑄重建。皇清顺治初年复毁，守许焕复建楼五楹，有挠之者，卒废。"《浙江通志》卷四十一："烟雨楼，《嘉禾百咏考》：'在秀水县滮湖之滨，吴节度使广陵王钱元璙建……兵部沈烇复辟其后为钓鱼矶，遂为南湖之胜。'《秀水县志》：'万历间，守龚勉起层台，名钓鳌矶。后以河为放生河，立碑曰鱼乐国。'《晁采馆清课》：'嘉禾环郡城皆水，烟雨楼当高阜之胜。雕窗绮阁，四面临湖，其妙在轻烟拂渚，山雨欲来时，渔船酒舸，微茫破雾，但闻橹声伊轧耳。'国朝顺治十八年，知府许焕重建，旋废。康熙二十年，同知季舜有重修，又圮。雍正八年，总督臣李卫重建，楼旁更创亭轩杰阁，以复旧迹。"明末文学家张岱在《陶庵梦忆》卷六："嘉兴人开口烟雨楼，天下笑之。然烟雨楼故自佳，楼襟对莺泽湖，涳涳蒙蒙，时带雨意，长芦高柳，能与湖为浅深。"清乾隆皇帝曾多次登岛，并作《烟雨楼用韩子祁诗韵》："春云欲泮旋蒙蒙，百顷南沏一棹通。回望还迷堤柳绿，到来才辨榭梅红。不殊图画倪黄境，真是楼台烟雨中。欲倩李牟携铁笛，月明度曲水晶宫。"又作《题烟雨楼》："杨柳矶边系画舟，六年清跸重来游。素称雨意复烟意，漫数处州还沔州。诗句全从画间得，云山常在镜中留。鸳湖依旧谁相识，懒惰无心问野鸥。"明代嘉兴知府龚勉著有《烟雨楼志》4 卷，明代嘉兴籍进士范言、嘉兴知府龚勉，清代浙江总督李卫分别撰有《重修烟雨楼记》，明代嘉兴文人李贞开作有《烟雨楼赋》。1912 年，孙中山曾登岛游览，并在烟雨楼前与各界人士合影。1921 年，中国共产党第一次全国代表大会于该岛南湖湖区完成最后议程，宣告中国共产党成立。1959 年于岛上烟屿楼建南湖革命纪念馆。东北、东南、西南三岸有游船码头。

第十二节　瀑布名称

龙潭瀑布(Lóngtán Pùbù)　在杭州市富阳区龙门镇龙门溪上。以瀑下水潭得名。清《钦定古今图书集成·方舆汇编·职方典》卷九百三十七："龙门山……有泉自山顶悬石崖，作瀑布飞漱喷溅，非遇暑炎冬涸，殆不可近。山腹有上、中、下三潭，天然石泓，名曰'龙潭'。其中、下二潭，踪迹可至，上潭邈然无津可问，间有遇者，去而复来，不可即矣。"清光绪《富阳县志》卷九："在县南四十里庆善村。山势壁立，牵萝附筱攀跻莫及。有泉自山顶悬流石崖，泻作瀑布，飞漱喷溅，非遇暑炎冬涸，殆不近。近山腹有上、中、下三潭，天然石泓，名曰'龙潭'。其中、下二潭，纵迹可至。其上潭邈然无津可问云。"落差 100 米，宽 1 米。落差大、水量多，宛如白练当空，泻入深潭。郁达夫《龙门山题壁》诗："天外银河一道斜，四山飞瀑尽鸣蛙。明朝我欲扶桑去，可许砚边泛钓槎。"民国诗人戴椿《龙潭瀑布》："匡庐名胜天下奇，碧空飞洒青琉璃。岂知此地更奇绝，涛奔石立蛟龙栖。冯夷怒兮云幂幂，神鱼游兮风凄凄。愧无太白惊人句，却步岩前不敢题。"邻近另有小瀑 3 个。附近为龙门山国家森林公园。有山径与谷口公路相通。

葫芦瀑布(Húlú Pùbù)　在建德市乾潭镇七里泷峡谷东南岸支流坌柏溪上。因瀑壁有葫芦形石洞而得名。落差 98 米，宽 6～7 米。汛期宽 10 米。瀑水从崖顶涌出，泻入葫芦形洞内，又喷薄而下，冲击在山石上，散作水花洒落入深潭。瀑上建有水坝和铁索桥、钢板桥。瀑下有观瀑亭。附近有七里泷峡谷、子胥野渡、严子陵钓台、江南龙门湾等景点，并有大小不等的小瀑布 20 余处，均为富春江—新安江国家级风景名胜区的组成部分。有步道与游船码头相通。

千丈岩瀑布(Qiānzhàngyán Pùbù)　在奉化市溪口镇雪窦寺前。因三面危岩，壁立千仞得名。清黄宗羲《四明山志》卷一："自麓至颠，高可十里，四山环合，中有平田数百亩，至者忘其为山也。左右各出一水，至西南山缺处，合流为瀑布。其岩绝壁千仞，故名'千丈岩'。水至半壁，有石突出隔之，洒若飞雪，而后复为瀑布，亦名'瀑布山'，宋真宗敕曰'东浙瀑布'也。作飞雪亭于其上，俯之以纳奇观。"瀑自崖口出，落差 186 米，瀑宽 2.2 米。瀑水击于岩壁，散而为珠，复合如练，倒泻入潭。古于瀑上建飞雪亭。南宋宝庆《四明志》卷十五："雪窦资圣寺……南有隐潭，东有石苍潭，前有含珠林、千丈岩瀑布。上、下有亭三：曰'飞雪'、曰'妙峰'、曰'漱玉'。丹碧照烂，飞檐鳞鳞，蔚在青嶂间。晨霞暮霭，遮露万状，尤为胜概。"1986年于岩顶重建飞雪亭。瀑下有仰止桥和午雷亭，瀑壁有明代至民国时期的题记。北宋文学家曾巩《千丈岩瀑布》诗："玉虬垂处雪花翻，四季雷声六月寒。凭槛未穷千丈势，请从岩下举头看。"北宋文学家王安石《千丈岩瀑布》诗："拔地万生青嶂立，悬空千丈素流分。共看玉女机丝挂，映日还成五色文。"南宋诗人楼钥《千丈岩》(一作《次曾子固韵》)诗："惊见银河空外翻，奔湍千丈有余寒。下流不用长劳望，只向悬崖顶上看。"南宋诗人郑清之《千丈岩》诗："圆峤移来东海东，梵王宫在最高峰。试将法雨周沙界，千丈岩头挂玉虹。"宋末元初诗人戴表元《雪窦飞雪亭和孙使君》诗："匡庐亦有千寻瀑，无此陵虚翠玉台。身倚老松天上立，眼看飞鸟雪中来。山神禁肃难投唾，木落魂清得浣埃。见说下岩堪对望，道人临壑剪蒿莱。"南宋奉化诗人汪灏《千丈岩瀑布》诗："千丈苍崖铁削成，坐看飞瀑与云平。气同岳渎风烟阔，源落天河日月明。端有鲲鹏奔海势，岂无鸾鹤撼秋声。谪仙汗漫游何处，我欲乘流起濯缨。"现为溪口—雪窦山国家级风景名胜区的景点之一。公路通瀑顶，有山径至瀑下。

徐凫岩瀑布(Xúfúyán Pùbù)　在奉化市溪口镇雪窦山。以瀑布悬于徐凫岩上得名。徐凫岩，原名如浮岩，以其若岩浮山涧得名。南宋宝庆《四明志》卷十五："徐凫岩，在雪窦之西，相距十五里。重崖峭壁数百仞，瀑布飞下，冬夏不绝。岩之下有神龙所宅，俗传为如浮岩。以岩浮涧谷上，故名。"后以方言谐音雅化为今名。一说，徐凫岩，以有仙人乘凫上升得名。清光绪《奉化县志》："东距雪窦十五里。重崖峭壁数百仞，下为神龙所宅。有'鞠侯岩'三大字刊于绝壁，其言徐凫者，相传有仙人乘凫上升，岩上有巨迹存焉。俗传为如浮岩，以岩浮涧谷上，故名。"瀑自崖口出，落差142米，瀑宽2.5米。瀑崖如斧凿刀削，黛赭相杂，上有巨岩如猴躬身突出，旧有"鞠猴岩"题刻。南宋宝庆《四明志》卷十五："上为鞠猴岩，有三大字刊于上。"崖顶松木苍翠，虬影乱舞，崖下草木丛生，成簇弄影。瀑顶建有观瀑亭和会仙亭。宋王时会《徐凫岩》诗云："绝壑搀空云与平，横飞寒瀑万年声。杖藜平过人间险，独向千山顶上行。"宋末元初诗人陈著《徐凫皎瀑》诗："一流瀑泻九重天，长挂如虹引洞仙。岩壁凫飞延岁月，石梁龙滚飞云烟。满山药味增新色，夹岸桃花胜旧年。"现为溪口—雪窦山国家级风景名胜区的景点之一。公路通瀑顶，有山径至瀑下。

三隐潭瀑布(Sānyǐntán Pùbù)　在奉化市溪口镇雪窦山。因有上、中、下三潭三瀑，下潭上覆悬岩，若天生石屋，潭隐石下，半遮半现得名。古称隐潭。南宋宝庆《四明志》卷十五："隐潭，(奉化)县西北五十里。潭居两岩之下，两岩相抗，壁立数百仞。仰以窥天，仅如数尺，瀑泉如练循崖而落，水寒石洁，耸人毛骨。每遇亢旱，祷其潭，有小蛇出没，旋应如响。皇朝尝遣中使投金龙玉简于潭，以祈灵贶。"上潭为飞瀑，落差40米，宽2米，以幽险见长；中潭为飞沫，落差34米，宽1.8米，以秀取胜；下潭半遮半现，落差27米，宽2.3米，以奇夺目。北宋诗人梅尧臣《和昙颖师四明十题·三层瀑》诗："山头出飞瀑，落落鸣寒玉。再落玉山腰，三落至山足。欲引煮春山，僧房架刳竹。"北宋诗人郑修辅《隐潭》诗："在昔知何人，凿破青山骨。飞泉直下来，千尺泻倏忽。两壁苍翠间，一阵风雷突。傍无尘埃踪，中有蛟龙窟。寒气不可向，猛势岂能屈。安得当旱年，为霖济群物。"南宋诗人楼钥《隐潭》："灵潭深入白云堆，带雨春云为我开。乱石半空浑欲坠，瀑泉千尺正中来。两军酣战鼓鼙急，一雨生寒霹雳摧。中有卧龙君勿狎，有时平地起风雷。"现为溪口—雪窦山国家级风景名胜区的景点之一。公路通瀑顶，有山径至瀑下。

雁苍瀑(Yàncāng Pù)　在宁波市宁海县西店镇。因地处雁苍山得名。南宋嘉定《赤城志》卷二十二:"雁苍山……上有石如雁齿且色苍,故名。"又因源出天马峰,别称马峣瀑,俗称马拉水。落差25米,宽20米。南宋嘉定《赤城志》卷二十五:"双崖壁立,瀑从空飞注石上,声如雷霆,余沫喷洒,暑时若秋。旁多乱石可坐。上有龙井,土人以绠测之深,百六十寻。沿磴数丈,有小石洞,洞中石纹如龙鳞,烨烨有光,上有石窗。"清叶观澜《马峣瀑观瀑》诗:"天马行空势,银河直泻中。瀑布千载月,珠喷四时风。洞冷无人问,亭荒何处踪。盘溪环玉带,流水大江东。"公路通谷口,谷内交通不便,藤道艰险。

腾烟瀑(Téngyān Pù)　在瑞安市高楼镇。1991年命名。因瀑流凌空下泻,落潭后升腾起若烟的云雾得名。落差60米,宽20米。多道瀑布从悬崖凌空下泻,至离潭几米处落在岩石上,旋转翻滚,腾起云雾。四周峰峦叠嶂、峡谷深幽,多奇岩怪石和澄碧水潭。有栈道连接谷口公路。

大龙湫瀑布(Dàlóngqiū Pùbù)　在乐清市雁荡镇。因瀑下有大龙湫水潭得名。湫,即水潭的通名。落差197米,瀑宽季节变化明显。清顾祖禹《读史方舆纪要》卷九十四:"有大小龙湫,会诸溪涧水,悬崖数百丈,飞瀑之势,如倾万斛水从天而下也。"元李孝光《大龙湫记》:"又折而入东崦,则仰见大水从天上堕地,不挂着四壁,或盘桓久不下,忽迸落如震霆。东岩趾有诺讵那庵,相去五六步,山风横射,水飞着人。走入庵避,余沫迸入屋,犹如暴雨至。水下捣大潭,轰然万鼓也。"徐霞客《游雁宕山日记》:"龙湫之瀑,轰然下捣潭中,岩势开张峭削,水无所着,腾空飘荡,顿令心目眩怖。"民国《温州府志》卷四:"大龙湫,在雁山西谷。绝壁泻下,高五十丈。随风旋转,变态百出。"随季节、晴雨呈现出多姿多彩的景象,时如银龙下扑,时如彩练当空,时如珠帘下垂,时如细雨烟云。与贵州黄果树瀑布、黄河壶口瀑布、黑龙江吊水楼瀑布并称中国四大名瀑,与灵峰、灵岩并称"雁荡三绝"。瀑下有观瀑亭。南宋诗人楼钥《大龙湫》诗:"北上太行东禹穴,雁荡山中最奇绝。龙湫一派天下无,万口赞扬同一舌。"南宋诗人王十朋《大龙湫》诗:"灵源东接雁池遥,裂石崩崖下九霄。云断青天倚长剑,月明泉室挂生绡。江声雨势三秋急,雪片冰花五月饶。休勒移文北山去,他年来赴石梁招。"南宋诗人徐照《游雁荡山八首·大龙湫瀑布》诗:"飞下数千尺,全然无定形。电横天日射,龙出石云腥。"唐贯休《诺矩罗赞》诗有"雁荡经行云漠漠,龙湫宴坐雨蒙蒙"之句。清代作家戴名世作有《游大龙湫记》。今为雁荡山国家级风景名胜区的主景之一。栈道连接谷口公路。

小龙湫瀑布(Xiǎolóngqiū Pùbù)　在乐清市雁荡镇。因瀑下小龙湫水潭得名。湫,即水潭的通名。又因其规模较小,别称小瀑布。落差50米,瀑宽季节变化明显。清顾祖禹《读史方舆纪要》卷九十四:"有大、小龙湫,会诸溪涧水,悬崖数百丈,飞瀑之势,如倾万斛水从天而下也。"明徐霞客《游雁宕山日记》:"两峰南坳,轰然下泻者,小龙湫也。"民国《温州府志》卷四:"小龙湫,在雁山东谷。《名胜志》:'水自石城诸溪涧来,会于霞障右胁,从岩溜出,飞流而下,高数百丈。稍西有剑锋泉涌出石罅。又,龙鼻水在大石龛内至口,高数十丈。'"悬崖环峙,色如玛瑙,瀑飞崖上,触石腾空如雾流转飞洒。瀑水搏潭,因光着色,形态万千。宋杜范《小龙湫》诗:"水脉凭高天外来,半空散得万飞埃。老龙卧处知何在,唤作灵湫亦漫猜。"今为雁荡山国家级风景名胜区灵岩景区的景点之一。栈道连接谷口公路。

三折瀑(Sānzhé Pù)　在乐清市雁荡镇。因瀑有三重,越重岩云崖飞流直泻而得名。上折瀑落差约100米,中折瀑落差120米,下折瀑落差50米。瀑宽季节变化明显。三瀑形态各异,尤以中折瀑为胜。周边山险涧深林茂。郭沫若《中折瀑》诗云:"奇峰传二百,大小有龙湫。我爱中折瀑,珠帘掩翠楼。新松待千尺，水量富更遒。”今为雁荡山国家级风景名胜区灵岩景区的景点之一。栈道连接谷口公路。

燕尾瀑(Yànwěi Pù)　在乐清市芙蓉镇。因溪水触石分流，瀑分两股，形如燕尾得名。别称飞瀑，俗称开档瀑。落差 20 米，瀑宽季节变化明显。瀑下有霞映潭，潭中有形如铁镬的巨石。瀑侧悬崖有题刻。今为雁荡山国家级风景名胜区的组成部分，周边有灵岩、能仁寺等景点。公路临瀑，交通便利。

西石梁大瀑(Xīshíliáng Dàpù)　在乐清市芙蓉镇。原名西大瀑。因地处大龙湫瀑布西南得名。后因瀑隐于高崖岩隙内而改今名。落差 120 米，瀑宽季节变化明显。水量宏大，蔚为壮观，为雁荡山第二大瀑布。明地理学家徐霞客《游雁宕山日记后》:“乃下山涉溪，回望洞之右胁，崖卷成罅，瀑从罅中直坠，下捣于圆坳，复跃出坳成溪去。其高亚龙湫，较似壮胜，故非宕山第二流也。”宋代王十朋《西大瀑》诗云:“灵源东接雁池遥，裂石崩崖下九霄。云断青天倚天剑，月明泉室挂生绡。江声雨势三秋念，雪花冰花五月饶。休勒移文北山去，他年来赴石梁招。”瀑侧崖壁有题刻。今为雁荡山国家级风景名胜区的组成部分，周边有雁湖等景区。临盘山公路，步道连接公路。

百丈瀑(Bǎizhàng Pù)　在温州市永嘉县中部大若岩镇。原名傅岩瀑。万历《温州府志》:“天台山，山形如甑，在大若岩之北，环列一十二峰：天柱、卓笔、犀角、石牌、宝冠、仙掌、展旗、香炉、莲花、石笋、横琴、童子，皆以象名。又有平霞障、龙听洞、蟾蜍石。中有傅岩瀑，悬崖腾飞，与雁山大龙湫盖比胜云。”明万历《温州府志》卷二:“天台山，在大若岩之北……有傅岩瀑布悬崖腾飞，与雁山大龙湫比胜云。”后因瀑布落差大，以“百丈”喻其高大。落差 124 米，瀑宽季节变化明显。三面合围，崖壁直立并稍内凹，瀑从高崖上飞出，疑为白绫千尺。随着季节气候不同，瀑布形态也奇谲多变。雨季，瀑如玉龙飞降，骏马奔腾；旱季，瀑成银丝缕缕，缥缈迷蒙。明代王叔果诗赞:“玉甑倚云欹，飞泉百尺垂。疑从三岛汇，散入九龙池。日射虹成彩，风回雨若丝，何当沛霖澍，四野总沾濡。”以雄、奇、险、秀、幽为特点。现为楠溪江国家级风景名胜区的景点之一。栈道连接谷口公路。

白云瀑(Báiyún Pù)　瀑布群。在温州市平阳县顺溪镇。古称玉泉瀑、玉帘瀑。后以瀑处小白云山，邻近白云村而改今名。清嵇曾筠《浙江通志》卷二十:“白云山……中有深洞，道绝不通，巨藤盘绕其上，游人援之以进，是曰‘藤道’。又有明河涧、玉乳洞、白水瀑、玉帘瀑、寒瀑、悬楼诸胜。”清《钦定古今图书集成·方舆汇编·职方典》卷一〇二三:“玉帘瀑泉　在白云山。”瀑分三叠，全瀑落差 175 米，宽 2～6 米。其中，上瀑落差 75 米，宽 2 米；中瀑落差 41 米，宽 4 米；下瀑落差 59 米，宽 6 米。瀑水缘崖喷散，若玉帘直下，声势浩大，雄伟壮观。宋代诗人蔡必胜《玉泉瀑》诗:“珠箔飞空涧布流，卷舒曾不用银钩。悬崖洒洒清涵雪，越壑溶溶冷涩秋。势动羽鳞应若是，韵谐宫徵亦相侔。水晶不碍晴峰月，分付山灵夜莫收。”周边山高林密涧深，并有应潮潭、仰明河洞、玉乳洞、乾洞等景观。公路通谷口，谷内交通不便，藤道艰险。

南车悬瀑(Nánchē Xuánpù)　瀑布群。在湖州市安吉县杭垓镇。原称龙潭瀑。清同治《湖州府志》卷二十:“龙潭山，在(孝丰)县西六十里……洞尽有小滩，滩左有石巷，左右峭壁，入巷，訇然如巨雷奔壑。巷穷即潭，其水汹涌作风雨声变怪，倏忽色殊澄碧。上有大石环飞瀑，从环中俯注潭内，如白龙下垂青海。潭顶复有小龙潭，从净身岩入潭，上有石桥，天然玉琢，如天台石梁。从石梁口更进，有金鸡石，夜半日初起，有鸡时鸣。又有解石岩，石裂如锯，过岩为石屋，内有支机石，从山顶行二里许，两山如股，有大石梁跨其上，不由人力，尤奇观也。”后因地处姚村南车自然村附近，主瀑悬空而落改今名。为大小16个瀑布的合称。主瀑高20米，瀑宽季节变化明显，平时宽2～3米，雨水期宽20米。涧水从突出的岩石上悬空而下，形成一道如白练般透明清亮的水帘下泻至岩石，跌成细流直下水潭。周边山高林茂，建有姚村林场。公路通谷口，谷内交通不便，藤道艰险。

藏龙百瀑(Cánglóng Bǎipù)　瀑布群。在湖州市安吉县天荒坪镇。因地处长龙山，取谐音“藏龙”，以寓“藏龙卧虎”之义。又因相邻瀑布众多，以百瀑喻其多，为一连串瀑布群的合称。主瀑有三重。其中，长龙飞瀑落差60米、宽10米，虹贯龙门瀑落差30米、宽15米，神龟听瀑落差5米、宽5米。瀑瀑相连，各具形态。夏季清凉幽雅，冬季冰凌倒悬。周边层峦叠嶂，森林茂密，奇峰林立，并有天荒坪抽水蓄能电站、九龙峡、中国大竹海等景区和太平军驻屯遗迹。现已辟为旅游景区。公路通景区口。

百丈飞瀑(Bǎizhàng Fēipù)　瀑布群。在嵊州市王院乡百丈峡。因瀑布高大，故以“百丈”以喻其高。在纵深约1.5千米的峡谷中，有百丈瀑、戏珠瀑、鸳鸯瀑、逍遥瀑、燕尾瀑、一线瀑、五叠泉、九龙潭、济公潭9条瀑布，被誉为“江南第一瀑布群”。其中，百丈瀑从王院水口宽约300米的赭色断崖裂罅处跃出，直下60余米，其声如雷似鼓，有千军万马奔突之威、九天银河坠谷之势；燕尾瀑与五叠泉落差120米，为其中落差最大的瀑布。明代文学家张岱作有《百丈泉》诗：“银河坠半空，摇曳成云雾，万斛喷珠玑，百丈悬练素。”瀑周峭壁危崖、峰峦竞秀，清溪奔流，谷狭林幽。现已辟为AA级旅游景区。公路通至王院村。

百杖三叠瀑(Bǎizhàng Sāndié Pù)　在金华市磐安县仁川镇百杖潭风景区内。因岩高百丈，瀑分三叠，故名。“百杖”古作“百丈”。清嵇曾筠《浙江通志》卷二十一：“百丈潭，崇祯《处州府志》：‘在(丽水)县东一百二十里。有三潭，周回皆石，各百余丈，水深莫测，岩瀑泻练，时有龙潜。昔周阇黎祈雨于此，辄有神应。’”清《钦定古今图书集成·方舆汇编·职方典》卷一〇二七：“百丈潭……两岸有二石窍，各高百余丈，上窍通天，下窍通潭。窍上冬暖夏凉。昔周阇黎取雨于此，曾有神应。”后谐音作“百杖”。三级瀑布，上下相连，连续下跌。全瀑落差72米，宽2～7米。上瀑落差10米、宽2米，中瀑落差15米、宽5米，下瀑落差47米、宽7米。以崖险、瀑高、潭深、水清、溪曲为著。瀑周森林茂密，秋季多红叶，并有龙潭湖水库、仙风洞、一线天、滴水岩、十八渡等景观，建有观瀑台。现为百杖潭风景区的主景之一。1935年10月，中国工农红军挺进师第一纵队由缙云进入这一带开展革命活动。公路至仁川镇石下村。

马尾瀑布(Mǎwěi Pùbù)　在衢州市衢江区黄坛口乡药王山。以瀑布细长，形如马尾得名。落差98米，宽4～5米。今为药王山风景区的主景之一。县乡公路通景区入口。

黄岩大瀑布(Huángyán Dàpùbù)　瀑布群。在台州市黄岩区上郑乡。以黄岩山得名，为黄岩山瀑布群的总称。瀑群由天妃瀑、湘妃瀑、洛神瀑、门槛瀑4条瀑布组成。其中，天妃瀑落差约130米、宽约30米，湘妃瀑落差约40米、宽约10米，洛神瀑落差约30米、宽约4米，门槛瀑落差约3米、宽约20米。瀑群区域内有黄岩仰水、竹林听泉、九泄龙吟、洛神濯秀、羞女陈情、潇湘飞瀑、素女论经、天妃雨花、绿谷清溪等景点。清代诗人屈大均《观黄岩瀑布》诗：“万仞晴川泻，崩云落紫虚。斜飞金蠕蝀，乱雨玉芙蕖。响振寒松外，光生旭日初。天风无远近，吹去湿琴书。”县乡公路通至瀑下大溪村。

石梁飞瀑(Shíliáng Fēipù)　在台州市天台县石梁镇石桥山。古称石桥瀑布。因瀑布上方有天生石桥得名。南宋嘉定《赤城志》卷二十一：“石桥，在(天台)县北五十里，即五百应真之境，相传为方广寺。有石梁架两崖间，龙形，背广不盈咫，其上双涧合流，泄为瀑布。"后因石桥改称石梁而改今名。别称石梁雪瀑。两崖峭壁对峙，长 7 米、宽约 2 米的石梁横亘其上，涧水自梁下穿越，飞泻入碧泓潭。瀑高约 30 米、宽约 7 米。历为天台山名胜，传为五百罗汉道场。北宋熙宁五年(1072 年)五月，日僧成寻至此参禅礼佛。明天启元年(1621 年)钦差提督九门太监徐贵等施建铜亭。瀑侧有宋米芾书"第一奇观"等摩崖石刻 10 余处。桥右有中方广寺，桥下有下方广寺。历代文人多有吟咏，留下无数诗篇。唐代诗人孟浩然《舟中晓望》诗："挂席东南望，青山水国遥。舳舻争利涉，来往接风潮。问我今何适？天台访石桥。坐看霞色晓，疑是赤城标。"唐代诗人刘禹锡《送霄韵上人游天台》诗："曲江僧向松江见，又到天台看石桥。鹤恋故巢云恋岫，比君犹自不逍遥。"唐代诗人刘长卿《送惠法师游天台，因怀智大师故居》诗："翠屏瀑水知何在，鸟道猿啼过几重。落日独摇金策去，深山谁向石桥逢。定攀岩下丛生桂，欲买云中若个峰。忆想东林禅诵处，寂寥惟听旧时钟。"宋代僧人释文珦《石桥瀑布》诗："瀑布依真境，何曾与世同。洒空轻作雾，溅石乱生风。绝壁惊飞鸟，危梁卧断虹。人言龙窟宅，只在此潭中。"现为天台山国家级风景名胜区的组成部分。盘山公路至景区入口。

紫凝瀑布(Zǐníng Pùbù) 在台州市天台县平桥镇南部。因地处紫凝山中得名。瀑呈两级，上小下大，曲折泻下。落差约 8 米，宽约 4 米。水质清冽，冬夏不竭。历为天台县名瀑，旧与石梁飞瀑、福圣瀑(编者注：即百丈崖瀑布)合称天台山瀑布"三绝"。紫凝山因此别称瀑布山。北宋《太平寰宇记》卷九十八："瀑布山，亦天台之别岫也。西南瀑布悬流，千丈飞泻，远望如布。"南宋嘉定《赤城志》卷二十一："瀑布山，在(天台)县西四十里。山有瀑布垂流千丈，遥望如布。盖与福圣观、国清寺二瀑为三。"清顾祖禹《读史方舆纪要》卷九十二："瀑布山，一名紫凝山，有瀑布千丈。"唐代茶学家陆羽品瀑布潭水为天下第十七。唐代诗人张又新《煎茶水记》："李因命笔，(陆羽)口授而次第之……天台山西南峰千丈瀑布水第十七。"瀑布附近产紫凝茶。县乡公路至瀑下山麓。

司马瀑(Sīmǎ Pù) 在台州市天台县白鹤镇东北部龙穿峡。传唐道士司马承祯曾隐此，故名。落差约 80 米，宽约 5 米。瀑水自峭壁裂口冲出，呼啸而下，飞珠溅玉。"秀溪观瀑"今为天台山国家级风景名胜区龙穿峡景区的主景之一。县乡公路至瀑下景区入口。

神龙飞瀑(Shénlóng Fēipù) 在丽水市遂昌县垵口乡南部淤连山。原称淤连山瀑布，以山得名。又因一瀑三折，别称三瀑。2009 年以瀑处神龙谷景区内而改今名。源出外蓬溪。瀑分三级，一级瀑布落差约 60 米、宽 10 米，二级瀑布落差约 80 米、宽 18 米，三级瀑布落差约 120 米、宽 25 米。两侧山势险峻，林木茂密，有乌冈栎、猴头杜鹃等珍稀植物和猕猴、黑麂、石蛙等国家重点保护野生动物。今为神龙谷 AAA 级旅游景区的组成部分。邻近有翠仙谷、南尖岩等景区。桂王线县道过瀑下景区入口。

东溪龙井瀑布(Dōngxī Lóngjǐng Pùbù) 在丽水市庆元县岭头乡。以瀑布所在的溪流及瀑下水潭得名。落差 100 余米，瀑宽 6 米。瀑下有水潭三泓，称三井龙潭。因三井龙潭也称赤岩三井，别称赤岩三井瀑。民间传说有龙潜其中。光绪《庆元县志》卷一："赤岩之井，深不可测，有龙潜其中也。"清光绪《处州府志》卷三："三井龙潭，(庆元)县东四十里。两岸复岫壁立，有三泓。一泓深不可测，岁旱祷雨屡应。其流入交剑潭。训导戚光朝诗：'两岸悬峭壁，古色老秦松。怪石疑蹲虎，灵湫隐蛰龙。瀑声惊雨过，仙迹借云封。坐久寒侵骨，遥闻隔寺钟。'"县乡公路通瀑下龙洋村。

雪花漈(Xuěhuā Jì) 在丽水市景宁畲族自治县大漈乡。《元史》卷二百一十："漈者，水趋下而不回也。”浙南一带方言以之作为瀑布的通名。以瀑从危崖泻下，水花飞溅犹若雪花飞舞得名。又因水量宏大，别称大漈。落差 70 余米，瀑宽 8～25 米。瀑水循山崖而下，迸散成无数朵洁白的水花，似漫天飞雪，又似白练当空，声如雷鸣，势若潮涌。清人李璜《大漈观瀑》云：“万山随地耸，一水拍天浮。”邻近有全国重点文物保护单位时思寺、护关桥，以及梅氏宗祠、阳岚寨、明朝银矿遗址银坑洞、千年柳杉王等名胜古迹，并有中国传统村落西一村，今为云中大漈浙江省风景名胜区的组成部分。明景泰三年(1452 年)迁沐溪巡检司于此，并以此瀑别称更名大漈巡司。后裁巡司改为大漈官仓。清同治《景宁县志》卷二：“大漈巡司在五都，明景泰三年建，后裁去改为大漈官仓。”1931 年，以此瀑别称于此置大漈乡。县乡公路至瀑前大漈村。

第十三节　泉 水 名 称

玉泉(Yù Quán)　洪积扇前缘泉。杭州三大名泉之一。在杭州市西湖区灵隐街道。因泉水晶莹如玉得名。别称抚掌泉。南宋咸淳《临安志》卷三十八：“玉泉，在钱塘门外九里松北，净空院。南齐建元末，灵悟大师昙超开山说法，龙君来听，为抚掌出泉。今龙祠前有小方池，深不寻丈，清澈可鉴，异鱼数百泳游其中。淳祐八年，赵安抚与筹甃砌龙潭，增筑为二池。”泉自地底渗出，蓄为长 12 米、宽 9 米的水池。日流量 600 立方米。池畔亭廊有“鱼乐人亦乐，泉清心共清”楹联和明董其昌手书“鱼乐园”匾额。清雍正《西湖志》卷四：“泉上建亭，榜曰‘洗心’，左右夹以回廊，环以曲槛，游人凭槛而坐，鱼亦不惊。”“玉泉鱼跃”为西湖十八景之一。明张岱《西湖梦寻》卷二：“祠前有池亩许，泉白如玉，水望澄明，渊无潜甲。中有五色鱼百余尾，投以饼饵，则奋鬐鼓鬣，攫夺盘旋，大有情致。泉底有孔，出气如橐籥，是即神龙泉穴。”民国胡祥翰《西湖新志》卷一：“又有翡翠鱼，长约尺余，咸丰时有三尾，近存其一潜伏池底，偶然游泳得一见之，乾隆御题，已有翡翠之名，盖三百年物也。有屋三楹，榜曰‘鱼乐国’，旁曰‘洗心亭’‘皱月廊’，池有小石塔。‘玉泉鱼跃’为增修西湖景目之一。”唐代诗人白居易《题玉泉寺》诗：“湛湛玉泉色，悠悠浮云身。闲心对定水，清净两无尘。手把青筇杖，头戴白纶巾。兴尽下山去，知我是谁人。”南宋诗人董嗣杲《玉泉》诗云：“南齐事迹已销沉，曾立苔碑记古今。一老出泉犹抚掌，此僧演法欲传心。树头龙过家家雨，池面鱼游尾尾金。行客不须闲照影，要知泽物溥春霖。”元代僧人道隐《玉泉寺》诗：“在昔南齐时，说法有昙起。天花堕碧空，神龙听法语。抚掌一赞叹，出泉成白乳。澄洁更空明，寒凉却酷暑。石破起冬雷，天惊逗秋雨。如何烈日中，水纹如碎羽。言有橐籥声，气孔在泉底。内多海大鱼，狰狞数百尾。饼饵骤然投，要遮全振旅。见食即忘生，无怪盗贼聚。”邻近有珍珠泉和晴空细雨泉等名泉。临玉泉路，通多条公交线路。

珍珠泉(Zhēnzhū Quán)　洪积扇前缘泉。在杭州市西湖区灵隐街道。因叩击地面，泉池内随即有小水泡宛如串串珍珠不断上涌得名。又因珍珠古称真珠，别作真珠泉。南宋咸淳《临安志》卷三十八：“真珠泉，在大慈崇教院。今为张循王真珠园，盖因泉得名。(五代)周显德中，院东泉水迸出，因甃为方池。或闻扣击声，则泉涌如贯珠。嘉佑中太子少保元绛名之曰‘真珠泉’。今官酿亦取以名。”明田汝成《西湖游览志》卷五：“真珠泉，在袭庆寺内。周显德间，泉自地迸出，寺僧因甃为方池。闻剥啄声则泉益涌，累累如贯珠。宋景佑中，官家取以酿酒，遂以为酒名。”泉自地底渗出，蓄为长 6.1 米、宽 2.2 米的水池。日流量不详。宋末元初诗人董嗣杲《真珠泉》诗:“泉光四散骇猿猱,迸起平池点滴高。谁欲斗量徒积梦,人将瓶汲肯辞劳。声随后雨穿疏箔,名逐春风入小槽。别有雷峰峰下圃,一泓埋没在蓬蒿。”邻近有玉泉和晴空细雨泉等名泉。临玉泉路,通多条公交线路。

晴空细雨泉(Qíngkōngxìyǔ Quán) 洪积扇前缘泉。在杭州市西湖区灵隐街道。古称细雨泉。因泉眼上涌,浮激波面,滴滴作雨状得名。明张岱《西湖梦寻》卷二:“又有细雨泉,晴天水面如雨点,不解其故。泉出可溉田四千亩。”清嵇曾筠《浙江通志》卷九:“(玉泉)寺后有细雨泉。”后因其晴天水面如雨点,故改今名。别称法雨泉。泉自地底渗出,蓄为长 7.1 米、宽 6.3 米的对称双池。日流量不详。邻近有玉泉和珍珠泉等名泉。临玉泉路,通多条公交线路。

冷泉(Lěng Quán) 岩溶泉。在杭州市西湖区灵隐街道飞来峰麓灵隐寺前。因泉水温度较低得名。泉自石灰岩裂隙出,蓄水成池,流淌成溪。日流量不详。唐以前未见著录。唐中期,因杭州刺史元萸于泉上建冷泉亭而著名,白居易《冷泉亭记》云:“东南山水,余杭郡为最。就郡言,灵隐寺为尤。由寺观,冷泉亭为甲。亭在山下,水中央,寺西南隅。高不倍寻,广不累丈;而撮奇得要,地搜胜概,物无遁形。春之日,吾爱其草薰薰、木欣欣,可以导和纳粹,畅人血气。夏之夜,吾爱其泉渟渟,风泠泠,可以蠲烦析酲,起人心情。山树为盖,岩石为屏,云从栋生,水与阶平。坐而玩之者,可濯足于床下;卧而狎之者,可垂钓于枕上。矧又潺湲洁澈,粹冷柔滑。若俗士,若道人,眼耳之尘,心舌之垢,不待盥涤,见辄除去。潜利阴益,可胜言哉! 斯所以最余杭而甲灵隐也。”白居易曾书“冷泉”二字亭额,苏轼续书“亭”字。明田汝成《西湖游览志》卷十:“冷泉亭,唐刺史元萸建,旧在水中,今依涧而立。‘冷泉’二字,乃白乐天所书,‘亭’字乃苏子瞻续书,今亦亡矣。今扁,盱江左赞隶书。”历代文士多有题咏。北宋文学家苏轼《灵隐前一首赠唐林夫》:“灵隐前,天竺后,两涧春淙一灵鹫。不知水从何处来,跳波赴壑如奔雷。无情有意两莫测,肯向冷泉亭下相萦回。我在钱塘六百日,山中暂来不暖席。今君欲作灵隐居,葛衣草履随僧蔬。能与冷泉作主一百日,不用二十四考书中书。”北宋诗人梅询《武林山十咏·冷泉亭》:“古窦鸣幽泉,苍崖结虚宇。六月期客游,披襟苦徂暑,开窗弄清浅,吹鬓疑风雨。不见白使君,烟萝为谁语。”北宋诗人赵湘《登杭州冷泉亭》:“天竺峰西月几层,亭孤应忌俗人登。山光晓射闻猿客,泉影秋摇倚树僧。”北宋诗人林稹《冷泉亭》诗:“一泓清可沁诗脾,冷暖年来只自知。流出西湖载歌舞,回头不似在山时。”宋时曾疏浚泉水,并修建水闸,“冷泉放闸”为其时灵隐一大奇观。南宋文学家周紫芝《冷泉亭放闸诗》二首:“呼猿洞口水潺潺,忽卷奔流下九天。乞得少陵三峡句,为君题作倒流泉。”宋末元初诗人陆垕《冷泉亭看放水》诗:“泉声飞出闸,委折绿阴间。此地原无暑,多时不入山。草攲疑石坠,水定见鱼还。难得同龟鹤。游吟半日闲。”公路至灵隐寺,通多条公交线路。

虎跑泉(Hǔpǎo Quán) 岩石裂隙泉。杭州三大名泉之一。在杭州市西湖区西湖街道。因神虎刨地成泉的传说得名。南宋咸淳《临安志》卷三十八:“旧传性空禅师尝居大慈山,无水。忽有神人告之曰:‘明日当有水矣。’是夜二虎跑地作穴,泉涌出,因名。”明田汝成《西湖游览志》卷五:“虎跑泉,宋学士濂铭叙云:‘虎跑泉在杭之南山大慈定慧禅院,距城十里而近。唐元和十四年,性空大师来游兹山,乐其灵气郁盘,栖禅其中,寻以无水,将他之,忽神人跪而告曰:自师之来,我等傲惠者甚大,奈何弃去? 南岳童子旋当遣二虎来移,师无忧也。翼日,果见二虎跑山出泉,甘洌胜常。大师因留,建立伽蓝……盖虎跑泉本非因咒而起者,以人声振动之,则加沸耳。’”泉从石英砂岩裂隙涌出,日流量 43.2～86.4 立方米。属重碳酸氯钙钠型水。泉水晶莹甘洌,与龙井泉并称“天下第三泉”。

泉壁有“虎跑泉”三字题刻。“龙井茶、虎跑水”被称为西湖双绝。明张岱《西湖梦寻》卷五:“城中好事者取以烹茶,日去千担。寺中有调水符,取以为验。”北宋文学家苏轼《虎跑泉》诗:“亭亭石塔东峰上,此老初来百神仰。虎移泉眼趋行脚,龙作浪花供抚掌。至今游人灌濯罢,卧听空阶环玦响。故知此老如此泉,莫作人间去来想。”南宋诗人方信孺《虎跑泉》诗:“破寺高僧夜不眠,一声猛虎月明天。起来难觅新蹄迹,半滴空余石罅泉。”明代文学家袁宏道《虎跑泉》诗:“竹床松涧净无尘,僧老当知寺亦贫。饥鸟共分香积米,枯枝常足道人薪。碑头字识开山偈,炉里灰寒护法神。汲取清泉三四盏,芽茶烹得与尝新。”明代文学家聂大年《虎跑泉和苏子瞻韵》诗:“中峰有路盘桓上,前代遗踪成俯仰。老禅对客欲忘言,尘事恼人空鞅掌。梵音时答海潮声,山雨暗添泉溜响。倏然长忆下烟萝,玉珂漫使因风想。”明代杭州诗人张舆《虎跑泉》诗:“步屧看花入翠微,暖风兰气袭人衣。虎曾听法跑泉出,龙或逃禅挟雨飞。寰悟凿空开洞府,东坡遗迹着岩扉。世情总被凡僧惑,泡影观来果是非。”明初文学家宋濂《虎跑泉铭》云:“天一所形,厥质乃凝。潜行重渊,与势俱升。至人来居,地不爱宝。谁信清泠,生于虎爪。山后川君,与道为谋。肯私一勺,不师之留。师既留止,化泉为雨。式沛且滂,润于千里。幻此荒虚,遂成宝坊。群生依之,为正法幢。命世大才,犹龙类象。来游来咨,如山答响。代祀虽邈,声华弗亏。至今草木,尚被余辉。我于世缘,逢触辄碍。泉特相知,献万珠琲。扰扰征骖,风埃渺弥。有素者衣,化而为缁。愿挹寸波,如习禅定。洗涤根尘,一时清净。”“虎跑梦泉”为新西湖十景之一。临虎跑路,通多条公交线路。

龙井泉(Lóngjǐng Quán)　岩溶泉。杭州三大名泉之一。在杭州市西湖区西湖街道风篁岭。古称龙泓、龙湫。南宋咸淳《临安志》卷三十八:“龙井,本名龙泓。吴赤乌中葛洪炼丹于此……相传有龙在焉。触石为云,祷者辄应。因建龙祠曰‘惠济庙’。”以泉名井,又以井名泉。泉自石灰岩裂隙渗出,蓄为圆形水井。日流量不详。水味甘甜,四季不涸。与虎跑泉并称“天下第三泉”。井侧旧有北宋词人秦观撰文,米芾书写的《游龙井记》。泉壁有秦观、米芾、乾隆皇帝等题刻。泉侧有龙井寺。秦观《游龙井记》:“龙井旧名龙泓,距钱塘十里。吴赤乌中,方士葛洪尝炼丹于此,事见《图记》。其地当西湖之西、浙江之北、风篁岭之上,实深山乱石之中泉也。每岁旱,祷雨于他祠不获,则祷于此,其祷于此,其祷辄应,故相传以为有龙居之。……惟此地蟠幽而踞阻,内无靡曼之诱,以散越其精;外无豪捍之胁,以亏疏其气。故岭之左右,大率多泉;龙井其尤者也。夫蓄之深者,发之远。其养也不苟,则其施也无穷。龙井之德,盖有至于是者,则其为神物之口也,亦奚疑哉?元丰二年,辩才法师元静,自天竺谢讲事,退休于此山之寿圣院。院去龙井一里,凡山中之人有事于钱塘,与游客之将至寿圣者,皆取道井旁。法师乃即其处为亭,又率其徒以浮屠法环而咒之,庶几有慰夫所谓龙者。俄有大鱼泉中跃出,观者异焉。然后知井之有龙不谬,而其名由此益大闻于时。是岁余自淮南如越省亲,过钱塘,访法师于山中,法师策杖送余于风篁岭之上,指龙井曰:‘此泉之德至矣,美如西湖,不能淫之使迁;壮如浙江,不能威之使屈。受天地之中,资阴阳之和,以养其源,推其绪余,以泽于万物。虽古有道之士,又何以加于此,盍为我记之?’余曰:‘唯唯。’”明田汝成《西湖游览志》卷四:“龙井,本名龙泓。吴赤乌中葛稚川炼丹于此。林樾幽古,石鉴平开,寒翠甘澄,深不可测。疏涧流淙,泠泠然不舍昼夜。闲花寂草,延缘其旁,或隐或见。苍山围绕,杳非人间。时闻鸟韵樵歌,响答虚谷。井中相传有龙居焉,祷雨多应。或见小蟹、斑鱼、蜥蜴之类,上覆以楼,为惠济龙王祠。水经饮马桥,合黄泥岭,东出茅家埠入湖。”明张岱《西湖梦》卷四:“寻南山,上下有两龙井。上为老龙井,一泓寒碧,清冽异常,弃之丛薄间,无有过而问之者。其地产茶,遂为两山绝品。再上为天门,可通三竺。南为九溪，路通徐村，水出江干。其西为十八涧，路通月轮山，水出六和塔下。龙井本名延恩衍庆寺。唐乾祐二年，居民募缘改造为报国看经院。宋熙宁中，改寿圣院，东坡书额。绍兴三十一年，改广福院。淳祐六年，改龙井寺。元丰二年，辩才师自天竺归老于此，不复出，与苏子瞻、赵阅道友善。后人建三贤阁祀之，岁久寺圮。万历二十三年，司礼孙公重修，构亭轩，筑桥，锹浴龙池，创霖雨阁，焕然一新，游人骈集。"周边为龙井茶基地一级保护区。元代诗人虞集《次邓文原游龙井》："杖藜入南山，却立赏奇秀。所怀玉局翁，来往绚履归。空余松在涧，仍作琴筑奏。徘徊龙井上，云气起晴昼。澄公爱客至，取水挹幽窦。坐我檐葡中，余香不闻嗅。但见瓢中清，翠影落群岫。烹煎黄金芽，不取谷雨后。同来二三子，三咽不忍漱。讲堂集群彦，千磴坐吟充。浪浪杂飞雨，沉沉度清漏。令我怀幼学，胡为裹章绶。"明代诗人姚绶《龙井》诗："龙井泉头与客过，计程远度日嵯峨。菜畦麦陇连山麓，僧寺人家客涧阿。决决暗流霜叶乱，斑斑飞雉夕阳多。品尝顾渚风斯下，零落茶经奈尔何。"明代诗人孙一元《初饮龙井》诗："眼底闲云乱不开，偶随麋鹿入云来。平生于物元无取，消受山中水一杯。"明代诗人童汉臣《龙井试茶》诗："水汲龙脑液，茶烹雀舌春。因之消酩酊，兼以玩嶙峋。"公路至井侧，通多条公交线路。

枫林咽泉(Fēnglín Yàn Quán)　间歇泉。石灰岩地貌虹吸泉。在杭州市富阳区洞桥镇。古称谒水灵官泉。明万历《杭州府志》卷二十五："谒水灵官泉，在广陵乡枫林坞。旧志：'石有小洞，寻常无水，以诚祷之，洞中汩汩有声，泉即涌出。饮足而泉止，故名。'"清《钦定古今图书集成·方舆汇编·职方典》卷九百三十八："谒水灵官泉，在(新城)县西三十五里，广陵乡枫林坞。横广三尺许，泉水时消时长，如气有呼吸，如潮有进退，雷雷有声，一刻之间忽为消长数次，亦奇境也。"旧称咽水。因地处枫林村附近，浅而复溢，如人之吞咽，故名。民国《新登县志》卷一："枫林咽水，按：'枫林坞在县西三十余里广陵乡，天雷山之麓。境极幽邃，山下有穴如窦。泉涓涓时作时止，空窍来风，若有呼吸吞吐者然，故曰咽水。'"泉从石灰岩下涌出，以 15 分钟为一个周期循环往复。日流量不详。清代诗人潘成年《枫林咽泉》诗云："我游枫林坞，不见枫林树。唯闻涧水声，依旧出烟雾。""枫林咽水"昔为新登县的八景之一。现为"富春十景"之一。通乡村公路。

湍口温泉(Tuānkǒu Wēnquán)　温泉。在临安市湍口镇。因地处湍口村得名。又因湍口村旧称芦荻墩，古称芦荻泉。泉处天目山脉，别称天目山温泉。地热区面积约 0.2 平方千米，地下储热温度 40℃～50℃，溢出表面水温 30℃～32.5℃。日出水量 3 000 立方米，为无色、无臭、微涩、透明的低矿化度重碳酸型泉水，含氡、氟、锶、钡等矿物质，尤以游离的二氧化碳、可溶性二氧化硅及锶偏高为特征。现建有温泉度假村。通湍考线县道。

深甽南溪温泉(Shēnzhèn Nánxī Wēnquán)　温泉。在宁波市宁海县西部深甽镇。因地处南溪溪岸得名。1960 年始开发，采自 158 米深的地下。有温泉井 1 口，日出水量 2 500 立方米。水温 47℃～51℃。无色、无味、无臭，富含氟、氡、锂、锶、钾、钙等矿物质和微量元素。现建有 2 家温泉宾馆。周边有卧龙谷、仙人谷、闻莺谷、锦绣谷等景区。邻象西(S311)省道。

承天氡泉(Chéngtiān Dōngquán)　温泉。在温州市泰顺县雅阳镇。因地处承天村，泉水含氡得名。古称汤泉。清光绪《泰顺分疆录》卷三："泉水从涧边小石池中涌起，四时沸如汤。"俗称火热溪。泉群分布在长 115 米、宽 10 米的范围内。日出水量 432 立方米，水温 54℃～62℃，为高矿化度、高热含氡温泉。1997 年建立承天氡泉省级自然保护区。现建有温泉度假村。附近有明清古村落。雅氡线县道至泉下。

武义温泉(Wǔyì Wēnquán)　温泉。在金华市武义县熟溪街道。泉群分布面积约500平方千米。温泉与萤石矿相伴而生。传发现于1972年，因萤石矿工人钻采萤石时而发现。20世纪90年代始开发。有温泉井13口，日出水量4 000立方米。水温42℃～45℃。无色、无味、无臭，富含氟、锂、锶、锰、溴、偏硅酸等矿物质和微量元素。现建有3个温泉旅游度假村。2012年，武义县被国土资源部命名为“中国温泉之城”。邻近有大红岩国家级风景名胜区、龙潭—郭洞浙江省风景名胜区和壶山省级森林公园。金温铁路、长深(G25)高速公路、永武(S312)和上松(S220)省道至温泉地热区附近。

须女泉(Xūnǚ Quán)　岩石裂隙泉。在江山市虎山街道，西山东麓。因古人以江山地域上应牵牛、须女星得名。清嵇曾筠《浙江通志》卷二：“内纬秘言：牛二度衢州府西安、江山二县入二分之六；女二度衢州府龙游、常山、开化入七分之八。”江山古三大名泉之首。嵇曾筠《浙江通志》卷二十二：“蒋德璟《江山县志序》：‘江山越之东南偏，其山锦文，其泉须女，其交闽楚。’”泉自泥灰质砂岩洞穴流出，日流量约70立方米。旧时为西山山麓一带的主要饮用和灌溉水源之一。清穆彰阿《大清一统志・衢州府》：“须女泉在江山县西西山麓。深不及丈，形如半月，大旱不涸。流经县北三里入大溪，溉田数百亩。”水质甘洌宜茗。嵇曾筠《浙江通志》卷十八：“须女泉，一名梅花泉。天启《江山县志》：‘在县北三里。发源西山之麓，深不及丈，甘洌宜茗。’”清嘉庆十八年(1813年)，县学教谕汪嘉谷倡议疏浚此泉，又建亭于泉右，立碑表之，又邀钱塘名士宫廷侍讲梁同书题“须女泉”，并勒碑纪其事。后因建浙赣铁路而拆泉旁建筑，泉眼因开山采石湮没原址而下移数十米。梁同书题“须女泉”石碑，现藏江山市档案局。清代诗人刘汉裔《须女泉八景》诗曰：“岩色饶名胜，清流一镜平。江澄涵绿藻，堤古老芳蘅。夜静花凝露，春来鸟弄晴。杉桥迟月饮，郭垄带云耕。草近天连碧，峰遥雨后明。鸥闲忘避客，树密半藏莺。爽气秋生袂，疏烟暮翳城。野花何郁郁，幽卉更盈盈。熠曜光如沸，翩翾势若萦。名泉知应宿，廉让有同声。”今周边改建为西山公园，城镇道路通至公园入口。

雪泉(Xuě Quán)　岩石裂隙泉。在江山市虎山街道，西山东麓。古称薛家泉、薛泉，以曾为薛家园林的组成部分得名，后谐音为今名。清穆彰阿《大清一统志・衢州府》：“雪泉在江山县西西山麓。亦名‘薛家泉’。明时知县张凤翼浚入县河。”与梅泉、须女泉合称“西山三泉”，并为其中水量最大的泉。日流量约80立方米。旧时为西山山麓一带的主要饮用和灌溉水源之一，城内西塘之水源。清嵇曾筠《浙江通志》卷二十四：“江山县城池……右倚西山足恃为险，故不穿壕然。雪泉之水，旧由西而入，穿街市东出。筑城后拒使外向，春涝城每圮。天启二年，知县张凤翼于通兴门左凿一水窦引之，循故道绕学宫而东，由是风气回环、城郭完固。”水质甘洌宜茗。江山籍教育家毛常1937年撰写的《修浚雪泉碑记》云：“西山之麓，松石清奇。自昔宋明盛时，林园别业枝柯交荫，若徐复殷之克斋、王球之枕园，或为读书之舍，或作游憩之地，每相从题咏，而雪泉为领其胜概。”清代诗人杨世倚《题枕园》诗：“层楼百尺俯山椒，桂影参差间柳条。有客不妨聊斗茗，雪泉正好坐清宵。”清代江山籍诗人刘侃《春游王氏枕园》诗云：“门巷无车马，行来别有天。庭闲森立石，径曲递鸣弦。空翠生眉际，归云落槛前。招寻殊未已，得趣且流连。”旧分上、中、下三池，分别供饮、涤、灌使用。民国时期曾两次疏浚，立有《修浚雪泉记》等二碑。今周边改建为西山公园。城镇道路通公园入口。

白龙洞泉(Báilóngdòng Quán)　岩溶泉。在衢州市常山县天马街道，天马山麓。因泉水源处白龙洞下得名。明万历《常山县志》卷二：“白龙洞在县西城门外。昔时草木丛密。忽有白龙乘大风雨凌虚而翔。风雨休息，视前茂处，乃二洞也。一在山腹，若巨室然；一在山址，涧溜潺潺，不舍昼夜。”泉自石灰溶洞流出，水味甘洌，含钙量高，为制佳酿之优质水源。城镇道路通泉下。

第二章　海域自然实体名称

第一节　海 区 名 称

东海(Dōng Hǎi)　中国三大边缘海之一。在中国大陆与中国台湾岛、日本国琉球群岛和九州岛之间。北起长江口到韩国济州岛连线，南至广东省南澳岛到台湾岛南端连线，西起中国大陆岸线，东北至韩国济州岛经五岛列岛到日本国长崎半岛南端，东至日本国九州岛、琉球群岛和中国台湾岛。以地处中国大陆岸线以东得名。古别称东溟，今别称东中国海。古时“东海”之名所指因时而异。《礼记・王制》:“自东河至东海。”指今黄海。《战国策・楚》:“楚国僻陋，托东海之上。”指今黄海及东海北部。《国语・越语》:“故滨于东海之陂。”指今东海。秦汉以后，以今东海、黄海合称东海。《越绝书》卷八“句践伐吴，霸关东，从琅琊起观台，台周七里，以望东海”即为其典型记载。明代以后，始称长江口以北为黄海，长江口以南为东海。面积 79.48 万平方千米，平均水深约 370 米。最深处约 2 719 米。其中，浙江省境内面积 26 万平方千米。基底为中生界及中生界前的岩系，具有明显的北北东向带状构造，由一系列中、新生代大致平行相间排列的隆起带和凹陷带组成，分为浙闽隆起带、东海陆架凹陷带、东海陆架边缘隆褶带、冲绳海西槽张裂带和琉球岛弧海沟带。海底地貌以宽阔的大陆架为特点。以台湾岛和五岛列岛连线为界，线以西为大陆架，宽约 600 千米，占整个海域的 2/3，为世界上最宽大的大陆架之一。分古长江三角洲、现代长江水下三角洲、古河道和水下阶地等地貌类型，沉积物以细砂、中砂和贝壳屑为主。线以东为大陆坡和海槽。东海大陆坡即为冲绳海槽的西坡，在水深 140～180 米处发生转折，在宽约 55～110 千米的范围内以大于 1°的陡坡直下冲绳海槽，水深 140～1 000 米。冲绳海槽为北北东向的弧形海槽，底部平坦，壁坡稍陡，北浅南深，是东海大陆架与琉球岛弧的天然分界。冲绳海槽北部水深 600～800 米，南部水深为 2 500 米左右，最深处在台湾东北，水深约 2 719 米。大部海域地处热带和亚热带，季风显著，冬春多雾，冬季多大风，夏秋有台风影响，主风向为偏北风和东南风，强风向为偏北风。海流主要受黑潮暖流和沿岸流影响，其中黑潮暖流自中国台湾岛和日本与那国岛之间进入东海，在台湾东北向北分一支流入浙闽浅海，主流则沿东海大陆坡向东北流，在日本九州岛附近再分支。沿岸流主要源自长江口冲淡水和南海西南季风漂流。夏季，南海西南季风漂流自南海进入台湾海峡，沿浙闽海岸向北，于长江口外汇钱塘江和长江冲淡水，向东流淌；冬季，长江冲淡水分两支，一支汇黄海沿岸流出长江口向东，一支汇钱塘江冲淡水沿浙闽海岸南下，经台湾海峡进入南海。潮汐以半日潮为主。中国大陆沿岸和西半部海域，除舟山群岛附近属不规则半日潮外，其余皆为规则半日潮区。东半部及中国台湾岛附近，皆为不规则半日潮区。全海域海水年平均温度 9.2℃。东海西部，冬季为沿岸流与台湾暖流交汇区，表层水温较低，为 5.5℃～13.9℃，平均每降低一个纬度，水温增高 1.1℃；东部为黑潮流域，水温较高，东南部为 20℃～22℃，东中部为 8℃～12℃，东北部为 4℃～8℃。夏季全海域水温 24℃以上，其中中西部沿岸水温 26℃～29℃，长江口附近最高，为 29.5℃；舟山群岛附近较低，为 26℃左右。全海域平均盐度为 33‰，其中黑潮流域大于 34‰，江浙沿岸低于 30‰，长江口附近夏季为低盐区，长江径流最大时，仅为 5‰。唐代诗人白居易《浪淘沙》诗云："白浪茫茫与海连，平沙浩浩四无边。暮去朝来淘不住，遂令东海变桑田。"汪遵《东海》诗："漾舟雪浪映花颜，徐福携将竟不还。同作危时避秦客，此行何似武陵滩。"明代诗人李东阳《题东溟一览》诗云："望尽东溟远树苍，老鸟啼日上扶桑。三山风景开图画，万古乾坤入混茫。汉主有才通使节，秦皇无计觅仙方。于今重译来王贡，笑指风涛久不扬。"清代学者顾炎武《精卫》云："万事有不平，尔何空自苦。长将一寸身，衔木到终古？我愿平东海，身沉心不改。大海无平期，我心无绝时。呜呼！君不见，西山衔木众鸟多，鹊来燕去自成窠。"主要有石油、天然气和可燃冰等矿产资源。现已发现春晓、平湖、残雪、断桥、天外天等油气田。生物资源主要为鱼类资源，有热带性和亚热带性鱼类区系，鱼类品种约 730 种。舟山渔场、舟外渔场、长江口外渔场、闽东渔场都是中国著名的渔场，年产量超 100 万吨。其中，舟山渔场为中国最大的渔场，世界三大渔场之一，被称为中国海洋鱼类的宝库。东海西岸分平原海岸和港湾海岸。其中，杭州湾南汇角以北和闽江口一带为平原海岸，其余皆为港湾海岸。沿岸曲折多弯，岛屿密布。浙江省境内主要群岛有舟山群岛、韭山列岛、渔山列岛、台州列岛、洞头列岛、大北列岛、北麂列岛和南麂列岛等。舟山群岛为全国最大的群岛。浙江沿岸有上海港洋山港区、宁波—舟山港、嘉兴港、台州港、温州港等航运港口，为中国江海联运的中心。其中，宁波—舟山港为全球货物吞吐量最大港口。

大戢洋(Dàjí Yáng)　跨浙江省东北部和上海市。北起长江口，南至小戢山屿，西起上海市浦东新区海岸，东至嵊泗县北鼎星岛。以有大戢山岛得名。古称大七洋，以大戢山岛古称"大七山"得名。大七山，古亦作大碛山、大楫山等。南宋乾道《四明图经》卷七："大七山，在(昌国)县北一千四百五十里。"南宋宝庆《四明志》卷二十："(昌国县)北五潮至大碛山，与平江府分界。"元大德《昌国州图志》卷一："(昌国州)北五潮至大七山，与平江路分界。"清乾隆《崇明县志》卷一："大七山，亦名大楫。在高家嘴东一百里……傍山水急如驶，舟不可近。"以有大小七个海岛得名。古亦属苏州洋的组成部分。明正德《崇明县志》："洋山，在苏州洋，与蛇山近。苏州洋，在东沙之东，宋文天祥过此有诗。"西北—东南走向。略呈椭圆形。长约 50 千米，宽约 35 千米，面积约 1 600 平方千米。泥质底。水深 7～9 米。年均水温 16.8℃。年均含盐度 11.4‰。水色浑黄，透明度不高。潮汐为规则半日潮。潮流为往复流，涨潮流向西，落潮流向东。年均潮差 3.5 米左右。4—8 月多东南风，9 月至次年 3 月多西北风。年平均风速 7.1 米/秒，最大风速 17 米/秒以上。冬春多雾，夏秋有台风和热带气旋影响。唐天宝二年至十二载(743—753 年)，高僧鉴真曾 3 次经此海域东渡日本传播佛教文化，北宋熙宁五年(1072 年)三月，日僧成寻经此海域来华参天台山和五台山。成寻《参天台五台山记》："未时，始见苏州石帆山，大岩石也。无人家。船人大悦。丑时，至苏州大七山宿。"宋末文学家文天祥《苏州洋》："一叶飘摇扬子江，白云尽处是苏洋。便如伍子当年苦，只少行头宝剑装。"洋面开阔，鲜有海岛，为中国沿海船舶进入长江口的主航道之一。大戢山岛设有灯塔。旧有大戢渔场，盛产大黄鱼、小黄鱼、鲳鱼、鳓鱼、梭子蟹和海蜇等，20 世纪 60 年代起资源锐减。

王盘洋（Wángpán Yáng） 在浙江省东北部海域，跨宁波、嘉兴、舟山三市，为杭州湾东部的组成部分。北起杭州湾北岸，南至灰鳖洋，西起杭州湾中部，东至大戢洋、岱衢洋。以有王盘山岛得名。清朱正元《浙江沿海图说》："有王盘山，因名其洋曰'王盘洋'。"又因王盘山岛别称黄盘山、玉盘山而被称为黄盘洋、玉盘洋。东西走向。长约 66 千米，宽约 38 千米，面积约 2 000 平方千米。泥沙混合质底。水深 2～14 米。年均水温 15.7℃。年均含盐度 11.4‰。水色清浊变化较大。潮汐为不规则半日潮。潮流为往复流，涨潮流向西，落潮流向东。4—8 月多东南风，9 月至次年 3 月多西北风。年平均风速 7 米/秒左右。冬春多雾，夏秋有热带气旋和台风影响。处钱塘江口要冲，为沪甬间中小型船舶必经海域。下盘屿、滩浒山岛、对口山屿、唐脑山岛等海岛设有灯塔、灯桩。旧有王盘洋渔场，别称杭州湾渔场，盛产鲳鱼、蓝点马鲛、海蜇、乌贼、白虾等，20 世纪 60 年代起资源锐减。

灰鳖洋（Huībiē Yáng） 在浙江省东北部海域，跨宁波、舟山二市。北起火山列岛，南至甬江口—金塘水道连线，西起慈溪市东部海岸和宁波市镇海区东北部海岸，东至岱山岛、长白岛、舟山岛、金塘岛等海岛连线。古称龟鳖洋。以海域内的上灰鳖山屿古称龟山和鳖山得名。清康熙《定海县志》卷三："龟鳖洋，（定海）县北。因龟、鳖两山得名。"后谐音为今名。东西走向。长约 50 千米，宽约 40 千米，面积约 1 500 平方千米。泥沙质底。水深 5～10 米。年平均水温 17.3℃。年均含盐度 25.6‰。水色浑黄。潮汐为规则半日潮。潮流为往复流，涨潮流向西，落潮流向东。年均潮差 2 米左右。年均风速 5.7 米/秒，最大风速 23 米/秒。冬春多雾，夏秋有热带气旋和台风影响。历为定海、宁波、上海间的航行要道，可通行 5 万吨以下船舶。明代为抗倭要地。明郑若曾《筹海图编》卷五：嘉靖三十二年（1553 年）闰三月"官兵追捣烈港贼巢，王直败走"。三十四年六月"参将卢镗败贼于马鞍山、新林，复追，败于胜山、龟鳖洋"。清顾祖禹《读史方舆纪要》卷九十二："嘉靖三十四年，官军败倭于胜山，又败之于龟鳖洋。今海中之山六……皆临观二卫以备之险也。""嘉靖三十五年，倭舟据此，突犯慈溪，既而松浦口之贼，由此遁入渔山海洋，总兵俞大猷等追败之，又败之于马迹洋，盖县境海防与定海、余姚一带，相唇齿云。"南部为宁波—舟山港的重要组成部分，建有舟山跨海大桥。七里屿、大鹏山岛、大菜花山岛、大长坛山岛、鱼腥脑屿等海岛设有灯塔、灯桩。旧盛产鲳鱼、马鲛鱼、鲵鱼、鳓鱼、海蜇等，并产名贵的鮸鱼和毛鲿鱼，20 世纪 60 年代起资源锐减。近岸区养殖对虾。今于金塘岛及大鹏山岛北部开展围垦工程。

峙头洋（Zhìtóu Yáng） 在浙江省东北部海域，跨宁波、舟山二市。北起岙山岛，至小干马峙岛连线，南至东白莲岛、西白莲岛一带，西起穿山半岛沿岸，东至蚂蚁岛。以穿山半岛有峙头角得名。又因峙头角古称旗头山、埼头山、崎头山、城头山等，故别称旗头洋、埼头洋、崎头洋、城头洋等。清康熙《定海县志》卷五载为旗头洋："旗头洋、青龙港汛。"民国《定海县志》册一："埼头洋，亦称旗头洋……以镇（海县）属埼头山得名。"略呈马蹄形。西北—东南走向转东北—西南走向。长 25 千米，宽 15 千米，面积约 290 平方千米。泥质、泥沙质底。水深 11～119 米。西深东浅，北深南浅。年均水温 18℃左右。年均盐度 27‰左右。水色浑黄。潮汐为不规则半日潮和规则半日潮复合型。潮流回转，流向复杂，主流向为涨潮流向西，落潮流向东。4—8 月多东南风，9 月至次年 3 月多西北风。年均风速 4.5 米/秒，最大风速 35 米/秒。冬春多雾，夏秋有热带气旋和台风影响，大风时涌浪较大。洋中有螺头、佛渡 2 条水道。周围航道众多。双屿门、佛渡水道、条帚门、虾峙门为大型船舶进出宁波—舟山港的主航道。历为浙江沿海航行要道，海防要冲。明郑若曾《筹海图编》卷十二上：

"贼若流突上界也，总兵官自烈港督发舟师，北截之于七里屿、观海洋，而参将自临山洋督兵应援，南截之于金塘、崎头洋，而石浦、梅山港兵船为之应援。"明代南京兵部尚书张时彻《防海书》："贼过霍山，五屿、烈港……过穿鼻港入黄岐港，则犯穿山；过崎头洋、双屿入梅山港，则犯霏霾。"清嵇曾筠《浙江通志》卷九十七："霏霾汛，东二十里至岐头洋海面，西至虾箭山台与昆亭汛接界。"清谢泰交《舟山沿海图说》："守舟山者，东守沈家门，北守马墓港，西守岑港，南守崎头洋。"南宋建炎四年(1130年)，张公裕于此击退金兵。南宋宝庆《四明志》卷十一："(建炎四年)金人自明州引兵攻定海县，破之。遂以舟师绝洋，犯昌国县，欲袭御舟。至埼头，风雨大作，和州防御使枢密院提领海舟张公裕引大舶击散，之虏乃。去上引舟而南，与虏人才隔一日。"清代文学家朱绪曾《崎头洋》诗："海舟奋击张公裕，更助崎头风雨威。他日岳家军不召，阴山定奏山歌归。"穿山半岛和尚山嘴建有导航台，大猫岛、摘箬山岛、洋小猫岛、点灯山屿等海岛有灯桩、灯塔。旧盛产大黄鱼、小黄鱼、鮸鱼、鲳鱼、鳓鱼等，20世纪60年代起资源锐减。现主产虾、蟹等。

磨盘洋(Mòpán Yáng)　在浙江省东北部海域，跨宁波、舟山二市。北起梅散列岛，南至韭山列岛，西起牛鼻山水道，东连东海。以有东、西磨盘屿得名。东西走向。长约25千米，宽约15千米，面积约350平方千米。泥质底。水深约10米。年均水温18.5℃左右。年均盐度27‰左右。10月至次年4月，水色浑黄，5月以后逐渐转清，呈蔚蓝色。潮汐为规则半日潮。涨潮流向西北，落潮流向东南。4—8月多东南风，9月至次年3月多西北风。强风向西北。东面海域宽阔，罕有岛屿，东风、东南风时风浪较大。平均风速4.5米/秒，最大风速35米/秒。冬春多雾，夏秋有热带气旋和台风影响。为船舶进出宁波—舟山港梅山港区、六横港区、象山港区的要道。东、西磨盘屿分别建有灯桩、灯塔。旧为舟山渔场重要的流网及张网作业区，盛产鳓鱼、大黄鱼、带鱼、鲳鱼、小黄鱼、龙头鱼及蟹、虾等，20世纪60年代起资源锐减。现主产虾、蟹和鳓鱼等。

猫头洋(Māotóu Yáng)　在浙江省东部海域，跨宁波、台州二市。北与檀头山岛和大目洋相接，南至东矶列岛，西起大陆沿岸，东至渔山列岛。以西北缘有猫头山屿得名。西北—东南走向。长约45千米，宽约40千米，面积约1 770平方千米。泥质底。水深4～20米。秋季至次年春受沿岸流控制，水温、盐分均低，水色浑浊。清明节后台湾暖流向沿岸扩散，水温、盐分升高，水色变清。潮汐为规则半日潮。潮流为往复流，涨潮流向西北，落潮流向东南。夏季多西南、东南风，冬季多西北、东北风。年平均风速6.2米/秒，最大风速44.3米/秒。夏秋有热带气旋和台风影响，冬季大风日较多。历为浙江沿海南北航线要道。明代为抗倭要地。嘉靖三十八年(1559年)，明军于明于此败倭。明郑若曾《筹海图编》卷五："副使刘存德、参将张鈇捣海游贼巢，平之。……贼知大兵将至，即遁出洋，伏兵击败之。追至猫头洋，又败之。追至青门洋，又败之。"清康熙十四年(1675年)象山右营防将赵焘于此剿周贵旋，力竭而亡。清嵇曾筠《浙江通志》卷一百六十三："赵焘，杭州府志仁和人。顺治丁亥武进士，任象山右营防将，康熙乙卯剿贼至猫头洋，馘斩伪都督周贵旋。因风势失利，左右皆不能为力，焘鼓勇当先，手刃数人，力屈被害。"1953年5月24日，中国人民解放军华东军区海军于此护渔，并击败国民党海军"逸仙"号舰，史称"猫头洋海战"。历为船舶进出椒江港、健跳港、石浦港的交通要道。猫头洋渔场昔盛产大黄鱼、小黄鱼、鲳鱼、鳓鱼等，20世纪60年代起资源锐减。

大陈洋(Dàchén Yáng)　在浙江省东部海域，跨宁波、台州二市。北起渔山列岛，南接披山洋，西起一江山岛至上、下大陈岛连线，东至东海。以海域内的上、下大陈岛合称为大陈岛得名。南北走向。长75千米，宽56千米，面积约4 000平方千米。泥沙质底。水深10～40米。年均水温

17℃。年均盐度28.5‰。水色澄清，透明度2～3米。潮汐为规则半日潮。涨潮流向西，落潮流向东。夏季多西南、东南风，冬季多西北、东北风。年平均风速7米/秒，最大风速47.7米/秒。3—6月多雾，夏秋有台风和热带气旋影响。1955年1月，中国人民解放军华东军区陆、海、空三军对踞守一江山岛的国民党军发动进攻，并攻占一江山岛，史称“一江山岛战役”。是年2月，台湾国民党军队毁坏岛内设施，撤出上、下大陈岛，并强迁二岛居民去台湾。处中国南北海运航道中段，可通航5万吨级船舶。东面有东海龙井油田。大陈渔场昔盛产大黄鱼、小黄鱼、鲳鱼、鳓鱼、带鱼等，20世纪60年代起资源锐减。近岸区养殖海带、紫菜、蛏蛏等。

披山洋(Pīshān Yáng) 在浙江省东南部海域，跨温州、台州二市。北起温岭市洛屿岛，南至洞头县虎头屿。西起披山岛至鹿西岛连线，东至东海。以西缘有披山岛得名。披山岛，以岛形似披肩得名。别称邳山。古别称骊洋。清嵇曾筠《浙江通志》卷九十八：“松门港纡萦屈曲东岸为朱门山，又东为捣米门、积谷山及下洋大陈防诸处，外即大洋直抵日本。北至化屿、龙王堂、鲤港、横门、大潭、深门诸处，与新河三港接；南至鸡脐、钓棚、峒嶕、鹿头、爿屿、骊洋、邳山诸处，与灵门接。隘顽在其南，隘顽有急，此港责守也。”清《钦定古今图书集成·方舆汇编·职方典》卷九百九十六：“大间港，在长沙海口，南有骊洋，其下有骊龙窟，出此茫无畔岸。”南北走向。长48.7千米，宽48.2千米，面积约2 347平方千米。软泥底。水深10～80米。年均水温17℃。年均盐度29‰。水色浑黄，透明度0.5米。潮汐为规则半日潮。涨潮流向西，落潮流向东。年均潮差2米左右。4—8月多偏南风，9月至次年3月多偏北风。年平均风速4.8米/秒，最大风速55.7/秒。冬春多雾，夏秋有台风和热带气旋影响。历为温州到宁波、上海的海上交通要道。清嵇曾筠《浙江通志》卷九十五：“万历《温州府志》：‘温与台接壤，台之外海大陈山与温之外海邳山交界，自大陈山乘东北风一日可至邳山。自邳山长潮西南上行，半晌可至大鹿，半潮可至横、坎二门。自横、坎门半潮可至玉环山、大岩头、梁湾。如东北风，自邳山半潮可至麦园头、华架礁，或入三盘，或洞头，或白鹿，或马耳岙，俱可泊船。自邳山下行一潮，可至东洛。’”明代为抗倭重地。清顾祖禹《读史方舆纪要》卷九十二：“海内小山最多，若倭贼由温州来此，竟抵城下，若自外国来，止过大陈、邳山、大鹿登岸，皆为贼巢，港内迂回屈曲，捍贼尤难也。”“又有中洲港，南出海中茅堰山，与蒲岐港接境，北出海中邳山，与灵门港接境，嘉靖中，亦设水师戍守。”卷九十四：“《海防考》：‘倭犯黄华，必由邳山、大鹿山及黄大岙而入，有黄华关，迫临海口，汛守最切。’”明嘉靖四十年(1561年)夏，戚继光部将胡震率水师败倭于此，史称“邳山之役”。明郑若曾《筹海图编》卷九：“二十九日，胡震于邳山下犁沉大倭船一艘，死者计百余人，生擒倭酋一人，斩首八级。”1953—1955年国民党曾移玉环县政府驻披山岛。披山岛东南侧的下浪珰岛设有灯塔。披山渔场昔盛产大小黄鱼、带鱼、乌贼、鲳鱼、马鲛鱼等，20世纪70年代起资源锐减。

乱礁洋(Luànjiāo Yáng) 在浙江省东部海域，宁波市象山县境内。北起东屿山岛，南至道人山岛—泗礁列岛连线，西起象山半岛东岸，东至磨盘洋。以礁石众多得名。民国《象山县志》卷二：“此间有礁石多处，因名乱礁洋。”又因岛礁散布海上，如棋子错落于棋盘之上，福建渔民称为棋盘洋。南北走向。长约10千米，宽约9.5千米，面积约80平方千米。泥沙质底。水深7～8米，西部最深处约20米。年均水温17.5℃左右。年均盐度为28‰左右。潮汐为规则半日潮。潮流为往复流。夏季多西南、偏南风，冬季多东北、偏北风。年平均风速3.1米/秒，最大风速12.8米/秒以上。春夏多雾，夏秋有热带气旋和台风影响。东侧的牛鼻山水道为浙江沿岸南北交通要冲、海防要地。明南京兵部尚书张时彻《防海书》：“初哨于三月三日，二哨以四月中旬，三哨于五月五日，由东南而哨，历分水礁、石牛港、旗头洋、孝顺洋、乌沙门、横山洋、双塘、六横、双屿、青龙洋、乱礁洋，抵钱仓而止。”清嵇曾筠《浙江通志》卷九十七：“乱礁洋等处海洋，内防钱仓所城池，北与定海总青龙哨官兵及本区湖头渡百亩田官兵互相会哨。”宋末民族英雄文天祥曾经此南下，并作《过乱礁洋》诗云：“海山仙子国，邂逅寄孤蓬。万象画图里，千崖玉界中。风摇春浪软，礁激暮潮雄。云气东南密，龙腾上碧空。”明嘉靖四十年，总兵卢镗于此败倭。明郑若曾《筹海图编》卷五：“闰五月，贼遁乱礁洋，总兵卢镗追击，大败之。”海域内岛礁众多，水道狭窄。红生礁东侧为小型客货船主要航道，鸡娘岛、红生礁、小野猪礁设有灯桩。渔业作业范围小，只宜小型渔船作业，产鲳鱼、鳓鱼、鮸鱼、黄鲫、龙头鱼及虾、蟹等。

大目洋（Dàmù Yáng）　在浙江省东部海域，宁波市象山县境内。北起乱礁洋，南至檀头山岛，西起象山半岛东岸，东至韭山列岛。古称大漠洋。明郑若曾《筹海图编·浙江沿海山沙图十》有名称记载。以西缘的大漠山岛得名。又因大漠山岛别称大目山而改称今名。大目，以旧为海上天然航标，取“行船之大目”义得名。别称大睦。清嵇曾筠《浙江通志》卷三：“东西双屿、牛门、青门、旦门、锁门、淡水门、洞下门、道人、龙洞、乱礁、鞍子、大目、牛栏、珠山、韭山、石浦、孝顺洋，则皆属象山县西北。”清嵇曾筠《浙江通志》卷九十七：“大目山，外旦门北东为韭山。大目洋、小目山、虾箭门，东近青门，南近牛桅。”鸦片战争期间，英国殖民者曾对此海域详细测绘。清《八省沿海总图·自黑山列岛至扬子江口》称大漠山岛为“熊岛”，并加注：“即大目山。”南北走向。长约46千米，宽约40千米，面积约1 790平方千米。泥质底。水深2.4～10米。从秋季至次年春季，受沿岸流控制，水温、盐分均低，水色浑黄。清明节以后，外洋混合流和台湾暖流向沿岸扩散，水温、盐分升高，水色变清。潮汐为规则半日潮。涨潮流向西北，落潮流向东南。年均潮差4.1米。夏季多西南、偏南风，冬季多东北、偏北风。年平均风速2.8米/秒，最大风速26米/秒以上。冬春多雾，夏秋有热带气旋和台风影响。为浙江省东部沿海航行要道，牛鼻山水道纵贯其间。海域西岸旧为海防要地，明代于此海岸设爵溪守御千户所。明郑若曾《筹海图编》卷五：“爵溪所，城悬海口，直冲韭山。东逼大海，西并钱仓。南以仙游寨为外户，北以象山县为喉舌。见拨旗军防守。”“青门，贴附爵溪所。有山环抱，可以避风泊船。内接公屿居民地方，外冲四礁，与韭山相对，极为冲要。原设兵船一枝，因船少力弱，掣聚石浦关。今拨北哨兵船往来巡哨。”清代属定海镇昌石营内洋淡水门汛巡防石浦汛千、把总防区。清嵇曾筠《浙江通志》卷三：“内洋淡水门汛巡防石浦汛千把兼管辖洋面十八……大目山（外旦门北，东为韭山）、大目洋、小目山。”大目洋渔场旧为舟山大黄鱼产孵场之一，20世纪60年代起资源锐减，为小型渔船流刺网定置作业区，产鲳鱼、鳓鱼、黄鲫、龙头鱼及虾、蟹等。

洞头洋（Dòngtóu Yáng）　在浙江省东南部海域，跨温州市洞头县、平阳县和瑞安市。北连披山洋，南到南麂列岛以东。西起洞头列岛，东至公海。因主体处洞头县境内得名。又因在洞头列岛之外，习称外洋。西北—东南走向。长约94千米，宽约37千米，面积约3 500平方千米。泥质底。水深10～80米，由西北向东南渐深。年均水温18.5℃。年均含盐度30‰。冬季水色淡黄，夏季水色澄清。潮汐为规则半日潮。潮流呈东北—西南向旋转流。年均潮差4.0米。4—8月多偏南季风，9月至次年3月多偏北季风。年平均风速5.5米/秒。冬春多雾，夏秋有台风和热带气旋影响。历为浙江东南沿海的航行要道。清嵇曾筠《浙江通志》卷九十五：“万历《温州府志》：‘温与台接壤，台之外海大陈山与温之外海邳山交界，自大陈山乘东北风一日可至邳山。自邳山长潮西南上行，半晌可至大鹿，半潮可至横、坎二门。自横、坎门半潮可至玉环山、大岩头、梁湾。如东北风，自邳山半潮可至麦园头、华架礁，或入三盘，或洞头，或白鹿，或马耳岙，俱可泊船。自邳山下行一潮，可至东洛。'"今建有洞头港、三盘港和黑牛湾锚地。虎头屿设有灯塔，北爿山屿、北圆屿、大三盘岛等10余海岛设有灯桩。洞头渔场昔盛产大黄鱼、小黄鱼、带鱼、乌贼、鲳鱼、石斑鱼等，20世纪70年代起资源锐减，大、小黄鱼不成汛，有“黄鱼不渡洞头洋”之说。近岸区养殖对虾、紫菜。

崎头洋(Qítóu Yáng)　在浙江省东南部海域，跨温州市龙湾区、洞头县和瑞安市。北起洞头列岛，南至北麂列岛、大北列岛，西起龙湾区海岸至瑞安市铜盘山岛、龙目礁连线，东连洞头洋。原名岐头洋，因乐清柳市镇岐头山得名。清顾祖禹《读史方舆纪要》卷九十四：“又西南即岐头也，海舟经此，必舣舟而后行，谓之转岐。”清光绪《乐清县志》卷二：“岐头山在六都，西联黄华山，东有白峰，址垂入海，俗号‘白马嘴’。南有十八陇，巨石硍磊，喷瀑洪涛中，潮去始见，海舟至此，谓之转岐。”后谐音为今名。东西走向。长约30千米，宽约24千米，面积约440平方千米。泥质底。水深5～20米。年均水温18℃。年均含盐度30‰。冬季水色淡黄，夏季水色澄清。潮汐为不规则半日潮。涨潮流向西北，落潮流向东南。6—8月多偏南风，9月至次年5月多偏北风。年平均风速7.4米/秒，最大风速37.4米/秒以上。夏秋有台风和热带气旋影响。历为温州至福州间的海运要道，海防要地。明曾设岐头寨于岐头山。《读史方舆纪要》卷九十四：“岐头寨，在(乐清)县西南。”“嘉靖三十一年，倭寇由江口登犯岭门、岐头，入坡南汇，至瞭高山下，败官军，遂攻县城，官军击却之。”旧近岸为渔业生产基地之一，盛产大小黄鱼、带鱼、鲳鱼、鳓鱼、鮸鱼等，20世纪70年代起资源锐减。

黄泽洋(Huángzé Yáng)　在浙江省东北部海域，跨舟山市岱山县和嵊泗县。北起川湖列岛—泗礁山岛—东绿华岛、西绿华岛—枸杞岛—嵊山岛南岸，南至衢山岛—鼠浪湖岛—蜂巢岩北岸，西起崎岖列岛，东至浪岗山列岛。西端与王盘洋接合部古称淡水门。因地处钱塘江、长江入海口，夏季海水盐度低，海岛相对如门得名。明郑若曾《江南经略》卷八：“淡水门，在羊山之西，两山相峙如门，故曰门。”后以西南部有黄泽山岛而改今名。清光绪《定海厅志·舆地全境图》载为“黄泽港”。东西走向。长约83千米，宽约36千米，面积约1 800平方千米。泥质底，并有泥沙质底。水深多为20～30米，由西向东渐深。蜂巢岩至浪岗山列岛之间，水深在30～50米以上。年均水温16℃。年均含盐度29.3‰。西部水色浑浊，东部水色较清。潮汐为规则半日潮。潮流为往复流，偶有顺时针方向回转流，涨潮流向西—西北，落潮流向东—东南。4—8月多东南风，9月至次年3月多西北风。年平均风速6.9米/秒，最大风速28米/秒。冬春多雾，夏秋有热带气旋和台风影响。下二星岛以东、以北海域有上海港洋山港区和宁波—舟山港嵊泗港区的主航道。白节山岛、下三星岛、蜂巢岩等海岛设有灯塔、灯桩。西部近岛海域多锚地。鼠浪湖岛建有矿石中转码头，并建有舟山港综合保护税北部片区。历为大黄鱼洄游产卵地。明郑若曾《江南经略》卷八：“黄鱼所出之处，惟淡水门而已矣，不遍海皆有也。”顾炎武《天下郡国利病书·苏松》：“黄鱼出处，惟淡水门。”20世纪60年代起资源锐减，今为小黄鱼、鲳鱼、鳓鱼、鳗鱼、海蜇、乌贼、梭子蟹产区。

黄大洋(Huángdà Yáng)　在浙江省东北部海域，跨舟山市定海区、普陀区和岱山县。北起大、小长涂山岛—中街山列岛南岸，南至舟山岛东北岸—普陀山岛—葫芦岛北岸，西起秀山岛东岸，东至东福山岛以东。以西南部的黄它山岛古称黄大山得名。清康熙《定海县志》卷三：“黄大洋，(定海)县东北。接近灌门，汪洋汹涌，最为险要。”别名黄它洋。民国《定海县志》册一：“黄它洋，亦称‘黄大洋’。”鸦片战争期间，英国侵略者称为兰秀湾，并于此详细测绘。[英]金约翰辑，[美]金楷理口述，怀远、王德明笔译《海道图说》卷六：“舟山平顶东石为兰秀湾南界，非地由(编者注：即东福山岛）西面列岛为兰秀湾北界。”19 世纪 80 年代编绘的《八省沿海总图·浙江舟山北群岛》在兰秀湾水域标注：“此海底低泥质，值西北恒风时可抛锚。”东西走向。长约 55 千米，宽约 20 千米，面积约 1 000 平方千米。多为泥质底，部分岩质底。水深 10～30 米。年均水温 18℃左右。年均盐度为 27‰左右。潮汐为规则半日潮。涨潮流向西，落潮流向东。强风向西北偏北，常风向偏南、偏北。东南及偏南风时风浪较大。平均风速 4.5 米/秒，最大风速 35 米/秒。冬春多雾，夏秋有热带气旋和台风影响。为中国沿海南北航线的主要航道之一。小龟山岛设有灯塔，三块中礁、小交杯礁、黄它山岛、里镬屿、香炉花瓶礁均设有灯桩。东北部旧为舟山渔场主体，称为中街山渔场，以盛产大黄鱼著名。20 世纪 60 年代起资源锐减，今产小黄鱼、鲳鱼、带鱼、鳓鱼、鮸鱼、乌贼、虾和梭子蟹等。

横水洋（Héngshuǐ Yáng）　在浙江省东北部海域，舟山市定海区西部。北起西堠门和富翅门水道，南至金塘水道，西起金塘岛东岸，东至舟山岛西岸。地名记载始见于明代。明郑若曾《筹海图编》卷一《浙江沿海山沙图一》已有“横水洋”地名注记。以旧时水流与行舟方面相垂直而得名。清康熙《定海县志》卷三：“横水洋，（定海）县西约半潮可到。潮长则北自海州、苏州大洋而趋于南，出旗头；退则南自温州、台州诸大洋而趋于北，出西堠、桃夭。海水奔赴冲激震荡，极为险害。舟欲东西而水则横于其中，故曰‘横水’。”民国《定海县志》册一：“水势冲激不顺，故曰‘横水’。”又因北侧有册子岛，别称册子水道。鸦片战争期间，英国侵略者曾对此详细测绘。［英］金约翰辑，［美］金楷理口述，怀远、王德明笔译《海道图说》卷六：“册子岛周六里，分册子水道北半为二支。册子岛与金塘东北角间曰‘册子门’。册子岛与近舟山岸之四岛间为菰茨门。又洋螺岛与金塘山东南角间，即拗支连角，为册子水道，阔五里，内有司多尔得石（编者注：即半洋礁）。”南北走向。长 12.5 千米，宽 9 千米，面积约 100 平方千米。泥质底。水深 8.7～106 米。年均水温 17.3℃。年均含盐度 25.6‰。水色浑黄，透明度 0.5 米。潮汐为规则半日潮。涨潮流向西北，落潮流向东南。南北两端均有强漩涡，尤以西堠门为甚。强风向西北偏北，常风向偏南、偏北。平均风速 4.1 米/秒，最大风速 64.18 米/秒。冬春多雾，夏秋有热带气旋和台风影响。明末清初为南明鲁王部抗清地。清顺治八年（1651 年）八月，清水师与南明鲁王水师再次于横水洋激战，从东南侧海岸的螺头寨上岸攻占舟山城。元代诗人吴莱《横水洋》诗云：“山月出天末，水风生晚寒。扁舟划然往，万顷相渺漫。星河白摇撼，岛屿青屈盘。远应壶峤接，深已云梦吞。蟠木系予缆，扶桑缨我冠。寸心役两目，少试鲸鱼竿。”清代诗人姜宸英《夜渡横水洋》诗：“莫诧纵横水荡摩，人情底处不扬波。舟如星汉槎头汎，客在鱼龙背上过。半夜豁开疑日近，孤帆欹侧仗风多。中流一砥今谁是，且向蓬山采绿萝。”清代学者朱绪曾《横水洋》诗：“长南退北两边潮，礁石东西亘海腰。大蟹拥螯螺旋甲，龙梭来往织鲛绡。”今为宁波—舟山港重要海区之一，建有宁波—舟山港老塘山港区，为中国重要的粮食进口与仓储基地之一。中部半洋礁设有灯桩。

莲花洋（Liánhuā Yáng）　在浙江省东北部海域，舟山市普陀区境内。介于舟山岛与普陀山岛—朱家尖岛之间，北起黄大洋南缘，南接沈普水道。西起舟山岛，东至普陀山岛。以铁莲花阻渡的传说得名。明周应宾万历《普陀山志》卷二：“莲花洋，即（普陀）山西海也。倭奴入贡见观音灵异，欲载还国，海满生铁莲花，舟不能行，倭惧而还之，得名以此。”简称莲洋。南北走向。长约 8.3 千米，宽约 2.2 千米，面积约 16 平方千米。粉砂底质，两侧有泥滩。水深 5～25 米。西浅东深。年均水温 17.5℃。年均含盐度 27.9‰。10 月至次年 4 月，水色浑黄，5 月以后逐渐转清。潮汐为规则半日潮。涨潮流向北，落潮流向南。夏季多南风、东南风，冬季多北风、西北风。年均风速 5.2 米/秒，最大风速达25米/秒。冬春多雾，夏秋有台风和热带气旋影响。历为中日、中韩古代海上丝绸之路的重要节点，明代受倭寇的频繁骚扰。明嘉靖年间(1522—1566年)曾数败倭寇于此。明郑若曾《筹海图编》卷五：嘉靖三十二年(1553年)五月“副使李文进、副总兵俞大猷击贼于莲花洋，大败之”。历为进出沈家门、普陀山港区的重要客运航路，渔船进出沈家门渔港的主航道。清康熙《定海县志》卷三：“往洛迦必经此。”清嵇曾筠《浙江通志》卷三：“定海县，《宁波府志》在府治东北二百六十里……又十里为东之尽。从海船渡过莲花洋、金钵盂，计水道五十里至普陀山。往东南十里，至朱家尖，往南三十里至桃花、登步、六横，俱系悬山。舟行可达大小洛伽山，外系大洋，可达日本国。”卷二十一：“谨按：‘普陀山雄峙东溟，四面际海。北渡为沈家门，居定海之东，相去二潮，乃宁绍二府之外藩也，过此则莲花洋，外则陈钱、马迹、羊山、大衢诸山，皆孤悬海面，探哨莫及，故外洋贡舶、商艘多泊于此，实为海疆门户出入要津。’”明代文学家屠隆《莲洋午渡》诗：“波上芙蕖尽著花，香船荡桨渡轻沙。珠林只在琉璃界，半壁红光见海霞。”明代诗人邵忠辅《莲洋午渡》诗：“满洋雪浪白翻天，何处香船是铁船。大愿总知神力在，千帆目下尽红莲。”清代诗人施世骠《舟渡莲花洋》：“风急潮喧水气寒，莲花洋上细观澜。须知色相原无定，金铁皆因一念看。”清代学者朱绪曾《莲花洋》诗：“火种金莲海铁莲，须知非佛亦非仙。此心不作风波窟，安稳乘槎到日边。”姚燮也作有《渡莲花洋抵短姑渡上岸》。东侧的普陀山岛为中国四大佛教名山之一，普陀山国家级风景名胜区的核心区域，素有“海天佛国”之誉。“莲洋午渡”旧为“普陀十二景”之一。产小黄鱼、鲳鱼、鳓鱼、鮸鱼、虾、蟹等。

岱衢洋(Dàiqú Yáng)　在浙江省东北部海域，舟山市岱山县境内。北起衢山岛—鼠浪湖岛—蜂巢岩南岸，南至岱山岛—小长涂山岛—大长涂山岛—中街山列岛北岸，西起火山列岛以北海域，东至浪岗山列岛以南海域。因南有岱山岛、北有衢山岛，以两者首字合称得名。别称衢港、衢港洋、半洋、汉洋。清康熙《定海县志》卷三：“衢港洋，(定海)县北外洋。一名‘半洋’，一名‘汉洋’。闽人春汛捕鱼，呼温黄为南洋，衢东为汉洋。”半洋，则以地处舟山群岛中部得名。清代诗人朱绪曾《朐山》诗：“朐东倒斗势纡盘，北界村联望渺漫。五月楝花风信过，汉洋网罟蚁峰攒。”东西走向。长约92千米，最宽处约24千米，平均宽约17千米，面积约1 500平方千米。泥质底。水深10～20米。年均水温16.2℃。年均含盐度25‰～27‰。西部水色浑黄，往东渐清。潮汐复杂，西部属不规则半日潮，东部属规则半日潮。涨潮流向西北，落潮流向东南，近岸潮流多往复流，东口有回转流。4—8月多东南风，9月至次年3月多西北风。年平均风速6.9米/秒，最大风速28米/秒。冬春多雾，夏秋有台风和热带气旋影响。历为上海、舟山、宁波、台州等地间的主要海运航道，海防要冲。明郑若曾《筹海图编》卷十二上：“在京各衙门会议云：‘……海中陈钱、大衢、马迹、洋山诸岛，为南倭南犯必由之路……其陈钱山为浙、直分路之始，所以宜更番共守。’”“总兵俞大猷云：‘倭贼自彼岛入寇……遇东北风，必由下八山、陈钱、李西、倒球、干邪、清水、马迹、蒲岙、丁兴、长途、衢山、洋山、普陀、马墓等岙经过，然后北犯南直隶，西南犯浙江。’”“主事黄元恭云：‘……陈钱、马迹、大衢、殿前、洋山诸岙，当倭寇往来之冲。’”清康熙《定海县志》卷三：“哨道以羊山为重。羊山屹立于大海，东窥马迹，南接衢洋，北控大小七山……衢洋当一面之冲，浙失藩蔽之固矣。”有衢山岛“前门一港金”之说。康熙《定海县志》卷三：“春夏汛各船俱集于此，不下数千计。”“衢港渔火(灯)”昔为“蓬莱十景”之一。清代诗人王希程《衢港渔灯》诗：“海外有山山外海，海山相激起波涛。急流自具奔腾势，不待掀天雪浪高。”清代诗人陈文汾《衢港渔灯》诗：“绝顶登临极目望，衢山港里聚渔航。月华皎皎潮初上，星火荧荧夜未央。”清代诗人叶尔良《衢港渔灯》诗：“连樯渔艇乱如麻，海客娱情百倍赊。罾影动摇浮浅柱，星光错杂舞横叉。更深焰冷榔敲月，炬列辉腾浪蹴花。出岫岱云零落甚，翻教衢岛擅繁华。”清代岱山诗人刘梦兰等作有《衢港渔火》诗：“无数渔船一港收，渔灯点点漾中流，九天星斗三更落，照遍珊瑚海中洲。”。今建有小板灯塔、三星灯塔及蜂巢岩、寨子山、鲞蓬山、癞头峙等灯桩。旧为舟山渔场主体之一，称岱衢渔场，以盛产岱衢族大黄鱼而闻名，并盛产小黄鱼、带鱼、乌贼、鲳鱼、鳓鱼、海蜇和虾、蟹等。20 世纪 80 年代起资源锐减，今鲜有野生大黄鱼。

嵊山洋（Shèngshān Yáng）　在浙江省东北部海域，舟山市嵊泗县东部。北起佘山洋南缘，南至黄泽洋北缘，西起东、西绿华岛，东至海礁以东海域。因嵊山岛为该海域水产品集散中心，海以岛得名。别称尽山洋。以嵊山岛古称尽山得名。西北—东南走向。长约 76 千米，宽约 50.4 千米，面积约 3 600 平方千米。泥沙质底，北部夹有贝壳质底。水深多为 20～60 米，最深处 70 米。年均水温 16℃。年均含盐度 29.4‰。全年水色清澈，透明度 3 米左右。潮汐为规则半日潮。潮流多往复流，局部有回转流。涨潮流向西北，落潮流向东南。年均潮差 3.5 米左右。4—8 月多东南风，9 月至次年 3 月多西北风。年平均风速 7.3 米/秒，最大风速 17～32 米/秒。冬春多雾，夏秋有热带气旋和台风影响。为中国南北航线进入长江口、宁波—舟山港嵊泗港区的主航道，海防要地。明郑若曾《筹海图编》卷十二上：“在京各衙门会议云：‘……海中陈钱、大衢、马迹、洋山诸岛，为南倭南犯必由之路……其陈钱山为浙、直分路之始，所以宜更番共守。’”明南京兵部尚书张时彻《防海书》：“海上诸山，分别三界……花脑、求芝、络华、弹丸、东库、陈钱、壁下等为下界，率皆潮汐所通，倭夷、贡寇必由之道也。”今于东、西绿华岛南侧设有绿华国际锚地和绿华减载平台。设有花鸟、海礁等多座灯塔、灯桩。花鸟山岛、东绿华山岛、西绿华山岛、壁下山岛、嵊山岛等海岛附近为东海域最大波浪海域之一，有较丰富的波浪能资源。海域为嵊山渔场主体，曾盛产带鱼、乌贼、鳓鱼、鲳鱼、虎头鱼、海蜒等，尤以乌贼汛、带鱼汛为著。20 世纪 60 年代起资源锐减，今嵊山、枸杞等海岛近岸有大片贻贝养殖桁地，盛产虾、蟹和嵊泗贻贝。

脚桶洋（Jiǎotǒng Yáng）　在浙江省东部海域，跨台州市椒江区、路桥区和温岭市。北起东廊岛，南至北港山岛，西起台州湾，东接大陈洋。因四面环岛，海水较浅，范围较小，形似脚桶得名。西北—东南走向。长 10.8 千米，宽 4.5 千米，面积约 48 平方千米。泥沙质底。水深 2.2～7.4 米。年均水温 17℃。年均含盐度 20‰。水色浑黄，透明度 0.5 米。潮汐为规则半日潮。潮流为回旋流。涨潮东北向西南转东南向西北；落潮从西南向东北。常风向东北，强风向东南。年平均风速 2 米/秒，最大风速 16 米/秒。3、4 月多雾，夏秋有台风和热带气旋影响。为温岭、玉环至椒江的海上通道。鲤鱼背礁设有灯桩。产白姑鱼、七星鱼、虎鱼、鲚鱼、鳗幼体及虾、梭子蟹等。

积谷洋（Jīgǔ Yáng）　在浙江省东部海域，跨台州市椒江区、路桥区和温岭市。北起马蹄礁，南至洛屿岛，西起路桥、温岭沿岸，东至台州列岛。以有积谷山岛得名。长、宽均约 20 千米，面积约 430 平方千米。淤泥质底。水深 6～17 米。年均水温 22℃。年均含盐度 26.8‰。冬季水色浑黄，夏季水色澄清。潮汐为规则半日潮。潮流为往复流。涨潮流向西，落潮流向东。年均潮差 5～6 米。夏季多南、西南风，其余季节多东北风。年平均风速 6 米/秒，最大风速 19.5 米/秒。冬春多雾，夏秋有台风和热带气旋影响。多条海运航线经此，涨潮可通万吨级以下船舶。马蹄礁、羊卵子礁、长乌礁及洛屿均设有浮标、灯塔等助航设施。积谷洋渔场为浙东南浅海渔场之一，产马鲛鱼、乌贼等。旧有台州民谣说：“洋旗搁小水，积谷舵拖泥。三山立大市，五佰屿开当店。天下要平沉，沉山不沉屿。浮起东京城，沉落饭巧乡。”

第二节 海湾名称

杭州湾(Hángzhōu Wān) 在钱塘江入海口外,跨浙江省东北部和上海市东南部。西起嘉兴市海盐县澉浦镇长山东南嘴—慈溪市庵东镇西三闸连线。东至南汇角—甬江口外游山嘴连线。原名钱塘湾、钱塘港。明郑若曾《筹海图编》卷五:“杭州居腹里之地,而以钱塘港、海门为分户。”民国《鄞县通志》卷一:“小戢山、大戢山当扬子江口南,钱塘湾东。”均以地处钱塘江入海口得名。又因湾内有王盘山岛,东部别称王盘洋。清后期以其邻近杭州而更今名。清朱正元《浙江沿海图说》:“西图则以水道可通杭州,也名杭州湾。”北岸乍浦一带海域旧也称乍浦湾。鸦片战争期间,英国侵略者曾对此详细测绘。[英] 金约翰辑,[美] 金楷理口述,怀远、王德明笔译《海道图说》卷六:“杭州湾北岸为乍浦湾。自东北偏东至西南偏西,长九里,阔三里。近乍浦泊船处东面有数小岛,其最向东者,有白屋。凡向此泊船处行船者,已行近小岛最南者四分里之一,即应向陆岸山西面有民舍之处而行。此泊船处可避东、东北与南、西南各方之风,大潮流行速率每小时五里,涨落二十五尺,并有泥滩远铺入海。距潮涨界半里之处为陡界,不可恃船锤探试而行。”东西走向,喇叭状河口海湾。东西长110 千米,西口宽 17 千米,东口宽 100 千米,面积约 5 000 平方千米。平均水深约 10 米,最深处 51 米。北岸呈凹形,南岸呈凸形,均有滩涂,尤以南岸为甚。泥沙质底,接钱塘江处有拱门沙坎。海流受钱塘江、沿岸流与黑潮的影响。潮汐为规则半日潮,潮流为往复流,平均潮差约 5 米,最大潮差达 8.9 米。“钱塘潮”为世界著名涌潮景观,以农历八月望日最为壮观。盛产凤鲚鱼、鲳鱼、海蜇和白虾,南岸滩涂养殖业发达。湾口外有舟山群岛环屏,为沪甬间海运要道。北岸建有嘉兴港、上海港金山港区、浦东新区、秦山核电站和上海石化总厂,南岸建有宁波杭州湾经济技术开发区,沿岸皆为长江三角洲经济发达城市。2010 年于南岸慈溪市境内建成杭州湾湿地公园。2008 年建成杭州湾跨海大桥沟通南北两岸,为沈海(G15)高速公路的组成部分。

三门湾(Sānmén Wān) 在浙江省东部,跨宁波市和台州市。西北起宁海县力洋镇—长街镇海岸,东南至三门县浦坝港镇青屿山岛—象山县南田岛南端连线。古称三门港。清顾祖禹《读史方舆纪要》卷九十二:“三门港,(宁海)县西南百里。港口为石浦巡司及土湾、番头一带居民喉舌。倭从温台突犯,必取道于此。《海防说》:‘三门去石浦稍远,而与朱门海洋邻近,戍守最切。’”一说以石浦港西口的庵山、饭甑山、狗山等岛旧合称三门山得名。南宋嘉定《赤城志》卷二十二:“三门山,在(宁海)县东二百五十里海中。以三峰如门鼎立,故名。”一说以湾东北部有三门口水道得名。清朱正元《浙江沿海图说》:“三门山……是山适当三门之口,因名三门山。”别称沙门湾。清光绪《新编沿海险要图说》卷七:“三门湾即沙门湾。”[英] 金约翰辑,[美] 金楷理口述,怀远、王德明笔译《海道图说》卷五:“三门湾,距黑山列岛西北二十里为三门湾口。湾口北面大佛岛北角有独峰,形如巨擘,高八百尺,见此高峰即识湾口。凡欲候潮或避东北恒风,可近黎民岛(编者注:即南山岛)西面澳内停泊。黎民岛为三门湾口北角,凡向此泊船处行者,应距黎民岛西南角二百拓而行。因近角处有石行也。视黎民岛北角为东稍偏南之向,即知北角为陡界,海底为泥质。距黎民岛西南又南三分之二,约二里半有三岐山,其间水道深十拓至十一拓。”半封闭型海湾,状如匏口。西北—东南走向。长约

26千米，宽约21千米，面积约400平方千米。水深一般5～10米。底质以泥质为主，并有小片石质、硬泥质底。潮汐为规则半日潮。潮流为往复流。涨潮流向西北，落潮流向东南。清光绪二十五年(1899年)，意大利欲强租三门湾，遭清廷反对而未成。1916年，孙中山先生至此视察，并在其所著《建国方略》中将之定为东方第九渔业港。后徐世昌、蒋介石曾先后颁发开发三门湾的政令，南洋华侨郭春阳、邹辉清和舟山籍上海实业家许廷佐等先后斥资付诸实践，但因战乱而未成。1940年，以此湾为名设三门县。民国《三门年鉴》第一辑："惟三门县之名称，因该处地滨三门湾而定，而三门湾则因该湾有三门山而名。"康有为《闻意索三门湾以兵轮三艘迫浙江有感》诗："凄凉白马市中箫，梦入西湖数六桥。绝好江山谁看取，涛声怒断浙江潮。"海岸曲浅，滩涂广阔。内港发育，有海游、健跳、沥洋等港湾。浙江三大水产养殖海湾之一，产鲳鱼、鳓鱼、鳗鱼及虾、青蟹、海蜇等，近岸养殖蛏、对虾、毛蚶、牡蛎、紫菜、海带等。海水盐度较高，昔建有三门盐场。在建的甬莞(G1523)高速公路跨湾而过。

乐清湾(Yuèqīng Wān)　在浙江省东南部，跨温州市和台州市。北起温岭市海岸，南至洞头列岛，西起乐清市海岸，东至玉环县海岸。以西部海域旧属乐清县得名。曾名白沙海。清顾祖禹《读史方舆纪要》卷九十四："(乐清)县境之海，横亘几三百里，东起玉环山，西至象浦，皆以海为险，亦曰'白沙海'，以白沙岭名也。"南北走向。葫芦形半封闭海湾。长约47千米，宽15千米，最窄处5千米，面积约463平方千米。水深2～6米。湾内为泥质底，湾口为泥沙混合底。两岸及北部滩涂宽广。潮汐为规则半日潮。潮流为往复流。湾口涨潮流向西，落潮流向东；湾内涨潮流向北，落潮流向南。平均潮差4.5米以上。为浙江东南沿海重要的避风港湾和锚地。鸦片战争期间，英国侵略者曾于此详细测绘。[英]金约翰辑，[美]金楷理口述，怀远、王德明笔译《海道图说》卷五："乐清湾，虎头山北面有低石岛，曰'船岛'。虎头与船岛间暨船岛与陆间之水道，惟华船可行。船岛北面为乐清湾，自南至北长二十里。湾之南半，便于泊船；湾之北半，除希闸口水道尚可驶行，余皆甚浅，故此间积长而成大沯。"潮汐能资源丰富，建有江厦潮汐电站。滩涂、网箱养殖范围广，为浙江省三大水产养殖海湾之一，蛏、蚶、牡蛎苗种繁殖的重要基地。湾内盛产带鱼、鲻鱼、乌贼和虾、蟹等。

象山港(Xiàngshān Gǎng)　在浙江省东部，宁波市境内。西北起宁波市鄞州区、北仑区海岸，东南至象山半岛，西南起宁海县西店镇海岸，东北至北仑区春晓镇洋沙山至象山县贤庠镇大石门连线。古称鄞港。以海湾口北岸旧属鄞县得名。南宋宝庆《四明志》卷二十一："(象山县)东北到鄞县界四十里，以鄞港中流翁山为界；西北到奉化县界二百四十五里，以鄞港中流白石山为界。"清顾祖禹《读史方舆纪要》卷九十二："鄞港，(象山)县东北四十里，港口直接大洋，中流与鄞县分界，因名。"清后期始称象山港。清光绪《新编沿海险要图说》卷七："象山港，南岸有象山县城，故名。"鸦片战争时期，英国侵略者称为宁母拉特港，并称大列山岛为宁母拉特，称象山角为宁母拉特角，于此详细测绘。[英]金约翰辑，[美]金楷理口述，怀远、王德明笔译《海道图说》卷五："距牛鼻山西西北五里为象山港口，口外有舟山列岛之最向西南者。象山港自东东北至西西南计长二十七里。港口南面有六小岛，曰'亨大列岛'(编者注：清《八省沿海总图·自黑山列岛至扬子江口》载为'亨大列岛')，距此列岛北面四里又四分里之三，有北得门岛，又距亨大列岛西北又北二分约三里，近泥滩界有炮台石。如已距北得门南面二里即可转向西西南而行，及至炮台石对面则不可行近此石半里。又炮台石北面陆岸间潮退尽时有泥滩铺入港内二里又四分里之一，此泥滩界自炮台石起，曲折向西南五里而至近北岸之无产岛(编者注：即盆池山屿)止。""象山港间朔望日潮涨于十小时二刻，大潮高二十尺。”东北—西南走向。半封闭型狭长海湾。长55～60千米，口宽约20千米，湾内宽3～8千米，面积582.5平方千米。平均水深10米。底质由泥、粉沙、泥质粉沙、砾石、贝壳沙等组成。两岸滩涂广布。潮汐为不规则半日潮。潮流为往复流，潮差4.7米。湾口潮流略带回旋，潮差5.9米。清宣统元年(1909年)，朝廷于此筹建军港，并举行辟港典礼。国家图书馆藏有清代用对景法所绘的宫廷用《象山港地图》。1916年8月，孙中山先生至此考察军港，在此期间，浙江民政厅秘书陈去病曾作《象山港即事》纪之：“浙东多海湾，湾湾尽开拆。最奇为象山，中闳亦外窄。既可资保障，复足容琛舶。所以筹国防，兹焉动规画。悠忽复经年，任付鱼龙宅。德也既未孚，险弃徒堪惜。居安竟忘危，临危问何益。伟哉香山公，雄图托游迹。既探禹穴奇，复不惮远役。万顷览苍茫，一泓泛澄碧。舢板隘如蠡，几不容片席。宾从都折还，公独穷幽僻。爰知弘毅士，抱负自雄硕。宁同山泽癯，忘情任所适。凉飚送远空，清辉淡秋夕。公也竟远来，欢呼一浮白。”今滩涂、网箱养殖范围广，为浙江省三大水产养殖海湾之一，盛产带鱼、鲳鱼、鳓鱼、蓝点马鲛鱼、鳗鱼等。湾内建有宁波—舟山港象山港区。湾北、湾南气候差异明显，为浙江省重要的气候分界线。2012年建成象山港大桥，为甬台温复线(S19)高速公路的组成部分。

温州湾(Wēnzhōu Wān)　在浙江省东南部，温州市瓯江入海口外。北接乐清湾，南至崎头洋，西起瓯江口，东至洞头列岛。古称瓯海、蜃海。瓯海，以温州古称“瓯越”得名。清乾隆《温州府志》卷四：“凡(乐清、永嘉、瑞安、平阳)四县皆东滨海，其近永嘉江口者为瓯海。”清嵇曾筠《浙江通志》卷二十：“瓯海，《温州府志》：‘在府城东九十里。一名蜃海。城北瓯江即海之支江也。江流东至磐石宁村，防于海洋，茫无际涯，是谓瓯海。’”蜃海，以其地有海市蜃楼现象得名。嵇曾筠《浙江通志》卷二十：“海山之际，常有蜃气凝结，忽为楼台城橹，忽为旗帜甲马、锦幔。”清末始称温州湾，以其为进出温州的海上要道得名。西北—东南走向。长约25千米，宽约20千米，面积约500平方千米。水深在10米左右。泥质底。潮汐为规则半日潮。潮流以回旋流为主，水道间为往复流。历为古代海上丝绸之路节点，海防要地。唐会昌三年(843年)，开辟温州经此往日本嘉值岛的航线。南宋初，于温州设立市舶务。明崇祯年间(1628—1644年)，处州卫指挥使续防勲曾于此抗倭。嵇曾筠《浙江通志》卷一百七十四：“续防勋……握兵瓯海，御寇九年，水陆二十余战，斩级三百七十有奇。”西岸有宋、明、清3条古海塘遗迹，大门岛、鹿西岛存有古烽火台遗址。今为温州市主要海上航道，建有温州港和黑牛湾、洞头港等避风锚地。浙南渔场的组成部分，盛产带鱼、乌贼、鳓鱼、海蜇等。沿岸及岛屿拥有大面积海涂，养殖紫菜、海带、蛏蛏、对虾等。

大渔湾(Dàyú Wān)　在浙江省东南部，温州市苍南县境内。三面环苍南县金乡镇和赤溪镇海岸，东至长基嘴—官山岛—赤溪镇大门山连线。古称大濩洋。清乾隆《平阳县志》卷十：“金乡岙内有大濩洋，以沿岸大濩村得名。”清末改称今名。清朱正元《浙江沿海图说》：“大渔口此岙村落多处……因航海者独以大渔称，故标以为目焉。”东北—西南走向。长约10.8千米，宽约8.9千米，面积约47平方千米。最大水深5米。泥沙质底。潮汐为规则半日潮。潮流为往复流。涨潮流向西北，落潮流向东南。有多处避风湾澳，可供500吨位以下船只停泊。明代曾为抗倭要地，于北岸大岙村置大濩寨。清顾祖禹《读史方舆纪要》卷九十四：“大濩寨在金乡卫东，有大濩海口。又南为小濩寨，近蒲门所，西临海，北镇山，其相接者为龟峰巡司。洪武十六年，倭贼入寇，官军击却之，为备御要地。”清嵇曾筠《浙江通志》卷九十八：“大濩，在(金乡)卫东有大濩海口，与海中千山相对，南为小濩寨。”鸦片战争期间，英国侵略者曾于此详细测绘。[英]金约翰辑，[美]金楷理口述，怀远、王德明笔译《海道图说》卷五:“自北关港海岸曲折向东北偏东十九里而至平阳角,其距北关港十二里之处有大渔澳。凡船体入水不过十尺者,可于此间避风。大渔角南面一里半有低石,曰‘辟岛’。又距大渔角东北又东三分四里又四分里之三,又距陆岸三里又四分里之一,有农夫石,潮退即现。”湾口有官山岛,岛南北各有1条水道,为船只出入口。产带鱼、鳗鱼、乌贼、梭子蟹等。近岸浅区和滩涂养殖紫菜、蛤蜓等。

北关港(Běiguān Gǎng)　在浙江省东南部,温州市苍南县境内。北起草屿,南至南关岛,西起霞关镇海岸,东至北关岛。名称记载始见于清末,以北关岛得名。鸦片战争期间,英国侵略者曾对此详细测绘。[英] 金约翰辑,[美] 金楷理口述,怀远、王德明笔译《海道图说》卷五:“北关港,距台山列岛西北十四里,为北关港口。港口北面有北关峰,纬度距赤道北二十七度十八分三十八秒,经度偏东四度四十五秒。原图偏东一百二十度二十八分四十五秒。港口左右有屏峰与镇关二岛,相距一里半,港内水深三拓,当东北恒风时,船体入水不过十五尺者,港内便于避风。屏峰岛有三烟台,近东南角有一露石,与岛间又有一隐石。”半封闭型海湾。南北走向。长约5.4千米,宽约3.7千米,面积约18平方千米。水深0.9～10米。泥沙质底。潮汐为规则半日潮。潮流为往复流。涨潮流向西北,落潮流向东南。北面的三岙港、门仔边水道与北门水道相连,为小型船舶向北航行的出入口。西北沿岸有南坪、义吾、归儿等避风湾澳。草屿西南和湾口外有暗礁,为航行险区。明代为海防要地,于湾西侧设镇下关。清嵇曾筠《浙江通志》卷九十八:“镇下关,《海防图略》:‘属平阳县,明弘治年间,因蒲、壮二所船料缺额,故废。隆庆四年,军门谷中虚题设。’谨按:‘镇下关坐临大海,其东有官岙,舟师驻泊处也。出岙直冲台山小洋,倭犯镇下关必取道官岙,守御最切。’”清顾祖禹《读史方舆纪要》卷九十四:“镇下门水寨,(平阳)县东南百四十里。亦曰‘镇下门关’。坐临大海,其东有官岙,舟师驻泊处也。出岙直冲台山外洋,倭贼犯镇下门,必取道官岙,守御最切。水哨南会烽火、流江,北会江口水寨。又有上、下魁海口,亦在蒲门所东南,为戍守要地。”

台州湾(Tāizhōu Wān)　在浙江省东部,台州市灵江入海口外。北起临海市上盘镇白沙山至头门岛连线,南至西廊岛。西接灵江口,东至东矶列岛—台州列岛连线。以其为进出台州的海上要道得名。东西走向,喇叭状海湾。长26千米,宽12千米,面积312平方千米。为古断裂河谷一部分。水深1～4.3米。沙质泥土底。潮汐为规则半日潮。涨潮流向西,落潮流向东。历为古代海上丝绸之路节点,明代为抗倭要地。唐代已形成商埠雏形,清末发展成“通商巨埠,台州六邑之咽喉”。鸦片战争期间,英国侵略者曾对此详细测绘。[英] 金约翰辑,[美] 金楷理口述,怀远、王德明笔译《海道图说》卷五:“台州列岛西北偏西有阔浅湾,曰‘台州湾’。湾首为台州河口,河南岸有海门卫城垣。距河口四里则分二支:一向西北,自海门卫直行二十四里而至台州府;一向西南而至黄岩县。台州河口以外,潮退尽时,仅深八尺,河口以内深至四拓半至五拓。据船体入水过于十二尺者,潮未涨满时不能行过河口浅亘。因此间大潮高十八至二十尺,故西船可乘潮而至台州。”三国吴,孙权遣将军卫温、诸葛直经此浮海征夷洲和亶洲。唐代形成经此与日本、高丽的贸易航线,北宋在湾内河口形成造船基地,为全国十大造船场之一。明代,湾周为抗倭要地,并于湾内河口置海门卫。明郑若曾《筹海图编》卷九:“自倭人入寇东南,惟浙为最甚。浙受祸,惟宁、台、温为最甚。”《筹海图编》卷五:“海门卫,卫城当置于高岭,乃为据险。每岁贼攻垂破,而卒不陷者,乃保障之力,非形势之据也。此为浙江三台门户、水陆重镇,三面阻水,贼舟可泊,实为险要。惟峙兵船,以为命御番舟于未登,此守海门之上策也。”清顾祖禹《读史方舆纪要》卷九十二:“海门卫,(台州)府东九十里。洪武二十年建，筑城周七里有奇。嘉靖三十二年重修，领所四卫，为浙东门户，三面阻水，倭易登泊，其救援之道，自临海、黄岩而东，有泉井、路桥、三山三道，御之于港口，又当备之于内地，盖水陆俱切也。”“海，府东百八十里，有两头门诸险。嘉靖中，为倭夷出没处。又有螺门，亦在府东海中。嘉靖中，官军败倭于此。《海防考》：府境最切者，曰‘海门卫’，卫城北即‘海门港’，一名‘椒江渡’，港水流入二十里分两支，一抵台州府城下，一抵黄岩城下，此府境咽喉也。论者谓：‘海门之防，视定海尤棘。’定海水港既狭，港外连山，远近皆可泊船分哨，今海门港一潮之远，止有三山一座，形小势削，并无隐蔽，港内不可御敌。外洋风浪汹涌，更无山屿回抱，故明初至嘉靖中，屡被其患，所当增设水军，为港口之备。”湾东有台州列岛拱卫其间。现建有台州港，为浙江省东部沿海物资吞吐要道。盛产带鱼、乌贼、黄鱼、虾、蟹等。沿岸多海涂，产蛏、蚶等贝类。

隘顽湾(Àiwán Wān) 在浙江省东部，跨台州市温岭市和玉环县。北起温岭市箬横镇海岸，南至玉环县大圆头山—温岭市狮子山头连线。西起温岭市城南镇和玉环县沙门镇海岸，东至温岭市石塘镇以南。古称大闾港、大闾洋。因温岭市城南镇大闾街村一带古称大闾山得名。清顾祖禹《读史方舆纪要》卷九十二：“海在(太平)县东南二十里，曰‘大闾港’，亦曰‘大闾洋’。《志》曰：‘大闾港在长沙海口，南有骊洋，下有骊龙，出此则茫茫无畔岸矣。’”清《钦定古今图书集成·方舆汇编·职方典》卷九百九十六：“大闾港，在长沙海口，南有骊洋，其下有骊龙窟，出此茫无畔岸。”后因明代于西岸设有隘顽千户所(址在今温岭市城南镇岙环村)改今名。《读史方舆纪要》卷九十二：“隘顽千户所……洪武二十年建，城周五里有奇。”清嘉庆《太平县志》卷七：“隘顽……本名‘峡山’。其地隘而俗顽，信国公更之。”略呈半圆形，长约15千米，南北纵深约10千米，弧长约30千米，面积约124平方千米。水深1～6米。淤泥质底。潮汐为规则半日潮。涨潮流向西，落潮流向东。大雷溪、大闾溪、运粮河等河流入湾。元末方国珍起义军曾于此与元军作战。《读史方舆纪要》卷九十二：“元至正十一年，方国珍作乱，焚掠沿海州县，命江浙行省孛罗帖木儿击之，至大闾洋，为贼所败。”明代为抗倭要地。清嵇曾筠《浙江通志》卷九十八：“松门港纡萦屈曲东岸为朱门山，又东为捣米门、积谷山及下洋大陈防诸处，外即大洋直抵日本……南至鸡脐、钓棚、峒嶕、鹿头、爿屿、骊洋、邳山诸处与灵门接，隘顽在其南，隘顽有急，此港责守也。”嘉靖四十年(1561年)，戚家军曾于此抗倭。明郑若曾《筹海图编》卷九：“(四月)三十日。前登折头大伙贼二千有奇，自烧城南突府城，戚继光部兵已分留守新河、隘顽二所，为战者千五百人。(初六日)继光乃督楼南(楠)兵由隘顽所迎其前……五月十七日，又前犯宁海团前遁贼十八艘，至长沙登劫，约二千人有奇。猖獗益甚，砍采竹木，欲巢长沙，将南攻隘顽所，北攻太平县……乃先令把总李成立单骑驰往松门卫，将所练亲兵与罗继祖分船夜浮海入隘顽所城，守之。隘顽固。”今为浅海捕捞区，多鱼栅。近岸多滩涂，养殖蛏、蛤蜊等。在建的甬莞(G1523)高速公路沿湾西北侧穿越，环湾有公路。

健跳港(Jiàntiào Gǎng) 在台州市三门县。介于健跳镇海岸与浬浦镇海岸间。古称浮门。南宋嘉定《赤城志》卷二十二：“浮门，在(宁海)县南一百九十里。土多陈姓，盖六朝时霸先之后。隋灭陈，尽室避乱于此。历唐、五代，以资雄其家砖甓，皆湖州物，人取以为砥，濒海产乳柑。”以明代于北岸设健跳千户所得名。明郑若曾《筹海图编》卷五：“健跳港，原设长洛渡一渡逼近东所城侧。渡阔四百余丈，出海直往茅头大洋，上接海中蛇盘山与练陀等处，下接海中青屿、黄毛礁与牛头、桃渚地方接境。”别称琴江，传因宋高宗赵构经此失琴于海得名。嘉定《赤城志》卷二十二：“浮门……绍兴十五年，渔人于海上获一琴。视其腹，题云‘臣雷某造’。县以献于朝，高宗见之泪下，乃建炎时渡海所失物也。”东西走向。长 17 千米，大部宽 300～500 米，水深大于 5 米，东段水深 10～30 米，最大水深 47 米。旧为台州三大水上门户之一，三门县最优质港湾。明代曾为抗倭要地，于此设千户所。清顾祖禹《读史方舆纪要》卷九十二：“健跳千户所，（海门）卫东北百十里，宁海县南百二十里。洪武二十年建，筑城周三里。《海防考》：‘所东去昌国卫，隔大洋，西去桃渚百里，去府城百四十里。三面阻山，皆羊肠鸟道，缓急不能遽达。惟东面山，前距海，倭泊城下江中，陆路之援不可恃，惟应以海门舟师捣之，而邀之于山道，以防其内溃，庶为完策。’”明郑若曾《筹海图编》卷五：“而桃渚所往北，健跳一带，如盐塘、除下、仙岩，处处海湾突进，其健跳之舟，北御昌国、海邮一带，力已足矣。桃渚港外大海，总港亦当设兵船一艅，如健跳之数。”清代设守备驻守。清光绪二十五年(1899 年)，意大利欲强租此地，未成。潮汐为规则半日潮。潮流为往复流，涨潮流向北，落潮流向南。沿岸为台州港健跳港区的组成部分，东段码头密布，并建有多家船舶修造厂。西段多为养殖水域，多网箱。水道上建有健跳港大桥，丹东线(G228)国道跨港而过。

浦坝港(Pǔbà Gǎng)　在浙江省东部，三门县境内。西北起花桥镇海岸，东南至大鸡屿—扩塘山岛至小门山岛一线。原称铺坝江，以旧时于北岸的渡头堂至南岸的金鸡山一带设铺坝渡得名。民国《临海县志》卷四：“浦坝江，在县东百一十里海乡。源出长大山，北流经花桥镇东北曰‘花桥港’，又东而南经仙岩南曰‘仙岩港’，又东南经铺坝渡曰‘铺坝江’，又东经大域营南。其海口有牛头、白岱两门，东则经牛头门入海，东南则经白岱门入海。”后谐音为今名，并成为花桥港、仙岩港和铺坝江的合称。西北—东南走向半封闭型海湾。长 19 千米，湾口宽 7.1 千米，湾内宽约 5 千米，面积 57.3 平方千米，海岸线长 80.8 千米。湾内最大水深 6.9 米。湾中有羊峙岛，将湾顶分为羊峙、花桥二支港。其中，羊峙港长 3 千米，宽 0.25 千米，最深处 5 米；花桥港长 4.5 千米，均宽 0.35 千米，深 2.9～4.2 米。东南口有扩塘山岛，将湾口分为南北二水道。北为牛头门水道，长 2.5 千米，宽 1.5 千米，水深 3～5 米；南为白带门水道，长 5.5 千米，宽 1.2～2 千米，水深 4～10 米。潮汐为不正规半日潮，口门平均大潮潮差 5.2 米。沙质底。潮流为不规则半日潮。潮流为往复流，涨潮流向西北，落潮流向东南。沿岸有滩涂 54 平方千米，为浙江省重要的水产养殖基地之一，主产蛏蛏、青蟹、对虾、毛蚶、牡蛎、紫菜、海带等。北岸三角塘建有三门盐场，规模曾居全省之冠。北岸小湾渡头一带为三门县柑橘种植基地。

第三节　水道名称

螺头水道(Luótóu Shuǐdào)　跨宁波市北仑区和舟山市定海区。古称穿鼻港。明天启《舟山志》卷二：“穿鼻港，潮入松子渡，舟过横水，风色不堪，率泊此。”清光绪《定海厅志》卷十九引明兵部尚书张时彻《防海书》：“贼过霍山，五屿、烈港……过穿鼻港入黄岐港，则犯穿山。”古别称大猫海洋。明郑若曾《筹海图编》卷一：“大谢山，离后所城二里。南临黄崎港，北由大猫海洋至金塘、鹿山，最居险要，乃先年起遣地方也。内设黄崎、西山等七烽堠，拨军瞭报。又该中军哨兵船往来巡逻。”“螺头水道”地名记载始见于 19 世纪 80 年代编绘的《八省沿海总图》。因英国侵略者误指大猫岛为螺头山，并称南端的猫嘴巴山嘴为螺头角得名。［英］金约翰辑，［美］金楷理口述，怀远、王德明笔译《海道图说》卷六:“螺头与穿鼻间曰‘螺头水道’。”“舟山南面有定海港,港南各小岛间有数稳便水道。小岛最外而向西者,曰‘螺头’,西名‘挑尔孩儿’。距螺头东面一里有摘箬山,西名‘额勒番得爱伦’,译言‘象岛’。”东西走向。西起大榭岛东北岸与大猫岛西南岸之间,东至穿山半岛北岸与摘箬山岛南岸之间,长 10.1 千米,最窄处在大猫岛南端与凉帽山岛之间,宽约 2.3 千米。一般水深大于 35 米,最大水深约 120 米。西连横水洋、金塘水道,南连峙头洋和佛渡水道、头洋港,两侧岛礁众多,历为大型船舶进出宁波—舟山港北仑、穿山、镇海、大榭、金塘、岑港、定海港区的主航道。《海道图说》卷六:“凡船体重大者欲赴定海港,可由螺头水道。若当风力微弱兼值大潮,不必由岐头角与围岛间经过,因此潮性甚疾,颇不易行。如已过围岛,西音‘尔劳某特包特爱伦’,东西即可转行向西面而过,螺头南角设于此间。适遇逆潮,可于大谢山东面小间停泊。”潮汐为规则半日潮。潮流为往复流,涨潮流向西,落潮流向东。南侧建有大榭、穿山港区。猫嘴巴山嘴设有灯桩。2009 年于猫嘴巴山嘴与凉帽山岛建成高 370 米的输电铁塔及 220 千伏跨海输电线路。

金塘水道(Jīntáng Shuǐdào) 跨宁波市北仑区和舟山市定海区。地名记载始见于 19 世纪 80 年代编绘的《八省沿海总图》。以北侧有金塘岛得名。[英] 金约翰辑,[美] 金楷理口述,怀远、王德明笔译《海道图说》卷六:“金塘南角与陆岸间相距二里半,为金塘水道。有阔泥滩自陆岸铺入水道,又有石一行自鳄鱼角伸入水道二百拓,半潮即隐,故此水道仅阔一里半。按:前泥滩铺入水道四分里之三有陡界,不可凭铅锤探试而行。近泥滩外界有数小岛,近最东者有溪口。”西北—东南走向转东北—西南走向。西北起大黄蟒岛与金塘岛西南岸之间,东南至大榭岛西北岸与金塘岛东南岸之间,长 12.2 千米,最窄处在金塘岛与北仑山之间,宽 3.2 千米。一般水深大于 20 米,最大水深 96 米。西北连金塘洋面、灰鳖洋,东南连横水洋和螺头水道,历为大型船舶进出甬江口和宁波—舟山港北仑港区、镇海港区的主航道,并为旧时定甬、沪温、甬温、甬椒客运航线要道。潮汐为规则半日潮。潮流为往复流,涨潮流向西北,落潮流向东南。金塘岛南端有鳄鱼角伸入水道。《海道图说》卷六:“金塘南角曰‘鳄鱼角’,有半潮石行,自此角向南列入水道二百拓。”大黄蟒岛附近古称蛟门、交门,多岛礁,为定甬间要道,古代海上丝绸之路要冲。南宋乾道《四明图经》卷一:“明之为州,实越之东部,观舆地图,则偏在一隅。虽非都会,乃海道辐辏之地。故南则闽、广,东则倭人,北则高句丽,商舶往来,物货丰衍。东出定海,有蛟门、虎蹲,天设之险,亦东南之要会也。”南宋宝庆《四明志》卷二十:“西一潮至交门山,与定海县分界。”清雍正《宁波府志》卷一:“宁郡六县,县皆滨海,蛟门、虎蹲雄峙海口;招宝一山,屏障大洋……商船番舶乘潮出没,无不取道蛟门,经由招宝,内则联络众省,外则控制东倭,通省之门户,实亦东南一大关键也。”北宋熙宁五年(1072 年)日僧成寻曾经此参天台山。成寻《参天台五台山记》卷一:“(四月)四日癸丑。巳时,依有顺风,出船。向西行,上帆,驰船。未时,南见烈港山、金塘乡,有人家……烈港山南有一小山,号为铁鼠山,无人家,山下泊得船留。铁鼠山西有加门山,无人家。西有令礦山,无人家,山中下有通船来去。向西南入定海县,县南有一座山,名游山。”水道中有黄牛礁。北仑山建有灯塔,大黄蟒岛、黄牛礁建有灯桩。今南侧建有北仑港区,东南侧建有大榭港区,北侧建有金塘港区。

佛渡水道(Fódù Shuǐdào) 跨宁波市北仑区和舟山市普陀区。古称梅山港。明郑若曾《筹海图编》卷五:“梅山港,东至崎头大洋,南至双屿港,俱约半潮。”旧名佛肚水道,地名记载始见于 19 世纪 80 年代编绘的《八省沿海总图》。以佛渡岛旧称佛肚山得名,后随佛渡岛更名而改为今名。东北—西南走向。西南起六横岛西北岸与梅山岛东岸之间,东北至六横岛西北岸与穿山半岛东南岸之间，长 7.35 千米，最窄处在佛渡岛与青龙山岛之间，宽 4.4 千米。一般水深大于 10 米，最大水深 77 米。西南连双屿门、青龙门和汀子门，东北连条帚门、峙头洋，历为浙江沿海南北向航行要道之一。明代为抗倭要地。明郑若曾《筹海图编》卷五："梅山港……北五里至三塔烽堠，最为险要。现拨大嵩港兵船及本所军船哨守。"清顾祖禹《读史方舆纪要》卷九十二："梅山港，在廓霩所西十里，亦自崎头海洋西北流，经大嵩所，通于海。港口有梅山隘，为戍守处。"潮汐为规则半日潮。潮流为往复流，涨潮流向东北，落潮流向西南。西南口附近岛礁众多，响水礁建有灯桩。西南端西北侧今建有梅山港区，六横岛西北端今建有舟山（中国）船舶工业城。

牛鼻山水道（Niúbíshān Shuǐdào）　跨宁波市北仑区、象山县和舟山市普陀区。古称大嵩港，以地处大嵩江口外得名。明郑若曾《筹海图编》卷五："梅山港……西至大嵩港，计一潮。""大嵩所，东连霏霩，南接钱仓，以大嵩港舟师为命。"清顾祖禹《读史方舆纪要》卷九十二："大嵩巡司，旧置于县东南大嵩港。洪武十七年，移置县南梅山。"清嵇曾筠《浙江通志》卷九十七："大嵩所，洪武二十年建。在今镇海县东南百三十里，去海三里。东援霏霩，南连钱仓，东南为大嵩港，对峙韭山，直冲大海。"清后期改为今名，以东屿山岛北端有牛鼻洞，别称牛鼻山得名。［英］金约翰辑，［美］金楷理口述，怀远、王德明笔译《海道图说》卷六："近浙江东北海岸，有舟山列岛……其中最大者为舟山，南面有四水道可入列岛间。一曰'牛鼻'，一曰'比克'，一曰'佛能'，一曰'撒拉格里'。此各水道中最稳便者曰'牛鼻'与'比克'。"卷五："距韭山列岛最东北者，西北又西三分约十六里有牛鼻山。自南至北，长一里又四分里之一，阔四分里之三，东岸多石，西岸成数小澳，山有三峰，惟中峰高五百尺。近北角处有透孔，故曰'牛鼻'。"西北—东南走向。西北起佛渡岛与象山港之间，东南至韭山列岛与象山半岛之间，长 26.7 千米，最窄处在东屿山岛与六横岛小郭巨山之间，宽 9.71 千米。一般水深大于 20 米，最大水深 29.9 米。水道纵贯乱礁洋和磨盘洋，西北连象山港东口、青龙门、双屿门，东南连大目洋，历为浙江沿海南北向航行要道，古代海上丝绸之路的要冲。东南口附近的东门岛，宋代文献已有蕃舶蚁聚记载。南宋宝庆《四明志》卷二十一："东门山……两峰对峙其状如门，阔一百五十余步，下有横石如阃，潮退湍泻，惟风平浪息乘舟可渡，蕃舶商船必经从之，潮未平或有风涛则蚁聚泊舟山下，此海道之冲要也。"明代，倭寇常经此水道骚扰附近区域。清顾祖禹《读史方舆纪要》卷九十二："东门山，（象山）县南百二十里。其状若门，下有横石如阈。一名'天门山'，高二百丈，周二十五里，明初昌国卫置此。倭寇往往由此南犯温台，为必备之险……或曰'石坛山'即'坛头山'……贼由日本而来，每望此山收泊。嘉靖中，设军哨守，山外又有鸡笼屿，其外一望大洋，别无岛岙，倭从韭山南来，道必经此，亦戍守要地也。"潮汐为规则半日潮。潮流为往复流，涨潮流向西北，落潮流向东南。水道两侧岛屿众多，北侧和东北侧有佛渡岛、六横岛、梅散列岛，东侧有韭山列岛，西南侧和西侧有西屿山岛、东屿山岛、大漠山岛、半招列岛等。东屿山牛鼻角、东磨盘屿、西磨盘屿、鸡娘礁、红生礁、小野猪礁、燕礁、小漠山屿、练杵山屿、田螺头礁、大漠山岛等建有灯桩、灯塔。

石浦港（Shípǔ Gǎng）　在宁波市象山县。介于象山半岛与高塘岛、南田岛、对面山岛、东门山岛间。因明代于此设石浦守御前千所和石浦守御后千户所得名。清顾祖禹《读史方舆纪要》卷九十二："石浦守御前千户所，象山县西南百里。北去府城三百七十里。旧置于县南十里石浦山，洪武二十年，改建于此。阻青山为城，周不及五里……前临石浦关口，切近坛头、韭山，乃倭夷出没咽喉要路，翼蔽昌国，此为门户。""石浦守御后千户所，同上。《志》云：'石浦去昌国十余里，城下一带水涯，可以栖泊战船。对面有山，即石浦旧城，今谓之石浦关。'"古别称酒吸港。清乾隆《象山县志》卷六：

“敞昌国卫者，石浦也。南一里曰‘天后宫’，宫北老岸曰‘井水山’，下为酒吸港，港如酒吸器。”东西走向转南北走向。西起高塘岛西北端与象山半岛鹁鸪头间，东至东门山岛东南端与对面山岛东北端间。长 22.1 千米，最窄处在东门口，宽约 200 米。一般水深大于 4 米，最大水深 33 米。西接白礁水道、三门湾，东连下湾门、大目洋。历为古代海上丝绸之路的重要节点，明代抗倭要地，并为中国四大渔港之一。唐代已见商旅往返驻足。南宋乾道《四明图经》卷六：“祚圣庙……率都督行旅往返无不致祀，随其诚意咸有感应。唐贞观中有会稽人金林数往台州买贩，每经过庙下，祈祷牲醴如法，获利数倍尝……永徽中，又有越州工人蔡藏往泉州造佛像，获数百缗归，经此庙祀祷。”南宋宝庆《四明志》卷二十一：“东门山……下有横石如阃，潮退湍泻惟风平浪息乘舟可渡，蕃舶商船必经从之。潮未平或有风涛，则蚁聚泊舟山下，此海道之冲要也。”南宋庆元二年（1196 年）于此设税务，嘉定二年（1209 年）于此置东门寨。南宋宝庆《四明志》卷二十一：“东门寨巡检寨，在（象山）县南一百里东门山侧。当海道之冲，舟舶多舣于此。嘉定二年置寨。”元置东门巡检司于此。明代为抗倭要地。《读史方舆纪要》卷九十二：“宁郡之冲，以石浦、昌国为最。寇自南来，必由三门、林门、下湾门、东门四路而入，寇自东来，必由牛栏基洞下门而入，备御切矣。”明初曾迁昌国卫于此，后移昌国卫，改置石浦前、石浦后二守御千户所。明郑若曾《筹海图编》卷五：“昌国卫，坐冲大海，极为险要。石浦关，切近坛头、韭山，乃倭彝出没、进贡等船咽喉，必由之路。”“石浦前、后二所，南临关口，近三门要冲之路。本所附城设有东、西、南、北、中哨，伏兵厂五处，每处拨军瞭望，遇警走报。”清设昌石水师营。鸦片战争期间，英国侵略者曾于此详细测绘。［英］金约翰辑，［美］金楷理口述，怀远、王德明笔译《海道图说》卷五：“牛头山（编者注：即南田岛）与陆岸间为石浦港，潮满即成大澳，潮退尽则泥滩自两岸铺入水道而成窄港。”潮汐为规则半日潮。潮流为往复流，涨潮流向西，落潮流向东。水道内有饭甑山岛、打鼓峙岛、中界山岛、汰网屿等多个海岛。三门口大桥跨水道西部。船舶可由铜瓦门、东门、下湾门、蜊门港、三门口等多条水道出入。

黄大峡（Huángdà Xiá）　在温州市洞头县，乐清湾南口东侧。以鹿西岛在清后期别称黄大岙得名。［英］金约翰辑，［美］金楷理口述，怀远、王德明笔译《海道图说》卷五：“距虎头山东面二里有黄大岙。昔有英兵船布勒勿于此间停泊，探有陡界。黄大岙与东南面之石崖露石间，有可行水道，其与北面大岙（编者注：大岙，即玉环岛）间亦有可行水道，惟宜谨防黄大岙东北面小石岛与各险石。”近西北—东南走向。介于大门岛东北岸与鹿西岛西南岸之间。长 4.9 千米，最窄处宽 2.73 千米。一般水深大于 6 米，最大水深 35 米。西北连乐清湾，东南接北水道和洞头洋，历为海防要地，船舶进出乐清湾南口、台州港大麦屿港区的主航道之一。清嵇曾筠《浙江通志》卷九十八：“本标中营原管海汛内三盘、霓岙、大门、黄大岙、鹿西、长沙、白脑门、铜盘、大衢、南龙各汛。”潮汐为规则半日潮。潮流为往复流，涨潮流向西北，落潮流向东南。水道东南口外设有灯浮及候泊锚地。今西北口西南侧建有温州港大小门港区。

北水道（Běi Shuǐdào）　在温州市洞头县。介于大门岛、鹿西岛与青山岛、小青山屿、大笔架屿之间。以地处青山岛以北得名。东西走向。长 5.3 千米，最窄处 2.5 千米。一般水深大于 3 米，最大水深 29 米。西接温州湾、沙头水道，东接黄大峡、洞头洋。历为进出瓯江口的主水道之一，昔沪温客运航线进出瓯江口的要道。清嵇曾筠《浙江通志》卷九十八：“本标中营原管海汛内三盘、霓岙、大门、黄大岙、鹿西、长沙、白脑门、铜盘、大衢、南龙各汛。”［英］金约翰辑，［美］金楷理口述，怀远、王德明笔译《海道图说》卷五：“凡自南面向温州河行船者，过棱岛（编者注：棱岛也作楞岛，即虎头屿)即应向西北又西二分而行,次由石崖露石西南与大三盘山北面露石以北经过。已过露石,即可渐向西偏北入虎头山南角与河建岛(编者注:即青山岛)间而行,惟近虎头山南角一百五十拓,恰与河建岛对面处有一隐石,凡行船至此,须视虎头山西南角与白石南面相离,依向前行即可避之。"潮汐为规则半日潮。潮流为往复流,涨潮流向西,落潮流向东。大笔架屿、青菱屿等建有灯桩,水道内设有灯浮。西口北侧建有温州港大小门港区。东口外建有候泊锚地。

南水道(Nán Shuǐdào)　在温州市洞头县。东西走向。介于青山岛与状元岙岛之间。以地处青山岛以南得名。东西走向。长 3.8 千米,最窄处在小笔架岛南北两侧,北侧宽 660 米,南侧宽 700 米。一般水深大于 10 米,最大水深 57 米。西接温州湾,东连洞头洋,为大型船舶进出温州港瓯江港区和状元岙港区的主航道。古为海防要地。清嵇曾筠《浙江通志》卷九十八:"本标中营原管海汛内三盘、霓岙、大门、黄大岙、鹿西、长沙、白脑门、铜盘、大衢、南龙各汛。"潮汐为规则半日潮。潮流为往复流,涨潮流向西,落潮流向东。水道中有小笔架岛、小笔架北岛、朝天南岛、朝天礁、元觉黄岛、朝天北岛等小岛,将水道分为南北 2 个口,两侧宽度均小于 1 千米,为航行险处,周围约 180 米范围不宜靠近。西口有干出 0.5 米的乌石礁和干出 2 米的龙角礁。今南侧建有温州港状元岙港区。

灌门(Guàn Mén)　在舟山市舟山岛以北,跨定海区和岱山县。介于秀山岛、秀山青山岛和小悬鹁鸪山屿、圆山岛、中圆山屿之间。元代已有名称记载。以水汇于此,旋涌若沸得名。元大德《昌国州图志》卷四:"灌门,去(昌国)州两潮。屹于中流有一砥柱,望之如人拱手而立,水汇于此,旋涌若沸。舟行者必浮以物杀其势而后过焉。风雨将作,有声如雷,震惊百里。岁旱有所祷,则持铁篆以投之水,辄腾起雨随应,或者以为蛟龙之窟宅云。"明代罗洪先《广舆图・浙江》载为"灌门海"。1655 年,意大利传教士卫匡国(Martino Martini)译《广舆图》为《中国新地图集》,并于荷兰阿姆斯特丹出版,其中将元大德《昌国州图志》记载的灌门概况译入此图集的《浙江省概况》。19 世纪 80 年代编绘的《八省沿海总图》载为龟水道,名称来历不详。西北—东南走向。长 3.2 千米,宽约 1.4 千米,最窄处在粽子屿与龙王跳嘴间,宽 700 米。一般水深大于 20 米,最大水深 86 米。西接大长山水道,东连黄大洋,历为交通要道、海防要地。宋元于南岸设竿缆渡。明代于南岸设干礁水寨和干礁烽堠。明军曾于其西南的戚家岭、戚家岙及其南面的柯梅岭一带抗倭。清嵇曾筠《浙江通志》卷九十七:"干礁汛,(在)干礁岙,距(定海)县二十五里,东北距灌门,北接马岙,南邻白泉。辖台一:干礁台""黄大洋,定海县东北,接近灌门最为险要。"旧为自黄大洋至舟山岛北岸附近渔用航道,今为船舶进出宁波—舟山港马岙港区的主航道。潮汐为规则半日潮。潮流为往复流,涨潮流向西北,落潮流向东南。水道两侧多岛屿,水道中有礁石,粽子山屿附近水流湍急,有漩涡。旧有"老大好当,灌门难过"之说。今北侧秀山岛南岸建有常石集团(舟山)造船有限公司,小悬鹁鸪山屿—圆山岛—中圆山屿连线以南建有西码头中心渔港。

小板门(Xiǎobǎn Mén)　在舟山市中街山列岛中部,跨普陀区和岱山县。介于小板岛、小龟山岛与黄兴岛、东极小青山屿之间。以西侧有小板岛得名。"小板"之名于南宋乾道《四明图经》卷七已有记载,以远望岛形似龟,中部似龟板得名。南北走向。长 3.5 千米,最窄处在小板岛东岸与东极小青山小屿之间,宽 2.6 千米。一般水深大于 23 米,最大水深 70 米。北接岱衢洋,南连黄大洋,为舟山群岛中航路的咽喉,长江口和上海港通往南方诸港及东南亚国家的主要航道之一。鸦片战争期间,英国侵略者曾于此详细测绘。[英] 金约翰辑,[美] 金楷理口述,怀远、王德明笔译《海道图说》卷六:"渔人列岛(编者注:即黄兴、庙子湖、青浜等海岛)西面有稳便水道。距蜜蜂房石西南偏南又二分约九里半，为此行列岛间最便行驶者，其余各水道内约多隐石。”潮汐为规则半日潮。潮流为往复流，涨潮流向北、西北，落潮流向南、东南。小龟山岛北端建有小板门灯塔。

白节峡（Báijié Xiá） 跨舟山市岱山县和嵊泗县。介于川湖柴山岛与白节山岛等之间。以东侧有白节山岛得名。清光绪《定海厅志》《江苏沿海图说》和民国《定海县志》等载为白迹门。“白迹”为白节的谐音。西北—东南走向。西北起白节半洋屿附近，东南至川湖柴山岛与南山脚礁间，长4.8千米，最窄处3.6千米。一般水深大于9.8米，最大水深54米。北连大戢洋，南连黄泽洋，历为浙江沿海南北向交通的重要航道，旧为沪舟、沪甬、沪温、沪台客运航线要道，今为船舶进出上海港的国际航道之一。潮汐为规则半日潮。潮流为往复流，涨潮流向西北，落潮流向东南。两侧岛礁密布，中有白节半洋屿。水流湍急，旧常伤船。1949年1月27日，太平轮自上海开往台湾基隆途中，于此岛附近与建元轮相撞，932人遇难，史称“太平轮事件”。白节山岛和白节半洋礁分别有清光绪九年（1883年）和三十年建造的白节山灯塔、半洋礁灯塔，皆为全国重点文物保护单位浙东沿海灯塔组成部分。

蟹峙门（Xièzhì Mén） 在舟山市定海区。介于盘峙岛、大王脚山岛与西蟹峙岛之间。清末浙江省督练公所参谋处测绘股编绘的《浙江沿海要口全图》载为蟹屿门。以西侧有西蟹峙岛得名。清光绪《定海厅志》卷二十载为“蟹屿港”：“右营内洋岑港汛……所辖山、岛、门港三十四……洋螺、螺头门、螺头港、蟹屿港、蟹屿。”以西蟹峙岛古称蟹屿得名。因西蟹峙岛于清末别称马秦山，19世纪80年代编绘的《八省沿海总图》等将其南口附近载为马秦水道。［英］金约翰辑，［美］金楷理口述，怀远、王德明笔译《海道图说》卷六：“螺头（编者注，螺头即大猫岛）与马秦山间曰‘马秦水道’，螺头与穿鼻间曰‘螺头水道’。”“已过螺头，即应由马秦水道转向盘屿山而行。”南北走向。长2.59千米，最窄处在西蟹峙岛小岙山嘴与大王脚山岛间，宽1.2千米。一般水深大于16米，最大水深78米。北接盘峙北水道，南连螺头水道、横水洋和金塘水道。旧为船舶宁波至定海航线的主航道之一。清代属定海镇右营内洋汛地。鸦片战争期间，曾为英国侵略者军舰锚泊地。［英］金约翰辑，［美］金楷理口述，怀远、王德明笔译《海道图说》卷六：“马秦山与盘屿山间，水道深十拓至十二拓之处暂可停泊。若欲久停，则不可泊于能直见马秦山与舟山间之水道内。因此间潮性较疾，并海底受锚不牢。”潮汐为规则半日潮。潮流为往复流，涨潮流向北，落潮流向南。水道中部盘峙岛附近设有锚泊浮筒。今为万吨级船舶进出宁波—舟山港定海港区主航道，也是舟山鸭蛋山至宁波白峰汽车轮渡航线的主航道。东、西两侧建有数家船舶修造厂。

西堠门（Xīhòu Mén） 在舟山市定海区。介于金塘岛与册子岛之间。因西侧有金塘岛西堠山和西堠岙得名。堠，即烽火台。“西堠”之名因南宋于金塘岛北部设为烈港寨提供警讯的瞭望哨得名。元大德《昌国州图志》卷二载有金塘乡湖上里西堠岙。“西堠门”作为水道名称始见清康熙《定海县志》卷三：“横水洋……而趋于北，出西堠、桃夭。”“西堠门，县西北。”明代《郑和航海图》、郑若曾《筹海图编·浙江沿海山沙图一》、清光绪《定海厅志》、清末浙江省督练公所参谋处测绘股编绘的《浙江沿海要口全图》载为“西后门”。明嘉靖三十二年（1553年），参将汤克宽率明军一支自西堠门进军围剿盘踞烈港的倭寇。明郑若曾《筹海图编》卷五：“都御史王公杼……乃令参将俞大猷、汤克宽分二哨。部署既定，大猷由列表门（编者注：即今沥港港）进以当其前，克宽由西后门进以防其逸。”19世纪80年代编绘的《八省沿海总图·浙江金塘水道宁波进口》和［英］金约翰辑，［美］金楷理口述，怀远、王德明笔译《海道图说》将之与横水洋合称册子水道。《海道图说》卷六：“册子水道北半为二支，册子岛与金塘东北角间曰‘册子门’，册子岛与近舟山岸之四岛间为菰茨门。又，洋螺岛与金塘山东南角间，即拗支连角，为册子水道。”西北—东南走向。长 6.3 千米，最窄处在老虎山屿与金塘岛下雄鹅嘴之间，宽 1.2 千米。一般水深大于 11 米，最大水深 94 米。西北接灰鳖洋，东南连横水洋，旧为沪舟客运航线的常用航道，今为 3 万吨级以下船舶自北面进出宁波—舟山港岑港港区、北仑港区、大榭港区的主航道之一。潮汐为规则半日潮。潮流为往复流，涨潮流向东南，落潮流向西北，多急流、漩涡，旧有“老大好当，西堠门难过”之说。《海道图说》卷六：“册子门间潮性旋流。金塘与僵人岛间，见潮流行速率每小时四里。”西北口大菜花山岛建有灯塔，东南口老虎山屿建有灯桩。1978—1979 年，曾于水道内开展 3 千瓦潮汐能发电装置试验。2009 年于此建成舟山跨海大桥西堠门大桥，为其时世界上最大跨度的钢箱梁悬索桥，跨径为世界第二、国内第一的悬索桥。

菰茨航门（Gūcí Hángmén）　在舟山市定海区。介于舟山岛西北岸与册子岛东北岸之间。以南口的富翅岛旧称菰茨山得名。别称菰茨门。［英］金约翰辑，［美］金楷理口述，怀远、王德明笔译《海道图说》卷六：“册子水道北半为二支，册子岛与金塘东北角间曰‘册子门’，册子岛与近舟山岸之四岛间为菰茨门。”西北—东南走向。长 2.8 千米，最窄处 1.8 千米。一般水深大于 16 米，最大水深 62 米。北连灰鳖洋，南接桃夭门、富翅门、响礁门。古为舟山至杭州湾的主航道。明代倭寇多次经此骚扰舟山岛。明嘉靖三十七年（1558 年），明军于岑港附近发动围剿倭寇的“岑港之战”。其间，胡宗宪命都指挥李泾、指挥张天杰等率水军于此水道南口附近阻截。明郑若曾《筹海图编》卷九：“嘉靖戊午年春二月，总督侍郎胡公宗宪擒获元凶王直。其余党泊舟山之岑港，倚险列栅，势甚猖厥。公命把总任锦、指挥甘述宗等进泊港口之南，都指挥李泾、指挥张天杰等泊港口之北，总兵俞大猷等以福船并喇叭鸟艚、八桨串网船往来策应。”潮汐为规则半日潮。潮流为往复流，涨潮流向东南，落潮流向西北。富翅岛上建有灯桩。旧为定海至上海客运航线的主航道之一，今为低速船舶为避西堠门急流常用的航道。西侧册子岛东北岸建有多家船舶修造厂，东侧建有岑港海洋化工园区。

桃夭门（Táoyāo Mén）　在舟山市定海区。介于册子岛与富翅岛之间。地名记载始见于明代。明郑若曾《筹海图编》卷一《浙江沿海山沙图一》即有“桃夭门”地名注记。清康熙《定海县志》卷三：“横水洋……而趋于北，出西堠、桃夭。”“桃夭门，县西北。为北洋必由之路。”清后期别称册子门。［英］金约翰辑，［美］金楷理口述，怀远、王德明笔译《海道图说》卷六：“册子水道北半为二支，册子岛与金塘东北角间曰‘册子门’，册子岛与近舟山岸之四岛间为菰茨门。”因鸦片战争期间，英国侵略者称富翅岛为溪慈岛，19 世纪 80 年代编绘的《八省沿海总图・浙江金塘水道宁波进口》载为溪慈水道。南北走向。长 1.6 千米，最窄处在册子岛馒头山嘴与富翅岛西北端之间，宽 570 米。一般水深大于 33 米，最大水深 62 米。北接菰茨航门，南接横水洋、西堠门，为低速船舶避西堠门急流自北面进出宁波—舟山港岑港港区、定海港区、北仑港区、大榭港区的常用的航道之一。潮汐为规则半日潮。潮流为往复流，涨潮流向南，落潮流向北。在富翅岛上设有灯桩。2006 年于最窄处建成舟山跨海大桥桃夭门大桥。西侧册子岛东岸建有多家船舶修造厂。

长白水道（Chángbái Shuǐdào）　在舟山市定海区。介于舟山岛北岸与长白岛之间。古称长白港。地名记载始见于清代。康熙《定海县志》卷三：“长白港，县北。”以北侧有长白岛得名。“长白水道”名称记载始见于清后期。19 世纪 80 年代编绘的《八省沿海总图・舟山北群岛水道》已有名称上图。鸦片战争时期，英国侵略者曾于此附近详细测绘。［英］金约翰辑，［美］金楷理口述，怀远、王德明笔译《海道图说》卷六：“长白山与舟山北角间有沙澳，长二里，阔一里又四分里之三，深五拓至九拓。马目山北岸为陡界。长白山西岸有浅滩伸入海半里，南岸亦为广大泥滩，并有圩塘捍水，渐可耕种。近南岸角有浅处，距角半里为水深三拓之界。”“舟山北岸有泥滩平铺入海，潮未涨满时，泥滩犹现。沙澳东角有石塘便于登岸。近石塘处有数小舍，距澳稍远有大沙镇。”近东西走向。长6.7 千米，最窄处在长白岛西南端长春山嘴与舟山岛对面山之间，宽 1.1 千米。一般水深大于 10米，最大水深 56 米。西连灰鳖洋，东接灌门。潮汐为规则半日潮。潮流为往复流，涨潮流向西，落潮流向东。东、西口和长白岛小龙山建有灯桩。西口外设有长白锚地。为船舶自西面进出宁波—舟山港马岙港区、白泉港区的主航道之一。今水道南侧建有宁波—舟山港马岙港区和定海工业园区，北侧长白岛建有 2 家船舶修造厂。

普沈水道(Pǔ-Shěn Shuǐdào) 在舟山市普陀区。介于舟山岛与普陀山岛、朱家尖岛之间。因水道连接普陀山岛和沈家门港，取二岛名首字合称得名。古称莲花洋。清许琰《普陀山志》卷一：“石牛山在莲花洋。南宋中官王贵等诣山礼佛未虔。辞归，满海铁莲花阻舟。贵望山叩祷，随有白牛浮来食尽其花。舟始行，牛返水际化为一白石如牛形，故名。而港亦曰‘石牛港’云。”近南北走向。长 6.8 千米，最窄处在舟山岛东南端半升洞与朱家尖岛西北端凉帽潭之间，宽 1.1 千米。一般水深大于 5 米，最大水深 22.8 米。北接黄大洋，南连沈家门港、老鼠门水道和福利门。为莲花洋域的组成部分，历为沈家门至普陀山岛客运航线必经要道，渔船出入沈家门中心渔港东口的主航道。明嘉靖年间(1522—1566 年)，明军曾数败倭寇于此。明郑若曾《筹海图编》卷五：嘉靖三十二年(1553 年)五月“副使李文进、副总兵俞大猷击贼于莲花洋，大败之”。潮汐为规则半日潮。潮流为往复流，涨潮流向北，落潮流向南。南口中有分水礁，其上设有灯桩。西侧于 1992 年后逐渐围填建成普陀城区东港新城，东侧朱家尖岛上建有舟山普陀山机场。1999 年于水道上建成朱家尖海峡大桥，为华东地区第一座特大型跨海大桥。2011 建成别称为观音大桥的朱家尖海峡大桥复线。

沈家门港(Shěnjiāmén Gǎng) 在舟山市普陀区。介于舟山岛东南岸与小干马峙岛、鲁家峙岛之间。地名记载始见于北宋，以北岸村落多沈姓得名。徐兢《宣和奉使高丽图经》卷三十四：“山与蛟门相类，而四山环拥，对开两门……其上渔人、樵客丛居十数家，就其中以大姓名之。”原仅指舟山岛与鲁家峙岛间，后其所指代范围扩展至今水道范围。[英] 金约翰辑，[美] 金楷理口述，怀远、王德明笔译《海道图说》卷六：“舟山东南角陆家岛(编者注：即鲁家峙岛)与舟山岸间，阔一百五十拓，为沈家门东口，镇市对面深四拓至五拓；陆家岛与帽岛(编者注：即今马峙山)间为沈家门西口。潮退尽时深二拓又四分拓之一。陆家岛西面有泥滩铺入水道四百五十拓。”西北—东南走向转东西走向。西北起荷花浦河口，东南至舟山岛东南端半升洞与鲁家峙岛东北端间。长 9.8 千米，最窄处在青龙山嘴与鲁家峙岛北端间，宽 190 米。一般水深大于 5 米，最大水深 15 米。西接门口港，东接普沈水道、福利门水道，历为古代海上丝绸之路的重要节点，明代抗倭要地。明天启《舟山志》卷一：“盖舟山周围皆海，贼舟无处不可登崖。而东之沈家门切近乌沙门，去普陀不远，一望海洋，浩渺无际，岛夷相连。嘉靖乙卯夏，倭船百余只突犯普陀而入据之，遂至东陲鼎沸及征兵七省，费金钱四十余万，幸而扑灭……实南北两洋扼要之区，为舟山最冲险之地，宜设重兵守之。”北宋宣和六年(1124年)，以路允迪、傅墨卿为首的宋使团奉使高丽途中，曾暂泊于此。明代于北岸设水寨，并为总哨船驻地。明郑若曾《筹海图编》卷五：“沈家门寨。原系水操之地，有军防守，近皆取回。番船去来皆于此内。”明天启《舟山志》卷二：“总哨兵船驻此。”清顾祖禹《读史方舆纪要》卷九十二：“沈家门寨，在舟山所东八十里。原系水操之地，番船去来，皆泊于此。内有赵岙、南岙、芦花岙、大岙，去寨不过三五里，以大岭口为阻截要路。”清康熙《定海县志》卷三：“沈家门……明季备倭此处，为第一险要。”“沈家门山……内障芦花等数大岙，外通莲花洋，最为要地。嘉靖间，指挥刘恩至伏兵于此，以败普陀之倭。明设水寨，今置汛防。”嘉靖三十六年(1557年)，明军于山麓歼倭。《筹海图编》卷五：“贼舟漂至沈家门，副使王询、总兵俞大猷令把总张四维诱降贼五十三人。至定海关，适别艅贼杀(俞)宪章，恐其中变，悉斩之。”《读史方舆纪要》卷九十二：“嘉靖中，倭贼多由水路或间道而入，官军击却之。《舆程记》：由沈家门经莲花洋、石牛港、金钵盂山，共七十里至补陀山。”鸦片战争期间，曾有英军舰2艘入侵于此。《海道图说》卷六：“昔有英兵船毕勒低司泊于帽岛与舟山陆岸间，水道阔二百二十五拓深五拓之处停泊，见此间陡岸高六百尺。因有此高岸，常逼风势而成暴风。又有英兵船坑威于陆家岛东面，潮退尽时水深五拓之处停泊。”明代诗人曹时中《临沈家门水寨》：“才微身老一书生，水寨春深坐阅兵。山到极边看有色，潮回大海听无声。分屯里堡三军肃，斗舰云旗五色轻。击楫中流思共济，敢于生死负皇明。”近代书画家溥儒(字心畬)《渡沈家门》：“远天烟水近黄昏，初月微明带雨痕。故国乡关何处是？片帆吹渡沈家门。”潮汐为规则半日潮。潮流为往复流，涨潮流向西，落潮流向东。现设为国家级中心渔港，并为全国最大渔港，世界三大渔港之一。有浦西、鲁家峙2座跨海大桥跨越水道，水道下建有沈家门海底人行隧道。两岸均为普陀城区的组成部分，中国重要的海洋渔业基地。北岸有建于1936年的浙江省文物保护单位定海测候所等古迹，并有青龙山公园等设施。南侧马峙门外建有马峙门锚地。

乌沙门水道(Wūshāmén Shuǐdào)　在舟山市普陀区。介于朱家尖岛、西峰岛与登步岛、悬鹁鸪山岛之间。古称乌沙门，以明代别称朱家尖岛为乌沙悬山，别称西峰岛为乌沙山得名。明郑若曾《筹海图编》卷九：“贼走登乌沙悬山，即‘朱家尖’也。”清康熙《定海县志》卷三：“乌沙门，县东南白沙港之南。”别称乌沙门、乌沙大门头。鸦片战争期间，英国侵略者称为撒拉格里水道，并详细测绘。[英]金约翰辑，[美]金楷理口述，怀远、王德明笔译《海道图说》卷六：“佛能水道(编者注：即虾峙门)北面第一水道为撒拉格里水道，但不及比克与佛能二水道稳便。距桃花山南角东北偏东又东三分四里，近水道口有陡岸小岛，曰‘老实石’(编者注：即乌柱山岛)。又有石行自老实石南角列入水道一里半。又距老实石北角西偏北又北三分、一里又四分里之一，有半潮石。自此石视乌沙高顶为东北偏北又北三分之向，相距一里又四分里之三。”“桃花山东北角与峰岛(编者注，即悬鹁鸪山岛)间之水道内，潮性最疾，且多石行，故不可行过。”但清末浙江省督练公所参谋处测绘股编绘的《浙江沿海要口全图》仍载为乌沙门。南北走向。长5.34千米，最窄处在悬鹁鸪岛与西峰岛之间，宽2.4千米。一般水深大于20米，最大水深92米。历为古代中日航路要道。明郑若曾《筹海图编》卷二上：“又有从乌沙门开洋，七日即到日本。”明代倭寇曾常泊船于附近。明直浙总督胡宗宪《舟山议》：“其来也，自五岛开洋，冲冒风涛，困眩精神者数日，至下八、陈钱而始少憩。然孤悬外海，必历数潮，泊普陀、乌沙门之类，而后觇我兵虚实以为进止。”潮汐为规则半日潮。潮流为往复流，涨潮流向北，落潮流向南。铜钱礁和铜盘山岛上设有灯桩。今为船舶进出朱家尖国际邮轮码头的必经要道。

虾峙门(Xiāzhì Mén)　在舟山市普陀区。介于桃花岛与虾峙岛、大双山岛、小双山岛等之间。明《全浙兵制》载为石崩港，《两浙海防类考续编》载为虾峙门、石塴港，《筹海图编》载为石板港，清光绪《定海厅志》分段载为虾峙门、石棚港和米鱼洋。清末浙江省督练公所参谋处测绘股编绘的《浙江沿海要口全图》载为石棚港。石棚港、石崩港、石塴港、石板港皆为谐音异写，以虾峙岛东岸外有石棚礁得名。米鱼洋以此水域旧时盛产鮸鱼得名。虾峙门以虾峙岛得名。别称桃花港，以桃花岛得名。鸦片战争时期，英国侵略者称为佛能水道。[英] 金约翰辑，[美] 金楷理口述，怀远、王德明笔译《海道图说》卷六："佛能水道，亦名东南水道，原名虾峙门。比克水道北面第一水道曰佛能水道。南面有佛能岛，亦曰虾岐山（编者注：即虾峙岛的古称），北面有桃花山。当东北恒风时，自舟山向南行者，此水道最便。若自摘箬山开行，约十七里即出此水道。惟当风力微弱，不必行此水道，因近桃花山高峰，常遮风势，最易忽变方向。此水道内有深六十拓之处，潮性甚疾。""佛能水道北面第一水道为撒拉格里水道（编者注：即乌沙门水道），但不及比克与佛能二水道稳便。"西北—东南走向。西北起桃花岛西北角与上、下溜网重岛之间，东南至桃花岛东南端与虾峙岛喇叭嘴之间，长 13.2 千米，最窄处在下篮山屿与大双山岛之间，宽约 900 米，可供大型船舶航行的水域宽度约 500 米。一般水深大于 60 米，最大水深 125 米。西北接佛渡水道、峙头洋，东南口外无岛礁，接舟山群岛东航路。潮汐为规则半日潮。潮流为往复流，涨潮流向西北，落潮流向东南。今为大型船舶进出宁波—舟山港北仑港区、大榭港区、穿山港区、定海港区、岑港港区、金塘港区等的主要航道，30 万吨油轮、25 万矿石船兼顾 30 万吨矿石船可满载自由进出。两侧岛屿众多，虾峙岛东南端喇叭嘴建有虾峙门导航台。上溜网重岛、下篮山屿、小双山岛、大风水礁上设有灯桩。东南口外设有引航锚地。

条帚门（Tiáozhǒu Mén）　在舟山市普陀区。介于六横岛、凉潭岛、悬山岛与西白莲山岛、湖泥岛、金钵盂岛、走马塘岛、虾峙岛之间。以悬山岛形似条箬帚，别称条帚山得名。因鸦片战争期间，英国侵略者称其东南段为比克水道，称悬山岛为比克岛（鸟喙岛）得名。[英] 金约翰辑，[美] 金楷理口述，怀远、王德明笔译《海道图说》卷六："牛鼻山东北面第一水道曰'比克水道'，为自南面入舟山列岛间最稳便水道。比克头，一作铜锣山，为比克岛最东面之角；佛能角为佛能岛（一作虾峙山）最东之角，二角彼此互视，为东北偏北又北三分与西南偏南又南三分之向，相距二里又四分里之三，是为比克水道东口。"19 世纪 80 年代编绘的《八省沿海总图 · 浙江舟山南群岛水道》将东南段载为铜鼓海水道，以悬山岛东端有铜锣甩嘴得名。西北段俗称头洋港。西北—东南走向。西北起六横岛与大前门屿间，东南至虾峙岛东南端与悬山岛铜锣甩嘴间，长约 20.3 千米，最窄处在走马塘岛与黄礁头北岛间，宽约 940 米。一般水深大于 24 米，最大水深 114 米。西北接佛渡水道、峙头洋，东南口外无岛礁，接舟山群岛东航路。旧为从南面进出舟山群岛的备用航道。《海道图说》卷六："比克水道长约五里，内有数窄处，西面有二奇形驼山，近比克头有三小岛，距比克头西南面又有数小岛并露石，此数小岛与六横山间为尔劳司港（编者注：即南兆港）设于此间。遇逆潮不能前行，应于尔劳司港内停泊候潮。六横山与比克岛间之水道，深三拓半，然犹有较为稳便者，故不必定行此水道也。"潮汐为规则半日潮。潮流为往复流，涨潮流向西北，落潮流向东南。两侧岛屿众多。水道中有灯桩。今为宁波—舟山港六横港区的进出港航道，30 万吨级船舶可单向航行。凉潭岛建有武港矿石中转码头，六横岛建有煤电码头和浙能中煤舟山煤电公司。走马塘岛与凉潭岛间有净空高度为 36 米的架空电缆。

双屿港（Shuāngyǔ Gǎng）　在舟山市普陀区。介于六横岛与佛渡岛、野佛渡岛之间。古称"双屿港"，名称记载始于明代。郑若曾《筹海图编》《两浙海防类考》《全浙兵制》等皆有记载。明天启《舟山志》卷二："双屿港，去城东南百里，南洋之表。"一说以水道中有上双屿、下双屿得名；一说原指涨起港一带，因六横岛西北岸上屿山、下屿山古为悬水小岛，以其合称得名，后扩展至今水道；一说以六横岛古称双屿山得名。清末浙江省督练公所参谋处测绘股编绘的《浙江沿海要口全图》载为"双岐港"，因古越语方言称"屿"为"qí"，以其谐音得名。鸦片战争期间，英国侵略者称为"得非而得水道”。[英] 金约翰辑,[美] 金楷理口述,怀远、王德明笔译《海道图说》卷六:“六横山与佛肚山间曰‘得非而得水道’。南口阔一里又四分里之一,中段阔半里。南口以内自五拓半忽深至四十拓,惟近佛肚山麓有数小岛,探得深四拓半至五拓之处可停泊候潮。”南北走向。北起野佛渡岛与六横岛西北岸间,南至佛渡岛小佛渡山与六横岛黄风嘴间。长 7.9 千米,最窄处在上双屿与板方礁,宽约 840 米。一般水深大于 20 米,最大水深 108 米。北接佛渡水道,南连牛鼻山水道,历为浙江省沿海南北向航线的主航道之一,古代海上丝绸之路的重要节点。今通航中小型船舶。沿岸曾于明代被倭寇、葡萄牙人和海盗占据,并建为著名的国际海上走私贸易基地,后为明军剿灭。明郑若曾《筹海图编》卷五:“(嘉靖)十九年,贼首李光头、许栋引倭聚双屿港为巢。”“二十七年四月,都御史朱公纨遣都指挥卢镗、副使魏一恭等捣双屿港贼巢,平之……五月,官兵筑双屿港。朱公纨初欲于双屿港立营戍守,为一劳永逸之计……不得已,从众议,聚木石筑塞港口。”天启《舟山志》卷二:“双屿港……为倭夷寇必由之路。嘉靖间,总制军务朱公纨,命备倭都指挥卢镗卒兵众堵塞之。时,朱公赠镗诗曰:‘梅港双伏龙,桃洋一斧开。旌旗挥日月,金鼓驾风雷。挥毫云影动,酿酒浪头回。送子图南溟,云中起将台。’”《明史》卷二五〇:“纨巡海道……夏四月,镗遇贼于九山洋,俘日本国人稽天,许栋亦就擒。栋党汪直等收余众遁,镗筑塞双屿而还。番舶后至者不得入,分泊南麂、礁门、青山、下八诸岛。”清乾隆五十八年(1793 年)英国马戛尔尼使团访华期间,曾于此驻泊。潮汐为规则半日潮。潮流为往复流,涨潮流向北,落潮流向南。南口鸦鹊屿和中部的上双屿设有灯桩。今有通航净空高度 60.3 米电缆自六横岛经下双屿至佛渡岛。

蛇移门(Shéyí Mén)　在舟山市岱山县。介于衢山岛与鼠浪湖岛之间。“蛇移”源自蛇舌的方言谐音。明《全浙兵制》《两浙海防类考续编》载为蛇舌门。以北口西侧的外蛇舌山岛形似蛇头嘴的蛇舌得名。清光绪《定海厅志》、民国《定海县志》等载为乍浦门,以西侧衢山岛有乍浦得名。南北走向。北起衢山岛东北端蛇头嘴外的外蛇舌山岛与衢山小盘山岛间,南至衢山岛东南端大沙头嘴与小鼠浪山西南端间。长 4.6 千米,最窄处在鼠浪湖岛西北端的头岗与蛇虫山屿间,宽 1.4 千米。一般水深大于 20 米,最大水深 40.5 米。北接黄泽洋,南连岱衢洋。潮汐为规则半日潮。潮流为往复流,涨潮流向北,落潮流向南。水道中有外扫叶礁。外蛇舌山岛、蛇虫山屿、外扫叶礁等建有灯桩。南、北口外设有候泊锚地。旧以航行渔船为主,今为宁波—舟山港衢山港区鼠浪湖作业区、舟山港综合保税区衢山分区的进出港要道,可通行 40 万吨级船舶。东侧建有宁波—舟山港衢山港区鼠浪湖矿石中转码头。

蛇蟠水道(Shépán Shuǐdào)　在台州市三门县。介于蛇蟠岛与健跳镇之间。以北侧有蛇蟠岛得名。别称蛇蟠洋。东西走向。长 10.7 千米,最窄处 1.3 千米。一般水深大于 5 米,最大水深 11.9 米。西接旗门港、海游港,东连猫头水道。潮汐为规则半日潮。潮流为往复流,涨潮流向西,落潮流向东。旧为三门至石浦客运航线必经要道,今为船舶进出台州港健跳港区的主航道之一。南侧建有三门港区,东南侧建有三门核电站;北侧蛇蟠岛为著名的风景区。蛇蟠岛与健跳镇六敖间设有车客渡航线。

猫头水道(Māotóu Shuǐdào)　在台州市三门县。介于田湾岛、下万山岛与猫头山、龙山岛之间。古称茅头洋、猫头洋。清顾祖禹《读史方舆纪要》卷九十二:“又茅头洋,一作猫头洋,亦在健跳所东北。”以西侧有猫头山得名。近南北走向。长 6.73 千米,最窄处 2.4 千米。一般水深大于 5 米,最大水深 41 米。北连蛇蟠水道,南连三门湾。历为三门湾内深水航道,出入海游港、旗门港、沥洋港、胡陈港的主航道。明嘉靖三十九年(1560 年),明军曾败倭于此。《读史方舆纪要》卷九十二:"嘉靖三十九年,官军败贼于此,又追破之于青门洋。"明郑若曾《筹海图编》卷五:"(嘉靖三十九年五月)副使刘存德、参将张鈇进捣海游贼巢,平之……贼知大兵将至,即遁出洋,伏兵击败之。追至猫头洋,又败之。追至青门洋,又败之。"鸦片战争期间,英国侵略者曾于此详细测绘。[英]金约翰辑,[美]金楷理口述,怀远、王德明笔译《海道图说》卷五:"距生佐治岛(编者注:即满山岛)西面有数高岛,最大者曰'天顽岛'(编者注:即田湾岛)……数高岛西面与陆岸间有深水道,计阔一里。距天顽岛西南面河口有浅亘,仅深四尺,惟亘内较深。河口左岸距天顽岛五里之处有健跳所城垣,距天顽岛西偏北为宁海河口。""近生佐治岛泊船处,望日涨潮于十小时一刻五分,大潮高十五尺。"潮汐为规则半日潮。潮流为往复流,涨潮流向北,落潮流向南。近北口西侧猫头山麓今建有三门核电站。

第四节　群 岛 名 称

韭山列岛(Jiǔshān Lièdǎo)　群岛。皆为大陆岛。属宁波市象山县爵溪镇。在浙江省东部海域。含南韭山岛 1 个有居民海岛和上积谷山岛、官船岙岛、大青山岛、上竹山岛等 74 个无居民海岛。东北—西南走向。北起北黄礁,南至南耳朵屿,西起蚊虫山岛,东至麒麟头屿。长 15 千米,宽 10 千米。陆地总面积 7.3 平方千米。以主岛南韭山岛得名。南韭山古称韭山,南宋宝庆《四明志》卷二十一:"韭山、大薤山,以上皆(象山)县东南海中。"因岛上多俗称为大韭的石蒜得名。清顾祖禹《读史方舆纪要》卷九十二:"韭山,县东南百里海中。山多韭,形势巍峨,岛岙深远。"清雍正《宁波府志》卷七:"韭山……遍产大韭。"古别称九山,以韭山谐音得名。明代为抗倭要地。明郑若曾《筹海图编》卷五:"韭山,形势巍峨,岛澳深远,对冲日本。此山之外,俱辽远大洋,故倭船东来,必望此山为准。此昌国卫第一险要。今拨北哨兵船于此巡哨。"明都指挥使卢镗曾于此俘倭寇稽天等。《明史》卷二百五:嘉靖二十七年(1548 年)"夏四月,镗遇贼于九山洋,俘日本国人稽天,许栋亦就擒。栋党汪直等收余众遁,镗筑塞双屿而还。"鸦片战争期间,英国侵略者觊觎南韭山,并曾于此列岛详细测绘。清朱绪曾《昌国典咏》卷二十:道光二十年(1840 年)"六月初四日,突有四夷船窥南非山(南韭山)。"[英]金约翰辑,[美]金楷理口述,怀远、王德明笔译《海道图说》卷五:"韭山列岛除数露石外,共计十一小岛。其中最大者长三里,最阔处一里又四分里之一,余有二处仅阔一百拓至一百二十五拓者。近西角尖峰高四百九十尺,且有陡岸并石崖。四周共成六小沙澳,近岛西岸沙澳内,皆为陡界,居民颇多。""列岛最东北者为窄石崖小岛,素无居民,惟西面四小岛内多农民。距小岛北面三百拓,有红陡石。列岛北面无隐险,近岛处深七拓至八拓。""近韭山处朔望日潮涨于九小时二刻,大潮高十四尺。凡遇风势不顺,向北西北曲折强行者,亦可籍三门湾潮退向北之力。"地质基础以白垩系火山凝灰岩为主,局部出露花岗岩脉。地貌属海岛丘陵。岸线曲折,多为基岩海岸。最高点在积谷山岛,海拔 165 米。属北亚热带季风气候。土壤以黄红壤和粗骨土为主,局部覆有香灰土。植被以灌丛为主。今设有村民委员会 1 个。历为舟山群岛和象山港的屏障和门户,海防要地。明代曾为倭寇入侵象山及台州、温州的必经之路。嘉靖四十年(1561 年)闰五月,总兵俞大猷于此及乱礁洋一带追击倭寇，并大败之。东南部的积谷山岛为浙东沿海重要的天然航标。附近海域为舟山渔场、大目洋、渔山渔场交界处，盛产鲳鱼、带鱼、鳗鱼、黄鲫以及虾、蟹等。西侧的大目洋和牛鼻山水道为船舶自南面进出宁波—舟山港的主航道之一。

半招列岛(Bànzhāo Lièdǎo)　群岛。皆为大陆岛。属宁波市象山县石浦镇。在浙江省东部，象山半岛东南侧海域。含牛栏基岛、萝卜山岛、铜头岛、猪娘山岛等13个无居民海岛。东西走向。北起铜头牙礁，南至鹁鸪嘴岛，西起萝卜山岛，东至铜头牙礁。长4千米，宽2千米。陆地总面积2.5平方千米。一说原名半潮列岛。因自石浦港出发，帆船行驶历时约半潮得名。后方言谐音为今名。一说因英国侵略者称铜头岛为"半招岛"得名。民国《象山县志》卷二："铜头岛，西名'半招'。"名称记载始见于清《八省沿海总图・浙江沿海总图》。地质基础以白垩系火山凝灰岩为主，局部出露石英砂岩。地貌属海岛丘陵。地势东南高，西北低。岸线曲折，皆为基岩海岸。最高点在铜山岛，海拔172.4米。属北亚热带季风气候。土壤以黄泥沙土为主，局部有香灰土。植被以芒草、茅草、葛藤为主。历为石浦门户。明代为抗倭要地。明郑若曾《筹海图编》卷五："牛栏基，系石浦关后门，外洋必由之路。有山环抱，可避东北飓风。如分哨南北兵船往来，必于此为适中哨守之处。与石浦关相隔半潮。今该中军游兵船南北往来会哨。"牛栏基岛、萝卜山岛和铜头岛今存废村落及梯田遗迹，零星放牧养牛、羊。内有干门、淡水门、铜头门3条水道，今为小型船只出入石浦港的主要航道。附近海域产鲳鱼、带鱼、鳗鱼、黄鲫以及虾、蟹等。

渔山列岛(Yúshān Lièdǎo)　群岛。皆为大陆岛。属宁波市象山县石浦镇。在浙江省东部海域。含北渔山岛1个有居民海岛和南渔山岛等38个无居民海岛。东北—西南走向。北起外雨伞礁，南至南渔南礁，西起南渔山岛，东至伏虎礁东端。长7.5千米，宽4.5千米。陆地总面积2.0平方千米。以主岛南、北渔山岛合称得名。别称黑山列岛、马鞍列岛，以南渔山岛别称黑山得名。[英]金约翰辑，[美]金楷理口述，怀远、王德明笔译《海道图说》卷五："距东机屿(编者注：即东矶岛)东北偏东又东二分十七里，有黑山列岛，暨八露石内有三岛著名者。列岛自南至北共长五里，自东至西共阔二里。列岛甚小，各不相连，其间不便避风。列岛南面最大者，高三百二十尺，形如马鞍，故亦名'马鞍列岛'。列岛内有露石，多奇形石崖。露石中最向北者为海浪冲激，四周剥蚀，上大下小，形如香菌。"地质基础由白垩系火山凝灰岩构成。地貌属海岛丘陵。地势西南高，东北低。岸线曲折，皆为基岩海岸。最高点在南渔山岛，海拔127.4米。属北亚热带季风气候。土壤以黄泥土和黄沙土为主。植被以落叶阔叶林和灌丛为主。历为海防要地，并有居民。清顺治十六年(1659年)迁境徙民。清乾隆年间(1736—1796年)以后，陆续有闽南渔民上岛定居。清朱正元《浙江沿海图说》："今查此间有居民者凡三岛。南渔山居民二十余户，北渔山居民二十户，白礁居民五户，皆闽人之捕鱼为业者。"清道光二十九年(1849年)后，曾为英、美、日侵占。清光绪二十一年(1895年)，于北渔山建灯塔。北渔山灯塔为全国重点文物保护单位浙东沿海灯塔组成部分。1958年，石浦镇居民迁北渔山建村。北渔山岛现有3个自然村。东部的五虎礁为中华人民共和国领海基点之一。附近海域为渔山渔场。2008年8月1日建立渔山列岛国家级海洋特别保护区。主要特产有石斑鱼、海蜒。海上客运通石浦。

五虎礁(Wǔhǔ Jiāo)　群岛。皆为大陆岛。属宁波市象山县石浦镇。在浙江省东部，渔山列岛东部海域。含伏虎礁、仔虎礁、高虎礁等11个无居民海岛。南北走向。北起伏虎礁，南至高虎礁，西起平虎礁，东至仔虎头礁。长750米，宽500米。陆地总面积3万平方米。因其中较大五岛如五虎卧海，故名。地质基础由白垩系火山凝灰岩构成。地貌属海岛丘陵。地势陡峭险峻。岸线曲折，皆为基岩海岸。最高点在高虎礁，海拔 53.3 米。属亚热带季风气候。土壤贫瘠，多裸岩。局部有灌丛和茅草。尖虎礁为中华人民共和国领海基点海岛之一，设有领海基点方位碑。

大北列岛(Dàběi Lièdǎo) 群岛。皆为大陆岛。属瑞安市东山街道。在浙江省东南部，飞云江口以东海域。西北—东南走向。北起铜盘山岛，南至西半爿月礁，西起丁山屿，东至大北冬瓜屿。由北龙山岛、大长山岛、王树段岛、凤凰山岛、齿头山岛、大峙山岛、大北冬瓜屿 7 个有居民海岛和丁山屿、荔枝山岛等 62 个无居民海岛组成。长 28.5 千米，宽 10 千米。陆地总面积 7.1 平方千米。以大峙山岛和北龙山岛两岛首字合称得名。其中，北龙山岛古称南龙山，以地处瓯江口以南，岛形蜿蜒似龙得名。清顾祖禹《读史方舆纪要》卷九十四："南龙山，在(平阳)县东海中，倭自北洋而来，此为必经之道。"清末和民国年间别称铜盘山。民国《瑞安县志稿》卷三："北龙山，一名铜盘山。北曰'北龙头'，南曰'南龙头'。南西北东，四面均可泊船。"大峙山岛古称大衢山。鸦片战争期间，英国侵略者称为太北列岛，并曾对此详细测绘。[英] 金约翰辑，[美] 金楷理口述，怀远、王德明笔译《海道图说》卷五："距北岐山西面十一里，有一大岛四小岛，大者曰'铜盘'……距铜盘西北三里有太北列岛。当东北恒风时，太北列岛南面水深四拓之处较胜于铜盘泊船处。"西部岛屿由白垩系熔结凝灰岩夹沉积岩构成，东部岛屿由燕山晚期侵入钾长花岗岩构成。地貌属海岛丘陵。岸线曲折，以基岩海岸为主。最高点在北龙山岛，海拔 203.5 米。属中亚热带季风气候，夏秋有台风和热带气旋影响，冬季多海雾。土壤以红壤和粗骨土为主。植被以常绿阔叶林、针阔混交林和灌丛为主。原设有北龙乡，2001 年并入东山街道。现有村民委员会 6 个、学校 1 所、卫生院 1 个。旧为海防要地，明代曾为倭寇入侵飞云江、鳌江流域的通道。清顾祖禹《读史方舆纪要》卷九十四："南龙山，在霓岙东北(编者注：此为西南之误)，倭贼由北洋来，往往经此，六要地也。"清嵇曾筠《浙江通志》卷九十八："左营海汛辖洋面七……南龙，南龙山在霓岙东北。""本标中营原管海汛内三盘、霓岙、大门、黄大岙、鹿西、长沙、白脑门、铜盘、大衢、南龙各汛。"有浙江省文物保护单位北龙山岛大坪新石器晚期至商周遗址。大北冬瓜屿、北龙山岛、荔枝山岛等有灯桩 7 座。海上客运通瑞安、北麂等地。附近海域为船舶进出温州港瑞安港区的要道。

北麂列岛(Běijǐ Lièdǎo) 群岛。皆为大陆岛。属瑞安市东山街道。在浙江省东南部，大北列岛以东海域。含北麂岛、下岙岛、关老爷山岛、过水屿 4 个有居民海岛和大明甫岛、大筲箕屿等 41 个无居民海岛。西北—东南走向。北起小筲箕礁，南至外长南礁，西起小虎头屿，东至关老爷山岛，长 10.8 千米，宽 8.2 千米。陆地总面积 4 平方千米。以主岛北麂岛得名。别称北岐列岛，为谐音异写。鸦片战争期间，英国侵略者称为北岐列山，并曾对此详细测绘。[英] 金约翰辑，[美] 金楷理口述，怀远、王德明笔译《海道图说》卷五："北岐列山，距南岐列山北东北九里，有北岐列山。其中最大者曰'北岐山'，近东南面有四小岛遮护南面，尽可泊船，未为尽善，亦有淡水。"地质基础由白垩系流纹质凝灰岩、晶屑玻屑熔结凝灰岩夹沉积岩构成。地貌属海岛丘陵。岸线曲折，以基岩海岸为主。最高点在北麂岛，海拔 123.6 米。属中亚热带季风气候，夏秋有台风和热带气旋影响，冬季多海雾。土壤以粉砂土、黏土为主。植被以亚热带针叶林、针阔混交林和灌丛为主。原设有北麂乡，2001 年并入东山街道。现设村民委员会 6 个。有学校、卫生院各 1 个。旧为海防要地，明代曾为倭寇入侵飞云江、鳌江流域的通道。清代海盗蔡牵曾盘踞于北麂岛，并于附近与提督李长庚对抗。北麂岛设有灯塔，小筲箕屿、关老爷山岛设有灯桩。附近海域为北麂渔场，旧产大黄鱼、小黄鱼、带鱼、乌贼等，渔汛旺季浙闽沿海各地渔民群集于此捕捞多达万。20世纪80年代后渔业资源减少。海上客运通瑞安。

南麂列岛(Nánjǐ Lièdǎo)　群岛。皆为大陆岛。属平阳县鳌江镇。在浙江省东南部海域。含南麂岛、大檑山岛、竹屿3个有居民海岛和柴峙岛、平峙岛等67个无居民海岛。东北—西南走向。北起中屿，南至鞍边南礁，西起西舟礁，东至稻挑山岛。长17.98千米，宽8.67千米。陆地总面积11.2平方千米。以主岛南麂岛得名。鸦片战争期间，英国侵略者称为南岐列山，并曾对此详细测绘。[英]金约翰辑，[美]金楷理口述，怀远、王德明笔译《海道图说》卷五："南岐列山，距台山列岛东北偏北二十九里，有南岐列山。最大者高七百四十尺，当东北恒风时，于东南岸南岐港内便泊船。南岐列山最西南数小岛间，水道内多石行，涨潮则隐，不便驶行。南岐列山最西而尖形者，曰'小塔岛'。此岛北面亦有石行。又距南岐山南西南五里，有一石远视如分为二者，曰'女墙石'。"最高点在南麂岛，海拔229.1米。地质基础由燕山晚期侵入的钾长花岗岩和白垩系晶屑熔结凝灰岩构成。皆为丘陵，几无平地。岸线曲折，多为基岩海岸，并多岬角港湾。属中亚热带季风气候，夏秋有台风和热带气旋影响，冬季多海雾。土壤以砂砾土、黄土为主，植被以亚热带针叶林、针阔混交林、灌丛和茅草丛为主。原设有南麂镇，2011年并入鳌江镇。今设有村民委员会11个、卫生院1家。明、清以来历为东南海防要地。明代多次受倭寇骚扰。清顾祖禹《读史方舆纪要》卷九十四："南麂山，在(平阳)县东海中，有平壤数千亩，称饶沃。环海负岛，逋逃之徒，易以蕃聚。倭寇每出没于此。"清顺治十六年(1659年)郑成功曾于此操练水师。现存多处摩崖题记，并存有国姓庙等古迹。建有南麂列岛浙江省风景名胜区。南麂列岛国家海洋级自然保护区为贝藻类海洋自然保护区，被誉为"贝藻王国"。稻挑山岛为中华人民共和国领海基点之一。南麂渔场，为浙南主要渔场之一，东南沿海重要的垂钓基地，主产黑鲷、石斑鱼、鲈鱼、黄姑鱼等。海上客运通鳌江、瑞安。

洞头列岛(Dòngtóu Lièdǎo)　群岛。皆为大陆岛。属温州市洞头县。在浙江省东南部，瓯江口以东海域。含洞头岛、霓屿岛、大门岛、鹿西岛、状元岙岛等14个有居民海岛和大竹峙岛等206个无居民海岛。西北—东南走向。北起小乌星屿，南至复顶礁，西起小霓屿，东至虎头峙岛。长36千米，宽33千米。陆地总面积104平方千米。以主岛洞头岛得名。鸦片战争期间，英国侵略者称为凤凰列岛，并曾对此详细测绘。以英国侵略者称洞头岛为"凤凰山"得名。[英]金约翰辑，[美]金楷理口述，怀远、王德明笔译《海道图说》卷五："距北岐山北西北八里有三岛，曰'东策'，曰'南策'，曰'北策'，是为凤凰列岛最南者，北策与半边山间水道阔三百拓，又北曰'凤凰山'，为列岛最大者，自东北至西南，长约六里，阔约二里半，东面有高陡岸。其与半边山间之水道，惟华船可行。凤凰列岛最向东北者曰'棱岛'(编者注：棱岛也作楞岛，即虎头屿)，近棱岛西北岸有三露石。距棱岛西南有低瓶岛(编者注：即大竹屿)，此岛南角有石，与西南二石岛间为稳便水道，深约八拓。"最高点在大门岛烟墩山，海拔391米。地质基础以白垩系火山凝灰岩和燕山晚期侵入的钾长花岗岩为主。地貌以海岛丘陵为主，大门、洞头等海岛有海积小平原和人工围垦平地。地势西北高东南低。岸线曲折，湾岬相间，以基岩海岸为主，基岩海岸与人工海岸相间。属中亚热带季风气候，夏秋有台风和热带气旋影响，冬季多雾。土壤以红壤为主。植被以常绿阔叶林为主。今设有洞头1个县，下辖北岙、东屏、元觉、霓屿4个街道，大门1个镇和鹿西1个乡。有中小学17所、二级医院2家。图书馆、文化馆、体育馆各1个。有东沙妈祖宫、岙内叶宅、寨楼寨墙遗址及张氏家族墓等浙江省文物保护单位。洞头先锋女子民兵连纪念馆为国家级国防教育示范基地，省级爱国主义教育基地。海洋动物故事、妈祖祭典2项地方文化项目被列入国家级非物质文化遗产保护名录，洞头海岛谚语、渔灯舞、迎头鬓被列入浙江省非物质文化遗产保护名录。有贝壳舞等特色民间舞蹈。有花岗石、玛瑙、伊利石、叶蜡石等矿产资源，白鹳、黄嘴白鹭、普通鵟、红隼、游隼等珍稀鸟类，并建有南北爿山省级海洋特别保护区和洞头浙江省风景名胜区。工业有化工、医药、造船、水产品加工、电子电器、机械汽配、建材等产业，为温州市的石化工业基地。小门岛建有亚洲最大的液化石油气中转站。大小门港区和状元岙港区为温州港的主要深水港区。洞头渔场为浙江第二大渔场，常年洄游鱼、虾、蟹300余种，盛产带鱼、鲳鱼、鳗鱼、虾皮、虾米、紫菜、羊栖菜等。温强(S332)省道经灵霓大堤、洞头大桥、三盘大桥等通至洞头岛，并连接了洞头、大三盘、花岗、状元岙、霓屿5个海岛。岛际间开通固定航班。老虎屿设有灯塔。

七星岛(Qīxīng Dǎo)　群岛。浙江省最南端的群岛。皆为大陆岛。属温州市苍南县。在浙江省东南端海域。含星仔西岛、星仔东岛、大裂岩屿、鸡心岩屿等18个无居民海岛。东北—西南走向。北起小裂岩屿，南至星仔东礁，西起横屿，东至鸡心岩屿。长5.7千米，宽4.2千米。陆地总面积5.8万平方米。因主要岛屿有7个，如北斗七星状排列得名。最高点在星仔西岛，海拔64米。地质基础由白垩系火山凝灰岩构成。皆为丘陵，无平地。岸线破碎，皆为基岩海岸。属中亚热带季风气候，夏秋有台风和热带气旋影响，冬季多海雾。岩石裸露，仅星仔西岛和星仔东岛生长有茅草、芒草。北为南麂渔场，南为闽东渔场。渔汛期曾有渔民搭草寮居住。主产带鱼、乌贼、鲳鱼等。

王盘山列岛(Wángpánshān Lièdǎo)　群岛。皆为大陆岛。属平湖市乍浦镇。在浙江省东北部，杭州湾中部海域。含上盘屿、下盘屿、劈开山屿等21个无居民海岛。西北—东南走向。北起上盘屿，南至堆草屿，西起下盘屿，东至北无草屿。长3.5千米，宽0.7千米。陆地总面积5.7万平方米。古称黄盘山。因上、下盘山屿岩石呈土黄色，远望似玉盘得名。后谐音为今名，别称玉盘山。最高点在下盘山屿，海拔22.8米。地质基础由白垩系中酸性火山岩夹沉积岩构成。地貌属海岛丘陵。岸线曲折，皆为基岩海岸。属北亚热带季风气候，夏秋偶有台风和热带气旋影响，冬季多雾。土壤以粗骨土为主。植被以茅草、芒草为主，间有野水仙。古为杭州湾北岸内有小山丘群。南宋常棠《澉水志》卷五："旧传沿海有三十六条沙岸、九涂十八滩，至黄盘山上岸，去绍兴三十六里。风清月白，叫卖声相闻。始皇欲作桥渡海后，海变洗荡，沙岸仅存其一。黄盘山，邈在海中，桥柱犹存。淳祐十年，犹有于旁滩潮里得古井及小石桥、大树根之类，验井砖上字，则知东晋时屯兵处。"传东汉永建二年(127年)，海盐县治沉陷为湖，曾移治黄盘山北麓，故又名故邑山。历为杭州湾口的天然航标，东晋于此设王盘关。宋代始因钱塘江北岸冲刷而陷入海中。杭州湾因此古称王盘洋。清朱正元《浙江沿海图说》："有王盘山，因名其洋曰'王盘洋'。"清桑调元《登汤山望海歌》云："浮空岛屿依微见，黄盘山似黄盘浮。"清方元臣《陈山观合璧》云："海底跃双丸，铜钲合玉盘。"下盘屿设有灯桩。

舟山群岛(Zhōushān Qúndǎo)　中国最大的群岛。皆为大陆岛。属舟山市。在浙江省东北部海域，跨舟山市全境。含舟山岛、岱山岛、六横岛、金塘岛、衢山岛、朱家尖岛等141个有居民海岛和1 673个无居民海岛。其中，面积大于500平方米海岛1 390个。东北—西南走向。北起灯城礁和花鸟白屿，南至东磨盘礁，西起野黄盘岛，东至东南礁，呈纵向二列，横向四行排列。以主岛舟山岛得名。春秋时统称"甬东""甬句东""海中洲""翁洲"。"舟山"之名始见于宋代，原为县治南面的小山。南宋宝庆《四明志》卷二十："舟山，去县五里，趋城由此突出。"元大德《昌国州图志》卷四："舟山，在州之南，有山翼如枕海之湄，以舟之所聚，故名‘舟山’。”明代海禁以后，“舟山”之名扩展为今舟山岛，乃至整个群岛的统称。旧含大榭、穿鼻、里神马、外神马和七里屿等海岛。明天启《舟山志》卷一：“西二潮至蛟门，与定海县分界。南五潮至隆屿，与象山县分界。北五潮至大碛山，与苏州府分界。东南五潮至韭山，与象山县分界。东北五潮至陈钱、壁下，与海州府分界。西北三潮至滩山，与嘉兴府分界。”1949 年 8 月 18 日，中国人民解放第三野战军第 7 兵团第 22 军向毗邻浙江大陆的大榭岛发起攻击，打响了进攻舟山群岛的首战。1950 年划大榭岛等属镇海县，舟山群岛从此仅指今舟山市境诸岛。长 182 千米，宽 169 千米。陆地总面积 1 458.8 平方千米（含潮间带滩涂 114.9 平方千米）。最高点在桃花岛，海拔 544.4 米。南部大岛较多，海拔较高，排列密集；北部多为小岛，地势较低，分布较散。地质基础以白垩系火山凝灰岩、流纹岩为主，局部出露燕山晚期侵入的钾长花岗岩。地貌以海岛丘陵为主，海滨平原狭小。河流短小，独流入海。岸线曲折，基岩海岸和人工海岸为主，局部有小段沙质和砾质海岸。属北亚热带季风气候。全年多大风，春季多海雾，夏秋有热带气旋和台风影响。土壤有红壤、黄壤、粗骨土、水稻土、滨海盐土等。大岛植被以落叶阔叶林、针阔混交林、常绿阔叶落叶阔叶混交林和灌丛为主。无居民海岛植被以白茅草和五节芒草丛为主。唐设翁山县，宋设昌国县，元设昌国州，明撤县，除舟山岛外，皆墟地徙民，清置定海县（直隶厅）。现设有舟山市，下辖有定海、普陀 2 区，岱山、嵊泗 2 县。历为中国海防重地，古代“海上丝绸之路”的起源地和重要节点之一。《昌国州图志》卷一：“东控日本，北接登莱，南亘瓯闽，西通吴会，实海中之巨障，足以昌壮国势焉。”明邵辅中《舟山志序》：“定邑为两浙咽喉，而舟山实为定邑门户，倭夷贡寇道所必由。”《舟山志》卷一：“舟山悬居东海，四面澎湃。定海为宁波东维下邑，而舟山尤居东之东，若邑乘所记：‘浮吴会，达瓯闽，中翼于省会，而控扼其门户，即定海与舟山共之。而舟山尤其与三韩、日本缥缈咫尺，若一望可到。’故按图而窥四履，则中外华夷之防截如也；分兵而界汛地，则攻守奇正之道井如也；建牙以壮弹压，则储胥虎豹之形屹如也……夫定邑为宁郡咽喉，而舟山为定邑门户，攘外正所以安内。舟山固，则定邑固；定邑固，则宁郡以达绍郡俱固。”清顾祖禹《读史方舆纪要》卷九十二：“元吴莱云：‘昌国，古会稽东海中洲也。’东控三韩、日本，北抵登、莱、海、泗，南抵庆元，四面环海，中多大山，人居篁竹芦苇之间，或散在沙隩，习于舟航，风帆便利……明初，以外连倭夷，每为边患，信国公乃为清野之策，而墟其地。生聚既久，繁殖如故。嘉靖中，屡为倭酋所据，事平，以官兵戍守之。唐顺之曰：‘江南控扼在崇明，浙东控扼在舟山，天设此险，以障蔽浙、直门户，诸哨船皆自此分，而南北总会于洋山。’”清初曾为南明鲁王朱以海反清复明根据地。鸦片战争期间，英国侵略者曾对此详细测绘，绘制了《浙江舟山南群岛水道》《浙江舟山北群岛水道》《浙江舟山定海进口》《浙江金塘水道宁波进口》《浙江舟山北澳》《浙江马鞍列岛》《定海港口》等地图。［英］金约翰辑，［美］金楷理口述，怀远、王德明笔译《海道图说》卷六：“近浙江东北海岸有舟山列岛，自纬度距赤道北二十九度三十九分至三十度五十分。其中，最大者为舟山。南面有四水道可入列岛间，一曰‘牛鼻’，一曰‘比克’，一曰‘佛能’，一曰‘撒拉格里’（编者注：牛鼻水道、比克水道、佛能水道和撒拉格里水道分别指牛鼻山水道、条帚门、虾峙门和乌沙水道）。此各水道中，最稳便者为牛鼻与比克。凡由此列岛间出海者，多由佛能水道。舟山北面亦有稳便水道，如遇东北恒风时，或往宁波或赴舟山，常由渔人岛向西西北一带列岛与金山间之水道内，除西口之马利拿石行外（编者注：渔人岛和马利拿石，分别指黄兴岛和百亩田暗礁），余无隐险。”明末清初诗人张煌言《翁洲行》云：“自从钱塘怒涛竭，会稽之栖多铩翮。甬东百户古翁洲，居然天堑高碣石。青雀黄龙似列屏，蛟螭不敢波间鸣。虎韝争如秦妇女，鱼旗半是汉公卿。五六年间风云变，帝子南巡开宫殿。繇来泽国仗楼船，乌鬼渔人都不贱。堂怡穴斗几经秋，胡来饮马沧海流。共言沧海难飞越，况乃北马非南舟！东风偏与胡儿便，一夜轻帆落奔电。南军鼓死将军擒，从此两军罢水战……呜呼！问谁横驱铁裲裆，翻令汉土剪龙荒？安得一剑扫天狼，重酹椒浆慰国殇！”地域文化兼具海洋文化与农耕文化特点，尤以渔盐、航海、海防、商贸和观音信仰文化为著。2011 年 6 月 30 日，于此设立我国第一个以发展海洋经济为主题国家级新区——浙江舟山群岛新区。舟山港域为宁波—舟山港的主体之一。建有普陀、嵊泗列岛 2 个国家级风景名胜区，岱山岛、桃花岛 2 个浙江省风景名胜区，并有普陀山多宝塔、普陀山普济寺、普陀山法雨寺、浙东沿海灯塔群 4 处全国重点文物保护单位，三忠祠、同归域等 12 处浙江省文物保护单位。附近海域为全国最大的渔场——舟山渔场，旧盛产大黄鱼、小黄鱼、带鱼、乌贼、鲳鱼、石斑鱼和虾、蟹、海蜇等。有海鲜水产、白泉晚稻杨梅、金塘李子和登步黄金瓜等特产。甬舟(G9211)、沪芦(S2)高速公路入境。舟山跨海大桥曾为全国最大的陆海连接工程。杭朱(G329)国道过境，并有定西(S231)、定岑(S321)省道。海上客运通上海和宁波，岛际间交通有班船或快艇往返。舟山(普陀山)机场有通往北京、上海、厦门、晋江等 11 条航线。

中街山列岛(Zhōngjiēshān Lièdǎo)　群岛。皆为大陆岛。属舟山市。在浙江省东北部，舟山群岛中部偏东海域。跨舟山市普陀区和岱山县。含庙子湖岛、青浜岛、东福山岛、黄兴岛等 9 个有居民海岛和樱连山岛、叶子山屿等 145 个无居民海岛。东西走向。北起岱衢洋，南至黄大洋，西起樱连山岛，东至两兄弟屿。长 51.2 千米，宽 13.7 千米。陆地总面积 15.9 平方千米。中街，即“中界”的谐音，因形如一个岛链横亘在舟山群岛中部，将之分为南北两部分而得名。清朱正元《浙江沿海图说》：“长涂山以东一带海岛统名‘中街山’。”民国《定海县志》册一：“庙子湖，在黄星山东……长涂山以东一带，海岛总名‘中街山’。海深浪大，惟庙子湖西南澳可暂碇泊。”鸦片战争期间，英国侵略者称其东半部为“渔人列岛”。［英］金约翰辑，［美］金楷理口述，怀远、王德明笔译《海道图说》卷六：“自非地由岛起，向西偏北又北一分至福尔该奴列岛(编者注：即火山列岛)止，一带列岛统长四十五里。距非地由岛第一行列岛，有四小岛并数露石，为渔人列岛，原名‘慈浪湖山’。其与西面列岛间之水道阔二里，至渔人列岛间各水道，西船不可通行。又渔人列岛西面有稳便水道……距渔人列岛西面七里，近何勒岛(编者注：即大西寨岛)处可泊船避风，但不若长涂山南面与仪登角(编者注：即大长涂山岛东南端的串心嘴)西面之尖石澳内较为稳便，惟宜防澳首有浅滩。”地质基础以燕山晚期侵入的钾长花岗岩和花岗斑岩为主，并穿插有辉绿玢岩岩脉，局部出露白垩系火山碎屑岩。皆为丘陵，无平地。岸线曲折，以基岩海岸为主，沿岸海蚀地貌发育。最高点在东福山岛，海拔 321.6 米。除东福山岛和黄兴岛外，各岛海拔均在 200 米以下。属北亚热带季风气候。四季分明，全年多大风，春季多海雾，夏秋有热带气旋和台风影响。土壤以红壤、粗骨土和滨海盐土为主。植被以落叶阔叶林、灌丛和茅草丛为主。西半部属浙江省舟山市岱山县长涂镇，东半部设有普陀区东极镇。附近海域为中街山渔场，旧盛产大黄鱼、小黄鱼、乌贼、带鱼、鲳鱼、鳓鱼、鳗鱼、石斑鱼、海蜒等，20 世纪 80 年代后资源锐减。今设有中街山列岛国家级海洋特别保护区，主产野生贻贝、虎头鱼、鲷鱼和虾、蟹等。设有海港客运码头 4 个，并建有直升机停机坪，通空中旅游航线。

五峙山列岛(Wǔzhìshān Lièdǎo)　群岛。皆为大陆岛。属舟山市定海区岑港街道。在浙江省东北部，舟山群岛中部海域。含大五峙山列岛、马目半边屿、马目龙洞屿、丫鹊山屿等 8 个无居民海岛。东北—西南走向。东北起自北馒头山屿，西南至大五峙岛。长 2.7 千米，宽 750 米。陆地总面积 34.1 万平方米。南宋乾道《四明图经》卷七、宋宝庆《四明志》卷二十和民国《定海县志》册首《定海县总图》均载为“五屿”。清康熙《定海县志》卷五载为“五屿山”。因从东南方向远眺，见 5 个主要岛屿而得名。成图于 19 世纪 80 年代的《八省沿海总图·浙江沿海总图》标注为“五齐山”。“峙”“齐”为“屿”的古越语方言谐音。南宋宝祐六年(1258 年)，朝廷于大五峙岛设五屿山烽铺，为当时海上十二烽铺之一。地质基础由白垩系熔结凝灰岩夹凝灰岩、凝灰质砂岩构成。皆为丘陵，无平地。岸线曲折，皆为基岩岸线。最高点在大五峙岛，海拔 46.6 米。属北亚热带季风气候。四季分明，全年多大风，春季多海雾，夏秋有热带气旋和台风影响。土壤以粗骨土类的棕石砂土为主。植被以灌丛和白茅草丛为主。春夏季节有大量海鸟在岛上栖息、繁衍，1986 年设为省级鸟类自然保护区。有中华凤头燕鸥、白天鹅、黑脸琵鹭、黄嘴白鹭、角䴙䴘、鹗、红隼、小隼、赤腹鹰、松雀鹰、白尾鹞、普通鹰、大白鹭、中白鹭、小白鹭和黑尾鸥等珍稀鸟类。

梅散列岛(Méisàn Lièdǎo)　群岛。皆为大陆岛。属舟山市普陀区六横镇。在舟山群岛西南部，六横岛以南海域，为舟山群岛最南的岛群。含大尖苍岛、龙洞岛、小尖苍岛、上横梁岛、下横梁岛等 31 个无居民海岛。西北—东南走向。北起尖苍鳎鳗礁，南至鞋楦尾礁，西起小尖苍西礁，东至下横梁岛。长 5.35 千米，宽 3.6 千米。陆地总面积 1.29 平方千米。明范涞《两浙海防类考续编》卷一载为尖仓山。为大、尖苍岛的古称的合称。鸦片战争时期，英国侵略者曾称“阔矶特列岛”。[英]金约翰辑，[美] 金楷理口述，怀远、王德明笔译《海道图说》卷六将“澜(阔)矶特”与“梅散”并列记载:“六横南面有二大沙澳。澜矶特与梅散对面之角，有石一行列入水道三百拓。”一说因大尖苍岛别称梅散山得名。一说因大小岛屿呈梅花状散布得名。中华人民共和国成立后定为今名。地质基础由白垩系火山熔岩、火山碎屑岩等构成。最高点在大尖苍岛，海拔 158.5 米。皆为丘陵，无平地。岸线曲折，皆为基岩海岸，并多海蚀崖和海蚀穴。属北亚热带季风气候。夏秋有台风和热带气旋影响。土壤以粗骨土为主。植被以落叶阔叶林、灌丛和草丛为主。大尖苍岛存垦殖痕迹，岛上有水獭等生物。附近海域曾盛产大黄鱼、小黄鱼、带鱼、鲳鱼、鳓鱼等，20 世纪 80 年代后资源衰退，现主产礁栖鱼类和贝类。列岛以南海域为牛鼻山水道和磨盘洋，为浙东沿海的南北向交通要道。

火山列岛(Huǒshān Lièdǎo)　群岛。皆为大陆岛。属舟山市岱山县高亭镇。在浙江省东北部，舟山群岛西部灰鳖洋海域。含大鱼山岛、小鱼山岛、鱼腥脑屿 3 个有居民海岛和峙岗山屿等 44 个无居民海岛。东西走向。北起渔山黄礁，南至渔山楝槌山岛，西起小鱼腥脑礁，东至丫鹊礁。长 13 千米，宽 8.2 千米。陆地总面积 6.9 平方千米。以大鱼山岛北端有火焰山嘴得名。地质基础以白垩系熔结凝灰岩、火山碎屑岩为主，冷饭山屿出露燕山晚期花岗斑岩。地貌以海岛低丘陵为主，仅大鱼山岛西岸有海积平地。岸线曲折，除大鱼山岛外，多为基岩海岸。最高点在大鱼山岛，海拔 152.6 米。属北亚热带季风气候。四季分明，全年多大风，春季多海雾，夏秋有热带气旋和台风影响。土壤以红壤、粗骨土和滨海盐土为主。植被以落叶阔叶林、灌丛、茅草丛为主。原设有渔山乡。2001 年撤销渔山乡并入高亭镇，改设村民委员会 1 个，有村卫生服务站 1 个。历为海上丝绸之路的重要节点和海防要地。北宋熙宁五年(1072 年)，日僧成寻经此入宋参天台、五台山。南宋宝祐六年(1258 年)，朝廷于大鱼山岛设宜山烽铺，为当时海上十二烽铺之一。南宋宝庆《四明志》卷七:“神前、石衕、三姑、宜山、马迹、关岙、海驴礁及海南北中间，其昼夜巡徼者，三日一报枢密院及尚书省(编者注：神前、石衕、三姑、宜山、马迹、关岙、海驴礁，今名分别为嵊山岛、花鸟山岛、大洋山岛、大鱼山岛、泗礁山岛、菜园镇关岙、海礁)。”明代为倭寇入侵及抗倭要冲。明郑若曾《筹海图编》卷五：嘉靖三十五年(1556年)“总兵俞大猷、卢镗败贼于渔山、马迹洋。松浦口之贼自古窑遁出渔山海洋，镗与指挥张四维等追及之，沉其数舟，擒斩贼二百有奇”。鸦片战争期间，英国侵略者称为“福尔该奴列岛”，并曾于此详细测绘。[英]金约翰辑，[美]金楷理口述，怀远、王德明笔译《海道图说》卷六：“距道角西面六里，有一岛自南至北长四里者，曰‘鱼山’，西名‘东福尔该奴’，上有四峰，为列岛最大者。近南角东面有一小岛，其与首列岛(编者注：即今岱山岛双合山)间有二小岛，为陡石崖者，曰‘必信岛’(编者注：即岱西蓑衣山岛)。距此北面一里半又有二低露石。”“凡由首列岛与福尔该奴列岛间经过者，勿过行近鱼山，因距岸一里又四分之一，仅深二拓也。又距鱼山北角东面三百拓，有半潮石。”“列岛西面多隐石与小岛，其间水道西船不可驶行。列岛南面距东福尔该奴南角西面有平面露石。近露石北面可停泊以避北风。距列岛最向北者，北面一百五十拓有石一行。”“近福尔该奴列岛间涨潮向西西北，退向东东南。朔望日潮涨于十一小时二刻。大潮高十五尺，当风力微弱时，由此间经过者应行距各小岛稍远。”鱼腥脑灯塔为全国重点文物保护单位浙东沿海灯塔的组成部分。大鱼山烈士纪念碑为舟山市首批爱国主义教育基地。附近海域渔业资源丰富，旧盛产鲳鱼、鮸鱼、海蜇等，并有毛鲿鱼胶等特产。

两兄弟屿(Liǎngxiōngdì Yǔ) 岛礁群。皆为无居民海岛。属舟山市普陀区东极镇。在浙江省东北部，舟山群岛东部海域。由两兄弟屿和两兄弟屿一岛、二岛、三岛、四岛5个海岛组成，陆地总面积2.4万平方米。最高点在两兄弟屿二岛，海拔28.0米。因主岛有2个，远望似相互扶持的两个兄弟而得名。清康熙《定海县志》记载为环山，为四姐妹岛与两兄弟屿的合称，意为舟山群岛外围的拱卫者。民国《定海县志》册一等载为外甩山。民国《定海县志》册一：“东福山，在西福山东南……附近小岛：里甩山(即四姊妹)，外甩山(即两兄弟)。”东极渔民有“外甩外罗城，里甩里罗城，东福是紫禁城”之谚。后以形状而改今名。鸦片战争期间，英国侵略者曾于此详细测绘。[英]金约翰辑，[美]金楷理口述，怀远、王德明笔译《海道图说》卷六：“距非地由岛东偏北又北二分五里，有四石曰‘四姊妹石’。又距非地由岛东偏北九里，有二石曰‘兄弟石’，附近水深三十拓。若当夫天气昏蒙不能远见，探得水深不及三十拓者，即知已至舟山列岛内界。”地质基础由白垩系熔结凝灰岩、凝灰岩构成。岩石裸露，无高等植被。常有海鸥、海燕栖息。潮间带以下多产贻贝、藤壶、紫菜等贝藻类生物。设有领海基点方位碑，并建有灯桩1座。附近海域盛产大黄鱼、带鱼、乌贼等鱼类资源，旧为中街山渔场的核心渔场之一，也称甩山渔场。今为著名的海钓区。无交通码头，无固定航班。

七姊八妹列岛(Qīzǐbāmèi Lièdǎo) 群岛。皆为大陆岛。属舟山市岱山县高亭镇。在浙江省东北部，舟山群岛西部灰鳖洋海域。含西霍山岛、东霍山岛等20个无居民海岛。东西走向。北起四平头屿，南至西坛礁，西起长横山外礁，东至东霍山岛。长13.7千米，宽4.7千米。陆地总面积0.74平方千米。原指西部四平头屿至大长坛山屿之间的七岛八礁，因7个海岛略大，8个海岛略小，似众多姐妹聚在一起得名。后又将东霍山和西霍山列入其中。清康熙《定海县志》卷二《营汛环海图》分载为“东西霍”和“七姐妹”。康熙《定海县志》卷五分载为七姊妹山、西霍山和东霍山。地质基础由白垩系含角砾熔结凝灰岩、凝灰岩构成。地貌属海岛丘陵。地势低缓。岸线曲折，皆为基岩海岸。最高点在西霍山岛，海拔46.8米。属北亚热带季风气候。全年多大风，冬春季多海雾，夏秋有热带气旋和台风影响。土壤以粗骨土为主。植被以白茅草、芒草为主，间有灌丛，除东霍山岛和西霍山岛外，几无乔木。明清为海防要地，为沥港汛水师巡哨之地。渔汛期旧曾有渔民在东霍山岛和西霍山岛临时居住。1962—1965年，曾有慈溪籍居民上西霍山岛垦荒，岛上现设有垦荒纪念碑。

附近海域鱼类资源丰富，是重要的张网作业区，昔盛产鲳鱼、鮸鱼、海蜇和俗称“大鱼”的毛鲿鱼。

川湖列岛(Chuānhú Lièdǎo)　群岛。皆为大陆岛。属舟山市岱山县衢山镇。在浙江省东北部，舟山群岛中北部海域。含上川山岛、下川山岛等 38 个无居民海岛。东西走向。北起小花瓶礁，南至川木桩山岛，西起上川山岛，东至川湖柴山岛。长 6.5 千米，宽 3.7 千米。陆地总面积 1.89 平方千米。南宋乾道《四明图经》卷七和元大德《昌国州图志》卷四载为川石山，宋宝庆《四明志》卷二十和明天启《舟山志》卷二载为穿石山，明侯继高《全浙兵制》卷一载为上下川(山)，明范涞《两浙海防类考续编》卷一载为上下穿山。南宋乾道《四明图经》卷七：“川石山，在(昌国)县东北七百里。”后因主要岛屿自西向东大致呈“川”字形排列，下川山岛以南港湾平静如湖而改今名。地质基础由燕山晚期侵入的钾长花岗岩和白垩系熔结凝灰岩、凝灰岩、凝灰质砂岩构成。地貌属海岛丘陵。岸线曲折，下川山岛和川江南山岛局部有小段沙质海岸。最高点在上川山岛，海拔 145.8 米。属北亚热带季风气候。全年多大风，春季多海雾，夏秋有热带气旋和台风影响。土壤以粗骨土为主。上川山岛、下川山岛生长黑松、灌丛和白茅草丛。其他海岛多生长灌丛和白茅草丛。附近海域旧为近洋作业渔场，昔盛产大黄鱼、小黄鱼、鲳鱼、鳓鱼，以及虾、蟹、海蜇等。上川山岛、下川山岛和川江南山旧有临时生产作业点。20 世纪 80 年代以后渔业资源衰退，今主产石斑鱼、虎头鱼等礁栖鱼类。东侧的白节峡为国际航道，船舶自南向为进出上海港的重要航路。

嵊泗列岛(Shèngsì Lièdǎo)　群岛。皆为大陆岛。属舟山市嵊泗县。在浙江省东北部，舟山群岛北部海域。跨嵊泗县全境。含泗礁山岛、大洋山岛、小洋山岛、枸杞岛、嵊山岛等 28 个有居民海岛和野王盘岛、华礁、东南礁等无居民海岛 471 个。东西走向。北起灯城礁、花鸟白屿，南至浪岗半边屿，西起野黄盘岛，东至东南礁。其中，面积大于 500 平方米海岛 404 个。长 152 千米，宽 47 千米。陆地总面积 97 平方千米。古统称北界或北界山，因地处浙江省海域之北界得名。唐宋于此设蓬莱乡北界村。民国时期以嵊山岛、泗礁山岛两主要海岛名称首字合称为今名。鸦片战争期间，英国侵略者称东部岛群为马鞍列岛，称中部岛群为八格列岛，称西部岛群为乱形列岛(编者注：即崎岖列岛)。[英] 金约翰辑，[美] 金楷理口述，怀远、王德明笔译《海道图说》卷六：“距无产岛西又南三分之一十六里，曰‘东马鞍岛’，原名陈钱。距柳根拿北西北十七里，曰‘南马鞍岛’，原名李西、壁下……距东、南二马鞍岛西北八里，有北马鞍岛……其间有假马鞍岛，原名东、西绿华。距北马鞍岛西南面有倒骑马鞍岛。”“距马鞍列岛西面十一里有八格列岛，其最大者曰‘拉夫司岛’，原名泗礁。”“距拉夫司岛西西南十五里有乱形列岛，其与拉夫司岛间有马利臣列岛(编者注：即以徐公岛为主岛的岛群)。”地质基础以燕山晚期侵入的钾长花岗岩为主，局部出露白垩系火山碎屑岩。地貌以丘陵为主，仅泗礁山等主岛有小片围垦平地。岸线曲折，以基岩海岸为主，局部有人工海岸。最高点在花鸟山岛，海拔 236.9 米。属北亚热带季风气候。四季分明，春季多海雾，夏秋有台风和热带气旋影响。土壤有滨海盐土、风砂土、红壤和粗骨土等。植被以落叶阔叶林和灌丛为主。水系短小，皆独流入海。1949 年以列岛置嵊泗县。今设嵊泗 1 个县，下辖菜园、嵊山、洋山 3 镇，五龙、黄龙、枸杞、花鸟 4 乡。有中小学 11 所。二级医院 2 家。历为海上丝绸之路的重要节点。唐代高僧鉴真三次经此赴日传播佛教文化。北宋熙宁五年(1072 年)，日僧成寻经此入宋参天台山、五台山。南宋于大洋山岛设三姑寨。宝祐六年(1258 年)，朝廷于浙江东北海域设置被誉为“海上长城”的海上十二烽铺。其中，三姑山、下干山、徐公山、鸡鸣山、北砂山、络华山、石衕山 7 座烽铺设于此。明代为抗倭要地，明军曾多次于马鞍列岛、泗礁山岛等海域败倭。花鸟灯塔、白节灯塔、半洋礁灯塔为全国重点文物保护单位浙东沿海灯塔组成部分。有“山海奇观”摩崖题记1处浙江省文物保护单位，唐脑山灯塔、侵华日军炮台群2处舟山市文物保护单位和“东海云龙”题刻等17处嵊泗县文物保护单位。地域文化以航海文化、海防文化、渔村风情和海洋鱼文化为著。海山风光秀丽，1998年于此设立嵊泗列岛国家级风景名胜区。附近海域渔业资源丰富，旧盛产大黄鱼、小黄鱼、带鱼、乌贼、鲳鱼、石斑鱼和虾、蟹、海蜇，为舟山渔场的主体之一，20世纪80年代以后渔业资源衰退。2005年于东部设立马鞍列岛国家级海洋特别保护区。2005年，连接上海芦潮港与小洋山岛的东海大桥建成通车，开创了中国建设长距离跨海大桥的历史，同时建成的上海港洋山港区，开创了中国跨省级行政区建海港的历史。2013年，洋山港区成为中国(上海)自由贸易试验区的组成部分。沪芦(S2)高速公路入境。海上客运通上海、定海、岱山、衢山。岛际间交通有班船或快艇往返。水上飞机通上海金山和舟山朱家尖。泗礁山岛等5个海岛建有通用航空机坪。

马鞍列岛(Mǎ'ān Lièdǎo)　群岛。皆为大陆岛。属舟山市嵊泗县。在浙江省东北部，舟山群岛东北部海域、嵊泗列岛东部海域。跨嵊泗县菜园镇、嵊山镇、枸杞乡和花鸟乡。含花鸟山岛、枸杞岛、嵊山岛、东绿华岛、西绿华岛、壁下岛等10个有居民海岛和灯城礁等174个无居民海岛。呈弧形排列。西南—东北转西北—东南走向。北起灯城礁和花鸟白屿，南至大宫山岛，西起猫山屿，东至鳗鱼头屿。长28千米，宽22.3千米。陆地总面积20.7平方千米。古称下八山，“下”者，偏远也。因当时有东绿华山、西绿华山、花鸟山、大盘山、壁下山、野猫洞、枸杞、嵊山8座较大海岛，故名。鸦片战争以后改今名。以远望花鸟山岛呈马鞍状，英国侵略者称之为马鞍岛、北马鞍岛，并称嵊山为东马鞍岛，称枸杞为南马鞍岛等得名。别称马鞍群岛。1931年《中国古今地名大辞典》：“马鞍群岛，在江苏崇明县东南海中，屹立于长江口外。距上海二百五十余里。中国向称为花鸟山或曰花瑙山。而西人航海地图中，皆以马鞍群岛标识，盖象形也。”[英] 金约翰辑，[美] 金楷理口述，怀远、王德明笔译《海道图说》卷六：“距无产岛西又南三分之一十六里，曰‘东马鞍岛’，原名陈钱。距柳根拿北西北十七里，曰‘南马鞍岛’，原名李西、壁下……距东、南二马鞍岛西北八里，有北马鞍岛……其间有假马鞍岛，原名东、西绿华。距北马鞍岛西南面有倒骑马鞍岛。”“距马鞍列岛西面十一里有八格列岛，其最大者曰‘拉夫司岛’，原名泗礁。”地质基础以燕山晚期侵入的钾长花岗岩为主，局部出露白垩系熔结凝灰岩。皆为丘陵，几无平地。岸线曲折，以基岩海岸为主。最高点在花鸟山岛，海拔236.9米。属北亚热带季风气候。四季分明，春季多海雾，夏秋有台风和热带气旋影响。土壤以滨海盐土、红壤和粗骨土为主。植被以落叶阔叶林和灌丛为主。今设有嵊山镇、枸杞乡、花鸟乡及菜园镇绿华村。历为海上丝绸之路的重要节点和海防要地。唐代高僧鉴真经此赴日传播佛教文化时，曾于大盘山岛遇险。北宋熙宁五年(1072年)，日僧成寻经此入宋参天台山、五台山。南宋宝庆《四明志》卷七：“神前、石衕、三姑、宜山、马迹、关岙、海驴礁及海南北中间其昼夜巡徼者，三日一报枢密院及尚书省(编者注：神前、石衕、三姑、宜山、马迹、关岙、海驴礁，今名分别为嵊山岛、花鸟山岛、大洋山岛、大鱼山岛、泗礁山岛、菜园镇关岙、海礁)”宝祐六年(1258年)，朝廷于浙东北海域设置被誉为“海上长城”的海上十二烽铺。其中，络华山、石衕山(编者注：今名西绿华山岛、花鸟山岛)2座烽铺设于此。明代为倭寇入侵及抗倭要冲。明郑若曾《筹海图编》卷十二上：“都指挥使戴冲霄云：‘浙洋诸山，沈家门居定海之东，相去二潮，乃要宁、绍之外户也。陈钱、马迹、大衢、洋山尤为窎远，乃沈家门之外藩也。外藩设而门户固，门户固而后堂安。’”总督学尚书胡宗宪又云：“故必共守陈钱、分守马迹等三道，而后贼无遁情，兵杰夹击。必得总兵寨正副二员，分驻金山、临山要会之地。先守陈钱，以春秋分任，更番出入。”在京各省衙门会议云：“海中陈钱、大衢、马迹、洋山诸岛，为倭贼南犯必由之路……又将绍兴、温、台、捕鱼及下八山采捕福苍、东莞等船分为二哨，专守普陀、大衢。其陈钱山为浙、直分路之始，所宜更番共守。”明嘉靖二十七年（1548 年）明军剿毁双屿港后，部分倭寇、海盗等潜此躲避。《筹海图编》卷五：“（嘉靖）二十七年四月，都御史朱公纨遣都指挥卢镗、副使魏一恭等捣双屿港贼巢，平之……知巢窟已破，无所归去，之下八山潜泊。”明万历十八年（1590 年）都督侯继高率临观把总陈九思等于此督汛，并题“山海奇观”于枸杞岛巨石上。有花鸟灯塔 1 处全国重点文物保护单位，“山海奇观”摩崖题记 1 处浙江省文物保护单位，蒋纪周烈士纪念碑、张良财墓 2 处嵊泗县文物保护单位。附近海域生物资源丰富，嵊山渔场为舟山渔场的主体之一，盛产大黄鱼、小黄鱼、带鱼、乌贼、鲳鱼、石斑鱼和虾、蟹等，有“天然鱼仓”之称，并拥有国家珍稀和濒危海洋生物，尤以主产舟山带鱼、嵊泗贻贝、枸杞海蜒而闻名。2005 年于此设立马鞍列岛海洋特别保护区。主要岛屿均建有客运码头，有班船和快艇通往小洋山、泗礁山和沈家门等地。主要岛屿之间有班船或快艇往返。2010 年，嵊山、枸杞间的三礁江大桥建成通车，结束了两岛相望不相通的历史。

浪岗山列岛（Lànggǎngshān Lièdǎo）　群岛。皆为大陆岛。属舟山市嵊泗县嵊山镇。在浙江省东北部，舟山群岛东部海域。含浪岗中块岛 1 个有居民海岛和浪岗东块岛等 17 个无居民海岛。东北—西南走向。北起北白澎礁，南至浪岗半边屿，西起南白澎礁，东至东白澎礁。长 2.3 千米，宽 1.2 千米。陆地总面积 43.5 万平方米。北宋乾道《四明图经》卷七载为良港山：“良港山，在（昌国）县东北九百里。”南宋宝庆《四明志》卷二十载为“浪港山”。元大德《昌国州图志》卷四载为“浪岗山”。明范涞《两浙海防类考续编》卷一和明郑若曾《筹海图编》卷一载为“浪冈山”。因地处舟山群岛外沿海域，水深浪大，大风浪时，巨浪可越过山岗，有“无风三尺浪，有风浪过岗”之说，故名。鸦片战争时期，英国侵略者称为“柳根拿岛”。［英］金约翰辑，［美］金楷理口述，怀远、王德明笔译《海道图说》卷六：“柳根拿岛，原名浪岗，未详。距非地由岛东北偏北又北三十分，约十八里有柳根拿岛，自南面视之为凸形。”“舟山列岛北半多山与露石。自舟山北岸排列颇远，遮护杭州湾北口，除无产岛与柳根拿岛，原名浪岗以外，其余各岛皆有居民，并多稳便泊船处。”地质基础以白垩系熔结凝灰岩为主，并夹凝灰质砂岩。皆为丘陵，无平地。岸线曲折，沿岸为海蚀崖，并多海蚀穴。最高点在浪岗中块岛，海拔 89.2 米。属北亚热带季风气候。土壤以粗骨土为主，浪岗中块岛顶部有距今约 3.9 万年形成的风成黄土层。浪岗中块岛生长有少量灌丛，其余仅生长茅草。旧时环境恶劣登岛困难，有“浪岗三块山，上下实烦难，家有薄粥饭，永不上此山”之说。浪岗中块岛建有简易码头。附近海域为国际航道，可通 20 万～30 万吨级巨轮。2002 年起，由舟山市海洋行政主管部门管理。附近海域昔盛产带鱼、乌贼、鳓鱼、鲳鱼、虎头鱼、海蜒等，是嵊山渔场的主要作业区之一，尤以乌贼汛、带鱼汛为盛。民间有“带鱼两头尖，生在海礁边，要想吃带鱼，还在浪岗沿”和“浪岗西嘴头，一网两船头”之谚。20 世纪 90 年代以后渔业资源衰退。现为海钓运动钓点。

海礁（Hǎi Jiāo）　群岛。皆为大陆岛。舟山群岛最东端的岛群。属舟山市嵊泗县嵊山镇。在浙江省东北部，嵊泗列岛东部海域。含华礁、泰礁等 15 个无居民海岛。东西走向。北和西起秦岭礁，南和东至东南礁。长 2.4 千米，宽 2.0 千米。陆地总面积 5.3 万平方米。宋徐兢《奉使高丽图经》卷三十四和宋宝庆《四明志》卷二十载为“海驴礁”。南宋吕祖俭《游候涛山记》和元至正《四明续志》卷十一载为“海螺礁”。一说以主岛华礁形似伏驴得名。《奉使高丽图经》卷三十四：“二十八日庚辰，天日清宴。卯刻，八舟同发。使副具朝服与二道官望阙再拜，投御前所降神霄、玉清、九阳、总真符箓并风师、龙王牒、天曹直符引、五岳真形与止风雨等十三符讫。张篷而行，出赤门。食顷，水色渐碧，四望山岛稍稀，或如防云，或如偃月。已后，过海驴焦，状如伏驴。崇宁间，舟人有见海兽出没波间，状如驴形，当别是一物，未必因焦石而有驴也。”南宋吕祖俭《游候涛山记》：“问之习于海道者，云：‘自虎蹲山、七里墩至嘉门抵石弄，涉羊山，绝海螺礁。’”一说以主岛华礁远望如海螺漂于海面而得名，“海驴”为“海螺”的方言谐音，后简称为海礁。别称海礁山。又因童秃无植被，别称童岛。明《观海指掌图》载为尽山。清嵇曾筠《浙江通志》卷九十五：“《观海指掌图》：‘大洋山北行二更余（编者注：海中道里以更计，一更九十里）至马迹山。此二山为江浙分汛地，最为扼要。大衢山虽为浙江洋面，而与大洋、马迹三方鼎峙，守大洋、马迹者必守大衢，始臂指相使，呼吸可通。马迹二更余至陈钱山，又一更至尽山。尽山以内为内洋、山以外为外洋，顺风不三日可至日本矣。’”鸦片战争期间，英国侵略者称“无产岛”“巴伦爱伦司”。［英］金约翰辑，［美］金楷理口述，怀远、王德明笔译《海道图说》卷六：“舟山列岛北半山与露石。自舟山北岸排列颇远，遮护杭州湾北口，除无产岛与柳根拿岛，原名浪岗以外，其余各岛皆有居民，并多稳便泊船处。”“无产列岛，西名‘巴伦爱伦司’。无产三列岛自西至东长四分里之三，高五十尺。纬度距赤道北三十度四十三分，经度偏东六度四十九分十四秒，原图偏东一百二十三度七分一十四秒。距最东者东南面二百拓，有石一行，潮涨满恰平水面。此石行约向东南伸入海四分里之三。”自西向东，面积逐渐减小，海拔逐渐降低。最高点在华礁，海拔 46 米。属北亚热带季风气候。地质基础以白垩系熔结凝灰岩为主，并夹凝灰质砂岩。皆为丘陵，无平地。除华礁顶部岩缝生长有少量芙蓉菊和灌丛外，均基岩裸露，无高等植被。常有成群海鸥、海燕栖息诸岛礁之上。历为中韩、中日古代海上丝绸之路的要冲，宋代即为制置司水师巡哨之地。南宋宝庆《四明志》卷七：“神前、石衕、三姑、宜山、马迹、关岙、海驴礁及海南北中间，其昼夜巡徼者，三日一报枢密院及尚书省。”元至正《四明续志》卷十一：“问之习于海道者，云：自虎蹲山、七里墩至嘉门，抵石衕，涉羊山，绝海螺礁，又东北过黑水，涉黑山，入高丽封域。日本又在高丽之东，二国大舶遇南风则可发。风甚顺不七八日可至城下互市。”附近海域为嵊山渔场的重要组成部分，盛产带鱼、黄鱼、鳓鱼、石斑鱼、虎头鱼和梭子蟹等。民间有“带鱼两头尖，生在海礁边”之说。泰薄礁、东南礁为中国东部领海的基点之一，设有领海基点碑。华礁设有灯桩。

崎岖列岛（Qíqū Lièdǎo）　群岛。皆为大陆岛。属舟山市嵊泗县洋山镇。在浙江省东北部，舟山群岛西北部海域。含大洋山岛、大洋山岛、小洋山岛、沈家湾岛等 6 个有居民海岛和圣姑礁屿等 50 个无居民海岛。分南、北两列呈链状排列，北岛链呈西北—东南走向，南岛链呈东西走向。北起小戢北礁，南至西马鞍礁，西起唐脑山岛，东至蛇舌礁。长 28 千米，宽 19 千米。陆地总面积 22 平方千米。以岛礁错杂、地形崎岖得名。鸦片战争期间，英国侵略者称“乱形列岛”，并曾于此详细测绘。［英］金约翰辑，［美］金楷理口述，怀远、王德明笔译《海道图说》卷六：“距拉夫司岛西西南十五里有乱形列岛，其与拉夫司岛间有马利臣列岛（编者注：即以徐公岛为主岛的岛群），惟最大者有陡崖。当二恒风时，乱形列岛间可避风，惟潮流甚疾。其最大者曰‘大用’，高六百六十尺，为凸形，余皆乱形。”地质基础以燕山晚期侵入的钾长花岗岩为主，局部出露白垩系火山碎屑岩。地貌以海岛丘陵为主，仅大、小洋山岛有部分开山和围填平地。海岸以基岩海岸和人工海岸为主。自然岸线曲折，坡脚多海蚀崖和海蚀穴。属北亚热带季风气候。夏秋有台风和热带气旋影响。土壤以红壤和粗骨土为主。植被以落叶阔叶林和灌丛为主。原以大洋山岛面积最大。2002 年 6 月，小洋山岛与周边 14 个小海岛填海连接，成为列岛中面积最大岛屿。最高点在大洋山岛，海拔 204.5 米。原设有大洋镇和小洋乡。2001 年，小洋乡并入大洋镇。历为航运要道和海防重地。南宋宝庆《四明志》卷二十："三姑山（编者注：今大洋山岛）系北洋冲要之地，凡海舟自山东放洋而南欲趋浙之东西，必自此分道。"南宋绍兴元年（1131 年），朝廷集中台州、温州、明州、越州民商船屯于三姑山、岱山、岑江（编者注：今岑港）和洌港（编者注：今沥港）4 处。绍兴五年于大洋山岛置三姑都巡检寨。明、清为江、浙两省会哨地。明郑若曾《筹海图编》卷五："浙江六总，浙江海诸山，其界有三……其北哨也，至洋山、马迹、滩山、浒山、大衢、小衢等处，交于直海而止。"清康熙二十九年（1690 年），江、浙两省分洋汛，以大洋山岛以北属江南省，大洋山岛及以南属浙江省。有唐脑山灯塔舟山市文物保护单位 1 处。小洋山岛、圣姑礁屿和大洋山岛遗存有明清摩崖石刻群。小洋山岛旧有《江浙海汛分界碑》《江浙两省海汛分界海图碑》和《勘定尽山界碑》分别立于洋山庙和观音阁。港口岸线资源优越，有可供开发的深水岸线 4.9 千米。2005 年，连接上海芦潮港与小洋山岛的东海大桥建成通车，开创了中国建设长距离跨海大桥的历史，同时建成的上海港洋山港区，开创了中国跨省级行政区建海港的历史。2013 年，洋山港区成为中国（上海）自由贸易试验区的组成部分。

台州列岛（Tāizhōu Lièdǎo）　群岛。皆为大陆岛。属台州市椒江区大陈镇。在浙江省东部，台州湾东南侧海域。含上、下大陈岛 2 个有居民海岛和屏风岛、蛇山岛等 94 个无居民海岛。南北走向。北起蛇山岛，南至下南礁，西起西屿头南礁，东至鸟东礁。长 18.1 千米，宽 8.5 千米。陆地总面积 13.6 平方千米。因地处台州湾口得名。鸦片战争期间，英国侵略者曾对此详细测绘。［英］金约翰辑，［美］金楷理口述，怀远、王德明笔译《海道图说》卷五："距积谷山东面九里半，有台州列岛。最南者曰'下竹山'，南面附近有指石。台州列岛计二大岛十小岛。自南至北共长九里。二大岛之间便于泊船。东西二口皆无隐险，二大岛之南者，高七百五十尺，曰'下大陈山'，二大岛之北者，曰'上大陈山'，居民颇多。""台州列岛泊船处，朔望日涨潮于九小时，大潮高十四尺。"地质基础以白垩系酸性熔结凝灰岩为主，局部出露燕山晚期侵入的钾长花岗岩。地貌属海岛丘陵。岸线曲折多港湾，多为基岩海岸。最高点在下大陈岛，海拔 227.2 米。土壤以红壤、黄壤为主。植被以亚热带针叶林、灌丛和茅草丛为主。1957 年于此置大陈镇。今设镇 1 个、社区居民委员会 1 个、村民委员会 6 个。有小学 1 所、镇卫生院 1 个。历为台州湾屏障、海防要地，古代海上丝绸之路的节点。宋代于下大陈岛设东镇买扑酒坊为往来商船服务。1955 年，国民党军撤离大陈岛时，毁坏岛内设施，并强行尽迁村民赴台。上、下大陈等岛上遗存大量战争遗迹。此后，有 5 批共 467 名青年奔赴大陈岛垦荒，铸就了大陈岛垦荒精神。上、下大陈岛之间有渡轮，并有快速客轮通椒江。附近海域为大陈渔场。昔盛产黄鱼、带鱼、鲳鱼、乌贼等，20 世纪 80 年代后渔业资源衰退。

东矶列岛（Dōngjī Lièdǎo）　群岛。皆为大陆岛。属台州市临海市上盘镇。在浙江省东部，台州湾东北侧海域。含雀儿岙岛、田岙岛、东矶岛、头门岛等 5 个有居民海岛和小鹅冠岛、大茶花屿等 132 个无居民海岛。西北—东南走向。北起小鹅冠礁，南至大茶花屿，西起大竹山岛，东至猪尾巴礁。长 24 千米，宽 23 千米。陆地总面积 18.3 平方千米。以东矶岛得名。鸦片战争期间，英国侵略者称为"竹屿列岛"，并曾对此详细测绘。以英国侵略者称头门岛为"竹屿"得名。［英］金约翰辑，［美］金楷理口述，怀远、王德明笔译《海道图说》卷五："距风暴二岛北西北四里半，有形如圆锥，高六百七十尺者，曰'竹屿'。""距竹屿列岛最西者一里又四分里之三又有一石，潮退即现。"地质基础由白垩纪火山凝灰岩构成。地貌属海岛丘陵。岸线曲折多港湾，并多为基岩海岸。最高点在田岙岛，海拔 225.4 米。土壤以红壤、黄壤为主。植被以茅草、灌丛为主，局部有亚热带针叶林，较大海岛植有木麻黄林。设有雀儿岙、田岙、头门 3 个村民委员会。头门岛、小竹山、饭毕岛、水牛头颈岛设有灯桩。东侧海域为南北海上交通要道。雀儿岙岛与田岙岛之间的垃圾港水道，为进出台州湾主要航道之一。头门岛经头门港跨海大桥与大陆相连。台州港头门港区为台州港的主要深水港区。

第五节　海岛名称

太狮山岛（Tàishīshān Dǎo）　属宁波市北仑区柴桥街道。在浙江省东北部，穿山半岛以北海域。长 500 米，宽 160 米。陆域面积 5.5 万平方米。原称摊尸山。传以形似孕妇尸体得名。后谐音雅化成今名。19 世纪 80 年代编绘的《八省沿海总图・浙江舟山南群岛水道》标注为"红岛"。原海拔 34.6 米。地质基础由白垩系火山凝灰岩构成。2006 年于此建修造船基地，除西端外，多数山体开平，今海拔高度不详。地势平缓，岸线较平顺，以人工海岸为主。土壤为黄砂土。植被原以马尾松林和灌丛、茅草丛为主。旧有旱地，今皆为船舶修造船用地，仅西部有少量植被。西端建有灯桩。

大榭岛（Dàxiè Dǎo）　属宁波市北仑区大榭街道。在浙江省东北部，穿山半岛以北海域。长 6.8 千米，宽 6.5 千米。陆域面积 28.2 平方千米。人口 2.7 万。古称大箬山、大若山。南宋乾道《四明图经》卷七："大若山在（昌国）县南二百五十里。"元大德《昌国州图志》卷四和延祐《四明志》卷七等载为"大箬山"。后方言谐音为今名，别称大谢。元盛熙明《补陀山传》："过穿山渡至大谢，再经嵩子渡至昌国州。"明代始改称大榭山。明天启《舟山志》卷一转引张时彻《防海议》："海上诸山，分为三界：黄牛山、马墓、长涂、金塘、册子、大榭、兰秀、剑岱、双屿、双塘、六横等山为上界。"明洪武二十年（1387 年）迁岛徙民于穿山。清代开海展复后，人口迅速增加，并分东岙、小榭岙、大西岙、庄岙、大榭岙、山西岙、西大岙诸村落。清康熙《定海县志》卷二："大榭山，旧志皆作大若山，以音近讹榭耳……今垦田几数千亩，居民数百余家，烟火相望，或耕或渔，称海圻乐土也。"清康熙《定海县志》卷五："大榭，接近镇海穿山所，止隔一港，可以朝垦夕归，故浮居都多。"原分大榭、小榭二岛，明末清初筑塘相连。海拔 333.9 米。地质基础由白垩系火山凝灰岩构成。地貌属海岛丘陵。岸线较平顺，以人工海岸为主。土壤以黄砂土为主。植被以落叶阔叶林和针阔混交林为主，间有灌丛、茅草等。古属鄮县。唐开元二十六年（738 年）改属翁山县。宋元属昌国县。明洪武二十年（1387 年）改属故定海县（治在今宁波市镇海区）。清康熙二十七年（1688 年），属定海县（治在今舟山市定海区）金塘乡。道光二十一年（1841 年）于此设金塘乡榭北、榭南庄。宣统二年（1910 年）改设榭北、榭南乡。1947 年合设为大榭乡。1950 年划属镇海县。1994 年改设为大榭街道，辖社区居民委员会 7 个、村民委员会 9 个。有中小学校 3 所、医院 1 家。明代为抗倭要地。明郑若曾《筹海图编》卷一："大谢山，离后所城二里。南临黄崎港，北由大猫海洋至金塘、鹿山，最居险要，乃先年起遣地方也。内设黄崎、西山等七烽堠，拨军瞭报。又该中军哨兵船往来巡逻。"清朱绪曾《大箬山》诗："穿山一苇渡黄崎，大箬人烟簇海涯。横峙岭连松子渡，兔葵春满宋家基。"1949 年 8 月 18 日，中国人民解放第 7 兵团第 22 军向大榭岛发起攻击，打响了进攻舟山群岛的首战。有纪念北宋名臣王安石的碶头神民间信仰。建有大榭港区，为宁波—舟山港主要港区之一，以集装箱、原油、成品油及液体化工运输为主。北端涂泥嘴建有北仑港导航台。西南部经大榭跨海大桥和大榭第二大桥与北仑区柴桥街道相连。

梅山岛(Méishān Dǎo)　属宁波市北仑区梅山街道。在浙江省东北部，穿山半岛以南海域。长9.3千米，宽4.2千米。陆域面积35.94平方千米。人口1.89万。原分烟墩岗、梅子山、盘峙山、南汇山、梅山、炮台山、磨石山、凉帽山、蛤蟆山、东家山、牛皮山10多个海岛，后经历代围垦逐渐相连。传因岛上有纪念汉代方士梅福的梅子庙得名。最高点烟墩岗，海拔148.9米。地质基础以白垩系火山碎屑岩等构成。地貌以海积平原为主，丘陵与平原相间。岸线较平顺，以人工海岸为主。河流纵横，田畴广袤。土壤以水稻土为主。植被以草本栽培植物和落叶阔叶林为主。古属鄮县。宋、元、明属故定海县(治在今宁波市镇海区)。清康熙二十七年(1688年)，属镇海县。清道光十六年(1836年)划属鄞县，并设海晏乡。1936年，分设梅东、梅西2乡，1945年合为梅山乡，1985年改属宁波市滨海区，1987年属宁波市北仑区。今设有梅山乡，辖社区居民委员会1个、村民委员会5个。有九年一贯制学校1所。历为海防要地。明天启《舟山志》卷一转引张时彻《防海议》："贼或突流中界，则总兵官自烈港督发舟师，北截于七里屿与临观洋，参将自临山海洋督兵船为应援；南截于金塘、大猫洋，而石浦、梅山港兵船为应援。"清属旗头洋、青龙港汛水军防守。鸦片战争期间，英国侵略者曾于此详细测绘。[英] 金约翰辑，[美] 金楷理口述，怀远、王德明笔译《海道图说》卷六："中列岛(编者注：即汀子山岛、山礁头屿等岛群)西面与梅山陆岸铺入水道一里之泥滩间为六八次水道(编者注：也译作洛白司水道，即汀子门)，自东北至西南长二里，阔四百拓，深六拓至四十拓为陡界，潮退尽即现。及潮涨满，则不可凭铅锤试探而行。梅山南面有泥滩铺入水道四分里之一，惟东面泥滩为陡界。梅山北面有大某生二小岛(编者注：即指青龙山岛和朴蛇山岛)。""梅山与岐头岸间，为华船水道。阔二百二十五拓，深五拓至六拓。""梅山与岐头岸间至星罗岛(编者注：即升罗山屿)对面处，皆便于泊船。"建有宁波—舟山港梅山港区，以集装箱运输为主，兼顾商品汽车滚装运输。经梅山大桥和梅东大闸与白峰镇相连。

里神马岛(Lǐshénmǎ Dǎo)　属宁波市北仑区白峰镇。在浙江省东北部，穿山半岛以北海域。长1千米，宽700米。陆域面积0.58平方千米。以岛处外神马岛之西，形如卧马得名。19世纪80年代编绘的《八省沿海总图·浙江舟山南群岛水道》将之与外神马岛合注为"近口岛"。海拔107.3米。地质基础由白垩系火山凝灰岩构成。东部以丘陵为主，西部平地为主。岸线较平顺，以人工海岸为主。土壤为黄砂土。植被以落叶阔叶林和灌丛为主。存建于清雍正年间(1723—1735年)的梁家庙及建于1925年的天主教堂，并建有修造船基地。东侧为北仑白峰至定海鸭蛋山航线的主航道。

七里屿(Qīlǐ Yǔ)　属宁波市镇海区招宝山街道。在浙江省东北部海域。长290米，宽120米。陆域面积约3万平方米。古称七里墩。以距镇海县治约七里得名。南宋吕祖俭《游候涛山记》："问之习于海道者，云：自虎蹲山、七里墩至嘉门抵石弄，涉羊山，绝海螺礁。"民国《镇海县志》卷三："七里屿山，县东海洋中七里，山巅筑台悬灯，以照南北洋往来行船。"鸦片战争期间，英国侵略者称为"司口爱伦"，并曾详细测绘。[英] 金约翰辑，[美] 金楷理口述，怀远、王德明笔译《海道图说》卷六："七里屿，西名司口爱伦。距僵人岛(编者注：即大黄蟒岛)西北偏西二里又四分里之三，有七里屿。距此北角东南偏南六百拓有浅滩，深二拓又四分拓之三。昔有兵船堪威于此间停泊。自此处视七里屿为东北之向。"海拔 33.6 米。地质基础由白垩系火山凝灰岩构成。地貌属海岛丘陵。岸线曲折，皆为基岩海岸。基岩裸露，几无土壤。植被以茅草丛为主。建有七里屿灯塔，为全国重点文物保护单位浙东沿海灯塔组成部分。附近海域为宁波—舟山港主要航道之一。

东门岛(Dōngmén Dǎo)　属宁波市象山县石浦镇。在浙江省东部，象山半岛东南侧海域。长 2.6 千米，宽 1.7 千米。陆域面积 1.72 平方千米。人口 3 653。古称天门山，因两峰对峙，其状若门得名。后因岛处石浦港东口而改今名。南宋宝庆《四明志》卷二十一："东门山，《汉书・地理志》所谓天门山。"元延祐《四明志》卷七："东门山，《汉书・地理志》志所谓天门山也。高二百丈，周回二十五里。两峰对峙，其状如门。"地质基础由白垩系火山凝灰岩构成。海拔 127.7 米。地貌属海岛丘陵。地势东高西低。东岸、北岸岸线曲折，以基岩海岸为主。西岸、南岸海岸平顺，以人工海岸为主。土壤以黄泥沙土为主，局部覆有香灰土。植被以落叶阔叶林、灌丛和禾草为主。设村民委员会 2 个、村卫生服务站 1 个。建有中国渔文化艺术村等文化设施，为宁波市中小学社会实践基地。历为海防要地，古代海上丝绸之路的节点。南宋宝庆《四明志》卷二十一："蕃舶商船必经从之。潮未平或有风涛，则蚁聚泊舟山下，此海道之冲要也。"明洪武二十年(1387 年)迁昌国卫驻此，存有卫城残垣。清顾祖禹《读史方舆纪要》卷九十二："昌国卫，象山县西南八十里。北去府城三百五十里。洪武十七年，置卫于昌国县城内。二十年，徙卫于(象山)县南之东门山。二十七年，以东门悬海，薪水艰阻，徙后门山，跨山为城，周七里，即今卫也。永乐十五年修葺，成化间重修。嘉靖三十二年，复营缮以御倭，城控临海洋，屹为保障，领所四。""东门山县南百二十里。其状若门，下有横石如阙。一名'天门山'，高二百丈，周二十五里，明初昌国卫置此。倭寇往往由此南犯温台，为必备之险。"1915 年，当地乡贤任筱和、任筱甫两兄弟出资于门头岬建东门灯塔。1927 年，蔡元培先生避难象山时为之题："出其东门，介尔昭明。"东门灯塔现为全国重点文物保护单位浙东沿海灯塔组成部分。东门渔村为中国传统村落。东北部经铜瓦门大桥与象山半岛相连。有渡轮通石浦和对面山岛、南田岛。

檀头山岛(Tántóushān Dǎo)　属宁波市象山县石浦镇。在浙江省东部，象山半岛东南侧海域。长 6.3 千米，宽 6.2 千米。陆域面积 10.5 平方千米。人口 4 096。原分檀头山和狗头山二岛，后于清代后期自然冲淤相连。古称石坛山、坛头山，以上有石坛平坦如案得名。南宋宝庆《四明志》卷二十一有石坛山名称记载。清顾祖禹《读史方舆纪要》卷九十二："或曰'石坛山'即'坛头山'。"《明史》卷四十四："(象山县)南有石坛山，亦曰'坛头山'。"清《钦定古今图书集成・方舆汇编・职方典》卷九百七十五："石坛山，在(象山)县南一百五十里，上有石坛平坦如案。"明末清初开始逐渐由方言谐音为今名。《读史方舆纪要》卷九十二已出现"檀头"一名记载："嘉靖中，倭从檀头海洋突入，结巢于此，官军击却之。"海拔 225 米。地质基础由白垩系火山凝灰岩构成。地貌属海岛丘陵。原分南、北二岛，近代相连。岸线曲折，多湾岬，以基岩海岸为主。中部蜂腰地带为砂砾岸线。土壤以黄泥沙土为主。植被以落叶阔叶林、灌丛和匍地藤本植物为主。古属象山县，石坛砂岸属宋代庆元府学。历为石浦港东侧的门户，明代为抗倭要地，明、清均为水军巡哨汛地。明郑若曾《筹海图编》卷五："坛头山，有南北礁壳、菜蓝等岙，可以避风泊船。贼由日本而来，每望此山收泊。与石浦关相隔一潮，今该中军哨兵船往来巡哨。"鸦片战争期间，英国侵略者曾于此详细测绘。[英] 金约翰辑，[美] 金楷理口述，怀远、王德明笔译《海道图说》卷五："距黑山列岛北西北二十里有坛头山，其与陆岸间之水道，阔一里至一里又四分里之三，惟内多隐石，不易驶行。当东北恒风时，近坛头山西南与南面二角之间可避风。坛头山高七百四十尺，中有低窄碎石颈。”1919 年划属南田县，1940 年划属三门县，并置文山乡。1953 年复归象山县。原设檀头山乡，1992 年撤销。现有村民委员会 1 个。岛上建有风力发电场，并有姐妹沙滩等景点。西侧海域多养殖桁地。简易公路通主要村落和客运码头。海上客运通石浦。

南田岛(Nántián Dǎo)　浙江省宁波市最大海岛。属宁波市象山县鹤浦镇。在浙江省东部，象山半岛东南侧海域。长 14.9 千米，宽 10.7 千米。陆域面积 90 平方千米。人口 3.35 万。因岛处石浦港以南，岛中多田畴得名。南宋嘉定《赤城志》卷二十二：“南田山，在(宁海)县东海中，上有平畴可三十顷。”民国《象山县志》卷二：“田尽膏腴，其境田皆天造，不假人工。”清《浙江沿海图说》载为大南田、牛头山。古也与高塘岛、花岙岛等合称佛头岩、大佛头岩。因花岙岛上有巨岩如佛头，为天然航标得名。南宋宝庆《四明志》卷二十一：“佛头岩，(象山)县东南二十五里。岩高十余丈，上如佛首，中断如蜂腰，岌然欲摇动又谓‘摇岩’。”清顾祖禹《读史方舆纪要》卷九十二：“大佛头山，县南百五十里海中。其地名‘南田’，海中十洲，此为第一。”清《钦定古今图书集成・方舆汇编・职方典》卷九百八十一：“南田，四面悬海，周围一百余里，山名‘大佛头’，高出海中诸山数百丈。日本入贡船望北行，以此山为向道。旧设三里村落，有范岙、林门、朱门、金呰、下湾诸处。地甚平旷，田极丰腴，虽大旱，深泞不枯。凡海边塘，率天设地造，不假人为。山多鹤鹿，水多海错，诸户恃此为生。海中十洲，以南田为第一国。”鸦片战争期间，英国侵略者称为牛头山，并曾于此详细测绘。[英] 金约翰辑，[美] 金楷理口述，怀远、王德明笔译《海道图说》卷五：“牛头山与陆岸间为石浦港，潮满即成大澳，潮退尽则泥滩自两岸铺入水道而成窄港。西面有水道口可通三门湾，南面亦有水道由黎民岛(编者注：即南山岛)西面以通三门湾。石浦港北岸有石浦城。”海拔 406.7 米。地质基础以白垩系火山凝灰岩为主，局部出露燕山晚期侵入的花岗岩。丘陵与平原相间，东半部以丘陵为主，西半部以海积平原为主。地势东南高西北低。东、南及西南岸线曲折多湾，以基岩海岸为主。北及西北海岸较平直，以人工海岸为主。水源丰富，河道纵横。土壤有黄泥土、黄沙土、水稻土和潮土化盐土。植被以落叶阔叶林和灌丛为主。设村民委员会 34 个。有中小学 2 所、卫生院 1 个。唐代已有人居住，曾出土唐代制品。历为海防要地，古代海上丝绸之路的节点。明郑若曾《筹海图编》卷五：“八排门，相连南田，内多膏腴田地，下便栖泊。若倭船停栖，甚难剿灭。与石浦关相隔二潮。今拨南哨兵船往来巡哨。”《读史方舆纪要》卷九十二：“日本入贡，每望此山为向道。《图说》云：‘大佛头山有斗底、虾岙、乌头、青后城、壶底等岙，系倭船往来栖泊处。’”清初，明将张煌言曾于此屯兵抗清。1912 年以此岛为名置南田县，并为县治所在地。1940 年并南田县入三门县。1952 年划故南田县地复归象山县。现设 1 个镇、34 个村民委员会。西岸多养殖塘，盛产蛤蛏、青蟹、泥螺等。西部经蜊门港大桥与高塘岛相连。石三线县道上岛。海上客运通石浦。

高塘岛(Gāotáng Dǎo)　属宁波市象山县高塘岛乡。在浙江省东部，象山半岛东南侧海域。长 10.9 千米，宽 5.9 千米。面积 42.3 平方千米。人口 1.9 万。古分锯门山、林门山，金齿山 3 个海岛。锯门山，因海岸如锯，相对如门得名。别称朱门山、珠门山。南宋宝庆《四明志》卷二十一：“锯门山，(象山)县东南二十五里。其山中对如门。”清顾祖禹《读史方舆纪要》卷九十二：“又有朱门山，在大佛头山，南贼从南来，每至此栖泊。嘉靖中，设兵戍守。又有林门山，在朱门之东，山为金齿、朱门之喉舌，岛岙亦多。”鸦片战争期间，英国侵略者分称为“尖洋岛”和“峭壁岛”，并曾对此详细测绘。[英] 金约翰辑，[美] 金楷理口述，怀远、王德明笔译《海道图说》卷五：“(石浦)泊船处中界有峭壁岛。此西北面水深四拓之处便于泊船，但遇有力大风则浪甚猛，又有石行。峭壁岛向西伸入水道。”清《八省沿海总图·自黑山列岛至扬子江口》注有“尖洋岛”和“峭壁岛”2个岛名。后因筑高塘围垦，连朱门、林门、金齿三岛为一岛而改今名。海拔282米。地质基础以白垩系火山凝灰岩为主，局部出露燕山晚期侵入的花岗岩。丘陵和平原相间。地势四周高中间低。岸线较平顺，以人工海岸为主。中部河道纵横。土壤有黄泥沙土、水稻土和盐碱土等。植被以灌丛、草丛为主。今设有1个乡、1个居民委员会和17个村民委员会。有九年一贯制学校1所、乡卫生院1个。明代为抗倭要地。明郑若曾《筹海图编》卷五：“朱门山，相对大佛头山，系外海险要之处。如贼由南来，必到此收泊。与石浦关相隔一潮，今拨南哨兵船往来巡哨。”“金齿门，岛岙甚多，便于栖泊，贼船往来，必经此假息，诚南路要冲之处。与石浦关相隔为二潮。今拨游兵及南哨兵船往来巡哨。”“林门，乃金齿、朱门等山喉舌，岛岙亦多。先倭船从坛头海洋突入，结巢于此。倭起遣之地，极为险要。石浦关至此，相隔一潮，今拨南哨兵船往来巡哨。”《读史方舆纪要》卷九十二：“金齿山，在(象山)县南百六十里。《海防说》：‘山岛岙颇多，有金齿门港，倭船往来，每栖泊于此，亦南路要冲也。又有朱门山，在大佛头山，南贼从南来，每至此栖泊。嘉靖中，设兵戍守。又有林门山，在朱门之东，山为金齿、朱门之喉舌，岛岙亦多。嘉靖中，倭从檀头海洋突入，结巢于此，官军击却之。’”沿岸多养殖塘，盛产蛤蛏、青蟹、泥螺等。经三门口跨海大桥、蜊门港大桥分别连接石浦镇和南田岛。海上客运通花岙岛。

花岙岛(Huā'ào Dǎo) 属宁波市象山县高塘岛乡。在浙江省东部，象山半岛东南侧海域。长5.3千米，宽5.1千米。陆域面积9.8平方千米。人口1 077。原与南田岛、高塘岛等合称佛头岩、大佛头岩。因岛西部有巨岩如佛头，为天然航标得名。南宋宝庆《四明志》卷二十一：“佛头岩，(象山)县东南二十五里。岩高十余丈，上如佛首，中断如蜂腰，岌然欲摇动又谓摇岩。”民国《象山县志》卷二：“花岙岛，异名‘大佛头山’。”清顾祖禹《读史方舆纪要》卷九十二：“大佛头山，(象山)县南百五十里海中。其地名南田，海中十洲，此为第一。日本入贡，每望此山为向道。”因后佛头岩周多薝卜花而改今名。南宋宝庆《四明志》卷二十一：“环岩远近皆薝卜花，遇夏花开，弥望如雪，香闻十余里。”别称花脑山、花鸟岛、悬岙岛。民国《南田志略》：“花岙其时名为悬岙，悬与花音相转。”19世纪80年代编绘的清《八省沿海总图·自黑山列岛至扬子江口》载为“大佛岛”。地质基础以白垩系玄武岩为主，局部出露石英砂岩、花岗岩。东南部有典型的玄武岩海岸地貌景观。北半部以海积平原为主，南半部以丘陵为主。西岸、北岸岸线平顺，以人工海岸为主。东岸、南岸曲折多湾，以基岩海岸为主，局部有沙质和砾质海岸。最海拔308.5米。土壤有石砂土、水稻土和盐白土等。植被以禾草、灌丛为主。明代为海防要地，曾设兵驻守。明郑若曾《筹海图编》卷五：“大佛头山，内有斗底，虾岙、乌头青、后城、壶底等澳，系贼船往来栖泊之处，极为险要。与石浦关相隔一潮，今拨南哨兵往来巡哨。”清初，明将张煌言曾于此屯兵抗清。张苍水(编者注：名煌言)兵营遗址为全国重点文物保护单位。建有花岙岛海上石林景区。现设村民委员会1个。西北部有盐田。西侧海域多养殖桁地。海上客运通高塘岛。

横山岛(Héngshān Dǎo) 属宁波市宁海县强蛟镇。在浙江省东部，象山港西南端海域。长760米，宽380米。陆域面积17.5万平方米。因岛横拦于象山港狮子口以东得名。别称小普陀。清光绪《宁海县志》卷二：峡山“海中有岛二：曰‘龟山’，曰‘横山’。横山较大，上有庵，颇幽静，号‘小普陀’。”鸦片战争期间，英国侵略者称为凤尾草岛，并在《八省沿海总图·浙江象山进口水道》中予以标注。海拔51米。地质基础由白垩系火山凝灰岩构成。地貌以丘陵为主。岸线较平顺，以基岩海岸为主。土壤为棕黑色砂土。明代开始禁伐林木，植被覆盖率高，以落叶阔叶林为主，并有竹林和灌丛。存始建于明代的镇福庵，庵前有近700年的古芙蓉和古桑树。现辟为横山岛风景区。中部东南岸建有旅游客运码头。

灵昆岛(Língkūn Dǎo)　冲积岛。属温州市龙湾区灵昆街道。在浙江省东南部海域，瓯江入海口。长12.8千米，宽8.3千米。陆域面积25平方千米。人口2.2万。因常有云雾蜃气，恍若仙境得名。明嘉靖《温州府志》卷二:"灵昆山，去(温州)城东南八十里，在海中。"清顾祖禹《读史方舆纪要》卷九十四:"灵昆山与中界山并峙海中，旧为樵采之地，今垦田数千亩。"清光绪《永嘉县志》卷二:"有双昆山为海门，遂入于海，海山之气常有蜃气凝结，忽为楼台城橹，忽为旗帜甲马，锦幔光彩动人。"鸦片战争期间，英国侵略者称为"温州洲"，并曾对此详细测绘。[英] 金约翰辑，[美] 金楷理口述，怀远、王德明笔译《海道图说》卷五:"距尾岆山(编者注：即霓屿岛)西北偏西八里为温州洲。有泥尖嘴自此洲向东南伸入海六里。故尾岆山西北面水道甚窄，仅深七尺。"海拔42.5米。地质基础由燕山晚期侵入的花岗岩和白垩系火山碎屑岩构成。地貌以海积平原为主，偶有零星小孤丘。土壤以粉砂、砂泥互层和粉砂质黏土为主。植被以人工栽培植物为主。地势低平，河网密布。岸线平直，以人工海岸为主。1949年始设灵昆乡，1987年撤乡置镇，2011年撤镇改街道。现设街道1个、社区居民委员会1个、村民委员会9个，并有中小学3所。建有万亩滩涂养殖基地和果园。经济以海洋捕捞、滩涂养殖为主。有灵昆鸡、白菊瓜等特产。西北端有灵昆大桥连龙湾区瑶溪街道。甬莞(G1523)高速公路过岛，并设互通口。东南岸外滩涂广布。

铜盘山岛(Tóngpánshān Dǎo)　属瑞安市东山街道。在浙江省东南部，大北列岛北部海域。长1.5千米，宽550米。陆域面积0.5平方千米。人口不足100。以岛上岩石色泽似铜，形似盘得名。海拔71.8米。地质基础由燕山晚期侵入的钾长花岗岩构成。皆为丘陵，无平地。岸线曲折，以基岩海岸为主，北岸间有小段沙质海岸。土壤以红壤和粗骨土为主。植被以常绿阔叶林、针阔混交林和灌丛为主。明清为海防要地。清顾祖禹《读史方舆纪要》卷九十四:"(南龙山)其相近者又有铜盘山，亦倭舶内犯之道也。""倭犯瑞安、平阳，必由铜盘、南龙及凤凰山而入，守御为切。"清嵇曾筠《浙江通志》卷九十八:"铜盘，近南龙，可寄碇取水。""本标中营原管海汛内三盘、霓岙、大门、黄大岙、鹿西、长沙、白脑门、铜盘、大衢、南龙各汛。"现设村民委员会1个。存有明代炮台遗址、苦海甘泉、妈祖庙、关帝庙等古迹。建有铜盘岛风景区，有海滨浴场和多处海蚀岩洞。

凤凰山岛(Fènghuángshān Dǎo)　属瑞安市东山街道。在浙江省东南部，大北列岛西部海域。长1.9千米，宽880米。陆域面积0.9平方千米。人口不足100。以形似凤凰展翅得名。清嵇曾筠《浙江通志》卷九十八:"凤凰山，山高大，四面皆海，可以泊船。"民国《瑞安县志稿》卷三:"凤凰山……为飞云江出口最著名之山。往来商船颇多，惜风浪过大，四周不易停泊。夏有蜃气复其舟，人以为凤凰鼓翅，即凤凰将起之候。"原海拔183.1米。后因开山采石，大部山体被开采，现海拔高度不详。地质基础由白垩系火山凝灰岩构成。北半部为丘陵，南半部为开山平地。岸线曲折，以基岩海岸为主。土壤以粉砂、黏土为主。植被以亚热带针叶林、灌丛和茅草丛为主。明清为海防要地。清顾祖禹《读史方舆纪要》卷九十二:"海洋有凤凰山、飞云关，舟师驻泊处也。《海防考》:'倭犯瑞安、平阳，必由铜盘、南龙及凤凰山而入，守御为切。'"《浙江通志》卷九十八:"左营原管海汛内镇下关、北关、金乡、南麂、官山、琵琶、凤凰、大丁山、小丁山、北麂各汛。"现设村民委员会1个，有凤凰头、葡萄岙2个自然村。西北半部建有风力发电场，东南北部建有采石场。北侧海域为凤凰门水道，为小型船舶西进瑞安港的捷径。

北龙山岛(Běilóngshān Dǎo)　属瑞安市东山街道。在浙江省东南部，大北列岛中部海域。长3.02千米，宽1.9千米。陆域面积2.6平方千米。人口1 600。以最高点在北龙头岬角得名。古称南龙山。以地处瓯江口以南、岛形蜿蜒似龙得名。清顾祖禹《读史方舆纪要》卷九十四："南龙山，在(平阳)县东海中，倭自北洋而来，此为必经之道。"清末和民国年间别称铜盘山。民国《瑞安县志稿》卷三："北龙山，一名'铜盘山'。北曰'北龙头'，南曰'南龙头'。南西北东，四面均可泊船。"海拔203.5米。地质基础由燕山晚期侵入的钾长花岗岩构成。皆为丘陵，无平地。岸线曲折，以基岩海岸为主。土壤以粉砂土、黏土为主。植被以常绿阔叶林、灌丛和茅草丛为主。明、清为海防要地。清嵇曾筠《浙江通志》卷九十八："本标中营原管海汛内三盘、霓岙、大门、黄大岙、鹿西、长沙、白脑门、铜盘、大衢、南龙各汛。"1950年于此设北龙乡，1955年划属洞头县，1957年复属瑞安县，2001年并入东山街道。设村民委员会2个，有学校、卫生院各1个。大坪新石器晚期至商周遗址为浙江省文物保护单位。西南端设有灯桩。海上客运通瑞安。

大峙山岛(Dàzhìshān Dǎo)　属瑞安市东山街道。在浙江省东南部，大北列岛南部海域。长730米，宽400米。陆域面积29万平方米。人口不足50。因与小峙山对峙，面积较大，故名。谐音别称大丁山。清嵇曾筠《浙江通志》卷九十八："大丁山、小丁山，皆凤凰山傍。"曾名南龙山，因处北龙山西南，由北龙山岛派生得名。海拔79.5米。地质基础由燕山晚期侵入的钾长花岗岩构成。皆为丘陵，无平地。岸线曲折，以基岩海岸为主。土壤以粉砂土、黏土为主。植被有亚热带针叶林、灌丛和茅草等。清代由温州镇中营巡哨。《浙江通志》卷九十八："左营原管海汛内镇下关、北关、金乡、南麂、官山、琵琶、凤凰、大丁山、小丁山、北麂各汛……中段一股南自大四屿与瑞安营海汛接壤起，凤凰、大丁山、小丁山、铜盘、南龙、北麂，北至白脑门与中营海汛交界止，归左营管辖。"设村民委员会1个。原属北龙乡，2010年划属东山街道。附近海域产海蜒、梅童鱼、鲳鱼等。北侧海域为航门。

大北冬瓜屿(Dàběidōngguā Yǔ)　属瑞安市东山街道。在浙江省东南部，大北列岛东部海域。长930米，宽330千米。陆域面积21.4万平方米。人口不足50。以岛形如冬瓜得名。鸦片战争时期，英国侵略者称为"遮护小岛""绳梯岛"。民国《瑞安县志稿》卷三："冬瓜屿属北岐列岛，高114公尺。一名'遮护小岛'，一名'绳梯岛'。"海拔71.4米。地质基础由早白垩系流纹岩构成。皆为丘陵，无平地。海岸以基岩海岸为主。土壤以粉砂、黏土为主。植被以亚热带针叶林、灌丛和茅草丛为主。设村民委员会1个。原属北龙乡，2010年划属东山街道。西端设有灯桩1座。附近海域产小黄鱼、带鱼、梭子蟹等。

北麂岛(Běijǐ Dǎo)　属瑞安市东山街道。在浙江省东南部，北麂列岛中部海域。长2.9千米，宽1.1千米。陆域面积1.9平方千米。人口1 300。以岛形似麂得名。明郑若曾《筹海图编・浙江沿海山沙图二》载为北郊山。一说古称东洛山。清顾祖禹《读史方舆纪要》卷九十四："东洛山在(平阳)县东南海中。倭寇南北往来，往往泊舟取水于此。隆庆中，设舟师戍守。"清嵇曾筠《浙江通志》卷九十五："万历《温州府志》：'温与台接壤……自邳山下行一潮可至东洛，东洛一潮可至南麂。自东洛上行一潮可至南龙，南龙半潮可至凤凰。'"但明郑若曾《筹海图编・温州府境图》所载的东洛山，指洞头岛。海拔123.6米。地质基础由白垩系凝灰岩构成。皆为丘陵，几无平地。岸线曲折，以基岩海岸为主，西北岸有部分人工海岸。土壤以粉砂、黏土为主。植被以亚热带针叶林、针阔混交林和灌丛为主。明、清为海防要地，明代曾为倭寇入侵飞云江、鳌江流域的通道，清代海盗蔡牵曾盘踞于此，并于附近与提督李长庚对抗。清嵇曾筠《浙江通志》卷九十八："北麂，共有三岙，可以泊船、樵汲。""左营原管海汛内镇下关、北关、金乡、南麂、官山、琵琶、凤凰、大丁山、小丁山、北麂各汛。"民国《瑞安县志稿》卷三："北麂山……一名'北岐山'，又名'东洛山'，前清乾嘉年间，海盗蔡牵盘踞，抗拒提督李长庚之师。今山中之大校场、小校场、东水门、西水门等名称均牵所署。"鸦片战争期间，英国侵略者谐音称为北岐山，并曾对此详细测绘。[英] 金约翰辑，[美] 金楷理口述，怀远、王德明笔译《海道图说》卷五："北岐列山，距南岐列山北东北九里，有北岐列山。其中最大者曰'北岐山'，近东南面有四小岛遮护南面，尽可泊船，未为尽善，亦有淡水。"1950 年于此设北麂乡，2001 年并入东山街道。现设村民委员会 5 个。有学校、卫生院各 1 个。设有灯塔 1 座。附近海域为北麂渔场，是浙南传统渔场之一。盛产带鱼、乌贼、梭子蟹等。西北岸外建有渔港，并有养殖桁地。海上客运通瑞安。

下岙岛(Xià'ào Dǎo)　属瑞安市东山街道。在浙江省东南部，北麂列岛南部海域。长 1.6 千米，宽 500 米。陆域面积 0.6 平方千米。人口不足 50。清代和民国时称为北裤裆。因东北部形似裤裆得名。1985 年以西南端有下岙村改今名。海拔 95.4 米。地质基础以晚侏罗系粗面安山岩为主，西北部出露白垩系火山凝灰岩。皆为丘陵，无平地。岸线曲折，以基岩海岸为主。土壤以粉砂、黏土为主。植被以亚热带针叶林和茅草丛为主。设村民委员会 1 个，原属北麂乡，2010 年并入东山街道。附近海域为北麂渔场，是浙南传统渔场之一，盛产带鱼、乌贼、梭子蟹等。

关老爷山岛(Guānlǎoyéshān Dǎo)　属瑞安市东山街道。在浙江省东南部，北麂列岛东南部海域。长 1.2 千米，宽 880 米。陆域面积 0.5 平方千米。人口不足 50。原名南裤裆。以西南部形似裤裆得名。因岛上有关帝庙，别称关帝山、关帝岙山。民国《瑞安县志稿》卷三："南裤裆，高一百三十一点一公尺，一名'关帝岙'。"20 世纪 60 年代曾称反帝山。1985 年改今名。海拔 74.1 米。地质基础由白垩系凝灰岩构成。皆为丘陵，无平地。岸线曲折，湾岬相间，皆为基岩海岸。土壤以粉砂、黏土为主。植被以亚热带针叶林和灌丛、茅草丛为主。设村民委员会 1 个。原属北麂乡，2010 年并入东山街道。东南端建有灯桩 1 座。附近海域为北麂渔场，盛产带鱼、乌贼、梭子蟹等。西南侧清水澳建有海带人工养殖场。

白沙岛(Báishā Dǎo)　属乐清市雁荡镇。在浙江省东南部，乐清湾北部海域。长 2.65 千米，宽 1.25 千米。陆域面积 1.06 平方千米。人口 1 702。由原白沙山、单屿门、中山、三山 4 个海岛围垦相连而成。因白沙山最高，故以之为统称。白沙山，传以旧时掘井出白沙得名。海拔 76 米。地质基础由白垩系火山凝灰岩构成。北部以丘陵为主，南部以海积平地为主。岸线较平顺，以人工海岸为主。土壤以黄壤石砂土为主。植被以亚热带针叶林和灌丛为主。设村民委员会 1 个、村卫生服务站 1 个。昔多盐田，现改为养殖塘，主要养殖蛤蜊、花蛤、虾、蝤蛑、青蟹。西南经海堤与西门岛相连。

西门岛(Xīmén Dǎo)　属乐清市雁荡镇。在浙江省东南部，乐清湾北部海域。长 3.6 千米，宽 2.6 千米。陆域面积 6.93 平方千米。人口 4 713。清称渤岙。后因岛处别称江厦港、温岭港、山门港的江下港西口而改今名。海拔 398.6 米，为乐清湾诸岛最高峰。地质基础由白垩系火山凝灰岩构成。地貌以丘陵为主，四岸有少量海积平地。岸线较平顺，以人工海岸为主。土壤以黄壤石砂土为主。植被以常绿阔叶林和灌丛为主。岸外滩涂植有红树林。附近海域为乐清湾北部的交通要道，明代曾于岛上设西门烽堠，属楚门守御千户所。清顾祖禹《读史方舆纪要》卷九十二："山门港，（太平）县西南十五里。源出温岭诸山，亦曰'温岭江'，俗称'江下'，南出山门港及楚门港入海。凡海舰西去温州乐清，北趣台州黄岩，率由此舣泊。"环岛湿地有黑嘴鸥、黑脸琵鹭、黄嘴白鹭、斑嘴鹈鹕等珍稀水鸟，2005 年于此建西门岛海洋特别保护区，以保护滨海湿地、海洋生物资源、红树林群落以及黑嘴鸥、中白鹭等多种湿地鸟类。现设有村民委员会 1 个、小学 1 所、社区卫生服务站 1 个。沿岸多养殖塘，主要养殖蛤蜊、花蛤、虾、蛏蛏、青蟹。北端经沙门岛大桥与雁荡镇相连，东北端经海堤与白沙岛相连。

小横床岛（Xiǎohéngchuáng Dǎo）　属乐清市清江镇。在浙江省东南部，乐清湾北部海域。长 1.5 千米，宽 780 米。陆域面积 33.1 万平方米。人口 712。因与大横床岛相邻，岛形似横置卧床得名。海拔 34 米。地质基础由白垩系火山凝灰岩构成。丘陵与海积平地相间，以海积平地为主。岸线曲折，盘旋回环，以人工海岸为主。土壤以滨海盐土和黄壤石砂土为主。植被以灌丛为主。设村民委员会 1 个。昔多盐田，现改为养殖塘。主要养殖对虾、蛏、蛤蜊、牡蛎、小黄鱼。海上客运通南塘镇。

洞头岛（Dòngtóu Dǎo）　属温州市洞头县北岙镇。在浙江省东南部，洞头列岛中部海域。长 11.5 千米，宽 5.6 千米。陆域面积 28.33 平方千米。人口 6 万。古称中界山。清顾祖禹《读史方舆纪要》卷九十四："中界山，在青澳东百里。东晋时，居人数百家，为孙恩所破，今湖田犹存。"清《钦定古今图书集成・方舆汇编・职方典》卷一〇二三："中界山　在海中去郡城三百余里。"以岛处温州海域中部得名。后因岛南有海蚀穴与半屏岛相通而改今名。清嵇曾筠《浙江通志》卷九十五："万历《温州府志》：'温与台接壤……如东北风，自邳山半潮可至麦园头、华架礁，或入三盘，或洞头，或白鹿，或马耳岙，俱可泊船。'"明代曾设中界巡司于此。《钦定古今图书集成・方舆汇编・职方典》卷一〇二四："中界山巡检司　在二都。"明郑若曾《筹海图编・温州府境图》所载为东洛山。鸦片战争期间，英国侵略者称为凤凰山，并曾对此详细测绘。［英］金约翰辑，［美］金楷理口述，怀远、王德明笔译《海道图说》卷五："距北岐山北西北八里有三岛，曰'东策'，曰'南策'，曰'北策'，是为凤凰列岛最南者，北策与半边山间水道阔三百拓，又北曰'凤凰山'，为列岛最大者，自东北至西南，长约六里，阔约二里半，东面有高陡岸。其与半边山间之水道，惟华船可行。"海拔 226 米。西部由燕山晚期侵入的花岗岩、钾长花岗岩构成，中、东部出露白垩系火山凝灰岩。地势西北高东南低。地貌以海岛丘陵为主，南、北两岸有海积及围垦小平原。岸线曲折，湾岬相间，以基岩海岸为主，人工海岸集中于南北两岸。土壤以红壤和粗骨土为主，局部有水稻土、脱盐土和滨海盐土。植被以常绿阔叶林为主。历为海防要地，明代屡受倭寇侵扰。明初于此设中界巡检司。明代直浙总督胡宗宪《舟山论》："盖洪武间，倭犯中界，犯玉环，犯小濩寨，皆浙东海滨，信国公所亲见也。"清顾祖禹《读史方舆纪要》卷九十四："洪武二年，倭贼尝犯此，旧有中界巡司戍守，今迁于永昌堡。"旧属玉环县。1953 年置洞头县，1958 年复并入玉环县，1964 年于此复置洞头县。岛上设有北岙、东屏 2 个街道，有社区居民委员会 6 个、村民委员会 28 个。有中小学 9 所、二级医院 1 家。有东沙妈祖宫、岙内叶宅 2 处省级文物保护单位。建有洞头浙江省风景名胜区，有大沙岙、仙叠岩、望海楼、中普陀寺等景点。唐朝温州刺史张又新曾作《中界山》诗："瑟瑟峰头玉水流，晋时遗迹更堪愁。愁人到此劳长望，何处烟波是祖州。"附近海域为洞头渔场，建有洞头国家一级渔港。温强（S332）省道经灵霓大堤、洞头大桥、三盘大桥等上岛，海上客运通大瞿岛、南策岛和大竹峙岛。

大三盘岛(Dàsānpán Dǎo)　属温州市洞头县北岙镇。在浙江省东南部，洞头列岛中部海域。长 3.3 千米，宽 990 米。陆域面积 1.7 平方千米。人口 0.5 万。以西南侧三个岛屿形似盘盂得名。别称大三盘、三盘山。清嵇曾筠《浙江通志》卷九十八："三盘，四周皆小山，南北风可以泊船。"卷八："地方志载：乐清县地界又三盘、黄大岙、状元岙、茅埏等处地方，向年悉在玉环辖内，与乐清六七都相近，俱同玉环一时迁遣。现有人民在内偷垦田地，今请一并展复、开垦，尽归玉环同知管辖，则疆域不致分，而草莱亦得垦辟矣。"清光绪《玉环厅志》卷一："三盘山，在黄大嶴南四十里……中隔一江，列小山三座，形似盘盂，故名'三盘'。"鸦片战争期间，英国侵略者曾对此详细测绘。[英] 金约翰辑，[美] 金楷理口述，怀远、王德明笔译《海道图说》卷五："至大三盘与尾岆山(编者注：即霓屿岛)间水道甚窄。大三盘东南角有直立小岛，其与小三盘山间为常行水道，曰'三盘门'。"海拔 89.2 米。北部出露白垩系流纹玻屑凝灰岩、晶屑玻屑熔结凝灰岩，东部、南部出露白垩系流纹晶屑凝灰岩、熔结凝灰岩，中部有一条东北—西南向的早白垩系流纹斑岩岩脉。皆为丘陵，几无平地。岸线曲折，以基岩海岸为主，人工海岸集中在南北两岸。土壤以红壤和粗骨土为主。植被以亚热带针叶林和灌丛为主。历为海防要地。元末农民起义军方国珍曾据此。清代由温州镇中营巡哨。《浙江通志》卷九十八："本标中营原管海汛内三盘、霓岙、大门、黄大岙、鹿西、长沙、白脑门、铜盘、大衢、南龙各汛。"清同治年间(1862—1875 年)温州镇中营游击水师专防三盘口。旧属玉环县，1953 年改属洞头县，1958 年复并入玉环县，1964 年复属洞头县。现设村民委员会 5 个。有小学 1 所、社区卫生服务站 1 个。存炮台残墙。附近海域为定置张网作业区，有海蜇、虾米、虾皮等特产。温强(S332)省道经灵霓大堤、洞头大桥上岛，并经三盘大桥与洞头岛相连。

半屏岛(Bànpíng Dǎo)　属温州市洞头县东屏街道。在浙江省东南部，洞头列岛南部海域。长 4 千米，宽 1.6 千米。陆域面积 2.47 平方千米。人口 4 000。原名半屏山。因东部沿岸海蚀崖壁立如削，形如半屏得名。别称半面山、半边山。海拔 146.4 米。地质基础以白垩系流纹质晶屑凝灰岩、熔结凝灰岩为主，西南端出露燕山晚期侵入的钾长花岗岩。皆为丘陵，无平地。地势西南高东北低。岸线曲折，以基岩海岸为主。土壤以红壤为主。植被以灌丛和茅草丛为主，局部有亚热带针叶林。旧属玉环县，1953 年改属洞头县，1958 年复并入玉环县，1964 年复属洞头县。现设村民委员会 4 个、社区卫生服务站 1 个。半屏山景区为洞头浙江省风景名胜区组成部分，与台湾高雄半屏山自然风景区南北呼应，当地民谣云："半屏山，半屏山，一半在大陆，一半在台湾。"北部建有半屏大桥与洞头岛相连。西岸外建有渔港。

大瞿岛(Dàqú Dǎo)　属温州市洞头县东屏街道。在浙江省东南部，洞头列岛南部海域。长 2.3 千米，宽 1.6 千米。陆域面积 2.3 平方千米。人口 571。一说原称渡居山，因岛民从大陆渡海迁居而来得名，后方言谐音为今名。一说原称大岠山，因岛屿高大得名，后谐音为今名。明郑若曾《筹海图编・浙江沿海山沙图二》等载为大衢山。清嵇曾筠《浙江通志》卷九十八："本标中营原管海汛内三盘、霓岙、大门、黄大岙、鹿西、长沙、白脑门、铜盘、大衢、南龙各汛。"清乾隆《永嘉县志》和光绪《玉环厅志》载为大瞿山。海拔 239.2 米。地质基础以燕山晚期侵入的花岗岩为主，西南部出露白垩系流纹质晶屑凝灰岩、熔结凝灰岩。皆为丘陵，无平地。岸线曲折，以基岩海岸为主，间有小段沙质海岸。土壤以红壤为主。植被以亚热带针叶林和灌丛为主，并有竹林等，植有三七、枳壳等中药材。鸦片战争期间，英国侵略者曾对此详细测绘。[英] 金约翰辑，[美] 金楷理口述，怀远、王德明笔译《海道图说》卷五："凡船体入水仅及十二尺，自北面向牛港驶行者，即可由三盘门并大瞿山西面行过，但宜谨防距大瞿西南角、西北偏北一里余之隐石。”旧属玉环县，1953 年改属洞头县，1958 年复并入玉环县，1964 年复属洞头县。现设村民委员会 1 个。有虾皮等特产。海上客运通洞头岛。

南策岛(Náncè Dǎo)　属温州市洞头县东屏街道。在浙江省东南部，洞头列岛南部海域。长 1.39 千米，宽 1.36 千米。陆域面积 1.1 平方千米。人口 616。“南策”为“南贼”的闽南方言谐音。因常有海贼出没得名。鸦片战争期间，英国侵略者曾对此详细测绘，并将之与北策岛、东策岛合称为“策列岛”(贼列岛)。[英] 金约翰辑，[美] 金楷理口述，怀远、王德明笔译《海道图说》卷五：“距北岐山北西北八里有三岛，曰‘东策’，曰‘南策’，曰‘北策’，是为凤凰列岛最南者，北策与半边山间水道阔三百拓，又北曰‘凤凰山’，为列岛最大者。”“策列岛与大瞿高石崖间为牛港口(编者注：即黑牛湾)，于水深四拓至十拓之处最便泊船，以避各方之风。大瞿与策列岛间水道阔二里。”海拔 183.6 米。地质基础以白垩系流纹质玻屑凝灰岩、晶屑熔结凝灰岩为主，东端出露燕山晚期侵入的钾长花岗岩。皆为丘陵，无平地。岸线曲折，皆为基岩海岸。土壤以红壤为主。植被以亚热带针叶林和灌丛为主。旧属玉环县，1953 年改属洞头县。1958 年复并入玉环县。1964 年复属洞头县。现设村民委员会 1 个、学校 1 所、社区卫生服务站 1 个。有虾皮等特产。海上客运通洞头岛。

状元岙岛(Zhuàngyuán'ào Dǎo)　属温州市洞头县元觉街道。在浙江省东南部，洞头列岛中部海域。长 7.2 千米，宽 2.7 千米。陆域面积 9.98 平方千米。人口 1 万。明郑若曾《筹海图编・浙江沿海山沙图二》等载为官岙(山)，名称来历不详。清嵇曾筠《浙江通志》卷八载为状元岙山，清光绪《玉环厅志》载为状元隩山。传以曾有岛民状元及第得名。但《浙江通志》卷九十八载为南龙山：“左营海汛辖洋面七：南龙，南龙山在霓岙东北。”海拔 231.9 米。北部出露早白垩系流纹斑岩，中部、西部和南部出露白垩系流纹质晶屑凝灰岩、熔结凝灰岩。海岛丘陵与平地相间，中部以丘陵为主，南、北部以海积及围垦小平原为主。地势东北高、西南低。东半部以基岩海岸为主，西北部以人工海岸为主。土壤以红壤为主。植被以亚热带针叶林和灌丛为主。明代为抗倭要地，曾于洪武十九年(1386 年)迁界徙民，清代方展复开垦。清顾祖禹《读史方舆纪要》卷九十四：“又南龙山，在霓岙东北，倭贼由北洋来，往往经此，六要地也。”《浙江通志》卷八：“地方志载：乐清县地界又三盘、黄大岙、状元岙、茅埏等处，地方向年悉在玉环辖内，与乐清六七都相近，俱同玉环一时迁遣。现有人民在内偷垦田地，今请一并展复开垦，尽归玉环同知管辖，则疆域不致分而草莱亦得垦辟矣。”旧属玉环县，1953 年改属洞头县，1958 年复并入玉环县，1964 年复属洞头县。现设街道 1 个、村民委员会 6 个。有学校 1 所、社区卫生服务中心 1 个、村卫生服务站 6 个。明、清为海防要地。今西北部建有温州港状元岙港区，为集装箱和散杂货运输港区，已建成 2 个 5 万吨级兼靠 10 万吨级泊位，开通集装箱航线 2 条。温强(S332)省道经灵霓大堤等上岛，并经洞头大桥、三盘大桥与洞头岛相连，海上客运通大门镇和鹿西乡。

花岗岛(Huāgǎng Dǎo)　属温州市洞头县元觉街道。在浙江省东南部，洞头列岛中部海域。长 1 千米，宽 520 米。陆域面积 30.82 万平方米。人口 815 人。因岛上主峰状似花瓣得名。海拔 96.8 米。地质基础由白垩系流纹质玻屑凝灰岩和熔结凝灰岩构成。皆为丘陵，无平地。地势东高西低。岸线曲折，多为基岩海岸。土壤以红壤为主。植被以灌丛和茅草丛为主，局部有亚热带针叶林。旧属玉环县，1953 年改属洞头县，1958 年复并入玉环县，1964 年复属洞头县。现设村民委员会 1 个、村卫生服务站 1 个。花岗村存有百余座花岗岩石砌筑的传统民居。温强(S332)省道经灵霓大堤、花岗门大桥等上岛，并经洞头大桥、三盘大桥与洞头岛相连。

霓屿岛(Níyǔ Dǎo)　属温州市洞头县霓屿街道。在浙江省东南部，洞头列岛中部海域。长 7.3 千米，宽 3.2 千米。陆域面积 10.64 平方千米。人口 1.5 万。明弘治《温州府志》载为倪岙山。明弘治《温州府志》卷三："倪岙山，在海中，有龙潭。"明郑若曾《筹海图编 · 浙江沿海山沙图三》和清顾祖禹《读史方舆纪要》卷九十四载为霓岙山。清朱正元《浙江沿海图说》等载为霓屿。一说山高多雾，常见霓虹得名。一说岛上山脉相连成弧形，远望状似霓虹挂空，故名。鸦片战争期间，英国侵略者称为尾岆山，并曾对此详细测绘。[英] 金约翰辑，[美] 金楷理口述，怀远、王德明笔译《海道图说》卷五："距大瞿西北四里有尾岆山，两山之间为便行水道。惟至尾岆山与凤凰山间水道仅阔六百拓，且西岸有浅滩，必行于水道中界为要。至大三盘与尾岆山间水道甚窄。"海拔 331.6 米。西部出露白垩系流纹质晶屑凝灰岩、熔结凝灰岩，东部出露白垩系流纹质玻屑凝灰岩夹沉积岩，东北端出露燕山晚期侵入的钾长花岗岩。地貌以丘陵为主，仅南岸有小片海积及围垦平地。岸线曲折，多为基岩海岸。湾岬相间，岛周滩涂发育。土壤以红壤和粗骨土为主。植被以常绿阔叶林、灌丛和茅草丛为主。旧为海防要地。明郑若曾《筹海图编》卷五："霓岙，贼船自南北向往，多泊于此。可至盘石卫，最为险要。今拨黄华港兵船于此巡哨。"清顾祖禹《读史方舆纪要》卷九十四："霓岙，(温州)府东百余里。《海防考》：'倭舶南北往来，多泊于此。径达磐石卫城，最为险要。嘉靖三十三年，倭由此登劫，突犯湖头，官军击却之。又南龙山，在霓岙东北，倭贼由北洋来，往往经此，六要地也。'"旧属玉环县，1953 年改属洞头县，1958 年复并入玉环县，1964 年复属洞头县。现设有街道 1 个、村民委员会 10 个。有中小学 3 所、社区卫生服务中心站 1 个。有灵潭摩崖、石子岙防御墙 2 处洞头县文物保护单位。岛周有紫菜养殖基地。温强(S332)省道经灵霓大堤上岛，并经洞头大桥、三盘大桥等与洞头岛相连。

大门岛(Dàmén Dǎo)　属温州市洞头县大门镇。在浙江省东南部，洞头列岛北部海域。长 10.8 千米，宽 4.5 千米。陆域面积 28.8 平方千米，为温州市面积最大的海岛。人口 2 万。以岛处瓯江口和乐清湾口、当水道之门得名，并与北侧的小门岛合称大小门山。清朱正元《浙江沿海图说》："南面水道即名'大门'，为进出瓯江必由之路，如室之有门也。"因岛上植被茂密，别称清澳山、青岙山、青奥山等。明万历《温州府志》卷一："青奥山，两山如门，名'青岙门'。"清顾祖禹《读史方舆纪要》卷九十四："青澳山，(温州)府东二百里海中，两山对峙如门，亦名'青澳门'。"清嵇曾筠《浙江通志》卷二十："青岙，《名胜志》：'在府城东北二百里海中。两山对峙如门。'"又因南部有黄色沙滩，朱正元《浙江沿海图说》载为黄大岙："黄大岙，异名大门山。"但《八省沿海总图 · 自温州湾至黑山列岛》等清末部分文献称鹿西岛为黄大岙，称大门岛为虎头山。[英] 金约翰辑，[美] 金楷理口述，怀远、王德明笔译《海道图说》卷五："凡自南面向温州河行船者，过棱岛(编者注：棱岛，也作楞岛，即虎头屿)即应向西北又西二分而行，次由石崖露石西南与大三盘山北面露石以北经过。已过露石，即可渐向西偏北入虎头山南角与河建岛(编者注：即青山岛)间而行，惟近虎头山南角一百五十拓，恰与河建岛对面处有一隐石，凡行船至此，须视虎头山西南角与白石南面相离，依向前行即可避之。""距虎头山西南角西北五里，为温州河口。"海拔 391.8 米。地质基础以燕山晚期侵入的钾长花岗岩为主，西端出露白垩系火山凝灰岩。地貌以丘陵为主，西北岸和西南岸内有小片海积平地。岸线曲折，多为基岩海岸。土壤以红壤为主，局部有水稻土和潮土。植被以亚热带针叶林和针阔混交林为主。古为海防要地，宋代于此设烽铺。《读史方舆纪要》卷九十四："由(永宁)江北岸东下，则自罗浮、华岩、柟溪港、强岙、挂彩山、象浦口、馆头、青岙、鹿西抵乐清界。多事时，盖节节皆险也。""刘宋永明中，郡守颜延之于此筑亭望海。唐天祐末，钱镠使其子传璙攻温州，州将卢佶将水师拒之于青澳，传璙曰：'佶之精兵尽在于此，不可与战，乃自安固舍舟间道袭温州，克之。'宋德祐二年，元兵至临安，宰相陈宜中遁归青澳，即此。"《浙江通志》卷一百五十二："哈喇岱……行省檄充沿海招讨副使，引兵至温州青岙门，遣使谕温州守臣家之柄以城降。"明、清由温州镇中营防区。《浙江通志》卷九十五："玉环海汛以岐头汛起，可以泊船汲水，可避东北风。潮出岐头，东北至小门可以泊船避风、樵柴、汲水，惟半洋有泥礁。小门山之南，即大门，系温镇中营管辖。出小门有屿，土名'光采屿'，至乌星难以泊船，无可樵汲。"旧属玉环县，1953 年改属洞头县，1958 年复并入玉环县，1964 年复属洞头县。现设镇 1 个，有社区居民委员会 1 个、居民委员会 2 个、村民委员会 20 个，并有中小学 2 所、二级医院 1 家。有东沙妈祖宫、岙内叶宅、寨楼寨墙遗址及张氏家族墓 3 处浙江省文物保护单位，并存龟岩烽火台遗址等古烽火台遗迹。岛上风光秀丽，莲花峰景区为洞头浙江省风景名胜区的组成部分。唐温州太守张又新作有《青岙山》诗。附近海域旧为海蜇主产区之一。清光绪《玉环厅志》卷一："黄大岙山……夏秋时海蜇旺生，商贩云集于环山诸埠。"现主产带鱼、乌贼、七星鱼、紫菜、对虾等。西北端经小门大桥与小门岛相连，并在建与乐清翁垟镇相连的大门大桥。海上客运通温州、乐清、洞头、鹿西、玉环等地。温州、洞头等。大小门港区为温州港重要港区之一。

小门岛(Xiǎomén Dǎo) 属温州市洞头县大门镇。在浙江省东南部，洞头列岛北部海域。长 4.9 千米，宽 1.6 千米。陆域面积 4.83 平方千米。人口 3 100。以岛处瓯江口和乐清湾口，当水道之门，由大门岛派生得名，并与北侧的大门岛合称大小门山。《八省沿海总图·自温州湾至黑山列岛》等清末部分文献载为船岛。[英] 金约翰辑，[美] 金楷理口述，怀远、王德明笔译《海道图说》卷五："虎头山北面有低石岛曰'船岛'。虎头与船岛间暨船岛与陆间之水道，惟华船可行。"海拔 138.9 米。地质基础由白垩系火山凝灰岩构成。丘陵与平地相间。北岸较平直，以人工海岸为主，其余岸线曲折，多为基岩海岸。土壤以红壤为主。植被以亚热带针叶林和灌丛为主。历为海防要地。明、清由温州镇中营防区。清嵇曾筠《浙江通志》卷九十五："玉环海汛以岐头汛起，可以泊船汲水，可避东北风。潮出岐头，东北至小门可以泊船避风、樵柴、汲水，惟半洋有泥礁。小门山之南，即大门，系温镇中营管辖。出小门有屿，土名'光采屿'，至乌星难以泊船，无可樵汲。"旧属玉环县，1953 年改属洞头县，1958 年复并入玉环县，1964 年复属洞头县。现设村民委员会 2 个。大小门港区为温州港主要港区之一，并建有温州市石化工业基地。东南端经小门大桥与大门岛相连，西南端在建与乐清翁垟镇相连的大门大桥。海上客运通温州、洞头、鹿西等地。

鹿西岛(Lùxī Dǎo) 属温州市洞头县鹿西乡。在浙江省东南部，洞头列岛北部海域。长 6.7 千米，宽 2.95 千米。陆域面积 8.7 平方千米。人口 8 000。传原称鹿栖，因昔有鹿群栖息得名。后谐音为今名。清顾祖禹《读史方舆纪要》和清嵇曾筠《浙江通志》载为鹿西山。《读史方舆纪要》卷九十四："(青澳山)又东有东洛、鹿西诸山，皆为海道之冲。"《浙江通志》卷九十八："中营海汛辖洋面七……大门、鹿西(据海道之冲)、双排。"清光绪《玉环厅志》载为东臼山。清末浙江督练公署参谋处测绘股编绘的《浙江沿海要口全图》载为东球山。《八省沿海总图·自温州湾至黑山列岛》等清末部分文献载为黄大岙。[英] 金约翰辑，[美] 金楷理口述，怀远、王德明笔译《海道图说》卷五："黄大岙，距虎头山东面二里有黄大岙。昔有英兵船布勒勿于此间停泊，探有陡界。黄大岙与东南面之石崖露石间，有可行水道，其与北面大岙(编者注：大岙，即玉环岛)间亦有可行水道，惟宜谨防黄大岙东北面小石岛与各险石。"海拔 233 米。地质基础由白垩系流纹质玻屑凝灰岩、晶屑玻屑熔结凝灰岩夹沉积岩构成。皆为丘陵，无平地。地势西北高东南低。岸线曲折，多为基岩海岸。湾岬相间，多港湾。土壤以红壤和粗骨土为主。植被以茅草丛为主，局部有亚热带针叶林。明、清由温州镇中营防区。《浙江通志》卷九十八："本标中营原管海汛内三盘、霓岙、大门、黄大岙、鹿西、长沙、白脑门、铜盘、大衢、南龙各汛。"旧属玉环县，1953 年改属洞头县，1958 年复并入玉环县，1964 年复属洞头县。现设乡 1 个、村民委员会 6 个。有小学 1 所、乡卫生院 1 个。古为海防要地。存有南宋烽火台遗址。西南岸建有洞头县渔船修造基地。西南岸外建有渔港。海上客运通洞头岛、大门岛。

南麂岛(Nánjǐ Dǎo)　属温州市平阳县鳌江镇。在浙江省东南部，南麂列岛中部海域。长 5.3 千米，宽 3.3 千米。陆域面积 7.81 平方千米。人口 2 007。因岛形似麂，与北麂岛相望得名。别称南己山、南岐山、南箕山，皆为谐音异写。鸦片战争期间，英国侵略者称以南麂岛为主岛的岛群为南岐列山，并曾对此详细测绘。[英] 金约翰辑，[美] 金楷理口述，怀远、王德明笔译《海道图说》卷五："南岐列山，距台山列岛东北偏北二十九有南岐列山。最大者高七百四十尺，当东北恒风时，于东南岸南岐港内便泊船。"海拔 229.1 米。地质基础以燕山晚期侵入的钾长花岗岩为主，北部及西端出露白垩系凝灰岩。皆为丘陵，无平地，地形复杂。岸线曲折，湾岬相间，多为基岩海岸。土壤有红壤、粗骨土、滨海盐土、风砂土和潮土等。植被以灌丛、茅草和藤本植物为主。历为海防要地，明代曾受倭寇侵扰。明郑若曾《筹海图编》卷五："南麂、凤凰山，此岙阔大，坐临深海。山外大洋，别无山岛。贼自国初以来，俱经此栖泊，实巢穴也。风顺三潮可至飞云港。先年设兵船一支哨守，废坏未复。今拨江口、黄华兵船于此巡哨。"清顾祖禹《读史方舆纪要》卷九十四："南麂山，在(平阳)县东海中，有平壤数千亩，称饶沃。环海负岛，逋逃之徒，易以蕃聚。倭寇每出没于此。"嘉靖三十四年(1555 年)明军于此战倭。《筹海图编》卷九："嘉靖乙卯冬十一月，倭舶三艘，舣南麂之西麓。提督都御史胡公宗宪预设海舰，封守甚固。二舶不能入，扬帆而东。其一西走。我兵蹑之，沉其舟，追入岙内。相持八昼夜，贼窘甚，从山后窃划船逸去。飓风驱回，登劫大岙，至三港。守备刘隆、千户刘纲、百户张澄战殁于阵，贼势复炽。遂越金乡趋台州，以渐向北。"明万历十年(1582 年)设南麂副总兵驻此。清初，郑成功曾驻军于南麂西岙。1955 年于此设洞头县南麂乡，1957 年复属平阳县，1997 年改置南麂镇，2011 年并入鳌江镇。现有村民委员会 9 个、卫生院 1 家。现存多处摩崖题记，并存有国姓庙。有沙滩和海蚀地貌等景观，设有南麂列岛浙江省风景名胜区，建有渔家民宿和海钓俱乐部。附近海域为浙南主要渔场之一，主产带鱼、乌贼、鲳鱼、毛虾等。海上客运通鳌江、瑞安。

竹屿(Zhú Yǔ)　属温州市平阳县鳌江镇。在浙江省东南部，南麂列岛中部海域。长 1.8 千米，宽 850 米。陆域面积 0.77 平方千米。人口 178。传因昔南部山谷竹林成荫得名。海拔 108 米。地质基础由燕山晚期侵入的钾长花岗岩构成。皆为丘陵，无平地。岸线曲折，皆为基岩海岸。土壤以砂砾土、黄土为主。植被以灌丛和茅草丛为主，南部有常绿阔叶林。昔历属平阳县。1955 年改属洞头县南麂乡，1957 年复属平阳县南麂乡，1997 年改属平阳县南麂镇，2011 年并入鳌江镇。现设有村民委员会 1 个。附近海域为南麂渔场的组成部分，西侧海域有网箱养殖桁地。主要养殖大小黄鱼、毛虾、鲳鱼、鱿鱼、鳀鱼等。海上客运通南麂岛。岛西南端建有导航灯桩。

上马鞍岛(Shàngmǎ'ān Dǎo)　属温州市平阳县鳌江镇。在浙江省东南部，南麂列岛西部海域。长 600 米，宽 200 米。面积 0.1 平方千米。明清名马鞍山。因两端高，中间平坦，状如马鞍得名。为避免重名，1984 年以岛处北面改为今名。海拔 83.5 米。地质基础由上侏罗统高坞组熔结凝灰岩构成。地貌属海岛丘陵。岸线曲折，皆为基岩海岸。土壤以砂砾土为主。植被以灌丛、杂草为主。昔历属平阳县。1955 年改属洞头县南麂乡，1957 年复属平阳县南麂乡，1997 年改属平阳县南麂镇，2011 年并入鳌江镇。建有灯塔 1 座。设有南麂列岛国家级海洋自然保护区核心区警示碑 1 个。附近海域为鳌江至南麂必经航道。

稻挑山岛(Dàotiāoshān Dǎo) 属温州市平阳县鳌江镇。在浙江省东南部，南麂列岛东部海域。长 450 米，宽 100 米。陆域面积 3.16 万平方米。以形似挑稻用的冲担得名。俗称冲担山、串担山。海拔 40.6 米。地质基础由燕山晚期侵入的钾长花岗岩构成。皆为丘陵，无平地。岸线曲折破碎，皆为基岩海岸。岩石裸露无土壤，局部生长少量茅草。昔历属平阳县。1955 年改属洞头县南麂乡，1957 年复属平阳县南麂乡，1997 年改属平阳县南麂镇，2011 年并入鳌江镇。为中华人民共和国领海基点之一，设有领海基点方位碑和灯桩。

北关岛(Běiguān Dǎo) 属温州市苍南县。在浙江省东南部海域。长 3.86 千米，宽 1.8 千米。陆域面积 3.39 平方千米。人口 500。明郑若曾《筹海图编 • 浙江沿海山沙图一》载为井门山。后以岛处镇下关(编者注：今霞关)外，为镇下关之北门户改今名。海拔 168.1 米。南部出露燕山晚期侵入的花岗闪长岩，北部出露燕山晚期侵入的石英正长斑岩。皆为丘陵，无平地。岸线曲折，湾岬相间，以基岩海岸为主，局部小段沙质海岸。土壤以红壤为主。植被以亚热带针叶林和灌丛为主，并植有剑麻。明、清属温州镇左营和瑞安防营防区。清嵇曾筠《浙江通志》卷九十八："左营原管海汛内镇下关、北关、金乡、南麂、官山、琵琶、凤凰、大丁山、小丁山、北麂各汛……以上三营海汛于雍正二年八月为请更闽浙等事，题改右营为陆路，瑞安、磐石并为水师，将三营海汛自南至北分作四股：南洋一股自镇下关与福建烽火门海汛接壤，起北关、官山、金乡、琵琶、南麂，北至大四屿与左营海汛交界止，归瑞安营管辖。"鸦片战争期间，英国侵略者曾于此详细测绘。[英] 金约翰辑，[美] 金楷理口述，怀远、王德明笔译《海道图说》卷五："自北关港海岸曲折向东北偏东十九里而至平阳角，其距北关港十二里之处有大渔澳。凡船体入水不过十尺者，可于此间避风。"旧属平阳县霞关镇。1981 年改属苍南县霞关镇，2011 年并入马站镇。现设村民委员会 1 个、村卫生服务站 1 个。存有关卡古垒遗址。山巅建有风力发电场。附近海域为通往南坪、霞关必经之道。海上客运通霞关。

南关岛(Nánguān Dǎo) 属温州市苍南县。在浙江省东南部海域。长 3 千米，宽 1.2 千米。陆域面积 1.81 平方千米。人口 500。明郑若曾《筹海图编 • 浙江沿海山沙图一》载为横栓门山。后以岛处镇下关(编者注：今霞关)外，为镇下关之南门户改今名。别称镇关岛、官山、官岙山。清顾祖禹《读史方舆纪要》卷九十四："镇下门水寨县东南百四十里。亦曰'镇下门关'。坐临大海，其东有官岙，舟师驻泊处也。出岙直冲台山外洋，倭贼犯镇下门，必取道官岙，守御最切。"清嵇曾筠《浙江通志》卷三十八："镇下关，《海防图略》属平阳县。明弘治年间因蒲壮二所船料缺额，故废。隆庆四年，军门谷中虚题设。谨按：'镇下关坐临大海，其东有官岙，舟师驻泊处也。'出岙直冲台山、小洋，倭犯镇下关，必取道官岙，守御最切。"鸦片战争期间，英国侵略者载为镇洋岛，并曾于此详细测绘。[英] 金约翰辑，[美] 金楷理口述，怀远、王德明笔译《海道图说》卷五："镇关岛南角为陡面，近角有露石，近石颇深。已行过露石，即可于镇关岛西面水深九拓至七拓之处停泊。南关澳北半俱浅，且为陡界，宜深悉。又北岸有南关城。"海拔 154.5 米。地质基础由白垩系火山凝灰岩构成。地貌属海岛丘陵。岸线曲折，多为基岩海岸。土壤以红壤和粗骨土为主。植被以亚热带针叶林和灌丛为主，并生长有竹林和桉树林。明、清属温州镇左营和瑞安防营防区。《浙江通志》卷九十八："左营原管海汛内镇下关、北关、金乡、南麂、官山、琵琶、凤凰、大丁山、小丁山、北麂各汛……以上三营海汛于雍正二年八月为请更闽浙等事，题改右营为陆路，瑞安、磐石并为水师，将三营海汛自南至北分作四股：南洋一股自镇下关与福建烽火门海汛接壤，起北关、官山、金乡、琵琶、南麂，北至大四屿与左营海汛交界止，归瑞安营管辖。”鸦片战争期间，英国侵略者曾于此详细测绘。[英] 金约翰辑，[美] 金楷理口述，怀远、王德明笔译《海道图说》卷五：“自北关港海岸曲折向东北偏东十九里而至平阳角，其距北关港十二里之处有大渔澳。凡船体入水不过十尺者，可于此间避风。”旧属平阳县霞关镇。1981 年改属苍南县霞关镇，2011 年并入马站镇。原设南关 1 个村民委员会，2000 年并入霞关村。西岸建有船舶修造厂。历为船只进出霞关港之门户，东南端设有灯桩 1 座。西北侧和东北侧海域有大片鱼排，主要养殖紫菜、海带。有虾皮等特产。海上客运通霞关。

外蒲岛(Wàipú Dǎo)　属平湖市乍浦镇。在浙江省东北部，杭州湾西北部海域。长 390 米，宽 280 米。陆域面积 6.26 万平方米。因岛形似蒲帽得名。清嵇曾筠《浙江通志》卷十一：“蒲山，天启《平湖县志》：‘在县东南三十里。与莱荠山俱濒于海。’”清《钦定古今图书集成・方舆汇编・职方考》卷九百五十七：“蒲山　在县东南三十里，与莱荠山俱濒于海，李天植《九山志》云：‘有外蒲山，里蒲山，在高公山南。’”里蒲山滨海，外蒲山为海中岛屿。别称外浦山。又因岛上建有小普陀观音禅院，誉称“小普陀”。清光绪《平湖县志》卷二：“外蒲山在海中，近山有暗礁。乾隆十四年，署同知叶齐建屋三楹于山巅，额曰：中普陀禅院，供奉大士、天后、三官龙神香火，延僧静修。”海拔 42 米。地质基础由白垩系熔结凝灰岩构成。皆为丘陵，无平地。海岸线曲折，西岸有砾石滩。土壤以黄砂黏土为主。植被以常绿阔叶林和针阔叶混交林为主，并有淡竹林。明代为抗倭要地，曾设蒲山寨。清顾祖禹《读史方舆纪要》卷九十一：“守御乍浦千户所……有独树东、独树西、蒲山外、蒲山西、蒲山、大东山、东山嘴、唐家湾、盐山、圣妃宫、金家湾、周西、海口等十三寨，皆所军戍守。”清道光二十二年(1842 年)，英国侵略者曾入侵岛周海域，并在附近登岸乍浦。此后，英国侵略者曾于此详细测绘。[英] 金约翰辑，[美] 金楷理口述，怀远、王德明笔译《海道图说》卷六：“杭州湾北岸为乍浦湾。自东北偏东至西南偏西，长九里，阔三里。近乍浦泊船处东面有数小岛，最向东者有白屋。”现有小普陀观音禅院、梵音灵洞等古迹和景观，为九龙山风景名胜区的组成部分。北岸经通天桥(步行桥)与九龙山相连。东岸建有灯桩。

白塔岛(Báitǎ Dǎo)　属嘉兴市海盐县秦山镇。在浙江省东北部，杭州湾西部海域。长 570 米，宽 445 米。陆域面积 15.97 万平方米。因岛上旧有白塔得名。元至元《嘉禾志》卷四：“白塔山……山上有白塔，因名。旧有港通鲁浦，名曰‘白塔潭’，海舟多泊焉。浦塞舟，皆归澉浦。”清《钦定古今图书集成・方舆汇编・职方考》卷九百五十七：“白塔山，在(海盐)县东南二十里，《嘉禾县志》：山上有白塔，因名。旧有港通鲁浦，名曰‘白塔潭’，海舟多泊焉。《北户录》：‘唐至德初，徐正，字嶷，于白塔山沙渚之上，得一桃核片，可贮米一升。’《永乐志》：‘宋建炎四年春，贼将徐大刀舣舟山下，见两道人弈棋，登岸就之，不见，遂不扰。’”海拔 48.7 米。地质基础由燕山晚期侵入的钾长花岗斑岩构成。皆为丘陵，无平地。海岸线曲折，西岸和西北岸外有小段沙质海岸。植被以落叶阔叶林、灌丛和草丛为主，并有茶园。旧为澉浦藩篱、海防要地，古代海上丝绸之路的重要节点。宋常棠《澉浦志》卷三：“海在(澉浦)镇东五里……西南一潮至浙江，名曰‘上潭’。自浙江一潮归泊黄湾，又一潮到镇岸，名曰‘下潭’。东北十二里，名曰‘白塔潭’，可泊舟，防亦险要处。虽在澉浦、金山两军之间，相去隔远，夜暮缓急，卒难应缓。昔日朝廷欲立巡检寨，今澉浦水师置铺于此。”元至元《嘉禾志》卷五：“澉浦……元熙元年有毛人三人集于县，盖泛于风也。今蕃舶皆辐辏焉。”明、清为许山哨与临观总后哨官兵会哨处。清嵇曾筠《浙江通志》卷九十七:“许山哨总哨官一员,部领大小战船二十只、兵三百七十五名。汛期泊许山东哨至大小七山、苏州茅草等洋……与临观总后哨官兵会哨北哨至白塔港。”今辟为白塔山海岛生态旅游区。西岸建有码头。

舟山岛(Zhōushān Dǎo)　中国第四大海岛。跨舟山市定海区、普陀区。在浙江省东北部,舟山群岛西南部。长 44 米,宽 18 千米。陆域面积 502.65 平方千米(含滩涂面积 26.48 平方千米)。人口 48.7 万。先秦时期泛称为甬东、海中洲。晋代始称“翁洲”“翁山”。南宋乾道《四明图经》卷七:“翁山,一名翁洲。”东晋葛洪《抱朴子·内篇》卷四:“海中大岛屿,亦可合药。若会稽之东翁洲、亶洲、纻屿。”唐《元和郡县图志》卷二十六:“翁洲,入海二百里。即《春秋》所谓甬东地也。”一说因号称“葛仙翁”的葛玄曾于此采药炼丹得名。明天启《舟山志》卷二:“翁洲,舟山内境之概名也。山外原隰,皆面海,民又为田。名由葛仙翁而肇。”一说以翁氏得名。“舟山”之名始见于宋代,原为昌国县治南面的小山。南宋宝庆《四明志》卷二十:“舟山,去县五里,趋城由此涂出。”元大德《昌国州图志》卷四:“舟山,在州之南,有山翼如枕海之湄,以舟之所聚,故名舟山。”明初海禁后,“舟山”逐渐扩展为对整个舟山岛的称谓。清康熙二十六年(1687 年)五月,康熙帝以“山名为舟,则动而不静”,取“海波永定”之义诏改“舟山”为“定海山”,但民间仍多称“舟山”。清康熙《定海县志》卷一:“(康熙)二十五年,从大臣请开复舟山。于是疆蛟龙之窟,府虎豹之居,辟莱抽棘之民,从仁人而归者如市。帝曰:‘吁哉!淠彼舟流,不如所届,予其维之。’于是,赐名曰‘定海’,宠以宸章,署以银榜,遣侍卫之亲臣,莅波涛之岩邑。”“二十六年五月,改舟山为定海山。舟山本象形而名。上谕:‘山名为舟,则动而不静。’因易名定海,颁赐宸翰。二十七年,建县治,即赐名定海县,而改旧定海县为镇海县。”最高点在东部的黄杨尖,海拔 503.6 米。地质基础以白垩系流纹质玻屑熔结凝灰岩、流纹质凝灰角砾岩、角砾凝灰岩为主,局部出露燕山晚期侵入的钾长花岗岩、花岗二长岩和花岗斑岩等。海岛丘陵和海积平原相间。岸线曲折、复杂。基岩海岸与人工海岸相间,以人工海岸为主,占 75%。局部有砾质和泥质海岸。人工海岸多为钢筋混凝土构筑的标准海塘,人工海岸外多粉砂淤泥质潮滩。河流源浅流短,河汊众多,并多为平原性河道。属北亚热带季风气候。四季分明,全年多大风,春季多海雾,夏秋有热带气旋和台风影响。土壤以滨海盐土、潮土、水稻土、红壤和粗骨土为主。植被原以黑松林、马尾松林等亚热针叶林为主,20 世纪 90 年代后受松材线虫病危害,今以落叶阔叶林为主,局部有常绿阔叶林、亚热带针叶林和针阔混交林。5 000 年前已有人类居住。白泉十字路、马岙凉帽蓬墩等遗址均出土距今 5 000 年左右的陶片等文物,并出土有人工栽培稻谷痕迹。唐《元和郡县图志》卷二十六:“越灭吴,请吴王居甬东。吴王曰:‘孤老矣,不能事君王。’乃缢。其洲周环五百里,有良田湖水,多麋鹿。”历为海防要地。明郑若曾《筹海图编》卷五《浙江事宜》:“江南控扼在崇明,浙东控扼在舟山,天生此两块土在海中,以障蔽浙、直门户。诸哨船皆自此分南北,总会于洋山。”明代曾为抗倭战争主战场之一,取得“舟山之捷”。明末清初南明鲁王朱以海以此为基地反清复明。清道光二十年(1840 年)鸦片战争于此爆发,并于翌年发生鸦片战争中最为惨烈的第二次定海保卫战。鸦片战争期间,英国侵略者曾于此详细测绘,并绘制了《定海港口》《浙江舟山定海进口》《浙江舟山南群岛水道》《浙江舟山北群岛水道》等地图。[英] 金约翰辑,[美] 金楷理口述,怀远、王德明笔译《海道图说》卷六:“舟山周围五十一里半,自西北至东南长二十里又四分里之三,最阔处约十里半。自近定海南岸至舟山北岸约相距七里,东半较窄于西半。除定海港以外,舟山间犹有三港,一曰东南角之沈家门,一曰西北岸之岑港,一曰北面之沙澳。”“舟山南面有定海港,港南各小岛间有数稳便水道。小岛最外而向西者，曰'螺头(编者注：即大猫岛)'，西名'挑尔孩儿'。距螺头东面一里有摘箬山，西名'额勒番得爱伦'，译言'象岛'。距四里又四分里之一有白龙山。螺头北面列岛中最向西者，曰'马秦山(编者注：即西蟹峙岛)'，西名'必尔爱伦'，近东面有盘屿山，西名'梯爱伦'，译曰'茶岛'。"唐开元二十六年(738年)于此置翁山县。宋熙宁六年(1073年)，取"东控日本、北接登莱、南亘瓯闽、西通吴会，实海中之巨障，足以昌壮国势焉"之义于此置昌国县。元代曾升昌国县为昌国州。明洪武十九年(1386年)之后，历三次禁海徙民历史，洪武二十年撤昌国县。清康熙二十七年(1688年)于此置定海县，道光二十一年(1841年)改置为定海直隶厅，宣统三年(1911年)复为定海县。1953年于此设舟山专区，1987年于此设舟山市。今为舟山市和定海区、普陀区人民政府所在地，舟山市政治、经济、文化、交通和服务中心。设有13个街道2个镇，形成以南岸为主，以舟山新城为中心，定海、普陀城区为两翼的三组团式带状城市结构。有浙江省海洋水产研究所等科研院所11所，浙江海洋大学等高等院校3所。有三级医院5家。有三忠祠、同归域、凉帽蓬墩遗址等5处浙江省文物保护单位。沿岸的岑港港区、马岙港区、定海港区、普陀港区为宁波—舟山港重要组成部分。东南侧的沈家门渔港为中国最大的渔港，世界三大渔港之一，中国舟山国际水产城为全国最大的水产品交易市场之一。有海鲜水产、白泉晚稻杨梅、浙东白鹅等特产。南宋诗人陈著《甬东晚眺》诗："日落潮生水气昏，回头天际月如痕。数声寥落渔家笛，吹入蒹葭何处村？"明代诗人金湜《过翁洲作》云："雨过群山碧似苔，片帆须待好风开。黑云一点从空起，白浪千层动起来。老我自余观水术，问渠谁是济川才？扁舟夜泊金塘渚，分付鱼龙莫见猜。"明末张煌言《翁洲行》诗："自从钱塘怒涛竭，会稽之栖多铩翮。甬东百户古翁洲，居然天堑高碣石。青雀黄龙似列屏，蛟螭不敢波间鸣。"清代诗人朱绪曾《定海山》诗："一境磨青岛屿环，巍峨片石峙天关。帆樯不动龙蛇护，日月高悬定海山。"甬舟(G9211)高速公路、杭朱(G329)国道上岛。其中，舟山跨海大桥曾为全国最大的陆海连接工程。沿岸设有5个海港客运站，海上客运航线通岱山、嵊泗二县及周边离岛。

大菜花山岛(Dàcàihuāshān Dǎo)　跨舟山市定海区岑港街道和金塘镇。在浙江省东北部，舟山岛以西海域。长1.3千米，宽900米。陆域面积0.71平方千米。清康熙《定海县志》卷三："菜花山，离城约一百十里。"因岛形似花菜而得名。鸦片战争时期，英国侵略者称为"方希岛"。民国《定海县志》册一："菜花山，在鱼龙山东北，长二里又五之四，阔一里又六之五。附近小岛：小菜花，译称'方希'。"海拔146.5米。地质基础由白垩系熔结凝灰岩、夹凝灰质砂岩构成。皆为丘陵，无平地。地势南高北低。岸线曲折，皆为基岩海岸。土壤为红壤和粗骨土。植被以落叶阔叶林、灌丛和茅草丛为主，并有第四纪孑遗植物瓣蕊唐松草。东北部山顶设有灯塔，系1927年由象山县东门岛商人募款筹建。南岸与鱼龙山岛之间为肮脏门，旧为航行危险区域，常伤船。附近海域渔业资源丰富，盛产鮸鱼。

大五奎山岛(Dàwǔkuíshān Dǎo)　属舟山市定海区环南街道。长840米，宽560米，陆域面积0.38平方千米。人口59。南宋乾道《四明图经》卷七载为门鹿，南宋宝庆《四明志》卷二十《昌国县境图》载为门陆。元大德《昌国州图志》卷二载有门鹿(岙)。明初海禁后改称龟山。因岛形似回首顾盼的乌龟得名。清康熙《定海县志》卷二："龟山，离县三里。童山，一无所产。为定治案山。"清光绪《定海厅志》卷十四："龟山，离县城约三里。童山，一无所产。为县治案山。今名'五奎山'，同治十三年建保定城炮台。"民国《定海县志》册一："五奎山，在舟山南，竹山东。长一里又五之一，阔五分里之一。即'大五奎'，古亦称'龟山'。"1841年后谐音雅化为五奎山。鸦片战争时期，英国侵略者称为“突伦巴尔岛”，并于此详细测绘。［英］金约翰辑，［美］金楷理口述，怀远、王德明笔译《海道图说》卷六：“盘屿山东北面近舟山陆岸间，又有二小岛，一曰‘大吴’，西名‘突伦巴尔’，一曰‘外吴’，西名‘墨克尔司非而得’。此外犹有各小岛并露石。”海拔 78.7 米。地质基础由白垩系熔结凝灰岩构成。地势中间高，四周低，东南部和西北部有人工围填的平地。岸线平顺，皆为人工海岸。土壤有滨海盐土、红壤和粗骨土等。植被以落叶阔叶林为主，并有灌丛和少量竹林。历为海防重地。明、清历 3 次迁境徙民。明代为宁绍参将舟山营防区。清代为定海镇右营水军防区。清乾隆年间(1736—1796 年)，于岛上修建炮台。乾隆五十八年(1793 年)，英马戛尔尼使团访华期间，曾有 5 艘舰船在附近海域停泊。1840 年 7 月 3 日，侵华英军舰船驶入附近海域，逼近定海南道头，定海知县姚怀祥登舰与侵略者进行严正交涉。1841 年 9 月 29 日，英军强行登山，并建造可以安放 3 门重炮的炮台。同治十三年(1874 年)，清政府于山巅重修炮台，并建保定城。清光绪《定海厅志》卷十九：“五奎山保定城炮台，三营派把总一员，外委、额外各一员，配兵六十六名。五奎山四面环海，离城水程三里，尤属要隘。炮城、炮台系同治十三年因旧址修造。营房三间，储药房一座。中、左、右三营按季轮派官三员，带领驻守兵丁各二十二名，在山巡防。”旧属盘峙乡，设复兴村民委员会，1990 年改复兴居民委员会，并改属环南街道。1983 年于岛东岸兴办定海船舶拆造厂(2001 年改称舟山五洲船厂)。2008 年底于主峰安装声控 LED 景观灯。2009 年 5 月 17 日，以大五奎山灯光为背景，成功举办了“2009 中国海洋文化节灯光秀”。2019 年拆除船厂。渡轮通定海港码头。

西蟹峙岛(Xīxièzhì Dǎo)　属舟山市定海区环南街道。在浙江省东北部，舟山群岛西南部海域。长 1.3 千米，宽 1 千米，陆域面积 0.82 平方千米。人口 315。南宋乾道《四明图经》卷七等载为云屿。元大德《昌国州图志》卷四：“云屿山与竹屿对峙，山势稍崇，云气常滃郁，附潮而下者，由此。谓之‘云屿门’。”明初海禁后，改称为蟹屿山。清康熙《定海县志》卷三：“蟹屿山，离县约三十里。”因从东面望，岛形似蟹得名。后为与东蟹峙岛区分而改今名。“峙”为“屿”方言谐音，系古越语音遗存。清后期部分文献也误写作马秦山。鸦片战争期间，英国侵略者称为“钟岛(比尔岛)”，并于此详细测绘。［英］金约翰辑，［美］金楷理口述，怀远、王德明笔译《海道图说》卷六：“舟山南面有定海港，港南各小岛间有数稳便水道。小岛最外而向西者，曰‘螺头(编者注：即大猫岛)’，西名‘挑尔孩儿’。距螺头东面一里有摘箬山，西名‘额勒番得爱伦’，译言‘象岛’。距四里又四分里之一有白龙山。螺头北面列岛中最向西者，曰‘马秦山’，西名‘必尔爱伦’，近东面有盘屿山，西名‘梯爱伦’，译曰‘茶岛’。”“又螺头与马秦山间曰‘马秦水道’。”海拔 93.4 米。地质基础由白垩系熔结凝灰岩夹凝灰质砂岩、凝灰岩构成。地貌以海岛丘陵为主，东部和西南部有围填、开山形成的平地。岸线平顺，以人工海岸为主。土壤有滨海盐土、红壤和粗骨土等。植被以落叶阔叶林为主。明、清历 3 次迁境徙民。旧为海防要地。明代为宁绍参将舟山营防区。清代为定海镇右营水军防区。清嵇曾筠《浙江通志》卷九十七：“右营海汛内洋岑港汛辖洋面三十三：‘蟹屿：东距盘屿北至螺头、蟹屿港。’”清代诗人朱绪曾《云屿山》诗：“九天垂翼化鹏鲲，郁郁轮囷散复囤。多少神仙排队仗，龙璈大乐奏云门。”1934 年曾于此建西蟹峙乡，1935 年与盘峙岛合建盘蟹乡，1939 年后属盘峙乡。旧设有西蟹峙村民委员会。2001 年与大岠、小岠、摘箬山、刺山合建五联村民委员会，并改属环南街道。旧有西蟹峙小学，1997 年并入盘峙中心小学。20 世纪 90 年代后，岛上多数居民迁居定海城区。现有船舶修造、石油储运企业，并建有原油码头、舾装码头和船坞。西岸和西北岸原有采石场，现已停产并“复绿”。东岸建有交通码头，渡轮通定海民间码头。

盘峙岛(Pánzhì Dǎo)　属舟山市定海区环南街道。在浙江省东北部,舟山岛以南海域。长 3.1 千米,宽 2.2 千米。陆域面积 3.8 平方千米。人口 1 700。古称盘屿。南宋乾道《四明图经》卷七已有名称记载。元大德《昌国州图志》卷四:“盘屿山,与竹屿相左右,中有一小聚落,田可耕,海可煮,编亭置灶于内,以其山势环拥,故曰盘。”明天启《舟山志》卷二:“盘屿山,与竹屿山隔海对峙。山势盘旋,故名。”“峙”为“屿”方言谐音,系古越语音遗存。清代诗人朱绪曾《盘屿山》诗:“图就熬波又插苗,居然盘谷可逍遥。若教李愿移居此,更有韩文似涌潮。”鸦片战争时期,英国侵略者称为“茶岛(悌岛)”,并于此详细测绘。[英] 金约翰辑,[美] 金楷理口述,怀远、王德明笔译《海道图说》卷六:“舟山南面有定海港,港南各小岛间有数稳便水道……近东面有盘屿山,西名‘梯爱伦’,译曰‘茶岛’。又东有小屿,西名‘地尔爱伦’,译言‘鹿岛’。又东有鳌山(编者注:即岙山岛)。盘屿山东北面近舟山陆岸间,又有二小岛,一曰‘大吴’,西名‘突伦巴尔’;一曰‘外吴’,西名‘墨克尔司非而得’。”海拔 159.7 米。地质基础由白垩系熔结凝灰岩夹凝灰岩、凝灰质砂岩构成。地貌以低丘陵为主,东、西两岸有海积小平原。南、北岸曲折,以基岩海岸为主;东、西岸平顺,以人工海岸为主。人工海岸皆为标准海塘。几无天然河流,有小段人工河道。土壤有滨海盐土、水稻土、红壤和粗骨土等。植被以落叶阔叶林、针阔混交林和草本栽培植物为主。明、清历 3 次迁境徙民。旧为海防要地。明代为宁绍参将舟山营防区。清代为定海镇右营水军防区。清嵇曾筠《浙江通志》卷九十七:“竹山门:定海县西南五里南至盘屿山,盘屿:山东南水汛属中营辖,盘屿港、大王脚板。”古产盐,清代盛产茶叶。1701 年,英国学者坎宁安于此采集中国茶叶标本寄回英国,成为英国收藏的最早中国茶叶标本,此茶叶标本现藏于英国伦敦自然历史博物馆,编号为 857。旧为盘峙乡政府所在地,设有学校和卫生院。2001 年并入环南街道。设村民委员会 1 个、村卫生服务站 1 个。西北部、东南部建有船舶修造厂。四周多航门水道,是船舶进出宁波—舟山港定海港区的要冲。北端设灯桩。东北岸设有渡口,车客渡通定海。

摘箬山岛(Zhāiruòshān Dǎo)　属舟山市定海区环南街道。在浙江省东北部,舟山岛以南海域。长 1.9 千米,宽 1.6 千米。陆域面积 2.34 平方千米。人口 261。明前称窄额山、岝客山等。以山势险峻陡峭得名。元大德《昌国州图志》:“岝客山在海之东,山之巅产白艾。重午,人采之。”元代文学家吴莱作有《甬东山水古迹记》:“东从舟山,过赤屿,转入大洋,望岝客山。山出白艾,地多蛇。”清朱绪曾《昌国典咏》卷一:“绪曾按:《文选》张平子《南都赋》‘岝客嶵嵬’。注:埤苍曰:‘岝客山,不齐也。’取名诸此。”历经明清 3 次海禁后,方言谐音为摘箬山。清康熙《定海县志》卷三:“摘箬山,即火烧门。离县约十里。相传地产白艾,多蛇。”鸦片战争时期,英国侵略者称为“象岛(额勒番得岛)”,并曾详细测绘。[英] 金约翰辑,[美] 金楷理口述,怀远、王德明笔译《海道图说》卷六:“舟山南面有定海港,港南各小岛间有数稳便水道。小岛最外而向西者,曰‘螺头(编者注:即大猫岛)’,西名‘挑尔孩儿’。距螺头东面一里有摘箬山,西名‘额勒番得爱伦’,译言‘象岛’。”“摘箬山与小屿间为墨而佛礼水道(编者注:即吉祥门),因水道中界有二隐石,故可行。水道仅阔二百七十五拓,如不谙练此处,并值风力微弱时,不必由此经过。盖近隐石处为四水道总口,潮性旋流甚疾。”海拔 215.4 米。地质构造属典型的破火山口,中部出露白垩系潜流纹斑岩,周围出露白垩系火山凝灰岩、凝灰质砂岩。地貌以海岛丘陵为主,北部、东南部和西南部有海积平地。地势南高北低。海岸线较平顺,多为基岩海岸。土壤有滨海盐土、红壤和粗骨土等。植被以落叶阔叶林和针阔混交林为主。旧盛产艾叶。南宋宝庆《四明志》卷二十:“岝客山之艾叶肥大,如《本草》所述。”元大德《昌国州图志》卷四："山之巅产白艾。重午，人竞采之。"清康熙《定海县志》卷三："相传地产白艾，多蛇。"元代诗人吴莱《高嶅山》诗中云："起行海东洲，重险忽已渡。由来产神奇，政为孤绝故。幽芳岧峉搜，修蛰高嶅赴。荒烟凄暗潮，旭日照晴树。似闻蓬莱山，去此特跬步。"清代诗人朱绪曾《岧峉山》诗："纶组紫绛赋吴都，更灸冰台到海隅。山势蜿蜒门列炬，操蛇神握夜光珠。"明、清历 3 次迁境徙民。明代为宁绍参将舟山营防区。清代为定海镇右营水军防区。抗日战争期间，侵华日军曾于此岛建军事基地，今仍遗存侵华日军汽艇库和弹药库遗址。原属盘峙乡，旧设 1 个村民委员会，1998 年并入摘刺村，2001 年并入五联村，改属环南街道。有自然村 3 个。20 世纪 90 年代后，村民陆续迁往定海城区，现仅余少数老年村民。东岙建有浙江大学外海实试基地、浙江大学海洋试验站和火山地质馆。东岙、北岙设有渡口，海上客运通定海。

大猫岛(Dàmāo Dǎo)　属舟山市定海区环南街道。在浙江省东北部，舟山岛以南海域。长 3.8 千米，宽 2.6 千米。陆域面积 6.2 平方千米。人口 1 356。古称"大茆山"。南宋乾道《四明图经》卷七："大茆山，在(昌国)县西南五十里。"后谐音为今名，别称大茅山。清康熙《定海县志》卷二："大茆山，离县三十里，童山无产。一作'大猫'。"清嵇曾筠《浙江通志》卷九十七："大猫山，南邻镇海陆汛，西至大榭。"鸦片战争时期，英国侵略者称为"螺头"或"塔山岛(挑尔孩尔岛)"。[英] 金约翰辑，[美] 金楷理口述，怀远、王德明笔译《海道图说》卷六："舟山南面有定海港，港南各小岛间有数稳便水道。小岛最外而向西者，曰'螺头'，西名'挑尔孩儿'。距螺头东面一里有摘箬山，西名'额勒番得爱伦'，译言'象岛'。""螺头与穿鼻间，曰'螺头水道'。"海拔 332.5 米。地质基础由白垩系熔结凝灰岩夹凝灰质砂岩、凝灰岩等构成。地貌以丘陵为主，四岸有海积平地。人工海岸与基岩海岸相间。人工海岸多为标准海塘。土壤有滨海盐土、水稻土、红壤、粗骨土等。植被以落叶阔叶林、针阔混交叶林和草本栽培植物为主，并为国家二级重点保护植物舟山新木姜子的原生地。明、清历 3 次迁境徙民。原于此设大猫乡，有学校和卫生院。2001 年并入环南街道。现设村民委员会 1 个、村卫生服务站 1 个。村民原以农业为主，有藠头、山花梨和花生等特产。村民今多迁定海城区，实际仅居住少数老年村民。南侧为螺头水道，旧称"猫港""大茅洋"，为船舶进出宁波—舟山港镇海、北仑、大榭等港区的主航道。民国《定海县志》册一："大猫山南曰'猫港'，大轮常行之路。"元代诗人黄镇成《舟过大茅洋》云："涨海浑茫寄一桴，候神东去接方壶。帆随雪浪高还下，岛浸冰天有若无。雁影斜翻西日远，潮声直上晚云孤。投纶拟学任公子，掣取封鳢饫万夫。"清代文学家朱绪曾《大茅洋》云："樵川诗客过茅洋，东去方壶入混茫。浪里封鳢休跋扈，有人能挽钓竿长。"南端设灯桩。2010 年于大猫岛南端及对岸宁波市北仑区凉帽山建成跨海高压线路，其输电铁塔高 370 米，为当时全球最高输电铁塔。海上客运通定海。

长峙岛(Chángzhì Dǎo)　属舟山市定海区临城街道。在浙江省东北部，舟山岛以南海域。长 5.3 千米，宽 2.1 千米。陆域面积 6.3 平方千米。人口 1 872。原名长屿。南宋宝庆《四明志》卷二十《昌国县境图》已有岛名记载。以原岛形狭长得名。清光绪《定海厅志》卷十四误为石门山："石门山，在州东，通陆迥绝处，名极乐屿。下瞰沧海，渺无涯际。旁有两山，对峙如门。出此入彼，则有两都之隔。惰农老人陈可过此，有诗题其石云：'两山对峙石为门，疑隔桃源旧日村。抬手欲敲终不启，烟对雾锁过黄昏。'"鸦片战争时期，英国侵略者误称为岙山(长芝)和门陀山或岙山(鳌山)、英嘎(殷家尔岛)。其中，《八省沿海总图・浙江舟山南群岛水道》标注为"岙山"和"英嘎(殷家尔岛)"。民国《定海县志》册一："长屿，译称长芝。""外长屿，译称门陀山。"[英] 金约翰辑，[美] 金楷理口述，怀远、王德明笔译《海道图说》卷六："十六水道南面最东者为帽岛（编者注：即马峙岛）。帽岛西面有大敢岛（编者注：即小干岛），又西有殷家尔岛，又西有鳌山，大敢与帽岛间，潮退尽时仅深六尺。"清末至民国年间改为"长峙"。"峙"为"屿"方言谐音，系古越语音遗存。原分长屿、外长屿和马鞍（别称老墩）3个海岛，1958年筑堤相连为一体。海拔108米。地质基础以白垩系熔结凝灰岩夹凝灰质砂岩为主，北端出露凝灰质砂岩、凝灰岩。地势西高东低、中间平。低丘和平原相间。岸线平顺，以人工海岸为主。人工海岸皆为标准海塘。河流短小，集中在中部，皆为人工河流，并有人工湖3个。土壤有滨海盐土、水稻土、红壤、粗骨土等。植被以落叶阔叶林和园林栽培植物为主。明、清历3次迁境徙民。明代为宁绍参将舟山营防区。清代为定海镇左营水军防区。旧设长峙乡，2001年并入临城街道。旧以盐业为主，并有水田与旱地。2009年12月起整体开发。2013年浙江海洋学院（编者注：今名浙江海洋大学）迁此。有住宅区11个、全日制本科高等院校1所、中小学2所、幼儿园1所、酒店1个，并设有自然资源部舟山海洋环境监测预报中心、自然资源部第二海洋研究所舟山基地等科研机构和商业街、商场、酒店、养老公寓等配套设施。设有2个社区居民委员会和1个村民委员会。附近海域旧盛产银鱼。经新城大桥与舟山岛南岸相连，并经长峙大桥、岙山大桥与松山岛和岙山岛相连。东南岸设长峙客运站，车客渡通六横岛。

东蟹峙岛（Dōngxièzhì Dǎo）　属舟山市定海区临城街道。在浙江省东北部，舟山岛以南海域。长1.2千米，宽810米。陆域面积0.47平方千米。人口761。古称石衕山、石弄山、十六门山。明天启《舟山志》卷二："石衕山，东南海中数峰崛起，潮汐经流其中。旁为十六门，亦名'十六门山'。"清康熙《定海县志》卷三和清光绪《定海厅志》卷十四等载为石弄山。光绪《定海厅志》卷十四："石弄山，离县约二十里。旁为十六门，故俗呼'十六门山'。又呼为'石衕山'。案：'石弄山有二，此离城二十里许，即十六门山，非宋元《志》之东北海中石弄山。'"清末改称东蟹屿。民国《定海县志》册一："东蟹屿，在舟山南里许。长一里又五之二，阔又五之一。居民七八十户。东蟹屿北高南低，西有沙滩，已成盐地。"一说因从西南面望，岛形似蟹得名，后谐音为今名。一说东南和东北2个山嘴形似蟹钳，由蟹钳谐音为"蟹峙"。鸦片战争期间，英国侵略者称为佗背岛，并于《八省沿海总图・浙江定海进口》等图中标注。海拔58米。地质基础由白垩系熔结凝灰岩和凝灰质砂岩、凝灰岩构成。东部、北部以丘陵为主，西部以海积平地为主。岸线以人工海岸为主，西北和东南岸平直，西南岸曲折。潮间带生长互花米草。土壤有滨海盐土、红壤和粗骨土等。植被以落叶阔叶林、灌丛和草丛为主。明、清历3次迁境徙民。明代为宁绍参将舟山营防区。清代为定海镇左营水军防区。1935年与大岠山、小岠山、岙山等岛合建岠岙乡，后改属长峙乡。2001年并入临城街道。设有1个村民委员会。民居多沿南部岸线依山面海而建。北岸和东北岸建有3家船舶修造企业。附近海域航道众多，东侧为定海港，西侧为十六门。北岸设有渡口，海上客运通临城街道甬庆村港口浦。

凤凰山岛（Fènghuángshān Dǎo）　属舟山市定海区临城街道。在浙江省东北部，舟山岛以南海域。长520米，宽350米。陆域面积8.68万平方米。原称凤凰山。因岛形似展翅飞翔的凤凰而得名。名称记载始见于清光绪《定海厅志・甬东庄图》。民国《定海县志》册一记载为大凤凰山。海拔18.2米。地质基础由白垩系熔结凝灰岩构成。地貌以海积平地为主，西南部有和缓低丘。海岸线平直，多为人工构筑的标准海塘。土壤有滨海盐土和粗骨土等。植被以落叶阔叶林和园林栽培植物为主。明、清历3次迁境徙民。原有1个自然村，1995年迁出。2007年以全岛建度假酒店，并建有游艇码头、人工沙滩和休闲垂钓设施。无固定客运航班。

岙山岛(Àoshān Dǎo)　属舟山市定海区临城街道。在浙江省东北部，舟山岛以南海域。长3.3千米，宽2.3千米。陆域面积5.15平方千米。古称岙山，名称记载始于宋乾道《四明图经》卷七。传因南部有开口朝南的畚箕状湾澳得名。历明、清3次海禁，改称拗山。清康熙《定海县志》卷三："拗山，离县约二十里。附近甬东。"传因官吏颠倒大小误取大岠山、小岠山岛名后，心生懊悔得名，实为"岙山"之谐音。民国《定海县志》册一："拗山，在长屿南。长五里又三之二，阔四里。居民三四百户……产盐。"鸦片战争期间，英国侵略者称为"白龙山"，并曾于此详细测绘。［英］金约翰辑，［美］金楷理口述，怀远、王德明笔译《海道图说》卷六："舟山南面有定海港，港南各小岛间有数稳便水道……距螺头东面一里有摘箬山，西名'额勒番得爱伦'，译言'象岛'。距四里又四分里之一有白龙山。"海拔128.2米。地质基础由白垩系熔结凝灰岩夹凝灰质砂岩构成。地貌以丘陵为主，东、南、西三岸内有小片平地。岸线较平直，以人工海岸为主。土壤有滨海盐土、红壤和粗骨土等。植被以落叶阔叶林为主。明、清历3次迁境徙民。1934年建拗山乡，1935年与大岠山、小岠山、东蟹峙等岛合建岠岙乡。抗日战争期间为定海东区抗日游击根据地的组成部分，并为吴榭通往镇海峙头游击区的重要中转站。原设3个村民委员会，属长峙乡，2001年并入临城街道，同年，松山岛村民迁至后岸村，与后岸村合建新后岸村，后全部转迁舟山新城后岸新村。1990年于此兴建中化兴中石油转运(舟山)有限公司，并建20万吨级油码头。现建有国家石油储备转运基地。北部经岙山大桥、长峙大桥与松山岛、长峙岛相连。

长白岛(Chángbái Dǎo)　属舟山市定海区小沙街道。在浙江省东北部，舟山岛以北海域。长5.0千米，宽3.3千米。陆域面积11.1平方千米。人口5 017。南宋乾道《四明图经》卷七："长白山，在(昌国)县西北一百五十里。"传因岛上多裸岩，远望白石嶙嶙而得名。海拔249.1米。地质基础由白垩系熔结凝灰岩夹凝灰岩构成。地貌以丘陵为主，四岸有海积平地。北半部岸线曲折，多为基岩海岸，南半部较为平直，多为人工构筑的标准海塘。土壤有滨海盐土、水稻土、红壤、粗骨土等。植被以落叶阔叶林和灌丛为主。明、清历3次迁境徙民。明、清为海防要地。明代为宁绍参将舟山营防区。清代属定海镇右营岱山汛水军防区。古属金塘乡。清属富都乡，道光二十一年于此设蓬莱乡长白庄。明嘉靖四十年(1561年)倭寇毛烈残部流窜至马岙沙岭(编者注：今属小沙街道)、长白港一带，明军大败之。鸦片战争期间，英国侵略者曾于此详细测绘。［英］金约翰辑，［美］金楷理口述，怀远、王德明笔译《海道图说》卷六："长白山与舟山北角间有沙澳，长二里，阔一里又四分里之三，深五拓至九拓。马目山北岸为陡界，长白山西岸有浅滩伸入海半里。南岸亦为广大泥滩，并有圩塘捍水，渐可耕种。近南岸角有浅处，距角半里为水深三拓之界。"1950年，国民党军自舟山败退，强征岛上120名壮丁赴台。1927年于此设长白乡。2013年撤乡并入小沙街道。旧有12个村民委员会。1996年原峙中山岛的峙中渔业村迁此并入云龙渔业村民委员会。今设前湾、三龙、后岸3个村民委员会。有小学1所、社区卫生服务分中心1个。有白马庙、云龙庙等古迹。村民旧主营渔业或盐业。2005年后盐场废转。今建有大型船舶修造企业2家。山巅建有风力发电场。有长白泥螺、南美白对虾和长白翠冠梨等特产。西南端设有海港客运站，车客渡通小沙海丰车渡码头。

册子岛(Cèzǐ Dǎo)　属舟山市定海区岑港街道。在浙江省东北部，舟山岛以西海域。长5.45千米，宽3.86千米。陆域面积14.2平方千米。人口4 095。南宋乾道《四明图经》卷七："册子山，在(昌国)县西北二百五十里。"传南部的凤凰山隔在南岙、北岙之间，形似翻开的书册，故名。清康熙《定海县志》卷三："册子山，离县约八十里。定海、金塘相对峙，中隔横水大洋，册子居中，以塞北洋之水口。”清代诗人朱绪曾《册子山》诗：“帆飞鸟屙半洋腰，册子山形压巨潮。乱石浦开禾稻熟，钓船蜂簇泊桃夭。”鸦片战争时期，英国侵略者称为“黑墙岛”。民国《定海县志》册一：“册子山，在舟山西。长九里又三之一，阔八里半。居民八九百户。译称‘黑墙岛’。”19世纪80年代编绘的《八省沿海总图·黑山列岛至扬子江口》标注为“册子岛”。[英] 金约翰辑，[美] 金楷理口述，怀远、王德明笔译《海道图说》卷六：“册子岛周六里，分册子水道北半为二支。册子岛与金塘东北角间曰‘册子门’。册子岛与近舟山岸之四岛间为菰茨门。”清末浙江省督练公所参谋处测绘股编绘的《浙江沿海要口全图》载为插翅山。海拔275米。地质基础以白垩系流纹斑岩为主，北部出露白垩系熔结凝灰岩、凝灰岩、凝灰质砂岩等。地貌以丘陵为主，平地集中在南半部。土壤有滨海盐土、水稻土、红壤、粗骨土等。植被以落叶阔叶林和草本栽培植物为主。历为海上交通要道。宋代于此设册子买扑酒坊。元代开设有册子官渡。明、清历3次迁境徙民。明代为宁绍参将舟山营防区。清代属定海镇右营黄岐港汛水军防区。清康熙《定海县志》卷三：“土腴泉美，人多居焉。属金塘乡。”清道光二十一年(1841年)于此设金塘乡册子庄。宣统二年(1910年)于此设册子乡。后几经变更，于2013年并入岑港街道。现有村民委员会3个、社区卫生服务分中心1个。有丁光训祖居区级文物保护单位1处，有册子古生物化石陈列室，并辟有月亮湾旅游区。2003—2006年于此建设原油储运基地，建成30万吨级油码头。有船舶修造企业2家，为定海区重要的船舶修造基地。甬舟(G9211)高速公路西堠门大桥、桃夭门大桥自西南向东北横贯全岛，并设有册子互通口。

富翅岛(Fùchì Dǎo)　属舟山市定海区岑港街道。在浙江省东北部，舟山岛以西海域。长1.4千米，宽960米。陆域面积1.1平方千米。人口632。原称菰茨山、孤史山、古次山等。元大德《昌国州图志》卷二载有孤史(岙)，属昌国县金塘乡。清康熙《定海县志》卷三：“菰茨山，离县约四十里。周围数百丈，高可二十丈。”传以形似右边翅大、左边翅小的孤翅蝙蝠得名。“菰茨”“孤史”等均为“孤翅”的谐音。鸦片战争期间，英国侵略者称为“溪慈岛”“溪慈山”。其中，《八省沿海总图·黑山列岛至扬子江口》标注为“溪慈山”。民国《定海县志》册一记载：“译称‘溪慈岛’。”[英] 金约翰辑，[美] 金楷理口述，怀远、王德明笔译《海道图说》卷六：“舟山与册子岛间有平岛，曰‘菰茨岛’，其与册子岛间水道虽阔三百拓而潮流速率甚疾，且距册子岛东北角一百五十拓近两岸水道俱为陡界。”1956年，因群众向往美好富裕的新生活，建立富翅高级社，并改岛名为富翅山。海拔86.7米。地质基础由白垩系潜英安斑岩构成。地貌以低丘陵为主，山势和缓，东南和西北两坡较陡，坡脚多海蚀崖，山丘间有海积平地。西北、东南两岸为岩质海岸，东北和西南岸线为人工海岸。土壤有红壤、粗骨土和滨海盐土等。植被以落叶阔叶林为主。明、清历3次迁境徙民。明代为宁绍参将舟山营防区。清代属定海镇右营黄岐港汛水军防区。民国《定海县志》册一：“居民九十余户。”1950年设岑册乡第七村，1958年后改设富翅大队(村民委员会)，属岑港人民公社(镇)。2005年与岑港、老塘山、钓山、中钓、里钓合并为司前社区。1935年于此建古次小学，1999年并入岑港中心小学。甬舟高速公路桃夭门大桥、响礁门大桥和富翅门大桥跨岛而过，并于此设富翅互通口。

里钓山岛(Lǐdiàoshān Dǎo)　属舟山市定海区岑港街道。在浙江省东北部，舟山岛以西海域。长1.9千米，宽1.5千米，陆域面积1.65平方千米。人口770。清康熙《定海县志》卷三：“里钓山，离县约七十里。山高十余丈，周广五里，地颇肥可耕。”传旧时附近海域鱼类资源丰富，是著名的海钓作业区，故名。鸦片战争期间，英国侵略者称为“夹梯岛”或“利的牙”，并于此详细测绘。其中，《八省沿海总图·黑山列岛至扬子江口》标注为“利的牙”。民国《定海县志》册一记载：“译称‘夹梯岛’。”地质基础由白垩系熔结凝灰岩夹凝灰质砂岩、凝灰岩构成。海拔 114.8 米。地貌以丘陵为主，低缓的山丘自北而南贯穿全岛，东部和西部有海积平地。北部和南部多为天然岩质海岸，东部和西部以人工海岸为主。土壤有滨海盐土、红壤和粗骨土等。植被以落叶阔叶林和灌丛为主。历为岑港的屏障，海防要地。明代为宁绍参将舟山营防区。清代属定海镇右营黄岐港汛水军防区。明嘉靖三十七年(1558 年)倭寇王直残部盘踞于岑港，直浙总督胡宗宪命把总任锦、都指挥李泾等分别泊于岑港南北两口，总兵俞大猷往来策应，取得“舟山之捷”的胜利。民国《定海县志》册一：“居民二三百户。”1950 年为岑册乡第六村。后改设钓山、里钓山 2 村，有石塘里、南岙、张家塘、傅家、夏家、乐家、老庙山嘴、横界、潘家 9 个自然村。2005 年与岑港、老塘山、富翅、中钓、外钓等合设司前社区。旧有石宕 3 个，为舟山著名的石板产地之一。民国《定海县志》载：“海山产石极多，率质粗不中斧凿，岑港西南三钓山有石宕，每年所出颇资于用，运至他处销售者均系砌路用之版，俗呼‘钓山版’。”村民原主事海上运输业，石料开采业，兼营农业。今多迁居对岸的岑港，以从事第三产业为主。1930 年建里钓小学，1996 年并入岑港中心小学。岛上保存有完好的石屋建筑群，石阶、石路、石墙、石屋、石门、石窗、石井、石磨、石雕、石弄堂等，处处凸显岩石的气息、岩石的文化。里钓山村为浙江省历史文化名村。甬舟高速公路岑港大桥、响礁门大桥自北而南贯穿全岛，并设里钓互通口。渡船通岑港。

外钓山岛(Wàidiàoshān Dǎo)　属舟山市定海区岑港街道。在浙江省东北部，舟山岛以西海域。长 1.6 千米，宽 900 米。陆域面积 0.99 平方千米。人口 63。传旧时附近海域鱼类资源丰富，是著名的海钓作业区，故名。鸦片战争期间，英国侵略者称为“花陀岛”或“水岛”，并于此详细测绘。其中，《八省沿海总图・黑山列岛至扬子江口》标注为“水岛”。民国《定海县志》册一记载：“译称‘花陀’。”[英] 金约翰辑，[美] 金楷理口述，怀远、王德明笔译《海道图说》卷六：“舟山西岸直距定海七里，岑港外有三岛，一曰‘外钓’，一曰‘里钓’，一曰‘中钓’。三岛与舟山陆岸间为岑港，港口角与多石矿之外钓西南角对面有白石，并有尖嘴自西南角伸入海至近白石之处。外钓与舟山间为岑港口，阔六百拓，深七拓至八拓，多华船停泊。”地质基础由白垩系熔结凝灰岩夹凝灰岩、凝灰质砂岩构成。东岸原有低丘绵亘南北，西部旧为海积平地，1977 年围建为盐场。2010 年起于此开山建设光汇石油舟山外钓岛储运基地，原海拔约 104.2 米，今约为 15 米。明、清历 3 次迁境徙民。历为军事要地，水军巡海汛地之一。明代为宁绍参将舟山营防区。清代属定海镇右营黄岐港汛水军防区。1978 年，文物部门于此岛海涂发现明代沉船，出土大铁炮 2 门、九环龙小抬炮 1 门，以及明锡碗、骨簪、锡奁、铜锣、猴形锁、青花瓷片等 100 余件文物。其中，现藏于舟山博物馆的 1 门大铁炮铭：“敕封安国□□大将军崇祯七年造。□□□定海知县，军门□□波府□□□推官□，都督□，参将张督造营部司□，□□□□。”另有 1 门大铁炮被中国军事博物馆收藏。民国《定海县志》册一：“居民二三十户。”村民旧主事盐业、采石业，兼营农业、海运业和渔业。1996—1998 年均迁居岑港镇区。1971 年建钓山小学，1995 年并入岑港中心小学。今有 30 万吨级、10 万吨级等泊位 13 个，设计年吞吐能力 3 500 万吨。西岸有交通码头，渡轮通岑港。

大鹏山岛(Dàpéngshān Dǎo)　属舟山市定海区金塘镇。在浙江省东北部，金塘岛西北海域。长 3.3 千米，宽 1.9 千米。陆域面积 3.52 平方千米。人口 1 835。唐称须岸山。唐显庆四年(659 年)以坂合部石布为首的第四批遣唐使来华，副使津守吉祥乘坐的第二艘船即漂流至须岸山。宋、元称为如岸山，名称来历与含义不详。南宋乾道《四明图经》卷七：“如岸山，在(昌国)县北三百里。”

别称烈表山、烈港山、裂表嘴山等。北宋日僧成寻《参天台五台山记》：熙宁五年(1072 年)四月“四日……未时，南见烈港山、金塘乡，有人家”。因屏障于烈港(编者注：今名沥港)之外，与金塘岛互为表里得名。《大清一统志·宁波府》：“烈表山，在定海县金塘山西北，隔一小港相表里。一名‘烈港(山)’。”明、清 3 次海禁后改称太平山。清康熙《定海县志》卷三：“太平山，离县约八十里。障于金塘之西北。”据传，因主峰顶部平坦而得名。后方言谐音为今名。康熙《定海县志》卷三同时保留沥表嘴山记载：“沥表嘴山，离城约百里，为金塘之外埠。下即沥表港，港门宽阔，以可泊舟。明王直作乱结巢于此。”海拔 161.1 米。地质基础由白垩系熔结凝灰岩夹凝灰质砂岩构成，中部东缘出露 1 条东西走向的花岗斑岩脉岩。地貌原以海岛丘陵为主。2010 年于岛北海域开展围垦工程，新增围垦区 313 公顷，大髫果山、甘池山等海岛因此与之相连。原岸线曲折，多岬角和海湾，今以人工构筑的标准海塘为主，岸线平顺。土壤有红壤、粗骨土和滨海盐土等。植被以落叶阔叶林和草本栽培植物为主。历为海防要地和古海上丝绸之路的重要节点。南宋于烈港(编者注：一作洌港、猎港，今名沥港)海岸设三姑都巡检寨烈港子寨。南宋宝祐六年(1258 年)于此设烈港烽燧，为浙东北海上十二烽铺之一。明代曾为抗倭战场。《大清一统志·宁波府》：“明嘉靖中，都督卢镗剿倭于此。”烈港也因此改称平倭港。清代为定海镇右营沥港汛水军防区。鸦片战争期间，英国侵略者曾于此详细测绘。[英] 金约翰辑，[美] 金楷理口述，怀远、王德明笔译《海道图说》卷六：“金塘山北面有七小岛，其间便于泊船。近西北角有大平山，南面有小港曰‘大澳子港(编者注：即沥港)’。港内深十拓之处便于泊船。金塘山与大澳子岛(编者注：即捣杵山岛)间为大澳子港口，阔二百拓。大澳子岛与大平山间潮退尽时仅宽百拓。故大澳子港为泊船处。”明、清历 3 次迁境徙民。村民旧主事海上运输业，曾为著名的海员之乡。1934 年于此设太平乡。1945 年后先后属沥港乡、沥穆乡、沥港镇，2001 年并入金塘镇。原设有大鹏村民委员会，2005 年与沥港观前村合设大观村民委员会。岛上存有完整的清末和民国年间传统建筑群，为中国传统村落。西部烈表嘴有始建于光绪二十八年(1902 年)别称大鹏山灯塔、裂表嘴灯塔的太平山灯塔，为全国重点文物保护单位浙东沿海灯塔的组成部分。有大鹏黄花梨、金塘李子、大鹏海瓜子等特产。东岸建有渡口，海上客运通金塘岛。

金塘岛(Jīntáng Dǎo)　属舟山市定海区金塘镇。在浙江省东北部，舟山岛以西海域。长 14.9 千米，宽 9 千米。陆域面积 77.35 平方千米。人口 4.2 万。传昔于岛西南岸筑海塘，固若金汤，塘内久耕成沃壤，遂誉称“金塘”，岛以此得名。清康熙《定海县志》卷三：“离县约八十里。巨浸海中，周围百余里。泉甘土肥，林木翳郁，山、田、涂、塘、荡数万亩，堪称沃壤。”清代文学家朱绪曾《金塘山》诗：“翁门镇室此堂皇，唇齿相依策应良。小李东西连二堠，金塘屹立作金汤。”最高点在东部的仙人山，海拔 455.7 米。地质基础由白垩系熔结凝灰岩夹凝灰质砂岩、潜流纹斑岩等构成。丘陵与平原相间，南半部并有环山平原的特征。民谚云：“舟山山包田，金塘田包山。”地势东部、南部较高，西部、北部略低，并有大柳河、山潭河 2 条河流。2010 年于岛北海域开展围垦工程，新增围垦区面积 420 公顷。鱼龙山、横档山、小髫果山等岛屿因此与之相连。基岩海岸和人工海岸相间。土壤有滨海盐土、水稻土、红壤和粗骨土等。植被以落叶阔叶林、灌丛和草本栽培植物为主。历为海防要地、古代海上丝绸之路的重要节点。南宋于西北岸设三姑都巡检寨烈港子寨。元代曾为沿海重要的造船及漕运基地。明天启《舟山志》卷二引兵部尚书张时彻《防海议》：“金塘屯，则舟山之要害益固，舟山固则两浙之屏翰益固，斯实防海之要务也。”明郑若曾《筹海图编》卷五：“烈港，所系甚大……诚临、观之门户，甚为险要。”清康熙《定海县志·金塘山图说》：“金塘虽处海中，实隶翁洲之内。譬之家，翁洲为门，金塘为庭，镇海为室。是金塘兀峙中间，与邑相为唇齿者也。"明代为抗倭战争主战场之一。清顾祖禹《读史方舆纪要》卷九十二："金塘……嘉靖中，倭夷窃据，参将卢镗击败之。"嘉靖三十二年（1553 年）、三十五年明军 2 次败倭于此，史称"金塘之捷"，烈港也因此改称平倭港。明代歙县籍诗人洪懋《题平倭关口调寄点绛唇》云："碧海茫茫，翁洲点点如蝌蚪。鱼龙斗，白浪连天吼。举目烟云，不见河山旧。今何有，平倭关口，黄叶纷纷走。"清道光二十四年（1844 年）、二十八年，英国园艺家罗伯特·福特尼（Robert Fortune）曾二度上岛盗采茶叶、乌桕和油桐标本。鸦片战争期间，英国侵略者曾于此详细测绘。［英］金约翰辑，［美］金楷理口述，怀远、王德明笔译《海道图说》卷六："舟山西角与镇海甬江口间有金塘山，近西南角有奇形马鞍山（编者注：即仙人山），高一千四百三十二尺。马鞍山与帽石为避墨而佛礼隐石最易识别之处。马鞍山北面一里又四分里之一犹有山峰，高一千五百二十尺。金塘南角曰'鳄鱼角'，有半潮石行，自此角向南列入水道二百拓。近东南拗支连角（编者注：即沙鱼礁山嘴）有一小岛，其与金塘间泥滩相连。又小岛有石陂向南东南伸入水道二百拓。潮涨满时，石陂南半即隐。金塘东岸为陡界，不可泊船。""金塘山北面有七小岛，其间便于泊船。近西北角有大平山，南面有小港曰'大澳子港（编者注：即沥港）'。港内深十拓之处便于泊船。金塘山与大澳子岛（编者注：即捣杵山岛）间为大澳子港口，阔二百拓。"五代梁开平三年（909 年）于此设金塘乡，属旧定海县（治在今宁波市镇海区），宋元丰元年（1078 年）划属昌国县。历为昌国县四乡之一。宋代设金塘买扑酒坊，并开设有金塘官渡。明、清 3 次海禁后，于清康熙二十七年（1688 年）展复开垦，并复设金塘乡。清道光二十一年于此分设金一、金二、金三 3 个庄。光绪三十四年（1908 年）设定海县第五选举区金一、金二、金三 3 庄和沥港、柳巷 2 镇。后几经调整，2001 年以全岛合建金塘镇，下设 12 个村民委员会。有中小学 5 所，设卫生院 1 家、分院 2 家。有"平倭港"碑等舟山市文物保护单位 2 处。经济以临港工业和机械制造业为主，为全国最大的塑机螺杆生产和出口基地，有"中国螺杆之乡"的美誉。有金塘李子、鮸鱼、浙贝母等特产。甬舟（G9211）高速公路金塘大桥和西堠门大桥自西向东过岛，并设有金塘、沥港 2 个互通口和金塘 1 个服务区。金塘港区为宁波—舟山港的主要港区之一。

小干马峙岛（Xiǎogànmǎzhì Dǎo）　属舟山市普陀区沈家门街道。在浙江省东北部，舟山岛东南海域。长 6.5 千米，宽 1.1 千米。陆域面积 4.2 平方千米。人口 1 229。原为分小干、马峙、独山 3 个海岛，1964 年小干岛与独山相连，2005 年小干岛与马峙岛相连。以小干、马峙 2 岛合称得名。小干岛古称"小竿山"。南宋乾道《四明图经》卷七："小竿山，在（昌国）县东南六十里。"明、清 3 次海禁后，谐音为小干山、大干山。清康熙《定海县志》卷三："大干山，离县约五十里。"民国《定海县志》册一："小干山，在舟山南偏东一里强。长二里双五之四，阔一里又五之四。附近小岛：独山、四菜水。产盐。"马峙岛古称马碁，传因岛形状似马而得名。后谐音为麻屿、马屿。清康熙《定海县志》卷三等误载为马秦山："马秦山，离县约四十里。昔多竹木，今无。"卷五载为马秦门山："马秦门山，定海内洋。东至卢家屿，计水程十里。"民国《定海县志》册一："马秦山……亦名'马屿'。"后又谐音为"马峙"。"峙"为"屿"的方言谐音，系古越语音遗存。鸦片战争战争期间，英国侵略者分别译称小干和马峙为"大坎（大敢）""帽子（帽岛）"。《八省沿海总图·浙江舟山群岛南水道》标注为"大坎"和"帽子"。［英］金约翰辑，［美］金楷理口述，怀远、王德明笔译《海道图说》卷六载为大敢和帽岛："舟山东南角陆家岛与舟山岸间。阔一百五十拓，为沈家门东口。镇市对面深四拓至五拓。陆家岛与帽岛间，为沈家门西口，潮退尽时深二拓又四分拓之一。陆家岛西面有泥滩铺入水道四百五十拓，距帽岛东角南面东南一百拓有隐石。”“昔有英兵船毕勒低司于帽岛与舟山陆间水道阔二百二十五拓、深五拓之处停泊，见此间陡岸高六百尺。因有此高岸，常逼风势而成暴风。”“十六水道南面最东者为帽岛。帽岛西面有大敢岛，又西有殷家尔岛（即外长峙），又西有鳌山（编者注：即长峙岛）。大敢与帽岛间，潮退尽时仅深六尺。”海拔88.2米。地质基础以白垩系紫红色含砾砂岩、粉砂岩、熔结凝灰岩为主，局部出露凝灰岩和凝灰质砂岩。地貌以海积平地为主。岸线平直，以人工海岸为主。土壤有滨海盐土、红壤和粗骨土等。植被以落叶阔叶林和灌丛、草丛为主。明、清历3次迁境徙民。历为沈家门港屏障，明、清水师巡海汛地之一。明代为宁绍参将舟山营防区。清代为定海镇左营沈家门汛水军防区。原设有马峙、东岙、大山3个村民委员会，并有小学1所、村卫生服务站1个。其中，东岙、大山村民于2016年迁居沈家门街道。村民旧主事盐业和渔业，今除渔业外，多转产转业。岛上建有船舶修造公司4家，为普陀区的船舶修造基地之一。原有渡口与舟山岛相通，今经浦西大桥与舟山岛南岸相连。岛南海域有宁波—舟山港马峙锚地。

鲁家峙岛(Lǔjiāzhì Dǎo)　属舟山市普陀区沈家门街道。在浙江省东北部，舟山岛东南海域。长2.5千米，宽2千米。陆域面积3.98平方千米。人口5 867。明郑若曾《筹海图编》卷一载为路家屿。明范涞《两浙海防类考续编》卷一载为洛家屿。清康熙《定海县志》卷三载为卢家屿：“卢家屿山，离县约四十里，海中之拳石也。”民国《定海县志》册一：“卢家屿，在马屿东。长三里，阔一里又七之六。居民二百二三十户。附近小岛：马鞍山、旱老鼠、水老鼠、馒头山。亦称鲁家屿。卢家屿与沈家门仅一港之隔，深五六拓，为中小轮舶极稳锚地。其东有一深水道，便于出入。惟稍窄耳。产盐。”名称来历不详，路家屿、洛家屿、卢家屿、鲁家峙皆为谐音异写。鸦片战争期间，英国侵略者译称“洛甲”“陆家岛”等，并曾详细测绘。《八省沿海总图·浙江省舟山南群岛水道》标注为“洛甲”。[英] 金约翰辑，[美] 金楷理口述，怀远、王德明笔译《海道图说》卷六：“舟山东南角陆家岛与舟山岸间。阔一百五十拓，为沈家门东口。镇市对面深四拓至五拓。陆家岛与帽岛间，为沈家门西口，潮退尽时深二拓又四分拓之一。陆家岛西面有泥滩铺入水道四百五十拓。”“又有英兵船坑威于陆家岛东南，潮退尽时水深五拓之处停泊。自此泊船处视里湾岛（编者注：即水老鼠屿）为正西之向，相距四分里之三。”海拔89米。地质基础以白垩系熔结凝灰岩、紫红色含砾砂岩、粉砂岩为主，东北端出露白垩系凝灰岩和凝灰质砂岩。东半部以丘陵为主，西北部以海积平地为主。岸线平直，多为人工建设的标准海塘。土壤有滨海盐土、红壤等。植被以落叶阔叶林为主。明、清历3次迁境徙民。历为沈家门港屏障，明、清为水师巡海汛地。原为沈家门镇的重要工业基地，并建成多家船厂和渔业公司，渔、盐、农、工、商多业并举。2006年以后，原村落和工业企业多陆续拆建为新型住宅小区。现设有社区居民委员会2个和村民委员会1个。旧有水产技校、初级中学和小学各1所，2006年后陆续撤并。2009年实施肚脐山亮化工程，并建成沈家门渔港的标志性建筑——鲁家峙灯塔。旧有渡口与沈家门相通。2006年建成沟通沈家门港两岸的鲁家峙大桥。2014年建成沈家门港海底人行隧道。

登步岛(Dēngbù Dǎo)　属舟山市普陀区沈家门街道。在浙江省东北部，舟山岛东南海域。长6.3千米，宽3.6千米。陆域面积14.51平方千米。人口5 773。古称登部山。南宋乾道《四明图经》卷七：“登部山，在(昌国)县东南一百五十里。”明、清3次海禁后，谐音为登埠山。清康熙《定海县志》卷三：“登埠山，离县约九十里。田颇肥，开垦不久。”清中后期谐音为今名。清道光二十一年编绘的《宁波府六邑海岛洋图》即标注为“登步山”。19世纪80年代编绘《八省沿海总图·浙江舟山南群岛水道》标注为“灯阜”。清末浙江省督练公所参谋处测绘股编绘的《浙江沿海要口全图》误载为“蚂蚁山”。民国《定海县志》册一：“登步山，在西闪山之南。长十一里半，阔六里。居民六百户……登步南北两面皆山，中系沃野。居民耕、渔各半。西北水深六七拓处，常张渔网，亦可为锚地。”海拔174米。地质基础由白垩系凝灰质砂岩、沉凝灰岩、凝灰岩、熔结凝灰岩构成，局部出露潜流纹斑岩。地貌以低丘陵为主，丘陵与平地相间。西岸和北岸以人工海岸为主，较平直。其余多为基岩海岸，曲折多湾澳。土壤有滨海盐土、水稻土、红壤、粗骨土等。植被以落叶阔叶林和草本栽培植物为主。明、清历3次迁境徙民。旧为海防要地。清代属定海镇左营沈家门汛水军防区。古属安期乡。清道光二十一年（1841年）于此设安期乡登步庄。清宣统二年（1910年）于此设登步乡。后几经变更，于2013年并入沈家门街道。现设村民委员会3个、社区卫生服务分中心1个。村民主事农业和渔业，并有登步黄金瓜等特产。1949年11月3日，中国人民解放军从桃花岛起渡向驻守登步岛的国民党守军发起进攻，并在歼敌3 396人后退回桃花，史称“血战登步岛”，为解放战争时期浙江省境内规模最大、战况最惨烈之战斗。岛上建有登步岛战斗革命烈士纪念碑。1950年，国民党军自舟山败退，强征岛上183名壮丁赴台。北岸建有交通码头，海上客运通沈家门、桃花和蚂蚁岛。

蚂蚁岛（Mǎyǐ Dǎo）　属舟山市普陀区沈家门街道。在浙江省东北部，舟山岛东南海域。长2.9千米，宽1.6千米。陆域面积2.7平方千米。人口3 925。明范涞《两浙海防类考续编》卷一载为大马蚁山。明侯继高《全浙兵制·宁绍区图》、清康熙《定海县志》卷三、光绪《定海厅志》卷十四皆载为马蚁山。《定海县志》卷三：“马蚁山，离县约八十里。渔民网捕之处。”以岛形似蚂蚁得名。鸦片战争时期，英国侵略者称为“雪牢之岛”。民国《定海县志》册一：“大蚂蚁，译称‘雪牢之’。”19世纪80年代编绘的《八省沿海总图·浙江舟山南群岛水道》标注为“带岛”。海拔157.3米。地质基础由白垩系潜流纹岩构成。低丘陵与海积平地相间。岸线较平顺，以人工海岸为主。土壤有滨海盐土、红壤和粗骨土等。植被落叶阔叶林为主，局部有以香樟为主的常绿阔叶林。明、清历3次迁境徙民。旧为海防要地。清代属定海镇左营沈家门汛水军防区。1934年于此设蚂蚁乡。几经变更后，于2013年并入沈家门街道。现设村民委员会1个、社区卫生服务分中心1个。村民主事渔业，有蚂蚁岛虾皮等特产。1958年于此设立全国渔区第一个人民公社。有蚂蚁岛人民公社旧址1处普陀区文物保护单位、蚂蚁岛创业纪念室1个浙江省爱国主义教育基地。蚂蚁岛村为省级AAA级旅游景区村庄。西部建有扬帆集团浙江东海岸船业有限公司。南岸设有交通码头和渔船泊位，海上客运通沈家门、登步和桃花岛。

西闪岛（Xīshǎn Dǎo）　属舟山市普陀区沈家门街道。在浙江省东北部，舟山群岛东南部海域。长980米，宽600米，陆域面积0.37平方千米。人口5。1917年1∶5万地形图《朱家尖》和民国《定海县志》册一载为西闪山。传因与东闪岛相对，形似二轩子间得名。鸦片战争期间，英国侵略者称为鸭岛。民国《定海县志》册一：“译称‘鸭岛’。”原分西闪上山、西闪下山等大小7个岛礁，1978年开始筑堤相连，遂合为一个海岛。地质基础由白垩系流纹斑岩构成。海拔51.2米。东、西两端为丘陵，中部为海积平地。东西岸均为天然岩质海岸，坡脚多海蚀崖、海蚀穴，南北两岸以人工构筑的标准海塘为主。土壤有红壤和滨海盐土等。植被以灌丛和落叶阔叶林为主，并建有以木麻黄为主的海岸防护林。明、清历3次迁境徙民。民国《定海县志》册一：“居民不满十户。”村民以渔业为主。1979年于此建普陀县水产实验养殖场，村民迁至登步岛。今建有浙江省海洋水产研究所海水增养殖重点实验室，先后进行了对虾育苗、皱纹盘鲍人工育苗、石斑鱼人工育苗、扇贝人工育苗、泥蚶人工育苗等重点项目的试验和研究。附近海域渔业资源丰富，为传统的张网作业区。有固定码头泊位3个，有专船往返沈家门。

葫芦岛(Húlú Dǎo) 属舟山市普陀区东港街道。在浙江省东北部，舟山岛以东海域。长2.2千米，宽790米。陆域面积0.93平方千米。人口1 849。以岛形似葫芦得名。清康熙《定海县志》始见名称记载。鸦片战争期间，英国殖民称为“也司莫四岛(伊司某司岛)”，并曾于此详细测绘。[英]金约翰辑，[美]金楷理口述，怀远、王德明笔译《海道图说》卷六：“距普陀山东北角四分里之三有也司莫四岛，其间为深水道。距也司莫四岛东南角四百拓有半潮石。自此石视普陀山东南角与东南角成直线，为西南又南三分之二。又视也司莫四南高顶为西北又北二分之向。”民国《定海县志》册一：“译称‘伊司某司’。”海拔89米。地质基础由白垩系熔结凝灰岩夹凝灰质砂岩、凝灰岩构成。地貌以海岛低丘陵为主。岸线曲折，湾岬相间。以基岩海岸为主，中部有小段砂砾岸线和人工海岸。土壤有红壤和滨海盐土等。植被以落叶阔叶林和灌丛为主。明、清历3次迁境徙民。旧为海防要地。清代属定海镇左营长涂汛水军防区。民国初期有居民八九十户。1934年于此设葫芦乡。后几经变更，于2001年并入东港街道。设村民委员会1个、村卫生服务站1个。村民主事海洋捕捞。附近海域礁栖鱼类资源丰富，为著名的海钓区。西岸建有交通码头，海上客运通沈家门。

朱家尖岛(Zhūjiājiān Dǎo) 属舟山市普陀区朱家尖街道。在浙江省东北部，舟山岛以东海域。长15.5千米，宽9.1千米。陆域面积61.82平方千米。人口2.66万。旧分马秦山、石马山、顺母涂山、糯米潭山、泗苏山、金钵屿山等大小10余个海岛。因泥沙沉积，马秦山与石马山于宋前相连。其他海岛多于清光绪十九年(1893年)后围垦相连。古分称“马秦山”“顺母山”。南宋乾道《四明图经》卷七：“马秦山，在(昌国)县东南四百里。”因古波斯商人称中国为“马秦(Māchīn)”和“桃花石(Tabγač或Taβγač)”，以及其地处海上贸易的重要节点，疑与桃花岛同为古波斯商人对中国的代称。元大德《昌国州图志》卷四：“马秦山，在海之东南，昔有碧云庵，马耆禅师修道于此，与黄给事龟年等联句刻诸石，有曰：‘团团深锁碧烟笼(马)，安隐禅居瑞气中(黄)。万顷沧浪终夜月(张居士光)，更于何处觅天宫(黄承事岳年)。’”“顺母山，在海之东。山侧有石，形如牛，方外人谓石牛之口。”明初海禁后改称为乌沙悬山或朱家尖。明郑若曾《筹海图编》卷九“舟山之捷”：“贼走登乌沙悬山，即朱家尖也。”乌沙悬山，以濒临乌沙门水道得名。鸦片战争期间，英国侵略者分称为朱家尖岛、经何(编者注：即顺母山)、都于得岛(编者注：即糯米潭山)、宾骨(编者注：即泗苏山)等，曾于此详细测绘。[英]金约翰辑，[美]金楷理口述，怀远、王德明笔译《海道图说》卷六：“朱家尖自南至北长约七里，西岸间成多澳，内有数澳以石塘捍水者。南角有四峰，近岛中界有凸圆独峰，高一千一百六十四尺，曰‘朱家峰’，为此间最易识别之处。”“朱家尖东岸亦有数澳，其最向南者曰‘卧尔弗澳’，译曰‘豺狼’也，当东北恒风时，宜于此间停泊，并可得淡水。澳北有小黑岛并有石自此岛向东南二里列入水道。”最高点在南部的大青山，海拔376.6米。地质基础以燕山晚期侵入的钾长花岗岩为主，中部出露白垩系熔结凝灰岩夹凝灰岩、凝灰质砂岩。丘陵和平原相间。南部以丘陵为主，北部以海积小平原为主。东岸和南岸曲折，基岩海岸与砂砾岸线相间，西岸和北岸平顺，以人工构筑的标准海塘为主。土壤有滨海盐土、风砂土、水稻土、红壤、粗骨土等。植被以落叶阔叶林和草本栽培植物为主。历为海防要地，古代海上丝绸之路重要节点。唐咸通四年(863年)日僧慧锷于石牛港(编者注：今舟山普陀山机场和红旗水库一带)北口外触礁，遂留观音像于普陀山。元代曾设马秦海船千户所。明为抗倭要地，设有朱家尖烽堠，为舟山烽堠之总台。清康熙《定海县志》卷三转引明兵部尚书张时彻《防海书》："若霏霍之三塔山，舟山之朱家尖，矗峙最高，所望独远，故设总台，多拔旗军，严戒尤至。设总督、备倭，以公、侯、伯领之，巡视海道，以侍郎、都御史领之。"宋末元初诗人胡长孺《题马秦山图》诗云："马秦山在昌国东，气候调淑清温融。大海四绝路不到，紫峦两嶂盘元空。天球铿锵泉坠谷，辟邪偃蹇崖依丛。僧坊翠微互隐见，石梁幽涧悬飞潈。稻田活水正拍塞，人家山崦方玲珑。高台似掌广堪坐，千峰相抱宽可宫。"清代诗人祝德风《朱家尖山》诗："至今何处问朱家，剩有山尖水一涯。秀削生成峰独耸，攀藤直欲伴云霞。"清代诗人沈淦《题朱家尖》诗："昔时称月岙，亘古见山尖。峭拔峰无际，依稀玉笋纤。"清代文学家朱绪曾《马秦山》诗："空岩阴洞响淙淙，射石何年饮箭锋？十丈藕船移太华，俨然天外削三峰。"明、清历3次迁境徙民。清代属定海镇左营普陀汛水军防区。古属安期乡。清道光二十一年(1841年)改安期乡洛伽庄。1934年于此设朱南、朱北、顺母3乡。后几经变更，于1992年合并为朱家尖镇。2007年撤镇改街道。下设居民委员会1个、村民委员会11个。有高校1所、中小学3所、社区卫生服务中心1个。曾出土商代石戈和窖藏西汉至南北朝古钱币。有"廉泉"抗倭古井、千年古木层2处普陀区文物保护单位。东半部为普陀山国家级风景名胜区的组成部分，西半部为普陀省级国际旅游度假区。中国沙雕艺术的发源地，每年举办舟山国际沙雕节。建有舟山(普陀山)机场、舟山群岛国际邮轮码头等重要交通设施。北岸经朱家尖海峡大桥与舟山岛相连，杭朱(G329)国道通至南沙景区。海上客运通白沙等海岛。

白沙山岛(Báishāshān Dǎo)　属舟山市普陀区朱家尖街道，由东港街道代管。在浙江省东北部，朱家尖岛以东海域。长3千米，宽1.1千米，最窄处90米。陆域面积1.6平方千米。人口1 509。南宋乾道《四明图经》卷七等载为北砂山。以岛上有沙滩得名。明、清3次海禁后，谐音作今名。另说以岛上沙滩反光呈白色得名。别称白沙港山。清康熙《定海县志》卷三："白沙山，离县约八十里，港门即曰'白沙港'。"卷五："白沙港山，定海内外洋交界。东、南属东海大洋，西至缸爿礁，计水程五十里；北至普陀山，计水程二十里。"鸦片战争时期，英国侵略者称"拉加岛"。民国《定海县志》册一："白沙山，在洋屿东。长四里半，阔二里。居民百余户。附近小岛：鸡笼山。译称'拉加'。"海拔92米。地质基础由白垩系熔结凝灰岩夹凝灰质砂岩、凝灰岩构成。皆为丘陵，无平地。岸线曲折，湾岬相间。以基岩海岸为主，中部有小段砂砾海岸和人工海岸。土壤有红壤、粗骨土和滨海盐土等。植被以落叶阔叶林和草丛为主。明、清历3次迁境徙民。旧为海防要地。清代属定海镇左营普陀汛水军防区。1934年于此设白沙港乡。后几经变更，于2013年并入朱家尖街道。现设村民委员会1个、村卫生服务站1个。白沙岛风景区为国家AAA级旅游景区。附近海域礁栖鱼类资源丰富，建有白沙海钓基地。西岸建有交通码头2个，海上客运通朱家尖岛。

柴山岛(Cháishān Dǎo)　属舟山市普陀区东港街道。在浙江省东北部，舟山群岛东南部海域。长1.4千米，宽1.2千米。陆域面积0.91平方千米。人口1 092。古与白沙山岛合称为北砂山、白沙山、白沙港山。"柴山"地名记载始见于1917年1∶5万地形图《朱家尖》。传旧为白沙岛居民采薪伐柴之地，故名。鸦片战争期间，英国侵略者称为"白沙"。民国《定海县志》册一："柴山，在朱家尖东。长二里半，阔二里又三之一……译称'白沙'。"地质基础由燕山晚期侵入的钾长花岗岩和白垩系熔结凝灰岩夹凝灰质砂岩、凝灰岩构成。海拔162.5米。地势中间高，四周低，均为丘陵，无平地。除南岸有小段人工岸外，皆为天然基岩海岸。土壤以粗骨土为主，土层瘠薄，多裸岩。植被以灌木、白茅草丛和稀疏落叶阔叶林为主。明、清3次海禁后，宁波、温州等地渔民陆续上岛。民国

《定海县志》册一:“居民百户。”集中居住在南岸。1950 年属朱家尖乡第十五村。1958 年属白沙大队。1962 年设白沙人民公社港里大队。2008 年并入白沙港村民委员会。1962 年设小学,后增设初中班,2004 年均撤销。旧有社区卫生服务站 1 个,今为白沙港村卫生服务站港里分站。南岸建有小渔港和交通码头,海上客运通白沙山岛和朱家尖岛。

后门山岛(Hòuménshān Dǎo)　属舟山市普陀区朱家尖街道。在浙江省东北部,舟山群岛东南部海域。长 840 米,宽 400 米。陆域面积 0.18 平方千米。原称后门山。地名记载始见于民国《定海县志》册首。因地处朱家尖岛主山之后得名。鸦片战争期间,英国侵略者曾于此详细测绘,并称之为“掘来生岛”。[英] 金约翰辑,[美] 金楷理口述,怀远、王德明笔译《海道图说》卷六:“朱家尖东岸亦有数澳,其最向南者,曰‘卧尔弗澳’,译曰‘豺狼’也。当东北恒风时,宜于此间停泊,可得淡水,澳北面有小黑岛,并有石自此岛向东南二面列入水道。澳口对面距岸一里半,有一尖石曰‘猪石’。”民国《定海县志》册一:“后门山,在朱家尖东。长一里又四之三,阔一里……译称‘掘来生岛’。”地质基础由白垩系熔结凝灰岩夹凝灰质砂岩、凝灰岩构成。海拔 45.2 米。均为低丘陵,无平地。岸线曲折、破碎,均为天然基岩海岸,并有陡峭的海蚀崖,多海蚀穴。土壤有粗骨土等。植被以落叶阔叶林、灌丛和白茅草丛为主,并有樟、桉、柏、棕榈等园林栽培植物。地处普陀山国家级风景区朱家尖十里金沙景区内,北有北湾和东沙,南有渔湖和南沙,登岛可眺海天一色,并有蛟龙探首、龙洞、落鹰石等景点,现已开发为“情人岛”景区。1997 年建桥与朱家尖岛相连。

外洋鞍岛(Wàiyáng'ān Dǎo)　属舟山市普陀区朱家尖街道。在浙江省东北部,朱家尖岛以东海域。长 300 米,宽 150 米。陆域面积 2.7 万平方米。民国《定海县志》载为“外羊鞍”,清道光二十一年编绘的《宁波府六邑海岛洋图》标注为“洋鞍”。因从南面望,岛形似鞍得名。民国《定海县志》册一:“后门山,在朱家尖东。长一里又四之三,阔一里。附近小岛:里、外羊鞍,龟山,癞头山,上盘山。”“羊鞍”“洋鞍”为谐音异写。别称东亭山,传因岩石高耸如亭得名。鸦片战争期间,英国侵略者称为“东汀”,并于此详细测绘。[英] 金约翰辑,[美] 金楷理口述,怀远、王德明笔译《海道图说》卷六:“朱家尖东面有二小岛。相距五里者,曰‘北汀’,相距八里,高四十尺者曰‘东汀’。北汀与东汀高略相同,惟北汀西南面有数石行分列。”海拔 48.5 米。地质基础由白垩系熔结凝灰岩夹凝灰质砂岩、凝灰岩构成。皆为丘陵,无平地。岸线较平直,皆为天然基岩海岸。岩石裸露,土壤瘠薄,仅有少量粗骨土。植被以白茅草丛为主,几无木本植物。岛上有始建于光绪三十三年(1907 年)的东亭山灯塔,为全国重点文物保护单位浙东沿海灯塔组成部分,并有码头、直升机停机坪等配套设施。附近海域为洋鞍渔场,昔盛产大黄鱼、带鱼、石斑鱼等,现为舟山海域主要海钓区之一。西侧有国际航道。

虾峙岛(Xiāzhì Dǎo)　属舟山市普陀区虾峙镇。在浙江省东北部,舟山群岛南部海域。长 10.76 千米,宽 3.3 千米。陆域面积 18.59 平方千米。人口 1.82 万。南宋乾道《四明图经》卷七载为巉石山、黄沙山:“巉石山,在县东里四百里。”“黄沙山,在县东里四百里。”宋宝庆《四明志・昌国县境图》载为“簄屿”。《广韵》:“海中取鱼竹名曰‘簄’。”明郑若曾《筹海图编・浙江沿海山沙图十一》等载为“虾崎山”。清康熙《定海县志》卷三等载为“虾岐山”:“虾岐山,离县约四十里,人我网捕于此。”民国《定海县志》册一:“虾岐山,在桃花山南。长十八里,阔六里。居民千余户……虾岐山西面有石棚村,岛民多聚居于此,北面有锚地。”一说因岛形状似虾得名。一说“虾”为“簄”的方言谐音,“崎”“岐”为“屿”的古越语音。清道光二十一年(1841 年)编绘的《宁波六邑海岛洋图》标注为“蟹岐山”。1949 年谐音为今名。鸦片战争时期，英国侵略者称为“佛能岛”。[英] 金约翰辑，[美] 金楷理口述，怀远、王德明笔译《海道图说》卷六：“比克水道北面第一水道曰‘佛能水道（编者注：即虾峙门水道）’，水道南面有佛能岛，亦曰‘虾峙山’，北面有桃花山。当东北恒风时，自舟山向南行者，此水道最便。自摘箬山开行约十七里，即出此水道。惟当风力微弱时，不必行此水道，因近桃花山，高峰常遮风势，最易忽变方向。此水道内有深六十拓之处，潮性甚急。”“佛能岛自东东南至西西北长五里又四分里之三，其东北面大澳内有二小岛并一石行，于水深四拓至五拓之处可泊船。桃花山有数瀑布可取淡水。佛能岛东角多乱形独石，并有澳自东至西长四分里之三，小艇可入澳避风。”海拔 207.4 米。地质基础以燕山晚期侵入的钾长花岗岩为主，局部出露白垩系熔结凝灰岩夹凝灰岩、凝灰质砂岩等。地貌以低丘陵为主，海积平地集中在西北部。岸线曲折，湾岬相间，以基岩海岸为主，人工海岸主要分布在西北部。土壤有滨海盐土、潮土、红壤和粗骨土等。植被以落叶阔叶林和灌丛为主。明、清历 3 次迁境徙民。旧为海防要地。清代属定海镇中营旗头洋汛水军防区。古属安期乡。清道光二十一年（1841 年）于此设安期乡虾峙庄。清宣统二年（1910 年）于此设灵和乡。1949 年改为虾峙乡。1956 年于此设大岙、黄石、礁岙 3 乡。1961 年改为虾峙、栅棚、黄石 3 个乡。1987 年虾峙乡改建为镇，1992 年合为虾峙镇。现为虾峙镇人民政府驻地，有居民委员会 1 个、村民委员 5 个。有小学 1 所、镇卫生院 1 个、村卫生服务站 6 个。村民历以海洋渔业为生。旧以近洋捕捞为主，1995 年始开展远洋鱿钓作业，曾为全国最大的群众性远洋渔业基地，被誉为“鱿鱼之乡”，并有船舶修造、油品储运、水产加工等企业。东北侧有虾峙门，为船舶进出宁波—舟山港的主要国际航道。西北岸设有交通码头，海上客运通沈家门、桃花、六横和宁波郭巨等地。

西白莲山岛（Xībáiliánshān Dǎo）　属舟山市普陀区虾峙镇。在浙江省东北部，舟山群岛南部海域。长 1.6 千米，宽 1.2 千米。陆域面积 1.24 平方千米。人口 394。传岛上居民由湖南道县周氏后裔经镇海转迁于此，因纪念喜种莲的先祖而得名。民国《定海县志》册一：“西白莲，在东白莲南。长二里，阔二里。居民四五十户。”19 世纪 80 年代编绘的《八省沿海总图・浙江舟山南群岛水道》标注为“高白”。海拔 120 米。地质基础由白垩系熔结凝灰岩、凝灰岩、凝灰质砂岩构成。地貌以低丘陵为主，西部、东部和北部有小块围填平地。基岩海岸与人工海岸相间。土壤有红壤、滨海盐土和粗骨土等。植被以落叶阔叶林、灌丛和白茅草丛为主。明、清历 3 次迁境徙民。1950 年属六横区上庄乡第六村，1961 年后改设西白莲大队（村民委员会），2008 年并入湖泥村民委员会。原属湖泥乡，2001 年并入虾峙镇。原有小学 1 所，1998 年并入栅棚中心小学。村民原主事对网捕捞和张网作业，兼营农、林、盐业。2009 年于西部拆迁改建船舶修造基地，村民多迁往虾峙岛。今建有 20 万吨级和 8 万吨级干船坞各 1 座，并配套有舾装码头 2 座。现岛上居民皆为企业员工。南岸建有交通码头，海上客运通虾峙岛。

东白莲山岛（Dōngbáiliánshān Dǎo）　属舟山市普陀区虾峙镇。在浙江省东北部，舟山群岛南部海域。长 2 千米，宽 1.2 千米。陆域面积为 1.4 平方千米。人口 295。传岛上居民由湖南周氏后裔经镇海转迁于此，为纪念喜种莲的先祖而得名。鸦片战争期间，英国侵略者称“罗木营”。民国《定海县志》册一：“东白莲，在大双山南。长三里半，阔二里。居民五六十户……译称‘罗木营’。”海拔 104 米。地质基础由白垩系熔结凝灰岩、凝灰岩、凝灰质砂岩构成。丘陵与海积平地相间。海岸线曲折。土壤有红壤、滨海盐土和粗骨土等。植被以落叶阔叶林、灌丛和白茅草丛为主，并有小片油桐、桃、梨、李等经济林木，房前屋后多树龄百年以上的沙朴树。明、清历 3 次迁境徙民。1950 年属虾峙乡十五村，1961 年设东白莲大队，1984 年改称东白莲村民委员会，2008 年并入湖泥村民委员会。原属湖泥乡，2001 年并入虾峙镇。原有小学 1 所，1998 年并入栅棚中心小学。村民原主事对网捕捞和张网作业，兼营农、林、盐业。2010 年，村民均迁居虾峙岛。西南岸建有交通码头，海上客运通虾峙岛。

湖泥山岛(Húníshān Dǎo)　属舟山市普陀区虾峙镇。在浙江省东北部，舟山群岛南部海域。长 2.7 千米，宽 1.1 千米。陆域面积 1.5 平方千米。人口 1 473。一说岛上居民由湖南道县周氏后裔经镇海转迁于此，因纪念喜种莲的先祖，由东、西白莲山派生得名。一说岛周围多泥涂，由“糊泥”谐音为“湖泥”。清道光二十一年(1841 年)编绘的《宁波府六邑海岛洋图》载为“糊泥”。19 世纪 80 年代编绘的《八省沿海图・浙江舟山南群岛水道》标注为“胡尼”。鸦片战争时期，英国侵略者也称为“胡爱朋岛”。民国《定海县志》册一：“湖泥山，在西、东白莲南。长五里，阔二里。居民百户……译称‘胡爱朋’。”海拔 66.5 米。地质基础由白垩系凝灰岩、凝灰质砂岩构成。丘陵与平地相间。岸线曲折，湾岬相间。东岸和西岸多基岩海岸，南岸和北岸多人工海岸。土壤有红壤、滨海盐土和粗骨土等。植被以落叶阔叶林和灌丛为主。明、清历 3 次迁境徙民。1950 年属六横区上庄乡第六村，1953 年于此设湖泥乡，2001 年并入虾峙镇。现有村民委员会 1 个、村卫生服务站 1 个。西南岸建码头，海上客运通沈家门及虾峙、六横等地。

桃花岛(Táohuā Dǎo)　属舟山市普陀区桃花镇。在浙江省东北部，舟山群岛南部海域。长 11.7 千米，宽 8.6 千米。陆域面积 40.7 平方千米。人口 1.63 万。传因方士安期生于此泼墨成桃花纹得名。南宋乾道《四明图经》卷七：“桃花山，在(昌国)县东南一百二十里。耆老相传，安期先生学道炼丹于此，尝以醉墨洒于山石上，遂成桃花纹，奇形异状，宛若天然，人多取之以为珍玩，故山号‘桃花’。”又因古波斯商人称中国为“马秦(Māchīn)”和“桃花石(Tabγač 或 Taβγač)”，以及其地处海上贸易的重要节点，疑与“马秦山”同为古波斯商人对中国的代称。清康熙《定海县志》卷三：“桃花山，离县约百二十里。山多产茶，田颇肥美，半由普陀僧开垦。世传安期生炼丹于此，尝以醉墨洒石成桃花纹，故名。”鸦片战争期间，英国侵略者曾于此详细测绘。[英] 金约翰辑，[美] 金楷理口述，怀远、王德明笔译《海道图说》卷六：“比克水道北面第一水道曰‘佛能水道’，水道南面有佛能岛，亦曰‘虾峙山’，北面有桃花山。当东北恒风时，自舟山向南行者，此水道最便。自摘箬山开行约十七里，即出此水道。惟当风力微弱时，不必行此水道，因近桃花山，高峰常遮风势，最易忽变方向。此水道内有深六十拓之处，潮性甚急。”“桃花山有数瀑布可取淡水。”“桃花山有陡峰，高一千八百六十尺，近岛西面有低岸。距低岸不远有形奇石崖，高六百六尺，曰‘巨擘’。”最高点在对峙山安期峰，海拔 544.7 米，为舟山群岛最高峰。南半部由燕山晚期侵入的钾长花岗岩构成，北半部由白垩系熔结凝灰岩、凝灰质砂岩构成，局部出露潜流纹斑岩。地貌以低山和丘陵为主，北部间有海积平地。北部基岩海岸与人工海岸相间。南岸、北岸以基岩海岸为主，局部有沙质和砾质海岸。土壤有红壤、水稻土、粗骨土和滨海盐土等。植被以落叶阔叶林、常绿落叶林和灌丛为主，植物品种丰富，西部有“海岛植物园”之誉。元代诗人张宪《送冯判官之昌国》诗云：“斩蛟将军飞上天，十年海水生红烟。惊涛怒浪尽壁立，楼橹万艘屯战船。兰山摇动秀山舞，小白桃花半吞吐。”元代文学家吴莱《望马秦桃花诸山羡门安期生隐处》：“此去何可极，中心忽伤悲。乱山插沧海，千叠壮且奇。信哉神仙宅，而养云雾姿。雕镂鬼斧觩，刮濯龙湫移……挟山作书镇，分海为砚池。残花锦石烂，淡墨珠岩披。东溟地涵蓄，北极天斡维。玉舄投已远，桑田变难期。誓追凌波步，行折拂日枝。羽丘杳如梦，玄圃深更疑。岂无抱朴子，去我乃若遗。空余炼药鼎，尚有樵人知。”清代文学家全祖望《桃花山》云：“醉酒桃花满石室，祖龙劳扰吾弗闻。到头亦与朱弓赤矢同灭没，何如道人墨痕长明瑟。八千子弟起江东，翻然一出说重瞳。匹夫之勇不足用，吾其归逐冥飞鸿。黄石赤松纷诡怪，斯人殆亦留侯辈。”清代诗人陶士莲《桃花山》诗：“泼酒洒山中，桃花片片红。至今岩石畔，时有绛霞烘。”王永霈《桃花山》诗：“安期剥枣大于瓜，耳熟芳名未有涯。不道洛伽幽远处，又寻轶事见桃花。”朱绪曾《桃花山》诗：“墨痕乘醉洒桃花，石上斑纹烂若霞。浪说武陵春色好，不曾来此泛仙槎。”古也称北部为昆斗山。乾道《四明图经》卷七：“昆斗山，在（昌国）县东南三百五十里。”南宋于此设昆斗买扑酒坊。南宋开庆《四明续志》卷四：“昆斗坊，月纳一百七十七贯五百四文。”明、清历 3 次迁境徙民。旧为海防要地。清属定海镇左营沈家门汛水军防区。古属安期乡。清道光二十一年（1841 年）于此设安期乡桃花庄。清宣统二年（1910 年）于此设协和乡。后几经变迁，于 1992 年合为桃花镇。现设桃花 1 个镇，下辖居民委员会 1 个、村民委员会 7 个。有中心学校 1 所、镇卫生院 1 家、村卫生服务站 2 个。以碧海金沙和武侠文化而闻名。1993 年设桃花岛浙江省风景名胜区，曾多次举办“金庸武侠文化节”和“侠侣爱情文化节”。“桃花会”巡游民俗被列入省级民间民俗文化保护项目。岛上公路纵横交错。东北岸和西北岸均设有客运码头，海上客运通沈家门、宁波郭巨等地。西南侧的虾峙门国际航道，为大型船舶进出宁波—舟山港的主要航道。

庙子湖岛（Miàozǐhú Dǎo）　属舟山市普陀区东极镇。在浙江省东北部，中街山列岛东部海域。长 3.6 千米，宽 1.2 千米。陆域面积 2.64 平方千米。人口 2 143。南宋乾道《四明图经》卷七等载为庙址（山）。明郑若曾《筹海图编》卷一、清康熙《定海县志》卷三等载为“庙子湖（山）”。“庙子”即“庙址”的方言谐音。传因岛上有庙得名。清康熙《定海县志》卷五：“庙子湖山，定海外洋。东至青帮山，计水程三十五里；南至大洋，西至鼠狼湖山，约计水程二百里；北至江省下八山，约计水程三百里。”清道光二十一年（1841 年）编绘的《宁波府六邑海岛洋图》和清末浙江省督练公所参谋处测绘股编绘的《浙江沿海要口全图》标注为“妙子湖”。鸦片战争期间，英国侵略者称为“中渔人岛”。民国《定海县志》册一：“庙子湖，在黄星山东。长六里半，阔二里半。居民百余户……亦名‘庙子沽’，译称‘中渔人岛’。长涂山以东一带，海岛总名‘中街山’。海深浪大，惟庙子湖西南澳可暂碇泊。”海拔 142.5 米。地质基础以燕山晚期侵入的花岗岩为主，并穿插辉绿玢岩岩脉。皆为低丘，无平地。岸线曲折，湾岬相间，以基岩海岸为主，坡脚为海蚀崖，南岸有小段人工海岸。土壤主要有红壤、粗骨土和滨海盐土等。植被以灌丛和白茅草丛为主。明、清历 3 次迁境徙民。旧为海防要地。清代属定海镇左营倒斗岙汛水军防区。1934 年于此设东极乡。1992 年改设东极镇。原有庙子、庙里、庙西 3 个村民委员会，1992 年合并为庙子湖村，并于 2008 年与青浜、黄兴、东福山大岙等村合并为东极村民委员会。有镇卫生院 1 个。建有东极历史文物博物馆。村民原主事渔业，为普陀区重要的渔业乡镇。20 世纪 90 年代始居民多陆续迁往沈家门，岛上实际居住约 800 人，主营旅游服务业，兼营渔业。民居依山面海而建，层层叠叠，错落有致，被誉为“海上布达拉宫”。南岸设有客运码头，海上客运通沈家门、青浜和东福山等地。附近海域为中街山渔场组成部分，设有中街山列岛国家级海洋特别保护区。

黄兴岛（Huángxīng Dǎo）　属舟山市普陀区东极镇。在浙江省东北部，中街山列岛东部海域。长 3.1 千米，宽 1.4 千米，陆域面积 2.4 平方千米。人口 1 059。明代以前岛名无考。明《两浙海防类考续编》卷一等载为黄星山。清康熙《定海县志》卷五："黄星山，定海外洋。东至西福山，约计水程二百里。"名称来历及含义不详。后谐音为今名。鸦片战争期间，英国侵略者称为"西渔人岛"。民国《定海县志》册一："黄星山，在小板山东。长六里半，阔二里半……译称'西渔人岛'。"地质基础以燕山晚期侵入的花岗岩为主，并穿插辉绿玢岩岩脉。西北部出露白垩系熔结凝灰岩。海拔 207.1 米。皆为低丘，无平地。岸线曲折，湾岬相间，均为基岩海岸，坡脚为海蚀崖。土壤有红壤、粗骨土和滨海盐土等。植被以灌丛和白茅草丛为主，并多海桐、日本野桐、滨柃、柃木、全缘贯众、番杏、滨海前胡等滨海植物。明、清 3 次海禁后，宁波、温州、台州和福建等地渔民陆续上岛。明、清历 3 次迁境徙民。旧为海防要地。清代属定海镇左营倒斗岙汛水军防区。民国《定海县志》册一："居民数十户。"1934 年属东极乡。1953 年于此设黄兴乡。后几经变迁，于 1992 年与庙子湖、青浜等乡合设东极镇。原设庙岙、南耀、磨里、桃树坑 4 个村民委员会，1998 年合并为黄兴村民委员会。2008 年与庙子湖、青浜和东福山大岙等合设东极村民委员会。1955 年始建小学，1999 年撤销。1954 年始建卫生院，1992 年撤销。村民原以渔业为主，20 世纪 90 年代始陆续迁居沈家门，今岛上实际居住不足百人，多为老年村民。西岸的庙岙建有交通码头，海上客运通庙子湖岛。附近海域为中街山渔场组成部分，设有中街山列岛国家级海洋特别保护区。

青浜岛(Qīngbāng Dǎo)　属舟山市普陀区东极镇。在浙江省东北部，中街山列岛东部。长 2.4 千米，宽 700 米。陆域面积 1.41 平方千米，人口 1 928。明代以前岛名无考。明范涞《两浙海防类考续编》卷一等载为青崩山。清康熙《定海县志》卷五等载为青帮山："青帮山，定海外洋。东至浪岗山，约计水程二百里；南至大洋；西至庙子湖山，约计水程三十五里；北至江省下八山，约计水程三百里。"清末浙江省督练公所参谋处测绘股编绘的《浙江沿海要口全图》标注为"清滨山"。清末改称青浜山。鸦片战争期间，英国侵略者称为"东渔人岛"。民国《定海县志》册一："青浜山，在庙子湖东。长四里又五之四，阔一里又四之一。居民百余户。亦名'青帮山'。译称'东渔人岛'。""青崩""青帮""青浜"皆为谐音异写。地质基础以燕山晚期侵入的花岗岩为主，并穿插辉绿玢岩和花岗斑岩岩脉。海拔 131.6 米。皆为低丘，无平地。岸线曲折，湾岬相间，皆为基岩海岸，并多海蚀槽和海蚀穴。土壤有红壤、粗骨土和滨海盐土等。植被以灌丛和白茅草丛为主，并多海桐、日本野桐、滨柃、柃木、小叶蜡子树、海萝卜、滨海前胡、芙蓉菊等滨海植物。明、清历 3 次迁境徙民。旧为海防要地。清代属定海镇左营倒斗岙汛水军防区。1942 年 10 月 2 日，载有 1 900 余名英军战俘的日籍"里斯本丸"轮于附近海域被美军潜艇击沉，384 名遇难英军战俘被东极渔民救起(其中青浜渔民救起 278 名)，并成功将 3 名英军战俘转交盟军。1934 年属东极乡。1953 年于此设青浜乡。后几经变迁，于 1992 年与庙子湖、黄兴等乡合设东极镇。原设青南、沙湾、青岙、东青 4 个村民委员会，2001 年合并为青浜村民委员会。2008 年与庙子湖、黄兴和东福山大岙等合设东极村民委员会。原有小学和初中，2003 年撤销。有村卫生服务站 1 个。村民原主事渔业。20 世纪 90 年代后陆续迁居沈家门等地，今实际居住不足 500 人。村民主事旅游服务业，兼营渔业。民居依山面海而建，层层叠叠，错落有致，被誉为"海上布达拉宫"。南岙建有交通码头，海上客运通沈家门和庙子湖。附近海域为中街山渔场组成部分，设有中街山列岛国家级海洋特别保护区。

东福山岛(Dōngfúshān Dǎo)　属舟山市普陀区东极镇。在浙江省东北部，中街山列岛东部海域。长 3 千米，宽 1.8 千米。陆域面积 2.95 平方千米。人口 583。古称东霍山、东霍山。唐、宋已有名称记载。传因秦代方士徐福曾上岛寻药而得名。南宋乾道《四明图经》卷七："东霍山，在(昌国)

县东北海中。四面大洋，上有虎豹龙蛇，人迹罕至。耆旧相传：古有仙者隐于此山，有石碁盘，四围皆修竹，风至则竹枝扫盘，绝无纤尘，若人使之然。”南宋宝庆《四明志》卷二十：“东霍山，在东北，环以大海。世传徐福至此。”元吴莱《甬东山水古迹记》云：“东到梅岑山，梅子真炼药处……东南望东霍山，山多大树，徐市盖尝驻舟于此。土人云，自东霍转而北行，尽昌国北界，有蓬莱山。”清康熙《定海县志》卷五：“东福山，定海外洋。东、南至大洋，西至西福山，约计水程四十九里，北至浪岗山，约计水程一百五十里。”“藿”“霍”与“福”，皆为方言谐音。鸦片战争期间，英国侵略者称为“非地由岛”“菲地由岛”，并曾于此详细测绘。[英] 金约翰辑，[美] 金楷理口述，怀远、王德明笔译《海道图说》卷六：“距普陀山高顶东东北二十一里，有非地由岛。纬度距赤道三十度八分。经度偏东六度一十八分，原图偏东一百二十二度四十六分。形势略方，高约五百尺。自西北偏北视之，为陡白石崖；自西南面视之，上为平顶，下为陡面。”民国《定海县志》册一：“东福山，在西福山东南。长五里又三之二，阔三里又三之一。居民数十户。附近小岛：里甩山（即四姊妹），外甩山（即两兄弟）。译称‘菲地由岛’。”地质基础由燕山晚期侵入的钾长花岗岩构成。海拔 321.6 米，为中街山列岛最高峰。皆为丘陵，无平地。岸线曲折，以基岩海岸为主，坡脚多海蚀崖和海蚀穴。土壤以粗骨土和红壤为主。植被以落叶阔叶林、灌丛和草丛为主，并多海桐、番杏、海萝卜、滨海前胡、厚叶双花耳草、日本南星、新风兰、芙蓉菊、普陀南星等滨海植物和华东魔芋、天南星等海岛罕见的植物。元代诗人吴莱《东藿山》诗：“遥望杳无极，宛与东藿邻。悲夫童男女，去作鱼鳖民。纻屿尚余聚，蓬山宁尔神。古桌苔驻迹，仙枰竹去尘。短褐徒为佛，飞沙邈难亲。好携支机石，去跃织女津。”清代诗人朱绪曾《东藿山》诗：“鄮县东巡望亶夷，玉蔬金菜返无期。风摇翠竹低如拂，刘项而还几劫棋。”明、清历 3 次迁境徙民。旧为海防要地。清属定海镇左营长涂汛水军防区。1948 年 9 月 10 日，国民党海军总司令桂永清调遣“永兴”“联光”等兵舰 6 艘、炮艇 3 艘和青年军 202 师一部进攻驻岛的“舟支”海防大队，经奋力迎击，“舟支”海防大队击沉敌登陆艇 1 艘，毙敌 13 人。1934 年属东极乡。1992 年属东极镇。原有大岙 1 个村民委员会，2008 年并入东极村民委员会。有村卫生服务站 1 个。有大岙、大树湾 2 个自然村，皆为典型的海岛渔村。民居依山面海，高低错落，层层叠叠，皆为花岗岩石屋。自然景观优美，并为《战士第二故乡》歌词创作地，有丰富的旅游资源。村民原主事渔业。20 世纪 90 年代多迁居沈家门，今实际居住约 150 人，多从事旅游服务业。东北岸的大岙建有交通码头，海上客运通庙了湖。附近海域为中街山渔场组成部分，设有中街山列岛国家级海洋特别保护区。

六横岛（Liùhéng Dǎo）　属舟山市普陀区六横镇。在浙江省东北部，舟山群岛南部海域。长 16.7 千米，宽 11.2 千米。陆域面积 93.66 平方千米。人口 6.35 万。古称黄公山，元大德《昌国州图志》卷四：“黄公山在海之南……或云晋时隐者黄公，善神术，制白虎，毙此山，故名。”又名双屿山，以西北岸涨起港附近有上屿山和下屿山得名。明初海禁后，改称陆洪山、六横山。《皇明经世文编》卷二五〇引朱纨《双屿填港工完事疏》：“五月十六日，臣自霩䨼所亲渡大海，入双屿港。登陆洪山，督同魏一恭等达观形势。”明天启《舟山志》卷一引明代兵部尚书张时彻《防海议》：“海上诸山，分别三界：……双屿、双塘、六横等山为上界。”清康熙《定海县志》卷三：“六横山，离县约六十里。地广田腴，人居稀少。与镇海、梅山、旗头相近。山、田、涂、荡都为镇民所开垦。冬作负耒而来，秋成梱而去，输课认粮，多不前。属安期乡。”一说六横为陆洪山的谐音。一说因岛上从东南到西北有 6 条山岭横贯，形状如蛇，当地方言称蛇为“横”，故名。清朱绪曾《昌国典咏》卷一：“古志无六横，今志无‘黄公’。‘黄公’之讹为‘六横’，犹岜客之讹为摘箬也。”最高点在西北部的双顶山，海拔 300.1 米。

地质基础以白垩系熔结凝灰岩为主，局部出露花岗斑岩、晶屑岩、熔结岩、玻屑岩等。丘陵与平地相间，面积大体相当。河流短小，独流入海。岸线曲折，基岩海岸与人工海岸相间，人工海岸多为标准海塘。土壤有滨海盐土、水稻土、红壤、粗骨土等。植被以落叶阔叶林和草本栽培植物为主。历为中国古代"海上丝绸之路"的重要节点和海防重地。宋代因海上贸易兴盛而设黄公坊买扑酒坊。南宋开庆《四明续志》卷四："黄公坊，月纳一百七十七贯五百四文。"双屿港及附近区域，为明朝著名的国际海上走私贸易基地，后被提督浙江、福建海防军务，巡抚浙江的朱纨率部剿平。朱纨《双屿填港工完事疏》："今据前因为照，浙江定海双屿港，乃海洋天险，叛贼纠引外夷深结巢穴，名则市贩，实则劫虏。有等嗜利无耻之徒，交通接济，有力者自出资本，无力者转展称贷；有谋者诓领官银，无谋者质当人口。有势者扬旗出入，无势者投托假借，双桅三桅连樯往来，愚下之民，一叶之艇，送一瓜运一樽，率得厚利，驯致三尺童子，亦知双屿之为衣食父母。远近同风。不复知华俗之变于夷矣。"明郑若曾《筹海图编》卷五："(嘉靖)十九年，贼首李光头、许栋引倭聚双屿港为巢。光头者，福建人李七；许栋，歙人许二也，皆以罪系福建狱，逸入海，勾引倭奴，结巢于霩衢之双屿港。""二十七年四月，都御史朱公纨遣都指挥卢镗、副使魏一恭等捣双屿港贼巢，平之。"清乾隆五十八年(1793 年)英国马戛尔尼使团访华期间，曾于此岛海岸驻泊。鸦片战争期间，英国侵略者曾对此详细测绘。[英]金约翰辑，[美] 金楷理口述，怀远、王德明笔译《海道图说》卷六："舟山列岛西南半最大者为六横山，自东南至西北长九里半。西半最阔处约六里，中腰颇低，仅阔二里。东南半最高者八百六十五尺，为无产圆锥峰。最窄处也有一独峰，高七百十八尺。西北半有五峰，其最高者九百十尺。六横山西岸为得非而得水道(编者注：即双屿门)，东岸有数小澳，各小澳两角相连处有作成石堤。北角高陡，内多农民。""六横山南面有二大沙澳。澜矶特与梅散对面之角，有石一行列入水道三百拓。列岛北面亦有石行列入水道半里，故六横与南面列岛间之水道仅阔一里。自六横山石行角起，海岸曲折向北而成大澳，澳内有三小岛。"清代属定海镇中营旗头洋汛水军防区。明代诗人唐顺之《至舟山经双屿山》诗："岛夷频不静，玉节远何之。誓清万里寇，敢惮一身危？闽卒精风候，吴儿惯水嬉。黄头纷百队，白羽扬千旗。击鼓灵鼍应，挥戈海若随。龙惊冬不蛰，鲛畏昼停丝。昨夜波涛怒，中宵云雾披。天澄镜光发，风嫩縠纹滋。邹衍瀛洲数，庄生秋水词。乾坤元莽阔，人事自牵羁。已傍渔山泊，还寻马迹期。日升看晷转，途变识针移。双屿崖门险，半洋礁石奇。从来惟贼路，今日有王师。待献经营迹，三山勒一碑。"清代诗人朱绪曾《黄公山》诗："海闸门开海贩多，礁潭石柱望嵯峨。黄公酒熟扶桑晓，谁补图经细索摩。"古属安期乡。明、清历 3 次迁境徙民。清道光二十一年(1841年)于此设安期乡六横上庄、六横下庄。清宣统二年(1910 年)于此设东靖乡。后几经变更，于 2001年合建六横镇。今为六横镇人民政府驻地，设有居民委员会 5 个、村民委员会 28 个。清光绪五年(1879 年)始有私塾，民国初期建小学，现有中学 2 所、小学 3 所。有二级医院 1 家、村卫生服务站 31 个。有"浙东第一功"摩崖题记、苍洞庙、庄公庙等 6 处普陀区文物保护单位。村民旧主事农业、渔业。现已形成以船舶修造、港口物流、火力发电、机械五金、纺织服装、水产加工等产业体系。其中，有大小船舶修造企业 7 家，坞容总量 100 万吨，为浙江省重要的船舶修造基地之一。六横港区为宁波—舟山港的主要港区之一。台门渔港为国家一级渔港。岛上公路纵横交错，村村通公路。大岙、沙岙、台门三地建有客运码头，海上客运通沈家门、定海、长峙岛和宁波郭巨等地。

佛渡岛(Fódù Dǎo)　属舟山市普陀区六横镇。在浙江省东北部，六横岛以西海域。长 5.3 千米，宽 3.1 千米。陆域面积 7.28 平方千米。人口 2 961。古称浡涂山、浮涂山。因岛周多海涂得名。

南宋乾道《四明图经》卷七:“浡涂山,旧名浮涂山。在(昌国)县南四百里。”明、清海禁后,谐音为佛肚山。清康熙《定海县志》卷五:“佛肚山,象山内洋。东至六横山,计水程十里;南至温州屿,计水程五里;西至汀齿山,计水程十五里;北至旗头山,计水程二十里。”清末谐音改今名。海拔150米。地质基础由白垩系熔结凝灰岩、凝灰岩夹凝灰质砂岩构成。地貌以低丘陵为主,四岸有少量海积平地。岸线曲折,基岩海岸与人工海岸相间。土壤有滨海盐土、水稻土、红壤、粗骨土等。植被以落叶阔叶林、常绿阔叶林、草本栽培植物和草丛为主。历为中国南北航线上的重要节点,旧时船舶进出宁波(明州)港的要道。石门自然村一带多古碎瓷遗迹。明嘉靖年间(1522—1566年)曾为双屿海上国际走私贸易基地组成部分。鸦片战争期间,英国侵略者曾于此详细测绘。[英] 金约翰辑,[美] 金楷理口述,怀远、王德明笔译《海道图说》卷六:“六横山西面有佛肚山,自南至北长二里半,阔一里。南面成长窄角,潮退尽时与南面之身安得里岛(编者注:即小佛渡)相连。北岸有尖嘴伸入水道,东北面有数小岛,最北者曰‘克罗依岛’,距此岛西北一百拓又有一石。”古属安期乡。清道光二十一年(1841年)属安期乡六横上庄,宣统二年(1910年)属东靖乡。民国《定海县志》册一:“佛肚山,在六横西,长八里,阔四里。居民三四百户……佛肚山介乎六横山、梅山之间,遂分水道为二支。东曰‘双屿港’,西曰‘汀子港’,大轮皆可行驶。”1934年于此设佛渡乡。后几经变更,于2007年并入六横镇。现有村民委员会1个、村卫生服务站1个。村民原以渔业为主,2000年后以水产养殖业为主,养殖紫菜、扇贝、对虾、大黄鱼等。东岸设有客运码头,海上客运通六横岛。

凉潭岛(Liángtán Dǎo)　属舟山市普陀区六横镇。在浙江省东北部,六横岛东南侧海域。长2.4千米,宽750米。陆域面积1.12平方千米。原分大、小两段山2个海岛。民国《定海县志》册一:“大两段,在走马塘南。长二里又三之一,阔一里半。”“小两段,在走马塘南。长一里又五之三,阔一里。”因二岛紧邻,形如劈为两段的1个海岛得名。1974年筑堤相连。1984年谐音雅化为今名。鸦片战争时期,英国侵略者分称为“沙克岛”“朴气岛”和“河门岛”“偷腾”等。[英] 金约翰辑,[美] 金楷理口述,怀远、王德明笔译《海道图说》卷六:“比克岛北面有格尔岛、沙克岛、朴气岛。格尔与沙克二岛间有露石一行,朴气岛西北角亦有石一行列入水道三百拓。”民国《定海县志》册一:“大两段,译称‘河门’。”“小两段,译称‘偷腾’。”19世纪80年代编绘的《八省沿海总图·浙江舟山南群岛水道》标注为“沙克岛”“补楚列岛”。海拔84米。地质基础由白垩系凝灰岩、凝灰质砂岩、沉凝灰岩构成。东南半部以丘陵为主,多基岩海岸;西北半部为开山、围填的平地,多为人工海岸。土壤有红壤、粗骨土等。植被以落叶阔叶林和灌丛、草丛为主。原设凉潭1个村民委员会,2003年并入悬山中心村。2008年村民迁居六横镇台门。旧有小学1所,1999年并入台门中心小学。2008年于此建设武港铁矿石中转码头。现有30万吨和5万吨级泊位各1个,年吞吐能力为3 000万吨。建有企业专用客运码头,航线通六横岛。

悬山岛(Xuánshān Dǎo)　属舟山市普陀区六横镇。在浙江省东北部,六横岛东南侧海域。长8.1千米,宽2.8千米,最窄处约10米。陆域面积6.92平方千米。人口3 282。南宋宝庆《四明志》卷二十《昌国县境图》等载为“大桑山”。明郑若曾《筹海图编·浙江沿海山沙图十一》载为“赤坎山”。明范涞《两浙海防类考续编》卷一载为“茶克(山)”。19世纪80年代编绘的《八省沿海总图·浙江舟山南群岛水道》标注为“锣鼓山”。民国《定海县志》册一载为“马跳头(山)”:“马跳头,在后门山南。长十四里半,阔三里半。居民五六百户……马跳头全岛无禾田,居民多在西面。北面可为锚地。”后因其悬居海上,四周悬崖壁立而改今名。又因岛形如长笤帚,俗称笤帚山、条帚山。鸦片战争时期,英国侵略者称为“鸟喙岛(比克岛)”,并称条帚门为比克水道。[英] 金约翰辑,[美] 金楷理口述,怀远、王德明笔译口述，怀远、王德明笔译《海道图说》卷六："牛鼻山东北面第一水道曰'比克水道'，为自南面入舟山列岛间最稳便水道。比克头，一作'铜锣山'，为比克岛最东面之角；佛能角为弗能岛（一作'虾峙山'）最东之角，二角彼此互视，为东北偏北又北三分与西南偏南又南三分之向，相距二里又四分里之三，是为比克水道东口。""近比克岛东北面有二石行，一行距陆岸三百拓，一距陆岸五十拓。比克岛北面有格尔岛、沙克岛、朴气岛。"民国《定海县志》册一："译称'鸟喙岛'。"海拔 142.3 米。西北部由白垩系熔结凝灰岩夹凝灰质砂岩构成，东南部由潜霏细斑岩构成。地貌以低丘陵为主，仅西北部有小片海积平地。岸线曲折，基岩海岸与人工海岸相间，以基岩海岸为主。土壤有红壤、粗骨土和滨海盐土等。植被以落叶阔叶林、灌丛和草丛为主。古属安期乡。清道光二十一年（1841 年）属安期乡六横下庄乡，宣统二年（1910 年）属东靖乡。1934 年设马跳乡。1992 年并入台门镇，2001 年并入六横镇。原设有大鱼厂、杨柳坑、马跳头 3 个村民委员会，2003 年合并为悬山中心村。2003 年后岛上居民多迁往六横岛台门，现实际居住人口约 490 人。曾出土战国铜锛。有海上人家渔庄、铜锣甩等景区。多数村落通公路。有交通码头 2 座，海上客运通六横岛台门。

大铜盘岛（Dàtóngpán Dǎo）　属舟山市普陀区六横镇。在浙江省东北部，六横岛东南侧海域。长 220 米，宽 150 米，陆域面积 2.5 万平方米。无常住人口。以岛形浑圆似铜盘得名。地质基础由白垩系熔结凝灰岩夹凝灰质砂岩构成。海拔 25.3 米。原皆丘陵，2013 年因全岛开发建设旅游房地产而开凿为平地，并建桥与六横岛相连。现有别墅式建筑 6 幢，总建筑面积 1.3 万平方米。土壤以红壤为主，植被以园林栽培植物为主。岛周为台门一级渔港，樯桅林立。

砚瓦山岛（Yànwǎshān Dǎo）　属舟山市普陀区六横镇。在浙江省东北部，六横岛东南侧海域。在舟山群岛南部，六横岛东南侧海域。长 1.5 千米，宽 800 米。陆域面积 55.7 万平方米。因南侧海域有笔架山岛，由之派生得名。鸦片战争时期，英国侵略者称为"龙腾岛"。民国《定海县志》册一："砚瓦山，在对江山南。长二里又五之四。译称'龙腾'。"地质基础由白垩系熔结凝灰岩夹凝灰质砂岩构成。海拔 80.1 米。皆为低缓丘，无平地。岸线曲折，多为基岩海岸，北端有小段沙质海岸。山坡陡峭，上部平缓，坡脚有陡峭的海蚀崖。土壤以红壤和粗骨土为主。植被以落叶阔叶林、灌丛、草丛为主。青山连绵，怪石奇礁林立，沙滩细腻，2002 年起开始建设"假日岛"旅游景区。北部建有交通码头和度假宾馆，设有旅游航线。山间栈道贯穿南北。

普陀山岛（Pǔtuóshān Dǎo）　属舟山市普陀区普陀山镇。在浙江省东北部，舟山岛以东海域。长 6.8 千米，宽 4 千米。陆域面积 11.85 平方千米。人口 5 133。古称梅岑山。南宋乾道《四明图经》卷七："梅岑山，在（昌国）县东二百七十里。四面环海。"南宋宝庆《四明志》卷二十："或谓梅福炼丹于此，山因以名。"元大德《昌国州图志》卷四："梅岑山，在海之东，世传梅福炼丹之所，因以姓（名）此山。"别称补陀洛迦山、补怛洛伽山、补陀罗伽、布怛落迦山、宝陀山，皆为梵语 potalaka 的音译，因普陀山自唐末开始供奉观音菩萨，后渐发展成为观音道场而得名。源出《华严经》："南方有山，名布怛落迦，彼有菩萨，名'观自在'。"宋宝庆《四明志》卷二十："补陀洛迦山，在东海中，佛书所谓海岸孤绝处也。一名'梅岑山'，或谓梅福炼丹于此，山因以名。有善财岩、潮音洞，洞乃观音大士化现之地。唐大中年，西域僧来，即洞中燔尽十指，亲睹观音与说妙法，授以七色宝石，灵迹始着。海舶候风于山下，谓之放洋。"又因梵语 potalaka 意译为小白花，别称白华山。元末明初渐按汉语习惯简称今名。最高点在北部的佛顶山，海拔 288.2 米。地质基础以燕山晚期侵入的钾长花岗岩为主，局部出露白垩系熔结凝灰岩夹凝灰质砂岩、石英闪长岩及石英二长斑岩等。地貌以低丘陵为主，西部和西南部有小片围垦平地。岸线曲折，以基岩海岸为主，间有沙质海岸和人工海岸。土壤有红壤、滨海盐土和粗骨土等。植被以落叶阔叶林和亚热带针叶林为主，寺院周围有以香樟、罗汉松等为主的常绿阔叶林。历为中国古代海上丝绸之路的重要节点，海防要地。南宋乾道《四明图经》卷七："高丽、日本、新罗、渤海诸国皆由此取道，守候风信，谓之放洋。"宋张邦基《墨庄漫录》卷五："三韩外国诸山在杳冥间，海舶至此，必有祈祷。寺有钟磬铜物，皆鸡林（编者注：即朝鲜半岛）商贾所施，多刻彼国之所号，亦有外国人留题颇有文采者。"清康熙《定海县志》卷二："东控日本，北接登莱，南亘瓯闽，西通吴会，实海中之巨障。黄大洋在山之东，莲花洋在山之西。倭彝贡道必由之路。凡商帆往来候风于山下，谓之放洋。盗贼觇伺出没，故尤为汛防之要地。"南宋绍兴元年（1131 年）迁 700 多渔户离岛，遂成佛门净地。明洪武十九年（1386 年）朝廷实施海禁政策，焚寺迁僧。永乐年间（1403—1424 年）后再度复兴。嘉靖年间（1522—1566 年）常受倭寇骚扰。明直浙总督胡宗宪《舟山议》："其来也，自五岛开洋，冲冒风涛，困眩精神者数日，至下八、陈钱而始少憩。然孤悬外海，必历数潮，泊普陀、乌沙门之类，而后觇我兵虚实以为进止。"嘉靖三十二年至嘉靖三十三年（1553—1554 年），刘恩至、俞大猷等于此剿倭。明郑若曾《筹海图编》卷五："（三十二年）八月，都指挥刘恩至等迎击直隶遁贼于普陀洋，连战，大败之，追击于茶山，尽歼之……一自长途、沈家门设伏邀击。贼果南遁，官兵与遇于普陀落迦山临江海洋，连与战，皆胜之。零贼败登普陀，依险为巢，掘堑自卫。参将俞大猷督官兵尽攻之。二十二日夜，自石牛港进，张疑整众，而不与交战，潜遣奇兵由西北巡检岙直入……贼遂败走茶山绝顶……四面齐进，俘馘无遗。""（三十三年三月）贼据普陀山，分踪流劫内地。参将卢镗邀击于石墩洋，大破之。先是，贼入寇归，栖普陀，为息肩之地。官兵守之既浃旬，将捣其巢……四月，参将俞大猷与贼战于普陀山，武举应袭、火斌、黎俊民、魏本、康阜死之。"隆庆二年（1568 年），地方官府禁民上山，普陀山再度衰落。清康熙四年（1665 年），荷兰侵略者侵占普陀山，焚毁寺院，劫掠文物。后又有镇海寺和普陀寺被焚等事件，普陀山第三次衰落。康熙二十三年后，朝廷开海展复舟山，普陀山遂又复兴。清康熙《普陀山志》载："本山两寺及各静室，僧众约三千人。"鸦片战争期间，英国侵略者曾于此详细测绘。[英] 金约翰辑，[美] 金楷理口述，怀远、王德明笔译《海道图说》卷六："距黄头最东角一里半有普陀山，其与舟山间水道曰'莲花洋'。普陀自南至北长三里半，小有仅袤半里者。山间多庙宇。有长窄沙角，自东岸远伸入海。南面成大沙澳，澳内约深三拓。近沙角小岛东面有一隐石，其西面水道为陂浅。距岸三百拓为水深二拓半之界，又北面小岛以北，与北面露石之间，西船可行。""普陀山东面沙澳内有淡水溪，南面有淡水井。""普陀山东面深十二拓至十四拓之处，虽可泊船而不能遮护风力，且各船必偶有不便起锚者。"清末以后，岛上僧俗时增时减，多时有僧俗 4 000 多人，少时仅数百人，并有舟山岛大展、塘头一带农民陆续迁至岛西部、北部一带定居。1916 年 8 月，孙中山先生考察普陀山，并作《游普陀志奇》。清及清前属安期乡马秦村。道光二十一年（1841 年）于此设安期乡洛伽庄。宣统二年（1910 年）属洛舵乡。1934 年于此设普陀山乡。1934 年于此设普陀山乡。1989 年改置镇。现有 1 镇，下设居民委员 1 个、村民委员会 4 个。有小学 1 所、佛学院 1 所。有医院 1 家。地域文化以佛教文化为著，为中国四大佛教名山之一，被誉为"海天佛国"，是普陀山国家级风景名胜区的核心景区。有普陀山多宝塔、法雨寺、普济寺 3 处全国重点文物保护单位，普陀山文化景观、短姑码头、潮音洞摩崖石刻 3 处浙江省文物保护单位，杨枝观音碑、五祖碑亭、抗倭摩崖题记等 23 处舟山市文物保护单位。每年举办中国普陀山南海观音文化节、中国普陀山观音香会节、普陀佛茶文化节等民俗节庆活动。经济以旅游业服务为主。北宋文学家王安石《游洛迦山》诗："山势欲压海，禅宫向此开。鱼龙腥不到，日月影先来。树色秋擎出，钟声浪答回。何期乘吏役，暂此拂尘埃。"南宋诗人陆游《海山》诗："补洛迦山访旧游，庵摩勒果隘中州。秋涛无际明人眼，更作津亭半日留。"陆游《好事近·登梅仙山绝顶望海》词："挥袖上西峰，孤绝去天无尺。拄杖下临鲸海，数烟帆历历。贪看云气舞青鸾，归路已将夕。多谢半山松吹，解殷勤留客。"元代书画家赵孟頫《游补陀》诗："缥缈云飞海上山，挂帆三日上潺湲。两宫福德齐千佛，一道恩光照百蛮。涧草岩花多瑞气，石林水府隔尘寰。鲰生小技真荣遇，何幸凡身到此间。"明代舟山籍状元张信《游梅岑》诗："浮生寄丹壑，感慨兴我情。文章岂足恃，所贵矢贞坚。拂之蘅窦下，浩渺驾长鲸。和风洒玉宇，清奏来瑶笙。眷言梅子真，千古留其名。愿共游仙侣，趣趾上蓬瀛。"明代书画家文徵明《普陀山留题》诗："寒日晶晶晓海声，中庭映雪一宵晴。墙西老梅太骨立，窗里幽人殊眼明。想见渔蓑无限好，怪来诗画不胜情。江南转瞬相将望，会看门前春潮生。"明代文学家张岱《忆普陀》诗："山松怯飓风，千年苦不大。茁蘖成槎牙，石肤恒露髁。昔日到补陀，风来船似簸。此下有蛟龙，榜人戒勿唾。"近代学者康有为《游普陀题》诗："观音过此不肯去，海上神山涌普陀。楼阁高低二百寺，鱼龙轰卷万千波。云和岛屿青未了，梵杂风潮音更多。第一人间清净土，欲寻真歇竟如何?"景区公路环岛。岛西南岸建有客运站及渡口，海上客运通上海、宁波及舟山岛、朱家尖岛、桃花岛、洛迦山岛等地。

洛迦山岛(Luòjiāshān Dǎo)　属舟山市普陀区普陀山镇。在浙江省东北部，普陀山岛东南部海域。长 1.05 千米，宽 630 米。陆域面积 37.49 万平方米。人口 74。因与普陀山岛相邻，由普陀山岛派生得名。为梵文"Potalaka"音译"普陀洛迦"的后半部分。明郑若曾《筹海图编》卷一载为"洛茄山"。清康熙《定海县志》卷三载为"大洛迦山"："大、小洛迦山，离县一百二十里。与普陀接近，童山无产。时有苦行僧修于此。"卷五载为"大洛伽山"："大洛伽山，定海内洋。东至东洋大海；南至小洛伽山，计水程五里；西至普陀山，计水程五里。"民国《定海县志》册一载为"洛伽山"。洛茄、洛迦、洛伽，皆为谐音。在部分诗人作品中，也别称小洛伽山。鸦片战争期间，英国侵略者曾于此详细测绘。[英] 金约翰辑，[美] 金楷理口述，怀远、王德明笔译《海道图说》卷六："距普陀山南角东面又距北朱家尖东北角不远，有四岛，一曰'大洛伽山'，一曰'白沙'、一曰'拉加'，一曰'拉加地'(编者注：白沙、拉加、拉加地分别指柴山岛、白沙岛和鸡笼山屿)，四岛与北朱家岛间为稳便水道。四岛与普陀山间亦为稳便水道。"海拔 101.7 米。地质基础由白垩系熔结凝灰岩夹凝灰质砂岩、凝灰岩构成。皆为丘陵，无平地。岸线曲折，皆为基岩海岸。土壤以红壤和粗骨土为主。植被以落叶阔叶林、亚热带针叶林和白茅草丛为主。因从普陀山岛远望，酷似一尊大佛仰卧在莲花洋上，有"海上卧佛"之誉。历为佛教圣地。清定海县令周圣化《落迦山》诗："绝海浮空岛屿灵，上方宫阙倚天青。纤云不作雷千里，稚云初生锦一屏。岛出衔香花不落，龙归听法殿无腥。蓬莱清境非人世，好斸珊瑚盖草亭。"清代诗人徐昆《小洛伽山》诗："路向洛伽登，分支以小称。欲穷沧海量，更上一层层。"现为普陀山国家级风景名胜区组成部分。有妙湛塔、圆通禅寺、大觉禅寺、水晶宫岩洞等景点。北端建有洛迦山灯塔，为全国重点文物保护单位浙东沿海灯塔组成部分。民国《定海县志》册一："洛伽山灯塔，系透镜，红、白二色，常明。灯光距水面十丈八尺，晴时白光，能照四十五里，红光二十二里。"西岸建有码头，海上客运通普陀山岛。

岱山岛(Dàishān Dǎo)　属舟山市岱山县。在浙江省东北部，舟山群岛中部海域。长 17.9 千米，宽 11.2 千米。陆域面积 104.97 平方千米。人口 10.3 万。元大德《昌国州图志》卷四："岱山，在海之北，传所谓岱舆、蓬莱，或者名始于此。”北宋日僧成寻《参天台五台山记》载为“袋山”。南宋乾道《四明图经》卷七、南宋宝庆《四明志》卷二十和明天启《舟山志》卷二等分称为“东岱山”和“西岱山”。乾道《四明图经》卷七：“西岱山，在（昌国）县西北二百四十里。”“东岱山，在（昌国）县北二百四十里。”最高点在磨心山，海拔257.1米。地质基础以白垩系熔结凝灰岩等构成，西北端及南端出露少量潜流纹斑岩和凝灰质砂岩。旧由相邻的两个海岛构成，1949年因国民党军队建机场而相连。海岛丘陵与海积平原相间。东部多丘陵，西部多平原。河流源浅流短，河汊众多，并多为平原性河道。基岩海岸和人工海岸交替，间有小段泥质和沙质海岸。土壤有滨海盐土、水稻土、红壤和粗骨土等。植被以落叶阔叶林和草本栽培植物为主。5 000年前已有人类居住。隋代骠骑将军陈棱奉命伐流求（编者注：今琉球），曾于此刑马祭旗。元大德《昌国州图志》卷四：“刑马礁，在岱山之东北，名秦头。父老相传，谓昔隋骠骑陈将军奉命伐流求国，领兵至此，刑马祭神。”五代于此设镇将。宋、元于此设昌国县（州）蓬莱乡岱岸里、岱山村，并建有岱山镇、岱山盐场、高南亭盐场、岱山寨、岱山巡检司、岱山书院。明代为海防与抗倭要地。清属定海镇右营岱山汛水军防区。鸦片战争时期，英国侵略者曾三度入侵岱山，并曾于1842年3月8日与清军在南浦一带交战。其间，英军曾于此详细测绘。［英］金约翰辑，［美］金楷理口述，怀远、王德明笔译《海道图说》卷六：“岱山长八里，阔五里，为列岛中第三最大者。内多居民，煮海为盐。近岱山东南角有九小岛，各小岛间西船不易驶行。近关山东面水道内，潮流甚疾，且近关山陡岸处风势不一，故宜行于关山与龟山间，较为稳便。”“距溪口西面近镇市之处又有溪口，除此以外，岱山南面无处登岸，因泥滩铺入海甚远也。”“近岱山北岸有四小岛，当东北恒风时不能遮护风力。惟夏月近岱山中镇市对面可泊船。”元代慈溪县令陈麟作有《岱山操》，清代诗人萧湘作有《岱山竹枝词》，朱畊作有《岱山观鱼歌》，定海厅同知龚泰作有《出巡岱山寓太平庵僧舍》，定海厅同知史悠扬作有《岱山夜巡口占》等诗。民国时期，奉化人孙振麟作有《岱山游记》，岱山人任宗夔《岱山览胜记》。清朱绪曾《岱山》诗：“封禅嬴秦未得来，岱舆云气接蓬莱。高亭堆雪阳乌栖，不费夷吾煮海才。”朱绪曾《岱山书院》诗：“杨袁教泽尚如新，道岸茫茫孰问津。不乏名儒如许定，岂无如义魏方真。”岛上旧有岱山庙。南宋宝庆《四明志》卷二十：“岱山庙，在北海中。其神名棱，姓陈氏，字长威，庐江襄安人。隋大业中，航海击流求国，俘斩颇众。事见《隋史》。庙以端拱二年建，号陈将军庙。绍兴十七年重修，进士施知微记。朐山亦有祠。”南宋庆元元年（1195年）赐“英感庙”额。淳祐九年（1249年），宋理宗封为庙神陈棱为灵济侯：“敕庆元府昌国县岱山镇英感庙：神朕闻海上神山，烟霞缥缈，为灵异所宅。昌国相望蓬莱，而岱山固非寻常岛屿也。尔庙食兹土，御灾捍患，事迹暴着旧矣。迩者雨旱魃于一区，风寇帆于半夜，哄市之民赖以宁辑，庸非尔力哉！部使者以闻，宜启崇封，特加徽号。尚思‘灵济’之义，以庥我民，特封灵济侯。”距今约5 000年前的新石器时代已有先民定居。古属蓬莱乡。清道光二十一年（1841年）于此设蓬莱乡岱一庄、岱二庄。清宣统二年（1910年）设定海县岱山镇。1934年于此设高亭、东沙、石桥3镇，南浦、石马、浪激嘴、茶前山、沙洋、板沙、总吉、浒兜、南峰山、念亩、盘青、虞塘、剪姚、双合山、枫树墩、宫门、峙窑、司基、泥峙19乡。1935年合为岱一、岱二2镇，东和、中和、西和3乡。1949年于此设滃洲县，1950年复属定海县，1953年于此设岱山县。今设有高亭、东沙、岱东、岱西4个镇，并设有社区居民委员会12个、村民委员会49个。有中小学11所、二级医院3家。有大舜庙后墩遗址、东沙菜市场、东沙海产品加工作坊3处浙江省文物保护单位，北畚斗遗址、江窑湖古窑址等5处舟山市文物保护单位，河清桥、东岳宫等8处岱山县文物保护单位。1991年于此设立岱山岛浙江省风景名胜区。有东沙镇 1 个中国历史文化名镇、东沙 1 个中国传统村落。渔业以近洋捕捞为主，海水养殖为辅，为全国重点海洋渔业县之一。制盐业已有千年以上历史，为浙江省主要产盐区之一，“岱山贡盐”享有盛名。工业以船舶修造、汽配制造、水产加工、玩具制造、电机制造、化纤制造为主，为浙江省船舶修造业的重要生产基地，并建有岱山省级经济开发区 1 个。第三产业以旅游业、港口物流业为主。岱山港区为宁波—舟山港主要港区之一。村村通公路。东南端经江南大桥与江南山岛相连。海上客运通衢山、洋山、长涂和定海三江等地。

大鱼山岛(Dàyúshān Dǎo)　属舟山市岱山县高亭镇。在浙江省东北部，火山列岛东部海域。长 6.4 千米，宽 1.8 千米。陆域面积 6.25 平方千米。人口 2 650。南宋乾道《四明图经》卷七和宝庆《四明志》卷二十均载为“宜山”。明嘉靖《浙江通志》载为“宜山”和“俞山”。明郑若曾《筹海图编·浙江沿海山沙图十七》载为“渔山”。清康熙《定海县志》卷三和民国《定海县志》册一载为“大鱼山”。清康熙《定海县志》卷五载为“大渔山”。康熙《定海县志》卷五：“大渔山，定海外洋。东至花果山，计水程十五里；南至练槌山，计水程二里；西至小渔山，计水程三里；北至大羊山，计水程一百五十里。”一说因岛形狭长，远望似大鱼得名。一说因附近海域盛产俗称“大鱼”的毛鲿鱼而得名。“宜”“俞”“渔”“鱼”等皆为方言谐音。海拔 121.2 米。地质基础由白垩系熔结凝灰岩、流纹岩构成。地貌以海岛低丘陵为主，西半部丘陵与海积平地相间。人工海岸与基岩海岸相间，西岸以人工海岸为主，东岸以基岩海岸为主。土壤有滨海盐土、粗骨土、红壤等。植被以落叶阔叶林为主。历为海防要地。南宋宝庆《四明志》卷七：“神前、石衕、三姑、宜山、马迹、关岙、海驴礁及海南北中间，其昼夜巡徼者，三日一报枢密院及尚书省。”南宋宝祐六年(1258 年)，朝廷于大鱼山岛设宜山烽铺，为当时海上十二烽铺之一。南宋开庆《四明续志》卷五：“自定海水军招宝山至烈港山、自烈港山至五屿山、自五屿山至宜山、自宜山至三姑山、自三姑山至下干山、自下干山至徐公山、自徐公山至鸡鸣山、自鸡鸣山至北砂山、自北砂山至络华山、自络华山至石衕山、自石衕山至壁下山，此大海洋之中十二铺。”开庆元年(1259 年)朝廷将岛上山地、田地增拨为庆元府养士田产。开庆《四明续志》卷一：“拨养士田产……开庆元年八月，钧札拨下汪登道没官田产，昌国县宜山山田地共九千七百三十一亩，山熟地二千一百九十二亩，山坑田四亩三角三十步，石山七千五百三十四亩四十五步，涂田共六百八十亩三角二十三步，已耕种田五十五亩，已开垦未种田五十二亩，未开垦田二百七十三亩三角二十三步，未曾埲就海涂田三百亩，水田四亩三角。”明代为抗倭要冲。明郑若曾《筹海图编》卷五：嘉靖三十五年(1556 年)“总兵俞大猷、卢镗败贼于渔山、马迹洋”。清属定海镇右营岱山汛水军防区。鸦片战争期间，英国侵略者称为“东福尔该奴岛”，并曾于此详细测绘。[英] 金约翰辑，[美] 金楷理口述，怀远、王德明笔译《海道图说》卷六：“距道角西面六里，有一岛自南至北长四里者，曰‘鱼山’，西名‘东福尔该奴’，上有四峰，为列岛最大者。”“凡由首列岛间与福尔该奴列岛间经过者，勿过行近鱼山，因距岸一里又四分之一，仅深二拓也。又距鱼山北角东面三百拓，有半潮石。”民国《定海县志》册一：“大鱼山，在两头洞西。长十一里半，阔三里又三之二。居民百余户。自大鱼山至鱼腥脑，译称‘福而该奴岛’。大鱼山居民在西岙。”1944 年，新四军浙东纵队海防大队一中队官兵于此与日伪军激战，被誉为“海上狼牙山之战”。大鱼山烈士纪念碑为舟山市首批爱国主义教育基地。古属金塘乡。元大德《昌国州图志》卷二载有宜山岙。宣统二年(1910 年)属岱山镇。1934 年属鱼龙乡。1956 年于此设渔山乡，2001 年并入高亭镇。现有村民委员会 1 个。2000 年后村民陆续迁居高亭及普陀区平阳浦等地。西岸建有码头，海上客运通高亭和定海小沙海峰码头。

鱼腥脑屿(Yúxīngnǎo Yǔ) 属舟山市岱山县高亭镇。在浙江省东北部，火山列岛西北部海域。长200米，宽120米。陆域面积1.4万平方米。人口3。因从南望岛形似鱼脑状得名。明万历范涞《两浙海防类考续编》卷一载为"鱼惺脑"。清康熙《定海县志》卷五载为"鱼腥脑山"。清属定海镇右营岱山汛水军防区。清康熙《定海县志》卷五："鱼腥脑山，定海外洋。东至小渔山，计水程三里；南至五屿山，计水程七十里；西至本营沥港汛西霍山，计水程六十里；北至乍浦官山，计水程一百里。"海拔20.6米。地质基础由白垩系熔结凝灰岩构成。皆为缓丘，无平地。岸线曲折，皆为基岩海岸，坡脚有陡峭的海蚀崖。土壤为棕石砂土。植被以五节芒草为主。山巅有建于清同治十一年(1872年)的鱼腥脑灯塔，为全国重点文物保护单位浙东沿海灯塔的组成部分。民国《定海县志》册一："鱼腥脑，在大全山西微偏北。鱼腥脑有灯塔，系透镜，白光，常明。灯光点距水面八丈，晴时能照四十五里，并有雾炮。"无交通码头，无固定航班。附近海域渔业资源丰富，为传统的张网作业区，昔盛产俗称"大鱼"的毛鲿鱼。

对港山岛(Duìgǎngshān Dǎo) 属舟山市岱山县高亭镇。在舟山群岛中部，岱山岛东南海域。长620米，宽270米。陆域面积13万平方米。原名蛤蚆山，因形似鲛鳙鱼(俗称海蛤蚆)得名。民国《定海县志》册一："官山……附近小岛：小官山、福全山、蛤蚆山。""官山北偏东为蛤蚆山，是山之西有小山三，礁一。"1999年改今名，以与高亭镇区隔港相对得名。地质基础由白垩系熔结凝灰岩、凝灰岩、凝灰质砂岩构成。海拔22.5米。原以丘陵为主，1975年后陆续开山为平地。今几无丘陵。海岸平顺，皆为人工构筑的标准海塘。土壤以红壤为主，植被以园林栽培植物为主。原为无居民海岛。1975年始开发建设，曾驻有岱山县海洋与渔业局、县体委、县经济协作办、县养殖公司、县水产公司、县冷冻厂等单位，并建有县体育场等公共设施。2008年始整体拆迁改建为蔚蓝公寓，总建筑面积约29万平方米。1975年于东岸建仙洲桥与岱山岛高亭镇区相连。

山外山岛(Shānwàishān Dǎo) 属舟山市岱山县高亭镇。在浙江省东北部，岱山岛东南海域。长753米，宽830米。陆域面积48.9万平方米。人口2 000。原分对港山、山外山2个海岛，2003年后围填相连为1个海岛。对港山，因与岱山隔蒲门港相对得名。山外山因与高亭镇山外村相邻得名。1999年合称为今名。地质基础由白垩系熔结凝灰岩、凝灰岩、凝灰质砂岩构成。海拔43.1米。原丘陵与海积平地相间，以丘陵为主。今以开山形成的平地为主。土壤以红壤为主。植被以园林栽培植物为主。原为无居民海岛。2003—2008年于此开发建设度假公寓，总建筑面积27.6万平方米，并有宾馆、景观塔和大黄鱼雕塑等配套设施。2005年于北岸建成峰景湾大桥与岱山岛相连。

江南山岛(Jiāngnánshān Dǎo) 属舟山市岱山县高亭镇。在浙江省东北部，岱山岛东南海域。长1.9千米，宽1.4千米。陆域面积0.8平方千米。人口1 167。清光绪《定海厅志·岱山图》标注为蒲门山，民国《定海县志》载为葡门山。民国《定海县志》册一："葡门山，在岱山东南。长三里又三之一，阔一里又五之四。居民百余户……译称'大蒲门'。"后因岛处蒲门港南岸而改称江南山。"江"即"港"，当地习惯以"江"代"港"。鸦片战争时期，英国侵略者分称为"普岛""普弟岛(褒的)""普奴岛(褒诺)"。《八省沿海总图·浙江舟山北群岛水道》分别标注为"褒岛""褒的"和"褒诺"。[英]金约翰辑，[美]金楷理口述，怀远、王德明笔译《海道图说》卷六："自石崖小岛视岱山水道南口正北向，水道口西面有普弟、普奴二小岛。"海拔69.2米。地质基础以白垩系熔结凝灰岩、凝灰岩、凝灰质砂岩为主，东南端出露流纹斑岩。地貌原以低丘陵为主。2006年于东半部开山填海建船舶修造公司，并与相邻的野蒲门山、荞麦格子相连。后又于西北部围填，现以平地为主。原以基岩岸为主，今以人工海岸为主。土壤有滨海盐土、红壤和粗骨土等。植被以落叶阔叶林、白茅草丛和灌丛为主。现设村民委员会1个。北侧与西侧建有蒲门渔港,为高亭中心渔港的组成部分,可锚泊渔船800艘,并建有渔船码头等设施。公路并经江南大桥、官山大桥分别与岱山岛、官山岛相连。

官山岛(Guānshān Dǎo)　属舟山市岱山县高亭镇。在浙江省东北部,岱山岛东南海域。长2.7千米,宽2.3千米。陆域面积3.14平方千米。人口1 185。原名龟山。因从南望形似乌龟得名,后谐音雅化为今名。清康熙《定海县志》卷三:"官山,离县约百二十里。"别称观山。鸦片战争时期,英国侵略者称为"韭山岛""关山"。其中,民国《定海县志》册一:"官山,岱、秀二山之间。长四里又五之四,阔三里半。居民二百户。附近小岛:小官山、神福山、蛤蚆山。译称'韭山'。官山北偏东为蛤蚆山,是山之西有小山三、礁一。"19世纪80年代编绘的《八省沿海总图·浙江舟山北群岛水道》等地图标注为"关山"。[英]金约翰辑,[美]金楷理口述,怀远、王德明笔译《海道图说》卷六:"已过龟山(编者注:指大峧山岛),即应向关山而行;及至关山,即应近关山而行。因距此南面半里有石行,潮涨满即隐。自石行视龟山高顶为西偏北之向,视兰秀山最高顶为西南偏南又南二分之向。石行与兰秀山间多隐险,故水道虽阔半里,不易驶行,且多旋流处并近龟山陆岸则风势方向不一。已过此石行,即应防磨恩岛(编者注:即秀山大牛轭岛)西北角之石陂,是为水道南界。"海拔145.8米。西北部和中部由白垩系熔结凝灰岩、凝灰岩和凝灰质砂岩构成,东部、西部由流纹斑岩构成。地貌以海岛低丘陵为主,间有小块围垦平地。岸线曲折,湾岬相间,以基岩海岸为主,仅西岸和西南岸有人工海岸。土壤有滨海盐土、红壤和粗骨土等。植被以落叶阔叶林和灌丛为主。历为海防要地。清代属定海镇右营岱山汛水军防区。1934年曾于此置观山乡。1953年置于此设官山乡。原设村民委员会2个,1997年迁至岱山岛高亭镇区,并迁多数居民至高亭,岛上仅余部分老年村民。现设村民委员会1个,驻高亭镇官山新村。原于西岙建有交通码头,海上客运通岱山高亭,2014年建成官山大桥与江南山岛相连。

大峧山岛(Dàjiāoshān Dǎo)　属舟山市岱山县高亭镇。在浙江省东北部,岱山岛以南海域。长2.8千米,宽1.2千米。陆域面积1.94平方千米。人口485。古称擎山。清康熙《定海县志》卷五:"擎山,定海内洋。东至左营水汛竹屿山,计水程三十里;南至王山,计水程十五里;西至鳖山,计水程十里;北至岱山老岸,计水程五里。"民国《定海县志》册一等记载为"大蛟山":"大蛟山,在岱山南五里半。长五里,阔一里又三之二。居民二百户。"因原岛形狭长,丘陵延亘如蛟龙而得名。后谐音为今名。鸦片战争时期,英国侵略者称为"吐哥山(里格岛)"。民国《定海县志》册一:"译称'吐哥山'。"19世纪80年代编绘的《八省沿海总图·浙江舟山北群岛水道》等地图标注为"龟山"。[英]金约翰辑,[美]金楷理口述,怀远、王德明笔译《海道图说》卷六:"凡是自沙澳泊船处开行欲入兰秀山北面水道者,应先向东北偏东而行,见前有圆峰不生植物者,为龟山。须知水道东南面为陡界。""已过龟山,即应向关山而行。"海拔103.8米。地质基础由白垩系熔结凝灰岩、凝灰岩、凝灰质砂岩构成。低丘与平地各半。东南半部以基岩海岸为主,岸线曲折;西北半部以人工海岸为主,岸线平直。土壤有滨海盐土、红壤和粗骨土等。植被以落叶阔叶林、灌丛和草本栽培植物为主。原设村民委员会1个,1995年迁驻岱山高亭镇安澜路,并迁部分村民至高亭散居。村民主事渔业和交通运输业,并建有海水养殖场,为岱山县养殖梭子蟹主产区之一。有交通码头1座,海上客运通高亭镇。岛上无公路。

小长涂山岛(Xiǎochángtúshān Dǎo)　属舟山市岱山县长涂镇。在浙江省东北部,舟山群岛中部。长 5.9 千米，宽 3.3 千米。陆域面积 13.1 平方千米。人口 7 372。北宋日僧成寻《参天台五台山记》卷一载为“随稍山”：“四月一日庚戌……申时，著袋山，在随稍山西山也，有人家。东南有栏山，有人家。”南宋乾道《四明图经》卷七将之与大长涂山岛合称为长涂山：“长涂山，在(昌国)东北二百八十里。”元大德《昌国州图志》卷四载为“高嶅山”：“高嶅山潭，在州之岱山东南。《藏经》云：‘东海有山，名曰高嶅，乃娑竭龙王所居之地。’上有亭宇，遇旱乡人祷之。”明范涞《两浙海防类考续编》卷一载为“栲鳌山”。明郑若曾《筹海图编》载为“长途”。清康熙《定海县志》卷三、卷五等分别载为“栲鳌山”“考鳌山”。康熙《定海县志》卷五：“考鳌山，定海内洋。东至长涂山，计水程十里；南至分水礁，计水程五里；西至右营岱山，计水程四十里；北至大衢山，约计水程一百二十里。”民国复与大长涂山岛合称为长涂山。民国《定海县志》册一：“长涂山，在大竹屿东。长三十里，阔五里。居民二千户。”长涂山，因南岸外有狭长的滩涂得名。1950 年后为与大长涂山岛区分而改称今名。海拔 299.6 米。地质基础由白垩系熔结凝灰岩、凝灰岩、凝灰质砂岩构成，局部出露九里坪组流纹斑岩。地貌以中低丘陵为主，南部和东部有海积平地，西部和北部有开山形成的平地。岸线较平顺，以人工海岸为主。土壤有滨海盐土、水稻土、红壤和粗骨土等。植被以落叶阔叶林、灌丛、草本栽培植物和草丛为主。明代曾为抗倭要地。明郑若曾《筹海图编》卷十二上：“总兵俞大猷云：倭贼自彼岛入寇，遇正东风，径由茶山入江，以犯直隶……遇东北风，必由下八山、陈钱、李西、倒球、干斜、清水、马迹、蒲岙、丁兴、长途、衢山、洋山、普陀、马墓等岙经过，然后北犯南直隶，西南犯浙江。”嘉靖三十二年(1553 年)八月，明军于此伏击倭寇。明郑若曾《筹海图编》卷五：“八月，都指挥刘恩至迎击直隶遁贼于普陀山洋，连战，大败之，追击于茶山，尽歼之。先是贼首萧显屯直隶之崇明、南沙，修船为遁归计。都御史王公杅计其势必流入浙境，预令都指挥刘恩至、指挥张四维、百户邓城等分为二哨：一自观海、临山趋乍浦，遏贼来路；一自长途、沈家门伏击。”清属定海镇左营长涂汛水军防区。1916 年 8 月，孙中山赴此考察长涂港。元代诗人吴莱《高嶅山》诗：“起行东海洲，重险忽已渡。由来产神奇，政为孤绝故。幽芳岂客搜，修蛰高嶅赴。荒烟凄暗潮，旭日照晴树。似闻蓬莱山，去此特跬步。”清末文学家朱绪曾《高嶅山》诗：“目穷修蛰赴高嶅，旭日蒸红策六鳌。娑竭老龙鳞爪舞，怒对五虎斗雄豪。”古属金塘乡。元大德《昌国州图志》卷四载有金塘乡长涂岙。清属蓬莱乡，清道光二十一年(1841 年)于大、小长涂山岛设蓬莱乡长涂庄，宣统元年(1909 年)于此设长涂乡。1986 年改置长涂镇。现设有村民委员会 2 个，有小学 1 所、镇卫生院 1 个、村卫生服务站 2 个。有倭井潭 1 处岱山县文物保护单位，并有参府庙、传灯庵等古迹。岛西部设有造船基地，并建有全国最大的 50 万吨级船坞。经济以船舶修造业为主，渔业为辅。倭井潭硬糕为岱山县著名特产之一。南侧有长涂港，为国家一级渔港，旧为岱衢洋大黄鱼集散地之一。西侧的岱山水道为船舶自北面进出岱山县城的交通要道之一。海上客运通高亭、大长涂山岛和定海三江码头。

大长涂山岛(Dàchángtúshān Dǎo)　属舟山市岱山县长涂镇。在浙江省东北部，舟山群岛中部海域。长 13.7 千米，宽 5.4 千米。陆域面积 33.56 平方千米。人口 4 762。北宋日僧成寻《参天台五台山记》卷一载为栏山：“四月一日庚戌……申时，著袋山，在随稍山西山也，有人家。东南有栏山，有人家。”以岛形狭长，似围栏横亘于海域得名。后谐音为兰山。南宋乾道《四明图经》卷七载为东兰山：“东兰山，在(昌国)县东北三百里。”并也将之与小长涂山岛合称长涂山：“长涂山，在(昌国)东北二百八十里。”元大德《昌国州图志》载为东兰山。明郑若曾《筹海图编》卷一、侯继高《全浙兵制》卷一等记载为“剑山”，以东部有剑形山丘得名。清康熙《定海县志》分称为“长涂山”“剑山”“东剑山”“西剑山”。康熙《定海县志》卷五:“长涂山,定海内外洋交界。东至大海;南至普陀山,约计水程一百五十里;西至考鳌山,计水程十里;北至大衢山,计水程一百三十里。”民国年间复与小长涂山岛合称长涂山。民国《定海县志》册一:“长涂山,在大竹屿东。长三十里,阔五里。居民二千户。”1950年后分称为大长涂山。海拔288.5米。地质基础以白垩系流纹岩为主,中部出露熔结凝灰岩、凝灰岩,局部夹凝灰质砂岩。大、小沙河海滩出露有海滩岩,为舟山群岛唯一有海滩岩的海岛。地貌以低丘陵为主,局部有海积平地。岸线曲折多弯,以基岩海岸为主。土壤有滨海盐土、水稻土、红壤和粗骨土等。植被以落叶阔叶林为主。明洪武初,方国珍起义军余部叶希载、王子贤等盘踞岱山、秀山、兰山、剑山、金塘山等地反明,并败明军于此附近,史称“五山之乱”或“兰秀之乱”,为明代实行海禁政策之导火索。清代属定海镇左营长涂汛水军防区。元代诗人张宪《送冯判官之昌国》诗云:“斩蛟将军飞上天,十年海水生红烟。惊涛怒浪尽壁立,楼橹万艘屯战船。兰山摇动秀山舞,小白桃花半吞吐。”清代诗人朱绪曾《兰山》诗:“海光摇动剑磨天,峭壁丛兰叶倒悬。指点凌波军募处,云旗风驷尚翩翩。”古属金塘乡。元大德《昌国州图志》卷四载有金塘乡长涂岙。清属蓬莱乡,清道光二十一年(1841年)于大、小长涂山岛设长涂庄,宣统元年(1909年)属长涂乡。1934年曾析置中南、东剑、景行、高鳌等乡,1935年复属长涂乡。1961年,西部属长涂人民公社,并于东部设东剑人民公社。1992年东剑乡并入长涂镇。现设村民委员会2个、村卫生服务站2个。经济以渔业和海运业为主,并多海水养殖场。2006年始于东部开展双剑涂围垦工程。西北岸有渡口,渡轮通小长涂岛。

小龟山岛(Xiǎoguīshān Dǎo)　属舟山市岱山县长涂镇。在浙江省东北部,中街山列岛中部海域。长500米,宽250米。陆域面积11.2万平方米。人口3。因从西面望岛形似龟得名。鸦片战争时期,英国侵略者将之与小板岛合称为“屈立剥特岛”。民国《定海县志》册一将之与小板岛合称为小板山:“小板山,在菜花山东。长二里又四之一,阔一里。居民数户。俗呼‘小龟山’,译称‘屈立剥特’。”海拔64.6米。地质基础由白垩系流纹斑岩构成。皆为丘陵,无平地。岸线皆为基岩海岸,并有陡峭海蚀崖、海蚀穴。土壤以粗骨土为主。植被以五节芒草丛为主。岛上有建于清光绪九年(1883年)的小龟山灯塔,为全国重点文物保护单位浙东沿海灯塔的组成部分。民国《定海县志》册一:“小板山灯塔系透镜,渐明渐灭。灯光点距水面二十丈,晴时能照六十六里,并有雾炮。”附近海域旧为中街山渔场核心区,盛产乌贼。东侧有小板门水道,为贯通舟山群岛南北,进出上海港和长江口的重要航道。

小板岛(Xiǎobǎn Dǎo)　属舟山市岱山县长涂镇。在浙江省东北部,中街山列岛中部海域,长1.3千米,宽550米,陆域面积36.5万平方米。宋代已有名称记载,来历不详。别称大龟山,因与小龟山岛相邻,形似乌龟得名。鸦片战争期间,英国侵略者将之与小龟山岛合称为“屈立剥特岛”。民国《定海县志》册一将之与小龟山岛合称为小板山:“小板山,在菜花山东。长二里又四之一,阔一里。居民数户。俗呼‘小龟山’,译称‘屈立剥特’。”地质基础由白垩系流纹斑岩构成。海拔100米。皆为丘陵,无平地。岸线曲折,均为基岩海岸,有陡峭海蚀崖、海蚀穴。土壤以粗骨土为主。植被以五节芒草丛为主。附近海域为中街山渔场核心区,旧盛产乌贼,每年夏汛,大量渔船于此搭建草棚生产作业,并形成南小岙、薄刀弄、后小岙、大岙4个临时作业点。20世纪80年代以后渔业资源衰退。东侧有小板门水道,为贯通舟山群岛南北、进出上海港和长江口的重要航道。

衢山岛(Qúshān Dǎo)　属舟山市岱山县衢山镇。在浙江省东北部,舟山群岛中北部海域。长15千米,宽6.5千米。陆域面积59.79平方千米。人口4.9万。唐称峋山。北宋日僧成寻《参天台五台山记》载为大均山："大均山，有二十四澳，各人家多多也。"宋元明史志分称为西朐山和东朐山。南宋乾道《四明图经》卷七："西朐山，在县北四百里。耆旧相传为仙人所居。""东朐山，在县东北七百里。耆旧相传为仙人所居。"宋乾道《四明图经》卷七等同时将之与岱山岛等合称为蓬莱山："蓬莱山，在(昌国)县东北四百五十里。四面大洋，耆旧相传：秦始皇遣方士徐福入海求神仙灵药尝至此。"元代文学家吴莱《甬东山水古迹记》："又北为朐山、岱山、石兰山，鱼盐者所聚。"明、清称为大衢山。民国时，衢山、朐山二名并称。因岛形似朐得名。民国《定海县志》册一："朐山，在岱山东北二十五里许。长三十里，阔十里，居民三千余户。附近小岛：瘌头屿。亦称'衢山'。""岣""均""朐""衢"皆为谐音异写。最高点在观音山，海拔 319 米。地质基础复杂，由熔结凝灰岩、片岩、片麻岩、花岗岩及变质岩等构成。海岛丘陵与海积平地相间，西半部平地多于丘陵，东半部丘陵多于平地。岸线曲折，西半部基岩海岸与人工海岸相间，局部有小段泥质海岸；东半部以基岩海岸为主，局部有沙质海岸，并多深水岸线。土壤有滨海盐土、水稻土、红壤和粗骨土等。植被以落叶阔叶林、灌丛和草本栽培植物为主。历为海防要地，中国古代海上丝绸之路的重要节点。唐代高僧鉴真东渡日本时曾经此。北宋日僧成寻经此入宋参天台山、五台山。明代海禁后，曾为抗倭要地。明郑若曾《筹海图编》卷十二："在京各衙门会议云：'海中陈钱、大衢、马迹、洋山诸岛，为倭寇南犯必由之路。'""主事黄元恭云：'陈钱、马迹、大衢、殿前、洋山诸岙，当倭寇往来之冲。诚设总兵官驻陈钱，参将三员分驻马迹、大衢、殿前、洋山，常川督哨，御其来而邀其去，贼殆尽歼而鱼矣。'"清代属定海镇左营倒斗岙汛水军防区，并于岛驻兵丁 200 名、鸟船 2 只，设瞭望台，但清前期和中期仍为海禁之地。清康熙《定海县志》卷三："大衢山，离县三里余里。宽广百余里。四山环聚，地势平衍。宋、元时称沃壤，与岱山统名'蓬莱乡'。村二：曰衢山、北界。自明初迁遣后，永行废弃。康熙二十八年请复三乡，而蓬莱乡止复岱山。其衢山以地处险远，未经题请议复，乃为禁地。"清嘉庆三年(1798 年)镇海总兵李长庚击盗于岛南衢港。鸦片战争期间，英国侵略者称为"金山"，并曾于此详细测绘。[英]金约翰辑，[美] 金楷理口述，怀远、王德明笔译《海道图说》卷六："大衢山，西名'金山'。距蜜蜂房石西偏北十三里，距岱山东北面五里半，有大衢山。自东至西长八里。渔人岛西北之列岛与大衢山间有稳便水道。凡向宁波行船者，当东北恒风时，可由此水道经过。此水道内，除马利拿石(编者注：即百亩田暗礁)以外，无他隐险，故此水道较稳便于兰秀湾水道。大衢山东、北二面，有数小岛。"清代诗人朱绪曾《朐山》诗："朐东倒斗势纡盘，北界村联望渺漫。五月楝花风信过，汉洋网罟蚁峰攒。"距今约 5 000 年前的新石器时代已有先民定居。古属蓬莱乡，并于此设朐山村。光绪四年(1878 年)开海展复，六年于此设蓬莱乡朐山庄。清宣统二年(1910 年)于此设朐山乡。1962 年与大洋山、小洋山、滩浒山、小衢山、黄泽山、鼠浪湖、徐公岛等岛合设大衢县，县人民政府驻此。1964 年撤销大衢县，复属浙江省舟山市岱山县。今设 1 个镇、1 个居民委员会和 30 个村民委员会。有中小学 5 所、医院 1 家、村卫生服务站 30 个。有孙家山遗址、蚧洪因寺、宋朝宫等 6 处岱山县文物保护单位，并有衢山引路歌等地名歌谣。观音山景区为舟山市佛教圣地之一，岱山岛浙江省风景名胜区的重要组成部分，另有凉峙渔村、双龙沙滩等景区、景点。工、农、渔、盐和第三产业并举，并已形成船舶修造、水产加工、建材加工、汽配加工、卫生洁具、海运物流和风力发电等产业，衢山风力电场曾为浙江省最大的风力发电场，衢山港区为宁波—舟山港的主要港区之一。南侧海域即岱衢洋，昔为舟山(岱衢族)大黄鱼主产地。村村通公路。西南岸和东岸建有交通码头，海上客运通定海、岱山、泗礁山、洋山、鼠浪湖等地。

小衢山岛(Xiǎoqúshān Dǎo)　属舟山市岱山县衢山镇。在浙江省东北部，衢山岛西北海域。长 2.3 千米，宽 1.4 千米。陆域面积 1.87 平方千米。人口 1 485。古称小朐山。北宋日僧成寻《参天台五台山记》卷一载为“小均山”：“(三月)廿七日丁未……未时，著明州黄石山，山石并土，其色如红……依南风吹，去黄石山。回船，着小均山，黄石西南山也。有四浦，多人家。一浦有十一家，此中二宇瓦葺大家，余皆萱屋……小均山东南有桑子山，有人家，湾海五六町。桑子山南隔海数里，有大均山，有二十四澳，各人家多多也。大均山西畔有随稍山，有港，无人家。小均山顶有清水，法师等以瓶三口取水来，献佛阏伽，诸僧饮之。”明代谐音为今名。因与衢山岛相邻，由之派生得名。“衢”为“朐”谐音。鸦片战争期间，英国侵略者称为“白色脱岛”。民国时，小衢山、小朐山二名并称。《定海县志》册一：“小朐山，在朐山西北七里半。长二里又三之一，阔三里。居民百余户……译称‘白色脱岛’。”原海拔 203.8 米，以丘陵为主，几无平地。2008 年始于此开山采石，今南半部以平地为主，北半部以丘陵为主，海拔高度不详。地质基础由白垩系熔结凝灰岩、凝灰岩、凝灰质砂岩构成。岸线曲折，以基岩海岸为主。局部有泥沙质海岸。土壤以红壤和粗骨土为主。南半部基岩裸露，几无植被。北部有落叶阔叶林和灌丛。宋、元属蓬莱乡朐山村。明、清 3 次海禁后，于光绪四年(1878 年)方开海展复，属蓬莱乡朐山庄。宣统二年(1910 年)属朐山乡。1934 年于此设小衢乡。1935 年并入衢一乡，1947 年改属岛斗乡。1953 年复设小衢乡，1958 年并入岛斗乡。2008 年村民迁居衢山岛岛斗岙。旧有小学 1 所，1994 年并入岛斗小学。旧有村卫生站 1 个，2008 年随村民迁至衢山岛。岛上采石场曾为全国最大的砂石骨料开采生产基地之一，今岛上居民皆为企业员工。旧有交通码头 1 座、埠头 2 座，2013 年增建采石场专用码头泊位 2 个。2009 年于此建东海海底观测小洋山试验站。附近海域为黄泽洋，昔盛产大黄鱼、鲳鱼、海蜇等。

黄泽山岛(Huángzéshān Dǎo)　属舟山市岱山县衢山镇。在浙江省东北部，衢山岛以北海域。长 2.6 千米，宽 2.4 千米。陆域面积 2.53 平方千米。人口 1 173。古称黄石山。一说因山石颜色得名。一说因西部岩石裂缝成“王”字而得名王石山，谐音为黄石山。北宋日僧成寻《参天台五台山记》：“(三月)廿七日……著明州黄石山，山石并土，其色如红。”明范涞《两海海防类考续编》卷一、侯继高《全浙兵制》卷一等载为“黄泽山”。鸦片战争时期，英国侵略者称为“皮而岛”。民国《定海县志》册一：“黄泽山，在小衢山东。长五里半，阔四里。居民百余户。译称‘皮而岛’。黄泽山北面为黄泽港，其西南面与衢山间为停泊大轮极稳锚地，可障四面风力。”海拔 161 米。中部和东部由燕山晚期侵入的花岗岩构成，西部由白垩系熔结凝灰岩、凝灰岩、凝灰质砂岩等构成，西南端出露前震旦系片岩、片麻岩夹大理岩。原皆为丘陵，无平地。2005 年于西半部开山。今西半部以平地为主，东半部皆为丘陵。岸线曲折，多湾澳，以基岩海岸为主，西南岸有人工海岸。土壤以红壤和粗骨土为主。植被以落叶阔叶林和灌丛为主。原设村民委员会 1 个，2007—2008 年，村民皆迁居衢山岛岛斗岙。旧有小学 1 所，1994 年并入岛斗小学。旧有村卫生服务站 1 个，2008 年随村民迁至衢山岛。2008 年后于此建设石油中转储运基地。附近海域昔盛产大黄鱼、鲳鱼、海蜇等，为传统的张网作业区。

鼠浪湖岛(Shǔlànghú Dǎo)　属舟山市岱山县衢山镇。在浙江省东北部，衢山岛以东海域。长 2.9 千米，宽 2.5 千米。陆域面积 2.85 平方千米。原有人口 2 242，2009 年迁往衢山镇鼠浪小区。古称东晓山，名称来历与含义不详。明初海禁后，改称鼠狼湖、鼠狼岙等。明范涞《两浙海防类考续编》卷一、侯继高《全浙兵制》卷一载为“鼠狼湖”，明郑若曾《筹海图编・浙江沿海山沙图十九》载为

“鼠狼岙”。因形似黄鼠狼得名，后谐音歧化为今名。鸦片战争时期，英国侵略者称为“安掘罗岛”。民国《定海县志》册一：“鼠浪湖，在乍浦门东。长五里半，阔五里。居民二百户。俗呼‘慈老坞’，译称‘安掘罗’。”海拔166.8米。地质基础以白垩系熔结凝灰岩夹凝灰质砂岩、粉砂岩为主，北部出露燕山晚期侵入的钾长花岗岩。原以丘陵为主，几无平地。2009年后，因于此建矿石中转码头，西南半部开山围填为平地。今丘陵与平地各半。地势东北高、西南低。东北半部岸线曲折，皆为基岩海岸，西南半部以人工海岸为主。土壤以红壤和粗骨土为主。植被以落叶阔叶林、灌丛和白茅草丛为主。古属蓬莱乡朐山村。清光绪四年(1878年)属蓬莱乡朐山庄。清宣统二年(1910年)属朐山乡。1934年于此设鼠浪湖乡。1992年并入万良乡，2001年并入衢山镇。原有万利、南湖、黄泥坎3个村民委员会，2003年3村合并为鼠浪村民委员会。2009年迁至衢山镇鼠浪小区。建有2个40万吨级泊位、1个10万吨级泊位和2个5万吨级泊位，为全国最大的矿石中转码头之一，宁波—舟山港衢山港区核心区域，并为舟山港综合保税区北部片区所在地。海上客运通衢山岛万良。

下三星岛(Xiàsānxīng Dǎo)　属舟山市岱山县衢山镇。在浙江省东北部，舟山群岛中北部海域。长390米，宽290米。陆域面积7.62万平方米。无常住人口。原与上三星岛、中三星岛合称三星山。明郑若曾《筹海图编·浙江沿海山沙图二十》、明天启《舟山志》卷二等已见地名记载。因同一海域中，有大小相近的3个岛屿自西至东等距排列，似碧波上镶嵌的3颗美丽的星星得名。清康熙《定海县志》卷五：“三星山，定海外洋。东至庙子湖山，约计水程二百里；南至半洋狮子礁，约计水程二百里；西至霜子山，约计水程一百里；北至江(南)省马迹山，约计水程三百里。”鸦片战争时期，英国侵略者称为霍勃生岛。民国《定海县志》册一：“上三星、中三星、下三星，总名三星，译称‘霍勃生岛’。”清末至民国初期以与鼠浪湖岛距离的远近区分为上、中、下三星岛。民国《定海县志》册一已出现“下三星”地名记载。海拔59.2米。地质基础由白垩系流纹斑岩构成。皆为丘陵，无平地。山势陡峭，四岸海蚀崖壁立。岸线曲折，皆为基岩海岸。土壤以粗骨土为主。植被以草丛和灌丛为主。中部有建于清宣统三年(1911年)的下三星灯塔，为长江口通往东南航线上的重要标志之一，也是船舶进出上海国际航运中心洋山港区的重要助航设施。无固定航班，岛上无公路。

秀山岛(Xiùshān Dǎo)　属舟山市岱山县秀山乡。在浙江省东北部，舟山群岛中部海域。长6.9千米，宽6.8千米。陆域面积22.88平方千米。人口7302。旧分秀山、兰山、凤凰山、洞口山、双鸾山等多个海岛，明、清以后陆续围填相连成1个海岛。南宋乾道《四明图经》卷七始见地名记载。以景色秀丽得名。明末至清代别称兰秀山。清康熙《定海县志》卷二《兰秀山图说》：“兰秀山在(定海)县治之北，其地本秀山也。又有兰山缀其中。坡公《送冯判官之昌国》诗‘兰山摇动秀山舞’，是两山而合名矣。山悬峙海中，郁蟠矽削，有湾有浦有岙，周环约五十里，四际皆大洋，而西北箬帽山为列屏，东南灌门山相襟带，殆瀛洲海中孤秀独绝者欤。”卷三：“秀山，离县约九十里。元县令赵大忠曾用岙民御寇。展复未久，人民稀少。”民国《定海县志》册一：“兰秀山，在舟山北四里半。长十三里半，阔八里半。居民一千七百余户。本称‘秀山’，与西南兰山相连，故名‘兰秀’。”海拔192.4米。地质基础由白垩系熔结凝灰岩构成，并有霏细斑岩岩脉穿插其间。海岛丘陵与海积平地相间。东南半部以丘陵为主，西北半部以海积平地为主。东南半部岸线曲折多弯，湾岬相间，多为基岩海岸，间有沙质海岸。西半部多人工海岸，较平顺，西北岸和东北岸间有泥质岸线。土壤有滨海盐土、水稻土、红壤和粗骨土等。植被以落叶阔叶林和草本栽培植物为主。五代汉乾祐二年(949年)于此建保安院。南宋拨秀山砂岸(编者注：即渔业税)为庆元府学养士收入。南宋宝庆《四明志》卷二：

“秀山砂岸，右拘入徐荣等物产。”南宋开庆《四明续志》卷一：“赡学砂岸……秀山年纳二千五百贯文。”明洪武初，方国珍起义军余部叶希载、王子贤等盘踞岱山、秀山、兰山（编者注：今大长涂山岛）、剑山、金塘山等地反明，并败明军于此附近，史称“五山之乱”或“兰秀之乱”，为明代实行海禁政策之导火线。鸦片战争期间，英国侵略者曾于此详细测绘，并称此岛以东的黄大洋为“兰秀湾”。［英］金约翰辑，［美］金楷理口述，怀远、王德明笔译《海道图说》卷六：“兰秀本为二山，因两山之间甚浅，土人筑堤捍水连二岛为一，遂曰‘兰秀’。山长三里半，阔二里半。”“舟山平顶东石为兰秀湾南界，非地由（编者注：即东福山岛）西面列岛为兰秀湾北界。”19 世纪 80 年代编绘的《八省沿海总图・浙江舟山北群岛》在兰秀湾水域标注：“此海底低泥质，值西北恒风时可抛锚。”元代诗人张宪《送冯判官之昌国》诗云：“斩蛟将军飞上天，十年海水生红烟。惊涛怒浪尽壁立，楼橹万艘屯战船。兰山摇动秀山舞，小白桃花半吞吐。”清代诗人朱绪曾《秀山》诗：“曾挥快剑斩蛟鼍，雁户今成比户多。北浦水流南浦去，柳湾深处听秧歌。”古属金塘乡。清属富都乡，道光二十一年（1841 年）于此设蓬莱乡秀山庄，宣统元年（1909 年）于此设兰秀乡。今设秀山 1 个乡，下辖村民委员会 3 个。有小学和职业技术学校各 1 所、乡卫生院 1 家。有厉家五房 1 处岱山县文物保护单位，并有海岛湿地公园、中国滑泥主题公园和海滨浴场等旅游休闲设施，为国家 AAA 级旅游景区。2005 年起每年举办“中国秀山岛海泥狂欢节”。2003 年，日本常石集团于西南岸建造船基地，造船业由此成为岛上第一大产业。陆上公路通各村岙。西南岸建有车渡码头，海上车客渡通定海三江等。

泗礁山岛（Sìjiāoshān Dǎo）　属舟山市嵊泗县。在浙江省东北部，嵊泗列岛中部海域。长 10.9 千米，宽 6.8 千米，最窄处 580 米。陆域面积 22.5 平方千米。人口 3.1 万。古称北界山、马迹山等。北宋日僧成寻《参天台五台山记》卷一：“北见北界山，有人家。”以在昌国县之北界而得名。南宋乾道《四明图经》卷七：“马迹山，在（昌国）县东北九百里。”一说传以西南侧古有马迹潭得名。一说古代居民多从马关一带上岛，以马关岸外有形似马迹的小岛得名。明、清 3 次海禁后，改称苏窦山、梳窦山，而以马迹山专指今马迹山岛。苏窦山，因岛上有泗头岙，以其谐音得名，清康熙《定海县志》卷五：“再查苏窦一山，由南而北约二十里，西而东亦曰二十里，天峻地颇多，本镇向年游巡，惟在马迹山下洋面。”以岛上有苏窦岙得名。清乾隆《中华沿海形势全图》载为“狮头岙”。清末始称泗礁山、四礁山。清光绪《定海厅志・舆地全境图》、民国《崇明县志》载为“泗礁山”，以北侧海域有里泗礁、外泗礁得名。但清光绪《崇明县志》和朱正元《江苏沿海图说》等仍载为“马迹山”。1936 年出版的程梯云《江苏外海山岛志》：“四礁山，亦称泗礁山，均非古名。崇明旧志咸称马迹山。今则泗礁、马迹别为二山。海图称四礁。”鸦片战争时期，英国侵略者称为“拉夫司岛”，并曾详细测绘。［英］金约翰辑，［美］金楷理口述，怀远、王德明笔译《海道图说》卷六：“距南马鞍（编者注：即枸杞岛）西面十一里有八格列岛，其最大者，曰‘拉夫司岛’，原名‘泗礁’。距南马鞍西面四里，曰‘马勒石’（编者注：即西半洋礁）。涨潮稍露。距拉夫司岛东北角有一隐石。距拉夫司岛东南面一里又四分里之三有陡石崖，曰‘先好司岛（编者注：即大黄龙岛）’……当东北恒风时，于拉夫司岛南面可泊船。”最高点在西南部的插旗岗，海拔 217.9 米。地质基础由白垩系流纹质晶屑玻屑熔结凝灰岩、流纹岩，燕山晚期侵入的花岗岩、钾长花岗岩等构成。地貌以海岛丘陵为主，四岸有小片海积和围填平地。岸线曲折，湾岬相间、基岩海岸与沙质海岸相间，局部间有人工海岸。土壤以红壤为主，间有滨海盐土和砂土。植被以落叶阔叶林和灌丛为主，间有少量毛竹、杉树等。新石器时代已有先民繁衍。历为海防前哨，东亚海上丝绸之路的重要节点。唐高僧鉴真经附近海域东渡。宋日僧成寻等经附近海域入华参访。宋代于此设北界买扑酒坊。南宋开庆《四明续志》卷四："北界坊，月纳一千一百五十三贯七百七十六文。"南宋为制置司水师巡海之地，相关警汛三日一报枢密院及尚书省。元代于此设北界巡检司。明代为抗倭要地。明郑若曾《筹海图编》卷十二上："总督尚书胡宗宪又云：'直隶与浙江名虽异地，而实则一家。若不设官总理，则彼此自分门户，贼寇一入内地，随风南北，可以互犯。故必共守陈钱，分守马迹等三道，而后贼无遁情，兵可夹击。必得总兵官正副二员，分驻金山、临山要会之地。先守陈钱，以春秋分任，更番出入。而参将分画三道，马迹等三山，各督信地，则人易为守，而守无弗力矣。'""在京各衙门会议云：'……海中陈钱、大衢、马迹、洋山诸岛，为南倭南犯必由之路……其陈钱山为浙、直分路之始，所以宜更番共守。'"明郑若曾《筹海图编》卷五：嘉靖三十二年(1553 年)官兵剿灭烈港贼巢后，"(汪)直率精锐溃围而去，泊马迹潭"。"官兵进剿马迹潭王直贼巢，大败之"。嘉靖三十五年(1556 年)总兵俞大猷追击倭寇至马迹洋，俘斩贼百余人。清康熙二十九年(1690 年)江浙两省分洋汛，划属江南省崇明县。《江浙海汛分界碑》："江南海汛，以马迹山为界，马迹山脚以南之洋岛，属浙江省管辖；浙江海汛以大羊山为界，大羊山脚以北之洋岛，属江南省管辖。自西至东洋岛，俱以两山为准，各照分定界限巡哨。"清代仍为海防要地。清康熙《定海县志》卷五："照依江浙交界之太湖营，浙闽交界之枫岭营事例，苏窦设游击一员，听江南管辖，羊山设守备一员，听浙省管辖。羊山守备为苏窦游击属下，互相牵制，似为便利，应请鸿裁酌夺。"历明、清 3 次迁境徙民后，清康熙五十年再度迁徙。清乾隆《崇明县志》卷一："马迹山……渔人多庐于山麓，田腴可耕。旧有人民栖止其上。康熙五十年，海氛既靖，恐崔苻潜匿，总兵穆廷栻各遣还乡，焚其庐。次年再至，更逐之。"1936 年出版的程梯云《江苏外海山岛志》："除朝阳、会城、黄沙、石柱、教场湾诸岙产黄砂外，土质肥沃，宜于耕稼。全山水田千余亩，泉源不厚，灌溉为难，丰收之年甚鲜。高山种山芋，收可敷半年民食。自九月至明年三月，平田稻、麦、高粱、玉蜀黍、蔬菜、瓜果咸宜。惟居民咸长于捕渔，拙于耕稼。山民农事，皆雇温、台人为之。"此后，宁波、温州、台州和岱山等地渔民于乾隆年间(1736—1796 年)开始陆续上岛定居。1934 年于此设崇明县第五区，并分置菜园镇和青沙、马关、五龙等乡。1947 年于此设嵊泗设治局。1950 年 9 月置嵊泗特区，1951 年设嵊泗县，属江苏省。1953 年划属舟山专区。1960 年撤县改人民公社，并划属上海市。1962 年复置嵊泗县，并属舟山专区。1987 年改属浙江省舟山市。今设有菜园镇和五龙乡，岛上设有 4 个社区居民委员会和 13 个村民委员会。有中小学 9 所、二级医院 2 家。有五龙鱼雷洞、嵊泗革命烈士纪念碑等 3 处嵊泗县文物保护单位，并有基湖沙滩、南长涂沙滩、大悲山、六井潭、和尚套、田岙东海渔村等景区、景点，为嵊泗列岛国家级风景名胜区的核心。旅游文化以"离岛、微城、慢生活"为特色。经济以渔业和旅游服务业为主。岛上公路通各村岙，并经金青大桥、李柱山大桥、马迹门大桥与金鸡山岛、连槌山岛、马迹山岛相连。有交通(含车渡)码头 4 个，海上客运通上海、定海、衢山及周边离岛。西南岸外的马迹山岛建有宝钢矿石中转码头，为宁波—舟山港嵊泗港区核心。

西绿华岛(Xīlǜhuá Dǎo)　属舟山市嵊泗县菜园镇。在浙江省东北部，嵊泗列岛东北部海域。长 2.6 千米，宽 800 米。陆域面积 1.34 平方千米。人口 1 300。古与相邻的东绿华岛合称为落华山、洛花山、络华山。南宋乾道《四明图经》卷七："落华山，在(昌国)县东北一千里。"清乾隆《中国沿海形势全图》载为"络花山"。清光绪《崇明县志》分称为西洛华山。清末始分称为西洛华山。1918 年 1∶5 万地形图《花鸟山》等始见"西绿华山"记载。民国《崇明县志》卷二："西绿华，自崇明东南角起，计一百八十七里。纵里：五里又三分一，横里：一里又三分二。居民七八十户。船数：三四十号。锚地：东面、西南面。”一说因其为马鞍列岛从南至北为第 6 块，故称六花山或六华山，谐音为洛华山、绿华山。一说古广植花木，有“海上花园”之称，故名。一说由相邻的花鸟山岛的古称“花脑山”派生得名。鸦片战争时期，英国侵略者将之与东绿华岛合称为“倒骑马鞍岛”“假马鞍岛”。［英］金约翰辑，［美］金楷理口述，怀远、王德明笔译《海道图说》卷六：“距东、南马鞍岛西北八里有北马鞍岛，高七百八十尺，其间有假马鞍岛，原名东、西绿华。距北马鞍岛西南面有倒骑马鞍，其间可泊船避风，但无稳便于东、南二马鞍岛之间者。”19 世纪 80 年代编绘的《八省沿海总图・浙江沿海总图》标注为“假鞍岛”，并注“原名东、西绿华”，但位置标注在壁下山岛右侧，但此图在东、西绿华岛的相应位置标注为“倒骑鞍岛”。清朱正元《江苏沿海图说・长江口附近海岛表》：东绿华、西绿华“译名：总名‘边马鞍’”。1936 年出版的程梯云《江苏外海山岛志》：“绿华山，海图称‘旁马鞍山’……山有东西之分，一水间隔，鸡犬之声相闻。”海拔 105.1 米。地质基础由燕山晚期侵入的花岗岩、钾长花岗岩构成。皆为丘陵，无平地，村落依山面海而建。岸线曲折，以基岩海岸为主，局部有小段砂砾质海岸。四岸海蚀地貌典型，崖壁陡峭。土壤以红壤和粗骨土为主。植被以灌丛、茅草丛为主，多日本野桐、滨海前胡、滨柃和冬青卫矛等滨海特有植物，并多野生水仙和芙蓉菊。古属昌国县蓬莱乡北界村。清康熙二十九年(1690 年)划属江南省崇明县。1934 年与东绿华、花岛山等岛合设花洛乡。1950 年与东绿华岛合设洛华乡。后几经变更，于 1985 年改设绿华乡。2001 年撤乡并入菜园镇。原设西绿华、泥子岙、沙厂干 3 个村民委员会，2005 年与东绿华、东库等 5 村合设绿华村民委员会。盘山公路通多数村落，并于 1972 年建成绿华跨海大桥与东绿华岛相连。海上客运通泗礁山、花鸟山、嵊山、枸杞等岛。南岸外建有减载平台，为宁波—舟山港嵊泗港区的重要组成部分。附近海域渔业资源丰富，盛产乌贼、带鱼等。渔谚云：“嵊山乌贼喂喂响，勿如绿华夜东涨。”

东绿华岛(Dōnglǜhuá Dǎo)　属舟山市嵊泗县菜园镇。在舟山群岛北部，嵊泗列岛东北部海域。长 2 千米，宽 1.5 千米。陆域面积 1.09 平方千米。人口 494。古与相邻的西绿华岛合称为落华山、洛花山、络华山。南宋乾道《四明图经》卷七：“落华山，在(昌国)县东北一千里。”清乾隆《中国沿海形势全图》载为“络花山”。清末始分称为东洛华山。1918 年 1∶5 万地形图《花鸟山》等始见“东绿华山”记载。民国《崇明县志》卷二：“东绿华，自崇明东南角起，计一百九十里。纵里：三里又五分四，横里：三里。居民六七十户。船数：三四十号。锚地：西南。”一说因其为马鞍列岛从南至北为第 6 块，故称六花山或六华山，谐音为洛华山、绿华山。一说古广植花木，有“海上花园”之称，故名。一说由相邻的花鸟山岛的古称“花脑山”派生得名。鸦片战争时期，英国侵略者将之与东绿华岛合称为“倒骑马鞍岛”(边马鞍岛)。［英］金约翰辑，［美］金楷理口述，怀远、王德明笔译《海道图说》卷六：“距东、南马鞍岛西北八里有北马鞍岛，高七百八十尺，其间有假马鞍岛，原名东、西绿华。距北马鞍岛西南面有倒骑马鞍，其间可泊船避风，但无稳便于东、南二马鞍岛之间者。”19 世纪 80 年代编绘的《八省沿海总图・浙江沿海总图》标注为“假鞍岛”，并注“原名东、西绿华”，但位置标注在壁下山岛右侧，但此图在东、西绿华岛的相应位置标注为“倒骑鞍岛”。清朱正元《江苏沿海图说・长江口附近海岛表》：东绿华、西绿华“译名：总名‘边马鞍’”。1936 年出版的程梯云《江苏外海山岛志》：“绿华山，海图称‘旁马鞍山’……山有东西之分，一水间隔，鸡犬之声相闻。”海拔 144 米。地质基础由燕山晚期侵入的花岗岩和钾长花岗岩构成。皆为丘陵，无平地，村落依山面海而建。岸线曲折，以基岩海岸为主，局部有小段砂砾质岸线。四岸海蚀地貌发育典型，崖壁陡峭。土壤以红壤和粗骨土为主。植被以灌丛、茅草为主，多日本野桐、滨海前胡、滨柃和冬青卫矛等滨海特有植物，并多野生水仙、百合和芙蓉菊，村落内多植有樟、杉、柳等树木。古属昌国县蓬莱乡北界村。清康熙二十九年(1690年)划属江南省崇明县。1934年与西绿华、花岛山等岛合设花洛乡。1936年与西绿华岛合置洛华乡，1949年复属花洛乡。1950年与西绿华岛合设洛华乡，1953年置洛东乡，同年复与西绿华岛、花鸟山合设花洛乡。1956年后改属洛华乡(绿华乡)。2001年并入菜园镇。现有大塔、中塔、小塔、后岙4个自然村，简易公路通村岙，并经绿华大桥与西绿华岛相连。南侧海域有大片淡菜养殖桁地。

东库山岛(Dōngkùshān Dǎo) 属舟山市嵊泗县菜园镇。在舟山群岛北部，嵊泗列岛东北部海域。长970米，宽450米。陆域面积约22.2万平方米。人口170。古称东枯山。南宋乾道《四明图经》卷七："东枯山在(昌国)县东北七百里。"明代海禁后，谐音为东库山、东科山。明郑若曾《筹海图编·直隶沿海山沙图一》载为"东科山"。明范涞《两浙海防类考续编》卷一载为"东库山"。清乾隆《中国沿海形势全图》载为"东库"。清朱正元《江苏沿海图说》等载为"东浦山"。民国《崇明县志》卷二："东浦山，自崇明东南角起，计一百九十六里。纵里：一里又六分五，横里：一里。居民二三十户。船数：数号。"鸦片战争期间，英国侵略者将之与求子山岛、柱住山岛合称为"北马镫岛"。清朱正元《江苏沿海图说·长江口附近海岛表》：东浦山、柏子山、迟迟山"译名：总名'北马镫岛'。"19世纪80年代编绘的《八省沿海总图·浙江沿海总图》合注为"马镫岛"。海拔74.2米。地质基础由燕山晚期侵入的钾长花岗岩构成。皆为丘陵，无平地。四岸海蚀地貌发育，尤以东北、西南海岸典型。土壤以红壤和粗骨土为主。植被以灌丛和白茅草丛为主。明代为抗倭要地。清康熙《定海县志》卷三转引明代兵部尚书张时彻《防海议》："凡大小衢、滩浒山、丁兴、马迹、东库、陈钱、壁下等处，为贼舟之所经行者，可一望而尽。即由此而南通于瓯越，北涉于江淮，皆以南北两洋为要会。"宋元有居民，属昌国县蓬莱乡北界村。清康熙二十三年(1684年)开海后陆续有宁波等地渔民上岛，二十九年划属江南省崇明县。1950年与柱住、求子等岛合建东库村。1953—1956年与东绿华岛合建洛东乡，乡人民政府驻此。1962年改设东库大队。1980年，东库大队析为东库、柱住、求子3个大队。1987年改设东库村民委员会。2001年随绿华乡并入菜园镇。2005年与东绿华、西绿华、柱住等合设绿华村民委员会，址设菜园镇。村民主事海钓和溜网作业。村内建有纪念吕泗洋遇难渔民纪念碑。旧有小学1所，20世纪90年代撤销。今实际居住少数老年村民。东南岸建有防波堤、小渔港和交通码头，不定期航班通绿华岛。岛北端建有东库山灯桩。附近海域盛产带鱼、乌贼、石斑鱼等。2006年，在附近海域投放了大量人工礁体。

柱住山岛(Zhùzhùshān Dǎo) 属舟山市嵊泗县菜园镇。在舟山群岛北部，嵊泗列岛东北部海域。长940米，宽340米。陆域面积23.94万平方米。无常住人口。古称石蜀山。南宋乾道《四明图经》卷七："石蜀山在县(昌国)东北七百里。"传以岛形如柱础得名柱础山，谐音为"石蜀"。清朱正元《江苏沿海图说》等载为"迟迟山"。民国《崇明县志》卷二："迟迟山，自崇明东南角起，计一百九十八里。纵里：一里又四分三，横里：五分里三。居民七八户。船数：六七号。"鸦片战争期间，英国侵略者将之与求子山岛、东库山岛合称为"北马镫岛"。清朱正元《江苏沿海图说·长江口附近海岛表》：东浦山、柏子山、迟迟山"译名：总名'北马镫岛'"。19世纪80年代编绘的《八省沿海总图·浙江沿海总图》合注为"马镫岛"。1950年后改为今名。海拔80.1米。地质基础由燕山晚期侵入的钾长花岗岩构成。皆为丘陵，无平地。四岸海蚀地貌发育，岸坡陡峻，东岸有巨大海蚀穴，南岸外多乱礁。1949年《奋进中的嵊泗列岛》："居户散居于半山悬崖间，山无澳门，上下危险殊甚。"土壤以红壤和粗骨土为主。植被以灌丛和白茅草丛为主，并有珍稀物种凤尾丝兰。宋、元属昌国蓬莱乡北界村。清代开海后陆续有渔民上岛。清康熙二十九年(1690年)划属江南省崇明县。1980年于此设柱住大队，后改村民委员会。20世纪90年代始居民陆续迁往泗礁山岛。2005年与东绿华、西绿华、东库等合设绿华村民委员会，址设菜园镇。2007年，嵊泗县海洋与渔业局于彩旗山与柱住山两岛间实施海参放流试验。附近海域盛产带鱼、乌贼、石斑鱼等。2006年，在附近海域投放了大量人工礁体，海洋生态逐渐恢复。

北鼎星岛(Běidǐngxīng Dǎo) 属舟山市嵊泗县菜园镇。在舟山群岛北部，嵊泗列岛中部海域。长2.3千米，宽750米。陆域面积0.6平方千米。无常住人口。传“鼎星”为碇石的方言用语。因岛形狭长，一头宽大，一头窄小，似古渔船的碇石，并与黄龙乡的南鼎星岛南北相对而得名。南宋乾道《四明图经》卷七、宋宝庆《四明志》卷二十等均载为“丁兴”。清代和民国时期载为“北鼎新”“北丁星”。“丁兴”“鼎新”均鼎星的谐音。清乾隆《崇明县志》卷一：“相传薛仁贵立北丁兴于马迹山旁。”其义不详。民国《崇明县志》卷二：“北鼎兴，自崇明东南角起，计一百七十里。纵里：二里又七分三，横里：一里又三分一。居民三四十户。船数：十余号。”明代为抗倭要地。清康熙《定海县志》卷三转引明代兵部尚书张时彻《防海议》：“凡大小衢、滩浒山、丁兴、马迹、东库、陈钱、壁下等处，为贼舟之所经行者，可一望而尽。即由此而南通于瓯越，北涉于江淮，皆以南北两洋为要会。”鸦片战争期间，英国侵略者称为“以里亚特岛”。[英] 金约翰辑，[美] 金楷理口述，怀远、王德明笔译《海道图说》卷六：“距拉夫司岛(编者注：即泗礁山岛)西北角一里又四分里之三，有数小岛，曰‘以里亚特岛’。昔有英兵船布勒勿于数小岛西南面停泊。受北面大风尚能遮护。自小岛视葛词拉夫岛(编者注：即大戢山岛)，原名大我，为西偏北又北二分之向，相距十里半。”原海拔144米。地质基础由白垩系熔结凝灰岩、凝灰岩等构成，间有凝灰质砂岩及流纹斑岩。原皆为丘陵。20世纪90年代始于此开山采石，今大部山体被开采。今海拔高度不详。岸线曲折，皆为基岩海岸。地貌以平地为主。大部基岩裸露，局部有灌丛和草丛。宋、元属昌国蓬莱乡北界村。清代开海后陆续有渔民上岛。清康熙二十九年(1690年)划属江南省崇明县。村民主事渔业。清末有居民10余户，渔船数只。1987年有89户、323人，并设有青沙乡北鼎星村民委员会。1988年村民迁居菜园镇青沙滩的北鼎星新村。地处泗礁山岛至上海、定海等地的交通要道。清光绪《新译海道图说》载：“昔有英兵船布勒勿，于数小岛西南面停泊，受北面大风而能遮护。”1904年4月25日，清朝海军“海天舰”于此岛西北海域的乌纱帽礁触礁沉没。原有前小山岛和后小山岛分别居其南侧、北侧。2002年，因采石、倒渣而与前小山岛相连。西岸、北岸建有采石场专用码头。

金鸡山岛(Jīnjīshān Dǎo) 属舟山市嵊泗县菜园镇。在舟山群岛北部，嵊泗列岛中部海域。长1.8千米，宽1.6千米。陆域面积1.98平方千米。人口3 553。古称鸡鸣山。南宋乾道《四明图经》卷七已有名称记载。因东侧有形似公鸡的小金鸡屿得名。明侯继高《全浙兵制》卷一载为“长表门”。明郑若曾《筹海图编》卷五载为“鸡鸣山”。但《筹海图编・直隶沿海山沙图一》载为“长标门”。清朱正元《江苏沿海图说》等载为“金鸡山”。民国《崇明县志》卷二载为“大金鸡”：“大金鸡，自崇明东南角起，计一百七十九里。纵里：四里，横里：三里。居民二百户，船数：三四十号。附近小岛：小金鸡。”鸦片战争时期，英国侵略者曾称“者司尼岛(者司泥岛)”。清朱正元《江苏沿海图说・长江口附近海岛表》：“金鸡山，译名‘者司尼’。”19世纪80年代编绘的《八省沿海总图・浙江沿海总图》标注为“者司泥”。海拔132.5米。地质基础由燕山晚期侵入的钾长花岗岩和白垩系熔结凝灰岩、

凝灰岩、夹凝灰质砂岩等构成。地貌以低丘陵为主，平地狭小，散布于东岸和南岸。岸线曲折，湾岬相间，以基岩海岸为主，局部人工海岸和沙砾质海岸。土壤有滨海盐土、风砂土、红壤和粗骨土等。植被以落叶阔叶林和灌丛为主。旧为海防要地。南宋宝祐六年(1258年)于岛设烽铺。南宋开庆《四明续志》卷五："鸡鸣山至北沙山一铺。""鸡鸣山有人烟，直东取北砂山，隔一港。烟旗火号皆可相应。"明代为抗倭要地，曾有倭寇盘踞。明郑若曾《筹海图编》卷五："贼犯定海，官兵击败之。贼皆鸡鸣山人，沿海为患。"宋、元属昌国蓬莱乡北界村。清代开海后陆续有渔民上岛。清康熙二十九年(1690年)划属江南省崇明县。清康熙五十年(1711年)再度迁徙。1934年于此设金平乡。1936年出版的程梯云《江苏外海山岛志》："全山有五岙……今编成为金平乡，乡公所设于金鸡岙。岙内有天后宫庙，殿宇极大，为全山公建。现驻有保卫团一排。居民以捕鱼为业，与四礁同为海蜇渔业最发达之岛，全年出产达一万件左右，占泗礁之半数。有正式渔行四家，沈瑞记在小平头，营业最大，王裕兴在带船纬，王永记在金鸡岙，顾阿福在黄泥塴。黄泥塴民风最强，台帮浪人混迹者极多。"2001年并入菜园镇。原有4个村民委员会，2019年合设为金平村民委员会。建有社区卫生服务中心1个。有金平天后宫1处嵊泗县文物保护单位。岛上公路通各村岙。2001年建成金青大桥与泗礁山岛相连。1994年于东南岸外建防波堤和嵊泗中心渔港。2001年于西北岸外建防波堤和嵊泗中心渔港新港区。附近海域旧盛产乌贼和海蜇，金平海蜇为嵊泗县传统特产之一。

马迹山岛(Mǎjìshān Dǎo) 属舟山市嵊泗县菜园镇。在浙江省东北部，嵊泗列岛中部泗礁山岛西南侧海域。长2.5千米，宽1.6千米。陆域面积1.94平方千米。古与泗礁山岛合称马迹山。一说以原岛形似马蹄状得名。一说以岛南有马迹潭得名。清代以后，泗礁山岛改称苏窦山或泗礁山，"马迹山"始专指此岛。清康熙《定海县志》卷五："再查苏窦一山，由南而北约二十里，西而东亦曰二十里，天峻地颇多，本镇向年游巡，惟在马迹山下洋面。"民国《崇明县志》卷二："马迹山，自崇明东南角起，计一百八十六里。纵里：四里半，横里：一里又五分三。居民六七十户。船数：三四十号。锚地：东南。"鸦片战争时期，英国侵略者称为"那披鸥岛(那比尔岛)"。清朱正元《江苏沿海图说・长江口附近海岛表》："金鸡山，译名那披鸥岛。"19世纪80年代编绘的《八省沿海总图・浙江沿海总图》标注为"那比尔岛"。原以丘陵为主，海拔113.1米。2002年起开山、围填，今多辟为平地，海拔高度不详。地质基础由白垩系熔结凝灰岩、凝灰岩夹凝灰质砂岩构成。东岸、北岸曲折，以基岩海岸为主。南岸、西岸平直，以人工海岸为主。土壤以红壤和粗骨土为主。植被以灌丛和草丛为主。历为海防要地。南宋为制置司水师巡海之地，相关警汛三日一报枢密院及尚书省。明代为抗倭要地。明郑若曾《筹海图编》卷五：嘉靖三十二年(1553年)官兵剿灭烈港贼巢后，"(王)直率精锐溃围而去，泊马迹潭"。"官兵进剿马迹潭王直贼巢，大败之"。清康熙二十九年(1690年)，以此岛为界，将岛北划属江南省："江南海汛，以马迹山为界，马迹山脚以南之洋岛，属浙江省管辖；浙江海汛以大羊山为界，大羊山脚以北之洋岛，属江南省管辖。自西至东洋岛，俱以两山为准，各照分定界限巡哨。"岛南海域旧为春秋渔汛的主要作业区。1936年出版的程梯云《江苏外海山岛志》："马迹为春季大黄鱼及秋季奉化拉钓船渔场根据地。春季渔汛各捕鱼船咸集，船有千数百号，人口突增至万余，临时小商贩毕至，殊为热闹，仅次于嵊山之带鱼汛。"抗日战争时期，曾一度被侵华日军占领，于岛上建造多座炮台，并派遣机动渔轮在附近海域进行掠夺性捕捞。深水岸线资源丰富。宋、元属昌国蓬莱乡北界村。清代开海后陆续有渔民上岛。清康熙二十九年(1690年)划属江南省崇明县，五十年再度迁徙。清乾隆年间(1736—1796年)以后陆续有渔民上岛定居。旧有大澳1个自然村，

1986 年有居民 153 户、467 人，并设马迹村民委员会。2002 年开始于此建设宝钢矿石中转码头，居民迁至泗礁山岛关岙。现已建成 30 万吨级、25 万吨级卸船泊位各 1 个，5 万吨级、3.5 万吨级、1 万吨级泊位各 1 个。岛上公路经马迹门大桥与泗礁山岛相连。东南侧岸外有被誉为"海上石城门"的城门头礁。马迹山港区建有观景平台，为嵊泗国家级风景名胜区的组成部分。

徐公岛(Xúgōng Dǎo)　属舟山市嵊泗县菜园镇。在嵊泗列岛中部，浙江省东北部，嵊泗列岛中部泗礁山岛西南侧海域。长 2 千米，宽 1.2 千米。陆域面积 1.3 平方千米。无常住人口。古称徐翁山，徐公山。名称来历不详。南宋乾道《四明图经》卷七："徐公山在(昌国)县东北五百五十里。"清康熙《定海县志》和乾隆《中华沿海形势全图》仍载为"徐公山"。康熙《定海县志》卷五："江浙分界即马迹山，下洋面也。北望汪洋，绝无岛屿。正西为下川，又西为上川，稍北为徐公山，又西为羊山。"民国《崇明县志》卷二载为"徐贡山"："徐贡山，自崇明东南角起，计一百七十九里。纵里：三里又五分四，横里：二里又三分一。船数：数号。"清末浙江省督练公所参谋处测绘股编绘的《浙江沿海要口全图》等各类地图仍标注为"徐公""徐公山"。鸦片战争期间，英国侵略者称为"马利臣岛"，并称附近群岛为徐公列岛。清朱正元《江苏沿海图说・长江口附近海岛表》："徐公山，译名'马利臣岛'。"[英] 金约翰辑，[美] 金楷理口述，怀远、王德明笔译《海道图说》卷六："距拉夫司岛西西南十五里有乱形列岛，其与拉夫司岛间有马利臣列岛，惟最大者有陡崖。"海拔 151.1 米。地质基础由白垩系熔结凝灰岩、凝灰岩夹凝灰质砂岩和流纹斑岩构成。皆为丘陵，无平地。岸线曲折，以基岩海岸为主，仅西岸有小段人工海岸。土壤以红壤和粗骨土为主。植被以灌丛和草丛为主。旧为海防要地和日韩来华的重要节点。北宋熙宁五年(1072 年)日僧成寻入宋时曾欲上岛寄宿，未果。《参天台五台山记》："廿六日……着明州别岛徐翁山，无人家……将着徐翁山间，北风大吹，骚动无极。殆可寄岩石，适依佛力，得著别岛宿。"2009 年，考古人员于此发现宋代古村落遗址，并采集到一批宋代至民国各时期的瓷片和砖瓦等建筑构件。其中有越窑系青瓷，宋代同安窑系青白瓷，元代吉州窑、建窑黑瓷和明清到民国时期的青花瓷。南宋宝祐六年(1258 年)于此设烽铺，为其时十二烽铺之一。南宋开庆《四明续志》卷五："徐公山至鸡鸣山一铺。徐公山有人烟。"古属蓬莱北界村。清康熙二十九年(1690 年)划属江南省崇明县。旧有徐公 1 个自然村，1951 年设徐公村。1953—1956 年于此设徐公乡。1962 年改设徐公大队(村民委员会)。1990 年后迁居泗礁山岛关岙徐公新村。2008 年后于东南部与西北部开山采石，并于西北岸外建设了防波堤。东南岸建有码头，但无固定航班。

白节半洋屿(Báijiébànyáng Yǔ)　属舟山市嵊泗县菜园镇。在浙江省东北部，嵊泗列岛中部海域。长 150 米，宽 50 米。陆域面积 8 920 平方米。原称半洋礁、半洋山。清末已有地名记载，因孤悬海中，处马迹山岛至川湖列岛、白节山岛至徐公岛之半程，故名。1918 年编绘的 1∶2.5 万地形图《徐公岛》标注为：半洋礁。为避免重名，2010 年改今名。海拔 15 米。地质基础由白垩系熔结凝灰岩、凝灰岩构成。皆为基岩。岛岸陡峭，顶部平坦。仅生长有少量茅草和灌丛。顶部有建于清光绪三十年(1904 年)的半洋礁灯塔，为全国重点文物保护单位浙东沿海灯塔组成部分，白节峡水道上的重要航标之一。

白节山岛(Báijiéshān Dǎo)　属舟山市嵊泗县菜园镇。在浙江省东北部，嵊泗列岛中部海域。长 1.3 千米，宽 800 米。陆域面积 0.52 平方千米。明前岛名不详。明范涞《两浙海防类考续编》卷一载为"白揭山"，侯继高《全浙兵制》卷一载为"大白及"。清朱正元《江苏沿海图说》和民国《崇明县志》卷二载为“白碛山”。1918 年编绘的 1∶2.5 万地形图分有《白迹山》图幅。传因岛上盛产中药白芨得名。鸦片战争时期，英国侵略者称为“奔塞岛”。清朱正元《江苏沿海图说·长江口附近海岛表》：“白碛山，译名‘奔塞岛’。”海拔 120.7 米。地质基础由白垩系熔结凝灰岩构成。皆为丘陵，无平地。岸线曲折，皆为基岩海岸，坡脚有海蚀崖。土壤以红壤和粗骨土为主。植被以灌丛和草丛为主，并有小片刚竹林。古属昌国县蓬莱乡。清康熙二十九年（1690 年）划属江南省崇明县，光绪九年（1883 年）又划属浙江省定海县。民国《崇明县志》卷二：“而白碛山及附近之小白碛、红山，于清光绪九年勘归定海，故不列入。”“按：‘白碛山在江苏洋面，应隶于崇，乃光绪九年因建灯塔之故，知县汪定勋与定海厅会勘，竟归定海管辖，未知何故。’”1949 年 1 月 27 日，太平轮自上海开往台湾基隆途中，于此岛附近与建元轮相撞，932 人遇难，史称“太平轮事件”。岛上有建于清光绪九年（1883 年）的白节山灯塔，为全国重点文物保护单位浙东沿海灯塔组成部分，船舶进出白节峡国际航道的重要导航设施。岛上无公路，无交通码头和固定航班。

嵊山岛（Shèngshān Dǎo）　属舟山市嵊泗县嵊山镇。在浙江省东北部，马鞍列岛东南部海域。长 4.1 千米，宽 2.7 千米。陆域面积 4.14 平方千米。人口 8 296。宋、元称神前山。南宋宝庆《四明志》卷二十：“东北五潮到神前、壁下，与海州分界。”名称来历及含义不详。明、清称陈钱山、尽山等。陈钱，为神前的谐音。清乾隆《中华沿海形势全图》载为“尽山”，清朱正元《江苏沿海图说》载为“陈钱山”，清末浙江省督练公所参谋处测绘股编绘的《浙江沿海要口全图》标注为“陈岐”。明天启《舟山志》卷二：“陈钱，一名神前。”清康熙《定海县志》卷二《环海图记》载：“陈钱者即中国诸山尽处，俗呼为‘尽山’。”“嵊山”之名，始于清末，为尽山谐音的异写。民国《崇明县志》卷二：“陈钱山。亦名‘嵊山’，又名‘尽山’，言诸岛至此尽也。”但明《观海指掌图》将陈钱山与尽山分载为两个海岛，即以尽山指海礁。1936 年出版的程梯云《江苏外海山岛志》：“实则山之东复有小山曰‘海礁’，乃中国海山之尽处也。”清嵇曾筠《浙江通志》卷九十五：“《观海指掌图》：‘大洋山北行二更余至马迹山（海中道里以更计，一更九十里）。此二山为江浙分汛地，最为扼要。大衢山虽为浙江洋面，而与大洋、马迹三方鼎峙，守大洋、马迹者必守大衢，始臂指相使，呼吸可通。马迹二更余至陈钱山，又一更至尽山。尽山以内为内洋，山以外为外洋，顺风不三日可至日本矣。’”鸦片战争时期，英国侵略者曾称“东马鞍岛”。［英］金约翰辑，［美］金楷理口述，怀远、王德明笔译《海道图说》卷六：“距无产岛西又南三分之一十六里，曰‘东马鞍岛’，原名‘陈钱’。”“当东北恒风时，马鞍列岛间最稳便处为近东马鞍之南面。凡于此间泊船者，遇有力南风，行于东、南二马鞍间，惟宜近南马鞍而行。因水道中界有石浅，仅深三拓，石浅北面又有三荡石。”海拔 213.5 米。地质基础由燕山晚期侵入的钾长花岗岩构成。皆为丘陵，无平地。岸线曲折，湾岬相间，以基岩海岸为主，仅箱子岙、大玉湾附近有人工海岸。坡脚多海蚀崖、海蚀穴，东岸的东崖绝壁为著名的海蚀景观。土壤以红壤和粗骨土为主。植被以落叶阔叶林、灌丛和草丛为主，并多野生水仙。清陈伦炯《海国闻见录·天下沿海形势录》：“而陈钱外在东北，俗呼‘尽山’。山大澳广，可泊舟百余艘。山产水仙，海产淡菜（蚌属）、海蜒（即小鱼）。”历为海防要地，古代东亚海上丝绸之路的重要节点。明郑若曾《筹海图编》卷二：“若陈钱山至日本，用艮针。”宋宝庆《四明志》卷七：“神前、石衕、三姑、宜山、马迹、关岙、海驴礁及海南北中间其昼夜巡徼者，三日一报枢密院及尚书省。”南宋开庆《四明续志》卷五：“定海水师旧例月差军兵出洋，其目有三：曰三洋巡逴，曰北事探望，曰港口守把……若探望，则自神前等处，远至海驴礁。”明代为抗倭要地。明郑若曾《筹海图编》卷十二上：“总督尚书胡宗宪又云：‘直隶与浙江名虽异地，而实则一家。

若不设官总理，则彼此自分门户，贼寇一入内地，随风南北，可以互犯。故必共守陈钱，分守马迹等三道，而后贼无遁情，兵可夹击。必得总兵官正副二员，分驻金山、临山要会之地。先守陈钱，以春秋分任，更番出入。而参将分画三道，马迹等三山，各督信地，则人易为守，而守无弗力矣。’”“在京各衙门会议云：‘……海中陈钱、大衢、马迹、洋山诸岛，为南倭南犯必由之路……其陈钱山为浙、直分路之始，所以宜更番共守。’”清乾隆五十九年，清军与海盗蔡牵战于此。清光绪《崇明县志》卷七：“乾隆五十八年，海盗蔡牵犯外洋各山岙，总兵孙全谋、游击杨天相率兵六百余名、船三十只赴羊山洋面与贼战，不克。明年元日复帅师至陈钱山，乘间迎击，毁贼船二十余只，杀溺甚众，牵遁。”古属昌国县蓬莱乡北界村。明、清历 3 次海禁。清康熙二十九年（1690 年）江浙两省分洋汛，属浙江省。乾隆五十八年（1793 年）划属江苏省崇明县。民国《崇明县志》卷九：“（乾隆）五十八年，以蔡云山在尽山洋面被劫，两省未定参缉。江苏委苏松太道通恩、候补副将陈安邦，浙江委护金衢严道邢屿、象山协副将袁永清，先后至马迹山查勘。遂于马迹中峰最高处立准，马迹旁有小山曰‘扁礁’，为江南辖。扁礁东南数里曰‘黄龙’，又东数里曰‘梅子山’，为浙江辖。马迹东北数十里曰‘花鸟’，东偏北百余里外小山曰‘陈钱’，陈钱南数里大山曰‘尽山’，江南难纡道管辖。议定以陈钱山脚为界，南归浙江，北归江南。”民国《崇明县志》卷二：“陈钱山……在枸杞山东四五里。纵七里半，横四里半，山高六百九十二尺。居民约二三百户，渔时约千户。为极东之岛。南有玉环岙，西北有箱子岙，淀泊最便。”1936 年出版的程梯云《江苏外海山岛志》：“据崇启海沙田官产局之测丈，全山总面积为九二二五亩，惟沙田局之测丈，以增多收入为目的，未必真能正经界而齐长度，且测事草率，数据之准确度至微。”1934 年始设嵊山镇。1949 年 10 月于此设嵊泗县，1950 年 7 月改设为嵊泗特区，并迁治于泗礁山岛。今置嵊山 1 个镇，设有村民委员会 3 个。有小学 1 所、医院 1 家。有蒋纪周烈士纪念碑 1 处嵊泗县文物保护单位。附近海域渔业资源丰富。清代以来，为马鞍列岛和嵊山渔场的中心，中国沿海渔民云集于此岛捕捞、加工、贸易。清光绪三十年（1904 年）春汛，爱国实业家张謇创办的江浙渔业股份公司派遣中国最早的渔轮“福海”号于此附近探捕。1979 年，中国沿海六省二市 2 万多艘渔船、16 万渔民汇集此岛捕捞、加工、贸易。岛上曾设有各省、地、县渔业指挥部 20 多个。嵊山渔港今为国家一级渔港和二级开放口岸。陆上有公路通各村岙，并经三礁江大桥与枸杞岛相连。西南岸和西北岸建有交通码头 2 座，海上客运通沈家门、菜园、花鸟、壁下等地。

大盘山岛（Dàpánshān Dǎo）　属舟山市嵊泗县嵊山镇。在浙江省东北部，马鞍列岛中部海域。长 1 千米，宽 500 米。陆域面积 49.47 万平方米。人口 166。一说因从东面望，岛呈磨盘形而得名。一说因西岙口有礁石似盘得名。唐、宋称大板山。南宋乾道《四明图经》卷七、宝庆《四明志》卷二十等载为“大板”。元大德《昌国州图志》卷四载为“大盘”。明范涞《两浙海防类考续编》卷一和明郑若曾《筹海图编・直隶沿海山沙图一》载为“大盘山”。清乾隆《中华沿海形势全图》载为“大盘”。鸦片战争期间，英国侵略者称为“马缰岛”。海拔 125.1 米。地质基础为白垩系熔结凝灰岩、凝灰岩，间有凝灰砂岩和流纹斑岩。皆为丘陵，无平地。岸线曲折，皆为基岩海岸，并多海蚀崖和海蚀穴。土壤以红壤和粗骨土为主。植被以灌丛和白茅草丛为主。旧为中国至日本、韩国航线上的交通要道。唐天宝二年（743 年）十二月，僧鉴真第一次东渡日本曾于此遇风浪折返。日僧真人元开《唐大和上东征传》：“更修理舟，下至大板山，泊舟不得，即至下屿山。”宋元已有人定居。元大德《昌国州图志》卷二载有大盘岙，属蓬莱乡北界村。明、清 3 次海禁期间，墟地徙民。清康熙二十九年（1690 年）江浙两省分洋汛，划属江南省崇明县。清末有宁波、温州等地渔民陆续上岛。民国《崇明县志》卷二：

“大盘山，自崇明东南角起，计二百十里。纵里：二里，横里：一里又三分一。居民：渔时约百户。船数：数十号。”1950年与壁下、安基合建翻身村。1953年析设大盘村。1962年与张其合设大盘大队。1980年析设大盘大队（村民委员会）。20世纪80—90年代曾为嵊泗县最富裕的渔村之一。2001年并入壁下村民委员会。附近海域旧盛产针乌贼和带鱼，为曼氏无针乌贼的主产区之一。1956年秋，舟山专区水产局于此开展紫菜增殖试验，获得成功。原有村办小学、文化站和电影队等设施，后随村民外迁而撤销。今岛上实际居住少数老年村民。西岸有小海湾，并建有码头和防波堤，岸外有大片贻贝养殖桁地。

壁下山岛(Bìxiàshān Dǎo) 属舟山市嵊泗县嵊山镇。在浙江省东北部，马鞍列岛中部海域。长2.5千米，宽1.2千米。陆域面积1.13平方千米。人口388。因西岸山崖陡峭如壁立，崖下可停泊渔船而得名。原分野猫洞和壁下山2个海岛。《唐大和上东征传》载为“下屿山”：“天宝二载十二月举帆东下……更修理舟，下至大板山，泊舟不得，即至下屿山。住一月，待好风发，欲到桑石山。”南宋乾道《四明图经》卷七分别称为“北壁山”和“壁下”。南宋乾道《四明图经》卷七：“北壁山，在（昌国）县东北八百里。”南宋宝庆《四明志》卷二十：“东北五潮到神前、壁下，与海州分界。”明范涞《两浙海防类考续编》卷一、明郑若曾《筹海图编·直隶沿海山沙图二》、清乾隆《中华沿海形势全图》和清末浙江省督练公所参谋处测绘股编绘的《浙江沿海要口全图》等皆载为“壁下（山）”。清光绪《崇明县志·汛地图》分称为“野猫洞山”和“壁下山”。1964年建钢筋混凝土桥连接二岛，为江浙一带最早的跨海大桥。后桥毁，于1975年改筑海堤相连为1个海岛。鸦片战争时期，英国侵略者曾称“假马鞍岛”。［英］金约翰辑，［美］金楷理口述，怀远、王德明笔译《海道图说》卷六：“距东、南马鞍岛西北八里有北马鞍岛，高七百八十尺，其间有假马鞍岛，原名东、西绿华。距北马鞍岛西南面有倒骑马鞍，其间可泊船避风，但无稳便于东、南二马鞍岛之间者。”清朱正元《江苏沿海图说·长江口附近海岛表》：“壁下山，译名假马鞍岛。”19世纪80年代编绘的《八省沿海总图·浙江沿海总图》载为“假马鞍岛”，并注“原名东、西绿华”，但位置标注在壁下山岛右侧，与此同时，此图在东、西绿华岛的相应位置标注为“倒骑鞍岛”。海拔162.5米。地质基础由白垩系熔结凝灰岩、凝灰岩夹凝灰质砂岩构成。皆为丘陵，无平地。岸线曲折，以基岩海岸为主，坡脚有陡峭的海蚀崖和海蚀穴。土壤以红壤土和粗骨土为主。植被以落叶阔叶林、灌丛和草丛为主，局部有小面积竹林，多滨柃、芙蓉菊等滨海特有植物，并多野生水仙。历为海防要地、东亚贸易航线重要节点。南宋宝祐六年（1258年）于此设壁下山烽铺，为海上十二烽铺的终点。南宋开庆《四明续志》卷五：“其在海洋者，自招宝山至海道壁下山共十二铺。”“壁下山一铺。”明代为抗倭要地。清康熙《定海县志》卷三转引明代兵部尚书张时彻《防海议》：“……凡大小衢、滩浒山、丁兴、马迹、东库、陈钱、壁下等处，为贼舟之所经行者，可一望而尽。即由此而南通于瓯越，北涉于江淮，皆以南北两洋为要会。”宋、元属昌国县蓬莱乡北界村。元大德《昌国州图志》载有大、小壁下岙。明、清3次海禁期间，墟地徙民。清康熙二十九年（1690年）江浙两省分洋汛，划属江南省崇明县。1953年于此设壁下乡。2001年并入嵊山镇。今设村民委员会1个，有村卫生服务站1个。附近海域旧盛产乌贼和带鱼，为曼氏无针乌贼的主产区之一。渔谚云：“壁下野猫洞，乌贼夜夜拢。”20世纪80—90年代为嵊泗县最富裕的渔村之一。西岸中段建有交通码头，海上客运通嵊山、花鸟、菜园等地。

华礁(Huá Jiāo) 海礁的主岛。属舟山市嵊泗县嵊山镇。在浙江省东北部，舟山群岛东北部。长350米，宽90米。陆域面积2.5万平方米。宋徐兢《奉使高丽图经》卷三十四和宋宝庆《四明志》

卷二十载为“海驴礁”。南宋吕祖俭《游候涛山记》和元至正《四明续志》卷十一载为“海螺礁”。一说以主岛华礁形似伏驴得名。《奉使高丽图经》卷三十四:“二十八日庚辰,天日清宴。卯刻,八舟同发。使副具朝服与二道官望阙再拜,投御前所降神霄、玉清、九阳、总真符箓并风师、龙王牒、天曹直符引、五岳真形与止风雨等十三符讫。张篷而行,出赤门。食顷,水色渐碧,四望山岛稍稀,或如防云,或如偃月。已后,过海驴焦,状如伏驴。崇宁间,舟人有见海兽出没波间,状如驴形,当别是一物,未必因焦石而有驴也。”南宋吕祖俭《游候涛山记》:“问之习于海道者,云:自虎蹲山、七里墩至嘉门抵石弄,涉羊山,绝海螺礁。”一说以主岛华礁远望如海螺漂于海面而得名,“海驴”为“海螺”的方言谐音,后简称为海礁。别称海礁山。又因童秃无植被,别称童岛。明《观海指掌图》载为“尽山”。清嵇曾筠《浙江通志》卷九十五:“《观海指掌图》:‘大洋山北行二更余至马迹山(海中道里以更计,一更九十里)。此二山为江浙分汛地,最为扼要。大衢山虽为浙江洋面,而与大洋、马迹三方鼎峙,守大洋、马迹者必守大衢,始臂指相使,呼吸可通。马迹二更余至陈钱山,又一更至尽山。尽山以内为内洋,山以外为外洋,顺风不三日可至日本矣。’”鸦片战争期间,英国侵略者称“无产岛”“巴伦爱伦司”。[英] 金约翰辑,[美] 金楷理口述,怀远、王德明笔译《海道图说》卷六:“舟山列岛北半山与露石。自舟山北岸排列颇远,遮护杭州湾北口,除无产岛与柳根拿岛,原名浪岗以外,其余各岛皆有居民,并多稳便泊船处。”“无产列岛,西名‘巴伦爱伦司’。无产三列岛自西至东长四分里之三,高五十尺。纬度距赤道北三十度四十三分,经度偏东六度四十九分十四秒,原图偏东一百二十三度七分一十四秒。距最东者东南面二百拓,有石一行,潮涨满恰平水面。此石行约向东南伸入海四分里之三。”1987 年 12 月,由国务院批准为今名。因居海礁之西部,借用西岳华山之名命名。海拔 46.7 米。地质基础以白垩系熔结凝灰岩、凝灰岩为主,并夹凝灰质砂岩、淡灰色和红色岩层交错相隔。地势危峻,岸壁陡立。岩石裸露,仅东部山顶岩缝生长有少量芙蓉菊和灌丛。历为海防要地,古代东亚海上丝绸之路的重要节点。北宋宣和五年(1123 年)路允迪、傅墨卿使团经此出使高丽国。宋代为水师巡哨之地。南宋宝庆《四明志》卷七:“神前、石衙、三姑、宜山、马迹、关岙、海驴礁及海南北中间其昼夜巡徼者,三日一报枢密院及尚书省。”开庆《四明续志》卷五:“定海水师旧例月差军兵出洋,其目有三:曰三洋巡逴,曰北事探望,曰港口守把……若探望,则自神前等处,远至海驴礁。”岛上建有灯桩、“海礁”地名标志碑和移动通信基站。无公路、无交通码头。附近海域是嵊山渔场的组成部分,盛产带鱼、黄鱼、鳓鱼、石斑鱼、虎头鱼和梭子蟹、虾类。

泰薄礁(Tàibó Jiāo)　属舟山市嵊泗县嵊山镇。在浙江省东北部,舟山群岛东北部的海礁。陆域面积 10 平方米。因位居泰礁以东,故借用泰山以东昆嵛山脉主峰泰礴顶命名。海拔 4.7 米。地质基础由白垩系熔结凝灰岩、凝灰岩构成。岩石裸露,无土壤无植被。旧与华礁、嵩礁、恒礁等合称为海礁。1987 年 12 月由国务院批准为今名,并确定为中华人民共和国领海基点之一,领海基点名为海礁。2007 年于此设立领海基点方位碑。潮间带以下生长有丰富的贻贝和海螺、紫菜等贝藻类生物。

东南礁(Dōngnán Jiāo)　属舟山市嵊泗县嵊山镇。在浙江省东北部,舟山群岛东北部的海礁。陆域面积 120 平方米。原名船礁,因干出时形如小船得名。鸦片战争期间,英国侵略者曾于此详细测绘。[英] 金约翰辑,[美] 金楷理口述,怀远、王德明笔译《海道图说》卷六:“无产列岛,西名‘巴伦爱伦司’……距最东者东南面二百拓,有石一行,潮涨满恰平水面。此石行约向东南伸入海四分里之三。距东马鞍岛东又北一分十六里,距柳拿岛东北偏北又北一分二十里。”1987 年 12 月由国务院批准改名为南岳礁，并确定为中华人民共和国领海基点之一。因位居海礁诸岛礁的东南端，故借“南岳”命名。1996 年 5 月 15 日《中华人民共和国政府关于中华人民共和国领海基线的声明》公布为“东南礁”。地质基础由白垩系熔结凝灰岩、凝灰岩构成。2007 年于此设立领海基点方位碑。潮间带以下生长有丰富的贻贝和海螺、紫菜等贝藻类生物。

浪岗中块岛(Lànggǎng Zhōngkuài Dǎo)　属舟山市嵊泗县嵊山镇。在浙江省东北部，舟山群岛东部海域。长 1 千米，宽 400 米。陆域面积 30 万平方米。古与浪岗东块、浪岗西块等合称为良港山、浪港山、浪冈山等。传因风高浪急，大风浪时巨浪过岗得名。南宋乾道《四明志》卷七载为良港山：“良港山在(昌国)县东北九百里。”南宋宝庆《四明志》卷二十、元延祐《四明志》卷七皆载为浪港山，大德《昌国州图志》卷四载为浪岗山，明范涞《两浙海防类考续编》卷一和明郑若曾《筹海图编・直隶沿海山沙图二》载为浪冈(山)。清康熙《定海县志》载为浪冈和浪岗山。康熙《定海县志》卷五：“浪岗山，定海外洋。东至东海大洋；南至东福山，约计水程一百五十里；西至霜子山，约计水程四百里；北至环山，约计水程二十里。”清末浙江省督练公所参谋处测绘股编绘的《浙江沿海要口全图》误写为“浪昆”。后以地处浪岗山列岛中部改称中块岛、中奎岛。为避免重名，2010 年经浙江省人民政府批准改为现名。海拔 92.7 米。地质基础由白垩系熔结凝灰岩、凝灰岩构成，间夹凝灰质砂岩。地势南北两端略高，中部略低。东坡较陡，悬崖壁立数十米，西坡较缓，可以登岸。土壤以红壤和粗骨土为主，并有风成黄土层。植被以白茅草丛和灌丛为主。历为海防重地。1956 年 8 月 23 日，入侵我领空的美军 P4M－1Q 型飞机被中国空军击落坠毁于附近海域。岛礁风光秀丽，1980 年，八一电影制片厂曾于此拍摄《浪岗山风光》纪录片。附近海域渔业资源丰富，盛产带鱼、乌贼、鳓鱼、鲳鱼、虎头鱼、海蜒等，是嵊山渔场的主要作业区之一，尤以乌贼汛、带鱼汛为著。民间有“带鱼两头尖，生在海礁边，要想吃带鱼，还在浪岗面”和“浪岗西嘴头，一网两船头”之谚。岛上旧有渔民定居，渔汛期有数百名渔民上岛生产、居住。民国《定海县志》册一：“浪冈山，在衢山极东。长一里又七之六，阔六分里之五。居民三四十户。”后改建为海钓俱乐部。2008 年，国家体育总局社体中心、浙江省体育局、舟山市人民政府以此为主赛场主办“2008 全国海钓锦标赛”。附近海域为国际航道，可通 20～30 吨级巨轮。岛上建有灯桩、移动通信基站等设施。西岸有交通码头，但无固定航班。

大洋山岛(Dàyángshān Dǎo)　属舟山市嵊泗县洋山镇。在浙江省东北部，崎岖列岛中部海域。长 3.9 千米，宽 2.5 千米。陆域面积 4.89 平方千米。人口 1.14 万。宋、元称三姑山、三孤山。南宋乾道《四明图经》卷七：“三姑山，在(昌国)县西北八百里。”南宋宝庆《四明志》在卷二十记载为“三姑山”的同时，也在卷三记载为“三孤山”：“绍兴二年五月，以左朝奉大夫中书门下省检正诸房公事仇悆充集英殿修撰、福建两浙淮东沿海制置使，叙位依发运使例，所有本司属官亦依发运使属官条例置司平江之许浦镇。七月，吕颐浩言：‘朝廷置沿海制置使最为得策，然虏舟从海道北来，抛大洋至洋山、三孤、宜山、岱山、猎港、岑江直至定海县此海道一也，系浙东路。’”元大德《昌国州图志》仍载为“三姑山”。一说以岛北有前姑礁、中姑礁、圣姑礁三座小岛得名。一说因岛上有三座主山，如相互依偎的三姐妹得名。清代诗人朱绪曾《三姑山》诗：“宜山北去望模糊，蛏浦波连蟹浦俱。东海夫人多眷属，招邀七姊问三姑。”“三孤”当为三姑的谐音误写。明末以后改称羊山、洋山、大羊山、大洋山，别称猴山等。清康熙《定海县志》卷五：“大羊山，江南、浙江分界，东至左营水汛小衢山，约计水程一百里。”又载：“大羊山，闽人呼为猴山。”鸦片战争期间，英国侵略者称为“大用山(大雄山)”。[英] 金约翰辑,[美] 金楷理口述,怀远、王德明笔译《海道图说》卷六:“距拉夫司岛西西南十五里有乱形列岛……其最大者曰‘大用’,高六百六十尺,为凸形,余皆乱形。大用西面有一小岛,其南面为海寇湾,当东北恒风时,可泊船避风。”清朱正元《江苏沿海图说·长江口附近海岛表》:“大洋山,译名大雄山。”“大用”“大雄”疑为大羊的谐音误写。海拔 204.5 米。地质基础由燕山晚期侵入的钾长花岗岩,白垩系熔结凝灰岩、凝灰岩、夹凝灰质砂岩等构成。地貌以丘陵为主,西南部、西北部和中部有海积平地。土壤有滨海盐土、红壤和粗骨土等。植被以落叶阔叶林和白茅草丛为主,局部有以杉树为主的亚热带针叶林。历为海防重地。南宋宝庆《四明志》卷二十:“三姑山系北洋冲要之地,凡海舟自山东放洋而南欲趋浙之东西,必自此分道。”绍兴元年(1131 年),朝廷集中台州、温州、明州、越州民商船屯于三姑山、岱山、岑江(编者注:今岑港)和洌港(编者注:今沥港)4 处。南宋绍兴五年(1135 年)于此置三姑都巡检寨,并辖洌港、岑江二子寨。宝庆《四明志》卷二十:“三姑寨,额六百三十八人。今五百四十人。岑江、洌港二寨就本寨内拨隶。”南宋宝庆《四明志》卷七:“神前、石衕、三姑、宜山、马迹、关岙、海驴礁及海南北中间其昼夜巡徼者,三日一报枢密院及尚书省。”南宋宝祐六年(1258 年),朝廷于此设三姑山烽铺,为当时海上十二烽铺之一。明代墟地徙民,但仍为江浙两省水师会哨之处。宋、元属浙江省昌国县(州)蓬莱乡北界村,清康熙二十九年(1690 年)江浙两省分洋汛,仍属定海县蓬莱乡北界村。《江浙海汛分界碑》:“江南海汛,以马迹山为界,马迹山脚以南之洋岛,属浙江省管辖;浙江海汛以大羊山为界,大羊山脚以北之洋岛,属江南省管辖。自西至东洋岛,俱以两山为准,各照分定界限巡哨。”1934 年于此建大洋乡。1953 年改属浙江省舟山专区嵊泗县。20 世纪 80 年代迁沈家湾岛、中门堂岛、薄刀嘴岛、筲箕岛等小岛居民至洋东新村。2001 年与小洋乡、滩浒乡合建为洋山镇,并迁小洋山岛部分居民至此。现为洋山镇人民政府驻地,岛上设有社区居民委员会 4 个。有小学 1 所、镇卫生院 1 个。有洋山天后宫 1 处嵊泗县文物保护单位。岛上有公路通各村岙。海上客运通泗礁山、衢山、定海和小洋山岛等地。昔为著名大黄鱼产地之一。现主要特产有凤尾鱼、大白虾、海瓜子,誉称“洋山三宝”。

小洋山岛(Xiǎoyángshān Dǎo)　属舟山市嵊泗县洋山镇。在浙江省东北部,崎岖列岛中部海域。长 9.9 千米,宽 3 千米。陆域面积 10.33 平方千米。原为面积 1.8 平方千米的小岛。2002 年后,陆续与相邻的蒋公柱、锦鸡岛、老鸦嘴、大垃圾、小垃圾、将军帽、镬盖档、大指头、大岩礁、小岩礁、西门堂、中门堂 12 个海岛开山、围填相连。宋元称杨山、大洋山等。北宋日僧成寻《参天台五台山记》载为“杨山”:“(三月)廿六日丙午……申时,著明州别岛徐翁山,无人家,海水颇黄。西南见杨山,有人家。三姑山相连,有人家。将著徐翁山间,北风大吹,骚动无极。”南宋乾道《四明图经》卷七载为“大洋山”:“大洋山在(昌国)县北九百里。”明郑若曾《筹海图编·直隶沿海山沙图一》、清康熙《崇明县志》卷二等载为“洋山”。明范涞《两浙海防类考续编》卷一载为“羊山”。明侯继高《全浙兵制》载为“北羊山”。明后期至清代改称洋山、北羊山、小羊山。清康熙《定海县志》卷五:“且羊山有大小之分。”清康熙《崇明县志》卷二:“洋山,相传山有神最灵,即‘隋炀帝’。其门之神曰‘吕门宫(出宋人小说)’。山多羊,海船失风至此,粮尽即向神借羊。神许,羊辄自至。如否者,虽多方掩捕,终不可得。借者归后必载送还,羊日蕃盛。”清乾隆《中华沿海形势全图》标注为小羊山。元代诗人黄溍《洋山夜发》诗云:“肃肃洋山暮,仓忙拜水神。吹嘘端有力,漂泊竟无津。黑夜鱼龙界,皇天蚁虱臣。生还如偶遂,敢惮历微辛。”明代诗人张世臣《题洋山耸翠》诗:“缥缈壶天镜欲平,苍龙突兀向中横。山根落处流空翠,石磴飞来掩太清。势压群峰惊逸兕,气蒸五岳吸长鲸。遥瞻陡起乘槎兴,为作江南一柱青。”清代诗人朱绪曾《大洋山》诗：“江浙巡防此要冲，海山累代著灵踪。绿毛龟换红毛劫，城郭楼台蜃气重。”清末至民国年间始称小洋山。鸦片战争期间，英国侵略者称为“三角岛”。清朱正元《江苏沿海图说・长江口附近海岛表》：“小洋山，译名三角岛。”[英] 金约翰辑，[美] 金楷理口述，怀远、王德明笔译《海道图说》卷六：“(乱形)列岛北面最大而有三峰者，曰‘三角岛’，原名小羊山。东面有尖石塔小岛。”海拔 141.7 米。地质基础由燕山晚期侵入的钾长花岗岩构成。原皆为丘陵，无平地。2002 年后，除西北部残存部分丘陵外，皆为平地。除西北部余少量基岩海岸外，皆为人工海岸。残存山体多裸岩和悬崖。土壤以粗骨土和滨海盐土为主，植被以灌丛为主。唐代于此建洋山庙。南宋宝庆《四明志》卷二十：“洋山庙，东北海中。唐大中四年建。黄洽《记》云：‘海贾有见羽卫森列空中者，自称隋炀帝神游此山，俾立祠宇。建炎四年，车驾幸海道，以炀帝不可加封，特封其二妃为惠妃、顺妃夫人，敕藏于庙。’近方刻石。”明、清为江浙两省水师会哨处，并留有“海阔天空”“倚剑”“鲲鹏化处”“注焉不满”等巡哨官兵题刻。明郑若曾《筹海图编》卷十二上：“都御史唐顺之题云：‘御倭上策，自来无人不言御之于海……其远哨必至洋山、马迹。’”清康熙《定海县志》卷三：“哨道以羊山为重。羊山屹立于大海，东窥马迹，南接衢洋，北控大、小七山，贼船窃据壁下，取汲陈钱，如遇正东飓风，则瞬息可到，此地之重一也。温、台、宁三府，于汛期之际，渔船到此，而后分鯮采捕，南极渔山，北极茶蛇，二山渺茫千里，处处皆船，此地之重二者。此地不守望，则马迹可以结巢。”清嵇曾筠《浙江通志》卷九十五：“万里海防，浙东地形与福建连壤，浙西地形与苏松连壤，各有辅车相依之势，故分哨各官宜互为声援，往来会哨，以交信票为验。南则沈家门兵船，哨至福建之烽火门，而与小埕兵船相会，北则马墓兵船，哨至苏州洋之羊山，而与竹箔沙兵船相会。”清康熙《定海县志》卷五：“碑上刻‘往羊山与浙江金山营兵会盟，分布把截’，是言祝梓寿从马迹往羊山相与会盟也。”明末清初，南明鲁王水军和郑成功水军曾泊于此。康熙《定海县志・环海图记》：“北为大、小洋山，江浙水师会哨于此。上有羊府庙，忌金鼓声。相传郑氏统舟师数百，将犯金陵，泊山下，金鼓喧阗。是夜，飓风大作，舟覆，溺其爱妾、幼子数人。”南明抗清将领张煌言《重经羊山，忆旧与定西侯维舟于此》诗：“海国天空一柱撑，重过画鹢似逢迎。双牙旧忆联翩驻，八翼新看跳荡行。化去鸾旂难入梦，分来龙剑尚孤鸣。羊山亦有羊公泪，片石应同岘首情。”清乾隆五十八年(1793 年)，清军与海盗蔡牵战于此。清光绪《崇明县志》卷七：“乾隆五十八年，海盗蔡牵犯外洋各山岙，总兵孙全谋、游击杨天相率兵六百余名、船三十只赴羊山洋面与贼战，不克。明年元日复帅师至陈钱山，乘间迎击，毁贼船二十余只，杀溺甚众，牵遁。”宋元属昌国县蓬莱乡北界村。清康熙二十九年(1690 年)改属江南省崇明县。1934 年设小洋乡。2001 年并入洋山镇，并迁岛上居民至上海市南汇区(编者注：今属浦东新区)、大洋山岛等地。2002 年始于此建设上海港洋山港区。2005 年 6 月，国务院批准于此设立中国第一个保税港区，2013 年，洋山保税港区成为中国(上海)自由贸易试验区的组成部分。现建有国内最大的集装箱港区。实际居住人口皆为港区员工和相关管理机构工作人员。沪芦高速公路(S22)经东海大桥上岛。东部和西北部建有车渡码头，海上客运通泗礁山、定海、岱山、衢山等地。

滩浒山岛(Tānxǔshān Dǎo)　属舟山市嵊泗县洋山镇。在浙江省东北部，舟山群岛西北部海域。长 1.9 千米，宽 910 米。陆域面积 0.54 平方千米。人口 694。原称滩虎山，为杭州湾北岸的孤丘。晋代于此设立滩虎关。后在潮水顶冲下没入海中成为岛屿。南宋乾道《四明图经》、宋宝庆《四明志》、元大德《昌国州图志》等宋、元、明史志称为“滩山”，宋绍熙《云间志》等称为“许山”。南宋宝庆《四明志》卷二十：“(昌国县)西北三潮至滩山与秀州分界。”元至元《嘉禾志》卷四：“许山，在(松江)府东南二百五十里海水中。周回五里,高五十丈。”明《郑和航海图》载为“汤山”。清代称为浒山、许山、焦山,至清末始称滩浒山。清乾隆《金山县志》卷一:“许山,俗名焦山,在金山东。”清嘉庆《松江府志》卷七:“浒山,一名焦山。”明郑若曾《筹海图编·浙江沿海山沙图二十》误载为“许公”。清乾隆《中华沿海形势全图》等载为“滩山”。清朱正元《江苏沿海图说》载为“滩浒”。鸦片战争时期,英国侵略者称为“中西山”。清朱正元《江苏沿海图说·长江口附近海岛表》:“滩浒……译名‘中西山’。”海拔 73.8 米。地质基础由白垩系含角砾熔结凝灰岩、凝灰岩构成,间夹沉凝灰岩。皆为丘陵,无平地。岸线曲折,以基岩海岸为主,坡脚有陡峭的海蚀崖。土壤有滨海盐土、红壤、粗骨土等。植被以落叶阔叶林和白茅草丛为主。明代为防倭要地。明郑若曾《筹海图编》卷五:“西海口,南通大洋,北近平湖,系浙西之咽喉,平湖之门户也……今拨兵船出哨滩、浒、金山、青村一带海洋,与吴淞江兵船相会。”清康熙《定海县志》卷三转引明代兵部尚书张时彻《防海议》:“……凡大小衢、滩浒山、丁兴、马迹、东库、陈钱、壁下等处,为贼舟之所经行者,可一望而尽。即由此而南通于瓯越,北涉于江淮,皆以南北两洋为要会。”嘉靖年间(1522—1566 年)海宁卫于此设许山哨,以水师把总领之。清为乍浦营防区。1948 年,东海游击总队 18 名官兵经此撤往四明山根据地。1950 年 6 月,华东海军于此追剿海匪黄八妹部。滩浒山岛至上海大、小金山岛一带海域旧曾为故东京城之址,为“坍东京,涨崇明”传说的发源地。宋属嘉兴府华亭县。元属松江府。清末至民国初期曾属平湖县。1927 年起属镇海县,1934 年于此设新平乡。1955 年改为滩浒乡,并改属浙江省舟山专区嵊泗县。1978 年以后成为嵊泗县较早富裕起来的渔区之一。2001 年并入洋山镇。设村民委员会 1 个。1998 年起多数村民迁往上海市奉贤区金汇港滩浒新村,今实际居住少数老年村民。原有小学和卫生院均于 1998 年撤销。2000 年前后,曾拟于此建休闲旅游度假区,并建滩浒山庄和渔岛山庄,后未完工。岛上无公路,建有海洋站、交通码头等设施,海上客运通上海金汇港和大洋山岛。

大戢山岛(Dàjìshān Dǎo)　属舟山市嵊泗县洋山镇。在浙江省东北部,崎岖列岛以北海域。长 420 米,宽 270 米。陆域面积 8.77 万平方米。原名大七山,也作大碛山,由小戢山屿的古称派生得名。南宋乾道《四明图经》卷七:“大七山,在(昌国)县北一千四百五十里。”宋宝庆《四明志》卷二十:“(昌国县)北五潮至大碛山,与平江府分界。”元大德《昌国州图志》卷一:“(昌国州)北五潮至大七山,与平江路分界。”明《郑和航海图》、明范涞《两浙海防类考续编》卷一、明侯继高《全浙兵制》卷一、清乾隆《崇明县志》卷一、清康熙《定海县志》卷五、清光绪《崇明县志》卷二等皆载为“大七山”。清乾隆《中华沿海形势全图》和清末浙江省督练公所参谋处测绘股编绘的《浙江沿海要口全图》分别标注为“大戢山”和“大戢”。民国《崇明县志》卷二载为“大檝山”。鸦片战争时期,英国侵略者称为“葛词拉夫岛”。[英] 金约翰辑,[美] 金楷理口述,怀远、王德明笔译《海道图说》卷六:“距拉夫司岛西北角一里又四分里之三,有数小岛,曰‘以里亚特岛(编者注:即此鼎星岛)’。昔有英兵船布勒勿于数小岛西南面停泊。受北面大风尚能遮护。自小岛视葛词拉夫岛,原名‘大我’,为西偏北又北二分之向,相距十里半。”“葛词拉夫岛,原名‘大戢’。距乱形列岛西北角东北十二里,有葛词拉夫岛。高二百十尺,其北面有一石。”海拔 77.9 米。地质基础由白垩系含角砾熔结凝灰岩、凝灰岩构成,间夹沉凝灰岩。植被以灌丛和白茅草丛为主,间有榔榆、梧桐、冬青、桃树、桂花树等乔木。历为东亚丝绸之路和中国南北航线的重要标志物。宋日僧成寻《参天台五台山记》卷一:“(三月)廿五日乙巳……丑时,至苏州大七山宿。”开庆《四明续志》卷五:“侯三郡团结公定番次舟只,南自乌崎头,北自石衕,中自三姑山,至大七、小七,与夫神前、礁岙、马迹、朐山、长涂、岑江、岱山、烈港及近准行下洋山等处，分布摆泊矣。”明清为海防要地。清康熙《定海县志》卷五：“今除羊（山）、马（迹）两山南面各山系浙省之汛不造外，其陈钱、苏窦、蒲岙、小七、大七等山。相应备册呈送核定，颁发碑文，前赴羊、马两山勒石可也。”清嵇曾筠《浙江通志》卷九十七：“许山哨总哨官一员，部领大小战船二十只、兵三百七十五名。汛期泊许山、东哨至大、小七山、苏州、茅草等洋。大七山、小七山并在羊山东北。”1937 年 11 月，中国空军重创停泊在附近海域的侵华日军“龙骧”号航空母舰。有大戢山灯塔和海洋环境监测站。其中，大戢山灯塔始建于清同治八年（1869 年），在第二次世界大战后期曾被炸毁。岛上无公路，建有简易埠头，但无固定航班。附近海域称为大戢洋，昔盛产大黄鱼、小黄鱼、鲳鱼、鳓鱼等。

颗珠山岛（Kēzhūshān Dǎo） 属舟山市嵊泗县洋山镇。在浙江省东北部，崎岖列岛西北部海域。长 3.05 千米，宽 870 米。陆域面积 1.93 平方千米。原分大乌龟和颗珠山二座海岛。其中，大乌龟岛古称龟山，以岛形似乌龟得名。清光绪《崇明县志》卷二：“大龟山，在小洋山西南，高二三丈，围五六里。小龟山在其西。”颗珠山岛古称壳子山，后方言谐音为今名。民国《崇明县志》卷二：“壳子山，自崇明东南角起，计一百六十三里。纵里：一里又五分四，横里：五分里三。”2003 年后始于东海大桥建设过程中以海堤相连，后又逐渐开山围填为今貌。地质基础由燕山晚期侵入的花岗岩构成。大乌龟岛原海拔 69.3 米，陆域面积 14.57 万平方米；颗珠山岛原海拔 55.7 米，陆域面积 20.79 万平方米，皆为丘陵，无平地。今海拔不详，除北部残存少量低丘外，皆为平地。2014 年起于此开建上海港洋山港区全自动化集装箱码头及堆场。东海大桥（沪芦高速公路）过岛，并设有互通口。

圣姑礁屿（Shènggūjiāo Yǔ） 属舟山市嵊泗县洋山镇。在浙江省东北部，崎岖列岛中部海域。长 180 米，宽 50 米。陆域面积 7 410 平方米。明末始见“圣姑礁”地名记载，为圣姑礁、前姑礁和中姑礁的合称三姑礁。明侯继高《全浙兵制》卷一和明天启《舟山志》卷一载为“圣姑泰礁”。明天启《舟山志》卷一：“临观水营……哨总领哨官一员，泊两头洞，巡哨羊山、圣姑礁一带，与浙西、直隶官兵会哨。”明郑若曾《筹海图编·直隶沿海山沙图一》载为“圣礁岙”。1918 年编绘的 1∶2.5 万地形图《大洋山》标注为“新姑礁”，并在岛上注有娘娘宫。传因东海圣姑传说得名。俗称娘娘礁。海拔 16.1 米。地质基础由燕山晚期侵入的钾长花岗岩构成。岩石裸露，光滑如洗，仅于石缝间生长有少量茅草和灌丛。中部建有圣姑娘娘庙。民国《定海县志》册一：“圣姑礁，在大羊山北。上有娘娘宫。”庙后有“群贤毕至”“海宇澄清”“万顷碧波”3 处摩崖石刻，东岸有“泛波”题刻，皆为明、清时期江浙水师会哨时所题，为江浙古代海防会哨制度的重要证据。

唐脑山岛（Tángnǎoshān Dǎo） 属舟山市嵊泗县洋山镇。在浙江省东北部，舟山群岛北部、崎岖列岛西端。长 300 米，宽 100 米。陆域面积约 2.8 万平方米。传该岛与大洋山之间有 10 多个海岛排成一列，远望犹如一条海塘横亘在海中，唐脑山居西端，如海塘之头，故名塘脑山，后谐音为今名。清光绪《定海厅志》记为三唐恼，清朱正元《江苏沿海图说》记为三唐脑。1918 年编绘的 1∶2.5 万地形图《大三唐》和民国《崇明县志》卷二载为唐脑山。海拔 30.6 米。地质基础由燕山晚期侵入的钾长花岗岩构成。皆为丘陵，无平地。岸线皆为基岩海岸，四岸岩壁光滑陡峭，顶部略缓。土壤以粗骨土为主。植被为少量茅草和灌丛。附近海域历为杭州湾口和南北沿海航线的要道，西北部有建于清光绪三十年（1904 年）的唐脑山灯塔，为舟山市文物保护单位。

大黄龙岛（Dàhuánglóng Dǎo） 属舟山市嵊泗县黄龙乡。在浙江省东北部，嵊泗列岛中部海域。长 3.8 千米，宽 3.7 千米。陆域面积 5.22 平方千米。人口 9 046。古分称深水山、莆岙山。南宋乾道《四明图经》卷七:“深水山,在(昌国)县东北九百五十里。”“莆岙山,在(昌国)县东北九百五十里。”清代始称大黄龙山、黄龙山等,由其西侧的小黄龙岛派生得名。其中,清乾隆《中华沿海形势全图》和清末浙江省督练公所参谋处测绘股编绘的《浙江沿海要口全图》标为“黄龙”,清光绪《崇明县志》卷二载为“大黄龙山”。民国 1∶5 万地形图标注为“黄龙山”。鸦片战争时期,英国侵略者曾称“先好司岛”,并曾详细测绘。[英] 金约翰辑,[美] 金楷理口述,怀远、王德明笔译《海道图说》卷六:“距拉夫司岛(编者注:即泗礁山岛)东南面一里又四分里之三有陡石崖,曰‘先好司岛’,原名‘黄龙’。其间为稳便水道。”“距先好司岛西面一里有蒲庐克岛(编者注:即南鼎星岛),其间水道不便驶行。因近先好司岛能遮护风力也。”海拔 223.6 米。地质基础由燕山晚期侵入的花岗岩构成。皆为丘陵,几无平地。岸线曲折,湾岬相间,以基岩海岸为主。土壤以红壤和粗骨土为主。植被以落叶阔叶林、灌丛和茅草丛等为主。宋、元属昌国县(州)蓬莱乡北界村。明代墟地徙民。清康熙二十九年(1690 年)江、浙两省分洋汛,属浙江省定海县。民国《崇明县志》卷九:“(乾隆)五十八年,以蔡云山在尽山洋面被劫,两省未定参缉。江苏委苏松太道通恩、候补副将陈安邦,浙江委护金衢严道邢屿、象山协副将袁永清,先后至马迹山查勘。遂于马迹中峰最高处立准,马迹旁有小山曰‘扁礁’,为江南辖。扁礁东南数里曰‘黄龙’,又东数里曰‘梅子山’,为浙江辖。马迹东北数十里曰‘花鸟’,东偏北百余里外小山曰‘陈钱’,陈钱南数里大山曰‘尽山’,江南难纡道管辖,议定以陈钱山脚为界,南归浙江,北归江南。”清光绪元年(1875 年)以其北部划属江苏省崇明县,南部仍属浙江省定海县。1934 年以南部区域建定海县黄龙乡,北部区域与泗礁山岛下五岙(编者注:今五龙乡境)合建崇明县五龙乡。1951 年于全岛合建黄龙乡,并改属江苏省嵊泗县。1953 年改属浙江省舟山专区嵊泗县。现设乡 1 个、村民委员会 4 个。有小学 1 所、乡卫生院 1 个。渔村风情浓郁,民居多为花岗岩砌墙的石屋,并有侵华日军炮台群 1 处舟山市文物保护单位以及“东海云龙”题刻、“瀚海风清”题刻、“勒石永遵”碑、黄沙福寿宫 4 处嵊泗县文物保护单位。村民主事近洋张网作业,建有大岙、南港、峙岙 3 个渔港。旧有黄龙金钩虾米等特产。海上客运通五龙乡边礁岙等地。

枸杞岛(Gǒuqǐ Dǎo)　属舟山市嵊泗县枸杞乡。在浙江省东北部,马鞍列岛东南部海域。长 4.1 千米,宽 3.7 千米。陆域面积 5.79 平方千米。人口 8 349。古称干斜山、里西山、李西山等,传以岛上有干斜岙、里西岙得名。清末称虬屿。清光绪《定海乡土教材》:“陈钱之西为里西,俗呼‘虬屿’。”虬屿,盖因岛形蟠曲得名。民国始称枸杞山,一说“枸杞”为“虬屿”的方言谐音异写;一说以岛上生长有枸杞得名。民国《崇明县志》卷二:“枸杞山,在四礁东五十里,纵六里半,横不及六里,山高六百五十二尺。居民约二百余户。诸山皆植薯,惟是山及四礁一地宜稻。巅有大碑,勒‘山海奇观’四字,字径四尺,款识惟‘明万历庚寅春都督’八小字可辨。附近有黄石洞、马鞍山岛,南有大贡山、小贡山岛,北有羊公礁。”鸦片战争时期,英国侵略者曾称“南马鞍岛”。[英] 金约翰辑,[美] 金楷理口述,怀远、王德明笔译《海道图说》卷六:“距无产岛西又南三分之一十六里,曰‘东马鞍岛’,原名‘陈钱’。距柳根拿北西北十七里,曰‘南马鞍岛’,原名‘李西’‘壁下’。南马鞍岛为乱形岛,其东北角最高处六百八十尺,东面有小澳,内有一石潮退即现。自此石视近岙东角小岛高顶与东马鞍岛西角之圆锥峰恰成直线。”“遇有力南风,行于东、南二马鞍间,惟宜近南马鞍而行。因水道中界有石浅,仅深三拓,石浅北面又有三荡石。”海拔 199.3 米。地质基础由白垩系流纹质凝灰岩和燕山晚期侵入的钾长花岗岩等构成。地貌以丘陵为主,几无平地。岸线曲折,湾岬相间,以基岩海岸为主,局部有小段沙质海岸。基岩海岸多海蚀崖和海蚀穴。土壤有红壤、粗骨土和滨海盐土等。植被以落叶阔叶林、灌丛和草丛为主，局部有小片针叶林和少量果木。历为海防要地和东亚海上丝绸之路的要道。明代为水师巡哨和抗倭要地。明郑若曾《筹海图编》卷十二上："总兵俞大猷云：'倭贼自彼岛入寇，遇正东风，径由茶山入江，以犯直隶……遇东北风，必由下八山、陈钱、李西、倒球、干斜、清水、马迹、蒲岙、丁兴、长途、衢山、洋山、普陀、马墓等岙经过，然后北犯南直隶，西南犯浙江。'"嘉靖二十七年(1548 年)，自双屿港和福建浯屿等地溃败的倭寇潜匿包括此岛的下八山一带。《筹海图编》卷五："(嘉靖)二十七年四月，都御史朱公纨遣都指挥卢镗、副使魏一恭等捣双屿港贼巢，平之……知巢窟已破，无所归去，之下八山潜泊。"万历十八年(1590 年)浙直总兵都督侯继高率临观把总陈九思、听用守备宋大斌，游哨把总詹斌、陈梦斗等督汛于此，并于岛南部五里碑峰顶巨岩题"山海奇观"。1949 年 5 月至 1950 年 5 月，民国江苏省政府主席丁治磐及随行官员败逃至此，并以此为临时省政府所在地。古属昌国县蓬莱乡北界村。明、清历 3 次海禁。清康熙二十九年(1690 年)江、浙两省分洋汛，属浙江省。乾隆五十八年(1793 年)划属江苏省崇明县。1934 年于此设枸杞乡。现设乡 1 个、村民委员会 5 个，有小学 1 所、乡社区卫生服务中心 1 个。岛周建有万亩贻贝养殖桁地，被誉为"浙江省贻贝之乡"。有嵊泗贻贝、枸杞海蜒等特产。岛上有公路通各村岙，并经三礁江大桥与嵊山岛相连。海上客运通菜园、嵊山、壁下和沈家门等地。

花鸟山岛(Huāniǎoshān Dǎo)　属舟山市嵊泗县花鸟乡。在浙江省东北部，马鞍列岛西北部海域。长 3.7 千米，宽 2.2 千米。陆域面积 3.53 平方千米。人口 2 061。宋、元称石衕山、石弄山。以山石如衕得名。南宋乾道《四明图经》卷七："石衕山，在(昌国)县东北九百五十里，山石玲珑，东西相悬，人可出入。"宝庆《四明志》卷二十："石弄山，在东北。山石玲珑，故以名。"元大德《昌国州图志》卷四："石衕山，在海之东北。有石玲珑，故名。"明末始称花脑山，并于清代谐音为今名。乾隆《崇明县志》卷一："再东千余里，为花鸟山，亦名'花脑'。"一说此岛为下八山(编者注：今马鞍列岛)最高峰，为海上众岛之首而得名。一说因岛形似飞鸟展翅，山上花草丛生得名。鸦片战争时期，英国侵略者称"马鞍岛""北马鞍岛"。[英] 金约翰辑，[美] 金楷理口述，怀远、王德明笔译《海道图说》卷六："距东、南马鞍岛西北八里有北马鞍岛，高七百八十尺，其间有假马鞍岛，原名东、西绿华。距北马鞍岛西南面有倒骑马鞍，其间可泊船避风，但无稳便于东、南二马鞍岛之间者。舟山列岛最北者，曰'北马鞍岛'。自此岛视扬子江口阿墨司得石，为西北又北三分之向，相距二十六里。"海拔 236.9 米，为嵊泗列岛最高峰。地质基础由燕山晚期侵入的钾长花岗岩构成。皆为丘陵，无平地。岸线曲折，湾岬相间，以基岩海岸为主，有坡脚陡峭的海蚀崖和海蚀穴，局部有沙质海岸。土壤以红壤、粗骨土为主，局部有滨海盐土。植被以落叶阔叶林和白茅草丛为主，局部有小片常绿阔叶林、针叶林和竹林，森林覆盖率高于嵊泗县平均水平。历为海防要地、东亚海上丝绸之路的要道。南宋拨石弄山砂岸(编者注：即渔业税)为庆元府学养士收入。南宋宝庆《四明志》卷二："石弄山砂岸，右皇子魏惠宪王奏请拨赐，令本学自择砂主。""石弄山砂岸，租钱五千二百贯文。"南宋开庆《四明续志》卷一："赡学砂岸……石衕山年纳二万六千七百八十六贯文。"南宋宝祐六年(1258 年)于此置石衕山烽铺，为当时海上十二烽铺之一。南宋开庆《四明续志》卷五："络华山至石衕山一铺，络华山东北取壁下山，直西取石衕山，皆有人烟。风水顺便，半潮可到。风水稍逆，便用一潮。傍近别无以次山屿，若天气清明，烟旗火号，仅可相应。或遇海气冥蒙，雾露遮蔽，风雨晦冥，皆难应号。石衕山至壁下山一铺，自石衕山东北以至西北别无山屿，皆是深洋大海，浩浩无垠。"清属苏松镇中、左二营防区。清光绪二十七年至二十八年(1901—1902 年)。英国人亨利 · 马力斯于岛上强占土地建成避暑别墅4座。1937年国民党空军二大队于此炸伤侵华日舰数艘。古属昌国县(昌国州)。清康熙二十九年(1690年)江、浙两省分洋汛,划属江南省崇明县。1950年设花鸟乡。今设乡1个、村民委员会2个、乡卫生院1个。岛北水域为船舶进出长江口的交通要道,岛西北端有始建于清同治九年(1870年)的花鸟灯塔,2001年被公布为第五批全国重点文物保护单位,2013年归为第七批全国重点文物保护单位浙东沿海灯塔的组成部分。海上客运通菜园、绿华、壁下、嵊山和枸杞等地。附近海域渔业资源丰富,并盛产乌贼、带鱼、大黄鱼、小黄鱼等,历有"花鸟东北首,去捕总归有"之谚。

一江山岛(Yījiāngshān Dǎo)　属台州市椒江区大陈镇。在浙江省东部,台州湾东南侧海域。因由北一江山与南一江山组成,两山中间有一条江(水道)相隔,俗称一江隔两山,故名。清朱正元《浙江沿海图说》分称为北江山、南江山,并载:"总名一江山。"清末浙江省督练公所参谋处测绘股编绘的《浙江沿海要口全图》合载为"一江"。民国《台州府志·台州府二十里方图》分载为"大一江山"和"小一江山"。鸦片战争期间,英国侵略者称为"风暴岛",并曾对此详细测绘。[英] 金约翰辑,[美] 金楷理口述,怀远、王德明笔译《海道图说》卷五:"距上石西北偏西六里,有风暴二岛。除自东东北与西西南二方,视之不辨为二岛。二岛之北者,东北与西北二角有险石,二岛之南者,东南角有石行。当东北风有力时,华船恒于此岛西角间停泊避风。"朱正元《浙江沿海图说》:"译名'风暴岛'。"北一江山岛长2.3千米,宽370米。陆域面积0.86平方千米。南一江山岛长1.2千米,宽350米。陆域面积34.46万平方米。最高点在北一江山,海拔130.4米。地质基础由白垩系火山凝灰岩构成。皆为丘陵,无平地。岸线曲折,多为基岩海岸,坡脚有海蚀崖和海蚀穴。土壤以红壤、黄壤为主。植被以亚热带针叶林和茅草丛为主。旧为渔民临时定居点。《浙江沿海图说》:"北江山……长三里又三分里之一,阔一里半。暂居数户。船只:间有二三号。""南江山,长二里又四分里之一,阔一里。北面可泊民船。"1955年1月18日,中国人民解放军陆、海、空三军首次联合作战,全歼盘踞该岛蒋军,史称"一江山岛战役",一江山岛也因此被称为英雄岛。岛上存有大量营房、战壕战争遗迹。北一江山岛东南侧建有码头管理用房,南一江山岛北侧建有简易码头。海上旅游专线通椒江。

上大陈岛(Shàngdàchén Dǎo)　属台州市椒江区大陈镇。在浙江省东部,台州列岛中部海域。长4.55千米,宽4.45千米。陆域面积6.98平方千米。人口1 406。古与下大陈岛合称东镇山。南宋嘉定《赤城志》卷二十:"东镇山,在(黄岩)县东二百四十里。《临海记》云:'洋山东百里有东镇大山,去岸二百七十里。'生昆布、海藻、甲香、矾等物,又有金漆,木用涂器物,与黄金不殊。"明《郑和航海图》、明郑若曾《筹海图编·浙江沿海山沙图六》、清乾隆《中华沿海形势全图》等将之与下大陈岛合载为"大陈山"。清嵇曾筠《浙江通志》卷九十五:"万历《温州府志》:'温与台接壤台之外海大陈山,与温之外海邳山交界。自大陈山乘东北风一日可至邳山,自邳山长潮西南上行半晌可至大鹿,半潮可至横、坎二门。'"名称来历不详。鸦片战争期间,英国侵略者曾对此详细测绘。[英] 金约翰辑,[美] 金楷理口述,怀远、王德明笔译《海道图说》卷五:"台州列岛计二大岛十小岛。自南至北共长九里。二大岛之间便于泊船。东西二口皆无隐险,二大岛之南者,高七百五十尺,曰'下大陈山',二大岛之北者,曰'上大陈山',居民颇多。"海拔205.5米。地质基础以白垩系酸性熔结凝灰岩夹沉积岩为主,局部出露晶屑熔结凝灰岩。地貌属海岛丘陵。岸线曲折,湾岬相间,以基岩海岸为主。土壤以红壤、黄壤为主。植被以亚热带针叶林和灌丛为主,并植有木麻黄林。历为台州湾屏障、海防要地,古代海上丝绸之路的节点。清顾祖禹《读史方舆纪要》卷九十二:"若自外国来,止过大陈、邳山、大鹿登岸,皆为贼巢,港内迂回屈曲,捍贼尤难也。""台州之山,惟大陈膏腴,且有淡水,每为倭贼所据，防守最切。嘉靖三十四年，官军败倭于此。”明代抗倭战争期间，明军于此剿灭倭寇林碧川部。明郑若曾《筹海图编》卷五：嘉靖三十四年（1555 年）“八月，副使孙宏轼等破贼于大陈山岙，擒贼首林碧川。贼首林碧川自拓林遁出海，为飓风沮，回泊台州之螺门。宏轼与兵备许东望、参将卢镗、知府宋治、都司王霈等督舟师追之。贼败登山，官兵围之月余。碧川与高赠乌、鲁美他郎等一百五十人，俱俘斩无遗”。清末有居民三百余户。清朱正元《浙江沿海图说》：“上大陈，长八里，阔五里又三分里之一。居三百余户。船只：三十余号。锚地：北面。土产：山芋。译名：‘下太’。”1955 年，国民党军撤离大陈岛时，毁坏岛内设施，并强行尽迁村民赴台。岛上遗存大量战争遗迹。此后，有 5 批共 467 名青年奔赴上、下大陈岛垦荒，铸就了大陈岛垦荒精神。现设村民委员会 2 个、村卫生服务站 1 个。附近海域为大陈渔场。昔盛产黄鱼、带鱼、鲳鱼、乌贼等。20 世纪 80 年代后渔业资源衰退。西南侧海域有深水网箱养殖基地，主要养殖大黄鱼、鲈鱼、真鲷等。上、下大陈岛之间有渡轮，并有快速客轮通椒江。

下大陈岛（Xiàdàchén Dǎo）　属台州市椒江区大陈镇。在浙江省东部，台州列岛中部海域。长 5.85 千米，宽 2.1 千米。陆域面积 4.55 平方千米。人口 2 413。古与上大陈岛合称东镇山。南宋嘉定《赤城志》卷二十：“东镇山在（黄岩）县东二百四十里。《临海记》云：‘洋山东百里有东镇大山，去岸二百七十里。’生昆布、海藻、甲香、矾等物，又有金漆，木用涂器物，与黄金不殊。”明《郑和航海图》、明郑若曾《筹海图编・浙江沿海山沙图六》、清乾隆《中华沿海形势全图》等将之与上大陈岛合载为“大陈山”。清嵇曾筠《浙江通志》卷九十五：“万历《温州府志》：‘温与台接壤台之外海大陈山，与温之外海邳山交界。自大陈山乘东北风一日可至邳山，自邳山长潮西南上行半晌可至大鹿，半潮可至横、坎二门。’”名称来历不详。鸦片战争期间，英国侵略者曾对此详细测绘。［英］金约翰辑，［美］金楷理口述，怀远、王德明笔译《海道图说》卷五：“台州列岛计二大岛十小岛。自南至北共长九里。二大岛之间便于泊船。东西二口皆无隐险，二大岛之南者，高七百五十尺，曰‘下大陈山’，二大岛之北者，曰‘上大陈山’，居民颇多。其与北东北之上石间为稳便水道。距下大陈山西角南面二里有二石，西石距下大陈高顶南西南三里又四分里之一，大潮犹现。东石距西石东北又北二分四百五十拓，距下大陈山高顶南偏西又西三分，潮涨则隐。”海拔 227.2 米。西南部出露白垩系火山凝灰岩夹沉积岩，东北部出露燕山晚期侵入的钾长花岗岩。皆为丘陵，无平地。岸线曲折，湾岬相间，以基岩海岸为主。土壤以红壤、黄壤为主。植被以亚热带针叶林和灌丛为主，并植有木麻黄林。植被茂密，建有省级森林公园。历为台州湾屏障，古代海上丝绸之路的节点。南宋嘉定《赤城志》卷二十：“山上望海中突出一石，舟之往高丽者必视以为准焉。”宋代曾设东镇买扑酒坊为往来商船服务。明为抗倭要地。清顾祖禹《读史方舆纪要》卷九十二：“若自外国来，止过大陈、邳山、大鹿登岸，皆为贼巢，港内迂回屈曲，捍贼尤难也。”“台州之山，惟大陈膏腴，且有淡水，每为倭贼所据，防守最切。嘉靖三十四年，官军败倭于此。”明郑若曾《筹海图编》卷五：“（三十四年）八月，副使孙宏轼等破贼于大陈山岙，擒贼首林碧川。贼首林碧川自柘林遁出海，为飓风沮，回泊台州之螺门。宏轼与兵备许东望、参将卢镗、知府宋治、都司王霈等督舟师追之。贼败登山，官兵围之月余。碧川与高赠乌、鲁美他郎等一百五十人，俱俘斩无遗。”清末有居民千余户。清朱正元《浙江沿海图说》：“下大陈，长十里又三分里之二，阔三里。居民一千零四十户。船只：渔船八十号，大小商船六十号。锚地：南面。土产：山芋。译名：‘下太’。”“下大陈市肆颇盛，诸岛中所仅见者。海门中营派千总一员、兵十二名驻之，兼管盐务，曰‘凤尾汛’。”1955 年，国民党军撤离大陈岛时，毁坏岛内设施，并强行尽迁村民赴台。岛上遗存大量战争遗迹。此后，有5批共467名青年奔赴上、下大陈岛垦荒，铸就了大陈岛垦荒精神，今岛上建有垦荒纪念碑。东侧近岸的甲午岩礁有“东海第一盆景”之誉。1957年于此置大陈镇。现为大陈镇人民政府驻地，岛上设社区居民委员会1个、村民委员会4个。有小学1所、镇卫生院1个。附近海域为大陈渔场。昔盛产黄鱼、带鱼、鲳鱼、乌贼等，20世纪80年代后渔业资源衰退。东北侧海域有深水网箱养殖基地，主要养殖大黄鱼、鲈鱼、真鲷等。大陈渔港为国家一级渔港。上、下大陈岛之间有渡轮，并有快速客轮通椒江。

下屿(Xià Yǔ)　属台州市椒江区大陈镇。在浙江省东部，台州列岛南部海域。长1.3千米，宽240米。陆域面积35.9万平方米。因与上峙岛(上屿)相对，此岛偏南得名。海拔142.6米。地质基础由白垩系火山凝灰岩构成。皆为丘陵，无平地。岸线曲折，皆为基岩海岸。土壤以红壤和黄壤为主。植被以茅草、芒萁为主。顶部建有灯塔1座。东侧的乌东礁和石柱礁为中华人民共和国领海基点，领海基点名为台州列岛(1)和台州列岛(2)。岛上无码头，无固定航班。

北港山岛(Běigǎngshān Dǎo)　属温岭市松门镇。在浙江省东部，松门港东北侧海域。长3.5千米，宽700米。陆域面积1.1平方千米。人口1 289。因与南港山岛隔港相峙得名。清朱正元《浙江沿海图说》载为“北江山”：“北江山……长三里半，阔一里。居民百余户。船只三十余号。土产：山芋。”江，旧通港。海拔129.3米。地质基础以白垩系火山凝灰岩夹沉积岩为主，西端出露流纹岩。皆为丘陵，无平地。岸线曲折，湾岬相间，以基岩海岸为主，局部有小段沙质、泥质和砾质海岸，西南部有人工海岸。土壤以红壤和黄壤为主。植被以亚热带针叶林、灌丛和草丛为主。设村民委员会1个、村卫生服务站1个。附近海域历为避风港。清光绪《太平续志》卷一：“南港、北港，形狭而曲，可避东北风。”南侧海域有养殖桁地，主要养殖紫菜、蛏蛭等。海上客运通松门镇石板殿。

南港山岛(Nángǎngshān Dǎo)　属温岭市松门镇。在浙江省东部，松门港东北侧海域。长2.1千米，宽850米。陆域面积1.01平方千米。人口710。因与北港山岛隔港相峙得名。海拔102.8米。地质基础由白垩系火山凝灰岩夹沉积岩构成。岸线以基岩海岸为主，西南部有人工海岸。土壤以红壤和黄壤为主。植被以亚热带针叶林、灌丛和草丛为主。现设村民委员会1个、村卫生服务站1个。西北岸建有采石场，南岸建有修船厂。西端经横岐大桥与松门镇上岐相连。附近海域历为避风港。清光绪《太平续志》卷一：“南港、北港，形狭而曲，可避东北风。”北侧海域有养殖桁地，主要养殖紫菜、蛏蛭等。

横门岛(Héngmén Dǎo)　属温岭市松门镇。在浙江省东部，松门港东北侧海域。以横踞松门港北口得名。别称外门山、黄门山。清朱正元《浙江沿海图说》载为“黄门山”：“黄门山……长二里半，阔一里半。居民八九十户。船只：二十余号。土产：山芋。”长1.5千米，宽620米。陆域面积0.51平方千米。海拔48米。地质基础由白垩系火山凝灰岩夹沉积岩构成。岸线以基岩海岸为主，土壤以红壤和黄壤为主。植被以亚热带针叶林、灌丛和草丛为主。现设村民委员会1个、村卫生服务站1个。东北部建有台州港温岭港区横门集装箱作业区。坦龙线县道经横门大桥上岛。西岸和西南岸外历为重要的避风锚地。清顾祖禹《读史方舆纪要》卷九十二：“(朱门山)又东为积谷山及下洋、大陈岙诸处，外即大海，直抵日本。北往化岙、龙王堂、鲤港、横门、大潭、深门诸处，与新河、三汊港接。”清光绪《太平续志》卷一：“横门山，在石板殿北……可避南北二面风。”西南侧建有渔港。

九洞门岛(Jiǔdòngmén Dǎo)　属温岭市松门镇。在浙江省东部，松门港东北侧海域。长1.8千米，宽1.2千米。陆域面积1平方千米。人口541。旧称尖山头山。清朱正元《浙江沿海图说》：

“尖山头……长三里又五分里之三，阔二里又四分里之一。居民七八十户。船只：二十余号。土产：山芋。”因东部山峰尖锐得名。后因此岛与横门山岛间的铜门港原称狗洞门，水道狭窄，航行艰难，遂逐渐以水道得名，并雅化成今名。海拔114.7米。地质基础由白垩系火山凝灰岩夹沉积岩构成。皆为丘陵，无平地。岸线曲折，湾岬相间，以基岩海岸为主。土壤以红壤和黄壤为主。植被以亚热带针叶林为主。村落聚居在西部，现设村民委员会1个、村卫生服务站1个，并建有船舶修造厂和制冰厂。渡船通松门镇石板殿。

积谷山岛(Jīgǔshān Dǎo)　属温岭市松门镇。在浙江省东部，积谷洋北部海域。长910米，宽720米。陆域面积45.26万平方米。因岛形似稻谷堆得名。南宋嘉定《赤城志》卷二十：“积谷山，在(黄岩)县东南二百五十里。上锐下阔如积谷场圃状，故名。或云‘则谷者’，误。”鸦片战争期间，英国侵略者曾对此详细测绘。[英]金约翰辑，[美]金楷理口述，怀远、王德明笔译《海道图说》卷五：“距苏丹岛(编者注：即洛屿)北面六里，有高七百六十尺者，曰‘积谷山’，其东南岸有阔黄痕一带，最易识别。距积谷山北西北一里又四分里之一，有低积谷山。距低积谷山西北三百拓，有半潮石。距积谷山西面二里，有驼背岛，附近多石。昔有英兵船布勒勿于驼背岛西南岸间水深二拓又四分拓之三之处停泊，见有猛浪。”海拔230.9米。地质基础由白垩系流纹岩、霏细岩构成。皆为丘陵，无平地。山势陡峭，裸岩呈红色。东岸曲折，西岸平顺，皆为基岩海岸。坡脚有海蚀崖、海蚀穴。土壤以红壤和黄壤为主。植被以亚热带针叶林、灌丛和茅草丛为主。岛处海上交通要道，明代曾为倭寇侵扰温、台的必经之地。明郑若曾《筹海图编》卷五：“松门港，其东为岛，米门外积谷山及下洋、大陈岙诸处，外即大海，直抵日本。”1953年6月，中国人民解放军登岛消灭了盘踞于此的国民党军队。旧建有紫霞观和天后宫，今已圮废。20世纪后期曾有牧羊人穴居岛上。岛上无码头，无固定航班。附近海域为积谷洋，盛产带鱼、墨鱼、马鲛鱼等。

隔海山岛(Géhǎishān Dǎo)　属温岭市石塘镇。在浙江省东部，积谷洋西南海域。长1.2千米，宽510米。陆域面积4.48万平方米。人口700。清光绪《太平续志》卷一：“隔海山，在石塘雉鸡沙东。山形坳曲，与雉鸡沙犬吠相闻，隔于海而不能陆达，故名。”海拔68.3米。地质基础以白垩系火山凝灰岩夹沉积岩为主，北部出露燕山晚期侵入的钾长花岗岩。皆为丘陵，无平地。岸线曲折，多海湾和岬角，以基岩海岸为主，间有小段沙质海岸。土壤以红壤、黄壤为主。植被以亚热带针叶林和茅草丛为主。清末有居民百余户。清朱正元《浙江沿海图说》：“隔海山……长二里，阔一里又五分里之二。居民百户。船只：三十二号。锚地：西南可泊小轮。土产：山芋。”现设村民委员会1个、村卫生服务站1个。西—西南侧海域建有钓浜渔港。渡船通石塘镇高升村。

三蒜岛(Sānsuàn Dǎo)　属温岭市石塘镇。在浙江省东部，披山洋东北海域。略呈“工”字形。长1.7千米，宽880米。陆域面积0.79平方千米。人口143。原称与一蒜岛、二蒜岛合称为三女山。南宋嘉定《赤城志》卷二十：“三女山，在(黄岩)县东南三百里海中。有二石如松状，号石松，潮平则没，舟行必避之，世传为如来出世。山距东镇一港云。”清顾祖禹《读史方舆纪要》卷九十二：“石塘山……其相近有三女山，二石如柱，潮平则没，舟行畏之。”后因与一蒜岛、二蒜岛相邻，传因岛上多生石蒜而于清代改为三蒜山。清末浙江省督练公所参谋处测绘股编绘的《浙江沿海要口全图》误载为“拘脚山”。海拔113米。地质基础由白垩系火山凝灰岩夹沉积岩构成。皆为丘陵，无平地。岸线曲折，以基岩海岸为主。坡脚皆为海蚀崖，多海穴。中部西岸有沙滩。土壤以红壤、黄壤为主。植被以亚热带针叶林、灌丛和茅草丛为主。清末有居民百余户。清朱正元《浙江沿海图说》：“三蒜山……长三里，阔一里半。居民二三十户。船只：数号。土产：山芋。”现有自然村 1 个，聚居在中部蜂腰处，并有耕地 2.67 公顷。设村民委员会 1 个。海上客运通石塘镇。

雀儿岙岛(Què'ér'ào Dǎo)　属临海市上盘镇。在浙江省东部，东矶列岛北部海域。长 5.4 千米，宽 2 千米。陆域面积 4.53 平方千米。人口 263。古称鹅鼻山、鹅冠山。南宋嘉定《赤城志》卷十九：“鹅鼻山，在(临海)县东一百五十里海中。以其状如鹅鼻吸水，故名。下有海涂捺为田。”后因岛上多麻雀而改今名。清嵇曾筠《浙江通志》卷九十八分载为“鹅冠山”和“雀儿岙”。清朱正元《浙江沿海图说》载为“大鹅冠”。鸦片战争期间，英国侵略者称为“金门岛”，并曾于此详细测绘。[英] 金约翰辑，[美] 金楷理口述，怀远、王德明笔译《海道图说》卷五：“高岛与金门二岛间为无产湾，阔二里又四分里之一。东北面湾口最阔，近金门岛东角有数石……又金门岛西南面有九垒岛(编者注：即石坦岛)。二岛之间水甚深，约阔百余拓……”海拔 188 米。地质基础由白垩系火山沉积岩构成。皆为丘陵，无平地。岸线曲折，湾岬相间，以基岩海岸为主，西岸局部有小段沙质、砾质海岸。土壤以红壤、黄壤为主。植被以茅草和灌丛为主。清代为黄岩镇左营外洋汛防区。《浙江通志》卷九十八：“左营外洋汛辖洋面五：鹅冠山、雀儿岙、东屿、西屿、大渔山。”清末有居民七八十户。清朱正元《浙江沿海图说》：“大鹅冠……长十里，阔五里又五分里之二。居民七八十户。船只：二三十号。锚地：南面。土产：山芋。”现有自然村 4 个，设村民委员会 1 个。岛上无公路。海上无客运航班。南侧海域的垃圾港水道，为进出台州湾主要航道之一。

田岙岛(Tián'ào Dǎo)　属临海市上盘镇。在浙江省东部，东矶列岛中部。长 3.2 千米，宽 3 千米。陆域面积 4.38 平方千米。人口 312。古称西麂山、西鸡山，因上黄夫岙有岩石似鸡得名。南宋嘉定《赤城志》卷十九：“西麂山在(临海)县东一百六十二里海中。”别称西矶山。明《郑和航海图》将这与东矶岛分称为东、西岳山。明郑若曾《筹海图编・浙江沿海山沙图七》将之与东矶岛分称为东、西机。后因中部山岙有田地而改今名。鸦片战争期间，英国侵略者称为“高岛”，并曾于此详细测绘。[英] 金约翰辑，[美] 金楷理口述，怀远、王德明笔译《海道图说》卷五：“距东机屿西北三里有高岛，上有四峰，不生草木。屿岛之间尚未探明深浅，常见此处有猛浪。高峰中段甚低，潮涨满则分隔东北半面为二。距高岛东角北面三百拓，有半潮石。”海拔 225.4 米。地质基础由白垩系火山沉积岩构成。地貌以丘陵为主，除中部田岙外几无平地。岸线曲折，湾岬相间，以基岩海岸为主，局部小段有沙质海岸。土壤以红壤、黄壤为主。植被以亚热带针叶林、灌丛和茅草丛为主。清代为黄岩镇赤磡汛水军防区，并设烽火台。清嵇曾筠《浙江通志》卷九十八：“赤磡汛，距府城一百三十里。系海口稽查船只要隘处所。西北十五里至田岙山台与宁海营汛接界。”清末有居民四五十户。清朱正元《浙江沿海图说》：“田岙山……长七里，阔四里。居民四五十户。船只：十余号。锚地：东南澳并北面。土产：山芋。译名：‘高岛’。”现有自然村 3 个，设村民委员会 1 个。岛上无公路，海上无客运航班。北侧海域的垃圾港水道，为进出台州湾主要航道之一。

头门岛(Tóumén Dǎo)　属临海市上盘镇。在浙江省东部，东矶列岛西南部。长 6.1 千米，宽 3.7 千米。陆域面积 4.6 平方千米。人口 257。古称大门山，因岛处台州湾主航道口得名。南宋嘉定《赤城志》卷十九：“小门山、大门山在(临海)县东南一百里海中。”嵇曾筠《浙江通志》卷十六：“小门山、大门山，在(临海)县东南一百里。”后谐音为今名。别称珠山。鸦片战争期间，英国侵略者称为“竹屿岛”，并称东矶列岛为“竹屿列岛”。[英] 金约翰辑，[美] 金楷理口述，怀远、王德明笔译《海道图说》卷五：“距风暴二岛北西北四里半，有形如圆锥，高六百七十尺者，曰‘竹屿’。西半屿有高墩，与风暴岛间有四露石，距竹屿东南偏东又东三分之一，又有独露石、白杉间石。”海拔206米。地质基础由白垩系火山沉积岩构成。地貌以丘陵为主，西半部有小块开山和围填平地。岸线曲折，湾岬相间，以基岩海岸为主。土壤以红壤、黄壤为主。植被以茅草丛为主，间有少量小竹和黑松。清末有居民七八十户。清朱正元《浙江沿海图说》：“头门山……长七里，阔三里。居民七八十户。船只：二十余号。锚地：四面可暂泊。土产：山芋。异名：‘珠山’。译名：‘竹屿’。”现设村民委员会1个。2007年起于此围填，并连西侧和西南侧的长山屿、木杓山岛、南山岛建台州港头门港区，面积增加0.71平方千米。西部经头门港跨海大桥与上盘镇北洋涂围垦区相连。港头门港区为台州港的主要深水港区。西南部设有灯桩。

玉环岛（Yùhuán Dǎo）　浙江省第二大海岛，台州市最大的海岛。属台州市玉环县。在浙江省东南部，乐清湾与漩门湾之间。长23.03千米，宽16.7千米。陆域面积178.94平方千米。人口24.6万。古称木陋屿、地胏山、地肺山、木榴山、榴屿等。五代吴越国为避吴越王钱镠讳而改称玉环山。一说以“晨雾绕岛，形状如环，上有流水，洁白如玉”得名；一说以宋高宗遗玉环于此得名（编者注：玉环山名称出现于五代，较此传说早，此说依据不足）。北宋《太平寰宇记》卷九十九：“玉环山，一名木陋屿，又名地胏山，在海中，周回五百余里，去郡二百里。上有流水，洁白如玉，因以为名。”明嘉靖《太平县志》卷一：“乐清东南港中，有地肺山，一名木榴山。避钱王讳，改今名。一云宋高宗南渡，遗玉环于此，故名。”清末部分文献也载为“大岙”。［英］金约翰辑，［美］金楷理口述，怀远、王德明笔译《海道图说》卷五：“船岛北面为乐清湾……湾之北半，除希闸口水道尚可驶行，余皆甚浅，故此间积长而成大岙。”19世纪80年代编绘的《八省沿海总图・温州湾至黑山列岛》：“大岙即‘玉环山’。”民国时期改称玉环岛。海拔357.5米。地质基础以侏罗系熔结凝灰岩为主。北端出露灰紫色流纹质熔结凝灰岩，并零星出露潜粗面斑岩、正长斑岩。原隔漩门与楚门半岛相望，1977年填海筑坝与大陆海岸相连。丘陵与海积小平原相间，以丘陵为主。海积平地多零星分布在北半部和西南部。河流源浅流短，河汊众多，并多为平原性河道。海岸线长120.28千米，岸线曲折，基岩海岸和人工海岸相间，以人工海岸为多。人工海岸主要分布在北半部和西南部。土壤有滨海盐土、潮土、水稻土、红壤和粗骨土等。植被以亚热带针叶林、常绿阔叶林、落叶阔叶林、草丛、木本栽培植物、草本栽培植物为主。新石器至先秦时期即有先民定居。东晋有居民数百家，书圣王羲之的内弟郗愔曾于此建造别墅。宋、元属乐清县玉环乡。明洪武二十年（1387年）墟地徙民，并为倭寇往来要道。明郑若曾《筹海图编》卷五：“海岛玉环山，与蒲岐所相对。此山悬居海中，联络深长。山北即台州府所属太平、松门、楚门交界海洋。贼自北来，必经于此处。今拨黄华港兵船于此巡哨。”清顾祖禹《读史方舆纪要》卷九十四：“玉环山……洪武二（十）年，倭贼来犯，因徙入内地，山当台、温二府之交，海寇去来驻泊之薮也。”清嵇曾筠《浙江通志》卷二十四：“玉环山，属温、台二府。”“《明一统志》：‘玉环山在乐清县东南二百里海中。山北有楚门峡，海艘由此出入。’”卷九十五又载：“《玉环志》：‘玉环乃温、台两府之锁钥，乐、太二县之门户，外截海洋，内资保障。崇冈峻岭，周匝绕流，依山筑堡险，足以守四面泥涂，捍御亦易，此玉环之内势然也。山外有南麂、北麂横截对峙，又为玉环之屏塞，此玉环之外势然也。兹山向为沃壤，民人聚处，商贾贸易。自洪武二十年控海之兵，遂徙沿海居民于腹里，以致闽、广、温、台各处匪寇私搭棚厂聚居各岙，或沿海刮土公行，私贩之盐，或群聚垦种，坐收无税之产，网鱼、捕虾、捉蛇、钓□船艘千余，藏垢纳污。’”明成化十二年（1476年）划归太平县（编者注：今温岭市）。清顺治十八年（1661年）再度墟地徙民，雍正五年（1727年）展复，六年于此设玉环厅。

1912年撤厅改设玉环县。1959年并入温岭县，1962年复设玉环县。今下设有玉城、大麦屿、坎门3个街道，芦浦1个镇，并设有社区居民委员会41个、村民委员会131个。有中小学27所、二级医院2家。旧有玉环古城。清嵇曾筠《浙江通志》卷四十六："玉环古城，嘉靖《太平县志》：'在玉环海岛上，与楚门港隔。洪武中徙缘海居民于内，遂墟。'《乐清县志》：'近县有玉环城、玉环乡南社。洪武中徙其民于内地。'"南宋诗人曾觌曾作《玉环山》诗："天宝胡尘暗两京，祸从妃子笑中生。玉环两字真堪恨，好与青山别改名。"南宋诗人王十朋《玉环山》诗："清有濯缨水，白有漱齿石。悠哉水石间，宦情聊自适。朝焉游其南，暮焉游其北。"元代诗人潘伯脩《玉环山》诗云："海氛兼天赤，山云捧日黄。波涛开霁景，岛屿极清光。南下思秦帝，东巡忆武皇。弓刀清似水，神物敢跳梁。"清代玉环厅同知徐荣曾作《纪恩恭衍》诗题于芦浦寿星山，其中云："浙江玉环厅，直隶同知臣。……峨峨玉环山，玉环海逕沦。山海有穷极，圣泽垂无垠。大书麓之崖，道路千秋遵。"现有三合潭古遗址、纪恩诗摩崖题记、玉环碉楼（玉环碉楼共9座，其中分水梁氏碉楼、尖山吴氏碉楼和隔岭潘氏碉楼3座在玉环岛）3处浙江省文物保护单位。坎门渔家花龙被列入国家级非物质文化遗产名录。鳌龙鱼灯舞、渔工号子、延绳钓捕技术、玉环剪纸被列入省级非物质文化遗产名录。设有漩门湾1个国家湿地公园、漩门湾观光农业园1个国家AAAA级旅游景区。农业主产稻米、番薯、豆类、小麦、油菜、花生、果蔬、花卉苗木等，并有玉环柚等特产。渔业以近海捕捞和浅海养殖为主。工业有汽摩配、阀门水暖、金属制品、家具、眼镜配件、药械包装、机床等产业，为全国最大的中低压铜制阀门生产和出口基地。设有玉环1个省级经济技术开发区。大麦屿港为对外开放的一类口岸，开通有至台湾基隆港货运直通航线。泽坎（S226）省道过岛，并以坎门街道为终点。

洋屿（Yáng Yǔ）　属台州市玉环县鸡山乡。在浙江省东南部，玉环岛以东海域。长2千米，宽810米。陆域面积0.56平方千米。人口1 570。传原名羊屿，因岛上养羊得名。清嵇曾筠《浙江通志》卷九十五："出坎门之东北，车首头之正东长屿、虎义屿、鸡冠屿、羊屿，车首头之北礁头、冲担屿、沙头、干江，坎门外洋之正东披山、洞正等山，所有避风之处只可避东北风，若遇西南大飓，俱无可避之处，识者审之。"后谐音改今名。鸦片战争期间，英国侵略者称为"镇岛"，并曾于此详细测绘。［英］金约翰辑，［美］金楷理口述，怀远、王德明笔译《海道图说》卷五："距鸡冠东北八百拓，有镇岛。其间水深四拓，惟水道中界有隐石，并鸡冠北角有石行伸入水道，故西船不可由此经过。又镇岛与大鹿北面露石间水道仅阔一里。"海拔107.5米。地质基础以燕山晚期侵入的钾长花岗岩为主，东北部出露凝灰岩夹沉积岩。皆为丘陵，无平地。岸线曲折，湾岬相间，以基岩海岸为主，局部有小段沙质、砾质海岸。土壤以红壤土为主。植被以亚热带针叶林、灌丛为主，并植有木麻黄林。清末有居民百余户。清朱正元《浙江沿海图说》："羊屿……长三里又三分里之二，阔一里。居民百户。船只：二三十号。土产：山芋。译名：'镇海'。"现有自然村3个，设村民委员会1个。海上客运通干江镇栈台村。附近海域为海运要道，岛上建有灯塔。

鸡山岛（Jīshān Dǎo）　属台州市玉环县鸡山乡。在浙江省东南部，玉环岛以东海域。长3.5千米，宽780米。陆域面积1.6平方千米。人口5 631。原称鸡冠山。清光绪《玉环厅志》卷一："在乾港寨头山南，横列海中，状如鸡冠，故名。"明郑若曾《筹海图编・浙江沿海山沙图六》载为"鸡屿山"。清顾祖禹《读史方舆纪要》卷九十二载为"鸡脐山"："楚门所东北海岸有鸡脐山，倭犯楚门，此为必由之道。"《筹海图编》卷五："楚门所，贼犯楚门，必屯鸡脐山下，其心恋船，不过三日，即还而走。""脐"为"屿"的方言谐音。清嵇曾筠《浙江通志》载为"鸡冠屿"："出坎门之东北，车首头之正东长屿、虎义屿、鸡冠屿、羊屿，车首头之北礁头、冲担屿、沙头、干江，坎门外洋之正东披山、洞正等山，所有避风之处只可避东北风，若遇西南大飓，俱无可避之处，识者审之。”鸦片战争期间，英国侵略者曾于此详细测绘。［英］金约翰辑，［美］金楷理口述，怀远、王德明笔译《海道图说》卷五：“大鹿西面有鸡冠岛，上有镇市，二岛之间水深三拓至四拓，亦可泊船。鸡冠西北面近陆岸之澳颇浅，澳首可自希避闸口以通乐清湾。距鸡冠东北八百拓，有镇岛，其间水深四拓。”海拔 88.8 米。地质基础以凝灰岩夹沉积岩为主，东北端出露流纹岩和霏细岩。皆为丘陵，无平地。岸线曲折，以基岩海岸为主，坡脚有海蚀崖，并多海蚀穴。局部有小段沙质海岸。土壤以红壤土为主。植被以亚热带针叶林和草丛为主。清末已有居民六七百户。清朱正元《浙江沿海图说》：“鸡冠山……长七里又六分里之一，阔二里。居民六七百户。船只：六七十号。锚地：东面。土产：山芋。译名‘清岐’。”今设乡 1 个，下设村民委员会 4 个，有乡卫生院 1 个。古为海防前哨。清嘉庆二年（1797 年）曾建石城以御海盗蔡牵。今残存军事营寨遗迹。岛礁秀丽，有舢板岩、狮子头、葫芦宝洞等景点，为国家 AAA 级旅游景区。海上客运通坎门和干江镇栈台村。附近海域为披山渔场，盛产带鱼、乌贼和虾类。

大鹿岛（Dàlù Dǎo）　属台州市玉环县鸡山乡。在浙江省东南部，玉环岛以东海域。长 2.66 千米，宽 930 米。陆域面积 1.66 平方千米。以岛形似鹿得名。明永乐《乐清县志》卷二：“大鹿岛在县东南二百里玉环乡，以状为名。”海拔 229.2 米。地质基础由白垩系火山凝灰岩夹沉积岩构成。皆为丘陵，无平地。岸线以基岩海岸线为主，局部有小段沙质海岸。土壤以红壤土为主。昔为荒岛，1963 年开始于此植树造林。1979 年建国有林场，植被以木麻黄林为主，《人民日报》曾报道称为“常绿岛”。明代为抗倭要地。清顾祖禹《读史方舆纪要》卷九十二：“若倭贼由温州来此，竟抵城下，若自外国来，止过大陈、邳山、大鹿登岸，皆为贼巢。港内迂回屈曲，捍贼尤难也。”明代为松海备倭把总漩门哨与台金严参将右营游哨会哨之地。清嵇曾筠《浙江通志》卷九十八：“漩门哨哨官一员，部领大小战船八只，兵二百三十四名。汛期泊漩门，东南哨至大鹿海洋与金盘总黄坎门官兵会哨；东北哨至邳山派爿与本区灵门官兵会哨。”“游哨中军各色把总一员，部领大小战船二十八只，兵五百六十一名。汛期泊钓棚海洋，游哨邳山、大鹿等处外洋，南接金盘总游哨，北至大陈山与松海总兵船互相会哨。”清末曾有暂住居民。清朱正元《浙江沿海图说》：“大鹿山……长二里又五分里之三，阔二里。暂居一户。船只：间有一号。”现辟为浙江省风景名胜区，有罗汉岩、龙门桥、石窟群、龙游洞、寿星岩等景点，并建有宾馆和超市。刘海粟、沙孟海等留有摩崖题刻。其中，刘海粟题“大鹿岛”，沙孟海题“龙”，朱屺瞻题“海上云岗”，沈定庵题“大朴不雕”。海上客运通坎门和干江镇栈台村。

披山岛（Pīshān Dǎo）　属台州市玉环县鸡山乡。在浙江省东南部，玉环岛以东披山洋海域。长 3.9 千米，宽 900 米。陆域面积 2.3 平方千米。人口 166。一说原名邳山、丕山。后谐音改为今名。一说因岛形似披肩得名。海拔 126.9 米。明万历《温州府志》、清顾祖禹《读史方舆纪要》卷九十二等载为“邳山”，清《钦定古今图书集成・方舆汇编・职方典》卷九百九十五载为“丕山”。清嵇曾筠《浙江通志》卷九十五：“万历《温州府志》：‘温与台接壤，台之外海大陈山与温之外海邳山交界。自大陈山乘东北风一日可至邳山，自邳山长潮西南上行，半晌可至大鹿，半潮可至横、坎二门。’”清乾隆《中华沿海形势全图》和清末浙江省督练公所参谋处测绘股编绘的《浙江沿海要口全图》载为“披山”。地质基础由白垩系晶屑熔结凝灰岩构成。皆为丘陵，无平地。岸线曲折，湾岬相间，以基岩海岸为主，坡脚有海蚀崖，并多洞穴。土壤以红壤为主。有旱地 13.33 公顷。植被以亚热带针叶林为主，并植有木麻黄林。明代为抗倭重地。《读史方舆纪要》卷九十二：“海内小山最多，若倭贼由温州来此，竟抵城下，若自外国来，止过大陈、邳山、大鹿登岸，皆为贼巢，港内迂回屈曲，捍贼尤难也。”“又有中洲港，南出海中茅堰山，与蒲岐港接境，北出海中邳山，与灵门港接境，嘉靖中，亦设水师戍守。”卷九十四：“《海防考》：倭犯黄华，必由邳山、大鹿山及黄大岙而入，有黄华关，迫临海口，汛守最切。”明嘉靖四十年（1561 年）夏，戚继光部将胡震率水师于此败倭，史称“邳山之役”。明郑若曾《筹海图编》卷九：“二十九日，胡震于邳山下犁沉大倭船一艘，死者计百余人，生擒倭酋一人，斩首八级。”鸦片战争期间，英国侵略者曾于此详细测绘。［英］金约翰辑，［美］金楷理口述，怀远、王德明笔译《海道图说》卷五：“按：‘以上列岛中最向东者为披山。自东至西长一里半，近北岸有三露石，近南岸有二小岛，距披山西偏北一里半，有低平岛曰福来尔岛，又披山西北面有糖塔岛。’”清末有居民二三百户。清朱正元《浙江沿海图说》：“披山……长七里又三分里一，阔一里又四分里三。居民二三百户。船只：数十号。锚地：南北两面均可暂泊。土产：山芋。”1953—1955 年，国民党曾移玉环县政府于此。1967 年于此设披山人民公社。1992 年并入鸡山乡。现有自然村 4 个，设村民委员会 1 个。海上客运通坎门和干江镇栈台村。附近海域为披山渔场，曾盛产大小黄鱼、带鱼、乌贼、鲳鱼等，20 世纪 80 年代后渔业资源衰退。现为海洋生态养殖示范园区。

大横床岛（Dàhéngchuáng Dǎo）　属台州市玉环县海山乡。在浙江省东南部，乐清湾北部海域。长 1.8 千米，宽 810 米。陆域面积 0.88 平方千米。人口 1 531。明永乐《乐清县志》卷和郑若曾《筹海图编・浙江沿海山沙图四》载为苔山。清末始称大横床。传因与小横床岛相邻，岛形似横置卧床得名。海拔 57.1 米。地质基础由白垩系晶屑熔结凝灰岩构成。地貌以低缓丘陵为主，东北、西南两岸有小片平地。岸线以泥质海岸和人工海岸为主。土壤以红壤土为主。植被以亚热带针叶林为主，并植有木麻黄林。明代曾于此设苔山烽堠，为楚门守御千户所 15 个烽堠之一。清末有居民百余户。清朱正元《浙江沿海图说》：“大横床……长二里又五分里之四。阔二里又三分里之二。居民百余户。渔船二三十号。土产：山芋。”现有自然村 5 个，设村民委员会 1 个、村卫生服务站 1 个。东头碉楼为浙江省文物保护单位玉环碉楼组成部分。东北、西南岸外有大片泥滩，沿岸建有养殖塘，主要养殖南美白对虾、东方虾、蛏蛏、蛤蜊等。海上客运通乐清市南塘镇东山村。

大青山岛（Dàqīngshān Dǎo）　属台州市玉环县海山乡。在浙江省东南部，乐清湾北部海域。长 890 米，宽 540 米。陆域面积 24.75 万平方米。人口 503。因岛上草丛茂密，远望一片青翠得名。明永乐《乐清县志》卷二：“大青山、小青山，去县东南水程七十里。在海中。”清乾隆《中华沿海形势全图》等载为“大青”。海拔 71.7 米。地质基础由白垩系晶屑熔结凝灰岩构成。丘陵与平地相间。人工海岸、泥质岸线和基岩海岸相间。土壤以红壤为主。植被以亚热带针叶林为主，并植有木麻黄林。旧属温州镇右营防区，后改为磐石营防区。清嵇曾筠《浙江通志》卷九十八：“右营原管海汛内横址、梁湾、小门、双排、茅砚、乌洋、大岩头、方江屿、大青山、小青山、黄门、坎门、车首头各汛。以上三营海汛于雍正二年八月为请更闽浙等事题，改右营为陆路，瑞安磐石并为水师，将三营海汛自南至北分作四股……北洋一段南自鹿西、横址与中营海汛接壤起，大岩头、梁湾、黄门、坎门、乌洋、大青山、小青山、茅砚山、方江屿，北至车首头与黄岩镇标海汛交界止，归磐石营管辖。”清末有居民数十户。清朱正元《浙江沿海图说》：“大青山……长一里半。阔一里。居民数十户。船只：十余号。土产：山芋。”现有自然村 3 个，设村民委员会 1 个。山巅建有乐清湾游击根据地纪念碑和乐清湾海上游击纪念馆。西跳碉楼为浙江省文物保护单位玉环碉楼组成部分。西端建有灯桩。北部有大片养殖塘，主要养殖南美白对虾、东方虾、蛏蛏、蛤蜊等。海上客运通海山乡小青村。

茅坦岛(Máotǎn Dǎo)　属台州市玉环县海山乡。在浙江省东南部，乐清湾北部海域。长 1.2 千米，宽 910 米。陆域面积 0.5 平方千米。人口 564。原名坦儿山。以山势平缓得名。清嵇曾筠《浙江通志》卷九十五："应公应婆之北系大青、小青，可以泊船、汲水，可避东北风潮。分水之西即茅岘山，可以泊船、汲水。茅岘山后之北有箬笠礁，难以泊船。茅岘山后之东北坛儿山，可以寄碇、汲水，可避东北风潮。茅岘山之西北有方江屿，难以泊船。方江屿之西北有横址，可以寄碇，避东北风。"后因山上长满茅草而改今名。海拔 66.7 米。地质基础由白垩系晶屑熔结凝灰岩构成。低缓丘陵与平地相间。基岩海岸与人工海岸相间。土壤以红壤为主。植被以茅草丛为主，间有黑松、木麻黄林。清末有居民百余户。清朱正元《浙江沿海图说》："毛坦山……长一里又四分里之三，阔一里又五分里之三。居民百余户。渔船十余号。土产：山芋。"现有自然村 3 个，设村民委员会 1 个。沿岸多养殖塘，主要养殖南美白对虾、东方虾、蛏蛏、蛤蜊等。海上客运通乐清市南塘镇东山村。

茅埏岛(Máoyán Dǎo)　属台州市玉环县海山乡。在浙江省东南部，乐清湾北部海域。长 3.85 千米，宽 2.5 千米。陆域面积 5.03 平方千米。人口 5 012。原称茅堰山、茅岘山、茅砚山。明永乐《乐清县志》卷二："茅岘山，去县东南水程七十里。在海中。"清顾祖禹《读史方舆纪要》卷九十二："又有中洲港，南出海中茅堰山，与蒲岐港接境，北出海中邳山，与灵门港接境，嘉靖中，亦设水师戍守。"清嵇曾筠《浙江通志》卷九十五："应公应婆之北系大青、小青，可以泊船、汲水，可避东北风潮。分水之西即茅岘山，可以泊船、汲水。茅岘山后之北有箬笠礁，难以泊船。茅岘山后之东北坛儿山，可以寄碇、汲水，可避东北风潮。茅岘山之西北有方江屿，难以泊船。方江屿之西北有横址，可以寄碇，避东北风。"后谐音为今名。别称毛埏山。传以山多茅草得名。清乾隆《中华沿海形势全图》误载为"江埏"。海拔 98.2 米。地质基础以凝灰岩夹沉积岩为主，西北部出露晶屑熔结凝灰岩，西南部出露海积层。低缓丘陵与海积平地相间，以平地为主。基岩海岸与人工海岸相间，以人工海岸为主。土壤以红壤为主。植被以亚热带针叶林为主，并植有木麻黄林及文旦、枇杷等果林。旧属温州镇右营防区，后改为磐石营防区。《浙江通志》卷九十八："右营原管海汛内横址、梁湾、小门、双排、茅砚、乌洋、大岩头、方江屿、大青山、小青山、黄门、坎门、车首头各汛。以上三营海汛于雍正二年八月为请更闽、浙等事题，改右营为陆路，瑞安磐石并为水师，将二营海汛自南至北分作四股……北洋一段南自鹿西、横址与中营海汛接壤起，大岩头、梁湾、黄门、坎门、乌洋、大青山、小青山、茅砚山、方江屿，北至车首头与黄岩镇标海汛交界止，归磐石营管辖。"清末有居民三四百户。清朱正元《浙江沿海图说》："毛埏山……长六里，阔四里又三分里之一。居民三四百户。渔船二三十号。土产：山芋。"1949 年于此设海山乡。现设乡 1 个、村民委员会 5 个。有学校 1 所、乡卫生院 1 个。西南端南滩山上存有郑成功部将陈文达的营寨遗迹。建有海山潮汐电站。岛上公路通各村落。海上客运通玉城街道西滩村。沿岸多养殖塘，主要养殖南美白对虾、东方虾、蛏蛏、蛤蜊等。在建的甬台温高速公路复线(S19)过岛，并设互通口 1 个。

蛇蟠岛(Shépán Dǎo)　台州市第二大海岛。属台州市三门县蛇蟠乡。在浙江省东部三门湾内。长 5.64 千米，宽 3.98 千米。陆域面积 14.44 平方千米。人口 0.5 万。古称蛇盘山、蛇蟠山。南宋嘉定《赤城志》卷二十二："蛇盘山，在(宁海)县东海中。四围皆水，相顾盘屈如两蛇，故名。盖台明二州分歧于此。"清《钦定古今图书集成·方舆汇编·职方典》卷九百九十五："蛇盘山　在县东南海中，四围皆水，盘屈如两蛇，故名。"乾隆《中华沿海形势全图》载为"茶盘山"。"茶"为"蛇"的方言谐音。清末光绪《宁海县志》卷一："海中有岛曰'蛇蟠山'。县东四十里，产石，四围皆海，惟西面潮水退时，有涂十里许，通前岙。旧志、府志：山形蟠屈如两蛇，故名。”清顾祖禹《读史方舆纪要》卷九十二谐音写作“查盘山”：“又健跳港，在(宁海)县东南百二十里。健跳所东有长洛渡，阔四百余丈，出海往茅头大洋，上接海中查盘山与练陀等处，下接海中青屿、黄毛与牛头、桃渚诸处。”因民间以龙、蛇同形，别称龙蟠岛。又因大蛇山产石，山中有 1 360 余个因历代采石形成的洞穴，誉称千洞岛。清《八省沿海总图・浙江石浦进口三门湾并宁海进口》等清末部分文献载为“石厂岛(石矿岛)”。

［英］金约翰辑，［美］金楷理口述，怀远、王德明笔译《海道图说》卷五：“(宁海)河口北面距天顽岛(编者注：即田湾岛)六里之处有石矿岛，近岛南面水深六拓至四拓之处便于泊船。石矿岛东面有泥尖嘴向东伸入湾内约二里。”旧分大蛇山与小蛇山 2 座涨潮分离、退潮相连的海岛，1978 年围填相连为一岛。1988 年又新增围垦面积 6.67 平方千米。海拔 98.7 米。地质基础由上侏罗系流纹岩、流纹斑岩及凝灰熔岩构成。丘陵与平地相间，以平地为主。丘陵主要集中在东半部，含大蛇山、小蛇山二丘，为此岛的骨架。平地多为 1978 年以后围垦形成的海积小平原。海岸线长 17.54 千米，岸线平顺，除小段基岩海岸外，皆为人工海岸。东岸外有舌状泥质潮滩。土壤有滨海盐土、潮土、水稻土和红壤，以滨海盐土、潮土为主。红壤和水稻土分布在大蛇山、小蛇山和此二山周边。植被以黑松、马尾松等亚热带针叶林、草丛、草本栽培植物和木本栽培植物为主。居民旧以采石业、渔业和盐业为生。据岛上石碑记载，大蛇山采石业始于明代而盛于清代，为浙东著名的石板产地之一。清《钦定古今图书集成・方舆汇编・职方典》卷九百九十五：“其石坚腻，利数郡采用。”清光绪《宁海县志》卷二又载：“石，旧采蛇盘山，嗣后崧墺道士岩亦开宕，迩年开宕处尤多。”清属宁海县南乡葛岙庄。清末有居民七百余户。清朱正元《浙江沿海图说》：“蛇蟠山……长六里，阔三里。居民七百余户。船只：数十号。土产：山芋、石料。译名：‘石厂岛’。”1940 年改属三门县永丰乡。1952 年始设蛇蟠乡，1956 年并入蒲西乡。1992 年复设蛇蟠乡。现设乡 1 个，下辖村民委员会 6 个。有小学 1 所、卫生院 1 家。海岛经济以渔业和第三产业为主。渔业以海水养殖为主，主产对虾、青蟹、弹涂鱼、蛤蜓、牡蛎、泥蚶、脊尾白虾、紫菜等。第三产业以旅游服务业为主，蛇蟠岛景区为国家 AAAA 旅游景区，主要有野人洞、海盗村、滑泥公园等景点。上蛇线县道上岛。在建的甬莞(G1523)高速公路穿岛而过，并于岛上设蛇蟠互通口和三门服务区。

第六节　半 岛 名 称

穿山半岛(Chuānshān Bàndǎo)　在浙江省东北部沿海，螺头水道以南，佛渡水道以北。跨宁波市鄞州区和北仑区。大致呈东西走向的三角形。西起大碶街道至咸祥镇连线，东至峙头角。长 40 千米，基部宽 32.5 千米，前端宽 2.06 千米。面积约 550 平方千米。以旧有穿山碶和穿山盐场得名。穿山碶，因宋代凿山为碶得名。南宋宝庆《四明志》卷十八：“通山碶，(定海)县东南海晏乡一百里。庆历七年，荆国王公安石宰鄞县时凿山为之。”明嘉靖《定海县志》卷五：“穿山碶，庆历七年，王安石宰鄞，于是筑堤捍浦为河，于堤西石岩凿三窍为碶，阔三丈六尺，高三丈。”宋宝庆《四明志》卷十八：“穿山盐场……乾道中立为清泉子场。开禧二年改为正场。”地质基础以白垩系流纹岩、火山凝灰岩为主。地貌以丘陵为主。地势西高东低。主峰太白山，海拔 696 米，大部海拔在 200 米左右。

属北亚热带季风气候，四季分明，降水丰沛，夏秋有台风和热带气旋影响。南北两侧皆为深水航道，历扼甬江口和宁波海陆交通要道。清康熙《定海县志》卷三转引明兵部尚书张时彻《防海书》："贼过霍山，五屿、烈港……过穿鼻港入黄岐港，则犯穿山；过崎头洋、双屿入梅山港，则犯霩䨴。"清顾祖禹《读史方舆纪要》卷九十二："小浃港内通东江，出穿山所，达宁波城，极险要。嘉靖中，倭贼由此内犯，奸民亦由此出入，漫无关禁。""永乐初，有流倭由此入犯。嘉靖中，倭由崎头海洋突入崎港，犯穿山所，因设军戍守，最为要地。"宋代于此设芦浦驿铺和白峰巡检司。明代于此设穿山后千户所和霩䨴所，并设三塔山烽火台。明郑若曾《筹海图编》卷五："霩䨴所，滨海。对双屿港当先年贼常登犯，极为孤险。春汛时，月添拨官兵协守。又，该大嵩港兵船往来巡哨。"清代升三塔山烽火台为浙东烽堠的总台。张时彻《防海书》："若霩䨴之三塔山，舟山之朱家尖，矗峙最高，所望独远，故设总台，多拔旗军，严戒尤至。设总督、备倭，以公、侯、伯领之，巡视海道，以侍郎、都御史领之。"现北侧沿岸建有宁波—舟山港北仑港区和穿山港区，南侧梅山岛建有梅山港区，皆为宁波—舟山港的主要港区。地域文化以盐文化、海防文化和港航文化为著。有总台山烽火台、张人亚故居等浙江省文物保护单位。西南部大嵩江口盛产鲭鲳。通杭甬铁路货运支线、穿山疏港(S20)高速公路和杭朱(G329)国道。

象山半岛(Xiàngshān Bàndǎo)　在浙江省东北部沿海，象山港以南，三门湾以北。跨宁波市象山县和宁海县。大致呈倒三角形。东北—西南走向。西南起黄墩港西南端至力洋港西北端连线，东北至大目洋和牛鼻山水道西岸。长 48.5 千米，基部宽 13.5 千米，前端宽 46 千米。面积 1 675 平方千米。以象山县得名。为天台山余脉。地质基础以白垩系火山凝灰岩和燕山晚期侵入的花岗闪长岩为主。地势西高东低。地貌以低山和丘陵为主。西北和东南两岸滩涂广袤，岸内有大片海积平原。主峰茶山，海拔 872.6 米。岸线曲折，多港湾。东海岸外岛屿棋布。属北亚热带季风气候，四季分明，降水丰沛，夏秋有台风和热带气旋影响。东侧的大目洋和牛鼻山水道皆为深水航道，扼从南面进出甬江口和宁波海上交通要冲，历为海防要地。南宋宝庆《四明志》卷二十一："海环三垂，东南皆大洋。北则巨港，东曰'钱仓'，南曰'大睦'，西南曰'东门'，皆蕃舶、闽船之所经。自钱仓而北，则定海自东门，而南则台温，此大洋也。"西晋太康元年(280 年)于基部北侧置宁海县，唐神龙二年(706 年)于半岛东北部置象山县。明洪武二十年(1387 年)移昌国卫至此，并于此设爵溪、石浦前、石浦后、钱仓 4 个守御千户所和石浦关。明郑若曾《筹海图编》卷五："昌国卫，坐冲大海，极为险要。石浦关切近坛头、韭山，仍倭彝出没、进贡等船咽喉，必由之路。悬海南、北碂等山，可设舟帅往来巡哨，以为东路声援。其西象山石浦巡司，则恃之以为右翼也。悬海金齿、八排、朱门等处，可设舟师往来巡哨，为南路声援。其北牛栏基、旦门、青门、茅海、竿门则恃之以为门户也。""石浦前、后二所，南临关口，近三门要冲之路。本所附城设有东、西、南、北、中哨伏兵厂五处，每处拨军瞭望，遇警走报。""钱仓所，东临大海，至大嵩港水程一潮。南为涂次烽堠，外接竿门、蒲门地方，西北至湖头，渡海为大嵩所界，乃昌国之藩篱，与大嵩相为犄角也。""爵溪所，城悬海口，直冲韭山。东逼大海，西并钱仓，南以游仙寨为外户，北以象山县为喉舌。"清顾祖禹《读史方舆纪要》卷九十二："昌国卫，象山县西南八十里。北去府城三百五十里。洪武十七年，置卫于昌国县城内。二十年，徙卫于县南之东门山。二十七年，以东门悬海，薪水艰阻，徙后门山，跨山为城，周七里，即今卫也。永乐十五年修葺，成化间重修。嘉靖三十二年，复营缮以御倭，城控临海洋，屹为保障，领所四。""石浦守御前千户所……旧置于县南十里石浦山。洪武二十年，改建于此……前临石浦关口，切近坛头、韭山，乃倭夷出没咽喉要路，翼蔽昌国，此为门户。""石浦守御后千户所，同上。《志》云：'石浦去昌国十余里，城下一带水涯，可以栖泊战船。对面有山，即石浦旧城，今谓之石浦关。关外大洋，有山曰坛头，倭盗出没处也。宁郡之冲，以石浦、昌国为最。寇自南来，必由三门、林门、下湾门、东门四路而入，寇自东来，必由牛栏基洞下门而入，备御切矣。'""钱仓守御千户所，象山县西北三十里。北去府城二百六十里。洪武二十年建……乃昌国之藩篱，与大嵩相为犄角者也。""爵溪守御千户所，象山县西五十五里。北去府城二百七十里。洪武三十一年建。"地方文化以渔文化为主，兼具盐文化和农耕文化特征。相传丹山有梁陶弘景炼丹遗迹。黄避岙乡有唐代越窑遗址。昌国、爵溪、钱仓有明代抗倭城墙遗址。明末清初，南明抗清名将张煌言于南侧的南田岛、花岙岛等地屯兵抗清。有塔山文化遗址 1 处全国重点文物保护单位，赤坎游仙寨遗址、爵溪街心戏亭等 7 处浙江省文物保护单位。有石浦镇 1 个中国历史文化名镇，东门渔村 1 个中国传统村落。有松兰山、象山影视城、石浦渔港古城、中国渔村 4 个国家 AAAA 级旅游景区。另有灵岩山、蒙顶山等名胜。农业主产稻米、果蔬等，渔业以近洋捕捞和海水养殖为主。工业有汽车制造、电力、纺织、针织、机械、造船、建材、电子、食品等产业。有黄鱼鲞、咸炝蟹、辣螺酱、大白鹅、海蜒、枇杷、象贝等特产。东南端石浦港为国家中心渔港、国家二级开放口岸。通甬台温(S19)高速公路复线，象西(S311)、盛宁(S215)、茅石(S216)3 条省道过境。东北部经象山港大桥与鄞州区咸祥镇相连。

霞关半岛(Xiáguān Bàndǎo)　在浙江省东南部沿海，温州市苍南县马站镇。南北走向。北起沿浦大河河口至海尾自然村连线，南至霞关镇瑶洞村海岸。长 6.4 千米，基部宽 6.3 千米，前端宽 580 米。面积 29.4 平方千米。半岛原起自马站镇城门村至雾城村连线，因明清以来不断淤积、围垦，海岸线外推而不断缩小成现状。以半岛南端旧有霞关镇得名。霞关，原名镇下门关、镇下关，民国初谐音为"霞关"。地质基础由白垩系火山凝灰岩构成。地貌以丘陵为主。海岸曲折，港湾众多。山嘴多海蚀崖，湾内有沙滩。植被以常绿阔叶林和灌丛为主。历为海防要地。明代于此设镇下门水寨。明郑若曾《筹海图编》卷五："镇下门水寨，东距大海，倭若有犯，径抵瑞安所城，则平阳、赤哨诸处无策捍御，极为冲要。旧制战船二十艘，南会福建烽火门、流江，北会江口港巡哨。岁久撤备。今议将江口寨兵船于此往来，存留旗军防守。限于财匮，不堪复设舟师也。更宜添置，方为慎固。"清顾祖禹《读史方舆纪要》卷九十四："镇下门水寨，(平阳)县东南百四十里。亦曰'镇下门关'。坐临大海，其东有官岙，舟师驻泊处也。出岙直冲台山外洋，倭贼犯镇下门，必取道官岙，守御最切。水哨南会烽火流江，北会江口水寨。"清早、中期也曾于此驻水军。明、清形成集镇，并为浙江省最南端的集镇。1949 年于此置霞关镇。2011 年并霞关镇入马站镇。今存霞关古镇、霞关老街和清代至民国时期传统民居建筑群。建筑兼具瓯闽、欧式和中西合璧式风格。南侧的霞关港历为浙南著名商港，国家一级渔港。1991 年，霞关港被浙江省人民政府批准为台轮停泊点和对台贸易口岸。2005 年被商务部认定为国家级对台劳务输出和小额贸易口岸。2014 年，被批准为国家第三批更加开放对台贸易试点口岸。经济以渔业和商贸业为主。有大黄鱼、石斑鱼、带鱼、虾皮、梭子蟹等海鲜，有霞关虾皮等特产，并有"中国虾皮之乡"之称。水霞线(S232)省道通至霞关古镇。

楚门半岛(Chǔmén Bàndǎo)　在浙江省东南沿海，乐清湾以东，隘顽湾和披山洋以西，漩门湾以北。跨台州市玉环县和温岭市。南北走向。大致呈三角形。北起温岭温峤镇江厦村与石桥头镇沙角村连线，南至玉环县干江镇栈台村。长 23.5 千米，基部宽 19 千米，前端宽 8.5 千米。面积约 370 平方千米。以西南部有楚门镇得名。"楚门"之名始于元代，以丫髻山与西青山相对如门，沿岸楚树丛生得名。又因落潮多漩流，别称漩门。清穆彰阿《大清一统志・玉环厅》："玉环县居海中。

四面皆海，其西北由楚门渡海港，旁有盘涡湍急，曰‘漩门’，舟行避之。”系雁荡山脉余脉。地质基础由侏罗系火山凝灰岩构成。地势北高南低，地貌以丘陵为主，东、南、西三岸广布滩涂，岸内有大片海积平原。主峰大雷山，海拔 446 米。岸线曲折，多港湾。东南海岸外岛屿棋布。属北亚热季风气候，四季分明、降水丰沛，夏秋有台风和热带气旋影响。西北侧温峤镇历为温台间陆上交通要道，东侧披山洋扼浙东沿海南北向海上交通要冲。地方文化以渔盐和海防文化为主。历为海防要地。宋于温峤镇置温岭驿，并设峤岭镇。明成化五年(1469 年)于北侧置太平县。明代于此设楚门、隘顽 2 个守御千户所。明郑若曾《筹海图编》卷五：“楚门所，贼犯楚门，必屯鸡脐山下，其心恋船，不过三日，即还而走。”“隘顽所，北为太平县藩篱，南可以阻楚门之寇。城外东北山下，长沙面水，民居一邨，番船至此，可以屯泊。若弃舶登突，决由藤岭，内外皆可至温州地方。夫贼聚于藤岭，则太平之路既阻于藤岭，松门之路又阻于慢游。设贼屯聚，面水背山，可以高枕久住，可以从容困城。”清顾祖禹《读史方舆纪要》卷九十二：“楚门千户所，(松门)卫西南百二十里，太平县西南六十里。洪武二十年建，城周七里有奇。对岸为温州蒲岐所，贼由三山、大荆趣温州，必径度蒲岐所，防守为切。《海防考》：‘所西北有东门港，由所城至太平温岭江之道也。沿山滨海而行，山林茂密，水港出入。’”“隘顽千户所，(松门)卫西南五十里，太平县南三十里。洪武二十年建，城周五里有奇。《志》云：‘所北卫太平，南阻楚门，城外四面皆山，高插天表，城垣欹矮不足恃，唇齿之援，惟恃松门水军。嘉靖三十七年，官军败倭于此。’”明嘉靖三十七年(1558 年)四月明军于隘顽所附近败倭。《筹海图编》卷五：“贼艘二十余入临海岛朱门，劫松门寨，寇台州、象山、桃渚。又有继至之贼与合为一，进攻府城。佥事李三畏，知府谭纶率兵剿之，追至隘顽所海滨，大败之。”现有浙江省文物保护单位玉环碉楼组成部分的陈凤祥碉楼、西岙陈氏碉楼等古迹，并有浙江省历史文化名镇楚门镇和中国传统村落干江镇白马岙村。工业有水暖阀门和家具制造等产业。农业主产果蔬，有玉环柚(楚门文旦)等特产。1975 年于西南端筑漩门大坝与玉环岛相连，漩门湾东南部逐渐淤积。泽坎(S226)省道和甬台温高速公路复线(S19)过岛。

石塘半岛(Shítáng Bàndǎo)　在浙江省东部沿海，跨温岭市石塘镇和松门镇。东北—西南走向。呈长条形。起自松门港尾端至隘顽湾东北部连线，终至石塘山沿岸。长 5.6 千米，基部宽 6.5 千米，前端宽 13.1 千米。面积 60.5 平方千米。以石塘山得名。石塘山，古为悬水海岛，古与松门山合称松门山。南宋嘉定《赤城志》卷二十：“松门山，在(黄岩)县东南一百二十里。按：王羲之《游四郡记》云：‘永宁县界海中有松门岛，山屿上皆生松，故名。’”后以岛上有石塘村而分称为石塘山。明嘉靖《太平县志》卷一：“石塘山，在县东南六十里海岛中……有西岙、后岙、茗岙、蒲屿、大小姑岭、杜岙、西砂、新岙、大岙、慈岙、大小田湾、磊石、大小茭陈、总曰‘石塘’。”民国《台州府志》卷四十八：“塘多泥筑，少石砌者，惟此塘独砌以石，故即以全岛总称。”清乾隆《中华沿海形势全图》与松门山同绘为海岛。在清末浙江省督练公所参谋处测绘股编绘的《浙江沿海要口全图》中，松门山与大陆岸线相连，石塘山仍绘为海岛。清嘉庆九年(1804 年)于石塘山与松门山间铺砂路以落潮相通。同治十三年(1874 年)，太平县知县唐济改铺石板路相连。1875 年(光绪元年)11 月 6 日《申报》《唐明府筑台拯溺》报道：“台州太平县属之松门镇，滨海地也。其对岸石塘。毗连七十二岔，潮来则顷刻水至，潮退则顷刻干涸，岔中及两岸行人，皆由是道往来，或行二三里，或四五里，潮忽至，无所避处，往往随波逐流，葬于鱼腹，此仁人之所深悯也……前因公赴松，目击是患，深为民痛，爰邀绅议为建台之举，然经费无出，因自捐鹤俸，并与府派之委员汪公互相出资，刻日兴工监造，于浦脚边每一里建大石高台一座，俾行人得登是台避潮焉，千百年之患一旦而免，民咸额手称庆，是唐明府之功□及民，堪不朽矣。”民国初期后于岛间筑肚褡、棉花等海塘，遂连为半岛。又因地跨石塘、松门2镇，别称松石半岛。系雁荡山脉余脉。地质基础由侏罗系火山凝灰岩构成。主峰海拔247.5米。地貌以丘陵为主，基部有小块海积平地。海岸曲折，港湾众多。山嘴多海蚀崖，湾内多小沙滩。植被以亚热带针叶林、常绿阔叶落叶阔叶混交林和灌丛为主。历为温台间海上交通要道、海防要地。宋代于松门镇置巡司，于石塘山设石塘买扑酒坊。南宋嘉定《赤城志》卷十八：“松门寨，在（黄岩）县东南一百二十里。”卷七：“石塘酒坊，在（黄岩）县东南一百里。”清康熙《太平县志》卷一：“宋熙宁间，置士兵，设（松门）巡司。嘉定初，阇婆国船入侵，失印记，后复降敌。元因之。”明代于此设松门卫，石塘山因防倭而迁境徙民。清顾祖禹《读史方舆纪要》卷九十二：“松门卫，太平县东五十里，西北去府城百八十里。本宋黄岩之松门寨，去县百二十里。洪武二十年，改置卫，筑城周九里有奇。嘉靖中增修，领所二。《海防考》：卫东即松门港，港东岸为朱门山。又东为积谷山及下洋、大陈岙诸处，外即大海，直抵日本……海内小山最多，若倭贼由温州来此，竟抵城下。若自外国来，止过大陈、邳山、大鹿登岸，皆为贼巢，港内迂回屈曲，捍贼尤难也。”“石塘山，在县东南六十里海中，屿岙参错，大山环峙，旧属黄岩县。居民甚众。明初以倭寇犯境，徙居民于内地，此山遂墟……嘉靖三十八年，倭贼由此犯松门卫。”明郑若曾《筹海图编》卷五：“（三十八年）五月，贼攻松门卫。贼攻夏公岙入犯，即日攻卫城，即栅浦、贾子为巢，皆去卫不数里。”清初再次因海禁而徙民。清雍正五年（1727年）后，闽、浙渔民陆续迁至石塘山各个山岙和港湾内定居。清光绪《太平县志》卷一：“石塘山，在松门东南，绵延纡曲数十里，分上、中、下三段，有七十二岙。”鸦片战争期间，英国侵略者曾于此详细测绘。[英]金约翰辑，[美]金楷理口述，怀远、王德明笔译《海道图说》卷五：“石塘岛与松门山间有二小岛分为三水道。石塘岛与西面之第一小间水深三拓又四分拓之三。余二水道甚窄，船未可通行。近松间山（松门山）小岛有镇市之处，华船恒泊于此。”宋属黄岩县太平乡游屿里。元属黄岩县太平乡四十四都。明成化五年（1469年）后属太平县太平乡第五都。清末石塘山已有居民千户。1931年于此置松门镇、石塘镇。1947年属石箬乡。1950年复置松门镇、石塘镇。石塘镇有箬山1个浙江省历史文化名镇，里箬、东山2个中国传统村落，石塘陈宅、石塘碉楼等浙江省文物保护单位，并有以“屋咬山，山抱屋”为特征的石墙陶瓦木结构古旧建筑群。松门镇有普照寺、朝阳洞、文峰塔等古迹和南北沙镬岛、洞下沙滩等名胜。地域文化以海洋鱼文化和渔村风情为主。大奏鼓与石塘七夕习俗（小人节）民间文化2项被列入国家级非物质文化遗产名录，松门白鲞传统加工技艺被列入省级非物质文化遗产名录，并有扛台阁、海洋剪纸、船模、贝壳画等民间习俗和民间工艺独具风情。2000年1月1日，建成石塘曙光园国家AAA级旅游景区。经济以渔业为主，并有水产加工、机械、电子、塑化建材、船舶修造等产业。石塘渔港为国家级一级中心渔港，建有水产品交易市场，为浙中南重要的海产品集散地。大路线（S225）、林石线（S324）省道通至石塘镇区。

第七节　岬角名称

龙王嘴（Lóngwáng Zuǐ）　在宁波市象山县爵溪街道，南韭山岛西端。以基部附近昔有龙王庙得名。东西走向。长525米，基部宽810米，前端宽50米。面积25万平方米。海拔120米。地质基础由白垩系火山凝灰岩构成。皆为低丘，坡脚为海蚀崖。植被以灌丛和草丛为主，并有野生水仙和野海棠。南北两侧分别有乌贼湾和捣臼湾。岬角所在的南韭山岛为明代抗倭要地。明郑若曾《筹海图编》卷五："韭山，形势巍峨，岛澳深远，对冲日本。此山之外，俱辽远大洋，故倭船东来，必望此山为准。此昌国卫第一险要。今拨北哨兵船于此巡哨。"明都指挥使卢镗曾于此俘倭寇稽天等。《明史》卷二百五：嘉靖二十七年（1548年）"夏四月，镗遇贼于九山洋，俘日本国人稽天，许栋亦就擒。栋党汪直等收余众遁，镗筑塞双屿而还。"鸦片战争期间，英国侵略者曾于此详细测绘。［英］金约翰辑，［美］金楷理口述，怀远、王德明笔译《海道图说》卷五："韭山列岛除数露石外，共计十一小岛。其中最大者长三里，最阔处一里又四分里之一，余有二处仅阔一百拓至一百二十五拓者。近西角尖峰高四百九十尺，且有陡岸并石崖。四周共成六小沙澳，近岛西岸沙澳内，皆为陡界，居民颇多。"有简易道路通基部。

乌贼山嘴（Wūzéi Shānzuǐ） 在宁波市象山县爵溪街道，南韭山岛西南部。以附近礁石、岸滩昔盛产乌贼得名。近南北走向。长950米，基部宽280米，前端宽240米。面积29万平方米。海拔74.3米。地质基础由白垩系火山凝灰岩构成。皆为低丘，坡脚为海蚀崖。植被以灌丛和草丛为主，并有野生水仙和野海棠。岬角所在的南韭山岛明代为抗倭要地。明郑若曾《筹海图编》卷五："韭山，形势巍峨，岛澳深远，对冲日本。此山之外，俱辽远大洋，故倭船东来，必望此山为准。此昌国卫第一险要。今拨北哨兵船于此巡哨。"明都指挥使卢镗曾于此俘倭寇稽天等。《明史》卷二百五：嘉靖二十七年（1548年）"夏四月，镗遇贼于九山洋，俘日本国人稽天，许栋亦就擒。栋党汪直等收余众遁，镗筑塞双屿而还"。鸦片战争期间，英国侵略者曾于此详细测绘。基部西侧有乌贼湾。

东嘴头（Dōng Zuǐtóu） 在宁波市象山县石浦镇蛟龙村。以其为半边山向东延伸部分得名。东北—西南走向。长640米，基部宽210米，前端宽30米。面积13万平方米。海拔66.7米。地质基础由白垩系火山凝灰岩构成。皆为低丘，坡脚为海蚀崖。基部两侧有沙滩，东南岸破碎，海蚀崖陡峭如斧劈，并多海蚀穴，岸外有砾滩，多礁石。植被以灌丛、草丛和芒萁为主。附近区域古为海防要地，明洪武二十七年（1394年），迁昌国卫至岬角附近的后门山。清顾祖禹《读史方舆纪要》卷九十二："昌国卫，象山县西南八十里。北去府城三百五十里。洪武十七年，置卫于昌国县城内。二十年，徙卫于县南之东门山。二十七年，以东门悬海，薪水艰阻，徙后门山，跨山为城，周七里，即今卫也。永乐十五年修葺，成化间重修。嘉靖三十二年，复营缮以御倭，城控临海洋，屹为保障，领所四。"基部有村落遗迹，并有旱地。今为半边山风景区的组成部分。步道通基部。

舢舨头（Shānbǎn Tóu） 在宁波市象山县石浦镇铜瓦门渔村。因形似舢舨得名。别称三舨头。南北走向。长910米，基部宽490米，前端宽120米。面积36万平方米。海拔50米。地质基础由白垩系火山凝灰岩构成。皆为低缓丘。岸线曲折，东岸坡脚有海蚀崖。西岸外有渔港码头。植被以常绿阔叶落叶阔叶混交林和草丛为主。旧为海防要地。明代于附近石浦港内设石浦前、后守御千户所，并曾移昌国卫于岬角对面的东门岛。清顾祖禹《读史方舆纪要》卷九十二："昌国卫，象山县西南八十里……二十年，徙卫于县南之东门山。""石浦守御前千户所，象山县西南百里。北去府城三百七十里。旧置于县南十里石浦山，洪武二十年，改建于此。阻青山为城，周不及五里。永乐十五年重修。嘉靖三十四年，复完葺。前临石浦关口，切近坛头、韭山，乃倭夷出没咽喉要路，翼蔽昌国，此为门户。""石浦守御后千户所，同上。《志》云：'石浦去昌国十余里，城下一带水涯，可以栖泊战船。对面有山，即石浦旧城，今谓之石浦关。关外大洋，有山曰坛头，倭盗出没处也。宁郡之冲，以石浦、昌国为最。'”清嵇曾筠《浙江通志》卷九十七：“海汛内洋石浦汛，把总及外委千把巡防，驾双篷防船二只，配兵各五十名，辖洋面十四：石浦港、铜钱礁、铜瓦门、獭鳗嘴山……”基部现建有住宅小区。前端建有铜瓦门大桥。东门岛公路过西岸，并经铜瓦门大桥通东门岛。东侧海域有养殖桁地。

外北嘴(Wài Běizuǐ)　在宁波市象山县石浦镇，檀头山岛东端。以地处檀头山岛南半部东北端得名。谐音别称外婆嘴。19 世纪 80 年代编绘的《八省沿海总图・浙江石浦进口三门湾并宁海进口》标注为“东北角”。东北—西南走向。长 1 450 米，基部宽 530 米，前端宽 150 米。面积 0.63 平方千米。海拔 74.2 米。地质基础由白垩系火山凝灰岩构成。坡脚有陡峭的海蚀崖，并有海蚀穴。植被以亚热带针叶林和灌丛为主。岬角所在的檀头山岛古称石坛山、坛头山，为石浦港东侧的门户，海防要地。明郑若曾《筹海图编》卷五：“坛头山，有南北礁壳、莱蓝等岙，可以避风泊船。贼由日本而来，每望此山收泊。与石浦关相隔一潮，今该中军哨兵船往来巡哨。”清顾祖禹《读史方舆纪要》卷九十二：“嘉靖中，倭从檀头海洋突入，结巢于此，官军击却之。”鸦片战争期间，英国侵略者曾于此详细测绘。［英］金约翰辑，［美］金楷理口述，怀远、王德明笔译《海道图说》卷五：“距黑山列岛北西北二十里有坛头山，其与陆岸间之水道，阔一里至一里又四分里之三，惟内多隐石，不易驶行。当东北恒风时，近坛头山西南与南面二角之间可避风。坛头山高七百四十尺，中有低窄碎石颈。”现山脊建有风力发电场。

长嘴头(Cháng Zuǐtóu)　在宁波市象山县鹤浦镇，南田岛东部小西天岗东北侧。以前端狭长得名。东北—西南走向。呈三角形。长 180 米，基部宽 270 米，前端宽 20 米，面积 2.5 万平方米。海拔 50 米。地质基础由白垩系火山凝灰岩构成。坡脚有陡峭的海蚀崖。植被以灌丛为主。岬角所处的南田岛古为海防要地。清《钦定古今图书集成・方舆汇编・职方典》卷九百八十一：“南田，四面悬海，周围一百余里，山名大佛头，高出海中诸山数百丈。日本入贡船望北行，以此山为向道……海中十洲，以南田为第一国。”明郑若曾《筹海图编》卷五：“八排门，相连南田，内多膏腴田地，下便栖泊。若倭船停栖，甚难剿灭。与石浦关相隔二潮。今拨南哨兵船往来巡哨。”

猫头嘴(Māotóu Zuǐ)　在宁波市象山县涂茨镇毛湾村。以形似猫头得名。东西走向。原长 1 100 米，基部宽 200 米，前端宽 170 米。面积 35 万平方米。2010 年开工围垦南北侧。现突出海域部分长 180 米，基部宽 300 米。面积 4 万平方米。原海拔 41.4 米，后因开山采石，大部分山体被开采，今海拔高度不详。地质基础由白垩系火山凝灰岩构成。岩石裸露，无植被。附近区域古为海防要地。明代于附近设钱仓守御千户所。明郑若曾《筹海图编》卷五：“钱仓所，东临大海，至大嵩港水程一潮。南为涂次烽堠，外接竿门、蒲门地方，西北至湖头，渡海为大嵩所界，乃昌国之藩篱，与大嵩相为犄角也。”清顾祖禹《读史方舆纪要》卷九十二：“钱仓守御千户所，象山县西北三十里。北去府城二百六十里。洪武二十年建……乃昌国之藩篱，与大嵩相为犄角者也。”现南北两侧有养殖塘，前端建有码头。

象山角(Xiàngshān Jiǎo)　在宁波市象山县黄避岙乡黄家塘村以西。因北临象山港得名。鸦片战争时期，英国侵略者称为“宁母拉特角”，并曾详细测绘。［英］金约翰辑，［美］金楷理口述，怀远、王德明笔译《海道图说》卷五：“无产岛与宁母拉特角之间，阔二里半。宁母拉特角与享大列岛间有第一圆锥角……宁母拉特角为高岸，距角三百拓有数隐石。近宁母拉特角以内四里，水道中界有中岛。”东北—西南走向。呈裤衩形。原长 820 米，基部宽 240 米，前端宽 440 米。面积约 20 万平方米。后因两侧淤积、围填，现仅前端小部分向海中突出。海拔 94 米，地质基础由白垩系火山凝灰岩构成。皆为低丘。植被以灌丛和草丛为主，间有落叶阔叶林。附近区域历为船舶自象山港进出西沪港的咽喉，南宋设象山县陈山渡，经岬角外海域至奉化县。南宋宝庆《四明志》卷二十一："陈山渡，(象山)县东北一十五里。自陈山发船折二百里，经两潮至奉化县东宿登岸。旧皆民船，私载时遭风涛、海寇之患。隆兴元年主簿赵彦逾创造船二只，皆面阔一丈六尺，朝夕互往。"坡脚建有浙江省对虾增殖放流暂养站，并曾建简易潮汐发电站。南侧建有宁波船舶交通服务雷达站。

象鼻嘴(Xiàngbí Zuǐ)　在宁波市象山县高塘岛乡，花岙岛东部大塘里村东侧。因形似象鼻得名。东西走向。长 200 米，基部宽 60 米，前端宽 30 米。面积约 1 万平方米。海拔 50 米。地质基础由白垩系玄武岩构成。坡脚有海蚀崖和海蚀穴。植被以灌丛和草丛为主。岬角所在的花岙岛古称佛头岩、大佛头岩、大佛头山，为海防要地。明郑若曾《筹海图编》卷五："大佛头山，内有斗底，虾岙、乌头青、后城、壶底等澳，系贼船往来栖泊之处，极为险要。与石浦关相隔一潮，今拨南哨兵往来巡哨。"清初，明将张煌言曾于花岙岛屯兵抗清。东侧海域多养殖桁地。

狼萁山嘴(Lángqí Shānzuǐ)　在宁波市象山县高塘岛乡，花岙岛东南部。因狼萁遍布得名。东北—西南走向。长 480 米，基部宽 650 米，前端宽 150 米。面积约 15 万平方千米。海拔 40 米。地质基础由白垩系玄武岩构成，有典型的玄武岩地貌景观。坡脚有壁立的海蚀崖，并有海蚀穴。岸外有砾滩，岩礁丛生如石林。植被以灌丛和狼萁为主。岬角所在的花岙岛古称佛头岩、大佛头岩、大佛头山，为海防要地。明郑若曾《筹海图编》卷五："大佛头山，内有斗底，虾岙、乌头青、后城、壶底等澳，系贼船往来栖泊之处，极为险要。与石浦关相隔一潮，今拨南哨兵往来巡哨。"清初，明将张煌言曾于花岙岛屯兵抗清。现辟为花岙岛海上石林景区，并建有人行吊桥等设施。基部附近有农庄。步道通前端。

团堧嘴(Tuánruán Zuǐ)　在宁波市宁海县西店镇团堧村。以团堧村得名。堧，即水边的空地。旧常以海堧指滨海区域。元代江浙儒学提举陈德永《雁荡吟送秦文学还吴》："雁之荡兮，乃在瓯越之野，瀛海之堧，有万菡萏镵青天。"清嵇曾筠《浙江通志》卷一："温州古永嘉郡，去省防千有余里。……府北为乐清，前临大海，九斗蟠其左，萧台踞其右，而后所盘石、蒲岐皆海堧要害之处，列障戍兵以资控御。"鸦片战争期间，英国侵略者称为"新生角"，19 世纪 80 年代出版的《八省沿海总图·浙江象山进口水道》图中予以标注。东西走向，略呈五边形。长约 1 千米，基部 1.4 千米，前端宽 150 米。面积约 1 平方千米。海拔 39 米。地质基础由白垩系火山凝灰岩构成。山势平缓。植被以落叶阔叶林为主。缓坡有旱地。附近区域历为交通要道，海防要地。明代于附近设西店驿。《浙江通志》卷八十八："西店驿，《奉化县志》：'县南六十里，接台州宁海县境。明洪武中，汤和巡海过此，因连山驿与白峤驿相距一百三十里，迎送为难，二十年增建。'"清代于附近设西垫汛。《浙江通志》卷九十八："西垫汛，海口汛北十里，距县城六十里。右营把总轮防，驻兵四十四名。"北侧有养殖塘，南部为团堧村，屋舍密集，为集工、农、渔于一体的村落。岸外滩涂广阔，盛产牡蛎、圆蛤。甬宁(S214)省道过基部，村道环山嘴。东南端建有渔港码头。

东白芨嘴(Dōngbáijí Zuǐ)　在宁波市宁海县越溪乡白芨村。原为白峤港中的东白芨、西白芨等 4 岛屿，后因围垦而成岬角。以东白芨岛得名。南北走向。呈三角形。长 1.85 千米，基部宽 1.75 千米，前端宽 50 米。面积 1.71 平方千米。海拔 107.2 米。地质基础由白垩系火山凝灰岩构成。丘陵与海积平地相间。植被以针阔混交林和草丛为主，并多白芨草。附近区域历为宁海县东部门户。

明代于白峤港尾端设越溪巡检司，清代改设越溪水寨。清顾祖禹《读史方舆纪要》卷九十二："（宁海）县东二十五里有越溪巡司……俱洪武二十年筑城置戍，为滨海之备。"清嵇曾筠《浙江通志》卷九十八："越溪寨汛，距（宁海）县城二十里。右营千总永防，驻兵一百名。"山岙有村落，平地均辟为养殖塘。岸周遍布广袤滩涂。

岐头角（Qítóu Jiǎo）　在乐清市柳市镇东南端，瓯江北口北岸东端。旧称岐头、岐头山、崎头、白马角。明万历《温州府志》卷一："白沙海，居（乐清）县东，至岐头折而南，波涛汹涌，凡海船入郡城，至此谓之转岐。"清光绪《乐清县志》卷二："岐头山在六都，西联黄华山，东有白峰，址垂入海，俗号'白马嘴'。南有十八陇，巨石磈磊，喷瀑洪涛中，潮去始见，海舟至此，谓之转岐。"又因其为进出温州的天然地标，别称温州角。自西北向东南呈弧形凸出。弧长 3.2 千米，基部宽 2.4 千米。面积约 1.4 平方千米。地质基础由侏罗系凝灰岩构成。海拔 123.8 米。海岸平顺，坡脚有陡峭海蚀崖。历扼瓯江口要道，为海防要地。明代于此设岐头寨，并于西侧设黄华水寨、黄华山寨，曾移馆头巡检司于此。清顾祖禹《读史方舆纪要》卷九十四："岐头寨，在（乐清）县西南。《海防考》：县西四十里有白塔山，其地谓之塔头，有长林盐场，宋政和中置，元为司令司，明初曰盐课司。又西南即岐头也，海舟经此，必舣舟而后行，谓之转岐。""黄华水寨，在（乐清）县西南，盘石卫东三十里，东接大海大小门、霓岙，南枕港口，乃温州之咽喉也。水哨南会飞云，北会白岩塘，备御最切。嘉靖三十七年，倭由此港入温州，直抵处州府青田县，官军击却之。又有黄华山寨，在水寨东二里，其地有黄华山，因名。嘉靖中，倭尝登犯。黄华之外，为下马洋。嘉靖三十二年，参将汤克宽追黄华贼，战于下马海洋，是也。《海防考》：'倭犯黄华，必由邳山、大鹿山及黄大岙而入，有黄华关，迫临海口，汛守最切。'""馆头岙，（乐清）县西南五十里馆头江口。元置巡司，前朝洪武二十年，徙于岐头。嘉靖中，复设于此。"明嘉靖三十一年（1552 年），倭寇曾经此犯温州、江口等地。明郑若曾《筹海图编》卷五："（三十一年）五月，攻瑞安县，百户李潮、高良战死。初十日，贼自江口犯岭门、岐头等处，入坡南汇，至瞭高山下，潮等与战，死之。遂乘胜攻县城。把总夏光、知县刘畿率官兵击却之，贼乃退泊东山港。"《读史方舆纪要》卷九十四："嘉靖三十一年，倭寇由江口登犯岭门、岐头，入坡南汇，至瞭高山下，败官军，遂攻县城，官军击却之，退泊东山港，即此。"清代曾于此设炮台。［英］金约翰辑，［美］金楷理口述，怀远、王德明笔译《海道图说》卷五："距虎头山西南角西西北五里，为温州河口。近河口一带断山东南有方炮台。"今东北部劈山建船厂，角外海上设有航标。

老鹰嘴（Lǎoyīng Zuǐ）　在瑞安市东山街道，关老爷山岛西南端。以远观形似鹰嘴得名。东北—西南走向。长 560 米，基部宽 330 米。面积 11 万平方米。地质基础由燕山晚期凝灰岩构成。海拔 73.2 米。三面皆为天然海岸，沿岸有典型的海蚀崖，并有数个深邃的海蚀槽、海蚀穴。土壤以粗骨土为主。植被以亚热带针叶林、灌丛和草丛为主。附近海域明代曾为倭寇入侵飞云江、鳌江流域的通道。清代海盗蔡牵曾盘踞于附近的北麂岛与清军提督李长庚对抗。清嵇曾筠《浙江通志》卷九十八："左营原管海汛内镇下关、北关、金乡、南麂、官山、琵琶、凤凰、大丁山、小丁山、北麂各汛。"民国《瑞安县志稿》卷三："北麂山……一名'北岐山'又名'东洛山'，前清乾嘉年间，海盗蔡牵盘踞，抗拒提督李长庚之师。今山中之大校场、小校场、东水门、西水门等名称均牵所署。"今于岬角所在的关老爷山岛东南端建有灯桩 1 座。东南侧为清水澳，今澳内建有海带养殖桁地。

网寮鼻（Wǎngliáo Bí）　在温州市洞头县霓屿街道，霓屿岛西北端。以地处网寮澳西侧得名。寮，即草棚小屋。网寮，以旧时渔民于此湾内搭草棚从事张网生产得名。东北—西南走向。长 400

米，宽 100 米。面积约 4 万平方米。地质基础由侏罗系流纹质玻屑凝灰岩构成。原海拔 33.2 米，有灌丛、草丛等植被。后因 2003—2006 年灵霓大堤经此而劈山。今海拔高度不详，表面无植被。岬角所在的霓屿岛古为海防要地。明郑若曾《筹海图编》卷五：“霓岙，贼船自南北向往，多泊于此。可至盘石卫，最为险要。今拨黄华港兵船于此巡哨。”清顾祖禹《读史方舆纪要》卷九十四：“霓岙，(温州)府东百余里。《海防考》：‘倭舶南北往来，多泊于此。径达磐石卫城，最为险要。嘉靖三十三年，倭由此登劫，突犯湖头，官军击却之。又南龙山，在霓岙东北，倭贼由北洋来，往往经此，六要地也。’”洞合线(G330)国道过岬角。

下乌仙嘴头(Xiàwūxiān Zuǐtóu)　在温州市洞头县大门镇，大门岛西南部。原称下乌山嘴头，传以昔常有乌鸦栖息于山嘴得名。后谐音为今名。东北—西南走向。原长 630 米，基部宽 215 米，前端宽 110 米。原面积 8 万平方米，后因在东西两侧围垦，现突出海域部分长 130 米，面积约 1 万平方米。海拔 34.2 米。地质基础由燕山晚期侵入的钾长花岗岩构成。植被以亚热带针叶林和白茅草丛为主。前端因开山采石而岩石裸露。岬角所在的大门岛古为海防要地。朱正元《浙江沿海图说》：“南面水道即名‘大门’，为进出瓯江必由之路，如室之有门也。”清嵇曾筠《浙江通志》卷九十五：“玉环海汛以岐头汛起，可以泊船汲水，可避东北风。潮出岐头，东北至小门可以泊船避风、樵柴、汲水，惟半洋有泥礁。小门山之南，即大门，系温镇中营管辖。”鸦片战争时期，英国侵略者称大门岛为虎头山，并曾详细测绘。[英] 金约翰辑，[美] 金楷理口述，怀远、王德明笔译《海道图说》卷五：“凡自南面向温州河行船者，过棱岛(编者注：棱岛，也作楞岛，即虎头屿)即应向西北又西二分而行，次由石崖露石西南与大三盘山北面露石以北经过。已过露石，即可渐向西偏北入虎头山南角与河建岛(编者注：即青山岛)间而行，惟近虎头山南角一百五十拓，恰与河建岛对面处有一隐石，凡行船至此，须视虎头山西南角与白石南面相离，依向前行即可避之。”“距虎头山西南角西西北五里，为温州河口。”前端海岸建有码头。基部有乌仙头村，两侧有养殖塘。

平阳嘴(Píngyáng Zuǐ)　在温州市苍南县金乡镇东北部，杨家尖山东北端。以旧属平阳县，为自南面海上进出平阳县天然地标得名。别称北高尾。东北—西南走向。长 1.1 千米，基部宽 790 米。面积 0.57 平方千米。地质基础由侏罗系凝灰岩构成。海拔 161 米。三面皆为天然基岩陡岸，坡脚多乱石。土壤以红壤和粗骨土为主。植被以亚热带针叶林、灌丛和草丛为主。基部附近缓坡有小片山地。历为海防要地。明代于此设烽堠，并于附近 10 千米内分设有金乡卫、炎亭寨、舥艚寨。明郑若曾《筹海图编》卷五：“金乡、盘石二卫，立把总一员。其分守温、处参将即此总辖之地也。”“舥艚寨，东北皆滨于海。倭贼屡次于此登犯，至前仓腹里，见(现)兵拨旗军防守。”“炎亭寨，在海滨。贼若登犯，突入腹里，从本卫城外可至平阳县孙(荪)湖地方。见兵拨旗军防守。”清顾祖禹《读史方舆纪要》卷九十四：“金乡卫，平阳县南七十里。北至府城百八十里，西至蒲门所八十里，西南抵福宁州二百十里。洪武二十年建，筑城周七里有奇，旧领所三，今二。”“炎亭寨在县南金乡卫东七里，有海口。倭贼从此径犯卫城，西即逼近县境荪湖诸处。嘉靖中置寨，并设珠炎营戍守。”“舥艚寨，在县东南八十里。寨东北两面皆滨海。嘉靖中，倭屡由此入犯，又有舥艚堡及巡司戍守。《志》云：‘舥艚巡司亦明初置。嘉靖中，增设堡以御倭。’”鸦片战争期间，英国侵略者曾于此详细测绘。[英] 金约翰辑，[美] 金楷理口述，怀远、王德明笔译《海道图说》卷五：“自北关港海岸曲折向东北偏东十九里而至平阳角，其距北关港十二里之处有大渔澳。凡船体入水不过十尺者，可于此间避风。”今东侧海域为进出温州港瑞安港区、苍南港区的主航道，岬角上建有灯桩。简易公路通岬角基部。

益山嘴(Yìshān Zuǐ)　在平湖市乍浦镇。因地处益山东北端得名。别称东山嘴。东北—西南走向。原长750米,基部宽320米,前端宽190米。面积24万平方米。地质基础由白垩系火山凝灰岩构成。后因1992年于东北侧围垦建嘉兴电厂,并将突出部分开辟为平地,现海拔9.1米,突出海域面积1 300平方米,旧时岸外浪大水激,有"快水沿"之称,渔船难以靠岸。附近区域古为海防要地。清顾祖禹《读史方舆纪要》卷九十一:"乍浦,(平湖)县东南二十里……元至正间,番舶皆萃于此。前朝洪武中,筑城浦上,以为备御。今海盐之乍浦所是也。嘉靖三十二年,倭据乍浦犯杭州,官军败却之。""乍浦镇,(平湖)县东南三十六里。《志》云:'镇旧在县西南二十七里。元置市舶司于此。又有顾邑巡司,宋、元时置于故邑城内。洪武十四年,徙置乍浦镇,改今名。'""守御乍浦千户所……有独树东、独树西、蒲山外、蒲山西、蒲山、大东山、东山嘴、唐家湾、盐山、圣妃宫、金家湾、周西、海口等十三寨,皆所军戍守。"清代于附近设乍浦营和乍浦炮台。清道光二十二年(1842年),英国侵略者曾入侵附近海域,并在附近里蒲山西侧、高公山西南麓登岸乍浦。19世纪80年代编绘的《八省沿海总图·浙江乍浦进口》于高公山西南麓标注"英兵由此登岸"。现建有太阳能发电站。岸外建有煤炭码头。

猫嘴巴山嘴(Māozuǐbā Shānzuǐ)　在舟山市定海区环南街道,大猫岛南端。据传,大猫岛形似猫,此岬角为伸向海中的猫嘴,故名。又因形似海螺,别称螺头角。东北—西南走向。原长320米,基部宽230米,前端宽40米。原面积约4万平方米,后因西北侧围垦,现突出海域部分长约130米,面积约1万平方米。海拔49米。地质基础由白垩系熔结凝灰岩夹凝灰质砂岩、凝灰岩等构成。山脊和缓,坡脚有海蚀崖。土壤以粗骨土为主。植被以灌丛和草丛为主。鸦片战争期间,英国侵略者称大猫岛为"螺头",并称大猫岛、摘箬山岛与穿山半岛间水道为"螺头水道"。[英]金约翰辑,[美]金楷理口述,怀远、王德明笔译《海道图说》卷六:"凡船体重大者,欲赴定海港可由螺头水道。若当风力微弱兼值大潮,不必由歧头角与围岛间经过……如已行过围岛,西音尔劳某特包特爱伦,东面即可转行向西而过,螺头南角设于此间。适遇逆潮,可于大谢山东面小岛间停泊。"2010年于基部建成输电铁塔,塔高370米,为当时全球最高输电铁塔。南端建有螺头角灯桩。南侧海域为螺头水道,为宁波—舟山港主要航道之一。

火川山嘴(Huǒchuān Shānzuǐ)　在舟山市定海区岑港街道,马目山北端。原称火叉山嘴,因桃花涂(编者注:今黄金湾水库)围垦前,与西南侧的长春山嘴相交呈"火叉"状得名。后谐音为今名。南北走向。长840米,基部宽700米,前端宽410米。面积约38万平方米。海拔107米。地质基础由白垩系熔结凝灰岩、凝灰岩等构成。土壤以红壤和粗骨土为主。植被以落叶阔叶林、灌丛和草丛为主。岬角所在的马目山旧别称马墓,为悬水海岛,并为海防要地。明郑若曾《筹海图编》卷十二上:"总兵俞大猷云:'倭贼自彼岛入寇,遇正东风,径由茶山入江,以犯直隶……遇东北风,必由下八山、陈钱、李西、倒球、千斜、清水、马迹、蒲岙、丁兴、长途、衢山、洋山、普陀、马墓等岙经过,然后北犯南直隶,西南犯浙江。'"清康熙《定海县志》卷三转引明兵部尚书张时彻《防海书》:"海上诸山,分别三界:黄牛、马墓、长涂、金塘、册子、大榭、兰秀、剑岱、双屿、双塘、六横等山为上界……率皆潮汐所通,倭夷贡寇必由之道也。"1978年于此建采石场,北部山体多被开采。北侧海域扼长白水道西北口,为船舶进出宁波—舟山港马岙港区的交通要道。

西江嘴(Xījiāng Zuǐ)　在舟山市定海区岑港街道马目山西南岸。"江"古通"港",即水道。因马目山与舟山围垦相连前,此岬角地处水道西侧,故名。"江"即当地对水道的俗称。19世纪80年代编绘的《八省沿海总图·浙江金塘水道宁波进口》标注为“马目角”。东北—西南走向，两头窄，中间宽。长335米，基部宽170米，前端宽260米，中部宽510米。面积约12万平方千米。海拔58.1米。地质基础由白垩系熔结凝灰岩、凝灰岩等构成。西北部坡脚有海蚀崖。土壤以红壤为主。植被以落叶阔叶林和灌丛为主。岬角所在的马目山旧别称马墓，为悬水海岛，并为海防要地。明郑若曾《筹海图编》卷十二上：“总兵俞大猷云：‘倭贼自彼岛入寇，遇正东风，径由茶山入江，以犯直隶……遇东北风，必由下八山、陈钱、李西、倒球、干斜、清水、马迹、蒲岙、丁兴、长途、衢山、洋山、普陀、马墓等岙经过，然后北犯南直隶，西南犯浙江。’”清康熙《定海县志》卷三转引明兵部尚书张时彻《防海书》：“海上诸山，分别三界：黄牛、马墓、长涂、金塘、册子、大榭、兰秀、剑岱、双屿、双塘、六横等山为上界……率皆潮汐所通，倭夷贡寇必由之道也。”1998年于此建采石场，今西南部部分山体被开采。西南端建有码头。东北部有西江嘴自然村。东南侧现已经围垦建为石油化工园区。西南侧海域扼菰茨航门北口，为船舶进出宁波—舟山岑港港区的交通要道。

烈表嘴(Lièbiǎo Zuǐ) 在舟山市定海区金塘镇，大鹏山岛西北端。因大鹏山岛别称烈表山得名。《大清一统志·宁波府》：“烈表山，在定海县金塘山西北，(与烈港)隔一小港相表里。一名烈港(山)。”后谐音为今名。别称沥表嘴、裂表嘴、了标嘴等。19世纪80年代编绘的《八省沿海总图·浙江金塘水道宁波进口》标注为“太平角”。东西走向。呈锥形。长210米，基部宽125米，前端宽30米。面积约2万平方米。海拔30米。地质基础由白垩系熔结凝灰岩夹凝灰质砂岩构成。坡脚皆为海蚀崖，并多海蚀穴。岬角外多礁石。土壤以红壤和粗骨土为主。植被以落叶阔叶林和灌丛为主。明代为海防要地。明嘉靖三十二年(1553年)俞大猷、卢镗等于此附近出发围剿沥港的倭寇王直武装，获得胜利。明郑若曾《筹海图编》卷五：“三十二年闰三月，官兵追捣烈港贼巢，王直败走。烈港地形曲折，贼负固盘据，卒难进剿。都御史王公杼躬至温州，阅图审形，谓：‘兵船虽多，难以直骋。’乃令参将俞大猷、汤克宽分为两哨。部署既定，大猷由列表门进，以当其前，克宽由西后门进，以防其逸。”西侧海域历为宁波、镇海、台州至上海航线的交通要道，并多伤船事件。清光绪二十八年(1902年)乡绅杨希栋父子发起募资于此建太平山灯塔(别称大鹏山灯塔、裂表嘴灯塔)。太平山灯塔今为全国重点文物保护单位浙东沿海灯塔组成部分。1942年冬，航行于上海至海门(编者注：今椒江)航线的“华民丸”轮于山嘴外触礁，罹难百余人。

龙洞山嘴(Lóngdòng Shānzuǐ) 在舟山市定海区金塘镇，金塘岛西南部。因山嘴口海岸有俗称为龙洞的海蚀穴得名。19世纪80年代编绘的《八省沿海总图·浙江金塘水道宁波进口》标注为“河角”。东西走向。长350米，基部宽225米。面积约6.8万平方米。地质基础由白垩系熔结凝灰岩夹凝灰岩、凝灰质砂岩构成。原海拔52.1米。西侧海域为金塘洋面，为船舶进出宁波—舟山港镇海港区的主要航道之一。岬角所在的金塘岛历为海防要地、古代海上丝绸之路的重要节点。南宋于金塘岛西北岸设三姑都巡检寨烈港子寨，元代曾以金塘岛为沿海重要的造船及漕运基地。明天启《舟山志》卷二引兵部尚书张时彻《防海议》：“金塘屯，则舟山之要害益固，舟山固则两浙之屏翰益固，斯实防海之要务也。”清康熙《定海县志·金塘山图说》：“金塘虽处海中，实隶翁洲之内。譬之家，翁洲为门，金塘为庭，镇海为室。是金塘兀峙中间，与邑相为唇齿者也。”明军多次于金塘岛取得抗倭战斗胜利。清顾祖禹《读史方舆纪要》卷九十二：“金塘……嘉靖中，倭夷窃据，参将卢镗击败之。”嘉靖三十二年(1553年)、三十五年明军2次败倭于此，史称“金塘之捷”。1970年于此开山建采石场，现大部山体已被开采。

鳄鱼角(Èyú Jiǎo)　在舟山市定海区金塘镇,金塘岛西南端。以远望形似鳄鱼头得名。南北走向。长 470 米,基部宽 200 米,前端宽 65 米。面积约 7 万平方米。海拔 40 米。地质基础由白垩系熔结凝灰岩夹凝灰岩、凝灰质砂岩构成。坡脚有海蚀崖。岬角外多礁石。土壤以红壤和粗骨土为主。植被以落叶阔叶林和灌丛为主。鸦片战争期间,英国侵略者曾于此详细测绘。[英] 金约翰辑,[美] 金楷理口述,怀远、王德明笔译《海道图说》卷六:"金塘南角曰'鳄鱼角',有半潮石行自此角向南列入水道二百拓。"1949 年 10 月 3 日晚,人民解放军第二十二军第六十六师第一九八团于此附近抢滩登陆,并于次日消灭了盘踞在金塘岛的国民党军队。1985—2007 年曾于此建采石场,基部部分山体被开采。附近有柏塘岙和双礁岙自然村。南侧海域为金塘水道,为船舶进出宁波—舟山港北仑港区、镇海港的主要航道之一。

龙王跳嘴(Lóngwángtiào Zuǐ)　在舟山市定海区干礅镇东北部。原称灌门山嘴。以濒灌门水道得名。清康熙《定海县志》卷三:"灌门山,县东北三十里。山之巅有龙潭。"后因山麓建有龙潭和龙王宫而改今名。明天启《舟山志》卷二:"灌门龙潭,去城北四十五里。"别称干礅角、橄榄角。呈 Y 形,南北走向。长 600 米,基部宽 320 米,东西两叉前端宽分别为 65 米和 50 米。面积约 13 万平方米。海拔 21.9 米。地质基础由白垩系熔结凝灰岩夹凝灰岩、凝灰质砂岩构成。山脊和缓,侧坡较陡,坡脚有海蚀崖。东北端外多礁石。土壤以红壤和粗骨土为主。植被以落叶阔叶林和灌丛为主。岬角外为灌门水道,历以水深流急而著称。民间有"老大好当,灌门难过。"之谚。鸦片战争期间,英国侵略者曾于此详细测绘。[英] 金约翰辑,[美] 金楷理口述,怀远、王德明笔译《海道图说》卷六:"兰秀山东面,自舟山东北岸橄榄角起,曲折向东南十一里,至东角低舌黄头止。又距橄榄角东面三里近船角(编者注:即钓门后沙头)北面,有特安登岛(编者注:即钓山)。其与陆岸间为窄水道。自此西面则船角与橄榄角间成大澳,潮退尽时有泥滩自澳内远铺入海,除澳角外,皆不易登岸。"19 世纪 80 年代编绘的《八省沿海总图 · 浙江舟山北群岛水道》标注为"干揽角"。元大德《昌国州图志》卷四:"灌门,去州两潮,屹乎中流有一砥柱,望之如人拱手而立,水汇于此,旋涌若沸,舟行者必浮以物杀其势而后过焉,风雨将作,有声如雷,震惊百里。岁旱有所祷,则持铁篆以投之,水辄腾起,雨随应,或者以为蛟龙之窟宅云。"西侧有西码头渔港,为国家级中心渔港,并建有中国舟山远洋渔业基地。

青山角(Qīngshān Jiǎo)　在舟山市普陀区朱家尖街道,朱家尖岛南端。因其为大青山延伸入海部分,故名。又因远望形似猫,别称猫跳嘴。鸦片战争期间,英国侵略者译称为"堪不林角"。西北—东南走向。呈锥形。长约 1.1 千米,基部宽 320 米,前端宽 73 米。面积约 26 万平方米。海拔 47.6 米。地质基础由燕山晚期侵入的钾长花岗岩构成。坡脚为壁立的海蚀崖,并多海蚀穴、海蚀槽。土壤以粗骨土为主。植被以灌丛为主。南、北两侧礁石密布。地扼乌沙门和白沙水道要隘,为重要的航行地标,旧为东亚海上丝绸之路的重要节点。明郑若曾《筹海图编》卷二上:"又有从乌沙门开洋,七日即到日本。"明直浙总督胡宗宪《舟山议》:"(倭寇)其来也,自五岛开洋,冲冒风涛,困眩精神者数日,至下八、陈钱而始少憩。然孤悬外海,必历数潮,泊普陀、乌沙门之类,而后觇我兵虚实以为进止。"明代于附近的朱家尖岛中部的大山设舟山 28 座烽烽的总台。清康熙《定海县志》卷三转引明兵部尚书张时彻《防海书》:"若霏霍之三塔山,舟山之朱家尖,矗峙最高,所望独远,故设总台,多拔旗军,严戒尤至。设总督,备倭,以公、侯、伯领之,巡视海道,以侍郎、都御史领之。"今为普陀山国家级风景名胜区朱家尖大青山景区的组成部分,环岛公路过基部,并建有停车点和观景台。

喇叭嘴(Lǎbā Zuǐ)　在舟山市普陀区虾峙镇，虾峙岛东部北侧。一说因南侧河泥漕港形似喇叭而得名。一说因远望岬角前端形似唢呐嘴得名。鸦片战争期间，英国侵略者称为"赛门嘴"，并于《八省沿海总图・浙江舟山南群岛水道》中标注。东西走向。呈长锥形。长约 1.1 千米，基部宽 380 米，前端宽 83 米。面积约 41 万平方米。海拔 117.7 米。地质基础由白垩系火山角砾岩、玻屑岩构成。坡脚为壁立的海蚀崖。北侧岸线曲折，多海蚀穴、海蚀槽和小岬角。南侧岸线较平直。土壤以粗骨土为主。植被覆盖率低，以灌丛为主。岬角所在的虾峙岛旧为海防要地。清代属定海镇中营旗头洋汛水军防区。北侧濒虾峙门国际航道，为大型船舶进出宁波—舟山港的主航道。东端设有虾峙门导航台。南岸建有简易公路。西南侧河泥漕村建有码头。

虾峙角(Xiāzhì Jiǎo)　在舟山市普陀区虾峙镇，虾峙岛东部南侧。因其为虾峙岛的最外端，岬角以岛得名。又因岬角扼喇叭形的河泥漕港之口，别称叭门嘴。鸦片战争期间，英国侵略者称为"佛能角"，并曾详细测绘。[英] 金约翰辑，[美] 金楷理口述，怀远、王德明笔译《海道图说》卷六："牛鼻山东北面第一水道曰'比克水道'，为自南面入舟山列岛间最稳便水道。比克头，一作铜锣山，为比克岛最东面之角；佛能角为弗能岛(一作虾峙山)最东之角，二角彼此互视，为东北偏北又北三分与西南偏南又南三分之向，相距二里又四分里之三，是为比克水道东口。"略呈基部窄，前端宽的梯形。东西走向。长约 1.1 千米，基部宽 300 米，前端宽 790 米。面积约 0.6 平方千米。海拔 156.2 米。地质基础由白垩系火山角砾岩、玻屑岩构成。山脊蜿蜒起伏，侧坡陡峭，坡脚为壁立的海蚀崖。土壤以粗骨土为主。植被覆盖率低，以灌丛和草丛为主。岬角所在的虾峙岛旧为海防要地。清代属定海镇中营旗头洋汛水军防区。北侧为河泥漕港湾，可泊小型船舶；南侧濒笤帚门水道，为宁波—舟山港的主航道之一。简易公路通至山嘴前端。

乌石嘴(Wūshí Zuǐ)　在舟山市普陀区桃花镇，桃花岛东南端。因岬角地处乌石子村以东，为乌石子山延伸入海部分，故名。别称乌石角。呈长形。东西走向。长约 1.25 千米，基部宽 750 米，前端宽 370 米。面积约 0.87 平方千米。海拔 150.4 米。地质基础由燕山晚期侵入的钾长花岗岩构成。山脊蜿蜒起伏，侧坡陡峭，坡脚为壁立的海蚀崖，并多海蚀穴。土壤以红壤和粗骨土为主。植被以落叶阔叶林和灌丛为主。岬角所在的桃花岛，历为交通要道、海防要地。清嵇曾筠《浙江通志》卷三：《宁波府志》："从海船渡过莲花洋、金钵盂计水道五十里至普陀山，往东南十里至朱家尖，往南三十里至桃花、登步、六横俱系悬山，舟行可达大、小洛伽山。外系大洋，可达日本国。"清属定海镇左营防区。《浙江通志》卷九十七："左营海汛：内洋沈家门汛，辖洋面三十七：道场礁、十六门……大佛头山、桃花山。"与喇叭嘴相对，同扼虾峙门国际航道。岬角前端建有桃花岛灯塔，简易道路通灯塔。

头颈鸟嘴头(Tóujǐngniǎo Zuǐtóu)　在舟山市普陀区东极镇，庙子湖岛东南端。因岬角形似海鸟的头和颈而得名。呈长形。南北走向。长约 1.3 千米，基部宽 390 米，前端宽 150 米。面积约 47 万平方米。海拔 80.7 米。地质基础由燕山晚期侵入的花岗岩构成。山脊和缓，侧坡陡峭，坡脚为壁立的海蚀崖，并多海蚀穴、海蚀槽。前端岸外有礁石。土壤以粗骨土为主。植被以灌丛和草丛为主，间有樟树、楝树。处黄兴门与青浜门之间，附近海域为出入东极镇的主要航道。环岛公路过岬角，并于南部建有东极镇地标性建筑——财伯公雕塑。西北侧建有交通码头，为东极镇的交通中心。西侧近岸有贻贝养殖桁地。

铜锣甩嘴(Tóngluóshuǎi Zuǐ)　在舟山市普陀区六横镇，悬山岛东端。以远望形似铜锣环得名。19 世纪 80 年代编绘的《八省沿海总图·浙江舟山南群岛水道》将此载为"比克头"。因鸦片战争期间，英国侵略者称悬山岛为比克岛（鸟喙岛）得名。[英] 金约翰辑，[美] 金楷理口述，怀远、王德明笔译《海道图说》卷六："比克头，一作铜锣山，为比克岛最东面之角；佛能角为弗能岛（一作虾峙山）最东之角，二角彼此互视，为东北偏北又北三分与西南偏南又南三分之向，相距二里又四分里之三，是为比克水道东口。"东端别称小嘴，西南端别称狮子头，东南端别称大嘴。呈"T"形。东西长 1.65 千米，南北宽 1.5 千米，基部称断崩，宽约 20 米，小嘴前端宽 360 米。面积 0.91 平方千米。海拔 152.8 米。地质基础由潜霏细斑岩构成。土壤以红壤和粗骨土为主。植被以灌丛为主。其上旧有自然村，现建有铜锣甩景区，北岸有盼归崖。北侧为条帚门水道东南口，为船舶进入宁波—舟山港六横港区的主航道。

老鹰嘴（Lǎoyīng Zuǐ）　在舟山市普陀区六横镇，六横岛南端。因远望岬角形似鹰嘴得名。南北走向。长 1.85 千米，基部宽 650 米，前端宽 330 米。面积约 1.5 平方千米。海拔 182.7 米。地质基础以燕山晚期侵入的花岗斑岩为主。山峦起伏，侧坡陡峭，坡脚为壁立的海蚀崖，并多海蚀穴、海蚀槽。前端岸外多礁石。土壤以红壤和粗骨土为主。植被以落叶阔叶林和灌丛为主。鸦片战争期间，英国殖民者曾于南兆港附近详细测绘。[英] 金约翰辑，[美] 金楷理口述，怀远、王德明笔译《海道图说》卷六："比克水道长约五里，内有数窄处，西面有二奇形驼山，近比克头有三小岛，距比克头西南面又有数小岛并露石，此数小岛与六横山间为尔劳司港（编者注：即南兆港）设于此间。遇逆潮不能前行，应于尔劳司港内停泊候潮。"东侧濒南兆港水道，为进出台门渔港的主航道之一。基部有龙头跳自然村和龙头跳沙滩。

大钵罗嘴（Dàbōluó Zuǐ）　在舟山市普陀区普陀山镇，普陀山岛西北端。昔与小钵罗嘴合称喇叭嘴，均因形似唢呐嘴得名。"钵罗"为方言唢呐的俗称。清初已见地名记载。清许琰《普陀山志》卷一："喇叭嘴山在正西，亦茶山之麓也。"后以岬角大小分称为今名。又因旧于前端建简易灯塔，别称火烧尾巴，意为"尾巴上有火光"。呈长锥形。西北—东南走向。长约 670 米，基部宽 400 米，前端宽 40 米。面积约 15 万平方米。海拔 65 米。地质基础由燕山晚期侵入的钾长花岗岩构成。山脊和缓，侧坡陡峭，东北岸有壁立的海蚀崖，并多海蚀穴。前端岸外多礁石。土壤以红壤和粗骨土为主。植被以亚热带针叶林、落叶阔叶林为主。岬角所濒的莲花洋，历为古代海上丝绸之路的重要节点，明代抗倭要地。清康熙《定海县志》卷二："东控日本，北接登莱，南亘瓯闽，西通吴会，实海中之巨障。黄大洋在山之东，莲花洋在山之西。倭彝贡道必由之路。凡商帆往来候风于山下，谓之放洋。盗贼觇伺出没，故尤为汛防之要地。"明嘉靖年间（1522—1566 年），明军曾数败倭寇于此。明郑若曾《筹海图编》卷五：嘉靖三十二年（1553 年）五月"副使李文进、副总兵俞大猷击贼于莲花洋，大败之。"环山公路过基部。基部有岗墩自然村和易德公墓。西侧海域为莲花洋，为船舶自北面进出普陀山、沈家门渔港和宁波—舟山港普陀港区的主航道。

风洞嘴（Fēngdòng Zuǐ）　在舟山市普陀区普陀山镇，普陀山岛西南端。原称风动嘴。因岬角地处风口，植被随风摇动得名。后谐音为今名。西北—东南走向。长约 700 米，基部宽 190 米，前端宽 106 米。面积约 12 万平方米。海拔 64.1 米。地质基础由燕山晚期侵入的钾长花岗岩构成。山脊和缓，侧坡陡峭，坡脚有壁立的海蚀崖。土壤以红壤和粗骨土为主，植被以黑松林、落叶阔叶林和灌丛为主。岬角所濒的莲花洋，历为古代海上丝绸之路的重要节点，明代抗倭要地。清康熙《定海县志》卷二："东控日本，北接登莱，南亘瓯闽，西通吴会，实海中之巨障。黄大洋在山之东，莲花洋在山之西。倭彝贡道必由之路。凡商帆往来候风于山下，谓之放洋。盗贼觇伺出没，故尤为汛防之要地。”明嘉靖年间(1522—1566年)，明军曾数败倭寇于此。明郑若曾《筹海图编》卷五：嘉靖三十二年(1553年)五月“副使李文进、副总兵俞大猷击贼于莲花洋，大败之”。顶部建有风洞嘴灯桩。地处莲花洋、普沈水道交界处，为船舶自北、自东进出宁波—舟山港普陀港区和沈家门渔港的重要天然航标。

东鹤嘴(Dōnghè Zuǐ)　在舟山市岱山县长涂镇，大长涂山岛西北端。因地处长涂港水道北口东侧，远望岬角形似鹤嘴得名。又因当地方言“鹤”与“岳”谐音，别称东岳嘴。清初已有地名记载。清康熙《定海县志》卷三：“东岳嘴山，离县约一百八十里。”呈弧状串珠形。西北—东南走向。长1.15千米，基部宽130米，前端宽200米。面积约24万平方米。海拔88.9米。山脊蜿蜒起伏，侧坡陡峭，坡脚有壁立的海蚀崖，并多海蚀穴。地质基础由白垩系熔结凝灰岩、凝灰岩构成。土壤以红壤和粗骨土为主。植被以灌丛和草丛为主，植被覆盖率低，多裸岩。岬角所处的大长涂山岛明代曾为抗倭要地。明郑若曾《筹海图编》卷十二上：“总兵俞大猷云：‘倭贼自彼岛入寇，遇正东风，径由茶山入江，以犯直隶……遇东北风，必由下八山、陈钱、李西、倒球、干斜、清水、马迹、蒲岙、丁兴、长途、衢山、洋山、普陀、马墓等岙经过，然后北犯南直隶，西南犯浙江。’”嘉靖三十二年(1553年)八月，明军于此附近伏击倭寇。明郑若曾《筹海图编》卷五：“八月，都指挥刘恩至迎击直隶遁贼于普陀山洋，连战，大败之，追击于茶山，尽歼之。先是贼首萧显屯直隶之崇明、南沙，修船为遁归计。都御史王公杼计其势必流入浙境，预令都指挥刘恩至、指挥张四维，百户邓城等分为二哨：一自观海、临山趋乍浦，遏贼来路；一自长途、沈家门伏击。”基部两侧有海水养殖塘。地扼长涂港区北口，历为自岱衢洋进出长涂渔港的重要天然航标。

蛇头嘴(Shétóu Zuǐ)　在舟山市岱山县衢山镇，衢山岛东北端。因远望形似蛇头得名。19世纪80年代编绘的《八省沿海总图·浙江沿海总图》标注为“代牙角”。东北—西南走向，长1千米，基部宽800米，前端宽260米。面积约36万平方米。海拔100米。地质基础由燕山晚期侵入的钾长花岗岩构成。土壤以红壤和粗骨土为主。植被以落叶阔叶林、灌丛和草丛为主。山脊和缓，侧坡陡峭，坡脚有壁立的海蚀崖。岬角所在的衢山岛明代曾为抗倭要地。明郑若曾《筹海图编》卷十二：“在京各衙门会议云：‘……海中陈钱、大衢、马迹、洋山诸岛，为倭寇南犯必由之路。’”“主事黄元恭云：‘……陈钱、马迹、大衢、殿前、洋山诸岙，当倭寇往来之冲。诚设总兵官驻陈钱，参将三员分驻马迹、大衢、殿前、洋山，常川督哨，御其来而邀其去，贼殆尽歼而鱼矣。’”清代，衢山岛属定海镇左营倒斗岙汛水军防区，并于岛驻兵丁200名、乌船2只，设瞭望台，但清前期和中期仍为海禁之地。清康熙《定海县志》卷三：“大衢山，离县三里余里。宽广百余里。四山环聚，地势平衍。宋、元时称沃壤，与岱山统名蓬莱乡。村二：曰衢山、北界。自明初迁遣后，永行废弃。康熙二十八年请复三乡，而蓬莱乡止复岱山。其衢山以地处险远，未经题请议复，乃为禁地。”山脊建有风力发电场，专用公路通山嘴。旧曾于前端建采石场，部分山体被开采。与前端岸外的外蛇舌山岛同扼蛇移门水道北口，为船舶进出蛇移门和鼠浪湖矿石中转码头的重要天然航标。

东劈坎嘴(Dōngpīkǎn Zuǐ)　在舟山市岱山县衢山镇，衢山岛中部南端。原名东劈砍嘴，因与西劈坎嘴相对，前端岸壁陡峭，似斧劈刀削得名。后谐音为今名。呈“丫”形。南北走向转东北—西南走向。长980米，基部宽280米，最窄处125米，东西两叉前端分别为55米和60米。面积23万平方米。海拔60.3米。地质基础由白垩系熔结凝灰岩构成。岸线曲折。山脊蜿蜒起伏，侧坡陡峭，坡脚有壁立的海蚀崖，并多海蚀穴。土壤以红壤和粗骨土为主。植被以灌丛和草丛为主。岬角所在的衢山岛明代曾为抗倭要地。明郑若曾《筹海图编》卷十二："在京各衙门会议云：'……海中陈钱、大衢、马迹、洋山诸岛，为倭寇南犯必由之路。'""主事黄元恭云：'……陈钱、马迹、大衢、殿前、洋山诸岙，当倭寇往来之冲。诚设总兵官驻陈钱，参将三员分驻马迹、大衢、殿前、洋山，常川督哨，御其来而邀其去，贼殆尽歼而鱼矣。'"清代，衢山岛属定海镇左营倒斗岙汛水军防区，并于岛驻兵丁200名、鸟船2只，设瞭望台，但清前期和中期仍为海禁之地。清康熙《定海县志》卷三："大衢山，离县三里余里。宽广百余里。四山环聚，地势平衍。宋、元时称沃壤，与岱山统名蓬莱乡。村二：曰衢山、北界。自明初迁遣后，永行废弃。康熙二十八年请复三乡，而蓬莱乡止复岱山。其衢山以地处险远，未经题请议复，乃为禁地。"清嘉庆三年(1798年)镇海总兵李长庚击盗于岬角所濒的衢港。公路通山嘴，东西两岸建有码头。基部附近于2006年建采石场，部分山体被开采。

小菜园嘴头(Xiǎocàiyuán Zuǐtóu)　在舟山市嵊泗县菜园镇，泗礁山岛西北部。因其自菜园岙东北部延伸入海，故名。东北—西南走向。原呈前端大、基部小的蝌蚪形。长300米，原基部宽130米，前端宽170米。20世纪80年代初起陆续于此开山，并于两侧围垦。今呈梯形。基部宽460米，面积约9万平方米。海拔41.8米。地质基础由白垩系熔结凝灰岩构成。岸线以人工海岸为主。残存山体有少量土壤，以粗骨土为主。植被以灌丛为主。岬角所在的泗礁山岛古称马迹山、苏窦山，南宋为制置司水师巡海之地，相关警汛三日一报枢密院及尚书省，元代设北界巡检司，明代为抗倭要地。明郑若曾《筹海图编》卷十二上："总督尚书胡宗宪又云：'直隶与浙江名虽异地，而实则一家。若不设官总理，则彼此自分门户，贼寇一入内地，随风南北，可以互犯。故必共守陈钱，分守马迹等三道，而后贼无遁情，兵可夹击。必得总兵官正副二员，分驻金山、临山要会之地。先守陈钱，以春秋分任，更番出入。而参将分画三道，马迹等三山，各督信地，则人易为守，而守无弗力矣。'""在京各衙门会议云：'……海中陈钱、大衢、马迹、洋山诸岛，为南倭南犯必由之路……其陈钱山为浙、直分路之始，所以宜更番共守。'"卷五：嘉靖三十二年(1553年)官兵剿灭烈港贼巢后，"直率精锐溃围而去，泊马迹潭"。"官兵进剿马迹潭王直贼巢，大败之"。嘉靖三十五年(1556年)总兵俞大猷追击倭寇至马迹洋，俘斩贼百余人。顶部建灯桩。前端建有小菜园客运码头。基部附近建有住宅区和菜园农贸市场等。公路通至前端。地扼嵊泗中心渔港东南口，为船舶进出渔港的天然航标。西北岸外为菜园中心渔港。东南侧的后滩湾建有海水淡化厂。

穿鼻洞山嘴(Chuānbídòng Shānzuǐ)　在舟山市嵊泗县菜园镇，泗礁山岛南端。因岬角尖端有形如牛鼻孔的海蚀天生桥得名。又因古代巡哨水师驻扎于此，别称关山、关山嘴。南北走向。长660米，基部宽480米，前端宽300米。面积31万平方米。海拔103.7米。地质基础由白垩系熔结凝灰岩构成。东岸皆为基岩海岸，岸线曲折、破碎；西岸以人工海岸为主，岸线平直，并建有货运码头。土壤以粗骨土为主，植被以灌丛为主。附近区域南宋为制置司水师巡海之地，相关警汛三日一报枢密院及尚书省，元代设北界巡检司。南宋宝庆《四明志》卷七："神前、石衕、三姑、宜山、马迹、关岙、海驴礁及海南北中间，其昼夜巡徼者，三日一报枢密院及尚书省。"1995—2005年曾于前端建采石场，海蚀天生桥和部分山体被开采。基部有宫前自然村，村两侧有沙滩。岬角前端外有花烛凤屿等岛礁。

双胖嘴(Shuāngpàng Zuǐ)　在舟山市嵊泗县嵊山镇，嵊山岛西北端。因岬角中间狭窄两端粗胖得名。1918年1∶5万地形图《陈钱山》谐音载为"霜胖岗"。西北—东南走向。呈长弧形。长

610 米，基部宽 270 米，前端宽 120 米。面积约 10 万平方米。海拔 29.9 米。地质基础由燕山晚期侵入的花岗岩构成。西岸皆为基岩海岸，岸线曲折、破碎；东岸皆为人工海岸，海岸平顺，并可停泊渔船。土壤以粗骨土为主，植被以灌丛和草丛为主，并多裸岩。岬角所在的嵊山岛，古称神前山、陈钱山、尽山等，南宋为制置司水师巡海之地，明代为抗倭要地。明郑若曾《筹海图编》卷二："若陈钱山至日本，用艮针。"宋宝庆《四明志》卷七："神前、石衕、三姑、宜山、马迹、关岙、海驴礁及海南北中间其昼夜巡徼者，三日一报枢密院及尚书省。"南宋开庆《四明续志》卷五："定海水师旧例月差军兵出洋，其目有三：曰三洋巡逴，曰北事探望，曰港口守把……若探望，则自神前等处，远至海驴礁。"《筹海图编》卷十二上："总督尚书胡宗宪又云：'直隶与浙江名虽异地，而实则一家。若不设官总理，则彼此自分门户，贼寇一入内地，随风南北，可以互犯。故必共守陈钱，分守马迹等三道，而后贼无遁情，兵可夹击。必得总兵官正副二员，分驻金山、临山要会之地。先守陈钱，以春秋分任，更番出入。而参将分画三道，马迹等三山，各督信地，则人易为守，而守无弗力矣。'""在京各衙门会议云：'……海中陈钱、大衢、马迹、洋山诸岛，为南倭南犯必由之路……其陈钱山为浙、直分路之始，所以宜更番共守。'"岬角所濒的箱子岙渔港历为嵊山岛的著名避风锚泊之所。民国《崇明县志》卷二："陈钱山……居民约二三百户，渔时约千户。为极东之岛。南有玉环岙，西北有箱子岙，淀泊最便。"基部房屋密集，并通简易公路。东岸有沿港公路，并于前端通过三礁江大桥通往枸杞岛。东北岸建有 500 吨级码头，原为进出嵊山岛的主要交通码头之一，1998 年因客运站迁新址而改为货运码头。前端外海域多礁石，为凶险水道。东岸外有箱子岙渔港，为国家级中心渔港。

里西嘴(Lǐxī Zuǐ) 在舟山市嵊泗县枸杞乡，枸杞岛南端。因基部有里西村得名。又因里西村旧作李西村，别称李西嘴。东北—西南走向。呈前端宽、基部窄的扇形。长 500 米，基部宽 310 米，前端宽 560 米。面积 20 万平方米。海拔 97.7 米。地质基础由燕山晚期侵入的钾长花岗岩构成。岸线曲折，以基岩海岸为主，西北岸局部有人工海岸。岩石裸露，土壤瘠薄，以粗骨土为主。植被以草丛为主。岬角所在的枸杞岛古称里西、李西等，历为海防要地和东亚海上丝绸之路的要道。明代为水师巡哨和抗倭要地。明郑若曾《筹海图编》卷十二上："总兵俞大猷云：'倭贼自彼岛入寇，遇正东风，径由茶山入江，以犯直隶……遇东北风，必由下八山、陈钱、李西、倒球、千斜、清水、马迹、蒲岙、丁兴、长途、衢山、洋山、普陀、马墓等岙经过，然后北犯南直隶，西南犯浙江。'"万历十八年(1590年)浙直总兵都督侯继高率临观把总陈九思、昕用守备宋大斌，游哨把总詹斌、陈梦斗等督汛至枸杞岛，并于岬角附近的五里碑峰顶巨岩题"山海奇观"。基部房屋密集。公路环岬角，西北岸建有里西码头。

外嘴头(Wài Zuǐtóu) 在舟山市嵊泗县花鸟乡，花鸟山岛东北部。因地处大岙自然村外侧得名。西北—东南走向。呈长锥形。长 520 米，基部宽 350 米，前端宽 46 米。面积约 8 万平方米。海拔 30 米。地质基础由燕山晚期侵入的花岗岩构成。东北岸皆为基岩海岸，坡脚为海蚀崖，并多海蚀穴。西南岸以人工海岸为主。岩石裸露，土壤瘠薄，以粗骨土为主。植被以草丛为主。岬角所在的花鸟山岛历为海防要地，南宋南宝祐六年(1258 年)置石衕山烽铺，为当时海上十二烽铺之一。清属苏松镇中、左二营防区。基部房屋密集。前端有佛牙石等景点。基部有大岙村，屋舍密集。西南岸沿岸建有防波堤、花鸟渔港及交通码头。简易公路通至交通码头。

马道头嘴(Mǎdàotóu Zuǐ) 在台州市椒江区大陈镇下大陈岛西南端。道头，为浙江一带对埠头的俗称。以前端形似马头，旧于基部建有埠头得名。东北—西南走向。呈带状。长约 2.1 千米，基部宽 240 米，前端宽 250 米，最宽处 410 米。面积 0.85 平方千米。地质基础由侏罗系火山凝灰岩构成。海拔 87.4 米。三面皆为天然岩岸，海岸曲折，有典型的海蚀崖和海蚀穴、海蚀槽。土壤以红壤和粗骨土为主。植被以亚热带针叶林、灌丛和草丛为主。岬角北侧建有大片养殖桁地。附近海域历为台州湾要道，唐宋为台州至日本、高丽航道必经之路，明抗倭要地。清顾祖禹《读史方舆纪要》卷九十二："若自外国来，止过大陈、邛山、大鹿登岸，皆为贼巢，港内迂回屈曲，捍贼尤难也。""台州之山，惟大陈膏腴，且有淡水，每为倭贼所据，防守最切。嘉靖三十四年，官军败倭于此。"明郑若曾《筹海图编》卷五："（三十四年）八月，副使孙宏轼等破贼于大陈山岙，擒贼首林碧川。贼首林碧川自柘林遁出海，为飓风沮，回泊台州之螺门。宏轼与兵备许东望、参将卢镗、知府宋治、都司王霈等督舟师追之。贼败登山，官兵围之月余。碧川与高赠乌、鲁美他郎等一百五十人，俱俘斩无遗。"1955 年，国民党军撤离大陈岛时，强行尽迁村民赴台。此后，先后多批知识青年于此垦荒，与在大陈岛上垦荒的其他知识青年一道共同铸就了大陈岛垦荒精神。基部北侧有下嘴头自然村，并通公路。

小吉蜊嘴（Xiǎojílí Zuǐ）　在温岭市松门镇石板殿村。原为龙门岛东北角，2006 年，龙门岛筑堤围垦与大陆相连，遂成为松门镇向海中延伸的岬角。吉蜊，为蛤蜊的方言谐音，以形似蛤蜊得名。东北—西南走向。长 650 米，基部宽 150 米。面积约 13.5 万平方米。海拔 39.7 米。地质基础由侏罗系火山凝灰岩构成。土壤以红壤和粗骨土为主。植被以灌丛、草丛为主，并有小片山地。东隔横门水道与横门岛相对，西南邻龙王山，旧为松门卫和屏障，海防要地。清顾祖禹《读史方舆纪要》卷九十二："松门卫……卫东即松门港，港东岸为朱门山。又东为积谷山及下洋、大陈岙诸处，外即大海，直抵日本。北往化岙、龙王堂、鲤港、横门、大潭、深门诸处，与新河、三汊港接。"基部有自然村，原名老鸦浜，现称石板殿。1995 于村内设温岭市东海塘围涂工程指挥部，于岬角西北侧建海塘和水闸，开展东海塘围垦工程。现于村内设松门镇龙门管理区管委会。村东海岸有石板殿沙滩。东侧的横门水流湍急，为船舶进出积谷洋和南港水道的主航道之一。2006 年建成连接岬角与横门岛横南端的横门大桥。林石线（S324）省道复线坦龙线过岬角。

大拦头嘴（Dàlántóu Zuǐ）　在温岭市石塘镇，石塘山东南岸。以其与小拦头嘴共同构成车关南湾口的拦潮海岸而得名。又因有流水坑村建于岬角上，别名流水坑嘴。东北—西南走向。长 900 米，基部 320 米，前端宽 130 米。面积约 31 万平方米。海拔 52.7 米。地质基础由侏罗系火山凝灰岩构成。西北岸以人工海岸为主，东南岸以天然海岸为主，有陡峭的海蚀崖和海蚀穴。土壤以粗骨土为主。植被以灌丛、草丛为主。基部附近有小片山地。岬角所在的石塘山，旧为悬水海岛，为温台间海上交通要道。明代石塘山因防倭而迁境徙民，并为抗倭要地。清顾祖禹《读史方舆纪要》卷九十二："石塘山，在县东南六十里海中，屿岙参错，大山环峙，旧属黄岩县。居民甚众。明初以倭寇犯境，徙居民于内地，此山遂墟……嘉靖三十八年，倭贼由此犯松门卫。"清雍正五年（1727 年）后，闽浙渔民陆续迁至石塘山各个山岙和港湾内定居。鸦片战争期间，英国侵略者曾于此附近详细测绘。基部建有流水坑村，村中有黄家碉楼、流水坑妈祖庙、石屋等古迹、古建筑。前端有油库。基部西南侧有雷公山，山上建有三墩千年曙光园。北侧的车关南湾为优质的避风小锚地。沿港公路通岬角前端。

鹿头嘴（Lùtóu Zuǐ）　在温岭市石塘镇，石塘山东南端。以前端有二小岬角，远观形似鹿头得名。旧也谐音误作六豆山。又因山顶形似狮子，别称狮子山嘴。东北—西南走向。长 630 米，基部宽 430 米。面积约 22.2 万平方米。海拔 85 米。地质基础由侏罗系火山凝灰岩构成。海岸曲折，前端东南、西北两岸各有 1 个小岬角，东南侧小岬角呈弧形，长约 290 米，西北侧小岬角呈凸起状，长约 50 米。西北岸以人工海岸为主，东南岸以天然海岸为主，有陡峭的海蚀崖，并有名为天龙洞的海蚀穴。土壤以粗骨土为主。植被以灌丛、草丛为主。东南坡缓，西北坡陡，东南坡上建有下嘴自然村，西北坡脚有水仙岙自然村。历为扼石塘渔港的要道。清顾祖禹《读史方舆纪要》卷九十二："松门卫……南往鸡脐、钓棚、硐礁、鹿头、片屿、骊洋、邳山诸处，与灵门接。海内小山最多，若倭贼由温州来此，竟抵城下。"今顶端与落星山间建有防波堤同，堤内为石塘一级渔港。南侧为桂岙门，是渔船进出桂岙渔港的主航道。

灯亮嘴(Dēngliàng Zuǐ)　在临海市上盘镇，东矶岛东北端。因建有导航灯桩得名。东北—西南走向。长 500 米，基部宽 220 米，前端宽 180 米。面积 13 万平方米。海拔 82.1 米。地质基础由白垩纪火山沉积岩构成。坡脚有陡峭的海蚀崖。植被以亚热带针叶林和灌丛为主。岬角所在的东矶岛古称东麂山、东机山、东箕山等，为交通要道，海防要地。南宋嘉定《赤城志》卷十九："东麂山，在(临海)县东一百五十七里海中。"明属海门卫桃渚所辖区，清为黄岩镇右营防区。清嵇曾筠《浙江通志》卷九十八："中营外洋汛辖洋面四：大陈山(中右二营方界)、凤尾山、东箕山、西箕山。"鸦片战争时期，英国殖民者称东矶岛为东机屿，并曾附近详细测绘。[英] 金约翰辑，[美] 金楷理口述，怀远、王德明笔译《海道图说》卷五："距竹屿(编者注：即头门岛)东稍偏北五里曰东机屿，高七百尺，为此列岛最东者。距东机屿南角南西南二里又四分里之一，有二石行岛，其最南者有石一行，向东北排列入海。"东侧海域为浙东沿海的南北向主航道。

猫头山嘴(Māotóu Shānzuǐ)　在台州市三门县健跳镇。因其为猫头山延伸入海的突出部而得名。东北—西南走向。呈锥形。长约 2 千米，基部宽 1.5 千米，前端宽 300 米。原面积 0.88 平方千米。后因前半部开山围填，面积增为 1.88 平方千米。海拔 152 米。地质基础由白垩系流纹质含角砾玻屑凝灰岩构成。后半部存部分山体。植被以亚热针叶林和灌丛为主。附近区域古为海防要地，明代为健跳守御千户所防区，曾于猫头山置烽堠，并曾于猫头洋歼倭。清顾祖禹《读史方舆纪要》卷九十二："健跳所东有长洛渡，阔四百余丈，出海往茅头大洋，上接海中查盘山与练陀等处，下接海中青屿、黄毛礁与牛头、桃渚诸处……又茅头洋，一作猫头洋，亦在健跳所东北。嘉靖三十九年，官军败贼于此，又追破之于青门洋。青门洋，即青门港。"清康熙十四年(1675 年)象山右营防将赵焘于猫头洋斩伪都督周贵旋。清嵇曾筠《浙江通志》卷一百六十三："赵焘，《杭州府志》：'仁和人，顺治丁亥武进士，任象山右营防将。康熙乙卯剿贼至猫头洋，馘斩伪都督周贵旋。因风势失利，左右皆不能为力，焘鼓勇当先，手刃数人，力屈被害。'"前半部建有三门核电站。基部有猫头村。前端岸外为别称猫头洋、茅头洋的猫头水道。

牛山嘴(Niúshān Zuǐ)　在台州市三门县浦坝港镇东部海岸，青峙山岛以南。因形似卧牛得名。别称牛头山嘴。近东西走向。海岸曲折，湾岬相间，分黄茅拦嘴、长拦嘴、小牛嘴、南嘴头、上牛脚、下牛脚 6 个小岬角。长约 3.2 千米，基部宽 1.2 千米。面积约 1.52 平方千米。2011—2013 年于前半部开山围填，填筑南嘴头、上牛脚和下牛脚，并与木杓嘴角岛相连。面积增为 2.15 平方千米。海拔 168 米。地质基础由上白垩系流纹质含角砾玻屑凝灰岩构成。植被以亚热带针叶林和草丛为主。岬角所在的青峙岛古称青屿。明属健跳守御千户所防区。清顾祖禹《读史方舆纪要》卷九十二："健跳所东有长洛渡，阔四百余丈，出海往茅头大洋，上接海中查盘山与练陀等处，下接海中青屿、黄毛礁与牛头、桃渚诸处。”明郑若曾《筹海图编》卷五：“健跳港，原设长洛一渡，逼近东所城侧，渡阔四百余丈，出海直往茅头大洋。上接海中茶盘山与练陀等处，下接海中青屿、黄毛礁与牛头、桃渚诸处。”前半部建有船厂。附近海域多养殖桁地。

第八节　滩涂名称

三北浅滩（Sānběi Qiǎntān）　在浙江省东北部沿海，跨余姚市和慈溪市海岸。以地处原镇海、慈溪、余姚三县北部得名。东西走向。呈月牙形。长 54 千米，最宽处 12.5 千米。面积 367.5 平方千米，为浙江省面积最大的滩涂。黑色淤泥滩，表面有一层黄色油泥层。向北微倾。涂面稳定、平展，泥质松软，盛产泥螺、蛤、沙蟹等。近岸多湿地，生长三棱草、大米草、咸草（茳芏）、芦苇等，为中国八大咸水湿地之一，2005 年建成杭州湾湿地公园。历为慈溪、余姚二市围垦区域，滩涂面积逐年缩小。三北区域大规模筑堤围垦历史，始于北宋庆历七年（1047 年）。南宋嘉泰《会稽志》卷十：“东部塘，在（余姚）县北四十里。庆历中，谢景初《董役海塘》诗云：‘五行交相陵，海水不润下。处处坏堤防，白浪高于马。董众完筑塞，跋履率旷野。’自塘以西为长堤。”“余姚海堤绵亘八乡，其袤百四十里。庆历中，县令谢景初治堤事，始筑二万八千尺，王文公安石记之。厥后增筑，视旧倍蓰堤，或罅毙不坚，受潮之啮，颓圮摧隳甚，则荡析田畴，漂溺室庐。于是，岁起役夫六千，人人为役。二十日，率于农隙董治修筑，吏或苟且不经意，随筑辄坏，堤盖未尝固也。庆元二年，令施宿始因岁役，革具就实，既竣事，则图所以永其存。盖东之为云柯、梅川、上林，在承平时尝有牛秘丞，斫石为堤，岁久堤移，石亦湮没，命工求诸淤淖而具得之，爰相旧规创意迭累，既壮其东偏矣。西之为兰风、东山，特当涛势冲突，徒恃土堤，惧不能久，则又计工采石，鼎新改筑。盖为费者八千缗，而西偏石堤复立焉。深惟厥终，俾民蠲役，经营海涂，开垦旷土，总之得田千六百亩有奇，乃建置海堤庄，用其租入随时补苴，力不困下而堤益固。自是，岁省民夫十有二万，提举常平刘诚之以事请于上报可，而显谟阁学士楼钥为海堤后记。”此后，历代陆续修建新塘、二塘、三塘、四塘、五塘、六塘和七塘，1954 年以后，又陆续新筑成八塘、九塘、十塘和十一塘，新增土地面积约 660 平方千米。已围垦滩地或种植棉花、水稻，或建成养殖塘，或在建经济技术开发区。1914 年，镇海籍虞洽卿以“三北”为名于上海成立三北轮埠公司，简称“三北公司”，辟有上海—宁波、天津、上海、大连、福州、广州、武汉等地航线，1953 年并入公私合营长江航运公司（公私合营上海轮船公司），1956 年并入长江航运管理局。三北公司客船停靠之处多称“三北码头”，至今在武汉、天津等地留有“三北码头”“三北大楼”“三北仓库”等地名。自清代始，三北年糕、三北糕点皆为宁波著名的特产。2005 年于慈溪市庵东镇、崇寿镇北部设立浙江慈溪出口加工区，2014 年改设为宁波杭州湾新区国家级经济技术开发区。西端建有货运码头，中部滩外建有小型渔船码头。杭州湾跨海大桥跨越滩涂穿行。

铁狮涂（Tiěshī Tú）　在浙江省东部沿海，象山港尾端。跨宁波市宁海县西店镇和奉化市莼湖镇。因处狮子口内、铁港西岸，取两名首字合称得名。东北—西南转南北走向。呈狭长带状。长约 18 千米，宽约 2.5 千米。面积约 21.8 平方千米。黑色淤泥质滩，西店镇双山村近岸略有砂砾滩分布。微向东倾。明代于滩岸设西店驿。清嵇曾筠《浙江通志》卷八十八：“西店驿，《奉化县志》：‘县南六十里，接台州宁海县境。明洪武中，汤和巡海过此，因连山驿与白峤驿相距一百三十里，迎送为难，二十年增建。'"清代于此设西垫汛。《浙江通志》卷九十八："西垫汛，海口汛北十里，距县城六十里。右营把总轮防，驻兵四十四名。"宋朝就有居民在此从事牡蛎养殖。清光绪《宁海县志》卷二："宋季冯进士唐英避乱隐此，见岩边牡蛎盛生，教居民聚石养之，至今犹利。"现为浙江省牡蛎主要产地之一。主要养殖牡蛎、虾、蛏、蟹等。滩岸及附近海域历为交通要道。

西沪港涂滩（Xīhùgǎng Tútān）　在浙江省东部沿海，象山半岛西北岸。跨宁波市象山县墙头镇、大徐镇和黄避岙乡。因处西沪港内得名。西沪港，古称北港。南宋宝庆《四明志》卷二十一："（象山县）海环三垂，东南皆大洋，北则巨港，东曰'钱仓'，南曰'大睦'，西南曰'东门'，皆蕃舶闽船之所经……其北港则陈山渡舟之往来，东达于洋西，距鲒埼。由陈山渡一潮至方门，再潮至乌埼，三潮可至府城下。"清光绪《宁波府志》卷七："北港，东达于洋西，距鲒埼山。陈山渡一潮至方门。"西沪港名称始见于清末。一说以形如缶得名"西缶"，后谐音为"西沪"。宣统元年（1909 年）五月，章甫《游象山港记》："下午二时抵西湖。港口两岸山石，东为东塔嘴，西为西塔嘴，相距二百四十余丈，俗呼'蛤蚆嘴'。进嘴即西湖港，形如罂。"《说文解字》："罂，缶也。"一说，沪即簄，是一种捕鱼的竹制网具，以滩涂中多称为"沪"的渔具得名。民国《象山县志》卷二转引章甫《游象山港记》时注："案：（湖）当作'沪'字。"《广韵》："海中取鱼竹名曰簄。"唐代诗人陆龟蒙《渔具诗序》："列竹于海澨曰沪。"南宋诗人陆游《村舍》诗，其四："过埭六七里，并江三四家。潮生鱼沪短，风起鸭船斜。芯守桑麻业，长无市井哗。"鸦片战争时期，英国侵略者称为"密的有沙滨口"，并于此详细测绘。［英］金约翰辑，［美］金楷理口述，怀远、王德明笔译《海道图说》卷五："近宁母拉特角（编者注：即象山角）以内四里，水道中界有中岛（编者注：即乌龟山），距中岛南面陆岸间有密的有沙滨口，水深六拓至四拓。"沿西沪港沿岸呈环形分布。总面积 29.63 平方千米。以雅林溪、大溪、大雷溪等冲刷港道为界，分为西沪港北涂、烂攙（chān）大涂、虾平攙、洋北攙、黄溪攙、高攙、水底攙、长攙 8 个部分。淤泥质滩。涂面稳定、平展，泥质松软。东北岸的陈山村，旧为象山至奉化的交通要道，南宋隆兴元年（1163 年）设陈山渡。南宋宝庆《四明志》卷二十一："陈山渡，（象山）县东北一十五里。自陈山发船折二百里经两潮至奉化县东宿登岸。旧皆民船，私载时遭风涛、海寇之患。隆兴元年，主簿赵彦逾创造船二只……自此民旅无虞。损则官修或重建。"盛产蛤蛏、毛蚶、蛤、牡蛎、白虾、青蟹等。近岸多养殖塘。

蟹钳涂（Xièqián Tú）　在浙江省东部沿海，象山半岛东半部西南岸。跨宁波市象山县泗洲头镇、新桥镇和茅洋乡。以北部有蟹钳港得名。滩涂沿岳井洋北部和泗洲头港、蟹钳港、关头埠、马岙门等水道两侧分布。面积 11.4 平方千米。除溪流入海口为沙质外，皆为淤泥质滩。附近海域旧为海防要地。清代于涂岸设泗洲涂汛和泗洲台。清嵇曾筠《浙江通志》卷卷九十七："泗洲头汛，距关头汛三十五里，县西南三十里。"九十三："泗洲头汛，并管灵岩、泗洲、花墙三台。轮防千把总一员，汛兵四十名。每台丁兵五名。"盛产蛤蛏、沙蛤、毛蚶、青蟹、白虾、弹涂鱼、海苔等。20 世纪 90 年代以来多围垦建养殖塘，主要养殖蛤蛏等。

大目涂（Dàmù Tú）　在浙江省东部沿海，象山半岛东岸。跨宁波市象山县丹东街道、丹西街道和东陈乡。因处大目洋西侧得名。东北—西南转南北走向。原分称门前涂、旦门涂、东湾涂、高湾涂、鸡鸣涂。总面积 36.5 平方千米。含沙质淤泥滩。淤积较快，涂面逐年微量上升。滩涂所在海域旧为海防要地。清代为昌石水师营内洋淡水门汛巡防石浦汛千、把总防区。清嵇曾筠《浙江通志》卷三："内洋淡水门汛巡防石浦汛千把兼管辖洋面十八：……大目山(外旦门北，东为韭山)、大目洋、小目山……"鸦片战争期间，英国殖民曾对此海域详细测绘。清《八省沿海总图·自黑山列岛至扬子江口》称大漠山岛为"熊岛"，并加注："即大目山"。产蝤蛑、泥螺、蛤蜊、青蟹、弹涂鱼等。旧曾围涂分建旦门、新桥、昌国三大盐场。1988—1994 年于此围垦建滨海工业区和大目湾新城，围垦海涂 1.5 万亩。

松兰山沙滩群(Sōnglánshān Shātānqún)　在浙江省东部沿海，象山半岛东岸，濒大目洋。属宁波市象山县丹城街道。因滩处松兰山北麓得名。由诸多岬角分隔的大小 10 余个沙滩组成。总长约 2 千米，面积约 40 万平方米。其中最大的松兰湾沙滩，南北走向，呈新月形向东缓倾。长 765 米，宽约 200 米。细沙质。附近区域为明代抗倭要地。西侧寨里村有明代游仙寨遗址。清顾祖禹《读史方舆纪要》卷九十二："游仙寨，在爵溪所南。嘉靖三十一年，倭贼寇游仙寨。爵溪百户秦彪曰：'游仙与爵溪唇齿，无游仙是无爵溪也。直前赴救，战死。'"今沿岸建有松兰山旅游度假区，并建有松兰湾浴场。

鹤头沙滩(Hètóu Shātān)　在浙江省东部沿海，象山半岛东南岸，濒大目洋。属宁波市象山县石浦镇。因北段有鹤头形小岬角突出于沙滩得名。东北—西南走向。呈新月形向东南缓倾。长 1.5 千米，宽约 125 米，面积约 17.8 万平方米。细沙质。附近区域为明代抗倭要地。西侧炮台山上存有明代烽堠遗迹。建有浴场。沿岸建有度假酒店。南侧隔崩头山与皇城沙滩相邻。

皇城沙滩(Huángchéng Shātān)　在浙江省东部沿海，象山半岛东南岸，濒大目洋。属宁波市象山县石浦镇。以内侧有宋皇城村，东北侧有皇城禅寺得名。又因沙滩面积较大，俗称大沙头。南北走向。呈新月形向东缓倾。长 1.8 千米，宽约 200 米，面积 38.2 万平方米。附近区域历为海防要地。明洪武二十七年(1394 年)，曾迁昌国卫于沙滩西侧后门山。清顾祖禹《读史方舆纪要》卷九十二："昌国卫……洪武十七年，置卫于昌国县城内。二十年，徙卫于县南之东门山。二十七年，以东门悬海，薪水艰阻，徙后门山，跨山为城，周七里，即今卫也。永乐十五年修葺，成化间重修。嘉靖三十二年，复营缮以御倭，城控临海洋，屹为保障。"东南侧海域有半招列岛，历为石浦门户。明郑若曾《筹海图编》卷五："牛栏基，系石浦关后门，外洋必由之路。有山环抱，可避东北飓风。如分哨南北兵船往来，必于此为适中哨守之处。与石浦关相隔半潮。今该中军游兵船南北往来会哨。"现建有浴场。沿岸建有度假酒店。北侧隔崩头山与鹤头沙滩相邻。南端的中国渔村为国家 AAAA 级旅游景区。

檀头山姐妹滩(Tántóushān Jiěmèi Tān)　在浙江省东部沿海，檀头山岛中部。属宁波市象山县石浦镇。原为檀头山和狗头山二岛间的狭窄水道，后于清代后期自然冲淤相连，并形成沙丘和沙滩。因沙滩相背分布，如相依相偎的姐妹得名。南北走向。沙滩有二，东西相背，滩间相距 85 米。东滩呈新月形向东微倾，长 1.5 千米，宽约 300 米，面积约 45 万平方米；西滩呈弧形向西微倾，长 1.1 千米，宽约 120 米，面积约 12.1 万平方米。皆为细沙质。沙滩所在的檀头山岛，古称石坛山、坛头山，为石浦港东侧的门户，海防要地。明郑若曾《筹海图编》卷五："坛头山，有南北礁壳，菜蓝等岙，可以避风泊船。贼由日本而来，每望此山收泊。与石浦关相隔一潮，今该中军哨兵船往来巡哨。"清顾祖禹《读史方舆纪要》卷九十二："嘉靖中，倭从檀头海洋突入，结巢于此，官军击却之。"鸦片战争期间，英国侵略者曾于此详细测绘。[英] 金约翰辑，[美] 金楷理口述，怀远、王德明笔译《海道图说》卷五："距黑山列岛北西北二十里有坛头山，其与陆岸间之水道，阔一里至一里又四分里之三，惟内多隐石，不易驶行。当东北恒风时，近坛头山西南与南面二角之间可避风。坛头山高七百四十尺，中有低窄碎石颈。”今北端大沙头村建有度假酒店。西侧海域有养殖桁地。南北两侧山丘建有风力发电场。

南田涂（Nántián Tú）　在浙江省东部沿海，南田岛西南岸。属宁波市象山县鹤浦镇。以东侧有南田村得名。略呈梯形。原长 4.1 千米，宽 2.8 千米，面积 7.41 平方千米。淤泥质滩。滩涂所在的南田岛为石浦港东南侧屏障，历为海防要地，古代海上丝绸之路的节点。明郑若曾《筹海图编》卷五：“八排门，相连南田，内多膏腴田地，下便栖泊。若倭船停栖，甚难剿灭。与石浦关相隔二潮。今拨南哨兵船往来巡哨。”清顾祖禹《读史方舆纪要》卷九十二：“日本入贡，每望此山为向道。《图说》云，大佛头山有斗底、虾岙、乌头、青后城、壶底等岙，系倭船往来栖泊处。”清《钦定古今图书集成·方舆汇编·职方典》卷九百八十一：“南田，四面悬海，周围一百余里，山名‘大佛头’，高出海中诸山数百丈。日本入贡船望北行，以此山为向道。旧设三里村落，有范岙、林门、朱门、金砦、下湾诸处。地甚平旷，田极丰腴，虽大旱，深泞不枯。凡海边塘，率天设地造，不假人为。山多鹤鹿，水多海错，诸户恃此为生。海中十洲，以南田为第一国。”清初，明将张煌言曾于此屯兵抗清。1912 年于南田岛置南田县。1940 年并南田县入三门县。1952 年划故南田县地复归象山县。原盛产青蟹、泥螺、蛤蜊等。现大部分区域已围填为养殖塘，岸外滩涂面积仅余 2 平方千米。主要养殖蛏蛏等。

鹤浦大沙滩（Hèpǔ Dàshā Tān）　在浙江省东部沿海，南田岛东岸。属宁波市象山县鹤浦镇。以地处鹤浦镇，为其最大的沙滩得名。鹤浦镇，则以南田岛上有河浦，旧时山多鹤鹿得名。清《钦定古今图书集成·方舆汇编·职方典》卷九百八十一：“南田，四面悬海，周围一百余里，山名‘大佛头’，高出海中诸山数百丈。日本入贡船望北行，以此山为向道。旧设三里村落，有范岙、林门、朱门、金砦、下湾诸处。地甚平旷，田极丰腴，虽大旱，深泞不枯。凡海边塘，率天设地造，不假人为。山多鹤鹿，水多海错，诸户恃此为生。海中十洲，以南田为第一国。”南北走向。呈新月形向东微倾。总长约 1.4 千米，宽 150～200 米，面积约 17.5 万平方米。北段中有小岬角，将沙滩分为一大一小两部分。北滩长 260 米，面积约 5.2 万平方米；南滩长 890 米，面积约 12.3 万平方米。细沙质滩，沙软滩平无杂质。滩外海水洁净，有“潮来一排雪，潮去一片金”之誉。滩中小岬角和两端有海蚀崖和奇岩怪礁。滩涂所在的南田岛为石浦港东南侧屏障，历为海防要地，古代海上丝绸之路的节点。明郑若曾《筹海图编》卷五：“八排门，相连南田，内多膏腴田地，下便栖泊。若倭船停栖，甚难剿灭。与石浦关相隔二潮。今拨南哨兵船往来巡哨。”清顾祖禹《读史方舆纪要》卷九十二：“日本入贡，每望此山为向道。《图说》云：‘大佛头山有斗底、虾岙、乌头、青后城、壶底等岙，系倭船往来栖泊处。’”清初，明将张煌言曾于此屯兵抗清。滩岸有鹤浦镇大沙村。公路通滩岸。

清水岙卵石滩（Qīngshuǐ'ào Luǎnshí Tān）　在浙江省东部沿海，花岙岛东南岸。属宁波市象山县高塘岛乡。以滩处清水澳西岸得名。南北走向。呈新月形向东倾。长约 500 米，宽约 150 米。面积 7.5 万平方米。砾石滩，磨圆度较好。北端有名为龙洞的海蚀穴，海潮与砾石相击，声如巨雷。岬角所在的花岙岛古称佛头岩、大佛头岩、大佛头山，为海防要地。明郑若曾《筹海图编》卷五：“大佛头山，内有斗底，虾岙、乌头青、后城、壶底等澳，系贼船往来栖泊之处，极为险要。与石浦关相隔一潮，今拨南哨兵往来巡哨。”清顾祖禹《读史方舆纪要》卷九十二：“大佛头山……日本入贡，每望此山为向道。”岸上存有清初张苍水抗清兵寨遗址。南侧有花岙岛海上石林风景区。

下洋涂（Xiàyáng Tú）　在浙江省东部沿海，三门湾北岸。属宁波市宁海县长街镇。洋，即指宽阔海域，因当地俗以北为“上”，南为“下”，以此滩宽阔，地处长街半岛以南得名。东西走向。略呈弓形。长 10.5 千米，南北宽约 5.5 千米，落潮干出高度 0.5～1.8 米，面积 49.65 平方千米。为宁海县面积最大的滩涂。灰黑色淤泥滩，微向南倾，涂面稳定、平展，泥质松软。滩涂三面悬水，西有胡陈港水库和力洋港，东岳井洋和三门口，南有满山水道。车岙港于东部穿涂而过。滩涂所在的三门湾，历为交通要道，古为海防要地。清顾祖禹《读史方舆纪要》卷九十二：“三门港，(宁海)县西南百里。港口为石浦巡司及土湾、番头一带居民喉舌。倭从温台突犯，必取道于此。《海防说》：‘三门去石浦稍远，而与朱门海洋邻近，戍守最切。’”盛产蛤蛏、青蟹、白蟹、泥螺等，并有长街蛏子等特产，为浙江省蛏子重点产区之一。2007—2012 年初于此开建下洋涂围垦工程，计建成 50 年一遇防潮标准海堤 18 千米、排涝闸 8 座，新围垦面积 36 平方千米。其中，耕地 26.67 平方千米，在建浙江省东海岸国家级现代农业示范园区。

瓯飞滩(Ōufēi Tān)　在浙江省东南沿海，跨温州市瓯海区、瑞安市海岸。1984 年命名，以地处瓯江口与飞云江口间，取二江口首字合称得名。东北—西南走向。北起瓯江口南岸，南至飞云江口北岸。长 6～7 千米，宽 31 千米，面积 196 平方千米。由瓯江、飞云江河水与海潮共同冲淤形成的淤泥滩。涂质松软，涂层厚 30～60 米。原高潮滩生长盐生沼泽植物，中潮滩和低潮滩为光滩。滩外海区为我国最大潮差区之一，滩上平均潮差均在 4 米以上。滩涂所在海岸历为温州历代围垦的重点区域，大规模修筑海塘始于唐代。唐贞元年间(785—805 年)，温州刺史路应鉴筑乐成县(今乐清县)至横阳县(今平阳县)海堤。明弘治二年(1489 年)于瓯江南岸建长 700 丈的成安塘。明嘉靖年间(1522—1566 年)修筑北起沙村寨、南至一都长沙、长 2 619 丈的沙城塘。清乾隆十三年(1748 年)筑北起三都宁村、南至一都芙蓉岩、长 4 706 丈的长沙塘。至清末，海岸线外推至龙湾的永强塘河以东至瑞安的中塘河以东一带。自唐宋以降，沿岸都是海盐产区，置有永嘉盐场。明代，附近区域为防倭、抗倭要地，建有海安、宁村二守御千户所和沙村寨、丁田寨、东山寨、龙湾寨等军事设施。盛产毛蚶、花蛤、文蛤、蛤蛏、椎实螺、荔枝螺、泥螺、泥蟹、大眼蟹、狼牙虾虎鱼等。2013 年起于此开展围垦工程。其中，近期拟建 50 年、100 年一遇防洪标准海塘 23.3 千米，围垦面积 42.7 平方千米。在建的甬莞(G15W)高速公路过涂岸。

白溪港涂(Báixīgǎng Tú)　在浙江省东部沿海，乐清湾西北部。以地处白溪港水道西侧得名。南北走向。呈弓形。北起乐清市大荆镇湖雾海岸，南至清江河口北岸。长 26.5 千米，宽 0.1～2.8 千米，面积约 28.4 平方千米。由清江河水与乐清湾海潮冲淤形成的灰黑色质淤泥滩。落潮干出高度 0.3～4.8 米。除北段有少量砂砾结层和砂砾滩地外，其余区域泥质软黏，为乐清市重要的海涂水产养殖区之一，主要养殖蛤蛏、蚶、牡蛎、对虾等，尤以蛏苗产量为最。滩涂湿地多黑嘴鸥、黑脸琵鹭、黄嘴白鹭、斑嘴鹈鹕等珍稀水鸟栖息，2005 年于西门岛周边建海洋特别保护区，以保护滨海湿地、海洋生物资源、红树林群落以及黑嘴鸥、中白鹭等多种湿地鸟类。沈海(G15)高速公路于滩岸附近穿越。

南涂(Nán Tú)　在浙江省东南沿海，温州市苍南县鳌江口以南。以地处鳌江口以南得名。原称江南涂滩，后简化为今名。西北—东南走向。西北起鳌江口南岸龙港镇区以东，东南至琵琶山脚。长 11.25 千米，宽 3～8.6 千米，面积约 47.25 平方千米。由鳌江河水与海潮共同冲淤形成的粉砂质淤泥滩。涂质松软，盛产弹涂鱼、泥螺、螺蛳、蟛蜞、蛸蚌、沙蚕等。滩涂内历为苍南县和旧平阳县的主要围垦区域之一。明清以来，已历多次围垦。滩涂所在海岸古为海防要地，明代于南端置舥艚寨，于鳌江口置江口关和江口水寨等。清顾祖禹《读史方舆纪要》卷九十四："舥艚寨，在（平阳）县东南八十里。寨东北两面皆滨海。嘉靖中，倭屡由此入犯，又有舥艚堡及巡司戍守。《志》云：'舥艚巡司亦明初置。嘉靖中，增设堡以御倭。'""江口关，（平阳）县南二十五里，下临横阳江，为往来冲要。又有江口水寨，在县南金乡卫，东南临大海，控五屿等岙，外接琵琶、长腰、陌城、洋屿等大洋，为平阳门户。嘉靖三十一年，倭犯平阳前仓、径口诸处，从此港入，南至舥艚、炎亭，北至瑞安飞云、凤凰，皆其哨探处也。《志》云：'江口巡司，明初置于下埠。正统五年，徙于渡头，皆在县南。'"今滩岸建有防护林带。在建的甬莞(G15W)高速公路过涂岸。

飞鳌滩(Fēi'áo Tān)　在浙江省东南沿海，温州市平阳县东北海岸。因地处飞云江口与鳌江口间，取两江首字得名。潮滩。东北—西南走向。长 12 千米，宽 0.4～7.6 千米，面积 70 平方千米。由飞云江、鳌江河水与海潮共同冲淤形成的黏土质粉砂泥滩。质地黏重，高潮滩带生长盐生沼泽植物，中潮滩带生长硅藻类生物。滩中有小洋山屿、瓜瓢岩礁、杨屿山、老步尾屿等海岛。滩外海区为我国最大潮差区之一，滩上平均潮差均在 4 米以上。滩涂附近的仙坛山、仙口山麓古称横屿，为三国吴三大造船基地之一，称横屿船屯。清顾祖禹《读史方舆纪要》卷九十四："仙坛山，在（平阳）县治东。上有平石，号'仙坛'。本名'横岙'，亦曰'横屿'。三国吴置横岙船屯，盖以山名。"明代于滩涂海岸附近置沙园守御千户所和宋埠寨、仙口寨、仙口巡司等军事设施。《读史方舆纪要》卷九十四："沙园守御千户所，瑞安县东南二十里。洪武二十年建，隶金乡卫。南至平阳县三十里。""仙口寨，在沙园所南，近平阳县之仙口山。其相接者又有宋埠寨，亦为防御处。""又仙口巡司，明初置于县东仙口山，洪武二十年，徙置于县南十里麦城山。"明郑若曾《筹海图编》卷五："仙口、宋埠二寨，东临大海。近年，本处居民建立堡城捍御，拨军防守。以上俱属沙园所，其外港口兵船往来巡哨。"盛产蛸蛑、蛤蜓、蛤、牡蛎、蟹、螺，并养殖有蛤蜓、毛蚶、对虾等。

炎亭金沙滩(Yántíng Jīnshā Tān)　在浙江省东南部沿海。属温州市苍南县金乡镇。因内侧有炎亭村，沙质细腻色泽金黄得名。炎亭，即盐亭的谐音。亭，即盐场。《宋史》卷一百八十一："鬻海为盐，曰京东、河北、两浙、淮南、福建、广南，凡六路。其鬻盐之地曰'亭场'，民曰'亭户'，或谓之'灶户'。"以自宋代始，曾于此附近设盐场得名。民国《温州府志》卷五："（平阳县）二十一都：郑楼、斜溪、盐亭……"元末平阳籍诗人陈高《竹西楼记》："温之平阳有地曰炎亭，在大海之滨，东临海，西南北三面负山，山环之若箕状，其地可三四里。"东西走向。呈新月形向南微倾。长 540 米，宽 100 米，面积约 5.01 万平方米。细沙质滩。旧为海防要地。明代曾于内侧炎亭村置炎亭寨，并设珠炎营戍守。清顾祖禹《读史方舆纪要》卷九十四："炎亭寨，在（平阳）县南金乡卫东七里，有海口。倭贼从此径犯卫城，西即逼近县境荪湖诸处。嘉靖中置寨，并设珠炎营戍守。"明郑若曾《筹海图编》卷五："炎亭寨，在海滨。贼若登犯，突入腹里，从本卫城外可至平阳县孙湖地方。见拨旗军防守。"明代平阳籍诗人陈宪邦《游炎亭》云："出郭春光信可怜，啼莺宛转听来圆。烟笼淡碧开残雨，草媚娇青映远天。瀑泻潺湲云际落，潮生海屿岛中悬。韶华一瞬那堪问，忆昔同游是去年。"为"滨海—玉苍山"浙江省风景名胜区主景之一。东、西两端山坡上分别建有妈祖庙和海潮北寺。东端外有炎亭渔港。

渔寮大沙滩(Yúliáo Dàshā Tān)　在浙江省东南部沿海。属温州市苍南县马站镇。以北端有渔寮村得名。"寮"，即小屋、窝棚。以旧时渔民多居小屋，并搭建草棚作为生产加工场所得名。南北走向。呈新月形向东微倾。长约 2 千米，宽 200～600 米，面积约 34 万平方米。细沙质滩，沙软滩平，中有 3 个岬角向滩中突出。附近海岸旧为海防要地。明代于北侧的雾城设壮士守御千户所，于西北面的顶魁山和南侧的大尖山设高洋台和尖山烽堠。清顾祖禹《读史方舆纪要》卷九十四："壮士守御千户所，在平阳县东北五十里（编者注：此处方位与距离有误）。洪武二十年建，隶金乡卫。城周二里有奇。隆庆初，并入蒲门所。"清《平阳县志》卷六："在五十三都，即'雾城'。"明郑若曾《筹海图编》卷五："蒲门、壮士二所……台二：高洋、水竺。烽堠六：雷岙、尖山……"清嵇曾筠《浙江通志》卷九十八："金乡卫……烽堠十五：曰'半塘'、曰'尖山'（左与琵琶山相对，可瞭长窑、五树诸山）。""壮士所，洪武二十年建，在平阳县东北五十里。隆庆初并入蒲门。千户等官十五员，旗军一千二百三十二名，辖台一曰'高洋（地名上魁、下魁）'，城门隘在高洋总路。烽堠三：曰'雷岙（近海）'，曰'尖山（近海）'、曰'时家墩'。"为"滨海—玉苍山"浙江省风景名胜区主景之一。沿岸有多个居民点和游乐设施。北端建有码头。

高阳滩（Gāoyáng Tān）　在浙江省东北部沿海，跨嘉兴市海盐县和海宁市。以地处嘉兴市最高峰高阳山麓得名。清光绪《海盐县志》卷五："层峦叠嶂、高耸云表者，昔名'南阳'，今称'高阳'，实为诸山之祖。"西北—东南走向转东北—西南走向。略呈长弧形，西起海宁市大尖山，东至海盐县葫芦山，俗称凤凰山东南麓一段为"大湾"，老鼠尾巴山东北麓一段为"小湾"，浮子山西北一段为"南海星涂"。原长 12 千米，宽约 6 千米，高程 3～7 米，面积 55 平方千米。为由钱塘江与杭州湾海潮冲淤形成的灰黑色淤泥滩，沿岸线向江心和湾中微倾。原近岸线 1.5 千米内，生长咸草（茳芏）、牛筋草、芦苇、大米草等水生植物，沙蟹、海蛎、泥螺等海洋生物。1998—2005 年，海宁市于黄湾镇沿岸开展围垦工程，计建成 50 年一遇防潮标准海堤 37 千米，新围垦面积 42 平方千米，并在建以制造业为主导的兼具旅游、休闲等功能的现代化综合性生态型滨海新城。常台（G15）高速公路及嘉绍跨海大桥于滩涂上方穿越。

台州浅滩（Tāizhōu Qiǎntān）　在浙江省东部沿海，跨台州市椒江区、路桥区。以地处台州湾沿岸得名。滩以椒江口为界分两段，北段略呈东北—西南走向，南段略呈西北—东南走向。北起临海市东南部海岸，经椒江区东部沿海，南至黄岩区东北部。长 29 千米，宽约 4 千米，面积约 110 平方千米。由椒江与台州湾海潮冲淤形成的灰黑色淤泥滩。涂质松软，泥深 0.6 米，为贝类产卵、育苗、栖息地，盛产蚶、蛏蛏和对虾。鸦片战争期间，英国侵略者曾于此附近详细测绘。[英] 金约翰辑，[美] 金楷理口述，怀远、王德明笔译《海道图说》卷五："台州列岛西北偏西有阔浅湾，曰'台州湾'。湾首为台州河口，河南岸有海门卫城垣……据船体入水过于十二尺者，潮未涨满时不能行过河口浅亘。因此间大潮高十八至二十尺，故西船可乘潮而至台州。"历为台州的主要围垦区域，椒江南岸的大规模筑塘围垦始于明弘治年间（1488—1505 年）修筑的北起海门赤山，南至太平县（编者注：今温岭市）新河寺前山的丁敬塘，此后，历十余次较大规模围涂，海岸线已不断向外推移 10 多千米。历为古代海上丝绸之路节点，明代为抗倭要地。附近区域历为海防要地。三国吴，孙权遣将军卫温、诸葛直经此浮海征夷洲和亶洲。唐代形成经此与日本、高丽的贸易航线，北宋在椒江口一带形成造船基地，为全国十大造船场之一。明代为抗倭要地，并于滩岸内置海门卫。明郑若曾《筹海图编》卷九："自倭人入寇东南，惟浙为最甚。浙受祸，惟宁、台、温为最甚。"卷五："海门卫，卫城当置于高岭，乃为据险。每岁贼攻垂破，而卒不陷者，乃保障之力，非形势之据也。此为浙江三台门户，水陆重镇，三面阻水，贼舟可泊，实为险要。惟峙兵船，以为命御番舟于未登，此守海门之上策也。"清顾祖禹《读史方舆纪要》卷九十二："《海防考》：'府境最切者，曰海门卫，卫城北即海门港，一名椒江渡，港水流入二十里分两支，一抵台州府城下，一抵黄岩城下，此府境咽喉也。'论者谓：'海门之防，视定海尤棘。’”2007—2012 年建成 50 年一遇防潮标准海堤 10.5 千米、排涝闸 2 座，新围垦面积 26.68 平方千米，为台州湾循环经济产业集聚区、台州高新技术产业园区的主要用地来源之一。

北洋海涂（Běiyáng Hǎitú）　在浙江省东部沿海，临海市杜桥镇东南部和上盘镇南部。洋，即指宽阔海域，以此滩宽阔，地处白沙山以北得名。南北走向。略呈半月形。北起柱头山，南至白沙山。长 9.3 千米，宽约 5.9 千米，面积约 42.5 平方千米。由椒江与台州湾海潮冲淤形成的灰黑色淤泥滩。涂质松软，盛产光滑河蓝蛤、彩虹明樱蛤、绯拟沼螺、泥螺、沙蟹、弹涂鱼、缢蛏等。明代的海防要地，曾于滩岸内置磊石隘和磊石、轻盈、旧城等烽堠。上盘镇旧城村今存古城墙遗址。历为台州市的主要围垦区域之一，迄今已历数次较大规模围涂。其中，2007—2011 年建成 50 年一遇防潮标准海堤 7.14 千米，新围垦面积 21.8 平方千米，为台州湾循环经济产业集聚区临海分区主要用地来源之一。台小线（G351）国道和头门港跨海大桥过已围垦区域。

南洋海涂（Nányáng Hǎitú）　在浙江省东部沿海。跨椒江区前所街道、临海市上盘镇。洋，即指宽阔海域，以此滩宽阔，以地处白沙山西南得名。东北—西南走向。东北起白沙山，西南至炮台山。长 16 千米，宽 3.2 千米，面积 28 平方千米。由椒江与台州湾海潮冲淤形成的灰黑色淤泥滩。涂质松软，盛产光滑河蓝蛤、彩虹明樱蛤、绯拟沼螺、泥螺、沙蟹、弹涂鱼、缢蛏等。滩岸附近古为回浦、章安县治，并曾为临海郡治。西汉始元二年（前 85 年）于西侧的今章安街道区域置回浦县。东汉建武年间（25—56 年）改回浦县为章安县。三国吴太平二年（257 年），以章安为临海郡治。南宋嘉定《赤城志》卷三十九：“章安城，在临海县东一百一十五里。本汉回浦县，属会稽郡。后汉光武时改为章安。”明代的海防要地，于滩涂西端附近置海门卫前千户所，并于滩岸内置长沙隘和长沙、眉山烽堠。清顾祖禹《读史方舆纪要》卷九十二：“前千户所，（海门）卫城北七里。洪武二十八年建，城周三里有奇。嘉靖中重修。所南临椒江，与卫城仅隔一水，利害相共。所东北有连盘港，港深而长，背山面水，健跳、桃渚二港会于此处，倭寇每恃为巢穴。”历为台州市的主要围垦区域之一，迄今已历数次较大规模围涂。其中，2008—2015 年建成 50 年一遇防潮标准海堤 8.87 千米，新围垦面积 7.07 平方千米，为台州湾循环经济产业集聚区临海分区主要用地来源之一。在建的甬莞（G15W）高速公路过已围垦区域，南侧有椒江口主航道。

东片涂（Dōngpiàn Tú）　在浙江省东部沿海，温岭市东部大港湾内。以地处温岭市东部海滨得名。南北走向。略呈不规则长条形。北起金清港河口南岸，南至癞头屿、龙王山一带。长 14 千米，平均宽约 4 千米，面积约 50 平方千米。由椒江、金清港河水与积谷洋海潮冲淤形成的灰黑色淤泥滩。涂内有小熨斗礁、熨斗屿、大鳖屿等岛礁，将滩涂分隔为南北两部分。涂质松软，盛产沙蟹、弹涂鱼、短蛸（望潮）、泥螺等。今于涂上养殖缢蛏、泥蚶等。历为温岭市的主要围垦区域之一。明嘉靖《太平县志》卷二：“萧万户塘，在太平乡。北起盘马山，东抵松门。长沙塘、塘下塘、俱在太平乡……已上诸塘，俱胜国时筑。郡志云：太平诸塘，乃筑堤以捍海者，非如天台之塘，所以蓄水而灌田也。”1949 年以后，筑盘马塘、淋松塘、东风塘、五一塘，团结塘等，围垦面积 18.16 平方千米。20 世纪 60 年代，杭州、宁波、温州和台州本地知识青年陆续来此建设东片农场，铸就了温岭市的垦荒精神。此后，滩涂不断外推。2000—2007 年建成标准海堤 12 千米，新围垦面积 36.4 平方千米，为温岭省经济开发区主要用地来源。丹东线（G228）国道和在建的甬莞（G15W）高速公路过已围垦区域。

东浦涂（Dōngpǔ Tú）　在浙江省东部沿海，温岭市隘顽湾北部。因地处温岭城区以东，东浦河以南，以东浦河得名。浦，在浙江沿海区域指通海的河流。清道光《乍浦备志》卷二：“凡内河通海处为浦。”东西走向。略呈月牙形。西起乌龟屿（别称渡浦屿），东至杨柳坑山。长 12 千米，宽约 4 千米，面积约 50 平方千米。涂内有乌龟屿、深竹屿、大扁屿等岛礁。由隘顽湾海潮冲淤形成的灰黑色淤泥滩。涂质松软，盛产沙蟹、蛤蜓、泥螺、弹涂鱼等。今于涂上养殖蛤蜓、泥蚶。近岸生长大米草等。历为温岭市的主要围垦区域之一。清嘉庆《太平县志》卷二：“崇祯壬午，知县胡学戴筑薛家浦、沙角浦、中扇浦等塘。沿海风潮不常，嘉靖时，黄尚书绾于洞黄山外筑牌下塘，至是三都近海皆有塘。”1949 年以后，筑东浦新塘等，围垦面积 12.9 平方千米。20 世纪 60 年代，杭州、宁波、温州和台州本地知识青年陆续来此建设东浦农场，铸就了温岭市的垦荒精神。现围垦区域内多已建为水田、旱地和橘园。在建的甬莞（G15W）高速公路过已围垦区域。

漩湾西涂（Xuánwānxī Tú）　在浙江省东部沿海，台州市玉环县北部。以地处漩门湾门西北部得名。漩，即海流盘旋。清穆彰阿《大清一统志・玉环厅》：“玉环县居海中。四面皆海，其西北由楚门渡海港，旁有盘涡湍急，曰‘漩门’，舟行避之。”清光绪《玉环厅志》卷一：“两山壁立，一水中流，西接清港、楚门诸水东流于海。潮长时水平而缓。退则波流湍急，旋绕成涡，舟行不得其时，往往覆没。其下多牡蛎，取以煅灰。以利民用。”“自丫髻山西绕而南，峰峦高耸……南冈滨海峭立如壁，下有石岩，自海底过峡，约四十丈，直通南岸，陡起危岩，对峙如门，故曰‘漩门’。潮汐往来，波流湍急。”东北—西南走向。略呈弧形。东北起漩门港，西南至海蜇岙嘴。长 8.5 千米，宽约 3.5 千米，面积 29.75 平方千米。由漩门湾海潮冲淤形成的灰黑色淤泥滩。落潮干出高度 1～3.3 米。涂质松软，盛产沙蟹、泥螺等。旧有铁索横锁漩门。清光绪《玉环厅志》卷一：“旧传有铁索横锁漩门，以御盗艘。今两岸系索处石孔形迹宛然。”清玉环厅学训导冯至《漩门》诗：“石楹对峙，铁索横空。凫门天然，锁钥瀛东。”自 1978 年漩门大坝建成后，淤涨加速。今于涂上养殖蛤蜓、泥蚶类。泽坎线（S226）省道过西部涂岸，在建的甬莞（G15W）高速公路过西北部涂岸。

楚南涂（Chǔnán Tú）　在浙江省东部沿海，台州市玉环县西北部。以地处楚门半岛西岸外有两片滩涂，此涂在南得名。“楚门”之名始于元代，以丫髻山与西青山相对如门，沿岸楚树丛生得名。又因落潮多漩流，别称漩门。清穆彰阿《大清一统志・玉环厅》：“玉环县居海中。四面皆海，其西北由楚门渡海港，旁有盘涡湍急，曰‘漩门’，舟行避之。”东北—西南走向。东北起清港镇凡海村，西南至漩门港西口，长约 4.8 千米，宽 5.5 千米，面积约 26.4 平方千米。由乐清湾海潮冲淤形成的灰黑色淤泥滩。落潮干出高度 2～3.8 米。洞善塘河、九眼港河入海河水流经滩涂，将之分成 3 片。元代即于今滩岸内开展围垦。清光绪《玉环厅志》卷五：“楚门南塘，元至元间筑。”1949 年以来，已于东部和东北部围垦 4 平方千米。围垦区域已种植蔬菜、水稻、柚子，并建有玉环漩门湾农业观光园、清港农业科技园区等。泥质松软，盛产沙蟹、河蟹、泥螺等，并养殖有蛤蜓、泥蚶类。丹东线（G228）国道和泽坎线（S226）省道分别于东部和西部穿越。

大沙里沙滩（Dàshālǐ Shātān）　在浙江省东北部海域，朱家尖岛东北岸。属舟山市普陀区朱家尖街道。因沙滩宽大得名。南北走向。呈长条形向东南缓倾。长 830 米，低潮宽约 250 米，面积约 14 万平方米。黄色，细沙质。沙滩平缓，沙层深厚。附近区域古为定海内外洋交界处，清代属定海镇左营普陀汛防区。沙滩北端附近的羊峙山岛，古别称羊屿、洋屿和洋屿门山。清康熙《定海县志》卷五：“洋屿门山，定海内外洋交界。东南属东海大洋，西至白沙港山，计水程十里；北至普陀山，计水程二十里。”沿岸有葫芦颈、大沙里、老佃房、西风庵、外厂等自然村，并有耕地和废旧渔网回收场。

各自然村内居民多于清代迁自台州。沙滩内侧及北端分别有公路通月岙村和羊峙门。

东沙(Dōng Shā)　在浙江省东北部海域,朱家尖岛东岸。属舟山市普陀区朱家尖街道。以地理位置得名。与南沙、千沙、里沙、青沙合称为“十里金沙”。南北走向。略呈新月形向东缓倾。长1.5千米,低潮宽215米,面积约20万平方米。黄色,细沙质。沙层较薄,间有少量砾石。附近区域古为海防要地。明代于北侧附近的朱家尖大山设舟山二十八烽堠总台。清康熙《定海县志》卷三转引明兵部尚书张时彻《防海书》:“若霩霍之三塔山,舟山之朱家尖,矗峙最高,所望独远,故设总台,多拔旗军,严戒尤至。设总督、备倭,以公、侯、伯领之,巡视海道,以侍郎、都御史领之。”康熙《定海县志》卷五:“朱家尖矗峙最高,所望独远,特设总台,多拔旗军瞭望。”为普陀山国家级风景名胜区十里金沙景区的组成部分,沿岸建有度假酒店等设施,并有舟山国际海岛旅游大会永久会址。南端邻情人岛景区和南沙。环岛公路环沙滩。

南沙(Nán Shā)　在浙江省东北部海域,朱家尖岛东岸。属舟山市普陀区朱家尖街道。以地处东沙以南得名。与东沙、千沙、里沙、青沙合称为“十里金沙”。东北—西南走向。呈弧形向东南缓倾。长1.1千米,低潮宽300米,面积约25万平方米。黄色,细沙质。沙层深厚、纯净。沿岸有茂密的黑松林。鸦片战争时期,英国侵略者曾于滩外海域详细测绘,并以英军“狼獾”(HMS Wolverien)号军舰称自南沙至青沙外海湾为“狼湾”。[英]金约翰辑,[美]金楷理口述,怀远、王德明笔译《海道图说》卷六:“朱家尖东岸亦有数澳,其最向南者,曰‘卧尔弗澳’,译曰‘豺狼’也。当东北恒风时,宜于此间停泊,可得淡水,澳北面有小黑岛,并有石自此岛向东南二面列入水道。澳口对面距岸一里半,有一尖石曰‘猪石(编者注:即朱家尖上盘屿)’。”为普陀山国家级风景名胜区十里金沙景区的组成部分,1988年辟为海滨浴场,有较完善的海浴和游乐设施。1999年起每年于此举办舟山国际沙雕节,并于2012年成功举办全国帆船锦标赛冠军赛。沿岸建有沙雕艺术广场和大量度假酒店等。舟山国际沙雕节创办于1999年,开创了我国沙雕艺术和沙雕旅游活动的先河,填补了我国传统旅游的空白,也填补了我国沙雕艺术的空白。环岛公路环沙滩。

千沙(Qiān Shā)　在浙江省东北部海域,朱家尖岛南部东岸。属舟山市普陀区朱家尖街道。以沙滩长逾千步得名。别名千步长沙。与东沙、南沙、里沙、青沙合称为“十里金沙”。东北—西南走向。弧形向东南缓倾。长约1.2千米,低潮宽约250米,面积约30万平方米。黄色,细沙质。沙层深厚、纯净。鸦片战争时期,英国侵略者曾于滩外海域详细测绘,并以英军“狼獾”(HMS Wolverien)号军舰称南沙、千沙、里沙、青沙外海湾为“狼湾”。[英]金约翰辑,[美]金楷理口述,怀远、王德明笔译《海道图说》卷六:“朱家尖东岸亦有数澳,其最向南者,曰‘卧尔弗澳’,译曰‘豺狼’也。当东北恒风时,宜于此间停泊,可得淡水,澳北面有小黑岛,并有石自此岛向东南二面列入水道。澳口对面距岸一里半,有一尖石曰‘猪石(编者注:即朱家尖上盘屿)’。”为普陀山国家级风景名胜区十里金沙景区的组成部分。现未开发,无海浴和游乐设施。环岛公路环沙滩。

里沙(Lǐ Shā)　在浙江省东北部海域,舟山市普陀区朱家尖岛东南岸。属朱家尖街道。以内侧原有里岙自然村得名。与东沙、南沙、千沙、青沙合称为“十里金沙”。南北走向。呈长弧形向东缓倾。长630米,低潮宽200米,面积约12万平方米。黄色,细沙质。沙层深厚、纯净。内侧有天然常绿阔叶落叶阔叶混交林,其中有香樟林和面积约3万平方米的黄连木林。并有数百年树龄的罗汉松和杨梅树。北端岸外有鸡冠屿、小鸡冠礁、外鸳鸯礁等岛屿,景曰“鸳鸯戏水”。滩岸所在的大青山古称马秦山、乌沙悬山。历为古代海上丝绸之路的重要节点,海防要地。南宋名臣黄龟山曾于此隐居。元大德《昌国州图志》卷四："马秦山，在海之东南，昔有碧云庵，马耆禅师修道于此，与黄给事龟年等联句刻诸石，有曰：'团团深锁碧烟笼（马），安隐禅居瑞气中（黄）。万顷沧浪终夜月（张居士光），更于何处觅天宫（黄承事岳年）。'"明代为海防要地。明郑若曾《筹海图编》卷九："贼走登乌沙悬山，即朱家尖也。"为普陀山国家级风景名胜区朱家尖大青山景区的组成部分，建有里沙生态公园。环岛公路环沙滩外侧。

乌石塘(Wūshí Táng)　在浙江省东北部海域，朱家尖岛东北岸。属舟山市普陀区朱家尖街道。因由青黑色砾石天然堆积成堤塘得名。约形成于宋代。宋宝庆《昌国县志》卷二十："乌石塘三：一在马秦岙……昔皆大洋也。百年之间，或卷砂以为堤，或堆石以为塘，中成膏腴，不以人力，然则沧海变桑田非虚言也。"元大德《昌国州图志》卷四："乌石塘，在马秦。绵亘百余丈，高可二丈许，枕海之滨，表里皆青圆石子，如龙之鳞甲然。下注民田，皆成沃壤，天色晦冥则光怪间错，父老相传，谓旧无此塘，一夕暴风雨挟而至。"南北走向。呈长弧形向东倾斜。长 500 米，低潮宽 100 米，面积约 5 万平方米。砾石均匀、纯净，磨圆度好。内侧建有水泥石砌护堤。波涛与乌石相击，发出"泠泠"的清音，景曰"乌石潮音"。清代诗人朱绪曾《乌石塘》诗："塔飞僧化岂荒唐，风雨俄惊涌石塘。天敕乌龙飞不去，免教此地变沧桑。"为普陀山国家级风景名胜区朱家尖乌石塘景区的核心。沿岸多民宿和渔家餐厅。南端东侧建有游艇码头和游艇俱乐部。简易公路环石滩。

乌石子滩(Wūshízǐ Tān)　在浙江省东北部海域，桃花岛东南岸。属舟山市普陀区桃花镇。古称乌石塘。因由青黑色砾石天然堆积成堤塘得名。宋宝庆《昌国县志》卷二十："乌石塘三：一在马秦岙，一在下塘头千步砂，一在桃花岙。昔皆大洋也，百年之间或卷砂以为堤，或堆石以为塘，中成膏腴，不以人力，然则沧海变桑田非虚言也。"清嵇曾筠《浙江通志》卷六十三："嘉靖《宁波府志》：'大海环府境……海潮自定海入鄞江六十里，至府城东北分为二江，西北通慈谿，东南通奉化。潮汐往来各有候，海之大洋中有乌石塘三：一在马秦防，一在下塘头千步砂，一在桃花防。'"清末以后改称乌石子。西北—东南走向。呈长弧形向东北倾斜。长 530 米，低潮宽约 60 米，面积约 3 万平方米。砾石均匀、纯净，磨圆度好。滩外海域为乌沙门水道，历为海防要地。明郑若曾《筹海图编》卷二上："又有从乌沙门开洋，七日即到日本。"明直浙总督胡宗宪《舟山议》："其来也，自五岛开洋，冲冒风涛，困眩精神者数日，至下八、陈钱而始少憩。然孤悬外海，必历数潮，泊普陀、乌沙门之类，而后觇我兵虚实以为进止。"为桃花岛浙江省风景名胜区的组成部分。内侧有乌石子自然村。环岛公路环石滩穿行。

千步沙(Qiānbù Shā)　在浙江省东北部海域，普陀山岛东岸。属舟山市普陀区普陀山镇。以沙滩长逾千步得名。又因沙色金黄，别称千步金沙。明周应宾《普陀山志》卷二："千步沙，自饥饱岭循山而行，为千步沙，潮声吼激，喷雪连山，耳目甚奇。"清许琰《普陀山志》卷一："千步沙……自几宝岭至飞沙岙口，约五里许。循山为玉堂街，沿海为千步沙也。每海潮拍岸，浪高数十丈，来如飞瀑，止如曳练。遇大风激宕，则轰雷雪涌，眩目震耳，倏忽诡异，不可名状，山中之伟观也。"南北走向。呈长条形向东缓倾。长 1.27 千米，低潮宽 300 米，面积约 23 万平方米。黄色，细沙质。沙层深厚、纯净。历代文人多有吟咏。南宋诗人陆游《千步沙观潮》(又名《梦海山壁间诗不能尽记以其意追补》)云："碧海无风镜面平，潮来忽作雪山倾。金桥化出三千丈，闲把松枝引鹤行。"明代文学家屠隆《千步金沙》云："黄如金屑软如苔，曾步空王宝筏来。九品池中铺作地，只疑赤足踏莲台。"明代诗人丁鸿阳《千步金沙》诗："平沙十里软如茵，一片黄沙净绝尘。步步莲花开觉路，到来者是法王身。"清代诗人孙渭《月中走千步沙》云："千步堪留月，祥光散碧霞。远看金布地，近泛浪成花。水气云飞絮，波声雷驾车。慈航如可渡，此夜拟乘槎。"清代诗人祝德风《千步沙》云："腥风阵阵海滨来，雪浪山头卷怒雷。千步金沙飞不定，烟岚深处布帆开。""千步金沙"为普陀十二景之一，普陀山国家级风景名胜区的重要景区。建有海滨公园和浴场。内侧有法雨禅寺、大乘禅院、悦岭禅院、杨枝禅院等著名古迹。公路环沙滩。

百步沙(Bǎibù Shā)　在浙江省东北部海域，普陀山岛东南岸。属舟山市普陀区普陀山镇。古称金沙。明周应宾万历《普陀山志》卷二："金沙，在紫竹林太子塔前，路皆黄沙，如金沙布地，故名。"别称龙沙、塔前沙。清许琰《普陀山志》卷一："龙沙，在普济寺东，高丈余。寺之青龙，故名。飘沙累积成崇……不同飞沙、龙湾者，此间自有龙脉故耳。""塔前沙，在太子塔前，本俱沙阜，浪涛冲洗，沙去石存，巉嶙刻露，诡变幻设。"后以沙滩长数百步而改今名。南北走向。长730米，低潮宽150～300米，面积约11.6万平方米。黄色，细沙质。沙层深厚、纯净。中有小岬角将之分为南北两段。北滩略呈长条形向东缓倾，长360米，低潮宽300米，滩平沙纯，浪小波缓，1982年建为海滨浴场。南滩略呈新月形向东缓倾，长370米，低潮宽150米。中段小岬角名为狮子尾巴，上有师石等景观、为观日出佳处。历代文人多有吟咏。其中，清代诗人胡绍家《百步沙》云："太子塔前沙，临风散似霞。至今拳石在，不见惹微瑕。"清代诗人祝德风《百步沙》云："风狂浪急逐沙奔，沙云巍然石独存。洗伐山筋都刻露，怒涛犹作巨鲸吞。"清代仁和诗人孙兰枝《龙沙》云："上刹青龙护，团团裹宝沙。藤萝阴结翠，卉木静含葩。高阜空王宅，深岩老衲家。西天应可接，不必慕乘槎。"沿岸有"震旦第一佛国""梅鼎金沙""师石"等摩崖石刻和几宝岭、朝阳洞、朝阳阁等景点。公路环沙滩。

后沙洋沙滩(Hòushāyáng Shātān)　在浙江省东北部海域，岱山岛东北岸。属舟山市岱山县岱东镇。以旧时沙滩宽阔如洋得名。因北端有鹿栏山，别称鹿栏晴沙。又因沙滩坚硬，俗称铁板沙。近南北走向。呈新月形向东缓倾。长3.6千米，低潮宽500米，面积约1.6平方千米。灰黄色，细沙质，并夹泥沙质，外侧为泥质涂。沙层深厚、坡度平缓。"鹿栏晴沙"旧为"蓬莱十景"之一。清代岱山诗人刘梦兰《鹿栏晴沙》诗云："一带平沙绕海隅，鹿栏山下亦名区。好将白地光明锦，写出潇湘落雁图。"清代金坛籍诗人王希程《鹿栏晴沙》云："平沙漠漠接前汀，遮断遥山一角青。我似飞鸿留爪迹，客中身世感飘零。"清代湖南诗人陈文汾《鹿栏晴沙》云："鹿栏山下绕平沙，明媚晴光望眼赊。好似潇湘图画里，一群飞雁落蒹葭。"北部建有海坛、徐福亭，自2005年始，以此滩为中国海洋文化节开幕式举办地。2010年始，常于此举办岱山岛国际风筝节和岱山全国风筝锦标赛。内侧建有名为沙洋海塘的防浪堤，堤内有大片沙质旱地，为岱山特产沙洋花生主产区。滩外有泥螺山和岱东鸡冠屿。板黄线县道过沙滩内侧。

基湖沙滩(Jīhú Shātān)　在浙江省东北部海域，泗礁山岛中部北岸。属舟山市嵊泗县菜园镇。以内侧有基湖村得名。基湖，古称嘉湖，元大德《昌国州图志》卷二载有"嘉湖岙"，属昌国县蓬莱乡北界村。明范涞《两浙海防类考续编》卷一载为"北基湖"。民国时期又谐音为"纪湖"。1936年出版的程梯云《江苏外海山岛志》："纪湖岙在四礁山之北沿，菜园镇东三里。""纪湖岙，户：一三一，口：五七二。船只：三〇。"民国1∶2.5万地形图又谐音载为"鸡窝岙"。西北—东南走向。呈弧形向东北微倾。长1.81千米，低潮宽300米，面积约40万平方米。黄色，细沙质。沙层深厚、纯净。生长有少量沙蛤、沙蛏、小螃蟹等海洋生物。中有里小山屿和外小山屿将之分为东西两段。其中，东滩长400米，低潮宽300米；西滩长1.9千米，低潮宽300米。与南长涂沙滩隔岗相背，合称"姐妹沙滩”。滩内的基湖村，新石器时期已有先民于此居住，并成聚落，现存黄家台新石器文化遗址。为嵊泗列岛国家级风景名胜区核心景区之一。建有海滨浴场等设施。2002 年于此举办全国沙滩排球冠军赛。2010 年于此举办中国航海运动第一次综合性赛事——全国航海运动大赛。李五线县道过沙滩内侧。

南长涂沙滩(Nánchángtú Shātān)　在浙江省东北部海域，泗礁山岛中部南岸。属舟山市嵊泗县菜园镇。以地处泗礁山岛南岸，沙滩外侧有泥质滩涂得名。近东西走向。呈弧形向南微倾。长 2.25 千米，低潮宽 200 米，面积约 41.4 万平方米。黄色，细沙质。沙层深厚、纯净。生长有少量沙蛤、沙蛏等。中有岬角将之分为东西两段。其中，西滩称南长涂沙滩，长 2 千米，低潮宽 200 米；东滩称高场湾沙滩，长 750 米，低潮宽 200 米。建有浴场等设施。沙滩所处的泗礁山岛古称马迹山，历为海防要地，南宋宝祐六年(1258 年)曾置北砂山烽铺。沙滩西端附近的关岙古为水军巡防驻泊地。南宋宝庆《四明志》卷七：“神前、石衕、三姑、宜山、马迹、关岙、海驴礁及海南北中间，其昼夜巡徼者，三日一报枢密院及尚书省。”滩岸的高场湾村，在明范涞《两浙海防类考续编》卷一和清乾隆《崇明县志》卷一载为“南基湖”。民国时期称“教场湾”。1936 年出版的程梯云《江苏外海山岛志》：“本年春，石柱征工铺有石子路一条，长一时半，为通石柱、教场湾孔道。”“教场湾岙，户：九三，口：三八四。船只：三二。”传以村前沙滩旧为巡海点校、训练之处得名。高场湾村，为体验渔家民俗风情，渔家劳动生活的好去处，2007 年被评为省级“农家乐”特色村，2009 年高场湾海景湾游乐中心被评为省级休闲渔业示范基地。沿岸建有度假酒店。五马线县道沿沙滩内侧穿行。

第二编

经济文化实体名称

经济文化地名概况

浙江省是古於越文明的发祥地和华夏经济文化“双高地”之一。历史悠久，经济发达，文化灿烂，历有“鱼米之乡”“丝绸之府”的美誉和“文化名邦”的盛名。

1974年发现的建德市李家镇乌龟洞古人类牙齿化石表明，早在5万年前的旧石器时代，浙江已有“建德人”的活动踪迹。迄今为止，浙江境内已发现安吉上马坎等旧石器时代文化遗址上百处，浦江上山等新石器时代文化遗址100多处，良渚文化、河姆渡文化、马家浜文化等已经成为中华民族上下五千年历史的重要文化标识因子。其中，上山遗址是中国作为世界稻作文化起源地的重要实物证据之一，良渚文化遗址是人类早期城市文明的范例，实证中华五千年文明史！

五千年的文明孕育了浙江人的智慧，五千年的文明创造了浙江省的奇迹，五千年的文明记录了浙江山川的璀璨，五千年的文明刻录了浙江大地的沧桑，而地名就是镌刻浙江人筚路蓝缕、砥砺前行每一个脚印的“活化石”。

一、浙江经济文化地名的发展与演变历史

先秦时期，禹葬会稽，少康封庶子无余于其地以奉庙祀，浙江为於越文化中心。夏商两周，防风堇子，渔猎耕樵。春秋战国，吴越双雄，金戈铁马。句践卧薪，西施浣纱，奋发成就越国图强复兴。伯嚭谄媚，夫差弑胥，荒淫无度招致吴主“甬东之悔”。吴、越二国在浙江大地交融、激荡，形成先秦独特的地域和地名文化。秦汉以降，吴主龙兴富春，陈帝蛟腾长兴，子陵遁隐钓台，谢公寄情山水，羲之曲水流觞，两浙大地文盛赋兴，点亮江南水乡文化之睛。隋唐开始，炀帝开凿运河，钱王立国吴越，杨素筑城钱塘，东坡疏浚西湖，赵构定都临安，之江两岸仓实民富，奠定东南都会经济根基。文商双粹于钱江两岸，诗词遍播于全浙东西。其间，缫丝纺织、瓷器制销、茶叶贸易、佛教东传等夯实了浙江工商经济的根基。永嘉学派、金华学派、浙东学派、阳明心学等引领了浙江耕读文化之血脉。

“朱余者，越盐官也。越人谓盐曰‘余’。去县三十五里。”中国最早的地方志《越绝书》关于“朱余”地名的记载，清晰地反映了盐业与地名文化的渊源，“鲒，蚌也……埼，曲岸也，其中多鲒，故以名亭。”颜师古《注汉书》对鲒埼亭的解读明白地道出了渔业资源对地名文化的影响。浙江大地海山俱胜，两浙文化古今广博。在浙江襟江带海独特的自然环境影响下，浙江的地域与地名文化地载农耕名志鱼盐；在浙江襟吴带越双重人文氛围的引领下，浙江的地域和地名文化兼容古今包蓄山海。山、河、原、隰、岛处处浸透着文化的气息，林、田、渠、堰、塘样样创造着经济的巨利。

先秦时期，海贸萌于水堧，甬江口遂因互市成鄮邑。秦灭楚后，职司明于郡县，浙东北遂因商贸

置鄮县。隋、唐、宋、元时期，运河贯南北通两浙，江河联运催生吴越立国、赵构定都，钱江两岸遂成东南形胜、三吴都会。得益于海上丝绸之路的繁盛，明州港（今宁波—舟山港）渐成中国交通和贸易的枢纽港，明、越、杭、台、温、秀诸州"南通闽广，东接倭人，北距高丽，商舶往来，物货丰溢"。其间，鄮县因交通贸易发达而升格为明州，翁洲因"富国强兵"战略而设昌国县，梅岑（今普陀山岛）因中日文化交流而更名普陀，市舶务、来远驿、新罗坊、波斯巷、高丽行衙、广陈镇、铜局弄、招宝闸等与海上丝绸之路相关的地名，珠子市、麻行街、碾玉作、销金行等城市商贸地名应运而生。明清以后，随着商业的进一步繁华，以商号性质、商号名称、商号品牌命名城镇街巷里弄遂成为一种普遍现象。

浙江兼具平原、丘陵、山地、湿地和海岛的包蓄山海的自然地理特色，造就了钟灵毓秀的瑰丽山川，浙山浙水孕育了王羲之、谢灵运、骆宾王、贺知章、虞世南、孟郊、陆游、赵孟頫、黄公望、王冕、宋濂、刘基、王阳明、黄宗羲、袁枚、鲁迅、郁达夫、徐志摩等文学、艺术和思想巨匠，也吸引了孙绰、李白、杜甫、白居易、苏轼、柳永等无数文人墨客的寻访探幽，璀璨的灵山秀水激发了文豪们的创作才思与灵感，由此产生浙东唐诗之路、钱塘江诗路、瓯江山水诗路、大运河诗路 4 条诗词文化带，西湖、天台、四明、雁荡、富春、江郎由此成为江浙名胜，而名诗名篇和名人足迹在扩大地名影响、提升地名内涵的同时，也引发了苏堤、白堤、文成县，以及与名人相关各类纪念设施地名的产生。

1840 年，鸦片战争的炮声惊醒了浙江人的沉思，东渐的西风逐渐在浙江大地撒播工业文明的种子，先后建成了浙江机器局、宁波通久源机器轧花厂（通久源纱厂）、慈溪火柴厂、杭州通益公纱厂、萧山通惠公纱厂、杭州世经缫纱厂、杭州机器面粉厂、寿昌煤矿等近代工业企业和浙江兴业银行等近现代金融机构，宁波帮、龙游帮、南浔帮商人活跃于全省各地并将影响扩大到全国各大商埠，继承传统中医和商业文化精华的胡庆余堂、叶种德堂、方回春堂等也成为全国著名的药号，这些近代工商业遗迹，以不同方式、不同程度在现今经济文化地名上留下了深深的烙印。1917 年，"十月革命"的胜利点亮了浙江人前行的道路，陈望道翻译的《共产党宣言》开启了浙江人追求的理想，南湖畔启航的共产主义红船点燃了红色革命的星火，亭旁镇建立的苏维埃政权，浙西南打响的游击枪声，四明山树立的抗日军旗，激发了一批批先烈英雄，传承了千万万不屈精神。一个个红色地名，从此照亮浙江人民踔厉奋发、砥砺前行的图强之路。

1897 年，杭州知府林启于杭州蒲场巷（今大学路）创办效法西方学制的求是书院，浙江从此成为最早创办新式高等学校的省级政区之一。1912 年，"中国西医学教育之父"厉绥之等创办浙江医学专门学校。1914 年，之江学堂改称之江大学，浙江从此有了以"大学"为名的新型高等学府。1928 年，求是书院旧址改建为国立浙江大学，蔡元培又于西子湖畔创办中国第一所国立高等艺术学府——杭州国立艺术院。中华人民共和国成立以后，浙江高等教育迅速发展，杭州大学、杭州师范专科学校、浙江中医学院、浙江化工专科学校等高校不断创立，占地规模大、社会影响广的高等学府在其自身成为指位地标的同时，也影响了相应的城市道路，大学路、求是路、浙大路、杭大路等逐渐成为城市的新地名。

改革开放以后，义乌从"鸡毛换糖"起步到"买卖全球"扬名，温州从手工作坊开始到"中国鞋都"起飞。浙江民营经济的发展催生了各类专业市场如雨后春笋般地在各地陆续萌发，范围涉及日用杂货、茧丝、丝绸、服装、轻纺、针织、皮革、鞋袜、纽扣、领带、茶叶、水产、药材、石雕、木雕、五金、塑料、电器、汽配、水暖、建材、花木、家具、粮食等数百个类别、成千上万种产品，几乎一地一市场、一地一特色，其命名方式多以当地政区名＋产品名＋通名等形式。其中，不乏义乌国际商贸城、柯桥中国轻纺城、中国舟山国际水产市场、中国茧丝绸交易市场等冠以"国际""中国"等称呼的市场，构成在全国数量最多、品种最全的独具特色的专业市场群，成为浙江贸易强省的重要支撑和浙江经济地名的重要特色。其间，全省先后设立了宁波经济技术开发区、杭州高新技术产业开发区等 20 多个国家级经济技术开发区，并于 2011 年设立全国第四个国家级新区、唯一以发展海洋经济为主题的国家级新区——浙江舟山群岛新区。这些经济区域和专业市场，遂成为拉动浙江经济发展的强大引擎。

高考制度的恢复和教育体制的改革，促进了浙江教育的蝶变。1984 年，以温州市人民政府举办、浙江省教育厅和温州市人民政府共建的方式创办了温州大学。1986 年，以包玉刚个人捐资，浙江大学、复旦大学、中国科学技术大学、北京大学、杭州大学五校对口援建的方式创办宁波大学。1996 年，宁波大学、宁波师范学院和浙江水产学院宁波分校三校合建新的宁波大学。1998 年，全国率先开展的名校合并改革，将原本同根同源的浙江大学、杭州大学、浙江农业大学和浙江医科大学四校合一，浙江大学从此迈上了创建世界"双一流"大学的新征程。以此为开端，浙江工商学院、杭州电子科技学院、杭州师范学院、浙江林学院、浙江财经学院、浙江中医学院、浙江工程学院、中国计量学院等，或以兼并专科学院、中等专业学校，或以新建、扩建新校区等方式实现了强身和扩容，纷纷升格为大学。其间，部分技工学校、职业学校、中等专业学校多通过兼并、扩建等方式实现了向高等职业技术学院的跨越，部分中小学也实现了迁址、扩建、集团化等变革。

随着改革开放的深入，浙江人的生活也从解决温饱问题变成促进物质的全面丰富和人的全面发展。其间，风景名胜区、旅游度假区和历史文化名城由此成为浙江发展旅游经济和传承优秀传统文化的重要载体。与此同时，经济的发展拉动了城乡建设的扩张，城镇街巷、城镇桥梁和城镇隧道不断新建、改建，各类新型住宅区如雨后春笋般持续涌现，城市面积不断拓展，每年新产生的街巷和住宅地名远远超出过去几十年、几百年产生的地名数量。

经济的发展也带来水利、电力等设施的改善。其间，新建成我国第一座核电站秦山核电站、第一座潮汐能电站江厦潮汐电站，并在原我国第一座大型水电站——新安江水电站的引领下，先后建成乌溪江、紧水滩、滩坑、天荒坪等大中型水电站和水库，沿江沿海的土石堤防也在此期间多改建为钢筋混凝土结构的标准江堤、标准海塘和标准碶闸。

浙江的风俗习惯独具吴越风情，有越剧、永嘉昆曲、瓯绣、海宁皮影戏、白蛇传传说、中国传统桑蚕丝织技艺、火腿制作技艺、龙泉青瓷烧制技艺、西泠印社金石艺术等诸多非物质文化遗产，有杭州丝绸、龙泉宝剑、龙泉青瓷、善琏湖笔、东阳木雕、青田石雕、黄杨木雕、金华火腿、绍兴黄酒、瓯塑等蕴含民间智慧的著名特产。其中，入选国家级非物质文化遗产名录 217 项，并有舟山地名故事等入选县级以上非物质文化遗产名录。

至 2014 年底，浙江省计有国家级新区 1 个、国家级经济技术开发区 17 个、国家级高新技术产业开发区 3 个、省级经济技术开发区 46 个、省级高新技术产业开发区 15 个。全省规模以上工业企业 40 841 家，42 家企业跻身中国企业 500 强，202 家入选全国民营企业 500 强。有国家级风景名胜区 19 个、省级风景名胜区 41 个、国家级旅游度假区 4 个、国家级自然保护区 10 个。有国家历史文化名城 8 个、省级历史文化名城 9 个、中国历史文化名镇 20 个、国家级历史文化街区 2 个、中国历史文化名村 28 个、浙江省历史文化名镇 37 个、浙江省历史文化名村 43 个、全国重点文物保护单位 231 处、全国爱国主义教育基地 8 处、浙江省文物保护单位 624 处。其中，杭州西湖、京杭大运河浙江段和浙东运河入选世界文化遗产，江郎山入选世界自然遗产。有普通高校 107 所、科学研究机构 83 所、公共图书馆 98 个、文化馆 102 个、博物馆 105 个。有医院 935 家，其中三级医院 123 家。三星级及以上旅游宾馆 576 家。

二、浙江经济文化地名分区概述

水是生命之源，逐水而居是人类生存的必然选择，也是经济文化发展的原始动力。受此影响，天然切割陆地地形的钱塘江(含曹娥江)、瓯江、灵江(椒江)、苕溪、甬江、飞云江、鳌江七大水系由此成为推动区域经济文化差异化发展的本质因素。以七大天然水系和人工开凿的大运河为纽带，浙江形成了浙北、浙东、浙西北、浙西南 4 个经济文化区，而这影响了浙江经济文化地名的一级分区分带。

浙北经济文化地名区　浙北经济文化地名区地跨杭州、嘉兴、湖州 3 个地级行政区，以杭嘉湖平原为根基，以东、西苕溪和大运河为命脉，旷野百里，水网交织。上古为良渚文化、马家浜文化、跨湖桥文化肇始地，夏商有防风古国，先秦为吴、越两国交融、激荡的核心区，秦汉为鄣郡所在地和鄣、会稽二郡接合部。隋代以降，京杭大运河江南运河自北而南贯穿其间，形成了以“鱼米之乡”“丝绸之府”为特色的农耕、商贸、漕运等经济文化区，并由此产生以古越语方言为特色的城邑、村落、堤堰、古驿等聚落和交通、水利设施地名群，以及以浜、漾、荡、泾、渎、汇、溇等作通名的人工改造河流和人工运河地名群。其中，百尺渎等开凿于春秋时期的运河，是我国最早的运河之一，秦灭楚后，又开凿陵水道，连接嘉兴和余杭；余杭城、乌程、由拳、语儿、就李、武原等是有文献记载的先秦时期古越语城邑、聚落名称；由拳辟塞是浙江有文献记载的最古老要塞名称。对此，《越绝书》卷二载：“百尺渎，奏江，吴以达粮。”“秦始皇造道陵南，可通陵道，到由拳塞，同起马塘，湛以为陂，治陵水道到钱唐，越地，通浙江。”“余杭城者，襄王时神女所葬也。神多灵。”“乌程、余杭、黝、歙、无湖、石城县以南，皆故大越徙民也。秦始皇帝刻石徙之。”“柴辟亭到语儿、就李，吴侵以为战地。”“吴人败于就李，吴之战地。”“吴古故从由拳辟塞，度会夷，奏山阴。辟塞者，吴备候塞也。”南宋咸淳《临安志》卷三十六又载：“百尺浦，在(盐官)县西四十里。《舆地志》云：‘越王起百尺楼于浦上望海，因以为名。’”由此可见，古百尺渎以百尺楼得名，而春秋时期此区域已有瞭望楼名称。

自隋代始，京杭大运河江南运河的全线贯通，全面沟通了长江、钱塘江和苕溪、太湖水系，杭州、湖州和嘉兴逐渐成为中国漕粮运输的始发地，并通过与浙东运河沟通，成为古代海上丝绸之路和江海联运的主动脉，江南形胜，三吴都会逐渐形成，人口迅速增加，商业日渐繁华，由此催生了杭州城的建立和钱塘门、凤凰门、盐桥门等城门地名的形成，武林门和江干一带自此成为商埠码头密集区和货物运输的集散地，产生了大量的河埠、城镇、村落、坊巷、米市、行市和粮仓名称，“鱼米之乡”“丝绸之府”美誉自此形成。与此同时，杭州临平湖、余杭的北湖和南下湖、萧山的渔湖等逐渐淤塞，开垦为湖田，并陆续建成村镇和田畴。

五代时期，钱镠定都杭州建立吴越国，渔盐桑蚕之利甲于天下，区域经济和文化都得到快速发展，钱塘自此富庶于东南，都城，城池、关防、水利等设施焕然一新，并由此形成安国衣锦军、安国县、锦城、保俶塔、六和塔、功臣塔、钱王庙、钱王陵、婆留井、钱王井、百井坊巷、钱塘第一井(吴山井)、梵天寺经幢、吴越郊坛、雷峰塔、慈云岭造像等大量带有吴越国印记的经济与文化地名。《资治通鉴》卷二六七：“吴越王镠筑捍海石塘，广杭州城，大修台馆。由是钱唐富庶盛于东南。”其间，邻近杭州，并有运河相通的湖州、嘉兴的经济与文化也得到快速发展，嘉兴县于此间升为开元府、秀州。由于吴越王钱镠讳“陵”字，遂改西陵渡为西兴渡，又因钱镠与淮南杨行密交恶，又更改所有带“阳”字的县名，其中，复富阳县为富春县。

南宋时期，宋高宗赵构定都杭州，并改名为临安，杭城跻身中国六大古都行列，都城经济、浙北经济文化地名区的都城文化于此达到巅峰。咸淳《临安志》卷五十二：“若乃四方之所聚，百货之所交，物盛人众为一都会，而又能兼有山水之美以资富贵之娱者，惟金陵、钱塘。”卷五十四：“钱塘古都会繁富甲于东南。高宗南巡驻跸于兹，历三朝五十余年矣，民物百倍于旧。附郭二邑，事体寖重，他郡邑莫敢望。”《梦粱录》卷四：“临安风俗，四时奢侈，赏玩殆无虚日。西有湖光可爱，东有江潮堪观，皆绝景也。”由此，形成“行在”等后来曾经流传到欧洲的具有特殊历史文化背景的城市别称。《梦粱录》卷七：“高庙于绍兴岁南渡，驻跸于此，遂称为‘行在所’。其地襟江抱湖，川凑□□□□□衍，民物阜蕃，非殊方下郡比也。”由此形成了大量城门、坊巷、官署、仓储、市场和亭、台、楼、阁、井、泉等与都城有关的地名。《梦粱录》卷十一：“杭城内外，民物阜蕃，列朝帅臣，常命工开撩井泉，以济邦民之汲，庶无枯涸之忧。”其中，南宋于临安城设嘉会门、余杭门、钱湖门等旱城门 13 座，北水门、南水门等水城门 5 座。《梦粱录》卷七：“旱门仅十有三，水门者五。城南门者一曰‘嘉会’，城楼绚彩，为诸门冠，盖此门为御道，遇南郊，五辂从此幸郊台路。城东南门者七：曰‘北水门’，曰‘南水门’，盖禁中水从此流出，注铁沙河及横河桥下，其门有铁窗栅锁闭，不曾辄开；曰‘便门’，曰‘候潮门’，曰‘保安水门’，河通跨浦桥，与江相隔耳；曰‘保安门’，俗呼‘小堰门’是也；曰‘新开门’。城东门者三：曰‘崇新门’，俗呼‘荐桥门’；曰‘东青门’，俗呼‘菜市’；曰‘艮山门’。城北门者三：曰‘天宗水门’，曰‘余杭水门’，曰‘余杭门’，旧名‘北关’是也。盖北门浙西、苏、湖、常、秀，直到江、淮诸道，水陆俱通。城西门者四：曰‘钱塘门’，曰‘丰豫门’，即‘涌金’；曰‘清波’，即俗呼‘裘门’也；曰‘钱湖门’。其诸门内便门东青、艮山，皆瓮城。水门皆平屋。其余旱门，皆造楼阁。诸城壁各高三丈余，横阔丈余。禁约严切，人不敢登，犯者准条治罪。城内元三门俱废之，独朝天门止存两城壁，杭人犹以门称之。”这些城门名称或多或少都对杭城后来的城市地名发展产生了重要的影响，“武林门外鱼担儿，艮山门外丝篮儿，凤山门外跑马儿，清泰门外盐担儿，望江门外菜担儿，候潮门外酒坛儿，清波门外柴担儿，涌金门外划船儿，钱塘门外香篮儿，庆春门外粪担儿”等地名民谣也在此基础上逐渐形成。

唐、宋以来，海上丝绸之路、江海联运的兴盛也带来了江南运河漕运空前发展，浙北经济文化地名区也由此产生了因海上贸易和运河航运、水利、仓储等相关的地名。杭州的临平、塘栖，嘉兴的濮院、硖石、乌镇、澉浦、乍浦，湖州南浔、新市、双林等古镇由此而兴，高丽寺、拱宸桥、祥符桥、卖鱼桥、广济桥、水利通判厅遗址、洋关旧址、富义仓、仓前和“湖墅八景”，嘉兴的澉浦港、乍浦港、广陈镇、铜局弄、招宝闸、嘉兴造船厂旧址，湖州的新市、善琏镇、頔塘等地名均由此而生，形成独特而丰富的运河文化与海丝文化交融的地名群落。明胡玄敬《栖溪风土记》：“自国初开浚运河，大筑塘岸，故其河名‘塘河’……彼时居民初集，负塘而居，因名塘栖。”明天启《平湖县志》卷一载：“东武原乡，元明番舶至乍，肆列珍惜于此，故曰‘广陈’。”清咸丰《当湖外志》卷一也载：“广陈镇元时滨海，番舶所聚，商旅云集，亦我浙一都会也。”

“江南忆，最忆是杭州。”以白居易、苏轼、林逋、杨万里、张志和、柳永等为代表，杭州西湖为核心的钱塘江诗路文化和大运河诗路文化丰富了浙北经济文化地名区山水、楼阁、井泉、坊巷等地名的实体文化内涵，点亮了西湖、太湖、运河等文化景观。西湖这个古老的潟湖因白居易、苏轼、杨孟瑛、聂心汤、阮元复等的疏浚而形成白堤、苏堤、杨公堤、阮公墩等堤堰地名，更因白居易“孤山寺北贾亭西，水面初平云脚低。几处早莺争暖树，谁家新燕啄春泥”“未能抛得杭州去，一半勾留是此湖”，苏轼“水光潋滟晴方好，山色空蒙雨亦奇。欲把西湖比西子，淡妆浓抹总相宜”，杨万里“毕竟西湖六月中，风光不与四时同”和柳永“东南形胜，三吴都会，钱塘自古繁华。烟柳画桥，风帘翠幕，参差十万家”等诗句而扬名，形成享誉世界的西湖文化景观。与此同时，大运河诗路文化的发展，也推动了“嘉禾八景”“吴兴八景”等文化景观的形成和运河经济文化地名的传播。

浙东经济文化地名区　浙东经济文化地名区地跨绍兴、宁波、舟山、台州 4 个地级行政区，上古为河姆渡文化发祥地，先秦为古越国文化核心区，秦汉为会稽郡的中心地域，古越岛夷文化、海上丝绸之路文化、捍卤蓄淡治水文化等于此激荡，由此形成以“鱼米之乡”“海丝大港”为特色的耕读和贸易经济文化地名区和以古越语方言与山水文化交融为特色的城邑、村落、堤堰、古驿等聚落、交通、水利设施地名群。

先秦时期，夏后帝少康之庶子无余封于会稽，以奉守禹之祀，自此开启越国千年之基，形成了丰富的古於（音 wū）越文化地名群。此间，形成了会稽、诸暨、句（音 gōu）章、余姚、浙、剡、嵊、鄞等古越语政区名称，也形成了越城、山阴城、蠡城、会稽山上城、会稽山北城、苦竹城、禹陵、铜姑渎、练塘、坡塘、炭渎、南池、射浦、杭坞、防坞、固陵、乐野、朱余、巫里、舟室、富阳里、句践斋戒台、富中大塘、木客大冢、民西大冢、若耶大冢、独山大冢、美人宫、西施殿、苎萝村、西施故里等涉及经济、文化、军事、水利、娱乐的地名。《越绝书》卷八：“句践小城，山阴城也。周二里二百二十三步，陆门四，水门一。”“山阴大城者，范蠡所筑治也，今传谓之蠡城。陆门三，水门三，决西北，亦有事。”“美人宫，周五百九十步，陆门二，水门一，今北坛利里丘土城，句践所习教美女西施、郑旦宫台也。”“乐野者，越之弋猎处，大乐，故谓‘乐野’。”“富阳里者，外越赐义也。处里门，美以练塘田。”“独山大冢者，句践自治以为冢。徙琅玡，冢不成。”“会稽山上城者，句践与吴战，大败，栖其中。”“会稽山北城者，子胥浮兵以守城是也。”“若耶大冢者，句践所徙葬先君夫镡冢也。”“富中大塘者，句践治以为义田，为肥饶，谓之富中。”“练塘者，句践时采钖山为炭，称‘炭聚’，载从炭渎至练塘，各因事名之。”“木客大冢者，句践父允常冢也。初徙琅玡，使楼船卒二千八百人伐松柏以为桴，故曰‘木客’。去县十五里。一曰句践伐善材，文刻献于吴，故曰‘木客’。”“官渎者，句践工官也。”“舟室者，句践船宫也，去县五十里。”“民西大冢者，句践客秦伊善照龟者冢也，因名冢为秦伊山。”“射浦者，句践教习兵处也。”“巫里，句践所徙巫为一里。”“石塘者，越所害军船也。塘广六十五步，长三百五十三步。”“防坞者，越所以遏吴军也。”“杭坞者，句践杭也。”“朱余者，越盐官也。越人谓盐曰‘余’。去县三十五里。”

浙东“负溟渤，控扶桑”。先秦时期，勇敢的闯海者泛舟海洋，往来于浙江沿海与日、韩和琉球诸岛之间开展贸易活动，并通过贸易在浙东北形成了鄮邑。“鄮”字从“贸”从“邑”，意为因贸易而兴盛的城镇。南宋祝穆《方舆胜览》卷七和乾道《四明图经》卷二均引唐《十道四蕃志》云：“鄮山，以海人持货贸易于此，故名。”乾道《四明图经》卷二又载：“而后汉以县居鄮山之阴，乃加邑为鄮，虽或以山或以县，取义不同，其所以为鄮则一也。”

据考证，古鄮邑故址在今宁波市鄞州区五乡镇同岙一带。由此可见，先秦时期，以宁波、舟山为中心的浙东沿海即已成为山海贸易的活跃之地，海上贸易的集聚中心。秦灭六国后，秦始皇以故鄮邑设鄮县，浙东区域因此出现全国唯一因海上贸易得名的千年古政区。隋代以后，京杭大运河的贯通，打破了中国南北陆上交通的阻障，地处甬江口的鄮县成为“海外杂国，时候风潮，贾舶交至”之地。唐开元二十六年(738年),朝廷从加强日益庞大的海上交通和贸易管理出发,升鄮县为明州,并于舟山群岛设置翁山县。长庆元年(821年),明州州治移至奉化江、姚江、甬江交汇处的三江口,明州港的交通与贸易自此迅速扩张,遂成为古代江海联运中心和海上丝绸之路枢纽港。其间,由于日僧慧锷自五台山请观音像去日本未成的因缘,形成了普陀山、新罗礁等佛教文化地名,并由此造就了中国佛教四大名山之一,“海天佛国”普陀山佛教和旅游文化的千年繁盛。

五代时期,熟谙鱼盐稻桑和贸易之利的钱镠于两浙建立吴越国,并于甬江口设置望海县,未几又改称定海县(今宁波市镇海区)以加强贸易管控。吴越纳土归宋后,北宋朝廷初于杭州设立管理海上贸易事务的两浙市舶司,旋于淳化元年(990年)迁至明州定海。后来,两浙市舶司迁回杭州,宋朝廷于咸平二年(999年),在三江口设立明州市舶司。自宋元至明清,明州(庆元)港承担了直通日本、高丽、新罗等东洋航路的直航贸易,以及经广州、泉州至占城、暹罗等西洋航路中转贸易的大任,甚至曾形成非明州市舶司发船至高丽、日本,以违制论处的规定,明州(庆元)市舶司成为中国三大市舶司之一。

古代海上丝绸之路的交通贸易历史,在拉动浙东区域经济、社会与文化繁荣,促进浙东沿海贸易港口形成的同时,也在地名上留下了深刻的烙印,由此产生市舶司、市舶务、东渡门、安远驿、来安门、来远局、来远亭、波斯团、波斯巷、通远坊、新罗坊、物料场、造船场、钞关弄、通远乡、镇海楼、八闽会馆、六国港口、新罗坊桥、高丽使行馆、上林湖越窑遗址等带有明显外贸经济与中外文化融合的地名,更由此产生了宁波、定海等意寓“海定波宁”的政区地名,而茶文化、瓷文化、蚕桑文化和天台山、普陀山佛教文化的输出,也在日本、韩国等国地名留下了各种不可磨灭的印迹。南宋宝庆《四明志》卷三:“市舶务,淳化元年初置于定海县,后乃移州,在于子城东南,其左倚罗城。”“来安门,市舶务之左。旧不立名,呼曰‘市舶务门’。宝庆三年,守胡矩重修始题扁。盖先是通判蔡范建来安亭,实在门外,故以亭名名之。惟舶货入则开。”开庆《四明续志》卷七:“北取泥桥下,自波斯团止,酒务营前,转取丘家桥,直取石版巷。”南宋嘉定《赤城志》卷二:“新罗坊,在(黄岩)县东一里。旧志云:‘五代时以新罗国人居此,故名。’”南宋名臣吴潜在任知庆元府,兼沿海制置使期间也在《再用出郊韵似延庆老》诗中写下“工夫全在放时收,鹞过新罗路太悠。世网爱河千渤泡,人寰苦海一浮洲”等诗句。为加强海上贸易航线的治安和国防,南宋朝廷于宝祐六年(1258年)自定海招宝山至昌国壁下山设立被后人誉“海上长城”的十二烽铺,自此开启了中国于海岛建设防御设施的古代海防历史。

浙东依山面海,土地褊狭,民多田少的地理特征和江海联运的区位优势,也造就了大量与鱼盐、水利和交通相关的地名。浙东的运河开凿历史始于春秋时期的山阴故水道,南北朝时期贯通东西。《越绝书》卷八:“山阴故水道,出东郭,从郡阳春亭。去县五十里。”运河的开凿、营运和疏浚、拓宽,由此成为钱清堰、曹娥堰、梁湖堰、通明堰、西渡堰、钱清渡(驿)、东关渡(驿)、曹娥驿、绍兴古纤道等水利和交通地名命名的源泉。而鱼、盐产业的发展在诱发富都监、鸣鹤场、高亭场、晓峰场、咸祥镇(由盐场谐音得名)、贤庠镇(由盐场谐音得名)、贩鲜岭、卖盐岭等地名的同时,也产生了大量与煮盐、晾鱼相关的以亭、墩、灶、厂作通名的村落地名。平原的垦殖湖田,使鉴湖、夏盖湖、广德湖等天然湖泊加速湮废成为湖田和村落所在地;相反,东钱湖、月湖、它山堰、颜公渠等人工湖泊和水利设施又因排涝灌溉得以形成。海滨的捍卤蓄淡,在海岸形成后海塘、王公塘、荆公堤、缪公塘、万丈塘、穿山碶、大碶等大量以塘、堤、碶、堰等作通名的海塘、堤坝、水闸名称,平阳浦、翁浦、霞浦、澥浦等以浦、河为通名的人工河道名称,并进而大碶、新碶、老碶头、洪塘、霞浦、澥浦、平阳浦等聚落名称。山区的拦蓄与灌溉，又形成道场碶、杨公埭等大量以碶、堰、埭为通名的拦水坝、防洪坝地名。其间，南宋理学、浙东学派与阳明心学等学术流派又于此留下了蕺山书院、慈湖书院、虹桥书院、上蔡书院、九峰书院、清献书院、中天阁等文化教育类地名。

“天台山者，盖山岳之神秀者也。涉海则有方丈、蓬莱，登陆则有四明、天台，皆玄圣之所游化，灵仙之所窟宅。夫其峻极之状、嘉祥之美，穷山海之瑰富，尽人情之壮丽矣。”“天姥山上有枫千余丈，萧萧然”，“暝投剡中宿，明登天姥岑。高高入云霓，还期那可寻”，东晋文人孙绰的《游天台山赋》、南朝诗人谢灵运《游名山志·天姥山》游记和《登临海峤初发强中作与从弟惠连见羊何共和之》诗等写尽了天台、四明、天姥等山的峻美与神奇，也为后世诗人的寻访留下了悬念。以李白、杜甫、骆宾王、贺知章、元稹、罗隐、崔颢、王维、贾岛、杜牧、李商隐等为代表的唐宋诗人对以天台山、天姥山、四明山、剡溪、鉴湖、若耶溪、曹娥江和浙东运河等为代表的浙东山水情有独钟，或亲身游历，或送别亲友，或寄赠书函，于此留下了数以千计的瑰丽诗篇。据专家考证，全唐诗收录的 2 200 余位诗人中，有 451 位诗人游览过浙东山水，形成了“一座天台山，半部全唐诗”，“一座天姥山，半部全唐诗”和“浙东唐诗之路”之说。这条诗路既是山水人文之路，更是诗文、书法、茶道、陶瓷、民俗、传说和儒道佛学之路。“山阴道上行，如在镜中游”“越女天下白，鉴湖五月凉”“海客谈瀛洲，烟涛微茫信难求。越人语天姥，云霞明灭或可睹。天姥连天向天横，势拔五岳掩赤城。天台四万八千丈，对此欲倒东南倾。我欲因之梦吴越，一夜飞度镜湖月。湖月照我影，送我至剡溪”等千古名句，不仅将浙东山水地名传播全国，更让这些瑰丽山川由此成为全国著名的名胜区，形成具有典型名人印迹的旅游景观和历史文化地名。

浙西北经济文化地名区　浙西北经济文化地名区地跨杭州、金华、衢州 3 个地级行政区，是以浙西山地、金衢盆地为根基，以钱塘江上中游为命脉，上古为於越民族聚居地、上山文化发祥地和姑篾古国繁衍地，历为浙江陆上交通主动脉，农耕文化、医药文化和山水诗文集聚地，由此形成江河津渡、古城、古村、宗祠、牌坊、古塔等经济文化地名群。

先秦时期，浙西北为於越民族繁衍地，古越语于此也留下了深刻的烙印。钱塘江，古称浙江，也作浙河、浙水、浙江水、渐江、渐江水、制河、淛河等。《山海经·海内东经》：“浙江出三天子都。在蛮东，在闽西北，入海，余暨南。”北魏郦道元《水经注》卷四十：“渐江水出三天子都。《山海经》谓之‘浙江’也。”关于“浙江”地名的由来，一说以江有反涛得名，一说以江流曲折得名。北宋《太平御览》卷六十五：“虞喜《志林》注曰：‘今钱塘江口，折山正居江中，潮投山下，折而曲。一云江有反涛，水势所归，故云浙江。’《史记》云：‘江水至会稽山阴，为浙江’是也。”南宋祝穆《方舆胜览》卷一：“浙江，在钱塘。《庄子》云：‘浙河即浙江，取其曲折以为名。’”后因下游有钱塘县而改称钱塘江。北宋《太平寰宇记》卷九十三：“钱塘，古泉亭有紫水如霞，为潮所冲。乡人华信将私钱召有能致土石一斛与钱一千。旬日之间，来者云集。塘未成，谲不复取，皆弃土石而去，故作成此堤以捍海潮，后因号为‘钱塘’。”南宋祝穆《方舆胜览》卷一：“《九域志》：钱塘，初为潮水所损，州人华信以私钱作塘捍潮因号‘钱塘’。”但是，自古江河多曲折，为何浙江独以曲得名，而钱塘县始设于秦代，初名钱塘，《史记·秦始皇本纪》：“始皇出游……过丹阳，至钱唐。临浙江，水波恶，乃西百二十里从狭中渡。”唐代为避国号讳方改“钱唐”为“钱塘”，因此，当代历史地理学家陈桥驿认为，浙江、钱塘二名皆属古越语地名，其义不详。浙江、钱塘江虽然原为自然河流名称，但由于自唐代以来形成的浙江东道、浙江西道、两浙道、浙江省等方镇、政区名称，以及钱塘江作为浙江省母亲河形成的丰富钱塘江文化，又使得浙江、钱塘江成为经济和文化意蕴上的地名。

先秦时期，古姑蔑国兴起于钱塘江南源中上游区域。《国语》卷二十："句践之地，南至于句无，北至于御儿，东至于鄞，西至于姑蔑，广运百里。"《越绝书》卷八："大越故界，浙江至就李，南姑末、写干。"《左传》卷十二《哀公十三年》："越子伐吴，为二隧。畴无余、讴阳自南方，先及郊。吴大子友、王子地、王孙弥庸、寿于姚自泓上观之，弥庸见姑蔑之旗，曰：'吾父之旗也。不可以见仇而弗杀也。'"由此也形成了姑蔑城、姑蔑子、鸡鸣山遗址、牛形山遗址、东华山石塔头汉墓群等具有姑蔑文化色彩的地名。姑蔑，为古越语音译，也意写作姑末、大末、太末、姑妹等，《越绝书》卷八："姑末，今大末。写干，今属豫章。"《文献通考》卷一百九十五《经籍考二十二》："姑蔑为姑妹。"宋罗泌《路史》卷二十五《国名记》："姑蔑，一曰姑妹，太末也，晋之龙丘。今衢之龙游有姑蔑城。"秦王政二十五年(前222年)于姑蔑故城设大末(太末)县，古姑蔑国自此成为县级政区名，由此产生另一种经济与文化影响，这种影响直至唐武德八年(625年)废大末县后仍有持续。

浙西北山区地质基础复杂，石灰岩、紫砂岩、火山凝灰岩、玄武岩、花岗岩等沉积岩、火山岩、侵入岩在此都有不同程度的分布，特别是石灰岩、紫砂岩等广泛分布，造就了这个区域千奇百怪的地貌形态，秀丽璀璨的山川和瑰丽多姿的岩洞由此成为历代文人心心念念的游历胜地和著述源泉。新安江、富春江、金华江、兰江、七里滩、天目山、江郎山、仙霞岭、方岩山、仙华山、瑶琳洞、灵栖洞、双龙洞和三衢山石林等都是浙江乃至全国著名的风景名胜区，而人们在认识自然、利用自然和改造自然的过程中，又形成了淳安千岛湖、龙游石窟、武义温泉、仙霞古道等自然与人文相结合的新名胜，以及兰溪诸葛八卦村、龙游古塔群、新安江水电站、义乌国际商贸城、横店影视城等人工建筑杰作。钱塘江两岸的雄伟和秀丽风光，吸引了以严子陵为代表的大量文人的遁隐，更吸引了谢灵运、王维、孟郊、孟浩然、范仲淹、苏轼、陆游、朱熹等山水诗人和文学巨匠的足迹。"移舟泊烟渚，日暮客愁新。野旷天低树，江清月近人。""云山苍苍，江水泱泱，先生之风，山高水长！"孟浩然的《宿建德江》、范仲淹的《严先生祠堂记》等1 000多首著名诗篇和宏文的千百年的流传，以及历代文人在耕读报国、以儒治国过程中形成的金华学派、永康学派和朱熹、吕祖谦、陈亮、叶适等名儒大师的治学论道，极大丰富了钱塘江两岸山水的地名文化内涵，对诗文所涉地名转化为旅游景区、景点起到了重要作用。

在古代，浙西北地形复杂，山多田少的自然地理特征极大限制了当地经济的发展，同时也给社会治安带来巨大挑战。受此影响，这个区域的政区名称在以山水等典型自然特征命名的同时，也往往与保障平安、崇尚礼教、趋吉避凶等相关。古代，此区域的20余个县级政区名称中，江山、常山、衢江、兰溪、汤溪、浦江、分水、富阳、桐庐等县名皆源于对山水的认知，而淳安、遂安、建德、临安、寿昌、永康、武义、磐安、西安(信安)、开化等县名则与保境安民和美好祈愿相关，龙游县本以古汉隐士龙丘苌得名，后于五代为避"丘"字讳而改称龙游，也包含了趋吉避凶、祈盼美好的寓意。与此同时，山区复杂的社会治安也成为影响古代聚落形成与发展的重要因子，聚族而居，用宗族的血缘维系村落的繁衍和壮大、处理民间事务和纠纷，是这个区域的一个重要特征，因此，以姓氏命名村落也是这个区域的一个重要特色。深受政区、村落名称影响的经济与文化地名，也因此打下了这个关乎自然地理和社会文化特征的深刻烙印。

山区的森林、竹林资源是古代这一区域的重要经济来源，也是古代山区商贸业的大宗物资，砍伐、加工、交易森林、竹林资源，是山区的经济支柱之一。在此背景下，地处交通要道、津渡要口的村落因此收获了巨大的商贸利益，形成大量豪华的古代民居建筑群，而以"岭"作通名的古道和以"埠"

“渡”“溪”得名的津渡等交通要隘，由此成为繁华的古镇和古村落，这些古镇和村落在新时代的全域旅游和乡村振兴中多成为先行者和排头兵，成为区域经济发展的新热土和都市人群旅游休闲的目的地，而由钱塘江两岸秀丽山水哺育出的丰富物产，以及由此激发出的人民群众创造精神，又是新中国、新时代经济文化地名命名的重要因素，由此产生了义乌国际商贸城、横阳影视城、东阳木雕城、金华花木市场等新地名。

浙西南经济文化区　浙西南经济文化地名区地跨温州、丽水、台州3个地级行政区，以浙南山地和浙南沿海丘陵、平原为根基，以瓯江为命脉，这个区域既有浙江省海拔最高的山地，又有浙南沿海的平原和岛礁，兼具山海之胜，交融闽浙文化之长，历为浙江农耕文化、陶瓷文化、商贸文化和山水诗文集聚地，由此形成古城、古村、古港、古渡、古桥、古窑、古塔和商贸古迹、海防遗迹、民间神庙等经济文化地名群。

浙西南上古也是於越民族聚居地。先秦时期於越民族瓯越部落的聚居地，属越国瓯地。《山海经·海内南经》：“瓯居海中。”西汉惠帝三年（前192年），汉朝廷分封越王句践后裔驺摇于此，史称东海国或东瓯国。西汉建元三年（前138年），闽越兵围东瓯，汉武帝徙其族于会稽、庐江、丹阳等江淮各地，后属会稽郡回浦县（治在章安，今台州市椒江区章安街道）。受异地迁族的影响，此区域虽不乏“瓯”等古越语地名，以及类似于浙东的“屿”（读“qí”）等古越语音，但较浙北、浙东和浙西北而言，其古越语地名遗存的影响相对薄弱，但山水文化、陶瓷文化、商贸文化、移民文化、海防文化、畲乡文化的色彩却更加浓郁。

浙西南襟江带海，地锁浙闽的独特地理位置，决定了这个区域以山为基，向海而生的历史发展轨迹。三国时期，当地民众依托瓯江、飞云江两岸丰富的木材资源、便利的江海交通条件、敢为人先的闯海精神和高超的工匠技能于此建立了横屿船屯，成为当时与温麻船屯、番禺船屯并列的东吴三大造船基地之一，这个造船基地在丰富横屿、阳屿、仙口一带自然地名的实体文化同时，后来也形成了由万船谐音而来的“万全”地名。唐宋以降，温州郭公山麓成为朝廷官办造船场的集聚区，年造船数最高达到600艘，居全国之冠，由此又产生了造船场、斛割场等经济地名。对此，明弘治《温州府志·古迹》记载：“造船场在州治东。又有斛割场。”

在行舟楫之便、得造船之利和悍勇民风的三重影响下，浙西南历有手工生产、江海贸易和勇闯天下的传统。瓯，从瓦从区，《说文解字》：“小盆也。从瓦区声。”古也作“欧”“沤”。《逸周书》卷七：“东越海蛤，欧人蝉蛇，蝉蛇顺食之美。遇越纳□。姑妹珍，且瓯文蜃，其人玄贝，海阳大蟹。”“伊尹朝，献商书……伊殷受命，于是为《四方令》曰：‘臣请正东，符娄、仇州、伊虑、沤深、十蛮、越沤，剪发文身，请令以鱼皮之鞞，乌鲗之酱，鲛鼥利剑为献。’”《越绝书》卷二：“后十年，高皇帝更封兄子濞为吴王，治广陵，并有吴……西到陈留县，还奔丹阳，从东欧。越王弟夷乌将军杀濞。东欧王为彭泽王，夷乌将军今为平都王。”宋代罗泌《路史》卷二十七：“《四方令》：‘越沤在正东，越之分。’或云即瓯人，沤、欧、瓯、区通。”清孙怡让《温州建置沿革表引》：“（温州）夏为瓯、殷为沤、周为欧，实一字也。”从瓯、欧、沤等字的起源和流传来看，当为古越语音译，而之所以最终以“瓯”为正字，则疑与瓯越之地自古多业陶者，并曾以陶瓷为主要贸易产品相关。陶瓷，窑之品。受此影响，浙西南自古多以“窑”“陶”得名的村落名称。乐清的“碗窑山”“平窑”，瑞安的“缸窑”，苍南的“盛陶”，永嘉的“金窑”“窑底”，龙泉的“大窑”“瓦窑垟”等都是其中的典型，而龙泉的琉田，则由制瓷的釉料得名。

“江城如在水晶宫，百粤三吴一苇通。”南宋陈傅良的诗句以文艺的手法描述了温州古代海上交通的便利与发达。浙西南作为浙江青瓷的发源地和主产区之一，在古代瓯窑和宋代以来的龙泉窑影响下，宋、元两代于温州设置了市舶司，这片区域在古代海上丝绸之路的贸易过程中也形成了市舶务、来远驿、待贤驿、马头（码头）等地名，引发了带有导航功能的江心屿东塔、西塔的建造。“两寺今为一，僧多外国人。”南宋诗人徐照的《题江心寺》诗道出了江心屿、江心寺在温州文化与商贸交流中的独特地位，也道出了江心屿、江心寺地名在经济文化中的独特魅力。与此同时，浙西南区域丰富的物产和当地民众高超的工匠技艺也造就了当地丰富的物产，温州皮纸、温州蠲纸、温州漆器、温州瓯绣、遂昌黑陶、龙泉刀剑、处州白莲等至少在唐、宋即享有盛名，与青瓷共同构成商贸交流的重要产品。因此，蒲鞋市、瓦市、油车巷、皮坊巷、漆坊巷、卖麻桥、打绳巷等与手工作坊相关的村落、坊巷地名，都充满浓浓的商贸气息，而这也对当代的经济与文化地名产生了不可忽视的影响。

浙西南襟江带海，地锁浙闽的独特地理位置，也决定了其在古代海防中的前哨地位和明代抗倭战争中的重镇地位。明代，朝廷在这个区域先后设置了温州、盘石、金乡、处州4卫，海安、宁村、瑞安、平阳、蒲岐、沙园、盘石后、蒲门、壮士等守御千户所，龙湾、沙沟、沙郫、长沙、前岗、丁田、田寨、上坞、东山、黄华、浦东、屿山、镇下门、陡门、仙口、眉石南、眉石北、江兼、烽火、庙背、屿门、舥艚、大岙、炎亭、大濩、小濩、石塘、石砰、小渔野、大渔野等数十个陆寨、水寨，陌城、永昌、下堡、永嘉、梅头、山黄、寿宁、县后堡、永康、宁安、石梁、福安、鹤渚、龟峰、宋埠、仙口、前仓、蔡家山、东魁等城堡，并建有大量关隘和数百座烽堠，这些海防和抗倭设施遗迹、遗址地名，是浙西南海防文化的重要见证和经济文化地名的重要组成部分，其中蒲壮所城、永昌堡等已经成为全国重点文物保护单位。

改革开放以来，在千山万水中孕育的浙西南人民，吃尽千辛万苦，想尽千方百计，敢为人先、勇于创新，民营经济率先崛起，创造出世界瞩目的“温州模式”，收获了“中国鞋都”“中国休闲服装名城”“中国电器之都”“中国汽摩配之都”“中国泵阀之乡”等誉称，成为数十个产品的国家级生产基地，应运而生了永嘉桥头纽扣市场、温州皮革鞋料市场、温州鞋城、柳市电器城、温州国际鞋城、温州文化商品市场、温州浙南钢材市场、松阳县浙南茶叶市场、庆元香菇市场、青田石雕工艺品市场、龙泉青瓷批发市场等大量专业市场和温州五马街等商贸文化街区，这些都是新时代浙西南经济与文化地名的新特色。

地质复杂、山高林密、沟壑深邃、溪瀑飞溅是浙西南的典型自然地理特征。雄奇的山川，秀丽的溪涧，多姿的岛礁和掩映在山水中的古村落造就了江浙屋脊、浙南山水秘境雁荡山、仙都山、南明山、玉苍山、东西岩、楠溪江、百丈漈、江心屿、南麂列岛等以自然山水为特色的风景名胜区，以及凤阳山—百山祖、九龙山、雁荡山、乌岩岭、石门洞、铜铃山、花岩、遂昌等自然保护区和森林公园地名，并由此成为四海林场等农林经济地名的密集区。自古以来，以南朝永嘉太守谢灵运为代表的旅行家，开创了中国山水诗派，以薛季宣、陈傅良、叶适等为代表的南宋文人于此开创并传承光大了永嘉学派。“乱流趋孤屿，孤屿媚中川。云日相辉映，空水共澄鲜。”“悠悠清江水，水落沙屿出。”谢灵运的《登江中孤屿》和孟浩然的《登江中孤屿赠白云先生王迥》等流传在浙南山水诗路上的脍炙人口诗篇，丰富了自然山水的人文内涵，“学主礼乐制度，以求见之事功”“以利和义，不以义抑利”等反对空谈性理，倡导“制度新学”的永嘉之学对后世区域经济的发展产生了巨大的影响，并也在地名上留下深刻烙印。

浙西南山区密布的沟壑和多雨的气候特征，也在古代给当地居民生产生活带来了严重的制约。当地居民在适山开路、遇水架桥过程中，也创造性地发明了廊桥这一既可便利交通，又可遮阳避雨、休憩交流的建筑艺术，于是乎，廊桥本身，以及与廊桥相关的地名由此成为当地重要的交通和文化地名，泰顺廊桥、处州廊桥在成为全国重点文物保护单位的同时，也以独具的魅力，成为新时期当地山区文化和乡村振兴的金名片，丽水庆元因此获得"中国廊桥之乡"的美誉。浙西南山区复杂的山地也是畲族在浙江的最大聚居地，由此产生了全国唯一的畲族自治县——景宁畲族自治县，以及数量较多的畲族乡。古畲民刀耕火种，崇拜凤凰，在山高林密、蛇虫横行的环境中"结庐山谷，诛茅为瓦，编竹为篱，伐荻为户牖"，因此形成大量以"寮""畲""凤"等命名的地名。受浙西南丰富的森林、红(黄)壤资源和古代相对贫苦的生活水平影响，当地山区也形成大量以土为墙、以木为架、烧陶为瓦的土木结构民居，这些传统民居与自然相辉映，与山水相和谐，与儒学互彰明，是我国山地民居的典型的实例之一，数以百计被列入中国历史文化名村和中国传统村落名录的古村落，由此成为浙西南新时代经济与文化地名的重要组成部分。

浙西南山区密布的溪流和沿海汹涌的波涛，也对当地利用自然提出了严峻的挑战，凿池蓄水、筑堰灌溉、建渠引流、砌塘捍卤、甃碶排涝由此成为古代水利建设的主要成就，古方塘、通济堰、莲花堰、英川堰、好溪堰、通济渠等山区水利设施，万全塘、南塘、花树塘、天宁埭、天宁闸、泄漏埭、瞿屿山塘、外沙新埭、山前陡门、石岗陡门、黄花陡门、玉壶硃、大日水塍等古水利设施名称由此产生，并由此形成大量以"堰""塘""埭""闸""陡门"等命名的村落地名和景区、景点地名。其中，始建于南朝梁的通济堰现公布为全国重点文物保护单位。但是，与浙东区域捍卤蓄淡水利设施命名方式略有差异的是，浙西南大量的海塘和碶闸多以"埭""陡门"作通名，并存在以"硃""水塍"作海塘通名的现象。中华人民共和国成立以后，又兴建了大量的水库、水电站、引水渠、标准海塘、多孔碶闸。其间，紧水滩水库、紧水滩水电站、滩坑水库、滩坑水电站、赵山渡、珊溪水利枢纽等大中型水利工程建成，并由此产生千峡湖、飞云湖等用于旅游业的别称。瓯江、飞云江、鳌江等江河在滋养哺育当地城镇、村落的同时，也是古代重要的交通主动脉，渡口、埠头等交通要道对当地城镇、聚落的形成、壮大和商贸业的发展起到了重要的作用，因此也形成了较多数量以"渡""埠"作通名村镇名称，而自东向西流淌的天然河流对南北交通也产生了阻隔，为打通这种阻障，温州人民合理改造相关天然河流，将之开凿、改建为贯通温州、瑞安两地的温瑞塘河，而这条河流在改善交通，促进商贸的过程中，也因历代文人的诗词歌赋和游记散文而成为一条"文化河"。

1924 年 12 月，中共温州独立支部在温州城内成立，1927 年 1 月，丽水第一个党组织中共遂昌支部在遂昌县大柘镇柘溪上村成立，分别拉开了温州和丽水两地革命斗争的伟大序幕，革命火种从此撒播浙西南大地。1930 年 11 月，浙南红军游击队在永嘉县溪下村成立，1930 年 4 月，浙南红军游击队在永嘉枫林改编为中国工农红军第十三军，1932 年 3 月又于平阳县麻步镇成立浙南红军游击队，革命火种开始燎原瓯江两岸。1935 年，中国工农红军挺进师进驻浙西南，并逐渐活跃于松阳、龙泉、遂昌、云和、庆元、景宁、丽水、缙云、青田、泰顺、平阳、瑞安等地，1936 年 9 月，浙南红军游击队与中国工农红军挺进师在瑞安葛藤湖胜利会师，革命力量由弱变强，从此开辟了浙南革命根据地。此后，红军挺进师在粟裕率领下开赴皖南抗日前线编入新四军，留守武装在刘英的领导下坚持敌后斗争，并于后来发展成为中国人民解放军浙南游击纵队。在此革命斗争过程中，浙南红军游击总指挥部旧址、红十三军的诞生地、浙南红军游击队与红军挺进师会师地、浙西南革命根据地、中共浙江省第一次代表大会会址、中共浙江临时省委成立旧址、斋郎战斗遗址等大量红色地名成为传承红色精神、赓续红色血脉的不朽地标。

第一章　经济区域名称

第一节　国家级新区

浙江舟山群岛新区(Zhèjiāng Zhōushān Qúndǎo Xīnqū)　在舟山市。以舟山市全境为新区范围。总面积 2.22 万平方千米(其中陆域面积 1 440 平方千米)。2011 年 6 月 30 日,由国务院批准设立,由浙江省人民政府管理。全国首个以海洋经济为主题的国家级新区。定位为浙江海洋经济发展的先导区、海洋综合开发试验区和长江三角洲地区经济发展的重要增长极。以我国大宗商品储运中转加工交易中心、东部地区重要的海上开放门户、海洋海岛综合保护开发示范区、重要的现代海洋产业基地、陆海统筹发展先行区为发展目标。已建有舟山大宗商品交易中心、舟山港综合保税区。在建有绿色石化基地、舟山波音完工中心等重大项目。已形成公路、水路、航空 3 种方式构成的交通运输网络。宁波—舟山港为全球吞吐量最大的海港。

第二节　开发区名称

杭州高新技术产业开发区(Hángzhōu Gāoxīnjìshùchǎnyè Kāifāqū)　在杭州市南部。东至风情大道,南至滨文路,西至滨康路,北至闻涛路。占地面积 8 564 公顷。1991 年 3 月 6 日经国务院批准为国家级高新技术产业开发区,并由杭州市管理。以科技创新推进转型升级,全面提高自主创新和辐射带动能力,打造具有全球影响力的创新创业中心,成为创新驱动转型升级示范区、互联网大众创业集聚区、科技体制改革先行区、全球电子商务引领区和信息经济国际竞争先导区。已建立 9 个国家级基地,培育 11 个特色产业园,入驻网易、阿里巴巴等知名企业 498 家。有地铁和公交线路。

萧山经济技术开发区(Xiāoshān Jīngjìjìshù Kāifāqū)　在杭州市萧山区中部和北部,分市北、桥南 2 区块。市北区块南靠城区,东至浙赣绕行铁路,北至解放河,西至风情大道。桥南区块南至机场城市大道,东至红山农场,北至杭甬(S2)高速,西至京福(G104)国道。占地面积 3 300 公顷。1990 年建立。1993 年 5 月经国务院正式批准为国家级经济技术开发区,并由萧山区人民政府管理。形成了机械制造、电子电器、轻纺服装、汽车及关键零部件、医药食品、建材家具、新材料新能源等支柱产业。入驻企业700余家，其中美国通用电气、德国采埃孚、意大利菲亚特等世界500强企业15家落户于此。有杭州软件产业基地萧山扩展区块1个国家级产业基地。杭甬铁路客运专线、沪昆铁路，杭州绕城(G2501)、杭甬(S2)、机场(S4)高速公路穿境，通地铁和公交线路。

杭州余杭经济技术开发区(Hángzhōu Yúháng Jīngjìjìshù Kāifāqū)　在杭州市余杭区东北部。东至京杭运河二通道，南到星光街，西临超山风景区，北至京杭大运河。占地面积7 694公顷。1993年建立。原为省级开发区。2001年以其中220公顷区域设立余杭高新技术产业园区。2012年7月经国务院批准为国家级开发区，并由杭州市委托余杭区管理。已形成以智能装备、医药健康、绿色环保、布艺家纺为主的产业体系。有注册企业3 000多家，其中规模以上工业企业280余家。主要有巴布科克日立(杭州)环保设备有限公司等世界500强企业，以及杭州老板实业集团有限公司、贝达药业股份有限公司、杭州长江汽车有限公司等一批行业领军企业。建有全省第一个生物医药高新技术产业园区，以及智能能源小镇和传感小镇2个市级特色小镇。沪杭、宣杭2条铁路，沪瑞(G320)国道过境，通多条公交线路。

富阳经济技术开发区(Fùyáng Jīngjìjìshù Kāifāqū)　在杭州市富阳区东北部。北起银湖街道舒姑垟村，南至江滨东大道，西起高富路，东至东洲街道黄公望村。占地面积741公顷。1992年8月建立，原名富阳县富春江经济开发区，为省级开发区。2012年10月经国务院批准为国家级开发区，并更今名。由富阳区人民政府管理。已形成以信息技术、智慧经济、生物制药、电子器件、机械制造、现代装备为主，现代服务业为辅的新型产业集聚区。入驻浙江富春江通信集团有限公司、中船重工第七一五研究所、杭州飞鹰船艇有限公司等180余家企业。高尔夫路、大岭山路自东南向西北贯穿园区，并与富阳城区相接。

浙江杭州青山湖科技城(Zhèjiāng Hángzhōu Qīngshānhú Kējìchéng)　在临安市东部。东接余杭区，南至杭瑞(G56)高速公路，西至锦北街道潘山村，北接彭余(S207)省道。规划占地面积115平方千米。以青山湖得名。2009年5月15日省政府正式批准建立为省级科技城，并由省级管理。主要功能为推进高新技术及其产品的研究开发，加快高新技术成果的中试转化，培育孵化高新技术企业及科技型中小企业，集聚培养研发创新人才，辐射带动全省乃至长三角地区经济转型升级。规划建设研发区、产业化区、现代服务和综合生活配套区、生态休闲区等四大功能区。已集聚46家科研院所、高校和企业创新载体，2 100余名高层次人才。拥有杭叉集团、杭氧股份有限公司等规模以上企业118家。其中国家高新技术企业50家，产值亿元以上企业43家。杭瑞(G56)高速公路、彭余(S207)省道过境。

宁波经济技术开发区(Níngbō Jīngjìjìshù Kāifāqū)　在宁波市北仑区东北部。地处甬江入海口南岸，依山面海。面积29.6平方千米。1984年10月18日经国务院批准建立国家级开发区，由宁波市管理。1992年10月21日经国务院批准将北仑港工业区的重点开发区域并入，统称宁波经济技术开发区。为中国建区最早、面积最大的国家级开发区之一。包括科技创业园、大港工业区、青峙工业区、数字科技园、国际物流园区、春晓园区、台塑宁波石化工业园等。已建立石化、能源、钢铁、造纸、汽配、造船六大临港产业。引入近40个国家和地区众多世界著名跨国公司。杭甬铁路北仑支线，甬台温(S1)、穿山疏港(S20)2条高速公路过境，通多条公交线路。

宁波石化经济技术开发区(Níngbō Shíhuà Jīngjìjìshù Kāifāqū)　在宁波市北仑区东北部。东起海塘—海呈路—新泓口围垦区一、二期，西至镇浦路，南邻威海路，北迄通海路。占地面积56.22平方千米，为镇海区历年围垦的滩涂建成。原为宁波(镇海)化工区。2010年12月30日经国务院正式批准建立国家级开发区，并改今名，由宁波市管理。为中国重要的石化和化工产业园区之一，重点发展乙烯下游、合成树脂和基本有机化工原料为特色的石油化工产业，逐步形成上下游一体化的石化产业链。有全国最大的炼化一体化企业镇海炼化，全国最大的公共液体化工码头。入驻规模以上企业57家，其中有法国道达尔、荷兰阿克苏诺贝尔等22家产值超亿元以上企业。通多条公交线路。

宁波大榭开发区(Níngbō Dàxiè Kāifāqū) 在宁波市北仑区东北部。以大榭岛及周围7个小海岛组成。面积35.2平方千米。1993年3月5日经国务院批准建立国家级开发区，由宁波市管理。规划建成具有国际竞争力的石化产业基地和国家能源中转基地。重点发展临港石化、港口物流、能源中转等产业。为宁波—舟山港重要组成部分。已建成各类泊位39座，其中万吨级以上泊位20座，包括国内规模最大的45万吨原油码头和10万吨级集装箱泊位等。有大榭水上客运站，开通至舟山、普陀山、桃花岛多条航线。大榭跨海公铁两用大桥和大榭二桥连接大陆，通多条公交线路。

宁波杭州湾经济技术开发区(Níngbō Hángzhōuwān Jīngjìjìshù Kāifāqū) 在慈溪市北部。东起水云浦江，西至钱塘江，南起庵东镇南分界线，北至杭州湾海域。占地面积1 000公顷。以地处杭州湾南岸得名。2005年6月经国务院批准设立浙江慈溪出口加工区。2014年2月经国务院批准为国家级经济技术开发区，由宁波市管理。新区发展目标是“国家统筹协调发展的先行区、长三角亚太国际门户的重要节点区、浙江省现代产业基地、宁波大都市北部综合新城区”。东部为工业区、中部为新城生活区，西部是生态休闲区。有德国大众、德国博世、荷兰联合利华、吉利集团、中信戴卡等13家世界500强企业投资落户于此。有高等院校2所。杭州湾跨海大桥、沈海(G15)高速公路连接周边城市群，通多条公交线路。

温州经济技术开发区(Wēnzhōu Jīngjìjìshù Kāifāqū) 在温州市龙湾区东部。东至滨海塘河，西至滨海大道，南至滨海十七路，北至滨海一路。总规划面积133.7平方千米。1992年3月经国务院正式批准建立国家级开发区，由温州市人民政府管理。重点培育电气机械、服装鞋革等传统优势产业和海洋科技与激光光电、新能源新材料、高端装备制造、电商与物流、汽车产业等新兴产业集群。有工业企业680家，亿元产值以上企业87家。通多条公交线路。

嘉兴经济技术开发区(Jiāxīng Jīngjìjìshù Kāifāqū) 在嘉兴市秀洲区。分西南和东北2区块，西南区块东至乍嘉苏高速公路、南至白云桥港、西至九里港、北至320国道，东北地块东至沪杭铁路、南至中环北路、西至苏州塘、北至三环北路。占地面积1 100公顷。1992年8月经省政府批准设立。2010年3月经国务院批准升格为国家级经济技术开发区，由嘉兴市人民政府管理。形成了集现代制造业、现代服务业、高新技术产业和高等教育等为一体的产业集群，累计引进40多个国家和地区600多家外商投资企业，有26家世界500强企业。有汽车零部件、化纤纺织、电子信息、精密机械、食品加工等重点产业，驻有雅培营养品有限公司、乐高玩具制造有限公司、飞利浦电器有限公司、海拉灯具有限公司等知名企业。交通便捷，有铁路、高速公路、运河和海港连接沪、杭、甬及国内外各大江海港口，通多条公交线路。

嘉兴科技城(Jiāxīng Kējìchéng) 在嘉兴市秀洲区。东至外环河，南至沪杭高铁，西至三环东路，北至角里街。占地面积2950公顷。2003年由省人民政府批准设立。由嘉兴市人民政府管理。以“创新研发、创业孵化、产业示范、科技服务、综合配套”为发展格局，定位为省校(院地)合作示范区、全面接轨上海的先行区、科技改革试验区、成果转化孵化区、信息经济集聚区。有浙江清华长三角研究院、浙江中科院应用技术研究院等21个研究所、15个国家工程研究中心及嘉兴中俄科技园、嘉兴中欣自动化设备有限公司等600多家创新型企业。通多条公交线路。

平湖经济技术开发区(Pínghú Jīngjìjìshù Kāifāqū)　在平湖市西北部。东至上海塘，南至嘉兴塘、平成路，西至西环路，北至北市河。占地面积27.5公顷。1996年8月组建平湖六店工业区管理委员会，1998年6月更名为平湖工业园区，2000年7月升格为省级经济开发区，定名浙江平湖经济开发区。2013年1月经国务院正式批准建立国家级经济技术开发区。由平湖市人民政府管理。是省级信息产业特色园区，也是浙江省政府批准的全省唯一的一个日本投资工业园区。投资行业集中在通信、电子、精密机械、电机等产业，形成了光、机、电一体化和服饰生产、包装、销售一条龙的产业特色。入驻企业900余家，其中外资企业超300家，投资总额约45亿美元。沪杭高铁，沪昆(G60)、杭州湾跨海大桥北接线(S7)等多条高速与之相邻。

乍浦经济开发区(Zhàpǔ Jīngjì Kāifāqū)　在平湖市西南部。东至乍王路，南至滨海大道，西至海盐县界，北至外环西路。占地面积580公顷。1993年2月由浙江省人民政府批准设立，为省级经济开发区，由嘉兴市人民政府管理。区内有各类企业389家，其中外商独资、合资企业12家，形成了化工新材料、金属制品、仓储物流等为主的临港特色产业。有英荷壳牌润滑油沥青项目以及日本帝人聚碳酸酯、德山气相二氧化硅、岩谷气体、新加坡美福石化、合盛化工、嘉化工业园、三江化工、庆安化工等化工新材料项目入驻。沈海(G15)、乍嘉苏(S11)、杭州湾跨海大桥北接线(S7)3条高速公路和杭沪(S101)、乍王(S202)2条省道贯穿境内。有嘉兴港国家一类开放口岸，是浙北地区唯一的出海通道和贸易口岸。

浙江独山港经济开发区(Zhèjiāng Dúshāngǎng Jīngjì Kāifāqū)　在平湖市东南部，与上海市金山区接壤。东至汇港路(规划名)，南至一线海堤，西至独山排涝应急河，北至海河路。占地面积714公顷。因在独山港镇，故名。2003年3月组建，2007年8月被列入嘉兴市级工业区，2014年8月经浙江省政府批准升级为省级经济开发区。由平湖市人民政府管理。是浙北地区唯一的深水良港，为国家一类开放口岸。已建成外海泊位11个，其中万吨级以上泊位9个。在建泊位6个，其中万吨级泊位3个、千吨级泊位3个。区内以新能源、新材料、先进装备制造业为发展重点，有规模以上企业104家。入驻有美国阿丹米、浙江物产、中国航油、上港集团、浙能集团、传化集团等多家企业。设有沈海(G15)高速公路独山港东、西2个出口，杭沪(S101)省道贯穿境内。

桐乡经济开发区(Tóngxiāng Jīngjì Kāifāqū)　在桐乡市南部。东至世纪大道，南至二环南路，西至二环西路，北至校场路。占地面积3890公顷。因是市内首个经济开发区而得名。1993年11月经省人民政府批准为首批省级经济开发区，由桐乡市政府管辖，1996年设立桐乡经济开发区崇福分区，梧桐、高桥、屠甸3个工业区纳入开发区总体规划。有国家级玻璃纤维出口示范基地、浙江省外商投资新兴产业示范基地。自2006年起每年都居省级经济开发区利用外资“十强”之一。现有企业390家，已形成新能源、新材料、汽车装备及零部件产业、现代服务业、时尚产业等产业集群。巨石集团为世界最大玻纤生产企业，浙江华友钴业是世界第三大钴化学品制造企业。设有沪昆(G60)高速桐乡出入口和沪杭高铁桐乡站，通多条公交线路。

浙江海盐经济开发区(Zhèjiāng Hǎiyán Jīngjì Kāifāqū) 在嘉兴市海盐县东北部。东至泾海河,南濒杭州湾,西至盐齐路,北至杭沪(S101)省道。占地面积1 000公顷。1994年8月经省政府批准设立。由海盐县人民政府管理。区内分多个组团,其中东北组团以仓储、物流及货物加工为主,东南组团以建材和化工产业为主,西北组团以高级纸业、五金加工及纺织服装业等特色产业为主,西南组团以电子、精密仪器及生物工程等高新技术产业为主。入驻有吉安集团、浙江协和首信钢业公司、海利集团等企业。杭沪(S101)省道、杭州湾跨海大桥北接线(S7)、杭州湾环线(G92)高速公路与之相邻。

湖州经济技术开发区(Húzhōu Jīngjìjìshù Kāifāqū) 在湖州市吴兴区西北部。东至龙溪港,南至鹿唐省道(S306)东山段,西、西北与长兴县相邻,北与仁皇山街道相接。占地面积800公顷。1992年8月经省政府批准设立。2010年3月经国务院批准升格为国家级经济技术开发区,由湖州市人民政府管理。形成了以生物医药、节能环保、电子信息为主导的三大产业体系,建有南太湖生物医药产业园。入驻企业153家,主要有永兴特种不锈钢股份有限公司、湖州数康生物科技有限公司、协和华东干细胞基因工程有限公司等。有宁杭铁路客运专线、宣杭铁路2条高铁,长深(G25)、沪渝(G50)、申嘉湖(S12)3条高速公路,京福(G104)、沪聂(G318)2条国道过境。设有湖州高铁站、浙北客运中心和高速鹿山枢纽以及高速湖州南、湖州北2个出入口。水运有长湖申航道。区内交通以公交为主。

长兴经济技术开发区(Chángxīng Jīngjìjìshù Kāifāqū) 在湖州市长兴县境东部。东接太湖,南临长兴港,西近主城区,北靠合溪新港,占地面积3 500公顷。1992年建立,1994年被浙江省人民政府批准为省级经济技术开发区,隶属长兴县人民政府直辖。2010年经国务院批准,升为国家级经济技术开发区。以优化利用外资,调整产业结构,创新发展高新技术产业与高附加值服务业为目标。入驻企业345家,其中规模以上企业91家,形成装备制造、电子电器、新能源、纺织服饰等特色产业,列为全国首批太阳能光伏发电集中应用示范区之一。有宁杭铁路客运专线、长深(G25)高速公路、京福(G104)国道过境。设高铁长兴站、长途汽车站,以及长兴南、长兴2个高速出入口。

绍兴高新技术开发区(Shàoxīng Gāoxīnjìshù Kāifāqu) 在绍兴市越城区东南部。东起二环东路,西至环城东路、会稽路,北起京福(G104)国道,南至二环南路。1992年8月由浙江省人民政府批准设立。因由市级筹建,故原名绍兴经济开发区。占地面积10.4平方千米,是浙江省五个重点开发区之一。1997年增挂绍兴高新技术产业园区牌子。2010年11月29日经国务院批准为国家级高新技术开发区,并由绍兴市人民政府管理。实施"二三产业齐头并进"的发展战略,集中发展高新技术产业。已基本形成以光电系列、集成电路设计封装测试和应用软件为主的电子信息产业集群。集中了绍兴全市90%以上的软件企业。在北部的天际中心高288米,为绍兴市的地标性建筑。京福(G104)国道过境。

绍兴袍江经济技术开发区(Shàoxīng Páojiāng Jīngjìjìshù Kāifāqū) 在绍兴市越城区东北部。东起越东路,西至杭甬运河,北起曹娥江,南至洋江路。占地面积66平方千米。2000年7月始建。因地域最南端叫袍谷,最北端叫三江,合称"袍江",故原名袍江工业区。2010年4月25日经国务院批准为国家级经济技术开发区,并由绍兴市管理。以"工业立区、产城融合"的总体发展思路,建设绍兴中心城市新组团和以高新技术产业为主导的现代化工业新城区。重点发展节能环保、新材料、机械电子、食品饮料、现代轻纺、生物医药等产业体系。商贸业建成了以中国汽车城市场、中国安防城市场为龙头的商贸、物流和服务设施。已入驻海南椰树集团、美国唯上科技、杭州民生药业等国内外知名工业企业 238 家。杭州湾环线(G92)高速过境,设有 1 个高速出入口。

杭州湾上虞经济技术开发区(Hángzhōuwān Shàngyú Jīngjìjìshù Kāifāqū) 在绍兴市上虞区北部。东临余姚市,西至滨海新城,南起崧厦镇和盖北镇,北濒杭州湾。占地面积 10 平方千米。1998 年为国家发改委核准的省级上虞工业园区。2013 年 11 月 30 日,国务院批准为国家级开发区并更为今名。规划以高新技术产业为先导,重点发展高端装备制造、汽车及关键零部件、新能源新材料、绿色电子电器等新兴战略产业及高端服务产业,通过实施产业集群、创新驱动、开放带动、绿色发展四大途径,打造成长三角南翼最具活力的高端制造业产业基地。主要由先进制造产业区和滨海新城两大区域组成,形成了机械装备、家用电器、生物医药、汽车制造等产业集群。引入国内外上市公司 15 家,其中有日本伊藤忠株式会社、荷兰蒂斯曼集团等世界 500 强企业 4 家。常台(G15W)高速公路过境。

金华经济技术开发区(Jīnhuá Jīngjìjìshù Kāifāqū) 在金华市婺城区东部。东临武义江、梅江,西连白龙桥镇、长山乡,北接金华江,南毗安地镇。面积 102 平方千米。人口 20 万。1993 年 2 月经省人民政府批准建立,11 月金华市对外综合开发区并入。2010 年升格为国家级经济技术开发区。基本形成汽车及配件、电子信息、生物医药、高新材料四大主导产业,区内金融、保险、文化、体育、休闲娱乐等配套一应俱全。至 2014 年末,有注册企业 2 000 余家,其中有东晶电子、尖峰药业、康恩贝生物制药、金字火腿上市公司 4 家。通多条公交线路。

浙江兰溪经济开发区(Zhèjiāng Lánxī Jīngjì Kāifāqū) 在兰溪市中部。东起横山路,西至环城西路两侧,南起兰花路,北至金千铁路。占地面积 7.88 平方千米。创建于 1992 年 8 月,1993 年 11 月由浙江省人民政府正式批准为省级经济开发区,由兰溪市政府管理。为长江三角洲经济圈和浙中特色产业带的重要组成部分,是招商引资、对外开放和产业集聚的重要窗口和发展平台。已形成高档纺织、医药食品、机械电子、精细化工等产业群。引进企业 400 余家。有浙江康恩贝制药股份有限公司、浙江甬金不锈钢集团有限公司、浙江立马云山纺织股份有限公司等企业。获得“国家级天然药物产业基地”和“中国织造名城”称号。通多条公交线路。

义乌经济技术开发区(Yìwū Jīngjìjìshù Kāifāqū) 在义乌市中部。东至义乌江,南至香溪路,西至西城路,北至城中西路。总规划面积 4 400 公顷。1992 年 8 月开工,1994 年 8 月设为省级经济开发区,2012 年 3 月由国务院批准为国家级经济技术开发区,由义乌市人民政府管理。开发面积 1 800 公顷。现有入驻企业 479 家,其中,规模以上企业 356 家,高新技术企业 50 家,省级以上研发、技术中心 51 个。形成了袜业、纺织、工艺饰品、彩印包装、拉链等服务于中国义乌国际商贸城的优势产业。拥有省级以上企业 63 家,浪莎针织有限公司、浙江三鼎织造有限公司、浙江大德制药有限公司等在全国同行中居于领先地位。杭金(S103)省道贯境,建有五洲大道、四海大道等 7 条城市主干道,通多条公交线路。

浙江永康经济开发区(Zhèjiāng Yǒngkāng Jīngjì Kāifāqū) 在永康市中部。东至东环路,南至锡山路—长城大道,西至科源路,北至九鼎路。占地面积 10 平方千米。前身为 1999 年 11 月建立的永康市五金科技工业园。2002 年 8 月,经省政府批准为省级经济开发区,并由永康市人民政府管理。以五金产业为主导,集开发、生产、经营于一体,坚持“三为主、一致力”的建区方针,把开发区建设成为制度创新的先导、产业升级和经济结构调整的基地、两个文明的窗口和新的经济增长点。现有规模以上工业 168 家，入驻有众泰汽车制造有限公司、中国王力集团有限公司等企业。曾被命名为国家级乡镇企业科技园区、浙江省重点示范工业园。通多条公交线路。

浙江武义经济开发区(Zhèjiāng Wūyì Jīngjì Kāifāqū)　在金华市武义县东北部。四大区块组成：一区块，东至武义江、东升路，南至武阳路以南 100 米，西至省道上松线，北至武义江；二区块，东至东湖，南至杨排，西至陈村，北至毛村弄；三区块，东至黄金岭县界，南至董村，西至温寿(G330)国道，北至牛肩山脚；四区块，东至群山水库，南至杨垄水库，西至白鹭溪，北至三角店。占地面积 140 平方千米。1993 年批准为首批省级经济开发区。2010 年批准提升扩大经济开发区范围。开发区经历三个阶段发展，形成了五金机械、汽车摩配、文旅休闲用品三大主导产品的产业集群，内有规模以上企业 313 家。区内供电、供水、通讯、宽带、绿化、路灯等基础设施完善，金温铁路、长深(G25)高速，温寿(G330)国道，上松(S220)、永武(S312)省道过区。

浙江舟山群岛新区海洋产业集聚区(Zhèjiāng Zhōushān Qúndǎo Xīnqū Hǎiyáng Chǎnyè Jíjùqū)　散布于舟山市境。总面积 98 平方千米。核心区块在市境南部舟山岛北岸，西起大成一路，东至梁横山—骐骥山岛，北起舟山岛北部岸线，南至疏港公路，面积 33 平方千米。2010 年 9 月 21 日，由浙江省人民政府批准设立。委托浙江舟山群岛新区管委会管理。原名舟山海洋产业集聚区。2013 年 8 月 20 日更为现名。规划形成“一城诸岛”布局。其中，“一城”指中国(舟山)海洋科学城，“诸岛”指金塘岛、六横岛、衢山岛、舟山岛西北部、岱山岛西部、泗礁山岛、朱家尖岛、洋山岛、长涂岛、虾峙岛等区块。已形成海洋清洁能源、港口物流与港航服务、船舶与临港装备、临港石化、海洋旅游、现代渔业、水产品精深加工与海洋生物和大宗物资加工八大产业集群。地处南北海运和长江水道交汇点。已形成海、陆、空集疏运网络。

浙江舟山经济开发区(Zhèjiāng Zhōushān Jīngjì Kāifāqū)　在舟山市定海区东北部。西起大成一路，东至梁横山—骐骥山岛，北起舟山岛北部岸线，南到疏港公路。规划总面积 63.5 平方公里。现有面积 33 平方千米。1992 年 8 月由浙江省人民政府批准设立。省人民政府委托舟山市人民政府管理。初以建设舟山市对外开放、利用外资的平台，打造临港产业带、发展工业经济的新的重要增长极为发展目标。原分新港园区、临港园区和滨港园区 3 个区块。临港园区和滨港园区后因功能转变而陆续撤销。2010 年 7 月，由省政府批准在区内建设省级高新技术产业园区，主要配置海洋先进装备制造、海洋新能源新材料、海洋水产品精深加工、港口物流等海洋高新技术产业，以及科研、孵化等相应配套产业。有 5 万吨级和 3 万吨级公用码头各 1 座，为宁波—舟山港的重要港区。

浙江岱山经济开发区(Zhèjiāng Dàishān Jīngjì Kāifāqū)　在舟山市岱山岛西南部。东起高亭浪激渚，西到岱西双合，南到沿海岸线，北至岱西农业观光园，总规划面积 9.06 平方千米，其中建设用地面积 8.84 平方千米。1992 年 12 月经省人民政府批准设立。为岱山县主要的临港产业发展基地和招商引资拓展平台。主要发展船舶与海工产业、海洋生物产业和新材料产业。

浙江台州经济开发区(Zhèjiāng Tāizhōu Jīngjì Kāifāqū)　在台州市椒江区中部。东起椒金线，西至台州大道，南起海源路，北至黄海公路。占地面积为 5 782 公顷。1997 年 1 月，经浙江省人民政府批准设立，由台州市人民政府管理。目标为打造成为市本级现代产业发展的主平台和重要的先进制造业基地。已形成电子商务、汽车整车及零部件制造、新材料新能源制造的产业格局。园区内有企业 210 家，其中上市企业 3 家、国家级高新技术企业 14 家。丹东线(G228)过境，以公路运输为主。

台州湾循环经济产业集聚区(Tāizhōuwān Xúnhuánjīngjì Chǎnyè Jíjùqū)　在台州市东部。台

州湾(椒江口)南北两岸及温黄平原东部。包括台州市区东部、台州石化工业基地、临海市东部、温岭市东部4个组团。其中以台州市区东部为核心。重点规划区面积86.7平方千米。2010年12月由浙江省人民政府批准设立,台州市政府管理。因地理位置和产业特色得名。规划以发展模式循环型、产业导向高新型、空间环境生态型为路径,建设为中国循环经济发展示范区、浙江省海洋经济发展重点区和台州市转型发展核心引领区。有进驻企业100多家,主要有彩虹无人机台州基地、中车集团台州配套产业园、中德台州国际产业合作园、台州氢能小镇等项目。已建成台州湾大道、聚海大道、鲍浦大道、沿海快速通道等9条道路。

丽水经济技术开发区(Líshuǐ Jīngjìjìshù Kāifāqū)　在丽水市莲都区中部。东至紫金南路,南邻南屏街,西至石牛路,北至枫岭街。占地面积1 440公顷。1993年成立,2014年11月3日经国务院批准升格为国家级开发区并更为今名,由丽水市人民政府管理。定位为浙西南地区工业发展的重要集聚中心,工贸业综合发展与人居环境优越的丽水新城区。已形成节能环保装备制造业、生物医药产业、以生态合成革为主的生态轻工产业。此外还涉及新材料、塑料制品、家用电器、羽绒制品等产业。已引进入园企业347家。主要有丽水市驰洲皮塑有限公司、浙江得利亚制造有限公司、丽水市天宁电机有限公司、浙江飞雁羽绒制品有限公司等规模企业。温丽(G1513)、龙丽(S33)等高速公路过境。

第三节　工业区名称

萧山临江高新技术产业园区(Xiāoshān Línjiāng Gāoxīnjìshù Chǎnyèyuánqū)　在杭州市萧山区东北部。南至益农镇,北至前进街道,东至钱塘江,北至梅林湾部队农场。占地面积7 431公顷。2003年3月建立,原名杭州萧山临江工业园区。2006年4月17日经国家发展和改革委员会正式批准建立省级工业园区。2014年8月由杭州市委托大江东产业集聚区管理。重点开发汽车产业基地、机械装备基地、新能源产业基地、新材料产业基地和军民合作产业基地,形成工业经济发展的集中区。现有产业主要为汽车整车及零部件、机械装备、新能源、新材料,以及化工、纺织等。入驻企业有东风裕隆汽车、东方电气、吉利汽车全球研发技术中心、中国科学院新松机器人、力龙液压、恒逸高新材料等190余家。苏绍(S9)高速公路过境,通多条公交线路。

浙江嘉兴工业园区(Zhèjiāng Jiāxīng Gōngyèyuánqū)　在嘉兴市秀洲区东部。东起新丰镇界,南起乍王(S202)省道,西至三环东路,北至平湖塘和云西路。占地面积1 760公顷。2006年3月经省人民政府批准设立。由嘉兴市人民政府管理。为南湖区先进制造业发展基地,分商务科教文化核心区、战略性新兴产业发展区、新材料产业集聚区、都市型生态农业木艺区4个功能区块。形成了以通信电子、汽车机电、新材料为主的三大产业集群。入驻有嘉兴华人液压科技公司、浙江麦斯特姆有限公司、嘉兴市加伟化工有限公司等企业。通多条公交线路。

浙江嘉兴秀洲工业园区(Zhèjiāng Jiāxīng Xiùzhōu Gōngyèyuánqū)　在嘉兴市秀洲区西部。东至乍嘉苏(S11)高速公路,南至京杭大运河,西至西港,北至唐宋港。占地面积757公顷。2006年3月经浙江省政府批准设立。由嘉兴市秀洲区人民政府管理。重点发展精密机械、汽车配件、电子信息等产业。入驻企业300余家，其中规模以上企业129家。包括雅莹集团、五芳斋、嘉欣丝绸、福莱特玻璃等企业。有上海交大(嘉兴)科技园、国家纳米中心长三角(嘉兴)纳米科技产业发展研究院、中关村长三角创新园等创新创业平台。乍嘉苏(S11)高速公路过境，设高速出入口，与嘉兴城区相连。通多条公交线路。

浙江义乌工业园区(Zhèjiāng Yìwū Gōngyèyuánqū) 在义乌市东北部。东至规划中的外环线，南至义乌江，西至沪昆高速，北至规划中的外环线。规划总面积为1 734公顷。浙江义乌工业园区前身是义乌市义北工业区，1999年开工。2006年经国家发改委批准为省级工业园区，隶属于义乌商贸服务业集聚区管委会。现已开发面积330.3公顷。入驻企业155家，其中规模以上企业64家、高新技术企业2家。形成了以电子电器、衬衫、无缝内衣、针织、小商品制造、印刷为特色的优势产业。培育了欧意、华鼎、贝克曼、棒杰数码、博尼服饰等行业领军企业。嵊义(S310)省道贯穿整个园区，建有阳光大道等5条城市主干道，通多条公交线路。

浙江磐安工业园区(Zhèjiāng Pán'ān Gōngyèyuánqū) 在金华市磐安县东北部。东至夹溪，南至万苍乡，西至玉山镇，北至胡宅乡。可开发面积11 000公顷，已规划开发面积4 800公顷。创建于2002年。2006年9月经浙江省政府正式批准建立。其前身是金华市塑料软管特色工业园区、浙江省塑料软管工业专业园区，有“中国塑料软管城”之美誉。是我国最大的家用电器配套软管生产基地，占国内70%以上的市场份额，并远销美国、欧洲、中东等国家和地区。有工业企业150家，其中有浙江巨久轮毂有限公司、名仕科技股份有限公司、浙江凯越塑胶工业有限公司等规模以上企业28家，影视文化科技商务类企业200多家。地形以丘陵缓坡地为主，利用紧邻皇城湖、舞龙峡、十八涡、水下孔等景区的优势，建成园在景中、景园相依的人间创业乐园。

浙江定海工业园区(Zhèjiāng Dìnghǎi Gōngyèyuánqū) 在舟山市定海区西北部。包括北部沿海和西大塘2个区块。2006年由国家发改委批准设立。区域面积22.96平方千米，海岸线总长约18.7千米。北部沿海区块东起马岙街道三江码头，西至长丰西河，南起疏港公路，北至长白水道沿岸，用地面积为21.33平方千米。西大塘区块北起西塘河，西南临西大塘，东至疏港公路—马鞍河—戴家河，用地面积为1.63平方千米。主要布局以海洋工程为主的重装备工业、机械制造、港口物流等产业，重点引导发展海洋重化工产业。

第四节 保税区名称

宁波保税区(Níngbō Bǎoshuìqū) 在宁波市北仑区北部。东起进港路，西至太河路，南接疏港公路，北临北仑港区。面积2.7平方千米。1992年11月19日经国务院批准建立国家级保税区，由宁波市管理。具有进出口加工、国际贸易、仓储物流三大主体功能，享有“免证、免税、保税”政策，实行“境内关外”运作方式。为华东地区高科技产业发展和进出口物流集散的重要区域之一，已初步形成计算机、半导体光电、精密机械、国际贸易、仓储物流等产业集群。引入近40个国家和地区、5 000多家企业。杭甬铁路北仑支线，甬台温(S1)、穿山疏港(S20)2条高速过境。通多条公交线路。

宁波梅山保税港区(Níngbō Méishān Bǎoshuì Gǎngqū)　在宁波市北仑区东南部。东临国际航道和国际锚地，北靠北仑港区，南连佛渡、六横等舟山诸岛，西接象山港。面积 7.7 平方千米。2008 年 2 月 24 日经国务院批准建立国家级保税港区，由宁波市管理。重点发展国际贸易、港航物流、离岸服务和休闲旅游等产业。为宁波—舟山港核心区域。已建成一期工程 2.5 平方千米。开通韩国、西非、南美等 26 条国际航道。

舟山港综合保税区(Zhōushāngǎng Zōnghé Bǎoshuìqū)　在舟山市南部、北部。由舟山本岛分区和衢山分区组成，规划总面积 5.9 平方千米。2012 年 9 月 29 日由国务院批准设立。浙江省人民政府委托浙江舟山群岛新区管委会管理。舟山本岛分区在舟山岛北岸的白泉镇，面积 3 平方千米，主要功能定位为以海洋装备制造业、海洋生物产业、电子信息产业等先进制造业及仓储物流、进出口贸易为主。衢山分区在衢山镇鼠浪湖岛，区域面积约 2.9 平方千米，建有 41 万吨、20 万吨、15 万吨、10 万吨干散货泊位和 10 万吨液体散货泊位及堆场，重点发展矿石、煤炭、油品等大宗商品的仓储、配送业务。2014 年 1 月 8 日，舟山港综合保税区舟山本岛分区封关运作。2016 年 12 月 29 日，衢山分区一期工程封关运作。

洋山保税港区(Yángshān Bǎoshuì Gǎngqū)　在舟山市西北部的小洋山岛。由小洋山港口区域、东海大桥和与之相连接的陆上区域组成。规划面积 14.2 平方千米。2005 年 6 月由国务院批准设立。由上海市人民政府委托中国(上海)自由贸易试验区管理委员会管理。为上海国际航运中心的核心载体，也是我国第一个保税港区。主要发展和提供集装箱港口增值、进出口贸易、出口加工、保税物流、采购配送、航运市场等产业和服务功能，承担了建设国际航运发展综合试验区的重要使命。原规划 8.1 平方千米，其中舟山市内的洋山港区面积为 2.1 平方千米。2012 年，国务院同意洋山保税港区扩区，舟山市内的面积扩展为 7.3 平方千米。

第二章　农业设施名称

第一节　农场名称

宁波福泉山茶场(Níngbō Fúquánshān Cháchǎng)　国有茶场。在宁波市鄞州区东钱湖镇,东钱湖以南,象山港以北。以地处福泉山而得名。前身为鄞县福泉山畜牧场,始建于1958年。1971年更名鄞县福泉山林牧场,2014年更今名。总面积1.58万亩。有茶园3 600亩、杉木林8 000亩、毛竹及阔叶林4 150亩。为宁波占地面积最大、茶树品种最多的茶场,集茶叶种植、加工、销售、育种、茶园观光旅游功能于一体。有优良茶树品种100余种类。"东海龙舌"为省著名商标。通东钱湖环湖公路。

曙光农场(Shǔguāng Nóngchǎng)　国有农场。在舟山市普陀区朱家尖街道西北部。属浙江舟山群岛新区普陀山朱家尖经济功能区管委会管理。因寓意农业生产的美好前景而得名。原名顺母农场。1966年更今名。总面积1.2万亩。1958年筑塘围垦朱家尖、顺母、泗苏三岛之间的石牛港。1960年在围垦区内建顺母农场。1976年建成新北海塘和钓鱼礁海塘。昔生产棉花、原盐。现主营蔬菜、瓜果和花卉苗木,兼营盐业。通杭朱(G329)国道。

台州市国营椒江农场(Tāizhōu Shì Guóyíng Jiāojiāng Nóngchǎng)　国有农场。在台州市椒江区东南部。总耕地面积4 000亩。1955年始建,因处金清区境内,初名金清农场。由来自温州市、原黄岩县海门镇、原黄岩县路桥镇的千余名城镇青年为首批拓荒者。1956年改为地方国营黄岩县金清机械化农场。1963年,原黄岩县头陀区长潭水库移民迁入,建立单独核算的附属队。1980年改名为国营黄岩金清农场,1985年更今名。系海涂筑塘围垦而成。有轮窑、食品加工等厂。主产棉花、柑橘、稻谷、盐及蔬菜。通县道。

台州农垦场(Tāizhōu Nóngkěnchǎng)　国有农场。在台州市路桥区金清镇东南部。东靠黄琅山,南临金清闸港口,北背十塘浅海滩涂,西接金清镇。总耕地面积8 000亩。下辖3个分场。1977年从椒江三甲农场划出设立黄岩县黄屿涂农场。1984年属黄岩县管辖,命名为黄岩柑橘场。2000年更今名。昔以种植柑橘为主,今种植瓜果蔬菜,黄琅西瓜、香莴笋蔬菜为两大特色品牌。通县道,通公交。

凤凰山农垦场(Fènghuángshān Nóngkěnchǎng)　国有农场。在台州市三门县健跳镇。总耕地面积4 000亩。以在凤凰山而得名。前身是温州劳教所(1957—1964年)。1964年更今名,属省农场管理局定点农垦场。由8个生产队组成。2006年获省首批现代农业示范农场建设试点单位。已形成了以脐橙为主导产品的绿色食品生产基地、蔬菜示范基地和无公害水产品养殖基地。通县道，通公交。

第二节　林场名称

宁波市林场(Níngbō Shì Línchǎng)　国营林场。在宁波市鄞州区西部、余姚市南部，四明山腹地。经营面积9.7万亩。以地理位置而得名。创办于20世纪50年代，周边与余姚、鄞州、奉化、上虞、嵊州五县(市)接壤，大部分林地坐落在余姚市境内，下设相量岗、灵溪、仰天湖、林业队、黄海田、周公宅6个林区。绝大部分林地处于海拔500～900米，属于中亚热带常绿阔叶林亚区域，共有974种植物。有雪松、日本冷杉、茶花、海棠、樱花、红枫等观赏植物，还有南方红豆杉、鹅掌楸、金钱松、榧树、长序榆、榉树、樟树、野大豆、七子花等国家重点保护植物。通浒溪(S213)省道。

永嘉县特产试验场(Yǒngjiā Xiàn Tèchǎn Shìyànchǎng)　国营种植实验场。在温州市永嘉县北城街道戈田村。经营面积2 645亩。以地理位置和工作性质而得名。创办于1959年，以戈田、蛸蠓田2个自然村为基础。承担种植业技术对比试验、种植业技术示范、种植业技术规范制定、种植业新技术新成果推广许可等技术支持工作。由试种果树的单一生产单位，发展成综合经营的全民农垦企业。通仙清(S223)省道，邻诸永(S26)高速公路。

四海山林场(Sìhǎishān Línchǎng)　国营林场。在温州市永嘉县北部。面积3.8万亩。因地处四海山而得名。四海意其山势较高，林木茂密，林如海、花如海、雾如海、雪如海。建于1962年。1992年，林场内建四海山省级森林公园。森林植被主要有杉木林、柳杉林、黄山松林、马尾松林、竹林、杉松混交林、天然常绿阔叶林、天然常绿阔叶落叶阔叶混交林、人工种植经济林等。有浙江水青冈、香果树、金钱松、黄山木兰、紫茎等珍稀植物和黑麂、金钱豹、猕猴、穿山甲、獐、虎纹蛙等珍稀动物。为温州市的主要林场之一，楠溪江国家风景名胜区的组成部分。邻诸永(S26)高速公路、仙清(S223)省道，通盘山公路。

正江山林场(Zhèngjiāngshān Línchǎng)　国营林场。在温州市永嘉县东南部。以在正江山而得名。创办于1957年。共有植物1 063种，其中国家重点保护野生植物和珍稀濒危植物15种。药用植物712种，约占总物种数的67%，其中珍稀濒危药用植物14种。森林覆盖率96%，活立木蓄积量7万立方米。建有龙湾潭国家森林公园。邻诸永(S26)高速公路。

金朱林场(Jīn-Zhū Línchǎng)　国营林场。在温州市文成县境北部。面积2.5万亩。以原金星乡、朱阳乡划地成立而得名。1956年始建时称山甲坳苗圃场，1957年改称今名。林场下设三甲、三条步、园丰、上林4个林区，森林覆盖率98.48%。生态公益林2.3万亩，占全场总面积的95%。2011年建省级金珠林场公园。林场地处高海拔地区，集观光、科普、农业于一体。通二金线。

山华林场(Shānhuá Línchǎng)　国营林场。在温州市文成县境南部，飞云江中上游，文成、泰顺、平阳三县交界处。以“青山华丽”中“山华”二字而得名。场部原是寺庙陈坑庵，因此又名陈坑林场。1958年建场时称东瓜坪林场。1961年称国营文成县山华林场。全场总面积2万余亩，其中生态公益林1.8万亩。林场下辖三大林区、四个护林点。分成各不相连的六大块。全场现有森林蓄积3.9万立方米，主要是柳杉、松木和杉木3个树种。森林覆盖率达98.6%。通仰矾线，邻溧宁(G4012)高速公路。

石垟林场(Shíyáng Línchǎng)　国营林场。在温州市文成县境西部，飞云江中上游，文成、泰顺、平阳三县交界处。以场部驻地而得名。1958年建成。总面积约8.6万亩，浙江省五大林场之一，为温州市海拔最高、面积最大、森林植被最好、森林资源最丰富的林场。辖吴垟、石角、双苗、石展、水牛塘、廷培、干坑坳、竹苗、新演9个林区。有杨顶、白园地山顶等大小山峰87座，其中千米以上的山峰63座。最低点桥坑海拔820米，最高点杨顶峰海拔1 362米，为全县最高峰。下垟坑、林坑和峃作口溪亦发源于此。属中亚热带常绿阔叶林南部地带，有植物2 040种、野生动物301种，其中属国家重点保护的珍稀树种19种、珍稀动物20种。通大南(S56)省道，邻溧宁(G4012)高速公路。

叶胜林场(Yè-Shèng Línchǎng)　国营林场。在温州市文成县境西部。以取原叶岭乡的"叶"字和场部驻地胜坑的"胜"字而得名。1957年建立，称叶岭林场，1958年改称叶胜林场。地处深山峡谷，北面山高1 180多米，南面山高960米，中间切割成400多米深的峡谷，背靠铜铃山森林公园，面朝云湖乡石人峰。总面积约4.1万亩，辖胜坑、高岭头、黄肖、横坑、湖头、梅厂、吴岸、郑坑源8个林区。有割草坳尖、金坳岭头等6座千米以上山峰。有下垟坑、胜坑等溪流。林场以营造杉木、柳杉为主，并发展经济特产林和毛竹生产。通石驮线，邻溧宁(G4012)高速公路。

罗阳林场(Luóyáng Línchǎng)　国营林场。在温州市泰顺县罗阳镇西部。东至金家坑，南至交溪铺后，西至樟树垟邻福建省寿宁县，北至岭尾。以地处罗阳镇而得名。创办于1957年，面积约3.6万亩，包括交垟、柯垟、白溪、岭头庵4片林区。现林场以生态建设、发挥社会生态效益为主，兼营名贵树种、经济林、苗圃、茶园、农业等。区域内有海拔1 269.5米的天关山主峰。通分泰(S331)省道，邻溧宁(G4012)高速公路。

上佛垟林场(Shàngfóyáng Línchǎng)　国营林场。在温州市泰顺县泗溪镇东北部。东邻苍南县桥墩镇天井、黄畲村，南至前坪仔村，西连新和村，北接华垟村近九峰省级风景名胜区。以地处上佛垟而得名。原名红星林场。创办于1958年，面积约1.1万亩，场区多高山，最高峰高枯尖海拔1 171米。现以生态建设为主，树种以柳杉最多，次为黄山松、杂灌木，并引种成功金钱松、银杏、喜树、红花油茶等。经济林有油茶。另有茶园及茶叶加工、小木次材家具制作等工厂。通分泰(S331)省道，邻溧宁(G4012)高速公路。

小浦林场(Xiǎopǔ Línchǎng)　国营林场。在湖州市长兴县小浦镇空王寺岕里。以场部地处小浦自然镇而得名。于1951年始建。时称长兴县造林事务所，所址初设于林城镇小川岕，1953年更名长兴县林场，1956年接收煤山农场，场部自小川岕迁现址，1964年更今名。1980年接收长兴县弁山林场。现共辖东道岕、长岕、小川岕、葡萄岕、方山、果园、桃花岕、光耀、诸道岕、郎山、寺岕、弁山12个林区，有山地5.1万亩，职工179人。通长牛(S301)省道。

南湖林场(Nánhú Línchǎng)　国营林场。在湖州市安吉县天子湖镇。以地理位置和性质而得名。于1958年始建。现有所属土地近5万亩，其中耕地7 949亩、茶园7 426亩，可适于大规模的中药材、各类果林、蔬菜等种植，另有2万亩土地，用于现代农业观光园开发。通彭安(S201)省道，邻杭长(G6021)、申苏浙皖(G50)高速公路。

灵峰寺林场(Língfēngsì Línchǎng)　国营林场。在湖州市安吉县灵峰街道。以灵峰山南麓灵峰寺在此而得名。于1958年始建。林场空气洁净度高,旅游资源丰富,旅游设施完善,是一个空气清新的天然“氧吧”。下辖港口、章村、大王山、灵峰山(含森博园)4个林区,以及安吉竹博园景区。林场经营总面积2.97万亩,其中生态公益林2.2万亩,森林覆盖率96%。区域内有森博园、灵峰胜境、大竹海景区,是集生态公益林管护、竹子生产、金钱松及优质林木种质资源收集保护、森林旅游于一体的极具特色的国有林场。通彭安(S201)省道,邻杭长(G6021)、申苏浙皖(G50)高速公路。

东方红林场(Dōngfānghóng Línchǎng)　国营林场。在金华市婺城区白龙桥镇。以歌颂新中国而得名。前身为浙江省蒋堂劳改农场,后改称金华县农林开垦场。1960年称金华县古方林场。1967年改名金华县东方红林场。2011年改称今名。林场辖白龙桥和琅琊2个林区。白龙桥林区在白龙桥镇西部。琅琊林区在琅琊镇西北部。林场土地面积7 648亩,其中林业用地面积6 727亩,森林覆盖率86.2%。场内有果园及苗圃,主要种植松、杉、毛竹、玉兰、香樟、茶叶、胡柚、梨、佛手等,茶园300亩。2006年批准建立省级森林公园。通温寿(G330)国道,邻沪昆(G60)高速公路。

武义县林场(Wǔyì Xiàn Línchǎng)　国营林场。在金华市武义县。以地理位置而得名。1957年,由中华人民共和国成立之初的苗圃、畜牧场、鱼种场和劳改农场组建而成。辖壶山、百花山、王宅山、白阳山、乌龙尖等14个林区,分布在县城东北和西南两端的8个乡镇、街道。经营总面积4.78万亩,其中森林面积4.37万亩,省级重点生态公益林3.78万亩,森林蓄积量16.8万立方米,森林覆盖率92%。主要承担国有森林资源保护培育与经营利用、国有生态公益林建设管理、林业科技示范推广等公益职责。通上松(S220)省道。

黄檀林场(Huángtán Línchǎng)　国营林场。在金华市磐安县城东南部仁川镇黄檀。以地理位置而得名。成立于1958年,总面积1.26万亩,其中林地1.19万亩、农田80亩,森林蓄积量2万多立方米。下辖向阳、新渥2个林区,3个护林点。向阳林区在仁川镇下石岗村,以培养用材林为主。新渥林区在新渥镇,以农业生产为主。是一个海拔1 000米以上的高山林场。主峰青梅尖海拔1 314米,为浙中第一高峰,有“一生一世”之喻。通永定(S219)省道。

圆塘林场(Yuántáng Línchǎng)　国营林场。在金华市磐安县城大盘镇。以场部旁有一口圆形的水塘而得名。成立于1956年,原称磐安县圆塘开荒农垦场,也称磐安农场。1958年办圆塘林校。1960年底改称东阳县第五林场。1962年改为东阳县圆塘林场。1983年东阳、磐安分治,改今名。总面积1.08万亩,其中林地面积1.05万亩,森林蓄积量为1万立方米。下辖圆塘、朝阳2个林区,6个护林点。通台小(G351)国道。

三门县林场(Sānmén Xiàn Línchǎng)　国营林场。在台州市三门县城南湫水山。四周与海润街道、亭旁镇、健跳镇、横渡镇相邻。以地理位置而得名。1957年设立。1994年林场改制承包。总面积1.99万亩,其中生态公益林1.5万亩,林木蓄积7.5万立方米,森林覆盖率97.7%,建场初期开辟山路2条,分别通向场部西北山脚慈胜村和沿半山脚通向东南茶园林区。通岭三(S224)省道。

莲都林场(Liándū Línchǎng)　国营林场。在丽水市莲都区西南部。以地理位置而得名。2013年成立。由原莲都区林场和莲都区峰源林场经改制合并。总面积6.2万亩,有活立木总蓄积32万立方米,其中省级以上重点公益林4.8万亩。林场下辖大山峰、葑垟、水牛坪、小井、南山、天堂等15个林区。通丽浦(G328)国道。

青田县林业总场(Qīngtián Xiàn Línyè Zǒngchǎng)　国营林场。在丽水市青田县。以地理位置而得名。总面积 6.4 万亩，森林总蓄积 37.9 万立方米，森林覆盖率 98.62%，由峰山、金鸡山、八面湖、大垟山 4 个分场组成。总场经营范围分散，四个分场相距较远。通温寿(S330)省道。

庆元林场(Qìngyuán Línchǎng)　国营林场。在丽水市庆元县屏都街道。以地理位置而得名。1955 年成立浙江省庆元县八都林场。1957 年与和山森林经营所合并，改名为庆元县庆元林场。总面积达 8.72 万亩。庆元林场下设千岗坑、大洋、白岭头、卢峰、隆宫、八都 6 个林区。通菊寿(S329)省道。

第三节　渔 场 名 称

温台渔场(Wēntái Yúchǎng)　在浙江省东部。北至舟山渔场，南至闽东渔场，西近大陆海岸，东至温外渔场。以地理位置而得名。面积 4.76 万平方千米。海底平坦，底质多泥沙，东南部水深超过 100 米。沿岸有瓯江、飞云江等注入。渔场内侧自北面南有大门、洞头、北龙、北矶、南矶和台山等岛屿，也是渔船收港避风场所。为多种鱼虾产卵、觅饵和越冬的优良场所。盛产带鱼、黄鱼、墨鱼、鲳鱼、鳓鱼、马鲛鱼、虾和蟹等。

猫头洋渔场(Māotóuyáng Yúchǎng)　在浙江省东部。分属象山、三门、临海三县市。北起檀头山岛以东，南至东矶岛，西起象山县、三门县和临海市海岸，东至渔山列岛。因猫头洋而得名。面积 2 768 平方千米。属沿海浅海渔场。泥质底，平均水深 10～12 米。昔年为东海大黄鱼产地之一，清明至谷雨前后为鱼汛期。最高年产大黄鱼 1.8 万吨(1955 年)。20 世纪 70 年代后大黄鱼资源枯竭，产量锐减，几无可捕。现为小型渔船作业渔场。附近海区为浙江沿海南北交通要道。

渔山渔场(Yúshān Yúchǎng)　在浙江省东部。在宁波市象山县东南 75 千米以外，韭山、渔山、台州三列岛连接线以东洋面，除小部分在象山、临海等县市领海线内外，大部分在 12 海里的领海外。以渔山列岛得名。面积 5.15 万平方千米。场内作业的渔船以石浦港为主要基地，大陈和海门港次之。属近海渔场。软泥底，部分含泥沙质。由西北向东南倾斜，一般水深 40～80 米。资源丰富，产带鱼、大小黄鱼、海鳗、鲳鱼、鳓鱼、乌贼、鲐鱼、鲹、沙丁鱼、马面鲀及虾、梭子蟹等。

大目洋渔场(Dàmùyáng Yúchǎng)　在浙江省东部。属象山县。北至乱礁洋，南至檀头山，西近大陆海岸，东至韭山列岛。以大目洋得名。面积 1 790 平方千米。泥质底，一般水深 40～60 米。属沿海浅海渔场。昔为东海重要大黄鱼产地之一，产量仅次于舟山洋鞍渔场。每年自谷雨至小满前后为黄鱼汛，习称“洋山”，立夏前后为旺汛。常年产量 1 万～5 万吨，1967 年达 3.5 万吨。20 世纪 70 年代起大黄鱼资源迅速枯竭，几无可捕。现为小型渔船作业渔场。

洞头渔场(Dòngtóu Yúchǎng)　在浙江省东部，瓯江口和乐清湾外。北通大陈、披山渔场，南连南麂、北麂渔场，西南接崎头洋，东濒东海。因地处洞头县境内外，故名。面积 4 800 平方千米。东部为泥质底，西部以软泥为主，有少量沙质。水深在 80 米以内。主要产大黄鱼、小黄鱼、鲳鱼、鳗鱼、毛虾等。现资源逐渐衰退，形成以羊栖菜、紫菜、网箱养殖为特色的养殖基地。

舟山渔场(Zhōushān Yúchǎng)　在浙江省东部。杭州湾以东，长江口东南。北至长江口渔场南至渔山渔场，西近大陆海岸，东至舟外渔场。以舟山群岛得名。是中国最大的渔场，世界四大近海渔场之一，为浙江省、江苏省、福建省和上海市三省一市及台湾渔民的传统作业区域。面积5.3万平方千米，主要由嵊山渔场、中街山渔场、洋鞍渔场等组成。泥质底，平均水深20～40米。以大黄鱼、小黄鱼、带鱼和乌贼四大经济鱼类为主要渔产，另有鲳鱼、鳓鱼、马鲛鱼、梭子蟹等。唐代前仅为滩涂采集，后逐渐推向沿岸捕捞。宋代已有渔船至黄大洋、岱衢洋、大目洋等海域捕捞大黄鱼、小黄鱼。南宋宝庆《四明志》卷四："石首鱼（大黄鱼）……三四月，业海人每以潮汛竞往采之，曰'洋山鱼'。舟人连七郡出洋取之者，多至百万艘……春鱼（小黄鱼），似石首而小。每春三月，业海人竞往取之，名曰捉春。"20世纪初始到70年代末，春季有小黄鱼汛，夏季有大黄鱼和乌贼汛，秋季有海蜇汛，冬季有带鱼汛。随着大批机动船常年投入生产，渔汛季节已无明显界限。80年代以降，小黄鱼、大黄鱼、乌贼、海蜇已形不成渔汛，带鱼汛亦出现旺汛不旺、网产趋低的现象。现主要渔期为11月至次年1月。渔港甚多，主要有沈家门、嵊山、长涂、高亭、定海等港。

洋鞍渔场（Yáng'ān Yúchǎng）　在舟山市普陀区朱家尖街道白沙山岛东南部海域。以外洋鞍岛为中心，北起中街山渔场，南至韭山列岛，西临朱家尖、白沙、桃花诸岛海域，东连舟外渔场。以渔场基点外洋鞍岛而得名。面积3 000平方千米。水深16～65米，平均深约38米。海底平坦，主要为泥沙质。主产带鱼、小黄鱼、鲐鲹鱼等。清代初开发渔场，乾（隆）嘉（庆）年间（1736—1820年）始有大对船作业。20世纪50—80年代初，渔场带鱼汛持续旺发。其后，渔业资源逐渐衰退。

中街山渔场（Zhōngjiēshān Yúchǎng）　在浙江省东北部。舟山群岛东部，舟山渔场中部。中街山列岛海洋生态特别保护区由5个地理坐标连线成区，北至浪岗海域，南至洋鞍渔场，西为岱衢洋、黄大洋，东至舟外渔场。以中街山列岛得名。渔场以四姐妹岛（又名"里甩山"）、两兄弟屿（又名"外甩山"）为中心，里甩、外甩当地统称"甩山"，渔民素有捕鱼不离"甩山"之说，故又称"甩山渔场"，亦称"东福山渔场"。面积3 000平方千米。海底平坦，以泥沙质为主，适宜各种捕捞方式。海区水色呈浅蓝，水深35～75米，平均深约45米。主要产乌贼、带鱼、小黄鱼、鳓鱼，尤以盛产乌贼闻名。清代初已有渔民作业，多在岛上搭厂屋，捕乌贼晒鲞。民国《定海县志·方俗》："长涂东方之庙子湖，为捕捞墨鱼之所。"清光绪三十二年（1906年），拥有"墨鱼船约三百六十余只"的鄞县姜山帮把渔业办事机构"永泰公所"设在青浜岛，拥有"墨鱼船一百余只"的定海庙子湖帮将渔业办事机构"靖海公所"设在庙子湖岛。20世纪50年代起加快资源开发，年捕捞乌贼拖船达600～700艘。1970年后作业船舶增多，捕捞范围扩大，强度继续加剧。1984年后，乌贼汛基本消失。

嵊山渔场（Shèngshān Yúchǎng）　在浙江省东北部。长江口东南海域。为舟山渔场的中心渔场。北至花鸟山岛以北34～42千米，西至西绿华岛—枸杞岛一线，南到浪岗山列岛以南，东至海礁、东南礁以东23千米。以近旁嵊山岛得名。面积4 500平方千米。泥沙质底，北部夹有贝壳质。水深30～60米，最浅20米。主要产带鱼、大小黄鱼、乌贼、梭子蟹等。唐、宋开始开发，明代已成规模。明嘉靖《筹海图编》卷十二上："若曾尝亲至海上而知之。向来定海、奉化、象山一带，贫民以海为生，荡小舟至陈钱、下八等山，取壳肉、紫菜者，不啻万计。"清末至民国，进入较大规模开发。清光绪《江苏沿海图说》："陈钱山，二百户，渔时约千户，船只七八十号，客渔船千号。"1924年《崇明县志》："自花鸟到陈钱数十里，皆为渔场。每年冬汛渔船以千计，获利甚厚。"1947年《江苏外海诸岛纪》："每至渔汛，渔舟以嵊山为根据地，恒数千号。渔获收值，年约三千元。"20世纪中叶，每年有数千艘至上万艘渔船在此生产作业。70 年代达到全盛时期，尤其冬季带鱼汛期间，江、浙、闽、鲁、辽、冀和沪、津 6 省 2 市的 15 万渔民，万艘渔船云集嵊山海面，捕获量占东海渔区首位，堪称全国最大渔汛。80 年代以降，随着大批机动船常年投入生产，传统渔业资源退化，小黄鱼、大黄鱼、乌贼和海蜇已难成汛。但虾类、蟹类和鲐、鲹、竹荚鱼、沙丁鱼等上层鱼，仍然维持相当水平，带鱼、马鲛、鲳鱼、鳗鱼、梅鱼等仍有一定量产。浅海养殖条件优越，可养殖面积为 1.1 平方千米。潮间带野生贝藻类资源十分丰富，有贻贝、牡蛎和紫菜等。2005 年 6 月 10 日成立马鞍列岛国家级海洋特别保护区，为浙江省建立的第二个海洋特别保护区。

第三章 自然保护区名称

第一节 陆地自然保护区名称

清凉峰自然保护区(Qīngliángfēng Zìrán Bǎohùqū) 在杭州市临安市清凉峰镇。北起东岙头,南至杨溪,西起三亩田,东至东坑。由龙塘山森林生态系统、千顷塘野生梅花鹿区域、顺溪坞珍稀植物区域3大块组成。总面积1.12万公顷,其中核心区面积2 200公顷。地处华东皖浙丘陵区,由怀玉山脉北段、黄山山系部分和天目山系以西各部分组成,主峰清凉峰,海拔1 787.4米。地史古老,地处"江南古陆"的东端,地貌类型复杂,地势从东南向西北逐渐升高。气候横跨亚热带和温带两个季风带,季风性气候明显。山地温差大,年平均气温9℃～16℃。有高等植物2 000种左右,其中国家重点保护植物33种,世界单种属、少种属77个,为27种植物的模式标本地,是南方铁杉群落、夏腊梅群落、巴山水青冈群落和野生梅花鹿南方亚种在华东地区极少数的主要分布区之一。有银杏、银缕梅、南方红豆杉国家重点保护野生植物3种。有梅花鹿、云豹、黑麂、豹、白颈长尾雉、中华秋沙鸭等国家重点保护野生动物6种。有世界珍稀、濒危野生动物华南梅花鹿的最大野生种群。出露的最老地层——前震旦纪上墅组形成于距今9亿年前。1998年8月被批准为国家级自然保护区。主要保护对象为东南沿海季风区中山丘陵森林生态系统及珍稀野生动植物。通城乡公交。

天目山自然保护区(Tiānmùshān Zìrán Bǎohùqū) 在杭州市西天目山南坡。东至天目山镇告岭村平溪,南至天目山镇西游村朱陀岭放水渠道,西至安徽省宁国市界,北至安吉县界。面积4 284公顷。地处天目山脉,主峰仙人顶,海拔1 506米。属中亚热带向北亚热带过渡型,受海洋暖湿气流影响,季风强盛,四季分明。年平均气温14.8℃～8.8℃。保存有长江中下游典型的森林植被类型,是我国中亚热带林区高等植物资源最丰富的区域之一。有高等植物2 160余种,其中,天目铁木、天目梭、天目朴等以"天目"命名的植物有37种,国家重点保护植物35种。有高等动物2 274种,昆虫2 000余种,其中国家重点保护野生动物34种,有天目松毛虫、天目虻、天目蛭等以"天目"命名的动物48种。1986年被批准为国家级自然保护区。主要保护对象为银杏、连香树、鹅掌楸等珍稀濒危植物。被70余所大中院校定为教研实习基地。通城乡公交。

乌岩岭国家级自然保护区(Wūyánlǐng Guójiājí Zìrán Bǎohùqū) 在温州市泰顺县西北部。北起文成、景宁县,南至泰顺县罗阳镇,西起福建省寿宁县,东至竹里畲族乡。面积188.6平方千米。地处洞宫山脉,在浙江永嘉—泰顺基底坳陷带的山门—泰顺断陷区内,山峦起伏,切割剧烈,多断层峡谷，地形复杂。千米以上山峰17座，主峰白云尖，1 611.1米。属亚热带海洋性季风气候，气候温暖湿润，四季分明，雨水充沛。年平均气温15.2℃。是飞云江的发源地。森林覆盖率为87.9%。植被属中亚热带常绿阔叶林，保存有大面积原生性常绿阔叶林。有种子植物158科775属1 863种，占浙江省种子植物的55%。中华水韭、南方红豆杉、伯乐树等国家珍稀保护植物占中国总量的5.9%，蕨类植物45科94属287种，苔藓植物58科155属358种，真菌61科129属212种。有脊椎动物81科218属342种，占浙江省种类的53%。脊椎动物中以鸟类最多，其中有黄腹角雉、云豹、金钱豹、黑麂、金雕、白颈长尾雉、金斑喙凤蝶等国家重点保护野生动物8种。建成于1988年6月。1994年4月被批准为国家级自然保护区。主要保护对象为我国特有珍稀濒危野生动物黄腹角雉和中亚热带森林生态系统。为中国黄腹角雉的唯一保种基地和原产地人工繁殖基地。通城乡公交。

长兴地质遗迹国家级自然保护区（Chángxīng Dìzhìyíjì Guójiājí Zìrán Bǎohùqū） 在湖州市长兴县槐坎乡。北起青塘山，南至合溪南涧，西起青塘坝东200米，东至葆青。总面积2.75平方千米，其中，核心区面积17公顷，缓冲区面积43公顷，实验区面积215公顷。由核心区、缓冲区、实验区3个区块构成。地处剥蚀丘陵区，最大海拔高程237米。属亚热带季风气候，温湿多雨。1931年，长兴灰岩被命名为“长兴阶”，代表二叠系最晚期的一个年代地层单位。1986年，长兴灰岩剖面上采得的“牙形刺化石”——微小欣德刺，代替国际上沿用了100多年的“耳菊石”化石，作为界定二叠至三叠系界线的生物标准，将其作为三叠系开始的标志性化石。1997年，“长兴阶”被正式列入国际地层年代表。2001年被国际地质科学联合会正式确定为全球对比标准点位，是地球史上三个最重要的断代界线之一，也是地球历史上六次生物大绝灭中最大一次绝灭事件和全球变化相联系的点位。2005年11月被公布为国家级自然保护区。2007年，在国际地质大会上确定为全球古生界——中生界限“金钉子”。主要保护对象为全球二叠至三叠系界线层型剖面、长兴阶层型剖面及古生物化石。已发现存于地层中的化石有华夏菊石动物群、蜓类动物群、牙形石动物群、鱼类等化石。长兴煤山二叠纪/三叠纪生物大灭绝和“金钉子”剖面，是古生界与中生界的分界，是世界上唯一的一个剖面中有2个金钉子的地层剖面，也是中国唯一一个断代金钉子，长兴阶又是唯一以中国地名命名的阶一级地质年代单位。金钉子剖面完整地保存了2.5亿年前地球史上显生宙最大的一次生物变更事件信息。邻长牛铁路，槐煤公路直达保护区。

大盘山国家级自然保护区（Dàpánshān Guójiājí Zìrán Bǎohùqū） 在金华市磐安县安文镇。北起樟成山、双岗尖，南至金竹头、大田背林场，西起仰曹尖、长坞尖，东至西坑口、牛郎岗。总面积45.58平方千米，其中核心区11.96平方千米，缓冲区11.14平方千米，实验区22.48平方千米。地处以括苍山为中心的浙东山区和以天台山为中心的浙东丘陵区域的毗邻地带，是南北植物汇流之区。地貌以山岳为主，地形复杂，地貌多样。最高峰大盘山，海拔1 245米。属亚热带季风气候，天气温和，雨量充沛，冬长秋短。是钱塘江、瓯江、灵江三大水系主要支流的发源地。植被属亚热带常绿阔叶林。有维管植物共计193科827属1 629种，其中有南方红豆杉国家一级重点保护野生植物1种，香果树、七子花、长叶榧等国家二级重点保护野生植物9种。有药用植物1 074种，占浙江省药用植物种数的60.17%、中国药用植物种数的9.64%。有陆生脊椎动物72科281种，其中，白颈长尾雉、云豹、金钱豹和黑麂等国家一级重点保护野生动物4种，虎纹蛙、鸳鸯和鬣羚等国家二级重点保护野生动物36种。2002年被批准为国家级自然保护区。主要保护对象为亚热带季风气候森林生态系统、珍稀濒危野生动植物、野生药用植物种质资源及其生境地。是中国东部药用植物野生种或近缘种最重要的种质资源库。通城乡公交。

古田山自然保护区(Gǔtiánshān Zìrán Bǎohùqū)　在衢州市开化县苏庄乡。北起石耳山，南至苏庄，西起火烟尖，东至黄坞。面积 81.07 平方千米。保护区以古田庙为中心，由茶湾、北树坑、中心岗三条山岗与两条大沟组成。地处怀玉山脉，最高峰青尖，海拔 1 258 米。属中亚热带季风气候，四季分明，冬暖夏凉，温暖湿润。分布着典型的呈原始状态的大片天然次生的中亚热带常绿阔叶林，是生物繁衍栖息的理想场所，生物多样性突出，是保存生物物种的天然基因库。有高等植物 244 科 897 属 1 991 种，其中种子植物中有中国特有属 14 个，在浙江植物区系中仅见分布于古田山的种类有栓翅爬山虎、福建石楠、婺源安息香等 10 种。动物有两栖爬行类 77 种、鸟类 142 种、兽类 58 种，其中，白颈长尾雉、黑麂、豹、云豹国家一级重点保护野生动物 4 种，白鹇、黑熊、小灵猫等国家二级重点保护野生动物 33 种。2001 年 6 月被批准为国家级自然保护区。主要保护对象为中亚热带常绿阔叶林森林生态系统和豹、云豹、黑麂、白颈长尾雉等各种珍稀濒危物种。通城乡公交。

九龙山国家级自然保护区(Jiǔlóngshān Guójiājí Zìrán Bǎohùqū)　在丽水市遂昌县。北起小洋凹，南至白水际，西起柘岱口乡，东至上阳山。总面积 55.25 平方千米，周围设 51.36 平方千米的外围保护带。地处仙霞岭山脉。最高峰九龙山，海拔 1 724.4 米。属中亚热带湿润季风气候，四季分明，雨水充沛，光照适宜，相对湿度较高。森林覆盖率 98.8%。有维管束植物(蕨类、种子植物) 179 科 684 属 1 569 种，有非维管束植物 384 属 804 种，其中，伯乐树、南方红豆杉国家一级重点保护野生植物 2 种，福建柏、白豆杉、榧树、长叶榧等国家二级保护野生植物 16 种。有无脊椎动物 114 科 491 属 681 种、脊椎动物 29 目 90 科 202 属 311 种，其中，云豹、豹、黑麂、黄腹角雉、白颈长尾雉等国家一级重点保护野生动物 5 种。是九龙山榧、九龙山凤仙花、九龙棘蛙等 45 种动植物模式标本的原产地。2003 年 6 月被批准为国家级自然保护区。属森林和野生生物类型自然保护区，主要保护对象为黑麂、黄腹角雉等珍稀濒危动物的野生种群及栖息地，伯乐树、南方红豆杉等珍稀濒危野生植物，以及典型的中亚热带地带性植被类型和特有的森林植物群落等。是国家一级重点保护野生动物、中国特有和世界性受胁物种黑麂的重要分布中心和最大野生种群集中分布区，国家一级重点保护野生动物世界性受胁物种黄腹角雉的最重要栖息地和最集中分布地。通城乡公交。

百山祖—凤阳山国家级自然保护区(Bǎishānzǔ—Fèngyángshān Guójiājí Zìrán Bǎohùqū)　在丽水市龙泉市、庆元县境内。总面积 261 平方千米。由百山祖、凤阳山 2 个保护区构成。百山祖在庆元县北部，面积 108 平方千米，是以保护森林生态系统的自然保护区，主峰雾林山海拔 1 856.7 米，被誉为“百山之祖”。凤阳山在龙泉市南部，面积 153 平方千米，是保护典型的中亚热带森林生态系统为重点的自然保护区，主峰黄茅尖，海拔 1 929 米。地处武夷山系洞宫山脉。属亚热带湿润季风气候。年均气温 12.3℃。处于有夏雨的热带—暖温带群落交错区。保存着大面积呈自然原生状态的森林生态系统和大量的野生生物物种。有种子植物 173 科 828 属 2 005 种、蕨类植物 36 科 82 属 236 种、苔藓植物 62 科 149 属 326 种、大型森林真菌 12 目 37 科 97 属 256 种，其中，红豆杉、南方红豆杉、伯乐树国家一级重点保护野生植物 3 种，白豆杉、华东黄杉、香果树等国家二级保护野生植物 18 种。有脊椎动物 4 纲 26 目 74 科 254 种、昆虫 22 目 247 科 1 346 属 2 192 种、蜘蛛 22 科 75 种，其中，有黄腹角雉、云豹、黑麂等国家一级重点保护野生动物 5 种，猕猴、黑熊、鬣羚等国家二级重点保护野生动物 31 种。1992 年 10 月被批准为国家级自然保护区。主要保护对象有百山祖冷杉、伯乐树、红豆杉等植物和华南虎、金钱豹、云豹、黄腹角雉等动物。百山祖冷杉为百山祖自然保护区特有植物，是第四纪冰川时期的孑遗植物，被国际物种保护委员会(SSC)列为全球最濒危的十二种植物之一。是以林业科研、科普、观赏、休闲为主要功能的森林公园。通城乡公交。

庆元大鲵国家级水产种质资源保护区(Qìngyuán Dàní Guójiājí Shuǐchǎnzhǒngzhìzīyuán Bǎohùqū) 在丽水市庆元县贤良镇。保护区域为瓯江小溪支流南阳溪，分别起于后溪源和大溪源，止于双坑口和毛短坑尾，沿河道方向顺次连线所围区域。面积 1 平方千米，其中核心区面积 0.48 平方千米，实验区面积 0.52 平方千米。气候温暖湿润，森林植被繁茂，水质好，岩洞密，一直有野生大鲵分布。2012 年 12 月被公布为国家级水产种质资源保护区。主要保护对象为大鲵，其他保护对象包括光唇鱼、浙江原樱口鳅、花鱼骨、唇鱼骨、宽鳍鱲、鲫、鲤、马口鱼、泥鳅、鲶、小鳈、长麦穗鱼、棒花鱼、子陵栉虾虎鱼、棘胸蛙、蟾蜍等物种。核心区特别保护期为全年。通城乡公交。

五峙山列岛鸟类省级自然保护区(Wǔzhìshānlièdǎo Niǎolèi Shěngjí Zìrán Bǎohùqū) 在舟山市定海区岑港镇。五峙山列岛地处灰鳖洋海域，由 9 个无人小岛组成。总面积 20.6 平方千米，滩涂面积 1 平方千米，海岸线总长 5.4 千米。五峙山列岛系悬水小岛，终年受风浪冲刷侵蚀，为小岛特定气候地形。岛上陆地均为丘陵。附近海域受长江、钱塘江等入海江河水体影响，氮、磷、硅等营养盐含量较高，鱼、虾、贝、藻类资源充足，给鸟类提供了丰富的饵料。属北亚热带海洋性季风气候，温暖湿润。有湿地水鸟 6 目 9 科 42 种，其中留鸟 6 种、夏候鸟 19 种、冬候鸟 17 种。鸟类主要以鹈形目鹭科鸟类为主，有苍鹭、池鹭、牛背鹭、白鹭、中白鹭等 7 种。有世界性受胁物种黄嘴白鹭，国家级重点保护野生动物角鸊鷉和黄嘴白鹭。2001 年被批准为省级自然保护区。主要保护对象为繁殖及栖息的鸟类资源和相关的湿地生态系统。是全国三大鸟类保护区之一。通轮渡。

浙江仙居括苍山省级自然保护区(Zhèjiāng Xiānjū Kuòcāngshān Shěngjí Zìrán Bǎohùqū) 在丽水市仙居县淡竹乡。面积 27.01 平方千米，其中核心区面积 11.61 平方千米，缓冲区面积 8.1 平方千米，实验区面积 7.28 平方千米。属亚热带季风气候，四季分明，气候温和，雨量充沛。是我国东部低海拔沟谷地带的典型代表。区内地形复杂，生物多样性丰富，坡陡源短，海拔高差变化大，植被垂直带谱明显。有维管植物 158 科 641 属 1 399 种，其中，南方红豆杉、香果树、长叶榧、浙江楠等国家重点保护野生植物 14 种。有脊椎动物 265 种，其中，金钱豹、穿山甲、五步蛇、蝾螈等国家重点保护野生动物 30 种。有华东地区保存最完整的华东楠植物群落和浙江省唯一分布的刺叶栎群落。2011 年 3 月被批准为省级自然保护区。主要保护对象为低海拔沟谷常绿阔叶林和珍稀野生动植物。通白龙公路。

第二节 海域自然保护区名称

渔山列岛海洋生态特别保护区(Yúshānlièdǎo Hǎiyángshēngtài Tèbiébǎohùqū) 在宁波市象山县石浦镇。四面环海。总面积 57 平方千米，其中陆地面积约 2 平方千米。岸线约 21 千米。地处渔山列岛而得名。由资源保护区和开发利用区 2 个功能区块构成，包括保护区范围内所有 54 个岛礁及周围海域。地处东海，是中国领海线基点，南北洋流交汇带。属亚热带季风气候，四季分明，冬无严寒，夏无酷暑，无霜期长，光照充足，温和湿润，雨量丰沛，台风活动频繁。年平均气温17℃。有浮游植物135种、浮游动物65种、底栖生物119种。为大型海藻集聚分布的典型区域。2011年4月被批准为国家级海洋生态特别保护区。主要保护对象为领海基点岛、重要渔业资源和贝藻类资源、岛礁资源、自然景观及其生态环境。轮渡通保护区。

韭山列岛海洋生态自然保护区(Jiǔshānlièdǎo Hǎiyángshēngtài Zìrán Bǎohùqū)　在宁波市象山县爵溪街道。四面环海。总面积484.78平方千米，其中核心区面积58.84平方千米、缓冲区面积117.16平方千米、实验区面积308.78平方千米。韭山列岛由28个岛屿、48个礁组成。地处东海，有潮、礁、洞、沙滩及山等自然景观。韭山列岛为丘陵区，地下水类型主要是基岩裂隙水，无侵蚀性。属亚热带季风气候，年温适中，四季分明，冬暖夏凉，雨量充沛，空气湿润，季风明显。年平均气温16.4℃。韭山列岛海域属正规的半日潮流海区，高低潮不等现象不明显，涨落潮历时几乎相等。植被海岛特色明显，有3个植被型组4个植被型10个群系组和10个群系，以灌丛(或灌草丛)和草丛为主。有野生及常见栽培种子植物74科187属242种。动物有鸟类12目34科108种，有黑嘴端凤头燕鸥、黄嘴白鹭、岩鹭、红隼、赤腹鹰、雀鹰、松雀鹰、日本松雀鹰和灰脸鵟鹰国家二级重点保护鸟类9种。兽类有5目5科6种。海洋资源有浮游植物84种、浮游动物66种、底栖生物20种、潮间带生物78种。渔业资源有海洋生物97种。2011年4月被批准为国家级自然保护区。主要保护对象为大黄鱼、曼氏无针乌贼、江豚以及黑嘴端凤头燕鸥等繁殖鸟类和与之相关的岛礁生态系统。轮渡通保护区。

南麂列岛国家海洋自然保护区(Nánjǐlièdǎo Guójiā Hǎiyáng Zìrán Bǎohùqū)　在温州市平阳县东南海域。四面环海。保护区面积201.06平方千米，其中陆域面积11.13平方千米。有核心保护区、缓冲区、试验区3个功能区。南麂列岛由52个岛屿组成，主岛南麂岛因形似麂而得名，地处东海，以海蚀地貌为主，岸线曲折，岬角丛生，海湾众多，礁石密布，沙滩多样。南麂岛东北和西南两侧为深水通道，是江浙沿岸流与台湾暖流交汇和交替消长的区域。南麂列岛的稻挑山，为中国大陆领海基点之一。属亚热带海洋性季风气候，夏冬长，春秋短，四季分明，雨水丰沛，温暖湿润。年平均气温为16.5℃。有贝类403种、藻类174种、鱼类397种。1990年5月被批准为国家级海洋自然保护区。保护对象为海洋贝藻类、海洋性鸟类、野生水仙花及名贵海洋鱼类。是海洋鸟类栖息处和越冬繁殖场。是我国唯一加入世界生物圈保护区网络的海洋类型保护区。轮渡通保护区。

中街山列岛海洋生态特别保护区(Zhōngjiēshānlièdǎo Hǎiyángshēngtài Tèbiébǎohùqū)　在舟山市普陀区。四面环海。总面积202.9平方千米。中街山列岛由诸多岛屿组成，呈东西走向，狭长形排列，像一条长街，又介于岱衢洋、黄大洋之间，故名。属岛礁区，为藻类生长提供附着基。潮汐属正规半日潮，平均潮差为2.62米，最大潮差为4.42米。海水透明度大，潮间带适于多种藻类的繁殖、生长。地处舟山渔场中心区域，是我国主要经济鱼类生长、索饵、繁殖的重要场所。主要经济鱼类有带鱼、大黄鱼、小黄鱼、银鲳、鳗鱼、鲻鱼、黄姑鱼、石斑鱼、鲐鱼、海蜇、鳓鱼、梅童鱼等，虾类有安氏白虾、中国毛虾、葛氏长臂虾，蟹类主要是梭子蟹。2006年被批准为国家级海洋生态特别保护区。主要保护对象是大黄鱼、曼氏无针乌贼等鱼类产卵场，鸟类资源及其生存环境，岛礁资源和贝藻类资源。重点保护生物资源有大黄鱼、曼氏无针乌贼、石斑鱼、厚壳贻贝、条纹隔贻贝、荔枝螺、章鱼、海蜇、羊栖菜、鼠尾藻、黑枕燕鸥、粉红燕鸥、褐翅燕鸥等。轮渡通保护区。

嵊泗马鞍列岛海洋特别保护区(Shèngsì Mǎ'ānlièdǎo Hǎiyáng Tèbiébǎohùqū)　在舟山市嵊

泗县。保护区面积 549 平方千米。包含马鞍列岛海洋生态保护区、马鞍列岛无人岛礁资源保护区、马鞍列岛珍稀濒危生物保护区、马鞍列岛经济鱼类资源保护区、嵊泗—枸杞岛厚壳贻贝和羊栖菜种质资源保护区、绿华岛—花鸟山岛—壁下山岛石斑鱼资源保护区、花鸟山岛以东—求子山—黄礁人工鱼礁增殖放流区、绿华岛—黄礁抗风浪深水网箱养殖区、马鞍列岛生态养殖区和马鞍列岛生态旅游风景区 10 个功能区。因花鸟山上两峰对峙形似马鞍，故名。马鞍列岛在长江口外东南、泗礁岛东北部，由嵊山岛、枸杞岛、花鸟山岛、壁下山岛、西绿华岛、东绿华岛等 184 个海岛及若干暗礁组成。列岛海岸以基岩为主。各岛多属山地，大部为陡岸峭壁，最高峰前坑顶海拔 236.9 米。属海洋性气候。年平均气温 15.6℃。地处长江、钱塘江口外，水质肥沃，盛产各种鱼类。有鱼类 54 种、甲壳类 33 种、头足类 2 种。有中华白鳍豚、中华鲟等国家一级重点保护野生动物和水獭、穿山甲、玳瑁等国家二级重点保护野生动物。2005 年 6 月被批准为国家级海洋特别保护区。主要保护对象为石斑鱼、四大经济鱼类、贻贝、羊栖菜等鱼类和贝藻类资源及其周围生态环境。轮渡通保护区。

温州洞头南北爿山海洋特别保护区(Wēnzhōu Dòngtóu Nánběipánshān Hǎiyáng Tèbiébǎohùqū) 在温州市洞头县东北部、乐清湾口门外侧。北起北爿山岛，南至南爿山岛，西起鹿西岛东北部海域，东至东海。保护区面积 8.98 平方千米，岛礁岸线总长 2.95 千米。由北爿山岛、南爿山岛、双爿门礁、隔礁和两个无名礁及其周边海域组成。南北爿山俗称南北鸟岛。地处东海。属亚热带海洋性季风气候，四季分明，气温年较差和月较差比较小，冬暖夏凉。年平均气温为 17.5℃。有鸟类 33 种、游泳动物 40 种、两栖爬行动物 4 种、植物 199 种和潮间带大型底栖生物 55 种，其中，黄嘴白鹭、凤头鹰、黄嘴白鹭国家二级重点保护野生动物 3 种，黄嘴白鹭被列入中国红色名录易危种。2011 年 2 月被批准为省级海洋特别保护区。是浙江沿海重要的鸟类栖息、繁衍和迁徙地之一。主要保护对象为海岛鸟类、植被及其生态环境，海岸带、海岛地貌和岛礁生态系统。南、北爿山岛是海鸟栖息和繁殖场所。2010 年被国际鸟盟列入国际重点鸟区和海洋重点鸟区。轮渡通保护区。

第三节　森林公园名称

杭州半山国家森林公园(Hángzhōu Bànshān Guójiā Sēnlín Gōngyuán)　在杭州市拱墅区半山街道。北起灵山线，南至朱家山，西起受降镇，东至梅灵路。面积 1 775.2 公顷。分为灵山、龙坞、大清谷三个片区。地处天目山余脉与平原交接地带，地势呈西南—东北走势，有杭州城区第一高峰如意尖，海拔 537.3 米。属亚热带季风性气候，四季分明，光照充足，雨量充沛，春秋较短，夏季较长。平均气温 18.1℃。溪流属钱塘江水系，有龙潭溪、毛竹溪、大坞溪。有水库 2 座。森林覆盖率达 95.3%，植被以次生阔叶林为主。有维管束植物 86 科 242 属 492 种，有银杏、水杉、野荞麦、香樟、野大豆等国家级保护植物 5 种。动物有兽类 80 余种、鸟类 150 余种、爬行类 20 余种，其中有穿山甲、雀鹰、凤头鹰、红隼、雕鸮、红角鸮等 14 种国家重点保护动物。2012 年 1 月被批准为国家级森林公园。灵山片区由灵山管理服务区、如意养生谷服务区、如意谷康体森林游憩景区、如意尖云顶揽胜景区、西山湖林泉游赏景区、西山溶洞游赏景区、灵山片区生态保护区 7 个景区构成。有溶洞、山峰等地质地貌景观，如意尖在此。龙坞片区由下凉坞管理服务区、龙门管理服务区、白龙潭森林保健景区、飞凤山山地车游乐景区、蟠龙谷森林文化景区、金莲寺宗教文化景区、龙坞片区生态保育区7个景区构成。是西湖龙井的发源地和主产地之一，为《舌尖上的中国》第一季介绍西湖龙井茶的取景地。大清谷片区由大清谷旅游特色村、大清谷温泉度假接待区、西湖龙井生态茶园景区、十里龙脊林野拓展景区、大清谷生态保育区5个景区构成。苏东坡、朱熹等许多名人留下了众多诗词歌赋和摩崖石刻。通公交线路。

杭州西山国家森林公园(Hángzhōu Xīshān Guójiā Sēnlín Gōngyuán)　在杭州市西湖区龙坞茶村。北起灵山线，南至朱家山，西起受降镇，东至梅灵路。面积1 775.20公顷。分为灵山、龙坞、大清谷三个片区。地处天目山余脉与平原交接地带，地势呈西南—东北走势，有杭州城区第一高峰如意尖，海拔537.3米。属亚热带季风性气候，四季分明，光照充足，雨量充沛，春秋较短，夏季较长。平均气温18.1℃。溪流属钱塘江水系，有龙潭溪、毛竹溪、大坞溪。有水库2座。森林覆盖率95.3%，植被以次生阔叶林为主。有维管束植物86科242属492种，有银杏、水杉、野荞麦、香樟、野大豆等国家级保护植物5种。动物有兽类80余种、鸟类150余种、爬行类20余种，其中有穿山甲、雀鹰、凤头鹰、红隼、雕鸮、红角鸮等国家重点保护动物14种。2012年1月被批准为国家级森林公园。有白龙飞瀑、地质溶洞群、如意尖等19个景点。苏东坡、朱熹等许多名人留下了众多诗词歌赋和摩崖石刻。通公交线路840路。

大奇山国家森林公园(Dàqíshān Guójiā Sēnlín Gōngyuán)　在杭州市桐庐县城南街道，富春江南岸。北起杭千高速，南至观音尖，西起金牛村，东至溪旁水库。面积700公顷。地处龙门岗山脉余脉大奇山麓，为浙西中山丘陵地带，地势西南向东北倾斜。属亚热带季风气候区，四季分明。年平均气温15℃。溪流主要由泉水和雨水组成，有石景源1条溪流。森林覆盖率达97%。植被属中亚热带常绿阔叶林，有植物1 149种，主要为杜鹃、玉兰、箬竹、金钱松、香樟、浙江楠、润楠、花榈木、鹅掌楸、凹叶厚朴、榉树等。动物有鸟类81种、兽类39种、蛇类14种，主要为金钱豹、毛冠鹿、猕猴、长尾雉、猴面鹰、五步蛇、花石斑鱼、娃娃鱼等。有金牛潭、观音尖、龙潭瀑布、大奇禅院古迹、十二生肖潭、中日友好林、雾泥岗、果林、竹海等景观。1992年11月被批准为国家级森林公园。通城乡公交。

瑶琳国家森林公园(Yáolín Guójiā Sēnlín Gōngyuán)　在杭州市桐庐县瑶琳镇。北起鸡笼山，南至毕浦中学，西起俞毕线，东至冷坞山。面积958公顷。地势呈北向南倾斜。有独特的喀斯特地貌。属亚热带季风气候区，四季分明，日照充足，降水充沛。年平均气温16.5℃。森林覆盖率达95%。植被属中亚热带常绿阔叶林带，植物主要有马尾松、杉木、山核桃、油茶、板栗、黄山松、短柄木包、化香、南方红豆杉、银杏、黄连木、薰衣草等。有野营拓展训练基地、金松望月、森林氧吧步道、青龙泉、天峒石云、瑶琳天坑、里天峒、老屋饭店、月牙湖等景点。是集溶洞、石林、密林等自然景观和人文景观为一体的生态型森林公园。2008年12月被批准为国家级森林公园。通城乡公交。

千岛湖国家森林公园(Qiāndǎohú Guójiā Sēnlín Gōngyuán)　在杭州市淳安县中部。北起威坪林场飞源林区与威坪镇交界线，南至茅头尖林场茅头尖林区与大市镇交界线，西起汾口林场下源山林区与汾口镇交界线，东至金竹牌马鞍山林区与建德市交界线。面积9.5万公顷，其中水域面积5.33万公顷、山地面积4.17万公顷。因湖内有大小岛屿1 078个，故名。地处浙江西部山地丘陵区，由中低山、丘陵、小盆地、谷底组成。地势呈四周高、中间低，由西向东倾斜。属亚热带季风气候，四季分明，光照充足，热量丰富，雨量充沛。年平均气温17℃。为新安江水库库区，水质平均达到国家Ⅰ类水质标准，水色晶莹透碧，能见度7米以上。森林覆盖率达95%。岛屿中有456种维管植物，其中乔木120种、灌木61种、草本232种、藤本43种。动物有野生哺乳类68种、爬行类50种、昆虫类16目320科1 800种、两栖类2目4科12种、鸟类100多种、鱼类13科94种。1986年11月被批准为国家级森林公园。通城乡公交。

青山湖森林公园(Qīngshānhú Sēnlín Gōngyuán)　在杭州市临安市青山湖街道、锦城街道。北起锦北街道民主社区、潘山社区，南至锦城街道琴山、青山湖街道鹤山，西起锦城街道望湖路，东至青山湖街道公山、母山、水库大坝。总面积64.5平方千米。由青山湖景区、钱王陵景区、玲珑山景区、西径山景区4个景区构成。地处天目山终脉，地貌属苕溪河谷冲积平原区。属中亚热带季风气候区，光照充足，雨量充沛，四季分明。年平均气温15℃～16℃。属太湖流域苕溪水系干流。森林覆盖率为82.2%。植被类型为中亚热带常绿阔叶林，有维管束植物151科418属691种，以苦槠、枫香、马尾松等树种为主。动物有鱼类30余种、两栖类20余种、爬行类30余种、鸟类100余种、兽类30余种。1999年被批准为国家级森林公园。有青山湖、西径山、玲珑山、九仙山、宝塔山、钱王陵公园等景点。有国家一级保护植物夏蜡梅等。有小天鹅，白颈长尾雉，白鹳、黑鹳等240余种野生动物。建成于1964年4月。通城际公交。

四明山国家森林公园(Sìmíngshān Guójiā Sēnlín Gōngyuán)　在宁波市余姚市四明山镇。北起冬青湾，南至大茅岙，西起深坑，东至前门山。又名句余山。因大俞山峰顶有四窗岩，日月星光可透射四个石窗洞，故名。总面积66.65平方千米。由仰天湖、商量岗、深秀谷、黄宗羲纪念馆、鹁鸪岩水帘洞等7个景区构成。地处四明山脉，多低山丘陵，最高峰腹船山，海拔1 020米。属北亚热带季风气候，气候湿润，四季分明，光照充足，雨量充沛，冬夏季风交替明显。年平均气温13℃。森林覆盖率96%。植被为亚热带常绿阔叶林，有维管束植物150科547属974种，其中，有南方红豆杉国家一级保护植物1种，金钱松、榧树、长序榆、榉树、樟树、野大豆、七子花等国家二级保护植物7种。有动物106种，有余姚市四明湖鸟类保护小区。2003年11月被批准为国家级森林公园。通城乡公交。

浙江双峰国家森林公园(Zhèjiāng Shuāngfēng Guójiā Sēnlín Gōngyuán)　在宁波市宁海县西部。北起坪头山，南至白溪水库，西起清水溪，东至红岩坑河。面积22.81平方千米。由宁海县五山林场的双峰林区、双峰乡和岔路镇部分村集体山林构成。地处天台山脉，地势北高南低，最高峰坪头山，海拔735.2米。属亚热带季风性湿润气候，气候温暖湿润，四季分明，日照充足，雨水充沛，年平均气温15.3℃～17℃。植被为中亚热带常绿阔叶林，以天然常绿阔叶次生林为主。森林覆盖率92.6%。有木本植物计56科202种，其中南方红豆杉、香果树、毛红椿、香樟、榉树等国家一、二级保护野生植物5种。有鸟兽类动物27科33种，其中，有云豹、黑麂、穿山甲、青羊、水獭、猫头鹰等国家一、二级重点保护野生动物6种。2003年12月被批准为国家级森林公园。有浙东大峡谷、清水峡等景观。是集生态旅游、科普教育和休闲度假于一体的森林公园。通城乡公交。

龙湾潭森林公园(Lóngwāntán Sēnlín Gōngyuán)　在永嘉县东南部。北起鹤盛镇，南至沙头镇，西起乐清市，东至枫林镇。总面积15.61平方千米。地处雁荡山山脉，最高峰正江山，海拔997.5米，平均海拔540米。岩性多以火山凝灰岩、流纹岩等为主。属亚热带季风气候，受海洋性气候影响，气候温暖湿润，雨量充沛，夏无酷暑，冬无严寒，无霜期长。年平均气温18.2℃。处于楠溪江上游，溪流属瓯江水系，北部及正江山由岩上溪经鹤盛溪流入大楠溪，南部则多经花坦溪(珍溪)

流入大楠溪。森林覆盖率95.32%。植被以中亚热带常绿阔叶林为主，原生森林群落为常绿阔叶林，有6个植被类型162科1 014种植物。动物100余种，有猫头鹰、啄木鸟、黄鼠狼、金钱豹、豺狼、穿山甲、猕猴、黄麂等。2002年被批准为国家级森林公园。有七折瀑、五连瀑，骆驼峰等51个景点。主要保护对象为雁荡润楠、鹅掌楸、金钱松等。通城乡公交。

浙江省铜铃山国家森林公园（Zhèjiāng Shěng Tónglíngshān Guójiā Sēnlín Gōngyuán）　在温州市文成县叶胜林场。北起铜铃山镇，南至云湖乡，西起泰顺县黄桥乡，东至岭后乡。面积27.25平方千米。由铜铃山峡、小瑶池、铜铃古寨、原始丛林、胜川桃溪5个景区构成。地处南田山脉，为洞宫山脉分支，地貌自西向东走向，地形起伏变化大，海拔500～1 000米。属亚热带海洋季风气候。年平均气温14℃～18.5℃。森林覆盖率98.1%。植被属常绿阔叶林。有高等植物207科2 040种、木本植物96科692种，其中有钟萼木、南方红豆杉国家一级保护植物2种，有连香树、鹅掌楸、香果树、杜仲、金钱松、闽楠、银钟花、花榈木等国家二级保护植物9种。野生动物有301种，其中有黑麂、黄腹角雉、白颈长尾雉、白鹳国家一级重点保护野生动物4种。1996年建立。2001年11月被批准为国家级森林公园。主要保护对象有钟萼木、南方红豆杉、黑麂、黄腹角雉、白颈长尾雉、白鹳等。是集山水观光、森林探险、休闲度假、健身康复、科研教育等功能于一体的综合性森林公园。通城乡公交。

浙江九龙山国家森林公园（Zhèjiāng Jiǔlóngshān Guójiā Sēnlín Gōngyuán）　在平湖市。北起张家桥，南至杭州湾，西起翁金线，东至杭州湾。总面积为4.37平方千米。由雅山景区、南湾景区、陈山景区、独山景区、小普陀景区、益山野营区、黄山度假区7个区块构成。九龙山因九座山得名，据清李天植《九山志》记载："山有九，以龙湫之君，自龙渊而东为晕顶、为高宫、为益山、为独山，而西为观山、为汤山、为苦竹山、为雅山，此九山之所由名也。"地处天目山余脉，呈东西走向，滨海而立，南部山麓，历经海水的侵蚀和海浪冲击，海蚀悬崖广布，黄山和高公山东南坡麓分布有海滩涂地。最高峰陈山海拔161米。属亚热带季风气候，受海洋性气候影响，四季分明，温和湿润，冷暖温差较小。年平均气温15.7℃。植被属亚热带常绿阔叶林，有150种，以黑松、马尾松为主。有鸟类14目38科108种，具有东洋界和古北界两界混杂和过渡的特征。有猫头鹰、猴面鹰、红隼、鹭类等国家重点保护野生动物。1997年3月被批准为国家级森林公园。是集休闲旅游、科研探索、科普观赏于一体的海滨森林公园。通城市公交。

梁希国家森林公园（Liángxī Guójiā Sēnlín Gōngyuán）　在湖州市吴兴区妙西镇。北起金盖山北麓，南至京福线（G104）国道，西起鹿山林场，东至金盖山东麓。面积11.8平方千米。含主入口、林业科研科普、生态论坛、古梅花观道教文化、茶山田园休闲活动、森林水岸疗养、山体生态浏览7个区块。为纪念著名林学家梁希而建，故名。地处低山丘陵地区。属北亚热带季风气候，四季分明，温和湿润。年平均气温16℃。植被以杉松为主，并植有广玉兰、雪松、龙柏、香樟、红枫、银杏等观赏林木2 000多株，紫竹、玉笔竹等观赏竹500多株，配以拱桥流水、亭台楼阁等江南园林，森林覆盖率90%。1987年3月始建，1988年6月竣工。2011年移址重建。2014年被公布为国家级森林公园。是以林业科研、科普、观赏、休闲为主要功能的森林公园。邻长深（G25）、申嘉湖（S12）高速公路，京福（G104）国道直达公园。

安吉竹乡国家森林公园（Ānjí Zhúxiāng Guójiā Sēnlín Gōngyuán）　在湖州市安吉县。总面积166平方千米，其中，核心景观区面积7.01平方千米，生态保育区面积26.26平方千米，一般游憩区面积 87.24 平方千米，管理服务区面积 5.85 平方千米。由灵峰寺景区、天荒坪景区、竹博园景区、龙王山景区 4 个景区构成。竹博园景区有各类竹子 396 种，建有世界上面积最大、散生和混生竹种最全的竹种园，中国竹子博物馆，温室景观花园，以及目前世界一流的大熊猫专业生态展馆。中国大竹海景区有毛竹林 30.3 平方千米，以单纯密林毛竹分布为主，是浙江省最著名的大毛竹示范基地。灵峰寺始建于五代梁开平元年(907)，为净土宗祖师道场，与杭州灵隐寺并称为姊妹寺。属天目山脉，森林覆盖率 85%，最高峰龙王峰海拔 1 587.4 米，为天目山脉最高峰。植被以松杉毛竹为主。有银缕梅、野生银杏、野生鹅掌楸、凹叶厚朴等 23 种国家珍稀保护植物。有梅花鹿、黑鹿、云豹等 28 种珍稀动物。1963 年始建。1996 年 8 月被批准为国家级森林公园。是集山水观光、运动休闲、康养度假、科普教育等多功能于一体的森林公园。邻 G235 国道，通公交线路。

兰亭国家森林公园(Lántíng Guójiā Sēnlín Gōngyuán)　在绍兴市柯桥区境内。北起越城区鉴湖街道、亭山乡，南至诸暨市枫桥镇，西起漓渚镇和福全镇，东至越城区鉴湖街道。面积 6.7 平方千米。地处会稽山脉北麓，与绍兴平原相接，最高峰九崂山，海拔 404 米。属亚热带季风气候，温度湿润、日照充足、四季分明。年平均气温 18℃。森林覆盖率为 86.63%。有种子植物 37 科 162 种，主要有毛竹、樟树、木荷、青冈、苦槠、石栎、板栗、枫香、麻栎、马尾松、杉木、池杉、杨梅、茶叶等，其中国家二级重点保护野生植物 6 种。有脊椎动物 45 种，主要有云豹、大灵猫、小灵猫、穿山甲、五步蛇、黄麂、野猪、眼镜蛇、雉鸡、松鼠、石蛙等，其中白颈长尾雉、白尾海雕、东方白鹳、穿山甲等国家一、二级重点保护野生动物 14 种。1992 年被批准为国家级森林公园。主要保护对象有白颈长尾雉、白尾海雕、东方白鹳。有水上乐园、森林浴场、山野牛车、跑马场、孔雀苑、鸵鸟园、森林茶楼、森林度假村等娱乐和服务设施。宋陆游《兰亭》诗云："兰亭绝境擅吾州，病起身闲得纵游。曲水流觞千古胜，小山丛桂一年秋。"是集山水观光、运动休闲、康养度假、科普教育等多功能于一体的森林公园。通城乡公交。

浙江诸暨香榧国家森林公园(Zhèjiāng Zhūjì Xiāngfěi Guójiā Sēnlín Gōngyuán)　在诸暨市赵家镇。为绍兴会稽山古香榧群全球重要农业文化遗产核心区。北起相泉村，南至西坑村，西起赵丁线，东至钟家岭村。总面积约 28.76 平方千米。地处会稽山低山丘陵。属亚热带季风气候，四季分明，雨水较多，光照充足，年温差大于同纬度邻县，小气候差距显著，具有典型的丘陵山地气候特征。年平均气温为 16.3℃。香榧是中国特有树种，为国家二级保护植物，主要生长在海拔 1 400 米以下、中国南方较为湿润的地区。有榧林 3.5 万亩，其中古榧树群 126 处，百年以上树龄的苍榧 3.7 万株。建有香榧文化展示厅。2009 年 12 月被批准为国家级森林公园。2013 年 4 月被批准为省级文物保护单位。系国家级香榧栽培中心，"枫桥香榧"原产地保护区。是集旅游观光、避暑度假、休养健身、科学考察、修习教育、生态环境及生物多样性保护等功能于一体的森林公园。通城乡公交。

南山湖国家森林公园(Nánshānhú Guójiā Sēnlín Gōngyuán)　在嵊州市西南部。北起市棉纺厂围墙，南至黄泥岭山脊，西起深溪茶厂口，东至贵门乡白墅。总面积 21.88 平方千米。南山湖为南山水库库区水域的称呼，南山水库在长乐江支流南山江上，控制流域面积 110 平方千米，总库容为 1.05 亿立方米。由南山湖、天兴潭、贵门 3 个景区组成。地处嵊新盆地西南部，属天台山脉的支脉及分支，为低山丘陵。地势南高北低，最高峰海拔 463.2 米。属亚热带季风湿润气候，温暖湿润，雨量充沛，四季分明。森林覆盖率为 76.58%。植被主要为中亚热带常绿阔叶林。有维管束植物 929 种。植物主要有马尾松、青冈栎、石栎、盐肤木、杜鹃、毛竹、板栗树等，其中国家保护野生植物

23 种。有陆生脊椎动物 113 种。动物主要有猕猴、野猪、野兔、黄鼬、松鼠、鹿、水獭、大灵猫、穿山甲、雉鸡、大鲵等,其中国家保护野生动物 14 种。2006 年 12 月被批准为国家级森林公园。是集旅游观光、避暑度假、休养健身、科学考察等功能于一体的森林公园。通城乡公交。

武义牛头山国家森林公园(Wǔyì Niútóushān Guójiā Sēnlín Gōngyuán)　在金华市武义县。北起干坑,南至龙潭,西起丽水市遂昌县,东至马鞍岗。面积 1 327.69 公顷。原为武义县林场。由上田和下田 2 个区块构成。地处仙霞岭山脉,火山岩地貌特征明显,最高峰牛头山,海拔 1 560 米。属中亚热带季风气候,具有独特的山地小气候特征,冬冷夏凉,云雾缭绕,雨量充沛,空气湿度大。年平均气温 19℃。森林覆盖率 99%。有植物 1 530 种,其中南方红豆杉、钟萼木国家一级保护野生植物 2 种,榧树、长叶榧、榉树、香果树等国家二级保护野生植物 9 种。有野生动物 265 种,其中白颈长尾雉、云豹、豹、黑麂国家一级重点保护野生动物 4 种,鬣羚、虎纹蛙、鸢、白鹇、猕猴、穿山甲、领角鸮等国家二级重点保护野生动物 32 种。2005 年被批准为国家森林公园。是集旅游观光、避暑度假、休养健身、科学考察等功能于一体的森林公园。柳四线过境,通城乡公交。

华顶国家森林公园(Huádǐng Guōjiá Sēnglín Gōngyuán)　在台州市天台县石梁镇。是天台山国家风景名胜区组成部分。北起溪岩村,南至东岭,西起大泄线,东至华峰村。总面积 38.67 平方千米。在原天台县华顶林场基础上建立。因主峰华顶山得名。地处天台山脉。最高峰华顶山海拔 1 098 米。属亚热带季风气候区,四季分明,降水丰富,热量充足,因四周山体环绕、中间低平,故小区域气候特征显著。年平均气温 17.1℃。森林覆盖率 92%。植被属中亚热带常绿阔叶林北部亚地带。有维管束植物 179 科 701 属 1 334 种,其中,水杉、香果树、金钱松、鹅掌楸等国家一、二级重点保护野生植物 38 种。有兽类 7 目 19 科 47 种,其中,豹、云豹、华南虎、苏门羚(野山羊)等国家一二类重点保护野生动物 11 种。有鸟类 16 目 40 科 174 种,其中白颈长尾雉、苍鹰、秃鹫等国家一二类保护鸟类 17 种。华顶自汉魏以来,有云锦杜鹃林、石梁飞瀑、摩崖题刻等景观和华顶寺、方广寺、天柱庵等古建筑。葛玄、王羲之、谢灵运、智者大师、李白、孟浩然等人都在此留下足迹。唐李白《天台晓望》诗云:"天台邻四明,华顶高百越。门标赤城霞,楼栖沧岛月。"1997 年 3 月被批准为国家级森林公园。主要保护对象有天台鹅耳枥、浙江七子花、樱果朴等植物和云豹、毛冠鹿、苏门羚、猴面鹰等动物。邻 S323 省道,有旅游专车通公园。

石门洞国家森林公园(Shíméndòng Guójiā Sēnlín Gōngyuán)　在丽水市青田县高市乡、瓯江南岸。范围主要为石门洞、里山圩、三坑、际后、乌坑、岙头、万年岙、独猫居、龙门、白玉湖、冲坑、大洋山、大熊坑、师姑湖、分水岙、烂泥湖、三塘林区所有林区面积。总面积 42.46 平方千米。隔岸望去,山峰耸立,中间只留一峡谷,远看似洞,故名石门洞。宋林景熙《石门洞》诗云:"临溪双石如层城,中有洞天门不扃。"地处洞宫山脉向北分支的低山丘陵地带,最高峰仰天湖海拔 1 337 米。山系庞大,气候垂直差异显著。属中亚热带季风气候,温暖湿润,雨量充沛,四季分明。植被属中亚热带常绿阔叶林区,以中亚热带常绿阔叶林次生植被为主,有马尾松、木荷、樟、甜槠、苦槠等 95 科 267 种。有白鸥、莺、猫头鹰、獐、松鼠等野生动物 33 科 54 种,其中,云豹、大灵猫、小灵猫、穿山甲国家一、二级重点保护野生动物 4 种。2003 年 12 月被公布为国家森林公园。主要保护对象有云豹、大灵猫、小灵猫、穿山甲等动物。是集观光旅游、休闲度假、康体养生、寻古探幽、文化体验等功能于一体的森林公园。通城乡公交。

浙江庆元国家森林公园(Zhèjiāng Qìngyuán Guójiā Sēnlín Gōngyuán)　在丽水市庆元县。北

起深乌村，南至底村村，西起天堂湾，东至底平线。总面积 57.51 平方千米。由巾子峰、白坎、百丈 3 个区块组成。含主入口、林业科研科普、生态论坛、古梅花观道教文化、茶山田园休闲活动、森林水岸疗养、山体生态浏览 7 个功能区域。最高峰巾子峰，海拔 1 563 米。属中亚热带季风气候，气候温和，四季分明。年平均气温 16℃。森林覆盖率 98%。植物属亚热带常绿阔叶林，拥有原始常绿阔叶次生林 1.35 万亩，是华东地区最具代表性的地带性植被景观。有木本植物计 69 科 156 属 264 种，其中有钟萼木（又名“伯乐树”）、南方红豆杉国家一级濒危植物 2 种。有动物计 17 目 27 科 37 种，其中有白颈长尾雉、黄腹角雉、云豹、黑麂国家一级重点保护野生动物 4 种，短尾猴、猕猴、穿山甲等国家二级重点保护野生动物 7 种。2010 年 12 月被批准为国家级森林公园。是以林业科研、科普、观赏、休闲为主要功能的森林公园。通城乡公交。

贤明山森林公园（Xiánmíngshān Sēnlín Gōngyuán）　在杭州市富阳区新登镇。北起葛溪，南至双屠线，西起五上线，东至贤明路。以山得名。贤明山，因西昔有学宫，为贤明之人读书处，故名。明万历三年（1575 年）《新城县志》卷一载：“贤明山，在县南三里，即学宫朝山。”总面积 31.3 公顷。属亚热带季风气候。季风显著，四季分明，气候温和，降水充沛。年平均温度 17℃。植被以毛竹、水杉、松树为主。1996 年 3 月被批准为省级森林公园。有唐末文学家罗隐纪念馆和碑林、建于明万历年间的联魁塔、明代寺庙广福寺、舒啸亭等景观。通城乡公交。

黄公望森林公园（Huáng Gōngwàng Sēnlín Gōngyuán）　在杭州市富阳区东洲街道。北起新海线，南至富春江，西起北渠，东至大岭山路。因元代画家黄公望晚年隐居于此，创作《富春山居图》和《大岭图》得名。总面积 227 公顷。由庙山坞和竹门坞 2 个区块构成。清顾祖禹《读史方舆纪要・浙江二・严州府》：“富春山，县西三十里，一名严陵山，前临大江，汉子陵钓处，人号严陵濑，有东西二钓台，各高数百丈。”地处天目山脉。森林覆盖率 96.5%。植被以毛竹为主。有国家一级重点保护树种秃杉、国家二级保护树种鹅掌楸（马褂木）等。有云豹、羚羊等国家一、二级重点保护野生动物 49 种。有黄公望纪念馆、庙山船埠、百竹园、公望牌坊、科普中心等景观。1994 年 4 月被批准为省级森林公园。是中国林科院亚热带林业研究所的科研基地。通城乡公交。

龙门山森林公园（Lóngménshān Sēnlín Gōngyuán）　在杭州市富阳区龙门镇。北起大尖头，南至青金坞，西起永安山，东至金鸡石。因其西偏南 700 米峡谷中有落差 100 余米的龙潭瀑布，民间以瀑布为龙门，故名。总面积 10.8 平方千米。由龙门山、清水塘 2 个区块构成。属龙门山脉，最高峰杏梅尖海拔 1 067.6 米。森林覆盖率 89%。1992 年 11 月被批准为国家级森林公园。主要保护对象为浙江特有极小种群野生植物细果秤锤树，分布面积近 10 公顷，数量达 386 株（丛）。是集休闲度假、探险科普等功能于一体的森林公园。通城乡公交。

白云源森林公园（Báiyúnyuán Sēnlín Gōngyuán）　在杭州市桐庐县富春江镇，濒临富春江。北起剪青坞，南至深坑青龙坞，西起梅树坞自然村，东至乌龟背。白云源以唐代诗人方干故里白云村得名。范仲淹曾赋诗云：“风雅先生旧隐存，子陵台下白云村。唐朝三百年冠盖，谁聚读书到远孙？”总面积 23.01 平方千米。由管理服务区、核心景观区、一般游憩区、生态保育区 4 个区块构成。属龙门山脉，最高峰观音尖，海拔 1 246.5 米。海拔高度落差大，13 千米的主流小源溪沿峡谷而下，流泉叠瀑景观丰富，有 50 多处深潭、10 余处飞瀑，其中小龙门瀑布最为著名。森林覆盖率 98.3%。植被主要有针叶林、针阔混交林、常绿阔叶林、常绿落叶阔叶混交林、竹林等。有鸳鸯潭、小龙门、大龙门、青龙峡、观音尖 5 个景点。园内小气候特征明显，夏天平均气温比杭州低 6℃，为避暑胜地。

是集休闲度假、探险科普和森林康养于一体的森林公园。2010年10月被批准为省级森林公园。通城乡公交。

壶山省级森林公园(Hú Shān Shěngjí Sēnlín Gōngyuán) 在金华市武义县城区西北部。壶山,据清嘉庆《武义县志》载:"在县两二里,耸然。为县主山,上有潭水其状如壶,故名。"面积3.98平方千米。属中亚热带季风气候,四季分明,温和湿润,雨量丰沛。年平均温度17℃。森林覆盖率92.38%,最高海拔280米。植被属中亚热带常绿阔叶林北部亚地带,以马尾松林为主。有木本植物66科33属202种,其中,花榈木、香樟为国家二级重点保护野生植物。陆生野生动物有4纲16目25种,其中鸢、草鸮为国家二级重点保护野生动物。以露天温泉闻名,泉水附存于萤石矿床裂隙中,沿矿床呈带状分布,通过地表水深循环径流,在地表萤石破碎带散漫溢出成温泉。有壶山寺、慈云庵和发宝象龙塔等古迹。有革命烈士纪念碑等建筑。有唐风露天温泉度假村等服务设施。是集森林观光、假日休闲、保健养生、植物科普、温泉度假和爱国主义教育于一体的城市森林公园。2005年被批准为省级森林公园。主要保护对象为繁殖及栖息的鸟类资源。通城乡公交。

第四节 湿地公园名称

杭州西溪国家湿地公园(Hángzhōu Xīxī Guójiā Shīdì Gōngyuán) 在杭州市区西部。北起文二西路,南至沿山河,西起绕城公路绿带东侧,东至紫金港路绿带西侧。总面积约11.5平方千米。由东部湿地生态保护培育区、中部湿地生态旅游休闲区和西部湿地生态景观封育区构成。陆地绿化率在85%以上,土壤主要有红壤、岩性土和水稻土3个土类,其中以红壤和水稻土分布最为广泛。河流总长100多千米,约70%的面积为河港、池塘、湖漾、沼泽等水域,其间水道如巷、河汊如网、鱼塘栉比、诸岛棋布。属亚热带季风气候,气候温和,雨量充沛,日照较长,四季分明。年平均气温15.1℃。有维管植物254种,以禾本科、菊科、豆科和蔷薇科为主。动物有两栖类1目4科10种、爬行类3目8科15种、鸟类15目41科126种、兽类5目7科14种、鱼类6目14科35属。2005年被批准为国家级湿地公园。2009年被列入国际重要湿地名录。2012年被评定为国家AAAAA级旅游景区。是一个集城市湿地、农耕湿地、文化湿地于一体的国家湿地公园。通公交线路。

宁波杭州湾国家湿地公园(Níngbō Hángzhōuwān Guójiā Shīdì Gōngyuán) 在慈溪市杭州湾西北部,杭州湾跨海大桥西侧。总面积63.8平方千米。有湿地教育中心和展示区、涉禽和游禽活动区、处理湿地区域、水禽栖息地区域、鹭鸟繁殖地及有林湿地区域5个功能分区。地处国家重要湿地庵东沼泽。有沿海滩涂、离岸沙洲和塘内围垦湿地等湿地类型。属亚热带季风气候,四季分明,冬夏稍长,春秋略短。年平均气温16℃。出水水质基本维持在三类。有鸟类303种(实施前为169种),其中列入国家重点保护野生动物名录的鸟类33种(实施前为13种),列入世界自然保护联盟IUCN中国受威胁鸟类名录的鸟类16种(实施前为9种)。鹭鸟数量最多。2011年12月被批准为国家级湿地公园。为中国八大盐碱湿地之一,世界级观鸟胜地,属于典型的海岸湿地生态系统,是东南亚最大的咸水海滩湿地之一。是澳大利亚至西伯利亚候鸟迁徙线上重要的"中转站"。是集湿地恢复、湿地研究和环境教育于一体的湿地生态旅游区。通城乡公交。

下渚湖国家湿地公园(Xiàzhǔhú Guójiā Shīdì Gōngyuán)　在湖州市德清县三合乡。北起09省道,南至湘溪港,西起下仁公路,东止东苕溪。面积36平方千米,其中水域面积3.4平方千米,中心湖泊面积1.26平方千米。含白鹭洲、熊猫园等7个区块。湿地类型主要为河流型、沼泽型、湖泊型。地处平原地区。属亚热带季风气候,四季分明,光照充足,雨量充沛,温度湿润。年平均气温13℃～16℃。河流源出湘溪,属南太湖水系,600余个墩岛散布湖面,1 000余条港汊纵横交错。森林覆盖率90%。植被以杉松为主,有广玉兰、雪松、龙柏、香樟、红枫、银杏等观赏林木,紫竹、玉笔竹等观赏竹,配以拱桥流水、亭台楼阁等江南园林。有野生珍稀鸟禽160余种。国家二级保护野生鸟类小白鹭数量达1万多只。2008年1月始建,2013年9月竣工。2013年被列为国家级森林公园。是朱鹮易地保护暨浙江种群重建基地、国家野生大豆保护区。是以林业科研、科普、观赏、休闲为主要功能的湿地公园。邻长深(G25)高速公路。

浙江长兴仙山湖国家湿地公园(Zhèjiāng Chángxīng Xiānshān Hú Guójiā Shīdì Gōngyuán)在湖州市长兴县泗安镇。北起新庄、金塘,南至十里头村,西起建丰村,东至新建村。面积22.69平方千米,其中湿地面积6.95平方千米,湿地率为30.6%。由保育区、恢复重建区、宣教展示区、合理利用区、管理服务区5个功能区构成。地处天目山余脉、浙北平原区和浙西中山丘陵区交接地带。属亚热带季风气候,气候温和,降水充沛,四季分明,雨热同季,温光协调。有植物212种,野生动物206种。以库塘湿地生态系统、湖湾苇荡和湖边沼泽景观为典型特征,是长三角地区自然湿地生态系统与人工湖泊湿地的典型代表。2009年被批准为国家级湿地公园。主要保护对象有野菱、水蕨、野大豆、虎纹蛙、黄嘴白鹭、小天鹅。是集湿地生态保护、湿地科普教育、综合利用示范、水源供应、防洪减灾等功能于一体的湿地公园。邻沪渝(G50)高速公路、新海(G235)国道。

镜湖国家城市湿地公园(Jìnghú Guójiā Chéngshì Shīdì Gōngyuán)　在绍兴市越城区、柯桥区、袍江经济开发区之间。北起环湖路,南至鸭沙滩,西起张家潭等河流,东至解放北路西侧河流及梅山公园。面积15.6平方千米。其中水面8 064亩,浅滩地15 381亩,东西长约3 700米,南北宽约5 460米。园内水网密集,地下水位高,自然地形为低湿地。湿地有沼泽湿地、河流草丛湿地和湖边水生植物湿地三大类。镜湖湿地非纯自然的生态系统,是长期生产劳动的结果,表现出农耕文化特征。有植物65科132属151种。有鸟类24科74种。有形态各异桥梁216座。有梅山、斋戒台、永觉寺、巫山之穴、梅子真泉、适南亭、尚书墓、茶坞等名胜古迹。2005年5月被批准为国家城市湿地公园。主要保护对象黄嘴白鹭。是集传统农渔业观光、运动休闲、康养度假、科普教育等多功能于一体的湿地公园。是浙江省首个国家级城市湿地公园。通城乡公交。

浙江玉环漩门湾国家湿地公园(Zhèjiāng Yùhuán Xuánménwān Guójiā Shīdì Gōngyuán)　在台州市玉环县中部漩门湾。北起温岭市,南至玉环县城区,西起乐清湾,东至楚门、清港2镇。总面积31.48平方千米,其中浅海滩涂面积7.06平方千米,水域面积16.7平方千米。湿地面积28.6平方千米,湿地率90.85%。由生态保育区、恢复重建区、科普宣教区、合理利用区、管理服务区5个区块构成。有近海与海岸、河流、沼泽、人工4类湿地。在乐清湾东部玉环县西北部,与雁荡山隔海相望。属亚热带季风气候。年平均气温17.7℃。有常绿阔叶林、沼生水生植被、滨海盐生植被等植物111科475种。有动物4纲16目29种。有鸟类15目41科137种。有泥蚶、大蛏、牡蛎、对虾、蛸蠓、海瓜子等经济鱼类106种。2011年12月被批准为国家级湿地公园。主要保护对象有黑脸琵鹭、黑嘴鸥、鸢、苍鹰等。是世界濒危物种黑脸琵鹭和黑嘴鸥在中国的最主要越冬区之一。通城乡公交。

第四章　风景旅游区和纪念地名称

第一节　风景名胜区名称

富春江—新安江风景名胜区(Fùchūnjiāng—Xīn'ānjiāng Fēngjǐng Míngshèngqū)　在杭州市富阳区、建德市、桐庐县、淳安县境内。北起杭州市富阳区,南至淳安县,西起淳安县,东至建德市。面积 1 423 平方千米。因地处富春江、新安江得名。1982 年 11 月被批准为国家级风景名胜区。风景名胜区依托杭州城市,以富春江—新安江—千岛湖水路为主轴线,以 4 个县城(市区)为旅游服务基地,将 135 个主要景点(景群)组织到富春江、新安江—泷江、千岛湖 3 个大型风景分区中。富春江分区由鹳山、孙权故里、桐君山、龙门、碧云、瑶琳、白云源 7 个景区构成。新安江—泷江分区由七里泷、新安江、大慈岩—新叶、严东关、灵栖 5 个景区构成。千岛湖分区由中心湖、东南湖、东北湖、西北湖、西南湖、石林、白马、全朴溪、大明山 9 个景区构成。有河湖水域、山林植被、岩溶地貌、建筑风貌 4 类景观。区内有春秋名臣伍子胥,西汉朱买臣,东汉高士严子陵,三国孙权及孙氏家族,唐诗人方干,元代画家黄公望,明朝海瑞,清代画家董邦达、董诰,现代郁达夫、叶浅予,农民起义领袖陈硕真、黄巢、方腊,太平军将领李世贤、李秀成等历史著名人物。李白、白居易、苏东坡、范成大、杜牧、范仲淹、郭沫若等人曾留下诗词、散曲、话本、小说、绘画等文学作品数以万计。风俗呈吴越文化、徽派文化、山越文化等特征。有龙灯、竹马、跳仙鹤、古亭锣鼓、白象狮舞、舞灯、赛龙舟等民间传统活动。有睦剧、婺剧、徽剧等戏曲文化。是以"碧湖千岛、锦山秀水、文丰史悠、生态优良"为特色,以观光、度假、科教为主要功能的河川型风景名胜区。区内通城乡公交线路。

杭州西湖风景名胜区(Hángzhōu Xīhú Fēngjǐng Míngshèngqū)　在杭州市西湖区。北起灵峰街道,南至临安市,西起上墅乡,东至余杭区。面积 30.5 平方千米,外围保护地带面积 22.6 平方千米。湖面面积 6.38 平方千米,处于平原、丘陵、湖泊与江海相衔接的地带,三面环山,一面濒临城区,分为湖滨区、湖心区、北山区、南山区和钱塘区,湖中被孤山、白堤、苏堤、杨公堤分隔,按面积大小分别为外西湖、西里湖(又称"后西湖"或"后湖")、北里湖(又称"里西湖")、小南湖(又称"南湖")及岳湖 5 片水面。1982 年 11 月被批准为国家级风景名胜区。2007 年被评为国家 AAAAA 级旅游景区。2011 年 6 月被联合国教科文组织列入世界遗产名录。有全国重点文物保护单位 5 处,浙江省文物保护单位 35 处,各类博物馆、纪念馆 20 余座,主要景点 122 处。西湖旧称武林水,又有钱塘(唐)湖、西子湖、明圣湖、金牛湖等美称。历代诗人、艺术家吟唱西湖的名篇佳作,与西湖景色水乳交融。“水光潋滟晴方好，山色空濛雨亦奇，欲把西湖比西子，淡妆浓抹总相宜”的千古绝唱，为杭州赢得了“上有天堂，下有苏杭”的美誉。通公交线路。

雪窦山风景名胜区（Xuědòushān Fēngjǐng Míngshèngqū） 在奉化市溪口镇。北起雪窦山，南至剡溪，西起浒溪线，东至武岭。面积2万平方千米。雪窦山在奉化市溪口镇西北，为四明山支脉的最高峰，海拔800米，有“海上蓬莱，陆上天台”之美誉，是一座具有悠久历史和深厚文化积淀的佛教名山，在山心的雪窦寺创于晋、兴于唐朝、盛于宋朝，在佛教史上居于重要地位。苏轼赋诗赞曰：“高怀却有云门关，好句争传雪窦风。”1985年8月被批准为浙江省风景名胜区。1994年4月被批准为国家级重点风景名胜区。以雪窦古刹和千丈岩瀑布为中心，东有五雷、桫椤、东翠诸峰，西有屏风山，南有天马、翠峦，西南有象鼻峰、石笋峰、乳峰，中间是平地，有千丈岩飞瀑、妙高台、徐凫岩峭壁、商量岗林海、三隐潭瀑布等景观。有蒋介石故居丰镐房、玉泰盐铺、小洋房、武山庙、摩诃殿、文昌阁、蒋氏宗祠、蒋母墓8处全国重点文物保护单位。有张学良第一幽禁地、武岭公园、杜鹃谷、蒋父墓、民国大杂院、王康乐艺术馆、溪口博物馆、锦境池、魏杞墓等景点。是山岳型风景名胜区。通城乡公交。

楠溪江风景名胜区（Nánxījiāng Fēngjǐng Míngshèngqū） 在温州市永嘉县。北起仙居县，南至沙头镇，西起碧莲镇，东至乐清市。面积625平方千米。因地处楠溪江得名。1996年12月被批准为省级风景名胜区。是世界地质公园、国家AAAA级旅游景区、世界遗产·人类口述与非物质遗产中国昆曲的发源地、中国工农红军第十三军中心策源地和活动区域，楠溪江古村落是中国四大民居之一。包括楠溪江及沿江农村文化（又称岩头景区）、大若岩、石桅岩、水岩、北坑、陡门和四海山7个景区。沿江有新石器时期的文化遗址，唐、宋、元、明、清以来的古塔、桥梁、路亭、牌楼、古战场，“七星八斗”芙蓉村、“文房四宝”苍坡村、山地民居林坑村等200余座古村落，有宋、明、清的古塔、古桥、古牌坊，有以“七星八斗”“文房四宝”布局和五行阴阳风水构想而建的芙蓉村、苍城村。有谢灵运、王羲之、苏东坡等历代文人墨客的履迹和诗句。宋苏东坡有诗云：“自言长官如灵运，能使江山似永嘉。”为以观光旅游、科普教育、休闲健身为主要功能的山岳型风景名胜区。通城乡公交。

南雁荡山风景名胜区（Nányàndàngshān Fēngjǐng Míngshèngqū） 在平阳县西部。东起蒲潭垟，西至白云山，南始白岩山，北到双尖山。面积169.27平方千米。南雁荡山，主峰明王峰，海拔1 077.7米，山顶有泥塘沼泽，秋季有大雁在此栖息，且与北雁荡山遥望相对，故名南雁荡山。1989年被批准为国家级风景名胜区。2007年被评定为国家AAAA级旅游景区。由东西洞、顺溪、明王峰、碧海天城、赤岩山5个景区构成，有67峰、24洞、13潭、8瀑、9石。东西洞景区，俗云“北雁好峰，南雁好洞”主要指此，有仙姑洞、月牖、十八进士洞、连环洞、石斧洞、东山十二峰等景点。顺溪景区，有清代古民居群、万壑笙钟、渡飏桥、云祥寺、青街等景点。明王峰景区，有明王峰、雁荡、龙湫瀑、山门革命纪念地等景点。碧海天城景区，有畴溪、仰天池、碧海天城、怀溪、青隐界景点。赤岩山景区，有赤岩巨壑、天门双潭、龙潭坝、雁门漈、霁山碑林等景点。为以观光旅游、科普教育、休闲健身为主要功能的山岳型风景区。通城乡公交。

百丈漈—飞云湖风景名胜区（Bǎizhàngjì—Fēiyúnhú Fēngjǐng Míngshèngqū） 在温州市文成县境内。总面积558.8平方千米，由百丈漈、飞云湖两大片区构成。百丈漈片区，面积165平方千米。北起文成县，南至峡谷景廊入口，西起南田、二源集镇及天顶湖，东至金朱林场、二源镇，以瀑奇、湖美、洞怪、潭多、峰秀为特色。北宋《太平寰宇记》称：“天下七十二福地，南田居其一，万山深处忽辟平畴，高旷绝尘，风景如画，桃源世外无多让焉。”由百丈飞瀑、天顶湖、刘基故里、峡谷景廊和朱阳九峰5个景区构成。飞云湖片区，面积393.8平方千米。北起文成县，南至山华林场、桂山乡，西起文成县，东至珊溪水库、铜铃山镇，以瀑雄、峰奇、湖秀、溪美为特色。由珊溪景区、双龙景区、蟾宫景区、岩门景区构成。2004年1月被批准为国家级风景名胜区。为以观光旅游、科考探险、休闲健身为主要功能的山岳型风景名胜区。通城乡公交。

雁荡山风景名胜区（Yàndàngshān Fēngjǐng Míngshèngqū）　在温州市乐清市、永嘉县、温岭市境内。北起仙姑洞，南至筋竹洞口，西起芙蓉白岩，东至湖雾羊角洞。面积343.5平方千米。1982年被批准为国家级风景名胜区。由灵峰、灵岩、大龙湫、三折瀑、雁湖、显胜门、羊角洞、仙桥8个景区构成，灵峰、灵岩、大龙湫被称为雁荡三绝。有500多处景点。素以独特的奇峰怪石、飞瀑流泉、古洞畸穴、雄嶂胜门和凝翠碧潭扬名海内外，被誉为“海上名山，寰中绝胜”，史称“东南第一山”。灵峰景区，面积约46平方千米。以悬崖叠嶂、奇峰怪石、古怪石室、碧潭清润为特色，有观音洞、北斗洞、合掌峰等景点。灵岩景区，面积9平方千米。有屏霞嶂、灵岩寺、天柱峰、小龙湫等景点。宋王十朋《天柱峰》诗：“女娲石烂苦为修，四海咸怀杞国忧。谁识山中真柱石，擎天功业胜伊周。”大龙湫景区，面积为28平方千米。有大龙湫瀑布、马鞍岭、芙蓉峰、经行峡等景点。南宋楼钥有诗云：“北上太行东禹穴，雁荡山中最奇绝。龙湫一派天下无，万众赞扬同一舌。”是以观光旅游、科普教育、休闲健身为主要功能的山岳型风景名胜区。通城乡公交。

莫干山风景名胜区（Mògānshān Fēngjǐng Míngshèngqū）　在湖州市德清县西北部。北起天山、仙潭村，南至十亩里、东岑坞，西起葛岭、陆家桥，东至莫干坞、石颐湖、对河口水库大坝。面积43平方千米。莫干山，又名“莫邪山”，四库全书版《浙江通志》卷十二引嘉靖浙江通志：“在县西南一百五十里，上有铸剑池，水常清澈，旁有磨剑石，世传吴王铸剑于此，取莫邪干将之义以名。”1994年被批准为国家级风景名胜区。景区以竹、泉、云著称，为中国四大避暑胜地之一。森林覆盖率93.5%，植被属中亚热带常绿阔叶林。有维管束植物136科374属614种。有哺乳动物16科40余种、鸟类27科60余种、爬行类10科24种、两栖类7科10余种、昆虫类153科1 102种。有剑池、古望吴台、摩崖石刻、四叠飞瀑等景观和众多古寺。建有白云山馆、林海别墅、松月庐、雄庄、潘家园林等200余幢风格各异的别墅。邻临莫线（S304）省道，通城乡公交。

天姥山风景名胜区（Tiānmǔshān Fēngjǐng Míngshèngqū）　在绍兴市新昌县。面积138平方千米。天姥山由刘门山、细尖、大尖、芭蕉山、拨云尖、莲花峰等群山组成，以唐代诗人李白的《梦游天姥吟留别》而著称：“天姥连天向天横，势拔五岳掩赤城，天台四万八千丈，对此欲倒东南倾。”2009年被批准为国家级风景名胜区。由大佛寺风景区、穿岩十九峰风景区、沃洲湖风景区3个区块组成。有大佛寺、千佛岩、十里潜溪、双林石窟、天烛湖、国家地质公园、十九峰、千丈幽谷、抬头山、倒脱靴、重阳宫、沃洲湖、天姥山、天姥龙潭、真君殿、香炉峰、三十六渡等景点169个。是以文化体验、休闲旅游为主要功能的山岳型风景名胜区。通城乡公交。

浣江—五泄风景名胜区（Huànjiāng—Wǔxiè Fēngjǐng Míngshèngqū）　在诸暨市境内。由浣江、五泄2部分组成。面积73.9平方千米。2002年被批准为国家级风景名胜区。浣江，又名“浣浦”“浣渚”“浣纱溪”，是浦阳江流经诸暨市城关镇河段的名称。浣江景区，亦称西施故里旅游区，以西施文化为主题展示古越文化，有西施殿、中国历代名媛馆、范蠡祠、民俗馆、郑氏宗祠、三贤馆、古越一条街等景点。五泄景区，泄即瀑布的意思，由五泄湖、桃源、东源和西源峡谷4个区块构成，其中五泄最为著名，《越绝书》《水经注》《隋书》等书籍都有记载，历史名人徐霞客、陆游、白居易，徐渭、文徵明、祝允明、唐寅等都曾在此留下印迹。是以观光旅游、科普教育、休闲健身为主要功能的山岳型风景名胜区。通城乡公交。

双龙风景名胜区（Shuānglóng Fēngjǐng Míngshèngqū）　在金华市婺城区罗店镇。北起北山，南至尖峰山，西起六洞山，东至大佛寺。面积 79.7 平方千米。1994 年被批准为国家级风景名胜区。有双龙洞、黄大仙、尖峰山、大盘天、仙鹤妍、优游园 6 个景区。唐代杜光庭《洞天福地记》称"第三十六洞天金华山"，是我国道教第三十六洞天所在地。有黄大仙传说国家非物质文化遗产 1 个。景区以溶洞、地下河、地下湖著称。双龙洞，洞口两侧分悬钟乳石，形如龙头，故名。洞壁摩崖石刻"双龙洞"，相传为唐人手笔，洞中壁"洞天"两字为宋代吴琳手书，洞顶崖壁上一排横字"三十六洞天"系近代于右任手笔。进洞必须仰天平卧小舟中，徐徐送入洞内，脸面相距穴顶仅数寸。有诗云"洞中有洞洞中泉，欲觅泉源卧小船"，"千尺横梁压水低，轻舟仰卧入回溪"。是以观光旅游、文化体验、休闲健身为主要功能的山岳型风景名胜区。S313 省道过境，通城乡公交。

大红岩风景名胜区（Dàhóngyán Fēngjǐng Míngshèngqū）　在金华市武义县中部。面积 50.5 平方千米。2012 年 10 月被批准为国家级风景名胜区。由大红岩、刘秀垄、清风寨、俞源、寿仙谷、龙潭、石鹅岩、郭洞 8 个景区组成。以山青、林秀、泉甘、岩险、峰奇、洞多、谷幽、湖静为特色。是丹霞地貌景观集中分布区，分布着大小不一、深浅不同、千姿百态的丹霞洞穴。2003 年俞源、郭洞两个古村落被公布为中国历史文化名村。大红岩景区，面积 10 平方千米。有望夫岩、盘龙岩、天堂岭、荷花心、秋风洞、通天峡、拇指岩、大红岩、留仙湖等 50 余个景点，其中高 300 余米、宽 650 米的赤壁丹霞大红岩最为著名。以观光旅游、文化体验、休闲健身为主要功能的山岳型风景名胜区。上松线（S220）过境，通城乡公交。

方岩风景名胜区（Fāngyán Fēngjǐng Míngshèngqū）　在金华市永康市方岩镇。北起方岩大道，南至杨溪水库，西起东永高速，东至世方线。面积 152.8 平方千米。方岩，山体平地拔起，四面如削，远望如城堡方山，故名。2004 年被批准为国家级风景名胜区。以峰险石怪、瀑美洞奇为特色，是我国境内特征最明显、发育最完全的丹霞地貌区之一，有方岩、南岩、石鼓寮、五峰、烈士陵园、灵岩、五指岩等 8 个景区。方岩景区，典型丹霞地貌区，岩山高 400 米，方圆约 3 000 平方米，峰顶与峰脚面积接近。山上有胡公祠，胡公名则，字子正，北宋初年人，宋赵善括《应斋杂著》载："两浙税之重……丁谓为相，苏秀获免；胡则在朝，衢婺遂蠲。"胡则奏免衢州、婺州的身丁钱，为群众爱戴，民间流传慢慢被神化为有求必应的胡公大帝。是以观光览胜、文化体验为主要功能的山岳型风景名胜区。通城乡公交。

三衢石林风景名胜区（Sānqúshílín Fēngjǐng Míngshèngqū）　在衢州市常山县辉埠镇。北起山背村，南至路里坑村，西起鸭坞村，东至西坑溪。面积 27.58 平方千米。1996 年 12 月被批准为省级风景名胜区。以喀斯特灰岩岩溶地貌景观为主要特征。有三衢山、金钉子剖面、白鹭旅游区、城堡石林、天井石林（天坑）、小古山岩溶凹地、紫藤峡谷、仙人洞等景点。三衢山景区，《隋志》载："昔有洪水自顶暴出，界兹山为三道，故谓三衢。"为石灰岩地貌石牙石林景观，三衢石林岩溶属幼年期，主要由峰丛构成，微地貌为石芽和溶沟，同时又是奥陶纪晚期的一个巨大的古生物礁，在地质学术上被称为三衢山组礁灰岩，是研究华南古生代地史的重要地区。是以观光览胜、科学科研、文化体验为主要功能的山岳型风景名胜区。通城乡公交。

江郎山风景名胜区(Jiānglángshān Fēngjǐng Míngshèngqū)　在江山市石门镇。北起界牌村，南至郎峰村，西起江郎山村，东至长山源村。面积5平方千米。因传昔有江氏3兄弟登巅化为石，故名。2002年5月被批准为国家级风景名胜区。为典型的丹霞地貌景观。有三爿石、十八曲、塔山、牛鼻峰、须女湖(曾名"青龙湖")和仙居寺等景点。山上现存"壁立万仞""小洞天"摩崖石刻2处。有晋代建开明禅寺及唐代江郎书院。石谷、石斛为江郎山名贵中药。江郎山茶久负盛名。唐白居易等名人曾在此留下诗句。2010年8月作为"中国丹霞"的系列提名地之一列入世界自然遗产名录。是以观光览胜、科学科研、文化体验为主要功能的山岳型风景名胜区。通城乡公交。

普陀山风景名胜区(Pǔtuóshān Fēngjǐng Míngshèngqū)　在舟山市普陀区。四面环海，由舟山群岛中的普陀山岛、洛迦山岛、朱家尖岛东南部三部分组成。面积41.95平方千米。1982年被批准为国家级风景名胜区。普陀山有海天佛国、南海圣境之称，是中国四大佛教道场之一。有南天门、普济寺、潮音洞至观音跳、西天门至风洞嘴、法雨寺、佛顶山慧济寺、飞沙岙至梵音洞、海澄庵至后沙岙、百步沙至千步沙、洛迦山10个景区。是以休闲养生、观光览胜、体验佛教文化为主要功能的海岛型风景名胜区。有轮渡通景区。

嵊泗列岛风景名胜区(Shèngsìlièdǎo Fēngjǐng Míngshèngqū)　在舟山市嵊泗县、杭州湾以东。北起花鸟山岛，南至徐公岛、白节山岛，西起滩浒山岛，东至童岛。面积80.69平方千米。1985年8月被批准为国家级风景名胜区。包含泗礁、洋山、嵊山、花鸟4个景区。泗礁景区最著名的是基湖沙滩和南长涂沙滩。有姐妹沙滩、六井潭、大悲极顶及黄龙岛上的摩崖石刻"瀚海风清""东海云龙"和奇石"元宝石"等景观。洋山景区有圣姑礁摩崖石刻、石龙奇观、海阔天空等景观。嵊山景区主要特点是渔港风情、悬崖峭壁和渔村民俗，有东崖绝壁、山海奇观、嵊山渔港等景观。花鸟景区有花鸟灯塔、雾露峰峦、彩旗野象、外轮锚地等景观。是以休闲观光、文化体验为主要功能的海岛型风景名胜区。通轮渡。

天台山风景名胜区(Tiāntáishān Fēngjǐng Míngshèngqū)　在台州市天台县东北部。面积105平方千米。因地处天台山地得名。1988年被批准为国家级风景名胜区。分国清、石梁2个片区。是中国佛教天台宗和道教南宗的发祥地。有国清寺1处全国重点文物保护单位。有华顶、琼台、赤城山等景观。有国清寺、塔头寺、高明寺、华顶寺、方广寺、万年寺、桐柏宫等寺观。东晋王羲之、顾恺之，南朝谢灵运，唐孟浩然、李白、刘禹锡、元稹、柳公权，宋苏轼、米芾、陆游，明董其昌、徐霞客等都在此留下足迹。是以休闲观光、文化体验为主要功能的山岳型风景名胜区。通公交线路。

仙居风景名胜区(Xiānjū Fēngjǐng Míngshèngqū)　在台州市仙居县中南部。北起十八都坑西侧山脚线，南至仙居与永嘉县界，西起十三都坑，东至诸永高速。总面积158平方千米。2002年5月被批准为国家级风景名胜区。含神仙居、景星、十三都、公盂、淡竹5个景区。神仙居景区有世界上最大的火山流纹岩地貌集群。是以休闲养生、科考科研和文化体验为主要功能的山岳型风景名胜区。邻台金、诸永高速，有神仙居互通出入口。通城乡公交。

长屿硐天风景名胜区(Chángyǔdòngtiān Fēngjǐng Míngshèngqū)　在台州市温岭市中西部。北起水仓头南—麦芒岙—朱上山东侧—里岸—长屿中学—屿头—岙里—华赞亭—下帽西一线，南至花芯电站—大车山—梁头山一线，西起金银山—狮子岩岗头—坟山—铁场—岙口—乌龟山—水仓头南，东至下帽西—运粮河—丁岙—河头梁—塘前—旗山东山脚—桐坑山—小岭头。面积16.18平方千米。2005年12月被批准为国家级风景名胜区。包含八仙岩、双门硐、崇国寺和野山4个区块。有南北朝以来人工开采石板后留下来的28个硐群、1 314个形态各异的硐窟。是以旅游观光、文化体验为主要功能的山岳型风景名胜区。通城乡公交。

仙都风景名胜区(Xiāndū Fēngjǐng Míngshèngqū)　在丽水市缙云县。景区面积166.2平方千米。1994年2月被批准为国家级重点风景名胜区。包含仙都、黄龙山、大洋山、岩门4个景区。由小仙都、石门、狮子岩、唐葛岭、河阳古民居、桃花岭等500多个景点景观组成。是以观光旅游、科普教育、休闲健身为主要功能的山岳型风景名胜区。邻金温铁路和330国道,通城乡公交。

超山风景名胜区(Chāoshān Fēngjǐng Míngshèngqū)　在杭州市余杭区塘栖镇南部。北起龙超线,南至杨家浜,西起椄坝桥、张湾河、王家门,东至小白线。面积5平方千米。1996年12月被批准为省级风景名胜区。以观赏"古、广、奇"三绝的梅花著名。有"十里香雪海"之美誉,为江南三大探梅胜地之一。中国有五大古梅,超山就有唐梅、宋梅2种。通城乡公交。

大明山风景名胜区(Dàmíngshān Fēngjǐng Míngshèngqū)　在杭州市临安市清凉峰镇。北起白果村大明山自然村,南至淳安县边界、千亩田,西起顺溪村,东至河桥镇边界。面积15.18平方千米。因南宋《咸淳临安志》有大明山记载得名。1996年被批准为省级风景名胜区。是以观光旅游、科普教育、休闲健身为主要功能的山岳型风景名胜区。通城乡公交。

天童—五龙潭风景名胜区(Tiāntóng—Wǔlóngtán Fēngjǐng Míngshèngqū)　在宁波市鄞州区和海曙区。面积57.45平方千米,其中核心景区面积16.7平方千米。包括天童和五龙潭2个片区。天童风景名胜区北起五乡镇界,南至画龙村,西起东钱湖镇界,东至鄞州北仑区界。含天童、太白湖2个景区和阿育王寺1个独立景点。五龙潭风景名胜区北起龙谷村上茶奋自然村,南至龙峰村,西起龙溪村潘溪自然村,东至龙谷村,含五龙潭、中坡山2个景区。2006年3月被批准为省级风景名胜区。融佛教文化与自然山石湖瀑景观于一体,共有102个自然景源和55个人文景源。有全国重点文物保护单位天童寺和阿育王寺。是山岳型风景名胜区。通公交线路。

东钱湖风景名胜区(Dōngqiánhú Fēngjǐng Míngshèngqū)　在宁波市鄞州区。北起环湖北路、青山岭、笔架山、九龙山,南至福泉山一庙东沟,西起张夼后山、东泉湖湖边道路、纪家湾后山,东至九龙山、金家山、高头岭山脊。面积60.31平方千米,外围保护地带面积79.08平方千米。1985年被批准为省级风景名胜区。东钱湖是浙江省最大的淡水湖,由谷子湖、南湖和北湖组成,有补陀洞天、二灵塔、王安石纪念馆、岳鄂王庙以及台湾文献初祖沈光文塑像、书法泰斗沙孟海书画院、世界昆虫分类学专家周尧昆虫博物馆、国防教育中心、蝴蝶阁、湖滨公园等景点。通公交线路。

鸣鹤—上林湖风景名胜区(Mínghè—Shànglínhú Fēngjǐng Míngshèngqū)　在慈溪市。北起上林湖坝外、瘦尖山、白洋湖北岸,南至余姚市界、解放岙、云雾头、平岭顶,西起上林湖外、西百念步以西,东至掌起镇界、外杜湖塘堤和鸣鹤老镇区以外。面积50.8平方千米。2001年被批准为省级风景名胜区。有鸣鹤古镇、五磊古刹、越窑遗址等人文景观和上林湖、里杜湖、外杜湖、白洋湖、五磊山、栲栳山等景点。沿湖20千米的湖岸线上,散布着自东汉以来的古窑址120余处。有越窑遗址1处全国重点文物保护单位。鸣鹤古镇在唐宋时为浙东主要盐场。通城乡公交。

瑶溪省级风景名胜区(Yáoxī Shěngjí Fēngjǐng Míngshèngqū)　在温州市龙湾区。东至灵昆大道,南至瑶溪镇界,西起金钟瀑至李王尖,北起瑶溪镇界至瓯海大道。面积13.5平方千米。包括钟秀园、瑶溪泷、金钟瀑、龙岗山、千佛塔5大景区。1991年被批准为省级风景名胜区。有龙岗山文化遗址、唐代国安寺、宋代千佛塔、明代玄真观等古迹。建有国家登山级登山步道。是以观光旅游、科普教育、休闲健身为主要功能的山岳型风景名胜区。通城乡公交。

仙岩风景名胜区(Xiānyán Fēngjǐng Míngshèngqū)　在温州市瓯海区。东隔大罗山与龙湾区,南、西南与瑞安市接壤,西、西北毗连丽岙街道,北毗邻茶山街道。面积30.5平方千米,外围保护地带面积22.6平方千米。1985年8月被批准为省级风景名胜区。素有"九狮一象之奇,五潭二井之秀"之称。包括以潭、瀑为特色,以人文景观为典型的仙岩景区;以洞景清幽为特色,以化成洞、罗隐洞为典型的化成洞景区;以水景浩渺为特色,以天河、秀垟水库为典型的天河景区3个景区。是以观光旅游、科普教育、休闲健身为主要功能的山岳型风景名胜区。通城乡公交,有旅游专线。

泽雅风景名胜区(Zéyǎ Fēngjǐng Míngshèngqū)　在温州市瓯海区。北起凌云山凌云寺,南至龙井山龙井寺,西起崎云山葶荠嶂,东至麻芝川百丈祭。面积128.6平方千米。包括龙溪、泽雅湖、西山、五凤、高山角、金坑峡、七瀑涧、崎云八大景区。1991年被批准为省级风景名胜区。有四连碓造纸作坊1处全国重点文物保护单位。为山岳型风景名胜区。通城乡公交。

洞头风景名胜区(Dòngtóu Fēngjǐng Míngshèngqū)　在温州市洞头县。北起三个屿,南至南策岛,西起梅花礁,东至大竹峙岛。面积20.12平方千米。因地处洞头得名。1991年5月被批准为省级风景名胜区。包括半屏山、先锋女子民兵连、望海楼等7个景区。有九亩丘遗址、海上瓷器之路、烟墩烽火台、郑成功校场、摇隐书院等古迹。是以观光旅游、科普教育、休闲健身为主要功能的海岛海滨型风景名胜区。有轮渡通往景区。

南麂列岛风景名胜区(Nánjǐlièdǎo Fēngjǐng Míngshèngqū)　在温州市平阳县。面积11.13平方千米。因主岛南麂岛形似鹿麂得名。由52个大小岛屿组成。1996年12月被批准为省级风景名胜区。包括大沙岙、三盘尾、国姓澳3个景区。大沙岙景区以贝壳沙滩闻名。三盘尾景区以海岛自然景观为主。国姓澳景区为避风港,郑成功曾在此训练海军。是以观光旅游、科普教育、休闲健身为主要功能的海岛海滨型风景名胜区。有轮渡通往景区。

滨海—玉苍山风景名胜区(Bīnhǎi—Yùcāngshān Fēngjǐng Míngshèngqū)　在温州市苍南县。北起平阳县,南至福建福州市,西起泰顺县、文成县,东至东海。面积74平方千米。1991年被批准为省级风景名胜区。包括炎亭、渔寮2个大型自然沙滩组成的滨海部分和玉苍山景区2个区块。有蒲壮所城1处全国重点文物保护单位。是以观光旅游、科普教育、休闲健身为主要功能的山岳型风景名胜区。通城乡公交。

九峰风景名胜区(Jiǔfēng Fēngjǐng Míngshèngqū)　在温州市泰顺县。北起苍南县,南至福建省福鼎市,西起雅阳镇,东至苍南县桥墩镇。面积136平方千米。2001年被批准为省级风景名胜区。有浙闽边临时省委成立旧址、红军挺进师纪念馆、浙南特委成立旧址、红军山洞医院、红十九师整编旧址、峰文大战遗址和"红色堡垒村"等景点。土地革命战争时期,刘英、粟裕领导的红军挺进师在九峰等地转战三年。是以观光旅游、科考探险、休闲健身为主的山岳型风景名胜区。通城乡公交。

寨寮溪风景名胜区(Zhàiliáoxī Fēngjǐng Míngshèngqū)　在瑞安市飞云江中游流域。北起高楼、湖岭2镇,南至高楼镇、平阳县,西起高楼镇、文成县,东至平阳坑、马屿2镇。面积174.8平方千米。由寨寮溪、玉女谷、九珠潭、龙潭、回龙涧、飞云湖、漈门溪、腾烟瀑、花岩9个景区构成。因寨寮溪得名。1992年被批准为省级风景名胜区。是以观光旅游、科考探险、休闲健身为主的山岳型风景名胜区。通城乡公交。

南北湖风景名胜区(Nánběihú Fēngjǐng Míngshèngqū) 在嘉兴市海盐县。北起六里堰集镇,南至杭州湾,西起海宁界,东至长山。面积45平方千米。1985年被批准为省级风景名胜区。由湖塘、三湾、鹰窠顶、谈仙岭、滨海五大景区组成。有西涧草堂、谭仙岭石城、载青别墅、三湾植物园、黄源藏书楼、陈从周艺术馆、吴越王庙、澉浦钟楼等景点。是融山、海、湖为一体的风景名胜区。通城乡公交。

天荒坪风景名胜区(Tiānhuāngpíng Fēngjǐng Míngshèngqū) 在湖州市安吉县天荒坪镇。北起烂田坞,南至曹家坞,西起小岭头、观音堂,东至青临线。面积30.5平方千米,外围保护地带面积22.6平方千米。1996年12月被批准为省级风景名胜区。包括北部、南部2个片区。北部片区含灵峰寺、竹博园2个景区,分别以千年古刹灵峰寺和竹文化为特色。南部片区包括白茶谷、江南天池和藏龙百瀑3个景区,分别以白茶采摘、制作、品尝文化,抽水蓄能电站生态文化与高山气候环境,峡谷飞瀑与乡村民俗文化为特色。其中,天荒坪抽水蓄能电站为我国最大、世界第三的抽水蓄能水电工程。上下水库落差607米,也是世界上水位落差最大的电站。是以观光旅游、科普教育、休闲健身为主要功能的山岳型风景名胜区。青临线(S206)省道过景区。盘山公路达天荒坪蓄能电站。

鉴湖风景名胜区(Jiànhú Fēngjǐng Míngshèngqū) 在绍兴市越城区、柯桥区。北起柯南大道,南至杨绍线,西起兴工路,东至越西路。面积25平方千米。1993年被批准为省级风景名胜区。由柯岩、鲁镇、古鉴湖3个景区构成。是以山水游憩、文化体验、休闲度假为主要功能的带状湖泊型风景名胜区。通公交线路。

吼山风景名胜区(Hǒushān Fēngjǐng Míngshèngqū) 在绍兴市越城区皋埠镇。北起西湖岙、坝头山,南至中山路,西起樊拈线,东至横山木江。面积11.4平方千米。2001年被批准为省级风景名胜区。由吼山园内、山水园区、水乐园区、花果园区、瞻仰园区5部分构成。自汉代以来凿山采石,经过千百年的石砍斧削和大自然的造化,形成了山奇、石怪、洞幽、水深的奇特自然景观,有放生池、烟萝洞、寿宁禅寺等景点。是以文化体验、休闲旅游为主要功能的山岳型风景名胜区。通城乡公交。

曹娥江风景名胜区(Cáo'éjiāng Fēngjǐng Míngshèngqū) 在绍兴市上虞区。北起杭甬线铁路,南至杭浦村,西起104国道,东至市区—梁湖—东山—公益村公路。总面积141.3平方千米,其中风景名胜区规划面积52.05平方千米、保护地带89.25平方千米。古称"舜江",东汉时因孝女曹娥投江寻父,改今名。1993年被批准为省级风景名胜区。包含曹娥、白马湖、东山、小仙坛、林岙5个景区。是以山水游憩、文化体验、休闲度假为主要功能的河川型风景名胜区。通公交线路。

南山风景名胜区(Nánshān Fēngjǐng Míngshèngqū) 在嵊州市长乐镇、贵门乡。北起南山湖村,南至金航村,西起南溪,东至贵门乡。面积14.3平方千米。1993年被批准为省级风景名胜区。由南山湖、天兴潭、贵门3个景区构成。属江南最大的火山大峡谷,迄今为止国内发现海拔最低的古冰川遗迹。是一处以湖光山色、深潭飞瀑为特色,融山林风情与人文史迹于一体,宜于游览观光、休闲度假、科普野营的山水型风景名胜区。通城乡公交。

九峰山—大佛寺风景名胜区(Jiǔfēngshān—Dàfósì Fēngjǐng Míngshèngqū) 在金华市婺城区汤溪镇、金东区曹宅镇。由九峰山、大佛寺2个片区构成,包含丹霞奇峰、仙舟湖、温泉茶园、龙头殿和大佛寺5个景区。九峰山片区北起山头村—岩下村—西畈水库—上境村,南至社殿坞—大龙门—八角尖—红坞，西起红坞—造吉里—大立元村—莘畈溪—上瀛头村—山头村，东至上境村—西后徐村—东夏村—大坞—小毛竹尖—枫坞—社殿坞，面积47.5平方千米。大佛寺片区北起里大罗村—螺蛳尖—金鸡岩—马塘坑，南至春塘村—红旗水库南—曹宅镇北—东垄水库—午塘里垄，西起午塘里垄—姜山村—长山垅水库—岩上背—里大罗村，东至马塘坑—山下村—六大山村—春塘村，面积19.3平方千米。总面积66.8平方千米。1998年3月被批准为省级风景名胜区。东汉龙丘苌、东晋葛洪、南齐徐伯珍、宋菩提达摩、唐徐安贞、五代贯林、元黄公望等名流高士均在此留下足迹。有九峰禅寺、三贤堂、达摩峰、石头刻、点将台、仙椅等85个景点。是以观光旅游、文化体验、休闲健身为主要功能的山岳型风景名胜区。通城乡公交。

仙华山风景名胜区（Xiānhuáshān Fēngjǐng Míngshèngqū）　在金华市浦江县仙华街道。北起登高村，南至金坑岭水库，西起仙华水库，东至浦仙线。面积22平方千米。1991年被批准为省级风景名胜区。有仙华峰林、宝掌幽谷、仙湖碧水、梅坞香雪4个区块。是以观光览胜、休闲养生和优秀传统文化研习为主要功能的山岳型省级风景名胜区。通城乡公交。

花溪—夹溪风景名胜区（Huāxī—Jiáxī Fēngjǐng Míngshèngqū）　在金华市磐安县。面积15.1平方千米。2001年被批准为省级风景名胜区。由花溪、夹溪2个景区构成。花溪景区以火山地貌为特色。夹溪景区以冰川地貌为特色。有廊桥遗风、斤丝潭、平板长溪、花溪幽胜、双瀑争潭、石狲岩、紫藤王、火山湖、盘山览胜等78个景点。是以观光览胜、休闲养生和文化体验为主要功能的河川型风景名胜区。通城乡公交。

白露山—芝堰风景名胜区（Báilùshān—Zhīyàn Fēngjǐng Míngshèngqū）　在金华市兰溪市黄店镇。面积13.7平方千米。2006年被批准为省级风景名胜区。由白露山和芝堰2个景区构成。景区以山林田园风光、佛教文化、古建筑文化为特色。白露山景区面积5平方千米，有玉带奇观、乘仙殿、慧教禅寺等景点。芝堰村建筑群为全国重点文物保护单位，面积0.08平方千米，有明清古建筑28座。是以观光览胜、休闲养生和文化体验为主要功能的山岳型风景名胜区。通城乡公交。

六洞山风景名胜区（Liùdòngshān Fēngjǐng Míngshèngqū）　在金华市兰溪市灵洞乡。北起茶山，南至金兰线，西起洞源村，东至马于山。面积8.54平方千米。因有白云、紫霞、涌雪、无底、呵呵、漏斗六洞而得名。1985年被批准为省级风景名胜区。有涌雪洞、玉露洞、紫霞洞、栖真禅寺、小苏三墓、赵四小姐祖居、飞来峰及观音造像等景点。是以观光览胜、休闲养生和探险体验为主要功能的山岳型风景名胜区。通旅游专线车。

三都—屏岩风景名胜区（Sāndū—Píngyán Fēngjǐng Míngshèngqū）　在金华市东阳市城东街道、横店镇。北起横店镇，南至东磐线，西起吴宁镇，东至西郭线。面积10.7平方千米。1996年被批准为省级风景名胜区。由三都胜境、屏岩洞府、兰亭公园和灌顶寺4个风景区构成。有龙圆洞、千佛塔、斤丝涧、戏台岩、巨龟岩、微隐洞、神话长廊、听雨轩等景点98处。是以观光览胜、休闲养生和文化体验为主要功能的山岳型风景名胜区。通城乡公交。

钱江源风景名胜区（Qiánjiāngyuán Fēngjǐng Míngshèngqū）　在衢州市开化县齐溪镇。景区处白际山脉南段。北起浙皖分界线及205国道，南至何田乡，西起浙赣分界线，东至水湖大坝以东第二道山脊线。面积45平方千米。2001年3月被批准为省级风景名胜区。由莲花塘景区、莲花溪景区、卓马景区、水湖景区、枫楼景区组成。有齐溪大坝、飞天瀑布、古松闻音、船仓头瀑布群、百丈魔崖、九瀑十八潭、连环瀑布群、隐龙壁、潜龙潭等景点。是以水源涵养、生态科普、休闲养生度假为主要功能的山水生态型风景名胜区。通城乡公交。

桃花岛风景名胜区(Táohuādǎo Fēngjǐng Míngshèngqū)　在舟山市普陀区桃花岛。为舟山群岛中的一个岛屿。面积 31 平方千米。1993 年被批准为省级风景名胜区。有塔湾金沙、桃花峪、安期峰、大佛岩(射雕城)、桃花港、悬鹁鸪岛 6 个景区。秦代方士安期生来岛隐居,宋代文豪苏轼、元代文士吴莱等人有歌咏桃花岛的诗篇。是以观光览胜、探险寻源、休闲度假等为主要功能的海岛型风景名胜区。有轮渡通景区。

岱山岛风景名胜区(Dàishāndǎo Fēngjǐng Míngshèngqū)　在舟山市岱山县。风景点主要分布在岱山本岛、秀山岛、衢山岛、长涂岛。面积 30.5 平方千米,外围保护地带面积 22.6 平方千米。1991 年 5 月被批准为省级风景名胜区。岱山岛历来有蓬莱仙境之称。有观音山、双龙戏珠、磨心山、东沙古镇、秀山、燕窝山 6 个景区。建成中国台风博物馆、中国海洋渔业博物馆、中国灯塔博览园、中国盐业博物馆、中国岛礁博物馆等文化设施。登磨心山可远眺"海上千岛景观"。有"海豚拜港"奇观。以岸壑奇特、岛屿林立、沙滩细腻为特色。是以休闲养生、观光览胜和文化体验为主要功能的海岛型风景名胜区。通轮渡。

划岩山风景名胜区(Huáyánshān Fēngjǐng Míngshèngqū)　在台州市黄岩区头陀镇。北起大潭头,南至横山村,西起店尤公路,东至临划公路。面积 11.5 平方千米。2001 年被批准为省级风景名胜区。有画屏、画岩、三屯、裂谷 4 个景区。景区内瀑布众多,峰、岩、洞、谷、瀑、潭、洲、崖一应俱全,有岩层断裂形成迷宫般的裂谷和悬于崖壁间的飞鹰道。是集游览、探险和科普教育于一体的山岳型风景区。通城乡公交。

大鹿岛风景名胜区(Dàlùdǎo Fēngjǐng Míngshèngqū)　在台州市玉环县东南。在披山洋面上,四面环海。面积 2 平方千米。2007 年被批准为省级风景名胜区。景区由大鹿、小鹿 2 岛组成。以海上森林、奇礁异石和岩礁艺术闻名于世。有罗汉观潮、龙门桥、石窟群等 79 处景点和南宋兵寮、元朝巡检司址等景观。是以休闲观光、文化体验为主要功能的海岛型风景名胜区。通轮渡。

响石山风景名胜区(Xiǎngshíshān Fēngjǐng Míngshèngqū)　在台州市仙居县西部。北起镇头河流沿岸,南至临石线(S35)省道,西起里胡坑、抱龙自然村庄一线,东至后山根村。面积 12 平方千米。2007 年 12 月被批准为省级风景名胜区。包含金猴、情侣谷、虎踞峡、天生桥、月亮潭、石破天惊 6 个区块。为丹霞地貌景区,以红色砾岩沉积岩层构成的奇异山岳。有九龙洞、浮丘室、会仙阁等景点和贝壳化石、恐龙化石等生物化石景观。是以休闲养生、科考科研和观光览胜为主的山岳型风景名胜区。通城乡公交。

桃渚风景名胜区(Táozhǔ Fēngjǐng Míngshèngqū)　在临海市。北起宁波市奉化市溪口镇、天台县,南至雁荡山,西起仙居县,东至东海。由抗倭古城、武坑、珊瑚珍岩、龙湾海滨 4 个景区构成。面积 158 平方千米。1993 年 3 月被批准为省级风景名胜区。抗倭古城始建于明洪武年间(1368—1398 年),戚继光曾在此屡败倭寇。武坑景区由二山、八洞、十二峰、三十六岩构成。珊瑚珍岩是典型的火山熔岩地貌造型的代表作。龙湾海滨景区由北沙和南沙 2 片沙滩组成。是以旅游观光、文化体验为主要功能的风景名胜区。通城乡公交。

南明山—东西岩风景名胜区(Nánmíngshān—Dōngxīyán Fēngjǐng Míngshèngqū)　在丽水市莲都区。面积 12.2 平方千米。1985 年被批准为浙江省风景名胜区。包含南明山、东西岩 2 个景区。南明山，素有“栝苍之胜推南明”之称。有漉雪亭、爽气亭、石梁、印月池、献花岩、弥勒龛、仁寿寺、葛洪井、高阳洞、千里亭等景点。有摩崖石刻58处，尤以沈括“游南明山题记”、葛洪所书“灵崇”、米芾题“南明山”最为著名。东西岩景区有东岩、西岩、僧尼岩、玉甑岩、七星岩、穿身洞、东明洞、西明洞、桃花洞、牛鼻洞、清风峡、十字峡、大石梁、试剑石、卓笔峰等景点。是为以旅游探险、文化体验为主要功能的山岳型风景名胜区。邻长深高速、金丽温高速，通公交线路。

石门洞风景名胜区(Shíméndòng Fēngjǐng Míngshèngqū)　在丽水市青田县高市乡。面积25.6平方千米，洞域面积约5平方千米。1985年被批准为省级风景名胜区。由洞天飞瀑、太子胜景、仙桃、师姑湖4个景区构成。有石门飞瀑、泻银潭、月洞、观瀑亭、白猿洞、轩辕丘、刘文成公祠、灵佑寺等200多处景点。是集观光旅游、休闲度假、健身养生、寻古探幽和文化体验于一身的山岳型风景名胜区。通城乡公交。

双苗尖—月山风景名胜区(Shuāngmiáojiān—Yuèshān Fēngjǐng Míngshèngqū)　在丽水市庆元县。面积55.5平方千米。2007年被批准为省级风景名胜区。包含双苗尖、月山2个景区。双苗尖片区范围北起坪滩、横坑，南至白鹤仙岩顶，西起省界双苗尖山脊线，东至江根村、箬坑村，面积18.61平方千米(其中核心景区面积1.86平方千米)，外围保护地带面积8.73平方千米。月山片区范围北起三望岚，南至燕於尖、网坑，西起风岗尖、马坑山，东至荐元塔、庄徐村，面积27.75平方千米(其中核心景区面积为1.19平方千米)，外围保护地带面积为9.51平方千米。有如龙桥1处全国重点文物保护单位。是以登高览胜、生态旅游、避暑度假和山村体验为主要功能的山岳型风景名胜区。通城乡公交。

云中大漈省级风景名胜区(Yúnzhōngdàjì Shěngjí Fēngjǐng Míngshèngqū)　在丽水市景宁县大漈乡。北起彭村，南至大坪头，西起北山、十八接，东至叶村。面积56.9平方千米。因地处大漈得名。漈当地方言意为瀑布。2006年被批准为省级名胜风景区。景区平均海拔在千米以上。有雪花漈、银坑洞、龙舌吐珠、千亩杜鹃、时思寺、千年柳杉王、古廊桥、阳岚寨等景点。有时思寺1处全国重点文物保护单位。是以观光旅游、科普教育、休闲健身为主要功能的山岳型风景名胜区。通城乡公交。

第二节　旅游景区名称

杭州之江国家旅游度假区(Hángzhōu Zhījiāng Guójiā Lǚyóu Dùjiàqū)　在杭州市西湖区。北起五云山，南至钱塘江，西起梅灵南路，东至九溪。规划面积50.68平方千米。为“三江两湖”(钱塘江、富春江、新安江、西湖、千岛湖)风景名胜区的最佳结合部。有宋城、杭州未来世界公园、杭州西湖国际高尔夫球场三大主题项目和华庭云栖度假酒店、玫瑰园度假酒店、希尔顿假日酒店等度假单元。属亚热带季风气候，温和湿润，雨量充沛，光照充足，冬冷夏热，四季分明，常年风向为偏北东北风，年均降雨量在1 375毫米，年平均降雨天数为153.7天，宋城1996年5月开园，仿宋代风格建造，主体建筑依据北宋画家张择端的《清明上河图》而建，并按照宋书《营造法式》建造，还原了宋代都市风貌，以《宋城千古情》大型歌舞为景区核心。杭州未来世界公园1997年8月开园，由欢乐天地、浪漫竞技、辉煌庆典、花影大道、缤纷广场和梦幻中心 6 个区块构成，2007 年 1 月结束营业正式关闭。杭州西湖国际高尔夫球场 1997 年建成，占地约 4 000 亩。年接待中外游客 2 000 多万人次。1992 年 10 月被批准为国家级旅游度假区。通公交线路。

龙门古镇(Lóngmén Gǔzhèn)　在杭州市富阳区龙门镇。北起龙门古镇停车场，南至古镇南路，西起中龙线，东至龙胡线。东汉严子陵游此地时赞叹“此地山清水秀，胜似吕梁龙门”，故名龙门。面积 2 平方千米。是富春江—新安江风景名胜区富阳分区的一级景区。为孙氏聚居地，居民多为三国孙权后裔。古镇依龙门山脚而建，剡溪、龙门溪穿景区而过，郁达夫《龙门山题壁》诗云：“天外银河一道斜。四山飞瀑尽鸣蛙。明朝我欲扶桑去，可许矶边泛钓槎。”建筑群以明、清古建筑为主体，由祠堂、厅堂、民宅、古塔、石桥、牌楼等构成。整体布局以孙氏 2 座祠堂为中心，各房建有厅堂，住宅依厅堂而建，据《富春孙氏宗谱》卷一载：“孙氏千有余家，各房聚处皆有厅以供阖房之香火。”是我国古代宗族聚居形态的典型代表。厅堂之间有鹅卵石铺设的道路相连。自古是徽州、杭州商业往来的节点之一，明嘉靖至清康熙年间尤为繁盛，逐渐形成一条横贯东西、长约 400 米的老街。有庙会、孙氏家宴等传统集会。有江东元宝、国太豆腐、龙门米酒、文台粉条等特色美食。2006 年被评定为国家 AAAA 级旅游景区。邻 G235 国道，通城乡公交。

镇海郑氏十七房景区(Zhènhǎi Zhèngshì Shíqīfáng Jǐngqū)　在宁波市镇海区澥浦镇。面积 0.24 平方千米。郑氏十七房是由郑氏先祖在南宋时期，从河南荥阳迁徙镇海而建。村落设计呈棋盘形，整体建筑以幢为单元连成庭院，融合了北方“合院”的大气和南方楼榭的玲珑，是国内现存规模最大且保存完整的明、清古建筑群落。有恒德房、恒祥房、三房堂房、大祖堂房、后堂楼房、立房、新房、四份头、老陆家、大弄、东弄、后新屋、河跟沿等“四水归堂”的单进和多进涤宅大院 10 余幢。十七房宅上有街，街中有市，市中有店、有铺、有坊，宅外有环河，家家有埠头。2011 年被评定为国家 AAAA 级旅游景区。通城乡公交。

招宝山旅游风景区(Zhāobǎoshān Lǚyóu Fēngjǐngqū)　在宁波市镇海区招宝山街道境内。面积 0.226 平方千米。因“潮汐出入可经”，波涛汹涌，骇浪滔天，又名“候涛山”；因山巅原建有“插天鳌柱塔”，又名“鳌柱山”。后因地处海口，“商舶所经、白黟交集”，改称招“宝山”。曾是我国东南沿海抗倭、抗英、抗法和抗日的主战场之一，有全国重点文物保护单位镇海口海防遗址(包括威远城、明清碑群、月城、安远炮台、中法战争镇海口之役纪念碑 5 处)、镇海口海防历史纪念馆、鳌柱塔、宝陀寺、观音阁、古海塘、望海楼等景点。威远城在招宝山巅，始筑于明嘉靖三十九年(1560 年)春，周长 502 米，墙高 7.4 米不等，历经抗倭、抗英、抗法和抗日战争。镇海口海防历史纪念馆为全国爱国主义教育基地。2008 年被评定为国家 AAAA 级旅游景区。通公交线路。

宁波象山石浦渔港古城(Níngbō Xiàngshān Shípǔ Yúgǎng Gǔchéng)　在宁波市象山县石浦镇境内。建成于 2005 年。面积 0.5 平方千米。渔港古城又名“荔港”，呈东北—西南走向，为“月牙”状封闭型港湾。古城沿山而筑，依山临海，人称“城在港上，山在城中”。是中国最早的海洋渔业发祥地之一，秦汉时即有先民在此渔猎生息，唐宋时已成为远近闻名的渔商埠、海防要塞。城墙随山势起伏而筑，城门就形而构，居高控港。有古城墙、明抗倭官兵留下的摩崖石刻等景点。有 4 条总长 1 670 米的碗行街、福建街、中街、后街组成的石浦老街。蔡楚生、王人美、聂耳一行 30 多人拍摄的中国第一部有声电影《渔光曲》曾在此取景。清陈秉元作有《石浦竹枝词》：“蜃雨腥风骇浪前，高低曲折一城圆。人家住在潮烟里，万里涛声到枕边。”2006 年被评定为国家 AAAA 级旅游景区。通公交线路。

宁波伍山石窟景区(Níngbō Wǔshānshíkū Jǐngqū)　在宁波市宁海县长街镇。面积3.17平方千米。伍山指松岙山、道士岩、不周山(原名三角塘山)、聪明山(原名下长山)、石兰山(原名兰头山)。经历年采石,形成体积巨大、形状奇特的石窟,合称"伍山石窟"。采石采用竖井开采工艺,其历史始自隋初,鼎盛于宋元,经几百年采掘,形成800余坑洞。2004年,对伍山石窟遗址进行保护性开发。由伍山石窟主景区,道士岩、石兰山2分区构成。2014年被评定为国家AAAA级旅游景区。通城乡公交。

前童古镇(Qiántóng Gǔzhèn)　在宁波市宁海县前童镇。始建于宋末,盛于明清,按"回"字九宫八卦式布局,把溪水引进村庄,挨户环流。有1 300多间各式古建民居。其中保留较为完整的有明清时期的"道地"(天井)150多个、石窗花400多扇、小石桥275座、古井23口。现存明初方孝孺设计建造之童氏宗祠。前童元宵行会被列入国家非物质文化遗产保护名录。2010年被评定为国家矿山公园。2012年被评定为国家AAAA级旅游景区。临沈海(G15)高速、甬临(S214)省道,通城乡公交。

宁波丹山赤水风景区(Níngbō Dānshānchìshuǐ Fēngjǐngqū)　在宁波市余姚市大岚镇柿林村。2002年开发建设。面积6.05平方千米。宋王象元注唐李吉甫《元和郡县志・四明山》条:"(四明山)山高二百丈,周围二百一十里,四旁皆虚,玲珑若窗,故名'四明'。"处四明山腹地。由丹山赤水、鹰岩洞天、狮王悟道、淡瀑飞水、八卦仙台、仙人指路、秋水长滩、四明道观为代表的"丹山八景"和30余处其他景点组成。以绝壁、奇岩、古桥、流溪、飞瀑为特色。唐司马承祯《洞天福地・天地宫府图》:"第九四明山洞,周围一百八十里,名曰'丹山赤水之天',在越州上虞县,真人刁道林治之。"2006年被评定为国家AAAA级旅游景区。通城乡公交。

溪口—滕头旅游景区(Xīkǒu—Téngtóu Lǚyóu Jǐngqū)　在奉化市溪口镇和萧王庙街道。包括溪口和滕头2个景区。面积140平方千米。集民国文化、弥勒文化、山水文化、生态文化于一体。溪口景区含雪窦山、蒋氏故居等景点。雪窦山素称弥勒道场,有雪窦古刹、千丈岩瀑布、妙高台、三隐潭等景点。蒋氏故居建筑群为全国重点文物保护单位,包括丰镐房、玉泰盐铺、小洋房、武山庙、摩诃殿、文昌阁、蒋氏宗祠、蒋母墓8处。滕头景区以生态观光农业、乡村农俗风情体验等为主。滕头村是全球生态500佳、全国文明村、国家级农业综合开发示范区、省爱国主义教育基地。2010年被评定为国家AAAAA级旅游景区。通城乡公交。

温州印象南塘文化休闲旅游区(Wēnzhōu Yìnxiàngnántáng Wénhuàxiūxián Lǚyóuqū)　在温州市鹿城区南汇街道。南塘以温州城南的堤塘得名。面积0.51平方千米。由南塘河、南塘风貌街、白鹿洲公园、文化村、庄头滨水公园等区块构成。谢灵运、王羲之等历史名人都曾在此留下印迹。是以南塘河的千年历史文化底蕴和周边自然资源为基础建设的、集中展现温州历史文化与现代文明的综合性文化休闲旅游区。被誉为温州的城市客厅。宋徐献可《南塘》诗:"南塘新雨过,风暖橘洲香。水长侵官路,桥低碍野航。"2014年被评定为国家AAAA级旅游景区。通城市公交。

南湖旅游景区(Nánhú Lǚyóu Jǐngqū)　在嘉兴市南湖街道境内。面积2平方千米。有南湖红船、南湖革命纪念馆、揽秀园、湖心岛等景点。南湖红船,中国共产党第一次全国代表大会遭法租界巡捕的袭扰而被迫停会,根据上海代表李达的夫人王会悟的建议,1921年8月2日,中国共产党第一次全国代表大会从上海转至南湖一条游船上召开。游船是一条单夹弄丝网船(无锡造),长约16米,宽3米,船头宽平,内有前舱、中舱、房舱和后舱,右边有一条夹弄贯通,会议就在中舱举行,王会悟则坐在船头放哨。南湖革命纪念馆为全国爱国主义教育基地。湖心岛，面积17亩。明嘉靖二十七年(1548年)嘉兴知府赵瀛组织疏浚城河，将淤泥垒土成岛，次年移建烟雨楼于岛上。清以后又相继建成清晖堂、孤云簃、小蓬莱、来许亭、鉴亭、宝梅亭、东和西御碑亭、访踪亭等建筑，形成了以烟雨楼为主体的古园林建筑群。宋代苏轼、吴潜、杨万里，元代方回，明代张岱等历史名人都在此留下印迹。2011年被评定为国家AAAAA级旅游景区。通公交线路。

西塘古镇(Xītáng Gǔzhèn) 在嘉兴市嘉善县。面积2.18平方千米。典型的水乡江南古镇。地势平坦，河流密布，有9条河道在镇区交汇，把镇区分划成8个板块，24座石桥将古镇的5个地区连接成一片，现存明清古建筑25万平方米。有“桥多、弄多、廊棚多”的特点，2 000多米的烟雨长廊是西塘建筑最独特的标志。中国纽扣博物馆在西街，有古代纽扣、近代纽扣、现代纽扣、贝壳纽扣生产工艺流程、纽扣应用、中国结6个展示区。明清木雕馆，展示明、清以来以西塘为代表的江南地区民居建筑木雕250多件，有梁架、梁垫、撑栱、雀替、格窗。2003年，西塘被公布为中国历史文化名镇。2005年被评定为国家AAAA级旅游景区。有旅游专线。

东湖景区(Dōnghú Jǐngqū) 在平湖市。景区面积1.6平方千米。东湖，古时原是陆地，在东汉顺帝永建二年(127年)，由于地壳变动，地表塌陷成湖，名为“当湖”，晋隆安五年(401年)改“东武湖”，又称“东湖”，雅名“鹦鹉湖”“鹉湖”。集休闲、度假、运动、文化、观光于一体。有南村书堆、含珠凝晖、鹉湖春色、九龙戏珠、西浦鱼罾、北原牧唱、案山晓翠、塔影垂虹等景观。明冯敏效有诗云：“九里湖光九里城，九川环碧霭烟生。支流远带群龙合，巨浸中开一槛平。”2007年2月被评定为国家AAAA级旅游景区。通城市公交。

乌镇古镇(Wūzhèn Gǔzhèn) 在桐乡市乌镇镇。面积2.5平方千米。乌镇是江南六大古镇之一，具有六千余年悠久历史。完整地保存着原有的水乡古镇的风貌和格局，梁、柱、门、窗上的木雕和石雕工艺精湛。全镇以河成街，桥街相连，依河筑屋，深宅大院，重脊高檐，河埠廊坊，过街骑楼，穿竹石栏，临河水阁，古色古香，水镇一体。有修真观、昭明太子读书处、唐代古银杏、转船湾、双桥等景点，西栅老街是我国保存最完好的明清建筑群之一。是我国现代文学巨匠茅盾故里。2010年被评定为国家AAAAA级旅游景区。2014年，乌镇成为世界互联网大会永久会址。有旅游专线。

菰城景区(Gūchéng Jǐngqū) 在湖州市吴兴区仁皇山街道。宋嘉泰《吴兴志》卷一载：“春申君立菰城县，在郡南二十五里。”“城面溪泽，菰草弥望，故名。”面积28万平方米，其中外城20万平方米、内城8万平方米。由湖笔博物馆、莲花庄、陈英士故居、飞英塔及飞英公园、衣裳街历史文化街区等组成。有飞英塔(俗称“塔里塔”)、下菰城遗址等全国重点文物保护单位。2014年被评定为国家AAAA级旅游景区。通城市公交。

太湖旅游度假区(Tàihú Lǚyóu Dùjiàqū) 在湖州市吴兴区。面积55.3平方千米，有300平方千米太湖水域的开发利用权。《太平寰宇记》卷九四：太湖，“一名‘震泽’，亦名‘笠泽’，亦名‘霅泽’。名太湖者，以其广大名之也，又名‘五湖’。”2002年被批准为国家级水利风景区。2015年10月被批准为国家级旅游度假区。是集旅游、购物、休闲、度假、居住于一体的旅游度假区。有邱城遗址、法华寺、古木艺术馆、温泉水世界等人文景观和弁山、黄龙洞、黄金海岸等自然景观。邻沪渝(G50)高速公路，通城市公交。

南浔古镇景区(Nánxún Gǔzhèn Jǐngqū) 在湖州市南浔区南浔镇。面积2.18平方千米。地处水乡平原，历史文化街区镶嵌于河网间。昔为江南六大古镇之一，典型的江南水乡古镇。有嘉业堂藏书楼及小莲庄、南浔张氏旧宅建筑群、尊德堂 3 处全国重点文物保护单位，洪城遗址、頔塘 2 处省级文物保护单位，完整的老街和清代、民国时期传统商铺、民居及小河、石拱桥等景观。2004 年被评定为国家 AAAA 级旅游景区。邻沪渝(G50)高速公路、沪聂(G318)国道，长湖申航道頔塘河穿景区而过。

仙山湖景区(Xiānshānhú Jǐngqū)　在湖州市长兴县泗安镇，苏浙皖三省交界处。面积 22 平方千米。以库塘湿地生态系统、湖湾苇荡和湖边沼泽景观为特征，是长三角地区自然湿地生态系统与人工湖泊湿地的典型代表。山脚下有距今 40 万年的古人类活动遗址、距今 3 500 年的马桥文化遗址和春秋战国时期的古墓群。湖中有一长堤贯穿东西。有国家级濒危保护动物“中华扬子鳄”。2014 年被评定为国家 AAAA 级旅游景区。邻沪渝(G50)高速公路、沪聂(G318)国道，通城乡公交。

浙北大峡谷景区(Zhèběidàxiágǔ Jǐngqū)　在湖州市安吉县报福镇。面积 92 平方千米。由大汉岭马尖岗、董岭天堂街、石岭九条弯、龙须山、高山农家度假五部分组成。是高山休闲、度假、游览、观光、避暑胜地以及地质勘查和科研考察的场所。2013 年被评定为国家 AAAA 级旅游景区。临 G104、G318 国道和 S04 省道，通城乡公交。

沈园(Shěn Yuán)　在绍兴市越城区塔山街道境内。因属沈姓旧业，且为南宋时著名园林，故名。以世传南宋诗人陆游曾游此并有《钗头凤》词和《沈园》诗而负名。始建于南宋，元至清时多次变迁，1985、1987、1994、2001 年四次修扩建，面积 3 800 平方米。有古迹区、东苑和南苑 3 处。北苑为古迹区，保存了较多的古代遗迹，小池、石板小桥、水井均为当年遗物；南苑为纪念区；东苑以陆、唐的爱情故事为主题。建有石碑坊、冷翠亭、六朝井亭、八咏楼、孤鹤轩、双桂堂、半壁亭、放翁桥等仿宋建筑，重修题词壁断垣。1963 年被公布为第二批省级文物保护单位。1995 年被公布为浙江省爱国主义教育基地。2012 年被评定为国家 AAAAA 级旅游景区。通公交线路。

东湖风景区(Dōnghú Fēngjǐngqū)　在绍兴市越城区东箬篑山麓。因昔日秦始皇东巡至会稽，于此供刍草而得名。面积 2.18 平方千米。自汉代起相继至此凿山取石，至隋朝，越国公杨素为修越城，大举开山取石。东湖水面面积 8.13 万平方米，有陶公洞、仙桃洞、听湫亭、饮绿亭、香积亭、扬帆舫、稷寿楼、小稽轩、桂岭、霞川桥、秦桥、万柳桥等景点。2004 年被评定为国家 AAAA 级旅游景区。通城乡公交。

柯岩风景区(Kēyán Fēngjǐngqū)　在绍兴市柯桥区柯岩街道。面积 9.34 平方千米。包含柯岩、鉴湖、鲁镇 3 个景区。柯岩景区，面积为 6.87 平方千米，由石佛、镜水湾、越中名士苑 3 个区块构成，有天工大佛、七岩观鱼、三聚同源等 20 多个景点，自三国始，这里一直是采石场，形成了姿态各异的石宕、石洞和石壁。鉴湖景区，面积 1.47 平方千米，有东汉笛亭、南洋秋泛、五桥步月、葫芦醉岛 4 处景点，历史名人李白、陆游等在此留下诗篇。鲁镇景区，面积 1 平方千米，由传统餐饮区、传统商铺区、休闲展示区、传统民居区、水上游览区 5 个区块构成，景区将鲁迅小说中虚构的“故乡”还原成实体小镇，融汇旧时绍兴水乡的民俗风情、建筑风韵、自然景观。2001 年被评定为国家 AAAA 级旅游景区。通公交线路。

丝绸世界旅游区(Sīchóushìjiè Lǚyóuqū)　在绍兴市新昌县境内。面积 0.21 平方千米。由千年桑树园生态景区、丝绸文化博览馆、丝绸文化特色街、达利生态体验休闲区和丝绸世界展示购物区 5 部分组成，是集蚕桑文化园林、丝绸博览馆、现代丝绸文明生产、丝绸文化科普教育、生态农业体验和休闲娱乐购物等多种旅游元素和形态的综合性生态旅游景区。2011 年被评定为国家

AAAA 级旅游景区。通城乡公交。

锦林佛手文化园（Jǐnlín Fóshǒu Wénhuàyuán）　在金华市金东区赤松镇。面积 0.2 平方千米。有佛手文化展示区、佛手栽培生长区、佛手产品展销中心、旅游休闲体验区、儿童娱乐拓展区、立体蔬菜参观休闲区、艺术家居创意区 7 个区块。突出佛手文化，配备佛手养生馆、佛手书画院、佛文化禅修舍。2014 年被评定为国家 AAAA 级旅游景区。杭金（S103）省道过境，通城乡公交。

十八涡景区（Shíbāwō Jǐngqū）　在金华市磐安县尖山镇。面积 15 平方千米。远古造山运动强烈地形切割和流水、冰川长期冲刷侵蚀形成了大峡谷景观，有众多的跌瀑、险涡和深潭。有国内迄今为止保存最完整的夹溪大冰臼。有夹溪古道、古松群、十八涡、冰臼群、竹筏漂流、神龟望月、天牛喘月，天马饮水等景点。2013 年被评定为国家 AAAA 级旅游景区。通城乡公交。

横店影视城（Héngdiàn Yǐngshìchéng）　在东阳市横店镇。面积 30.3 平方千米。有广州街·香港街、明清宫苑、秦王宫、清明上河图、华夏文化园、明清民居博览城、梦幻谷、屏岩洞府、大智禅寺、红军长征博览城、春秋·唐园、圆明新园等 13 个影视拍摄基地。已累计 1 000 余部中外影视作品在此拍摄。是集影视、旅游、度假、休闲、观光于一体的大型综合性旅游区。2010 年被评定为国家 AAAAA 级旅游景区。通城乡公交。

根宫佛国文化旅游区（Gēngōngfóguó Wénhuà Lǚyóuqū）　在衢州市开化县华埠镇。以根雕文化、奇石盆景、佛教、道教为主题，汇集根雕艺术的博览园。面积 3.03 平方千米。有福门祥光、云湖禅心、青梅园、集趣斋、百木同春、醉根谭、龙卧开阳、中国根雕佛国等景点。以根雕艺术与传统文化相结合的根文化主题旅游区。2014 年被评定为国家 AAAAA 级旅游景区。邻山深（G205）国道，通城乡公交。

龙游民居苑景区（Lóngyóu Mínjūyuàn Jǐngqū）　在衢州市龙游县。面积 6.6 万平方米。1991 年开始，将龙游乡间部分缺乏就地保护条件的明、清古建筑集中迁移至此，以文物发展旅游，保护和利用并举。现搬迁古建筑“高岗起凤”“翊秀亭”“巫氏厅”“汪氏民居”“邵氏小厅”“灵山花厅”六座。是一个江南古代传统建筑集中展示的景区。2013 年被评定为国家 AAAA 级旅游景区。通城乡公交。

龙游石窟景区（Lóngyóushíkū Jǐngqū）　在衢州市龙游县。面积 38 万平方米。1992 年被发现。为古代地下人工建筑群，共有洞窟 36 个，有 24 个石窟呈扇形沿凤凰山麓展开，每个洞窟的面积 1 000～3 000 平方米不等，其余淤淹在水田中。有一号谜窟、二号谜窟、三号谜窟、四号谜窟、五号迷窟 5 个景点。2004 年被评定为国家 AAAA 级旅游区。通城乡公交。

廿八都古镇景区（Niànbādū Gǔzhèn Jǐngqū）　在衢州市江山市南部。面积 0.23 平方千米。廿八都古镇处浙闽赣三省边界，是中国历史文化名镇，始于唐代，得名于北宋，繁盛于明、清。万余人口，有 132 个姓氏、9 种方言。长条形布局的城镇，古建筑风貌依旧。枫溪水自北向南穿镇而过，民居依山傍水、缘溪而建。有保存完整的明清古建筑民居、厅堂 36 幢。建筑风格有浙式、徽式、闽式、赣式、苏式、欧式等。邻京台（G3）高速公路、山深（205）国道。通城乡公交。

蛇蟠岛旅游景区（Shépándǎo Lǚyóu Jǐngqū）　在台州市三门县东部。面积 19.68 平方千米。有黄泥洞古村、海盗村、野人洞、清风洞星空营地、狮子岭、滑泥公园等景点。蛇蟠岛是古越民生息地、海上丝绸之路补给地、江南名石开采地、东南海盗聚居地。是电影《渔光曲》外景地。有自宋以来因长期采石而留下的 1 300 多个洞穴。盛产蛇蟠石，色泽棕红。2014 年被评定为国家 AAAA 级旅游景区。甬莞（G1523）高速公路穿景区而过，通城乡公交。

瓯江风情旅游度假区(Ōujiāngfēngqíng Lǚyóu Dùjiàqū)　在丽水市莲都区。面积 32 平方千米。由古堰画乡景区、九龙湿地公园、石牛温泉度假中心、四都休闲运动区 4 个区块构成。以瓯江两岸“滩、圩、岛、林”等自然资源与“堰、港、坝、村”等人文资源相互映衬,加上“艺术、温泉、湿地、漂流、农家乐”等现代时尚要素形成度假区的旅游体系。是滨海型旅游度假区。1995 年被公布为省级旅游度假区。古堰画乡景区,在丽水市莲都区碧湖、大港头 2 镇境内,景区面积 15.53 平方千米。20 世纪 80 年代起,一群借鉴法国巴比松画派技法的画家、摄影家前来碧湖、大港头等地写生创作,逐渐形成丽水巴比松画派。1991 年开始一年一次的“巴比松油画展”。有丽水巴比松陈列馆、丽水油画院、古堰画乡展览馆、古堰画乡分校等建筑。是中国著名美术写生基地和中国摄影之乡主要摄影创作基地。有通济堰 1 处全国重点文物保护单位。2014 年被评定为国家 AAAA 级旅游景区。

中国青田石雕文化旅游区(Zhōngguó Qīngtián Shídiāo Wénhuà Lǚyóuqū)　在丽水市青田县山口镇。面积 2.18 平方千米。由千丝岩石文化主题公园、中国石雕城及青田石雕博物馆 3 部分构成。有印园、千丝潭、天梯、天门、罗汉壁、幽园、阴阳床、青蛙石、蛙洞、千丝组桥、千丝庙等景点。是集中展示、研究中国青田石雕文化以及石雕产品交易的场所。2006 年,青田石雕被列入中国非物质文化遗产保护名录。2009 年被评定为国家 AAAA 级旅游景区。通城乡公交。

遂昌金矿国家矿山公园(Suìchāng Jīnkuàng Guójiā Kuàngshān Gōngyuán)　在丽水市遂昌县濂竹乡境内。面积 27.57 万平方米。有黄金青年公寓、黄金博物馆、黄金商业街、金池淘金体验区、黄金冶炼观光区、上元茶楼(金都桃花源)、银坑山水库、瑶池仙境、叠翠农家、金艺科普游、金龙穿山游、金窟探险游等景点。唐代初期开始发现、开采金银矿,宋代设有永丰银场,明代永乐、宣德年间成为全国最大的矿银产地。遂昌金矿成立于 1976 年。2008 年被评定为国家 AAAA 级景区。通城乡公交。

箬寮原始林景区(Ruòliáo Yuánshǐlín Jǐngqū)　在丽水市松阳县安民乡。因山顶竹箬丛生,箬密且大,人隐其下如入草寮得名。面积 27 平方千米。有上千年树龄的各类原始树木千余种,有野生名贵中草药 700 余种、野生动物百余种,其中国家一、二级保护动植物 30 余种。有石人矾、小熊望松、双龟探月、姑嫂岩、观音望海、隐泉、龙瀑等 30 余处景点。有延绵数千亩、年代古远的猴头杜鹃叠锦和成群成片的亮叶水青冈林。2013 年被评定为国家 AAAA 级旅游景区。通城乡公交。

中国畲乡之窗景区(Zhōngguó Shēxiāngzhīchuāng Jǐngqū)　在丽水市景宁县大均乡。面积 3.8 平方千米。由畲乡风情演艺中心、梅花圩皮筏漂流线和大均竹筏漂流线、古村落历史文化区、垟坑猕猴观光区、伏叶田园风光区、大赤坑山地经济旅游区等组成。有畲族民俗表演、绝技表演、畲族婚庆服务、畲族风情歌舞《千年山哈》、畲族陈列馆、大均漂流、伏叶田园风光区、浮伞仙渡等风光游览和歌舞表演。大均古村始建于唐末五季初期,是畲民主要集居区之一,一千多年来是瓯江支流小溪流域的水陆交通枢纽。2009 年被评定为国家 AAAA 级旅游景区。通城乡公交。

第三节　纪念地名称

浙江革命烈士纪念馆(Zhèjiāng Gémìnglièshì Jìniànguǎn)　在杭州市上城区万松岭路 100－1 号、云居山上。建成于 1991 年 9 月。2011 年改扩建。总占地面积 7 万余平方米。采用江南园林式布局，有革命烈士纪念碑、英名碑、大型烈士群雕、纪念馆主馆等建筑，有国民党浙江陆军监狱牺牲烈士纪念亭、积义亭等亭廊。革命烈士纪念馆总建筑面积 5 290 平方米，设陈列厅、红色影像馆、报告厅、烈士资料室等 6 个展厅，馆藏与革命烈士相关的各类文物。革命烈士纪念碑在纪念馆西北侧，碑高 27 米，呈双桅风帆形，上刻有陈云同志题写的“革命烈士永垂不朽”。紫铜锻轧的大型烈士群雕环绕纪念碑东、西、北侧，群雕长 82 米、高 4.5 米。浙江革命烈士英名碑分立纪念碑东西两侧，英名碑镌刻着自辛亥革命时期以来至 2009 年 10 月中华人民共和国成立 60 周年期间牺牲的 2 万名浙江革命烈士的英名。碑前、馆前各有一个能容纳 3 000 余人进行悼念活动的广场。馆区散点分布着 60 余块浙江革命烈士诗文碑石。馆西南建有国民党浙江陆军监狱牺牲烈士纪念亭，内立浙江陆军监狱牺牲烈士纪念碑。2003 年建立浙江革命烈士纪念馆网站，实现线上参观纪念馆、展示馆藏文物、网上祭扫革命烈士等功能，网站建成以来，已有 500 余万人在网上祭扫革命烈士。年接待参观人员 28 万人次。1995 年被公布为全国爱国主义教育基地。通公交线路。

浙江省博物馆(Zhèjiāng Shěng Bówùguǎn)　在杭州市西湖区孤山路 25 号。国家一级博物馆。建成于 1929 年，初名筹备浙江省西湖博物馆，1930 年更名浙江省立西湖博物馆，1953 年更名浙江博物馆，1976 年改今名。1993 年扩建。2006 年，浙江革命历史纪念馆并入。2009 年，武林馆区建成。由孤山馆区、武林馆区、文澜阁、浙江西湖美术馆、黄宾虹纪念室、沙孟海旧居等展馆组成，总建筑面积 4 万平方米。孤山馆区有文澜遗泽、瑞象重明、昆山片玉等 6 个展厅，武林馆区有越地长歌、钱江潮、意匠生辉等 5 个展厅，每年有 20 多个题材的临时展览。文澜阁，为孤山馆区的西侧部分，建成于清乾隆四十八年(1783 年)，咸丰十一年(1861 年)焚毁，光绪六年(1880 年)于旧址重建，为清代珍藏《四库全书》的七阁之一，2001 年被公布为全国重点文物保护单位。浙江西湖美术馆，原为中国国立艺术院的旧址，1999 年开馆，是浙江省展示美术名家作品、介绍美术动态、进行学术交流、传播艺术的重要场所之一。黄宾虹纪念室，在杭州市西湖区栖霞岭 31 号，为黄宾虹的故居，1988 年对外开放，设有黄宾虹生平事迹图片陈列和复原书房。沙孟海旧居，在杭州市拱墅区龙游路 82 号，沙孟海晚年曾居住于此，2004 年对外开放，有沙孟海生活、工作的 2 个复原室及沙孟海生平事迹图片陈列厅。为征集、馆藏、陈列、交流、研究和保护文物的场所。馆藏有河姆渡文化遗物，良渚文化玉器，越窑、龙泉窑青瓷，历代书画和金石拓本，历代漆器，革命文物等文物 81 158 件/套，其中珍贵文物 36 121 件/套，有良渚文化玉琮、河姆渡文化双鸟朝阳纹牙雕、越王者旨於睗剑等镇馆之宝。下设浙江省博物馆龙泉青瓷研究中心、浙江省博物馆浙江古窑址标本中心、浙江省博物馆黄宾虹研究中心、浙江省博物馆古代漆器研究中心、浙江省博物馆浙江省文保科研基地、浙江省博物馆马定祥中国钱币研究中心、浙江省博物馆文澜阁文物保护研究所等科研机构。出版《浙江新石器时代文物图录》《浙江文物》《浙江七千年》《浙江纪年瓷》《忠义堂帖》《黄宾虹山水精品画集》《浙江省博物馆馆藏吴昌硕作品集》《旷世墨宝》等画册和书籍。1997 年创办学术刊物《东方博物》和专业报纸《浙博天地》。年接待参观人员 300 余万人次。2009 年被公布为全国爱国主义教育基地。通公交线路。

侵浙日军投降仪式旧址(含千人坑)[Qīnzhèrìjūn Tóuxiángyíshì Jiùzhǐ(hán Qiānrénkēng)]　在杭州市富阳区受降镇中秋村。建成于 1995 年 9 月。由侵浙日军投降仪式旧址、千人坑遗址 2 部分组成。侵浙日军投降仪式旧址，总占地面积 2 900 平方米，建筑面积 440 平方米。1945 年 8 月 15 日，日本帝国主义战败，宣布无条件投降，浙江省富阳县长新乡宋殿村被指定为侵驻浙江地区日军投降的唯一地点。1945 年 9 月 4 日，中方受降代表第三战区司令长官兼前进指挥所主任韩德勤中将、副长官上官云相中将、国民党省党部主任委员罗霞天、浙江省主席行辕主任贺扬灵及长官部参谋长张世希等，在宋殿村原宋作梅宅第接受了日方代表浙日军 133 师团参谋长樋泽一治大佐及达国雄、大谷义一、道佛正红、大下久良、江藤茂榆等的投降仪式，仪式由张世希主持，日方投降代表立正脱帽向受降长官鞠躬，呈缴证明书、日军驻地表、官兵花名册和武器清册，然后在投降书上签字，并将装有投降书的木盒双手捧呈受降代表韩德勤。因此地是重大历史事件的发生地，1950 年长新乡改名为受降乡，以志纪念。有"侵华暴行，铁证如山""抗日烽火，烧遍全国""欢庆胜利，严惩战犯"3 个展厅，展示有历史照片、图片和当年受降仪式现场的部分实物。千人坑遗址，在侵浙日军投降仪式旧址东南 500 米的山坳里，是当年日寇杀害中国同胞的刑场和抛尸地点，仅宋殿本地就有 370 余名村民惨死在日寇的屠刀之下。年接待参观人员 3.8 万人次。1998 年被公布为浙江省爱国主义教育基地。2005 年被公布为全国爱国主义教育基地。通公交线路。

镇海口海防历史纪念馆（Zhènhǎikǒu Hǎifánglìshǐ Jìniànguǎn）　在宁波市镇海区、北仑区招宝山南麓。建成于 1997 年，2011 年改造提升。总建筑面积 3 200 平方米。有序厅、海防重镇越千年、二百余年平倭寇、抗英血战镇海口、雄镇锁钥击法舰、全民抗日雄关魂、尾厅 7 个展厅。为征集、馆藏、陈列和研究镇海二千余年海防历史的场所，全面展示了自明中叶以来镇海军民抗击倭寇和抗英、抗法、抗日的真实史迹。宋设沿海制置司，由统制、统领率水军驻此，扼守海道。明初置定海卫，抗倭时卢镗、俞大猷、戚继光先后驻守，并建威远城。鸦片战争时，钦差大臣裕谦监防督战、林则徐协助海防。中法战争时，浙江提督欧阳利见、宁绍道台薛福成等筑防御敌。1940 年 7 月，国民政府军队第十六师、一九四师与登陆日军激战退敌。馆藏有泥马船、万斛神舟模型、招宝山炮台图册等文物 4 003 件，其中珍贵文物 127 件。年接待参观人员 26 万人次。1995 年被公布为浙江省爱国主义教育基地。1997 年被公布为全国爱国主义教育基地。通公交线路。

四明山革命烈士陵园（Sìmíngshān Gémìnglièshì Língyuán）　在宁波市鄞州区章水镇樟村。前身为李敏等烈士埋葬处，建成于 1951 年，后陆续整修扩建。总建筑面积 6 243 平方米。四明山区曾是抗日战争时期全国 19 个抗日根据地之一，解放战争时期的南方七大游击根据地之一。陵园坐北朝南，背倚望海尖娘岗山，包括入口广场区、革命回顾区、瞻仰励志区、烈士墓区、爱国主义教育区、文物保护区 6 个区块。陵园北面后端为墓区，有 5 座穹窿形圆墓和一座长方形墓冢，安葬着抗日战争时期和解放战争时期英勇牺牲的 157 名烈士的忠骨。墓前正前方 2 米高的二层平台上，凌空耸立一座革命烈士纪念塔，高 25.2 米，象征鄞县于 1925 年 2 月建立中国共产党组织。塔座四周镌刻"大嵩潮""梅园旗""樟溪血""四明火"四组浮雕图案。纪念塔前一块 4 000 平方米的草坪广场，可容纳 2 000 多人举行祭奠活动。广场以南两侧，相对建有五角形纪念亭，亭内各竖石碑一块，下面分别镌有"生的伟大""死的光荣"8 个大字，碑阴镌有 198 位烈士英名。陵园西首有一幢三层楼建筑，一楼为革命烈士纪念馆，馆内墙上一块"英烈永垂四明"碑石上，铭刻 670 余位烈士英名。二楼、三楼分别为"烈士骨灰室"及"病故革命工作者骨灰室"。纪念馆北面为革命史迹陈列馆，总建筑面积 3 648 平方米，有门厅、序厅、基本陈列厅、机动展厅和多功能展厅 5 个展厅，厅内展出鄞县大革命时期、抗日战争时期、解放战争时期、社会主义革命和建设时期四个历史时期的革命斗争史和烈士事迹，有各个时期革命先烈斗争经历、史料照片，个人遗物、遗照等。是缅怀先烈、寄托哀思、进行爱国主义教育的场所。年接待参观人员 2 万人次。2001 年被公布为全国爱国主义教育基地。通公交线路。

温州浙南(平阳)革命根据地旧址群[Wēnzhōu Zhènán(Píngyáng)Gémìnggēnjùdì Jiùzhǐqún] 在温州市平阳县西部。建成于2007年8月,后陆续扩建。由中国工农红军挺进师纪念园和中共浙江省"一大"纪念园2园组成。包括红军挺进师纪念碑、闽浙边临时省军区司令部驻地、粟裕骨灰敬撒处、中共浙江临时省委成立旧址、中共浙江省第一次代表大会会址、闽浙边抗日游击总队教导队大屯村旧址等21处。平阳是中国工农红军挺进师、中共闽浙边临时省委、中共浙江省委的主要活动地区之一。中共浙江省第一次代表大会旧址,1939年7月21—30日,大会在平阳县风卧乡召开,会议分别在风卧乡冠尖、马头岗两地举行。出席会议的有省委机关和浙南、处属、台州、宁绍、金衢、浙西等地代表26人,代表全省近2万名党员。大会传达党的六届六中全会和周恩来视察浙江的指示精神,通过《关于目前抗战形势与浙江党的任务的决议》等一系列文件,选举产生新的浙江省委,刘英任省委书记,选出刘英等12人为浙江出席中共七大代表。1981年被公布为浙江省文物保护单位。闽浙边临时省军区司令部驻地,1935年10月,浙南红军挺进师、闽东红军独立师在福建省寿宁县和浙江省泰顺县边界会合,召开联席会议,决定成立中共闽浙赣边临时省军区,简称"闽浙军区"。粟裕任司令员,刘英任政治委员,刘达云任参谋长。1938年,闽浙边临时省军区司令部进驻平阳县山门镇凤岭山麓西南侧的龙井禅寺。龙井禅寺总建筑面积约500平方米,粟裕《游击战术讲授大纲》在此地拟稿成文。为缅怀先烈、寄托哀思、进行爱国主义教育的场所。年接待参观人员15万人次。2009年被公布为全国爱国主义教育基地。通公交线路。

嘉兴南湖革命纪念馆(Jiāxīng Nánhú Gémìng Jìniànguǎn) 在嘉兴市南湖区南湖街道烟雨路七一广场(南湖湖心岛)。因地理位置和纪念主题得名。总建筑面积19 633平方米。老馆建成于1959年10月,新馆于2005年获批,2007年始建,2011年开馆。由一主两副三幢建筑组成,平面呈"工"字造型,建筑四周有五十六根檐柱。主体建筑俯瞰呈镰刀铁锤党徽形状,总高为19米。邓小平题写馆名。下设纪念馆办公室、纪念馆史料展陈部、纪念馆宣传教育部、纪念馆文保工程部、研究院学术部、纪念馆现场管理部。有开天辟地大事变1个基本陈列和中共嘉兴地方党史、中国共产党的七十年、邓小平伟大光辉的一生、中华人民共和国国旗颂、光辉的历程、人民领袖毛泽东等主题展览和临时展览。基本陈列《红船起航》主题展览以中国革命红船起航为主题、以党的初心和使命为主线、以党的发展历程为脉络,由"救亡图存""开天辟地""光辉历程""走向复兴"4个部分、21个单元组成,并设"中共'一大'代表人生轨迹""中国共产党党章发展历程"两个专题。展陈面积共5 600平方米,展线全长921米,设置文物资料1 134件、场景(壁式)26处、雕塑6组、绘画作品8幅、多媒体(音视频)41个、图表(地图)41张、图片676张。为征集、馆藏、陈列和研究中共一大的场所。馆藏有革命文物、珍贵文献、书画珍品等文物万余件。年接待参观人员136万人次。1997年被公布为全国爱国主义教育基地。通公交线路。

新四军苏浙军区纪念馆(Xīnsìjūn Sū-Zhèjūnqū Jìniànguǎn) 在湖州市长兴县槐坎乡温塘村。建成于2001年9月。总建筑面积2 000平方米。西侧为新四军苏浙军区司令员粟裕将军骨灰安放纪念碑,东侧是"军民鱼水情"雕塑和新四军苏浙军区纪念碑。馆内有粟裕骨灰敬撒处。有浙西丰碑、红色标杆、红色记忆3个展厅,收藏和陈列750件革命历史文物、420帧历史珍贵照片,有新四军开辟根据地及与敌伪顽强斗争的重要文件、笔记、军用地图、作战武器;有缴获的战利品、新四军兵工厂制造的土武器和后方医院抢救伤员的土设备;有当年出版的报刊、宣传品、纸币和粮券;有苏浙军区司令部发布的《新四军苏浙军区对日驻军的最后通牒》;还有粟裕、叶飞、王必成、江渭清、刘别生等同志的珍贵历史照片。系统介绍当时军事机构序列,领导人活动图片,使用的武器和缴获日、伪、顽的战利品,抗日根据地组织状况,以及革命先烈的英雄事迹。记录了1943年秋至1945年10月新四军苏浙军区整个战斗历程,从新四军第十六旅挺进郎广地区,开辟抗日根据地,新四军苏浙军区成立肩负战略反攻重任,抗日民主根据地建设,抗战胜利新四军奉命北撤。为展示、收集、研究新四军苏浙军区史迹场所。馆藏抗日战争时期新四军第十六旅和粟裕南下后建立苏浙军区后各种文物1 077件,其中珍贵文物285件。纪念馆曾为新四军苏浙军区司令部,以此为中心建立了浙西抗日根据地。年接待参观人员31万人次。1995年被公布为浙江省爱国主义教育基地。2001年被列为全国重点文物保护单位。2008年被公布为全国爱国主义教育基地。通城乡公交。

鲁迅故里及纪念馆(Lǔ Xùn Gùlǐ jí Jìniànguǎn)　在绍兴市越城区中兴南路与鲁迅中路交叉口以西。始建于1953年。2002年拓建。总建筑面积9 000平方米。包括鲁迅祖居、鲁迅故居、百草园、三味书屋、鲁迅笔下风情园、鲁迅纪念馆、历史街区7个部分,是鲁迅诞生和青少年时期生活过的故土。鲁迅祖居即周家老台门,建于清乾隆年间,是鲁迅祖辈世居之地,坐北朝南,青瓦粉墙,砖木结构,由门厅、大厅、香火堂、座楼等组成。鲁迅故居即周家新台门,始建于清嘉庆年间,分三进,由台门斗、大厅、侧厢及杂屋等组成。百草园为周家新台门族人所共有的菜园。三味书屋是当时绍兴城内一所私塾,鲁迅12岁开始在此读书。鲁迅笔下风情园,为花园式台门,以鲁迅笔下的人物、风俗为载体,设"绍俗祝福""越俗漫话""迎神赛会""男婚女嫁"四个主题陈列馆。鲁迅纪念馆,在鲁迅故居东侧,设有鲁迅生平事迹陈列厅,由序厅、南北主展厅、辅助展厅、名人文库及休闲区等构成。南展厅二层为中庭式回廊展场,主要展出鲁迅在南京、日本、绍兴、北京、厦门、广州、上海等地的生平事迹。北展厅底层为休闲区。馆藏鲁迅相关的文物6 150件,其中珍贵文物222件。勘探发现有唐代、明代的孤鹤轩亭池遗址,宋池塘,六朝井,明池,宋葫芦池、土山,宋井等文物遗存。年接待参观人员200余万人次。1988年被公布为全国重点文物保护单位。1997年被公布为全国爱国主义教育基地。通公交线路。

舟山鸦片战争遗址公园(Zhōushān Yāpiànzhànzhēng Yízhǐ Gōngyuán)　在舟山市定海区环南街道晓峰岭。建成于1997年6月,2002年改建。占地面积10余万平方米,总建筑面积2 130平方米。由鸦片战争纪念馆、三忠祠、三总兵纪念广场和抗英阵亡将士墓等构成。原名定海竹山公园,2002年更今名。竹山,是第二次鸦片战争时清军将士抗击英军入侵定海的主战场之一,葛云飞、王锡朋、郑国鸿三总兵率5 000将士在此地奋勇抗击英军入侵。鸦片战争纪念馆,乔石题写馆名,建筑面积528平方米,有中英鸦片战争、第一次定海保卫战、第二次定海保卫战3个展厅,馆藏与定海保卫战相关的文物16件。三忠祠,1854年建造,1884年重建,1997年迁建于此,迁建后的三忠祠占地1 360平方米,新增了文史室和书画室,1989年被公布为浙江省文物保护单位。三总兵纪念广场在竹山顶,占地600多平方米,中央是由3把21米高的不锈钢宝剑组成的纪念碑。用将军红花岗岩雕塑的6米多高的三总兵像站立碑前。抗英阵亡将士古墓群,公园建设施工中意外发现,墓中安葬的是定海第二次保卫战中牺牲的清军将士。年接待参观人员10万人次。2001年被公布为全国爱国主义教育基地。通公交线路。

解放一江山岛烈士陵园(Jiěfàng Yījiāngshāndǎo Lièshì Língyuán)　在台州市椒江区海门街道枫山北麓与小园山之间。为纪念1955年1月18日在解放一江山岛战斗中牺牲的烈士而建。解放一江山岛，中国人民解放军华东军区陆、海、空军各一部，在 1955 年 1 月 18—19 日，对国民党军据守的浙江省东部一江山岛进行的进攻作战，是解放军首次陆、海、空三军的协同作战。始建于 1956 年，1959、1974、1998、2005 年分别进行过整修、扩建。总建筑面积 27 466 平方米。由解放一江山岛战斗纪念塔、纪念亭、烈士墓地、解放一江山岛支前群塑像和大型石碑、烈士纪念馆、一江山岛登陆战纪念馆等组成。一江山岛登陆战纪念馆，2002 年动工，2004 年建成，总建筑面积 5 138 平方米，有 2 层展厅，一层展厅有战役的背景、筹划和准备 3 部分，二层展厅有战斗的经过、大陈岛的解放以及战后重建 3 部分。展厅北侧一端设有一个二层通高的展示空间，用以展示一江山岛战役数字模拟沙盘。烈士纪念馆，在枫山北麓，1960 年动工，1962 年建成，建筑面积 553 平方米，分两层展区，翔实地陈列了一江山岛登陆战的珍贵史料，馆内有展现战役背景、筹划、经过和胜利的 4 幅浮雕。祭奠广场由“光照千秋”“三军丰碑”等雕塑组成，“光照千秋”由 3 根高大圆柱托起直径为 5 米的金色球体；“三军丰碑”由 3 组高 3.2 米的花岗岩浮雕墙组成，中间浮雕组长 9 米，正面为欢庆战役胜利场景，旁边两组浮雕墙弧长均为 15 米，正面为解放一江山岛的登陆及战斗情景，背面为献身于解放伟业的英烈头像。解放一江山岛战斗纪念塔，1955 年动工，1956 年建成，塔高 18 米，塔座为正六角形，面积 187.71 平方米，塔身有陆海空三军英雄铜像。塑像高分别为 3 米和 2.75 米。烈士墓区，建于 1956 年 1 月，2003 年改建，2004 年 12 月完工，安葬着 578 位英烈，其中 407 位是解放一江山岛光荣牺牲的烈士，171 位是其他时期因战因公牺牲的烈士。2001 年被公布为全国爱国主义教育基地。通公交线路。

杭州博物馆(Hángzhōu Bówùguǎn)　在杭州市上城区粮道山 18 号。国家一级博物馆。建成于 2001 年 9 月。前身为杭州历史博物馆，2011 年更今名。总建筑面积 1.3 万平方米，分北馆和南馆两个馆区。北馆陈列珍藏杭州博物馆馆藏文物精品陈列，分“物华天宝——杭州出土文物精品陈列”“意匠生辉——杭州不可移动文物纵览”“翰墨丹青——馆藏书画精品陈列”“闲情雅致——馆藏文房雅玩陈列”和“方寸之间——馆藏邮票”五个专题，展示了杭州历年来出土文物精品、不可移动文物、书画精品、文房雅玩珍品、邮票等。南馆由最忆是杭州——杭州历史文化陈列和机动展厅构成，最忆是杭州展览以历史朝代为串线，讲述杭州的发展历程，以“忆”为主题，“雅”为基调，白居易《忆江南》为切入点，追溯杭州五万年人类进化史、八千年文明史、五千年建城史，划分为天赐佳渚，钱唐故址(史前至六朝)；邑屋繁会，东南乐土(隋、唐、五代)；天阙皇城，百年行都(两宋)；江南名城，人文渊薮(元、明、清)；湖山依旧，再续文脉(民国)五个单元。馆藏陶瓷、书画、玉石、印章、钱币、邮票等各类文物 23 636 件/套，其中珍贵文物 3 668 件/套。镇馆之宝战国水晶杯，2002 年被国家文物局列入 64 件(组)首批禁止出国(境)展览的珍贵文物名录。年接待参观人员 100 多万人次。2004 年被公布为浙江省爱国主义教育基地。通公交线路。

杭州西湖博物馆(Hángzhōu Xīhú Bówùguǎn)　在杭州市上城区南山路 89 号。建成于 2005 年 10 月，2009 年整修。总建筑面积 8 500 平方米。是中国第一座湖泊类专题博物馆。建筑四分之三部分延伸于地下，地上层有展厅、西湖文化研究中心、旅游服务部等，地下层有主展厅、游客服务中心、文献资料中心、设备用房和文物库房等。有序厅、西湖概况、西湖历代浚治与景观的形成、西湖题名景观、西湖文化、精神家园 6 个展厅。序厅通过西湖全景沙盘将三面云山一面城的西湖整体格局直观呈现。天开画图——西湖概况，概括介绍西湖的地理位置，从西湖的山、水、生态和整体格局等方面展示了西湖文化景观存在的物质基础。浚治之功——西湖历代浚治与景观的形成，书写了杭州城居民出于生存和发展的需求，持续开展对西湖的清淤维护和人工改造的历史。诗情画意——西湖题名景观，展示了中国古代风景名胜景观设计手法“题名景观”的代表之作“西湖十景”的缘起与传承。人文渊薮——西湖文化史迹，从宗教、忠孝、隐逸、藏书、文学艺术等方面阐释了西湖景观的人文内涵。精神家园——诗画西湖，千百年来，西湖一直是人们获得审美体验和精神栖息的胜地，展厅用大量历代西湖诗词书画充分印证了西湖景观。临时展厅约 400 平方米，曾展出过《余任天画展》《“相约西子湖”作品展》《首届世界文化遗产日“印象西湖陶艺特展”》《“锦绣西湖”织锦展》《百年典藏——越剧文化藏品展》《百年经典杭州老照片展》等临时主题展览。为展示西湖作为人类文化景观遗产的场所。馆藏有与西湖相关的文史资料和珍贵文物 1 万余件/套，其中珍贵文物 409 件/套，如商云雷纹青铜直内戈、西湖水下出土的历代古钱币、五代吴越鎏金铜龙、明《西湖竹枝集》、清康熙五彩“雷峰夕照”盘等。年接待参观人员 85 万人次。2008 年被公布为浙江省爱国主义教育基地。通公交线路。

杭州南宋官窑博物馆(Hángzhōu Nánsòng Guānyáo Bówùguǎn)　在杭州市上城区南复路 60 号。建成于 1992 年 9 月，2002 年进行扩建和陈列改造，2007、2010 年分别进行扩建。总建筑面积 1 万平方米。有南宋官窑历史文物陈列、南宋官窑郊坛下窑址、南宋官窑老虎洞窑址、中国陶瓷文化陈列 4 个固定展厅和 1 个临时展厅。南宋官窑历史文物陈列，展示了南宋官窑的内涵、特色以及与南宋宫廷文化、社会习俗的联系，分青瓷故乡、御用之瓷、风雅之美、皇宫遗珍、南宋郊坛下官窑遗址 5 部分，有南宋官窑簋式炉、南宋官窑花口壶、南宋官窑鸭形器、南宋官窑八卦纹盖等展品。中国陶瓷文化陈列，以陶瓷文化为切入点，分历史篇、工艺篇、文化篇、交流篇 4 部分，多层面、多角度阐述了中国陶瓷与中国文化之间的联系，有战国原始瓷插座、元青花观音像、元龙泉窑粉青印花凤尾瓶、明弘治黄釉盘等展品。临时展厅，面积 200 平方米，曾举办《对流三地当代陶艺展》《宋瓷风采展》《迎春青铜展》等展览。为征集、馆藏、陈列和研究南宋官窑的场所。内设办公室、展览宣教部、学术保管部、陶艺产品部、事务部 5 个部门。馆藏保存完好的瓷器生产遗址和各种瓷器等文物 3 014 件/套，珍贵文物 242 件/套。年接待参观人员 55 万人次。2004 年被公布为浙江省爱国主义教育基地。通公交线路。

浙江自然博物馆(Zhèjiāng Zìrán Bówùguǎn)　在杭州市下城区西湖文化广场 6 号。国家一级博物馆。始建于 1984 年 7 月，新馆建成于 2009 年 7 月。总建筑面积 2.6 万平方米，常设展厅面积 9 000 平方米，临时展厅面积 2 500 平方米。一楼设咨询服务、临时展厅，二楼设地球生命故事陈列、青春期教育展览、人与自然油画展览、办公区，三楼设置生物世界陈列、绿色浙江陈列。地球生命故事，讲述地球 46 亿年的生命进程，有“生命家园”“生命诞生”“生命登陆”“恐龙时代”和“哺乳动物时代”5 个单元，辅以“地球的诞生”“恐龙大灭绝”等剧场影像和“地球的磁场”“地幔对流”“恐龙的速度”等互动装置，还有作为历史见证者的毛氏峨眉龙、礼贤江山龙、猛犸象、三趾马等一具具形象生动的实物标本。丰富奇异的生物世界，集聚地球上各个生物门类的物种代表，展现不同区域典型的生态系统景观，解读生物与环境、生物与人类的关系，有“多样的生态系统”“丰富的生物类群”“遗传与变异”“生物对环境的适应”“生物与人类”5 个单元。绿色浙江，有“浙江的自然”“浙江的生态”“环境保护与可持续发展”3 个单元。是集科普教育、收藏研究、文化交流、智性休闲于一体的现代自然博物馆。馆藏生物标本等文物 20 万件，其中珍贵文物 3 件。是浙江省自然类基础研究的单位之一，主持或参与编撰《浙江余姚河姆渡新石器时代遗址动物群》《在传播科学中传承文明——博物馆研究论文集》《四川井研——完整的蜥脚类恐龙——“毛氏峨眉龙”》《杭州野鸟》《浙江农田贝类》等专著50余部；编撰出版《世界动物大图集》《新世纪动物百科》《恐龙》等科普书籍10余册；发表学术论文近500篇；主持和参与浙江九龙山、浙江大盘山、浙江韭山列岛、浙江五峙山列岛等自然保护区的自然资源考察或总体规划编制；承担了“自然藏品分类定级研究”“黑嘴端凤头燕鸥繁殖生态及保护对策研究”“浙江翼龙化石研究”“浙江文化遗址古环境研究”等国家级和省部级课题100多项。年接待参观人员400余万人次。1998年被公布为浙江省爱国主义教育基地。通公交线路。

中国京杭大运河博物馆(Zhōngguó Jīng-Háng Dàyùnhé Bówùguǎn)　在杭州市拱墅区运河文化广场1号。建成于2006年10月。总建筑面积1.07万平方米。建筑环运河文化广场呈扇形状伫立，造型平坡结合，立面细部上提取中国古代传统建筑符号。以一层为主，局部二层，并有部分地下室，一层主要是博物馆常规展示部分，共四个厅、一条展廊；二层主要是资料室、视听室、办公室，另有半景展厅等。以“运河推动历史，运河改变生活”为陈列主题，设序厅、大运河的开凿与变迁、大运河的利用、运河畔的城市和运河文化5个展厅。序厅，正中为一艘漕运船，地面是玻璃钢铺设的仿真水面。大运河的开凿与变迁，用人物雕像、历史图片展现运河连接中国五省四市、贯通五大水系的历史故事。大运河的利用，开凿大运河最初是为了军事目的，后成为江南地区的漕粮供应通道，也是南北经济沟通的桥梁，有清代“苏州府”官斛、清朝末年的一张船票等展品。运河畔的城市，用微缩模型做出了大运河及两岸的九座城市，放在玻璃地面下。运河文化，展示山东聊城面塑、江苏扬州剪纸、江苏无锡泥人等运河边城市代表物品。为征集、馆藏、陈列和研究京杭大运河的场所。馆藏与运河相关文物467件，其中珍贵文物37件。年接待参观人员90万人次。2008年被公布为浙江省爱国主义教育基地。通公交线路。

中国印学博物馆(Zhōngguó Yìnxué Bówùguǎn)　在杭州市西湖区孤山后山路10号。建成于1999年。总建筑面积1 300平方米。有历代玺印、篆刻流派、印学、印材、西泠印社社史厅、和临时展厅6个展厅。历代玺印厅，展示印章伴随着文字出现的身世，从捺印纹样到作为凭信器物的演变过程，随着历史的变革，玺印在形制、印材、情趣及铸凿工艺等方面的不同而呈现的迥异风貌。篆刻流派厅，有开印风的文彭、何震等，以丁敬为代表的“西泠八家”，皖派代表邓石如，“晚清六家”吴让之、吴昌硕、赵之谦、徐三庚、黄牧甫等。印学厅，陈列印谱的集辑和近年来篆刻家们的印学论著。为征集、馆藏、陈列、交流和研究印学的场所。印材厅，展示金属类、矿石类、陶瓷类、动物骨类等上百种质地的印材，古代印章以金属浇铸为主，唐宋以后，书画艺术的发展，经文人士大夫的参与，印章的性质发生了变化，印材逐渐触及牙、角、木等，但治印多由文人篆印，工匠刻之。西泠印社社史厅，有“印廊”“印人书廊”“吴昌硕纪念室”“篆刻创作研究室”“题襟馆”“仰贤厅”等展示。临时展厅，举办过《杨鲁安文物捐献展》《寿山名石、歙砚名雕展销社藏古代砖瓦精选展》《古今印人与论印诗真迹展》《西泠印社百年华诞藏品展(篆刻馆)》《中国寿山石印章艺术展》《西泠印社藏文房用品精品展》《徽州古代雕塑展》《中韩国际书法篆刻交流展中国展》《犀象印萃——西泠印社近现代名家篆刻特展》等展览。以数千件实物，完整的序列，展示了从“信物的凭证”和“权威的象征”发展到篆刻艺术3 700多年的印学发展史及中国的印文化。馆藏与印学相关文物914件/套。年接待参观人数16万人次。2001年被公布为浙江省爱国主义教育基地。通公交线路。

杭州市革命烈士纪念馆(Hángzhōu Shì Gémìnglièshì Jìniànguǎn)　在杭州市西湖区之江路2号。因地理位置和馆藏主题得名。前身为蔡永祥烈士事迹陈列馆。建成于1968年10月，2009年完成改扩建。总建筑面积 2 731 平方米。蔡永祥烈士事迹陈列馆，建筑面积 1 770 平方米，为缅怀蔡永祥烈士而建，系统地介绍了蔡永祥烈士的苦难家史、成长过程和入伍后忠于职守、守护大桥，最后为抢救列车、保卫大桥而英勇献身的英雄事迹，展品有照片、图画、日记影照等 126 幅，实物 78 件。馆外广场 1 000 平方米，广场上有 9 米高的蔡永祥烈士塑像。杭州市革命烈士纪念馆，有杭州市革命史展厅、杭州市见义勇为烈士事迹陈列厅 2 个展厅和 1 个临时展厅，杭州市革命史展厅，展示近一个世纪来，杭州人民在党的领导下前仆后继的革命斗争历史，以及李成虎、张秋人、刘别生等近百位革命烈士的事迹。杭州市见义勇为烈士事迹陈列厅，展示杭州地区 1970 年以后牺牲的王国娟、吴斌、张叶良、潘志毅等 58 位见义勇为烈士的事迹。临时展厅"最美杭州人"，展示吴菊萍、毛陈冰等 20 多位家喻户晓的见义勇为先进人物事迹。馆藏有蔡永祥等烈士的遗物和中国共产党的创立、第一次大革命时期、土地革命战争时期、抗日战争时期、解放战争时期、社会主义革命和社会主义建设时期 2 500 多位英烈的事迹。年接待参观人数 16 万人次。1995 年被公布为浙江省爱国主义教育基地。通公交线路。

中国茶叶博物馆(Zhōngguó Cháyè Bówùguǎn)　在杭州市西湖区。中国首个以茶和茶文化为主题的国家级专题博物馆。1990 年开馆。总建筑面积 1.3 万平方米。由双峰、龙井 2 个馆区组成。双峰馆区，在杭州市西湖区龙井乡双峰村龙井路 88 号，占地 4.7 公顷，有茶史、茶萃、茶俗、茶事、茶具等 12 个展厅。茶史厅，以史为线，以千年野生大茶树作为开篇，并辅以大茶树切片、树干标本和茶籽等实物，雄辩地证明了中国是最早发现和利用茶叶的国家。茶萃厅，根据茶叶制造方法的不同和品质差异，将来自全国各地产茶区的 300 多种茶样经过特殊工艺处理成真空标本，分为绿茶、红茶、青茶(乌龙茶)、黄茶、白茶、黑茶 6 大茶类及再加工茶类，以茶叶标本进行展示。茶俗厅，展示中国富有代表性的地域茶俗，以场景展现各民族人民饮茶、爱茶的日常生活，如藏族酥油茶饮茶场所、云南傣家竹楼的烤茶场景、四川茶馆及明清时极盛的徽商茶庄等。茶事厅，以茶叶各部位标本、图片、文字等形式，展示了有关茶的培育与采摘、茶的生物形态、工艺流程、冲泡艺术、茶之藏、茶与健康及中国主要产茶区等内容。茶具厅，展示历代茶具实物，系统地展示了自新石器时期的陶质水器至清代茶具，分为"唐以前茶具""唐代茶具""宋元时期茶具""明清茶具"4 个部分。龙井馆区，杭州市西湖区西湖街道翁家山 268 号，占地 7.7 公顷，有中华茶文化展、世界茶文化展、西湖龙井茶展、中国茶叶品牌馆等 11 个展厅展馆。中华茶文化展，由茶史、茶萃、茶事、茶具和茶俗五个展厅组成，茶史厅以茶文化发展为主线，重点突出唐代宫廷茶文化、宋代世俗茶文化、明清茶马古道等；茶萃厅以六大茶类及再加工茶的实物展示为主；茶事厅通过茶树生长环境、茶叶加工、不同茶类冲泡及茶叶综合利用及茶与健康等内容来展示；茶具厅主要展示中国的历代茶具珍品；茶俗厅以场景为主要表现手法，展示了不同地域和不同民族关于茶的风俗习惯。世界茶文化展，展示了茶叶如何从中国走向世界，全世界有 60 多个国家和地区产茶，每一个地方都有自己与茶有关的生活方式与生活道具。是征集、馆藏、陈列、交流和研究茶及茶文化的场所。馆藏与茶叶相关的各类文物 3 865 件，其中珍贵文物 156 件。年接待参观人数 69 万人。2004 年被公布为浙江省爱国主义教育基地。通公交线路。

良渚博物院(Liángzhǔ Bówùyuàn)　在杭州市余杭区良渚街道美丽洲公园内。建成于 2008 年 10 月，前身为建成于 1994 年的良渚博物馆。总建筑面积 1 万平方米。有水乡泽国、文明圣地、玉魂国魄 3 个展厅。水乡泽国，讲述了一个建立在湿地上王国的崛起与发展，七千年前太湖的形成影响了人类的生活方式，创造了生存与发展的物质基础。五千年前后的良渚文化时期，先民们种植水稻、养殖栽培，稻米是最重要的粮食，家猪是最主要的肉食来源。制陶、纺织、制骨、治石、髹漆、琢玉等手工业生产更加专门化、体系化，此外还出现了一套被视为原始文字的刻画符号系统。文明圣地，2007 年考古发现的良渚古城遗址，展示良渚古城的规划营建和结构布局，实证了中华五千年文明史。玉魂国魄，良渚时期的用玉已形成明显的等级之分。以神徽像作为共同信仰的神，并与玉琮、玉钺、玉璧为代表的神权、军权、王权形成良渚社会独具特色的用玉礼制，反映了良渚社会是具有政教合一特征的国家形态。是一座收藏、研究、展示和宣传良渚文化的考古遗址博物馆。馆藏良渚文化时期玉器、石器、陶器和漆木器等各类文物 3 266 件，其中珍贵文物 114 件。年接待参观人数 111 万人次。1995 年被公布为浙江省爱国主义教育基地。通公交线路。

宁波服装博物馆(Níngbō Fúzhuāng Bówùguǎn) 在宁波市鄞州区下应街道蓝海巷 80 号。中国第一家服装专业博物馆。1997 年筹建，1998 年建成，2001 年从轻纺城迁入月湖宝奎巷，2006 年筹建新馆，2009 年建成。总建筑面积 2 752 平方米。有中国近现代服装、红帮裁缝创业史、中国少数民族服装、宁波服装与国际交流和临时展厅 5 个展厅。中国近现代服装展厅，展示清末民国初年中国近现代服装的演变，有清代的龙袍、朝服、命妇服，民国的长衫、旗袍、袄裙等服装。红帮裁缝创业史展厅，展示有 200 年历史的红帮裁缝创业史，展示出宁波红帮创业史上的“五个第一”(中国第一套中山装、中国第一套西装、中国第一家西服店、中国第一家西服工艺职业学校、中国第一本西服理论著作)，以及他们的创业经历。中国少数民族服装展厅，展示了中国 56 个民族男女服装。宁波服装与国际交流展厅，展示宁波当代服装业的成长历程、世界五大洲国家和地区的典型的民族民间服饰。为征集、馆藏、陈列和研究服装的场所。馆藏有中国最早的炭熨斗、手摇缝纫机、胜家牌缝纫机等文物 5 373 件。红帮裁缝技艺被列入浙江省非物质文化遗产名录。年接待参观人员 3 万人次。2000 年被公布为浙江省爱国主义教育基地。通公交线路。

北仑博物馆(Běilún Bówùguǎn) 在宁波市北仑区新碶街道中河路 37 号。建成于 1996 年 3 月，2008 年翻修。总建筑面积 1 000 平方米。为三层楼建筑，一楼设序厅，二楼设古代北仑、近代北仑、现代北仑展厅，三楼设北仑民俗文物陈列厅。古代北仑，以文明的曙光、聚族的繁荣、滨海的开拓为主题，运用出土文物展现北仑区域悠久的历史文化。近代北仑，以发生在北仑的抗倭、抗英、抗法等战争为线索，用历史文物直接反映北仑人民光荣的革命传统。现代北仑，以“洋洋东方大港、改革开放前哨”为主题，展示北仑区域开发开放的成就。北仑民俗文物陈列厅，用馆藏的民俗文物和其他实物资料，重现北仑人民勤劳勇敢、俭朴淳厚的生产习俗和生活习俗。为收集、馆藏、陈列和研究北仑历史的场所。馆藏东汉黛板、隋代盘口壶、五代莲花纹粉盒、北宋越窑刻花粉盒等北仑区出土和传世的文物 1 000 余件，其中珍贵文物 5 件。年接待参观人员 1.8 万人次。2004 年被公布为浙江省爱国主义教育基地。通公交线路。

洞头先锋女子民兵连纪念馆(Dòngtóu Xiānfēng Nǚzǐ Mínbīnglián Jìniànguǎn) 在温州市洞头县北岙镇海霞村。建成于 1976 年 5 月。总建筑面积 2 000 平方米。迟浩田题写馆名。为二层混凝土建筑，一层设两个展厅，一间会议室；二层设四个展厅，一个声光电展示区。有序厅、海霞之魂展厅、海霞之路展厅、海霞之星展厅、海霞之光展厅、尾厅 6 个展厅。序厅由女子民兵连雕塑、一封贺信、一部专题片组成。海霞之魂展厅，陈列五代领导人关于民兵作重要论述的节选。海霞之路展厅，由“霞出东方”“霞映海上”“霞光满天”3 部分组成，反映了女子民兵连不同历史阶段的成长之路。海霞之星展厅，介绍女子民兵连的典型人物、所获荣誉。海霞之光展厅，介绍女民兵弘扬海霞精神、引领社会风尚的事迹。尾厅设军事体验板块。为展示洞头先锋女子民兵成长历史的场所。馆藏有先锋女子民兵连使用过的器具、图片资料等文物620件。洞头先锋女子民兵连组建于1960年，有“爱军尚武、吃苦耐劳、乐于奉献、永葆本色”的海霞精神，其事迹先被创作出文学作品《海岛女民兵》，后被拍摄成《海霞》电影。连队自组建以来，先后荣获75枚奖章、92张奖状、128面锦旗、180余本证书，为军地各级领导进行过230多次军事课目汇报表演，20次参加上级组织的比武考核并次次夺魁，有77人被省军区以上评为“神枪手”“射击能手”和“训练标兵”，涌现出汪月霞、陈玉兰、许玉莲、王翠香、杨海英等一批全国、全军英模人物。年接待参观人员3.5万人次。1996年被公布为浙江省爱国主义教育基地。通城乡公交。

温州革命烈士纪念馆(Wēnzhōu Gémìnglièshì Jìniànguǎn)　在温州市鹿城区江心屿。建成于1956年，后陆续改扩建。总建筑面积3 190平方米。原名温州区革命烈士纪念馆，1987年改今名。由瞻仰广场、纪念碑、陈列馆3部分组成。纪念碑，由中国工农红军挺进师纪念碑、中国工农红军第十三军纪念碑和中国人民解放军浙南游击纵队纪念碑构成。高15米，远望似两柄直插蓝天的利剑，碑上方正中，镶嵌着一颗红五角星，碑座正面镌刻毛泽东手书“为国牺牲永垂不朽”，东西两侧是风起云涌(红十三军)和胜利转移(红军挺进师)两组主题浮雕，粟裕和红十三军军长胡公冕部分骨灰安放在浮雕下。陈列馆，长28米，宽12米，为两层歇山顶仿古建筑，二楼设环形走廊，东西两厢是黄顶回廊。设第一、第二、第三3个展厅和1个虚拟展厅，展出从党的创立、土地革命战争、抗日战争、解放战争到社会主义建设时期具有一定代表性的如谢文锦、刘英等157名革命烈士事迹、史料和遗物。以红十三军和挺进师为主题，综合宣传1919年五四运动以来浙南革命斗争历史。展品有中共浙江省委书记刘英在红军时代穿过的带补丁的军棉裤，林夫刻制的国内第一幅毛泽东肖像木刻，有朱德、彭德怀、邓颖超、杨尚昆、萧劲光、杨得志、罗瑞卿、叶圣陶、郭沫若、粟裕、叶飞等党和国家领导人的题词、信件(复印件)。虚拟展厅，展出温州地区4 800多位革命烈士的主要事迹。年接待参观人员10余万人次。1995年被公布为浙江省爱国主义教育基地。通渡轮。

文成县珊溪革命历史纪念馆(Wénchéng Xiàn Shānxī Gémìnglìshǐ Jìniànguǎn)　在温州市文成县珊溪镇东百万山上。建成于1996年，后陆续改造提升。总建筑面积678平方米。由石阶、碑亭、广场、刘英纪念馆4部分构成。1935年冬至1936年，刘英、粟裕率挺进师进入珊溪一带活动；1938年，中央决定由粟裕率领红军挺进师编入新四军、刘英率少数干部留在浙江坚持斗争；1942年，因叛徒出卖，刘英在温州被捕，同年5月，在永康方岩英勇就义。纪念馆设第一、第二、第三、第四陈列室4个。第一、第二陈列室展示红十三军、红军挺进师以及挺进师政委刘英同志在珊溪的革命斗争史，包括挺进师于1935年9月经过珊溪时开店济贫的镜头；挺进师于1935年11月攻克珊溪的场面；闽浙边临时省委重要会议旧址图片以及刘英同志的生平介绍和他当时用过的物品及武器等内容。第三、第四陈列室展示以坦歧村为中心的珊溪革命斗争史、朱大孝同志的革命事迹和96位革命烈士遗像及其事迹简介。馆藏红军挺进师相关的文物、实物等。年接待参观人员2万余人次。2001年被公布为浙江省爱国主义教育基地。通公交线路。

中国湖笔博物馆(Zhōngguó Húbǐ Bówùguǎn)　在湖州市吴兴区莲花庄路258号。1999年筹建，2001年建成，开馆时与王一品斋笔庄合为一体。总建筑面积2 189平方米。由主楼和附楼组成，主楼为陈列大厅，二层陈列面积1 751平方米；附楼由接待室、馆长室、湖笔销售厅构成；整个展区二层回廊及走廊设立书画展示区。有序厅、湖笔简史厅、湖笔制作技艺厅、湖笔习俗厅、笔工与文人名家厅、赵孟頫艺术馆(湖笔与湖州书画文化厅)6个展厅。序厅，展出一支巨大毛笔，称“世纪之笔”。笔杆是景德镇青花瓷，重达260斤，笔杆上绘湖州山水图和乔羽所作《湖笔颂》的歌词。湖笔简史厅，陈列湖笔历史，有彩绘陶纹、盟书玉片、对书俑、笔船及从战国毛笔、秦朝竹杆羊毫笔、汉朝竹杆笔、南朝梁元帝金银竹笔、唐朝鸡距笔、宋朝竹杆鸡毛笔、元朝羊角笔、明朝牛筋驼毛笔和清朝鲨骨、兽骨杆羊毫笔到现代湖笔的历朝湖笔等200余件。湖笔制作技艺厅，展示湖笔传统制作工艺流程，制笔技工现场操作。2006年，湖笔制作技艺已被列入国家非物质文化遗产目录。湖笔习俗厅，展出有关湖笔的各种传说，崇祀“笔祖”蒙恬的习俗，业内拜师收徒习俗等。笔工与文人名家厅，介绍元代以来至现代湖州著名笔工与文人墨客及皇室关系，以及笔工对湖笔发展及中国历史文化发展的贡献。赵孟頫艺术馆(湖笔与湖州书画文化厅)，陈列赵孟頫的生平与艺术生涯。为征集、销售、馆藏、陈列和研究湖笔文化实物的场所。馆藏有王一品斋笔庄、善琏湖笔厂等生产的各式精品湖笔百余种。湖笔，元朝以后，与徽墨、宣纸、端砚并称为文房四宝。年接待参观人员2万人次。2004年被公布为浙江省爱国主义教育基地。通公交线路。

孝丰革命烈士陵园(Xiàofēng Gémìnglièshì Língyuán)　在湖州市安吉县孝丰镇城东社区缸窑岭自然村。建成于1984年，2007年改扩建。总占地面积4.3万平方米，总建筑面积400平方米。由大门、纪念碑、烈士墓、纪念馆、将士英烈亭、垂芳亭、忠魂亭等建筑物构成。大门有四个门墩，寓意新四军之“四”，顶用红色琉璃瓦覆盖，象征着先烈们生命之火永不熄灭。进门沿129级台阶而上矗立着的纪念碑，高12米，正面镌刻张爱萍题写的“革命烈士永垂不朽”。纪念碑后为烈士墓，安葬着203位革命烈士遗骸。天目山三次反顽战役纪念馆，在烈士墓东侧，共二层，建筑面积350平方米，设2个展厅。1945年2—6月，新四军苏浙军区主力在执行党中央发展东南的方针，向浙西敌后进军过程中，遭到国民党顽固派的反复进攻而被迫在天目山(孝丰)地区发起了三次反顽自卫战役，整个战役在粟裕、叶飞、刘先胜、王必成、陶勇、廖政国等同志具体指挥下，我军以少胜多，三战三捷，共歼顽军1.2万余人。通过图片资料、文字结合实物，展示天目山三次反顽战役全过程。为纪念1945年天目山三次反顽战役中牺牲的新四军将士的场所。年接待参观人员7万人次。1995年被公布为浙江省爱国主义教育基地。通城乡公交。

绍兴博物馆(Shàoxīng Bówùguǎn)　在绍兴市越城区偏门直街75号。1990年筹建，1993年博物馆一期工程(主展馆、办公楼、文物公司)和基本陈列建成，1997年博物馆二期工程(辅助展馆、多功能厅、文物公司库房)建成。总建筑面积9 533平方米。主展馆分地上地下二层，建筑方案由唐玉恩设计，采用绍兴传统建筑中的院落式布局，展馆区、文物库房区、办公区、影院与报告厅等四大功能区域分别以内园间隔。馆前广场中间竖立高12.8米、重8吨的一柄青铜剑抽象雕塑，剑身正面镶嵌280字的《绍兴名城记》，雕塑下面有一条纵向长40米的青铜“薪道”，铸刻着从“周敬王三十年(公元前490)勾践命范蠡筑城”至“1983年7月27日国务院批准绍兴撤地建市”的25件绍兴历史纪要。主展馆为青铜四坡屋面，取绍兴出土文物中的伎乐铜屋造型。展厅由基本陈列和临时展厅2部分构成，基本陈列“越地春秋——绍兴历史文化”，分先越、越国、会稽郡、越州、绍兴府、近代绍兴6个部分，用300余件珍贵文物，以图表、模型、照片、雕塑等形式，系统介绍了绍兴从新石器时代至辛亥革命时期的历史，再现绍兴五千年悠久历史和灿烂文化。为收藏、保护、研究、陈列绍兴历史的场所。馆藏绍兴自新石器时期以来出土的文物1.56万件，其中珍贵文物1 674件。年接待参观人员 38 万人次。2008 年被公布为浙江省爱国主义教育基地。通公交线路。

上虞博物馆(Shàngyú Bówùguǎn)　在绍兴市上虞区人民中路 228 号。建成于 2000 年。总建筑面积 7 185 平方米。有上虞越窑青瓷、上虞越窑窑址标本、天香楼碑廊和仿古越窑青瓷 4 个陈列室,梁祝文化展览 1 个专题陈列室。上虞越窑青瓷,是早期越窑的主体,其烧造历史与越窑发展史一脉相承,自商至宋,构成了一部庞大而完整的越窑体系。境内古窑址有近 400 处。以小仙坛窑址为代表的曹娥江中游地区,是瓷器发源地。天香楼碑廊,藏帖碑刻陈列面积 470 平方米,收录了清早期王望霖集刻的明、清著名书法家的墨宝真迹石碑 120 方,真、行、草、隶、篆各式书体俱全,有徐渭、董其昌、倪元璐,唐寅、祝允明、邢侗、刘墉等名家书法。梁祝文化展览,分三部分,"英台故里",用图、照、实物等形式展示了英台故里的地理环境、文物古迹;"梁祝文化,源远流长",介绍了古代各种典籍对梁祝传说的记载,现代各种歌舞音像制品对梁祝传说的传承弘扬;"永恒的魅力",介绍了海内外对梁祝文化的研究。为收藏、保护、研究和陈列越瓷文化的场所。馆藏五代青瓷鸳鸯酒注、唐青瓷蟠龙罂等越瓷为主的文物 1.98 万件,其中珍贵文物 221 件。2008 年被公布为浙江省爱国主义教育基地。年接待参观人员 10 万人次。通公交线路。

诸暨市博物馆(Zhūjì Shì Bówùguǎn)　在诸暨市东一路 18 号。1996 年筹建,1997 年建成,1998 年开馆。总建筑面积 3 600 余平方米。主体建筑依山而建,以汉风为基调,采用高平台、方屋顶的仿汉建筑造型,内以九曲回廊相连。有诸暨从远古走来(原文物史迹馆)、珍珠馆、民俗馆 3 个展馆。诸暨从远古走来,面积 750 平方米,有文明之光、越国古都、浙东望县、英才辈出、当代诸暨、浣江风情 6 个展厅,展示诸暨作为越国古都、西施故里的地方文化特色。珍珠馆,诸暨是全国珍珠之乡、全国民间艺术之乡、珍珠串缀艺术之乡,是全国最大的珍珠、珍珠首饰品、工艺品、珍珠保健品等各种珍珠及制品的集散地。以图文、实物等形式展示了珍珠的养殖、加工过程,展出明月珠及各种珍珠工艺精品 30 多件。民俗馆,有节庆礼仪、日常生活、农副生产、民间工艺 4 个展厅,通过板龙、布龙、鼓亭、竹马、抖狮等的陈列布置展现了诸暨民间的表演艺术;正月拜太公、端午节望囡等一组泥塑和以实物复原的中堂、卧室、书房表现了诸暨旧时的生活习俗;农副产品厅主要展示了诸暨民间已经或即将淘汰的农副业生产工具,如手工织机、纺车、踏车等;民间工艺则展出了诸暨传统和现代的民间工艺精品,尤其是以棕丝、棕梗、棕皮等棕料制作而成的虎、狮、龙、鹰、鹿、鹤等一组棕编工艺精品,以及用蛋壳雕琢而成的水浒人物一百零八将。为征集、馆藏、陈列和研究诸暨历史的场所。馆藏有青铜炭炉、文房四宝等文物 3 836 件,其中珍贵文物 241 件。年接待参观人员 165 万人次。2013 年被公布为浙江省爱国主义教育基地。通公交线路。

嵊州市越剧博物馆(Shèngzhōu Shì Yuèjù Bówùguǎn)　在嵊州市剡湖街道百步阶 8 号。建成于 1990 年 10 月。总建筑面积 2 253 多平方米。越剧,中国第二大剧种,有第二国剧之称,又被称为"流传最广的地方剧种",有观点认为是"最大的地方戏曲剧种",在国外被称为"中国歌剧",亦为中国五大戏曲剧种(京剧、越剧、黄梅戏、评剧、豫剧)之一,发源于浙江嵊州,发祥于上海。有第一、第二、第三 3 个展厅和越剧艺术欣赏厅。第一展厅是落地唱书、小歌班、绍兴文戏男班 3 个时期越剧发展历史展示。第二展厅是绍兴文戏女班、女子越剧 2 个时期越剧发展历史展示。第三展厅是中华人民共和国成立后繁荣昌盛时期越剧发展历史展示。越剧艺术欣赏厅,可欣赏越剧艺术声像精品,也可以自娱自乐地互相切磋。馆内还展出许多越剧艺人包括一些名角的戏服、乐器和道具。为征集、馆藏、陈列和研究越剧历史的场所。馆藏有与越剧相关的文物 2.98 万件,其中珍贵文物 15

件。为全国首家专业戏剧博物馆。年接待参观人员 8 万人次。2013 年被公布为浙江省爱国主义教育基地。通公交线路。

刘英烈士陵园(Liú Yīng Lièshì Língyuán)　在永康市方岩镇橙麓村马头山麓。建成于 1953 年,1982 年重修,1992 年扩建。总占地面积 3.4 万平方米。聂荣臻题写园名,粟裕为刘英题写墓碑。由刘英烈士墓、张贵卿烈士墓、永康十三烈士合墓、革命纪念馆、纪念碑、纪念亭等建筑物构成。革命纪念馆,在陵园东北部,总建筑面积 660 平方米,有刘英、张贵卿、永康党史 3 个展厅,附设碑、廊、照壁等。纪念碑,在陵园西部,高 16.8 米,上部为人物雕塑,下部刻有"革命烈士纪念碑"7 字,背部为英名录,刻着 334 位烈士名字。红军亭,在陵园南部,亭内有"中国工农红军第十三军第三团(师)纪念碑",张爱萍题写。年接待参观人员 3 万人次。1995 年被公布为浙江省爱国主义教育基地。通公交线路。

衢州博物馆(Qúzhōu Bówùguǎn)　在衢州市柯城区新桥街 98 号。建成于 1985 年,以孔氏南宗家庙为馆舍,2003 年选址另建,2004 年竣工。总建筑面积 9 400 平方米。由广场、主体建筑和附房三部分组成。主楼外墙为钢挂花岗岩,屋顶采用钢网架结构。有衢州六千年、婺州古窑瓷、恐龙厅 3 个展厅和 2 个临展厅。展示浙江省迄今发现最大、最完整的新属新种蜥蜴类恐龙骨骼化石——"礼贤江山龙"、新石器时代至民国时期的石器、陶瓷器、金银器、铜器、玉器、杂件、书画、古籍,以及近现代革命历史文物等。为收集、保藏、研究、陈列衢州市域内文物标本的场所。馆藏有自新石器时期至现代的自然、历史及艺术类藏品 5 626 件,其中珍贵文物 752 件。年接待参观人员 40 万人。2008 年被公布为浙江省爱国主义教育基地。通公交线路。

衢江灰坪千里岗游击区革命旧址(Qújiāng Huīpíng Qiānlǐgǎng Yóujīqū Gémìng Jiùzhǐ)　在衢州市衢江区灰坪乡境内。建成于 1985 年,后陆续修建。占地面积 26.74 平方千米。有天然溶洞群、中共衢遂寿中心县委第二区委旧址、朱氏祠堂、徽派民居、红军墓群等 28 个景点。中共衢遂寿中心县委第二区委旧址,1928 年,方志敏等共产党员在与上级失去联系的情况下,成功领导和组织了弋(阳)横(峰)武装起义,开辟赣东北革命根据地。1931 年,革命根据地开始向衢县境内发展。1936 年 10 月,浙皖特委所属的中共衢(县)遂(安)寿(昌)中心县委在遂安县(今淳安县)白马乡横源田村正式成立,中心县委下辖 6 个区委,其中衢县境内有两个,即太真乡的中共石柱岗背区委和灰坪乡的中共上坪田区委,分别为中心县委的第一、第二区委。1990 年在灰坪乡上坪田村建"中共衢遂寿中心县委第二区委旧址"纪念碑。2008 年在灰坪乡杜家田村建中共衢遂寿中心县委第二区委陈列馆,占地约 350 平方米,设"中共衢遂寿中心县委第二区委活动""北上抗日先遣队在衢州""革命精神励后人"3 个展厅,馆内陈列了当年战士留下的战斗、生活遗物,及模拟当年战士生活的场所。年接待参观人员 20 万人。2013 年被公布为浙江省爱国主义教育基地。通公交线路。

开化中共闽浙赣省委旧址(Kāihuà Zhōnggòng Mǐn-Zhè-Gàn Shěngwěi Jiùzhǐ)　在衢州市开化县长虹乡库坑村。总建筑面积 1 200 平方米。由中共闽浙赣省委旧址、中共开婺休中心县委旧址、红色广场、红军烈士纪念馆、红军被服厂等构成。1928 年方志敏等同志开辟了赣东北革命根据地,1930 年成立中共赣东北特委,1931 年 9 月,赣东北特委升格为赣东北省委,随着苏区在赣东北、闽北的扩大和已经发展到浙西,1932 年 11 月,中共赣东北省委改称为中共闽浙赣省委,1935 年中共闽浙赣省委搬迁至开化库坑,省委书记关英带领闽浙赣省委在此设立秘密机关。长虹乡是第二次国内革命战争时期赣东北、闽浙赣及皖浙赣革命根据地的组成部分。红军烈士纪念馆建成于

2013 年，总建筑面积 200 平方米，内设 1 个展厅，以人物雕塑、影像声电、图片展板、实物等方式展示中共闽浙赣省委在库坑的活动情景。年接待参观人员 2 万人。2013 年被公布为浙江省爱国主义教育基地。通公交线路。

舟山烈士陵园(Zhōushān Lièshì Língyuán)　在舟山市定海区龙峰山麓。建成于 1959 年，1998 年整修。占地面积 3.6 万平方米，建筑面积 2 829 平方米。由牌坊、烈士事迹陈列馆、忠魂堂、八角亭、烈士墓区、烈士纪念塔、悼念广场、纪念浮雕、抗日英雄杨静娟烈士塑像及广场、林茂成烈士墓及纪念碑、海军一三八五部队殉难烈士墓及纪念碑等建筑物组成。墓区安息着 153 名革命先烈。烈士事迹陈列馆，1961 年始建，1964 年建成，1998、2006 年大修，建筑面积 250 平方米，陈列各个革命时期的革命烈士英名录、生平事迹、史物、图片、遗物、重大战役情况和著名英烈事迹介绍等。烈士陵园纪念塔，高 26 米，塔身呈四方形，塔身刻着朱德题词“为人民解放事业而牺牲的革命英雄们永垂不朽”。林茂成烈士纪念碑，建筑面积 200 平方米，碑高 6.8 米，碑上镌刻着烈士生平事迹。海军一三八五部队遇难烈士纪念碑，1959 年始建，1960 年建成，2005 年大修，建筑面积 400 平方米，安葬着中国海军潜艇部队在一次军事演习中牺牲的 38 位革命烈士。杨静娟烈士塑像，建筑面积 50 平方米，烈士塑像用汉白玉雕成，面朝东南，背靠龙峰山。1995 年被公布为浙江省爱国主义教育基地。通公交线路。

蚂蚁岛创业纪念室(Mǎyǐdǎo Chuàngyè Jìniànshì)　在舟山市沈家门街道蚂蚁岛社区长沙塘。1993 年始建，1994 年建成。总建筑面积 210 平方米。有“组织起来，走合作化道路”“自力更生，艰苦奋斗，勤俭办社”“今日蚂蚁岛”“关怀与鼓舞”4 个展厅，展示蚂蚁岛五十年来的渔业发展史和两个文明建设所取得的巨大成就，突出反映了五六十年代蚂蚁岛人民艰苦创业的英雄业绩。馆藏蚂蚁岛创业过程中的实物 300 余件。蚂蚁岛以自力更生、艰苦奋斗的精神驰名全国渔农村，1958 年 12 月曾获国务院颁发的“农村建设社会主义先进单位”称号。1960 年国家主席刘少奇视察了蚂蚁岛。年接待参观人员 2 万人次。2004 年被公布为浙江省爱国主义教育基地。通公交线路。

海空雄鹰团荣誉室(Hǎikōng Xióngyīngtuán Róngyùshì)　在台州市路桥区路南街道。建成于 1995 年。占地面积 1 800 平方米，总建筑面积 360 平方米。海空雄鹰团是中国人民解放军海军航空兵第四师第十团(配属东海舰队)的荣誉称号，曾在抗美援朝战争中，以劣势装备与优势装备的美国空军老牌飞行员作战，打破了美国空军不可战胜的神话，取得击落美、英等国空军飞机 13 架、击伤 3 架的战绩。有战史篇、建设篇和荣誉篇 3 个展厅。展出毛泽东、周恩来等国家领导人接见该团英模人物等历史珍贵图片 300 多幅以及锦旗 60 多面、奖章 100 多枚、奖牌 50 多块，烈士遗物 150 余件，有一部反映“海空雄鹰团”成长过程的中央电视台《雄鹰击海空》专题片和江泽民、刘华清、张震、张万年、迟浩田等军委领导同志为该团的题词、解放军三总部赠送的“守卫海空的坚强卫士”铜匾，有反映我人民海军航空兵威武之师的大型彩照和一批实物模型等。荣誉室广场前有人民功臣——王昆的铜像座。为展示、研究海空雄鹰团史迹的场所。馆藏烈士遗物、图片、奖章等文物 510 件(组)。年接待参观人数 2 万人次。2001 年被公布为浙江省爱国主义教育基地。通公交线路。

坎门镇英雄基干民兵营营史展览室(Kǎnmén Zhèn Yīngxióngjīgànmínbīngyíng Yíngshǐ Zhǎnlǎnshì)　在台州市玉环县坎门街道坎门村。建成于 2008 年 7 月。总建筑面积 614 平方米。有解放战争时期、社会主义建设时期 2 个展厅。解放战争时期展厅，主要反映 1949—1955 年 6 月坎门民兵与国民党军英勇战斗和民兵支援前线的感人故事，社会主义建设时期展厅主要介绍坎门民兵在社会主义建设时期所做的工作。共展出图片350幅，各类奖状、奖旗、纪念册等33件，以及枪支、炮弹、手榴弹、子弹等各种军用物件。坎门镇英雄基干民兵营，前身为1948年成立的坎门民兵队，1951年5月5日，郭口顺率坎门民兵40多人分乘6只小钓船，在南排山东南海面击败国民党军武装船，因此闻名于世，被解放军总参谋部制成电动模型陈列于北京中国人民革命军事博物馆。从1948年建立到1955年玉环沿海岛屿全部解放，先后参加过大小战斗28次，620多人参战，16人光荣牺牲，150多人次立功受奖；击毙和俘敌215名，缴获各种武器268件、子弹近2.5万发、军用船只2艘、电台3部。馆藏有与民兵营相关的图片、奖状、枪支等物品。为展示、研究坎门英雄基干民兵营史迹的场所。年接待参观人员1万人次。2004年被公布为浙江省爱国主义教育基地。通公交线路。

红军第十三军第二师烈士陵园(Hóngjūn Dì-shísānjūn Dì-èrshī Lièshì Língyuán)　在浙江省台州市温岭市坞根镇西山下村。建成于1985年。总占地面积1.7万平方米，建筑面积483平方米。由纪念碑、红军亭、仰英亭、纪念馆、烈士墓等建筑物构成。中国工农红军第十三军第二师，1928年秋，中共温岭县委根据党的八七会议精神，派常委柳苦民等人到坞根建立革命根据地。1929年在坞根先后建立了街头、西山下、洋呈、寺基等党支部，建立赤卫队，后逐步发展成游击大队。1930年7月改编为中国工农红军第十三军第二团，8月扩编为红二师，柳苦民为主要领导人，总人数有700余人。红二师进行了大小战斗数十次，其中较大规模的反"围剿"战斗5次，全师有150余人献出了宝贵的生命，柳苦民等领导干部先后牺牲。为纪念、展示和研究中国工农红军第十三军第二师史迹的场所。烈士墓安放有柳苦民、赵胜等18位烈士遗骸。纪念馆，两层建筑，占地面积250平方米，设展览厅1个，一楼展厅有革命的序曲、红色的热土、勇敢的先锋、悲壮的历程、艰苦的斗争5个区块，通过红十三军二师实战遗址、重大战役、历史事件、重要人物以声像图文与仿真场景结合展现，二楼展厅有艰苦的斗争、历史的星空、黎明的曙光、胜利的旗帜4个区块，展出历史图片及烈士遗物，并定期播放红二师纪录片《星火耀黎明》，展示了红二师坚持武装斗争的历程。年接待参观人员1万人次。2004年被公布为浙江省爱国主义教育基地。通公交线路。

龙泉革命烈士陵园(Lóngquán Gémìnglièshì Língyuán)　在丽水市龙泉市城北安清山麓。建成于1959年，1982、1992、2005年整修，2013年改造。总占地面积2.4万平方米，建筑面积1 600平方米。由革命烈士纪念馆、革命烈士纪念碑、粟裕同志部分骨灰敬撒处、宗孟平烈士纪念碑、季步高烈士纪念亭、许信琨烈士墓、张麒麟烈士墓等建筑物构成，建筑布置在中轴线上。门楼，三开门，粟裕题写"龙泉县革命烈士陵园"门额。革命烈士纪念馆，两层建筑，有4个展厅，以史实介绍、照片、革命文物等形式，记载了新民主主义革命时期中共龙泉地方组织的发展历程和龙泉人民的革命斗争历史，馆内陈设86幅革命烈士的照片画像和150多件革命历史文物。革命烈士纪念碑，由八根从低到高的柱子组成，最高一根柱子21米，为白色，代表旗杆，其他七根为红色，代表红旗。墓地安放有400位革命烈士遗骨。年接待参观人员3.2万人次。1995年被公布为浙江省爱国主义教育基地。通公交线路。

第五章　文物保护单位名称

第一节　全国重点文物保护单位名称

大运河(浙江段)(Dà Yùnhé)　在浙江省境北部和东部，跨杭州、嘉兴、湖州、宁波、绍兴等5个设区市和18个县(市、区)。包括隋唐大运河、京杭大运河和浙东运河等人工开凿的通航河道。其中，浙江段包括京杭大运河南段和浙东运河。浙东运河始建于春秋时期。初西起山阴(今绍兴市区)，东止曹娥江，因山阴县得名山阴故水道。《越绝书》卷八："山阴故水道，出东郭，从郡阳春亭，去县五十里。"西晋，开凿西兴运河连接山阴故水道和钱塘江。此后，与上虞以东运河以及姚江、甬江的自然水道相连形成浙东运河。唐代中叶疏浚、增设堰碶并开挖新河。南宋修整绍兴及余姚段。此后，历代多次整饬，航运条件大为改善。2009年再度重修。京杭大运河南段始建于春秋战国时期，古称江南运河、江南河。因地处长江以南得名。隋代重加规划、疏凿，成为京杭大运河的组成部分。《资治通鉴》卷一八一："(隋炀帝)敕穿江南河，自京口至余杭，八百余里，广十余丈，使可通龙舟，并置驿宫、草顿，欲东巡会稽。"宋时始以其地处浙江西道而称为浙西运河。《胡三省注资治通鉴》："今浙西运河自杭州达镇江府，入大江是也。"元明复称江南运河。清顾祖禹《读史方舆纪要》卷八十九："运河，即江南河也。隋大业中，将东巡会稽，乃发民开江南河，自京口至余杭八百余里。后代因而修之，以为转输之道。宋孝宗淳熙八年，浚行在至镇江运河，时都临安，尤以漕渠为先务也。《宋志》：'运河自临安北郭务至镇江江口闸，六百四十一里……今运河由杭州府之武林驿……又六十里而接南直苏州府吴江县之运河，此两浙之运道也。'"《明史》卷六十二："江南运河，自杭州北郭务至谢村北，为十二里洋，为塘栖，德清之水入之。"20世纪80年代始与钱塘江沟通。京杭大运河浙江段分东、中、西3条河道，分别自江苏省平望镇、盛泽镇和震泽镇入浙。总长计394.5千米。有遗产点13个(湖州市1个、嘉兴市2个、杭州市6个、绍兴市3个、宁波市1个)。为世界上最长的运河，也是世界上开凿最早、规模最大的运河，曾为我国南北水上干线，承担了沟通海上贸易航线与我国内地，以及南北物资运输交换功能，对我国南北地区之间的经济、文化发展与交流起到了巨大作用。唐皮日休《皮子文薮・汴河铭》："北通涿郡之渔商，南运江都之转输，其为利也博哉。"《汴河怀古二首》其二："尽道隋亡为此河，至今千里赖通波。"京杭大运河于2006年被公布为全国重点文物保护单位。2013年，京杭大运河与浙东运河等合并，以"大运河"为名列入全国重点文物保护单位。2014年被联合国教科文组织列入世界文化遗产名录。宋杨万里《归舟大雪中入运河，过万家湖》诗云:“雪漫水面淡模糊,酿出羔儿酒一壶。已被膻腴翳醽醁,更添牛乳点春酥。销金帐下有此否,药玉船中不用酤。忽见琼缸清彻底,蒲萄一色万家湖。”

浙东沿海灯塔(Zhèdōng Yánhǎi Dēngtǎ)　在浙江省东北部海域。包括七里屿、北渔山、东门、花鸟、白节山、唐脑山、下三星、半洋礁、鱼腥脑岛、小龟山(小板山)、洛伽山、东亭山、太平山、大菜花山 14 座灯塔。其中,七里屿灯塔、北渔山灯塔、东门灯塔分布在宁波市海域,其余分布在舟山市海域。始建于第一次鸦片战争后(1865—1927 年),由清海关建造。每座灯塔多由塔身、灯器、雾炮及附属设施构成。主体材料多由英国进口。其中,花鸟灯塔建于清同治九年(1870 年),为中国沿海灯塔中规模最大、功能最全、设备最先进的灯塔,被誉为“远东第一灯塔”,1997 年被国际航标协会列为世界文物灯塔,2001 年被公布为第五批全国重点文物保护单位。浙东灯塔现仍承担宁波—舟山港航标任务,为中国近代沿海开埠通商、近现代海事科技发展的见证,具有较高的历史、艺术、科学价值。2013 年花鸟灯塔并入浙东沿海灯塔,被整体公布为全国重点文物保护单位。

良渚遗址(Liángzhǔ Yízhǐ)　在浙江省西北部,分布在杭州市余杭区良渚街道、瓶窑镇和湖州市德清县三合乡。以首先于余杭良渚发现而得名。为新石器时代晚期人类聚居地,距今 4 300～5 300 年。1936 年发现并发掘了多处史前遗址。2007 年发现良渚古城。2010 年发现良渚古城外城。2013 年被国际考古界选入“2011—2012 世界 10 项考古新发现”。以城址为核心,包括古城、外城、外围水利系统、村落、等级墓地、祭坛等遗址。城址空间布局呈向心式三重结构,自内而外由宫殿区、内城与外城 3 组人工营造的遗存组成。出土有玉器、陶器、石器、漆器、竹木器、骨角器等 1 万余件器物。其中,玉器 7 000 余件,材质以透闪石为主,包括玉琮、玉钺、玉璧、三叉形器、冠状饰、锥形器、玉璜、柱形器、玉镯、玉织具等器型,以及圆雕的鸟、龟、鱼、蝉等动物形玉器。为中国和人类的珍贵历史遗产,实证中华五千年文明史的地区之一,对研究长江下游地区的文明起源具有重要的学术价值。1996 年被公布为第四批全国重点文物保护单位。

马寅初故居(Mǎ Yínchū Gùjū)　址分两处,分别在嵊州市浦口街道和杭州市下城区。马寅初(1882—1982),名元善,字寅初,浙江嵊州人,中国当代经济学家、人口学家。嵊州故居建于清光绪年间(1875—1908 年),为马寅初出生地。占地面积 628 平方米,建筑面积 1 228 平方米。坐南朝北,共三进,四周外墙砖砌、内墙板筑。门厅三开间,为条石门框、实榻门。第二、三进五开间,均为五柱七桁的梁式架头结构,硬山顶,南单檐,北重檐。三进之间各有厢房连通,中有 2 个天井,前小后大。现辟为展室,一楼原状布置,二楼陈列《马寅初生平简史》。2001 年对外开放。杭州故居为马寅初 1936 年购买的住宅,名为竹屋,系三层砖木结构楼房,建于清末民国初。马寅初于此撰写了《资本主义与社会主义相互影响》等经济学论著和《关于目前之经济危机》《经济与民主》演讲稿。2006 年,两处故居同被公布为第六批全国重点文物保护单位。

西湖十景(Xīhú Shíjǐng)　在杭州市西湖国家级风景名胜区内。指西湖及其周边的苏堤春晓、曲院风荷、平湖秋月、断桥残雪、柳浪闻莺、花港观鱼、雷峰夕照、双峰插云、南屏晚钟、三潭印月 10 处著名景观。名称形成于南宋,《梦粱录》卷十二:“近者画家称湖山四时景色最奇者有十:曰苏堤春晓、曲院荷风、平湖秋月、断桥残雪、柳浪闻莺、花港观鱼、雷峰夕照、两峰插云、南屏晚钟、三潭映月。”后因文人咬文嚼字,明嘉靖二十六年(1547 年)三潭映月改为三潭印月。清康熙三十八年(1699 年),康熙皇帝南巡至杭州,改曲院荷风和两峰插云为曲院风荷与双峰插云,并御书景名留存。系列景观涉及了春夏秋冬、晨晌昏夜、晴雾风雪、花鸟虫鱼等关于季节、时节、气象、动植物的景观特色，以及堤、岛、桥、亭、台、楼、阁、园林、宅院、寺塔等较为丰富的景观元素，吸引了历代文人墨客到访，并留下了诸多千古名篇。苏轼《饮湖上初晴后雨二首》其二：“欲把西湖比西子，淡妆浓抹总相宜。”南宋杨万里《晓出净慈寺送林子方》：“接天莲叶无穷碧，映日荷花别样红。”南宋孙锐《四景图・平湖秋月》：“白苹红蓼吸风里，一色湖光万顷秋。”唐张祜《题杭州孤山寺》：“断桥荒藓涩，空院落花深。”南宋吴惟信《苏堤清明即事》：“日暮笙歌收拾去，万株杨柳属流莺。”清乾隆御书：“花家山下流花港，花著鱼身鱼嘬花。”元尹廷高《西湖十咏・其四・雷峰夕照》：“烟光山色淡溟蒙，千尺浮图兀倚空。湖上画船归欲尽，孤峰犹带夕阳红。”南宋范成大《寄题西湖并送净慈显老三绝》：“近来却被官身累，三寸西湖不见山。”元凌云翰《西湖渔者》：“扁舟载月归来晚，不觉全身入画图。”唐白居易《西湖晚归回望孤山寺赠诸客》：“到岸请君回首望，蓬莱宫在海中央。”2013 年被公布为第七批全国重点文物保护单位。

胡庆余堂(Húqìngyú Táng)　在杭州市上城区。含胡庆余堂和胡雪岩旧居 2 处建筑。胡雪岩(1823—1885)，名光墉，字雪岩，安徽绩溪人，中国近代著名红顶商人，徽商代表人物。胡庆余堂在清波街道大井巷 95 号。建于清同治十三年(1874 年)，为胡庆余堂国药号的商用建筑群，与北京同仁堂并称为南北国药老店。占地面积 2 700 平方米，建筑面积 4 000 平方米。分营业厅、药材加工场和库房三进，建筑恢宏，雕刻精湛，马头墙高低错落，为国内保存最完好的晚清商用古建筑群，徽派建筑风格之典范。胡雪岩旧居在元宝街 18 号。建于光绪元年(1875 年)。整个建筑南北长东西宽，占地面积 7 230 平方米，建筑面积 5 815 平方米，兼具中国传统建筑和西方建筑风格。1988 年胡庆余堂被公布为第三批全国重点文物保护单位。2006 年，胡雪岩旧居归并入胡庆余堂。

凤凰寺(Fènghuáng Sì)　在杭州市上城区。因其建筑群布局形似凤凰，故名。为中国南方伊斯兰教四大清真寺之一。始建于唐代，原名“真教寺”。南宋嘉泰三年(1203 年)毁于战乱。元至元十八年(1281 年)重建。明、清扩建、重修。明田汝成《西湖游览志》卷十八：“真教寺在文锦坊南，元延祐间，回回大师阿里鼎所建。”清康熙九年(1670 年)《重修真教寺碑》：“寺创自唐，毁于季宋，元代辛巳年，有大师阿里鼎者，来自西域，息足于杭，瞻遗址而慨然捐金，为鼎新之举，表以崇闳，缭以修庑，焕然盛矣。”清道光十八年(1838 年)改名凤凰寺。占地面积 2 600 平方米，建筑面积 1 370 平方米。其中，礼拜殿面积 570 平方米，通面阔 28.2 米，以拱券门分隔成 3 大间。寺北墙内建有碑廊，存阿拉伯文、波斯文碑石 24 方，并有明永乐年间(1403—1424 年)、弘治年间(1488—1505 年)敕谕碑以及清顺治年间(1644—1661 年)、康熙年间(1661—1722 年)重修寺碑记等文物。全寺建筑布局融阿拉伯建筑风格与中国建筑传统艺术，反映了古代中国与阿拉伯民族间文化交流和友好往来。2001 年被公布为第五批全国重点文物保护单位。

闸口白塔(Zhákǒu Báitǎ)　在杭州市上城区。建于五代十国时期的吴越末期。原名镇南塔。元陶宗仪《南村辍耕录》卷四：“越七日，总浮屠下令哀陵骨，杂置牛马枯骼中，筑一塔压之，名曰‘镇南’。”后因塔以白石雕砌而成，群众称其为白塔。《梦粱录》卷十五：“龙山儿头岭名‘白塔岭’，岭有石塔存焉。”为八面九层仿木结构形式的多层楼阁式石塔。由基座、塔身及塔刹三部分组成，高约 15 米。基座两层，下层雕凿山峰与海浪，上层为高约 1 米的石砌须弥座，束腰处刻佛经。东南西北正方向刻有石门，东南、西南、西北、东北方向刻有佛像，其他四面浮雕佛、菩萨、经变故事和装饰花纹等。北宋范仲淹《过余杭白塔寺》：“登临江上寺，迁客特依依。远水欲无际，孤舟曾未归。乱峰藏好处，幽鹭得闲飞。多少天真趣，遥心结翠微。”为现存的五代吴越末期最精美、最典型的仿木构塔，是建筑史研究中经常引证的实例资料。1988 年被公布为第三批全国重点文物保护单位。

临安城遗址(Lín'ānchéng Yízhǐ) 在杭州市上城区凤凰山东麓。南宋建炎三年(1129 年),高宗赵构驻跸杭州,诏以州治为行宫。绍兴元年(1131 年)草创大内,修建皇城。十八年初具规模,后又不断扩建。南宋咸淳《临安志》卷一:“(绍兴)十八年,名南门曰‘丽正’,北门曰‘和宁’,东苑门曰‘东华’。”计有殿三十、堂三十三、楼七、阁二十、斋四、台六、轩一、閤六、观一、亭九十,共一百九十余座。《梦粱录》卷八:“大内正门曰丽正,其门有三,皆金钉朱户,画栋雕甍,覆以铜瓦,镌镂龙凤飞骧之状,巍峨壮丽,光耀溢目。……内后门名和宁,在孝仁登平坊巷之中,亦列三门,金碧辉映。”元至元十四年(1277 年),行宫悉毁于火,后西僧杨琏真伽在故址建报国等五寺,元末五寺也毁。现存皇城遗迹,平面呈方形,总面积 1 平方千米,由大型夯土台基、石砌围墙、3 座门址等组成。建有遗址展示区,包括宫殿、西门、和宁门、东宫等。南宋皇城在布局上开创了“南宫北市”的先河,对研究南宋政治、经济及文化,研究南宋皇城的布局,探讨中国古代都城制度的发展和变迁具有重要的意义。2001 年被公布为第五批全国重点文物保护单位。

梵天寺经幢(Fàntiānsì Jīngchuàng) 在杭州市上城区凤凰山东南麓。因建于昔梵天寺前,故名。梵天寺,旧名南塔寺,因吴越王钱镠建塔供奉释迦牟尼骨舍利得名。《吴越备史》卷二:“(梁贞明二年)冬十二月,王命惠州防御使弟铧率官吏僧众,诣明州鄮县阿育王寺,迎释迦舍利塔,归于府城,仍建浮图于城南以致之。”北宋乾德三年(965 年),吴越国王钱弘俶重建,并于寺前建经幢一对。治平年间(1064—1067 年),以护法神梵天天王名寺。后寺渐废,仅存南、北 2 个经幢。南宋咸淳《临安志》卷七十六:“梵天寺,乾德中,钱氏建,旧名‘南塔’。治平中,改赐今额。中兴后,仅存小寺。今地近有塔幢者皆故基也。”由太湖石雕刻而成,八边形。高 15.8 米,两幢间相距 13 米。由基座、幢身、幢顶组成。南幢刻有《大随求即得大自在陀罗尼经》,北幢刻有《大佛顶陀罗尼经》,文末刻有“乾德三年乙丑岁六月庚子朔十五日甲寅日立天下大元帅吴越国王钱俶建”,并刻有蟠龙、造像及佛教故事等。为国内现存第二高的大型石质经幢建筑,吴越建筑艺术与雕塑艺术结合的瑰宝。2001 年被公布为第五批全国重点文物保护单位。

笕桥中央航校旧址(Jiǎnqiáo Zhōngyāng Hángxiào Jiùzhǐ) 在杭州市江干区笕桥街道横塘村。1931 年笕桥中央航校在此创办。1949 年后由中国人民解放军空军部队接管,仍作为航空学校和军用机场使用。1957 年改为军民两用机场。2000 年,因杭州萧山机场建成使用,民航撤出笕桥机场。占地面积 3 900 平方米,总建筑面积 9 000 平方米。昔东部为机场等军事设施区,有弹油库、机修厂、飞机制造厂等建筑和设施,西部为教学生活区域,有运动场、办公楼、学生宿舍、别墅群等建筑和设施。曾培养 500 余名飞行员和航空机械等方面的空军人才,被誉为“中国空军的摇篮”。抗日战争初期是中国对日空战的主战场之一。1937 年 8 月 14 日,高志航大队长率机击落多架日本海军航空大队战机,取得了中国空军抗日首次空战的胜利,史称“八一四”空战。抗日战争中,航校部分建筑被破坏,后予以修复。现旧址建筑基本保存完好,主要有“醒村”别墅群、办公楼和机场医院等 10 余栋,具有明显的西式风格和军事建筑的特点,对研究民国时期军校建筑等具有重要意义。2006 年被公布为第六批全国重点文物保护单位。

岳飞墓(Yuè Fēi Mù) 在杭州市西湖区栖霞岭南麓。为南宋抗金名将岳飞的墓地。岳飞(1103—1142),字鹏举,相州汤阴(今河南汤阴县)人,为南宋“中兴四将”之首。南宋绍兴十一年腊月廿九(1142 年 1 月 27 日),被秦桧以“莫须有”罪名陷害,狱卒隗顺背负其遗体逃出临安城,葬于北山。绍兴三十二年，孝宗以礼改葬岳飞遗体于今址。嘉定十四年(1221 年)，为表彰其功业，将墓侧的智果观音院改为褒忠衍福禅寺。南宋咸淳《临安志》卷：“嘉定十四年，旨拨充岳忠武王功德，院仍以‘褒忠衍福禅寺’为额。”明天顺年间(1457—1464 年)改为岳王庙，并赐“忠烈”额。清康熙五十四年(1715 年)重修，改变原有建筑规格。1918 年进行整体大修。1979 年按南宋原规格大体修复。占地面积 15 700 平方米。分忠烈祠、墓园、启忠祠三部分。忠烈祠重檐歇山顶，檐间悬叶剑英元帅题“心昭天日”额。大殿内有岳飞戎装塑像，上有岳飞草书“还我河山”额。墓园正中为岳飞墓，墓碑刻“宋岳鄂王墓”。左侧为其子岳云墓，墓碑刻“宋继忠侯岳云墓”。墓道两侧分列文官俑、武将俑、石马、石羊、石虎等明代石刻。墓道阶下有秦桧、王氏、张俊、万俟卨 4 人铸铁跪像，供人唾骂。照壁上有明洪珠题“尽忠报国”4 字。南北碑廊陈列岳飞手迹和后人凭吊岳飞的诗词碑刻 127 块。启忠祠原祀岳飞父母、妻儿，现辟为岳飞纪念馆。宋叶绍翁《题鄂王墓》诗云：“万古知心只老天，英雄堪恨复堪怜。如公更缓须臾死，此虏安能八十年。漠漠凝尘空偃月，堂堂遗像在凌烟。早知埋骨西湖路，学取鸱夷理钓船。”1961 年被公布为第一批全国重点文物保护单位。

文澜阁(Wénlán Gé)　在杭州市西湖区孤山南麓，浙江省博物馆内。因清光绪帝御题“文澜阁”三字得名。“文澜”一词出自明何景明《六子诗边太常贡》：“芳词洒清风，藻思兴文澜。”始建于清乾隆四十七年(1782 年)，四十九年建成。嘉庆《两浙盐法志》卷二《文澜阁图说》：“阁在孤山之阳，左为白堤，右为西泠桥，地势高敞，揽西湖全胜。外为垂花门，门内为大厅，厅后为大池，池中一峰独耸，名‘仙人峰’。东为御碑亭，西为游廊，中为文澜阁。”咸丰十一年(1861 年)焚于战火。光绪七年(1881 年)重建。占地总面积约 3 150 平方米，总建筑面积约 1 750 平方米。为典型的江南庭院建筑群，三进院落，包括门厅、厢房、门厅前庭院、门厅后假山、御座坊、水池轩廊与长廊、趣亭、大御碑亭、光绪御碑亭和藏书楼主楼。主楼仿浙江宁波天一阁形式，重檐歇山式建筑，结构六开间楼房，外观两层，中间有一夹层。清乾隆帝《题文澜阁》诗云：“四库钞书藏次第，因之絜矩到南邦。班伻此实官帑发，卢径彼殊众力扛。衮钺必公慎取舍，淄渑细辨斥蒙厖。范家天一于斯近，幸也文澜乃得双。”为清代为珍藏《四库全书》而建的七大藏书阁之一，也是江南三阁中唯一幸存的一阁，对于研究清代藏书文化和建筑历史有一定的历史和艺术价值。2001 年被公布为第五批全国重点文物保护单位。

保俶塔(Bǎochù Tǎ)　在杭州市西湖区宝石山。又名保叔塔、宝石塔。始建于五代后周吴越忠懿王钱俶年间(948—960 年)，原九级。明张岱《西湖梦寻》卷一：“宝石山高六十三丈，周一十三里。钱武肃王封寿星宝石山，罗隐为之记。其绝顶为宝峰，有保塔，一名宝所塔，盖保俶塔也。宋太平兴国元年，吴越王俶，闻唐亡而惧，乃与妻孙氏、子惟濬、孙承祐入朝，恐其被留，许造塔以保之。……既归，造塔以报佛恩。保俶之名，遂误为保叔。不知者遂有‘保叔缘何不保夫’之句。”北宋咸平年间(998—1003 年)重修，改七级。南宋咸淳《临安志》卷八十一：“保叔塔，在巨石山，咸平中僧永保重修，土人因号保叔焉。”元、明、清屡次修建。清乾隆五十四年(1789 年)，曾在塔下发现吴延爽造塔记残碑。现塔为 1933 年照古塔原样重建。1997 年更换塔刹。为八面七层仿木结构楼阁式砖砌实心塔。高 45.3 米，底层边长 3.3 米，背面嵌《重修保俶塔记》碑，塔刹铁质黑色，由宝瓶、相轮等组成。宋黄久文《冬日登保俶塔》诗：“当峰一塔微，落木净烟浦。”钱思复《保俶塔》诗：“金刹天开画，铁檐风语铃。”2013 年被公布为第七批全国重点文物保护单位。

飞来峰造像(Fēiláifēng Zàoxiàng)　在杭州市西湖区飞来峰上。五代开始雕凿。宋代达到鼎盛。元至元年间(1282—1292 年)续有镌造。2006 年，西湖南山造像(包括慈云岭造像、烟霞洞造像、天龙寺造像)归入,整体被公布为第六批全国重点文物保护单位。为浙江省最大的一处造像群,在山崖及自然洞壑中,遗存五代至元代造像380多尊。五代时期的造像尚存10多尊,都为"西方三圣"。青林洞入口西侧有后周广顺元年(951年),滕绍宗舍钱雕造的弥陀、观音、势至等像,为飞来峰有题记的造像中年代最早的一龛。宋代的造像最多,有232余尊。"卢舍那佛会"浮雕系北宋乾兴元年(1022年)胡承德所造。玉乳洞内的六祖像为北宋天圣四年(1026年)作品。元代石刻造像现存67龛,造像116尊。其中梵式46尊、汉式62尊,其余8尊是受梵式影响的汉式造像。宋朱继芳《题飞来峰》诗:"元是西天住,飞来莫去休。未凭仙佛国,好似帝王州。彼树亦如寄,吾生应更浮。白猿呼不应,松露滴猕猴。"明王世贞《飞来峰》诗:"涛声不断舞苍虬,忽尔巑岏万玉抽。劫尽修罗移佛土,愿深阿育涌南洲。悬崖宛转疑龙藏,叠岭骞腾尽鹫头。自有真如飞不去,幻躯天地任沉浮。"为全国石窟中雕造罗汉最多、元代造像最集中的一处,弥补了中国石窟艺术五代至元代的缺环。1982年被公布为第二批全国重点文物保护单位。

六和塔(Liùhé Tǎ)　在杭州市西湖区南龙山月轮峰上。北宋开宝三年(970年),吴越王钱俶为镇江潮,辟园建塔,取"天地四方,谓之六合"之意,故名六和塔。宣和三年(1121年)毁于兵事。绍兴二十二年(1152年)重建。南宋咸淳《临安志》卷八十二:"六和塔,在龙山月轮峰,即旧宁寿院。开宝三年,智觉禅师延寿始于钱氏南果园开山建塔,因即其地造寺以镇江潮。塔高九级,长五十余丈,内藏佛舍利,或时光明焕发,大江中舟人瞻见之。后废……至绍兴二十二年奉旨重造。二十六年,僧智昙捐市钱及募檀越,因故基成之,七层而止。自后潮为之却,人利赖焉。"元、明、清三代修葺。现塔刹为元元统二年(1334年)重修,木檐外廊为清光绪二十六年(1900年)重修时所加。占地面积890平方米。高59.9米。内部塔芯为砖石结构共七层,外部木结构楼阁式檐廊为八面十三层。内须弥座上雕有花卉、飞禽走兽、飞天、伎乐、迦陵频伽等纹饰,共有174组,其中171组与《营造法式》所载"彩画作制作图样"如出一模。清乾隆皇帝曾为六和塔每层题字。历为钱塘江上航行的航标。明田汝成《西湖游览志》卷二十四:"六和塔……高九级五十余丈,撑空兀突,跨陆俯川,海船夜泛者,以塔灯为指南焉。"宋苏舜钦《六和塔》诗:"沿桥待金鲫,竟日独迟留。"清林则徐《六和塔》诗:"浮屠矗立俯江流,暮色苍茫四望收。落日背人沉野树,晚潮催月上沙洲。千家灯火城南寺,数点帆归海外舟。莫讶山僧苦留客,有情江水也回头。"为中国现存最完好的砖木结构古塔之一,具有较高艺术价值,是中国建筑史上珍贵的实物资料。1961年被公布为第一批全国重点文物保护单位。

西泠印社(Xīlíng Yìnshè)　在杭州市西湖区孤山南麓。以西泠桥得名。清光绪三十年(1904年),印社创始人"会集湖滨,慨然有感印学之将湮没也,谋于西泠数峰阁之侧,辟地若干弓,筑茅三两室。风潇雨晦,乐石吉金。唯印是求,即以为社。社因地名,遂曰'西泠'"。占地面积7 090平方米,建筑面积1 750平方米。依山而建,分上、中、下三部分。园林精致幽雅,亭台楼阁布置错落有致,摩崖凿石林立,有"湖山最佳处"之誉。主要有柏堂、竹阁、仰贤亭、还朴精庐等建筑,多建于晚清及民国时期。建于1924年的华严经塔为标志性建筑,高20余米,八角形,十一级,为杭州唯一一座密檐式塔。汉三老石室存有东汉《三老讳字忌日碑》和历代碑石。山崖廊间有弘一法师"印藏",吴昌硕等人碑记。另有印泉、闲泉、潜泉诸景。清朱祖谋《西泠印社图》诗:"微闻汉印关兵象,心尽雕龙老斫轮。留得西泠干净土,家风梦篆有斯人。"建有中国印学博物馆,收藏历代字画、印章多达6 000余件。2001年被公布为第五批全国重点文物保护单位。

之江大学旧址(Zhījiāng Dàxué Jiùzhǐ)　在杭州市西湖区六和塔西侧,浙江大学之江校区内。

旧址在钱塘江滨。以钱塘江曲折如“之”字而得“之江”雅号。清道光二十五年(1845 年)于宁波创设崇信义塾。光绪二十三年(1897 年)成立育英书院。三十二年于现址建设育英书院新校区,宣统三年(1911 年)建成,更名为之江学堂。1914 年改为之江大学。抗日战争期间曾焚毁。1946 年修复。建筑面积 16 000 余平方米。为美国长老总差会创办的教会学校,现遗存有钟楼、慎思堂、图书馆、都克堂等建筑 22 幢。完全采用西式建筑风格,以红、灰为主基调,建筑布局高低错落,为我国保存较为完整的教会大学旧址之一。2006 年被公布为第六批全国重点文物保护单位。

跨湖桥遗址(Kuàhúqiáo Yízhǐ)　在杭州市萧山区湘湖旅游度假区。因古湘湖的上湘湖和下湘湖之间有一座跨湖桥而得名。为新石器时代遗址,距今 7 000～8 000 年。1990、2001 和 2002 年进行三次考古发掘。面积 1.5 平方千米,已发掘 1 030 平方米。文化堆积层厚 2～3 米。发现了灰坑、黄土台、残存墙体等建筑遗迹。出土了大量骨器、木(竹)器、石器、陶器,以及茎枝类草药、稻谷米、茶籽等文物。出土 7 500 年前的独木舟堪称“中华第一舟”。为独立的文化类型,将浙江的文明史提前到新石器时代早期,是浙江悠久历史和深厚文化积淀的重要证据。2002 年入选“2001 年度中国十大考古新发现”。2006 年被公布为第六批全国重点文物保护单位。

章太炎故居(Zhāng Tàiyán Gùjū)　在杭州市余杭区仓前街道。章太炎(1869—1936),原名学乘,字枚叔,浙江余杭人,近代民主主义革命家、思想家和国学大师。为晚清时期建筑。建筑面积 811 平方米。坐北朝南,共四进一弄,由轿厅、正厅、内堂、书房、避弄等组成。主要展示了章太炎青少年时期故居风貌,及其后裔捐献的文物。为章太炎的出生地,生活至 22 岁离开。其在此广泛阅读,形成思想雏形,并写下《膏兰室札记》。2006 年被公布为第六批全国重点文物保护单位。

仓前粮仓(Cāngqián Liángcāng)　在杭州市余杭区仓前街道仓前塘路 88 号。南宋绍兴二年(1132 年)为备赈济而设临安便民仓,敖仓 60 间,仓厅 18 间,四周围墙 250 丈。清嘉庆《余杭县志》卷十四:“临安便民仓在县东十里,今名其地曰‘仓前’。”清代修葺和扩大。清同治年间(1856—1875 年)成为余杭县规模最大的便民仓。现存 4 幢单体建筑,均坐北朝南。占地面积 1 661 平方米。其中,2 幢老仓建于清道光九年(1829 年),为三间二进木结构房屋。2 幢新仓分别建于 1957 和 1963 年,俗称“苏式仓”。为全国首批“无虫、无霉、无鼠、无雀”粮仓,收储保管经验曾在全国粮食系统中推广。2013 年被公布为第七批全国重点文物保护单位。

泗洲造纸作坊遗址(Sìzhōu Zàozhǐ Zuōfáng Yízhǐ)　在杭州市富阳区银湖街道泗洲村。建于北宋初期。元代渐废弃。2008 年发现并发掘。总面积约 16 000 平方米,东西长约 145 米,南北宽约 125 米。分作坊区和生活区。有摊晒场、沤料池、灰浆池、抄纸房、焙纸房等遗迹。共出土文物近 3 万件,可复原文物近 300 件。并出土了“至道二年”“大中祥符二年”等纪年铭文砖。为我国现有发现的年代最早、规模最大、工艺流程保存最为完整的古代造纸遗址,为研究宋代中国乃至世界造纸工艺史提供了重要的实物资料。2013 年被公布为第七批全国重点文物保护单位。

新叶村乡土建筑(Xīnyè Cūn Xiāngtǔ Jiànzhù)　在建德市大慈岩镇东北部。以村得名。新叶,原称“白下”,后改称“玉华”,以西侧玉华山得名。南宋嘉定年间,叶氏自寿昌迁入。《玉华叶氏宗谱》:“(叶氏始祖)居寿昌湖岑,宋宁宗嘉定年间迁玉华。”1949 年后,以叶氏为大族,庆祝新生改作今名。布局呈八卦形,以有序堂为中心辐射 8 条街巷,配南塘、北塘 2 口池塘。存有完整连片的明代至民国时期古民居 200 多幢,并有抟云塔、西山祠堂、文昌阁等 12 座特色古建筑。抟云塔始建于明代隆庆元年(1567 年),为标志性建筑之一。塔名取自《庄子》“抟扶摇而上者九万里”。为浙江省内保存最完整的古代血缘聚落建筑群之一，被誉为“中国明清建筑露天博物馆”。2013 年被公布为第七批全国重点文物保护单位。

乌龟洞遗址(Wūguīdòng Yízhǐ)　在建德市李家镇新桥村航头牌。以地处乌龟洞得名。为旧石器时代遗址。1962 年发现，1974 年发掘。分布面积 2 000 平方米，洞深 7.3 米，高 2.5 米，宽 2 米，有左、中、右三个进口。原生堆积分为上、下两层。上层紫红色堆积，厚 35 厘米。下层黄红色黏土，厚 110 厘米。共出土 1 枚人类右上犬齿化石及大熊猫、东方剑齿象、中国犀等一批哺乳动物化石。人类右上犬齿化石，齿冠高 11.6 毫米，经鉴定，属更新世晚期后一阶段“柳江人”一类的智人类型，定名为“建德人”，距今 5 万～10 万年。它的发现扩展了智人化石在中国的地域分布，揭开了在浙江发现古人类化石的序幕。2013 年被公布为第七批全国重点文物保护单位。

吴越国王陵(Wúyuè Guówáng Líng)　在临安市锦城街道太庙山南麓。为五代吴越国王钱镠墓葬，故名。宋钱俨《吴越备史》卷一：“长兴三年三月庚戌，王薨于正寝，年八十一，在位四十一年。谥曰武肃，诏工部侍郎杨凝式为碑文。夏四月庚午，奉灵衣锦军。应顺元年(934 年)正月壬午，敕葬于安国县衣锦乡茅山之原。”占地面积 26 680 平方米。墓茔左右有龙虎沙两条回抱，华表、石将军各一对，石翁仲两对，石羊、石马、石虎俱全。墓前尚存清道光间(1821—1850 年)石碑一通，碑高 1.6 米、宽 0.7 米、厚 0.3 米，上刻“唐故天下兵马都元帅，尚父，守尚书令兼中书令，吴越国王谥武肃，钱王之墓”三十字。墓为圆形封土堆，上覆古林。为江南唯一保存完好的帝王陵寝。2001 年被公布为第五批全国重点文物保护单位。

功臣塔及功臣寺遗址　在临安市锦城街道功臣山。含功臣塔和功臣寺遗址 2 处建筑。均始建于五代后梁贞明元年(915 年)。功臣塔(Gōngchén Tǎ)在山顶，以山名。南宋咸淳《临安志》卷二十五：“功臣山在(临安)县南一里。本名‘大官山’，唐昭宗诏改钱镠所居大官山为功臣山。”为砖砌仿木构楼阁式四面方形塔，由基座、塔身、塔刹组成。通高 25.3 米，塔身 5 层，高 22.1 米。塔顶四坡，上有高 2.6 米的铁铸塔刹。功臣寺遗址(Gōngchénsì Yízhǐ)在南麓。为吴越国王钱镠“舍宅为寺”而建。今存建筑基址、局部围墙基础、砖(石)制排水沟、砖砌路、天井铺地及砖瓦、吻兽和陶瓷器等历史文化遗存。苏轼作有《自净土步至功臣寺》诗：“落日岸葛巾，晚风吹羽扇。松间野步稳，竹外飞桥转。神功凿横岭，岩石得巨片。直渡千人沟，下有微流泫。冈峦蔚回合，金碧烂明绚。缅怀异姓王，负担此乡县。长逢胯下辱，屡乞桑间饭。谁谓山石顽，识此希世彦。凛然英气逼，屹起犹耸战。他年万骑归，文老恣欢宴。锦绣被原野，金珠散贫贱。窦融既入朝，吴芮空记面。荣华坐销歇，阅世如邮传。惟有长明灯，依然照深殿。”2001 年，功臣塔被公布为第五批全国重点文物保护单位。2013 年与功臣寺遗址归并，被公布为第七批全国重点文物保护单位。

天一阁(Tiānyī Gé)　在宁波市海曙区月湖西侧。明嘉靖四十年至四十五年(1561—1566 年)，明代兵部右侍郎范钦辞官回里后，于宅东建造藏书楼，名“天一阁”。时藏书 7 万余卷。清全祖望《鲒埼亭集》卷三十八：“张真人龙虎山天一池揭文安公，为之记并为之书，别有‘天一池’三大字。吾乡范侍郎，东明筑阁贮书，亦取以水制火之旨，署曰‘天一阁’，而凿池于其前，双勾文安三大字，将重摹以石上。未果而卒，今其旧刻归于予。”一说取义于汉代郑玄注解《易经》“天一生水，地六成之”，寓“以水克火”之意。清康熙二十五年(1686 年)，范光燮“葺天一阁诸屋，以安祖泽”。道光九年(1829 年)，范邦甸、范邦冉“节省祀田之余，鸠工庀材。上自栋瓦，下至阶庭，左右墙垣罔不焕然一新，阅八月而告成”。1933 年，因强台风受损，进行大修。1949 年后多次局部修缮，并扩建了东园及书库。占地面积 2.6 万平方米。现有宝书楼、尊经阁、东明草堂、明州碑林、范氏故居、司马第等建筑，以江南庭院式园林为特色。宝书楼即天一阁藏书楼，两层砖木结构，硬山顶重楼式建筑，通高 8.5 米。一层面阔、进深各六间，二层为一大通间，以书橱间隔。阁前凿“天一池”通月湖。清康熙十二年，黄宗羲成为第一个登上天一阁的外姓人，翻阅藏书后撰写了《天一阁藏书记》，感叹：“尝叹读书难，藏书尤难，藏之久而不散，则难之难矣！”顾廷龙题联：“天一遗形源长垂远，南雷深意藏久尤难。”清乾隆三十八年（1773 年）诏修《四库全书》，范钦八世孙进呈藏书 638 部，被《四库全书总目提要》采录 473 部，为全国藏书家中贡献最多者。现存各类古籍近 30 万卷，以地方志、登科录等史料性书籍居多，多为明代刻本或抄本。其中有明洪武四年（1371 年）首科至万历十一年（1583 年）第五十二科完整无缺的进士登科录，堪称镇楼之宝。另有字画、碑帖、陶瓷器、铜器、玉器等文物。为中国现存最早的私家藏书楼，也是亚洲现有最古老的图书馆和世界最早的三大家族图书馆之一，为研究书法、地方史、石刻、石构建筑和浙东民居建筑提供了实物资料。1982 年被公布为第二批全国重点文物保护单位。2008 年又被列为全国古籍重点保护单位。

钱业会馆（Qiányè Huìguǎn）　在宁波市海曙区战船街 10 号。清同治元年（1862 年）由钱庄业筹建，三年建于江厦滨江庙。曾称钱业同业组织钱业会商公所。1923 年因原公所“湫隘不足治事”，于现址兴建新会馆。1926 年竣工。1994 年办成宁波钱币博物馆。占地面积 1 521 平方米，建筑面积 1 195 平方米。建筑坐北朝南，分成前、后两部分。前部分由门厅（楼）、戏台、厢房、大厅、后厅、会客室等生活用房组成。其中，戏台曾被毁坏。后部分由花园、议事厅组成。存有三块石碑，记述了解放前金融业发展概况及建馆始末。为昔日宁波金融业聚会、交易的场所，是全国唯一保存完整的钱庄业的历史文化建筑。2006 年被公布为第六批全国重点文物保护单位。

宁波天宁寺塔（Níngbō Tiānníngsì Tǎ）　在宁波市海曙区中山西路。天宁寺建于唐大中五年（851 年），原名国宁寺。宋代改名崇宁万寿禅寺、天宁万寿寺、报恩广孝寺。南宋宝庆《四明志》卷十一：“报恩广孝寺，子城西百步。在唐为国宁寺，大中五年置。皇朝崇宁二年，诏改崇宁万寿禅寺。……道政和元年八月七日，敕改天宁万寿。绍兴七年改报恩广孝禅寺。是年又改今额。……建炎闲寺毁于兵，而深沙神之屋岿然独存，瞻奉者愈加敬也。”明洪武十五年（1382 年）改名天宁禅寺。1912 年定名天宁寺。解放初拆除。寺前原有东西两塔，建于唐咸通四年（863 年）。1935 年《鄞县通志》丑编：“寺前二塔，左右分列，清光绪季年 6 月右塔崩，砖散于民间。今左塔尚存。”现仅存西塔，俗称“咸通塔”。因塔砖上有“咸通四年造此砖记”的铭文，故名。因塔较矮小，形似乌龟，又称乌龟塔。占地面积为 10.4 平方米。砖结构，高 12 米，壁厚 0.8 米。立面呈抛物线状。平面呈正方形，每边长约 3.2 米，共 5 层，逐层收缩。每层用砖叠涩出檐，出檐较远，有别于北方常见的唐塔。内部呈筒形，底层四面均开设壸门，以上每层四壁均设有龛。为浙江省现存年代最久的唯一一座唐砖塔，是我国仅存的唐代寺前双塔实例，对于研究唐时的宗教文化和佛教建筑具有重要的作用。2006 年被公布为第六批全国重点文物保护单位。

永丰库遗址（Yǒngfēngkù Yízhǐ）　在宁波市海曙区中山西路北侧唐宋子城遗址内。前身为南宋“常平仓”。南宋宝庆《四明志》卷六：“淳化二年诏置常平仓。”卷三：“常平仓，奉国门内之东二仓，皆宝庆三年守胡矩撤旧而新仓。各十一区，区各五闲栈阁，以藉米麦。各有厅事，后舍前庭，庭前虚地，各方十余丈缭以步廊。”元时改为永丰库。至正《四明续志》卷三：“永丰库，在西北隅，明远楼里东首。元系宋常平仓基，至元十三年盖库。差设官攒收纳各名项、断没赃罚钞及诸色课程，每季解省。”明洪武三年(1370年)更名“宏济库”。成化《宁波郡志》卷五:“宏济库,府治前六十步,清澜桥东。……出纳库四座,以‘文行忠信’字为号,今废。”2001、2002年两次进行抢救性发掘。为我国首次发现的古代大型仓库。遗址南北长120米、东西宽80米,建筑面积9 600平方米。以两处单体建筑基址为核心,遗存有与之相关的砖砌甬道、庭院、排水明沟、水井、河道等众多遗迹。出土各类完整或可复原文物800余件。其中大量贸易陶瓷,汇聚了我国宋、元时期著名的六大窑系中五大窑系产品,反映了宋、元时期宁波“海上丝绸之路”发展繁荣的历史真实。2003年入选“2002年度中国十大考古新发现”。2006年被公布为第六批全国重点文物保护单位。

庆安会馆(Qìng'ān Huìguǎn)　在宁波市江东区江东北路156号。为庆祝商船平安,故名。时为甬埠北号舶商所建之行业联络场所,故又称北号会馆。也是一座祭祀“天后”的宫殿,又名甬东天后宫。始建于清道光三十年(1850年),咸丰三年(1853年)落成。占地面积5 000平方米。平面布局呈纵长方形,坐东朝西。沿中轴线有宫门、仪门、前戏台、大殿、后戏台、后殿、前后厢房等建筑。建筑装饰采用砖雕、石雕和朱金木雕等宁波传统工艺,以八仙、和合、山水花鸟为内容。现改建为海事民俗博物馆,展出历代船模。清咸丰四年(1854年),宁波北号舶商引进英国制造的“宝顺轮”,为漕粮海运的船只护航。这是我国近代自办的第一艘火力轮船,成为创办中国近代洋务的先声。轮船投入使用后,对南北洋海盗船进行清扫,平定了北洋与南界,保障了“海上丝绸之路”的畅通。为我国现存的宫馆合一的实例,中国八大天后宫之一,七大会馆之最,浙东近代木结构建筑典范。2001年被公布为第五批全国重点文物保护单位。

保国寺(Bǎoguó Sì)　在宁波市江北区洪塘街道鞍山村,马鞍山东南麓。始建于东汉建武年间(25—56年),初名灵山寺。马鞍山原称古灵山,寺以山名。“汉魏六朝远不可考。”唐会昌五年(845年),武宗李炎敕令“大毁佛寺,复僧尼为民”,史称“会昌毁佛”,灵山寺被毁。广明元年(880年)重建,僖宗李儇赐名“保国寺”。清嘉庆《保国寺志》卷上:“保国寺,县东二十里。东汉骠骑将军之子中书郎隐居于此,后舍宅为寺,初名灵山寺。唐武宗会昌五年废。僖宗广明元年……僖宗可其奏,赐额名‘保国寺’。”宋治平二年(1065年)改称精进院。南宋宝庆《四明志》卷十七:“精进院,县东三十里,旧名‘灵山’。保国,唐广明元年置。皇朝治平二年,改赐今额。”明代复为今名。明成化《宁波郡志》卷九:“今乃名‘保国’,定成丛林。”占地面积13 280平方米,建筑面积5 700平方米。为拥有唐、宋、明、清、民国等各个时期的木构建筑群体。沿中轴线依次为山门、天王殿、大雄宝殿、观音殿、藏经楼5幢建筑。两翼有钟楼、鼓楼、客房等附属建筑。其中,大雄宝殿又称无梁殿,建于北宋大中祥符六年(1013年),为长江以南最古老、保护最完整的木结构建筑之一。元丁鹤年《保国寺》诗:“一径野云深,僧房闭绿阴。雨腥龙出涧,风动虎过林。淡薄滋禅味,清凉养道心。三生如不昧,石上一来寻。”1961年被公布为第一批全国重点文物保护单位。

江北天主教堂(Jiāngběi Tiānzhǔ Jiàotáng)　在宁波市江北区外马路25号。明崇祯元年(1628年),天主教传入宁波。南明永历二年(1648年),意人卫济泰在宁波首建天主教堂,不久为清兵所毁。清康熙五十二年(1713年)、咸丰三年(1853年)两次建教堂,均毁。同治十一年(1872年)于江北岸兴建天主教堂,名圣母七苦堂。光绪二十五年(1899年)增建钟楼。2014年7月28日,主教堂发生大火,木质顶楼被烧塌,附属建筑群未过火。为宁波市地标性建筑之一。占地面积8 360平方米,建筑面积4 493平方米。坐东朝西,由教堂、钟楼、附属用房组成。砖木结构,立面以青砖为主体,红砖作线条,开有许多花瓣形、风叶形窗户。具有较典型的哥特建筑风格,又融合中国传统建筑工艺。见证了宁波城市建筑的发展脉络，在近代宁波城市史上有着不可替代的地位。2006年被公布为第六批全国重点文物保护单位。

慈城古建筑群(Cíchéng Gǔjiànzhù Qún)　在宁波市江北区慈城镇老城区内。由孔庙、甲第世家、福字门头、符卿第、布政房、冯岳彩绘台门、冯宅等组成。孔庙为浙东地区现存最为完整的文庙。南宋宝庆《四明志》卷十六："学旧在县西四十步。皇朝雍熙元年，县令李昭文建先圣殿，居其中端拱。元年，令张颖记。庆历八年，令林肇徙建于县治之东南一里。鄞县宰王公安石记之贻书，招邑人宿学杜醇为诸生师。建炎四年，金寇至，学毁。绍兴十二年，令毕瑛草创殿宇斋居，久而弗支。淳熙四年，节度推官宋南强摄邑，以劝里士陈公达首倡义大成，殿轮奂一新，斋居门庑庖湢。"现存多为清代建筑。另有明万历"邑父母潘侯去思"碑、明"孔子像赞残"碑、清重刻北宋王安石撰"重建慈溪县学记"碑、南宋王应麟撰黄翔书"重建慈湖书院"碑等石碑20余方。甲第世家始建于明嘉靖年间(1522—1566年)，为嘉靖进士钱照住宅。原台门有文徵明题"甲第世家"匾额，后被毁。福字门头原为明万历湖广布政使冯叔吉宅第，因昔原门楼前照壁上端透雕一"福"字得名，为慈城保存较好的明代民居建筑群之一。符卿第原为明嘉靖南京尚宝卿陈鲸住处，现存建筑为清中晚期所建。布政房为明万历布政使冯叔吉故居。冯岳彩绘台门系明嘉靖南京刑部尚书冯岳故居，保留了明代中晚期南方民间高级建筑彩绘的构图、用色与绘制工艺等相关历史珍贵信息资料，是现存为数不多的明代南方建筑彩画实例之一。冯宅为清乾隆后期建筑。2006年整体被公布为第六批全国重点文物保护单位。

天童寺(Tiāntóng Sì)　在宁波市鄞州区东吴镇太白山南麓。寺以太白山别称天童山得名。南宋宝庆《四明志》卷十二："天童山，县东六十里。晋永康中，僧义兴结庐山间，有童子来给薪水，久乃辞去曰：'吾太白一辰，上帝遣侍左右。'言讫不见，太白天童之名昉于此。"始建于西晋永康元年(300年)。唐开元二十年(732年)在太白山谷重建，名"太白精舍"。至德二年(757年)迁至今址。乾元二年(759年)赐名天童玲珑寺。咸通十年(869年)改名天寿寺。北宋景德四年(1007年)，真宗赵炅敕赐"天童景德禅寺"额。明洪武十五年(1382年)，太祖朱元璋赐名"天童寺"。万历十五年(1587年)，因山洪暴发，殿宇尽圮，是年重建。占地面积76 400平方米，建筑面积38 800平方米。有殿、堂、楼、阁、轩、寮、居30余个，计999间。镇蟒塔为出入之路标，始建于唐会昌年间(841—846年)，1920年重建。1935年《鄞县通志》卷一："镇蟒塔，亦名'五佛镇蟒塔'。因最上层供佛像五尊，故名。……旧时，六轮七层，高九丈零大一丈六尺至。是改为八轮七层，高十三丈零大二丈八尺。"存有宋、元、明、清碑刻30余方，另有顺治帝书"敬佛"、康熙帝书"名香清梵"、雍正帝书"慈云密布"等帝王手迹。历为中日、中韩佛教文化交流的重要寺院之一。宋代，寺僧寂园智深、兰溪道隆、西涧士昙、无学祖元等禅师曾受邀赴日宣扬禅宗佛法。宋淳熙五年(1178年)，日僧荣西禅师从日本运来木材，帮助建造千佛阁。南宋宝庆《四明志》卷十三："(淳熙)十六年，僧怀敞来主寺，欲建千佛阁，摹画甚广先是。日本国僧荣西从敞，游辄辞归。致百围之木，泛鲸波以至经。始于绍熙四年之季秋，历三载始就梵宇宏丽，遂甲东南寺。"嘉定十六年(1223年)，日僧道元来中国留学五年，从天童如净禅师承受禅法，归国后创立日本曹洞宗，尊天童寺为祖庭。宋王安石《天童道上》诗："村村桑柘绿浮空，春日莺啼谷口风，二十里松行欲尽，青山捧山梵王宫。"素有"东南佛国"之称，中国佛教五山十刹之一。2006年被公布为第六批全国重点文物保护单位。

阿育王寺(Āyùwáng Sì)　在宁波市鄞州区五乡镇鄮山东南麓。始建于西晋太康三年(282

年)。东晋义熙元年(405 年)迁至现址。南朝梁普通三年(522 年)赐名“阿育王寺”,取自古代印度摩揭陀国孔雀王朝的第三代国王名,因其护持佛教,被尊为护法名王。五代后周显德五年(958 年)遭火毁。宋开宝六年(973 年)修复。祥符元年(1008 年)改名为阿育王山广利禅寺。南宋宝庆《四明志》卷十三:“阿育王山广利寺,县东三十里。晋义熙元年建,梁武帝赐‘阿育王’额。皇朝大中祥符元年,赐名‘广利’。”明洪武十五年(1382 年),太祖朱元璋赐名“阿育王禅寺”。清康熙元年(1662 年)毁于火。十九年(1680 年)重修。占地面积 124 100 平方米,建筑面积 23 400 平方米。依山坡构筑,有殿、堂、楼、阁 600 余间,多为元、明、清建筑。供奉有释迦牟尼的真身舍利及舍利宝塔。存有唐范的书“阿育王寺常住田碑”、宋苏轼书“宸奎阁碑铭”、宋张九成书“妙喜泉铭”等历代碑刻,宋高宗“佛顶光明之塔”、宋孝宗“妙胜之御”、清乾隆“觉行俱圆”等帝王御书。藏经楼上藏有清雍正版本《龙藏》7 247 卷、《碛砂版大藏经》等经藏古籍。历为中日、中韩佛教文化交流的重要寺院之一。唐元宝三年(744 年),鉴真第三次东渡失败在舟山后,曾住锡于阿育王寺。《唐大和上东征传》:“又经五日,有逻海官来问消息,申谍明州大守处分,安置鄮县山阿育王寺,寺有阿育王塔。”唐代著名的日本留学生阿倍仲麻吕在寺内会见了日本僧人普照和日本遣唐使藤原清河、吉备真备等。宋代日僧、高丽僧来中国,多最先参学阿育王寺。宋黄康弼《题广化寺阿育王塔》:“齐野非吴渚,支郎是子陵。钓台千古月,宝塔万年灯。”明丰坊《游阿育王寺》:“祇林春晚振衣行,丽日东飞紫皎明。残雪在山金碧画,清风度涧管弦声。江梅万树香随路,谷鸟双啼喜弄晴。正月茫茫俄二月,萧条百事壮心惊。”明戚继光《宿阿育王寺》:“十里青青竹作围,连天山色欲西飞。不因国愤冲双鬓,便与支公老翠微。”素有“东南佛国”之称,中国佛教五山十刹之一。2006 年被公布为第六批全国重点文物保护单位。

它山堰(Tāshān Yàn)　在宁波市鄞州区鄞江镇它山旁。建于它山山麓,故名。南宋宝庆《四明志》卷十二:“以其无山相接,故谓之它山。”始建于唐太和七年(833 年)。南宋宝庆《四明志》卷十二:“它山堰,县西南五十里。先是四明山水注于江,与海潮接,咸不可食,不可溉田。唐太和中鄮令王公元暐,始叠石为堰于两山间。阔四十二丈级三十有六,冶铁灌之渠,与江截为二。”宋、明、清时多次维修。全长 113.7 米,顶级面宽 3.2 米,第二级面宽 4.8 米,高 5 米。左右各置石阶 36 级。周有回沙闸、它山庙、片石留香碑等遗迹。为我国现存的古代著名水利工程,中国水利史上首次出现的块石砌筑的重力型拦河滚水坝。鄞江镇每年农历三月初三、六月初六、十月初十,举行它山庙会,祭祀王元暐及为修堰做出过贡献的人士。唐宗亮《它山堰》诗:“截断寒流叠石基,海潮从此作回期。行人自老青山路,涧急水声无绝时。”1988 年被公布为第三批全国重点文物保护单位。

河姆渡遗址(Hémǔdù Yízhǐ)　在余姚市河姆渡镇余姚江北岸。为新石器时代遗址。1973 年发现,并进行首次大规模发掘。1977 年进行第二次大规模发掘。总面积 4 万平方米。堆积厚约 4 米,分 4 个文化层,距今 5 000～7 000 年。出土了骨器、陶器、玉器、木器等各类质料组成的生产工具、生活用品、装饰工艺品以及人工栽培稻遗物、干栏式建筑构件、动植物遗骸等文物近 7 000 件。其中,干栏式建筑是中国现已发现的古代木构建筑中最早的榫卯之一。另发现年代最早的木结构水井。中国长江下游地区的新石器时代文化首先在此发现,故命名河姆渡文化。现建有河姆渡遗址博物馆和展示区,时任中华人民共和国主席的江泽民为博物馆题写了馆名。是中华人民共和国成立以来最重要的考古发现之一,证明了长江流域是中华文明的重要发源地之一,全面反映了中国原始社会母系氏族时期的繁荣景象。1982 年被公布为第二批全国重点文物保护单位。

上林湖越窑遗址(Shànglínhú Yuèyáo Yízhǐ)　在慈溪市桥头镇上林湖环湖周边。因古代地属越州，故名越窑。东汉开始烧制青瓷。唐代和五代十国时期达到鼎盛。北宋后期开始衰落。南宋朝廷在临安设立官窑后，逐渐停烧。1924年确认为越窑的中心产地。1980年后多次考古发掘。分布面积12.9平方千米。以上林湖水库为中心，有后司岙、荷花芯、寺龙口等古窑址近120处。出土了北宋三足蟾蜍砚滴、唐代扁壶、秘色瓷穿带瓶、秘色瓷枕、秘色瓷薰炉、秘色瓷盏、八棱净瓶等文物。为我国烧造历史最长、保存最完整的古窑址之一，有“露天青瓷博物馆”之称。越窑青瓷是唐代宁波对外贸易的主要输出物品之一，分两路远销日本、朝鲜、菲律宾、印度、伊朗、埃及、坦桑尼亚等地，促进了“海上丝绸之路”的发展。唐陆羽将越窑青瓷排在全国茶碗首位。尤其是秘色瓷，是越窑青瓷中的精品，作为进贡朝廷的特制瓷器。《茶经》卷中：“碗。越州上，鼎州、婺州次；丘州上，寿州、洪州次。或者以邢州处越州上，殊为不然。若邢瓷类银，越瓷类玉，邢不如越一也；若邢瓷类雪，越瓷类冰，邢不如越二也；邢瓷白而茶色丹，越瓷青而茶色绿，邢不如越三也。”唐陆龟蒙《秘色越器》诗：“九秋风露越窑开，夺得千峰翠色来。好向中宵盛沆瀣，共嵇中散斗遗杯。”1988年被公布为第三批全国重点文物保护单位。

蒋氏故居(Jiǎngshì Gùjū)　在奉化市溪口镇。含蒋氏故居和溪口镇建筑群。丰镐房为蒋介石故居。取自西周都城丰邑和镐京。《史记·周本纪》：“成王使召公卜居，居九鼎焉，而周复都丰、镐。”占地面积4 800平方米，建筑面积1 850平方米。有大门、素居、报本堂、独立小楼等建筑。其中，独立小楼为清代建筑，其余均为蒋氏1929年扩建。玉泰盐铺为蒋介石出生之所。清同治十年(1871年)，蒋介石祖父蒋斯千开设。光绪十四年(1888年)、1921年，曾两次失火烧毁。现建筑为1948年蒋介石改建，并题“玉泰盐铺原址”6个大字。小洋房建于1930年。以水泥为建筑材料，俗称“洋灰”，故名。1937年，蒋经国从苏联留学回国后，在此居住。1939年12月12日，侵华日军飞机轰炸溪口，毛福梅在丰镐房后门被炸塌的围墙压死。蒋经国写下“以血洗血”四个大字，立碑于小洋房，表达誓报杀母之仇的决心。摩诃殿建于1931年。为蒋家的私庵，供奉蒋家祖宗，蒋经国的生母毛福梅也安葬于此。文昌阁初建于清雍正九年(1731年)，因阁内供奉首奎星，故又名“奎阁”，有“奎阁凌霄”称。1924年，蒋介石出资拆除重建。1927年后成为蒋介石和宋美龄的私人别墅。1937年1月13日，张学良将军因西安事变被送到溪口软禁，最先落脚于此，10天后移送到雪窦山。1939年被侵华日军飞机炸毁。溪口镇建筑群有蒋母墓、武岭门楼、雪窦山御书亭、妙高台等清至民国时期建筑。1996年蒋氏故居被公布为第四批全国重点文物保护单位。2006年溪口镇建筑群归入，整体被公布为第六批全国重点文物保护单位。

花岙兵营遗址(Huā'ào Bīngyíng Yízhǐ)　在宁波市象山县鹤浦镇花岙岛。以岛得名。为明末兵部尚书张苍水举事败后，以图东山再起之所。清顺治二年(1645年)南京失守后，起兵抗清。康熙三年(1664年)隐居悬岙岛。后被捕，杀害于杭州弼教坊。始营于清顺治十六年(1659年)，续营并沿用至康熙三年(1664年)。《清史稿》卷二百二十四：“顺治二年，师定江宁，煌言与里人钱肃乐、沈宸荃、冯元飏等合谋奉鲁王以海。”“(顺治)十八年，廷议徙海上居民绝接济，煌言无所得，饷，开屯南田自给。……(康熙)三年，遂散遣其军，居悬澳。”岛上兵营遗址分布众多，以雉鸡山和高涂岙二处规模最大。两个兵营均有城墙、营房数十间、校场、水源。有小道相通，相距700米。另有练兵场、哨所、瞭望所等军事设施遗址。是为数不多保存相对完整的古代军事营地或军事基地，为研究我国明、清时期海岛军事防御设施体系与海岛军事屯田历史提供了珍贵的史料。2013年被公布为第七批全国重点文物保护单位。

宁海古戏台(Nínghǎi Gǔxìtái)　在宁波市宁海县梅林、西店等地。起源于宋、元,盛行于明、清。现存约120处,以宗祠戏台、庙宇戏台为主。结构上包含了主台、后台、看楼及藻井等要素,部分戏台纵向排列三个或两个不同形式的藻井。其中,以岙胡胡氏宗祠、崇兴庙、双枝庙、城隍庙、大蔡胡氏宗祠、龙宫陈氏宗祠、加爵科林氏宗祠、马岙俞氏宗祠、潘家岙潘氏宗祠、下蒲魏氏宗祠10座建造于清康熙至民国年间的古戏台为代表,具有较高的艺术价值。2006年被公布为第六批全国重点文物保护单位。

永昌堡(Yǒngchāng Bǎo)　在温州市龙湾区永中街道新城村。明王叔杲《永昌堡城门上梁文》:"卜焉允吉,名曰永昌……永奠金汤之固。"明嘉靖三十七年(1558年)始建,翌年冬竣工。明万历《温州府志》卷二:"永昌堡,在二都英桥里。嘉靖三十七年,郡人王叔果、叔杲倡义创筑,以防倭患。仍奏迁中界山巡检司于堡内,以助守御堡城。周围九百三十余丈,高二丈五尺,厚半之。陆门、水门各四,中引二渠。铺舍二十。敌台十二座。"清顺治十八年(1661年),因"迁界令"废弃。康熙八年(1669年)重建。光绪《永嘉县志》卷三:"(永昌堡)周五里凡八百六十余丈,高二丈五尺,厚半之。陆门四,水门四,中引二渠,铺舍二十。负山向海,四面控带河水,为一方巨镇。又有敌台十二。"现堡呈长方形,南北长778米,东西长445米,周长2 688米,城高8米。设有城堞908个、敌台13座。城内建筑布局具有典型的江南水乡风格。遗存有状元府、都堂第、王绍志故居等明清时期古建筑18幢、明代石拱桥11座。另有抗倭时期用作生产自救的稻田150多亩。建有永昌堡博物馆,有"江南故宫"之称。明代我国东南沿海倭寇猖獗。嘉靖年间(1522—1566年),温州地区曾修筑有永嘉、永昌、梅头、鹗渚、寿宁、福安、宁安、余洋等十余座抗倭城堡。现仅存永昌堡尚有人居,为研究明代嘉靖时期东南沿海民间抗倭斗争史的重要实物。清丁立诚《永昌堡》诗:"出入资相助,筑城以备寇。经营二王力,地利得人和。"2001年被公布为第五批全国重点文物保护单位。

国安寺塔(Guó'ānsì Tǎ)　在温州市龙湾区五峰山东麓。因塔壁镌刻有1 026尊佛像,故又称千佛石塔。国安寺始建于唐乾符四年(877年),曾名国安院。明弘治《温州府志》卷十六:"国安院,在华盖乡。唐乾符四年建。"北宋元祐五年(1090年)始建塔,八年夏竣工。1987年落架大修。为青石仿木结构楼阁式塔,平面呈六面。塔身九级实心,残高17余米。台基雕"九山八海"纹及狮兽。塔身每层浮雕有佛像108尊,阳刻佛经。1987年大修时,发现塔内宋代碑刻8通、北宋《蚕母》套色木刻版画。其中,北宋《蚕母》套色木刻版画为我国现存最早的木刻套印画,现藏于温州市博物馆。还出土了开元通宝、皇宋通宝、淳化元宝等唐、宋钱币112枚,及砖铭3块。为研究北宋石雕艺术以及佛教在南方传播的重要实物例证。2013年被公布为第七批全国重点文物保护单位。

四连碓造纸作坊(Sìliánduì Zàozhǐ Zuōfáng)　在温州市瓯海区泽雅镇南斗山脚龙溪中游。顺溪流分级连建四座水碓,故名。建于明朝初年。占地面积28 000平方米,水渠长230米。碓坊分成两组,第一组由三座碓坊紧连在一起,第二组为一座碓坊和纸坊连在一起。为泽雅屏纸作坊的典型代表。元末明初,福建南屏人为避战乱迁居泽雅,顺溪建造水渠、碓轮及纸坊,制造"屏纸"。造纸工序有70多道,部分流程比《天工开物》记载的更原始。鼎盛时期有将近10万人从事造纸,约占当地人口80%。溪流两岸遍布水碓造纸作坊,漫山遍野晒满了屏纸,俗称"纸山",泽雅被誉为中国古代造纸术的"活化石"。当地很多地名都与造纸有关,如泽雅又名"纸山",另有水碓坑、黄坑、水帘坑等。2001年被公布为第五批全国重点文物保护单位。

玉海楼(Yùhǎi Lóu)　在瑞安市道院前街。清光绪十四年(1888年)由孙衣言、孙诒让父子所建。孙氏父子敬慕南宋学者王应麟，取其名著《玉海》作为楼名，以示藏书“如玉之珍贵，若海之浩瀚”。1962年后曾四度修缮。占地面积8 000平方米。由玉海藏书楼、孙诒让故居和百晋陶斋组成，集藏书楼功能、浙南优秀民居特点和私家园林风范于一体。清李文田书台门石额“玉海楼书藏”。郭沫若题联：“玉成桃李，海涌波澜。”为浙江四大著名藏书楼之一。曾有藏书达八九万卷。清光绪三十四年（1908年），孙诒让逝世后，藏书渐有散失。1975年后，大力搜罗回收流散藏书，并征集其他古籍、字画和文物。2013年所藏古籍搬至瑞安博物馆文物库。现有古籍及民国线装书31 801册，善本3 000余册。其中，17部入选国家珍贵古籍名录，5部入选浙江省珍贵古籍名录。1996年被公布为第四批全国重点文物保护单位。

利济医学堂旧址（Lìjì Yīxuétáng Jiùzhǐ）　在瑞安市公园路4号，南临玉海楼。利济，施恩泽之义。为中国第一所采用欧美办学制度的新式中医专门学校。清光绪十一年（1885年），由陈虬、陈介石、陈葆善等人创办。二十八年，因经费亏绌，医学堂停办，其附属利济医院继续开诊。抗日战争初期，医院解散，院舍并入瑞安社会救济院。占地面积2 000平方米，建筑面积580平方米。坐北朝南，砖木结构。由门厅、主楼、东西厢房及中药圃组成。门厅、东西厢房采用传统建筑形式。主楼为西式柱廊结合歇山屋顶，面阔5间。现辟为利济医学堂博物馆。光绪二十二年，曾创办学报《利济医学堂报》在全国发行，刊载了部分医学讲义和论文。陈虬《习医章程》刊于光绪二十年的《利济教经》，是我国近代最早的自编教科书。曾培养300余名优秀中医师，为近代中医学的发展做出了重要贡献。2006年被公布为第六批全国重点文物保护单位。

芙蓉村古建筑群（Fúróng Cūn Gǔjiànzhù Qún）　在温州市永嘉县岩头镇。因村西北有三崖摩天，赤白相映，宛如芙蓉，故名。始建于唐代末年。明弘治十年（1497年）《陈氏宗谱》：“唐末，为避乱世，有陈氏夫妇，从永嘉县城北徙，沿楠溪江就深山坳里，至芙蓉峰旁，只见此地前横腰带水，后枕纱帽岩，三龙抢珠，四水归塘，于是筑屋定居。”宋末毁于战火。元至正元年（1341年）重建。占地面积约1.4万平方米。外围有寨墙，块石垒筑，长1 788米，高约2米，设七道寨门。村内建筑按“七星八斗”分布。有陈氏大宗、三星祠、芙蓉书院、司马大屋等明、清古建筑45处。陈氏大宗始建于明代，为村内陈姓族人的总宗祠。三星祠又名宗湖宗祠，建于明万历二十六年（1598年），为村中保留最完整的宗祠之一，大木做法保留了宋代遗风。芙蓉池中存有建于明初的芙蓉亭。为楠溪江古村落群代表之一，在中国建筑史、规划史研究上具有重要的参考价值。2006年被公布为第六批全国重点文物保护单位。

顺溪古建筑群（Shùnxī Gǔjiànzhù Qún）　在温州市平阳县顺溪镇。明隆庆年间（1567—1572年），顺溪陈族始迁祖陈育球从大岙底迁入。清雍正二年（1724年）建陈氏祖屋。现存建筑多建于清乾嘉年间（1736—1820年）。建筑面积25 200平方米。布局采用大开间、多院落组合。有陈氏祖屋、老大份大屋、老四份大屋、老七份大屋、老二份大屋、新大份大屋、新二份大屋、陈氏宗祠、陈迢岩大屋和陈有相大屋10座古建筑。许多建筑构件保留北宋《营造法式》上的做法，为浙南温州古代民居建筑体系的重要类型之一。清光绪二十七年（1901年），曾于老四份大屋之“适舫”创办益智高等女学校，孙诒让题学名额，为中国早期女子学校之一。2006年被公布为第六批全国重点文物保护单位。

蒲壮所城（Pǔzhuàngsuǒ Chéng）　在温州市苍南县。由蒲壮所城和壮士所城、白湾堡、巡检司3遗址组成。明洪武二十年（1387年），为防倭寇置蒲门千户所并筑城，名蒲门所城。先民在此搭寮垦荒，取蒲叶编织为门，故名。明隆庆二年（1568 年），壮士所并入，改名蒲壮所。清顺治十八年（1661 年），因“迁界令”裁撤。《大清一统志》卷二百三十五：“蒲壮所，在平阳县南一百二十里。明洪武二十年，建千户所，筑城周三里有奇。本朝顺治中裁。又壮士守御所，在县东北五十里。明洪武二十年建，筑城周二里有奇。隆庆初，并入蒲门所。今设蒲门巡司。”地势东南低、西北高，现存平面为不规则方形，北圆南方。占地面积 24.9 万平方米。南北长 291 米，东西长 485 米，城墙周长 2 480 米。墙高 5.2 米，基阔 6.8 米，顶宽 4.5 米，昔由一中心所城、三城堡、二寨和二巡检司，十八座辐射分布的堠、台、墩组成抗倭体系。现存建筑基本为清康熙二十三年（1684 年）“展复”后所建。街巷呈“田”字形格局，有“一亭二阁三牌坊，三门四巷七庵堂，东南西北十字街，廿四古井八戏台”。遗存宋“合掌仙岩插汉高，下临沧海压波涛”摩崖石刻，明《遗爱亭碑记》、清《恩定粮规碑》、清《奉总督福浙部院大老爷范禁革现年各陋规碑记》等石碑。为国内保存最完整的明代抗倭卫所遗址，也是研究明代卫所制度的翔实实物遗存。唐陈陶《蒲门戍观海作》云：“廊落溟涨晓，蒲门郁苍苍。登楼礼东君，旭日生扶桑。毫厘见蓬瀛，含吐金银光。草木露未晞，蜃楼气若藏。欲游蟠桃国，虑涉魑魅乡。徐市惑秦朝，何人在岩廊。惜哉千童子，葬骨于眇茫。恭闻槎客言，东池接天潢。即此聘牛女，日祈长寿方。灵津水清浅，余亦慕修航。”清张元品《蒲城闲眺》云：“山楼携屐看潮生，长笛谁家送远声？半是梅花半杨柳，一番回首一番情。”壮士所城遗址在渔寮乡雾城村。城墙保存完整，城内尚存城隍庙、古井等。白湾堡遗址在赤溪镇白湾村。明初民间自发建造。清乾隆十五年（1750 年）被设为次要海口。城墙和堡门保存完整，存有清代古建筑。巡检司遗址在马站镇三墩洲村。建于明洪武二十六年，时设弓兵 100 名。现城墙和教场已毁，改造为菜地。1996 年，蒲壮所城被公布为第四批全国重点文物保护单位。2006 年壮士所城、白湾堡和巡检司 3 遗址并入，被公布为第六批全国重点文物保护单位。

泰顺廊桥（Tàishùn Lángqiáo）　在温州市泰顺县。因桥上建有屋檐，故名。又因结构与蜈蚣相似，故当地人俗称“蜈蚣桥”。建于宋至明清时期。现遗存古廊桥 30 余座。包括北涧桥、溪东桥、三条桥、仙居桥、文兴桥、薛宅桥、文重桥、南阳桥、霞光桥、池源桥、普宾桥、城水桥、刘宅桥、永庆桥、毓文桥 15 座古廊桥。其中以北涧桥、溪东桥最为著名，合称泗溪姐妹桥，被誉为“世界最美廊桥”。北涧桥始建于清康熙十三年（1674 年），嘉庆八年（1803 年）重建，道光二十九年（1849 年）重修。为叠梁式木拱廊桥。桥长 51.9 米、宽 5.4 米，净跨 29 米，廊屋 20 间，桥柱 84 根。溪东桥始建于明隆庆四年（1570 年）。清乾隆十年（1745 年）、道光七年两次重修。为木拱廊桥。桥长 41.7 米、宽 4.9 米，净跨 25.7 米，廊屋 15 间。因修建者为修北涧桥者徒弟，故又合称“师徒桥”。三条桥最为古老，因昔桥由三条巨木为主梁而得名。始建于宋绍兴七年（1137 年），清道光二十三年重建。为叠梁式木拱廊桥。桥长 26.6 米、宽 4 米，廊屋 11 间。道光年间拆旧桥时，曾发现唐贞观年号的旧瓦。泰顺遗存古廊桥的数量众多，结构类型多样，被誉为“中国廊桥之乡”“中国古桥梁博物馆”。清张天树《长桥夕虹》云：“凌虚千尺驾飞桥，势控长虹挂碧霄。返照入川波泛泛，暮云拥树路迢迢。晴光飘缈岸空阔，石色参差影动摇。断霭残阳横两岸，苍茫落日见渔樵。”2006 年被公布为第六批全国重点文物保护单位。

仕水矴（碇）步（Shìshuǐ Dìngbù）　在温州市泰顺县仕阳镇溪东村。因跨仕水溪而得名。碇步为桥梁的原始雏形，古称“鼋鼍”，因远望如露出水面的乌龟背得名。《竹书纪年》卷下：“（周穆王）三十七年，大起九师，东至九江，架鼋鼍以为梁。”始建于清乾隆六十年（1795 年），嘉庆二十五年（1820

年)重建。1987年重修。为双层结构堤梁桥。南北走向,横跨仕水溪。全长136米,宽近2米。有石蹬223步,每齿石蹬分高低二层,高层采用白色花岗石,低层为青色花岗石,被誉为"中国钢琴桥"。南岸立有历代修建碑记12方。陈志岁《仕水碇步》云:"型局冠神州,目送逝川,安渡犹凌嘉庆石。云霄辟人境,身行乐土,遐征更续仕阳途。"2006年被公布为第六批全国重点文物保护单位。

马家浜遗址(Mǎjiābāng Yízhǐ)　在嘉兴市南湖区城南街道马家浜村。为新石器时代中期人类聚居地,距今约7 170年左右。1959年发现并发掘。分布面积1.5万平方米。文化堆积层厚0.1～0.8米,分两层。出土了大量石、骨、木陶器物,其中石器包括石斧、石锛、石纺轮等,陶器有釜、盆、盘、钵、豆、鼎、碗、壶、纺轮等,骨器中有骨耜、骨哨。另出土了稻谷、米粒和稻草等实物。为我国水稻最早栽培地之一,江南古文化发源地。2001年被公布为第五批全国重点文物保护单位。

王国维故居(Wáng Guówéi Gùjū)　在海宁市盐官镇建安路4号。王国维(1877—1927),原名国祯,字静庵(安),浙江海宁人。为甲骨文、敦煌学的奠基人之一。建于清光绪十二年(1886年),原名"娱庐"。占地面积702平方米,建筑面积357.7平方米。坐北朝南,为二进木结构庭院式民居。前为平屋,三开间。后进楼房,两进之间有天井及厢房。中厅有沙孟海题"广业甄球"额。为王国维少年时期住宅。2006年被公布为第六批全国重点文物保护单位。

莫氏庄园(Mòshì Zhuāngyuán)　在平湖市当湖街道人民西路39号。为清末豪绅莫放梅祖孙三代居住之所。清光绪二十三年(1897年)开始建造,二十六年竣工。占地面积4 800平方米,建筑面积2 600平方米。坐北朝南,沿街临河。建筑布局三组四进,左右对称,具有江南民居特色。有房屋70余间,前堂后寝,四周以6米高的风火墙与外界相隔绝。清光绪帝曾赐额"覃恩"。为典型的封闭式木结构第宅建筑群,有"中华民居一绝""江南第一大庄园""江南故宫"等美誉,与网师园、采衣堂、卢宅、退思园、春在楼并称江南六大厅堂。《红楼梦》《家》《春》《秋》《画魂》等近两百部影视作品曾在此拍摄,被誉为"天然摄影棚"。2006年被公布为第六批全国重点文物保护单位。

乍浦炮台(Zhàpǔ Pàotái)　在平湖市乍浦镇。以所在乡镇得名。镇以河得名。清道光《乍浦备志》卷二:"城之以乍浦名,以水得名也。凡内河通海处为浦,古时嘉兴郡内东注之水其下流皆会于此而灌输入海,故曰浦。"由天妃宫炮台、南湾炮台组成。天妃宫炮台始建于清康熙五十六年(1717年)。清光绪《平湖县志》卷五:"天妃宫炮台,康熙五十六年,总督觉罗满保阅视沿海事宜,题请增筑……雍正七年,总督李卫……在苦竹山麓累石为基,安设大炮四位,上建阅操宫厅三间。乾隆四十六年,飓风大作,海溢,圮……道光二十一年,巡抚刘韵珂阅视沿海防诸事宜,题请复建炮台,并添设大炮。二十三年增建营房十间……同治十三年,浙江巡抚杨昌濬题请重修,并建营房十间……安放铜铁炮十位:平夷铁炮二位,红衣铁炮二位、铜炮一位,广铸铁炮三位,洋炮二位。"现遗存混合土(糯米、明矾、石灰、砂等)浇筑炮台一组4间。铁炮3尊,其中1尊铁炮重7吨,并附有炮架和机械传动装置,炮身铸有"江南制造总局光绪甲申年造"铭文及团龙纹饰。南湾炮台建于清光绪二十年(1894年)。1923年《平湖县续志》卷三:"光绪二十年甲午中东一役,海军战败,南北震惊,沿海各省相率戒严,邑之乍浦镇为浙西第一门户,旧设营汛半已就裁,巡抚廖寿丰阅视各海口要隘,亲莅乍浦镇择险设防,当檄乍浦镇兼统领寅字全军及嘉协水师营务处杨美胜添筑南湾炮台一座,秋间开工,期年而成,安设阿姆斯脱郎洋炮一尊。沿海筑起长围扼要之处开挖地道,树以松木栅。其海涂上则间插竹签,并于金家湾、龙王堂等处设有地雷数具,暗中埋伏。"现遗存混合土(糯米、明矾、石灰、砂等)浇筑炮台2座。后膛铁铸大炮1尊,总重约16.7吨,炮身上铸有"光绪戊子年江南制造总局”铭文及团龙纹饰。附有炮座、炮架和机械传动装置。乍浦历为江浙门户、海防重镇。清道光二十年(1840年)第一次鸦片战争爆发。二十二年5月18日,侵华英军战舰数十艘进攻乍浦,驻乍清军顽强抵抗,共毙伤英军上校等百余人,守军600余人英勇殉国,史称“乍浦之战”。沿海炮台在此战役中发挥了重要作用,曾击中英舰一艘,击毙上尉军官一名。2013年被公布为第七批全国重点文物保护单位。

茅盾故居(Máo Dùn Gùjū)　在桐乡市乌镇镇观前街与新华路交接处。茅盾(1896—1981),原名沈德鸿,笔名茅盾,嘉兴桐乡人,中国现代著名作家。清光绪十一年(1885年)左右,茅盾曾祖父沈焕购置。占地面积414平方米。为砖木结构江南民居。面街南向。主体是四开间两进深的二层楼房,共16间。后有小园,园中有平房3间。自沈焕至茅盾,四代同堂曾居住于此。1935年秋,茅盾在这里完成了中篇小说《多角关系》的写作。1988年被公布为第三批全国重点文物保护单位。

陈英士墓(Chén Yīngshì Mù)　在湖州市吴兴区南郊岘山东麓。陈英士(1878—1916),名其美,浙江湖州吴兴人,中国民主革命者,中国同盟会元老,被孙中山誉为“民国长城”“民国起义首功之人”。1916年被袁世凯派人暗杀于上海。1918年在此建墓。1934年扩建。1998年重修。占地面积约3 000平方米。由石碑坊、墓道和墓穴三部分组成。石碑坊匾额正中有孙中山手书“成仁取义”,左侧为林森题“浩气长存”,右侧为蒋介石题“精神不死”。两旁石柱对联,分别为于右任题“春尝秋禘生民泪,山色湖光烈士坟”,蔡元培题“轶事足证,可补游侠货殖两传;前贤不让,询是鲁连子房一流”。墓穴呈正方形,正面刻着“气壮山河”4个大字。墓顶上雕塑中国国民党党徽。花岗石墓碑上镌刻孙中山手书“陈公英士之墓”6个大字。2006年被公布为第六批全国重点文物保护单位。

钱山漾遗址(Qiánshānyàng Yízhǐ)　在湖州市吴兴区。以处钱山漾东南岸得名。为新石器时代良渚文化遗址,距今4 200～4 400年。1934年发现。1956—2008年进行了4次发掘。分布面积23.4万平方米。已发掘731.5平方米。文化堆积层厚2米,分两层。上层以夹砂陶为主,并有少量几何印纺陶和原始瓷的青铜时代遗存。下层为早期良渚文化遗存,出土多种植物种子、丝麻织物、竹木器等。出土的绢片、丝带、丝线是已知世界上发现的最早丝织品,成为人类早期利用家蚕丝纺织的实例。填补了长江下游环太湖地区新石器时代晚期文化原序列中,从良渚文化到马桥文化之间存在的缺环,对中国太湖流域的史前文明研究具有重要意义。2006年被公布为第六批全国重点文物保护单位。

下菰城遗址(Xiàgūchéng Yízhǐ)　在湖州市吴兴区云巢乡窑头村。又名菰城、五菰城。楚考烈王十五年(前248年),黄歇在此置菰城县。南宋嘉泰《吴兴志》卷一:“战国属楚,时已为县,曰‘菰城’,即春申君黄歇封邑也。《郡国志》云:‘春申君立菰城县,在郡南二十五里。秦改为乌程。’……城面溪泽,菰草弥望,故名。”清光绪《乌程县志》卷七:“下菰城,一作‘五菰城’。”东晋安帝义熙六年(410年),乌程县治迁于今湖州市区,后渐荒废。明万历《湖州府志》卷一:“安帝义熙六年,徙乌程县治于子城西一里,而以子城为郡治,即今府基。”属战国时期的城垣遗址。占地面积44万平方米。城垣分内外两重,平面均呈三角形,由泥土夯筑而成。明万历《湖州府志》卷四:“(下菰城)内有子城,重城屹然,工役甚固……起青楼连延十里,此盖其治城也,今故址尤存。”东北和西北城垣保存完好,无南城垣。现存外城垣长约2 000米,内城垣长约1 200米。高6～9米,上部宽3～5米,底部宽20～30米。遗址尚未进行正式考古发掘,地表有镰形石刀、石器、印陶罐残片等战国时代遗物。城垣中夹杂有印纹陶、原始青瓷和夹砂陶片等。附近山顶分布有土墩墓、石室墓。为浙江省现存规模最大、保存最好的先秦古城址，为研究春秋战国时期的城池历史提供珍贵的实物资料。明张羽《下菰长烟》云："坡陀废垒青山侧，至今传是春申宅。三千剑履化为尘，蔓草苍烟淡草瑟。停舟吊古望眼迷，平沙漠漠斜阳低。荒凉茅屋樵径小，惟有古木寒鸦啼。"2001 年被公布为第五批全国重点文物保护单位。

南浔张氏旧宅建筑群（Nánxún Zhāngshìjiùzhái Jiànzhù Qún） 在湖州市南浔区南浔镇南西街。为南浔巨富张颂贤长孙张均衡的私家宅院，故名。张均衡，字石铭，又称张石铭旧宅。建于清光绪二十五年至三十二年（1899—1906 年）。占地面积 5 135 平方米。坐西朝东，临街面河。呈东西向分布，由中式传统建筑、西洋式建筑和后花园组成，房间共计 244 间。中式建筑在东部，按三条轴线分布。西式建筑在中部，由 3 座巴洛克风格的红砖楼房组成。后花园在西端，由碑廊及两座毗邻小楼组成。碑廊昔镶嵌众多古代名人书法作品，在抗日战争时遭毁。被誉为"江南第一民宅"，砖雕、东阳木雕、徽州石雕、法国进口的彩色玻璃雕堪称旧宅"四绝"。并有清末书法家吴淦"竹苍松茂"、清末状元张謇"懿德堂"、近代著名书画家吴昌硕"择是居"等书法名家题额。宅院内中西建筑形制相互穿插，中西建筑风格交相辉映，体现了清末西方文化逐渐传入我国的时代特征。2001 年被公布为第五批全国重点文物保护单位。

安城城墙（Ānchéng Chéngqiáng） 在湖州市安吉县递铺街道安城村。建于元至正十六年（1356 年）。清顾祖禹《读史方舆纪要》卷九十一："至正十六年，城归于明，总管张俊德始筑土城于今治。明年，元帅费愚重甃以石。"明天启三年（1623 年），东城墙因洪水冲毁二十四丈，后重修。嘉靖三十三年（1554 年）"加高三尺，内土岸以石甃之"。清雍正五年（1727 年）、乾隆十二年（1747 年）、乾隆三十三年三次维修、加固。道光三十年（1850 年），又因洪水冲倒城墙数十丈。现存城墙为块石和青砖砌筑。长约 6 000 米，平面呈椭圆形，高 4～6 米，厚 5 米。由城墙、城台、城门及护城河和护城河护堤组成。昔设有东、南、西、北四个城门。清同治《安吉县志》卷二："延袤六里，高二丈有奇。广半之门四：东曰'迎春'，旧志俱作宾扬；南曰'朝阳'，旧志俱作丽正；西曰'宝成'，伍志作迎恩；北曰'拱辰'，谈府志作迎恩。"现东门已毁，存南、西、北三门，均为券顶式门。南、北城门由条石拱筑，西城门为青砖拱筑。城内原存有古建筑，抗日战争期间遭日军轰炸，基本无存。周有护城河，长 3 800 米，宽 5～50 米。清同治《安吉县志》卷二："城濒大溪，引水为濠，凿濠为池，仅通舟筏。"现部分已干涸或辟为农田。安城，自五代后梁开平元年（907 年）至 1951 年，历为安吉县治、州治。遗存的古城墙对于研究江南山区州、县建置及政治、经济、文化和整个城防体系的构筑等，提供极其重要的历史信息和珍贵的实物资料。2006 年被公布为第六批全国重点文物保护单位。

莫干山别墅群（Mògānshān Biéshùqún） 在湖州市德清县西部莫干山风景区。以山得名。相传春秋末年，莫邪、干将夫妇为吴王阖闾铸剑于此，剑成身亡。后人怀念而以莫邪、干将夫妇名山。清顾祖禹《读史方舆纪要》卷九十一："莫干山，府西南百五十里。上有铸剑池，旁有磨石，相传吴王铸剑处。亦曰'莫邪山'。"清光绪年间（1875—1908 年）始为我国四大避暑胜地之一，素有"清凉世界"之美誉。光绪二十四年（1898 年），美传教士始在莫干山修建别墅。而后，英、法、德、俄及中国官僚、资本家相继在此修建别墅。现保留有各式别墅 250 余座。别墅群与中国近代的重要人物、重要事件有相当密切的关系，为研究近代史的重要历史遗存。如，松月庐曾是蒋介石和夫人宋美龄新婚蜜月别墅，林海别墅曾是上海青帮大佬杜月笙的会馆，静逸别墅曾是国民党元老张静江的别墅。1937 年 3 月，时任中共中央副主席的周恩来在白云山馆与蒋介石举行了第二次国共合作谈判。

1954 年 3 月，毛主席在杭州主持制定第一部宪法期间，在皇后饭店下榻休息，并作《七绝·莫干山》诗："翻身复进七人房，回首峰峦入莽苍。四十八盘才刚过，风驰又已到钱塘。"1984 年 9 月，在聚会堂召开了第一次全国中青年经济科学工作者学术讨论会，史称"莫干山会议"，被称作"经济改革思想史的开创性事件"。2006 年被公布为第六批全国重点文物保护单位。

城山古城遗址(Chéngshān Gǔchéng Yízhǐ)　在湖州市长兴县和平镇城山山顶。新莽时期(8—23 年)，当地百姓为避战乱，垒筑山城。东汉末年，乌程郡守严白虎加固修筑城池，抗击孙策大将吕蒙。南宋嘉泰《吴兴志》卷四："石城山，在县西南三十里。山墟名云：'昔乌程人严白虎于此累石为城，与吕蒙战至今山。'上有弩台、烽楼、走马埒，基犹存。"南梁年间(502—557 年)，吴兴太守张嵊于此筑城，抵抗侯景之乱。清光绪《长兴县志》卷十四："城山城，在县南五十一里城山。《吴地志》云：'是时严白虎与吕蒙相拒于此。'《西吴里语》云：'梁太守张嵊与御史中丞沈浚筑，戍以捍侯景之乱。'"占地面积 1.2 平方千米。有土城墙、城门、蓄水池、弩台、烽楼、走马埒、擂鼓墩、滚石等遗址。内外两层城墙总长 1 800 米，其中外城墙环山顶一圈，保存完整。遗址内有始建于南朝宋元嘉元年(424 年)的城山教寺，现主体为清代、民国建筑。北侧有元代石刻造像十尊。为我国江南保存较为完整的东汉末年古城池遗址，对于我国古代军事工事(城池)的嬗变及三国时期吴政权建立与巩固的研究具有十分重要的意义。2013 年被公布为第七批全国重点文物保护单位。

绍兴古桥群(Shàoxīng Gǔqiáo Qún)　在绍兴市越城区、柯桥区境内。有八字桥、题扇桥、光相桥、谢公桥、迎恩桥、拜王桥、广宁桥、泗龙桥、接渡桥、融光桥、太平桥、泾口大桥 12 座。建于宋至民国时期。结构精美，有石梁桥、石拱桥和拱梁结合型桥三大类。石拱桥有三折边、五折边、七折边、圆弧拱、半圆拱、马蹄形拱等多种形制。其中八字桥为国内现存最早的古代立交桥。南宋嘉泰《会稽志》卷十一："八字桥在府城东南，两桥相对而斜状如八字，故得名。"始建于南宋嘉泰年间(1201—1204 年)。宝祐四年(1256 年)重建。清乾隆四十八年(1783 年)重修。1922、1982 年修缮。桥面条石并列，长 4.85 米，宽 3.2 米，高 5 米。题扇桥为单孔半圆形石拱桥。传王羲之为卖扇老妪题扇得名。又名蒲扇桥。南宋嘉泰《会稽志》卷十一："题扇桥在蕺山下，王右军为老姥题六角竹扇，人竞买之，事见山类。然今郡人但谓之蒲扇桥。华安仁考古云：'旧桥在解愠坊。'"始建于南宋嘉泰年间(1201—1204 年)。现桥为清道光八年(1828 年)原址重修。桥长 18.5 米、宽 4.3 米。拜王桥，古称登瀛桥、丰乐桥，为国内最早的城市五折边单孔石拱桥。南宋嘉泰《会稽志》卷十一："拜王桥在狮子街，旧传以为吴越武肃王平董昌之乱后，郡人拜谒于此，桥故以为名。"清乾隆《绍兴府志》卷八："万历《绍兴府志》又名'登瀛桥'。康熙二十八年，知府李铎重修更名'丰乐桥'。"20 世纪 60 年代改称反帝桥。80 年代复今名。桥长 26.3 米、宽 3.7 米，高 3.55 米，净跨 5.7 米。广宁桥为现存最早的七折边拱桥。以乡人集资于漕河上建桥，来往百姓广受其惠得名。南宋嘉泰《会稽志》卷十一："广宁桥，在长桥东，漕河至此颇广，民居鲜少，独士人数家在焉。绍兴中，有乡先生韩有功(复禹)为士子领袖，暑夜多与诸生纳凉桥上。"建于南宋高宗(1107—1187 年)以前，明万历二年(1574 年)重修，桥长 60 米、宽 5 米，高 4.6 米，净跨 6.1 米。宋朱袭封《广宁桥怀韩有功》云："河梁风月故时秋，不见先生曳杖游。万迭远青愁对起，一川涨绿泪争流。"泾口大桥为我国仅有的连续三孔马蹄形拱桥。传状元与新娘花轿在桥上相遇，新娘开金口先行，以"金口"谐音得名。建于清乾隆前，现桥为宣统三年(1911 年)重修。桥长 60 米、宽 3.2 米，拱高 6 米。桥身东西两侧饰狮头长系石，间壁阴刻楷书桥联。东面为："利济东南通铁道，长流文字壮陶山。"西面为："夹泾长虹横白塔，一帆沙马度红楼。"陈从周《续越州吟》赞绍兴古桥："垂虹玉带门前事，万古名桥出越州。"古桥为越文化的重要组成部分，是中国古代桥梁发展演化的缩影，具有历史、艺术、科学价值。2013 年被公布为第七批全国重点文物保护单位。

青藤书屋和徐渭墓　在绍兴市越城区、柯桥区。含书屋和墓 2 处建筑。徐渭(1521—1593)，字文长，号天池山人，或青藤老人、鹅鼻山侬等别号，明代文学家、书画家。青藤书屋(Qīngténg Shūwū)，在越城区府山街道前观巷大乘弄 10 号。原名榴花书屋，以旁有大安石榴树得名。清嘉庆《山阴县志》卷二十八："榴花书屋，在大云坊大乘庵之东，徐渭降生处。"明崇祯末年(1644 年)，陈洪绶从诸暨迁居徐渭故宅，手书"青藤书屋"匾，以徐渭童年于窗前手植一株青藤得名。清乾隆《绍兴府志》卷七十一："青藤书屋，旧志：'在府治东南一里许，前明徐渭故宅。'郡人平午村笔记云：'青藤生于天池之旁。天池在前观巷，泉源清冽。'"明董瑒《青藤书屋记》："正德辛巳徐山人生于是，青藤其所手植。"清康熙二十一年(1682 年)重修。1980 年整修。清乾隆间，整修后列青藤八景。20 世纪 60 年代、80 年代复整修。今书屋占地 467 平方米。坐西朝东，三开间，分前后两室。书屋前有天池和青藤。入门有小竹园和假山，山墙上嵌徐渭手书"在岩"。书屋系石柱砖墙硬山造、木格花窗平房，共两室。前室南向，窗外有小天井，天井西首栽青藤一株。窗下有石砌水池，即"天池"。池中置方形石柱，镌徐渭手书"砥柱中流"四字。室中悬徐渭画像及其手书"一尘不到"，并有陈洪绶题"青藤书屋"额。东壁嵌"天池山人自题像赞"刻石，上镌徐渭 50 岁时小像。西壁树清阮元题撰《陈氏重修青藤书屋记》碑 1 通。徐渭 70 岁生日曾题自像诗："吾年十岁栽青藤，乃今稀年花甲藤。写图写藤寿吾寿，他年吾古不朽藤。"徐渭墓(Xú Wèi Mù)，在柯桥区兰亭镇里木栅村姜婆山东北麓。墓坐西南朝东北，呈正方形，用条石叠砌，墓碑上刻有沙孟海书"明徐文长先生墓"7 字。2006 年，青藤书屋和徐渭墓被公布为第六批全国重点文物保护单位。

古纤道(Gǔ Qiàndào)　在浙东运河绍兴段沿岸。为古时行舟背纤通道，故名。古称运道塘、官塘、新堤。始筑于唐元和十年(815 年)。《新唐书》卷三十一："北五里有新河，西北十里有运道塘，皆元和十年观察使孟简开。"清嘉庆《山阴县志》卷二十："官塘在县西十里，自西郭门起至萧山县共百里，旧名'新堤'，即'运道塘'。"明弘治年间(1488—1505 年)由土堤改用石砌。清及近现代数次修葺。今存主体部分自顾家荡起，至余诸板桥止。长 9.75 千米，宽 1.5～2 米。以青条石、青石板为主要材料，故有"白玉长堤"之称。分实体纤道路和石墩纤道桥二种。实体纤道路临水依岸砌筑。石墩纤道桥，又名铁锁桥，每隔 2 米左右置一桥墩。清《重修古纤道桥碑记》："自太平桥起至板桥止，所有塘路以及宝、玉带桥，共计二百八十一洞。"建有平桥、拱桥、梁式桥数百座，有荫毓桥、太平桥等古桥。集路、桥、水、船于一体，为我国水利建筑历史上之奇观，成为电影、电视剧取景的热门地之一。清代齐召南曾以"白玉长堤路，乌篷小画船"来形容古纤道的景色。1988 年被公布为第三批全国重点文物保护单位。

浙江秋瑾故居(Zhèjiāng Qiū Jǐn Gùjū)　在绍兴市越城区府山街道塔山南麓和畅堂 35 号。秋瑾(1875—1907)，女，字竞雄，别号鉴湖女侠，浙江绍兴人。辛亥革命时期杰出的女革命家。故居坐北朝南，占地面积 1 920 平方米，建筑面积 870 平方米。为明、清风格的绍兴台门建筑，砖瓦结构，乌瓦粉墙，青石板地，木格门窗。主体建筑共五进，为三开间平房。第一进为门厅，门楣上悬何香凝手书"秋瑾故居"额。第二进有会客室、客厅、餐厅和秋瑾卧室。秋瑾曾在这里接待革命志士，秘密商议起义事宜。卧室中陈列的多为秋瑾使用过的遗物，卧室后壁有夹墙，内有一间小密室，是秋瑾密藏文件和枪支的地方。书桌上放着秋瑾当年使用的文房四宝和她牺牲前几天的遗墨，以及刻有"鉴湖女侠""秋闺瑾印"的象牙印章。其余三进为秋瑾母、兄等人的住处。孙中山、宋庆龄、周恩来等名人都曾为秋瑾题词，为省级爱国主义教育基地。1988年被公布为第三批全国重点文物保护单位。

蔡元培故居(Cài Yuánpéi Gùjū)　在绍兴市越城区蕺山街道萧山街笔飞弄13号。蔡元培(1868—1940)，字鹤卿，号孑民，浙江绍兴人，著名的民主革命家、教育家、科学家。始建于明代晚期，绍兴特色的明清台门院落，为蔡氏祖父后代聚居地。坐北朝南，占地1 856平方米，建筑面积1 080平方米。平面结构呈东西对称，砖木结构，青石板地，乌瓦粉墙，花格门窗。共三进，前两进为明代建筑，第一进门厅坐西朝东，上悬刘海粟手书"蔡元培故居"匾。第二进一堂两厅，已辟为陈列室，堂厅正中放着蔡元培半身塑像，左壁悬有毛泽东撰、沙孟海书"学界泰斗，人世楷模"的巨幅联语；右壁有周恩来撰、沈定庵书"从排满到抗日战争，先生之志在民族革命；从五四到人权同盟，先生之行在民主自由"的对联。第三进为清代建筑。依次为门斗、大厅、座楼。具有一定的文史研究价值和纪念价值。2001年被公布为第五批全国重点文物保护单位。

吕府(Lǚ Fǔ)　在绍兴市越城区北海街道新河弄169号。为明代嘉靖年间(1522—1566年)礼部尚书吕本府第。因由十三座厅堂排列组成，故又称"吕府十三厅"。明万历十一年(1583年)建成。占地32 000平方米。南、西、北三面环水，依三条纵轴线和五条横轴线布置。第五条横轴线上为楼房，其余均为平房。有轿厅、永恩堂、三厅、四厅、五厅、牌坊等建筑。内设两条南北向"水弄"和一条东西向的"马弄"。其中，永恩堂保存较为完整，原为正厅，吕本死后改作祠堂。七开间，面宽36.5米，进深17米。彩绘清晰，用材硕大，结构简洁，制作规整，风格朴素宏伟，为江南最大的厅堂。存有明万历十一年神宗皇帝所赐"齿德并茂"及吕本所立"永恩堂"两匾。为浙江省内具有一定文物研究价值的明代官式做法住宅建筑群之一。2001年被公布为第五批全国重点文物保护单位。

大禹陵(Dàyǔ Líng)　在绍兴市越城区稽山街道会稽山麓。禹，姒姓，名文命，字高密，号禹，上古时期治水英雄，中国第一个王朝夏朝的开国之君。《史记》卷二《夏本纪》："十年，帝禹东巡守，至于会计而崩。"南宋嘉泰《会稽志》卷六："禹冢，在会稽山。自先秦古书，帝王墓皆不称陵，而陵之名实自汉始。旧经云：禹陵在会稽县南一十三里。"《越绝书》卷八《外传记地传》记载了禹陵的形制："(禹)葬会稽。苇椁桐棺，穿圹七尺；上无漏泄，下无即水；坛高三尺，土阶三等，延袤一亩。"现由禹陵、禹祠、禹庙三部分组成。禹陵在中，禹祠在南侧，禹庙在北侧。禹陵坐东朝西，占地面积约26 667平方米，建筑面积2 700平方米。前为四柱三间青石牌坊一座，入内是石砌甬道，尽处为"大禹陵"碑亭。亭为方形，单檐歇山顶，系1979年依原样重建。亭内有"大禹陵"碑，高4.1米，宽1.9米。碑文为楷书，每字约1.23米见方，系明嘉靖十九年(1540年)南大吉立石书丹。清康熙《会稽志》卷十五："明嘉靖间，有闽人郑善夫定在庙南数十武，知府南大吉信之，立石刻'大禹陵'三字。"亭南侧有清康熙五十一年(1712年)所立两方"禹穴""禹穴辩"碑；北侧咸若亭始建于南宋隆兴二年(1164年)。禹庙为禹儿子启建立。《吴越春秋·越王无余外传第六》："启使使以岁时春秋而祭禹于越，立宗庙于南山之上。"南朝梁时有过兴修。北宋政和四年(1114年)改为告成观，意谓大禹治水大功告成。后经过历代修建，成为宫殿式建筑群。今禹庙坐北朝南，为清至民国建筑。前部设东、西辕门，四周围以丹陛。中轴线建筑从南至北依次为照壁、岣嵝碑亭、午门、拜厅、大殿。禹祠，原为姒姓家庙，传始建于夏少康之时，今为1987年重建。禹祠坐东朝西，为三开间两进仿清砖木结构建筑，今辟为展室。大禹陵庙、禹祠、禹陵的建筑艺术、文物价值、考古研究都有重要的历史价值。

1995 年，浙江省举行公祭典礼，恢复祭禹传统。为国家级爱国主义教育基地。1996 年被公布为第四批全国重点文物保护单位。2006 年大禹祭典被公布为国家非物质文化遗产名录。

狭猱湖避塘(Ángsānghú Bìtáng)　在浙江省绍兴市越城区灵芝镇狭猱湖上。狭猱，《辞海》中记载为“黄颡鱼”。湖以鱼名。避塘以所在湖得名。始建于明代，清道光、咸丰、同治和宣统年间，均曾修缮。清嘉庆《山阴县志》卷二十：“湖周回四十里，傍湖居者二十余村。湖西尤子午之冲，舟楫往来遇风辄遭覆溺。明天启中，有石工覆舟，遇救得免。遂为僧，发愿誓筑石塘。十余年不成，抑郁以死。会稽张贤臣闻而悯之，于崇祯十五年建塘六里，为桥者三，名曰‘天济’，盖罄资产为之，五年而工始竣。塘内舟行既可避风涛之险，兼以捍卫沿湖田囿。”湖略呈长方形，长约 1 千米，宽约 2 千米，面积 2.4 平方千米。避塘全长 3.5 千米，呈南北向横跨湖上。北面 1.5 千米段为两面临水，南面 2 千米段呈单面临水。避塘面宽 2.3 米左右，塘基以条石垒叠，上铺长约 2 米青石板。每隔里许筑一石拱桥，全段计 6 座，今存 3 座，并建有石路亭一座。狭猱湖避塘具交通、捍卫湖周围田囿之功能，是保存至今的大型水利设施，具有较高科学价值。2013 年被公布为第七批全国重点文物保护单位。

宋六陵(Sòng Liùlíng)　在绍兴市越城区富盛镇攒宫山。为南宋帝后陵园。以攒殡南宋六帝得名。南宋绍兴元年(1131 年)，北宋哲宗皇后元祐太后孟氏在绍兴卧龙山行宫崩逝。宋高宗遵其遗诏，将太后梓宫暂时安葬今富盛镇宝山南麓，为攒宫营建之始。宋宝庆《会稽续志》卷三：“帝后陵寝，今存伊洛，不日复中原，即归祔矣，宜以攒宫为名。”清康熙《会稽县志》卷十五：“宋永祐攒宫：高宗永思陵、孝宗永阜陵、光宗永崇陵、宁宗永茂陵、理宗永穆陵、度宗永绍陵。”此外，还有北宋徽宗永佑陵、宋哲宗后陵、宋徽宗后陵、宋高宗后陵及徽宗皇后郑氏、韦氏，高宗皇后邢氏、吴氏，孝宗皇后谢氏，宁宗皇后杨氏等人陵寝也葬于此，共“七帝七后”，世称“宋六陵”。占地 2.25 平方千米，每座陵寝均设上下宫，功能齐备，结构完善。元至正二十二年(1362 年)被盗，明朝重修。清雍正七年(1729 年)，朝廷又敕令绍兴地方政府维护宋六陵。20 世纪 50 年代，除孝宗陵、理宗陵尚存享殿 3 间，其余仅存墓冢、墓碑、祭桌。现陵区尚有部分墓冢石及作为六陵标志的 200 余棵古松。为江南最大的皇陵陵寝遗址群，有其丰富的文化内涵和独特的文物、旅游价值。2013 年被公布为第七批全国重点文物保护单位。

富盛窑址(Fùshèng Yáozhǐ)　在绍兴市越城区富盛镇倪家溇村。西周至战国时期始建。1978 年试掘。面积约 4 000 平方米。窑床依山坡而建，窑头在西，窑尾居东。为南北并列 2 条龙窑，两者之间相距 3.5 米，每处都保存着重叠的五座窑床。即当第一座窑损坏到不能再烧时，就在它的上面兴建第二座窑，一直到第五座窑烧废为止。现存窑的中后段，残长 3 米，宽 2.42 米。窑墙厚 12～15 厘米，残高 20 厘米。拱顶、墙和窑底都用红色黏土砌成。出土文物有原始青瓷和印纹硬陶。原始瓷有碗、盘、碟等，胎质坚密，胎骨灰白，釉呈青色。叠印纹陶有坛、罐等，胎呈深紫、深灰色。富盛窑址对研究春秋战国窑业生产状况和龙窑技术发展有重大价值。2006 年被公布为第六批全国重点文物保护单位。

柯岩造像及摩崖题刻　在绍兴市柯桥区柯岩街道柯岩风景区内。包括天工大佛、炉柱晴烟、石室烹泉、蚕花洞天、七岩观鱼等多处景观及众多摩崖题刻。柯岩造像(Kēyán Zàoxiàng)即“天工大佛”弥勒造像。开凿于隋唐间。清嘉庆《山阴县志》卷二十四：“柯山寺在县西三十里，晋永和年间敕建。旧志：‘产石，为民所采成岩洞，巧匠琢为佛。唐以来创寺覆之。’”民国《绍兴县志》第一辑《柯山小志》载：“石佛高五丈六尺。相传隋开皇年间有石工发愿为此，未成而逝，以禅之子，子复禅孙，三世讫功。”后寺倾圮，明重建，更名普照寺。清康熙年间里人对石佛饰以金粉。20世纪70年代，寺圮佛存，佛双手及膝部以下遭毁。1997年修复石佛双手。造像倚坐在孤岩石窟内，孤岩高27.3米，坐北朝南，岩顶置石质葫芦形刹，石窟高16.8米，中间雕凿高12米。石骨泥塑，身躯硕壮，螺发，宽颐，广额，身着褒衣博带式袈裟，舒肩袒胸，右手上曲齐肩，指掌作说法印，左手自然下垂。整个造型从平地到岩顶的柱础、石级、佛身及葫芦形刹，均一石所成。摩崖题刻(Móyá Tíkè)，多为清代雕凿，有10多处。保存较为完好的有："云骨"摩崖题刻，"蚕花洞"摩崖，"古七星岩"题刻。"云骨"摩崖题刻，在柯岩造像之东的一座石柱上。"云骨"二字为隶书，左旁有楷书跋语，简述了柯山自三国吴赤乌年间开始采石的历史。"柯岩"二字为篆书，左旁亦有跋语，清光绪二十三年(1897年)会稽陶濬宣题刻。"南无阿弥陀佛"，楷书，下署大庆寺等十寺十僧敬镌，刻于清光绪二十三年。"蚕花洞"摩崖，上为"蚕花洞"三字，楷书；下为"化鹤飞来"四字，行草书。两者合为一幅，清光绪二十九年光山熊先畴书，刻于蚕花洞口岩壁上。"古七星岩"题刻，无年款，隶书；"幽胜留名"题刻，无年款，楷书。刻在七星岩内岩壁上。柯岩造像及摩崖题刻构成了绍兴古代采石文化与佛教文化相结合的独特景观，为研究古代的石雕艺术、造像风格提供了极其宝贵的实物例证。2013年合并被公布为第七批全国重点文物保护单位。

兰亭(Lán Tíng)　在绍兴市柯桥区兰亭镇西南会稽山下。传春秋时越王勾践种兰于此，东汉时建有驿亭，故名。晋永和九年(353年)王羲之同谢安等41人在此修禊而著名，王羲之"微醉之中，振笔直遂"写下了著名的《兰亭集序》。王羲之被尊为"书圣"，兰亭也因此成为书法圣地。1 600多年来，兰亭地址几经变迁，几度兴废。北魏郦道元《水经注》十四《浙江水注》云："湖水下注浙江，又径会稽山阴县，浙江又东与兰溪水合。湖南有天柱山，湖口有亭，号曰'兰亭'，亦曰'兰上里'。太守王羲之，谢安兄弟数往造焉。太守王廙之移亭水中。晋司空何无忌之临郡也，起亭于山椒，极高尽眺矣。亭宇虽坏，基陛尚存。"从记载可知，兰亭在晋朝已数次迁移。当时鉴湖范围很大，曾流域兰渚山。北宋《太平寰宇记》卷九十六："山阴郭西有兰渚，渚有兰亭，王羲之谓曲水之胜境，制序于此。"可见北宋时兰亭还在湖中。南宋嘉泰《会稽志》卷九："兰渚山在县西南二十七里，王右军《从修禊》云：'此地有崇山峻岭，茂林修竹。'"卷十："在县西南二十五里。旧经云：'山阴县西兰渚有亭，王右军所置，曲水赋诗作序于此。'"已知当时鉴湖在兰渚山一带的流域湮废，兰亭已不在湖中。现址为明嘉靖二十七年(1548年)时任郡守沈启重建，清康熙十二年(1673年)重修。清嘉庆《山阴县志》卷七："明嘉靖戊申郡守沈启移兰亭曲水开天章寺前。国朝康熙十二年知府许宏勋重建，三十四年奉敕重建，有御书《兰亭序》，勒石于天章寺侧，上覆以亭；三十七年复御书'兰亭'两大字悬之。其前疏为曲水，后为右军祠，密室四廊，清流碧沼。"清嘉庆三年募资重修兰亭、曲水流觞处、右军祠等，并查明旧兰亭址在东北隅土名石壁下，将已垦为农田的旧址重新纳入兰亭。1914年在右军祠内建墨华亭。1916年增建了文昌阁、驿马亭等建筑。兰亭布局以曲水流觞为中心，用"一序""三碑""十一景"来概括。"一序"即《兰亭序》；"三碑"即鹅池碑、兰亭碑、御碑；"十一景"即鹅池、小兰亭、曲水流觞、流觞亭、御碑亭、临池十八缸、王右军祠、书法博物馆、古驿亭、之镇、乐池。"鹅池"二字传为王羲之之手书。2013年被公布为第七批全国重点文物保护单位。

印山越国王陵(Yìnshān Yuèguó Wánglíng)　在绍兴市柯桥区兰亭镇里木栅村印山。为春秋战国时期陵墓。因其平面略似方形，里面高耸似古代扣印，俗称"印山"。古称"木客山"。《越绝书》卷八《外传记地传第十》："木客大冢者，句践父允常冢也。初徙琅玡，使楼船卒二千八百人伐松柏以为桴，故曰‘木客’。去县十五里。一曰句践伐善材，文刻献于吴，故曰‘木客’。”王陵凿岩而成，墓向朝东。由墓道、墓坑组成平面呈甲字形竖穴。墓坑为长方形竖穴，坑口长 46 米，宽 14 米，深 12.4 米，四壁陡峭，不设台阶。墓室由加工规整的巨大枋木构筑，呈两面坡状。木棺置于中室，由一个巨型圆木制成的独木棺。坑底铺木炭，木椁外包 140 层树皮，树皮外夯木炭，墓坑内填青膏泥。山脚四周挖掘有防御保护的围沟。王陵规模宏大，形制独特，对推动越文化研究具有重要意义。2001 年被公布为第五批全国重点文物保护单位。

凤凰山窑址群(Fènghuángshān Yáozhǐ Qún)　在绍兴市上虞区上浦镇大善小坞村。以分布于凤凰山一带得名。南宋嘉泰《会稽志》卷九：“凤凰山在梅市乡，至小而具山形，尝有凤集焉。”含尼姑婆山、凤凰山和前山窑址 3 处窑址。属三国至西晋时期窑址。文化层总分布面积为 24 081.6 平方米。其中尼姑婆山窑址 12 395.1 平方米、凤凰山窑址 4 499.4 平方米、前山窑址 7 187.1 平方米。三处窑址地缘相邻，除生产规模略见大小、主要产品略有侧重外，制作风格和装饰技法一致。2006 年发掘龙窑窑床 1 条，类似作坊遗址 1 个，并获取大量瓷器及窑具标本。窑址群所烧产品丰富，制作规正，釉色青润，是成熟青瓷发展上的第一个高峰，具有重要的研究价值。2013 年被公布为第七批全国重点文物保护单位。

小仙坛窑址(Xiǎoxiāntán Yáozhǐ)　在绍兴市上虞区上浦镇四峰山麓。以窑址分布于小仙庙祭坛周围得名。含小陆岙、小仙坛、大园坪 3 处窑址。属东汉早期越窑体系。1974 年共发掘 3 处，均属龙窑。遗址面积约 800 平方米。器形以碗为主，兼有壶、洗、罐等。胎质致密，胎色灰白，釉色青绿。器表饰蓖纹、席纹、水波纹、弦纹等。窑具有垫饼、喇叭形支座等。被认定为迄今为止发现的世界上最早的青瓷窑址。3 处窑址烧造瓷器为研究东汉时期原始瓷发展过程，探讨瓷器的产生、发展提供了丰富的实物资料。2006 年被公布为第六批全国重点文物保护单位。

春晖中学旧址(Chūnhuī Zhōngxué Jiùzhǐ)　在绍兴市上虞区驿亭镇白马湖畔。以诗句“谁言寸草心，报得三春晖”得名。1908 年，由陈春澜出资，教育家经亨颐创办春晖学堂，1919 年续办中学，1922 年招生开校。时文化名人夏丏尊、朱自清、朱光潜、丰子恺等先后在此执教，实行教育革新，推行“人格教育”“爱的教育”“感化教育”和“个性教育”等，蔡元培、黄炎培、胡愈之、何香凝、俞平伯、张大千、叶圣陶等大批名人来此讲学、考察，传播新文化，赢得了“北南开、南春晖”的美誉，并孕育了名闻中外的“白马湖散文流派”。现占地面积约 33.3 万平方米，建筑面积约 10.9 万平方米。现存主要文物建筑包括曲院、一字楼、科学馆、图书馆、平屋(夏丏尊、朱自清旧居)、小杨柳屋(丰子恺旧居)、山边一楼等，建筑面积约 4 000 平方米，主要分布在校园北面和校外象山南坡。是新文化运动和中国近代教育发展的重要实物例证，很多近代文化名人在此工作生活，留下了大量文学作品，具有很高的历史价值。2013 年被公布为第七批全国重点文物保护单位。

斯氏古民居建筑群(Sīshì Gǔmínjū Jiànzhù Qún)　在绍兴市诸暨市东白湖镇斯宅村。清代江南典型聚族而居的大型民居群落建筑，素有“江南巨宅”之称。占地面积 13 000 平方米。现存千柱屋、下新屋、华国公别墅、上新屋、牌轩门里、新谭家、门前畈等 14 处清代民居建筑。最具代表性的是千柱屋、下新屋和华国公别墅。千柱屋，以其用柱千余得名。又称斯盛居，以门厅有“於斯为盛”门额而名。建于清嘉庆三年(1798 年)，为当地巨富斯元儒的住宅。坐北朝南，东西长 108.56 米，南北宽 63.1 米，占地面积 6 850 平方米。平面布局以 5 条纵向轴线展开，中轴建筑三进，依次为门楼、大厅和座楼，东、西各设两条轴线。斯盛居建筑群屋宇宽敞，砖、石、木雕精湛细腻，其中《百马图》砖雕堪称艺术精品。下新屋，又称发祥居，是斯氏古民居建筑群中保存最完好的台门。建于清嘉庆七年。整座建筑东西面宽 59.4 米，南北进深 54.8 米，占地面积 3 255 平方米，平面布局近似正方形，坐北朝南，共三进，沿中轴线依次为门屋、大厅、座楼。华国公别墅，建于清道光二十年(1840 年)。建筑坐北朝南，共三进，沿中轴线依次为门厅、中厅、后厅，总面积为 2 806 平方米。中厅名“思成堂”，为讲学之所，后厅设置家庙，供斯姓族人春秋祭祀之用。建筑布局十分严谨，每个组群皆以高墙围护，为古代江南民居建筑技术、美学和生态学的完美结合，是研究我国封建社会伦理宗法的重要实物资料。2001 年被公布为全国重点文物保护单位。

小黄山遗址(Xiǎohuángshān Yízhǐ)　在绍兴市嵊州市甘霖镇上杜山村小黄山。以遗址所在地得名。属新石器时代遗址，距今 8 000～10 000 年。1984 年发现，2005 年发掘。面积 50 000 多平方米，遗址堆积厚 1～3 米。文化内涵分成四个阶段，第四阶段堆积遗物显示为良渚文化晚期遗存，存有壕沟、房基、灰坑、墓葬等一大批遗迹，石磨盘、石磨石出土数量为江南地区新石器时代遗址所罕见。前三阶段遗存为小黄山遗址堆积的主体，出土的夹砂红衣陶器群、用于加工食物的石磨盘、磨石和储藏坑是最主要最鲜明的文化特征。遗址低山丘陵的地形环境，接近生土的堆积特征，对探索长江下游地区早期新石器文化有重要的借鉴意义及重大的学术价值。出土的石雕人首距今年代在 9 000 年上下，具有很重要的艺术研究价值。水稻遗存的发现，对农业起源特别是稻作农业起源研究具有重大学术意义。2013 年被公布为第七批全国重点文物保护单位。

崇仁村建筑群(Chóngrén Cūn Jiànzhù Qún)　在嵊州市崇仁镇。始建于唐，兴起于南宋，繁荣于明、清、民国时期。古镇规模宏大，总面积达 3 平方千米。街道布局以直街和横街组成十字骨架，呈不规则的方格网状结构，建筑群有传统的宗祠、民居、书院、厂房、店铺、作坊、寺院、祠所，完整的近现代乡镇政权管理机构：法院、镇公所、警署等。保存至今的有老台门 154 处，茶亭或路亭 14 处，染坊、赌场、邮局、教堂、法院、店铺等近代建筑 50 余处。重要的建筑有：玉山公祠、五联台门、镇公所、法院等。玉山公祠是崇仁裘氏规模最大、建筑最精、保存最好的宗祠建筑，建于清乾隆五十六年(1791 年)，占地面积 1 012 平方米，建筑面积 880 平方米；主体建筑依次为照壁、门厅、戏台、正厅、后厅和两侧厢房。五联台门为清代中期建筑，由若干台门组成、上下左右互相连通的居宅群落，以敬承书屋为中心，大夫第、樵溪台门、老屋台门、静轩台门、云和台门、翰平台门环列四周，建筑独立成院，过街楼相连，总面积 6 600 平方米。镇公所为民国建筑，占地面积 405 平方米，建筑面积 518 平方米。坐北朝南分二进，后院有侧屋三间，前厅作办公用房，正厅作公所正堂，后院作为生活用房。反映了社会体制嬗变的历史，有较高的历史研究价值。2006 年被公布为第六批全国重点文物保护单位。

华堂王氏宗祠(Huátáng Wángshì Zōngcí)　在嵊州市金庭镇华堂村。华堂村为王羲之后裔聚居之地。《明处士西谷王公墓志铭》载：“高祖兰室翁，尝筑猊山之阳。兰室翁，即王迈，字勉之。王氏三十三世孙。公性慷慨，好读书。养亲以孝，治生以勤，教自义方，待宾礼让，御家井井有法。绪业日广，肥沃联阡，仓箱充实；肇营广厦，黝圣丹漆，轮奂鲜明。华堂之名于是始矣。”王氏宗祠为王羲之后裔祭祀祖宗之祠。含大宗祠和新祠堂 2 座祠堂。大宗祠始建于明正德七年(1512 年)，为祭祀三十六世孙王琼夫妇而筑。坐西朝东，占地面积 582.6 平方米。两进院落布局。依中轴线布局，自东至西依次为门楼、石桥、水池、正厅、天井、后厅。门楼与正厅之间两侧设厢房。祠前有塘，祠内设池，楼池相映，建筑精美。新祠堂在大祠堂东南侧 50 米处。清中期建筑。占地面积 112 平方米。

坐西朝东，一进院布局，由门楼、正堂组成。对研究王氏家族文化具有重要意义。2013 年被公布为第七批全国重点文物保护单位。

大佛寺石弥勒像和千佛岩造像　在绍兴市新昌县人民西路 117 号大佛寺景区。含大佛寺石弥勒像、千佛岩造像 2 处造像。皆为我国南朝重要龛像的文化遗存。大佛寺石弥勒像（Dàfósì Shímílè Xiàng），誉为“江南第一大佛”。南朝齐永明四年（486 年）建石城寺并始凿石像，梁天监十二至十五年（513—516 年）完成。南宋嘉泰《会稽志》卷八：“齐永明中僧护凿石造弥勒像，建寺号石城。至梁天监十二年像始成，身高百尺。”南宋宝庆《会稽续志》卷三：“护始到夜，闻钟磬仙乐之音，又时现佛像炜烨可骇繇，是启愿凿百尺弥勒像。像成，端严伟特，名闻中外。其最异者，像自石中凿出。今佛身之后石壁之上，有自然圆晕如大车轮正当佛首，而四方阔狭一同，无毫厘差，佛身高广。”唐会昌五年（845 年），石城建瑞像阁三层。唐广明年间（880 年），寺院毁。后梁开平三年（909 年），重建赐寺名为“瑞像寺”。宋大中祥符元年（1008 年），诏改“瑞像寺”为“宝相寺”。南宋嘉泰《会稽志》卷八：“宝相寺，在县西南一十里……唐会昌五年建三层阁，改寺曰瑞像阁，大中祥符元年赐今额。”明洪武年间（1328—1388 年）称石佛寺。明朝永乐九年（1411 年）重建毗卢阁，改寺名为毗卢阁。清康熙年间（1662—1722 年）称南明寺。清咸丰年间（1851—1861 年），寺院再毁。光绪年间（1875—1908 年）重建后称大佛寺。1925 年在寺门口立碑，上书“大佛寺”，沿用至今。现存大佛座高 2 米，坐像身高 14.05 米，头高 4.4 米，脸部高 3 米，双手呈禅定印，结跏趺坐。两膝趺距 10.6 米。唐孟浩然《腊月八日于剡县石城寺礼拜》曾赞：“石壁开金像，香山倚铁围。下生弥勒见，回向一心归。竹柏禅庭古，楼台世界稀。夕岚增气色，余照发光辉。”千佛岩造像（Qiānfóyán Zàoxiàng）凿于南朝齐永明年间（483—493 年），大小两窟毗连，依石窟后壁造像。大窟壁面居中雕释迦坐像，左侧列千佛 4 区，右侧列千佛 6 区。10 区共 1 020 龛计 1 040 尊像，小窟有龛像 35 尊。为我国江南地区现存时代较早、规模较大的石刻造像，是研究我国南朝佛教造像艺术的重要实物例证之一，具有较高历史和艺术价值。2013 年皆被公布为第七批全国重点文物保护单位。

太平天国侍王府（Tàipíngtiānguó Shìwángfǔ）　在金华市婺城区酒坊巷 52－3 号。李世贤（1834—1865），太平天国后期的重要将领，被封为侍王，以金华为中心建立太平天国浙江根据地。侍王府为当年李世贤在浙江的指挥中心。侍王府原为金华历代官署所在地，唐、宋时为州治旧址，元时为宣慰司署，明初朱元璋曾驻此，后为巡按御史行台，清朝为试士院。清咸丰十一年（1861 年），太平军攻克金华，侍王在原“试士院”的旧址上扩建了太平天国侍王府，成为太平天国后期重要将领李世贤在浙江的军事指挥中心。同治二年（1863 年），太平军撤离金华，侍王府仍为官府衙署和试士院所用。由宫殿、住宅、园林、后勤组成，毗连宽广的练兵场，总面积达 63 000 平方米，现存建筑面积 3 000 多平方米，分为东、西两院。东院即原试士院，现存照壁、正厅、后厅、耐寒轩等建筑。西院为太平军就千户所旧址兴建。共四进，为侍王书房及住宅。侍王府院壁、梁无处不画，内容为太平军活动，民间渔、樵、耕、读等题材，及龙、狮、象等画面。1939 年抗日战争关键时刻，周恩来总理曾到议事厅作过重要的抗战演讲。1963 年辟为太平天国侍王府纪念馆。侍王府是我国现存规模最大、保存最完整、艺术品最多的太平天国王府建筑群，1988 年被公布为第三批全国重点文物保护单位。

铁店窑遗址（Tiědiànyáo Yízhǐ）　在金华市婺城区琅琊镇铁店村及其周围的山坡上。婺州窑系代表性窑址之一。属北宋至元代遗址。1981 年发现古窑址 16 处，现存 3 处。以烧制乳浊釉瓷为主，亦烧青瓷。品种有青釉瓷器和乳浊釉瓷器。乳浊釉瓷器与北方同时期的乳浊釉瓷器有明显的区别，具有鲜明的地方特色。釉色以天青和蓝紫色乳光釉为主。种类有碗、盘等日常生活用器，还有三足鼓钉洗、鬲式炉和花盆等，呈天青、天蓝、月白色，均具有荧光般幽雅的蓝色光泽，器物纹饰以素面为主。为研究中国古陶瓷的工艺历史提供了实证。2001 年被公布为第五批全国重点文物保护单位。

寺平村乡土建筑（Sìpíng Cūn Xiāngtǔ Jiànzhù）　在金华市婺城区汤溪镇寺平村。为戴姓氏族自元末明初聚族居住形成。《兰源戴氏宗谱》："吾祖自宋南渡以来，世居溪西，至庚三公者，见古安乐寺南，土地饶沃，林木扶疏，乃卜居焉，号曰'溪东寺坪'。"后简称并谐音雅化为今名。占地面积 6 000 平方米，建筑面积 22 000 多平方米。留存至今的明、清、民国时期乡土建筑尚有千余间。主要建筑有其顺堂、百顺堂、敦睦堂、崇德堂、立本堂、崇厚堂 6 座坛庙祠堂，戴正基民宅、戴康福民宅、戴有昌民宅、五间花轩等 16 座宅第民居，郑素香民宅、戴维能民宅 2 座店铺作坊，高楼下、水角厅遗址、红仓门 3 处亭台楼阙，五间楼、走马楼 2 座过街楼，广西二公墓、金泉堰、娘娘井等遗迹。明初洪武年间（1368—1398 年）开凿的引水古堰"金泉堰"至今灌溉着村落四周的农田，村内保存建筑类型丰富，厅堂府第是重要的建筑遗产，均以砖雕、木雕、石雕作装饰，颇具特色。为研究明、清建筑和村落历史提供了宝贵实例。2010 年被公布为第五批中国历史文化名村。2013 年被公布为第七批全国重点文物保护单位。

诸葛长乐村民居　在金华市兰溪市诸葛镇。含诸葛村、长乐村 2 处民居。共有明清至民国时期的建筑 215 幢，其中诸葛村 159 幢，长乐村 56 幢。诸葛村民居（Zhūgě Cūn Mínjū），始建于宋，兴建于元至正年间，由诸葛氏始居。据《高隆诸葛氏宗谱》记载，诸葛氏（迁兰始祖诸葛青）于北宋天禧二年（1018 年）自寿昌县常村（今建德市寿昌镇里诸村）徙居同镇砚山之麓，元至正年间由砚山转迁于此。原称高隆岗，因地处高隆岗山麓得名。明代因是诸葛氏聚居地，故以姓氏改今名。明、清兴建了 30 余座厅堂及大批居住建筑，形成了"九宫八卦阵"的村落布局。以呈太极图形的钟池为中心，8 座缓丘为边缘，8 条小巷放射状布局的八卦图形成块状分布。今存完整连片的明、清传统民居 209 座，总面积 6 万多平方米。有大公堂、大经堂、丞相祠堂、天一堂、寿春堂、雍睦堂等著名古建筑，为今全国诸葛亮后裔最大聚居地，被誉为"江南传统古村落古民居典范"。长乐村民居（Chánglè Cūn Mínjū）始建于唐末，兴建于南宋嘉定元年（1208 年）。由叶氏始居，迁自本县叶店垅（今兰溪市诸葛镇银塘村花厅沈附近）。元初，浙东学派代表人物金履祥后裔迁此，后繁衍为村中大族。原名上坑庄。后传元末朱元璋率军驻此，见民风淳朴，勤于耕作，叹为常乐之村，遂更名为常乐。后谐音改今名。今存元明、清传统民居 127 座，并有大宗祠、象贤厅、牌坊、过街亭、骑楼等知名古建筑。多为坐南朝北。具有重要的历史、建筑学研究价值，并为研究当地商业经济发展及其血缘村落向业缘村落过渡、转变，提供了丰富的实物例证。1996 年被公布为第四批全国重点文物保护单位。

芝堰村建筑群（Zhīyàn Cūn Jiànzhù Qún）　在金华市兰溪市黄店镇芝堰村。南宋淳熙年间（1174—1189 年）建村。由陈氏始居，迁自睦州分水县（今杭州市富阳区境内）。原称芝溪村。清顾祖禹《读史方舆纪要》卷九十三："乾溪，在县西北二十里。有二源，一出严州府西南二十五里之马目山，谓之芝溪；一出县西北四十五里之塔弹源，谓之社溪；经县西北三十里白露山下而合流，又十余里至湖埠入于大溪。"后因于芝溪上建堤堰而改今名。古时为严婺古驿道，由于过往行人密集，商贸活动频繁，宋代初成，明中期形成了较为完整的村落格局，大量的厅堂、民宅、客栈、店铺、茶馆、过街楼等随之兴建。今存古街及元代至民国时期传统民居30余座，被誉为“古民居博物馆”。其中，衍德堂、孝思堂、承显堂、济美堂、成志堂、光裕堂、善述堂、世德堂、世泽堂等深宅大院用材硕大，制作考究，气势宏伟。建于元末明初的衍德堂，为浙江省现存最早的民居建筑之一。为研究传统村落文化及民居建筑的演变提供了重要实物资料。2006年被公布为第六批全国重点文物保护单位。

古月桥(Gǔyuè Qiáo)　在金华市义乌市赤岸镇雅治街西侧。横跨龙溪。原名大桥。清嘉庆《义乌县志》卷二：“大桥，县南四十里。一洞高二丈，广丈余，修亘五丈，跨龙溪之上，去野墅西里许。”建于南宋嘉定六年(1213年)。1982年以造型似新月改今名。系单拱五边形石拱桥，采用单拱纵联分节并列砌置法建造，造型稳固而又别致。全长31.2米，高4.95米，宽4.5米，净跨15米，两侧设有压栏石。桥侧面中部横石匾上刻有“皇宋嘉定癸酉季秋润月建造”字样。为浙江省现存最早的肋骨拱石桥，对研究我国桥梁发展史具有很高的历史、科学价值。2001年被公布为第五批全国重点文物保护单位。

黄山八面厅(Huángshān Bāmiàn Tīng)　在义乌市上溪镇黄山村。因外墙四周有八个大门可进出宅院，且由八个大小厅堂组成，故名。清嘉庆元年(1796年)始建，十八年竣工。平面布局近长方“回”字形，现存建筑三路六院共64间，建筑面积2 500平方米。主体建筑和附属建筑以中轴线和横轴线相交构成。沿中轴线依次分布为花厅遗址、门厅、大厅、堂楼，中轴线南北两侧分别有两个三合院，中轴线4座厅堂与横轴线的4座厢厅，形成8座厅堂。每一座院落都有厅堂、厢房、天井，可独立门户，又与前廊相通。八面厅用材考究硕大，雕刻技艺精湛，建筑结构精巧，具有极高的建筑艺术价值。2001年被公布为第五批全国重点文物保护单位。

东阳卢宅(Dōngyáng Lú Zhái)　在东阳市吴宁街道卢宅社区。卢氏自南宋靖康二年(1127年)定居于此，世代聚族而居。明景泰七年(1456年)，以肃雍堂为中心的宅院群始建。天顺六年(1462年)落成。坐北朝南，纵深230余米，建筑面积约1.7万平方米，占地面积5万平方米，共40多处园林、书院、寺观和26座牌坊，由10余组南北轴线的宅院组成，明、清两代古厅堂60余座，房屋数千间。主轴线沿照壁穿过三座石牌坊转折至肃雍堂、乐寿堂，止于世雍堂。以肃雍堂轴线为最，共有厅堂九进，依次是捷报门、国光门、肃雍堂大厅、肃雍正堂、乐寿堂、世雍门楼、世雍堂、中堂、后楼。肃雍堂不论斗、栱、梁、枋、檩，凡可雕刻和彩绘的地方，都刻上了花纹和线脚或绘上各种图案，极尽东阳木雕和彩绘的技能。堂内的花灯，起自明代，盛于清代，《红楼梦》中描写的各种花灯这里应有尽有。左右平行的有世德堂、大夫第、世进七第、五台堂、柱史第、五云堂、冰玉堂等建筑群。还有卢氏祠堂、善庆堂、嘉会堂、宪臣堂、树德堂、惇叙堂等建筑群。为我国明、清建筑艺术中的珍贵遗产，誉为“具有国际水平的东方住宅”“民间故宫”。《鸦片战争》《雍正王朝》《海瑞罢官》《人间四月天》《天下粮仓》等30余部影视作品在此拍摄。1988年被公布为第三批全国重点文物保护单位。

东阳土墩墓群(Dōngyáng Tǔdūn Mùqún)　在东阳市江北街道、六石街道、巍山镇一带。属春秋时期西周越国墓。2003年发掘。均坐落于小山之巅，坐东西向，规模宏大。现有祥湖石角山石室、派园石塛洞山石室、石宅银角山石室、派园下马柴前山、古渊头峋界尖5处土墩墓保存较好。墓室采用巨大的石块构筑而成，选用巨石多为板状、条状或方形，有的巨石长及数米，重达数吨，为其他地方土墩墓所罕见。墓室平面有“凹”字形、“凸”字形和长条形三种。土墩墓群规模巨大，墓葬形制结构不同，是春秋战国时期墓葬形制发展变化不可多得的重要实例，为研究古越国的历史和文化提供了极为珍贵的实物资料。2006年被公布为第六批全国重点文物保护单位。

延福寺(Yánfú Sì)　在金华市武义县桃溪镇陶村福平山。五代后唐天成二年(927年)始建。初名福田院,喻给贫者施供养救济等善事自有福报之义得名。后晋天福二年(937年)赐名"波若寺"。南宋绍熙年间(1190—1194年)赐名延福寺。元延祐四年(1317年)重建大殿,并设置重修碑记。1934年《宣平县志》卷二:"延福寺,在县北二十五里。晋天福二年,僧宗一(重)建。明天顺间,僧涧清重修。康熙九年,僧照应重建后殿、观音阁、两廊。雍正八年至乾隆十三年,僧通茂同徒定明屡次修整大殿,创建天王宝殿并两廊厢屋二十一间,装塑天王金身四尊,由是狮林大振。旧有六景:翠屏山、五柳溪、悬磐沿、木鱼山、石涧井、长生池。道光十八年住持僧汉书重建山门。同治四年住持僧妙显重修。"2000—2001年进行修缮。现存建筑以中轴线排列为山门、天王殿、长生池、大殿、后殿、观音堂和两侧厢房等建筑。山门、天王殿和观音堂为清代建筑,装饰富丽堂皇。现大殿为元延祐四年(1317年)重建之遗存。大殿方形,殿身属厅堂型结构之"八架椽屋,前三椽栿后乳栿用四柱"。为江南现存年代最早、保存最完整的元代木构斗栱建筑珍品,具有极高的建筑艺术研究和鉴赏价值。1934年梁思成、林徽因夫妇曾勘察,称赞大殿斗栱:"此斗栱全部形制特殊,多不合历来传统方式,实为罕见之孤例。"另存宋宝祐二年(1254年)铸造的大铁钟一口、元代石狮一对、元泰定元年(1324年)刘演的《重修延福寺记》石碑、明天顺七年(1463年)陶孟端的《延福寺重修记》石碑等文物。1996年被公布为第四批全国重点文物保护单位。

俞源村古建筑群(Yúyuán Cūn Gǔjiànzhù Qún)　在金华市武义县俞源村。古称"朱颜",因朱氏、颜氏聚居得名。相传南宋末,俞氏自丽水扶亲眷灵柩归葬故里,于此现灵异,遂就地安葬,并定居逐渐繁衍为望族。以村处溪源,以姓氏与地理特征组合命名为今名。明嘉靖年间和清乾隆、道光时期曾兴盛。据《俞氏宗谱》载,村落布局为明政治家刘伯温按"黄道十二宫"和"二十八星宿"星象图规划设计。占地3.4万平方米,分为前宅、上宅和下宅3部分。存有完整连片的宋代至民国时期传统民居60座,计1 072间。其中,宋至清古建筑53座。前宅为俞氏始迁之初定居之地,以明末清初建筑为主。存有元代石拱桥,明代宗祠及民居,清代宗祠、庙宇、戏台及民居等。上宅和下宅以清中晚期建筑为主,有俞氏宗祠、六峰堂、裕后堂、精深楼、下万春堂等。建筑类型丰富,木雕、砖雕、石雕精细,小木作装修、壁画、卵石工艺等一俱精美,有极高的建筑艺术研究价值。明、清两朝出过进士、举人、秀才等293人;现存写俞源的古诗百余首。宋谦、章溢、苏平仲、冯梦龙、凌蒙初等名家与俞源有着不解之缘,明翰林院士苏平仲撰写的《俞源皆山楼记》被载入《四库全书》,有关俞源的许多故事被编入《二刻拍案惊奇》。起源于明末清初的大型民间文化活动"擎台阁"流传至今。2001年被公布为第五批全国重点文物保护单位。2003年列为第一批中国历史文化名村。2008年俞源村古建筑群营造技艺被列入国家级非物质文化遗产名录。

上山遗址(Shàngshān Yízhǐ)　在金华市浦江县黄宅镇渠南村上山。以地势略高得名。属旧石器时代向新石器时代过渡的遗址。距今9 000～11 000年。2001、2004至2006年进行了四期考古发掘,发掘面积2 000平方米。2006年将地域文化命名为"上山文化"。2021年入选为"百年百大考古发现"。遗址占地面积2万多平方米,海拔40～100多米。内涵分为下层、中层、上层三个阶段的堆积。发现了居址、墓葬、环壕等遗迹。出土的文物约80件陶器,大多数器型是以大口盆、平底盆、双耳罐为典型的陶器及石球、石磨盘等石器。出土的夹炭陶片中发现稻粒遗存,对稻作农业起源问题的研究提供了珍贵的资料,是中国长江下游迄今发现的年代最早的新石器时代遗址,有极重要的历史研究价值。2006年被公布为第六批全国重点文物保护单位。

郑义门古建筑群(Zhèngyìmén Gǔjiànzhù Qún) 在金华市浦江县郑宅镇。原名“承恩里”,北宋初年郑氏兄弟三人迁至浦江香岩溪畔,称“三郑”。南宋时易名仁义里。元代因两次旌表为“孝义门”而改称郑义门,明代被旌为“江南第一家”。郑氏以孝义治家闻名。自南宋建炎年间(1127—1130年)开始,历经宋、元、明三朝十五世,同居共食三百多年,鼎盛时家族“食指三千”,其孝义家风屡受朝廷旌表。《元史·孝友传》:“郑文嗣,婺州浦江人。其家十世同居,凡二百四十余年,一钱尺帛无敢私。至大间表其门。”明洪武十八年(1385年),明太祖朱元璋因郑氏以《规范》治家,口赐郑氏为“江南第一家”。由郑氏宗祠、昌三公祠、昌七公祠、孝感泉、崇义桥、九世同居碑亭等30处元至民国时期的建筑组成。郑氏宗祠占地5000平方米,建筑面积2463平方米。始建于元至大年间。元至元年间、康熙二十八年(1689年)、嘉庆三年(1798年)扩建、重建。另有十桥九闸、东明书院遗址、文井、圣谕楼、老佛社、孝感泉等建筑古迹。以《郑氏规范》为名的家规长达168条,被誉为中国传统家规典范。融古代建筑、儒学思想与传统民俗于一体,具有很高的历史、文化、艺术、伦理史、教育史及民俗研究等价值。2001年被公布为第五批全国重点文物保护单位。

玉山古茶场(Yùshān Gǔcháchǎng) 在金华市磐安县大盘山北麓,玉山镇马塘村茶场山下。东晋道士许逊在磐安玉山传授茶叶精制之法,制成“婺州东白”。唐时,“婺州东白”被列为贡品,并列入“茶圣”陆羽所著《茶经》中。宋时,玉山地区茶农纪念“茶神”许逊尊为“真君大帝”,建庙祭祀,在茶场庙东侧设置茶场。从此玉山古茶场成为榷茶之地,历代设官监之。《东阳玉山周氏宗谱》(卷十六)载:“先君子尝访之玉山,著屐同登茶场山,蹑崖崚步,岩磴直跻其巅。茶场山者,故宋所榷茶地也,设官监之,以迎御命,曰‘茶纲’。”明代,玉山茶叶交易十分兴盛,官府于此设立“巡检司”,对茶场实施管理,形成了以茶叶交易为中心的重要聚会——“春社”和“秋社”。除了祭拜茶神外,并在茶场内举行观社戏、挂灯笼、竖大旗等民俗文化活动。清中期,朝廷委派东阳县衙对玉山古茶场进行管理,在茶场内置放清代“奉谕禁茶叶洋价称头碑”“奉谕禁白术洋价称头碑”“奉谕禁粮价洋价称头碑”碑文。清末,经济衰退,茶叶交易开始萎缩。现存建筑为清乾隆四十六年(1781年)重修。占地3430平方米,建筑面积1559.6平方米。主要由茶场庙、茶场管理用房(巡检司)、茶场组成。茶场庙由砖雕台门、天井、正殿组成。庙内供奉“茶神”,即“真君大帝”许逊。存有清周昌霁的手书“茶场庙”石匾。管理房由门厅、天井、正厅等组成,是古时朝廷官员在此征税办公的场所,清道光《东阳县志》卷十二:“玉山、瑞山巡检司,在县东南,地名横店。今废。”还保留有“谕禁白术洋价”“粮价洋价”等清代石碑。茶场由“两进、两井、一门楼”组成。前后两进房子均为五开间,中三间为厅堂,两侧为厢房。厅堂、厢房均为二层楼房,形式为走马楼。楼上临天井四面是相通的廊,以便于楼上客商往来。楼下为固定摊位及自由交易摊位。对于研究茶叶生产的历史传承、挖掘茶文化内涵及古代的社会经济发展都具有重要意义。2006年被公布为第六批全国重点文物保护单位。

孔氏南宗家庙(Kǒngshì Nánzōng Jiāmiào) 在衢州市柯城区府山街道钟楼社区新桥街。南宋建炎二年(1128年),孔子第48代裔孙孔端友奉孔子夫妇楷木像,率领部分孔氏族人扈跸南渡后,赐居衢州。清嘉庆《西安县志》卷二十八:“孔端友,先圣四十八代孙……建炎二年,金人入犯,遂与从父开国男傅同驾南渡,赐家于衢。”南宋绍兴六年(1136年),以衢州府学建家庙。《大明一统志》卷四十三:“孔氏家庙,在府治西。宣圣四十八代孙袭封衍圣公端友,从宋高宗南渡,赐居衢州。绍兴六年,诏权以衢州学为家庙,赐田奉祀。”宝祐三年(1255年),仿曲阜规制重建家庙于衢城菱湖,后被毁,迁建于城南。元至正十九年(1359年)修葺。清嘉庆《西安县志》卷二十八:“宝祐乙卯,郡守孙子秀请于朝，建庙城北菱湖之上，后毁迁城南。明龙凤五年，当作元至正十九年，衢州总制军民事王恺重新。”永乐五年（1407 年），“礼部尚书胡濙奏迁庙于郡城崇文坊。”现址为明正德十五年（1520 年）所建。清嘉庆《西安县志》卷二十八：“正德十五年，巡按御史唐凤仪疏徙府治后，故县学址为之。”清代至民国多次修葺。占地面积约 14 000 平方米，建筑面积 7 490 平方米。分为孔庙、孔府及后花园 3 个部分。建筑群坐北朝南，平面呈纵长形，以三条轴线布局。东轴线上有孔塾、崇圣门、崇圣祠、圣泽楼等建筑。中轴线上有孔庙大门、大成门、甬道、大成殿、东西庑等建筑。西轴线上有五支祠、袭封祠、六代公爵祠、思鲁阁等建筑。思鲁阁内供奉有孔子及其夫人的楷木像，阁下立有“先圣遗像”碑。祭孔礼仪是孔氏后裔祭祀祖先孔子、历代帝王行尊圣之礼的传统祭祀典礼，在国内外有重大影响。南宋以来，南宗祭祀仪式经久不衰。清乾隆八年（1743 年）曾达到高潮。对研究中国古代建筑、文化、艺术以及祭祀制度等具有重要意义。1996 年被公布为第四批全国重点文物保护单位。

衢州城墙（Qúzhōu Chéngqiáng）　在衢州市柯城区府山街道。始建于东汉初平三年（192 年），原为土墙。明天启《衢州府志》卷一：“龟峰，上建府治，其形如龟昂首垂足。”卷七：“衢郡故城几三，按旧志：‘一在马驿桥南，一在开元寺北，一在章戴之白石。’三城废置莫考。今龟峰之城亦不知其初建，州人相传，先止土墙而已。”唐开始以砖石筑墙。明嘉靖《衢州府志》卷四：“唐武德四年置衢州建郡治。”其址当以龟峰、峥嵘岭为中心。清顾祖禹《读史方舆纪要》卷九十三：“峥嵘山，府治西北……其东南相连者，曰‘龟峰山’，府治枕其麓。”自此以后，城墙历经修筑、扩展，形成保留至今的古城墙。明天启《衢州府志》卷七：“宋宣和三年辛丑，守高至临城龟峰。绍兴十四年甲子，守林待聘修筑。嘉定三年庚午，又水，守孙子直修筑。嘉定十一年戊寅，守魏豹文新六门城楼。明弘治己未，守沈杰修筑。嘉靖庚中，守杨公准修。万历中，守洪纤若重建朝京门城楼。天启初，守林公应翔重建拱辰门城楼。”清顺治至 1916 年曾维修 20 余次。府城墙周长为 6 500 米，设六城门，西临天堑衢江，东南、北三面皆设宽阔的护城河。现除大西门于 20 世纪末重新修缮外，其余各门城楼已圮。城墙残存约有 2 000 米，残高 3～5 米。城内有建于明万历年间的四门塔式钟楼方形基座。基座中设一天井。门券为纵联分节砌筑而成。台基平面呈“回”字形，各边长 12.9 米。拱门宽 4.5 米，券门 4 米。衢州府城在选址和城台形制等方面皆有独到之处，具有很高的历史、艺术、科学价值。2006 年被公布为第六批全国重点文物保护单位。

周宣灵王庙（Zhōuxuānlíngwáng Miào）　在浙江省衢州市柯城区府山街道下营街 18 号。南宋淳熙年间（1174—1189 年），为纪念孝子周雄而建，俗称孝子庙。周雄（1188—1211），字仲伟，富阳市渌渚人。传周氏以孝闻名，母讣哀死。为感周雄纯孝，建庙于江浒。清嘉庆《西安县志》卷四十三：“周宣灵王庙，《宏治府志》：‘在府治西北，朝京门内。’《旧志》：‘杭州新城县渌川埠人，姓周名雄，字仲伟。宋淳熙间，母汪氏感龙浴金盆之瑞，而生母病剧，奉母命祷于婺之五王庙。比归及衢，闻母讣，哀痛哭泣，死舟中，植立不仆。衢人异之即奉神，肉躯敛布加漆，建庙祀焉。’”明弘治九年（1496 年）重建。正德九年（1514 年）扩建。嘉靖四十年（1561 年）重修。清嘉庆《西安县志》卷四十三：“明宏治丙辰，庙毁复建。正德甲戌，增燕室三楹，真身在焉。嘉靖辛酉，郡守杨准新之。”清嘉庆十三年（1808 年）重建。原建筑面积为 1 850 平方米，现仅存 853 平方米。坐东朝西，有门厅、正殿和后殿，为三进两名堂建筑结构，其通面宽 19.1 米，通进深 43.7 米。门厅后原有戏台，现存藻井装饰，其额枋上雕人物故事及凤鸟，山墙嵌碑八通，仍清晰可见颂扬“孝”文化的浓厚氛围。其正殿五开间，通面宽 18.1 米，通进深 11.2 米，檐柱用方形石柱，梁柱粗大，木雕精美，工艺讲究，是观赏和研究我国江南地区古建筑的典型实物资料。作为中华“孝”文化的物质载体，是见证我国传统“孝”道思想的重要文化遗存。2013 被公布为第七批全国重点文物保护单位。

三卿口制瓷作坊（Sānqīngkǒu Zhìcí Zuōfáng）　在衢州市江山市峡口镇三卿口村。以王氏祖先王祐亲植三棵槐，云子孙必为三公得名。又传此地有三条山溪（东溪坑、蛋溪坑、大坂溪坑）得名。《江山市志》：“清乾隆十一年，黄正中、黄大远叔侄自福建连城迁入三卿口乡子里安村，选址建窑，生产粗碗、白瓶等瓷器，代代相传。”现存龙窑于 1962 年重修。龙窑总长约 32 米，前低后高，坐东朝西，红砖、石头砌筑，横截面呈拱形，火堂为半圆，中间设投柴口。投柴口下方有一条上窄下宽的通风口。窑床燃烧室分 27 个阶梯窑室，窑床两侧共设 54 个投柴孔，内有窑膛 27 间，总长度达 35 米。出窑碗、瓶、酒杯等 2 万多件陶瓷。南面有 300 平方米的作坊，专供上釉、画花以及陶坯送入炉前晾干。整条窑用长廊式瓦棚覆盖，总面积达 500 余平方米。为中国现存最古老的窑址，中国早期青花瓷的发祥地之一。其保留完整的生产设施、工场布局、技术工艺及生产组织方式，被许多专家称为“中国古代制瓷工艺的活化石、活教材”。对了解和认识古代制瓷生产、经营方式及经济性质具有重要的参考价值。2006 年被公布为第六批全国重点文物保护单位。

鸡鸣山民居苑（Jīmíngshān Mínjūyuàn）　在衢州市龙游县东华街道鸡鸣山。1991 年由原址将龙游乡间的明、清古建筑集中迁移于此。以鸡鸣山上的明代鸡鸣塔为中心，依山势从南、北、东方向建造了照壁、祠堂、书院、民居、店铺、公共休憩亭、过街楼等各类龙游地区的明、清古建筑。占地 6.6 万平方米。共迁建古建筑 45 幢，其中元 1 幢、明清 40 幢、民国 4 幢。现搬迁高岗起凤、翊秀亭、巫氏厅、汪氏民居、邵氏小厅、灵山花厅 6 座古建筑。高岗起凤建于清代，二进三开间，重檐歇山顶门楼；翊秀亭建于明万历年间，青石仿木构；巫氏厅建于清初，迁建的系原建筑第三进主体；汪氏民居建于清乾隆年间，二进三开间，前厅后楼；灵山花厅建于晚清，迁建的是原建筑第三进主体，雕刻艺术精湛，仅龙图就近百处；鸡鸣塔建于明代，六面七层，楼阁式砖塔。对于古建筑异地保护有一定的借鉴作用，迁建民居在建筑形制、装饰雕刻上地域特点浓郁，具有较高艺术价值。2013 年合并，整体被公布为第七批全国重点文物保护单位。

湖镇舍利塔（Húzhèn Shělì Tǎ）　在衢州市龙游县湖镇镇下街舍利寺院内。1925 年《龙游县志》卷二十四：“舍利寺，在县东三十里。何时建无考……宋明道二年，县人江延厚重建，赵抃为之记。清康熙十九年，知县卢灿命僧某重修。道光间，僧维慧重修大殿。咸同焚后仅除大殿及罗汉堂五间而已。”塔建于北宋嘉祐三年（1058 年），塔上第二、六层等多处铭文砖上有阳刻楷书“嘉祐三年七月江逵重造宝塔”等字样。为六面七层仿木楼阁式实心砖塔，高 27.3 米。基座边长 2.2 米，高 1.6 米。每层皆砌出平座、柱枋、斗栱形式，每面中央设壸门式壁龛，内供佛像。塔檐用菱角牙子层层叠涩出檐，顶层檐角安铁制风铃，转角及补间用四铺作单抄斗栱。塔顶安铁制刹柱，置相轮六重。每层层高与平面对径皆以相同的比例收缩，增修长之感。此外，造型精确的砖制斗栱、弧度较大的屋檐起翘、龛内保存的各式青铜佛像以及铁制相轮等皆保持了宋代形制，弥足珍贵，具有较高的建筑艺术价值和文史研究价值。2001 年被公布为第五批全国重点文物保护单位。

小南海石室（Xiǎonánhǎi Shíshì）　在衢州市龙游县小南海镇和湖镇境内衢江北岸。宋至清石矿遗址。1992 年 6 月发现，对 1～7 号石室进行考古清理。石室总数为 60 座左右，其中小南海镇周红畈村分布最为密集，达 25 座。根据入口结构，洞室分为三大类：竖穴小口洞室结构，横穴散开式洞厅，院落式结构。每座洞室都是经过精心测量设计营建，洞室与洞室之间互不连通。入口方向不尽相同，但每座洞室朝向基本一致。单体平面绝大部分呈长方形或近似方形。从入口开始，有阶梯状台级逐级展开。石室平面多呈方形，有些石室顶呈弧状；石室内隔一定间距留有石柱；多数石室的岩壁上留有一排排整齐的铁钎凿痕；有些石室相互紧邻，有些石室相隔数十厘米却不相通。现大部分石室保存较好，开发成为大众参观游赏的胜地。具有较高的文史研究和旅游价值。2013 年被公布为第七批全国重点文物保护单位。

关西世家(Guānxī Shìjiā)　在衢州市龙游县横山镇天池村杨家。南宋绍兴二十年(1150 年)，东汉名臣杨震后裔杨宗明迁居于此。明万历元年(1573 年)修建宗祠，以杨震称“关西孔子杨伯起”得名。建筑坐北朝南，两进三开间，总面阔 12 米，总进深 24 米，占地面积 282 平方米。前进正立面设门楼，重檐歇山顶，有“关西世家”匾额一方。前进明间两缝抬梁式前双步后卷棚用四柱，共九檩，设戏台。次间山缝穿斗式前后双步。后进为正厅，明间两缝九架梁前后双步。左厢房山墙上嵌有建厅石刻碑记一方。整组建筑保存完整，庭院、池塘环境完整保留，建筑木构件雕琢精细，饰刻人物、山水、花草图案，透雕、浮雕相间，造型生动，为特色明显的明代祠堂建筑，具有很高的文物保护价值。2013 年被公布为第七批全国重点文物保护单位。

绍衣堂和横山塔　在衢州市龙游县横山镇高山村。含绍衣堂、横山塔 2 处建筑。绍衣堂(Shàoyī Táng)，以“承继旧闻善事，奉行先人之德化教言”为义。建于明洪武年间(1368—1398 年)。建筑坐北朝南，原有四进，现存前两进，面阔 12.5 米，进深 18.7 米，占地面积 234 平方米。第一进门厅原为重檐歇山顶。20 世纪 50 年代被改为单檐硬山顶。第二进正厅，明间两缝九架梁前后双步，次间山缝为穿斗式。内山墙用水磨砖实砌，严丝合缝。第一进后廊诸牵下部施斜撑，上置小斗承檩的构造做法，为浙西乃至浙江明代建筑中所不常见。横山塔(Héngshān Tǎ)，原名横峰塔。以矗立的小山丘得名。明嘉靖十三年(1534 年)张氏始建，二十年建成。为八面七层楼阁式空心砖塔，现存高度为 28.3 米，内径 3.5 米，壁厚 1.2 米。塔之各层收分较和缓，形同竹节。须弥座为红砂石砌成，外立面为仿木楼阁做法，每面设倚柱、额枋，墨绘斗緎及各种图案，腰檐用菱角牙子叠涩出檐，隔面壁设壶门。塔刹已毁，存覆钵及一重相轮。塔砖有“大明嘉靖横山张氏塔”纪年，塔顶铁质露盘有铭文。建塔缘由为“改善风水，趋利避害”。《横山张氏宗谱》：“横山宝塔于张祠面山之巅，山形如天马驯槽，堪舆家嫌其首不内顾，明嘉靖间族人倬公、富玉公、环公等，因建新塔镇之。”明代横山张氏裔孙张兆瑞和张宏约写的《横峰宝塔》也证实此因。“天马驯槽造化工，层峦宝塔影重重。花开应兆占科甲，文笔冲霄势独雄。”“横峰作案塔玲珑，百尺层楼七级通。功名何处占嘉兆，但看榴花顶上红。”绍衣堂和横山塔纪年确切，保存状况较好，对浙江明代建筑和江浙风水塔的研究有较高的参考价值。2013 年合并被公布为第七批全国重点文物保护单位。

三门源叶氏民居(Sānményuán Yèshì Mínjū)　在衢州市龙游县石佛乡三门源村。建村于宋宣和年间，由翁氏始居。《青山翁氏宗谱》卷首：“宋代遭方腊之乱避难于龙邱瀔北，良四公乃迁三门源之始祖。”后有叶氏于南宋咸淳六年(1270 年)自松阳卯山道坪乡(今松阳县古市镇)迁此。古称“三门垣”。《青山翁氏宗谱》卷首载：“考里名所自起周围皆山，惟村南平旷，左通东山，右邻官塘坞，其中直接南山干，三处往来如三门，然因以为号。”后因村后有碧溪之源，以谐音改今名。清道光年二十六年(1846 年)村人叶鹤天兴建 5 幢主体建筑。坐东朝西，占地面积达 4 500 平米。后因兵燹(太平军)烧毁，今存 3 座主体建筑和附属用房、庭院、花园、荷花塘、小山及二重敞门。主体建筑以门额为名，由“芝兰入座”“荆花永茂”“环堵生春”组成。皆为二进三开间对合楼屋结构，系清代中晚期江南民居典型建筑。建筑之间用侧门、过道、小弄堂等互相连接，空间上用围墙和敞门分割和连通。“芝兰入座”最为精巧，布局为三进两面三刀明堂。三座正门全以砖雕镶嵌，题材有渔樵耕读、楼台亭阁、山水动物、花鸟走兽等。门额23块砖雕描绘23出戏曲故事，是研究戏曲史的珍贵实物资料，具有较高的建筑艺术和历史文化研究价值。2013年被公布为第七批全国重点文物保护单位。

法雨寺(Fǎyǔ Sì)　在舟山市普陀区普陀山镇光熙峰下。为中国佛教圣地普陀山三大寺之一，俗称后寺。创建于明万历八年(1580年)。原名海潮庵，因此地泉石幽胜，结茅为庵，取“法海潮音”之义。万历二十二年改海潮寺，三十四年又名护国镇海禅寺，后毁于战火。清康熙二十八年(1689年)兴建，三十八年兴修大殿，康熙帝赐“天花法雨”匾额改今名。清康熙《定海县志》卷三：“寺二……曰后寺，即今上赐名法雨寺也。”同治、光绪年间又陆续建造殿宇。占地面积33 408平方米，建筑面积15 956平方米，现存殿宇382间。全寺坐北朝南，倚山起势，沿中轴线逐级升高，依次有天王殿、玉佛殿，两殿之间有钟鼓楼。后依次为观音殿、玉牌殿、大雄宝殿、藏经楼、方丈殿。观音殿又称九龙殿，九龙雕刻十分精致生动。殿内的九龙藻井及部分琉璃瓦从南京明故宫拆迁而来，被誉为普陀山三宝之一。为重要的佛教文化弘扬基地，有较高的历史文化、艺术价值。2006年被公布为第六批全国重点文物保护单位。

普陀山多宝塔(Pǔtuóshān Duōbǎo Tǎ)　在舟山市普陀山区普陀山普济寺东南，海印池附近。取《法华经》“多宝佛塔”之义得名。曾名太子塔，传建塔时曾得到元朝皇太子宣让王资助，故名。清康熙《定海县志》卷二《普陀山图》载有“太子塔”之名。建于元元统二年(1334年)，明万历二十年(1592年)重修，1919年再次修缮。塔高32米，四面五层，有台无檐，全用太湖美石砌成。塔上身三层四面各镂古佛一尊，背景为十八罗汉，每个罗汉神态各异。每层挑台置石栏，石栏柱端刻有守护天神、狮子莲花等图案。底层基座平台较宽，挑台面栏柱刻有护法神狮及莲花，四周栏下雕有龙首20个，张口作吐水状，造型生动。顶层四角饰有蕉叶山花，极具元代建筑风格，为浙江已发现的元代石塔中最为精美者。2006年被公布为第六批全国重点文物保护单位。

普陀山普济寺(Pǔtuóshān Pǔjì Sì)　在舟山市普陀区普陀山镇灵鹫峰下。为中国佛教圣地普陀山三大寺之一，全山供奉观音菩萨主刹。俗称前寺。创建于后梁贞明二年(916年)，初名不肯去观音院。后梁贞明年间(915—920年)扩大为寺。宋元丰三年(1080年)易名观音宝陀寺。嘉定七年(1214年)，御赐“圆通宝殿”匾额，定为专供观音的寺院。南宋宝庆《四明志》卷二十：“梅岑山观音宝陀寺，在县东海中。梁贞明二年建，因山为名寺，以观音着灵使高丽者必祷焉。皇朝元丰三年，有旨令改建，赐名‘宝陀’，且许岁度僧一人，从内殿承旨王舜封请也。绍兴元年，郡请于朝革律为禅。嘉定七年，宁宗皇帝御书‘圆通宝殿’四大字，赐之且给降缗钱一万。”明洪武十九年(1386年)实行海禁毁寺，弘治元年(1488年)重建寺院。嘉靖年间(1522—1566年)寺庙再毁，万历三十三年(1605年)重建，并赐额敕建“护国永寿普陀禅寺”。清康熙八年(1669年)，除大殿外，其余建筑毁于荷兰殖民者。康熙三十八年下诏重建寺庙并赐额“普济群灵”，始称普济禅寺。康熙《定海县志》卷三：“寺二：曰‘前寺’，即今上赐名‘普济寺’也。”雍正九年(1731年)，扩建殿堂及用房。占地面积26 000平方米。坐北朝南，沿中轴线依次筑有正山门(御碑殿)、天王殿、圆通殿、藏经楼、方丈殿等。主殿两旁有钟楼、鼓楼、配殿、客房等。寺前有石牌坊、照壁、御碑亭、八角亭、瑶池桥、海印池附属建(构)筑物等。御碑亭中存有清康熙四十三年御书碑“补陀罗迦山普济禅寺”。寺后有一石，名“灵鹫石”，又称“慈云石”，上刻明陶望龄“鹫岭慈云”题词。为我国寺院建筑的典型代表，具有较高的历史文化和艺术价值。2013 年被公布为第七批全国重点文物保护单位。

大溪东瓯古城遗址(Dàxī Dōng'ōu Gǔchéng Yízhǐ)　在台州市温岭市大溪镇北面的塘岭脚下。属战国晚期西汉早期城址。古城始建于战国末期，汉武帝建元三年(前 138 年)，在东瓯国归附朝廷后废弃。南宋嘉定《赤城志》卷二：“今章安镇侧有古城，盖吾州旧迹也，荒雉坠堞，已随秋草。”卷三十九：“外城周十里，高仅存二尺，厚四丈。内城周五里，有洗马池、九曲池、故宫基址祟一十四级。城上有高木可数十围。”2002 年发现，2006、2008、2016 年先后 3 次对遗址地面调查、钻探和考古试掘。范围包括里宅、大岙、塘山 3 村庄。分内城和外城。内城呈东西向长方形，面积 10 万平方米。外城面积 30 万平方米。城内地层堆积分为上、下两层，上层堆积包含物有青瓷瓶、壶、罐等文物。下层堆积包括板瓦、筒瓦、瓦当、敛口双耳罐、原始瓷小碗、敛口钵等。从出土器物、历史背景等判断，为西汉东瓯国城址。2013 年被公布为第七批全国重点文物保护单位。

台州府城墙(Tāizhōufǔ Chéngqiáng)　在台州市临海市古城街道灵江边。又称江南长城、江南八达岭。《清一统志》卷二九七：“(台州府)在临海县治，吴置。县志：有子城在县北大固山上，相传晋辛景所筑，以御孙恩。周四里，有三门，今仅存旧址。”旧罗城相传初筑于唐，历代屡毁屡修。元至正十八年(1358 年)、明嘉靖三十二年(1553 年)、清顺治十五年(1658 年)均曾重修。清康熙五十一年(1712 年)建瓮城。1995—1998 年城墙修复。由城墙墙体、城门、城楼、瓮城、护城河、护城桥、敌台、马面、垛口、女墙等组成。城墙总计长 6 280 米，高 7 米，设置 7 座城门。城墙下宽上窄，呈梯形，顶部外侧设置雉堞，内侧砌筑女墙，墙身还间隔一定距离设置外突的马面。城门原有崇和门、兴善门、镇宁门、靖越门、丰泰门、括苍门、朝天门 7 座。城门上方建设 7 座城楼用以防御和眺望。城墙上修建 13 座双层空心敌台用以抵御倭寇。兼具军事防御与防洪的双重功能，以其悠久的历史而独具研究价值和文化价值。2001 年被公布为第五批全国重点文物保护单位。

千佛塔(Qiānfó Tǎ)　在台州市临海市巾子山西麓龙兴寺内。龙兴寺，始建于唐神龙元年(705 年)。初名神龙寺，为台州官府所创。神龙二年改名为中兴寺，景龙三年(709 年)改名龙兴寺。开元二十六年(738 年)重建，改名为开元寺。天宝三载(744 年)复改龙兴寺。唐大中年间(847—859 年)复称开元寺。北宋景德年间(1004—1007 年)更名为景德寺。政和元年(1111 年)改名天宁寺。1998 年于旧址复建，复称龙兴寺。唐贞元二十年(804 年)，日本天台宗创始人最澄大师入唐求学，曾驻龙兴 149 天，研习天台教观，抄录经文，并授菩萨戒，回国后创立日本天台宗教派。千佛塔以塔身上装饰总数多达千尊佛像砖得名。初称龙兴寺塔，后名多宝塔。始建于唐天宝三载，现塔身系元大德三年(1299 年)重建。楼阁式砖木混合结构，六面七层，砖木楼阁式，中空单壁筒状结构。残高 28.6 米，一层高 4.3 米，宽 3.34 米。每层一门，二层至七层除一门外，面面有龛，每面都是模压烧制的佛像砖贴面，共有佛像 1 006 尊。塔各层平座采用石板出跳的建筑手法。1976 年维修时把呈不规则状的塔顶改成攒尖顶。1999 年维修将塔顶恢复成原状葫芦顶。为省内仅存的两座元塔之一，我国古塔中的精品，在建筑史上有一定的地位，有较高的艺术价值。2013 年被公布为第七批全国重点文物保护单位。

桃渚城(Táozhǔ Chéng)　在台州市临海市桃渚镇城里村。以古时百姓在渚上栽桃得名。明洪武二十年(1387 年)，为防御倭寇入侵置桃渚千户所，筑土城，后内迁至中旧城。正统七年(1442 年)再次内迁，八年新建桃渚所城，改建石城保存至今。《明史》卷四十四：“有桃渚前千户所，洪武二十年九月置。”1936年《台州府志》卷五十八：“桃渚千户所在卫城东北五十里。洪武二十年九月置。城高二丈五尺，周边三里五十步。正统八年建。”明嘉靖三十八年（1559年），抗倭后增建东西敌台两座。四十三年修建。平面基本呈方形，城池前有护城河，西南两面为一片旷野。城墙平均高4.6米，平均宽5米，城基宽10米。城上原建有敌台14个，城墙外壁均做成“马面”。现尚存东南西北面以及四角12个“马面”。城门三道，东、南、西各一，均为拱券形，并设瓮城。城内存有鹤峤书院、柳氏古宅、郎家里古宅、郎德丰古宅、天妃宫、关帝庙等明、清古建筑。另有明代“眺远”“镇海”摩崖题刻及《桃渚新建敌台碑记》石碑。为研究明代卫所制度与沿海防御体系的重要实物资料，具有较高的历史文化研究价值。2001年被公布为第五批全国重点文物保护单位。

坎门验潮所（Kǎnmén Yàncháo Suǒ）　在台州市玉环县坎门街道平石岙。1927年初建立验潮机构。1929年建成，1930年正式验取潮汐资料。1933年在验潮室附近基岩上设立一等水准点。根据该站1930—1934年潮位资料计算所得平均海平面，被称为“坎门高程”基准面。面积2 000平方米，包括回澜闸三道、验潮井、252号基准点、参考水准点、水准点禁毁标识、验潮房等设施。目前为国际潮位资料交换站，是中国人自己建在海滨特殊位置的第一座验潮所，沿海最重要的海洋科学站点，承担着许多科研任务，具有较高的历史价值和科学价值。2013年被公布为第七批全国重点文物保护单位。

国清寺（Guóqīng Sì）　在台州市天台县赤城街道天台山麓。隋开皇十八年（598年）创建，初名天台寺，因地处天台山麓得名。大业元年（605年）钦赐国清寺额，取“寺若成，国即清”。唐会昌年间（841—846年）寺毁。大中五年（851年）重建，柳公权奉诏题写寺额“大中国清之寺”。北宋景德二年（1005年），改称景德国清寺。南宋嘉定《赤城志》卷二十八：“景德国清寺，在县北一十里。旧名天台，隋开皇十八年为僧智顗建。先是顗修禅于此，梦定光告曰：‘寺若成，国即清。’大业中，遂改名国清。《李邕记》所谓应运题寺是也。唐会昌中废，大中五年重建，额乃柳公权书。国朝景德二年改今额。”后屡有毁建，明代国清寺移至今址。清雍正十二年（1734年）全面整修。占地面积7.3万平方米，建筑面积2.8万平方米。建筑依山就势，层层叠高，分五条纵轴线布列，主要建筑有四殿、四楼、六堂，连缀廊、穿堂、过厅等600多间。其中弥勒殿、雨华殿、大雄宝殿等为清代早期原构，三圣殿、罗汉堂和禅堂为南方典型厅堂建筑，妙法堂、方丈楼和迎塔楼为中西合璧近代建筑。寺内藏经阁、文物室珍藏着梵文贝叶经、钦赐藏经、古钵、名人书画、中日友好往来等历史文物，元代楠木雕刻十八罗汉、明代释迦牟尼青铜像等文物古迹。寺南有宋代重建的六面九级、残高59.4米砖塔。寺前有唐一行禅师纪念墓及“一行到此水西流”胜迹。寺后有王羲之、柳公权、黄庭坚、米芾、朱熹等摩崖手迹。为佛教天台宗的祖庭，具有极高的历史文化价值，在佛教发展史和中外关系史上都具有重要地位。唐贞元二十年（804年），日僧最澄偕弟子义真搭乘遣唐使团船入唐，曾到国清寺求法。后携带从国清寺等地抄回的大批佛经，返回日本，于京都比睿山创立了日本天台宗。北宋元祐元年（1086年），高丽僧义天到国清寺求法，将天台宗传入朝鲜半岛，创建高丽国佛教天台宗。2001年被公布为全国重点文物保护单位。

仙居古越族岩画群（Xiānjū Gǔyuèzú Yánhuà Qún）　在台州市仙居县。为春秋战国时期古越族先民刻制。南宋《嘉定赤城志》卷二十二：“韦羌山，在县西四十里，绝险不可升，按《临海记》云：‘此众山之最高者，上有石壁，刊字如蝌蚪。晋义熙中周廷尉为郡，造飞云梯以蜡摹之，然莫识其义。俗传夏帝践历，故刻此石。’其后守阮录携吏民往观，云雨晦冥，累日不见而旋。”北宋县令陈襄《韦羌山》诗云:"去年曾览韦羌图,云有仙人古篆书。千尺石岩无路到,不知科斗(蝌蚪)字何如?"。后专家推证"蝌蚪文"就是一种岩画。2002年发现。总面积1 422.7平方米,由小方岩、中央坑、东坪、送龙山、西塘、央弄、大战余岭等10余处组成。岩画上刻凿有蛇形、鸟形、鸟头鱼身形、马形、太阳形、人像形、柴刀形、锄耙形、棋盘形等各类图纹220多个,其中蛇形、锄耙形图纹普遍见于各岩画点。岩画线条流畅,笔画粗犷,风格古朴,内容丰富,总体保存较好,具有较高的历史文物和考古价值。2013年被列入第七批全国重点文物保护单位。

南峰塔和福印山塔　在台州市仙居县。含南峰塔、福印山塔2座塔。南峰塔(Nánfēng Tǎ),以坐落于南峰山得名。北宋天圣十年至明道二年(1032—1033年)建。1984年重修。六面七层仿阁楼式砖塔,中空,通高23.6米,每层由平座、正身、腰檐组成,内壁自下而上,凿出足窝,以供登高。东南和西北两面设壶门,余四面为壶门式壁龛。倚柱、阑额上用铺作一朵,出一跳,菱角牙子叠涩出檐,塔顶用平砖叠涩收顶,刹顶为宝瓶式。福印山塔(Fúyìnshān Tǎ),以坐落于福印山得名。约建于北宋庆历八年至皇祐三年(1048—1051年)。塔高26米,平面六边形,高七层,楼阁式,砖木结构。塔身每层有平座,腰檐。每面为壁龛。龛两侧砌出槏柱,转角处为八角形倚柱,下端做出地栿。每面倚柱之间施木阑额,腰檐下为砖木混合斗栱,倚柱上各有斗栱,每面施补间斗栱一朵。腰檐用菱角牙子砖与平砖相间,叠涩挑出。为研究我国南方古塔发展、传承、演变的实物例证。2013年被公布为第七批全国重点文物保护单位。

处州廊桥(Chǔzhōu Lángqiáo)　在丽水市境内,分布在庆元县、龙泉市、景宁畲族自治县、松阳县、青田县。以丽水古称处州得名。主要由25座明至民国时期的廊桥组成,分别为庆元县的兰溪桥、黄水长桥、龙济桥、如龙桥等11座,龙泉市的济恩桥、永和桥、顺德桥、古溪桥4座,景宁畲族自治县的东坑上桥、护关桥、梅歧桥等8座,松阳县的普济桥,青田县的毓秀桥。均在桥面上盖建廊屋,根据桥体构造和用材不同,有木拱廊桥、木撑架廊桥、木平梁廊桥、石拱廊桥之分。可遮阳避雨,供人休憩、交流、聚会、看风景,供人暂居。其中,如龙桥为有明确纪年、年代最早的木拱廊桥之一。始建于明初,现桥修建于明天启五年(1625年)。因其势与后山山脊古松依稀相连,桥似龙首下倾而得名。全长28.2米,净跨19.5米,矢高6.8米,面阔6米,有廊屋9间。兰溪桥为全国现存单孔跨度最大的明代木拱廊桥,始建于明万历二年(1574年),清乾隆五十九年(1794年)重建。因原址在"兰溪桥水库"储水区内得名,1984年按原貌迁建于西洋村。全长48.12米,面阔5米,净跨36.8米,拱高9.8米,有廊屋19间。黄水长桥为全国现存廊屋最长的单孔木拱桥,始建于清乾隆十九年,同治十一年(1872年)迁建黄水村。全长54.3米,净跨17.45米,矢高8.7米,面阔4.9米,有廊屋21间。具有较高的科学、文化、历史、艺术价值。2001年,如龙桥被公布为第五批全国重点文物保护单位。2013年,如龙桥与庆元、龙泉、景宁、青田、松阳等地廊桥群合称为处州廊桥,被公布为第七批全国重点文物保护单位。

大窑龙泉窑遗址(Dàyáo Lóngquányáo Yízhǐ)　在丽水市庆元县、龙泉市境内,包括今龙泉市小梅镇、查田镇,庆元县竹口镇境内的大窑、金村、石隆、溪口四大片区,共155处。以大窑村为龙泉窑的起源地和中心产区得名。因龙泉窑宋属处州,故有处州窑之称。始于西晋,创烧于唐代,形成于北宋早中期,兴盛于南宋至元初,元、明时期继续烧制,至明中叶后渐趋衰落。清代中叶后停烧。1928—1940年进行第一次发掘。1959—1960年对大窑龙泉窑窑址进行了第二次发掘。2006—2007年进行了第三次考古发掘。出土窑炉遗迹8座(包括龙窑和馒头窑)、房屋遗迹6座、储料池3

座、辘轳坑 2 个、水沟 13 条、古代道路 10 条，以及古代石墙、匣钵墙 21 条。主要器型有尊、觚、豆、簋、盘、洗、罐、炉等，釉面多开片而釉色、片纹各异。早期以刻花为主，晚期为粉青釉和梅子青釉。龙泉窑瓷器有“青如玉，明如镜，声如磬”的美誉。釉色以梅子青釉和粉青釉为最好。传世的龙泉青瓷有清康熙五十一年（1712 年）铭文。宋元明的龙泉窑精品除作为宫廷用外，大部分作为商品向国外市场销售。为中国宋代至明代龙泉窑的代表性窑址，对中国的制瓷业、中国文化及中外文化交流等具有重要的影响。1988 年被公布为第三批全国重点文物保护单位。2013 年上垟窑址归入大窑龙泉窑遗址，与龙泉的金村、高际头、大窑、垟岙头、溪口、上墩合并被公布为第七批全国重点文物保护单位。

南明山摩崖题刻（Nánmíngshān Móyá Tíkè）　在丽水市莲都区南明山上。现存摩崖题记 58 处，主要分列于石梁、高阳洞、云阁崖 3 处。其中石梁石刻 20 处，高阳洞石刻 15 处，云阁崖石刻 12 处。涵盖了东晋、唐、宋、明、清等历朝，以宋刻为最。南明山摩崖题刻始于东晋葛洪在上结庐炼丹。云阁崖题刻“灵崇”2 字，隶书，笔法古朴浑厚，字迹清晰浓厚。《处州府志・金石篇》赞其“飘若游云，矫若惊龙”。北宋处州郡守刘泾题赞“灵崇故挥扫，缥缈神飞惊”。北宋熙宁六年（1073 年），沈括奉命察访农田水利，行经丽水，在高阳洞石壁留下了题刻：“沈括、王子京、黄颜、李之仪，熙宁六年十二月十二日游。”直书 4 行，正书，字迹尚清晰。北宋绍圣四年（1097 年），著名书画家米芾应处州郡守刘泾之邀，题写“南明山”3 字。《栝苍金石志》卷四：“米元章南明山题字、刘泾书赞。”无名氏在南明山高阳洞留下了《高阳洞纪事》摩崖题刻：“大宋绍兴甲子、丙寅岁，洪水自溪暴涨，约高八丈，人多避于楼屋，误死者不可胜计，因纪于石，以告后来。”纪事真实记录了南宋绍兴十四年（1144 年）和十六年丽水两次特大洪水袭击的史实。1939 年，朱传经刻《抗日战争初期征兵纪事》。南明山摩崖石刻因葛洪、沈括和米芾的真迹而价值倍增，具有很高的历史、科学、艺术价值。2013 年南明山 58 处题刻和三岩寺 37 处题刻合并被公布为第七批全国重点文物保护单位。

通济堰（Tōngjì Yàn）　在丽水市莲都区碧湖镇堰头村，松阴溪与瓯江大溪河段泄合处。名字始见于北宋元祐八年（1093 年）《丽水县通济堰詹南二司马庙记碑》：“去县而西五十里，有堰曰‘通济’，障松阳、遂昌两溪之水，引入堰渠。”创建于南朝萧梁天监年间（503—519 年），宋元至清多次续建整修。初为木结构，南宋时改为石坝。1954 年修为水泥。清顾祖禹《读史方舆纪要》卷九十四：“通济堰府西五十三里。松遂间多山田，岁旱民辄先困。梁天监中，障松阳、遂昌两溪入大溪之口，疏为四十八派，自保定至白桥三十里，灌田二十万亩。又蓄为陂湖，以备旱潦，宋至元、明皆修葺之。”大坝拱形长 275 米，宽 25 米，高 2.5 米。有石涵引水桥、干渠、支渠 321 条。大坝北岸的司马庙存有历代碑刻 18 通，记录堰史、堰规、筑堰有功者。其中，南宋乾道五年（1169 年）范成大“重修通济堰规碑”首立的堰规二十条最为珍贵。堰址选择、渠道布局、大坝形状均为研究我国古代水利之重要资料，具有极高的水利灌溉研究价值。2001 年被公布为第五批全国重点文物保护单位。2014 年入选世界灌溉工程遗产名录。

浙江大学龙泉分校旧址（Zhèjiāng Dàxué Lóngquán Fēnxiào Jiùzhǐ）　在龙泉市剑池街道芳野村 73 号。1932 年，芳野村民曾氏始建，1921 年名为“曾家大屋”。1937 年抗日战争全面爆发，浙江大学被迫举校内迁。1939 年在此创办了分校，著名地理学家竺可桢担任校长。1945 年 11 月迁回杭州。为中西合璧式砖木结构建筑。占地面积 2 289 平方米，建筑面积 2 293.5 平方米。坐南朝北，总体布局为三条轴线，通面阔 44 米，通进深 32 米，立面为典型的巴洛克风格。中轴线上为两进两天井，并设厢房、后墙过廊。东、西两轴线各有厢房 7 间，均二层单檐。一进，面阔 5 间两弄，进深 4 间，为二层单檐楼房。天井两侧为厢房均为二层单檐。二进，面阔 7 间，两梢间为楼梯间，为三层单檐。后厢房、过廊均与二进一样为三层。设有浙江大学校史馆和龙泉历代名人馆。竺可桢、孟宪承、谷超豪等一大批科学家、文学家、教育家等曾在这里任教或求学。见证了浙江大学在抗日战争时期坚持办校的历程，具有重要的历史价值和较高的艺术价值。为浙江省爱国主义教育基地。2013 年被公布为第七批全国重点文物保护单位。

石门洞摩崖题刻(Shíméndòng Móyá Tíkè)　在丽水市青田县高市乡石门洞景区。为浙江省内年代跨度时间最长(423—1964 年)、刻勒密度最高的摩崖碑刻群。有南北朝至解放后佳作 105 处，主要分布在飞瀑景区旗山、鼓山、月洞及碑廊中。其中摩崖题刻 80 处、碑刻 25 通。内容有题名、题记与诗刻。正、隶、魏、行、草、篆书各体皆备。题刻者有谢灵运、郭密之、沈括、阮元、陆毅、王崇铭、郭沫若等。碑刻内容以赞美石门飞瀑的壮观与石门洞天的幽奇为主。碑刻中年代最早的为南北朝谢灵运的诗刻《石门新营所住四面高山回溪石濑茂林修竹》。《括苍金石志》卷一："宋永嘉郡太守。险筑幽居，披云卧石门。苔滑谁能步，葛弱岂可扪。袅袅秋风过，萋萋春草繁……匪为众人说，冀与智者论。""前诗并题，凡十一行行字不等，后诗并题，凡九行行字不等，皆正书，径一寸。"楷书阴刻，字径 0.03 米，题刻面积约 0.23 平方米。成为石门洞最早的文字记载。字径最大的是明万历年间(1573—1620 年)，刘正亨任温州同知时游青田石门洞，题"飞瀑"二字的碑刻，字径 1.5 米。字数最多的是嵌立在刘文成公祠右壁中黄庆澜于 1918 年题写的《重修石门洞刘文成公祠碑》的碑刻，碑文自右而左 16 行，共 750 余字，字径 2 厘米，楷书阴刻。年代最晚的是郭沫若 1964 年游石门洞时题："横过石门渡，刘基尚有祠，垂天飞瀑布，凉意喜催诗。"离地最高为月洞石床前的题刻，距地面高达 7 米，北宋熙宁六年(1073 年)沈括奉命赴两浙察访农田水利、差役等事，同年十二月游览石门洞并作题记"太子中允、集贤校理兼史馆检讨沈括，奉使按行过此，熙宁六年十二年二月十四日，黄颜、李之仪同来"。字径最大的为洞口旗鼓两峰高达 10 余米的悬崖题刻，字径达 1 米多，横贯绝壁，巧夺天工。石门洞摩崖题刻涉及各个时期的名人、官宦、学士墨迹，书体丰富多样，具有极高的文学、历史、艺术研究价值。2013 年被公布为第七批全国重点文物保护单位。

仙都摩崖题记(Xiāndū Móyá Tíjì)　在丽水市缙云县仙都街道仙都风景名胜区的初阳山、鼎湖峰、仙水洞、铁城、小赤壁景点内。现存摩崖石刻和题记 125 处，其中唐 2 处、宋 55 处、明 28 处、清 8 处、民国 16 处、近现代 10 处、待考 6 处。书体有篆、隶、行、楷、草等体。题记从唐代延续到近代，体裁有题名、书赞、题咏、诗赋、游记等。题记作者较有名的有唐代李阳冰，宋代赵抃、沈括、留元刚，明代郑汝壁、夏浚、樊献科，清代袁枚、谷应泰，民国楼村以及当代的沙孟海等。最早的摩崖石刻为唐乾元元年(758 年)篆书名家李阳冰的"倪翁洞"三字篆书和建中元年(780 年)高元和的游记。《括苍金石志》卷二："李阳冰倪翁洞题字，篆书径二尺"，并有释文"右刻在处州缙云县，篆书三字，字高二尺，广八尺。此刻载舆地碑目，云：'在处州仙都山初阳谷倪翁洞。'"。《天下舆地碑记》卷一："李阳冰倪翁洞三字，在缙云县东半里之倪翁洞。"具有较高的书法艺术价值和人文史料价值。2001 年被公布为第五批全国重点文物保护单位。

河阳村乡土建筑(Héyáng Cūn Xiāngtǔ Jiànzhù)　在丽水市缙云县新建镇河阳村。始建于五代吴越国长兴三年(932 年)，由朱氏始居。因迁自河南信阳得名。清光绪《缙云县志》卷九："朱清源，五代河南人，避乱入浙为吴越王掌书记，流寓缙云爱山水之秀，遂居西乡河阳。"《义阳朱氏宗谱》

载:“而为义阳之裔尔。公避五季之乱,徙居缙云河阳。”元代,第十七世竹友公按“一溪二坑”“四纵五横”棋盘式格局重建。村落面积 0.4 平方千米。以河阳中街为中轴线,两侧分布古民居 30 座 1 500 余间、古宗祠 16 座、古庙宇 6 座、古石拱大桥 1 座,并有儒释道三教合一的福昌寺等古迹。传统民居以八士门街为中轴线,多为粉墙黛瓦、马头墙高耸的四合院式徽派建筑,其中以“廉让之间”“答樵路”等民居最为典型。自北宋绍圣元年(1094 年)以降的宋、元时期,曾产生进士 8 名,孕育了南宋词人朱藻等历史名人。明太祖朱元璋曾御赐石“稀罕”。建筑格局规正,木雕装饰精致,是研究村落选址、规划、建设、管理以及乡土建筑设计、营造,乡村社会变迁、宗族礼制、民风民俗的重要实例,具有较高的历史、艺术与科学价值。2013 年被公布为第七批全国重点文物保护单位。

好川遗址(Hǎochuān Yízhǐ)　在丽水市遂昌县三仁畲族乡好川村。属新石器时代良渚文化晚期。遗址总面积 5 000 平方米。1997 年发现。共发掘清理墓葬 80 座、灰坑 3 座。墓葬均为长方形竖穴墓坑,以大中型墓葬为主,墓坑宽大。不同等级墓葬的随葬品悬殊,大型墓葬随葬品种类齐全、数量多、制作精。出土玉器 98 件、石器 144 件、陶器 762 件、漆器 13 件等,随葬品共 1 062 件。随葬陶器以泥质灰陶居多,泥质灰胎黑皮陶占一定的比例,夹砂陶、印纹陶少量。鬶、鼎(三足盘)、簋、钵、豆、罐、杯为随葬陶器的基本组合。石器有锛、钺、三孔石刀。玉器有玉钺、玉刀、锥形器、钩形器、小琮等。为好川文化的命名地,为研究好川文化聚落布局特点以及社会结构等提供了丰富的资料。2013 年被公布为第七批全国重点文物保护单位。

松阳延庆寺塔(Sōngyáng Yánqìngsì Tǎ)　在丽水市松阳县西屏街道塔寺下村。以建于云龙山下的延庆寺得名。清光绪《松阳县志》卷四:“延庆寺,在县西五里。梁时建,名‘云龙’。唐时改名‘延庆’。有塔高一百五十丈,乃行达禅师于西竺取佛舍利建之。旧传常有神光现于塔顶上。”宋人朱琳《延庆寺塔记》:“延庆寺塔,故行达禅师所藏释迦如来舍利塔也。……初太平兴国四年有旨搜访竺国遗文,法师应诏西征,不远万里,蹈穴胸鸟啄之区,犯猛兽毒蛇之地,水栖路宿不择死,所至中印度,得大经论八部,舍利四十九粒,以归。”行达取经受到朝廷嘉奖,立誓建二塔以藏舍利,松阳之延庆寺塔即为其一。北宋咸平二年(999 年)始建,五年建成。建炎四年(1130 年)改称延庆塔。为六面七层楼阁式砖木结构,高 38.3 米。塔基是由台基和基座(须弥座)组成,台基上塔身下采用五代吴越末期石塔的做法,副阶重檐,塔体砖砌,六面辟壶门,每层隐出八角形倚柱、方形槏柱、阑额及泥道拱。设平座回廊。斗栱五铺作双卷头,铁质塔刹相轮为卷草图案。塔身粉墙有朱画飞天、墨画罗汉和宋、元、明游人题记。为江南早期古塔的重要实例,具有极高的历史、科学、艺术价值。2006 年被公布为第六批全国重点文物保护单位。

时思寺(Shísī Sì)　在丽水市景宁畲族自治县大漈乡西岸底村。由时思寺、梅氏宗祠、护关桥组成。时思寺建于南宋绍兴十年(1140 年)。初名时思院,系宋高宗为梅氏“孝童”元质守墓居庐所赐之名。元至正十六年(1356 年)扩建。明洪武元年(1368 年)刘基书额“时思道场”,宣德元年(1426 年)改院为寺。后明末清初续建。今为释道合一的祀庙。占地面积 2 700 平方米。建筑面积 1 250 平方米。坐西朝东,由山门、心经钟楼、大雄宝殿、三清殿、马仙宫、梅氏宗祠等组成,为汉式布局的古刹建筑群。保存有宋、元、明、清各时代特征的古建筑。大雄宝殿建于南宋绍兴十年,为五间四进重檐、歇山顶木结构。大殿层叠斗栱杂而精美。心经钟楼建于明洪武元年(1368 年),平面方三间,为三层楼阁式。马仙宫与三清殿都是清代建筑。马仙宫里供奉“孝仙”马夫人,为浙西南古老的地方神信仰。北侧为梅氏宗祠建筑群,创建于明万历年间(1573—1620 年),依中轴线由前厅、序伦堂及报本堂组成。清儒士严用光《过时思寺》赞美："层崖远上最高山，十里平畴碧几弯。隐隐寺藏红树里，沉沉钟出白云间。青缠墙壁藤萝古，翠映峰门松柏间。翘见时思题额在，文成遗墨快檐攀。"为研究古建筑形制演变和区域风格的典型实物例证，具有很高的历史、科学价值。2001年被公布为第五批全国重点文物保护单位。

第二节　浙江省文物保护单位名称

浙江体育会摩崖题记(Zhèjiāng Tǐyùhuì Móyá Tíjì)　在杭州市上城区云居山巅东。清光绪三十二年(1906年)，秋瑾于大通学堂成立体育会，招纳会党大众和革命青年，进行军事训练。1912年，原光复会会员朱瑞、吕公望、叶颂清等为纪念秋瑾殉难五周年，复建秋瑾创办的体育会，定名为浙江体育会。后于云居山岩壁刊刻题记一则。题记崖壁高4米，最宽处8米，共三组。第一组在岩壁左，上刻"云山万古"，行书，字径高0.45米，宽0.35米。第二组在岩壁中部，分两部分，上部书："中华元年，浙江体育会成立，圣水寺僧大休捐山地，王君湘泉赠山岩供摩崖用，因题四字，以志不忘。永康吕望记，宁海叶颂清书。"行书，字径高0.1米，宽0.1米。下部书："逸趣"，行书，字径高0.5米，宽0.5米，并有1916年落款。第三组在岩壁右，楷书"贞固"，字径高0.53米，宽0.4米。浙江体育会为我国近代最早的体育会之一。1930年推动了中华民国第四届全国运动会在杭州举办。刘长春在该届全运会获得三项冠军一项亚军，并获得个人总分锦标而轰动全国，"东北短跑怪杰"由此名噪一时。1932年，刘长春参加洛杉矶奥运会，成为中国参加奥运会第一人。1989年被公布为第三批省级文物保护单位。

杭州碑林(Hángzhōu Bēilín)　在杭州市上城区府学巷孔庙内。孔庙始建于南宋绍兴元年(1131年)。十二年增修为太学，时为全国最高的学府。南宋乾道《临安志》卷一："太学，绍兴十二年四月二十一日，奉圣旨太学养士权于临安府府学措置增展其格法，令礼部讨论，继而于前洋街建立。"至清光绪三十一年(1905年)废科举制度，历为杭州的官办学府，藏有宋高宗《南宋石经》等大批碑石。南宋乾道《临安志》卷一："光尧太上皇帝御书御书阁，牌曰'首善'，之阁藏光尧太上皇帝御书石经。"1949年后，将其他新发现的碑石集中存放于此。1978年始建碑林。占地面积3 500平方米，建筑面积1 500平方米。为浙江省最大的石刻博物馆。藏有唐至清代各类碑刻500多方，有帝王御笔、地方史料、名家法帖、人物画像、天文星图、水利图刻等，被称为一座融历史、科学、艺术为一体的"石质书库"。其中以宋高宗《南宋石经》、贯休《十六罗汉像刻石》、李公麟《孔子及其七十二弟子像刻石》以及五代《五代石刻星象图》等最为著名。还有王羲之、王献之、苏东坡、米芾、祝允明等历代书法名家的手笔刻石。另有一批记载杭州及周边城镇有关兴修水利、筑海塘、盐运等史实碑，为研究杭州的水利及推动杭州经济发展提供了宝贵资料。1961年被公布为第一批省级文物保护单位，原名南宋石经。1989年以现名公布为第三批省级文物保护单位。

吴越郊坛遗址(Wúyuè Jiāotán Yízhǐ)　在杭州市上城区玉皇社区玉皇山。为吴越国王钱镠祭天的场所，故名。又名拜郊坛、登云台。建于后梁龙德元年(921年)。明田汝成《西湖游览志》卷六："登云台，后梁龙德中钱王建。又名拜郊台。盖钱王僭郊祭天地之所也。"北宋大中祥符元年

(1008年)改称天真院。南宋咸淳《临安志》卷七十七:“天真院,龙德元年吴越王建,旧名‘登云台’。大中祥符元年(1008年)改今额。”元代损毁严重。明成化年间(1465—1487年)重修,并改称上天真寺。清时复称天真寺。解放初期被毁殆尽。2002年发现,2008年进行考古发掘。占地面积2 000平方米。依地势分为二层台地,每层间由数十级踏步相连。中间山体皆以齐整长方形大石块垫铺,人工垒筑痕迹明显。每层平台散布多处历代遗迹,如灵化洞、登云洞、朱天庙洞、甘露井、午梦床等,以及近十处摩崖题刻。吴越国王钱镠郊台题记刻于第一层平台北侧石壁。正书,4行29字,字径9厘米。题记全文:“梁龙德元年岁次辛巳十一月壬午朔一日天下都元帅吴越国王钱镠建置。”灵化洞内昔有苏东坡、林和靖等名人题刻,今已不存。明田汝成《西湖游览志》卷六:“台侧有灵化洞,武肃王勒壁存焉。洞深百步,阔十余丈,和靖、东坡题名。”现存灵化洞为“光绪二十五年三月开”,“道袖甘肃王明玉、四川陈诚祯、浙江杨宗元募化重修”。抗日战争期间曾遭日军火焚。“午梦床”题记为清“桐城书画派”代表吴廷康所书。正文为庙篆,横书,字径25厘米见方,落款为行楷。此遗址为研究吴越国历史发展、古代帝王郊祭礼制提供了难得的实物史料,进一步确证了凤凰山、玉皇山一带为吴越时期的政治活动中心。2005年被公布为第五批省级文物保护单位。

杭州辛亥革命烈士墓群(Hángzhōu Xīnhàigémìng Lièshì Mùqún)　在杭州市西湖区凤篁岭下南天竺。1911年10月10日武昌起义后,东南各省相继光复,清政府在南京的驻兵负隅顽抗。11月20日,浙军作为中路主力,会攻南京。先后攻克乌龙山、幕府山二炮台,又激战于孝陵卫,仰攻紫金山天保城获胜。12月2日配合友军攻克南京,史称“南京光复起义”,为辛亥革命胜利的奠基之战。浙军此役阵亡68名将士。1912年,将其中41名烈士和攻克杭州、武汉时阵亡的4名烈士,共45人葬于孤山东麓,筑坟七座,俗称“七星坟”。1981年,将“七星坟”和辛亥英烈徐锡麟、陈伯平、马宗汉、陶成章、沈由智、杨哲商墓迁葬至现址,建辛亥革命烈士陵园。2001年又将辛亥英烈裘绍、尹维峻夫妇和姚勇忱迁葬到陵园。占地面积5 002.5平方米。布局呈十字形,中间为圆形环道。正对入口甬道建有烈士纪念碑,正面刻孙中山先生题写的“国魂不死”四个大字,背面刻有浙江辛亥革命简史。碑后竖立秋瑾、徐锡麟、陈伯平、马宗汉等辛亥革命英烈雕像。建有浙江辛亥革命纪念馆,分“钱江涌起革命潮”“光复会的成立”“光复会皖浙起义”“辛亥年浙江光复”和“为建设保卫共和而奋斗”五大部分,展示中国民主革命的历史。1961年被公布为第一批省级文物保护单位。

雷峰塔遗址(Léifēngtǎ Yízhǐ)　在杭州市西湖区南屏山麓夕照山。塔以山得名。南宋咸淳《临安志》卷二十三:“雷峰,在净慈寺前。郡人雷氏筑庵居之,故名。世又谓之中峰。”原名黄妃塔、黄皮塔。南宋咸淳《临安志》卷八十二:“雷峰塔,在南山,郡人雷氏居焉。钱氏妃于此建塔,故又名黄妃。俗又曰‘黄皮塔’,以其地尝植黄皮,盖语音之伪耳。”因地处昔西关外,故又名西关砖塔。建于北宋太平兴国二年(977年),为砖木结构楼阁式塔,8面7层。北宋宣和二年(1120年),因战乱毁于兵火。南宋乾道七年(1171年)重修,高5层。明嘉靖间(1522—1566年),倭寇入侵纵火焚塔,仅剩赭色砖砌塔心。1924年9月坍圮。塔砖孔内发现北宋开宝八年(975年)吴越国王钱弘俶施印的《一切如来心秘密全身舍利宝箧印陀罗尼经》经卷。2000年,为配合雷峰塔重建,对遗址进行发掘。塔基底部辟有井穴式地宫。出土了铁舍利函、释迦牟尼鎏金铜佛像、铜镜、铜钱及玉人、玉钱等一批重要文物。铁舍利函内珍藏着供奉佛螺髻发的鎏金银舍利塔。2002年竣工。现为平面八角形体仿唐宋楼阁式塔。总占地面积3 133平方米,总建筑面积为6 089平方米。塔底为原雷峰塔遗址,以玻璃封装。塔高71.7米,塔身对径28米,边长11米,周长88米。“雷峰夕照”历为西湖十景之一。

宋李嵩《西湖图》中已为杭州南山一景。清康熙三十八年(1699 年),康熙皇帝南巡至杭州时,御书"雷峰夕照"。因民间传说《白蛇传》声名遐迩,妇孺皆知。明田汝成《西湖游览志》卷三:"俗传白蛇、青鱼两怪镇压塔下。"明张岱《雷峰塔》:"闻子状雷峰,老僧挂偏裘,日日看西湖,一生看不足。时有熏风至,西湖是酒床,醉翁潦倒立,一口吸西江。"1997 年被公布为第四批省级文物保护单位。

郭庄(Guō Zhuāng)　在杭州市西湖区杨公堤 28 号。原名端友别墅,建于清光绪三十三年(1907 年)。初为杭州绸商宋端甫庄园,故俗称宋庄。民国年间,由汾阳籍贯人士郭氏购入,改称汾阳别墅,俗称郭庄。占地面积 9 788 平方米,其中水面近 3 000 平方米。建筑总面积 1 629 平方米。分"静必居"和"一镜天开"两部分,是典型的前宅后园格局。有汾阳别墅、赏心悦目亭、两宜轩、景苏阁等建筑。1937 年《江南园林志》:"汾阳别墅,即郭庄,昔之宋庄也。在卧龙桥北,滨裹湖西岸。有船坞,西式住宅,仅占一角。园林部分,环水为台榭,雅洁有似吴门之网师,为武林池馆中最富古趣者。"被誉为"西湖古典园林之冠",为杭州现存唯一完整的私家花园。1989 年被公布为第三批省级文物保护单位。

司马光家人卦摩崖刻石(Sīmǎ Guāng Jiārénguà Móyá Kèshí)　在杭州市西湖区南屏山北山腰"小有天园"旁。刻于南宋绍兴六年(1136 年)。为北宋宝元元年(1038 年),司马光来杭探望父亲时所书。《两浙金石志》卷九:"据《宋鉴》称,绍兴六年十月庚辰,上谕大臣曰:'司马光隶字真似汉人,朕有五卷,日夕置座右,所书乃《中庸》与《家人卦》,皆修身治家之道,不特玩其字而已。'今摩崖所刊,合乎《宋鉴》,当是诸大臣闻思陵面谕,请刊于石者。"题记宽 2.2 米,高 2.7 米,隶书 12 行,每行 17 字,字径 27 厘米,共 202 字。同一岩石还刻有《乐记》和《中庸》部分内容。南宋咸淳《临安志》卷二十三:"南屏山……上有石壁若屏障然,刻司马温公所书《家人卦》,《乐记》'礼乐不可斯须去身',《中庸》'道不远人'各一章。"其侧还有米芾题"琴台"二字,宽 0.7 米,高 1.4 米。北宋时此处为兴教寺。元末寺圮。明洪武年间重建,后改为壑庵。因景色奇异,又称赛西湖。清初为汪之萼别墅。乾隆十六年(1751 年),乾隆皇帝南巡到杭州时游览此地,赐名"小有天园"。1963 年被公布为第二批省级文物保护单位。

大麦岭摩崖题记(Dàmàilǐng Móyá Tíjì)　在杭州市西湖区大麦岭东麓。以岭得名。南宋咸淳《临安志》卷二十八:"大麦岭……旧多种麦,因以名岭。"为北宋元祐五年(1090 年)苏东坡第二次来杭任知州时所题。南宋咸淳《临安志》卷二十八:"对山有东坡,同王瀹、杨杰、张璹,元祐五年三月二日,游三竺过麦岭题名刻石。"摩崖高 1.4 米,长 1.8 米。题记:"苏轼王瀹杨杰张璹同游天竺过麦岭"。字径 10 厘米,阴刻,正书,文右行,楷书。苏轼在西湖曾有题名石刻数处,"庆元党禁"时都被凿去或以后人补刻,仅此一处存原刻。《两浙金石志》卷六:"东坡诸题,惟此刻未经党禁之摩砻者,尤可宝也。"现风化严重,字迹模糊。1989 年被公布为第三批省级文物保护单位。

秋瑾墓(Qiū Jǐn Mù)　在杭州市西湖区西泠桥南堍。秋瑾(1875—1907),祖籍浙江山阴(今绍兴),字璿卿,号竞雄,又号称"鉴湖女侠"。近代著名女民主革命家。1907 年 7 月 15 日凌晨就义于绍兴轩亭口,始葬于卧龙山西北麓。1908 年 2 月迁葬于此,后又多次迁葬,1981 年 10 月复迁葬于此。墓呈方形,花岗岩砌成,高 1.7 米。正面有大理石墓碑,上刻孙中山亲笔题词"巾帼英雄"四字。背面立有吴芝瑛、徐自华所书《鉴湖女侠秋瑾墓表》墓志铭原石。墓穴内秋瑾烈士遗骨骨殖坛中,置石砚一方,上刻"秋瑾墓一九八一年九月自鸡笼山迁西泠桥畔"。墓座上端为汉白玉雕秋瑾全身塑像,高 2.7 米。附近曾建有秋瑾祠堂,后改建为风雨亭。亭名出自秋瑾临刑前绝笔"秋风秋雨愁煞人”。冯玉祥将军题联:“丹心已结平权果,碧血常开革命花。”1961年被公布为第一批省级文物保护单位。

越王城遗址(Yuèwángchéng Yízhǐ)　在杭州市萧山区城厢街道越王城山山巅。传为越王句践屯兵抗吴之地。清康熙《萧山县志》卷五:“其山中卑四高,宛如城堞,吴伐越次查浦,句践保此拒吴,名‘越王城’,又名‘越王台’。”为春秋末至战国时期遗址。1991年进行试发掘。占地面积20 000平方米。平面呈梯形,周长1 091米。其中,东城垣长53.7米,南城垣长256.5米,西城垣长65米,北城垣长416米。残存城垣底宽8～10米,上宽1～2米,高3～5米。曾出土石刀、石锛、印纹硬陶、原始青瓷等文物。现建有越王城遗址公园。有城山寺、句践祠、洗马池、明代踏跺等历史遗迹。其中,洗马池传与“越王馈鱼退敌”故事有关。清顾祖禹《读史方舆纪要》卷九十二:“山半有洗马池,产嘉鱼。其前两峰对峙,谓之‘马门’。”南宋嘉泰《会稽志》卷一:“萧山越王城,在县西九里。夏侯曾先《地志》云:‘吴王伐越次查浦,越立城以守查。吴作城于浦东以守越。以越在山绝水,乃赠之以盐。越山顶有井,深不可测,广二丈余中,多鱼乃。取鲤一双以报吴。吴知城中有水,遂解军而去。’”北宋华镇《城山》:“兵家制胜旧多门,赠答雍容亦解份。缓报一双文锦鲤,坐归十万水犀军。”越王城山素有“周朝胜迹,越代名山”之称,“城山怀古”为古“湘湖八景”之一。南宋文天祥《越王台》:“登临我向乱离来,落落千年一越台。春事暗随流水去,潮声空逐暮天回。烟横古道人行少,月堕荒村鬼哭哀。莫作楚囚愁绝看,旧家歌舞此衔杯。”1989年被公布为第三批省级文物保护单位。

许家南大房(Xǔjiā Nándàfáng)　在杭州市萧山区瓜沥镇党山老街南端。因处老台门南侧,故名。由许氏四世大房魁始建于明万历年间(1573—1619年)。清光绪二十九年(1903年)续建。占地面积3 116平方米,建筑面积2 180平方米。坐北朝南,平面呈长方形。由四进三院落及一后院组成。沿中轴依次列门厅、正厅、内宅、后楼及后宅,两侧分列廊庑厢房。西侧为许氏家塾和许氏宗祠。许氏家塾建于清道光二十八年(1848年),前后两进,左右设廊,昔为许氏子弟读书场所。许氏宗祠始建于清道光八年,三间三进。具有明清两代建筑特色,为研究江南水乡建筑特色及地方民俗文化提供了重要实物例证。2005年被公布为第五批省级文物保护单位。

海云洞摩崖题记(Háiyúndòng Móyá Tíjì)　在杭州市余杭区塘栖镇超山风景区。以洞得名。《梦粱录》卷十一:“仁和界超山有洞,名海云洞,倏时干湿,建黑龙王祠祀之。古柳林杨和王园内名‘白云洞’,盖以坡拥土成之,此夺天之奇巧也。”分上下两洞,左上方为旱洞,系石灰岩溶洞;下方为水洞,洞口正中一潭碧水,俗称卧龙渊。现存题刻约20处,主要为宋、明代中期、清代后期和民国早期所刻。其中,“海云洞”三字为宋赵抃所书。清光绪《杭州府志》卷二十四:“宋赵清献公守杭时,早往祷雨辄应,题其石崖曰‘海云洞’。”另有清代夏之诚、汪竹坡,近代吴昌硕等题诗摩崖石刻。存有明嘉靖十七年(1538年)石窟造像两龛,为丁养浩、丁松坡及其好友沈望云坐像。旁有钓月矶、摸石池、濯缨滩、黑龙王祠等景观。为超山文化的重要载体之一,对研究余杭区宋代至近代的摩崖造像、诗词题咏、民间宗教等内容具有重要价值。宋赵抃《游海云洞》:“缥渺齐云阁,谣闻摸石池。物华春已盛,人意乐无涯。罗绮一山遍,旌旗十里随。花棚夹归道,绕骑看星驰。”张郲曾《海云洞》:“地僻山峦峻,林深古洞幽。石萝猿挂月,夕嶂虎啼秋,树色苍若色,风声翠竹留。潜龙何处去,空见海云流。”2011年被公布为第六批省级文物保护单位。

铜山铜矿遗址(Tóngshān Tóngkuàng Yízhǐ)　在杭州市淳安县铜峰山。海拔600～700米,先后发现4处古矿洞及木轮、撑架、瓷片、蚂蝗渠、铁钉等遗物。洞口山崖石壁遗存唐代摩崖题记,长

0.6 米，宽 0.3 米，上书："大唐天宝八年开山地取铜，至乾元元年七月。又至大历十年二月再采，续至元和四年。"另遗存圆形冶炼炉基 2 座，残高 0.4～0.6 米，直径 1.2～2 米。矿山脚下有古代矿渣堆积物 7 000 余吨，以涧源、柏家源、天井莹三处积层最厚。为研究中国矿业史和冶炼技术提供了珍贵历史依据。1981 年被公布为第二批省级文物保护单位。

狮城水下古城(Shīchéng Shuǐxià Gǔchéng)　在杭州市淳安县千岛湖茅头尖水域水下。以昔五狮山(今五狮岛)得名。五狮山，因五山联踞如狮而得名。建于唐武德四年(621 年)，为昔遂安县治。明万历《遂安县志・营建志》："县治旧在木连村溪北。唐武德四年，迁于五狮山之麓。宋因之。元至元丙子毁于火。明年，县尹朱世荣建于旧址。"1934 年秋重修，城垣四周添设八处碉楼。1958 年建新安江水库，遂安县并入淳安县。1959 年狮城没入水库。面积 0.5 平方千米，东西长 670 米，南北宽 670 米，平均水深 30 米。仍保持原有整体布局。存有城墙、民居、桥梁、古井、明清时期牌坊等。清毛际可《狮城八景・狮山毓秀》："大造生成五色狮，龙盘虎踞俯城池。向非铁额铜头铸，崧岳胡为表异姿。"2011 年被公布为第六批省级文物保护单位。

七塔禅寺(Qītǎ Chánsì)　在宁波市江东区百丈路 183 号。始建于唐大中十二年(858 年)，初名东津禅院。咸通二年(861 年)改称栖心寺。北宋大中祥符元年(1008 年)诏改崇寿寺。南宋宝庆《四明志》卷十三："崇寿寺，县东五里。旧号'东津禅院'，唐大中十二年，分宁令任景求舍宅建……咸通二年，寇平郡奏其事，请以'栖心'名寺，旌师之德……皇朝大中祥符元年，赐今寺额。"明洪武二年(1369 年)，寺院遭火灾，改建为养济院。二十年，从普陀山迎来观音像，舍地建补陀寺，又名"小普陀"，东部复建栖心寺。明成化《宁波郡志》卷九："大明洪武二年毁，其址创为养济院。二十(四)年，昌国补陀观音道场悬海，徙附郡城。是年，僧惟拳舍建补陀寺，留首址建栖心。二十四年并补陀。"清康熙二十一年(1682 年)，于寺前建七座石塔，故俗称七塔寺。咸丰十一年(1861 年)毁于兵事，光绪十六年(1890 年)重修，二十一年，敕赐寺额为"七塔报恩禅寺"，简称七塔禅寺。建筑面积 2 100 平方米。为典型的禅宗伽蓝七堂建制，有七佛塔、山门牌楼、天王殿、圆通宝殿、三圣殿、法堂暨藏经楼、玉佛阁、祖堂、钟楼、鼓楼、东西厢房、综合楼等佛教建筑。存有始建于唐咸通十四年的"唐敕赐心镜禅帅真身舍利塔"、南宋绍兴四年(1134 年)和嘉定十一年(1218 年)的两口大铜钟、清雍正十三年(1735 年)刻印的《龙藏》一部、清嘉庆三年(1798 年)的五百罗汉画像石刻等珍贵文物。民国钱二照《咏七塔寺铁闻》："木鱼声彻五更天，踏遍江东破晓烟。六十年前七塔寺，周婆护法心最坚。母贤子孝更难为，风雨鸡声持伞随。十八伽蓝添一个，还祈秉笔记芳规。"2011 年被公布为第六批省级文物保护单位。

演武巷总工会旧址(Yǎnwǔxiàng Zǒnggōnghuì Jiùzhǐ)　在宁波市江东区演武街 2 号。1926 年 7 月，宁波总工会成立，会址设于钱园巷 30 号右首。1927 年 3 月 20 日，原址遭国民党当局烧毁，迁于玛瑙路 65 号，后又迁于现址。四一二反革命政变后，总工会被封闭。建筑面积 1 331 平方米。三合院式木结构民居。大门为石库门。主楼为三层硬山顶，二楼设有"宁波工人运动史迹陈列室"。左右两侧各有七开间二层楼房，曾为和丰纱厂、顺记铁工厂、美球袜厂和米业、邮电、铁路、海员等基层工会办公用房。宅后有小块庭院。为大革命时期宁波总工会活动办公的场所，现改建为宁波工人运动纪念馆。1963 年被公布为第二批省级文物保护单位。

镇海后海塘(Zhènhǎi Hòuhǎitáng)　在宁波市镇海区。东起巾子山麓，西至蛟川街道俞范村嘉燮亭。当地习将海塘内区域视为后方，故名。始建于唐乾宁四年(897 年)，初为泥塘。南宋淳熙十六年(1189年)改筑石塘。嘉定十五年(1222年)续建。元至正《四明续志》卷四:"海塘,海环县之东南北三面。风潮冲激,则平田高地悉为咸潮吞吐之乡。宋淳熙十年,县令唐叔翰筑之,屡败。十六年,请于朝。得旨效钱塘江例,叠石甃塘岸六百余丈……嘉定十五年,接连增甃五百二十丈,于石塘尽处再筑土塘,计三百六十丈以续之。有永赖、海晏二亭临石塘之上。"明洪武元年至二十年(1368—1387年)筑定海县城,部分海塘与城塘合一。清乾隆十二年(1747年)7月14日,受台风影响城塘溃决,改建为夹层石塘。道光十七年(1837年)7月,受台风影响再次溃决,改建为今幔板全石塘。后多次修葺。全长4.8千米,宽3米,高9.9～10.6米。外塘内城的建筑工艺技术为全国首创。塘上建有雉堞、瞭敌楼、警铺、水泥碉堡等捍城设施。存有建于明万历三年(1575年)的建城碑亭以及《定海县增筑内城碑记》等文物。西端的嘉燮亭建于1934年,植有"续修镇海后海塘记"碑。历为镇海、江北地区的重点防洪设施。20世纪80年代,塘外新筑"镇北"和"灰库"两塘后,完成了捍城防汛的历史使命。1989年被公布为第三批省级文物保护单位。

沙氏故居(Shāshì Gùjū)　在宁波市鄞州区塘溪镇沙村。为沙氏五杰(沙孟海、沙文求、沙文汉、沙文威、沙季同)出生地,故名。原名沙文求烈士故居。建于清光绪年间(1875—1908年)。建筑面积420平方米。为一幢二进四开间重檐楼房,坐北朝南,砖木结构。一楼辟为沙文求烈士事迹陈列室,有沙耆的沙文求烈士塑像和油画像,廊柱悬挂着沙孟海敬录毛主席诗句"为有牺牲多壮士,敢教日月换青天"的楹联。二楼陈列沙氏兄弟使用过的家具及生活用品,另有沙孟海、沙文汉、沙文威、沙季同等事迹。大革命时期曾作为中国共产党组织开展农民运动的据点之一。东侧为沙耆故居,又名藜斋。1927年由沙耆的父亲翻新。为一幢二间一弄庭院式重檐楼房,坐北朝南,砖木结构。1947年沙耆罹患精神分裂症后在此居住,创作出大量作品。现辟为纪念馆。2005年被公布为第五批省级文物保护单位。2011年沙耆故居归入,被公布为第六批省级文物保护单位。

达蓬山摩崖石刻(Dápéngshān Móyá Shíkè)　在慈溪市龙山镇达蓬山。以山得名。达蓬山,原名香山。南宋宝庆《四明志》卷十六:"或云:上多香草,故以为名。又云:'秦始皇至此,欲自此入蓬山,故号达蓬。'"由佛迹洞摩崖题刻和秦渡庵画像石刻组成。传唐天宝元年,僧达慧在洞中结庐修行时发现天然足迹,以为佛迹,故名佛迹洞。南宋宝庆《四明志》卷十六:"有石穴,深三丈,其岩有三佛迹。"洞口朝西南,深10米,宽5米。洞东壁存有摩崖题刻三则,共189字。南宋隆兴二年(1164年)"武林钱竽、锦屏陈邦彦皆奉亲来瞻佛迹。隆兴二年二月廿四日"。淳熙九年(1182年)"县宰唐仲温,携家来礼古佛足迹,访禅师遗趾,扪萝穿石,小休洞口,东眺沧海,真胜游也。子士贤,孙祺孙侍行。时淳熙九季,清明前一日"。清康熙三十五年(1696年)"巍巍达蓬,跨海之东,古留佛迹,今逢慧公。自来十载,苦志潜踪,达摩面壁,仿佛宇风。乃辟石洞,乃肇大雄,梵音振起,海音聿通。指挥花落,入定云封,佛迹维异,师行维崇。余聆其铎,语语透宗,虎溪相过,敢附陶翁。游佛迹洞谒慧初大师,率笔志之。赐进士翰林院修撰秦宗游题。康熙丙子年仲冬"。佛迹洞东南侧崖壁上存有秦渡庵画像石刻。石刻朝东,纵高1.2米,横宽3.5米。由方形神龛及左右文字、石刻画像组成,画像有人物、波涛、航船、神兽等。此两处石刻蕴涵丰富的历史信息,充分展示了古代石刻艺术的魅力,是徐福文化、浙东宗教史及民俗研究的重要史料。宋周锷《游香山佛迹》:"灵山名达蓬,香水霭瞻卜。龙只久覆获,云物翳深谷。拂衣向劫中,神斧断苍玉。至今天人尊,灵迹印金粟。颇闻开士识,飞锡隐岩麓。坐令湖海客,香供走川陆。巍巍虔报地,色相俨金屋。缅想旧巾瓶,犹能慰心目。篮舆访莲社,一笑欣自足。抚事动幽寻,畴能氓宁辱。松炉袅如见,余力付棋局。更觉梦中身,悠然百无欲。”清黄宗羲《海赋诗》：“伛偻入古洞，天光忽天雾。危石削双门，跖痕粲五指。浑然太古中，岂是开元始。剥藓见题名，情亲异代魂。隆兴钱集锦，淳熙唐仲温。攀萝复穿石，胜迹今尚存。”2011年被公布为第六批省级文物保护单位。

双河堰（Shuānghé Yàn） 在慈溪市桥头镇。又名双河塘，俗称漾塘。一说建于唐景隆元年（707年）。清乾隆《余姚县志》卷八：“唐景隆元年，乃创二闸于漾塘，之南曰‘双河’，北曰‘洋浦’，泄上林暴水。”另说建于南宋乾道元年（1165年）。南宋宝庆《四明志》卷十六：“双河塘，鸣鹤乡与余姚之上林乡同一河。上林之水泛溢，则流入鸣鹤，每年苦涝。乾道元年，里人曹闶捐钱二千缗，倡率乡豪益以二千缗，创建双河界塘六百余丈。自是截断西流，鸣鹤之田遂为膏腴。”呈南北走向。长960米，宽3.3～5.8米。原为慈溪、余姚两县分界线，今为慈溪东河区与中河区的水位节制堰坝。为慈溪22处堰坝中时代最早、保存基本完好的一处古代水利工程。2011年被公布为第六批省级文物保护单位。

武岭学校旧址（Wǔlǐng Xuéxiào Jiùzhǐ） 在奉化市溪口镇武山隘口武岭门内右侧。以武岭门得名。武岭之名，一说是取意晋陶渊明《桃花源记》武陵，谐音为武岭；一说出自蒋介石《武岭乐亭记》：“其独以武岭名者，殆取义于武德，即其地以况其所居之人耶。”蒋介石遵照母亲遗言“所遗家产之半自办义务学校，教授乡里子弟之因贫失学者”，于1929年创办。占地面积26 600平方米，建筑面积14 000平方米。依照仿法国乡村教育模式，时设幼儿园、小学部、农业职业学校，并建有农场、林场、医院、工厂、公园、电厂等，人称“小黄浦”。现遗存大礼堂、教育楼、宿舍楼、健身房等建筑40余幢，具民国建筑风格。礼堂墙基存有蒋介石亲题奠基碑：“武岭学校奠基，中华民国十八年。蒋中正题”。1932—1949年，蒋介石亲自兼校长。林森、张人杰、孙科、孔祥熙等民国要人曾下榻学校。2011年被公布为第六批省级文物保护单位。

游仙寨（Yóuxiān Zhài） 在宁波市象山县丹东街道赤坎水库东北侧。明正统八年（1443年）筑城。嘉靖三十一年（1552年）增修。清乾隆《象山县志》卷二：“游仙寨，在县东南十五里，即‘赤坎’。正统八年，倭寇由此登陆，乃筑城。嘉靖三十一年，令毛德京增修。按邑令毛德京曰：‘游仙最关县治所，当修筑。’”后历代都屯兵驻守，至清道光后渐废。占地面积18 800平方米。城垣呈长方形，东北、西南两面长156米，西北、东南两面长121米。高8米，顶宽1.2～2米。西南面城墙辟有城门。纵横有路，鹅卵石铺成。残存兵营墙基。有大、小二校场遗址。北部有一井，口径0.78米，深3.1米，现填以碎石，干涸。外有护城壕沟，宽4.3～5.3米，现多已淤积。为象山境内保存较为完整的明代抗倭兵寨遗址。明代，象山为抗倭要地之一，设有多个所城、寨营、烽火台。此寨为爵溪所管辖，驻官兵250人。清雍正《浙江通志》卷九十二：“（爵溪所）辖寨一曰‘游仙’。游仙寨，在爵溪所南。嘉靖中，拨昌国卫军一百名，本所一百五十名，委官一员带领防守。”曾多次发生战争。清顾祖禹《读史方舆纪要》卷九十二：“嘉靖三十一年，倭贼寇游仙寨。爵溪百户秦彪曰：‘游仙与爵溪唇齿，无游仙是无爵溪也。’直前赴救，战死。”1926年《象山县志》卷九：“（嘉靖三十二年）四月，夷自锯门入屯游仙，剽掠至梅溪、白石诸村落……复登爵溪周五公车攻城，诡计百端。城中相机御之，遁去。”明李进阶《游仙寨》：“小寨依山曲，寒沙落雁群。城回二三里，目断几重云。独戍迷秋草，高烽伴夕曛。清时息戎马，野老共论文。”1989年被公布为第三批省级文物保护单位。

石浦城隍庙（Shípǔ Chénghuángmiào） 在宁波市象山县石浦镇城隍庙路北侧。明洪武二十年（1387年）筑石浦所城，后建城隍庙。清光绪二十四年（1898年）修后厢楼，增建戏台。1949年后曾作为剧院。占地面积1 600平方米。城隍庙坐北朝南，为抬梁式与穿斗式相结合。总体平面呈长方形，沿主轴线为月楼、戏台、大殿、后戏台、后殿，前后戏台和前后殿均有天井、两厢楼连接。2005年被公布为第五批省级文物保护单位。

王锡桐起义遗址(Wáng Xītóng Qǐyì Yízhǐ)　在宁波市宁海县跃龙街道桃源南路222号。始建于唐永昌元年(689年)，原为城隍庙。清光绪《宁海县志》卷四："城隍庙，在治东南二百步。唐永昌中建。五代吴越王封神，为安仁侯，庙圮。宋隆兴二年(1164年)，薛令抗重修。元隳废天下城池，庙不以葺。"明洪武三年(1370年)重新设庙定制。清嘉庆二十二年(1817年)重修。后多有修葺。建筑面积2 500平方米。由五凤楼、戏台、泛轩、大殿、后宫及东西厢房等建筑组成。泛轩陈列有王锡桐起义事迹图片。清咸丰(1850—1861年)以后，宁波地区的法国天主教会，在宁海广建教堂，勾结官府，为非作歹，民众仇教积怨日益深重。光绪二十九年(1903年)八月十二日，王锡桐宣读"灭洋保国"文告，宣布正式起义。十三日攻入城内，以城隍庙为起义军指挥部，烧毁天主教堂，诛杀了一批无恶不作的教徒和会首。后被清政府与法军镇压。三十年四月，清政府与法帝国主义、天主教签订了丧权辱国的《宁海教案议约》，并赔款白银10万两。1963年被公布为第二批省级文物保护单位。

江心寺(Jiāngxīn Sì)　在温州市鹿城区江心屿。以江心屿得名。唐咸通七年(866年)于西山东麓建净信禅院，北宋开宝二年(969年)又于东山西麓建普寂禅院，并先后建西塔、东塔。南宋建炎四年(1130年)，宋高宗赵构为避金兵南下，曾驻跸普寂禅院，并改普寂禅院为"龙翔禅院"，改净信禅院为"兴庆教院"。清顾祖禹《读史方舆纪要》卷九十四："孤屿山，在城北江中，与城相对。东西有二峰，上各有塔。山麓有江心寺，唐咸通中建。宋建炎四年，高宗尝驻跸焉，赐两塔院名，曰'龙翔''兴庆'。"绍兴七年(1137年)，填塞两岛间的中川，改建为中川寺，后改为今名。明万历《温州府志》卷四："宋绍兴，蜀僧清了联今址建巨刹于两峰之间。楼阁堂庑百余间，江云烟水掩映，丛林为东南胜境。"清乾隆五十四年(1789年)重建大殿。1952年修复。占地面积2 870平方米。有天王殿、钟鼓楼、大雄宝殿、三圣殿、方丈室、斋堂和钟鼓楼等建筑。其中，大雄宝殿正柱联为宋王安石撰并书，三圣殿额、对联皆为弘一法师所书。寺门有宋王十朋撰书的叠字联："云朝朝朝朝朝朝朝散，潮长长长长长长长消。"钟鼓楼存有宋代古钟。东、西双塔历为船只导航标志。南宋建炎四年，宋高宗赵构驻跸时，曾御书"清辉""浴光"，并刻于石碑，现仅存"清辉"石碑。德祐二年(1276年)，陆秀夫、陈宜中、张世杰等曾共会于此，奉益王赵昰为天下兵马都元帅。宋时，为东亚佛教交流中心之一，日本、高丽等国僧侣慕名来研教参禅。元至正年间(1341—1368年)，日本大拙祖能祖师率数十人参拜龙翔禅院的无言宣祖师。南宋徐照《江心寺》："两寺今为一，僧多外国人。"南宋文天祥《北归宿中川寺》："万里风霜鬓已丝，飘零回首壮心悲。罗浮山下雪来未，扬子江心月照谁？祇谓虎头非贵相，不图羝乳有归期。乘潮一到中川寺，暗度中兴第二碑。"清袁枚《江心寺》："孤屿江心起，亭台耸碧霄。分将双宝塔，合作小金焦。来去沙汀雁，兴衰早晚潮。伤心文信国，曾把国殇招。"2011年被公布为第六批省级文物保护单位。

圣寿禅寺(Shèngshòu Chánsì)　在温州市瓯海区仙岩街道南村大罗山积翠峰南麓。始建于唐贞观年间(627—649年)，原名仙岩寺。北宋大中祥符二年(1009年)赐"圣寿禅寺"额。明万历《温州府志》卷四："仙岩圣寿禅寺，在崇泰乡仙岩山。唐贞观间建，乃天下第二十六福地。"曾多次毁于战乱重建。现存建筑为清顺治十七年(1660年)后重建。占地面积约2万平方米，中轴线自南向北依次分布天王殿、大雄宝殿、方丈楼和千佛殿。山门悬挂朱熹所题“开天气象”匾。藏有明代石雕十八罗汉，宋、元、明、清及民国碑刻。为浙南建筑规模最大的寺院之一。被誉为“南宋文章第一家”的陈傅良曾读书于此，朱熹探访并留书“溪山第一”四字。唐司空图《温州仙岩寺铭》：“岩之巅，森戟镵天，中宅灵仙。岩之瀑，风干洞壑，地涌山凿。越之裔，瓯之隅，人逸而腴。某其师，某其牧，寺圮而复。”元高明《重游仙岩寺》“伏虎溪桥迹已陈，落花流水几番春。当时邂逅成三笑，今日何由见一人?”明杨南《游仙岩寺》：“飞瀑岧峣下九天，昙花香度碧岩前。溪山胜赏金围嶂，湖海归惭雪满巅。绕径松风秋倚杖，一庭江月夜谈禅。何时了却人间事，来共山中听雨眠。”1997 年被公布为第四批省级文物保护单位。

山皇城遗址（Shānhuángchéng Yízhǐ） 在瑞安市仙降街道。又名山皇寨、山黄堡。建于明嘉靖年间(1522—1566 年)。清嘉庆《瑞安县志》卷二：“山黄堡城，在县西南四十里，三十九都。明嘉靖中，乡民因倭患，告给官帖捐资筑守。”清咸丰八年(1858 年)重修。占地面积约 1.3 万平方米。平面大体为长方形，东西长，南北窄，周长 1.2 千米。城墙由块石垒筑，截面呈梯形，基宽约 3 米，上宽 2.5 米，残高 3～5 米。现存西、南二城门，均为块石垒筑。西城门面宽 2.2 米，高 3 米，进深 2.7 米；南城门面宽 2.2 米，高 2.7 米，进深 3.4 米。西城门外存有清中期所建的寨王殿，又名陈府庙，竖有重修城池碑文。南城门外存有清中期所建的娘娘宫，为四合院式建筑。此遗址为浙江省东南沿海地区保存较为完整的山寨城池之一，明代抗倭战争的重要遗存实物。2011 年被公布为第六批省级文物保护单位。

雁荡山龙鼻洞摩崖题记（Yàndàngshān Lóngbídòng Móyá Tíjì） 在乐清市雁荡山灵岩龙鼻洞。洞顶两壁相合处有一条宽 2 米左右的青色岩脉石，如游龙翔云潜入洞底，旧有龙鼻状乳石，故名龙鼻洞。又称“雁山碑窟”。洞高约 40 米，宽 13 米，深 20 米。洞两壁最上层存有唐至民国摩崖石刻 94 处，汇集篆、隶、楷、行、草等书法字体。内容有题名、题字、记游、诗刻等。年代最早的是唐德宗贞元十年(794 年)，武康县尉包举题名：“包举来，壬寅七月朔。”另有宋代沈括、李复圭、田瑜、黄颂、薛直言、叶嗣昌、叶宗大、谢春伯、郑详等，明代黄淮、项澄、王俊、姚骏、郑毅、钱如京、陈察、梁尚德、高冕等官宦名士题刻。被明代旅行家徐霞客称为“嶂右第一洞”。洞口岭旁巨石上镌“天开图画”四个大字，为明朱熹书。1989 年被公布为第三批省级文物保护单位。

白龙山石殿（Báilóngshān Shídiàn） 在乐清市虹桥镇白龙山南侧山腰。以山得名。清光绪《乐清县志》卷二上：“白龙山，在十三都，县东五十五里。自宅基蟠龙二山来。相传白龙所潜其山自雁荡来。”又名双髻寺、双髻院。以白龙山上的双髻峰得名。因原为自然石洞，古称前洞，故俗称下宫。始建于南宋末年。明万历十年(1582 年)，在自然石洞口增建仿木构大殿。清康熙十八年(1679 年)重建。清光绪《乐清县志》卷十五：“双髻院，在白龙山。国朝康熙己未，僧一轮重建。”占地面积约 2 000 平方米。为仿木构石构建筑群，有山门、石殿、石照壁、石亭、石塔等建筑。石殿明间檩下铭刻“明万历十年壬午正月朔旦僧道航肇建”。石照壁为四柱三间，下置须弥座，明间浮雕佛像八十尊，两次间佛像各四尊及鹿一只。石亭名太空亭，歇山顶。亭后壁嵌石碑三方，记载众僧举行供佛或布施的法令等。石塔现存塔身、塔檐等构件。为浙江省为数较少的明代石构建筑之一。清周之莲《双髻峰》：“何日婵娟谪九天，龙山庵里好修禅。无端欲削空白发，双髻轻抛古寺前。”2005 年被公布为第五批省级文物保护单位。

溪口李氏大屋（Xīkǒu Lǐshì Dàwū） 在温州市永嘉县岩坦镇溪口亭前巷 71 号。因有前后三座房子，故又称李氏三退屋。始建于明代。清代中期，"父子进士"李国汶、李昌绪建前屋和三进屋。20 世纪 50 年代后期，曾改作溪口乡食堂，遭到破坏严重。占地面积 4 000 平方米，建筑面积 2 770 平方米。坐西北朝东南。第一进为主要厅堂，单檐悬山，面间显七间，中间三间开间较大，屋面较两翼略高，形成叠落式屋面形式。后两进均为二屋楼屋。两侧有厢房围合。有住房 64 间，大小庭院 22 个。具有明显的楠溪江流域乡土建筑特色。1949 年前，游击队员曾在此躲避国民党特务分子的追捕。昔有"文元""凤阁伦英""乡饮宾郎"等匾额，现仅存"凤阁伦英"匾额。东南角存有明代晚期的水处理净化池，由 5 个大小不一、排列有序的水池组成。为我国发现最早的水处理净化工程，为研究古代水处理工艺和建筑工程技术提供了重要资料。2011 年被公布为第六批省级文物保护单位。

金钱会起义遗址(Jīnqiánhuì Qǐyì Yízhǐ)　在温州市平阳县鳌江镇凤山南麓。明宣德九年(1434 年)，于龙虎岩间隙地建庙，原名灵顺庙。因处镇北，后改称北山庙。1932 年遭火焚圮。现仅存台基。龙虎岩遗存多处明至民国时期的摩崖题刻，如"大明宣德甲寅腊月庚申温州府平阳县知县章惠捐俸助建""有崇斯岩，两峙并处，耸然如龙，矫然如虎。乃文乃武，乃弼乃辅，翊卧巨灵，以镇终古。正德戊寅秋九月庚戌碧溪居士赞"。金钱会起义为太平天国时期浙江四大农民起义之一。清咸丰三年至十一年(1853—1861 年)，平阳发生七次灾荒，加之官府、豪绅地主盘剥，民不聊生。八年夏，石达开率领太平军攻克处州，温州震动。钱仓的赵启、周荣、缪元等八人受到鼓舞，聚义于北山庙，后于金溪山成立金钱会，凡入会者发"金钱义记"铜钱一枚，作为会员凭证。数年间发展到平阳、瑞安、温州、永嘉、青田、福鼎一带，众达数万人。十一年六月廿六日在北山庙宣布起义，与太平军侍王李世贤部并肩战斗。先后攻下瑞安白布会首陈安澜大院，全歼雷渎温家团练，攻破浙南团练督办孙家安义堡。八月廿八日进入温州，攻占道台、知府衙门。十月十八日攻占福鼎县城。十月廿五日起围攻瑞安县城。由于清政府调集重兵镇压，根据地相继失守。同治元年五月(1862 年 6 月)起义失败。二年七月，赵启在玉环被捕，壮烈牺牲。1961 年被公布为第一批省级文物保护单位。

矴(碇)步头谢氏民居(Dìngbùtóu Xièshì Mínjū)　在温州市苍南县桥墩镇矴步头村。清雍正七年(1729 年)，矴步头谢氏从福建永定斧冈迁此定居。第六世裔孙老二谢传玉创立"广昌"商号，以经营茶叶为主，远销至苏州、宁波、温州等地。清道光七年(1827 年)，建"广昌大屋"，以商号得名。咸丰六年(1856 年)，在南侧新建一座大屋，称为"下广昌"，原大屋称"顶广昌"。两座建筑仅隔一堵围墙，当地人合称为"广昌内"。时占地面积 2 万多平方米，建筑总面积 3 873 多平方米，有各式房间百余间。1957 年除夕，"下广昌"毁于大火，仅存"顶广昌"部分。占地面积 5 000 多平方米。三进合院式木构建筑，由台门、前屋、厢房、正屋等建筑组成。正屋为悬山顶抬梁穿斗混合式木构建筑，共二层。檐柱、斗栱、屏窗等构件雕刻精美。二楼前廊置有美人靠。清同治五年(1866 年)，温州府儒学正堂方夫子赐"英杰联芳"匾额，表彰谢氏出资建造莒水大溪矴步、清水溪矴步和四方路亭。现仍悬挂于正堂。选址布局和建筑风格颇具宋韵遗风，为清代浙南闽东民居建筑的典型代表，也是苍南山区保存最为完整、规模最大的清代古民居。2011 年被公布为第六批省级文物保护单位。

矾山矾矿遗址(Fánshān Fánkuàng Yízhǐ)　在温州市苍南县矾山镇福德湾村鸡笼山。采炼明矾始于明初。1925 年《平阳县志》卷十四："明初已有开采者，第不知其所始。"明永乐年间(1403—1424 年)，温州等地已将明矾用于染色业，明矾石的开采和明矾提炼也由原来的就近零星买卖，逐渐转由商人向外地销售。1925 年《平阳县志》卷十四："又永乐初，以温州输矾困，民罢染色布。"又载："矾业成本颇重。往时，窑户多由甬商给本价，由甬商预定，运账获利皆在甬商，土人惟得劳动工资而已。"清光绪十六年（1890 年），开始远销海外。1925 年《平阳县志》卷十四："光绪十六年，因矾山近闽之前岐，矾多由前岐出口。"民国时，明矾开采业已具一定规模，"矾窑见有二十八，每窑日产矾一千九百斤，种类有白矾、红矾、杂牌三色，岁值银元约六十万"。占地面积 2 319 万平方米。由采矿遗址、炼矾遗址、附属遗址和传统民居等建筑组成，当地俗称"一车间"。建有明矾始祖宫、登山石步道、矿工石头屋、矿主老宅院、工人大礼堂、苏式办公楼等。至今仍沿用半机械、半体力的采炼技术，为浙江省文物保护单位中唯一仍在生产的工业"活遗址"。2005 年被公布为第五批省级文物保护单位。

谢林大宅院（Xièlín Dàzháiyuàn） 在温州市文成县西坑畲族镇双田村。明崇祯六年（1633 年），周姓祖先自福建寿宁县平溪迁居于此。青田八都岙底，辟土开疆，为肇基一世之祖。清光绪十四年（1888 年），周铭祺开始建造。十五年十二月，正屋落成。十七年，加建厢房和阁楼。占地面积约 2 600 平方米，建筑面积约 1 832 平方米。坐东面西偏南，由台门、头进、左右厢楼、上房、后花园组成二进合院木构上楼悬山式，四周垒高大岩围墙。台门为三层出檐仿木牌楼式砖石构筑。具有一定的独特性，梁架结构颇具地方特色，木雕、石雕、砖雕制作较为精细，为浙南山地民居的典型代表。2005 年被公布为第五批省级文物保护单位。（2019 年 3 月 8 日，谢林大宅院发生火灾，建筑木构部分基本被烧毁。）

前坪张氏厝屋（Qiánpíng Zhāngshì Cuòwū） 在温州市泰顺县泗溪镇前坪村。为当地著名乡绅张楠青故居，因其排行十一，故俗称张十一故居。清康熙元年（1662 年），前坪张氏始祖张应祯因躲避盗匪而从福建迁此。乾隆八年（1743 年）始建厝屋。乾隆末年复建新屋，嘉庆三年（1798 年）竣工。1933 年，西北侧厢房毁于火灾。占地面积 5 780 平方米。为四合院式建筑，三进五厅，由门屋、别院、门台、正屋、厢楼、耳房等组成，共计房屋 44 间。后院有雨道、花圃、鱼池等。存有乾隆六十年"熙朝人瑞"、嘉庆"鸾停鹄峙"、道光五年（1825 年）"金山玉海"等额。为清代浙南闽东民居建筑的典型代表，充分体现了清中晚期泰顺建筑建造技艺。2011 年被公布为第六批省级文物保护单位。

嘉兴子城（Jiāxīng Zǐchéng） 在嘉兴市南湖区府前街 65 号。三国吴黄龙三年（231 年），孙权始筑城垣。清光绪《嘉兴府志》卷四："子城，周围二里十步，高一丈二尺，厚一丈二尺。《至元志》按袁志引旧经云：'吴黄龙时筑。'"唐文德元年（888 年），一说唐乾宁三年（896 年），在子城外兴建罗城，故原城改称子城。《吴越备史》卷一："（文德元年）王命阮结为制置使，又命筑嘉兴县城。"清光绪《嘉兴府志》卷四："府城，唐乾宁三年，嘉兴镇将曹信筑。"元至元十三年（1276 年），罗城被拆除，仍保留子城。明弘治《嘉兴府志》卷二："元至元十三年，隳郡县城，罗城遂平，门楼俱废，惟子城与楼见存。"明万历二十年（1592 年），知县李培增高子城墙三尺。清光绪三十四年（1908 年），重修谯楼及东西两侧城墙。占地面积 6 500 平方米。元代曾设有正门，名"丽谯"。宋时，城上曾建天王殿、箭楼等建筑。谯楼西侧墙内嵌有清光绪"重修嘉兴府治碑记"石碑。城内历为县、府、军、路、府的衙署。清光绪《嘉兴府志》卷四："子城者，即子墙，宋之军州、元之路衙，今之府治墙也。"咸丰十一年（1861 年），太平天国听王陈炳文曾建七进听王府，规模宏大，史称"七重天"，同治三年（1864 年）被清军拆毁。1914 年建有浙军第二十一团营房，俗称"西大营"，1937 年毁于日军炮火。1938 年，日伪政府在此建"绥靖司令部"，现存 4 幢日式建筑。为嘉兴市内现存唯一的古城，对研究嘉兴古代城市的规模、起源、发展、历史地理位置等有重要历史价值。宋陆蒙老《披云阁》:“城角巍栏见海涯,春风帘幕暖飘花。云烟断处沧江阔,一簇楼台十万家。”2005 年被公布为第五批省级文物保护单位。

衍芬草堂(Yánfēn Cǎotáng)　在海宁市河东路 66 号。原为典当,清乾隆中叶,蒋光焴祖父蒋开基改建。坐东朝西,分两条轴线。南轴线原有临街房、衍芬草堂、颐志居、思孔室、北苑夏山楼。北轴线原有五砚斋、思不群斋、双峰石室等。现存衍芬草堂、颐志居及南侧附房、思不群斋和双峰石室。轴线间以高墙分隔,中有弄堂贯通。每幢房屋之间以风火高墙阻隔,墙上设釉陶花窗。双峰石室前砖雕台门镌有“清芬世守”匾。为清代著名私家藏书楼之一。蒋氏祖孙三代得各种珍善本十余万卷,聚藏于衍芬草堂中。清咸丰十年至同治三年(1860—1864 年),蒋光焴为躲避太平天国战祸,四年辗转五省七地,五次转移藏书,最终一册无损地运回硖石。同治元年(1862 年),在安庆谒见曾国藩时,为赞其千里护书之壮举,曾国藩曾题写“虹穿深室藏书在,龙护孤舟渡海来”。抗日战争期间,蒋光焴子孙又珍护藏书,几经迁移,最终得藏于上海中国银行保险库。1949 年后,藏书捐献国家,其数量之多,名列国内前茅。其中有宋刻小字本《晋书》、宋刻《律 · 附音义》、宋拓《忠义堂颜帖》、元刻《太平惠民和剂局方》等古籍珍本。2011 年被公布为第六批省级文物保护单位。

徐志摩旧居(Xú Zhìmó Jiùjū)　在海宁市干河街 38 号。徐志摩(1897—1931),原名章垿,字槱森,浙江海宁人,现代诗人、散文家。1926 年,徐申如为儿子徐志摩与陆小曼结婚而建。建于清嘉道年间,有门厅堂楼四进。2001 年被拆毁。占地面积 600 平方米。为中西合璧式砖木结构楼房。前后两进,主楼 3 间两层带东西厢房,后楼 3 间,与主楼相连,形成四面围合走马楼,屋顶有西式露台。前厅及厢房底层有中式廊檐,雕梁画栋。厅堂地面铺有德国进口的彩色地砖,天顶装饰考究的多重阴角线条,中西合璧,别具一格。台门镶嵌徐志摩表弟金庸的手书“诗人徐志摩故居”。正厅有启功补书匾“安雅堂”。后花园内有井曰“爱之清泉”。徐志摩曾在此写下了蜜月日记《眉轩琐语》、完成了小说《家德》、编就了《诗刊》第二期。为海宁市尚存较好的、反映该时期建筑风貌的重要遗存之一。在西方河街原有徐志摩祖居,为其出生地。2011 年被公布为第六批省级文物保护单位。

魏塘叶宅(Wèitáng Yèzhái)　在嘉兴市嘉善县中山东路 482 弄。因为沿街口有连续九间店面,俗称“九间头”。清同治九年(1870 年),县城东门青龙庄孙家桥始建同兴榨油作坊,为县内首家私人油坊。宣统三年(1911 年),叶文焕投资 8 万银元买下油坊,更名为“震泰公油坊”,在江浙一带颇有名气。清末建造宅地。占地面积 1 437 平方米。坐北朝南,分前店、后宅两部分,西侧有陪弄。前后有四进,硬山顶。第一进为楼房,沿街有连续九间的店面;第二进面阔五间,中间三间为大厅,东、西各有一间抱厅楼;第三、四进为二层楼房,面阔五间,有走马堂楼和天井,天井用条石铺地,梁枋、牛腿饰有雕刻精细的木雕。2011 年被公布为第六批省级文物保护单位。

云岫庵(Yúnxiù Ān)　在嘉兴市海盐县澉浦镇南阳山半山腰。庵名出自东晋诗人陶渊明《归去来兮辞》:“云无心已出岫,鸟倦飞而知还。”又名云鹫庵。清光绪《嘉兴府志》卷十九:“云岫庵,一名‘云鹫’。在县南三十里,鹰窠顶最高处,九曲而上。”传观音因普陀山香火旺盛,晚上来此休息,故又称“夜普陀”。始建于北宋建隆年间(960—963 年)。元至正二年(1342 年),僧本原开山。明天顺八年(1464 年)毁于兵。隆庆五年(1571 年)重建。万历二十二年(1594 年)重修。清康熙二十三年(1684 年),修松寮竹径。咸丰年间(1851—1861 年),大部分建筑毁于兵火。光绪二年(1876 年)再建。1983 年重修。占地面积 7 000 平方米,建筑面积 1 000 平方米。依山而筑,横向布局。中为殿堂区，有天王殿、观音殿、藏经阁等建筑，多砖木结构。东院为游览区，设有古戏台。西院为生活区，建有“鸟还亭”。山门前有明代古银杏树一株，高 20 余米。庵内有泉，名“雪窦泉”，终年不竭。明朝时，普陀山曾屡遭倭寇骚乱，有僧尼来此避难。明彭宗孟《云岫庵》：“深林绝嶂古珠宫，策杖幽探一径通，石竹迎人当户绿，山花供佛上阶红。钟回转觉诸天静，月出真看万品空。便欲皈依寻了义，闲云无着与心同。”2005 年被公布为第五批省级文物保护单位。

钮氏状元厅(Niǔshì Zhuàngyuántīng)　在湖州市吴兴区勤劳街。清乾隆三十三年(1768 年)，钮际泰中戊子科武进士后，于永安桥东侧、南侧购置两座宅院，命名为“理德堂”和“本仁堂”，分别安置嫡生和庶出子孙。道光十八年(1838 年)，钮福保中戊戌科状元后，将“理德堂”局部改造，作为“状元厅”，用以陈列钮氏各代中试者的各类故物。状元厅由门厅、仪门、照壁、大厅和东西厢楼组成，为湖州唯一一处采用七架抬梁民居厅堂建筑。本仁堂与状元厅隔苕溪相对，跨永安桥相连。占地面积 2 720 平方米，由四路轴线组成。永安桥始建于明代，原为木桥，清道光八年改为石桥，系三孔二墩排柱墩式石梁桥。为湖州地区仅存的一座与科举文化有关的厅堂建筑。2005 年被公布为第五批省级文物保护单位。

湖州子城城墙遗址(Húzhōu Zǐchéng Chéngqiáng Yízhǐ)　在湖州市吴兴区爱山广场。秦末项羽筑城，故原称项王城。南宋嘉泰《吴兴志》卷二：“子城，统记云：‘旧当秦时为项王故城。’”明万历《湖州府志》卷一：“二世二年，项梁起兵吴中，乃有吴地，即乌程县治。建子城，周一里三百六十七步，东西二百三十七步，南北一百三十六步，为项王城。”唐武德四年(621 年)在城外筑建罗城，把项王城改称子城。明万历《湖州府志》卷一：“武德四年，赵郡王李孝恭为扬州大都督，以子城湫隘创罗城，周二十四里，东西一十里，南北一十四里，外沿城凿濠。”北宋太平兴国三年(978 年)，吴越王钱俶奉旨入汴京(今河南开封)被扣留，为保百姓不遭兵燹，纳土降宋，奉旨拆除罗城和子城城墙。南宋嘉泰《吴兴志》卷二：“太平兴国三年，奉敕同子城皆拆毁。”2007 年发现子城城墙墙基。2008 年发掘。现发掘面积 1 500 平方米。为昔子城的东城墙段。有城门墙基、子城东门、甬道等遗址。城墙呈南北走向，墙基厚 9.8 米。中间为夯土墙，内外砌有东汉纪年砖，铭文“永初二年作”。甬道宽 4.6 米。2011 年被公布为第六批省级文物保护单位。

牛头山军事遗址(Niútóushān Jūnshì Yízhǐ)　在湖州市安吉县天子湖镇长隆村牛头山山脊。南宋建炎三年(1129 年)，高宗赵构定都临安(今杭州)后，安吉成为西北屏障，为兵家必争之地。南宋朝廷在天目山东、西两支山脉中构筑了关隘、烽火台、瞭望台、营寨等军事防御设施，并派遣民族英雄岳飞率领岳家军驻守抗击。此处为军事瞭望和传递军情的设施。东西长 80 米，南北宽 6 米。现遗存古栈道、石构建筑基址、石构瞭望台基址、石灶、石刻等。瞭望台遗迹处于东西两端，系由岩石面下凿的圆形建筑柱洞近百个组成，柱径 5～35 厘米，深 10～30 厘米。南侧避风处分布有更多的柱洞，每开间于岩石面凿有上下绝顶的台阶，各建筑间两侧还凿有宽 5 厘米，深 5 厘米的排水沟。另有 8 处直接岩石面开凿的石灶。出土了春秋时期叶脉纹、方格纹印纹硬陶残件及宋代瓷碗和陶质韩瓶两个时代的标本。为浙北地区保存较为完整的古军事遗址之一，在宋王朝抗击北方金兵南侵中发挥重要作用。2011 年被公布为第六批省级文物保护单位。

德清云岫寺(Déqīng Yúnxiù Sì)　在湖州市德清县武康东南云岫山。以云岫山得名。云岫山，因昔山巅建有云岫塔得名。清乾隆《武康县志》卷三：“(云岫山)建塔于巅，曰‘云岫’，又曰‘青云’，合邑文风青云直上，义有取也。”始建于南宋淳熙八年(1181 年)，由为音禅师开创。元至正五年

(1345 年)，僧文粹重修。明洪武二十四年(1391 年)并入龙山寺。永乐元年(1403 年)，僧起宗复建。嘉靖年间(1522—1566 年)，因凿山开岩，致寺毁。万历年间(1573—1620 年)重修。占地面积 2 200 平方米。坐东朝西。有山门、天王殿、大雄宝殿、配殿、藏经阁等建筑 50 余间。其中，大雄宝殿为明代建筑，金刚殿、配殿、观音殿、藏经阁等为清代建筑。存有清乾隆五十九年(1794 年)《云岫寺记碑》。明礼部侍郎顾瑞屏曾读书于此。光绪十三年(1887 年)，住持广严禅师奉旨进京，钦易大藏经 12 部、銮驾 1 副，光绪帝御书"清净圆通"，慈禧亲书"藏经阁"匾额，恭亲王题"大雄宝殿"。明骆文盛《秋日游云岫寺》："寻山何处好？云岫独栖云。路绕松阴入，泉从石窦分。岩花秋黯淡，炉篆午氤氲。不用通名姓，山僧总未闻。"1989 年被公布为第三批省级文物保护单位。

长兴孔庙(Chángxīng Kǒngmiào)　在湖州市长兴县雉城街道金陵中路。为旧时长兴县学和祭祀孔子的场所。始建于北宋庆历四年(1044 年)。清光绪《长兴县志》卷四："宋庆历四年……诏郡邑建庙学，县令林概始建学于邑东。"南宋建炎年间(1127—1130 年)被金兵焚毁。绍兴十年(1140 年)重建。明嘉靖九年(1530 年)迁至今址。后多次修葺。清乾隆九年(1744 年)再次重修。清嘉庆《长兴县志》卷四："乾隆九年，知县谭肇基重建大成殿、尊经阁、崇圣宫，又重修明伦堂。规制较前更加壮丽。"民国初，部分建筑改建为中山公园。1963、1980 年两次修缮。占地面积 1 334 平方米。现存大成殿、明伦堂及西庑殿。大成殿为重檐歇山顶建筑，主祀孔子像。明伦堂建及西庑殿皆为硬山顶建筑。存有嘉靖四年陈凤梧书《孔子赞碑》、嘉靖九年《圣谕碑》《御制正孔子祀典记碑》《御制正孔子祀典申记碑》和嘉靖三十八年《长兴县新置学田记碑》、隆庆六年(1572 年)《长兴县新修儒学记碑》、万历二十四年(1596 年)《长兴县重修儒学记碑》、乾隆三十二年《长兴县儒学记碑》等 10 余通碑刻。2011 年被公布为第六批省级文物保护单位。

白溪朱氏宗祠(Báixī Zhūshì Zōngcí)　在湖州市长兴县雉城街道。南宋端平年间(1234—1236 年)，朱熹孙朱钰曾任长兴县令，卸任后定居白溪，始建宗祠。明嘉靖年间(1522—1566 年)，伍溪公朱时忠扩建。崇祯年间(1628—1644 年)，隐士朱升重建，名曰"画庄"。清光绪《长兴县志》卷十四："画庄在县治白溪前，朱升隐居处。"清顺治八年(1651 年)改为今祠。嘉庆《长兴县志》卷十："朱文公祠，在宜春门东北五里后。白溪朱氏旧有堂三楹，制甚崇闳，族人呼为大厅屋。国朝顺治八年，裔孙朱之黯等醵金修葺，改为今祠。"康熙二十七年(1688 年)重修。1949 年后曾作为国家粮库。占地面积 4 000 平方米。坐北朝南，砖木结构。由中路和东路两组建筑组成。中路自南到北分别置有牌坊、门厅、正厅、披屋、东西两厢房及西附屋，东路由门屋、门厅、后厅及连廊等组成。大厅有 4 根径围 1.5 米的楠木柱，左右两侧分别刻有《朱熹家训》和《长兴紫阳朱氏宗谱图》。存有两通清代石碑。为浙北地区所存不多的明清风格的古建筑。2005 年被公布为第五批省级文物保护单位。

仙霞古道(Xiānxiá Gǔdào)　在浙、闽、赣三省交界处。以翻越仙霞岭得名。古为由浙入闽、沟通钱塘江和闽江唯一陆路官道，又称江浦驿道、浙闽官道。素有"两浙之锁钥，入闽之咽喉"之称。原为采樵小径，唐乾符五年(878 年)，黄巢起义军劈山开道 700 里。南宋绍兴年间(1131—1162 年)扩建。清顾祖禹《读史方舆纪要》卷八十九："唐乾符五年，黄巢破饶、信、歙等州，转略浙东，因刊山开道七百余里，直趋建州，即此岭也。宋绍兴中，史浩帅闽过此，募人以石甃路，自是镌除铲削，旧时险厄，稍就宽平。"北起江山县城，途经清湖、石门、峡口、保安、廿八都诸地，南至福建浦城县，全长 120.5 千米，其中浙江省境 75 千米。沿线现存 40 余处文物点，有烟萝洞摩崖石刻、清溪锁钥门亭、黄巢起义遗址、戴笠故居、水安桥、东岳宫、德春堂药店等。张九龄、王安石、陆游、朱熹、杨万里、辛弃疾、徐霞客等涉足古道，留下诗文。其中仙霞关为山中关隘之一，存有唐末黄巢农民起义遗迹。仙霞关两边高山峻岭，可谓“一夫当关，万夫莫开”，异常险峻，是中国四大古关口之一。《读史方舆纪要》卷八十九：“仙霞关，在衢州府江山县南百里仙霞岭上，又南至福建浦城县一百二十里，为浙闽往来之冲要。或曰仙霞岭即古泉山也。”关墙高 3 米，皆以条石砌成，中一设双重拱券顶大门，周围崇山峻岭，峭壁深谷，号称天设之雄关，历为兵家必争之地。明有叶宗留领导的农民起义，清有以杨管应为首的饥民起义，光绪年间由刘家福领导的九牧起义曾转战于此。郁达夫在《仙霞纪险》中写道：“要看山水的曲折，要试车路的崎岖，要将性命和命运去拼拼，想尝尝生死关头、千钧一发的冒险异味的人，仙霞岭不可不到。”国内革命战争时期为闽浙赣游击队根据地之一。为古代海上丝绸之路陆上运输最重要的路线之一，对促进浙、闽两省经济起到很大的作用。《读史方舆纪要》卷八十九：“凡自浙入闽者，由清湖渡舍舟登陆清湖渡，在江山县南十五里。连延曲折，逾岭而南，至浦城县城西，复舍陆登舟，以达于闽海。中间二百余里，皆谓之仙霞岭路，诚两浙之衿束，入闽之咽喉也。”2011 年被公布为第六批省级文物保护单位。

鉴湖遗址大王庙　在绍兴市越城区、柯桥区。含鉴湖遗址、大王庙 2 处建筑。鉴湖遗址（Jiànhú Yízhǐ），在越城区府山街道。鉴湖又名长湖、大湖、南湖、镜湖。北宋《嘉泰会稽志》卷十：“在县东二里，故南湖也，一名‘长湖’，又名‘大湖’……王逸少有云：‘山阴路上行，如在镜中游。’镜湖之得名以此。《舆地志》：‘山阴南湖，萦带郊郭，白水翠岩，互相映发，若镜若图。’任昉《述异记》云：‘轩辕氏铸镜湖边，因得名’。或又云：‘黄帝获宝镜于此也。’”《太平御览》卷五十二：“镜湖，俗传轩辕氏铸镜于湖边，今有轩辕磨镜石，石上常洁，不生蔓草。”兴建于东汉永和五年（140 年），会稽太守马臻总纳山阴、会稽两县三十六源之水为湖。东至曹娥江，西至浦阳江，长 63.5 千米，周围 179 千米，面积约 206 平方千米，分设水闸 7 处，可灌溉农田 9 000 余顷。两县百姓大得其利。唐代后逐渐淤塞，北宋中期以后，因建筑堤堰，筑湖垦田，湖面积大大减少。北宋《嘉泰会稽志》卷二：“马臻，永和五年为太守，创立镜湖。在会稽、山阴两县界筑塘蓄水。水高丈余，田又高海丈余。若水少，则泄湖灌田；如水多，则闭湖泄田中水入海，所以无凶年。其陂塘周回三百一十里，溉田九千余顷。《会稽记》云：‘创湖之始多淹冢宅，有千余人怨诉，臻遂被刑于市。及遣使按覆，总不见人籍，皆是先死亡者，然越人至今庙祀之。’”今零星散布的芝塘湖、百家湖、鉴湖、百塔湖、洋牌湖等都是古鉴湖的残迹。现存湖泊 30 平方千米，长约 23 千米，东起亭山，西至湖塘。古鉴湖遗址纪念地选择在马臻墓旁。大王庙（Dàwáng Miào），在柯桥区钱清镇江南村。以纪念治水筑湖的东汉太守马臻得名。马臻因兴修水利遭诬陷致死，后人为纪念之建祠营墓。大王庙始建于唐开元年间（713—741 年）。《全唐文》卷六百九十五：“唐开元中，刺史张楚深念功本，爰立祠宇，久而隳败。”元和十年（815 年）浙东观察使孟简扩建。现存庙宇为晚清时所建，今存前殿、大殿与左右看楼，坐北朝南。前殿三开间，通面宽 11.62 米，通进深 11.98 米，77 檩。大殿三开间，通面宽 11.62 米，通进深 11.98 米，10 檩。正脊南北分书“河清海晏”“源远流长”。看楼左右对称，通面宽 14.7 米。庙大殿东西两壁，绘有 32 幅彩图，展现了马臻的治水功绩和民间传说。庙内颇多古碑文，记马臻与修建庙事。南宋王十朋《马太守庙 · 会稽疏凿自东都》赞：“太守功成禹后无，能使越人怀旧德。”有存史、研究之作用。2011 年被公布为第六批省级文物保护单位。

周恩来祖居（Zhōu Ēnlái Zǔjū）　在绍兴市越城区蕺山街道劳动路 369 号。周恩来先辈世居于此。原名锡养堂，清康熙三十七年（1698 年），周懋章妻王氏寿至百岁，浙江巡抚特贺“百岁寿母之门"匾额，故又称"百岁堂"。1982年整修，1998年扩建。占地面积2 150平方米，建筑面积1 680平方米。坐北朝南，明代建筑风格砖瓦房，黑色竹丝台门。共三进，每进3间。两进之间各有天井相隔，天井两侧有小廊对拱。第一进中间为台斗门，左右为耳房；第二进为大厅；第三进原为楼房，后改建平房。1939年，周恩来曾在此接待亲友和各界人士，宣传抗日救国，为抗日人士和乡亲书写多幅抗日题词。为浙江省重要的爱国主义教育基地。1997年被公布为第四批省级文物保护单位。

古越藏书楼(Gǔyuè Cángshūlóu)　在绍兴市越城区北海街道胜利西路503号。因绍兴古为越州之地，故名。清光绪二十八年(1902年)，徐树兰购地一亩六分，耗银三万二千九百六十两建造此楼。二十九年建成，三十年对外开放。坐北朝南，原有四进，前三进为高楼，分藏书籍。另一进成厅，做阅书所，可容客座60席，并备日报数种，供人翻检。现仅存临街门楼，砖木结构建筑，二层三开间，南面单檐，北面重檐，硬山顶，山面砌筑风火墙。曾编有《古越藏书楼书目》，旧分经、史、子、集、时务5部35卷，后分为学部与政部，改编为20卷。共藏书7万余卷，是我国图书馆史上最早对公众开放、第一家具有近代公共图书馆特征的藏书楼。1989年被公布为第三批省级文物保护单位。

贺知章《龙瑞宫记》摩崖刻石(Hè Zhīzhāng《Lóngruìgōngjì》Móyá Kèshí)　在绍兴市越城区稽山街道望仙桥村会稽山飞来石上。贺知章(659—744年)，唐代诗人。字季真，原越州永兴县(今萧山县)人。《龙瑞宫记》系唐朝诗人贺知章撰并书。南宋《嘉泰会稽志》卷十六："龙瑞宫记，贺知章撰并正书，刻于宫后葛仙公炼丹井侧飞来石上，漫灭。仅存宫内有重刻本。"题刻高0.76米，宽0.69米。内阴刻楷书12行，每行15字。文12行，记龙瑞宫的沿革及其界止。结字疏密匀称，端庄雄浑。其题刻罕见，世以为珍。旁有宋以来题刻20多处。有一定的艺术研究价值。1963年被公布为第二批省级文物保护单位。

三江闸(Sānjiāng Zhá)　在绍兴市越城区斗门镇三江村。中国著名古水利工程之一。因处钱塘、钱清江、曹娥三江交汇处，故名。设有28孔，各孔自东南向西北依次以"角"至"轸"命名，"以应天之经宿"，故又名应宿闸、星宿闸。明嘉靖十四年(1535年)，绍兴知府汤绍恩在此建闸治水，以排山阴、会稽、萧山三县内涝和阻拦海潮倒灌。十六年建成。万历十二年(1584年)加固。万历《绍兴府志》卷十六："山阴三江应宿闸，在三江所城西门外。嘉靖十六年知府汤绍恩建。凡二十八洞，亘堤百余丈，蓄山、会、萧三县之水。三县岁共额征银若千两，为启闭费。其上有张侯祠，祠后为汤侯生祠。岁久闸稍坏，万历十二年，知府萧良干增石修之，改其近岸傍四洞为常平闸，用泄涨水。"明崇祯六年(1633年)、清康熙二十一年(1682年)两次重修。清乾隆《绍兴府志》卷十四："崇祯六年，宁绍台道林日瑞、郡守黄纲重修……国朝康熙二十一年，福建总督姚启圣重修。二十四年，知府胡以焕置田三十亩，以岁入修补闸板、铁环。"乾隆六十年(1795年)、道光十三年(1833年)、1932年又三次整修。三江闸全长108米，顶石宽9.16米，可通行。1972年在闸外2.5千米处筑围堤，闸口出水道遂成内河；改闸中"室、壁、奎、娄、胃、昴"五墩六孔为三墩二孔，闸孔总净宽增至68.44米。1981年建成大型水闸新三江闸。1988年原闸闸顶改为公路。2008年下游曹娥江口门大闸门建成。400余年来，对解除萧绍平原的洪、旱、潮灾害起过十分重要的作用。1963年被公布为第二批省级文物保护单位。

建初买地摩崖题刻(Jiànchūmǎidì Móyá Tíkè)　在绍兴市越城区富盛镇跳山东坡上。以东汉建初元年(76年)民众在摩崖上镌刻留下买地事宜得名。又因壁上书"大吉"二字，故亦名大吉碑。

清道光三年(1823年)发现。《越中金石记》卷一:“癸未仲夏,余偕兄尺庄觅先世葬地,偶憩兹山。其石高不及二寻,迤逦围十余丈,色黝然而黑。土人云有字在石趾,剔除苔藓谛视,乃东汉人题记。”刻石高3米,宽2.3米,分两列。上列直刻“大吉”二字,字径高0.4米,宽0.15米。明万历《绍兴府志》卷四:“跳山,在府城东南三十五里,富盛山北。俗传钱王镠微时,贩盐遇官兵,跳避此山,石壁书‘大吉’字,并指脚迹俱存。”下列5行,行4字,共22字,隶书。即“昆弟六人共买山地建初元年造此冢地直值三万钱”。为浙江省已发现的最早摩崖石刻,对研究我国文字发展和东汉时的物价有一定价值。1963年被公布为第二批省级文物保护单位。

通明堰遗址群(Tōngmíngyàn Yízhǐ Qún)　在绍兴市上虞区丰惠镇通明村。以通明江得名。南宋嘉泰《会稽志》卷十:“通明江,在县东十里,源出余姚江,其西自运河入于江。有堰曰‘通明堰’,蔡舍人肇明州谢上表云:‘三江重复,百怪垂涎,七堰相望,万牛回首。盖自杭经越至明,凡三绝江七度堰,此其一也。’”含通明堰遗址、新通明堰、十八里河关帝庙、碑庙和5座路桥捐助碑等。通明堰遗址古称通名南堰、旧通明坝,由县尉钱绩始建于南宋嘉泰元年(1201年)。南宋嘉泰《会稽志》卷四:“通明南堰,嘉泰元年冬始置。海潮自定海,历庆元城南抵慈溪,西越余姚至北堰几四百里。地势高仰,潮至辄回如倾注。盐运经由,需大汛。若重载当洪,则百舟坐困,旬日不得前。于是增此堰,分导壅遏,通官民之舟,而北堰专通盐运。”清光绪《上虞县志》卷二十三:“旧通明坝,在二十二都,距县东三里,疑五里之讹。”清同治二年(1863年),因“年久渗漏,加以被匪挖掘遂至坍”,知县翁以巽拨款重修。昔设有清、浑二水闸,建于北宋景德三年(1006年)。南宋嘉泰《会稽志》卷四:“清水闸,在县西一十里二百步。景德三年,知越州王砺置清、浑二水闸,往来者便之。王荆公萧山诗云‘灵胥引水清穿市’谓此水也。”清光绪二十年(1894年)募捐重修,改为横亘两墩三洞石闸。闸顶建石板平桥,长约12米,宽约2米。2008年杭甬运河拓宽疏浚时整体拆毁,仅存遗址。新通明堰古称通明北堰、新通明坝,建于南宋淳熙年间(1174—1189年)。清光绪《上虞县志》卷二十三:“新通明坝,一名‘中坝’,在一都郑监山下急递铺西南,距县东十里。宋淳熙间,县令汪大定置,名通明北堰。”明嘉靖年间(1522—1566年),“有奸民私置幽洼泄水,知县杨绍芳鸠工坚筑焉”。清道光二年(1822年)重修。十八里河关帝庙建于清代,是运河船工们的精神寄托之所。庙旁另有5块路桥捐助碑,是运河商贸繁华的历史见证。元代柳贯《月夜下通明堰》:“挽舟下通明,初宵落潮后。两犍才负轭,十夫齐奋肘。引重如举虚,欻过姚江口。细水不生鳞,月色金光走。”自古为浙东运河上十分重要的航运交通咽喉,对促进地方经济、文化的发展交流发挥了积极作用。2011年被公布为第六批省级文物保护单位。

鹿门书院(Lùmén Shūyuàn)　在嵊州市贵门乡贵门村。以贵门山古称鹿门山得名。《贵门吕氏宗谱》载:“吕氏世居河南,自南宋时秦国公扈跸南渡,奉议公(吕规叔)迁剡鹿门。……尔时草木蓁蓁,呦呦之声彻山谷,故门以鹿名。”始建于南宋淳熙元年(1174年),系南宋理学家吕规叔创立。现存建筑为清嘉庆五年(1800年)重修。1934年《嵊县志》卷五:“鹿门义塾,道光志:在贵门山。宋吕规叔建。凿山垒石,结构三十余楹。朱晦庵、吕东莱相继讲学于此。后圮。清嘉庆间,吕氏重建。”占地面积1平方千米。为四合式楼台建筑,底层为石砌台基,南、北各建一个拱券洞,中间是正方形的天井,台基之上建木结构房屋,四面相向,回廊相通。南宋淳熙九年(1182年),理学家朱熹于此访吕规叔,并在书院讲学,留题“贵门”二字,鹿门山因此改名贵门山。《大清一统志》卷二百二十六:“贵门山……本名‘鹿门山’,宋朱子改今名。”除朱熹外,许多名流也纷纷来此讲学,传道练武,成为当时全国少有的培养文武全才的地方。此书院保存完好，文化深厚。2011 年被公布为第六批省级文物保护单位。

鼓山书院(Gǔshān Shūyuàn)　在绍兴市新昌县七星街道上石演村鼓山西南坡。因鼓山得名。始建于北宋嘉祐元年(1056 年)，原名石鼓书院，后废。明嘉靖十三年(1534 年)重建，改称今名。万历《绍兴府志》卷十八："新昌石鼓书院，在西石鼓山。宋太傅石亚之建，后废。明嘉靖中，知府洪珠复建。"清嘉庆二十三年(1818 年)重建。光绪二十三年(1897 年)大修。抗日战争期间，陈石民曾借此办农桑学校，后改为新昌简师校舍。1949 年后，曾作为西岭乡政府驻地。"文化大革命"期间改为新昌水泥厂职工宿舍，损坏严重。1995 年大修。占地面积 5 328 平方米，今存书院东侧部分建筑 1 200 平方米。采用中国传统的棋盘式布局。由前厅、讲堂、藏书楼、学舍等组成，房舍间以廊互连。梁架为穿斗式，屋面为硬山顶。存明嘉靖十三年绍兴知府洪珠撰文的《鼓山书院碑》一通、明代古柏树一株。为新昌县现存规模最大的书院建筑，也是江南形制布局较为规整的书院。2011 年被公布为第六批省级文物保护单位。

永康考寓(Yǒngkāng Kǎoyù)　在金华市婺城区城东街道将军路 81 号。为清时永康籍考生赴金华考秀才时居住和备考的地方。明末清初建筑。门前有旗杆石立于两侧，分前中后三进。一进为门厅，树有孔子像。厅前有如意踏跺，门楣下有壁画，悬多方匾额，如"永康考寓""永邑遗风"等。二进中厅为主体建筑，作为日常聚会之所。三进后堂为先贤祠，地势逐阶而高，供奉有"魁星""文昌""关公"。旧时春秋两季举行祭祀仪式，考生顶礼膜拜，祈求功成名就。东西厢房则为考生住宿、读书地方。为古婺州尊师重教、培养人才的历史见证，具有较高的历史研究价值。2011 年被公布为第六批省级文物保护单位。

鹿田书院(Lùtián Shūyuàn)　在金华市婺城区罗店镇鹿田村。原为西鹿田寺，建于北宋太平兴国年间(976—984 年)。传宋玉女在此驯鹿耕田，故名。后寺废。清光绪《金华县志》卷五："西鹿田寺，在鹿田村……旧名'宝福西禅院'。大平兴国中建。治平四年易名'寿圣'。后更名'西鹿田寺'……皇朝康熙十年，僧宝相重建，废。嘉庆初，汤溪徐伟就西寺故址建坛，巡抚阮元有'福庭文囿'额。兰溪赵士升亦于下建坛，今并废。"光绪二十四年(1898 年)，金华八县名流在此建书院，并由金华知府继良题"八婺儒宗""鹿田书院"额，内供奉金华自宋至清的所谓"七贤"。2005 年重修。为院落式建筑群体，占地面积 792 平方米，建筑面积 1 280 平方米。沿中轴线第一进为大门，第二进穿廊，第三进为正厅，面阔均为三开间，每进两侧各置厢房 7 间。南宋大儒朱熹曾在此讲学。古代文人墨客游此，题咏颇多，如南宋方凤，元代许谦、吴师道、戴良、叶谨翁，明代王思任，清代王崇炳、郑鹤龄等。宋代潘良贵赞："自是评吾乡山水以此为第一。"南宋谢翱在该地写有《听雨记》。具有较高的历史、艺术价值。1997 年被公布为第四批省级文物保护单位。

北山摩崖题记(Běishān Móyá Tíjì)　在金华市婺城区罗店镇双龙洞、冰壶洞、朝真洞内。有唐代至近现代的名人游览题刻 20 多处，篆、草、楷等书体均有，字体大小不等。现尚可辨的石刻有 15 处，其中双龙洞 9 处、冰壶洞 3 处、朝真洞 2 处。双龙外洞洞壁有众多摩崖石刻，洞口北壁"双龙洞"三字，传为唐人手迹，后由民国交通次长临摹刻撰；南壁"洞天"二字，为宋代书法家吴琳的墨宝；"三十六洞天"五个大字，则为于右任先生之手笔；最里边石壁上还有"水石奇观"石刻和清代名人探洞游记碑刻。冰壶洞口外有"郭沫若题诗碑"1 处。朝真洞左洞壁"三十六洞天"五字，系金华汪志洛书。历代文人墨客均留佳作，如李白、王安石、孟浩然、苏东坡、李清照、徐霞客。明代大旅行家徐霞客曾对金华三洞有贴切的描绘:“朝真以一隙天光为奇;冰壶以万斛珠帘为异;而双龙则外有二门,中悬重幄,水陆兼奇,幽明凑异者矣!”具有历史考古和文化艺术价值。2011 年被公布为第六批省级文物保护单位。

白沙堰(Báishā Yàn)　在金华市婺城区南部婺江支流的白沙溪上。为白沙溪上三十六座堰之合称。白沙溪以溪水洁白如镜得名。明《寰宇通志》卷二十八:“白沙溪,在金华县西南。出处州遂昌县,流入永康。其溪出白沙如霜雪,故名‘白沙溪’。”东汉建武三年(27 年),辅国大将军卢文台率部隐退辅仓,沿白沙溪先后建成三十六座古堰。吴赤乌元年(238 年)大旱,乡民运用“以潭筑堰蓄水,开渎引水灌田”的经验,在白沙溪修堤筑堰,大小共计三十六堰。首堰为沙畈堰,至东北分别为大坟头堰、停久堰、涉济堰、白沙堰、上水堰、周村堰、黄坛坑口堰、上塘堰、下塘堰、裴家堰、青草堰、崖头堰、猪头潭堰、山脚堰、陈思堰、皂里堰、上兰贝堰、磨石堰、朱村堰、溪东堰、石人山堰、第一堰、第二堰、第三堰、风炉堰、第四堰、华山堰、第五堰、洞山堰、旱龙堰、马坛堰、玉山堰、上河堰、下河堰,终于中济堰。后屡遭水毁,屡毁屡建,废兴演变甚多。覆盖白沙溪全部流域,横跨长约 45 千米。围筑溪水浇灌两岸农田,受益农田 27.8 万亩。历经 2 000 多年,至今仍有 19 座堰在发挥作用。明杜恒《白沙春水》诗有“三十六渠饶灌溉”之句。为浙江省建设最早、规模最大的水利工程之一。2011 年被公布为第六批省级文物保护单位。

李渔坝(Lǐ Yú Bà)　在金华市兰溪市永昌街道夏李村。建于清顺治三至六年(1646—1649 年),原名石坪坝。后以明末清初戏剧家李渔亲自设计和督工建造,改为今名。清光绪《兰溪县志》卷五:“昔渔尝于下李村间凿沟引水,环绕里址,至今大得其水利。”坝长 9.7 米,宽 1.6 米,高 3 米,用褚石砌筑而成,坝底设一石孔,平时用木板密封,坝内淤泥过多,可开坝孔清淤。灌溉之时,盖上方石,坝内水位随之升高,溢过坝左侧的引水渠,流向周边农田。现仍作灌溉用。1989 年被公布为第三批省级文物保护单位。

陈望道故居(Chén Wàngdào Gùjū)　在金华市义乌市城西街道分水塘村。陈望道(1891—1977),中国教育家、语言学家。清宣统元年(1909 年)陈望道父亲陈君元建宅于此。1998 年维修。占地面积 430.9 平方米,建筑面积 294 平方米。坐北朝南,呈“凹”字形布局,前廊式天井院二层砖木结构庭院。通面阔 17.3 米,进深 8.3 米,正室 5 间,前设开堂,左右厢房各 2 间。南面山墙辟石库大门,门前设照壁,正堂明间悬挂汪道涵题写的“陈望道故居”匾额。二楼为穿斗式,前檐设槛窗。西厢房西面有柴房一间。1920 年,陈望道在此完成了《共产党宣言》首个中文全译本翻译工作。为省级红色教育基地。2011 年被公布为第六批省级文物保护单位。

五峰书院(Wǔfēng Shūyuàn)　在金华市永康市方岩镇橙麓村寿山坑。以方岩寿山有固厚、瀑布、桃花、覆釜、鸡鸣五峰而得名。明成化《金华府志》卷十:“五峰书院,在县东五十里。宋朱文公、吕成公、陈龙川旧游之地。嘉靖初,邑人应典义为祠,以祀三贤,知府姚文炤为扁记之。知县洪垣更为书院,知府陈京扁之。”宋代始建洞天福地。明代建丽泽祠,又创正楼三楹,额“五峰书院”。后筑学易斋于楼西,并筑重楼。清光绪《永康县志》卷二:“五峰书院,《徐志》:‘宋淳熙间,朱紫阳、吕东来、陈龙川、吕子阳读书讲学处。明正德间,先达应石门、程松溪、李东溪、周见峰、程方峰、卢一松共畅王阳明良知之学于此地。石门应子创丽泽祠,以祀朱、吕、陈、吕,后以程松溪祔。郡守陈受泉命吕瑗创正楼三楹,额曰五峰书院,祀王阳明,以应石门、程方峰、卢一松配明季。后学周佑德复筑学易斋于楼西,祀郡贤何王金、许章以,后学李珙、杜子光、周莹祔。’”占地面积 801 平方米,总建筑面积近 2 000 平方米。其地形如城郭，四周岩壁平地拔起，岩根部位突然后缩，生成许多石洞，书院以洞造屋。坐北朝南，略呈方形，三开间，屋高 2 层。洞宽 12.75 米，深 11.3 米，总面积 175 平方米。存有丽泽祠、五峰书院、学易斋、重楼等明代建筑。洞内筑有讲台，台后洞壁有朱熹手书“兜率台”三字。南宋庆元四年(1198 年)，朱熹在此完成《大学章句集注》。抗日战争时期，浙江省政府曾迁此。为南宋永康学派的发祥地，明代王阳明倡道处所。具有很高的历史、文化研究价值。1997 年被公布为第四批省级文物保护单位。

熟溪桥(Shúxī Qiáo)　在金华市武义县滨江广场南侧，横跨熟溪。建于南宋开禧三年(1207 年)，时称“石公桥”。后因武阳川“有水则岁熟”改称熟溪桥。明嘉靖二十五年(1546 年)修建为六墩桥。隆庆四年(1570 年)建为九孔十墩、架木为梁的木桥。万历四年(1576 年)盖桥屋 49 间。清康熙二十五年(1686 年)、乾隆四十二年(1777 年)二度损毁，并重修。宣统《武义县志》卷一:“熟溪桥，大南门外。宋开禧三年，主簿石宗玉建，因名曰‘石公桥’。明嘉靖二十五年，令赵奇修之，造六墩而止。隆庆二年，令林一鹗建造石墩者十，架木为梁。万历四年，令谭音造桥屋四十九楹。详方伯、陈善、记中历、熊秋芳、陈大烈始毕其役，议筑坝未就，其南建庵为桥镇护。令张国裳为记，立石于庵。康熙二十五年，令李经邦重修，毁于火。五十八年，令徐亮祖更新之。乾隆四十二年复毁。四十八年，令郑谦芳捐俸创修，未成。乾隆五十年，令韩席珍续成之。”2000 年 6 月 23 日，因特大洪水坍塌。2001 年 5 月修复。现为双向伸臂式木廊桥，梁架作重檐左右廊式。长 137 米，宽 4.8 米，南北走向。正中起楼阁，外观作重檐庑殿顶，有楼梯可登临其上。桥墩条石砌置，迎水面做成分水尖。两端各建有五花山墙桥门和引桥，置有石狮。桥上悬有著名书法家题写的楹联、匾额等。清徐俟召《咏熟溪桥》诗赞:“百尺长虹锁碧流，芦汀荻浦净寒秋……遥见船从桥下过，恍疑人向镜中游。”被誉为“我国现存古代桥梁建筑中的艺术珍品”，有重要的建筑艺术价值。1989 年被公布为第三批省级文物保护单位。

土库(Tǔkù)　在金华市浦江县白马镇傅宅村。马来语 Toko 音译，意为商店。为明万历年间(1573—1620 年)，荷英商人设在中国沿海地带的贸易站之一，用来藏银两、堆货物。《明史》卷三百二十五:“万历时，红毛番强商其境，筑土库以居。”建筑朝西偏南，占地面积 666 平方米，建筑面积 719 平方米。前后两进，左右厢房各九间，大厅三开间，通面宽 11.5 米，通进深 7.3 米，明间作厅与后楼用穿堂相连，形成工字厅平面结构。后楼七开间，通面宽 23.9 米，通进深 6.7 米，楼层高 2.8 米。明间前后隔开，分别是账房和金库。金库均用砖和杉木板两层墙构筑。南侧各设两柱三楼仿木构砖雕门罩一座，其石门架上铭刻的马蹄形银币图案，是我国迄今留存最早的商行标志。为明代我国对外通商的重要历史见证。2011 年被公布为第六批省级文物保护单位。

仙岩洞摩崖题记(Xiānyándòng Móyá Tíjì)　在衢州市衢江区樟潭街道金仙岩村南岩洞。洞口宽 25 米，深 22.3 米，高 5 米，洞内面积约 390 平方米，洞壁上留有 50 余块摩崖题刻，现存有文字的题刻 39 块。唐、宋、明、清均有，以宋题刻为主;楷、行、草、隶、篆书俱全;题记内容丰富，大多是当朝官员和著名文人的笔迹，其中最珍贵的有记载北宋朝廷官兵镇压以方腊为首的农民起义题记。洞口崖洞上方有“仙岩洞天”四字，传为明太祖朱元璋所书。清顾祖禹《读史方舆纪要》卷九十三:“县东二十余里有翠徽山，高十余里，上有平田可数十亩，旁为仙岩，中空可坐数十人。明太祖兵下江右，凯旋过此，御书‘仙岩洞天’四字刻于石。”摩崖题记分布密集、数量众多，字体齐全，且大部分有确切纪年，为研究古代特别是宋代的历史、政治、经济、交通提供了实物资料。1989 年被公布为第三批省级文物保护单位。

县前粮仓群(Xiànqián Liángcāng Qún)　在衢州市江山市双塔街道县前社区。共 8 个粮仓。建于 20 世纪 70 年代,墙体均为圆柱形,屋顶为攒尖式,阴阳合瓦。外侧墙体白色,底端黑色,中部偏上部开有两个窗,上端与屋檐衔接处采用窄条边四层递缩结构。一排之中每个相隔 0.5 米。两排之间相隔 5 米,形成走廊,其上吊顶与粮仓的下端瓦面持平,且在上面又有两层楼高的附属建筑。北端和南端粮仓之间又有墙体封闭,使 8 个粮仓组成一个建筑整体。内径 8 米,内高 7.3 米,墙体厚 0.4 米,用夯土夯筑,内壁与其他墙体用石灰粉刷成白色。粮仓群造型美观,结构完美,具有很高的历史保存价值。2011 年被公布为第六批省级文物保护单位。

同归域(Tóngguī Yù)　在舟山市定海区昌国街道留方社区以北龙峰山东麓。为南明抗清殉难将士臣民万余人的骨灰合葬墓。南明鲁王朱以海初监国于绍兴,后辗转海上,于清顺治六年(1649 年)十月移驻舟山,设行宫。顺治八年,清军攻陷舟山,抗清军民万余人殉难。清参军乔君钵集殉难者尸首在此火化合葬,勒碑横书"同归大域"。清康熙《定海县志》卷八《同归大域碑记》:"岁辛卯,王师薄翁洲,九月朔有二日城陷。时死事张公肯堂、朱公永祐、吴公锺峦、李公向中、沈公宸荃等各眷属皆遇难,都人士女守义死者累累相枕。籍经历乔君钵不忍暴露,火而瘗之北郭,勒石曰'同归大域'。"康熙四十二年(1703 年),建成仁祠于墓前,后改为飨堂。清康熙《定海县志》卷四:"成仁祠,北门外。康熙四十二年,知县缪燧捐建。"1981 年修缮。坐北朝南,墓丘呈半圆形,直径 3.5 米。墓面高 1 米,宽 3.5 米,墓顶砌作六边锥形体。为缅怀史迹、教育后人的重要文化基地。1997 年被公布为第四批省级文物保护单位。

三忠祠(Sānzhōng Cí)　在舟山市定海区环南街道晓峰岭山顶。为纪念清道光二十一年(1841 年)在定海保卫战中阵亡的定海镇总兵葛云飞、处州镇总兵王锡朋、寿春镇总兵郑国鸿而建。始建于明永乐年间(1403—1424 年),原为关圣庙启忠祠,后附祀"三总兵"改为今名。明天启《舟山志》卷二:"关圣庙,城东门。永乐督帅张翥建。弘治十七年,守御指挥刘泽重修。隆庆改元,里人裒资吏创前殿。"清光绪十年(1884 年),台州知府成邦干募捐重建。1997 年迁至今址。坐北朝南,占地面积 1 015 平方米,建筑面积 580 平方米。有前大殿、后大殿、东大殿、西大殿等建筑。前大殿入口上书"三忠祠"三个大字。正大殿明间陈列"三总兵"塑像。左立有清代"新建三忠祠记"碑,镌碑文 1 044 字,宁绍台兵备道薛福成撰文,记述三总兵的英雄事迹,以及成邦干和定海军民抗英斗争的功绩。右立有舟山市人民政府于 1997 年"迁建三忠祠"碑记,略述定海三总兵抗英事迹及建祠经过。偏殿西次间立"新建三忠祠碑"一通。为舟山鸦片战争纪念馆的重要组成部分,重要的爱国主义教育基地。1989 年被公布为第三批省级文物保护单位。

东沙菜市场(Dōngshā Càishìchǎng)　在舟山市岱山县东沙镇东沙社区沿河路 17 号。清康熙二十七年(1688 年)海岛解禁后,江、浙、闽、沪沿海渔民先后进入岱衢洋捕捞大黄鱼,渔船云集东沙角形成渔港。渔汛时,人声鼎沸,商贸繁华,形成自由集市"横街头"。1918 年《岱山镇志》卷六:"岱山户口,以东沙角为最繁,高亭、念母岙、宫门、泥峙等次之……至清初展复来此者,均系捕鱼、樵采、负贩为业,大都贫苦居多,故居此者不过四五及六七代而止。大约乾隆年间始迁者为多,其人多系慈溪、镇海、山北等转徙到此,亦有自绍兴来者。"卷五:"渔汛之际,东沙角、新道头两处人民骤增至二万余名。"1932 年,横街头集市街区毁于火灾,后搭草篷戏馆,抗战后塌毁。1953 年在此建东沙菜市场。1966、1976、2003 年进行三次维修。现菜场坐南朝北,占地面积 578 平方米。长 24.9 米,宽

23.2 米，为一层廊式建筑，围成一个方形院落。北面左右分别开一道廊门，南设一出口。中央天井中架有两棚，人字梁，四坡四顶盖小青瓦，遗留着民国期间建筑特征，具有较高的历史文化价值。2011 年被公布为第六批省级文物保护单位。

山海奇观摩崖题记(Shānhǎiqíguān Móyá Tíjì)　在舟山市嵊泗县枸杞乡里西村五里碑山顶巨石上。明万历十八年(1590 年)，浙直总兵都督侯继高率部到枸杞巡海督汛，剿平了盘踞嵊山泗洲塘的倭寇后，乘兴登五里碑峰顶，环视壮丽的海天景色，欣然命笔，写下"山海奇观"四个大字，遂命工匠镌刻于巨石之上。石高 6.2 米，宽 7.3 米，厚 1.4～1.7 米，东壁镌刻"山海奇观"四个巨擘大字，每字高 1.6 米，宽 1.3 米，分两行直书。下有落款 42 字"大明万历庚寅春，都督侯继高统率临观把总陈九思，听用守备宋大斌，游哨把总詹斌、陈梦斗等督汛于此"，为楷书阴刻。石碑下沿有一天然石凳，前侧为一块平坦巨石。具有较高的历史文化价值。2011 年被公布为第六批省级文物保护单位。

黄岩孔庙(Huángyán Kǒngmiào)　在台州市黄岩区西城街道劳动南路与青年西路交叉口。又称文庙、儒学。始建于唐。北宋治平三年(1066 年)迁建于明因寺北。元丰六年(1083 年)徙现址。后屡毁屡建。元元贞二年(1296 年)因黄岩由县升州而成州学，明洪武年间复为县学。明万历《黄岩县志》卷二："儒学，在县南二百步，旧在县东三里。宋治平三年，令许懋徙于明因寺北。元丰六年，令翁仲通徙县南。有进士题名碑，令蔡范序。宣和二年寇毁，令王然重建。开禧元年，又火惟庙存，令赵湜又新之。嘉定九年，令陈梦建作直舍。元至元丙子，毁于兵。儒人徐绍先等修治之。元贞二年升州学。大德九年，庙为飓风所摧，知州韩国宝、同知王翰相继建庙及东西斋庑。至正末复毁，亦惟庙存。皇明洪武四年，令李复建明伦堂。"清康熙九年(1670 年)毁于火后重建。康熙四十七年修建。乾隆七年(1742)重建大成殿。道光、同治年间又修缮增建。1936 年《台州府志》卷五十六："(黄岩县学)康熙庚戌八月，邑大火，庙学延毁，仅存櫺星门。乡贤名宦祠时职官公出生员洪猷抱全圣位木主。康熙十年，张令中选、教谕徐光旭先建明伦堂，权妥圣位。二十六年，林总戎本直兴、教谕潘阴余、训导何如教筹建，赵总戎宏燦落成之。三十一年，训平遇又葺明伦堂，建斋署。四十七年，遭飓风庙毁，张郡守聊元林总戎达率属捐俸，谕范长裕、训范守礼及绅士重建。乾隆七年，郝令世正修葺大成殿……道光二年，令黎葆醇、谕陶庆麒、训吴心恬率绅士捐资重修大成殿及两庑戟门等……咸丰辛酉，门楹窗牖毁于贼。同治中，邑令陈宝善、教谕王锡畴、训导沈延殿率绅士捐资修复。"占地面积 5 000 平方米，建筑面积 1 212 平方米。存大成殿、东西庑、戟门、衣亭、奎星阁等建筑 37 间。大成殿 5 间，面宽 5 间，通面宽 21.4 米，通进深 25.6 米。重檐歇山顶，正脊砌"天开文运"四字，东西侧堆塑龙形正吻。殿南有东西庑各 9 间。戟门东西有更衣亭与神厨各 3 间。大成门南有泮池，呈半月形，又称半月池。东南奎星阁始建于明末清初。面宽 3 间，通面宽 10.2 米，进深 11 米，上下两层。为浙江省现存较为完整的文庙建筑群，具有重要的历史文化保护价值。1989 年被公布为第三批省级文物保护单位。

金清大桥(Jīnqīng Dàqiáo)　在台州市温岭市新河镇城南村金清港上。又称"寺前桥"，以其旧在净应寺前得名。明嘉靖《太平县志》卷二："寺前桥在净应寺前。"后因其横跨金清港，更名为金清大桥。清乾隆四十年(1775 年)修。嘉庆年间(1796—1820 年)重建。嘉庆《太平县志》卷三："金清大桥，旧因在净应寺前呼'寺前桥'，后改今名。海口锁钥，往来冲要，通县之桥，以此为巨先。乾隆四十年，绅士李粲英、金兑玉、蔡良蔚等竭力募建，费数千缗，知县李汝麟记之。嘉庆初年圮，蔡翔翰、陈见山、蔡友多等重募捐造，改平桥为圈洞。后南洞复有攲斜，见山日夜劳勘修整，于是制巨工坚，可历久不坏。"桥四墩五孔，高 12 米，长 64 米，宽 4.6 米，拱券结构为纵联分节并列砌置，桥面随桥拱作阶梯状，其间各砌 10 道石阶。桥旁有粗壮的石栏，栏板上浮雕精美的花卉图案。望柱 108 根，望柱头雕饰石狮、荷花、莲蓬等，线条流畅。桥南北两端有方形桥亭，石柱木枋四角攒尖顶。清代诗人裴灿英《寺前桥》诗赞："不识前朝寺，当前耸一桥。崚嶒排雁齿，掩映亘虹腰。云影明还灭，潮声暮复朝。不教人病涉，无箸此超超。"具有较高的历史、文物、艺术价值。1997 年被公布为第四批省级文物保护单位。

东大塔南山殿塔　在临海市巾子山。东大塔(Dōngdà Tǎ)，在巾子山东峰。巾子山山顶有东、西双峰，峰顶在唐代便建有双塔。南宋嘉定《赤城志》卷十九："巾子山，在州东南一里一百步，连小固山。两峰如帢帻，一号'帢帻峰'，其顶双塔差肩屹立。"即为东大塔和西塔。东大塔之下原有巾峰寺，始建于宋乾德五年(967 年)。初名"净光塔院"，为五代时吴越国之台州刺史钱昱所创。大中祥符四年(1011 年)赐额"明庆塔院"。南宋嘉定《赤城志》卷二十七："明庆塔院，在州巾子山上。旧名'净光塔院'，乾德五年钱守昱建。大中祥符四年赐今额。"后废。南宋宝祐元年(1253 年)重建。元明以来屡废屡建，清道光年间(1821—1850 年)重修。同治四年(1865 年)予以缮修。宋章得象《题明庆塔院》诗："步步云梯彻上层，回头自觉欲飞腾。频来不是尘中客，久住偏宜物外僧。下寺钟声沈地底，前峰塔影落阶棱。凭阑未尽吟诗兴，却拟乘间更一登。"东大塔始建于北宋，明正德三年(1508 年)，大火烧毁。清康熙二十七年(1688 年)重修。嘉庆二十三年(1818 年)遭雷击，复重修。咸丰三年(1853 年)，再毁。同治四年重建东大塔。为六面五层，楼阁式砖塔。"壁内折上"结构，塔刹呈葫芦形制。南山殿塔(Nánshāndiàn Tǎ)，在巾山西南山腰南山殿前。传为纪念唐朝名将张巡而建立。明万历四十六年(1618)重建。清同治五年重修。塔总体残高 16.3 米，建筑风格与东大塔相仿。各层均有腰檐和平座，以菱角牙子叠涩出跳。塔内中空，自第二级开始每级每面均有壸门形佛龛和壸门形窗，塔外形规整，每层每面辟壸门，塔身以平砖一道表示平座、额枋。塔体外今叠嵌明"万历四十六年"模印砖铭。2005 年二塔合并被公布为第五批省级文物保护单位。

苔山寨城遗址(Táishān Zhàichéng Yízhǐ)　在台州市玉环县清港镇苔山村东南山顶。原为温岭巡检司，明洪武二十七年(1394 年)设。永乐《乐清县志》卷四："温岭巡检司，在本县瑞应乡十六都苔山。国朝初，置在台州府黄岩县三十七都温岭。洪武二十七年安陆侯吴杰奏准移置本址，巡检臧善创，仍隶黄岩县。"永乐十六年(1418 年)，巡检司移至玉环乡三十二都三山(今清港镇泗头)。清顺治年间(1644—1661 年)，南明阮駵将军在巡检司旧址筑寨城，与陈文达驻守的南山寨城遥相呼应，成掎角之势。清顺治十八年(1661 年)，朝廷下令"撤边海三十里居民而空其地"，寨城随之废弃。清光绪《玉环厅志》卷一："苔山，在二十二都，城西北四十里，东距司台山里许。潮落时涉涂而过。旧有寨，址存。"寨城依山势而建，呈不规则曲线形，面积约 14 920 平方米。城墙由块石砌筑，周长近 467 米。城内设有校场用以练兵，城南约半里有营房、哨台、烟墩等建筑，城东北有两处水井。现寨城遗址尚有三分之二城墙，尚能清晰可辨。保存最完整一段高约 3 米，截面呈梯形。有一定的历史和文化研究价值。2011 年被公布为第六批省级文物保护单位。

纪恩诗摩崖题记(Jì'ēnshī Móyá Tíjì)　在台州市玉环县芦浦镇道头村寿星山麓崖壁。以记述皇帝召见恩义之情得名。清道光二十五年(1845 年)，玉环厅同知徐荣赴任前受宣宗皇帝召见，到任后写成五言《纪恩诗》，于道光二十六年十二月刻在石崖上，记述了召见的情形，还翔实记述玉环置厅前后人民生产和生活状况、海防设施状况。题记高 2 米，宽 3 米。全诗 277 字，落款 26 字，有一定的历史和文化研究价值。2011 年被公布为第六批省级文物保护单位。

健跳所城遗址、蒲西巡检司城　在台州市三门县。含健跳所城遗址和蒲西巡检司城遗址 2 处。健跳所城遗址（Jiàntiàosuǒ Chéng Yízhǐ），在三门县健跳镇健农村双凤山。明洪武二十年（1387 年），汤和循朱元璋“高筑墙、广积粮”的旨意，在江浙沿海筑卫所城几十处，健跳所便是其中之一。《浙江通志》卷九十八：“健跳所，洪武二十年建。在宁海县南一百二十里，卫东北一百十里，去海五里。三面阻山，皆羊肠鸟道，惟东南山前距海，东即‘健跳港’。”所城依山而筑，居高临下，雄峙江畔，三面阻山，东面距海，城南有健跳港，港阔四百余丈。城围约有 1 000 米，构成马蹄状。明嘉靖四十年（1561 年），戚继光再修健跳城。为纪念其功勋，万历四年（1576 年）城内建戚公祠，并立《大都督南塘戚令公去思碑》以表去思。现存墙体最高处约 10 米，宽 5～8 米，墙基块石堆砌，中填黄泥土。原有四门，两门有记载，西曰“登明”，北曰“崇武”，现毁。城内建筑有所署、校场、营房、城隍庙、戚公祠、瞭台、寺庙等。蒲西巡检司城（Púxī Xúnjiǎnsī Chéng），在巡检司村西部城隍山。明洪武三年，因沿海倭寇时常侵扰，信国公汤和奏设蒲西巡检司，专司防御倭寇入境之责。城围 500 多米，4 门，城高 3 丈，宽 6～8 米，以蛇盘石垒砌而成，异常坚固。2004 年重建南门，原墙基仍部分尚存。2011 年，健跳所城遗址和蒲西巡检司城合并被公布为第六批省级文物保护单位。

红旗渡槽（Hóngqí DùCáo）　在台州市天台县白鹤镇南部。以原属红旗区得名。1977 年始建，1980 年竣工。西起新楼村，东至溪东村。全长 797.5 米，11 个主拱，79 个小拱，大拱每跨 56.5 米，最大高度 28 米，槽身宽 5 米，高 3 米。过水最大流量每秒 10.5 立方米，槽岸两侧各有人行道。西首槽头建有闸门房，设节制闸和退水闸各一座。闸门房里装有两闸门自动化启闭设备。新楼村前建有红旗渡槽管理房。时为全国最长的悬链线变截面多跨浆砌石拱渡槽，槽身两侧镶嵌郭沫若手迹集字制作的“天水飞渡”四字。具有鲜明的时代特色和较高的文物价值。2011 年被公布为第六批省级文物保护单位。

刘光求雨摩崖题记（Liú Guāng Qiúyǔ Móyá Tíjì）　在台州市仙居县广度乡祖庙村东坪坑马筱潭。为当年刘光县令祈雨时所刻。始刻于北宋绍圣三年（1096 年）。崖壁坐东朝西，略呈长方形，高 5.3 米，宽 4.3 米，题记面积 4.5 平方米，楷书阴刻，共 4 行，每行 7 字，内容为：“绍圣三年夏四月仙居旱二十三日，壬午县令刘光躬祷雨于马筱龙湫。”字大者 225 平方厘米，小者 56 平方厘米，笔法刚劲清健，布局疏朗，刻工精致，字迹清晰可辨。摩崖题记内容完整，叙事清楚，书法艺术价值较高。2011 年被公布为第六批省级文物保护单位。

处州府城墙（Chǔzhōufǔ Chéngqiáng）　在丽水市莲都区。丽水旧称处州，故名。始建于隋开皇九年（589 年）。元至正二十七年（1367 年）割旧址之半而新筑之。后于明嘉靖、崇祯，清康熙、雍正、乾隆等年间多次重修、加筑。清同治《丽水县志》卷二：“处州府城，宋宣和间，州守浦城黄烈因唐旧址修筑……元至元二十七年，处州路总管斡勒好古、万户石抹良辅委丽水县尹韩国宝，割旧城之半而新之。为门六：北曰‘望京’，亦曰‘丽阳’；东曰‘岩泉’；东南曰‘行春’，亦曰‘下河’，俗曰‘夏河’；南曰‘南明’；西南曰‘括苍’；西北曰‘通惠’，亦曰‘左渠’……明嘉靖二十四年，知府张大韶修之，旧砖缺损者巩之以石……崇祯八年五月六水枯，括南、南明、行春三门濒溪，城俱坏。知府朱葵、推官王明汲修之。国朝顺治十五年增筑。康熙二十五年闰四月，水高城丈余三，门城复坏。知府刘廷玑修之。四十九年四月大风，城楼坏且尽。五十三年大水，城益坏。雍正七年，总督李卫题请修筑，温处道王歙福，饬属官丽水县知县王钧等督修之。八年五月工竣，计高三丈五尺，厚一丈七尺，垛高七尺，四周一千八百五十丈有奇，礮台四窝、铺八、门楼六……乾隆三十一年，奉旨修筑在处城垣。知县蓝衣经捐俸修之。嘉庆五年，大水濒溪，城复坏。知县邹世棨请帑修之。道光十四年，里人谭学铭捐资续修。咸丰八年，粤匪窜踞，垒木石于女墙。为固守计，官军由婺进剿，贼闻风遁，木石渐复倾圮，城随以坏。十一年，贼复踞城。同治元年，官军攻克，城益坏。六年，知府清安集民资暨罚锾重修。城濠自北而东者，绕岩泉门，径行春门，抵外教场。自北而西者，绕通惠门入城。南临大溪，无濠焉。”现存南明门及城墙、望京门砖砌告示墙、万象山西南麓城墙、洞天楼、行春门以北城墙、城濠等。南明门及古城墙依山傍水，沿瓯江而立，城门平面呈长方形，占地面积 382.5 平方米，南面设瓮城，平面呈半圆形，占地面积 353 平方米。城墙用块石斜方格形干砌，城垛用砖砌筑，具有防御、防洪双重功能。洞天楼顺山坡而筑，上建楼屋，下通行人。为研究我国古代城墙发展历史和古城布局的实物例证，具有重要的历史、科学、艺术价值。2005 年被公布为第五批省级文物保护单位。

太鹤山摩崖题记(Tàihèshān Móyá Tíjì)　在丽水市青田县鹤城街道北隅太鹤山。因古时白鹤在此栖息而得名。有宋至清题刻 34 处。摩崖石刻有题名、题记、人物刻像三类，行、楷、篆、草皆备，尤以南宋淳熙十六年(1189 年)叶俊明的“混无峰”题名、元代青田县令曹用“遗刘处闲剑诗”题刻、明天启三年(1623 年)郑奎光的“长松介石”、清张尊三“试剑石”和“叶法善得道处”、郭锺岳的“太鹤洞天”等摩崖石刻出名。其中明天启三年(1623 年)郑奎光画刻“杨枝观世音像”最具特色。画像宽 1.63 米、高 3.8 米，承唐代阎立本绘像风格，为浙江省孤例，是一幅珍贵的岩画文物史料。鹤山摩崖题记规模大且保存完好，具有重要的历史、文化和书法研究价值。2005 年被公布为第五批省级文物保护单位。

独峰书院(Dúfēng Shūyuàn)　在丽水市缙云县仙都街道仙都风景名胜区。以正对鼎湖峰得名。南宋淳熙九年(1182 年)，朱熹巡历到此讲学。绍定元年(1228 年)，青田进士叶嗣昌在鼎湖峰对面的伏虎岩下朱熹讲学处，创建“独峰书院”以示纪念。咸淳三年(1267 年)扩建。元至正《仙都志》卷上：“独峰书院，在炼金溪西，正对独峰。宋淳熙壬寅，晦庵朱先生持常平节，上疏劾台守，未报。徜徉于此山，以伺朝旨。有于此藏修为宜之语。绍定戊子，郡人开国叶公嗣昌，始就此创礼殿，为讲贯之所。咸淳丁卯，邑人尚书潜公说友即旧址而广大之。”明洪武年间(1368—1398 年)被知县朱成远所毁。嘉靖三十二年(1553 年)，在独峰书院遗址建“天然泉石”一院，称“仙都草堂”。清同治十二年(1873 年)移至初旸谷旁的月镜岩下重建，光绪元年(1875 年)落成。坐西朝东，建筑面积 1 000 平方米。建筑中轴线上依次为门厅、前天井、讲堂、后天井、后厅，南北两侧设厢房。南北对称，由卷洞圆门和小门相连。其间花园、天井、围廊浑然一体。为浙江省唯一纪念朱熹讲学的书院，具有较高的历史、文化和科学价值。2011 年被公布为第六批省级文物保护单位。

南尖岩梯田(Nánjiānyán Tītián)　在丽水市遂昌县王村口镇大坑村。以岩石命名。明正德年间(1506—1521 年)始有村民迁居。清顺治年间(1644—1661 年)，大坑周姓、半岭方姓始迁居南尖岩山区，依山开田。至清末已具规模。梯田东起后坪、西至陈坑、南起叶坞、北至大坑村屋后，东西宽 1 500 米，南北长 2 000 米，近 40 公顷，东西高差 300 米。梯田多绕山呈狭长形，面积一般在 300～700 平方米的居多，最大的 1 000 平方米。田塍多为山坡土塍，高 7～8 米，最高的 12 米。梯田海拔 600～900 米，经常云雾缭绕，被定为“国际民俗摄影创作基地”，具有极高的旅游和摄影价值。2011 年被公布为第六批省级文物保护单位。

松阳三庙(Sōngyáng Sānmiào)　在丽水市松阳县西屏街道。以文庙、武庙、城隍庙三庙得名。现存均为清代建筑。文庙又名孔庙、夫子庙，与学宫等合建，始建于唐武德四年(621 年)，宋、元、明、清、民国历有修葺。坐北朝南，占地面积 1 000 平方米，二进二厢四合院。建筑正中为大成殿，殿后有明伦堂、孔教会及崇圣祠，东西列两庑，前有戟门、泮池、棂星门。武庙关圣宫为供奉关武帝的场所，建于清嘉庆十四年(1809 年)。面积 1 100 平方米，共三进。牌楼式砖雕门楼，正楼中间镶嵌竖匾刻“关圣宫”三字。一进门厅七开间，二进邮亭三开间，飞檐翘角，木雕华丽；三进大厅三开间，天井呈回字形，东西向设两厢房。城隍庙旧为长松台改建，明万历二十四年(1596 年)重建，明、清多次修葺，建筑坐北朝南，占地面积近 1 000 平方米，自南而北依次为前殿、邮亭、大殿、后寝、厢房及后楼。大殿面阔 5 间，后寝面阔 5 间，后楼寝重檐，面阔 3 间。厢房面阔 3 间，三柱五檩。三庙建筑保存完整，结构精巧，具有较高的文物价值，为官式大木建筑的研究提供了实物例证。2011 年被公布为第六批省级文物保护单位。

梅源梯田(Méiyuán Tītián)　在丽水市云和县崇头镇。开发于唐初，兴于元、明，后随明代当地银冶业的兴起逐渐形成今日梯田群，距今有 1 000 多年历史。总面积 5 平方千米，海拔跨度为 200～1 400 多米，垂直高度 1 200 多米，跨越高寒、高山、丘陵、谷地四个地质景观带，有 700 多层，如链似带，从山脚盘绕而上，层层叠叠，高低错落，具有体量大、震撼力强、四季景观独特等特点。拥有梯田、云海、山村、竹海、溪流、瀑布、雾凇等自然景观，具有很高的艺术欣赏价值，是丽水的主要采风基地。2011 年被公布为第六批省级文物保护单位。

大济古驿道(Dàjì Gǔyìdào)　在丽水市庆元县松源街道城大济村。俗称“金甃街”，为古时庆元县大济村连接县城南门的道路。始建于北宋，形成于明、清时期，历代均有修筑。今存青砖墁道大多为明代遗迹。道路依山就势构筑，大致呈东南—西北走向，长 2.5 千米，宽 0.7～1 米。以小青砖铺路面。驿道上建有接官亭、上亭、下亭。接官亭，占地面积 28.8 平方米，平面呈方形，三重檐攒尖顶。造型古朴，现状保存较好，为浙江省重要的古驿道之一，有一定的历史研究价值。2005 年被公布为第五批省级文物保护单位。

第六章　水利设施名称

第一节　水利枢纽名称

温州珊溪水利枢纽(Wēnzhōu Shānxī Shuǐlì Shūniǔ)　在温州市文成县，飞云江干流中上游。以坝址在珊溪镇而得名。由珊溪水电站和赵山渡引水工程两部分组成。其中，珊溪水电站于1997年始建，2000年首台机组发电。由拦河坝、溢洪道、泄洪洞、电站厂房和引水系统等组成。拦河坝为钢筋混凝土面板堆石坝，最大坝高130.8米，坝顶长度448米。水库总库容18.6亿立方米。电站装机容量为22万千瓦，年发电量4.06亿千瓦时。赵山渡引水工程于1997年开工，2001年建成。渠系由进水口、隧洞、渡槽、倒虹吸、暗渠、节制闸、分水闸、退水闸、公路桥及溢流堰等91座建筑物组成。全长62.8千米。年引水量7.3亿立方米。为治理飞云江流域水旱灾害和水资源综合开发利用的骨干工程，防洪保护农田17.1万亩，保护人口25万人。珊溪水电站司筱线通县道。

石室堰(Shíshì Yàn)　在衢州市柯城区南部，乌溪江上。以烂柯山石室得名。原长20余千米，为衢州古代水利第一大堰，被誉为“衢州都江堰”。清嘉庆《西安县志》卷十二：“石室堰，十一都，去城东南二十里。以烂柯山石室得名。今改筑上流三里响谷岩下。《旧志》：‘灌田二十万亩。’今农民以为灌田三万七千亩，此但指堰沟所历之地而言。若按其东北下流承堰水灌注者，宁止三万七千亩耶。况此水不独，七大沟及七十二小沟分为田畴灌溉之利，其总沟直达城南而为城东南之大濠，复引濠入城而为内河，盖一邑水利之关键。”宋乾道二年(1166年)，西安县丞张应麟率领百姓始建于黄荆滩上。明弘治十二年(1499年)，郡守沈杰引石室堰水入护城濠，于小南门城门濠中架木吊桥。清嘉庆七年(1802年)，郡守那英“改堰坝于响谷岩下，另开袋口承其上流”。1955年被洪水冲毁。1956年移建于黄陵堰上游深潭处。1958年建黄坛口水电站，石室、黄陵、杨赖三堰合并为一堰。现长7.5千米。灌溉面积8.42万亩。为市区重要的供水工程之一，并承担市区及南片防涝和排水，促进鲟鱼产业化基地发展。堰北曾建张应麟祠，纪念其为治水殉职。清嘉庆《西安县志》卷十二：“宋南渡时创为此堰，县丞张公应麟、字瑞伯，实董其事。三年工不就，适山水暴涨，张公跃马自沈中流以死，自后堰址始定。”明刘基作联追念：“千家千黍千家福，一日溪流一日恩。”

第二节　水库名称

富春江水库(Fùchūnjiāng Shuǐkù)　大(二)型水库。在浙江省西部,钱塘江中游,跨杭州市桐庐县、建德市。以拦富春江而得名。1958年始建。1968年建成。为径流式调节水库。集水面积3.2万平方千米。总库容4.4亿立方米。正常水位23米。设计灌溉面积6万亩。坝址在桐庐县富春江镇七里泷峡谷口。混凝土实体重力坝,长554.4米,高47.7米。库区移民涉及桐庐、建德、兰溪3市的24个乡147个村,安置在浙江桐庐、建德、兰溪、长兴、吴兴等地,部分安置于江西武宁、永修、资溪等地。以发电为主,兼具灌溉、航运和城市供水等功能。建有富春江水电站,装机容量29.7万千瓦。沿岸为富春江—新安江国家级风景名胜区的组成部分。桐庐县富春江水利风景区为国家级水利风景区。存有严子陵钓台浙江省文物保护单位,为东汉严子陵隐居"披羊裘钓泽中"处。历代有不少文化名人曾到此,并留下诸多诗文佳作,如唐孟浩然《宿桐庐江寄广陵旧游》、唐张继《题严子陵钓台》、宋范仲淹《严先生祠堂记》、宋李清照《夜发严滩》、元赵孟頫《过严陵钓台》等。邻长深(G25)高速公路。通桐义(S210)省道。

新安江水库(Xīn'ānjiāng Shuǐkù)　大(一)型水库。在浙江省西部,新安江中上游,跨杭州市淳安县、建德市。以拦新安江而得名。原新安江畔的山丘水淹成岛,有龙山岛、五龙岛、姥山岛等湖岛1 078个,故又名"千岛湖"。1955年始建。1960年建成。集水面积1.05万平方千米。总库容约178.4亿立方米。最高设计水位108米。坝址在建德市新安江镇西5千米铜官峡谷中。混凝土宽缝重力坝,长466.5米,高115米。建库时淹没了原淳安县、遂安县两座县城及多个乡镇,移民安置在浙江省各地市,部分迁至安徽、江西2省。现水底存有狮城水下古城浙江省级文物保护单位,昔为遂安县城。以发电为主,兼具灌溉、养殖、航运等功能。建有新安江水电站,装机容量66.25万千瓦,为我国第一座自行设计和自制设备的大型水力发电站。沿岸为富春江—新安江风景名胜区重要组成部分。建有全国首个有机鱼基地,为省内大型商品鱼基地,有"中国有机鱼之乡"之称。通千黄高速公路。

青山水库(Qīngshān Shuǐkù)　大(二)型水库。在杭州市临安市,东苕溪主源南苕溪中下游。以库址青山而得名。清光绪《杭州府志》卷二十七:"青山,在(临安)县东十五里。林木苍翠,独冠群山。《成化志》:'山坡石皆沉紫色,老苔渍之,极其古秀,画家所未能状也。'"1958年始建。1964年建成。集水面积603平方千米。总库容2.15亿立方米。坝址在临安市青山湖街道。宽黏土心墙砂壳坝,长579米,宽5米,高30.1米。库区移民涉及临安市原临安、青山、板桥3乡的14个村,全部安置在临安市。为东苕溪流域城防骨干工程,杭州城区西部重要的饮用水源地,保护农田6万多公顷。并兼灌溉、养殖、旅游和下游通航之利。为青山湖国家森林公园重要组成部分,库内植有近20万平方米的池杉,被称为"水上森林"。通杭昱(S102)省道。

周公宅水库(Zhōugōngzhái Shuǐkù)　大(二)型水库。在宁波市鄞州区,奉化江支流、大皎溪干流上。以坝西侧原有周公宅村得名。明代末年,原居鄞江的陈信中携家小迁居至此,陈信中嗜酒,始称"酒瓮宅",后谐音成周公宅。2003年始建。2006年建成。集水面积132平方千米。总库容 1.12 亿立方米。坝址在章水镇北周公宅村。混凝土双曲拱坝，最大坝高 125.5 米，是华东地区同类坝型的第一高坝。库区移民主要安置在宁波鄞州、海曙、北仑等地。以供水为主，结合防洪、发电等综合功能，使下游鄞江流域防洪标准达到 20 年一遇。建有小型水电站，装机容量 1.26 万千瓦。通密北线。

皎口水库(Jiǎokǒu Shuǐkù) 大(二)型水库。在宁波市鄞州区。以处大、小皎溪交汇口而得名。1969 年始建。1975 年建成。集水面积 259 平方千米，总库容 1.2 亿立方米。坝址在章水镇蜜岩村。库区移民主要安置在宁波鄞州、海曙、北仑等地。为鄞州区最大的水库。以防洪、灌溉为主，结合发电、养殖、城市供水等综合功能。建有小型水电站，装机容量 4 800 千瓦。通荷梁线。

四明湖水库(Sìmínghú Shuǐkù) 大(二)型水库。在余姚市，甬江流域姚江上游。以四明山而得名。1958 年始建。1959 年建成。集水面积 103.1 平方千米，总库容 1.2 亿立方米。坝址在横岙乡邱家湾村。黏土斜墙土坝，高 1 655 米，长 600 米。备建溢洪闸和非常溢洪道。库区移民涉及余姚市原梁弄、湖东、让贤、横岙 4 乡的 54 个村，主要安置在宁波余姚、慈溪及绍兴上虞等地。以灌溉为主，结合防洪、供水、发电、养鱼等综合功能。建有四明湖总渠，连接城南、马渚、凤凰山渡槽 3 条干渠，为余姚、慈溪、上虞 3 市提供农业灌溉用水。建有小型水电站，装机容量 960 千瓦。通梁朱线。

亭下水库(Tíngxià Shuǐkù) 大(二)型水库。在奉化市，奉化江干流剡江上游。以亭下自然村而得名。亭下，即御书亭下，因亭中悬宋理宗御书"应梦名山"匾得名。1978 年始建。1985 年建成。集水面积 176 平方千米，总库容 1.53 亿立方米。坝址在溪口镇上游 7 千米处。钢筋混凝土重力坝，顶长 319 米，最大坝高 76.5 米，设 6 孔 8 米泄洪道。库区移民涉及奉化市原亭下、董村、夹竹 3 乡的 10 个村，主要安置在宁波奉化等地。以防洪、灌溉为主，结合发电、供水、旅游等综合功能。建有小型水电站，装机容量 8 000 千瓦。为奉化主饮用水源。亭下湖水利风景区为首批国家级水利风景区。通江拔(S309)省道。

横山水库(Héngshān Shuǐkù) 大(二)型水库。在奉化市，奉化江支流县江上游。以横山而得名。1963 年始建。1966 年建成中型水库。1987 年扩建为大(二)型水库。集水面积 151 平方千米，总库容 1.1 亿立方米。坝址在楼岩乡许家村。钢筋混凝土斜墙坝，最大坝高 70.2 米，顶长 382 米，顶宽 7 米。设有泄洪闸 3 孔。库区移民涉及奉化市原楼岩、万竹 2 乡的 21 个村，主要安置在宁波奉化等地。以防洪、灌溉为主，结合发电、供水、养殖等综合功能。建有小型水电站，装机容量 5 000 千瓦。通尚界线。

白溪水库(Báixī Shuǐkù) 大(二)型水库。在宁波市宁海县，岔路镇白溪上游 2.4 千米的大官山峡谷地段。以白溪而得名。1998 年始建。2003 年建成。集水面积 151 平方千米，总库容 1.7 亿立方米。坝址在岔路镇天河村。钢筋砼面板堆石坝，最大坝高 124.4 米。库区移民主要安置在宁海岔路、西店 2 镇。以供水、防洪为主，兼顾发电、灌溉等综合功能。为宁波市区的主要饮用水源地之一。建有小型水电站，装机容量 1.8 万千瓦。宁波天河生态风景区为首批国家水利风景区。通城岭线。

珊溪水库(Shānxī Shuǐkù) 大(一)型水库。在温州市文成县，飞云江中上游。因在珊溪镇而得名。1997 年始建。2000 年建成。集水面积 1 529 平方千米，总库容 18.24 亿立方米。坝址在飞云江中游河段，在文成县珊溪镇上游 1 千米处。钢筋砼面板堆石坝，最大坝高 132.5 米，顶长 448

米。库区移民主要安置在温州瑞安、瓯海、平阳等地。以灌溉、城市供水为主，兼有发电、防洪等综合功能。建有中型水电站，装机容量 20 万千瓦。通司峰线。

对河口水库(Duìhékǒu Shuǐkù)　大(二)型水库。在湖州市德清县，东苕溪支流余英溪上。以主坝在对河口村而得名。1958 年始建。1965 年建成。集水面积 148.7 平方千米，总库容 1.47 亿立方米。坝址在武康街道对河口村。黏土心墙多种均质土质坝，高 33 米，长 292.4 米。库区移民涉及德清县原莫干山、筏头 2 乡的 11 个村，主要安置在湖州德清、安吉，杭州余杭等地。以防洪为主，结合灌溉、发电等综合功能。建有小型水电站，装机容量 1 680 千瓦。通京福(G104)国道。

合溪水库(Héxī Shuǐkù)　大(二)型水库。在湖州市长兴县，合溪干流距县城约 12 千米处。以合溪而得名。2007 年始建。2011 年建成。集水面积 235 平方千米，总库容 1.1 亿立方米。坝址在小浦镇合溪村。主坝高 28 米，长 752 米。集防洪、减灾、改善环境、区域供水并带动地方经济发展等综合功能于一身。建有小型水电站。通长牛(S301)省道。

赋石水库(Fùshí Shuǐkù)　大(二)型水库。在湖州市安吉县，西苕溪上游。以赋石村而得名。赋石村，因明代诗人傅云赋诗《西溪独泛》篆刻于崖岩之上，故名。1970 年始建。1979 年建成。集水面积 331 平方千米，总库容 2.2 亿立方米。坝址在孝丰镇赋石村。黏土心墙砂壳坝，主坝高 42.8 米，长 446 米。库区移民涉及安吉县原赤坞、西圩、缫舍 3 乡的 13 个村，主要安置在湖州安吉、长兴等地。为浙江省苕溪流域已建的四座大型水库之一，库容、坝高居四库之首，有“浙北第一库”之称。以防洪为主，结合灌溉、发电、养殖等综合功能。建有小型水电站，装机容量 5 400 千瓦。通沿湖公路。

老石坎水库(Lǎoshíkǎn Shuǐkù)　大(二)型水库。在湖州市安吉县，西苕溪上源南溪。以老石坎村而得名。老石坎村，因村西北南溪边有自然形成的古老石坎，故名。1958 年始建。1970 年建成。集水面积 272 平方千米，总库容 1.16 亿立方米。坝址在孝丰镇老石坎村。黏土心墙砂壳坝，主坝高 36.9 米，长 126.4 米。库区移民涉及安吉县原章村、报福、下汤、杭垓 4 乡的 7 个村，主要安置在湖州安吉等地。为黄浦江水系源头最大的湖泊，国家级水利风景区。以防洪为主，结合灌溉、发电、养鱼、水运毛竹等综合功能。建有小型水电站。老石坎水库水利风景区为国家级水利风景区。通鹿唐(S306)省道。

汤浦水库(Tāngpǔ Shuǐkù)　大(二)型水库。在绍兴市上虞区，小舜江中游。以在汤浦镇而得名。又名小舜江水库。1997 年始建。2002 年建成。集水面积 460 平方千米，总库容 2.35 亿立方米。坝址在汤浦镇南端 1 千米处。主坝高 29.6 米，长 350 米。库区移民涉及上虞区汤浦镇，柯桥区王坛镇、平水镇的 19 个村，主要安置在上虞区崧厦、沥海，越城区陶堰、孙端等地。为虞绍平原区域性供水专用水源，向绍兴市越城、上虞、柯桥三区及慈溪市日供原水 100 万立方米左右。通灵运公路。

横锦水库(Héngjǐn Shuǐkù)　大(二)型水库。在东阳市，钱塘江流域东阳江上游。以横锦村而得名。1958 年始建。1964 年建成。集水面积 378 平方千米，总库容 2.7 亿立方米。坝址在东阳江镇横锦。黏土薄心墙砂壳坝，主坝高 57.5 米，长 300 米。库区移民涉及东阳江镇原 19 个村，主要安置在金华东阳、磐安，杭州富阳、临安等地。以灌溉、防洪为主，兼发电、供水、养殖等综合功能。建有义乌・东阳横锦水库引水工程，为全国首例跨城市水权交易。建有小型水电站，装机容量 1.175 万千瓦。通横窈线。

南江水库（Nánjiāng Shuǐkù）　大（二）型水库。在东阳市，钱塘江流域东阳江上游支流南江上。以南江得名。1969 年始建。1971 年建成。集水面积 210 平方千米，总库容 1.2 亿立方米。坝址在东阳江岭脚。浆砌块石重力坝，主坝高 57 米，长 202.07 米。库区移民主要安置在金华东阳、磐安等地。以灌溉、防洪为主，结合供水、发电等综合功能。承担下游湖溪、横店、南马 3 镇的供水任务，按百年一遇洪水设计，五千年一遇洪水校核，保护下游约 30 万人口、18.7 平方千米农田。建有小型水电站，装机容量 7 830 千瓦。通南徐线。

湖南镇电站水库（Húnán Zhèn Diànzhàn Shuǐkù）　大（一）型水库。在衢州市衢江区，钱塘江干流衢江支流乌溪江上。以建于湖南镇而得名。1958 年始建。1962 年停工缓建。1970 年复工。1979 年竣工。集水面积 2 197 平方千米，总库容 20.6 亿立方米。坝址在湖南镇项家。混凝土梯形支墩坝，主坝高 129 米，长 440 米，为目前全省最高的拦河坝，在同类坝型中居全国首位。库区移民涉及衢江区、遂昌县原 7 乡的 54 个村，主要安置在衢州衢江、柯城、龙游，丽水遂昌、松阳等地。以发电为主，兼有防洪、灌溉、航运、供水等综合功能。建有湖南镇水电站，装机容量 27 万千瓦，为乌溪江梯级开发的一级水电站。通廿项线。

铜山源水库（Tóngshānyuán Shuǐkù）　大（二）型水库。在衢州市衢江区，钱塘江干流衢江支流铜山源上。以水源地而得名。1958 年始建。1979 年建成。集水面积 180 平方千米，总库容 1.2 亿立方米。坝址在杜泽镇以上 1 千米。黏土心墙壳坝，主坝高 48.42 米，长 252 米。库区移民涉及杜泽镇、双桥乡，主要安置在衢州衢江、龙游、柯城等地。以农业灌溉为主，结合防洪、发电、水产养殖等综合功能。灌溉衢县、柯城区、龙游县 16 个乡镇和十里丰农场 25 万亩农田、约 20 万亩黄土丘陵。建有小型水电站，装机容量 3 750 千瓦。通杜板线。

黄坛口水库（Huángtánkǒu Shuǐkù）　大（二）型水库。在衢州市衢江区，衢江支流乌溪江上。以大坝紧靠黄坛源汇入乌溪江之口而得名。因大坝旁有九龙山、九龙寺，故又称九龙湖。1952 年始建。1958 年建成。集水面积 2 388 平方千米，总库容 1.04 亿立方米。坝址在石室乡黄坛口村。混凝土重力坝，主坝高 44 米，长 152.5 米。库区移民主要安置在衢州衢江、江山等地。1979 年湖南镇电站水库建成后，黄坛口水库已无调洪任务。建有中型水电站，装机容量 8.2 万千瓦。部分发电尾水供千塘畈农田灌溉及衢州化学公司和城区用水。通石呈线。

白水坑水库（Báishuǐkēng Shuǐkù）　大（二）型水库。在江山市，江山港上游。以山坑流出的水清澈透底而得名。2001 年始建。2003 年建成。集水面积 330 平方千米，总库容 2.15 亿立方米。坝址在峡口镇大峦口村雪花淤。混凝土面板堆石坝，主坝高 101.3 米，长 236.79 米。库区移民主要安置在衢州江山等地。以防洪、发电、灌溉为主。建有小型水电站，装机容量 4 万千瓦。通峡岭线。

碗窑水库（Wǎnyáo Shuǐkù）　大（二）型水库。在江山市，江山港支流的达河溪上。以碗窑村得名。1993 年始建。1996 年建成。集水面积 212.5 平方千米，总库容 2.08 亿立方米。坝址在碗窑乡碗窑村。碾压混凝土重力坝，主坝高 83 米，长 390 米。库区移民主要安置在衢州江山、衢江等地。以灌溉为主，结合供水、发电、防洪等综合功能。建有小型水电站，装机容量 1.26 万千瓦。通江碗线。

沐尘水库（Mùchén Shuǐkù）　大（二）型水库。在衢州市龙游县，钱塘江支流灵山江上。以沐尘畲族乡而得名。2006 年始建。2009 年建成。集水面积 397.2 平方千米，总库容 1.26 亿立方米。坝址在沐尘村高山自然村兰下滩。混凝土面板堆石坝，主坝高 55.9 米，长 429 米。库区移民主要安置在龙游县詹家镇等地。以防洪、供水灌溉为主，结合发电及改善水环境等综合功能。建有小型水电站，装机容量 1.26 万千瓦。通曙光公路。

长潭水库(Chángtán Shuǐkù)　大(二)型水库。在台州市黄岩区，在永宁江上游。以长潭村而得名。1958 年始建。1964 年建成。坝址在北洋镇长潭村。集水面积 441 平方千米，总库容 7.32 亿立方米。坝址在长潭村。黏土斜墙砂卵石坝体，主坝高 36.5 米，长 480 米。库区移民涉及黄岩县原乌岩、宁溪、头陀 3 区的 7 个乡 53 个村，主要安置在台州黄岩、路桥、椒江、温岭，宁波海曙，温州乐清等地。以供水为主，兼具防洪、灌溉、发电等综合功能。灌溉黄岩、温岭、椒江等地 100 多万亩农田，灌溉面积居全省之首。建有小型水电站，装机容量 1.19 万千瓦。通长决线。

牛头山水库(Niútóushān Shuǐkù)　大(二)型水库。在临海市，灵江支流逆溪上。以牛头山而得名。1979 年始建。1989 年建成。集水面积 254 平方千米，总库容 3.03 亿立方米。坝址在邵家渡街道牛头山村东南。沥青混凝土斜墙砂砾石坝，主坝高 49.3 米，长 435 米。库区移民涉及临海市 4 乡的 26 个村，主要安置在台州椒江、临海，宁波海曙、江北等地。以灌溉、防洪为主，兼具发电、供水、养殖等综合功能。可拦蓄逆溪 20 年一遇洪水 1.25 亿立方米。建有小型水电站，装机容量 6 400 千瓦。通临前(S327)省道复线。

里石门水库(Lǐshímén Shuǐkù)　大(二)型水库。在台州市天台县，始丰溪上游。以里石门而得名。1973 年始建。1978 年建成。集水面积 296 平方千米，总库容 1.99 亿立方米。坝址在龙溪乡里石门。混凝土双曲拱坝，主坝高 74.3 米，长 265.6 米。库区移民涉及天台县原后岙乡 9 个村、东阳市原方前乡 2 个村，主要安置在台州天台、金华磐安等地。以防洪、灌溉、供水为主，结合发电、养殖等综合功能。灌溉天台、三门 2 县境内农田 18 万亩，减轻始丰溪中下游 6.5 万亩农田的洪水灾害。为天台山国家级风景名胜区组成部分。建有小型水电站，装机容量 9 000 千瓦。通科大(S323)省道。

下岸水库(Xià'àn Shuǐkù)　大(二)型水库。在台州市仙居县，灵江流域永安溪干流上。以下岸村得名。1996 年始建。2003 年建成。集水面积 257 平方千米，总库容 1.35 亿立方米。坝址在溪港乡原曹店村下游约 680 米处。常态砼双曲拱坝，主坝高 64 米，长 278.7 米。库区移民涉及原曹店、曹溪、金坑、三溪等 12 村，主要安置在台州仙居、丽水缙云等地。以防洪、灌溉、供水为主，结合发电等综合功能。建有小型水电站，装机容量 1.6 万千瓦。通溪下线。

第三节　渠 道 名 称

富阳北渠(Fùyángběi Qú)　在杭州市富阳区，跨富春街道、银湖街道。因地处富阳城区北部得名。西北起银湖街道泗洲村青山头，接纳周公坞溪、新义溪、坑西溪、受降溪，入富春江。1970 年动工。1980 年建成供水。长 15.8 千米，宽 15～46 米，最大水深 7.5 米。主要解决富阳区城东北有关村农业用水。受益面积 2.5 万亩。

八一支渠(Bāyī Zhīqú)　在金华市婺城区蒋堂镇南部。因渠道通过八一农场，故名。南起罗干渠，北至蒋堂农场四大队。1959 年动工。1961 年建成并供水。长 11.5 千米，宽 3 米，最大水深

1.5 米。主要解决蒋堂镇各村及蒋堂农场的农业用水。受益面积 1.5 万亩。

罗干渠(Luó Gànqú)　在金华市婺城区蒋堂镇南部。因渠道供水至罗埠镇,故名。南起蒋堂镇丰塘下电站,北至罗埠镇金龙水库。1958 年动工。1960 年建成供水。长 11 千米,宽 3 米,最大水深 1.5 米,平均流量 6 立方米/秒。主要解决蒋堂和罗埠镇有关村农业用水。受益面积 2 万亩。

兰干渠(Lán Gànqú)　在金华市婺城区蒋堂镇南部。因渠道供水至兰溪市,故名。南起蒋堂镇丰塘下电站,北至兰溪市上华街道金竹龙水库。1958 年动工。1960 年建成供水。长 12 千米,宽 3 米,最大水深 1.8 米。主要解决蒋堂镇直里、开化等村和兰溪市上华街道有关村的农业用水。受益面积 2.5 万亩。

金坑岭水库灌溉渠(Jīnkēnglǐng Shuǐkù Guàngàiqú)　在金华市浦江县浦江盆地北缘山麓。以金坑岭水库得名。1986 年动工。1992 年建成供水。由东干渠、西干渠及 17 条支渠组成。东干渠西起金坑岭一级电站尾水池,东至郑宅镇金山水库。长 14.94 千米,宽 4 米,最大水深 2 米。西干渠东起金坑岭水库二级电站,西至蒲池塘水库。长 2.86 千米。支渠总长 41 千米。沿线有隧洞 11 处、渡槽 15 处、倒虹吸 3 座、农桥 26 座、水闸 32 处。主要解决浦阳街道、仙华街道、岩头镇、郑宅镇有关村的农业用水。受益面积 5.95 万亩。

通济桥水库灌溉渠(Tōngjìqiáo Shuǐkù Guàngàiqú)　在金华市浦江县浦阳江南岸。以通济桥水库得名。1962 年动工。1964 年建成供水。1970 年扩建。由总干渠、北干渠、中干渠、南干渠 72 线、南干渠 80 线 5 条干渠组成。总干渠西起通济桥水电站尾水,东至中北节制闸。长 3.63 千米,渠道宽 8.4 米,最大水深 2 米。北干渠西起通济桥水库总干渠中北节制闸,东至郑宅镇白麟溪。长 18.98 千米,渠道宽 3 米,最大水深 2 米。中干渠西起翠湖橡胶坝,东至郑宅镇居村。长 21.84 千米,渠道宽 3 米,最大水深 2 米。南干渠 72 线西起石陵进水闸,东至黄宅镇刘铁村。长 15.72 千米,渠道宽 3.68 米,最大水深 2 米。南干渠 80 线西起总南节制闸,东至黄宅镇银坞。长 23.88 千米,渠道宽 4 米,最大水深 2 米。沿线为浦江县粮食及商品粮主产区,建有水闸 54 座、隧洞 1 处、渡槽 9 座、倒虹吸 11 处、堰坝 6 处、潜涵 5 座、拱涵 9 处、排洪涵洞 13 处、机耕便桥 380 座。主要解决浦阳、浦南、仙华 3 街道,岩头、郑宅、黄宅 3 镇有关村的农业用水。受益面积 8.7 万亩。

峡口水库总干渠(Xiákǒu Shuǐkù Zǒnggànqú)　在江山市江山港。以峡口水库得名。1970 年动工。1973 年建成供水。分东、西二条干渠。东干渠起自水库坝底,经风林至江郎分岔,一去江郎、界牌至石门镇,一去礼贤至碗窑乡。长 47.4 千米,渠道宽 3 米,最大水深 2.2 米。主要解决峡口镇、凤林镇、石门镇、碗窑乡有关村的农业用水。受益面积 10.7 万亩。西干渠南起水库坝底,北至虎山街道何家山。长 58.6 千米,渠道宽 3 米,最大水深 3.5 米。主要解决峡口镇、凤林镇、新塘边镇、坛石镇、虎山街道有关村的农业用水。受益面积 17.5 万亩。

椒北渠道(Jiāoběi Qúdào)　在台州市,跨临海市、椒江区。因地处椒江北岸,故名。西起牛头山电厂尾水渠,东至上盘镇百里大河拖牛坝,贯通涌泉、章安、杜桥、上盘 4 镇(街道)。1979 年动工。1989 年建成供水。长 72.4 千米。输水量为 18 立方米/秒。沿线有隧洞、倒虹吸、渡槽、潜涵、桥梁、土渠等建筑。具排、灌、蓄等综合功能。受益面积 62.4 万亩。

江厦排涝隧洞(Jiāngxià Páilào Suìdòng)　在温岭市温峤镇江厦大河。系为解决温岭城西、城北、横峰、泽国等地势低洼、排涝困难而建。动议于南宋。嘉靖《太平县志》卷二:"太平割黄岩南三乡为县,地最洼下,昔人谓为釜底,田十岁率九荒,民或茭牧其中。宋、元间,罗提刑适始兴水利，已而朱文公熹提举浙东，乃奏请官缗修筑堰闸，民始得岁。”“乾道初，(黄岩令)杨王休倡议欲凿温岭以杀水势。尝有诗曰：‘黄山形势南如窝，四十余里趋月河，年年七月八月雨，稻田弥漫涨风波。异时都水使者至，东开铁场分水势，地绵力短功未成，尺一催归卒吞志。旧画茫茫如弃井，百年遗恨如灰冷，我来吊古更穷源，并水沿流至温岭。岭之首尾少低昂，如衡称物锱铢强，外即大海枕平麓，相去往往寻丈长。天造地设巧乃尔，胡为弃此而取彼？兴废成否抑有时，不独今非古皆是。此来经营烦令君，便有异议争云云，常情自古惮谋始，岂料疲秦终利秦！’已而，议者谓不便，遂止。”1993 年动工，1999 年建成。东北—西南走向。起自上街村，终至江厦村。长 2 269 米，为其时全国最长的排涝隧洞。隧道断面呈城门洞形。洞宽 12 米，进出洞高 9.5 米，出口洞高 11.77 米。进口设置 10 米×10 米节制闸 1 座，出口设置 3 孔 8 米×8 米排涝闸。洞前新掘引河 2.02 千米，拓浚老河道 2.56 千米，洞后新掘出水河道 4.54 千米。隧洞排涝标准为 10 年一遇，主体工程设计洪水标准为 20 年一遇，校核洪水标准为 50 年一遇。此工程以排涝为主，兼顾灌溉的温黄平原金清水系防洪排涝骨干工程之一，改变了温岭市洪涝水单一东排入海的历史，形成了“东西双向”排涝的新格局。

里石门水库北干渠(Lǐshímén Shuǐkùběi Gànqú)　在台州市天台县北部。因地处里石门水库北侧，故名。起自街头镇溪头陈，自西向东沿山劈渠，经 8 个乡镇，至洪畴镇大村入三门县。1972 年动工。1982 年建成供水。长 87 千米，宽 3 米，最大水深 2.2 米。南侧曾建南干渠，开工后不久停工。主要解决天台、三门的农业灌溉用水。受益面积 16.1 万亩。

第四节　堤 塘 名 称

钱塘江海塘(Qiántángjiāng Hǎitáng)　在浙江省东北部杭州湾南北沿岸。北岸从杭州至嘉兴平湖金丝娘桥，南岸从杭州萧山至绍兴上虞夏盖山。以钱塘江而得名。因钱塘江古称浙江，故又名浙江海塘。古称防海大塘、捍海塘。历史上，钱塘江流域多次变化，海塘修建的位置、走向和结构也随之变化。钱塘江河口两岸修筑海塘历史，最早的文字记载可追溯到东汉时期，由华信修筑。北魏郦道元《水经注》卷四十引《钱唐记》：“防海大塘，在县东一里许，郡议曹华信家议立此塘，以防海水。始开募，有能致一斛土者，即与钱一千。旬日之间，来者云集，塘未成而不复取。于是载土石者皆弃而去，塘以之成，故改名钱塘焉。”唐贞观四年(630 年)修复，称捍海塘。开元元年(713 年)重筑。清光绪《杭州府志》卷四十七：“唐贞观四年，复盐观捍海塘。”《新唐书》志三十一：“(盐官)有捍海塘堤，长百二十四里，开元元年重筑。”后梁开平四年(910 年)，钱镠开创竹笼石塘，修筑捍海塘。南宋咸淳《临安志卷》三十一：“捍海塘。江挟海潮为杭人患，其来已久。白乐天刺郡曰：‘尝为文祷于江神，然人力未及施也。’至梁开平四年八月，钱武肃始筑捍海塘，在候潮通江门之外，潮水昼夜冲激版筑不就，因命强弩数百以射涛头……既而潮水避钱塘东击西陵，遂造竹落积巨石，植以大木，堤岸既成。”宋大中祥符五年(1012 年)，采用黄河上埽工技术筑成柴塘。七年复用“钱氏旧法”修塘。景佑年间(1034—1038 年)改为直立式石塘。后多次扩建、修复。南宋咸淳《临安志卷》三十一：“大中祥符五年，郡守戚纶与两浙转运使陈尧佐申请遣使自京师部埽匠壕寨，赴州以埽岸易柱石之制，虽免水患，而众颇非其变法。七年，诏江淮发运使李溥同内供奉官卢守懃，按视复依钱氏立木积石之制仍，令守懃专掌其事，是时水方大溢。九年，郡守马亮祷于子胥祠，下明日潮为之，却又涨横沙数里，堤遂以成。景佑中，堤复坏。两浙转运使张夏作石堤十二里，因置捍江兵士五指挥专采石修塘，随损随治。"元代，多次增筑土塘失败，创筑石囤木柜塘。清光绪《杭州府志》卷四十七："大德三年，议修塘岸不果……延祐七年，议于盐官州后北门添筑土塘不果……致和元年，盐官州海溢诏发军民塞之复置石囤。"明代开始修筑五纵五横鱼鳞石塘，洪武、永乐、宣德、正统、成化、嘉靖、万历年间多次修筑、扩建，基本形成现代规模。清康熙三年(1664 年)起，进一步加固海塘，逐渐形成鱼鳞大石塘和条块石塘相结合的塘型抵御江潮。1912 年以后，开始采用混凝土及钢筋混凝土的近代海塘建筑结构。20 世纪 90 年代初，开始标准江堤建设。至 2010 年底，一线标准海塘基本建成。全长 410 千米，高 6～7 米，由直立式石塘和斜坡式砌石护面土塘组成。为一级海塘，防御标准 100 年一遇洪潮及抗台风、抗潮涌，防护人口千余万。为浙江省古代伟大水利工程之一，是研究我国古代石构水利工程技术的经典实例。2005 年，钱塘江海塘海盐敕海庙段和海宁段被公布为第五批省级文物保护单位。2011 年，钱塘江海塘余杭段被公布为第六批省级文物保护单位。通翁金公路，邻杭州湾环线(G92)高速公路。

萧绍海塘(Xiāo-Shào Hǎitáng)　在浙江省北部杭州湾南岸，为钱塘江海塘南线组成部分。西起萧山临浦麻溪桥东侧山脚，东至上虞蒿坝清水闸闸西山麓。以横跨杭州市萧山区和绍兴市得名。绍兴境内筑海塘的历史可追溯到越王句践七年(前 490 年)。《越绝书》卷八："石塘者，越所害军船也。塘广六十五步，长三百五十三步。去县四十里。"东汉永和五年(140 年)，会稽太守马臻筑鉴湖时，土筑海塘。南宋嘉泰《会稽志》卷十三："镜湖，案旧经云：'湖水高平畴丈许，筑塘以防之，开以泄之。平畴又高海丈许。田若少水，则闭海而泄，湖水足而止。若苦水多，则闭湖而泄田水，适而止。故山阴界内比畔接疆，无荒废之田，无水旱之岁。虽简，湖之利害尽矣。'"唐代开始大规模修筑海塘。垂拱二年(686 年)修筑山阴海塘，时称界塘。开元十年(722 年)修筑会稽海塘，时称防海塘、称浦塘。南宋嘉泰《会稽志》卷十："称浦塘，在县东四十里。《唐地里志》云：'会稽东北四十里有防海塘，自上虞江抵山阴，百余里，以蓄水溉田。开元十年，令李俊之增修。大历十年观察使皇甫温，大和六年令李左次又增修之。隆兴中，吴给事芾重加滩叠。'李益谦撰记云：'府城北水行四十里，有塘曰防海，自李俊之、皇甫政、李左次躬自修之，莫原所始。'……界塘，在县西四十七里。唐垂拱二年始筑。为堤五十里，阔九尺。与萧山县分界，故曰'界塘'。"宋、元时期，开始出现大规模石砌海塘。明嘉靖十六年(1537 年)，由于泥沙淤涨，海岸北移，在滨海河口建成三江闸，连通会稽、山阴海塘，形成现萧绍海塘，分称萧山北海塘、山阴后海塘、会稽海塘、后海塘和上虞海塘。明万历《绍兴府志》卷十七："萧山北海塘，在县东北新林、白鹤两铺之间，长二十里。西自长山之尾，东接龛山之首，为海水出没之冲……山阴后海塘，在府城北四十里，亘清风、安昌两乡，实濒大海……会稽海塘在府城东北四十里。自曹娥上虞界，西抵宋家山阴界，延亘百余里，以蓄水溉田……后海塘，在府城东北八十里。周延德乡篡风镇，凡三千七百一十一丈……上虞海塘，在县西北宁远、新兴二乡。东自余姚兰风乡，西抵会稽延德乡。"清代，因濒临沿海，海塘受台风与海潮侵袭多次损坏并加固、扩建。1949 年后进一步加固。全长 116.85 千米，高 6～7 米，由西江塘、北海塘、后海塘、防海塘和蒿坝塘 5 段组成。浆砌块石护坡塘，防御标准 100 年一遇洪潮及抗台风、抗潮涌。为萧绍平原之屏障，被誉为绍兴的"海上长城"，防护人口 166 万人。1989 年 12 月，萧绍海塘被公布为第三批省级文物保护单位。

通观十五线，邻常台(G15W)高速公路。

西险大塘(Xīxiǎn Dàtáng)　跨杭州、湖州两市，东苕溪的右岸大堤。起自余杭区余杭街道石门桥，经余杭街道、瓶窑镇、良渚街道、仁和街道至湖州德清大闸止。以地处杭州之西，地势险要得名。1948 年《浙江省水利建设汇刊》："昔人以钱江海塘为东险大塘，以东苕溪右堤为西险大塘，相沿极久。"古称险塘。清康熙《德清县志》卷二："之巨浸受害甚剧，昔人以险塘命名。"东汉熹平年间(172—178 年)，余杭县令陈浑沿苕溪一带增设陡门、塘堤、堰坝数十余处，为西险大塘雏形。北魏郦道元《水经注》卷四十："汉末，陈浑移筑南城，县后溪南大塘，即浑立以防水也。"清嘉庆《余杭县志》卷十一："后汉熹平二年，县令陈浑修堤防，开湖灌溉县境公私田一千余顷，所利七千余户。"唐宝历年间(825—826 年)，余杭县令归珧循陈浑所建旧迹，滩湖修堤，恢复蓄泄之利。清嘉庆《余杭县志》卷十："会处筑白石埭，曰'西函'，在县东十三里，后堙废。唐，令归珧因旧重修。宋明以来相继修筑。"南宋淳熙六年(1179 年)，钱塘县分段筑黄鄱、烂泥湾、化湾、羊山、压沙、上林陵、中林陵、下林陵、唐家渡、大云寺湾十塘，间以化湾、角窦、安溪、乌麻、奉口五陡门。清光绪《杭州府志》卷五十四："淳熙六年，筑化湾塘以捍苕水。"明永乐元年至清光绪八年(1403—1882 年)，屡次出现险情和坍塘圮闸，屡塌屡修。1949 年后多次进行加高培厚、除险加固。1984—1995 年，修建为 20 年一遇标准塘。1995 年开始修建 100 年一遇标准塘，被列为太湖流域综合治理十大骨干工程之一。2001 年竣工。全长 44.94 千米。为杭州城市防洪和杭嘉湖平原的安全屏障。保护人口 50 万人。通苕溪南路，邻杭长(S14)高速公路。

运河堤塘(Yùnhé Dītáng)　在杭州市余杭区，跨塘栖镇、仁和街道和崇贤街道。以京杭大运河而得名。古称运河大塘，始建于明正统七年(1442 年)。清光绪《杭州府志》卷五十三："运河大塘，运河昔未有塘，明正统七年，巡抚侍郎周忱始筑。"1993 年开始分期分段建设四级航道。1996 年完成砌石护岸。2002 年全线竣工。全长 31.27 千米。防洪能力基本达到 20 年一遇。保护人口 20 万人。沿线建有崇贤港区。通林莫线(S304)，邻练杭(S13)高速公路。

十塘(Shí Táng)　在慈溪市。东起慈溪、镇海交界处，西至郑家浦隔堤。以海塘次第命名而得名。1997 年始建，2013 年竣工。设计防潮标准 50 年一遇。全长 28.2 千米，高 7 米，塘面宽 7 米，顶高程 7.83～8.13 米。土石混合坝型。横堤堤顶路面采用沥青砼路面。为抵御海潮侵袭的重要水利工程。保护人口 30 万人。通观附公路，邻沈海(G15)高速公路。

十一塘(Shíyī Táng)　在慈溪市。东起郑家浦隔堤，西至慈溪、杭州湾新区交界处。以海塘次第命名而得名。2004 年始建，2013 年竣工。设计防潮标准 50 年一遇。全长 11.8 千米，高 7 米，塘面宽 7 米。土石混合坝型。横堤堤顶路面采用沥青砼路面。为抵御海潮侵袭的重要水利工程。保护人口 30 万人。通兴慈大道，邻沈海(G15)高速公路。

大目湾大堤(Dàmùwān Dàdī)　在宁波市象山县，大目湾海岸。南起松岙炮台山，北至南庄岳头嘴。以在大目湾海岸而得名。1988 年始建，1990 年建成。全长 5.3 千米，高 8 米，塘顶宽 6 米。排水闸 3 座，纳潮闸 2 座。保护人口 30 万人。通金开公路，邻盛宁(S215)省道。

石浦港大堤(Shípǔgǎng Dàdī)　在宁波市象山县，石浦港海岸。西接大塘港捣米山大坝，东至石浦港区码头。以在石浦港而得名。原堤身单薄，塘顶宽 1～2 米，多数未砌护坡石，台风大潮，常海水漫顶，遭受损失。1983 年，将其中 9 800 米列入标准海堤建设。全长 11.3 千米，由 10 余条长度不等海堤组成。2005 年建成。保护人口 1.8 万人。通兴港公路，邻象义(G527)国道。

象山港大堤(Xiàngshāngǎng Dàdī) 在宁波市象山县，象山港海岸。西起西周万静山，东止涂茨大港口大堤。以象山港而得名。设计防潮标准50年一遇。全长69千米，由下沈大堤、西周大堤、西周港塘大堤、淡港门大堤、蚶岙大堤、西沪巷大堤、黄避岙大堤、小东塘大堤、西泽大堤、东港塘大堤10条塘岸、海堤连成。外坡石砌堤坝，消浪平台。保护人口2万人。通环港公路，邻甬莞(G1523)高速公路。

永强标准海塘(Yǒngqiáng Biāozhǔn Hǎitáng) 在温州市龙湾区。北起海滨街道蓝田，南至海城街道处。以在原永强镇而得名。中华人民共和国成立前始建。1994年修缮。2007年竣工。全长20.4千米。墙体为石块筑砌，混凝土浇筑顶部。集堤、路、河、林于一体，被称为全国的样板堤，有"东海第一堤"之称。保护人口10万人。通滨海大道，邻甬莞(G1523)高速公路。

万丈塘(Wànzhàng Táng) 在舟山市定海区，临城街道东南岸。西起鳌头山，东至荷花双阳碶。以塘线长而得名。始建于清乾隆三十二年(1767年)。后塘外淤积成涂，光绪元年至十年间(1875—1884年)在塘外建上半塘、中半塘和月西塘，原万丈塘成为二线塘和道路。光绪《定海厅志》卷十七："万丈塘，计长一千四百七丈。乾隆三十二年，民人金苍孚、孔全忠创建。上半塘，在万丈塘外，计长一百二十丈。中半塘，在万丈塘外，计长二百八十一丈，民人何家良筑。月西塘，在平洋浦西，计长一千二百八十丈，近西有阴洞。"1965年在3塘外建新塘。1969年竣工，仍名万丈塘。1974年受13号台风侵袭，受损严重。1976年按20年一遇标准塘维修加固。1980年竣工。1997年改建为50年一遇标准塘。1999年竣工。全长7.23千米，高3.5米，塘面宽4.5米。塘型陡坡式。建有水闸9座14孔。受益农田24 800亩，保护人口5.7万人。通环城南路，邻甬舟(G9211)高速公路。

高亭城防海塘(Gāotíng Chéngfáng Hǎitáng) 在舟山市岱山县岱山岛南部。西起岱山浪激渚原发电厂直塘闸，东至蒲门外山嘴。以地处高亭渔港沿岸得名。原有永丰塘，建设年代不明。清光绪《定海厅志》卷十七："永丰塘，自碶口至宫前镇，计长一百六十丈。"1956年，岱山县治从东沙迁至高亭，随着县城建设发展，部分单位、企业在滨港滩涂围塘，海塘规格各异，标准不一，抗风潮能力较低。2000年统一改建为50年一遇标准塘。2003年竣工。全长10.17千米，高2.4～3米，塘面宽3～12米。塘型多元化，兼顾沿岸交通、渔港、城市景观多种功能。东段地势较高，建有挡浪墙。中段采用复式阶梯型，分隔渔用道和人行道。南侧为国家一级渔港。西段采用折坡式，建有水闸3座5孔。保护面积5 500亩，保护人口4.8万人。通沿港东路、沿港中路、沿港西路。

西南海塘(Xīnán Hǎitáng) 在舟山市岱山县岱山岛西南部，跨高亭、岱西两镇。东南起高亭镇塘墩，西北至岱西羊门山嘴。以地处岱山岛西南部得名。清道光二十九年(1849年)建南浦大塘。1916年维修塘面石板。1918年《岱山镇志》卷三："南浦大塘，自浦口至龙眼，碶计长二千余丈，计步五千八百余步。道光二十九年己酉，士民万炳泰等募资公修，塘面铺以石板。嗣后，迭遭风潮，岁久剥落，石板破碎，倾圮者日甚一日。丙辰民国五年，东沙角商民岑华封出资兴修，添铺新石板二千五百余块。自丙辰年四月开工，至丁巳年正月完工，共计费银圆三千三百四十六元三角五分九厘正，均系岑华封独力捐输，并未募捐分文。嗣由士绅公禀县知事，由县详达省长，转呈大总统，给予银质褒章一座，并书'急公好义'四字，以旌其门。"1965—1969年在外围建西南塘。1984—1988年按10年一遇标准维修加固。1998年改建为50年一遇标准塘。全长11.94千米，高4.9～5.0米，塘面宽4.5米。塘型陡墙式。建有水闸13座17孔。保护面积1.54万亩，保护人口3.5万人。通滨港路。

十一塘(Shíyī Táng)　在台州市椒江区。北起椒江口南岸的山东十塘，南至椒江区与路桥区海岸交界处。因自清康熙十六年(1677 年)以来，自西向东依次修筑了 11 条海塘(其中，清代修筑 4 条，民国修筑 3 条，1951 年以后修筑 4 条)，此为第十一条而得名。2007 年动工，2012 年建成 50 年一遇标准塘。椒江区境内长 10.56 千米，堤顶高程 8 米，塘面宽 6 米，防浪墙高程 8.8 米。围垦面积 4 万亩。为椒江区、路桥区大陆东海岸的主要捍卤屏障，保护椒江、路桥二区约 60 万人口。堤内在建台州湾循环经济产业集聚区。

椒江江堤(Jiāojiāng Jiāngdī)　在台州市椒江区椒江南岸。西起永宁江口，东至东山牛头颈。以堤内有椒江城区得名。旧堤始筑于清光绪年间(1875—1908 年)，由台州知府陈璚、台州府海防同知张毓麟等发起筹款兴建，计筑堤四百数十丈，并建栅浦新闸和葭沚新闸。后随江涂淤涨，江岸逐渐外推。1998—2001 年于旧堤外新建标准海塘。全长 11.25 千米，分城区和城郊 2 段。城区段西起永宁河口新葭沚闸，东至牛头颈，长 4.5 千米。1998 年开工，2001 建成。东段 2.5 千米按 100 年一遇防潮标准修建，堤顶高程 9.5 米，塘面宽 6.3～9 米，防浪墙顶高程 10.5 米；西段 2 千米按 50 年一遇防潮标准修建，堤顶高程 8.2 米，塘面宽 5～6 米，防浪墙顶高程 9 米。2005 年复于西段内修建 100 年一遇防潮标准的二线海堤。郊区段西起永宁江口，东至新葭沚闸，长 6.75 千米。1989 年动工，2000 年建成。按 50 年一遇防潮标准修建，堤顶高程 8.2 米，顶面宽 5～6 米，防浪墙顶高程 9 米。为椒江区北部的主要防护屏障，保护人口约 50 万人。2001 年于堤上建成浙东千里海塘纪念碑和 2 尊铜鼎。沿岸为台州港椒江港区，多码头泊位。

章安江堤(Zhāng'ān Jiāngdī)　在台州市椒江区椒江北岸，章安街道南部。西起章安建设闸，东至华景河口升船机。以堤内有章安街道得名。始建于 20 世纪 40 年代后期，1954 年建成。后于 1959—1966、1985、1989、1992 年 4 次修复、加固。1998 年按 50 年一遇防潮标准重建为标准海塘。全长 7.5 千米，堤顶高程 8.2 米，塘面宽 4.5 米，防浪墙高程 8.8 米。保护人口约 6.5 万人。堤内有章安古城遗址和章安古镇等古迹。

东浦新塘(Dōngpǔxīn Táng)　在温岭市东南岸，跨城南街道、箬横镇、松门镇。西起石桥头镇沙角村前伍礁，东至松门镇木耳山。以地处东浦塘外得名。始建于 1972—1979 年。1999、2013 年 2 次按海塘 50 年一遇防潮标准要求加固。全长 8.5 千米，堤顶高程 8.7 米，塘面宽 5 米，防浪墙顶高程 9.3 米。围垦面积 7 405 亩，为温岭市东南部的主要捍卤屏障之一，保护城南街道、箬横镇等 10 余万人口。堤内建有东浦农场。

东海塘(Dōnghǎi Táng)　在温岭市东海岸，跨滨海、箬横、松门 3 镇。北起滨海镇长新塘，南至小楼山。以地处温岭市东海岸得名。1975 年始建堤促淤。2007—2009 年建成。全长 10.7 千米，分上长海堤、上墨连接段、上下海堤、下墨连接段、下横海堤、石板殿港堵坝、塘礁港堵坝、礁山港堵坝 8 段。皆为按海塘 50 年一遇防潮标准建设的石砌堤。堤顶高程 7 米，顶面宽 6.8 米，防浪墙顶高程 7.8 米。围垦面积 6.47 万亩。为温岭市东部的主要捍卤屏障，保护滨海、箬横、松门 3 镇 20 余万人口。堤内建有东片农场，并在建温岭市东部新区。

南洋塘(Nányáng Táng)　在临海市东南部，跨杜桥、上盘 2 镇。西起松浦闸，东至推船沟。以地处南洋涂海岸得名。1966 年开工，1977 年建成。为海塘 20 年一遇防潮标准建设的石砌堤。2010 年改建为标准海塘。按海塘 50 年一遇防潮标准建设的石砌堤。全长 5.63 千米，堤顶高程 6.2

米，塘面宽 0.8 米，防浪墙顶高程 7 米。围垦面积 5.32 万亩。为临海市东南部的主要捍卤屏障之一，保护杜桥、上盘 2 镇 7.1 万人口。堤内在建台州化学原料药产业园区。

六敖北塘堤坝(Liù'áo Běitáng Dībà)　在台州市三门县健跳镇蛇蟠水道南岸。自赤头山嘴至西渡塘新闸。以地处健跳镇六敖北部而得名。由后塘(曾用名反修塘)、普济塘、上敖塘、外新塘、西渡塘 5 条塘堤组成。1966 年始建，1980 年建成，后不断改建。设计标准为 50 年一遇标准海塘。全长 13.3 千米，堤高 7 米，塘面宽 4.5 米。塘型陡墙式。保护人口 3 万人。通上蛇线，邻甬莞(G1523)高速公路。

第七章　电力设施名称

第一节　新能源电站名称

秦山核电站(Qínshān Hédiànzhàn)　核电站。在嘉兴市海盐县秦山街道。以秦山得名。分三期建设：一期工程1985年动工，1991年建成；二期工程1996年动工，2004年建成；三期工程1998年动工，2003年建成。2008年扩建方家山核电工程。占地面积480公顷。有核电机组9台，总装机容量656.4万千瓦。年平均发电量约500亿千瓦时。为我国第一座核电站，也是我国核电机组数量最多、堆型最丰富、装机容量最大的核电基地。通县级公路翁金线。

白岩山风电场(Báiyánshān Fēngdiànchǎng)　风电站。跨宁波市鄞州区横溪镇、塘溪镇。因建于白岩山顶，故名。2014年2月动工，同年11月建成。有风力发电机组20台，总装机容量4.5万千瓦。年设计发电量1亿千瓦时。为宁波市单体装机容量最大的陆上风电项目。通乡村公路。

慈溪长江风电场(Cíxī Chángjiāng Fēngdiànchǎng)　风电站。在慈溪市坎墩街道。由中国长江三峡集团和慈溪风力发电有限公司合作成立，故名。2006年动工，2008年建成。有风力发电机组33台，总装机容量5万千瓦。年平均发电量1亿千瓦时。为浙江省风电示范项目。通公路。

岑港风电场(Céngǎng Fēngdiànchǎng)　风电站。在舟山市定海区岑港街道。以所在地得名。2009年4月动工，2011年6月建成。有风力发电机组30台，总装机容量4.5万千瓦。年平均发电量8 956万千瓦时。建有110千伏场内升压站。分处马目山和狮子山，通公路。

衢山岛风力发电场(Qúshāndǎo Fēnglì Fādiànchǎng)　风电站。在舟山市岱山县衢山镇。以地处衢山岛得名。2005年4月动工，2008年4月建成。有风力发电机组48台，总装机容量4.1万千瓦。年平均发电量9 000万千瓦时。通过海底电缆并入华东地区大电网，缓解浙江电力紧缺状况。建有观光平台。通公路。

江厦潮汐试验电站(Jiāngxià Cháoxī Shìyàn Diànzhàn)　潮汐电站。在温岭市坞根镇乐清湾北端江厦港。我国第一座双向潮汐电站。以所处位置和电站性质得名。1973年动工，1980年第1台机组建成发电，2007年第6台机组建成发电。坝长670米，坝高15.1米。港内总库容490万立方米，发电有效库容270万立方米。以发电为主，兼具海涂围垦、海水养殖等综合效益。计有发电机组6台，总装机容量3 900千瓦。年发电量720万度。2011年被公布为第六批浙江省文物保护单位。

第二节　水电站名称

新安江水电站(Xīn'ānjiāng Shuǐdiànzhàn)　水电站。在建德市新安江街道铜官峡谷。以新安江得名。1957年动工,1960年4月建成。水库总库容178.4亿立方米。控制流域面积10 442平方千米。混凝土宽缝重力坝,高105米,长466.5米。溢流孔9个,最大溢流量13 200立方米/秒。有大型水轮发电机组9台,总装机容量85万千瓦。年平均发电量18.6亿千瓦时。为我国第一座自行设计和自制设备的大型水力发电站。主要担负华东电网调峰、调频和事故备用,兼具防洪、灌溉、航运、养殖和旅游等功能。通县级公路白紫线、白小线。

富春江水电站(Fùchūnjiāng Shuǐdiànzhàn)　水电站。在杭州市桐庐县富春江镇。以富春江得名。1958年8月动工,1962年春停工缓建。1965年10月复工续建。1968年12月25日第1台机组建成发电。1977年4月全部建成。水库为日调节,总库容4.4亿立方米,控制流域面积为31 300平方千米。混凝土重力坝,高47.7米,长554.4米。溢流孔17个,最大溢流量18 700立方米/秒。为低水头河床式电站。有水轮发电机组6台,总装机容量29.7万千瓦。年平均发电量9.23亿千瓦时。建有鱼道和船闸。主要担负华东电网调峰、调频及事故备用任务,兼有防洪减灾、航运、灌溉、水产、城市供水等功能。通城市街巷。

天荒坪水电站(Tiānhuāngpíng Shuǐdiànzhàn)　水电站。在湖州市安吉县天荒坪镇。以天荒坪得名。1994年动工。2002年建成。分上、下2个水库。上水库总库容885万立方米,沥青混凝土面板堆石坝,高72米;下水库总库容877万立方米,钢筋混凝土面板堆石坝,高92米。有水轮发电机组3台,总装机容量180万千瓦。年平均发电量30.6亿千瓦时,抽水耗电量43.9亿千瓦时。为亚洲第一、世界第三的抽水蓄能电站。主要调节华东电网昼夜用电峰谷差。兼具旅游功能,为省级风景名胜区天荒坪景区的组成部分。上水库区被誉为"江南天池"。通盘山公路。

湖南镇水电站(Húnánzhèn Shuǐdiànzhàn)　水电站。在衢州市衢江区湖南镇。1958年始建,1962年停工,1970年竣工。水库总库容20.6亿立方米,控制流域面积2 197平方千米。混凝土梯形支墩坝,高129米,长440米。溢流孔5个,总溢流量10 600立方米/秒。有水轮发电机组6台,总装机容量27万千瓦。年平均发电量8亿千瓦时。为乌溪江两级开发中的第一级水电站。以发电为主,兼有防洪、灌溉、航运、供水等功能。通县级公路廿项线。

黄坛口水电站(Huángtánkǒu Shuǐdiànzhàn)　水电站。在衢州市衢江区黄坛口乡。因处黄檀溪出口,谐音黄坛口,故名。1951年动工。后因故两次停工。1956年复工续建。1958年建成。1992年扩建。为日调节水库,总库容0.9亿立方米,控制流域面积2 388平方千米。混凝土重力坝,土坝接头。高44米,长150米。溢流孔10个。有水轮发电机组6台,总装机容量27万千瓦。年平均发电量5.4亿千瓦时。为中华人民共和国成立后第一座我国自行建造的中型水电站,乌溪江两级开发中的第二级水电站。主要为化肥、水泥、造纸等工业提供电力供应。通县级公路溪黄线。

桐柏抽水蓄能电站(Tōngbǎi Chōushuǐ Xùnéng Diànzhàn)　水电站。在台州市天台县赤城街道。以桐柏水库得名。2001年动工,2006年12月建成。分上、下2个水库。上水库总库容1 146.8

万立方米，均质石坝，高 37.49 米，长 472.37 米；下水库总库容 1 283.6 万立方米，钢筋混凝土面板堆石坝，高 68.3 米，长 434 米。有水轮发电机组 4 台，总装机容量 120 万千瓦。年平均发电量 21.2 亿千瓦时。为日调节纯抽水蓄能电站，承担华东电网调峰、填谷、调频、调相及紧急事故备用任务。通盘山公路。

滩坑水电站（Tānkēng Shuǐdiànzhàn）　水电站。在丽水市青田县巨浦乡。以滩坑村得名。2004 年动工。2008 年第 1 台机组发电。2009 年全部建成。水库总库容 41.9 亿立方米，控制流域面积 3 330 平方千米。钢筋混凝土面板堆石坝，高 162 米，长 507 米。溢流孔 6 个，最大溢流量 14 335 立方米/秒。有水轮发电机组 3 台，总装机容量 60.4 万千瓦。年平均发电量 10.2 亿千瓦时。主要担负浙江省电力系统调峰、调频、调相及事故备用任务。兼有防洪等功能。通城市街巷，邻近县道永庆线。

紧水滩水电站（Jǐnshuǐtān Shuǐdiànzhàn）　水电站。在丽水市云和县紧水滩镇。以金水滩谐音得名。1981 年动工。1987 年第 1 台机组发电。1988 年全部建成。水库总库容 13.9 亿立方米，控制流域面积 2 761 平方千米。三心圆变厚混凝土双曲拱坝，高 102 米，长 350.6 米。溢流孔 4 个，总溢流量 6 177 立方米/秒。有水轮发电机组 6 台，总装机容量 30 万千瓦。年平均发电量 4.9 亿千瓦时。建有船道和竹木筏道。为瓯江流域龙泉溪梯级开发的第一级水电站。以发电为主，兼有防洪、灌溉、航运、渔业、林果业、旅游等功能。通县级公路局龙线。

第三节　热电厂名称

杭州半山发电厂（Hángzhōu Bànshān Fādiànchǎng）　火电厂。在杭州市拱墅区康桥街道。以原半山区得名。原名半山电厂，1959 年建成。2000 年 1 月 1 日改制为有限责任公司。占地面积 6.9 万平方米。有发电机组 6 台，总装机容量为 234 万千瓦。年发电量 26.46 亿千瓦时。建有隔音建筑物和烟气脱硫设备，大气污染物近零排放。为国内首座百万千瓦级天然气发电厂，浙江电网的重要统调电厂。通城市街巷。

北仑发电厂（Běilún Fādiànchǎng）　火电厂。在宁波市北仑区新碶街道。以北仑港得名，又称北仑港发电厂。分三期建成：一期工程 1988 年动工，1991 年建成；一期续建工程 1990 年动工，1994 年建成；二期工程 1996 年动工，2001 年建成；三期工程 2006 年动工，2009 年建成。占地面积 110 公顷。建筑面积 15 万平方米。有发电机组 7 台，总装机容量 524 万千瓦。年平均发电量 272 亿千瓦时。建有烟气脱硫、工业废水集中处理设备，排放符合国家规定标准。为我国第一座装机容量达 500 万千瓦的巨型火电厂，宁波舟山港北仑港区的重要配套设施。通城市街巷。

镇海发电厂（Zhènhǎi Fādiànchǎng）　火电厂。在宁波市镇海区蛟川街道。始建于 1978 年，时为浙江省内首个装机容量超百万千瓦发电厂。占地面积 53 公顷。建筑面积 12 万平方米。有发电机组 6 台，总装机容量 164 万千瓦。年平均发电量 50 亿千瓦时。有环保设施，大气污染物、废水排放符合国家规定标准。为华东电网主力发电厂之一。通城市街巷。

浙镇联合发电厂（Zhèzhèn Liánhé Fādiànchǎng）　火电厂。在宁波市镇海区蛟川街道。原为浙江镇海联合发电第一、二、三、四有限公司，始建于1994年，1997年建成。2006年7月合并改为今名。占地面积8.4公顷。主厂区建筑面积5.3万平方米。有发电机组3台，总装机容量33.1万千瓦。年平均发电量7.12亿千瓦时。采用天然气低氮燃烧技术发电。为宁波东部地区220千伏网架中的重要调、顶峰机组，弥补宁波电网用电缺口。通城市街巷。

余姚发电厂(Yúyáo Fādiànchǎng)　火电厂。在余姚市阳明街道。以余姚市得名。2004年6月动工，2005年7月建成。占地面积10公顷，建筑面积278万平方米。有发电机组1台，总装机容量78万千瓦。年平均发电量12.9亿千瓦时。采用多轴联合循环机组，大气污染物排放量远低于相同装机容量的燃煤机组，废水零排放。通城市街巷。

乌沙山发电厂(Wūshāshān Fādiànchǎng)　火电厂。在宁波市象山县西周镇。以所在村得名。2003年10月动工，2006年11月建成。占地面积100公顷。有发电机组4台，总装机容量240万千瓦。年平均发电量122.1亿千瓦时。采用低氮燃烧技术，废水循环利用，排水采取低潮位水下排放。通城市街巷，邻近象西(S311)省道。

宁海发电厂(Nínghǎi Fādiànchǎng)　火电厂。在宁波市宁海县强蛟镇。以宁海县得名。一期工程2003年动工，2006年建成。二期工程2006年动工，2009年建成。占地面积36.5公顷。建筑面积33万平方米。有发电机组6台，总装机容量440万千瓦。年平均发电量480万千瓦时。有除尘、脱硫等环保设备，废水接近“零”排放。北侧有5万吨级卸煤专用码头。通临港公路，邻近象西(S311)省道。

乐清电厂(Yuèqīng Diànchǎng)　火电厂。在乐清市，跨南岳镇、蒲岐镇。以乐清市得名。分两期建设：一期工程2005年4月动工，2008年9月建成；二期工程2009年3月动工，2010年7月建成。占地面积108公顷。有发电机组4台，总装机容量252万千瓦。年平均发电量135亿千瓦时。建有电除尘、脱硫、脱硝和海水淡化设备。通城市街巷。

苍南电厂(Cāngnán Diànchǎng)　火电厂。在温州市苍南县舥艚镇。以苍南县得名。2008年动工，2014年建成。占地面积80公顷。有6台发电机组，总装机容量600万千瓦。年平均发电量79.8亿千瓦时。为浙南地区主要发电厂之一。通城市街巷。

长兴电厂(Chángxīng Diànchǎng)　火电厂。在湖州市长兴县雉城镇。以长兴县得名。原为浙江省长兴长广煤矿公司的自备电厂，1959年建于煤山镇。1984年改为今名。1990年于现址新建。占地面积4.7公顷。建筑面积9 727平方米。有2台发电机组，总装机容量27.4万千瓦。年平均发电量72亿千瓦时。二氧化硫排放量、烟尘排放浓度和黑气浓度均达到国家标准。通城市街巷，长湖申航道沿厂区经过。

绍兴滨海热电厂(Shàoxīng Bīnhǎi Rèdiànchǎng)　火电厂。在绍兴市柯桥区马鞍镇。因处滨海工业区，故名。2009年动工，2011年建成。建筑面积3万平方米。有发电机组6台，总装机容量82.8万千瓦。年平均发电量50亿千瓦时。实现超低排放。兼为滨海工业区印染企业提供供热服务。通城市街巷。

兰溪发电厂(Lánxī Fādiànchǎng)　火电厂。在兰溪市灵洞乡。以兰溪市得名。2003年动工，2006年建成。占地面积约127.7公顷。建筑面积16.4万平方米。有发电机组4台，总装机容量264万千瓦。年平均发电量126.02亿千瓦时。为浙江省最大的内陆绿色电厂，建设有脱硫、电除尘、冷却塔消声导流片等环保设施，各类污染物均达标排放。通县级公路金兰中线。

舟山发电厂(Zhōushān Fādiànchǎng)　火电厂。在舟山市定海区白泉镇。以舟山市得名。1996 年动工，1997 年 11 月建成。2004、2010、2014 年 3 次扩建。占地面积 96.7 公顷。建筑面积 5 万平方米。有发电机组 4 台，总装机容量 91 万千瓦。年平均发电量 37.45 亿千瓦时。有海水脱硫设备，大气污染物近零排放。为舟山电网主力发电厂，占全市电网发电量 80%以上。通县级公路，邻近定西省道(S231)。

六横电厂(Liùhéng Diànchǎng)　火电厂。在舟山市普陀区六横镇。以六横岛得名。2011 年 5 月动工，2014 年 7 月建成。占地面积 96.7 公顷。有发电机组 2 台，总装机容量 200 万千瓦。年平均发电量 48.6 亿千瓦时。有超低排放设备，其中湿式电除尘技术为国家环保部示范项目。通乡镇公路台张线。

台州发电厂(Tāizhōu Fādiànchǎng)　火电厂。在台州市椒江区前所街道。以台州市得名。1979 年 3 月动工，1983 年底建成。1997 年扩建。占地面积 73.8 公顷。建筑面积 15 万平方米。有发电机组 4 台，总装机容量 207 万千瓦。年平均发电量 68 亿千瓦时。有浅万吨级专用码头和重型专用码头各 1 座。有脱硫、脱硝设备，实现超低排放。为浙江主要火力发电厂之一。通城市街巷。

玉环电厂(Yùhuán Diànchǎng)　火电厂。在台州市玉环县大麦屿街道。以玉环县得名。2004 年 6 月动工，2007 年 11 月建成。占地面积 110 公顷。建筑面积 4.5 万平方米。有发电机组 4 台，总装机容量 400 万千瓦。年平均发电量 200 亿千瓦时。大气污染物排放优于国家标准。为国内第一座百万千瓦超超临界燃煤机组电厂。通疏港公路。

第八章　科教文卫体设施名称

第一节　科研单位名称

中国水稻研究所(Zhōngguó Shuǐdào Yánjiūsuǒ)　国家级水稻研究所。在杭州市下城区体育场路359号。1989年建成。占地面积0.6万平方米,建筑面积1.38万平方米。下设国家水稻改良中心、稻作技术研究与发展中心、农业部稻米及制品质量监督检验测试中心、科技信息中心和水稻生物学1个国家重点实验室。在富阳区设占地面积3.8平方千米的科学实验基地。在海南省陵水县建有试验中心。

国家海洋局第二研究所(Guójiā Hǎiyángjú Dì-èr Yánjiūsuǒ)　国家级综合性海洋研究机构。在杭州市西湖区保俶北路36号。1965年,由中国科学院华东海洋研究所浙江海洋工作站与国家海洋局所属海洋调查第一大队合并组建。占地面积1.97万平方米,建筑面积4.66万平方米。有海底科学与深海勘测技术、海洋动力过程与数值模拟技术等5个重大研究领域和19个重点研究方向。设卫星海洋环境动力学1个国家重点实验室。建有"向阳红10"海洋综合科考船。在临安建有占地面积5.33万平方米的分析测试基地。在舟山长峙岛建有具备服务深海大洋勘探开发能力的装备研发基地。

中国林业科学研究院亚热带林业研究所(Zhōngguó Línyè Kēxué Yánjiūyuàn Yàrèdài Línyè Yánjiūsuǒ)　国家级综合性林业科研机构。在杭州市富阳区大桥路73号。1964年成立中国林业科学研究院亚热带林业科学研究站。1978年改今名。2002年加挂浙江省现代林业研究发展中心。占地面积4.47万平方米,建筑面积1.77万平方米。下设5个职能部门、15个研究组和3个支撑部门。建有国家林业和草原局亚热带林木培育重点实验室、省林木育种技术研究重点实验室等多个国家、省部级科技创新平台。另有国家林业局庙山坞自然保护区,总面积8平方千米,收集保存林木种质资源6 000余份。

中国科学院宁波材料技术与工程研究所(Zhōngguó Kēxuéyuàn Níngbō Cáiliàojìshù yǔ Gōngchéng Yánjiūsuǒ)　国家级科研机构。在宁波市镇海区中官西路1219号。2004年中国科学院、浙江省人民政府、宁波市人民政府签署共建协议,2007年一期建成。2009年建立中国科学院宁波工业技术研究院(简称"宁波工研院")。2013年建立慈溪生物医学工程研究所。占地面积7.33万平方米,建筑面积9.31万平方米。宁波工研院下设材料技术研究所、新能源技术研究所、先进制造技术研究所和生物医学工程研究所 4 个非法人研究所。有碳纤维制备技术国家工程实验室、稀土永磁材料与应用技术国家工程实验室等省部级以上平台。

中国兵器科学研究院宁波分院（Zhōngguó Bīngqì Kēxué Yánjiūyuàn Níngbō Fēnyuàn）　国家级科研机构。在宁波市鄞州区凌云路 199 号。由中国兵器工业集团公司和宁波市人民政府共建。1988 年设立五二研究所宁波分所。1999 年创建中国兵器科学研究院宁波分院。2004 年中国兵器科学研究院宁波分院与五二研究所实行一体化运行。占地面积 13.99 万平方米，建筑面积 3 万平方米。有宁波市磁性材料与器件工程技术中心、宁波市表面工程研究中心等。

浙江省农业科学院（Zhèjiāng Shěng Nóngyè Kēxuéyuàn）　省级综合性农业科研机构。在杭州市江干区德胜中路 298 号。1960 年由省农业科学研究所、省林业科学研究所、省淡水水产研究所、省海洋水产研究所、中国农科院茶科所合并组成，并和浙江农业大学合而为一，一套班子、两块牌子。1965 年院校分置。占地面积约 2.91 平方千米，建筑面积 25 万平方米。下设畜牧兽医、作物与核技术利用、植物保护与微生物等 17 个专业研究所。建有农产品质量安全省部共建国家重点实验室培育基地等国家级平台。在海宁、海南、乔司等地设有科研基地。

浙江清华长三角研究院（Zhèjiāng Qīnghuá Chángsānjiǎo Yánjiūyuàn）　省校共建研究机构。总部在嘉兴市南湖区亚太路 705 号。2008 年研究院总部大楼建成。规划占地面积 27.14 万平方米，建筑面积 5.4 万平方米。有生物技术与医药研究所、生态环境研究所、先进制造技术研究所、信息技术研究所、现代农业工程技术研究所及分析测试中心等直属机构。有应用酶学、水质科学与技术 2 个省级重点实验室，清华大学中国发展规划研究中心长三角分中心、国家食品安全风险评估中心应用技术合作中心等研发中心。在杭、甬、台等地设产学研基地。

浙江中科院应用技术研究院（Zhèjiāng Zhōngkēyuàn Yīngyòngjìshù Yánjiūyuàn）　省级研究院。在嘉兴市南湖区亚太路 778 号。省政府直属事业单位，浙江省、中国科学院和嘉兴市共建。2004 年成立中国科学院嘉兴应用技术研究与转化中心。2011 年改今名。建筑面积 29.3 万平方米。建有 25 家工程中心、3 个专业研究所、3 个省级公共服务平台和 11 个市级重点实验室。

浙江省淡水水产研究所（Zhèjiāng Shěng Dànshuǐ Shuǐchǎn Yánjiūsuǒ）　省级研究机构。在湖州市吴兴区杭长桥南路 999 号。1952 年创立。占地面积 1.08 平方千米。下设鱼病研究室、遗传育种研究室等 6 个研究室及浙江南太湖淡水水产种业有限公司、综合试验基地 2 个成果中试、转化基地。建有农业部淡水渔业健康养殖技术重点实验室、浙江省鱼类健康与营养重点实验室、国家级罗氏沼虾遗传育种中心、国家级罗氏沼虾良种场等省级以上科研平台。有国家引智成果转化示范基地及博士后科研工作站。省渔业科技创新服务平台、省淡水渔业科技创新团队牵头单位。

浙江省柑橘研究所（Zhèjiāng Shěng Gānjú Yánjiūsuǒ）　省级柑橘专业研究机构。在台州市黄岩区头陀镇。隶属于浙江省农业科学院。1936 年创建。1978 年称浙江省科学院柑橘研究所。2000 年更今名。2007 年为农业部国家现代柑橘产业技术体系华东试验站。2013 年，整体搬迁至头陀镇鱼山坪。占地面积 32 万平方米，建筑面积 1 万平方米。有柑橘园 24.7 万平方米。设品种、栽培、植保等 6 个研究室和本部、王林施、头陀山站等 3 个试验场站。建有浙江省柑橘黄龙病快速检测平台，为华东产区提供植病检测服务。柑橘种质资源圃收集柑橘品种资源材料 500 个。为全国第一个建立的柑橘专业研究机构。

第二节 教育单位名称

中国美术学院(Zhōngguó Měishù Xuéyuàn) 高等美术院校。在杭州市上城区南山路218号。1928年建国立艺术院。1993年更今名。设杭州市南山、象山和上海市张江3个校区,占地面积0.67平方千米,建筑面积30万平方米。设有书法学、中国画、绘画等20多个专业,覆盖艺术学理论、美术学、设计学、戏剧与影视学4个一级学科,另有4个专业隶属工学门类。有1个国家重点学科、3个省重点学科、3个省人文社会科学重点研究基地一级学科。有3个一级学科硕士点、4个一级学科博士点、3个博士后科研流动站。校训:行健,居敬,会通,履远。

浙江工业大学(Zhèjiāng Gōngyè Dàxué) 省属综合性重点大学。在杭州市下城区潮王路16号。1953年始建,其前身可以追溯到清宣统二年(1910年)创立的浙江中等工业学堂。后经历杭州化工学校、浙江化工专科学校、浙江化工学院、浙江工学院等发展阶段。1993年改今名。1994年浙江省经济管理干部学院并入。1999年杭州船舶工业学校并入。2001年浙江建材工业学校并入。2009年起由浙江省人民政府和教育部共建。2013年牵头建设的长三角绿色制药协同创新中心入选国家"2011计划"。设朝晖、屏峰、莫干山3个校区,占地面积2平方千米,建筑面积135万平方米。有60多个本科招生专业,学科涵盖哲学、经济学、法学等11大门类。设硕士、博士学位授权点、博士后科研流动站。校训:厚德健行。

杭州电子科技大学(Hángzhōu Diànzǐ Kējì Dàxué) 省属高等院校。在杭州市江干区白杨街道2号大街1158号。1956年创办杭州航空工业财经学校。1980年建立杭州电子工业学院。2003年原杭州出版学校并入。2004年更今名。设下沙、文一、东岳、下沙东4个校区,下沙校区占地面积0.84平方千米,建筑面积58万平方米。有机械工程、电子信息、通信工程、自动化等学院。有控制科学与工程、电路与系统、海洋机电装备技术、计算机应用技术、数学、仪器科学与技术、会计学等重点学科。设硕士、博士学位授权点,博士后科研流动站。校训:笃学力行,守正求新。

浙江理工大学(Zhèjiāng Lǐgōng Dàxué) 省属高等院校。在杭州市江干区白杨街道2号大街928号。清光绪二十三年(1897年)创办蚕学馆。1964年定名浙江丝绸工学院。1999年更名为浙江工程学院。2004年更今名。设下沙、文一2个校区,占地面积0.73平方千米,建筑面积57万平方米。有材料与纺织、服装、信息、机械与自动控制等学院。有纺织科学与工程、生物医学工程、机械设计及理论、应用化学与生态染整工程、设计学、凝聚态物理等重点学科。设硕士、博士学位授权点,博士后科研流动站。校训:厚德致远,博学敦行。

浙江工商大学(Zhèjiāng Gōngshāng Dàxué) 省属高等院校。在杭州市江干区学正街18号。1911年创办杭州中等商业学堂。1980年成立杭州商学院。2004年更今名。有下沙、教工路和杭州商学院桐庐3个校区,占地面积约1.66平方千米,建筑面积93万平方米。设工商管理、旅游与城乡规划、财务与会计、统计与数学等20多个学院。有统计学、工商管理、应用经济学、外国语言文学、食品科学与工程、法学、计算机科学与技术等重点学科。设硕士、博士学位授权点,博士后科研流动站。校训:诚、毅、勤、朴。

中国计量学院(Zhōngguó Jìliàng Xuéyuàn) 省属高等院校。在杭州市江干区学源街 258 号。1978 年由国家计量总局创建的杭州计量学校,1985 年经教育部批准升格为中国计量学院。设东、西 2 个校区,占地面积 1.05 平方千米,建筑面积 70 万平方米。设机电工程、计量测试工程、信息工程、光学与电子科技、材料科学与工程、质量与安全工程等 10 多个学院。有仪器科学与技术、控制科学与工程、管理科学与工程、光学工程、材料科学与工程、信息与通信工程、安全科学与工程等重点学科。设硕士学位授权点。校训:精思国计,细量民生。

浙江财经大学(Zhèjiāng Cáijīng Dàxué) 省属高等院校。在杭州市江干区学源街 18 号。1974 年创建浙江财政银行学校。1987 年称浙江财经学院。2013 年更今名。有下沙、文华、翠苑和长安 4 个校区,占地面积 1.53 平方千米,建筑面积 105 万平方米。设财政税务、公共管理、会计、金融、工商管理、信息管理与工程、经济等 10 多个学院。以应用经济学、统计学、公共管理、工商管理、理论经济学、中国语言文学等为重点学科。有硕士、博士学位授予权,博士后科研流动站。校训:进德修业,与时偕行。

浙江大学(Zhèjiāng Dàxué) 教育部直属高校。在杭州市西湖区余杭塘路 866 号。清光绪二十三年(1897)创立求是书院。1928 年定名国立浙江大学。抗日战争时期西迁办学,被誉为“东方剑桥”。1946 年迁返杭州。1952 年院系调整,留杭主体分为多所单科性院校,后分别发展为浙江大学、杭州大学、浙江农业大学和浙江医科大学。1998 年四校合并组建为新的浙江大学。有紫金港、玉泉、西溪、华家池、之江、舟山、海宁(2014 年始建)7 个校区,占地面积 6.22 平方千米,建筑面积 2 000 万平方米。设 7 个学部、30 多个学院(系)、1 个工程师学院、2 个中外合作办学学院、7 家附属医院。学科涵盖哲学、经济学、法学、教育学、文学、历史学等 10 多个门类。有国家重点一级学科 14 个、国家重点二级学科 21 个。有 100 多个本科专业。硕士、博士学位授权点数量居全国高校前列。有博士后科研流动站 50 多个。校训:求是,创新。

浙江科技学院(Zhèjiāng Kējì Xuéyuàn) 省属高等院校。在杭州市西湖区留和路 318 号。1980 年创办浙江大学附属杭州工业专科学校。2001 年更今名。2003 年浙江省轻工业学校并入。设小和山、安吉 2 个校区,占地面积 1.27 平方千米,建筑面积 47 万平方米。设机械与汽车工程、自动化与电气工程等二级学院。有 50 多个本科专业,涵盖工学、艺术学、管理学等学科。有硕士学位授权点。校训:崇德,尚用,求真,创新。

杭州师范大学(Hángzhōu Shīfàn Dàxué) 省属高等院校。在杭州市余杭区余杭塘路 2318 号。清光绪三十四年(1908 年)创办浙江官立两级师范学堂。1978 年建立杭州师范学院。2000 年前后杭州教育学院等 5 校相继并入。2007 年更今名。有仓前、玉皇山、下沙 3 个校区,占地面积约 1.99 平方千米,建筑面积 253 万平方米。设经济与管理、公共管理、教育、体育与健康、人文等 10 多个学院,有 2 个公共教学单位、1 个直属附属医院。以生物科学、音乐学、小学教育、计算机科学与技术、化学、数学与应用数学、汉语言文学、历史学、体育教育等为重点专业。设硕士、博士学位授权点。校训:勤慎诚恕,博雅精进。

浙江农林大学(Zhèjiāng Nónglín Dàxué) 省属高等院校。在杭州市临安市武肃街 666 号。在临安衣锦街、诸暨市分别设分校区。1958 年创建天目林学院。1966 年改名为浙江林学院。2010 年更今名。有东湖、衣锦、诸暨 3 个校区,占地面积 2.13 平方千米,建筑面积 90 余万平方米。以农林、生物、环境学科为特色,涵盖八大学科门类。设农业与食品科学、林业与生物技术、环境与资源等10多个学院(部)。有木材科学与工程、园艺、林学等国家级特色专业。设硕士学位授予点。有林学一级学科博士后科研流动站。校训：求真，敬业。

宁波大学(Níngbō Dàxué) 省重点建设大学。浙江省人民政府、教育部、宁波市人民政府共建。在宁波市江北区风华路818号。1986年由世界船王包玉刚先生捐资创立，邓小平题写校名。1996年，原宁波大学、宁波师范学院和浙江水产学院宁波分院三校合并，组建新的宁波大学。2000年后，宁波海洋学校、宁波林业学校、宁波师范学院等相继并入。另有梅山、植物园等多个校区，总占地面积2.02平方千米，建筑面积79万平方米。学科涵盖经、法、教、文、史、理、工、农、医、管、艺等学科门类，设有20多个学院、1家直属附属医院。有硕士、博士学位授权点，博士后科研流动站。校训：实事求是，经世致用。

温州大学(Wēnzhōu Dàxué) 省属综合性大学、省重点高校。在温州市茶山高教园区。1933年创办温州师范学校。2004年与原温州大学合并组建新的温州大学。有茶山和学院路2个校区，占地面积131.56万平方米，建筑面积约99.65万平方米。设商学、法学、教师教育、化学与材料工程等20个院系。以生态学、化学、中国语言文学、电气工程、法学、马克思主义理论、应用经济学、机械工程、生态学、土木工程等为重点学科。有硕士学位授权点。校训：求学问是，敢为人先。

温州医科大学(Wēnzhōu Yīkē Dàxué) 省属普通高等学校、省重点建设高校。在温州市茶山高教园区。1912年成立浙江医学专门学校。1958年，浙江医学院从杭州分迁至温州，成立浙江第二医学院，更名为温州医学院。2013年更今名。有3个校区，占地面积1.26平方千米，建筑面积约77万平方米。设基础医学、药学等多个专业。设有基础医学、药学等10多个二级学院。有第一医院、第二医院、眼视光医院、口腔医院等直属附属医院。有硕士、博士学位授予点。有国家眼视光工程技术研究中心等省部级以上科研平台。入选国家首批临床医学研究生培养模式改革试点高校。校训：仁肃勤朴，求是奋发。

嘉兴学院(Jiāxīng Xuéyuàn) 省属综合类普通高等学校。在嘉兴市南湖区越秀南路56号。1914年在宁波市创办宁属县立甲种商业学校。1954年更名为重工业部宁波工业会计统计学校。1978年定名浙江冶金经济专科学校。2000年浙江经济高等专科学校和嘉兴高等专科学校合并组建嘉兴学院。后平湖师范学校、嘉兴卫生学校、浙江会计学校和嘉兴市粮食干部学校四校相继并入。设越秀、梁林和平湖3个校区，占地面积1.2平方千米，建筑面积69.87万平方米。有文、法、外国语、建筑工程等二级学院。有55个本科专业，其中以会计学、经济学等为国家级特色专业。设嘉兴学院中国共产党革命精神与文化资源研究中心。校训：方正为人，勤慎治学。

嘉兴职业技术学院(Jiāxīng Zhíyè Jìshù Xuéyuàn) 省示范性高职院校。在嘉兴市南湖区桐乡大道547号。1950年创建浙江省立嘉兴农业技术学校，后改建为浙江省嘉兴农业学校。2002年浙江省嘉兴农业学校、嘉兴丝绸工业学校合并组建为嘉兴职业技术学院。2005年迁现址。本部占地面积0.54平方千米，建筑面积22.19万平方米。有机电一体化技术、服装与服饰设计、建筑工程技术、旅游管理、园艺技术、广告设计与制作等30多个专业。校训：厚德，真知，强能。

湖州师范学院(Húzhōu Shīfàn Xuéyuàn) 省属普通高等学校。在湖州市吴兴区学士路158号。1916年创办钱塘道第三联合县立师范讲习所。1958年开始实行高等教育。1999年原湖州师范专科学校、湖州师范学校和湖州教师进修学院合并成立湖州师范学院。2000年原湖州卫生学校并入。占地面积1.04平方千米，建筑面积57万平方米。设教师教育、艺术、理学、医学等10多个二级学院。有第一医院、中心医院等附属医院。有数学与应用数学、小学教育、汉语言文学等专业。有硕士学位授权点。校训：明体达用。

绍兴文理学院(Shàoxīng Wénlǐ Xuéyuàn)　省属普通高等院校。在绍兴市越城区环城西路508号。清宣统元年(1909年)创办绍兴山会初级师范学堂。1956年建立绍兴中等师范学校。1980年建立绍兴师范专科学校。1996年绍兴师范专科学校、绍兴高等专科学校合并，更今名。1999年绍兴卫生学校并入。2000年上虞师范学校、绍兴市城乡建设职工中等专业学校并入。设河西、南山、兰亭、上虞4个校区，占地面积约1平方千米，建筑面积63万平方米。设人文、马克思主义、教师教育等10多个二级学院和1个独立学院。有汉语言文学、生物科学、纺织工程等特色专业。有硕士学位授予点。校训：修德求真。

浙江师范大学(Zhèjiāng Shīfàn Dàxué)　以教师教育为特色的综合性省属重点大学。在金华市婺城区迎宾大道688号。1956年创办杭州师范专科学校。1958年升格为杭州师范学院。1962年与浙江体育学院、浙江教育学院合并，更名为浙江师范学院。1965年由杭州迁至金华。1985年更今名。2000、2001、2004年浙江财政学校、浙江幼儿师范学校、金华铁路司机学校相继并入。设杭州、兰溪2个分校区，本部占地2.2平方千米，建筑面积约1 000万平方米。设初阳学院、经济与管理学院、法政学院、教师教育学院、杭州幼儿师范学院等10多个学院。以思想政治教育、教育技术学、学前教育、物理学、汉语言文学等为重点专业。有硕士、博士学位授权点，博士后科研流动站。校训：砺学砺行，维实维新。

衢州学院(Qúzhōu Xuéyuàn)　省属普通高校。在衢州市柯城区九华北大道78号。1985年创办浙江工学院浙西分校。1993年更名为浙江工业大学浙西分校。2005年迁现址。2010年升格更名为衢州学院。占地面积约0.58平方千米，建筑面积23.82万平方米。有化学与材料工程学院、机械工程学院、建筑工程学院等7个学院。有机械制造及其自动化、应用化学、检测技术与自动化装置等学科。招收本科生、专科生。校训：敬业重道，求实创新。

浙江海洋学院(Zhèjiāng Hǎiyáng Xuéyuàn)　省属本科高校。在舟山市定海区海大南路1号。1958年创建舟山水产学院。1975年更名为浙江水产学院，1998年与舟山师范专科学校合并组建为浙江海洋学院。2013年学校主体部分迁现址。有新城和定海2个校区，占地面积1.74平方千米(其中海域使用面积近0.5平方千米)，建筑面积48.2万平方米。设海洋科学学院、水产渔业学院、船舶与建筑工程学院等学院。有理学、农学、工学、管理学、经济学、文学、历史学、教育学等学科门类。有硕士学位授予点。校训：海纳百川，自强不息。

台州学院(Tāizhōu Xuéyuàn)　省属普通高等院校。在台州市椒江区市府大道1139号。清光绪三十三年(1907年)创办三台中学堂简易师范科。1949年成立台州师范学校。1978年建立台州师范专科学校。2002年升格为本科高校，更名为台州学院。在椒江、临海设3个校区，占地面积73.67万平方米，建筑面积28万平方米。有人文学院、经贸管理学院、医药化工学院、机械工程学院等10多个二级学院。有汉语言文学、材料物理、国际经济与贸易、数学与应用数学、电子信息工程等专业。校训：澡身浴德，修业及时。

杭州开元商贸职业学校(Hángzhōu Kāiyuán Shāngmào Zhíyè Xuéxiào)　国家级重点中等职业学校。在杭州市下城区绍兴支路29号。前身为1912年创建的浙江女子职业学校。2009年由杭州市开元职业学校、杭州市商贸职业高级中学合并，改今名。设绍兴支路、长德、朝晖路3个校区，占地面积 4.47 万平方米，建筑面积 3.39 万平方米。设电子商务、跨境电子商务、国际商务、商品经营、工商行政管理事务等专业。有 30 多个现代化的商贸专业各类实训室。校训：崇实耐劳。

杭州市中策职业学校(Hángzhōu Shì Zhōngcè Zhíyè Xuéxiào) 国家级重点职业学校。杭州市教育局直属公办学校。在杭州市霞湾巷 65 号。1979 年创办。设霞湾、康桥 2 个校区，占地面积约 15.93 万平方米，建筑面积 13.45 万平方米。设中餐烹饪、西餐烹饪、电气运行与控制等专业。中餐烹饪专业是国家级示范专业、省教研基地。电气运行与控制专业为省综合性公共实训基地、省示范专业。

金华市第一中等职业学校(Jīnhuá Shì Dì-yī Zhōngděngzhíyè Xuéxiào) 全国重点职业学校、省一级中等职业学校。在金华市婺城区北山路 17 号。1961 年创办。1984 年开始由普通中学向职业中学过渡。1995 年称金华市第一职业高级中学。2000 年与金华市第一职业高级中学(罗店中学)合并，改今名。占地面积 12 万平方米，建筑面积 7 万平方米。有机械制造、信息技术、财贸、旅游、酒店管理与服务、模具设计与制造、电子商务等专业。校训：信义笃志，敦学砺能。

衢州中等专业学校(Qúzhōu Zhōngděngzhuānyè Xuéxiào) 国家级重点中等职业学校。在衢州市柯城区九华北大道 88 号。1987 年创办衢州市职业技术学校。1998 年改今名。2004 年迁现址。占地面积 28.67 万平方米，建筑面积 14 万平方米。有美术设计与制作、数控技术应用、光伏技术应用、电子信息等专业。校训：勤而立信，忠以成器。

衢州市工程技术学校(Qúzhōu Shì Gōngchéngjìshù Xuéxiào) 国家级重点中等职业学校。在衢州市柯城区三江西路 1 号。1979 年创办衢州市技工学校。1985 年创办交通中等专科学校。2010 年衢州市技工学校和交通中专两校合并，更今名。占地面积 13.67 万平方米，建筑面积 5.6 万平方米。设交通、汽车、数控、电子等专业。

浙江省杭州高级中学(Zhèjiāng Shěng Hángzhōu Gāojí Zhōngxué) 省一级重点中学、省一级普通高中特色示范学校。在杭州市下城区凤起路 238 号。其前身为清光绪二十五年(1899 年)创办的养正书塾和三十四年创办的浙江官立两级师范学堂。1923 年两校合并为浙江省立第一中学校。1988 年更今名。1999 年杭州市体育场路中学并入。设贡院、钱江 2 个校区，占地面积约 15.45 万平方米，建筑面积 16.19 万平方米，有 37 个教学班。贡院校区所在地曾为明、清两代科举考试场所，被公布为浙江省文物保护单位。获全国精神文明建设单位等称号。校训：科学，民主，求真，创新。

杭州第十四中学(Hángzhōu Dì-shísì Zhōngxué) 省一级重点中学、省一级普通高中特色示范学校。在杭州市下城区凤起路 580 号。清光绪三十年(1904 年)创办省立女子中学。1971 年改名为杭州市第十四中学。2000 年，与杭州第十二中学合并，沿用杭十四中校名。本部占地面积 4.3 万平方米，建筑面积 4.1 万平方米。在拱墅区龙腾街设占地面积 9.33 万平方米的康桥分校区。为全国教育信息化创新应用先锋学校。校训：勤奋，和谐，严谨，创新。

杭州市安吉路实验学校(Hángzhōu Shì Anjílù Shíyàn Xuéxiào) 省重点小学、省实验小学。总部在杭州市下城区安吉路 19 号。1954 年建立。1990 年在全省率先推行九年一贯学制改革，改今名。2000 年杭州市武林路小学并入。本部占地面积 1.3 万平方米，建筑面积 0.77 万平方米。在武林路和戒坛寺巷设 2 个分校部。九年一贯制义务教育学校，1989 年被列入全国百所名校名录。获全国教育系统先进集体等称号。校训：关爱，卓越，引领。

浙江大学附属中学(Zhèjiāng Dàxué Fùshǔ Zhōngxué)　省一级重点中学。在杭州市西湖区曙光路93号。1947年成立。1959年隶属浙江大学,更今名。1972年易名杭州第十五中学。1992年复今名。占地面积5.35万平方米,建筑面积3.5万平方米,有36个高中教学班。另设丁兰1个分校区。设西班牙语、德语、俄语等小语种选修课程。建立中国茶叶博物馆、岳庙、浙江博物馆、浙江图书馆等课程基地。获国家级依法治校示范校等称号。校训:求知,求真,求实,求新。

杭州第十三中学(Hángzhōu Dì-shísān Zhōngxué)　在杭州市西湖区教工路155号。1969年创办。1979年更名杭州师范学院附属中学。2000年进行初、高中分离,初中部更今名。2004年成立杭州市十三中教育集团,下属杭州第十三中学、丰潭中学、嘉绿苑中学。本部占地面积2.55万平方米,建筑面积约3万平方米,有40个教学班。获全国精神文明建设工作先进单位等称号。校训:敬、进、精、洁、捷、杰。

杭州市学军小学(Hángzhōu Shì Xuéjūn Xiǎoxué)　省示范性实验学校。在杭州市西湖区文二路求智巷6号。清光绪三十四年(1908年)创建杭州府官立初等小学堂。1970年改今名,属拱墅区管理,1972年起划归西湖区。本部占地面积1.6万平方米,建筑面积1.31万平方米。有45个教学班。在萍水西街、梦园街分别设紫金港、之江2个校区。全国中小学现代教育技术实验学校、市重点涉外参观单位,获国家级语言文字规范化示范学校、全国中小学现代教育技术实验学校等称号。校训:自律,自觉,自由。

杭州外国语学校(Hángzhōu Wàiguóyǔ Xuéxiào)　省一级重点中学、省一级普通高中特色示范学校。在杭州市西湖区留和路309号。1964年创建。1969年划归杭州市教育局管辖,改招普通中学学生。1973年性质为中专,以培养中小学外语教师为主。1978年恢复原办学体制,招收小学毕业生。1979年划归省教育厅。1991年迁入教工三路(现学院路)校舍。2003年迁现址。2013年转为公办体制。占地面积27万平方米,建筑面积约12万平方米,有42个教学班。我国首批重点建设的外国语学校,是省中小学外语教师培训基地、汉语国际推广中小学基地。校训:为祖国而学习,为未来作准备。

杭州市长河高级中学(Hángzhōu Shì Chánghé Gāojí Zhōngxué)　省一级重点中学、省一级普通高中特色示范学校。在杭州市滨江区滨文路227号。1956年创建萧山县第五初级中学。1996年转划为杭州市教委直属学校,更今名。占地面积10万平方米,建筑面积4.4万平方米,有36个教学班。获全国百强特色学校等称号。校训:关爱,宏志,求真,超越。

浙江省萧山中学(Zhèjiāng Shěng Xiāoshān Zhōngxué)　省一级重点中学。在杭州市萧山区拱秀路538号。1938年创办萧山县战时初中学生补习学校。1956年增设高中班,更今名。1995年迁现址。占地面积13.32万平方米,建筑面积6.8万平方米,有54个教学班。获全国中小学现代教育技术实验学校等称号。校训:求知,求新,求美,求是。

浙江省富阳中学(Zhèjiāng Shěng Fùyáng Zhōngxué)　省一级重点中学。在杭州市富阳区馆驿路1号。1942年创建富阳县立初级中学。1952年更今名。1960年富阳、桐庐两县合并,改名浙江桐庐富阳中学。1994年复今名。2007年成立富阳中学教育集团,有富阳市永兴学校、富阳市江南中学和富阳市春江中学3所成员学校。本部占地面积8.53万平方米,建筑面积4万平方米,有48个教学班。获全国中小学现代教育技术实验基地等称号。校训:勤奋,求实,乐群,创新。

浙江省严州中学(Zhèjiāng Shěng Yánzhōu Zhōngxué)　省一级重点中学。在建德市新安江路499号。清光绪二十七年(1901年)创建严州府立六睦学堂。1954年更今名。2001年迁现址。2005年组建严州中学教育集团,有严州中学新校区、严州中学梅城校区、新世纪实验学校3所成员学校。本部占地面积17.4万平方米,建筑面积7.17万平方米,有40个教学班。获省现代教育技术实验学校等称号。校训:敬德修业。

浙江省桐庐中学(Zhèjiāng Shěng Tónglú Zhōngxué) 省一级重点中学。在杭州市桐庐县白云源路658号。1941年创建桐庐、分水、富阳、新登四县联立战时初中学生补习学校(简称"四县联中")。1956年更今名。占地面积19.53万平方米,建筑面积7万余平方米,有51个教学班。获省现代教育技术实验学校等称号。校训:正德后生,臻于至善。

浙江省淳安中学(Zhèjiāng Shěng Chún'ān Zhōngxué) 省一级重点中学。在杭州市淳安县千岛湖镇开发路299号。1929年创建淳安县立初级中学。1956年更今名。1968年改名为淳安县工农兵学校。1978年复今名。2000年迁现址。占地面积12.47万平方米,建筑面积5.76万余平方米,有48个教学班。获全国绿色学校等称号。校训:博学,审问,慎思,明辨,笃行。

宁波效实中学(Níngbō Xiàoshí Zhōngxué) 省一级重点中学、省一级普通高中特色示范学校。在宁波市海曙区白杨街178号。1912年创立私立效实中学。1956年改为公办,更名宁波市第五中学。1980年复今名。1999年迁现址,举办省创新教育理科实验班。白杨校区占地面积8.4万平方米,建筑面积3.85万平方米。有36个教学班。获全国中小学现代教育技术实验学校、全国特色学校等称号。校训:忠信笃敬。

宁波市第三中学(Níngbō Shì Dì-sān Zhōngxué) 省一级重点中学。在宁波市江东区惊驾路585号。清同治七年(1868年)始建,原名三一书院。1952年更名为浙江省宁波市第三中学。2011年迁现址。占地面积5.25万平方米,建筑面积约3.68万平方米,有33个教学班。获省现代教育技术实验学校等称号。校训:崇真,尚美,致和。

宁波市第四中学(Níngbō Shì Dì-sì Zhōngxué) 省一级重点中学。在宁波市江北区文教路125号。清道光二十五年(1845年)始建,原名崇信义塾。1952年由浙东中学改为宁波第四中学。2003年迁现址。2008年,联丰中学并入。占地面积6万多平方米,建筑面积4万多平方米,有36个教学班。获全国青少年科技创新教育示范基地等称号。校训:诚、朴、爱。

宁波市北仑中学(Níngbō Shì Běilún Zhōngxué) 省一级重点中学。在宁波市北仑区泰东河路358号。1989年创办。1999年成为宁波大学附属中学。2004年迁现址。占地面积13.33万平方米,建筑面积9万平方米,有35个教学班。获省现代教育技术实验学校等称号。校训:勇于争先,砺志成才。

浙江省镇海中学(Zhèjiāng Shěng Zhènhǎi Zhōngxué) 省一级重点中学、省一级普通高中特色示范学校。在宁波市镇海区鼓楼东路32号。清宣统三年(1911年)成立镇海中学堂,原名蛟川书院(后改名"鲲池书院")。1956年,私立辛成中学并入,更今名。1978年被确定为浙江省首批十三所重点中学之一。1998年始不再招收公立初中生。占地面积6万平方米,建筑面积近4万平方米,有29个教学班。2014年高考理科全省前10名占5人,前100名占27人,文科全省前10名占1人,前100名占12人。获全国文明单位、全国教育系统先进集体等称号。校训:励志,进取,勤奋,健美。

浙江省宁波中学(Zhèjiāng Shěng Níngbō Zhōngxué) 省一级重点中学、省一级普通高中特色示范学校。在宁波市鄞州区学府路 61 号。清光绪二十四年(1898 年)创办储才学堂。1988 年复今名。2002 年迁现址。占地面积 13.28 万平方米，建筑面积约 6 万平方米，有 40 个教学班。获全国中小学现代教育技术实验学校、教育部中小学校长培训实践基地等称号。入选中国百年名校陈列馆。校训：自律，自立，自强。

宁波市鄞州中学(Níngbō Shì Yínzhōu Zhōngxué)　省一级重点中学。在宁波市鄞州区崇实路 477 号。1952 年创办鄞县第一初级中学。1978 年恢复普通中学体制，改名为浙江省鄞县中学。2002 年改今名。2014 年迁现址。占地面积 14 万平方米，建筑面积 6 万多平方米，有 30 个教学班。获全国科学教育实验基地等称号。校训：崇尚科学，弘扬人文，发展个性，追求和谐。

浙江省象山中学(Zhèjiāng Shěng Xiàngshān Zhōngxué)　省一级重点中学。在宁波市象山县靖南路 485 号。1942 年创建定象两县联立战时初中学生补习学校，简称“定象联中”。1956 年更今名。1979 年改名浙江省象山县第一中学。1989 年复今名。占地面积 11.04 万多平方米，建筑面积 3.8 万平方米，有 29 个教学班。获全国群体工作先进单位等称号。校训：崇正，敬业，严谨，求实。

浙江省宁海中学(Zhèjiāng Shěng Nínghǎi Zhōngxué)　省一级重点中学。在宁波市宁海县学勉路 70 号。1926 年创建消夏社补习班，旋称正学高级小学中学部。1927 年改称宁海县立中学，1929 年改为宁海县立初级中学，1942 年增设高中，并复名为宁海县立中学。1955 年更今名。1958 年改称浙江省象山第一中学。1962 年复今名。1998 年迁现址。占地面积 15.07 万平方米，建筑面积 7 万平方米，有 38 个教学班。获省现代教育技术实验学校等称号。校歌由柔石作词、作曲。校训：愿乘风破万里浪，甘面壁读十年书。

浙江省余姚中学(Zhèjiāng Shěng Yúyáo Zhōngxué)　省一级重点中学。在余姚市四明西路 392 号。1935 年创办余姚私立实验初级中学。1954 年改名浙江省余姚中学，次年又改称浙江省余姚第一中学。1984 年复今名。1987 年初中部停止招生。1999 年迁现址。占地面积 11.33 万平方米，建筑面积 11.34 万平方米，有 39 个教学班。获全国百强中学、省现代教育技术实验学校等称号。校训：知行合一，止于至善。

慈溪市浒山中学(Cíxī Shì Hǔshān Zhōngxué)　省一级重点中学。在慈溪市明州西路 218 号。清同治二年(1863 年)创办文蔚书院。1949 年改名为浒山小学。1972 年称浒山镇第一学校。1978 年成立浒山镇中学(初中)，部分小学教师分至慈溪县实验小学、浒山镇第二小学、浒山镇第四小学。1982 年改办为县属完全中学，定名慈溪县浒山中学。1988 年更今名。1996 年按高、初中分成浒山中学和浒山初级中学两所学校。2004 年迁今址。占地面积 13.64 万平方米，建筑面积 4.63 万平方米，有 40 个教学班。获省文明单位等称号。校训：厚德，积学，励志，敦行。

浙江省慈溪中学(Zhèjiāng Shěng Cíxī Zhōngxué)　省一级重点中学、省一级普通高中特色示范学校。在慈溪市北二环东路 508 号。白沙路街道建有新校区。1956 年创办浙江省慈溪中学。1998 年初中分出。占地面积 7.06 万平方米，建筑面积 3.2 万平方米，有 32 个教学班。获省科研兴校 200 强等称号。校训：爱国，求真，执着，创新。

浙江省奉化中学(Zhèjiāng Shěng Fènghuà Zhōngxué)　省一级重点中学。在奉化市桃源路 285 号。清光绪二十七年(1901 年)创办龙津学堂。1958 年称奉化第一中学。1962 年迁址奉城凤山东麓锦溪畔。2001 年迁桃源路校址，复今名。占地面积 13.3 万平方米，建筑面积 5.9 万平方米，有 37 个教学班。获全国特色教育示范基地、省百年名校等称号。校训：勤爱诚朴。

温州第二高级中学(Wēnzhōu Dì-èr Gāojí Zhōngxué)　省一级重点中学、省一级普通高中特色示范学校。在温州市鹿城区盛锦路2号。清光绪二十三年(1897年)创办永嘉蚕学馆。1954年称温州第二中学。1997年初、高中分离,高中部更今名。占地面积10.67万平方米,建筑面积4.74万平方米。获省百年名校称号。获全国教育系统先进集体等称号。校训:品德须修,学术是竞。

浙江省温州中学(Zhèjiāng Shěng Wēnzhōu Zhōngxué)　省一级重点中学、省一级普通高中特色示范学校。在温州市瓯海区温中路165号。清光绪二十八年(1902年)设立温州府学堂。1933年称浙江省立温州中学。1954年改为高级中学,称浙江省温州第一中学。1985年复今名。2002年迁现址。占地面积22.53万平方米,建筑面积7.67万平方米,有48个教学班。获省先进学校等称号。校训:英奇匡国,作圣启蒙。

浙江省瓯海中学(Zhèjiāng Shěng Ōuhǎi Zhōngxué)　省一级重点中学、省一级普通高中特色示范学校。在温州市瓯海区龙霞路117号。1985年设立瓯海县中学。1992年改今名。2001年迁现址。占地面积13.33万平方米,建筑面积6.8万平方米。获省现代教育技术实验学校等称号。校训:勤奋,求实,博学,创新。

浙江省永嘉中学(Zhèjiāng Shěng Yǒngjiā Zhōngxué)　省一级重点中学、省一级普通高中特色示范学校。在温州市永嘉县南城街道环城北路1589号。1952年创办于温州南白象头陀寺,曾经三易属地,四迁校址,五易校名。1978年更今名。2006年迁现址。占地面积12.61万平方米,建筑面积7.09万平方米,有56个教学班。获全国教育系统先进集体称号。校训:立诚勿怠,格物致知。

浙江省平阳中学(Zhèjiāng Shěng Píngyáng Zhōngxué)　省一级重点中学。在温州市平阳县平鳌路132号。1938年创建。1951年改名为平阳第一初级中学。1955年更今名。1956年易名平阳县第一中学。1973年称平阳县中学。1978年复名为平阳县第一中学。2006年复今名。占地面积14.47万平方米,建筑面积5.96万平方米,有60个教学班。获国家级外语实验学校等称号。校训:尊师重道,敬业乐群。

浙江省苍南中学(Zhèjiāng Shěng Cāngnán Zhōngxué)　省一级重点中学。在温州市苍南县仁英路877号。1984年创办苍南县第一中学。2002年改今名,创办苍南县仁英高级中学,迁今址。2012年仁英高级中学整体并入。占地面积10万平方米,建筑面积6.5万平方米,有58个教学班。获全国百强特色校等称号。校训:自强不息。

瑞安市实验小学(Ruì'ān Shì Shíyàn Xiǎoxué)　在瑞安市玉海街道衙后街25号。清光绪二十八年(1902年)创办瑞安普通学堂。三十一年更名为瑞安官立高等小学堂。1912年更名为瑞安市县立高等小学校。其后学校多次更名,称瑞安县立城厢中心小学、瑞安简易师范附小、瑞安县立中心小学。1956年改名瑞安师范附属小学。1972年更名城关镇第五小学。1985年改称瑞安县实验小学。占地面积1.07万平方米,建筑面积1.29万平方米。获全国中小学现代化教育技术实验学校等称号。校训:公诚勤爱。

浙江省瑞安中学(Zhèjiāng Shěng Ruì'ān Zhōngxué)　省一级重点中学。在瑞安市瑞湖路398号。清光绪二十二年(1896年)孙诒让等于卓公祠创办瑞安学计馆,二十八年瑞安方言馆并入,并更名为瑞安普通学堂。三十二年更名瑞安公立中学堂。其后学校多次更名,并于1942年增设高中部并更名瑞安县立中学。1954年更今名,增设忠义街校舍(原瑞安初级师范校舍)为二部。1992年撤销初中部成为高级中学。2003年迁今址。占地面积14.7万平方米,建筑面积6万平方米,有48

个教学班。2005 年国际永久编号为 4073 的小行星被命名为“瑞安中学星”。获全国百强中学等称号。校训：甄综术艺，以应时需。

浙江省乐清中学(Zhèjiāng Shěng Yuèqīng Zhōngxué)　省一级重点中学。在乐清市宁康东路 518 号。创建于 1939 年。1955 年更名为浙江省乐清初级中学。1956 年增设高中部，更今名。2004 年迁现址。占地面积约 21.33 万平方米，建筑面积 9.64 万平方米，有 60 个教学班。获全国中小学图书馆先进集体等称号。校训：勤奋，求实，进取，开拓。

嘉兴市第一中学(Jiāxīng Shì Dì-yī Zhōngxué)　省一级重点中学、省一级普通高中特色示范学校。在嘉兴市纺工南路 1236 号。清光绪二十八年(1902 年)创办嘉兴府学堂。1912 年改称浙江省立第二中学。1937 年改称浙江省立嘉兴中学。1954 年称浙江省嘉兴第一中学。2002 年迁现址。占地面积 10.59 万平方米，建筑面积 5.96 万平方米，有 48 个教学班。获全国家庭教育实验基地学校等称号。校训：成德达才。

嘉兴高级中学(Jiāxīng Gāojí Zhōngxué)　省一级重点中学。在嘉兴市秀洲区洪殷路 365 号。1997 年创办。2000 年首届学生毕业。占地面积 10 万平方米，建筑面积 5 万平方米，有 33 个教学班。获省现代教育技术实验学校等称号。校训：真。

嘉兴市秀州中学(Jiāxīng Shì Xiùzhōu Zhōngxué)　省一级重点中学。在嘉兴市秀洲区禾兴北路 1309 号。清光绪二十六年(1900 年)创办秀州书院。1952 年称嘉兴第二中学。1962 年重建嘉兴市第二中学。1982 年复今名。2002 年迁现址。占地面积 7.9 万平方米，建筑面积 6 万平方米，有 52 个教学班。获全国和谐校园创建先进学校等称号。校训：爱国，爱校，民主，科学，我是秀中人，一生一世学做人。

嘉善高级中学(Jiāshàn Gāojí Zhōngxué)　省一级重点中学。在嘉兴市嘉善县人民大道 318 号。1926 年成立嘉善县立初级中学。1953 年更名为嘉善第一初级中学。1958 年增设农业专科班，改名嘉善农业专科学校。1960 年更名为嘉兴第十三中学。1961 年改名嘉善县魏塘中学。1972 年更名嘉善县第二中学。1992 年停招初中。2001 年迁现址，更今名。占地面积 8 万平方米，建筑面积 4.7 万平方米，有 52 个教学班。获全国中小学现代化教育技术实验学校等称号。校训：诚正为公。

浙江海盐元济高级中学(Zhèjiāng Hǎiyán Yuánjì Gāojí Zhōngxué)　省一级重点中学、省一级普通高中特色示范学校。在嘉兴市海盐县海兴西路 200 号。1999 年创办。占地面积 14 万余平方米，建筑面积 4.95 万平方米，有 45 个教学班。获省现代教育技术实验学校等称号。校训：励志，求是，笃行，创新。

海盐高级中学(Hǎiyán Gāojí Zhōngxué)　省一级重点中学、省一级普通高中特色示范学校。在嘉兴市海盐县武原街道盐湖东路 8 号。1927 年创办海盐县立初级中学。1943 年称育任中学。1956 年称浙江省海盐中学。1970 年称浙江省海盐县五七中学。1972 年复称浙江省海盐中学。2002 年更今名。2002 年迁现址。占地面积 15.2 万平方米，建筑面积 7.4 万平方米，有 66 个教学班。获省文明单位等称号。校训：敦品，励学，求实，严谨，创新。

浙江省平湖中学(Zhèjiāng Shěng Pínghú Zhōngxué)　省一级重点中学。在平湖市东湖大道 831 号。1939 年创建平湖县立战时初中学生补习学校。1954 年改名平湖县第一初级中学。1956 年增设高中部，成完全中学，同年更今名。1961 年，平湖二中并入。1988 年停招初中班。1995 年挂牌为杭州大学外国语学院实验中学。2003年迁现址。占地面积18.65万平方米，建筑面积6.28万平方米，有51个教学班。获省现代教育技术实验学校等称号。校训：厚德树人，勇猛精进。

浙江省桐乡市高级中学(Zhèjiāng Shěng Tóngxiāngshì Gāojí Zhōngxué) 省一级重点中学、省一级普通高中特色示范学校。在嘉兴市桐乡市中山西路528号。1995年创办。占地面积9.33万平方米，建筑面积近6万平方米，有52个教学班。获省现代教育技术实验学校等称号。校训：学会做人，学会求知，学会健身，学会创新。

湖州市第二中学(Húzhōu Shì Dì-èr Zhōngxué) 省一级重点中学。在湖州市吴兴区学士路2号。清光绪二十七年(1901年)创办华英学堂。1915年改称东吴大学第三附属中学，1932年与东吴大学第二附属中学合并，成立东吴大学吴兴附属中学。1952年，湖郡女子中学并入，称湖州初级中学。1957年改称湖州第二初级中学。1958年改称湖州第二中学。1998年初中、高中分离，高中部迁今址。占地面积20万平方米，建筑面积5万平方米，有47个教学班。获省现代教育技术实验学校等称号。校训：诚、爱、勤、毅。

浙江省湖州中学(Zhèjiāng Shěng Húzhōu Zhōngxué) 省一级重点中学。在湖州市同心路1555号。清光绪二十八年(1902年)创办湖州府中学堂，其前身为爱山书院。1954年更今名。2004年，弁山校区启用。设弁山、莲花庄2个校区，占地面积31.73万平方米，建筑面积12万平方米，有教学班55个。获全国教育系统先进集体等称号。校训：自强不息，厚德载物。

湖州市菱湖中学(Húzhōu Shì Línghú Zhōngxué) 省一级重点中学。在湖州市湖菱公路252号。1933年创建青树中小学。1953年改名为菱湖镇中心小学。1956年易名为吴兴中学。1964年改今名。2000年迁现址。占地面积11.33万平方米，建筑面积3万余平方米，有42个教学班。获全国群体工作先进单位等称号。校训：修德立志，格物致知。

德清县第一中学(Déqīng Xiàn Dì-yī Zhōngxué) 省一级重点中学。在湖州市德清县千秋东街245号。1944年创建，前身为德清县立简易师范学校。2004年迁今址。占地面积13.4万平方米，建筑面积5.6万平方米，有50个教学班。获省现代教育技术实验学校等称号。校训：敬业乐群。

浙江省长兴中学(Zhèjiāng Shěng Chángxīng Zhōngxué) 省一级重点中学、省一级普通高中特色示范学校。在湖州市长兴县金陵北路208号。1940年创办长兴县战时初级中学补习学校。1956年更今名。2001年迁现址。占地面积14.4万平方米，建筑面积6.1万平方米，有60个教学班。获全国文明单位等称号。校训：勤学守纪，求实创新。

安吉县高级中学(Anjí Xiàn Gāojí Zhōngxué) 省一级重点中学。在湖州市安吉县后寨路333号。1998年创办。占地面积11.33万平方米，建筑面积3.8万平方米，有42个教学班。获省文明单位等称号。校训：敬业，勤学，求真，健体。

安吉县实验小学(Anjí Xiàn Shíyàn Xiǎoxué) 在湖州市安吉县玉华路198号。1913年始建，前身为鄣南第一小学。1927年更名为递铺镇中心国民小学。1958年称安吉县递铺沿革区中心小学。2000年更今名。占地面积1.59万平方米，建筑面积1.08万平方米。获全国红旗大队等称号。校训：厚德，启智，重能，励志。

绍兴市稽山中学(Shàoxīng Shì Jīshān Zhōngxué) 省一级重点中学。在绍兴市越城区投醪路105号。1932年创办私立绍兴中学。1933年更名为私立稽山中学。后曾内迁景宁县，并于1945年迁回绍兴原址。1956年更名为绍兴第二中学。1980年复今名。占地面积约3.2万平方米，建筑面积 2.1 万平方米，有 42 个教学班。获全国青少年道德培养实验基地等称号。校训：卧薪尝胆。

绍兴市第一中学(Shàoxīng Shì Dì-yī Zhōngxué)　省一级重点中学。在绍兴市越城区站前大道 1898 号。清光绪二十三年(1897 年)创办绍郡中西学堂，二十五年更名为绍兴府学堂。1912 年改称浙江省立第五中学。1955 年改称为浙江省绍兴中学。1956 年更今名。2013 年迁现址。占地面积 13.4 万平方米，建筑面积 7.92 万平方米，有 51 个教学班。获全国信息学奥林匹克特色学校等称号。校训：求真，务实，创新。

绍兴市鲁迅小学(Shàoxīng Shì Lǔ Xùn Xiǎoxué)　省示范小学。在绍兴市越城区人民西路 57 号。1954 年创建。2004 年建成和畅堂校区。2006 年成立教育集团。设人民路、和畅堂 2 个校区及 1 个幼托中心，总占地面积 4.67 万平方米，建筑面积 4 万余平方米。人民路校区有 34 个教学班，和畅堂校区有 58 个教学班。获全国中小学现代教育技术实验学校等称号。校训：独立，独特，独创，独秀。

柯桥中学(Kēqiáo Zhōngxué)　省一级重点中学、省一级普通高中特色示范学校。在绍兴市柯桥区山阴路 785 号。1951 年创办柯桥小学附设初中班。1958 年更名为绍兴县柯桥中学。1996 年迁现址。2013 年称柯桥区柯桥中学。占地面积 14 万余平方米，建筑总面积 7.1 万余平方米，有 73 个教学班。获省教科研先进单位等称号。校训：求精，务实。

上虞区实验小学(Shàngyú Qū Shíyàn Xiǎoxué)　省示范小学。在绍兴市上虞区英台路 30 号。清光绪三十三年(1907 年)创办上德小学堂。1953 年改为百官镇中心小学。1992 年易名上虞市实验小学。2000 年迁现址。占地面积 2.32 万平方米，建筑面积 4.34 万平方米，有 68 个教学班。获浙江省文明单位等称号。校训：让儿童充满生活力。

浙江省春晖中学(Zhèjiāng Shěng Chūnhuī Zhōngxué)　省一级重点中学、省一级普通高中特色示范学校。在绍兴市上虞区春晖大道 88 号。清光绪三十四年(1908 年)创办春晖学堂。1956 年由私立转为公立，恢复高中部。1967 年改名继抗中学。1978 年复今名，迁现址。1985 年，停招初中生。占地面积 33 万多平方米，建筑面积 10 万多平方米，有 68 个教学班。为全国重点文物保护单位、省爱国主义教育基地。获全国教育系统先进集体等称号。校训：与时俱进。

新昌县南明小学(Xīnchāng Xiàn Nánmíng Xiǎoxué)　省示范小学。在绍兴市新昌县环城西路 55 号。清乾隆十六年(1751 年)创办，其前身为南明书院。1921 年改称县立南明高等小学校。1956 年改称新昌县城关镇第一小学。1982 年改称新昌城关镇南明小学。占地面积 1.53 万平方米，建筑面积 1.28 万平方米，有 44 个教学班。获全国中小学现代教育技术实验学校等称号。

浙江省新昌中学(Zhèjiāng Shěng Xīnchāng Zhōngxué)　省一级重点中学。在绍兴市新昌县新中路 195 号。1925 年创办新昌县立初级中学，校址附设于南明小学内。1946 年改称新昌县立中学。1953 年更今名。2000 年迁现址。占地面积 10.7 万平方米，建筑面积 7 万平方米，有 41 个教学班。获全国文明单位等称号。校训：不比阔气比志气，不比聪明比勤奋，不比基础比进步。

浙江省诸暨中学(Zhèjiāng Shěng Zhūjì Zhōngxué)　省一级重点中学、省一级普通高中特色示范学校。在诸暨市暨阳路 47 号。源头追溯至清乾隆二十六年(1761 年)创办的毓秀书院。1912 年创办诸暨县立中学校。1925 年改名诸暨县立初级中学。1970 年，红旗中学与诸暨中学合并，称今名。2006 年成立诸暨中学教育集团，下辖浙江省诸暨中学和诸暨中学暨阳分校 2 所普通高中。本部占地面积近 10 万平方米，建筑面积 7 万平方米，有 61 个教学班。获全国教育系统先进集体等称号。校训：执着，创造，协作。

嵊州中学(Shèngzhōu Zhōngxué)　省一级重点中学。在嵊州市双塔路 69 号，在北直街设初中部。清光绪三十一年(1905 年)始建。1995 年改今名。2002 年高中部迁双塔路，另行组建嵊州市第一中学。2011 年，初、高中部合并，复今名。占地面积 20.67 万平方米，建筑面积 11 万平方米，有 61 个教学班。获省现代教育技术实验学校等称号。校训：求是，创新，图强。

浙江师范大学附属中学(Zhèjiāng Shīfàn Dàxué Fùshǔ Zhōngxué)　省一级重点中学、省一级普通高中特色示范学校。在金华市婺城区丹光西路 518 号。1953 年创办。1954 年定名浙江省金华第二中学。1970 年改名为金华县第二中学。1978 年复名浙江金华第二中学。1985 年为浙江师范大学附属中学，又名浙江金华二中。占地面积 24.67 万平方米，建筑面积 10 多万平方米，有 65 个教学班。获省现代教育技术实验学校等称号。校训：博学，慎思，求真，崇德。

金华市汤溪高级中学(Jīnhuá Shì Tāngxī Gāojí Zhōngxué)　省一级重点中学。在金华市婺城区汤溪镇中山路 78 号。1941 年创办，初名汤溪县立简易师范学校。1944 年改名汤溪县立初级中学。1981 年称金华市汤溪中学。2002 年改今名。占地面积 14.22 万平方米，建筑面积 6.7 万平方米，有 50 个教学班。获团中央基层团建试点学校等称号。校训：求真知，做正人。

浙江金华第一中学(Zhèjiāng Jīnhuá Dì-yī Zhōngxué)　省一级重点中学、省一级普通高中特色示范学校。在金华市金东区光南路 1588 号。清光绪二十八年(1902 年)由丽正书院改建，称金华府中学堂。1912 年称浙江省立第七中学校。1953 年称浙江省金华第一中学，初中部归并金华二中。1998 年更今名。2004 年迁现址。占地面积 28.8 万平方米，建筑面积 12 万平方米，有 53 个教学班。获全国体育卫生工作先进单位等称号。校训：勤奋，严谨，朴实，进取。

艾青中学(Ài Qīng Zhōngxué)　省一级重点中学。在金华市金东区丹溪东路 1415 号。1951 年创办鞋塘中学。1952 年称金华县立中学。2001 年改今名。2004 年迁现址。占地面积 14.53 万平方米，建筑面积 5.2 万平方米，有 48 个教学班。获省现代教育技术实验学校等称号。校训：修德，启智，求真，创新。

浙江省武义第一中学(Zhèjiāng Shěng Wǔyì Dì-yī Zhōngxué)　省一级重点中学。在金华市武义县熟溪北路 88 号。1938 年创办。八迁校址，十三次易名。1972 年改今名。占地面积 12 万平方米，建筑面积 3.2 万多平方米，有 44 个教学班。获国家级外语实验学校等称号。校训：爱、勤、严、实。

浙江省浦江中学(Zhèjiāng Shěng Pǔjiāng Zhōngxué)　省一级重点中学，省一级普通高中特色示范学校。在金华市浦江县平七路 189 号。1939 年创办县立战时初中学生补习班。1954 年称浦江初级中学。1970 年称浦江第一中学。1971 年更今名。2006 年迁现址。占地面积 20 万平方米，建筑面积 9.5 万平方米，有 42 个教学班。获省现代教育技术实验学校等称号。校训：重德，尚学，求实，创新。

浦江县实验小学(Pǔjiāng Xiàn Shíyàn Xiǎoxué)　省示范小学。在金华市浦江县青年路 5 号。又名浦江县书画小学。1993 年创办。1994 年迁现址。占地面积 2.7 万平方米，建筑面积 1.6 万平方米，有 36 个教学班。获省现代教育技术实验学校等称号。校训：团结，奉献，科学，创新。

浙江省磐安中学(Zhèjiāng Shěng Pán'ān Zhōngxué)　省一级重点中学。在金华市磐安县育才路 36 号。1942 年创办磐安战时中学。1958 年首次招收高中班，改今名。1999 年迁现址。占地面积 10.67 万平方米，建筑面积 3.9 万平方米，有 36 个教学班。获省现代教育技术实验学校等称号。校训：美德点亮人生，智慧改变命运，勤奋创造幸福。

浙江省兰溪市第一中学(Zhèjiāng Shěng Lánxīshì Dì-yī Zhōngxué)　省一级重点中学。在兰溪市兰花路2号。1936年创办兰溪县立简易师范学校。1949年，私立担三、辅成中学合并为新民中学。1950年改名私立新兰中学。1956年改公立，称兰溪县第一中学。1958年，由县立简易师范学校改办的兰溪县初级中学并入。1962年更名浙江省兰溪中学。1972年复名浙江省兰溪县第一中学。1985年改今名。1999年迁现址。占地面积13.3万平方米，建筑面积4.1万平方米，有45个教学班。获省现代教育技术实验学校等称号。校训：崇德，崇真，崇新。

浙江省义乌中学(Zhèjiāng Shěng Yìwū Zhōngxué)　省一级重点中学、省一级普通高中特色示范学校。在义乌市南门街888号。1927年创办义乌县立初级中学。1952年更今名。2002年迁现址。占地面积31.2万平方米，建筑面积12.2万平方米，有45个教学班。获全国中小学现代教育技术实验学校等称号。校训：刻苦求实，励志创新。

义乌市第二中学(Yìwū Shì Dì-èr Zhōngxué)　省一级重点中学。在义乌市江东中路301号。1982年创办。1993年迁现址。2002年，原城东初中校园并入。占地面积7.1万平方米，建筑面积5.3万平方米，有40个教学班。获全国中小学现代教育技术实验学校等称号。校训：明德博学，格致笃行。

浙江省东阳中学(Zhèjiāng Shěng Dōngyáng Zhōngxué)　省一级重点中学。在东阳市学士北路1号。1912年创办，初名东阳县立中学校。1929年易名东阳县立中学。1955年更今名。2003年迁现址。占地面积26万平方米，建筑面积8万平方米，有48个教学班。获全国中小学现代教育技术实验学校等称号。校训：求实求真，惟善惟新。

浙江省永康市第一中学(Zhèjiāng Shěng Yǒngkāngshì Dì-yī Zhōngxué)　省一级重点中学。在永康市城南路100号。1912年创办永康县立中学校。1956年增设高中部，改称浙江省永康中学。1975年拆分为浙江省永康县第一中学和浙江省永康县第二中学。1992年改今名。1997年迁现址。占地面积13.69万平方米，建筑面积5.5万平方米，有43个教学班。获省现代教育技术实验学校等称号。校训：励志，勤奋，求实，进取。

浙江省衢州第二中学(Zhèjiāng Shěng Qúzhōu Dì-èr Zhōngxué)　省一级重点中学、省一级普通高中特色示范学校。在衢州市柯城区浮石路307号。1953年创立浙江省衢州新建中学。1954年改称浙江省衢州第二中学。1997年，初、高中分离办学，停招初中新生。占地面积20.67万平方米，建筑面积16.7万平方米，有60个教学班。获全国文明单位等称号。校训：务实求真。

浙江省衢州第一中学(Zhèjiāng Shěng Qúzhōu Dì-yī Zhōngxué)　省一级重点中学。在衢州市柯城区九华路399号。清光绪二十八年(1902年)创立衢郡中学堂。1912年改称浙江省第八中学校。1933年名为浙江省立衢州初级中学。1937年增设高中部，改名浙江省立衢州中学。1954年改今名。2001年初中部分出。2003年迁现址。占地面积16万平方米，建筑面积7.6万平方米，有52个教学班。获省百年名校等称号。校训：敦品励学。

浙江省龙游中学(Zhèjiāng Shěng Lóngyóu Zhōngxué)　省一级重点中学。在衢州市龙游县东华街道学士路288号。1939年创办龙游战时中学生补习学校。1954年更名浙江省龙游初级中学。1956年增设高中部，更今名。1981年称浙江省衢州市龙游中学。1984年复今名。占地面积10.73万平方米，建筑面积4.5万平方米，有50个教学班。获省现代教育技术实验学校等称号。校训：求实。

浙江省江山中学（Zhèjiāng Shěng Jiāngshān Zhōngxué）　省一级重点中学、省一级普通高中特色示范学校。在江山市凝秀中路 2 号。1938 年创建江山县初中学生补习学校。1955 年更今名。1969 年与江山一中合并，称城关中学。1978 年分设江山一中，复今名。2004 年迁现址。占地面积 22.93 万平方米，建筑面积 7.8 万平方米，有 50 个教学班。获省现代教育技术实验学校等称号。校训：团结，进取，勤勉，求实。

江山市中山小学（Jiāngshān Shì Zhōngshān Xiǎoxué）　省示范性小学。在江山市江城北路 7 号。1912 年始办江山县城区第一国民学校。1950 年更名中山路小学。1968 年改称城关镇第三小学。2005 年更今名，次年迁现址。占地面积 2.51 万平方米，建筑面积 1.5 万多平方米，有教学班 48 个。获全国红旗大队等称号。校训：相信自己行，努力求成功。

浙江省定海第一中学（Zhèjiāng Shěng Dìnghǎi Dì-yī Zhōngxué）　省一级重点中学。在舟山市定海区昌国路 103 号。1956 年创办定海县民办东海初级中学。1972 年更名定海中学。1978 年称定海县第一中学。1999 年迁现址。占地面积 3.3 万平方米，建筑面积 3 万平方米，有 25 个教学班。获省现代教育技术学校等称号。校训：忠信崇德，砺学图强。

舟山小学（Zhōushān Xiǎoxué）　在舟山市定海区人民北路 218 号。1922 年创办私立定海公学附属小学部。1957 年改称定海师范学校附属小学。1999 年迁现址。2002 年改今名。占地面积 1 万平方米，建筑面积 0.58 万平方米。获省现代教育技术实验学校等称号。校训：平等，尊重，服务。

定海小学（Dìnghǎi Xiǎoxué）　在舟山市定海区昌东新村 33 号。1912 年创建定海县立女子小学校。1950 年更名城衙镇第一小学。1980 年，朝阳小学并入。1997 年迁今址。1998 年定今名。占地面积 1.14 万平方米，建筑面积 0.69 万平方米，有 28 个教学班。获全国现代教育实验学校等称号。校训：团结，活泼，奋发，向上。

浙江省舟山中学（Zhèjiāng Shěng Zhōushān Zhōngxué）　省重点中学、省一级普通高中特色示范学校。在舟山市定沈路 285 号。1921 年创办定海公学。1952 年与定海县立中学合并建立定海县中学。1962 年定今名。2012 年迁现址。占地面积 17.53 万平方米，建筑面积 8.49 万平方米，有 42 个教学班。获全国精神文明建设工作先进单位等称号。校训：博爱。

普陀中学（Pǔtuó Zhōngxué）　省重点中学、省一级普通高中特色示范学校。在舟山市普陀区文康街 7 号。1949 年创办。1956 年更名浙江省普陀第一初级中学。1958 年设高中预备班，更名普陀第一中学。1962 年更今名。1998 年析出初中部，迁址东港街道灵秀街。2010 年迁现址。占地面积 11.51 万平方米，建筑面积 5.78 万平方米，有 34 个教学班。获省现代教育技术实验学校等称号。校训：励志，求实，创特。

浙江省岱山中学（Zhèjiāng Shěng Dàishān Zhōngxué）　省一级重点中学。在舟山市岱山县育才路 98 号。1956 年创办岱山县第一初级中学。1958 年改今名。1959 年易名为舟山县第三中学。1962 年复今名。1990 年初高中分流。占地面积近 6.67 万平方米，建筑面积 3.11 万平方米，有 24 个教学班。获全国群众体育先进单位等称号。校训：爱、勤、严、实。

台州市第一中学（Tāizhōu Shì Dì-yī Zhōngxué）　省一级重点中学、省一级普通高中特色示范学校。在台州市椒江区枫南东路 388 号。1924 年创办海门慈幼院小学。1949 年成立台州中学海门分部。1982 年更名为椒江市第一中学。2002 年迁现址。2005 年更今名。占地面积 16.8 万平方米，建筑面积 10.15 万平方米，有 55 个教学班。获全国学校体育卫生先进单位等称号。校训：乐观，善学，修身，求真。

椒江区人民小学(Jiāojiāng Qū Rénmín Xiǎoxué)　在台州市椒江区人民路 278 号。清光绪二十九年(1903 年)创办海门文化小学堂，三十三年改希鲁小学堂。后几经更名，于 2008 年改今名。占地面积 3.7 万平方米，建筑面积 8 万平方米，有 36 个教学班。获全国青少年足球特色学校等称号。校训：乐学，健美，智慧，高尚。

黄岩区实验小学(Huángyán Qū Shíyàn Xiǎoxué)　在台州市黄岩区九峰路 14 号。1981 年创办黄岩师范学校附属小学。1985 年改今名。2011 年与新东方外国语小学、天长小学合并，迁现址。占地面积 4.06 万平方米，建筑面积 1.7 万平方米，有 61 个教学班。获全国青年少年科普创新示范学校等称号。校训：每一天，我都不虚度。

台州市黄岩中学(Tāizhōu Shì Huángyán Zhōngxué)　省一级重点中学。在台州市黄岩区西城街道罗家汇村。清乾隆五十四年(1789 年)创建萃华书院。清同治六年(1867 年)更名为清献书院。1939 年称黄岩县立中学。1952 年称黄岩中学。1972 年改今名。2008 年迁现址。占地面积 20.3 万平方米，建筑面积 9.5 万平方米，有 85 个教学班。获省文明示范学校等称号。校训：格致，崇文，厚德，笃行。

台州市路桥中学(Tāizhōu Shì Lùqiáo Zhōngxué)　省一级重点中学。在台州市路桥区银安街 99 号。1944 年创办黄岩县私立路桥初级中学。1949 年易名为黄岩县路桥中学。1956 年改称黄岩县第二中学。1994 年更今名。占地面积 15 万平方米，建筑面积 10.69 万平方米，有 52 个教学班。获省现代教育技术实验学校等称号。校训：刻苦求实。

玉环县环山小学(Yùhuán Xiàn Huánshān Xiǎoxué)　在台州市玉环县广陵路 35 号。前身为清雍正六年(1728 年)创设的义学，乾隆四年(1739 年)改名环山书院，光绪二十八年(1902 年)改为环山中西学堂。1991 年改今名。占地面积 1.4 万平方米，建筑面积 0.61 万平方米，有 52 个教学班。获省现代教育技术实验学校等称号。校训：学尚儒，行安雅。

玉环县楚门中学(Yùhuán Xiàn Chǔmén Zhōngxué)　省一级重点中学。在台州市玉环县楚门镇南兴东路 129 号。1946 年创建玉环县立初级中学。1958 年改称玉环县第一中学。1959 年更今名。占地面积 12.4 万平方米，建筑面积 5.51 万平方米，有 41 个教学班。获省现代教育技术实验学校等称号。校训：厚德，博学，强身。

浙江省三门中学(Zhèjiāng Shěng Sānmén Zhōngxué)　省一级重点中学。在台州市三门县文化路 301 号。1938 年创建私立侨光中学宁海分校。1956 年增设高中部，称今名。占地面积 29.39 万平方米，建筑面积 7.36 万平方米，有 45 个教学班。获全国精神文明建设先进单位等称号。校训：广德广学，润身润心。

三门县实验小学(Sānmén Xiàn Shíyàn Xiǎoxué)　在台州市三门县上洋路 41 号。清光绪二十九年(1903 年)改龙山书院为宁海县海游小学堂。1919 年易名海游小学校。1949 年更名为三门县县立海游小学。1986 年改今名。2006 年创办新校区三门县外国语小学。占地面积约 0.77 万平方米，建筑面积 3.1 万平方米，校舍建筑面积 0.9 万平方米，有 46 个教学班。获全国优秀家长学校等称号。校训：团结，活泼，求实，创新，自爱，互爱，大爱。

天台小学(Tiāntāi Xiǎoxué)　在台州市天台县工人东路 288 号。1912 年创办县模范小学。1934 年改称为天台县第一学区区立城一小学。1941 年改名天台县城东镇中心国民学校。1950 年更名为天台县立城东小学,下辖 7 所小学。1968 年更名为天台县城东小学。1972 年改称天台县城关镇第一小学。后几经更名,于 2003 年更今名,又称天台县赤城街道中心小学。2006 年迁现址。占地面积 2.8 万平方米,建筑面积 2.7 万平方米,有 59 个教学班。获全国特色语文示范校等称号。校训:智、仁、勇。

浙江省天台中学(Zhèjiāng Shěng Tiāntāi Zhōngxué)　省一级重点中学、省一级普通高中特色示范学校。在台州市天台县英才路 1 号。清光绪三十二年(1906 年)创办天台中学堂。1939 年称天台县立中学。1953 年改今名。后几经拆并,于 1992 年析出初中部,并将高中部复今名。占地面积 23.73 万平方米,建筑面积 11 万平方米,有 58 个教学班。获省现代化教育技术实验学校等称号。校训:严谨好学,求实创新。

浙江省仙居中学(Zhèjiāng Shěng Xiānjū Zhōngxué)　省一级重点中学。在台州市仙居县仙中路 27 号。1925 年创建仙居县立初级中学。1949 年更名为仙居县立师范学校。1956 年增设高中部,定名仙居中学。1981 年称今名。占地面积 12.43 万平方米,建筑面积 7.19 万平方米,有 54 个教学班。获国家外语实验学校等称号。校训:勤奋,严谨,求实,进取。

仙居县安洲小学(Xiānjū Xiàn Ānzhōu Xiǎoxué)　在台州市仙居县永安街 131 号。清光绪三十年(1904 年)由安洲书院改为官立安洲高等小学堂。1931 年,县立英秀女子小学并入。1949 年称仙居县立安洲小学。1989 年称今名。占地面积 0.6 万平方米,建筑面积 1.08 万平方米,有 57 个教学班。获省百年名校等称号。校训:居安思进。

浙江省温岭中学(Zhèjiāng Shěng Wēnlǐng Zhōngxué)　省一级重点中学、省一级普通高中特色示范学校。在温岭市万泉东路 1 号。清道光二十七年(1847 年)创办宗文书院。1912 年称宗文高等小学校。1941 年名温岭县立中学。1956 年更名浙江省温岭县第一中学。1959 年更今名。占地面积 15.5 万平方米,建筑面积近 14 万平方米,有 78 个教学班。获教育部研究性学习样本学校等称号。校训:严谨,求是,勤奋,进取。

温岭市新河中学(Wēnlǐng Shì Xīnhé Zhōngxué)　省一级重点中学。在温岭市新河镇文笔路 1 号。1917 年创办长峰书院。1959 年更名为温岭县新河中学。1994 年改今名。有东、西 2 个校区,占地面积 16 万平方米,建筑面积 7 万余平方米,有 61 个教学班。获全国德育工作先进集体、全国青少年体育工作先进集体等称号。校训:从严求实。

浙江省台州中学(Zhèjiāng Shěng Tāizhōu Zhōngxué)　省一级重点中学、省一级普通高中特色示范学校。在临海市双林南路 220 号。清同治六年(1867 年)创建广文书院。1937 年更名浙江省立台州中学。1956 年称临海第一中学。1985 年复今名。占地面积 24.9 万平方米,建筑面积 10 万平方米,有 60 个教学班。获全国现代教育技术实验学校等称号。校训:求真,务实,敬业,乐群。

浙江省回浦中学(Zhèjiāng Shěng Huípǔ Zhōngxué)　省一级重点中学。在临海市回浦路 1 号。1912 年创建,初名临海私立高等小学校。1913 年更名为私立回浦高等小学校。1956 年称临海第二中学。1985 年复今名。1999 年实行初、高中分离办学。2003 年成立回浦教育集团。占地面积 20.4 万平方米,建筑面积 8.8 万平方米,有 71 个教学班。获国家级体育传统项目学校等称号。校训:信、爱、勤、勇。

浙江省丽水中学(Zhèjiāng Shěng Líshuǐ Zhōngxué)　省一级重点中学。在丽水市莲都区寿尔福北路1号。清光绪二十八年(1902年)创办崇正学堂。1933年称省立处州初级中学。1938年称省立处州中学,始设高中部。1954年更名为浙江省处州中学。1956年改今名。占地面积13.33万平方米,建筑面积约7.61万平方米,有58个教学班。获省教科研先进单位等称号。校训:崇正,尚智,图强。

莲都区囿山小学(Liándū Qū Yòushān Xiǎoxué)　在丽水市莲都区囿山路47号。清光绪三十一年(1905年)创办崇实初等高等小学堂。1942年改名丽水县莲城镇囿山中心国民学校。1978年复名囿山小学。2000年改称莲都区囿山小学。设囿山、峰源2个校区,占地面积约1.7万平方米,建筑面积0.87万平方米,有42个教学班。获全国读书教育活动先进集体等称号。校训:崇德尚实。

浙江省青田中学(Zhèjiāng Shěng Qīngtián Zhōngxué)　省一级重点中学、省一级普通高中特色示范学校。在丽水市青田县雅岙村312号。1939年创办青田县芝田战时初中学生补习学校。1977年改称浙江省青田县中学。2002年迁现址。占地面积13.33万平方米,建筑面积6.16万平方米,有42个教学班。获省现代技术教育实验学校等称号。校训:大气开放,多元发展。

缙云中学(Jìnyún Zhōngxué)　省一级重点中学。在丽水市缙云县缙中路18号。清光绪三十二年(1906年)创办,前身为五云学堂。1929年称私立仙都初级中学。1949年改名缙云县五云镇中心国民学校。1950年更名缙云县立中学。1953年改今名。1999年高中部与初中部分离,高中部迁现址。占地面积14.33万平方米,建筑面积8万平方米,有56个教学班。获全国现代教育技术实验学校等称号。校训:敬业,勤学,求真,务实。

松阳县第一中学(Sōngyáng Xiàn Dì-yī Zhōngxué)　省一级重点中学。在丽水市松阳县育英路80号。1926年创办,前身为松阳县立初级中学。1952年更名松阳县第一初级中学。1956年增设高中,改称松阳中学。1982年改今名。占地面积14.55万平方米,建筑面积4万余平方米,有46个教学班。获省教育科研先进单位等称号。校训:静思做真人,勤思求学问,勇思图创新。

浙江省云和中学(Zhèjiāng Shěng Yúnhé Zhōngxué)　省一级重点中学。在丽水市云和县南门路。1938年创建云和简易师范学校。1948年附设初中班。1950年定名云和县初级中学。1958年改今名,始设高中部。1999年成为完全高中。占地面积8.38万平方米,建筑面积3.28万平方米,有36个教学班。获省现代教育技术实验学校等称号。校训:阳光,进取,协作,创新。

浙江省庆元中学(Zhèjiāng Shěng Qìngyuán Zhōngxué)　省一级重点中学。在丽水市庆元县濛洲街218号。前身是1942年创建的庆元县立简易师范学校,1949年改建为庆元县立初级中学。1958年改今名。1972年称龙泉县庆元中学。1975年复今名。占地面积8.89万平方米,建筑面积4.2万平方米,有36个教学班。获省现代技术教育实验学校等称号。校训:团结,求实,刻苦,创新。

庆元县实验小学(Qìngyuán Xiàn Shíyàn Xiǎoxué)　省示范性小学。在丽水市庆元县上仓巷39号。清光绪三十三年(1907年)由松源书院改设官立高初两等小学堂。1949年由庆元县立简易师范学校附小改建为县实验小学。1978年称庆元县中心小学。1992年更今名。占地面积1.96万平方米,建筑面积0.79万平方米,有30个教学班。获省教育科研先进集体等称号。校训:尚雅,崇真,励学,笃行。

龙泉市实验小学(Lóngquán Shì Shíyàn Xiǎoxué)　在龙泉市苍松路 33 号。清乾隆三十二年(1767 年)创办金鳌书院。光绪三十一年(1905 年)称官立剑川高等小学堂。后三易校址,13 次更名,于 1992 年更今名。2004 年迁现址。占地面积 3.6 万平方米,建筑面积 1.35 万平方米,有 60 个教学班。获省百年名校等称号。校训:勤学,乐学,善学。

第三节　文化设施名称

浙江展览馆(Zhèjiāng Zhǎnlǎnguǎn)　省级文物保护单位。在杭州市下城区环城北路 49 号。1968 年始建,原名毛泽东思想胜利万岁展览馆,又称红太阳展览馆。1977 年更今名。占地面积 3 万平方米,建筑面积 2 万多平方米。一楼有高 8 米、面积 455 平方米的序厅;三楼有高 12 米、面积 838 平方米、可容纳 500 多人的中央大厅,具备同声传译功能。另有贵宾室、藏画室、公共休闲区等多种配套设施。

浙江省科技馆(Zhèjiāng Shěng Kējìguǎn)　省级综合性科技场馆。在杭州市下城区西湖文化广场 2 号。1991 年对外开放。2009 年,新馆开馆。占地面积 0.63 万平方米,建筑面积 3.05 万平方米。整体建筑以西南角巨型球体为标志。一至三层设宇宙遨游、地球探秘等常设展区,四至五层设科普报告厅、学术交流厅等公共科普设施。为全国科普教育基地、全国青少年科技教育基地。

浙江省博物馆(Zhèjiāng Shěng Bówùguǎn)　国家一级博物馆。在杭州市西湖区孤山路 25 号。1929 年创建浙江省西湖博物馆。1930 年更名浙江省立西湖博物馆。1953 年更今名。2009 年,武林馆区建成。设孤山、武林 2 个馆区,有文澜阁、沙孟海旧居、黄宾虹纪念室、浙江西湖美术馆等馆(室)。孤山馆区占地面积 2.51 万平方米,建筑面积 1.42 万平方米。武林馆区占地面积 2 万余平方米,建筑面积 0.74 万平方米,设历史文物馆、青瓷馆、书画馆、钱币馆、吕霞光艺术馆、常书鸿美术馆、明清家具馆等 10 个展馆。省内规模最大的综合性人文科学博物馆。馆藏文物及标本 10 万余件,并有河姆渡文化遗物、良渚文化玉器、越文化遗存、越窑和龙泉窑青瓷、五代两宋佛教文物、历代书画和金石拓本、历代漆器等珍贵历史文物。

杭州大剧院(Hángzhōu Dàjùyuàn)　在杭州市江干区新业路 39 号。2004 年建成。占地面积近 10 万平方米,建筑面积 5.5 万平方米。由歌剧院、音乐厅、可变剧场、下沉式露天剧场 4 个场馆及室外文化广场组成。其中,歌剧院有 1 511 座位,音乐厅有 614 个座位。承接了美国百老汇音乐剧《音乐之声》、首届世界佛教论坛大型歌舞晚会《和平颂》、美国费城交响乐团访华 40 周年纪念音乐会等国际、国内优秀剧目。

浙江图书馆(Zhèjiāng Túshūguǎn)　国家一级图书馆。在杭州市西湖区曙光路 73 号。清光绪二十六年(1900 年)创建杭州藏书楼。清宣统元年(1909 年),浙江官书局并入,称今名。1953 年复今名。1998 年,曙光路馆舍总馆开放。2008 年增挂"浙江省古籍保护中心"牌子。现有馆舍 5 处,以曙光路馆区为总馆,另有孤山路馆区、大学路馆区、嘉业藏书楼及德清书库馆区。馆舍占地面积 4.7 万平方米,总建筑面积 5.51 万平方米。在全省各地设有 17 个分馆、9 个流通站。馆藏文献 700 余万册(件),以珍贵古籍丰富、地方文献齐全为特色。实行全年免费开放,设阅览座位 1 800

个。为国内创办最早的省级公共图书馆之一。第一批全国古籍重点保护单位。

杭州市青少年活动中心(Hángzhōu Shì Qīngshàonián Huódòngzhōngxīn)　大型综合性青少年校外活动场所。在杭州市西湖区昭庆寺里街22号。1958年成立。1963年迁现址。本部占地面积5.5万平方米,建筑面积3万平方米,室外活动场所面积4.14万平方米。另管辖杭州市青少年发展中心、杭州金成青少年活动中心、杭州青少年文化创意培训中心等场所。获全国首批一级一类优秀校外教育机构、全国青少年校外活动示范基地等称号。

中国丝绸博物馆(Zhōngguó Sīchóu Bówùguǎn)　在杭州市西湖区玉皇山路731号。1992年对外开放。占地面积5万平方米,建筑面积0.8万平方米,陈列面积0.3万平方米。展示中国5 000年的丝绸历史及文化,其基本陈列包括序厅、历史文物厅、蚕丝厅、染织厅、现代成就厅五部分。藏有出土于丝绸之路沿途的汉唐织物、北方草原的辽金实物、江南地区的宋代服饰、明清时期的官机产品、近代旗袍和像景织物等历史文物。全国性丝绸专业博物馆,世界上最大的丝绸博物馆。

中国茶叶博物馆(Zhōngguó Cháyè Bówùguǎn)　在杭州市西湖区龙井路88号设双峰馆区,在杭州市西湖区翁家山268号设龙井馆区。双峰馆区1991年开放,占地面积4.7万平方米。龙井馆区占地面积7.7万平方米(2014年尚未对外开放)。总建筑面积约1.3万平方米。有茶史、茶萃、茶事、茶具、茶俗、紫砂等展厅。以茶和茶文化为主题的国家级专题博物馆。

宁波市青少年宫(Níngbō Shì Qīngshàoniángōng)　在宁波市海曙区柳汀街191号。1953年始建。2004年成立江东鄞州分部。占地面积0.64万平方米,建筑面积1.4万平方米。宁波市主要的公益性青少年综合性校外教育机构、市爱国主义教育基地、市学生课外教育基地。获全国先进青少年宫称号。

宁波市图书馆(Níngbō Shì Túshūguǎn)　在宁波市海曙区永丰路135号。1927年创建。1988年迁址永丰馆。占地面积0.84万平方米,建筑面积1.14万平方米。有图书外借室、少儿借阅室、报刊阅览室、古籍地方文献阅览室等10余个服务窗口。藏书总量188.7万册(件)。

宁波文化广场(Níngbō Wénhuà Guǎngchǎng)　在宁波市鄞州区中山东路1999号。2013年建成。占地面积15.83万平方米,建筑面积32万平方米。主要有大剧院、科技馆等建筑。集影视艺术、综合演艺、科普展示、儿童娱乐、群艺表演、教育培训、体艺健身、文化会所、艺术沙龙等功能于一体的综合性文化广场。

宁波美术馆(Níngbō Měishùguǎn)　在宁波市江北区人民路122号。2005年正式开放。占地面积1.58万平方米,建筑面积2.31万平方米。由主楼、上台广场、咖啡馆、地下车库、码头等部分组成。有11个展厅。另设有学术报告厅、多媒体演示厅、艺术家创作室、艺术资料库、艺术沙龙、培训中心、画廊等设施。集收藏保管、陈列展览、学术研究、内外交流、艺术创作的综合性美术馆。

宁波大剧院(Níngbō Dàjùyuàn)　在宁波市江北区大闸路1号。2001年建成。占地面积13.6万平方米,建筑面积约5.2万平方米。设有1 500座大剧场和800座多功能剧场各一个。承办了世界"宁波帮"大会、宁波国际服装节、第九届中国戏剧节、百老汇经典音乐剧《音乐之声》等大型活动(演出)。时为宁波市历史上单体文化设施投资最大的项目。

中国港口博物馆(Zhōngguó Gǎngkǒu Bówùguǎn)　在宁波市北仑区港博路6号。2014年建成开馆。占地面积约5.2万平方米,建筑面积约4.1万平方米。有"港通天下"中国港口历史陈列、"创新之路"现代港口知识陈列、"水下考古在中国"专题陈列、港口科学探索馆等展厅。以港口文化为主题，集展示、教育、收藏、科研、旅游、国际交流等功能于一体的大型港口专题博物馆。

宁波博物馆（Níngbō Bówùguǎn）　国家一级博物馆。在宁波市鄞州区首南中路1000号。2008年对外开放。占地面积15万平方米，建筑面积3万平方米。由主题陈列、专题陈列和临时展览三部分组成。展厅总面积0.8万平方米，一楼设面积0.26万平方米的临时展厅，二至三楼为面积0.54万平方米的常设展厅。有青铜器、瓷器、竹刻、玉器、书画、金银器、民俗等文物6万余件。以展示宁波人文、历史和艺术为主，具地域特色的综合性博物馆。

温州市文化馆（Wēnzhōu Shì Wénhuàguǎn）　国家一级文化馆。在温州市鹿城区车站大道627号。1952年由温州市人民文化馆改今名。2006年与温州市展览馆合并，增挂温州市展览馆牌子。2008年增设温州市非物质文化遗产保护中心。2011年复今名。建筑面积1万平方米。内有展厅、多功能厅、排练厅、活动室、画廊、陈列厅、录音棚、阶梯教室、报告厅等。

嘉兴市图书馆（Jiāxīng Shì Túshūguǎn）　在嘉兴市海盐塘路339号。清光绪三十年(1904年)始建。2003年迁现址。海盐塘路总馆占地面积2.67万平方米，建筑面积1.5万平方米。少年路分馆占地面积0.64万平方米，建筑面积0.6万余平方米。藏书140万余册(件)，其中古籍10万余册、善本1.2万余册。

嘉兴大剧院（Jiāxīng Dàjùyuàn）　在嘉兴市南湖大道1号。2003年建成并投入使用。占地面积近4.87万平方米，建筑面积2.8万平方米。有大剧场、多功能小剧场、电影厅、排练厅和其他配套服务用房。观众厅设有座位1 406座。多功能小剧场有座位669座。大型文化娱乐场所，承办了第七届中国艺术节、第23届中国电影金鸡奖颁奖典礼等活动。

嘉兴市科技馆（Jiāxīng Shì Kējìguǎn）　在嘉兴市秀洲区友谊街489号。1997年对外开放。占地面积近1万平方米，建筑面积0.7万平方米。有常设展厅、科技报告厅、3D影院、科技活动室等设施。获全国科普教育基地、全国防震减灾科普教育基地等称号。

湖州图书馆（Húzhōu Túshūguǎn）　在湖州市吴兴区龙王山路728号。2004年开工，2006年对外开放。占地面积2.67万平方米，建筑面积1.54万平方米。设有报告厅、展示厅、培训室、自修室等场所。有1 300个阅览座位。有文献100余万册(件)。综合性公共图书馆，获全国文化先进单位、全国文明图书馆、全国青年文明号等称号。

湖州大剧院（Húzhōu Dàjùyuàn）　在湖州市仁皇山路777号。2008年建成并投入使用。占地面积4.5万平方米，建筑面积1.9万平方米。设有主剧场、观众厅、多功能厅等场所。主剧场舞台面积0.24万平方米。观众厅分三层，固定座位1 349座，其中池座744座。湖州市标志性文化设施之一，能接纳歌剧、舞剧、话剧、音乐剧、交响乐、戏曲等各类演出活动。

绍兴市文化馆（Shàoxīng Shì Wénhuàguǎn）　国家一级文化馆。在绍兴市越城区洋江西路530号。1979年成立。2011年改今名。2014年迁现址。占地面积5.17万平方米，建筑面积2.04万平方米。场馆建筑布局分四层。内设表演艺术部、视觉艺术部、书画名人馆、非遗传承保护部、非遗展览部等部门。

绍兴科技馆（Shàoxīng Kējìguǎn）　在绍兴市越城区洋江西路528号。占地面积4.17万平方米，建筑面积3.1万平方米。设常设展厅、公共展区、临时展厅、科普影院区等场所。以科普展览、科技教育、科学实践、学术交流和科技展示为主要功能，以服务青少年为重点的科普教育基地。

绍兴图书馆（Shàoxīng Túshūguǎn）　在绍兴市越城区洋江西路530号。清光绪二十八年

(1902年)创建古越藏书楼，被认为中国最早的近代公共图书馆。1958年成立鲁迅图书馆。2014年搬现址。由文化中心新馆、延安路历史文献馆和古越藏书楼组成。占地面积1.3万平方米，建筑面积4.6万平方米。文化中心馆设计藏书量150万册(件)，阅览座位1 200余个，可同时容纳4 100人借阅，设置办证、咨询处，少儿、幼儿借阅区，成人借阅区，报告厅，专题阅读区，报刊阅览区，数字阅读区和展览厅等功能区域。历史文献馆下设绍兴市地方文献保护中心和绍兴市古籍保护中心，阅览座位近200个，藏有图书22万余册。古越藏书楼可提供图书报刊的阅览服务。全国古籍重点保护单位。

金华市青少年宫(Jīnhuá Shì Qīngshàoniángōng)　在金华市婺城区双溪西路116号。1987年创建。占地面积2.25万平方米，建筑面积1.15万平方米。集德育、教育培训、阵地活动、休闲、娱(游)乐于一体的综合性校外教育机构。

中国婺剧院(Zhōngguó Wùjùyuàn)　在金华市婺城区燕尾洲路208号。1960年始建。2013年迁现址。占地面积4.3万平方米，建筑面积3.1万平方米。由大剧场、辅助用房及办公用房等组成。大剧场座位数共计1 495座。内设婺剧博物馆，展示戏曲脸谱、婺剧音像资料、新老剧照等与婺剧有关的物件和历史遗存。

衢州市图书馆(Qúzhōu Shì Túshūguǎn)　在衢州柯城区新桥街159号。1930年始建。现馆舍1993年建成，1994年对外开放。占地面积0.3万平方米，建筑面积约0.26万平方米。藏有各类文献资料50余万册。

衢州市博物馆(Qúzhōu Shì Bówùguǎn)　在衢州市柯城区新桥街98号。1985年成立。2004年新馆建成开放。占地面积约1万平方米，建筑面积0.94平方米。由广场、主体建筑、附房三部分组成。馆藏文物近3万件。有新属新种蜥蜴类恐龙骨骼化石——“礼贤江山龙”、新石器时代至民国时期的石器、陶瓷器等藏品。浙江省古籍重点保护单位。

衢州市青少年宫(Qúzhōu Shì Qīngshàoniángōng)　在衢州柯城区衢江南路158号。2006年投入使用。占地面积约1.67万平方米，建筑面积约1.8万平方米。由活动培训楼、学前教育楼、科技综合楼、少儿演艺厅、艺术长廊等组成。青少年校外文化教育活动场所，获省校外教育先进集体等称号。

舟山市艺术剧院(Zhōushān Shì Yìshù Jùyuàn)　在舟山市定海区解放东路文化广场28号。1957年始建。2005年新剧院建成。2009年与舟山越剧团重组并改今名。占地面积2.25万平方米，建筑面积1.79万平方米。观众厅座位766个，舞台宽14.5米、深18米、高9米，配有40平方米升降乐池。另设演歌厅、报告厅、贵宾厅、会议室、休息吧、展示走廊、共享大厅等活动场所。2014年剧院在职演职人员76人，演出125场，接待观众6万人次。

舟山市图书馆(Zhōushān Shì Túshūguǎn)　在舟山市定海区海天大道610号。2012年新馆开放。占地面积0.28万平方米，建筑面积1.1万平方米。开架借阅图书约22万册。设1 000多个阅览座位，日接待能力3 000人以上。以海浪冲击礁石产生裂缝为馆貌造型。

舟山博物馆(Zhōushān Bówùguǎn)　在舟山市定海区海天大道610号。1986年以祖印寺作馆舍开馆。2000年迁址环城南路。2014年底海天大道新馆试运行。新馆占地面积0.33万平方米，建筑面积1.32万平方米。陈列展览总面积6 120平方米，有自然陈列、民俗陈列、历史陈列等展厅。有犀牛角荷叶螭虎杯、明清书画、宁式家具、古菱齿象化石等特色藏品。

台州市图书馆(Tāizhōu Shì Túshūguǎn) 在台州市椒江区和谐路168号。2010年开始分步开放。占地面积1.33万平方米,建筑面积2.1万平方米。设有普通文献借阅室、少儿借阅室、亲子图书馆、地方文献阅览室、无障碍图书馆等场所。藏书40多万册。

台州市文化馆(Tāizhōu Shì Wénhuàguǎn) 在台州市椒江区广场中路58号。1979年设立。2006年迁现址。占地面积1.36万平方米,建筑面积1.69万平方米。公共空间场地0.9万平方米,有排练厅、书画室、传习室、雕塑室、音乐室、多功能厅、展厅、剧场等。公共空间场地、设施和公共文化服务项目免费开放。

国华珠算博物馆(Guóhuá Zhūsuàn Bówùguǎn) 以珠算收藏、展示、研究和设计为一体的专业博物馆。在临海市深甫西路117号。1993年开馆。占地面积0.23万平方米,建筑面积0.16万平方米。陈列古今中外算盘、算具1 300余种,珠算史料1 000余件。有全国珠算活动、国际和海峡两岸交流纪实照片、获奖成果等资料。获省科普教育基地等称号。

第四节 医疗单位名称

浙江大学医学院附属妇产科医院(Zhèjiāng Dàxué Yīxuéyuàn Fùshǔ Fùchǎnkē Yīyuàn) 三级甲等妇产科医院。在杭州市上城区学士路1号。1951年成立浙江省立妇幼保健院。1999年改称浙江大学医学院附属妇产科医院,加挂浙江省妇女保健院、浙江省妇女医院牌子。占地面积1.37万平方米,建筑面积3.86万平方米。核定床位1 120张。设妇科、妇科肿瘤科、产科、新生儿科等科室。有妇产科学硕士、博士学位授予点和博士后科研流动站。省妇产科医疗、教学、科研及计划生育、妇女保健工作的指导中心。

杭州市第一人民医院(Hángzhōu Shì Dì-yī Rénmín Yīyuàn) 三级甲等综合医院。在杭州市上城区浣纱路261号。1923年创建。占地面积2万平方米,建筑面积8.5万平方米。核定床位1 200张。有省中西医结合分子肿瘤重点实验室、省医学科学院肺癌研究所、市转化医学研究中心、市肿瘤研究所等科研机构。注重恶性肿瘤多学科治疗、心脑血管疾病诊治、危重孕产妇救治、健康管理等学科群建设。承担杭州市肿瘤、产科、骨科、重症医学、急诊、放射、超声、病理、检验、药事等质控中心的建设工作。为浙江大学医学院附属杭州市第一人民医院、浙江中医药大学第四临床医学院、杭州市消化病医院。

浙江大学医学院附属第一医院(Zhèjiāng Dàxué Yīxuéyuàn Fùshǔ Dì-yī Yīyuàn) 三级甲等综合医院。在杭州市上城区庆春路79号。1947年创建。庆春院区占地面积5.07万平方米,建筑面积17.90万平方米,核定床位2 500张。设肾脏病中心、消化内科、心内科、呼吸内科、肿瘤内科等科室。以器官移植、胰腺疾病、传染病、血液病、肾脏病、泌尿系疾病等学科见长。为省医疗、教学、科研指导中心。获国家药品临床研究基地等称号。

浙江大学医学院附属第二医院(Zhèjiāng Dàxué Yīxuéyuàn Fùshǔ Dì-èr Yīyuàn) 三级甲等综合医院。在杭州市上城区解放路88号。简称"浙大二院"。清同治八年(1869年)创建。有解放路、滨江2个院区,占地面积12.4万平方米,建筑面积25.8万平方米。核定床位2 200张。有神经内科、呼吸内科、肿瘤内科、神经外科、眼科中心等国家临床重点专科。设有省心血管病诊治重点实验室、省心血管介入诊疗质量控制中心。有医学硕士、博士学位授予点。获国家食品药品监督管理局药物临床试验机构等称号。

浙江大学医学院附属儿童医院(Zhèjiāng Dàxué Yīxuéyuàn Fùshǔ Értóng Yīyuàn)　三级甲等儿童医院。在杭州市竹竿巷57号。又名浙江省儿童医院、浙江省儿童保健院。1951年成立浙江省立妇幼保健院。1998年更今名。设湖滨、滨江2个院区，占地面积8万平方米，建筑面积20.05万平方米。核定床位1 900张。以儿科学、儿科重症、新生儿、小儿消化、小儿呼吸等专业见长。有儿科学硕士、博士学位授予点和博士后流动站。为国家级儿童早期发展示范基地、省新生儿疾病防治中心、省小儿心血管疾病防治中心等，承担全省儿科医疗、科研、教学、儿童保健及突发性公共卫生事件应急任务。

杭州市红十字会医院(Hángzhōu Shì Hóngshízìhuì Yīyuàn)　三级甲等中西医结合医院。在杭州市下城区环城东路208号。又名"浙江省中西医结合医院"。前身为1928年创办的仁爱医院。占地面积3.8万平方米，建筑面积9.2万平方米。核定床位1 000张。以中医妇科、传染病科、风湿病科、针灸科、内分泌科、儿科、呼吸科、胸外科、骨科、疼痛科等见长。为浙江大学医学院附属杭州市胸科医院、浙江中医药大学附属中西医结合医院。获全国重点中西医结合医院建设单位等称号。

浙江省人民医院(Zhèjiāng Shěng Rénmín Yīyuàn)　三级甲等综合医院。在杭州市下城区上塘路158号。在杭州市西湖区转塘镇望江山路1号设望江山院区。1984年成立。占地面积18.6万平方米，建筑面积19.26万平方米。核定床位2 200张。以泌尿外科、胃肠胰外科、肝胆胰外科、肾脏病科以及心胸外科、血管外科、整形外科、骨科、心血管内科、神经内科等见长。承担国家紧急医学救援队、国家核辐射救治基地、省急救指挥中心等10多个省级以上机构任务。获全国文明单位等称号。

浙江大学医学院附属邵逸夫医院(Zhèjiāng Dàxué Yīxuéyuàn Fùshǔ Shào Yìfū Yīyuàn)　三级甲等综合医院。在杭州市江干区庆春东路3号。1994年成立。设有庆春、下沙2个院区，占地面积15.67万平方米，建筑面积29.9万平方米。核定床位2 400张。以微创技术见长，微创肝胆胰手术、角膜移植、下腰痛诊治、辅助生殖、复杂冠心病和房颤诊治等领域达到国内领先、国际先进水平。有医学硕士、博士学位授予点。

浙江中医药大学附属第二医院(Zhèjiāng Zhōngyīyào Dàxué Fùshǔ Dì-èr Yīyuàn)　三级甲等中西医结合医院。在杭州市拱墅区潮王路318号。1960年创建浙江省建工医院。2003年成建制划转至浙江中医药大学，更名浙江省新华医院。2006年更今名。占地面积1.27万平方米，建筑面积6万余平方米。核定床位1 200张。以风湿病科、外科、中医痹病学、中医全科医学、中医预防医学等见长。有医学硕士、博士学位授予点和博士后科研流动站。为全国重点中西医结合医院、浙江中医药大学直属附属医院。获全国卫生系统先进集体等称号。

杭州师范大学附属医院(Hángzhōu Shīfàn Dàxué Fùshǔ Yīyuàn)　三级甲等综合医院。在杭州市拱墅区温州路126号。1949年创建。占地面积3.58万平方米，建筑面积8.48万平方米。开放床位1 280张。有心血管内科、心血管外科、介入血管科、胃肠外科、肝胆外科等科室。以心血管内科、神经外科、肝病科、耳鼻咽喉头颈外科等见长。有硕士学位授予点。获国家药物临床试验机构等称号。

浙江省肿瘤医院(Zhèjiāng Shěng Zhǒngliú Yīyuàn)　三级甲等肿瘤专科医院。在杭州市拱墅区半山东路1号。1963年创建。占地面积6.52万平方米,建筑面积14.24万平方米。开放床位1 900余张。设肿瘤外科、肿瘤内科、放疗科等科室。集肿瘤预防、医疗、科研、教学、康复于一体。

浙江省立同德医院(Zhèjiāng Shěnglì Tóngdé Yīyuàn)　三级甲等中西医结合医院。在杭州市西湖区古翠路234号。2000年,由原浙江省第二中医院、浙江省中医药研究院、浙江省精神卫生研究所重组而成。设有翠苑、天目山路、闲林等院区。以肿瘤科、肾病科、消化科、重症医学科、精神卫生科、针灸科等见长。为全国重点中西医结合医院、全国重点中医药研究院建设单位。获全国文明单位等称号。

浙江医院(Zhèjiāng Yīyuàn)　三级甲等综合医院。在杭州市西湖区灵隐路12号。1953年始建,初以干部医疗保健及涉外医疗为主。1979年全面对外开放。灵隐院区占地面积6.5万平方米,建筑面积6.6万平方米,开放床位800张。以诊治老年病、心脑血管疾病等见长。为省内首家涉外医疗定点医院。获省老年病防治培训基地等称号。

杭州市中医院(Hángzhōu Shì Zhōngyīyuàn)　综合性三级甲等中医院。在杭州市西湖区体育场路453号。1952年创建。有武林、丁桥2个院区以及广兴堂国医馆、山水人家诊所、制剂中心,实行一体化管理。占地面积8.83万平方米,建筑面积17万平方米。开放床位1 500张。以中医肾病科、中医妇科及针灸科、推拿科、心血管病科、骨伤科、蛇伤专科、乳腺病科、睡眠医学科、脾胃病科等见长。为浙江中医药大学附属广兴医院和杭州师范大学附属杭州市中医院。

杭州市第七人民医院(Hángzhōu Shì Dì-qī Rénmín Yīyuàn)　三级甲等精神疾病专科医院。在杭州市西湖区天目山路305号。1954年创建。占地面积2.63万平方米,建筑面积5.86万平方米。核定病床800张。开设精神科、心理科、心理咨询、儿童心理科、老年精神(心理)科等专科门诊及抑郁症、焦虑障碍、老年记忆障碍、老年睡眠障碍、儿童学习障碍、自闭症、多动症、睡眠障碍等专病门诊。开展精神医学司法鉴定、精神残疾鉴定、智力残疾鉴定、心理危机干预等服务。为浙江大学医学院精神卫生中心、安徽医科大学杭州精神卫生临床学院。

宁波市妇女儿童医院(Níngbō Shì Fùnǚ Értóng Yīyuàn)　三级甲等妇幼保健院。在宁波市海曙区柳汀街339号。1975年始建。2014年北部院区开放运行。占地面积4.2万平方米,建筑面积7.33万平方米。开放床位952张。设有妇科、产科、儿内科、儿外科、乳腺外科、内科、中医科、皮肤性病科、妇保科、儿保科等科室。以儿科学、妇科学等见长。获国家级儿童早期发展示范基地等称号。

宁波市第一医院(Níngbō Shì Dì-yī Yīyuàn)　三级甲等综合医院。在宁波市海曙区柳汀街59号。1913年创建。2013年挂牌浙江大学宁波医院。占地面积2.13万平方米,建筑面积9.82万平方米。核定床位1 600张。以血液病学、心血管学、泌尿外科学等为重点学科。设心血管内科、重症医学科、血液科、泌尿外科、麻醉科、中医科等科室。获国家级住院医师规范化培训基地等称号。

宁波市中医院(Níngbō Shì Zhōngyīyuàn)　三级甲等中医医院。在宁波市海曙区丽园北路819号。1977年创建。占地面积7.67万平方米,建筑面积7.08万平方米。核定床位600张。以内分泌科、肿瘤科、男科、针灸推拿科、糖尿病科、脾胃病科、肾病科等为重点。有全国名老中医专家传承工作室5个。为浙江中医药大学附属医院。

宁波市第二医院(Níngbō Shì Dì-èr Yīyuàn)　三级甲等综合医院。在宁波市海曙区西北街41

号。清道光二十三年(1843年)始建。1954年改今名。又名“中国科学院大学宁波华美医院”。占地面积约10万平方米,建筑面积18万平方米。核定床位2 100张。以肿瘤学科、感染学科、神经内科、肾内科、肛肠外科、胸外科、骨科、肝科等为重点。为中国科学院大学附属医院。获国家级住院医师规范化培训基地等称号。

宁波大学医学院附属医院(Níngbō Dàxué Yīxuéyuàn Fùshǔ Yīyuàn)　三级甲等综合医院。在宁波市江北区人民路247号。1951年创建。曾名宁波市工人诊疗所、宁波市江北医院、宁波市第三医院。2000年更今名。占地面积2.1万平方米,建筑面积6.2万平方米。核定床位1 100张。以临床护理学、呼吸病学、骨外科学、胃肠病学、医学影像学等见长。有临床医学一级学科博士学位授予点。获国际紧急救援中心网络医院等称号。

温州医科大学附属第二医院(Wēnzhōu Yīkē Dàxué Fùshǔ Dì-èr Yīyuàn)　三级甲等综合医院。在温州市鹿城区学院西路109号。1976年始建。1982年改建为温州医学院附属第二医院。1988年兼挂儿童医院牌子。2005年,温州心血管病医院并入,挂牌为附属第二医院南浦院区。2009年成立温医附二骨科医院、温医附二妇产医院。本部鹿城院区(含学院路部、南浦部)占地面积3.87万平方米,建筑面积15.4万平方米。有麻醉学、儿科学、骨外科学、妇产科学等重点科室。有医学硕士、博士学位授予点。获国家级住院医师规范化培训基地等称号。

温州医科大学附属第一医院(Wēnzhōu Yīkē Dàxué Fùshǔ Dì-yī Yīyuàn)　三级甲等综合医院。在温州市瓯海区学府北路号。1919年创建。有南白象和公园路2个院区,占地面积35万平方米,建筑面积43万平方米。核定床位3 380张。以重症医学危重救治、心血管介入、造血干细胞移植、神经外科、生殖医学、呼吸系统疾病诊治、急诊医学、器官移植等见长。有医学硕士、博士学位授予点和博士后流动站。获国家临床教学培训示范中心、国家级住院医师规范化培训基地等称号。

嘉兴市第一医院(Jiāxīng Shì Dì-yī Yīyuàn)　三级甲等综合医院。在嘉兴市南湖区中环南路1882号。1920年始建。2011年迁现址。占地面积16.13万平方米,建筑面积约18.5万平方米。核定床位1 500张。以血吸虫病科、疼痛科、针灸科、麻醉科、消化科、病理科等见长。获国家级住院医师规范化培训基地等称号。

嘉兴市第二医院(Jiāxīng Shì Dì-èr Yīyuàn)　三级甲等综合医院。在嘉兴市南湖区环城北路397号。清光绪二十一年(1895年)创建。占地面积4万平方米,建筑面积12.4万平方米。核定床位1 350张。以神经内科、肿瘤科、康复医学、麻醉学科以及临床药学、骨外科学、儿科学、心血管病学等学科为重点。获运动医学国家级高级卒中中心、国家级全科医生规范化培训示范基地等称号。

嘉兴市妇幼保健院(Jiāxīng Shì Fùyòu Bǎojiànyuàn)　三级甲等妇幼保健院。在嘉兴市南湖区中环东路2468号。1932年始建。1952年改名嘉兴产科医院,后更名为嘉兴县(市)妇保院、嘉兴市妇幼保健院。2004年增挂牌嘉兴市市立三一医院。占地面积6.67万平方米,建筑总面积8.46万平方米。核定床位600张。以产科、妇科、儿科及围产医学、生殖医学等为重点学科。2010年为嘉兴医学院附属妇幼保健院。

湖州市妇幼保健院(Húzhōu Shì Fùyòu Bǎojiànyuàn)　三级甲等妇幼保健院。在湖州市吴兴区东街2号。1951年创建。占地面积2.66万平方米,建筑面积8.52万平方米。核定床位700张。有妇科、产科、儿内科、儿外科、新生儿科、乳腺科、生殖保健科等科室。为浙江大学医学院附属儿童医院、浙江大学医学院附属妇产科医院。获全国文明单位等称号。

湖州市中心医院(Húzhōu Shì Zhōngxīn Yīyuàn) 三级甲等综合性医院。在湖州市吴兴区红旗路198号。1944年创建。2014年挂牌浙江大学湖州医院。占地面积3.73万平方米,建筑面积约15万平方米。核定床位1 200张。设肝胆胰外科、骨科、普外科、重症医学科、呼吸科、心胸外科、神经外科、消化内科、血液科等科室。是湖州师范学院浙北临床医学院,为国家级全科医师规范化培训基地和住院医师规范化培训基地。

湖州市第三人民医院(Húzhōu Shì Dì-sān Rénmín Yīyuàn) 三级甲等专科医院。在湖州市吴兴区苕溪东路2088号。1954年创建,原为浙江省精神病院。占地面积7.67万平方米,建筑面积6.4万平方米。开放床位900张。设普通精神科、心身障碍科、老年精神科、神经内科、临床心理科、风湿免疫科等科室。为温州医科大学、南京中医药大学教学医院和湖州师范学院附属医院。获国家药物临床试验机构等称号。

绍兴市人民医院(Shàoxīng Shì Rénmín Yīyuàn) 三级甲等综合医院。在绍兴市越城区中兴北路568号。1942年始建。2007年迁现址。占地面积15.2万平方米,建筑面积19.2万平方米。开放床位1 600张。有肿瘤综合治疗技术、心脑血管介入治疗技术、心脏和外周血管微创技术、微创腔镜技术、危重症救治技术等医疗技术。创建神经外科、普外科、呼吸内科等浙东地区专病中心。是浙江大学绍兴医院、绍兴文理学院附属第一医院,为国家级住院医师规范化临床培训基地。

金华市中心医院(Jīnhuá Shì Zhōngxīn Yīyuàn) 三级甲等综合医院。在金华市婺城区人民东路365号。清宣统二年(1910年)创办。1985年改今名。2012年挂牌浙江大学金华医院。占地面积近9万平方米,建筑面积20.7万平方米。设神经外科、普通外科、儿科、重症医学科、呼吸内科、血液科、麻醉科、心胸外科、消化内科、骨科、神经外科、胰腺外科等科室。获全国医药卫生系统先进集体等称号。

金华市中医院(Jīnhuá Shì Zhōngyīyuàn) 三级甲等中医专科医院。在金华市婺城区双溪西路439号。1958年创建。1981年改今名。1988年迁现址,原址设为分院。占地面积4万平方米,建筑面积4万平方米。核定床位500张。设脊柱外科、神志病科、针灸推拿科、眼科等科室。为浙江中医药大学附属金华中医院。获国家级中医住院医师规范化培训基地等称号。

金华市第二医院(Jīnhuá Shì Dì-èr Yīyuàn) 三级甲等专科医院。在金华市婺城区方岩街158号。1958年创建。占地面积5.6万平方米,建筑面积4.6万平方米。核定床位500张。以精神科、老年科、心理科、康复科、睡眠专科为特色医疗。主要担负全市及周边地区精神疾病的医疗、康复、预防、教学、科研及司法鉴定等任务。为省政府指定的精神病医学鉴定医院。

衢州市人民医院(Qúzhōu Shì Rénmín Yīyuàn) 三级甲等综合医院。在衢州市柯城区钟楼底2号。1948年始建。2005年增挂牌衢州中心医院。占地面积6.6万平方米,建筑面积8万平方米。实际开放床位1 360张。设血管外科、泌尿外科、重症医学科、心胸外科、骨科、神经外科及肿瘤学、实验诊断学等重点学科。为浙江中医药大学附属医院、浙江大学衢州医院。获全国卫生文明建设先进集体等称号。

衢州市中医院(Qúzhōu Shì Zhōngyīyuàn) 三级甲等中医院。在衢州市柯城区衢化路117号。1992年创建。占地面积3.33万平方米,建筑面积2.3万平方米。核定床位600张。设市级名中医馆、杨继洲针灸馆。以针灸推拿科、肾病科、肛肠科、神经内科、骨伤科、脾胃病科等见长。为国家级非物质文化遗产“杨继洲针灸”和市级非物质文化遗产“雷氏医学”的传承和保护单位。

舟山市妇幼保健医院(Zhōushān Shì Fùyòu Bǎojiàn Yīyuàn)　三级甲等妇幼保健院。在舟山市定海区人民北路238号。1994年创建。2013年迁现址。占地面积4.64万平方米,建筑面积5.6万平方米。核定床位400张。设妇科、产科、儿科、新生儿科、新生儿重症医学科、儿童重症医学科、成人重症医学科等科室。为国家级爱婴医院、国家级母婴友好示范医院,是省急救基层卫生适宜技术示范基地。

舟山市中医骨伤联合医院(Zhōushān Shì Zhōngyī Gǔshāng Liánhé Yīyuàn)　三级甲等中医医院。在舟山市定海区新桥路355号。1959年创建。2003年,原舟山市中医院与原舟山市骨伤医院(即"洋岙医院")合并组建舟山市中医骨伤联合医院,并迁现址。占地面积2.19万平方米,建筑面积4.97万平方米。核定床位500张。以骨伤科、脊柱关节科、心血管科、肾病科等为重点。获省中医药适宜技术示范基地等称号。

舟山医院(Zhōushān Yīyuàn)　三级甲等综合医院。在舟山市定海区定沈路739号。1950年成立。2009年更今名。占地面积25.5万平方米,建筑面积25万平方米。开放床位1 078张。有体外循环心脏多瓣膜置换、复杂先心矫治术、心脏冠脉搭桥术、肝移植等先进技术。以肺癌研究及肝胆疾病、胃肠疾病、脑卒中、胸痛等方面的诊治见长。

台州市中心医院(Tāizhōu Shì Zhōngxīn Yīyuàn)　三级甲等综合医院。在台州市椒江区东海大道999号。2000年创建。占地面积5.33万平方米,建筑面积8.92万平方米。开放床位940张。以肿瘤外科学、老年医学(中西医结合)、肿瘤学、检验医学、重症医学、临床药学、普通外科学、骨外科学、神经内科学等为重点。获国家级住院医师规范化培训基地等称号。

浙江省台州医院(Zhèjiāng Shěng Tāizhōu Yīyuàn)　三级甲等综合医院。在临海市西门街150号。清光绪二十七年(1901年)创建恩泽医局。后几经更名,于1978年恢复为浙江省台州医院。2003年重组原路桥区第一人民医院,设路桥院区。2009年为台州恩泽医疗中心(集团)总院。占地面积13.8万平方米,建筑面积5.32万平方米。开放床位1 900张。以骨外科学、消化病学、心血管病学等为重点。为国家级住院医师规范化培训基地、国家级博士后科研工作站、浙江省院士工作站,是浙江大学附属医院、温州医科大学附属医院。

丽水市人民医院(Líshuǐ Shì Rénmín Yīyuàn)　三级甲等综合医院。在丽水市莲都区大众街15号。1937年创建。占地面积4.26万平方米,建筑面积15万平方米。核定床位1 000张。以风湿免疫病学、神经外科学及中医科、急诊医学科、妇科、感染病科、呼吸内科、骨科等为重点。为温州医科大学附属第六医院、丽水学院附属第一医院。获全国文明单位等称号。

丽水市中心医院(Líshuǐ Shì Zhōngxīn Yīyuàn)　三级甲等综合医院。在丽水市莲都区括苍路289号。1971年筹建,1973年开诊。占地面积13.46万平方米,建筑面积27万平方米。开放床位1 347张。设有国家高级卒中中心、胸痛中心,以心血管内科、普外科(肝胆外科)、心胸外科、血液内科、骨科、神经内科、肾内科等为重点。为浙江大学丽水医院、温州医科大学附属第五医院。获全国文明单位、全国平安医院等称号。

丽水市中医院(Líshuǐ Shì Zhōngyīyuàn)　三级甲等中医医院。在丽水市莲都区中山街800号。1978年创建。核定床位600张。设内科、外科、妇产科、儿科、骨伤科、针灸、推拿、皮肤等科室。获全国卫生系统先进集体等称号。

第五节　体育设施名称

浙江省全民健身中心(Zhèjiāng Shěng Quánmín Jiànshēn Zhōngxīn)　在杭州市下城区体育场路 153 号。在整合原省体训一大队场馆资源的基础上,于 2010 年正式面向社会开放。占地面积 2.8 万平方米,建筑面积 1.4 万平方米。有 6 片室内篮球场、21 片室内羽毛球场、6 张乒乓球桌,4 片网球场(室内室外各 2 片)、2 片足球场。有综合培训馆和国民体质检测中心等体育综合服务设施。2011 年推出元旦、春节、国庆等七大国定假日和 8 月 8 日"全民健身日"免费开放全部场馆。2014 年面向 60 岁以上老年群体推出工作日免费健身活动。

杭州体育馆(Hángzhōu Tǐyùguǎn)　在杭州市体育场路 210 号。前身是浙江省人民体育馆,始建于 1966 年,1969 年建成。2001 年更今名。占地面积 3.3 万平方米,建筑面积 1.26 万平方米。主体比赛大厅呈椭圆形,平面鞍形,悬索屋盖型式,高 20.4 米,南北长 80 米,东西宽 60 米。比赛场地 3 790 平方米,四周为阶梯观众席。设座位 5 328 个。设有 12 道保龄球和飞镖项目、3 片网球场、6 片羽毛球场、10 张乒乓球桌等场所。免费提供太极拳、剑、木兰拳、扇、跑步和竞走等活动场地。能举办各类体育比赛、群众性体育活动,以及文艺演出和大型会展。

浙江省黄龙体育中心(Zhèjiāng Shěng Huánglóng Tǐyù Zhōngxīn)　在杭州市西湖区黄龙路 1 号。1994 年启用。占地面积 0.53 平方千米,建筑面积 2.45 万平方米。设体育场、体育馆、网球中心暨省老年体育活动中心、包玉刚游泳场、室外田径训练场、室内田径综合训练馆、游泳跳水馆等场所。体育场设 60 000 个观众座位,体育馆设 8 000 个观众座位。主体育场为城市标志性建筑之一。集体育比赛、文艺表演、健身娱乐、餐饮住宿、商务办公和购物展览于一体的多功能场所。

宁波市体育中心(Níngbō Shì Tǐyù Zhōngxīn)　在宁波市江东区中兴路 360 号。1995 年建成。占地面积 17.42 万平方米,建筑面积 4.76 万平方米。由体育场、体育馆、网球馆、训练馆、训练场、高尔夫练习场及附属设施等组成。为宁波市综合性体育场馆集聚地。举办过全国体育大会、亚俱杯东亚足球四强赛、六星级的中国羽毛球超级赛、CBA 篮球联赛八一主场赛事、全国足球甲 B 联赛等重大体育赛事。

宁波北仑体育训练基地(Níngbō Běilún Tǐyù Xùnliàn Jīdì)　在宁波市北仑区中河路。2008 年一期工程竣工。占地面积 12.7 万平方米,建筑面积 1.63 万平方米。由体育宾馆、综合训练馆及游泳馆三座单体建筑组成。内设成就展示厅、场馆休息区、力量训练、水疗室、恢复室、场内会议室、国际裁判室、医务室、储藏室、新闻工作室、新闻发布室等场所。体育宾馆面积约 5 280 平方米,可容纳 70 人入住,配有可分别容纳 350 人的中餐厅和西餐厅。综合训练馆约 6 280 平方米,其中训练场地面积为 2 835 平方米,可设 3 片排球场或 40 张乒乓球桌。游泳馆约 4 770 平方米。中国女排训练基地。

温州体育中心(Wēnzhōu Tǐyù Zhōngxīn)　在温州市鹿城区民航路 6 号。占地面积 12.5 万平方米,建筑面积 5.68 万平方米(不计塑胶跑道和足球场草坪)。主体建筑有体育馆、游泳跳水馆和体育场，共 27 000 个座位。另有训练房、设备房和奥林匹克大酒店等附属设施。已举办全国女子柔道锦标赛暨奥运会选拔赛、亚洲柔道锦标赛、全国花样游泳锦标赛、全国跆拳道比赛等赛事。

嘉兴市体育中心(Jiāxīng Shì Tǐyù Zhōngxīn)　在嘉兴市南湖区花园路 416 号。2002 年始建，2006 年建成。占地面积为 18.38 万平方米，建筑面积 7.91 万平方米。为六层框架结构，总高度 53 米。有内场为 9 米×400 米标准跑道和标准足球场。看台观众座位 33 000 个，看台包厢 68 个，可容纳总人数 35 000 人。举办过省十四届运动会、第八届全国残疾人运动会等赛事。

嘉兴市体育馆(Jiāxīng Shì Tǐyùguǎn)　在嘉兴市桐乡大道与昌盛南路交叉口。2010 年建成。占地面积 4.18 万平方米，建筑面积 1.86 万平方米。由主馆、训练馆和游泳馆组成。主馆能容纳观众 3 000 多人。集体育竞赛、全民健身、文艺演出、展示展销、集会庆典等多功能于一体的综合性公共服务设施。

湖州市全民健身中心(Húzhōu Shì Quánmín Jiànshēn Zhōngxīn)　在湖州市吴兴区苕溪路 138 号。占地面积 2.38 万平方米，建筑面积 2.25 万平方米。主体建筑由健身大楼、游泳馆和室外运动区组成。健身大楼内设乒乓球、羽毛球、健身健美等设施。设有 250 米环形塑胶跑道以及 1 个小型足球场、4 个门球场、2 个塑胶灯光篮球场等。

绍兴市体育中心(Shàoxīng Shì Tǐyù Zhōngxīn)　在绍兴市越城区涂山路 1 号。始建于 1994 年。占地面积 14.67 万平方米。有可容纳 2 万人的体育场、3 000 人体育馆以及配套训练馆。有游泳健身中心，内设 50 米×25 米标准比赛池 1 个，水深 3 米，可承办国际级、国家级游泳、花样游泳、水球等比赛，另有 25 米×14 米的训练池 1 个和嬉水池 2 个。承办过全国男篮甲级联赛、全国男排甲级联赛、亚俱杯排球比赛、四国女篮邀请赛、世界女篮联赛等赛事。

绍兴市奥体中心(Shàoxīng Shì Àotǐ Zhōngxīn)　在绍兴市越城区江西路 899 号。2010 年开工，2013 年完工。用地面积约 23.47 万平方米，建筑面积 14.24 万平方米。以河为界，分南、北二区，共由 3 个单体建筑组成，北区有体育会展馆和射击射箭馆及配套管理用房，南区有游泳馆。

金华市体育馆(Jīnhuá Shì Tǐyùguǎn)　在金华市婺城区八一南街 21 号。1992 年动工，1995 年投入使用。占地面积近 2 万平方米，建筑面积 0.79 万平方米。可容纳观众 3 000 多人。可供篮球、排球、体操、技巧、击剑、武术、跆拳道、柔道、棋类等体育项目比赛使用，还可作大型文艺演出、舞会、展览等使用。

金华市体育中心(Jīnhuá Shì Tǐyù Zhōngxīn)　在金华市婺城区双龙南街 2688 号。2009 年动工，2012 年主体场馆完工。占地面积 26 万多平方米，建筑面积 10 万平方米。由 1 个 30 000 座位的主体育场、1 个 6 000 座位的体育馆、1 个 1 600 座位的游泳馆以及室外田径训练场与室外球场等组成。可举办足球、田径、游泳、舞蹈等各类大型比赛及房展、车展和大型文艺汇演。

衢州市体育馆(Qúzhōu Shì Tǐyùguǎn)　在衢州市柯城区体育场路 2 号。1979 年动工改建，1988 年竣工。占地面积 0.5 万平方米，建筑面积 0.28 万平方米。有乒乓球桌、羽毛球、排球网、篮球架等设施。可容纳观众 2 000 多人。

舟山体育馆(Zhōushān Tǐyùguǎn)　在舟山市定海区体育路 69 号。2009 年建成。占地面积 1.44 万平方米，建筑面积 3.07 万平方米。有体育场、体育馆、游泳馆、网球场、综合训练馆及室外篮球场、健身路径等。分主馆和副馆，主馆有固定座位 3 245 个，临时座位 2 500 个，贵宾席位 95 个，还有内场座位，总计 6 500 个左右。副馆可用来辅助主馆承办赛事。

台州市体育中心（Tāizhōu Shì Tǐyù Zhōngxīn）　在台州市椒江区学院路888号。2003年动工，2006年竣工。占地面积34.87万平方米，建筑面积10.5万平方米。设主体育场、网球场馆、体育馆、跳水游泳馆以及运动员俱乐部、室外田径场、球类训练场地等设施。主体育场建筑面积6.1万平方米，固定观众座位4万个，包厢68间。网球场馆占地面积近6.67万平方米，设立台州国家网球训练基地，固定座位4 000席。跳水游泳馆占地面积约2.67万平方米，观众座位2 500个。承办过第十三届省运会等活动。

第九章　服务设施名称

第一节　专业市场名称

杭州环北小商品市场（Hángzhōu Huánběi Xiǎoshāngpǐn Shìchǎng）　民营重点商城。在杭州市下城区凤起路 287 号。因在环城北路北侧而得名。1982 年在今浙江展览馆西形成马路市场，俗称“红太阳市场”，1997 年迁现址。占地面积 2.84 万平方米，设摊位 3 280 个，经营商户 6 000 余人。经营服装、日用小百货和婚庆用品等，品种达 1 万余种，年成交额 30 余亿元。通 5 路、21 路、32 路、76 路等公交线路。

杭州中国丝绸城（Hángzhōu Zhōngguó Sīchóu Chéng）　民营重点商城。在杭州市下城区西健康路 1 号。因经营丝绸产品得名。1987 年创办，名杭州丝绸市场。1993 年更名杭州丝绸城，1995 年改今名。占地面积 2.5 万平方米，有营业房 800 余间，进场营业丝绸企业 600 多家，经营各类真丝面料、丝绸服装、丝织工艺品、领带围巾、丝绸旅游纪念品及各种丝绸原料。通 5 路、21 路、32 路、35 路等公交线路。

四季青服装市场（Sìjìqīng Fúzhuāng Shìchǎng）　民营重点商城。在杭州市江干区杭海路 29 号。以投资单位而得名。1989 年创办，建筑面积约 5 万平方米，进场营业企业 1 200 多家。市场以批发为主，种类涵盖服装成衣的各个类型。曾获“中国商品交易市场百强市场”“中国消费者满意服务单位”“中华优秀企业”等诸多荣誉。以杭州四季青服装市场为龙头的杭海路，被市政府命名为“四季青服装特色街”。通 1006 路、1007 路、B 支 1 路、325 路等公交线路。

杭州汽车东站小商品市场（Hángzhōu Qìchē Dōngzhàn Xiǎoshāngpǐn Shìchǎng）　民营重点商城。在杭州市江干区艮山西路 75 号。以在杭州汽车东站旁而得名。1991 年开业，2002 年改造。占地面积 2.5 万平方米，建筑面积 4.2 万平方米，为杭州市最大的室内市场之一。市场共分五层，有营业房 1 600 余间，精品写字楼 50 余间，是集信息、物流、展示、购物于一体的现代化小商品市场。曾获“全国百强工业品交易市场”“浙江省三星级文明规范市场”等称号。通 1611 M 路、19 路、20 路、47 路等公交线路。

浙江钱江服装小商品市场（Zhèjiāng Qiánjiāng Fúzhuāng Xiǎoshāngpǐn Shìchǎng）　民营重点商城。在杭州市拱墅区上塘路 456 号。以钱塘江而得名。1997 年开业，占地面积 6.7 万平方米，营业面积 13 万平方米，营业房 4 600 余间，经营户 3 200 余家。市场以上塘路为轴心，商品品种达几万余种，集吃、穿、玩、用于一体，日人流量超过 5 万人次。曾获“中国百强商品市场”“浙江省区域性重点市场”等称号。“钱江商城”为杭州市著名商标。通 33 路、69 路、93 路、98 路等公交线路。

浙江旧货交易市场（Zhèjiāng Jiùhuò Jiāoyì Shìchǎng）　民营重点商城。在杭州市拱墅区石祥路 589 号。以经营旧货商品而得名。2006 年开业，营业面积近 5 万平方米，有商铺 1 200 多个。经营包括普通设备、仪器仪表、五金家电、电脑数码、二手手机、百货家具、厨房炊具、古玩藏品等万余种商品。时为华东地区规模最大的旧货及廉价商品集散中心。通 69 路、131 路、403 路等公交线路。

杭州余杭良渚物流中心（Hángzhōu Yúháng Liángzhǔ Wùliú Zhōngxīn）　民营重点商城。在杭州市余杭区良渚街道勾庄。以物流经营而得名。2008 年开业，占地面积 270 万平方米，包括交易、加工、仓储、配套四大功能区及粮油、蔬菜、肉类、果品、水产、副食品交易、农产品加工仓储、物流配送、公共配套 9 个专业区块。2011、2013 年位列全国百强市场农副产品类第一。被授予“农业部定点市场”“浙江省十大转型示范市场”等称号。通 97 路、191 路、192 路等公交线路。

宁波轻纺城（Níngbō Qīngfǎng Chéng）　民营综合市场。在宁波市鄞州区雅戈尔大道 117 号。以经营轻工、纺织类产品而得名。1993 年开业。占地面积 10 万平方米，建筑面积 11.3 万平方米，商铺 4 000 余个，从业人员万余人。市场内有窗帘、灯具、百货和服装等十二大专业交易区及 5 条特色商业街。2014 年市场商品成交额 57.75 亿元。曾获“全国百强市场”“中国一流市场”等称号。通宁波轨道交通 1 号线及 6 路、105 路、109 路等公交线路。

余姚中国塑料城（Yúyáo Zhōngguó Sùliào Chéng）　民营综合市场。在余姚市新建北路东西两侧。以经营塑料产品而得名。1994 年开业。占地面积 7.5 万平方米，建筑面积 7.7 万平方米，有企业 1 218 家、个体经营户 1 100 家，合计从业人员 1.29 万人。经营塑料品种达万种、各类制塑机械 1 500 余种。是国内最大的塑料类市场。2014 年，商品成交额 375 亿元。通余姚 101 路、102 路、109 路等公交线路。

余姚中国裘皮城（Yúyáo Zhōngguó Qiúpí Chéng）　民营综合市场。在余姚市朗霞街道杨家村境内，329 国道南侧。以经营裘皮产品而得名。2007 年开业。占地面积 5.8 万平方米，建筑面积 9.5 万平方米，有铺面 382 家，年加工水貂皮 400 余万张，销售裘皮服装 25 万余件，销售额近 30 亿元。每年举办“中国裘皮服装节”。通余姚 512 路、535 路、539 路等公交线路。

胜山服装布料市场（Shèngshān Fúzhuāng Bùliào Shìchǎng）　国营专业市场。在慈溪市马潭路 300 号。以经营服装布料制品而得名。1986 年开业。占地面积 4.6 万平方米，建筑面积 3.3 万平方米，有摊位 2 000 余个。有服装、布料、毛料、腈纶棉、小百货 5 个交易区和 1 个货物托运中心。2014 年销售额 29.7 亿元。通慈溪 213 路、232 路、239 路等公交线路。

周巷中国食品城（Zhōuxiàng Zhōngguó Shípǐn Chéng）　民营专业市场。在慈溪市振商路。以经营副食品而得名。形成于 20 世纪 80 年代初振工路上的副食品市场，1993 年跻身全国百强市场行列，排名第 17 位。占地面积 2 万平方米，建筑面积 4.5 万平方米，交易摊位 1 360 个，经营户 1 000 家。市场分为卷烟、副食品、服装百货、小商品、水果等五大交易区。2014 年销售额 40.3 亿元。获得“全国文明市场”等称号。通慈溪 223 路、301 路、302 路等公交线路。

爵溪中国针织名城（Juéxī Zhōngguó Zhēnzhī Míngchéng）　民营专业市场。在宁波市象山县爵溪街道巨鹰针织园区。以经营针织服装而得名。2009 年开业，占地面积 4.17 万平方米，建筑面积 2.02 万平方米，商铺 343 间。2014 年商品成交额 7 亿元。通象山 110 路、112 路等公交线路。

象山中国水产城（Xàngshān Zhōngguó Shuǐchǎn Chéng）　民营专业市场。在宁波市象山县兴港路 567 号。以经营水产品而得名。1994 年开业，占地面积 7.8 万平方米，建筑面积 4.25 万平方米，有 1 000 吨级码头 4 座、4 000 吨级油库 1 座。二期于 2009 年建成，占地面积 1 万平方米，建筑面积 1.35 万平方米，有 500 吨级码头 5 座、泊位 18 个。农业部首批命名的国家菜篮子工程定点市场之一。2014 年水产品交易量约 40 万吨，交易额约 50 亿元。通象山 303 路、503 路、506 路等公交线路。

温州鞋城（Wēnzhōu Xiéchéng）　民营专业市场。在鹿城区人民西路 152 号。以经营鞋类产品而得名。1995 年开业，占地面积 3 000 平方米，铺位 150 个，仓库 100 多间。是温州市区较早的一家专业鞋类市场，是本地名优产品的展示窗口。通温州 4 路、5 路、8 路等公交线路。

柳市电器城（Liǔshì Diànqì Chéng）　民营专业市场。在温州市乐清市柳市镇长虹新村。以经营电器产品而得名。1990 年开业，占地面积 1.2 万平方米，建筑面积 2.7 万平方米。工商户 1 503 户，年交易额达 3 亿元。是全国最大的低压电器交易市场。通乐清 211 路、212 路、213 路等公交线路。

桥头纽扣市场（Qiáotóu Niǔkòu Shìchǎng）　民营专业市场。在温州市永嘉县南大街 98 号。以经营纽扣产品而得名。1983 年开业，占地面积 20 万平方米，建筑面积 33.8 万平方米。市场两层，内有 771 个摊位、53 个商铺，年交易额达 42 亿元。有"中国纽扣之都""东方第一纽扣市场"等美誉。通 14 路、95 路、永嘉 501 路等公交线路。

嘉兴水果市场（Jiāxīng Shuǐguǒ Shìchǎng）　大型水果批发市场。在嘉兴市南湖区桐乡大道 1061 号。以经营水果而得名。前身是嘉兴农产品市场，创办于 1992 年。2005 年搬现址，2010 年改今名。占地面积 15 万平方米，总建筑面积 8 万平方米。市场内分设 6 个交易区，营业用房 709 间。集果品展示、农残检测、信息发布、加工包装、物流配送等功能于一体。年交易额 20 亿元，交易量 60 多万吨。是华东地区大型水果集散中心，誉称全国十大果品批发市场之一。通 10 路、15 路等公交线路。

嘉兴汽车商贸园（Jiāxīng Qìchē Shāngmào Yuán）　全国汽车 AAAAA 有形市场。在嘉兴市南湖区广益路 1338 号。以经营汽车及配件而得名。2004 年开业。占地面积 90 万平方米，总投资 9.5 亿元，分为一期、二期、南区三个区块，分步建设，有博展、销售、体验、服务、文化五大功能。入驻商家约 350 家，其中各汽车品牌店约 30 家，园区内三大市场（新车市场、汽配汽修市场、二手车交易市场）涵盖了汽车行业全方面业态。是嘉兴市唯一的汽车综合性专业市场。通 153 路、222 路等公交线路。

中国茧丝绸交易市场（Zhōngguó Jiǎnsīchóu Jiāoyìshìchǎng）　大型专业市场。在嘉兴市秀洲区二环西路 2525 号。以经营丝绸产品而得名。1992 年开业，2010 年新建中丝国贸大厦。占地面积 36 万平方米，市场现有 160 多家会员单位，200 多家入驻经营企业，交易所产生的茧丝价格成为国际风向标。通 2 路、28 路等公交线路。

海宁中国皮革城（Hǎiníng Zhōngguó Pígé chéng）　民营重点市场。在海宁市海州西路 201 号。以政区归属和交易皮革产品得名。原址在海宁火车站前，创办于 1993 年，初名浙江皮革服装城。2001 年 2 月更为今名。2005 年迁至现址。占地面积 61 万平方米，建筑面积 138 万平方米，有皮革服装交易区（皮革城主楼）、鞋业广场、皮草广场、裘皮广场、女装馆、品牌风尚中心、品牌旗舰店广场、原辅料市场、皮革城大厦等区块，为中国规模最大的皮革专业市场，皮革服装、裘皮服装、皮具箱包、皮毛、皮革的集散中心，也是皮革价格信息、市场行情、流行趋势的发布中心。2007 年 2 月被国家旅游局评为国家 AAAA 级旅游景区。通 1 路、15 路等公交线路。

濮院羊毛衫市场（Púyuàn Yángmáoshān Shìchǎng）　国有综合性市场。在桐乡市濮院镇永乐路 1 号。以经营羊毛产品而得名。1988 年开业。市场包含了世贸大厦、国际贸易中心、中央商城、老市场（也是目前濮院的主要交易市场之一）、国际童装城、国际毛衫品牌交易中心、毛衫交易区等，总营业面积 23.6 万平方米，占据整个中国羊毛衫销量的 70%。曾获"中国羊毛衫名镇""中国市场名镇""中国毛衫第一市"等称号。通桐乡 191 路、K191 路等公交线路。

嘉善商城（Jiāshàn Shāngchéng）　国有综合性市场。在嘉兴市嘉善县谈公北路 908 号。1992 年始建。商城一期占地面积 6.6 万平方米，建筑面积 3.8 万平方米，仓储面积 6.5 万平方米。二期占地面积 6.8 万平方米，建筑面积 5.85 万平方米。现有经营户 500 余户，经营 5 000 多个系列上万个品种商品，以副食品为主。通 102 路、213 路等公交线路。

织里中国童装城（Zhīlǐ Zhōngguó Tóngzhuāng Chéng）　大型专业市场。在湖州市吴兴区吴兴大道 2699 号。因经营童装产品而得名。织里童装产业从 20 世纪 80 年代中期开始，2008 年中国织里国际儿童城成立，2010 年正式开始营业。占地面积 40 万平方米，总建筑面积 70 万平方米，总投资 25 亿元。是省市重点项目、五星级专业市场、AAAA 级旅游购物景区。通 54 路、55 路等公交线路。

南浔建材市场（Nánxún Jiàncái Shìchǎng）　大型专业市场。在湖州市南浔区南浔国际建材城。因经营建材产品而得名。一期占地面积 23 万平方米，建筑面积 41 万平方米。依托中国实木地板之都的产业基础，建造亚洲最大实木地板精品家居展示中心。通 112 路、139 路等公交线路。

柯桥中国轻纺城（Kēqiáo Zhōngguó Qīngfǎng Chéng）　大型专业市场。在绍兴市柯桥区柯桥街道。因经营轻纺产品而得名。1985 年始建，前身为柯桥轻纺市场，1988 年易地新建绍兴轻纺市场，建筑面积 2.3 万平方米，营业用房 600 间。1991 年扩建 3.35 万平方米，成为国内规模最大的现代化轻纺产品专业批发市场。1992 年更今名，成为全国首批被冠名"中国"的专业市场。有全国首个纺织品指数——中国·柯桥纺织指数。曾获"全球纺织品贸易基地""改革开放 30 年中国浙江十大功勋市场"等称号。2014 年，市场交易额 438.64 亿元，成交各类面料 44.95 亿米。通 806 路、866 路等公交线路。

大唐轻纺袜业城（Dàtáng Qīngfǎng Wàyè Chéng）　大型专业市场。在诸暨市大唐镇。因经营轻纺袜业产品而得名。2002 年开业，占地面积 27 万平方米，建筑面积 12 万平方米，共有营业房 800 多间。经营锦纶、涤纶、丙纶、氨纶、包覆纱、乳胶、棉纱、橡筋线等轻纺原料，是一座集轻纺原料、袜子、袜机、联托运四大市场于一体的新一代商贸城。先后被评为"全国文明市场""全国百强市场"，年成交额达 100 多亿元。通诸暨 216 路等公交线路。

诸暨华东汽配水暖城（Zhūjì Huádōng Qìpèi Shuǐnuǎn Chéng）　大型专业市场。在诸暨市店口镇中央路。因经营汽配水暖产品而得名。2007 年建成。共有综合楼 56 幢，商铺 1 552 间，住宅 1 008 套，车库 109 间，总建筑面积 43 万平方米。通诸暨 109 路、201 路、229 路等公交线路。

嵊州中国领带城(Shèngzhōu Zhōngguó Lǐngdài Chéng)　大型专业市场。在嵊州市剡兴路1号。因经营领带产品而得名。1992年开业,占地面积3.5万平方米,建筑面积2.6万平方米,营业房500间。市场以经营领带为主,兼营领带面料、辅料和与之相关的配套产品,年销售领带1.5亿条。设有全国领带质量检测中心、领带博物馆。通嵊州5路、7路、51路、101路等公交线路。

金华商城(Jīnhuá Shāngchéng)　民营股份制商城。在金华市婺城区八一南街718号。1994年开业,原名五一路化纤布交易区。1995年迁现址,改今名。占地面积2 000平方米,总建筑面积20万平方米。经营范围为日用百货、五金交电、化工产品、服装、针纺织品、数码电子产品、电器、农副产品和商务服务,有14个专业市场和交易区。被列为"省区域性重点市场""浙江省百强市场"。通11路、13路、24路等公交线路。

浙中建材市场(Zhèzhōng Jiàncái Shìchǎng)　民营股份制商城,在金华市金东区多湖街道上古井村。以地处浙江中部经营建材而得名。1992年开业,前身为金华飞机场建材市场。2007年迁现址。一期占地面积10万平方米,建筑面积26.2万平方米。商品交易主要为建筑、装饰材料的批发和零售,配套现代仓储物流和电子商务。年交易额30亿元。通15路支线、20路支线、525路等公交线路。

金华仙桥汽车城(Jīnhuá Xiānqiáo Qìchē Chéng)　民营股份制商城,在金华市金东区赤松镇黄泥垄村。以经营汽车而得名。2004年开业。占地面积70万平方米,总投资4.6亿元。设有金华市公安局车辆管理所和金华市汽车安全技术检测中心。有吉利、奔驰、宝马、奥迪等55家汽车经销商入驻,经销80多个汽车品牌。从业人员3 000人。通522路、523路、524路支线等公交线路。

金华仙桥花木城(Jīnhuá Xiānqiáo Huāmù Chéng)　国营商城,由金华市政府投资。在金华市金东区赤松镇潘村。以经营花木而得名。2001年开业。首期建成20万平方米。拥有各类经营单元、温室、沿街营业房、培育地块和大型展馆。2003年承办首届中国苗木交易会。经营观叶观花观果植物、绿化造林苗木、种苗种球种子、根雕盆景、花盆花器、花肥花药花土、园林机械等。通307路、524路、643路等公交线路。

金华澧浦苗木城(Jīnhuá Lǐpǔ Miáomù Chéng)　民营股份制商城。在金华市金东区澧浦镇澧浦新街。以经营花木而得名。2010年开业。一期用地20万平方米,建筑面积10万平方米。设4 500平方米中心会展广场,分综合交易办公、中小苗交易、花卉盆景交易、大苗交易、园林资材交易5个功能区。有商户500家。2014年交易额14亿元。通510路、529路、635路等公交线路。

中国义乌国际商贸城(Zhōngguó Yìwū Guójì Shāngmào Chéng)　国营商城,由义乌商城集团投资。在金华市义乌市福田街道。2002年开业。总营业面积400万平方米,4.3万个摊位。在商贸城中央大厅设旅游购物中心、中国小商品城发展历史陈列馆。分为5个区。一区经营花类、玩具、饰品、工艺礼品等,设有台商馆和外贸企业采购服务中心。二区经营箱包、伞具、五金工具、小家电、钟表等,设有香港馆、韩商馆等精品交易区和外贸采购服务中心。三区、四区经营文化用品、体育用品、化妆品、眼镜、拉链纽扣和服装辅料等。五区经营进口商品、床上用品、纺织品、针织原材料、汽车用品及配件等。通义乌15路、300路、902路等公交线路。

义乌国际家具(居)城[Yìwū Guójì Jiājù(jū)Chéng]　民营股份制商城。在金华市义乌市西城路1779号。以经营家具产品而得名。2008年开业。占地面积17.3万平方米,建筑面积34万平方米。分3个区。一区经营办公、普通民用、沙发软体、五金玻璃、藤器、现代板式、儿童套房和欧式古典、红木、实木家具及各类软装饰品等。二区经营瓷砖、灯具、卫浴、墙纸、智能家居、太阳能等。三区经营板材、扣板、木地板、五金、木楼梯、橱柜厨电、集成吊顶、门类、整体家居等。通义乌 218 路、333 路、b 支 108 路等公交线路。

义乌国际生产资料市场(Yìwū Guójì Shēngchǎnzīliào Shìchǎng)　民营股份制商城。在义乌市雪峰西路 1566 号。以经营生产资料产品而得名。2013 年开业。占地面积 3.5 万平方米,建筑面积 75 万平方米,有各类型面积商位 4 200 余个。主要经营花类配件、商业物流设备、工业电气设备、印刷包装原材料、塑料粒子、动力与发电设备、印刷包装机械、食品加工机械、缝配设备、工量刃具、紧固件、织带机、注塑机、灯具、皮革原材料等。通义乌 11 路、109 路、806 路等公交线路。

东阳市木雕城(Dōngyáng Shì Mùdiāo Chéng)　国营商城,由东阳市政府投资。在东阳市世贸大道 188 号。以经营木雕产品而得名。2006 年开业。占地面积 14 万平方米,经营面积 41 万平方米。入驻 1 000 余家国内木雕知名厂家,经营木雕、根雕、竹编等数十万种优质产品。内设中国木雕文化博览城。已举办 9 届中国木雕竹编工艺美术博览会。通东阳 13 路、东阳 29 路、东阳 30 路等公交线路。

东阳市国际建材装饰城(Dōngyáng Shì Guójì Jiàncái Zhuāngshì Chéng)　民营股份制商城。在东阳市世贸大道 18 号。以经营建材而得名。2009 年开业。占地面积 20 万平方米,总建筑面积 2.4 万平方米,由 25 幢营业用房组成。经营陶瓷、洁具、管材等 18 大门类、2 000 个品种的各类建材商品。通东阳 13 路、29 路、30 路等公交线路。

永康五金城(Yǒngkāng Wǔjīn Chéng)　大型五金产品交易市场。在永康市东城街道。创办于 1992 年,前身为永康五金市场,1995 年更今名。1996 年举办第一届中国五金新产品博览会。2002 年建成二期市场。2011 年建成启用永康国际会展中心,建筑面积 16.2 万平方米。总营业面积 81 万平方米,有金城市场、金都市场 2 个市场群,营业店铺 4 500 间。设有日用五金、建筑五金、工具五金及机电设备、金属材料、装饰建材等经营区块,交易品种 19 大类万余种。为"中国十强品牌市场""中国百强商品市场"。通永康 K10 路、K16 路、K20 路等公交线路。

磐安浙八味市场(Pán'ān Zhèbāwèi Shìchǎng)　民营股份制商城。在金华市磐安县药城路 88 号。以经营白术、白芍、浙贝母、杭白菊、元胡、玄参、笕麦冬、温郁金八味浙江产中药材而得名。1985 年开业,总建筑面积 29 万平方米,入驻经营户 86 户。每年的 9 月举办交易博览会。通磐安 101 路、102 路等公交线路。

浙中生态茶叶市场(Zhèzhōng Shēngtài Cháyè Shìchǎng)　民营股份制商城。在金华市磐安县同心街 91 号。以经营茶叶而得名。1993 年开业,占地面积 2 万平方米,建筑面积 3.4 万平方米。有店铺 178 间,交易大厅摊位 500 个。通磐安 101 路、102 路等公交线路。

衢州市粮食批发交易市场(Qúzhōu Shì Liángshí Pīfājiāoyì Shìchǎng)　民营股份制商城。在衢州市柯城区三衢路 426 号。以经营粮食产品而得名。1999 年开业。占地面积 7.6 万平方米,经营面积 3 万平方米,有经营户 120 余户,经营品种 60 余种。曾获"全国诚信示范市场""中国百强商品市场"等称号。通 16 路、532 路、533 路等公交线路。

江山万商城(Jiāngshān Wànshāngchéng)　民营股份制商场。在江山市景星西路。以投资单位而得名。2012 年开业。占地面积 8.3 万平方米,总建筑面积约 16 万平方米,其中交易与仓储区 10 万平方米、服务区 6 万平方米。是一个以家居装饰材料交易为主的专业市场。通江山 106 路、

131路等公交线路。

龙游交易城(Lóngyóu Jiāoyì Chéng)　民营股份制商城。在衢州市龙游县巨龙路480号。1999年开业。占地面积2.1万平方米,营业面积2.6万平方米,市场内共设795个摊位,经营户353户。为龙游最大的食品、日用百货、家具等商品的交易市场,通龙游211路、212路、213路等公交线路。

龙游浙西再生资源综合市场(Lóngyóu Zhèxī Zàishēngzīyuán Zōnghé Shìchǎng)　国营市场。由浙江省供销合作社投资。在衢州市龙游县沙田湖大道与龙兰路交叉口。以地理位置和经营再生资源产品而得名。2013年开业。总建筑面积约14万平方米,有商户300家,年拆解报废汽车1万台和年废旧轮胎回收利用2万条,实现再生资源回收交易量30万吨,年二手车交易1万辆以上。通龙游201路等公交线路。

中国(舟山)大宗商品交易中心[Zhōngguó(Zhōushān) Dàzōngshāngpǐn Jiāoyì Zhōngxīn]　国有交易商场。在舟山市定海区翁山路与体育路交叉口。以地理位置和经营性质而得名。2012年开业。用地面积5.8万平方米,总建筑面积16万平方米。A座办公楼为17层,B座办公楼为25层,裙楼4层。为中国最重要的以大宗散货中转枢纽为主的国际物流岛的商品交易中心。通22路、103路、105路等公交线路。

中国舟山国际水产市场(Zhōngguó Zhōushān Guójì Shuǐchǎn Shìchǎng)　国有交易商场。在舟山市定海区渔市大街1号。以地理位置和经营水产品而得名。1989年开办普陀区水产品批发交易市场,场地面积750平方米。1992年迁现址,改名舟山市沈家门水产品交易市场。1995年易名舟山水产品中心批发市场。1999年更今名。占地面积35万平方米,建筑面积29万平方米。拥有岸线约2 500米,有浮动泊位18个,可供500～2 000吨级渔船、冰鲜船、冷藏船靠泊。有水产品配送中心、水产品质量检测中心、污水处理中心、信息网络中心等设施。驻场商户700余家,交易配套服务门店300余家。至2014年底,建成水产品交易区、商务办公区、商贸旅游服务区、海鲜美食广场、休闲体验区、商务会展中心等。通18路、302路、303路等公交线路。

中国日用品商城(Zhōngguó Rìyòngpǐn Shāngchéng)　国有商城。在台州市路桥区新安西街88号。以经营日用产品而得名。1994年开业,省三大服装批发市场之一。占地面积5.86万平方米,总建筑面积10.7万平方米。商城内设精品服装、羊毛衫、日用百货、床上用品、棉布、大型超市六大交易区,经营品种近2万种。是一家以商贸市场为主业,集房地产开发、进出口贸易、会展广告、信息处理于一体的大型商城,年均交易额超百亿元。通218路、303路、307路等公交线路。

浙江松门水产品批发市场(Zhèjiāng Sōngmén Shuǐchǎnpǐn Pīfā Shìchǎng)　国营市场。在温岭市松门镇滨海大道西侧。以经营水产品而得名。1987年创建,1993年易地新建。2014年迁建现址。总占地面积为9.2万平方米,建筑面积8.7万平方米,主要有鲜品交易区、活品交易区、干品交易区、物流中心、结算中心、综合办公楼功能区块。经营近海经济鱼类及干腌制品等数百种商品。每年交易量都在20万吨以上,交易额近60亿元,市场每日进场交易人员达3万人次左右。曾获“全国十大水产品批发市场”“全国水产品批发市场定点采集单位”等称号。通温岭201路、202路等公交线路。

大麦屿港台商城(Dàmàiyǔ Gǎngtái Shāngchéng)　国营市场。在台州市玉环县龙山路。以地理位置和经营产品而得名。1997年开业,占地面积2万平方米,建筑面积1.2万平方米。因其经营上富有特色，曾红极一时，吸引全国各地顾客前往。现商城主要经营服装、化妆品、家电、通信器材等。近处大麦屿港，每周末有“中远之星”客轮至台湾基隆港。是一家集旅游、购物、娱乐服务于一体的综合性商城。通玉环135路等公交线路。

松阳县浙南茶叶市场(Sōngyáng Xiàn Zhènán Cháyè Shìchǎng)　民营茶叶批发市场。在丽水市松阳县西屏街道长虹中路。建于1993年。初名松阳茶叶市场。2002年更名浙江浙南茶叶市场。以所处政区、地理位置和交易产品得名。总占地面积7.1万平方米。分茶叶交易和商贸服务2个区块，有营业用房210间，交易摊位10 000多个。主要经营松阳银猴、碧螺春、龙井、毛峰、香茶、白茶等绿茶品种。年交易茶叶约5万吨，交易额约17亿元，为浙江省规模最大的绿茶交易市场。

第二节　大型商场名称

武林银泰商场(Wǔlín Yíntài Shāngchǎng)　城市商业综合体。在杭州市下城区延安路530号。以开发建设单位而得名。建于1998年。原名银泰百货商店，2013年改今名。建筑面积5.1万平方米，营业面积2.72万平方米，为集百货、休闲、美食于一体的商业场所，以年轻、时尚的都市白领家庭为主要客源。北邻武林广场。通杭州地铁1号线及13路、92路、270路等公交线路。

解百商城(Jiěbǎi Shāngchéng)　城市商业综合体。在杭州市上城区解放路251号。以解放路而得名。前身是创建于1918年的国货陈列馆，1950年成为杭州市最早建立的国营零售企业，1992年改制为股份有限公司，1996年组建集团公司。经营面积10万平方米，商品品种近10万种。是以百货零售为主业，集购物、餐饮、休闲、娱乐、停车等于一体的购物中心。通杭州轨道交通1号线及7路、12路、42路等公交线路。

杭州大厦购物城(Hángzhōu Dàshà Gòuwù Chéng)　城市商业综合体。在杭州市下城区武林广场21号。建于1993年。建筑面积近18万平方米，购物城呈“Z”字形分布，西起D座华浙店，东至C座坤和店，横跨环城北路至B座、A座，均用空中走廊实现无缝衔接。集购物、会议、展览、办公等多项功能于一体，并有各类餐厅、城市生活超市、美容美发、精品酒店等精致生活配套服务。通杭州轨道交通1号线及22路、26路、58路等公交线路。

万象城(Wànxiàng Chéng)　城市商业综合体。在杭州市江干区富春路701号。以“包罗万象，应有尽有”而得名。2010年动工建设，用地面积10万平方米，建筑面积80万平方米，集大型购物中心、写字楼、超五星级酒店、高尚住宅服务式公寓等为一体的都市综合体项目。有大型时尚百货、高品质多厅影城、符合国际奥林匹克标准的真冰溜冰场以及众多国际一线奢侈品牌。通杭州轨道交通4号线及K81路、K105路、K156路等公交线路。

万达商业中心(Wàndá Shāngyè Zhōngxīn)　城市商业综合体。在杭州市拱墅区杭行路666号。以开发建设单位而得名。2014年开业，是在杭州开业的首家万达广场。总建筑面积约35万平方米，涵盖大型商业中心、休闲娱乐中心、室内步行街、杭州金街、高级写字楼等顶级业态。是集商业、休闲、娱乐、文化、商务等多功能于一体的大型城市商业综合体。通47路、58路、131路等公交线路。

博库书城(Bókù Shūchéng)　图书商城。在杭州市西湖区文二路38号。为浙江省新华书店集团有限公司投资设立的全资下属子公司，是全国图书发行业第一家大型跨省连锁企业。博库书城文二店(图书大厦)拥有8 000余平方米的卖场，是浙江省内营业面积最大的图书卖场。图书品种达到20余万种，涵盖目前所有的图书类别。通杭州轨道交通2号线及10路、86路、199路等公交线路。

宝龙城(Bǎolóng Chéng)　城市商业综合体。在杭州市滨江区滨盛路3867号。以开发建设单位而得名。项目包括14万平方米的大型购物中心、2万平方米的商业街、11万平方米的高层写字楼，总建筑面积40万平方米，总投资40亿元。入驻品牌多达150家，密布当红体验业态和特色品牌。通杭州轨道交通4号线及112路、139路、315路等公交线路。

万华商业中心(Wànhuá Shāngyè Zhōngxīn)　城市商业综合体。在临安市钱王街855号。以开发建设单位而得名。2011年开业，占地面积2万平方米，建筑面积4万平方米，是临安唯一的大型综合购物中心和商业地标。整体业态包含日用百货、大型连锁超市、国际数码影城、连锁量贩KTV、主题餐饮等。通803路、806路、809路等公交线路。

世纪东方商业广场(Shìjìdōngfāng Shāngyè Guǎngchǎng)　城市商业综合体。在宁波市江东区中山东路1083号。以在城市东部而得名。2009年开业，占地面积7.78万平方米，建筑面积23.97万平方米。其中办公楼高25层，商业楼高4层。由大型百货、购物中心、美食休闲厅、娱乐天地、商业街、金融区、商务办公、大型停车场等多个功能区组成，时为宁波市单体建筑量最大的商业项目。通宁波轨道交通1号线及21路、51路、53路等公交线路。

来福士广场(Láifúshì Guǎngchǎng)　城市商业综合体。在宁波市江北区大闸南路500号。以新加坡品牌“来福士”而得名。2012年开业，占地面积3万平方米，建筑面积16万平方米。集住宅、服务公寓、购物商场和写字楼于一体。通宁波轨道交通2号线及6路、8路、32路等公交线路。

江北万达广场(Jiāngběi Wàndá Guǎngchǎng)　城市商业综合体。在宁波市江北区江北大道188号。以开发建设单位而得名。2010年开业，占地面积9万平方米，建筑面积29万平方米。集商贸、文化、休闲、生活于一体。通13路、14路、26路等公交线路。

宁波北仑大润发商场(Níngbō Běilún Dàrùnfā Shāngchǎng)　综合性大卖场。在宁波市北仑区新大路1229号。以开发建设单位而得名。2004年开业，原称“天润发”，2006年改今名。占地面积6.4万平方米，建筑面积5.1万平方米。是北仑城区首家综合性大卖场。通703路、750路、875路等公交线路。

万达商业广场(Wàndá Shāngyè Guǎngchǎng)　城市商业综合体。在宁波市鄞州区贸城中路936号。以开发建设单位而得名。2006年开业，占地面积14.5万平方米，建筑面积25.7万平方米，共四层。时为宁波投资最多、占地面积最大、停车位最多的城市综合体，集购物、餐饮、娱乐于一体。通宁波轨道交通2号线及103路、107路、115路等公交线路。

华联商厦(Huálián Shāngshà)　大型商业广场。在余姚市新建路55号。以开发建设单位而得名。其前身为建于1958年的余姚百货大楼，1992年改名华联大厦。1998年改今名。经1993、1995年两次改扩建，占地面积5 800平方米，建筑面积3.2万平方米，经营商品5万余种。通余姚107路、201路、202路等公交线路。

银泰购物中心(Yíntài Gòuwù Zhōngxīn)　大型商业广场。在慈溪市青少年宫南路99号。以开发建设单位而得名。2011年开业，占地面积1.7万平方米，建筑面积8.7万平方米，集商业购物、休闲餐饮、娱乐观光、居住等多功能于一体。通慈溪2路、6路、12路等公交线路。

宁海太平洋百货商场(Nínghǎi Tàipíngyáng Bǎihuò Shāngchǎng)　大型商城。在宁波市宁海县人民路15号。以开发建设单位而得名。1996年开业,占地面积1.6万平方米,建筑面积1.8万平方米。经营品种有家电、服装、鞋包、黄金珠宝、食品、化妆品等,附设休闲项目有美容、儿童乐园等。是宁海县最大的综合性商场。通宁海102路、103路、135路等公交线路。

温州时代广场购物中心(Wēnzhōu Shídài Guǎngchǎng Gòuwù Zhōngxīn)　大型精品百货商城。在温州市鹿城区锦绣路与车站大道交叉口。以开发建设单位而得名。2002年开业,经营面积2万多平方米。是集购物、休闲、娱乐、餐饮、观光于一体的综合性消费场所。通3路、9路、17路等公交线路。

龙湾万达广场(Lóngwān Wàndá Guǎngchǎng)　大型商业综合体。在温州市龙湾区行政中心南侧、奥体中心北侧。以开发建设单位而得名。2012年开业,总建筑面积38.6万平方米。是集购物、餐饮、文化、娱乐、商务、休闲等多种功能于一体的城市商业综合体。通9路、62路、124路等公交线路。

万达商业广场(Wàndá Shāngyè Guǎngchǎng)　大型商业综合体。在温州市平阳县车站大道88号。以开发建设单位而得名。2014年开业,总建筑面积55万平方米。由大型商业购物中心、商业步行街、精品住宅等组成,集购物、休闲、餐饮、娱乐、文化、居住多功能于一体,是鳌江流域地区规模最大、档次最高的一站式商业购物中心。通平阳1路、6路、201路等公交线路。

江南大厦(Jiāngnán Dàshà)　大型综合性购物中心。在嘉兴市南湖区中山东路481号。以地处江南水乡而得名。1988年开业,营业面积2 500平方米,时为嘉兴市第一家大型综合性百货商场。1993年,大厦的东商场开业。1994年,西商场建成开业,商品零售面积2.2万平方米。目前是嘉兴市大型百货商店中历史最久、单店营业面积最大、年销售金额最高、多元化经营品种最全、商品品牌和种类最齐、连锁网点最多的购物中心。通1路、2路等公交线路。

华联大厦(Huálián Dàshà)　大型商贸中心。在海宁市工人路58号。以开发建设单位而得名。1994年开业,建筑面积2.6万平方米,主营食品、服装、家电、针纺织品、鞋帽、百货、黄金珠宝等。通海宁12路、35路等公交线路。

湖州浙北购物中心(Húzhou Zhèběi Gòuwù Zhōngxīn)　大型综合性商贸中心。在湖州市吴兴区观凤路158号。以地处浙北而得名。1988年开业,2004年搬现址。营业面积5万余平方米,是一家集百货、餐饮、娱乐、休闲于一体的综合型现代化百货商场。通29路、31路、33路等公交线路。

正翔商业广场(Zhèngxiáng Shāngyè Guǎngchǎng)　大型综合性商贸中心。在湖州市德清县永安街158号。以开发建设单位而得名。2009年开业。建筑面积5.5万平方米,共5层。以沃尔玛超市为主,兼营餐饮、服装、金银首饰等。通德清102路、107路、111路等公交线路。

绍兴国商中心(Shàoxīng Guóshāng Zhōngxīn)　大型购物中心。在绍兴市越城区解放北路449号。1992年开业。营业面积1.8万平方米,主楼商场分5层,经营商品4万余种,是一家集购物、休闲于一体的综合性购物场所。1996年被列为全国百强、百家名店之一。通4路、5路、6路、9路、32路等公交线路。

绍兴银泰城(Shàoxīng Yíntài Chéng)　大型商业综合体。在绍兴市越城区解放南路777号。以开发建设单位而得名。2013年开业。由百货类购物中心、超白金生活街区、精装酒店式公馆&

SPA 酒店三大部分构成，是集购物、餐饮、休闲、游乐、娱乐、商务、社交、游憩文化于一体的城市商业综合体。通 32 路、35 路、36 路等公交线路。

柯桥万达广场(Kēqiáo Wàndá Guǎngchǎng)　大型商业综合体。在绍兴市柯桥区钱陶公路 799 号。以开发建设单位而得名。2010 年开业。总建筑面积 31 万平方米，由大型购物中心、金街商铺、高档住宅、SOHO 公寓、商务酒店组成。是万达集团在县级城市投资建设的第一个城市商业综合体。通 88 路、108 路、801 路、807 路等公交线路。

上百万和城(Shàngbǎi Wànhé Chéng)　大型商业综合体。在绍兴市上虞区市民大道 688 号。以寓意事事和美而得名。2008 年开业。建筑总面积 11 万平方米，主楼最高部分 20 层。是集购物、餐饮、娱乐、文化休闲、社区服务于一体的一站式商业综合体。通 203 路、228 路、230 路等公交线路。

绍兴大通购物中心(Shàoxīng Dàtōng Gòuwù Zhōngxīn)　大型商业综合体。在绍兴市上虞区市民大道 689 号。以开发建设单位而得名。2009 年开业。建筑总面积 12.46 万平方米，主楼地下 2 层、地上 8 层。以“城市客厅”定位，经营中高档品牌为主，集购物、休闲、娱乐、餐饮等多功能于一体的“一站式”生活之城。通 203 路、222 路、230 路等公交线路。

雄风永利商业广场(Xióngfēngyǒnglì Shāngyè Guǎngchǎng)　大型商业综合体。在绍兴市诸暨市苎萝东路 555 号。以开发建设单位而得名。2014 年开业。建筑总面积 28 万平方米，其中营业房面积 14 万平方米，主楼地下 2 层、地上 7 层。是集时尚、购物、休闲、娱乐、餐饮于一体的购物商业综合体。时为长三角地区县级城市体量最大的一站式体验主题购物中心。通 8 路、9 路、21 路等公交线路。

金华市第一百货商店(Jīnhuá Shì Dì-yī Bǎihuò Shāngdiàn)　大型百货商场。在金华市婺城区西市街 159 号。1984 年开业，1993 年由国有企业改制为股份有限公司。2002 年改制为民营企业。营业面积 4.2 万平方米。有金华市第一百货江南店、东阳金天地等门店。经营范围为日用杂货、金银饰品、五金交电、通信器材等。通 13 路、15 路、24 路等公交线路。

衢州东方商厦(Qúzhōu Dōngfāng Shāngshà)　大型百货商场。在衢州市柯城区劳动路 1 号。2000 年开业，经营面积 3 万平方米。主要经营食品酒水饮料、粮油果蔬、服装服饰、家电数码、家居用品。时为衢州市最大综合性商场。通 1 路、2 路、7 路等公交线路。

衢州市中百商厦(Qúzhōu Shì Zhōngbǎi Shāngshà)　大型百货商场。在衢州市柯城区上街 6 号。2007 年开业，经营面积 1.5 万平方米。主要经营百货、纺织品、针织品、文体用品、办公用品等。通 1 路、2 路、7 路等公交线路。

大润发衢州购物广场(Dàrùnfā Qúzhōu Gòuwù Guǎngchǎng)　大型购物广场。在衢州市柯城区三衢路 238 号。以开发建设单位而得名。2003 年开业，经营面积 1.7 万平方米。主要经营百货、超市等，是衢州市第一个引进外资商贸企业。通 5 路、6 路、12 路等公交线路。

财富购物广场(Cáifù Gòuwù Guǎngchǎng)　大型购物广场。在衢州市开化县江东中路 1 号。以开发建设单位而得名。2011 年开业，建筑面积 2.2 万平方米。为集购物、休闲、娱乐、餐饮、宾馆等功能于一体的综合性购物广场。通开化 10 路、103 路、604 路等公交线路。

龙游世纪联华超市(Lóngyóu Shìjìliánhuá Chāoshì)　大型购物中心。在衢州市龙游县鸿图路 21 号。以开发建设单位而得名。2005 年开业，经营面积 8 000 平方米。为集购物、休闲、娱乐、餐饮等功能于一体的综合性购物广场。通龙游 1 路、2 路、4 路等公交线路。

舟山市第一百货商店(Zhōushān Shì Dì-yī Bǎihuòshāngdiàn)　大型百货商场。在舟山市定海区人民中路 29 号。2000 年开业，经营面积 3 万平方米。主要经营副食、服装、鞋帽、家电、文体用品等。是舟山成立最早、规模最大、设施最先进的一家综合性经营的零售商店。首批"省百城万店无假货"示范点。通 31 路、33 路、38 路等公交线路。

舟山凯虹广场(Zhōushān Kǎihóng Guǎngchǎng)　大型购物广场。在舟山市普陀区兴普大道 288 号。以开发建设单位而得名。2012 年开业，经营面积 6 万平方米。经营日用百货、针棉织品、家电数码、通信设备、照相器材等。入驻星巴克、必胜客、浙江时代金球影城等非百货品牌 20 余个。通 225 路、227 路、228 路等公交线路。

第三节　旅游宾馆名称

杭州国大雷迪森广场酒店(Hángzhōu Guódà Léidísēn Guǎngchǎng Jiǔdiàn)　五星级酒店。在杭州市下城区体育场路 333 号。是杭州市商业购物的标志性建筑，与杭州大厦、银泰百货、百货大楼迎面而立。因投资单位而得名。1999 年开业。占地面积 1.2 万平方米，总建筑面积 8 万平方米，高 27 层，客房总数 285 间。酒店拥有两个各具特色的餐厅，提供备受赞誉的中式和国际美食，以及一个饱览西湖风景的行政酒廊。通杭州轨道交通 1 号线及 11 路、26 路、28 路、56 路等公交线路，邻延安路。

浙江国际大酒店(Zhèjiāng Guójì Dàjiǔdiàn)　五星级酒店。在杭州市下城区体育场路 221 号。地处杭州繁华的商业中心——武林广场东侧，杭州迎宾大道体育场路和南北高架路中河北路交会处。以面向国际而得名。2000 年开业，2013 年装修。占地面积 6 000 平方米，总建筑面积 3 万平方米，高 21 层，客房总数 212 间。其中主楼的面积为 1.3 万平方米，裙楼面积 1 万平方米。酒店集客房、餐饮、娱乐、健身、会议功能于一体，整体风格优雅尊贵，是杭州中心标志性的高档酒店。通杭州轨道交通 1 号线及 28 路等公交线路，邻体育场路、中河高架。

浙江大酒店(Zhèjiāng Dàjiǔdiàn)　五星级酒店。在杭州市下城区延安路 595 号。地处杭州繁华地段武林广场 CBD 商圈，与银泰百货、杭州大厦等商业综合体毗邻。以地理位置而得名。1999 年开业，2011 年按照五星级标准完成改造。占地面积 4 000 平方米，总建筑面积 8 万平方米，高 29 层，客房总数 276 间。配置一流的会务场所，国际化的中西式餐饮服务水准、多样化的康体理疗娱乐项目，是杭州中心标志性的高档酒店。通杭州轨道交通 1 号线及 11 路、14 路、228 路等公交线路，邻体育场路。

杭州洲际酒店(Hángzhōu Zhōujì Jiǔdiàn)　五星级酒店。在杭州市江干区解放东路 2 号。地处杭州钱江新城中央商务区，与市民中心、波浪文化城和杭州大剧院毗邻。因投资单位而得名。2010 年开业。占地面积 4.8 万平方米，总建筑面积 11 万平方米，高 19 层，客房总数 384 间。整体造型呈金色球形，2 000 平方米的无柱式超大宴会厅是承办盛事的理想场所，多达 30 多间的各类会议室可提供适宜融洽的会议空间。通杭州轨道交通 4 号线及 11 路、71 路、84 路等公交线路，邻之江路。

杭州海外海皇冠假日酒店(Hángzhōu Hǎiwàihǎi Huángguān Jiàrìjiǔdiàn)　五星级酒店，在杭州市拱墅区上塘路333号。毗邻京杭大运河。因投资单位而得名。2009年开业。占地面积8 000平方米，总建筑面积8.8万平方米，高30层，客房总数331间。酒店有西餐厅、韩国料理餐厅和中餐厅。通41路、43路、75路等公交线路，邻德胜路。

杭州黄龙饭店(Hángzhōu Huánglóng Fàndiàn)　五星级酒店。在杭州市西湖区曙光路120号。酒店毗邻省政府、黄龙体育中心、浙江大学。因地处黄龙洞附近而得名。1987年开业。占地面积3.6万平方米，总建筑面积11万平方米，高9层，客房总数598间。有全球首创智能会议管理系统和健身中心等设施。通16路、17路、193路等公交线路，邻保俶路。

浙江西子宾馆(Zhèjiāng Xīzǐ Bīnguǎn)　五星级酒店。在杭州市西湖区南山路37号。地处杭州"西湖十景"之一的"雷峰夕照"山麓，东面临湖，南与著名古刹净慈寺为邻，与"苏堤""三潭印月""柳浪闻莺"等著名景点隔湖相望。别名"汪庄"，原系汪裕泰茶庄。因西湖别称西子而得名。始建于1958年，曾接待过毛泽东等历代党和国家领导人，1979年始对外开放。占地面积2万平方米，总建筑面积21万平方米，高2层，客房总数234间，是省政府活动的重要场所。通K4路、K504路等公交线路，邻玉皇山路。

西湖国宾馆(Xīhú Guóbīnguǎn)　五星级酒店。在杭州市西湖区杨公堤18号。以西湖而得名。在西湖的西面，三面临湖，一面靠山。原为19世纪末期建成的水竹居。20世纪50年代重新设计改建房屋建筑。酒店庭院面积36万平方米，拥有7栋别墅，170间客房。以环境优美、建筑精巧、陈设典雅而冠称西湖第一名园。通194路、197b线、318路等公交线路，邻杨公堤。

杭州香格里拉饭店(Hángzhōu Xiānggélǐlā Fàndiàn)　五星级酒店。在杭州市西湖区北山街78号。地处西湖景区，可纵览西湖。因投资单位而得名。东楼原为西泠饭店，建造于1962年，为7层西式建筑。1985年，西泠饭店和杭州饭店合并为杭州香格里拉饭店。占地面积2.1万平方米，总建筑面积6万平方米，客房总数382间。是香格里拉酒店集团旗下中国大陆首家香格里拉饭店。通7路、27路、117路等公交线路，邻孤山路。

龙禧福朋喜来登酒店(Lóngxǐfúpéng Xǐláidēng Jiǔdiàn)　五星级酒店。在杭州市滨江区东信大道868号。因投资单位而得名。2008年开业。占地面积3 000平方米，总建筑面积5万平方米，高28层，客房总数350间。通180路、194路、402路等公交线路，邻南环路。

浙江金马饭店(Zhèjiāng Jīnmǎ Fàndiàn)　五星级酒店。在杭州市萧山区通惠中路218号。以"金生万象，马到功成"而得名。1996年开业。占地面积1.4万平方米，总建筑面积7.2万平方米，A楼高24层，B楼高19层，客房总数600余间。建筑风格以欧式为主，尤以恢宏璀璨的大堂成为中国饭店业标志性建筑。是萧山区首家五星级高档商务会议酒店，通杭州轨道交通5号线及123路、711路、731路等公交线路，邻站前路。

杭州开元名都大酒店(Hángzhōu Kāiyuánmíngdū Dàjiǔdiàn)　五星级酒店。在杭州市萧山区市心中路818号。在杭州市萧山区中央商务区，毗邻萧山区人民政府、萧山歌剧院。为萧山区地标级建筑。因投资单位而得名。2005年开业。占地面积2.8万平方米，总建筑面积12万平方米，高47层，客房总数669间。酒店拥有1 400平方米的顶级无柱式宴会厅和17个不同规格的会议室。通杭州轨道交通2号线及123路、300路、406路等公交线路，邻金城路。

良渚君澜度假酒店(Liángzhǔ Jūnlán Dùjiàjiǔdiàn)　五星级酒店。在杭州市余杭区良渚文化村内。毗邻良渚文化国家考古遗址公园。因投资单位而得名。2008 年开业。占地面积 12.5 万平方米，总建筑面积 7.3 万平方米，高 3 层，客房总数 312 间。拥有 4 万多平方米的水面及 2 万平方米的道路与广场。临湖而建的庭院式建筑主体分为 10 个区，是一家新古典主义风格兼具东南亚风韵的度假酒店。通杭州轨道交通 2 号线及 491A 路、372 路、1221 路等公交线路，邻京福线。

浙江南国大酒店（Zhèjiāng Nánguó Dàjiǔdiàn）　五星级酒店。在杭州市富阳区馆驿里 8 号。在杭州市富阳区富春江畔，毗邻富阳区政府，原系富阳县政府招待所。因地处江南而得名。2004 年开业，2006 年装修。占地面积 1 万平方米，总建筑面积 3.6 万平方米，高 3 层，客房总数 200 间。是富阳区第一家五星级标准酒店，集客房、餐饮、康体娱乐、会务于一体。通 602 路、617 路、618 路等公交线路，近桂花路。

富阳国际贸易中心大酒店（Fùyáng Guójìmàoyìzhōngxīn Dàjiǔdiàn）　五星级酒店。在杭州市富阳区江滨西大道 56 号。在杭州市富阳区富春江畔，毗邻富阳区政府。因在富阳国际贸易中心大楼而得名。2007 年开业。占地面积 1.3 万平方米，总建筑面积 8 万平方米，高 29 层，客房总数 270 间。通 617 路、618 路、2132 路等公交线路，近江堤路。

浙江红楼国际饭店（Zhèjiāng Hónglóu Guójì Fàndiàn）　五星级饭店。在杭州市桐庐县富春路 158 号。在杭州市桐庐县富春江畔。因投资单位而得名。2007 年开业。占地面积 1 万平方米，总建筑面积 3.8 万平方米，高 26 层，客房总数 268 间。饭店有 10 个不同规格的会议室，中、西式餐厅能容纳近千人同时就餐，还设有国际休闲会所、室内泳池、量贩 KTV、棋牌、美容、桑拿等配套服务设施。通 6 路、10 路、11 路等公交线路，近迎宾路。

桐庐海博大酒店（Tónglú Hǎibó Dàjiǔdiàn）　五星级饭店。在杭州市桐庐县城南路 277 号。因投资单位而得名。2012 年开业。占地面积 4 万平方米，总建筑面积 8 万平方米，高 6 层，客房总数 341 间。分南北两个功能区。南区采用庭院式布局，依山而建，是重要的会议、餐饮、客房区。北区是水上娱乐运动区，内设冲浪、游泳、健身、桑拿、台球、乒乓球等各项娱乐设施。通 6 路、28 路等公交线路，近迎春南路。

富春江励骏酒店（Fùchunjiāng Lìjùn Jiǔdiàn）　五星级饭店。在杭州市桐庐县迎春南路 683 号。在杭州市桐庐县富春江畔。因临富春江和投资单位而得名。2011 年开业。占地面积 3 万平方米，总建筑面积 8 万平方米，高 40 层，客房总数 307 间。饭店拥有不同规格的会议室，中、西式餐厅能容纳千人同时就餐。通桐庐 11 路、15 路、18 路等公交线路，近滨江路。

千岛湖开元度假村（Qiāndǎohú Kāiyuán Dùjiàcūn）　五星级酒店。在杭州市淳安县阳光路 888 号麒麟半岛。因投资单位而得名。2004 年开业。占地面积 20 万平方米，总建筑面积 8 万平方米，高 7 层，客房总数 227 间。度假村拥有大小会议室共 11 个，有休闲娱乐设施，兼有 800 平方米室外临湖游泳池、豪华游艇等。通淳安 K002 路、K005 路等公交线路，近千岛湖。

绿城千岛湖喜来登度假酒店（Lùchéng Qiāndǎohú Xǐláidēng Dùjiàjiǔdiàn）　五星级酒店。在杭州市淳安县新安北路。因投资单位而得名。2010 年开业。占地面积 5 万平方米，总建筑面积 8 万平方米，高 18 层，客房总数 249 间。拥有室内恒温泳池、会议室 10 间和 1 694 平方米的会议场地，每个房间均可观赏山景或水景。通淳安酒店穿梭巴士 1 路等公交线路，近千岛湖。

千岛湖滨江希尔顿度假酒店（Qiāndǎohú Bīnjiāng Xī'ěrdùn Dùjiàjiǔdiàn）　五星级酒店。在杭州市淳安县环湖北路 600 号。因投资单位而得名。2011 年开业。占地面积 11 万平方米，总建筑面积5.5万平方米，由7座楼宇相连，高8层，客房总数348间。有2 000平方米的会议、宴会场地。临湖有健身中心、湖畔沙滩排球场地、4个风格游泳池、儿童乐园及豪华游艇等。通淳安K003路、K007路等公交线路，近千岛湖。

千岛湖洲际度假酒店(Qiāndǎohú Zhōujì Dùjiàjiǔdiàn)　五星级酒店。在杭州市淳安县羡山半岛万向路。因寓意酒店面向世界而得名。2011年开业。占地面积3.7万平方米，总建筑面积3万平方米，高5层，客房总数255间。酒店占岛临湖而居，有游艇俱乐部。通淳安K006路等公交线路，近千岛湖。

千岛湖阳光大酒店(Qiāndǎohú Yángguāng Dàjiǔdiàn)　五星级酒店。在杭州市淳安县阳光路289号。因地理位置而得名。1995年开业。占地面积3万平方米，总建筑面积5万平方米，高25层，客房总数102间。有被誉为"华东第一家"的水上餐厅，大小会议室7个。通淳安K002路、K005路等公交线路，近千岛湖。

宁波市新芝宾馆(Níngbō Shì Xīnzhī Bīnguǎn)　五星级酒店。在宁波市海曙区通途路215号。因在新芝路而得名。1986年开业。占地面积8万平方米，总建筑面积3.4万平方米，高3层，客房总数200间。花园别墅式宾馆，多次接待党和国家领导人及外国元首。通5路、15路、17路等公交线路，近新芝路。

南苑饭店(Nányuàn Fàndiàn)　五星级酒店。在宁波市海曙区灵桥路2号。因投资单位而得名。1990年开业。占地面积3万平方米，总建筑面积6.5万平方米，高28层，客房总数429间。浙江省首家五星级饭店。通5路、14路、55路等公交线路，近立交路。

中信宁波国际大酒店(Zhōngxìn Níngbō Guójì Dàjiǔdiàn)　五星级酒店。在宁波市江东区江东北路1号。因投资单位而得名。1997年开业。占地面积9 000平方米，总建筑面积4.9万平方米，高30层，客房总数286间。首批"省绿色饭店"。通宁波轨道交通1号线及3路、102路、517路等公交线路，近三江口。

宁波香格里拉大酒店(Níngbō Xiānggélǐlā Dàjiǔdiàn)　五星级酒店。在宁波市江东区豫源街88号。因投资单位而得名。2010年开业。时为宁波规模最大的酒店。占地面积1.9万平方米，总建筑面积13万平方米，高35层，客房总数562间，宴会与餐厅面积5 000平方米。通宁波轨道交通1号线及3路、102路、517路等公交线路，近三江口。

宁波东港喜来登大酒店(Níngbō Dōnggǎng Xǐláidēng Dàjiǔdiàn)　五星级酒店。在宁波市江东区彩虹北路50号。因投资单位而得名。2006年开业。占地面积1.8万平方米，总建筑面积6.1万平方米，高32层，客房总数378间，拥有5间中西餐厅及会议场所3 100平方米。通10路、103路、506路等公交线路，近潜龙路。

宁波远洲大酒店(Níngbō Yuǎnzhōu Dàjiǔdiàn)　五星级酒店。在宁波市江北区江北大道99号。因投资单位而得名。2007年开业。占地面积3万平方米，总建筑面积3.3万平方米，高8层，客房总数287间，餐厅及宴会包厢可容纳1 000人同时就餐，各类会议室、贵宾接待室10余个，可容纳800人同时与会。通31路、98路、330路等公交线路，近海川路。

宁波南苑环球酒店(Níngbō Nányuàn Huánqiú Jiǔdiàn)　五星级酒店。在宁波市鄞州区鄞县大道1288号。因投资单位而得名。2009年开业。占地面积4.7万平方米，总建筑面积9万平方米，高53层，拥有客房总数264间。获五洲钻石奖、第二届中国饭店金星奖、第三届中国饭店金星奖、金叶级绿色旅游饭店、浙江省双十佳旅游饭店等称号。通107路、127路、150路等公交线路，近天童北路。

宁波开元名都大酒店(Níngbō Kāiyuánmíngdū Dàjiǔdiàn)　五星级酒店，在宁波市鄞州区首南中路666号。因投资单位而得名。2007年开业。占地面积2.7万平方米，总建筑面积6.6万平方米，高23层，拥有客房总数396间，曾获“中国酒店金枕头奖”等。通107路、127路、150路等公交线路，近天童南路。

余姚宾馆(Yúyáo Bīnguǎn)　五星级酒店。在余姚市舜水南路108号。因属地余姚而得名。2005年开业。占地面积1.9万平方米，总建筑面积4.3万平方米，高12层，拥有客房总数324间。集会议、餐饮、娱乐于一体。通余姚105路、203路等公交线路，近大黄桥路。

宁波太平洋大酒店(Níngbō Tàipíngyáng Dàjiǔdiàn)　五星级酒店。在宁波市余姚市南滨江路168号。与龙泉山隔江相望。因寓意大气而得名。1996年开业。占地面积3万平方米，总建筑面积7.3万平方米，主高22层，副楼高13层，拥有客房总数274间。是余姚的城市地标。通余姚102路、107路、203路等公交线路，近大黄桥路。

慈溪杭州湾大酒店(Cíxī Hángzhōuwān Dàjiǔdiàn)　五星级酒店。在慈溪市寺山路301号。因地处杭州湾南岸而得名。1994年开业。占地3.5万平方米，总建筑面积5万平方米，以3～4层的江南园林客房为主，拥有客房总数250间。是一家现代江南园林式五星级商务酒店，曾获“中国优秀品质饭店”“国家金叶级绿色旅游饭店”等称号。通慈溪6路、203路、298路等公交线路，近峙山公园。

宁波杭州湾世纪金源大酒店(Níngbō Hángzhōuwān Shìjìjīnyuán Dàjiǔdiàn)　五星级酒店。在宁波杭州湾新区金源大道8号。因投资单位而得名。2012年开业。占地面积4.3万平方米，总建筑面积8万平方米，高32层，拥有客房总数453间，有行政酒廊、中餐大厅、26间豪华的中餐包房、西式自助餐厅、日韩料理、千人宴会厅、13个豪华会议厅以及游泳池、健身房、KTV等配套设施。通杭州湾109路、118路、191路等公交线路，近滨海二路。

恒元大酒店(Héngyuán Dàjiǔdiàn)　五星级酒店。在宁波市杭州湾新区滨海一路55号。因“恒者长也，元者始也，一元复始，日升月恒”而得名。2009年开业。占地面积12万平方米，总建筑面积5万平方米，高15层，拥有客房总数230间。是国内首家以互动式运动休闲为主题的五星级标准酒店。通慈溪239路、游5路等公交线路，近兴慈大道。

杭州湾环球大酒店(Hángzhōuwān Huánqiú Dàjiǔdiàn)　五星级酒店。在慈溪市环城南路288号。因“酒店地处杭州湾南岸，面向全球高端客户”而得名。2014年开业。占地面积2万平方米，总建筑面积11.6万平方米，高27层，拥有客房总数360间。是一家拥有独特智能体系的智慧型商务酒店。通慈溪2路、11路、17路等公交线路，近浒山路。

奉化溪口银凤锦江旅游度假村(Fènghuà Xīkǒu Yínfèng Jǐnjiāng Lǚyóu Dùjià Cūn)　五星级酒店。在奉化市溪口镇沙堤村西南。因投资单位而得名。2003年开业。占地面积20万平方米，总建筑面积8万平方米，高3层，拥有客房总数274间。中西餐厅、景观茶吧、酒吧、18个豪华餐厅包厢，可同时容纳800人就餐，有各类大小会议室12个。另拥有攀岩场、儿童乐园、沙滩排球、众多水上娱乐活动场所。通261路、571路等公交线路，近江拔(S309)省道。

象山港国际大酒店(Xiàngshāngǎng Guójì Dàjiǔdiàn)　五星级酒店。在宁波市象山县象山港路1111号。因地处象山而得名。2005年开业。占地面积1.6万平方米，总建筑面积3.5万平方米，高25层，拥有客房总数287间。酒店设有32个包厢及西餐厅、日式餐厅。还配备1个大型多功能厅和10余个小型会议室，以及娱乐、健身、休闲、购物等各类设施。通象山109路、110路、130路等公交线路，近巨鹰路。

石浦半岛大酒店(Shípǔbàndǎo Dàjiǔdiàn)　五星级酒店。在宁波市象山县金山路218号。因地处石浦而得名。2007年开业。占地面积1.6万平方米，总建筑面积3.6万平方米，高25层，拥有客房总数210间。酒店设有35个餐饮豪华包厢、880平方米的多功能厅和4个大小会议室。通象山303路、503路等公交线路，近建业路。

温州华侨饭店(Wēnzhōu Huáqiáo Fàndiàn)　五星级标准酒店。在温州市鹿城区信河街1号。因华侨投资而得名。1962年开业。占地面积1万平方米，总建筑面积5万平方米，高23层，拥有客房总数500间，并拥有温州目前最大的总统套房。饭店设有中西餐厅、大堂酒吧和各类风味餐厅共6个、豪华包厢40多间，可同时容纳1 400人就餐。有各类会议场所8个。通4路、5路、8路等公交线路，近人民西路。

温州滨海大酒店(Wēnzhōu Bīnhǎi Dàjiǔdiàn)　五星级酒店。在温州市龙湾区永强大道4567号。因近海而得名。2009年开业。占地面积4万平方米，总建筑面积8.2万平方米，高10层，拥有客房总数469间。有1 500多个餐位及1 000多平方米无柱豪华宴会大厅，可容纳600多人同时就餐或会议。通21路、48路、130路等公交线路，近围垦路。

天豪君澜大酒店(Tiānháo Jūnlán Dàjiǔdiàn)　五星级酒店。在乐清市千帆东路277号。因投资单位而得名。2010年开业。占地面积1.3万平方米，总建筑面积7万平方米，高23层，拥有客房总数296间。有可容纳千人会议的无柱式多功能国际宴会厅及10间大小会议室，中外主题餐厅及大堂吧6个，共计4 000个餐位，同时设有专业健身中心、恒温室内游泳馆、网球场、桑拿等。通乐清103路、107路等公交线路，近玉萧路。

金鼎大酒店(Jīndǐng Dàjiǔdiàn)　五星级酒店。在乐清市宁康西路96号。因酒店外观似金鼎而得名。2009年开业。占地面积4 000平方米，总建筑面积3万平方米，高27层，拥有客房总数215间。酒店还有KTV、视听中心、桑拿、健身房、游泳池、SPA、瑜伽、乒乓球、台球等配套设施。通乐清2路、106路、109路等公交线路，近宁康西路。

温州三和酒店(Wēnzhōu Sānhé Jiǔdiàn)　五星级酒店。在温州市平阳县公园路1号。因投资单位而得名。2012年开业。占地面积8 000平方米，总建筑面积4.5万平方米，高20层，拥有客房总数200余间。配有6 000平方米的中餐厅及各式豪华包厢、健身中心、游泳池等配套设施。通平阳9路、102路等公交线路，近人民路。

苍南国际大酒店(Cāngnán Guójì Dàjiǔdiàn)　五星级酒店。在温州市苍南县人民大道501号。2010年开业。占地面积2万平方米，总建筑面积3.6万平方米，高20层，拥有客房总数195间、风格各异的餐厅5个，可同时提供500人用餐的大型宴会厅和7个会议室。通苍南5路、6路、112路等公交线路，近车站大道。

阳光大酒店(Yángguāng Dàjiǔdiàn)　五星级酒店。在嘉兴市南湖区中山东路1628号。因寓意“阳光向上”而得名。1997年开业。占地面积5 000平方米，总建筑面积7万平方米，高23层，拥有客房总数195间，酒店设有风格各异的就餐区域，可提供近千个餐位。是嘉兴市首家五星级旅游涉外饭店。通3路、85路、641路等公交线路，近育才路。

圣雷克大酒店(Shèngléikè Dàjiǔdiàn)　五星级酒店。在平湖市当湖东路398号。因投资单位而得名。1998年开业。占地面积1.7万平方米，总建筑面积5.3万平方米，高16层，拥有客房总数346间，是一家集住宿、餐饮、商务、会议于一体的旅游涉外饭店。为平湖市标志性建筑。通平湖19路、501路、507路等公交线路，近南市路。

振石大酒店(Zhènshí Dàjiǔdiàn)　五星级酒店。在桐乡市振兴东路199号。因投资单位而得名。2010年开业。占地面积4.5万平方米，总建筑面积5.6万平方米，高38层，拥有客房总数379间，中、西、日式等特色餐厅，7个大型多功能厅和12个小型会议室。通桐乡K005路、K010路、K017路等公交线路，近二环东路。

罗星阁宾馆(Luóxīnggé Bīnguǎn)　五星级宾馆。在嘉兴市嘉善县车站南路335号。因近罗星路而得名。2005年开业。占地面积2万平方米，总建筑面积3.4万平方米，高3～4层，拥有客房总数231间，是嘉善首家按五星级标准建造的商务旅游宾馆。通嘉善106路、153路、705路等公交线路，近罗星西路。

湖州喜来登温泉度假酒店(Húzhōu Xǐláidēng Wēnquán Dùjiàjiǔdiàn)　五星级酒店。在湖州市吴兴区太湖路5858号。因投资单位和温泉而得名，因其呈指环外形，又名“月亮酒店”。2012年开业。占地面积3.3万平方米，总建筑面积7.5万平方米，高27层，拥有客房总数281间。是中国第一家集生态观光、休闲度假、高端会议、美食文化、经典购物、动感娱乐体验于一体的特色度假型酒店。是浙江湖州“世界第九湾”的标志性建筑，太湖新地标。附近有游艇俱乐部、码头及湖州18洞温泉高尔夫俱乐部。通4路、20路、45路等公交线路，近太湖。

咸亨酒店(Xiánhēng Jiǔdiàn)　五星级酒店。在绍兴市越城区鲁迅中路179号。因店主从《易经・坤卦》之《彖传》“含弘广大，品物咸亨”句中，取“咸亨”两字为店名，寓意酒店生意兴隆、万事亨通而得名。清光绪甲午年(1894年)创建，1981年老店新开。占地面积1.5万平方米，总建筑面积5.7万平方米，高4层，拥有客房总数206间。因为在《孔乙己》等多部鲁迅的作品中提及而著名，并成为当地的旅游热点。咸亨酒店是由鲁迅的堂叔周仲翔于清朝光绪二十年(1884年)创建，但在几年后歇业。“温一碗醇香的黄酒，来一碟入味的茴香豆”，鲁迅笔下的咸亨酒店深入人心，酒店门前的“孔乙己”塑像也成为游客争相合影的“明星”。通2路、4路、5路、9路等公交线路，近新建南路。

咸亨大酒店(Xiánheng Dàjiǔdiàn)　五星级酒店。在绍兴市越城区解放南路680号。因店主从《易经・坤卦》之《彖传》“含弘广大，品物咸亨”句中，取“咸亨”两字为店名，寓意酒店生意兴隆、万事亨通而得名。1993年开业。占地面积1.7万平方米，总建筑面积3.6万平方米，高21层，拥有客房总数221间。拥有餐厅以及各类大小包间35个。会议中心可接纳600人的大型国际国内会议和各类中小型会议。通2路、5路、9路、11路等公交线路，近钱王祠。

绍兴饭店(Shàoxīng Fàndiàn)　五星级酒店。在绍兴市越城区环山路8号。因地理位置而得名。1958年开业。占地面积3万平方米，总建筑面积5万平方米，高3层，拥有客房总数203间。有8个功能不同的会议厅，并配有一流五声道同声翻译的国际会议中心。有34个餐厅，共拥有700个餐位。通3路、19路、22路、24路等公交线路，近胜利西路。

绍兴国际大酒店(Shàoxīng Guójì Dàjiǔdiàn)　五星级酒店。在绍兴市越城区府山西路100号。因地理位置而得名。1997年开业。占地面积4万平方米，总建筑面积4.5万平方米，高23层，拥有客房总数 300 间。有多功能宴会厅、康乐中心等配套设施。通 2 路、15 路、88 路等公交线路，近环城北路。

绍兴世贸皇冠假日酒店(Shàoxīng Shìmàohuángguàn Jiàrìjiǔdiàn)　五星级酒店。在绍兴市越城区胜利东路 379 号。因寓意高端酒店而得名。2014 年开业。占地面积 2.2 万平方米，总建筑面积 12 万平方米，高 60 层，拥有客房总数 453 间。通 6 路、37 路、50 路等公交线路，近梅龙湖路。

富丽华大酒店(Fùlìhuá Dàjiǔdiàn)　五星级酒店。在绍兴市柯桥区笛扬路 1338 号。因寓意富丽堂皇而得名。2005 年开业。占地面积 1.3 万平方米，总建筑面积 2 万平方米，高 16 层，拥有客房总数 218 间。酒店拥有 7 个大小不等的会议场地、娱乐休闲中心、3 000 平方米的浴场、60 间 KTV 包厢、可容纳 700 人的大型剧场。通 88 路、101 路、807 路、808 路等公交线路，近群贤路。

绍兴鉴湖大酒店(Shàoxīng Jiànhú Dàjiǔdiàn)　五星级酒店。在绍兴市柯桥区柯岩大道 518 号。因地理位置而得名。2008 年开业。占地面积 9.7 万平方米，总建筑面积 5.1 万平方米，高 2～5 层，拥有客房总数 258 间。各建筑以江南传统院落形式组合，1 100 余个餐位。拥有大小 14 间豪华气派的会议室、1 万多平方米独立娱乐城，有健身中心、棋牌室、桑拿、室内外游泳池。通 177 路、805 路、828 路等公交线路，近春望路。

上虞国际大酒店(Shàngyú Guójì Dàjiǔdiàn)　五星级酒店。在绍兴市上虞区市民大道 333 号。因地理位置而得名。2014 年开业。占地面积 6.9 万平方米，总建筑面积 11 万平方米，高 17 层，拥有客房总数 600 间。是集客房、餐饮、会议、展览、健身娱乐、商务办公于一体的大型酒店。通 201 路、212 路、229 路等公交线路，近望山路。

上虞宾馆(Shàngyú Bīnguǎn)　五星级酒店。在绍兴市上虞区新河路 2 号。因地理位置而得名。1986 年开业。占地面积 3.3 万平方米，总建筑面积 4.5 万平方米，高六层，拥有客房总数 195 间。拥有餐饮包厢 27 个，共 1 600 多个餐位。有大小会议室、贵宾接见厅 8 个。有商场、棋牌室、健身房、网球场、美容美发、游泳馆等众多康体娱乐项目。通 203 路、621 路、652 路等公交线路，近公园路。

耀江开元名都大酒店(Yàojiāng Kāiyuánmíngdū Dàjiǔdiàn)　五星级酒店。在诸暨市环城东路 207 号。因投资单位而得名。2008 年开业。占地面积 6.6 万平方米，总建筑面积 6.2 万平方米，高 30 层，拥有客房总数 360 间。为市内首家五星级酒店，是地标性建筑。通 6 路、7 路、16 路等公交线路，近暨东路。

新昌绿城雷迪森大酒店(Xīnchāng Lǜchéng Léidísēn Dàjiǔdiàn)　五星级酒店。在绍兴市新昌县塔山山顶。因投资单位而得名。2009 年开业。占地面积 1.8 万平方米，总建筑面积 5 万平方米，高 6 层，拥有客房总数 175 间。有中西餐厅、法式扒房、红酒雪茄吧、行政酒廊、健身中心和大小、形状不同的会议厅以及设施一流的娱乐中心。通 3 路、8 路等公交线路，近新昌大道。

义乌市锦都君澜大饭店(Yìwū Shì Jǐndūjūnlán Dàfàndiàn)　五星级酒店。在义乌市城中中路 168 号。因投资单位而得名。2003 年开业。占地面积 8 000 平方米，总建筑面积 5 万平方米，高 21 层，拥有客房总数 286 间。有桑拿中心、网球场、斯诺克、乒乓球、健身房、泳池等康乐设施。通义乌 11 路、13 路、122 路等公交线路，近丹溪北路。

东阳世贸君澜大酒店(Dōngyáng Shìmàojūnlán Dàjiǔdiàn)　五星级酒店。在东阳市世贸大道 190 号。因投资单位而得名。2011 年开业。占地面积 1.3 万平方米，总建筑面积 7.2 万平方米，高

27 层，拥有客房总数 324 间。有 1 100 平方米大型中空无柱多功能厅、同声传译国际会议中心等设施。通东阳 13 路、29 路、66 路等公交线路，近昆山路。

龙游蓝天清水湾国际大酒店(Lóngyóu Lántiān Qīngshuǐwān Guójì Dàjiǔdiàn)　五星级酒店。在衢州市龙游县荣昌大道 1 号。因投资单位而得名。2011 年开业。占地面积 2 万平方米，总建筑面积 3.5 万平方米，高 20 层，拥有客房总数 198 间。有中式餐厅 1 个，包厢 15 个。另设会议室、自助餐厅、咖啡吧、商务中心、桑拿、健身等服务娱乐场所。通龙游 1 路、10 路等公交线路，近龙洲路。

舟山财富君庭大酒店(Zhōushān Cáifùjūntíng Dàjiǔdiàn)　五星级酒店。在舟山市定海区海宇道 29 号。因寓意财富满堂而得名。2008 年开业。占地面积 4 万平方米，总建筑面积 6 万平方米，高 12 层，拥有客房总数 280 间。通 39 路、88 路等公交线路，近合兴路。

舟山绿城喜来登酒店(Zhōushān Lǜchéng Xǐláidēng Jiǔdiàn)　五星级酒店。在舟山市定海区千岛路 101 号。因投资单位而得名。2007 年开业。占地面积 7.5 万平方米，总建筑面积 8.2 万平方米，高 22 层，拥有客房总数 398 间。有逾 4 200 平方米的会议及宴会场所，有挑高 10 米、面积 1 500 平方米、无柱式设计的豪华大宴会厅，还有 10 个面积不同的多功能会议厅，均配备最先进的信息化视听技术设备以及同声传译系统。通 88 路、137 路等公交线路，近海天大道。

海中洲国际大酒店(Hǎizhōngzhōu Guójì Dàjiǔdiàn)　五星级酒店。在舟山市普陀区兴普大道 338 号。因投资单位而得名。2012 年开业。占地面积 1.1 万平方米，总建筑面积 4.1 万平方米，高 21 层，拥有客房总数 373 间。有大型宴会厅、餐厅包厢及多功能厅、大小会议室，设有 SPA、KTV、棋牌、游泳池等娱乐设施。通 225 路、227 路等公交线路，近海天大道。

丽水华侨开元名都大酒店(Lìshuǐ Huáqiáo Kāiyuánmíngdū Dàjiǔdiàn)　五星级酒店。在丽水市莲都区丽阳街 651 号。因 10 多位华侨共同斥资建造和投资单位而得名。2009 年开业。占地面积 5 000 平方米，总建筑面积 6.3 万平方米，高 24 层。拥有客房总数 376 间。有中西餐厅餐位 1 300 个，另有 8 间不同规格的大小会议室和多功能宴会厅，以及大堂商场、游泳池、健身房、KTV、桑拿等配套设施。通 4 路、203 路等公交线路，近花园路。

龙泉国际大酒店(Lóngquán Guójì Dàjiǔdiàn)　五星级酒店。在龙泉市剑池东路 29 号。2009 年开业。占地面积 1.5 万平方米，总建筑面积 4.3 万平方米，高 22 层。拥有客房总数 210 间。酒店提供健康养生餐饮、优美江景客房、阳光桑拿、保健足疗、休闲娱乐等综合性的服务产品。通龙泉游 1 路、游 2 路等公交线路，近剑川大道。

景宁畲乡鸿宾大酒店(Jǐngníng Shēxiāng Hóngbīn Dàjiǔdiàn)　五星级酒店。在丽水市景宁畲族自治县团结西路 129 号。因“鸿归有期”而得名。2010 年开业。占地面积 7 000 平方米，总建筑面积 3 万平方米，高 15 层。拥有客房总数 200 余间。有功能齐全的宴会厅、中小型餐厅。配有游泳池、KTV、桑拿、咖啡厅等服务项目。是集餐饮、住宿、娱乐、休闲、商务会议于一体的现代化商务酒店。通 2 路、3 路、9 路等公交线路，近鹤溪路。

第三编

交通设施名称

交通设施名称概述

浙江交通，自古以水运为主。早在西周、东周时期，浙江境内的越国就有较高的造船和航海技术。《周书》有周成王时“于越献舟”的记载。杭州市萧山区跨湖桥遗址出土的独木舟，是中国迄今发现最早的独木舟。秦时修“驰道”，自会稽郡治吴县（今苏州）至省境海盐。东汉延康元年（220年），境内始设郡治，陆路交通开始发展。后随着全国经济中心的南移，凭借京杭运河和独特海港优势，浙江成为海上丝绸之路起航点和漕粮运输的集散地，先后形成了鄮县（今宁波）、章安（今台州）、钱唐（今杭州）等对外通商贸易港口。随着唐朝邮驿发展，逐渐形成了以杭州为中心的水陆交通网，至宋朝时达到繁盛，疏浚浙东运河，连通了钱塘江和京杭运河，大量货物经水路、陆路和港口，源源不断地进出都城临安。元、明时期实行海禁，海运情况发生较大变化，海外贸易急剧萎缩，大量货物运输依靠水路和陆路。鸦片战争后，清政府被迫签订《南京条约》，宁波、杭州、温州3个港埠成为对外通商口岸，帝国主义列强纷纷在浙江沿海和内河开辟航线，民族轮船航运业开始出现。清末民初，沪杭铁路和甬百（宁波至上虞百官）铁路建成通车，境内开始出现铁路运输。民国时期，民族轮船航运业在外海和内河航运方面，取得较快和较全面的发展。公路运输方面，通过官商共同修筑和谁筑谁营运的办法，开始了近代公路交通建设。到1937年末，浙江省境内有近9成县市可通汽车，并沟通了与上海、南京、安徽、江西、福建、江苏6个省市的公路交通。后由于连年兵燹，境内交通几乎损毁殆尽。中华人民共和国成立后，浙江交通从“千疮百孔、支离破碎”，实现了“万里通途、畅达国际”的跨越式发展。

一、交通地名概况

港口　浙江境内河流湖泊众多，平原地区水网密布，海域辽阔，自古就有舟楫之利，水运发达。拥有丰富的深水港口、疏港的内河航道资源。境内有钱塘江、苕溪、曹娥江、甬江、椒江、瓯江、飞云江、鳌江八大水系，浙北航道交错成网，全境有骨干航道20条。拥有杭州港、嘉兴内河港、湖州港、绍兴港、宁波内河港、金华兰溪港、丽水青田港7个主要内河港口，宁波—舟山港、温州港、嘉兴港、台州港4个沿海港口。

早在新石器时代，浙江就已有航运活动。早期水路交通多利用天然河道。春秋晚期，越国开凿的“山阴故水道”是境内第一条人工运河，秦汉以后，形成了“杭甬运河”。隋朝开凿贯通“京杭运河”，是世界上里程最长、工程最大的古代运河，促进了浙江水运向中原腹地的延伸。宋、元时期，两大运河得到进一步的整治和疏浚，杭州、明州（今宁波）、温州、澉浦，成为全国7个重要港口之一。明、清时期实行海禁，内河航运繁荣。1937年全民族抗日战争爆发，内河航运受到严重破坏，沿海港口遭到日军占领和封锁。1949年中华人民共和国成立后，重点对浙北、浙东、钱塘江区域的主要航道进行疏浚和整治，各港口陆续修复、重建，航运逐渐得到恢复。20世纪70年代初期，浙江港口建设进程开始加快。1978年改革开放之后，重点加强对主枢纽港的矿石、煤炭、石油、粮食、集装箱等大型专业化码头建设，推动新港口建设和老码头技术改造的进程，宁波—舟山港跃居世界第一大港口。内河航道先后实施"杭甬运河"和"京杭运河"与钱塘江连通工程，建成全国首条现代化人工开挖的运河，实现浙东、浙北水运联网。按照五级航道标准，重点加强对骨干航道改造。2014年底，已形成以宁波—舟山港深水港城为中心，嘉兴港和温州港、台州港为两翼的沿海港口群。内河航运形成了以"京杭运河""长湖申线"为核心，以杭嘉湖高等级航道网为主体、其他地区航道为补充的"北网南线、双十千八"的骨干航道格局。

桥梁、隧道、渡口　浙江地处江南水乡，桥梁数量庞大，有桥梁10万余座。古时浙江桥梁以木、石建筑材料为主，结构形式主要有木梁桥、木拱桥、石梁桥、石拱桥。各式桥梁代表主要有：木梁桥，如龙游通驷桥、奉化广济桥、鄞州百梁桥等。木拱桥，如丽水、泰顺等地的廊桥，因桥上筑廊造型多样而著称。石梁桥，如绍兴八字桥，以其布置巧妙、构建精湛而闻名。桥梁中规模较大的多为石拱桥，如跨京杭运河的杭州拱宸桥、余杭长桥、嘉兴长虹桥等。

早期桥梁有西汉时上虞百官桥，《水经注》引《晋太康三年地记》云："舜避丹朱于此，入以名县，百官从之，故县北有百官桥。"东汉时余杭通济桥为熹平四年(175年)所建。唐、宋时始建浮桥，如：宁波东津浮桥、临海中津浮桥和兰溪悦济浮桥等。清末出现钢桁架桥，如奉化方桥。进入近现代，浙江桥梁建设加快，种类繁多，跨度更大。跨浙江境内八大水系、跨杭州湾海域、连接舟山诸海岛的桥梁纷纷建成，天堑始变通途。

钱塘江上建成的第一座大桥—钱塘江大桥，是国内第一座自行设计建造的铁路公路两用桥梁。钱塘江第二座大桥——彭埠大桥，1988年4月开工，1996年12月完工。之后钱塘江上相继建成西兴大桥、复兴大桥、袁浦大桥、下沙大桥、之江大桥、江东大桥等大桥。

白沙大桥是浙江境内第一座多孔大跨径石拱桥，跨新安江，1959年10月开工，1960年7月完工。黄岩大桥，是1949年以后境内建造的第一座大型公路桥梁，1954年10月开工，1955年7月完工。其余境内跨河跨江桥梁，还有跨飞云江的飞云江特大桥，跨瓯江的温州大桥、温溪沿江桥，跨椒江的椒江大桥，跨富春江的富春江第一大桥、富春江大桥、鹿山大桥，跨兰江的兰江大桥、黄溢大桥，跨曹娥江的曹娥江闸前大桥等。

截至2014年底，浙江境内的大型跨海大桥有：朱家尖海峡大桥，连接舟山岛和朱家尖岛，1997年3月开工，1999年5月完工，是华东地区第一座特大型跨海大桥，2008年12月扩建复线大桥—观音大桥。东海大桥，连接上海市和嵊泗县，2002年6月开工，2005年12月完工。杭州湾跨海大桥，连接嘉兴市和宁波市，2003年6月开工，2008年3月完工。嘉绍大桥，连接嘉兴市和绍兴市，2008年12月开工，2013年7月完工。在甬舟高速公路，连接宁波市和舟山市的有金塘大桥、西堠门大桥、桃夭门大桥、响礁门大桥、岑港大桥5座跨海大桥。

1965年建成的缙云蛟坑隧道，成为浙江公路修建隧道之始。随着公路交通运输的发展，隧道建设速度加快，规模也越来越大。截至2014年底，浙江隧道总数和总长列全国各省第一。水底隧道主要有西湖隧道，在杭州西湖景区，2002年12月开工，2003年10月完工。沈家门港海底隧道，连接舟山沈家门和鲁家峙岛，2008年10月开工，2014年1月完工。钱江隧道，连接嘉兴市和杭州市，2008年12月开工，2014年4月完工。山间隧道主要有：黄土岭隧道、晓峰岭隧道、叶六公岙隧道、任胡岭隧道、黄鹤山隧道、新岭隧道、双峰隧道、猫狸岭隧道、括苍山隧道等。

公路渡口，曾在浙江公路交通运输中发挥过重要作用。随着公路桥梁、隧道的建成，境内渡口出现大幅萎缩，现存的主要渡口有：景宁的绿草渡口、建德的三河渡口、东阳的横锦渡口、宁波的邵家渡渡口、温州的安澜车渡等。

公路 古代浙江陆路交通相对闭塞，直至春秋越国才逐渐得以发展，修建了越国至吴国、越国至楚国、会稽（今绍兴）至甬东（今定海）3条古道。唐、宋时期，以杭州为中心的陆路交通网络开始逐步形成，主要包括杭州至苏州、杭州至福州、杭州至徽州（今黄山）等9条古道。到清代已基本形成较为完善的陆路交通网，道路构造以泥石路、石板路、石子路为主，宽度2米左右。民国时期，开工建设了6条国道和2条省道，为浙江公路发展奠定了基础。抗日战争期间，由于战事影响，公路损毁严重。中华人民共和国成立后，浙江公路建设经过了恢复初建、起伏前进、改革提高、快速发展四个阶段，取得了较大成就。通过对国省、省道的拓宽改造新建，提高了公路等级。1970年实现了县县通公路。1988年启动建设高速公路，1996年浙江省内第一条高速公路——杭甬高速公路建成通车。

2014年底，浙江省已建成国家高速公路13条、省级高速公路24条、国道6条、省道68条，以及县道、乡道、村道、专用道等，公路通车里程11.6万千米。形成了以杭州为中心，各设区市为枢纽，贯通全省，沟通城乡，连接邻省（市），多层次、多形式、纵横交错、四通八达的公路交通网络。

二、交通地名的命名

境内港口的通名是“港”，专名是港口所附着的地名，如杭州港、湖州港。有时为区分港口类别，采用功能性限定词语，如宁波港、宁波内河港，嘉兴港、嘉兴内河港等。

航运的码头通名为“码头”或加以功能限定词，专名则由其所处的地理位置命名，如南星桥码头、千岛湖旅游码头、闸堰客运码头、滩头轮船码头等。也有以码头所属命名，如渔政码头、嘉港石化码头等。

桥梁的通名主要为“桥”“大桥”，也有加以功能性描述的词语的，如“特大桥”，或表示特征的词语，如“立交桥”“高架桥”等。专名主要有以下情况：钱塘江上的桥梁大多由相连的镇、街道命名，如彭埠大桥、西兴大桥、下沙大桥等，也有以所跨河流命名，如钱塘江大桥、之江大桥等。境内大桥除以所跨河流、湖泊命名外，如椒江大桥、千岛湖大桥，也有以所在地命名，如温州大桥、鹿山大桥等。有些桥梁因为分布在较长的道路沿线，跨多次弯曲河道，故以河流名加序数词命名，如永安溪三号桥、邵家渡一号桥等。

隧道的通名为“隧道”，专名以所在处的地名命名。如枫树岭隧道、雪岭隧道、西湖隧道等。

渡口通名为“渡口”或加以功能限定词，专名则由其所处的地理位置命名，如绿草渡口、横锦渡口、安澜车渡等。

高速公路的通名为“高速公路”，其专名由起讫地的简称或首字组成，如沈海高速公路、京台高速公路、龙丽高速公路等。国道、省道、县道，专名以数字命名并冠以“国”“省”“县”首字拼音，如G104国道、S315省道、X106县道等，其简称以起讫点和经过的主要集镇的简称或首字组成，如京福线、兰贺线、平廊线等。铁路的通名，一般称“线”或“客运专线”，其专名由起讫地的简称或首字组成，如沪昆线、宁杭客运专线等。

汽车站的通名，一般称“汽车站”“客运中心”，专名一般以所在的市、县名命名，也有加方位词的，如武义汽车站、宁波客运中心、绍兴汽车东站等。铁路车站的通名为“火车站”“站”，专名一般以所在的市、县名命名，有时也加方位词，如温州火车站、温州南站、瑞安站等。

航空港的名称，通名为“机场”或“国际机场”，专名则以机场所在地命名，如义乌机场、杭州萧山国际机场、宁波栎社国际机场等。

道路作为城市内部交通的毛细血管，使用的通名主要为“路”“大道”“街”。其专名主要有以下的特点：

（一）以政区名命名。在使用政区名作为专名中，大部分采用本区域政区名（含古政区名），如：嵊州的嵊州大道；义乌的稠州路，以唐代於县置稠州而得名；庆元的濛洲街，以古庆元县别名濛洲而得名。

（二）以人名或作品名命名。境内地名在严格遵守国家法律法规的前提下，一般会选用当地历史著名人物或其作品来命名城市道路，以提升城市的历史文化底蕴。如绍兴的鲁迅路，以纪念文学家鲁迅先生而得名；丽水的大猷街、继光街，以纪念明代抗倭名将俞大猷和戚继光而得名；遂昌的牡丹亭路，为纪念明代戏曲家汤显祖，以其名著《牡丹亭》而得名。

（三）以政治性词汇命名。地名具有鲜明的政治特征，特别是中华人民共和国成立后，出现了诸如：解放、新华、胜利、人民、建国、复兴等语词来命名城市道路。如：杭州的解放路、绍兴的胜利路、金华的人民路等。

（四）以地理实体或方位命名。如诸暨的苎萝路，以途经苎萝而得名；永嘉的罗浮大街，以地处罗浮山而得名；县前街，以在县人民政府前而得名；湖州的滨湖大道、太湖路，以濒临太湖而得名。

（五）以历史地理实体命名。随着城市建设的不断加快发展，原有的古村、古桥、古庙宇、古街坊、古遗迹不断消亡，需要地名来记录其历史变迁的演化进程。境内道路通过古地名延续当地长期形成的历史传统文化。如杭州的庆春路、艮山路、德胜路、凤起路、上塘路等，因途经原庆春门、艮山门、德胜桥、凤起桥，上塘乡而得名。

（六）以美好希冀的词语命名。此类专名主要用在城市新区的开发建设中，寄托当代人们对城市建设的美好希望。如玉环的玉兴路、泰安路，寓意振兴玉环，国泰民安之意；嘉兴的越秀路、昌盛路，寄寓人们对城市发展的愈发秀丽、昌盛繁荣的美好愿望。

（七）以区域特征命名。在城市发展过程中，出现若干功能区域，专名也体现功能区域特征，如杭州的文一路、文二路、文三路等，因地处文教园区而得名；武义的温泉路、温泉南路、温泉北路等，因地处温泉度假区而得名等。

（八）以联称地名命名。采用道路连接的两端地名各取一字组成联称地名，如杭州的文晖路，以道路连接文三路和朝晖小区而得名；石祥路，以道路连接石桥、祥符两镇而得名。联称地名中，也有政区名和地理实体名相组合的，如温州的龙江路、龙海路，以龙湾区和濒临或通往瓯江、东海而得名。

（九）以通往目的地方向命名。利用道路延伸方向来命名道路。如杭州的莫干山路，以道路通往建德的莫干山风景名胜区而得名；温州的机场大道，以道路通往龙湾国际机场而得名；浦江的仙华路，以道路通往仙华山风景名胜区而得名。

第一章　航空航运设施名称

第一节　航空港名称

杭州萧山国际机场(Hángzhōu Xiāoshān Guójì Jīchǎng)　4F 级民用运输机场，是中国十二大干线机场之一、国际定期航班机场、对外开放的一类航空口岸和国际航班备降机场。在杭州市东部，距杭州市中心城区 27 千米。因在杭州市萧山区境内，故名。1997 年 12 月始建，2000 年 12 月建成通航。2001 年 12 月从杭州萧山机场更为今名。2007 年 11 月开工扩建，2012 年 12 月建成二期工程。有航站楼 3 座、登机桥 49 座。航站楼占地面积 10 平方千米，建筑面积 37 公顷。有客机停机坪 1.1 平方千米、货机停机坪 5.2 万平方米、机位 127 个。飞机跑道 2 条，长度分别为 3 600 米和 3 400 米。飞行区等级为 4F 级。开通航线 235 条，其中国内航线 196 条。为我国重要的干线机场、对外开放的一类航空口岸、国内第四大国际航空口岸和国际航班备降机场。2014 年旅客吞吐量 2 552.59 万人次，货邮吞吐量 39.86 万吨，航班起降量 21.33 万架次。杭州萧山国际机场的区域枢纽建设，从服务“一带一路”、长江经济带发展和长三角城市群建设的高度来看，有利于加快发展浙江省开放型经济、提升杭州城市国际化水平。此外，杭州与新西伯利亚全货机航线的开通，进一步推进了中国(杭州)跨境电子商务综合试验区建设，增强了杭州萧山国际机场区域枢纽及航空物流集散功能，有利于更好地服务中俄贸易。

宁波栎社国际机场(Níngbō Lìshè Guójì Jīchǎng)　在宁波市中部，距宁波市中心城区 12 千米。因在宁波市栎社村境内，故名。1984 年 11 月始建，1990 年 6 月建成通航。2005 年 11 月从宁波栎社机场更为今名。2006 年 2 月完成飞行区扩建工程。有航站楼 2 座、登机桥 24 座。航站楼建筑面积 4.35 万平方米。有停机坪 14.2 公顷、机位 60 个。飞机跑道 1 条，长度为 3 200 米。飞行区等级为 4E 级。开通航线 143 条，其中国内航线 123 条。为国家一类航空口岸、全国重要的区域性枢纽机场。2014 年旅客吞吐量 636 万人次，货邮吞吐量 7.8 万吨，航班起降量 5.39 万架次。

温州龙湾国际机场(Wēnzhōu Lóngwān Guójì Jīchǎng)　在温州市东部，距温州市中心城区 21.7 千米。1987 年 5 月始建，1990 年 5 月建成。1993 年 10 月候机楼工程扩建。原名温州永强机场。2013 年 3 月更今名。有航站楼 2 座，登机桥 29 座。航站楼建筑面积 15.59 公顷。有停机坪 0.53 平方千米，机位 59 个。飞机跑道 1 条，长度为 3.2 千米。飞行区等级为 4D 级。为国家一类航空口岸、中国国内二类民用机场。开通航线 125 条，其中国内航线 109 条。2014 年旅客吞吐量

680.22 万人次，货邮吞吐量 6.88 万吨，航班起降量 5.91 万架次。

义乌机场(Yìwū Jīchǎng)　在金华市北部，距金华市中心城区 48 千米。1991 年 4 月建成。1994 年完成一期扩建工程，2009 年完成二期扩建工程，2013 年完成三期扩建工程。有航站楼 1 座，登机桥 6 座。航站楼建筑面积 3 万平方米。有停机坪 2.63 万平方米，机位 11 个。飞机跑道 1 条，长度为 3 千米。飞行区等级为 4D 级。开通航线 19 条，其中国内航线 17 条。为浙江省中西部地区最大航空港、华东地区首座县级民航机场。2014 年旅客吞吐量 120.45 万人次，货邮吞吐量 0.53 万吨，航班起降量 1.07 万架次。

舟山普陀山机场(Zhōushān Pǔtuóshān Jīchǎng)　在舟山市东部，距舟山市中心城区 16.5 千米。1995 年 1 月始建，1997 年 3 月建成。原名舟山朱家尖机场，1998 年 4 月更今名。有航站楼 1 座，登机桥 3 座。航站楼建筑面积 6 400 平方米。有停机坪 5.2 万平方米，机位 9 个。飞机跑道 1 条，长度为 2.5 千米。飞行区等级为 4D 级。开通航线 14 条。2014 年旅客吞吐量 53.84 万人次，货邮吞吐量 254.8 吨，航班起降量 2.45 万架次。

第二节　海港及港区名称

宁波—舟山港(Níngbō—Zhōushān Gǎng)　海港。在浙江省东部，跨宁波市和舟山市，邻杭州湾。2006 年 1 月起使用今名。由宁波港和舟山港一体化合并而成，故名。海域岸线总长 4 750 千米，规划岸线总长 550 千米，已利用岸线 236 千米。含北仑、洋山、六横、衢山、穿山、金塘、大榭、岑港、梅山、嵊泗、岱山、镇海、白泉、马岙、定海、石浦、象山、甬江、沈家门 19 个港区。其中，北仑、洋山、六横、衢山、穿山、金塘、大榭、岑港、梅山 9 个港区为主要港区，以综合运输为主；嵊泗、岱山、镇海、白泉、马岙 5 个港区为重要港区，以服务海洋产业为主，兼顾综合运输；定海、石浦、象山、甬江、沈家门 5 个港区为一般港区，主要服务地方经济发展。有集装箱、散杂货、液体化工、煤炭等生产性泊位 620 个，其中万吨级泊位 160 个。年货物吞吐量 87 300 万吨，集装箱吞吐量 1 945 万标箱。中国沿海主要港口和中国国家综合运输体系的重要枢纽，国家一类开放口岸，上海国际航运中心的重要组成部分，是服务长江经济带、建设舟山江海联运服务中心的核心载体，是浙江海洋经济发展示范区和舟山群岛新区建设的重要依托，是宁波市、舟山市经济社会发展的重要支撑。分六横、梅山及穿山，北仑、金塘、大榭、岑港，白泉、岱山大长涂，洋山和衢山 4 个核心发展区，形成“一港四核”的空间格局。

宁波—舟山港北仑港区(Níngbō—Zhōushān Gǎng Běilún Gǎngqū)　海港。在宁波市北仑区境内甬江口东侧、金塘水道西南岸。西起甬江口岸长跳嘴，东至大榭一桥。因在宁波市北仑区境内，故名。建于 1978 年，1985 年建成，1989 年扩建。岸线总长 18 千米。含西部、中部、东部 3 个作业区。有集装箱、散杂货、液体化工等生产性泊位 39 个，其中万吨级泊位 31 个。年货物吞吐量 18 997 万吨，集装箱吞吐量 591 万标箱。为宁波—舟山港的主要港区，以集装箱、大宗干散货、原油、成品油及液体化工品、粮食和杂货运输为主，兼顾邮轮客运。

宁波—舟山港穿山港区(Níngbō—Zhōushān Gǎng Chuānshān Gǎngqū)　海港。在宁波市北

仑区白峰镇穿山半岛沿岸。西起龙睡宫，南至新碶头。因在宁波市穿山半岛，故名。建于1993年，后多次改扩建。陆域面积12.48平方千米。含西部、中部、东部3个作业区。有集装箱、散杂货、液体化工等生产性泊位50个，其中万吨级泊位33个。年货物吞吐量14 960万吨，集装箱吞吐量450万标箱。为宁波—舟山港的主要港区，以集装箱、大宗散货运输为主，兼顾液化天然气、成品油及液体化工品运输。

宁波—舟山港大榭港区（Níngbō—Zhōushān Gǎng DàxièGǎngqū） 海港。在宁波市北仑区大榭街道。因在宁波市大榭岛，故名。建于1993年，后多次改扩建。岸线总长26.14千米。有集装箱、液体化工、煤炭等生产性泊位33个，其中万吨级泊位12个。年货物吞吐量8 395万吨，集装箱吞吐量280万标箱。开通至东南亚、俄罗斯远东、美洲、澳洲等30余条外贸航线。为宁波—舟山港的主要港区，以集装箱、原油、成品油及液体化工品运输为主，兼顾临港产业发展。

温州港（Wēnzhōu Gǎng） 海港。在温州市东部温州湾、乐清湾内。因在温州市，故名。建于1998年。规划岸线总长189千米，已利用岸线62千米。含状元岙、乐清湾、大小门岛、瓯江、瑞安、平阳、苍南7个港区。有集装箱、煤炭、金属矿石等生产性泊位218个，其中万吨级以上泊位17个、5万吨级及以上泊位5个。年货物吞吐量6 158万吨，集装箱吞吐量66.2万标箱。为国家一类开放口岸，中国东南沿海重要港口之一，国家重要枢纽港。随着状元岙港区、乐清湾港区、大小门岛港区三大核心港区的相继建成，以及新金温、甬台温、温福铁路和金丽温、沈海、诸永及绕城高速等综合交通体系的不断完善，逐渐成为中国乃至东南沿海的重要港口之一。

温州港乐清湾港区（Wēnzhōu Gǎng Yuèqīngwān Gǎngqū） 海港。在乐清市境内，瓯江口北岸。因在温州市乐清市境内，故名。建于2005年。北起黄家里，南至西干河。岸线总长16.6米。含A、B、C、D、E、F、G7个作业区。有集装箱、煤炭、钢铁等生产性泊位10个，其中万吨级以上泊位4个。是集港口运输、临港工业、现代物流和船舶制造于一体的综合性深水避风良港，为温州港的核心港区。

温州港状元岙港区（Wēnzhōu Gǎng Zhuàngyuán'ào Gǎngqū） 海港。在温州市洞头县元觉街道状元岙岛西部。因在温州市状元岙岛，故名。建于2008年。含A、B、C、D 4个作业区。有集装箱、散杂货等生产性泊位2个，其中万吨级泊位2个。年货物吞吐量为328.06万吨，其中散货317.37万吨，集装箱吞吐量2.04万标箱。由集装箱、散杂货运输港区逐步发展成为综合性港区，为温州港的核心港区。

嘉兴港（Jiāxīng Gǎng） 海港。在平湖市和海盐县境内，杭州湾北岸。西起海盐县澉浦长山闸，东至平湖市金丝娘桥。因属嘉兴市，故名。建于1975年，原名“乍浦港”。2002年改为今名。岸线总长74.1千米。含独山、乍浦、海盐3个港区。有集装箱、散杂货、液体化工等生产性泊位48个，其中万吨级泊位35个。年货物吞吐量6 880万吨，集装箱吞吐量115.6万标箱。集海上、内河、铁路、公路联运的综合性深水港口。为浙江省北部唯一的出海口和海上对外贸易口岸，国家一类对外开放口岸。嘉兴港是长三角地区重要港口、浙江省海河联运枢纽港，是杭州湾北岸制造业基地的核心区域，更是全省大湾区建设的战略性资源、全市外向型经济发展的重要支撑。

嘉兴港独山港区（Jiāxīng Gǎng Dúshān Gǎngqū） 海港。在平湖市独山港镇。西起益山，东至金丝娘桥。因在嘉兴市独山港镇，故名。可供生产建设用岸线长12.6千米，前沿水深10～13米，最大可布置3万～5万吨级码头。有生产性泊位18个，其中万吨级以上泊位13个。为嘉兴港的重要组成部分，集沿海深水码头、现代物流仓储、临港工业于一体的制造业基地。

嘉兴港乍浦港区(Jiāxīng Gǎng Zhàpǔ Gǎngqū)　海港。在平湖市乍浦镇。西起海盐郑家埭，东至益山。因在嘉兴市乍浦镇，故名。宋淳祐六年(1246年)开埠。1986年一期工程开建，后多次改扩建。2002年改今名。可供生产建设用岸线长5千米，前沿水深10米以上。有生产性泊位18个，其中万吨级以上泊位16个。为嘉兴港的重要组成部分，以服务杭嘉湖地区工农业生产和外贸运输为主。

嘉兴港海盐港区(Jiāxīng Gǎng Hǎiyán Gǎngqū)　海港。在嘉兴市海盐县东部沿海。西起长山闸，东至郑家埭。因在嘉兴市海盐县，故名。建于1997年，2007年改今名。可供生产建设用岸线长8.9千米，其中可布置万吨级码头的岸线5.4千米。有生产性泊位12个，其中万吨级以上泊位6个。为嘉兴港的重要组成部分，以服务浙江海盐经济开发区、杭州湾跨海大桥新区和腹地生产生活货物运输为主。

宁波—舟山港定海港区(Níngbō—Zhōushān Gǎng Dìnghǎi Gǎngqū)　海港。在舟山市定海区境内舟山岛南岸中部。因在舟山市定海区，故名。1987年4月与沈家门、老塘山2个港区合称为舟山港。2006年1月改今名。西起蟹峙门，东至十六门。岸线总长73.5千米。含西蟹峙、岙山和城市客运3个作业区。有码头7座，生产性泊位20个，其中万吨级泊位8个。为宁波—舟山港的一般港区，服务于地方经济、临港产业和旅游客运发展，舟山群岛交通枢纽。

宁波—舟山港岑港港区(Níngbō—Zhōushān Gǎng Céngǎng Gǎngqū)　海港。在舟山市定海区岑港街道和双桥街道。北起马目山嘴，南至老塘山。以岑港街道而得名。原名老塘山港区，1987年4月与沈家门、定海港区合称为舟山港。2006年1月改今名。规划岸线总长25.1千米，已利用岸线16.7千米。含烟墩、册子、外钓、老塘山4个作业区。有码头4座，生产性泊位35个。为宁波—舟山港的主要港区，以原油、成品油及液体化工品和粮食、木材等散货、杂货运输为主，发展原油储运、船舶燃供等功能。

宁波—舟山港马岙港区(Níngbō—Zhōushān Gǎng Mǎ'ào Gǎngqū)　海港。在舟山市定海区境内舟山岛北部。因在舟山市马岙街道，故名。建于2006年1月。岸线总长23千米。分东、西两区，东区在白泉、北蝉、展茅沿岸，西区在马岙、小沙和长白沿岸。含小沙、天后宫和干礁3个作业区。有码头2座，生产性泊位9个，其中万吨级泊位5个。为宁波—舟山港的重要港区，以成品油及液体化工品和杂货运输为主，兼顾商品汽车滚装运输功能，服务舟山本岛物资运输和临港产业发展。

宁波—舟山港金塘港区(Níngbō—Zhōushān Gǎng Jīntáng Gǎngqū)　海港。在舟山市定海区金塘镇。因在舟山市金塘镇，故名。建于2006年1月。规划岸线总长33.2千米，已利用岸线4.6千米。含穆岙、大浦口、上岙、张家岙、小李岙、北岙和甬舟高速公路以北海洋产业及配套码头区7个作业区。有码头4座，生产性泊位5个，其中万吨级泊位3个。年货物吞吐量1 263万吨，集装箱吞吐量72.87万标箱。为宁波—舟山港的主要港区，以集装箱运输为主，兼顾临港产业发展。

宁波—舟山港沈家门港区(Níngbō—Zhōushān Gǎng Shěnjiāmén Gǎngqū)　海港。在舟山市普陀区境内舟山岛东南部。因在舟山市沈家门街道，故名。元大德元年(1297年)设沈家门渡，明永乐七年(1409年)设置沈家门水寨。清同治八年至光绪二十六年(1869—1900年)，先后筑东横塘、西横塘、墩头塘等海堤。解放后多次改扩建。西起勾山浦，东至半升洞。岸线总长11.5千米。

包括中港区、墩头区、西港区、东港区和南港区。有生产性泊位157个，其中万吨级泊位2个。年货物吞吐量1 200万吨。为宁波—舟山港的一般港区，东海渔业生产重要补给基地和水产品集散中心，舟山远洋渔业主要基地。

宁波—舟山港六横港区（Níngbō—Zhōushān Gǎng Liùhéng Gǎngqū）　海港。在舟山市普陀区六横镇。因在舟山市六横镇，故名。明嘉靖年间有航船与沈家门互往，清同治七年（1868年）设六横汛，1956年设客渡，分别于1968、1988年扩建码头。规划岸线总长72.3千米，已利用岸线18.7千米。含双塘、聚源、东浪咀、涨起港、沙头山、凉潭、虾峙7个作业区。有生产性泊位59个，其中万吨级泊位17个。年货物吞吐量6 600万吨。为宁波—舟山港的主要港区，以集装箱、铁矿石、煤炭为主，兼顾液体散货运输和临港产业发展。

宁波—舟山港岱山港区（Níngbō—Zhōushān Gǎng Dàishān Gǎngqū）　海港。在舟山市岱山县境内。因在舟山市岱山县，故名。始建于清末民初。岸线总长27.3千米。含长涂、鱼山、仇家门、浪激渚、岱山北和秀山6个作业区。有客运、货运等码头105座，生产性泊位20个，其中万吨级泊位2个。年货物吞吐量3 565.9万吨。为宁波—舟山港的重要港区，以液体散货运输和临港产业发展为主，兼顾杂货运输、旅游客运及陆岛运输功能。

宁波—舟山港衢山港区（Níngbō—Zhōushān Gǎng Qúshān Gǎngqū）　海港。在舟山市岱山县衢山镇。因在舟山市衢山镇，故名。始建于清末民初。规划岸线总长64千米，已利用岸线14.2千米。含小黄沙、泥螺山、胡琴岙、蛇移门、鼠浪湖和黄泽6个作业区。有客运、货运等码头41座，生产性泊位7个。为宁波—舟山港的主要港区，以铁矿石中转运输和原油储运为主，兼顾成品油及液体化工品运输，发展保税仓储和临港产业功能。

宁波—舟山港洋山港区（Níngbō—Zhōushān Gǎng Yángshān Gǎngqū）　海港。在舟山市嵊泗县洋山镇。因在舟山市洋山镇，故名。建于2002年4月，2005年5月一期工程建成，2006年12月二期工程建成，2008年12月三期工程建成。规划岸线总长31.4千米，已利用岸线11.7千米。陆域总面积8.1平方千米。含小洋山、沈家湾、大洋山、小洋山北4个作业区。有集装箱、液体化工等生产性泊位30个，其中万吨级泊位16个。年货物吞吐量10.4万吨，集装箱吞吐量1 479万标箱。为宁波—舟山港的主要港区，以集装箱干线运输为主，兼顾液化天然气和成品油运输，具备保税、物流、加工贸易等综合服务功能。

台州港（Tāizhōu Gǎng）　海港。在台州市境内。北起三门县沙柳街道旗门塘，南至温岭市坞根镇杨公岙村。因在台州市，故名。建于1960年，2001年台州市内港口统一更名台州港，2006年后多次改扩建。含健跳、头门、黄岩、海门、温岭、大麦屿6个港区。有码头128座，集装箱、散杂货等生产性泊位179个，其中万吨级泊位9个。年货物吞吐量6 048.7万吨，集装箱吞吐量15.4万标箱。为国家一类开放口岸，浙中沿海水运枢纽，浙江省沿海地区重要港口，台州市及浙中南地区发展经济、扩大开放的重要依托。

台州港海门港区（Tāizhōu Gǎng Hǎimén Gǎngqū）　海港。在台州市椒江区境内，台州湾西部椒江入海口处。东起老鼠山，西至三江口。因港口的两岸山峦毗连，入海处两山夹峙，南侧称"牛头颈"，耸踞牛头状；北边有小圆山，隆起江畔，彼此遥遥相对，逼海而立，状如大门，故名海门。唐代已经形成商埠雏形，南宋初期有日本船只出入，清光绪二十三年（1897年）创办客运业务。岸线总长47.8千米。含前所、大陈、三山、牛头颈和椒江大桥以下岸线5个作业区。有码头41座、泊位48

个，其中万吨级泊位 1 个。年货物吞吐量 1.64 万吨，集装箱吞吐量 10.6 万标箱。为台州港的中心港区，集海运、陆运、空运于一体及客货运输并举的综合性海港。

台州港黄岩港区（Tāizhōu Gǎng Huángyán Gǎngqū）　海港。在台州市黄岩区境内，椒江南岸。西起三江口，东至芦村公共码头。因在台州市黄岩区，故名。建于 1996 年 12 月，1998 年 5 月建成。岸线总长 1.9 千米。含散杂货、船厂、液体化学品 3 个作业区。有生产性泊位 6 个。年货物吞吐量 200 万吨。为台州港的重要组成部分，以服务港区后方工业和黄岩当地经济发展所需的生产生活物资为主。

台州港温岭港区（Tāizhōu Gǎng Wēnlǐng Gǎngqū）　海港。在温岭市境内，乐清湾北部。因在台州市温岭市，故名。建于 2007 年。岸线总长 118.7 千米。含龙门、永安、石塘和沙山 4 个作业区。有码头 18 座、生产性泊位 18 个。年货物吞吐量 450 万吨。为台州港的重要组成部分，以满足温岭地区经济发展所需的生产生活物资运输为主，结合临港工业开发，建设配套码头等基础设施，为当地提供原材料、物资运输。

台州港头门港区（Tāizhōu Gǎng Tóumén Gǎngqū）　海港。在临海市境内，台州湾北部。北起柱头山岛，南至白沙。因在头门岛，故名。建于 2007 年 8 月，2014 年码头一期工程建成。规划岸线总长 28.8 千米，用地面积 79.3 平方千米。含头门、灵江 2 个作业区。有码头 1 座，生产性泊位 1 个。年货物吞吐量 100 万吨。为台州港的重要组成部分，台州市实施沿海战略、发展临港工业的主要依托，以干散货和液体散货运输为主。

台州港大麦屿港区（Tāizhōu Gǎng Dàmàiyǔ Gǎngqū）　海港。在台州市玉环县境内，乐清湾东侧。北起连屿，南至老虎礁。因在大麦屿，故名。建于 1988 年。规划岸线总长 29.9 千米，前沿水深 12 米以上。含鲜迭、大岩头、大麦屿、连屿和普竹 5 个作业区。有码头 1 座，生产性泊位 14 个。年货物吞吐量 3 025 万吨，集装箱吞吐量 30 万标箱。为台州港的重要组成部分，以集装箱、煤炭、滚装运输为主，重点发展现代物流业和对台直航运输，为浙南及附近地区内外贸运输服务。

台州港健跳港区（Tāizhōu Gǎng Jiàntiào Gǎngqū）　海港。在台州市三门县境内，三门湾西侧。因在健跳镇，故名。占地面积 20.12 平方千米。岸线总长 17 千米。含下沙塘、龙山深水港、七市塘、洋市涂和牛山 5 个作业区。有码头 22 座。年货物吞吐量 253 万吨。为台州港的重要组成部分，以电力等临港工业服务为主，兼顾三门地区经济发展所需的生产生活物资运输。

第三节　河港及港区名称

杭州港（Hángzhōu Gǎng）　河港。在杭州市境内，东临杭州湾，京杭大运河最南端。因在杭州市，故名。建于 20 世纪 50 年代，分别于 1978、2000 年扩建。岸线总长 3.33 千米。含钱江、运河、萧山、余杭、富阳、桐庐、建德、淳安、临安 9 个港区。有集装箱、散杂货、煤炭等生产性泊位 809 个。年货物吞吐量 1 亿吨，集装箱吞吐量 7 826 万标箱。为全国 28 个内河主要港口之一，浙江省江河运输、水陆联运、水水中转的重要枢纽。连接三大水系（京杭大运河、钱塘江、杭甬运河），将杭嘉湖水系、钱江水系和萧绍甬水系融为一体，具有往北能伸入长江，往东能驶向沿海的通江达海的航运能力。实现历史性的“亿吨突破”后，杭州港区作为长三角南翼“枢纽港”的地位，得到了进一步的巩固。

绍兴港(Shàoxīng Gǎng)　河港。在绍兴市越城区境内，杭甬运河西岸。因在绍兴市，故名。建于2010年12月，2011年12月建成。占地面积31.6公顷，岸线总长2.2千米。有码头1座，集装箱、钢材等生产性泊位17个。年货物吞吐量204万吨，集装箱吞吐量8万标箱。为绍兴市的水路交通枢纽，是集现代物流与商务旅游于一体的旅游休闲港口。

温溪港(Wēnxī Gǎng)　河港。在丽水市青田县境内，瓯江北岸。因在丽水市青田县温溪镇，故名。建于1976年，1979年建成。占地面积4.88万平方米，岸线总长0.8千米。有1 000吨级码头1座，500吨级码头1座，生产性泊位2个。年货物吞吐量80万吨。为丽水市唯一的出海港口，肩负着通江达海及与温州港江海联运资源整合的重要功能。

第四节　码头渡口名称

三江客运站(Sānjiāng Kèyùnzhàn)　客运码头。在舟山市定海区马岙街道三江村。因在三江村域内而得名。2008年动工建设，2013年扩建。有候船大厅、停车场、售票大厅等配套设施。有码头3座、泊位6个。年客运量353.3万人次。开通至上海、宁波、岱山、嵊泗等航线。为舟山北部岛屿进出舟山岛的重要接口。

舟山港沈家门客运中心码头(Zhōushān Gǎng Shěnjiāmén Kèyùnzhōngxīn Mǎtóu)　客运码头。在舟山市普陀区沈家门街道兴建路，沈家门港北侧。因在沈家门港而得名。1980年动工建设，分别于1999、2006、2011年改扩建。占地面积1.34万平方米，建筑面积1.86万平方米。有候船大厅、行李房、停车场、售票房等配套设施。有码头1座、泊位5个。年客运量300万人次。开通至桃花岛、六横岛、登步岛等航线。为连接沈家门和桃花岛、六横岛等地的重要接口。

半升洞客运码头(Bànshēngdòng Kèyùn Mǎtóu)　客运码头。在舟山市普陀区沈家门街道滨港路，普沈水道西侧。因地处半升洞岬角而得名。始建于1984年，1985年迁至现址，1998年扩建。占地面积1 066平方米，建筑面积4 092平方米。有候船室、行李房等配套设施。有码头3座、泊位4个。年客运量194万人次。开通至普陀山、东极岛、桃花岛、枸杞岛等航线。为连接沈家门和普陀山、东极岛等地的重要接口。

蜈蚣峙客运码头(Wúgōngzhì Kèyùn Mǎtóu)　客运码头。在舟山市普陀区朱家尖街道西北部，普沈水道南侧。因在蜈蚣峙而得名。1987年11月正式动工，1988年5月建成，2004年6月扩建。占地面积3.78万平方米，建筑面积2.27万平方米。有候船大厅、停车场、仓库、堆场等配套设施。有码头8座、泊位8个。年客运量300万人次。开通至普陀山航线。为连接朱家尖岛和普陀山岛的重要接口，舟山旅游集散枢纽。

舟山群岛国际邮轮港码头(Zhōushān Qúndǎo Guójì Yóulúngǎng Mǎtóu)　客运码头。舟山群岛唯一的国际客流口岸。在舟山市普陀区朱家尖街道西北部，福利门水道东侧。因该码头为对外开放国际客流口岸，故名。建于2001年9月(2011年)，2014年10月建成。占地面积15.67公顷，建筑面积1万平方米。有候船大厅、停车场、免税商店等配套设施。有码头1座、泊位1个。年客运量50万人次。集国际邮轮、对台直航、市外海上客运、群岛游船、普陀南侧岛际交通车客渡等功能。为落实国务院关于浙江舟山群岛新区的目标定位和工作要求，有效推进“东部地区重要的海上开放门户”建设，促进海岛旅游产业升级换代的一项重要举措。

虾峙客运码头(Xiāzhì Kèyùn Mǎtóu) 客运码头。在舟山市普陀区虾峙镇庙湾村，箬帚门北侧。原名“大岙码头”，后迁址至庙湾。因在虾峙岛而得名。2003年9月扩建，2004年11月建成。占地面积1.25万平方米，建筑面积1 568平方米。有综合用房、候船室、停车场等配套设施。有码头3座、泊位4个。年客运量39万人次。开通至六横、宁波北仑等航线。为连接虾峙岛和六横岛、宁波北仑的重要接口。

桃花岛客运码头(Táohuādǎo Kèyùn Mǎtóu) 客运码头。在舟山市普陀区桃花镇公前村，清滋门南侧。因在桃花岛而得名。1984年动工建设，分别于1992、2002年扩建。占地面积2.11万平方米，建筑面积2 240平方米。有候船室、停车场、堆场等配套设施。有码头4座、泊位4个。年客运量122.3万人次。开通至沈家门、普陀山、六横岛、虾峙岛、宁波北仑等航线。为连接桃花岛和沈家门、普陀山、宁波北仑等地的重要接口。

浙江舟山煤炭中转码头(Zhèjiāng Zhōushān Méitàn Zhōngzhuǎn Mǎtóu) 货运码头。全国最大的企业自备煤炭码头，华东地区最大储备、配煤及中转码头。在舟山市普陀区六横岛东北岸，头洋港西侧。因其进行煤炭运输而得名。2009年动工建设，由浙江浙能中煤舟山煤电有限责任公司所建。有泊位5个，其中万吨级泊位4个。年货物吞吐能力3 000万吨。集海运、存贮、中转、配煤等功能于一体。为浙江省内提供安全可靠的电煤运输和储存途径。

六横客运码头(Liùhéng Kèyùn Mǎtóu) 客运码头。在舟山市普陀区六横镇大岙村，头洋港西侧。因在六横岛而得名。始建于1953年，1983年改建，分别于1992、2003年扩建。占地面积4.17万平方米，建筑面积6 600平方米。有候船室、停车场、堆场等配套设施。有码头5座、泊位4个。年客运量93.9万人次。开通至定海、沈家门等航线。为连接六横岛和定海、沈家门等地的重要接口。

普陀山客运码头(Pǔtuóshān Kèyùn Mǎtóu) 客运码头。在舟山市普陀区普陀山镇南部，普沈水道北侧。因普陀山而得名。1982年10月动工建设，后多次改扩建。占地面积2万平方米，建筑面积5 000平方米。有候船大厅、堆场等配套设施。有码头6座。年客运量800万人次。开通至上海吴淞、上海芦潮港、宁波大榭、嵊泗小洋山、沈家门、朱家尖等航线。为进出普陀山风景名胜区的重要通道。

岱山港客运中心(Dàishāngǎng Kèyùn Zhōngxīn) 客运码头。在舟山市岱山县高亭镇沿港中路，高亭港北侧。因在岱山县而得名。最早建于1954年，1978年新建客运楼，分别于1977、1986、1990年新建客运码头，后多次改扩建。占地面积1.29万平方米，建筑面积6 400平方米。有候船室、停车场、仓库等配套设施。有码头1座、泊位5个。年客运量258万人次。开通至定海三江、秀山海岙、官山等航线。为连接岱山岛和舟山、宁波的重要接口。

新城客运中心(Xīnchéng Kèyùn Zhōngxīn) 客运码头。在舟山市岱山县高亭镇彩霞路，岱山水道西侧。因地处舟山新城而得名。2011年11月正式动工，2014年3月建成。占地面积1.87万平方米，建筑面积4 856平方米。有候船室、停车场等配套设施。有码头1座、泊位5个。年客运量

71 万人次。开通至衢山、小洋山、李柱山等航线。缩短岱山至长涂、岱山至衢山的距离，为岱山县内岛际的快捷交通打下坚实基础。

衢山客运中心(Qúshān Kèyùn Zhōngxīn)　客运码头。在舟山市岱山县衢山镇蓬莱路，衢山岛西部。因在衢山岛而得名。2007 年 12 月正式动工，2009 年 4 月建成，2008 年 6 月扩建。占地面积 3.2 万平方米，建筑面积 5 664 平方米，有候船室、停车场等配套设施。有码头 1 座、泊位 4 个。年客运量 93 万人次。开通至小洋山、岱山新城、定海三江等航线。为衢山岛对外交通的唯一出口。

嵊泗客运总站(Shèngsì Kèyùn Zǒngzhàn)　客货两用码头。在舟山市嵊泗县境内。因在嵊泗列岛而得名。1959 年在石柱山嘴修建船浮码头。20 世纪 60 年代在小菜园嘴头建造固定式小码头。1975 年李柱山码头建成，而后各岛屿码头相继建成。下设李柱山、沈家湾、大洋山、小菜园、嵊山、枸杞 6 个客运分站，花鸟、五龙、黄龙 3 个工作组。总占地面积 7.1 万平方米，总建筑面积 1.66 万平方米。有码头 31 座、泊位 38 个。年客运量 583.5 万人次，年货物吞吐量 1 645.4 万吨。开通至上海、定海三江、岱山及县内各乡镇间航线。

绿华减载平台(Lǜhuá Jiǎnzài Píngtái)　全国唯一的海上固定式散货减载平台，散货减载和鲜活水产品交货锚地。在舟山市嵊泗县西绿华岛南侧。因在绿华岛而得名。1979—1980 年开辟减载锚地，由减载船作业，2009 年 10 月建成固定减载平台取代船舶作业。由卸船机械、装船机械、皮带机、中控、变电所和辅助设备组成。平台长 460 米、宽 45 米。有万吨级泊位 2 个，年货物吞吐量 1 400 万吨。主要经营进入长江沿岸码头运输铁矿石等大宗散货船的过泊减载业务。

台州发电厂浅万吨级煤码头(Tāizhōu Fādiànchǎng Qiǎnwàndūnjí Méimǎtóu)　货运码头。在台州市椒江区前所街道，椒江北部。因该码头用于台州发电厂卸煤，故名。1985 年正式动工，1986 年建成。用海面积 25.33 公顷，透水构筑物 7.01 公顷。有码头 1 座、泊位 4 个，其中万吨级泊位 1 个。年货物吞吐量 264.52 万吨。为台州发电厂专用码头。

龙湾万吨级码头(Lóngwān Wàndūnjí Mǎtóu)　货运码头。在温州市龙湾区瑶溪街道，瓯江南侧。因在龙湾而得名。1987 年正式动工，1988 年一期工程建成。2004 年二期工程动工，2007 年建成。占地面积 33 万平方米，建筑面积 4.87 万平方米。有码头 3 座、泊位 5 个，其中万吨级泊位 4 个。年货物吞吐量 1 364.1 万吨。为浙南地区最大的煤炭、铁矿粉和钢材集散中心，温州港瓯江港区的重要组成部分。

石鹤渡口(Shíhè Dùkǒu)　车客合渡渡口。在宁波市象山县石浦镇陆岛路。跨石浦港通往鹤浦渡口。渡程长 0.925 千米。因石浦通往鹤浦而得名。解放后开设轮渡，1996 年开设汽车轮渡，2009 年停航，2010 年客渡复航，2011 年车渡复航。有钢质车客渡船 4 艘，限载 5 吨标准车 16 辆、旅客 98 人。平均日渡运量 910 车次、3 530 人次。为连接南田岛和石浦镇的重要接口。

鹤浦渡口(Hèpǔ Dùkǒu)　车客合渡渡口。在宁波市象山县鹤浦镇流水岩村。跨石浦港通往石鹤渡口。渡程长 0.925 千米。因在鹤浦岛而得名。解放后开设轮渡，1996 年开设汽车轮渡，2009 年停航，2010 年客渡复航，2011 年车渡复航。有钢质车客渡船 4 艘，限载 5 吨标准车 16 辆、旅客 98 人。平均日渡运量 910 车次、3 530 人次。为连接南田岛和石浦镇的重要接口。

六横沙嶴渡口(Liùhéng Shā'ào Dùkǒu)　车客合渡渡口。在舟山市普陀区六横镇大脉坑村。跨佛渡水道通往宁波市北仑区郭巨渡口。渡程长 8 千米。因在六横沙嶴而得名。1991 年动工建设，分别于2000、2003年扩建。有钢质车客渡船6艘，限载5吨标准车162辆、旅客2 982人。平均日渡运量913车次、1 793人次。为连接六横岛与北仑区的重要接口。

大浦口渡口（Dàpúkǒu Dùkǒu） 车客合渡渡口。在舟山市岱山县长涂镇长西一村。往返于本渡口和定海三江码头、高亭镇、大长涂岛之间。总渡程长27.8千米。因在金塘大浦口而得名。2003年正式动工，2004年建成，2009年扩建。有钢质车客渡船2艘，限载5吨标准车16辆、旅客600人。平均日渡运量39车次、1 590人次。为长涂岛对外交通的唯一出口。

第二章　铁路线路名称

第一节　高速铁路名称

宁杭高速铁路(浙江段)(Níng-Háng Gāosù Tiělù)　在浙江省北部,全线北起南京南站、南至杭州东站,以起点和终点两地简称得名。浙江段全长102千米,设有长兴、湖州、德清、杭州东4个站点,其中长兴站是全线唯一的高架站。为国家Ⅰ级、双线电气化客运专线铁路。在杭州东站与沪昆高铁、杭深高铁、杭黄高铁等相连。2009年4月开工,2013年7月通车。是国家"八纵八横"高速铁路主通道中的京沪通道,为国家《中长期铁路网规划》中"长三角"城际客运系统的重要组成部分。是华东地区穿越隧道最多的一条高铁,连接江苏和浙江两省省会城市,对于促进沿线经济社会发展、加快"长三角"地区城镇化和一体化步伐具有重要意义。

沪昆高速铁路(浙江段)(Hù-Kūn Gāosù Tiělù)　贯穿浙江省东北和中西部地区,全线东起上海虹桥站、西至昆明南站,以起点和终点两地简称得名。由沪杭、杭长、长昆3段客运专线组成,浙江段全长395千米。为国家Ⅰ级、双线电气化客运专线铁路。在杭州东站与宁杭高铁、杭深高铁、杭黄高铁等相连。2009年2月开工,2016年12月通车。是国家"八纵八横"高速铁路主通道中的沪昆通道,为《中长期铁路网规划》中的"四纵四横"客运专线网主骨架的"一横",是华东地区与中南、西南地区的客运主通道。是东西向线路里程最长、速度等级最高、经过省份最多的高速铁路。它的开通运营,促进了长江以南,东、中、西部地区经济的互联互补,助推了区域经济协调发展。

沪杭高速铁路(浙江段)(Hù-Háng Gāosù Tiělù)　在浙江省东北部,沪昆高速铁路的重要组成部分。全线北起上海虹桥站、南至杭州东站,以起点和终点两地简称得名。浙江段全长103千米,设有嘉善南、嘉兴南、桐乡、海宁西、余杭、杭州东6座车站。为国家Ⅰ级、双线电气化客运专线铁路。在杭州东站与宁杭高铁、杭深高铁、杭黄高铁相连。2009年2月开工,2010年10月通车。是《中长期铁路网规划》重点项目,也是浙江省第一条高速铁路。它连接上海市和浙江省杭州市,形成区域内快速客运网络,为两省市的经济交流、人员往来和促进优势互补提供更加便捷的条件,实现沿线城市的"同城效应"。全线将我国人口最密集、经济最活跃、交流最频繁的长三角地区构建起一个快速客运网,对于促进长三角经济社会发展具有重要的意义。

杭长高速铁路(浙江段)(Háng-Cháng Gāosù Tiělù)　在浙江省中西部,沪昆高速铁路的重要组成部分。全线东起杭州东站、西至长沙南站,以起点和终点两地简称得名。浙江段全长292千米，设有杭州东、诸暨、义乌、金华、龙游、衢州、江山7座车站。为国家Ⅰ级、双线电气化客运专线铁路。在杭州东站与宁杭高铁、杭深高铁、杭黄高铁相连，在金华站与金温铁路相衔接，在衢州站与衢九铁路相衔接。2010年6月开工，2014年12月开通。连接浙江省杭州市、江西省南昌市和湖南省长沙市，横贯浙江、江西和湖南三省，形成区域内快速客运网络。与沪杭、宁杭、杭甬、京广等高速铁路衔接相连，共同构成华东地区至中南、西南、华南等地区高速铁路客运的便捷通道，推进了浙江与沿线省市的深度融合。金华江特大桥是杭长高速铁路的重点控制性工程，桥梁集大跨、深水于一体，施工难度大、技术含量高，工程被评为中国建设工程鲁班奖。

杭深高速铁路(浙江段)(Háng-Shēn Gāosù Tiělù)　在浙江省东部沿海，全线北起杭州东站、南至深圳北站，以起点和终点两地简称得名。由杭甬、甬台温、温福、福厦、厦深5段客运专线组成，浙江段全长501千米。为国家Ⅰ级、双线电气化客运专线铁路。在杭州东站与宁杭高铁、沪昆高铁、杭黄高铁、沪昆铁路、杭甬铁路相连。2005年8月开工，2013年12月开通。是国家《中长期铁路网规划》中“八纵八横”高速铁路主通道中的沿海通道，连接浙江省杭州市与广东省深圳市，是长江三角洲与珠江三角洲地区的客运主通道。对于促进东南沿海经济社会发展，加强辐射区域内经济、文化、人员和信息交流，具有重大的意义。

杭甬高速铁路(Háng-Yǒng Gāosù Tiělù)　在浙江省东北部，杭深高速铁路的重要组成部分。全线西起杭州东站、东至宁波站，以起点和终点两地简称得名。全长150千米，设有杭州东、杭州南、绍兴北、绍兴东、余姚北、庄桥、宁波7座车站。为国家Ⅰ级、双线电气化客运专线铁路。在杭州东站与宁杭高铁、沪昆高铁、杭黄高铁、沪昆铁路相连，在杭州南站与杭甬铁路相接。2009年4月开工，2013年7月开通。是国家《中长期铁路网规划》中“长三角”城际客运系统的重要组成部分。与沪昆、沪宁、宁杭等高速铁路构成长三角的城际铁路主骨架，形成沪、杭、宁、甬等城市间“1～2小时交通圈”。它连接省内杭州市和宁波市两大重要城市，缩短了沿途各城市间居民出行的时间，显现出城市间的同城效应，促进了当地经济与社会发展。沿线重要桥梁和隧道有曹娥江特大桥和大山脑隧道。

甬台温高速铁路(Yǒng-Tāi-Wēn Gāosù Tiělù)　在浙江省东部，杭深高速铁路的重要组成部分。全线北起宁波站、南至温州南站，以途经宁波、台州、温州各取三地简称或首字而得名。全长282千米，设有宁波、奉化、宁海、三门县、临海、台州、温岭、雁荡山、绅坊、乐清、永嘉、温州南12座车站。为国家Ⅰ级、双线电气化客运专线铁路。在宁波站与杭甬铁路、北仑铁路、宁波铁路北环线等相连，在温州南站与金温铁路相接。2005年10月开工，2009年9月开通。是国家高速铁路网“八纵八横”主骨架之一沿海铁路客运通道的重要组成部分，对支撑长三角高质量一体化发展国家战略、提高高铁网整体能力和服务质量具有重要意义。有利于甬台温三地区快速融入全国高速铁路网，完善区域铁路网络，对于充分发挥区位优势、港口优势、开放优势，促进经济社会又快又好发展。沿线重要桥梁和隧道有邵家渡特大桥、永宁江特大桥和太坤山隧道、前溪隧道。

温福高速铁路(浙江段)(Wēn-Fú Gāosù Tiělù)　在浙江省东部，杭深高速铁路的重要组成部分。全线北起温州南站、南至福州站，以起点和终点两地首字得名。浙江段全长69千米，设有温州南、瑞安、鳌江、苍南4座车站。为国家Ⅰ级、双线电气化客运专线铁路。在温州南站与金温铁路相接。2005年8月开工，2009年9月开通。是国家“八纵八横”高速铁路网中沿海通道和“四纵四横”快速客运网中的重要组成部分。是福建省首条高速铁路，是连接长江三角洲、海峡两岸经济区和珠江三角洲的最便捷通道，也是浙闽两省的快速通道，对促进海峡两岸的经济发展和进一步推进两岸"三通"具有十分重要的意义。重要桥梁和隧道有飞云江高铁大桥、鳌江特大桥和分水关隧道。

杭黄高速铁路(浙江段)(Háng-Huáng Gāosù Tiělù)　在浙江省西北部，全线东起杭州东站、西至黄山北站，以起点和终点两地首字得名。浙江段全长208千米，设有杭州东、杭州南、富阳、桐庐、建德、千岛湖6座车站。为国家Ⅰ级、双线电气化客运专线铁路。在杭州东站与宁杭高铁、沪昆高铁、杭深高铁、沪昆铁路、杭甬铁路等相连。2014年6月开工，在建。它穿越浙江、安徽两省，连接起杭州、富春江、千岛湖、黄山等名城、名江、名湖、名山，有利于整合沿线各地旅游资源，促进旅游业深度开发，加强长三角经济辐射，推进区域经济协调发展。同时，串连起富阳、桐庐、建德、淳安，为杭州西部的跨越发展赢得机遇。重要桥梁和隧道有传芳特大桥、天目山隧道和石牛山隧道。(注：2018年12月开通运营。)

金温铁路(Jīn-Wēn Tiělù)　在浙江省中东部，全线西起金华南站、东至温州南站，以起点和终点两地首字得名。全长188千米，设有金华南、武义北、永康南、缙云西、丽水、青田、温州南7座车站。为国家Ⅰ级、双线电气化客货共线铁路。在金华南站与沪昆高铁相连，在温州南站与杭深高铁、金温货线相连。2010年1月开工，在建。是沪昆高铁和杭深高铁的重要连接线，也是连接长三角地区和珠三角地区的干线铁路。与甬台温、杭甬、杭长等高速铁路共同构筑起省境中东部主要城市间环状路网，优化完善了省内高速铁路网布局。打通了金华途经丽水到温州的交通动脉，为促进金丽温三地交流和贸易往来、推动地区经济社会发展起到重要作用。重要的桥梁和隧道有祯埠特大桥、大溪大桥和泽雅隧道、荣林隧道、碧云山隧道。(注：2015年12月开通运营。)

第二节　普通铁路名称

沪昆铁路(浙江段)(Hù-Kūn Tiělù)　贯穿浙江省东北和中西部地区，全线东起上海站、西至昆明站，以起点和终点两地简称得名。由沪杭、浙赣、湘黔、贵昆4条铁路组合而成。浙江段全长420千米，由沪杭铁路浙江段和浙赣铁路浙江段2部分组成。在杭州站与宣杭铁路相连。为国家Ⅰ级、双线电气化、客货共线铁路。全线经过上海、浙江、江西、湖南、贵州、云南五省一市，是西南地区前往上海市的重要通道，也是全国铁路干线之一。沿线自然资源丰富，从江南的鱼米之乡到西南的苗族村寨，也带动了沿线的工业城市和矿产资源开发，同时也是一条旅游业黄金带。

沪杭铁路(浙江段)(Hù-Háng Tiělù)　在浙江省东北部，沪昆铁路的组成部分。全线北起上海站、南至杭州站，以起点和终点两地简称得名。原名沪杭甬铁路，后因杭州至宁波间曹娥江大桥未建成，改称沪杭铁路。浙江段全长125千米，途经嘉善县，嘉兴市南湖区、秀洲区，海宁市，杭州市余杭区、下城区、上城区7个县、区、市。为国家Ⅰ级、双线电气化、客货共线铁路。原笕桥站分岔的绕行线(沪昆铁路绕行线)途经杭州东站、盈宁站、杭州南站。在杭州站与宣杭铁路相连，在原笕桥站通过沪昆铁路绕行线于杭州南站与杭甬铁路相连。1906年11月动工，1909年9月通车。1991年12月完成复线改造。2006年9月实施电气化改造，2007年4月完成。早在1905年，为了抵制帝国主义侵略，夺回浙江铁路建筑权，在旅沪浙江同乡会支持下，汤寿潜与张元济等成立浙江铁路公司，修筑沪杭铁路。最初设计的图纸是将终点站定在艮山门，并计划从艮山门再铺一支线到拱宸桥，拱宸桥当时是日本租界。由于该设计方案只着眼于经济因素，忽视了政治因素，被马一鸣看后否定掉，提出："中国人造铁路要为中国人着想。"最终将方案中的艮山门改为货运站，终点站定为今杭州城站。另一段插曲是风水改路：原设计图纸是由嘉兴经由桐乡到杭州。桐乡各界认为，火车的异声会破坏风水，遭到当地极力反对，而海宁各界却出奇开明，力促沪杭铁路从嘉兴改线经硖石到杭州，改线后在硖石形成一个大弯。为使方案获批，将杭州到枫泾的浙江省境段铁路路线图纸分两张绘制，一张是杭州到硖石，另一张是硖石到枫泾。两张图纸分开看时，弯度都不大，几乎是直线。汤寿潜看了图纸后，认为铁路路线南移方案十分可行，便予批准了。它是浙江省修建的第一条铁路，是东南沿海主要东西干线组成部分。促进了沪、嘉、杭三地的经济、社会、文化交流。

浙赣铁路(浙江段)(Zhè-Gàn Tiělù)　在浙江省中西部，沪昆铁路的组成部分。全线东起杭州站、西至株洲站，以途经浙江和江西两地简称得名。浙江段全长 295 千米，途经杭州市上城区、萧山区，诸暨市，浦江县，义乌市，金华市金东区、婺城区，龙游县，衢州市衢江区、柯城区，江山市 11 个区、市、县。为国家Ⅰ级、双线电气化、客货共线铁路。在杭州站与宣杭铁路相连，在萧山西站通过萧萧联络线于杭州南站与杭甬铁路相接，在东孝站与金温货线、在金华站与金千铁路相接，在衢州站与衢九铁路相通。原为杭州萧山—江西玉山铁路，1930 年 3 月开工，1933 年 12 月通车。1937 年 9 月，钱塘江大桥建成，改杭州站为起点。1937—1942 年全民族抗战期间遭受破坏，1947 年 9 月全线修复。1995 年 11 月完成复线改造。2006 年 9 月完成电气化改造。是国家"四纵四横"的重要"一横"，也是国内早期铁路干线之一。它连接中国最重要的贯通南北的京广铁路、京九铁路两大干线，成为长江三角洲与珠江三角洲经济联系的重要纽带，缩短了长三角与珠三角的时空，推动了浙、赣、湘三省工农业生产的发展，方便了沿线人民群众的生活，对国民经济的持续增长意义重大，经济和社会效益显著。同时，浙赣线还是华东地区内部交流的主通道之一。

宣杭铁路(浙江段)(Xuān-Háng Tiělù)　在浙江省西北部，全线西起宣城站、南至杭州站，以起点和终点两地首字得名。浙江段全长 160 千米，途经长兴县，湖州市吴兴区，德清县，杭州市余杭区、下城区、上城区 6 个县、区。为国家Ⅰ级、双线内燃机、客货共线铁路。在长兴南站与新长铁路、长牛铁路相接，在杭州站与沪昆铁路相连。项目采用兴建新线与合并旧线的方式修筑，分两段建设：杭州至长兴段，全长 126 千米，1959 年 12 月开工，中途因压缩基本建设规模停建，1972 年 1 月建成；宣城至长兴段，全长 114 千米，于 1988 年 10 月开工，1991 年 10 月建成。全线于 1994 年 6 月投入运营。2005 年 9 月完成复线改造。宣杭铁路西接皖赣线，南连沪杭线、浙赣线，与阜淮线、淮南线、皖赣线组成了华东铁路南北第二通道，在华东路网中占有十分重要的地位，也是安徽淮南、淮北煤炭运入浙江的捷径，是浙江省的陆上能源大通道，而且对密切浙江、安徽、江苏等地的经济联系和人员流动，促进地方经济建设具有重要意义。(注：2019 年 1 月完成电气化改造。)

新长铁路(浙江段)(Xīn-Cháng Tiělù)　在浙江省西北部，全线北起新沂站、南至长兴南站，以起点和终点两地首字得名。浙江段北起苏浙交界、南至长兴南站，全长 20 千米。在长兴县，设有夹浦站、后漾站和长兴南站 3 座车站。为国家Ⅰ级、单线内燃机、客货共线铁路。在长兴南站与长牛铁路、宣杭铁路相连。浙江段于 2002 年 9 月开通，新长铁路全线于 2005 年 4 月纳入国家铁路网正式运营。作为南北铁路干线，对改善长江三角洲和华东地区路网布局，扩大江苏、浙江、山东等省的物资交流，促进江苏、浙江地区的经济发展具有重要意义。

衢九铁路(浙江段)(Qú-Jiǔ Tiělù)　在浙江省西部,全线东起衢州站、西至九江站,以起点和终点两地首字得名。浙江段全长 88 千米,途经衢州市柯城区、常山县、开化县 3 个区、县。为国家Ⅰ级、双线电气化、客货共线铁路。在衢州站与沪昆铁路相连,通何家隧道。2014 年 11 月开工,在建。是华中地区、西南地区与东南沿海地区的一条铁路便捷通道。对于完善区域铁路网结构,改善交通运输条件,加快沿线地区旅游、矿产资源开发,推进绿色发展,促进区域经济社会发展,具有重要意义。

杭甬铁路(Háng-Yǒng Tiělù)　在浙江省东北部,全线西起杭州南站、东至宁波站,以起点和终点两地简称得名。全长 147 千米,途经杭州市萧山区,绍兴市柯桥区、越城区,上虞市,余姚市,宁波市江北区、海曙区 7 个区、市。为国家Ⅰ级、双线电气化、客货共线铁路。在杭州南站通过沪昆铁路绕行线、萧萧铁路联络线与沪昆铁路相接,在蜀山站与余慈铁路相连,在宁波北站与洪镇铁路相接,在宁波站与北仑铁路相连。以曹娥江为界,宁波至曹娥段 1910 年 7 月开工,1914 年 6 月通车;萧山至曹娥段 1936 年 10 月始建,1937 年 11 月通车。1938 年全线拆除。1953 年 7 月重建,1959 年 9 月全线贯通。2002 年 5 月完成复线增设。2009 年 5 月完成电气化改造。是"八纵八横"沿海大通道的重要组成部分,沟通甬台温铁路与沪昆铁路、宣杭铁路的主要通道。对于实现中国东部沿海铁路电化成网,对加速宁波、杭州、上海长三角城市的经济互动、推动地区经济社会持续快速发展起到积极作用。

金千铁路(Jīn-Qiān Tiělù)　在浙江省中西部,全线南起金华站、北至千岛湖站,以起点和终点两地首字得名。因千岛湖站原名岭后站,故别称"金岭铁路"。全长 79 千米,途经金华市婺城区、兰溪市、建德市 3 个区、市。为单线客货共线内燃机铁路。在金华站与沪昆铁路相连。分段建于 1930—1932 年、1956—1957 年、1964—1975 年。2009 年 5 月起,兰溪至千岛湖区间不再办理客运业务。为给杭长高速铁路让路,2013 年 5 月,金千铁路改线工程启动。初为修建新安江水电站而建,后极大方便了浙西居民的交通出行,拉动了沿线地区的经济发展。

长牛铁路(浙江段)(Cháng-Niú Tiělù)　在浙江省西北部,全线东起长兴南站、西至牛头山站,以起点和终点两地首字得名。前身为杭牛铁路,连接浙江省长兴县与安徽省广德县牛头山。浙江段在长兴县,全长 42 千米,设有长兴南站、小浦站、煤山站、槐坎站、青岘岭站、牛头山站 6 座车站。为单线货运内燃机铁路。在长兴南站与新长铁路、宣杭铁路相连。1921 年 3 月动工,1922 年 6 月通车。1959 年 4 月至 1960 年 8 月,对线路进行技术改造。1974—1981 年先后铺设了两条专用线:煤山—千井湾井(煤千线),全长 5.2 千米和牛头山—七号井(牛七线),全长 4.7 千米。建造初期主要为长广煤矿运输煤炭专用,兼顾旅客运输。主要承担外运煤炭和浙北山区特产竹木、石灰石、水泥产品和粮食的外运任务,是浙北地区的重要运输通道。随着长广煤矿公司逐年减少采煤量,长牛铁路进入衰退期。

北仑铁路(Běi-Lún Tiělù)　在浙江省东北部,西起宁波站,向东折北至北仑港矿石堆场,因通往北仑站得名,又名甬北支线。全长 37 千米,途经宁波市海曙区、鄞州区、北仑区 3 个区。为单线货运内燃机铁路。在宁波站与杭甬铁路相连,在邱隘站与宁波铁路北环线相接。1983 年 12 月开工,1986 年 12 月通车。对加快宁波港口及临港工业发展,提高港口集散能力,促进集装箱及其他临港工业产品的多式联运,加快宁波及周边地区进一步融入"一带一路",促进地区经济发展有着重要意义。

宁波铁路北环线(Níngbō Tiělù Běihuánxiàn)　在浙江省东北部，西起宁波北站，南至云龙站，因向北绕行宁波市区得名。全长 40 千米，途经宁波市江北区、镇海区、北仑区、鄞州区 4 个区。为国家Ⅰ级、双线电气化、货运铁路。在镇海西站与洪镇铁路相接，在邱隘站与北仑铁路相连，通甬江特大桥。2009 年 12 月开工，2014 年 12 月通车。除部分路段采用路基外，其他采用全高架。它将甬台温铁路、杭甬铁路、北仑铁路、洪镇铁路和宁波港连为一体，大大提升宁波港集疏运能力，助推海铁联运发展；同时，结束了客货列车混跑的历史，减少了火车运行对宁波主城区的干扰，有效改善沿线居民的居住环境。

萧萧铁路联络线(Xiāo-Xiāo Tiělù Liánluòxiàn)　在杭州市萧山区，是萧山西站与杭州南站(原名萧山站)之间的联络线，以起点和终点两地首字得名。全长 3.87 千米，通高田隧道。为国家Ⅰ级、单线电气化、客货共线铁路。1992 年 4 月与沪昆铁路绕行线同步建成。连接沪昆铁路与杭甬铁路。

金温货线(Jīn-Wēn Huòxiàn)　在浙江省中东部，全线北起东孝站、南至温州站，以起点金华市和终点温州市两地首字得名。原名“金温铁路”，金温扩能改造工程结束后，新建双线命名为“金温铁路”，原单线铁路更名为“金温货线”。全长 251 千米，途经金华市金东区，武义县，永康市，缙云县，丽水市莲都区，青田县，温州市鹿城区、瓯海区 8 个区、县、市。为单线客货共线内燃机铁路。在东孝站与沪昆铁路相连。1992 年 12 月开工，1998 年 6 月通车。是国内第一条由地方、铁道部和香港三方合资兴建的铁路。为浙中通往浙南出海口的铁路干线。促进了温州市和浙西南地区经济与社会的发展。

余慈铁路(Yú-Cí Tiělù)　地方支线铁路。在宁波市西北部，南起蜀山站，北至大洋山站，以起点余姚市和终点慈溪市两地首字得名，又名“余慈支线”。全长 14 千米，途经余姚市和慈溪市 2 个市。为单线货运内燃机铁路，在蜀山站连杭甬铁路，通桃花山隧道。1992 年 10 月开工，1997 年 2 月通车。是浙江省第一条地方铁路，改变了之前两地货物运输依靠公路水路运输的历史，促进余姚和慈溪两地的物流运输和经济发展。

洪镇铁路(Hóng-Zhèn Tiělù)　地方铁路。在宁波市东北部，西起宁波北站，北至镇海站，因起点洪塘编组站(现宁波北站)和终点镇海站两地首字得名，别称“进港铁路”。在宁波市境内，全长 20 千米，途经宁波市江北区、镇海区 2 个区。为单线货运内燃机铁路。在宁波北站与杭甬铁路相连，在镇海西站与宁波铁路北环线相接。1975 年 1 月开工，1977 年 12 月通车。从镇海站分岔，建有中石化镇海炼化公司专用线，全长 3.5 千米，1984 年 9 月通车。宁波北站—镇海西站段(宁波铁路货运北环线)改建为高架铁路线后，原有铁路废弃。主要服务宁波港镇海港区和镇海炼化等工业、物流和航运企业，用于疏运汽柴油、化工等战略物资，极大地促进了镇海地区的经济发展。

第三章　公路线路名称

第一节　高速公路名称

京台高速公路(浙江段)(Jīng-Tái Gāosù Gōnglù)　国家高速公路G3。以起点北京市、终点台北市,取其简称得名。浙江段纵贯衢州市中西部,北起浙皖交界,南至浙闽交界,全长161千米。又因浙江段往北连接安徽省的黄山市,往南连接福建省的南平市,故又称"黄衢南高速"。在衢州市,途经开化县、常山县、衢州市柯城区、江山市4个县市区。项目分两期实施,其中衢南段(五里枢纽至浙闽交界)全长87千米,2005年11月开工建设,2008年12月建成通车;衢黄段(浙皖交界至五里枢纽)全长74千米,自2007年7月开工建设,2011年1月建成通车。为双向四车道。在渊底枢纽与杭新景高速S31、在五里枢纽与沪昆高速G60共2条高速公路相连。是连接安徽、浙江、福建三省的省际干线公路,将浙、皖、闽三省有机相连,从黄山到江郎山、武夷山,连接着三个世界遗产地;作为京台高速的一部分,沟通起了从曲阜到衢州到台北的全国三家孔子家庙,将中华民族中最为深厚的精神内核——儒家文化一脉相连;实现了衢州市"县县通高速"的目标,还连接着长三角经济区、珠三角经济区、海西经济区等三个中国经济最活跃的地区,进一步巩固了衢州作为四省边际交通枢纽的地位,再创"四省通衢"新优势。

沈海高速公路(浙江段)(Shěn-Hǎi Gāosù Gōnglù)　国家高速公路G15,贯通浙江省东南沿海。浙江段北起沪浙交界,南止浙闽交界,全长484千米。以起点沈阳市、终点海口市取两地首字而得名。原名"同三高速公路"。由沪浙交界—海盐枢纽、海盐枢纽—宁波北枢纽、宁波北枢纽—姜山北枢纽、姜山北枢纽—浙闽交界4部分组成。其中沪浙交界—海盐枢纽为杭浦高速公路浙江段组成部分,海盐枢纽—宁波北枢纽为杭州湾跨海大桥高速组成部分,宁波北枢纽—姜山北枢纽为宁波绕城高速组成部分,姜山北枢纽—浙闽交界为甬台温高速组成部分。

杭浦高速公路(浙江段)(Háng-Pǔ Gāosù Gōnglù)　贯通嘉兴市东南沿海。浙江段东北起沪浙交界,西南至杭州大井枢纽,全长112千米。以起点上海市浦东区、终点杭州市,取两地首字得名,又称"沪杭高速公路复线"。浙江段跨嘉兴市和杭州市,途经平湖市、海盐县、海宁市、杭州市余杭区4个市、县、区。2004年12月开工建设,2008年1月正式通车。为双向六车道。由沪浙交界—海盐枢纽、海盐枢纽—绕城东枢纽、绕城东枢纽—大井枢纽3部分组成。其中沪浙交界—海盐枢纽为沈海高速G15组成部分,海盐枢纽—绕城东枢纽段为杭州湾地区环线高速G92组成部分,绕城东枢纽—大井枢纽为省级高速公路杭浦高速 S16，全长 16 千米。在海盐枢纽与杭州湾环线高速 G92、杭州湾跨海大桥北接线 S7、乍嘉苏高速 S11，在海宁枢纽与常台高速 G15W，在盐官西枢纽与苏绍高速 S9，在绕城东枢纽与沪昆高速 G60，在大井枢纽与杭州绕城高速 G2501 共 7 条高速公路相连。加强了浙江省与上海市及长三角城市群的联系，促进了长三角地区产业结构和布局的合理化，有助于打造"长三角"三小时都市交通圈，加快环杭州湾产业带的形成和发展，带动沪浙间旅游事业的发展，缓解沪杭高速公路的交通压力，为浙江省全面接轨"大上海"，融入"长三角"做好交通基础设施保障。同时，工程的建成为杭州东部又增加一个便捷的进出城口，将对缓解杭州市区交通拥堵起到重要作用，并为杭州湾跨海大桥提供了连接上海的最直接通道。

杭州湾跨海大桥高速公路(Hángzhōuwān Kuàhǎidàqiáo Gāosù Gōnglù)　在浙江省东北部，连接嘉兴市和宁波市。以跨杭州湾海域而得名。北起步云枢纽，南至宁波北枢纽，全长 118 千米。途经嘉兴市南湖区、平湖市、海盐县、慈溪市、宁波市江北区 5 个区、市、县。2003 年 12 月开工建设，2008 年 5 月正式通车。为双向六车道。由杭州湾跨海大桥北接线、杭州湾跨海大桥、杭州湾跨海大桥南接线 3 部分组成。其中步云枢纽—海盐枢纽为杭州湾跨海大桥北接线 S7，其余为沈海高速 G15 组成部分。在步云枢纽与沪昆高速 G60，在海盐枢纽与乍嘉苏高速 S11，在宁波北枢纽与宁波绕城高速 G1501 共 3 条高速公路相连。它分流了常台高速，缩短了宁波、舟山与杭州湾北岸城市的距离。有助于杭州湾沿线城市主动接轨上海，扩大开放，推动长江三角洲地区的合作与交流，提高浙江省对内对外开放水平，增强综合实力和国际竞争力。进一步完善了长江三角洲区域公路布局及国道主干线，缓解沪、杭、甬高速公路流量的压力。改变了宁波市交通末端变成交通枢纽，提升宁波市城市格局，有助于实施环杭州湾区域发展战略。有力促进了江、浙、沪旅游事业的发展。

宁波市绕城高速公路(Níngbō ShìRàochéng Gāosù Gōnglù)　国家高速公路 G1501。在宁波市，因环绕宁波市区得名。全长 86.3 千米，途经宁波市江北区、镇海区、北仑区、鄞州区 4 个区，有宁波北、蛟川、好思房、五乡、云龙、姜山北、宁波西、高桥 8 个枢纽，其中宁波北至姜山北，与沈海高速 G15 共线。2003 年 12 月开工建设，2011 年 12 月正式通车。为双向六/八车道。在蛟川枢纽与甬舟高速公路 G9211、在好思房枢纽与穿山疏港高速 S20、在五乡枢纽和姜山北枢纽与甬台温高速 S1、在云龙枢纽与甬台温复线高速 S19、在宁波西与甬金高速 G1512、在高桥枢纽与杭州湾环线高速 G92、杭甬高速 S5 共 7 条高速公路相连。对于完善国道主干线、浙江省和宁波市高速公路网，促进宁波、舟山港口一体化发展，充分发挥宁波港作为国家主要港口的作用，构筑现代综合交通体系，拓展宁波城市发展空间，完善城市空间结构，减轻宁波市区交通压力，促进长江三角洲经济一体化和现代化进程具有重要作用。

甬台温高速公路(Yǒng-Tāi-Wēn Gāosù Gōnglù)　贯通浙江省东南沿海，北起大碶枢纽，南至浙闽省界，全长 253 千米。以途经宁波、台州、温州各取三地简称或首字而得名。其中大碶枢纽—姜山北枢纽转为省级高速公路甬台温高速 S1，姜山北枢纽—浙闽省界为沈海高速 G15 组成部分。途经宁波市北仑区、鄞州区，奉化市，宁海县，三门县，临海市，台州市黄岩区、温岭市、乐清市，温州市鹿城区、龙湾区、瓯海区，瑞安市，平阳县，苍南县 15 个区、市、县。1994 年 10 月开工建设，2003 年 12 月正式通车。为双向四车道。在大碶枢纽与穿山疏港高速 S20、在五乡枢纽和姜山北枢纽与宁波绕城高速 G1501、在宁波东枢纽与杭甬高速 S5、在吴岙枢纽与常台高速 G15W、在水洋枢纽与台金高速 S28、在南塘枢纽和乐清枢纽与甬台温复线高速 S19、在北白象枢纽和万全枢纽与温州绕城高速 S10、在南白象枢纽与温丽高速 G1513 共 8 条高速公路相连。是贯通浙江东南沿海地区的一条高速公路大通道。

甬金高速公路(Yǒng-Jīn Gāosù Gōnglù)　国家高速公路 G1512。连接宁波市和金华市，以起点和终点两地简称得名。东北起宁波西枢纽，西南至傅村枢纽，全长 186 千米。是沈海高速 G15 和沪昆高速 G60 间的联络线。途经宁波市鄞州区、奉化市、新昌县、嵊州市、东阳市、义乌市、金华市金东区 7 个区、县、市。2002 年 9 月开工建设，2005 年 12 月正式通车。为双向四车道。在宁波西枢纽与宁波绕城高速 G1501、在嵊州枢纽与常台高速 G15W、在怀鲁枢纽与诸永高速 S26、在傅村枢纽与沪昆高速 G60 共 4 条高速公路相连。是连接宁波、绍兴、金华三市的大动脉，也是宁波—舟山港集疏运体系的主通道。对进一步完善浙江省高速公路路网布局，充分发挥国道主干线系统的路网规模效益，促进浙江省中西部以及宁波沿海地区的经济发展，具有十分重要的意义。

常台高速公路(浙江段)(Cháng-Tāi Gāosù Gōnglù)　国家高速公路 G15W。以起点江苏省常熟市、终点浙江省台州市，取其两地首字得名。是沈海高速 G15 的并行线。浙江段北起苏浙交界，南至吴岙枢纽，全长 236 千米，连接嘉兴市、绍兴市、台州市。由苏浙交界—南湖互通、南湖互通—沽渚枢纽、沽渚枢纽—吴岙枢纽 3 部分组成。其中，苏浙交界—南湖互通为乍嘉苏高速公路浙江段组成部分，南湖互通—沽渚枢纽为嘉绍大桥高速公路，沽渚枢纽—吴岙枢纽为上三高速公路。(注：依据《公路路线标识规则和国道编号》(GB/T 917—2017)，编号改为 G1522。)

乍嘉苏高速公路(浙江段)(Zhà-Jiā-Sū Gāosù Gōnglù)　环穿嘉兴市中部。以途经平湖市乍浦镇、嘉兴市、苏州市，取三地首字得名。浙江段在嘉兴市，北起苏浙交界，南至海盐枢纽，全长 54 千米。其中苏浙交界—南湖互通为常台高速 G15W 组成部分，全长 29 千米；南湖互通—海盐枢纽转为省级高速公路乍嘉苏高速 S11，全长 25 千米。沿线途经嘉兴市秀洲区、南湖区、海盐县、平湖市 4 个区、县、市。1999 年 6 月开工建设，2002 年 12 月正式通车。为双向四车道。在观音桥枢纽与申嘉湖高速 S12、在嘉兴枢纽与沪昆高速 G60、在海盐枢纽与沈海高速 G15、杭州湾跨海大桥北接线 S7、杭州湾环线高速 G92 共 5 条高速公路相连。是连接苏南经济区和杭嘉湖平原经济区的交通纽带。是浙江省水运公路主干线“两纵、两横、五连”路网中的一连和嘉兴市“四纵五横”公路主骨架的主轴，起到将国道干线连接成网、提高路网整体效益的作用。

嘉绍大桥高速公路(Jiā-Shàodàqiáo Gāosù Gōnglù)　常台高速 G15W 组成部分。连接嘉兴市和绍兴市，以起点和终点两地首字得名。北起南湖互通，南至沽渚枢纽，全长 69 千米，其中嘉绍大桥全长 10 千米。途经嘉兴市秀洲区、海盐县、海宁市、绍兴市上虞区 4 个区、县、市。2008 年 12 月开工建设，2013 年 7 月正式通车。为双向 8 车道。在嘉兴 2 号枢纽与沪昆高速 G60、在海宁枢纽和沽渚枢纽与杭州湾环线高速 G92 共 2 条高速公路相连。将乍嘉苏高速公路、沪杭高速公路、杭浦高速公路、杭甬高速公路、上三高速公路和绍诸高速公路等便捷地连接起来，减轻杭甬高速的车流压力，对完善国道、省道网络，促进长江三角洲经济一体化和产业结构调整升级具有重大意义。

上三高速公路(Shàng-Sān Gāosù Gōnglù)　常台高速 G15W 组成部分。连接绍兴市和台州市，以起点绍兴市上虞区、终点台州市三门县，取两地首字得名。北起沽渚枢纽，南至吴岙枢纽，全长 142 千米。途经绍兴市上虞区、嵊州市、新昌县、天台县，三门县 5 个区、市、县。1997 年 12 月开工建设，2000 年 12 月正式通车。为双向 4 车道。在沽渚枢纽与杭州湾环线高速 G92、在道墟枢纽与绍诸高速 S24、在嵊州枢纽与甬金高速 G2512、在吴岙枢纽与沈海高速 G15 共 4 条高速公路相连。是浙江省“两纵两横十连一绕二通道”公路主骨架中的一链，对改变沿海与浙南地区的交通状况、完善全省公路主骨架网络、充分发挥沪杭甬和甬台温高速公路的整体功能和效益具有十分重要的作用，而且对进一步改善浙南地区的投资环境，促进杭嘉湖绍、宁台温舟、金衢丽3条经济带之间的联系与合作具有重要的现实意义。

长深高速公路（浙江段）（Cháng-Shēn Gāosù Gōnglù）　国家高速公路G25。以起点长春市、终点深圳市，取两地首字得名。浙江段穿越省境中部，北起苏浙交界，南至浙闽交界，全长483千米。连接湖州市、杭州市、金华市和丽水市。由苏浙交界—南庄兜枢纽、南庄兜枢纽—杭州南枢纽、杭州南枢纽—杨村桥枢纽、杨村桥枢纽—金华枢纽、金华枢纽—富岭枢纽、富岭枢纽—浙闽交界6部分组成。其中，苏浙交界—南庄兜枢纽段为杭宁高速公路浙江段，南庄兜枢纽—杭州南枢纽段为杭州市绕城高速公路组成部分，杭州南枢纽—杨村桥枢纽段为杭新景高速公路浙江段组成部分，杨村桥枢纽—二仙桥东枢纽段为建金高速公路（在建），金华枢纽—富岭枢纽段为金丽温高速公路组成部分，富岭枢纽—浙闽交界段为丽龙庆高速公路。（注：建金高速公路2016年12月开工建设，2020年12月正式通车。）

杭宁高速公路（浙江段）（Háng-Níng Gāosù Gōnglù）　长深高速公路G25组成部分。以起点杭州市，终点南京市，取其简称得名。浙江段在省境北部，连接湖州市和杭州市，北起苏浙交界，南至南庄兜枢纽，全长98千米。途经长兴县、湖州市吴兴区、德清县、杭州市余杭区4个县、区。1997年12月开工建设，2002年11月正式通车。为双向4车道，路基按双向六车道预留。在李家巷枢纽与沪渝高速G50、在鹿山枢纽与申嘉湖高速S12、在南庄兜枢纽与杭州绕城高速G2501共3条高速公路相连。它是湖州市境内最早建成通车的一条高速公路，也是浙江省高速公路主骨架“两纵两横十八连三绕三通道”中的重要一纵。连接浙江、江苏两个经济大省的黄金纽带，对于推动浙江交通强省建设，推进长三角一体化高质量发展、提升国家高速路网及区域路网整体效益具有重要意义。

杭州市绕城高速公路（Hángzhōu Shì Ràochéng Gāosù Gōnglù）　国家高速公路G2501。全线主体部分在杭州市，因环绕杭州市区得名。全长122千米，由西段、北段、东段和南段4段组成。途经海宁市、杭州市江干区、绍兴市柯桥区、杭州市萧山区、杭州市西湖区、杭州市余杭区、拱墅区7个市、区。有沈士、绕城东、下沙、红垦、张家畈、杭州南、留下、紫金港、南庄兜、崇贤、大井、乔司12个枢纽。北段、西段中南庄兜枢纽—杭州南枢纽，与长深高速公路G25共线。东段中沈士枢纽—张家畈枢纽与沪昆高速公路G60共线，绕城东枢纽—红垦枢纽与杭州湾环线高速G92共线。1994年4月开工建设，2003年12月正式通车。为双向四/六/八车道。在沈士枢纽、乔司枢纽和红垦枢纽与杭甬高速S2，在绕城东枢纽和大井枢纽与杭浦高速S16，在绕城东枢纽和红垦枢纽与杭州湾环线高速G92，在新街互通与机场高速S4，在沈士枢纽和张家畈枢纽与沪昆高速G60，在杭州南枢纽与长深高速G25，在留下枢纽与杭瑞高速G56，在紫金港枢纽与杭长（宜）高速S14，在崇贤枢纽与练杭高速S13共9条高速公路相连。建有京杭运河特大桥、袁浦大桥、下沙大桥，通黄鹤山隧道，途经杭州半山国家森林公园。可缓解杭州城市交通压力，扩大中心城区范围，提高各种生产要素流动的速度，有利于杭州中心城市与经济次中心的组合，将进一步推动杭州郊区的城市化进程。（注：依据《公路路线标识规则和国道编号》（GB/T 917—2017），编号改为G2504。）

杭新景高速公路（浙江段）（Háng-Xīn-Jǐng Gāosù Gōnglù）　横贯浙江省境西南，以途经杭州市、新安江、景德镇市，各取三地首字而得名。浙江段北起杭州南枢纽，西至浙赣交界，全长262千米，连接杭州市和衢州市。其中杭州南枢纽—杨村桥枢纽为长深高速公路G25组成部分；杨村桥枢纽—浙赣交界转为省级高速公路杭新景高速S31，全长168千米。途经杭州市西湖区、富阳区、桐庐县、建德市、衢州市衢江区、柯城区、常山县、开化县8个区、县、市。全线分三段建设：杭州南枢纽—新安江枢纽段，全长108千米，2003年3月开工建设，2005年12月正式通车。新安江枢纽—八亩丘枢纽段，全长25千米，2004年6月开工建设，2006年12月正式通车。八亩丘枢纽—浙赣交界段全长129千米，在建。为双向六车道。在杭州南枢纽与杭州绕城高速G2501、在杨村桥枢纽与长深高速G25、在新安江枢纽与千黄高速S32、在渊底枢纽与京台高速G3共4条高速公路相连。是连接江西、浙江两省的省际干线，对于增强浙江西部和江西东北部两地区联络，加强沿海、沿江经济带的联系，促进沿线地区和闽、赣、皖等周边省市间的经济联系和物质交流以及文化、信息联系，发展旅游经济等均有着十分重要的政治、经济战略意义。（注：2016年12月杭新景高速公路正式通车。）

金丽温高速公路(Jīn-Lí-Wēn Gāosù Gōnglù)　在浙江省中东部，以途经金华市、丽水市、温州市，各取三地首字而得名。东起金华枢纽，西至南白象枢纽，全长234千米，桥梁隧道里程有110千米，有“桥隧俱乐部”之称。其中金华枢纽—富岭枢纽为长深高速G25组成部分，全长119千米；富岭枢纽—南白象枢纽为国家高速公路温丽高速G1513，全长116千米。途经金华市金东区、武义县、永康市、缙云县、丽水市莲都区、青田县、永嘉县、温州市鹿城区、瓯海区9个区、县、市。1998年12月开工建设，2005年12月正式通车。为双向四车道。在金华枢纽与沪昆高速G60、在新店枢纽与东永高速S27、在前仓枢纽与台金高速S28、在富岭枢纽与长深高速G25、在仰义枢纽与温州绕城高速S10、在南白象枢纽与沈海高速G15共6条高速公路相连。建有锦水—小群、高沙、海口—戈溪等沿江桥，通阳山、鹤城等隧道。是浙江省交通建设规划中“两纵两横十八连三绕三通道”的重要一横，也是沪昆高速G60和沈海高速G15在浙江中部的重要连接线。对于进一步发挥国道主干线的路网规模效益，以及温州作为对外开放的港口、全国港站主枢纽对腹地的经济辐射作用，促进浙江中西部地区的经济发展和对老、少、边、穷地区脱贫致富具有十分重要的作用。

丽龙庆高速公路(Lí-Lóng-Qìng Gāosù Gōnglù)　横贯丽水市西南部，以途经丽水市、龙泉市、庆元县，各取三地首字而得名。东北起富岭枢纽，西南至浙闽交界，全长157千米。长深高速公路G25组成部分。途经丽水市莲都区、云和县、龙泉市、庆元县4个区、县、市。项目分两段建设：富岭枢纽—龙泉段又称丽龙高速公路，全长102千米，2001年3月开工建设，2007年12月正式通车；龙泉—庆元及浙闽交界段又称龙庆高速公路，全长55千米，2010年1月开工建设，2013年6月正式通车。为双向四车道。在富岭枢纽与温丽高速G1513、在北埠枢纽与龙丽高速S33、在云景枢纽与云景高速S34、在白马畈枢纽与龙浦高速S36共4条高速公路相连。它的开通结束了处于浙西南山区的云和、龙泉、庆元三县市无高速公路的历史，对丽水的经济社会发展有较大推动作用。

沪渝高速公路(浙江段)(Hù-Yú Gāosù Gōnglù)　国家高速公路G50。以起点上海市、终点重庆市，取两地简称得名。是连接上海、江苏、浙江、安徽、湖北、重庆六省市的省际干线公路。浙江段在湖州市，又称申苏浙皖高速公路浙江段，东起苏浙交界，西至浙皖交界，全长88千米。途经湖州市南浔区、吴兴区、长兴县3个区、县。2003年7月开工建设，2006年10月正式通车。为双向六车道。在李家巷枢纽与长深高速G25、在泗安枢纽与杭长(宜)高速S13共2条高速公路相连。是贯穿国家东西主干线，也是中国首条真正意义上横穿长三角的高速公路。实现了长江上、中、下游的快速互通，对于加强长三角区域的经济活动往来具有重大意义。是湖州通往上海的第一条高速公路，使得湖州到上海的路途大幅缩减，对扩大升级长三角都市圈高速网、促进更大物流和财富在申、苏、浙、皖、鄂、渝间流通，推动长江流域经济不断腾飞具有深远意义。

杭瑞高速公路（浙江段）（Háng-Ruì Gāosù Gōnglù）　国家高速公路 G56。以起点杭州市、终点瑞丽市，取两地首字得名。是连接浙江、安徽、江西、湖北、湖南、贵州、云南 7 省的东西向交通大动脉。浙江段在杭州市，是连接浙江、安徽两省的省际干线公路，又称"杭徽高速"。东起留下枢纽，西至浙皖交界，全长 122 千米。途经杭州市余杭区、临安市 2 个区市。2002 年 9 月开工建设，2006 年 12 月正式通车。为双向四车道。在留下枢纽与杭州绕城高速 G2501 相连。横贯浙、皖、赣、鄂、湘、贵、云七省，为浙中西南地区和安徽东南地区之间形成一条快速通道，进一步完善了长三角高速公路网，加强了长三角对周边地区的经济辐射。

沪昆高速公路（浙江段）（Hù-Kūn Gāosù Gōnglù）　国家高速公路 G60。以起点上海市，终点昆明市，取其简称得名。浙江段东北起沪浙交界，西南至浙赣交界，全长 392 千米。是连接上海、浙江、江西三省市的省际干线公路。由沪浙交界—沈士枢纽、沈士枢纽—张家畈枢纽、张家畈枢纽—浙赣交界三部分组成。其中沪浙交界—沈士枢纽为沪杭高速公路浙江段组成部分，沈士枢纽—张家畈枢纽为杭州市绕城高速公路东段组成部分，张家畈枢纽—浙赣交界为杭金衢高速公路。

沪杭高速公路（浙江段）（Hù-Háng Gāosù Gōnglù）　沪昆高速公路 G60 组成部分。因连接上海市和杭州市得名。浙江段纵贯嘉兴市中部，连接嘉兴市和杭州市，东起沪浙交界，西至彭埠互通口，全长 103 千米。其中沪浙交界—沈士枢纽段 79 千米，为沪昆高速公路 G60 组成部分；沈士枢纽—彭埠互通段 24 千米，为省级高速公路杭甬高速公路 S2 组成部分。途经嘉善县、嘉兴市南湖区、秀洲区、桐乡市、海宁市、杭州市余杭区和江干区 7 个县、区、市。1995 年 9 月开工建设，1998 年 12 月正式通车。原为双向四车道，2003 年 7 月开工拓宽，2005 年 12 月竣工通车。为双向八车道。在步云枢纽与杭州湾跨海大桥北接线 S7，在嘉兴枢纽与乍嘉苏高速 S11，在嘉兴 2 号枢纽与常台高速 G15W，在骑塘枢纽与苏绍高速 S9，在沈士枢纽与杭甬高速 S2、杭州绕城高速 G2501，在乔司枢纽与杭州绕城高速 G2501 共 7 条高速公路相连。贯穿了浙江省最为活跃的经济区域，是杭州"接轨大上海，融入长三角"的战略举措，为长三角南翼地区各城市间开辟了一条快速通道，改善了沿线的投资环境，有力地促进和带动了沿线经济的快速发展。对浙江省乃至整个长三角地区的共同发展具有深远的影响。

杭金衢高速公路（Háng-Jīn-Qú Gāosù Gōnglù）　沪昆高速公路 G60 组成部分。贯穿浙江省境中西部地区，以途经杭州、金华、衢州各取三地首字而得名。东北起张家畈枢纽，西南至浙赣交界，全长 290 千米。途经杭州市萧山区，绍兴市诸暨市，金华市浦江县、义乌市、金东区、婺城区、兰溪市、龙游县，衢州市衢江区、柯城区、常山县 11 个区、市、县。1999 年 9 月始建，2003 年 9 月建成通车。为双向四车道。在张家畈枢纽与杭州绕城高速 G2501、在直埠枢纽与诸永高速 S26、在傅村枢纽与甬金高速 G1512、在金华枢纽与长深高速 G25、在吕塘角枢纽与龙丽高速 S33、在五里枢纽与京台高速 G3 共 6 条高速公路相连。是浙江省穿越县市较多的高速公路，也是连接中南、西南诸省，接轨大上海的交通主动脉，对拉动沿线地区特别是浙江中西部地区的经济发展具有重要作用。

杭州湾地区环线高速公路（Hángzhōuwān Dìqū Huánxiàn Gāosù Gōnglù）　国家高速公路 G92。因环杭州湾海域得名。环绕杭州湾，北起步云枢纽，南至高桥枢纽，全长 203 千米。其中，步云枢纽—海盐枢纽段为杭州湾跨海大桥高速公路组成部分，海盐枢纽—绕城东枢纽为杭浦高速公路浙江段组成部分，绕城东枢纽—红垦枢纽与杭州市绕城高速公路东段共线，红垦枢纽—高桥枢纽为杭甬高速公路组成部分。

杭甬高速公路(Háng-Yǒng Gāosù Gōnglù)　以起点杭州市、终点宁波市，取两地简称得名。连接杭州市和宁波市，西起彭埠互通口，东至宁波东枢纽，全长149千米。其中彭埠互通口—红垦枢纽段，全长16千米，为省级高速公路杭甬高速S2组成部分。红垦枢纽—高桥枢纽，全长113千米，为杭州湾环线高速G92组成部分。高桥枢纽—宁波东枢纽，全长20千米，转为省级高速公路杭甬高速S5。途经杭州市江干区、萧山区，绍兴市柯桥区、越城区、上虞区，宁波市余姚市、鄞州区7个区、市。1992年9月开工建设，1996年12月建成通车。原为双向四车道，2000年10月开工拓宽，2007年12月竣工通车。为双向八车道。在红垦枢纽与杭州绕城高速G2501、沪昆高速G60，在机场互通口与机场高速S4，在齐贤枢纽与苏绍高速S9，在沽渚枢纽与常台高速G15W，在高桥枢纽与宁波绕城高速G1501，在宁波东枢纽与甬台温高速S1共7高速公路相连。是浙江省境首条高速公路，也是浙江省高速公路网“二纵、二横、三通道、十八连”的一横的构成部分。连接杭州、绍兴、宁波三地，为长三角南翼地区各城市间开辟了一条快速通道，有力促进和带动了沿线经济的快速发展。

甬舟高速公路(Yǒng-Zhōu Gāosù Gōnglù)　国家高速公路G9211。以起点宁波市、终点舟山市，取两地简称得名。跨东海，连接宁波市和舟山市，西起蛟川枢纽，东至鸭东线，全长46千米。途经宁波市镇海区、舟山市定海区2个区。经由金塘岛、册子岛、富翅岛、里钓岛4座岛屿，跨越金塘大桥、西堠门大桥、桃夭门大桥、响礁门大桥、岑港大桥5座跨海大桥，桥梁占高速公路总里程的60%。1999年9月开工建设，2009年12月正式通车。为双向四车道。在蛟川枢纽与宁波绕城高速G1501相连。它的开通结束了舟山至大陆依靠摆渡的历史，使舟山交通融入国家高速公路网，改变了舟山千百年来只能与大陆隔海相望、舟楫往来的历史。对于深化宁波—舟山港一体化，加快浙江海洋经济发展和港航强省建设，促进产业结构优化布局，服务上海国际航运中心建设，推动长三角以及更广泛区域的经济协作，都具有重大而深远的意义。

苏绍高速公路(浙江段)(Sū-Shào Gāosù Gōnglù)　省级高速公路S9。以起点苏州市、终点绍兴市，取两地首字得名。浙江段北起苏浙交界，南至齐贤枢纽，全长84千米。已贯通盐官西枢纽—齐贤枢纽段，全长34千米。途经海宁市、杭州市萧山区。2008年12月开工建设，2014年4月正式通车。为双向六车道，通钱江隧道。与杭州湾环线高速G92相连。建有钱江隧道。对于加强钱塘江南北两岸各重要城市的相互联系和经济往来，推动长三角一体化进程具有重要的意义。钱江隧道的开通，有效缓解了沪杭高速公路、杭甬高速公路，特别是彭埠大桥和下沙大桥的交通流量压力，大大缩短嘉兴、杭州、绍兴三地的时空距离。

温州市绕城高速公路(Wēnzhōu Shì Ràochéng Gāosù Gōnglù)　省级高速公路S10。因环绕杭州市区得名。由北段、西南段组成，全长154千米，东段与甬台温高速复线S19重线。途经温州市鹿城区、永嘉县、乐清市、温州市龙湾区、瑞安市、平阳县、温州市瓯海区7个区、县、市。北段一期为仰义枢纽—北白象枢纽，全长27千米，2005年6月开工建设，2010年2月正式通车。北段二期为北白象枢纽—黄华枢纽(未建)，全长13千米。西南段为仰义枢纽—阁巷枢纽，全长56千米，2013年10月开工建设。为双向六车道。在仰义枢纽与温丽高速G1513、在永嘉枢纽与诸永高速S26、在北白象枢纽和万全枢纽与沈海高速G15、在黄华枢纽和阁巷枢纽与甬台温复线高速S19、在江溪枢纽与瑞文高速(在建)共5条高速公路相连。是《浙江省公路水路交通建设规划纲要》中“两纵两横十八连三绕三通道”公路主骨架的“一绕”，有利于完善全省高速公路路网体系，加速推进温州市域交通一体化进程，促进区域交通发展，加大构建温州大都市区格局，推进西部休闲产业带建设发展都具有十分重要的意义。（注：2020 年 1 月，瑞文高速公路正式通车。）

申嘉湖高速公路（浙江段）（Shēn-Jiā-Hú Gāosù Gōnglù）　省级高速公路 S12。以途经上海、嘉兴、湖州各取三地简称或首字而得名。浙江段在浙江省境北部，连接嘉兴市和湖州市，东起沪浙交界，西至浙皖交界，全长 101 千米。途经嘉善县、嘉兴市秀洲区、桐乡市、湖州市南浔区 4 个县、区、市。2004 年 9 月开工建设，2008 年 1 月沪浙交界至鹿山枢纽段通车。为双向四车道。在洪溪枢纽与常嘉高速 G15W2（在建）、在观音桥枢纽与常台高速 G15W、在练市枢纽与练杭高速 S13、在鹿山枢纽与长深高速 G25、在安城枢纽与杭长（宜）高速 S14 共 5 条高速公路相连。是浙江省“两纵两横十八连”骨架公路网规划中的“十八连”之一，东接上海、西连安徽皖南地区，对于完善省际区域高速公路网、推进长三角地区经济一体化、提升高速公路网服务水平，具有重要战略意义和经济意义。（注：申嘉湖高速公路浙江段全线于 2021 年 12 月正式通车，常嘉高速公路于 2020 年 1 月正式通车。）

练杭高速公路（Liàn-Háng Gāosù Gōnglù）　省级高速公路 S13。以起点湖州市练市镇、终点杭州市，取两地首字得名，又名“申嘉湖杭高速公路练杭段”。在浙江省境西北部，连接湖州市、嘉兴市和杭州市，东北起练市枢纽，西南至崇贤枢纽，全长 50 千米。途经湖州市南浔区、桐乡市、德清县、杭州市余杭区 4 个区、市、县。2006 年 10 月开工建设，2010 年 2 月正式通车。为双向四车道。在练市枢纽与申嘉湖高速 S12、苏绍高速 S9，在崇贤枢纽与杭州绕城高速 G2501 共 3 条高速公路相连。是浙江西北部进出上海的交通动脉，对于完善浙江省高速公路网，促进杭嘉湖区域城市群的经济发展和城市化进程具有十分积极的意义。

杭长（宜）高速公路（浙江段）（Háng-Chǎng（Yí） Gāosù Gōnglù）　省级高速公路 S14。以途经杭州、长兴、宜兴，各取三地首字而得名。浙江段在浙江省境西北部，连接杭州市和湖州市，南起紫金港枢纽，北至苏浙交界，全长 86 千米。途经杭州市西湖区、余杭区、安吉县、长兴县 4 个区、县。2005 年 4 月开工建设，2012 年 12 月紫金港枢纽至泗安枢纽段通车。为双向四车道。在紫金港与杭州绕城高速 G2501、在安城枢纽与申嘉湖高速 S12、在泗安枢纽与沪渝高速 G50 共 3 条高速公路相连。是浙江省高速公路主骨架“两纵、两横、十八连、三绕、三通道”中十八连之一，它对于完善国家高速公路网络、构筑浙江省高速公路网，形成申、苏、浙、皖“三省一市”客货运快速通道起着重要作用。在浙北地区，特别是湖州、长兴、安吉与上海间构筑起便捷、快速通道，为环杭州湾产业带的发展提供强有力的支持。同时也使杭州作为浙江公路交通枢纽中心的集聚与辐射作用更为显著和完善。同时对促进杭州、湖州的旅游发展具有重要的作用。（注：2017 年 1 月，浙江段全线正式通车。）

甬台温高速公路复线（Yǒng-Tāi-Wēn Gāosù Gōnglù Fùxiàn）　省级高速公路 S19。以途经宁波、台州、温州，为甬台温高速公路的并行线而得名，别称“沿海高速”。在浙江省境东部沿海，北起云龙枢纽，南至浙闽交界，全长 378 千米。已建成的云龙枢纽—墙头互通段，全长 47 千米。连接宁波市鄞州区、象山县 2 个区、县，2008 年 12 月开工建设。为双向四/六车道，跨越象山港大桥。在云龙枢纽与宁波绕城高速公路 G2501 相连。是浙江省“两纵两横十八连三绕三通道”公路主骨架中的“一连”，对于完善浙江省高速公路网络，缓解甬台温高速公路交通压力，融入“长三角”一体化发展战略具有十分重要的作用。也是浙江沿海融入长三角，构筑杭、甬、温都市圈，发展温台沿海产业带，保护和合理开发浙东沿海蓝色屏障的快速通道。（注：依据《公路路线标识规则和国道编号》

(GB/T 917—2017)，名称变更为甬莞高速公路，编号改为 G1523。)

穿山疏港高速公路(Chuānshān Shūgǎng Gāosù Gōnglù)　省级高速公路 S20。因通往穿山港区得名。在宁波市北仑区，西起好思房枢纽，东至穿山大道，全长 33 千米。途经好思房、大碶 2 个枢纽，有灵峰、霞浦、柴桥、白峰 4 个互通口。2009 年 12 月开工建设，2013 年 6 月正式通车。为双向六车道。在好思房枢纽与宁波绕城高速 G1501、在大碶枢纽与甬台温高速 S1 相连。极大地缓解了宁波港口日益增长的疏港交通压力，减少了集疏港车辆对城市交通的干扰，改善了北仑区的交通条件。同时，进一步完善了宁波市高速公路网，彻底打通了北仑、穿山、大榭、梅山等港区的疏港通道，提高了宁波港口公路集疏运能力，促进了宁波市经济和社会的协调发展。

绍诸高速公路(Shào-Zhū Gāosù Gōnglù)　省级高速公路 S24。以起点绍兴市、终点诸暨市，取两地首字得名。在绍兴市，东北起道墟枢纽，西南至浣东互通，全长 62 千米。途经绍兴市上虞区、越城区、柯桥区、诸暨市 4 个区市。2008 年 12 月开工建设，2011 年 12 月正式通车。为双向四车道。在上虞枢纽与常台高速 G15W、在浣东枢纽诸永高速 S26 相连。促进了绍兴枢纽式交通的实现，完善了绍兴高速公路网，通过嘉绍大桥，进一步促进绍兴大城市建设，融入以上海为中心的“两小时都市圈”，提升中心城市对沿线县(市、区)的辐射作用，增强城市竞争力和综合实力。

诸永高速公路(Zhū-Yǒng Gāosù Gōnglù)　省级高速公路 S26。以起点诸暨市、终点永嘉县，取两地首字得名。在浙江省境中东部，贯穿绍兴、金华、台州、温州四个区市，北起直埠枢纽，南至永嘉枢纽，全长 224 千米。途经诸暨市、东阳市、磐安县、仙居县、永嘉县 5 个市、县。2004 年 9 月开工建设，2010 年 7 月正式通车。为双向四车道。在直埠枢纽与沪昆高速 G60、在怀鲁枢纽与甬金高速 G1512、在马宅枢纽与东永高速 S27、在白塔枢纽与台金高速 S28、在永嘉枢纽与温州绕城高速 S10 共 5 条高速公路相连。沿线有诸暨五泄、横店影视城、高迁古居民区、神仙居、楠溪江、雁荡山等诸多国家级、省级风景名胜区，还有西施故里、古越文化发祥地、“群山之祖，诸山之源”大盘山等大批风景名胜区和保存完好的古村落。是省内已建成高速公路中地理条件较为复杂的高速公路，也是连接杭州与温州两大中心城市之间行车距离最短的高速公路。(注：2015 年 1 月，诸永高速公路延伸段永嘉枢纽至鹿城段正式通车。)

东永高速公路(Dōng-Yǒng Gāosù Gōnglù)　省级高速公路 S27。以起点东阳市、终点永康市，取两地首字得名。在金华市东南部，连接东阳市和永康市，东北起马宅枢纽，西南至新店枢纽，全长 45 千米。2009 年 12 月开工建设，在建。为双向四车道。在马宅枢纽与诸永高速 S26、在新店枢纽长深高速 G25 相连。它使诸永、长深、甬金、台金等高速公路有机地联系在一起。是“五金之乡”永康市境内里程最长的一条高速公路。使东阳与永康在城市空间布局上紧密衔接起来，对加快两市产业结构升级，促进区域经济的持续快速发展，使两地经济发展更好地融入浙中城市组群，同时还加快了项目辐射区融入长江三角洲经济圈的步伐。(注：2015 年 7 月，全线正式通车。)

台金高速公路(Tāi-Jīn Gāosù Gōnglù)　省级高速公路 S28。以起点台州市、终点金华市，取两地首字得名。在浙江省中东部，东起椒江北枢纽，西至前仓枢纽，全长 158 千米。途经临海市、仙居县、缙云县、永康市 4 个县市。2002 年 12 月开工建设，2011 年 10 月杜桥互通至前仓枢纽段正式通车。为双向四车道。在头门港南枢纽与甬台温复线高速 S19、在水洋枢纽与沈海高速 G15、在白塔枢纽与诸永高速 S26、在前仓枢纽与长深高速 G25 共 4 条高速公路相连。是横贯浙江中部和东部，沟通浙江沿海城市与腹地的高速干线公路，也是甬台温高速公路、长深高速公路、诸永高速公路和甬台温高速复线的重要连接线。它完善了全省和台州的高速公路网络，向西接通了丽水、金华地区，打开了台州的西大门，促进了台州与浙江中部地区的经济交流与发展，促进了西部的开发。向东接通台州中心城市，有利于沿线的经济发展，对推进台州的经济社会发展起着至关重要的作用。（注：2019 年 1 月，椒江北枢纽至杜桥互通段建成通车。）

之江大桥高速公路（Zhījiāng Dàqiáo Gāosù Gōnglù）　省级高速公路 S30。为长深高速 G25 延伸段，跨越之江大桥得名。在杭州市，东接杭州市滨江区，西接杭州市西湖区，全长 5 千米。2008 年 12 月开工建设，2013 年 1 月正式通车。为双向六车道。缓解了杭州市之江路的交通压力，把之江和滨江两大新城连接在了一起。从富阳、桐庐、千岛湖、衢州、江西等地通过长深高速公路进入杭州，都可从之江大桥进入滨江区，并通过滨江区从复兴大桥、西兴大桥、彭埠大桥、庆春隧道进出杭州主城区，改善了杭州与千岛湖、黄山的交通条件，为"旅游西进"提供交通保障。

千黄高速公路（浙江段）（Qiān-Huáng Gāosù Gōnglù）　省级高速公路 S32。为杭新景高速千岛湖支线。以起点淳安千岛湖、终点安徽黄山，取两地首字得名。浙江段在杭州市，连接建德市和淳安县，东起新安江枢纽，西至浙皖交界，全长 72 千米。已建成新安江枢纽—千岛湖互通段。已建成段于 2004 年 4 月开工建设，2006 年 10 月正式通车。按双向四车道高速公路标准设计，设计速度为 80 千米/小时。全长 21 千米，在新安江枢纽与杭新景高速 S31 相连。是国家高速公路网的重要组成部分，也是长三角一体化重点项目之一。它串起了西湖风景区、西溪湿地、千岛湖和黄山等 7 个国家 AAAAA 级旅游景区，打通了"杭州—富春江—新安江—千岛湖—黄山"的世界级黄金旅游走廊，带动沿线旅游产业全面升级，推动交通建设与乡村振兴战略融合，落实长三角区域一体化发展等均具有重要意义，是一条践行"绿水青山就是金山银山"理念的通途。（注：依据《公路路线标识规则和国道编号》(GB/T 917—2017)，线路纳入溧宁高速 G4012。）

龙丽高速公路（Lóng-Lí Gāosù Gōnglù）　省级高速公路 S33。以起点龙游县、终点丽水市莲都区，取两地首字得名。在浙江省境西南部，连接杭州市、衢州市和丽水市，西起八亩丘枢纽，南至北埠枢纽，全长 157 千米。途经建德市、龙游县、遂昌县、松阳县、丽水市莲都区 5 个市、县、区。2004 年 6 月开工建设，2007 年 1 月正式通车。为双向四车道。在八亩丘枢纽与杭新景高速 S31、在吕塘角枢纽与沪昆高速 G60、在北埠枢纽与长深高速 G25 共 3 条高速公路相连。它的开通，对处于浙南大山深处的遂昌、松阳两县的经济的推动，以及完善浙江西南交通网有着较大意义。（注：依据《公路路线标识规则和国道编号》(GB/T 917—2017)，线路纳入溧宁高速 G4012。）

云景高速公路（Yún-Jǐng Gāosù Gōnglù）　省级高速公路 S34。以起点云和县、终点景宁畲族自治县，取其两地首字得名。在丽水市，连接云和县、景宁畲族自治县。北起云景枢纽，南至景宁互通口全长 12 千米。2008 年 3 月开工建设，2013 年 4 月正式通车。为双向四车道。在云景枢纽与长深高速 G25 相连。建有芝畈大桥、溪口大桥，通泗洲岭隧道、溪口隧道。是浙江省高速公路主骨架"两纵两横十八连三绕三通道"中的一连，它一头连着充满童趣的中国木制玩具城云和，一头连着畲族风情浓郁的景宁，有助于加强云和、景宁对外交通联系，促进区域经济社会发展。（注：依据《公路路线标识规则和国道编号》(GB/T 917—2017)，线路纳入溧宁高速 G4012。）

龙浦高速公路（浙江段）（Lóng-Pǔ Gāosù Gōnglù）　省级高速公路 S36。以起点龙泉市、终点浦城县，取两地首字得名，为长深高速 G25 支线。浙江段在龙泉市，东起白马畈枢纽，西至浙闽交界，全长 23 千米。2013 年 5 月开工建设，在建。为双向四车道。是京台高速 G3 和长深高速 G25

的联络线，也是浙江省高速公路网规划“两纵两横十八连三绕三通道”丽龙庆高速公路的武夷山支线，是浙西南旅游线与福建武夷山国家风景区的交通干线。形成了一条连接江西、福建、浙江三省通往长三角和海西经济区的快速通道。是“长三角”通往“珠三角”最快速的通道，对于加强浙、闽两省区域经济合作交流、促进海西经济区发展都具有十分重要的意义。（注：2016 年 9 月，浙江段全线正式通车。）

第二节　国道线路名称

104 国道(浙江段)(104 Guódào)　又名“京福线”。以起点北京市，终点福州市，取两地简称或首字得名。纵贯浙江省全境，浙江段北起长兴县夹浦镇，在父子岭与苏浙交界，南至苍南县桥墩镇，在分水关与浙闽交界，全长 691 千米。途经湖州市(长兴县、吴兴区、德清县)、杭州市(余杭区、萧山区)、绍兴市(柯桥区、越城区、上虞区、嵊州市、新昌县)、台州市(天台县、临海市、黄岩区、路桥区、温岭市)、温州市(乐清市、永嘉县、鹿城区、瓯海区、瑞安市、平阳县、苍南县)5 个设区市。沿途共线部分：杭州市区段与杭州市绕城高速公路 G2501 共线(从勾庄互通上，萧山互通下)；温州市区段与温州市绕城高速公路 S10 共线(从瓯北互通上，温州服务区下)。各段的建造时间，湖州段：1929 年 2 月始建，1930 年 8 月全段贯通。杭州段：1916 年始建，1930 年全段贯通。绍兴段：1922 年 6 月始建，1933 年 10 月全段贯通。台州段：1917 年始建，1934 年 10 月全段贯通。温州段：1922 年 6 月始建，1937 年 6 月建成通车。后多次进行修复和改建。途经距今 7 000～8 000 年的跨湖桥遗址、距今 4 000～5 000 年的良渚遗址两大文化遗址。途经“浙北第一村”父子岭村、中国共产党领导下的第一个农民协会诞生地衙前镇、中共浙江省“一大”会址平阳县。途经的中国历史文化名城有湖州市、杭州市、绍兴市、临海市、温州市。湖州市，自古以来素有丝绸之府、鱼米之乡、文化之邦的美誉，且有南太湖明珠之称。太湖，拥有“太湖三白”淡水渔业特产，即白鱼、银鱼和白虾。有飞英塔、下菰城遗址、钱家漾遗址、德清原始瓷窑址、德清古桥群、陈英士墓、赵孟頫墓、跨湖桥遗址等 22 处全国重点文物保护单位，有新市镇、乾元镇中国历史文化名镇。宋代文学家戴表元有“行遍江南清丽地，人生只合住湖州”的感叹。杭州市，有“人间天堂”的美誉，为历史上吴越国和南宋的都城，有京杭大运河、西湖、六和塔、岳王庙、灵隐寺、雷峰塔、南山造像、茅湾里窑址等历史古迹，城内保留了许多和南宋有关的历史古迹，如南宋临安城遗址、八卦田遗址、城墙遗址、鼓楼、吴山城隍庙、南宋御街、河坊街等。唐代白居易《忆江南》中写道：“江南忆，最忆是杭州！”绍兴市，它素有水乡、桥乡、酒乡和书法之乡、戏曲之乡、名士之乡的美称，被称为“没有围墙的博物馆”，拥有全国重点文物保护单位 29 处，其中有蔡元培故居、鲁迅故居、秋瑾故居、大禹陵、王守仁墓、越国贵族墓群、马寅初故居、小黄山遗址、曹娥庙、舜王庙、绍兴古桥群、浙东运河古纤道、老坝底、凤凰山窑址群等。杜甫曾在《壮游》诗中赞叹：“越女天下白，鉴湖五月凉。剡溪蕴秀异，欲罢不能忘。”临海市，素有“小邹鲁”和“文化之邦”的美誉，作为千年台州府治，保留了大量的历史古迹，如台州府城墙、桃渚古城、千佛塔 3 处全国重点文物保护单位。宋代文学家文天祥赞曰：“海山仙子国，邂逅寄孤蓬，万象图画里，千岩玉界中。”温州市，被誉为“诗画山水，温润之州”。拥有全国重点文物保护单位蒲壮所城、玉海楼、南阁牌楼群、北阁古民居、芙蓉村古建筑群、永昌堡、真如寺石塔、国安寺塔、观音寺石塔、栖真寺五佛塔、龙山头石棚墓、四连碓造纸作坊等29处。途经莫干山、天姥山、方山—长屿硐天、雁荡山、楠溪江、百丈漈—飞云江国家风景名胜区和滨海—玉苍山省级风景名胜区。北宋诗人杨蟠在《咏温州》中描绘："一片繁华海上头，从来唤作小杭州。"其他沿途还有瑞隆感应塔、东瓯古城遗址、新河闸桥群等全国重点文物保护单位。途经长兴地质遗迹国家级自然保护区和梁希、华顶、龙湾潭、花岩、玉苍山国家森林公园，以及雁荡山世界地质公园、鉴洋湖国家城市湿地公园，有雁荡山、国清、石梁等国家AAAAA级旅游景区和湘湖、东湖、杭州东方文化园、柯岩、大香林、大佛寺、仙岩、南雁荡山等国家AAAA级旅游景区。是连接江苏、浙江、福建三省的省际南北向主要干线公路。（注：依据《国家公路网规划（2013—2030）》，京福线改称京岚线。）

205国道（浙江段）（205 Guódào）　又名"山深线"。以起点山海关，终点深圳市，取两地首字得名。浙江段纵贯衢州市中西部，与京台高速G3平行，北起开化县齐溪镇，在西坑与浙皖交界；南至江山市廿八都镇，在枫岭关与浙闽交界，全长163千米。途经开化县（齐溪镇、马金镇、中村乡、音坑乡、华埠镇）、常山县（何家乡、金川街道、天马街道）、江山市（坛石镇、贺村镇、凤林镇、峡口镇、保安乡、廿八都镇）3个县、市。1931年始建，1967年全线贯通。后多次进行修复和改建。途经开化的十里水杉、百里金溪画廊、钱江源国家森林公园和世界自然遗产江郎山，有着典型的丹霞地貌景观，唐代白居易诗云："安得此身生羽翼，与君往来醉烟霞。"有国家AAAAA级旅游景区根宫佛国文化旅游区和清漾毛氏文化村，以藏有"天下第一谱"《清漾毛氏族谱》而著称。有"浙江诸山之祖"之称的仙霞关，素称"东南锁钥，八闽咽喉"。有浙江十大最美徒步路线仙霞古道，以及中国历史文化名镇廿八都、浙江省地质公园浮盖山等主要景点，途经杨氏宗祠、三卿口制瓷作坊等全国重点文物保护单位。是连接安徽、浙江、福建三省的省际干线公路。

318国道（浙江段）（318 Guódào）　又名"沪聂线"。以起点上海市，终点聂拉木县，取两地简称或首字得名。浙江段在湖州市，与沪渝高速G50平行。东起湖州市南浔区南浔镇，在浔北与苏浙交界；西至长兴县泗安镇，在界牌与浙皖交界，全长95千米，部分路段与104国道共线。途经湖州市南浔区（南浔镇）、湖州市吴兴区（织里镇、八里店镇、环渚街道、龙泉街道、凤凰街道、龙溪街道）、长兴县（李家巷镇、吕山乡、虹星桥镇、林城镇、泗安镇）3个区、县。1933年4月始建，1936年5月全线贯通。后多次进行修复和改建。途经南浔区境内的嘉业堂藏书楼及小莲庄、南浔张氏旧宅建筑群、尊德堂、双林三桥等全国重点文物保护单位，有中国历史文化名镇、国家AAAAA级旅游景区南浔古镇，为江南蚕丝名镇，清董蠡舟曰："蚕事吾湖独盛，一郡之中，尤以南浔为甲。"途经吴兴区境内的世界灌溉工程遗址、全国重点文物保护单位太湖溇港，中国传统村落义皋村和衣裳街历史文化街区，有湖州三绝之一的飞英塔，元代书画家赵孟頫《登飞英塔》诗云："梯飙直上几百尺，俯视层空鸟背过。千里湖光秋色尽，万家烟火夕阳多。鱼龙滚滚扶舟楫，鸿雁冥冥避网罗。谁种山中千树橘，侧身东望洞庭波。"途经长兴县境内的仙山湖国家AAAA级旅游景区、新四军苏浙军区旧址、顾渚贡茶院遗址及摩崖等。是连接安徽、浙江、上海三省的省际干线公路。

320国道（浙江段）（320 Guódào）　又名"沪瑞线"。穿越浙江省境，以起点上海市，终点瑞丽市，取两地简称或首字得名。浙江段连接嘉兴市、杭州市和衢州市，与沪昆高速G60、长深高速G25、龙丽高速G33平行。东北起嘉善县惠民街道，在枫南与沪浙交界；西南至常山县白石镇，在太平桥与浙赣交界，全长411千米。途经嘉兴市（嘉善县、南湖区、秀洲区、桐乡市、海宁市）、杭州市（余杭区、富阳区、桐庐县、建德市）、衢州市（龙游县、衢江区、柯城区、常山县）3个设区市。杭州市区段与杭州市绕城高速公路 G2501 共线(从半山互通上，转塘互通下)。嘉兴段：1933 年始建，1936 年 10 月贯通。杭州段：1916 年始建，1933 年 7 月贯通。衢州段：1928 年始建，1931 年 12 月贯通。后多次进行修复和改建。途经环太湖流域新石器时代马家浜遗址、良渚遗址两大文化遗址和西湖、京杭大运河两大世界遗产名录，以及西溪国家湿地公园、常山国家地质公园。途经境内富春江—新安江国家风景名胜区以及南湖、乌镇、宋城、杭州野生动物世界、严子陵钓台、千岛湖、灵栖洞、龙游石窟、龙游民居苑、天脊龙门、药王山、桃源七里等国家 AAAA 级以上旅游景区和黄泥塘“金钉子”保护区。有嘉兴南湖中共“一大”会址、茅盾故居、章太炎故居、新地里遗址、西塘古镇、塘栖古镇、寿昌古镇、吴镇墓、泗洲造纸作坊、江南古村落，西山桥、绍衣堂和横山塔、关西世家、三槐堂、三门源叶氏民居、小南海石室、鸡鸣山民居苑、北二蓝氏宗祠等全国重点文物保护单位，有中国传统村落东梓关以及文化底蕴深厚的皋亭山，北宋《太平寰宇记》卷九三：“皋亭山，在县东北二十五里，山上有石城，周围十里。”是连接江西、浙江、上海三省的省际干线公路。

329 国道(329 Guódào)　在浙江省东北部，又名“杭朱线”，以起点杭州市、终点朱家尖的两地首字得名。连接杭州市、绍兴市、宁波市和舟山市，东起杭州市萧山区宁围镇萧山互通，西至舟山市朱家尖街道，全长 294 千米。其中萧山区至上虞区段与京福线 G104 共线。途经杭州市(萧山区)、绍兴市(柯桥区、越城区、上虞区)、宁波市(余姚市、慈溪市、镇海区、江北区、江东区、鄞州区、北仑区)3 个设区市，由轮渡进入舟山市(定海区、普陀区)。绍兴段：1926 年 7 月始建，1934 年 12 月贯通。宁波段：1930 年 9 月开工，1934 年 6 月贯通。舟山段：1936 年始建，1945 年 9 月贯通。后多次进行修复和改建。途经长江下游地区新石器时代的河姆渡遗址、田螺山遗址，跨曹娥江、浙东运河、甬江等河流，以及金塘水道、西堠门、桃夭门、富翅门等水道，抵达普陀山国家级风景名胜区。途经境内天童、东钱湖省级风景名胜区和天下玉苑、丹山赤水、中华孝德园、达蓬山、老外滩、九峰山、中国港口博物馆、宁波海洋世界、九龙湖、郑氏十七房、宁波帮博物馆、宁波博物馆、雅戈尔动物园、朱家尖、桃花岛等国家 AAAA 级旅游景区，有跨湖桥遗址、茅湾里窑址、龙山虞氏旧宅建筑群、上林湖越窑遗址、浙东抗日根据地旧址、王守仁故居、锦堂学校旧址、镇海口海防遗址、安庆会馆、大运河—宁波三江口、阿育王寺、天童寺、庙沟后横省石牌坊、东钱湖墓葬群、二灵塔、浙东沿海灯塔、普济寺等全国重点文物保护单位。途经的上虞区百官街道因历史上的百官桥而得名，《水经注》引《晋太康三年地记》：“舜避丹朱于此，故以名县。百官从之，故县北有百官桥。”是连接杭州、舟山两地间的干线公路。(注：依据《国家公路网规划(2013—2030)》，杭朱线改称舟鲁线。)

330 国道(330 Guódào)　又名“温寿线”。以起点温州市，终点寿昌镇，取两地首字得名。连接温州市、丽水市、金华市和杭州市，东南起温州市鹿城区松台街道，与勤奋路相交；西北至建德市寿昌镇，与沪瑞线 G320 相交，全长 300 千米。途经温州市(鹿城区)、丽水市(青田县、莲都区、缙云县)、金华市(永康市、武义县、金东区、婺城区、兰溪市)、杭州市(建德市)4 个设区市。温州段：1933 年 1 月始建，1934 年 10 月贯通。丽水段：1932 年 5 月始建，1934 年 10 月贯通。金华段：1932 年 2 月始建，1934 年 11 月贯通。杭州段：1934 建成。后多次进行修复和改建。跨越大溪、好溪、武义江、衢江、寿昌江，经过仙都、双龙国家级风景名胜区，途经印象南塘、石门洞、石雕文化旅游区、诸葛八卦村、大慈岩、黄龙等国家 AAAA 级旅游景区，有河阳、后吴、新叶中国历史文化名村和诸葛、长乐、社峰等中国传统村落，以及曹湾山遗址、毓秀桥、南明山摩崖题刻、仙都摩崖题记、河阳村乡土建筑、吕祖谦及家族墓、天宁寺、太平天国侍王府、法隆寺经幢、上族祠、积庆堂、诸葛八卦村、长乐村民居等全国重点文物保护单位。是连接杭州和温州两地间的干线公路。（注：依据《国家公路网规划（2013—2030）》，温寿线成为洞合线的组成部分。）

第三节　省道线路名称

杭沪线省道(Háng-Hùxiàn Shěngdào)　编号S101，原编号01省道。在浙江省东北部，以起点杭州市，终点上海市，取其简称得名。原名“杭平线”，1990年改为杭沪线。连接杭州市和嘉兴市，西南起杭州市江干区彭埠镇，沿杭海路与塘工局路相交；东北至平湖市独山港镇，在金桥与沪浙交界，全长120千米。与沈海高速G15、杭州湾环线高速G92平行。途经杭州市江干区（彭埠街道、九堡街道）、杭州市余杭区（乔司街道、南苑街道）、海宁市（许村镇、长安镇、周王庙镇、盐官镇、斜桥镇、丁桥镇、马桥街道、袁花镇）、海盐县（通元镇、秦山街道、武原街道、西塘桥街道）、平湖市（乍浦镇、林埭镇、独山港镇）5个区、市、县。与S202乍王线、S203海新线、S304临莫线3条省道相接。1916始建，1932年10月全线通车。1938—1940年抗日战争期间遭受破坏，后多次进行修复和改建。途经境内南北湖、盐官观潮、海宁中国皮革城等国家AAAA级旅游景区和九龙山国家森林公园，以及庄桥坟遗址、乍浦炮台、绮园、盐官海塘及海神庙、王国维故居、陈阁老宅等全国重点文物保护单位，有谈仙岭古道、古海塘遗迹、明月桥、土备塘等古迹。苏轼在《催试官考较戏作》中描绘钱塘江潮水：“八月十八潮，壮观天下无。”是连接浙江、上海两省的省际干线公路。（注：依据《国家公路网规划（2013—2030）》，路段分别划入G104京岚线、G525平杭线、G228丹东线。）

杭昱线省道(Háng-Yùxiàn Shěngdào)　编号S102，原编号02省道。在杭州市西部。以起点杭州市，终点临安市昱岭关，取两地首字得名。连接杭州市区和临安市，东起杭州市余杭区五常街道，沿五常大道与天目山路相交；西至临安市清凉峰镇，在昱岭关与浙皖交界，全长131千米。与杭瑞高速G56平行。途经杭州市余杭区（五常街道、闲林街道、余杭街道、中泰街道）、临安市（青山湖街道、锦城街道、锦南街道、玲珑街道、天目山镇、於潜镇、太阳镇、昌化镇、龙岗镇、清凉峰镇）2个区、市。与S207彭余线、S206牧松线、S205青临线、S208桐千线、S209龙苦线5条省道相接。1916年始建，1933年11月全线通车。1938—1939年抗日战争期间遭受破坏，后多次进行修复和改建。途经境内天目山、清凉峰国家级自然保护区、青山湖国家森林公园、浙西大峡谷国家AAAA级旅游景区，以及临安吴越国王陵、康陵、功臣塔及功臣寺遗址、天目窑遗址群等全国重点文物保护单位。玲珑山景区，以俊逸挺拔的山势，丰富的摩崖题刻出名。昱岭关，南宋时置关，后屡经圮建，地理位置十分重要，是历史上浙、皖间经贸往来的必经之地，古代军事战略要冲。北宋诗人苏轼曾在《於潜僧绿筠轩》留下“宁可食无肉，不可居无竹”的名句。是连接浙江、安徽两省的省际干线公路。

杭金线省道(Háng-Jīnxiàn Shěngdào)　编号S103，原编号03省道。在浙江省中部。以起点杭州市，终点金华市，取两地首字得名。原名“萧金线”，1990年改今名。连接杭州市和金华市，北起杭州市萧山区新塘街道通惠南路南秀路交叉口，南至金华市婺城区秋滨街道，与温寿线G330相交，全长190千米。与沪昆高速G60平行。途经杭州市萧山区（新塘街道、蜀山街道、所前镇、临浦镇、戴村镇、河上镇、楼塔镇）、诸暨市（次坞镇、应店街道、大唐镇、草塔镇、王家井镇、牌头镇、安华镇)、浦江县(郑家坞镇)、义乌市(大陈镇、后宅街道、北苑街道、城西街道、上溪镇)、金华市金东区(傅村镇、孝顺镇、曹宅镇、赤松镇、东孝街道)、金华市婺城区(新狮街道、城北街道、城西街道、乾西乡、西关街道、秋滨街道)6 个区、市、县。与 S307 中樟线、S308 绍大线、S310 嵊义线、S210 桐义线、S313 金兰线 5 条省道相接,与国道 G330 温寿线相连。1956 年 3 月至 1989 年 6 月分段建成。其后多次进行修复和改建。途经境内五泄国家级风景名胜区、义乌国际商贸城国家 AAAA 级旅游景区,以及黄山八面厅、太平天国侍王府、天宁寺、法隆寺经幢、郑义门古建筑群等全国重点文物保护单位。有葛云飞墓和吴晗、陈望道、艾青、施光南等故居,以及上董越窑窑址、西施古迹群、楼塔古镇、牌头古镇、星拱桥、洲口桥、天元塔、大安寺塔、鱼梁书屋、山头下村、方大宗祠、傅氏宗祠、大佛寺、嵩溪石灰窑群遗址等古迹。是连接杭州、金华两地的重要省级公路。(注:依据《国家公路网规划(2013—2030)》,路段划入 G235 新海线。)

彭安线省道(Péng-Ānxiàn Shěngdào)　编号 S201,原编号 04 省道。在浙江省西北部。以起点杭州市余杭区瓶窑镇彭公集镇,终点安吉县,取两地首字得名。连接杭州市和安吉县,南起杭州市余杭区瓶窑镇,在彭公集与 G104 京福线互通;北至安吉县递铺街道,沿灵峰北路与鹿唐线 S306 相交,全长 45 千米。与杭长(宜)高速 S14 平行。途经杭州市余杭区(瓶窑镇、黄湖镇、百丈镇)、安吉县(灵峰街道、昌硕街道、递铺街道)等 2 个区、县。与 S207 彭余线、S205 青临线、S306 鹿唐线 3 条省道相接,与国道 G104 京福线相连。途经境内安吉竹子博览园、中南百草园国家 AAAA 级旅游景区,以及南山造像、独松关、古驿道、安城古城墙、安吉古城遗址和龙山越国贵族墓群等全国重点文物保护单位,有石扶梯古道、窑山遗址、鹤溪诸家大院等古迹。独松关历来为兵家必争之地,有“一夫当关,万夫莫开”之险,曾是“蓬断草枯,寡若晨霜,鸟飞不下,善铤亡群”的古战场。是连接杭州与安吉的重要省道。(注:依据《国家公路网规划(2013—2030)》,路段划入 G235 新海线。)

乍王线省道(Zhà-Wángxiàn Shěngdào)　编号 S202,原编号 07 省道。在嘉兴市中部。以起点平湖市乍浦镇,终点秀洲区王江泾镇,取两地首字得名。南起平湖市乍浦镇,沿金平湖大道与杭沪线 S101 相交;北至嘉兴市秀洲区王江泾镇,在闻川与苏浙交界,全长 58 千米。部分路段与沪瑞线 G320 共线。途经平湖市(乍浦镇、当湖街道、曹桥街道)、嘉兴市南湖区(新丰镇、大桥镇、凤桥镇、余新镇、东栅街道)、嘉兴市秀洲区(塘汇街道、嘉北街道、王江泾镇)3 个市、区。与省道 S101 杭沪线、国道 G320 沪瑞线相接。2004 年 3 月开工建设,2007 年 5 月全线通车。为原乍王线(07 省道)移址改建。途经境内东湖、梅花洲国家 AAAA 级旅游景区和莫氏庄园、嘉兴南湖中共“一大”会址、南河浜遗址、长虹桥等全国重点文物保护单位。有马厩庙大桥,李墩、图泽、白坟墩、子城、雀墓桥等遗址。清王明福《长虹桥》诗云:“虹影卧澄波,登高供远瞻。南浮越水白,北接吴山绿。”是连接浙江、江苏两省的省际干线公路。

海新线省道(Hǎi-Xīnxiàn Shěngdào)　编号 S203,原编号 08 省道。在海宁市东部。以起点海宁市,原终点丁桥镇新仓集镇,取两地首字得名,后移址改建。北起海宁市海昌街道,在楼鹤浜与湖盐线(县道)相交;南至海宁市黄湾镇,与尖山互通相接,全长 31 千米。与常台高速 G1522 平行。途经海宁市海昌街道、硖石街道、马桥街道、袁花镇、黄湾镇 5 个街道、镇。为原海新线(08 省道)移址改建。与省道 S101 杭沪线相接。2013 年 10 月开工建设,在建。途经境内全国重点文物保护单位惠力寺经幢和徐志摩故居、衍芬草堂、崔家场遗址、崇教寺等故址、古迹。是海宁境内的重要省级公路。(注:2015 年 1 月全线通车。依据《国家公路网规划(2013—2030)》,路段划入 G524 常海线。)

孝泗线省道(Xiào-Sìxiàn Shěngdào)　编号 S204,原编号 12 省道。在湖州市西部。以起点安吉县孝丰镇,终点长兴县泗安镇,取两地首字得名。连接安吉县和长兴县,南起安吉县孝丰镇,在缸窑岭与鹿唐线 S306 相交;北至长兴县泗安镇,与沪渝高速 G50 泗安互通相接,全长 43 千米。途经安吉县(孝丰镇、孝源街道、天子湖镇)、长兴县(泗安镇)2 个县。与省道 S306 鹿唐线、国道 G318 沪聂线相接。1947 年 11 月始建,1966 年贯通。后多次进行修复和改建。途经境内仙山湖国家湿地公园、中国扬子鳄村国家 AAAA 级旅游景区、全国重点文物保护单位七里亭遗址和中国传统村落上泗安,有云鸿塔、牛头山军事遗迹、安城城墙、空山遗址、新安遗址、五里渡(土斗)门群、吴昌硕故居等古迹。清鲍钤《泗安镇》:"隋代鹰扬府,城荒尚故基,舟车商竞出,宣歙路交歧。"是连接安吉、长兴两地的重要省级公路。(依据《国家公路网规划(2013—2030)》,部分路段划入 G235 新海线。)

青临线省道(Qīng-Línxiàn Shěngdào)　编号 S205,原编号 13 省道。在浙江省西北部。以起点安吉县递浦街道青山,终点临安市,取两地首字得名。连接安吉县和临安市,北起安吉县递浦街道,在青山与彭安线 S201 相交;南至临安市玲珑街道,在玲珑与杭昱线 S102 线相交,全长 64 千米。途经安吉县(灵峰街道、天荒坪镇)、临安市(太湖源镇、锦城街道)2 个县、市。与 S201 彭安线、S102 杭昱线相接。1948 年始建,1972 年全线贯通。后多次进行修复和改建。途经境内江南天池等国家 AAAA 级旅游景区以及藏龙百瀑、太湖源和吴越文化旅游区等景区,有临安吴越国王陵、功臣塔及功臣寺遗址等全国重点文物保护单位。是连接安吉、临安两地的重要省级公路。

牧松线省道(Mù-Sōngxiàn Shěngdào)　编号 S206,原编号 14 省道。在杭州市中部。以起点临安市锦城街道牧家桥,终点富阳区新登镇松溪,取两地首字得名。连接临安市和富阳区,北起临安市锦城街道,在牧家桥与杭昱线 S102 相交;南至杭州市富阳区新登镇,在松溪与富衢线 S305 相交,全长 31 千米。途经临安市(锦城街道、板桥镇)、杭州市富阳区(永昌镇、新登镇)2 个市、区。与 S102 杭昱线、S305 富衢线、S302 新淳线 3 条省道相接。1951 年 3 月始建,同年 9 月贯通。后多次进行修复和改建。途经境内青山湖国家森林公园、中国传统村落青何村,有日新桥、联魁塔、罗隐碑林、新登古城墙、古城河、古牌坊等古迹。青山湖国家森林公园,有"树在水中生,船在林中行,人在画中游,鸟在枝头鸣"的特异景色。是连接富阳、临安两地的重要省级公路。

彭余线省道(Péng-Yúxiàn Shěngdào)　编号 S207,原编号 15 省道。在杭州市余杭区西部。以起点瓶窑镇彭公集镇,终点余杭街道,取两地首字得名。北起余杭区瓶窑镇,在彭公与彭安线 S201 相交;南至余杭区余杭街道,在华坞与杭昱线 S102 相交,全长 29 千米。途经瓶窑镇、径山镇、仓前街道、余杭街道 4 个镇、街道。与省道 S201 彭安线、S102 杭昱线相接,与国道 G104 京福线相连。1925 年 7 月建成,后多次进行修复和改建。途经境内双溪漂流国家 AAAA 级旅游景区和南山造像、小古城遗址、章太炎故居、仓前粮仓等全国重点文物保护单位,有安乐塔、舒公塔等古迹。是余杭境内的重要省级公路。(注:依据《国家公路网规划(2013—2030)》,路段划入 G235 新海线。)

桐千线省道(Tóng-Qiānxiàn Shěngdào)　编号 S208,原编号 16 省道。在杭州市中北部。以起点桐庐县,终点浙皖交界千秋关,取两地首字得名。连接桐庐县和临安市,南起桐庐县桐君街道,在桥北与富衢线 S305 相交;北至临安市太阳镇,在千秋关与浙皖交界,全长 92 千米。途经桐庐县(桐君街道、横村镇、瑶琳镇、分水镇)、临安市(潜川镇、於潜镇、太阳镇)2 个县、市。与 S305 富衢线、S302 新淳线、S102 杭昱线 3 条省道相接。1935 年始建,1970 年 12 月全线贯通。后多次进行修复和改建。途经境内瑶琳国家森林公园和瑶琳仙境、垂云通天河、浪石金滩等国家 AAAA 级旅游景区，以及桐君山、阆仙洞、神仙洞、桐溪等景区，有慈化寺、延村洞旧石器时代遗址、玉华泉、马岭关卡、天目窑址、千秋关等古迹。《浙江通志·关梁》："千秋关，即天目山西麓也。"形势险要，历来为兵家必争之地。是连接桐庐、临安两地的重要省级公路。

龙苦线省道（Lóng-Kǔxiàn Shěngdào）　编号 S209，原编号 18 省道。在临安市西北部。以起点龙岗镇，终点岛石镇苦竹岭，取两地首字得名。原名"汤苦线"。连接龙岗镇和岛石镇。南起临安市龙岗镇，在汤家湾与杭昱线 S102 相交；西北至临安市岛石镇，在苦竹岭与浙皖交界，全长 42 千米。1958 年始建，1968 年贯通。后多次进行修复和改建。途经境内浙西大峡谷国家 AAAA 级旅游景区和浙西大龙湾、天池等景点，有惇德堂、株川石板屋等古迹。浙西大峡谷山高水急，有"白马岩中出，黄牛壁上耕"之誉。是临安境内的重要省级公路。

桐义线省道（Tóng-Yìxiàn Shěngdào）　编号 S210，原编号 20 省道。在浙江省中部。以起点桐庐县，终点义乌市，取两地首字得名。连接杭州市和金华市，北起桐庐县城南街道，在金联与沪瑞线 G320 相交；南至义乌市后宅街道，在下余山与杭金线 S103 线相交，全长 79 千米。途经桐庐县（城南街道、富春江镇）、建德市（乾潭镇）、浦江县（虞宅乡、杭坪镇、浦阳街道、仙华街道、黄宅镇）、义乌市（后宅街道）4 个县、市。与省道 S314 浦兰线、S103 杭金线相接，与国道 G320 沪瑞线相连。1931 年 9 月起陆续建设，1972 年 7 月全线开通。后多次进行修复和改建。途经富春江国家森林公园和严子陵钓台、仙华山、江南第一家、神丽峡等国家 AAAA 级旅游景区，以及白云源、江南龙门湾、富春江小三峡、官岩山等景区。有石舍、茆坪等中国传统村落和西山桥、上山新石器时代遗址等全国重点文物保护单位，有小青龙新石器时代遗址、灵古寺、万福桥、登云桥、东山书院、月泉书院遗址、梓马古道、马岭古道、新光村古建筑群、査塘山背遗址、前王山窑址等古迹。北宋范仲淹《严陵钓台》曰："潇洒桐庐郡，严陵旧钓台，江山如不胜，光武肯教来。"是连接桐庐与义乌的重要省道。

诸东线省道（Zhū-Dōngxiàn Shěngdào）　编号 S211，原编号 22 省道。在浙江省中部。以起点诸暨市，终点东阳市，取两地首字得名。连接诸暨市和东阳市，北起诸暨市暨阳街道，在王家湖与绍大线 S308 相交；南至东阳市吴宁街道，沿艺海北路与嵊义线 S310 相交，全长 72 千米。与诸永高速 S26 平行。途经诸暨市（暨阳街道、街亭镇、浬浦镇、璜山镇、陈宅镇）、东阳市（巍山镇、六石街道、江北街道、吴宁街道）2 个市。1970 年 10 月始建，1981 年 12 月贯通。后多次进行修复和改建。途经境内白鱼潭、大岩寺悬岩石窟等景区和东阳土墩墓群、卢宅古建筑群等全国重点文物保护单位，有西施殿、浣纱石、艮塔、新胜古建筑群、继述堂、新一堂、福舆堂、务本堂、六经堂、史家庄花厅、尖山湾文化遗址、白石岗题刻等古迹。是连接诸暨与东阳的重要省道。

绍甘线省道（Shào-Gānxiàn Shěngdào）　编号 S212，原编号 32 省道。在绍兴市中部。以起点绍兴市，终点嵊州市甘霖镇，取两地首字得名。连接绍兴市区和嵊州市，北起绍兴市越城区迪荡街道，沿环城东路与云东路相交；南至嵊州市甘霖镇，与嵊义线 S310 相交，全长 76 千米。与苏台高速 S9 平行，途经绍兴市越城区（迪荡街道、稽山街道、城南街道、鉴湖镇）、绍兴市柯桥区（平水镇、稽东镇、王坛镇）、嵊州市（谷来镇、王院乡、崇仁镇、甘霖镇）3 个区、市。1956 年 9 月开工建设，1963 年 12 月全线开通。后多次进行修复和改建。途经境内云门禅寺、平水江水库、雪窦岭、百丈飞瀑等景区和大禹陵、舜王庙、崇仁村建筑群、小黄山遗址等全国重点文物保护单位，有西施山遗址、胜利山石室土墩墓、贺知章《龙瑞宫记》摩崖刻石、若耶溪、御茶湾、平阳寺、冢斜古村、石屋禅院造像、陈洪绶墓、余家祠堂戏台、陶隐岭古道、玉成桥、玉山公祠、张伯岐故居、逵溪洗履桥等古迹。途经的冢斜古村，是越国最早都城所在地。是连接绍兴与嵊州的重要省道。

浒溪线省道（Hǔ-Xīxiàn Shěngdào）　编号 S213，原编号 33 省道。在宁波市西部。以起点慈溪市浒山街道，终点奉化市溪口镇，取两地首字得名。连接慈溪市、余姚市、奉化市，小部分穿过绍兴市上虞区。北起慈溪市浒山街道，在浒西与杭朱线 G329 相交；南至奉化市溪口镇，在溪口三与江拔线 S309 相交，全长 112 千米。途经慈溪市（浒山街道、横河镇）、余姚市（凤山街道、阳明街道、兰江街道、梨洲街道、梁弄镇、大岚镇、四明山镇）、绍兴市上虞区（下管镇、陈溪乡）、奉化市（溪口镇）等 4 个市、区。与省道 S319 甬余线、S318 甬梁线、S309 江拔线相接，与国道 G329 杭朱线相连。1970 年 9 月全线开通。后多次进行修复和改建。途经境内溪口雪窦山国家 AAAAA 级旅游景区、丹山赤水国家 AAAA 级旅游景区、四明山国家森林公园，有石笋山、雪花潭、徐凫岩等景区和浙东抗日根据地旧址、王守仁故居、河姆渡遗址博物馆、蒋氏故居等全国重点文物保护单位以及金冠、柿林等中国传统村落，有童家岙遗址、孙家境孙氏祠堂、通济桥与舜江楼、五桂楼、孙子秀墓、胡公岩摩崖石刻、赵考古祠、镇东桥、西桥五经牌坊、通泽大庙、四柏古庵、葛竹王宅等古迹。宋代诗人陈著在《�溪八景诗徐凫蛟瀑》中写道："一流瀑泻九重天，长挂如虹引洞仙；岩壁凫飞延岁月，石梁龙滚飞云烟。"是连接慈溪与奉化的重要省道。

甬临线省道（Yǒng-Línxiàn Shěngdào）　编号 S214，原编号 34 省道。在浙江省东部。以起点宁波市，终点临海市，取其简称得名。连接宁波市和台州市，北起宁波市海曙区段塘街道，与鄞奉路雄镇桥相接；南至临海市古城街道，沿东方大道与靖江北（中）路相交，全长 139 千米。与沈海高速 G15 平行。途经宁波市海曙区（段塘街道）、宁波市鄞州区（石碶街道、洞桥镇）、奉化市（江口街道、锦屏街道、岳林街道、尚田镇、莼湖镇）、宁海县（西店镇、梅林街道、桃源街道、跃龙街道、黄坛镇、前童镇、岔路镇、桑洲镇）、三门县（珠岙镇）、临海市（汇溪镇、大田街道、大洋街道、古城街道）6 个区、市、县。与 S318 甬梁线、S309 江拔线、S311 象西线、S215 盛宁线、S326 天高线、S224 岭三线、S225 大路线 7 条省道相接。1927 年起陆续建设，1955 年 9 月全线开通。后多次进行修复和改建。途经境内五龙潭风景区、天宫庄园、前童古镇、台州府城等国家 AAAA 级旅游景区和杨梅岭水库、雁苍山、跃龙山、巾山、东湖、灵湖等景区，有钱业会馆、永丰库遗址、天宁寺塔、天一阁、林宅、全祖望墓、浙东学派史迹、它山堰、崇兴庙古戏台、岙胡胡氏宗祠古戏台、宁海城隍庙古戏台、千佛塔、台州府城墙等全国重点文物保护单位和走马塘、孔丘、善家洋等中国传统村落，有月湖清真寺、伏跗室、岳林禅寺、灵桥、看经寺、百梁桥、茗山后遗址、广济桥、爱日庐、黄公桥、柔石故居、徐霞客古道、陈家三台、鹿尚书台门、俞氏家庙、汪氏祠堂、多保讲寺、清定故居、太平天国台门、谭纶画像及戚继光表功记碑等故居、古迹。与临海至宁海古道走向基本一致，部分路段重叠，一路风景秀丽。宋代诗人吴潜《宁川道中》云："十日为山客，今朝问水程。沙横疑港断，滩迅觉舟轻。远近村春合，高低渔火明。回头忽苍茫，一望一伤情。"是连接宁波与台州的重要省道。

盛宁线省道（Shèng-Níngxiàn Shěngdào）　编号 S215，原编号 71 省道。在宁波市东部。以起点鄞州区邱隘镇盛垫，终点宁海县，取两地首字得名。连接鄞州区、象山县和宁海县，北起宁波市鄞州区邱隘镇，在盛垫与杭朱线 G329 相交；南至宁海县跃龙街道，在华山与甬临线 S214 相交，全长 142 千米。与甬台温高速复线 S19 平行，途经宁波市鄞州区（邱隘镇、东钱湖镇、云龙镇、塘溪镇、咸祥镇）、象山县（贤庠镇、大徐镇、丹东街道、丹西街道、东陈乡、茅洋乡、泗洲头镇）、宁海县（胡陈乡、力洋镇、茶院乡、越溪乡、跃龙街道)3 个区、县。与省道 S311 象西线、S216 茅石线、S214 甬临线相接，与国道 G329 相连。后多次进行修复和改建。途经境内东钱湖省级风景名胜区和天宫庄园、松兰山国家 AAAA 级旅游景区，以及庙沟后石牌坊、东钱湖石刻群、塔山文化遗址、宁海城隍庙古戏台等全国重点文物保护单位与许家山、梅枝田等中国传统村落，有童第周故居、沙氏故居、陈汉章故居、赤坎游仙寨、丹山石刻、等慈禅寺、樟岙千年古道、戊己桥、道士桥、黄公渡、柔石故居等故居、古迹。是连接宁波沿海与宁海的重要省道。

茅石线省道(Máo-Shíxiàn Shěngdào)　编号 S216，原编号 80 省道。在宁波市象山县中南部。以起点茅洋乡，终点石浦镇，取两地首字得名。北起象山县茅洋乡，在茅洋与盛宁线 S215 相交；南至象山县石浦镇，沿海南线与海宁路相交，全长 52 千米。途经茅洋乡、新桥镇、定塘镇、晓塘乡、石浦镇 5 个乡、镇。1938 年始建，20 世纪 60 年代建成通车。途经境内象山影视城、石浦渔港古城、中国渔村国家 AAAA 级旅游景区和全国重点文物保护单位浙东沿海灯塔以及中国传统村落东门渔村。清代陈秉元《石浦竹枝词》诗曰：“蜃雨腥风骇浪前，高低曲折一城圆。人家住在潮烟里，万里涛声到枕边。”(注：依据《国家公路网规划(2013—2030)》，路段划入 G527 象义线。)

东永线省道(Dōng-Yǒngxiàn Shěngdào)　编号 S217，原编号 39 省道。在金华市中南部。以起点东阳市，终点永康市，取两地首字得名。连接东阳市和永康市，北起东阳市白云街道，在十里头与嵊义线 S310 相交；南至永康市东城街道，在花园立交桥与温寿线 G330 相交，全长 54 千米。途经东阳市(白云街道、南市街道、南马镇)、永康市(龙山镇、古山镇、芝英镇、东城街道)2 个市。1934 年 4 月始建，1980 年贯通。后多次进行修复和改建。途经境内花园村、方岩等国家 AAAA 级旅游景区，有西甑山题刻、天宫寺佛教文化遗址、紫溪邵氏宗祠、葛府窑址、上安恬懋德堂、紫霄观、徐震二公祠、西津桥、五峰书院等古迹和南宋词人陈亮故里龙山镇、中国历史文化名镇芝英镇。是连接东阳与永康的重要省道。

东仙线省道(Dōng-Xiānxiàn Shěngdào)　编号 S218，原编号 40 省道。在浙江省中部。以起点东阳市，终点仙居县，取两地首字得名。连接金华市和台州市，北起东阳市城东街道，在东兴与嵊义线 S310 相交；南至仙居县官路镇，在后里吴与临石线 S322 相交，全长 100 千米。与诸永高速 G26 平行。途经东阳市(城东街道、横店镇、马宅镇)、磐安县(安文镇、大盘镇、盘峰乡、维新乡)、仙居县(官路镇)3 个县、市。与 S310 嵊义线、S219 磐缙线、S323 科大线、S322 临石线 4 条省道相接。1953 年始建，1973 年 1 月全线通车。后多次进行修复和改建。途经境内大盘山国家级自然保护区，它是钱塘江、瓯江、灵江三大水系发源地之一。有国家 AAAAA 级旅游景区横店影视城、国家 AAAA 级旅游景区仙居绿道和三都胜境、花溪—夹溪等省级风景名胜区，有全国重点文物保护单位榉溪孔氏家庙和中国传统村落榉溪以及李宅村古建筑群、严济慈故居、天后宫、杨岩恐龙化石遗址、昌文塔、道德桥等故居、古迹。是连接东阳与仙居的重要省道。

磐缙线省道(Pán-Jìnxiàn Shěngdào)　编号 S219，原编号 42 省道。在浙江省中部。以起点磐安县，终点缙云县，取两地首字得名。连接金华市和丽水市，北起磐安县安文镇，在坑口与东仙线 S218 相交；南至缙云县五云街道，与温寿线 G330 相交，全长 73 千米。途经磐安县(安文镇、深泽乡、新渥镇、冷水镇)、缙云县(壶镇镇、东方镇、仙都街道、五云街道)2 个县。与省道 S218 东仙线、S322 临石线相接，与国道 G330 相连。1956 年 2 月始建，1966 年 9 月贯通。后多次进行修复和改建。途经境内仙都国家级风景名胜区和黄龙国家 AAAA 级旅游景区以及江南药镇、大龙门、小龙潭、狮子岩等景区，有河阳村乡土建筑、仙都摩崖题记等全国重点文物保护单位和中国传统村落岩下村，以及昌文塔、道德桥、贤母桥、九进厅、道门进士第、前岙村卢氏民居、大溪滩窑址群等古迹。南宋王十朋《游仙都》诗云："皇都归客过仙都，厌看西湖看鼎湖。"是连接磐安与缙云的重要省道。

上松线省道（Shàng-Sōngxiàn Shěngdào）　编号 S220，原编号 44 省道。在浙江省中部。以起点武义县茭道镇上茭道，终点松阳县，取两地首字得名。连接金华市和丽水市，北起武义县茭道镇，在上茭道与温寿线 G330 相交；南至松阳县西屏街道，在北山与龙丽线 S222 相交，全长 86 千米。途经武义县（茭道镇、白洋街道、壶山街道、王宅镇、俞源乡、桃溪镇、柳城畲族镇）、松阳县（四都乡、西屏街道）2 个县。与省道 S312 永武线、S222 龙丽线相接，与国道 G330 相连。1932 年始建，1984 年 10 月全线通车。后多次进行修复和改建。途经境内大红岩、牛头山等国家 AAAA 级旅游景区和吕祖谦及家庭墓、俞源村古建筑群、延福寺、延庆寺塔等全国重点文物保护单位以及中国历史文化名镇西屏镇，与郭洞、俞源、华塘、山下鲍、平田、西坑、陈家铺、塘后等中国传统村落，有董村水口庙、王村花厅、毓英塔、郭溪桥、王宅土圆仓、台山寺、巽峰塔、靛青塘遗址群等古迹。与松柳古道走向基本一致，古时设陈家铺递铺，沿路晨间云蒸雾绕，景色迷人。宋沈晦《竹客岭》诗曰："人迹千岩绝，松声万壑雄。幽寻自可悦，不复叹途穷。"是连接武义与松阳的重要省道。

江溪线省道（Jiāng-Xīxiàn Shěngdào）　编号 S221，原编号 48 省道。在衢州市西南部。以起点江山市，终点常山县青石镇溪口，取两地首字得名。连接江山市和常山县，南起江山市虎山街道，与虎山路相交；北至常山县青石镇，在溪口与沪瑞线 G320 相交，全长 27 千米。途经江山市（虎山街道、双塔街道、大陈乡）、常山县（青石镇）2 个市、县。原为山深线 G205 路段，2004 年 10 月动工改建，2007 年 5 月建成通车。有大陈乡土建筑、里择祠、文峰塔等古迹。是连接江山与常山的重要省道。

龙丽线省道（Lóng-Líxiàn Shěngdào）　编号 S222，原编号 50 省道。在浙江省中南部。以起点龙游县，终点丽水市，取两地首字得名。连接衢州市和丽水市，北起龙游县东华街道，在下杨村与兰贺线 S315 相交；南至丽水市莲都区碧湖镇，在上南山与丽浦线 S328 相交，全长 132 千米。与龙丽高速 S33 平行。途经龙游县（东华街道、溪口镇、沐尘畲族乡）、遂昌县（北界镇、新路湾镇、妙高街道）、松阳县（赤寿乡、新兴镇、古市镇、望松街道、西屏街道、大东坝镇、象溪镇、裕溪乡）、丽水市莲都区（碧湖镇）4 个县、区。与 S315 兰贺线、S227 遂龙线、S220 上松线、S328 丽浦线 4 条省道相接。1933 年 12 月开工建设，1939 年 10 月建成通车。抗日战争期间遭受破坏，后多次进行修复和改建。途经境内卯山国家森林公园和龙游民居苑、遂昌金矿国家矿山公园、箬寮原始森林、大木山茶园、松阴溪、古堰画乡等国家 AAAA 级旅游景区，有鸡鸣山民居苑、延庆寺塔、普济桥、通济堰等全国重点文物保护单位和中国历史文化名镇西屏镇，以及长濂村、村下坪、斋堂下、灵下、界首、黄山头、官岭、平卿、山甫、朱山、庄后、山下阳、吴弄、桥头、桐溪、横樟、六村、后宅、燕田、洋坑埠头、靖居、南州、雅溪口等众多的中国传统村落，有白洋垄东汉古窑址、方坦唐代瓷窑址、应氏民居、沐尘塔、华岗故居、苏村苏氏大屋、蕉川古建筑群、陈家大屋、黄家大院、兄弟进士牌坊、石仓乡土民居群、刘氏祖居门楼等故居、古迹。与松丽古道走向基本一致，古道沿途设递铺 6 处。唐代诗人王维在山水诗《送缙云苗太守》中写道："按节下松阳，清江响铙吹。"宋沈晦《初到松阳》赞曰："惟此桃花源，四塞无他虞。"是连接龙游与丽水的重要省道。

仙清线省道（Xiān-Qīngxiàn Shěngdào）　编号 S223，原编号 41 省道。在浙江境中南部。以起点仙居县，终点永嘉县黄田街道清水埠，取两地首字得名。连接仙居县和永嘉县，北起仙居县南峰街道，在下郭与临石线 S322 相交；南至永嘉县黄田街道，在清水埠与京福线 G104 相交，全长 131 千米。与诸永高速 S26 平行。途经仙居县（南峰街道、步路乡、上张乡）、永嘉县（岩坦镇、岩头镇、沙头镇、东城街道、南城街道、黄田街道）2 个县。1956 年 2 月始建，1972 年 4 月贯通。后多次进行修复和改建。途经境内龙湾潭国家森林公园、楠溪江国家级风景名胜区和仙居绿道、永安溪漂流、南峰眺艇、石龙霖雨、红十三军遗址、进士牌楼、太平岩等景点，以及南峰塔和福应山塔、仙居古越族岩画群、芙蓉村古建筑群等全国重点文物保护单位，有屿北、张溪林坑、芙蓉、苍坡等中国传统村落和千古洞天石仓洞、屿北乡土建筑等古迹。与永仙古道走向基本一致，苏轼在《寄题兴州晁太守新开古东池》诗曰："自言长官如灵运，能使江山似永嘉。"是连接仙居与永嘉的重要省道。

岭三线省道（Lǐng-Sānxiàn Shěngdào） 编号 S224，原编号 74 省道。在台州市三门县北部和东部。以起点珠岙镇岭口，终点浦坝港镇三角塘，取两地首字得名。西北起三门县珠岙镇，在岭口与甬临线 S214 相交；南至三门县浦坝港镇，在三角塘与雁南路相交，全长 59 千米。途经珠岙镇、海游街道、亭旁镇、健跳镇、浦坝港镇 5 个镇、街道。1954 年 12 月始建，1959 年 10 月全线通车。后多次进行修复和改建。途经境内蛇蟠岛国家 AAAA 级旅游景区，有宁海县治古城遗址、广润寺千佛楼、戚公祠、健跳所城遗址、蒲西巡检司城、三门宗祠群等古迹。与宁海至健跳、万年驿古道走向基本一致，越山过海，风景秀丽。宋朱熹《过黄塘岭》诗云："屈曲危塍转，沉阴山气昏。蝉声高树暗，石濑浅流喧。已过黄塘岭，欲觅桃花源。无为此留滞，驱马逾山樊。"是三门县境内的重要省道。

大路线省道（Dà-Lùxiàn Shěngdào） 编号 S225，原编号 75 省道。在台州市中东部。以起点临海市大田街道，终点路桥区，取两地首字得名。连接临海市和路桥区，西北起临海市大田街道，在大田与甬临线 S214 相交；东南至台州市路桥区路北街道，与东路桥大道相交，全长 90 千米。途经临海市（大田街道、东塍镇、小芝镇、杜桥镇）、台州市椒江区（前所街道、章安街道、葭沚街道、白云街道、洪家街道）、台州市路桥区（路北街道）3 个市、区。与 S214 甬临线、S327 临前线、S325 椒黄线 3 条省道相接。1929 年始建，1960 年贯通。后多次进行修复和改建。途经境内全国爱国主义教育基地解放一江山岛烈士陵园和桐坑、白岩山、大汾古村、翼龙化石、白云山、金鳌山等景区与景点以及全国重点文物保护单位桃渚城。有岭根、呈岐、坦头、胜坑、石牛坑、城里等中国传统村落和广福寺、水阁堂、摄静寺、清福寺、广灵寺、景星寺、崇梵寺、清修寺、香严寺、普法寺、章安古街、戚继光祠、十里长街、白云阁、小人尖西周文物等古迹。清修寺，南宋宋高宗南渡时曾到此，题有"清修风景千年在，沧海烟岚一笑开"楹联。是连接临海与台州城区的重要省道。

泽坎线省道（Zé-Kǎnxiàn Shěngdào） 编号 S226，原编号 76 省道。在台州市南部。以起点温岭市泽国镇，终点玉环县坎门街道，取两地首字得名。原名泽楚线，1960 年 2 月改为泽坎线。连接温岭市和玉环县，北起温岭市泽国镇，在丹崖山与京福线 G104 相交；南至玉环县坎门街道，在海港与坎鲜线（县道）相交，全长 60 千米。途经温岭市（泽国镇、城北街道、城东街道、太平街道、城南镇）、玉环县（沙门镇、楚门镇、龙溪镇、芦浦镇、玉城街道、坎门街道）2 个市、县。与 S324 林石线相接。1954 年 12 月开工建设，1957 年 5 月全线通车。后多次进行修复和改建。途经境内有方山—长屿硐天国家级风景名胜区和漩门湾国家湿地公园和全国重点文物保护单位新河闸桥群、金清大桥，有文炳书院、长屿石宕遗址、百丈岩摩崖、忠节祠、假山桥、琅岙桥、联树桥、蔡家祠堂、崇国寺、老屋山窑址、金清大桥、月洞桥、小南门城门、三合潭遗址、玉环碉楼、苔山寨城遗址、纪恩诗摩崖石刻等古迹，风光古朴秀丽。清代戚学标《丹崖题壁》诗曰："何必仙径到，此山从古名。灵胜分雁宕，光气似霞城。"是连接温岭与玉环的重要省道。

遂龙线省道(Suì-Lóngxiàn Shěngdào)　编号 S227，原编号 51 省道。在丽水市西部。以起点遂昌县，终点龙泉市，取两地首字得名。连接遂昌县和龙泉市，北起遂昌县妙高街道，在上江与龙丽线 S222 相交；南至龙泉市剑池街道，沿环城东路与丽浦线 S328 相交，全长 109 千米。途经遂昌县(妙高街道、三仁畲族乡、垵口乡)、龙泉市(城北乡、龙渊街道、剑池街道)2 个县、市。1958 年 1 月始建，1966 年 4 月贯通。后多次进行修复和改建。途经境内神龙谷国家 AAAA 级旅游景区和上田、盛山后、锦安、夏安等中国传统村落，有陈家大屋、牛门岗遗址、稽圣潭塔、浙江大学龙泉分校旧址等古迹。是连接遂昌与龙泉的重要省道。

云寿线省道(浙江段)(Yún-Shòuxiàn Shěngdào)　编号 S228，原编号 52 省道。在浙江省南部。以起点云和县，终点浙闽交界，与福建省宁德市寿宁县接壤，取两地首字得名。连接丽水市和温州市，浙江段北起云和县元和街道，在大徐与丽浦线 S328 相交；南至泰顺县罗阳镇，在友谊桥与浙闽交界，全长 100 千米。途经云和县(元和街道、浮云街道)、景宁畲族自治县(红星街道、鹤溪街道、澄照乡、东坑镇)、泰顺县(司前畲族乡、竹里畲族乡、罗阳镇)3 个县。与 S328 丽浦线、S330 瑞东线、S331 分泰线 3 条省道相接。1958 年 11 月始建，1970 年 2 月贯通。后多次进行修复和改建。途经境内云和湖仙宫、云和梯田、云中大漈、中国畲乡之窗等国家 AAAA 级旅游景区和乌岩岭国家级自然保护区、飞云湖国家级风景名胜区，以及云和湖赤石、小顺、江南畲族风情文化村、叮当—佛儿岩、畲乡绿道、鹤溪廊桥等景区，有云和银矿遗址、时思寺、处州廊桥、泰顺廊桥、泰顺土楼、仕水矴步等全国重点文物保护单位和梅湾、包山、台边、桑岭、坑根、沙铺、左溪、仙居、洲滨等中国传统村落，有石门桥、泗洲岭古驿道、雾溪岩画、石门摩崖石刻、鹤溪潘家大屋、敕木山村畲族民居、司前洄澜桥等古迹。与大徐岭古道走向基本一致，沿途山水与畲族文化辉映。是连接浙江与福建的重要省道。

龙后线省道(Lóng-Hòuxiàn Shěngdào)　编号 S229，原编号 54 省道。在丽水市西南部。以起点龙泉市，终点庆云县安南乡后山桥，取两地首字得名。连接龙泉市和庆元县，北起龙泉市剑池街道，与丽浦线 S328 相交；南至庆云县安南乡，在后山桥与浙闽交界，全长 87 千米。途经龙泉市(剑池街道、兰巨乡、查田镇、小梅镇)、庆元县(黄田镇、竹口镇、屏都街道、淤上乡、安南乡)2 个市、县。与 S328 丽浦线、S329 菊寿线相接。1938 年始建，1966 年贯通。后多次进行修复和改建。途经境内国家 AAAA 级旅游景区、凤阳山国家级自然保护区和溪口窑遗址、大窑龙泉窑遗址、处州廊桥等全国重点文物保护单位，有宫头、下樟、炉地垟、李山头、黄南、孙坑、大窑、金村、梅地、官浦垟等中国传统村落，有剑池湖、华严塔、浙江大学龙泉分校旧址、何氏宗祠、天堂山寺、腾云岩摩崖石刻、菖蒲塘、庆元廊桥、潘里垄瓷窑址、黄坛村季氏宗祠、安溪桥等古迹。是连接龙泉、庆元与福建的重要省道。(注：依据《国家公路网规划(2013—2030)》，路段划入 G528 龙广线。)

青岱线省道(Qīng-Dàixiàn Shěngdào)　编号 S230，原编号 57 省道。在浙江省东南部。以起点青田县，终点平阳县鳌江镇岱口，取两地首字得名。连接丽水市和温州市，北起青田县瓯南街道，在石郭与温寿线 G330 相交；南至平阳县鳌江镇，在岱口与京福线 G104 相交，全长 108 千米。途经青田县(瓯南街道、油竹街道、山口镇、仁庄镇、汤垟乡)、文成县(玉壶镇)、瑞安市(高楼镇)、平阳县(腾蛟镇、水头镇、萧江镇、鳌江镇)4 个县、市。与省道 S330 瑞东线相接，与国道 G330 温寿线、G104 京福线相连。1957 年 3 月始建，1990 年 7 月全线通车。后多次进行修复和改建。途经境内石门洞、石雕文化旅游区与南雁荡山国家 AAAA 级旅游景区，以及石门洞、花岩国家级森林公园与寨寮溪省级风景名胜区和金鸡山、天门山、百丈漈、赤岩山等景区与景点，有石门洞摩崖碑刻、毓秀桥等全国重点文物保护单位和郑坑下、麻宅省级历史文化保护村，以及安店、牛路坑、陈宅、考坑等中国传统村落，有秦观碑刻、山口林宅、玉泉寺、狮岩寨、腾蛟凤山遗址等古迹。山水诗人永嘉太守谢灵运曾在《游名山记》中写道："赤岩山之间唯甘蕉林，高者数十丈。"沿途水清景美，是连接青田与平阳的重要省道。

定西线省道(Dìng-Xīxiàn Shěngdào)　编号 S231，原编号 73 省道。在舟山市定海区中北部。以起点定海市区，终点干礁镇西码头，取两地首字得名。连接干礁镇与白泉镇，南起定海区白泉镇，在皋泄与杭朱线 G329 相交；北至定海区干礁镇，在西码头与天籁路相交，全长 9 千米。1942 年 6 月始建，1943 年建成。后多次进行修复和改建。途经境内南洞艺谷国家 AAAA 级旅游景区和新建全国文明村，有十字路遗址、协成里王氏民居、干礁水寨和烽堠、凉帽蓬墩遗址、马岙古驿道等古迹。西码头设竿缆渡，为舟山三大古渡之一。是定海区境内南北向的重要省道。

水霞线省道(Shuǐ-Xiáxiàn Shěngdào)　编号 S232，原编号 78 省道。在温州市苍南县中南部。以起点灵溪镇南水头，终点马站镇(原霞关镇)，取两地一字得名。北起苍南县灵溪镇，在南水头与京福线 G104 相交；南至马站镇(原霞关镇)，与金沙路相接，全长 48 千米。途经灵溪镇、矾山镇、岱岭畲族乡、马站镇 4 个镇、乡。1956 年 3 月始建，1971 年 11 月贯通。后多次进行修复和改建。途经境内玉苍山国家森林公园和滨海—玉苍山、渔寮景区等省级风景名胜区，以及蒲壮所城、浙南石棚墓等全国重点文物保护单位与福德湾、碗窑、鲸头、金城等中国传统村落，有赤溪五洞桥、盛陶窑址群、八郎桥、福德湾炼矾旧址、明代抗倭古城门等古迹。是苍南县的重要省道。

长牛线省道(浙江段)(Cháng-Niúxiàn Shěngdào)　编号 S301，原编号 10 省道。在湖州市长兴县西北部，以起点长兴县，终点浙皖交界的牛头山，取两地首字得名。东起长兴县雉城街道，在高家墩与紫金路相交；西至长兴县槐坎乡，在牛头山与浙皖交界，全长 31 千米。途经雉城街道、小浦镇、煤山镇、槐坎乡 4 个街道、镇、乡。1947 年始建，1958 年贯通。后多次进行修复和改建。途经境内国家级地质遗迹自然保护区长兴灰岩标准地质剖面暨国家 AAAA 旅游景区金钉子远古世界、八都岕十里古银杏长廊景点、全国重点文物保护单位新四军苏浙军区旧址、顾渚贡茶院遗址及摩崖，有台基山遗址、孔庙、西峰坝画像石墓等古迹。是连接浙江、安徽两省的重要省道。

新淳线省道(Xīn-Chúnxiàn Shěngdào)　编号 S302，原编号 05 省道。在杭州市中西部，以起点富阳区新登镇，终点淳安县，取两地首字得名。连接富阳区、桐庐县和淳安县，东起富阳市新登镇，在松溪与富衢线 S305 相交；西至淳安县千岛湖镇，与建淳线 S303 相交，全长 95 千米。部分线路与桐千线 S208 重线。途经富阳区(新登镇、胥口镇)、桐庐县(瑶琳镇、分水镇、百江镇)、淳安县(文昌镇、千岛湖镇)3 个区、县。与 S305 富衢线、S206 牧松线、S208 桐千线、S303 建淳线 4 条省道相接。由简易公路改线而成，1991 年 3 月开工建设，1997 年 12 月建成通车。后多次进行修复和改建。途经境内富春江—新安江国家级风景名胜区、千岛湖国家 AAAAA 级旅游景区和富春桃源、通天飞瀑、瑶琳仙境、垂云通天河、天子地生态景区等国家 AAAA 级旅游景区，以及常青、芹川等中国传统村落，有联魁塔、湘溪桥、罗隐碑林、蜕龙洞北宋摩崖石刻、同人桥、菩安桥、马岭关卡、张家厅、凤坡桥、小松源摩崖图刻、卢家村忠烈王庙、文昌村何氏宗祠、方腊起义刻石、铁钟、铁井、骨塔、方塘等古迹。宋代理学家朱熹《咏方塘》诗云："半亩方塘一鉴开，天光云影共徘徊。问渠那得清如许？为有源头活水来。”是连接淳安与富阳的重要省道。

建淳线省道(Jiàn-Chúnxiàn Shěngdào) 编号S303,原编号06省道。在杭州市西南部,以起点建德市,终点淳安县,取两地首字得名。连接建德市和淳安县,东起建德市洋溪街道,在洋溪与沪瑞线G320相交;西至淳安县千岛湖镇,在排岭与新淳线S302相交,全长44千米。途经建德市(洋溪街道、莲花镇)、淳安县(富文乡、千岛湖镇)2个市、县。1933年2月建成,1979年10月改线连通。后多次进行修复和改建。途经境内千岛湖国家AAAAA级旅游景区和石人、象鼻石、仙人洞、湖山仙洞、王子谷漂流、林海归真等景点,以及常青、芹川等中国传统村落,有朱买臣墓、铁钟、铁井、骨塔等古迹。新安江横贯淳安县全境,境内段又称“清溪(青溪)”,唐代诗人李白《清溪行》诗云:“清溪清我心,水色异诸水。借问新安江,见底何如此。人行明镜中,鸟度屏风里。向晚猩猩啼,空悲远游子。”是连接淳安与建德的重要省道。

临莫线省道(Lín-Mòxiàn Shěngdào) 编号S304,原编号09省道。在浙江省北部。以起点杭州市余杭区临平街道,终点德清县莫干山镇,取两地首字得名。东起杭州市余杭区临平街道,沿迎宾路与杭沪线S101相交;西至德清县莫干山镇莫干山风景旅游区,全长79千米。途经杭州市余杭区(南苑街道、乔司街道、临平街道、星桥街道、塘栖镇)、德清县(雷甸镇、乾元镇、武康镇、莫干山镇)2个区、县。与省道S101杭沪线相接,与国道G320沪瑞线、G104京福线相连。1933年建成,抗日战争期间被毁,后多次进行修复和改建。途经境内莫干山国家风景名胜区、超山省级风景名胜区和班荆馆、佛日寺、桐扣山、黄鹤山、葛岭仙境、碧坞龙潭等景点,以及全国重点文物保护单位京杭大运河、德清古桥群,有塘栖古镇、杭州海塘、乔司千人坑、广济桥、郭璞古井、乾隆御碑、太史第弄、长福桥、淳安桥、德武桥、文明塔、文治藏书楼、云岫寺等古迹。是连接杭州与德清的重要省道。

富衢线省道(Fù-Qúxiàn Shěngdào) 编号S305,原编号23省道。在浙江省西部。以起点富阳区,终点衢州市区,取两地首字得名。东起杭州市富阳区富春街道,沿横凉亭路与金苑路相交;西南至衢州市柯城区信安街道,沿府东街与西安路相交,全长210千米。部分路段与沪瑞线G320共线,与境内的长深高速G25平行。途经杭州市富阳区(富春街道、新登镇、渌渚镇)、桐庐县(桐君街道、富春江镇)、建德市(乾潭镇、杨村桥镇、下涯镇、洋溪街道、新安江街道、更楼街道、寿昌镇、航头镇、大同镇、李家镇)、衢州市衢江区(上方镇、峡川镇、杜泽镇、云溪乡、浮石街道)、衢州市柯城区(信安街道)5个区、县、市。与省道S302新淳线、S206牧松线、S208桐千线相接,与国道G320沪瑞线、G330温寿线相连。原为沪瑞线G320路段,1988年分段改建,2005年12月完成。后多次进行修复和改建。途经境内富春江—新安江国家风景名胜区、富春江国家森林公园和国家AAAA级旅游景区严子陵钓台、灵栖洞等,有鹳山、孝子湾文化公园、碧沼寺遗址、桐君山、阆仙洞、白云源、江南龙门湾、富春江小三峡、“新安十景”、白沙奇雾、绿荷塘楠木林公园、新安江温泉、浮石潭、桃源七里等景点,以及西山桥、乌龟洞“建德人”遗址、吴氏宗祠、孔氏南宗家庙、衢州府城等全国重点文物保护单位和石舍、茆坪、百箩畈、劳村、石郭源等中国传统村落,有恩波桥、双烈园、两浙公所、联魁塔、马岭古道、新登古城墙、登云牌坊、普济寺遗址、富春堂、新安江水电站、白山窑址、蔡郎坝、密山堰、寿昌古城墙遗址、东岳行祠遗址、葱口洞穴遗址、巽峰塔、明果寺、黄甲山塔、鸡鸣塔遗址、烂柯山、府山公园、衢州博物馆、城隍庙、北门街历史文化街区等古迹和景点。唐代孟郊《烂柯石》:“仙界一日内,人间千载穷。双棋未遍局,万物皆为空。樵客返归路,斧柯烂从风。唯余石桥在,犹自凌丹虹。”沿线自然人文景观独具魅力,历史文化底蕴丰厚。是连接富阳与衢州的重要省道。

鹿唐线省道(Lù-Tángxiàn Shěngdào)　编号 S306,原编号 11 省道。在湖州市中西部。以起点吴兴区康山街道鹿山,终点安吉县杭垓镇唐舍岭,取两地首字得名。连接吴兴区、长兴县和安吉县,东北起湖州市吴兴区康山街道,在鹿山与京福线 G104 相交;西南至安吉县杭垓镇,在唐舍岭与浙皖交界,全长 100 千米。途经湖州市吴兴区(康山街道、妙西镇)、长兴县(和平镇)、安吉县(梅溪镇、溪龙乡、递浦街道、孝丰镇、杭垓镇)3 个区、县。与省道 S205 青临线、S204 孝泗线相接,与国道 G104 京福线相连。在 20 世纪 50 年代简易公路基础上修建,1966 年 3 月改建,同年 11 月全线建成。后多次进行修复和改建。途经境内梁希国家森林公园、国家级水利风景区老石坎水库,以及原乡小镇、安吉中南百草原、浙北大峡谷景区等国家 AAAA 级旅游景区和城山古城遗址、上马坎遗址、安城城墙、安吉古城遗址、龙山越国贵族墓群等全国重点文物保护单位,有万埭桥、安乐遗址、窑山遗址、鹤溪诸家大院、云鸿塔、何家埠瓷窑址、灵芝塔等古迹。上马坎遗址有“浙江旧石器文化遗址考古第一点”之称。宋张耒《霅溪道至四安镇》诗曰:“苕霅清秋水底天,夜帆灯火客高眠。江东可但鲈鱼美,一看溪山直万钱。”是连接湖州市区与安吉的重要省道。

中樟线省道(Zhōng-Zhāngxiàn Shěngdào)　编号 S307,原编号 19 省道。在杭州市中部。以起点富阳区环山乡中埠,终点萧山区楼塔镇樟树下,取两地首字得名。原名横樟线。西起杭州市富阳区环山乡,与长深高速 G25 中埠互通相接;东至杭州市萧山区楼塔镇,在樟树下与杭金线 S103 相交,全长 35 千米。途经杭州市富阳区(环山乡、龙门镇、上官乡、常绿镇)、杭州市萧山区(楼塔镇)2 个区。1956 年 11 月始建,1967 年 5 月贯通。后多次进行修复和改建。途经境内龙门古镇国家 AAAA 级旅游景区和同兴塔、黄弹石梯等景点,以及中国传统村落龙门,有诸佳坞胡氏宗祠、龙门建筑群、四堡盛氏宗祠、蒋忠烈士墓、楼英墓及祠堂、洲口桥、石板岭古道、楼塔古镇等古迹。是连接富阳与萧山的重要省道。

绍大线省道(Shào-Dàxiàn Shěngdào)　编号 S308,原编号 31 省道。在绍兴市西部。以起点绍兴市区,终点诸暨市大唐镇,取两地首字得名。连接绍兴市区和诸暨市,东北起绍兴市越城区灵芝镇,在辕门桥与京福线 G104 相交;西南至诸暨市大唐镇,在大唐庵与杭金线 S103 相交,全长 67 千米。与绍诸高速 S24 平行。途经绍兴市越城区(灵芝镇、北海街道、府山街道)、绍兴市柯桥区(兰亭镇)、诸暨市(枫桥镇、浣东街道、暨阳街道、陶朱街道、大唐镇)3 个区、市。与省道 S211 诸东线、S103 杭金线相接,与国道 G104 京福线相连。1946 年 8 月始建,1956 年贯通。后多次进行修复和改建。途经境内镜湖国家级城市湿地公园、兰亭国家 AAAA 级旅游风景区,以及狭猱湖避塘、吕府、大通学堂和徐锡麟故居、绍兴古桥群、青藤书屋、秋瑾故居、王守仁墓、徐渭墓、印山越国王陵、东化成寺等全国重点文物保护单位,有谢公桥、王阳明故居、画桥、钟堰庙、山阴道、枫桥大庙、西施殿、浣纱石、艮塔、排山坞青瓷窑址、溪圆桥等古迹。与古山阴道走向基本一致,部分路段重叠。风景秀丽,宋《嘉泰会稽志》卷十:“山阴道上行,如在镜中游。”是连接绍兴与诸暨的重要省道。

江拔线省道(Jiāng-Báxiàn Shěngdào)　编号 S309,原编号 36 省道。在浙江省东部。以起点奉化市江口街道,终点新昌县羽林街道拔茅,取两地首字得名。连接奉化市和新昌县,东北起奉化市江口街道,在江口与甬临线 S214 相交;西南至新昌县羽林街道,在拔茅与象义线 G527 相交,全长 65 千米。途经奉化市(江口街道、萧王庙街道、溪口镇)、新昌县(沙溪镇、新林乡、大市聚镇、羽林街道)2 个市、县。与 S214 甬临线、S213 浒溪线、S311 象西线 3 条省道相接。1929 年 5 月始建,1934 年 6 月全线通车。后多次进行修复和改建。途经境内黄贤国家级森林公园和溪口—滕头、雪窦山国家 AAAA 级旅游景区，以及武岭公园、剡源九曲、虎尾峡漂流、活洲湖等景点，有全国重点文物保护单位蒋氏故居和中国传统村落青云，以及茗山后遗址、广济桥、青云孙氏宗祠、萧王庙、武岭学校旧址、葛竹王宅、董村水晶矿摩崖题记、真诏大庆桥、王羲之故居、飞黄木牌坊、沃洲山真君殿大殿、拔茅千柱屋、三丰棋龙亭等古迹。清孙达在《剡源九曲》中曰："群峰绕屋水临门，第一名山六诏村。典午流风追晋代，右军遗庙拜荒原。茂林修竹鹅谁换，白石清泉砚尚存。胜境适为生长地，武陵何用觅桃源。"是连接奉化与新昌的重要省道。

嵊义线省道(Shèng-Yìxiàn Shěngdào)　编号 S310，原编号 37 省道。在浙江省中部。以起点嵊州市，终点义乌市，取两地首字得名。连接绍兴市和金华市，东起嵊州市剡湖街道，与京福线 G104 相交；西至义乌市大陈镇，与杭金线 S103 相交，全长 107 千米。途经嵊州市（剡湖街道、鹿山街道、甘霖镇、长乐镇）、东阳市（虎鹿镇、巍山镇、歌山镇、城东街道、吴宁街道、白云街道）、义乌市（江东街道、稠城街道、苏溪镇、大陈镇）3 个市。与 S212 绍甘线、S218 东仙线、S217 东永线、S103 杭金线 4 条省道相接，与国道 G104 京福线相连。1932 年 12 月始建，1956 年 8 月贯通。后多次进行修复和改建。途经境内南山湖、三都胜境省级风景名胜区和滴水岩、齐庐山、双溪、九都、龙山、八都溪等景区，有马寅初故居、小黄山遗址、卢宅古建筑群等全国重点文物保护单位和中国传统村落蔡宅、大爽，有城隍庙及溪山第一楼、嵊县古城墙、访戴亭、子猷桥、应天塔、报恩寺、止水亭、明觉寺、天章塔、太平邢氏宗祠、钱氏大新屋、鹿门书院、厦程里位育堂、厦程里慎德堂、东白山、虎峰寺、白峰关、福舆堂、务本堂、史家庄花厅、歌山窑址、李宅村古建筑群、吴宁台、白石岗题刻、西甑山题刻、天宫寺佛教文化遗址、八达徐氏宗祠等古迹。途经东白山，沿途风景秀美。是连接嵊州与义乌的重要省道。（注：依据《国家公路网规划（2013—2030）》，路段划入 G527 象义线。）

象西线省道(Xiàng-Xīxiàn Shěngdào)　编号 S311，原编号 38 省道。在浙江省中东部。以起点象山县，终点新昌县大市聚镇西山，取两地首字得名。连接宁波市和绍兴市，东起象山县丹西街道，沿象山港路与西谷路相交；西至新昌县大市聚镇，在西山与江拔线 S309 相交，全长 131 千米。途经象山县（丹西街道、墙头镇、西周镇）、宁海县（大佳何镇、桥头胡街道、桃源街道、梅林街道、深甽镇）、新昌县（巧英乡、小将镇、大市聚镇）3 个县。与 S214 甬临线、S309 江拔线相接。后多次进行修复和改建。途经境内宁海森林温泉国家 AAAA 级旅游景区和全国重点文物保护单位宁海潘家岙潘氏宗祠古戏台、岙胡胡氏宗祠古戏台、马岙俞氏宗祠古戏台、大蔡胡氏古戏台、双枝庙古戏台和龙宫陈氏宗祠古戏台，以及清潭、龙宫等中国传统村落，有等慈禅寺、丹山石刻、蓬莱石屋、智门寺、西沙岭古道、蓬莱观、欧阳桥、庆丰桥、潘天寿故居、三坑真君殿、雪头庆神庙、上三坑风雨桥、灵鹤桥、永春桥、善政乡主庙、沃洲山真君殿大殿等故居、古迹。是连接象山与新昌的重要省道。（注：依据《国家公路网规划（2013—2030）》，路段划入 G527 象义线。）

永武线省道(Yǒng-Wǔxiàn Shěngdào)　编号 S312，原编号 43 省道。在金华市南部。以起点永康市，终点武义县，取两地首字得名。连接永康市和武义县，东起永康市东城街道，在七里经堂与温寿线 G330 相交；西至武义县壶山街道，在西门岭与上松线 S220 相交，全长 23 千米。途经永康市（东城街道、江南街道）、武义县（桐琴镇、泉溪镇、熟溪街道、壶山街道）2 个市、县。1955 年 6 月始建，1959 年 12 月贯通。后多次进行修复和改建。经过境内中国传统村落郭洞，有徐震二公祠、西津桥、凤凰塔、麻田和济桥、永碓周窑址、熟溪桥、抱弄口窑址、发宝象龙塔、忠孝堂、石板巷陈家厅、岭下汤石祠等古迹。是连接永康与武义的重要省道。

金兰线省道(Jīn-Lánxiàn Shěngdào)　编号 S313,原编号 45 省道。在金华市西部。以起点金华市区,终点兰溪市,取两地首字得名。连接金华市区和兰溪市,南起金华市婺城区城北街道,在祝丰亭与杭金线 S103 相交;西北至兰溪市兰江街道,在水阁殿与丹溪大道相交,全长 35 千米。途经金华市婺城区(城北街道、新狮街道、罗店镇、竹马乡)、兰溪市(灵洞乡、云山街道、兰江街道)2 个区、市。与 S103 杭金线、S314 浦兰线相接。1933 年始建,1975 年贯通。后多次进行修复和改建。途经境内双龙国家级风景名胜区、六洞山省级风景名胜区,有智者寺、方梅生故居、郭氏节孝坊、栖真寺、三苏墓、告天台、古城墙等古迹。与金兰黄大仙古道走向基本一致,途经灵洞山,风景秀丽。《徐霞客游记・浙游日记》中记载:“而双龙外有二门,中悬重幄,水陆兼奇,幽明凑异。”宋金履祥《游下灵洞》:“久知灵洞锁魂奇,水石幽深路转崎。”是连接金华与兰溪的重要省道。

浦兰线省道(Pǔ-Lánxiàn Shěngdào)　编号 S314,原编号 47 省道。在金华市西北部,以起点浦江县,终点兰溪市,取两地首字得名。连接浦江县和兰溪市,东起浦江县仙华街道,在后谢与桐义线 S210 相交;西至兰溪市云山街道,在石骨山与金兰线 S313 相交,全长 55 千米。途经浦江县(仙华街道、浦南街道)、兰溪市(横溪镇、梅江镇、马涧镇、香溪镇、云山街道)2 个县、市。1951 年 5 月始建,1958 年贯通。后多次进行修复和改建。途经境内仙华山国家级风景名胜区和转轮岩、宋濂祠堂等景点,以及红岩、解石山、将军岩等景区,有马墅张氏堂屋、龙德寺塔、月泉书院遗址、中江第一桥、通州桥、祝氏宗祠、香山寺塔等古迹。与兰浦古道走向基本一致,部分路段重叠。途经梅溪,风景秀丽。是连接浦江与兰溪的重要省道。

兰贺线省道(Lán-Hèxiàn Shěngdào)　编号 S315,原编号 46 省道。在浙江省中南部。以起点兰溪市,终点江山市贺村镇,取两地首字得名。连接金华市和衢州市,东起兰溪市上华街道,在马公滩与温寿线 G330 相交;西南至江山市贺村镇,与山深线 G205 相交,全长 130 千米。部分路段与沪瑞线 G320 共线,与沪昆线 G60 平行。途经兰溪市(上华街道)、金华市婺城区(罗埠镇、洋埠镇)、龙游县(湖镇镇、东华街道、龙洲街道、詹家镇)、衢州市衢江区(高家镇、樟潭街道、廿里镇、后溪镇)、衢州市柯城区(新新街道、花园街道、荷花街道、黄家乡)、江山市(上余镇、双塔街道、碗窑乡、清湖镇、贺村镇)6 个市、区、县。与省道 S316 龙葛线、S222 龙丽线相接,与 G330 温寿线、G320 沪瑞线、G205 山深线 3 条国道相连。古为驿道,1930 年 6 月开工建设,1932 年 9 月建成通车。抗日战争期间遭受破坏,后多次进行修复和改建。途经境内龙游民居苑国家 AAAA 级旅游景区、九峰山省级风景名胜区、悦龙湾休闲度假区等,以及寺平乡土建筑、湖镇舍利塔、鸡鸣山民居苑、北二蓝氏宗祠等全国重点文物保护单位和中国传统村落寺平,有赫林寺、赵志皋墓遗址、汤溪城隍庙、百顺堂、厚大窑遗址、浮杯塔、通济老街、白洋垄东汉窑遗址、方坦唐代瓷窑址、龙洲塔、姜席堰、马氏宗祠、江氏节孝坊、天后宫、仙岩洞摩崖题记、江西会馆、陈氏宗祠、达河窑址群、和睦陶窑群、礼贤城隍庙等古迹。是连接金华与衢州的重要省道。

龙葛线省道(Lóng-Gěxiàn Shěngdào)　编号 S316,原编号 21 省道。在浙江省西部。以起点龙游县,终点兰溪市诸葛镇,取两地首字得名。连接龙游县和兰溪市,北起龙游县东华街道,与兰贺线 S315 相交;南至兰溪市诸葛镇,与温寿线 G330 相交,全长 37 千米。部分路段与沪瑞线 G320 重线,与龙丽高速 S33 平行。途经龙游县(东华街道、湖镇镇、小南海镇、塔石镇、模环乡、横山镇)、建德市(大慈岩镇)、兰溪市(诸葛镇)3 个县、市。1958 年建成。途经境内国家 AAAA 级旅游景区龙游民居苑、龙游石窟、诸葛八卦村,有鸡鸣山民居苑、湖镇舍利塔、小南海石室、绍衣堂和横山塔、关西世家、三槐堂、三门源叶氏民居、诸葛村、长乐村民居等全国重点文物保护单位和里叶、双泉、诸葛、长乐等中国传统村落，沿线古建筑众多，有浮杯塔、瑞森堂、龙游楼上厅建筑、钱会昌宅、永和堂、刹下塔、雍睦堂、邵氏宗祠、蒋氏宗祠、胡氏宗祠、探花厅等古迹。明代张以宁在《过龙游》诗曰："鷁首见龙游，群山翠浪流。阳坡眠白犊，阴洞锁苍虬。树密云藏屋，滩长石啮舟。呼儿具尊酒，听客说杭州。"是连接龙游与兰溪的重要省道。

华白线省道(Huá-Báixiàn Shěngdào)　编号 S317，原编号 17 省道。在衢州市开化县南部。以起点华埠镇，终点浙赣交界白沙关，取两地首字得名。东起开化县华埠镇，与山深线 G205 相交；西至开化县杨林镇，在白沙关与浙赣交界，全长 41 千米。途经华埠、桐村、杨林 3 个镇。1934 年建成。途经境内根宫佛国文化国家 AAAAA 级旅游景区和古田山、金溪桃韵、南华山、白沙关等景区，有新四军整编旧址、义成堡、古驿接、化身台、枫山古渡、银岭关、壕岭关、余村余氏祠堂等旧址、古迹。是连接浙江与江西的重要省道。(注：依据《国家公路网规划(2013—2030)》，路段划入 G351 台小线。)

甬梁线省道(Yǒng-Liángxiàn Shěngdào)　编号 S318，原编号 59 省道。在宁波市中西部。以起点宁波市区，终点余姚市梨洲街道梁辉，取其简称或首字得名。连接宁波市区和余姚市，东起宁波市海曙区望春街道，沿中山西路与机场路相交；西至余姚市梨洲街道，在梁辉与浒溪线 S213 相交，全长 40 千米。与杭州湾环线高速 G92 平行。途经宁波市海曙区(望春街道)、宁波市鄞州区(高桥镇)、余姚市(大隐镇、河姆渡镇、陆埠镇、梨洲街道)3 个区、市。1956 年始建，1978 年建成通车。后多次进行修复和改建。途经境内四明山国家森林公园和天下玉苑、丹山赤水等国家 AAAA 级旅游景区，有浙东学派史迹、天一阁、水则碑、永丰库遗址、钱业会馆、天宁寺塔、大运河、河姆渡遗址博物馆、浙东抗日根据地旧址、王守仁故居、通济桥等全国重点文物保护单位和中国传统村落金冠，有望春桥、龙泉寺、福德禅寺、慈云寺、伏跗室、鼓楼、启文桥、看经寺、灵桥、南塘河历史文化街区、高桥、大隐石宕遗址、白岩桥、永兴庙等古迹。宋代唐震《游四明留题丹山》诗云："深崖瑞木金文润，绝顶灵搓铁色斑。"是连接宁波国家历史文化名城和余姚省级历史文化名城之间重要的省道。

甬余线省道(Yǒng-Yúxiàn Shěngdào)　编号 S319，原编号 61 省道。在宁波市中西部。以起点宁波市区，终点余姚市，取其简称或首字得名。东起宁波市海曙区望春街道，沿青林渡路与环城北路西段相交；西至余姚市牟山镇，与牟山互通相接，全长 64 千米。途经宁波市海曙区(望春街道)、宁波市江北区(庄桥街道、洪塘街道、慈城镇)、余姚市(三七市镇、丈亭镇、凤山街道、阳明街道、马渚镇、牟山镇)3 个区、市。与 S213 浒溪线相接。1942 年沿用原杭甬铁路路基始建，1985 年 1 月全线贯通。后多次进行修复和改建。途经境内绿野山庄、宁波老外滩、慈城古县城等国家 AAAA 级旅游景区和苏湖休闲风景区，有浙东学派史迹、大运河、天一阁、永丰库遗址、钱业会馆、天宁禅寺遗址、保国寺、慈城古建筑群、江北天主教堂、田螺山遗址、鲻山遗址、河姆渡遗址博物馆、王守仁故居、通济桥等全国重点文物保护单位，有望春桥、龙泉寺、福德禅寺、慈云寺、伏跗室、鼓楼、朱贵祠、慈城大耐堂、田螺山遗址、通济桥、舜江楼、阳明先生讲学处、胡公岩摩崖石刻、马渚横河水利航运设施、饮马桥、饮马潭等古迹。清代费江城《苏湖晚景诗》曰："空山落日子规啼，苏草青青白鹭飞。涵碧楼前人影散，数声渔鼓几船归。"是连接宁波与余姚的重要省道。

骆霞线省道(Luò-Xiáxiàn Shěngdào)　编号 S320，原编号 79 省道。在宁波市东北部。以起点镇海区骆驼街道，终点北仑区霞浦街道，取两地首字得名。连接镇海区和北仑区，西北起宁波市镇海区骆驼街道，在中街与杭朱线 G329 相交；东南至宁波市北仑区霞浦街道，在陈华与杭朱线 G329 相交，全长 36 千米。途经镇海区（骆驼街道、蛟川街道）、北仑区（小港街道、戚家山街道、新碶街道、霞浦街道）2 个区。1934 年逐段建设，1995 年 12 月全线贯通。后多次进行修复和改建。通甬江水底隧道。途经境内招宝山、九龙湖、郑氏十七房古民宅群、九峰山、中国港口博物馆等国家 AAAA 级旅游景区和镇海口海防遗址、浙东沿海灯塔全国重点文物保护单位，有张人亚故居、小浃江碶闸群、古育王遗址、灵峰寺、沙溪遗址、梅山盐场旧址、总台山烽火台、后海塘、宁波水利航运遗址碑、小浃江碶闸群、古育王遗址、灵峰寺、张人亚故居、沙溪遗址、总台山烽火台、梅山盐场旧址等故居、古迹。是连接镇海与北仑的重要省道。

定岑线省道（Dìng-Cénxiàn Shěngdào）　编号 S321，原编号 72 省道。在宁波市定海区西部。以起点定海城区，终点岑港街道，取两地首字得名。南起舟山市定海区解放街道，在茅岭墩与白虎山路相交；北至舟山市定海区岑港街道，在岑港与鸭东线（县道）相交，全长 15 千米。途经环南、盐仓、双桥、岑港 4 个街道。1942 年 6 月始建，1943 年建成。后多次进行修复和改建。与 G329 杭朱线相连。途经境内省级鸟类自然保护区五峙山列岛和全国重点文物保护单位浙东沿海灯塔，有凉帽蓬墩遗址、三忠祠、同归城、海山许氏民居、吴家大院、复翁堂、平倭港碑、唐家街历史文化保护街区等古迹。是定海境内的重要省道。

临石线省道（Lín-Shíxiàn Shěngdào）　编号 S322，原编号 35 省道。在浙江省中东部。以起点临海市，终点永康市石柱镇，取两地首字得名。连接台州市、丽水市和金华市，东起临海市永丰镇，在留贤与京福线 G104 相交；西至永康市石柱镇，与温寿线 G330 相交，全长 141 千米。与台金高速 G28 平行。途经临海市（永丰镇、括苍镇、白水洋镇）、仙居县（福应街道、南峰街道、安洲街道、官路镇、田市镇、白塔镇、皤滩乡、埠头镇、横溪镇、湫山乡）、缙云县（双溪口乡、三溪乡、东方镇、壶镇镇）、永康市（舟山镇、前仓镇、石柱镇）4 个市、县。与省道 S223 仙清线、S218 东仙线、S219 磐缙线相接，与国道 G104 京福线、G330 温寿线相连。1933 年始建，1958 年 4 月贯通。后多次进行修复和改建。途经境内神仙居国家 AAAAA 级旅游景区、俞坑国家级森林公园和九台沟、象鼻岩、仙居绿道、永安溪漂流、南峰眺艇、石龙霖雨、公盂景区、高迁古民居、景星岩、响石山景区、神龙谷、巧胜岩、蝌蚪岩、休闲谷景区、官坑天柱岩、龙潭风瀑、淙潭瀑布、天门坪漂流、狮子岩等景区和景点，有福应山塔和南峰塔全国重点文物保护单位和黄石坦、龙泉、大泛、西洋庄、前塘、后吴、岩下等中国传统村落，有双眼井、戚继光庙、罗渡石塔、千古洞天石仓洞、李宅古民居、皤滩古镇、下汤遗址、桐江书院、苍岭古道、张氏故居、越王庙遗址、龙骨桥、水口桥、马乌桥、贤母桥、九进厅、道门进士第、前岙村卢氏民居、大溪滩窑址群等古迹。与永安溪走向基本一致，沿线风景优美，人文景观丰富，旧时永安溪段水路运输尤其发达，曾有诗云："白帆如云云盖溪，竹排相接密如堤。"是连接临海与永康的重要省道。

科大线省道（Kē-Dàxiàn Shěngdào）　编号 S323，原编号 62 省道。在浙江省中东部。以起点天台县始丰街道科山，终点磐安县大盘镇，取两地首字得名。连接天台县和磐安县，东起天台县始丰街道，在科山与京福线 G104 相交；西至磐安县安文镇，经磐安县大盘镇，在云山与花溪路相交，全长 71 千米。途经天台县（始丰街道、平桥镇、街头镇）、磐安县（方前镇、大盘镇、安文镇）2 个县。与省道 S218 东仙线相接，与 G104 京福线相连。1957 年 4 月始建，1988 年贯通。后多次进行修复和改建。途经境内大盘山国家级自然保护区、后岸乡居国家 AAAA 级旅游景区、花溪省级风景名胜区，有平桥湿地、紫凝山雪瀑、寒岩洞、九遮山、寒山湖、龙漂瀑布群、昭明院、大盘山药用植物园、十里红枫朱锡岭等景区和景点，有后岸、街二、九遮等中国传统村落和陆蠡故居、古宗祠亚父桥、昌文桥、道德桥等古迹。与始丰溪走向基本一致，部分路段重叠。是连接天台与磐安的重要省道。

林石线省道(Lín-Shíxiàn Shěngdào)　编号 S324，原编号 81 省道。在温岭市南部。以起点城南镇林岙，终点石塘镇，取两地首字得名。西起温岭市城南镇，在林岙与东辉南路相交；东至温岭市石塘镇雷公山，全长 31 千米。途经城南、石桥头、箬横、松门、石塘 5 个镇。与 S226 泽坎线相接。1956 年始建，1962 年贯通。后多次进行修复和改建。途经境内红岩观景区、石塘曙光园等景区和东山、里箬等中国传统村落，有戚继光平倭古战场、烽火台、明觉寺遗址、三甲庙戏台、松门南门城门、文峰塔、温岭碉楼、石塘石屋、桂岙天后宫、东海天后宫、桂岙路廊等古迹。清陈策三《箬山风情竹枝词》诗云："风景依然满眼新，别成世界别成春。千家楼屋鱼鳞叠，半住山腰半海滨。"是温岭境内的重要省道。

椒黄线省道(Jiāo-Huángxiàn Shěngdào)　编号 S325，原编号 82 省道。在台州市中部。以起点椒江区，终点黄岩区，取两地首字得名。连接椒江区和黄岩区，东起椒江区霞沚街道，在繁荣与大路线 S225 相交；西至黄岩区北洋镇，在潮济与长决线(县道)相交，全长 36 千米。途经椒江区(霞沚街道)、黄岩区(江口街道、东城街道、西城街道、新前街道、头陀镇、北洋镇)2 个区。1978 年 1 月始建，1980 年 10 月全线通车。与省道 S225 相接，与国道 G104 京福线相连。后多次进行改建和延伸。途经境内鉴洋湖国家城市湿地公园、划岩山省级风景名胜区，以及黄岩大瀑布、九峰公园、松岩山、布袋山、柔川、富山大裂谷等景区，有全国重点文物保护单位瑞隆感应塔和布袋坑、半山等中国传统村落，有摄静寺、崇梵寺、清修寺、章安古街、戚继光祠、沙埠青瓷窑址、孔庙、瑞岩净土寺塔、五洞桥、水口石塔、徐昌积宅、山下郎石板仓遗址、徐氏节孝坊、镇锁桥、新来桥、西江闸、委羽山大有宫、刹刹宫、灵石寺、潮济老街、小澧桥、大宗祠、多福寺、黄永古道、跑马楼等古迹。是连接黄岩与椒江的重要省道。

天高线省道(Tiān-Gāoxiàn Shěngdào)　编号 S326，原编号 60 省道。在台州市北部。以起点天台县，终点三门县原高枧乡，取两地首字得名。连接天台县和三门县，西起天台县始丰街道，沿寒山路与济公大道相交；东南至三门县珠岙镇，在独山与甬临线 S214 相交，全长 32 千米。与常台高速 G1522 平行。途经天台县(始丰街道、赤城街道、坦头镇、三合镇、洪畴镇)、三门县(珠岙镇)2 个县。1934 年贯通。后多次进行修复和改建。途经境内石梁国家 AAAAA 级旅游景区、华顶国家森林公园和玉京洞、赤城山、琼台仙谷、桐柏宫、济公故居、莲花梯田、九龙潭等景区与景点，有全国重点文物保护单位国清寺和灵坑、山头郑、上杨等中国传统村落，有北宋古窑址、顾欢墓、泳川草堂、南黄古道、多宝讲寺、毗耶奈寺、清定故居等古迹。与天宁古道走向基本一致，部分路段重叠，沿途风景秀丽，佛教文化深厚。李白有诗云："龙楼凤阙不肯住，飞腾直欲天台去。"清郑廷贽《宝寺晨钟》诗云："华钟入耳拟喧鲸，吼澈蒲牢报晓鸣。古寺宝藏金玉器，残更催破两三声。闻当茅店鸡三唱，听忆枫桥火独明。怪煞山僧何太早，几回敲断梦魂惊。"是连接天台与三门的重要省道。

临前线省道(Lín-Qiánxiàn Shěngdào)　编号 S327，原编号 83 省道。在台州市中东部。以起点临海市，终点椒江区前所街道，取两地首字得名。连接临海市和椒江区，西起临海市古城街道，在灵湖与临海大道相交；东至台州市椒江区前所街道前所，全长 43 千米。部分线路与大路线 S225 重合。途经临海市(古城街道、大洋街道、邵家渡街道、涌泉镇)、台州市椒江区(章安街道、前所街道)2 个市、区。1977 年始建，1985 年贯通。后多次进行修复和改建。途经境内台州府城、灵湖等国家

AAAA级旅游景区和东湖、紫阳街、牛头山等景区与景点，有台州府城墙、千佛塔全国重点文物保护单位和中国传统村落年坑，有龙兴寺、太平天国台门、灵云寺、延恩寺、涌泉窑址群、崇梵寺、烽火台遗迹、章安古镇、回浦闸等古迹。与灵江走势基本一致，晋孙绰《游天台山赋》诗云："过灵溪而一濯，疏烦想于心胸。"是连接临海与椒江的重要省道。

丽浦线省道（浙江段）（Lí-Pǔxiàn Shěngdào）　编号S328，原编号53省道。在丽水市中部。以起点丽水市区，终点浙闽交界的福建省南平市浦城县，取两地首字得名。连接莲都区、云和县和龙泉市，东起丽水市莲都区岩泉街道，在桃山桥与温寿线G330相交；西南至龙泉市上垟镇，在花桥与浙闽交界，全长166千米。与长深高速G25和龙浦高速S36平行。途经丽水市莲都区（岩泉街道、万象街道、白云街道、碧湖镇、大港头镇）、云和县（石塘镇、元和街道、浮云街道、白龙山街道、凤凰山街道、赤石乡）、龙泉市（安仁镇、础石街道、剑池街道、西街街道、八都镇、上垟镇）3个区、县、市。与省道S222龙丽线、S228云寿线、S229龙后线相接，与国道G330温寿线相连。1932年10月开工建设，1935年11月建成通车。抗日战争期间遭受破坏，后多次进行修复和改建。途经境内古堰画乡、东西岩、云和梯田、云和湖仙宫、披云青瓷文化园等国家AAAA级旅游景区和南明山省级风景名胜区，以及龙岩洞、花街青云寺、仙姑岩、凤凰山、慧云寺、龙岩洞、夏洞、江南畲族风情文化村、云和湖赤石景区、叮当岩—佛儿岩景区、合兴桥、披云山景区等景点，有通济堰、永和桥、云和银矿遗址等全国重点文物保护单位和桑岭、梅湾、包山、坑银、沙铺、季山头、下樟、宫头等中国传统村落，有谭宅、高井弄历史街区、刘祠堂背历史街区、酱园弄历史街区、沈宅、上孔龙泉窑青瓷窑址、正屏山南宋墓、庆云桥、将军殿、石门桥、王家祠堂、景德寺、黄绍竑公馆、水碓坑古窑址、雾溪岩画、石门摩崖石刻、稽圣潭塔、曾芹记龙窑、源底古民居群、古龙窑群、坤德桥、悬壁式廊屋桥等古迹。与规溪、小顺堡、赵岸古道走向基本一致。是连接龙游与丽水的重要省道。（注：依据《国家公路网规划（2013—2030）》，部分路段划入G235新海线、G322瑞友线。）

菊寿线省道（浙江段）（Jú-Shòuxiàn Shěngdào）　编号S329，原编号55省道。在丽水市庆元县中部。以起点庆元县屏都街道菊水，终点浙闽交界的福建省宁德市寿宁县，取两地首字得名。西起屏都街道，在菊水与龙后线S229相交；东至江根乡，在坑底与浙闽交界，全长104千米。途经庆元县的屏都街道、松源街道、濛洲街道、五大堡乡、岭头乡、荷地镇、左溪镇、江根乡8个街道、乡、镇。1938年始建，1987年贯通。后多次进行修复和改建。途经境内百祖山国家AAAA级旅游景区和处州廊桥、大窑龙泉窑、西洋殿等全国重点文物保护单位，以及大济、举水等中国传统村落，有百丈庵、安禅寺、卢福神庙、吴氏宗祠、木拱廊屋桥、大济古驿道、观音堂、庆元廊桥、马仙庙、青田庵、八角殿、南隆殿、茶木淤菇寮、客栈古遗址、凤山圣殿等古迹。是连接庆元与福建寿宁的重要省道。

瑞东线省道（Ruì-Dōngxiàn Shěngdào）　编号S330，原编号56省道。在浙江省南部。以起点瑞安市，终点景宁畲族自治县东坑镇，取两地首字得名。连接温州市和丽水市，东起瑞安市飞云街道，在乔里与京福线G104相交；西至景宁畲族自治县东坑镇，在东坑三岔口与云寿线S228相交，全长219千米。途经瑞安市（飞云街道、仙降街道、马屿镇、高楼镇）、文成县（峃口镇、大峃镇、百丈漈镇、西坑畲族镇）、景宁畲族自治县（东坑镇）3个市、县。与省道S230青岱线、S228云寿线相接，与国道G104京福线相连。1956年2月始建，1965年10月全线通车。后多次进行修复和改建。途经境内花岩、铜铃山国家森林公园和百丈飞瀑、龙麒源国家AAAA级旅游景区，以及寨寮溪省级风景名胜区与峡谷景廊、月老山、刘基故里等景区，有浙南石棚墓、圣井山石殿、八卦桥、刘基庙及墓、处州廊桥等全国重点文物保护单位和谢林大宅院、大会岭和道岭古道、葛峰禅寺、云居寺、龟背山新石器文化遗址、玉泉寺、狮岩寨、栖真寺、安福寺、岀口堡址、庆云寺、净因寺、岭头宫、隔岸堂等古迹。沿线风景秀丽，是连接瑞安与景宁的重要省道。（注：依据《国家公路网规划（2013—2030）》，路段划入 G322 瑞友线。）

分泰线省道（Fēn-Tàixiàn Shěngdào）　编号 S331，原编号 58 省道。在温州市泰顺县中部。以起点浙、闽交界分水关，终点泰顺县，取两地首字得名。东起浙、闽交界，在分水关与京福线 G104 相交；西至泰顺县罗阳镇，在下交洋与云寿线 S228 相交，全长 64 千米。途经泰顺县的彭溪、雅阳、泗溪、三魁、罗阳 5 个镇。1956 年 2 月开工建设，1958 年 7 月正式通车。后多次进行修复和改建。途经境内飞云湖国家级风景名胜区、泰顺氡泉—九峰省级风景名胜区和乌岩岭、廊桥文化园等国家 AAAA 级旅游景区，有泰顺廊桥、仕水矴步、泰顺土楼、玉岩包氏宗祠古民居、胡氏大院古民居等全国重点文物保护单位和下桥、仙居、洲滨、库村、徐岙、台边等中国传统村落，有彭溪石拱桥、玉塔瓷窑遗址、诰赠武信骑尉林一牧墓、宝林寺、塔头底民居、百福岩古民居、百岁坊、庵前古民居、崇教寺、登云桥等古迹。是一条凸显“中国廊桥之乡”文化特色的“生态之路、文化之路”。是泰顺境内的重要省道。

温强线省道（Wēn-Qiángxiàn Shěngdào）　编号 S332，原编号 77 省道。在温州市中部。以起点温州市区，终点龙湾区原永强镇，取两地一字得名。连接温州市区与温州龙湾国际机场，西起温州市鹿城区松台街道，沿百里西路与勤奋路相交；东至龙湾区永中街道（原永强镇），沿瓯海大道与滨海大道相交，全长 27 千米。途经鹿城区（松台街道、五马街道、滨江街道）、龙湾区（蒲州街道、状元街道、瑶溪街道、永中街道、海滨街道）2 个区。1959 年始建，1961 年贯通。后多次进行修复和改建。途经境内瑶溪省级风景名胜区和曹湾山遗址、英国驻温州领事馆旧址、永昌堡、国安寺塔等全国重点文物保护单位，有正和堂遗址、江心寺、妙果寺、文天祥祠、浩然楼、五马街、城西街、朔门街、玄坛殿、叶星桥、上江道观、张璁祖祠、龙岗山遗址、乾元寺等古迹。沿途经过江心屿景区、南塘文化旅游区等，风景秀丽，清光绪《永嘉县志》卷二：“赖有风相送，荷花十里香。”是连接温州与温州龙湾国际机场的重要省道。

六东线省道（Liù-Dōngxiàn Shěngdào）　编号 S333，原编号 49 省道。在浙江省南部。以起点永嘉县桥下镇六岙，终点缙云县东渡镇，取两地首字得名。连接温州市和丽水市，东起永嘉县桥下镇，在六岙与京福线 G104 相接；西北至缙云县东渡镇，在东渡与温寿线 G330 相交，全长 140 千米。部分与温寿线 G330 共线。途经永嘉县（桥下镇、桥头镇）、青田县（温溪镇、鹤城街道、石溪乡、船寮镇、高市乡、海口镇、祯埠乡、腊口镇）、丽水市莲都区（紫金街道、岩泉街道）、缙云县（东渡镇）4 个县、区。与 S328 丽浦线相接，与国道 G104 京福线、G330 温寿线相连。20 世纪 50 年代贯通。后多次进行修复和改建。途经境内国家级森林公园石门洞林场和石门洞、石雕文化旅游区等国家 AAAA 级旅游景区，以及太鹤山、千丝岩、千峡湖、洪妃妆镜台、赤岩仙人洞、鲤鱼山公园、九湾仙峡、小舟山梯田、大尖山、百合谷瀑布群、包僧洞、百丈漈、金鸡山、天门山等景区和景点，有石门洞摩崖碑刻、毓秀桥等全国重点文物保护单位和考坑、安店、牛路坑、陈宅等中国传统村落，有清真禅寺、太鹤山摩崖碑记、平水王殿、张立勋宅、太清宫、双溪桥、陈氏宗祠、慈明寺、龙现吴氏旧宅、太阴宫、裕堂别墅、陈宅古桥群、石广寺、法昌寺、北山吴氏宗祠、显胜寺、卧虹桥、竞爽桥等古迹。永嘉境内与永青古道走向基本一致，部分路段重叠，沿瓯江北岸而建。是连接永嘉与缙云的重要省道。

第四章　人工运河名称

京杭运河(浙江段)(Jīng-Háng Yùnhé)　在浙江省北部。因起北京,终至杭州得名。京杭运河,别称京杭大运河、大运河。全长1 797千米,流经天津、河北、河南、山东、江苏和浙江,沟通海河、黄河、淮河、长江和钱塘江五大水系,为世界上最长的一条人工河道,我国重要的南北水上干线。京杭运河浙江段始建于春秋战国时期,古称江南运河、江南河等。分别以地处长江以南得名。隋代重加规划、疏凿,成为京杭运河的组成部分。《资治通鉴》卷一八一:"(大业六年冬十二月)敕穿江南河,自京口至余杭,八百余里,广十余丈,使可通龙舟,并置驿馆、草顿,欲东巡会稽。"宋时始以其地属浙江西道而称为浙西运河。《胡三省注资治通鉴》:"今浙西运河自杭州达镇江府,入大江是也。"元、明复称江南运河。历为江南漕运和古代河海联运的重要航道。南宋咸淳《临安志》卷三十五和《梦粱录》卷十二均载:"新开运河,在余杭门外北新桥之北,通苏、湖、常、秀、润等河,凡诸路纲运及贩米客舟皆由此达于行都。"清顾祖禹《读史方舆纪要》卷八十九:"运河,即江南河也。隋大业中,将东巡会稽,乃发民开江南河,自京口至余杭八百余里。后代因而修之,以为转输之道。宋孝宗淳熙八年,浚行在至镇江运河,时都临安,尤以漕渠为先务也。《宋志》:'运河自临安北郭务至镇江江口闸,六百四十一里……今运河由杭州府之武林驿,又北历湖州府德清县东三十里旧湖州运道由德清而东,以合于运河,凡百二十里而达嘉兴府崇德县。又东北历桐乡县北八里,凡八十里而经府城西,绕城而北南直松江府之运,由嘉善县以达于府城北之运河。又六十里而接南直苏州府吴江县之运河,此两浙之运道也。'"元代以前,京杭运河河道自江苏省震泽镇入浙后,经王江泾、嘉兴城、崇德县(今桐乡市崇福镇)、海宁长安、仁和临平等地至杭州。元末,张士诚开拓杭州武林门至江涨桥段运河河道,京杭运河方由崇福县转向西,经塘栖镇、祥符镇入杭。《读史方舆纪要》卷九十:"元末,张士诚自塘栖南五里之五林港开河,直至江涨桥,凡阔二十余丈。其最阔处,有三里漾、十二里漾之名,今亦谓之新开运河,亦名北关河。"20世纪80年代始与钱塘江沟通。京杭大运河浙江段分东、中、西3条河道,分别自江苏省平望镇、盛泽镇和震泽镇入浙,跨杭州、嘉兴、湖州3个设区市。水源来自天然河道、湖泊。总长计129.49千米,宽55～240米,全线通航,为四级或五级航道。京杭运河于2006年被公布为全国重点文物保护单位。2013年,京杭运河与浙东运河等合并,以"大运河"为名被公布为全国重点文物保护单位。2014年6月被联合国教科文组织列入世界文化遗产名录。其中,京杭大运河浙江段有遗产点9个。沿线为杭嘉湖平原,自古为繁华之地、鱼米之乡。自唐宋以来即为重要的漕粮产地,明清为重要的丝绸产地,近代以来工业迅速发展。今为长三角经济区的重要组成部分,工商贸及服务业发达,全国科学发展和谐发展先行区和浙江省创业创新核心区。风景优美,名胜古迹众多。有杭州西湖、富春江—新安江2个国家级风景名胜区和太湖1个国家级旅游度假区。历代诗人多以诗文吟咏运河两岸。其中，唐代诗人杜甫作《解闷十二首》，其二云："商胡离别下扬州，忆上西陵故驿楼。为问淮南米贵贱，老夫乘兴欲东流。"唐代诗人杜牧《江南春》云："千里莺啼绿映红，水村山郭酒旗风。南朝四百八十寺，多少楼台烟雨中。"晚唐诗人杜荀鹤《送友游吴越》诗云："去越从吴过，吴疆与越连。有园多种橘，无水不生莲。夜市桥边火，春风寺外船。此中偏重客，君去必经年。"明代诗人张维斗《运河舟中即事》云："篷底昏昏蝶梦醒，河流方驶正扬舲。树遥萦盼烟笼湿，鱼贱争餐水带腥。魏阙忍忘头半白，吴山将近眼先青。芒鞋欲踏川原上，孰是江南处士星。"

頔塘(Dí Táng)　在湖州市。一说原名荻塘，以塘旁多生芦荻而名。别称吴兴塘。宋嘉泰《吴兴志》卷十九："荻塘得名苕溪、苹洲之类，以其生荻之多也。""《吴兴记》云：晋太守殷康所开，旁溉田千余顷……后太守沈嘉重开之，更名吴兴塘。"一说，由唐湖州刺史于頔筑塘而得名。清顾祖禹《读史方舆纪要》卷九十一："《志》云：荻，本作頔。唐于頔刺湖州筑此塘，因名。后讹为荻。今城南一里亦曰荻塘，相传晋太守殷康所筑，溉田千顷。""塘"为杭嘉湖平原人工河道的通名。西起吴兴区朝阳街道接东苕溪，东至江苏省平望镇莺脰湖，并汇大运河入黄浦江。长 60 千米，河宽 80～100 米。其中，湖州市境内 37 千米。以苕溪为主水源。历有水运和灌溉之利，为湖州至上海的主要航线。旧时，頔塘也是自水路入湖州的要道。明初，明军攻湖州，张士诚攻湖州，遣其将李伯升赴救，由荻港潜入湖州城，后为明军所败。全程通航。航道等级为三级，通 1 000 吨内河船。两岸为著名的鱼米之乡，世界丝绸发源地，人口稠密，工商业发达。有钱山漾遗址等新石器文化遗迹和太湖国家级旅游度假区。有丝绸、湖羊、湖笔等特产。历代诗人多有吟咏。其中，宋代德清籍官员沈与求《舟过荻塘》诗云："野航春入荻芽塘，远意相传接渺茫。落日一篙桃叶浪，薰风十里藕花香。河回遽失青山曲，菱老难容碧草芳。村北村南歌自答，悬知岁事到金穰。"南宋华亭(今上海松江)籍诗人卫宗武《过荻塘》云："烟火人村盛，川途客旅稠。荻塘三百里，禹甸几千畴。绵络庐相接，膏腴稼倍收。经从少至老，复此系扁舟。"

浙东运河(Zhèdōng Yùnhé)　在浙江省东部。因地处浙东得名。始建于春秋战国时期。绍兴到曹娥段古称山阴故水道。《越绝书》卷八："山阴故水道，出东部，从郡阳春亭，去县五十里。"晋至南北朝时期全线贯通。嘉泰《会稽志》卷十："运河，在府西一里，属山阴县。自会稽东流县界五十余里入萧山县。旧经云：晋司徒贺循临郡，凿此以溉田。""运河，在(上虞)县南二百二十步。源出七里湖渔门浦，自皁李湖皆汇于河西，抵梁湖堰东之通明堰，各三十五里。"南宋嘉定十四年(1221年)，绍兴知府汪纲疏浚西兴至钱清段。南宋《会稽续志》卷四："山阴萧山运河，运河自萧山县西兴六十里至钱清堰，渡堰迤逦至府城，凡一百五里。自西兴至钱清一带为潮泥淤塞，深仅二三尺舟，楫往来不胜牵挽般剥之劳。嘉定十四年，郡守汪纲申闻朝廷，乞行开浚。除本府自备工役钱米外，蒙朝廷支拨米三千石、度牒七道，计钱五千六百贯，添助支遣，通计一万三千贯。于是，河流通济，舟楫无阻，人皆便之。"今西起杭州市滨江区西兴街道，经杭州市萧山区、绍兴市柯桥区、越城区，至余姚新江口接姚江，并经姚江至甬江。西兴至曹娥江段别称萧绍运河、萧曹运河。上虞至姚江段别称虞姚运河。水源来自天然河道、湖泊。全长 212 千米，宽 22 米，平均水深 1.5 米。自古历为连接海上丝绸之路和大运河航道的重要连接线，也是古代连接浙东与钱塘江的交通要道，无可替代的外贸和文化交流航道。古设有西兴、钱清北、钱清南、都泗、曹娥、梁湖、通明 7 座堰闸。南宋时期，萧山段通二百石舟，山阴(今绍兴市)段通五百石舟，上虞段通二百石舟，姚江可通五百石舟。嘉泰《会稽志》卷十二："(山阴县)运河水路，东来自会稽县界，经县界五十三里一百六十步，西入萧山县界。胜舟五百石。""（萧山县）运河路，东来自山阴县界，经县界六十二里西入临安府钱塘县界。胜舟二百石。运河路在（上虞）县南二百二十二步。东来自余姚县界，经县界五十三里六十步，西入会稽县界，胜二百石舟。"南宋以后，拆除钱清南、北堰和都泗堰。北宋熙宁五年（1072 年）日僧成寻经萧绍运河参五台山。成寻《参天台五台山记》卷一："（熙宁五年四月）六日乙卯。寅一点，著越州思胡浦。见鹅鸟入笼持来，卖与船人。终日留住此浦。"《参天台五台山记》卷一载："十二日辛酉……未时，著越萧山泊。三船头林廿郎、梢工陈从来向殷勤，与小刀各一柄了。廿郎、陈从各送糖饼六枚。""十三日壬戌。小雨下，巳时，雨止。潮满满来，音如雷声，人人集出见之。造岸潮向来，奇怪事也。即出船了。未时，著杭州凑口，津屋皆瓦葺，楼门相交。海面方叠石高一丈许，长十余町许。""（五月）五日甲申……得顺风，上帆，过钱塘江，三江中其一也。酉时，著越州西兴泊宿。"南宋乾道六年（1170年）闰五月十九日，南宋诗人经萧绍运河入蜀。陆游《入蜀记》卷一："十九日。黎明，至柯桥馆，见送客。巳时至钱清，食亭中，凉爽如秋。与诸子及送客，步过浮桥。桥坚好非昔比，亭亦华洁，皆史丞相所建也。申后，至萧山县，憩梦笔驿。驿在觉苑寺旁，世传寺乃江文通旧居也……曾原伯逢招饮于其子盘孵中，二鼓归。原伯复来，共坐驿门，月如昼，极凉。四鼓，解舟行，至西兴镇。"全线通航。萧绍运河和虞姚运河段为四级航道，姚江段为四级或五级航道。2013 年作为"大运河"一部分，被公布为全国重点文物保护单位。2014 年 6 月被联合国教科文组织列入世界文化遗产名录。其中，浙东运河段有遗产点 4 个。沿岸为宁绍平原，开发历史悠久，为越文化的发祥地，浙江省重要的粮、棉、麻和淡水鱼产区，重要的纺织、印染、家电和机械制造业基地。历代文人多有吟咏浙东运河及河上西兴渡（西陵渡）、渔浦渡等的诗文。晋王羲之残句云："山阴道上行，如在镜中游。"唐代诗人皇甫冉《西陵寄灵一上人》云："西陵遇风处，自古是通津。终日空江上，云山若待人。汀洲寒事早，鱼鸟兴情新。回望山阴路，心中有所亲。"唐代诗人施肩吾《钱塘渡口》云："天堑茫茫连沃焦，秦皇何事不安桥。钱塘渡口无钱纳，已失西兴两信潮。"南宋理学家吕祖谦作有《西兴道中二首》，其一云："凫鹭迎船似有情，随波故起绿粼粼。野花照水开无主，谁信春归已两旬。"元代诗人黄镇成《西陵渡》云："日午移舟出隩隈，欢呼走趁百人回。潮依草岸痕初落，风拗蒲帆影半开。极浦海门生雾雨，隔江烟树起楼台。中流淼漫鱼龙过，勇陷危机亦壮哉。"明代哲学家方以智《忆秦娥·花似雪》云："花似雪，东风夜扫苏堤月。苏堤月，香销南国，几回圆缺？钱塘江山潮声歇，江边杨柳谁攀折？谁攀折，西陵渡口，古今离别。"清代诗人朱彝尊《萧山道中》云："古树参差暗，春禽旦暮鸣。东西开水市，高下筑山城。翠竹千家静，清江二月平。昔贤栖隐地，岩壑有同情。"唐代诗人孟浩然《早发渔浦潭》云："东旭早光芒，渚禽已惊聒。卧闻渔浦口，桡声暗相拔。日出气象分，始知江路阔。美人常晏起，照影弄流沫。饮水畏惊猿，祭鱼时见獭。舟行自无闷，况值晴景豁。"南宋诗人钱时《渔浦夜雪怀季敭》云："季敭欲我来山阴，季思欲我归严陵。严陵山阴两无住，来去于我如浮云。飞雪漫漫浙江暮，朔风吹船渔浦渡。咫尺不到兴有余，底须夜出山阴路。东华尘土缁人衣，顾瞻禹穴何巍巍。克艰一言万世师，季敭季敭何时归。"南宋诗人洪咨夔《次李参政晚春湖上口占》云："一帘风雨搅黄昏，归思无边客倚门。乌贼江鱼潮后市，龙出渔浦渡头村。"元代戏剧家汤显祖《渔浦》诗："渔浦东头几问津，风波仍旧客怀新。云山千里劳乡梦，萍水经年少故人。楚客候潮舟似蚁，吴儿歌调月如银。推蓬无那霜华重，多少寒威怯早春。"南朝宋文学家谢连惠作有《西陵遇风献康乐》诗，北宋词人苏轼《瑞鹧鸪·观潮》诗中有"西兴渡口帆初落，渔浦山头日未欹。侬欲送潮歌底曲，尊前还唱使君诗"之句。元代诗人方回《宗兄端叟年七十六来访》诗有"残月夜潮渡渔浦，飞花春雨客钱塘。西山后会何妨数，管趁年年早茗香"之句。

杭甬运河(Háng-Yǒng Yùnhé)　京杭运河延伸河道。在浙江省东部。以杭州、宁波两城的简称得名。西起杭州市江干区三堡，经萧山区、绍兴市柯桥区、越城区、上虞区接姚江，并经姚江至甬江。曹娥江以东河段沿用浙东运河，以西河段为2002—2009年新建。长238.27千米。沟通了钱塘江、曹娥江、甬江三大水系。杭州段长43.54千米，绍兴段长101.73千米，宁波段长93千米。宽60米，平均水深2.5米。有桥梁130余座、船闸8座，桥梁净高7米，为四级航道，可通行500吨级船舶。连接钱塘江、浦阳江、曹娥江、姚江、甬江等水系，为浙东地区水路动脉，兼具灌溉、防洪和水产养殖之利。沿岸为宁绍平原，开发历史悠久，为越文化的发祥地，浙江省重要的粮、棉、麻和淡水鱼产区，重要的纺织、印染、家电和机械制造业基地。

上塘河(Shàngtáng Hé)　在杭州市东北部。原为隋大业六年(610年)所开江南运河之南段。因半山、皋亭山南麓河床高于其他河流而需筑塘护水，船只经此需翻坝上塘方能入河，故曰上塘河。又因南宋以南为上，以北为下，故也称下塘河。南宋咸淳《临安志》卷十："下塘河，南自天宗水门接盐桥运河，余杭水门接城中小河、清湖河，二水合于北郭税务前，由清湖堰闸至德胜桥，与城东外沙河、菜市河、泛洋湖水相合，分为两派：一由东北上塘，过东仓新桥，入大运河，至长安闸，入秀州，曰运河。一由西北过德胜桥上北城堰，过江涨桥、喻家桥、北新桥以北入安吉州界曰下塘河。"明田汝志《西湖游览志余》卷二十一："下塘河自武林水门接城内大河、西河过吴山水驿，达清湖上、中、下三闸至德胜桥，与城东外沙河、菜市河、泛洋湖水合分为两派：一派由东北上塘至旧东仓新桥入运河至长安闸坝，曰上塘河；一派由西北过德胜桥至江涨桥与子塘河合流至北新桥，西北入湖州界曰下塘河。"元代以前，京杭运河河道自江苏省震泽镇入浙后，经王江泾、嘉兴城、崇德县(今桐乡市崇福镇)、海宁长安、仁和临平等地至杭州。元末，张士诚开拓杭州武林门至江涨桥段运河河道，京杭运河方由崇福县转向西，经塘栖镇、祥符镇入杭。清顾祖禹《读史方舆纪要》卷九十："元末，张士诚自塘栖南五里之五林港开河，直至江涨桥，凡阔二十余丈。其最阔处，有三里漾、十二里漾之名，今亦谓之新开运河，亦名北关河。""上塘河在城东。自永昌门外北至艮山门，接城内运河及城外沙河诸水，又东北经临平镇东达海宁县之长安坝。南宋运道俱自长安坝入艮山水门，抵东断河而止，此其故道也。"北宋熙宁五年(1072年)日僧成寻经此参五台山。成寻《参天台五台山记》卷一："(熙宁五年八月)廿四日己亥……午时，出杭州北门，名余杭门，水上二阶楼门也。子时，至伦滨宿……今日过□十里，从杭州至秀州二百余里。"南宋时，于上塘河岸的赤岸(今星桥附近)设有班荆馆，为朝廷官驿，金国等北方使者入临安(今杭州)京前，必先歇此听诏。南宋周纶《周益国文忠公年谱》："淳熙三年正月，周必大借尚书永宁侯押伴金国贺正旦人使，御筵于赤岸。"南宋乾道六年(1170年)六月，南宋诗人经上塘河、班荆馆、临平入蜀。陆游《入蜀记》卷一："六月一日。早，移舟出闸，几尽一日，始能出三闸。船舫栉比。热甚，午后小雨，热不解。泊籴场前。二日。禺中解舟。乡仆来言，乡中闵雨，村落家家车水。比连三年颇稔，今春父老言，占岁可忧，不知终何如也。过赤岸班荆馆，小休前亭。班荆者，北使宿顿及赐燕之地，距临安三十六里。晚，急雨，颇凉。宿临平。"今南起杭州市下城区南部施家桥水闸，向北流转东入海宁市境经长安镇又转东南流，于海宁市盐官镇上河排涝闸入钱塘江。流经杭州市下城、拱墅、江干、余杭4个区和海宁1个市。长51.37千米，流域面积455平方千米。河宽16～70米，均宽28米。自隋至元，凡走江南运河者，多由此道。元末张士诚开辟塘栖武林港至杭州江涨桥新河以后，上塘河遂成江南运河南段支线。沿河地势南高北低，水源原依赖降水和杭州西湖水补给，后于杭州、余杭等地建抽水站，引江南运河和钱塘江水入河，为杭州至海宁的主要航道。全程通航。航道等级为七级，可通行 50 吨级内河船舶。旧无通钱塘江的排水口，1963 年在海宁市盐官镇建成净宽 4 米的谈家闸，1993 年又建成净宽 8 米的盐官上河排涝闸，自此可排水入钱塘江。南宋诗人范成大《暮春上塘道中》诗云："店舍无烟野水寒，竞船人醉鼓阑珊。石门柳绿清明市，洞口桃红上巳山。飞絮著人春共老，片云将梦晚俱还。明朝遮日长安道，惭愧江湖钓手闲。"范成大《临平道中》又云："烟雨桃花夹岸栽，低低浑欲傍船来。石湖有此红千叶，前日春寒总未开。"南宋江湖派诗人戴复古《松江舟中四首荷叶浦时有不测末句故及之》云："扁舟乃官差，舟子吾语汝。汝为我作劳，吾亦不汝负。好向上塘行，莫过荷叶浦。"南宋诗人高菊磵也曾作有《九万下塘》二首："河水新添三尺高，河边芦岸似龟巢。波流夜夜飘鱼箔，空点蓝灯照树梢。""日出移船日又斜，芦根时复见人家。水乡占得秋多少，岸岸红花是蓼花。"

温瑞塘河(Wēnruìtáng Hé)　在浙江省东南部。古称南塘河。以地处永嘉城(今温州)以南得名。明弘治《温州府志》卷五："南塘，在城南瑞安门外，即南塘路，连瑞安。自瑞安门运河七十九里。旧时驿路百里荷花正在此塘畔也。"始凿于东晋，唐宋大规模疏浚。明清称七铺塘河，因古时以每十里设一驿铺得名。又称永瑞塘河。1949 年改称温瑞塘河。以起讫点得名。北起温州市鹿城区五马街道，向南流经瓯海区、龙湾区后，于瑞安市安阳街道与飞云江相接。源自瞿溪、雄溪、郭溪及大罗山和集云山的山涧溪流，沟通瓯江、飞云江两大水系。长约 33 千米，宽 12.4～98 米，深约 6 米。流域面积 740 平方千米。年径流量 9.13 亿立方米。今具航运、灌溉、排涝、供水等之利。灌溉面积 3.2 万公顷。全程通航，为温州市瓯海区至瑞安市的内河运输干线。航道等级为内河 7 级，通行 30 吨级内河船。两岸为温州市政治、经济、文化中心，浙南经济中心。主要支流为永强塘河。传东晋于河上遍植荷花，号称"百里荷花"，书法家王羲之曾于此游历。南宋祝穆《方舆胜览》卷九："百里荷花：《郡志》，自百里坊至平阳屿一百里皆荷花。王羲之自南门登舟赏荷花即此也。"明弘治《温州府志》卷四："南湖出瑞安门外为南郭……出南湖大湖直抵瑞安，延袤七十余里，王羲之登舟赏荷即此。"唐代诗人张又新《永嘉百咏・百里芳》云："时清游骑南徂暑，正值荷花百里开。民喜出行迎五马，全家知是使君来。"清代文学家朱彝尊《吴桥巷》云："闻说吴桥港，荷花百里开。当年王内史，五月棹船回。"清末温州知府戴文俊《瓯江竹枝词》云："荷花百里远生香，五马辉煌七宝装。父老相看风日美，提壶先自下南塘。"旧时，温州民众每年端午节前后于河上开始龙舟竞渡比赛。农历四月三十日龙舟入河，至五月初十收殇。南宋文学家叶适《后端午行》云："一村一舡遍一邦，处处旗脚争飞扬。祈年赛愿从其俗，禁断无益反为酷。喜公与民还旧观，楼前一笑沧波远。日昏停棹各自归，黄瓜苦菜夸甘肥。"沿岸村民旧也有河上送嫁迎娶和"拦垟福"祈福庙会。民国《张棡日记》记载河上送嫁迎娶："月光光溜溜，女儿嫁温州，温州人家好，吃嘞番薯枣。七铺上下船，闹热小南门。"塘岸瑞安城玉海楼为浙江四大藏书楼之一，清末训诂学家孙诒让于此撰成《周礼正义》《墨子间诂》《契文举例》《温州经籍志》等著作。南朝诗人谢灵运曾多次游历温瑞塘河，并作《游南亭》《舟向仙岩寻三皇井仙迹》等诗。其中，《舟向仙岩寻三皇井仙迹》："弭棹向南郭，波波浸远天。拂鲦故出没，振鹭更澄鲜。遥岚疑鹫岭，近浪异鲸川。蹑屐梅潭上，冰雪冷心悬。低徊轩辕氏，跨龙何处巅。仙踪不可即，活活自鸣泉。"北宋诗人杨蟠《后永嘉百咏・南塘》云："出门日已晚，棹短路何长。赖有风相送，荷花十里香。"民国张棡《舟中即景》诗："塘西一舸泛归程，徒倚蓬窗百虑清。千顷苗青农望雨，一堤树绿鸟呼晴。鱼鳞浪蹙知风劲，龙尾车旋听水鸣。自笑书生谈化育，未能膏泽慰编氓。"南宋永嘉学派代表人物陈傅良曾作《温州重修南塘记》《作南塘记郡守沈持要以诗来谢次韵奉酬》《观南塘四首呈沈守》等。

第五章　交通附属设施名称

第一节　铁路车站名称

铁路杭州站(Tiělù Hángzhōu Zhàn)　一等站。在杭州市上城区小营街道环城东路1号,浙赣、沪杭、杭宣、杭甬4条干线交会处。因地处杭州市,故名。始建于清光绪三十二年(1906年),时称“清泰门站”。三十三年迁至现址,分别于清宣统元年(1909年)、1941年、1997年重建。2007年1月,杭州站始发的N522次列车从杭州站开出驶往上海南站,该列车由CRH2A担当,是和谐号电力动车组在中国的首次运营,标志着中国铁路进入了全新的高速列车时代。占地面积11.7公顷,建筑面积5万平方米,站房面积2.9万平方米。有售票厅、候车室、站前广场等设施。有站台5个、站线14条,日接发车量119车次。为杭州铁路枢纽的主客站之一,汇集城市快速公交系统、轨道交通和各类车辆等多种交通方式的大型综合客运交通枢纽,也是对外沟通与交流的重要渠道。

杭州火车东站(Hángzhōu Huǒchē Dōngzhàn)　特等站。在杭州市江干区彭埠街道全福桥路2号。因地处杭州市东部,故名。始建于1992年4月,2008年12月改建。2013年7月改建后的杭州东站正式投入运营,2014年1月,杭州东站西广场投入使用。占地面积40公顷,建筑面积34公顷。有售票厅、候车室、广场等设施。有站台15个、站线30条,日接发车量487车次。为杭州市接驳功能最为齐全的交通枢纽,杭州铁路枢纽的重要组成部分,中国大型铁路枢纽站之一。杭州火车东站南接钱江新城、东联下沙副城,是杭州的东大门,上海、宁波进入杭州主城的必经之路。也是杭州实施“决战东部”战略的核心平台。

沪杭高铁余杭站(Hù-Háng Gāotiě Yúháng Zhàn)　高铁站。在杭州市余杭区南苑街道文正街。因地处杭州市余杭区,故名。始建于2009年2月,2010年10月开通运营。总长174米,建筑面积1.3万平方米,广场面积4.81万平方米。有售票厅、候车室、停车场等设施。有站台2个、到发线4条,日接发车量48车次。车站主体为地上二层岛式车站,为沪杭高速铁路上唯一一座建在高架上的车站。

宁波火车站(Níngbō Huǒchēzhàn)　一等站。在宁波市海曙区南门街道南站东路19号。因地处宁波市,故名。始建于清宣统二年(1910年),1914年建成。1959年迁至现址,2010年改扩建。占地面积7.4万平方米,建筑面积28万平方米。有售票厅、铁路生产生活用房、候车室等设施。有站台8个、站线16条,日接发车量223车次。改善宁波市中心城区交通,使杭甬铁路及甬台温铁路形成网络。铁路宁波站交通枢纽全面建成投用是宁波史上最大、功能最全的交通综合枢纽全面投入使用。宁波是全国 50 个铁路枢纽城市之一，也是国家级综合运输示范试点城市之一，今后铁路宁波站将发挥城市铁路枢纽中心站的作用。

余姚北站(Yúyáo Běizhàn)　高铁站。在余姚市凤山街道五星村。因地处宁波市余姚市北部，故名。始建于 2010 年 8 月，2013 年 7 月开通运营。占地面积 14 公顷，地上建筑面积 5.4 万平方米，地下建筑面积 5.8 万平方米。有候车室、售票厅、停车场等设施。有站台 2 个、站线 6 条，日接发车量 113 车次。为杭甬高速铁路中间站。是余姚市城市化进程中又一张靓丽的名片。

余姚站(Yúyáo Zhàn)　二等站。在余姚市凤山街道车站路 1 号。因地处宁波市余姚市，故名。始建于 1914 年，1955 年重建。1993 年重建车站大楼，并迁移货运站。2007 年货运站停用。占地面积 1 万平方米，建筑面积 5 000 平方米。有候车室、售票处、停车场等设施。有站台 2 个、站线 4 条，日接发车量 29 车次。为杭甬铁路中间站。

奉化火车站(Fènghuà Huǒchēzhàn)　高铁站。在奉化市西坞街道尚桥头村。因地处宁波市奉化市，故名。2009 年建成。站房面积 2 920 平方米。有候车室、售票处、停车场等设施。有站台 2 个、站线 5 条，日接发车量 18 车次。为甬台温铁路、甬金铁路中间站。

宁海火车站(Nínghǎi Huǒchēzhàn)　高铁站。在宁波市宁海县桃源街道雅致岙村。因地处宁波市宁海县，故名。始建于 2008 年 11 月，2009 年 9 月开通运营。总建筑面积 7.8 平方米，其中站房面积 6 247 平方米，生产生活用房 1 414 平方米。有办公用房、候车室、贵宾室等设施。有站台 2 个、站线 5 条，日接发车量 35 车次。为甬台温铁路中间站。

温州火车站(Wēnzhōu Huǒchēzhàn)　一等站。在温州市鹿城区南汇街道温州大道。因地处温州市，故名。1998 年建成。占地面积 15 公顷，站房建筑面积 3.6 万平方米，站前广场 6.5 万平方米。有行政、行车、票务、客运、行包 5 个作业区。有站台 7 个、站线 13 条，日接发车量 26 车次。为金温货线终点站。温州火车站是浙江省仅次于杭州站的第二大站，是温州市交通行业最大的“窗口”单位。

温州南站(Wēnzhōu Nánzhàn)　一等站。在温州市瓯海区潘桥街道宁波路。因地处温州市南部，故名。始建于 2008 年 10 月，时称“温州新客站”。2009 年 9 月改为今名并开通运营。占地面积 19 公顷，站房面积 7.13 万平方米。有候车室、售票处、停车场等设施。有站台 4 个、站线 10 条，日接发车量 170 车次。为甬台温铁路、温福铁路和温金铁路交会及列车终点始发综合枢纽站。

瑞安站(Ruì'ān Zhàn)　高铁站。在瑞安市飞云街道万锦大道 1150 号。因地处温州市瑞安市，故名。2009 年 9 月开通运营。占地面积 1.13 万平方米，站房建筑面积 1.2 万平方米。有候车室、售票处、停车场等设施。有站台 3 个、站线 5 条，日接发车量 41 车次。为温福铁路中间站。

绅坊站(Shēnfāng Zhàn)　高铁站。在乐清市石帆街道绅坊村。因地处温州市乐清市绅坊村，故名。2009 年 9 月开通运营。站房建筑面积 4 900 平方米。有候车室、售票处、停车场等设施。有站台 2 个、站线 4 条，日接发车量 21 车次。为我国为数不多以村名命名的火车站之一，甬台温铁路中间站。

永嘉火车站(Yǒngjiā Huǒchēzhàn)　高铁站。在温州市永嘉县黄田街道千石村。因地处温州市永嘉县，故名。2009 年 9 月开通运营。站房建筑面积 5 101 平方米。有候车室、售票厅、停车场等设施。有站台 2 个、站线 4 条，日接发车量 22 车次。为甬台温铁路中间站。

苍南站(Cāngnán Zhàn)　高铁站。在温州市苍南县灵溪镇山东村。因地处温州市苍南县，故名。始建于 2005 年 10 月，2009 年 9 月开通运营。建筑面积 2.7 万平方米，其中站房面积 2.16 万平方米。有候车室、售票处、站前广场、停车场等设施。有站台 3 个、站线 6 条，日接发车量 54 车次。为全国第一个开行始发动车的县级站，温福铁路中间站。

嘉兴火车站(Jiāxīng Huǒchēzhàn)　二等站。在嘉兴市南湖区建设街道城东路 179 号。因地处嘉兴市，故名。始建于清宣统元年(1909 年)，原址在车站路。1995 年重建并迁至现址。建筑面积 1.4 万平方米。有候车室、售票厅、停车场等设施。有站台 3 个、站线 6 条，日接发车量 94 车次。为嘉兴市重要交通枢纽、沪昆铁路重要中转车站。

嘉兴南站(Jiāxīng Nánzhàn)　高铁站。在嘉兴市南湖区余新镇百川路。因地处嘉兴市南部，故名。始建于 2009 年 2 月，2010 年 10 月开通营运。建筑面积 7.53 万平方米，站房面积 5.59 万平方米。有候车室、售票厅、停车场等设施。有站台 6 个、站线 8 条，日接发车量 178 车次。为嘉兴市重要交通枢纽、沪昆高速铁路重要中转车站。

海宁站(Hǎiníng Zhàn)　二等站。在海宁市硖石街道海昌路 1 号。因地处嘉兴市海宁市，故名。始建于清宣统元年(1909 年)，时称“硖石站”。1983 年扩建，1989 年重建并迁至现址，改为今名。建筑面积 2 430 平方米，广场面积 2.3 万平方米。有候车室、售票厅、停车场等设施。有站台 2 个、站线 6 条，日接发车量 76 车次。为沪昆铁路中间站。

海宁西站(Hǎiníng Xīzhàn)　高铁站。在海宁市许村镇人民大道 1999 号。因地处嘉兴市海宁市西部，故名。始建于 2009 年 6 月，2010 年 10 月开通运营。建筑面积 1.7 万平方米，其中客运用房建筑面积 4 933 平方米。有候车室、售票厅、停车场等设施。有站台 2 个、站线 4 条，日接发车量 55 车次。为沪昆高速铁路中间站。

桐乡站(Tóngxiāng Zhàn)　高铁站。在桐乡市高桥镇越丰村。因地处嘉兴市桐乡市，故名。始建于 2009 年 4 月，2010 年 10 月开通运营。占地面积 4 998 平方米，建筑面积 5 042 平方米。有进站厅、候车室、售票厅、出站厅等设施。有站台 2 个、站线 4 条，日接发车量 63 车次。为沪昆高速铁路中间站。

嘉善南站(Jiāshàn Nánzhàn)　高铁站。在嘉兴市嘉善县大云镇江家村。因地处嘉兴市嘉善县南部，故名。始建于 2010 年 3 月，2010 年 10 月开通运营。建筑面积 4 998 平方米，候车室面积 1 800 平方米。有候车室、售票处、停车场等设施。有站台 2 个、站线 4 条，日接发车量 59 车次。为沪昆高速铁路中间站。

湖州高铁站(Húzhōu Gāotiězhàn)　高铁站。在湖州市吴兴区龙溪街道西塞山路 3636 号。因地处湖州市，故名。始建于 1994 年，时称“湖州南站”。2009 年 9 月重建，2012 年 6 月改为今名。2013 年 7 月开通运营。站房总建筑面积 1.99 万平方米，候车室分一、二两层，一层 5 518 平方米，二层 3 996 平方米。有进站大厅、售票厅、出站厅、行包房等设施。有站台 3 个、站线 7 条，日接发车量 120 车次。为宁杭高速铁路、宣杭铁路中间站。

德清站(Déqīng Zhàn)　高铁站。在湖州市德清县乾元镇金鹅山村。因地处湖州市德清县，故名。始建于 2010 年，2013 年 7 月开通运营。占地面积 8 200 平方米，建筑面积 6 000 平方米。有售票厅、候车室、办公区、停车场等设施。有站台 2 个、站线 4 条，日接发车量 59 车次。为宁杭高速铁路中间站。

绍兴火车北站(Shàoxīng Huǒchē Běizhàn)　高铁站。在绍兴市越城区灵芝街道青云村。因地处绍兴市北部，故名。始建于 2011 年 3 月，时称“绍兴柯桥站”。2012 年 9 月改为今名，2013 年 7 月开通运营。占地面积 25.6 公顷，建筑面积 7.8 万平方米，其中站房面积 2 万平方米。有售票厅、候车室、停车场等设施。有站台 2 个、站线 6 条，日接发车量 146 车次。为杭甬高速铁路中间站。

绍兴火车站(Shàoxīng Huǒchēzhàn) 二等站。在绍兴市越城区北海街道车站路 200 号。因地处绍兴市，故名。始建于 1937 年，1998 年 10 月重建，1999 年 10 月建成，2000 年 9 月投入使用。总建筑面积 5 858 平方米，候车室面积 1 894 平方米。有售票厅、候车室、停车场等设施。有站台 2 个、站线 5 条，日接发车量 37 车次。为杭甬铁路中间站。

上虞火车站(Shàngyú Huǒchēzhàn) 二等站。在绍兴市上虞区曹娥街道亚厦大道 144 号。因地处绍兴市上虞区，故名。始建于 1956 年，1998 年重建并迁至现址。占地面积 5.33 万平方米，建筑面积 8 742 平方米。有售票厅、候车室、停车场等设施。有站台 2 个、站线 4 条，日接发车量 20 车次。为杭甬铁路中间站。

高铁绍兴东站(Gāotiě Shàoxīng Dōngzhàn) 高铁站。在绍兴市上虞区百官街道西北部。因地处绍兴市东部，故名。2013 年 7 月开通运营。占地面积 1.46 万平方米，建筑面积 1.55 万平方米，其中候车室 4 000 平方米。有售票厅、候车室、停车场、站前广场等设施。有站台 2 个、站线 4 条，日接发车量 63 车次。为杭甬高速铁路中间站。

诸暨火车站(Zhūjì Huǒchēzhàn) 二等站。在诸暨市陶朱街道艮塔西路 168 号。因地处绍兴市诸暨市，故名。始建于 1931 年，1951 年 6 月迁址至城关镇西。1996 年扩建，2006 年 6 月迁至现址。占地面积 6 600 平方米，建筑面积 9 485 平方米。有售票厅、候车室、停车场等设施。有站台 4 个、站线 10 条，日接发车量 63 车次。为沪昆铁路、杭长高速铁路中间站。

金华火车站(Jīnhuá Huǒchēzhàn) 一等站。在金华市婺城区城北街道后丰路 300 号。因地处金华市，故名。始建于 1932 年 2 月，1996 年 1 月迁至现址。站房面积 3 万平方米，其中北站房及候车室面积 1.1 万平方米，南站房及候车室面积 1.9 万平方米。有售票厅、候车室、广场、停车场等设施。有站台 10 个、站线 15 条，日接发车量 279 车次。集高速铁路、普速铁路、长途汽车客运、城市轨道交通服务功能于一体的城市综合交通枢纽。

金华火车南站(Jīnhuá Huǒchē Nánzhàn) 一等站。在金华市金东区东孝街道金瓯路。因地处金华市南部，故名。始建于 1993 年，1996 年 6 月建成。占地面积 10 公顷，站房建筑面积为 5 887 平方米。建有大型综合性货场，划分为怕湿货物装卸区、集装箱装卸区、笨重货物装卸区、杂货货物装卸区、仓储物流区 5 个功能分区。有站台 4 个、站线 10 条，日接发车量 31 车次。为金温铁路中间站。

义乌西站(Yìwū Xīzhàn) 一等站。在义乌市城西街道西站大道 800 号。因地处金华市义乌市西部，故名。2006 年 6 月建成。占地面积 51.2 公顷，建筑面积 12.4 公顷。有正线 2 条、到发线 6 条、货运线 7 条、专用线 5 条，列车停靠作业 30 列。车站办理行包专列、整车、零担、集装箱发送到达等业务。为"义新欧"中欧班列始发站，全国运行线路最多、市场化程度最高的中欧班列。

义乌火车站(Yìwū Huǒchēzhàn) 一等站。在义乌市后宅街道北站大道 333 号。因地处金华市义乌市，故名。始建于 1930 年，1933 年建成。分别于 1958、1988 年改扩建。2006 年重建并迁至现址。占地面积 4.7 万平方米，建筑面积 1.5 万平方米，其中候车室面积 6 000 平方米。有售票处、候车室、广场、停车场等设施。有站台 6 个、站线 15 条，日接发车量 261 车次。为沪昆铁路、沪昆高速铁路中间站。

衢州火车站(Qúzhōu Huǒchēzhàn) 二等站。在衢州市柯城区花园街道荷花中路。因地处衢州市，故名。始建于 1933 年，2006 年重建并迁至现址。占地面积 30.6 公顷，站房建筑面积 7 216 平方米。有售票厅、候车室、旅客活动平台、站前广场等设施。有站台9个、站线18条,日接发车量97车次。为沪昆铁路、沪昆高速铁路中间站,衢九铁路、衢宁铁路始发站。

台州站(Tāizhōu Zhàn) 一等站。在台州市黄岩区北城街道王林村。因地处台州市,故名。始建于2008年9月,2009年9月开通运营。总建筑面积为2.14万平方米,建筑主体高度33.1米。有候车室、售票厅、停车场等设施。有站台4个、站线11条,日接发车量96车次。为甬台温铁路中间站、金台铁路终点站。

台州南站(Tāizhōu Nánzhàn) 一等站。在台州市路桥区螺洋街道罗家池村。因地处台州市南部,故名。始建于2005年,2009年建成。占地面积34.84公顷,单体建筑25幢,建筑面积1.3万平方米。有集装箱堆场、散件货物堆场、仓库、生产生活用房等设施。有站线6条。车站未开通客运。货运办理内贸、外贸和国内集装箱业务。

温岭站(Wēnlǐng Zhàn) 高铁站。在温岭市大溪镇利岙村。因地处台州市温岭市,故名。始建于2008年12月,2009年9月开通运营。站房建筑面积1.65万平方米,站台雨棚建筑面积1.37平方米。有售票厅、候车室、停车场等设施。有站台2个、站线4条,日接发车量70车次。为甬台温铁路中间站。

临海站(Línhǎi Zhàn) 高铁站。在临海市邵家渡街道溪边村。因地处台州市临海市,故名。始建于2006年6月,2009年9月开通运营。占地面积26.67公顷,站场建筑面积4 280平方米,站前广场面积4万平方米。有客货运用房、售票厅、候车室、设备用房、电力用房等设施。有站台2个、站线5条,日接发车量34车次。为甬台温铁路中间站。

三门县站(Sānmén Xiàn Zhàn) 高铁站。在台州市三门县亭旁镇邵上村。因地处台州市三门县,故名。始建于2006年1月,2009年9月开通运营。占地面积2万平方米,站房建筑面积3 990平方米,生产生活用房760平方米,建筑主体高度20米。有办公用房、售票厅、候车室、停车场等设施。有站台2个、站线5条,日接发车量28车次。为甬台温铁路中间站。

丽水火车站(Líshuǐ Huǒchēzhàn) 一等站。在丽水市莲都区紫金街道芦埠村。因地处丽水市,故名。始建于1997年,2014年12月1日实行新的列车运行图。站房建筑面积6 300平方米,旅客站台1 000米,建筑主体高度36.7米。有候车室、售票厅、广播室、仓库等设施。有站台3个、站线7条,日接发车量76车次。为金温铁路、金温货线中间站。

青田火车站(Qīngtián Huǒchēzhàn) 二等站。在丽水市青田县瓯南街道江南大道139－10号。因地处丽水市青田县,故名。始建于2001年2月,2002年10月开通运营。占地面积3 900平方米,建筑面积6 500平方米。有候车室、售票处、调度室、停车场等设施。有站台2个、站线5条,日接发车量55车次。为金温铁路、金温货线中间站。

第二节 公路车站名称

杭州汽车南站(Hángzhōu Qìchē Nánzhàn) 一级长途汽车站。在杭州市上城区望江街道秋涛路255号。因地处杭州市南部,故名。始建于1988年,2002年9月改扩建。占地面积1.16万平方米。有售票厅、候车室、停车场等设施。日班车量 1 380 班次。主要承担杭州南向长、中、短途旅客运输任务，班线辐射浙江、广东、福建三省。

杭州汽车客运中心(Hángzhōu Qìchē Kèyùn Zhōngxīn)　一级长途汽车站。在杭州市江干区九堡街道德胜东路 3339 号。因地处杭州市，故名。2008 年 9 月开通运营。占地面积 11.34 公顷，建筑面积 10.27 万平方米。有售票大厅、候车大厅、停车场、站前广场等设施。日班车量 522 班次。为浙江省最大汽车站，也是华东地区最大的国家一级客运中心站，交通部确定的全国 45 个主枢纽场站之一。

杭州汽车北站(Hángzhōu Qìchē Běizhàn)　一级长途汽车站。在杭州市拱墅区祥符街道莫干山路 766 号。因地处杭州市北部，故名。建于 1999 年。占地面积 5.09 万平方米，建筑面积 2.8 万平方米。有售票大厅、候车大厅、停车场、站前广场等设施。日班车量 1 027 班次。为浙江连接苏、鲁、皖、鄂、豫等各省交通枢纽，杭州城北旅客集散地。

杭州汽车西站(Hángzhōu Qìchē Xīzhàn)　一级长途汽车站。在杭州市西湖区留下街道天目山路 357 号。因地处杭州市西部，故名。建于 1989 年 1 月。占地面积 3.2 万平方米。有售票大厅、候车大厅、停车场等设施。日班车量 803 班次。主要承担浙江西部县市长、中、短途旅客运输任务，班线辐射浙江、安徽、江西、湖北等省份。

萧山汽车总站(Xiāoshān Qìchē Zǒngzhàn)　三级长途汽车站。在杭州市萧山区城厢街道萧绍路 838 号。因地处杭州市萧山区，故名。始建于 20 世纪 50 年代，后多次改扩建。1991 年 12 月重建并迁至现址，1992 年 8 月建成。占地面积 1.57 万平方米，建筑面积 4 400 平方米。有售票大厅、候车大厅、停车场、站前广场等设施。日班车量 55 班次。为浙江省文明客运汽车站。

临平长途汽车北站(Línpíng Chángtú Qìchē Běizhàn)　二级长途汽车站。在杭州市余杭区东湖街道星光街 865 号。因建成时为杭州市余杭区临平街道，故名。1989 年建成。占地面积 1.67 万平方米，建筑面积 3 000 平方米。有售票大厅、候车大厅、停车场、站前广场等设施。设 70 个停车位、10 个发车位。日班车量 171 班次。为连接沪、杭的重要交通枢纽站。

临平汽车南站(Línpíng Qìchē Nánzhàn)　在杭州市余杭区南苑街道迎宾路 333 号。因建成时为杭州市余杭区临平街道南部，故名。2001 年建成。占地面积 1.35 万平方米。有售票大厅、候车大厅、停车场等设施。分南北两区块，北面区块为公交始发站，有 4 条公交线路；南面区块为非机动车停车场。

富阳汽车站(Fùyáng Qìchēzhàn)　二级长途汽车站。在杭州市富阳区富春街道迎宾路 91 号。因地处杭州市富阳区，故名。前身为浙江省汽车运输公司杭州分公司富阳汽车站，原址在桂花路。1990 年 3 月重建并迁至现址。占地面积 1.9 万平方米，建筑面积 3 629 平方米，其中候车大厅 1 038 平方米。有售票厅、综合办公楼、行李辅助用房、停车场等设施。日班车量 147 车次。班线辐射浙江、安徽、江苏、湖北等省份。

宁波汽车南站(Níngbō Qìchē Nánzhàn)　一级长途汽车站。在宁波市海曙区南门街道甬水桥路 408 号。因地处宁波市南部，故名。始建于 1929 年 5 月，址设鄞奉路永宁桥口。1960 年 5 月迁至南站西路 6 号。2013 年 5 月临时迁至鄞奉路 535 号。占地面积 1 万平方米，建筑面积 7 849 平方米，停车场面积 2 000 平方米。有售票厅、候车室、停车场等设施。日班车量 615 班次。经营线路辐射上海、杭州、嘉兴、湖州以及象山、宁海、余姚等地。

宁波汽车东站(Níngbō Qìchē Dōngzhàn)　三级长途汽车站。在宁波市江东区福明街道宁穿路707号。因地处宁波市东部,故名。始建于1934年,1972年迁至曙光路与宁穿路交叉口,1997年重建并迁至现址。占地面积2.22万平方米,建筑面积4 054.5平方米。有售票厅、候车室、停车场等设施。日班车量60班次。经营线路辐射四川、山东、湖南、湖北等省份。

北仑客运中心(Běilún Kèyùn Zhōngxīn)　三级长途汽车站。在宁波市北仑区新碶街道珠江路88号。因地处宁波市北仑区,故名。始建于1985年,1998年迁址至新大路485号,2001年重建并迁至现址。占地面积1.33万平方米。有售票厅、候车室、停车场等设施。日班车量68班次。经营线路辐射河南、安徽、江苏等省份以及浙江省各地。

宁波客运中心(Níngbō Kèyùn Zhōngxīn)　一级长途汽车站。在宁波市鄞州区古林镇通达路181号。因地处宁波市,故名。2002年12月建成。占地面积10.6公顷,建筑面积3.2万平方米。有候车楼、综合楼、办公楼、停车场、广场等设施。日班车量536班次。经营线路辐射湖南、安徽、江苏等省份以及浙江省各地。

温州双屿客运中心(Wēnzhōu Shuāngyǔ Kèyùn Zhōngxīn)　一级长途汽车站。在温州市鹿城区双屿街道鹿城路130号。因地处温州市鹿城区双屿街道,故名。2006年11月建成。占地面积7.67万平方米,建筑面积1.55万平方米,其中候车大厅面积1.4万平方米。由站前广场、客运站、停车场、职工生活区、公交出租候车站等组成。日班车量260班次。主要承担温州至安徽、江西、河南、山东、湖南等省际班线和温州至临安、诸暨、金华、衢州、丽水、青田等地的省内班线。

温州汽车东站(Wēnzhōu Qìchē Dōngzhàn)　三级长途汽车站。在温州市龙湾区蒲州街道温州大道285号。因地处温州市东部,故名。1998年建成。占地面积1.08万平方米,建筑面积7 700平方米。有售票厅、候车室、停车场等设施。日班车量20班次。主要承担温州至江西、湖南、贵州、四川等省际班线。

温州汽车南站(Wēnzhōu Qìchē Nánzhàn)　一级长途汽车站。在温州市瓯海区梧田街道温州大道与南浦路交叉口。因地处温州市南部,故名。1998年12月建成。占地面积4.27万平方米,建筑面积1.06万平方米。有候车厅、售票厅、综合办公大楼、停车场等设施。日班车量430班次。为全国公路交通主枢纽之一,浙南地区规模较大的公用型车站。

嘉兴市汽车客运中心(Jiāxīng Shì Qìchē Kèyùn Zhōngxīn)　一级长途汽车站。在嘉兴市南湖区城南街道万国路2098号。因地处嘉兴市,故名。始建于2009年6月,2011年11月建成。占地面积8.3万平方米,建筑面积3.7万平方米。由综合楼、站房和停车场组成。有住宿、商场、地下停车场等配套设施。日班车量120班次。经营线路通往全国各地,为嘉兴公共交通枢纽。

嘉兴汽车北站(Jiāxīng Qìchē Běizhàn)　一级长途汽车站。在嘉兴市秀洲区嘉北街道中环北路688号。因地处嘉兴市北部,故名。始建于2000年,2001年7月建成。占地面积4.6万平方米,建筑面积1.07万平方米。有售票厅、候车室、站前广场、停车场等设施。日班车量438班次。班线辐射浙江、江苏、山东、河南、河北等省份,为嘉兴公共交通枢纽。

浙北高速客运中心(Zhèběi Gāosù Kèyùn Zhōngxīn)　一级长途汽车站。在湖州市吴兴区康山街道二环西路198号。因其为浙北地区最大的道路交通客运枢纽,故名。始建于2003年,2006年9月建成。占地面积10.2平方米,建筑面积3万平方米。有售票厅、候车室、停车场等设施。日班车量1 900班次。为浙北地区最大道路交通客运枢纽。

南浔长运客运站(Nánxún Chángyùn Kèyùnzhàn)　三级长途汽车站。在湖州市南浔区南浔镇生力路。因地处湖州市南浔区,故名。始建于 1982 年,1983 年建成。占地面积 8 750 平方米,建筑面积 1 126 平方米。有售票厅、候车室、停车场等设施。日班车量 86 班次。经营线路辐射安徽、江苏、上海以及浙江省各地。

绍兴汽车东站(Shàoxīng Qìchē Dōngzhàn)　二级长途汽车站。在绍兴市越城区东池路与仓弄交叉口。因地处绍兴市东部,故名。原为绍兴五云汽车站,1987 年扩建并改为今名。占地面积 8 500 平方米,停车站建筑面积 6 300 平方米,候车大厅面积 2 200 平方米。有售票厅、候车室、停车场等设施。日班车量 212 班次。班车发往上虞、新昌、嵊州等地。

绍兴汽车西站(Shàoxīng Qìchē Xīzhàn)　二级长途汽车站。在绍兴市越城区府山街道城南大道 1600 号。因地处绍兴市西部,故名。原西站在环城西路与环城北路交叉口,2009 年 10 月迁至现址。占地面积 4.4 万平方米,建筑面积 1.4 万平方米。由候车大楼、宾馆饭店、附属用房三部分组成。有售票厅、候车室、停车场等设施。日班车量 230 班次。经营线路辐射江苏、福建、江西以及浙江省各地。

绍兴市公路客运中心(Shàoxīng Shì Gōnglù Kèyùn Zhōngxīn)　一级长途汽车站。在绍兴市越城区中兴大道 7 号。因地处绍兴市,故名。1999 年 1 月建成。占地面积 4.8 万平方米,停车场 1.8 万平方米。有售票厅、候车室、停车场等设施。日班车量 430 班次。经营线路辐射山东、湖北、北京、上海等 11 省、市以及浙江省各地。

柯桥区客运中心(Kēqiáo Qū Kèyùn Zhōngxīn)　二级长途汽车站。在绍兴市柯桥区齐贤镇绸缎东路 277 号。因地处绍兴市柯桥区,故名。始建于 2013 年 4 月。占地面积 9.02 万平方米。有售票厅、候车室、停车场等设施,设机动车泊位 477 个。日班车量 300 班次。集长途汽车客运站、公交枢纽站、出租车服务中心于一体的综合性客运枢纽。

上虞汽车西站(Shàngyú Qìchē Xīzhàn)　二级长途汽车站。在绍兴市上虞区曹娥街道春晖工业大道 988 号。因地处绍兴市上虞区西部,故名。2001 年 11 月建成。占地面积 54 669 平方米,建筑面积 8 740 平方米。有售票厅、候车室、停车场等设施。日班车量 320 班次。为上虞区客运交通枢纽,经营线路辐射上海、杭州、苏州、无锡、温州、广州等地。

上虞汽车东站(Shàngyú Qìchē Dōngzhàn)　二级长途汽车站。在绍兴市上虞区百官街道舜江东路 1 号。因地处绍兴市上虞区东部,故名。始建于 1954 年 9 月,时称"百官汽车站"。1978 年迁至平阳山南侧。1994 年迁至现址并改为今名。占地面积 1.89 万平方米,建筑面积 6 010 平方米。有售票厅、候车室、停车场等设施。有至乡镇短途线路 23 条。

金华汽车西站(Jīnhuá Qìchē Xīzhàn)　一级长途汽车站。在金华市婺城区城北街道环城西路 2289 号。因地处金华市西部,故名。始建于 20 世纪 50 年代后期,址设中山路。1996 年 1 月重建并迁至现址。建筑面积 1.8 万平方米,候车室面积 1 100 平方米。有售票厅、候车室、停车场等设施。日班车量 531 班次。为浙江中西部地区重要旅客集散车站,经营线路辐射江西、江苏、山东、湖南、云南等省份及浙江省各地。

衢州市汽车客运中心(Qúzhōu Shì Qìchē Kèyùn Zhōngxīn)　一级长途汽车站。在衢州市柯城区荷花街道荷花中路 411 号。因地处衢州市,故名。1999 年 1 月建成。占地面积 3.31 万平方米,建筑面积 6 097 平方米。有售票厅、候车室、停车场等设施。日班车量 2 029 班次。经营线路辐射到福建、上海、江西、安徽等省份及浙江省各地。

舟山市长途汽车站(Zhōushān Shì Chángtú Qìchēzhàn) 一级长途汽车站。在舟山市定海区盐仓街道翁洲大道199号。因地处舟山市,故名。占地面积2.1万平方米。有售票厅、候车室、停车场等设施。日班车量457班次。主要承担舟山至上海、江苏、山东以及杭州、宁波等省市际长途客运。

新城公交总站(Xīnchéng Gōngjiāo Zǒngzhàn) 一级长途汽车站。在舟山市定海区海天大道528号。因地处舟山新城而得名。2010年1月建成。占地面积2.36万平方米,建筑面积4 312平方米。有售票厅、候车室、停车场等设施。日班车量457班次。主要承担舟山至上海、江苏、安徽以及杭州、宁波等省、市际长途客运。

舟山普陀长途客运中心(Zhōushān Pǔtuó Chángtú Kèyùn Zhōngxīn) 一级长途汽车站。在舟山市普陀区东港街道学运路18号。因地处舟山市普陀区,故名。始建于2009年,2011年建成。占地面积3.86万平方米,总建筑面积3.87万平方米,其中候车室面积8 700平方米。有售票厅、停车场、站前广场等设施。日班车量252班次。集长途客运、旅游直通车、城市公交、出租车观光巴士和社会车辆于一体的交通枢纽。

台州市汽车客运总站(Tāizhōu Shì Qìchē Kèyùn Zǒngzhàn) 一级汽车客运站。在台州市椒江区葭沚街道黄海公路588号。因地处台州市,故名。2003年重建并迁至现址。占地面积8.8万平方米,建筑面积3.3万平方米,其中客运大楼面积2.8万平方米。有客运大楼、公交枢纽站、站前广场、站内停车场等设施,客车发车位31个,机动停车位286个。日班车量249班次。为台州市客运交通枢纽,经营线路辐射山东、陕西、北京、上海等省、市及浙江省各地。

丽水汽车客运东站(Líshuǐ Qìchē Kèyùn Dōngzhàn) 一级长途汽车站。在丽水市莲都区紫金街道丽青路399号。因地处丽水市,故名。1998年6月建成。占地面积3.67万平方米,主站房建筑面积1.22万平方米。有售票厅、候车室、停车场、汽修厂等设施。日班车量270班次。班线辐射福建、江苏、陕西、贵州等省份及省内各地级市,为省外、市外地区出入丽水的主要门户。

丽水市客运西站(Líshuǐ Shì Kèyùn Xīzhàn) 一级长途汽车站。在丽水市莲都区万象街道南环西路109号。因地处丽水市西部,故名。始建于20世纪60年代,时称"丽水客运站"。2003年6月重建并改为今名。占地面积8.16万平方米,建筑面积1.84万平方米。有售票厅、候车室、停车场等设施。日班车量188班次。为丽水市功能最全、规模最大、科技含量最高的公用型车站,丽水市道路客运高速快速向外辐射的最主要站点。

第三节 大型桥梁名称

东海大桥(Dōnghǎi Dàqiáo) 公路桥、跨海大桥。在浙江省东北部,沿沪芦高速S2,跨东海。因跨东海而得名。连接上海市和浙江省,北起上海浦东新区南汇新城镇,南跨东海海域经小乌龟、大乌龟、颗珠山等岛屿,直达嵊泗县洋山镇。全长32.5千米,宽31.5米,双向6车道,设4个通航孔。为集多座桥隧于一体的复合型大桥,由北引桥、主桥、南引桥三部分组成。其中主桥长25.3千米，最大跨度420米，主通航孔净宽300米、净高40米，通航等级5 000吨，候潮可通万吨级货轮。2002年6月开工，2005年12月建成。主桥又由1座主航道桥、3座辅航道桥和多个非通航孔桥组成，主航道桥为连续多跨双塔中央单索面斜拉桥，3座副航道桥为变高度预应力钢筋混凝土连续梁桥。全桥段为S形曲线设计，主航道桥"人"字形索塔如"两根定海神针"牢固地钉在海中央。为中国首座超长距离跨海大桥，建设过程中解决了海上大桥的防腐、超大体积混凝土箱梁预制和吊装、全球卫星定位系统定位打桩等一系列难题。是上海国际航运中心洋山港区的重要配套工程，为洋山深水港区集装箱陆路集疏运和供水、供电、通信等需求提供服务。

嘉绍大桥(Jiā-Shào Dàqiáo)　公路桥、跨海大桥。在浙江省东北部，沿常台高速G15W，跨杭州湾。因连接嘉兴市和绍兴市，取两地首字得名。北起海宁市黄湾镇，南至绍兴市上虞区沥海镇。全长10千米，宽40.5米，双向8车道，设5个通航孔。由主航道桥、北副航道桥、南北水中区引桥、南北陆地区引桥组成，其中主航道桥为九跨六塔独柱斜拉钢箱梁桥，长2.7千米，最大跨度428米，净高32.5米，通航标准3 000吨；北副航道桥为四跨变截面连续刚构桥，长380米，最大跨度120米。"嘉绍大桥"四个字出自鲁迅的手稿，古朴而厚重，六根塔柱外形是综合了毛笔和宝剑的外形，像一把倒立的宝剑或是插入水中的毛笔。2008年12月开工，2013年7月建成。它是在世界三大强涌潮段上建设的特大型桥梁，建设过程中首次大规模采用超大直径、超长钻孔灌注桩基础工程，创造性地在主航道桥跨中设置释放主梁纵向线位移的刚性铰装置。建成后极大缩短上海与浙江中部和南部地区的车程，减轻杭甬高速的车流压力，对完善国道、省道网络，促进长江三角洲经济一体化和产业结构调整升级具有重大意义。

杭州湾跨海大桥(Hángzhōuwān Kuàhǎi Dàqiáo)　公路桥、跨海大桥。在浙江省东北部，沿沈海高速G15，跨杭州湾。因跨越杭州湾而得名。连接宁波市和嘉兴市，北起海盐县西塘桥街道郑家埭，南至慈溪市庵东镇水路湾。全长36千米，宽33米，双向6车道，设2个通航孔。桥长35.7千米，全桥段呈S形曲线设计，由北航道桥、南航道桥、引桥及海中平台组成。北航道桥为双塔双索面钢箱梁斜拉桥，主跨448米，净高47米，通航标准35 000吨；南通航孔桥为单塔双索面钢箱梁斜拉桥，主跨318米，净高31米，通航标准3 000吨。海中平台"海天一洲"为旅游景点，分观光平台和观光塔两部分。2003年11月开工，2007年6月建成。建设过程中克服了桥距工程量大、施工环境复杂、科技含量高、管理难度大等四大难题。建成后缩短了杭州湾南北两岸城市的距离，拉近了宁波与以上海为龙头的长三角其他城市的距离，极大提升了宁波—舟山港客货流集疏能力，也对舟山群岛新区江海联运中心的建设起到了较大的促进作用。

舟山跨海大桥(Zhōushān Kuàhǎi Dàqiáo)　公路桥、跨海大桥。在浙江省东部，沿甬舟高速G9211，跨东海。因与舟山群岛相连而得名。连接宁波市和舟山市，东起舟山市定海区双桥街道，跨里钓、富翅、册子、金塘4座海岛，西至宁波市镇海区蛟川街道，全长48.2千米，由金塘、西堠门、桃夭门、响礁门、岑港5座跨海大桥和连接线公路组成。1999年9月开工，2009年12月建成。建设过程中实现了国内首次采用直升机牵引先导索过海，其中放索系统与直升机分离的模式为国际首创，首次实现了先导索过海不封航作业。建成后实现了海岛同大陆的连接，彻底改变了舟山群岛出门靠船的历史，把发展海岛经济与大陆比较完善的基础设施网络密切结合起来，把中国最好的深水岸线资源与内陆广大腹地密切结合起来，对进一步开发舟山海洋资源，推动浙江省、长江三角洲乃至中国经济发展都具有深远的意义。

金塘大桥(Jīntáng Dàqiáo)　公路桥、跨海大桥。为舟山跨海大桥中规模最大、长度最长的跨海大桥,因连接金塘岛而得名。连接宁波市和舟山市,东起定海区金塘镇,西至宁波市镇海区蛟川街道,跨沥港水道和灰鳖洋。全长26.5千米,宽26米,双向4车道,设3个通航孔。桥长18.3千米,由主通航孔桥、东通航孔桥、西通航孔桥、非通航孔桥、浅水区引桥组成。主通航孔桥为双塔双索面五跨钢箱梁斜拉桥,最大主跨620米,净宽544米,净高51米,通航标准50 000吨;东通航孔桥为三跨连续刚构桥,最大主跨216米,净宽121米,净高28.5米,通航标准3 000吨;西通航孔桥为三跨连续刚构桥,最大主跨156米,净宽126米,净高17米,通航标准500吨。2005年9月开工,2009年11月建成。建设过程中解决了环境条件恶劣、地质条件复杂、工程规模浩大等技术难题。

西堠门大桥(Xīhòumén Dàqiáo)　公路桥、跨海大桥。为舟山跨海大桥中技术要求最高的跨海大桥,因跨西堠门水道而得名。在舟山市定海区西部,南起定海区穆东线(县道),北至册子岛门大线(县道),连接金塘岛和册子岛,跨西堠门水道。全长5.5千米,宽36米,双向4车道。由主桥、引桥、两座桥塔及其立交匝道组成。主桥为三跨分体式钢箱梁悬索桥,长2.6千米,最大跨度1.65千米,净宽630米,净高49.5米,通航标准30 000吨。桥塔和桥体选用橙红色的“佛光黄”为主色调,突出“海天佛国”特色。2004年5月开工,2007年12月建成。在创新上采用了抗风性能更好的分体式钢箱梁断面,为桥梁的建设发展提供了宝贵的技术经验。

朱家尖海峡大桥(Zhūjiājiān Hǎixiá Dàqiáo)　公路桥、跨海大桥。在舟山市普陀区中部,沿329国道,跨普沈水道。因连接朱家尖岛而得名。西北起东港街道,东南至朱家尖街道,连接舟山岛和朱家尖岛。全长2.9千米,宽12米,单向2车道。桥长1.9千米,分引桥和主桥两部分。其中引桥为每跨40米的简支梁桥;主桥长290米,为三跨连续刚构桥,最大跨度138米,主通航孔净宽114米、净高23米,通航标准1 000吨。1997年3月开工,1999年5月建成。2008年12月扩建,新建了一座与原朱家尖海峡大桥北侧并行的大桥,称“观音大桥”,2011年9月通车。全长4.3千米,宽12米,单向2车道,桥长3.5千米。大桥扩建后,主通航孔通航标准与原朱家尖海峡大桥相同,通航标准为1 000吨。钢构结构特大型跨海大桥。为华东地区首座特大型跨海大桥,建成后对于加快朱家尖整体功能开发,全面对接大桥时代,促进舟山市海洋经济大发展具有重要意义。

梅山大桥(Méishān Dàqiáo)　公路桥、跨海大桥。在宁波市北仑区东南部,沿梅山大道,跨梅山水道。因连接梅山岛而得名。连接春晓街道和梅山街道,北起春晓街道沿海中线,南至梅山街道美的大道。全长2.2千米,宽28米,双向4车道。桥长1.5千米,分引桥和主桥两部分,其中主桥长280米,为三跨预应力钢筋混凝土连续刚构桥,最大跨度130米,通航等级500吨。2008年4月开工,2010年4月建成。为梅山岛对外沟通的重要通道,宁波舟山港梅山港区集装箱疏运桥梁,是梅山保税港区开发建设的基础性、枢纽性工程,对加快梅山保税港区发挥示范、辐射、倍增效应,推进宁波新一轮对外开放和发展海洋经济重大战略平台的建设,加快经济发展方式转变有着积极的意义。

象山港大桥(Xiàngshāngǎng Dàqiáo)　公路桥、跨海大桥。在宁波市东部,沿甬台温复线高速S19,跨象山港。因跨象山港而得名。连接鄞州区和象山县,西北起鄞州区云龙镇云龙枢纽,东南至象山县贤庠镇小蔚庄。全长47千米,宽26米,双向4车道。桥长6.7千米,主桥为五跨双塔双索面钢箱梁斜拉桥,主塔高226米,最大跨度688米,净高53米,通航标准50 000吨。2008年12月开工,2012年12月建成。桥梁建设创造了当时抗风能力、防撞等级、通航净高三个国内最高。建成后极大改变了象山湾两岸的交通格局、产业格局和城市格局，进一步增强了宁波的城市集聚、辐射、带动功能，优化了南部地区投资环境，凸显象山港沿岸区位优势，促进港桥海联动，有利于发展生态旅游、海洋渔业、造船运输等大产业，有利于推进宁波港口开发建设进程，加快海洋经济发展，进而实现宁波社会经济持续、协调发展。

健跳大桥(Jiàntiào Dàqiáo) 公路桥、跨海大桥。在台州市三门县东部，沿省道岭三线 S224，跨健跳港。因在健跳镇而得名。北起健跳镇西山头村，南至健跳镇大塘村。全长 501 米，宽 22.5 米，双向 4 车道。主跨 245 米，为独拱钢管混凝土特大拱桥，是当时华东地区同类型跨度第一的桥梁。1998 年 12 月开工，2001 年 11 月建成。建设过程中克服了桥址地处水深流急、岸边岩石裸露的困难，采取国内少见的"主扣塔合一"的斜拉挂扣缆索吊装施工方案。建成后沟通了三门自古以来难以逾越的天堑，成为连接健跳港南北两岸的重点交通枢纽，结束了两岸车渡的历史，是三门通往台州的主要通道，是台州沿海大通道的枢纽。

乐清湾大桥(Yuèqīngwān Dàqiáo) 公路桥、跨海大桥。在浙江省东部，沿甬台温复线高速 S19，跨乐清湾。因跨乐清湾而得名。连接台州市和温州市，东起玉环县芦浦镇芦浦互通口，跨乐清湾、茅埏岛，西至乐清市清江镇南塘枢纽。全长 38.2 千米，宽 38.5 米，双向 6 车道。桥长 10.1 千米，由 1 号桥、2 号桥、海山大桥、海山互通组成。1 号桥全长 4.3 千米，为预应力钢筋混凝土连续箱梁桥，最大跨度 150 米，主通航孔净宽 114 米、净高 30.5 米，通航标准 3 000 吨；2 号桥全长 4.7 千米，为双塔斜拉桥，索塔高 145 米，共 128 根斜拉索，最大跨度 365 米，主通航孔净宽 280 米、净高 35.5 米，通航标准 5 000 吨；海山大桥和海山互通为预应力钢筋混凝土连续箱梁桥。2011 年 12 月开工，在建。建设过程中创新了多项技术和施工工艺，使工程质量和精度得到了很大程度的提高，解决了当时行业内多年无法攻克的一些技术难题。建成后极大缓解沈海高速公路的交通压力，实现宁波舟山港、台州港、温州港三大港口与国家高速网的无缝连接，进一步打造了沿海快速通道。(注：大桥于 2017 年 10 月建成，2018 年 9 月通车。)

大门大桥(Dàmén Dàqiáo) 城市道路桥、跨海大桥。在温州市东部，沿振兴西路，跨沙头水道。因连接大门镇而得名。连接乐清市和洞头县，东起乐清市翁垟街道柳翁线(县道)，西至洞头县小门岛外垟青。全长 9.3 千米，宽 32.5 米，双向 4 车道。桥长 6 155 米，其中主桥长 586 米，为三跨双塔双索面梁斜拉桥，主塔高 134 米，塔呈宝瓶形，设有上、中、下三道横梁，最大跨度 316 米，主通航孔通航标准 3 000 吨。2010 年 2 月开工，在建。大桥桥面两侧各设有 3.15 宽的管线专用区域，是国内首座高压输电线路、大直径输水管线过桥的跨海大桥。建设过程中克服了超长水下钻孔灌注桩基、潮汐和台风等困难。建成后对改善大小门岛港区集疏运条件，解决产业基地对外交通、供水、供电和海岛群众出行难问题，促进大门临港产业基地开发建设等方面具有重要意义，同时也有利于提升临港产业岛、助推温州第一大岛产业转型。(注：大桥于 2015 年 1 月建成。)

洞头峡跨海大桥(Dòngtóuxiá Kuàhǎi Dàqiáo) 城市道路桥、跨海大桥。在温州市洞头县中部，沿霞光大道，跨洞头峡。因跨洞头峡而得名。连接北岙镇和元觉街道，南起北岙镇海韵大道，北至元觉街道 G330 国道。全长 3.7 千米，宽 12 米，双向 2 车道。桥长 2 638 米，其中主桥长 390 米，为四跨预应力混凝土连续刚构桥，最大跨度 125 米。2012 年 5 月开工，2014 年 7 月建成。建造过程中克服了潮汐、季风、淤泥等多方面困难。建成后极大缓解了五岛连桥公路的交通压力，有效缩短温州市区与洞头岛的行车距离，对于助推洞头连陆大通道建设，构建互联互通、内畅外快的交通网具有重要意义。(注：大桥于 2016 年 2 月通车。)

南太湖大桥(Nántàihú Dàqiáo)　城市道路桥。在湖州市吴兴区中北部，沿三环北路，跨太湖路、小梅港、苕溪。因濒临南太湖而得名。连接环渚街道和仁皇山街道，东起环渚街道白莲花路，西至仁皇山街道安吉路。全长 1 319 米，宽 40.5 米，双向 6 个机动车道，另设有单独的非机车道。由湖梅立交、主桥和东引桥组成，其中主桥长 388 米，为三跨 H 形独塔双索面混凝土斜拉桥，主塔高 109 米，共有 48 对斜拉索，最大跨度 190 米。2003 年 10 月开工，2006 年 1 月通车。有"浙北第一桥"美誉，是当时国内单塔双索面斜拉桥中最宽的特大型桥梁。建成后标志着湖州迈向"太湖时代"，有利于拉大城市框架，优化城市空间布局，成为建设经济强市，创建生态市、文化大市和富庶之市的标志性建筑。

毛家渡大桥(Máojiādù Dàqiáo)　城市道路桥。在桐乡市中北部，沿乌镇北大道，跨京杭大运河。因地处原毛家渡口而得名。连接乌镇和梧桐街道，西北起乌镇皂林村，东南至梧桐街道二环北路。桥长 457 米、宽 33 米，双向 6 车道。主桥为单跨跨径 90 米的下承式系杆拱桥，三级通航标准。2014 年 3 月开工，在建。建成后结束了两岸靠摆渡过河的历史，完善了桐乡城市路网结构，打通了南北贯通的中轴线，促进了桐乡与海宁、苏南地区的联系，带动了桐乡南北部区域的发展，整合了沿线经济产业和旅游资源。(注：2017 年 3 月通车。)

千岛湖大桥(Qiāndǎohú Dàqiáo)　公路桥。在杭州市淳安县中部，沿淳开线(县道)，跨千岛湖。因跨千岛湖而得名。在千岛湖镇，东南起阳光路，西北至集贤路。全长 1 258 米，宽 18 米，双向 4 车道。主桥长 928 米，为九孔一联 V 形墩预应力混凝土连续刚构桥，最大跨度 105 米。2002 年 9 月开工，2005 年 9 月通车。桥梁结构新颖轻巧、外形美观匀称，如飞鸟双翼与周围山水相融。是当时国内最长的连续钢构桥面，在国内首次采用钢管混凝土桩，创新使用嵌岩锚固桩结构深水"栽桩工艺"，创主桥墩桩深之最。建成后沟通了千岛湖环湖公路南、北线，优化和改善了淳安县域内的公路交通网，对淳安经济和社会发展具有巨大的促进作用，实现了杭州—千岛湖—黄山旅游黄金线的快捷畅通和环千岛湖经济圈的形成。

金竹牌大桥(Jīnzhúpái Dàqiáo)　公路桥。在杭州市淳安县东部，沿千黄高速 S32，跨千岛湖。因地处金竹牌林场而得名。在千岛湖镇富泽村，东南起金竹牌半岛，西北至羡山半岛。桥长 1 340 米、宽 23.5 米，双向 4 车道。主桥跨径 252 米，为上承式钢管混凝土拱桥。2004 年 4 月开工，2006 年 10 月建成。主桥不设一根桩基，犹如一道彩虹，悬空横跨湖面。为当时浙江省首次使用的拱桥技术，跨径长度创省内之最，有"浙江高速第一跨"之誉。是连接"三江两湖"重要的交通节点，建成后将杭州西湖、千岛湖、新安江、富春江和钱塘江等著名风景旅游黄金通道连成一体，促进了淳安的交通快速发展。

新安江大桥(Xīn'ānjiāng Dàqiáo)　城市道路桥。在建德市中部，沿望江路，跨新安江。因跨新安江而得名，俗称"彩虹桥"。在新安江街道，北起江滨路，南至南山路。全长 628 米，宽 10 米，双向 2 车道。主桥长 376 米，为三跨连续中承式钢管混凝土系拉杆拱桥，拱肋呈"哑铃形"，由 66 根吊索组成，最大跨度 120 米，五级通航标准。1991 年 12 月开工，1994 年 6 月建成。结构精巧坚稳，造型优美灵动，是浙江省首座中承式拱桥，也是当时建德撤县建市的一大标志性建筑。建成后结束了新安江对岸到建德城区需从沧滩渡口靠驳轮摆渡的历史，带动了建德经济社会全面发展，促进了当地旅游业的发展。

白沙大桥(Báishā Dàqiáo)　城市道路桥。在建德市中部,沿白沙路,跨新安江。因地处原白沙渡口而得名。在新安江街道,北起江滨中路,南至南山路。桥长 362 米、宽 10 米,双向 2 车道。正桥长 290 米,为七孔大跨径石拱桥,最大跨径 50 米。1959 年 10 月动工,1960 年 7 月建成。为当时国内最大的一座石拱桥,是浙江省省级文物保护单位。建筑技术总结了我国古代赵州桥和卢沟桥的结构特点而有所创新,轻巧明快,气势雄伟。大桥桥面装饰富有民族特色,栏杆上用青色、绛红色料石及大理石雕有大小石狮 256 只,神态各异,栩栩如生,有“北卢沟,南白沙”的美誉。大桥两端各有 2 米高的青石大狮子各 1 对,南岸桥堍有迎客亭,亭中“白沙桥”三字汉白玉石碑为郭沫若题。建成后结束了新安江“走遍天下路,难过白沙渡”、“隔江如隔海,渡江似登天”的历史。

常山大桥(Chángshān Dàqiáo)　城市道路桥。在衢州市常山县中部,沿大桥北路,跨常山港。因时为常山县境内第一座跨江公路桥梁,故名。连接紫港街道和天马街道,北起紫港街道文昌社区,南至天马街道白马路。桥长 348 米、宽 28.6 米,双向 4 车道。主桥桥长 238 米,为三跨双矮塔斜拉桥,每个索塔有 7 对斜拉索,最大跨度 108 米。1968 年 12 月开工,1970 年 3 月通车。2011 年 1 月拆除重建,2014 年 11 月竣工。是衢州市首座双矮塔斜拉桥。建造过程中克服了天气多变、桥面宽幅大等困难。建成后结束了汽车摆渡的历史,标志着常山县经济社会的发展迈进了“跨江时代”,也为常山打造“休闲城市”注入了新的元素。

麻车里大桥(Máchēlǐ Dàqiáo)　公路桥。在衢州市柯城区南部,沿 320 国道,跨江山港。因地处麻车里自然村而得名。在双港街道,东起双港西路互通口,西至南村。桥长 1 077 米、宽 25.5 米,双向 6 车道。主桥长 1 073 米,共 48 孔,为预应力混凝土简支梁桥,最大跨度 40 米,桥下净高 5 米。2001 年 11 月动工,2003 年 12 月建成。

北关大桥(Běiguān Dàqiáo)　城市道路桥。在江山市中北部,沿北关路,跨江山港。因地处北关坂而得名。在双塔街道,东起须江公园,西至中山小学。桥长 470 米、宽 24 米,双向 4 车道。主桥长 198 米,为双塔自锚式悬索桥,主塔为两层“门式”钢筋混凝土框架结构,高 36 米,全桥共有 72 根吊杆,最大跨度 118 米。2003 年 9 月开工,2005 年 4 月通车。桥梁设计新颖,造型别致,主塔通过流畅起伏的主缆和细长的主梁及垂直吊杆,构成了几何线形清晰、形态生动的建筑景观。开工时其跨度位居国内同类桥梁首位,建成后作为连接江东和城区的纽带,成为江山市的标志性建筑之一。

衢江大桥(Qújiāng Dàqiáo)　城市道路桥。在衢州市柯城区中部,沿白云南大道和劳动路,跨严家淤岛、衢江。因跨衢江而得名。连接白云街道、双港街道和府山街道,东起双港街道礼贤街,西至白云街道九华中大道。全长 1 743 米,宽 30 米,双向 6 车道。由主桥、引桥和引道三部分组成,其中主桥长 220 米,为三跨 V 形刚构组合拱桥,最大跨度 120 米。2002 年 8 月开工,2004 年 9 月通车。是国内首次采用的 V 形刚构组合拱桥,整座大桥造型美观、线条流畅、结构新颖,与衢州丰厚的文化底蕴融为一体。建造过程中克服了桥梁宽度大、荷载重、规模大等困难。建造后成为沟通新老城区行人、车辆交通的城市桥梁,对加快衢州城市的经济社会发展,提升城市文化品位等方面具有重大意义。

兰江大桥(Lánjiāng Dàqiáo)　城市道路桥。在兰溪市中部,沿丹溪大道,跨兰江。因跨兰江而得名。地处衢江和金华江交汇处,连接兰江街道和云山街道,东起云山街道和平路,西至兰江街道通洲路。桥长 1 080 米、宽 24 米,双向 4 车道。分左右两桥,左桥主桥长 506 米,为 10 孔预应力混凝土悬臂式双曲拱桥，右桥主桥长 820 米，为预应力混凝土简支梁桥。1972 年 7 月开工，1975 年 4 月通车。2000 年 9 月扩建，2002 年 1 月竣工。左桥当时是国内首座采用双曲拱桥悬臂拼装新工艺的桥梁，被评为当年的中国十大建筑之一，桥东回旋式引桥后在扩建时拆除。左桥中部另建有人行桥通向中洲公园。整座大桥式样美观，结构新颖，栏板上刻有兰溪的市花即兰花，桥头“兰江大桥”为郭沫若题。建成后结束了兰溪两岸来往依赖渡运和浮桥的历史，优化了兰溪城市道路网的规划布局，促进了当地经济社会和旅游业的发展。（注：左桥为上游桥，右桥为下游桥。）

黄湓大桥(Huángpén Dàqiáo)　公路桥。在兰溪市中部，沿省道金兰线 S313，跨灵羊岛和兰江。因地处黄湓村故名。连接云山街道和兰江街道，东起云山街道黄湓村，西至兰江街道胡大山村。桥长 1 069 米、宽 16 米，双向 4 车道。共 29 孔，其中主桥长 344 米，为五跨预应力混凝土连续箱梁桥，最大跨度 80 米，桥高 17 米，五级内河通航标准。1994 年 9 月动工，1997 年 7 月通车。是当时金华市唯一一座特大型大桥。建成后结束了兰江两岸只能走悦济浮桥和黄湓轮渡码头轮渡的历史，是连接省道金兰线、省道浦兰线 S314 和 330 国道以及兰江两岸的重要桥梁，成为打通兰溪城区特别是城北区块的对外快速通道。

桐庐大桥(Tónglú Dàqiáo)　城市道路桥。在杭州市桐庐县中部，沿富春路，跨分水江。因时为桐庐第一座跨江公路桥而得名。在桐君街道浮桥埠村，北起省道富衢线 S305，南至康乐路。桥长 222 米、宽 9 米，双向 2 车道。正桥长 217 米，为十跨钢筋混凝土简支梁桥，跨径 21.6 米。1959 年 10 月动工，1961 年 1 月通车。原为 320 国道桐庐过境段，在周恩来总理的关心和关切下建造而成，是当时浙江省第一座多孔大跨径装配式梁桥。1996 年 6 月扩建，在东侧新建了一座与桐庐大桥并行的大桥，称分水江大桥，1998 年 10 月建成。桥长 258 米、宽 12 米，双向 2 车道，为预应力混凝土梁桥。建成后结束了富春江和分水江两岸往来依靠摆渡的历史，促进了当地的经济社会的飞速发展。

富阳大桥(Fùyáng Dàqiáo)　城市道路桥。在杭州市富阳区中部，沿西环快速路，跨富春江。因时为富阳交通史上最大桥梁建筑，故名，原名“鹿山大桥”。连接鹿山街道和春江街道，西北起鹿山街道依江路，西南至富春湾大道。全长 2.4 千米，宽 33 米，双向 4 车道。桥长 1 502 米，其中主桥长 492 米，为三跨双塔单索面预应力混凝土斜拉桥，主塔为独柱式，高 101 米，最大跨度 256 米。2007 年 11 月开工，2010 年 8 月建成。为当时浙江省最大跨度的双塔单索面斜拉桥，桥北首为东吴文化公园。建造过程中克服了水下地质状况复杂、技术含量高、汛情等困难。是实现鹿山和春江两地之间跨江联动的重要城市桥梁，是连接 320 国道和杭新景高速 S31 的重要纽带，有利于拓展富阳城市的发展空间和完善区域路网，强化富阳的城市功能，推进沿江开发、跨江发展，改善投资环境，实现经济社会可持续发展具有重要的意义。

富春江第一大桥(Fùchūnjiāng Dìyī Dàqiáo)　城市道路桥。在杭州市富阳区中部，沿大桥路和大桥南路，跨富春江。因时为富阳境内第一座跨富春江公路桥，故名。连接富春街道和春江街道，北起富春街道鹳山东麓，南至春江街道建设社区。桥长 936 米、宽 26.5 米，双向 4 车道。主桥为预应力混凝土箱形连续梁桥，主航道孔净宽 80 米、净高 10 米，四级内河通航标准。1989 年 10 月开工，1992 年 7 月通车。2003 年 10 月扩建，2005 年 2 月竣工。建成后结束了富春江富阳段自古无大桥的历史，摆脱了富春江两岸从东门渡口渡船摆渡和春江汽车轮渡的历史，是沟通富阳富春江南北两大区块的主要通道。

袁浦大桥(Yuánpǔ Dàqiáo)　公路桥。在杭州市东北部，钱塘江、富春江、浦阳江三江交汇处，沿杭州绕城高速 G2501，跨富春江和浦阳江。因连接原袁浦镇而得名，又名“钱江五桥”。连接西湖区与萧山区，北起西湖区双浦镇东江嘴，过江心元宝沙，折东至萧山区义桥镇义桥互通口。全长 3.1 千米，宽 26 米，双向 4 车道。由主桥、两岸主引桥和两岸引桥组成。主桥长 492 米，为五跨预应力钢筋混凝土连续箱梁桥，最大跨度 120 米。富春江段设 3 个通航孔，每孔净宽 100 米、净高 9 米；浦阳江段设 4 个通航孔，每孔净宽 38 米、净高 8 米。是钱塘江上第一座弯曲线大桥。2000 年 12 月开工，2003 年 12 月建成。建设过程中克服了天文钱塘江大潮期涌潮影响和梅汛期洪水的威胁。是杭州绕城高速南线的关键工程，使原先需穿越杭州市区过境的车辆可直接走环线，大大缓解了杭州城内交通压力。

之江大桥(Zhījiāng Dàqiáo)　公路桥。在杭州市东北部，沿之江大桥高速 S30，跨钱塘江。因跨钱塘江，以钱塘江古称之江而得名，又名“钱江七桥”。连接西湖区和滨江区，西起西湖区转塘街道之浦路，东至滨江区浦沿街道新浦路。全长 4.7 千米，宽 40.5 米，双向 6 车道。桥长 1.7 千米，其中主桥长 470 米，为双塔双索面三跨钢箱梁斜拉桥，最大跨度 246 米，双塔采用拱形门式索塔，索塔高 97 米，桥面设有非机动车道，桥梁两端设置有电梯和上下楼梯。主桥拱起的两个红色的圆拱形，被誉为“钱塘之门”。2008 年 12 月开工，2013 年 1 月建成。为当时国内同类桥梁中跨度最大、索塔最高、桥面最宽的大桥。建造过程中采用了自主研发的门式液压提升系统，为大型钢结构高空吊装提供了安全可靠的保障。建成后缓解了交通压力，完善杭州的路网系统，成为滨江区联系主城区的便捷快速通道，同时改善了杭州与千岛湖、黄山的交通条件，为“旅游西进”提供了交通保障。

钱塘江大桥(Qiántángjiāng Dàqiáo)　公铁两用桥。在杭州市东北部，沿沪昆铁路，跨钱塘江。因跨钱塘江而得名，又名“钱江一桥”。连接西湖区和滨江区，西北起西湖区西湖街道虎跑路，东南至滨江区浦沿街道上沙埠。全长 1.45 米，宽 9 米，高 7 米，分上下双层，上层为公路桥，桥长 1.45 千米、宽 9 米，双向 2 车道；下层为铁路桥，桥长 1.32 千米、宽 4.9 米，单线轨道。为钢结构桁梁桥，分引桥和正桥两部分，正桥为 16 孔，桥墩 15 座，北岸引桥 3 孔，南岸引桥 1 孔。1934 年 11 月开工，1937 年 9 月铁路桥建成，1937 年 11 月公路桥建成，1937 年 12 月，为阻断侵华日军南下而毁桥，1948 年 5 月修复。后多次进行修复和维修。由中国桥梁专家茅以升主持设计，为中国自行设计建造的第一座双层铁路、公路两用桥，全国重点文物保护单位。建设过程中克服了钱塘江水流湍急、江底地质情况复杂等难题。该桥建成后极大方便了钱塘江南北两岸的交通，是连接沪杭铁路、杭甬铁路、浙赣铁路的交通要道。钱塘江大桥也是杭州市著名的旅游景点，主要由钱塘江大桥纪念馆、茅以升铜像和蔡永祥烈士事迹陈列馆组成。茅以升在侵华日军南下炸桥前曾赋诗一首：“斗地风云突变色，挥泪炸桥断通途。五行缺火真来火，不复原桥不丈夫。”

复兴大桥(Fùxīng Dàqiáo)　城市道路桥。在杭州市东北部，沿中河高架路，跨钱塘江。因连接复兴立交桥而得名，又名“钱江四桥”。连接上城区和滨江区，西北起上城区的复兴立交桥与中河高架路相连，东南至滨江区的中兴立交桥与江南大道相接。全长 2.5 千米，宽 26 米。其中主桥长 1.38 千米，为双层钢管混凝土系杆拱桥，由 2 座 190 米跨径的主拱和 9 座 85 米跨径的小拱组成。分上下两层，上层为机动车道，宽 25 米，双向 6 车道；下层左右两侧为公交专用道和非机动车道，各宽 7 米，中间设计为轻轨预留道，宽 7.6 米。大桥南端曾是江南第一码头，大桥两端设有供游人乘坐的垂直升降梯，桥中间为游人设置了 8 个观景平台。2002 年 3 月开工，2004 年 10 月建成。建设过程中克服了河床较深、涌潮以及风浪的影响较大和施工期通航等困难，是世界首次采用大小拱结合的钢管混凝土系杆拱新型拱桥，采用了双层桥面系统复杂的空间结构，是当时钱塘江上过江能力最强的一座桥梁，最具综合性功能的城市桥梁。建成后将滨江区和杭州老城区连成整体，为杭州市“沿江开发、跨江发展”战略的顺利实施创造了必要条件。

西兴大桥(Xīxīng Dàqiáo)　城市道路桥。在杭州市东北部，沿秋石高架路，跨钱塘江。因连接西兴街道而得名，又名“钱江三桥”。连接滨江区和上城区、江干区，西北起秋涛路与清江路交叉口，东南至滨江区西兴街道西兴互通口。全长5.7千米，宽30米，双向6车道。主桥长1.3千米，为双独塔等跨单索面预应力钢筋混凝土斜拉桥，主墩两座索塔高100米，平行的15对拉索呈竖琴状。1993年12月开工，1997年1月建成。2005年9月大修，次年12月完工。是浙江首座具有世界先进水平的现代斜拉索桥梁，其设计和施工如斜拉索索径、斜拉索千斤顶及锚具、主桥桥面宽度等创造了中国桥梁建筑史上多项之最。建成后成为连接杭州老城区与滨江、萧山两区及萧山国际机场的重要通道。

彭埠大桥(Péngbù Dàqiáo)　公铁两用桥。在杭州市东北部，沿沪昆高速铁路、杭甬高速公路S2，跨钱塘江。因连接彭埠街道而得名，又名“钱江二桥”。连接江干区和萧山区，西北起江干区彭埠街道四堡，东南至萧山区宁围街道盈丰。为公路、铁路在同一平面，而又完全分离并列的特大桥。其中公路桥在钱塘江下游，全长2.1千米，宽20米，双向4车道；铁路桥在钱塘江上游，全长2.9千米，宽11.4米，双线轨道。主桥长1 340米，为预应力钢筋混凝土变截面箱形18跨连续梁桥，最大跨度80米。1988年4月开工，1992年4月建成。是世界上第一座在强涌潮河段上修建的公路、铁路两用桥，时为国内公路连续梁桥中连续长度最长的桥梁。分担了钱塘江大桥运输压力，是连接沪杭、浙赣、宣杭、杭甬铁路的重点工程。

九堡大桥(Jiǔbǎo Dàqiáo)　城市道路桥。在杭州市东北部，沿通城高架路和东湖高架路，跨钱塘江。因连接九堡街道而得名，又名“钱江八桥”。连接江干区和萧山区，北起江干区东德立交，南至萧山区通惠路分离式立交。全长9.9千米，宽32米，双向6车道。桥长1.9千米，主桥长650米，为三跨连续钢与混凝土组合拱桥，跨度210米，通航标准内河三级。大桥两端处设置升降电梯，桥面设有非机动车道。以“玉璜映钱塘、江潮跃明珠”为设计理念，犹如三只玉蝴蝶，在宽阔的江面上展翅。2009年3月开工，2012年7月建成。建造过程中克服了桥址地处钱塘江河口沙坎顶端附近、受潮流和径流共同作用、桥址水域潮流动力异常强劲、河床冲淤剧烈等难题。是杭州市“三纵五横”快速路网规划中的“一纵”，与省道杭沪线S101、杭州湾环线高速G92、机场高速S4等连接，是杭州东部重要的对外联系通道。

下沙大桥(Xiàshā Dàqiáo)　公路桥。在杭州市东北部，沿杭州绕城高速G2501，跨钱塘江。因连接下沙街道而得名，又名“钱江六桥”。连接江干区和萧山区，北起江干区下沙街道下沙高科技园区，南至萧山区新街街道红垦枢纽。全长8.2千米，宽35米，双向6车道。主桥长2.4千米，为五跨预应力钢筋混凝土刚构—连续组合梁桥，最大跨度232米。设3个通航孔，每孔净宽180米、净高24米。其主跨跨径和主墩基桩深度均创下当时国内桥梁建设之最。1999年12月开工，2002年12月建成。建设过程中克服了钱塘江强涌潮所造成的河床表层冲淤变化不定、流速时大时小、方向紊乱多变等难题。是当时钱塘江上最高、最宽、最长的桥梁，也是浙江南部通往上海的重要跨江节点工程，是整个杭州绕城高速公路的重要组成部分。

江东大桥(Jiāngdōng Dàqiáo)　城市道路桥。在杭州市东北部，沿德胜高架路和江东大道，跨钱塘江。因连接江东大道而得名，又名“钱江九桥”。连接江干区和萧山区，西起江干区下沙枢纽，东至萧山区河庄街道秀松路。全长4.3千米，宽37.5米，双向8车道。桥长3.5千米，其中主桥长2.2千米，最大跨度260米，为两座自锚式悬索桥和一座预应力钢筋混凝土连续刚构桥。通航孔净宽220米、净高24米。通航孔自锚式悬索桥造型独特，寓意“钱江帆影”，是一座交通功能和景观功能并重的桥梁，也是国内首座大跨度悬索桥。2005年12月开工，2008年12月建成。建造过程中克服了桥型复杂，桥址处于钱塘江河口段，受径流、潮汐共同作用，水动力条件较为复杂等难题。是杭州市“三纵五横”快速路网规划中的“一横”，建成后成为连接杭州主城区和萧山区江东工业园区的重要交通枢纽，对于加快融入长三角、接轨大上海、推进实施“城市东扩、旅游西进、沿江开发、跨江发展”规划具有重要意义。

清风桥(Qīngfēng Qiáo)　公路桥。在嵊州市中北部，沿章清线(县道)，跨剡溪。因地处清风岭故名。在三界镇，东起章清线和清白线，西至章南线。桥长225米、宽8.5米，双向2车道。为双孔单室箱型拱桥，单孔跨径92米。1978年1月开工，1980年1月通车。为当时国内单孔净跨最大的拱桥，桥北有清风亭和清风庙等古迹。建造过程中，主拱采用2孔92米悬臂拼装结构，使用简易人字钢扒杆起吊工具，它的建成标志着浙江省桥梁建造技术向前推进了一步。是通往革命根据地四明山的要道，建成后连接起剡溪两岸的交通，对促进山区经济发展发挥着重要作用。

章镇大桥(Zhāngzhèn Dàqiáo)　公路桥。在绍兴市上虞区南部，沿章路线(县道)，跨曹娥江。因地处章镇故名。在章镇，东起木行居委会，西至章家埠村。桥长304米、宽12.8米，双向2车道。主桥长126米，为单塔双索面预应力混凝土斜拉桥，塔高30.3米，共5对斜拉索，最大跨度72米。1978年11月动工，1983年10月通车。2007年5月大修。是国内第一座独塔斜拉桥，也是国内第一次将计算机应用于桥梁设计中。建成后结束了曹娥江章镇两岸渡船摆渡的历史，给人们的生产生活带来了极大的便利，促进了当地经济社会的发展。

闸前大桥(Zháqián Dàqiáo)　城市道路桥。在绍兴市北部，沿闸前大道，跨曹娥江。因在曹娥江大闸上游故名。连接柯桥区和上虞区，东南起上虞区杭州湾上虞工业园区，西北至柯桥区马鞍镇。全长3千米，宽45米，双向8车道。桥长2.4千米，其中主桥长456米，为四跨预应力混凝土连续刚构桥，最大跨度140米。2004年6月开工，2006年11月建成。桥的北首为曹娥江大闸和曹娥江大闸国家级水利风景区。大桥气势磅礴，桥形优美简洁，长虹卧波，十分壮丽。为当时国内跨河桥梁中长度和宽度最大的桥梁。建造过程中克服了江面宽阔、海潮汹涌、地质条件复杂等困难。建成后对浙江东部环杭州湾道路交通系统的建设具有重要意义，极大地改善周边地区的投资环境，促进绍兴市工业经济和城市空间的新一轮发展。

河姆渡大桥(Hémǔdù Dàqiáo)　公路桥。在余姚市东部，沿古乍线(县道)，跨余姚江。因连接河姆渡镇而得名，别名“姚东大桥”。连接河姆渡镇和陆埠镇，东起河姆渡镇新民中路，西至陆埠镇仓前路。全长2 667米，宽26.5米，双向4车道。桥长720米，其中主桥长276米，为三跨双塔双索面斜拉桥，主塔高35.6米，最大跨度140米，主通航孔净宽60米、净高7米。2007年1月开工，2009年10月通车。是当时余姚市境内已建成桥梁中跨度最大的一座桥。桥址附近原为郑家渡，是宁波市内渡运量最大的内河渡口。建成后结束两岸村民千百年来挤渡船摆渡的历史，作为余姚市内交通枢纽之一，是连接余姚市陆埠、河姆渡、丈亭三大旅游强镇的重要通道。

灵桥(Líng Qiáo)　公路桥。在宁波市城区中部，沿药行街和百丈路，跨奉化江。因建造时，见云中有彩虹，因有此灵异，故名“灵桥”，曾名“东津浮桥”，俗称“老江桥”。连接鄞州区和海曙区，东起鄞州区江东北路，西至海曙区江厦街和灵桥路。桥长132米、宽25米，双向4车道。为单跨环洞式钢梁拱桥，左右各10根吊柱，跨度97.5米，净高3米。1934年5月开工，1936年6月建成。是宁波市第一座跨江大桥，原桥为浮桥，始建于唐长庆三年(823年)，置船16只连锁而成，铺板其上，长55丈，宽1丈4尺，是宁波最古老的大跨度浮桥。后屡修屡坏，屡坏屡建。现桥是在宁波旅沪同乡会资助下，由德国西门子公司承建。建成后历经沧桑，先后曾遭侵华日军和国民党军队的轰炸，经修缮后至今桥梁主体结构安全，为浙江省省级文物保护单位。桥体呈银灰色，拱梁飞架，线条简明流畅，造型壮丽挺拔，凝聚了“宁波邦”人士热爱家乡的拳拳之情，是宁波向外宣传的靓丽名片。

清水浦大桥(Qīngshuǐpǔ Dàqiáo)　公路桥。在宁波市中北部，沿宁波绕城高速G1501，跨甬江。因在蛟川街道清水浦村而得名。连接北仑区和镇海区，东北起镇海区蛟川街道临江立交桥，西南至北仑区小港街道小港互通口。桥长1 598米、宽42米，双向8车道。主桥长908米，为五跨双塔四索面斜拉桥，塔呈双菱形，主塔高146.6米，斜拉索288根，最大跨度468米，净宽200米，净高31米，通航标准3 000吨。2007年11月开工，2011年12月通车。整座桥梁造型别致，为当时世界上最大跨径的双塔分幅斜拉桥，其独特的联塔斜拉桥设计结构在国内开创先河，有效地节约用地和降低工程造价，其技术含量在国际上居于领先地位。建成后连接起了甬江南北两岸，对于完善国道主干线、浙江省高速公路网，拓展宁波都市区发展空间，减轻市区交通压力具有重要意义。

招宝山大桥(Zhāobǎoshān Dàqiáo)　城市道路桥。在宁波市中北部，沿东海路，跨甬江入海口。因地处招宝山而得名。连接镇海区和北仑区，东起北仑区戚家山街道金鸡山，西至镇海区招宝山街道招宝山。全长2 482米，宽29.5米，双向6车道。桥长2 312米，其中主桥长567米，为五跨独塔双索面斜拉桥，主塔高148米，两边各有25对斜拉索，最大跨度258米，净高32米，通航标准5 000吨。1995年5月开工，2001年6月通车。单塔双索面不对称预应力钢筋混凝土斜拉桥，为当时国内最大跨度协作体系独塔斜拉桥，居亚洲第一、世界第二。桥西侧有招宝山国家AAAA级旅游景区，是宁波市沿海快速通道的主要桥梁，对北仑港集疏运网络的形成具有重要作用。

灵江大桥(Língjiāng Dàqiáo)　城市道路桥。在临海市中西部，沿大桥路，跨灵江。因跨灵江而得名，又名“灵江一桥”。连接古城街道和江南街道，北起古城街道巾山山麓，南至江南街道江南大道。桥长549.7米、宽9米、高18米，双向单车道。主桥为9孔，每孔净跨30米，为预应力钢筋混凝土梁桥。原桥为长118丈、宽1丈的16洞石拱大桥，由妙真和尚历时12年于清康熙十八年(1679年)修建，二十五年被洪水冲毁。1964年7月开工，1965年10月建成。建造过程中克服了灵江八月大潮和地质复杂等诸多困难。在国内首次采用比较先进的“费莱西奈”锚固方式，开创了浙江省建桥新纪录。建成后彻底结束了车辆往返在灵江摆渡的历史，畅通了原104国道，便捷了临海城区的交通。

黄岩大桥(Huángyán Dàqiáo)　城市道路桥。在台州市黄岩区东北部，沿大桥路，跨永宁江。因在黄岩区而得名。在西城街道，北起江北公园，南至环城北路，全长205米，宽23米，双向4车道。桥长194米，为8孔预应力混凝土简支梁桥，最大跨径28米，两侧设非机动车道以及人行道。为当时浙江省第一座自行设计建造的大型公路桥梁，其结构形式、梁桥跨径、空心管桩长度等，在当时国内桥梁建设上处于领先地位。1954年10月动工，1955年7月建成。后多次进行改建和扩建。是连接老城区与江北区域的南北通道的咽喉，有利于加快江北商务区地块的开发及满足老城区与高速公路之间的交通需求。

椒江大桥(Jiāojiāng Dàqiáo) 公路桥。在台州市椒江区中西部，沿省道大路线S225，跨椒江。因跨椒江而得名。连接章安街道和葭沚街道，北起章安街道省道临前线S327，南至葭沚街道椒黄线S325。全长4.1千米，宽19米，双向4车道。桥长2 587米，其中主桥长430米，为五跨预应力钢筋混凝土连续梁桥，最大跨度100米，通航孔净高22.5米，通航标准3 000吨。1998年8月开工，2001年10月建成。连接省道椒黄线S325和省道临前线S327，进而接通104国道和沈海高速G15，构建成台州沿海通道的基本框架。建设过程中克服了地质条件复杂，台风等恶劣气候影响。建成后有效加强了台州市健跳港、海门港、大麦屿港间的联系，有利于形成港口群体优势，对加快台州中心城市建设和带动台州经济社会发展，尤其是提升椒江北岸，三门、临海东部的经济总量和质量都具有重要的意义。

海门大桥(Hǎimén Dàqiáo) 公路桥。在台州市椒江区中东部，沿G228丹东线，跨椒江。因连接海门街道而得名，又名“椒江二桥”。连接前所街道和海门街道，北起前所街道道感堂村，南至海门街道太和二路。全长8.2千米，宽39.5米，双向6车道。桥长2 530米，其中主桥长900米，为五跨双塔双索面钢箱组合梁斜拉桥，最大跨度480米，塔高153米。主通航孔净宽405米、净高40米，通航标准10 000吨；副通航孔净宽75米、净高19.5米。2008年12月开工，2014年8月建成。建造过程中采用国内功率最大的旋控钻机，最深一根柱基达到140米，创造了当时国内桥梁柱深之最。建成后加快椒江南北融合发展，加强了头门港、海门港、龙门港间的联系，对进一步拓展台州城市框架、促进沿海产业带快速成型、推进区域协调发展具有重要意义。

楠溪江大桥(Nánxījiāng Dàqiáo) 公路桥。在温州市永嘉县南部，沿三塘线(县道)，跨楠溪江。因跨楠溪江而得名。连接三江街道和江北街道，东南起三江街道江头村，西北至江北街道阳光大道。全长497米，宽12米，双向单车道。桥长442米，为简支箱形梁桥，有16个桥孔，有2个主航道孔，跨径51米，净高10米，通航标准500吨。1984年7月开工，1986年3月通车。桥西端有南朝永嘉太守谢灵运塑像。建造过程中为解决主航道中基础覆盖层少、岩石纵坡较大难题，桥墩采用“钢管桩嵌岩”工艺。建成后彻底结束了两岸往来摆渡的历史，是永嘉县域范围内第一座横跨楠溪江的大桥，是原104国道永嘉过境段中重要的一座桥梁，为永嘉交通出行和经济社会发展发挥了重要作用。

紫金大桥(Zǐjīn Dàqiáo) 城市道路桥。在丽水市莲都区中南部，沿紫金路，跨大溪。因地处紫金路而得名。连接紫金街道和南明山街道，北起紫金街道卢镗街，南至南明山街道南环路。桥长737米、宽30.5米，双向6车道。主桥长520米，为双跨单塔双索面斜拉桥，“人”字形主塔高108米，共有64条斜拉索，最大跨度120米。2003年4月开工，2006年1月通车。大桥南端连接少微山隧道，北端附近有原浙江省委旧址——刘英故居。为国家级特大型桥梁，也是丽水市区的标志性建筑物之一。作为城市主干道紫金路出城的快速通道，是连接丽水城区南北区块的重要桥梁，同时也是连接长深高速G25和温丽高速G1513的大桥。建成后提升了城区南北区块的交通能力，夜晚大桥的亮化灯光也成了大溪南明湖段上一道靓丽的风景线。

鹤城临江桥(Hèchéng Línjiāngqiáo) 城市道路桥。在丽水市青田县东南部，南起青田瓯江大桥，沿瓯江至塔山大桥。因地处鹤城街道沿瓯江而建，故名。桥长2 968米，宽12米，双向2车道。主桥长1 920米，为120孔简支梁桥，单孔跨度16米。1993年8月开工，1995年3月通车。是连接省道六东线 S333 和 330 国道之间重要的道路景观桥梁。建成后完善了青田城市道路路网，缓解了城区的交通压力，对建设“欧陆风情、世界青田”具有十分深远的意义。

塔山大桥(Tǎshān Dàqiáo)　城市道路桥。在丽水市青田县东南部，沿鹤城东路，跨瓯江。因地处塔山而得名。连接鹤城街道和瓯南街道，北起鹤城街道鹤城东路和临江东路交叉口，南至瓯南街道 330 国道和省道青岱线 S230 交叉口。全长 1 039 米，宽 18 米，双向 4 车道。由主桥、引桥、隧道组成。桥长 557 米，其中主桥长 280 米，为预应力混凝土 V 形墩连续刚构梁桥，最大跨度 120 米，净高 6.9 米。2003 年 10 月开工，2006 年 7 月通车。是当时国内最大的两个 V 形桥墩。是青田鹤城街道下游连接瓯江两岸的重要通道，建成后缓解了青田瓯江大桥、太鹤大桥的交通压力，将县城老城区与瓯南街道、山口镇等紧密连接成一体，对加快城市人口集聚、扩展城市发展空间、促进青田经济的跨越式发展具有十分深远的意义。

温溪沿江桥(Wēnxī Yánjiāngqiáo)　公路桥。在丽水市青田县东南部，沿温丽高速 G1513，跨越 330 国道后接温溪隧道，依瓯江边而建。因在温溪镇故名。全长 3 680 米，宽 24.5 米，双向 4 车道。主桥为分离式简支梁桥，左线桥长 973.5 米、右线桥长 983.5 米，最大跨度 35.8 米，共设有 112 根直径 2 米的钻孔灌注桩。2003 年 4 月开工，2005 年 12 月通车。是温丽高速 G1513 重要的节点工程。建造过程中克服了地质流砂层地层松散、河床起伏较大、潮汐落差较大等难题。

瓯越大桥(Ōuyuè Dàqiáo)　公路桥。在温州市中东部，沿诸永高速 S26 延伸段，跨瓯江。因温州古称“瓯越”，又寓意跨越瓯江之义，故名。连接永嘉县和鹿城区，北起永嘉县东瓯街道永嘉复合枢纽，南至鹿城区五马街道矮凳桥路和滨江街道东游路。全长 7.9 千米，宽 31.5 米，双向 6 车道。桥长 3 452 米，其中主桥长 368 米，为三跨钢混组合连续刚构桥，最大跨度 200 米。主通航孔净宽 164 米、净高 21.5 米，通航标准 10 000 吨。2010 年 12 月开工，2014 年 6 月建成。桥梁拱形处安装有数码水帘，大桥南岸设有全封闭隔声屏障，是温州引高速公路进入城区的桥梁。建造过程中克服了瓯江水域地质复杂的困难，在华东地区首次使用钢混连续刚构施工技术，在浙江省内首次采用浇注式沥青混凝土铺设技术，首次采用“旋挖成孔”技术。建成后缓解了东瓯大桥和瓯北车渡码头的交通压力，缩短了温州城区往返瓯北的车程，与 104 国道、省道仙清线 S223、诸永高速形成交通网络，也为三江片区带来了发展的契机。唐王勃在《滕王阁序》中有“襟三江而带五湖，控蛮荆而引瓯越”。(注：大桥于 2015 年 1 月通车。)

温州大桥(Wēnzhōu Dàqiáo)　公路桥。在温州市中东部，沿沈海高速 G15，跨瓯江。因地处温州城区而得名，又名“瓯江二桥”。途经乐清市、鹿城区、龙湾区，北起乐清市北白象镇大桥北互通口，跨七都岛、瓯江，南至龙湾区状元街道温州东互通口。全长 17.1 千米，宽 24 米，双向 6 车道。桥长 6 977 米，由北航道桥、七都岛高架桥、南航道桥和温州北互通立交桥组成。北航道桥为主航道桥，全长 2 748 米，主桥为三跨预应力钢筋混凝土双塔双索面斜拉桥，塔高 102 米，最大跨度 270 米，主通航孔净高 30 米、净宽 240 米，通航标准 5 000 吨；副通航孔净高 28 米、净宽 114 米，通航标准 3 000 吨。南航道桥全长 1 726 米，通航孔净高 13.5 米、净宽 50 米，通航标准 500 吨。温州东互通立交设有 8 条匝道，占地 280 公顷。1994 年 12 月开工，1998 年 5 月建成。建设过程中所用的两只钢围堰为当时国内最大，是当时国内最长的公路桥。与 104 国道连接，建成后对于改善温州市交通状况，营造现代化都市立体交通网络具有重要作用。

灵昆大桥(Língkūn Dàqiáo)　城市道路桥。在温州市龙湾区北部，沿黄山路，跨瓯江入海口。

因连接灵昆街道而得名。东北起灵昆街道双昆村，西南至瑶溪街道中兴路。全长 3 548 米，宽 24 米，双向 4 车道，分左右两桥。左桥桥长 2 534 米，主桥长 1 520 米，最大跨径 40 米。2000 年 6 月开工，2002 年 12 月通车。右桥桥长 2 535 米，2010 年 12 月开工，2014 年 1 月通车。与灵霓大堤、洞头“五岛相连”工程的衔接，是温州城区连接洞头的交通枢纽，促进了洞头旅游业的发展。

飞云江大桥(Fēiyúnjiāng Dàqiáo)　公路桥。在瑞安市东南部，沿 104 国道，跨飞云江。因跨飞云江而得名。东北起安阳街道滨中路，西南至飞云街道瑞南公园，双向 6 车道，分左右两桥。左桥全长 5.7 千米、宽 13 米。桥长 1 721 米，共 37 孔，主桥为预应力钢筋混凝土简支梁桥，设 5 个通航孔，每孔跨径 62 米、净高 25 米，通航标准 500 吨。1986 年 3 月开工，1989 年 1 月通车，2011 年 7 月大修。右桥桥长 1 850 米、宽 14 米，主桥为预应力混凝土箱梁桥。2008 年 12 月开工，2012 年 5 月通车。为了体现左右两桥的“姐妹连心”，两桥中间跨越着一排两条交叉的飞鸟式景观灯。桥北首有“大鹏展翅”、南首有“飞云乱渡”雕塑。左桥是当时国内最大跨径的简支梁桥，也是当时浙江省境内最长的公路桥，在国内首次采用墩头锚固法进行架设大型桥梁。建成后打破了“走遍天下路，最怕飞云渡”的谚语，结束了飞云渡码头摆渡历史，打通了 104 国道瑞安段南北“咽喉要塞”。使飞云江天堑变通途，缓解了飞云江两岸的交通压力，推动了瑞安南北两岸经济发展。宋代林景熙《飞云渡》诗曰：“人烟荒县少，澹澹隔秋阴。帆影分南北，潮声变古今。”（注：左桥为上游桥，右桥为下游桥。）

瑞安大桥(Ruì'ān Dàqiáo)　公路桥。在瑞安市东南部，沿 G228 丹东线，跨飞云江。因时为瑞安市境内标志性建筑而得名，又称“飞云江三桥”。连接东山街道和南滨街道，东北起东山街道滨江大道，西南至南滨街道沿浦路。全长 18.1 千米，宽 33 米，双向 6 车道。桥长 2 956 米，主桥长 470 米，为三跨独塔双索面边箱梁斜拉桥，主塔高 166 米，拉索 36 对，最大跨度 240 米，设主副 2 个通航孔。主航道孔净宽 200 米、净高 29 米，通航标准 3 000 吨；副航道孔净宽 135 米、净高 23 米，通航标准 1 000 吨。2003 年 6 月开工，2009 年 1 月通车。主塔采用花瓶造型，为当时温州最高建筑物。建造过程中克服了地处强潮河口段，河口潮差大、潮流作用强、台风活动频繁等困难。建成后有效分流了飞云江大桥的行车流量，加强了飞云江两岸经济联系，带动瑞安的经济发展。同时，作为滨海大道的重要组成部分，为温州大交通圈的形成奠定了基础，为沿海产业带建设提供了交通保障。

瓯南大桥(Ōunán Dàqiáo)　城市道路桥。在温州市东南部，沿文卫路和胜利路，跨鳌江。因地处温州南部，温州简称“瓯”，故名，又称“鳌江三桥”。连接平阳县和苍南县，东北起平阳县鳌江镇南门街，西南至苍南县龙港镇永胜路。桥长 833 米，宽 24.5 米，双向 4 车道，另有单独的非机动车道。由主桥、引桥和引道组成，其中主桥长 408 米，中间段为可开启的钢桁梁，开启孔宽度 75.5 米。“桥中桥”的钢桁梁由桥塔、桥面板及桁架组成，主塔高 56 米，桥面板可根据潮位以及通行船舶的变化，采取不定时垂直升降。开启时净高 23 米，可供 1 100 吨以下船舶单向通航；降下时净高 10 米，可供 300 吨以下船舶过往。2003 年 7 月开工，2007 年 4 月通车。是当时亚洲最大跨径的钢桁开启桥，也是国内仅有的两座跨度超过 60 米的大跨度开启桥之一。建造过程中克服了钢桁梁跨径大、吨位重、桥幅宽等难题。建成后给两岸交通带来了便利，为鳌江流域的经济社会发展注入强劲的活力，为苍南、平阳两地乃至整个温州南部地区经济的协调发展搭起更加广阔的平台，成为一道万众瞩目的城市化标志和靓丽风景线。

第四节　大型隧道名称

达坞隧道(Dáwū Suìdào)　山岭隧道。在江山市西南部,沿京台高速 G3,穿仙霞岭山脉米筛尖和鸡石公尖之间诸多山体。在京台高速峡口互通和廿八都互通之间、保安乡和廿八都镇交界。因途经保安乡达坞村而得名。全长 3 535 米,单洞净宽 10.25 米、净高 5 米。为双洞双向 4 车道平行分离式山岭公路隧道,设计行车速度 80 千米/小时,其中左隧道长 3 550 米、右隧道长 3 520 米。2005 年 10 月开工,2008 年 11 月建成。隧道地质构造以褶皱和断裂为主。褶皱构造以复背斜和复向斜为主,轴线为北东向展开;区域性断裂构造主要有北东向和东西向两组。属Ⅴ级围岩,为微风化岩,岩质坚硬、完整,岩体呈块状整体结构。

猫狸岭隧道(Māolílǐng Suìdào)　山岭隧道。在台州市中北部,沿沈海高速 G15,穿天台山脉九岩山和望海尖之间诸多山体。在沈海高速吴岙枢纽和临海北互通之间、三门县和临海市交界,途经三门县珠岙镇和临海市汇溪镇,因贯穿猫狸岭故名。全长 3 598 米,单洞净宽 10.25 米、净高 5 米。为双洞双向 4 车道平行分离式山岭公路隧道,设计行车速度 80 千米/小时,其中左隧道长 3 616 米、右隧道长 3 592 米,两隧道中心间距 40 米。猫狸岭隧道群由猫狸岭、羊角山、岩下徐、牛官头四座隧道组成。1998 年开工,1999 年 10 月建成,2000 年 12 月通车。是当时国内规模最大、防灾监控和供配电系统最完善的隧道。

大溪岭—湖雾岭隧道(Dàxīlǐng—Húwùlǐng Suìdào)　山岭隧道。在浙江省东部,沿沈海高速 G15,穿雁荡山脉岩火尖诸多山体。在沈海高速大溪互通和雁荡山互通之间、温岭市和乐清市交界,途经温岭市大溪镇和乐清市大荆镇。因穿越大溪岭和湖雾岭而得名,台州称“大溪岭隧道”,温州称“湖雾岭隧道”。全长 4 115 千米,单洞净宽 11.02 米、净高 5 米。为双洞双向 4 车道平行分离式山岭公路隧道,设计行车速度 80 千米/小时,其中左隧道长 4 114 米、右隧道长 4 116 米,两隧道中心间距 40 米。1994 年 10 月开工,2000 年 1 月通车。为复合式衬砌结构隧道,是当时全国最长高速公路隧道,隧道内设置了照明、通风、防火、监控等完善的运营机电设施。

阳山隧道(Yángshān Suìdào)　山岭隧道。在丽水市青田县西北部,沿温丽高速 G1513,穿洞宫山脉大梁山和龙须洞诸多山体。在温丽高速海口互通和石帆互通之间、祯埠乡和腊口镇交界。因地处腊口镇阳山村而得名。全长 3 766 米,单洞净宽 10.75 米、净高 5 米。为双洞双向 4 车道平行分离式山岭公路隧道,设计行车速度 80 千米/小时,其中左隧道长 3 742 米、右隧道长 3 790 米。2003 年 3 月开工,2005 年 12 月通车。为直墙式单心圆拱隧道,沥青混凝土路面,实施全部照明、机械通风。

西华岭隧道(Xīhuálǐng Suìdào)　山岭隧道。在金华市磐安县西部,沿诸永高速 S26,穿大盘山脉七峰尖诸多山体。在磐安互通和双峰互通之间、深泽乡和双峰乡交界。因贯穿西华岭故名。全长 4 312 米,单洞净宽 10.75 米、净高 5 米。为双洞双向 4 车道平行分离式山岭公路隧道,设计行车速度 80 千米/小时,其中左隧道长 4 291 米、右隧道长 4 312 米。2005 年 3 月开工,2009 年 1 月通车。为曲墙式单心圆拱隧道,地质为剥蚀中低山丘陵区,岩性为火山凝灰岩,隧道最高海拔 810 米,相对高程差350米。

双峰隧道(Shuāngfēng Suìdào) 山岭隧道。在浙江省中东部,沿诸永高速S26,穿大盘山脉清明尖和高坑岭。在诸永高速磐安互通和双峰互通之间、磐安县和仙居县交界,途经磐安县双峰乡和仁川镇。因途经双峰乡而得名。全长6 183米,单洞净宽10.75米、净高5米。为双洞双向4车道平行分离式山岭公路隧道,设计行车速度80千米/小时,其中左隧道长6 180米、右隧道长6 187米,两隧道中心间距35米。2005年8月开工,2010年7月通车。为曲墙式单心圆拱隧道,是诸永高速S26第二长隧道。隧道地质为侵蚀中山、中低山区,以北东向丽水—余姚深断裂、鹤溪—奉化大断裂为主。地层主要以亚黏土和凝灰岩,局部夹杂细斑岩。

白鹤隧道(Báihè Suìdào) 山岭隧道。在台州市仙居县西北部,沿诸永高速S26,穿大盘山脉大雷山诸多山体。在诸永高速双峰互通和埠头互通之间,途经埠头镇,因贯穿白鹤(鹳)山而得名。全长3 864米,单洞净宽10.75米、净高5米。为双洞双向4车道平行分离式山岭公路隧道,设计行车速度80千米/小时,其中左隧道长3 890米、右隧道长3 838米。2005年4月开工,2008年3月建成,2009年12月通车。隧道基岩为上侏罗统西山头组火山碎屑岩,节理裂隙以西北最为发育,以张节理为主,围岩质量较好。地下水主要为松散岩类孔隙水和基岩裂隙水。是诸永高速公路全线第三大隧道。

括苍山隧道(Kuòcāngshān Suìdào) 山岭隧道。在浙江省东南部,沿诸永高速S26,穿括苍山脉头发尖和大里山诸多山体。在诸永高速公盂岩互通和岩坦互通之间、仙居县和永嘉县交界,途经仙居县田市镇、上张乡和永嘉县岩坦镇。因贯穿括苍山脉而得名。全长7 900米,单洞净宽10.75米、净高5米。为双洞双向4车道平行分离式山岭公路隧道,设计行车速度80千米/小时,其中左隧道长7 929米、右隧道长7 870米,两隧道中心间距60米。2005年5月开工,2010年7月建成。地处断裂带,岩体破碎,有地表水下渗。是当时华东地区和浙江省最长的公路隧道和最大埋深,有“华东第一长隧道”“浙江第一隧道”之称,最大埋深约690米。

跳远隧道(Tiàoyuǎn Suìdào) 山岭隧道。在温州市永嘉县中部,沿诸永高速S26,穿括苍山脉罗岗尖诸多山体。在诸永高速岩坦互通和永嘉服务区之间、岩头镇和岩坦镇交界,因贯穿跳远山岭故名。全长3 242米,单洞净宽10.75米、净高5米。为双洞双向4车道平行分离式山岭公路隧道,设计行车速度80千米/小时,其中左隧道长3 245米、右隧道长3 072米。2005年5月开工,2010年7月建成。为诸永高速S26温州境内第二长隧道。

雪岭隧道(Xuělǐng Suìdào) 山岭隧道。在临海市中南部,沿台金高速S28,穿括苍山脉花言山诸多山体。在台金高速临海互通和水洋枢纽之间,途经沿江镇和汛桥镇,因贯穿雪岭而得名。全长3 776米,单洞净宽10米、净高5米。为双洞双向4车道平行分离式山岭公路隧道,设计行车速度80千米/小时,其中左隧道长3 765米、右隧道长3 788米,两隧道中心间距30米。2003年10月开工,2006年12月通车。

苍岭隧道(Cānglǐng Suìdào) 山岭隧道。在浙江省中部,沿台金高速S28,穿括苍山脉海路尖和大爿山诸多山体。在台金高速横溪互通和壶镇互通之间、仙居县和缙云县交界,途经仙居县横溪镇和缙云县壶镇,因贯穿苍岭而得名。全长7 570米,单洞净宽10.75米、净高5米。为双洞双向4车道平行分离式山岭公路隧道,设计行车速度80千米/小时,其中左隧道长7 536米、右隧道长7 605米。2003年12月开工,2006年5月贯通,2008年12月通车。苍岭隧道地形地质复杂,有“地质博物馆”之称，其险峭峻绝，为浙东之最。是当时全国第二长、浙江省最长公路隧道，也是台州第一座设施完备的特长高速公路隧道，实行机械通风、全程电子监控、全洞照明。

泗州岭隧道(Sìzhōulǐng Suìdào)　山岭隧道。在丽水市中南部，沿云景高速 S34，穿洞宫山脉水竹湖岗背诸多山体。在云景高速云景枢纽和景宁互通之间、云和县和景宁畲族自治县交界，途经云和县安溪畲族乡和景宁畲族自治县红星街道，因穿越泗州岭而得名，又名“西周岭隧道”。全长 6 757 米，单洞净宽 10.25 米、净高 5 米。为双洞双向 4 车道平行分离式山岭公路隧道，设计行车速度 80 千米/小时，其中左隧道长 6 750 米、右隧道长 6 765 米。2009 年 3 月开工，2011 年 10 月建成，2013 年 4 月通车。建设过程中克服了地质条件复杂、施工难度大等困难。隧道地处深山峡谷，进口端洞口高出地面 30 多米，出口端溪流横穿，基岩为坚硬的花岗岩，局部断层带多，风化严重，且隧道埋深处需避开岩爆及附近村落。采用双竖井送排式结合射流风机的纵向通风方案，是当时浙江省第三长隧道。

百丈隧道(Bǎizhàng Suìdào)　山岭隧道。在杭州市余杭区西北部，沿杭长(宜)高速 S14，穿天目山脉鸬鸟山诸多山体。在杭长(宜)高速百丈互通和安吉南互通之间、余杭区和安吉县交界，途经余杭区百丈镇，因地处百丈镇百丈村而得名。全长 3 518 米，单洞净宽 11.5 米、净高 5 米。为双洞双向 4 车道平行分离式山岭公路隧道，设计行车速度 100 千米/小时，其中左隧道长 3 521 米、右隧道长 3 515 米。2008 年 11 月开工，2012 年 12 月通车。是杭长(宜)高速上最长隧道，也是杭州境内最长的隧道。围岩以Ⅲ级为主，洞身开挖在丘陵处，坡陡并有少量基岩风化裂隙水，岩体呈散体状结构、镶嵌碎裂结构，围岩稳定性差，易坍塌。

钱江隧道(Qiánjiāng Suìdào)　水下隧道。沿苏台高速 S9，穿钱塘江。在苏台高速盐官西枢纽和六工段互通之间，海宁市和杭州市萧山区交界。因穿越钱塘江而得名。全长 4 450 米，单孔直径 15 米、净高 5 米，江底最大埋深约 39 米。为双管双向 6 车道水下公路隧道，设计行车速度 80 千米/小时。2008 年 12 月开工，2014 年 4 月通车。是钱塘江流域第一条超大直径盾构法隧道，也是当时世界上直径最大的盾构法隧道之一。隧道横截面设计为三层，最顶层为排烟道，中间层为行车道，最下层为逃生救援通道及电缆廊道。建设过程中克服了高涌潮钱塘江流域，穿越高水压、高渗透性软弱土层，两次穿越明清古海塘大堤，超大直径盾构长距离掘进的施工组织复杂等难题。建成后成为杭州、萧山、绍兴地区接轨上海市，促进杭州与长三角其他城市之间联系的最快捷通道，对加快发展环杭州湾产业带、加强钱塘江南北两岸各重要城市的相互联系和经济往来、推动长三角一体化进程具有重要的意义。

大峡山隧道(Dàxiáshān Suìdào)　山岭隧道。在杭州市桐庐县东南部，沿省道桐义线 S210，穿龙门山脉观音尖诸多山体。在湾里乡，因贯穿大峡山故名。全长 3 005 米，净宽 10 米、净高 5 米。为单洞双向 2 车道山岭公路隧道，设计速度 60 千米/小时。2006 年 12 月开工，2008 年 3 月建成，2008 年 12 月通车。为当时浙江省二级公路最长的隧道，也是杭州市最长公路隧道。建设过程中克服了地质结构复杂、穿越萧山—球川深断裂带、进口端Ⅴ级围岩破碎易塌方、施工条件极差、围岩变化频繁、进洞口段埋深极浅等困难。根据隧道的地理环境，主要采用了留核心土和台阶法两种施工方法。

杨家岭隧道(Yángjiālǐng Suìdào)　山岭隧道。在温州市泰顺县中西部，沿省道分泰线 S331，穿洞宫山脉响喊岩诸多山体。在罗阳镇，因贯穿杨家岭故名。全长 3 300 米，净宽 7.5 米、净高 5

米。为单洞双向 2 车道山岭公路隧道，设计速度 60 千米/小时。2004 年 3 月开工，2006 年 7 月建成。为直墙式双心圆拱隧道，是当时泰顺县最长的隧道。

大岭山隧道(Dàlǐngshān Suìdào)　山岭隧道。在临海市中西部，沿省道临石线 S322，穿括苍山脉石岩头诸多山体。途经大洋街道和古城街道，因贯穿大岭山而得名。全长 3 565 米，净宽 11 米、净高 5 米。为单洞双向 2 车道山岭公路隧道，设计速度 60 千米/小时。2006 年 8 月开工，2009 年 12 月通车。为直墙式单心圆拱隧道。

金海隧道(Jīnhǎi Suìdào)　山岭隧道。在奉化市东南部，沿金海路和金海东路，穿四明山脉石狼山、笔架山等诸多山体。途经莼湖镇和西坞街道，因地处金海路而得名。全长 3 260 米，单孔净宽 10.25 米、净高 5 米。沿海中线(县道)，为双洞双向 4 车道平行分离式山岭公路隧道，设计速度 60 千米/小时隧道，其中左隧道长 3 250 米、右隧道长 3 270 米。2011 年 3 月开工，2013 年 2 月通车。为曲墙衬砌结构隧道，设有照明系统、通风系统、火灾监测与报警系统、监控系统、紧急电话和有线广播系统、消防系统、车检系统、供电系统、信息发布系统、应急通道系统和基础设施 10 个系统。为莼湖快速通道的重要组成部分。建成后奉化市区到裘村、松岙两地的里程，在原来的基础上缩短了 20 千米，行车时间减少近半个小时，大大方便沿线居民出行。

桐峙山隧道(Tóngzhìshān Suìdào)　山岭隧道。在临海市中东部，沿 83 省道复线，穿括苍山脉排石尖和大白岩诸多山体。途经涌泉镇和邵家渡街道，因贯穿桐峙山而得名，又名“兰田张隧道”。全长 3 691 米，单孔净宽 10.25 米、净高 5 米。为双洞双向 4 车道平行分离式山岭公路隧道，设计速度 80 千米/小时隧道，其中左隧道长 3 803 米、右隧道长 3 578 米。2009 年 8 月开工，2012 年 12 月通车。建设过程中克服了围岩变化复杂、岩层节理发育不良、裂隙水丰富、施工难度大、安全风险高等困难。与马岙岭隧道、西白岩隧道、西坑隧道、马鬃岗隧道、大龙山隧道一起构成了万米连续隧道群，为当时华东地区省道最长的连续隧道群。建成后成为临海与杜桥的快速通道，对构建头门港港区集疏运网络、提升临海公路的网络化功能、促进临海由内陆经济向海洋经济发展发挥了极大的推动作用。

庆春隧道(Qìngchūn Suìdào)　水下隧道。在杭州市东北部，沿庆春东路和市心北路，穿钱塘江。跨江干区和萧山区。因地处庆春路而得名，又名“庆春路隧道”。全长 4 180 米，单孔净宽 8.5 米、净高 4.5 米。为双管双向 4 车道水下城市隧道，设计行车速度 60 千米/小时。2006 年 6 月开工，2011 年 10 月通车。是杭州市第一条过江隧道，被誉为“钱江第一隧”。建造过程中克服了复杂地质水文条件下江底隧道建设运营等一系列技术难题，形成了隧道建造关键技术。建成后连接起了钱江新城和萧山的钱江世纪城两个新中心，实现了杭州从“西湖时代”到“钱塘江时代”的跨越。

第五节　船闸名称

三堡船闸(Sānbǎo Chuánzhá)　在杭州市江干区四季青街道钱塘江与京杭大运河交汇处。以地处三堡而得名。建于 1983 年，1986 年建成。占地面积 6.88 万平方米。为升卧式闸门。闸室长 192 米、宽 12 米、高 2.5 米。可通航 500 吨级船舶。为控制钱塘江与京杭大运河水互通、调控钱塘江与京杭大运河间的船舶进出的通航设施。三堡船闸的建成，结束了江河相望、咫尺不通的历史，拓展航程400千米，揭开了浙江省内河航道建设史上崭新的一页。它北通上海港和长江，东连杭甬运河直达宁波港，西溯富春江和新安江入皖，南抵钱塘江腹地金华、兰溪，成为浙江省水运网的重要枢纽，对改善华东地区的水运条件、促进经济发展发挥了巨大的作用。

富春江船闸（Fùchūnjiāng Chuánzhá）　在杭州市桐庐县富春江镇，富春江水电站右岸。因修建于富春江而得名。建于1970年，2012年扩建。占地面积16.71公顷。为升卧式闸门。闸室长102米、宽12.4米、高22.5米。可通航1 000吨级船舶。为调控钱塘江上游与中游间船舶进出的通航设施。富春江船闸的建成使浙西南三江两岸乃至浙赣皖闽的水运一盘棋由此而活。

塘角船闸（Tángjiǎo Chuánzhá）　在绍兴市上虞区曹娥街道，杭甬运河进曹娥江入口处。因修建于塘角而得名。建于2009年。占地面积2.1万平方米。为升卧式闸门，闸室长120米、宽16米、高3.5米。可通航1 000吨级船舶。为控制曹娥江与杭甬运河互通、调控曹娥江与杭甬运河间船舶进出的通航设施。

大厍船闸（Dàshè Chuánzhá）　在绍兴市上虞区梁湖镇，杭甬运河由曹娥江进入梁湖镇入口处。因修建于大厍而得名。建于2009年。占地面积1.77万平方米。为升卧式闸门，闸室长120米、宽16米、高3.5米。可通航1 000吨级船舶。为控制曹娥江水与杭甬运河水互通、调控曹娥江与杭甬运河间船舶进出的通航设施。

金清闸（Jīnqīng Zhá）　在温岭市滨海镇，金清港入海处。因修建于金清港而得名。始建于南宋淳熙九年（1182年），此后几百年，经历数次修复，明弘治十八年（1505年）首次移位于老址南500米处。清道光十八年（1838年）再次移址。1934年重建，1996年改建。占地面积9 163平方米。为升卧式闸门。闸室长100.8米、宽4.6米、高5.3米。可通航500吨级船舶。为台州市金清水系最大枢纽工程，担负温黄平原金清水系排涝、蓄淡、御咸的通航设施。时为浙东最大的出海闸，也是国内最早建成的大中型出海涵闸之一。

第六节　航标设施名称

七里屿灯塔（Qīlǐyǔ Dēngtǎ）　全国重点文物保护单位浙东沿海灯塔的组成部分。在宁波市镇海区七里峙岛。因在七里峙岛而得名，也称“七里峙灯塔”。建于清同治四年（1865年），十一年重修，1995年底拆旧建新，并于1997年1月建成新灯塔。1998年初，老灯塔历经沧桑，整体迁移至距新塔300米外的小七里峙岛上。白色八角形塔身，塔高25.5米，灯高海拔51.7米。白光，每5秒闪1次，射程18海里。建有船舶自动识别系统基站。安装有雷达应答器。是我国乃至远东最早建起的近代灯塔之一，是船舶进出宁波—舟山港和上海、杭州湾航线上的重要助航标志。

北渔山灯塔（Běiyúshān Dēngtǎ）　全国重点文物保护单位浙东沿海灯塔的组成部分。在宁波市象山县石浦镇北渔山。因在北渔山岛，故名。建于清光绪二十一年（1895年），1985年重建。红白横带铸铁圆形塔身，塔高16米，灯高海拔104米。白光，每20秒闪2次，射程25海里。建有船舶自动识别系统基站。安装有雷达应答器。是我国乃至远东最早建起的近代灯塔之一，是中外船舶进入沪浙沿海港口的门户标志。

北麂山灯塔(Běijǐshān Dēngtǎ)　在瑞安市东山街道北麂岛。因在北麂岛,故名。建于1989年6月,1990年12月建成。红白相间圆形塔身,塔高20.53米,灯高海拔135.79米。白光,每20秒闪3次,射程25海里。灯器能源采用太阳能。是温州海域唯一的大型国际灯塔,船舶进出温州港、瑞安港和敖江港的重要航标,也是浙东南沿海水道主通道上的重要标志。

太平山灯塔(Tàipíngshān Dēngtǎ)　全国重点文物保护单位浙东沿海灯塔的组成部分。在舟山市定海区金塘镇大鹏山岛。因在大鹏山岛太平山而得名,也称"大鹏山灯塔"。建于清光绪二十八年(1902年),三十二年建成,1927年改建,1933年重建。白色混凝土圆柱形塔身,塔高8.9米,灯高海拔87米。白光,每10秒闪3次,射程16海里。为沪甬航线船舶进入甬江的导航标志。

大菜花山灯塔(Dàcàihuāshān Dēngtǎ)　全国重点文物保护单位浙东沿海灯塔的组成部分。在舟山市定海区金塘镇大菜花山岛。因在大菜花山岛,故名。建于1927年,1979年改建。白色圆形石砌塔身,塔高10.7米,灯高海拔33米。白光,每3秒闪1次,射程16海里。为船舶往来沪甬航线和进出北仑港的重要助航标志。

东亭山灯塔(Dōngtíngshān Dēngtǎ)　全国重点文物保护单位浙东沿海灯塔的组成部分。在舟山市普陀区朱家尖街道外洋鞍岛。因在外洋鞍岛,又别名"东亭山岛"而得名,也称"外洋鞍灯塔"。建于清光绪三十三年(1907年),1937年改建。白色钢铁柱钉圆形塔身,塔高8.54米,灯高海拔54.9米。白光,每10秒闪1次,射程22海里。原居有灯塔管理人员,1998年改无人值守,实行遥控监测。灯器能源为太阳能。为船舶进入虾峙门航道驶入宁波—舟山港的门户标志。

洛迦山灯塔(Luòjiāshān Dēngtǎ)　全国重点文物保护单位浙东沿海灯塔的组成部分。在舟山市普陀区普陀山镇洛迦山岛。因在洛迦山岛,故名。明万历年间,悬灯指引航向。清光绪十六年(1890年)建灯塔,1913、1931年和抗日战争时期三次对灯光进行改造。民国《定海县志·册一》载:"洛伽山灯塔系透镜,红白二色常明,灯光距水面十丈八尺,晴时白光能照四十五里,红光二十二里。"红白相间横纹石砌圆形塔身,塔高6.7米,灯高海拔40米。红白光互闪,每9秒闪3次,红光射程7.5海里,白光射程15海里。为进出普沈水道和沈家门港的船舶导航标志。

鱼腥脑岛灯塔(Yúxīngnǎodǎo Dēngtǎ)　全国重点文物保护单位浙东沿海灯塔的组成部分。在舟山市岱山县高亭镇鱼腥脑岛。因在鱼腥脑岛,故名。建于清同治十一年(1872年),1945年重修。黑色石砌圆锥塔身,塔高10.1米,灯高海拔27米。白光,每20秒闪1次,射程15海里。原居有灯塔管理人员,2005年改无人值守,实行遥控监测。灯器能源为太阳能,安装有雷达应答器。为沪甬、沪舟及长江口驶向南方诸港航线上的重要航标之一。

小龟山灯塔(Xiǎoguīshān Dēngtǎ)　全国重点文物保护单位浙东沿海灯塔的组成部分。在舟山市岱山县长涂镇小龟山岛。因在小龟山岛而得名,也称小板灯塔。建于清光绪九年(1883年),分别于1947年、1984年改建。黑色铸铁圆形塔身,塔高11米,灯高海拔75米。白光,每10秒闪2次,射程18海里。原居有灯塔管理人员,2001年改无人值守,实行遥控监测。灯器能源为太阳能,安装有雷达应答器。为小板门水道上的主要助航标志,对引导船舶进出长江口和上海港有着重要的助航作用。

下三星灯塔(Xiàsānxīng Dēngtǎ)　全国重点文物保护单位浙东沿海灯塔的组成部分。在舟山市岱山县衢山镇下三星岛。因在下三星岛,故名。建于清宣统三年(1911年),1993年改建。白色六角柱形混凝土塔身，塔高 26.7 米，灯高海拔 79.7 米。白光，每 20 秒闪 3 次，射程 22 海里。安装有雷达应答器。为长江口通往东南航线上的重要标志之一，船舶进出洋山港的重要助航设施。

半洋礁灯塔(Bànyángjiāo Dēngtǎ)　全国重点文物保护单位浙东沿海灯塔的组成部分。在舟山市嵊泗县菜园镇白节半洋屿。因在嵊泗县中部的白节半洋屿，故名。建于清光绪三十年(1904 年)，1975 年重建。黑色石砌圆形塔身，塔高 10 米，灯高海拔 19 米。白光，每 3 秒闪 1 次，射程 14 海里。原居有灯塔管理人员，1996 年改无人值守，2001 年实行遥控监测。灯器能源为太阳能，安装有雷达应答器。为白节峡水道上的重要航标之一。

白节山灯塔(Báijiéshān Dēngtǎ)　全国重点文物保护单位浙东沿海灯塔的组成部分。在舟山市嵊泗县菜园镇白节山岛。因在白节山岛，故名。建于清光绪九年(1883 年)，1946 年重修，1983 年改建。红白横带铸铁圆形塔身，塔高 14.3 米，灯高海拔 75 米。红白光互闪，每 60 秒交换发光 1 次，射程 22 海里。为船舶进出白节峡导航，我国沿海最主要的导航设施之一。

花鸟灯塔(Huāniǎo Dēngtǎ)　全国重点文物保护单位浙东沿海灯塔的组成部分。在舟山市嵊泗县花鸟乡花鸟山岛。因在花鸟山岛，故名。建于清同治九年(1870 年)，1916 年重修，1929 年从英国进口设备，开始建设接收距离 100 海里的无线电指向标，是当时世界上较先进的无线电导航设备，也是中国沿海第一座无线电指向标。1983 年改建。黑白圆形混凝土塔身，塔高 16.5 米，灯高海拔 89 米。有光波、电波、声波 3 种导航方式。灯器为 2 000 瓦金属卤化物灯，白光，每 15 秒闪 1 次，射程 24 海里。建有 2 座无线电铁塔，每 15 分钟呼号 1 次。建有气雾喇叭，雾天每 80 秒连续鸣笛 2 次，每次 1.5 秒，传播范围 4 海里。1997 年被国际航标协会列为“世界历史文物灯塔”，被誉为“远东第一灯塔”，是中国海关海务科筹设灯塔计划中首批建造的灯塔之一，也是中外船舶进入上海、宁波、舟山等港口的重要门户。

词目笔画索引

说　明

1. 本索引按照《现代汉语通用字笔顺规范》《GB 13000.1 字符集汉字笔顺规范》《GB 13000.1 字符集汉字字序(笔画序)规范》和《GB 13000.1 字符集汉字折笔规范》编排。

2. 本索引所列地名包括本志中的所有地名词目。

3. 同名地名只列一个词目,后列不同页码(相同页码不重复出现)。

四画

五画

六画

七画

八画

九画

十画

十一画

十二画

十三画

十四画

十五画

十六画

十七画

十八画

十九画

廿画

廿一画

廿二画

廿四画

后　　记

当音乐和传说沉寂之后，唯有建筑还在，当建筑消失之后，却有地名还在流传！地名的产生源于人类认识自然、改造自然的过程，体现了人类对自然与社会的认知观念。地名最早表现为一种语言现象，早于文字而产生。

地名是历史长河里的时空符号，集聚了人类的智慧，蕴藏了各个时期的历史、地理和人文信息，构建了独特的识别和交往文化，是历史的见证、乡愁的回忆。地名也是国家基础地理信息的重要组成部分，是人们生产、生活的载体，无论是国家的内政外交，还是我们每个人的日常生活，都须臾不能分离。我国的地名文化源远流长，以语言指代的地名早在旧石器时代即已出现，用图示文字表示的地名至少可以上推到一万年以前。文字出现以后，原始文字的一个重要功能就是记录地名！一个地方自有地名才算是真正诞生。物换星移，沧海桑田，几千年来无数中国人在这片土地上用自己的双手辛勤耕耘，创造着奇迹。五千年的筚路蓝缕，铸就了我国地名的"根"与"魂"，形成了十分丰富的地名体系。万千中国地名是中华民族智慧与中华文明的结晶，蕴含着华夏民族特有的精神价值、思维方式和文化意识，是维护我国文化身份和文化主权的基本依据，是联结民族情感的纽带和维系国家统一的基础。保护和利用好优秀地名文化遗产，对赓续中华历史文脉、坚守中华文化立场、传承中华文化基因、铸牢中华民族共同体意识，为全面建设社会主义现代化国家提供精神力量具有重要意义，对坚定文化自信、推动文明交流互鉴、服务人类命运共同体建设，也具有不可替代的文化价值。

每一个地名都包含着一段历史、一种文化，同时也在讲述着今昔的故事。万千地名书写着大地山川的璀璨，编纂标准地名图录典志是我国地名工作领域的一件大事。地名图录典志作为最重要的地名工具书，全面、系统、客观地记录了地名信息，承载着厚重的地名文化记忆，对加强社会治理、传承优秀传统文化、满足社会使用需求、展现地名普查成效有着十分重要的意义。按照 2016 年 6 月 3 日国务院第二次全国地名普查办公室召开的标准地名图录典志编纂工作视频会议的要求，我省组建了浙江省标准地名图录典志编纂委员会和编辑部，明确了编写人员，以《浙江省标准地名词典》先行，于 2016 年 8 月起全面启动标准地名图录典志的编纂工作。

地名的背后有文化，文化的背后是人民。从地名看文化，从文化看浙江。浙江省历史悠久、文化灿烂，是古代於越文明的发祥地之一。1974 年发现的建德市李家镇乌龟洞古人类牙齿化石表明，早在 5 万年前的旧石器时代，浙江已有"建德人"的活动踪迹。迄今为止，浙江境内已发现新石器时代遗址 100 多处，河姆渡文化、马家浜文化、良渚文化等已经成为中华民族上下 5 000 年历史的重要文化标识之一，上山文化遗址也已经成为中国作为世界稻作文化起源地的重要实物证据之一。

先秦时期，吴、越二国在浙江大地上交融、激荡、流变，形成浙江省独特的地域和地名文化，这些具有浓郁浙江生活气息的地名，使人们只要闻其名，便能知其形，是中国传统文化宝库中的重要遗产之一。

《浙江省标准地名志》为一部突出地名基本要素、突出地名文化属性、突出地名所指代地理实体基本特征的大型地名工具书。据浙江省第二次全国地名普查成果显示，我省有现行地名 47.3 万条，鉴于各地分级编纂地名图录典志等方面的原因，《浙江省标准地名志》按一定规则（见“凡例”）选收了应用范围较广、社会影响较大的行政区与居民点、自然地理实体、经济文化实体和交通设施共计四大类地名。第一卷编纂工作始于 2018 年 8 月，收录行政区与居民点地名 665 条，其中，县级及以上政区名称 102 条，乡级政区名称 276 条，区片地名 6 条，村落地名 280 条。第二卷编纂工作始于 2022 年 3 月，收录自然地理实体、经济文化实体和交通设施名称 3 706 条，其中，陆域自然地理实体名称 757 条，海域自然地理实体名称 1 673 条，经济文化实体名称 902 条，交通设施名称 374 条。

《浙江省标准地名志　第二卷》的编纂工作采用编写人员撰稿，县（市、区）民政局—地级市民政局—省编审组—省民政厅四级审核制度，层层落实撰稿和审稿责任。经过反复筛选，数易其稿，于 2022 年 10 月完成编写工作，2022 年 11 月 19 日通过专家组评审。《浙江省标准地名志　第二卷》编写组由王建富、徐磊、应建斌、曾慰、於志南、陈璐、王伟聪、谢小倩组成。其中，自然实体名称由王建富撰写，经济文化实体名称由徐磊、曾慰、於志南等撰写，交通设施名称由应建斌等撰写，农业和水利设施名称由陈璐撰写，服务业企业名称由陈璐撰写。全省各地市、各县（市、区）地名工作者参与资料收集与校对工作。《浙江省标准地名志　第二卷》的问世，是浙江省民政厅领导高度重视，举全省地名工作之全力投入的成果，也是省编写组和全省各级地名管理机构力学笃行、精心考证、反复修改、多方法多途径严格把关的成果，凝聚了全省 11 个地级市、90 个县（市、区）广大地名工作者的共同心血。

《中华人民共和国标准地名志》编辑部常务副主任张敏、编辑部主任王圣良和副主任赵航为本志提供了编纂思路，进行了业务培训。浙江省区划地名学会在组织保障工作上提供了帮助。由上海辞书出版社副总编张敏担任组长，浙江省民政厅原副厅长、一级巡视员计时华，上海辞书出版社历史地理编辑中心主任王圣良，自然资源部第二海洋研究所研究员夏小明，浙江省测绘科学院高级工程师应其浩等为成员的专家评审组对本志第二卷进行了评审，提出了宝贵的修订意见。在此一并表示衷心的感谢！

《浙江省标准地名志　第二卷》内容涉及自然科学、人文科学和经济社会的诸多方面，时间跨度大，所涉知识广，是一项浩大的地名文化系统工程，对全体参编人员而言都是一项全新的高难度工作。尽管我们废寝忘食、诚心竭力，然囿于学识水平，其中难免考证欠精和疏漏错讹之处，敬请方家批评惠正。

《浙江省标准地名志》编辑部

2023 年 3 月

资料收集与校对人员名单：

杭州市

尹飞艳　周　文　周燕敏　朱贝悦　严旭东　张　伟　高　斌　袁桂玲　陈卓琳　洪美芳
肖　枫　裴晓红　邓华洪　俞　丰　胡莉婷　管圣玲　邱　董　徐璐轲　骆树军　袁明武
杨雪飞　童宇艳　邵叶丹　曹迪民　王拥军　陈文娟　胡建斌

宁波市

周益平　王一冰　朱燕青　金军燕　鲍　赟　郁　松　刘　远　黄宏璋　陈　统　周椏丫
姚洪杰　张婷婷　丁红燕　王雯霞　施伟都　董繁荣　谢小青

温州市

周　丹　林亮杰　叶碎娟　孟曼曼　徐战策　沈加亮　叶升策　徐雅雅　陈珊瑚　潘进项
陈文武　温　泉　章支农　郑雪景　钱彩秋　吴文艳　阮育飞　张　柱

嘉兴市

杨慕琛　俞耀中　彭　娜　方熙平　王唯妍　陈雪娟　周研婷　陈志磊　陈昕瑶　陈喜忠
朱建光　沈夏林　陈　旭　沈怡华

湖州市

沈梦怿　汤　勇　温晓斌　方　冲　刘学军　何琴慧　刘国田　杜启兵

绍兴市

孙　洁　鲁梦瑶　严兴华　陈腾飞　贺　英　陈岳来　徐建锋　袁林波　王张乐　张继英

金华市

牟潇珺　孟一卿　闻明伟　陈志江　周　航　张康英　赵　洪　叶汉林　黄志永　周　纯
张必晗　鲍宣兰　卢肖敏

衢州市

翁磊成　戚中卫　方利华　王宏伟　杨雪芳　吴长兵　詹炳全　鲁小强　李明道　姚义清
张一萍　程志新

舟山市

张伟忠　赵海军　金永国　陈海明　孙英英　乐　丰　郑燕云　林俊豪　沈汀波

台州市

卢善飞　厉　民　高啟钢　牟优优　黎仁山　吴志远　张敏芝　张　侠　池作省　林　瑛
潘幼玲　梁华媚　张　迎　余　瑞　许丹丹　赵艺舒　卢秀芬　杨丹静　叶以孟

丽水市

郑皓缤　占田友　潘建华　张　颖　杨方妙　李晓军　方慧香　包俊艳　杜　健

图书在版编目(CIP)数据

浙江省标准地名志. 第二卷 / 浙江省民政厅编. —
上海：上海辞书出版社，2023
ISBN 978-7-5326-6147-3

Ⅰ.①浙… Ⅱ.①浙… Ⅲ.①地名-浙江 Ⅳ.
①K925.5

中国国家版本馆 CIP 数据核字(2023)第 216466 号

审图号 GS(2019)3333 号 浙 S(2023)3 号

浙江省标准地名志 第二卷

浙江省民政厅 编

责任编辑 杨丽萍
装帧设计 姜 明
责任印制 王亭亭

出版发行 上海世纪出版集团
上海辞书出版社®(www.cishu.com.cn)
地 址 上海市闵行区号景路 159 弄 B 座(邮政编码：201101)
印 刷 上海中华印刷有限公司
开 本 889 毫米×1194 毫米 1/16
印 张 49.5
字 数 1 300 000
版 次 2023 年 11 月第 1 版 2023 年 11 月第 1 次印刷
书 号 ISBN 978-7-5326-6147-3/K·1254
定 价 398.00 元

本书如有质量问题，请与承印厂联系。电话：021-69213456